lonely planet

Thaïlande

David Eimer, Anirban Mahapatra, Daniel McCrohan, Tim Bewer,
Paul Harding, Ashley Harrell, Tharik Hussein, Michael Kohn,
Olivia Pozzan, Barbara Woolsey

PRÉPARER SON VOYAGE

SUR LA ROUTE

RMNUNES / GETTY IMAGES ©

WAT RONG KHUN P. 220, CHIANG RAI

Sommaire

AVERTISSEMENT

Au moment où nous terminions l'édition de ce guide, la pandémie de Covid-19 impactait fortement le monde du voyage. Les informations que vous trouverez dans cet ouvrage sont donc susceptibles de changements.

Renseignez-vous bien avant votre départ car la situation aura probablement évolué quand vous préparerez votre voyage.

SUR LA ROUTE

NAITO29 / SHUTTERSTOCK ©

SÔM ĐAM (SALADE DE PAPAYE VERTE) P. 54

JUNJIRA KONSANG / SHUTTERSTOCK ©

RITUELS DE SONGKRAN, CHIANG MAI P. 344

CHAIN45154 / GETTY IMAGES ©

Sommaire

RIZIÈRES, PROVINCE DE CHIANG MAI P. 318

COMPRENDRE LA THAÏLANDE

THAÏLANDE PRATIQUE

COUPS DE PROJECTEUR

Bienvenue en Thaïlande

Accueillante, férue de gastronomie, hédoniste, chargée d'histoire et riche en culture, la Thaïlande a autant l'attrait de ses plages tropicales que de ses temples, ou des innombrables sourires croisés au fil des rues.

Une table fastueuse

Généreuse et réconfortante, la cuisine thaïlandaise exprime à la perfection la culture du pays. Concoctées avec des ingrédients d'origine locale, ses spécialités couvrent 4 saveurs principales : épicé, doux, salé et aigre. Un véritable circuit gourmand attend les voyageurs en quête de nouvelles sensations gustatives, entre gargotes de nouilles à Bangkok, restaurants de poisson à Phuket, marchés birmans à Mae Sot. Les cours de cuisine proposés dans tout le pays révèlent la simplicité derrière l'apparente complexité des préparations et permettent de reconnaître les différents produits sur les marchés, ce qui peut se révéler essentiel !

Champs et forêts

Hors des villes, s'étend le cœur rural du pays, un patchwork de rizières, de forêts tropicales et de villages vivant au rythme des cultures. Au nord, forêts et champs se heurtent à des montagnes bleues dentelées, ponctuées de chutes d'eau et trouées de grottes profondes. Au sud, des falaises de calcaire déchiquetées surgissent des terres cultivées, tels d'immémoriaux gratte-ciel, ou émergent de la mer turquoise. Enfin, le Nord-Est, habituellement aride, prend une teinte émeraude à la saison des pluies, quand les jeunes pousses de riz tapissent le paysage.

Lieux sacrés

Le monde céleste est palpable dans cette nation bouddhiste. Les temples étincelants et les bouddhas dorés sont omniprésents, des sanctuaires porte-bonheur ornent les maisons et les centres commerciaux, des banians séculaires sont drapés de tissus sacrés pour honorer les esprits, tandis que les tableaux de bord des véhicules sont décorés de guirlandes censées prévenir les accidents. Les voyageurs peuvent se joindre à cette ferveur, que ce soit au cours d'une retraite de méditation à Chiang Mai, en participant à des fêtes dans le Nord-Est, ou en visitant les sanctuaires troglodytiques de Kanchanaburi et de Phetchaburi ou les temples perchés sur les collines du Nord.

Les pieds dans le sable

Avec un littoral étiré sur deux côtes et plus de 1 400 îles couvertes de jungle ourlée d'eaux azur, la Thaïlande est une destination tropicale pour tous, hédonistes comme ermites, et tous les budgets. Partout où le sable rencontre la mer, les activités abondent. Nagez dans les eaux calmes au large de Ko Lipe, plongez avec les requins-baleines autour de Ko Tao, escaladez les falaises de Krabi, initiez-vous au kitesurf à Hua Hin, festoyez à Ko Phi Phi ou détendez-vous dans un hôtel-spa à Ko Samui.

Pourquoi j'aime la Thaïlande

David Eimer, auteur

J'aime la diversité des expériences qu'offre ce pays. Qu'il s'agisse de découvrir des temples parmi les ruines de cités anciennes, de randonner dans des collines boisées à la recherche de cascades isolées, de me prélasser sur une plage de sable blanc, de faire la fête toute la nuit à Bangkok, ou de me ressourcer dans une retraite de méditation... Je n'ai ici que l'embarras du choix. La gastronomie est aussi un attrait majeur. Or, à mes yeux, ce sont les grands sourires que j'y croise qui font vraiment de ce pays un endroit si spécial. Je doute qu'il existe un lieu plus accueillant que la Thaïlande.

Pour plus d'informations sur les auteurs, voir p. 860

Ci-dessus : Wat Benchamabophit (Temple de Marbre ; p. 99), Bangkok

Thaïlande

0 — 200 km
Province de Mae Hong Son
Routes de montagne, randonnée et ethnies montagnardes (p. 302)
Chiang Mai
Ville décontractée, sites culturels et délices culinaires (p. 320)
Parc historique de Sukhothai
Balades à vélo parmi des ruines impressionnantes (p. 261)
Ayutthaya
Vestiges historiques inscrits au Patrimoine mondial (p. 172)
Province de Kanchanaburi
Nature et histoire sur les berges de la rivière Kwaï (p. 189)
Province de Chiang Rai
Treks, Triangle d'or et croisières sur le Mékong (p. 213)
Mékong
Les méandres du fleuve, de Chiang Khan (p. 388) à Khong Jiam (p. 454)
Parc historique du Phanom Rung
Vestiges khmers dominant les rizières (p. 441)
Parc national de Khao Yai
Escapade sauvage aux portes de Bangkok (p. 434)
MYANMAR (BIRMANIE)
LAOS
VIETNAM
Golfe du Tonkin
Golfe de Martaban
20° N
18° N
14° N
Mae Sai
Chiang Saen
Chiang Khong
Tha Ton
Fang
Chiang Rai
Luang Prabang
Chiang Kham
Huay Kon
Pai
Mae Hong Son
Phayao
Vang Vieng
Doi Inthanon (2 565 m)
Chiang Mai
Nan
Parc national de Doi Inthanon
Lamphun
Lampang
Phrae
Mae Sariang
Den Chai
Kheuan Sirikit
Chiang Khan
VIENTIANE
Bueng Kan
Nong Khai
Uttaradit
Kheuan Phumiphon
Loei
Udon Thani
Nakhon Phanom
Tha Khaek
Sawankhalok
Sakhon Nakhon
Parc national de Phu Kradung
Parc national de Phu Phan
Parc national de Lang San
Sukhothai
Lom Sak
Kheuan Ubon Ratana
Tak
Yangon
Myawaddy
Mae Sot
Phitsanulok
Kheuan Lam Pao
Savannakhet
Kheuan Chulabhol
Parc national de Nam Nao
Mukdahan
Mawlamyine
Kamphaeng Phet
Phichit
Phetchaburi
Kalasin
Khon Kaen
Mahasarakham
Roi Et
Um Phang
Amnat Charoen
Chaiyaphum
Yasothon
Col des Trois Pagodes
Nakhon Sawan
Kheuan Mae Wong
Ubon Ratchathani
Parc national de Pha Taem
Uthai Thani
Nakhon Ratchasima (Khorat)
Warin Chamrap
Chong Mek
Sangkhlaburi
Chainat
Phimai
Si Saket
Pakse
Réservoir de Khao Laem
Réservoir de Si Nakharin
Singburi
Lopburi
Buriram
Surin
Pak Thong Cha
Ang Thong
Saraburi
Suphanburi
Parc national de Khao Yai
Prasat Phanom Rung
Ayutthaya
Nam Tok
Pathum Thani
Kanchanaburi
Prachinburi
Aranya Prathet
Nakhon Pathom
BANGKOK

Bangkok
Une mégapole moderne et trépidante (p. 68)
Parc national de Khao Sok
L'une des forêts tropicales les plus anciennes au monde (p. 636)
Parc national maritime des îles Similan
Plongée et snorkeling de classe internationale (p. 643)
Phuket
Complexes balnéaires haut de gamme (p. 650)
Ko Lipe
Sable blanc, récifs coralliens et bars animés (p. 735)
Ko Kut
Paradis balnéaire et calme insulaire (p. 506)
Ko Pha Ngan
Fêtes de la Pleine Lune et farniente sur la plage (p. 571)
Railay
Escalade sur des parois karstiques surplombant la mer (p. 692)
ALTITUDE
1250 m
1000 m
750 m
500 m
250 m
0
CAMBODGE
PHNOM PENH
Tonlé Sap
Hô Chi Minh-Ville (Saigon)
MALAISIE
GOLFE DE THAÏLANDE
MER DE CHINE MÉRIDIONALE
MER D'ANDAMAN
Phetchaburi
Parc national de Kaeng Krachan
Cha-am
Hua Hin
Pattaya
Sattahip
Rayong
Ko Samet
Chanthaburi
Trat
Ko Chang
Ko Kut
Hat Lek
Prachuap Khiri Khan
Thap Sakae
Bang Saphan
Chumphon
Isthme de Kra
Ranong
Ko Tao
Parc national maritime d'Ang Thong
Ko Pha Ngan
Ko Samui
Chaiya
Surat Thani
Îles Surin
Parc national de Khao Sok
Khao Lak
Îles Similan
Phang-Nga
Nakhon Si Thammarat
Ko Yao Yai
Krabi
Railay
Thung Song
Phuket-ville
Ko Phi Phi
Ko Lanta
Trang
Ranot
Phatthalung
Thaleh Luang
Kantang
Songkhla
Hat Yai
Parc national de Thaleh Ban
Parc national maritime de Ko Tarutao
Pattani
Satun
Sadao
Yala
Ko Lipe
Narathiwat
Pulau Langkawi
Alor Setar
Sungai Kolok
Kota Bharu
Sungai Petani
Betong
12° N
10° N
8° N
6° N
96° E
98° E
100° E
104° E
106° E

20 façons de voir la Thaïlande

1

Bangkok

1 Temples étincelants, immenses gratte-ciel, vie nocturne animée… sans oublier la scène culinaire ! Bangkok a tout pour plaire (p. 68), si l'on fait abstraction de ses embouteillages, son hygrométrie et ses troubles politiques sporadiques. On aime ses sanctuaires dorés, ses marchés colorés, ses gigantesques centres commerciaux et ses musées, sans oublier sa cuisine, que l'on découvre sur de simples étals de rue ou à des tables parmi les plus cotées d'Asie. Le soir, profitez de la vue sur la métropole depuis l'un des bars sur le toit : vous n'en repartirez que plus ragaillardi pour une nouvelle immersion le lendemain.

À gauche : Th Yaowarat, Chinatown (p. 87)

Chiang Mai

2 Capitale culturelle du Nord, Chiang Mai (p. 320) est appréciée des férus de culture, des amoureux de temples et aussi des familles. Idéale pour des balades à vélo, la vieille ville abonde en temples de l'époque du royaume Lanna et en ruelles sinueuses. On peut aussi y suivre des cours de cuisine. La réputation des spécialités du Nord n'est plus à faire – des mets végétariens aux plats d'inspiration japonaise ou birmane. Les petites échoppes d'artisanat traditionnel ne manquent pas. Dans la campagne alentour, vous pourrez participer à des treks dans la jungle et visiter des villages de minorités.

À droite : Wat Phra That Doi Suthep (p. 333)

ALONGKOT SUMRITJEARAPOL / GETTY IMAGES ©

2

HORIZONMAN / SHUTTERSTOCK ©

Railay

3 À l'extrémité de la péninsule de Krabi, les vertigineuses formations karstiques de Railay (p. 692) comptent parmi les plus fameux trésors naturels de Thaïlande. Les plages sont ourlées de sable blanc et les forêts, sillonnées de sentiers pédestres. Ici, pas de voitures : les visiteurs se déplacent en *long-tail boat*. On vient s'y détendre, se baigner, plonger ou faire de l'escalade. Les débutants pourront apprendre les techniques de base ; certains ne veulent plus repartir avant de réussir à gravir un piton en solo... pour ensuite plonger dans la mer bleu cobalt.

Ayutthaya

4 Jadis ville dynamique ponctuée de centaines de temples, Ayutthaya (p. 172) conserve maintes traces de son âge d'or en tant que deuxième capitale du Siam, du XIVe au XVIIIe siècle. Promenez-vous à vélo parmi ses ruines de brique et de stuc, lesquelles font partie d'un site classé au patrimoine mondial, et imaginez l'aspect de la cité du temps où elle était un centre de négoce de premier plan. Plusieurs autres sites d'intérêt sont à découvrir en périphérie de la ville, notamment le palais royal Bang Pa In.

Ci-contre : Wat Chai Wattanaram (p. 175)

3

Province de Chiang Rai

5 Avec les montagnes et le Mékong en toile de fond, Chiang Rai (p. 213) est peut-être la plus belle province du pays. Autrefois pan thaïlandais du célèbre Triangle d'or, elle attire aujourd'hui des visiteurs en quête, non d'opium, mais de plaisirs sains, tels que la randonnée. Les treks vers les villages de minorités sont particulièrement populaires. Séjourner dans le hameau yunnanais de Doi Mae Salong (photo à gauche) est une expérience unique. Chiang Rai est aussi un point d'accès pratique au Myanmar et au Laos.

6

7

Province de Kanchanaburi

6 Après les vestiges de guerre (pont de la rivière Kwaï et musée Thailand-Burma Railway Centre), vous découvrirez le côté sauvage de cette province (p. 189), à l'ouest du pays, où d'imposantes montagnes calcaires dominent une jungle épaisse. Deux parcs nationaux font de cette région un centre de tourisme d'aventure. Vous pourrez randonner, croiser des cascades aux reflets d'argent, explorer des grottes et passer la nuit dans un hôtel confortable au bord de l'eau, dans une cabane perchée ou chez l'habitant.

En haut : Namtok Huay Mae Khamin (p. 200)

Parc national maritime des îles Similan

7 Mondialement réputé, cet archipel (p. 643) a fait de la Thaïlande une destination de plongée de premier rang. Des excursions en bateau, au départ de Khao Lak, se prêtent à découvrir une myriade de créatures marines, notamment des raies mantas (en photo), des requins-baleines et des coraux mous. À la surface, les îles séduisent tout autant avec leur jungle et leurs plages de sable blanc entourées de récifs coralliens. Hébergement dans le parc national sur Ko Miang (appelée île 4).

Parc historique de Sukhothai

8 Remontez quelque 800 ans en arrière dans l'un des plus fascinants parcs historiques du pays (p. 261). Explorez les ruines de cette ancienne capitale à vélo et découvrez-en les vieux temples, les statues du Bouddha et les étangs poissonneux. De bons musées et des hôtels d'un très bon rapport qualité/prix complètent le tableau. Il y a rarement foule à Sukhothai et vous sortirez des sentiers battus en vous rendant dans ce parc historique, où vous serez peut-être seul à gravir un escalier d'un autre âge.

Pai

9 Prenez une belle vallée montagneuse, ajoutez-y une vie nocturne digne d'une île thaïlandaise, un côté hippie à l'ancienne et des influences shan venues du Myanmar voisin, et vous obtiendrez Pai (p. 291), la destination numéro un du nord du pays. En raison de sa popularité, la ville est parfois bondée, surtout pendant l'"hiver" local, de décembre à janvier. Mais, avec son grand choix d'hébergements pour tous les budgets et sa foule d'activités de loisirs et de détente, on en repart rarement déçu.

Ci-dessus : sources chaudes près de Pai (p. 291)

10

Mékong

10 Des anciennes *shophouses* en bois de Chiang Khan aux peintures rupestres de Pha Taem (p. 455 ; photo ci-dessus), le superbe arc du Mékong dans le nord-est du pays tient d'un véritable florilège esthétique et culturel. Suivez le fleuve à bord d'un bus cahotant ou à vélo, ou à bord d'un *long-tail boat*. Découvrez les cultures thaïlandaise et laotienne dans les petits villages de pêcheurs, mais aussi le curieux parc de sculptures de Nong Khai et les peintures rupestres d'Ubon Ratchathani. Quiconque emprunte cet itinéraire peu fréquenté fera le plein d'anecdotes de voyage.

Ko Pha Ngan

11 Avec ses légendaires fêtes de la Pleine Lune et ses soirées technos qui se prolongent jusqu'à l'aube, Ko Pha Ngan (p. 571) est devenue une véritable Ibiza asiatique.
Ses charmants bungalows, spas et centres de bien-être en font une alternative à sa voisine Ko Samui pour qui aspire au confort. Sur les côtes nord et est, les inconditionnels du hamac pourront échapper à la vie moderne. Sail Rock, l'un des meilleurs sites de plongée du golfe de Thaïlande, se trouve tout près du littoral, tandis qu'une spectaculaire forêt vierge se cache à l'intérieur des terres.

Phetchaburi

12 Cette capitale provinciale (p. 516), que certains surnomment l'"Ayutthaya vivante", est une délicieuse alliance de culture et de nature. Visitez un palais antique au sommet d'une colline, des sanctuaires troglodytiques et des temples animés. Flânez dans le vieux quartier de *shophouses* tenues en famille, avant de rejoindre le parc national de Kaeng Krachan pour y apercevoir gibbons et oiseaux exotiques. La tranquille Phetchaburi fait aussi une bonne étape pour qui revient du Sud ou des îles.

En bas à droite : Tham Khao Luang (p. 517)

11

12

Ko Lipe

13 Alliant confort et détente, Ko Lipe (p. 735) vaut largement le détour, aux dires de ses adeptes, de plus en plus nombreux. Si l'île n'a plus rien d'un secret, vous pourrez toujours profiter de ses plages de sable blanc, de son authentique cuisine thaïlandaise, de ses merveilleuses *guesthouses* et de ses boutiques-*resorts*, et vivre de palpitantes aventures dans le parc national. À noter aussi que la plongée et les conditions de séjour sont idéales au début de la saison des pluies (de mi-avril à juin).

Parc national de Khao Sok

14 Une jungle épaisse couvre la partie médiane du sud de la Thaïlande. De longs itinéraires de randonnée grimpent jusqu'à de spectaculaires formations calcaires dans cette ancienne forêt pluviale (p. 636), où l'on peut découvrir oiseaux, chauves-souris et rafflésies, des fleurs rares à l'odeur pestilentielle. Après avoir goûté aux joies du tubing, du kayak et du rafting, offrez-vous un bienfaisant répit en campant en bord de rivière, ou en passant la nuit dans une hutte flottante du lac Chiaw Lan.

TAE208 / SHUTTERSTOCK ©

WARREN FIELD / SHUTTERSTOCK ©

Parc national de Khao Yai

15 À quelques heures au nord-est de Bangkok, cette vaste réserve (p. 434), inscrite au patrimoine mondial de l'Unesco, abrite des éléphants, des singes (dont des gibbons), des calaos, des pythons, des ours, une multitude de chauves-souris et quelques tigres. Quand bien même vous croiseriez peu de grands animaux au cours de votre marche dans la jungle, les orchidées, les oiseaux et les cascades garantissent une excellente journée. Khao Yai allie à merveille paysages enchanteurs et bonnes conditions d'accès. En haut à droite : macaques dans le parc national de Khao Yai

Ko Kut

16 Peu prise d'assaut, la paradisiaque Ko Kut (p. 506) a l'attrait de ses eaux turquoise et de ses plages à perte de vue. Vous y trouverez Hat Khlong Chao, l'une des plus belles étendues de sable du pays, avec de bonnes possibilités de snorkeling et des randonnées qui permettent d'accéder à des cascades cachées. Ko Kut plaît de surcroît autant pour son rythme tranquille, que les visiteurs ne tardent pas à adopter, que pour ses bars et sa scène musicale simple et décontractée.

17

LINKA A ODOM / GETTY IMAGES ©

18

Province de Mae Hong Son

17 Cette province (p. 302), à la pointe nord-ouest du pays, a bien plus en commun avec le Myanmar (Birmanie) qu'avec le reste de la Thaïlande. Sa situation reculée, ses montagnes imposantes, sa culture et sa cuisine donnent l'impression de s'aventurer dans un autre pays. Venez découvrir ses innombrables grottes, emprunter à moto ses routes en lacets, ou aborder en indépendant le superbe trek de Mae La-Na, à Soppong.

Ci-dessus : sur un radeau de bambou dans les grottes de Tham Lot (p. 299), à Soppong

Parc historique du Phanom Rung

18 Perchées au sommet d'un volcan éteint, les ruines khmères (p. 441) les plus impressionnantes du pays ont quelque chose d'unique. Votre curiosité sera attisée à mesure que vous flânerez le long de la promenade, gravirez les marches et franchirez les ponts encadrés de *naga*. Dans le temple restauré, orné de sculptures hindoues, le temps semble suspendu. Si Phanom Rung n'est pas aussi prestigieux qu'Angkor au Cambodge, il s'en distingue suffisamment pour justifier la visite des deux sites.

Ko Lanta

19 Paradis du farniente, Ko Lanta (p. 707) est l'île sur laquelle fut tournée la première saison de l'émission de téléréalité française. Si vous recherchez la compagnie et les fêtes, rejoignez les plages du Nord. Envie de solitude ? Allez vers le sud jusqu'aux paillotes en bord de mer. De la randonnée vers des grottes calcaires à la plongée au large de Hin Muang et Hin Daeng, les activités abondent. Pour un peu de culture, visitez la vieille ville de la côte est. Majoritairement musulmane, elle compte de plaisants cafés en front de mer.

Phuket

20 Destination balnéaire de renommée internationale, l'île de Phuket (p. 560), accessible en avion depuis Bangkok (ou avec une escale depuis Paris), convient aux visiteurs de tous âges. L'île se distingue par ses belles plages de sable, ses lieux de fête hédonistes, ses hôtels et ses spas haut de gamme. Capitale culturelle, Phuket-ville attire les voyageurs. Des circuits à la journée permettent d'explorer les mangroves, de rencontrer des éléphants et de s'adonner aux sports nautiques, du surf à la plongée. À droite : le Phuket Elephant Sanctuary (p. 686)

GINA SMITH / SHUTTERSTOCK ©

L'essentiel

Pour plus de renseignements, consultez *Thaïlande pratique* (p. 790)

Monnaie
Baht thaïlandais (B)

Langue
Thaï

Visa
Les visiteurs de 64 pays (dont la France, la Suisse, la Belgique et le Canada) peuvent séjourner en Thaïlande jusqu'à 30 jours sans visa (voir p. 803).

Argent
La plupart des établissements ne prennent que les espèces. Les cartes bancaires étrangères sont acceptées dans certaines agences de voyages et certains hôtels, restaurants, centres commerciaux et boutiques haut de gamme.

Téléphone portable
Il est conseillé d'acheter une carte SIM locale. Assurez-vous que votre téléphone est déverrouillé avant votre départ.

Heure locale
Heure GMT + 7 heures. Lorsqu'il est midi à Paris, il est 17h/18h à Bangkok (heure d'été/hiver).

Quand partir

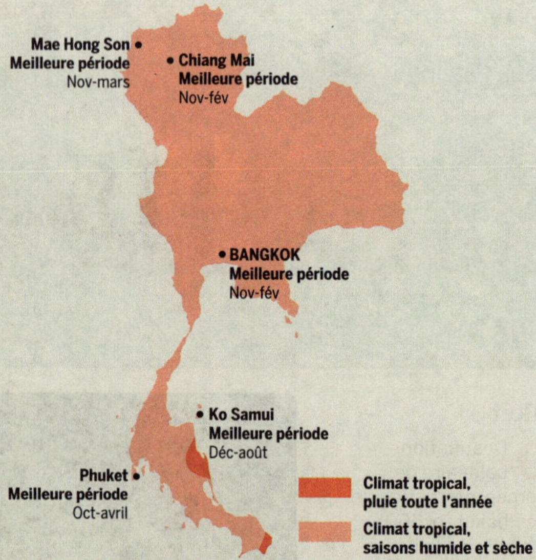

Haute saison
(nov-mars)

➡ Après la mousson vient une saison fraîche et sèche ; la nature est luxuriante et les températures sont agréables.

➡ Avec les vacances de Noël et du Nouvel An, les touristes affluent sur les plages et les prix grimpent.

Saison intermédiaire
(avr-juin, sept-oct)

➡ Les mois d'avril à juin sont très chauds et secs, avec 30°C de moyenne à Bangkok. Sur les côtes, la brise marine rafraîchit l'atmosphère.

➡ En septembre-octobre, privilégiez les îles du golfe de Thaïlande pour éviter la pluie.

Basse saison
(juil-oct)

➡ Mousson avec des averses dans l'après-midi et parfois des crues majeures. Averses soudaines, courtes mais très intenses.

➡ L'activité cesse sur certaines îles et les bateaux restent à quai par mauvais temps. Soyez prêt à modifier vos plans.

Sites Internet

Ambassade de France en Thaïlande (www.ambafrance-th.org)

Dictionnaire français-thaï (www.francais-thai.com)

Gavroche Magazine (www.gavroche-thailande.com). Site d'information en français.

Guide de la Thaïlande sur Internet (www.thailande-guide.com). Petites annonces, cuisine, langue, etc.

Lonely Planet (www.lonelyplanet.fr/destinations/asie/thailande). Infos sur la destination, réservations d'hôtels, forums de voyageurs...

Office national du tourisme de Thaïlande (TAT ; www.tourismethaifr.com). Informations générales et manifestations spéciales.

ThailandeFr (thailande-fr.com). Actualités, culture, société, médias, etc.

Numéros utiles

Indicatif du pays	☎66
Urgences	☎191
Codes d'accès à l'international (selon les opérateurs)	☎001, ☎007, ☎008, ☎009 (et autres indicatifs promotionnels)
Appels internationaux via un opérateur	☎100
Police touristique	☎1155

Taux de change

Canada	1 $C	23,74 B
États-Unis	1 $US	31,39 B
Suisse	1 FS	34,21 B
Zone euro	1 €	36,98 B

Pour les derniers taux de change, voir le site : www.xe.com/fr.

Budget quotidien

Moins de 1 000 B

- Chambre en pension rudimentaire : 500-1 000 B
- Repas sur les marchés ou les stands de rue : 40-100 B
- Bière (petite bouteille) : 100 B
- Transports en commun en ville : 20-50 B

De 1 000 à 4 000 B

- Bonne pension ou hôtel de catégorie moyenne : 1 000-4 000 B
- Repas occidentaux ou plats de poisson : 150-350 B
- Circuits organisés ou activités : 1 000-1 500 B
- Location de moto : 150-250 B

Plus de 4 000 B

- Chambre dans un boutique-hôtel : 4 000 B
- Repas dans un restaurant haut de gamme : 350-1 000 B
- Location de voiture : à partir de 900 B/jour

Heures d'ouverture

Banques et administrations ferment les jours fériés. Certains bars et discothèques sont fermés durant les élections et pendant certaines vacances religieuses lorsque la vente d'alcool est interdite. Les agences bancaires dans les centres commerciaux ont des horaires prolongés.

Administrations 8h30-16h30 lun-ven ; certaines ferment pendant le déjeuner

Banques 8h30-16h30 lun-ven ; DAB ouverts 24h/24

Bars 18h-minuit ou 1h

Discothèques 20h-2h

Magasins 10h-19h

Restaurants 8h-22h

Arriver en Thaïlande

Aéroport international Suvarnabhumi (Bangkok). L'Airport Rail Link (45 B, 30 min) dessert la gare de Phaya Thai et des bus se rendent à Th Khao San (60 B, 1 heure). Taxis avec compteur (250-400 B, 1 heure) disponibles 24h/24.

Aéroport international Don Mueang (Bangkok). Quatre lignes de bus desservent Bangkok, dont l'une vers Th Khao San (50 B, 1 heure). Des taxis avec compteur (250-400 B, 1 heure) circulent 24h/24 et une navette gratuite (1 heure) rallie Suvarnabhumi.

Aéroport international de Chiang Mai. Taxis (150 B, 15 min) pour le centre-ville 24h/24.

Aéroport international de Phuket. Des bus (100 B, 1 heure) desservent Phuket-ville. Taxis avec compteur (500-700 B, 30-60 min) et minibus (200-300 B, jusqu'à 2 heures) rallient les plages et Phuket-ville.

Désagréments et dangers

La Thaïlande est en général un pays sûr, mais mieux vaut rester prudent, surtout avec des inconnus (Thaïlandais ou étrangers) et si vous voyagez seul.

Les agressions de voyageurs sont assez rares, mais se produisent malgré tout.

La possession de drogue peut être punie d'un an de prison ou plus. Bien plus lourdes pour le trafic de stupéfiants, les sanctions vont jusqu'à la peine capitale.

Ignorez les inconnus proposant de vous faire "gracieusement" visiter la ville ou des magasins ; ils touchent systématiquement une commission sur vos achats.

Plus d'informations sur les **Transports** p. 809

Pour un premier séjour

Pour plus de renseignements, consultez *Thaïlande pratique* (p. 790)

Pense-bête

- Vérifier que votre passeport est valable au moins 6 mois après votre retour.
- Si vous comptez séjourner plus de 30 jours dans le pays, présenter une demande de visa touristique auprès d'un consulat de Thaïlande.
- Souscrire une assurance voyage et une assurance pour la plongée, et se procurer un permis de conduire international (PCI).
- Consulter son médecin pour un check-up et demander une autorisation médicale pour pratiquer la plongée.
- Signaler votre voyage à votre banque.

À emporter

- Permis de conduire national et international (PCI)
- Guide de conversation
- Téléphone portable GSM et chargeur
- Chapeau et lunettes de soleil
- Sandales
- Bouchons d'oreille
- Imperméable et bagage étanche si vous voyagez pendant la saison des pluies

Quelques conseils

- Mangez dans les échoppes de rue et les marchés pour découvrir la vraie cuisine thaïlandaise.
- Utilisez les transports locaux, bon marché et qui permettent de rencontrer des gens.
- Louez un vélo pour visiter une ville ou un quartier.
- Apprenez quelques expressions en thaï, et souriez !
- Évitez les escroqueries courantes : ventes de pierres précieuses à Bangkok, prix très bas (ou élevés) dans les transports, etc.
- Assimilez les règles du marchandage.
- Évitez de toucher la tête d'un Thaïlandais.
- Ne désignez pas quelque chose ou quelqu'un avec votre pied.
- Ne découvrez pas vos épaules, évitez de trop montrer vos jambes et retirez vos chaussures à l'entrée des temples bouddhistes.
- Évitez la politique et ne critiquez pas les membres de la famille royale thaïlandaise. C'est illégal.

Tenue adaptée

Des vêtements amples et légers sont la tenue la plus adaptée pour affronter la chaleur tropicale. Prévoyez une veste qui vous servira d'imperméable et pourra vous tenir chaud en altitude. Apportez une tenue soignée pour dîner dans un restaurant chic ou sortir dans une discothèque à Bangkok ou à Phuket.

Hébergement

On trouve facilement à se loger en Thaïlande. Vous aurez l'esprit tranquille en réservant les premières nuits et pourrez improviser ensuite, sauf dans les destinations très fréquentées.

- **Pensions (*guesthouses*)** Celles tenues par des familles sont les plus avantageuses. Chambres basiques (lit et ventilateur) à confortables (sdb et clim).
- **Hôtels** Des boutiques-hôtels aux hôtels d'affaires, ils sont principalement dotés de chambres modernes et parfois d'une piscine.
- **Auberges de jeunesse** Tout comme les pensions, les auberges de jeunesse se sont améliorées, gagnant en modernité et en raffinement.

Argent

La plupart des commerces thaïlandais n'acceptent que les espèces. Les cartes bancaires étrangères sont acceptées dans certaines agences de voyages et certains hôtels, restaurants, centres commerciaux et boutiques haut de gamme.

Pour plus d'informations, voir p. 799.

Marchandage

Les Thaïlandais respectent les négociateurs avisés. Laissez toujours le vendeur annoncer le prix initial avant de demander s'il peut le réduire. Vous obtiendrez souvent un rabais. C'est alors à votre tour de faire une contre-offre. Commencez toujours par proposer un prix bas, mais n'entamez pas de négociation si vous n'avez pas l'intention d'acheter. Si vous achetez plusieurs articles identiques, il sera plus facile de demander (et d'obtenir) un rabais. Le calme et le sourire aident énormément pour marchander.

Pourboire

Le pourboire n'est pas une pratique usuelle, mais il est toujours apprécié. Parfois, pour payer une note élevée au restaurant (exemple : le repas coûte 488 B et vous tendez un billet de 500 B), les clients thaïlandais laisseront la monnaie, comme pour dire qu'ils ne sont pas à un centime près. De nombreux restaurants d'hôtel et gastronomiques incluent des frais de service de 10% dans l'addition.

Langue

Les chauffeurs de bus et de taxis, ainsi que les vendeurs sur les marchés, parlent peu anglais. Cela vous aidera de savoir passer commande et compter en thaï. Voir le chapitre *Langue* (p. 829).

La langue thaïe a son propre alphabet. Les noms de rue sont indiqués en anglais, mais comme il n'y a aucune règle de transcription, l'orthographe varie. Le son de "ph" est un "p" aspiré, pas un "f".

Pas d'impairs !

Les Thaïlandais sont généralement compréhensifs et accueillants, à condition de respecter des conventions sociales primordiales.

➡ **Monarchie** Manquer de déférence à la famille royale est une infraction pénale : manipulez avec respect les objets portant l'effigie du roi (par exemple l'argent).

➡ **Temples** Couvrez vos bras jusqu'aux coudes et vos jambes jusqu'aux genoux. Enlevez vos chaussures avant d'entrer. Asseyez-vous en plaçant vos pieds derrière vous pour ne pas les pointer vers une représentation du Bouddha. Les femmes ne doivent pas toucher un moine ou ses effets personnels ; écartez-vous de leur chemin et ne vous asseyez pas à côté d'eux dans les transports publics.

➡ **Tenue correcte** À la plage, évitez de vous dénuder en public ou de bronzer seins nus. Couvrez-vous en allant à la plage ou en en revenant.

➡ **Langage corporel** Évitez de toucher la tête de quelqu'un, et faites attention à la direction dans laquelle vous pointez les pieds : c'est une partie du corps considérée comme inférieure par les Thaïlandais.

➡ **Ne pas "perdre la face"** Le sourire est la meilleure façon de convaincre un Thaïlandais : tout signe de colère ou de conflit est embarrassant car il peut faire "perdre la face".

Restauration

La Thaïlande possède une gamme complète d'établissements. La réservation n'est nécessaire que dans certains restaurants parmi les plus réputés.

Stands de rue Source omniprésente de plats cuisinés, on en trouve partout et à toute heure du jour et de la nuit.

Restaurants de shophouses Plus confortables et plus chers que les stands de rue, ces établissements semi-ouverts servent l'une des meilleures cuisines du pays.

Restaurants On trouve de tout en termes de cuisine, de confort et de prix.

Quoi de neuf ?

Côté nouveautés, les visiteurs peuvent maintenant découvrir une réserve respectueuse des éléphants, ainsi que le premier centre commercial thaïlandais face à la plage, tandis que de nouveaux trains et bus facilitent encore les déplacements dans le pays.

Découverte éthique des éléphants

ChangChill (p. 342) est la seule réserve d'éléphants du nord de la Thaïlande à bénéficier du label de la Société mondiale de protection des animaux. Les visiteurs peuvent observer les éléphants depuis une plateforme et découvrir leur comportement, leur préparer de la nourriture et discuter avec les cornacs.

Centre commercial face à la plage

Ouvert à Hua Hin, le premier centre commercial face à la plage en Thaïlande connaît un vif succès auprès des résidents et des visiteurs. Seenspace (p. 531) est un espace tendance associant murs de béton et zones ouvertes, le tout abritant des restaurants, des boutiques, un club de plage et un boutique-hôtel.

Nettoyage de plages

Trash Heroes (www.trashhero.org) est un programme en pleine expansion sur les plages de Thaïlande. Des volontaires ramassent les déchets à Phuket, Ko Samui, Ko Chang et sur la plupart des autres grandes îles et plages.

Extension du programme d'exemption de visa

Le programme d'exemption de visa de la Thaïlande concerne désormais 64 pays et permet de séjourner jusqu'à 30 jours, que vous arriviez par voie aérienne, terrestre ou maritime.

100% LOCAL

QUELLE ACTUALITÉ POUR LA THAÏLANDE ?

David Eimer, auteur Lonely Planet

La Thaïlande a un nouveau gouvernement et un nouveau roi. En 2019, un scrutin longtemps attendu a conforté le Premier ministre Prayut Chan-ocha dans son rôle de chef du gouvernement de coalition, et le roi Maha Vajiralongkorn, également connu sous le nom de Rama X, a été couronné à Bangkok lors d'une cérémonie de 3 jours.

Néanmoins, le pays reste divisé politiquement : les populations du nord et du nord-est du pays demeurent fidèles au parti de l'ancien Premier ministre exilé, Thaksin Shinawatra, tandis que les partisans de Prayut sont issus de l'élite traditionnelle, des classes moyennes urbaines et des populations du Sud.

Ces divisions politiques sont essentiellement dues à l'immense fossé entre riches et pauvres ; en 2018, la Thaïlande a été officiellement désignée comme le pays le plus inégalitaire du monde. S'y ajoute une prise de conscience croissante des défis écologiques du pays, notamment l'augmentation de la pollution de l'air dans les grandes villes et l'impact du tourisme sur les plages et les côtes.

Singha Nakhon

Si ce secteur n'est pas nouveau, il vaut la peine d'être visité. Les passionnés d'histoire se régaleront entre murailles anciennes, tombeaux oubliés et forteresses militaires en ruine envahies par la jungle, ponctuant les rives du lac Songkhla.

SkyWalk à Bangkok

Perché au sommet du plus haut gratte-ciel de Thaïlande, le SkyWalk at King Power Mahanakhon (p. 91) offre une vue vertigineuse unique à 360° sur la ville de Bangkok. La terrasse au plancher de verre se trouve à 78 étages au-dessus du sol.

Nouveaux trains

La State Railway of Thailand (p. 817) a annoncé l'achat de 216 nouveaux trains ; leur entrée en service est prévue pour 2021. Cela devrait rendre le trajet vers Chiang Mai, au nord, ou vers Chumphon, au sud, bien plus confortable.

Phuket Smart Bus

Lancé en 2018, le Phuket Smart Bus (p. 655) relie l'aéroport de Phuket à Rawai via la côte ouest en s'arrêtant sur différentes plages. Un forfait illimité de 3 jours est proposé moyennant 500 B.

Paddle à Kanchanaburi

Il est maintenant possible de parcourir la Mae Nam Khwae Yai et d'autres rivières de la région de Kanchanaburi en paddle (p. 194), une nouvelle façon de découvrir certains des plus impressionnants paysages thaïlandais.

Achats détaxés à Bangkok

Nul besoin d'attendre votre vol de retour pour acheter des produits détaxés : il vous suffit d'aller au King Power Mahanakhon (p. 152), qui propose 4 étages d'articles en *duty free*. Vous pouvez même y effectuer votre demande de remboursement de TVA.

À REGARDER ET À SUIVRE

Pour trouver l'inspiration, rendez-vous sur www.lonelyplanet.fr/destinations/asie/thailande.

Amazing Thailand (twitter.com/thailandfanclub). Compte Twitter de la Tourism Authority of Thailand (TAT) où découvrir de sensationnels clichés.

Thaivisa (www.thaivisa.com). Site pour expatriés où échanger et s'informer.

instagram@thailandluxe Clichés extraordinaires de toute la Thaïlande.

Le Petit Journal (lepetitjournal.com/bangkok). Site d'actualité locale pour francophones et expatriés français.

LE SAVIEZ-VOUS ?

Tendance culinaire Les restaurants haut de gamme de cuisine régionale thaïlandaise

Nombre d'îles en Thaïlande 1 430

Nombre de langues parlées en Thaïlande 74

Nombre d'habitants en Thaïlande 69,3 millions

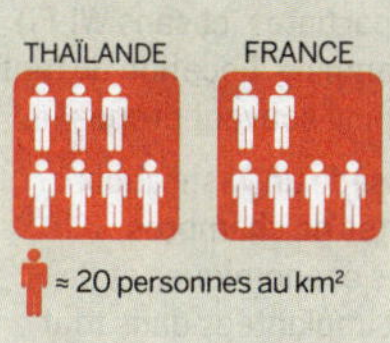

Hébergement

D'autres établissements sont évalués dans les chapitres *Sur la route* (à partir de la p. 67)

Types d'hébergement

➡ **Auberges de jeunesse** Dans les grandes villes et sur les îles touristiques, les auberges de jeunesse à l'occidentale sont souvent le meilleur choix à petit prix. La plupart affichent des murs et sols en béton lissé et un look plus ou moins industriel-chic. Des activités collectives sont généralement proposées.

➡ **Chambres chez l'habitant** Cette option économique et moins touristique, principalement dans les régions rurales, permet de séjourner au sein d'une famille, avec repas compris.

➡ **Hébergement dans les parcs nationaux** La plupart des parcs nationaux sont dotés de bungalows (souvent spartiates, et sans Wi-Fi) et/ou de terrains de camping. Location de tentes et de matériel de camping souvent proposée.

➡ **Hôtels** Le pays possède un vaste choix d'hôtels, la plupart dotés de chambres modernes. Les chaînes économiques et de moyenne gamme sont implantées dans tout le pays et les boutiques-hôtels se retrouvent surtout à Bangkok et à Chiang Mai. Les 4 et 5-étoiles de stature internationale sont présents dans les grandes villes et les stations balnéaires haut de gamme.

➡ **Pensions (guesthouses)** Privilégiez les pensions familiales. Dans les petites localités, certaines peuvent être basiques et hors d'âge, avec salles de bains communes et ventilateurs brinquebalants, mais les chambres privées avec salles de bains attenantes, climatisation et TV dominent presque partout.

Tarifs des hébergements

Les prix suivants correspondent aux tarifs sans réservation en haute saison d'une chambre double avec salle de bains.

Grandes villes et stations balnéaires

$ moins de 1 000 B

$$ 1 000-4 000 B

$$$ plus de 4 000 B

Autres destinations

$ moins de 600 B

$$ 600-1 500 B

$$$ plus de 1 500 B

Top des hébergements

Pour les petits budgets

Il existe un large éventail d'hébergements économiques. Présentes partout, les auberges de jeunesse sont encore plus nombreuses dans les villes les plus touristiques. Des pensions (*guesthouses*) à petit prix sont implantées dans tout le pays et les hôtels bon marché essentiellement dans les villes plus reculées.

➡ Infinity Beach Hostel (p. 579). Auberge de jeunesse d'un excellent rapport qualité/prix, à quelques pas de la plage sur Ko Pha Ngan.

➡ Chern (p. 112). Ses grands dortoirs et ses chambres privées sont une affaire à Bangkok.

➡ Pak-Up Hostel (p. 689). Auberge de jeunesse la plus prisée de Krabi, aux dortoirs confortables.

➡ Paradise Cottage (p. 501). Retraite relaxante et bien tenue face à Lonely Beach, sur Ko Chang.

➡ Riverside Guest House (p. 257). Charmante maison traditionnelle en bois donnant sur la rivière à Lampang.

➡ Nok Chan Mee Na (p. 379). Bungalows impeccables et confortables dans un joli paysage de rizières, au pied du Doi Inthanon.

Pour les familles

La Thaïlande est une destination parfaitement adaptée aux enfants ; les familles sont les bienvenues partout. Les meilleurs établissements se situent dans les îles – telles Phuket, Ko Samui, Ko Lanta et Ko Chang – ou le long de la côte. Le sud de Hua Hin est très apprécié des familles. Dans les régions plus reculées, piscines et activités sont moins nombreuses.

➡ Samui Jasmine Resort (p. 558). Hôtel face à la plage sur Ko Samui avec piscine pour enfants, crèche et baby-sitting.

➡ The Sands (p. 642). Complexe hôtelier sur Khao Lak doté d'un formidable parc aquatique, de plusieurs piscines et d'aires de jeux.

➡ Dolphin Bay Resort (p. 536). Hôtel de Pranburi à l'ambiance de camp de vacances ; la plage est juste de l'autre côté de la route.

➡ Phi-Phi Island Village (p. 705). Un village indépendant loin de tout, au bord d'une plage de sable blanc propice à la détente.

➡ Fern Resort (p. 306). L'un des hôtels les plus prisés de Mae Hong Son depuis longtemps, avec piscines, sentiers nature et un immense jardin.

➡ Awana House (p. 346). Une pension à Chiang Mai dont le personnel est à l'écoute des enfants.

Pour les voyageurs en solo

Prisée toute l'année, la Thaïlande est une destination où les voyageurs en quête de solitude peuvent avoir du mal à s'isoler. Dans les îles et les sites touristiques tels Bangkok, Chiang Mai et Pai, les auberges de jeunesse programment des circuits et des activités quotidiennes, tandis que certaines *guesthouses* organisent des dîners chaque soir permettant aux convives de se rencontrer.

➡ Common Grounds (p. 294). La plus conviviale et la plus fêtarde auberge de jeunesse de Pai.

➡ The Chic Lipe (p. 736). Auberge de jeunesse chic, avec bar, restaurant et bibliothèque, sur Ko Lipe.

➡ Sri Pat Guest House (p. 346). Sublime pension pour baroudeurs aisés à Chiang Mai.

➡ BB Lonely Beach (p. 501). Repaire de voyageurs à petit budget sur la plage fêtarde de Ko Chang.

➡ Lub d (p. 669). Bar et jeux dans cette auberge de jeunesse divertissante de Bangkok.

➡ King's Home (p. 528). Pension accueillante et chaleureuse à Hua Hin, tenue par une famille.

Pour les amoureux de la nature

La Thaïlande compte de nombreuses possibilités d'hébergement loin de l'animation des villes et des destinations les plus visitées. Cela va des cabanes au bord du Mékong aux complexes écoresponsables nichés dans les îles et dans les forêts et montagnes du Nord. Les familles qui voyagent loin des plages profiteront de grands jardins et d'amples possibilités d'observer la faune – un must pour les enfants.

➡ Sang Tong Huts (p. 306). Bungalows en bois et bambou au design individuel, en forêt, à l'extérieur de Mae Hong Son.

➡ Bann Makok (p. 507). Complexe écologique chic blotti dans les mangroves sur l'idyllique Ko Kut.

➡ Bulunburi (p. 296). Près de Pai, 11 bungalows nichés dans une vallée isolée, semée de rizières et de cours d'eau.

➡ Viking Natures Resort (p. 704). Plage, jardin façon jungle peuplé de singes, et cabanes décorées de bois flotté sur Ko Phi Phi.

➡ Rai Saeng Arun (p. 237). Un accueillant *resort* écoresponsable au bord du Mékong à l'extérieur de Chiang Khong.

➡ Railay Great View Resort (p. 696). Bungalows à toit de chaume dans un style tropical chic, au cœur d'un jardin boisé menant à une plage privée sur Railay.

Réservations

Trouver à se loger en Thaïlande est aisé. Pour votre tranquillité d'esprit, réservez une chambre pour les premières nuits ; vous pourrez ensuite improviser, à moins de vouloir séjourner dans un lieu très touristique. Attention : les logements sont pris d'assaut certains jours fériés et à certaines dates.

Lonely Planet (www.lonelyplanet.fr/hotels). Conseils et réservations.

Travelfish (www.travelfish.org/country/thailand). Critiques indépendantes et avis de lecteurs.

Agoda (www.agoda.com/country/thailand.html). Site de réservation basé en Asie couvrant une gamme complète d'hébergements, des auberges de jeunesse aux hôtels de luxe.

Envie de...

Bons petits plats

Cuisine thaïlandaise Délicieuse, ultra-pratique et bon marché. (p. 45)

Currys Relevés, parfumés et colorés, les currys thaïlandais constituent un repas complet. Bangkok, le Sud et le Nord ont leurs propres variantes.

Cuisine de l'Isan Les 3 plats de base de la cuisine du Nord-Est – *gài yâhng* (poulet grillé), *sôm·đam* (salade de papaye verte épicée) et *kôw nĕe·o* (riz gluant) – sont appréciés dans tout le pays.

Produits de la mer Quelques spécialités : crevettes grillées, calmars sautés et relevés, currys de crabe et moules frites.

Fruits Délicieux au dessert, les fruits tropicaux sont présentés sous forme de pyramide ou disposés comme des friandises dans les vitrines des marchands.

Cours de cuisine Apprenez les secrets des chefs dans les écoles de Bangkok, Chiang Mai, Ko Chang ou Ko Samui.

Plages

Le sud de la Thaïlande recèle les plages les plus célèbres, mais la côte est compte aussi deux secteurs qui valent le détour.

Railay Les mordus d'escalade s'attaquent aux falaises de calcaire escarpées et les adeptes de la bronzette se prélassent sur des plages de sable fin. (p. 692)

Ko Phi Phi Difficile de résister au mélange de *beach-party* et d'ambiance décontractée sur les plages plus reculées. (p. 700)

Ko Lanta Des sites de plongée exceptionnels juste au large et des belles plages accueillant baroudeurs ou familles. (p. 707)

Ko Tarutao À la frontière de la Malaisie, Tarutao déploie de vastes plages dénuées de complexes balnéaires (ou presque) – ce qui est très appréciable. (p. 732)

Ko Chang *Resorts* et spas haut de gamme, nombreuses pensions (*guesthouses*) pour s'évader, avec un hamac pour seul équipement, et sublimes couchers de soleil. (p. 493)

Ko Samet Cette île prisée des baroudeurs aisés offre des plages très festives et d'autres plus tranquilles au sud. (p. 480)

Détente absolue

Ko Samui On vient dans cette île dédiée au bien-être pour mincir, embellir et se détendre. (p. 552)

Bangkok Dans la "ville des anges", se faire masser est une activité aussi banale que récupérer son linge au pressing ou passer à la poste. (p. 68)

Phuket Sur cette île, des spas luxueux accueillent les touristes du monde entier. (p. 650)

Chiang Mai Dans cette ville décontractée, on se fait masser à prix doux. (p. 320)

Ko Chang En plus du farniente sur la plage, on peut profiter des spas luxueux de Ko Chang pour une détente absolue. (p. 493)

Temples et ruines

Explorez les superbes temples bouddhiques et anciens sanctuaires khmers.

Bangkok La statue du Bouddha la plus révérée de la ville est commodément installée dans le Wat Phra Kaew, siège du bouddhisme thaïlandais. (p. 68)

Ayutthaya Les vestiges de cette cité légendaire témoignent des premières années de l'histoire de la Thaïlande. (p. 172)

Sukhothai Cette cité a été la capitale d'un des premiers royaumes thaïlandais. (p. 261)

Chiang Mai Sa vieille ville fortifiée est truffée de temples en teck. (p. 320)

Phanom Rung Cet avant-poste khmer, batti dans le style architectural d'Angkor, domine depuis des siècles la plaine alentour. (p. 441)

Lopburi Ancien siège du pouvoir des royaumes khmers

En haut : *sôm·dam* (salade de papaye verte épicée ; p. 54)

En bas : Wat Phra Kaew et Grand Palais (p. 71), Bangkok

et de Dvaravati, dont les ruines sont aujourd'hui le domaine des singes. (p. 183)

Plongée et snorkeling

Des eaux chaudes et cristallines, et des sites de plongée parmi les meilleurs au monde.

Parcs nationaux maritimes des îles Surin et Similan Ces îles de la mer d'Andaman offrent des tombants spectaculaires, des coraux durs et mous, et une riche faune marine. (p. 635)

Ko Lanta Cette île de la mer d'Andaman compte quantité de sites de plongée ; repérez les raies mantas, les requins-baleines et autres grands poissons pélagiques. (p. 707)

Ko Tao Écoles de plongée aux prix attractifs, eaux peu profondes et bonnes conditions météo toute l'année : Ko Tao reste le meilleur endroit pour s'initier à la plongée. (p. 590)

Ko Lipe Sites de plongée avec des coraux en bonne santé, pitons rocheux en eau profonde et bonne visibilité au début de la saison des pluies. (p. 735)

Aventures en plein air

Kanchanaburi Cascades, rafting et tyroliennes tout près de Bangkok. (p. 189)

Mae Hong Son Randonnez à la frontière entre la Thaïlande et le Myanmar et visitez des villages d'ethnies montagnardes. (p. 302)

Ko Chang Lassé de la plage ? Explorez la jungle qui couvre les collines avec un guide local, familier des lieux. (p. 493)

Parc national de Khao Sok Partez en randonnée ou en canoë dans une ancienne forêt fluviale, émaillée de montagnes. (p. 636)

Railay et Ton Sai Gravissez les falaises karstiques de Krabi et admirez la vue imprenable sur l'océan. (p. 692)

Chiang Mai Dans cette ville très nature, chaque activité – VTT, kayak, descente en rappel, randonnée, tyrolienne... – a ses adeptes. (p. 320)

Faune

Parc national de Khao Yai Dans le plus ancien parc national du pays vivent singes, éléphants, serpents... (p. 434)

Parc national de Kaeng Krachan Dans la brume du petit matin, partez à la rencontre des éléphants et des gibbons de ce parc peu visité, au sud de Bangkok. (p. 516)

Ao Khanom Une jolie baie peu touristique au sud de Surat Thani où évoluent des dauphins roses, une espèce albinos rare. (p. 610)

Parc national de Kuiburi Lors d'un safari thaïlandais, vous observerez certainement des éléphants sauvages. (p. 534)

Parc national de Nam Nao Paradis des ornithologues, ce parc est aussi peuplé de tigres, d'éléphants et de léopards. (p. 465)

Parc national de Thong Pha Phum En dormant sur place, vous apercevrez sans doute des serows (caprins asiatiques), des cerfs et d'innombrables espèces d'oiseaux. (p. 205)

Loin de la foule

Ko Tarutao Avec sa jungle et ses vastes plages désertes, on se sent loin de tout. (p. 732)

Réserve naturelle de Phu Wua Cette réserve sauvage et reculée dans le nord-est de la Thaïlande est semée de cascades et abrite des éléphants. (p. 412)

Ko Ngai Parmi les plus paisibles des îles méridionales, Ko Ngai compte de superbes plages et sites de snorkeling. (p. 727)

Parc historique de Si Satchanalai-Chaliang Éparpillées dans une plaine, ces ruines de cités anciennes sont peu fréquentées. (p. 269)

Ko Mat Sum Cet îlot au large de la côte sud de Ko Samui est idéal pour sortir des sentiers battus. (p. 563)

Shopping et marchés

Bangkok Le choix est immense : vastes centres commerciaux remplis de boutiques de créateurs, immenses marchés comme celui de Chatuchak ou boutiques élégantes. (p. 68)

Chiang Mai Le bazar de nuit abonde en souvenirs et objets anciens. À proximité de la ville, dans les villages d'artisans, on trouve vêtements en soie et ombrelles colorées. (p. 320)

Phuket-ville Boutiques et galeries d'art se côtoient sur le marché du week-end dans le centre branché de Phuket. (p. 655)

Mae Sot Myanmar ou Thaïlande ? Difficile de savoir où vous vous trouvez, sur l'un des marchés de produits frais les plus exotiques du pays. (p. 282)

Khon Kaen Faites des emplettes sur l'un des nombreux marchés nocturnes de cette ville du Nord-Est. (p. 457)

Vie nocturne

Bangkok Des DJ internationaux se produisent régulièrement dans les clubs de la capitale. Dans les bars perchés sur les toits-terrasses, on sirote des mojitos dans une ambiance détendue. Enfin, Th Khao San reste le rendez-vous préféré des baroudeurs. (p. 138)

Phuket Clubs, concerts dans les bars et spectacles de cabaret vous assurent des soirées bien remplies. (p. 650)

Pattaya Les mégaclubs, ciblant surtout les touristes étrangers, ont pignon sur rue, et un nombre croissant d'établissements 5 étoiles ont des bars programmant de la musique live. (p. 474)

Ko Pha Ngan Le berceau de la fête de la Pleine Lune : whisky à gogo et gueules de bois mémorables... (p. 571)

Fêtes et festivals

Les visiteurs auront l'embarras du choix côté festivals – l'occasion de manger, festoyer ou s'arroser.

Songkran Durant la plus grande fête thaïlandaise, les habitants aspergent d'eau les bouddhas en signe de vénération. Ensuite, des batailles d'eau éclatent partout. (p. 33)

Festivals musicaux Jazz à Hua Hin et DJ internationaux à Bangkok et Ko Samui. (p. 528)

Loi Krathong En novembre, les Thaïlandais prient pour se faire pardonner leurs péchés et fabriquent des lanternes qu'ils lâchent ensuite sur les cours d'eau. (p. 35)

Fêtes des fruits Les villages célèbrent leur production agricole par diverses fêtes. À Chiang Rai, le litchi est à l'honneur ; à Chanthaburi, c'est le durian, fruit à l'odeur nauséabonde.

Mois par mois

LE TOP 5

Songkran, avril

Loi Krathong, novembre

Khao Phansaa, juillet

Fête végétarienne, octobre

Janvier

Le temps est sec et frais, c'est le pic de la saison touristique.

Nouvel An chinois

On fête le Nouvel An lunaire (*đrùt jin*). Place au grand ménage et à des feux d'artifice pendant toute une semaine.

Février

C'est toujours la haute saison touristique, mais moins qu'en décembre et janvier. Soleil et fêtes attendent les visiteurs qui cherchent à fuir l'hiver dans leur pays.

Fête des Fleurs

Chiang Mai se pare de fleurs pendant 3 jours. Le clou du spectacle : une parade de chars fleuris dans toute la ville.

Makha Bucha

Makha Bucha (*mah·kå bou·chah*) célèbre le jour où 1 250 *arahant* (bouddhistes ayant atteint l'Éveil) se sont réunis pour rendre visite à Bouddha et recevoir ses enseignements. Cette fête a lieu à la pleine lune du 3e mois lunaire. C'est un jour férié.

Mars

La saison chaude et sèche approche et les plages commencent à se vider. Les étudiants thaïlandais sont en vacances avant le second semestre de cours et sillonnent le pays en touristes.

Saison des mangues

La saison des mangues s'échelonne de mars à juin. Les délicieux fruits mûrs sont souvent coupés sous vos yeux, déposés sur du riz gluant et accompagnés d'une sauce au lait de coco.

Fêtes des Cerfs-Volants

Pendant la saison venteuse, des cerfs-volants colorés s'affrontent dans le ciel de Sanam Luang à Bangkok et ailleurs dans le pays.

Avril

Temps chaud et sec. La saison touristique ralentit, sauf lors de Songkran, pendant lequel les Thaïlandais voyagent beaucoup. Réservez bien à l'avance.

Poy Sang Long

Cette fête colorée, célébrant l'ordination des novices bouddhistes, se tient fin mars/début avril à Mae Hong Son. À Chiang Mai, de jeunes garçons shan (Tai Yai), de 7 à 14 ans, paradent en costume d'apparat, avec coiffes et maquillage.

Songkran

Le Nouvel An traditionnel thaïlandais (13-15 avril) commence sagement puis se transforme en joyeuses batailles d'eau. Le matin, des représentations sacrées du Bouddha sont aspergées d'eau lors de cérémonies. Puis, tout le monde charge son pistolet à eau et descend dans la rue.

Mai

La saison des pluies se profile, et les festivals se veulent propices aux pluies abondantes

et aux récoltes généreuses. Les prix sont plus bas et les touristes peu nombreux, mais le soleil est toujours au rendez-vous.

Fête des Fusées

Dans le Nord-Est, où les précipitations se font parfois attendre, les villageois lancent dans le ciel des fusées en bambou (*bâng fai*) peintes pour provoquer la pluie. Des festivités se tiennent à Yasothon, Ubon Ratchathani et Nong Khai.

Cérémonie des labours royaux

Astrologie et anciens rites brahmaniques se mêlent dans cette cérémonie royale qui marque l'ouverture officielle de la saison de plantation du riz. Des bœufs sacrés attelés à une charrue de bois labourent le Sanam Luang ("champ royal") à Bangkok.

Visakha Bucha

Le jour sacré de Visakha Bucha (*wí·săh·kà bou·chah*) tombe le 15ᵉ jour de lune croissante du 6ᵉ mois lunaire. Il commémore la naissance, l'Éveil et la mort (*parinibbana*) du Bouddha.

Juin

Dans certaines régions, la saison des pluies commence déjà sous la forme d'une averse l'après-midi, laissant le reste de la journée à la musique et aux réjouissances. C'est la saison intermédiaire.

Fête des Fruits de Chanthaburi

Fin mai ou début juin, à Chanthaburi, c'est l'occasion de célébrer une farandole de fruits : mangoustans, ramboutans, *longkong*, longanes, *salak*, sans oublier l'odorant durian.

Hua Hin Jazz Festival

Des groupes de jazz se retrouvent dans une retraite royale à la mi-juin pour rendre hommage au défunt roi Bhumibol, saxophoniste de jazz et compositeur accompli.

Phi Ta Khon

Ce jour saint du Bun Phra Wet bouddhique prend des airs de carnaval au village de Dan Sai, dans le Nord-Est. Vêtus de costumes évoquant des "esprits", les participants brandissent dans les rues des phallus de bois et s'imbibent d'alcool de riz. En juin ou juillet.

Festival international de musique de Pattaya

Des groupes pop et rock de toute l'Asie se produisent dans la station balnéaire de Pattaya, sur la côte est. Ce festival gratuit attire de nombreux étudiants des universités de Bangkok.

Juillet

La saison des pluies marque le début du carême bouddhique, une période de réflexion et de méditation. Les touristes arrivent pour les vacances d'été.

Asahna Bucha

Lors de la pleine lune du 8ᵉ mois lunaire, on célèbre le premier sermon du Bouddha et les quatre nobles vérités de la religion. C'est l'une des fêtes les plus sacrées du bouddhisme.

Khao Phansaa

Le jour suivant Asahna Bucha, cette fête marque le début du carême bouddhique (1ᵉʳ jour de la lune décroissante du 8ᵉ mois lunaire). Les hommes choisissent traditionnellement ce moment pour entrer dans les ordres. À Ubon Ratchathani, les bougies données en offrandes ont été remplacées par un festival de sculptures de cire.

Anniversaire de Sa Majesté le roi

L'anniversaire du roi, le 28 juillet, est célébré comme un jour férié.

Août

La mi-saison des pluies se caractérise par un ciel couvert et des averses quotidiennes, d'où, en théorie, un petit nombre de visiteurs.

Anniversaire de Sa Majesté la reine

L'anniversaire de la reine mère (12 août) est un jour férié, et c'est aussi le jour de la fête des Mères.

Octobre

Les préparatifs religieux à l'occasion de la fin de la saison des pluies et du carême bouddhique

commencent. La mousson se termine dans presque tout le pays.

Fête du roi Chulalongkorn

Un hommage est rendu à Rama V (roi Chulalongkorn ; r. 1868-1910) le jour anniversaire de sa mort (le 23 octobre), sur la place royale du quartier de Dusit, à Bangkok.

Ork Phansaa

La fin du carême bouddhique (3 mois lunaires après Khao Phansaa) est marquée par la cérémonie de *gà·tĭn*, lors de laquelle les personnes méritantes offrent de nouvelles robes aux moines.

Fête végétarienne

Durant les 9 jours que dure cette fête, la viande est bannie de l'alimentation, conformément aux croyances chinoises concernant la purification de l'esprit et du corps. À Phuket, sur la côte d'Andaman, les manifestations prennent une tournure parfois effrayante lorsque des participants en transe se transpercent certaines parties du corps. La fête a généralement lieu fin septembre/début octobre.

Biennale de Bangkok

Cette nouvelle manifestation d'envergure a connu sa première édition en 2018-2019. Organisée d'octobre à février une année sur deux, elle présente les œuvres d'artistes parmi les plus célèbres et les plus tendance d'Asie dans divers espaces publics de la métropole. Prochaine édition en 2020-2021.

Novembre

La saison est plutôt fraîche et sèche. Pour éviter la foule, essayez d'arriver assez tôt. Les plages sont attrayantes et les paysages luxuriants.

Loi Krathong

C'est l'une des fêtes les plus populaires de Thaïlande. Loi Krathong se déroule lors de la première pleine lune du 12e mois lunaire. De petits bateaux en origami (*kràthong* ou *grà·tong*) ornés de fleurs et de bougies sont lâchés sur les cours d'eau du pays.

Fête des Singes de Lopburi

Les turbulents macaques de la ville sont particulièrement choyés le dernier dimanche de novembre. Un banquet leur est offert, sous l'œil bienveillant des personnes méritantes.

Décembre

Ciel bleu, hôtels bondés et ambiance de vacances : c'est le cœur de la saison touristique.

Foire d'hiver et de la Croix rouge à Chiang Mai

Ce festival qui se déroule sur 10 jours fin décembre présente le patrimoine culturel de Chiang Mai dans une ambiance de foire agricole. Au programme : nourriture (en quantité) et manifestations traditionnelles.

Anniversaire de Rama IX

L'anniversaire du roi Bhumibol, décédé en 2016, est fêté le 5 décembre, jour férié où sont organisés des défilés et des événements mettant le mérite à l'honneur. C'est aussi le jour de la fête des Pères.

Itinéraires

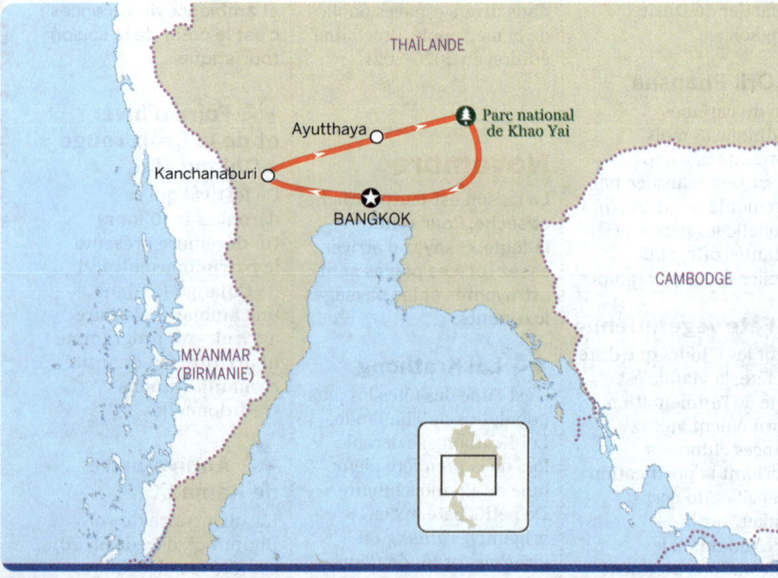

1 SEMAINE Bangkok et ses environs

Si vous êtes pressé par le temps, vous pourrez quand même découvrir la jungle, les temples et la culture thaïlandaise, facilement accessibles depuis Bangkok.

Après une rapide découverte des principaux temples, marchés et grandes tables de **Bangkok**, lancez-vous dans le superbe voyage en train menant à **Kanchanaburi**. Là, baignez-vous dans les chutes d'eau d'Erawan, composées de 7 cascades successives, puis visitez le mémorial du col du Feu de l'enfer, hommage poignant aux innombrables prisonniers de guerre qui ont péri en construisant le chemin de fer Birmanie-Thaïlande durant la Seconde Guerre mondiale. Les forêts voisines sont propices aux excursions et aux activités de plein air, comme la tyrolienne dans la canopée ou une croisière sur la rivière Kwaï.

Ensuite, sautez dans un minibus à destination d'**Ayutthaya** et découvrez à vélo les impressionnants vestiges de cette ancienne capitale. Pour finir, rendez-vous au **parc national de Khao Yai** (en passant par Pak Chong). Randonnez une journée dans la jungle sur la piste des éléphants et des tigres, et campez à la belle étoile avant de reprendre le chemin de Bangkok.

4 SEMAINES

Le grand tour

Commencez par **Bangkok**, puis prenez un train jusqu'à l'ancienne capitale d'**Ayutthaya**. Faites un bref détour par **Lopburi**, la cité des singes, et faites le plein de culture jusqu'à **Sukhothai**, dont vous pourrez parcourir les vestiges à vélo. Filez jusqu'à **Chiang Mai**, la nonchalante "rose du Nord", où vous pourrez vous promener à vélo parmi les temples anciens. Gagnez les montagnes et **Pai**, à l'ambiance festive. Enfoncez-vous dans les collines jusqu'à **Mae Hong Son**, mâtinée d'influences birmanes. Retournez à Chiang Mai.

Le moment est venu de rejoindre la plage. Envolez-vous pour le golfe de Thaïlande et faites étape à **Ko Samui** pour goûter aux plaisirs d'un luxueux *resort*, à **Ko Pha Ngan** pour se détendre sur la plage et faire la fête, et à **Ko Tao** pour la plongée et le snorkeling.

Longez ensuite la côte d'Andaman et admirez ses monts calcaires semblant surgir de la mer. **Ko Phi Phi** est sans doute la plus jolie, la plus chère et la plus festive des îles. La petite **Ko Jum** protège jalousement ses cabanes de plage et son ambiance bohème. **Ko Lanta** s'est popularisée et figure désormais sur les circuits touristiques, mais son principal attrait est la plongée. Les amateurs d'escalade privilégient Krabi, sur le continent, et les environs de **Railay**.

Si vous avez encore envie de sable fin, descendez le long de la péninsule jusqu'aux **îles de Trang**, un autre archipel de formations calcaires aux eaux cristallines. Autre option : les îles paradisiaques au large de Satun. Vous y trouverez **Ko Bulon Leh**, qui convient aux budgets moyens, **Ko Tarutao**, à l'ambiance rustique, et **Ko Lipe**, décontractée mais tendance.

Vous pouvez aussi faire l'impasse sur les plages au sud de Krabi et préférer une escapade culturelle dans le Nord-Est, cœur agricole du pays. Repassez par Bangkok puis frayez-vous un chemin dans la jungle du **parc national de Khao Yai**, avant de poursuivre vers Nakhon Ratchasima (Khorat), où vous prendrez une correspondance pour les ruines d'Angkor à **Phimai**. Suivez la voie khmère jusqu'à l'imposant **Phanom Rung**, au sommet d'un volcan éteint. Non loin, vous trouverez des temples tombés dans l'oubli, mais non moins majestueux.

3 SEMAINES

Îles et plages du Sud

Voir toutes les plus belles plages de Thaïlande en un seul séjour n'est pas impossible, à condition de prévoir un programme serré. Ce circuit comprend des déplacements par voies terrestre et maritime, mais permet aussi de prendre l'avion sur certains trajets.

Au départ de **Bangkok**, mettez le cap au sud vers **Hua Hin**, station balnéaire huppée où toutes les grandes chaînes hôtelières, ou presque, ont un établissement sur la plage. Gagnez ensuite **Prachuap Khiri Khan**, où vous pourrez louer un vélo pour découvrir la côte sinueuse, les baies et l'ambiance décontractée des plages.

Pour passer du temps dans les îles, commencez par **Ko Tao** (via Chumphon). Offrez-vous des cours de plongée, ou passez quelques jours à faire du snorkeling, avant de rejoindre **Ko Pha Ngan** pour une fête de la Pleine Lune – à moins de vous réfugier dans un coin tranquille de l'île. Rejoignez **Ko Samui** pour vous faire dorloter (ou faire la fête). Un court trajet en ferry vous conduira à Surat Thani, carrefour de transports. Des bus partent toutes les heures pour le **parc national de Khao Sok**. Vous y découvrirez l'une des plus anciennes forêts humides au monde, avant de faire le court trajet jusqu'à Khao Lak. Cette petite plage assoupie est la base idéale pour les sorties plongée dans les fameuses **îles Similan** et, au nord, les îles Surin. Passez quelques jours en mer sur un bateau pour profiter du monde sous-marin, au milieu des raies, des requins et des hippocampes. Cap ensuite sur **Phuket**, la plus grande île du pays, pour faire le plein de curiosités touristiques et d'activités (telle l'excursion à Ao Phang-Nga).

De Phuket, prenez un bateau pour **Ko Phi Phi**, une île qui, même si elle festoie toute la nuit, est toujours superbe au petit matin. Ensuite, deux possibilités : regagner le continent pour découvrir le sublime littoral de **Krabi** (prenez un *long-tail boat* pour la péninsule de Railay, aux féeriques formations calcaires) ; ou rejoindre directement **Ko Lanta** en ferry pour profiter de sa douceur de vivre. Poursuivez vers le sud en ferry en passant au large des belles **îles de Trang** jusqu'à **Ko Lipe**, toujours fascinante malgré sa popularité. Pour rentrer, vous n'aurez plus qu'à regagner le continent en *speedboat*.

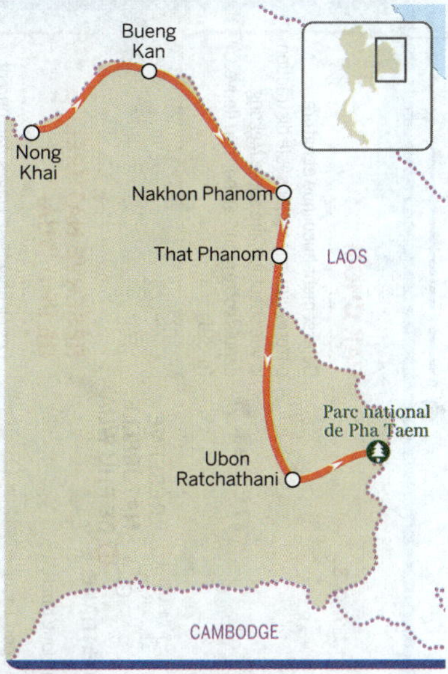

3 SEMAINES — Le nord de la Thaïlande

Découvrez les montagnes luxuriantes et les villages ethniques situés à la frontière de la Thaïlande, du Myanmar et du Laos.

Chiang Mai est une base idéale où s'adonner à la méditation et suivre des cours de massage et de langue. Prenez la route du nord-ouest jusqu'à **Pai**, retraite montagnarde où l'on randonne le jour et on festoie la nuit. Faites halte à **Soppong**, lieu de spéléologie réputé, puis gagnez **Mae Hong Son**, plus proche du Myanmar que de la Thaïlande. Enfin, visitez **Mae Sariang**, une petite ville fluviale réputée pour ses trekkings responsables.

Restez dans les montagnes à **Chiang Dao**, alternative plus sage que Pai. Puis, mettez le cap sur Chiang Rai par un itinéraire détourné via le charmant village fluvial de **Tha Ton**, avant de serpenter à flanc de montagne jusqu'à **Doi Mae Salong**, une plantation de thé du Yunnan. Gagnez **Chiang Rai**, séjournez chez l'habitant dans un village ethnique montagnard et faites des randonnées à thème culturel avant de rallier les villes de **Chiang Saen** et de **Sop Ruak**. Fuyez la foule à **Phayao**, une agréable ville du Nord, pour admirer ses temples.

2 SEMAINES — Au fil du Mékong

Le Mékong sépare la Thaïlande du Laos, et la route qui longe le fleuve est la plus belle de la région rurale du Nord-Est (l'Isan). Ici, pas de grands sites d'intérêt, mais on y fait le plein de culture, on y découvre un mode de vie traditionnel, des gens sympathiques, et des logements chez l'habitant.

Commencez par la charmante cité de **Nong Khai**, à un jet de pierres du Laos, et point de passage pratique vers ce pays. Pour un rythme plus paisible, longez le fleuve vers l'est jusqu'à **Bueng Kan**, bourgade poussiéreuse proche d'un temple se dressant au sommet d'un piton rocheux. Aux alentours, plusieurs pensions chez l'habitant proposent des incursions dans le territoire des éléphants sauvages. Faites un détour par **Nakhon Phanom** pour sa ravissante promenade fluviale, et par la minuscule **That Phanom**, dont le célèbre temple de style lao fait l'objet d'un festival animé de 10 jours en début d'année.

Si la ville vous manque, rendez-vous à **Ubon Ratchathani**, entourée du **parc national de Pha Taem**, entre des rapides du fleuve et des villages d'artisans. De là, vous pouvez passer au Laos à Pakse ou rallier Bangkok en train de nuit.

La Thaïlande hors des sentiers battus

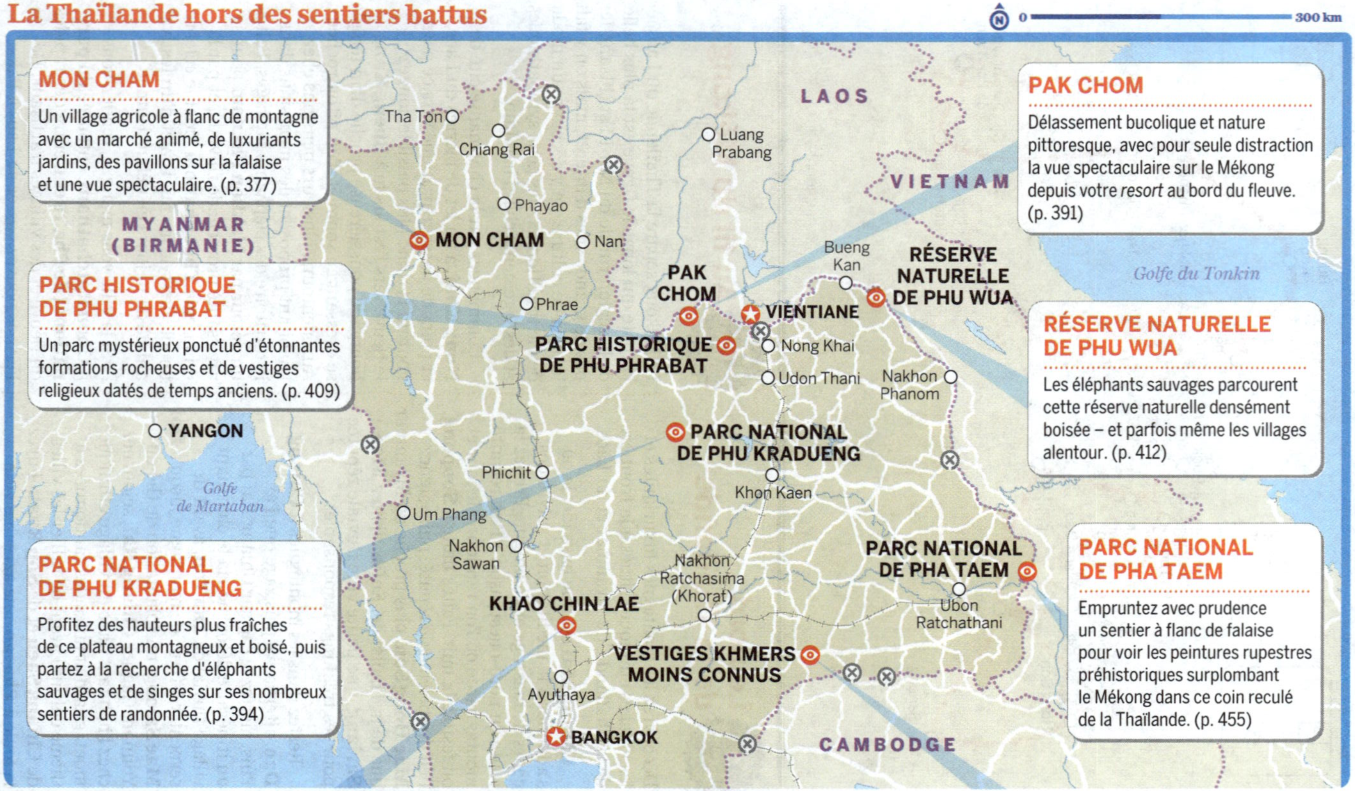

KHAO CHIN LAE
Montagne déchiquetée près de Lopburi entre forêts, champs de tournesols et un grand bouddha serein au sommet de 436 marches. (p. 187)
PARC NATIONAL DE KUIBURI
Dans ce parc proche du Myanmar, on est presque assuré d'apercevoir des éléphants sauvages. (p. 534)
KO BULON LEH
Cette île superbe et peu fréquentée jouit de plages paradisiaques. Pas de DAB, et de l'électricité seulement le soir (si on a de la chance). (p. 739)
KO SUKORN
Paradis culturel parsemé de plages cuivrées et de plantations d'hévéas, idéal pour s'immerger dans des communautés villageoises. (p. 729)
VESTIGES KHMERS MOINS CONNUS
Louez une moto pour la journée et découvrez les mystérieuses ruines khmères ponctuant les rizières autour de l'incomparable Phanom Rung. (p. 444)
KO TARUTAO
Tout au sud du pays et presque en Malaisie, Ko Tarutao, qui fait partie d'un parc national maritime, est un petit paradis bordé de plages d'albâtre sauvages. (p. 732)
Phetchaburi
Chanthaburi
PARC NATIONAL DE KUIBURI
Prachuap Khiri Khan
PHNOM PENH
Hô Chi Minh-Ville (Saigon)
GOLFE DE THAÏLANDE
VIETNAM
Chumphon
Ko Tao
Ranong
Ko Pha Ngan
Ko Samui
Surat Thani
Îles Surin
Îles Similan
MER D'ANDAMAN
Phuket-ville
KO SUKORN
KO BULON LEH
Satun
Pattani
KO TARUTAO
Kota Bharu
Pulau Langkawi
MALAISIE

Préparer son voyage

Activités

Entre ses îles et ses mers, ses jungles, ses montagnes et sa culture riche et variée, la Thaïlande est un terrain de jeu propice à mille découvertes. Circuits en tyrolienne dans la canopée, cours de *muay thai* (boxe thaïlandaise) et excellents spots de plongée raviront les sportifs. Vous pourrez aussi vous détendre dans un spa et suivre des cours de cuisine ou de massage.

Quand partir

Janvier à mars

Ce que localement on appelle en souriant la saison froide est une période propice aux activités de plein air, car les températures sont chaudes mais tolérables. Le trekking dans les provinces septentrionales est particulièrement agréable.

Novembre à avril

La visibilité en plongée peut s'avérer extraordinaire au large des îles de la mer d'Andaman. De mai à octobre, les *resorts* ont tendance à restreindre leurs activités, voire à fermer, durant la saison des pluies.

Janvier à septembre

Capitale de la plongée, Ko Tao est un spot de premier choix presque toute l'année, mais de nombreux complexes hôteliers de l'île et des îles voisines ferment d'octobre à décembre, pendant la saison des pluies.

Plongée et snorkeling

Les eaux au large du pays abondent en espèces marines. Presque tous les sites de plongée renommés se concentrent dans le Sud, mais il y a d'intéressants récifs coralliens et épaves sur la côte est. Assurez-vous que le prestataire choisi s'engage en faveur du développement durable.

Destinations

Îles Surin et Similan Les îles Surin (p. 635) et Similan (p. 643) font toutes deux partie de superbes parcs nationaux maritimes. Surin est un archipel de 5 îles situé à 60 km au large, tandis que Similan est un groupe voisin de 9 îles granitiques. Leurs spots de plongée figurent régulièrement au classement des plus beaux sites du monde en raison du nombre de poissons pélagiques de passage, d'une visibilité exceptionnelle (pouvant atteindre 35 m) et de plusieurs canyons. Sorties d'une journée ou de plusieurs jours, pour tous niveaux, depuis Phuket et Hat Khao Lak.

Hin Daeng et Hin Muang Accessibles depuis Ko Lanta (p. 707), ces deux rochers isolés n'ont l'air de rien en surface ; mais sous l'eau, le paysage est spectaculaire, et on peut souvent y observer des raies mantas et des barracudas. La profondeur (jusqu'à 40 m) et les forts courants les réservent aux plongeurs qualifiés.

Ko Tao (p. 590) est le meilleur endroit, et le moins cher, pour passer son brevet Open Water. Ceux qui ne plongent pas pourront essayer le snorkeling dans les criques.

Randonnée et trekking

Le Nord recèle d'excellents chemins de randonnée ponctués de cascades, d'une jungle épaisse et de somptueux massifs montagneux. On peut passer la nuit dans des villages de minorités ethniques ou planter sa tente en pleine nature. Les guides organisent aussi des excursions à vélo, en kayak et en rafting. Choisissez des prestataires prônant la durabilité.

Destinations

Chiang Mai (p. 320) est le principal accès pour des treks et des randonnées dans le nord du pays, comme les excursions d'une journée au Doi Inthanon (p. 377), plus haut sommet de Thaïlande. Les randonneurs aguerris préfèrent des sites plus éloignés, tels que la réserve naturelle d'Um Phang (p. 287), où coule la plus grande cascade du royaume ; ils pourront également apprendre les techniques de survie avec des guides expérimentés ayant une bonne connaissance de la jungle.

Loei (p. 385) offre des possibilités de randonnées spectaculaires, y compris dans le parc national de Phu Kradueng (p. 394), avec son sentier de 5,5 km menant sur un haut plateau, et permettant de se rafraîchir à l'ombre des forêts de pins et de la savane parsemée d'arbres.

Spas et yoga

Les soins du corps et le bien-être règnent en maître dans les innombrables spas de classe internationale. Le yoga est également très tendance et l'ensemble du pays abonde en professeurs, cours et retraites.

Destinations

Phuket (p. 650) compte probablement la plus grande concentration de spas d'excellence en Thaïlande, mais Bangkok (p. 68), Chiang Mai (p. 320) et Ko Samui (p. 552) sont également fort bien dotées.

Si Bangkok possède de nombreux studios de yoga, les meilleures retraites se trouvent dans les îles du Sud, notamment à Ko Pha Ngan (p. 571) et à Ko Samui, ou encore à Chiang Mai et à Pai (p. 291), dans le Nord.

Cuisine thaïlandaise

Les visiteurs sont souvent désireux d'apprendre à cuisiner d'authentiques plats thaïlandais. De nombreux chefs sont heureux de dévoiler leurs secrets et d'emmener les fins gourmets visiter les marchés locaux pour leur faire découvrir des ingrédients typiques.

Destinations

Bangkok La capitale thaïlandaise offre l'un des plus grands choix d'écoles de cuisine thaïlandaise (p. 107).

Chiang Mai Pour maîtriser la cuisine du nord de la Thaïlande, choisissez parmi l'une des nombreuses écoles de cuisine installées à Chiang Mai (p. 320). Certaines axent leurs cours sur la cuisine végétarienne ou encore les ingrédients bio.

Boxe thaïlandaise

Envie de vous lancer dans la boxe thaïlandaise ? Les stages d'entraînement de *mou·ay tai* (ou *muay thai*) englobent à la fois cours de fitness et entraînements sur le ring.

Destinations

Bangkok La capitale thaïlandaise compte des écoles pour tous les niveaux. Les débutants seront particulièrement bien reçus dans certaines salles de sport, notamment au Jaroenthong Muay Thai Gym (p. 100).

Pattaya Le Fairtex Sports Club (carte p. 475 ; ☎038 253888 ; www.fairtexpattaya.com ; 179/185-212 Mu 5, Th Pattaya Neua ; séance 800 B) dispose d'excellents équipements destinés à l'entraînement des étrangers de tous niveaux, tant sur le plan de la condition physique que des combats. Les champions nationaux de boxe thaïlandaise et les combattants d'arts martiaux mixtes (MMA) viennent s'y entraîner.

Chiang Mai La capitale du Nord propose d'excellentes salles de *muay thai*, dont le Lanna Muay Thai Boxing Camp (p. 343), qui accueillent un public varié – des champions nationaux aux débutants – venu s'entraîner.

ANNA EWA BIENIEK / SHUTTERSTOCK ©

En haut : plongeurs dans la mer d'Andaman (p. 650)

En bas : cours de cuisine, Chiang Mai (p. 342)

Marché flottant de Damnoen Saduak (p. 159), Ratchaburi

Préparer son voyage

À table !

Currys diaboliquement épicés, nouilles à profusion, poissons et fruits de mer fraîchement pêchés ou encore fruits tropicaux... sont les piliers de la cuisine thaïlandaise. Pour goûter le meilleur des saveurs du pays, il vous faudra goûter aux spécialités de ses différentes régions et communautés ethniques.

Calendrier culinaire

Été (mars-juin)

Cette saison chaude est la meilleure période de l'année pour les fruits. Durians, mangues, mangoustans et litchis sont mûrs à point.

Saison des pluies (juil-oct)

Ne manquez pas la fête végétarienne annuelle (généralement fin septembre ou début octobre), célébrée en particulier dans les villes hébergeant une importante communauté chinoise, telles Bangkok, Phuket-ville et Trang.

Hiver (nov-jan)

Pendant la brève saison fraîche, les brasseries en plein air, dont beaucoup proposent des amuse-bouche épicés, fleurissent dans les grandes villes.

Découvertes culinaires

Tables d'exception

➡ **Saawaan** (p. 130). Étoilé au Michelin, ce restaurant thaïlandais de Bangkok est l'un des meilleurs au monde.

➡ **Gaa** (p. 132). Une gastronomie indienne et thaïlandaise raffinée au fil de menus dégustation de 10 à 12 plats, à Bangkok.

➡ **Dining on the Rocks** (p. 564). Le *nec plus ultra* de la scène culinaire de Ko Samui : la véranda semble flotter au-dessus des vagues.

➡ **Khao Soi Lam Duan Fah Ham** (p. 355). Les meilleures *kôw soy* (nouilles de blé aux œufs dans un bouillon au curry) à Chiang Mai.

➡ **Jek Pia** (p. 529). Établissement familial de Hua Hin où l'on sert d'excellents produits de la mer depuis plus de 50 ans.

➡ **Blue Rice** (p. 198). Table prisée à Kanchanaburi, avec un menu original relevé de mélanges d'épices experts.

Adresses bon marché

➡ **MBK Food Island** (p. 129). À Bangkok, savoureuse introduction à la cuisine thaïlandaise et sino-thaïlandaise, bon marché et propre.

➡ **Paa Suk** (p. 220). Parmi les meilleurs plats de nouilles du Nord – à prix absolument imbattables, à Chiang Rai.

➡ **Bang Ian Night Market** (p. 179). Ce marché nocturne animé d'Ayutthaya vend notamment d'appétissants poissons cuits au barbecue et des *roh·đi săi măi* (crèpes garnies de fils de sucre) colorés.

➡ **Talat Pratu Chang Pheuak** (p. 354). Arrivez le ventre vide dans ce marché nocturne très fréquenté de Chiang Mai, où vous vous régalerez de mets locaux, comme d'un succulent *kôw kăh mŏo* (jarret de porc braisé et riz), préparé par une cuisinière portant un chapeau de cow-boy !

➡ **Jek Pia** (p. 529). Un véritable bijou où officient les meilleurs chefs de Hua Hin.

➡ **Krua Talay** (p. 614). Divins plats de poisson et fruits de mer, dans un cadre bucolique à Nakhon Si Thammarat.

➡ **Sai Ngam** (p. 433). À Phimai, comment résister au *pàt mèe pímai* (plat local de nouilles sautées) ?

Spécialités locales

Currys et soupes

Le mot thaï *gaang* est souvent traduit par "curry", mais il désigne en fait tout plat à consistance plutôt liquide ; il peut donc se référer aux soupes (comme le *gaang jèut*) ou aux currys classiques assaisonnés à la pâte de piment qui font la notoriété de la cuisine thaïlandaise. La préparation de ces derniers commence par la confection d'un *krêu·ang gaang*, en pilant divers ingrédients frais dans un mortier en pierre jusqu'à obtenir une pâte épaisse, au goût très fort. Parmi les ingrédients habituels : piments séchés, galanga (racine de souchet – proche du gingembre – ou "poivre thaï"), citronnelle, zestes de combawa, échalotes, ail, pâte de crevettes et sel.

Autre recette ayant acquis ses lettres de noblesse, le *đôm yam* est une soupe aigre et épicée. Son aspect velouté cache de petits piments frais (*prík kêe nŏo*), parfois remplacés par une demi-cuillère à café de *nám prík pŏw* (pâte de piment grillé). La saveur acidulée qui caractérise le *đôm yam* s'explique par l'usage de citronnelle, de feuilles de combawa et de jus de citron vert.

Salades

Tout aussi emblématiques et omniprésentes, les *yam* sont des salades relevées et acidulées, généralement à base de poisson, de viande ou de légumes. La touche acidulée provient du jus de citron vert et l'emploi généreux de piment frais apporte le piquant ; la plupart des *yam* sont servies à température ambiante ou légèrement tiédies par des ingrédients cuits. Les salades se consomment aussi bien lors d'un repas que comme en-cas (*gàp glâam*) pour accompagner une soirée arrosée.

Riz

La Thaïlande est le cinquième pays au monde sur le plan de la superficie consacrée à la riziculture, une industrie qui emploie plus de la moitié des terres arables du pays et une portion considérable de sa population. Présent presque partout à tous les repas, le riz occupe une telle place dans l'alimentation du pays que "manger" se dit *gin kôw* (littéralement "consommer du riz") et que "*Gin kôw rĕu yang ?*" (avez-vous déjà consommé du riz ?) fait partie des salutations courantes.

Plats sautés et frits

Les plats sautés (*pàt*), introduits en Thaïlande par les Chinois, restent pour beaucoup fidèles à leurs racines, comme

CATHERINE SUTHERLAND / LONELY PLANET ©

Gaang kĕe·o wăhn (curry vert ; p. 54)

PLATS DE NOUILLES THAÏLANDAIS

Certaines nouilles thaïlandaises peuvent être servies *hâang* ("sèches"), c'est-à-dire avec juste assez de bouillon pour les hydrater.

- **Bà·mèe** Nouilles de blé aux œufs, servies en général avec des tranches de bœuf cuites au barbecue, de la verdure et, si vous le désirez, des raviolis chinois.
- **Gŏo·ay jáp** Nouilles de riz et abats de porc servis dans un bouillon parfumé au poivre ; un plat prisé des Sino-Thaïlandais.
- **Gŏo·ay đĕe·o kaang** Nouilles de riz d'inspiration musulmane servies avec un bouillon au curry, et souvent une garniture incluant tofu, œuf dur et cacahuètes.
- **Gŏo·ay đĕe·o lôok chín** Ce plat comporte des nouilles de riz dans un bouillon souvent clair et des boulettes de porc, de poisson ou (plus rarement) de bœuf ou de poulet ; ces nouilles sont parmi les plus répandues en Thaïlande. Lors de votre commande, le cuisinier voudra connaître votre préférence, des nouilles les plus fines (*sên lék*) aux plus larges (*sên yài*).
- **Gŏo·ay đĕe·o reu·a** Bol de nouilles au porc ou au bœuf ; préparées dans le sang de l'animal, elles ont un arôme prononcé.
- **Kà·nŏm jin** D'ordinaire, ces fines nouilles de riz sont accompagnées d'un bouillon délicat, évoquant le curry, d'un choix de légumes frais ou au vinaigre et d'herbes. Il en existe diverses variantes régionales, et il s'agit souvent des nouilles les moins chères en Thaïlande.
- **Kôw soy** Associé au nord du pays, ce plat contient des nouilles de blé aux œufs et un bouillon riche à base de curry, très parfumé.
- **Yen đah foh** Un plat prisé surtout à Bangkok, composé d'un bouillon écarlate, de boulettes de viande, de cubes de sang bouilli et de légumes verts croquants.

Des douceurs thaïlandaises: les *kà·nŏm buang*

l'omniprésent *pàt pàk bûng fai daang* (liserons d'eau sautés avec ail et piments), tandis que d'autres intègrent des variantes thaïlandaises, tel le *pàt pèt* (littéralement "sauté épicé").

Le *tôrt* (friture à l'huile) est essentiellement réservé aux en-cas, notamment les *glôo·ay tôrt* (bananes frites) ou les *ƥò·ƥée·a* (pâtés impériaux). Le *ƥlah tôrt* (poisson frit), une manière commune de préparer le poisson, fait exception.

Nám prík

Servis plutôt à la maison qu'au restaurant, les *nám prík* (purées épicées à base de piment) sont accompagnées de riz, légumes cuits et herbes aromatiques. Leur composition varie d'une région à l'autre.

Fruits

La Thaïlande offre une fabuleuse diversité de fruits. Les *má·môo·ang* (mangues) se déclinent en 12 variétés, consommées à différents stades de maturité. Citons aussi les *sàp·pà·rót* (ananas), *má·lá·gor* (papayes) et *đaang moh* (pastèques), vendues à tous les coins de rue, accompagnées d'une pincée de sucre, de sel et de piment moulu.

Quelques fruits moins connus :

Annone cœur de bœuf (*nóy nàh*). Sa peau verte et bosselée cache des grains noirs et une chair gluante et granuleuse.

Carambole (*má·feu·ang*). Sa coupe transversale révèle une forme en étoile. Beaucoup attribuent un pouvoir hypotenseur à sa chair jaune, sucrée et acidulée.

Durian (*tú·ri·an*). Le roi des fruits de Thaïlande a aussi mauvaise réputation en raison de son odeur et de son goût prononcé.

Goyave (*fa·ràng*). Originaire d'Amérique du Sud, ce fruit rond et vert de la taille d'une pomme renferme une chair rose ou blanche sucrée et croquante.

Jacque (*kà·nŭn*). Cette énorme cabosse verte, généralement considérée comme le plus gros fruit au monde, renferme des dizaines de quartiers cireux dont le goût rappelle à la fois l'ananas et la banane (et certains chewing-gums aux fruits).

Jambose (*chom·pôo*). Ce fruit allongé rose ou rouge, à la peau lisse et brillante et à la chair pâle, étanche la soif par forte chaleur.

Rambutan

Langsat (*long·gong*). Une fois débarrassé de sa peau jaunâtre, ce fruit révèle des quartiers nacrés dont la saveur rappelle le litchi.

Longan (*Lam yai*). Cette boule dure ressemblant à un petit litchi offre une chair sucrée et parfumée. Épluchez-la, mangez l'intérieur et recrachez les pépins.

Litchi (*lín·jèe*). Sa peau rosée cache une chair irrésistible et translucide rappelant le raisin ; on ne le trouve généralement que d'avril à juin.

Mangoustan (*mang·kút*). La coque violette de l'emblématique fruit thaïlandais cache de petits quartiers blancs délicieusement parfumés dont certains contiennent une graine.

Pomelo (*sôm oh*). Cet énorme pamplemousse à l'épaisse peau verte contient une chair sucrée et acidulée.

Rambutan (*ngó*). Ce fruit étrange et poilu renferme une chair sucrée et translucide qu'on détache du noyau avec les dents.

Salak (*sàlà*). Appelé fruit serpent en raison de sa peau à écailles, il ressemble à une fraise mutante et sa chair a un goût de banane verte.

Desserts

Les sucreries thaïlandaises ne se consomment pas en fin de repas, mais plutôt au petit-déjeuner ou comme en-cas. Les *kŏrng wăhn* ("douceurs") sont des petites friandises riches, au goût généralement un peu salé. Noix de coco râpée, lait de coco, farine de riz (blanc ou gluant), riz gluant, tapioca, fécule de haricot mungo, taro bouilli et fruits constituent les ingrédients de base.

Les *kà·nŏm* s'apparentent plus aux pâtisseries européennes. Les plus appréciées sont des bouchées enveloppées de feuilles de bananier, notamment les *kôw đôm gà·tí* et *kôw đôm mát* ; toutes deux se composent de riz gluant cuit à la vapeur avec du *gà·tí* (lait de coco) dans une feuille de bananier.

Variantes régionales

Le Sud

La cuisine des provinces méridionales de la Thaïlande est sans conteste la plus épicée du pays, déjà connu pour ses saveurs très relevées. Elle est souvent aussi très salée, et les produits de la mer sont naturellement à l'honneur.

LES QUATRE SAVEURS

Sucré, aigre, salé et épicé sont les saveurs de base de la cuisine thaïlandaise, et bien que beaucoup les jugent particulièrement relevés, chaque plat est un exercice pour arriver à l'équilibre entre ces quatre goûts ; on l'obtient en mélangeant par exemple un peu de jus de citron vert, une cuillerée de sucre et une cuillerée de sauce de poisson, ou une cuillerée à soupe de fèves de soja fermentées et un filet de vinaigre bien senti. L'amertume est également présente dans de nombreux plats, et provient souvent de l'ajout d'un légume ou d'une herbe. Quel que soit le moyen, l'objectif reste le même : un équilibre parfait de quatre saveurs franches et éclatantes.

MAXSHUTTER / GETTY IMAGES ©

En haut : *bà·mèe* (nouilles de blé aux œufs) à l'émincé de porc

En bas : thé glacé thaïlandais

Le Centre

Les habitants du centre de la Thaïlande affectionnent le sucré-salé, et de nombreux plats comprennent poisson d'eau douce, porc, lait de coco et sucre de palme… Des ingrédients communs dans les plaines de la région.

Le Nord

Sans doute la moins épicée du pays, la cuisine du Nord s'appuie plutôt sur les parfums amers et les épices séchées. Reflétant l'amour des habitants pour les légumes, c'est aussi la cuisine la plus saisonnière. Le porc est la viande la plus utilisée, mais le poulet est aussi très répandu, et l'accompagnement traditionnel est le *kôw nĕe·o* (riz collant).

Cuisine fusion

L'influence chinoise

Ce sont probablement les ouvriers et les marchands ambulants chinois qui ont introduit le wok, ainsi que plusieurs recettes de nouilles en Thaïlande.

Quelques plats d'inspiration chinoise :

➡ **Bà·mèe** Les nouilles de blé aux œufs sont généralement servies avec des tranches de porc grillé, quelques légumes et/ou des raviolis chinois. Celles vendues sur l'étal Mangkorn Khăo (p. 127), à Chinatown, sont parmi les meilleures de Bangkok.

➡ **Gŏo·ay đĕe·o kôoa gài** Larges pâtes de riz sautées, accompagnées d'œuf, de poulet, de calmar salé et d'huile à l'ail – un plat sino-thaïlandais très apprécié.

➡ **Kôw kăh mŏo** Jarret de porc braisé accompagné de riz et souvent de légumes verts et d'un œuf dur – l'exemple parfait du plat complet sino-thaïlandais. Pour y goûter, direction les **Soi 10 Food Centres** (carte p. 98 ; Soi 10, Th Silom ; plats 50-100 B ; ⌚8h-15h lun-ven ; Ⓜ Si Lom sortie 2, Ⓢ Sala Daeng sortie 1) ou d'autres marchés de rue.

➡ **Kôw man gài** Originaire de l'île chinoise de Hainan, ce riz au poulet est aujourd'hui très largement répandu à Bangkok. Nous avons notamment apprécié celui de **Boon Tong Kiat Singapore Chicken Rice** (carte p. 104 ; 440/5 Soi 55/Thong Lor, Th Sukhumvit ; plats 80-300 B ; ⌚10h-22h ; ❄ ; Ⓢ Thong Lo sortie 1/3 et taxi).

US ET COUTUMES ALIMENTAIRES

➡ Pour obtenir le bon mélange de saveurs et de textures, un repas de fête comprend traditionnellement un curry, un poisson cuit à la vapeur ou frit, des légumes sautés et une soupe, tout en prenant soin d'équilibrer les saveurs entre frais et relevé, aigre et sucré, salé et nature.

➡ À la maison ou au restaurant, les repas thaïlandais sont toujours servis dans un style informel, c'est-à-dire dans des plats de service partagés. Ne vous servez pas plus d'une cuillerée à la fois ; remplir votre assiette serait mal vu.

➡ Pour dîner à la thaïlandaise, utilisez une cuillère de service, ou votre propre cuillère, pour prendre une seule bouchée d'un plat central et la verser sur une partie de votre riz. Une fourchette est ensuite utilisée pour pousser la portion de riz désormais imbibée de nourriture sur la cuillère avant d'entrer dans la bouche.

➡ Les baguettes sont réservées aux plats de style chinois servis dans des bols, ou pour manger dans les restaurants chinois.

➡ **Săh·lah ɓow** Ces chaussons cuits à la vapeur, avec garniture sucrée ou salée, sont très prisés à Bangkok.

L'influence musulmane

Lorsque les musulmans arrivèrent en Thaïlande à la fin du XIVe siècle, ils apportèrent une cuisine à base de viande et d'épices séchées originaires d'Inde et du Moyen-Orient. Près de 7 siècles plus tard, le résultat de cette rencontre culinaire est encore sensible à Bangkok.

Quelques plats d'inspiration musulmane :

➡ **Gaang mát·sà·màn** Plat riche au lait de coco, ce "curry musulman", contrairement à la plupart des currys thaïlandais, doit une grande partie de son parfum à des épices séchées. Comme dans beaucoup de plats d'influence musulmane, les notes sucrées

Amita Thai Cooking Class (p. 107)

dominent. Certains restaurants haut de gamme, comme nahm (p. 131) à Bangkok, en proposent une variante non halal.

➡ **Kôw mòk** Le biryani, plat connu dans tous les pays musulmans, s'est aussi implanté à Bangkok, où il est généralement préparé avec du poulet. Il est accompagné d'une sauce aigre-douce et d'un bol de bouillon de poulet.

➡ **Má·đà·bà** Appelés *murtabak* en Malaisie et en Indonésie, il s'agit de *roh·đi* (ou *roti*, sortes de crêpes fourrées) frits et croustillants, garnis d'une farce salée ou parfois sucrée. À Bangkok, vous pourrez en déguster chez Karim Roti-Mataba (p. 124).

➡ **Sà·đé** (satay). Ces brochettes de viande grillée sont sans doute arrivées en Thaïlande

COURS DE CUISINE

Un stage d'une journée comprend généralement l'achat des ingrédients sur le marché local, puis un cours où l'on apprend à préparer pâtes de curry, currys, soupes, salades et desserts. Voici quelques adresses recommandées :

➡ **Amita Thai Cooking Class** (p. 107). Apprenez à cuisiner thaïlandais dans ce centre familial en bordure de canal à Bangkok.

➡ **Small House Chiang Mai Thai Cooking School** (p. 342). Les plats du Nord sont à l'honneur dans cette école de Chiang Mai.

➡ **Apple & Noi Thai Cooking** (p. 195). Cours de cuisine dans un cadre rural près de Kanchanaburi.

➡ **Cours de cuisine du Borderline Shop** (p. 283). Plongée dans la cuisine du Myanmar, pays voisin de la Thaïlande, à Mae Sot.

➡ **Samui Institute of Thai Culinary Arts** (p. 555). Des cours de sculpture sur fruit sont notamment proposés dans cette école de Ko Samui.

➡ **Phuket Thai Cookery School** (p. 653). Carte des plats à préparer revisitée quotidiennement dans cette école de Ko Sireh.

Poulet *sà·dé* (satay)

par la Malaisie. La sauce salée à base de cacahuètes qui les accompagne est souvent associée (à tort) à la cuisine thaïlandaise.

➡ **Sà·làt kàak** Cette "salade musulmane" (le mot *kàak* désigne de manière péjorative les gens, ou choses, originaires d'Inde et/ou d'un pays musulman) associe laitue croquante, morceaux de tofu ferme, concombre, œuf dur et tomate, le tout arrosé d'une sauce sucrée à l'arachide.

Végétariens et végans

Le végétarisme n'est pas très répandu, mais de plus en plus de restaurants touristiques proposent des plats végétariens. Quelques *ráhn ah·hăhn mang·sà·wí·rát* (restaurants végétariens) servent des buffets très bon marché, souvent composés d'ingrédients 100% végans (sans viande, poisson, même dans la sauce, produits laitiers ou œufs).

En thaï, "je suis végétarien" se dit *pŏm gin jair* (pour les hommes) ou *dì·chăn gin jair* (pour les femmes). Traduit librement, cela signifie "je ne mange que végétarien", en excluant les œufs et les produits laitiers – ou autrement dit végan.

GLOSSAIRE CULINAIRE

a·ròy – délicieux, en thaï
bà·mèe – nouilles de blé aux œufs
đôm yam – populaire soupe thaïlandaise aigre et épicée
chah thai – thé thaïlandais
gaang – curry
gah·faa dam – café noir
gài – poulet
gŏo·ay đĕe·o – terme générique pour la soupe de nouilles
kà·nŏm – en-cas sucrés thaïlandais
kôw – riz
kôw nĕe·o – riz gluant
kôw soy – nouilles de blé aux œufs dans un bouillon au curry
lâhp – salade de viande émincée
má·môo·ang – mangue
mŏo – porc
nám dèum – eau potable
nám ƀlah – sauce au poisson
nám prík – sauce à base de piment
pàk – légumes
pàt – plat sauté
pàt see·éw – larges nouilles de riz frites au porc et aux légumes
pàt tai – fines nouilles de riz frites avec de l'œuf et des assaisonnements
pèt – épicé
pŏm gin jair – "je suis végétarien" (pour les hommes) ; **dì·chăn gin jair** (pour les femmes)
ƀèt – canard
ƀlah – poisson
pŏn·lá·mái – fruit
prík – piment ; **prík kêe nŏo** (petits piments frais)
ráhn ah·hăhn – restaurant
tôrt – frit
yam – salade à la mode thaïlandaise
yen đah foh – bouillon écarlate légèrement sucré comprenant différentes variétés de viande et de légumes croquants, servi principalement à Bangkok.

Spécialités locales

Avec des spécialités provenant de quatre régions du pays, des influences allant de la Chine au Moyen-Orient, une multitude d'ingrédients et des saveurs bien relevées, la cuisine thaïlandaise est multiple. Pour goûter le meilleur de la cuisine locale, voici une liste de plats emblématiques.

1. Đôm yam

La fameuse "soupe thaïlandaise aigre" désigne un potage aux herbes au goût acide et extrêmement épicé.

2. Pàt tai

Fines nouilles de riz frites avec de l'œuf, du tofu et des crevettes, et assaisonnées de sauce au poisson, de tamarin et de piment séché : à ne pas manquer.

3. Gaang kĕe·o wăhn

Appelé "curry vert" hors de Thaïlande, cette alliance d'une pâte verte piquante et épicée, et de lait de coco est un condensé de cuisine à la thaïlandaise.

4. Yam

Nom générique des salades thaïlandaises à base de viande ou de produits de la mer, assaisonnées d'une sauce aigre et épicée et d'herbes aromatiques.

5. Lâhp

Viande émincée assaisonnée de poudre de riz grillé, de citron, de sauce au poisson et d'herbes : ce plat résume à lui seul les saveurs marquées et rustiques du nord-est du pays.

6. Bà·mèe

D'origine chinoise, ces nouilles de blé aux œufs accompagnant généralement du porc rôti et/ou du crabe sont une spécialité des vendeurs ambulants.

7. Kôw mòk

Version thaïlandaise du *byriani*, ce plat à base de riz doré et poulet tendre s'accompagne d'une sauce aigre-douce et d'un bouillon salé.

8. Sôm·đam

Une "salade de papaye" très relevée, à base de papaye verte croquante pilée dans un mortier avec de la tomate, des haricots verts, du piment, du jus de citron vert et de la sauce au poisson.

9. Kôw soy

Partout en Thaïlande, on voue un culte à cette soupe du Nord composée de nouilles plates de blé aux œufs et de bouillon épicé à base de lait de coco.

10. Pàt pàk bûng fai daang

Légumes verts croquants, sautés et généreusement assaisonnés de piment et d'ail.

1

6

8

NARIN NONTHAMAND / SHUTTERSTOCK ©

NENEULTIMATE / SHUTTERSTOCK ©

CHOCKDEE ROMKAEW / SHUTTERSTOCK ©

PAUL_BRIGHTON / SHUTTERSTOCK ©

MOXUMBIC / SHUTTERSTOCK ©

PIYATO / SHUTTERSTOCK ©

CBENJASUWAN / SHUTTERSTOCK ©

Préparer son voyage

Choisir sa plage

La Thaïlande possède un si grand nombre de plages qu'arrêter son choix sur l'une d'entre elles peut devenir un véritable casse-tête, même pour ceux qui n'en sont pas à leur première visite. Le littoral se développe si vite que les voyageurs ne reconnaîtront pas forcément l'endroit qu'ils avaient visité quelques années plus tôt. Voilà quelques conseils pour vous aider à choisir la plage de vos rêves.

Les meilleures plages pour...

Le farniente et l'animation

Ko Mak Bars de plage, étendues désertes de sable pour des balades faciles.

Ko Phayam Sentiers à suivre à vélo jusqu'à des plages désertes et des lieux où faire la fête.

Hat Mae Nam Plage tranquille à Ko Samui, non loin d'une ambiance festive.

Ko Bulon Leh Atmosphère décontractée, mais animation garantie.

La culture locale

Ko Yao Noi Île de pêcheurs thaïlandais musulmans aux magnifiques paysages karstiques.

Ko Sukorn Jolie île d'agriculteurs et de pêcheurs, avec mangroves et buffles d'eau.

Ko Phra Thong Admirez des variétés rares d'orchidées en compagnie d'un guide *chow lair* (ou Moken ; "nomades de la mer").

Hua Hin Mêlez-vous à la classe moyenne thaïlandaise dans cette station balnéaire touristique.

Le paradis, à quel prix ?

Les prix pratiqués influenceront le type de séjour. Là où l'hébergement de catégorie moyenne prédomine, on trouve beaucoup de touristes en voyage organisé, de rangées de transats et de parasols, et des bateaux proposant des sorties de snorkeling.

Les destinations de catégorie supérieure sont plus paisibles. Les plages chics de Phuket, tout comme Surin et Ao Bang Thao, sont parmi les plus calmes de l'île, alors qu'elles comptent des restaurants et bars à cocktails. Les ravissants *resorts* de Ko Kut bordent des plages préservées, tandis que les complexes luxueux de Ko Samui s'étendent le long des plages les plus isolées du nord-est de l'île. Dans les établissements les plus sélects, vous aurez le sentiment d'être coupé du monde.

Il existe encore quelques paillotes de plage généralement installées sur les plages les plus reculées, comme à Ko Mak, Ko Wai, Ko Lanta et Ko Pha Ngan.

Accès facile depuis Bangkok

Aujourd'hui, les plages proches de Bangkok ne sont pas nécessairement les mieux desservies par les transports. Il existe des vols internationaux directs pour Phuket et Ko Samui qui permettent d'éviter la capitale, et des vols au départ de Bangkok (et d'autres pays d'Asie du Sud-Est) qui desservent plusieurs villes du Sud.

Si vous ne voulez pas prendre l'avion, l'île la plus proche de Bangkok est Ko Samet (4 heures de trajet) et pour les stations balnéaires : Bang Saen (1 heure en bus) et Pattaya (1 heure 30). Destinations les plus proches par voie terrestre : les villes côtières de Cha-am (2 heures 30) et Hua Hin (3 heures). Comptez 6 heures environ pour rejoindre Ko Chang et au moins 10 heures pour le sud du golfe. Si vous êtes pressé et voyagez en bus, ne choisissez pas les îles de la côte d'Andaman.

LA VIE NOCTURNE AU PARADIS

Les différents niveaux de fête

1 : Calme Îles Surin et Similan, parc national de Laem Son, Hat Pak Meng, Hat Chang Lang, Ko Phra Thong

2 : Une lueur de fête Ko Tarutao, Ko Libong, Prachuap Khiri Khan, Ko Wai

3 : Un seul bar Ko Yao, Ao Khanom

4 : Quelques bars, peut-être Hat Khao Lak, Ao Thong Nai Pan (Ko Pha Ngan), Ko Kut, Ko Mak

5 : Un verre ? Pas de problème Hua Hin, Bo Phut (Ko Samui), Ao Nang

6 : Les bars de plage abondent Ko Phayam, Railay

7 : À minuit, ce n'est pas fini Ko Lanta, Ko Chang, Ban Tai (Ko Pha Ngan), Ton Sai

8 : On ne plaisante plus Hat Lamai (Ko Samui), Ko Lipe, Ko Samet

9 : Il s'est passé quelque chose hier soir ? Hat Chaweng (Ko Samui), Pattaya, Ko Tao

10 : Ne me dis pas ce qui s'est passé la nuit dernière Patong (Phuket), Ko Phi Phi, Hat Rin (Ko Pha Ngan)

Activités

Plongée et snorkeling

La Thaïlande est idéale pour la plongée et le snorkeling. La côte d'Andaman et Ko Tao offrent la meilleure visibilité sous-marine du pays. Les îles comme Ko Samui et Ko Lanta ne jouissent pas d'excellents sites de snorkeling à proximité de la plage, mais des sorties sont organisées alentour : l'occasion d'admirer coraux et poissons, et avec un peu de chance, une tortue ou un requin. Sur la côte est, Ko Chang et Ko Kut gagnent en attrait, avec notamment des plongées sur épave.

Culture

Pour découvrir la culture thaïlandaise, il faut quitter les grandes zones touristiques au profit de villes côtières comme Trang, Surat Thani ou Nakhon Si Thammarat, se rendre sur des îles moins connues comme Ko Si Chang et Ko Sukorn, ou rejoindre les zones moins visitées d'îles, comme la côte sud de Ko Samui ou la côte est de Ko Lanta. Vous pourrez avoir un aperçu de la vie hors des *resorts* à Patong ou Ko Phi Phi, si vous vous restaurez aux étals de rue et êtes ouvert aux interactions avec les habitants.

Escalade

Railay est le site d'escalade le plus réputé du sud du pays. Il convient à la fois aux débutants et aux plus expérimentés. Les principaux centres d'escalade sont à Railay et autour de Tonsai, et on trouve d'autres parcours moins fréquentés autour de l'attrayante ville de Krabi. Les îles de Ko Yao aménagent peu à peu des voies et offrent des perspectives aux grimpeurs plus expérimentés. Ko Tao attire également les amateurs d'escalade.

Randonnée

Les parcs nationaux du continent, tels que Khao Sok, proposent les meilleures possibilités de randonnées dans la jungle, mais les îles boisées, comme Ko Chang, Ko Pha Ngan et même Phuket, possèdent de superbes sentiers menant souvent à des cascades ou à des points de vue sur la mer.

Pour votre sécurité

L'assurance est rarement incluse dans les contrats de location de scooter ou de moto, et votre propre police pourrait ne pas couvrir les coûts d'un accident. En cas de problème, vous aurez sûrement des frais médicaux ou des frais de réparation ou de remplacement du véhicule accidenté. Si vous ne possédez pas de permis de conduire international, vous serez en infraction (nombre d'agences ne procèdent à aucune vérification en la matière). Si vous louez un véhicule, méfiez-vous du sable et des gravillons sur la route (surtout au moment de freiner), conduisez prudemment (moins de 40 km/h), surtout après la pluie, ne dépassez pas d'autres véhicules à moins d'avoir une visibilité dégagée à l'avant, et évitez de boire de l'alcool. Et règle numéro un : portez un casque.

Les noyades sont malheureusement trop fréquentes. Tenez compte des drapeaux de couleur rouge ou jaune, et n'oubliez pas que sur nombre de plages, il n'y a aucun maître-nageur sauveteur. Faites aussi attention aux courants qui peuvent vous pousser vers le large. Si vous êtes pris dans un courant en eau profonde, ne luttez pas, sous peine de vous épuiser rapidement. Il vaut mieux appeler à l'aide, nager avec le courant et ménager vos forces ; une fois poussé au large, vous devriez pouvoir regagner le rivage. Les contre-courants étant plutôt restreints, une autre technique consiste à nager parallèlement au rivage de manière à s'en extraire petit à petit.

Sur certaines plages, des panneaux mettent en garde contre les méduses-boîtes. Vérifiez leur présence avant de vous baigner car leurs piqûres peuvent être fatales. On a recensé 3 accidents mortels dans les eaux de Ko Pha Ngan et Ko Samui en 2014 et 2015.

Pendant la baignade, gardez un œil sur les Jet-Skis et les *long-tail boats* longeant la côte : ils ne vous verront pas forcément.

L'impact du tourisme

Les îles et plages de Thaïlande sont des destinations de premier plan en Asie du Sud-Est. Les installations augmentent à un rythme effréné, multipliant transats, Jet-Skis et luxueuses stations touristiques tout compris sur les plages les plus courues du golfe et de la côte d'Andaman.

Les infrastructures touristiques sont poussées à l'extrême, surtout l'hiver durant la haute saison touristique (de décembre à février). Grands hôtels et complexes aux prestations exhaustives ont remplacé les cabanes de plage et les pensions familiales, menaçant les écosystèmes locaux.

Il est de plus en plus difficile, sans conséquences sur l'environnement, d'approvisionner en eau douce les petites îles très fréquentées et d'y gérer les déchets. La pollution de l'eau et l'affluence touristique risquent à leur tour d'endommager les récifs coralliens. Afin de limiter les effets de ce tourisme effréné, pensez à :

- Choisir des îles ou des plages moins connues, comme Ko Kut, Ko Mak et Ko Wai sur la côte est, ou Ko Yao Noi, Ko Chang (Ranong) et Ko Phayam sur la côte d'Andaman.
- Éviter la haute saison (la période la plus calme, avec les tarifs les plus bas, va de juin à octobre).
- Contrôler les pratiques des tour-opérateurs et des prestataires de plongée en matière de respect de l'environnement et de sécurité.
- Gérer vos détritus correctement.
- Faire de la plongée ou du snorkeling de façon responsable. Ne prélevez pas de corail , c'est illégal, et assurez-vous de ne pas toucher le récif.

QUAND PARTIR

RÉGION	JAN-MARS	AVR-JUIN	JUIL-SEPT	OCT-DÉC
Bangkok	Plus chaud vers mars	Temps chaud et humide	Saison des pluies	De plus en plus frais à l'approche de décembre
Côte est	Haute saison ; moins de monde en mars	En mai, début de la saison des pluies	Mousson : fermeture des établissements dans les petites îles	Temps plus frais ; tarifs hôteliers en baisse
Nord du golfe	Temps chaud et sec	Temps chaud et sec	Pluies occasionnelles et vents forts	Pluies occasionnelles et vents forts
Sud du golfe	Temps clair et ensoleillé	Temps chaud et sec	Ensoleillé, plus de vent et de pluie sur Ko Tao	Mousson et mer agitée
Nord d'Andaman	Haute saison ; tarifs élevés	Intersaison : temps incertain	Saison des pluies et du surf	La haute saison redémarre
Sud d'Andaman	Haute saison	Début de la mousson en mai	Saison des pluies : des *resorts* ferment	La foule revient avec le soleil

TOUR D'HORIZON DES ÎLES ET DES PLAGES DE THAÏLANDE

PLAGES	FORMULES SÉJOUR	PETITS BUDGETS	FAMILLES	FÊTES	PLONGÉE/ SNORKELING	CARACTÉRISTIQUES
Ko Chang et la côte est						
Ko Samet	✓	✓	✓	✓		Jolies plages, facile d'accès depuis Bangkok
Ko Chang	✓	✓	✓	✓	✓	Grande station balnéaire, plages banales, jungle
Ko Wai		✓	✓		✓	Rudimentaire, déserte le soir, excursionnistes à la journée
Ko Mak	✓	✓	✓			Plage banale, bonne ambiance
Ko Kut	✓	✓	✓			Très belle île semi-développée
Hua Hin et le nord du golfe de Thaïlande						
Hua Hin	✓	✓	✓			Grande station balnéaire, facile d'accès depuis Bangkok
Pranburi	✓		✓			Calme et proche de Bangkok
Ban Krut			✓			Modeste, prisée des Thaïlandais
Bang Saphan Yai		✓	✓			Plage bon marché sur le continent
Ko Samui et le sud du golfe de Thaïlande						
Ko Samui	✓	✓	✓	✓		Grande station balnéaire pour amateurs de plage
Ko Phangan	✓	✓	✓	✓	✓	Plages populaires ou isolées ; soirées très festives à Hat Rin
Ko Tao	✓	✓	✓	✓	✓	Nombreux clubs de plongée
Ang Thong		✓	✓			Paysages karstiques, rustique
Ao Khanom		✓	✓			Calme, peu connue
Phuket et la côte d'Andaman						
Ko Chang (Ranong)		✓	✓		✓	Rustique et isolée
Ko Phayam		✓	✓			Calme, gagne en popularité
Îles Surin et Similan			✓		✓	Sites de plongée accessibles par bateau
Ko Yao	✓	✓	✓			Plages quelconques, bonne ambiance et beaux paysages
Phuket	✓	✓	✓	✓	✓	Grande station balnéaire pour amateurs de plage
Ao Nang	✓	✓	✓		✓	Touristique, proche de Railay
Railay	✓	✓	✓			Haut lieu de l'escalade, quelques plages sublimes
Ko Phi Phi	✓	✓		✓	✓	Jolie île pour faire la fête
Ko Jum	✓	✓	✓			Plage banale, bonne ambiance
Ko Lanta	✓	✓	✓		✓	Plages correctes
Îles de Trang	✓	✓	✓		✓	Ko Ngai est appréciée des enfants
Ko Bulon Leh		✓	✓		✓	Jolie et peu connue
Ko Tarutao		✓	✓			Parc national qui se développe
Ko Lipe	✓	✓	✓	✓	✓	Pour la fête, les belles plages… et prolonger son visa
Ko Adang		✓			✓	Pour des circuits à la journée

JIRAPHOTO/SHUTTERSTOCK ©

En haut : parc national maritime d'Ang Thong (p. 605)

En bas : parc national maritime des îles Surin (p. 635)

Préparer son voyage

Voyager avec des enfants

Vous recherchez une destination exotique qui plaise à vos enfants ? Plages, montagnes, vie sauvage, temples colorés, marchés animés... Il y en a pour tous les goûts et tous les âges.

Les enfants vont adorer...

Plages

➡ **Hua Hin** (p. 524). Sûrement la plage la plus familiale du pays.

➡ **Pattaya** (p. 474). Malgré sa réputation, cette ville côtière ne manque pas d'activités pour les familles.

➡ **Hat Chaweng** (p. 553). La plage la plus appréciée de Ko Samui convient aux enfants de tous âges.

➡ **Ko Chang** (p. 493). L'île où il fait bon se mettre à l'eau.

Activités de plein air

➡ **Ancient City** (p. 166). À la sortie de Bangkok, ce musée en plein air présente les répliques miniatures de monuments emblématiques du pays.

➡ **River Kwai Canoe Travel Services** (carte p. 192 ; ☎087 001 9137, 086 168 5995 ; riverkwaicanoe@yahoo.com ; 11 Th Mae Nam Khwae ; ⏲horaires variables). À Kanchanaburi, dans le centre du pays, sorties en kayak pour débutants.

➡ **Parc Lumphini** (p. 91). Dans le plus grand parc du centre de Bangkok, vous trouverez pédalos, aires de jeux et varans géants.

➡ **Chiang Mai** (p. 320). Toutes sortes de treks sont organisés dans cette province, dont certains adaptés aux familles.

Activités en intérieur

Qu'ils soient Thaïlandais ou étrangers, les adolescents raffolent des centres commerciaux de Bangkok. Il existe aussi bien d'autres occasions de se divertir.

Maîtriser son budget

Hébergement

Nombre d'hôtels et de pensions proposent des chambres familiales pouvant accueillir confortablement 4 personnes. Certains hôtels fournissent des lits pour bébé sur demande, mais pas toujours gratuitement.

Restauration

Les familles sont toujours bienvenues dans les restaurants, mais les menus enfant sont rares.

Transports

Les enfants de moins de 3 ans et mesurant jusqu'à 1 m voyagent gratuitement dans les trains du réseau ferroviaire national, la State Railway of Thailand (p. 817), ainsi que dans le Skytrain et le métro de Bangkok. Les enfants de moins de 12 ans et mesurant moins de 1,50 m bénéficient de tarifs réduits. Les bébés et les tout-petits voyagent gratuitement à bord des bus et des bateaux. Certaines compagnies de ferry accordent des tarifs réduits pour les enfants mesurant jusqu'à 1,50 m.

Activités

Certains sites et musées appliquent une réduction de 50% pour les enfants de moins de 12 ans (en général, l'entrée est gratuite pour les moins de 3 ans).

➡ **Art in Paradise** (p. 331). Les enfants adorent prendre la pose devant les décors en 3D farfelus de cette galerie de Chiang Mai.

➡ **Children's Discovery Museum** (p. 107). Un musée de Bangkok récemment rénové pour apprendre en s'amusant.

➡ **KidZania** (carte p. 92 ; ☎02 683 1888 ; www.bangkok.kidzania.com ; 991/1 Rama I, 5e ét, Siam Paragon ; adulte 640-800 B, enfant 700-1 350 B ; ⊙10h-17h lun-ven, 10h30-20h sam-dim ; Ⓢ Siam sortie 3/5). Parc d'attractions très bien aménagé au Siam Paragon (p. 153) dans le centre-ville de Bangkok.

➡ **Musée du Siam** (p. 75). Présentation de la culture thaïlandaise dans un cadre adapté aux enfants, dans la capitale.

Transports

➡ **BTS, Bangkok** Le métro aérien de Bangkok, appelé aussi Skytrain, fascinera les jeunes enfants.

➡ **Chao Phraya Express Boat** (p. 162). Quoi de plus amusant que les bateaux-taxis pour se déplacer dans Bangkok ?

➡ **Vélo** De nombreux prestataires de circuits à vélo sont équipés de véhicules et de casques adaptés aux enfants.

➡ **State Railway of Thailand** (p. 817). Les enfants adorent les voyages en train de nuit : on leur attribue souvent les couchettes basses, près de la fenêtre, qui permettent de voir gares et paysages au fil du voyage.

Région par région

Bangkok et ses environs

Une foule de musées et d'activités – les requins et les manchots du Sea Life Ocean World (p. 98) remportent toujours un franc succès –, mais aussi des parcs, des marchés et quantité de centres commerciaux climatisés, dotés de cinémas et de restaurants.

Le Centre

Fascinant à coup sûr les petits, Lopburi (p. 183) est le domaine de singes facétieux. Les enfants, quel que soit leur âge, seront ravis par le parc national d'Erawan (p. 200), dans la province de Kanchanaburi, où ils pourront observer les animaux et patauger dans les cascades.

Le Nord

Cette région se distingue par ses grottes et ses cascades exceptionnelles, telle la Nam Tok Thilawsu (p. 287), la plus grande chute d'eau du pays. On peut aussi y faire du rafting et visiter ses réserves naturelles.

Province de Chiang Mai

Le train de nuit qui relie Bangkok à Chiang Mai (p. 320) enchantera les bambins, tout comme la possibilité d'apercevoir des éléphants dans le Burm and Emily's Elephant Sanctuary (p. 380).

Le Nord-Est

Dans cette région peu fréquentée, on reçoit les petits visiteurs comme des célébrités. Le parc national de Khao Yai (p. 434) abrite éléphants et gibbons, et la fête des Fusées à Nong Khai (p. 397) vaut le détour.

Ko Chang et la côte est

Deuxième île de Thaïlande par sa taille, Ko Chang (p. 493) est bordée par des eaux calmes et peu profondes, idéales pour les petits. Les plus de 7 ans pourront se prendre pour Tarzan dans les arbres du **Tree Top Adventure Park** (www.treetopadventurepark.com ; Ao Bailan ; 1 250 B ; ⊙9h-17h).

Hua Hin et le nord du golfe de Thaïlande

Les longues plages de sable de Hua Hin (p. 524) sont peut-être les plus adaptées aux enfants. Les parcs nationaux de Kuiburi (p. 534) et de Kaeng Krachan (p. 516) invitent à l'observation des éléphants et des gibbons sauvages.

Ko Samui et le sud du golfe de Thaïlande

Plages superbes et snorkeling au large des îles, notamment sur Ko Samui (p. 552), riche en outre d'une multitude de lieux où se restaurer et d'activités de plein air.

Phuket et la côte d'Andaman

Les plus belles plages de Thaïlande, et des îles particulièrement agréables en famille, comme Ko Lanta (p. 707). Phuket ne manque pas d'atouts, entre plages, parcs nationaux, aquariums, parcs d'aventure et réserves naturelles.

À savoir

Tout au long de ce guide, vous pourrez repérer les suggestions adaptées aux familles grâce au pictogramme .

Animaux Malgré leurs cabrioles, si populaires auprès des enfants, les nombreux singes du pays restent des animaux sauvages, et peuvent mordre. Méfiez-vous des chiens errants ; ils peuvent être agressifs ou porteurs de maladies comme la rage.

Attitude envers les enfants Les Thaïlandais adorent cajoler les petits, ce qui peut intimider les plus jeunes. Pour que l'on vous laisse tranquille, expliquez que votre enfant est "timide" ("*kîi ai*").

Villes Les villes thaïlandaises sont parfois bruyantes, chaotiques et étouffantes. Les centres commerciaux climatisés et les hôtels avec piscine permettent d'échapper à la chaleur et à l'agitation.

Restaurants La cuisine thaïlandaise est épicée, mais le personnel saura toujours vous conseiller un plat pour les enfants. Les chaises hautes sont rares.

Landaus et poussettes Les trottoirs, quand il en existe, sont souvent étroits et accidentés. Optez pour un porte-bébé.

Transports Les routes du pays sont dangereuses. Si vous louez une voiture, ne comptez pas toujours sur la disponibilité d'un rehausseur. De plus en plus de boutiques de cyclisme louent des vélos et des casques pour enfants.

Quand partir Si vos enfants supportent mal la chaleur, privilégiez la basse saison (juil-oct) ; les pluies seront fréquentes, mais il ne s'agira généralement que d'averses.

Sites Web

Enfants en voyage (www.enfant-en-voyage.com). Pour partager le plaisir de voyager en famille.

Je voyage avec mes enfants (avec-mes-enfants.fr). Des expériences de voyages en famille.

Lonely Planet (www.lonelyplanet.fr/magazine/voyage-en-famille). Articles, produits, et bien plus.

Voyage et enfants (www.voyagesetenfants.com/category/USA/). Le blog d'une maman passionnée de voyage.

Family Fun Thailand (familyfun.tourismthailand.org). Réductions pour les familles sur des hébergements, activités et restaurants partout en Thaïlande.

Côté enfants

Tu peux répéter ?

Bonjour.	sà-wàt-di
Au revoir.	lah gòrn
Merci.	kòrp kun
Je m'appelle...	pŏm/dì-chăn chêu ... (m/f)

Tu le savais ?

Les chats siamois sont originaires de Thaïlande.

- En Thaïlande, se faire couper les cheveux un mercredi porte malheur.

Tu as goûté ?

Sauterelles frites – Tak-ka-tæn

Les régions en un clin d'œil

Bangkok et ses environs

Culture
Cuisine
Vie nocturne

Sites de pèlerinage

Les grands temples le long de la Mae Nam Chao Phraya renferment des symboles religieux révérés et des monuments d'architecture et d'art classique parmi les plus somptueux du pays.

Cuisines du monde

La cuisine est à l'honneur : échoppes de wok fumantes, stands de nouilles, restaurants gastronomiques et cafés tendance. Toutes les communautés d'expatriés ont leur bastion culinaire, et presque chaque coin du globe est représenté.

Bières et cocktails

Une soirée à Bangkok consiste souvent à déguster une bière Chang sur une table en plastique. Les bars sur les toits, où l'on savoure des cocktails en profitant de l'air frais, offrent une ambiance plus glamour. Hipsters et étudiants sortent dans les clubs indés et autres discothèques pop.

p. 68

Le Centre

Culture/histoire
Montagnes
Escapades

Vestiges

Les ruines du grand empire d'Ayutthaya sont inscrites au Patrimoine mondial. Des singes règnent sur Lopburi et ses ruines antiques. À Kanchanaburi, des mémoriaux rendent hommage aux prisonniers du Chemin de fer de la mort.

Parcs nationaux

Kanchanaburi donne accès aux montagnes brumeuses qui s'élèvent à la frontière du Myanmar. Rivières et cascades dessinent les contours de cette région aux nombreux parcs nationaux, parmi les plus sauvages de Thaïlande.

Escapades inoubliables

Sangkhlaburi et Thong Pha Phum font deux escapades envoûtantes et faciles d'accès.

p. 169

Le Nord

Culture/histoire
Montagnes
Cuisine

Anciennes cités-États

Le Nord est émaillé de vestiges des antiques cités-États, aux murailles fortifiées et monuments bouddhiques en grès.

Paysages spectaculaires

Collines et montagnes offrent des paysages enchanteurs. Dans les provinces de Chiang Rai et de Mae Hong Son, visitez les villages des minorités ethniques.

Saveurs locales

Le climat plus frais a façonné une cuisine aux saveurs aigres et plus amères, influencée par les ethnies thaïes, shan (Myanmar), birmanes et chinoises (Yunnan). Plat le plus renommé, le *kôw soy* est un curry doux servi sur des nouilles.

p. 209

Province de Chiang Mai

Culture/histoire
Cuisine
Plein air

Cité fortifiée

Parfait contrepoint au tohu-bohu de Bangkok, Chiang Mai met en avant l'histoire et la culture du Nord avec son ancienne ville fortifiée. Les passionnés de culture s'y pressent pour découvrir des sites historiques, suivre des cours de cuisine ou de langue, et se faire masser.

Cuisine végétarienne

Le Nord possède une cuisine unique, reflet de son climat plus frais, ainsi que de sa proximité avec la province du Yunnan en Chine et le Myanmar (Birmanie). Très sains, ses plats végétariens conquerront même les carnivores endurcis.

Échappées sauvages

À la lisière de la ville commence un paysage luxuriant et vallonné. Pour l'explorer, vous pourrez randonner en baroudeur, pagayer dans les rivières ou faire de la tyrolienne.

p. 318

Le Nord-Est

Culture/histoire
Plein air
Fêtes et festivals

Khmers d'autrefois

La région du bas Isan est traversée par l'ancienne voie royale khmère. On peut encore y voir de précieux vestiges du puissant empire, notamment au Phanom Rung et à Phimai, sans oublier de nombreux autres temples imposants.

Paysages sauvages

La région compte plusieurs parcs nationaux, comprenant les forêts de conifères de Khao Yai et les curieuses formations rocheuses de Phu Phrabat. Le Mékong attire les visiteurs avec ses superbes paysages et ses complexes hôteliers en bord de fleuve.

Festivités

À la saison chaude, les habitants du Nord-Est se consacrent aux réjouissances. Les fêtes des Fusées et les festivités de Phi Ta Khon sont intenses et spectaculaires.

p. 381

Ko Chang et la côte est

Plages
Plongée/snorkeling
Petites villes

Horizons côtiers

Couverte de forêt vierge, Ko Chang est appréciée pour son ambiance tropicale et sa vie nocturne. Ko Kut comble les amoureux de solitude, Ko Mak offre une atmosphère détendue et la petite Ko Wai jouit d'un décor de carte postale.

Mondes sous-marins

Le parc national maritime qui entoure Ko Chang fourmille de sites de plongée adaptés aux débutants. Ici, le relief rocheux sous-marin abrite bancs de poissons et tortues.

Charme rural

Souvent négligée, Chanthaburi est connue pour son marché aux pierres précieuses et son quartier des berges restauré, tandis que Trat, lieu de transit vers Ko Chang, distille un charme simple.

p. 467

Hua Hin et le nord du golfe de Thaïlande

Culture/histoire
Plages
Cuisine

Retraites royales

Les monarques successifs de Bangkok se retiraient sur cette côte, où se tiennent Phetchaburi, avec son palais historique perché, et Hua Hin, la retraite en bord de mer de Rama IX.

Plages

Les amateurs de plage en quête d'un lieu de caractère seront comblés par Prachuap Khiri Khan, une ville sereine, entourée de baies incrustées de karst, ainsi que par Hua Hin, station balnéaire tout confort, idéale pour les familles et les voyages de noces.

Produits de la mer

Proche de Bangkok et courue par les touristes thaïlandais, cette région accommode d'excellents produits de la mer à la mode locale, en vente sur le marché nocturne effervescent de Hua Hin, chez les marchands ambulants de Cha-am et dans les restaurants de bord de mer.

p. 514

Ko Samui et le sud du golfe de Thaïlande

Plages
Plongée/snorkeling
Vie nocturne

D'île en île

Le trio d'îles de ce secteur est connu des voyageurs depuis des décennies. À Ko Samui, les vacanciers séjournent dans des complexes très professionnels, près de magnifiques plages de sable blanc. Ko Pha Ngan et ses agréables criques sont plus bohèmes.

Écoles de plongée

Eaux chaudes et calmes, tarifs intéressants... Si Ko Tao a la faveur des plongeurs en devenir, elle est talonnée par Ko Pha Ngan.

Fêtes sur la plage

Pendant les fêtes de la Pleine Lune, Ko Pha Ngan se mue en une rave party géante : les fêtards prennent la plage d'assaut pour y danser sous la lune. Seaux d'alcool, peinture fluorescente et autres débordements jusqu'au bout de la nuit.

p. 549

Phuket et la côte d'Andaman

Paysages
Plages
Plongée/snorkeling

Merveilles en plein air

Des reliefs calcaires monumentaux émergent des flots turquoise, et diverses activités sont possibles au départ de Krabi, Trang ou Ko Yao : de quoi faire des pitons rocheux un extraordinaire terrain de jeu en plein air.

Plages

Les îles de la mer d'Andaman sont variées, mais Phuket est la reine du bien-être et du luxe. Ko Lanta, très décontractée, et Ko Phayam, de plus en plus populaire, valent le détour.

Parcs maritimes

Poissons imposants, jardins coralliens, épaves englouties... Le secteur est parfait pour la plongée et le snorkeling, grâce entre autres aux parcs nationaux maritimes des îles Similan et des îles Surin, réputés dans le monde entier.

p. 623

Sur la route

Province
de Chiang Mai
p. 318
Le Nord
p. 209
Le Nord-Est
p. 381
Le Centre
p. 169
Bangkok
et ses environs
p. 68
Ko Chang
et la côte est
p. 467
Hua Hin
et le nord du golfe
de Thaïlande
p. 514
Phuket et la côte
d'Andaman
p. 623
Ko Samui
et le sud du golfe
de Thaïlande
p. 549

Bangkok et ses environs

☎02 / 9,6 MILLIONS D'HABITANTS

Dans ce chapitre ➡

Le top des restaurants

- Saawaan (p. 130)
- Krua Apsorn (p. 136)
- Jay Fai (p. 125)
- Eathai (p. 129)
- Supanniga Eating Room (p. 128)

Le top des hébergements

- AriyasomVilla (p. 121)
- Phra-Nakorn Norn-Len (p. 121)
- Siam Heritage (p. 116)
- Lamphu Treehouse (p. 112)
- The Sukhothai (p. 117)

Pourquoi y aller

"*Same same, but different*" (semblable, mais différente). Arboré sur des T-shirts, ce slogan résume bien Bangkok (กรุงเทพฯ), où le familier et l'exotique se conjuguent à la manière des saveurs puissantes dans une assiette de *pàt tai*.

D'immenses centres commerciaux climatisés se dressent à côté de maisons de village deux fois centenaires, des temples aux flèches dorées avoisinent des rues sordides éclairées au néon, et les *long-tail boats* sur le fleuve royal permettent d'éviter les embouteillages chroniques. Pour les aventuriers du goût, c'est une destination culinaire exceptionnelle, avec une grande variété de spécialités régionales et internationales apportées dans la capitale par des immigrés du monde entier.

La vie quotidienne se dévoile dans les rues de Bangkok, qui méritent largement d'être explorées. Complétez une balade en bateau par la visite d'un marché caché ; perdez-vous dans les ruelles de Chinatown et découvrez un opéra chinois. Le soir, prenez le Skytrain jusqu'à Sukhumvit, où la vie nocturne se révèle aussi cosmopolite que dynamique.

Quand partir

Nov-fév La haute saison à Bangkok est sans doute la meilleure période de l'année pour s'y rendre car le temps y est relativement frais et sec, mais cela implique la foule et des prix élevés.

Fév-avr Pendant la saison venteuse, des cerfs-volants multicolores envahissent le ciel, dans les parcs de Sanam Luang et Lumphini.

Avr L'apogée de la saison chaude est le moment idéal pour participer au Songkram, fête de l'Eau célébrant le Nouvel An thaïlandais.

Juin-sept Au cœur de la mousson, l'humidité extrême est synonyme d'un tourisme en baisse, mais les festivités ne manquent pas, avec notamment la Gay Pride de Bangkok, en juin, et la fête végétarienne en septembre.

Histoire

Depuis la fin du XVIIIe siècle, l'histoire de Bangkok est intimement liée à celle de la Thaïlande. Nombre d'événements majeurs s'y sont déroulés et, aujourd'hui, la langue et la culture de la ville incarnent à bien des égards celles du pays entier. Une situation improbable jadis, lorsque la ville n'était guère plus qu'un obscur port commercial chinois ; aujourd'hui, forte d'une population de près de 10 millions d'habitants, Bangkok contribue à façonner l'histoire de la Thaïlande.

Époque moderne

En 1855, Rama IV (roi Mongkut ; r. 1851-1868) signa le traité de Bowring avec la Grande-Bretagne, mettant fin à l'exclusivité commerciale entre le Siam et la Chine. Ce document, puis l'ascension de Rama V (roi Chulalongkorn ; r. 1868-1910) marquèrent le début de la plus grande période d'influence de l'Europe sur le Siam.

Rama V fit construire quelque 120 nouvelles routes à Bangkok. En 1893, la première ligne ferroviaire ouvrit à Bangkok, suivie, l'année suivante, par une ligne pour tramway électrique de 20 km. En 1900, Bangkok ne comptait pas moins de 3 quotidiens en anglais.

En 1924, une poignée d'étudiants siamois à Paris forma le groupuscule Khana Ratsadon (Parti du peuple) qui se retrouvait pour débattre d'un futur gouvernement siamois inspiré du système de démocratie occidentale. En 1932, la révolution sans effusion de sang initiée par le groupe, avec l'accord de Rama VII (roi Prajadhipok ; r. 1925-1935), mit fin à la monarchie absolue et instaura une monarchie constitutionnelle. Bangkok se retrouva alors au centre des nouvelles institutions démocratiques. La capitale qui, dans le même temps, prenait une stature de port international, devint un pôle d'attraction majeur pour les Siamois en quête de perspectives économiques.

Passé récent

Le 13 octobre 2016, le roi Bhumibol décéda à l'âge de 89 ans. Son règne fut le plus long de l'histoire de la Thaïlande (c'est aussi un record mondial). Une année de deuil national fut décrétée, culminant avec des funérailles grandioses au Grand Palais de Bangkok, pour un coût de 90 millions de dollars US. Le fils et successeur du souverain, Maha Vajiralongkorn, se chargeait déjà de l'essentiel des fonctions royales pendant la maladie de son père.

Trois ans après la mort du roi Rama IX, adulé des Thaïlandais, son fils fut officiellement couronné en mai 2019, et, suivant la tradition dynastique, prit le nom de Rama X.

En mars 2019, des élections législatives se sont tenues dans l'espoir d'un retour de la démocratie. Cependant, malgré d'importantes irrégularités, l'ancien chef des armées Prayut Chan-o-cha est réélu Premier ministre par le Parlement thaïlandais.

À voir

Ko Ratanakosin et Thonburi

Presque tous les sites majeurs de Bangkok sont concentrés dans les quartiers mitoyens de Ko Ratanakosin et Thonburi, suffisamment compacts pour en voir l'essentiel en une journée.

Wat Pho TEMPLE BOUDDHIQUE

(วัดโพธิ์/วัดพระเชตุพน, Wat Phra Chetuphon ; carte p. 80 ; www.watpho.com ; Th Sanam Chai ; 200 B ; 8h30-18h30 ; Tien Pier). Un peu moins touristique que le Wat Phra Kaew voisin (p. 71), ce temple a notre préférence absolue parmi les incontournables de la ville. Exceptionnel à maints égards, le temple fut jadis le premier centre d'éducation publique du pays. Il recèle la plus importante collection de bouddhas de Thaïlande ainsi qu'un impressionnant **bouddha couché**, le plus grand de la ville, presque à l'étroit dans son pavillon à l'ouest du site.

Le complexe du Wat Pho couvre 8 ha ; la majorité des sites touristiques occupent le côté nord de Th Chetuphon, les logements des moines, le côté sud. C'est aussi le siège national de l'enseignement et de la préservation de la médecine traditionnelle thaïlandaise, qui inclut le massage thaïlandais. Cette mission lui fut attribuée par Rama III lorsque la tradition menaçait de disparaître. La célèbre école possède deux **pavillons de massage** (massage à partir de 540 B/heure ; 9h-16h) dans l'enceinte du temple et d'autres salles de formation (p. 109) à l'extérieur.

Dans le temple du bouddha couché, un rituel consiste à déposer une aumône sous forme de pièces de monnaie dans des pots en métal disposés en rang à l'arrière de la statue du Bouddha. Si vous êtes à court de pièces, un employé présent sur place se fera

À ne pas manquer

❶ L'immense bouddha couché du **Wat Pho** (p. 69).

❷ Le bouddha d'Émeraude du **Wat Phra Kaew** (p. 71), et le majestueux Grand Palais, situé dans le même complexe.

❸ Les souvenirs colorés et les objets anciens du **marché du week-end de Chatuchak** (p. 156).

❹ Le meilleur de l'architecture et de l'art thaïlandais, à découvrir dans la **maison de Jim Thompson** (p. 95).

❺ Un énergique mais bienfaisant **massage thaïlandais** (p. 101) dans un salon très abordable.

❻ La délicieuse **cuisine de rue de Chinatown** (p. 125).

❼ Un verre sous les étoiles face aux gratte-ciel dans un **bar sur un toit-terrasse** (p. 145).

❽ Un cours dans l'une des **écoles de cuisine** (p. 107), pour apprendre à concocter des recettes authentiquement thaïlandaises.

❾ Une croisière sur les **canaux de Thonburi** (p. 95).

❿ Les pittoresques bâtiments en bois d'**Amphawa** (p. 166), village au bord du canal, à proximité de Bangkok.

un plaisir de vous faire la monnaie. Il est obligatoire de se déchausser à l'entrée du temple ; on vous remettra un sac plastique où mettre vos chaussures, à déposer à la sortie dans le bac prévu à cet effet.

L'entrée comprend une bouteille d'eau (bienvenue) à récupérer dans un stand proche du temple du bouddha couché. Portez des vêtements couvrant vos bras et vos jambes lors de votre visite.

LE NOM IMPRONONÇABLE DE BANGKOK

Une fois le quartier royal de Ko Ratanakosin achevé, en 1785, la capitale du Siam reçut un nouveau nom : "Krungthep mahanakhon amonratanakosin mahintara Ayutthaya mahadilok popnopparat ratchathani burirom udomratchaniwet mahasathan amonpiman avatansathit sakkathattiya witsanukamprasit". Cette formidable gymnastique lexicale se traduit à peu près par : "Grande ville des anges, siège des perles divines, grande terre invincible, grand et éminent royaume, charmante capitale royale aux neuf gemmes, grand palais et demeure royale, abri divin et lieu de vie des esprits réincarnés".

Évidemment, les marchands étrangers continuèrent d'appeler la capitale Bang Makok, qui a fini par devenir "Bangkok", un nom depuis connu de tous en dehors de la Thaïlande. Aujourd'hui, si tous les Thaïlandais comprennent "Bangkok", ils utilisent une version courte du nom officiel, Krung Thep (cité des anges). Pour parler du Grand Bangkok, ils parlent de Krung Thep Mahanakhon (métropole de la cité des anges).

♥ Wat Phra Kaew — TEMPLE BOUDDHIQUE

(วัดพระแก้ว ; carte p. 80 ; Th Na Phra Lan ; 500 B ; 8h30-15h30 ; Chang Pier, Maharaj Pier). Ce temple à l'architecture exceptionnelle est le cœur spirituel du bouddhisme et de la monarchie thaïlandais, dont l'union symbolique est illustrée par la représentation la plus sacrée du pays, le bouddha d'Émeraude. L'ensemble comprend également le Grand Palais (ci-contre), l'ancienne résidence royale, jadis une cité fermée obéissant à des rituels et à une stratification sociale complexes. Consacré en 1782, année où Bangkok acquit son statut de capitale, le site demeure un lieu de pèlerinage pour les fidèles bouddhistes.

➡ Bouddha d'Émeraude

L'entrée du Wat Phra Kaew est gardée par les *yaksha*, colosses musclés évoqués dans le *Ramakien*. Au-delà s'étendent une cour et le *bòht* (salle d'ordination) central qui abrite le bouddha d'Émeraude. Les ornementations de la façade et à l'intérieur font facilement oublier aux visiteurs de rendre hommage au bouddha. Celui-ci ne mesure que 66 cm, et est si haut perché dans l'édifice principal du temple qu'il s'en trouve presque détrôné par le sanctuaire doré qui l'accueille. Nul ne sait où et par qui le bouddha fut sculpté, mais la première trace de son existence remonte au XVe siècle à Chiang Rai, dans le nord de la Thaïlande. Le style artistique correspondrait aux XIIIe et XIVe siècles. Du fait de son statut royal, le bouddha d'Émeraude est vêtu d'habits monastiques cérémoniels, aujourd'hui au nombre de trois, pour les saisons chaude, des pluies et fraîche. À chaque changement de saison, le roi lui-même procède au changement d'habit lors de cérémonies solennelles.

➡ Fresques du Ramakien

Devant le *bòht* principal se dresse une statue en pierre de Kuan Im, déesse chinoise de la miséricorde, ainsi que deux statues de vaches en l'honneur de l'année de naissance de Rama I. Tout le long du cloître de 2 km qui entoure le complexe, 178 fresques représentent le *Ramakien* (version thaïlandaise du *Ramayana* indien) dans son intégralité, dans le sens des aiguilles d'une montre depuis la porte nord.

Au début de l'épopée, Rama, le héros au visage vert, et son épouse Sita, la belle jeune femme aux seins nus, sont exilés dans la forêt avec le frère de Rama. C'est dans ce cadre pastoral que le diabolique roi Ravana (aux bras et visages multiples) se déguise en ermite pour kidnapper Sita.

Rama s'allie avec Hanuman, le roi singe (représenté par un singe blanc), pour combattre Ravana et sauver Sita. Malgré le rôle prépondérant de Rama, Hanuman, loyal, courageux et malin, est le véritable héros. S'ensuivent grandes batailles et coups tordus jusqu'à ce que Ravana soit enfin tué. Sita et Rama sont alors triomphalement réunis après avoir soumis leur loyauté à l'épreuve du feu.

Alors que le temple grouille constamment de touristes, le cloître et ses fresques sont généralement calmes et ombragés. Entrée comprise avec le billet pour le Grand Palais.

♥ Grand Palais — PALAIS

(พระบรมมหาราชวัง ; carte p. 80 ; Th Na Phra Lan ; 500 B ; 8h30-15h30 ; Chang Pier, Maharaj Pier). Le Grand Palais (Phra Borom

Agglomération de Bangkok

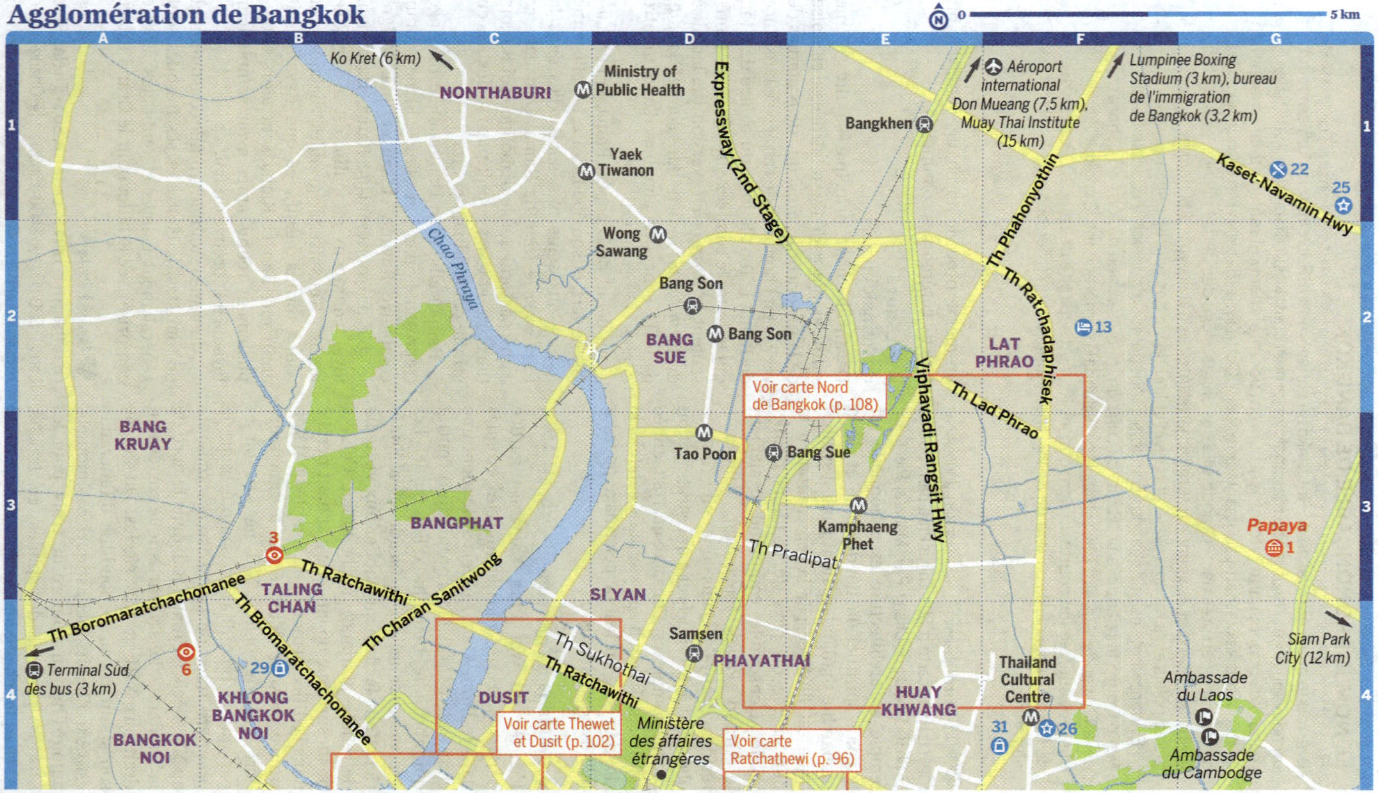

Aéroport international Suvarnabhumi (16 km)
Cottage (12 km)
Bearing (1,5 km)
Bang Na
Udom Suk
Punnawithi
Bang Chak
On Nut
PHRA KHANONG
BANGNA
Phra Khanong
14
Rama IV
Soi 71
11
9
KHLONG TAN
16
24
Ramkhamhaeng
Th Phetchaburi
Rama IX
Makkasan (Bangkok City Air Terminal)
Soi 21 (Asoke)
TH SUKHUMVIT
Th Sukhumvit
KHLONG TOEY
Voir carte Th Sukhumvit (p. 104)
KHLONG TOEY
PORT
Chao Phraya
Bang Kachao
2
7
5
Voir carte Parc Lumphini et Rama IV (p. 88)
21
27
4
Rama IV
SATHORN
Parc Lumphini
Voir carte Silom et Sathon (p. 98)
Th Silom
20
12
23
TROK CHAN
Voir carte Riverside (p. 90)
Makkasan
PRATUNAM
RATCHATHEWI
SIAM SQUARE
Voir carte Siam Square et Pratunam (p. 92)
15
Gare ferroviaire de Hua Lamphong
Th Charoen Krung
Voir carte Chinatown et Phahurat (p. 86)
CHINATOWN
30
KHLONG SAN
28
17
THANON TOK
Rama III
RATBURANA
Th Suksawat
Chalerm Mahanakhon Expwy
Rama II
Th Taksin
10
Th Charoen Nakhon
Krung Thonburi
Wongwian Yai
Wongwian Yai
Th Lat Ya
KHLONG BANGKOK YAI
THONBURI
BANGLAMPHU
Gare ferroviaire de Bangkok Noi (Thonburi)
18
19
Voir carte Ko Ratanakosin, Banglamphu et Thonburi (p. 80)
KHLONG MON
KHLONG BANG LUANG
Pho Nimit
Talat Phlu
Talat Phlu
Wutthakat
8
Bang Wa
Th Phetkasem
Phuttamonthon 1
Th Ratchaphruk
DAO KHANONG
A
B
C
D
E
F
G
5
6
7
8

Agglomération de Bangkok

Les incontournables
1 Papaya G3

À voir
2 Marché de Bang Nam Pheung F8
3 Chang Chui B3
4 Gallery VER D7
5 Parc de Si Nakhon Kheun Khan E7
6 Marché flottant de Taling Chan A4
7 Wat Bang Nam Pheung Nok F8

Activités
8 Amita Thai Cooking Class B7
9 Coran F6
10 Manohra Cruises C7
11 SpiceRoads G6

Où se loger
12 All That Bangkok D6
13 Be My Guest Bed & Breakfast F2
14 Beat Hotel G6
15 Cacha Art Hotel D5
16 Refill Now! G5
17 W Home C7

Où se restaurer
18 Chawang B5
19 Dao Tai B5
20 Le Cabanon D6
Ruam Tai .... (voir 18)
21 Sühring E7
22 Yusup G1

Où prendre un verre et faire la fête
23 JAM D6
24 Tuba F5

Où sortir
25 Parking Toys G1
26 Siam Niramit F4
27 Tawandang German Brewery E7

Achats
28 Asiatique C7
29 Central Pinklao B4
30 Lhong 1919 .... C6
31 Talat Rot Fai F4

Maharatchawang), installé dans le même complexe que le temple de Wat Phra Kaew (p. 71), est une ancienne résidence royale qui n'est plus utilisée aujourd'hui qu'à l'occasion de cérémonies officielles. Il est permis de visiter les jardins et quatre des bâtiments du palais, fascinants de grandiloquence royale. Portez des vêtements couvrant bras et jambes. Des guides proposent leurs services à proximité du guichet du palais, et un audioguide est disponible pour 200 B.

Sur un terrain de 94,5 ha, plus de 100 bâtiments représentent 200 ans de royauté et d'innovations architecturales. La plupart des éléments architecturaux, royaux ou sacrés, peuvent être considérés comme de l'école Ratanakosin (style du vieux Bangkok).

À l'extrémité est du complexe se dresse le **Borombhiman Hall**, inspiré de l'architecture française, où vécut Rama VI (roi Vajiravudh ; r. 1910-1925). Il est seulement possible d'y jeter un coup d'œil à travers les grilles en fer. En avril 1981, le général San Chitpatima s'en servit de QG pour préparer un coup d'État qui avorta. À l'origine un palais de justice, l'**Amarindra Hall**, à l'ouest, ne sert plus aujourd'hui qu'aux rarissimes cérémonies du couronnement. Avec ses 3 ailes, le **Chakri Mahaprasat** (Grand Palace Hall) est le plus grand édifice du palais. Conçu par des architectes britanniques et achevé en 1882, le monument est un étonnant mélange de Renaissance italienne et d'architecture thaïlandaise traditionnelle. Ce style est parfois surnommé *fa·ràng sài chá·dah* (occidental portant une coiffe de danse traditionnelle thaïe), du fait que chaque aile est surmontée d'un *mon·dòp* (flèche à plusieurs niveaux richement ornée). On raconte que l'édifice devait à l'origine être coiffé d'une coupole, mais que Rama V (roi Chulalongkorn ; r. 1868-1910) se laissa finalement convaincre d'opter pour une toiture à la thaïlandaise. Le plus imposant *mon·dòp,* au centre, contient les cendres de rois de la dynastie Chakri, tandis que le *mon·dòp* latéral renferme celles des nombreux princes Chakri n'ayant jamais accédé au trône. Le dernier bâtiment à l'ouest, le **Dusit Hall**, de style Ratanakosin, accueillit d'abord les audiences royales avant d'être réservé aux obsèques des monarques.

Jusqu'à l'interdiction de la polygamie par Rama VI, y compris pour les rois, les monarques thaïlandais logeaient leurs immenses harems dans l'enceinte intérieure du palais (fermée au public), alors gardée par des femmes formées au combat. Les intrigues et rituels qui se déroulaient dans ce lieu secret peuvent être découverts dans la fiction historique *Quatre Règnes*, de Kukrit Pramoj, l'histoire d'une jeune fille nommée Phloi vivant dans l'enceinte de la cité royale.

♥ **Wat Arun** TEMPLE BOUDDHIQUE
(วัดอรุณฯ ; carte p. 80 ; www.watarun.net ; en retrait de Th Arun Amarin ; 50 B ; 8h-18h ; ferry depuis Tien Pier, Chao Phraya). Après la chute d'Ayutthaya, le roi Taksin prit cérémonieusement possession du site jusque-là occupé par un lieu saint (le Wat Jaeng) et y fit ériger un palais royal et un temple pour le bouddha d'Émeraude. Le temple fut rebaptisé Aruna – du nom du dieu indien de l'Aube – et en hommage à la fondation symbolique d'une nouvelle Ayutthaya. Aujourd'hui, le temple est l'une des constructions les plus emblématiques de Bangkok – et l'un des rares temples bouddhiques sur lequel on peut grimper.

Ce n'est qu'après le transfert de la capitale et du bouddha d'Émeraude à Bangkok que le Wat Arun prit cet aspect si caractéristique, avec son *prahng* (tour de style khmer) de 82 m de haut, dont la construction commença durant la première moitié du XIXe siècle sous le règne de Rama II (roi Phraphutthaloetla Naphalai ; r. 1809-1824). La tour fut achevée plus tard par Rama III (roi Phranangklao ; r. 1824-1851). Un escalier raide conduit au sommet, d'où on a vue sur le Chao Phraya. Visibles uniquement de près, les **mosaïques** fabuleusement ornées de fleurs sont composées de bris de porcelaine chinoise polychrome. Cette ornementation était commune au début de la période de Ratanakosin, quand les navires chinois faisant escale à Bangkok jetaient des tonnes de vieille porcelaine utilisée comme ballast.

Le grand bouddha du temple aurait été dessiné par Rama II en personne. Les **fresques** datent du règne de Rama V (roi Chulalongkorn ; r. 1868-1910) ; l'une d'elles montre le prince Siddhartha découvrant la naissance, la vieillesse, la maladie et la mort hors de son palais, expérience qui le conduisit à se retirer du monde. Les cendres de Rama II reposent sous le bouddha.

De fréquents ferrys traversent le fleuve entre Tien Pier et Wat Arun. Le Chao Phraya Express Boat rejoint aussi le ponton du temple.

Musée national MUSÉE
(พิพิธภัณฑสถานแห่งชาติ ; carte p. 80 ; 4 Th Na Phra That ; 200 B ; 9h-16h mer-dim ; Chang Pier, Maharaj Pier). Le Musée national de Thaïlande abrite une impressionnante collection d'objets évoquant le glorieux passé du pays. Construit en grande partie en 1782 en tant que palais du prince Wang Na, vice-roi de Rama Ier, il est devenu un musée sous le règne de Rama V en 1874. Le musée actuel compte 3 expositions permanentes réparties dans plusieurs bâtiments. La salle principale, ou **Gallery of Thai History**, renferme des représentations du bouddha et des sculptures de dieux hindous parmi les plus belles du pays.

CODE VESTIMENTAIRE

La plupart des sites touristiques de Bangkok sont également des sites sacrés, qui exigent une tenue vestimentaire appropriée. Au Wat Phra Kaew et au Grand Palais, notamment, vous ne serez admis que si vous êtes suffisamment couvert. Shorts, débardeurs, décolletés, pantacourts... tout vêtement révélant autre chose que votre tête et vos avant-bras est interdit. Si vous ne remplissez pas ces critères, on vous dirigera vers un vestiaire où l'on vous prêtera un sarong, et vous perdrez du temps à refaire la queue.

Musée médico-légal de Siriraj MUSÉE
(พิพิธภัณฑ์นิติเวชศาสตร์สงกรานต์นิยมเสน ; carte p. 80 ; 2e ét, Adulyadejvikrom Bldg, Siriraj Hospital ; 200 B ; 9h-16h mer-lun ; Wang Lang/Siriraj Pier, Thonburi Railway Station Pier). Regroupant des institutions consacrées à l'anatomie, à la pathologie et à la médecine légale, ce musée propose des expositions atypiques, voire macabres, avec des cadavres momifiés, des fœtus à deux têtes et des organes humains rongés par le cancer, ainsi que des vestiges de crimes atroces (membres amputés, armes et autres éléments de scènes de crimes). Si le musée se veut éducatif avant tout, le corps préservé de Si Ouey, tueur en série qui avait assassiné puis mangé plusieurs enfants dans les années 1950 avant d'être exécuté, relève plus du morbide.

Musée du Siam MUSÉE
(สถาบันพิพิธภัณฑ์การเรียนรู้แห่งชาติ ; carte p. 80 ; Th Maha Rat ; 200 B ; 10h-18h mar-dim ; ; Tien Pier). Ce musée moderne permet d'explorer de différentes manières les origines du peuple thaïlandais et sa culture. Il est installé dans un édifice du XIXe siècle de style européen qui fut jadis le ministère du Commerce, et renferme des expositions présentées de manière interactive et ludique (ce qui est assez rare dans les

Wat Phra Kaew et Grand Palais

EXPLOREZ LES MONUMENTS RELIGIEUX ET ROYAUX LES PLUS EMBLÉMATIQUES DE BANGKOK

La plupart des visiteurs commencent par découvrir le Wat Phra Kaew, un vaste ensemble renfermant le temple bouddhique. Un passage couvert entoure le site ; ses faces intérieures sont ornées des ❶❷ **fresques du *Ramakien***. Peintes sous le règne de Rama Ier (roi Chao Phraya Chakri ; r. 1782-1809), elles retracent l'épopée hindoue du *Ramayana*, à travers 178 panneaux décrivant la lutte de Rama pour libérer son épouse kidnappée, Sita.

Une fois parvenu à la fin de l'histoire, franchissez l'une des portes gardées par de saisissants ❸ **yaksha** (ogres ou géants de la mythologie hindoue) pour gagner le complexe intérieur. L'édifice le plus importan est le ❹ **bòht**, ou **salle d'ordination**, qui abrite le ❺ **bouddha d'Émeraude**.

ALINA_ZAINEA / GETTY IMAGES ©

Kinari
Mi-cygnes mi-femmes, ces gracieuses créatures de la mythologie hindo-bouddhiste se tiennent devant le Prasat Phra Thep Bidon.

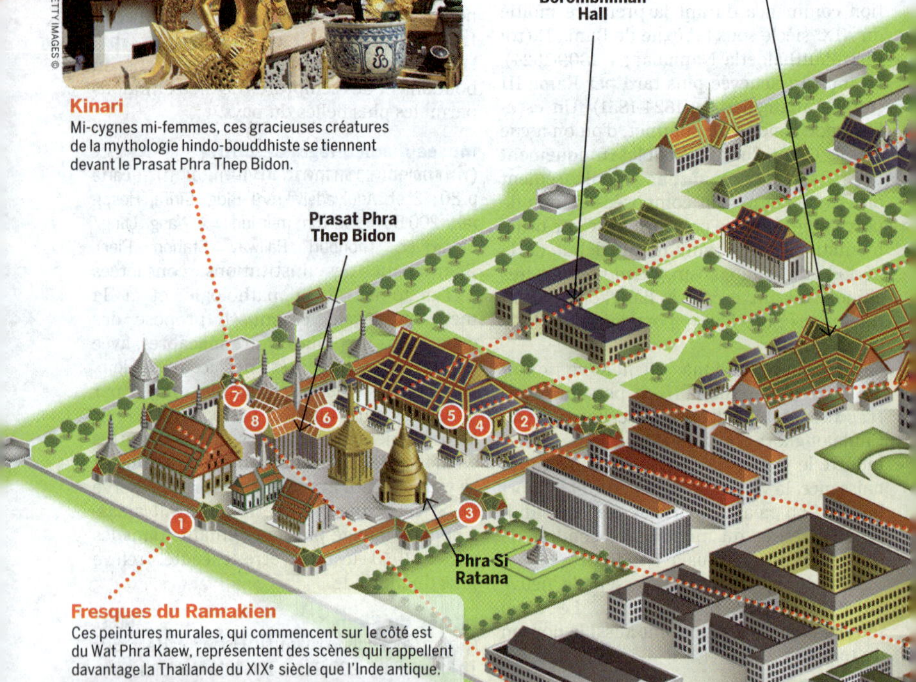

Fresques du Ramakien
Ces peintures murales, qui commencent sur le côté est du Wat Phra Kaew, représentent des scènes qui rappellent davantage la Thaïlande du XIXe siècle que l'Inde antique.

ANTONIO D'ALBORE / GETTY IMAGES ©

Hanuman
Des rangées de ces singes malicieux, divinités appartenant à la mythologie hindoue, soutiennent les étages inférieurs de deux petits *chedi* près du Prasat Phra Thep Bidon.

Dirigez-vous ensuite vers l'est jusqu'à la terrasse supérieure, un espace surélevé où se dressent les **6 flèches des trois principaux chedi** (stupas). Celui du milieu, le Phra Mondop, est utilisé pour conserver des manuscrits bouddhiques. Ce secteur abrite aussi nombre de personnages mythiques du Wat Phra Kaew, comme de superbes **7 kinari** (créatures mythiques mi-femmes mi-cygnes) et plusieurs **8 Hanuman** grimaçants.

Franchissez la porte ouest du complexe pour atteindre le Grand Palais. Ici, peu d'édifices sont ouverts au public. Le plus remarquable est le **9 Chakri Mahaprasat**, édifié en 1882. Sa façade extérieure est un mélange unique de style occidental et d'architecture thaïlandaise traditionnelle.

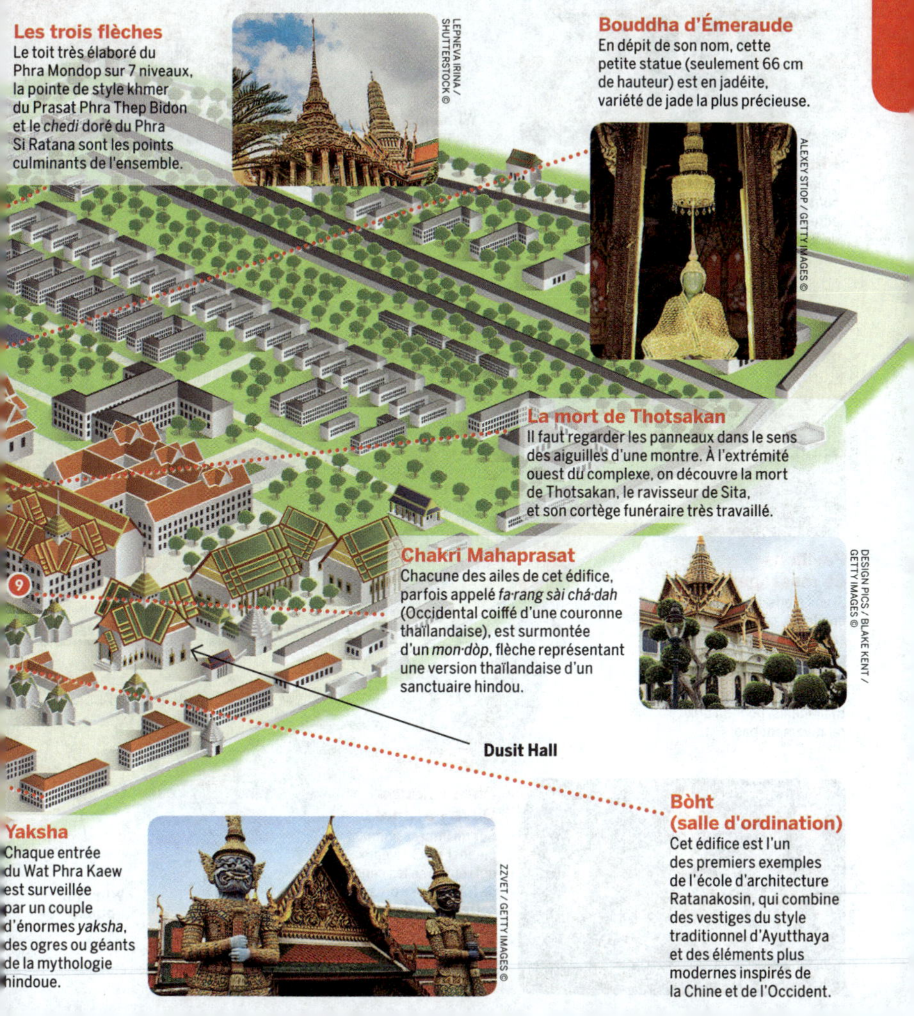

Les trois flèches
Le toit très élaboré du Phra Mondop sur 7 niveaux, la pointe de style khmer du Prasat Phra Thep Bidon et le *chedi* doré du Phra Si Ratana sont les points culminants de l'ensemble.

LEPNEVA IRINA / SHUTTERSTOCK ©

Bouddha d'Émeraude
En dépit de son nom, cette petite statue (seulement 66 cm de hauteur) est en jadéite, variété de jade la plus précieuse.

ALEXEY STIOP / GETTY IMAGES ©

La mort de Thotsakan
Il faut regarder les panneaux dans le sens des aiguilles d'une montre. À l'extrémité ouest du complexe, on découvre la mort de Thotsakan, le ravisseur de Sita, et son cortège funéraire très travaillé.

Chakri Mahaprasat
Chacune des ailes de cet édifice, parfois appelé *fa·rang sài chá·dah* (Occidental coiffé d'une couronne thaïlandaise), est surmontée d'un *mon·dòp*, flèche représentant une version thaïlandaise d'un sanctuaire hindou.

DESIGN PICS / BLAKE KENT / GETTY IMAGES ©

Yaksha
Chaque entrée du Wat Phra Kaew est surveillée par un couple d'énormes *yaksha*, des ogres ou géants de la mythologie hindoue.

ZZVET / GETTY IMAGES ©

Bòht (salle d'ordination)
Cet édifice est l'un des premiers exemples de l'école d'architecture Ratanakosin, qui combine des vestiges du style traditionnel d'Ayutthaya et des éléments plus modernes inspirés de la Chine et de l'Occident.

Wat Pho

PROMENADE PARMI LES GRANDS BOUDDHAS DU WAT PHO

Le point de départ le plus logique est le *wí·hăhn* (sanctuaire) principal, qui abrite la pièce maîtresse du Wat Pho, le **1 bouddha couché**. Outre ses dimensions imposantes, remarquez les **2 incrustations de nacre** sur la plante des pieds de la statue. Les murs du *wí·hăhn* sont couverts de fresques représentant les vies antérieures du Bouddha, tandis que les 108 bols à aumônes en bronze sont disposés sur le côté sud de l'édifice. Pour 20 B, vous pourrez acheter 108 pièces ; si vous les déposez dans chacun des bols, la chance sera avec vous !

Sortez du *wí·hăhn* et passez entre les deux gardiens : les **3 géants de pierre**. Au sud se dressent les quatre grands **4 chedi royaux**.Continuez à l'est, traversez

VICHAN SRISEANGNIL / GETTY IMAGES ©

Phra Ubosot
Construit sous le règne de Rama Ier, l'imposant *bòht* (salle d'ordination) doit son apparence actuelle à des rénovations remontant au règne de Rama III (r. 1824-1851).

KISZON PASCAL / GETTY IMAGES ©

Galeries des bouddhas
Les deux passages couverts entourant le Phra Ubosot abritent 394 bouddhas dorés, dont beaucoup présentent des caractéristiques classiques des styles Ayutthaya ou Sukhothai.

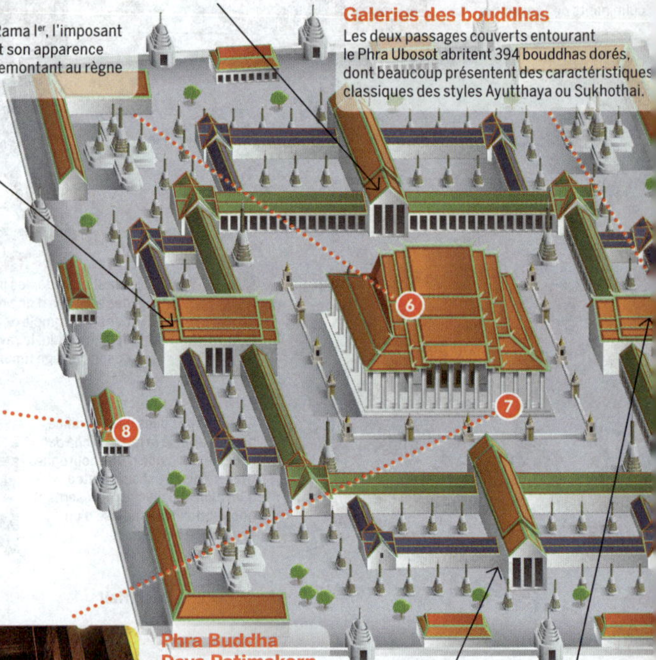

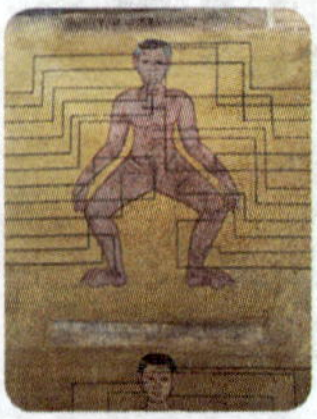

PIDJOE / GETTY IMAGES ©

Pavillons de massages
Si vos pieds demandent une trêve, ces deux salles climatisées sont idéales pour se détendre en profitant d'un délicieux massage thaïlandais, pour un prix relativement bas.

OASIZZ / GETTY IMAGES ©

Phra Buddha Deva Patimakorn
Sur un impressionnant piédestal à 3 niveaux, qui renferme les cendres de Rama Ier, se dresse cette statue du Bouddha datant de la période d'Ayutthaya. Elle fut apportée au temple par le roi.

deux ❺ galeries de statues du Bouddha reliant quatre *wí·hăhn*, dont deux conservent de remarquables bouddhas de la période de Sukhothai. Elles constituent l'extérieur du ❻ **Phra Ubosot**, l'immense salle d'ordination, deuxième plus importante structure du Wat Pho. La base du bâtiment est entourée de bas-reliefs ornés d'inscriptions, et l'intérieur renferme la célèbre statue du Bouddha, ❼ **Phra Buddha Deva Patimakorn**.

Le Wat Pho, souvent présenté comme la première université thaïlandaise, accueille aujourd'hui une école de médecine thaïlandaise traditionnelle et, dans l'annexe est, deux ❽ **pavillons dédiés au massage**.

Enfin, la moitié orientale du complexe est ponctuée de plusieurs autres petits *chedi* et des jardins de pierre.

TAKEPICSFORFUN / GETTY IMAGES ©

Chedis royaux
Ornés de céramiques colorées, dans la plus pure tradition du style Ratanakosin, ces quatre *chedi* représentent les quatre premiers rois de la dynastie Chakri.

SAMART BOONYANG / GETTY IMAGES ©

Bouddha couché
La structure intérieure en brique, de 46 m de long et 15 m de haut, est habillée de plâtre et recouverte de feuilles d'or. L'énorme bouddha couché du Wat Pho évoque le passage du Bouddha au nirvana (la mort du Bouddha).

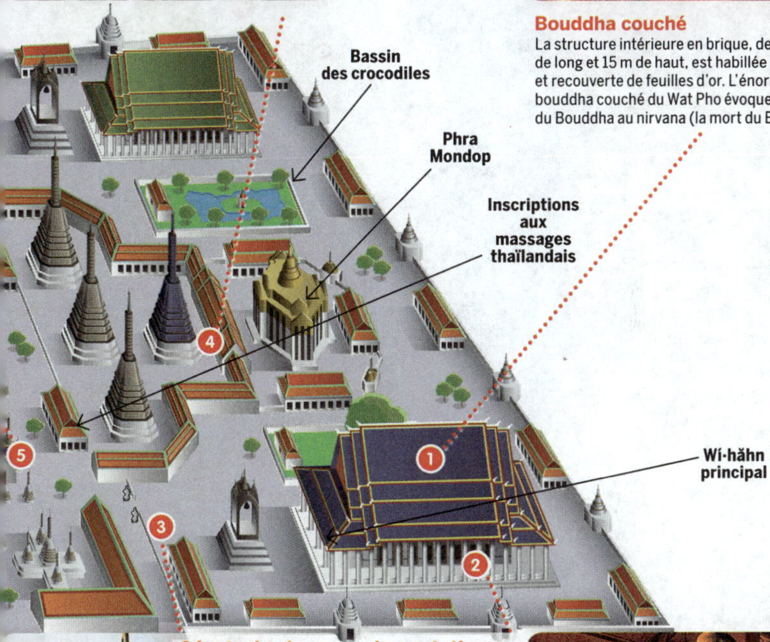

IMAGE SOURCE / GETTY IMAGES ©

Géants de pierre
Ces gigantesques statues en granit (certains y voient des personnages d'opéra chinois, d'autres Marco Polo) sont arrivées en Thaïlande au XIXe siècle : elles servaient de lest sur des jonques chinoises.

Incrustations de nacre
Les 108 *lák·sà·nà* (marques d'un bouddha) bienveillants sont représentés sur la plante des pieds du bouddha couché.

KAMPEE PATISENA / GETTY IMAGES ©

Ko Ratanakosin, Banglamphu et Thonburi

0
500 m
E
F
G
H
1
2
3
4
5
6
7
BANGLAMPHU
PHAHURAT
Soi 1
Soi 3
Soi 6
Soi 4
Soi 2
Th Samsen
Th Chakrabongse
Th Kraisi
Th Tani
Th Rambuttri
Th Khao San
Soi Damnoen Klang Neua
Th Ratchadamnoen Klang
Soi Damnoen Klang Tai
Th Tanao
Th Din So
Th Mahanop
Soi Nava
Th Phraeng Nara
Th Bamrung Meuang
Wat Suthat
Parc Rommaneenart
Th Prachathipatai
Th Wisut Kasat
Khlong Phadung Kasem
Tourism Authority of Thailand
Th Ratchadamnoen Nok
Th Nakhon Sawan
Th Lan Luang
Th Phra Sumen
Th Damrong Rak
Khlong Saen Saeb
Phanfa Leelard Pier
Le Mont d'Or
Th Mahachai
Th Boriphat
Soi Ban Bat
Th Wora Chak
Voir carte Chinatown et Phahurat (p. 86)
Khlong Lod
Soi Phraya Si
Th Atsadang
Th Triphet
Th Burapha
Th Phahurat
Th Charoen Krung
Th Chakrawat
Th Yaowarat
Th Suapa
44
50
84
32
65
57
87
25
42
35
46
96
81
52
51
40
18
69
85
16
76
86
90
94
93
88
31
22
83
30
62
37
38
53
80
43
39
63
91
67
19
1
20
55
54
70
59
41
92
95
6
34
36

Ko Ratanakosin, Banglamphu et Thonburi

Les incontournables
1 Le Mont d'Or H4
2 Grand Palais C5
3 Wat Arun C7
4 Wat Pho D6
5 Wat Phra Kaew D5
6 Wat Suthat F5

À voir
7 Marché aux amulettes C4
8 Lak Meuang D5
9 Musée du Siam D7
10 Musée national C3
11 Musée national des Barges royales A2
12 Sanam Luang D4
13 Jardin royal de Saranrom D6
14 Université de Silpakorn C5
15 Musée médico-légal de Siriraj A3
16 Université de Thammasat C3
17 Thanon Khao San E3
18 Wat Bowonniwet F2
19 Wat Ratchanatdaram G4
20 Wat Saket H4

Activités
21 Center Meditation Wat Mahadhatu C4
22 Grasshopper Adventures F3
23 Jaroenthong Muay Thai Gym D2
24 Pavillons de massage D6
25 Velo Thailand F1
26 Wat Pho Thai Traditional Massage School C7

Où se loger
27 Arom D C7
28 Arun Residence C7
29 Aurum: The River Place C7
30 Baan Dinso 2 .... F4
31 Buddy Lodge E3
32 Casa Nithra F1
33 Chakrabongse Villas D7
34 Chern G5
35 Chillax Resort F2
36 Feung Nakorn Balcony E6
37 Hotel Dé Moc G2
38 Lamphu Treehouse F2
39 Nanda Heritage H2
40 NapPark Hostel E2
41 Niras Bankoc G5
42 Nouvo City Hotel E2
43 Old Capital Bike Inn G3
44 Penpark Place E1
45 Praya Palazzo D1
46 Rambuttri Village Plaza E2
47 Riva Surya D2
48 Royal ThaTien Village C7
49 Sala Ratanakosin C7
50 Samsen Sam Place E1
51 Suneta Hostel Khaosan E2
52 Villa Cha-Cha E2
53 Villa Phra Sumen G3
54 Vivit Hostel E4
55 Warehouse E4
56 Wild Orchid Villa D2

Où se restaurer
57 Bangkok Poutine E1
58 Err D7
59 Jay Fai G5
60 Karim Roti-Mataba D1
61 Khun Daeng D2
62 Krua Apsorn F4
63 Likhit Kai Yang H2
64 Ming Lee C5
Nopparat .... (voir 60)
65 Pua-Kee E1
Sala Rattanakosin .... (voir 49)
66 Savoey B4
67 Seven Spoons H3
68 Sheepshank D1
69 Shoshana E2
70 Thip Samai G5
71 Tonkin Annam C7
72 Marché de Wang Lang B4
73 ZeZe D2

Où prendre un verre et faire la fête
74 Amorosa C7
75 Babble & Rum D2
76 Center Khao Sarn E3
77 Commé D2
78 Gecko Bar D2
79 Hippie de Bar D3
80 Ku Bar G3
81 Macaroni Club E2
82 Madame Musur D2
Mitramit .... (voir 65)
Mulligans .... (voir 31)
83 Phra Nakorn Bar & Gallery E3
84 Post Bar F1
Rooftop .... (voir 49)
85 The Club E3
86 The Roof Bar E3

Où sortir
87 Adhere the 13th E1
88 Brick Bar E3
Brown Sugar .... (voir 80)
89 jazz happens! D2
90 Molly Bar E3
91 Rajadamnern Stadium H2

Achats
92 Heritage Craft E5
93 Marché de Khao San E3
94 Lofty Bamboo E3
95 Mowaan F5
96 Nittaya Thai Curry E2

Renseignements
Bureau du Musée national .... (voir 10)

S'ATTARDER OU NON À BANGKOK ?

Bangkok étant une escale majeure des vols long-courriers (et des correspondances vers les îles de Thaïlande), de nombreux visiteurs y passent quelques jours. Si vous souhaitez visiter plus que les temples incontournables et les centres commerciaux, prévoyez au moins 4 jours sur place. Ainsi, vous pourrez tester les meilleurs restaurants, visiter quelques toits-terrasses, passer une matinée au marché du week-end de Chatuchak et suivre un cours de cuisine. Il vous restera même du temps pour un vivifiant massage thaïlandais.

musées thaïlandais). L'ensemble est bien conçu, avec des galeries consacrées aux origines de la nation et à sa population.

Marché aux amulettes MARCHÉ
(ตลาดพระเครื่องวัดมหาธาตุ ; carte p. 80 ; Th Maha Rat ; ⏲7h-17h ; Chang Pier, Maharaj Pier). Ce marché très étonnant investit les trottoirs de Th Maha Rat et Th Phra Chan, et s'étend en un dédale de stands couverts au sud du Phra Chan Pier. L'accès le plus facile se fait par "Trok Maha That", clairement indiquée. On y vend une grande variété de petits talismans prisés des collectionneurs, moines, chauffeurs de taxi et professionnels de métiers à risques.

Les acheteurs potentiels, souvent déjà dotés de plusieurs amulettes, marchandent et feuillettent des magazines spécialisés proposant des articles à prix exorbitants. C'est un endroit fascinant pour se balader et voir les clients intéressés qui inspectent de minuscules amulettes à travers une loupe, à la recherche d'une signification cachée, ou s'ils sont chanceux, d'une valeur secrète.

Musée national des Barges royales MUSÉE
(พิพิธภัณฑสถานแห่งชาติเรือพระราชพิธี ; carte p. 80 ; Khlong Bangkok Noi ou 80/1 Th Arun Amarin ; 100 B, app photo 100 B ; ⏲9h-17h ; Phra Pin Klao Bridge Pier). Les barges royales sont de superbes embarcations, richement décorées, utilisées pour les processions – une tradition qui remonte à la période Ayutthaya, où le bateau était le principal moyen de locomotion, pour le peuple comme pour la royauté. Lorsqu'elles ne sont pas utilisées, on peut observer les barges royales dans ce musée de Thonburi. Pour s'y rendre, le plus simple est de prendre une moto-taxi depuis le Phra Pin Klao Bridge Pier (demandez au chauffeur d'aller à *reu·a prá têe nâng*) – il est aussi possible d'y aller à pied.

Jardin royal de Saranrom PARC
(สวนสราญรมย์ ; carte p. 80 ; bordé par Th Ratchini, Th Charoen Krung et Th Sanam Chai ; ⏲5h-21h ; Tien Pier). On se croirait en Europe dans ce jardin public de l'époque victorienne, à l'origine une résidence royale pour Rama IV. Après l'abdication de Rama VII en 1935, le palais servit de siège au Parti du peuple, l'organisation politique à l'origine de la transition du pouvoir. Seul l'extérieur, ouvert au public en 1960, a survécu.

Banglamphu

Ce quartier recèle une poignée de sites d'intérêt mineurs, essentiellement des temples bouddhiques, et peut se visiter en une demi-journée.

♥ **Wat Suthat** TEMPLE BOUDDHIQUE
(วัดสุทัศน์ ; carte p. 80 ; Th Bamrung Meuang ; 100 B ; ⏲8h30-21h ; klorng-taxi Phanfa Leelard Pier). Le Wat Suthat, d'une taille impressionnante, recèle un *wí·hăhn* (grande salle d'un temple) décoré de jolies fresques illustrant les jatakas (vies antérieures de Bouddha) et abritant un bouddha de 8 m de haut, **Phra Si Sakayamuni**. Ce dernier, le plus monumental bronze du royaume de Sukhothai ayant survécu en Thaïlande, fut moulé dans l'ancienne capitale au XIVe siècle. Son socle contient les cendres de Rama VIII (roi Ananda Mahidol ; r. 1935-1946).

♥ **Le Mont d'Or** TEMPLE BOUDDHIQUE
(ภูเขาทอง, Phu Khao Thong ; carte p. 80 ; près de Th Boriphat ; accès sommet 50 B ; ⏲7h30-17h30 ; klorng-taxi Phanfa Leelard Pier). Les temples vous ont épuisé ? Encore un effort pour arriver au Mont d'Or. L'escalier qui gravit la colline artificielle serpente entre les arbres noueux, les tombes abandonnées et les portraits des disparus. Le sommet offre une vue panoramique sur Bangkok et un peu d'air frais.

Après l'effondrement d'un grand stupa bâti sur un sol trop meuble à l'époque de Rama III (roi Phranangklao ; r. 1824-1851), le monticule de boue et de briques fut laissé à l'abandon jusqu'à ce que Rama IV (roi Mongkut ; r. 1851-1868) fasse construire un petit stupa au sommet. Plus tard, Rama V (roi Chulalongkorn ; r. 1868-1910) compléta l'édifice et y plaça une relique du Bouddha en provenance d'Inde (offerte par le gouvernement britannique). Les murs de béton furent ajoutés pendant la Seconde Guerre mondiale pour empêcher l'érosion des pentes.

Chaque année, en novembre, une grande fête se déroule au Wat Saket, avec une procession aux flambeaux jusqu'au Mont d'Or.

Thanon Khao San QUARTIER

(carte p. 80 ; Th Khao San, Banglamphu ; Phra Athit/Banglamphu Pier). Au fil des années, Th Khao San a connu une transformation impressionnante. Ghetto pour baroudeurs dans les années 1980, le quartier est devenu plus clinquant sans perdre pour autant le charme et l'énergie qui infusent la rue piétonne principale et les ruelles qui la bordent. Gaité et bonne humeur règnent dans ce quartier emblématique, véritable écosystème touristique doté d'excellents hébergements, restaurants et bars.

Wat Ratchanatdaram TEMPLE BOUDDHIQUE

(วัดราชนัดดาราม ; Loha Prasat ; carte p. 80 ; Th Mahachai ; 8h-17h ; klorng-taxi Phanfa Leelard Pier). L'architecture du Wat Ratchanatdaram, édifié pour Rama III (roi Phranangklao ; r. 1824-1851) dans les années 1840, s'inspirerait de temples en métal construits en Inde et au Sri Lanka il y a plus de 2 000 ans. Le temple est d'ailleurs surnommé *loha prasat* ("palais de fer" en sanskrit). Derrière les classiques jardins se trouve un marché réputé pour ses *prá krêu·ang* (amulettes bouddhiques) de toutes tailles, formes et styles.

Wat Bowonniwet TEMPLE BOUDDHIQUE

(วัดบวรนิเวศวิหาร ; carte p. 80 ; www.watbowon.org ; Th Phra Sumen ; 8h30-17h ; Phra Athit/Banglamphu Pier). Bâti en 1826, le Wat Bowonniwet (communément appelé Wat Bowon) est le siège de la secte monastique Thammayut, une version réformée du bouddhisme thaïlandais. Rama IV (roi Mongkut ; r. 1851-1868), destiné au départ à devenir un érudit et non à régner, créa cette communauté et instaura une tradition royale en y résidant comme moine. De fait, Mongkut fut l'abbé du Wat Bowon pendant plusieurs années. Rama IX (roi Bhumibol Adulyadej ; r. 1946-2016) et Rama X (roi Maha Vajiralongkorn ; début du règne en 2016), ainsi que plusieurs autres membres masculins de la famille royale, ont été ordonnés ici.

Les peintures murales du *bòht* (salle d'ordination) présentent une vision thaïlandaise de la vie occidentale au début du XIXe siècle, sans doute inspirée de revues illustrées.

TOUT SAVOIR SUR LA MYTHIQUE KHAO SAN ROAD

Th Khao San (*kâw săhn*, qui signifie "riz cru") est l'un des endroits les plus cosmopolites au monde. Bien sûr, il n'en a pas toujours été ainsi. Au départ, c'était une rue comme une autre du vieux Bangkok. Les premières pensions (*guesthouses*) apparurent autour de 1982, et tandis que les voyageurs à petit budget arrivaient de plus en plus nombreux au fil des ans, les vieilles maisons en bois furent transformées, les unes après les autres, en hôtels bon marché. Depuis la publication en 1996 du roman *La Plage* d'Alex Garland, dont le début se déroule dans le secteur le plus lugubre de Khao San, et son adaptation au cinéma avec Leonardo DiCaprio, Virginie Ledoyen et Guillaume Canet, séjourner dans cette rue est devenu un rite initiatique pour les jeunes globe-trotteurs.

Le quartier continue d'évoluer : les pensions aux lits infestés de puces sont remplacées par de charmants boutiques-hôtels, et les bars minables où étaient projetées des vidéos piratées cèdent la place à des établissements branchés fréquentés par une clientèle à la mode. Mais le changement le plus intéressant concerne le regard que les Thaïlandais portent désormais sur Khao San.

Jadis présenté comme le quartier des *fa·ràng kêe nók* ("étrangers radins") désargentés, Banglamphu est aujourd'hui l'un des secteurs les plus tendance de la capitale. Attirés en partie par les voyageurs indépendants aux idées progressistes, longtemps raillés par les habitants de Bangkok, les propres enfants rebelles de la ville ont maintenant investi le quartier, amenant avec eux un bon choix de petits bars, cafés et boutiques bio. La communauté *indie* de Bangkok s'est révélée être l'épice thaïlandaise qui manquait à ce mélange.

Promenade à pied
Flânerie à Ko Ratanakosin

DÉPART : CH NG PIER
ARRIVÉE : WAT ARUN
DISTANCE : 4 KM ; **DURÉE :** 3 À 5 HEURES

L'ancien district royal, Ko Ratanakosin, réunit la plupart des sites incontournables de Bangkok. Démarrez tôt et prévoyez une tenue adaptée à la visite des temples.

De Chang Pier, suivez Th Na Phra Lan vers l'est en passant rapidement par l' 1 **université de Silpakorn** (มหาวิทยาลัยศิลปากร ; carte p. 80 ; 31 Th Na Phra Lan ; Chang Pier, Maharaj Pier), première université des Beaux-Arts de Thaïlande. Continuez vers l'est jusqu'à la porte principale du 2 **Grand Palais** (p. 71) et du 3 **Wat Phra Kaew** (p. 71), consacré au bouddha d'Émeraude.

Retournez dans Th Maha Rat, allez vers le nord et traversez une enclave composée d'herboristeries et de marchands d'amulettes. Sur la droite, la 4 **Wat Mahathat** est une université bouddhique très réputée.

Prenez, à gauche, l'étroite 5 **Trok Maha That** vers le 6 **marché aux amulettes** (p. 83). En allant vers le nord, les amulettes laissent place à des stands d'alimentation avant d'atteindre l' 7 **université de Thammasat** (มหาวิทยาลัยธรรมศาสตร์ ; carte p. 80 ; www.tu.ac.th ; 2 Th Phra Chan ; Chang Pier, Maharaj Pier), connue pour ses départements de droit et de sciences politiques.

En sortant à Phra Chan Pier, traversez Th Na Phra That et poursuivez vers l'est jusqu'à 8 **Sanam Luang** (สนามหลวง ; carte p. 80 ; entre Th Na Phra That, Th Ratchadamnoen Nai et Th Na Phra Lan ; lever-coucher du soleil ; Chang Pier, Maharaj Pier), le "champ royal". Traversez-le, puis continuez vers le sud dans Th Ratchadamnoen Nai jusqu'au 9 **Lak Meuang** (ศาลหลักเมือง ; carte p. 80 ; angle Th Sanam Chai et Th Lak Meuang ; 6h30-18h30 ; Chang Pier, Maharaj Pier), qui renferme l'esprit de Bangkok. Poursuivez vers le sud dans Th Sanam Chai et tournez à droite dans Th Thai Wang jusqu'à l'entrée du 10 **Wat Pho** (p. 69) qui abrite un grand bouddha couché.

Prenez le ferry à Tien Pier pour traverser le fleuve et rejoindre le 11 **Wat Arun** (p. 75).

Chinatown et Phahurat

Chinatown et Phahurat

Le monument renferme les cendres de l'empereur Rama IX. En raison du statut royal du temple, le port d'une tenue correcte est exigé.

Wat Saket TEMPLE BOUDDHIQUE

(วัดสระเกศ ; carte p. 80 ; près de Th Boriphat ; lever-coucher du soleil ; klorng-taxi Phanfa Leelard Pier). Le Wat Saket recèle des fresques parmi les plus belles du pays. La colonne dressée derrière la statue du Bouddha est ornée de représentations très graphiques de l'enfer bouddhique. Le temple est dans le même complexe que le Mont d'Or (p. 83).

Chinatown

Chinatown compte surtout sur ses temples pour attirer les touristes, mais les rues sinueuses et la frénésie des marchés alimentaires du quartier sont tout aussi attrayantes.

Wat Traimit (Bouddha d'or) TEMPLE BOUDDHIQUE

(วัดไตรมิตร, temple du Bouddha d'or ; carte page ci-contre ; Th Mittaphap Thai-China ; 40 B ; 8h-17h ; Marine Department Pier, Hua Lamphong sortie 1). Le Wat Traimit est connu pour son extraordinaire **bouddha en or massif** de 3 m de hauteur, pesant 5,5 tonnes. Sculptée dans le gracieux style Sukhothai, la statue fut “redécouverte” il y a 65 ans, sous un revêtement de stuc qui se brisa alors qu'on la déplaçait dans le temple.

Ce revêtement fut sans doute ajouté pour protéger la statue des voleurs birmans, lors d'un siège soit à la fin de la période Sukhothai ou lors de la période Ayutthaya. Le temple daterait, lui, du début du XIIIe siècle.

Les dons et l'afflux constant de touristes s'étant révélés rentables, la statue trône désormais au centre d'une imposante structure en marbre de 4 étages appelée Phra Maha Mandop. Le 2e niveau de l'édifice abrite le **Yaowarat Chinatown Heritage Center** (ศูนย์ประวัติศาสตร์เยาวราช ; 100 B ; 8h-17h mar-dim), un musée modeste mais intéressant, avec des expositions multimédias sur l'histoire du quartier de Chinatown et de ses habitants. Le 3e niveau accueille le **Phra Buddha Maha Suwanna Patimakorn Exhibition** (นิทรรศการพระพุทธมหาสุวรรณปติมากรร ; 100 B ; 8h-17h mar-dim), exposition consacrée à la construction du Bouddha.

Talat Mai MARCHÉ

(ตลาดใหม่ ; carte page ci-contre ; Soi Yaowarat 6/Charoen Krung 16 ; 6h-18h ; Ratchawong Pier, Hua Lamphong sortie 1 et taxi). Ce “nouveau marché” n'en est plus un, puisqu'il existe depuis près de deux siècles. Il s'agit du marché le plus authentiquement chinois de Bangkok, voire de Thaïlande. Les aliments

Parc Lumphini et Rama IV

Parc Lumphini et Rama IV

Les incontournables
1 Parc Lumphini B2

À voir
2 Bangkok CityCity Gallery C3

Activités
3 Babylon C4
4 Banyan Tree Spa B3

Où se loger
5 LUXX XL B1
6 Metropolitan by COMO B3
7 S1 Hostel C4
8 Siri Sathorn A3
9 Sofitel So B3
10 Sukhothai B3

Où se restaurer
11 Baan C2
12 Bitterman B3
13 Issaya Siamese Club D4
14 nahm A3
15 Polo Fried Chicken C1
16 Saawaan A4

Où prendre un verre et faire la fête
17 Moon Bar B3
Park Society .... (voir 9)
18 Smalls A4
19 Wong's Place C4

Où sortir
20 Bangkok Screening Room B3

séchés, assaisonnements, épices et sauces seront familiers à toute personne ayant déjà séjourné en Chine. Et, même si la cuisine ne vous intéresse pas, l'atmosphère frénétique (attention aux motos qui se faufilent entre les clients) et les produits et odeurs exotiques offrent une saisissante expérience sensorielle.

Talat Noi QUARTIER
(ตลาดน้อย ; carte p. 90 ; près de Th Charoen Krung ; 7h-19h ; Marine Department Pier). Ce microcosme de vie de quartier doit son nom au petit (*nói*) marché (*đà·làht*) installé entre Soi 22 et Soi 20 et bordant Soi Wanit 2, rue charmante parallèle à Th Charoen Krung. Errez dans ce labyrinthe de ruelles sinueuses entre d'innombrables ateliers graisseux, épiceries et entrepôts, entre lesquels apparaît parfois la pièce à vivre d'un appartement. Les immeubles croulants, les fresques murales colorées et les ruelles arborées sont un terrain de jeu idéal pour les amateurs de photographie de rue.

Marché aux fleurs MARCHÉ
(ปากคลองตลาด ; Pak Khlong Talat ; carte p. 86 ; Th Chakkaraphet ; 24h/24 ; Flower Market Pier). Autrefois en pleine rue, le célèbre marché aux fleurs de Bangkok a été déplacé dans une halle géante en 2016 lors d'une opération d'assainissement du quartier. On y trouve des orchidées, des roses à foison et une myriade d'œillets. Allez-y tard le soir, lorsque les fleurs fraîches arrivent du nord pour être vendues le lendemain.

Wat Mangkon Kamalawat TEMPLE BOUDDHIQUE
(วัดมังกรกมลาวาส ; carte p. 86 ; angle Th Charoen Krung et Th Mangkon ; 6h-18h ; Ratchawong Pier, M Hua Lamphong sortie 1 et taxi). Nuages de fumée d'encens et chants religieux composent l'ambiance de ce temple bouddhique Mahayana, de style chinois. Autour du temple, des marchands vendent des raviolis en forme de lotus et des oranges qui sont offertes au temple en échange de mérites. Datant de 1871, c'est l'édifice religieux le plus grand et le plus important du quartier. L'activité culinaire et religieuse atteint son comble à l'occasion de la fête végétarienne (p. 110).

Église du Saint-Rosaire ÉGLISE
(วัดแม่พระลูกประคำกาลหว่าร์ ; carte p. 90 ; angle Th Yotha et Soi Wanit 2 ; messes en thaï 19h30 lun-sam, 8h, 10h et 19h30 dim ; Marine Department Pier). Lorsqu'un contingent portugais traversa le fleuve pour débarquer à Chinatown dans l'actuel quartier de Talat Noi (ci-contre), en 1787, on leur donna ce terrain où ils érigèrent l'église du Saint-Rosaire, appelée Wat Kalawar en thaï – du portugais *calvario* (calvaire). Au fil des ans, la communauté portugaise se dispersa et l'église fut laissée à l'abandon. Mais pendant la guerre d'Indochine, elle fut reprise par des réfugiés catholiques du Vietnam et du Cambodge, dont les descendants, ainsi que des fidèles sinophones, constituent aujourd'hui la paroisse.

LES GALERIES D'ART DE SILOM

Le nord de Silom et le quartier mitoyen de Sathorn comptent certaines des plus belles galeries d'art contemporain de Bangkok.

Kathmandu Photo Gallery (carte p. 98 ; 02 234 6700 ; www.kathmanduphotobkk.com ; 87 Th Pan ; 11h-18h mar-sam ; S Surasak sortie 1/3). GRATUIT La seule galerie de Bangkok exclusivement consacrée à la photographie, installée dans une belle échoppe sino-portugaise rénovée.

Bangkok CityCity Gallery (carte p. 88 ; 083 087 2725 ; www.bangkokcitycity.com ; 13/3 Soi Attakarn Prasit ; 13h-19h mer-dim ; M Lumphini sortie 2). GRATUIT Cette petite galerie moderne accueille des expositions temporaires d'artistes thaïlandais, souvent inspirés par la pop, ainsi que d'occasionnelles performances.

Number 1 Gallery (carte p. 90 ; 02 630 2523 ; www.number1gallery.com ; 19 Soi 21, Th Silom ; 11h-19h lun-sam ; S Surasak sortie 1). GRATUIT Cette galerie s'est imposée sur la scène artistique en exposant les œuvres contemporaines d'artistes thaïlandais tels que Vasan Sitthiket, Sutee Kunavichayanont et Thaweesak Srithongdee.

Gallery VER (carte p. 72 ; 02 103 4067 ; www.galleryver.com ; 10 Soi 22, Th Naradhiwas Rajanagarindra ; 12h-18h mer-dim ; S Chong Nonsi sortie 5 et taxi). GRATUIT Vaste espace d'exposition présentant des œuvres variées d'artistes thaïlandais établis et émergents.

H Gallery (carte p. 98 ; 085 021 5508 ; www.hgallerybkk.com ; 201 Soi 12, Th Sathon Neua/North ; 10h-18h mer-lun ; S Surasak sortie 1/3). GRATUIT L'une des galeries d'art privées les plus réputées de Bangkok, aménagée dans un vieux bâtiment en bois restauré.

Riverside (berges du fleuves)

Riverside (berges du fleuve)

Les incontournables
1 Bangkokian Museum D3
2 Talat Noi B1

À voir
3 Église du Saint-Rosaire B2
4 Number 1 Gallery D6

Activités
Co van Kessel Bangkok Tours ....(voir 22)
5 Oriental Spa A5
Supanniga Cruise .... (voir 22)

Où se loger
6 Centre Point C6
7 Loftel 22 .... B1
8 Mandarin Oriental B5
9 Peninsula Hotel A5
10 Swan Hotel C5

Où se restaurer
11 80/20 .... C2
12 Fou de Joie B1
Le Normandie .... (voir 8)
13 Muslim Restaurant C5
14 Never Ending Summer A3

Où prendre un verre et faire la fête
15 Maggie Choo's D5
16 River Vibe A1
17 Sky Bar C6
18 Tropic City C2
Viva & Aviv .... (voir 22)

Où se sortir
Bamboo Bar .... (voir 8)
Sala Rim Naam .... (voir 5)
19 Three Sixty A3

Achats
20 ICONSIAM A4
21 OP Place C5
22 River City B2

Sampeng Lane MARCHÉ
(สำเพ็ง ; carte p. 86 ; Soi Wanit 1 ; 8h-18h ; Ratchawong Pier, M Hua Lamphong sortie 1 et taxi). Soi Wanit 1 – surnommée Sampeng Lane – est une rue étroite parallèle à Th Yaowarat, et qui traverse les quartiers commerçants de Chinatown et Phahurat. À Chinatown, Sampeng Lane est jalonnée de boutiques de gros vendant accessoires capillaires, stylos, autocollants, articles de maison et toutes sortes de bibelots clignotants. Près de Th Chakrawat, joailliers et bijouteries sont légion. La rue est gorgée de monde le week-end, et il faut alors des talents de gymnaste pour zigzaguer entre les passants, les charrettes à bras et les scooters.

Riverside, Silom et Lumphini

Ces trois quartiers mitoyens comptent moins de sites intéressants que d'autres (il y en a tout de même quelques-uns), mais n'en demeurent pas moins agréables à explorer.

SkyWalk du King Power Mahanakhon POINT DE VUE
(carte p. 98 ; 02 677 8721 ; www.kingpower-mahanakhon.co.th/skywalk ; 114 Th Naradhiwas Rajanagarindra ; observatoire/toit-terrasse 850/1 050 B ; 10h-minuit ; S Chong Nonsi sortie 3). Perché au sommet du King Power Mahanakhon, plus haut gratte-ciel de Thaïlande, cette plateforme d'observation sur 2 niveaux offre un panorama à 360° sans égal sur Bangkok. Il faut des nerfs d'acier pour s'engager sur la SkyWalk, un balcon à sol de verre suspendu 78 étages (310 m) au-dessus du sol. Heureusement, vous pourrez reprendre vos esprits avec un cocktail corsé au bar en plein air perché sur la flèche de l'édifice, à 314 m de hauteur. Au 74e étage, une plateforme d'observation intérieure permet d'apprécier la vue sur Bangkok sans se faire peur, et en économisant 200 B.

Parc Lumphini PARC
(สวนลุมพินี ; carte p. 88 ; limité par Th Sarasin, Rama IV, Th Witthayu (Wireless Rd) et Th Ratchadamri ; 4h30-21h ; M Lumphini sortie 3/4, Si Lom sortie 1, S Sala Daeng sortie 3, Ratchadamri sortie 2). Lumbini, ville natale du Bouddha au Népal, a donné son nom à ce parc, le plus grand (58 ha) et le plus apprécié du centre de Bangkok. Il comprend un lac artificiel entouré de vastes pelouses soignées, des parties boisées, des sentiers et une impressionnante population de varans. Pour trouver meilleure escapade en plein air, il faut sortir de Bangkok. Jadis une réserve royale, le parc a été déclaré espace public en 1925 par Rama VI (roi Vajiravudh ; r. 1910-1925).

Bangkokian Museum MUSÉE
(พิพิธภัณฑ์ชาวบางกอก ; carte page ci-contre ; 273 Soi 43, Th Charoen Krung ; 9h-16h mar-dim ;

Siam Square et Pratunam

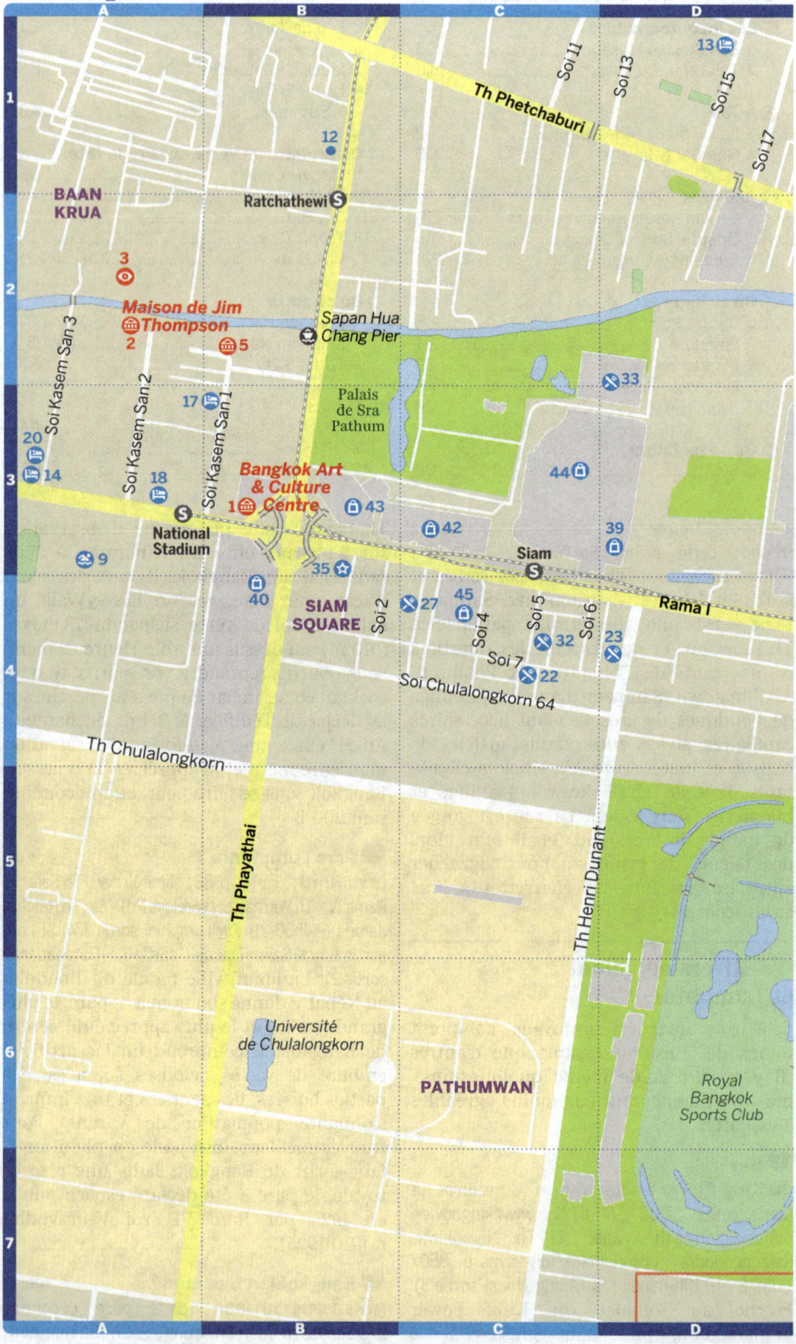

0
500 m
E
F
G
H
1
2
3
4
5
6
7
PRATUNAM
Th Ratchaprarop
41
Th Phetchaburi
Pratunam Pier
Chitlom Pier
Khlong Saen Saeb
Wireless Pier
7
24
Th Chitlom
Th Witthayu (Wireless Rd)
38
Soi Somkhit
Ambassade du Royaume-Uni
36
Chit Lom
4
26
6
Th Phloen Chit
37
19
34
11
31
28
16
Th Ratchadamri
PHLOEN CHIT
10
15
Th Lang Suan
Th Ton Son
29
Ambassade de Nouvelle-Zélande
Ratchadamri
8
21
Soi 1
Ambassade des Pays-Bas
Soi Ruam Rudi
Ambassade d'Irlande
25
Soi 4
Ambassade des États-Unis
Soi 5
30
Voir carte Parc Lumphini et Rama IV (p. 88)
Soi 7

Siam Square et Pratunam

Les incontournables

1 Bangkok Art & Culture Centre B3
2 Maison de Jim Thompson A2

À voir

3 Baan Khrua A2
4 Sanctuaire d'Erawan E4
Sea Life Ocean World .... (voir 44)
5 YELO House B2

Activités

6 Absolute You F4
7 Asian Oasis H3
8 Asian Trails F6
Issaya Cooking Studio .... (voir 37)
KidZania .... (voir 44)
9 National Stadium A3
10 Spa 1930 .... G5
11 The Pilates Studio H5
12 Union Language School B1

Où se loger

13 Boxpackers Hostel D1
14 Chao Hostel A3
15 Hansar F5
16 Hotel Indigo H5
17 Lit Bangkok Hotel & Residence B3
18 Lub d A3
19 Okura Prestige H4
20 Siam@Siam A3
21 Urbana F6

Où se restaurer

22 Ban Khun Mae C4
23 Coca Suki D4
Eathai .... (voir 37)
Food Loft .... (voir 36)
Food Republic .... (voir 42)
24 FoodPark F3
25 Gaa F6
26 Ginza Sushi-Ichi E4
Gourmet Paradise .... (voir 44)
Hong Bao .... (voir 37)
27 Koko C4
28 La Monita H5
MBK Food Island .... (voir 40)
29 Nonna Nella H6
Nuer Koo .... (voir 44)
Open House .... (voir 37)
30 Saneh Jaan G7
31 Sanguan Sri H5
32 Somtam Nua C4
33 Sra Bua by Kiin Kiin D2

Où prendre un verre et faire la fête

CRU Champagne Bar .... (voir 38)
34 Hair of the Dog H5
Red Sky .... (voir 38)

Où sortir

35 Apex Scala B3
Major Cineplex .... (voir 44)

Achats

36 Central Chidlom G4
37 Central Embassy G4
38 CentralWorld E3
Elephant Parade .... (voir 43)
Flynow .... (voir 42)
Gin & Milk .... (voir 42)
Karmakamet .... (voir 38)
39 Kinokuniya D3
40 MBK Center B4
Objects of Desire Store .... (voir 43)
41 Platinum Fashion Mall E2
42 Siam Center C3
43 Siam Discovery B3
44 Siam Paragon C3
45 Siam Square C4
Tango .... (voir 42)
Thann .... (voir 38)

Si Phraya/River City Pier). GRATUIT Constitué de 3 bâtiments en bois du début du XXe siècle, ce beau musée retrace une période méconnue de l'histoire de Bangkok. Le bâtiment principal, construit en 1937, était la résidence de la famille Surawadee, et recèle un superbe mobilier en bois, de la porcelaine et d'autres vestiges familiaux d'avant et après-guerre. On retrouve des objets similaires dans l'échoppe mitoyenne à 2 niveaux. Construit en 1929, le 3e bâtiment, à l'arrière, était la clinique d'un médecin britannique, qui décéda peu après son arrivée en Thaïlande.

La visite guidée se fait dans un anglais hésitant mais en toute décontraction, et l'on vous invitera à prendre des photos.

MR Kukrit Pramoj House ÉDIFICE HISTORIQUE

(บ้านหม่อมราชวงศ์คึกฤทธิ์ปราโมช ; carte p. 98 ; 02 286 8185 ; Soi 7, Th Naradhiwas Rajanagarindra ; adulte/enfant 50/20 B ; 10h-16h ; S Chong Nonsi sortie 5). Auteur de plus de 150 livres et Premier ministre (1975-1976), Mom Ratchawong Kukrit Pramoj (1911-1995) résida autrefois dans ce bel ensemble aujourd'hui ouvert au public. Entourés par un jardin soigné, les 5 bâtiments en teck présentent l'art et l'architecture traditionnels thaïlandais, ainsi que l'ancien résident, qui passa 20 ans à embellir la maison.

Queen Saovabha Memorial Institute ZOO

(สถานเสาวภา, ferme aux serpents ; carte p. 98 ; angle Rama IV et Th Henri Dunant ; 9h30-15h30

CROISIÈRE DANS LA "VENISE DE L'ORIENT"

Bangkok était jadis considérée comme la Venise de l'Orient, car elle possédait un réseau élaboré de canaux – les *klorng* (ou *khlong*) –, servant au transport des habitants et des marchandises. Thonburi, à l'ouest du Mae Nam Chao Phraya, conserve toutefois des vestiges de la ville aquatique. Une flotte hétéroclite, des barques aux barges à riz, vogue toujours sur les canaux et les affluents du quartier, dont les habitations, commerces et temples sur pilotis ont leur entrée qui donne sur l'eau. Selon les résidents, ces canaux les protègent des inondations saisonnières que subit la capitale.

Khlong Bangkok Noi se distingue par ses berges verdoyantes et ses temples historiques, tandis que **Khlong Mon**, plus petit, est essentiellement résidentiel. **Khlong Bangkok Yai** correspondait, quant à lui, au cours originel du fleuve avant le creusement des canaux destinés à accélérer le trafic. Des *long-tail boats* à louer mouillent au Chang Pier et au Tien Pier, à Ko Ratanakosin. Leurs tarifs sont plus élevés qu'ailleurs et peu négociables, mais vous risquez moins de vous faire arnaquer ou d'avoir à payer des pourboires et d'autres surcoûts inattendus.

En général, les excursions parcourent les canaux Khlong Bangkok Noi et Khlong Mon, s'arrêtant au musée national des Barges royales (p. 83), au Wat Arun (p. 75) et à l'un des temples au bord de l'eau, notamment pour nourrir les poissons. Des promenades plus longues vont jusqu'au Khlong Bangkok Yai et incluent parfois la visite d'une plantation d'orchidées. Le week-end, on peut découvrir le marché flottant de Taling Chan (p. 159). La plupart des bateliers suivent des itinéraires précis, mais, si une destination particulière vous tente, vous pouvez en faire la demande. Les circuits ont généralement lieu entre 8h et 17h.

Pour une balade plus longue ou personnalisée, **Pandan Tour** (☎096 937 8803 ; www.thaicanaltour.com ; circuits à partir de 2 400 B) propose divers parcours, le plus souvent sur une journée complète. Une option plus économique consiste à emprunter le **long-tail boat** (carte p. 80 ; Chang Pier ; ⏲4h30-19h30 ; ⛴Chang Pier) qui effectue le trajet dans un seul sens entre Chang Pier et Bang Yai, à l'extrémité nord de Khlong Bangkok Noi. Cependant, on essaie parfois de dissuader les voyageurs étrangers de l'emprunter.

lun-ven, 9h30-13h sam-dim ; 👪 ; Ⓜ Si Lom sortie 2, Ⓢ Sala Daeng sortie 1/3). GRATUIT Fondé en 1923, le plus ancien élevage de serpents d'Asie collecte le venin des reptiles pour l'injecter à des chevaux avant de récupérer les anticorps produits par les bêtes. L'extraction du venin (11h lun-ven) et des démonstrations de manipulation des reptiles (14h30 lun-ven et 11h sam-dim) ont lieu dans l'amphithéâtre en plein air. Don apprécié.

L'institut abrite des vivariums de métal et de verre renfermant plusieurs espèces de serpents, essentiellement des pythons de toutes tailles.

Siam Square, Pratunam, Phloen Chit et Ratchathewi

En dehors des centres commerciaux, il n'y a pas grand-chose à voir dans cette partie de la ville, à l'exception de la maison de Jim Thompson et d'une poignée de musées.

♥ Maison de Jim Thompson ÉDIFICE HISTORIQUE
(เรือนไทยจิมทอมป์สัน ; carte p. 92 ; ☎02 218 7368 ; www.jimthompsonhouse.com ; 6 Soi Kasem San 2 ; tarif plein/étudiant 200/100 B ; ⏲9h-18h, visite guidée obligatoire, ttes les 30 min ; ⛴klorng-taxi Sapan Hua Chang Pier, Ⓢ National Stadium sortie 1). Cette résidence fut habitée par l'exportateur de soie et collectionneur d'art américain du même nom. Né dans le Delaware en 1906, Thompson fut brièvement agent de l'OSS (ancienne CIA) en Thaïlande, pendant la Seconde Guerre mondiale. Démobilisé, il s'installa à Bangkok, où il se passionna pour les soies thaïlandaises, dont il envoyait des échantillons aux grands couturiers de Milan, de Londres et de Paris – parvenant peu à peu à fidéliser une clientèle internationale.

Thompson collectionnait non seulement les textiles, mais aussi des pans de maisons thaïlandaises en ruine qu'il fit rassembler sur ce site en 1959. Certaines de ces maisons proviennent de l'ancienne capitale

Ratchathewi

Ratchathewi

Les incontournables
1 Musée-palais Suan Pakkad A4

Activités
2 AAA A3

Où se loger
3 Bizotel B3
4 K Maison B3
5 The Bangkokians C3

Où se restaurer
6 Doy Kuay A1

Où prendre un verre et faire la fête
7 Glen Bar B3
8 Mitr Bar A3
Sky Train Jazz Club .... (voir 8)

Où sortir
9 Saxophone Pub & Restaurant B2

d'Ayutthaya, d'autres ont été démantelées et acheminées via le canal (*klorng* ou *khlong*) depuis Baan Krua (page ci-contre) (c'est le cas du premier bâtiment que vous verrez au cours de la visite). Bien qu'il eût, dans l'ensemble, scrupuleusement respecté l'agencement traditionnel des demeures thaïlandaises, il s'autorisa une surprenante dérogation en inversant les façades de certaines maisons, de manière que les murs extérieurs soient à l'intérieur, afin que l'on puisse en admirer les sculptures. Sa collection d'objets d'art asiatique, modeste mais superbe, ainsi que ses objets personnels sont exposés dans le bâtiment principal.

Thompson disparut dans de mystérieuses circonstances en 1967, lors d'une randonnée dans les Cameron Highlands, dans l'ouest de la Malaisie. La même année, l'assassinat de sa sœur aux États-Unis alimenta diverses théories du complot. La mort de Thompson fut-elle l'œuvre d'espions communistes ?

BANGKOK, NOUVELLE ATLANTIDE ?

Si vous avez déjà séjourné à Bangkok pendant la saison des pluies, vous avez sans doute vu les rues de la ville se transformer en rivières. Jadis épisodique, une combinaison de facteurs pourrait rendre ce phénomène (voire des catastrophes bien plus sévères) beaucoup plus fréquent.

Une grande partie de Bangkok est construite sur un sol argileux, et les scientifiques redoutent que le poids gigantesque des tours de la ville provoque une compression du sol. On estime que la ville s'enfonce de 1 à 2 cm par an, un phénomène aggravé par l'absence de régulation de l'exploitation des nappes phréatiques. En outre, Bangkok n'est qu'à 2 m au-dessus du niveau de la mer, et à 50 km seulement du golfe de Thaïlande, ce qui rend la capitale vulnérable face à la montée des océans. En effet, le Centre national de prévention des catastrophes naturelles de Thaïlande estime que la ville sera immergée sous 1,5 m d'eau d'ici 2030, et pourrait se transformer en Atlantide des temps modernes d'ici 2100.

Une solution serait d'ériger une gigantesque digue dans le golfe de Thaïlande, mais le coût des travaux, estimé à près de 3 milliards de dollars US, semble prohibitif. Une autre option consisterait à déplacer la capitale entière sur un autre site. Mais pour l'instant, il est probable que Bangkok continue d'ignorer le sort imminent qui l'attend, avant de s'inquiéter à nouveau à la prochaine inondation.

De concurrents ? Ou d'un tigre affamé ? Le mystère reste entier, mais dans sa biographie de Thompson (*The Ideal Man*), le journaliste américain Joshua Kurlantzick suggère que la posture antiaméricaine qu'il adopta vers la fin de sa vie aurait pu pousser la CIA à l'éliminer.

♥ Bangkok Art & Culture Centre — MUSÉE

(BACC ; หอศิลปวัฒนธรรมแห่งกรุงเทพมหานคร ; carte p. 92 ; www.bacc.or.th ; angle Th Phayathai et Rama I ; ⏲10h-21h mar-sam ; Ⓢ National Stadium sortie 3). GRATUIT Ce vaste édifice moderne du centre de Bangkok a gagné en renommée dans la scène artistique contemporaine de la ville. Il renferme 3 niveaux et 3 000 m² d'espaces d'exposition, ainsi que des boutiques, des galeries privées, des cafés et une bibliothèque d'ouvrages d'art. Programmation des expositions sur le site Internet.

♥ Musée-palais Suan Pakkad — MUSÉE

(วังสวนผักกาด ; carte page ci-contre ; www.suanpakkad.com ; Th Si Ayuthaya ; 100 B ; ⏲9h-16h ; Ⓢ Phaya Thai sortie 4). Trésor souvent méconnu, ce ravissant palais, constitué de 8 maisons traditionnelles en bois, servit jadis de résidence à la princesse Chumbon de Nakhon Sawan, après avoir été une "ferme à laitues" (*Suan Pakkad*). Les bâtiments sur pilotis conservent des objets d'art, des antiquités et des meubles. Havre de paix, le parc du palais accueille des cygnes et des canards.

YELO House — GALERIE

(carte p. 92 ; www.yelohouse.com ; 20/2 Soi Kasem San 1 ; ⏲11h-20h mer-lun ; Ⓢ National Stadium sortie 1). Galerie d'art ? Friperie ? Espace de co-working ? Café-restaurant ? Difficile de décrire YELO House, si ce n'est que c'est un lieu ultra-cool. Le site Internet décrit l'endroit comme un espace multifonctionnel pour esprits créatifs. Dans les faits, c'est l'endroit parfait pour dégoter des vêtements vintage et des céramiques anciennes, voir la dernière expo en date ou prendre un café au bord du canal.

Sanctuaire d'Erawan — MONUMENT

(ศาลพระพรหม ; carte p. 92 ; angle Th Ratchadamri et Th Phloen Chit ; ⏲6h-23h ; Ⓢ Chit Lom sortie 8, Siam sortie 6). GRATUIT Le sanctuaire fut construit en 1956 afin de contrer une série d'événements malheureux survenus tout au long de la construction de l'ancien hôtel Erawan. Il est consacré à Brahma, dieu hindou créateur de l'univers. En août 2015, une bombe a explosé près du site, faisant 20 victimes. Les dégâts matériels furent légers ; le sanctuaire a rouvert peu de temps après.

Baan Khrua — QUARTIER

(บ้านครัว ; carte p. 92 ; ⛴ klorng-taxi Sapan Hua Chang Pier, Ⓢ National Stadium sortie 1). Ce quartier au bord du canal remonte aux années tumultueuses de la fin du XVIIIe siècle. À cette époque, les musulmans cham du Cambodge et du Vietnam ayant combattu pour le roi thaïlandais reçurent en remerciement cette terre à l'est de la nouvelle

Silom et Sathon

capitale. Ils y introduisirent le tissage de la soie et creusèrent le Khlong Saen Saeb pour améliorer le transport fluvial, contribuant ainsi au développement de la communauté.

Sea Life Ocean World AQUARIUM

(carte p. 92 ; www.sealifebangkok.com ; 991/1 Rama I, sous-sol, Siam Paragon ; adulte/enfant à partir de 1 090/890 B ; ⏲10h-21h ; Ⓢ Siam sorties 3/5). Ce vaste aquarium souterrain est peuplé de plus de 400 espèces de poissons, crustacés et manchots (eh oui, des manchots !). Vous pourrez plonger avec des requins, ou vous contenter de nourrir squales et manchots. Notez que des associations de défense des animaux affirment que ces interactions peuvent être source de stress pour les animaux.

Thanon Sukhumvit

S'il n'y a rien à voir ou presque le long de Th Sukhumvit, l'avenue est jalonnée de restaurants, de bars et de boutiques.

♥ Siam Society et Kamthieng House MUSÉE

(สยามสมาคม et บ้านคำเที่ยง ; carte p. 104 ; www.siam-society.org ; 131 Soi 21/Asoke, Th Sukhumvit ; adulte/enfant 100 B/gratuit ; ⏲9h-17h mar-sam ;

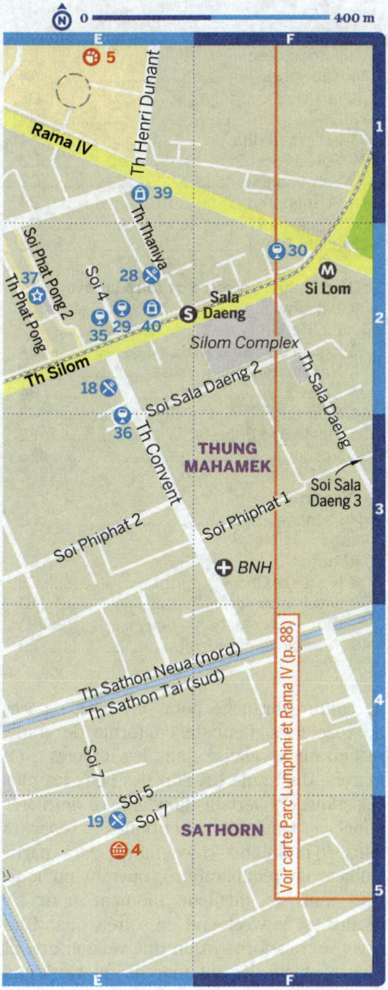

ⓜSukhumvit sortie 1, ⓈAsok sortie 3 ou 6). Cette maison en bois de style traditionnel convertie en musée permet de découvrir les objets, les tâches du quotidien et les croyances populaires du nord du pays. La Siam Society gère ce musée ethnologique et en partage les locaux. Éditrice du fameux *Journal of the Siam Society*, elle défend farouchement la culture thaïlandaise traditionnelle.

Subhashok The Arts Centre MUSÉE
(SAC ; carte p. 104 ; www.sac.gallery ; 160/3 Soi 33, Th Sukhumvit ; ⏲10h-18h mar-dim ; ⓈPhrom Phong sortie 6 et taxi). Niché au fond d'une rue résidentielle secondaire partant de Th Sukhumvit, cette vaste galerie est l'une des institutions artistiques les plus ambitieuses de la ville. Elle expose des grands noms de la scène artistique thaïlandaise, aux motivations souvent politiques.

Khlong Toey Market MARCHÉ
(ตลาดคลองเตย ; carte p. 104 ; angle Th Ratchadaphisek et Rama IV ; ⏲5h-10h ; ⓜKhlong Toei sortie 1). Ce marché de grossistes, l'un des plus vastes de la capitale, est l'endroit où s'approvisionnent les restaurants de Bangkok. Arrivez tôt avec votre appareil photo. Si certains coins du marché ne sont pas très photogéniques, les stands des poissonniers et les étals de durians font de beaux clichés. À 10h, la plupart des vendeurs sont déjà partis.

Thewet et Dusit

La plupart des monuments et parcs royaux de Dusit ont fermé leurs portes au public ces dernières années, et nul ne sait quand ils rouvriront. Notez que la circulation des véhicules et des piétons dans le quartier est parfois restreinte lors des fêtes officielles ou des cérémonies royales.

♥ **Wat Benchamabophit** TEMPLE BOUDDHIQUE
(วัดเบญจมบพิตร/วัดเบญจะฯ ; carte p. 102 ; angle Th Si Ayuthaya et Rama V ; 50 B ; ⏲8h-17h ; ⛴Thewet Pier, ⓈPhaya Thai sortie 2/4 et taxi). Ce temple, qui figure sur les pièces de 5 B et également appelé "temple de marbre", est constitué de marbre importé d'Italie. Le *bòht* (salle d'ordination) caractéristique du Wat Ben, comme on l'appelle familièrement, fut construit à la fin du XIXe siècle sous Rama V. Le socle du bouddha central, une réplique du vénéré Phra Phuttha Chinnarat de Phitsanulok, dans le nord du pays, contient les cendres du souverain.

Wat Thevarat Kunchorn TEMPLE BOUDDHIQUE
(วัดเทวราชกุญชร ; carte p. 102 ; Th Si Ayuthaya ; ⏲8h-17h ; ⛴Thewet Pier). L'édifice d'origine de ce temple bouddhique au bord du fleuve, près du Thewet Pier, date de la période pré-Ratanakosin, mais les rois successifs n'ont cessé de l'agrandir et de le rénover. L'intérieur recèle d'intéressantes fresques représentant des épisodes de la mythologie bouddhique. Les touristes y sont rares, ce qui en fait un endroit idéal pour découvrir l'architecture thaïlandaise en toute tranquillité.

Silom et Sathon

Les incontournables
1 SkyWalk du King Power Mahanakhon C4

À voir
2 H Gallery C4
3 Kathmandu Photo Gallery B4
4 MR Kukrit Pramoj House E5
5 Queen Saovabha Memorial Institute E1

Activités
6 Blue Elephant Thai Cooking School A5
7 Health Land C5

Où se loger
8 Amber B3
9 Café Ice Residence D4
10 HQ Hostel D3
11 kokotel B2
12 Siam Heritage D2
13 Silom Art Hostel B3
14 Smile Society D2
15 Warm Window B4

Où se restaurer
16 Chef Man B5
17 Daimasu D2
18 Hai E2
19 Il Bolognese E5
20 Kalapapruek A4
21 Le Du D3
22 Luka B4
23 Saravana Bhavan A4
24 Soi 10 Food Centres D2
25 Somboon Seafood C2
26 Suananda B4
27 Supanniga Eating Room C4
28 Sushi Tsukiji E2

Où prendre un verre et faire la fête
29 Balcony E2
30 DJ Station F2
31 House on Sathorn D4
32 Namsaah Bottling Trust D3
33 Opus B4
34 Scarlett C3
35 Telephone Pub E2
36 Vesper E3

Où sortir
37 Patpong E2

Achats
38 House of Chao C3
39 Jim Thompson E1
King Power Mahanakhon .... (voir 1)
40 Tamnan Mingmuang E2

Nord de Bangkok

Les principaux sites d'intérêt des banlieues nord de Bangkok sont les marchés bondés, où se mêlent résidents et touristes.

Papaya MUSÉE

(carte p. 72 ; www.papaya55.com ; Soi 55/2 Lat Phrao ; 9h-18h30 ; Lat Phrao sortie 2 et taxi). GRATUIT Le hobby du propriétaire du Papaya, d'abord réticent à partager ses trésors, abouti à cette collection stupéfiante d'objets des XIXe et XXe siècles, qui occupent les moindres recoins d'un vaste espace aux allures d'entrepôt. Un véritable capharnaüm de mobilier Art déco, étiquettes de bières des années 1960, statues de super-héros, scooters Piaggio, machines à écrire, projecteurs de cinéma, causeuses, téléviseurs, magnétoscopes, horloges murales, mannequins de vitrine, abat-jour... Si de nombreux objets sont en vente, le propriétaire leur attribue des prix astronomiques afin de conserver autant que possible sa collection intacte.

Chang Chui MARCHÉ

(ช่างชุ่ย ; carte p. 72 ; www.changchuibangkok.com ; 460/8 Th Sirindhorn ; 11h-23h jeu-mar). Avion abandonné, brasseries artisanales, salon de coiffure branché pour hommes, espaces de spectacles, fleuriste en forme de crâne, restaurant spécialisé dans les insectes... Ce marché dissimulé est l'un des lieux les plus éclectiques ouverts à Bangkok ces dernières années. Quelques boutiques, réparties dans 18 bâtiments (tous fabriqués à partir d'objets de récupération), ouvrent en journée, mais le meilleur moment pour s'y rendre est le week-end en soirée, quand les lieux se transforment en une version arty et plus sophistiquée du marché du week-end de Chatuchak.

Activités

Boxe thaïlandaise (*muay thai*)

Jaroenthong Muay Thai Gym BOXE THAÏLANDAISE

(carte p. 80 ; 02 629 2313 ; www.jaroenthong-muaythaikhaosan.com ; Th Phra Athit ; cours à partir de 600 B ; sans rdv 10h-11h30 et 14h-20h ; Phra Athit/Banglamphu Pier). Cette salle d'arts martiaux appréciée (comptant plusieurs adresses dans le pays) a un centre d'entraînement climatisé à quelques pas de Th Khao San. Entraînements sans rendez-vous pour débutants. Programmes de cours plus longs pour les plus expérimentés.

L'ORIGINE DE L'EXPRESSION "ÉLÉPHANT BLANC"

Un bon exemple d'éléphant blanc serait le "Spruce Goose", prototype d'hydravion géant conçu par Howard Hughes qui ne vola qu'une fois. Mais comment le terme "éléphant blanc" est-il donc devenu synonyme de réalisation excessivement coûteuse en termes de conception et de maintenance, mais d'une utilité quasi-nulle ? La réponse tient au statut sacré donné jadis aux éléphants albinos par les monarques thaïlandais, cambodgiens, laotiens et birmans.

Dans la mythologie bouddhique, la mère du Bouddha aurait rêvé qu'un éléphant blanc lui présentait une fleur de lotus, symbole de pureté et de sagesse, juste avant qu'elle n'accouche. En conséquence, un roi possédant un éléphant blanc était considéré comme un monarque juste et miséricordieux. Dans toute la région, tout éléphant naissant albinos devenait immédiatement propriété de la couronne. Il était interdit de faire travailler les éléphants blancs, qui en dépit du respect qu'ils inspiraient n'étaient donc d'aucune valeur pratique et coûtaient une fortune à entretenir.

Dans la Thaïlande d'aujourd'hui, les éléphants blancs sont toujours considérés comme sacrés. L'animal figurait sur le drapeau du Siam de 1855 à 1916, et feu le roi Bhumibol Adulyadej en possédait onze, plus qu'aucun monarque avant lui. Jadis installés au palais Chitralada de Bangkok, ils vivent désormais sur trois sites différents dans l'arrière-pays.

Dîners-croisières

Participer à un dîner-croisière sur le Chao Phraya est un must lors d'un séjour à Bangkok. Une ribambelle de yachts et de catamarans font de lentes allées et venues sur une portion du fleuve pendant qu'à bord les convives participent à des dîners allant de l'élégant au débridé, voire au carrément kitsch – selon vos goûts et votre budget.

♥ Supanniga Cruise CROISIÈRES

(carte p. 90 ; ☎02 714 7608 ; www.supannigacruise.com ; River City ; croisières-cocktails/dîner-croisière 1 250/3 250 B ; ⏲croisières 16h45-17h45 et 18h15-20h30 ; ⛴Si Phraya/River City Pier). Ce prestataire insuffle un peu de vie dans une industrie des dîners-croisières locale qui s'essouffle. Affilié au restaurant thaïlandais éponyme (p. 128), il propose des croisières avec cocktail au couchant et des dîners-croisières où sont servies les spécialités thaïlandaises régionales qui font le succès du restaurant.

Manohra Cruises CROISIÈRES

(carte p. 72 ; ☎02 476 0022 ; www.manohracruises.com ; Anantara Riverside Resort & Spa ; croisières 2 300 B ; ⛴Sathorn/Central Pier et bateaux-navettes hôtels). Embarquez dans cette barge à riz en teck restaurée pour profiter de la meilleure cuisine et de la meilleure ambiance de tous les dîners-croisières de Bangkok. Départ depuis l'Anantara Riverside Resort & Spa, accessible par le bateau-navette de l'hôtel depuis Sathorn/Central Pier.

Spas et massages

Dans la tradition thaïlandaise, le recours aux herbes médicinales et aux massages n'est pas qu'une excuse pour se faire bichonner, mais fait partie d'une hygiène quotidienne de santé et de beauté. Autrement dit, aucun prétexte n'est nécessaire pour aller se faire masser à Bangkok, et c'est tant mieux, car la ville peut se targuer sans rougir d'être la capitale mondiale du massage. Il ne reste plus qu'à choisir parmi les nombreux établissements, des salons de massage thaïlandais traditionnels ayant pignon sur rue aux spas élégants. Et parmi ces derniers, le choix est vaste : certains se concentrent désormais sur l'aspect médicinal plutôt que sensoriel, tandis que les spas luxueux des complexes hôteliers proposent des gammes complètes de soins beauté.

♥ Oriental Spa SPA

(carte p. 90 ; ☎02 659 9000 ; www.mandarinoriental.com ; Mandarin Oriental ; forfait massage/spa à partir de 2 900 B ; ⏲9h-22h ; ⛴Oriental Pier et navette fluviale de l'hôtel). Ce spa, considéré comme l'un des meilleurs au monde, est aménagé dans une belle villa sur la rive ouest du Chao Phraya, et constitue la référence ultime pour la qualité de ses soins. Si vous venez de traverser plusieurs fuseaux horaires, le "jet lag massage" vous comblera. Tous les soins sont à réserver.

Banyan Tree Spa SPA

(carte p. 88 ; ☎02 679 1052 ; www.banyantreespa.com ; 21e ét, Banyan Tree Hotel, 21/100 Th Sathon Tai/South ; massage/forfaits spa à partir de 2 800/

Thewet et Dusit

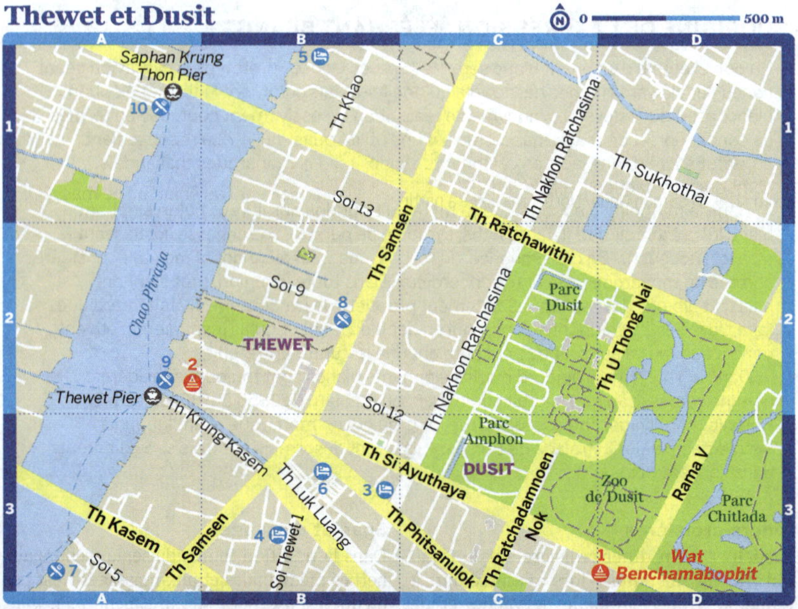

Thewet et Dusit

Les incontournables
1 Wat Benchamabophit D3

À voir
2 Wat Thevarat Kunchorn A2

Où se loger
3 Hi Baan Thewet B3
4 Phra-Nakorn Norn-Len B3
5 Siam B1
6 SSIP Boutique B3

Où se restaurer
7 Khinlom Chom Saphan A3
8 Krua Apsorn B2
9 Steve Café & Cuisine A2
10 Water Front A1

6 000 B ; ⏲10h-22h ; Ⓜ Lumphini sortie 2). Ce spa d'hôtel s'est taillé une superbe réputation grâce à son personnel très bien formé et à ses installations high-tech. Soins traditionnels et traitements maison uniques.

Divana Massage & Spa SPA
(carte p. 104 ; ☎02 261 6784 ; www.divanaspa.com ; 7 Soi 25, Th Sukhumvit ; massage à partir de 1 200 B, forfaits spa à partir de 3 000 B ; ⏲11h-23h lun-ven, 10h-23h sam-dim ; Ⓜ Sukhumvit sortie 2, Ⓢ Asok sortie 6). Aménagé dans une maison de jardin au cadre élégant et apaisant, Divana propose, dans une atmosphère toute thaïlandaise, une gamme de soins et de massages. L'établissement fait partie d'une chaîne présente dans tout Bangkok.

Spa 1930 SPA
(carte p. 92 ; ☎02 254 8606 ; www.spa1930.com ; 42 Th Ton Son ; massage thaïlandais à partir de 1 000 B, forfait spa à partir de 3 500 B ; ⏲9h30-21h30 ; Ⓢ Chit Lom sortie 4). Ce spa sobre et raffiné change de l'ambiance new age artificielle de certains de ses concurrents. Le choix est restreint (soins du visage et du corps, massage corporel) et les huiles utilisées pour les gommages et les massages ont vocation à apaiser et à rajeunir.

Babylon SPA
(carte p. 88 ; ☎02 679 7984 ; www.babylonbangkok.com ; 34 Soi Nantha ; sauna 230-350 B ; ⏲10h30-22h30 ; Ⓜ Lumphini sortie 2). Plus célèbre sauna gay de Bangkok et très prisé des visiteurs, souvent originaires de Singapour ou de Hong Kong. Hébergement en B&B également.

Yunomori ONSEN
(carte p. 104 ; www.yunomorionsen.com ; 120/5 Soi 26 (Soi Ari), Th Sukhumvit ; onsen 450 B, massage à partir de 450 B ; ⏲10h30-23h ; Ⓢ Phrom Phong sortie 4 et taxi). Bangkok peut ressembler à un sauna, mais, pour transpirer de manière plus raffinée, préférez cet *onsen*

(bain thermal japonais). L'eau thermale, transportée en camion depuis le sud du pays, est utilisée dans les bassins, dont l'un d'eux est en plein air (usage séparé pour hommes et femmes). Massages et autres soins également.

Health Land MASSAGES
(carte p. 98 ; ☎02 637 8883 ; www.healthlandspa.com ; 120 Th Sathon Neua/North ; massage à partir de 600 B ; ⏲9h-23h ; Ⓢ Surasak sortie 1/3). Cette succursale d'un mini-empire du massage thaïlandais établi de longue date, située à Sathorn, propose une gamme de soins et de massages d'un excellent rapport qualité/prix dans des locaux bien entretenus. Le personnel est bien formé, et l'endroit est si populaire auprès des Thaïlandais et des touristes qu'il est nécessaire de réserver, surtout pour le week-end.

Baan Dalah MASSAGE THAÏLANDAIS
(carte p. 104 ; ☎02 653 3358 ; www.baandalahmindbodyspa.com ; 2 Soi 8, Th Sukhumvit ; massage thaïlandais à partir de 500 B ; ⏲10h-minuit ; Ⓢ Nana sortie 4). Petit spa idéalement situé proposant divers services, allant du massage des pieds au massage complet thaïlandais.

Asia Herb Association MASSAGE THAÏLANDAIS
(carte p. 104 ; ☎02 392 3631 ; www.asiaherbassociation.com ; 58/19-25 Soi 55/Thong Lor, Th Sukhumvit ; massage thaïlandais à partir de 500 B, massage avec compresses d'herbes 1 heure 30 1 100 B ; ⏲9h-minuit ; Ⓢ Thong Lo sortie 3). Dotée de plusieurs succursales dans Th Sukhumvit, cette chaîne japonaise a pour spécialité les massages assortis de *prà·kóp*, compresses traditionnelles thaïlandaises utilisant 18 plantes.

Coran MASSAGE THAÏLANDAIS
(carte p. 72 ; ☎02 726 9978 ; www.coranbangkok.com ; 94-96/1 Soi Ekamai 10, Soi 63 (Ekamai), Th Sukhumvit ; massage thaïlandais à partir de 600 B/heure ; ⏲11h-22h ; Ⓢ Ekkamai sortie 3 et taxi). Salon à l'élégance discrète, aménagé dans une villa thaïlandaise, qui propose des massages aux huiles essentielles et aux compresses d'herbes.

Sport

National Stadium BAIGNADE
(carte p. 92 ; Rama I ; 100 B ; ⏲8h-17h lun-sam ; Ⓢ National Stadium sortie 2). Ce complexe géré par l'État possède une piscine olympique idéale pour nager ou s'exercer au plongeon. Une aubaine si votre hébergement est dépourvu de piscine.

MASSAGE THAÏLANDAIS : LES BASES

Le massage thaïlandais traditionnel (*nôo·at păan boh·rahn*) est le plus répandu. S'il semble relaxant, il s'apparente parfois plus à la boxe thaïlandaise qu'au shiatsu ! Le massage thaïlandais se base sur des techniques de yoga, et implique étirements, torsion et manipulation des points de pression. Après un massage traditionnel bien exécuté, vous serez un peu endolori, mais revigoré. Les massages corporels incluent généralement des baumes au camphre ou des compresses d'herbes, l'huile étant souvent réservée aux "massages sexy". Un massage des pieds est le meilleur moyen de traiter des jambes lourdes après des heures de visites.

Noah Tennis Club TENNIS
(carte p. 104 ; ☎02 259 8425 ; www.noahbkk26.com ; 12/74 Atthakawee, Th Rama 4 ; courts ext/int 650/1 200 B/heure ; ⏲7h-22h ; Ⓢ Phrom Phong sortie 4 et taxi). L'un des meilleurs clubs de tennis de Bangkok, avec 4 courts en dur et des courts intérieurs climatisés s'il fait trop chaud ou s'il pleut. Il vous manque un partenaire ? Louez un marqueur pour 350 B. Location de raquettes également. Réservez par téléphone.

Aspire Club SALLE DE SPORT
(carte p. 104 ; ☎080 118 4114 ; www.theaspireclub.com ; 725 Th Sukhumvit, 8e ét, Metropolis Bldg ; forfait journée/sem 650/2 500 B ; ⏲6h-21h lun-ven, 8h-18h sam-dim ; Ⓢ Phrom Phong sortie 3). Parmi les nombreuses salles de sport dernier cri en ville, Aspire se démarque par ses forfaits journée et semaine destinés aux touristes souhaitant caser une session muscu ou cardio dans leur itinéraire.

Yoga, Pilates et méditation

Les studios de yoga – et les immenses panneaux de gourous souriants qui les accompagnent – se multiplient à grande vitesse. Comptez environ 500 B pour un cours.

Absolute You YOGA
(carte p. 92 ; ☎02 252 4400 ; www.absoluteyou.com ; Th Phloen Chit, 4e ét, Amarin Plaza ; cours à partir de 750 B ; Ⓢ Chit Lom sortie 6). Cours

Th Sukhumvit

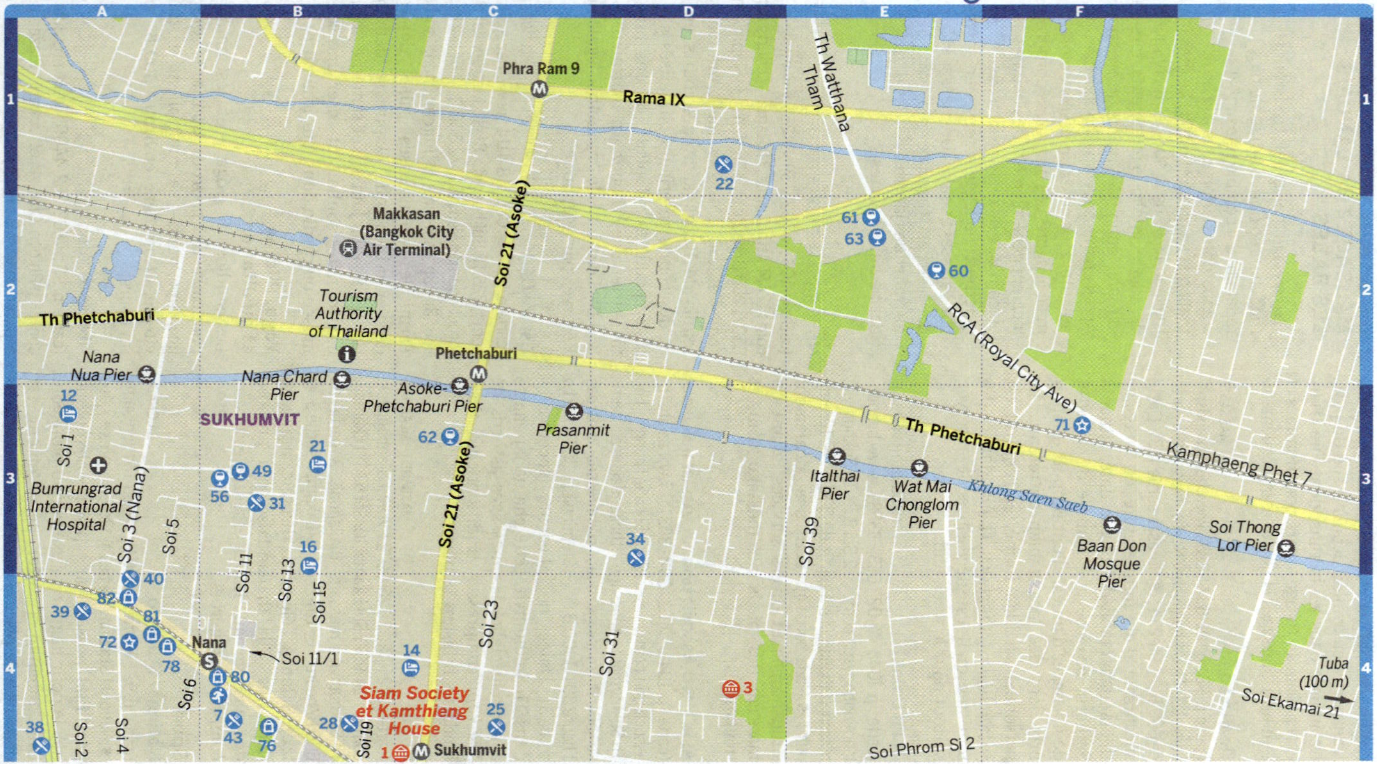

Th Sukhumvit
Rama IV
Th Ratchadaphisek
Ekkamai
Terminal Est des bus
Thong Lo
Phrom Phong
Asok
Queen Sirikit National Convention Centre
Khlong Toei
KHLONG TOEY
TOBACCO MONOPOLY
Parc Benjasiri
Lac Ratchada
Benjakiti Park
Samitivej Hospital
Soi 63 (Ekamai)
Soi 55 (Thong Lor)
Soi 26 (Soi Ari)
Soi Ekamai 10
Soi Ekamai 6
Soi Ekamai 4
Soi Ekamai 2
Coran (250 m)
Soi Thong Lor 10
Soi Thong Lor 13
Soi Thong Lor 16
Soi Thong Lor 17
Soi Thong Lor 5
Soi Napha Sap 2
Soi Prom Si 1
Soi Prommit
Soi Plukchit
Soi 61
Soi 59
Soi 57
Soi 53
Soi 51
Soi 49
Soi 47
Soi 43
Soi 41
Soi 39
Soi 38
Soi 36
Soi 34
Soi 33
Soi 31
Soi 30
Soi 29
Soi 27
Soi 26
Soi 24
Soi 22
Soi 20
Soi 18
Soi 16
Soi 14
Soi 12
Soi 10
Soi 9
Soi 8
Voir Parc Lumphini et Rama IV (p. 88)

Th Sukhumvit

de yoga Bikram et nombreux autres styles dans le plus grand studio de yoga de Bangkok. Forfaits spéciaux proposés pour certains cours.

The Pilates Studio SANTÉ ET FITNESS
(carte p. 92 ; ☎02 650 7797 ; www.pilates.co.th ; 888/58-59 Mahatun Plaza, Th Phloen Chit ; cours à partir de 550 B ; ⏲8h-19h ; Ⓢ Phloen Chit sortie 2). Excellent choix pour qui souhaite suivre des cours de Pilates à Bangkok.

Center Meditation Wat Mahadhatu MÉDITATION
(carte p. 80 ; ☎02 222 6011 ; Section 5, Th Maha Rat, Wat Mahathat ; dons acceptés ; ⏲cours 13h et 18h ; ⛴Chang Pier, Maharaj Pier). Dans le Wat Mahathat, ce petit centre propose chaque jour des

BANGKOK POUR LES ENFANTS

Les banlieues nord de Bangkok comptent plusieurs musées et parcs à thème destinés aux enfants, accessibles en taxi depuis la station BTS Mo Chit ou la station MRT Chatuchak Park.

Children's Discovery Museum (Th Kamphaeng Phet 4, Queen Sirikit Park ; 10h-16h mar-dim ; M Chatuchak Park sortie 1, S Mo Chit sortie 1). Les enfants apprennent en s'amusant dans ce musée aux expositions variées, de l'industrie du bâtiment à la culture.

Siam Park City (02 919 7200 ; www.siamparkcity.com ; 203 Th Suansiam ; adulte/enfant 25/20 $US ; 10h-18h ; M Chatuchak Park sortie 2 et taxi, S Mo Chit sortie 1 et taxi). Ce parc compte plus de 30 manèges ainsi qu'un parc aquatique doté de la plus grande piscine à vagues au monde.

Dream World (02 577 8666 ; www.dreamworld.co.th ; 62 Mu 1, Th Rangsit-Nakornnayok, Pathum Thani ; à partir de 1 200 B ; 10h-17h lun-ven, 10h-19h sam-dim ; M Chatuchak Park sortie 2 et taxi, S Mo Chit sortie 1 et taxi). Grand parc d'attractions. Snow Town ("ville de neige") remporte un immense succès.

cours de méditation de 2 à 3 heures, dispensés en anglais. On peut également suivre des stages plus longs incluant l'hébergement et les repas, à condition d'accepter des règles de conduite strictes.

Cours

Boxe thaïlandaise (*muay thai*)

MuayThai Institute BOXE THAÏLANDAISE
(082 985 1115 ; muaythai-institute.com ; Rangsit Stadium, 336/932 Th Prachatipat, Pathum Thani ; stage de 10 jours à partir de 8 000 B ; M Chatuchak Park sortie 2 et taxi, S Mo Chit sortie 3 et taxi). Cet institut, associé au vénérable World Muay Thai Council, dispense un cours de boxe thaïlandaise pour 3 niveaux, ainsi que des cours réservés aux moniteurs, arbitres et juges.

Cuisine

Goûter aux nombreuses et délicieuses spécialités de Bangkok est une chose, mais imaginez votre succès auprès de vos amis si vous arriviez à reproduire ces plats une fois rentré chez vous. Pour beaucoup de visiteurs, suivre un cours de cuisine figure en tête des activités à faire à Bangkok. C'est parfois même le temps fort de leur séjour.

Le prix et la qualité des cours varient, mais, en une demi-journée, vous aurez au moins une initiation aux produits et aux saveurs thaïlandaises, ainsi que l'occasion de cuisiner plusieurs plats. Presque tous les cours incluent une visite au marché et un livret de recettes, et se terminent par un repas pris en commun pour goûter les plats.

Cooking with Poo & Friends CUISINE
(080 434 8686 ; www.cookingwithpoo.com ; cours 1 500 B ; 8h30-13h ;). Ce cours de cuisine populaire a été créé par une habitante du bidonville de Khlong Toey et se déroule dans son quartier. Les cours, qui doivent être réservés, mettent à l'honneur 3 plats et incluent une visite du marché de Khlong Toey (p. 99) et le transport.

Amita Thai Cooking Class CUISINE
(carte p. 72 ; 02 466 8966 ; www.amitathaicooking.com ; 162/17 Soi 14, Th Wutthakat, Thonburi ; cours 3 000 B ; 9h30-13h jeu-mar ; klorng-taxi depuis Maharaj Pier). Cette école de cuisine particulièrement plaisante occupe une maison de Thonburi au bord d'un canal. Le cours donné par l'enthousiaste Piyawadi "Tam" Jantrupon inclut une balade dans un jardin d'herbes aromatiques et l'apprentissage de 4 plats. Le transfert en bateau depuis le Maharaj Pier est inclus dans le prix.

Blue Elephant Thai Cooking School CUISINE
(carte p. 98 ; 02 673 9353 ; www.blueelephant.com ; 233 Th Sathon Tai/South ; cldiscovery museumasses à partir de 3 295 B ; 8h45-13h et 13h30-16h30 lun-sam ; S Surasak sortie 2/4). Cette école de cuisine thaïlandaise, la plus chic de la ville, dispense 2 cours du lundi au samedi. Les cours du matin comprennent la visite d'un marché, ceux de l'après-midi présentent plusieurs ingrédients thaïlandais de façon détaillée.

Nord de Bangkok

Nord de Bangkok

À voir
1 Children's Discovery Museum....B2
2 Marché Or Tor Kor....B2

Où se loger
3 Capital Mansion....B3
4 Siamaze....D3
5 The Yard....A4
6 Yim Bangkok....D4

Où se restaurer
7 Baan Pueng Chom....A3
8 Cantina Wine Bar & Italian Kitchen....A4
9 Kaobahn....B4
10 Khua Kling Pak Sod....A4
11 Puritan....A4
12 Yang Gao Gorn....B3

Où prendre un verre et faire la fête
13 Aree....A3
14 Fake Club The Next Gen....D3
15 O'glee....A4

Issaya Cooking Studio CUISINE
(carte p. 92 ; ☎02 160 5636 ; www.issayastudio.com ; 1031 Th Phloen Chit, Eatthai, sous-sol, Central Embassy ; cours à partir de 1 200 B ; ⏰11h-21h ; Ⓢ Phloen Chit sortie 5). Dans cette école fondée par le chef et super-star locale Pongtawat "Ian" Chalermkittichai, on apprend à cuisiner les plats servis dans son restaurant Issaya Siamese Club (p. 128), des desserts et des cocktails. Consultez le calendrier et les tarifs en ligne. Cours privés possibles.

Langues

Union Language School THAÏ
(carte p. 92 ; ☎02 214 6033 ; www.unionthai-language.com ; 7ᵉ ét, 328 CCT Office Bldg, Th Phayathai ; stages à partir de 7 000 B ; Ⓢ Ratchathewi sortie 1). Les cours dispensés

par Union, universellement reconnus comme les meilleurs et les plus rigoureux (de nombreux missionnaires les suivent), s'appuient sur une méthodologie combinant grammaire et communication et débutant par des modules de 80 heures sur 4 semaines.

AAA THAÏ

(Advance Alliance Academy Thai Language School ; carte p. 96 ; ☎02 045 1427 ; www.aaathai.school ; 35 Th Phaya Thai, 10e ét, Wannasorn Tower ; 700 B/heure ; Ⓢ Phaya Thai sortie 4). Les cours d'AAA, dispensés par des professeurs expérimentés venant de plusieurs écoles et d'un bon rapport qualité/prix, rencontrent un franc succès.

Massage thaïlandais

Wat Pho Thai Traditional Massage School SANTÉ ET BIEN-ÊTRE

(carte p. 80 ; ☎02 622 3551 ; www.watpomassage.com ; 392/32-33 Soi Phen Phat ; cours à partir de 2 500 B, massage thaïlandais 540 B/heure ; ⏲cours 9h-16h, massages 9h-20h ; ⛴Tien Pier). Rattaché au Wat Pho (p. 69), voisin, cet institut dispense des cours de base de 30 heures répartis sur 5 jours, qui couvrent soit le massage traditionnel, soit le massage des pieds. On peut aussi s'y faire masser.

Phussapa Thai Massage School SANTÉ ET BIEN-ÊTRE

(carte p. 104 ; ☎02 204 2922 ; facebook.com/phussapa ; 25/8 Soi 26 (Soi Ari), Th Sukhumvit ; cours à partir de 6 000 B, massage thaïlandais 250 B/heure ; ⏲cours 9h-16h, massage 11h-23h ; Ⓢ Phrom Phong sortie 4). Cette école dirigée par un Japonais résidant à Bangkok depuis longtemps propose une formation de base de 30 heures sur 5 jours, ainsi que des cours moins longs consacrés au massage des pieds et à l'automassage.

Circuits organisés

Circuits à pied et thématiques

Chili Paste Tours CIRCUITS

(☎094 552 2361, 085 143 6779 ; www.foodtoursbangkok.com ; à partir de 2 000 B). Ce prestataire organise des circuits culinaires dans les vieux quartiers de Bangkok.

Asian Trails CIRCUITS

(carte p. 92 ; ☎02 626 2000 ; www.asiantrails.travel ; 9e ét, SG Tower, 161/1 Soi Mahadlek Luang 3). Ce prestataire s'occupe de programmes pour des opérateurs étrangers, comprenant des circuits sur et en dehors des sentiers battus.

Circuits à vélo

Grasshopper Adventures VÉLO

(carte p. 80 ; ☎02 280 0832 ; www.grasshopperadventures.com ; 57 Th Ratchadamnoen Klang ; circuits demi-journée/journée à partir de 1 350/2 400 B ; ⏲8h30-18h30 ; ⛴klorng-taxi Phanfa Leelard Pier). Cette agence réputée organise divers circuits à vélo dans Bangkok et ses environs, dont une balade nocturne et une visite du quartier historique.

Velo Thailand VÉLO

(carte p. 80 ; ☎089 201 7782, 02 628 8628 ; www.velothailand.com ; 29 Soi 4, Th Samsen ; circuits 1 100 B ; ⏲circuits 9h et 13h ; ⛴Phra Athit/Banglamphu Pier). Ce petit prestataire basé à Banglamphu propose des circuits à vélo de 3 à 4 heures, dont certains à Bangkok, notamment côté Thonburi. On peut aussi partir explorer Hua Hin.

Co van Kessel Bangkok Tours VÉLO

(carte p. 90 ; ☎02 639 7351 ; www.covankessel.com ; Soi 24, Th Charoen Krung, River City ; circuits à partir de 950 B ; ⏲6h-19h ; ⛴River City Pier). Cette agence propose différents circuits à Chinatown, Thonburi et dans les parcs et espaces verts de Bangkok. La plupart se font à vélo, mais certains incluent aussi de la marche et des traversées en bateau. Les circuits partent du bureau de la société dans le centre commercial River City.

ABC Amazing Bangkok Cyclists VÉLO

(carte p. 104 ; ☎081 812 9641 ; www.realasia.net ; 10/5-7 Soi Aree, Soi 26, Th Sukhumvit ; circuits à partir de 1 300 B ; ⏲départs 8h, 10h, 13h et 18h ; 👪 ; Ⓢ Phrom Phong sortie 4). Ce prestataire bien implanté assure des excursions le matin, l'après-midi ou d'une journée entière dans Bangkok et sa banlieue.

SpiceRoads VÉLO

(carte p. 72 ; ☎02 381 7490 ; www.spiceroads.com ; 45 Soi Phanni, Soi Pridi Banomyong 26 ; ⏲9h-18h lun-ven, 10h-15h sam). Toute une gamme de circuits à vélo dans la région, allant de brèves balades en journée ou en soirée à Bangkok, dans le centre de la Thaïlande et à Chiang Mai jusqu'à des aventures d'une semaine en Thaïlande et dans les pays limitrophes.

Bateaux sur le fleuve et les canaux

Le moyen le plus simple, et le moins cher, de se rendre d'un site à un autre sur les rives du fleuve est d'emprunter les ferrys du Chao Phraya Express Boat (p. 162). Nonthaburi

Pier est le terminus de la plupart des bateaux en direction du nord et Sathorn Pier (aussi appelé Central Pier), près de la station de BTS Saphan Taksin, celui des bateaux vers le sud. Quelques bateaux continuent plus au sud jusqu'au Wat Ratchasingkhon. Pour une croisière personnalisée, vous pouvez louer un *long-tail boat* et parcourir les canaux (*klorng*) de la ville.

Asian Oasis BATEAU
(carte p. 92 ; ☎088 809 7047 ; www.asian-oasis.com ; 7e ét, Nai Lert Tower, 2/4 Th Witthayu/Wireless Rd ; Ⓢ Phloen Chit sortie 1). Voguez sur le Chao Phraya à bord de barges à riz restaurées alliant charme d'antan et équipement moderne. Les circuits comprennent la descente ou la remontée du fleuve depuis/vers Ayutthaya, avec une nuit sur le bateau et le transfert en bus dans l'autre sens. Les tarifs varient selon la saison et la direction.

Fêtes et festivals

De nombreuses fêtes thaïlandaises suivent le calendrier lunaire et leurs dates changent donc chaque année par rapport au calendrier grégorien. Contactez les offices du tourisme locaux pour connaître les dates exactes.

Nouvel An chinois CULTURE
(jan ou fév). Les Chinois de Thaïlande célèbrent le Nouvel An lunaire par un grand ménage de printemps, des danses du lion et des feux d'artifice. La plupart des festivités se déroulent à Chinatown.

Songkran CULTURE
(mi-avr). Le Nouvel An thaïlandais est l'occasion d'affrontements aquatiques : les passants, avertis ou non, sont la cible de pistolets à eau et de ballons remplis d'eau. Les batailles les plus déchaînées ont lieu sur Th Silom et Th Khao San, et les festivités continuent pendant 3 jours.

Bangkok Art Biennale ART
(BAB ; oct-fév). La toute première édition de la Biennale d'art de Bangkok, en 2018-2019, a fait beaucoup parler en exposant des œuvres d'artistes asiatiques majeurs dans des lieux publics à travers la métropole. Installations et autres créations ont été présentées dans plusieurs temples, centres commerciaux, immeubles et places à travers toute la ville, permettant au public de les admirer gratuitement. La prochaine édition aura lieu en 2020-2021.

Fête végétarienne ALIMENTATION, BOISSONS
(sept ou oct). Manifestation bouddhique chinoise rassemblant pendant 9 jours des charrettes de plats végétariens signalées par des bannières jaunes, surtout dans Chinatown.

Loi Krathong CULTURE
(nov). Superbe fête où, la nuit de la pleine lune, des petits paniers en forme de lotus fabriqués avec des feuilles de bananier et contenant des bougies sont déposés sur le fleuve. Pour observer la cérémonie, l'un des meilleurs endroits est la promenade devant le restaurant Asiatique (p. 152). Le même rituel a lieu sur le lac du parc Lumphini (p. 91).

Où se loger

Si vous pensez que tous les hôtels de Bangkok ressemblent à celui de *Very Bad Trip 2*, vous serez soulagé d'apprendre que la ville héberge une variété d'auberges de jeunesse, pensions et hôtels modernes. La plupart des hébergements offrent un excellent rapport qualité/prix et la concurrence est si forte que des réductions sont couramment proposées. En outre, les hôtels sont si nombreux que la réservation n'est généralement pas indispensable, hormis pour quelques petits établissements de charme.

Ko Ratanakosin et Thonburi

En logeant à Ko Ratanakosin ou à Thonburi, vous aurez la majorité des sites majeurs de Bangkok à portée de main. La vue sur le fleuve et les nombreux et excellents établissements de catégorie moyenne de Th Maha Rat sont autant de raisons de séjourner ici, contrairement aux quartiers plus récents de Bangkok qui comptent moins de bars et de restaurants, et sont plus éloignés du centre.

Arom D AUBERGE DE JEUNESSE $$
(carte p. 80 ; ☎02 622 1055 ; www.aromdhostel.com ; 336 Th Maha Rat ; dort/ch 800/2 250 B, avec petit-déj ; ; Tien Pier). Décor charmant et espaces communs engageants (dont une terrasse sur le toit), ordinateurs et café au rez-de-chaussée. L'établissement, un peu petit, pourrait être plus soigné, mais ne manque pas de style, et se trouve en plein cœur du quartier-village branché de Tien.

Royal ThaTien Village HÔTEL $$
(carte p. 80 ; ☎095 151 5545 ; www.theroyalthatien.com ; 392/29 Soi Phen Phat ; s et d à partir de 900 B ; ; Tien Pier). Réparties dans

TOUT SAVOIR SUR LES HÉBERGEMENTS

Auberges de jeunesse

Si vous êtes à un baht près, optez pour un lit en dortoir (ou une mini-chambre) avec salle de bains partagée, à partir de 300 B. Bangkok offre un vaste choix d'hébergements pour petit budget, allant des lits-capsules high-tech en dortoir dans des établissements flambant neufs aux lits cosy superposés dans une *shophouse* rénovée de Chinatown. Si vous avez besoin d'un peu d'intimité, presque toutes disposent aussi de chambres privatives. La nouvelle mode est l'hébergement en auberge de jeunesse "deluxe", qui brouille la limite entre les catégories moyenne et économique (400-800 B).

Pensions

Les pensions figurant dans ce guide sont essentiellement des chambres bon marché dans des maisons familiales. Pensions et hôtels bon marché se trouvent pour la plupart dans des quartiers assez mal situés du vieux Bangkok (Banglamphu, Chinatown et Thewet), et vous dépenserez sûrement en taxi ce que vous économiserez en hébergement. Les tarifs débutent autour de 500 B.

Hôtels

Dans les hôtels les moins chers, il faut souvent partager une salle de bains, et la serviette n'est pas nécessairement fournie. Certaines chambres n'ont qu'un ventilateur, et dans d'autres la climatisation ne fonctionne que quelques heures par jour. Le Wi-Fi, lorsqu'il y en a, est généralement gratuit. À Bangkok, "catégorie moyenne" signifie une chambre privative avec climatisation, réfrigérateur, eau chaude, TV et Wi-Fi gratuit. Malgré tout, certaines chambres n'ont pas de vue, voire pas de fenêtre. Les petits-déjeuners vont du "buffet" avec pain et œufs au plat huileux à des préparations plus diététiques à base de yaourt et de fruits. Les hôtels de catégorie supérieure offrent tout ce qu'on attend de cette gamme de prix : piscines, salles de sport, espaces affaires, restaurants et bars. Le petit-déjeuner est souvent sous forme de buffet.

deux échoppes reconverties, 12 chambres basiques mais spacieuses, dotées de TV, réfrigérateurs, climatisation et parquet. Ajoutez une atmosphère de chambre chez l'habitant et vous avez une adresse tout à fait recommandable, et prisée ! Réservez.

♥ Sala Ratanakosin HÔTEL $$$

(carte p. 80 ; ☎02 622 1388 ; www.salaresorts.com/rattanakosin ; Soi Tha Tian ; d avec petit-déj à partir de 4 000 B ; ❄@📶 ; ⛴Tien Pier). Cet ancien entrepôt reconverti dissimule 15 chambres élégantes et modernes, aux tons noirs et blancs, dotées de salles de bains décloisonnées et de larges fenêtres donnant sur le fleuve et le Wat Arun (p. 75). Elles ne sont pas immenses, mais satisferont les esthètes.

♥ Arun Residence HÔTEL $$$

(carte p. 80 ; ☎02 221 9158 ; www.arunresidence.com ; 36-38 Soi Pratu Nokyung ; d avec petit-déj à partir de 4 200 B ; ❄@📶 ; ⛴Tien Pier). Sise au bord du fleuve, face au Wat Arun, cette demeure en bois de plusieurs étages offre bien plus qu'une belle vue. Les 7 chambres sont douillettes et chics (les meilleures sont les suites avec balcon au dernier étage), les espaces communs attrayants (bibliothèque, bar sur le toit et restaurant). Réservation absolument indispensable.

Chakrabongse Villas HÔTEL $$$

(carte p. 80 ; ☎02 222 1290 ; www.chakrabongsevillas.com ; 396 Th Maha Rat ; d avec petit-déj à partir de 6 000 B ; ❄@📶🏊 ; ⛴Tien Pier). Aménagé dans une résidence royale de 1908 encore occupée, cet hôtel digne d'un conte de fées compte 3 chambres somptueuses, mais exiguës, et 4 suites et villas plus spacieuses, dont certaines bénéficient d'une belle vue sur le fleuve. Piscine, jardins luxuriants et plateforme surélevée pour des dîners romantiques au bord de l'eau. Réservation obligatoire.

Aurum: The River Place HÔTEL $$$

(carte p. 80 ; ☎02 622 2248 ; www.aurum-bangkok.com ; 394/27-29 Soi Pansuk ; d avec petit-déj à partir de 3 700 B ; ❄@📶 ; ⛴Tien Pier). Si les 12 chambres n'égalent pas la grandiloquence européenne de la façade, elles sont néanmoins confortables et bien agencées, et la plupart ont une vue partielle sur le Chao Phraya. Le tout à l'écart de l'agitation de Th Maha Rat.

Banglamphu

Si Banglamphu regroupe toujours la majeure partie des établissements bon marché, le quartier accueille désormais des logements de toute catégorie. Les nombreux restaurants, bars et boutiques sont d'autres bonnes raisons de loger ici, bien que le quartier semble un peu isolé du reste de Bangkok.

♥ Chern AUBERGE DE JEUNESSE $
(carte p. 80 ; ☎02 621 1133 ; www.chernbangkok.com ; 17 Soi Ratchasak ; dort/ch 350/900 B ; ; klorng-taxi Phanfa Leelard Pier). Les vastes espaces ouverts entièrement blancs créent une atmosphère un peu éthérée pour une auberge de jeunesse. Les dortoirs de 8 lits sont au-dessus de la moyenne, mais ce sont surtout les chambres privatives qui impressionnent : jolie déco minimaliste, grands bureaux, TV, réfrigérateurs, beaucoup d'espace et un rapport qualité/prix imbattable.

Niras Bankoc AUBERGE DE JEUNESSE $
(carte p. 80 ; ☎02 221 4442 ; www.nirasbankoc.com ; 204-206 Th Mahachai ; dort/d avec petit-déj à partir de 400/1 300 B ; ; klorng-taxi Phanfa Leelard Pier). Se démarquant du style moderne de la majorité des auberges de jeunesse de Bangkok, Niras met à profit l'ancienne échoppe dans laquelle l'auberge est aménagée pour offrir une ambiance à l'ancienne au charme fou, dans un quartier tout aussi agréable. Les dortoirs de 4 et 6 lits et les chambres privatives (certaines avec salles de bains partagées) sont ornés de bois sombre et de mobilier ancien. Café cosy au rez-de-chaussée.

NapPark Hostel AUBERGE DE JEUNESSE $
(carte p. 80 ; ☎02 282 2324 ; www.nappark.com ; 5 Th Tani ; dort 440-550 B ; ; Phra Athit/Banglamphu Pier). Ce point de chute prisé renferme des dortoirs de diverses tailles, dont les plus petits et les plus chers ont 6 lits de type "capsule", avec branchements électriques, mini-TV, lampe de chevet et Wi-Fi (mais les activités culturelles et les parties communes attrayantes vous donneront envie de déconnecter). Devant l'auberge s'étend un marché animé où l'on trouve souvenirs et accessoires.

Wild Orchid Villa AUBERGE DE JEUNESSE $
(carte p. 80 ; ☎02 629 4378 ; facebook.com/pages/Wild-Orchid-Villa/199239676771951 ; 8 Soi Chana Songkhram ; s/d avec petit-déj 450/1 000 B ; ; Phra Athit/Banglamphu Pier). Les chambres les moins chères (ventilateurs et salles de bains partagées) sont minuscules, mais l'établissement est convivial, coloré et d'une propreté impeccable. En prime : un restaurant de cuisine internationale très prisé et une piscine. Réservation essentielle.

Suneta Hostel Khaosan AUBERGE DE JEUNESSE $
(carte p. 80 ; ☎02 629 0150 ; www.sunetahostel.com ; 209-211 Th Kraisi ; dort/ch avec petit-déj à partir de 470/1 200 B ; ; Phra Athit/Banglamphu Pier). Le Suneta se démarque malgré une compétition serrée par son atmosphère agréable et détendue, son cadre rétro original (certains dortoirs ressemblent à des wagons-lits), son emplacement tout près de l'artère principale et un service chaleureux.

Vivit Hostel AUBERGE DE JEUNESSE $
(carte p. 80 ; ☎02 224 5888 ; www.vivithostel.com ; 510 Th Tanao ; dort/ch avec petit-déj 450/1 000 B ; ; klorng-taxi Phanfa Leelard Pier). Rideaux à fleurs, parquet et horloges à pendule donnent du caractère à cet établissement ouvert en 2017. Les dortoirs, bien qu'un peu aseptisés, sont toutefois d'un excellent rapport qualité/prix.

♥ Nouvo City Hotel HÔTEL $$
(carte p. 80 ; ☎02 282 7500 ; www.nouvocityhotel.com ; 2 Soi 2, Th Samsen ; s et d avec petit-déj à partir de 1 600 B ; ; Phra Athit/Banglamphu Pier). Dans le quartier de Samsen, cet hôtel au luxe moderne, certifié halal, s'adresse avant tout aux voyageurs musulmans. Les chambres ne sont pas immenses pour leur prix, mais sont bien agencées et ornées d'une agréable palette de couleurs. En bonus : terrasse avec piscine et spa et emplacement au bord du canal, ainsi que des salles de prière.

♥ Lamphu Treehouse HÔTEL $$
(carte p. 80 ; ☎02 282 0991 ; www.lamphutreehotel.com ; 155 Wanchat Bridge, près de Th Prachathipatai ; d avec petit-déj à partir de 1 650 B ; ; klorng-taxi Phanfa Leelard Pier). Ce bel hôtel de catégorie moyenne offre un excellent rapport qualité/prix. Jolies chambres avec boiseries, bien tenues, ainsi que toit-terrasse, piscine, café Internet, restaurant et emplacement calme au

bord du canal : vous n'aurez plus envie de partir. Une annexe voisine augmente vos chances d'obtenir une réservation.

Warehouse HÔTEL $$
(carte p. 80 ; ☎02 622 2935 ; www.thewarehouse-bangkok.com ; 120 Th Bunsiri ; d avec petit-déj à partir de 2 000 B ; ❄@📶 ; ⛴klorng-taxi Phanfa Leelard Pier). Palettes en guise de meubles, peintures murales jaune et noir, tuyauterie et fils électriques apparents accentuent le côté usine de cette adresse de catégorie moyenne. Contre toute attente, celui-ci compte 36 chambres fonctionnelles et assez spacieuses, bien que d'un rapport qualité/prix moyen.

Chillax Resort HÔTEL $$
(carte p. 80 ; ☎083 099 0638 ; www.chillaxresort.com ; 272 Soi 2, Th Samsen ; d avec petit-déj à partir de 2 700 B ; ❄@📶🏊 ; ⛴Phra Athit/Banglamphu Pier). Cet immense hôtel se démarque de la concurrence par une esthétique curieuse, à mi-chemin entre décor d'époque et modernité clinquante. Éclairage violet de style néon et textiles dans les tons rose et beige composent le décor des chambres confortables et bien tenues. Au fond d'une ruelle calme, près du canal.

Nanda Heritage Hotel HÔTEL $$
(carte p. 80 ; ☎02 282 2900 ; www.nandaheritage.com ; 632 Th Wisut Kasat ; d avec petit-déj à partir de 2 000 B ; ❄📶 ; ⛴klorng-taxi Phanfa Leelard Pier). Cet hôtel design contemporain s'inspire de la maison en teck qui occupait autrefois les lieux et des bâtiments en bois entourent toujours la propriété. Chambres bien équipées aux délicates couleurs ocre et salles de bains spacieuses. Idéal pour ceux qui recherchent le raffinement tout en restant proches de Th Khao San.

Villa Cha-Cha HÔTEL $$
(carte p. 80 ; ☎02 280 1025 ; www.villachacha.com ; 36 Th Tani ; d 1 300 B ; ❄📶🏊 ; ⛴Phra Athit/Banglamphu Pier). Statues balinaises, vaste restaurant et mini-piscine vous attendent dans cet établissement très apprécié et un peu caché. La décoration n'est pas toujours du meilleur goût – voir les tableaux de nus dans les chambres –, mais l'ambiance très conviviale est un atout majeur.

Baan Dinso 2 HÔTEL $$
(carte p. 80 ; ☎096 556 9795 ; www.baandinso.com ; 78/3 Th Ratchadamnoen Klang ; s/d avec petit-déj à partir de 1 250 B ; ❄📶 ; ⛴klorng-taxi Phanfa Leelard Pier). Surplombant le carrefour le plus célèbre de Bangkok, les 27 chambres vont des minuscules chambres simples modernes avec salles de bains communes aux "Grand Rooms", plus spacieuses. La plupart donnent plus ou moins sur le Democracy Monument. Th Khao San n'est qu'à 400 m.

Buddy Lodge HÔTEL $$
(carte p. 80 ; ☎02 629 4477 ; www.buddylodge.com ; 256 Th Khao San ; s et d à partir de 1 200 B ; ❄@📶🏊 ; ⛴Phra Athit/Banglamphu Pier). Ce gigantesque hôtel avec piscine, salle de fitness et même... un McDonald's (!) loue 70 chambres confortables et bien équipées évoquant un palais tropical baigné de lumière. Réductions pour les séjours de 5 nuits ou plus. La propriété compte également un bar animé et une belle boutique d'artisanat.

Hotel Dé Moc HÔTEL $$
(carte p. 80 ; ☎02 629 2100 ; facebook.com/HotelDeMoc ; 78 Th Prachathipatai ; s et d avec petit-déj à partir de 1 300 B ; ❄@📶🏊 ; ⛴klorng-taxi Phanfa Leelard Pier). Dotées de hauts plafonds et de grandes fenêtres, les chambres de cet hôtel des années 1960 sont grandes, mais le mobilier et l'extérieur semblent parfois être restés au siècle dernier. Piscine et café engageants aux allures rétro, navette gratuite jusqu'à Th Khao San et prêt de vélos.

Rambuttri Village Plaza AUBERGE DE JEUNESSE $$
(carte p. 80 ; ☎02 282 9162 ; www.rambuttrivillage.com ; 95 Soi Ram Buttri ; s/d à partir de 700/900 B ; ❄📶🏊 ; ⛴Phra Athit/Banglamphu Pier). En retrait de l'artère principale de Soi Ram Buttri, cet hôtel de taille moyenne possède une réputation établie de longue date pour son rapport qualité/prix inégalable. Avec ses nombreuses chambres, petites mais propres et bien meublées, sa cour flanquée de restaurants et de boutiques et sa jolie terrasse avec piscine, c'est une adresse à la fois pratique et confortable.

Old Capital Bike Inn HÔTEL $$
(carte p. 80 ; ☎02 629 1787 ; www.oldcapitalbkk.com ; 609 Th Phra Sumen ; d avec petit-déj à partir de 3 200 B ; ❄@📶 ; ⛴klorng-taxi Phanfa Leelard Pier). Avec leurs couleurs chaudes et leurs meubles en bois massif, les 10 chambres splendides de cette ancienne boutique restaurée sont parfaites pour une lune de miel. Fidèle à son nom, l'hôtel a le vélo pour thème et il en prête à ses clients.

Villa Phra Sumen HÔTEL $$
(carte p. 80 ; ☎080 085 0085 ; www.villaphrasumen.com ; 457 Th Phra Sumen ; d avec petit-déj à partir de 2 000 B ; ; klorng-taxi Phanfa Leelard Pier). Autour d'un jardin et au bord du canal, l'hôtel est un lieu d'allure secrète et retirée. Les 24 chambres, un peu exiguës et trop chères, sont pourvues d'un balcon et de tout le confort moderne. Personnel attentionné.

♥ **Praya Palazzo** HÔTEL $$$
(carte p. 80 ; ☎02 883 2998 ; www.prayapalazzo.com ; 757/1 Somdej Prapinklao Soi 2 ; d avec petit-déj à partir de 3 600 B ; ; navette fluviale de l'hôtel depuis Phra Athit/Banglamphu Pier). Après s'être assoupi pendant plus de 30 ans, ce beau manoir du XIXe siècle à Thonburiest est revenu à la vie en 2011 comme boutique-hôtel donnant sur le fleuve. Les 17 chambres sont un peu petites et la vue sur le fleuve est limitée, mais la rénovation minutieuse, le beau mobilier ancien et l'atmosphère bucolique confèrent à l'hôtel un vrai charme d'antan.

Situé sur un îlot donnant sur le canal, l'hôtel n'est accessible que par le fleuve ; peu pratique pour les couche-tard, c'est une bonne option pour une lune de miel, une cure de sommeil ou des envies de solitude.

Riva Surya HÔTEL $$$
(carte p. 80 ; ☎02 633 5000 ; www.nexthotels.com ; 23 Th Phra Athit ; d avec petit-déj à partir de 4 300 B ; ; Phra Athit/Banglamphu Pier). Ancien immeuble d'habitation, cet hôtel présente un style parmi les plus raffinés du quartier. Les 68 chambres, dans un camaïeu de gris et de noir, sont dotées de mobilier contemporain. Pour profiter d'une vue sur le fleuve, choisissez l'une des chambres Deluxe et Riva, même si elles ne sont pas très grandes. On joue des coudes dans la piscine lorsqu'il y a du monde.

Chinatown

Chinatown abrite des hébergements économiques et de catégorie moyenne d'un bon rapport qualité/prix, à proximité de la principale gare ferroviaire de Bangkok (pratique pour des excursions hors de la capitale). Cependant, bruit, pollution et éloignement relatif du réseau BTS Skytrain et du "nouveau" Bangkok représentent quelques inconvénients.

Wanderlust BKK AUBERGE DE JEUNESSE $
(carte p. 86 ; ☎089 757 7770 ; 149-151 Rama IV ; dort 350 B, d à partir de 700 B ; ; M Hua Lamphong sortie 1). Auberge de jeunesse branchée au décor industriel, mais assez aseptisé. Dortoirs de 4 à 8 personnes. Chambres privatives plutôt exiguës, dont les moins chères partagent une salle de bains. Café-restaurant très chic au rez-de-chaussée. L'établissement n'est pas la meilleure affaire de Chinatown, mais il soigne son image.

Loftel 22 AUBERGE DE JEUNESSE $
(carte p. 90 ; ☎086 807 1144 ; 952 Soi 22, Th Charoen Krung ; dort 250-400 B, ch avec sdb partagées 700-1 300 B ; ; Marine Department Pier, M Hua Lamphong sortie 1). Des dortoirs chics, engageants et des chambres privées (avec salle de bains partagée) dans deux *shophouses* attenantes dans l'un des quartiers les plus pittoresques de Chinatown. Personnel accueillant.

@Hua Lamphong AUBERGE DE JEUNESSE $
(carte p. 86 ; ☎02 639 1925 ; www.hualamphonghostel.com ; 326/1 Rama IV ; dort 350 B, ch 900-1 100 B ; ; M Hua Lamphong sortie 1). Cette auberge de jeunesse, propre et très bien tenue, est également l'hébergement le plus proche de la gare ferroviaire principale de Bangkok. Les chambres privatives, dont certaines sont immenses et dotées de balcons, sont d'un excellent rapport qualité/prix. Emplacement idéal, confort et équipements font de @Hua Lamphong l'une des meilleures auberges de la ville.

♥ **Shanghai Mansion** HÔTEL $$
(carte p. 86 ; ☎02 221 2121 ; www.shanghaimansion.com ; 479-481 Th Yaowarat ; ch/ste à partir de 2 100/3 500 B, avec petit-déj ; ; Ratchawong Pier, M Hua Lamphong sortie 1 et taxi). Sans conteste l'hôtel le plus chic de Chinatown, ce boutique-hôtel rappelle majestueusement le Shanghai des années 1930 avec ses vitraux, ses nombreuses lanternes et un style kitsch très étudié. Si vous voulez faire une folie, demandez l'une des grandes chambres sur rue, lumineuses avec leurs hautes fenêtres. En plein cœur du centre de Chinatown.

♥ **Loy La Long** HÔTEL $$$
(carte p. 86 ; ☎02 639 1390 ; www.loylalong.com ; 1620/2 Th Songwat, Wat Pathum Khongka Ratchaworawihan ; s/d avec petit-déj 2 700/4 900 B ; ; Ratchawong Pier, M Hua Lamphong sortie 1 et taxi). Une atmosphère unique règne dans les 6 chambres rustiques de cette maison en

teck, posée sur pilotis au-dessus des eaux du Chao Phraya. Difficile à trouver (avancez sur Th Songwat, puis coupez vers le fleuve par le Wat Pathum Khongka Rachaworawihan), l'endroit dégage quelque chose d'intime et secret.

Feung Nakorn Balcony HÔTEL $$$
(carte p. 80 ; ☎02 622 1100 ; www.feungnakorn.com ; 20 Soi Fuang Thong, Th Fuang Nakhon ; s/d avec petit-déj 2 500/4 000 B ; ❄@📶 ; ⛴Memorial Bridge Pier). Installées dans une ancienne école, les 42 chambres entourant un agréable jardin sur cour sont, pour la plupart, vastes, lumineuses et accueillantes. Toutes sont pourvues d'un minibar gratuit, d'un coffre et d'une TV à écran plat. Emplacement calme, à l'écart de la route principale. Le rapport qualité/prix n'est pas exceptionnel, mais l'établissement a du caractère.

Riverside, Silom et Lumphini

♥ **Warm Window** AUBERGE DE JEUNESSE $
(carte p. 98 ; ☎02 235 8759 ; www.warmwindowsilom.com ; 50/18-19 Th Pan ; dort/d avec petit-déj à partir de 360/1 200 B ; ❄@📶 ; S Surasak sortie 1/3). Venue s'ajouter en 2019 à l'offre en constante évolution de Silom, cette élégante auberge de jeunesse dispose de deux fantastiques dortoirs de 10 lits avec rideaux et beaux lambris. Les tarifs des chambres privatives sont une véritable aubaine, et le café du rez-de-chaussée invite à se prélasser entre deux explorations de la ville.

Smile Society AUBERGE DE JEUNESSE $
(carte p. 98 ; ☎095 228 2415 ; www.smilesocietyhostel.com ; 130/3-4 Soi 6, Th Silom ; dort/ch à partir de 260/950 B ; ❄@📶 ; M Si Lom sortie 2, S Sala Daeng sortie 1). À la fois auberge de jeunesse et boutique-hôtel, cette *shophouse* de 4 étages abrite des petites chambres confortables et bien équipées, ainsi que des dortoirs partageant des salles de bains immaculées. Les bonus : situation centrale et personnel anglophone efficace. Une annexe quasi identique juste à côté connaît le même succès.

All That Bangkok AUBERGE DE JEUNESSE $
(carte p. 72 ; ☎094 493 6637 ; www.allthatbangkokhostel.com ; 4 Soi 11, Yaek 5, Th Sathon Tai/South ; dort 450-550 B ; ❄@📶 ; S Chong Nonsi sortie 5). Cette auberge de jeunesse design, nichée dans une rue secondaire résidentielle, dispose de 3 dortoirs mixtes de 19 lits confortables et d'une chambre avec douche privative (1 900 B) à l'étage. Au rez-de-chaussée vous attend un café au décor industriel servant du café en fût et des œufs Bénédicte corrects pour 95 B seulement. La proximité du réseau BTS permet d'explorer aisément toute la ville.

DÉCHIFFRER LES NOMS DES RUES

Les noms des rues de Bangkok paraissent souvent imprononçables, et leurs romanisations imprécises n'aident pas forcément. Par exemple, Th Ratchadamri est parfois épelé "Rajdamri", et la rue des ambassades a deux noms, Wireless Road et Th Witthayu (*wí·tá·yú* signifie "radio" en thaï).

Silom Art Hostel AUBERGE DE JEUNESSE $
(carte p. 98 ; ☎02 635 8070 ; www.silomarthostel.com ; 198/19-22 Soi 14, Th Silom ; dort/ch 450/950 B ; ❄@📶 ; S Chong Nonsi sortie 3). Décalée, arty, lumineuse et "fun", cette auberge allie matériaux recyclés, mobilier original et peintures murales colorées pour un décor sans équivalent en ville. L'attention apportée au style ne l'empêche pas d'être confortable et fonctionnelle. Nombreux et agréables espaces collectifs.

S1 Hostel AUBERGE DE JEUNESSE $
(carte p. 88 ; ☎02 679 7777 ; 35/1-4 Soi Ngam Du Phli ; dort/ch à partir de 330/900 B ; ❄@📶 ; M Lumphini sortie 1). Surmonté d'un jardin sur le toit, le bâtiment de cette énorme auberge de jeunesse contient, entre autres, des dortoirs basiques et des chambres privées aux couleurs primaires, une cuisine et une laverie. Situation pratique à une courte marche du MRT. Le tout est d'un excellent rapport qualité/prix.

HQ Hostel AUBERGE DE JEUNESSE $
(carte p. 98 ; ☎02 233 1598 ; www.hqhostel.com ; 5/3-4 Soi 3, Th Silom ; dort/ch 480/1 750 B ; ❄@📶 ; M Si Lom sortie 2, S Sala Daeng sortie 2). Aménagée dans un immeuble tout en hauteur du quartier financier de Bangkok, une auberge de jeunesse au luxe tout en béton ciré et déco industrielle, avec des dortoirs de 4 à 6 lits, quelques doubles et triples (dont certaines avec salle de bains) et des parties communes attrayantes.

♥ **kokotel** HÔTEL $$
(carte p. 98 ; ☎02 235 7555, 02 026 3218 ; www.kokotel.com ; 181/1-5 Th Surawong ; s/d avec petit-déj 1 600/2 600 B ; ❄@📶 ; Ⓢ Chong Nonsi sortie 3). L'hébergement de Bangkok sans doute le mieux adapté aux familles : grandes chambres lumineuses avec lits douillets, vaste aire de jeux et café au rez-de-chaussée (avec toboggan). Tarifs attractifs (et parfois des super-promos), surtout pour un emplacement aussi central.

♥ **Siam Heritage** HÔTEL $$
(carte p. 98 ; ☎02 353 6166 ; www.thesiamheritage.com ; 115/1 Th Surawong ; d avec petit-déj à partir de 1 800 B ; ❄@📶🏊 ; Ⓜ Si Lom sortie 2, Ⓢ Sala Daeng sortie 1). Niché à l'écart de la très animée Th Surawong, cet hôtel possède un charme thaïlandais à la fois simple et accueillant, et propose des tarifs défiant toute concurrence pour une adresse de milieu de gamme. Les 73 chambres, habillées de soie et de bois sombre, sont confortables et décorées avec élégance. Jardin/piscine/spa sur le toit sont gérés par un personnel aux petits soins. Vivement recommandé.

Amber HÔTEL $$
(carte p. 98 ; ☎02 635 7272 ; www.amberboutiquesilom.com ; 200 Soi 14, Th Silom ; d avec petit-déj 1 500-1 800 B ; ❄@📶 ; Ⓢ Chong Nonsi sortie 3). Mariant les styles marocain, sino-portugais et contemporain, l'endroit met l'accent sur la déco, sans tomber pour autant dans l'excès ni le tape-à-l'œil. Les hôtes ont le choix parmi 19 chambres spacieuses, très claires et bien équipées, dans un environnement calme, et d'un excellent rapport qualité/prix (sans compter les promotions, fréquentes).

Café Ice Residence PENSION $$
(carte p. 98 ; ☎02 636 7373 ; cafeiceresidences@gmail.com ; 44/2 Soi 8, Th Sathon Neua/North ; d avec petit-déj à partir de 2 400 B ; ❄@📶 ; Ⓢ Chong Nonsi sortie 2). On se sent plus chez soi qu'à l'hôtel dans cette villa immaculée disposant de 9 chambres spacieuses, confortables, et dotées d'un mobilier à l'élégance discrète. La pension partage l'endroit avec un restaurant thaïlandais, dans une rue paisible filant au nord de l'artère principale de Sathon.

W Home PENSION $$
(carte p. 72 ; ☎02 291 5622 ; www.whomebangkok.com ; Yaek 8, Soi 79, Th Charoen Krung ; s/d avec petit-déj 1 200/1 500 B ; ❄@📶 ; Ⓢ Saphan Taksin sortie 2 et taxi). Une adresse à l'écart de tout, ce qui participe au charme de cette maison sexagénaire rénovée. Accueil chaleureux,

LE MANDARIN ORIENTAL

Le **Mandarin Oriental** (carte p. 90 ; ☎02 659 9000 ; www.mandarinoriental.com ; 48 Soi 40/Oriental, Th Charoen Krung ; d/ste avec petit-déj à partir de 20 000/46 000 B ; ❄@📶🏊 ; ⛴Oriental Pier), aujourd'hui un célèbre palace, n'était au départ qu'une pension pour marins du genre de celles de Th Khao San aujourd'hui. Les propriétaires d'alors, deux capitaines de navires danois, cédèrent l'établissement à Hans Niels Andersen, fondateur de la puissante East Asiatic Company. Andersen transforma alors l'hôtel en un véritable palais à l'architecture majestueuse. C'est un architecte italien, S. Cardu, qui conçut ce que l'on appelle aujourd'hui l'"aile des auteurs", alors le bâtiment le plus démesuré de Bangkok à l'exception des monuments royaux.

La renommée de l'hôtel s'appuie sur les célébrités qui y ont résidé. En 1888, un marin originaire de Pologne nommé Joseph Conrad y séjourne. L'hôtel semble lui porter chance : il obtient son premier commandement sur le navire *Otago*, qu'il mène de Bangkok à Port Adelaïde, en Australie, un voyage qui l'inspire pour plusieurs de ses premiers récits. Plus tard, W. Somerset Maugham débarque à l'hôtel à un stade avancé de malaria. Dans son délire fiévreux, il entend le responsable de l'hôtel, un Allemand, partager ses craintes avec le médecin qu'un décès dans l'établissement nuise à ses affaires. Le voyage de Maugham à travers l'Asie du Sud-Est est raconté dans *Un gentleman en Asie*, récit qui confère une dimension littéraire à l'hôtel. Dans les décennies qui suivent, l'établissement voit défiler des éminences telles que Noël Coward, Graham Greene, John le Carré, James A. Michener, Gore Vidal et Barbara Cartland. Certains auteurs affirment qu'un séjour au Mandarin Oriental permet de vaincre le syndrome de la page blanche – encore faut-il pour cela, de nos jours, avoir bénéficié au préalable d'une avance généreuse.

4 chambres petites mais attrayantes et bien agencées (dont une avec salle de bains privative), parties communes agréables et une ambiance de chambre chez l'habitant. La Soi 79 part de Th Charoen Krung à 1 km au sud de Saphan Taksin. W Home se trouve 250 m à l'est de l'artère principale.

Swan Hotel HÔTEL $$
(carte p. 90 ; 02 235 9271 ; www.swanhotelbkk.com ; 31 Soi 36/Rue de Brest, Th Charoen Krung ; s/d 1 000/1 500 B ; ; Oriental Pier). Avec ses meubles de style années 1960, cet hôtel classique a l'air désuet, mais les chambres sont impeccables et spacieuses et l'ambiance générale, en particulier autour de la piscine, a un côté rétro très branché.

LUXX XL HÔTEL $$
(carte p. 88 ; 02 684 1111 ; www.staywithluxx.com ; 82/8 Th Langsuan ; ch 1 700-2 400 B, ste à partir de 2 500 B ; ; S Ratchadamri sortie 2). Établissement minimaliste et tendance digne de New York, avec de grandes baies vitrées laissant entrer la lumière. Suites avec kitchenette et chambres au mobilier élégant. L'annexe de Th Decho, près de Th Silom, est plus petite et un peu moins chère.

Peninsula Hotel HÔTEL $$$
(carte p. 90 ; 02 020 2888 ; www.peninsula.com ; 333 Th Charoen Nakhon ; d avec petit-déj à partir de 8 800 B ; ; navette fluviale de l'hôtel depuis Sathorn/Central Pier). Sans égal et sans âge, cet hôtel a tout pour plaire : l'emplacement (dominant le fleuve), la réputation (toujours classé parmi les meilleurs hôtels de luxe du monde) et le service (un des meilleurs en ville). Chambres impressionnantes et petit-déjeuner royal servi en plein air au bord du fleuve.

Metropolitan by COMO HÔTEL $$$
(carte p. 88 ; 02 625 3333 ; www.comohotels.com ; 27 Th Sathon Tai/South ; ch/ste avec petit-déj à partir de 5 100/8 700 B ; ; M Lumphini sortie 2). L'extérieur de l'ancien YMCA de Bangkok a peu changé, mais il cache désormais l'un des hôtels les plus tendance de la capitale. Les 171 chambres s'affichent dans des tons noir, blanc et jaune. Si les chambres "City" sont assez petites, les suites en duplex aux derniers étages s'apparentent à des appartements.

The Sukhothai HÔTEL $$$
(carte p. 88 ; 02 344 8888 ; www.sukhothai.com ; 13/3 Th Sathon Tai/South ; ch/ste avec petit-déj à partir de 5 000/7 300 B ; ; M Lumphini sortie 2). Comme son nom le suggère, l'ambiance paisible d'un temple règne dans cet hôtel de luxe agrémenté de stupas en brique, de cours intérieures et de sculptures anciennes. Les chambres avec TV, téléphones (et parfois toilettes) high-tech, tranchent avec le cadre.

Sofitel So HÔTEL $$$
(carte p. 88 ; 02 624 0000 ; www.sofitel.com ; 2 Th Sathon Neua/North ; d avec petit-déj à partir de 6 400 B ; ; M Lumphini sortie 2). Cet établissement fait partie des grands hôtels de chaînes branchées installées à Bangkok. La décoration s'inspire des quatre éléments et les chambres, de bonne taille et élégantes, sont toutes différentes, avec une touche contemporaine. Donnant sur le parc Lumphini, la piscine à débordement offre aussi une vue imprenable sur les gratte-ciel de Bangkok.

Siam Square, Pratunam, Phloen Chit et Ratchathewi

Ces quartiers mitoyens offrent un bon choix d'hébergements bon marché et de catégorie moyenne. Le tout dans un secteur central où restaurants, boutiques et transports sont nombreux.

Lub d AUBERGE DE JEUNESSE $
(carte p. 92 ; 02 612 4999 ; www.lubd.com/siamsquare ; 925/9 Rama I ; dort/ch avec petit-déj à partir de 900/1 400 B ; ; S National Stadium sortie 1). Le nom du lieu joue avec l'expression *làp di*, qui signifie "dors bien", mais l'atmosphère festive de cette auberge moderne donne plutôt envie de rester debout toute la nuit. Partie commune avec bar et jeux, salle de projection, laves-linge et autres équipements appréciables.

Chao Hostel AUBERGE DE JEUNESSE $
(carte p. 92 ; 02 217 3083 ; www.chaohostel.com ; 865 Rama I, 8e ét, Siam@Siam Bldg ; dort/ch 550/1 400 B ; ; S National Stadium sortie 1). Alliant concept minimaliste moderne et décor thaïlandais, sans oublier les nombreux espaces ouverts, cette auberge de jeunesse compte parmi les plus chics de Bangkok. Les dortoirs de 6 lits sont spacieux, avec chacun une salle de bains. Parties communes agréables.

Boxpackers Hostel AUBERGE DE JEUNESSE $
(carte p. 92 ; 02 656 2828 ; facebook.com/boxpackershostel ; 39/3 Soi 15, Th Phetchaburi ;

dort/qua à partir de 420/1800 B ; ❄📶 ; Ⓢ Ratchathewi sortie 1 et taxi). Cet établissement au style contemporain dépouillé comporte des dortoirs de 4 à 12 lits installés sur 2 niveaux, dont des lits doubles. Agréables espaces communs, dont un café au rez-de-chaussée et un salon avec billard. Un hôtel rattaché abrite 14 petites chambres privatives tout aussi engageantes.

K Maison BOUTIQUE-HÔTEL $$

(carte p. 96 ; ☎ 02 245 1953 ; www.kmaisonboutique.com ; Soi Ruam Chit ; d avec petit-déj à partir de 2 200 B ; ❄📶 ; Ⓢ Victory Monument sortie 4). Le hall d'un blanc pur, rehaussé de marbre et de pointes de bleu, donne le ton de cette nouvelle adresse de charme. Dans la même veine, les 21 chambres se distinguent par une esthétique subtile et dépouillée. Cerise sur le gâteau, le K Maison est également fonctionnel et confortable.

The Bangkokians CHEZ L'HABITANT $$

(carte p. 96 ; ☎ 02 642 5497 ; www.thebangkokians.com ; 335/1 Soi 12, Th Ratchaprarop ; d avec petit-déj 1 500 B ; ❄📶 ; Ⓢ Victory Monument sortie 1/3 et taxi). Marre des hôtels standards ? Essayez cet hôtel pour une expérience proche d'une chambre chez l'habitant. Les chambres au charme thaïlandais à l'ancienne, réparties dans 4 bungalows posés dans un attrayant jardin, sont spacieuses et baignées de lumière. Enregistrement à l'Hotel de Bangkok, tout proche.

Cacha Art Hotel HÔTEL $$

(carte p. 72 ; ☎ 02 216 8950 ; www.cachahotel.com ; 156/5-9 Th Phetchaburi ; s/d avec petit-déj 1 200/1 600 B ; ❄📶 ; Ⓢ Ratchathewi sortie 3). Dans ce petit hôtel, pas idéalement situé, le style industriel-chic omniprésent à Bangkok est agrémenté d'un thème thaïlandais/éléphant au charme indéniable. L'établissement loue 35 chambres ornées d'un mobilier élégant et fonctionnel et de peintures murales colorées, dont les moins chères n'ont pas de fenêtres. Bons équipements, dont une laverie et un café au rez-de-chaussée.

Bizotel HÔTEL $$

(carte p. 96 ; ☎ 02 245 2424 ; www.bizotelbkk.com ; 104/40 Th Rang Nam ; d avec petit-déj à partir de 1 900 B ; ❄@📶 ; Ⓢ Victory Monument sortie 4). Coquet, lumineux, bien équipé et pourtant deux fois moins cher qu'on pourrait s'y attendre. Sa situation dans un coin de la ville assez tranquille et son personnel avenant et efficace constituent des atouts supplémentaires.

♥ **Siam@Siam** HÔTEL $$$

(carte p. 92 ; ☎ 02 217 3000 ; www.siamatsiam.com ; 865 Rama I ; d avec petit-déj à partir de 3 300 B ; ❄@📶🏊 ; Ⓢ National Stadium sortie 1). De prime abord, cet établissement semble un mélange incongru de couleurs et de matériaux industriels/recyclés, mais au final, le style est assez réussi, dans le genre "débarras-chic". Les chambres, réparties entre les 14e et 24e étages, offrent une vue superbe sur la ville. Restaurant sur le toit-terrasse et piscine bien entretenue au 11e étage.

♥ **Hansar** HÔTEL $$$

(carte p. 92 ; ☎ 02 209 1234 ; www.hansarbangkok.com ; 3 Soi Mahadlekluang 2 ; ste avec petit-déj à partir de 6 000 B ; ❄@📶🏊 ; Ⓢ Ratchadamri sortie 4). Cet hôtel allie élégance et bon rapport qualité/prix. Les 94 chambres sont attrayantes et se doublent d'immenses salles de bains, mais les studios, plus petits (et moins chers) constituent la véritable aubaine, avec kitchenette, lave-linge et balcon.

Lit Bangkok Hotel & Residence HÔTEL $$$

(carte p. 92 ; ☎ 02 612 3456 ; www.litbangkok.com ; 36/1 Soi Kasem San 1 ; d avec petit-déj à partir de 3 400 B ; ❄@📶🏊 ; Ⓢ National Stadium sortie 1). Cet hôtel moderne à l'architecture saisissante loue des chambres de styles variés à l'éclairage étudié. Demandez à en voir quelques-unes, car des surprises peuvent vous attendre, comme une douche ouverte donnant sur le salon.

Hotel Indigo HÔTEL $$$

(carte p. 92 ; ☎ 02 207 4999 ; www.ihg.com ; 81 Th Witthayu/Wireless Rd ; d avec petit-déj à partir de 4 900 B ; ❄@📶🏊 ; Ⓢ Phloen Chit sortie 5). Chaîne internationale aux accents locaux, Indigo a emprunté à l'histoire de Bangkok pour créer une adresse à la fois moderne, rétro, arty et thaïlandaise. Garnies d'un mobilier coloré et d'installations fonctionnelles, les 192 chambres donnent pour beaucoup sur les espaces les plus verdoyants du quartier des ambassades.

Okura Prestige HÔTEL $$$

(carte p. 92 ; ☎ 02 687 9000 ; www.okurabangkok.com ; 57 Th Witthayu/Wireless Rd ; d avec petit-déj à partir de 7 700 B ; Ⓟ❄@📶🏊 ; Ⓢ Phloen Chit sortie 5). Contrairement à d'autres venus issus de grandes chaînes hôtelières, la branche thaïlandaise de cette entreprise nippone s'est installée en toute discrétion. Nous apprécions le style minimaliste,

LOCATION D'APPARTEMENTS

Si vous souhaitez faire un séjour prolongé à Bangkok, envisagez de louer un appartement ou de réserver sur Airbnb (www.airbnb.com) qui propose de nombreuses annonces dans la capitale. Ces locations devaient devenir illégales en Thaïlande courant 2018, de nombreux propriétaires louant sans licence commerciale. Cependant, malgré le décret officiel, certaines propriétés continuent d'être louées via le site.

Partout en ville, des appartements peuvent être loués sur le long terme avec les mêmes services que dans un hôtel (portiers, femmes de chambre, room service), équipements en plus (cuisine, lave-linge, etc.), le tout à des tarifs similaires ou inférieurs. La plupart peuvent également être loués pour de courts séjours. Nous recommandons les loueurs suivants :

Siri Sathorn (carte p. 88 ; ☎02 266 2345 ; www.sirisathorn.com ; 27 Soi Sala Daeng 1 ; ste avec petit-déj à partir de 3 500 B ; ; M Lumphini sortie 2, S Sala Daeng sortie 2). Appartements chics et modernes à partir de 60 m², avec bus-navette, spa et personnel professionnel.

Centre Point (carte p. 90 ; ☎02 266 0521 ; www.centrepoint.com ; 1522/2 Soi Kaysorn 1, Th Charoen Krung ; d avec petit-déj à partir de 2 400 B ; ; Sathorn/Central Pier, S Saphan Taksin sortie 3). L'une des plus grandes agences de location d'appartements à Bangkok, avec 5 propriétés à travers la ville.

Urbana (carte p. 92 ; ☎02 250 6666 ; www.urbanahospitality.com ; 55 Th Langsuan ; ste avec petit-déj à partir de 3 700 B ; ; S Chit Lom sortie 4). Agence de location d'appartements réputée avec 2 propriétés à Bangkok.

invitant à la contemplation, de la réception et des 240 chambres, ainsi que les touches japonaises, subtiles et bien pensées. Réductions substantielles en ligne de temps en temps.

Thanon Sukhumvit

Th Sukhumvit compte de nombreux hôtels, essentiellement des établissements de chaînes haut de gamme. La plupart des hôtels nichés dans les rues secondaires proposent des navettes gratuites toutes les 30 minutes vers la station BTS la plus proche.

Oneday Hostel AUBERGE DE JEUNESSE $
(carte p. 104 ; ☎02 108 8855 ; www.onedaybkk.com ; 51 Soi 26 (Soi Ari), Th Sukhumvit ; dort/d avec petit-déj à partir de 350/1 000 B ; ; S Phrom Phong sortie 4). Établissement moderne à l'esprit ouvert, rattaché à un café/coworking. Un style industriel-design règne dans les dortoirs de 4 à 8 lits et dans les chambres privatives (seules quelques-unes avec douche). Attrayantes parties communes baignées de soleil.

Refill Now! AUBERGE DE JEUNESSE $
(carte p. 72 ; ☎02 713 2044 ; www.refillnow.co.th ; 191 Yaek 5, Soi Pridi Bhanom Yong 42, Soi 71, Th Sukhumvit ; dort/ch 365/1 450 B ; ; S Phra Khanong sortie 3 et taxi). Qui a dit qu'un dortoir ne pouvait pas être confortable ? Ici, un élégant décor minimaliste orne chambres et dortoirs, dont les lits superposés sont séparés par des panneaux coulissants (dortoirs réservés aux femmes disponibles). Espace commun relax et convivial et, à l'étage, un centre de massage.

♥ **Tints of Blue** HÔTEL $$
(carte p. 104 ; ☎099 289 7744 ; www.tintsofblue.com ; 47 Soi 27, Th Sukhumvit ; d avec petit-déj 2 000-2 200 B ; ; M Sukhumvit sortie 2, S Asok sortie 6). L'établissement, dans une paisible rue arborée, propose des chambres spacieuses, lumineuses et confortables, où l'on se sent un peu comme chez soi et en retrait du monde. Toutes sont pourvues d'une kitchenette et d'un balcon. Une très bonne affaire. Il y a une mini-piscine toute en longueur sur la terrasse et une mini-salle de sport pour une session cardio express.

♥ **Mövenpick** HÔTEL $$
(carte p. 104 ; ☎02 119 3100 ; www.movenpick.com/en/asia/thailand/bangkok/bangkok ; 47 Soi 15, Th Sukhumvit ; d avec petit-déj à partir de 3 000 B ; ; S Nana sortie 3). Quelle belle surprise que ce fantastique hôtel, qui propose des équipements d'un luxe étonnant à des prix qui ne font que friser le haut de la fourchette de la catégorie moyenne.

HÉBERGEMENTS AUTOUR DE L'AÉROPORT

Si vous arrivez tard le soir ou devez prendre l'avion à l'aube, voici quelques adresses d'hôtels d'aéroport :

Novotel Suvarnabhumi Airport Hotel (☎02 131 1111 ; www.novotelairportbkk.com ; aéroport international Suvarnabhumi ; ch avec petit-déj à partir de 5 300 B ; ❄@ ; navette de l'aéroport et des hôtels, S Phra Khanong sortie 3 et taxi). Plus de 600 chambres luxueuses, dans l'enceinte de l'aéroport Suvarnabhumi.

The Cottage (☎02 727 5858 ; www.thecottagebangkokairport.com ; 888/8 Th Lad Krabang ; ch avec petit-déj 900-1 700 B ; ❄@ ; navettes de l'aéroport Suvarnabhumi et de l'hôtel, S Phra Khanong sortie 3 et taxi). Bon hôtel de catégorie moyenne près de l'aéroport international Suvarnabhumi. Restaurants et magasins accessibles à pied. Navette pour l'aéroport.

Sleep Box (☎02 535 7555 ; www.sleepboxbymiracle.com ; terminal 2, aéroport international Don Mueang ; s et d 500 B ; ❄). Enfin un endroit pour ne pas somnoler sur les sièges de l'aéroport international Don Mueang. Chambres exiguës, mais avec salle de bains, eau, Wi-Fi, et même tickets-restaurants compris. Courts passages (1 000 B/3 heures) et douches (300 B) possibles.

Amari Don Mueang Airport Hotel (☎02 566 1020 ; www.amari.com/donmuang ; 333 Th Choet Wutthakat ; d avec petit-déj à partir de 2 400 B ; ❄@ ; M Chatuchak Park sortie 2 et taxi, S Mo Chit sortie 3 et taxi). Hôtel haut de gamme face à l'aéroport international Don Mueang.

Des chambres bien agencées, lumineuses et aérées, et une piscine sur le toit, pas très grande mais très agréable.

S31 HÔTEL $$

(carte p. 104 ; ☎02 260 1111 ; www.s31hotel.com ; 545 Soi 31, Th Sukhumvit ; d avec petit-déj à partir de 3 500 B ; ❄ ; S Phrom Phong sortie 5). Les motifs et les éléments graphiques audacieux, à l'intérieur comme à l'extérieur, font du S31 un lieu jeune et sympathique. Les kitchenettes avec grand réfrigérateur, les grands lits et les cours (boxe thaïlandaise et yoga) prouvent qu'il n'y a pas que le style qui compte. Importantes réductions en ligne. Autres enseignes situées dans Soi 15 et Soi 33.

U Sukhumvit HÔTEL $$

(carte p. 104 ; ☎02 651 3355 ; www.uhotelsresorts.com/usukhumvitbangkok ; 81 Soi 15, Th Sukhumvit ; d avec petit-déj à partir de 2 100 B ; ❄ ; M Sukhumvit sortie 3, S Asok sortie 5). Cet hôtel loue des chambres colorées, décorées sur le thème des régions de Thaïlande, présentant des touches rustiques, de l'espace et de bons équipements. Ajoutez des tarifs attrayants, et vous avez un excellent établissement de milieu de gamme.

Beat Hotel HÔTEL $$

(carte p. 72 ; ☎02 178 0077 ; www.beathotelbangkok.com ; Soi 71, Th Sukhumvit ; d à partir de 1 500 B ; ❄@ ; S Phra Khanong sortie 3). Ce nouveau venu à la fibre artistique insuffle dès le hall d'entrée une atmosphère jeune et branchée. Les 54 chambres, monochromes ou ornées de larges peintures murales, sont dans le même esprit. Cela vaut la peine de dépenser quelques centaines de bahts de plus pour loger dans l'une des immenses "deluxe".

RetrOasis HÔTEL $$

(carte p. 104 ; ☎02 665 2922 ; www.retroasishotel.com ; 503 Th Sukhumvit ; d 1 300-1 900 B ; ❄ ; M Sukhumvit sortie 2, S Asok sortie 6). Cet ancien hôtel de rendez-vous galants des années 1960 a été converti en un sympathique établissement de catégorie moyenne. Les couleurs vives et l'attrayante piscine centrale lui donnent une allure pimpante, tandis que mobilier et architecture rappellent son côté vintage.

Fusion Suites HÔTEL $$

(carte p. 104 ; ☎02 665 2778 ; www.fusionbangkok.com ; 143/61-62 Soi 21/Asoke, Th Sukhumvit ; s/d avec petit-déj 1 600/2 800 B ; ❄@ ; M Sukhumvit sortie 1, S Asok sortie 1). Vous aurez du mal à trouver plus branché à ce prix-là. Un mobilier original donne un charme fou aux chambres, dont les moins chères sont cependant un peu sombres, tandis que les plus onéreuses possèdent de grandes baignoires à remous.

AriyasomVilla HÔTEL $$$
(carte p. 104 ; 02 254 8880 ; www.ariyasom.com ; 65 Soi 1, Th Sukhumvit ; d avec petit-déj à partir de 6 400 B ; ; Phloen Chit sortie 3). Au bout de Soi 1, derrière un mur de végétation tropicale, cette belle villa rénovée des années 1940 est l'un des secrets les moins bien gardés de Bangkok. Les 24 chambres spacieuses et soignées arborent un décor thaïlandais et de superbes meubles anciens. Spa et jolie piscine tropicale. Le petit-déjeuner végétarien est servi dans une salle aux immenses fenêtres. Réservez longtemps à l'avance.

Cabochon Hotel BOUTIQUE-HÔTEL $$$
(carte p. 104 ; 02 259 2871 ; www.cabochonhotel.com ; 14/29 Soi 45, Th Sukhumvit ; d avec petit-déj à partir de 5 800 B ; ; Phrom Phong sortie 3). Le Cabochon est un diamant dans l'agitation de Bangkok. Chambres lumineuses et sans prétention, remplies d'objets hétéroclites tels que machine à écrire, carapace de tortue, maquettes d'avion ou service à thé d'époque. Piscine sur le toit. Le Thai Lao Yeh Restaurant sert d'appétissants plats thaïlandais et laotiens.

Ma Du Zi HÔTEL $$$
(carte p. 104 ; 02 615 6400 ; www.maduzi-hotel.com ; angle Th Ratchadaphisek et Soi 16, Th Sukhumvit ; d avec petit-déj à partir de 5 700 B ; ; Queen Sirikit National Convention Centre sortie 4). Le nom signifiant "entrez jeter un coup d'œil" en thaï est un peu inapproprié pour cette adresse qui ne fonctionne que sur réservation. Derrière le portail se trouve un hôtel très tendance, de taille moyenne, décoré de couleurs sombres et chics. Vastes salles de bains, avec immense baignoire et douche minimaliste.

Thewet et Dusit

Thewet et Dusit recèlent une poignée d'hébergements bon marché corrects, dans un secteur animé au bord du fleuve qui plaira aux voyageurs en quête d'une expérience moins touristique que celle régnant dans le quartier voisin de Banglamphu.

Hi Baan Thewet AUBERGE DE JEUNESSE $
(carte p. 102 ; 02 281 0361 ; www.hi-baanthewet.com ; 25/2 Th Phitsanulok ; s/d/tr 500/850/1 200 B ; ; Thewet Pier). Une auberge de jeunesse classique, membre du réseau mondial Hostelling International, avec 14 chambres bien agencées aux tons pastel et à l'ambiance rétro. Les agréables parties communes sont ornées de jolis vitraux, le tout dans une zone arborée et paisible pour un séjour tout confort.

Samsen Sam Place PENSION $
(carte p. 80 ; 02 628 7067 ; www.samsensam.com ; 48 Soi 3, Th Samsen ; ch sans/avec clim à partir de 430/770 B ; ; Thewet Pier). Cette villa ancienne restaurée abrite peut-être l'hébergement bon marché le plus cosy du quartier de Samsen, voire de tout Bangkok. On apprécie les couleurs, le service impeccable et le calme de l'emplacement. Chambres immaculées et bien agencées. Votre budget est très serré ? Prenez une chambre avec ventilateur et salle de bains commune.

Phra-Nakorn Norn-Len HÔTEL $$
(carte p. 102 ; 02 628 8188 ; www.phranakorn-nornlen.com ; 46 Soi Thewet 1 ; d avec petit-déj 2 200-4 200 B ; ; Thewet Pier). Dans un jardin clos conçu tel un quartier du Bangkok d'antan, cet hôtel gai et lumineux est un lieu sympathique et plein de charme. Les 31 chambres sont dotées de mobilier ancien et de peintures, mais n'ont pas la TV. Massages et autres activités favorisant la détente.

Casa Nithra HÔTEL $$
(carte p. 80 ; 02 628 6228 ; www.casanithra.com ; 176 Th Samsen ; d avec petit-déj à partir de 2 300 B ; ; Thewet Pier). Cet hôtel moderne loue 74 chambres aux tons bruns, dotées d'un mobilier et d'une déco mêlant subtilement design contemporain et tradition thaïlandaise. Les chambres deluxe, plus spacieuses, ont de belles baignoires sur pieds. Réductions en ligne fréquentes.

SSIP Boutique BOUTIQUE-HÔTEL $$
(carte p. 102 ; 02 282 1899 ; www.ssiphotelthailand.com ; 42 Th Phitsanulok ; d avec petit-déj à partir de 2 200 B ; ; Thewet Pier). Avec leurs beaux carrelages, leur mobilier en bois massif et leur déco à l'ancienne, les 20 chambres de cet hôtel de milieu de gamme ont été méticuleusement conçues pour dégager une atmosphère proche du Bangkok d'antan. Mais côté confort, on a misé sur la modernité (TV, réfrigérateur, coffre-fort). Le personnel est aux petits soins. Économisez 500 B en renonçant au petit-déjeuner.

Penpark Place HÔTEL $$
(carte p. 80 ; 02 628 8896 ; www.penparkplace.com ; 22 Soi 3, Th Samsen ; s/d 700/1 200 B ;

; Thewet Pier). Un hôtel économique d'un bon rapport qualité/prix, aménagé dans une ancienne usine et louant des chambres de qualités aux tarifs très variés. Les chambres du bâtiment d'origine n'ont guère plus qu'un lit et un ventilateur, mais une structure adjacente comprend de grandes chambres et suites bien équipées (1 900 B). Jolies pelouses et beaucoup de verdure.

Siam HÔTEL $$$

(carte p. 102 ; 02 206 6999 ; www.thesiamhotel.com ; 3/2 Th Khao ; d avec petit-déj à partir de 18 900 B ; ; navette fluviale de l'hôtel depuis Sathorn/Central Pier). Retour dans les années 1930 dans cet hôtel rétro-chic ancien au charme agrémenté d'influences Art déco, de sols en marbre, de belles antiquités et de cours avec bassins entourés de plantains. Les suites, sans même parler des villas avec piscines privées, sont magnifiques. La piscine principale, au bord du fleuve, est tout simplement paradisiaque.

Nord de Bangkok

Loger à l'extérieur du centre de Bangkok peut se révéler très intéressant, surtout dans les hébergements bon marché et de catégorie moyenne. Mais malgré l'amélioration des transports en commun, loger ici demeure un compromis par rapport aux hébergements plus proches du centre.

Siamaze AUBERGE DE JEUNESSE $

(carte p. 108 ; 02 693 6336 ; www.siamaze.com ; 90 Soi 17, Th Ratchadaphisek ; d avec petit-déj à partir de 700 B ; ; M Sutthisan sortie 4). Une adresse décontractée et sans prétention qui comprend des chambres assez spacieuses. Les chambres les moins chères partagent une salle de bains, tandis que les plus chères ont des toilettes privatives. Tous les résidents ont accès à des installations de qualité. Une excellente affaire si vous ne tenez pas à loger près des principales curiosités touristiques.

The Yard AUBERGE DE JEUNESSE $

(carte p. 108 ; 089 677 4050 ; www.theyardhostel.com ; 51 Soi 5, Th Phahonyothin ; dort/ch avec petit-déj à partir de 500/1 350 B ; ; S Ari sortie 1). Un point de chute original car ses dortoirs et chambres individuelles occupent 10 conteneurs de bateau. Ils sont confortables et plaisants, mais un peu exigus. Sympathiques espaces communs, pelouse avec bar et cuisine complètent l'ensemble.

Yim Bangkok AUBERGE DE JEUNESSE $

(carte p. 108 ; 080 965 9994 ; www.yimbangkok.com ; 70 Th Pracha Rat Bamphen ; dort/ch avec petit-déj à partir de 450/1 450 B ; ; M Huay Khwang sortie 1). Cette auberge de jeunesse de banlieue, au décor éclectique et coloré, dispose de dortoirs allant de 4 à 6 lits high-tech et confortables, ainsi que de doubles privatives bien meublées. Loin des sites d'intérêt, mais le MRT est tout proche.

Be My Guest Bed & Breakfast PENSION $

(carte p. 72 ; 080 999 5560 ; 35/189 Soi 36, Th Ratchadaphisek ; d 700 B ; ; M Lat Phrao sortie 4 et taxi). Bon marché et confortable, cette pension loue des chambres propres et spacieuses dans un quartier résidentiel. Si les tarifs sont imbattables, notez que vous serez loin du centre et que la station MRT la plus proche est à 2 km.

Capital Mansion HÔTEL $$

(carte p. 108 ; 02 278 7979 ; 1371 Th Phahonyothin ; d avec petit-déj à partir de 1 800 B ; ; S Saphan Khwai sortie 1). Jadis le Capital Hotel, qui servit de base à l'armée américaine pendant la guerre du Vietnam, puis d'ambassade de la République populaire de Chine, le Capital Mansion loge désormais les voyageurs. Rénové en profondeur mais conservant un peu l'ambiance de 1962, l'hôtel loue des chambres propres et spacieuses, même si elles manquent de charme. La piscine est un bonus agréable.

Où se restaurer

C'est à Bangkok que l'engouement des Thaïlandais pour la cuisine est le plus évident. Pour les étrangers, la vie d'un habitant de la capitale semble être une série de repas et d'en-cas ponctuée par quelques moments de travail, et non l'inverse. Si vous réussissez à régler votre horloge interne – et palais – sur ce rythme, votre séjour n'en sera que plus délicieux !

Ko Ratanakosin et Thonburi

Contrairement au reste de Bangkok, Ko Ratanakosin abrite peu de restaurants et d'étals de rue (Thonburi encore moins), et ceux qui s'y trouvent servent surtout une cuisine thaïlandaise. Les meilleurs sont dans le village de Tien, microcosme branché le long de Th Maha Rat. Pour un repas plus international, allez à Banglamphu, voisin.

Ming Lee THAÏLANDAIS, CHINOIS $
(carte p. 80 ; 28-30 Th Na Phra Lan ; plats 70-100 B ; 11h30-16h ; Chang Pier, Maharaj Pier). Cette échoppe ouverte il y a plusieurs décennies en face du Wat Phra Kaew (p. 71) sert des spécialités occidentales/chinoises (langue de bœuf, par exemple) et thaïlandaises (salade au bœuf épicé). Pas d'enseigne en anglais ; c'est la première échoppe des édifices blanchis à la chaux en face de l'enceinte nord du Wat Phra Kaew, en arrivant de Chang Pier.

Wang Lang Market THAÏLANDAIS $
(carte p. 80 ; Trok Wang Lang ; plats 40-80 B ; 10h-15h lun-ven ; Wang Lang/Siriraj Pier). Ce petit marché, qui s'étend au sud de l'hôpital Siriraj, réunit étals de cuisine de rue et restaurants basiques. À l'heure du déjeuner, l'endroit est littéralement pris d'assaut par les employés de bureau du quartier, qui viennent se repaître de nouilles ou de currys.

Tonkin Annam VIETNAMIEN $$
(carte p. 80 ; 093 469 2969 ; 69 Soi Tha Tien ; plats 150-300 B ; 11h-22h mer-lun ; ; Tien Pier). L'intérieur rétro/minimaliste laisse à penser que c'est un restaurant ethnique pour touristes, mais la cuisine vietnamienne servie ici est l'une des meilleures de Bangkok. Dégustez un *phở* (soupe de nouilles), une délicieuse salade de fleurs de bananier aigre et poivrée ou des plats introuvables ailleurs, tels les *bánh bèo* (coupelles de farine de riz cuite à la vapeur, surmontée de porc), une spécialité de Huế.

Savoey THAÏLANDAIS $$
(carte p. 80 ; 02 024 1317 ; www.savoey.co.th ; 1er ét, Maharaj Pier, Th Maha Rat ; plats 160-400 B ; 11h-21h30 ; ; Maharaj Pier). Cette chaîne possède plusieurs restaurants en ville. L'endroit manque de charme, mais la cuisine (qui fait la part belle aux produits de la mer) est toujours correcte et il y a climatisation et vue sur le fleuve. Le soir, profitez de la terrasse du fond, qui surplombe le fleuve.

Err THAÏLANDAIS $$
(carte p. 80 ; 02 622 2292 ; près de Th Maha Rat ; plats 100-350 B ; 11h-16h et 17h-21h mar-dim ; ; Tien Pier). Imaginez les mille et une saveurs de la cuisine de rue réunies dans un même restaurant au cadre branché et rétro, et qui sert aussi des cocktails d'inspiration thaïlandaise et des bières artisanales du pays.

THONBURI, PARADIS DE LA CUISINE DU SUD

Les environs du Siriraj Hospital, à Thonburi, sont idéals pour goûter la cuisine du sud du pays : on dit qu'elle est bien représentée ici grâce à la gare ferroviaire voisine qui desservait le Sud. Les Soi 8 à 13 de Th Wang Lang, en particulier, regroupent d'authentiques échoppes de curry du Sud : **Dao Tai** (carte p. 72 ; 508/26 Th Wang Lang ; plats à partir de 30 B ; 7h-20h30 ; Wang Lang/Siriraj Pier), **Ruam Tai** (carte p. 72 ; 376/4 Th Wang Lang ; plats à partir de 40 B ; 7h-20h ; Wang Lang/Siriraj Pier) et **Chawang** (carte p. 72 ; 375/5-6 Th Wang Lang ; plats à partir de 40 B ; 7h-19h ; Wang Lang/Siriraj Pier). Nul besoin de carte car toutes présentent des bols et des plateaux de currys, de soupes, de plats sautés et de condiments ; il suffit de montrer ce qui vous fait envie.

Sala Rattanakosin THAÏLANDAIS $$$
(carte p. 80 ; 02 622 1388 ; www.salaresorts.com/rattanakosin ; Soi Tha Tian ; plats 250-700 B ; 11h-15h30 et 17h30-23h ; ; Tien Pier). Le restaurant thaïlandais de l'hôtel éponyme offre, à travers ses baies vitrées, une vue superbe sur le Wat Arun (p. 75), de l'autre côté du fleuve, et la cuisine est au niveau du panorama. Dans un cadre élégant, les sympathiques serveurs déposent sur des nappes blanches impeccables des délices du centre et du nord de la Thaïlande. Réservation essentielle le week-end.

Banglamphu

Banglamphu est connu pour ses spécialités du Centre à l'ancienne – la cuisine prédominante dans cette partie de la ville. Pour un repas plus international, Th Khao San regroupe quelques fast-foods et des restaurants étrangers et végétariens.

Thip Samai THAÏLANDAIS $
(carte p. 80 ; 313 Th Mahachai ; plats 50-250 B ; 17h-2h, fermé un mercredi sur deux ; klorng-taxi jusqu'à Phanfa Leelard Pier). Véritable institution à Bangkok, ce restaurant servirait le *pàt tai* ultime. Chaque soir, on fait la queue devant l'entrée pour déguster de délicieuses assiettes du plat emblématique, mais ne désespérez pas s'il y a 50 personnes devant vous, la queue avance vite.

DES SOUPES QUI FONT POLÉMIQUE

Nombre des restaurants bardés de néons de Th Yaowarat, l'artère principale de Chinatown, servent fièrement des soupes à base de deux ingrédients aussi insolites qu'onéreux : le nid d'hirondelle et l'aileron de requin.

Les nids d'hirondelle ne sont pas faits d'herbes et de branchages, mais de la salive durcie d'une espèce de salangane, récupérée sur des parois de grottes des îles du sud de la Thaïlande puis réhydratée et débarrassée de ses impuretés, mélangée à du bouillon et servie sous forme de soupe. Simples filaments gélatineux et sans saveur (on ajoute souvent miel et œufs au bouillon pour lui donner du goût), la recette est pourtant prisée des Chinois pour ses prétendus effets positifs sur la peau. Un bol de soupe aux nids d'hirondelle peut coûter jusqu'à 2 000 B et même davantage selon la couleur et la pureté du nid. Il est possible de faire une exploitation durable des nids, mais la surexploitation existe.

De nombreux restaurants servant de la soupe aux nids d'hirondelle vendent également de la soupe aux ailerons de requin. Ce mets fin chinois aurait également des vertus médicinales. Cette tradition est de plus en plus critiquée ces dernières années, de nombreux experts du bien-être animal dénonçant la manière atroce dont sont récupérés les ailerons – bien souvent, les pêcheurs découpent ailerons et nageoires avant de rejeter l'animal agonisant à la mer. Malgré ces dénonciations, le plat continue de figurer au menu de nombreux restaurants de Chinatown.

Khun Daeng THAÏLANDAIS $

(carte p. 80 ; Th Phra Athit ; plats 50-100 B ; ⏲ 11h-21h30 lun-sam ; ⛴ Phra Athit/Banglamphu Pier). Cette adresse prisée se spécialise dans le *gŏo·ay jáp yoo·an*, ou "nouilles vietnamiennes" sur la carte. La recette, importée en Thaïlande par les migrants vietnamiens, combine saucisse de porc pimentée, un œuf de caille, de fines nouilles de riz et de croustillantes échalotes frites, le tout dans un épais bouillon. Pas d'enseigne en anglais, mais une façade verte et blanche et une foule de Thaïlandais attablés.

Pua-Kee THAÏLANDAIS $

(carte p. 80 ; Th Phra Sumen ; plats 50-90 B ; ⏲ 9h-16h ; ⛴ Phra Athit/Banglamphu Pier). L'endroit idéal pour découvrir le *gŏo·ay đĕe·o đôm yam*, spécialité du centre de la Thaïlande, des nouilles aux boulettes de poisson marinées au sucre, citron vert et piment séché, servies avec un *wonton* (ravioli) frit croustillant à souhait. Pas d'enseigne en anglais ; le restaurant est à côté de la clinique Makalin, bien indiquée.

Karim Roti-Mataba THAÏLANDAIS $

(carte p. 80 ; 136 Th Phra Athit ; plats 50-140 B ; ⏲ 9h-22h mer-dim ; ❄ ; ⛴ Phra Athit/Banglamphu Pier). Typique de Bangkok, ce restaurant sert de savoureux plats halal comme du *roti*, du *gaang mát·sà·màn* ("curry halal"), du biryani, un curry de poisson acidulé et des *má·đà·bà* (crêpes frites fourrées à la viande et aux œufs). La salle climatisée à l'étage et les quelques tables à l'extérieur suffisent tout juste à accueillir les habitués et les touristes curieux.

♥ **Krua Apsorn** THAÏLANDAIS $$

(carte p. 80 ; www.kruaapsorn.com ; Th Din So ; plats 100-350 B ; ⏲ 10h30-20h lun-sam ; ❄ ; ⛴ klorng-taxi Phanfa Leelard Pier). Les membres de la famille royale et les critiques culinaires apprécient cette salle aux airs de cafétéria. Les plats du Centre et du Sud y sont savoureux, mais les habitués commandent le délicieux crabe sauté au piment jaune ou la moelleuse omelette au crabe façon tortilla espagnole.

Autre adresse (p. 136) dans Th Samsen, à Thewet et Dusit.

Shoshana ISRAÉLIEN $$

(carte p. 80 ; 88 Th Chakrabongse ; plats 80-300 B ; ⏲ 10h-23h30 ; ❄ 🖉 ; ⛴ Phra Athit/Banglamphu Pier). C'est l'un des plus vieux restaurants israéliens de Khao San. Il ressemble à un salon de grand-mère, jusque dans les peintures kitsch et les sets de table en plastique. N'hésitez pas à commander des fritures – parfaitement préparées – et ne manquez pas le caviar d'aubergine délicieusement aillé.

ZeZe ISRAÉLIEN $$

(carte p. 80 ; ☎ 02 282 2774 ; 45 Th Chakrabongse ; plats 100-300 B ; ⏲ 8h-minuit ; ❄ 🖉 ; ⛴ Phra Athit/Banglamphu Pier). Les sympathiques serveurs de ce restaurant servent de fabuleuses assiettes de cuisine israélienne, lorsqu'ils ne s'occupent pas de gérer le comptoir de l'agence de voyages de l'établissement. Les foies et gésiers de poulet sautés aux oignons, vin rouge et vinaigre balsamique sont excellents, et il y a un bon choix de plats végétariens.

Nopparat THAÏLANDAIS **$$**

(carte p. 80 ; 132 Th Phra Athit ; plats 100-300 B ; 10h30-21h30 mer-lun ; ; Phra Athit/Banglamphu Pier). Dans une salle ornée de fresques florales et de portraits de membres de la famille royale, ce restaurant sert l'une des meilleures cuisines thaïlandaises de cette partie de la ville. Ici, on respecte les recettes traditionnelles à la lettre, sans chercher à les adapter aux palais étrangers (attention, ça pique !).

Bangkok Poutine INTERNATIONAL **$$**

(carte p. 80 ; facebook.com/bangkokpoutine ; Th Samsen ; plats 100-200 B ; 11h-23h ; ; Phra Athit/Banglamphu Pier). La poutine, ce sont des frites avec du fromage, nappées de sauce. Tenu par des Québécois, l'endroit est idéal pour écouter de la pop francophone et regarder un match de hockey. Plats variés (dont plusieurs végétariens) allant de la cuisine thaïlandaise à celle du Liban.

Jay Fai THAÏLANDAIS **$$$**

(Raan Jay Fai ; carte p. 80 ; 327 Th Mahachai ; plats 200-1 000 B ; 14h-2h mar-sam ; klorng-taxi Phanfa Leelard Pier). Penché au-dessus de son feu de charbon avec ses emblématiques lunettes de ski, le chef septuagénaire Jay Fai prépare les meilleures omelettes au crabe et *pàt kêe mow* (larges nouilles de riz sautées avec fruits de mer et herbes thaïlandaises) en ville, et l'addition est salée. Cependant, les copieux fruits de mer frais et la friture particulière donnant un plat presque sans huile justifient le prix.

Chinatown

Pour la plupart des habitants de Bangkok, Chinatown évoque la cuisine de rue, que l'on retrouve surtout près de Th Yaowarat. En lisière ouest du quartier, Phahurat, le "Little India" de Bangkok, regorge de petits restaurants du sous-continent indien, nichés dans les *soi* donnant sur Th Chakkaraphet.

Yoo Fishball CHINOIS **$**

(carte p. 86 ; 433 Th Yaowarat ; plats 100-120 B ; 10h-23h ; Ratchawong Pier, M Hua Lamphong sortie 1). Les meilleures boulettes de poisson en ville, et de loin. Il y a aussi d'excellents raviolis aux crevettes, ainsi que des boulettes de taro frites et des galettes de poisson panées. Si vous ne savez pas quoi choisir, goûtez à tout grâce à la soupe aux boulettes mixte, spécialité de la maison.

Nay Hong CUISINE DE RUE **$**

(carte p. 86 ; Th Yukol 2 ; plats 50-100 B ; 17h-22h ; Ratchawong Pier, M Hua Lamphong sortie 1). Si vous parvenez à trouver cette minuscule échoppe, vous serez récompensé par un délicieux *gŏo·ay đĕe·o kôo·a gài* (nouilles de riz plates sautées à l'huile ailée, poulet et œuf). Pas de carte ni d'enseigne en anglais. Pour la trouver, suivez le nord depuis l'intersection de Th Suapa et Th Luang, puis tournez à droite dans la première rue latérale ; au bout de l'allée.

Khun Yah Cuisine THAÏLANDAIS **$**

(carte p. 86 ; près de Th Mittaphap Thai-China ; plats à partir de 50 B ; 6h-13h30 lun-ven ; Ratchawong Pier, M Hua Lamphong sortie 1). Profitant d'un emplacement stratégique pour attirer les voyageurs sortant d'une visite matinale du Wat Traimit (Bouddha d'or ; p. 87), Khun Yah se spécialise dans les savoureux currys, condiments marinés, plats sautés et nouilles du centre de la Thaïlande. Dès midi, de nombreux plats sont épuisés. Pas d'enseigne (ni de carte) en anglais, mais le restaurant est dans le même complexe que le Bouddha d'or, juste à l'est du temple.

Nai Mong Hoi Thod CHINOIS **$**

(carte p. 86 ; 539 Th Phlap Phla Chai ; plats 100-200 B ; 11h-21h mar-dim ; Ratchawong Pier, M Hua Lamphong sortie 1). Une adresse réputée pour ses délicieux *hŏy tôrt*, des omelettes aux huîtres avec œufs et fruits de mer enrobées d'une pâte épaisse et frites. Le plat vient en 3 tailles (petit, moyen et grand), et il est possible de remplacer les huîtres par des moules. Il y a aussi un bon riz frit au crabe, et c'est à peu près tout.

FERMÉ LE LUNDI

À Bangkok, les horaires d'ouverture des étals de rue et des restaurants familiaux sont très aléatoires. Si vous visez un étal particulier à Chinatown, mieux vaut avoir une option de secours. La plupart de ces établissements sont fermés le lundi.

Promenade à pied
Circuit culinaire à Chinatown

DÉPART : ANGLE TH PLAENG NAM ET TH CHAROEN KRUNG
ARRIVÉE : ANGLE TH YAOWARAT ET TH PHADUNGDAO
DISTANCE : 1,5 KM ; **DURÉE :** 2 À 3 HEURES

Partez de l'intersection de Th Plaeng Nam et Th Charoen et suivez Th Phlap Phla Chai vers le nord jusqu'au 1 **Nai Mong Hoi Thod** (p. 125), réputé pour ses *or hŏy tôrt* (omelettes aux huîtres).

Revenez dans Th Charoen Krung et prenez à droite. Tournez à droite dans Th Mangkon, sur la gauche se trouve 2 **Jek Pui** (p. 127), connu pour ses currys. Revenez sur Th Charoen Krung et prenez à gauche jusqu'au marché 3 **Talat Mai**, puis à droite jusqu'au carrefour de Th Yaowarat pour rejoindre un stand vendant des 4 **gŏo·ay đĕe·o kôo·a gài** (carte p. 86 ; Soi 6, Th Yaowarat ; plats à partir de 40 B ; 17h-22h mar-dim ; Ratchawong Pier, Hua Lamphong sortie 1), nouilles de riz sautées dans de l'huile à l'ail avec du poulet et des œufs. Une fois dans Th Yaowarat, gagnez le marché de l'autre côté de la rue. Le premier stand sur la droite, 5 **Nay Lék Ûan** (carte p. 86 ; Soi Yaowarat 11 ; plats à partir de 50 B ; 17h-minuit ; Ratchawong Pier, Hua Lamphong sortie 1), vend des *gŏo·ay jáp nám săi*, un bouillon poivré aux nouilles et abats de porc. Continuez vers l'ouest, puis prenez à gauche dans Th Ratchawong. Sur votre gauche, 6 **Pat Tai Ratchawong** (carte p. 86 ; Th Ratchawong ; plats à partir de 40 B ; 19h-23h mar-dim ; Tha Ratchawong, Hua Lamphong sortie 1 et taxi) sert d'excellents *pàt tai*.

Reprenez Th Yaowarat sur la droite et dépassez l'intersection de Soi Yaowarat 6. À votre droite, 7 **Mangkorn Khăo** (p. 127) vend des *bà·mèe* (nouilles de blé chinoises), du porc au barbecue et des *wontons*. Plus à l'est, toujours sur Th Yaowarat, 8 **Boo·a loy nám kĭng** (carte p. 86 ; angle Th Yaowarat et Th Yaowaphanit ; plats à partir de 40 B ; 17h-23h mar-dim ; ; Ratchawong Pier, Hua Lamphong sortie 1) sert des beignets fourrés au sésame noir dans un bouillon épicé au gingembre. À l'intersection suivante, prenez à gauche pour terminer par les 9 **stands de produits de la mer** (p. 127) de Th Phadungdao.

Mangkorn Khăo
CUISINE DE RUE $

(carte p. 86 ; angle Th Yaowarat et Th Yaowaphanit ; plats à partir de 50 B ; 18h-minuit mar-dim ; Ratchawong Pier, Hua Lamphong sortie 1). Ce vendeur de rue respecté prépare chaque soir de délicieux *wonton*, et, si vous avez un appétit d'ogre, des *bà·mèe* (nouilles de blé à la chinoise). Pas de carte en anglais, mais la plupart des clients se contentent de l'une ou l'autre des spécialités maison, ce qui simplifie le choix.

Jék Pûi
CUISINE DE RUE $

(carte p. 86 ; Th Mangkon ; plats à partir de 50 B ; 15h-20h mar-dim ; Ratchawong Pier, Hua Lamphong sortie 1). Dépourvue de tables, cette échoppe de cuisine de rue remporte un franc succès grâce à ses currys thaïlandais à la chinoise. Essayez le *gaang kĕe·o wăhn lôok chín plah grai*, un curry vert peu épicé aux raviolis de poisson d'eau douce. Pas de carte en anglais.

80/20
INTERNATIONAL $$

(carte p. 90 ; 099 118 2200 ; 1052-1054 Th Charoen Krung ; plats 250-450 B ; 18h-23h mar-dim ; ; Si Phraya/River City Pier, Hua Lamphong sortie 1). Rénové en 2019, le 80/20 continue d'exceller en mélangeant ingrédients et spécialités thaïlandaises et occidentales pour un résultat unique. Les desserts sont un régal. Un souffle nouveau dans un Chinatown culinaire plutôt conservateur.

Fou de Joie
FRANÇAIS $$

(carte p. 90 ; 831 Soi 31, Th Charoen Krung ; plats à partir de 200 B ; 18h-minuit mer-dim ; ; Marine Department Pier, Hua Lamphong sortie 1). On se croirait dans le Hong-Kong d'autrefois des films de Wong Kar-wai chez Fou de Joie, où l'on savoure crêpes et plateaux de fromage (et des grillades au barbecue à l'étage) d'un rapport qualité/prix fantastique.

Hoon Kuang
CHINOIS $$

(carte p. 86 ; 381 Th Yaowarat ; plats 100-250 B ; 12h-19h30 lun-sam ; ; Ratchawong Pier, Hua Lamphong sortie 1). Savourez la cuisine de rue de Chinatown dans le confort d'une salle climatisée grâce à ce restaurant modeste à la réputation bien établie. Les vedettes de la carte sont en photo sur la porte ; ne manquez pas le curry de crevettes aux nouilles de riz, qui mêle 2 recettes sino-thaïlandaises (le curry de crabe et les nouilles de riz sautées) dont on se demande bien pourquoi elles n'avaient pas été combinées plus tôt.

UNE SEULE CONSTANTE : LE CHANGEMENT

Le paysage touristique de Bangkok change plus vite que coulent les eaux du Chao Phraya. Il n'est pas rare qu'un restaurant ferme à l'apogée de son succès ou change d'adresse d'une semaine sur l'autre. Les bars changent de nom et renouvellent leur menu du jour au lendemain, tandis qu'hôtels et boutiques sont pris dans un tourbillon incessant de rénovations. Pour faire court : attendez-vous à des surprises et soyez flexibles.

Échoppes de fruits de mer de Thanon Phadungdao
CUISINE DE RUE $$

(carte p. 86 ; angle Th Phadungdao et Th Yaowarat ; plats 100-400 B ; 16h-minuit mar-dim ; Ratchawong Pier, Hua Lamphong sortie 1). Le soir venu, cette enfilade de restaurants en plein air (dont chacun se veut le meilleur du quartier) se mue en un chaos de barbecues de rue, d'employés s'égosillant, de plateaux de fruits de mer frais et de tables installées en pleine rue. La plupart des clients sont des voyageurs étrangers, mais le cadre reste chaleureux, l'expérience sympathique et les prix doux.

Hua Seng Hong
CHINOIS $$

(carte p. 86 ; 371-373 Th Yaowarat ; plats 80-350 B ; 9h-21h ; ; Ratchawong Pier, Hua Lamphong sortie 1). La carte variée de Hua Seng Hong (pattes d'oie braisées, marmite de fruits de mer, curry de crabe à carapace molle, riz frit au crabe et nombreux plats de nouilles) est idéale pour qui a une soudaine envie de bonne cuisine chinoise. Commandez un copieux assortiment de *dim sum* en choisissant parmi les nombreux raviolis disponibles.

Royal India
INDIEN $$

(carte p. 86 ; 392/1 Th Chakkaraphet ; plats 150-300 B ; 10h-22h ; ; Memorial Bridge Pier). Ce minuscule restaurant est de longue date l'adresse la plus fiable pour un repas dans le quartier indien de Bangkok. Les kebabs et naans (pains plats indiens) rivalisent avec ceux des *dhabas* (restaurants de quartier) de Delhi, et les végétariens se délecteront de *palak paneer* (cubes de fromage frais nappés de sauce aux épinards) accompagnés du pain de leur choix.

Riverside, Silom et Lumphini

Silom et Lumphini comptent certains des restaurants les plus populaires de Bangkok, dont beaucoup se nichent dans des ruelles à l'écart de l'agitation du quartier. D'une cuisine de rue sans prétention à des expériences fusion haut de gamme, il y en a pour tous les goûts et tous les budgets. Pour un repas gastronomique dans un restaurant d'hôtel de luxe, cap sur Riverside.

Hai THAÏLANDAIS $

(Somtam Convent ; carte p. 98 ; 2/4-5 Th Convent ; plats 60-150 B ; 11h-21h lun-ven, 11h-17h sam ; M Si Lom sortie 2, S Sala Daeng sortie 2). Cet excellent restaurant, bon marché et à la réputation établie de longue date, permet de découvrir les délices de l'Isan (région du Nord-Est), notamment le *lâhp* (salade d'herbes épicée à la viande effilochée) et le *sôm·đam* (salade épicée à la papaye verte). Ne manquez pas le poulet en sauce avec citronnelle et lait de coco, ou encore le cou de porc délicatement grillé. Au déjeuner, on partage sa table avec d'autres clients.

Saravana Bhavan INDIEN DU SUD $

(carte p. 98 ; 02 635 4556 ; 663 Th Silom ; plats 100-250 B ; 9h30-22h30 ; ; S Surasak sortie 1). Cette succursale d'un restaurant indien légendaire concocte un menu exceptionnel de plats végétariens du sud de l'Inde. Nous recommandons les *dosai* (crêpes de riz croustillantes), le *ghee pongal* (sorte de pudding de riz pilé et de lentilles) et les *vada* (beignets salés frits à base de pâte aux lentilles). Les végétariens adeptes des saveurs du sous-continent indien seront ravis.

Techniquement, le restaurant donne sur Th Silom, mais l'entrée et l'escalier qui grimpe jusqu'à la salle située au 1er se trouvent dans Soi 19, côté ouest de l'immeuble.

Muslim Restaurant THAÏLANDAIS $

(carte p. 90 ; 1354-6 Th Charoen Krung ; plats 50-170 B ; 7h-17h30 ; Sathorn/Central Pier, S Saphan Taksin sortie 3). Installez-vous entre les murs bleus de cet établissement sans âge pour découvrir à quoi ressemblaient les restaurants du Bangkok d'autrefois. La carte, tout comme l'intérieur, semble avoir peu changé depuis des décennies, et les biryanis, currys et samossas indiens sont demeurés peu sensibles aux influences thaïlandaises. Les plus courageux essaieront le curry de cervelle de bœuf, à la texture et aux saveurs uniques.

Supanniga Eating Room THAÏLANDAIS DU NORD $$

(carte p. 98 ; www.supannigaeatingroom.com ; 28 Soi 10, Th Sathon Neua/North ; plats 150-350 B ; 11h30-14h30 et 17h30-23h30 ; ; S Chong Nonsi sortie 1/5). Supanniga possède 3 établissements dans Bangkok et organise des dîners-croisières remportant un succès fou, mais c'est ici que vous trouverez la plus belle ambiance et le meilleur service. Excellent choix de plats du nord du pays, notamment des plats du jour comme les saucisses grillées de l'Isan, le bœuf séché et sauté et les petits calmars farcis au porc haché. Demandez une table à l'étage, plus calme.

Chef Man CHINOIS $$

(carte p. 98 ; 02 212 3789 ; 33/1 Th Sathon Tai/South, Hotel Eastin Grand Sathon ; plats 150-350 B ; 11h-14h30 et 18h-22h ; ; S Surasak sortie 4). Si vous aimez les raviolis chinois, allez déjeuner chez Chef Man, où la cuisine ouverte prépare des *dim sum* et *siu mai* (raviolis chinois ouverts) tout simplement exceptionnels. Il y a aussi d'autres délices du Sichuan à base de canard, de poisson et des préparations végétariennes. Le soir, ce sont surtout les habitants du quartier qui viennent dîner en famille.

Bitterman INTERNATIONAL $$

(carte p. 88 ; 02 636 3256 ; www.bittermanbkk.com ; 120/1 Soi 1/1, Th Sala Daeng ; plats 240-420 B ; 11h-23h ; ; M Lumphini sortie 2, S Sala Daeng sortie 4). Cette serre verdoyante se démarque des constructions en acier du centre de Silom, et permet d'échapper un instant à la chaleur de la mi-journée. Vous y déjeunerez de plats revigorants comme des tartines de porc effiloché, des *mac 'n' cheese* au four ou encore des *fish and chips* à l'anglaise. Le dimanche, c'est brunch et DJ de 12h30 à 16h30.

Issaya Siamese Club THAÏLANDAIS $$

(carte p. 88 ; 02 672 9040 ; www.issaya.com ; 4 Soi Sri Aksorn ; plats 250-500 B ; 11h30-14h30 et 18h-22h30 ; ; M Khlong Toei sortie 1 et taxi). Un excellent restaurant thaïlandais, aménagé dans une charmante villa des années 1920. On peut y déguster des plats en sauce ou des mets plus légers concoctés avec des produits issus du jardin bio du restaurant. En savourant du crabe sauce aux œufs ou l'onctueux curry *massaman* d'agneau (épicé), vous comprendrez pourquoi l'endroit est considéré comme l'une des meilleures tables thaïlandaises de Bangkok.

L'établissement n'est pas évident à dénicher ; mieux vaut prendre un taxi et s'y rendre via Soi Ngam Du Phli.

Baan THAÏLANDAIS **$$**
(carte p. 88 ; ☎ 02 655 8995 ; www.baanbkk.com ; 139/5 Th Witthayu/Wireless Rd ; plats 250-400 B ; ⏲ 11h-14h30 et 18h-22h30 mer-lun ; ❄ ; Ⓜ Lumphini sortie 3). L'intérieur a beau être épuré et moderne, il s'agit bien d'un restaurant familial. On y sert d'authentiques et savoureuses recettes thaïlandaises et quelques concoctions moins classiques mais peut-être plus authentiques encore, comme la soupe 5 épices aux œufs, véritable hommage au patrimoine culinaire national.

Never Ending Summer THAÏLANDAIS **$$**
(carte p. 90 ; ☎ 02 861 0953 ; 41/5 Th Charoen Nakhon ; plats 250-450 B ; ⏲ 11h-23h ; ❄ 📶 ; ⛴ River City Pier et ferry-navette). Un restaurant raffiné, dans un ancien entrepôt au bord du fleuve. Joignez-vous au beau monde pour découvrir des plats thaïlandais traditionnels, comme les cubes de pastèque assaisonnés au poisson, au sucre et à l'échalote frite, ou le porc au curry vert et piment œil d'oiseau.

Daimasu JAPONAIS **$$**
(carte p. 98 ; 9/3 Soi Than Tawan ; plats 100-300 B ; ⏲ 17h30-1h ; ❄ 📶 ; Ⓜ Si Lom sortie 2, Ⓢ Sala Daeng sortie 1). Ce restaurant japonais à la déco rétro se spécialise dans le *yakiniku* (viandes à griller soi-même), très à la mode chez la jeunesse thaïlandaise. Les accompagnements, minuscules et savoureux, vont de croustillants bâtonnets de concombre à une salade légèrement amère de fines tranches d'aubergine.

Sushi Tsukiji JAPONAIS **$$**
(carte p. 98 ; 62/19-20 Th Thaniya ; sushis 60-600 B ; ⏲ 11h30-14h et 17h30-22h30 ; ❄ ; Ⓜ Si

FOOD COURTS

Les environs de Siam Square comptent certains des plus grands centres commerciaux de Bangkok, qui ont tous un ou plusieurs *food courts* (espaces de restauration). Bon marché, climatisés, propres et dotés de menus en anglais, ceux-ci sont un excellent moyen de découvrir la cuisine thaïlandaise. Pour régler vos achats, vous devrez la plupart du temps échanger des espèces contre des coupons ou une carte bancaire temporaire, à l'un des nombreux guichets ; vous récupérerez votre monnaie au même guichet après le repas.

MBK Food Island (carte p. 92 ; angle Rama I et Th Phayathai, 6e ét, MBK Center ; plats 50-150 B ; ⏲ 10h-21h ; ❄ ✎ ; Ⓢ National Stadium sortie 4). L'un des plus anciens *food courts* de Bangkok compte des dizaines de stands de spécialités régionales, sino-thaïlandaises et étrangères.

Food Republic (carte p. 92 ; angle Rama I et Th Phayathai, 4e ét, Siam Center ; plats 50-200 B ; ⏲ 10h-22h ; ❄ ✎ ; Ⓢ Siam sortie 1). Le plus élégant *food court* en ville abrite un large éventail de comptoirs thaïlandais et internationaux (principalement asiatiques) dans un espace moderne et ouvert.

Eathai (carte p. 92 ; 1031 Th Phloen Chit, sous-sol, Central Embassy ; plats 60-350 B ; ⏲ 10h-22h ; ❄ ✎ ; Ⓢ Phloen Chit sortie 5). Ce vaste espace de restauration sert exclusivement des plats thaïlandais des quatre coins du pays, dont certains proviennent de restaurants et stands réputés de la ville.

Gourmet Paradise (carte p. 92 ; 991/1 Rama I, rdc, Siam Paragon ; plats 50-200 B ; ⏲ 10h-22h ; ❄ ✎ ; Ⓢ Siam sortie 3/5). Toujours bondé, ce *food court* réunit chaînes de fast-foods internationales, restaurants thaïlandais et divers stands, avec un accent mis sur le sucré.

Food Loft (carte p. 92 ; 6e ét, Central Chidlom, 1027 Th Phloen Chit ; plats 80-400 B ; ⏲ 10h-22h ; ❄ ✎ ; Ⓢ Chit Lom sortie 5). Installé dans un grand magasin, ce pionnier du *food court* haut de gamme propose des plats inspirés des cuisines indienne, italienne, japonaise et du monde entier.

FoodPark (carte p. 92 ; 97/11 Th Ratchadamri, 4e ét, Big C ; plats 30-90 B ; ⏲ 9h-21h ; ❄ ; Ⓢ Sky Walk via Chit Lom sortie 9). Les plats ne vous inspireront peut-être pas, mais ils sont copieux et bon marché, et représentatifs de la cuisine de fast-food qu'apprécient les Thaïlandais.

Lom sortie 2, Ⓢ Sala Daeng sortie 1). Notre préféré parmi les nombreux restaurants japonais le long de Th Thaniya, cet élégant bar à sushis porte le nom du célèbre marché aux poissons de Tokyo. Dîner ici risque d'entamer significativement votre budget vacances ; venez plutôt déjeuner en semaine pour profiter du menu fixe (sushis, sashimis, soba, soupe et crème aux œufs) à 295 B.

Luka CAFÉ $$

(carte p. 98 ; ☎ 02 637 8558 ; lukabangkok.com ; 64/3 Th Pan ; plats 190-350 B ; ⏲ 9h-18h ; ❄ 📶 ; Ⓢ Surasak sortie 3). Ce café très prisé de Silom sert un brunch toute la journée, ainsi que des plats revigorants comme des omelettes à la truffe, du chakchouka et du canard au miel avec salade à l'orange grillée. Le café est produit dans le nord de la Thaïlande, et des mélanges de thés artisanaux sont également disponibles. L'établissement partage sa salle avec la boutique d'articles de maison Casa Pagoda – vous pourrez donc chiner après votre repas.

Animaux de compagnie acceptés. Le café fait aussi office d'espace de travail pour nomades numériques.

Polo Fried Chicken THAÏLANDAIS $$

(Kai Thort Jay Kee ; carte p. 88 ; 137/1-3 Soi Sanam Khli/Polo ; plats 50-200 B ; ⏲ 11h-21h ; ❄ ; Ⓜ Lumphini sortie 3). Même si les *sôm·đam*, riz gluant et *lâhp* de cet étal installé de longue date évoquent plutôt un restaurant du nord-est du pays, le nom de l'établissement, "poulet frit", puise plutôt ses origines dans le Sud. Toutefois, l'épaisse panure à l'ail est typique de Bangkok.

Kalapapruek THAÏLANDAIS $$

(carte p. 98 ; ☎ 02 236 4335 ; 27 Th Pramuan ; plats 150-300 B ; ⏲ 8h-18h lun-sam, 8h-15h dim ; ❄ ; Ⓢ Surasak sortie 1/3). Cette vénérable chaîne de restaurants thaïlandais a des restaurants dans tout Bangkok, mais l'établissement d'origine, sur Th Pramuan, conserve notre préférence. Des familles thaïlandaises s'y retrouvent au déjeuner pour avaler d'énormes portions de délicieuses spécialités de toutes les régions de Thaïlande. Il y a aussi des plats du jour et, parfois, des délices de saison.

Somboon Seafood CHINOIS $$

(carte p. 98 ; ☎ 02 233 3104 ; www.somboonseafood.com ; angle Th Surawong et Th Naradhiwas Rajanagarindra ; plats 200-450 B ; ⏲ 16h-23h ; ❄ ; Ⓢ Chong Nonsi sortie 1). Cette véritable usine traditionnelle à poisson et fruits de mer jouit d'une grande renommée et prépare le meilleur crabe au curry de Bangkok. Le bar au soja vapeur (*plah grà·pong nêung si·éw*) figure aussi parmi ses spécialités. À déguster avec une belle louche de *kôw pàt bou* (riz frit au crabe)... et autant d'amis que possible.

Suananda INDIEN $$

(carte p. 98 ; 109 Th Pan ; plats 120-250 B ; ⏲ 10h-21h30 lun-sam ; ❄ 🌿 ; Ⓢ Surasak sortie 1/3). Niché dans une ruelle résidentielle paisible, ce minuscule café à la déco inspirée du yoga prépare des plats végétariens indiens savoureux et inventifs. Goûtez la crêpe de millet aux épinards et le panir (fromage frais) en sauce au yaourt, ou optez pour l'un des plateaux dégustation. Des cours de yoga sont parfois organisés dans le café.

♥ Saawaan THAÏLANDAIS $$$

(carte p. 88 ; ☎ 02 679 3775 ; www.saawaan.com ; 39/19 Soi Suan Phlu ; menu fixe 2 450 B ; ⏲ 18h-minuit ; ❄ ; Ⓢ Chong Nonsi sortie 5). L'un des meilleurs restaurants thaïlandais au monde, tenu par deux chefs au talent exceptionnel. Un "paradis" (traduction de son nom) où l'on sert dans une salle élégante un menu dégustation de 7 plats sur le thème des techniques de cuisine, composé de plats de tradition thaïe préparés avec une finesse et un talent qui ont valu à l'établissement son étoile au Michelin.

Vous dégusterez peut-être des plats à base d'oursins, de feuilles de bétel sauvage ou encore de crabes de rizière, sans oublier d'originaux desserts (chocolat amer avec une pointe de durian, le "fruit qui pue"). Réservation essentielle. Tenue élégante exigée.

♥ Le Du INTERNATIONAL $$$

(carte p. 98 ; ☎ 092 919 9969 ; www.ledubkk.com ; 399/3 Soi 7, Th Silom ; plats 600-1 200 B ; ⏲ 18h-22h lun-sam ; ❄ 📶 ; Ⓢ Chong Nonsi sortie 4). Le Du (du thaï signifiant "saison") mêle spécialités thaïlandaises et saveurs occidentales, utilisant des techniques de cuisine déconstructionnistes du XXIe siècle et des produits de saison parfois insolites, comme des raisins de mer (algues) au printemps. Optez pour les menus dégustation (4/6 plats 2 990/3 590 B), magnifiquement conçus et présentés, qui s'achèvent par des desserts inventifs. Réservation absolument indispensable.

Le Cabanon FRANÇAIS $$$
(carte p. 72 ; ☎092 568 4444 ; 44 Soi Akhan Sangkhro ; plats 1 100-1 800 B ; 18h-23h ; ; S Chong Nonsi sortie 5 et taxi). Spécialisé dans les fruits de mer, ce restaurant en plein air aménagé dans un agréable cabanon sert de copieux plateaux de moules, de Saint-Jacques poêlées au beurre ou d'huîtres qui sentent encore l'iode. L'addition est salée, mais il y a le week-end de 12h à 15h un menu déjeuner de 3 plats pour 950 B.

Il Bolognese ITALIEN $$$
(carte p. 98 ; ☎02 286 8805 ; www.ilbolognesebangkok.com ; 139/3 Soi 7, Th Naradhiwas Rajanagarindra ; plats 300-550 B ; 11h30-14h30 et 18h-23h ; ; S Chong Nonsi sortie 5). Ce restaurant fabuleux sert grâce à la passion de son chef italien des délices du nord de la grande botte dans un décor d'une élégance sans chichi. Commencez par des boulettes grillées à l'aubergine avec sauce tomate et *stracciatella* avant de poursuivre avec un copieux poulet grillé ou l'une des savoureuses pizzas (options végétariennes disponibles), le tout accompagné de bons vins ou bières d'Italie.

L'entrée principale du restaurant donne sur une ruelle appelée Soi Thian Siang, côté nord, mais que vous soyez en taxi ou à pied il est plus commode de passer par Soi 7, à l'arrière.

Sühring ALLEMAND $$$
(carte p. 72 ; ☎02 287 1799 ; www.restaurantsuhring.com ; 10 Soi 3, Th Yen Akat ; plats 1 800-2 500 B ; 17h30-21h30 ; ; M Khlong Toei sortie 1 et taxi). Les jumeaux Mathias et Thomas Sühring, originaires d'Allemagne, préparent des recettes de famille revisitées et si bien présentées qu'elles auraient leur place dans un musée d'art moderne. Le personnel est aussi sympathique qu'efficace, et malgré la préparation et la présentation haut de gamme des plats, vous aurez l'impression de dîner chez des amis. Réservez longtemps à l'avance.

nahm THAÏLANDAIS $$$
(carte p. 88 ; ☎02 625 3333 ; www.comohotels.com ; 27 Th Sathon Tai/South, rdc, Metropolitan Hotel ; dîner fixe 2 500 B, plats 300-700 B ; 12h-14h et 18h30-22h ; ; M Lumphini sortie 2). Avec la concurrence accrue de restaurants gastronomiques dans le quartier, nahm n'est peut-être plus au sommet du classement, mais demeure l'un des meilleurs restaurants thaïlandais de Bangkok. Pim, l'une des cheffes les plus réputées de la capitale, fait parler sa créativité dans des plats subtils, comme le mérou noir avec bouillon tamarin-gingembre ou la poêlée de "bœuf énervé".

N'attendez pas des saveurs diluées pour palais étrangers : ici, les plats sont épicés et les saveurs mordantes, comme il se doit. Réservation indispensable.

Le Normandie FRANÇAIS $$$
(carte p. 90 ; ☎02 659 9000 ; www.mandarinoriental.com ; Soi 40/Oriental, Mandarin Oriental ; plats 2 100-3 300 B ; 12h-14h et 19h-22h lun-sam ; ; Oriental Pier). Le Normandie maintient son rang malgré la rude concurrence de la scène gastronomique locale, et demeure le seul endroit en ville où profiter d'une atmosphère et de délices du vieux continent. Divers chefs étoilés Michelin et de savoureux produits du monde entier maintiennent le niveau. Tenue habillée (veste comprise) exigée. Réservez très en avance.

Siam Square, Pratunam, Phloen Chit et Ratchathewi

Pour se sustenter dans le centre de Bangkok, vous aurez le choix entre les *food courts* (espaces de restauration) des centres commerciaux, les restaurants d'hôtels et les magasins alimentaires de grandes chaînes. Mais ça reste la Thaïlande, et si vous passez outre l'ambiance aseptisée, vous ferez d'excellents repas.

Doy Kuay THAÏLANDAIS $
(carte p. 96 ; Soi 18, Th Ratchawithi ; plats à partir de 40 B ; 8h-17h ; S Victory Monument sortie 3). Aux abords du Victory Monument, quantité de petits restaurants vendent de riches et épicées "*boat noodles*" ("nouilles bateaux" car elles étaient vendues par des bateaux naviguant sur les canaux et voies d'eau du centre du pays). Notre favori, Doy Kuay, est situé au bord du canal à l'extrémité nord de Soi 18, Th Ratchawithi. Pas d'enseigne ni de carte en anglais.

Somtam Nua THAÏLANDAIS $
(carte p. 92 ; 392/14 Soi 5, Siam Sq ; plats 80-120 B ; 11h-21h30 ; ; S Siam sortie 4). S'il ne rivalise pas en termes de saveurs et d'authenticité avec les étals de rue, ce restaurant demeure un bon endroit pour découvrir l'emblématique salade de papaye crue et autres spécialités du nord-est de la Thaïlande, dans un décor branché (et climatisé). Attendez-vous à faire la queue le soir.

Sanguan Sri THAÏLANDAIS $

(carte p. 92 ; 59/1 Th Witthayu/Wireless Rd ; plats 80-200 B ; 10h-15h lun-sam ; ; Phloen Chit sortie 2). Dans ce restaurant thaïlandais à l'ancienne, le mieux pour commander est d'ignorer le menu en anglais, limité, et de pointer du doigt les délices des tables voisines qui vous allèchent le plus. Pas d'enseigne en anglais ; l'endroit a des airs de bunker en béton et est envahi d'employés de bureau au déjeuner.

Hong Bao CHINOIS $$

(carte p. 92 ; 092 667 2992 ; Th Phloen Chit, 5e ét, Central Embassy ; dim sum 100-300 B, plats 250-450 B ; 11h-22h ; ; Phloen Chit sortie 5). Plébiscités par les habitants, les raviolis de ce restaurant cantonais comptent parmi les meilleurs de Bangkok. La carte, très variée, comprend des délices tels que des galettes de radis à la vapeur et une soupe de poisson au bouillon agrémenté de millions de piments rouges. Pas de réservations.

Ban Khun Mae THAÏLANDAIS $$

(carte p. 92 ; 02 250 1952 ; www.bankhunmae.com ; 458/6-9 Soi 8, Siam Sq ; plats 150-350 B ; 11h-23h ; ; Siam sortie 2/4). Depuis plus de 20 ans, ce restaurant prisé sert jour après jour de délicieux classiques thaïlandais à un flot permanent d'habitants et de touristes. Le vivaneau vapeur au citron vert, servi dans un bouillon au citron et au piment, est la vedette incontestée de la carte, mais le mieux est de commander plusieurs entrées et plats pour varier les plaisirs.

Open House CAFÉ $$

(carte p. 92 ; 02 119 7777 ; www.centralembassy.com/anchor/open-house ; 1031 Th Phloen Chit, 6e ét, Central Embassy ; plats 100-200 B ; 10h-22h ; ; Phloen Chit sortie 5). Dans le luxueux centre commercial Central Embassy (p. 154), Open House est un endroit chic et lumineux imaginé par les architectes à l'origine des bureaux de YouTube et Google à Tokyo. L'espace décloisonné comprend restaurants, galeries, librairie et balcon aéré, et offre une vue à 180° sur l'agitation de Th Sukhumvit. Entrez prendre un *latte* glacé et vous connecter au Wi-Fi rapide.

La Monita MEXICAIN $$

(carte p. 92 ; 02 651 5605 ; www.lamonita.com ; 888/26 Mahatun Plaza, Th Phloen Chit ; plats 150-400 B ; 11h30-22h ; ; Phloen Chit sortie 2). La cuisine de ce restaurant évoque plus le Texas que Tijuana, mais il demeure un bon endroit pour savourer dans une ambiance agréable des plats copieux comme le *queso fundido* (fromage fondu) et les burritos. En 10 ans d'activité, la qualité n'a pas baissé et l'établissement s'est constitué une clientèle fidèle.

Nuer Koo CHINOIS $$

(carte p. 92 ; 991/1 Rama I, 4e ét, Siam Paragon ; plats 100-650 B ; 11h30-22h ; ; Siam sortie 3/5). Cet établissement installé dans un centre commercial incarne la version moderne des modestes échoppes de nouilles au bœuf. Ici, les clients choisissent leur portion de viande (dont du bœuf Kobe importé du Japon) et profitent de l'air climatisé en oubliant rapidement le bon vieux temps.

Koko THAÏLANDAIS $$

(carte p. 92 ; 262/2 Soi 3, Siam Sq ; plats 100-250 B ; 11h-21h30 ; ; Siam sortie 2). Avec ses nombreux plats végétariens et quelques bonnes recettes non végétariennes (curry panang de porc tendre à souhait, poisson pané et frit aux herbes thaïlandaises), cet excellent restaurant thaïlandais aux airs de café est idéal pour tous.

Coca Suki THAÏLANDAIS $$

(carte p. 92 ; 02 251 6337 ; 416/3-8 Th Henri Dunant ; plats 100-400 B ; 11h-23h ; ; Siam sortie 6). Fort populaire auprès des familles thaïlandaises, le *sù·gêe* est une fondue composée d'ingrédients crus à cuire dans un bouillon. Coca Suki est l'un des premiers restaurants à l'avoir servie. Cette annexe reflète l'effort de modernisation de la chaîne. Les amateurs de piment commanderont le bouillon *dôm yam*.

Gaa INTERNATIONAL $$$

(carte p. 92 ; 091 419 2424 ; www.gaabkk.com ; 68/4 Soi Langsuan ; menu fixe 3 200 B ; 18h-21h30 mer-lun ; ; Ratchadamri sortie 2). La cheffe étoilée Garima Arora, qui a officié au célèbre restaurant Noma de Copenhague, est aux commandes de cette table extrêmement prisée. Les classiques indiens et thaïlandais revisités sont présentés dans un menu dégustation de 10 à 12 plats. Il faut multiplier l'addition par deux pour un menu avec accords mets-vins. Réservation absolument indispensable.

Lenzi Tuscan Kitchen ITALIEN $$$

(carte p. 104 ; 02 001 0116 ; www.lenzibangkok.com ; 69/1-2 Soi Ruam Rudi 2 ; plats 600-1 200 B ; 12h-14h et 18h-22h30 ; ; Phloen Chit sortie 4). Cet élégant restaurant respecte à la lettre les principes de base de la cuisine italienne : sélectionner les meilleurs produits et obtenir avec des techniques simples des mélanges de saveurs complexes. L'addition est élevée, mais justifiée par la qualité des plats tels que les raviolis au fromage taleggio cuits à petit feu et nappés de sauce aux truffes, ou encore le bar sauvage de Sardaigne rôti.

Nonna Nella ITALIEN **$$$**

(carte p. 92 ; ☎ 02 038 2184 ; www.nonna-nella.com ; 87/2 Th Witthayu/Wireless Rd, rdc, All Seasons Pl ; plats 300-500 B ; ⏲ 11h30-22h ; ❄ ✎ ; S Phloen Chit sortie 2). Nous ne pouvons que tomber d'accord avec les Italiens expatriés à Bangkok : Nonna Nella fait les meilleures pizzas en ville. Comme le nom l'indique, c'est une cuisine de grand-mère qui vous attend ici, avec des délices tels que la salade Caprese, la pizza Margherita ou *porchetta* (cochon farci) à la broche.

Saneh Jaan THAÏLANDAIS **$$$**

(carte p. 92 ; ☎ 02 650 9880 ; 130-132 Th Witthayu/Wireless Rd, Glasshouse au Sindhorn ; menus 1 600-2 500 B, plats 390-680 B ; ⏲ 11h30-14h et 18h-22h ; ❄ ; S Phloen Chit sortie 2 et taxi). Ce fabuleux restaurant à l'ancienne mitonne des plats thaïlandais méconnus, inhabituels et délicieux dont beaucoup s'inspirent de la cuisine du sud du pays. Les prix élevés se justifient par l'ambiance élégante et les portions copieuses. Pour tout goûter, optez pour les menus dégustation (midi et soir). Shorts, tongs et sandales interdits.

Sra Bua by Kiin Kiin THAÏLANDAIS **$$$**

(carte p. 92 ; ☎ 02 162 9000 ; www.srabuabykiinkiin.com ; en retrait de 991/9 Rama I, rdc, Siam Kempinski Hotel ; menus 1 850-3 200 B, plats 480-900 B ; ⏲ 12h-15h et 18h-22h30 ; ❄ ✎ ; S Siam sortie 3/5). Tenu par un Thaïlandais et un Danois dont le restaurant de Copenhague, Kiin Kiin, a décroché une étoile au Michelin, Sra Bua revisite la cuisine thaïlandaise à la sauce internationale. En passant les produits locaux à la moulinette de la cuisine moléculaire, le duo créé des plats insolites comme le "*tom kha snow*, champignons et citron mariné".

Ginza Sushi-Ichi SUSHIS **$$$**

(carte p. 92 ; ☎ 02 250 0014 ; www.ginza-sushiichi.jp/english/shop/bangkok.html ; 494 Th PhloenChit, rdc, Erawan Bangkok ; menu déj à partir de 1 800 B, menu dîner à partir de 5 000 B ; ⏲ 12h-14h30 et 18h-23h mar-sam, 12h-14h30 et 18h-22h dim ; ❄ ; S Chit Lom sortie 8). Affilié à un restaurant étoilé de Tokyo, ce minuscule établissement fait sans doute les meilleurs sushis de Bangkok. Le menu dépend de ce qui a été acheté la veille dans les marchés de Tokyo, ce qui signifie que le restaurant est fermé les lendemains des jours fériés japonais. Détails sur le site Internet.

Thanon Sukhumvit

Dotée du plus grand choix de restaurants internationaux de la ville, cette rue interminable est l'endroit idéal pour qui souhaite oublier – le temps d'un repas – qu'il séjourne en Thaïlande.

Wattana Panich CHINOIS **$**

(carte p. 104 ; 336-338, Soi 63/Ekamai ; soupe de nouilles 100 B ; ⏲ 9h30-20h mar-dim ; ❄ ; S Ekkamai sortie 3 et taxi). Ce restaurant familial est très réputé pour sa spécialité de ragoût de bœuf, mitonné avec des morceaux variés qui mijotent 45 jours dans le bouillon. Les restes de bouillon sont refroidis chaque nuit puis incorporés à la marmite le matin suivant avec des produits frais. Une cuisson lente qui donne une saveur d'une subtilité inégalable.

La salle du rez-de-chaussée semble sortie du siècle précédent, et celle de l'étage, plus confortable et climatisée, attire la jeunesse dorée locale.

Congee & Curry THAÏLANDAIS **$**

(Jok Bangkok ; carte p. 104 ; ☎ 095 896 6692 ; 159/1 Soi 55/Thong Lor, Th Sukhumvit ; plats 50-250 B ; ⏲ 7h-minuit ; ❄ ; S Thong Lo sortie 3). Malgré son enseigne jaune vif, on pourrait facilement ne pas remarquer ce restaurant noyé au milieu des salons de massage et restaurants haut de gamme de Soi 55 (Thong Lor). Apprécié des Thaïlandais comme des visiteurs pour ses plats thaïlandais, l'endroit prépare toute la journée des menus curry bon marché (choix de currys, *roti* ou riz, soupe *tom yum*, saucisse de poulet et légumes sautés) à ne pas manquer.

Klang Soi Restaurant THAÏLANDAIS **$**

(carte p. 104 ; Soi 49/9, Th Sukhumvit ; plats 100-250 B ; ⏲ 11h-14h30 et 17h-22h mar-dim ; ❄ ; S Phrom Phong sortie 3 et taxi). Un vestige du Sukhumvit d'autrefois, dans le complexe du Racquet Club au bout de Soi 49/9. Le menu ronéotypé comprend d'anciennes spécialités du centre et du sud du pays, ainsi que quelques plats occidentaux.

Gokfayuen CHINOIS $

(carte p. 104 ; www.gokfayuen.com ; 161/7 Soi Thong Lor 9 ; plats 80-150 B ; 11h-23h30 ; ; S Thong Lo sortie 1/3 et taxi). Gokfayuen ne ménage pas ses efforts pour recréer à Bangkok les plats de nouilles classiques de la cuisine de Hong Kong. Choisissez les nouilles de blé aux œufs faites maison avec du porc rôti ou des légumes vapeur à la sauce d'huître, le tout arrosé d'un thé au lait à la mode hongkongaise.

♥ **Soul Food Mahanakorn** THAÏLANDAIS $$

(carte p. 104 ; 02 714 7708 ; www.soulfood-mahanakorn.com ; 56/10 Soi 55/Thong Lor, Th Sukhumvit ; plats 150-350 B ; 17h30-minuit ; ; S Thong Lo sortie 1/3). Un restaurant thaïlandais contemporain idéal pour un repas revigorant. La carte, qui revisite des recettes des campagnes de Thaïlande, est la même depuis des années, et la qualité est toujours au rendez-vous. Le bar sert de délicieuses concoctions alcoolisées d'inspiration thaïe, ainsi que des cocktails et quelques bières artisanales. Réservation conseillée.

♥ **Sri Trat** THAÏLANDAIS $$

(carte p. 104 ; 02 088 0968 ; facebook.com/sritrat ; 90 Soi 33, Th Sukhumvit ; plats 200-450 B ; 12h-23h mer-lun ; ; S Phrom Phong sortie 5). Ce fabuleux restaurant, spécialisé dans la cuisine des provinces orientales du pays, Trat et Chanthaburi, sert des plats aux herbes aromatiques, riches et légèrement sucrés, des produits de la mer et des plats uniques à Bangkok – l'établissement est géré en famille, et la plupart des recettes trouvent leur origine dans la cuisine familiale.

♥ **Indus** INDIEN $$

(carte p. 104 ; 086 339 8582 ; www.indusbangkok.com ; 71 Soi 26 (Soi Ari), Th Sukhumvit ; plats 150-400 B ; 11h30-14h30 et 18h-22h30 ; ; S Phrom Phong sortie 4). L'Indus trône au sommet de la cuisine indienne traditionnelle à Bangkok. Les classiques du nord de l'Inde comme le biryani, le kebab, le *dhal* (soupe de lentilles épicée) et les innombrables plats végétariens de currys à la tomate ou au yaourt rivalisent avec ceux des meilleures tables de New Delhi. Pour en profiter nombreux, optez pour le buffet à volonté (990 B).

Charley Browns Mexicana MEXICAIN $$

(carte p. 104 ; 02 244 2553 ; facebook.com/charleybrownsmexicana ; 19/9 Soi 19, Th Sukhumvit ; plats 150-350 B ; 12h-23h ; ; S Asok sortie 1). Le chef Primo est un bon vivant dans l'âme, et cela se reflète dans la carte de ce restaurant animé servant d'authentiques spécialités régionales du Mexique. Ignorez les habituels tacos et burritos pour goûter aux *albondigas* (boulettes de viande) ou à la *pescadilla* (tortilla frite garnie de bar). Les plus courageux accompagneront le tout d'une margarita aux *jalapeños* (piments !). Sessions danse certains jours.

theCOMMONS MARCHÉ $$

(carte p. 104 ; www.thecommonsbkk.com ; 335 Soi 17, Soi 55/Thong Lor, Th Sukhumvit ; plats 200-500 B ; 8h-minuit ; ; S Thong Lo sortie 1/3 et taxi). Cet espace aux airs de marché rend Thong Lor, déjà tendance, encore plus cool. Nombreuses enseignes fiables (Soul Food 555, Peppina ou encore Meat & Bones), ainsi qu'un torréfacteur, une brasserie artisanale et un caviste. Idéal pour passer une soirée en écoutant des musiciens jouer de la guitare.

Daniel Thaiger AMÉRICAIN $$

(carte p. 104 ; 084 549 0995 ; facebook.com/danielthaiger ; Soi 11, Th Sukhumvit ; hamburgers à partir de 260 B ; 11h-20h ; ; S Nana sortie 3). Tenu par des Américains, ce restaurant, à l'origine un *food truck*, mais désormais installé dans une minuscule échoppe de Soi 11, sert les meilleurs burgers de Bangkok, de juteux steaks de bœuf ou d'agneau dans du pain brioché, accompagnés de frites et d'*onion rings* (anneaux d'oignons) incroyablement croustillants et d'un vaste choix de bières d'importation.

Le *food truck* d'origine sert toujours ; visitez la page Facebook pour connaître son emplacement du moment.

Prai Raya THAÏLANDAIS $$

(carte p. 104 ; Soi 8, Th Sukhumvit ; plats 150-600 B ; 10h30-22h30 ; ; S Nana sortie 4). Cette antenne d'une véritable institution de Phuket, aménagée dans une charmante maison chaulée, permet de découvrir la cuisine particulièrement épicée de l'île du sud de la Thaïlande, aux légères influences chinoises. Ne vous fiez pas aux explications de la carte, souvent incohérentes, et optez pour l'un des "plats populaires", comme le poisson pané et frit en sauce au tamarin ou le curry jaune de crabe au lait de coco.

Teppen JAPONAIS $$

(carte p. 104 ; facebook.com/TeppenThailand ; 14/2 Soi 61, Th Sukhumvit ; plats 150-700 B ; 18h-minuit ; ; S Ekkamai sortie 1). Une de nos *izakaya* (tavernes de quartier japonaises)

BRUNCH DU DIMANCHE

Dans la Bangkok moderne, le brunch du dimanche est désormais une tradition, notamment dans la communauté des expatriés. C'est dans les hôtels de Th Sukhumvit que l'on trouve la plus grande variété de brunchs savoureux. Notre sélection :

Rang Mahal (carte p. 104 ; ☎ 02 261 7100 ; facebook.com/Rangmahal ; 26e ét, Rembrandt Hotel, 19 Soi 18, Th Sukhumvit ; plats 300-650 B ; ⏲17h-minuit lun-sam, 12h-15h et 17h-minuit dim ; ❄ ; Ⓜ Sukhumvit sortie 2, Ⓢ Asok sortie 6). Perché au 26e étage, ce restaurant avec vue sert un buffet de cuisine indienne sur fond de musique live. Un rendez-vous dominical prisé des expatriés du sous-continent.

Sunday Jazzy Brunch (carte p. 104 ; ☎ 02 649 8888 ; www.sheratongrandesukhumvit.com/sundayjazzybrunch ; 1er ét, Sheraton Grande Sukhumvit, 250 Th Sukhumvit ; buffet adulte 2 500-3 700 B, enfant 1 250 B ; ⏲12h-15h dim ; ❄ ; Ⓜ Sukhumvit sortie 3, Ⓢ Asok sortie 2). Si manger ne vous suffit pas, essayez le brunch dominical du Sheraton, qui propose du jazz en live pour accompagner les délices de tous les restaurants de l'hôtel.

Marriott Café (carte p. 104 ; ☎ 02 656 7700 ; 4 Soi 2, Th Sukhumvit, rdc, JW Marriott ; buffet 2 500 B ; ⏲12h-15h dim ; ❄ ; Ⓢ Nana sortie 2). On réveillonne tous les dimanches grâce aux somptueux brunchs de cette chaîne hôtelière américaine.

Scandinavian Smorgaasbuffet (carte p. 104 ; Stable Lodge, 39 Soi 8, Th Sukhumvit ; buffet 600 B ; ⏲12h-15h sam-dim ; ❄ ; Ⓢ Nana sortie 4). Poisson mariné et boulettes de viande suédoises remplacent grillades de poisson et rôti de bœuf avec ces buffets à la scandinave, d'un excellent rapport qualité/prix (également le samedi).

favorites à Bangkok, avec un peu de tout dans de belles portions, de l'*edamame* en entrée au ragoût d'abats de bœuf. Bonnes bières japonaises.

Jidori Cuisine Ken JAPONAIS $$

(carte p. 104 ; ☎ 02 661 3457 ; facebook.com/jidoriken ; près de Soi 26 (Soi Ari), Th Sukhumvit ; plats 80-350 B ; ⏲17h-23h ; ❄ ; Ⓢ Phrom Phong sortie 4). Savoureux plats de tofu, délicieuses salades et excellents desserts : tout est bon dans ce restaurant japonais. Mention spéciale pour les brochettes de poulet fumé parfaitement assaisonnées. Réservation conseillée.

Bharani THAÏLANDAIS $$

(carte p. 104 ; ☎ 02 644 4454 ; 96/14 Soi 23, Th Sukhumvit ; plats 150-300 B ; ⏲11h-22h ; ❄ ; Ⓜ Sukhumvit sortie 2, Ⓢ Asok sortie 3). Ce confortable restaurant thaïlandais familial fait un peu de tout, de la langue de bœuf en ragoût au riz frit avec pâte de crevettes. Mais l'on vient surtout ici pour les copieuses "nouilles de bateaux", appelées ainsi car elles s'achetaient jadis dans les bateaux sillonnant les *klorng* du centre de la Thaïlande. La déco à l'ancienne reflète l'héritage familial du restaurant.

Nasir Al-Masri MOYEN-ORIENTAL $$

(carte p. 104 ; 4/6 Soi 3/1, Th Sukhumvit ; plats 160-350 B ; ⏲24h/24 ; ❄ ; Ⓢ Nana sortie 1). Nasir Al-Masri se distingue des autres restaurants moyen-orientaux de Soi 3/1 par une salle toute en inox où l'on sert de la viande, de la viande, et encore de la viande (les végétariens se délecteront de savoureux mezze).

♥ **Cocotte Farm Roast & Winery** ITALIEN $$$

(carte p. 104 ; ☎ 092 664 6777 ; www.cocotte-bangkok.com ; Soi 39, Th Sukhumvit ; plats 390-790 B ; ⏲11h-14h30 et 18h-minuit ; ❄ ; Ⓢ Phrom Phong sortie 1). Cocotte mitonne des plats à base de produits bio provenant de fermes de Bangkok et Chiang Mai, accompagnés d'une superbe carte des vins. Parmi les spécialités de la maison : confit de canard braisé, tartare de bœuf aux légumes marinés et moelle à la marmelade de joue de bœuf. Réservation essentielle, surtout pour un repas le week-end.

♥ **Bacco** ITALIEN $$$

(Osteria da Sergio ; carte p. 104 ; www.bacco-bkk.com ; 35/1 Soi 53, Th Sukhumvit ; antipasti 200-400 B, plats 350-700 B ; ⏲11h30-14h30 et 17h30-minuit lun-ven, 11h-minuit sam-dim ; ❄ ; Ⓢ Thong Lo sortie 1). Si le décor de cette *osteria* est légèrement kitsch, la cuisine italienne servie est fabuleuse. Les nombreux antipasti sont délicieux, mais les spécialités sont surtout les pizzas et les galettes *piadine* (goûtez la roquette-fromage). Les plats de viande, notamment l'osso buco, la poitrine de bœuf braisée et l'escalope *saltimbocca* sont exceptionnels. Réservation indispensable le soir.

Bo.lan THAÏLANDAIS $$$

(carte p. 104 ; 02 260 2962 ; www.bolan.co.th ; 24 Soi 53, Th Sukhumvit ; menus fixes 3 280-3 680 B ; 18h-22h30 mar-ven, 12h-14h30 et 18h-22h30 sam-dim ; ; S Thong Lo sortie 1). La cuisine thaïlandaise haut de gamme mise souvent plus sur la présentation que sur les saveurs, mais pas chez Bo.lan. Bo et Dylan (Bo.lan signifie également "ancien") s'attaquent à la cuisine thaïlandaise comme à une science, et le résultat est une gamme de menus fixes copieux comprenant des recettes thaïlandaises savoureuses (pas de choix à la carte ; options végétariennes disponibles). Réservation conseillée.

El Mercado EUROPÉEN $$$

(carte p. 104 ; 099 078 3444 ; www.elmercado-bangkok.com ; 490 Phai Singto Alley ; plats 500-800 B ; 12h-15h et 18h-22h30 mar-ven, 12h-22h sam-dim ; ; M Queen Sirikit National Convention Centre sortie 1). À la fois restaurant, charcuterie, fromagerie, boulangerie, caviste et épicerie, cet agréable espace commercial en plein air permet de savourer des plats revigorants comme du poulet grillé, du steak de thon ou encore du tartare de bœuf. À l'apéritif, commandez un plateau de fromage ou de charcuterie (à partir de 2 090 B) à partager, accompagné d'un verre de prosecco.

Appia ITALIEN $$$

(carte p. 104 ; 02 261 2056 ; www.appia-bangkok.com ; 20/4 Soi 31, Th Sukhumvit ; plats 400-1 000 B ; 18h-23h lun-sam, 11h30-14h30 et 18h-23h dim ; ; S Phrom Phong sortie 5). Pâtes maison, viandes rôties à petit feu et carte des vins soignée, relativement abordable, sont les atouts de ce restaurant servant une cuisine romaine exquise. L'addition est élevée, mais c'est l'une des tables italiennes les plus élégantes en ville. Réservation conseillée.

Haoma INDIEN $$$

(carte p. 104 ; 02 258 4744 ; www.haoma.dk ; 231/3 Sukhumvit Rd ; menu fixe 2 390-2 890 B ; 18h-23h mar-ven, 11h30-15h et 18h-23h sam-dim ; ; M Phetchaburi sortie 1). La cuisine innovante de la première "ferme urbaine" de Bangkok s'accompagne de cocktails à base de près de 40 herbes aromatiques du jardin de l'établissement. Le chef Deepanker Khosla, originaire d'Inde, cultive dans sa ferme de Chiang Mai la plupart des produits qu'il incorpore dans ses recettes néo-indiennes, servies dans un menu fixe de 9 à 13 plats. Menu végétarien disponible.

Thewet et Dusit

Ce qui manque à Thewet en termes de variété culinaire, les restaurants du quartier le compense avec leurs vues sur le fleuve. À Dusit en revanche, on ne trouve pas beaucoup d'options.

Likhit Kai Yang THAÏLANDAIS $

(carte p. 80 ; près de Th Ratchadamnoen Nok ; plats 50-200 B ; 10h-20h30 ; ; Thewet Pier, S Phaya Thai sortie 3 et taxi). Situé juste derrière le stade Rajadamnern (p. 147), ce restaurant existant depuis plusieurs décennies a la préférence des habitants pour avaler un repas rapide du Nord-Est avant d'assister à un combat de boxe thaïlandaise. Le sympathique patron anglophone vous aidera à commander, mais ne manquez pas le délicieux poulet grillé aux herbes. Enseigne en thaï ; repérez la façade rose vif et suivez les insistants effluves d'ail qui s'échappent de la salle.

Seven Spoons INTERNATIONAL $$

(carte p. 80 ; 02 629 9214 ; 22-24 Th Chakraphatdi Phong ; plats 250-450 B ; 11h-15h et 18h-23h30 ; ; Thewet Pier, S Phaya Thai sortie 1/3 et taxi). Bois sombre, cartes et gravures anciennes ornent les murs de béton ciré de ce restaurant où la carte fait la part belle aux plats végétariens et où vous attend une ambiance étonnamment cosmopolite dans ce quartier ancestral de Bangkok. Vaste choix de salades du jour. Pourquoi ne pas tenter la langue de bœuf et pâtes nappées d'une onctueuse sauce aux champignons ? Belle sélection de vins ; bières artisanales.

Krua Apsorn THAÏLANDAIS $$

(carte p. 102 ; www.kruaapsorn.com ; 503-505 Th Samsen ; plats 150-400 B ; 10h30-20h lun-sam ; ; Thewet Pier). Restaurant d'origine de cette enseigne primée et fréquentée par la famille royale. Il sert des plats parfumés, principalement de poisson et de légumes, du centre et du sud du pays, à des familles sur leur trente et un ou à des personnes d'âge mûr. Le crabe au curry est très apprécié, tout comme le curry vert aux boulettes de poisson. Pas de réservations. Dernières commandes à 19h30.

Water Front THAÏLANDAIS $$
(carte p. 102 ; Th Ratchawithi, Saphan Krung Thon Pier ; plats 150-220 B ; 17h-minuit ; ; Saphan Krung Thon Pier). Sur la rive opposée au secteur touristique de Thewet, cet agréable restaurant est surtout fréquenté par des résidents locaux, qui s'y réunissent le soir pour bavarder autour de véritables festins essentiellement constitués de plats thaïlandais. Il y a souvent des musiciens le soir, et l'on y passe des soirées merveilleuses au bord du fleuve.

La plupart des plats peuvent être demandés légers en épices (pratique avec des enfants). Prenez le ferry à un arrêt de Thewet pour Saphan Krung Thon. Après le dîner, revenez à Thewet à pied par le pont Krung Thon et contemplez les eaux sombres du Chao Phraya.

Steve Café & Cuisine THAÏLANDAIS $$
(carte p. 102 ; 02 281 0915 ; www.stevecafeand-cuisine.com ; 68 Soi 21, Th Si Ayuthaya ; plats 150-450 B ; 11h-22h30 ; Thewet Pier). Un restaurant raffiné dans une maison ancienne au bord du fleuve, ornée de photos de la famille royale et de célébrités. La salle est flanquée d'un fantastique balcon dominant le Chao Phraya. La carte propose un bon choix de plats thaïlandais et le personnel est sympathique et efficace, même quand Thaïlandais et expatriés arrivent en masse.

Prenez Th Si Ayuthaya et traversez le Wat Thevarat Kunchorn (p. 99) jusqu'au fleuve. Au besoin, demandez le chemin aux passants.

Khinlom Chom Saphan THAÏLANDAIS $$
(carte p. 102 ; 02 628 8382 ; www.khinlom-chomsaphan.com ; 11/6 Soi 3, Th Samsen ; plats 150-450 B ; 11h30-minuit ; Thewet Pier). Les clients apprécient la vue sur le fleuve et les plats savoureux à base de produits de la mer de ce restaurant en plein air. Le Khinlom Chom fait aussi pub. L'endroit est apprécié de la population locale, notamment des familles nombreuses ; appelez pour réserver une table au bord du fleuve.

Nord de Bangkok

Bien qu'un peu éloignée, la banlieue nord de Bangkok peut offrir une savoureuse expérience, avec ses nombreux restaurants qui n'adaptent pas les saveurs des plats au palais des étrangers. La périphérie de la ville est aussi idéale pour goûter la cuisine régionale.

Yusup THAÏLANDAIS $
(carte p. 72 ; 531/12 Kaset-Navamin Hwy ; plats 50-150 B ; 8h30-15h ; Mo Chit sortie 3 et taxi). L'audacieuse enseigne en thaï annonce *rah·chah kôw mòk* ("roi du biryani") et Yusup sert effectivement un parfait biryani, mais aussi une soupe de queue de bœuf aigre et un appétissant *gaang mát·sà·màn* ("curry musulman"). En dessert, goûtez le *roh·đi wăhn*, une galette croustillante semblable à un *paratha* (pain indien), avec lait concentré sucré et sucre – une spécialité riche en glucides !

Pour vous y rendre, prenez un taxi en direction du nord depuis le BTS Mo Chit et demandez au chauffeur d'aller à Kaset Intersection et de tourner à droite dans Th Kaset-Navamin. Yusup est sur la gauche, environ 1 km après le premier feu tricolore.

Kaobahn THAÏLANDAIS $
(carte p. 108 ; 081 442 7777 ; facebook.com/kaobahn ; Aran Bicicletta, 128/10 Soi, Th Phahonyothin ; plats 50-120 B ; 11h-21h ven-mer ; ; Ari sortie 2). Kaobahn signifie, en gros, "cuisine familiale", ce qui décrit bien les plats du centre de la Thaïlande servis ici, savoureux et sans chichi. Il y a un iPad avec des photos des plats : riche curry rouge épicé avec porc, potiron, maquereau grillé avec sauce… Pas d'enseigne en anglais ; repérez la grille métallique noire arborant le n°128/10.

Baan Pueng Chom THAÏLANDAIS $$
(carte p. 108 ; 02 279 4204 ; Soi Chua Chit, près de Soi 7/Ari, Th Phahonyothin ; plats 150-350 B ; 11h-14h et 16h-22h lun-sam ; ; Ari sortie 1). Aujourd'hui, il faut s'aventurer dans la banlieue nord de Bangkok pour trouver un tel restaurant thaïlandais à l'ancienne. Installé dans un jardin digne d'une jungle, Baan Pueng Chom propose une longue carte illustrée de plats parfumés que l'on ne trouve qu'ici. Téléphonez avant si vous voulez manger à l'intérieur.

Khua Kling Pak Sod THAÏLANDAIS $$
(carte p. 108 ; 02 617 2553 ; 24 Soi 5, Th Phahonyothin ; plats 150-400 B ; 11h-14h30 et 17h30-21h30 ; ; Ari sortie 1). La cuisine du sud de la Thaïlande est la plus épicée du pays, alors quitte à suer en mangeant, autant le faire dans le confort et l'élégance de ce restaurant. Découvrez le plat qui a donné son nom à l'endroit, le *khua kling* (curry ultra-épicé d'émincés de viande) ou le *moo hong* (poitrine de porc braisée si parfumée qu'on dirait presque un dessert), spécialité sino-thaïlandaise de Phuket.

Puritan DESSERTS $$

(carte p. 108 ; 46/1 Soi Ari 5, Th Phahonyothin ; desserts à partir de 120 B ; 13h-22h mar-ven, 11h-22h sam-dim ; ; Ari sortie 1). Les lustres, animaux naturalisés, chérubins et antiquités évoquant la vieille Europe valent amplement le coup d'œil, tout en goûtant aux excellents gâteaux et tartes.

Yang Gao Gorn THAÏLANDAIS $$

(carte p. 108 ; 099 024 2021 ; facebook.com/YangGaoGorn ; 3/2 Soi 14, Th Phahonyothin ; plats 80-250 B ; 11h30-22h ; ; Ari sortie 3 et taxi). Aménagé dans une maison cosy nichée dans une rue paisible, Yang Gao Gorn propose une cuisine thaïlandaise familiale – notamment des salades sucrées/salées, de riches currys et des plats sautés épicés –, qui se démarque des restaurants thaïlandais standards. Menu en anglais. Les sympathiques propriétaires, qui parlent anglais, pourront vous aider à faire votre choix.

Anotai VÉGÉTARIEN $$

(carte p. 104 ; 02 641 5366 ; facebook.com/anotaigo ; 976/17 Soi Rama 9 Hospital, Rama IX ; plats 150-300 B ; 10h-21h30 jeu-mar ; ; Phra Ram 9 sortie 3 et taxi). Un vaste choix de plats végétariens d'inspirations thaïlandaise et italienne vous attend dans ce restaurant haut de gamme, établi de longue date et toujours aussi prisé. L'établissement possède son propre marché aux légumes et sa ferme bio, d'où proviennent nombre des ingrédients des plats proposés.

Cantina Wine Bar & Italian Kitchen ITALIEN $$$

(carte p. 108 ; 02 038 5114 ; www.cantinabkk.com ; 4 Soi Ari Samphan 3 ; plats 400-600 B ; 17h-minuit ; ; Ari sortie 3). La popularité croissante du quartier d'Ari fait que s'y installent des tables incontournables. La plupart sont asiatiques, contrastant avec ce restaurant de pizzas et de pâtes gastronomique à l'ambiance décontractée. Des produits de la région garnissent les pizzas napolitaines, les huîtres apparaissent à la carte lorsque c'est la saison, et la carte des vins compte plusieurs pages de crus du monde entier à des tarifs très raisonnables.

Où prendre un verre et faire la fête

La vie nocturne de Bangkok ne se résume pas uniquement aux go-go bars. Comme toute grande métropole internationale, Bangkok offre un large choix de bars et de discothèques allant du plus chic au plus glauque.

Ko Ratanakosin et Thonburi

Comme les restaurants, les bars sont rares à Ko Ratanakosin, même si l'on note une augmentation du nombre de bars d'hôtel le long du fleuve. Heureusement, un saut en taxi suffit à rejoindre le quartier plus animé de Banglamphu. À Thonburi, la vie nocturne est quasi inexistante.

Rooftop BAR

(carte p. 80 ; www.salaresorts.com/rattanakosin ; Soi Tha Tian, 5e ét, Sala Rattanakosin ; 17h-23h ; Tien Pier). Le bar en plein air au sommet de l'hôtel Sala Rattanakosin offre une vue inégalée au couchant sur le Wat Arun, sur la rive opposée. Si vous parvenez à vous frayer un chemin entre les touristes prenant des selfies, essayez de prendre une photo du temple au moment où ses lumières s'allument et où le ciel est encore clair.

Amorosa BAR

(carte p. 80 ; www.arunresidence.com ; 36-38 Soi Pratu Nokyung, Arun Residence ; 17h-minuit ; Tien Pier). Perché au sommet de l'hôtel Arun Residence, Amorosa domine le fleuve juste en face du Wat Arun (p. 75). Si les cocktails sont assez standards, la vue sur les bateaux sillonnant le fleuve royal avec les lumières du Wat Arun en toile de fond au crépuscule est inoubliable.

Banglamphu

Th Khao San est l'une des destinations nocturnes les plus animées. Jadis le terrain de jeu exclusif des voyageurs étrangers, Banglamphu attire depuis quelques années des Thaïlandais, notamment le long de Th Phra Athit. Si le chaos de l'artère principale vous effraie, rabattez-vous sur Soi Ram Buttri et Th Samsen, plus calmes.

♥ Mitramit MAISON DE THÉ

(carte p. 80 ; 32 Th Phra Sumen ; 14h-23h sam-jeu ; Phra Athit/Banglamphu Pier). Ce minuscule établissement, dont le décor revisite avec modernité l'atmosphère pleine de charme des maisons de thé du Bangkok d'autrefois, sert de délicieux mélanges de thés de première qualité provenant de Chine et d'autres régions. Installez-vous à l'une des tables de marbre vert de jade et commandez votre mélange favori, servi avec un assortiment de desserts offerts. Le propriétaire connaît tout de la culture thaïlandaise.

Promenade à pied
Tournée des bars à Banglamphu

DÉPART : SHEEPSHANK
ARRIVÉE : HIPPIE DE BAR
DISTANCE : 1,5 KM ; **DURÉE :** 3 À 6 HEURES

Cette tournée des bars allie vue sur le fleuve, musique live et folies noctambules. Commencez chez 1 **Sheepshank** (carte p. 80 ; www.sheepshankpublichouse.com ; 47 Th Phra Athit ; plats 300-650 B ; 18h-minuit mar-sam ; ; Phra Athit/Banglamphu Pier), un gastropub en bord de fleuve réputé pour ses cocktails classiques. S'il vous reste de la place pour des tapas, longez le fleuve vers l'ouest jusqu'au 2 **Babble & Rum**, l'élégant restaurant-bar en plein air de l'hôtel Riva Surya.

Rejoignez Th Phra Athit, entrez dans Soi Chana Songkhram et prenez à gauche dans Soi Ram Buttri. 3 **Gecko Bar** (carte p. 80 ; angle Soi Chana Songkhram et Soi Ram Buttri ; 10h-1h ; Phra Athit/Banglamphu Pier) est un endroit simple et sympathique pour observer clients et passants. Un peu plus loin, 4 **Madame Musur** permet la même chose, avec en prime des plats savoureux du nord de la Thaïlande.

Il est temps d'ajouter un peu de musique. Prenez Th Chakrabongse (prolongement de Th Samsen) vers le nord jusqu'au bar de blues 5 **Adhere 13th** (p. 150), ouvert de longue date, ou essayez 6 **Molly Bar** (carte p. 80 ; 108 Th Rambuttri ; 17h-2h ; Phra Athit/Banglamphu Pier), sur Th Rambuttri.

Enfin, traversez Susie Walking St jusqu'à Th Khao San. Arrêtez-vous au 7 **Mulligans** (carte p. 80 ; www.mulligansthailand.com ; 256 Th Khao San, Buddy Lodge ; 15h-4h ; Phra Athit/Banglamphu Pier), un bar irlandais du Buddy Lodge, ou observez le défilé des passants depuis 8 **The Roof Bar** (carte p. 80 ; Th Khao San ; 17h-minuit ; Phra Athit/Banglamphu Pier), en hauteur, ou soyez aux premières loges au 9 **Center Khao Sarn**, bruyant et animé. Terminez votre soirée sur une bonne note en vous rendant au 10 **Hippie de Bar**.

Ku Bar BAR

(carte p. 80 ; facebook.com/ku.bangkok ; 3e ét, 469 Th Phra Sumen ; 19h-minuit mer-lun ; klorng-taxi Phanfa Leelard Pier). Pour changer un peu des seaux à alcool et des cocktails à base de Red Bull, allez au Ku Bar, un lieu aux antipodes des établissements de Khao San. Grimpez les étages (repérez la petite enseigne) jusqu'à une étonnante salle minimaliste, où les cocktails de fruits originaux (par exemple : litchi, tomate, ananas/piment) et la musique alternative participent à l'ambiance underground.

Commé BAR

(carte p. 80X ; 100/4-5 Th Phra Athit ; 18h-1h ; Phra Athit/Banglamphu Pier). Vous repérerez ce bar aux motos vintage de l'entrée, si vous n'entendez pas avant la clameur de l'endroit. Institution des hipsters du quartier, c'est un bar avec espace en plein air sur Th Phra Athit où l'on vient boire et faire la bringue à la thaïlandaise.

Babble & Rum BAR

(carte p. 80 ; www.nexthotels.com ; 23 Th Phra Athit, hôtel Riva Surya ; 17h-22h ; Phra Athit/Banglamphu Pier). L'un des bars au bord du fleuve du quartier, où l'on vient profiter de la vue et de l'excellent happy hour.

Macaroni Club BAR

(carte p. 80 ; 36 Th Rambuttri ; 24h/24 ; Phra Athit/Banglamphu Pier). La mode des bars de plage "tiki" envahit Banglamphu de manière inexplicable depuis quelques années (aussi inexplicable que le nom de ce pub). Si c'est votre genre d'endroit, installez-vous avec un cocktail fruité au pied des statues de l'île de Pâques dans un décor tout en bambou.

Madame Musur BAR

(carte p. 80 ; facebook.com/madamemusur ; 41 Soi Ram Buttri ; 8h-minuit ; Phra Athit/Banglamphu Pier). Ce bar combine l'ambiance du nord de la Thaïlande avec celles du film *La Plage* et de Th Khao San. Tout un programme ! Sympa pour boire un verre, papoter et observer les passants, il propose en outre quelques spécialités du Nord à déguster (100-250 B).

The Club CLUB

(carte p. 80 ; facebook.com/theclubkhaosanbkk ; 123 Th Khao San ; ven-sam 120 B ; 21h-3h ; Phra Athit/Banglamphu Pier). En plein cœur de Th Khao San, ce club aux allures de caverne accueille un joyeux mélange d'habitants et de voyageurs à petit budget. Consultez la programmation des soirées et des DJ sur la page Facebook.

Center Khao Sarn BAR

(carte p. 80 ; Th Khao San ; 10h-2h ; Phra Athit/Banglamphu Pier). La terrasse de ce bar est aux premières loges de l'incessant défilé de fêtards sur Th Khao San. Le bar de l'étage accueille des concerts tard le soir.

Phra Nakorn Bar & Gallery BAR

(carte p. 80 ; facebook.com/Phranakornbarandgallery ; 58/2 Soi Damnoen Klang Tai ; 18h-minuit ; klorng-taxi Phanfa Leelard Pier). Très légèrement en retrait de l'animation de Th Khao San, ce bar/galerie d'art est un repaire pour étudiants et artistes thaïlandais, qui se retrouvent dans ce décor éclectique accueillant des expositions changeantes. Un conseil : montez directement au bar sur le toit-terrasse pour profiter d'une cuisine thaïlandaise savoureuse et bon marché.

Hippie de Bar BAR

(carte p. 80 ; 46 Th Khao San ; 15h-2h ; Phra Athit/Banglamphu Pier). Ce bar se démarque par son cadre rétro et sa terrasse, ainsi que par sa playlist indé-pop plus recherchée qu'ailleurs. Bien que situé dans Th Khao San, il attire peu d'étrangers et offre l'occasion de sympathiser avec des Thaïlandais.

Chinatown

Une poignée de bars à l'ambiance arty dans Soi Nana et Th Charoen Krung font enfin de Chinatown une destination nocturne digne d'intérêt, qui plaira plus aux amateurs de conversation et de calme qu'aux fêtards.

Let the Boy Die MICROBRASSERIE

(carte p. 86 ; 425 Th Luang ; 17h-minuit ; M Hua Lamphong sortie 1). Ce tripot au nom étonnant était le premier bar à bières artisanales de Bangkok lors de son ouverture en 2015. La législation thaïlandaise, particulièrement stricte envers la production artisanale de bières, força ensuite l'établissement à fermer pendant 2 ans, avant qu'il ne rouvre sous la forme d'une microbrasserie servant 12 bières à la pression brassées sur place. Goûtez la stout aux arômes de noix ou l'IPA à l'américaine, et mêlez-vous aux autres amateurs de houblon.

Tep Bar BAR

(carte p. 86 ; 69-71 Soi Nana ; 19h-minuit mar-dim ; M Hua Lamphong sortie 1). Qui s'attendrait à trouver à Chinatown un bar aussi élégant et où pourtant on s'amuse. Déco contemporaine d'influence thaïlandaise, spécialités de cocktails corsés et un choix restreint de délicieuses bières de riz font de l'endroit un must du quartier. En-cas de bar savoureux, et concerts tapageurs de folk du jeudi au dimanche.

Tropic City BAR

(carte p. 90 ; www.tropiccitybkk.com ; Soi 28, Th Charoen Krung ; 19h-2h mar-dim ; Si Phraya/River City Pier). Caché dans une ruelle paisible, ce petit paradis où les voyageurs LGBTIQ sont les bienvenus est l'endroit rêvé pour terminer la soirée. Musique psychédélique et *pisco sours* à tomber attirent une foule joviale où se mêlent hipsters et expatriés de longue date. Le petit espace extérieur se remplit dès que l'intérieur est plein.

Pijiu Bar BIÈRES ARTISANALES

(carte p. 86 ; facebook.com/pijiubar ; 16 Soi Nana ; 18h-minuit mar-dim ; Ratchawong Pier, M Hua Lamphong sortie 1). Le Far West rencontre le vieux Shanghai dans ce bar retro classique. La bière ("pijiu" en chinois) est à l'honneur, avec 4 pressions en alternance. Encore mieux, les plateaux de charcuterie (300 B), qui comportent diverses viandes salées et fumées provenant des meilleures épiceries de Chinatown.

Teens of Thailand BAR

(TOT ; carte p. 86 ; 76 Soi Nana ; 19h-minuit mar-dim ; ; M Hua Lamphong sortie 1). Probablement le plus avant-gardiste des bars de Soi Nana, à Chinatown. Une fois franchie la minuscule porte en bois sculpté de cette échoppe reconvertie, on découvre un intérieur aux airs de squat d'artistes où des barmen branchés servent des cocktails créatifs à base de gin accompagnés d'une succession sans fin de bols de noix grillées. Essayez l'infusion de riz au jasmin avec du porto, tout simplement délicieuse.

El Chiringuito BAR

(carte p. 86 ; facebook.com/elchiringuitobangkok ; 221 Soi Nana ; 18h-minuit jeu-dim ; ; M Hua Lamphong sortie 1). Une adresse à l'atmosphère rétro, où il fait bon siroter une sangria ou du gin espagnol et grignoter quelques en-cas devant les occasionnelles expositions d'art. Comme le nom l'indique, l'établissement fait tout à l'espagnole, et vous pourrez donc accompagner vos boissons de tortillas, assortiments de tapas et de *patatas* (pommes de terre).

River Vibe BAR

(carte p. 90 ; 8e ét, River View Guesthouse, près de Soi Charoen Phanit ; 17h30-23h ; ; Marine Department Pier, M Hua Lamphong sortie 1). Si vous n'avez pas les moyens de vous offrir les cocktails onéreux d'une adresse haut de gamme, grimpez au dernier étage de cette pension qui jouit d'une vue splendide sur un méandre du Chao Phraya. La bière la moins chère n'est qu'à 80 B, et il suffit de commander un dîner thaïlandais basique (plats 130-250 B) pour pouvoir s'attarder.

Riverside, Silom et Lumphini

Silom recèle de nombreux pubs animés, bars élégants et clubs branchés, dont beaucoup accueillent sans problème les voyageurs LGBT. D'excellents bars en toit-terrasse vous y attendent également au couchant. Riverside et Lumphini comptent des bars stylés avec terrasses.

Smalls BAR

(carte p. 88 ; facebook.com/smallsbkk ; 186/3 Soi Suan Phlu ; 19h-2h ; S Chong Nonsi sortie 5). Évoquant un authentique club de jazz new-yorkais, le Smalls possède une porte tournante à l'entrée, une déco effrontément surchargée et un agréable toit-terrasse. Fréquentes soirées cuisine à thème (voir la page Facebook) et concerts de jazz le mercredi et le vendredi. Les nombreux cocktails sont corsés, et les verres d'absinthe (excellente) bien remplis.

Vesper BAR

(carte p. 98 ; www.vesperbar.co ; 10/15 Th Convent ; 17h30-1h ; ; M Si Lom sortie 2, S Sala Daeng sortie 2). L'atmosphère classique de ce bar-restaurant est trompeuse ; c'est l'un des débits de boisson les plus animés du quartier d'affaires de Bangkok. Comme son nom l'indique (d'après le fameux Vesper Martini, "inventé" par James Bond), l'accent est mis sur les cocktails, dont plusieurs classiques ressuscités et cocktails vieillis 6 semaines en fût de chêne blanc. Réservez par téléphone pour une table le week-end.

Opus BAR À VINS

(carte p. 98 ; 64 Th Pan ; 18h-minuit ; ; S Surasak sortie 1/3). Ce bar à vins/restaurant italien très classe possède l'une des meilleures caves de Bangkok. Aménagé à l'arrière d'un immeuble de bureaux quelconque, l'endroit attire une clientèle aisée d'amateurs de grands crus, et sert une excellente cuisine italienne à marier avec le vin de votre choix. Shorts, T-shirt et tongs sont interdits.

House on Sathorn BAR

(carte p. 98 ; W Bangkok, 106 Th Sathon Neua/North ; 12h-minuit ; ; Chong Nonsi sortie 1/5). Ce bar élégant, installé dans l'un des plus beaux édifices classés de Bangkok (d'abord un manoir, puis un hôtel, puis l'ambassade d'URSS pendant la guerre froide), propose des cocktails inventifs. L'addition, salée, se justifie par le cadre splendide. Le bâtiment abrite également l'hôtel de luxe W.

Namsaah Bottling Trust BAR

(carte p. 98 ; www.namsaah.com ; 401 Soi 7, Th Silom ; 17h-1h ; ; Si Lom sortie 2, Chong Nonsi sortie 4). Namsaah, véritable ovni de la scène nocturne de Bangkok aménagé dans un manoir restauré repeint en rose vif, possède un décor rétro étonnant mêlant armures de samouraïs et néons. L'endroit est réputé pour ses cocktails classiques revisités (goûtez le mojito mangue-piment) et ses plats savoureux comme le steak de thon de la mer d'Andaman au curry jaune.

Maggie Choo's BAR

(carte p. 90 ; www.maggiechoos.com ; Fenix Silom, 320 Th Silom, sous-sol, Novotel Bangkok ; 19h30-2h ; Surasak sortie 1). Niché dans l'ancienne chambre forte d'une banque, un bar aux airs de fumerie d'opium à l'ancienne, avec passages secrets et femmes se prélassant en robes de soie. Un décor qui ferait presque oublier de commander, et pourtant les cocktails sont inventifs, quoique très sucrés. Spectacles de drag-queens et concerts de jazz certains soirs ; programmation sur le site Internet.

DJ Station GAY

(carte p. 98 ; facebook.com/djstationbangkok ; Soi 2, Th Silom ; à partir de 150 B ; 21h-2h ; Si Lom sortie 2, Sala Daeng sortie 3). L'un des plus légendaires clubs gays de Bangkok – et d'Asie –, à la clientèle composée de Thaïlandais et de quelques Occidentaux. S'il affiche complet, essayez les autres clubs des environs, assez similaires.

Scarlett BAR À VINS

(carte p. 98 ; 188 Th Silom, 37e ét, Hotel Pullman Bangkok ; 18h-1h ;). Cet élégant restaurant et bar à vins, perché au 37e étage du luxueux Hotel Pullman, permet de déguster de bons vins devant un beau panorama sur la ville. Côté cuisine, la France est à l'honneur, avec quelques spécialités italiennes en bonus. Tenue habillée exigée, comme dans la plupart des bars de cette catégorie à Bangkok.

JAM BAR

(carte p. 72 ; www.jambkk.com ; 41 Soi Charoen Rat 1 ; 18h-minuit mar-sam ; ; Surasak sortie 2). Pour changer des bars en toit-terrasse de Silom, faites une halte dans ce repaire indé pour hipsters, l'un des meilleurs en ville. Murs couverts de flyers, concerts réguliers et une impressionnante programmation d'expositions et d'événements mêlant l'intellectuel et l'alternatif ; un lieu idéal pour prendre un verre sans se ruiner et voir un peu d'art. La cuisine mitonne de bons currys de *katsu* (180 B).

Telephone Pub BAR

(carte p. 98 ; 114/11-13 Soi 4, Th Silom ; 18h-1h ; ; Si Lom sortie 2, Sala Daeng sortie 1). Ouvert il y a des années, Telephone est avant tout connu pour les téléphones connectés entre eux qui trônaient jadis sur chaque table et permettaient la drague à distance. La plupart des téléphones ont disparu, mais la popularité de l'endroit demeure. La clientèle est essentiellement composée d'hommes blancs de plus de 30 ans accompagnés de leurs “amies” thaïlandaises. Préférez les bières, bien fraîches, aux cocktails quelconques.

Viva & Aviv BAR

(carte p. 90 ; www.vivaaviv.com ; 23 Th Yotha, River City ; 12h-minuit ; ; Si Phraya/River City Pier). Un emplacement enviable au bord du fleuve fait de ce bar-restaurant l'une des meilleures adresses de Bangkok au coucher du soleil. On peut s'installer dehors le long d'une agréable promenade sur le fleuve ou dans la salle au décor de bois et de métal. Cocktails rafraîchissants, comme le diplo rhum-orange (345 B). Au rez-de-chaussée de River City.

Wong's Place BAR

(carte p. 88 ; 27/3 Soi Si Bamphen ; 21h-tard mar-dim ; Lumphini sortie 1). Petit, poussiéreux et légèrement malodorant, ce tripot rappellera aux baroudeurs de longue date le début des années 1980. Avant tout connu pour fermer tard, l'endroit fait dans la fonctionnalité plutôt que la finesse, et ce n'est pas la peine de venir avant 1h. Consos bon marché, et le bar ne ferme qu'une fois les derniers clients partis.

L'ÂGE DE LA BIÈRE ARTISANALE

Autour de l'année 2016, Bangkok s'est soudainement éprise de la bière artisanale. S'attaquant à un marché dominé par les géants de la bière tels que Singha, Chang et Leo, les microbrasseries se sont taillé une niche en produisant ales et stouts en éditions limitées, à destination des connaisseurs. La mode a pris et on estime aujourd'hui à plus d'une centaine le nombre de bars à bière et de microbrasseries en Thaïlande, dont la plupart à Bangkok.

Il est pourtant théoriquement interdit en Thaïlande de produire de la bière en petites quantités, mais de nouvelles jurisprudences ont permis à certaines brasseries de vendre de la bière artisanale, à condition de ne la servir qu'à la pression, et pas en bouteilles. Mais il suffit d'aller dans n'importe quel supermarché pour être ébahi par le nombre de bières artisanales vendues en bouteilles. Chalawan, Chatri, Liger, Red Truck, Whale, Bussaba – les labels sont aussi variés que les styles allant de *weizens* (bières de blé) légères aux stouts au goût de noix et aux IPA délicieusement houblonnées. Ceci est possible grâce à l'ingéniosité de ces brasseurs, qui ont tout simplement installé leurs brasseries et usines de conditionnement dans des pays voisins, et importent leur production en Thaïlande légalement. Un procédé qui fait bien sûr grimper les prix, mais cela ne semble pas avoir d'impact sur la popularité de ces bières dans les bars de Bangkok.

La bière artisanale reste bien sûr une niche sans impact substantiel sur le marché de la bière grand public. Mais en attendant la légalisation en Thaïlande de leur activité, les microbrasseurs de Bangkok continuent de s'investir avec passion dans leur art, offrant un choix toujours plus varié de bières dans la capitale.

Balcony GAY
(carte p. 98 ; www.balconypub.com ; Soi 4, Th Silom ; 17h30-2h ; ; M Si Lom sortie 2, S Sala Daeng sortie 1). Installé sur Soi 4, un pub gay établi de longue date avec spectacles de drag queens occasionnels. Les pichets de 3 litres de bière en font l'endroit idéal pour venir avec un groupe d'amis, de même que les événements à thème allant de soirées fromages à des soirées quizz. Programmation sur le site Internet.

Siam Square, Pratunam, Phloen Chit et Ratchathewi

Le secteur le plus central de Bangkok abrite peu de bars.

Mitr Bar MICROBRASSERIE
(carte p. 96 ; angle Th Rang Nam et Th Phayathai, 2e ét ; 17h-minuit ; S Victory Monument sortie 2). Tenu par des brasseurs passionnés, ce pub sans prétention mais de première qualité attire une clientèle fidèle d'amateurs de bonnes bières. Mitr, l'une des rares microbrasseries en ville, se démarque de la concurrence avec deux fantastiques hydromels maison. Choix restreint d'en-cas.

Hair of the Dog BIÈRES ARTISANALES
(carte p. 92 ; www.hairofthedogbkk.com ; 888/26 Th Phloen Chit, 1er ét, Mahathun Plaza ; 17h-minuit lun-sam ; S Phloen Chit sortie 2). Ce bar presque caché incarne l'engouement pour la bière artisanale qui a envahi Bangkok ces dernières années. Avec la morgue pour thème, des dizaines de bouteilles et 13 pressions en alternance, c'est un endroit idéal pour une soirée déjantée. La sélection de "bières du mois" remporte généralement un franc succès.

CRU Champagne Bar BAR SUR LE TOIT
(carte p. 92 ; 02 100 6255 ; www.centarahotelsresorts.com ; 999/99 Rama I, 59e ét, Centara Grand, CentralWorld ; 17h-1h ; S Sky Walk via Chit Lom sortie 1). Bangkok ne manque pas de bars sur le toit, et celui-ci est l'un des plus haut perchés. Un verre de champagne ou un cocktail aux fruits frais à la main, contemplez le panorama à 360° depuis le 59e étage. Pas de shorts pour les hommes, pas de tongs ni de débardeurs.

Red Sky BAR
(carte p. 92 ; www.centarahotelsresorts.com ; 999/99 Rama I, 55e ét, Centara Grand, CentralWorld ; 18h-1h ; S Sky Walk via Chit Lom sortie 9). Perché au 55e étage d'un gratte-ciel au cœur du centre moderne de Bangkok, Red Sky offre une vue éblouissante. La grande arche rouge, très spectaculaire, et le verre à profusion donnent au bar une ambiance plus chic que sur beaucoup d'autres toits de Bangkok.

Sky Train Jazz Club BAR
(carte p. 96 ; angle Th Rang Nam et Th Phayathai, niv terrasse ; 17h-2h ; Victory Monument sortie 2). Ce bar fait plus penser à un repaire de sérieux buveurs qu'à un club de jazz, même s'il y a bien une vue sur le BTS, du jazz en live certains soirs et une ambiance de bar clandestin à l'ancienne. Repérez l'enseigne, puis montez l'escalier couvert de graffitis et dépassez le Mitr Bar jusqu'à rejoindre le toit.

Glen Bar BAR
(carte p. 96 ; 8/2 Th Rang Nam, 1er ét, Pullman Bangkok King Power ; 18h-1h ; Victory Monument sortie 2). Si l'ambiance à la fois haut de gamme et relax et les sessions DJ ne suffisent pas à vous convaincre de vous aventurer hors de Sukhumvit, sachez que le Glen Bar est sans doute l'adresse la moins chère en ville pour déguster des vins de premier ordre. Fréquentes offres spéciales sur des en-cas allant de fromages d'importation à des plateaux de charcuterie et de tapas.

Thanon Sukhumvit

Th Sukhumvit recèle nombre des bars et des clubs les plus sophistiqués de Bangkok, ainsi que des microbrasseries et des bars à bières artisanales.

♥ **Studio Lam** BAR, CLUB
(carte p. 104 ; facebook.com/studiolambangkok ; 3/1 Soi 51, Th Sukhumvit ; 18h-1h mar-dim ; Thong Lo sortie 3). Extension de la maison de disques ultrabranchée ZudRangMa, l'établissement possède une sono de style jamaïcaine fabriquée sur mesure pour les DJ sets de musique thaïlandaise rétro et internationale et les concerts occasionnels. Le bar concocte ses propres infusions (gingembre, rhubarbe, etc.), qui agrémentent les cocktails maison d'arômes inimitables. L'endroit est plein à craquer le week-end.

♥ **WTF** BAR
(carte p. 104 ; www.wtfbangkok.com ; 7 Soi 51, Th Sukhumvit ; 18h-1h mar-dim ; ; Thong Lo sortie 3). Apprécié des bobos du coin et des expatriés, le WTF est un bar de quartier accueillant, assorti d'une galerie d'art. Ses cocktails à l'ancienne et ses en-cas savoureux, ainsi que son programme d'événements (concerts de musique, DJ sets, lectures de poésie, expositions), en font un lieu incontournable, tout comme ses *negroni* avec une pointe d'épices, de loin les meilleurs de Bangkok.

♥ **Tuba** BAR
(carte p. 72 ; facebook.com/tubabkk ; 34 Room 11-12 A, Soi Thong Lor 20/Soi Ekamai 21 ; 11h-2h ; Ekkamai sortie 1/3 et taxi). À la fois dépôt de meubles vintage extravagants, restaurant et petit bar sympathique, cet établissement décalé ne manque pas de caractère ni d'ambiance. Commandez une bouteille entière (on vous la mettra de côté pour votre prochain passage si vous ne la terminez pas) et régalez-vous d'ailes de poulet ou de *lâhp*.

Tasting Room by Mikkeller MICROBRASSERIE
(carte p. 104 ; www.tastingroombkk.com ; 26 Yaek 2, Soi Ekamai 10 ; 17h-minuit ; Ekkamai sortie 1/3 et taxi). Ces brasseurs danois "nomades" font beaucoup parler d'eux. Installés à Bangkok, ils proposent une trentaine de bières pression : de la locale (Sukhumvit Brown Ale) à la plus étonnante (Beer Geek, une stout d'avoine à 13% d'alcool). Atmosphère sympathique et bons en-cas.

Havana Social Club CLUB
(carte p. 104 ; facebook.com/pg/havanasocialbkk ; Soi 11, Th Sukhumvit ; 18h-2h). Repérez la cabine téléphonique, composez le numéro secret (le portier vous aidera) et pénétrez dans la Havane d'avant la révolution. Mi-bar, mi-club, Havana conjugue musique live, cocktails délicieux et clientèle à majorité expatriée et impatiente d'envahir la piste de danse. Shorts, sandales, tongs et sacs à dos interdits – élégance de rigueur pour entrer.

Q&A Bar BAR
(carte p. 104 ; 02 664 1445 ; www.qnabar.com ; 235/13 Soi 21/Asoke, Th Sukhumvit ; 19h-2h ; Phetchaburi sortie 1). Imaginez un wagon-restaurant ou un salon d'aéroport des années 1950, et vous aurez une idée de l'intérieur très original du Q&A. La courte carte des cocktails semble peu conventionnelle, mais bonnes manières et tenues soignées sont de mise. Réserver une table est une bonne idée.

Sky on 20 BAR SUR LE TOIT
(carte p. 104 ; 02 009 4999 ; www.novotelbangkoksukhumvit20.com ; 26e ét, Novotel, 19/9 Soi Sukhumvit 20 ; 17h-1h ; ; Phrom Phong sortie 2). Endroit décontracté pour un cocktail (250 B en moyenne) au coucher du soleil, ce bar en plein air avec musique électro possède des canapés circulaires et des fauteuils surplombant Sirikit Lake et Benjasiri Park. Les boissons composées

BARS SUR LES TOITS

À Bangkok, l'installation de bars au sommet des gratte-ciel relève plus de la règle que de l'exception. La ville est même réputée pour ses bars en toit-terrasse, dont certains des meilleurs se trouvent aux alentours de Th Sathon et Th Silom, avec vue sur le Chao Phraya, les gratte-ciel et quelques parcs.

Notez que presque tous ceux des hôtels appliquent un code vestimentaire strict, interdisant l'accès aux personnes en short et/ou portant des sandales.

Moon Bar (Vertigo ; carte p. 88 ; www.banyantree.com ; 21/100 Th Sathon Tai/South, 61e ét, Banyan Tree Hotel ; 17h-1h ; M Lumphini sortie 2). Dans ce bar, seule une rambarde, très basse, sépare les clients de la rue, 61 étages plus bas. Perché au sommet du Banyan Tree Hotel, le Moon Bar s'enorgueillit d'être l'un des bars en plein air les plus hauts du monde.

Park Society (carte p. 88 ; 2 Th Sathon Neua/North, 29e ét, Sofitel So ; 18h-23h ; M Lumphini sortie 2). En regardant en contrebas le verdoyant parc Lumphini encadré de gratte-ciel, on ne peut s'empêcher de comparer Bangkok à Manhattan. Les tarifs des boissons de ce bar, situé 29 étages au-dessus du sol, rappellent aussi New York malgré les promotions mensuelles.

Sky Bar (carte p. 90 ; www.lebua.com ; 1055 Th Silom, 63e ét, State Tower ; 18h-1h ; Sathorn/Central Pier, S Saphan Taksin sortie 3). Un escalier hollywoodien conduit à ce bar dominant les toits et le Chao Phraya. C'est le bar typique de Bangkok – des scènes de *Very Bad Trip 2* y ont été tournées – et la vue est sublime, même si l'on peut regretter les prix excessifs et les clients qui prennent frénétiquement des photos.

Three Sixty (carte p. 90 ; 02 442 2000 ; 123 Th Charoen Nakhorn, Millennium Hilton ; 17h-1h ; Sathorn/Central Pier et navettes fluviales des hôtels). Officiellement un club de jazz, ce bar sur le toit offre une vue panoramique sur Bangkok par-dessus le Chao Phraya, pour une perspective différente sur la métropole.

de délicieux jus de fruits locaux dominent la carte. Le toit escamotable permet d'éviter les averses pendant la saison des pluies.

Golden Coins Taproom MICROBRASSERIE
(carte p. 104 ; Ekamai Mall, Soi Ekamai 10 ; 17h-minuit ; S Ekkamai sortie 1/3 et taxi). Cette microbrasserie, l'une des plus anciennes de Thaïlande, propose 6 bières pression au choix, dont une stout aux notes sucrées et une IPA pas trop houblonnée qui s'accorde parfaitement avec la carte de grillades à l'américaine.

Brewski BAR SUR LE TOIT
(carte p. 104 ; 02 302 3333 ; 489 Th Sukhumvit, Soi 27, 30/F Radisson Blu Plaza ; 17h-1h ; ; S Asok sortie 3). “Bar sur le toit” va souvent de pair avec une addition salée, mais pas chez Brewski. Avec des boissons (surtout des bières) débutant à 90 B, c'est l'endroit idéal pour passer une soirée paisible 30 étages au-dessus de la clameur de Sukhumvit. Le bar est garni d'une centaine de bières et cidres artisanaux, plus une dizaine à la pression, dont la Vedett Extra White et la Wild Turkey Bourbon Stout.

Perchez-vous sur un des tabourets de bar du balcon et, en cas de fringale, commandez un burger au bœuf wagyu ou une saucisse thaïlandaise de l'Isan. Offres spéciales et promotions du moment sur le site Internet.

Ink & Lion CAFÉ
(carte p. 104 ; facebook.com/inkandlioncafe ; 1/7 Soi Ekamai 2, Th Sukhumvit ; 9h-18h ; S Ekkamai sortie 1/3). Installée dans le charmant quartier d'Ekkamai, cette adresse intimiste, aux murs ornés d'œuvres changeantes d'artistes locaux, sert des cafés corsés et de délicieux cocktails sucrés soja-miel. L'établissement torréfie sur place des cafés en édition limitée, et vend également des délices sucrés, comme du gâteau à la noix de coco, de la boulangerie voisine Size S Bakery.

Taproom BIÈRES ARTISANALES
(carte p. 104 ; www.taproombkk.com ; 51 Soi 26 (Soi Ari), Th Sukhumvit ; 17h-minuit ; S Phrom Phong sortie 4). La bière artisanale n'a jamais été autant à la mode à Bangkok, ce qu'illustre à merveille cette adresse. On peut y déguster 26 bières à la pression, régulièrement renouvelées et comprenant des grands classiques de chez BrewDog, Flying Dog, Stone ou encore Hitachino. Concerts acoustiques en semaine et DJ le week-end.

Backstage BAR

(carte p. 104 ; facebook.com/backstagecocktailbarbkk ; 205/22-23 Soi 55, Th Sukhumvit ; ⏲19h-1h ; Ⓢ Thong Lo sortie 1/3 et taxi). Ce bar, affilié au boutique-hôtel Playhaus, est fidèle au thème de l'hôtel avec un décor évoquant les loges d'un théâtre, le bar étant caché derrière d'épais rideaux de velours et les cocktails du jour gribouillés sur des miroirs. Un personnel expérimenté y concocte des cocktails classiques revisités, comme l'inventif Earthbeet, aux arômes boisés (tequila infusée à la betterave, Campari et mezcal).

Sing Sing Theater BAR

(carte p. 104 ; www.singsingbangkok.com ; Soi 45, Th Sukhumvit ; ⏲21h-tard mar-dim ; Ⓢ Thong Lo sortie 1). Des danseuses vêtues de robes traditionnelles chinoises ou de combinaisons spatiales (ça dépend des soirs) flottent entre les salles secrètes, les podiums et la minuscule piste de danse de ce bar-club merveilleusement surréaliste à l'énergie communicative. Les cocktails corsés ne feront qu'amplifier l'impression de se retrouver dans une fumerie d'opium chinoise.

Beam CLUB

(carte p. 104 ; www.beamclub.com ; 72 Courtyard, 72 Soi 55/Thong Lor, Th Sukhumvit ; ⏲20h-2h mer-sam ; Ⓢ Thong Lo sortie 1/3 et taxi). D'éminents DJ aux platines, une clientèle variée et une piste de danse bondée font de Beam le club du moment à Bangkok. Événements spéciaux sur le site Internet.

Black Amber Social Club BAR

(carte p. 104 ; facebook.com/blackambersocialclub ; Soi 55/Thong Lor 6 ; ⏲12h-2h ; Ⓢ Thong Lo sortie 1/3 et taxi). Black Amber est un secret bien gardé que nous hésitons à révéler. Atmosphère sombre et formelle (le décor comprend un squelette complet d'autruche), barmen aux moustaches et coiffures élaborées (le bar est affilié à un barbier du même nom) et une carte des boissons qui fait la part belle au whisky – tout se conjugue pour donner au lieu une ambiance de bar clandestin à l'ancienne.

Iron Balls Distillery & Bar BAR

(carte p. 104 ; Parklane, Soi 63/Ekamai, Th Sukhumvit ; ⏲18h-2h ; Ⓢ Ekkamai sortie 1/3). Tubes en cuivre, objets anciens hétéroclites, plafond en zinc et rangées de fioles forment le décor de l'un des bars les plus extravagants de Bangkok. Une distillerie adjacente approvisionne le bar servant des cocktails largement à base de gin.

J Boroski Mixology BAR

(carte p. 104 ; www.josephboroski.com ; près de Soi 55/Thong Lor, Th Sukhumvit ; ⏲19h-2h ; 📶 ; Ⓢ Thong Lo sortie 1/3 et taxi). Pas d'adresse précise, pas de carte des cocktails… J. Boroski, mixologue, a décidé de créer l'équivalent moderne d'un *speakeasy* de la Prohibition. Expliquez vos goûts au barman et laissez-le combiner alcools de première qualité et ingrédients secrets pour concocter un cocktail que vous n'oublierez pas de sitôt. Dans une ruelle sans nom près de Soi Thong Lor 6.

Walden BAR

(carte p. 104 ; 7/1 Soi 31, Th Sukhumvit ; ⏲19h-1h mar-sam ; Ⓢ Phrom Phong sortie 5). Un bar au cadre hyperminimaliste que les fines touches japonaises rendent particulièrement accueillant. La brève carte affiche des "highballs" (cocktails) à la mode nippone, des bières artisanales des États-Unis et de simples, mais délicieux, en-cas.

Badmotel BAR

(carte p. 104 ; facebook.com/badmotel ; 331/4-5 Soi 55/Thong Lor, Th Sukhumvit ; ⏲17h-1h ; Ⓢ Thong Lo sortie 1/3 et taxi). Badmotel est parvenu à séduire les lanceurs de mode de Bangkok en mêlant le moderne et le kitsch, le cosmopolite et le thaïlandais, avec des cocktails combinant rhum et Hale's Blue Boy (soda préféré des enfants thaïlandais) et des en-cas comme le *nám prík òng*, sauce du nord de la Thaïlande dans laquelle on trempe des *papadums* (fines galettes indiennes).

Above 11 BAR

(carte p. 104 ; www.aboveeleven.com ; Soi 11, Th Sukhumvit, 33e ét, Fraser Suites Sukhumvit ; ⏲18h-2h ; Ⓢ Nana sortie 3). Un bar sur le toit sophistiqué, avec vue sur le quartier le plus cosmopolite de Bangkok, DJ sets et de savoureux plats et en-cas d'Amérique latine. Les *pisco sours* ont un franc succès auprès des expatriés.

Thewet et Dusit

Hormis les restaurants au bord du fleuve, qui font également bars en plein air, la vie nocturne est quasi-inexistante dans cette partie de la ville. Mais Banglamphu et Th Khao San ne sont qu'à quelques minutes à pied ou en taxi.

Post Bar BAR

(carte p. 80 ; 161 Th Samsen ; 19h-1h ; Thewet Pier). Ressemblant à s'y méprendre à un bazar chinois, l'intérieur en bois sombre tout en longueur du Post Bar est orné d'un bric-à-brac thaïlandais rétro-kitsch. Sur fond de classiques du rock, une clientèle essentiellement thaïlandaise boit en grignotant des en-cas délicieusement acidulés.

Nord de Bangkok

Si le nord de Bangkok est très vaste, la vie nocturne se concentre dans et autour de l'artère connue sous le nom de Royal City Avenue. Le quartier surnommé Ari accueille aussi un nombre croissant de restaurants chics doublés de bars.

O'glee BAR

(carte p. 108 ; facebook.com/ogleeari1 ; Soi Ari 1, Soi 7/Ari, Th Phahonyothin ; 17h30-minuit ; S Ari sortie 3). Le nom et le décor évoquent vaguement un bar irlandais. Mais, plutôt que des trèfles et autres clichés, on y trouve un excellent choix de bières artisanales importées – bouteilles et pressions –, servies par une charmante famille thaïlandaise, ainsi que des en-cas délicieux.

Aree BAR

(carte p. 108 ; angle Soi Ari 4/Nua & Soi 7/Ari, Th Phahonyothin ; 18h-1h ; S Ari sortie 3). Briques nues, épais tapis et éclairage chaleureux : l'ambiance est plus cosy que dans les bars standards de Bangkok. Concerts (à partir de 20h du mardi au dimanche), en-cas thaïlandais contemporains et carte des boissons bien fournie.

Fake Club The Next Gen CLUB GAY

(carte p. 108 ; facebook.com/fakeclubthenextgen ; 222/32 Th Ratchadaphisek ; 20h-2h ; M Sutthisan sortie 3). Institution gay établie de longue date, loin du quartier LGBT de Th Silom. Musique live, chorégraphies kitsch et lasers.

☆ Où sortir

Boxe thaïlandaise (*muay thai*)

Rajadamnern Stadium BOXE THAÏLANDAISE

(สนามมวยราชดำเนิน ; carte p. 80 ; www.rajadamnern.com ; près de Th Ratchadamnoen Nok ; tickets 3e/2e classe/classe club/1er rang 1 000/1 500/1 800/2 000 B ; matchs 18h30 lun, mer-jeu, 15h et 18h30 dim ; Thewet Pier, S Phaya Thai sortie 3 et taxi). La plus ancienne et la plus vénérable des salles de *muay thai* (boxe thaïlandaise) de Bangkok. Achetez vos places en ligne ou à la billetterie officielle, et non auprès des revendeurs de rue qui rôdent devant l'entrée.

BOXE THAÏLANDAISE

Le Phahuyut (en pali, *bahu* signifie "bras" et *yudh* "combat"), plus communément appelé *muay thai*, est un art martial thaïlandais très ancien devenu l'un des emblèmes du royaume. De nombreux adeptes des arts martiaux le considèrent comme la forme de combat à mains nues la plus efficace jamais imaginée.

Après la défaite du Siam à Ayutthaya, en 1767, plusieurs experts de *moo·ay boh·rahn* (dont le *muay thai* est dérivé) comptaient parmi les prisonniers déportés en Birmanie. Quelques années plus tard, lors de festivités royales, un des combattants thaïlandais, Nai Khanom Tom, fut sommé d'affronter certains des meilleurs boxeurs birmans pour le bon plaisir du roi et pour déterminer lequel de ces arts martiaux était le plus efficace. Nai Khanom Tom envoya au tapis 9 adversaires successifs. Selon la légende, on lui offrit alors en récompense de l'argent ou des jeunes femmes. Aujourd'hui encore, un festival de boxe thaïlandaise d'Ayutthaya porte le nom du combattant thaïlandais.

À l'origine, les poings des combattants étaient bandés d'épaisses lanières en cuir de cheval afin de protéger leurs phalanges tout en maximisant l'impact des coups. On utilisait également de l'écorce et des coquillages pour se protéger l'entrejambe. Cependant la fréquence des morts et blessures graves conduisit le gouvernement thaïlandais à interdire le *muay thai* dans les années 1920. Le sport connut un nouvel essor à partir des années 1930, grâce à la modernisation de sa pratique. Les combats sont désormais limités à 5 rounds de 3 minutes, avec des pauses de 2 minutes. Les combattants doivent porter gants et shorts à l'occidentale, et se bander les pieds. En revanche, il reste permis de frapper toutes les surfaces du corps, excepté avec la tête. Il est donc fréquent de voir des coups de pied hauts dans le cou, des coups de coude au visage et à la tête, des coups de genou dans les côtes et des coups de pied bas dans les mollets.

L'entrée est gratuite pour les enfants de moins d'1,20 m, mais attention, les combats sont souvent sanglants. À droite de la billetterie, la boutique de souvenirs (ouverte pendant les combats) vend accessoires variés et objets liés au *muay thai*, notamment des gants et shorts chamarrés portés par les combattants.

Lumpinee Boxing Stadium BOXE THAÏLANDAISE
(สนามมวยลุมพินี ; ☎02 282 3141 ; www.lumpineemuaythai.com ; 6 Th Ramintra ; tickets 3e/2e classe/1er rang 1 000/1 500/2 000 B ; ⏲matchs mar et ven 18h, sam 16h et 20h ; Ⓜ Chatuchak Park sortie 2 et taxi, Ⓢ Mo Chit sortie 3 et taxi). L'autre salle majeure pour la boxe thaïlandaise, dans un bâtiment moderne très au nord du centre.

Cinéma

♥ **Major Cineplex** CINÉMA
(carte p. 92 ; ☎02 129 4635 ; www.majorcineplex.com ; Th Rama I, 5e ét, Siam Paragon ; Ⓢ Siam sorties 3/5). Outre le plus grand écran IMAX de Thaïlande, vous pourrez découvrir ici le Blue Ribbon Screen, une salle de 72 places où l'on vous distribuera gratuitement des couvertures, des coussins, des en-cas et des boissons, et où l'on vous prodiguera un massage de 15 minutes. Dans la salle Enigma, les spectateurs auront droit à des banquettes pour amoureux, des cocktails et des en-cas.

Apex Scala CINÉMA
(carte p. 92 ; ☎02 251 2861 ; Soi 1, Siam Sq ; Ⓢ Siam sortie 2). Doté d'une seule salle, ce cinéma visiblement sorti tout droit des années 1960 programme films hollywoodiens contemporains et classiques du cinéma.

Bangkok Screening Room CINÉMA
(carte p. 88 ; www.bkksr.com ; 1/3-7 Soi 1, Sala Daeng ; ⏲séances 16h15-20h30 mar-jeu, 15h15-20h30 ven-sam ; Ⓜ Si Lom sortie 2). Si Bangkok ne manque pas d'atouts (climat idéal, bars fantastiques, cuisine délicieuse, tarifs attractifs), on ne peut pas dire que le cinéma en fasse partie. C'est ce que la Bangkok Screening Room tente de changer, avec une programmation de films indépendants faisant la part belle aux jeunes réalisateurs thaïlandais.

Réservez la veille (la salle ne compte que 50 places) et prenez une bière artisanale avant de vous installer.

Le cinéma organise chaque année le festival du film LGBT de Bangkok, généralement en juillet.

House Samyan CINÉMA
(carte p. 104 ; www.housesamyan.com/site ; Ⓜ Phetchaburi sortie 1 et taxi). House, le plus ancien et le plus grand des cinémas d'art et essai de Bangkok, a déménagé, mais il programme toujours de nombreux films étrangers à des années-lumière de Hollywood. Programmation à jour sur la page Facebook.

Concerts

♥ **Brick Bar** MUSIQUE LIVE
(carte p. 80 ; www.brickbarkhaosan.com ; sous-sol, Buddy Lodge, 265 Th Khao San ; 150 B sam-dim ; ⏲20h-2h ; ⛴ Phra Athit/Banglamphu Pier). Ce pub en sous-sol, un des lieux les plus prisés pour assister à des concerts, accueille chaque soir des groupes divers et un public presque exclusivement thaïlandais, qui finit souvent par danser sur les tables. Arrivez tôt car il peut y avoir un monde fou.

GO-GO BARS

Illégale, la prostitution existe pourtant au grand jour à Bangkok, et, vu l'influence du crime organisé et des pots-de-vin, il faudra du temps avant que les lois existantes soient appliquées. Toutefois, en dépit de l'image véhiculée par la plupart des médias occidentaux, les quartiers chauds de Bangkok ne sont pas complètement gangrenés par la délinquance et l'exploitation humaine (même si ces aspects existent bel et bien), mais sont plutôt le royaume du mauvais goût et de la monotonie.

Patpong (carte p. 98 ; Th Phat Phong et Soi Phat Phong 2 ; ⏲18h-2h ; Ⓜ Si Lom sortie 2, Ⓢ Sala Daeng sortie 1), qui a gagné en notoriété au cours des années 1980 grâce à ses spectacles sexuels débridés, est aujourd'hui une sorte de cirque s'adressant plus aux touristes curieux qu'aux pervers. **Soi Cowboy** (carte p. 104 ; Soi Cowboy ; ⏲16h-2h ; Ⓜ Sukhumvit sortie 2, Ⓢ Asok sortie 3) et **Nana Entertainment Plaza** (carte p. 104 ; Soi 4, Th Sukhumvit ; ⏲16h-2h ; Ⓢ Nana sortie 2) sont les véritables institutions du sexe payant. Mais l'industrie du sexe ne s'adresse pas seulement aux Occidentaux. Th Thaniya, près de Th Silom, compte nombre de salons de massage pour visiteurs et expatriés japonais, tandis que les immenses salons de massage de la périphérie de Bangkok attirent presque uniquement des clients thaïlandais.

RCA

Morne alignement de bureaux en journée, Royal City Avenue (RCA) se métamorphose les vendredis et samedis soir en l'un des lieux de vie nocturne les plus fréquentés de Bangkok, dont certains mégaclubs attirent des milliers de personnes. Sachez toutefois que ces derniers demandent souvent une pièce d'identité et appliquent un code vestimentaire (ni short ni sandales).

Onyx (carte p. 104 ; facebook.com/onyxbkk ; RCA/Royal City Ave ; 500 B ; 21h-2h ; M Phra Ram 9 sortie 3 et taxi). Sans doute le club le plus sophistiqué de RCA, comme l'attestent le droit d'entrée élevé et la clientèle tirée à quatre épingles. Consultez le programme des soirées DJ sur la page Facebook.

Route 66 (carte p. 104 ; www.route66club.com ; 29/33-48 RCA/Royal City Ave ; 300 B ; 21h-2h ; M Phra Ram 9 sortie 3 et taxi). Si ce vaste club existe depuis aussi longtemps que RCA, de fréquents agrandissements et relookings l'ont maintenu au goût du jour. Le hip-hop domine, mais il compte plusieurs niveaux à thème (pop thaïlandaise, concerts...).

NOMA BKK (Now Our Mother's Angry ; carte p. 104 ; facebook.com/NOMABKK ; 21/66 RCA/Royal City Ave ; 19h-2h ; M Phra Ram 9 sortie 3 et taxi). Ce bar branché à l'ambiance détendue sert de la bière pas chère et organise parfois concerts et improvisations de hip-hop. Très prisé des jeunes créatifs de Bangkok.

♥ Bamboo Bar — MUSIQUE LIVE

(carte p. 90 ; 02 659 9000 ; www.mandarinoriental.com ; 48 Soi 40/Oriental, Mandarin Oriental ; 17h-0h30 dim-jeu, 17h-1h30 ven-sam ; Oriental Pier). En activité depuis plus de 65 ans, le Bamboo Bar du Mandarin Oriental reste l'un des meilleurs endroits pour écouter du jazz. Artistes venus du monde entier – consultez le site Internet pour savoir qui s'y produit ; concert à 21h tous les soirs.

♥ The Living Room — MUSIQUE LIVE

(carte p. 104 ; 02 649 8888 ; www.thelivingroomatbangkok.com ; 250 Th Sukhumvit, 1er ét, Sheraton Grande Sukhumvit ; 18h-minuit ; M Sukhumvit sortie 3, S Asok sortie 2). Ne vous fiez pas aux apparences : tous les soirs, ce salon d'hôtel assez morne se transforme en excellent club de jazz. Fidèle à son nom, il comporte des canapés douillets à portée d'oreille de la musique. Renseignez-vous pour savoir quel musicien est de passage en ville. Après 20h30, l'entrée est payante (300 B).

Saxophone Pub & Restaurant — MUSIQUE LIVE

(carte p. 96 ; 02 246 5472 ; www.saxophonepub.com ; 3/8 Th Phayathai ; 18h-2h ; S Victory Monument sortie 2). Voici 30 ans que Saxophone occupe le centre de la scène musicale de Bangkok. Dans cet espace sombre et intimiste, les fauteuils se trouvent à quelques mètres à peine de la scène. On peut aussi assister aux concerts de blues, jazz, rock et reggae depuis le balcon.

Tawandang German Brewery — MUSIQUE LIVE

(carte p. 72 ; www.tawandang.com ; angle Rama III et Th Naradhiwas Rajanagarindra ; 17h-1h ; S Chong Nonsi sortie 5 et taxi). C'est la fête de la bière toute l'année dans cette immense salle de concerts et microbrasserie. La cuisine germano-thaïlandaise est bonne, les bières maison sont très correctes, et les concerts quotidiens (à partir de 20h30) une invitation à chanter.

Parking Toys — MUSIQUE LIVE

(carte p. 72 ; 02 907 2228 ; 17/22 Soi Mayalap, près de Kaset-Navamin Hwy ; 19h-2h ; M Chatuchak Park sortie 2 et taxi, S Mo Chit sortie 3 et taxi). Parking Toys, l'un des meilleurs endroits du nord de Bangkok pour écouter de la musique, accueille beaucoup de bons groupes, de la formation classique/acoustique au bœuf d'électro-funk.

Prenez un taxi vers le nord depuis le BTS Mo Chit (ou le MRT Chatuchak Park) et allez à Kaset Intersection et tournez dans Th Kaset-Navamin ; Parking Toys est juste après le deuxième feu.

jazz happens! — MUSIQUE LIVE

(carte p. 80 ; 62 Th Phra Athit ; 17h-minuit ven-mer ; ; Phra Athit/Banglamphu Pier). Affiliée à l'université Silpakorn, la plus réputée des écoles d'arts de Thaïlande, cette minuscule salle de concerts accueille des musiciens émergents avec 4 concerts presque tous les soirs. Ajoutez à cela boissons et un choix dithyrambique d'en-cas de bar, et vous êtes sûr que la soirée sera réussie.

Brown Sugar MUSIQUE LIVE
(carte p. 80 ; www.brownsugarbangkok.com ; 469 Th Phra Sumen ; 17h-1h mar-jeu et dim, 17h-2h ven-sam ; klorng-taxi Phanfa Leelard Pier). Un classique de la musique live dans une grande *shophouse*. Les concerts, allant du funk au jazz, débutent à 20h presque chaque soir et attirent de nombreux habitants, surtout le week-end.

Adhere 13th MUSIQUE LIVE
(carte p. 80 ; facebook.com/adhere13thbluesbar ; 13 Th Samsen ; 18h-minuit ; Phra Athit/Banglamphu Pier). Ce pub minuscule a tout du bar de quartier idéal : des habitués, de la bière fraîche et des groupes talentueux qui se produisent à 22h. Même si tout le monde semble se connaître, n'hésitez pas à vous mêler aux gens.

Théâtre

Sala Chalermkrung THÉÂTRE
(carte p. 86 ; 02 224 4499 ; www.salachalermkrung.com ; 66 Th Charoen Krung ; 800-1 200 B ; spectacle 19h30 ven ; Memorial Bridge Pier, M Hua Lamphong sortie 1 et taxi). Ce monument Art déco, un ancien cinéma de 1933, compte parmi les dernières salles à programmer des représentations de *kŏhn* (théâtre dansé illustrant le *Ramakien*, la version thaïlandaise de l'épopée du *Ramayana* indien). Le spectacle hebdomadaire est accompagné de lasers, de son high-tech et de sous-titres anglais. Il accueille également des concerts et autres spectacles ; voir le site Internet.

Sala Rim Naam DANSE
(carte p. 90 ; 02 659 9000 ; www.mandarinoriental.com ; Mandarin Oriental ; billets avec dîner adulte/enfant 2 900/2 300 B ; dîner 19h-22h30, spectacle 19h45 ; Oriental Pier et bateaux-navettes des hôtels). L'hôtel historique Mandarin Oriental organise ces représentations de danse traditionnelle dans un somptueux pavillon thaïlandais, côté Thonburi du fleuve, accompagnées d'un dîner haut de gamme. Les prix sont très élevés, mais le spectacle obtient de bonnes critiques, tout comme le menu servi aux spectateurs.

Siam Niramit THÉÂTRE
(carte p. 72 ; 02 649 9222 ; www.siamniramit.com ; 19 Th Thiam Ruammit ; billets à partir de 1 500 B ; spectacles 20h ; M Thailand Cultural Centre sortie 1 et bus-navettes). Sorte de parc à thème culturel, ce royaume enchanté vous transportera dans une version édulcorée du Siam d'antan grâce à un spectacle de danse traditionnelle avec costumes chamarrés évoquant le royaume Lanna, le paradis bouddhique et les grandes fêtes thaïlandaises. Un bus-navette gratuit part de la station MRT Thailand Cultural Centre toutes les 15 minutes de 18h à 19h45.

Achats

Préparez bahts et carte bancaire – le shopping est une affaire sérieuse à Bangkok. À presque chaque coin de rue se trouve un marchand, un vendeur ambulant ou un stand improvisé. Ce n'est pas tout : Bangkok abrite aussi l'un des plus vastes marchés du monde et des centres commerciaux parmi les plus grands d'Asie du Sud-Est.

Banglamphu

À Banglamphu, on trouve surtout des marchés de rue et quelques boutiques qui vendent des objets traditionnels.

Heritage Craft ARTISANAT
(carte p. 80 ; www.heritagecraft.org ; 35 Th Bamrung Meuang ; 11h-18h lun-ven ; klorng-taxi Phanfa Leelard Pier). Alliant artisanat thaïlandais et éthique, ce magasin sert de vitrine pour les objets de la maison. Certains produits sont confectionnés selon les pratiques du commerce équitable. L'offre comprend notamment des soieries du nord-est du pays, des paniers du Sud et des bijoux du Nord. Café plaisant sur place.

Marché de Khao San CADEAUX ET SOUVENIRS
(carte p. 80 ; Th Khao San ; 10h-minuit ; Phra Athit/Banglamphu Pier). La principale "rue des pensions" de Banglamphu est une sorte de marché ouvert permanent de vendeurs de rue proposant T-shirts aux slogans obscènes, DVD piratés, vêtements en chanvre, contrefaçons de créateurs, perches à selfies, jus d'orange et autres grenouilles en bois qui coassent lorsque vous frottez leur dos avec un bâton.

Mowaan SANTÉ ET BIEN-ÊTRE
(carte p. 80 ; 9 Soi Thesa ; 9h-17h ; klorng-taxi jusqu'à Phanfa Leelard Pier). Cette marque presque centenaire vend des produits (pastilles, inhalateurs, huiles et baumes) aux herbes utilisées dans la médecine traditionnelle thaïlandaise. Même en bonne santé, une visite dans cette boutique superbement préservée est intéressante pour faire un véritable voyage dans le passé.

Lofty Bamboo ARTISANAT
(carte p. 80 ; rdc, Buddy Lodge, 265 Th Khao San ; 10h30-20h ; Phra Athit/Banglamphu Pier). Si vous n'avez pas le temps de vous rendre dans le Nord, ce magasin vend des vêtements ethniques colorés, des textiles et une production artisanale que l'on trouve sur les marchés de Chiang Mai et de Chiang Rai. Encore mieux, tout achat permet de soutenir l'autosuffisance économique des villages de montagne.

Nittaya Thai Curry ALIMENTATION, BOISSONS
(carte p. 80 ; 136-40 Th Chakrabongse ; 9h-19h lun-sam ; Phra Athit/Banglamphu Pier). Suivez votre odorat : Nittaya est réputée dans toute la Thaïlande pour ses odorantes pâtes de curry. Prenez quelques boîtes à emporter pour votre prochain repas ou examinez les sections souvenirs et alimentation, où les visiteurs thaïlandais font le plein de spécialités locales.

Chinatown

Chinatown est peut-être le quartier qui compte le plus de commerces, mais la plupart des articles sont utilitaires et présentent peu d'intérêt pour les voyageurs.

♥ **Lhong 1919** CENTRE COMMERCIAL
(carte p. 72 ; 248 Th Chiangmai, Khlong San ; 10h-22h ; bateau-navette depuis Sathorn/Central Pier, S Krung Thonburi sortie 1/3 et taxi). Ce centre commercial original, installé dans un ensemble d'entrepôts chinois remis à neuf sur la rive ouest du Chao Phraya, conjugue le charme de son cadre XIXe siècle à une expérience "shopping" contemporaine grâce à la succession de boutiques de créateurs qu'il renferme. En prime, quelques bons restaurants vous attendent le long de la promenade au bord du fleuve.

Riverside, Silom et Lumphini

Riverside et Silom sont d'excellents quartiers pour dégoter œuvres d'art, antiquités et artisanat de première qualité. Ajoutez les centres commerciaux haut de gamme bordant le fleuve, et vous avez de longues heures de shopping en vue.

RUES COMMERÇANTES DE CHINATOWN

On pourrait comparer Chinatown à un grand magasin en plein air dont les rues seraient les rayons ; en voici le plan :

Th Charoen Krung L'extrémité ouest de la rue, au niveau de l'intersection avec Th Mahachai, compte plusieurs disquaires vintage. Le pâté de maisons suivant est entièrement accaparé par **Talat Khlong Ong Ang**, grand magasin d'appareils électroniques neufs et d'occasion. Plus à l'est, près de Th Mahachak, se trouve le magasin de bricolage **Talat Khlong Thom**, tandis qu'à l'ouest de Th Ratchawong, vous trouverez tout ce qu'il vous faut pour des funérailles chinoises.

Th Yaowarat Véritable ferme à volailles à ciel ouvert il y a encore un siècle, Th Yaowarat est aujourd'hui la rue de l'or, plus grand centre de commerce du pays de ce précieux métal. On y vend l'or au *bàht* (unité de poids équivalant à 15 g) dans des boutiques bardées de néons évoquant plus des temples que des lieux de commerce. En se rapprochant de Th Ratchawong, les commerces s'adaptent peu à peu aux goûts des touristes de Chine et de Singapour, vendant fruits et noix séchés, talismans en toc et costumes de fêtes chinois. Il reste aussi quelques boutiques d'apothicaires chinoises à l'ancienne, qui sentent bon le bois et les secrets anciens.

Sampeng Lane (p. 91). Un merveilleux bric-à-brac ultra-kitsch vous attend à l'extrémité est de cette ruelle : plastique à gogo (trousses, stylos), peluches, bibelots insolites et du bling à foison pour qui voudrait tourner un clip de rap.

Talat Mai (p. 87). Ce marché de fruits et légumes ancestral, quintessence du marché chinois de Bangkok, s'installe dans la ruelle reliant Th Yaowarat et Th Charoen Krung. Qui est déjà allé en Chine reconnaîtra sans peine les produits séchés, assaisonnements, épices et sauces de ses étals.

Talat Noi (p. 89). Signifiant "petit marché", ce merveilleux microcosme du quotidien de la rue offre un voyage dans le passé, où les allées tournent sur elles-mêmes telles des serpents qui se mordent la queue.

♥ **ICONSIAM** CENTRE COMMERCIAL

(carte p. 90 ; www.iconsiam.com ; 299 Charoen Nakhon Rd ; 10h-22h ; Sathorn/Central Pier et bateau-navette). Dressé au bord du Chao Phraya, ce gigantesque centre commercial de 6 niveaux est entièrement dédié au luxe sous toutes ses formes. Ses deux espaces de restauration siéront à tous les goûts et budgets. Également quelques restaurants de spécialités, un grand magasin japonais à plusieurs niveaux, un musée axé sur le fleuve au 8e étage et un cinéma de 12 salles. Des bateaux-navettes gratuits partent du Sathorn/Central Pier pendant les heures d'ouverture du centre commercial.

♥ **Asiatique** MARCHÉ

(carte p. 72 ; Soi 72-76, Th Charoen Krung ; 16h-minuit ; Sathorn/Central Pier et bateau-navette). Ce marché nocturne, l'un des plus populaires de Bangkok, est installé dans des entrepôts restaurés au bord du Chao Phraya. On y trouve vêtements, artisanat, souvenirs, restaurants, bars, et une grande roue de 60 m de hauteur. Des bateaux-navettes fréquents et gratuits partent du Sathorn (Central) Pier de 16h à 23h30.

King Power Mahanakhon CENTRE COMMERCIAL

(carte p. 98 ; 114 Th Naradhiwas Rajanagarindra ; 10h-minuit ; S Chong Nonsi sortie 3). Aménagé dans les 4 premiers niveaux du gratte-ciel Mahanakhon, ce centre commercial appartient à King Power, entreprise thaïlandaise de boutiques hors taxes qui possède également le club de Premier League anglaise Leicester City. Plus besoin d'attendre l'aéroport pour faire des folies au *duty free* ; il y a même un comptoir pour se faire rembourser la TVA au rez-de-chaussée.

OP Place ANTIQUITÉS

(carte p. 90 ; Soi 36, Th Charoen Krung ; 11h-19h ; Oriental Pier). Bien moins clinquant que la plupart des centres commerciaux de la capitale, OP Place est l'endroit idéal pour trouver bibelots authentiques, antiquités et objets de collection. Les prix élevés se justifient par la qualité et l'authenticité des marchandises.

River City Bangkok ANTIQUITÉS

(carte p. 90 ; rivercitybangkok.com ; 23 Th Yotha ; 10h-22h ; Si Phraya/River City Pier). Plusieurs boutiques haut de gamme d'art et d'antiquités occupent les 3e et 4e niveaux de ce centre commercial au bord du fleuve. La plupart des objets en vente proviennent de Birmanie, et, dans une moindre mesure, du Cambodge et du Népal. Le 2e niveau renferme des espaces d'exposition où sont occasionnellement présentées de bonnes expositions d'art, de sculptures et d'œuvres multimédias.

Jim Thompson MODE ET ACCESSOIRES

(carte p. 98 ; www.jimthompson.com ; 9 Th Surawong ; 10h-21h ; M Si Lom sortie 2, S Sala Daeng sortie 3). Ce magasin Jim Thompson, le plus grand en ville, vend toute une gamme d'articles textiles colorés (mouchoirs en soie, sets de table, châles, coussins, hauts et robes). Idéal pour se faire plaisir et rapporter des cadeaux.

Tamnan Mingmuang ARTISANAT

(carte p. 98 ; 2e niv, Thaniya Plaza, Th Thaniya ; 10h-19h ; M Si Lom sortie 2, S Sala Daeng sortie 1). Une boutique aux airs de musée où règne une odeur d'herbe sèche et de bois teint. Rotin, *yahn li·pow* (plante semblable à la fougère) et jacinthes d'eau tissés en motifs et coques de noix de coco sculptées en de délicats bols comptent parmi les jolies pièces, qui dureront plus longtemps que les souvenirs tape-à-l'œil achetés dans la rue.

House of Chao ANTIQUITÉS

(carte p. 98 ; 9/1 Th Decho ; 10h-19h ; S Chong Nonsi sortie 3). Cette maison ancienne abrite un magasin d'antiquités sur

UN SACRÉ NUMÉRO

On pourrait comparer le 4e niveau du MBK Center à une sorte de marché de l'électronique. Dans ce labyrinthe d'étals se vendent tous les éléments de base de la communication sans fil : téléphone, carte SIM et… nouveau numéro. La frénésie qui entoure l'attribution des nouveaux numéros vaut le coup d'œil même si vous n'avez besoin de rien. On se croirait à la bourse autour des listes de numéros de téléphones disponibles à la vente, les numéros les plus chers étant ceux qui portent le plus bonheur. Certains numéros comptant de nombreux "9" se vendent des milliers de dollars, le chiffre 9 étant considéré chanceux en l'honneur de feu le roi Rama IX (roi Bhumibol Adulyadej ; r. 1946-2016), et parce que le mot "neuf" en thaï est proche du mot "progrès".

3 niveaux, où vous trouverez de quoi faire de votre maison la demeure coloniale de vos rêves. Un espace couvert derrière la salle d'exposition contient des portes, encadrements de porte, portails et treillages usés par le temps.

Siam Square, Pratunam, Phloen Chit et Ratchathewi

Les alentours de Siam Sq regroupent la plus grande concentration de centres commerciaux de la ville ; amateurs de marques, vous êtes au bon endroit. Les vêtements bon marché se trouvent juste au nord, dans le quartier de Pratunam.

♥ Siam Discovery CENTRE COMMERCIAL

(carte p. 92 ; www.siamdiscovery.co.th ; angle Rama I et Th Phayathai ; ⏲10h-22h ; Ⓢ Siam sortie 1). Une ambiance rappelant celle d'un marché et une impressionnante variété de produits, allant des articles pour la maison aux vêtements (dont de nombreux articles de créateurs thaïlandais), ce centre commercial est de loin le plus audacieux de la ville. Les magasins de marque y côtoient des kiosques où l'on trouve d'excellents articles fabriqués localement.

♥ MBK Center CENTRE COMMERCIAL

(carte p. 92 ; angle Rama I et Th Phayathai ; ⏲10h-22h ; Ⓢ National Stadium sortie 4). Ce centre commercial sur 8 niveaux compte parmi les curiosités majeures de Bangkok. Tous les week-ends, la moitié de Bangkok et un grand nombre de touristes s'y retrouvent pour farfouiller parmi les innombrables stands et magasins vendant des produits en tout genre.

MBK est l'endroit le moins cher de Bangkok pour acheter téléphones portables et accessoires (4ᵉ niveau), ainsi que du matériel photographique (rez-de-chaussée et 5ᵉ niveau). Le vaste espace de restauration (6ᵉ niveau) est l'un des meilleurs de Bangkok.

Kinokuniya LIBRAIRIE

(carte p. 92 ; Rama I, 4ᵉ niv, Siam Paragon Mall ; ⏲10h-21h ; Ⓢ Siam sortie 4). Propriété de l'une des plus grandes chaînes de librairies d'Asie, celle-ci est la plus grande librairie anglophone de Thaïlande, avec un vaste choix de best-sellers, de classiques et de succès critiques, ainsi que des ouvrages étrangers traduits en anglais et de nombreux magazines thaïlandais et étrangers.

Siam Paragon CENTRE COMMERCIAL

(carte p. 92 ; www.siamparagon.co.th ; 991/1 Rama I ; ⏲10h-22h ; Ⓢ Siam sortie 3/5). Sorte de parc urbain climatisé, ce centre commercial comprend des divertissements tels que Sea Life Ocean World (p. 98), Major Cineplex (p. 148) et Gourmet Paradise (p. 129), un gigantesque espace de restauration au sous-sol. Et bien sûr, des boutiques et encore des boutiques, vendant vêtements, souvenirs, accessoires, appareils électroniques et même des voitures Rolls-Royce et McLaren ! Kinokuniya, au 3ᵉ niveau, est la plus grande librairie anglophone de Thaïlande.

CentralWorld CENTRE COMMERCIAL

(carte p. 92 ; www.centralworld.co.th ; Th Ratchadamri ; ⏲10h-22h ; Ⓢ Sky Walk via Chit Lom sortie 9/Siam sortie 6). L'un des plus grands centres commerciaux d'Asie du Sud-Est, sur 8 niveaux, comptant plus de 500 magasins et une centaine de restaurants.

♥ Siam Square CENTRE COMMERCIAL

(carte p. 92 ; Rama I ; ⏲11h-21h ; Ⓢ Siam sorties 2/4). Cet espace commercial en plein air est le terrain de prédilection des ados de Bangkok. La musique pop à plein volume se déverse d'enceintes minuscules, et des bandes de jeunes aux styles vestimentaires divers flânent entre les fast-foods et les petites boutiques. Un lieu idéal pour dénicher des modèles uniques, même si souvent les vêtements ne conviennent qu'aux petits gabarits.

Elephant Parade CADEAUX ET SOUVENIRS

(carte p. 92 ; www.elephantparade.com ; angle Rama I et Th Phayathai, 4ᵉ ét, Siam Discovery ; ⏲10h-22h ; Ⓢ Siam sortie 1). Plutôt que d'aller voir un spectacle d'éléphants (néfaste pour les pachydermes d'après les associations de défense des animaux), venez chiner parmi les jouets et autres bricoles en forme d'éléphants de cette amusante boutique, dont 20% des profits sont reversés à des organismes de défense des pachydermes.

Objects of Desire Store ARTICLES DE MAISON

(ODS ; carte p. 92 ; facebook.com/objectsofdesirestore ; angle Rama I et Th Phayathai, 3ᵉ ét, Siam Discovery ; ⏲10h-22h ; Ⓢ Siam sortie 1). Ce magasin aux airs de boutique éphémère vend des articles de maison au design contemporain (céramiques, papeterie, mobilier) fabriqués par des artisans thaïlandais. L'établissement organise aussi des ateliers (programmation sur la page Facebook).

Central Embassy CENTRE COMMERCIAL
(carte p. 92 ; www.centralembassy.com ; Th Phloen Chit ; 10h-22h ; S Phloen Chit sortie 5). L'un des centres commerciaux les plus huppés du centre de Bangkok, avec de multiples boutiques de créateurs et restaurants gastronomiques répartis sur 5 niveaux.

Platinum Fashion Mall VÊTEMENTS
(carte p. 92 ; www.platinumfashionmall.com ; 644/3 Th Phetchaburi ; 9h-20h ; klorng-taxi Pratunam Pier, S Ratchathewi sortie 4). Grâce à ses liens avec le quartier textile de Bangkok, qui s'étend immédiatement au nord de Th Phetchaburi, ce centre commercial sur 5 niveaux déborde d'un flot continu de vêtements bon marché.

Gin & Milk VÊTEMENTS
(carte p. 92 ; facebook.com/ginandmilkstore ; Rama I, 3e ét, Siam Center ; 10h-21h ; S Siam sortie 1). Grand magasin de vêtements pour hommes, avec un vaste choix allant des chaussures en cuir aux accessoires, et du traditionnel au branché.

Karmakamet ARTICLES DE MAISON
(carte p. 92 ; www.karmakamet.co.th ; Th Ratchadamri, 3e niv, CentralWorld ; 10h-21h30 ; S Sky Walk via Chit Lom sortie 9/Siam sortie 6). Cette marque produit bougies parfumées, encens, huiles essentielles et toutes sortes d'articles, parfumés ou non, qui feront à la fois souvenirs et éléments de déco élégants.

LA CHASSE AUX FAUSSES PIERRES PRÉCIEUSES

D'innombrables touristes ont été victimes d'escroquerie à la pierre précieuse, arnaque juteuse et bien rodée au cours de laquelle un sympathique inconnu vous entraîne dans une boutique et vous incite à acheter des pierres précieuses en gros, en vous promettant que vous pourrez les revendre le double dans votre pays. Les prétendus experts (membres d'un cartel bien organisé) semblent de bonne foi quand ils expliquent qu'ils ont besoin d'un ressortissant du pays pour contourner les régulations douanières. Le véritable commerce de pierres précieuses ne fonctionne pas de la sorte et les touristes qui acceptent de jouer le jeu se retrouvent bien souvent avec des éclats de verre sans valeur. Une fois qu'ils s'en rendent compte, il est trop tard. Le magasin aura fermé, les noms auront changé et la police ne pourra rien faire pour les aider.

Flynow VÊTEMENTS
(carte p. 92 ; www.flynowbangkok.com ; Rama I, 3e niv, Siam Center ; 10h-21h ; S Siam sortie 1). Leader local incontesté de la mode féminine.

Thann COSMÉTIQUES
(carte p. 92 ; www.thann.info ; Th Ratchadamri, rdc et 2e ét, CentralWorld ; 10h-22h ; S Sky Walk via Chit Lom sortie 9/Siam sortie 6). Grâce à ces soins spa à base de plantes, on se sent léger comme une brise de printemps. Les savons, shampoings et lotions de Thann, 100% naturels, sont inspirés de la médecine traditionnelle thaïlandaise, et suffisamment esthétiques pour partager votre salle de bains avec vos produits de grandes marques.

Tango MODE ET ACCESSOIRES
(carte p. 92 ; www.tangothailand.com ; 3e ét, Siam Center, Rama I ; 10h-21h ; S Siam sortie 1). Cette marque locale se spécialise dans la maroquinerie, même si le cuir est parfois dissimulé derrière plusieurs couches de broderies et autres gros bijoux.

Siam Center CENTRE COMMERCIAL
(carte p. 92 ; www.siamcenter.co.th ; Rama I ; 10h-21h ; S Siam sortie 1). Construit en 1976, Siam Center est le plus ancien centre commercial de Thaïlande. Mais grâce à un lifting récent, l'endroit ne fait pas son âge. Le 3e niveau est l'un des meilleurs endroits en ville pour découvrir des marques locales réputées.

Central Chidlom CENTRE COMMERCIAL
(carte p. 104 ; www.central.co.th ; 1027 Th Phloen Chit ; 10h-22h ; S Chit Lom sortie 5). Considéré par beaucoup comme le meilleur grand magasin du pays pour sa qualité et son choix, Central possède 13 autres adresses à Bangkok.

Thanon Sukhumvit

C'est à Th Sukhumvit que l'on trouve la plus grande variété d'expériences shopping de tout Bangkok : centres commerciaux de luxe, marché de rue, boutiques d'artisanat insolites et mode locale.

Emquartier CENTRE COMMERCIAL
(carte p. 104 ; www.theemdistrict.com ; 693-695 Th Sukhumvit ; 10h-22h ; S Phrom Phong sortie 1). Cap sur l'un des centres commerciaux les plus clinquants de Bangkok pour

LE QUARTIER DES TAILLEURS

Dans le tronçon de Th Sukhumvit compris entre les stations BTS Nana et Asoke se concentrent d'innombrables tailleurs aux réputations variables. Parmi les meilleurs :

Tailor on Ten (carte p. 104 ; ☎ 084 877 1543 ; 93 Soi 8, Th Sukhumvit ; ⏲ 9h30-19h lun-sam). Ce n'est pas le moins cher de la ville, mais les prix fixes et de bonnes coupes lui valent maints éloges et clients fidèles.

Raja's Fashions (carte p. 104 ; ☎ 02 253 8379 ; www.rajasfashions.com ; 160/1 Th Sukhumvit ; ⏲ 10h30-20h lun-sam ; S Nana sortie 4). Très physionomiste et se souvenant de tous les noms, Bobby vous fera vous sentir aussi important que les ambassadeurs, personnalités politiques et autres diplomates qui se sont succédé dans l'affaire familiale au fil des décennies.

Rajawongse (carte p. 104 ; ☎ 02 255 3714 ; www.dress-for-success.com ; 130 Th Sukhumvit ; ⏲ 10h30-20h lun-sam ; S Nana sortie 2). Un autre tailleur légendaire installé de longue date à Bangkok. Les créations de Jesse et Victor sont particulièrement réputées auprès des visiteurs et résidents américains.

Ricky's Fashion House (carte p. 104 ; ☎ 02 254 6887 ; www.rickysfashionhouse.com ; 73/5 Th Sukhumvit ; ⏲ 11h-22h lun-sam, 13h-17h dim ; S Nana sortie 1). Ricky s'est taillé une belle réputation auprès des Thaïlandais comme des expatriés pour le style décontracté de ses pantalons et chemises sur mesure.

Nickermann's (carte p. 104 ; ☎ 02 252 6682 ; sous-sol, Landmark Hotel, 138 Th Sukhumvit ; ⏲ 11h-20h lun-sam ; S Nana sortie 2). Femmes d'affaires et cadres supérieures s'extasient sur les costumes sur mesure de ce tailleur, également spécialisé dans les robes de soirée.

découvrir des marques introuvables ailleurs et vous perdre dans l'Helix, une interminable spirale de restaurants et de boutiques.

Artbox MARCHÉ

(carte p. 104 ; Soi 10, Th Sukhumvit, Chuvit Garden ; ⏲ 15h-1h ; S Nana sortie 4). Ce marché branché, aux étals installés dans des containers aménagés, attire la jeunesse de Bangkok le soir venu, notamment le week-end. On y trouve vêtements, accessoires, cuisine de rue et de quoi boire.

Paya Shop ARTICLES DE MAISON

(carte p. 104 ; ☎ 02 711 4457 ; www.payashop.net ; 203 Soi Ekamai 5 ; ⏲ 10h-18h lun-sam ; S Thong Lo sortie 1 et taxi). Tapis à tissage plat, poteries, meubles en bois de récupération, paniers tressés et bijoux fantaisie sont rassemblés et présentés dans cette boutique par un couple originaire de Chiang Mai. La plupart des textiles colorés (coussins, sets de table, serviettes) sont tissés main par des membres des tribus montagnardes, et les vendeurs connaissent l'histoire de chaque article mis en vente. Difficile de trouver souvenirs plus authentiques.

Another Story ARTICLES DE MAISON

(carte p. 104 ; 4e niv, Emquartier, Th Sukhumvit ; ⏲ 10h-22h ; S Phrom Phong sortie 1). Another Story s'autoproclame "lifestyle concept store", ce qui se traduit en fait par des rayons remplis d'objets aussi cool que variés. Même si vous n'achetez rien, quel bonheur de flâner entre les objets uniques fabriqués localement, comme les céramiques de Prempacha, à Chiang Mai, les articles en cuir de marques comme Labrador ou encore les savons, huiles essentielles et bougies parfumées de BsaB !

Duly VÊTEMENTS

(carte p. 104 ; ☎ 02 662 6647 ; www.laladuly.co.th ; Soi 49, Th Sukhumvit ; ⏲ 10h-19h ; S Phrom Phong sortie 1). Les tissus italiens de grande qualité et les tailleurs chevronnés font de Duly l'une des meilleures adresses de Bangkok pour commander une chemise.

Sop Moei Arts ARTISANAT

(carte p. 104 ; www.sopmoeiarts.com ; Soi 49/9, Th Sukhumvit ; ⏲ 9h30-17h mar-sam ; S Phrom Phong sortie 3 et taxi). Dans son espace d'exposition de Bangkok (au bout de Soi 49/9, dans le complexe du Racquet Club), cette association à but non lucratif présente les superbes créations textiles de tisserandes karen de Mae Hong Son, dans le nord du pays.

Nord de Bangkok

La plupart des voyageurs qui visitent les banlieues nord de Bangkok viennent avant tout pour le shopping. Même sans rien acheter, une virée dans les marchés du nord de la ville permet de découvrir de nombreuses facettes de la culture thaïlandaise, entre étals de fruits et légumes, artisanat des tribus montagnardes, animaleries et vêtements à prix cassés.

♥ Marché du week-end de Chatuchak MARCHÉ

(ตลาดนัดจตุจักร, Talat Nat Jatujak ; carte page ci-contre ; www.chatuchakmarket.org ; 587/10 Th Phahonyothin ; ⌚9h-18h sam-dim, 7h-18h mer-jeu plantes uniquement, 18h-minuit ven, vente de gros uniquement ; Ⓜ Chatuchak Park sortie 1, Kamphaeng Phet sorties 1 et 2, Ⓢ Mo Chit sortie 1). C'est l'un des plus grands marchés de plein air de la planète (on l'appelle parfois "Jatujak" ou "JJ Market"). On y trouve tout et n'importe quoi, des baskets vintage aux bébés écureuils (!). Prévoyez une journée entière, il y a beaucoup de choses à voir ou à acheter. Mais arrivez tôt, vers 10h, pour éviter la foule et la chaleur.

Le **Chatuchak Park Office** (⌚9h-18h sam-dim), à l'extrémité nord des Soi 1, 2 et 3, renferme un centre d'information et une banque avec DAB et bureau de change. On trouve des plans schématiques et des toilettes un peu partout dans le marché.

Des marchands, essentiellement de vêtements, d'accessoires et d'alimentation, ouvrent leur échoppe le vendredi soir de 20h à minuit environ. Il y a aussi quelques vendeurs le matin en semaine, ainsi qu'un marché quotidien de légumes, de plantes et de fleurs en face, du côté sud du marché de Chatuchak. Connu sous le nom de **marché Or Tor Kor** (องค์กรตลาดเพื่อเกษตรกร ; carte p. 108 ; Th Kamphaeng Phet 1 ; ⌚8h-18h ; Ⓜ Kamphaeng Phet sortie 3), une section de Chatuchak vend quantité de fruits, de poisson et de fruits de mer, et possède un *food court* correct.

Une fois dans les entrailles de Chatuchak, vous aurez le sentiment d'être dans un labyrinthe sans issue, mais, en réalité, le marché est organisé en sections relativement cohérentes. La tour de l'Horloge aide à se repérer.

➡ Alimentation et boissons

Une profusion d'en-cas thaïlandais permettra d'éviter la "rage de Chatuchak" (comportement grincheux provoqué par la soif ou la faim) ; de nombreux stands de nourriture se tiennent entre les sections 6 et 8. Parmi les meilleurs figurent **Foontalop** (section 26, stand 319 ; plats 50-80 B ; ⌚10h-18h sam-dim), un restaurant de spécialités de l'Isan très populaire, **Café Ice** (section 7, stand 267 ; plats 200-400 B ; ⌚10h-18h sam-dim), servant une cuisine fusion thaïlandaise et occidentale – bons *pàt tai* un peu chers et des milk-shakes aux fruits –, **Toh-Plue** (en face de la section 17 ; plats 150-400 B ; ⌚12h-20h sam-dim), qui sert des classiques locaux, et **Saman Islam** (section 16, stand 34, Soi 24 ; plats 40-100 B ; ⌚10h-18h sam-dim), un établissement musulman thaïlandais où l'on mange un savoureux poulet biryani. **Viva 8** (facebook.com/Viva8JJ ; section 8, stand 371 ; plats 150-300 B ; ⌚9h-22h sam-dim) présente un DJ et un chef mitonnant d'énormes paellas. À l'approche du soir, prenez une bière au **Viva's** (section 26, stand 161 ; ⌚10h-22h sam-dim), un café-bar qui propose de la musique live.

➡ Animaux domestiques

Vous pourrez caresser des chiots et câliner des chatons dans les sections 13 et 15. La première section abrite aussi des boutiques de vêtements pour animaux de compagnie (Soi 9). Par le passé, cette section a été associée à la vente illégale d'animaux sauvages, toutefois, une grosse partie de ce commerce s'effectuait dans la clandestinité.

➡ Antiquités, artisanat et souvenirs

Si vous cherchez des statues religieuses en bronze, de vieux vinyles et des objets anciens en tous genres ornés de motifs religieux, allez dans la section 1. Vous trouverez des articles d'artisanat et des objets d'art, tels des instruments de musique et des objets d'ethnies montagnardes dans les sections 25 et 26. **Baan Sin Thai** (section 24, stand 130, Soi 1) vend un mélange de masques de *kŏhn* (danse traditionnelle) et de jouets anciens qui font de beaux souvenirs, et Kitcharoen Dountri, spécialisé dans les instruments de musique thaïlandais, vend notamment flûtes, sifflets, percussions et CD de musique traditionnelle. Autres idées de cadeaux originaux : les fruits et légumes thaïlandais en plastique plus vrais que nature de **Marché** (section 17, stand 254, Soi 1), ou leurs équivalents miniatures chez **Papachu** (section 17, stand 23).

Pour des articles moins utilitaires, la section 7 ressemble à un musée en plein air.

Marché de Chatuchak

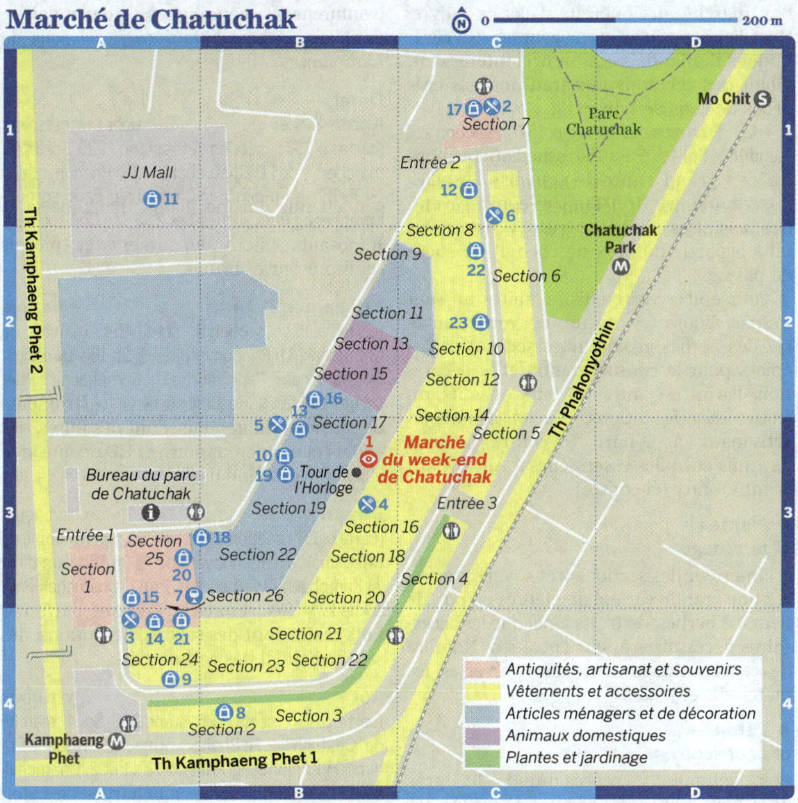

Marché de Chatuchak

Les incontournables

1 Marché du Week-end de Chatuchak.... B3

Où se restaurer

2 Café Ice C1
3 Foontalop A4
4 Saman Islam B3
5 Toh-Plue B3
6 Viva 8 .... C1

Où prendre un verre et faire la fête

7 Viva's A3

Achats

8 AnyaDharu Scent Library B4
9 Baan Sin Thai A4
10 D-narn B3
11 JJ Mall A1
12 Kitcharoen Dountri C1
13 Marché B3
14 Meng A4
15 Orange Karen Silver A3
16 Papachu B2
17 Pariwat A-nantachina C1
18 PL Bronze B3
19 Preecha Ceramic B3
20 Roi A3
21 Spice Boom A4
22 Ton-Tan C2
23 Tuptim Shop C2

On a beaucoup aimé **Pariwat A-nantachina** (section 7, stand 117, Soi 63/3) pour ses fresques sur Bangkok. Section 10, plusieurs boutiques, dont **Tuptim Shop** (section 10, stand 261, Soi 19), vendent des laques birmans neufs et anciens. **Meng** (section 26, stand 195, Soi 8) propose un bric-à-brac poussiéreux mais original d'antiquités de Thaïlande et du Myanmar.

➡ Articles ménagers et de décoration

L'extrémité ouest du marché, en particulier les sections 8 à 26, est spécialisée dans les articles ménagers – des seaux en plastique bon marché aux onéreux woks en cuivre. C'est l'endroit idéal pour acheter des céramiques thaïlandaises à un prix intéressant, allant des céladons aux traditionnels bols ornés de coqs de Lampang.

PL Bronze (carte p. 157 ; section 25, stand 185, Soi 4 ; ⌚9h-18h sam-dim) propose un très grand choix de couverts en acier inoxydable, et Ton-Tan (ci-contre) vend des assiettes, bols et autres ustensiles faits à partir de noix de coco et de sucre de palme.

Pour épicer votre cuisine, faites un saut à Spice Boom (ci-contre), où vous trouverez des herbes aromatiques séchées et des épices pour la consommation et la décoration. Parmi les autres plaisirs olfactifs, on trouve savons, lotions, sels et gommages artisanaux à D-narn (ci-contre) et des parfums et huiles essentielles à AnyaDharu Scent Library (ci-contre).

➡ Plantes et jardinage

À l'intérieur des sections 2 et 4, vous trouverez une grande variété de plantes en pot, de fleurs, d'herbes, de fruits ainsi que les accessoires nécessaires à leur entretien. Nombre de ces boutiques sont aussi ouvertes les mercredis et jeudis.

➡ Vêtements et accessoires

Les vêtements représentent le gros de Chatuchak : ils occupent toutes les sections paires de 8 à 24. Les sections 5 et 6 vendent des vêtements d'occasion pour tous les jeunes Thaïlandais qui veulent se démarquer, du style punk à cow-boy, tandis que le Soi 7, au niveau de l'intersection des sections 12 et 14, est axé sur les modes hip-hop et skateurs, moins répandues. Des marques indépendantes un peu plus chics sont vendues dans les sections 2 et 3, tandis que les vêtements et les textiles dont les tailles sont plus adaptées aux touristes sont proposés dans les sections 8 et 10.

Pour les accessoires, plusieurs magasins des sections 24 et 26, comme Orange Karen Silver, sont spécialisés dans les gros bijoux en argent et les pierres semi-précieuses non taillées.

Preecha Ceramic ARTISANAT

(carte p. 157 ; section 19, stand 196, marché de Chatuchak, Th Phahonyothin ; ⌚10h-18h sam-dim ; Ⓜ Chatuchak Park sortie 1, Kamphaeng Phet sorties 1 et 2, Ⓢ Mo Chit sorties 1 et 3). Nombreuses céramiques thaïlandaises, dont les célèbres bols décorés de coqs de Lampang.

Orange Karen Silver MODE ET ACCESSOIRES

(carte p. 157 ; section 26, stand 229, Soi 34/8, marché de Chatuchak, Th Phahonyothin ; ⌚9h-18h sam-dim ; Ⓜ Chatuchak Park sortie 1, Kamphaeng Phet sorties 1 et 2, Ⓢ Mo Chit sortie 1). Imposants bijoux en argent et pierres semi-précieuses brutes.

Kitcharoen Dountri MUSIQUE

(carte p. 157 ; section 8, stand 464, marché de Chatuchak, Th Phahonyothin ; ⌚9h-18h sam-dim ; Ⓜ Chatuchak Park sortie 1, Kamphaeng Phet sorties 1 et 2, Ⓢ Mo Chit sortie 1). Instruments de musique thaïlandais, dont des flûtes, des sifflets et des percussions, et CD de musique classique thaïlandaise.

D-narn COSMÉTIQUES

(carte p. 157 ; section 19, stand 203, Soi 1, marché de Chatuchak, Th Phahonyothin ; ⌚9h-18h sam-dim ; Ⓜ Kamphaeng Phet sorties 1 et 2, Chatuchak Park sortie 1, Ⓢ Mo Chit sortie 1). Produits parfumés faits main, dont des savons, des lotions, des sels de bain et des gommages.

Roi VÊTEMENTS

(carte p. 157 ; section 25, stand 268, Soi 4, marché de Chatuchak, Th Phahonyothin ; ⌚9h-18h sam-dim ; Ⓜ Kamphaeng Phet sorties 1 et 2, Chatuchak sortie 1, Ⓢ Mo Chit sortie 1). Écharpes en coton tissé main, vêtements et accessoires du nord de la Thaïlande.

AnyaDharu Scent Library PARFUMS

(carte p. 157 ; section 3, stand 3, Soi 43/2, marché de Chatuchak, Th Phahonyothin ; ⌚9h-18h sam-dim ; Ⓜ Kamphaeng Phet sorties 1 et 2, Chatuchak Park sortie 1, Ⓢ Mo Chit sortie 1). Parfums et huiles essentielles.

Spice Boom GASTRONOMIE

(carte p. 157 ; section 26, stand 246, Soi 8, marché de Chatuchak, Th Phahonyothin ; ⌚9h-18h sam-dim ; Ⓜ Kamphaeng Phet sorties 1 et 2, Chatuchak Park sortie 1, Ⓢ Mo Chit sortie 1). Herbes séchées et épices, à usage culinaire ou décoratif.

Ton-Tan ARTISANAT

(carte p. 157 ; section 8, stand 460, Soi 15/1, marché de Chatuchak, Th Phahonyothin ; ⌚9h-18h sam-dim ; Ⓜ Kamphaeng Phet sorties 1 et 2, Chatuchak Park sortie 1, Ⓢ Mo Chit sortie 1). Assiettes, bols et ustensiles en bois de cocotier et de palmier à sucre.

MARCHÉS FLOTTANTS

L'image idyllique des *đà·làht nám* (marchés flottants) remplis de barques chargées de fruits exotiques a incarné, pendant des décennies, la représentation officielle du tourisme en Thaïlande. Pourtant, avec l'apparition des routes, il y a bien longtemps que les Thaïlandais font leurs emplettes sur la terre ferme, et les marchés flottants d'aujourd'hui n'existent que par et pour le tourisme. Cela dit, quelques-uns méritent une visite.

Marché flottant de Tha Kha (ตลาดน้ำท่าคา ; Tha Kha, Samut Songkhram ; 7h-12h sam-dim plus 2e, 7e et 12e jour de lune croissante et décroissante). Le plus authentique du lot où quelques vendeurs se réunissent le long d'un étroit *klorng* (canal) flanqué de cocotiers et de vieilles maisons en bois. On peut effectuer des promenades en bateau (50 B/pers, 45 min) le long du canal et acheter quantité de fruits et d'en-cas savoureux. Des *songthaew* (20 B, 45 min) desservent Tha Kha le matin au départ du marché de Samut Songkhram.

Marché flottant d'Amphawa (ตลาดน้ำอัมพวา ; Amphawa ; plats 30-80 B ; 16h-21h ven-dim). Également dans la province de Samut Songkhram Province, il se tient le week-end aux abords du Wat Amphawa. Il y a surtout de la nourriture et des babioles pour touristes, qui affluent en masse depuis Bangkok, rendant parfois l'ambiance frénétique.

Marché flottant de Taling Chan (ตลาดน้ำตลิ่งชัน ; carte p. 72 ; Khlong Bangkok Noi, Thonburi ; 7h-16h sam-dim ; S Wongwian Yai sortie 3 et taxi). Juste à l'extérieur de Bangkok sur la route donnant accès au Khlong Bangkok Noi, le marché de Taling Chan ne se distingue pas, au premier coup d'œil, des autres marchés du pays où s'activent des producteurs des environs. Mais la magie opère quand on aperçoit sur le canal les docks flottants transformés en salles à manger, et les cuisines installées sur des barques à côté. Taling Chan se trouve dans Thonburi et on y accède en taxi depuis la station BTS Wongwian Yai ou avec le bus climatisé n°79 (16 B, 25 min), qui marque des arrêts dans Th Ratchadamnoen Klang.

Marché flottant de Damnoen Saduak (ตลาดน้ำดำเนินสะดวก ; Damnoen Saduak, province de Ratchaburi ; 7h-12h). Ce marché flottant vieux de 100 ans – jadis fleuron du tourisme en Thaïlande – comporte uniquement des échoppes de souvenirs et s'adresse aux hordes de touristes en voyage organisé. Tout est conçu pour générer de l'argent : pour visiter le marché, il faut louer un bateau (800/3 000 B par pers/bateau) sillonnant le réseau de canaux en s'arrêtant à tous les étals couverts de bibelots sans valeur à des prix exorbitants (commission pour le batelier comprise). Des bus pour Damnoen Saduak partent du terminal Sud, à Thonburi (100 B, 2 heures, fréquents entre 6h et 21h).

Marché de Don Wai (ตลาดดอนหวาย ; Don Wai, Nakhon Pathom ; 7h-18h). Pas exactement flottant, le marché de Don Wai se tient sur la berge de la rivière, dans la province de Nakhon Pathom. Au début du XXe siècle, il réunissait cultivateurs et marchands de pomelos et de jaquiers. Le plus facile pour s'y rendre est d'emprunter un minibus (50 B, 40 min) partant près de Central Pinklao, à Thonburi.

Talat Rot Fai MARCHÉ

(marché nocturne de Rot Fai ; carte p. 72 ; Esplanade Complex, 99 Th Ratchadaphisek ; 17h-1h ; M Thailand Cultural Centre sortie 4). Pour une soirée amusante et légère, avec festin arrosé et shopping sans se ruiner, cap sur Talat Rot Fai, l'un des marchés nocturnes les plus fréquentés de Bangkok. Installés sous des tentes, les étals et cabanons en bois sont éparpillés sur un terrain en plein air derrière le centre commercial Esplanade, sur Th Ratchadaphisek. Particulièrement animé le week-end.

JJ Mall CENTRE COMMERCIAL

(carte p. 157 ; Th Kamphaeng Phet 2 ; 10h-19h ; M Kamphaeng Phet sorties 1 et 2, Chatuchak Park sortie 1, S Mo Chit sortie 1). Dans ce centre commercial moderne jouxtant le marché du week-end de Chatuchak, on trouve de beaux souvenirs, ainsi que des objets faits main et des meubles compacts. Le nom JJ Mall fait référence à cette sous-section de l'immense marché du week-end de Chatuchak (d'ailleurs surnommé “JJ Market”).

Renseignements

AMBASSADES

Voir p. 799 pour les adresses des ambassades à Bangkok.

Présence française à Bangkok

Alliance française (☎02 670 4200 ; www.afthailande.org ; 179 Wireless Rd, Lumphini, Pathumwan)

ARGENT

La plupart des magasins, restaurants, cafés et hôtels acceptent les espèces et les cartes bancaires (surtout Visa et MasterCard). Les vendeurs de rue ne prennent que les espèces.

DÉSAGRÉMENTS ET DANGERS

Bangkok est une ville globalement sûre, mais mieux vaut suivre les conseils suivants pour ne pas allonger la liste des nombreux touristes victimes d'arnaques :

Fausses pierres précieuses Si vous n'êtes pas un négociant en gemmes, nous vous recommandons vivement de ne pas en acheter en Thaïlande.

Fermé aujourd'hui Ignorez tout "gentil" Thaïlandais vous informant qu'un site est fermé pour cause de fête religieuse ou de nettoyage.

Circuit en tuk-tuk pour 20 B Les "visites" feront l'impasse sur les sites et le chauffeur vous emmènera voir les tailleurs et vendeurs de pierres précieuses qui le rémunèrent.

Course en taxi au forfait Refusez fermement toute course à un tarif imposé, souvent 3 fois supérieur au tarif au compteur.

Aimables inconnus Méfiez-vous des hommes bien habillés qui viennent vous demander d'où vous venez et où vous allez.

INTERNET ET TÉLÉPHONE

À Bangkok, votre smartphone détectera un nouveau réseau Wi-Fi tous les 100 m. On trouve communément le Wi-Fi dans les pensions (*guesthouses*), cafés et de nombreux restaurants. Les réseaux de données mobiles continuent de se développer et les performances s'améliorent. En achetant une carte SIM locale, vous pourrez accéder gratuitement au Wi-Fi de votre fournisseur dans les centres commerciaux, les stations BTS et de nombreux espaces publics à travers la ville.

OFFICES DU TOURISME

Bangkok Information Center (carte p. 80 ; ☎02 225 7612-4 ; 17/1 Th Phra Athit ; ⏲8h-19h lun-ven, 9h-17h sam-dim ; ⛴Phra Athit Pier). Tous types de renseignements touristiques axés sur la capitale.

Tourism Authority of Thailand (TAT ; ☎02 134 0040, centre d'appel 1672 ; www.tourismthailand.org ; 2e niv, entre les portes 2 et 5, aéroport international Suvarnabhumi ; ⏲24h/24). La TAT tient un comptoir d'information à l'aéroport international Suvarnabhumi.

Tourism Authority of Thailand (TAT ; carte p. 80 ; ☎02 283 1500, national 1672 ; www.tourismthailand.org ; angle Th Ratchadamnoen Nok et Th Chakraphatdi Phong ; ⏲8h30-16h30 ; ⛴klorng-taxi Phanfa Leelard Pier). Agence de Banglamphu.

MÉDIAS

➡ Le *Bangkok Post* (www.bangkokpost.com) et le *Nation* (www.nationmultimedia.com), une publication orientée sur l'économie, sont les principaux journaux anglophones de Bangkok.

➡ *Bangkok 101* (www.bangkok101.com) est un magazine destiné aux touristes proposant adresses et activités ; *BK* (bk.asia-city.com) fournit encore plus de détails ; tandis que *Coconuts Bangkok* (coconuts.co/bangkok) propose adresses et infos locales décalées.

➡ Sur Twitter, Richard Barrow (@RichardBarrow) est une excellente source d'information touristique.

POSTE

Poste centrale (carte p. 90 ; ☎02 105 7400 ; Th Charoen Krung ; ⏲9h30-17h30 lun-ven ; ⛴Oriental Pier)

SERVICES MÉDICAUX

L'ambassade de France à Bangkok (www.th.ambafrance.org ; rubrique Services aux citoyens/Sécurité-Infos utiles) fournit une liste de médecins parlant français. On trouve des médecins anglophones dans les hôpitaux suivants :

Bangkok Christian Hospital (carte p. 98 ; ☎02 625 9000 ; 124 Th Silom ; Ⓜ Si Lom sortie 2, Ⓢ Sala Daeng sortie 1). Hôpital moderne dans le centre de Bangkok. Vous y trouverez un coordinateur de soins français, Franck Maigne.

BNH (carte p. 98 ; ☎02 022 0700 ; www.bnhhospital.com ; 9/1 Soi Convent ; Ⓜ Si Lom sortie 2, Ⓢ Sala Daeng sortie 2/4). Hôpital moderne et central.

Bumrungrad International Hospital (carte p. 104 ; ☎02 066 8888 ; www.bumrungrad.com ; 33 Soi 3, Th Sukhumvit ; ⏲24h/24 ; Ⓢ Nana sortie 1). Un établissement reconnu au niveau international.

Samitivej Hospital (carte p. 104 ; ☎02 022 2222 ; www.samitivejhospitals.com ; 133 Soi 49, Th Sukhumvit ; ⏲24h/24 ; Ⓢ Phrom Phong sortie 3 et taxi). Hôpital moderne proclamé.

St Louis Hospital (carte p. 98 ; ☎02 838 5555 ; www.saintlouis.or.th ; 215 Th Sathon Tai/South ; Ⓢ Surasak sortie 4). Hôpital moderne, favori de la population locale.

URGENCES

Le numéro de téléphone de la police sert en général pour toutes les urgences. On peut ainsi l'utiliser pour appeler une ambulance ou déclarer un incendie.

Indicatif de Bangkok	☎02
Indicatif du pays	☎66
Renseignements (gratuit)	☎1133
Code d'accès international	☎001, 007
Police	☎191

VOYAGEURS LGBTIQ

Bangkok compte de nombreux bars et clubs pour hommes gays, mais les établissements spécifiquement dédiés aux lesbiennes sont plus rares.

ℹ Depuis/vers Bangkok

AVION

L'**aéroport international Suvarnabhumi** (☎02 132 1888 ; www.airportthai.co.th ; Samut Prakan), 30 km à l'est du centre de Bangkok, a ouvert ses portes aux vols commerciaux et internationaux et intérieurs en 2006. Signifiant "terre dorée" en sanskrit, le nom de l'aéroport se prononce *sù·wan·ná·poum*. L'aéroport a hérité du code BKK, jadis détenu par l'aéroport Don Mueang. Le site de l'aéroport propose le détail des arrivées et départs en temps réel.

L'autre aéroport de Bangkok, l'**aéroport international Don Mueang** (☎02 535 1192 ; www.airportthai.co.th ; Don Mueang), 25 km au nord du centre de Bangkok, était le principal aéroport de la ville avant l'ouverture de l'aéroport Suvarnabhumi en 2006. D'abord fermé, c'est aujourd'hui l'aéroport low cost de la ville, avec un nouveau code (DMK). Le terminal 1 gère les vols internationaux, le terminal 2 les vols domestiques.

BUS

Les bus qui partent des gares routières gouvernementales sont beaucoup plus fiables et moins sujets aux problèmes de vols à la tire que ceux des entreprises privées qui partent de Th Khao San ou d'autres lieux touristiques.

Le **Centre des transports publics de Suvarnabhumi** (☎02 132 1888 ; aéroport international Suvarnabhumi) est situé à 3 km de l'aéroport international Suvarnabhumi. Départs fréquents pour des villes de l'Est et du Nord-Est, dont Aranya Prathet (à la frontière cambodgienne), Chanthaburi, Ko Chang, Nong Khai (à la frontière laotienne), Pattaya, Rayong, Trat et Udon Thani. Une navette gratuite s'y rend depuis l'aéroport.

Le **terminal Est** (carte p. 104 ; ☎02 391 2504 ; Soi 40, Th Sukhumvit ; Ⓢ Ekkamai sortie 2) est le point de départ des bus pour Pattaya, Rayong, Chanthaburi et d'autres villes de l'est du pays, à l'exception du passage de la frontière à Aranya Prathet. La plupart des gens l'appellent *sà·tăh·ni èk·gà·mai* (gare **Ekamai**). Près de la station BTS Ekamai.

Les **terminaux Nord et Nord-Est** (Mo Chit ; carte p. 108 ; pour les lignes vers le nord-est ☎02 936 2852, poste 602/605, pour les lignes vers le nord ☎02 936 2841, poste 325/614 ; Th Kamphaeng Phet ; Ⓜ Kamphaeng Phet sortie 1 et taxi, Ⓢ Mo Chit sortie 3 et taxi) sont situés au nord du parc Chatuchak, cette gare routière animée est aussi appelée *kŏn sòng mŏr chít* (gare de **Mo Chit**), à ne pas confondre avec la station BTS Mo Chit. Les bus desservent les villes du Nord et du Nord-Est et d'autres villes à l'étranger comme Pakse (Laos), Phnom Penh (Cambodge), Siem Reap (Cambodge) et Vientiane (Laos). Pour vous rendre à la gare routière, prenez le BTS jusqu'à Mo Chit ou le MRT jusqu'à Kamphaeng Phet, puis le bus n°3, 77 ou 509, ou bien un taxi ou une moto-taxi.

TRAIN

Hua Lamphong (☎centre d'appel 1690 ; www.railway.co.th ; près de Rama IV ; Ⓜ Hua Lamphong sortie 2) est la gare principale de la ville. Ignorez tous les rabatteurs et évitez les agences de voyages. Pour consulter les horaires et tarifs, visitez le site Internet officiel de State Railway of Thailand (www.railway.co.th/Home/Index).

Également appelée Thonburi, **Bangkok Noi** (☎centre d'appel 1690 ; www.railway.co.th/Home/Index ; près de Th Itsaraphap ; ⛴ Thonburi Railway Station) est une minuscule gare avec des trains pour Kanchanaburi, Nakhon Pathom et Nam Tok.

Wongwian Yai (carte p. 72 ; ☎02 465 2017, centre d'appel ☎1690 ; www.railway.co.th/Home/Indexl ; près de Th Phra Jao Taksin ; Ⓢ Wongwian Yai sortie 4 et taxi) est une gare minuscule, point de départ de la ligne des trains de banlieue, à destination de Samut Sakhon (aussi appelée Mahachai).

Comment circuler

Bangkok peut sembler anarchique à première vue, mais son système de transport s'améliore progressivement. Même en utilisant au maximum les réseaux BTS, MRT ou de ferrys, vous vous retrouverez coincé dans un embouteillage au moins une fois pendant votre séjour – ils sont néanmoins moins importants que par le passé.

BTS Le Skytrain aérien circule de 6h à minuit. Tickets : 16 à 52 B.

MRT Le métro circule de 6h à minuit. Tickets : 16 à 42 B.

Taxi En dehors des heures de pointe, les taxis sont très intéressants. Prise en charge : 35 B.

Chao Phraya Express Boat Le bateau circule de 6h à 20h. Traversée : 15 B. Croisière touristique : 50 B.

Klorng Boat Les bateaux sur les canaux de Bangkok circulent de 5h30 à 20h presque tous les jours. Tickets : 9 à 19 B.

Bus Transport bon marché, mais lent et assez déroutant. Tickets : 10 à 25 B.

DEPUIS/VERS LES AÉROPORTS

Aéroport international Suvarnabhumi Airport Rail Link : BTS Phaya Thai jusqu'à Suvarnabhumi (45 B, 30 min, 6h-minuit). Bus climatisé de Suvarnabhumi à Th Khao San (60 B, 6h-20h). Taxi avec compteur (300-400 B plus supp aéroport 50 B et péages autoroutiers éventuels).

Aéroport international Don Mueang 4 lignes de bus : A1 jusqu'à la station BTS Mo Chit (50 B, 7h30 à 11h30) ; A2 jusqu'à la station BTS Victory Monument (50 B, 7h30 à 11h30) ; l'A3 jusqu'à Lumphini Park (50 B, 7h30 à 11h30) ; A4 jusqu'à Sanam Luang (50 B, 7h30 à 11h30). Taxi avec compteur (300-350 B plus supp aéroport 50 B).

BATEAUX

Sur les canaux

- Des *klorng-taxi* (bateaux-taxis) parcourent le canal le long de Khlong Saen Saeb (de Banglamphu à Ramkhamhaeng). C'est un bon moyen pour se rendre de Banglamphu à la maison de Jim Thompson, aux centres commerciaux de Siam Square (descendre à Saphan Hua Chang Pier pour ces deux destinations) et à d'autres sites plus à l'est le long de Sukhumvit (avec correspondance obligatoire à Pratunam Pier). Ces bateaux sont principalement fréquentés par des usagers locaux et ne s'arrêtent que quelques secondes. Tenez-vous prêt à sauter pour ne pas rester à quai. Les tickets coûtent de 12 à 15 B et les bateaux circulent de 5h30 à 19h15 du lundi au vendredi, de 6h à 18h30 le samedi et de 6h à 18h le dimanche.

Sur le fleuve

Le **Chao Phraya Express Boat** (☎ 02 445 8888 ; www.chaophrayaexpressboat.com) est le principal service de ferry sur le Chao Phraya. Il fonctionne de 6h à 19h. L'embarcadère central est connu sous les noms de Sathorn/Central Pier ou Saphan Taksin. Il permet la connexion à la station BTS Saphan Taksin.

- Conservez bien votre titre tout au long du trajet.
- Les bateaux express (drapeau orange), les plus courants, naviguent entre Wat Rajsingkorn, au sud, et Nonthaburi, au nord, en s'arrêtant à la plupart des embarcadères importants. Tous les trajets coûtent 15 B, et il y a des bateaux fréquents de 6h à 19h.
- Les bateaux à pavillon vert ou jaune ne desservent pas tous les arrêts et sont donc plus rapides que les bateaux à pavillon orange, mais moins nombreux.
- Les bateaux de tourisme (drapeau bleu ; 60 B ; ttes les 30 min 9h30-17h30) vont du Sathorn/Central Pier au Phra Athit/Banglamphu Pier via des embarcadères présentant un intérêt touristique. Un pass journalier à 200 B est aussi disponible, peu avantageux à moins d'effectuer de nombreux trajets fluviaux.
- Il existe aussi d'innombrables bateaux (3 B) qui traversent le fleuve toutes les 2 ou 3 minutes jusque tard dans la nuit.
- Des *long-tail boats* privés peuvent être loués pour des sorties touristiques à Phra Athit/Banglamphu Pier, Chang Pier, Tien Pier et Oriental Pier.

BTS ET MRT

Le **BTS** aérien (Skytrain ; ☎ centre d'appel 02 617 6000, infos touristiques 02 617 7341 ; www.bts.co.th), également appelé **Skytrain** (*rót fai fáa*), dessert le "nouveau" Bangkok (Silom, Sukhumvit et Siam Sq). Ses 2 lignes se croisent à la station Siam. Les trains sont fréquents et circulent de 6h à minuit. Comptez de 16 à 52 B, ou 140 B pour un pass journalier. La plupart des automates n'acceptent que les pièces, mais, aux guichets d'information, vous pourrez faire de la monnaie.

Le métro (ou "Subway") de Bangkok, le **MRT** (☎ 02 354 2000 ; www.transitbangkok.com), s'avère très utile pour les personnes séjournant dans le quartier de Sukhumvit ou de Silom qui souhaitent gagner la gare ferroviaire de Hua Lamphong. Les billets coûtent de 16 à 42 B. Les trains circulent régulièrement de 6h à minuit.

Lors de nos recherches, les 2 réseaux étaient en cours d'extension dans plusieurs directions afin de répondre à une demande accrue. La fin des travaux devait s'étaler entre 2020 et 2021.

QUELQUES CONSEILS SUR LES TAXIS DE BANGKOK

➡ Ne prenez jamais un taxi non équipé de compteur ; ces chauffeurs stationnent habituellement devant les hôtels et dans les zones touristiques. Mieux vaut héler un taxi dans la rue.

➡ Une fois votre itinéraire accepté, généralement, les chauffeurs de taxi de Bangkok ne vont pas vous embarquer pour "une balade" comme dans certains pays ; ils gagnent plus d'argent en multipliant les courses.

➡ Sachez que beaucoup de chauffeurs de taxi de Bangkok sont des travailleurs agricoles saisonniers tout juste arrivés à la capitale ; de ce fait, ils ont parfois du mal à s'orienter.

➡ Si un chauffeur refuse de vous conduire quelque part, n'allez pas imaginer que votre tête ne lui revient pas. Il est plus probable qu'il ait à rendre son taxi de location à une heure précise.

➡ Très peu de chauffeurs de taxi parlent anglais ; il peut donc être extrêmement utile d'avoir une adresse écrite en thaï. De nombreux hôtels donnent des cartes de visite avec l'adresse en thaï.

➡ Les vieux taxis sont souvent moins confortables, mais leurs chauffeurs sont normalement plus expérimentés car ils sont propriétaires de leur véhicule, tandis que les taxis neufs sont souvent loués. En règle générale, les taxis jaune et vert ou blanc et rose sont conduits par des chauffeurs propriétaires expérimentés ; ceux d'autres couleurs sont le plus souvent conduits par des journaliers au professionnalisme variable.

BUS

La **Bangkok Mass Transit Authority** (☎02 246 0973, centre d'appel 1348 ; www.bmta.co.th) gère le réseau de bus.

➡ Les itinéraires étant peu clairs et les taxis très bon marché, il faut vraiment voyager avec un budget serré pour vouloir les utiliser.

➡ Les tarifs commencent à 10 B pour les bus ordinaires et s'élèvent entre 12 et 25 B pour les bus climatisés.

➡ La plupart des lignes fonctionnent de 5h à 22h ou 23h, les services de nuit de 3h ou 4h jusqu'en milieu de matinée.

MOTO-TAXI

➡ À Bangkok, les motos-taxis (appelées *motorsai*) ont deux fonctions dans le trafic congestionné.

➡ En général, elles font partie intégrante du réseau des transports en commun et conduisent d'une artère principale, telle que Th Sukhumvit, aux extrémités des *soi* partant de cette artère. Les motards, rassemblés à chaque extrémité de leur *soi*, portent un gilet coloré et numéroté. Ils facturent de 10 à 20 B la course. Des casques sont disponibles, mais leur propreté est souvent douteuse.

➡ L'avantage évident des *motorsai* est qu'à moto, on se faufile facilement à travers les bouchons. Indiquez au chauffeur où vous souhaitez vous rendre, négociez un tarif (de 20 B pour une courte distance à environ 150 B pour traverser la ville), attachez votre casque... et faites une prière si vous êtes croyant.

TAXI

➡ Bien que les visiteurs hésitent à les utiliser, les taxis de Bangkok sont – généralement – récents et confortables, et les chauffeurs sont courtois et serviables, ce qui en fait un excellent mode de déplacement.

➡ Tous les taxis doivent mettre leur compteur en marche (prise en charge 35 B). Les courses en ville reviennent entre 60 et 100 B. Les péages autoroutiers (25-120 B) sont à la charge du passager.

➡ Les taxis jaune et vert de l'appli Grab vous coûteront un supplément de 20 B par rapport à ce qu'indique le compteur.

➡ Si vous oubliez quelque chose dans un taxi, votre meilleure chance (toutefois assez mince) de le récupérer est d'appeler le ☎1644.

Appli mobiles

En dehors des taxis traditionnels, il existe d'autres options fonctionnant avec des applis de mise en contact avec des conducteurs de véhicule :

All Thai Taxi (www.allthaitaxi.com; 02 018 9799)

GrabTaxi (www.grab.com/th)

Notez que les courses de Grab à bord de véhicules particuliers sont techniquement illégales ; seuls les taxis jaune et vert munis d'une licence commerciale sont autorisés à transporter des passagers. Cependant, de nombreux véhicules particuliers font partie de l'offre de Grab, et il n'est pas rare de voir arriver un SUV ou une berline clinquante lorsque vous réservez une course sur Grab, sauf si vous demandez expressément un taxi.

TUK-TUK

- Les habitants de Bangkok utilisent les emblématiques *tuk-tuk* (triporteurs motorisés) pour de courts trajets. Pour les étrangers, ces engins font partie de l'expérience touristique ; malgré leur coût prohibitif et leur toit assez bas qui gêne la vue, presque tous les touristes prennent un *tuk-tuk* au moins une fois.
- Les *tuk-tuk* sont connus pour leurs petits "détours" vers des boutiques de soie et de pierres précieuses ou des salons de massage qui leur versent une commission. En rejoignant des temples "spéciaux", des individus "serviables" vous proposeront des affaires sensationnelles. Ignorez toute personne offrant des excursions à 20 B, trop bon marché pour être vraies, les "jours spéciaux".
- La grande majorité des chauffeurs de *tuk-tuk* font payer un prix exorbitant aux touristes (les *farang* expatriés ne les utilisent jamais). Comptez 100 B, voire plus, pour le moindre court trajet. Essayez de négocier à 50 B environ pour une courte distance, de préférence le soir, quand les indices de pollution (avec un peu de chance) sont un peu moins élevés. Ensuite, vous trouverez le taxi moins cher, plus propre et moins bruyant.

VÉLO

Ces dernières années, le cyclisme s'est popularisé à Bangkok. Les ventes de vélos explosent, et la nouvelle piste cyclable de 23 km autour de l'aéroport international Suvarnabhumi remporte un franc succès auprès des amateurs de vélo le week-end. Un système de vélos en partage a même été mis en place (www.punpunbikeshare.com), et ses stations "Pun Pun" flanquent les artères principales de Bangkok. Cependant, les routes dangereuses, la circulation, la chaleur, la pollution et le manque de pistes cyclables font de Bangkok un endroit loin d'être sûr et pratique à vélo.

ENVIRONS DE BANGKOK

Le "Grand Bangkok" (Bangkok Metropolitan Region) comprend 6 provinces limitrophes de la capitale, pour une superficie totale de 7 500 km² et une population d'environ 10 millions d'habitants. Nous avons choisi de sélectionner quelques destinations proches et faciles d'accès depuis Bangkok, qui peuvent se visiter aisément en une journée au départ de la capitale.

Ko Kret เกาะเกร็ด

Au départ de Bangkok, vous pourrez accéder aisément à cette île artificielle créée, il y a 300 ans, à partir d'un canal creusé pour contourner un méandre du Chao Phraya. L'endroit abrite l'une des plus anciennes communautés môn de Thaïlande, un peuple qui représentait la culture dominante entre le VIe et le Xe siècle. Aujourd'hui, Ko Kret est une destination du week-end, réputée pour ses poteries et son marché du week-end.

À voir

Plusieurs temples de Ko Kret valent le coup d'œil, notamment le **chedi** (stupa) penché du **Wat Poramai Yikawat** (วัดปรมัยยิกาวาส ; Ko Kret, Nonthaburi ; 9h-17h ; 166 et ferry depuis Wat Sanam Neua), mais c'est bien l'atmosphère bucolique qui vole la vedette. Un chemin goudronné de 6 km fait le tour de l'île ; il peut être facilement parcouru à pied ou à vélo (location à l'embarcadère, 50 B/jour). Vous pourrez aussi louer un bateau (500 B pour 10 pers max) ; le **tour de l'île** classique passe par un atelier de batik, une fabrique de confiseries, et le week-end, un marché flottant.

Ko Kret est réputée pour ses **poteries en terre cuite tournées à la main**, vendues sur tous les marchés de Bangkok. Commandez un café glacé à n'importe quel vendeur de l'île et il vous offrira une petite poterie en guise de souvenir. Du Wat Poramai Yikawat, partez dans l'une ou l'autre direction et vous découvrirez à la fois des fours abandonnés et des ateliers de poterie toujours en activité, sur les côtes nord et est. En chemin, vous verrez de nombreux étals de souvenirs, ainsi que des restaurants.

Si vous vous rendez à Ko Kret en semaine, vous rencontrerez sans doute peu de voyageurs. Le week-end, les choses changent radicalement et Ko Kret devient une destination très prisée des citadins. Il y a alors beaucoup plus de stands alimentaires, de boissons et de choses à vendre.

Où se restaurer

Le week-end, les Thaïlandais affluent à Ko Kret pour manger en-cas frits et sucreries, disponibles auprès des nombreux étals des marchés de rue. Goûtez en particulier le *khâw châa*, un plat môn étonnant mais délicieux, servi avec du riz parfumé froid.

Environs de Bangkok

Environs de Bangkok

À voir
- 1 Ancient City D3
- 2 Plage de Bang Pu D3
- 3 Marché flottant de Damnoen Saduak .. A3
- 4 Don Hoi Lot A3
- 5 Marché de Don Wai B2
- 6 Dream World D1
- 7 Siam Park City D2
- 8 Marché flottant de Tha Kha A3
- 9 Wat Poramai Yikawat C1

Activités
- 10 MuayThai Institute C1

Où se loger
- 11 Amari Don Muang Airport Hotel C1
- 12 Cottage D2
- 13 Novotel Suvarnabhumi Airport Hotel D2
- Sleep Box .... (voir 11)

Où se restaurer
- Pa Ka Lung .... (voir 9)
- 14 Seafood Restaurants A3

Où sortir
- 15 Lumpinee Boxing Stadium C1

Renseignements
- 16 Bureau de l'immigration de Bangkok ... C1

Transports
- 17 Centre des transports publics de Suvarnabhumi D2

Pa Ka Lung THAÏLANDAIS $
(Restaurant River Side ; Ko Kret ; plats 50-80 B ; 8h-16h lun-ven, 8h-18h sam-dim ; 166 et ferry depuis Wat Sanam Neua). Un espace de restauration en plein air, doté d'un menu en anglais. C'est un bon endroit pour un *khâw châa* et d'autres spécialités locales. Au nord de l'île, non loin du Wat Poramai Yikawat.

De Pala THAÏLANDAIS $$
(Ko Kret ; plats 100-200 B ; 10h-21h sam-dim ; 166 et ferry depuis Wat Sanam Neua). À l'ombre de grandes fougères sur la rive du canal, ce restaurant décontracté est peut-être la meilleure adresse de Ko Kret pour se détendre après une journée d'exploration, avec une bière fraîche et une délicieuse cuisine rustique thaïlandaise. Il y a du monde pour déjeuner le week-end, et donc souvent de l'attente pour obtenir une table.

Depuis/vers Ko Kret

Ko Kret est située à Nonthaburi, à environ 15 km au nord du centre de Bangkok. Le moyen le plus

VAUT LE DÉTOUR

SAMUT PRAKAN

Samut Prakan, l'une des 6 provinces composant la région métropolitaine de Bangkok, est une vaste banlieue qui mérite une visite à la journée depuis le centre. Prenez le BTS jusqu'à Bang Na, puis un taxi jusqu'au quai des ferrys de Wat Bang Na Nork. Une courte traversée vous permettra de rejoindre **Bang Kachao**, île artificielle surnommée "le poumon vert" de Bangkok. Explorez le **parc de Si Nakhon Kheun Khan** (สวนศรีนครเขื่อนขันธ์ ; carte p. 72 ; Bang Kachao, Phrapradaeng, Samut Prakan ; ⌚6h-19h ; Ⓢ Bang Na sortie 2 et taxi) GRATUIT, vaste jardin botanique apprécié des randonneurs, des cyclistes et des ornithologues. À voir sur l'île également, le **marché de Bang Nam Pheung** (ตลาดบางน้ำผึ้ง ; carte p. 72 ; Bang Kachao, Phrapradaeng ; ⌚8h-15h sam-dim ; Ⓢ Bang Na sortie 2 et taxi), rural et plein de charme, et le **Wat Bang Nam Pheung Nok** (วัดบางน้ำผึ้งนอก ; carte p. 72 ; Bang Kachao, Phrapradaeng, Samut Prakan ; ⌚journée ; Ⓢ Bang Na sortie 2 et taxi), un temple bouddhique vieux de 250 ans.

Explorer Bang Kachao peut facilement prendre une matinée ; vous trouverez en chemin des stands de cuisine de rue, ainsi que plusieurs étals au marché de Bang Nam Pheung vendant des spécialités rurales intéressantes. Après le déjeuner, reprenez le BTS jusqu'à Kheha, le terminus au sud. De là, un taxi vous emmènera en 10 minutes à la **plage de Bang Pu** (บางปู ; Th Sukhumvit, Bang Pu ; ⌚lever-coucher du soleil ; Ⓢ Kheha sortie 3/4 et taxi) pour une promenade au bord de la mer. Passez la fin d'après-midi à nourrir les mouettes résidentes et à photographier le soleil couchant, puis retournez en ville par le Skytrain.

Ancient City (เมืองโบราณ, Muang Boran ; www.muangboranmuseum.com ; 296/1 Th Sukhumvit, Samut Prakan ; adulte/enfant 700/350 B ; ⌚9h-19h ; Ⓢ Bearing sortie 1), autoproclamé "plus grand musée en plein air du monde", rassemble des répliques miniatures des monuments emblématiques du pays. Tranquille et peu fréquenté, l'endroit se parcourt agréablement à vélo (compris dans le prix de l'entrée). Ancient City est à l'est de Bangkok, dans la province de Samut Prakan. La navette du parc assure le trajet depuis la station BTS Bearing (horaires sur le site Internet).

amusant de s'y rendre est d'affréter un hors-bord à 4 places à Nonthaburi Pier, le terminal nord de la ligne Chao Phraya Express Boat. Les 20 minutes de navigation (1 000 B aller-retour, marchandage possible) sur le Chao Phraya à bord de ces embarcations étroites semblant voler sur l'eau, constituent une expérience inoubliable. Prévoyez une heure de retour de Ko Kret avec le conducteur du bateau.

On peut aussi prendre le bus n°166 depuis le monument de la Victoire ou un taxi jusqu'à Pak Kret, avant de traverser le fleuve en ferry (2 B, 5h-21h) au départ de Wat Sanam Neua.

Amphawa อัมพวา

☎034 / 5 000 HABITANTS

La plupart des visiteurs viennent dans ce village assoupi au bord du canal pour son cadre semi-rural et son rythme de vie paisible. Si la gentrification menace, les canaux, les vieux bâtiments en bois, les jolis cafés et la circulation fluviale continuent de conférer un charme fou au village. Marché flottant (p. 159) le week-end ; en semaine vous serez probablement le seul touriste.

À voir et à faire

Prêt de la passerelle centrale d'Amphawa, l'élégant temple de **Wat Amphawan Chetiyaram** (วัดอัมพวันเจติยาราม ; près de Rte 6006, Amphawa, Samut Songkhram ; ⌚journée), orné de fresques élaborées, s'élèverait à l'emplacement de la maison familiale de Rama II. Non loin, le **parc commémoratif du roi Buddhalertla (Phuttha Loet La) Naphalai** (อุทยานพระบรมราชานุสรณ์พระบาทสมเด็จพระพุทธเลิศหล้านภาลัย ; près de Rte 6006, Amphawa, Samut Songkhram ; 20 B ; ⌚8h30-17h), regroupe plusieurs maisons traditionnelles thaïlandaises sur 1,5 ha de terrain aménagé. Dédié à Rama II, le musée compte une bibliothèque d'ouvrages datant de l'ère Siam, au début du XIXe siècle.

Le soir, les **long-tail boats** fendent les eaux endormies d'Amphawa pour assister au ballet étincelant des libellules (*hìng hôy*), plus nombreuses durant la saison des pluies. Du vendredi au dimanche, plusieurs compagnies proposent des croisières (100 B/pers). En dehors de ces jours-là, la location d'un bateau coûte 600 B pour 1 heure.

Don Hoi Lot PLAGE

(ดอนหอยหลอด ; Samut Songkhram). Ce banc de coquillages fossilisés à l'embouchure du Mae Nam Mae Klong, non loin de Samut Songkhram, est le deuxième site touristique d'Amphawa (après le village éponyme). Ces coquillages sont des *hŏy lòrt* (coquillages en forme de tube). Le banc se voit mieux en avril-mai, lorsque la rivière est au niveau le plus bas.

Prenez un *songthaew* devant l'hôpital Somdet Phra Phuttalertla de Samut Songkhram, à l'angle de Th Prasitpattana et Th Tamnimit (10 B, 15 min). Autrement, louez un bateau au ponton du marché Mae Klong (*tâh đà·làht mâa glorng*) pour une superbe traversée de 45 minutes (1 000 B environ).

Où se loger et se restaurer

Amphawa est extrêmement populaire auprès des habitants de la capitale le week-end et on dirait qu'une maison sur deux est devenue une pension pour accueillir les touristes. Il y en a pour tous les goûts, du matelas au sol recouvert d'une moustiquaire jusqu'à l'hébergement haut de gamme. Le prix des chambres (à partir de 400/1 500 B avec ventil/clim), la plupart dépourvues de salle de bains, baisse de moitié en semaine.

Le week-end, cap sur le marché flottant d'Amphawa (p. 159) pour déguster grillades de la mer et autres délices (30-80 B) servies depuis les bateaux du canal.

ChababaanCham Resort HÔTEL $$$

(081 984 1000 ; www.chababaancham.com ; Th Rim Khlong ; ch avec petit-déj 1 500-2 400 B ;). Juste à côté du canal, l'établissement loue de jolies chambres modernes et spacieuses en duplex, dont les plus chères disposent d'un coin détente sur le toit-terrasse.

Baan Ku Pu HÔTEL $$$

(081 941 1249 ; Th Rim Khlong ; bung avec petit-déj 1 600-2 000 B ;). Un *resort* à la mode thaïlandaise avec bungalows en bois dans une enclave paisible en bordure de canal. Somptueux petit-déjeuner avec plats régionaux compris.

Restaurants de poissons et fruits de mer PRODUITS DE LA MER $

(Don Hoi Lot, Samut Songkhram ; plats 80-200 B ; 10h-22h). La route menant à Don Hoi Lot est jalonnée de restaurants de poisson et fruits de mer, qui servent quasiment tous des recettes à base de *hŏy lòrt*, coquillage emblématique de la région. Presque personne ne parle anglais (cartes et enseignes en anglais sont rares).

Depuis/vers Amphawa

Du **terminal Sud de Bangkok** (Sai Tai Mai ; 02 422 4444, centre d'appel 1490 ; Th Boromaratchachonanee) à Thonburi, montez dans n'importe quel bus pour Damnoen Saduak et demandez qu'on vous dépose à Amphawa (80 B, 2 heures, fréquents 6h-21h). Sinon, de fréquents minibus rejoignent Samut Songkhram (aussi appelé Mae Klong ; 80 B, 1 heure 30, 6h-21h), d'où vous pourrez prendre un *songthaew* (*sŏrng·tăa·ou* ; pick-up collectifs) près du marché jusqu'à Amphawa (10 B, 10 min).

Nakhon Pathom นครปฐม

034 / 120 000 HABITANTS

Petite ville de province, Nakhon Pathom se proclame la plus ancienne cité de Thaïlande et le prouve avec le *chedi* de Phra Pathom. Que "Nakhon Pathom" vienne du pali "Nagara Pathama" qui signifie "première ville" semble confirmer cette hypothèse.

Bien que la ville moderne soit plutôt assoupie, elle est idéale pour découvrir la vie quotidienne en Thaïlande. Vous pourrez aussi tester votre vocabulaire thaï auprès de ses habitants, qui apprécieront vos efforts.

À voir

Phra Pathom Chedi TEMPLE BOUDDHIQUE

(พระปฐมเจดีย์ ; 60 B ; temple journée, musée 9h-16h mer-dim). Haut de plus de 120 m, ce gigantesque stupa est l'un des monuments bouddhiques les plus hauts du monde. Le nom sanskrit, signifiant plus ou moins "premier monument", témoigne de l'ancienneté du temple parmi les monuments religieux de Thaïlande. L'exploration du site est une expérience agréablement apaisante. On y passe facilement 2 heures à admirer l'imposante coupole, à visiter les sanctuaires annexes et à observer les rituels de dévots complètement absorbés par la prière. Le stupa est immédiatement au sud de la gare ferroviaire.

Le bâtiment d'origine fut édifié au début du VIe siècle par des bouddhistes theravada de Dvaravati. Au début du XIe siècle, le roi khmer d'Angkor Suriyavarman Ier s'empara de la cité et édifia un *prang* brahmanique sur le sanctuaire. Sous le roi Anawrahta, en 1057, les Birmans de Bagan mirent la ville à sac et le *prang* resta à l'état de ruines jusqu'à ce que le roi Mongkut le restaure en 1860.

Sur le côté est de l'édifice, dans le *bòht* (salle d'ordination), un **bouddha Dvaravati** est assis "à l'européenne", comme celui du Wat Phra Meru à Ayutthaya – d'où il pourrait même provenir.

Remarquez les nombreuses sculptures chinoises de pierre verte parvenues en Thaïlande sous forme de lest dans les jonques chinoises au XIXe siècle. Face au *bòht,* un **musée** présente quelques sculptures Dvaravati intéressantes. À l'intérieur du *chedi,* la **Lablae Cave** est un tunnel artificiel abritant le sanctuaire de plusieurs bouddhas.

Le **wat** jouit du plus haut rang dont peuvent s'enorgueillir les temples du royaume : il est l'un des 6 Ratchavoramahavihan de Thaïlande. Les cendres de Rama VI reposent sous Phra Ruang Rochanarit, un grand bouddha de l'époque Sukhothai, dans le *wí·hăhn* (sanctuaire) nord du *wat.*

Où se restaurer

Un excellent marché (p. 159) se tient le long de la rue entre la gare ferroviaire et le *chedi* de Phra Pathom. Le secteur compte de nombreux bons restaurants et stands de rue bon marché.

Depuis/vers Nakhon Pathom

À 64 km à l'ouest de Bangkok, Nakhon Pathom n'a pas de gare routière. La plupart des bus arrivent et partent près du marché ou de la gare ferroviaire.

Le moyen le plus simple et le plus rapide de rallier Nakhon Pathom depuis Bangkok est le minibus au départ du terminal Sud (70 B, 1 heure, fréquent entre 6h et 18h).

Autrement, la gare ferroviaire de Hua Lamphong à Bangkok assure des liaisons fréquentes toute la journée (20-60 B, 1 heure).

Le Centre

Dans ce chapitre ➜

Le top des restaurants

- Pae Krung Gao (p. 180)
- Keeree Tara (p. 198)
- Nong Noi Restaurant (p. 204)
- Ahahn Puen Mueang 7 Yang (p. 208)
- Blue Rice (p. 198)

Le top des hébergements

- FloatHouse sur la rivière Kwaï (p. 203)
- Tamarind Guesthouse (p. 178)
- Ban Boonchu (p. 178)
- Ayothaya Riverside House (p. 178)
- Oriental Kwai Resort (p. 197)

Pourquoi y aller

Le passé n'est jamais loin dans le centre de la Thaïlande. Ayutthaya, ancienne capitale du Siam, a quelque chose d'un musée à ciel ouvert, avec ses temples en ruines et ses bouddhas. À Kanchanaburi, des mémoriaux de la Seconde Guerre mondiale portent le témoignage de milliers de vies perdues dans la construction du Chemin de fer de la mort.

La nature a ici la part belle. Les montagnes dominant l'horizon de Kanchanaburi sont ponctuées de cascades et de profondes grottes. Là, vivent quelques-uns des derniers tigres sauvages de Thaïlande. Les confins septentrionaux, à deux pas du Myanmar, voient coexister plusieurs ethnies. On peut paresser au bord du lac à Sangkhlaburi, ravissante bourgade assoupie, ou dormir dans les arbres au parc national de Thong Pha Phum.

Histoire et nature ont noué une singulière alliance à Lopburi, où des singes gambadent par centaines dans les temples khmers de ce qui fut la seconde capitale du royaume de Siam.

Quand partir

Il fait chaud de février à juin, pluvieux de juin à octobre et relativement frais d'octobre à janvier ; l'humidité est constante.

À cause de l'altitude, il fait plus humide et plus frais (parfois même un peu froid) à Sangkhlaburi et dans les parcs nationaux des environs que partout ailleurs dans la région, ce qui en fait une alternative… rafraîchissante aux villes des plaines.

Ayutthaya et Lopburi sont situées dans une vaste plaine, aussi chaude et arrosée que Bangkok.

À ne pas manquer

1 La découverte, à vélo, des ruines mystérieuses et des colossales statues du Bouddha d'**Ayutthaya** (p. 172).

2 Les récits poignants de la tragédie du Chemin de fer de la mort à **Kanchanaburi** (p. 189).

3 Une baignade dans les bassins aigue-marine des sept paliers de la cascade du **parc national d'Erawan** (p. 200).

4 Le **Prang Sam Yot** (p. 183), temple du XIIIe siècle à Lopburi, et ses nombreux singes.

5 Le chic en pleine nature des **hôtels flottants de Nam Tok** (p. 203).

6 Le **Saphan Mon** (p. 205), le pont en bois le plus long du pays, et la vue sur le lac miroitant de Sangkhlaburi.

7 La route de montagne sinueuse et jalonnée de fondrières conduisant à **E-Thong** (p. 203), pittoresque village frontalier.

NAKHON SAWAN
PHETCHABUN
11
Sawang Arom
1/AH2
Hua Thanon
Phaisali
UTHAI THANI
Huay Thap Salao
Uthai Thani
Hang Nam
Tak Fa
333
32
Wong Sawang
Thung Men
Wat Sing
Ta Khli
Nong Muang
Chainat
11
CHAI NAT
32
Hua Chang
an Rai
Chang Thong
Prasuk
Ban Mi
LOP BURI
Hankha
1
Réservoir de Krasiaw
Singburi
SING BURI
Huay Krasiaw
Dan Chang
4 Lopburi
333
Sam Chuk
Nong Khon
SUPHAN BURI
32
ANG THONG
Sa Krachom
SARABURI
Ang Thong
Nong Ri
Suphanburi
Mae Nam Nakhon Nayok
32
Ayutthaya 1
U-Thong
Bo Phloi
PHRA NAKHON SI AYUTHAYA
309
340
Thung Khok
Bang Pa In
3358
Bang Sai
PATHUM THANI
at Ya
Kamphaeng Saen
Pathum Thani
323
2 Kanchanaburi
Mae Nam Tha Chin
NAKHON PATHOM
NONTHABURI
Aéroport international Don Mueang
an Makham Tia
Nonthaburi
KRUNG THEP MAHA NAKHON
Nakhon Pathom
338
Nong Tak Ya
Thonburi
BANGKOK
4
Chom Beung
SAMUT SAKHON
SAMUT PRAKAN
4
Samut Prakan
RATCHABURI
Ratchaburi
Samut Sakhon

PROVINCE D'AYUTTHAYA

Ayutthaya

อยุธยา

53 000 HABITANTS

Les vestiges auréolés de mystère parsemés dans Ayutthaya témoignent de son passé glorieux. Ponctuée naguère de temples dorés et de palais, l'île fut la capitale du Siam avant d'être mise à sac par les Birmans en 1767. Maints monuments en ruines renvoient à cet âge d'or, où florissaient le commerce et les arts. À se promener parmi les stupas, on imagine sans peine ce qu'éprouvaient jadis, en arrivant ici, les marchands venus de loin.

La plupart des visiteurs se contentent d'une journée d'excursion à Ayutthaya, et n'en voient que les sites principaux. Alors qu'il faut bien compter deux jours pour s'imprégner de la magie des lieux.

À voir

Sur l'île

L'île d'Ayutthaya abritait le cœur de la cité antique et renferme les sites les plus connus, notamment des temples comme le Wat Mahathat et le Wat Phra Si Sanphet, ainsi que les deux musées nationaux.

Wat Ratchaburana RUINES

(วัดราชบูรณะ ; Th Chee Kun ; 50 B, billet 6 temples 220 B ; 8h-18h30 ; P). Le *prang* (stupa de style khmer) de ce vaste ensemble de temples est l'un des mieux préservés de la ville. D'immenses Garuda en stuc en ornent les angles et il est entouré de stupas plus petits. Si vous ne craignez ni le vertige, ni les chauves-souris, ni les espaces confinés, vous pourrez monter dans le *prang* et visiter la crypte, dont les peintures murales délavées, de la première période d'Ayutthaya, représentent le Bouddha.

Le temple fut construit en 1424 par Borom Rachathirat II sur le site de crémation de ses deux frères, morts en se disputant le trône.

La crypte fut pillée en 1957. Lorsque les voleurs furent retrouvés, la plupart des inestimables objets en or avaient déjà été fondus. Ceux restants sont exposés au musée national Chao Sam Phraya.

BILLET COMBINÉ POUR LES TEMPLES

Un forfait réunit l'entrée aux 6 vestiges de temple les plus importants. Il coûte 220 B, est valable 30 jours et peut s'acheter sur chacun des sites :

- Wat Ratchaburana
- Wat Phra Si Sanphet
- Wat Phra Ram
- Wat Mahathat
- Wat Maheyong
- Wat Chai Wattanaram

Wat Phra Si Sanphet RUINES

(วัดพระศรีสรรเพชญ์ ; 50 B, ticket 6 temples 220 B ; 8h-18h30). Dans ce superbe temple en ruine, trois stupas miraculeusement intacts forment un symbole parmi les plus célèbres d'Ayutthaya. La construction commença en 1448, il s'agissait d'un temple royal privé installé dans l'enceinte du palais, selon une configuration reprise pour le Wat Phra Kaew et le Grand Palais, à Bangkok. Ce temple contenait jadis un bouddha debout (Phra Si Sanphet) haut de 16 m et couvert d'au moins 143 kg d'or, lequel fut fondu par les conquérants birmans.

Wat Mahathat RUINES

(วัดมหาธาตุ ; Th Chee Kun ; 50 B, ticket 6 temples 220 B ; 8h-18h30 ; P). Le Wat Mahathat, construit en 1374 sous le règne de Borom Rachathirat Ier, était alors le plus important du royaume. Le patriarche suprême y siégeait. Le *prang* central, haut de 43 m à l'origine, s'était déjà écroulé bien avant que les Birmans ne pillent la ville. Il fut reconstruit par la suite, puis s'effondra à nouveau en 1911. C'est ici que se trouve la curiosité la plus photographiée d'Ayutthaya : un bouddha de grès dont la tête est prise dans les racines entrelacées d'un pipal.

Maints trésors ont été découverts dans les ruines du stupa ; ils sont exposés au musée national Chao Sam Phraya. Mieux vaut visiter ce site, l'un des plus visités d'Ayutthaya, de bonne heure ou tard dans la journée.

Marché nocturne d'Ayutthaya MARCHÉ

(อยุธยาไนท์มาร์เก็ต ; marché Krung Sri ; Th Si Sanphet ; 16h30-22h ven-dim ; P). GRATUIT Dans ce marché du week-end, sont vendus, sous des stands à toit de chaume et par des commerçants en costumes d'époque, des produits alimentaires (dont certains peu courants comme les fleurs de pois bleus) et artisanaux ; on peut aussi faire des balades en bateau, écouter des musiciens et assister à des reconstitutions de combats à l'épée (19h et 20h30).

CIRCUITS GUIDÉS

La plupart des pensions (*guesthouses*) organisent des circuits, mais vous aurez peut-être plus de choix et de souplesse en passant par une agence comme **Tour With Thai** (☎ 035 958226, 086 982 6265 ; tour-with-thai.business.site ; Naresuan Soi 2 ; ⏲ 8h30-19h).

L'excursion la plus mise en avant est le tour de l'île en bateau (200 B/pers ; 2 heures) avec halte au Wat Phanan Choeng (p. 177), au Wat Phutthai Sawan (p. 177) et au Wat Chai Wattanaram (p. 175), une manière commode, bien que hâtive, de voir ces 3 superbes sites au large de l'île. On peut aussi louer un bateau (à partir de 700 B/heure) : remontez jusqu'à l'angle nord-est de l'île et repérez le panneau "boat trip" près du bureau de l'immigration (p. 180).

Ayutthaya Boat & Travel (☎ 081 733 5687 ; www.ayutthaya-boat.com ; angle Th Chee Kun et Th Rotchana ; ⏲ 9h-17h lun-sam) propose des repas-croisières sur une barge à riz en teck, ainsi que des circuits plus longs, à vélo et en bateau, et des séjours chez l'habitant.

Recreational Ayutthaya Biking (☎ 021 072500 ; www.ayutthayabiking.com ; 141 Mu 1, Rte 3053 ; ⏲ 8h-17h) organise quelques circuits à vélo.

Mr Pok (☎ 081 253 9037 ; 300 B/heure) est un guide recommandé pour les visites personnalisées des ruines.

Wihan Phra Mongkhon Bophit TEMPLE BOUDDHIQUE

(วิหารพระมงคลบพิตร ; ⏲ 8h-17h). GRATUIT À côté du Wat Phra Si Sanphet, ce sanctuaire contient l'un des plus grands bouddhas en bronze du pays, datant vraisemblablement du XVe siècle. Cette statue enrobée d'or de 12,50 m (17 m avec la base) fut gravement endommagée vers 1700 par un incendie dû à la foudre, puis à nouveau lorsque les Birmans pillèrent la ville. Restaurée à plusieurs reprises au XXe siècle, ainsi que le bâtiment, c'est une des curiosités incontournables d'Ayutthaya.

En 1956, le Premier ministre birman offrit 200 000 B pour restaurer l'édifice, en manière de réparation tardive du sac de la ville, perpétré par les siens deux siècles auparavant.

Wat Lokayasutharam RUINES, STATUE BOUDDHIQUE

(วัดโลกยสุธาราม ; près de Th Khlong Thaw ; ⏲ lever-coucher du soleil ; P). GRATUIT Situé dans le nord-ouest de l'île, ce sanctuaire en ruine de la première période d'Ayutthaya comprend un bouddha couché long de 42 m, voisin d'un *prang* légèrement penché. Restauré en 1954, ce bouddha est un lieu de pèlerinage important pour les Thaïlandais.

Les marchands de lotus, pour les offrandes à Bouddha, se montrent parfois insistants.

Musée du million de jouets MUSÉE

(Million Toy Museum, พิพิธภัณฑ์ล้านของเล่นเกริกยุ้นพันธ์ ; ☎ 081 890 5782 ; www.milliontoymuseum.com ; Th U Thong ; 50 B ; ⏲ 9h30-16h mar-ven, 9h30-17h sam-dim ; P). Ce musée privé bondé présente des milliers de jouets de toutes les époques. Des éléphants en porcelaine, des poupées japonaises *kokeshi* en bois, des robots à bouton-poussoir et des voitures de course anciennes y côtoient des produits de série plus récents. On y trouve également d'autres objets, tels que des céramiques et râpes à noix de coco anciennes.

Musée national Chao Sam Phraya MUSÉE

(พิพิธภัณฑสถานแห่งชาติเจ้าสามพระยา ; ☎ 035 241 587 ; Th Rotchana ; 150 B ; ⏲ 9h-16h mar-dim ; P). Les nombreux objets royaux en or (bijoux, ustensiles, tablettes votives, crachoirs) découverts dans les cryptes du Wat Mahathat et du Wat Ratchaburana forment le fabuleux trésor du plus important musée d'Ayutthaya. On peut y voir de superbes portes sculptées et de nombreuses statues du Bouddha (certaines datent du VIIe siècle). Le bâtiment 2, à l'arrière, retrace l'histoire de la céramique thaïlandaise à travers des objets allant des figurines anciennes à la vaisselle vernissée.

Des expositions temporaires sont organisées dans l'édifice en bois situé entre les deux bâtiments principaux, et une nouvelle annexe devrait bientôt accueillir d'autres trésors d'Ayutthaya. Les bassins alentour sont peuplés d'imposants varans malais.

Wat Phra Ram RUINES

(วัดพระราม ; près de Th Naresuan ; 50 B, ticket 6 temples 220 B ; ⏲ 8h-18h30 ; P). Bien qu'il ne soit pas en très bon état, le grand *prang* du Wat Phra Ram mérite une visite. Le temple aurait été bâti en 1369, sur les lieux de la

Ayutthaya

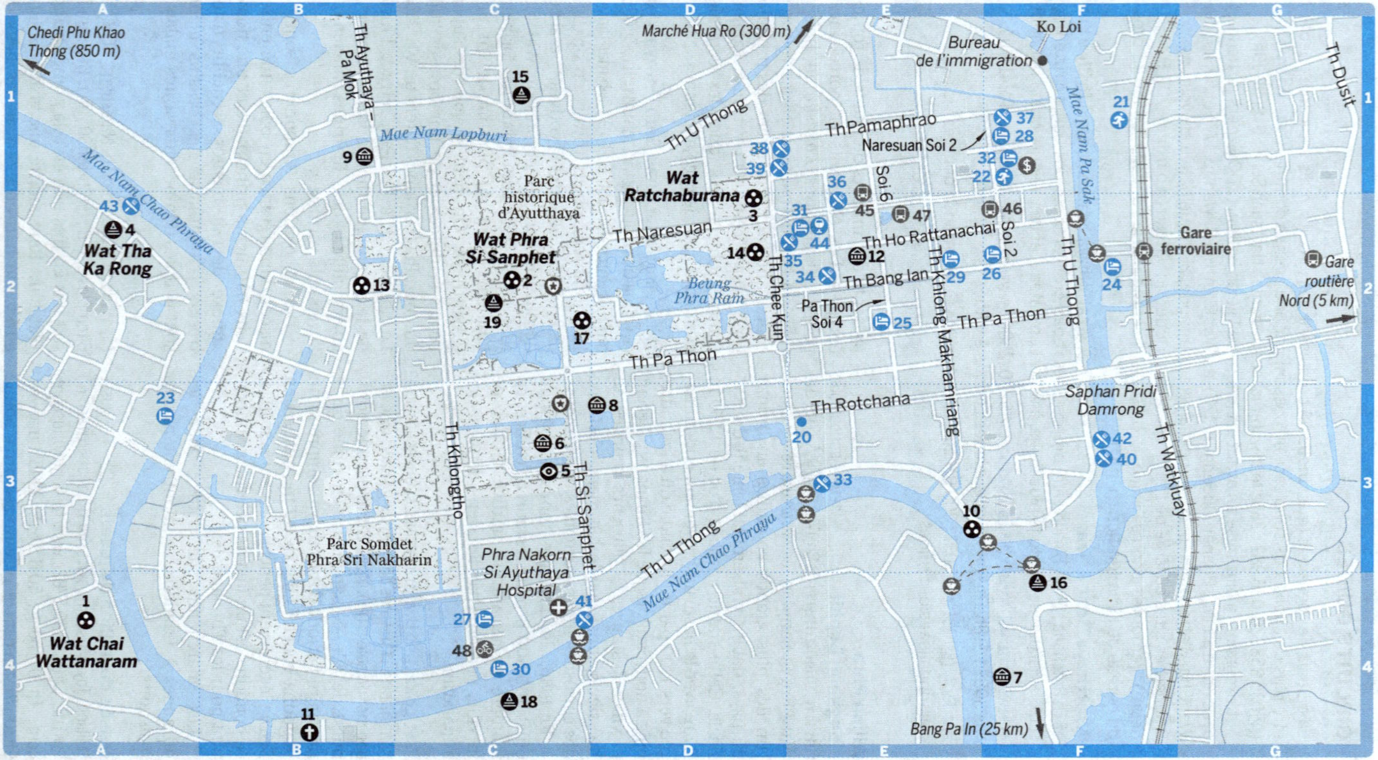
0
1 km
Chedi Phu Khao Thong (850 m)
Th Ayutthaya – Pa Mok
Marché Hua Ro (300 m)
Ko Loi
Bureau de l'immigration
Th Dusit
Mae Nam Lopburi
Mae Nam Chao Phraya
Th U Thong
Th Pamaphrao
Naresuan Soi 2
Soi 6
Mae Nam Pa Sak
Parc historique d'Ayutthaya
Wat Ratchaburana
Wat Tha Ka Rong
Wat Phra Si Sanphet
Th Naresuan
Th Ho Rattanachai
Soi 2
Gare ferroviaire
Gare routière Nord (5 km)
Beung Phra Ram
Th Chee Kun
Th Bang Ian
Th Khlong Makhamriang
Pa Thon Soi 4
Th Pa Thon
Th Rotchana
Saphan Pridi Damrong
Th Khlongtho
Th Si Sanphet
Th Watkluay
Parc Somdet Phra Sri Nakharin
Phra Nakorn Si Ayuthaya Hospital
Wat Chai Wattanaram
Bang Pa In (25 km)

Ayutthaya

Les incontournables
1 Wat Chai Wattanaram A4
2 Wat Phra Si Sanphet C2
3 Wat Ratchaburana D2
4 Wat Tha Ka Rong A2

À voir
5 Marché nocturne d'Ayutthaya C3
6 Centre touristique d'Ayutthaya C3
7 Baan Hollanda F4
8 Musée national Chao Sam Phraya D3
9 Musée du million de jouets B1
10 Fort de Pom Phet E3
11 Église Saint-Joseph B4
12 Musée des Bateaux thaïlandais E2
13 Wat Lokayasutharam B2
14 Wat Mahathat D2
15 Wat Na Phra Men C1
16 Wat Phanan Choeng F4
17 Wat Phra Ram C2
18 Wat Phutthai Sawan C4
19 Wihan Phra Mongkhon Bophit C2

Activités
20 Ayutthaya Boat & Travel E3
21 Recreational Ayutthaya Biking F1
22 Tour With Thai F1

Où se loger
23 Ayothaya Riverside House A3
24 Baan Are Gong F2
25 Baan Boonchu E2
26 Baan Bussara F2
27 Baifern C4
28 Chantana House F1
29 Nakara Hostel E2
30 Sala Ayutthaya C4
31 Tamarind Guesthouse E2
32 Tony's Place F1

Où se restaurer
33 Ban U-Thong E3
34 Marché nocturne de Bang Ian E2
35 Coffee Old City E2
36 Earl Restaurant E2
37 Gai Yang Mae Pong Sri F1
38 Lung Lek D1
39 Malakor D1
40 Pae Krung Gao F3
41 Étals de roti *săi măi* C4
42 Sainam Pomphet F3
43 Talat Nam Wat Tha Ka Rong A2
Tony's Place .... (voir 32)

Où prendre un verre et faire la fête
44 Coffee House E2

Renseignements
Tourism Authority of Thailand .... (voir 6)

Transports
45 Billetterie des bus E2
46 Arrêt des minibus F2
47 Minibus pour Bangkok E2
48 Pak Khlong Tho C4

crémation du roi U Thong (ou Ramathibodi Ier, premier souverain du royaume d'Ayutthaya), mais les détails restent mal connus. Quoique proche du Wat Phra Si Sanphet, ce site n'attire pas les foules.

Musée des Bateaux thaïlandais MUSÉE
(พิพิธภัณฑ์เรือไทย ; ☎035 241195 ; www.thaiboatmuseum.com ; Th Ho Rattanachai ; don apprécié ; ⏲9h30-12h et 13h-16h30 mar-dim). Sauriez-vous distinguer un bateau à épices d'un *sampan* ? Cet intéressant musée privé présente des bateaux de bois, réels ou en maquette. Certaines de ces embarcations sillonnent encore de nos jours les rivières du pays. Sonnez à l'entrée.

Centre touristique d'Ayutthaya MUSÉE
(ศูนย์ท่องเที่ยวอยุธยา ; ☎035 246076 ; Th Si Sanphet ; ⏲8h30-16h30 ; P). GRATUIT Parfaite pour commencer la visite d'Ayutthaya, l'exposition qu'abrite l'ancien hôtel de ville met en contexte l'histoire et la culture du royaume, des premiers temps à nos jours. Une petite salle, dite "Ayutthaya National Art Museum", accueille des expositions temporaires.

Fort de Pom Phet RUINES
(ป้อมเพชร ; Th U Thong). GRATUIT Hauts de 6,5 m et épais de 14 m, les murs de cette forteresse de 1580 constituaient jadis la première ligne de défense d'Ayutthaya. L'endroit se prête aussi bien aux photos qu'à l'observation des bateaux.

En dehors de l'île

Moins visités que ceux de l'île, les temples des deux berges, comme le Wat Yai Chai Mongkhon et le Wat Chai Wattanaram, n'en sont pas moins parmi les plus beaux d'Ayutthaya. On peut les rejoindre à vélo. Les circuits en bateau autour de l'île, en soirée (p. 173), permettent également de les découvrir.

♥ **Wat Chai Wattanaram** RUINES
(วัดไชยวัฒนาราม ; Rte 3469 ; 50 B, billet 6 temples 220 B ; ⏲8h-18h30 ; P). Superbe au lever et

LE QUARTIER DES ÉTRANGERS D'AYUTTHAYA

L'une des raisons de la longévité des dirigeants d'Ayutthaya réside dans leur maîtrise de la diplomatie et dans leur tolérance envers les autres cultures et religions. À son apogée, plus de 40 groupes ethniques y résidaient. Les peuples voisins, comme les Môn, les Lao et les Khmers, ainsi que les Chinois, vivaient plus ou moins librement parmi la population locale. Le roi allouait des terres à ceux qui venaient de plus loin, tels les Indiens, les Perses, les Javanais, les Malais et les Européens, principalement au sud de l'île où ils fondaient leurs propres villages.

Les Portugais furent les premiers Européens à atteindre le Siam en 1511, et le roi leur offrit des terres dans les années 1540. Au siècle suivant arrivèrent les Néerlandais, les Anglais, les Espagnols et les Français. Les Européens apportaient des armes et d'autres biens de valeur qu'ils échangeaient contre des épices, de l'étain, des peaux de daim, de la porcelaine, du bois de sappan, de l'ivoire et du riz. En 1767, ces villages subirent le même sort que le reste de la ville, pillée par les Birmans.

Une communauté perse était installée à l'est du Wat Phutthai Sawan ; ce quartier est resté à dominante musulmane, tandis que maints habitants des abords de l'église Saint-Joseph, construite par des Français, sont encore catholiques. Trois musées perpétuent le souvenir de communautés en Thaïlande : le Baan Hollanda, le village japonais et le village portugais, tous accessibles à vélo ou en bateau.

Baan Hollanda (บ้านฮอลันดา ; ☎ 035 245683 ; www.baanhollanda.org ; Soi Khan Rua, Mu 4 ; ⊙ 9h-16h mer-dim ; Ⓟ). Cette petite "maison hollandaise" renferme une exposition succincte mais instructive sur l'histoire des Hollandais en Thaïlande depuis 1604, date de l'implantation de la Compagnie néerlandaise des Indes orientales (VOC) à Ayutthaya, jusqu'à nos jours. À l'arrière, se trouvent les fondations du second bureau de commerce, construit en 1634. Également intéressant, le chantier naval adjacent contient de nombreux bateaux en bois. Il ne reste rien du village anglais, situé juste au sud, ni du village chinois.

Village japonais (หมู่บ้านญี่ปุ่น ; ☎ 035 259867 ; 25/3 Mu 7, Tambon Kohrian ; tarif plein/étudiant 50/20 B ; ⊙ 9h30-18h lun-ven, 8h30-18h sam-dim ; Ⓟ). Dans un impeccable jardin bordé de frangipaniers, ce petit musée détaille la vie des quelque 1 500 Japonais qui s'étaient installés à Ayutthaya au début du XVIIe siècle. Certains étaient venus commercer, mais la plupart étaient des chrétiens fuyant les persécutions dans leur pays. Les deux salles d'expositions offrent une présentation vidéo.

Village portugais (หมู่บ้านโปรตุเกส ; Rte 3469 ; ⊙ 9h-16h ; Ⓟ). Arrivés au XVIe siècle, les Portugais furent les premiers Européens à s'installer à Ayutthaya. Plusieurs squelettes sont exposés sur ce lieu de sépulture mis au jour. Plus de 200 Portugais et convertis au christianisme furent enterrés ici. Derrière les sépultures, les fondations de l'**église San Petro**, la toute première église bâtie en Thaïlande, datent de 1540.

À l'arrière, remarquez la maison des esprits de style thaïlandais ornée de représentations de saint Joseph et saint Paul.

coucher du soleil, ce temple bien conservé est le plus beau site d'Ayutthaya en dehors de l'île, avec un *prang* central de style khmer haut de 35 m. L'arrière des stupas qui l'entourent est orné de reliefs, très érodés, de scènes de la vie du Bouddha.

La ressemblance de ce temple, édifié par le roi Prasat Thong en hommage à sa mère, avec celui d'Angkor (Cambodge) n'a rien de fortuit. Sa construction débuta en 1630 et dura une vingtaine d'années.

Il donne face à l'angle sud-ouest de l'île d'Ayutthaya.

♥ **Wat Yai Chai Mongkhon** RUINES
(วัดใหญ่ชัยมงคล ; Rte 3477 ; 20 B ; ⊙ 6h-18h ; Ⓟ). Les visiteurs de ces ruines, à 2 km au sud-est de l'île, peuvent monter dans la crypte du magnifique *chedi* (stupa) en forme de cloche haut de 60 m. Là, ils peuvent jeter des pièces dans un seau pour attirer la chance et profiter de la vue sur les jardins et les dizaines de petits stupas et bouddhas en pierre.

Fondé par le roi U Thong en 1357, ce temple accueillait les moines au retour de leur ordination au Sri Lanka. En 1593, le roi Naresuan y fit ajouter le *chedi*, après sa victoire sur les Birmans, et l'endroit prit le nom de "temple de la victoire prometteuse".

Wat Na Phra Men TEMPLE BOUDDHIQUE

(วัดหน้าพระเมรุ ; Tambon Lum Phli ; 20 B ; ⊙ lever-coucher du soleil, bâtiments 8h-17h ; P). Ce temple en activité, qui abrite une superbe statue du Bouddha haute de 6 m flanquée de colonnes bordeaux en enfilade, fut un des rares à échapper à la fureur de l'armée birmane en 1767 – il lui servit ensuite de quartier général et d'entrepôt d'armes. Le *bòht* (salle d'ordination) est immense, plus grand que la plupart de ses homologues modernes, et la principale statue de Bouddha arbore des habits royaux, une pratique courante durant la période tardive d'Ayutthaya. Contrairement à ce qu'indique l'écriteau en anglais à l'intérieur, la statue est en bronze, et non en or.

♥ **Wat Tha Ka Rong** TEMPLE BOUDDHIQUE

(วัดท่าการ้อง ; ⊙ 5h-18h ; P). GRATUIT Ses fantômes animatroniques, ses corbeaux géants et ses bouddhas illuminés font de ce temple un lieu tenant davantage d'une attraction que d'un sanctuaire bouddhique. Outre des activités ou des emplettes à faire pour augmenter ses mérites, on y trouve des centaines de statues bouddhiques, hindoues, animistes ou simplement décoratives. Des squelettes équipés de capteurs de mouvement saluent les passants d'un *wâi* (geste de bienvenue, les mains jointes). Sur la rive donnant au nord-ouest de l'île.

Wat Phutthai Sawan TEMPLE BOUDDHIQUE

(วักพุทไธศวรรย์ ; Rte 3469 ; ⊙ temple lever-coucher du soleil, prang 8h-17h30 ; P). GRATUIT Le Wat Phutthai Sawan allie ruines pleines de caractère et dévotions dans un temple animé. Le roi U Thong fit construire cet ensemble en 1353 sur la rive sud du Chao Phraya, à l'endroit où il vécut avec sa suite avant de fonder la ville sur l'île. Ce site est l'un des rares épargnés par l'envahisseur birman ; son *prang* blanc, de la fin de la période d'Ayutthaya, en domine toujours la partie ancienne. Éclairé de nuit, l'endroit est magnifique.

On peut grimper dans le *prang* pour admirer l'immense voûte ancienne et un bouddha couché. Du fait de la présence de nombreuses chauves-souris, on est dispensé de retirer ses chaussures.

Des bouddhas dorés sur des socles en mosaïque entourent le *prang* et un imposant bouddha couché en pierre occupe un édifice en ruine à l'est du cloître.

> **ATTENTION AUX ÉLÉPHANTS**
>
> On peut faire de petites balades à dos d'éléphant près des principaux temples d'Ayutthaya, mais nous conseillons vivement de les éviter, pour le bien-être des pachydermes.

À l'ouest du cloître, l'étage supérieur de la maison de l'abbé, d'un blanc immaculé (entre le *prang* moderne et les statues du roi), renferme des fresques passées (XVIIe siècle).

Wat Phanan Choeng TEMPLE BOUDDHIQUE

(วัดพนัญเชิง ; Rte 3477 ; 20 B ; ⊙ lever-coucher du soleil, bâtiments 8h-17h ; P). Ce temple animé, qui daterait de 1324 (26 ans avant la fondation d'Ayutthaya), est construit autour du bouddha Phra Phanan Choeng, ou "Luang Po To", haut de 19 m. Cette statue gigantesque occupe un *wí·hăhn* (salle capitulaire) aux murs décorés de 10 800 représentations du Bouddha.

Le bâtiment en face du grand bouddha est décoré de fresques anciennes ; trois sanctuaires chinois colorés et une jetée pour le nourrissage des poissons bordent la rivière.

Église Saint-Joseph ÉGLISE

(วัดนักบุญยอแซฟ ; www.jsyutya.com ; Rte 3469 ; ⊙ 8h-17h ; P). GRATUIT En 1665, le roi Narai accorda aux Français des terres avoisinant le village chrétien vietnamien, et fit don de fonds pour la construction, en bois, de la première église Saint-Joseph. Une église en brique la remplaça peu après, laquelle fut détruite lors de l'invasion birmane. Celle actuelle, couleur moutarde, fut achevée en 1891.

Nombre de familles du voisinage sont catholiques.

Fêtes et festivals

Cérémonie du Wai Kru Muay Thaï CULTURE

(⊙ mi-mars). Pratiquants et fans de boxe thaïlandaise viennent retrouver les maîtres de la discipline à Ayutthaya. On peut assister à des matchs de *moo·ay tai*, à des cours, à la fabrication d'épées et à la cérémonie du Wai Kru, lors de laquelle les boxeurs présentent leurs respects à leurs professeurs.

Ayutthaya World Heritage Fair SON ET LUMIÈRE

(⊙ déc ou jan). Les spectacles de son et lumière (200-500 B) organisés au Wat Mahathat (p. 172) sont l'apogée de cette

100% LOCAL

BONNE CONDUITE DANS LES TEMPLES

Les ruines d'Ayutthaya sont des symboles de royauté et de religion, deux éléments fondamentaux de la société thaïlandaise. Soyez respectueux lors des visites : ne posez pas pour les photos en mettant votre tête au-dessus des bouddhas ou à la place de celles qui manquent aux statues. À moins d'une autorisation patente, n'escaladez pas les ruines des stupas.

fête, mais d'autres lieux font aussi l'objet d'illuminations.

Où se loger

Ayutthaya compte des hébergements pour tous les budgets. La plupart des globe-trotteurs logent dans Naresuan Soi 2 (ou "Soi Farang"), bien qu'il y ait d'honorables auberges de jeunesse et pensions sur toute l'île. Il est moins commode de loger sur la berge, côté ouest de l'île, mais l'endroit a son charme, pour ceux que le passage d'occasionnels bateaux ne dérange pas.

♥ Ayothaya Riverside House PENSION $

(☎ 081 644 5328 ; facebook.com/ayothayariversidehouse ; 17/2 Mu 7, Tambon Banpom ; d/f sans sdb 400/1 200 B, d bateau 1 500 B ; P ❄ 📶). Au bord du Chao Phraya, face à l'ouest de l'île, cette pension dispose d'agréables chambres avec ventilateurs, moustiquaires et salles de bains communes, distribuées dans une vieille bâtisse en bois, ainsi que d'autres, climatisées et tendues de satin, à bord d'une embarcation traditionnelle.

Ce quartier sans touristes, à l'écart de l'île (mais d'où l'on peut rejoindre à vélo les principales curiosités), est tranquille et les propriétaires sont accueillants.

Nakara Hostel AUBERGE DE JEUNESSE $

(☎ 086 428 9246 ; facebook.com/nakarahostelayutthaya ; Th Bang Ian ; dort 200-230 B, d avec sdb commune 550 B ; ❄ 📶). Le principal atout de cet établissement est son patron, extrêmement serviable, officiant à la réception. Cette auberge récente, très centrale (entre le parc historique et Soi Farang) et d'une propreté irréprochable, propose des dortoirs de 6 ou 10 lits équipés de casiers. Chambres correctes, mais chères.

Baan Are Gong PENSION $

(☎ 081 595 3018, 087 107 0745 ; siriratsantitr@yahoo.co.th ; Soi Tambon Kramang ; d/tr/f clim 600/750/1 400 B, d/tr avec sdb commune et ventil 400/600 B ; ❄ 📶). Sur la rive est de la rivière Pa Sak, cette pension aménagée dans une demeure centenaire en teck, à 2 minutes de la gare ferroviaire, loue des chambres au parquet grinçant mais pleines de charme. L'insonorisation laisse à désirer, aussi bien dans celles, anciennes, de l'étage (avec salle de bains commune), que dans les chambres plus récentes du dessous, mais l'établissement est tenu par une famille accueillante, tout est propre et il fait bon se détendre sur la terrasse en teck.

Chantana House PENSION $

(☎ 035 323200, 089 885 0257 ; chantanahouse@yahoo.com ; 12/22 Naresuan Soi 2 ; d avec ventil/clim 400/500-550 B ; P ❄ 📶). Ordinaires mais impeccables, les chambres de cette maison en bois affichent probablement le meilleur rapport qualité/prix de cette rue prisée des globe-trotteurs. Personnel sympathique, parlant peu anglais.

♥ Ban Boonchu PENSION $$

(☎ 095 548 4662 ; 19/5 Pa Thon Soi 4 ; jum/tr avec petit-déj 1 000/1 400 B ; P ❄ 📶). Kittiya, la charmante propriétaire, a transformé son logis en bois en une pension de 3 chambres alliant confort et charme de l'ancien. Une des adresses les plus accueillantes de la ville, bien placée pour visiter les ruines.

♥ The Treehouse PENSION $$

(☎ 081 627 6455 ; the-tree-house-organic-farm.business.site/ ; Mu 6, Ban Koh ; ch avec petit-déj 900-1 200 B ; P 📶). 🍃 Les esprits aventureux aimeront cette retraite rurale à 4 km au nord de l'île. Les 3 chambres, l'immense terrasse et la passerelle qui les relie sont en bois – surtout de récupération – et l'une des chambres se trouve dans un arbre. Les pièces sont petites et simples, équipées de couchettes ou de matelas à même le sol et les sanitaires sont à l'extérieur.

La sympathique propriétaire prépare un petit-déjeuner à base de produits bio de son potager. Après la visite des ruines, on peut se baigner ou se balader en kayak sur la Mae Lam Lopburi. Réservation indispensable, 2 nuitées minimum.

♥ Tamarind Guesthouse PENSION $$

(☎ 089 010 0196, 081 655 7937 ; facebook.com/tamarindthai ; près de Th Chee Kun ; d et lits jum 650-900 B, f 1 200 B ; ❄ 📶). Une pension dans un bâtiment de bois joliment transformé, où le service est très sympathique. Caché dans une ruelle face au Wat Mahathat, l'endroit a quelque chose d'une retraite, malgré sa proximité avec les plus grands sites. Comme dans beaucoup de pensions en bois, les planchers grinçants et les cloisons minces ne sont pas l'idéal si on a le sommeil léger ; mais le décor traditionnel (verre coloré, bois peint recyclé) compense largement.

♥ Baifern PENSION **$$**
(☎ 035 242051 ; www.baifernhomestay.com ; Th Khlongtho ; d et lits jum avec petit-déj 1 200-1 750 B ; P ❄ 📶). C'est l'une des plus élégantes pensions d'Ayutthaya, avec ses chambres décorées de tissus traditionnels et de mobilier d'aspect ancien (prix proportionnels à la taille – maximum 4 pers). Des chats (et hélas beaucoup de moustiques) habitent le jardin. Le salon est plaisant, et le restaurant sur place propose une bonne cuisine thaïlandaise (plats autour de 120 B).

Baan Bussara PENSION **$$**
(☎ 081 655 6379, 086 344 6186 ; facebook.com/Baanbussara ; Th Bang Ian ; ch 650 B ; ❄ 📶). Ses aimables propriétaires et sa bonne situation, dans un quartier généralement calme, entre Soi Farang et le marché nocturne de Bang Ian, font de cette pension une des meilleures adresses de sa catégorie. Les chambres spacieuses, propres et confortables sont équipées d'un bureau et d'un réfrigérateur.

Tony's Place PENSION **$$**
(☎ 035 252578 ; facebook.com/TonysPlaceBedBreakfast ; Naresuan Soi 2 ; d/f avec clim 600-850/1 200-1 500 B, d avec ventil et sans/avec sdb 200/400 B ; ❄ 📶 🏊). Une adresse de choix pour les baroudeurs aisés et les familles, avec un grand **restaurant** (plats 70-590 B ; ⏲ 8h-22h ; 📶 🍸) en extérieur, une mini-piscine et des chambres spacieuses pleines de caractère. Celles de l'étage sont les plus agréables. Les moins chères, aménagées dans une annexe, sont assez rudimentaires.

À proximité des bars, l'adresse plaira aux noctambules.

Sala Ayutthaya BOUTIQUE-HÔTEL **$$$**
(☎ 035 242588 ; www.salaayutthaya.com ; 9/2 Th U Thong, Mu 4 ; d avec petit-déj 5 870-11 680 B ; P ❄ 📶 🏊). On entre un peu ici comme on pénètre dans l'une des ruines de la ville, par un dédale d'alcôves de brique menant à des chambres toutes blanches, soulignées de boiseries, et à une partie piscine et spa tout aussi épurée. Depuis l'excellent restaurant (quoique cher) et certaines chambres, on a vue sur le Wat Phutthai Sawan, illuminé la nuit, de l'autre côte du cours d'eau.

Où se restaurer

La riche mosaïque culinaire d'Ayutthaya s'est enrichie pendant des siècles au contact des négociants étrangers. Parmi les plats typiques, citons les crevettes d'eau douce, les *roti săi măi* (crêpes garnies de fils de sucre) et le *gŏo·ay đĕe·o reu·a* (soupe aux nouilles dans un bouillon à base de sang de porc et de sauce soja). Les restaurants bordant la rive sont souvent chers, mais servent une bonne cuisine et ont une belle vue.

Earl Restaurant THAÏLANDAIS **$**
(Th Naresuan ; plats 45-80 B ; ⏲ 8h-22h ; 🍸). Cuisine fraîche et parfumée, prix modestes et proximité du Wat Mahathat en font une excellente adresse midi et soir. Tout en mangeant votre *gaang gà·tí* (curry rouge) ou votre *lâhp* (salade de viande aux épices et aux herbes), vous pourrez vous renseigner sur Ayutthaya auprès d'Earl (prononcez "eurn") en personne.

Sainam Pomphet THAÏLANDAIS **$**
(Th U Thong ; plats 70-400 B ; ⏲ 10h-22h ; P 📶). L'araignée de mer – vapeur ou frite et assaisonnée de poudre de curry (*pàt pŏng gà·rèe*) – est la spécialité de ce petit restaurant en bord de rivière. Les poissons "bateau-vapeur" (dans une soupière bouillonnante) sont très appréciés, et il y a d'autres plats thaïlandais ; goûtez les travers à l'ananas ou la salade de grenouilles épicée.

La terrasse donnant sur l'eau est équipée de ventilateurs et des musiciens viennent jouer le soir.

Malakor THAÏLANDAIS **$**
(facebook.com/papayayoda ; Th Chee Kun ; plats 70-380 B ; ⏲ restaurant 10h30-22h, café 8h-20h ; 📶 🍸). Quoique touristique, ce restaurant installé dans un pavillon en bois sert une cuisine authentique (et pimentée, mais on peut demander moins épicée), du curry de poisson-chat du sud du pays, du *pàd gàprow gài* (poulet au basilic) et quelques plats occidentaux. Côté service, il faut être patient.

Le café du rez-de-chaussée sert de grands cafés crème et de bons granités, encore meilleurs avec un brownie ou une part de gâteau aux myrtilles.

Marché de nuit de Bang Ian MARCHÉ **$**
(Th Bang Ian ; plats à partir de 30 B ; ⏲ 16h30-22h ; P). Du poisson frit à la banane grillée, ce

grand marché de nuit animé, dans la rue du même nom, est parfait pour un en-cas. On peut s'asseoir pour manger à l'extrémité est.

Lung Lek NOUILLES $
(Th Chee Kun ; plats 20-50 B ; 8h-16h lun-ven, 8h-16h30 sam-dim). Dans ce tout petit restaurant, oncle Lek sert, depuis plus de 4 décennies, un des meilleurs *gŏo·ay đĕe·o reu·a* (*boat noodles* : soupe de nouilles dans un bouillon de sang de porc et de sauce soja) de la ville.

Gai Yang Mae Pong Sri THAÏLANDAIS $
(Th Pamaphrao ; plats 40-80 B ; 8h30-17h). Ce minuscule restaurant isan (du nord-est de la Thaïlande), à l'angle de Soi Farang, propose depuis plus de 40 ans des *sôm·đam* (salades de papaye) épicées et de succulents *gài yâhng* (poulet mariné grillé).

Coffee Old City CAFÉ $
(Th Chee Kun ; plats 59-129 B ; 8h-17h30 lun-sam ;). Donnant face au Wat Mahathat (p. 172), voilà une bonne adresse climatisée pour reprendre des forces entre deux visites dans les temples. On y sert des soupes de nouilles aux crevettes, des croissants garnis, des nouilles *kêe mow* épicées et, naturellement, divers cafés. La salle est ponctuée de vitrines d'œuvres d'art thaïlandaises.

Talat Nam Wat Tha Ka Rong MARCHÉ $
(plats à partir de 20 B ; 8h-17h sam-dim ; P). Faire ses provisions dans ce marché flottant où les marchands s'amarrent à de grandes plateformes flottantes tient d'une belle expérience, mais il est moins évident de trouver une place à table. Sur le Chao Phraya, derrière le temple éponyme.

Étals de roti săi măi DESSERTS $
(Th U Thong ; à partir de 35 B ; 6h-23h). Le *roti săi măi* (sorte de barbe à papa) est un dessert inventé à Ayutthaya que l'on trouve partout en ville, mais les étals face à l'hôpital sont les plus appréciés. Achetez-en un petit sac et préparez votre dessert en roulant ensemble les fines lamelles de sucre de palme fondu et en les enveloppant dans un *roti* (pain plat sucré).

Pae Krung Gao THAÏLANDAIS $$
(Th U Thong ; plats 60-700 B ; 10h-20h ; P). Dans ce restaurant joliment encombré, on sert une cuisine thaïlandaise de haute volée. Beaucoup viennent pour les crevettes d'eau douce grillées, mais le *gaang kĕe·o wăhn* (curry vert) et la salade de tiges de lotus sont tout aussi savoureux.

Ban U-Thong THAÏLANDAIS $$
(Th U Thong ; plats 80-390 B ; 10h-21h30 ;). Parmi les nombreux restaurants avec terrasse au bord du fleuve sur cette partie du Chao Phraya, celui-ci a pour spécialité le poisson : les crevettes d'eau douce grillées et le poisson frit au *sôm·đam* (salade de papaye épicée) sont prisés, mais le *gaang bàh* (curry forestier) et la salade de fleurs de bananiers sont bons également.

Où prendre un verre et faire la fête

La plupart des voyageurs limitent leurs sorties nocturnes aux bars de la rue Naresuan Soi 2 (Soi Farang). Pour passer une vraie soirée thaïlandaise, rendez-vous au **Coffee House** (Th Naresuan ; 18h-minuit ;), un bar où jouent des musiciens le soir.

Renseignements

ARGENT

Des agences de plusieurs banques sont installées dans Th Naresuan, sur l'île, et la **Krungthai Bank** (KTB ; Th Naresuan ; 10h-13h et 14h-17h30) a un bureau de change ouvert le week-end au rez-de-chaussée du grand magasin Amporn. Il n'y a pas de véritables agences bancaires ouvertes le soir ou le week-end sur l'île ou à proximité : en cas de besoin, rendez-vous au centre commercial **Ayutthaya City Park** (www.ayutthayacitypark.com ; Hwy 32 ; 10h-21h dim-jeu, 10h-22h ven-sam ;).

DÉSAGRÉMENTS ET DANGERS

À vélo, portez votre sac sur vous ; ne le placez pas dans le panier où il risque d'être dérobé. La nuit, des meutes de chiens rôdent dans les rues. Tenez-vous à distance et évitez de croiser leur regard.

IMMIGRATION

Bureau de l'immigration (035 328411 ; Th U Thong ; 8h30-12h et 13h-16h30 lun-ven)

OFFICE DU TOURISME

Tourism Authority of Thailand (TAT ; 035 246076 ; tatyutya@tat.or.th ; Th Si Sanphet ; 8h30-16h30). Bureau d'information de bon conseil, proposant aussi des cartes, dans le centre touristique d'Ayutthaya (p. 175).

SERVICES MÉDICAUX

Hôpital Rajthanee (035 335555 ; www.rajthanee.com ; Hwy 309). Hôpital privé avec quelques médecins anglophones, 4 km à l'est de l'île.

Phra Nakorn Si Ayutthaya Hospital (☎035 211888 ; www.ayhosp.go.th/ayh ; Th U Thong). Proche du parc historique, cet hôpital public comprend un service d'urgences.

URGENCES

Un **poste de la police touristique** (Th Si Sanphet ; ⏱7h-18h) se trouve près de l'entrée du Wat Phra Si Sanphet, le **commissariat principal de la police touristique** (☎1155, 035 241446 ; Th Si Sanphet) étant un peu plus au sud.

Depuis/vers Ayutthaya

BATEAU

Il n'y a pas de bateaux de transport en commun entre Bangkok et Ayutthaya, et les croisières "d'une journée" que proposent certaines agences de Bangkok sont en réalité des visites d'une demi-journée comprenant une excursion en car à Ayutthaya et au palais Bang Pa In et une balade en bateau de 3 heures à Bangkok.

BUS ET MINIBUS

Il y a deux gares de minibus sur l'île d'Ayutthaya. Celle située immédiatement au sud de la rue où logent les globe-trotteurs se nomme **đà·làht tâh rót jôw prom** (đà·làht tâh rót jôw prom ; Naresuan Soi 2) et dessert Suphanburi (correspondance pour Kanchanaburi), Saraburi (pour Pak Chong et Khorat) et Lopburi. À un pâté de maisons et demi à l'ouest se tient la **gare routière** (Th Naresuan) pour toute destination à Bangkok. À bord des minibus, il faut acheter une seconde place pour son bagage s'il est volumineux.

Pour rejoindre Chiang Mai, Sukhothai et les destinations situées au nord, il faut partir du **terminal sai nĕua** (☎035 335413 ; Hwy 32), à 5 km à l'est de l'île, mais on peut acheter ses tickets sans supplément à la **billetterie** (Th Naresuan ; ⏱7h-17h) du centre-ville. Pour une course en *tuk-tuk*/à moto-taxi entre le terminal et l'île, prévoyez 150/70 B.

De nombreux visiteurs paient des prix plus élevés en réservant leurs billets à l'hôtel. Le supplément de coût (généralement 150 B par place) inclut le transport jusqu'à la gare et parfois une douche avant le départ. Beaucoup de pensions vendent aussi des places à bord de minibus privés pour Kanchanaburi (350 B, 2 heures 30-3 heures ; 9h) et Aranya Prathet (à la frontière cambodgienne ; 500 B ; 4 heures-4 heures 30 ; 5/jour). Ces véhicules privés vous prendront à l'hôtel, mais ne partent qu'à compter d'un certain nombre de passagers.

TRAIN

La **gare ferroviaire** (☎035 241521 ; Rte 3053) d'Ayutthaya est commodément située le long de la rivière, en face de l'île. Les trains sont plus lents que les bus et les minibus, sauf pour ceux allant au parc national de Khao Yai (gare de Pak Chong). Tous les trains pour Bangkok s'arrêtent aux gares de Bang Sue et de Don Muang (pour l'aéroport) avant d'arriver à Hua Lamphong.

Si vous visitez Ayutthaya pour la journée avant de prendre un train de nuit, il y a une consigne à bagages à la gare (6h-23h ; 10 B/sac) ; et il est possible de se doucher dans la plupart des pensions (30 B).

VOITURE

Pour un transfert de Bangkok à Ayutthaya à bord d'une berline privée, prévoyez 1 000-1 500 B (quelques centaines de moins en taxi) selon vos talents de marchandage et le point de départ. Une journée de visite à Ayutthaya coûte environ 2 000 B en taxi et 3 000 B à bord d'une berline correcte. Ces prix incluent le carburant et les péages.

Comment circuler

BATEAU

Il existe 4 lignes de traversée fluviale. Les plus utiles sont le ferry entre la **gare ferroviaire** et le **marché de Chao Phrom** (aller simple 5/5 B

BUS AU DÉPART D'AYUTTHAYA

DESTINATION	PRIX	DURÉE	DÉPARTS
Bangkok (Don Mueang)	60 B	1 heure	fréquents (minibus)
Bangkok, terminal Nord (Mo Chit)	60 B	1 heure 30	fréquents (minibus)
Bangkok (Pinklao – destination la plus proche de Th Khao San)	70 B	1 heure 30	ttes les 30 min (minibus)
Bangkok (Terminal Sud)	70 B	1 heure 30	ttes les 30 min (minibus)
Chiang Mai	412-823 B	8 heures 30-10 heures	12/jour
Lopburi	60 B	1 heure 30	ttes les 30 min (minibus)
Saraburi	45 B	2 heures	fréquents
Sukhothai	263-338 B	6 heures-7 heures	6/jour
Suphanburi	80 B	1 heure-1 heure 30	fréquents (minibus)

TRAINS AU DÉPART D'AYUTTHAYA

DESTINATION	PRIX	DURÉE	DÉPARTS
Bang Pa In	3-20 B	15 min	16/jour
Bangkok – gare de Hua Lamphong	15-345 B	1 heure 30-2 heures	fréquents
Chiang Mai	221-1 898 B	10 heures-13 heures	5/jour
Nong Khai	202-2 302 B	8 heures-10 heures 30	4/jour
Pak Chong	23-363 B	2 heures-3 heures	10/jour
Ubon Ratchathani	195-2 268 B	7 heures-10 heures 30	8/jour

par pers/vélo ; 5h-20h) et celui entre **Wat Khun Phrom** et **Sampao Lom** (aller simple 3/5 B par pers/vélo ou moto ; ⏲24h/24) : tous deux assurent des traversées fréquentes et l'on paie à une table installée côté île.

Un ferry peu fréquent circule entre **Pom Phet** (10/10 B par pers/vélo ; ⏲7h-18h), le **Wat Bang Kracha** (10/10 B par pers/vélo ; ⏲7h-18h) et le **Wat Phanan Choeng** (10/10 B par pers/vélo ; ⏲7h-18h) ; il faut parfois attendre un moment sur l'embarcadère. À l'ouest, le ferry proche du **Phra Nakorn Si Ayutthaya Hospital** (tâh reua nâh rohng pá·yah·bahn ; 3 B ; ⏲24h/24) d'un côté et du **Wat Phutthai Sawan** (tâh reua nâh rohng pá·yah·bahn ; 3 B ; ⏲24h/24) de l'autre ne transporte pas les vélos. On achète son billet au conducteur.

VÉLO ET MOTO

Le vélo est le moyen idéal de découvrir la ville. Bien des pensions en louent (50 B/jour), ainsi que des motos (200 B/jour) ; on trouve aussi des boutiques de location en face du Wat Ratchaburana (p. 172) et près des deux embarcadères de ferrys voisins de la gare ferroviaire. Si vous logez au sud-ouest de l'île, vous trouverez votre bonheur chez **Pak Khlong Tho** (☎087 668 7238 ; angle Th U Thong et Th Khlongtho ; ⏲6h30-20h).

Certains prestataires louent pour 24 heures, d'autres pour la journée seulement : vérifiez.

VOITURE ET TUK-TUK

On trouve des *tuk-tuk* un peu partout (et ceux d'Ayutthaya diffèrent des *tuk-tuk* classiques par leur avant arrondi, qui évoque le célèbre masque de Dark Vador). Le chauffeur commencera toujours par vous proposer un tarif élevé, mais la majorité des trajets aller sur l'île coûteront entre 50 B et 100 B. Le taux horaire pour visiter les sites est de 200 B mais doit être moindre pour une location à la demi-journée ou à la journée. Un *tuk-tuk* entre la gare routière du Nord et la vieille ville vous coûtera quelque 150 B. Si les tarifs vous paraissent bas, vérifiez qu'ils ne sont pas donnés par personne, plutôt que pour la course totale. On trouve facilement des motos-taxis, moitié moins chères que les *tuk-tuk*.

Le prix normal d'une berline avec chauffeur est de 300 B/heure ou de 2 000 B/journée, carburant compris. Adressez-vous à votre hôtel ou appelez **Nong Car Rental** (☎084 775 3409 ; facebook.com/CarRentCarNong).

Environs d'Ayutthaya

La plupart des excursions d'une journée à Ayutthaya depuis Bangkok comprennent la visite du palais Bang Pa In, qui vaut vraiment le déplacement.

♥ **Palais Bang Pa In** PALAIS
(พระราชวังบางปะอิน ; 100 B ; ⏲8h-17h, dernière entrée à 16h ; P). Plusieurs bâtiments richement décorés sont dispersés sur les 19 ha du parc du palais Bang Pa In. Bâti au XVIIe siècle, le palais a été rénové au XIXe par les rois Rama IV et V, ce dernier ayant commandé la plupart des ajouts de style européen. C'est aujourd'hui un mélange éclectique de styles architecturaux, avec des bâtiments répartis sur des pelouses impeccables comme le **Wehart Chamrun**, au style chinois complexe, le **Ho Withun Thasana**, un observatoire orange et rouge (1881) et un **pavillon** thaïlandais qui semble flotter sur l'eau. Une tenue correcte est requise.

Le jardin du palais est idéal pour une promenade, mais la location d'un buggy électrique (400 B la 1re heure, puis 100 B/heure) vous permettra de rester à l'ombre.

Pour venir, prendre le train depuis Ayutthaya (3-20 B, 15 min, 16/jour) jusqu'à la station Bang Pa In, puis une moto-taxi (environ 20 B) ou un *tuk-tuk* (à partir de 50 B) jusqu'au palais, situé à 1,7 km. Si vous êtes en voiture, il y a un grand parking à proximité (20 B/véhicule).

Un trajet aller-retour en taxi depuis Ayutthaya devrait coûter environ 800 B.

Wat Niwet Thamaprawat TEMPLE BOUDDHIQUE
(วัดนิเวศธรรมประวัติราชวรวิหาร ; Bang Pa In ; ⏲lever-coucher du soleil ; P). GRATUIT Sur une île

du fleuve Chao Phraya en face du palais Bang Pa In, ce singulier *ubosot* (salle d'ordination) jaune d'or a été conçu pour ressembler à une cathédrale néogothique. La relique du Bouddha enfermée dans la flèche en fait un stupa véritablement unique en son genre. À l'intérieur, vitraux et filigranes dorés ne dépareraient pas dans une église du Vieux Continent.

Traversez la rivière grâce au **téléphérique** manœuvré par des moines, gratuit, depuis le parking (laissez votre don dans les boîtes).

PROVINCE DE LOPBURI

Lopburi ลพบุรี

161 000 HABITANTS

À Lopburi, la "ville des singes" thaïlandaise, les imposants temples de style khmer sont envahis de petites créatures agiles. Ces vifs chapardeurs en sont l'attraction vedette.

Cité parmi les plus anciennes du pays, Lopburi commença à se développer pendant la période de Dvaravati (du VIe au Xe siècle), époque où elle était appelée Lavo. Les palais et temples, délabrés à divers stades, que l'on voit aujourd'hui, sont ultérieurs, puisqu'ils datent de l'Empire khmer et du royaume d'Ayutthaya. Le roi Narai (1657-1688) fit de Lopburi une seconde capitale, où venaient maints dignitaires étrangers.

La "vieille ville", qui s'étend au nord-ouest de la gare ferroviaire, comprend les temples et les ruines de Lopburi. C'est dans la "ville nouvelle", à l'est, qu'on trouve certains des meilleurs hébergements. Une journée suffit à voir les principales curiosités, mais l'on gagne à rester un jour de plus pour aller dans les environs faire de l'escalade, voir les champs de tournesol (novembre-janvier) et les grottes de chauves-souris.

À voir

♥ Prang Sam Yot RUINES

(ปรางค์สามยอด ; angle Th Wichayen et Th Prang Sam Yot ; 50 B, billet combiné 150 B ; 8h30-18h). Aussi célèbre pour ses singes que pour ses hautes tours, c'est le site le plus connu de Lopburi. Les Khmers ont bâti au XIIIe siècle les trois tours reliées entre elles de ce temple du bouddhisme mahayana en latérite et en grès. Le roi Narai le convertit au bouddhisme theravada au XVIIe siècle (peut-être après une période intermédiaire de culte de Shiva). À l'intérieur, se dressent deux effigies délabrées et décapitées du Bouddha, tandis qu'une troisième, plus complète, trône devant la tour centrale.

Les visiteurs entrent par une lourde porte métallique isolant les lieux des singes. Ces derniers se montrant parfois envahissants, la billetterie prête des bâtons pour les éloigner. Le site est inclus dans le billet combiné.

♥ Phra Narai Ratchaniwet MUSÉE

(วังนารายณ์ราชนิเวศน์, musée national Somdet Phra Narai ; 036 414372 ; entrée Th Sorasak ; 150 B ; musée 8h30-16h30 mer-dim, parc 7h30-17h tlj). Le musée national Somdet Phra Narai, aménagé dans un ancien palais royal, présente des collections se rapportant à l'histoire locale. Ce palais, dont la construction débuta en 1665 avec l'aide d'ingénieurs français et italiens, fut abandonné après la mort du roi Narai avant d'être remis en valeur par Rama IV (r. 1851-1868). Les objets exposés, notamment les bijoux préhistoriques et les statues khmères, occupent la résidence du souverain, dont de nombreux effets personnels sont visibles au 3e niveau.

Juste à côté, une exposition rend hommage au roi Narai tandis qu'à l'arrière, le Phra Pratiap (résidence des reines, des épouses et des autres femmes de la suite royale), abrite les expositions temporaires et les réserves.

Après la visite du musée, prenez le temps de flâner dans le parc, ponctué d'arbres et de bâtiments en ruine, à l'exemple des stalles des éléphants du roi Narai ou de la salle de banquet.

On y entre par la porte Pratu Phayakkha dans Th Sorasak.

San Phra Kan SANCTUAIRE

(ศาลพระกาฬ ; Th Wichayen ; 5h30-17h30). GRATUIT L'édifice le plus sacré de Lopburi se dresse sur le rond-point de la vieille ville. Il consiste en un sanctuaire moderne (1951) construit devant la base en latérite, d'époque khmère,

> **BILLETS**
>
> Un même billet (150 B), valable toute la journée, permet de visiter le Prang Sam Yot, le Wat Phra Si Ratana Mahathat, Ban Wichayen et le **palais Kraison Siharat** (พระที่นั่งไกรสรสีหราช ; Yen Palace ; Soi Bun Pradit ; 50 B, billet combiné 150 B ; 8h30-16h ; P), éloigné et peu visité.

Lopburi

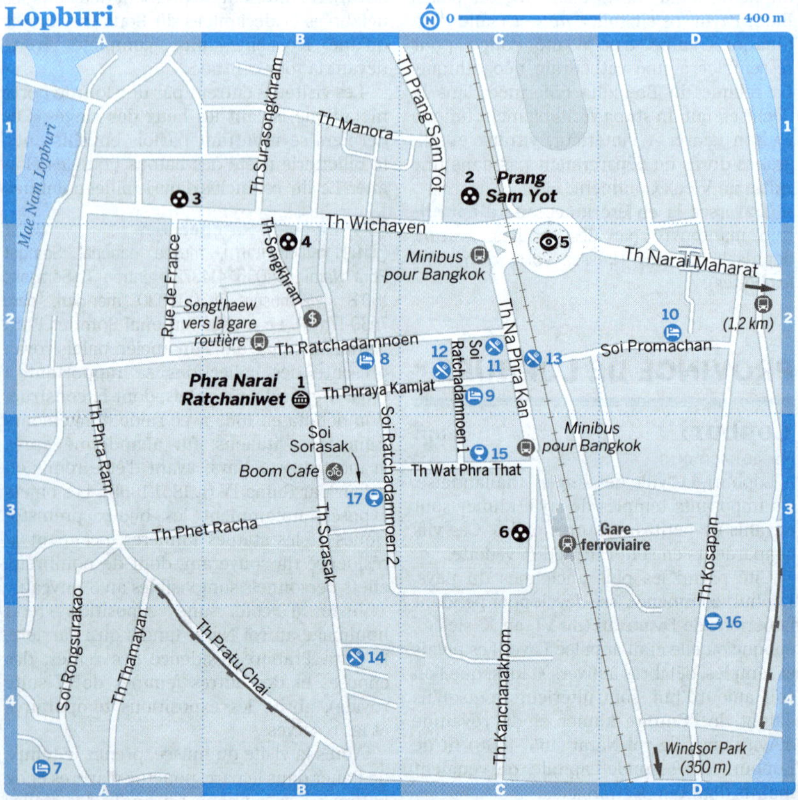

Lopburi

Les incontournables

1 Phra Narai Ratchaniwet B2
2 Prang Sam Yot C1

À voir

3 Ban Wichayen A1
4 Prang Khaek B2
5 San Phra Kan C2
6 Wat Phra Si Ratana Mahathat C3

Où se loger

7 Little Lopburi Village A4
8 Nett Hotel B2
9 Noom Guesthouse C2
10 Pee Homestay D2

Où se restaurer

11 Khao Tom Hor C2
12 Matini C2
13 Marché nocturne C2
Noom Restaurant .... (voir 9)
14 Vietnamese Restaurant by Khun Dai B4

Où prendre un verre et faire la fête

15 Come On Bar C3
16 Lopburi Art Gallery D4
17 Sahai Phanta B3

d'un *prang* écroulé, naguère connu sous le nom de "sanctuaire suprême". À l'intérieur, la statue principale associe, à un corps de dieu Vishnou à quatre bras, dans le style khmer de Lopburi, une tête du Bouddha de la période d'Ayutthaya.

Tout au long de la journée, des offrandes de denrées telles que lait, biscuits ou fruits, sont faites aux singes, tandis qu'une troupe de *lam* danse de 8h à 13h, tout cela pour remercier le "dieu noir" (esprit tutélaire de la ville) d'avoir exaucé des vœux.

Wat Phra Si Ratana Mahathat RUINES
(วัดพระศรีรัตนมหาธาตุ ; Th Na Phra Kan ; 50 B ; billet combiné 150 B ; 8h30-16h30). Si presque tous les bâtiments de ce grand ensemble religieux, en face de la gare ferroviaire, datent du royaume d'Ayutthaya, le *prang* haut de 31 m qui trône en son centre fut édifié par les Khmers à la fin du XIIIe siècle. Construit, pour l'essentiel, en latérite et stuc, il reste le plus haut de son genre à Lopburi.

Wat Phra Phutthabat TEMPLE BOUDDHIQUE
(วัดพระพุทธบาท ; près de la Hwy 1, Saraburi ; lever-coucher du soleil ; P). GRATUIT Ce temple, un des hauts lieux du bouddhisme thaïlandais, fut fondé en 1624 après la découverte d'une dépression naturelle en forme d'empreinte de pied dans la roche, associée à une venue du Bouddha. Elle est aujourd'hui abritée sous un éblouissant *mondap* (édifice carré surmonté d'une tour), et des quêteurs de mérite viennent, de partout dans le pays, y déposer une offrande ou y apposer une feuille d'or.

Ban Wichayen RUINES
(บ้านวิชาเยนทร์ ; Th Wichayen ; 50 B, billet combiné 150 B ; 8h30-16h). Le roi Narai fit construire ce domaine de style européen pour y accueillir les ambassadeurs étrangers. Son nom actuel vient de la croyance erronée selon laquelle le marchand grec Constantin Phaulkon (dont le titre officiel thaïlandais était Chao Phraya Wichayen), conseiller privilégié (et controversé) du souverain, y aurait habité. Le bâtiment central est une ancienne église catholique aux fenêtres et portes décorées dans le style thaïlandais. Ce site est compris dans le billet combiné (p. 183).

Prang Khaek RUINES
(ปรางค์แขก ; Th Songkhram ; 24h/24). GRATUIT Ces trois tours en briques du Xe siècle sont le plus ancien monument de Lopburi. Elles furent édifiées par les Khmers, probablement pour honorer Shiva, divinité hindoue. Le roi Narai les fit reconstruire après leur effondrement en y ajoutant deux autres bâtiments.

Il se dégage de cet ensemble, coincé entre deux routes du cœur de ville, un sentiment d'abandon.

Fêtes et festivals

Fête du roi Narai CULTURE
(mi-fév). Durant une semaine au Phra Narai Ratchaniwet (p. 183), on célèbre le monarque le plus révéré d'Ayutthaya, qui a fait de Lopburi un centre diplomatique et culturel. C'est l'occasion de reconstitutions de cérémonies de l'époque et d'autres activités culturelles, dont un "marché rétro" où l'on paie, à la manière d'antan, avec de la monnaie-coquillage.

Il y a aussi un spectacle son et lumière, ponctué de reconstitutions de batailles, et des processions d'éléphants.

Fête des Singes CULTURE
(fin nov). Pour les milliers de simiens qui peuplent Lopburi, c'est le plus beau jour de l'année. D'immenses tables croulant sous les fruits et autres douceurs sont dressées, plusieurs fois dans la journée, à l'intention des singes, qui se régalent. Il y a aussi une fête de rue et des spectacles de danse dans toute la ville. Elle a généralement lieu le dernier dimanche de novembre.

Où se loger

Les chambres économiques constituent peu ou prou la seule option de la vieille ville. Il y a plus de choix dans la ville moderne ; les hôtels sont surtout regroupés à l'extrémité est, mais les adresses vraiment intéressantes sont rares.

Pee Homestay CHEZ L'HABITANT $
(086 164 2184 ; www.lopburimassage.com ; Soi Promachan ; d avec ventil 280-360 B, d clim 340-500 B ;). De l'autre côté de la voie ferrée, au nord-est de la gare, ce logement chez l'habitant, à l'ambiance détendue, est tenu par la très sympathique Kanaree, esthéticienne et masseuse. Les chambres, impeccables, ont des salles de bains avec eau froide ; le prix varie selon la surface.

Kanaree loue des vélos à ses clients. La quatrième nuit est gratuite.

Noom Guesthouse PENSION $
(036 427693 ; Th Phraya Kamjat ; dort 180 B, d/tr avec sdb commune et ventil 350/600 B, d avec clim 550 B ;). Cette adresse tenue en famille, de loin la mieux adaptée en ville aux *farang* (Occidentaux), comprend une maison en bois aménagée en dortoirs, et de petits bungalows confortables, à l'arrière. Même sans y loger, on peut y louer une moto (à partir de 300 B), réserver un circuit d'escalade ou échanger des anecdotes au restaurant avec d'autres voyageurs.

Nett Hotel HÔTEL $
(036 411738 ; netthotel@hotmail.com ; Soi Ratchadamnoen 2 ; d/jum avec ventil 350/450 B,

100% LOCAL

LES SINGES DE LOPBURI

Les hommes s'arment de frondes, les vieilles femmes brandissent de longs bâtons, et les touristes alternent entre hurlements et poses pour la photo. Bienvenue à Lopburi, une ville qui lutte sans succès pour tenir à distance ses célèbres singes. Des centaines de macaques rhésus et crabiers (et d'hybrides des deux espèces) écument une large part de la vieille ville, virevoltant d'un toit à l'autre et s'accrochant aux lignes électriques. Ils grimpent sur les voitures, glissent sur les auvents et se disputent des restes de nourriture ; un spectacle permanent qui attire la foule des touristes.

Une grande partie des habitants sont exaspérés par ces remuants voisins, mais ils ne leur font aucun mal car ils les tiennent pour des disciples du dieu hindou Hanuman (dans la version thaïe du *Ramayana*, Rama fit don de cette terre à Hanuman, qui fonda la ville) : en blesser un garantirait ainsi un très mauvais karma. Il suffit cependant de passer quelques minutes à Lopburi pour comprendre que de nombreux habitants soutiennent des actions consistant à rassembler des singes pour les expédier dans des sites en dehors de la ville comme le Wat Khao Chin Lae (page ci-contre) – le problème, c'est que personne d'autre n'en veut.

Les singes ont beau être curieux, ce sont des animaux sauvages. Rangez votre nourriture et tout ce qui y ressemble dans votre sac quand vous êtes dans une zone qu'ils fréquentent, ou ils risqueraient de vous les arracher. Si cela se produit, ne luttez pas : les singes mordent, et dans ce cas, il vous faudra des soins médicaux. Il est aussi recommandé de ne pas marcher en dessous d'eux à moins d'avoir un parapluie.

C'est à Prang Sam Yot (p. 183) et à San Phra Kan (p. 183) que les singes craignent le moins l'homme. Si vous restez immobile suffisamment longtemps, ils s'amusent immanquablement à sauter sur vos épaules ou à vous voler vos lunettes ; évitez de croiser leur regard et déplacez-vous lentement dès que vous vous approchez d'eux pour avoir des chances d'échapper à leur attention.

d/jum/tr avec clim 500/550/590 B ; P❄📶). Une réfection des peintures, du carrelage et un changement de propriétaires (les mêmes que Noom Guesthouse) ont apporté un nouveau souffle à cet hôtel en béton à l'ancienne. Principal atout de l'établissement : la terrasse grillagée d'où l'on peut voir les singes de près. Or, qui dit singes dit odeurs : humez votre chambre avant de choisir. Les moins chères ont des douches froides.

Little Lopburi Village PENSION $$
(☎085 484 2691, 061 475 2384 ; www.homestayinthai.com ; Mu 2, Soi Rongsurakao ; d/f 1 300/1 500 B, d avec ventil et sdb commune 500 B ; P❄📶). Dans un quartier typique à proximité des principales curiosités, ces grands bungalows en bois occupent l'arrière d'un jardin paisible. Les prix sont un peu élevés, mais c'est une des meilleures adresses en ville et les propriétaires, très hospitaliers, parlent anglais. Réservation indispensable.

La chambre familiale n'a pour couchages que des matelas à même le sol.

Windsor Park HÔTEL $$
(☎036 411689 ; près de la Hwy 3196 ; d/lits jum/tr avec petit-déj 650/680/800 B ; P❄📶). À 1 km au sud de la gare ferroviaire, cet hôtel couleur pêche affiche le meilleur rapport qualité/emplacement de sa catégorie, malgré ses chambres quelconques. Les bungalows voisins sont de qualité analogue. On entend passer les trains, heureusement peu nombreux. Prêt de vélos aux clients. On viendra vous chercher à votre arrivée en ville.

Où se restaurer

On peut manger à prix doux au modeste **marché nocturne** (Th Na Phra Kan ; plats à partir de 30 B ; ⌚16h-22h) et divers restaurants jalonnent Th Phraya Kamjat et Th Sorasak. La scène culinaire n'est toutefois pas le point fort de Lopburi.

Vietnamese Restaurant by Khun Dai VIETNAMIEN $
(☎036 411220 ; 43 Th Sorasak ; plats 40-100 B ; ⌚11h-19h30 ; 📶). Porc aux épices, *pho* et rouleaux de printemps farcis à la menthe,

LE CENTRE LOPBURI

cuisinés et servis par une Thaïlandaise sympathique férue de cuisine vietnamienne.

Khao Tom Hor THAÏLANDAIS, CHINOIS $

(☎036 411672 ; facebook.com/khaotomhor.lopburi ; Th Na Phra Kan ; plats 40-150 B ; ⏲17h-3h ; ✎). Invariablement animé, ce restaurant propose des plats sino-thaïlandais comme le *plaa salid tôrd* (poisson salé en friture) et du tofu frit au piment. Le service est rapide et la cuisine, délicieuse. Comptez 10 B de plus par personne pour manger dans la salle climatisée.

Matini INTERNATIONAL $

(18 Th Phraya Kamjat ; plats 50-350 B ; ⏲9h-tard ; ✎). Billard gratuit, fresque murale à la gloire des Blues Brothers et bonne cuisine (thaïlandaise et occidentale) attirent les voyageurs sac au dos chez Matini. Avec des tables dedans et dehors, c'est un bon endroit pour savourer de généreuses portions de curry richement épicé (certains végétariens), boire un smoothie ou terminer la soirée avec une bière. Fermé à la saison chaude.

Noom Restaurant INTERNATIONAL $

(☎036427693 ; Th Phraya Kamjat ; plats 40-205 B ; ⏲8h-21h30 ; ✎). Sis dans la pension favorite des globe-trotteurs (p. 185), le Noom vaut surtout au petit-déjeuner, où sont servis aussi bien du muesli que du *jóhk* (riz bouilli crémeux). Mentionnons également le *pàt tai*, le curry *massaman* et les spaghettis.

Bua Luang THAÏLANDAIS, CHINOIS $$

(☎036 413009 ; facebook.com/bualuang.1980 ; Hwy 1 ; plats 65-380 B ; ⏲9h30-22h ; P ✎). Ce grand établissement, à l'extrémité est de Lopburi, associe terrasse verdoyante et salles à manger aux tables nappées de blanc. La carte, sino-thaïlandaise, comprend notamment du *pàt pŏng gà·rèe* (crabe au curry jaune), du vivaneau à la vapeur et la gourmandise locale : des pousses de tournesol frites.

Où prendre un verre et faire la fête

Si la clientèle locale préfère la ville moderne, la vieille ville compte quelques adresses où sortir. La pension Noom et le Matini (ci-contre) sont des havres pour les étrangers aspirant à bavarder devant un cocktail ou jouer au billard. Les habitants vont chez **Come On** (Th Wat Phra That ; ⏲horaires variables) boire une bière ou au **Sahai Phanta**

HORS DES SENTIERS BATTUS

KHAO CHIN LAE

Si vous aimez la nature et la visite de temples, la montagne déchiquetée que l'on voit au loin depuis Lopburi se prête à une intéressante excursion d'une journée.

Pour une excursion paisible, le **Wat Khao Chin Lae** (วัดเขาจีนแล, temple du Paon ; ⏲lever-coucher du soleil ; P) GRATUIT, perché sur le pan est de la montagne, s'étend à 15 km de Lopburi. On y trouve des centaines de paons, ainsi qu'une vue superbe sur les montagnes boisées et les **champs de tournesols** (en fleurs de novembre à janvier). Ces derniers sont, après les singes, le principal titre de gloire de Lopburi. À 5 km à l'est du temple par la route, l'**Ang Sap Lek** (อ่างเก็บน้ำซับเหล็ก ; ⏲lever-coucher du soleil) GRATUIT est une retenue d'eau bordée de restaurants, avec des jetées et des barges flottantes pour prendre votre déjeuner ou votre dîner au bord de l'eau.

Pour des émotions fortes, prévoyez une sortie d'escalade au Noom Guesthouse (p. 185). Principal lieu à gravir : une paroi de 240 m qui s'élève derrière le **Wat Pa Suwannahong** (au nord-est du Wat Khao Chin Lae). D'autres frissons vous attendent à la **grotte aux chauves-souris** à **Kao Ta Kra Thong** (วัดเขาตะกร้าทอง, Wat Kao Ta Kra Thong ; ⏲lever-coucher du soleil ; P) GRATUIT d'où ces petits mammifères jaillissent par milliers pour partir à la chasse juste avant le coucher du soleil. Le Noom propose des circuits, l'après-midi (800-1 250 B, groupes de 1 à 5 pers), dans ces sites, ainsi qu'au Wat Phra Phutthabat (p. 185), temple qui abrite la fameuse empreinte de pied du Bouddha, dans la province voisine de Saraburi.

Pour voir seulement les tournesols, prenez le bus pour Wang Muang et descendez près de l'embranchement (15 B, 30-45 min, départs environ toutes les heures) au nord du Wat Khao Chin Lae, où s'étendent quelques-uns de ces champs.

(Soi Sorasak ; 20h-tard) s'ils préfèrent un whisky (et des concerts).

Lopburi Art Gallery CAFÉ
(083 009 6175 ; facebook.com/Lopburi-Art-Gallery-209314409929805 ; Th Kosapan ; 10h-21h ;). Bonne adresse pour se détendre devant un thé vert, un chocolat chaud, un jus de longane ou des frites, ce café comprend 3 niveaux de galeries d'exposition et un atelier décorés d'œuvres d'artistes locaux.

Renseignements

ARGENT

Il y a plusieurs banques dans la moitié nord de la vieille ville, dans Th Songkhram, dont **Siam Commercial Bank** (Th Songkhram ; 8h30-15h30 lun-ven), mais aucune n'est ouverte le soir ou le week-end : vous devrez vous rabattre sur les centres commerciaux de la Hwy 1, dans la ville moderne.

IMMIGRATION

On peut obtenir des prolongations de visa au **bureau de l'immigration de Lopburi** (036 424686 ; Rte 1036 ; 8h30-12h et 13h-16h30 lun-ven).

OFFICE DU TOURISME

Le bureau de la **Tourism Authority of Thailand** (TAT ; 036 770096 ; tatlobri@tat.or.th ; Th Narai Maharat ; 8h30-16h30) emploie un personnel serviable, mais donne hélas dans la ville moderne. Vous trouverez réponse à la plupart de vos questions sur Lopburi à la Noom Guesthouse (p. 185).

SERVICES MÉDICAUX

Mueang Narai Hospital (036 420666 ; www.mueangnarai.com ; Hwy 1 ; 24h/24). En cas de morsure de singe ou de problème plus grave. À l'extrémité est de Lopburi.

URGENCES

Le bureau de la **police touristique** (036 424515 ; Th Narai Maharat) se trouve dans la ville moderne.

Depuis/vers Lopburi

Les liaisons vers Ayutthaya et Bangkok, respectivement à 70 km et 150 km de Lopburi, sont rapides et fréquentes ; les bus pour d'autres destinations sont assez limités.

BUS ET MINIBUS

Lopburi étant très en retrait de l'axe nord-sud principal, les bus directs sont peu nombreux. Pour aller à Kanchanaburi, il faut prendre une correspondance à Ayutthaya ou à Bangkok. La **gare routière** (036 411888 ; Sa Kaew Circle) de Lopburi est à 2,5 km à l'est de la vieille ville.

Outre la gare routière, des minibus pour Bangkok partent aussi des extrémités **nord** (Th Na Phra Kan près du sanctuaire San Phra Kan) et **sud** (Th Na Phra Kan) de Th Na Phra Kan ; ce second point dispose d'une salle d'attente climatisée.

TRAIN

Lopburi se trouvant sur la ligne ferroviaire du nord, beaucoup s'y rendent dans le cadre d'excursions à Chiang Mai. La **gare ferroviaire** (036 411022 ; Th Na Phra Kan), dans la vieille ville, possède une consigne à bagages (15 B/bagage) et des douches (10 B).

Comment circuler

Des *songthaew* (8 B) partant de Th Ratchadamnoen descendent Th Wichayen et passent devant San Phra Kan pour rejoindre la gare routière. *Săhm·lór* (vélos-taxis) et motos-taxis vous conduisent n'importe où dans la vieille ville pour environ 20 B et à la gare routière pour 40 B. Le Noom Guesthouse (p. 185) et le **Boom Cafe** (Th Sorasak ; vélo/moto 60/300 B la journée ; 10h-20h) louent des motos (300 B/jour) ; le second loue aussi des vélos (60 B/jour).

BUS AU DÉPART DE LOPBURI

DESTINATION	PRIX	DURÉE	DÉPARTS
Ayutthaya	60 B	1 heure 30	ttes les 30 min (minibus)
Bangkok	110-120 B	2 heures 30	fréquents (minibus)
Nakhon Ratchasima (Khorat)	148 B	3 heures 30-4 heures	ttes les 30 min (minibus)
Nakhon Ratchasima (Khorat)	164 B	4 heures-4 heures 30	6/jour (bus)
Pak Chong	80 B	2 heures	ttes les 30 min (minibus)
Pak Chong	95 B	2 heures 30	6/jour (bus)
Saraburi	38 B	1 heure	fréquents (minibus)

TRAINS AU DÉPART DE LOPBURI

DESTINATION	PRIX	DURÉE	DÉPARTS
Ayutthaya	13-340 B	30 min à 1 heure 30	16/jour
Bangkok – gare de Hua Lamphong	28-374 B	2 heures-3 heures 30	16/jour
Chiang Mai	252-2 353 B	9-12 heures	5/jour
Phitsanulok	49-1 546 B	3-5 heures	11/jour

PROVINCE DE KANCHANABURI กาญจนบุรี

À considérer les beautés naturelles de la province de Kanchanaburi, il est bien dommage que la région soit principalement connue pour les drames liés au Chemin de fer de la mort lors de la Seconde Guerre mondiale. Du reste, les mémoriaux de guerre de la capitale provinciale sont une étape obligatoire pour tout voyageur, qui ne manquera pas de s'enfoncer plus avant dans les parcs et réserves de l'extrémité sud de la région, qui forment l'une des zones protégées les plus vastes d'Asie. Maintes grottes et cascades sont accessibles sans grand effort, tandis que des sentiers de randonnée entraînent les plus endurcis au cœur de la jungle.

Isolée dans les confins nord, Sangkhlaburi affiche une des plus grandes diversités ethniques du pays. Nombre de ses habitants ont fui les violences du Myanmar. Des communautés de bénévoles étrangers les ont rejoints.

Si Sangkhlaburi n'est pas assez reculée à votre goût, direction la petite bourgade frontalière d'E-Thong, laquelle a manqué de finir ville fantôme.

Kanchanaburi กาญจนบุรี

94 600 HABITANTS

Au-delà de son centre moderne et animé, et de la vue sur la rivière, Kanchanaburi présente un passé sombre, dont les épisodes sont relatés dans d'excellents musées et mémoriaux. Durant la Seconde Guerre mondiale, les forces japonaises firent construire par des prisonniers de guerre alliés et des travailleurs asiatiques enrôlés de force une ligne de chemin de fer depuis la Thaïlande jusqu'à la Birmanie (Myanmar). Cette histoire poignante fut rendue célèbre par le roman du Français Pierre Boulle, *Le Pont de la rivière Kwaï*, librement inspiré de faits réels, et le film de 1957 qu'en tira David Lean. Les cimetières militaires, les musées, et l'occasion de parcourir une partie du Chemin de fer de la mort attirent ici maints visiteurs.

Kanchanaburi est aussi un point de départ tout indiqué pour explorer l'ouest du pays. D'intéressants parcs nationaux et plusieurs cités fluviales s'égrènent au nord, et beaucoup sont desservis par les transports en commun.

À voir

En ville

Pont de la rivière Kwaï SITE HISTORIQUE

(pont du Chemin de fer de la mort, สะพานข้ามแม่น้ำแคว ; 24h/24). GRATUIT Bâti par des prisonniers de guerre, ce pont, long de 300 m, est un symbole de l'histoire de la ligne Thaïlande-Birmanie. La partie centrale de l'ouvrage ayant été détruite par les forces alliées en 1945, seules les travées incurvées sont d'origine. Vous pourrez y circuler librement ; il y a des îlots de sécurité si un train s'annonce. Rabatteurs et vendeurs de souvenirs circulent autour du pont, lui donnant un air de fête foraine ; venez tôt, ou tard, pour éviter la foule. Les trois trains anciens exposés dans le **parc**, près de la gare, circulèrent pendant la Seconde Guerre mondiale. De l'autre côté du pont, à droite, jetez un coup d'œil au **Kuan-Im**, temple coloré depuis le jardin duquel on a une belle vue sur le pont. Du côté sud de ce temple, la **tombe du soldat chinois** évoque le sommet d'un visage, coulant un regard triste d'en dessous le casque formé par un dôme. Il ne reste rien du deuxième pont (en bois) construit par les Japonais 100 m en aval.

Fin novembre ou début décembre, un spectacle son et lumière (p. 195) revient sur l'histoire du pont de la rivière Kwaï (p. 189).

Thailand-Burma Railway Centre MUSÉE

(Centre du chemin de fer Thaïlande-Birmanie ; ศูนย์รถไฟไทย-พม่า ; 034 512721 ; www.

Province de Kanchanaburi

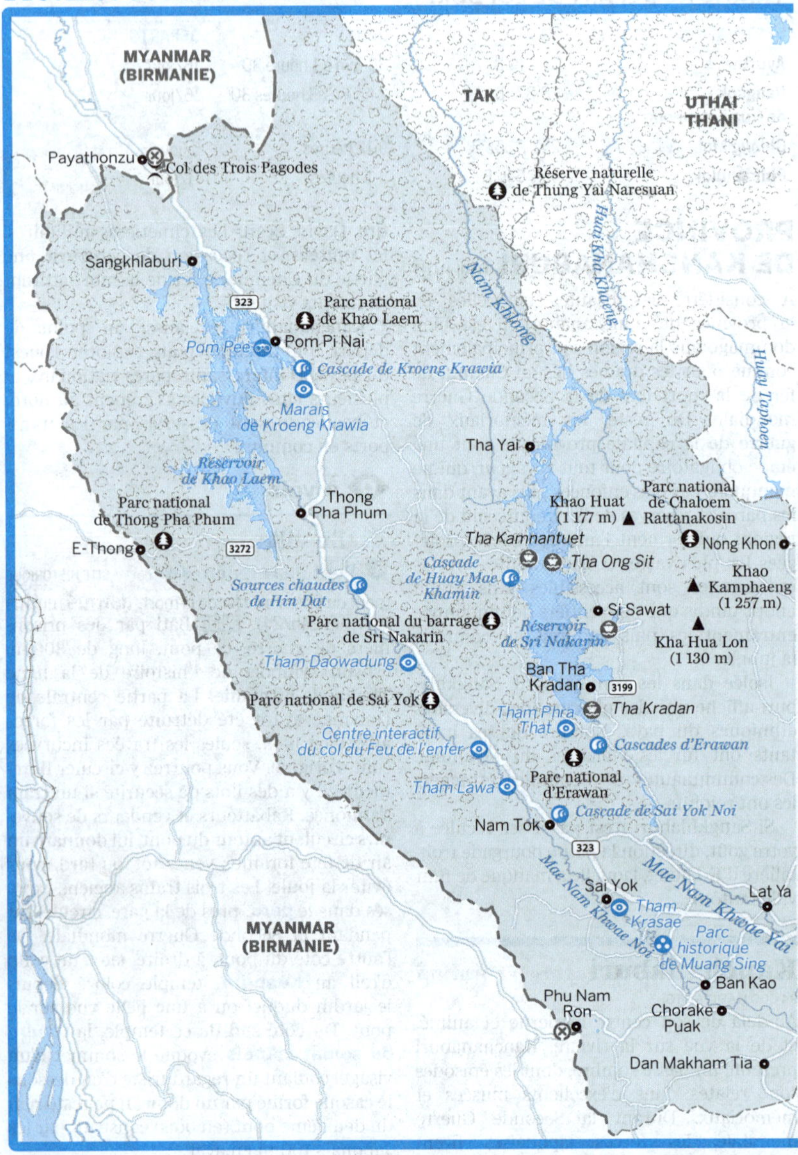

tbrconline.com ; 73 Th Jaokannun ; adulte/enfant 150/70 B ; ⌚9h-17h). Ce passionnant musée fournit un contexte historique et statistique aux récits personnels décrivant les conditions de vie des prisonniers de guerre et des travailleurs forcés qui ont construit la voie ferrée Thaïlande-Birmanie. Le rôle de Kanchanaburi durant la Seconde Guerre mondiale est bien illustré, mais le musée est surtout consacré aux ouvriers du rail, depuis leur transport dans des wagons de marchandises bondés jusqu'aux camps de travail insalubres dans la jungle, et au sort des survivants après la guerre. Prenez

le temps de voir la vidéo poignante où figurent des témoignages de prisonniers, ainsi que de soldats japonais.

Dans les galeries de l'étage, sont exposés des objets datant de la guerre. Un diorama, profond de 3 m, est consacré au Hellfire Pass (col du Feu de l'enfer).

Comptez une bonne heure de visite. Pour découvrir plus en détail l'histoire du chemin de fer et de la guerre, le centre propose des excursions, allant d'une demi-journée (4 100 B/2 pers) à plusieurs jours, à Kanchanaburi et dans les environs. Réservation obligatoire ; renseignez-vous sur le site Internet (rubrique "Railway Pilgrimages").

Heritage Walking Street RUE HISTORIQUE

(ถนนปากแพรก ; Th Pakprak). Une promenade dans cette rue du centre-ville donne un aperçu du Kanchanaburi d'autrefois. Nombre de bâtiments datent des années 1920 et 1930, et ont été préservés dans leur aspect sino-portugais, thaïlandais, vietnamien ou chinois ; des pancartes jaunes fanées présentent l'histoire, l'architecture et les propriétaires d'une vingtaine d'entre eux. Les passionnés de la Seconde Guerre mondiale ne manqueront pas cette rue, dont certains édifices sont liés à la construction du Chemin de fer de la mort (p. 189).

La balade débute à la **porte de la ville** (ประตูเมือง ; Th Lak Meuang), désormais restaurée.

Musée militaire du JEATH MUSÉE

(พิพิธภัณฑ์สงคราม ; angle Th Wisuttharangsi et Th Pak Phraek ; 50 B ; ⏲ 8h-17h). Ce petit musée, ouvert en 1977, est principalement consacré aux terribles épreuves infligées aux prisonniers de guerre qui construisirent le Chemin de fer de la mort. Des photos, lettres et dessins de l'époque sont exposés aux côtés d'effets personnels et d'objets datant de la guerre, dont une bombe alliée qui, larguée pour détruire le pont, n'avait pas explosé. Une des trois galeries est faite de bambou, à la manière des abris (*attap*) où vivaient les prisonniers.

JEATH est un acronyme reprenant les initiales des belligérants impliqués dans la construction de ce chemin de fer : Japon, Angleterre (England), Australie/Amérique, Thaïlande et Hollande. Il apparaît aussi sur des panneaux à l'extérieur du **Musée de la Seconde Guerre mondiale** (พิพิธภัณฑ์สงครามโลกครั้งที่สอง ; Art Gallery & War Museum ; Th Mae Nam Khwae ; 40 B ; ⏲ 8h-18h), ce qui entraîne une certaine confusion, l'un et l'autre musées n'ayant aucun lien.

Cimetière militaire de Kanchanaburi CIMETIÈRE

(สุสานทหารพันธมิตรดอนรัก, Allied War Cemetery ; Th Saengchuto ; ⏲ lever-coucher du soleil). GRATUIT Ce cimetière en pleine ville, plus grand des deux cimetières militaires des Alliés de

Kanchanaburi

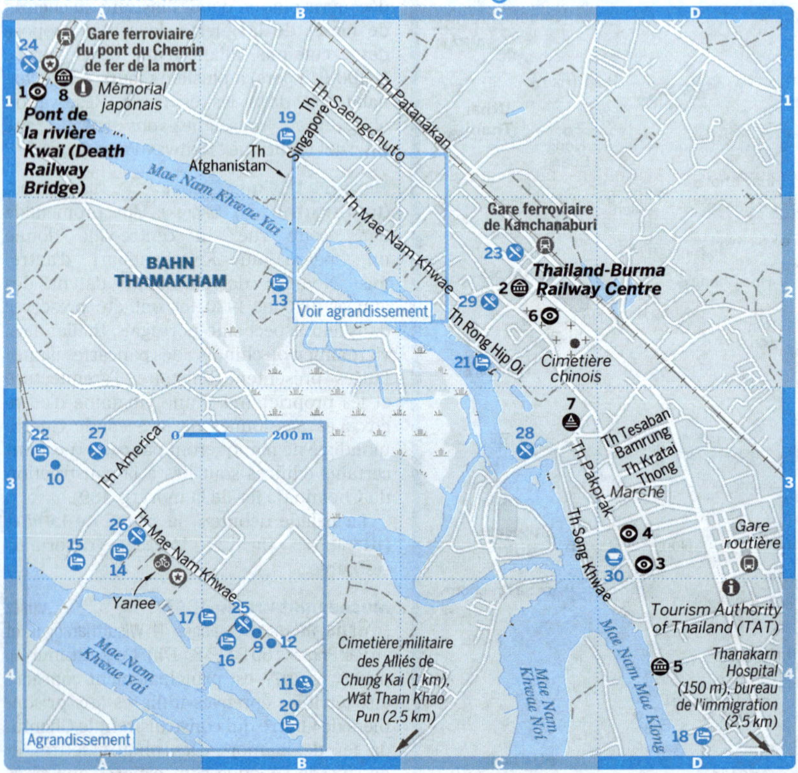

Kanchanaburi

Les incontournables
1 Pont de la rivière Kwaï (Death Railway Bridge) A1
2 Thailand-Burma Railway Centre C2

À voir
3 Porte de la ville D3
4 Heritage Walking Street D3
5 Musée militaire du JEATH D4
6 Cimetière militaire de Kanchanaburi ... C2
7 Wat Thewa Sangkharam C3
8 Musée de la Seconde Guerre mondiale A1

Activités
Apple & Noi Thai Cooking .... (voir 13)
9 Good Times Travel B4
10 Mellow Adventures A3
11 River Kwai Canoe Travel Services B4
12 Toi's Tours B4

Où se loger
13 Apple's Retreat B2
14 Blue Star Guesthouse A3
15 Good Times Resort A3
16 Natee the Riverfront B4
17 Ploy Resort B4
18 PY Guesthouse D4
19 Stamp Hostel B1
20 T&T Hostel B4
21 Tara Raft C2
22 U Dee Room & Coffee A3

Où se restaurer
Blue Rice .... (voir 13)
23 JJ Market C2
24 Keeree Tara A1
25 On's Thai-Issan B4
26 Rahn Pa Kit A3
27 Royal Nine Restaurant A3
28 Suk Jai Floating Market C3
29 Zap Zap C2

Où prendre un verre et faire la fête
Ave .... (voir 25)
30 Baan Sitthisang D3

Kanchanaburi, est parfaitement entretenu par la Commonwealth War Graves Commission. Près de la moitié des 6 982 soldats enterrés ici étaient Britanniques, les autres venaient principalement d'Australie et des Pays-Bas. En partant de l'entrée du cimetière, tout le côté droit regroupe les défunts du Royaume-Uni, la partie avant gauche les tombes des Australiens, tandis que celle arrière gauche est dévolue aux Néerlandais. Les restes de soldats inconnus et des 300 combattants incinérés après avoir péri du choléra jalonnent la partie avant gauche. Les dépouilles des prisonniers de guerre américains furent, quant à elles, toutes rapatriées aux États-Unis. À l'entrée du cimetière se trouve un registre indiquant l'emplacement de chaque tombe.

100% LOCAL

LA RIVIÈRE BUFFLE

Le film *Le Pont de la rivière Kwaï* (réalisé par David Lean en 1957) a rendu ce cours d'eau célèbre dans le monde entier, et toute une génération a adopté une prononciation incorrecte. Il faut parler de la rivière Khwae (prononcer kwaé) et non Kwaï, qui signifie buffle. Mentionner la "rivière buffle" fait invariablement sourire les Thaïlandais.

Pendant la guerre, le pont ne traversait pas la rivière Khwae non plus. Bien que la ligne ferroviaire longeât la rivière sur une bonne longueur, le pont enjambait en fait la Mae Khlong – Pierre Boulle s'est trompé en écrivant son fameux roman (1952).

Après la sortie du film (tourné au Sri Lanka, si bien que le pont ne ressemblait en rien au vrai), les touristes commencèrent à affluer à Kanchanaburi pour voir l'ouvrage de leurs yeux. Afin d'éviter la confusion et de ne pas les décevoir, la Mae Khlong devint officiellement la Khwae Yai ("yai" signifie "grand") en 1960.

À l'extérieur de la ville

Wat Ban Tham TEMPLE BOUDDHIQUE

(วัดบ้านถ้ำ ; Tambon Khao Noi ; temple lever-coucher du soleil, escalier 8h-17h ; P). GRATUIT Dans la campagne autour de Kanchanaburi, les temples troglodytiques abondent, mais celui-ci est l'un des plus intéressants, ne serait-ce que parce qu'il faut gravir des marches et franchir la "bouche du dragon" pour atteindre la vaste caverne principale.

Il se trouve à 10 km au sud-est de Kanchanaburi (à 4 km avant le Wat Tham Seua ; p. 193) sur la rive sud du fleuve.

Parce qu'elle ressemble au personnage traditionnel de Mae Nang Bua Kli – une innocente tuée par son mari –, une partie d'un gros rocher est "vêtue" tout au long de l'année. Au-dessus d'elle, se dresse une statue de Phra Siwali (important disciple du Bouddha) qu'illumine, par temps clair, un rayon de soleil matinal. L'escalier métallique en colimaçon situé à l'entrée de la grotte conduit à de petits temples et à des vues grandioses. La grotte **Tham Man Wichit**, proche du sommet, est ponctuée d'escaliers, d'éclairage et de jolies formations rocheuses.

Wat Tham Khao Pun TEMPLE BOUDDHIQUE

(วัดถ้ำเขาปูน ; Rte 3228 ; 30 B ; 6h-18h ; P). Le temple troglodytique le plus proche de Kanchanaburi est un amusant labyrinthe de passages illuminés. Le parcours signalé peut être étroit (et glissant) par endroits, mais passer sous des saillies calcaires pour découvrir ces sanctuaires souterrains est une expérience unique. Les circuits en bateau y font halte, mais il y a rarement du monde : les saillies sont parfois désertes, hormis quelques chauves-souris. Le temple est à 4 km au sud-ouest de la ville, au-delà du cimetière militaire de Chungkai.

Cimetière militaire des Alliés de Chungkai CIMETIÈRE

(สุสานทหารพันธมิตรช่องไก่ ; Rte 3228 ; lever-coucher du soleil ; P). GRATUIT Occupant le site d'un des plus grands camps de prisonniers de guerre alliés, ce cimetière honore la mémoire de 1 426 détenus originaires du Commonwealth et de 313 soldats hollandais. Ces captifs bâtirent leur propre infirmerie et leur église à proximité. La majorité de ceux qui reposent ici moururent à l'hôpital. Proche de la rivière, à 2,5 km au sud-ouest du pont du Wat Thewa Sangkharam, l'endroit se rejoint aisément à vélo. Plus petit et moins visité que le cimetière de guerre de Kanchanaburi (p. 191), il est tout aussi bien entretenu.

Wat Tham Seua TEMPLE BOUDDHIQUE

(วัดถ้ำเสือ ; Tambon Muang Chum ; lever-coucher du soleil ; P). GRATUIT La pièce maîtresse de ce "monastère de la grotte du Tigre", perché sur une colline, est un impressionnant bouddha

LA CONSTRUCTION DU CHEMIN DE FER DE LA MORT

Le Chemin de fer de la mort, prouesse d'ingénierie due au travail forcé et non à des machines modernes, eut un coût en vies humaines exorbitant. Les prisonniers de guerre alliés capturés par le Japon et les travailleurs enrôlés de force n'avaient que des outils rudimentaires et de la dynamite pour avancer. Plus de 12 000 prisonniers et jusqu'à 90 000 ouvriers, forcés ou enrôlés (dont de nombreux Malais, Chinois et Indiens), moururent de maladie, du manque d'hygiène et de matériel médical, et à la suite des mauvais traitements des gardes des camps. Beaucoup de Thaïlandais risquèrent leur vie pour aider les prisonniers, pour la plupart australiens, américains, britanniques et néerlandais, mais ne leur furent que d'un secours limité.

La ligne de 415 km fut construite durant l'occupation de la Thaïlande par le Japon (1941-1945) lors de la Seconde Guerre mondiale. L'objectif était d'ouvrir une route d'approvisionnement jusqu'en Birmanie (Myanmar) pour aider à la conquête des autres pays asiatiques occidentaux par le Japon.

Sa construction débuta en octobre 1942 dans les gares existantes de Thanbyuzayat en Birmanie et Nong Pla Duk (Ban Pong) en Thaïlande. Le 16 octobre 1943 eut lieu la jonction à Konkoita, près de Sangkhlaburi.

La plupart des travailleurs arrivèrent déjà affaiblis par leur emprisonnement et par un trajet de 4 jours dans des wagons de marchandises surchauffés et bondés, et durent rejoindre les camps à marche forcée. Les conditions de travail étaient supportables au début, même si les rations alimentaires étaient déjà maigres. Choléra, malaria et dysenterie proliféraient, et les soins médicaux étaient presque totalement improvisés. Gardiens japonais et coréens infligeaient des punitions barbares à quiconque sortait des rangs. Les Japonais exigèrent l'accélération de la construction, et les conditions empirèrent. La portion qui fit le plus de victimes fut une percée dans la roche appelée "col du Feu de l'enfer" en raison des lueurs étranges qu'y jetaient les torches lors des travaux nocturnes ; un mémorial y a été édifié.

Le paysage, montagneux, nécessita la construction de 688 ponts sur le parcours. La plupart étaient des ponts à tréteaux en bois, tel le **Tham Krasae** (ถ้ำกระแซ ; Tambon Lum Sum ; ⌚24h/24 ; Ⓟ) GRATUIT, souvent visité. Le pont qui enjambe la "rivière Kwai" près de Kanchanaburi, désormais baptisé "pont du Chemin de fer de la mort" (p. 189), fut le seul pont d'acier construit côté Thaïlandais ; il y en avait 7 en Birmanie. Il fut bombardé plusieurs fois par les troupes alliées, et les prisonniers durent à chaque fois le réparer.

La partie nord de la ligne a disparu, mais des trains du State Railway of Thailand (SRT) empruntent encore les 130 km de ligne d'origine entre Nong Pladuk, au sud-est de Kanchanaburi, et Nam Tok.

de 18 m couvert de mosaïque dorée. L'une des façons d'acquérir des mérites consiste, pour les dévots, à déposer des pièces sur les petits plateaux d'un tapis roulant, lequel fait tomber les dons dans un bol central. Il existe un funiculaire pentu (20 B/pers) qui monte au sommet du temple, mais on peut aussi gravir les marches.

Plusieurs styles de stupa se dressent aux abords de la principale statue du Bouddha. Le plus grand, haut de 9 étages (69 m), est rempli de fresques (la plupart associées aux guerres contre les Birmans) et de bouddhas, dont beaucoup dans des positions rarement représentées. La **grotte du Tigre**, reconnaissable aux deux tigres à l'entrée, est au pied de la colline, à droite (ouest) du funiculaire. Le corps momifié d'un ancien abbé est exposé dans la grande salle voisine de la grotte.

Le temple voisin de style chinois est le **Wat Tham Khao Noi**, surtout intéressant pour son extérieur.

Le Wat Tham Seua est à 14 km au sud-est du centre de Kanchanaburi. Traverser le pont le plus au sud de la ville, puis prendre la première rue à gauche et suivre la rivière. Pas de transports publics.

Activités

♥ **SUP Hire Thailand** SPORTS AQUATIQUES
(☎090 975 9718 ; www.supkanchanaburi.com ; Hwy 323, Tambon Kaeng Sian ; ⌚horaires variables). Ce prestataire responsable propose des cours de paddle (SUP), assurés par des moniteurs compétents, ainsi que des excursions

courtes ou longues. Il loue du bon matériel. Les débutants peuvent suivre un cours de découverte de 2 heures (450 B/pers ; cours particulier 800 B) sur une magnifique section du Mae Nam Kwae Yai à la sortie de la ville. Il y a aussi des sorties à vélo sur des engins hybrides de qualité, éventuellement combinées à du kayak.

Cours

Apple & Noi Thai Cooking CUISINE
(☎062 324 5879, 034 512017 ; www.applenoikanchanaburi.com ; Blue Rice restaurant, Mu 4, Ban Tamakham ; 1 950 B/pers ; ⏲mar-mer, ven-sam). Vous peinez à distinguer le *sôm·đam* du *đôm yam* ? Khun Noi saura vous aider. Ces cours très prisés d'une journée mettent l'accent sur les recettes locales et les produits de saison ; ils commencent au marché et se terminent 4 plats plus tard, à table. Réservez longtemps à l'avance. Des stages de plusieurs jours sont aussi proposés.

Circuits organisés

Les circuits organisés sont tout indiqués, vu le nombre de sites dignes d'intérêt en dehors de la ville ; il revient toutefois moins cher de louer une voiture avec chauffeur lorsqu'on n'est pas nombreux. Les excursions d'une journée coûtent entre 800 et 1 200 B environ par personne (les prix sont parfois négociables), entrées et déjeuner compris, ainsi qu'une sortie sur un radeau en bambou. Nombre de ces excursions comprennent une rencontre avec les tigres et une promenade à dos d'éléphant, des pratiques que nous ne recommandons pas car elles nuisent aux animaux et ne servent en rien la protection des espèces.

Maints organismes proposent des excursions analogues, notamment des enseignes réputées de longue date, telles **Good Times Travel** (☎081 913 7758, 034 624441 ; www.good-times-travel.com ; Th Mae Nam Khwae ; circuit journée à partir de 800 B/pers ; ⏲9h-21h) et **Toi's Tours** (☎034 514209, 081 856 5523 ; Th Mae Nam Khwae ; circuit journée à partir de 790 B/pers ; ⏲7h-22h), entre autres.

Un itinéraire prisé consiste à visiter sur la journée la cascade d'Erawan (p. 200), le **col du Feu de l'enfer** (พิพิธภัณฑ์ช่องเขาขาด ; ☎034 919605 ; Hwy 323 ; ⏲musée 9h-16h, site lever-coucher du soleil ; P) GRATUIT et le "pont de bois" du Chemin de fer de la mort, à Tham Krasae. Si elles n'intéressent que peu de monde, des sorties plus aventureuses sont envisageables : la cascade de Huay Mae Khamin dans le parc national de Si Nakharin (p. 200) ou un trek dans la jungle – mais sous forme d'excursion privée, ce qui est la spécialité de **Mellow Adventures** (☎084 727 1959 ; www.mellowadventures.com ; 295/5 Th Mae Nam Khwae ; ⏲9h-17h) 🍃, qui respecte le bien-être animal. Dans un autre registre, on peut admirer les alentours de la rivière sur une planche de paddle (page ci-contre).

Le Thailand-Burma Railway Centre (p. 189) peut organiser des circuits à Kanchanaburi et dans les environs.

100% LOCAL

RENCONTRES AVEC LES ÉLÉPHANTS

Les visites de Kanchanaburi comprennent souvent une promenade à dos d'éléphant. Pour le bien-être de ces animaux (p. 794), nous vous déconseillons vivement ces balades, même si l'organisateur vous explique que les pachydermes sont bien traités. Si vous ne montez pas sur leur dos, vous pourrez toujours marcher à côté d'eux ou descendre les baigner à la rivière.

Le seul endroit que nous recommandons pour des activités avec les éléphants est **Elephant Haven** (☎053 272855 ; www.elephantnaturepark.org ; Sai Yok ; 1 jour 2 500/1 250 B par adulte/enfant, 2 jours 5 800/2 900 B) 🍃, un authentique sanctuaire où le bien-être des éléphants est prioritaire.

Fêtes et festivals

River Kwai Bridge Week SON ET LUMIÈRE
(pont du Chemin de fer de la mort ; 100-500 B ; ⏲fin nov/déb déc). Le point culminant de ce festival de 10 jours est un spectacle son et lumière retraçant l'histoire du Chemin de fer de la mort (p. 189), construit par des prisonniers de guerre occidentaux et des ouvriers asiatiques dans des conditions épouvantables. Les feux d'artifice, les concerts et la foire gastronomique relèvent d'un registre plus léger.

Où se loger

La plupart des visiteurs se regroupent dans les nombreux hébergements (pour beaucoup vieillissants) de Th Mae Nam Khwae, artère centrale et peu éloignée du pont et de la principale gare ferroviaire. Maintes chambres donnent le long de la rivière, voire directement sur l'eau. La ville compte quelques complexes haut de gamme, mais les meilleurs se trouvent dans la campagne environnante et il faut être motorisé pour s'y rendre. On vient ici en nombre, de Bangkok, le week-end ; réservez longtemps à l'avance.

En ville

Blue Star Guesthouse PENSION **$**
(☎034 512161, 064 984 4329 ; www.bluestar-guesthouse.com ; 241 Th Mae Nam Khwae ; d et lits jum avec ventil 450 B, avec clim 450-750 B, d et lits jum bung avec ventil 300 B, avec clim 550-650 B, tr bung avec clim 650 B ; P ❄ 📶). Dans un écrin de nature au bord du fleuve, ce complexe tenu en famille loue des chambres dans la partie supérieure et des bungalows sur pilotis dans un coin de jungle au bord de la rivière. Ces derniers ont peu, voire pas de Wi-Fi, mais profitent du chant des criquets et des oiseaux. Avec son personnel serviable, c'est une des meilleures adresses économiques de Kanchanaburi.

Stamp Hostel AUBERGE DE JEUNESSE **$**
(☎083 088 5362 ; facebook.com/StampHostel ; Th Mae Nam Khwae ; dort 290 B ; ❄ 📶). À mi-chemin entre le quartier des fêtards et le pont, cette auberge aménagée dans une ancienne *shophouse* (maison de négoce) jaune comprend des dortoirs de 6 lits. Le bâtiment n'a pas le charme de la plupart des auberges concurrentes, mais l'accueil assuré par Chain et son équipe est sans égal. Petit et convivial, l'établissement dispose d'un salon avec claviers et guitares et il y a souvent du monde devant, le soir.

T&T Hostel PENSION, AUBERGE DE JEUNESSE **$**
(☎034 514846 ; facebook.com/Hostelkanchanaburi ; Th Mae Nam Khwae ; dort 250 B, ch avec sdb commune et ventil 200-300 B, d et lits jum 500-800 B ; P ❄ 📶). Les propriétaires vivant eux-mêmes dans cette petite pension en bord de rivière, on a l'impression de loger chez l'habitant, avec les bons côtés (la gentillesse) et les moins bons (bruit occasionnel). Amplement rénové, l'établissement est devenu l'un des meilleurs de sa catégorie, mais les chambres flottantes se résument à un matelas au sol et à un ventilateur.

PY Guesthouse PENSION **$$**
(☎081 208 4937 ; witaya1962@gmail.com ; Soi Chai Chumpon 3 ; jum 750 B ; P ❄ 📶). Cette oasis donne dans une petite rue d'un quartier typique. Les chambres, très propres, ont moins de charme que les espaces communs, mais les propriétaires se mettent en quatre pour soigner leurs hôtes.

Petit-déjeuner en supplément et location de vélos.

Tara Raft PENSION **$$**
(☎092 829 9419 ; www.tararoom.com/raft.html ; Th Rong Hip Oi ; d et lits jum 700-900 B ; P ❄ 📶). Bien qu'à seulement 350 m de l'animation de Th Mae Nam Khwae, la rue où se trouve cette pension est paisible et très couleur locale. Si les chambres sans vue sur la rivière sont plutôt quelconques, les chambres flottantes sont les meilleures du genre à Kanchanaburi : lumineuses, bien décorées et équipées de bons matelas, d'une TV, d'un mini-frigo et d'un coffre-fort.

Ploy Resort PENSION **$$**
(☎090 964 2653 ; www.ployresorts.com ; 79/2 Th Mae Nam Khwae ; d 1 000-1 900 B, tr 1 500 B, f 2 200-3 000 B ; P ❄ 📶 🏊). Cet élégant *resort* dispose de chambres raffinées aux murs crème, équipées de mobilier en bois sombre et donnant chacune sur un jardinet. Les plus belles sont semblables à des bungalows, mais celles du 2e niveau, les moins chères, sont aussi confortables et affichent un bon rapport qualité/prix. Le jardin en terrasses, à l'arrière, est un des endroits les plus agréables de Kanchanaburi pour se détendre au bord de la rivière.

U Dee Room & Coffee PENSION **$$**
(☎099 365 5449 ; facebook.com/udeecoffee ; 295/9 Th Mae Nam Khwae ; d et jum 700 B ; ❄ 📶). Donnant au-dessus d'un petit café, à l'écart de l'extrémité la plus animée de l'artère touristique, ces chambres lumineuses et impeccables vous garantissent une bonne nuit de sommeil. Sauf demande spécifique, le service est limité aux heures d'ouverture du café – généralement 9h-18h ; le café est excellent.

Apple's Retreat PENSION **$$**
(☎034 512017, 062 324 5879 ; www.applenoi-kanchanaburi.com ; Mu 4, Ban Tamakham ; d et lits jum avec petit-déj 1 090 B ; P ❄ 📶). Apple et Noi, propriétaires du restaurant Blue Rice (p. 198), louent 16 chambres simples dans un quartier tranquille. On se croirait dans une maison particulière chic, mais les chambres sont petites et assez dépouillées (le rapport qualité/prix n'est pas excellent) et tout le monde n'a pas envie de dormir sur un matelas posé sur une plateforme. La gentillesse de l'accueil, l'emplacement et

les connaissances que partagent les propriétaires valent néanmoins à l'établissement une clientèle d'habitués.

Natee the Riverfront HÔTEL $$$

(☎034 518777 ; www.nateetheriverfront.com ; Th Mae Nam Khwae ; d et lits jum avec petit-déj 2 150-3 750 B ; P ❄ 📶 🏊). Ce bel hôtel neuf, dominant la rivière de toute sa hauteur, offre une vue superbe mais inégale : certains balcons sont tellement reculés que leur vue est bouchée. Les chambres standards sont assez exiguës mais toutes ont un Jacuzzi, des ornements en bois et une vue sur la rivière. Un tunnel passe sous la piscine et mène à un salon équipé de fauteuils poire et au restaurant, situés en contrebas, au bord de l'eau.

Good Times Resort HÔTEL $$$

(☎090 143 4925 ; www.goodtimesriverkwai.com ; 265/5 Th Mae Nam Khwae ; d et lits jum avec petit-déj 1 500-2 500 B, tr 1 850-2 400 B ; P ❄ 📶 🏊). La route n'inspire pas confiance mais, après le parking, vous découvrirez, en bord de rivière, une oasis ourlée de palmiers. De grandes chambres baignées de lumière et joliment relevées de touches colorées entourent la piscine et le jardin ; le restaurant (plats 100-350 B) donne sur l'eau. Le personnel, souriant, est toujours prêt à vous aider. Le prix des chambres à 1 500 B n'est pas justifié.

À l'extérieur de la ville

Ban Sabai Sabai PENSION $$

(☎089 040 5268 ; www.bansabaisabai.com ; 102/3 Mu 4, Nong Bua ; d 400-800 B, f 1 600-2 150 B ; P ❄ 📶). Cette pension mérite bien son nom de "Maison de la détente". Les diverses chambres, distribuées dans le jardin fleuri, sont simples mais bien entretenues et l'on fait en sorte que vous vous sentiez à l'aise. Dans la campagne, à 7 km à l'ouest de Kanchanaburi le long de la Hwy 323 (prenez la route à côté de la grande enseigne Esso).

Des bus passent à proximité et l'on pourra venir vous chercher gratuitement en ville (demandez à l'avance). Location de motos.

♥ **Oriental Kwai Resort** RESORT $$$

(☎061 673 0670 ; www.orientalkwai.com ; 194/5 Mu 1, Tambon Lat Ya ; cottages avec petit-déj 2 900-6 200 B ; P ❄ 📶 🏊). Un complexe thaïlando-néerlandais raffiné avec une touche originale. Situés dans un jardin à moitié sauvage, les 12 cottages sont ornés de sculptures et de tissus thaïlandais. Ils disposent notamment de frigos et de TV à écran plat. Deux sont conçus pour les familles (jusqu'à 6 pers). L'hôtel se trouve à 13 km au nord-ouest de la ville et à 1,5 km de la route menant au parc national d'Erawan (p. 200).

X2 River Kwai RESORT $$$

(☎034 552124 ; www.x2resorts.com/resorts/river-kwai ; Tambon Nong Ya ; ste avec petit-déj 4 700-9 300 B ; P ❄ 📶 🏊). Les fontaines donnent le ton de cet élégant complexe hôtelier en bord de rivière, 10 km au sud-ouest de la ville. Chambres joliment conçues – murs parés d'ardoise, baies vitrées et belles œuvres d'art moderne –, face à une partie de rivière idyllique. Les terrasses particulières sur le toit sont une belle prestation et les chambres XFloat Luxe disposent d'un ponton privatif avec kayak. Il faut être motorisé pour s'y rendre. Réservez votre week-end longtemps à l'avance.

Où se restaurer

Rahn Pa Kit THAÏLANDAIS $

(Th Mae Nam Khwae ; plats 30-80 B ; ⌚7h-20h). Pour échapper à la médiocre cuisine des pensions, repérez le panneau "Thai Food" à l'entrée du Blue Star Guesthouse. Les deux femmes qui tiennent la boutique préparent les spécialités thaïlandaises à la perfection.

Royal Nine Restaurant INTERNATIONAL $

(Th Mae Nam Khwae ; plats 50-400 B, pizzas à partir de 200 B ; ⌚14h-23h ; 📶). La carte de ce petit restaurant en bord de route comporte un volet thaïlandais et un autre, occidental. Elle va du curry vert au saumon norvégien en passant par une pizza au feu de bois plutôt bonne. Kay, le propriétaire, est un puits de savoir sur la province de Kanchanaburi : si vous devez visiter l'arrière-pays, vous vous féliciterez d'être passé le voir.

Suk Jai Floating Market MARCHÉ $

(ตลาดน้ำสุขใจ ; facebook.com/market71000 ; Wat Thewa Sangkharam ; ⌚17h30-20h30 ven ; P). Il ne s'agit pas d'un marché flottant, malgré son nom, mais il est tout de même en bord de rivière. On y vend surtout de la nourriture sous forme d'en-cas du type champignons poêlés et saucisses grillées et des musiciens y jouent. Il a lieu le vendredi soir, à côté du grand stupa du Wat Thewa Sangkharam.

Zap Zap THAÏLANDAIS $

(Th Mae Nam Khwae ; plats 40-150 B ; ⌚11h-21h30 ; 📶). Malgré une longue carte comprenant notamment du *pàt tai* et du curry panang, c'est pour le *sôm·đam* à la mode isan que ce restaurant ne désemplit pas. Goûtez la salade de papaye frite, alliance de cuisines thaïlandaise et isan.

On's Thai-Issan VÉGÉTARIEN $

(☎ 087 364 2264 ; www.onsthaiissan.com ; Th Mae Nam Khwae ; plats 70-80 B ; ⊙10h-21h ; ❄✍). Dans cet atypique restaurant vegan (*"jay"*), On et sa fille préparent des plats thaïlandais (et quelques plats isan) non seulement sains, mais riches en saveurs et épicés à l'envi. Les grandes assiettes de tofu au gingembre et de curry *massaman* sont accompagnées de riz brun.

La sympathique On pourra même vous apprendre à préparer vos plats préférés (cours 2 heures, 3 plats, 600 B).

JJ Market MARCHÉ $

(Kanchanaburi Plaza ; Th Saengchuto ; plats à partir de 30 B ; ⊙17h30-22h). Le marché nocturne le plus couru de Kanchanaburi pour dîner et faire des achats (articles d'occasion le mercredi). Régalez-vous de couteaux grillés, de riz gluant à la mangue et d'un large choix de brochettes.

♥ **Blue Rice** THAÏLANDAIS $

(www.applenoikanchanaburi.com ; Mu 4, Ban Tamakham ; plats à partir de 135 B ; ⊙10h30-15h, 17h-22h, soir seulement en basse saison ; P ✍). Épices mélangées avec art, carte inventive et vue sur la rivière placide font du Blue Rice un des restaurants les plus en vue de Kanchanaburi. Le curry *massaman* emblématique de la maison est parfaitement équilibré et le chef Apple sublime des classiques thaïlandais comme le *yam sôm oh* (salade de pomelos) et la soupe poulet-coco à la banane.

♥ **Keeree Tara** THAÏLANDAIS $$

(☎ 034 513855 ; facebook.com/keereeTara ; 431/1 Th Mae Nam Khwae ; plats 75-450 B ; ⊙10h-minuit, dernière commande 21h30 ; P). Ce restaurant raffiné en bord de rivière, légèrement en amont du pont et de l'animation qui l'environne, jouit d'une jolie vue sur ce dernier, en particulier depuis la terrasse flottante ouverte le soir. On y sert une cuisine thaïlandaise haut de gamme, dont quelques favoris de la région comme les grandes crevettes d'eau douce sauce tamarin ou les escargots d'eau douce au curry rouge.

Où prendre un verre et faire la fête

Il y a des bars pour tous les goûts à l'extrémité sud de Th Mae Nam Khwae. Beaucoup ont des billards et des grands écrans pour les retransmissions sportives (notamment les nombreux établissements à thème australien ou britannique). Des bars en bord de rue proposent des *shots* à 10 B.

À Kanchanaburi, les bars à hôtesses le disputent aux établissements touristiques.

♥ **Baan Sitthisang** CAFÉ

(Th Pakprak ; ⊙8h-18h ; 📶). Abritez-vous dans ce bâtiment jaune pâle de l'Heritage Walking Street devant un très bon café et de fines viennoiseries. La maison (datant de 1920) est dans la même famille depuis des générations ; c'est une des mieux préservées de cette rue historique.

Ave BIÈRE ARTISANALE

(Th Mae Nam Khwae ; ⊙12h-minuit ; 📶). Loin des boissons bon marché et de la musique forte de mise dans le secteur, ce petit bar propose des dizaines de bières artisanales, thaïlandaises pour la plupart. L'accueil est souriant et la carte des plats réunit tous les classiques locaux.

Renseignements

ARGENT

La plupart des grandes banques thaïlandaises sont dans Th Saengchuto, près de la gare routière. Les deux guichets de change installés devant le musée de la Seconde Guerre mondiale sont ouverts tous les jours aux heures de bureau.

IMMIGRATION

Le **bureau de l'immigration** (☎ 034 564279 ; www.kan-immigration.com ; Hwy 3429 ; ⊙8h30-12h et 13h-16h30 lun-ven) délivrant les prolongations de visa est malheureusement situé au sud de la ville.

OFFICE DU TOURISME

Le bureau de la **Tourism Authority of Thailand** (TAT ; ☎ 034 511200 ; tatkan@tat.or.th ; Th Saengchuto ; ⊙8h30-16h30) est installé près de la gare routière.

SERVICES MÉDICAUX

Thanakarn Hospital (☎ 034 540601 ; près de Th Saengchuto) est l'hôpital le mieux équipé pour accueillir les étrangers.

URGENCES

Le commissariat de la **police touristique** (☎ 034 512795 ; Th Mae Nam Khwae) est dans Th Mae Nam Khwae, au centre ; un petit **poste de police** (⊙9h-18h) est installé près du pont de la rivière Kwaï.

Depuis/vers Kanchanaburi

BUS ET MINIBUS

La **gare routière** (☎ 034 515907 ; Th Lak Meuang) de Kanchanaburi se trouve au centre-ville, près de la tour de l'Horloge. Les minibus sont plus nombreux que les bus (souvenez-vous que dans un minibus, un gros bagage nécessite l'achat d'un siège en plus).

Pour aller à Ayutthaya, changer à Suphanburi. Si vous vous dirigez vers le sud, il est plus rapide de changer à Ratchaburi plutôt qu'à Bangkok, mais ce sont surtout de vieux bus non climatisés qui s'y rendent. Départ des minibus pour Bangkok jusqu'à 19h environ.

Un minibus privé, que l'on réserve auprès des pensions (où il viendra vous chercher) dessert Ayutthaya (350 B, 2 heures 30-3 heures, 13h30) une fois par jour.

TRAIN

Kanchanaburi se trouve sur la ligne ferroviaire Thonburi-Nam Tok Tok (les trains ne s'arrêtent pas en gare de Hua Lamphong, à Bangkok), laquelle comprend une partie du Chemin de fer de la mort (p. 194). Le State Railway of Thailand (SRT) la promeut comme un itinéraire historique et facture 100 B l'aller aux touristes, quelle que soit la distance. Les trains (départs de Thonburi à 7h50 et 13h55 ; 2 heures 30) sont de 3e classe (pas de clim, principalement des bancs en bois) et ne respectent généralement pas les horaires. Mieux vaut venir à Kanchanaburi en bus si vous ne restez qu'une journée et manquez de temps. Les trains pour Thonburi (3 heures) partent de Kanchanaburi à 7h19 et 14h48.

La partie la plus intéressante du parcours commence au nord de Kanchanaburi quand le train traverse le pont du Chemin de fer de la mort (p. 189) et s'achève à la gare de Nam Tok (elle se fait en 2 heures, avec des départs de la **principale gare ferroviaire** de Kanchanaburi à 6h07, 10h35 et 16h26), près du col du Feu de l'enfer (Hellfire Pass). La plupart des voyageurs allant de Kanchanaburi à Nam Tok montent dans le train à la petite gare située près du pont du Chemin de fer de la mort ; pour être sûr d'avoir une place assise (le côté gauche du train offre la meilleure vue), il vaut mieux monter à bord à la gare principale, en ville. Enfin, on peut opter pour un "wagon spécial" où, moyennant 300 B, vous avez droit à une place assise, des en-cas et un "certificat de fierté". Les billets spéciaux sont en vente à côté du petit poste de la police touristique près du pont.

Outre les trains réguliers, le SRT propose le samedi et le dimanche des trains d'excursion (ventil/clim 120/240 B ; 6h30) partant de la gare de Hua Lamphong. Ils s'arrêtent au Phra Pathom Chedi dans le Nakhon Phatom, au pont de la rivière Kwaï, au Tham Krasae (p. 194) et à Nam Tok, avec un petit temps de visite à chaque fois.

Comment circuler

BATEAU

Près du pont du Chemin de fer de la mort (p. 189) et du musée militaire du JEATH (p. 191), des *long-tail boats* proposent des circuits standards de 1 heure 30 pour découvrir le cimetière militaire de Chungkai, le Wat Tham Khao Pun et, soit le pont, soit le musée, suivant votre point de départ. Le prix pour 6 personnes est de 800 B maximum (parfois négociable).

TRANSPORTS EN COMMUN

Les motos-taxis sont souvent dotées d'un side-car pouvant transporter plusieurs personnes et bagages, et sont bien plus courantes que les *tuk-tuk*. Un trajet entre la gare routière et le quartier des pensions (*guesthouses*) coûte environ 60 B.

Les *songthaew* (pick-up collectifs) bleus et jaunes sillonnent Th Saengchuto (10 B/pers) ; descendez au cimetière pour le quartier des pensions. On les prend dans la rangée de

BUS AU DÉPART DE KANCHANABURI

DESTINATION	PRIX	DURÉE	DÉPARTS
Bangkok – terminal Nord des bus (Mo Chit)	120 B	3 heures	fréquents (minibus)
Bangkok – terminal Sud des bus (Sai Tai Mai)	110 B	3 heures	fréquents (minibus)
Chiang Mai	555-865 B	10 heures-12 heures	3/jour (8h30, 18h, 19h)
Hua Hin	220 B	3 heures 30	ttes les heures
Nong Khai	495 B	12 heures	1/jour (19h)
Ratchaburi	55-65 B	3 heures	ttes les heures
Sangkhlaburi (via Thong Pha Phum)	130-192 B	4 heures-5 heures	4/jour
Suphanburi	55-70 B	2 heures	ttes les 30 min
Thong Pha Phum	80-115 B	2 heures 30-3 heures	ttes les 30-45 min

bus à la lisière ouest de la gare routière. Les *songthaew* orange assurent des services de taxis à la demande plutôt que des trajets prédéfinis.

VÉLO ET MOTO

Kanchanaburi est une ville étendue. Il est possible d'aller à pied d'une curiosité à l'autre, mais mieux vaut circuler à vélo. Nombre de pensions et boutiques, dans Th Mae Nam Khwae, en louent (50 B/jour), ainsi que des motos (200 B/jour). **Yanee** (☎ 081 586 8428 ; Th Mae Nam Khwae ; ⏲ 6h30-21h), près du bureau de la police touristique, effectue l'entretien courant et ferme tard. SUP Hire Thailand (p. 194) loue des vélos hybrides de qualité (150 B/jour).

Environs de Kanchanaburi

La province de Kanchanaburi, verdoyante et montagneuse, est riche en sites naturels. Les activités d'aventure les plus faciles d'accès sont la baignade dans les cascades des parcs nationaux d'Erawan et de Si Nakharin. Le parc national de Sai Yok est aussi un bon choix, avec des balades en *long-tail boat*, des cascades et des sentiers de randonnée.

♥ **Parc national d'Erawan** PARC NATIONAL
(อุทยานแห่งชาติเอราวัณ ; ☎ 034 574222 ; adulte/enfant 300/200 B, voiture/moto 30/20 B ; ⏲ entrée du parc 8h-16h ; cascade paliers 1 à 3 8h30-17h, paliers 4 à 7 8h30-16h ; Ⓟ). Une baignade dans l'eau turquoise des **cascades d'Erawan** est l'attraction principale de ce parc de 550 km². Les chutes dégringolent à travers la forêt sur 7 paliers, et se baigner dans les piscines naturelles, sous les eaux cristallines, est aussi apprécié des Thaïlandais que des touristes. Les trois premiers paliers sont faciles d'accès ; au-delà, il faut de bonnes chaussures de marche et un peu d'endurance pour achever la rude montée de 2 km, mais cela en vaut la peine.

Apportez un maillot de bain (et un T-shirt si vous ne voulez pas que les Thaïlandais, plus pudiques, vous regardent), mais sachez que vous partagerez le bassin avec de gros spécimens de poissons grignoteurs (ou poissons-docteurs). On a rapporté que des singes chapardaient parfois les effets des baigneurs. Le quatrième palier présente un toboggan rocheux naturel ; c'est au sixième palier qu'il y a habituellement le moins de monde. En montant de bonne heure, vous pourrez presque avoir l'endroit pour vous seul un bref moment. Il est interdit d'apporter de la nourriture au-delà du deuxième palier ; on a le droit aux bouteilles d'eau mais, pour éviter l'abandon de déchets, il faut les déclarer et laisser une caution de 20 B. Des buggies (adulte/enfant 30/15 B) peuvent transporter les personnes jusqu'au premier palier.

Pour échapper à la foule agglutinée près de la cascade, on peut suivre un des *rangers* (demander au centre d'accueil des visiteurs : la balade est payante mais sans prix prédéfini) sur les 5 km du **sentier Khao Hin Lan Pee**, lequel conduit, à travers la forêt, jusqu'au cinquième palier. Plus loin dans le parc, la **Tham Phra That** (ถ้ำพระธาตุ ; Erawan National Park ; ⏲ 8h-16h ; Ⓟ) est une grotte rarement visitée, aux formations calcaires étincelantes. Le parc renferme d'autres grottes superbes ; fermées au public depuis des années, elles ne rouvriront peut-être jamais.

Le parc porte le nom d'Erawan (Airavata), l'éléphant tricéphale de la mythologie hindoue, auquel le niveau supérieur ressemblerait. Des forêts de feuillus mixtes en couvrent près de 80% ; il y a aussi des forêts sempervirentes sèches et des forêts sèches à diptérocarpacées, ainsi que de grandes étendues de bambous. Tigres, éléphants, sambars, gibbons, pétauristes (écureuils volants), cobras royaux et calaos peuplent le parc, mais ils ne fréquentent pas la zone de la cascade ; hormis les singes, les seuls gros animaux que l'on y aperçoit sont les sangliers.

Les **bungalows** (☎ 02 562 0760 ; nps.dnp.go.th ; bung 800-2 400 B, location tente 2/4 pers 120/300 B, sans location tente 30 B/pers ; Ⓟ ❄) peuvent accueillir de 2 à 8 personnes et il y a un terrain de camping avec location de tentes.

Erawan est à 65 km au nord de Kanchanaburi. Des bus (50 B, 1 heure 30) s'y rendent toutes les heures de 8h à 17h50 ; ils déposent les visiteurs au centre d'accueil, où il y a du personnel 24h/24. Le dernier bus pour Kanchanaburi est à 17h, et il est plein à craquer le week-end. À la gare routière, des rabatteurs tenteront de vous persuader de louer les services d'un chauffeur privé, mais ce n'est pas nécessaire.

♥ **Parc national de Si Nakharin** PARC NATIONAL
(อุทยานแห่งชาติเขื่อนศรีนครินทร์ ; Khuean Srinagarindra National Park ; ☎ 082 290 2466 ; adulte/enfant 300/200 B, voiture/moto 30/20 B ; ⏲ sentier cascade 6h30-17h ; Ⓟ). Les visiteurs du parc national d'Erawan se demandent souvent à quoi ressemblerait la cascade sans la foule. Réponse : à **Namtok Huay Mae Khamin**. Malgré une bonne route d'accès asphaltée, cette superbe cascade d'un bleu céruléen,

sise au cœur d'un parc de 1 532 km² à seulement 45 km au nord-ouest d'Erawan, est généralement paisible et déserte. Si celle d'Erawan la surpasse par sa beauté, Huay Mae Khamin l'emporte par sa tranquillité.

Comme Erawan, 7 des chutes de Huay Mae Khamin portent des noms (même si les lieux en comptent d'autres, tout aussi belles et imposantes). Elles ponctuent un parcours forestier et la baignade y est autorisée. Le départ du sentier se trouve au quatrième palier, d'où un chemin en planches descend jusqu'au premier d'entre eux, probablement le plus beau des 7. Ledit chemin fait 1 100 m aller-retour et représente, pour qui manque de temps, la meilleure partie des chutes. En amont, un sentier gravillonné (2 350 m aller-retour) monte du quatrième au septième palier (notez qu'une doline a avalé l'eau du cinquième). D'autres sentiers partent de cette piste, mais ils ne sont pas balisés et restent peu fréquentés. Prévoyez au moins 3 heures pour découvrir tranquillement les 7 paliers.

À la saison des pluies (surtout en septembre-octobre), il est sage d'appeler avant de s'y rendre ou de se renseigner à l'office du tourisme de Kanchanaburi, les sentiers étant souvent fermés pour cause d'inondation.

On trouve sur place des **bungalows et un camping** (bung 900-1 800 B, tente 3 pers 300 B, sans location de tente 30 B/pers ; P).

Distante de 110 km de Kanchanaburi, la cascade n'est pas desservie par les transports en commun. Une voiture de location depuis Kanchanaburi coûte au bas mot 2 000 B la journée.

Parc historique de Muang Sing — RUINES

(อุทยานประวัติศาสตร์เมืองสิงห์ ; ☎034 670264 ; Rte 3455 ; 100 B, voiture/moto 50/20 B ; ⌚8h-17h ; P). Les ruines de la "cité du Lion", l'avant-poste khmer le plus occidental du pays, s'étalent sur un ensemble de 102 ha enceint de 4,5 km de murailles. On suppose qu'il s'agissait à la fois d'un poste militaire et d'un relais de commerce le long de la Mae Nam Khwae Noi. Dans ces ruines restaurées, presque entièrement construites en latérite, on reconnaît la forme du Bayon, ce qui permet de les dater des XIIe ou XIIIe siècles, durant le règne du roi bouddhiste Jayavarman VII.

Le site compte deux grands monuments principaux, ainsi que les vestiges de deux autres. Le sanctuaire principal, le **Prasat Muang Sing** (indiqué "Monument #1" sur les panneaux et plans du site), se trouve au centre et fait face à l'est (comme la plupart des temples d'Angkor). Il recèle des reproductions de statues du bodhisattva Avalokitesvara à 8 bras et de la déesse Prajnaparamita ; cette dernière était à l'origine probablement installée dans l'autre grand sanctuaire derrière celui-ci. Les bassins auraient servi à des fins cultuelles.

À l'extérieur des murs de la ville se dressent sept autres remparts et douves successifs, visibles à l'entrée principale. Et juste à côté de la rivière, s'étend un site funéraire où l'on peut voir deux squelettes, des poteries et des bijoux, dont on estime qu'ils auraient quelque 2 000 ans.

Muang Sing se trouve à 33 km à l'ouest de Kanchanaburi. La gare ferroviaire de Tha Kilen (100 B) est à 1,5 km, mais mieux vaut être motorisé, car les trains sont peu fréquents et le site, assez vaste.

Parc national de Sai Yok — PARC NATIONAL

(อุทยานแห่งชาติไทรโยก ; ☎034 686024 ; adulte/enfant 300/200 B, voiture/moto 30/20 B ; ⌚lever-coucher du soleil). Grottes, cascades et sentiers forestiers attirent les marcheurs dans ce parc national (958 km²) où l'affluence reste toujours raisonnable. Les principales curiosités sont faciles à rejoindre depuis le **centre d'accueil des visiteurs** (⌚8h-16h30), notamment l'attraction la plus célèbre du parc, la **Nam Tok Sai Yok Yai** (น้ำตกไทรโยคใหญ่, Sai Yok Yai Waterfall), où un cours d'eau se jette, en dévalant sur des rochers, dans la Mae Nam Khwae Noi. Un circuit en bateau (400 B, 45 min), au départ du pont suspendu, donne à voir les hautes falaises, plus impressionnantes que la cascade, bordant la rivière.

Il y a également un sentier intéressant, une grotte à chauves-souris abritant la très rare Kitti à nez de porc – le plus petit mammifère du monde (3 cm) – et des vestiges du Chemin de fer de la mort (p. 194) ; la ligne traversait l'actuel parc.

On peut se loger à l'intérieur du parc dans de vieux **bungalows** (☎02 562 0760 ; nps.dnp.go.th ; bung 800-2 100 B ; P), au camping (location tente 225 B, sans location tente 30 B/pers) ou dans des **maisons flottantes** (☎081 805 6467 ; facebook.com/atRAFTsaiyok ; d et lits jum/tr avec petit-déj 1 000/2 000 B ; P), rudimentaires mais plaisantes.

Le parc national de Sai Yok se trouve le long de la nationale reliant Kanchanaburi à Thong Pha Phum. Les bus (ventil/clim 55/75 B, 1 heure 30, ttes les 30 à 45 min) circulant entre ces deux localités font halte à l'embranchement du parc. Les 3,5 km restants se font en *tuk-tuk* (30 B/pers ;

ALLER AU MYANMAR : DE PHU NAM RON À HTEE KHEE

Ce passage frontalier a encore un parfum d'aventure. On ne délivre pas de visa pour le Myanmar à la frontière et les e-visas ne sont pas acceptés ; l'endroit le plus proche pour obtenir un visa est l'ambassade, à Bangkok.

Rejoindre la frontière Des bus (environ 6/jour, 70 à 80 B, 2 heures) et des minibus (100 B, 1 heure 30) vont de la gare routière de Kanchanaburi (p. 199) à la frontière (Phu Nam Ron) à partir de 9h. En partant tôt, vous pourrez rejoindre Dawei, au Myanmar, dans la journée, mais vous pourrez également passer la nuit dans une pension, d'un côté ou l'autre de la frontière.

À la frontière Une fois votre passeport tamponné pour une sortie de Thaïlande, prenez une moto-taxi (100 B) jusqu'au poste d'immigration du Myanmar, 6 km plus loin. La frontière est ouverte de 6h à 18h (5h30-17h30 à l'heure du Myanmar). Les formalités ne sont pas compliquées mais, de bon matin, de nombreuses camionnettes franchissent la frontière juste pour obtenir une prolongation de visa.

Poursuivre son voyage Au poste d'immigration thaïlandais, on vous indiquera des chauffeurs de minibus, qui vous emmèneront à Dawei pour 800 B/pers (tarif négociable). On peut réserver sa place auprès de **Hello Dawei Travel & Tours** (09 44362 7636 ; www.hellodawei.com ; 661 Pakaukukyaung St ; 8h-20h). Côté Myanmar, des minibus (20 000 kyats) partent dès qu'ils sont pleins ; il n'y a pas toujours assez de passagers l'après-midi. Pour rejoindre Dawei, comptez environ 5 heures de trajet dans un magnifique paysage de montagne sur une route en partie asphaltée – mais rude par endroits – sur laquelle des travaux sont prévus.

50 B pour un passager unique). Le centre d'accueil des visiteurs vous appellera un *tuk-tuk* au moment de quitter le parc.

Nam Tok น้ำตก

Pour les voyageurs qui empruntent l'historique ligne du Chemin de fer de la mort (p. 194) depuis Kanchanaburi, Nam Tok est le terminus. Mais c'est aussi un bon point de départ pour explorer des grottes, ramer sur une rivière paisible ou se détendre dans des hôtels au bord de l'eau.

Bien que le train ne dépasse pas la gare de Nam Tok, la voie de chemin de fer se prolonge 1,5 km au-delà ; on peut la suivre jusqu'à la cascade de Nam Tok Sai Yok Noi, très jolie (quand il y a de l'eau), bien que bondée de Thaïlandais venus se baigner et pique-niquer en famille. La **grotte Tham Sai Yok** est au-dessus de la cascade et Tham Lawa, plus vaste, à 20 km de là.

À voir

Tham Lawa GROTTE

(ถ้ำละว้า, Lawa Cave ; parc national de Sai Yok, Tambon Wang Krachae ; 8h-16h30 ; P). Un chemin peu éclairé de 280 m traverse cette grotte en passant devant plusieurs grandes salles garnies d'imposantes stalactites, stalagmites et autres formations. Apportez une lampe torche (ou essayez d'en emprunter une aux *rangers*) pour profiter pleinement de la visite. Les tarifs d'entrée sont ceux du parc national de Sai Yok (p. 201 ; montrez votre ticket si vous avez visité d'autres sites le jour même). Cette grotte est indiquée sur les routes de campagne à 20 km de Nam Tok Sai Yok Noi.

La grotte est proche de la rivière ; on peut s'y rendre en prenant un bateau au Pak Saeng Pier, près du Boutique Raft Resort. Comptez 1 heure aller-retour (environ 1 200 B).

Nam Tok Sai Yok Noi CASCADE

(น้ำตกไทรโยคน้อย, Sai Yok Noi Waterfall ; Hwy 323 ; lever-coucher du soleil ; P). GRATUIT Cette jolie cascade également nommée Nam Tok Khao Pang est très appréciée des Thaïlandais, qui affluent le week-end pour s'y baigner et pique-niquer à l'ombre des arbres. On y trouve un train à vapeur japonais de la Seconde Guerre mondiale. Située à 1,5 km au nord-ouest de la gare ferroviaire de Nam Tok, elle est indiquée au nord de la Hwy 323 ; on peut aussi la rejoindre en suivant les rails du chemin de fer.

Au-dessus de la cascade, à 100 m du barrage, la petite grotte **Tham Sai Yok** (8h-17h) abrite deux bouddhas baignés de lumière naturelle, ainsi que, au fond, un rocher sacré serpentiforme, seulement visible à l'aide d'une torche.

Bien que la cascade fasse partie du parc national de Sai Yok (p. 201), son accès est gratuit.

Où se loger et se restaurer

Savourer la tranquillité et le silence dans un hôtel au bord du fleuve justifie en soi de séjourner dans les parages de Nam Tok. Il y a des établissements pour tous les budgets, mais ils sont en dehors de la ville : il faut donc être motorisé ou louer une voiture avec chauffeur pour s'y rendre. La ville même compte quelques adresses rudimentaires, suffisantes pour une nuit.

Les touristes séjournant à Nam Tok mangent à leur hôtel. Les restaurants en ville n'ont rien de mémorable, mais maints établissements, plus ou moins proches de la cascade, bordent la nationale.

Yayei Homestay PENSION **$$**
(081 008 2121 ; facebook.com/yayeihomestay ; d et jum 700-790 B, avec sdb commune 500 B ; P). Personnel sympathique et bons matelas pour cette pension, simple mais confortable, sur une petite route entre la gare ferroviaire et la cascade (à 700 m de l'une et de l'autre). Juste derrière, se dresse un joli pic calcaire. Les plus belles chambres entourent la terrasse de l'étage.

On peut louer des vélos et des motos, mais mieux vaut prévenir.

Boutique Raft Resort RESORT **$$$**
(064 137 6909, 081 353 1056 ; www.boutique-raft-riverkwai.com ; Mu 3 Tambon Tha Sao ; d et lits jum avec petit-déj 2 600-6 000 B ; P). Ce petit complexe à 3 km au sud de la gare ferroviaire de Nam Tok loue des chambres flottantes, en bambou et bois, ouvrant directement sur la rivière. Les prestations ne sont pas celles des concurrents plus chers du secteur, mais le rapport qualité/prix est correct et la plupart des clients sont contents de leur séjour. On peut se détendre sur la terrasse privative en regardant passer les radeaux ou se baigner dans la "piscine fluviale".

Depuis/vers Nam Tok

Les trains pour Kanchanaburi (100 B, 2 heures) partent de la **gare de Nam Tok** (034 565181) à 5h20, 12h55 et 15h30. Les bus entre Kanchanaburi (ventil/clim 40/50 B, 30 min) et Thong Pha Phum (ventil/clim 50/70 B, 1 heure) y passent au moins toutes les 30 minutes. Quatre de ces bus vont jusqu'à Sangkhlaburi (ventil/clim 100/150 B, 4 heures) ; le dernier part vers 14h30.

Comment circuler

Le Yayei Homestay, à mi-chemin entre la gare ferroviaire et la cascade, ainsi que quelques hôtels en ville louent des motos pour environ 350 B la journée. La pension Yayei loue aussi des vélos hors d'âge (2 heures/journée 50/150 B).

E-Thong

อีต่อง

300 HABITANTS

Encadré de jungle et de brume, E-Thong (prononcez I-Dong), ou "Montagne des Dieux", joue de son charme singulier. Des années 1940 aux années 1980, ce village à la frontière du Myanmar fut un avant-poste multiculturel florissant où l'on extrayait l'étain et le tungstène. Les nombreux décès liés à l'exploitation minière ont valu à l'endroit le nom de *mĕuang pĕe·lŏrk* (mine fantôme). Le village a su rebondir dans les années 2000, avec l'arrivée de touristes de

LUXE AU BORD DE LA RIVIÈRE

Dans la région du centre de la Thaïlande, on trouve beaucoup d'hôtels flottants ou au bord de l'eau, mais à Nam Tok ils sont particulièrement stylés. Les clients du **River Kwai Resotel** (hôtel 081 734 5238, réservation 02 642 5497 ; www.riverkwairesotel.net ; Mu 5 Tambon Wang Krajae ; 1 500-3 000 B, tr 2 850 B avec petit-déj d et lits jum ; P) se détendront dans des chalets à toit de chaume disposés dans un jardin luxuriant ; leur intérieur est moderne, avec des salles de bains imitation pierre. Dans le complexe hôtelier associé, **FloatHouse** (hôtel 084 725 8686, réservation 02 642 5497 ; www.thefloathouseriverkwai.com ; Mu 5 Tambon Wang Krachae ; d et lits jum avec petit-déj 5 950 B ; P), des chambres flottantes, très chics, ondulent au rythme des mouvements de la rivière.

On rejoint ces deux *resorts* en *long-tail boat* (inclus dans le prix du logement) depuis la **jetée de Phutakien**, 2 km à l'ouest de la Hwy 323, où vous pourrez laisser votre voiture. Il ne vous reste plus qu'à choisir entre vous laisser bercer par le chant des oiseaux et des cigales, dans la forêt, ou par les ondulations d'une chambre flottante.

Bangkok désireux de goûter son isolement le temps du week-end. Les visiteurs étrangers n'ont suivi que lentement, et rares sont les habitants à parler anglais.

À voir

Le trajet vers E-Thong tient déjà d'une aventure en soi : les T-shirts et autocollants "399" font allusion au nombre de virages de la route qui part de Thong Pha Phum et traverse une épaisse forêt.

On trouve, en lisière du village, les **vestiges d'une mine** (เหมืองปิล็อก ; lever-coucher du soleil ; P) GRATUIT et un **temple** (วัดอีต่อง ; Wat E-Thong ; lever-coucher du soleil) GRATUIT, mais le brouillard, fréquent d'avril à janvier, en est l'attraction majeure. Les endroits les plus fréquentés par les visiteurs n'en sont pas moins deux points de vue sur les hauteurs. Depuis le sommet du **Noen Chang Suek** (เนินช้างศึก ; lever-coucher du soleil ; P) GRATUIT, à 2,7 km (1,2 km à pied) au sud, la vue est extraordinaire (quand il n'est pas noyé dans le brouillard), tandis que le **Noen Sao Thong** (เนินเสาธง ; lever-coucher du soleil ; P) GRATUIT, à 750 m à l'ouest, moins élevé, est plus facile à atteindre.

Où se loger et se restaurer

E-Thong et ses alentours comptent une bonne vingtaine de pensions et chambres chez l'habitant. Si certaines adresses sont sans chichi, beaucoup peuvent rivaliser avec leurs homologues des grandes villes en termes d'élégance, de confort et d'équipements. Les chambres chez l'habitant sont souvent, malgré leur nom, aménagées dans une annexe. Nul hébergement n'est climatisé, la fraîcheur dominant ici le plus clair de l'année. Du fait de son statut touristique particulier, E-Thong compte bien davantage de restaurants et de coffee-shops qu'un village ordinaire. Autre particularité, l'abondance de produits de la mer : E-Thong est à seulement 50 km de la mer d'Andaman et se fait régulièrement livrer depuis le Myanmar.

Pilok Hill House PENSION $$

(080 781 5702 ; www.pilokhillhouse.com ; d et lits jum 1 000-1 500 B, loft pour 4 pers avec petit-déj 2 500 B ; P). Nichée dans un jardin verdoyant à flanc de colline, à la lisière est du village, cette pension accueillante et bien gérée est probablement le meilleur hébergement d'E-Thong. Les chambres, carrelées, sont spacieuses et aérées, bien qu'on puisse rêver mieux que le terrain de foot en matière de vue.

La réception est dans une petite construction en bois, au bout de l'artère principale.

Ban Mahat Geeratee PENSION $$

(082 293 7747 ; d/f 1 100/2 500 B ;). Cette pension de construction récente, spacieuse pour le pays, est à l'extrémité ouest du village, face à l'étang. Les chambres standards sont plutôt bonnes (les matelas pourraient être meilleurs) et le toit-terrasse est agréable. Les chambres familiales se résument à des matelas à même le sol.

Nong Noi Restaurant THAÏLANDAIS $

(7h-19h30). Le plus ancien restaurant d'E-Thong (ouvert en 1999) ne possède qu'une plaque de tôle en guise de toit et les chaises sont en plastique, néanmoins la cuisine – surtout des classiques thaïlandais, mais aussi du curry *gaang hang lay* birman – est délicieuse. Nong Noi, le sympathique propriétaire, parle un peu anglais.

Krua Je Ni THAÏLANDAIS $

(plats 40-500 B ; 7h-20h ;). Ce restaurant sans façon, au milieu de la principale rue piétonne (repérez les animaux façon dessin animé et les lanternes rouges), sert divers plats thaïlandais, mais doit son affluence à ses produits de la mer, comme le *Ƀoo pàt pŏng gà·rèe* (crabe au curry jaune).

Depuis/vers E-Thong

E-Thong est desservi par une route sinueuse de 70 km, à l'ouest de Thong Pha Phum. La frontière avec le Myanmar voisin est fermée.

BUS

Selon la demande, de 1 à 4 *songthaew* circulent quotidiennement entre E-Thong et Thong Pha Phum (70 B, 2 heures-2 heures 30). Ils partent d'E-Thong à 6h30, 7h, 7h30 et 8h et de Thong Pha Phum à 10h30, 11h30, 12h30 et 13h, néanmoins, parfois, un seul d'entre eux accepte les passagers : vérifiez au préalable. Ils vous déposeront et vous prendront au parc national de Thong Pha Phum. Le plein tarif s'applique si vous partez de la ville de Thong Pha Phum, cependant le trajet entre le parc et E-Thong (8 km) ne coûte que 20 B.

VOITURE

Si vous y allez en voiture, prévoyez plus de temps et soyez vigilant. L'état de la route est globalement correct, mais on ne voit souvent les fondrières qu'au dernier moment. Attention également à la conduite à risque des automobilistes thaïlandais.

En dehors de ceux des habitants, rares sont les véhicules autorisés à circuler dans le minuscule centre du village ; garez-vous sur les parkings près des étangs.

Environs d'E-Thong

Parc national de Thong Pha Phum PARC NATIONAL

(อุทยานแห่งชาติทองผาภูมิ ; ☎034 510979 ; adulte/enfant 200/100 B, voiture/moto 30/20 B ; Ⓟ). Ce parc peu visité s'étend sur une chaîne de montagnes déchiquetées, le long de la frontière avec le Myanmar. Brouillard et gelée dans la forêt tropicale humide n'y sont pas rares, avec parfois des matins à la beauté austère, notamment quand la brume de la saison froide emplit les vallées. La majeure partie du parc est inaccessible, mais on peut profiter des cascades, randonner et **dormir dans les arbres** (☎service des parcs nationaux 02 562 0760, accueil du parc 034 510979 ; parc national de Thong Pha Phum ; ch 1500 B, camping 30 B/pers, location tente 4 pers 225 B ; Ⓟ), presque au bout d'une des routes les plus sinueuses et reculées de Thaïlande.

Le parc compte un grand nombre d'animaux, dont des éléphants, tigres, ours, saros (chèvres des montagnes d'Asie), chats marbrés et civettes palmistes, mais la plupart sont invisibles. Des muntjacs (cerfs aboyeurs) et des faisans leucomèles rôdent souvent à l'**accueil du parc** (8h-16h30) et dans les zones d'hébergement.

Ce parc est réputé pour ses treks éprouvants de 2 jours (16 km aller-retour), sous la houlette d'un *ranger*, jusqu'au sommet du **Khao Chang Pheuk** (1 249 m), d'où l'on profite d'une vue à 360°. En fonction du temps, ces treks peuvent avoir lieu dès fin novembre et jusqu'en janvier. Ils partent du village d'E-Thong, mais il faut s'inscrire à 7h ou à l'avance à l'accueil du parc, à 8 km de là. Le prix est de 2 500 B pour un groupe jusqu'à 10 personnes (le parc se charge de former les groupes) et l'on peut s'adjoindre les services d'un porteur moyennant un supplément. Mieux vaut réserver car les effectifs sont limités. Gare aux sangsues !

Pour une marche moins difficile dans une forêt pluviale, laissez-vous guider par un *ranger* (contre une petite somme) sur 4 km (2 heures) entre l'accueil et le **Doi Tong Pala**. À 5 km au sud-ouest de l'accueil du parc, en bas d'une petite route abrupte, la **cascade de Jokkadin** fait une chute de 34 m. La route sinueuse de 62 km à l'ouest de Thong Pha Phum est asphaltée, mais ponctuée de fondrières. Des *songthaew* pour E-Thong passent devant l'accueil du parc (70 B ; 2 heures 15).

Sangkhlaburi สังขละบุรี

8 000 HABITANTS

Sangkhlaburi est une bourgade d'une grande mixité culturelle où les Karen, les Môn, les Birmans et les quelques Lao réunis dépassent les Thaïlandais en nombre. La plupart y sont nés, mais certains sont venus du Myanmar en quête d'une vie plus sûre et stable. Une communauté d'employés et de bénévoles étrangers travaillant pour des ONG, modestes mais jouant un rôle important, y vit également.

Comme beaucoup de localités du bout du monde, Sangkhlaburi se prête au farniente. L'engouement récent des touristes thaïlandais y a amené nombre de *resorts* et de restaurants. Les meilleurs donnent sur le réservoir de Khao Laem, cerné de montagnes, et son imposant pont de bois.

La route sinueuse qui conduit à Sanghlaburi, jalonnée de jungles, de villages flottants et de vues superbes sur le lac, justifie à elle seule le voyage.

À voir

♥ **Saphan Mon** PONT

(สะพานมอญ ; ⏲24h/24). GRATUIT L'emblématique pont de bois de Sangkhlaburi, long de 447 m, le plus grand de Thaïlande, relie l'agglomération principale, où vivent surtout Thaïs et Karen, au village môn. Ici (le nom officiel du village est Ban Wang Ka, mais même ses habitants le nomment Ban Mon – le village môn), les femmes fument le *cheroot* (petit cigare), les hommes portent le sarong et les visages sont enduits de *thanaka* (pâte jaune à base d'écorce, à la fois ornement et écran solaire).

Du côté du village môn, au bout du pont, un marché aux souvenirs propose chemises et robes karen, entre autres articles. Suivez la rue qui monte après le pont et tournez à gauche pour rejoindre l'artère principale et le **marché môn** (Talat Wat Wang ; Rte 3024 ; ⏲6h-12h ; Ⓟ), agréablement exempt d'étals de souvenirs.

L'aumône matinale aux moines (6h30) est une cérémonie importante du côté môn du pont. Les touristes (surtout originaires de Bangkok) offrent des denrées coûteuses. Les habitants s'en tiennent à la portion de riz de la tradition môn. Durant les fêtes bouddhistes, l'aumône se fait sur le pont.

Chedi Phuttakhaya TEMPLE BOUDDHIQUE

(เจดีย์พุทธคยา ; Chedi Luang Phaw Uttama ; Rte 3024 ; ⏲lever-coucher du soleil ; Ⓟ). GRATUIT Haut de 59 m, ce stupa remarquable, dressé sur une petite péninsule du côté môn (sud) du lac, ressemble au stupa Mahabodhi de Bodhgaya (Inde). Son extérieur doré, semblable à de l'Art déco, est couvert de niches contenant de petites statues du Bouddha. Deux reliques du pouce droit du Bouddha y sont enchâssées.

Réservoir de Khao Laem LAC

(เขื่อนเขาแหลม). Au pied de collines boisées, ce lac gigantesque, qui enveloppe Sangkhlaburi, fut créé dans les années 1980 après la construction du **barrage de Vajiralongkorn** (Khao Laem Dam, เขื่อนวชิราลงกรณ์ ; 6h-18h ; P) GRATUIT. Deux des nombreux villages submergés par le nouveau lac ont été déplacés et le Saphan Mon (p. 205) a été construit afin de les relier. Seuls subsistent, des anciens villages, les vestiges de 3 temples. Une balade en bateau vous permet de les voir de près et de vous faire une idée du rythme de la vie au bord du lac.

Wat Si Suwannaram TEMPLE BOUDDHIQUE

(วัดศรีสุวรรณาราม ; Th Si Suwankhiri ; lever-coucher du soleil ; P). GRATUIT Les hommes et femmes karen viennent presque tous les jours (à des heures variables) tisser le coton dans ce temple important proche de la principale zone hôtelière. Outre l'équipement nécessaire, le bâtiment où ils travaillent comprend aussi une petite exposition poussiéreuse de paniers et bols anciens.

Wat Wang Wiwekaram TEMPLE BOUDDHIQUE

(วัดวังก์วิเวการาม ; Rte 3024 ; lever-coucher du soleil ; P). GRATUIT Pointant au-dessus des arbres, du côté sud du Saphan Mon (p. 205), ce temple est le centre spirituel des Môn de Thaïlande. Fondé par Luang Phaw Uttama (1910-2006), le *wí·hăhn* (salle capitulaire) surmonté de 3 tours vertes et jaunes richement décorées est un mémorial à ce moine très respecté, dont un autel gigantesque renferme la dépouille.

Né au Myanmar, Luang Phaw Uttama gagna la Thaïlande en 1949 pour fuir la guerre civile ; il devint un pilier de la communauté môn dans les deux pays, ainsi qu'un important chef bouddhiste en Thaïlande.

Activités

Excursions en bateau BATEAU

(300-500 B par bateau). Des agences locales approchent les touristes aux deux extrémités du pont môn (p. 205) pour leur proposer des excursions en bateau jusqu'aux temples en ruine du réservoir de Khao Laem. Il faut environ 1 heure pour voir ces 3 temples abandonnés (500 B) ; on peut aussi opter pour une excursion moins longue (300 B) jusqu'au Wat Wang Wiwekaram Gao. Ces bateaux peuvent accueillir 6 personnes.

Le calme du début de matinée, quand des brumes grises enveloppent les montagnes, est le meilleur moment pour y aller, tout comme la fin d'après-midi, avant le coucher du soleil.

Baan Unrak BÉNÉVOLAT

(บ้านอุ่นรัก ; 034 510778 ; www.baanunrak.org). Baan Unrak donne un foyer à près de 150 enfants orphelins ou abandonnés, notamment de jeunes Môn et Karen. Hébergement et nourriture sont fournis aux bénévoles restant ici au moins 6 mois. On demande aux volontaires au séjour plus bref un don de 130 € par semaine pour les frais (à concurrence d'environ 800 ou 900 €).

Beaucoup d'enfants de Baan Unrak sont issus de familles ayant fui les persécutions du Myanmar voisin. D'autres sont nés dans des régions frontalières et n'ont pas de papiers d'identité. Baan Unrak vient également en aide à des mères célibataires, assure une assistance médicale, dirige un refuge pour animaux, ainsi qu'une boulangerie et une boutique de souvenirs d'où les femmes du village tirent un revenu.

Cours

Villa Scenns Cookery CUISINE

(080 602 3184 ; www.scenns.com ; Th Ton Phueng ; à partir de 680 B/pers). La charmante Scenn dirige des cours de cuisine thaïlandaise très appréciés, qui s'adaptent facilement aux végétariens ou autres adeptes de régimes alimentaires. Danseuse classique et chef cuisinier, Scenn vous dévoilera les secrets de sa cuisine de saison et propose à ses clients de concocter différents menus.

Dans sa petite pension, Scenn loue aussi des chambres joliment décorées.

Circuits organisés

Sangkhlaburi Jungle Trekking TREKKING

(085 425 4434 ; jarunsaksri1@gmail.com). La forêt autour de Sangkhlaburi est plus sauvage et moins visitée que la plupart des destinations de trek du nord de la Thaïlande. "Jack", un guide fort d'années d'expérience, organise des excursions sur mesure pour des groupes, des familles ou selon votre niveau de forme physique. La plus aventureuse est une randonnée d'une semaine le

long de la frontière avec le Myanmar, de Sangkhlaburi à Um Phang, avec séjour dans des villages karen en chemin.

Les tarifs dépendent de la durée et du nombre de participants, mais comptez 2 000 B par personne et par jour pour 3 personnes et plus. Il faut apporter sa tente et son sac de couchage, ou en louer moyennant un supplément.

Lake Explorer BATEAU
(☎02 821 5503 ; gobeyond.asia/thailand/kanchanaburi/the-lake-explorer-4-days ; à partir de 46 800 B/pers). Basée à Bangkok, l'agence Go Beyond Asia organise des excursions de 4 jours et 3 nuits à bord d'un *houseboat* sur le réservoir de Khao Laem, assorties de diverses activités : kayak, cours de cuisine, visites de village, etc.

Où se loger

Réservez quelques jours à l'avance pour le samedi soir ou les périodes fériées. Le mieux est encore de venir entre le lundi et le vendredi pour profiter de la quiétude des jours de semaine.

♥ **J Family Homestay** CHEZ L'HABITANT $
(☎081 763 2667, 034 595511 ; Th Ton Phueng ; s/lits jum avec sdb commune 200/300 B ; P Wi-Fi). Les chambres propres n'ont que des matelas au sol et une salle de bains commune sans eau chaude, mais ce séjour chez l'habitant est agréable, accueillant et très couleur locale. Kamsai, le propriétaire, parle anglais et a toujours le sourire. Cette adresse est indiquée sur la petite route à l'est du Wat Si Suwannaram.

Sweetville Home PENSION $
(☎063 232 9101 ; Th Ton Phueng ; d 450-600 B ; P Wi-Fi). Bien située et d'un excellent rapport qualité/prix, cette pension de 3 chambres, de construction récente, est située à l'extrémité nord de Th Ton Phueng, assez près du pont et à l'écart de la circulation. Les matelas sont durs et il n'y a pas de Wi-Fi (cela viendra peut-être), mais les chambres, propres et climatisées, sont au prix de celles avec ventilateur et salle de bains commune proposées ailleurs.

Les propriétaires, qui parlent anglais, habitent quelques maisons plus haut, derrière le grand manguier.

♥ **P Guesthouse** PENSION $
(☎034 595061, 081 450 2783 ; www.p-guesthouse.com ; Th Si Suwankhiri ; d avec ventil/clim 400/950 B, serviette 30 B ; P ❄ Wi-Fi). On a rarement si belle vue à ce prix. Les chambres en pierre et rondins de cette pension tenue en famille (une des rares de Sangkhlaburi où l'on parle anglais) contemplent des eaux tranquilles. Celles avec ventilateurs se partagent une salle de bains avec eau froide, les climatisées ont des salles de bains attenantes et la plus belle vue. Le superbe **restaurant** (plats 50-150 B) invite à la détente. Vous pourrez louer un canoë pratiquement depuis votre porte.

Les propriétaires pourront organiser des journées de trek/rafting dans la forêt environnante.

Phu Than Resort PENSION $$
(☎084 750 1648 ; Th Ton Phueng ; bung 1 000-1 600 B ; P ❄ Wi-Fi). Si ces adorables bungalows en bois sertis dans la verdure sont éloignés de la rivière – pas de vue, donc – et commencent à dater (certaines salles de bains sentent un peu le renfermé), ce petit complexe reste d'un bon rapport qualité/prix pour Sangkhlaburi et a davantage de charme que la plupart de ses concurrents.

♥ **Villa Scenns** PENSION $$$
(☎080 602 3184 ; www.scenns.com ; Th Ton Phueng ; avec petit-déj 1 500-1 800 B, lits jum 1 600 B ; P ❄ Wi-Fi). Dans cette pension qui sort de l'ordinaire, chaque chambre a son caractère propre. Toutes ont des lits confortables, et disposent d'une cuisine et d'une salle communes, ainsi que d'un jardin. Les salles de bains sont individuelles mais deux d'entre elles sont sur le palier. Scenn et Charlie, des hôtes aimables à la conversation intéressante, vous conseilleront sur les environs.

Des cours de cuisine sont organisés sur inscription à l'avance.

Où se restaurer et prendre un verre

Sangkhlaburi compte nombre de bons restaurants touristiques où l'on sert aussi bien de la pizza que du *pàt tai*. Les marchés qui se tiennent des deux côtés du pont, en particulier le marché nocturne, permettent de goûter la cuisine locale, notamment le *kà·nŏm jeen nám yah yùak* (nouilles de riz dans une sauce au poisson), un plat môn typique dont la sauce contient de la moelle de bananier.

♥ **Marché nocturne de Sangkhlaburi** MARCHÉ $
(Th Thetsaban 5 ; ⌚15h30-20h30). On trouve sur ce marché, petit mais fréquenté, aussi bien des plats môn et birmans que des spécialités

thaïlandaises. Repérez le *yam kôw soy*, salade de nouilles et de tofu à la sauce tomate, épicée à votre convenance – malgré son nom, ce plat du Myanmar n'a rien à voir avec la célèbre soupe *kôw soy* du nord de la Thaïlande.

Baan Unrak Bakery BOULANGERIE $
(☎034 595 006 ; www.baanunrak.org ; Th Si Suwankhiri ; en-cas 5-55 B, plats 45-165 B ; ⏲8h-20h ; P 📶 🍴). 🌿 Largement végétalien, ce café de l'association à but non lucratif Baan Unrak sert du *pàt tai* sans viande, du curry vert, des parts de pizza (bien meilleures qu'il n'y paraît) et des donuts au chocolat. On peut s'y renseigner sur les treks.

♥ **Ahahn Puen Mueang 7 Yang** THAÏLANDAIS $
(Th Thetsaban 5 ; plats 20 B ; ⏲14h30-20h30). La sympathique famille qui tient le "7 Mets locaux" à l'angle sud-est du marché nocturne (p. 207 ; repérez le grand menu rouge) prépare des plats birmans, karen et môn. Le *yam hŏoa mŏo* (salade de tête de porc) à la mode du Myanmar a une version végétarienne.

Toy's Restaurant THAÏLANDAIS $
(Th Sangkhlaburi ; plats 35-80 B ; ⏲8h-20h sam-jeu ; 📶). Originaire de Nong Khai, ce restaurant propose des plats simples mais délicieux des quatre coins de Thaïlande, notamment du curry *massaman*, du *pàt tai*, du *lâhp* (salade de viande épicée aux herbes) à la mode isan et du poulet frit.

Rahn Nai Bon THAÏLANDAIS $
(Th Uttama Nuson Soi 7 ; plats 30-40 B ; ⏲5h-19h). En matière de cuisine môn, tous les habitants à qui nous avons posé la question recommandent ce restaurant tout simple à flanc de colline, face au marché môn (p. 205). Sa spécialité est le curry *gaang hang lay*, au *mŭu* (porc), au *Ђlah* (poisson) ou au *gài* (poulet). On n'y parle pas anglais mais il suffit de regarder dans les marmites pour choisir.

Samprasob Restaurant THAÏLANDAIS $$
(www.samprasob.com ; Th Samprasob ; plats 80-340 B ; ⏲16h30-21h ; P 📶). C'est notre restaurant avec vue préféré à Sangkhlaburi. Depuis ce *resort* au-dessus du pont môn, la vue s'étend loin sur le lac. La cuisine est heureusement à la hauteur du spectacle, de la salade à la sauce aux fougères et aux huîtres, spécialité locale, jusqu'aux crevettes frites à la sauce au tamarin.

The Dog House BAR
(facebook.com/thedoghousebarsangkla ; Th Si Suwankhiri ; ⏲17h-23h jeu-mar ; 📶). Bénévoles, voyageurs et habitants fréquentent ce petit bar discret. Entre une bière et une partie de billard (gratuit le dimanche), on regarde les photos de chiens affichées au mur : les bénéfices du bar sont versés au refuge pour animaux de Baan Unrak.

Blend Cafe CAFÉ
(facebook.com/BlendCafe.Thai ; Th Thetsaban 1 ; ⏲8h-18h ; 📶). Outre les habituels pâtisseries, cafés et sodas italiens aux fruits, on sert ici un café Doi Chang de grande qualité, originaire du nord de la Thaïlande.

ℹ Renseignements

Il y a quelques DAB et des banques, dont la **Krungthai** (Th Thetsaban 2 ; ⏲8h30-16h30 lun-ven).

Hôpital de Sangkhlaburi (☎034 595030 ; Th Sangkhlaburi ; ⏲24h/24). Certains médecins de cet hôpital parlent anglais. Pour les problèmes graves, rejoignez Kanchanaburi ou Bangkok.

ℹ Depuis/vers Sangkhlaburi

À quelque 210 km au nord de Kanchanaburi, Sangkhlaburi est desservie par une bonne route asphaltée traversant de jolis paysages.

BUS

Du **parking** (angle Th Si Suwankhiri et Th Thetsaban) situé à l'ouest du centre-ville partent des bus rouges pour Kanchanaburi (ventil/clim 130/160 B, 4-5 heures, 6h45, 8h15, 9h30 et 13h15) et un bus climatisé 1re classe pour le terminal Mo Chit de Bangkok (304 B, 7-8 heures, 8h30, 1/jour). Les billets pour ce dernier sont en vente à un petit **bureau** (☎065 561 9962 ; Th Thetsaban 1 ; ⏲7h-19h) immédiatement à l'est de l'arrêt de bus situé à côté du Blend Cafe. Des **minibus** (Th Sangkhlaburi au niveau de Th Thetsaban 1) pour Kanchanaburi (175 B, 4 heures, ttes les heures 6h-16h) partent de l'autre côté du marché, à deux pâtés de maisons à l'est de l'arrêt de bus.

La seule étape régulière des minibus entre Sangkhlaburi et Kanchanaburi est Thong Pha Phum (ventil/clim 70/80 B, 1 heure 30) ; même si vous souhaitez vous arrêter ailleurs, comme au parc national de Sai Yok (p. 201), vous devrez vous acquitter du billet jusqu'à Thong Pha Phum ou Kanchanaburi.

ℹ Comment circuler

J Family Homestay (p. 207) et P Guesthouse (p. 207) louent des motos (200 B/jour). La seconde fait aussi la location de vélos (100 B) et de canoës (par heure/jour 60/250 B).

Un trajet à moto-taxi entre la plupart des pensions et le centre-ville ou le pont coûte environ 20 B.

Le Nord

Le top des restaurants

- Salima Restaurant (p. 227)
- Kunda Vegan Vegetarian (p. 220)
- Larp Khom Huay Poo (p. 297)
- Om Garden Cafe (p. 297)
- Ban Mai (p. 275)

Le top des hébergements

- Rai Saeng Arun (p. 237)
- Phu Chaisai Resort & Spa (p. 227)
- Auangkham Resort (p. 257)
- Fern Resort (p. 306)
- Common Grounds Pai (p. 294)

Pourquoi y aller

Le Nord a pour grand atout sa géographie accidentée. Les possibilités d'activités de plein air – randonnée, rafting, kayak, spéléologie – sont légion dans ces montagnes boisées, entre cascades et grottes parmi les plus emblématiques de Thaïlande, eaux vives et sentiers à travers la jungle.

La région se distingue également par ses minorités, dont les villages ponctuent les collines. La proximité du Laos et du Myanmar vaut d'ailleurs au Nord son caractère multiculturel. On se demanderait presque, dans des localités aux influences birmanes, chinoises et shan comme Doi Mae Salong et Mae Hong Son, si l'on se trouve toujours en Thaïlande... Le sud de la région n'en est pas moins tenu pour le berceau de larges pans de la culture thaïe. Les amateurs pourront ainsi remonter le temps, aux parcs historiques de Sukhothai et de Kamphaeng Phet. Et, pour faire la fête, direction Pai.

Quand partir

Nov-jan Le nord de la Thaïlande est particulièrement agréable en hiver, quand les températures atteignent 20 à 23°C en altitude ; elles peuvent descendre la nuit jusqu'à 0°C par endroits.

Mars-mai La période la plus chaude de l'année dans le nord de la Thaïlande, le thermomètre peut dépasser 40°C et la fumée des brûlis peut obscurcir le ciel.

Juin-oct La saison des pluies est plutôt à éviter si vous prévoyez de randonner ; sinon, les averses sont intenses mais brèves, et la période peut être agréable pour visiter la région.

À ne pas manquer

1. Randonnée et rafting jusqu'à **Nam Tok Thilawsu** (p. 287), la plus belle cascade de la Thaïlande.
2. Un avant-goût de Chine, sans traverser les frontières, à **Doi Mae Salong** (p. 224).
3. La remontée vers l'âge d'or de la Thaïlande dans le **parc historique de Sukhothai** (p. 261).
4. L'exploration de **Tham Lot** (p. 299), l'une des plus grandes grottes du pays, et de quelques-unes des 200 autres que compte la région.
5. Des moments de détente à **Mae Hong Son** (p. 302), ville tranquille marquée d'influences birmanes et shan.

6 Des activités en plein air la journée et la tournée des bars le soir à **Pai** (p. 291), première destination des baroudeurs dans le Nord.

7 Les cafés branchés, les hôtels design et les marchés de **Lampang** (p. 255).

8 Une des plus belles routes du pays, de **Chiang Khong à Phayao** (p. 240), à parcourir en véhicule de location.

9 Une immersion dans la vie locale à **Nan** (p. 242), ville peu visitée proche du Laos.

LE MEILLEUR DU NORD

Le nord de la Thaïlande est une vaste région d'une telle richesse géographique, culturelle et ethnique, qu'on ne sait où donner de la tête. Voici quelques fils conducteurs thématiques :

L'artisanat le plus riche Nan (p. 242)

Le marché alimentaire le plus exotique Mae Sot (p. 282)

La meilleure cuisine locale Chiang Rai (p. 218)

Les meilleures nouilles Sukhothai (p. 267)

Le plus bel accueil Phrae (p. 248)

Le *must* des randonnées culturelles Province de Chiang Rai

Les plus belles marches dans la nature Province de Mae Hong Son (p. 290)

Le top de l'architecture ancienne Lampang (p. 255)

Les plus belles ruines hors des sentiers battus Kamphaeng Phet (p. 278)

Le top des fêtes entre voyageurs Pai (p. 291)

L'endroit le plus méconnu des touristes Phayao (p. 240)

Histoire

L'ascension et le déclin de plusieurs principautés indépendantes ont modelé l'histoire de la Thaïlande septentrionale. Le royaume môn de Hariphunchai (l'actuelle Lamphun), qui domina le Nord de la fin du VIIIe siècle jusqu'au XIIIe siècle, eut l'une des plus fortes influences culturelles initiales dans la région. L'art de Hariphunchai et ses représentations du Bouddha sont caractéristiques. Le Musée national de Hariphunchai (p. 253) à Lamphun en expose de beaux exemples.

Les Thaïs qui, vraisemblablement, migrèrent de Chine vers le VIIe siècle, parvinrent à unifier plusieurs principautés au XIIIe siècle, fondèrent Sukhothai et prirent Hariphunchai aux Môn. En 1238, Sukhothai se déclara royaume indépendant sous le règne de Si Intharathit et étendit rapidement sa domination. Pour cette raison et l'influence du royaume sur l'art et la culture thaïs modernes, Sukhothai est considéré comme le premier véritable royaume thaï.

En 1296, le roi Mengrai fonda Chiang Mai après avoir conquis Hariphunchai. Plus tard, Chiang Mai, alliée à Sukhothai aux XIVe et XVe siècles, intégra le royaume plus vaste encore du Lan Na Thai ("Million de Rizières thaïes"), communément appelé Lanna. Ce royaume, qui s'étendait au sud jusqu'à Kamphaeng Phet et au nord jusqu'à Luang Prabang au Laos, connut son apogée au XVe siècle. Durant une courte période, Phitsanulok devint la capitale de ce royaume, ce qui permit à Chiang Mai d'exercer une influence religieuse et culturelle accrue. Au XVIe siècle, cependant, beaucoup des alliances stratégiques du Lan Na Thai déclinèrent, et c'est ainsi que les Birmans en profitèrent pour s'emparer de Chiang Mai en 1556. Ils contrôlèrent le Lanna durant deux siècles. Après la prise d'Ayutthaya – la glorieuse capitale du Siam – par les Birmans en 1767, les Thaïs du Nord se regroupèrent et, sous le roi Kawila, reprirent Chiang Mai en 1774 et repoussèrent les Birmans au nord.

À la fin du XIXe siècle, Rama V s'efforça de réunir le Nord et le Centre afin de parer la menace de colonisation. L'achèvement de la voie ferrée du réseau nord jusqu'à Chiang Mai en 1921 renforça ces liens jusqu'à ce que les provinces du Nord intègrent le royaume de Siam au début du XXe siècle.

Depuis/vers le Nord

AVION

Pour les plus pressés, les liaisons aériennes dans le nord de la Thaïlande sont très correctes. Au moment de nos recherches, Nok Air (www.nokair.com), filiale de la Thai, possédait le plus vaste réseau et reliait plusieurs capitales de la région à Bangkok ou Chiang Mai. Parmi les autres compagnies aériennes desservant le Nord, citons :

Air Asia (www.airasia.com). Dans le Nord, Air Asia relie l'aéroport international Don Mueang de Bangkok à Chiang Rai, Nan et Phitsanulok.

Bangkok Airways (www.bangkokair.com). Dessert notamment Chiang Rai, Lampang, Mae Hong Son et Sukhothai.

Thai Lion Air (www.lionairthai.com). Liaisons entre Chiang Rai et Phitsanulok notamment.

Thai Smile (www.thaismileair.com). Vols depuis/vers Chiang Rai et Mae Hong Son.

VOIE TERRESTRE

Des bus et de plus en plus de minibus desservent la région dans sa presque totalité, à l'exception des localités le long de la frontière du Myanmar (Birmanie)

que rallient essentiellement des *songthaew* (ou *sŏrng·tăa·ou* ; pick-up collectifs).

Le train est le moyen de transport le plus confortable pour s'y rendre, mais seule une ligne principale, relativement lente, dessert le Nord.

Comment circuler

De plus en plus de touristes louent un véhicule pour visiter le Nord. Malgré les risques évidents que comporte la conduite en Thaïlande, se déplacer ainsi permet d'explorer la campagne à son propre rythme, et de quitter, à l'envi, les sentiers battus. On peut louer des voitures et des motos dans la plupart des centres urbains.

PROVINCE DE CHIANG RAI จังหวัดเชียงราย

Chiang Rai, province la plus septentrionale de Thaïlande, a l'attrait de paysages variés. Les montagnes de l'extrémité orientale comptent parmi les plus mémorables du pays et les plaines inondables du Mékong au nord-est ressemblent à celles de l'Isan, bien plus au sud. En outre, la province partage des frontières avec le Myanmar (Birmanie) et le Laos. La population de cette province est donc particulièrement hétérogène, avec une présence significative d'ethnies montagnardes, de Shan, d'autres groupes thaïs et d'immigrants chinois.

Chiang Rai เชียงราย

053 / 77 000 HABITANTS

La province de Chiang Rai affiche une telle diversité de sites à visiter que sa capitale est souvent négligée. Or cette dernière est une petite ville agréable à l'ambiance détendue, forte d'une excellente cuisine locale et d'hébergements d'un bon rapport qualité/prix. De plus, elle constitue une base pratique pour des excursions dans des coins parmi les plus reculés de la province.

Fondée par Phaya Mengrai en 1262, Chiang Rai (เชียงราย) faisait alors partie du royaume Lanna lao-thaï. Elle ne devint territoire siamois qu'en 1786.

À voir

Parc culturel et artistique de Mae Fah Luang MUSÉE

(ไร่แม่ฟ้าหลวง ; www.maefahluang.org ; 313 Mu 7, Ban Pa Ngiw ; adulte/enfant 200 B/gratuit ; 8h30-17h30 mar-dim). Outre un musée renfermant l'une des plus importantes collections d'objets Lanna du pays, ce vaste ensemble aménagé avec soin comprend des éléments anciens et contemporains, des temples bouddhiques, des sculptures et d'autres bâtiments. Il se situe à 4 km à l'ouest du centre de Chiang Rai ; en taxi ou en *tuk-tuk*, comptez environ 100 B.

100% LOCAL

PARLER LE DIALECTE DU NORD

Les habitants du Nord s'offusquaient jadis quand des étrangers essayaient de leur parler en *găm méuang* (le terme familier pour le dialecte du Nord), une attitude qui remonte à l'époque où les Thaïlandais du Centre tenaient la population du Nord pour arriérée et se moquaient de son dialecte. Aujourd'hui, beaucoup d'habitants du Nord sont fiers de leur langue et s'y essayer fait merveille, sitôt qu'il s'agit d'entrer en contact avec eux. Voici quelques mots et phrases qui vous aideront à dialoguer, ou du moins à faire sourire, votre interlocuteur.

Ôo găm méuang bòr jâhng Je ne peux pas parler le thaï du Nord

A yăng gór ? Qu'avez-vous dit ?

An née tôw dai ? Combien vaut ceci ?

Mi kôw nêung bòr ? Avez-vous du riz gluant ?

Lám đáa đáa Délicieux

Mâan lâ Oui/C'est cela

Yin di nôe Merci

Bòr mâan Non

Gàht Marché

Jôw (Un mot de politesse utilisé par les femmes, l'équivalent de *ka* pour les Thaïlandais du Centre)

Chiang Rai

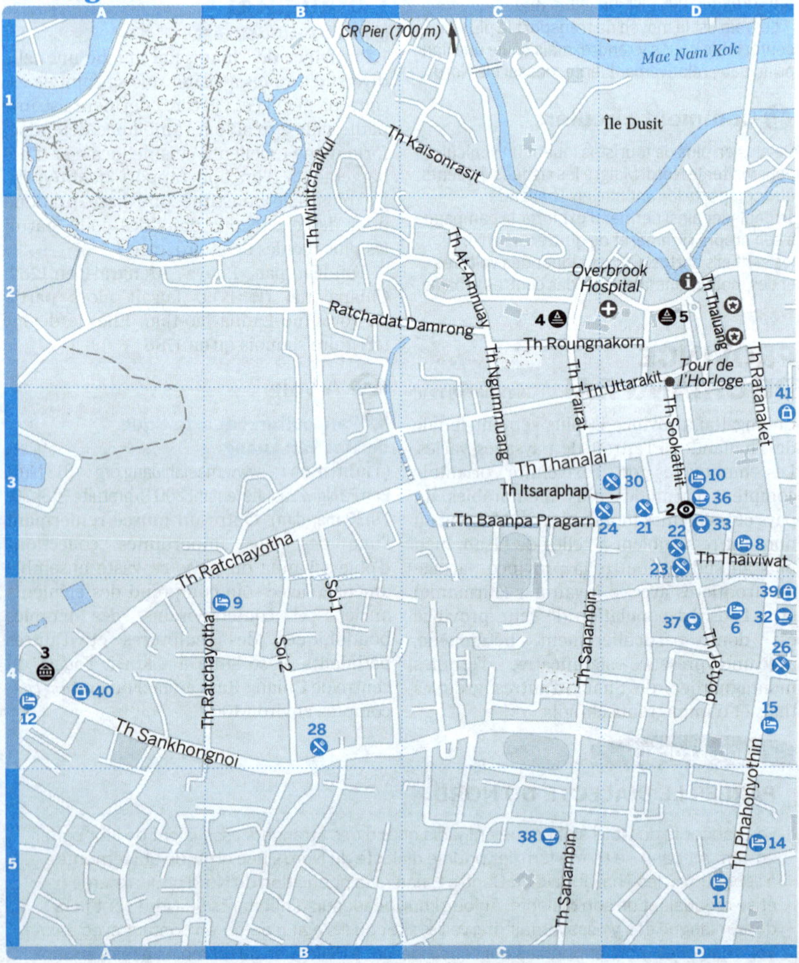

Le **Haw Kaew**, le musée du parc, possède une collection permanente d'objets et œuvres de l'ancienne contrée Lanna, en teck pour la plupart, ainsi qu'une salle d'expositions temporaires.

Le **Haw Kham**, tour aux allures de temple édifiée en 1984 à partir des vestiges de 32 maisons en bois, est sans doute la pièce maîtresse du parc. Les dimensions imposantes de la construction – qui serait inspirée du Wat Pongsanuk de Lampang, datant de l'époque Lanna –, son bouddha qui semble flotter au-dessus du sable blanc (apporté de Ko Samet) et son éclairage à la bougie lui confèrent une atmosphère évoquant le lieu de culte d'une divinité locale.

Sans doute devrez-vous demander qu'on vous ouvre le **Haw Kham Noi**, bâtiment renfermant des peintures bouddhiques issues d'un temple en teck démantelé à Phrae.

♥ Musée et centre de formation des Ethnies montagnardes — MUSÉE

(พิพิธภัณฑ์และศูนย์การศึกษาชาวเขา ; www.pdacr.org ; 3e ét, 620/25 Th Thanalai ; 50 B ; ⌚9h-18h lun-ven, 10h-18h sam-dim). On gagne à visiter ce musée et centre culturel avant de partir à la rencontre des ethnies montagnardes.

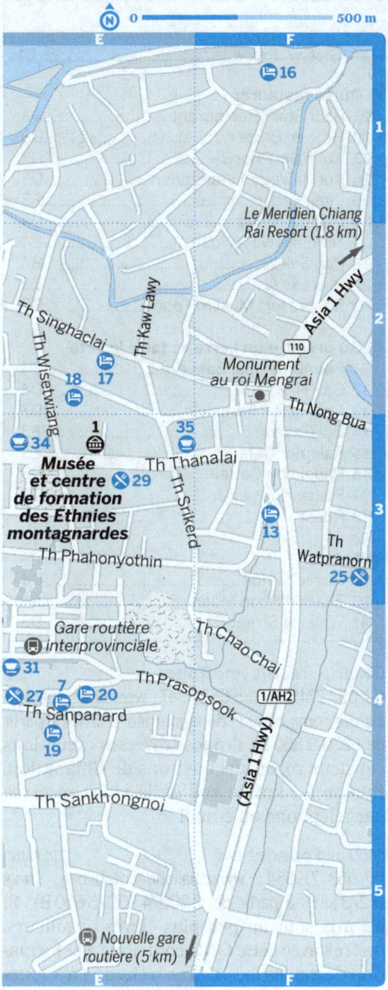

Gérée par la Population & Community Development Association (PDA), une association à but non lucratif, l'exposition, un peu décevante côté présentation, est une mine d'informations sur les ethnies de Thaïlande et les problèmes auxquels elles sont confrontées.

Wat Phra Kaew TEMPLE BOUDDHIQUE
(วัดพระแก้ว ; Th Trairat ; don apprécié ; ⏲temple 7h-19h, musée 9h-17h). Appelé à l'origine Wat Pa Yia (monastère de la Forêt de bambous) en dialecte local, ce temple est le plus vénéré de la ville. Derrière la principale salle de prière, un bâtiment en bois de taille moyenne, on trouve un *chedi* (stupa) octogonal de style Lanna datant de la fin du XIVe siècle. À côté, dans un bâtiment en teck sur 2 niveaux, un musée présente divers objets anciens Lanna.

Musée Oub Kham MUSÉE
(พิพิธภัณฑ์อูบคำ ; www.oubkhammuseum.com ; Th Nakhai ; adulte/enfant avec visite guidée 300/200 B ; ⏲8h-17h). Cet étonnant musée privé présente une impressionnante collection d'objets de toutes les régions de l'ancien royaume Lanna. Les pièces, dont il n'existe parfois qu'un seul exemplaire, vont d'une spatule en os de singe utilisée par la famille royale pour goûter les aliments à un imposant trône sculpté de Chiang Tung, au Myanmar. Situé à 2 km à l'ouest du centre-ville, le musée peut être difficile à trouver – le trajet en *tuk-tuk* reviendra à environ 60 B.

Wat Phra Singh TEMPLE BOUDDHIQUE
(วัดพระสิงห์ ; Th Singhaclai ; don apprécié ; ⏲lever-coucher du soleil). GRATUIT Ce temple date de la fin du XIVe siècle. Les bâtiments les plus anciens, typiques des constructions en bois peu élevées du Nord, présentent des toits bas et évasés. Le *wí·hăhn* (sanctuaire) principal renferme d'imposantes portes en bois qui auraient été sculptées par des artistes locaux, ainsi qu'une copie du bouddha sacré du Wat Phra Singh de Chiang Mai.

Tham Tu Pu et grotte du Bouddha TEMPLE BOUDDHIQUE
(ถ้ำตุ๊ปู/ถ้ำพระ ; Th Ka Salong ; ⏲lever-coucher du soleil). GRATUIT Franchissez le Mae Fah Luang Bridge (un pont juste au nord-ouest du centre-ville) pour rejoindre la rive nord de la Mae Nam Kok et suivez l'embranchement vers Tham Tu Pu et la grotte du Bouddha. Si ces grottes n'ont rien d'extraordinaire, la campagne alentour est splendide, idéale pour une paisible balade à vélo ou à moto.

Parcourez 1 km, puis empruntez une piste conduisant au pied d'une falaise calcaire à 200 m. Des marches escarpées grimpent à la grotte principale, **Tham Tu Pu**, qui contient une statue du Bouddha.

Poursuivez sur le même chemin sur 3 km (un panneau indique "Buddha Images Cave") pour atteindre la **grotte du Bouddha**, près de la Mae Nam Kok, qui abrite un temple bouddhique modeste mais toujours actif, où vivent un moine solitaire et de nombreux chats. Le temple fut l'une des destinations que visita le roi Rama V dans la région au début du XXe siècle.

Chiang Rai

Les incontournables
1 Musée et centre de formation des Ethnies montagnardes E3

À voir
2 Tour de l'Horloge D3
3 Musée Oub Kham A4
4 Wat Phra Kaew C2
5 Wat Phra Singh D2

Activités
PDA Tours & Travel .... (voir 1)

Où se loger
6 Baan Bua Guest House D4
7 Baan Warabordee E4
8 Bed & Bike Poshtel D3
9 Ben Guesthouse B4
10 Chiangrai Hotel D3
11 Connect Hostel D5
12 De Hug A4
13 FUN-D Hostel F3
14 Happy Nest Hostel D5
15 Hi Chiangrai D4
16 Legend of Chiang Rai F1
17 Moon & Sun Hotel E2
18 Nak Nakara Hotel E2
19 Na-Rak-O Resort E4
20 Sleepy House E4

Où se restaurer
21 Four Stars Restaurant D3
22 Heaven Burger D3
23 Khao Soi Phor Jai D3
24 Kunda Vegan Vegetarian D3
25 Lung Eed F3
26 Muang Thong D4
27 Namnigew Pa Nuan E4
28 Paa Suk B4
29 Phu Lae E3
30 Rosprasert Muslim Food D3

Où prendre un verre et faire la fête
31 BaanChivitMai Bakery E4
32 Cat 'N' A Cup D4
33 Chiang Rai Ramluek D3
34 Doi Chaang E3
35 Palamer Cafe E3
36 Pangkhon Coffee D3
37 Peace House Bar D4
38 Roast C5

Achats
39 Bazar de nuit D4
40 Thanon Khon Muan A4
41 Walking Street D3

Tour de l'Horloge MONUMENT
(หอนาฬิกา ; Th Phahonyothin). La tour de l'Horloge "principale" de Chiang Rai, illuminée le soir, est très photographiée.

Circuits organisés

Presque tous les hôtels, pensions et agences de voyages de Chiang Rai proposent des treks à la rencontre des ethnies montagnardes. Certains s'engagent auprès des communautés et privilégient une approche équitable ou non lucrative.

Le prix d'un trek dépend du nombre de jours, de participants et du type d'activités. Pour 4 personnes, comptez au minimum 1 300 B par personne pour un trek d'une journée et 3 500 B par personne pour un trek ponctué de 3 nuits. Le tarif comprend généralement le logement, le transport et la nourriture.

Rai Pian Karuna TREKKING
(☎062 246 1897 ; facebook.com/raipiankaruna ; treks 2 000-5 000 B). Cette agence sociale et communautaire organise des treks d'un ou plusieurs jours et des séjours dans les villages akha, lahu et lua de Mae Chan, au nord de Chiang Rai. D'autres activités – de la semaine de bénévolat aux cours de cuisine – sont également proposées.

Chiang Rai Bicycle Tours VÉLO
(☎053 774506, 085 662 4347 ; www.chiangraibicycletour.com ; circuits demi-journée/journée à partir de 1 250/1 850 B). Propose diverses excursions sur deux roues aux environs de Chiang Rai. Bureau à 7 km au sud de la ville : réservez par téléphone ou e-mail.

Mirror Foundation TREKKING
(☎053 719554 ; www.thailandecotour.org ; treks 1/2/3 jours à partir de 2 800/4 300/5 650 B). Si les prix sont un peu plus élevés qu'ailleurs, un trek avec cette ONG contribue à la formation de guides locaux. Les treks de 1 à 3 jours traversent les villages akha, karen et lahu du district de Mae Yao, au nord de Chiang Rai.

Thailand Hilltribe Holidays TREKKING
(☎085 548 0884 ; www.thailandhilltribeholidays.com ; trek 1/2 jours pour 4 pers 1 600/3 200 B). Une agence orientée vers le développement durable qui propose circuits et séjours chez l'habitant à Chiang Rai et alentour.

PDA Tours & Travel TREKKING
(☎053 740088 ; Hilltribe Museum & Education Center, 3e ét, 620/25 Th Thanalai ; treks 1 200-3 900 B ; ⏲9h-18h lun-ven, 10h-18h sam-dim). Cette ONG propose des treks de 1 à 3 jours. Les bénéfices sont investis dans des projets communautaires : information

sur le sida, dispensaires mobiles, bourses scolaires et création de banques gérées par les villages.

Cours

Cook Thai Yourself CUISINE

(081 844 9913 ; facebook.com/CTYchiangrai ; cours à partir de 1 000 B ; cours 9h-15h). Cette équipe reçoit de bons commentaires pour ses "aventures culinaires" d'une journée, comprenant courses au marché et cours de cuisine dans un lieu semi-rural à 20 minutes de Chiang Rai. Transport inclus.

Suwannee Thai Cooking Class CUISINE

(084 740 7119 ; www.thaicookingclasschiangrai.com ; cours 1 250 B ; cours 9h30-14h). Suwannee donne des cours de cuisine, avec visite au marché et préparation de 4 plats. Sa maison est à 3 km du centre, mais elle peut venir vous chercher dans la plupart des hôtels de la ville.

Où se loger

Chiang Rai offre un grand choix d'adresses, pour la plupart à prix raisonnables. Les hébergements bon marché donnent principalement dans le centre-ville, autour de Th Jetyod, ceux de catégorie moyenne sont, pour beaucoup, à courte distance à pied du centre tandis que la majorité des établissements haut de gamme sont à l'extérieur du centre-ville.

Centre-ville

Bed & Bike Poshtel AUBERGE DE JEUNESSE $

(064 848 6566 ; bedandbikechiangrai@gmail.com ; 869/53-54 Th Thaiviwat ; dort 4/8 lits 240/220 B, ch avec petit-déj 500-700 B ;). Métal, bois et pierre composent la déco industrielle de cet établissement bien tenu. Les dortoirs, sans fenêtre mais avec rideaux, lampes de chevet et casiers, sont confortables. Les chambres privatives partagent des salles de bains propres. Café/bar avec billard au rez-de-chaussée. Vélos à louer.

FUN-D Hostel AUBERGE DE JEUNESSE $

(053 716777 ; facebook.com/FunDHostel Chiang Rai ; 753 Th Phahonyothin ; dort 230 B, ch 650 B, avec petit-déj ;). Cette auberge de jeunesse soignée donne au-dessus d'un restaurant-bar-café. Les dortoirs spacieux et lumineux, de 6 à 8 lits, partagent des salles de bains propres. Les 2 chambres privatives, grandes et confortables, sont une bonne affaire. Vélos gratuits et motos à louer.

Connect Hostel AUBERGE DE JEUNESSE $

(053 711672 ; facebook.com/connecthostel ; 935/20 Th Phahonyothin ; avec petit-déj dort 6/4 lits 200/250 B, ch 650 B ;). Cette adresse plutôt récente reçoit de bonnes critiques. Dortoirs propres avec salle de bains, espaces de rangement corrects et lits pourvus de rideaux. Prêt de vélos et treks organisés sur demande. À environ 600 m au sud du centre.

Moon & Sun Hotel HÔTEL $

(053 719279 ; 632 Th Singhaclai ; ch 399-699 B ;). Si le lieu ne paie pas de mine de l'extérieur, les chambres sont de bon rapport qualité/prix, quoiqu'un peu vieillottes. Les moins chères ne reçoivent pas beaucoup de lumière naturelle, mais les plus chères sont grandes, lumineuses et dotées d'un lit à baldaquin et d'un canapé. La clientèle est plus thaïlandaise qu'étrangère.

Baan Bua Guest House PENSION $

(053 718880 ; baanbua@yahoo.com ; 879/2 Th Jetyod ; ch 350-600 B ;). Bonne adresse pour petits budgets, calme et accueillante, aménagée autour d'un jardin paisible. Les 17 chambres – avec ventilateur pour les moins chères – sont un peu vieillottes (pas de TV) mais propres et disposent de petits porches. Une maison traditionnelle de 4 chambres avec parquet est aussi à louer (2 100 B).

Sleepy House PENSION $$

(064 114 9919 ; facebook.com/sleepyhousecr ; 90/5 Th Sanpanard ; ch avec petit-déj 1 100-1 500 B ;). Une nouvelle adresse dans une rue résidentielle, à quelques pas de la gare routière interprovinciale. Les 12 chambres, quoique pas immenses, sont impeccables, modernes et confortables, avec des lits surélevés sur des plateformes. Petit espace commun à l'extérieur.

Na-Rak-O Resort HÔTEL $$

(081 951 7801 ; facebook.com/narakoresort ; près de Th Sanpanard ; ch avec petit-déj 900-1 300 B ; P). *Nâh-rák*, "joli" en thaïlandais, est le parfait qualificatif pour cet hôtel isolé aux chambres lumineuses, égayées de couleurs pastel et parsemées de poufs poire. Les lits sont surélevés à la manière chinoise, les salles de bains, vastes, et le personnel, souriant.

Happy Nest Hostel AUBERGE DE JEUNESSE $$

(053 715031 ; www.happynesthostel.com ; 931 Phahonyothin Rd ; dort 6/8 lits 370/320 B, ch

800-1 400 B ; ❄📶). Branché, le Happy Nest est un peu plus cher que les autres auberges de jeunesse de la ville, mais vaut pour son personnel efficace, son café au rez-de-chaussée et ses espaces détente répartis sur les 3 niveaux. Dortoirs avec bons lits et casiers. Chambres privatives plutôt petites. Vélos à louer. Treks et circuits organisés sur demande.

Chiangrai Hotel HÔTEL **$$**
(☎053 711266 ; www.thechiangraihotel.com ; 519 Th Sookathit ; ch 790-1 220 B ; ❄📶). Bonne adresse de catégorie inférieure/moyenne en plein centre-ville. Sur 3 niveaux autour d'un atrium frais, les chambres, chaulées, sont petites mais propres, claires et pourvues de bons lits. Buanderie en libre-service. Vélos et motos à louer.

Baan Warabordee HÔTEL **$$**
(☎053 754488 ; warabordee59@hotmail.com ; 59/1 Th Sanpanard ; ch avec petit-déj 800-1 100 B ; ❄📶). Paisible hôtel aux tarifs avantageux installé dans une villa thaïlandaise sur 3 niveaux. Chambres toutes en bois sombre et tissus clairs. Jardin attrayant. Possibles réductions de 30% en basse saison (mai-oct).

Hi Chiangrai HÔTEL **$$$**
(☎053 716699 ; www.hichiangrai.com ; 902/3 Th Phahonyothin ; ch avec petit-déj 1 700-2 700 B ; ❄📶🏊). Cet hôtel bien tenu, apprécié des voyageurs chinois, abrite dans son atrium une petite piscine intérieure, unique à Chiang Rai. Autour, les petites chambres modernes comprennent de bons lits, un coffre-fort et, pour certaines, un balcon.

Nak Nakara Hotel HÔTEL **$$$**
(☎053 717700 ; www.naknakara.com ; 661 Th Uttarakit ; ch avec petit-déj 2 800-3 800 B, ste 5 400 B ; ❄📶🏊). Une déco Lanna inégale domine ce vaste hôtel moderne. Les chambres, aménagées autour d'une piscine et d'un jardin ombragé agréables, manquent de caractère et leurs salles de bains sont petites. Elles sont toutefois confortables et le personnel se montre attentionné.

En dehors de la ville

Ben Guesthouse PENSION **$$**
(☎053 716775 ; www.benguesthousechiangrai.com ; 351/10 Soi 4, Th Sankhongnoi ; ch 400-600 B, ste 1 200 B ; ❄📶🏊). Cette *guesthouse* impeccable propose des chambres allant de la petite avec ventilateur à l'immense suite, et comprend une piscine. Les chambres sont simples mais de bonne taille et partagent de longs balcons.

À 1,2 km du centre, l'hôtel est au bout du Soi 4 dans Th Sankhongnoi (qui devient Th Sathanpayabarn au croisement avec Th Phahonyothin).

De Hug HÔTEL **$$$**
(☎053 711789 ; www.dehughotel.com ; Rte 1211 ; ch avec petit-déj 1 400-2 500 B ; ❄📶🏊). Cet hôtel sur 4 niveaux dispose de grandes chambres meublées et équipées de façon moderne. Les salles de bains sont un peu simples pour le prix, mais le lieu est confortable sans ostentation, le personnel est sympathique et il y a un restaurant et une piscine sur place. À 2 km à l'ouest du centre-ville (60 B en *tuk-tuk*), en face du musée Oub Kham.

♥ **Le Meridien Chiang Rai Resort** HÔTEL **$$$**
(☎053 603333 ; www.lemeridien.com ; 221/2 Th Kwaewai ; ch 7 000-9 000 B, ste 20 000 B, avec petit-déj ; ❄📶🏊). Au sommet de la catégorie supérieure, l'hôtel se tient à 2 km du centre-ville, le long d'un superbe tronçon de la Mae Nam Kok. Les chambres sont immenses, dans les gris, blanc et noir, et d'un confort à l'aune de leur prix. Sur place : deux restaurants, une piscine à débordement et une salle de gym et spa.

Legend of Chiang Rai HÔTEL **$$$**
(☎053 910400 ; www.TheLegend-ChiangRai.com ; 124/15 Th Kohloy ; ch 9 900-17 500 B, villas 27 500-38 000 B, avec petit-déj ; ❄📶🏊). Au bord d'une rivière calme, ce complexe hôtelier ressemble à un village Lanna traditionnel. Chambres spacieuses et d'un luxe discret, avec mobilier en rotin et aux tons crème, douche à effet pluie et terrasse ou balcon. Piscine à débordement et somptueux spa. Réductions significatives envisageables en ligne.

Où se restaurer

Pour vous restaurer, on vous indiquera à coup sûr le marché de nuit de Chiang Rai, même si la cuisine y est moyenne – on vous aura prévenu ! Le week-end, préférez les étals des marchés en plein air de Thanon Khon Muan et de la rue piétonne, où vous trouverez un choix de spécialités locales.

♥ **Heaven Burger** HAMBURGERS **$**
(1025/5 Th Jetyod ; plats 99-129 B ; ⏰8h-21h ; 🌱). Jane, membre de la minorité akha, tient ce

100% LOCAL

CUISINE DU NORD

La cuisine du Nord reflète le climat saisonnier et relativement frais de la région, sans oublier le goût pour le porc, les légumes et les fritures. Elle est probablement la plus saisonnière et la moins épicée des cuisines régionales thaïlandaises et se base souvent sur des saveurs amères ou des épices séchées.

Malheureusement, il est parfois difficile de goûter une cuisine locale authentique dans le nord de la Thaïlande. Relativement peu de restaurants servent des spécialités régionales, plus souvent vendues dans des sacs "à emporter" sur des stands de rue. Voici quelques plats à découvrir :

Đam sôm oh La version du nord de la Thaïlande du *sôm·đam*, avec du pamplemousse au lieu de la papaye verte.

Đôm yam Dans le Nord, ce plat thaïlandais classique est assaisonné avec le même mélange d'herbes amères et d'épices séchées que le *lâhp kôo·a*.

Gaang hang·lair D'origine birmane (*hang* est une déformation du birman *hin*, curry), c'est un riche curry de porc souvent servi lors des fêtes et des cérémonies. Goûtez-le au **Phu Lae** (673/1 Th Thanalai ; plats 120-250 B ; ⏲11h-15h et 17h-22h), à Chiang Rai.

Kà·nŏm jin nám ngée·o Nouilles de riz fraîches dans un bouillon à la tomate et au porc. On peut en avoir de très bonnes au Paa Suk (p. 220), à Chiang Rai.

Kâap mŏo Ces couennes de porc frites constituent une garniture aussi courante que délicieuse dans le nord du pays.

Kôw gân jîn Petits paquets en feuille de bananier composés de riz mélangé à du sang, cuits à la vapeur et servis avec de l'huile à l'ail. À essayer au Paa Suk (p. 220), à Chiang Rai.

Kôw soy Plat de nouilles au curry très apprécié, sans doute d'origine birmane et introduit dans le Nord par des marchands chinois. Le Khao Soi Phor Jai, à Chiang Rai, en propose une version douce mais savoureuse.

Lâhp kôo·a Littéralement "*lâhp* frit", ce plat est la fameuse "salade" thaïlandaise de viande hachée, frite et accompagnée d'un mélange d'herbes amères et d'épices séchées. Goûtez la version du **Pu Som Restaurant** (203/1 Th Khamyot ; plats 35-95 B ; ⏲9h-21h), à Nan.

Lôo Sang cru mélangé à de la pâte de curry et servi sur des intestins frits et des nouilles croustillantes – la spécialité du Nord la plus rustique de toutes, souvent associée à la province de Phrae.

Năam Viande de porc fermentée au goût aigre, plus savoureuse que ne le laisse présager la description.

Nám prík nùm Piments verts, échalotes et ail sont grillés, puis écrasés en une pâte qui accompagne riz gluant, légumes blanchis et couenne de porc frite. Dans le Nord, on en trouve dans pratiquement tous les marchés de nuit.

Nám prík òrng Sauce pimentée d'origine shan, à base de tomates et de porc émincé, sorte de bolognaise thaïlandaise.

Sâi òo·a Saucisse de porc grillée accompagnée d'une profusion d'herbes fraîches. Servi au Muu Thup (p. 314), à Mae Sariang.

restaurant au mobilier de jardin dépareillé et aux portes sciées en guise de tables. La nourriture est excellente, des petits-déjeuners, servis toute la journée, aux burgers (notamment végétariens) et buns maison, accompagnés de frites de peau de pomme de terre gratinées.

♥**Lung Eed** THAÏLANDAIS $

(Th Watpranorn ; plats 40-60 B ; ⏲11h-21h lun-sam). Cette modeste et conviviale *shophouse* (maison de négoce) sert l'une des spécialités les plus goûteuses de Chiang Rai. Une carte en anglais est affichée, mais ne manquez pas le sublime *lâhp gài,* émincé de poulet aux épices locales recouvert, avec peau croustillante, échalotes et ail frits. À quelque 150 m à l'est de la Rte 1/AH2.

Khao Soi Phor Jai THAÏLANDAIS $

(Th Jetyod ; plats 40-50 B ; 8h-16h). Ce restaurant concocte une version adoucie, mais non moins savoureuse, du curry de nouilles éponyme ainsi que d'autres excellentes spécialités nord-thaïlandaises. L'enseigne est en thaï : cherchez une *shophouse* ouverte sur l'extérieur avec l'intérieur bleu et blanc.

Namnigew Pa Nuan CUISINE VARIÉE $

(Th Sanpanard ; plats 35-220 B ; 9h-17h). Cette adresse presque invisible (enseigne en thaï : cherchez la porte en bambou) propose un original mélange de plats vietnamiens et nord-thaïlandais. Cuisine savoureuse, service sympathique et déco originale (fermé le soir).

Paa Suk THAÏLANDAIS $

(Th Sankhongnoi ; plats 35-45 B ; 9h-15h). On sert ici de copieux bols de *kà·nŏm jeen nám ngée·o*, soupe au porc ou au bœuf, à la tomate et aux nouilles de riz fraîches. Le restaurant est entre les Soi 4 et Soi 5 de Th Sankhongnoi. Le panneau, en thaï, est jaune.

Rosprasert Muslim Food THAÏLANDAIS $

(Th Itsaraphap ; plats 50-100 B ; 7h-20h). Voisine d'une mosquée, cette *shophouse* (maison de négoce) sert des plats thaïlando-musulmans, dont un excellent *kôw mòk gài* (la version thaïlandaise du poulet biryani), ainsi qu'une bonne soupe de queue de bœuf et un *kôw soy* (nouilles dans un bouillon au curry). Le panneau indique "Muslim Food".

Kunda Vegan Vegetarian VÉGÉTARIEN $$

(www.kundacafe.com ; 372 Trairat Rd ; plats 150-360 B ; 9h-17h ;). Ni tofu, ni Wi-Fi, ni réservation dans ce charmant nouveau restaurant aménagé sur les 2 niveaux d'une ancienne *shophouse*. Allongé sur des coussins, appréciez les boiseries à l'ancienne tout en dégustant un petit-déjeuner végétarien ou végétalien, une crêpe, une salade ou un excellent smoothie. Tout – pain, pesto, yaourt, houmous – est frais, préparé du jour.

À NE PAS MANQUER

LE CIEL ET L'ENFER AUX PORTES DE CHIANG RAI

À la sortie de Chiang Rai, ne manquez pas deux des sites les plus réputés et les plus étonnants de la province : le Wat Rong Khun et la Baandam.

Alors que la plupart des temples bouddhiques de Thaïlande sont vieux de plusieurs siècles, la construction du **Wat Rong Khun** (วัดร่องขุ่น ; Temple blanc ; près de la Rte 1/AH2 ; 50 B ; 8h-17h30) GRATUIT, œuvre de Chalermchai Kositpipat, peintre thaïlandais devenu architecte, a commencé en 1997. C'est une construction saisissante qui, vue de loin, semble toute de porcelaine.

Pour y pénétrer, on franchit un pont et un bassin rempli de bras tendus (symbole du désir). À l'intérieur, au lieu des traditionnelles représentations de la vie du Bouddha, l'artiste a peint des scènes modernes représentant le samsara (royaume de la renaissance et de l'illusion). Le World Trade Center du 11 septembre y côtoie Keanu Reeves dans le rôle de Neo dans *Matrix*, Elvis, Hello Kitty et Superman, parmi bien d'autres.

Le Wat Rong Khun se trouve à environ 13 km au sud de Chiang Rai. Pour vous y rendre, prenez n'importe quel bus indiquant "White Temple" (20 B, 40 min, fréquents 6h15-18h10) à la gare routière interprovinciale de Chiang Rai.

Contrepoint plutôt sinistre au Wat Rong Khun que l'on doit à l'artiste national Thawan Duchanee, la **Baandam** (บ้านดำ, Maison noire ; près de Rte 1/AH2 ; adulte/enfant 80 B/gratuit ; 9h-17h) réunit plusieurs constructions, la plupart peintes en noir et décorées de peaux de bêtes, de bois, de crânes et autres ossements.

La pièce centrale de cette œuvre, sorte de vaste temple sombre renfermant une longue table et des chaises en bois de cerf, évoque une salle à manger satanique. On trouve, dans d'autres édifices, des chambres à coucher blanches en forme de seins, des salles de bains ornées de phallus noirs et une chapelle décorée d'ossements et de fourrures.

Le site se trouve à Nang Lae à 13 km au nord de Chiang Rai – tous les bus pour Mae Sai peuvent vous y déposer (20 B).

À NE PAS MANQUER

LES CAFÉS DE CHIANG RAI

Chiang Rai compte un choix de cafés de type occidental assez singulier pour une petite ville. Elle le doit pour grande part au fait que les grains cultivés dans les coins les plus reculés de la province font partie des meilleurs du pays.

BaanChivitMai Bakery (www.bcmthai.com ; Th Prasopsook ; 8h-18h lun-ven, 8h-17h sam-dim ;). En plus d'un bon café de production locale, cette boulangerie très appréciée vend d'authentiques pâtisseries suédoises, ainsi que des plats et des sandwichs occidentaux. Les bénéfices sont versés à BaanChivitMai, une organisation qui gère des logements et des projets d'éducation pour les enfants vulnérables, orphelins ou atteints du sida.

Palamer Cafe (881/8 Th Nongsrijang ; 10h-20h mar-ven, 10h-22h sam-dim ;). Établissement à l'ambiance raffinée mais décontractée, où l'on sert du café local et étranger. Bonne boulangerie également.

Doi Chaang (Th Thanalai ; 6h30-19h30 ;). Doi Chaang est la marque phare des cafés de Chiang Rai, et se vend aujourd'hui jusqu'en Europe et au Canada.

Pangkhon Coffee (Th Sookathit ; 7h-18h ;). Des boissons à base de cafés cultivés dans la province avec vue sur la tour de l'Horloge de Chiang Rai.

Roast (Th Sankhongluang ; 7h30-17h). Ce bar à café filtre traite les grains locaux avec le plus grand respect. Th Sankhongluang est à un pâté de maisons au sud du collège technique de Chiang Rai, à 1,2 km du centre-ville.

Four Stars Restaurant THAÏLANDAIS $$
(423/3 Th Baanpa Pragarn ; plats 45-240 B ; 10h-21h dim-ven ;). Une adresse prisée aussi bien des Thaïlandais que des touristes étrangers, pour son *kôw soy*, plat de nouilles et de viande dans un bouillon de curry. Le *sâi òo·a* (saucisse aux herbes du nord de la Thaïlande) est tout aussi bon. Plats de riz et de nouilles classiques également.

Muang Thong CUISINE VARIÉE $$
(angle Th Sanpanard et Th Phahonyothin ; plats 50-300 B ; 24h/24). Ouvert de longue date, ce restaurant en semi-plein air, toujours affairé en soirée, sert l'habituel assortiment de savoureux plats sino-thaïlandais, salés et épicés.

Où prendre un verre et faire la fête

Th Jetyod est une rue aux bars de plus ou moins mauvais goût. Celles alentour comptent un nombre croissant d'établissements de style thaïlandais, avec musique live pour certains.

Cat 'N' A Cup CAFÉ
(angle Th Phahonyothin et Th Prasopsook ; 11h-22h ;). Le café et les gâteaux sont assez bons, mais ce sont ses quelque 25 chats – tous de races différentes – qui rendent l'endroit si populaire auprès des habitants et des visiteurs. Certains recherchent les caresses, tandis que d'autres affichent un air hautain. Après une dure journée de farniente, les félins se retirent à l'étage dans leur dortoir de luxe.

Peace House Bar BAR
(Th Jetyod ; 18h-minuit ;). Le Peace House Bar brandit le drapeau rasta à Chiang Rai. Atmosphère décontractée, billard, musique live plusieurs soirs par semaine et jardin ombragé apprécié des fumeurs.

Chiang Rai Ramluek BAR
(Th Phahonyothin ; 16h-minuit). Si vous voulez faire la fête à la thaïlandaise, cet endroit animé vous conviendra. L'enseigne est en thaï, suivez la musique des concerts et cherchez les tables au-dehors. On peut aussi y manger.

Achats

Thanon Khon Muan MARCHÉ
(Th Sankhongnoi ; 18h-21h dim). Le dimanche soir, Th Sankhongnoi est fermée à la circulation à partir du Soi 2 en direction de l'ouest, et des marchands de vêtements, d'artisanat et de plats locaux s'y installent. Th Sankhongnoi prend le nom de Th Sathanpayabarn à l'intersection avec la partie sud de Th Phahonyothin.

Walking Street MARCHÉ
(rue piétonne ; Th Thanalai ; ⏲16h-22h sam). Si vous êtes sur place un samedi soir, ne manquez pas la *Walking Street*, un vaste marché de rue où l'on trouve de tout, de l'artisanat aux plats locaux. Il s'étend le long de Th Thanalai, du musée des ethnies montagnardes au marché de produits frais.

Bazar de nuit MARCHÉ
(près de Th Phahonyothin ; ⏲18h-23h). Le marché de nuit s'installe à côté de la gare routière, près de Th Phahonyothin. S'il est bien moins vaste que celui de Chiang Mai, vous y trouverez toutefois des objets artisanaux et divers souvenirs.

ℹ Renseignements

Plusieurs banques dotées d'un bureau de change et de DAB jalonnent Th Phahonyothin et Th Thanalai.

Présence française à Chiang Rai

Alliance française (☎053 600 810 ; www.th.ambafrance.org/Les-Alliances-francaises ; 423/33 Klang Wiang Road, Tambon Rob Wiang, Amphoe Mueang, Chiang Rai 57000)

ℹ Depuis/vers Chiang Rai

AVION

L'aéroport international de Chiang Rai (p. 809) est à quelque 8 km au nord de la ville. Le terminal abrite les bureaux des compagnies aériennes, des restaurants, un bureau de change, une poste et quelques comptoirs de location de voiture. Un nouveau bus relie l'aéroport aux deux gares routières de Chiang Rai (6h-18h, ttes les 40 min, 20 B). Un taxi de l'aéroport jusqu'en ville coûte 160 B. En sens inverse et en payant un **Chiang Rai Taxi** (☎053 773477), la course revient autour de 130 B, avec compteur.

Il y a 15 vols quotidiens pour l'aéroport international Don Mueang et 14 vols pour l'aéroport international Suvarnabhumi, tous deux à Bangkok. Au moment de nos recherches, le seul vol direct international desservait Kunming (Chine), avec **China Eastern** (☎089 850 5889, national 02 636 6980 ; www.ceair.com ; King's Romans ; ⏲8h30-17h).

BATEAU

Des bateaux de passagers sillonnent la Mae Nam Kok entre Chiang Rai et Tha Ton (à Chiang Mai), en faisant escale à Ban Ruam Mit. Ils partent de l'**embarcadère CR** (CR Pier ; ☎053 750009 ; ⏲7h-16h), 2 km au nord-ouest de la ville. Un *tuk-tuk* jusqu'à l'embarcadère coûte environ 80 B.

Des bateaux partent à 10h30 tous les jours ; le trajet vers Tha Ton (400 B) dure quelque 3 heures ; 1 heure environ pour Ban Ruam Mit (100 B). Sinon, vous pourrez louer un bateau pour 3 heures (800 B). Si le niveau de l'eau est bas, il se peut que les bateaux ne puissent atteindre Tha Ton.

BUS ET MINIBUS

Des bus desservant certaines villes de la province de Chiang Rai, ainsi que des minibus et des bus (lents pour la plupart), équipés de ventilateur, circulant vers des destinations du nord du pays partent de la **gare routière interprovinciale** (☎053 715952 ; Th Prasopsook) au centre-ville. Pour aller au-delà de Chiang Rai, rendez-vous à la **nouvelle gare routière** (☎053 773989 ; Rte 1/AH2), à 5 km au sud de la ville.

TOURISME À MOTO

Bonne introduction au tourisme à moto dans le Nord, la boucle de Samoeng (100 km) peut se parcourir en une demi-journée. L'itinéraire court vers le nord de Chiang Mai et suit les Rtes 107, 1096 et 1269, en passant par de beaux paysages et de nombreux virages, donnant un aperçu de ce que peuvent offrir des incursions plus poussées dans le Nord. La boucle de Chiang Rai (470 km), qui passe par Fang et Tha Ton le long des Rtes 107, 1089 et 118, est un autre circuit prisé qui peut comprendre une étape à Chiang Rai.

Itinéraire classique du Nord, la boucle de Mae Hong Son, un circuit de 600 km, commence à Chiang Mai et suit les 1 864 virages de la Rte 1095, avec haltes possibles à Pai, Mae Hong Son ou Mae Sariang, avant de revenir à Chiang Mai par la Rte 108. Un itinéraire moins connu mais tout aussi intéressant consiste à emprunter les routes 1155 et 1093 de Chiang Khong, dans la province de Chiang Rai, jusqu'à la cité peu visitée de Phayao, un trajet d'une journée parmi de spectaculaires paysages de montagne.

Meilleure source d'information sur le tourisme à moto dans le Nord, **Golden Triangle Rider** (GT Rider ; www.gt-rider.com) publie également une série d'excellentes cartes pour les motards. Son site Internet fournit de nombreux renseignements sur la location de motos (avec des adresses recommandées à Chiang Mai et Chiang Rai) et l'assurance, suggère différents circuits et comprend un forum interactif.

BUS AU DÉPART DE CHIANG RAI

DESTINATION	PRIX	DURÉE	DÉPARTS
Bangkok	544-890 B	11-12 heures	départs fréquents 8h30-19h50 (nouvelle gare routière)
Bokeo (Laos)	220 B	3 heures	10h et 16h30 (nouvelle gare routière)
Chiang Khong	65 B	2 heures	départs fréquents 6h-17h (gare routière interprovinciale)
Chiang Mai	129-258 B	3-7 heures	départs fréquents 6h15-19h30 (gare routière interprovinciale)
Chiang Saen	37 B	1 heure 30	départs fréquents 6h-17h (gare routière interprovinciale)
Huay Xai (Laos)	220 B	3 heures	10h, 19h50 (nouvelle gare routière)
Lampang	137-274 B	4-5 heures	8h40, 10h, 13h20 (gare routière interprovinciale)
Luang Prabang (Laos)	950 B	18 heures	12h30 lun, mer, ven, dim (nouvelle gare routière)
Mae Chan (pour Mae Salong/Santikhiri)	25 B	45 min	départs fréquents 6h-17h (gare routière interprovinciale)
Mae Sai	39 B	1 heure 30	départs fréquents 6h-17h (gare routière interprovinciale)
Mae Sot	416 B	12 heures	8h40 (nouvelle gare routière)
Nakhon Ratchasima (Khorat)	569-664 B	12-13 heures	4 départs 6h30-19h20 (nouvelle gare routière)
Phayao	60-120 B	1 heure 30-2 heures	8h40, 10h, 13h20 (gare routière interprovinciale)
Phitsanulok	304-355 B	6-7 heures	ttes les heures 6h30-19h30 (nouvelle gare routière)
Phrae	185-216 B	4 heures	départs fréquents 6h-18h (nouvelle gare routière)
Sukhothai	231 B	8 heures	ttes les heures 7h30-10h30 (nouvelle gare routière)
Ubon Ratchathani	884 B	12 heures	14h (nouvelle gare routière)

Des *songthaew* fréquents reliant la nouvelle gare routière à la gare routière interprovinciale circulent de 6h à 17h30 (20 B, 15 min). On peut aussi prendre le bus violet qui relie l'aéroport aux gares routières (6h-18h, ttes les 40 min, 20 B).

Il y a un bus international direct entre Chiang Rai et Luang Prabang (Laos). Il y a aussi des bus quotidiens pour Bokeo et Huay Xai (tous deux au Laos), où partent des correspondances pour Kunming (Chine), Luang Nam Tha (Laos) et Vientiane (Laos).

Comment circuler

Le centre de Chiang Rai se parcourt assez facilement à pied ou à vélo. Vous pouvez louer des vélos (à partir de 50 B/jour) ou des motos (à partir de 200 B/jour) sur votre lieu d'hébergement ou dans les agences de voyages et les magasins à travers la ville. Sinon, des *tuk-tuk* se rassemblent autour de la gare routière interprovinciale (environ 30-50 B/pers pour un trajet en ville).

Chiang Rai Taxi gère des taxis peu onéreux, avec compteur, en ville et dans les alentours. On en trouve aussi dans les gares routières.

Ban Ruam Mit บ้านร่วมมิตร

053 / 3 000 HABITANTS

Ruam Mit (บ้านร่วมมิตร) signifie "village mélangé", ce qui décrit bien cette communauté en bordure de rivière, habitée par différentes ethnies – thaïe, karen, lisu et akha. À seulement 20 km de Chiang Rai et accessible par la route et en bateau, Ban Ruam Mit est une bonne base d'exploration des collines alentour.

À voir et à faire

De nombreux visiteurs viennent à Ban Ruam Mit pour se balader à dos d'éléphant (ce que nous déconseillons, car il est prouvé que cela affecte le bien-être animal).

Envisagez plutôt de randonner vers les villages des collines, et de découvrir les sources chaudes et le parc national.

Sources chaudes de Pha Soet SOURCES CHAUDES
(บ่อน้ำพุร้อนผาเสริฐ ; Ban Pha Soet ; adulte/enfant 30/10 B ; ⏲8h30-18h). L'eau chaude qui jaillit de cette source naturelle est redirigée vers une piscine communale – des bains privatifs permettent aussi d'en profiter dans un cadre plus intime (50-80 B). Ban Pha Soet se situe à 3 km à l'ouest de Ban Ruam Mit.

Parc national de Lamnamkok PARC NATIONAL
(อุทยานแห่งชาติลำน้ำกก ; ⏲8h- 16h30). Ce parc national, classé en 2002, est l'un des plus récents du pays. Il englobe des cascades et, surtout, une source chaude. Cette dernière n'est pas très éloignée à pied du siège du parc, en revanche les excursions plus longues nécessitent un guide. Le parc se trouve à 3 km à l'ouest de Ban Ruam Mit.

Où se loger et se restaurer

Il y a quelques endroits où grignoter à Ban Ruam Mit et les hôtels possèdent des restaurants.

Akha Hill House HÔTEL $
(☎08 9997 5505 ; www.akhahill.com ; ch 300-500 B, bung 600-2 000 B ; ❄📶). Superbement situé sur le flanc d'une colline escarpée, en direction d'un village akha, cet hôtel s'avère décevant. Différents types d'hébergement, des chambres avec salle de bains commune et ventilateurs aux grands bungalows climatisés. La plupart des clients qui logent ici participent à des treks organisés, sur lesquels les avis sont partagés. À 5 km au sud de Ban Pha Soet.

♥ **Bamboo Nest de Chiang Rai** PENSION $$
(☎089 953 2330, 095 686 4755 ; www.bamboonest-chiangrai.com ; bung avec petit-déj et dîner 1 100-1 400 B). Le village lahu où se niche ce lieu unique semble être au bout du monde, alors qu'il n'est qu'à une heure de route de Chiang Rai. Ici, on loge dans des bungalows en bambou simples mais spacieux, perchés sur une colline escarpée donnant sur des rizières en terrasses. L'électricité est fournie par des panneaux solaires. Plusieurs activités de plein air, de l'observation des oiseaux à la randonnée.

Le Bamboo Nest se situe à 2 km du siège du parc national de Lamnamkok – transport gratuit depuis/vers Chiang Rai si vous y séjournez au moins 2 nuits.

ℹ Depuis/vers Ban Ruam Mit

Faute de transport en commun entre le village et les environs, la plupart des visiteurs participent à une excursion depuis Chiang Rai. Les *long-tail boats* qui relient cette dernière à Ban Ruam Mit sont un choix pittoresque. Un bateau de passagers part tous les jours à 10h30 de l'embarcadère CR, à 2 km au nord-ouest de Chiang Rai (100 B, 1 heure). Le bateau repart de Ban Ruam Mit vers 14h. Si vous le ratez, ou s'il n'est pas en service, regagner Chiang Rai en taxi revient à 500 B ; renseignez-vous dans les restaurants et les magasins près de l'embarcadère. Louer un bateau coûte 800 B.

Doi Mae Salong ดอยแม่สลอง

☎053 / 20 000 HABITANTS

Pour un avant-goût de Chine sans traverser de frontières, rendez-vous dans cette bourgade pittoresque, perchée entre les collines non loin de Chiang Rai.

Doi Mae Salong (Santikhiri) fut fondée par des soldats chinois de la province du Yunnan qui avaient fui le pouvoir communiste en 1949. Des générations plus tard, leur culture unique perdure. Le dialecte du Yunnan y reste la langue de prédilection des anciens. Ici, on regarde la télévision chinoise, et ces influences se manifestent aussi dans la cuisine. Bien que Doi Mae Salong fasse désormais partie des itinéraires touristiques, son côté singulier, son emplacement en sommet de colline, ses nombreuses plantations de thé et la présence importante d'ethnies montagnardes en font une destination à part en Thaïlande. C'est l'endroit parfait pour se détendre quelques jours, et la somptueuse région alentour peut aisément être explorée en individuel.

À voir et à faire

La Shin Sane Guest House et la Little Home Guesthouse disposent de cartes gratuites indiquant les chemins de randonnée (approximatifs) vers des villages akha, mien, lisu, lahu et chan de la région. Les villages akha et lisu les plus proches se trouvent à moins d'une demi-journée de marche.

Les plus belles randonnées sont à faire au nord de Mae Salong, entre Ban Thoet

100% LOCAL

MAE SALONG, PASSÉ ET PRÉSENT

Mae Salong fut fondée par le 93e régiment du Guomindang (GMD) – l'armée nationaliste chinoise – qui avait fui la province chinoise du Yunnan pour gagner le Myanmar après sa défaite contre les communistes en 1949. On les força à quitter la Birmanie en 1961 quand le gouvernement de Yangon décida de ne plus tolérer la présence du GMD dans le nord du pays. Rejoignant le nord de la Thaïlande avec des caravanes de chevaux, les anciens soldats et leurs familles s'installèrent dans des villages de montagne et recréèrent une société semblable à celle qu'ils avaient abandonnée au Yunnan.

Après leur avoir accordé le statut de réfugiés dans les années 1960, le gouvernement thaïlandais s'efforça d'intégrer les soldats yunnanais du GMD et leurs familles – sans grand succès jusqu'à la fin des années 1980. Beaucoup d'anciens du GMD restèrent impliqués dans le trafic d'opium du Triangle d'or (p. 235), en association avec le seigneur de guerre Khun Sa et son groupe. Le terrain montagneux accidenté et l'absence de routes goudronnées à Mae Salong et dans ses environs isolaient encore davantage les réfugiés du reste de la Thaïlande, tout en entravant les efforts des autorités de mettre fin au trafic d'opium et de pacifier la région.

Khun Sa vécut à Ban Hin Taek (l'actuelle Ban Thoet Thai) jusqu'à ce qu'il en soit chassé par les militaires thaïlandais, au début des années 1980. Après sa retraite au Myanmar, les attitudes locales évoluèrent et le gouvernement thaïlandais put enfin entamer la mise au pas de Doi Mae Salong et de la région. Pour réprimer le trafic de l'opium, et face à la menace plus récente du trafic de *yah bâh* (méthamphétamine), le gouvernement a lancé des programmes de cultures de substitution, pour encourager les ethnies montagnardes de la région à cultiver thé, café, maïs et arbres fruitiers.

Pour effacer un peu plus l'ancienne image de fief de l'opium de la région, le gouvernement thaïlandais a officiellement rebaptisé Doi Mae Salong en Santikhiri (mont de la Paix), même si ce nom est peu utilisé. Jusque dans les années 1980, des mules servaient à monter les marchandises jusqu'à Doi Mae Salong, mais aujourd'hui, la route de 36 km venant de Ban Pasang est goudronnée. Malgré les progrès réalisés en matière d'infrastructures, l'endroit ne ressemble à aucun autre en Thaïlande, du fait de ses influences chinoises pérennes.

Thai et la frontière du Myanmar. Le trafic de drogue sévissant sur cette partie de la frontière thaïlando-birmane, renseignez-vous sur la situation avant de partir.

La Shin Sane Guest House dirige des excursions à poney vers quatre villages voisins pour 600 B (environ 3-4 heures), mais les poneys ne supportent pas plus de 60 kg de charge.

Wat Santikhiri POINT DE VUE
(วัดสันติคีรี). Pour découvrir la vue superbe depuis le Wat Santikhiri, dépassez le marché et gravissez les 718 marches (ou prenez la route si vous avez une moto ou une voiture). Le *wat* de style chinois appartient au courant mahayana.

Marché du matin MARCHÉ
(ตลาดเช้าดอยแม่สลอง ; près de Rte 1130 ; ⏲6h-8h). Un marché matinal, petit mais animé et haut en couleur, au carrefour en T proche de la Shin Sane Guest House. Il attire des citadins et des montagnards des districts environnants, et mérite qu'on se lève tôt.

Musée-mémorial des Martyrs chinois MUSÉE
(พิพิธภัณฑ์วีรชนอดีตทหารจีนคณะชาติภาคเหนือ ; près de Rte 1130 ; 20 B ; ⏲8h-17h). Au sud de l'embranchement menant à la tombe du général du Guomindang (GMD), ce musée-mémorial, un bâtiment de style chinois, abrite une décevante exposition sur le GMD – batailles, migration, culture – en Thaïlande.

Où se loger

Il n'y a que l'embarras du choix pour se loger à petit prix, ou à prix moyen, à Doi Mae Salong. Les tarifs sont souvent négociables, hormis en haute saison (novembre-janvier). Étant donné la fraîcheur du climat, peu d'établissements sont climatisés.

HORS DES SENTIERS BATTUS

BAN THOET THAI : LE VILLAGE DU ROI DE L'OPIUM

Au bord d'une rivière étroite à environ 20 km au nord de Mae Salong, Ban Thoet Thai (บ้านเทอดไทย) est un village multiethnique isolé – Shan, Chinois, Akha, Thaï Lü, Lahu, Hmong, Lua et Lisu – marqué par son caractère frontalier et son passé lié à la contrebande de l'opium.

Il est surtout connu pour avoir servi de base à Khun Sa, le plus célèbre des narcotrafiquants et seigneurs de la guerre du Triangle d'or, moitié shan, moitié chinois. Entre les années 1960 et 1980, à la tête d'une armée de 20 000 hommes, il domina le commerce de l'opium et de l'héroïne dans le Triangle d'or, zone de non-droit à cheval sur les frontières de la Thaïlande, du Myanmar, de la Chine et du Laos. À cette époque, terrain montagneux accidenté et absence de routes goudronnées coupaient Ban Thoet Thai du reste de la Thaïlande.

Une exposition consacrée au roi de l'opium ainsi qu'à la culture et à l'histoire shan est proposée au **musée Khunsa** (พิพิธภัณฑ์ขุนส่า ; ⏲8h-17h) GRATUIT, situé dans son ancien quartier général (environ 500 m au nord du marché). Ne manquez pas le salon VIP avec son impressionnant mannequin grandeur nature du célèbre trafiquant.

Le meilleur hébergement à Ban Thoet Thai est la **Rim Taan Guest House** (☎053 730209 ; rimtaan_guesthouse@hotmail.co.th ; 15 Mu 1, Thoet Thai ; ch et bung 500-1 200 B ; ❄📶), située à peu près au centre du village et disposant de bungalows avec ventilateur, de chambres climatisées dans un joli jardin au bord de la rivière. Non loin, le **Restaurant Ting Ting** (plats 40-150 B ; ⏲7h-21h) reste ouvert plus tard que les autres restaurants du village et propose une carte en anglais de savoureux plats chinois.

Pour rejoindre Ban Thoet Thai depuis Chiang Rai, prenez n'importe quel bus à destination de Mae Sai ou de Chiang Saen à la gare routière interprovinciale (p. 222) et descendez au marché de Mae Chan (20 B, 45 min, fréquents 6h-18h30). De là, des *songthaew* bleus partent pour Ban Thoet Thai une fois pleins (50 B, 1 heure). À Mae Salong, des motos-taxis assurent l'aller-retour jusqu'à Ban Thoet Thai pour 500 B, attente incluse.

En ville

Shin Sane Guest House PENSION $
(☎053 765026 ; www.shinsaneguesthouse.com ; Rte 1130 ; ch 400 B, bung 800 B ; 📶). Les chambres âgées du bâtiment d'origine du plus vieil hôtel de Mae Salong sont basiques, avec salles de bains communes ; celles de la nouvelle annexe et les bungalows, bien plus agréables, avec salle de bains et lits confortables. Près du carrefour où se tient le marché du matin.

Sabaidee Maesalong HÔTEL $
(☎085 705 5570 ; Rte 1130 ; ch 600 B ; 📶). Les chambres ne sont pas transcendantes – carrelage au sol et installations vieillottes – mais on a belle vue sur le village et les collines environnantes depuis leur balcon. L'anglais est peu parlé mais le propriétaire se montre agréable.

♥ **Baan Hom Muen Li** HÔTEL $$
(Osmanthus ; ☎053 765455 ; osmanhouse@hotmail.com ; Rte 1130 ; ch avec petit-déj 1 200-1 500 B ; ❄📶). En plein centre-ville, cet hôtel élégant compte 22 chambres arborant des thèmes chinois classiques et modernes. Privilégiez celles plus chères, à l'étage, dotées de grands balcons avec vue sur les plantations de thé. Enseigne en thaï.

Little Home Guesthouse PENSION $$
(☎053 765389 ; www.maesalonglittlehome.com ; Rte 1130 ; ch et bung 800-1 000 B ; ❄📶). Situé près du carrefour du marché du matin, un grand bâtiment jaune, avec de beaux bungalows à l'arrière. Chambres spacieuses, propres, lumineuses et, pour les plus chères, climatisées. Les bungalows, avec balcon, affichent un bon rapport qualité/prix. Les propriétaires sont sympathiques et attentionnés.

En dehors de la ville

Maesalong Flower Hills Resort RESORT $$
(☎053 765496 ; www.maesalongflowerhills.com ; Rte 1130 ; ch et bung 800-2 800 B, avec petit-déj ; ❄📶🏊). De superbes jardins fleuris entourent les bungalows de différentes tailles, tous avec balcon et vue. Les chambres,

moins chères, peuvent se révéler sombres et n'ont pas l'attrait du panorama. Grande piscine. Un bon choix pour les familles.

Phumektawan Resort HÔTEL $$
(☎052 029832 ; www.phumaketawanresort.com ; Rte 1130 ; ch 900-1 500 B, ch VIP 2 500 B ;). Il ne s'agit pas vraiment d'un "*resort*", mais on a vue spectaculaire aux balcons des chambres, à flanc de colline. Le panorama est encore plus beau depuis la vaste terrasse commune. Chambres de différentes tailles, toutes modernes et confortables. À l'est de l'entrée de la ville ; mieux vaut disposer d'un véhicule.

♥ **Phu Chaisai Resort & Spa** RESORT $$$
(☎053 910500 ; www.phu-chaisai.com ; près de Rte 1130 ; bung avec petit-déj 4 200-11 200 B ;). Sur une colline isolée couverte de bambous, ce complexe hôtelier est le plus chic de la région de Mae Salong. Tous les bungalows comprennent mobilier en bambou, lits confortables et balcons, mais plus on paie cher, plus on a d'espace et meilleure est la vue. Cadre ravissant et spa très apprécié.

Maesalong Mountain Home HÔTEL $$$
(☎084 611 9508 ; www.maesalongmountainhome.com ; près de Rte 1130 ; ch et bung 1 000-3 300 B ;). Desservi par une piste raide à 1 km à l'est du centre de Mae Salong (repérez les panneaux orange), cet établissement paisible est une bonne adresse pour qui est motorisé ou ne rechigne pas à marcher. Au milieu d'une exploitation fruitière, les 15 bungalows sont simples mais lumineux et confortables, avec vastes balcons et grandes salle de bains.

Où se restaurer et prendre un verre

Sweet Maesalong CAFÉ $
(Rte 1130 ; plats 50-150 B ; 8h30-17h ;). Pour changer du thé, rendez-vous dans ce café moderne, fort d'une vaste carte de boissons à base de cafés produits localement. Il sert également d'excellentes pâtisseries et des plats complets. Tout près du centre-ville.

♥ **Salima Restaurant** CHINOIS $$
(Rte 1130 ; plats 50-250 B ; 9h-20h). Sympathique restaurant et meilleure table de la ville. Le généreux curry de bœuf à la mode du Yunnan et la salade de thon aux feuilles de thé aigre et épicée comptent parmi les savoureuses spécialités sino-musulmanes.

100% LOCAL

CUISINE YUNNANAISE

Le petit-déjeuner chinois classique au marché du matin – des *bah·tôrng·gŏh* (beignets) accompagnés de lait de soja chaud – est parfait pour bien commencer la journée. En fait, les touristes thaïlandais sont nombreux à venir à Doi Mae Salong pour déguster des plats yunnanais tels les *màn·tŏh* (petits pains cuits à la vapeur), servis avec de la poitrine de porc braisée et des légumes marinés, ou du poulet noir mijoté avec des herbes chinoises. Les nouilles de blé aux œufs maison sont une autre spécialité de Doi Mae Salong – elles s'accompagnent d'un bouillon de porc servi avec une pâte de piments. Elles sont proposées à plusieurs endroits dans la ville.

Les plats de nouilles sont également bons, notamment le *kôw soy* (nouilles de blé aux œufs dans un bouillon au curry) au bœuf. Pas d'alcool.

♥ **Sue Hai** CHINOIS $$
(Rte 1130 ; plats 40-300 B ; 8h-21h ;). Le restaurant yunnanais le plus authentique de Mae Salong, à l'est du centre. Champignons locaux sautés à la sauce soja, délicieux porc séché sauté avec des poivrons verts et salade de thé oolong font partie des spécialités. Boutique de thé attenante.

Cafe Yes I Do CAFÉ
(Rte 1130 ; 8h-19h ;). Ce lieu agréable, qui sert cafés, thés, smoothies et plats thaïlandais simples, a pour atout sa terrasse rafraîchie par la brise et donnant sur la campagne au sud de Mae Salong.

Renseignements

On trouve plusieurs DAB qui acceptent les cartes étrangères sur la route principale qui traverse Mae Salong.

Depuis/vers Doi Mae Salong

Si vous n'êtes pas motorisé, le plus simple pour rejoindre Doi Mae Salong depuis Chiang Rai est de prendre un bus jusqu'à Mae Chan, puis l'un des *songthaew* qui partent pour Doi Mae Salong une fois pleins du quartier du marché (50 B, 1 heure). Mieux vaut arriver à Mae Chan le matin car les transports se raréfient plus tard dans la journée. Vous pourrez aussi louer un *songthaew* pour 500 B. Sinon, on peut prendre un bus en direction de Mae Sai et descendre à Ban Pasang, d'où des *songthaew* peuvent être loués pour environ 400 B. En sens inverse, vous pourrez héler un *songthaew*, ou en prendre un près du 7-Eleven de Doi Mae Salong.

Vous pouvez aussi vous rendre à Doi Mae Salong par la route depuis Tha Ton, à Chiang Mai. Les *songthaew* jaunes à destination de Tha Ton s'arrêtent près de la Little Home Guesthouse (60 B, 1 heure, 4/jour).

Comment circuler

Une bonne partie de Doi Mae Salong est accessible à pied. Si vous souhaitez pousser plus loin (ou si vos jambes fatiguent), des motos-taxis se rassemblent près du 7-Eleven. On peut aussi louer des motos à certains endroits (200 B/jour).

Mae Sai แม่สาย

053 / 28 000 HABITANTS

La ville la plus septentrionale du pays ne présente que peu d'intérêt en soi, et semble à première vue se résumer à un grand marché en plein air, dont les étals et boutiques s'étendent à l'ouest et au sud de la frontière avec le Myanmar. Mais elle constitue une bonne base pour visiter le Triangle d'or et Doi Mae Salong, bien que la plupart des voyageurs qu'on y croise soient en route pour l'État shan, juste au-delà de la frontière, ou en reviennent.

ALLER AU MYANMAR (BIRMANIE) : DE MAE SAI À TACHILEIK

Mae Sai-Tachileik est un point de passage vers le Myanmar très fréquenté par les adeptes de la course au renouvellement de visa, mais passer la frontière ici peut poser problème si l'on veut s'enfoncer plus loin dans le pays. Les conditions de passage à la frontière sont susceptibles de changer : renseignez-vous sur la situation avant de partir.

Rejoindre la frontière Le poste-frontière et le bureau de l'immigration thaïlandais (p. 231) sont à courte distance à pied des hébergements de Mae Sai.

À la frontière Après avoir rempli les formalités d'usage au **bureau de l'immigration thaïlandais**, franchissez le pont et rendez-vous au bureau de l'immigration du Myanmar. Si vous avez déjà un visa du Myanmar, vous serez autorisé à continuer par voie terrestre jusqu'à Kyaingtong (également appelé Kengtung) ou par avion vers d'autres endroits du Myanmar.

Si vous n'avez pas encore de visa du Myanmar, il est simple de se rendre à Tachileik pour la journée et à peine plus compliqué d'obtenir un laissez-passer valable 2 semaines pour pouvoir passer la frontière et visiter Kyaingtong.

Pour une visite d'une journée, vous devrez payer 500 B afin d'obtenir une carte d'identité temporaire – votre passeport sera conservé au poste-frontière. À part goûter la cuisine et faire quelques achats, Tachileik ne présente guère d'intérêt : les prix sont quasi identiques à ceux pratiqués en Thaïlande et les bahts sont acceptés. Le marché du matin mérite le détour et les échoppes de thé peuvent constituer des haltes plaisantes.

Si vous souhaitez visiter Kyaingtong, mais n'avez pas encore de visa du Myanmar, adressez-vous directement au bureau du Myanmar Travels & Tours (MTT). Vous devrez indiquer précisément aux autorités où vous vous rendez, fournir 3 photos et la somme de 10 $US ou 500 B pour obtenir un laissez-passer valable 14 jours. Votre passeport sera conservé au poste-frontière afin que vous quittiez le pays par où vous y êtes entré. Il est également obligatoire de louer les services d'un guide (1 000 B/jour plus 400 B de "taxe de guide") pour la durée de votre séjour. Si vous n'avez pas pris vos dispositions pour qu'un guide de Kyaingtong vous attende à la frontière, le MTT vous en attribuera un d'office, et vous devrez aussi lui payer le gîte et le couvert. Parmi les guides basés à Kyaingtong, citons **Freddie** (Sai Yot ; +95 9490 31934 ; yotkham@gmail.com) et **Leng** (+95 9490 31470 ; sairoctor.htunleng@gmail.com).

Poursuivre son voyage Des bus pour Kyaingtong (10 000 K, 5 heures, 8h-8h30 et 11h30-12h30) partent de la gare routière de Tachileik, située à 2 km de la frontière. On peut la rejoindre en *songthaew* (20 B) ou à moto-taxi (50 B) ; de la gare routière, on peut aussi louer un taxi (60 000 K environ) ou prendre place à l'avant/arrière d'un taxi collectif (15 000 K) et attendre qu'il soit plein pour partir.

Mae Sai

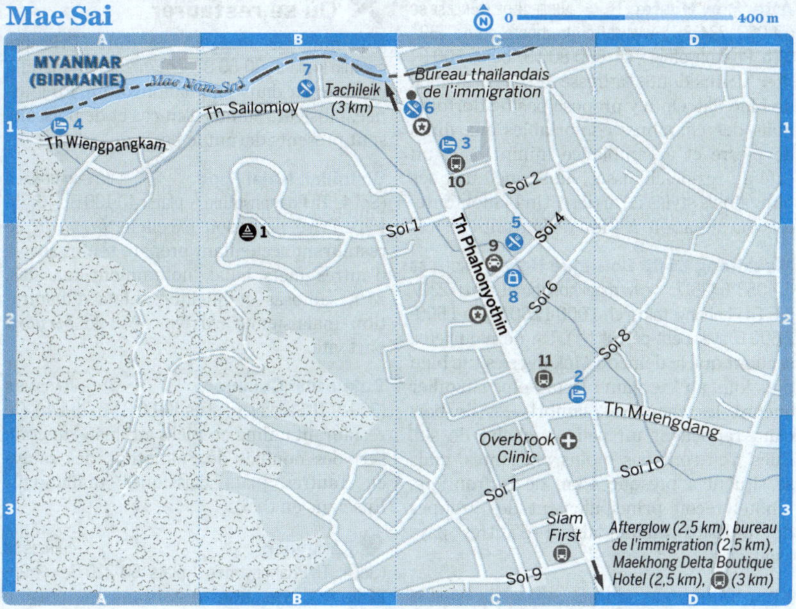

Mae Sai

À voir
1 Wat Phra That Doi Wao B2

Où se loger
2 Baan Sabai Maesai C2
3 Khanthongkham Hotel C1
4 Maesai Guest House A1

Où se restaurer
5 Bismillah Halal Food C2
Kangyuan ......(voir 5)
6 Marché nocturne C1
7 Sukhothai Cuisine B1

Achats
8 Marché aux pierres précieuses C2

Transports
9 Motos-taxis pour la gare routière C2
10 Songthaew pour la gare routière C1
11 Songthaew pour Sop Ruak et Chiang Saen C2

À voir

Wat Phra That Doi Wao TEMPLE BOUDDHIQUE
(วัดพระธาตุดอยเวา ; Soi 1, Th Phahonyothin ; lever-coucher du soleil). GRATUIT Gravissez les marches à flanc de colline près de la frontière jusqu'au Wat Phra That Doi Wao pour la superbe vue sur Tachileik, au Myanmar. Ce *wat* aurait été érigé à la mémoire de soldats birmans, morts en combattant le Guomindang (GMD) en 1965 (vous entendrez d'autres versions, dont une à la gloire du GMD).

Où se loger

Maesai Guest House HÔTEL $
(053 732021 ; 688 Th Wiengpangkam ; bung 400-800 B ;). Près de la sale Mae Nam Sai, juste en face du Myanmar, cet hôtel établi de longue date loue des bungalows rustiques en bambou, avec ventilateur pour la plupart. De tailles diverses (plus ils sont chers, plus ils sont grands), ils comprennent des lits corrects et un balcon. Personnel agréable et restaurant/bar au bord de l'eau.

Baan Sabai Maesai PENSION $$
(062 031 2233 ; facebook.com/BaanSabaiMaesai ; Soi 8, Th Phahonyothin ; ch avec petit-déj 900 B ;). Grandes, claires et modernes, les chambres du Baan Sabai Maesai, dans une ruelle du Soi 8, sont toutes aménagées différemment, avec du mobilier conçu par le serviable propriétaire anglophone. Partie commune au rez-de-chaussée, motos à louer (200-300 B/jour) et excursions organisées vers les villages alentour.

Afterglow Hostel AUBERGE DE JEUNESSE $$
(☎053 734188 ; www.afterglowhostel.com ; 139/5 Th Phahonyothin ; ch 600-800 B, bung 500 B ; ❄📶). Sans doute l'adresse la plus branchée de Mae Sai. On n'y propose pas de dortoirs, mais des chambres confortables aux murs de pierre et à l'ambiance minimaliste, un café au rez-de-chaussée, ainsi que quelques bungalows stylés à l'arrière. Un bémol toutefois : la situation, à 4 km de la frontière.

Maekhong Delta Boutique Hotel HÔTEL $$
(☎053 642517 ; www.maekhonghotel.com ; 230/5-6 Th Phahonyothin ; ch 1 000-1 200 B, ste 1 500-2 600 B, avec petit-déj ; ❄📶). Un nom curieux, sachant que le delta du Mékong se situe bien plus loin, au Vietnam ! Détail plus singulier encore, les chambres, lambrissées de bois clair, rappellent un peu un chalet de ski. Elles n'en sont pas moins plaisantes, mais se situent à presque 4 km de la frontière. L'hôtel reçoit principalement des groupes de touristes thaïlandais et d'autres pays asiatiques.

Khanthongkham Hotel HÔTEL $$
(☎053 734222 ; www.ktkhotel.com ; 7 Th Phahonyothin ; ch avec petit-déj 1 200 B ; ❄📶). À quelques pas de la frontière, ce vénérable hôtel, au propriétaire chinois, loue des chambres spacieuses, décorées de bois clair. Beaucoup sont toutefois dépourvues de fenêtre ; vérifiez les disponibilités.

Où se restaurer

Un immense **marché de nuit** (Th Phahonyothin ; plats 30-60 B ; ⏲17h-23h) s'installe chaque soir dans Th Phahonyothin. En journée, plusieurs stands d'en-cas et de boissons sont présents devant le poste de police.

Bismillah Halal Food INTERNATIONAL $
(Soi 4, Th Phahonyothin ; plats 40-100 B ; ⏲7h-16h). Prisé pour son excellent *biryani*, ce restaurant accueillant prépare toutes sortes d'autres mets halal, notamment masalas, *roti*, samosas et quelques plats d'inspiration malaisienne. Arrivez tôt : le *biryani* part vite.

Sukhothai Cuisine THAÏLANDAIS $
(399/9 Th Sailomjoy ; plats 40-60 B ; ⏲7h-17h). Ce restaurant animé en plein air, juste au coin, sert des nouilles de Sukhothai, des satays et d'autres plats classiques thaïlandais. Enseigne en thaï.

♥ **Kangyuan** CHINOIS $$
(Soi 4, Th Phahonyothin ; plats 60-220 B ; ⏲9h-22h ; 📶). Un bon restaurant de cuisine chinoise authentique, de surcroît ouvert plus tard que maintes autres adresses de Mae Sai. On y sert des plats vaguement inspirés du Sichuan – nouilles au bœuf épicées, fondue chinoise (conseillée pour plusieurs) – ainsi que des raviolis et des spécialités végétariennes. Le personnel ne parle pas anglais,

TRANSPORTS AU DÉPART DE MAE SAI

Bus

DESTINATION	PRIX	DURÉE	DÉPARTS
Bangkok	581-904 B	12-13 heures	5h30 et 6h15 et départs fréquents 16h30-17h45
Chiang Mai	160-319 B	5 heures	9 départs 6h15-18h
Chiang Rai	39 B	1 heure 30	départs fréquents 5h45-18h
Mae Sot	416 B	12 heures	6h45
Phayao	122 B	3 heures	6 départs 6h15-18h
Phitsanulok	344 B	8 heures	5h
Phrae	225 B	5 heures	5h

Minibus et songthaew

DESTINATION	PRIX	DURÉE	DÉPARTS
Chiang Rai	50 B	1 heure	départs fréquents de minibus 6h-16h
Chiang Saen	50 B	1 heure	*songthaew* ttes les heures 9h-12h
Fang	120 B	3 heures	minibus 8h et 14h
Sop Ruak	40 B	45 min	*songthaew* ttes les heures 9h-12h
Tha Ton	140 B	2 heures	minibus 7h, 8h et 14h

mais la carte comporte des photos et les prix sont en chiffres arabes.

Achats

Marché aux pierres précieuses MARCHÉ
(Soi 4, Th Phahonyothin ; 8h-16h). Marché aux pierres précieuses en plein air de Mae Sai. N'achetez rien si vous n'êtes pas un spécialiste en la matière.

Renseignements

Plusieurs banques avec DAB et des bureaux de change sont installés aux abords de la frontière.

Bureau thaïlandais de l'immigration (053 733261 ; Th Phahonyothin ; 6h-21h). Situé à l'entrée du pont frontalier.

Overbrook Clinic (053 734422 ; 20/7 Th Phahonyothin ; 8h-20h). Associé à l'hôpital moderne de Chiang Rai.

Police touristique (115 ; Th Phahonyothin ; 8h30-18h). Une guérite est installée face à la frontière avant le bureau de l'immigration.

Comment s'y rendre et circuler

La **gare routière** (053 646403 ; Th Phahonyothin) de Mae Sai est à 4 km de la frontière. Des songthaew collectifs parcourent la route entre cette gare et l'arrêt de Soi 2, à l'angle de Th Phahonyothin (15 B, 5 min, 6h-18h). Des motos-taxis (40 B) circulent depuis/vers l'arrêt situé à l'angle de Th Phahonyothin et Soi 4.

Pour vous rendre à Bangkok, vous pouvez éviter d'aller acheter votre ticket à la gare routière en vous adressant à **Siam First** (053 731504 ; angle de Soi 9 et Th Phahonyothin ; 8h-16h), à l'angle de Soi 9, Th Phahonyothin, à côté du marchand de motos.

Dans Th Phahonyothin, près de Soi 8, un panneau "bus stop" indique l'arrêt des *songthaew* pour Sop Ruak et Chiang Saen. Un trajet en *songthaew* dans la ville coûte 15 B. Les motos-taxis (20-40 B/trajet) se rassemblent près du marché.

Chiang Saen เชียงแสน

053 / 11 000 HABITANTS

Ville fluviale endormie, Chiang Saen fut autrefois un royaume thaï qui remonterait au VIIe siècle. Les ruines de cet empire – dont plusieurs *chedi*, bouddhas, colonnes de *wí·hăhn* (sanctuaire) et remparts en terre – émaillent la ville. Plus tard, Chiang Saen fut liée à divers royaumes du nord de la Thaïlande, au Myanmar au XVIIIe siècle, et ne fut intégrée au Siam que dans les années 1880.

Empruntant l'ancienne route marchande sino-siamoise, d'énormes barges venues de la province de Yunnan en Chine accostent aujourd'hui à Chiang Saen, apportant toutes sortes de produits, des fruits aux pièces détachées de moteurs. Le commerce n'a néanmoins pas transformé la ville, qui constitue une base bien plus agréable que la touristique et anarchique Sop Ruak, appelée "Triangle d'or", à 9 km à l'est.

À voir et à faire

Wat Pa Sak SITE HISTORIQUE
(วัดป่าสัก ; près de la Rte 1290 ; parc historique 50 B ; 8h30-16h30 mer-dim). GRATUIT À 200 m de la Pratu Chiang Saen (la principale porte historique menant vers l'ouest de la ville), un parc historique contient les vestiges du Wat Pa Sak, dont 7 monuments identifiables. Le principal *chedi* du milieu du XIVe siècle combine des éléments de styles Hariphunchai et Sukhothai avec une possible influence de Bagan – il conserve de superbes reliefs en stuc.

Musée national de Chiang Saen MUSÉE
(พิพิธภัณฑสถานแห่งชาติเชียงแสน ; 702 Th Phahonyothin ; 100 B ; 9h-16h mer-dim). Impressionnant malgré sa taille plutôt modeste, ce musée présente des pièces archéologiques issues de la région, des bouddhas et des expositions sur les ethnies montagnardes locales.

Wat Phra That Pha Ngao TEMPLE BOUDDHIQUE
(วัดพระธาตุผาเงา ; près de la Rte 1129 ; lever-coucher du soleil). GRATUIT À 3 km au sud de la ville dans le village de Sop Kham, ce *wat* possède un superbe *hŏr đrai* (dépôt de manuscrits) en teck doré, ainsi qu'une grande salle de prière construite pour protéger un bouddha partiellement exhumé de l'époque de Chiang Saen. Un chemin escarpé conduit au sommet de la colline jusqu'à une pagode et un temple avec vue sur le Mékong.

Wat Pha Khao Pan TEMPLE BOUDDHIQUE
(วัดผ้าขาวป้าน ; Th Rimkhong ; lever-coucher du soleil). Ce *wat* en activité près de la rivière comprend un magnifique chedi d'époque Lanna. La large base carrée comporte des bouddhas en marche de style Lanna dans des niches sur les quatre côtés. Celui qui fait face à l'est est sculpté dans la posture *mudra* (appelant la pluie), les bras tendus le long du corps, une représentation plus courante au Laos qu'en Thaïlande.

Croisières sur le Mékong BATEAU
(085 392 4701 ; Th Rimkhong ; 8h-17h). Depuis la jetée, des vedettes pour passagers

Chiang Saen

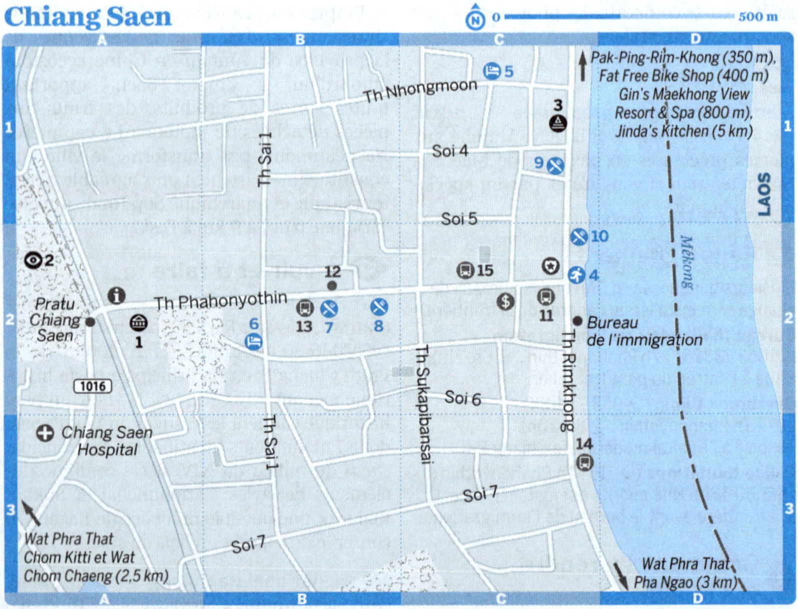

Chiang Saen

À voir
1 Musée national Chiang Saen A2
2 Wat Pa Sak A2
3 Wat Pha Khao Pan C1

Activités
4 Mekong River Trips C2

Où se loger
5 Amphai Hotel C1
6 Tararin B2

Où se restaurer
7 108 Pun Pun B2
8 Stands du soir B2
9 Kiaw Siang Hai C1
10 Walking Street C2

Transports
11 Bus pour Chiang Rai et Chiang Mai C2
12 Loueur de motos B2
13 Sombat Tour B2
14 Songthaew pour Hat Bai C3
15 Songthaew pour Sop Ruak et Mae Sai C2

rejoignent Sop Ruak (par bateau aller/aller-retour 700/800 B, 1 heure) ou poussent jusqu'à Chiang Khong (par bateau aller/aller-retour 3 500/4 000 B, 1 heure 30).

Où se loger

Tararin HÔTEL $
(053777445 ; près de Th Phahonyothin ; ch 600 B ;). Cet hôtel impersonnel fait penser aux motels américains des années 1980. Les chambres sont un peu vieillottes, mais la situation est excellente et les prix attrayants, dans une ville dépourvue d'auberges de jeunesse.

Pak-Ping-Rim-Khong PENSION $$
(053 650151 ; facebook.com/PakPingRimKhong ; 484 Th Rimkhong ; ch avec petit-déj 1 200 B ;). Des chambres propres, confortables et spacieuses, certaines avec balcon, sont distribuées dans une villa bien tenue, juste en face du Mékong. Une extension était en construction au moment de nos recherches.

Amphai Hotel PENSION $$
(092 892 9561 ; Th Nhongmoon ; ch 400-800 B ;). L'ancien Jay Nay loue des chambres simples mais modernes et propres donnant sur une cour. Les plus chères ont de meilleurs lits. Situation calme et personnel aimable.

Gin's Maekhong View Resort & Spa HÔTEL $$$
(053 650847 ; www.ginmaekhongview.com ; 225 Th Rimkhong ; ch 1 500 B, bung 2 000 B, avec

petit-déj ; ❄ 📶 🏊). On a ici le choix entre des bungalows au bord du fleuve, plutôt petits, et de jolies chambres spacieuses et confortables. Sur place, piscine, vaste champ de tournesols, spa de massage et café. Le Gin's est à environ 1 km au nord du centre de Chiang Saen, près des remparts reconstitués.

Viang Yonok PENSION $$$
(☎053 650444 ; www.viangyonok.com ; près de la Rte 1016 ; bung avec petit-déj 2 100-2 450 B ; ❄ 📶 🏊). Cet ensemble bien entretenu, de 7 confortables bungalows parquetés, met l'accent sur les prestations et les activités : piscine, sauna et salle de musculation, vélos et kayaks à louer, excursions d'observation d'oiseaux. L'emplacement tranquille, au bord du lac de Chiang Saen, est un plus. À environ 5 km à l'ouest du Chiang Saen, à Ban Khu Tao, près de la route qui conduit à Mae Chan.

Où se restaurer

Près de l'abri couvert des bus dans Th Phahonyothin, des stands de restauration (plats 30-60 B) vendent des nouilles et des plats de riz bon marché. Quand vient la nuit, des **stands du soir** (Th Phahonyothin ; plats 30-60 B ; ⏲16h-22h) s'installent plus à l'ouest. Le samedi soir, une partie de Th Rimkhong est fermée à la circulation pour devenir la **Walking Street** (rue piétonne ; Th Rimkhong ; plats 30-60 B ; ⏲16h-21h sam), très animée et riche en possibilités de restauration.

♥ **Jinda's Kitchen** THAÏLANDAIS $
(Rte 1290 ; plats 30-100 B ; ⏲8h-16h ; 📶). Ce restaurant au bord de la route sert des plats locaux depuis plus de 50 ans, dont un délicieux *kà·nŏm jeen nám ngée·o* (nouilles de riz fraîches servies avec une sauce aigre à base de porc et de tomate). À peu près à mi-chemin entre Chiang Saen et Sop Ruak.

Kiaw Siang Hai CHINOIS $
(44 Th Rimkhong ; plats 50-120 B ; ⏲8h-21h). Cette table assez authentique attire les équipages des bateaux chinois qui accostent à Chiang Saen. Bons raviolis, tofu frit relevé à la mode du Sichuan et soupes aux herbes. L'enseigne est en thaï ; cherchez les immenses jarres en céramique devant l'entrée.

108 Pun Pun THAÏLANDAIS $
(Th Phahonyothin ; plats 40-150 B ; ⏲8h-17h). Une bonne adresse pour le déjeuner avec son espace extérieur ombragé et sa carte comprenant plats de riz et de nouilles simples mais savoureux, café, smoothies et glaces.

Renseignements

Bureau de l'immigration (☎053 777118 ; Th Rimkhong ; ⏲8h30-16h30 lun-ven). Le bureau de l'immigration à Chiang Saen.

Centre d'accueil des visiteurs (☎053 777084 ; Th Phahonyothin ; ⏲8h30-16h30 lun-sam). Possède un plan en relief montrant les principales ruines ainsi que des photos de divers *chedi* avant, pendant et après restauration.

Hôpital de Chiang Saen (☎053 777017 ; Rte 1016 ; ⏲24h/24). Un hôpital public juste au sud du Wat Pa Sak.

Police (Th Phahonyothin ; ⏲24h/24). Le principal poste de police de Chiang Saen.

Siam Commercial Bank (Th Phahonyothin ; ⏲8h30-16h30 lun-ven). Banque avec bureau de change et DAB.

Depuis/vers Chiang Saen

Des *songthaew* bleus (Th Phahonyothin, 7h-15h) pour Sop Ruak (20 B) et Mae Sai (50 B) attendent à un abri situé à l'extrémité est de Th Phahonyothin. Pour rejoindre Chiang Khong, il faut prendre un *songthaew* vert (Th Rimkhong) pour Hat Bai (50 B, 1 heure, 9h-14h), à un abri situé dans Th Rimkhong, au sud du bureau de l'immigration situé au bord du fleuve, puis changer pour un autre *songthaew* à Hat Bai.

Chiang Saen ne possède pas vraiment de gare routière. À la place, les bus prennent et déposent les passagers à un abri couvert à l'extrémité est de Th Phahonyothin. De cet **arrêt** (Th Phahonyothin), des bus fréquents rallient Chiang Rai (37 B, 1 heure 30, 5h30-17h30) et un bus quotidien dessert Chiang Mai (205 B, 5 heures, 9h).

Sombat Tour (☎053 650788 ; Th Phahonyothin ; ⏲8h20-16h) propose 2 bus VIP quotidiens pour Bangkok (958 B, 12 heures, 16h et 17h) partant d'un petit bureau dans Th Phahonyothin.

Comment circuler

Les motos-taxis facturent environ 20 B un court trajet en ville. Elles stationnent près de l'arrêt de bus.

Un deux-roues est pratique pour explorer les alentours. On peut louer des VTT et des motos chez le **loueur de motos** (☎089 429 5798 ; 247/1 Th Phahonyothin ; vélo 80 B, moto 200-300 B pour 24 heures ; ⏲8h-19h) opérant dans une boutique de barbier ou chez **Fat Free Bike Shop** (www.fatfreebike.com ; Th Rimkhong ; ⏲9h-17h).

Le Triangle d'or et ses environs

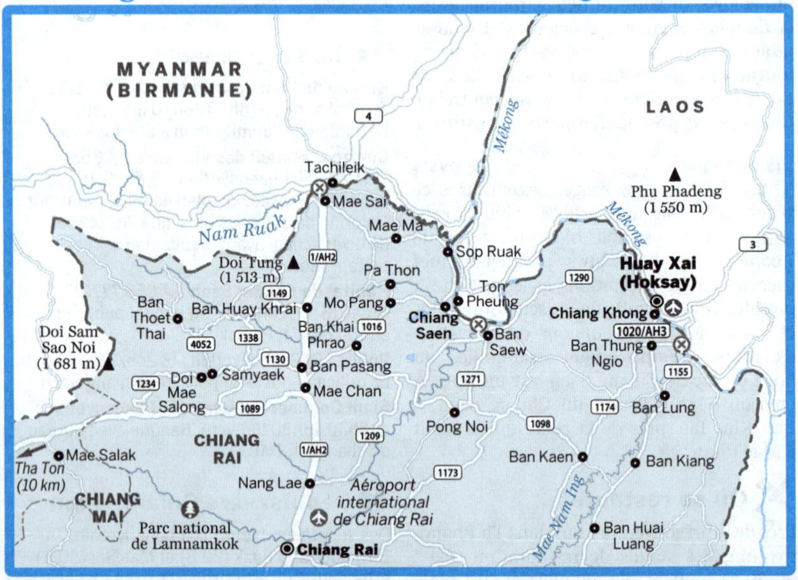

Sop Ruak

สบรวก

053 / 2 000 HABITANTS

Les frontières du Myanmar, de la Thaïlande et du Laos se rejoignent à Sop Ruak, considérée comme le centre du Triangle d'or, au confluent de la Nam Ruak et du Mékong. Les deux musées de la ville consacrés à l'opium méritent une visite, et la balade en bateau tient d'une heure agréable. Mais seuls ses hôtels de luxe justifient d'y passer la nuit.

À voir et à faire

Depuis plusieurs embarcadères et tout au long de la journée, on peut partir sur le Mékong à bord d'un *long-tail boat*. Les excursions d'une heure, avec un maximum de 5 personnes par bateau, coûtent 500 B. Pour qui s'arrête au Laos, une taxe de 40 B est demandée à chaque visiteur.

Hall of Opium — MUSÉE

(หอฝิ่น ; Rte 1290 ; adulte/enfant 200 B/gratuit ; 8h30-16h mar-dim). La Mae Fah Luang Foundation a fondé ce musée de 5 600 m² à 1 km au nord de Sop Ruak, sur une parcelle de 40 ha face à l'Anantara Golden Triangle Resort & Spa. L'exposition multimédia brosse une histoire de l'opium passionnante et en détaille les méfaits sur les individus et la société. Bien conçu, l'endroit vaut le détour.

House of Opium — MUSÉE

(บ้านฝิ่น ; Rte 1290 ; 50 B ; 7h-19h). Petit mais intéressant, ce musée consacré à l'histoire de la culture de l'opium montre les différents objets utilisés pour planter, récolter, consommer et vendre la résine de *Papaver somniferum*, notamment pipes, poids et balances. À l'extrémité sud-est de Sop Ruak, presque en face de l'immense bouddha du Phra Chiang Saen Si Phaendin.

Où se loger et se restaurer

Dans les grands hôtels, on propose des balades à dos d'éléphant et autres activités liées aux pachydermes. Attendu que celles-ci affectent le bien-être animal, nous les déconseillons.

Plusieurs restaurants touristiques bordent le Mékong.

Four Seasons Tented Camp — HÔTEL $$$

(053 910200 ; www.fourseasons.com ; tent par nuit tout compris 95 000-115 000 B ;). Si votre temps (et votre budget) vous le permet, ce complexe hôtelier inspiré des safaris est l'un des hébergements les plus insolites de Thaïlande. Les "tentes" et lodges luxueux sont agrémentés d'objets coloniaux. Séjour

100% LOCAL

LE TRIANGLE D'OR, PASSÉ ET PRÉSENT

Historiquement parlant, le Triangle d'or désigne un territoire de plusieurs milliers de kilomètres carrés à cheval sur le Myanmar, le Laos, la Thaïlande et la province de Yunnan en Chine, au sein duquel prévalait le commerce de l'opium. Du début du XXe siècle aux années 1980, le Triangle d'or fut le plus gros producteur mondial de *Papaver somniferum*, le pavot dont on extrait l'opium. En raison de la pauvreté, du manque d'infrastructures et des autorités qui, dans ces territoires, étaient largement contrôlées par des rebelles, la culture du pavot et le transport de l'opium ne subissaient pratiquement aucun contrôle ; le produit finissant par circuler dans le monde entier sous forme d'héroïne.

L'acteur le plus tristement célèbre de ce commerce fut sans aucun doute Khun Sa, un seigneur de guerre sino-shan que la presse surnommait le "roi de l'opium". Dès la fin des années 1960, Khun Sa, son armée personnelle, d'anciens combattants du Guomindang (GMD) à Doi Mae Salong et d'autres seigneurs de guerre s'allièrent pour se garantir le quasi-monopole mondial du commerce de l'opium.

En 1988, après avoir échappé à deux tentatives d'assassinat, Khun Sa proposa au gouvernement australien de lui vendre toute sa récolte d'opium pour 50 millions de $A annuels, affirmant que cela mettrait fin au trafic illégal d'héroïne dans le monde. Il fit une offre similaire aux États-Unis, mais les deux pays refusèrent. La Drug Enforcement Authority (DEA) américaine ayant mis sa tête à prix à 2 millions de dollars, Khun Sa se livra aux autorités birmanes en 1996. Celles-ci refusant de l'extrader aux États-Unis, Khun Sa mourut en homme libre à Yangon (Rangoun) en 2007.

La reddition de Khun Sa semblait marquer la fin de la domination du Triangle d'or sur le commerce mondial de l'opium. Et, depuis le début du XXIe siècle, c'est le Croissant d'or afghan qui est devenu la nouvelle plaque tournante de production d'opium dans le monde. Le Myanmar reste néanmoins le deuxième producteur d'opium, dont une grande partie est aujourd'hui acheminée vers des raffineries en Chine pour y être transformée en héroïne. Le Laos continue lui aussi à cultiver l'opium, bien qu'en bien moindres quantités qu'au Myanmar.

De nos jours cependant, la production de méthamphétamines dans le Triangle d'or supplante le commerce de l'opium. Principalement fabriquée dans les jungles des zones de l'État shan, au Myanmar, contrôlées par des armées de minorités ethniques opposées au gouvernement, la méthamphétamine, appelée en thaï *yah bâh* ("drogue dingue"), est exportée à travers l'Asie, y compris en Corée du Nord.

Si la Thaïlande ne cultive plus que de petites quantités de pavot, hôteliers et tour-opérateurs de Chiang Rai n'ont pas tardé à exploiter la notoriété du Triangle d'or en rebaptisant le petit village de Sop Ruak "Triangle d'or". Ce dernier est désormais une étape incontournable des voyages organisés, même si l'opium y est relégué dans les musées. La réputation exotique du Triangle d'or se perpétue ailleurs dans la province de Chiang Rai, notamment à Ban Thoet Thai, où l'ancien siège de Khun Sa a été ouvert au public.

de 2 nuits minimum. Les activités quotidiennes vont des croisières sur le Mékong aux soins dans le somptueux spa.

Anantara Golden Triangle Resort & Spa HÔTEL **$$$**
(☎ 053 784084 ; www.anantara.com ; Rte 1290 ; par nuit tout compris ch/ste 42 700/58 700 B ;). Ce complexe hôtelier primé occupe un vaste jardin paysager en face du Hall of Opium. Les chambres combinent thèmes thaïlandais et internationaux, et disposent d'un balcon donnant sur le Mékong. Jacuzzi, courts de squash et de tennis, salle de sport, sauna et spa complètent des prestations luxueuses. Les activités proposées, tels les cours de cuisine, sont comprises dans la plupart des forfaits.

Depuis/vers Sop Ruak

Des *songthaew* desservent fréquemment Chiang Saen (20 B, 15 min, 7h-12h) et Mae Sai (40 B, 30 min, ttes les 40 min 8h-13h) – vous pouvez leur faire signe dans l'artère principale. On peut facilement parcourir à vélo les 9 km plats séparant Chiang Saen de Sop Ruak.

Chiang Khong เชียงของ

☎053 / 14 500 HABITANTS

Chiang Khong (เชียงของ) est depuis toujours une importante ville de marché pour les ethnies montagnardes locales et les échanges avec le nord du Laos. Cette localité fluviale a longtemps été une étape pour les voyageurs à destination ou en provenance du Laos. Mais depuis l'inauguration, en 2013, du pont sur le Mékong la reliant à Huay Xai, au Laos, de moins en moins y passent la nuit. Chiang Khong n'en attire pas moins son lot de baroudeurs, avec son bon choix de pensions et ses quelques bars et restaurants. De Huay Xai, Luang Prabang est accessible en 2 jours en bateau lent et en 14 heures en bus. On peut aussi rallier rapidement et facilement la province chinoise du Yunnan depuis Huay Xai.

Où se loger

Sur les quelque 45 lieux d'hébergement que compte Chiang Khong, la plupart s'adressent aux petits budgets.

Namkhong Resort HÔTEL $
(☎053 791055 ; tigerkriang911@hotmail.com ; 94/2 Th Sai Klang ; ch avec petit-déj 200-800 B ; ❄📶🏊). Ce bel ensemble de bâtiments en bois se cache au milieu de plantes tropicales, juste en retrait de la rue principale. C'est une adresse prisée : même les chambres les moins chères, avec ventilateur et salle de bains commune, partent vite. Les plus chères comprennent la climatisation et une salle de bains privative. En prime : un restaurant et une piscine.

Rim Nam House HÔTEL $
(☎081 884 4586, 053 655680 ; abu_bumpbump@sanook.com ; près de Th Sai Klang ; ch 500 B ; ❄📶). Les chambres, simples mais propres et plutôt grandes, avec parquet, bons lits et balcons donnant sur le fleuve, sont une affaire. Dans une rue calme. Vélos disponibles gratuitement.

Baanrimtaling PENSION $
(☎053 791613, 084 615 5490 ; maleewan_th@yahoo.com ; 99/4 Soi 19, Th Sai Klang ; dort 100 B, ch 150-450 B ; @📶). Une pension rustique établie de longue date, au bord du fleuve. Les chambres sont rudimentaires, avec ventilateur pour la plupart, mais l'ambiance est familiale et on profite d'un grand jardin. Réductions si vous séjournez longtemps ou si l'excentrique propriétaire vous aime bien. Au sud des marchés, dans une rue résidentielle calme. Vélos et motos à louer.

Baan-Fai Guest House PENSION $
(☎053 791394 ; baanfai-chiangkhong@hotmail.com ; 108 Th Sai Klang ; ch 200-650 B ; ❄📶). Cette maison en bois est pleine de charme. Les 6 chambres du bâtiment principal disposent de la climatisation et d'une salle de bains privative, tandis que les autres, moins chères, d'un ventilateur et d'une salle de bains commune. Certaines ont un petit balcon. L'insonorisation n'est pas très bonne. Café sur place. Vélos et motos à louer.

Funky Box AUBERGE DE JEUNESSE $
(☎093 278 2928 ; thehubchiangkhong@gmail.com ; Soi 2, Th Sai Klang ; dort 100 B, d/lits jum 250-350 B ; 📶). Comme son nom l'indique,

100% LOCAL

POISSONS-CHATS GÉANTS

À la hauteur de Chiang Khong, le Mékong est un habitat traditionnel du *blah bèuk* (poisson-chat géant, *Pangasianodon gigas* pour les ichtyologistes), les plus gros poissons d'eau douce du monde. Un *blah bèuk* atteint sa taille adulte en 6 à 12 ans (personne n'est vraiment sûr) : il mesure alors de 2 à 3 m de long et pèse jusqu'à 300 kg.

En Thaïlande et au Laos, sa chair ferme au goût délicat est, depuis longtemps, très prisée. Les pêcheurs thaïlandais et laotiens célèbrent chaque année une cérémonie destinée à se concilier les bonnes grâces de Chao Mae Pla Beuk, déesse qui régnerait sur ces créatures.

Aujourd'hui le *blah bèuk* est inscrit sur la liste des espèces menacées de la CITES (Convention sur le commerce international des espèces menacées) et sa pêche est interdite depuis 2006. En raison des menaces d'extinction, le ministère thaïlandais de la Pêche a mis en place un programme d'élevage du poisson en 1983. Ce programme ne s'est révélé une réussite qu'en 2001, quand 70 000 alevins ont survécu. En raison de ce succès, le *blah bèuk* figure à nouveau à la carte des restaurants.

Chiang Khong

Chiang Khong

Où se loger
- 1 Baan-Fai Guest House A2
- 2 Baanrimtaling B4
- 3 Chiangkhong Teak Garden Riverfront Hotel A2
- 4 Funky Box A2
- 5 Namkhong Resort A3
- 6 Namkhong Riverside Hotel A2
- 7 Rim Nam House B3
- 8 Sleeping Well Hostel A2

Où se restaurer
- 9 Bamboo Mexican House A2
- 10 Khao Soi Pa Orn A2

Où prendre un verre et faire la fête
- 11 Cafe de Lao A1
- 12 Hub A2
- 13 Rin Bar A2

Achats
- 14 Walking Street A2

Transports
- 15 Bus pour Chiang Mai et Phayao A4
- 16 Bus pour Chiang Rai A4
- 17 Sombat Tour A4
- 18 Songthaew pour Hat Bai A2

l'endroit ressemble à une boîte, où l'on trouve 16 dortoirs avec ventilateurs. Sont aussi proposées 5 chambres avec ventilateur et salles de bains communes. Les matelas ne sont pas très fermes, mais dortoirs et chambres sont suffisamment confortables pour une nuit ou deux. VTT à louer et randonnées et sorties en kayak organisées. Bar sur place, le Hub.

♥ Sleeping Well Hostel — AUBERGE DE JEUNESSE $$

(☎097 280 4040 ; info.sleepingwell@gmail.com ; 10/8 Th Sai Klang ; dort 190 B, ch 490-1 090 B ; ❄📶). Dans un élégant bâtiment de 4 niveaux reliés par un escalier tournant, le dortoir de 8 lits et les chambres – des moins chères avec salle de bains commune aux plus chères avec terrasse privative au dernier étage – sont frais et impeccables, décorés de blanc et de bois. Plusieurs parties communes et café/restaurant au rez-de-chaussée.

Namkhong Riverside Hotel — HÔTEL $$

(☎053 791801 ; www.namkhongriverside.com ; 174-176 Th Sai Klang ; ch avec petit-déj 1 200-1 500 B ; ❄📶). Cet hôtel efficace sur 3 niveaux loue de nombreuses chambres nettes et soignées, la plupart avec balcon donnant sur la rivière. Quoique pas immenses, elles sont modernes et confortables, et la vue est plaisante. Restaurant correct.

♥ Rai Saeng Arun — RESORT $$$

(☎096 565 9495 ; www.raisaengarun.com ; Rte 4007 ; bung avec petit-déj 4 200-5 000 B ; ❄📶). 🍃 À 22 km de Chiang Khong sur la Rte 4007 menant à Chiang Saen, cet hôtel écologique loue 14 bungalows en bois sur un très beau lopin de terre près du Mékong. Sans être immenses, les bungalows sont élégants, confortables, dotés de balcons et de douches en plein air, et reliés par des passerelles sur les rizières. Le restaurant s'approvisionne dans le jardin bio du complexe.

Chiangkhong Teak Garden Riverfront Hotel — HÔTEL $$$

(☎053 792008 ; www.chiangkhongteakgarden.com ; 666 Th Sai Klang ; ch avec petit-déj 2 500-3 000 B ; ❄📶🏊). L'hôtel le plus luxueux de la ville, anciennement appelé Ibis Styles. Les chambres sont plutôt spacieuses, confortables et dotées de balcons ; les plus chères ont vue sur la rivière, petit Jacuzzi et coffre-fort. Piscine donnant sur le fleuve et espace bar-restaurant ombragé. Les prix sont tout de même trop élevés pour Chiang Khong.

Où se restaurer et prendre un verre

Le mercredi et le samedi pendant la saison touristique (novembre-mai), la principale artère de Chiang Khong se transforme en **Walking Street** (rue piétonne ; Th Sai Klang ; 18h-22h mer-sam, nov-mai), avec un marché où l'on peut manger de bons plats locaux.

Khao Soi Pa Orn THAÏLANDAIS $
(Soi 6, Th Sai Klang ; plats 30-60 B ; 8h-16h). Dans la version servie à Chiang Khong du *kôw soy*, la fameuse soupe de nouilles au curry du Nord, le bouillon de curry est remplacé par une soupe claire agrémentée d'un succulent mélange de porc haché épicé. C'est aussi délicieux que l'original et tous les touristes thaïlandais de passage en ville s'arrêtent ici pour y goûter. D'autres plats au riz sont également servis.

L'enseigne est en thaï ; le restaurant est situé juste à côté de la grande borne kilométrique indiquant la grand-route.

Nangnuan THAÏLANDAIS $
(plats 100-200 B ; 8h-21h). Le célèbre poisson du Mékong est ici préparé de multiples façons, comme l'atteste la longue carte. La terrasse, donnant sur le fleuve, est agréable. Le restaurant est au bout de la route qui mène à Ban Hat Khrai, à 1 km au sud de la ville.

Bamboo Mexican House INTERNATIONAL $$
(Th Sai Klang ; plats 160-280 B ; 8h-20h30 ;). Dirigé par un hippie guitariste passionné de cuisine mexicaine, ce restaurant ancien décontracté sert burritos, enchiladas et tacos, mais aussi des pâtes et quelques plats thaïlandais. Excellent

ALLER AU LAOS : DE CHIANG KHONG À HUAY XAI

Depuis que le quatrième Friendship Bridge (pont de l'Amitié) sur le Mékong entre la Thaïlande et le Laos a été achevé en 2013, les étrangers ne sont plus autorisés à effectuer la traversée en bateau vers Huay Xai. Ce qui rend l'accès au Laos à la fois moins pratique et plus cher pour la plupart des touristes.

Rejoindre la frontière Le pont de l'Amitié se situe environ 10 km au sud de Chiang Khong – comptez 140 B en *săhm·lór*, ou 50 B en camionnette de passagers blanche depuis le centre-ville ou l'arrêt des bus du marché.

À la frontière Après les formalités usuelles au bureau de l'immigration thaïlandais, on embarque dans un bus (à partir de 20 B, 8h-18h) qui parcourt les 630 m entre les deux postes-frontières. Arrivés à Huay Xai, les étrangers peuvent obtenir un visa laotien de 30 jours pour 30 à 42 $US, selon la nationalité. En sens inverse, à moins d'avoir déjà un visa thaïlandais, l'immigration vous donne l'autorisation de séjourner dans le pays 30 jours si vous êtes ressortissant de l'un des 64 pays ayant conclu un accord d'exemption de visa avec la Thaïlande (ou, à défaut, 15 jours).

Poursuivre son voyage Arrivé du côté laotien du pont, il en coûte 100 B/30 000 K par personne pour rejoindre en *săhm·lór* l'embarcadère ou la gare routière de Huay Xai. Les bus au départ de Huay Xai desservent notamment Luang Nam Tha (60 000 K, 4 heures, 9h et 12h30), Luang Prabang (120 000 K, 14 heures, 10h et 16h), Udomxai (90 000 K, 8 heures, 9h30 et 13h) et Vientiane (230 000 K, 25 heures, 11h30).

Si vous avez du temps, le bateau (200 000 K, 11h30) quotidien, assez lent, prend 2 jours pour rejoindre Luang Prabang, avec une nuit au village de Pak Beng. Notez que le prix du billet ne comprend pas l'hébergement à Pak Beng. Évitez les bateaux rapides (350 000 K, 6 à 7 heures, 9h-11h), bruyants, et aussi bien dangereux qu'inconfortables. Vous paierez un peu plus cher en réservant vos tickets dans une agence de Chiang Khong comme Easy Trip, mais vous bénéficierez d'un transport depuis votre hôtel, d'une traversée du Mékong et d'un panier-repas.

Si vous possédez un visa chinois, vous pourrez vous rendre directement en Chine depuis Huay Xai. Prenez le bus pour Luang Nam Tha, d'où des bus quotidiens rejoignent Jinghong (100 000 K, 6 heures, 8h), dans la province du Yunnan.

HORS DES SENTIERS BATTUS

SUR LA ROUTE : DE CHIANG KHONG À PHAYAO

Départ Chiang Khong

Arrivée Phayao

Distance 225 km

Durée 6 heures

Si vous êtes à Chiang Khong et disposez d'un véhicule, nous vous suggérons une excellente balade en voiture. Les routes 1155 et 1093, parmi les plus spectaculaires du pays, suivent des versants escarpés le long de la frontière thaïlando-laotienne en passant par des cascades, de magnifiques points de vue et des parcs nationaux. Si vous cherchez une destination, continuez jusqu'à Phayao, une ville peu visitée, avec un hébergement varié et une bonne cuisine.

De **Chiang Khong**, empruntez la Rte 1020 vers le sud et suivez les panneaux indiquant Phu Chi Fa, un parc national près de la frontière laotienne. La signalisation est très claire, mais vous pourrez néanmoins emporter la carte *Golden Triangle* (www.gt-rider.com). Au village de Doi Pha Tang au sommet de la montagne, envisagez un rapide détour au **Pratu Siam**, l'un des plus impressionnants points de vue du pays à 1 653 m – vous pourrez passer la nuit sur place et vous restaurer.

La Rte 1093 se rétrécit et devient moins peuplée aux abords du **Phu Chi Fa**, une montagne qui offre une vue plongeante sur le Laos. Plusieurs itinéraires conduisent au sommet, le plus emprunté via Ban Rom Fah Thai. Divers hébergements et quelques restaurants basiques se tiennent de part et d'autre du Phu Chi Fa.

Après le Phu Chi Fa, restez sur la Rte 1093 et suivez les panneaux vers **Ban Huak**, un pittoresque village de la province de Phayao à 2 km de la frontière laotienne. Un marché frontalier s'y tient le 10 et le 30 de chaque mois, et le village a son lot de chambres chez l'habitant. À proximité, la **Nam Tok Phu Sang** est une cascade alimentée par de l'eau thermale naturelle.

De Ban Huak, suivez les panneaux jusqu'à Chiang Kham, puis prenez la Rte 1021 jusqu'à Chun, d'où vous rejoindrez directement **Phayao** (en passant par Dok Kham Tai).

Si vous effectuez cette balade d'une traite, comptez au moins 6 heures, arrêts photos, café et déjeuner compris.

café et savoureux pains et gâteaux maison sont aussi proposés. Ouvert de bonne heure, l'établissement peut vous préparer des paniers repas pour la traversée jusqu'à Luang Prabang.

Cafe de Lao CAFÉ
(58 Th Sai Klang ; ⌚9h-17h30 ; 📶). Le café le plus cool de Chiang Khong, parsemé de canapés, occupe un bâtiment à ossature bois ombragé. Excellents cafés et smoothies, et petite sélection de plats nord-thaïlandais et laotiens. Un lieu plaisant où passer quelques heures.

Hub BAR
(thehubchiangkhong@gmail.com ; Soi 2, Th Sai Klang ; ⌚16h-23h ; 📶). Le Hub dépend du Funky Box voisin ; ses propriétaires belgo-thaïlandais y servent des bières belges et des cocktails corrects (à partir de 140 B). Billard et espace détente avec coussins. C'est ici que se réunit la petite communauté d'expatriés de Chiang Khong.

Rin Bar BAR
(Th Sai Klang ; ⌚16h-minuit ; 📶). Le plus animé des bars de l'artère principale de Chiang Khong propose un billard, des chaînes de sport et, pour qui le souhaite, du karaoké. Carte de classiques thaïlandais et occidentaux également.

ℹ Renseignements

Quelques banques dans Th Sai Klang, comme le **Siam Commercial Bank** (Th Sai Klang ; ⌚8h30-15h30) et le **Government Savings Bank** (Th Sai Klang ; ⌚8h30-15h30), possèdent des DAB et/ou des bureaux de change.

Easy Trip (☎086 997 7246 ; www.discoverylaos.com ; 183 Th Sai Klang ; ⌚9h-19h). Agence de voyages professionnelle.

Police (Th Sai Klang)

BUS ET MINIBUS AU DÉPART DE CHIANG KHONG

DESTINATION	PRIX	DURÉE	FRÉQUENCE
Bangkok	592-921 B	13 heures	7h25, plus départs fréquents 15h-16h30
Chiang Mai	202-395 B	6-7 heures	7h30, 9h45 et 10h30
Chiang Rai	65 B	2 heures 30	ttes les 30 min 4h30-16h
Phayao	108-139 B	3 heures	7h30 et 10h30

Depuis/vers Chiang Khong

Chiang Khong possède une **gare routière** (☎053 792000 ; Rte 1020) à 3 km au sud de la ville, d'où partent exclusivement les bus pour Bangkok. Mais nul besoin de s'y rendre puisque ces derniers s'arrêtent en ville, près du marché ou au bureau de **Sombat Tour** (☎053 791644 ; Rte 1020 ; ⏲6h-17h), tous deux au sud du centre-ville. Les bus pour d'autres destinations, comme **Chiang Rai** (Rte 1020), **Chiang Mai et Phayao** (Rte 1020), prennent et déposent des passagers à divers endroits près des marchés. Chiang Mai est aussi desservie par des minibus quotidiens (350 B, 5-6 heures, 10h et 17h), qui viendront vous chercher à votre pension. Pour rejoindre Chiang Saen, il faut prendre un songthaew à destination de Hat Bai (Th Sai Klang) au stand dans Th Sai Klang (50 B, 1 heure, vers 8h), et là prendre un autre *songthaew* pour Chiang Saen.

Comment circuler

Plusieurs pensions en ville louent des vélos (à partir de 100 B/jour) et des motos (à partir de 200 B/jour).

PHAYAO

พะเยา

☎054 / 20 000 HABITANTS

Peu visitée, Phayao, dans la province du même nom, fait pourtant partie des villes les plus agréables du nord de la Thaïlande. Son emplacement au bord du Kwan Phayao, un vaste marais, lui donne un côté nature qui fait défaut à la plupart des villes du pays. Par ailleurs, les rues bordées d'arbres, les temples et les maisons traditionnelles en bois du "centre-ville" lui confèrent une charmante touche thaïlandaise à l'ancienne, et les habitants semblent ravis quand des visiteurs font l'effort de venir.

Tout cela fait de la tranquille Phayao le parfait endroit où couper son voyage vers/depuis Chiang Rai. La ville peut aussi servir de point d'arrivée à la balade en voiture depuis Chiang Khong.

À voir et à faire

♥ **Kwan Phayao** LAC

(กว๊านพะเยา). Cette vaste étendue d'eau, le plus grand marais du nord de la Thaïlande, est un symbole de Phayao. Son niveau est régulé artificiellement pour en prévenir l'assèchement en dehors de la saison des pluies. Frangé de montagnes, l'endroit est magnifique et ses couchers de soleil sont mémorables.

Des équipes de rameurs s'exercent en soirée ; d'une jetée à l'extrémité sud de Th Chaykawan, des barques (ci-dessous) mènent aux vestiges du **Wat Tiloke Aram**, un temple submergé vieux de 500 ans. Un projet ambitieux prévoit de reconstruire ce *wat*, lequel n'est que l'un des nombreux bâtiments religieux engloutis dans le Kwan Phayao.

Au moins 50 espèces de poissons peuplent les eaux – vous pourrez les nourrir (5 B) dans un petit **secteur d'élevage**.

Wat Sri Khom Kham TEMPLE BOUDDHIQUE

(วัดศรีโคมคำ ; Th Chaykawan ; ⏲lever-coucher du soleil). GRATUIT Le temple majeur de Phayao aurait été fondé en 1491, mais le bâtiment actuel date de 1923. L'immense salle de prière abrite le Phra Jao Ton Luang, le plus grand bouddha de la période de Chiang Saen du pays. Selon la légende, la construction de cette statue, haute de 18 m, aurait demandé plus de 30 ans.

Salle d'exposition culturelle de Phayao MUSÉE

(หอวัฒนธรรมนิทัศน์ ; Th Chaykawan ; 40 B ; ⏲8h30-16h30). Ce musée sur 2 niveaux est rempli d'objets. Les plus remarquables sont notamment un bouddha "noir" et deux crabes fossiles enlacés, baptisés "Wonder Lover" (l'amant merveilleux).

Excursions en bateau BATEAU

(Th Chaykawan ; 30 B/pers ; ⏲8h-18h). D'une jetée à l'extrémité sud de Th Chaykawan, des bateaux conduisent au Wat Tiloke Aram.

BUS ET MINIBUS AU DÉPART DE PHAYO

DESTINATION	PRIX	DURÉE	FRÉQUENCE
Bangkok	484-753 B	11 heures	18 départs 8h30-21h
Chiang Khong	108-139 B	3 heures 30	12h45 et 16h30
Chiang Mai	111-221 B	5 heures	10 départs 8h-17h45
Chiang Rai	60 B	2 heures	fréquents 7h30-19h
Lampang	87 B	3 heures	10h20 et 12h
Mae Sai	122-190 B	3 heures	14h15
Mae Sot	315 B	5 heures	10h10
Nan	119 B	4 heures	13h45
Sukhothai	183 B	6 heures	9h et 12h

Où se loger et se restaurer

Cozy Nest Boutique Hotel HÔTEL $$
(☎054 071222 ; www.cozynestroom.com ; 59 Th Ratchawong ; ch avec petit-déj 800-1 000 B, ste 2 000 B ; ❄📶). Un hôtel élégant et moderne aux grandes chambres impeccables, avec bonnes salles de bains, lits confortables et petits balcons. Personnel efficace et prêt de vélos.

Huanpak Jumjai PENSION $$
(☎054 482659 ; 37/5-6 Th Prasat ; ch 800 B ; ❄📶). Les chambres de cette pension familiale calme sont spacieuses, propres et habillées de bois, mais seules celles avec balcon du dernier étage ont vue sur le lac. Près de Th Chaykawan, à courte distance du rivage. Vélos à disposition.

Gateway Hotel HÔTEL $$
(☎054 484333 ; www.phayaogateway.com ; 7/36 Soi 2, Th Pratu Khlong ; avec petit-déj ch 900-1 100 B, ste 2 000-2 300 B ; ❄📶🏊). Affectant d'être le plus luxueux de Phayao, cet hôtel loue de grandes chambres de style *business hotel* un peu défraîchies et comprend tous les équipements attendus dans cette catégorie, dont une piscine et une salle de sport (assez basique).

♥ **Khao Soi Saeng Phian** THAÏLANDAIS $
(Th Thakawan ; plats 30-50 B ; ⌚8h30-17h). Ce restaurant dirigé par une famille, à un pâté de maisons du front de mer de Phayao, prépare l'un des meilleurs *kôw soy* de ce coin de Thaïlande septentrionale. Le délicieux bouillon épais est au poulet ou au bœuf. La carte est en thaï mais le personnel parle un peu anglais.

Marché de nuit THAÏLANDAIS $
(Night Market ; Th Rob Wiang ; plats 30-60 B ; ⌚18h-22h). Ce vaste marché de nuit s'étale tous les soirs le long du côté nord de Th Rob Wiang.

Chue Chan THAÏLANDAIS $$
(Th Chaykawan ; plats 80-240 B ; ⌚10h-22h30). Porté au pinacle par les autorités culinaires thaïlandaises, le Chue Chan propose une longue carte, avec photos et traduction en anglais, qui comprend des plats goûteux que vous ne trouverez nulle part ailleurs, comme le jambonneau farci ou le poisson aigre frit avec un œuf.

Renseignements

Plusieurs banques, avec DAB et service de change, bordent Th Donsanam près du marché du matin.

Depuis/vers Phayao

La **gare routière** (☎054 431488 ; Th Pratu Khlong) de Phayao est assez animée du fait de la situation de la ville, sur la principale route nord-sud du pays.

Outre les bus, des minibus relient Chiang Rai (63 B, 1 heure, toutes les 30 min de 7h à 19h30) et Phrae (102 B, 2 heures, toutes les 30 min de 7h à 19h30).

PROVINCE DE NAN จังหวัดน่าน

Le premier attrait de la province de Nan, aux confins nord-est de la Thaïlande, est sa beauté naturelle, suivie de ses groupes ethniques, très différents de ceux des autres provinces septentrionales. En dehors de la vallée de Mae Nam Nan, les Mien et, dans une moindre mesure, les Hmong prédominent, mais la province accueille quatre autres groupes moins connus et rarement rencontrés ailleurs : les Thaï Lü, les Mrabri, les Htin et les Khamu.

Nan

น่าน

054 / 20 000 HABITANTS

Du fait de son isolement, Nan est une destination peu connue des voyageurs. Elle est toutefois une ville paisible, riche en histoire et en culture.

Nombre de ses habitants sont des Thaï Lü, les descendants d'immigrants venus du Xishuangbanna, de la province de Yunnan au sud-ouest de la Chine. Leur héritage culturel se manifeste dans l'art et l'architecture, en particulier dans ses temples. Les vestiges des remparts témoignent aussi d'une forte influence Lanna.

À voir

Wat Phumin TEMPLE BOUDDHIQUE

(วัดภูมินทร ; angle Th Suriyaphong et Th Pha Kong ; don apprécié ; lever-coucher du soleil). Le temple le plus connu de Nan est renommé pour ses ravissantes peintures murales, réalisées à la fin du XIXe siècle par Thit Buaphan, un artiste thaï lü. Le temple est un *bòht* (salle des ordinations) cruciforme construit en 1596 et restauré sous le règne de Chao Anantavorapitthidet (1867-1874). L'autel richement décoré au centre du *bòht* présente quatre bouddhas assis, dans le style Sukhothai.

Musée national de Nan MUSÉE

(พิพิธภัณฑสถานแห่งชาติน่าน ; Th Pha Kong ; 9h-16h mer-dim). GRATUIT Installé dans le palais (1903) des deux derniers seigneurs féodaux de Nan, ce musée a ouvert en 1973. Couvrant les minorités ethniques de Nan, l'histoire locale et le bouddhisme, il compte parmi les meilleurs musées provinciaux du pays. Nombre de légendes en anglais.

Au rez-de-chaussée, la section ethnographique couvre les divers groupes ethniques de la province et présente, entre autres, des textiles, de l'argenterie, des ustensiles artisanaux et des costumes ethniques.

À l'étage, sont conservées des collections se rapportant à l'histoire, l'archéologie et l'architecture de Nan, des insignes royaux, des armes, des céramiques et de l'art sacré. La collection de bouddhas comprend de rares exemples de style Lanna ainsi que des statues aux oreilles tombantes de style local. Au même étage, une rare défense d'éléphant "noire" aurait été offerte à un seigneur de Nan il y a quelque 300 ans par un dirigeant khün de Chiang Tung (Kyaingtong).

Wat Phra That Chae Haeng TEMPLE BOUDDHIQUE

(วัดพระธาตุแช่แห้ง ; près de la Rte 1168 ; lever-coucher du soleil). Quelque 2 km après le pont sur la Mae Nam Nan à la sortie sud-est de la ville, ce *wat* de 1355, le plus sacré de la province, occupe un enclos carré et fortifié au sommet d'une colline, avec vue sur Nan et la vallée. L'aller-retour à moto-taxi depuis le centre de Nan revient à 100 B environ. Le *bòht*, d'influence thaï lü, présente un toit à trois niveaux aux corniches en bois sculpté et des reliefs de dragons au-dessus des portes. À côté, un chedi doré de style Lanna repose sur une grande base carrée.

Wat Phra That Chang Kham TEMPLE BOUDDHIQUE

(วัดพระธาตุช้างค้ำ ; angle Th Suriyaphong et Th Pha Kong ; lever-coucher du soleil). Deuxième temple le plus important de la cité après le Wat Phra That Chae Haeng, la date de sa fondation reste inconnue. Le *wí·hăhn* principal, reconstruit en 1458, renferme un immense bouddha assis et des peintures murales défraîchies, en partie recouvertes. Le *chedi* situé derrière le *wí·hăhn* daterait de la même époque que le temple – il est soutenu par des éléphants semblables à ceux qu'on peut observer à Sukhothai et à Si Satchanalai.

À côté du *chedi* se tient un petit *bòht* insignifiant de la même époque. L'actuel abbé du temple Wat Phra That Chang Kham nous a rapporté une histoire intéressante sur ce *bòht* et sur le bouddha qu'il contenait jadis. En 1955, l'historien d'art A. B. Griswold proposa d'acheter le bouddha de 1,45 m que renfermait le *bòht*. Il s'agissait d'un bouddha marchant de style Sukhothai en plâtre. S'étant mis d'accord avec l'abbé sur le prix de 25 000 B, Griswold entreprit de transporter la statue, mais il la fit tomber et le plâtre se brisa, révélant un bouddha Sukhothai recouvert d'or. Inutile de dire que l'abbé obligea Griswold à restituer l'objet, au grand dam de l'historien. Griswold soupçonnait-il ce qui se cachait sous le plâtre ? L'abbé refuse de le dire.

Ce bouddha se trouve désormais derrière une vitre dans le *hŏr đrai* (dépôt de manuscrits) qui jouxte le *wí·hăhn*. Ce *hŏr đrai* est le plus grand du genre en Thaïlande.

Wat Hua Khuang TEMPLE BOUDDHIQUE

(วัดหัวข่วง ; angle Th Mahaphrom et Th Pha Kong ; lever-coucher du soleil). Ce temple se distingue par son *chedi* dans le style

À NE PAS MANQUER

LES SUPERBES PEINTURES MURALES DU WAT PHUMIN

Le Wat Phumin (p. 242) peut être considéré comme le pendant thaïlandais de la chapelle Sixtine. Des reproductions de ses peintures murales sont en vente partout, au milieu du bric-à-brac du marché de nuit de Chiang Mai jusqu'aux cartes postales vendues à Bangkok. Bien que représentant des scènes heureuses, elles furent réalisées à l'époque où Nan cessa d'être un royaume semi-indépendant et comportent plusieurs exemples de commentaires politiques et sociaux, une rareté dans l'art sacré thaïlandais.

Ces peintures, commandées par Jao Suliyaphong, le dernier roi de Nan, illustrent notamment le *Khaddhana Jataka*, une histoire relativement méconnue de l'une des vies du Bouddha qui, selon l'excellent ouvrage de l'historien David K. Wyatt, *Reading Thai Murals*, ne fut jamais décrite ailleurs dans le monde bouddhiste. Cette histoire, sur le côté gauche du mur nord du temple, représente un orphelin cherchant ses parents. Selon Wyatt, ce conte fut choisi comme une métaphore du royaume de Nan, également abandonné par une succession de "parents" : les royaumes thaïs de Sukhothai, de Chiang Mai et d'Ayutthaya. À peu près à l'époque de la réalisation des peintures, Nan fut incorporé au Siam par le roi Rama V, et la majeure partie de son territoire cédée à la France. Le mécontentement que provoqua cette décision apparaît dans une scène sur le mur ouest qui montre deux singes mâles tentant de copuler sur un fond qui, selon Wyatt, ressemblerait au drapeau français.

Les peintures sont tout aussi fascinantes pour leur qualité artistique, d'autant plus remarquable que l'artiste Thit Buaphan ne disposait alors que d'une palette de couleurs limitée. Elles fascinent également par les descriptions vivantes de la vie quotidienne à Nan à la fin du XIXe siècle. On peut voir sur une portion du mur ouest trois membres d'une ethnie montagnarde, dont les détails montrent un homme avec un énorme goitre et un chien qui aboie, suggérant que ce groupe est étranger. La présence récurrente d'un homme portant un châle de femme, occupé à des tâches traditionnellement féminines, compte parmi les premières descriptions de *gà·teu·i* (aussi écrit *kàthoey* ; travestis et transgenres thaïlandais). L'artiste s'est lui-même représenté sur le mur ouest, flirtant avec une femme. À considérer que Thit Buaphan passa plus de 20 ans pour achever ces peintures, on peut bien lui accorder cette petite vanité.

Lanna-lan xang, avec 4 bouddhas dans des niches, un joli *hŏr đrai* (dépôt de manuscrits) en bois et un *bòht* intéressant, avec son avant-toit de bois sculpté dans le style Luang Prabang. À l'intérieur, un plafond de bois sculpté et un énorme autel arborant des *naga* (créature mythique, mi-humaine, mi-serpent). La date de la fondation du *wat* reste inconnue, mais certains éléments stylistiques en feraient l'un des plus vieux de la ville.

Activités

Nan n'est pas réputée pour ses treks organisés comme Chiang Rai et Chiang Mai, et beaucoup de visiteurs, surtout les Thaïlandais, aiment mieux voguer sur l'eau que marcher. Le rafting sur la Mae Nam Wa, dans le nord de la province, ne se pratique qu'en période de crue (septembre-décembre), de préférence au début de la saison des pluies. Les rapides, de niveau I à IV, longent une jungle préservée et des villages isolés.

Fhu Travel TREKKING
(☎081 287 7209, 054 710636 ; facebook.com/fhutravel ; 453/4 Th Sumon Thevarat ; trek 1 800 B/pers ; ⏲9h-17h). Cette agence bien établie propose des treks d'une journée autour de Nan. Des sorties en kayak (à partir de 1 500 B) ou en rafting (à partir de 2 500 B) sont également envisageables.

Où se loger

Ban Himwat Hostel AUBERGE DE JEUNESSE $
(☎091 858 6516 ; facebook.com/BanHimwatHostel ; 31 Soi 1, Th Pha Kong ; dort 400 B ; 📶). Tout est impeccable dans cette auberge de jeunesse assez récente qui reçoit principalement des voyageurs thaïlandais. Les dortoirs de 6 et 10 lits, pourvus de bons matelas, ont leur propre salle de bains. Situation

Nan

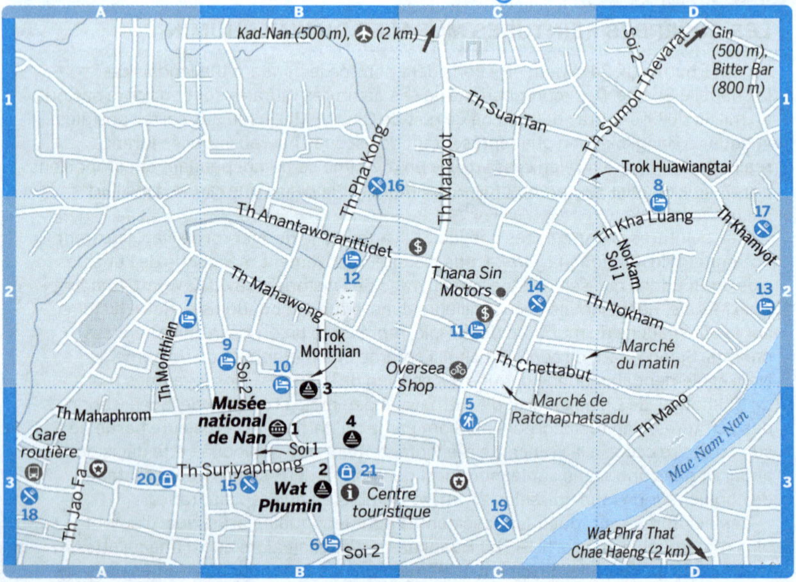

Nan

Les incontournables
1 Musée national de Nan B3
2 Wat Phumin B3

À voir
3 Wat Hua Khuang B3
4 Wat Phra That Chang Kham B3

Activités
5 Fhu Travel C3

Où se loger
6 Ban Himwat Hostel B3
7 Banban Nannan Library A2
8 Nan Boutique Hotel D2
9 Nan Guest House B2
10 Nan Lanna Hotel B2
11 Pukha Nanfa Hotel C2
12 Sukkasem Hotel B2
13 Yindee Traveller's Lodge D2

Où se restaurer
14 Crazy Noodle C2
15 Hot Bread B3
Khao Soi Ton Nam .... (voir 15)
16 Marché de nuit B1
17 Pu Som Restaurant D2
18 Rak Khun A3
19 Wan Da C3

Achats
Ngennan .... (voir 11)
20 Peera A3
21 Walking Street B3

calme, espace extérieur ombragé et vélos à disposition.

Banban Nannan Library PENSION $
(☎089 859 5898 ; facebook.com/BanbanNannan ; 14/1 Th Monthian ; ch 350-550 B, f et clim ch 1 000-1 500 B ; ❄📶). Bordée d'un beau jardin, cette maison en bois pleine de coins et recoins comprend 5 chambres, les moins chères avec ventilateur et salles de bains communes. L'unique chambre climatisée, avec terrasse privative, est très confortable. Nombreux espaces de détente, café au rez-de-chaussée, bibliothèque (laquelle vaut son nom au lieu) et atmosphère familiale.

Nan Guest House HÔTEL $
(☎081 288 8484, 054 771849 ; www.nanguesthouse.net ; 57/15 Soi 2, Th Mahaphrom ; ch 350-600 B ; ❄📶). Dans un paisible quartier résidentiel proche des plus fameux temples de Nan, cet hôtel établi de longue date et bien tenu loue 10 chambres vieillottes mais assez spacieuses, les moins chères avec ventilateur

VAUT LE DÉTOUR

NONG BUA

Village thaï lü net et soigné, Nong Bua, à environ 30 km au nord de Nan, est connu pour son **Wat Nong Bua** (วัดหนองบัว ; Ban Nong Bua ; ⌚ lever-coucher du soleil), de style lü. Doté d'un toit typique sur 2 niveaux et d'un portique en bois ouvragé, le *wí·hăhn* se distingue par une architecture sobre mais frappante : remarquez les têtes de *naga* (créature mythique, mi-humaine, mi-serpent) sculptées aux angles du toit. À l'intérieur, on peut admirer des peintures murales de jataka, simples mais belles, que l'on pense avoir été réalisées par Thit Buaphan, muraliste auquel on doit les œuvres du Wat Phumin.

Dans une réplique de maison thaï lü, juste derrière le *wat*, vous pourrez voir des tisserands à l'œuvre et acheter de beaux textiles.

Nong Bua est proche de la ville de Tha Wang Pha. Pour vous rendre au temple, prenez un bus allant vers le nord ou un *songthaew* (35 B) pour Tha Wang Pha. Descendez à Samyaek Longbom, marchez vers l'ouest jusqu'à un pont sur la Mae Nam Nan et tournez à gauche. Continuez jusqu'à un autre petit pont, après lequel le Wat Nong Bua sera sur votre droite, à 3 km de la route principale.

et salles de bains communes. Le joli toit-terrasse invite à se détendre après les visites.

Yindee Traveller's Lodge AUBERGE DE JEUNESSE $
(☎081 806 0347 ; www.yindeetravellerslodge.com ; 200/17 Th Mano ; dort 350 B, ch 900-1 000 B ; ❄📶). Une nouvelle adresse en bord de rivière, avec toit-terrasse où admirer le coucher du soleil et boire une bière. Dortoirs bien aménagés avec casiers, lumières individuelles, rideaux et matelas corrects, et deux petites chambres privatives. Vélos à disposition.

Nan Lanna Hotel HÔTEL $$
(☎054 772720 ; Trok Monthian ; ch 790 B, f 1 090 B ; ❄📶). Chambres fraîches avec peu de lumière naturelle, mais beaucoup d'espace, de grandes salles de bains et quelques touches de design rétro. L'emplacement, près des plus célèbres temples de Nan, est aussi un atout.

Sukkasem Hotel HÔTEL $$
(☎054 772555 ; sukkasemhotel@hotmail.com ; 119-121 Th Anantaworarittidet ; ch 450-1 400 B ; ❄📶). Le Sukkasem donne sur une rue fréquentée (pour Nan, du moins). Ses chambres modernes, de style minimaliste, affichent parquet et murs blancs. Les moins chères ne sont pas immenses, mais leur rapport qualité/prix reste correct. Vélos et motos à louer.

♥ **Pukha Nanfa Hotel** HÔTEL $$$
(☎054 771111 ; www.pukhananfahotel.co.th ; 369 Th Sumon Thevarat ; ch avec petit-déj 2 600-3 900 B, ste 4 700 B ; ❄📶). L'ancien Nan Fah Hotel, quelconque, a été soigneusement transformé en un charmant boutique-hôtel. Ses 14 chambres, chics et confortables, s'agrémentent de boiseries anciennes, combinées à de l'artisanat et des textiles locaux. Publicités et images anciennes ajoutent au charme rétro. L'hôtel est bien situé et, pour couronner le tout, le personnel est très charmant.

♥ **Nan Nakara Boutique Hotel** HÔTEL $$$
(☎054 775532 ; facebook.com/nanboutiquehotel ; 1/11 Th Kha Luang ; ch avec petit-déj 2 200-3 400 B ; ❄📶). Cet établissement à l'élégance épurée n'a pas le charme à l'ancienne d'autres adresses de Nan, mais ses chambres comptent parmi les plus modernes, les plus confortables et les mieux équipées de la ville. Transport gratuit depuis/vers l'aéroport ou la gare routière, vélos à disposition et spa sur place.

Où se restaurer et prendre un verre

Au **marché de nuit** (Th Pha Kong ; plats 30-60 B ; ⌚16h-22h), quelques stands de restauration proposent des plats corrects. Dans la Walking Street du samedi soir, plus intéressante, on peut déguster, à table, des spécialités du Nord.

Crazy Noodle THAÏLANDAIS $
(Th Kha Luang ; plats 30-60 B ; ⌚8h30-20h30 ; 📶). Les habitants croient le sympathique propriétaire du lieu *ting-tong* (fou). Or il nous a semblé sain d'esprit, et ses nouilles, excellentes, sont garnies de porc tendre et servies avec un bouillon épicé.

Khao Soi Ton Nam THAÏLANDAIS $
(38/1-2 Th Suriyaphong ; plats 40-55 B ; 8h-16h). Venez déguster un délicieux *kôw soy* dans cette annexe du Hot Bread voisin.

Wan Da THAÏLANDAIS $
(Th Kha Luang ; plats 30-50 B ; 7h-16h). Véritable légende locale, ce restaurant sert à peu près de tout, des currys au satay, mais les connaisseurs y viennent pour son *kà·nŏm jeen* (nouilles de riz fraîches servies avec des accompagnements).

Rak Khun THAÏLANDAIS $
(près de Th Jao Fa ; plats 70-200 B ; 17h-22h). Nouvel emplacement, près de la gare routière, pour cette institution prisée d'une clientèle locale (l'enseigne est en thaï). Ne manquez pas le *gaì tôrt má·kwàan* (poulet sauté aux épices locales) ou le *yam pàk gòot* (salade de fougères). La carte en anglais est moins complète que celle en thaï (avec photos).

Hot Bread CUISINE VARIÉE $
(38/1-2 Th Suriyaphong ; plats 40-140 B ; 8h-16h ;). Ce charmant café-restaurant rétro propose une longue liste de spécialités occidentales pour le petit-déjeuner – notamment un délicieux pain maison – ainsi que d'autres plats occidentaux et thaïlandais.

Gin INTERNATIONAL $$
(facebook.com/ginrestaurant ; 83/3 Th Sumon Thevarat ; plats 100-250 B ; 11h-22h). Ce lieu accueillant ne paie pas de mine, mais sa carte, mêlant saveurs locales et occidentales, est impressionnante, avec des salades thaïlandaises colorées et acidulées, et des plats originaux tels que crabe à carapace molle à la mangue ou vivaneau blanc avec purée de tomates et garniture de poivrons. Sont aussi servis des pâtes et les meilleurs steaks de Nan.

Bitter Bar BAR À COCKTAILS
(56 Th Sumon Thevarat ; 18h-minuit ;). À la manière d'un établissement clandestin, rien n'indique ce bar raffiné ; repérez l'escalier pour monter à l'étage de la maison traditionnelle en bois et prenez place au comptoir ou à l'une des quelques tables. Le barman est expert en cocktails.

Achats

Nan est l'un des meilleurs endroits du Nord pour l'achat de souvenirs. Les tissus locaux sont intéressants, notamment les tissages thaï lü, qui représentent souvent des motifs animaliers, floraux ou géométriques en fil rouge et noir sur du coton blanc. Les appliqués hmong et les broderies mien sont d'excellente qualité. Les paniers et nattes htin (herbe et bambou) méritent le coup d'œil.

Walking Street MARCHÉ
(Th Pha Kong ; 17h-22h ven-dim). Tous les vendredis, samedis et dimanches soir, la portion de Th Pha Kong située devant le Wat Phumin est fermée à la circulation et les marchands de nourriture, de tissus, de vêtements et d'artisanat local s'y installent.

Ngennan ARTISANAT
(Nan Silver ; 430/1 Th Sumon Thevarat ; 7h-18h). Cette petite boutique vend quantité d'articles en argent, conçus et produits localement, notamment des bijoux hmong et yao, entre autres bracelets, colliers et boucles d'oreilles.

ALLER AU LAOS : DE BAN HUAY KON À MUANG NGEUN

Situé à 140 km au nord de Nan, Ban Huay Kon est un village montagnard assoupi proche de la frontière laotienne. Un marché frontalier plaisant s'y tient le samedi matin, mais on y vient surtout parce que le village a le statut de poste-frontière avec le Laos.

Rejoindre la frontière Cinq minibus quotidiens pour Ban Huay Kon partent de Phrae et s'arrêtent à Nan entre 5h et 12h (95 B, 3 heures). Dans l'autre sens, des minibus pour Nan (95 B, 3 heures), Phrae (172 B, 5 heures) et Den Chai (pour le train ; 200 B) partent de Ban Huay Kon à 9h15, 10h, 11h, 12h et 15h.

À la frontière Après avoir passé le poste de l'immigration thaïlandais, les étrangers peuvent obtenir un visa laotien de 30 jours pour 30 à 42 $US, selon la nationalité. Prévoyez un supplément de 1 $US ou 50 B après 16h et le week-end.

Poursuivre son voyage On peut ensuite pousser 2,5 km plus loin jusqu'au village laotien de Muang Ngeun, où l'on peut descendre à la Phouxay Guesthouse. Si vous poursuivez votre chemin, rejoignez la petite gare routière près du marché, d'où des *songthaew* rejoignent Hongsa (40 000 K, 1 heure 30) de 14h à 16h.

HORS DES SENTIERS BATTUS

BAN BO LUANG : LE "VILLAGE DU PUITS À SEL"

Ban Bo Luang (บ้านบ่อหลวง ; également appelé Ban Bo Kleua, ou "village du Puits à sel") est un village htin pittoresque au sud-est du parc national de Doi Phu Kha dont l'activité principale est, depuis longtemps, l'exploitation des puits à sel. Les puits les plus importants, situés plus ou moins au centre du village, sont faciles à trouver.

Si vous disposez d'un véhicule, le village constitue une bonne base pour explorer les grottes, les chutes d'eau et les villages de minorités du **parc national de Doi Phu Kha** (อุทยานแห่งชาติดอยภูคา ; ✆082 194 1349, hébergement 02 562 0760 ; www.dnp.go.th ; 200 B). À quelques kilomètres au nord de Ban Bo Luang, le **parc national de Khun Nan** (อุทยานแห่งชาติขุนน่าน ; ✆084 483 7240 ; www.dnp.go.th ; adulte/enfant 100/50 B ; ⏲8h-16h30) comprend un chemin de 2 km (départ du centre d'accueil des visiteurs) menant à un point de vue sur les villages à proximité et le Laos tout proche. Dans les deux parcs, on peut séjourner dans des bungalows rudimentaires et louer des tentes pour 2 personnes pour 400 B la nuit.

Le **Boklua View** (✆054 778140, 081 809 6392 ; www.bokluaview.com ; ch et bung avec petit-déj 1 950 B ; ❄📶), un joli complexe hôtelier bien tenu surplombant le village et la rivière qui le traverse, est de loin le meilleur hébergement de Ban Bo Luang. Il comprend 11 bungalows de brique et de bambou (d'autres étaient en construction lors de nos recherches) et un bon restaurant. On trouve quelques restaurants simples dans le village lui-même, notamment le **Hua Saphan** (plats 70-120 B ; ⏲9h-21h), au pied du pont (enseigne en thaï).

Il n'y a qu'un DAB à Ban Bo Luang. Nous vous recommandons de prévoir des espèces.

Pour rejoindre Ban Bo Luang depuis Nan, prenez un bus pour Pua (50 B, 2 heures, ttes les heures 6h-17h). Descendez au 7-Eleven et traversez la route pour prendre le *songthaew* qui part pour Bo Luang, son terminus (80 B, 1 heure, 8h30 et 9h30). En direction de Pua, les *songthaew* partent de Bo Luang près du carrefour en T, à 9h et 10h30. Un taxi entre Nan et Ban Bo Luang coûte 1 500 B.

Peera VÊTEMENTS
(26 Th Suriyaphong ; ⏲8h-18h). Des textiles locaux de haute qualité, principalement des jupes et des chemisiers pour femmes, mais aussi quelques chemises pour hommes. À quelques pas du Wat Phumin ; repérez la toute petite enseigne en anglais.

ℹ Renseignements

Bangkok Bank (Th Sumon Thewarat ; ⏲8h30-16h30 lun-sam). Change de devises et DAB.

Centre touristique (✆054 751169 ; Th Pha Kong ; ⏲8h30-12h et 13h-16h30). Ce centre d'information, au personnel attentionné, est en face du Wat Phumin, caché derrière des vendeurs et des cafés.

Police (✆urgences 24h/24 191 ; angle Th Suriyaphong et Th Sumon Thevarat ; ⏲24h/24). Principal poste de police de Nan.

Police touristique (✆centre d'appel national 1155 ; Th Suriyaphong ; ⏲24h/24). Antenne de Nan.

Siam Commercial Bank
(Th Anantaworarittidet ; ⏲8h30-16h30 lun-ven). DAB et change de devises.

ℹ Depuis/vers Nan

L'**aéroport de Nan Nakhon** se situe à 3 km au nord de Nan. **Air Asia** (✆054 772635, centre d'appel national 025 159999 ; www.airasia.com ; aéroport de Nan Nakhon ; ⏲7h-16h30) dessert 3 fois par jour l'aéroport international Don Mueang à Bangkok (à partir de 1 000 B, 1 heure 30). **Klay Airport Taxi** (✆08 6188 0079 ; aéroport de Nan Nakhon) assure la desserte de l'aéroport (100 B/pers).

À Nan, tous les bus, minibus et *songthaew* partent de la **gare routière** (✆054 711662 ; Th Jao Fa), à la périphérie sud-ouest de la ville. À moto-taxi, comptez 30 B entre la gare et le centre-ville.

Des bus partent pour Luang Prabang, au Laos, 2 fois par semaine, et des minibus quotidiens rejoignent Ban Huay Kon, où se trouve un poste-frontière.

Pour rejoindre la gare ferroviaire de Den Chai dans la province de Phrae, prenez n'importe quel bus à destination de Chiang Mai ou de Bangkok.

ℹ Comment circuler

Avis (✆061 386 9646, numéro d'appel national 02 251 1131 ; www.avisthailand.com ;

BUS ET MINIBUS AU DÉPART DE NAN

Outre les bus, des minibus quotidiens desservent Ban Huay Kon (à la frontière avec le Laos ; 95 B, 3 heures, 5 départs, 5h-12h) et Phrae (83 B, 2 heures, ttes les 40 min, 5h30-18h).

DESTINATION	PRIX	DURÉE	DÉPARTS
Bangkok	464-790 B	10-11 heures	départs fréquents 8h-10h et 18h15-19h45
Chiang Mai	197-395 B	6 heures	départs fréquents 7h30-17h et 22h30
Chiang Rai	181 B	6 heures	9h
Lampang	203 B	4 heures	départs fréquents 8h30-22h30
Luang Prabang (Laos)	660 B	9 heures	8h mar et ven
Phayao	190 B	4 heures	7h30 et 13h30
Phitsanulok	181 B	4 heures	5 départs 7h45-17h15
Phrae	110 B	2 heures 30	8 départs 8h30-22h30
Pua (pour le parc national de Doi Phu Kha)	50 B	2 heures	ttes les heures 6h-17h

aéroport de Nan Nakhon ; ⌚8h-19h) et **Thai Rent A Car** (☎054 059649, numéro national 1647 ; www.thairentacar.com ; aéroport de Nan Nakhon ; ⌚8h-18h) ont des guichets à l'aéroport de Nan.

On trouve des motos-taxis à la gare routière ; un trajet en ville coûte 20 B ou plus. Les taxis de **Nan Taxi** (☎084 610 7777, 054 773555) ont des compteurs.

Certaines pensions mettent des vélos à disposition ou louent des motos. **Oversea Shop** (☎054 710258 ; 488 Th Sumon Thevarat ; ⌚8h30-17h30) et **Thana Sin Motors** (TS ; ☎089 953 0896 ; 1-7 Th Sumon Thevarat ; ⌚8h-17h lun-sam) louent des motos (à partir de 250 B).

PROVINCE DE PHRAE

จังหวัดแพร่

Phrae est une province rurale et montagneuse, souvent associée au teck. Malgré une interdiction nationale de l'abattage, il ne reste guère de ces arbres, et ceux qui subsistent sont menacés.

Phrae

แพร่

☎054 / 20 000 HABITANTS

Autrefois grand centre du commerce du teck, Phrae (แพร่) a gardé de cette époque d'impressionnantes demeures en bois. À considérer ce patrimoine, ainsi que sa végétation abondante, ses temples et sa situation agréable en bord de rivière, on s'attendrait à y voir beaucoup de touristes. Or cette petite ville ne connaît guère l'affluence, et vaut d'autant plus d'être visitée.

Vous pourrez y passer quelques jours, à visiter les sites et à goûter aux délicieuses spécialités locales. Votre séjour sera d'autant plus agréable que la population de Phrae – qui comprend nombre de moines – compte parmi les plus chaleureuses de Thaïlande.

À voir

Wat Luang TEMPLE BOUDDHIQUE

(วัดหลวง ; Soi 1, Th Kham Leu ; ⌚lever-coucher du soleil). Le plus vieux *wat* de Phrae date probablement de la fondation de la cité, au XIIe ou XIIIe siècle. De beaux objets des périodes Lanna, Nan, Bago et Môn sont exposés dans le musée du site.

La galerie du *wí·hăhn* principal, de style Luang Prabang-Lan Xang classique, a malheureusement été murée avec des briques en latérite. En face du *wí·hăhn*, la Pratu Khong fait partie de la porte d'origine de la cité et renferme une statue de Chao Pu, un ancien dirigeant Lanna.

Le Phra That Luang Chang Kham, le grand *chedi* (stupa) octogonal de style Lanna, repose sur une base carrée soutenue des quatre côtés par des éléphants. Comme on peut le voir à Phrae et à Nan, le *chedi* est parfois drapé de tissu thaï lü.

Le **musée** présente des antiquités, des céramiques et des objets d'art sacré. À l'étage on trouve un ravissant bouddha assis, réalisé à Phrae au XVIe siècle. Des photos du XIXe siècle, légendées en anglais, dont des images terribles d'une décapitation, sont aussi présentées. Le musée n'est habituellement accessible que le week-end, mais les moines l'ouvrent parfois en semaine sur demande.

Wat Phra Non TEMPLE BOUDDHIQUE

(วัดพระนอน ; Th Phra Non Neua ; ⏲ lever-coucher du soleil). Situé à l'ouest du Wat Luang, ce *wat* trois fois centenaire porte le nom du bouddha allongé très révéré qu'il renferme. Le *bòht*, qui date d'environ 200 ans, possède un toit impressionnant, un portique séparé à 2 niveaux et une façade en bois doré, sculptée de scènes du *Ramayana*. Le *wí·hăhn* adjacent contient la statue du Bouddha, drapée de tissu thaï lü orné des perles et de décorations en métal.

Wat Phra That Cho Hae TEMPLE BOUDDHIQUE

(วัดพระธาตุช่อแฮ ; près de la Rte 1022 ; ⏲ lever-coucher du soleil). GRATUIT Ce temple situé sur une colline et baptisé du nom de l'étoffe dont les fidèles le recouvrent possède un superbe *chedi* doré de 33 m de haut. Comme le Wat Doi Suthep de Chiang Mai, c'est un important lieu de pèlerinage pour les Thaïlandais du Nord.

Des escaliers bordés de *naga* mènent au temple. Le *bòth*, lourdement décoré, possède un plafond en bois doré, des piliers rococo et des murs ornés de boutons de lotus en mosaïque. Le Phra Jao Than Jai, effigie du Bouddha semblable au Phra Phuttha Chinnarat de Phitsanulok, favoriserait la fertilité des femmes qui lui font des offrandes.

Le temple est à 9 km au sud-est de Phrae près de la Rte 1022. Des *songthaew* reliant Phrae au Phra That Cho Hae (20 B) partent d'un arrêt proche du Talat Phrae Preeda dans Th Chaw Hae, de 6h à 16h30 – en dehors de ces heures, on peut louer un *songthaew* pour 400 B.

Wat Jom Sawan TEMPLE BOUDDHIQUE

(วัดจอมสวรรค์ ; Th Ban Mai ; ⏲ lever-coucher du soleil). En dehors de la vieille ville, ce temple fut construit par des Shan locaux au tournant du XXe siècle et comporte des éléments shan et birmans. À côté, un *chedi* coiffé de cuivre a perdu la plupart de ses stucs, révélant une superbe maçonnerie en brique. Depuis une récente rénovation, le Wat Jom Sawan tient désormais davantage d'une pièce de musée que d'un temple en activité.

Où se loger

♥ Phoomthai Garden HÔTEL $$

(☎054 627359 ; www.phoomthaigarden.com ; 31 Th Sasiboot ; ch avec petit-déj 1 200-1 500 B, ste 2 000 B ; ❄📶🏊). Un peu loin de la vieille ville – 300 m au sud de l'ancien mur de la cité – voici probablement la meilleure adresse de Phrae. Fonctionnelles avant tout, les chambres sont spacieuses et leurs grands lits, confortables. La plupart ont un balcon donnant sur le joli jardin avec piscine. Le lieu est prisé des groupes de touristes.

Hug Inn HÔTEL $$

(☎062 572 0077 ; www.huginnphraehotel.com ; 6/1 Teesaban Rd 2 ; ch avec petit-déj 1 000 B, f 1 700-2 200 B ; ❄📶). Logé dans un bâtiment industriel-chic, c'est l'un des rares hôtels contemporains du centre de Phrae. Les 12 chambres, certaines avec murs en briques apparentes, sont petites mais confortables. Café et jardin agréable. Au calme, dans une ruelle en face de la petite prison de Phrae.

Taris Art Hotel HÔTEL $$

(☎054 511122 ; www.tarisarthotel.com ; 69 Th Rasdamnern ; ch avec petit-déj 1 100-1 500 B ; ❄📶). Cet hôtel des années 1960 a été rafraîchi dans de gracieux tons de noir et de gris. Les chambres, quoique sombres, sont spacieuses et confortables. Personnel aimable et vélos à disposition.

Mee Bed & Breakfast HÔTEL $$

(☎054 061073 ; facebook.com/meebedandbreakfast ; 16/5 Th Rasdamnern ; ⏲ch avec petit-déj 690 B ; ❄📶). Les 12 chambres que renferme ce cube de style industriel reçoivent peu de lumière naturelle, mais quelques-unes ont un petit balcon. Beaucoup d'espace, peintures aux murs, ambiance conviviale et vélos en accès libre.

RÉSERVE NATURELLE DE LA "CONTRÉE FANTÔME"

Le nom de **Phae Meuang Phi** (แพะเมืองผี ; près de la Rte 101 ; ⏲6h-18h) signifie "contrée fantôme", en référence à ces étranges colonnes de terre et de roche, aux allures de champignons géants, sculptées par l'érosion. La réserve se trouve à environ 18 km au nord-est de Phrae près de la Rte 101 ; il est impossible d'y aller avec les transports publics. On peut louer un *songthaew* (600 B environ).

Le secteur a été classé parc provincial ; quelques sentiers et points de vue y ont été aménagés récemment. Le parc comprend des pavillons de pique-nique et des vendeurs ambulants proposent du *gài yâhng* (poulet grillé), du *sôm·đam* (salade de papaye) et du riz gluant à l'entrée.

Phrae

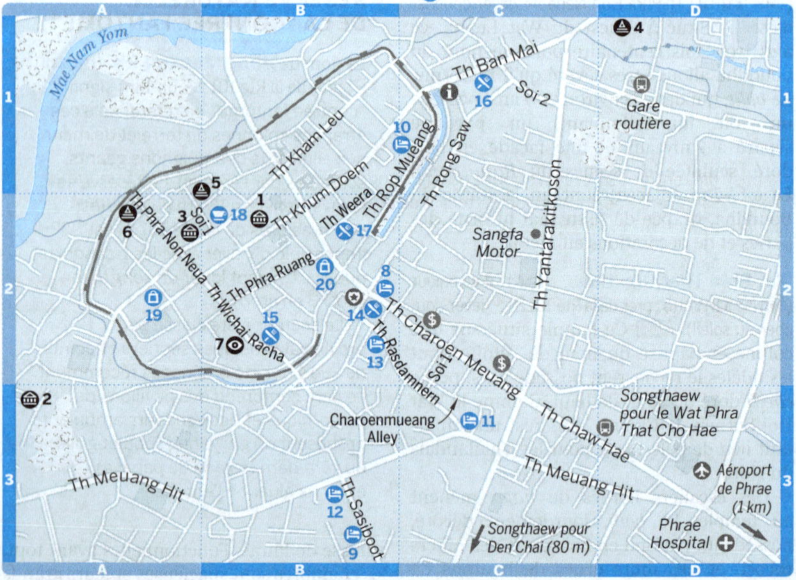

Phrae

À voir

1 Khum Jao Luang B2
2 Maison Pratubjai A3
3 Maison Vongburi A2
4 Wat Jom Sawan D1
5 Wat Luang B1
6 Wat Phra Non A2
7 Maison Wichairacha B2

Où se loger

8 Gingerbread B & B B2
9 Huern na na B3
10 Hug Inn C1
11 Mee Bed & Breakfast C3
12 Phoomthai Garden B3
13 Taris Art Hotel B2

Où se restaurer

14 Gingerbread House Café & Gallery B2
15 Khao Soi Klang Wiang B2
16 My Vietnamese C1
Marché nocturne .... (voir 20)
17 Pan Jai B2

Où prendre un verre et faire la fête

18 Je Bar B2

Achats

19 Kat Korng Kow A2
20 Maw Hawm Anian B2

Gingerbread B & B B&B **$$**
(☎054 523671 ; wimonmat_p@hotmail.com ; 94/1 Th Charoen Meuang ; ch avec petit-déj 800-1 200 B ; ❄📶). Cinq chambres bien entretenues et confortables, avec bons lits, salles de bains correctes, TV et réfrigérateur, au-dessus du café du même nom. Les trois du haut, qui partagent un balcon, sont les meilleures.

♥ **Huern na na** HÔTEL **$$$**
(☎054 524800 ; www.huernnana.in.th ; 7/9 Th Sasiboot ; ch 2 600 B, ste 5 500 B, avec petit-déj ; ❄📶🏊). Les chambres de l'hôtel le plus luxueux de Phrae sont spacieuses, dans un style contemporain et nord-thaïlandais, avec des équipements astucieux ; les suites disposent d'un Jacuzzi ou d'une kitchenette. Mentionnons également un spa, un restaurant et une piscine. L'hôtel est tout près de Th Sasiboot, à environ 250 m au sud de Th Meuang Hit.

Où se restaurer et prendre un verre

Dans les restaurants et au **marché nocturne** (Th Rop Mueang ; plats 30-60 B ; 🕗18h-22h), sont

À NE PAS MANQUER

LES DEMEURES EN TECK DE PHRAE

Grâce au commerce lucratif du teck, quantité de belles demeures ont vu le jour à Phrae. Certaines se visitent.

Maison Vongburi (บ้านวงศ์บุรี ; 50 Th Kham Leu ; 30 B ; ⊙9h-17h). La maison en teck de 2 étages du dernier prince de Phrae a été transformée en musée privé. Elle fut construite entre 1897 et 1907 pour Luang Phongphibun et son épouse Chao Sunantha, qui possédaient une concession de teck très rentable en ville. À l'intérieur, la plupart des 20 pièces contiennent des antiquités en teck de la fin du XIXe siècle, des documents (dont des cessions d'esclaves du début du XXe siècle), des photos et d'autres objets de l'époque révolue de la dynastie du teck.

Khum Jao Luang (คุ้มเจ้าหลวง ; Th Khum Doem ; ⊙8h30-16h30). GRATUIT Édifié en 1892, ce bâtiment imposant où se mêlent styles thaïlandais et européen fut la demeure du dernier seigneur, ou Chao Luang, de Phrae. Il servit ensuite de résidence au gouverneur et est aujourd'hui un musée consacré à l'histoire locale (pas d'explications en anglais). Demandez à voir le sous-sol, où esclaves et prisonniers étaient retenus et châtiés.

Maison Wichairacha (คุ้มวิไชยราชา ; 8 Th Wichai Racha ; ⊙lever-coucher du soleil). Cette belle demeure en teck aurait été bâtie en 1898 par des artisans cantonais. On tente actuellement de la convertir en musée, objectif qui était loin d'être atteint au moment de nos recherches.

Maison Pratubjai (บ้านประทับใจ ; 100 B ; ⊙8h-17h). À la périphérie de la ville, la Baan Pratubjai ("maison impressionnante"), une vaste demeure dans le style du Nord, a nécessité plus de 130 troncs de teck, chacun vieux de plus de 300 ans. La décoration étant d'un goût plutôt douteux, ne prenez pas à la lettre le terme de maison "impressionnante". La maison Pratubjai est un peu difficile à trouver : sortez par la porte ouest de la vieille ville fortifiée et suivez les panneaux, en tournant à droite après l'école. La course en *săhm·lór* devrait coûter environ 60 B.

servis des classiques thaïlandais ainsi que des plats du nord du pays.

Gingerbread House Café & Gallery THAÏLANDAIS $
(94/1 Th Charoen Meuang ; plats 60-150 B ; ⊙8h-17h ; 📶). Échappez au soleil dans cet agréable café de brique et de bois climatisé, où sont servis petits-déjeuners occidentaux, plats de riz et de nouilles simples, bon café et smoothies. On y trouve une petite boutique d'artisanat.

Khao Soi Klang Wiang THAÏLANDAIS $
(Th Wichai Racha ; plats 40-99 B ; ⊙10h-14h). Rien d'autre ici que de gros bols d'excellent *kôw soy*. Commandez la version normale ou jumbo agrémentée de bœuf, de porc ou de poulet. Enseigne en thaï.

Pan Jai THAÏLANDAIS $
(2 Th Weera ; plats 35-80 B ; ⊙8h-16h). Une adresse prisée des habitants pour son espace semi-ouvert au milieu des plantes. Venez y déguster un *kôw soy*, un *kà·nŏm jin* (nouilles de riz fraîches avec divers currys et herbes), un plat de riz ou de savoureux satés de poulet et de porc. Cherchez une enseigne jaune.

My Vietnamese VIETNAMIEN $$
(Th Ban Mai ; plats 90-280 B ; ⊙11h-21h ; 📶). Ce restaurant frais et lumineux propose une version locale des classiques vietnamiens – phô (nouilles), *banh xeo* (crêpes garnies de viande ou de légumes) et *bun cha* (nouilles et porc grillé) – et quelques plats nord-thaïlandais. Terrasse couverte.

Je Bar CAFÉ
(Th Kham Leu ; ⊙9h-18h mar-ven, 9h-17h sam-dim ; 📶). Ce n'est pas un bar, mais un café, au rez-de-chaussée d'une maison traditionnelle en bois au cœur du quartier le plus ancien de Phrae. Un bon endroit où fuir la chaleur entre deux visites de temples et de demeures.

Achats

Phrae est réputée pour ses *sêua môr hôrm*, des chemises paysannes en coton indigo que l'on voit dans le Nord. Elles sont fabriquées à Ban Thung Hong, un peu en dehors de la ville, mais vous en trouverez à Phrae à **Maw Hawm Anian** (36 Th Charoen Meuang ; ⌚8h-20h).

Kat Korng Kow MARCHÉ
(Th Kham Leu ; ⌚14h-20h sam). Ce marché en plein air se tient tous les samedis après-midi à l'extrémité ouest de Th Kham Leu. On y vend surtout des produits alimentaires, mais aussi quelques souvenirs et de l'artisanat.

Renseignements

Bangkok Bank (Th Charoen Meuang ; ⌚8h30-16h30 lun-ven)

Hôpital de Phrae (☎054 522444 ; Th Chaw Hae)

Krung Thai Bank (Th Charoen Meuang ; ⌚8h30-16h30 lun-ven)

Police (Th Charoen Meuang ; ⌚24h/24). Principal poste de police de Phrae.

Tourism Authority of Thailand (TAT ; ☎054 521127, centre d'appel national 1627 ; tatphrae@tat.or.th ; Th Ban Mai ; ⌚8h30-16h30). Se situe juste à l'est du centre. Le personnel et les bénévoles, qui parlent anglais, vous aideront volontiers.

Depuis/vers Phrae

Lors de notre passage, la seule compagnie desservant le petit **aéroport de Phrae** était **Nok Air** (☎054 522189 centre d'appel national 1318 ; www.nokair.com ; ⌚8h-17h), avec 2 vols quotidiens (à partir de 1 800 B, 1 heure 10) depuis/vers l'aéroport international Don Mueang à Bangkok. Depuis l'aéroport, situé à 2,5 km à l'est du centre-ville, **Fly Smile** (☎094 629 5151 ; ⌚8h-17h lun-sam) peut vous conduire à votre hôtel (100 B).

TRANSPORTS AU DÉPART DE PHRAE

Bus

DESTINATION	PRIX	DURÉE	DÉPARTS
Bangkok	418-650 B	8 heures	fréquents 4h30-21h
Chiang Khong	197 B	4 heures 30	12h30
Chiang Mai	146-293 B	4 heures	fréquents 6h-0h20
Chiang Rai	157 B	4 heures	fréquents 5h-18h
Lampang	83 B	2 heures	fréquents 6h-0h20
Mae Sai	190-381 B	5 heures	10h30, 11h30 et 15h30
Nan	101-157 B	2 heures	8 départs 2h10-22h10
Phayao	102-204 B	2 heures	5 départs 10h30-16h
Phitsanulok	122-244 B	3 heures	10 départs 8h-22h15
Sukhothai	132 B	3 heures	11h30 et 14h30

Minibus

DESTINATION	PRIX	DURÉE	DÉPARTS
Ban Huay Kon (frontière du Laos)	202 B	5 heures	5 départs 3h-12h
Chiang Rai	189 B	4 heures 30	ttes les heures 5h-18h30
Lampang	90 B	2 heures	ttes les heures 6h-17h20
Nan	94 B	2 heures	fréquents 3h-18h50
Phayao	118 B	2 heures	ttes les heures 5h-18h

Train

DESTINATION	PRIX	DURÉE	DÉPARTS
Bangkok	200-967 B	9-11 heures	8/jour
Chiang Mai	93-598 B	4-6 heures	6/jour
Lampang	23-603 B	2 heures	6/jour
Phitsanulok	30-600 B	3 heures 30	8/jour

Contrairement à maintes villes thaïlandaises, Phrae possède une **gare routière** (☎054 511800 ; près de Th Yantarakitkoson) située à courte distance à pied de la plupart des hébergements.

La gare ferroviaire la plus proche est la **gare de Den Chai** (☎054 613260, centre d'appel national 1690 ; www.railway.co.th ; Den Chai), à 23 km au sud de la ville. De fréquents songthaew bleus (Th Yantarakitkoson) partent pour Den Chai (40 B, 40 min, 6h30-17h30), depuis un arrêt situé en face du Phrae Vocational College. Sinon vous pouvez en louer un pour 400 B. Les *songthaew* pour le Wat Phra That Cho Hae (Th Chaw Hae ; 20 B) partent d'un arrêt proche du Talat Phrae Preeda, dans Th Chaw Hae, entre 6h et 16h30 ; en dehors de ces heures, on peut louer un *songthaew* pour 400 B.

Comment circuler

Une course en *săhm·lór* (cyclopousse à trois roues) dans la vieille ville revient à 40 B. Des motos-taxis attendent à la gare routière ; ils demandent 20 à 40 B pour un trajet en ville.

Concessionnaire de motos, **Sangfa Motor** (☎054 521598 ; 163/8 Th Yantarakitkoson ; 200 B/24 heures ; 8h-16h30) fait aussi de la location. Maints hôtels et pensions mettent des vélos à disposition.

LAMPHUN ลำพูน

☎053 / 14 000 HABITANTS

Étape culturelle pratique pour qui visite Chiang Mai, la paisible Lamphun s'étire sur les rives de la Mae Kuang, un affluent de la Mae Ping.

Au nombre des plus anciennes villes de Thaïlande, elle n'en fait pas grande publicité. Le mur de la forteresse et les vénérables temples datent de l'époque où la cité était l'avant-poste le plus septentrional du royaume môn Dvaravati, alors appelé Hariphunchai (750-1281). La région fut gouvernée un temps par Chama Thewi, une reine môn ayant gagné rang de légende.

L'ancienne grande route entre Chiang Mai et Lamphun, de 26 km, est un itinéraire agréable, ombragé par endroits par de hauts diptérocarpes.

À voir

Wat Phra That Hariphunchai TEMPLE BOUDDHIQUE
(วัดพระธาตุหริภุญชัย ; Th Inthayongyot ; lever-coucher du soleil). Ce temple d'époque Môn, le plus célèbre de la ville, fut d'abord édifié sur le site du palais de la reine Chama Thewi en 1044 (ou 1108 ou 1157 selon certaines datations). Il a l'attrait de son architecture, de quelques beaux bouddhas et de deux anciens *chedi* de style Hariphunchai. Il fut laissé à l'abandon jusqu'à ce que Khru Ba Sriwichai, un fameux moine du nord du pays, le restaure dans les années 1930.

Musée national de Hariphunchai MUSÉE
(พิพิธภัณฑสถานแห่งชาติหริภุญไชย ; Th Inthayongyot ; 8h-16h mer-dim). GRATUIT En face du Wat Phra That Hariphunchai, ce musée instructif possède une collection d'objets archéologiques môn et Lanna, des bouddhas du royaume Dvaravati, ainsi qu'une galerie de stèles gravées d'inscriptions môn et Lanna. Petite librairie avec quelques ouvrages en anglais.

Wat Chama Thewi TEMPLE BOUDDHIQUE
(วัดจามเทวี ; Th Chamadevi ; lever-coucher du soleil). Ce temple comprend un rare *chedi* de style Hariphunchai. Sa construction date du XIIIe siècle environ, mais deux *chedi* remontent au VIIIe siècle. Cet édifice restauré à de nombreuses reprises affiche aujourd'hui un mélange de styles architecturaux. Chaque côté du *chedi* comporte 5 rangées, comptant chacune 3 statues du Bouddha, dont la taille décroît à chaque niveau. Les bouddhas debout, bien que de facture récente, sont de style Dvaravati. Le temple se situe à 1,5 km du Wat Phra That Hariphunchai – des motos-taxis (20 B) y mènent depuis le Musée national de Hariphunchai.

Fêtes et festivals

Lam Yai Festival FÊTE AGRICOLE
(mi-août). Pendant la seconde semaine d'août, Lamphun fête le *lam yai* (ou longane), auquel elle doit son nom, avec des chars arborant ces fruits et un concours de Miss Lam Yai.

Songkran CULTURE
(mi-avr). Si cette fête vous semble un peu trop déchaînée et mouillée à Chiang Mai, Lamphun en organise, mi-avril, une version plus calme et plus traditionnelle.

Où se loger et se restaurer

Chiang Mai est si proche de Lamphun qu'il y a fort peu de raisons d'y passer la nuit. Plusieurs échoppes de nouilles et

VAUT LE DÉTOUR

PARC NATIONAL DE DOI KHUN TAN

Ce parc national d'une superficie de 225 km² enjambe les montagnes entre les provinces de Lamphun et de Lampang. De la forêt de bambous, à 350 m, dans les basses terres, il s'élève jusqu'au sommet parsemé de pins du Doi Khun Tan, à 1 363 m. Fleurs et plantes sauvages abondent, dont des orchidées, du gingembre et des lys. Le bureau du parc fournit des cartes de sentiers bien balisés, des courtes marches aux chemins ralliant les quatre pics du parc et à celui menant à une chute d'eau, Nam Tok Tat Moei (7 km aller-retour).

Le parc est très fréquenté le week-end à la saison fraîche. Traversant les versants de la montagne, le plus long tunnel ferroviaire du pays (1 352 m) fut inauguré en 1921 après 6 années de labeur par des milliers d'ouvriers laotiens (plusieurs auraient été tués par des tigres).

Des bungalows (500-2 700 B) pour 2 à 9 personnes sont installés près du bureau du parc, ainsi qu'un restaurant.

La gare ferroviaire de Khun Tan constitue le principal accès au parc. Pour les horaires et les prix depuis diverses villes, appelez le State Railway of Thailand ou consultez son site Internet. À la gare de Khun Tan, traversez les voies et suivez un chemin abrupt et balisé sur 1,3 km jusqu'au bureau du parc. En voiture, prenez la route Chiang Mai-Lampang jusqu'à l'embranchement vers Mae Tha, puis suivez les panneaux le long d'une piste escarpée sur 18 km.

riz correctes bordent la rue principale de Lamphun, au sud du Wat Phra That Hariphunchai.

Dao Kanong THAÏLANDAIS DU NORD $
(340 Th Charoen Rat ; plats 60-100 B ; ⏲10h-21h). Institution proposant un très grand choix de plats typiques du Nord. À 1,5 km à l'est du Wat Phra That Hariphunchai sur Th Charoen Rat (Th Chiang Mai-Lamphun).

Achats

Kad Khua Moong Tha Sing MARCHÉ
(Th Rop Mueang Nai ; ⏲8h-17h). Juste à l'est du Wat Phra That Hariphunchai, un marché de souvenirs où l'on trouve des produits locaux tels le *lam yai* (longane) séché et la soie.

Depuis/vers Lamphun

Des minibus blancs rallient Lamphun depuis Chiang Mai. Ils partent de la gare routière de Chang Pheuak, de l'arrêt situé dans Th Praisani face au Talat Warorot et d'un autre arrêt sur la rive est de la rivière, dans Th Chiang Mai-Lamphun, au sud du bureau de la Tourist Authority of Thailand (25 B, 30 min, de 6h30 à 18h10). Ils pourront vous déposer dans Th Inthayongyot, à l'arrêt situé devant le Musée national de Hariphunchai et le Wat Phra That Hariphunchai.

Des minibus (25 B, 30 min, de 6h à 19h30) regagnent Chiang Mai depuis l'arrêt situé face au Musée national ou depuis la gare routière.

PROVINCE DE LAMPANG จังหวัดลำปาง

La province de Lampang est une vaste zone montagneuse réputée pour ses splendeurs naturelles, sa plaisante capitale et ses temples bouddhiques parmi les plus emblématiques du nord de la Thaïlande. Jadis associée au commerce du bois, la province est aujourd'hui davantage tournée vers des industries comme l'extraction minière ou la céramique.

Histoire

Si la province était déjà habitée au VIIe siècle durant la période Dvaravati, la légende veut que la cité de Lampang ait été fondée par le fils de la reine Chama Thewi de Hariphunchai (Lamphun) et qu'elle ait joué un rôle important dans l'histoire du royaume de Hariphunchai.

Comme Chiang Mai, Phrae et d'autres anciennes villes du Nord, Lampang fut d'abord une cité fortifiée rectangulaire au bord d'une rivière, la Mae Wang. Au tournant du XXe siècle, Lampang et la proche Phrae devinrent un centre important de négoce du teck. Une grande compagnie britannique fit venir des contremaîtres connaissant bien l'industrie du teck au Myanmar pour former des bûcherons birmans et thaïlandais dans la région. Ces contremaîtres bien rémunérés, ainsi que des marchands de teck birmans qui commerçaient à Lampang, financèrent la construction de plus d'une dizaine de temples. Ceux qui subsistent comptent parmi les plus beaux *wat* de la ville, et les magnifiques maisons anciennes le long de Th Talad Gao constituent un autre héritage remarquable de cette période.

Lampang ลำปาง

054 / 53 000 HABITANTS

Ville paisible au bord de l'eau tranquille, riche en beaux bâtiments anciens et animée de marchés parmi les meilleurs du Nord, Lampang reçoit pourtant peu de voyageurs étrangers. Les Thaïlandais, eux, y viennent en nombre de tout le royaume. Dans leur sillage, ouvrent de bons lieux d'hébergement, ainsi que des cafés et restaurants branchés, faisant de Lampang une étape idéale pour les visiteurs en quête d'une destination relativement épargnée par le tourisme de masse.

À voir

Th Talad Gao RUE

(ถนนตลาดเก่า). Le passé multiculturel de Lampang transparaît dans cette rue parallèle à la rivière et ponctuée de maisons, temples et *shophouses* anciens, témoins des styles architecturaux thaï, anglais, chinois et birman. C'est dans cette rue, pour l'occasion fermée à la circulation, que se tient le marché hebdomadaire (p. 259).

Wat Phra Kaew Don Tao TEMPLE BOUDDHIQUE

(วัดพระแก้วดอนเต้า ; près de Th Phra Kaew ; 20 B ; lever-coucher du soleil). Le chedi principal, en cours de rénovation lors de nos recherches, est d'influence Hariphunchai, tandis que le *mon·dòp* (petit édifice carré surmonté d'une flèche) adjacent date de 1909. Orné d'une mosaïque de verre typique du style birman, le *mon·dòp* du temple renferme une image du Bouddha dans le style de Mandalay. De 1436 à 1468, le Wat Phra Kaew Don Tao fut un des quatre *wat* du nord de la Thaïlande à abriter le bouddha d'émeraude (aujourd'hui au Wat Phra Kaew de Bangkok).

Le **Musée Lanna** (พิพิธภัณฑ์ล้านนา ; don apprécié) du temple expose des objets Lanna.

Musée de la Céramique de Dhanabadee MUSÉE

(พิพิธภัณฑ์เซรามิคธนบดี ; près du Soi 1, Th Phrabat ; 100 B avec visite guidée ; 9h-17h). Cette fabrique prétend avoir été la première à produire les bols emblématiques utilisés dans tout le pays. L'entreprise a ouvert ses portes aux visiteurs en 2013 et organise des visites guidées retraçant l'histoire de ce bol à soupe en Thaïlande, et détaillant les différentes étapes de sa fabrication. Celles en anglais ont lieu toutes les heures, de 9h à 16h. Le musée se situe à 500 m au sud de Th Phahonyothin/AH2.

LE MELON MERVEILLEUX

Le petit Wat Suchadaram, dans le **Wat Phra Kaew Don Tao** (ci-contre) de Lampang, aurait été construit sur l'ancien champ de melons (*dorn đôw*) de Mae (mère) Suchada, une femme pieuse de la cité. Lors d'une famine, un moine serait apparu et Mae Suchada lui aurait donné un melon d'une forme inhabituelle. Lorsqu'il l'ouvrit, le moine y trouva une grosse pierre précieuse verte. Avec l'aide de Mae Suchada et l'intervention divine d'Indra, cette pierre prit la forme du Bouddha.

Les villageois, suspectant une relation trop intime entre le moine et Mae Suchada, décapitèrent cette dernière. Constatant plus tard leur erreur (l'exécution provoqua une autre famine), ils construisirent un temple en l'honneur de Mae Suchada. Aujourd'hui, le bouddha d'émeraude est conservé au **Wat Phra That Lampang Luang**.

Baan Sao Nak MUSÉE

(บ้านเสานัก ; 85 Th Radwattana ; 50 B ; 10h-17h). La Baan Sao Nak fut construite en 1895 dans le style Lanna traditionnel. Immense maison en teck soutenue par 116 piliers carrés, elle appartint jadis à une *kun·yǐng* (noble dame) locale et sert aujourd'hui de musée. Elle est entièrement meublée d'antiquités thaïlandaises ou birmanes d'un intérêt relatif ; c'est le bâtiment lui-même et le jardin, très soigné, qui méritent surtout une visite.

Wat Pongsanuk Tai TEMPLE BOUDDHIQUE

(วัดปงสนุกใต้ ; Th Pongsnook ; lever-coucher du soleil). Bien qu'ayant perdu beaucoup de son charme lors d'une rénovation, le *mon·dòp* du Wat Pongsanuk Tai demeure l'un des derniers exemples locaux de l'architecture religieuse Lanna, qui privilégiait les édifices en bois ouverts sur les côtés. Pour avoir une idée de ce qu'il fut jadis, admirez la porte de bois sculptée à l'entrée de l'escalier nord.

Lampang

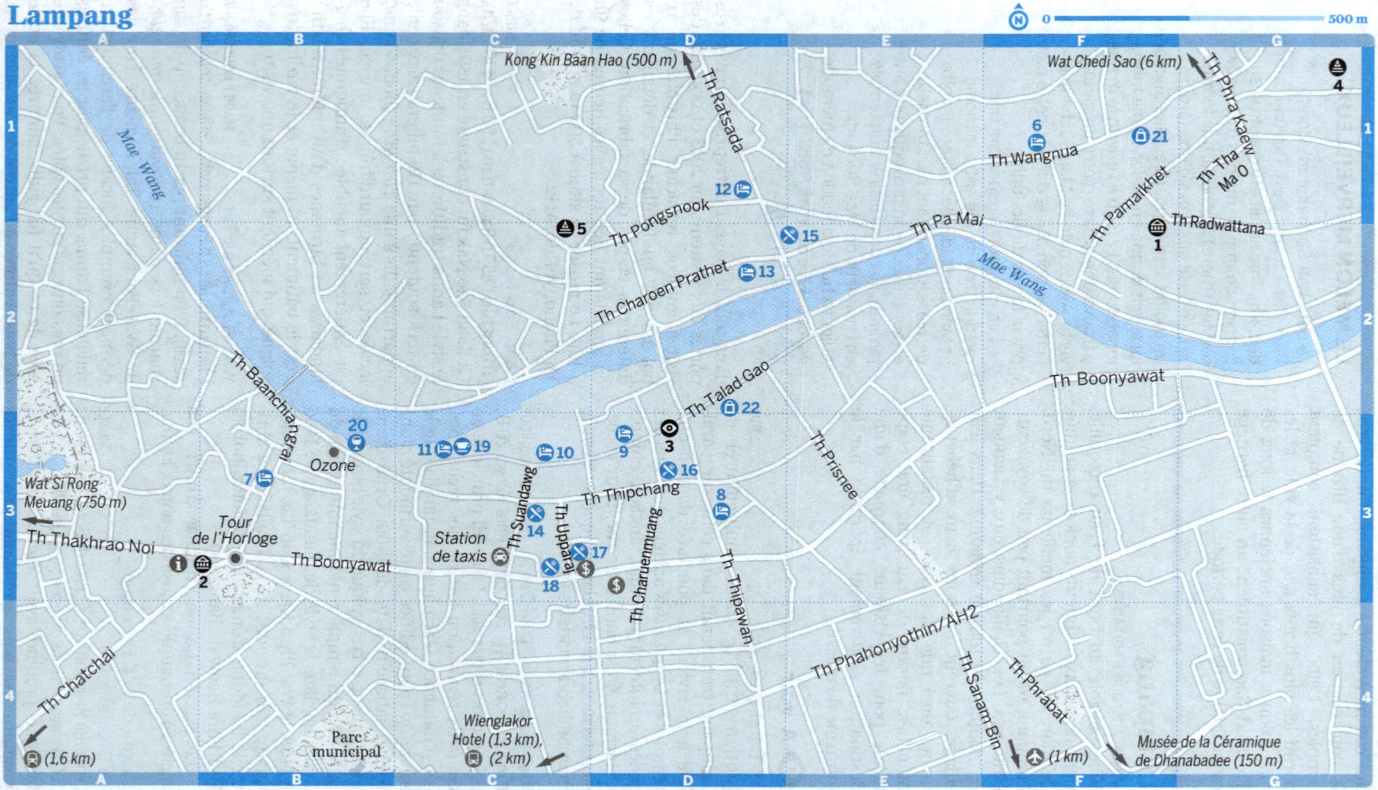
0
500 m
Kong Kin Baan Hao (500 m)
Wat Chedi Sao (6 km)
Th Phra Kaew
Th Ratsada
Th Wangnua
Th Tha Ma O
Th Pamaikhet
Th Radwattana
Th Pongsnook
Th Pa Mai
Mae Wang
Th Charoen Prathet
Th Baanchiangrai
Th Talad Gao
Th Boonyawat
Ozone
Th Prisnee
Th Thipchang
Th Suandawg
Th Upparaj
Th Charuenmuang
Th Thipawan
Wat Si Rong Meuang (750 m)
Th Thakhrao Noi
Tour de l'Horloge
Station de taxis
Th Phahonyothin/AH2
Th Chatchai
Th Sanam Bin
Th Phrabat
(1,6 km)
Parc municipal
Wienglakor Hotel (1,3 km),
(2 km)
(1 km)
Musée de la Céramique de Dhanabadee (150 m)

Lampang

À voir

Où se loger

Où se restaurer

Où prendre un verre et faire la fête

Achats

De petits musées informels sont installés dans l'enceinte du temple et exposent des objets de production locale, mais très peu sont légendés en anglais.

Wat Si Rong Meuang TEMPLE BOUDDHIQUE
(วัดศรีรองเมือง ; Th Thakhrao Noi ; lever-coucher du soleil). Le Wat Si Rong Meuang fut construit à la fin du XIXe siècle par des artisans birmans. Le style birman se traduit par une succession de pignons qui se chevauchent, ourlés de frises en bois finement ouvragées.

Musée Phum Lakhon MUSÉE
(พิพิธภัณฑ์เมืองของชาวลำปาง ; angle Th Chatchai et Th Thakhrao Noi ; 8h30-16h30 lun-ven). GRATUIT Petit mais intéressant, ce musée retrace l'histoire de Lampang, et évoque sa population et sa culture à travers une exposition multimédia.

Où se loger

Hug Lampang HÔTEL $
(054 224999 ; www.huglampangboutiquehotel1.com ; 59-61 Th Thipawan ; ch 590-790 B ;). Pour profiter du confort de la catégorie moyenne à peu de frais dans le centre de Lampang, direction cette ancienne banque convertie en boutique-hôtel élégant et spacieux. Les chambres les plus chères, lumineuses, ont un sofa, un grand balcon et de larges fenêtres. Vélos à disposition et café au rez-de-chaussée.

Stand By Me Hostel AUBERGE DE JEUNESSE $
(081 487 8437 ; facebook.com/Lampang2018 ; 50 Th Ratsada ; dort/ch 400/700 B ;). Ce bâtiment jaune vif, au-delà de la Mae Wang, comprend des dortoirs de 4 et 6 lits frais et propres avec de petits casiers, une unique chambre privative et un café au rez-de-chaussée. Personnel agréable, vélos à louer et circuits organisés.

Old Town Boutique Hostel BOUTIQUE-HÔTEL $
(054 017019 ; Th Talad Gao ; ch avec petit-déj 400-600 B ;). L'emplacement est parfait. Les 7 chambres sont distribuées entre une belle maison en bois bien entretenue et une nouvelle annexe à l'arrière, dans le jardin. Celles de la maison sont les meilleures, joliment décorées et confortables, mais seules 3 d'entre elles ont leur propre salle de bains. Vélos à disposition. Anglais peu parlé.

Auangkham Resort PENSION $$
(054 221305 ; www.auangkhamlampang.com ; 51 Th Wangnua ; ch avec petit-déj 1 100-1 350 B ;). Cette *guesthouse* de charme qui n'a rien d'un *resort* est extrêmement bien conçue. Ses 14 chambres, lumineuses et spacieuses, sont toutes pourvues d'un balcon donnant sur un joli jardin. À l'ambiance paisible, s'ajoutent un service agréable et de petits bonus comme le prêt de vélos. À deux pas de la rue où se tient le marché du vendredi.

Riverside Guest House PENSION $$
(054 227005 ; www.theriverside-lampang.com ; 286 Th Talad Gao ; ch avec petit-déj 700-1 200 B, f 2 400 B ;). Cet ensemble verdoyant aux maisons de bois rénovées est une des meilleures adresses de Lampang. Les 8 chambres ne sauraient être plus proches de la rivière, les tables à l'ombre ne manquent pas et des circuits peuvent être organisés. Essayez d'obtenir l'une des 2 chambres à l'étage du bâtiment principal, avec de grands balcons donnant sur la Mae Wang.

À NE PAS MANQUER

WAT PHRA THAT LAMPANG LUANG

Cet ancien ensemble bouddhique compte plusieurs bâtiments religieux dignes d'intérêt, notamment le **Wihan Luang**, ouvert sur les côtés, probablement le plus beau temple de bois Lanna du nord de la Thaïlande. Considéré comme la plus vieille construction en bois du pays, l'imposant *wí·hăhn* (sanctuaire) de 1476 comporte un toit à 3 niveaux soutenu par d'immenses piliers en teck. Des peintures murales de jatakas (récits des vies antérieures du Bouddha) du début du XIXe siècle ornent les panneaux en bois du périmètre intérieur.

Un énorme *mon·dòp* (bâtiment carré surmonté d'une flèche) doré, à l'arrière du *wí·hăhn*, contient un bouddha fondu en 1563.

Le modeste et petit **Wihan Ton Kaew**, au nord du *wí·hăhn* central, date aussi de 1476. Derrière le *wí·hăhn* principal, un grand *chedi* (stupa) de style Lanna, haut de 45 m, fut édifié en 1449 et restauré en 1496.

Au nord du *chedi*, le **Wihan Nam Taem**, construit au début du XVIe siècle, conserve des traces des peintures murales d'origine, qui sont parmi les plus anciennes du pays.

Plus ancien monument de l'ensemble, le **Wihan Phra Phut**, au sud du *chedi* principal, date du XIIIe siècle.

Seuls les hommes peuvent voir l'image du *wí·hăhn* et du *chedi* projetée par une *camera obscura* dans le **Haw Phra Phutthabaht**, petit édifice blanc derrière le *chedi*. Cette image projetée (à l'envers) sur une toile blanche montre clairement les couleurs des bâtiments situés à l'extérieur.

Le linteau qui surmonte l'entrée du domaine comporte un relief représentant un impressionnant dragon, un motif jadis commun dans les temples du Nord, mais rare aujourd'hui. Cette porte daterait du XVe siècle.

L'arboretum à l'extérieur de l'entrée sud abrite aujourd'hui 3 musées. L'un présente essentiellement des instruments de cérémonies et quelques bouddhas. Le deuxième, appelé "maison du Bouddha d'émeraude", renferme une collection hétéroclite : monnaies et billets, bouddhas, boîtes à bétel en argent, laques et autres objets, ainsi que 3 petits bouddhas couverts de feuilles d'or, placés sur un autel derrière un immense bol en argent repoussé. Le troisième musée, modeste, expose bouddhas, boîtes laquées, manuscrits et céramiques, bien légendés en thaï et en anglais.

Le Wat Phra That Lampang Luang se situe à Ko Kha, à 18 km au sud-ouest de Lampang. Pour le rejoindre par les transports en commun depuis Lampang, hélez dans Th Boonyawat un *songthaew* bleu (20 B) allant vers l'est. Depuis l'arrêt des *songthaew* à Ko Kha, on peut franchir les 3 km jusqu'au temple à moto-taxi (60 B). On peut aussi louer un *songthaew* à Lampang (400 B) ou y prendre un taxi (environ 400 B).

En voiture ou à vélo de Lampang, empruntez la Th Phahonyothin/AH2 vers le sud, prenez la sortie Ko Kha, suivez la route et tournez à droite après le pont. Suivez les panneaux et continuez sur 3 km en franchissant un autre pont jusqu'à ce que vous aperceviez le temple sur la gauche.

Flat White Cafe & Poshtel AUBERGE DE JEUNESSE $$
(☎061 794 7962 ; facebook.com/flatwhitecafeposhtel ; 344/4 Th Baanchiangrai ; ch/f 990/1 600 B ; ❄📶). À l'étage, les 6 chambres spacieuses et lumineuses, avec bons lits et salles de bains, sont d'un blanc étincelant, tout comme le café minimaliste du rez-de-chaussée, favori des hipsters de Lampang.

Karpenter HÔTEL $$
(☎093 226 6059 ; www.karpenterlampang.com ; Th Nah Guam ; ch avec petit-déj 1 500 B ; ❄📶). Cet hôtel design chic-minimaliste se dit de style "grange postmoderne". Les 8 spacieuses chambres de bois nu, de béton et d'acier comprennent des lits confortables surélevés sur une plateforme à la chinoise. Assez éloigné du "centre" de Lampang.

Villa Rassada HÔTEL $$
(☎054 018547 ; facebook.com/VillaRassada ; 35 Th Charoen Prathet ; ch avec petit-déj 790-1 190 B ; ❄📶). Traversez la Mae Wang pour rejoindre cet hôtel de style contemporain aux jolies chambres spacieuses avec bonnes salles de bains, coffres-forts et balcons, donnant sur la rivière pour certaines.

Prink PENSION $$

(☎080 993 5651 ; 262-264 Th Talad Gao ; ch 600-800 B ; ❄📶). Un des bâtiments les plus vénérables de Th Talad Gao a été transformé en pension décontractée. Donnant au-dessus d'un café-glacier, les 6 chambres rétro ont des salles de bains communes, et certaines sont dépourvues de fenêtre. Pour éviter cet inconvénient, demandez-en une avec balcon, plus chère. Enseigne en thaï.

Wienglakor Hotel HÔTEL $$$

(☎097 924 4345, 054 316430 ; www.lampangwienglakor.com ; 138/35 Th Phahonyothin/AH2 ; ch 1 600-3 200 B, ste 3 500 B, avec petit-déj ; ❄📶). Meilleure adresse dans la catégorie supérieure, le Wienglakor possède une réception décorée sur le thème du teck et des temples du Nord, un concept repris dans les chambres. Celles "deluxe" ont un coin salon et un dressing. Le restaurant comprend une terrasse plaisante près d'un bassin à carpes. À 1,5 km à l'ouest du centre de Lampang, au croisement avec Th Duangrat.

Où se restaurer et prendre un verre

À Lampang, la vie nocturne se résume à quelques bars au bord de la rivière, la plupart regroupés à l'extrémité ouest de Th Thipchang.

♥ **Phat Thai Yay Fong** THAÏLANDAIS $

(Th Boonyawat ; plats 40-120 B ; 🕒17h-20h lun-sam). Comment les Thaïs du Nord aiment-ils le *pàt tai* ? Avec du porc émincé et des couennes de porc, bien sûr. Ce stand très couru sert des plats de riz et nouilles et est juste à l'est du Wat Suan Dok. Enseigne en thaï.

Mae Hae THAÏLANDAIS $

(1017 Th Upparaj ; plats 30-50 B ; 🕒11h-19h30). À Lampang, tout gastronome qui se respecte fréquente ce restaurant-*shophouse* de style nord-thaïlandais établi de longue date. Il n'y a pas de carte ; désignez les plats – soupe, curry, dip ou salade – qui vous font envie. Repérez le bâtiment bleu clair (enseigne en thaï).

Marché du soir MARCHÉ $

(Th Ratsada ; plats 40-150 B ; 🕒16h-20h). Pour faire vos courses et goûter aux mets locaux, vous trouverez sur ce marché en fin d'après-midi des paniers de riz gluant fumant et des dizaines d'accompagnements.

Aroy One Baht THAÏLANDAIS $

(angle Th Suandawg et Th Thipchang ; plats 25-110 B ; 🕒16h-23h ; 📶). Certains soirs, on dirait que tout Lampang s'est donné rendez-vous ici. Pour avoir une table sur la terrasse de l'étage, soyez prêt à attendre, mais cela en vaut la peine : la cuisine est savoureuse et très bon marché, et le cadre, une maison en bois, charmant.

Long Jim AMÉRICAIN $$

(Th Charuenmuang ; plats 170-480 B ; 🕒17h-21h mar-dim ; 📶🖉). Excellentes pizzas à la new-yorkaise, calzones, pâtes, soupes et salades, le tout géré par un Américain et son épouse thaïlandaise. Un favori de la clientèle locale.

Kong Kin Baan Hao THAÏLANDAIS $$

(72 Th Jama Thewi ; plats 69-199 B ; 🕒11h-minuit). Cette véritable institution – ensemble de plateformes en bois couvertes reliées entre elles – est surtout fréquentée le soir, quand une bouteille de whisky est tenue pour le parfait accompagnement des excellentes spécialités du Nord, telles que *gaang kaa gòp* (soupe aux herbes et à la grenouille) ou *lâhp kôo·a* (du *lâhp* sauté aux épices locales).

À 1 km de la ville – suivez Th Ratsada vers le nord, traversez la rivière et tournez à gauche au feu. Au feu suivant, faites

HORS DES SENTIERS BATTUS

WAT LAI HIN

Si vous visitez le Wat Phra That Lampang Luang et êtes motorisé, prenez le temps de découvrir le superbe **Wat Lai Hin** (วัดไหล่หิน ; près de la Rte 1034 ; 🕒lever-coucher du soleil), proche de Ko Kha. Conçu par des artistes de Kyaingtong (appelé aussi Kengtung ou Chiang Tung), au Myanmar, ce petit temple est un des meilleurs exemples du style Lanna des environs. Il a servi de modèle à l'hôtel Dhara Dhevi de Chiang Mai et de décor au blockbuster historique thaïlandais *Suriyothai* (2001).

Le temple comprend un intéressant musée folklorique, que les moines ouvrent volontiers.

Si vous venez de Ko Kha, le temple se situe à 6 km le long d'une route qui bifurque 1 km avant le Wat Phra That Lampang Luang.

CALÈCHES

Lampang est la seule ville du pays où l'on trouve encore des calèches, aujourd'hui surtout utilisées pour balader les touristes. Vous ne pourrez manquer ces carrioles décorées de fleurs artificielles et conduites par des cochers coiffés de Stetson. Le circuit de 30 minutes (300 B) vous conduira le long de la Mae Wang et celui de 1 heure (300 B) fait halte au Wat Phra Kaew Don Tao et au Wat Si Rong Meuang.

Des calèches stationnent dans Th Suandawg, en face du Pin Hotel, et dans Th Boonyawat, juste à l'est du marché, entre 5h et 21h environ.

demi-tour : le restaurant est sur la gauche (enseigne en thaï, guettez les arbres).

MAHAMITr CAFÉ
(278 Th Talad Gao ; 8h-18h ;). Le café est pris très au sérieux dans cet établissement raffiné qui n'utilise que des grains du nord de la Thaïlande. Au calme au bord de la rivière, avec tables intérieures et extérieures.

The Riverside BAR
(328 Th Thipchang ; 11h-minuit ;). Vaste bar de bois à la grande terrasse, juste au bord de la Mae Wang. Musique live presque chaque soir et carte fournie de classiques locaux et occidentaux.

Achats

Walking Street MARCHÉ
(rue piétonne ; Th Talad Gao ; 16h-22h sam-dim). Le marché de Lampang se tient dans la charmante rue Th Talad Gao. Samedi et dimanche soir, la circulation s'arrête pour laisser place aux stands de souvenirs, d'artisanat et d'alimentation.

Cultural Street MARCHÉ
(Th Wangnua ; 17h-20h ven). Moins touristique mais sur le même modèle que la Walking Street, sur l'autre rive, la Th Wangnua devient une "rue culturelle" tous les vendredis soir.

Renseignements

Vous trouverez plusieurs banques avec DAB dont **Krung Thai Bank** (Th Boonyawat ; 8h30-16h30 lun-ven) et **Siam Commercial Bank** (Th Boonyawat ; 8h30-16h30 lun-ven), dans Th Boonyawat.

Depuis/vers Lampang

L'**aéroport de Lampang** (054 821505 ; près de Th Phahonyothin/AH2) est à 1,5 km au sud du centre, à l'extrémité est de Th Phahonyothin/AH2. Lors de notre passage, **Bangkok Airways** (054 821522, centre d'appel national 1771 ; www.bangkokair.com ; aéroport de Lampang ; 6h30-18h30), avec 3 vols quotidiens depuis/vers l'aéroport international Suvarnabhumi à Bangkok (à partir de 1 899 B, 1 heure 30), et **Nok Air** (094 494 3440, centre d'appel national 1318 ; www.nokair.com ; aéroport de Lampang ; 8h-18h30), avec 3 vols quotidiens depuis/vers l'aéroport international Don Mueang à Bangkok (à partir de 1 599 B, 1 heure 30) étaient les seules compagnies desservant Lampang. Un taxi de l'aéroport jusqu'en ville coûte 50 B/pers ou 100 B pour tout le véhicule.

La **gare routière (bus et minibus)** (054 218 219 ; angle Th Phahonyothin/AH2 et Th Chantarasurin) se situe à près de 2 km du centre de Lampang – de fréquents *songthaew* (20 B, 15 min, 3h-21h) relient la gare routière et la ville. Des minibus desservent Chiang Mai (87 B, 1 heure 30, fréquents de 6h à 16h) et Phrae (90 B, 2 heures, fréquents de 6h à 17h20).

La **gare ferroviaire** (054 217024, centre d'appel national 1690 ; www.railway.co.th ; Th Phahonyothin/AH2), dont le bâtiment historique date de 1916, se situe à 2,5 km du centre de Lampang, donc assez loin à pied de la plupart des hébergements. Un *tuk-tuk* entre la gare et le centre coûte autour de 80 B.

Comment circuler

Il est possible de circuler à pied dans le centre-ville. Le **Tourism Authority of Thailand** (TAT ; 054 237229, centre d'appel national 1672 ; Th Thakhrao Noi ; 9h-16h lun-ven) loue gratuitement des vélos de 8h30 à 16h30 (apportez votre passeport). Pour vous rendre hors de la ville, rejoignez la **station de taxis** (054 217233 ; Th Suandawg ; 6h30-17h) près du Pin Hotel ou louez un *songthaew* près du marché.

On peut louer vélos et motos chez **Ozone** (395 Th Thipchang ; vélo 60 B/jour, moto 250-500 B/jour ; 8h-20h).

Location de voitures chez **Thai Rent A Car** (054 821699, centre d'appel national 1647 ; www.thairentacar.com ; aéroport de Lampang ; 8h-19h) et **Eddy Rent A Car** (095 641 7080 ; www.eddy-rentacar.com ; aéroport de Lampang ; 7h-19h), à l'aéroport de Lampang.

TRANSPORTS AU DÉPART DE LAMPANG

Bus

DESTINATION	PRIX	DURÉE	DÉPARTS
Bangkok	457-711 B	9 heures	fréquents 8h15-22h20
Chiang Mai	71-143 B	2 heures	fréquents 0h10-23h
Chiang Rai	150-193 B	4 heures	fréquents 6h30-15h
Mae Sai	236-367 B	6 heures	10h15, 11h et 12h
Mae Sot	243-378 B	4 heures	10h15, 12h45 et 14h50
Nan	158-203 B	4 heures	5 départs 9h20-minuit
Phayao	95-122 B	3 heures	7h, 9h45 et 12h
Phitsanulok	169-259 B	4 heures 30	ttes les heures 6h20-20h45
Phrae	83-165 B	2 heures	5 départs 9h20-miniut
Sukhothai	169-218 B	3 heures 30	8 départs 6h30-20h

Train

DESTINATION	PRIX	DURÉE	DÉPARTS
Bangkok	216-1 572 B	12 heures	5 départs 5h25-21h10
Chiang Mai	23-50 B	3 heures	5 départs 6h30-18h
Phitsanulok	48-1 222 B	5 heures	5 départs 12h47-23h53

PROVINCE DE SUKHOTHAI จังหวัดสุโขทัย

Ce qui attire la plupart des visiteurs de la province de Sukhothai, ce sont les vestiges de l'ancien royaume éponyme, l'un des sites historiques les plus importants et les plus impressionnants du pays.

Le royaume de Sukhothai ("Aube du bonheur") prospéra du milieu du XIIIe siècle à la fin du XIVe siècle. Cette période est souvent considérée comme l'âge d'or de la civilisation thaïe ; l'architecture et l'art religieux de l'époque en représentent, de fait, les styles les plus typiques. Les vestiges du royaume, aujourd'hui appelés *meuang gòw* ("vieille ville"), comportent 45 km² de ruines en partie reconstruites et constituent l'un des sites anciens les plus visités du pays.

Les autres vestiges de la région, ceux des anciens royaumes de Si Satchanalai et de Chaliang, méritent aussi une visite.

Sukhothai สุโขทัย

055 / 37 000 HABITANTS

À 12 km à l'est du parc historique sur la Mae Nam Yom, la ville marchande de Sukhothai, souvent appelée "New Sukhothai", n'a en soi guère d'intérêt. Une ambiance décontractée, de bonnes liaisons de transport en commun et des hébergements d'un bon rapport qualité/prix en font néanmoins une base intéressante pour explorer l'ancienne cité.

Histoire

Sukhothai est considérée comme la première capitale du Siam, bien que cela ne soit pas tout à fait exact. La région fut le site d'un Empire khmer jusqu'en 1238, quand deux dirigeants thaïs, Pho Khun Pha Muang et Pho Khun Bang Klang Hao, décidèrent de s'allier pour former un nouveau royaume thaï.

La dynastie de Sukhothai dura 200 ans et compta 9 souverains. Le plus fameux fut le roi Ramkhamhaeng, qui régna de 1275 à 1317 et aurait développé la première écriture thaïe. Ses écrits sont aussi considérés comme la première littérature thaïe. Ramkhamhaeng agrandit son royaume, qui dépassait alors la superficie de la Thaïlande actuelle. Par la suite, Sukhothai fut absorbée par Ayutthaya en 1438.

À voir

Parc historique de Sukhothai SITE HISTORIQUE
(อุทยานประวัติศาสตร์สุโขทัย ; 055 697527 ; zone centrale, nord et ouest 100 B, plus vélo 10 B ; zone centrale 6h30-19h30, 6h30-21h sam, zone nord et ouest 6h30-19h30). Les ruines du parc historique de Sukhothai forment un des sites classés au Patrimoine mondial les

plus spectaculaires de Thaïlande. Le parc comprend les vestiges de 21 sites historiques et 4 grands étangs à l'intérieur des remparts, ainsi que 70 sites dans un rayon de 5 km. Les ruines sont divisées en 5 zones. L'accès à chacune des zones (centrale, nord et ouest) coûte 100 B. Notez que les motos et les voitures ne sont plus admises dans le parc.

Le chedi classique en bouton de lotus, flèche conique surmontant une construction carrée sur une base à trois niveaux, est l'élément architectural le plus typique des temples de Sukhothai. Certains sites présentent d'autres formes architecturales élaborées introduites et modifiées durant la période, comme les *chedi* cingalais en forme de cloche et ceux de style Srivijaya à deux niveaux.

Malgré la popularité du parc, on peut généralement le visiter en toute quiétude en raison de son étendue. Certains des vestiges les plus impressionnants se situant au-delà des remparts, un vélo est indispensable pour pleinement apprécier l'ensemble. On peut aussi parcourir le parc en buggy électrique (2-4 pers, avec/sans chauffeur 200/400 B par heure).

Zone centrale

La **principale zone** (โซนกลาง) du parc historique abrite sans aucun doute les ruines les plus imposantes du parc. Le samedi soir, une grande partie de la zone centrale est illuminée et reste ouverte jusqu'à 21h.

Wat Mahathat SITE HISTORIQUE

(วัดมหาธาตุ). Achevé au XIIIe siècle, le plus grand *wat* de Sukhothai est entouré de murs en brique (206 m de long et 200 m de large) et d'une douve qui représenteraient le mur extérieur de l'univers et l'océan cosmique. Les flèches des *chedis* adoptent la forme classique d'un bouton de lotus, et quelques-uns des majestueux bouddhas d'origine subsistent parmi les colonnes du *wí·hăhn* en ruine. Le monastère, souvent considéré comme le centre spirituel et administratif de l'ancienne capitale, compte 198 *chedi*.

Wat Si Sawai SITE HISTORIQUE

(วัดศรีสวาย). Juste au sud du Wat Mahathat, ce sanctuaire des XIIe et XIIIe siècles, à l'origine un temple hindou construit par les Khmers, comprend 3 tours de style khmer et une douve.

Wat Sa Si SITE HISTORIQUE

(วัดสระศรี, "monastère de l'Étang sacré"). Le Wat Sa Si est installé sur une île à l'ouest du monument en bronze au roi Ramkhamhaeng (3e souverain Sukhothai). C'est un simple *wat* Sukhothai classique renfermant un grand bouddha, un *chedi* et les colonnes du *wí·hăhn* en ruine.

Musée national Ramkhamhaeng MUSÉE

(พิพิธภัณฑสถานแห่งชาติรามคำแหง ; 150 B ; ⏲9h-16h). Près de l'entrée de la zone centrale, ce musée est un bon point de départ pour explorer les ruines du parc historique. On y trouve une copie de la célèbre stèle de Ramkhamhaeng, qui serait le plus ancien exemple de l'écriture thaïe, ainsi qu'une superbe collection d'objets du royaume de Sukhothai. L'entrée n'est pas incluse dans le ticket donnant accès à la zone centrale.

Wat Trapang Thong TEMPLE BOUDDHIQUE

(วัดตระพังทอง ; près de la Rte 12 ; ⏲lever-coucher du soleil). À côté du musée national Ramkhamhaeng, ce petit *wat* en activité, doté de beaux reliefs en stuc, est accessible par une passerelle sur le grand bassin à lotus qui l'entoure. Ce dernier, site originel supposé de la fête de Loi Krathong en Thaïlande, alimente Sukhothai en eau.

Zone nord

La **zone nord** (โซนเหนือ), à 500 m au nord des remparts de la vieille ville, se rejoint facilement à vélo.

Wat Si Chum SITE HISTORIQUE

(วัดศรีชุม). Ce *wat* renferme un imposant *mon·dòp* avec un bouddha assis de 15 m en brique et en stuc. Les élégants doigts fuselés de ce dernier sont très photographiés. Les archéologues pensent qu'il s'agit du "Phra Achana", mentionné dans la fameuse inscription de Ramkhamhaeng. Un passage dans le mur du *mon·dòp* qui conduisait au sommet a été condamné et il n'est plus possible de voir les jatakas qui ornaient le plafond.

Wat Phra Phai Luang SITE HISTORIQUE

(วัดพระพายหลวง). Ce *wat* un peu isolé présente 3 tours de style khmer (XIIe siècle) plus grandes que celles du Wat Si Sawai dans la zone centrale. Il aurait été le centre de Sukhothai à l'époque où les Khmers d'Angkor régnaient sur la ville avant le XIIIe siècle.

Zone ouest

La **zone ouest** (โซนตะวันตก), à 2 km à l'ouest des remparts au point le plus éloigné, est la

LE NORD SUKHOTHAI

Parc historique de Sukhothai

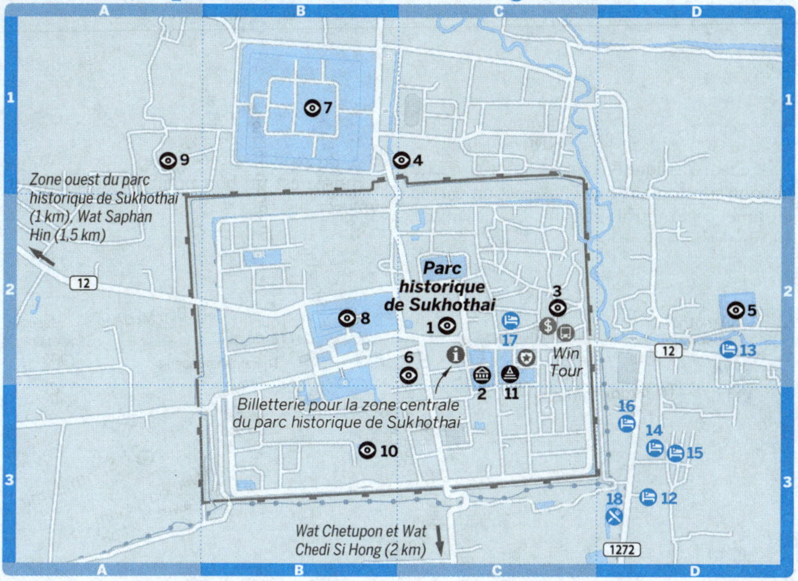

Parc historique de Sukhothai

Les incontournables
1 Parc historique de Sukhothai C2

À voir
2 Musée national Ramkhamhaeng C2
3 Zone centrale du parc historique de Sukhothai C2
4 Zone nord du parc historique de Sukhothai C1
5 Wat Chang Lom D2
6 Wat Mahathat C2
7 Wat Phra Phai Luang B1
8 Wat Sa Si B2
9 Wat Si Chum A1
10 Wat Si Sawai B3
11 Wat Trapang Thong C2

Où se loger
12 Le Charme Sukhothai D3
13 Legendha D2
14 Orchid Hibiscus Guest House D3
15 Thai Thai Sukhothai Guesthouse D3
16 Tharaburi Resort D3
17 Wake Up @ Muang Kao C2

Où se restaurer
18 Sukhothai Kitchen D3

plus vaste. Outre le Wat Saphan Hin, elle compte plusieurs ruines plutôt quelconques. Vous aurez besoin d'un vélo pour l'explorer.

Wat Saphan Hin SITE HISTORIQUE
(วัดสะพานหิน). Le nom ("pont de pierre") de ce *wat*, sur la crête d'une colline qui s'élève à 200 m au-dessus de la plaine, fait référence au chemin et à l'escalier en ardoise qui y conduisent.

Du temple d'origine ne restent que quelques *chedi* et les vestiges du *wí·hăhn*, qui se résument à 2 rangées de colonnes en latérite encadrant un bouddha debout haut de 12,50 m sur une terrasse en brique. Il se trouve à 3 km à l'ouest des remparts et a l'attrait de belles vues sur les ruines de Sukhothai, au sud-est, et les montagnes, au nord et au sud.

Hors du centre

D'autres sites méritent le détour à proximité des zones payantes les plus fréquentées.

Musée Sangkhalok MUSÉE
(พิพิธภัณฑ์สังคโลก ; Rte 1293 ; adulte/enfant 100/50 B ; 8h-17h). Ce petit musée très complet constitue une bonne introduction au plus ancien produit exporté par Sukhothai : la fameuse céramique.

New Sukhothai

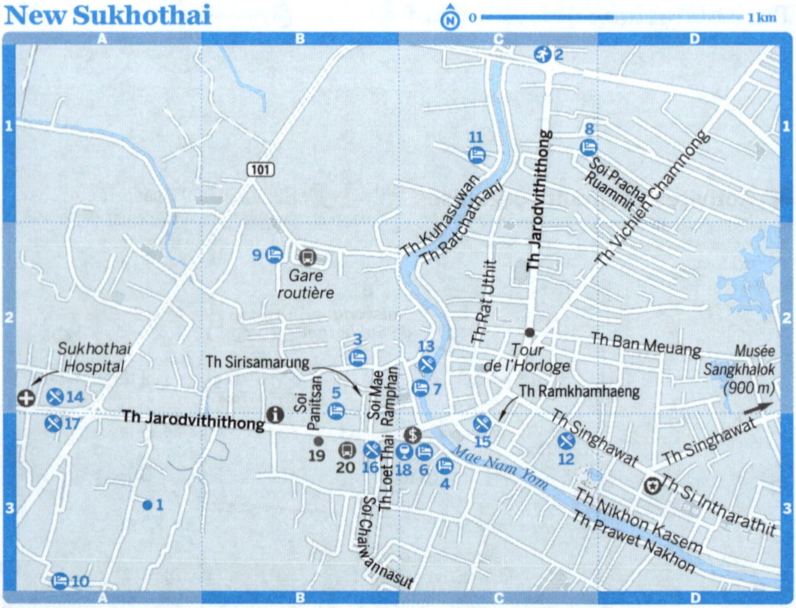

New Sukhothai

Activités
- 1 Cycling Sukhothai A3
- 2 Sukhothai Bicycle Tour C1

Où se loger
- 3 4T Guesthouse B2
- 4 Ban Thai C3
- 5 Blue House B2
- 6 Foresto C3
- 7 J&J Guest House C2
- 8 Ruean Thai Hotel C1
- 9 Rueangsrisiri B2
- 10 Sabaidee House A3
- 11 Sila Resort C1
- TR Room & Bungalow .... (voir 6)

Où se restaurer
- 12 Dream Café C3
- 13 Fueang Fah C2
- 14 Jayhae A2
- 15 Marché nocturne C3
- 16 Poo Restaurant B3
- 17 Tapui A3

Où prendre un verre ou faire la fête
- 18 Chopper Bar C3

Transports
- 19 Prasert Motorcycle Services B3
- 20 Songthaew pour le parc historique de Sukhothai B3

Le rez-de-chaussée montre une grande collection de poteries thaïlandaises retrouvées dans le secteur ainsi que quelques pièces venues du Vietnam, de Birmanie et de Chine. Au premier étage sont exposées des poteries artistiques sans but utilitaire, notamment quelques beaux et rares bouddhas.

Le musée se situe à environ 2,5 km à l'est du centre de New Sukhothai – un *tuk-tuk* vous y conduira pour environ 100 B.

Wat Chetupon SITE HISTORIQUE

(วัดเชตุพน ; près de Rte 1272, zone sud ; ⏲24h/24). À 1,4 km au sud des remparts de l'ancienne cité, ce temple possédait jadis un *mon·dòp* à 4 côtés, chacun orné d'un bouddha dans l'une des postures classiques (assis, couché, debout et marchant). Les lignes gracieuses du bouddha marchant peuvent encore se distinguer.

Wat Chedi Si Hong SITE HISTORIQUE

(วัดเจดีย์สี่ห้อง ; près de Rte 1272, zone sud ; ⏲24h/24). En face du Wat Chetupon, le *chedi* principal conserve la plupart des bas-reliefs en stuc d'origine, avec de vivantes illustrations d'éléphants, de lions et d'humains.

Wat Chang Lom SITE HISTORIQUE
(วัดช้างล้อม ; près de Rte 12, zone est ; ⏲24h/24). Wat Chang Lom ("monastère entouré d'éléphants") se tient à environ 1 km de l'entrée principale du parc. Un grand *chedi* en forme de cloche est soutenu par 36 pachydermes sculptés sur la base.

Activités et circuits organisés

Cycling Sukhothai VÉLO
(☎085 083 1864, 055 612519 ; www.cycling-sukhothai.com ; près de Th Jarodvithithong ; demi-journée/journée 800/990 B, circuit coucher du soleil 450 B ; 👪). Habitant de Sukhothai depuis 20 ans et quelques, Ronny Hanquart, un Belge passionné de vélo, propose des itinéraires thématiques comme un circuit du parc historique, qui passe notamment par des *wat* et des villages peu visités. L'agence est à 1,2 km à l'ouest de la Mae Nam Yom, en retrait de Th Jarodvithithong, dans New Sukhothai (on pourra vous y emmener gratuitement). Remorques et sièges pour les enfants.

Sukhothai Bicycle Tour VÉLO
(☎08 6931 6242 ; www.sukhothaibicycletour.com ; 34/1 Th Jarodvithithong ; demi-journée 750 B, journée 1 050-1 150 B). Cet organisme thaï local récolte des avis enthousiastes pour ses divers circuits à vélo.

Fêtes et festivals

Loi Krathong CULTUREL
(⏲nov). Le parc historique de Sukhothai est une destination privilégiée lors de cette fête de 5 jours célébrée en novembre. À la magie des lumières flottantes s'ajoutent des feux d'artifice, des danses folkloriques et un spectacle son et lumière.

Où se loger

Il y a à New Sukhothai quelques-uns des meilleurs hébergements pour petit budget du nord de la Thaïlande. Les nombreux hôtels et pensions, propres et accueillants, proposent, pour beaucoup d'entre eux, de jolis bungalows, le transfert gratuit depuis la gare routière et le prêt de vélos. De plus en plus d'hôtels, dont beaucoup haut de gamme, sont installés à proximité du parc. Les prix grimpent pendant la fête de Loi Krathong.

New Sukhothai

Ban Thai PENSION $
(☎055 610163 ; banthai_guesthouse@yahoo.com ; 38 Th Prawet Nakhon ; ch et bung 350-800 B ; ❄📶). La plus ancienne pension de New Sukhothai, accueillante et décontractée. Les chambres les moins chères sont rudimentaires, avec ventilateur, mais les jolis petits bungalows, distribués dans un beau jardin, sont une bonne affaire.

Rueangsrisiri PENSION $
(☎087 314 6113 ; anuntachai18@gmail.com ; dort 120-180 B, ch 250-650 B ; ❄📶). Les 53 logements sont répartis entre 2 bâtiments, à quelques pas de la gare routière. Dortoirs avec petits casiers et salles de bains communes propres, et chambres plutôt grandes, avec ventilateur pour les moins chères. Bien aménagé pour les voyageurs.

4T Guesthouse HÔTEL $
(☎055 614679 ; fourthouse@yahoo.com ; 122 Soi Mae Ramphan ; ch 300-600 B ; ❄📶🏊). Un grand "complexe hôtelier" de 22 chambres et bungalows. Les chambres les moins chères, avec ventilateur et lits durs, sont petites, mais les bungalows sont plutôt grands, et pourvus de balcons. Petite piscine peu profonde.

Foresto HÔTEL $$
(☎095 125 9689 ; www.forestosukhothai.com ; 16/1-3 Th Prawet Nakhon ; ch 1 250-1 600 B ; ❄📶🏊). Serpentez à travers le jardin semi-isolé pour atteindre les 15 chambres spacieuses et élégantes avec bonne salle de bains. Choisissez entre celles, vastes, du bâtiment principal, et les nouvelles, qui

VAUT LE DÉTOUR

MAISON DE RETRAITE POUR ÉLÉPHANTS

Établi dans la province de Sukhothai, à 8 km du village de Baan Tuek, le **Boon Lott's Elephant Sanctuary** (www.blesele.org ; 6 000 B par pers et par nuit, repas et transferts inclus) 🍃, qui recueille des éléphants, âgés notamment, est une formidable occasion d'observer ces pachydermes dans leur environnement naturel. Hébergés sur place une nuit ou pour plus longtemps, les visiteurs participent à la vie dans la réserve, de la conduite des éléphants vers la pâture à la plantation de végétation. Les trois maisons d'hôtes en teck peuvent accueillir chacune deux personnes – pensez à réserver.

ressemblent à des cubes de verre. La piscine est un plus.

Sabaidee House HÔTEL $$
(☎ 055 616303 ; www.sabaideehouse.com ; 81/7 Th Jarodvithithong ; ch avec petit-déj 500-800 B ;). Agréable *guesthouse* dans un cadre semi-rural, avec 7 beaux bungalows nichés dans un jardin ombragé et 4 chambres, moins remarquables, dans le bâtiment principal, aux salles de bains communes. Piscine et restaurant. Dans une ruelle tranquille qui part de Th Jarodvithithong, 200 m environ avant le carrefour de la Rte 101 ; cherchez le panneau.

Sila Resort HÔTEL $$
(☎ 055 620344 ; www.silaresortsukhothai.com ; 3/49 Th Kuhasuwan ; ch 400-600 B, bung 750-1 500 B, avec petit-déj ;). Ce joyeux complexe réunit, parmi des arbres à fleurs, une somptueuse villa thaïlandaise, des bungalows en bois, des statues, des maisonnettes en A et un restaurant. Sinon spacieuses, les chambres sont confortables, modernes et bien tenues. À une bonne trotte du centre de New Sukhothai.

J&J Guest House PENSION $$
(☎ 055 620095 ; www.jjguest-house.com ; 12 Th Kuhasuwan ; bung 700 B ;). Dans un jardin bien entretenu au bord de la rivière, les 8 bungalows au sol en pierre sont un peu vieillots mais confortables, frais et relativement spacieux. Ambiance conviviale. Motos à louer.

Blue House HÔTEL $$
(☎ 055 614863 ; www.sukhothaibluehouse.wordpress.com ; près de Th Sirisamarung ; ch 650-1 000 B ;). Une grande villa azur bien située, aux 18 chambres plutôt quelconques, équipées de la climatisation, d'une salle de bains avec eau chaude, d'une TV et d'un frigo.

TR Room & Bungalow PENSION $$
(☎ 055 611663 ; www.sukhothaibudgetguesthouse.com ; 27/5 Th Prawet Nakhon ; ch/bung 600/800 B ;). Un peu sombres mais joliment meublées et pourvues de lits corrects, les chambres sont une bonne affaire. Les 5 bungalows en bois, à l'arrière, ont plus d'espace et un balcon.

♥ **Ruean Thai Hotel** HÔTEL $$$
(☎ 055 612444 ; www.rueanthaihotel.com ; 181/20 Soi Pracha Ruammit ; ch avec petit-déj 1 480-2 180 B, ste 4 000-4 600 B ;). Au premier abord, on pourrait croire à un temple bouddhique ou à quelque luxueuse maison traditionnelle. Les chambres de l'étage supérieur arborent le style thaïlandais tandis que celles qui bordent la piscine sont plus modernes. Un bâtiment en béton, avec chambres climatisées toutes simples, donne à l'arrière. Service sympathique et attentionné. Appelez pour qu'on vienne vous chercher gratuitement à la gare routière.

Parc historique de Sukhothai

♥ **Thai Thai Sukhothai Guesthouse** HÔTEL $$
(☎ 055 697022 ; www.thaithaisukhothai.com ; près de la Rte 1272 ; avec petit-déj ch 1 000-1 250 B, bung 1 400 B ;). Cet hôtel – et non une *guesthouse* – très confortable reçoit maints éloges. Si les bungalows, avec leurs grands balcons, sont particulièrement charmants, toutes les chambres sont décorées avec goût, spacieuses et modernes. Qualité du service sans égale à Sukhothai et piscine de bonne taille.

♥ **Orchid Hibiscus Guest House** HÔTEL $$
(☎ 055 633284 ; www.orchidhibiscus-guesthouse.com ; 407/2 Rte 1272 ; ch/bung avec petit-déj 900/1 500 B ;). Bungalows et chambres sont répartis entre 2 ensembles, pourvus chacun d'une piscine et entourés d'un jardin paisible et bien entretenu. Les chambres sont spacieuses, impeccables et plaisantes avec leurs touches colorées et leurs lits à baldaquin. L'hôtel se trouve sur la Rte 1272, à environ 500 m de la Rte 12 : l'embranchement se situe entre le Km 48 et le Km 49.

Wake Up @ Muang Kao PENSION $$
(☎ 062 419 6924 ; facebook.com/WakeUpAtMuangKaoBoutiqueHotel ; 1/1 Rte 12 ; ch 1 000 B ;). Cette *guesthouse*, tenue par un sympathique couple thaïlandais, a du style. Ses 5 chambres spacieuses sont décorées de touches locales. Une bouffée d'air frais dans la vieille ville.

Legendha HÔTEL $$$
(☎ 055 697214 ; www.legendhasukhothai.com ; Rte 12 ; ch 3 400-3 900 B, villa 8 000 B, avec petit-déj ;). Pièces d'eau, verdure et architecture traditionnelle concourent à créer une ambiance de village nord-thaïlandais dans ce complexe hôtelier qui récolte bien des louanges. Le personnel consciencieux, la piscine et l'emplacement relativement proche du parc historique sont

VAUT LE DÉTOUR

FERMIER D'UN JOUR

À Sukhothai, l'**Organic Agriculture Project** (☎055 647290 ; près de la Rte 1195 ; demi-journée avec déj 900 B ; ⏲8h-17h jeu-mar) , permet aux visiteurs de participer à une demi-journée de travail dans une ferme thaïlandaise traditionnelle. Le domaine comprend aussi un restaurant servant des plats à base de produits bio de la ferme (plats 50-120 B, 8h-17h jeu-mar).

La demi-journée se déroule à la ferme bio de l'aéroport de Sukhothai. On commence par revêtir la tenue du riziculteur thaïlandais et enfourcher un *ee đăan* (véhicule utilitaire traditionnel) pour ramasser les œufs de canard. Viennent ensuite une chevauchée à dos de buffle, la visite d'une ferme d'orchidées, la découverte des étapes de production du riz et, pour finir, la plantation ou la récolte du riz. Le stage se termine par un cours de cuisine informel et un repas à base de produits bio de la ferme. Réservez si vous voulez un guide anglophone.

Cette ferme se trouve sur la même route que l'aéroport de Sukhothai, à 27 km de New Sukhothai près de la Rte 1195, et n'est pas desservie par les transports publics. Si vous n'êtes pas motorisé, adressez-vous au service de minibus de Eddy Rent A Car.

d'autres bons points. Après la rénovation en cours, les chambres seront plus belles que jamais.

Tharaburi Resort HÔTEL $$$

(☎055 697132 ; www.tharaburiresort.com ; 321/3 Rte 1272 ; avec petit-déj ch 3 600-4 200 B, ste 5 000 B ;). Cet établissement somptueux composé de 3 bâtiments de style traditionnel propose 13 chambres et suites autour d'un étang de lotus. Les chambres sont aménagées chacune suivant un thème (Thaïlande, Maroc, Japon, Chine) avec de fausses antiquités et des soieries, et les suites évoquent un petit chez-soi. Une adresse raffinée, quoiqu'un peu trop chère.

Le Charme Sukhothai HÔTEL $$$

(☎055 633333 ; www.lecharmesukhothai.com ; 9/9 Rte 1272 ; ch et bung 2 500-4 500 B ;). Ce charmant groupe de bungalows (même si ceux-ci ne paient pas de mine vus de loin) est relié par une passerelle surélevée à un parc luxuriant ponctué d'étangs couverts de lotus. Les chambres sont grandes et décorées avec goût, avec de jolis balcons qui donnent sur les étangs. Spa sur place.

Où se restaurer et prendre un verre

La spécialité de Sukhothai est le *gŏo·ay đĕe·o sù·kŏh·tai*, ou "nouilles à la mode de Sukhothai", servies dans un bouillon légèrement sucré avec des morceaux de porc, des cacahuètes pilées et des haricots verts émincés. New Sukhothai réunit la plupart des lieux de restauration, notamment le bon petit **marché nocturne** (Th Ramkhamhaeng ; plats 30-60 B ; ⏲18h-22h), mais on trouve une série de stands et de restaurants touristiques simples le long de la route qui mène au parc historique.

♥ **Jayhae** THAÏLANDAIS $

(près de Th Jarodvithithong ; plats 40-120 B ; ⏲7h-16h ;). Une visite de Sukhothai n'est pas complète sans avoir goûté aux nouilles du Jayhae, restaurant extrêmement populaire où l'on sert des nouilles à la mode locale, des *pàt tai* et de bonnes boissons au café. À 1,3 km environ à l'ouest de la Mae Nam Yom.

Tapui THAÏLANDAIS $

(près de Th Jarodvithithong ; plats 40-80 B ; ⏲7h30-16h). Guère plus qu'un sol de brique abrité de tôle, le Tapui affirme être le premier endroit de Sukhothai à avoir vendu le plat emblématique de la ville, le *gŏo·ay đĕe·o sù·kŏh·tai* (nouilles à la mode de Sukhothai). Il est à 1,3 km à l'ouest de la Mae Nam Yom ; enseigne en thaï, mais le menu comporte des images.

Poo Restaurant CUISINE VARIÉE $

(24/3 Th Jarodvithithong ; plats 50-250 B ; ⏲9h-23h ;). Apprécié des voyageurs, le Poo Restaurant – du nom du propriétaire d'origine – sert de délicieuses nouilles de Sukhothai et des classiques thaïlandais et occidentaux. Les portions sont généreuses. Ses cocktails et son choix de bières belges en font aussi une bonne adresse pour un verre en soirée.

Sukhothai Kitchen THAÏLANDAIS $$

(Rte 1272 ; plats 95-280 B ; ⏲10h-22h ; 📶). Un vaste restaurant rafraîchi par la brise, autour d'un jardin et de son étang de lotus. À la carte, figurent des spécialités thaïlandaises et nord-thaïlandaises, ainsi que quelques plats occidentaux. Plus haut de gamme que les restaurants proches du parc historique de Sukhothai.

Dream Café THAÏLANDAIS $$

(86/1 Th Singhawat ; plats 120-350 B ; ⏲17h-23h ; 🖉). De beaux meubles éclectiques et de nombreux bibelots donnent l'impression de manger dans un musée ou un magasin d'antiquités. Le personnel est compétent et sympathique, et la cuisine est bonne. Goûtez les *yam* ("salades" thaïlandaises).

Fueang Fah THAÏLANDAIS $$

(107/2 Th Kuhasuwan ; plats 60-350 B ; ⏲10h-22h ; 📶). Faites comme les connaisseurs locaux en prenant un repas dans ce restaurant établi de longue date au bord de la rivière. Il a pour spécialité les poissons d'eau douce comme ce savoureux *fried fish*, qui figure en premier sur la carte en anglais rudimentaire. Dans Th Kuhasuwan, juste après le pont ; enseigne en thaï.

Chopper Bar BAR

(Th Prawet Nakhon ; ⏲5h-minuit ; 📶). Voyageurs et habitants se retrouvent dans ce bar (au 2e niv) à la déco vaguement western pour boire, manger (la carte est divisée en sections épicé et non épicé) et écouter de la musique live. Le toit-terrasse procure en soirée une bienfaisante fraîcheur. Le patron est le meilleur serrurier de Sukhothai, au cas où vous auriez besoin de ses services.

ℹ Renseignements

Des banques avec DAB et bureau de change parsèment le centre de New Sukhothai, en particulier dans le secteur à l'ouest de la Mae Nam Yom, et quelques-unes sont installées dans la vieille ville.

Hôpital de Sukhothai (☎055 610280 ; Th Jarodvithithong)

Kasikorn Bank (Th Jarodvithithong ; ⏲8h30-16h30 lun-sam). Avec DAB.

Police (☎055 611010, urgences 24h/24 191 ; Th Singhawat ; ⏲24h/24)

Police touristique (☎centre d'appel national 1155 ; Rte 12 ; ⏲24h/24). Antenne locale, près du parc historique de Sukhothai.

Siam Commercial Bank (Rte 12 ; ⏲8h30-16h30 lun-ven)

Tourism Authority of Thailand (TAT ; ☎055 616228, numéro national 1672 ; www.tourismthailand.org ; Th Jarodvithithong ; ⏲8h30-16h30). Dans New Sukhothai, l'office présente un bon choix de cartes et de brochures et un personnel anglophone.

ℹ Depuis/vers Sukhothai

L'**aéroport de Sukhothai** (près de la Rte 1195) est à 27 km au nord de la ville. **Bangkok Airways** (☎055 647224, centre d'appel national 1771 ; www.bangkokair.com ; aéroport de Sukhothai ; ⏲7h-18h), la seule compagnie aérienne à desservir cet aéroport, assure 3 vols quotidiens depuis/vers l'aéroport international Suvarnabhumi de Bangkok (à partir de 1 690 B, 1 heure 15). Un service de minibus, **Eddy Rent A Car** (☎055 647220 ; Sukhothai Airport ; ⏲7h-19h), relie l'aéroport à New Sukhothai et au parc historique de Sukhothai. Sinon, Air Asia et Nok Air assurent le transfert en minibus depuis/vers Old Sukhothai et New Sukhothai via l'aéroport de Phitsanulok, à moins de 1 heure de là.

La **gare routière** (☎055 614529 ; Rte 101) de Sukhothai est à près de 1 km au nord-ouest du centre de New Sukhothai – comptez environ 50 B pour une course à moto-taxi entre cette gare et le centre de New Sukhothai ; vous pourrez aussi utiliser les *songthaew* pour le parc historique de Sukhothai, qui s'arrêtent à la gare routière en chemin (30 B, 10 min, départs fréquents 6h-17h30).

Si votre hébergement est proche du parc historique, **Win Tour** (☎099 135 5645 ; Rte 12 ; ⏲6h-21h50) possède un bureau où l'on peut prendre des bus pour Bangkok (338-395 B, 6 heures, 8h20, 12h20 et 21h50) et Chiang Mai (225-290 B, 5 heures, 6h40, 9h50, 12h10 et 14h).

ℹ Comment circuler

Une course en *sǎhm·lór* (cyclopousse) dans New Sukhothai ne devrait pas dépasser 40-50 B.

Des **songthaew** (Th Jarodvithithong) circulent fréquemment entre New Sukhothai et le parc historique (30 B, 30 min, 6h-17h30) ; ils partent dans Th Jarodvithithong. Les motos-taxis relient la ville, ou la gare routière, et le parc historique pour 120 B.

Le vélo constitue le meilleur moyen d'explorer le parc historique : des échoppes louent des vélos pour 30 B pour 5 heures à l'entrée du parc (6h-18h). On peut louer des motos à partir de 200 B les 24 heures dans de nombreuses pensions de New Sukhothai, et chez **Prasert Motorcycle Services** (215/2 Th Jarodvithithong ; ⏲7h-17h).

TRANSPORTS AU DÉPART DE SUKHOTHAI

Bus

DESTINATION	PRIX	DURÉE	DÉPARTS
Bangkok	255-382 B	6-7 heures	ttes les 30 min 7h50-22h40
Chiang Mai	211-390 B	5-6 heures	fréquents 6h20-2h
Chiang Rai	256 B	9 heures	6h40 et 9h
Kamphaeng Phet	74 B	1 heure 30	ttes les 30 min 7h50-22h40
Khon Kaen	310-410 B	7 heures	7 départs 10h30-minuit
Lampang	220 B	3 heures	fréquents 6h20-2h
Mae Sot	153-191 B	3 heures	2h et 13h15
Mukdahan	550 B	10 heures	19h50 et 21h30
Phitsanulok	52 B	1 heure	ttes les 30 min 7h50-22h40
Sawankhalok	28 B	1 heure	ttes les heures 6h40-17h
Si Satchanalai	49 B	1 heure 30	ttes les heures 6h40-17h

Minibus

DESTINATION	PRIX	DURÉE	DÉPARTS
Kamphaeng Phet	60 B	2 heures	*songthaew* fréquents 9h-16h
Mae Sot	153 B	3 heures	4 minibus/jours 9h15-14h15
Phitsanulok	42 B	1 heure	ttes les heures 7h30-17h
Parc historique de Sukhothai	30 B	30 min	*songthaew* fréquents 6h-17h30

Parc historique de Si Satchanalai-Chaliang

อุทยานประวัติศาสตร์ศรีสัชนาลัย-เชลียง

Dans les collines paisibles, les ruines des anciennes cités de Si Satchanalai et de Chaliang, datant du XIIIe au XVe siècle, se situent à 50 km au nord de Sukhothai. Moins visité que les ruines de Sukhothai, le **parc historique de Si Satchanalai-Chaliang** (près de la Rte 101 ; 100 B, billet combiné avec le Wat Chao Chan et le Centre Si Satchanalai pour l'étude et la conservation des fours de Sangkalok 250 B ; ⊙8h30-16h30), d'une superficie d'environ 720 ha, est entouré d'une douve large de 12 m. Chaliang, à 1 km au sud-est, est une cité plus ancienne (du XIe siècle), mais ses deux temples datent du XIVe siècle. Les agglomérations les plus proches sont Ban Hat Siaw et Sawankhalok.

À voir

Un billet combiné (250 B) donne accès à Si Satchanalai, au Wat Chao Chan (à Chaliang) et au Centre Si Satchanalai pour l'étude et la conservation des fours de Sangkalok.

Wat Chang Lom SITE HISTORIQUE

(วัดช้างล้อม). Ce beau temple, marquant le centre de la cité de Si Satchanalai, comporte un *chedi* en forme de cloche entouré d'éléphants, mieux conservé que son homologue à Sukhothai. Une inscription précise que le temple fut érigé par le roi Ramkhamhaeng entre 1285 et 1291.

Wat Khao Phanom Phloeng SITE HISTORIQUE

(วัดเขาพนมเพลิง). Sur la colline qui surplombe le Wat Chang Lom, les vestiges du Wat Khao Phanom Phloeng comprennent un *chedi*, un grand bouddha assis et des colonnes en pierre qui soutenaient jadis le toit du *wí·hăhn*. De cette hauteur, on devine le plan d'ensemble de cette cité autrefois superbe. Sur la colline un peu plus élevée à l'ouest du Phanom Phloeng, un grand *chedi* de style Sukhothai est tout ce qu'il reste du Wat Khao Suwan Khiri.

Wat Chedi Jet Thaew SITE HISTORIQUE

(วัดเจดีย์เจ็ดแถว). À côté du Wat Chang Lom, ces ruines comportent 7 rangées de *chedi*, dont le plus grand est une copie de celui du Wat Mahathat à Sukhothai. Un intéressant *wí·hăhn* en brique et plâtre présente des fenêtres à barreaux imitant des lattes de bois (une ancienne technique indienne en usage dans tout le Sud-Est asiatique).

Parc historique de Si Satchanalai-Chaliang

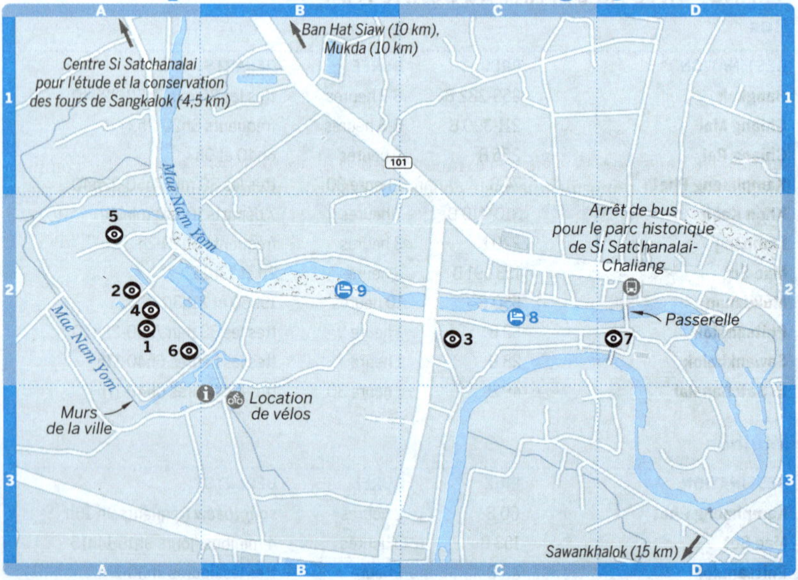

Parc historique de Si Satchanalai-Chaliang

À voir

1 Parc historique de Si Satchanalai-Chaliang A2
2 Wat Chang Lom A2
3 Wat Chao Chan C2
4 Wat Chedi Jet Thaew A2
5 Wat Khao Phanom Phloeng A2
6 Wat Nang Phaya A2
7 Wat Phra Si Ratana Mahathat D2

Où se loger

8 Papong Homestay C2
9 Sisatchanalai Heritage B2

Wat Nang Phaya SITE HISTORIQUE

(วัดนางพญา). Au sud du Wat Chedi Jet Thaew, ce *chedi* de style cingalais construit au XVe ou au XVIe siècle est un peu plus tardif que les autres monuments de Si Satchanalai. Les bas-reliefs en stuc du grand *wí·hăhn* en latérite en face du *chedi* – abrité sous un toit de tôle – datent de la période d'Ayutthaya à laquelle Si Satchanalai était appelée Sawankhalok. Les orfèvres du district utilisent encore le motif *nahng pá·yah,* inspiré de ces bas-reliefs.

Wat Phra Si Ratana Mahathat SITE HISTORIQUE

(วัดพระศรีรัตนมหาธาตุ). Ces ruines se composent d'un grand *chedi* en latérite (datant de 1448-1488) entre deux *wí·hăhn*. L'un de ces derniers renferme un grand bouddha assis de style Sukhothai, un bouddha debout plus petit et un bas-relief du célèbre Bouddha marchant, typique du style fluide de Sukhothai. L'autre *wí·hăhn* recèle des statues moins exceptionnelles.

Wat Chao Chan SITE HISTORIQUE

(วัดเจ้าจันทร์). La principale attraction du site est la grande tour de style khmer, similaire à des tours postérieures élevées à Lopburi et probablement édifiée durant le règne du roi khmer Jayavarman VII (1181-1217). Restaurée, elle est en assez bon état. Sur la droite, le *wí·hăhn* sans toit conserve les contours en latérite d'un grand bouddha debout, effacé par l'érosion et les intempéries. Le droit d'entrée n'est pas toujours réclamé sur ce site.

Centre Si Satchanalai pour l'étude et la conservation des fours de Sangkalok MUSÉE

(ศูนย์ศึกษาและอนุรักษ์เตาสังคโลก). À 5 km au sud des ruines de Si Satchanalai, ce centre possède de grands fours de potier excavés et de nombreux exemples de poteries intactes.

L'exposition est intéressante malgré l'absence de commentaires en anglais.

Musée national de Sawanworanayok MUSÉE
(พิพิธภัณฑสถานแห่งชาติสวรรควรนายก ; 69 Th Phracharat ; 50 B ; ⌚9h-16h mer-dim). À Sawankhalok, près du Wat Sawankhalam sur la rive ouest de la rivière, ce musée financé par l'État renferme une vaste collection d'objets datant du XIIe au XVe siècle. Le rez-de-chaussée est consacré aux céramiques produites localement tandis que l'étage présente de beaux bouddhas en bronze et en pierre de l'époque de Sukhothai.

Où se loger et se restaurer

À proximité des sites historiques, l'hébergement se résume à des hôtels et des séjours chez l'habitant sommaires. Mieux vaut aller, par exemple, à Sawankhalok, 15 km au sud du parc, ou à Ban Hat Siaw, 9 km au nord. Il y a quelques stands et restaurants sans prétention près du parc.

Swankaburi Boutique Hotel HÔTEL $$
(☎087 312 6767 ; swankaburi@windowslive.com ; 15/31 Th Si Satchanalai, Sawankhalok ; ch 600-900 B, ste 1 600 B, avec petit-déj ; ❄📶). Un hôtel si bien aménagé tient d'une surprise, dans une petite ville comme Sawankhalok. Les chambres standards sont un peu exiguës, mais les deluxe offrent bien plus d'espace. Toutes sont habillées de bois et de carrelages, avec de jolies décorations à la mode locale. Vélos à disposition. Dans la partie nord de Sawankhalok.

Mukda Resort HÔTEL $$
(☎055 671024 ; Rte 101, Ban Hat Siaw ; ch avec petit-déj 400-950 B ; ❄📶). Chambres propres, confortables, assez proches du parc historique de Si Satchanalai-Chaliang. Les moins chères disposent de ventilateurs. À l'extrémité nord de Ban Hat Siaw, à l'embranchement vers Uttaradit.

Sisatchanalai Heritage HÔTEL $$
(☎095 162 3545, 055 615423 ; www.sisatchanalai-heritage.com ; Chaliang ; ch 1 500 B, bung 1 000 B, avec petit-déj ; ❄📶). Dans le parc historique, au bord de la rivière, ce complexe – avec restaurant et café – comprend 10 petits bungalows bien tenus et 3 grandes chambres familiales. Vélos à disposition.

Papong Homestay PENSION $$
(☎055 631557, 087 313 4782 ; près de la Rte 1201, Chaliang ; ch avec petit-déj 600 B ; ❄📶). *Guest-house* gérée localement et proche du parc historique de Satchanalai-Chaliang. Les 5 chambres avec salle de bains privative sont bien tenues et confortables.

Sukhothai Heritage Resort RESORT $$$
(☎055 647564 ; facebook.com/sukhothaiheritageresort ; 999 Mu 2 ; ch 2 700-3 700 B, ste 5 600-8 000 B, avec petit-déj ; ❄📶🏊). Ce complexe hôtelier haut de gamme est situé en pleine campagne, à 32 km du parc historique de Si Satchanalai-Chaliang, près de l'aéroport de Sukhothai. Il semble prolonger le parc historique, avec ses bâtiments en brique bas, aux toits pointus, ponctués de pelouses vertes et de paisibles bassins de lotus, dans un cadre aux allures de temple. Les chambres, avec TV et mobilier contemporain, affichent tout le confort moderne.

Puu-Yaa House CUISINE VARIÉE $
(près de Th Si Satchanalai ; plats 39-399 B ; ⌚9h-20h30 mar-dim ; 📶). La carte de ce tout petit restaurant mêle plats thaïlandais (avec riz et nouilles) et occidentaux (pizza, pâtes, burgers). Sur le côté du marché de Sawankhalok.

Renseignements

Le **centre d'information** (parc historique de Si Satchanalai-Chaliang ; ⌚8h-16h30) du parc historique de Si Satchanalai-Chaliang propose des plans gratuits, et une petite exposition en présente l'histoire et les sites.

Comment s'y rendre et circuler

On peut **louer des vélos** (parc historique de Si Satchanalai-Chaliang ; 30 B/jour ; ⌚8h-17h) aux stands d'alimentation proches du centre d'information du parc ou à l'arrêt où vous déposeront les bus au départ de Sawankhalok.

À Sawankhalok, des *săhm-lór* (cyclopousse) se rassemblent à côté du marché ; la course en ville coûte 30 à 40 B.

BUS

Le parc historique de Si Satchanalai-Chaliang s'étend près de la Rte 101, entre Sawankhalok et Ban Hat Siaw. De New Sukhothai, prenez un bus pour Si Satchanalai (49 B, 1 heure 30, ttes les heures 6h40 à 17h) ou l'un des 2 bus à destination de Chiang Rai (49 B, à 6h40 et 9h) et demandez à descendre à la *meuang gŏw* ("Old Town" ; vieille ville).

Depuis Sawankhalok, des **bus** (Rte 1180) partent du bureau de la gare routière du sud de la ville entre 7h20 et 15h (15 B, ttes les heures et demie), desservant l'**arrêt de bus**

du parc historique de Si Satchanalai-Chaliang (Rte 101), Sukhothai et Phitsanulok.

Les **bus pour Bangkok** (☎ 055 642037 ; Rte 1180) partent d'un autre bureau près du centre-ville (364 B, 8h30, 9h30, 10h30, 21h et 21h30, 6 heures).

TRAIN

La **gare ferroviaire** de Sawankhalok fait partie des curiosités locales. Le roi Rama VI fit bâtir une bretelle ferroviaire de 60 km entre Ban Dara (une bourgade sur la ligne principale) et Sawankhalok afin de visiter les ruines. Chaque jour, un train express part de Bangkok pour arriver à Sawankhalok à 10h50 (512 B, 7 heures, 3h50). En sens inverse, il part à 18h01 et rejoint la capitale à 4h. Vous pouvez aussi prendre ce train quotidien pour Phitsanulok (50 B, 3 heures 30, 15h59).

PROVINCE DE PHITSANULOK จังหวัดพิษณุโลก

Si la plupart des voyageurs considèrent la province de Phitsanulok comme une simple base pour découvrir les ruines historiques des provinces voisines, ses sites naturels valent le détour et sa capitale est plaisante, avec ses choix de restauration et d'hébergement.

Phitsanulok พิษณุโลก

☎ 055 / 67 000 HABITANTS

Phitsanulok reçoit assez peu de voyageurs indépendants mais bon nombre de touristes en circuit organisé. Cette cité dynamique et accueillante compte des musées et des sites dignes d'intérêt, dont le Wat Phra Si Ratana Mahathat, qui renferme l'une des effigies du Bouddha les plus vénérées du pays.

Ceux qui souhaitent sortir des sentiers battus peuvent aussi visiter, au départ de Phitsanulok, le parc national de Thung Salaeng Luang (p. 274) et celui de Phu Hin Rong Kla (p. 277), ancienne base stratégique du Parti communiste thaïlandais.

À voir

♥ Wat Phra Si Ratana Mahathat TEMPLE BOUDDHIQUE

(วัดพระศรีรัตนมหาธาตุ ; Th Phutta Bucha ; ⏲ temple 6h-21h, musée 9h-17h30, mer-dim). GRATUIT

Le principal *wí·hăhn* de ce temple, appelé Wat Yai par les habitants, semble petit de l'extérieur, mais abrite le **Phra Phuttha Chinnarat**, une des représentations thaïlandaises les plus révérées et copiées du Bouddha. Ce bouddha serait le plus important du pays après celui d'émeraude du Wat Phra Kaew, à Bangkok.

La construction du *wat* fut ordonnée sous le règne de Li Thai en 1357. À son achèvement, le roi voulut l'orner de trois statues en bronze de grande qualité et fit venir des sculpteurs renommés de Si Satchanalai, Chiang Saen et Hariphunchai (Lamphun), ainsi que 5 prêtres brahmanes. Les deux premières statues furent jugées satisfaisantes à la première fonte, mais la troisième nécessita trois essais avant d'être considérée comme la plus aboutie. Selon la légende, un sage en robe blanche apparut miraculeusement pour aider à la dernière fonte, puis disparut. Cette dernière statue fut appelée le bouddha Chinnarat (roi victorieux) et devint la pièce centrale du *wí·hăhn*. Les deux autres bronzes, le Phra Chinnasi et le Phra Si Satsada, furent plus tard transférés au temple royal du Wat Bowonniwet à Bangkok.

De style Sukhothai tardif, ce bouddha est unique par le halo semblable à une flamme qui entoure la tête et le torse, puis se transforme en têtes de dragon-serpent de part et d'autre de l'effigie. La tête du bouddha est un peu plus large que le standard Sukhothai, ce qui lui vaut une allure plus imposante.

Sur un côté, un autre sanctuaire a été transformé en **musée** et présente des bouddhas, des céramiques et d'autres objets anciens.

Malgré le caractère sacré du temple, il y règne une ambiance de foire : appels incessants pour des dons, musiciens, myriade de vendeurs proposant toutes sortes d'articles, plusieurs DAB et des centaines de visiteurs. Essayez de venir avant 7h pour le découvrir dans le calme ou prendre des photos. Quelle que soit l'heure de votre visite, veillez à votre tenue : ni short ni débardeur.

♥ Musée folklorique du Sergent-Major Thawi MUSÉE

(พิพิธภัณฑ์พื้นบ้านจ่าทวี ; Th Wisut Kasat ; adulte/enfant 50/25 B ; ⏲ 8h30-16h30). Cet intéressant musée présente une remarquable collection d'outils, de textiles et de photos de la province de Phitsanulok, ainsi que divers bibelots accumulés par le sergent-major éponyme au cours des dernières décennies. Il occupe 5 bâtiments de style thaï traditionnel. Chaque objet est accompagné d'une légende en anglais. Également, des ustensiles de cuisine traditionnels et divers pièges pour le gibier.

Phitsanulok

Phitsanulok

Les incontournables
1 Wat Phra Si Ratana Mahathat B1

À voir
2 Wat Ratburana B1

Où se loger
3 Ayara Grand Palace C3
4 Karma Home Hostel B2
5 Nap Corner Hostel C1

Où se restaurer
6 Ban Mai C2
7 Cafe Veggie B4
8 Marché de nuit D2
9 Paknang B3

Où prendre un verre et faire la fête
10 In Town B3

Achats
11 Bazar de nuit B4

Wat Ratburana TEMPLE BOUDDHIQUE

(วัดราชบูรณะ ; Th Phutta Bucha ; lever-coucher du soleil). GRATUIT Face au Wat Phra Si Ratana Mahathat, de l'autre côté de la route, le Wat Ratburana attire moins de visiteurs, mais il est par certains aspects plus intéressant que son fameux voisin. Outre un *wí·hăhn* renfermant un bouddha d'or vieux de 700 ans, le temple comprend un *bòht* orné de belles fresques qui dateraient du milieu du XIXe siècle et deux *hŏr đrai* (dépôts des manuscrits) en bois.

Ce temple compte aussi deux curiosités offrant un aperçu captivant des pratiques du bouddhisme thaïlandais. La plus évidente est un grand bateau en bois orné de guirlandes qui servit aux déplacements du roi Rama V lors d'une visite officielle à Phitsanulok. Aujourd'hui, le bateau est censé exaucer les vœux de ceux qui font un

HORS DES SENTIERS BATTUS

CASCADES ET RAPIDES : LA ROUTE VERTE

La Rte 12, qui longe les paysages de la Lam Nam Khek jalonnée de rapides entre Phitsanulok et Lom Sak, est surnommée "la Route verte". À proximité, vous découvrirez des cascades, des complexes hôteliers, ainsi que le parc national de Phu Hin Rong Kla et la réserve de Thung Salaeng Luang.

Le bureau de la TAT à Phitsanulok distribue une bonne carte des sites le long de cet itinéraire de 130 km. Les deux premières cascades, **Nam Tok Sakhunothayan** (au Km 33) et **Kaeng Song** (au Km 45), sont souvent envahies par les visiteurs le week-end. La troisième, **Kaeng Sopha** (au Km 72), est plus étendue. On y trouve de petites chutes et des rapides et on peut marcher sur les rochers, plus ou moins nombreux selon la pluie. L'entrée est aujourd'hui plutôt chère (500 B).

Quand le niveau de l'eau le permet (habituellement de septembre à novembre), tous les complexes hôteliers de cette région de la Rte 12 organisent des sorties de **rafting** sur la Lam Nam Khek.

Plus à l'est le long de cette route s'étendent les 1 262 km² de la **réserve naturelle de Thung Salaeng Luang** (อุทยานแห่งชาติทุ่งแสลงหลวง ; ☎055 268019, hébergement 02 562 0760 ; www.dnp.go.th ; Rte 12 ; adulte/enfant 500/300 B ; ⏲8h-17h), l'une des plus vastes et des plus importantes réserves fauniques de Thaïlande. L'entrée se trouve au Km 80. Le bureau du parc fournit des renseignements sur les randonnées et le logement.

Si vous êtes motorisé, vous pouvez bifurquer vers le sud au Km 100 et prendre la Rte 2196 jusqu'à **Khao Kho** (Khow Khor), autre repaire montagnard utilisé par le Parti communiste thaïlandais (PCT) dans les années 1970.

De Khao Kho, vous pouvez revenir jusqu'à la route principale Phitsanulok-Lom Sak ou prendre la Rte 2258, qui part de la Rte 2196 et aboutit à la Rte 203. De là, continuez vers le nord jusqu'à Lom Sak, ou vers le sud jusqu'à Phetchabun.

Des complexes hôteliers jalonnent la majeure partie de la Route verte. Des hébergements pour petits budgets sont regroupés près de Kaeng Song, vers le Km 45, et dans les parcs nationaux. Plusieurs restaurants bordent les rives de la Lam Nam Khek, profitant pour la plupart de la vue et de la brise.

Le trajet en bus entre Phitsanulok et Lom Sak revient à 100 B (départs entre 5h50 et 18h). Pour profiter plus librement de cet itinéraire, mieux vaut être motorisé : vous trouverez plusieurs agences de location de voitures à l'aéroport de Phitsanulok (p. 276).

don, puis rampent 3 ou 9 fois sous toute la longueur de la coque. Près du *wí·hăhn*, un arbre sacré comporte des échelles de chaque côté que grimpent les visiteurs pour déposer une offrande et faire tinter une cloche avant de redescendre, répétant l'opération à 3 ou 9 reprises. À côté de l'arbre, un énorme gong résonne d'un son unique quand on le frotte de la bonne manière.

Près de chacune de ces curiosités, un assistant vend des pièces, de l'encens et des fleurs pour les offrandes, et explique aux visiteurs comment effectuer les rituels.

Fonderie de bouddhas Buranathai ATELIER
(โรงหล่อพระบูรณะไทย ; 26/43 Th Wisut Kasat ; 20 B ; ⏲8h-17h). GRATUIT Presque de l'autre côté de la rue par rapport au musée folklorique du Sergent-Major Thawi et appartenant aussi au musée, une petite fonderie de bouddhas en confectionne, en bronze, de toutes tailles. Les visiteurs peuvent observer les différentes étapes de la fonte et des photos reviennent sur le procédé de la cire perdue. Il faut parfois plus d'un an pour achever les pièces les plus grandes. Sur place, une petite boutique vend des bronzes.

Où se loger

Karma Home Hostel AUBERGE DE JEUNESSE $
(☎088 814 1268 ; facebook.com/karmahomehostel ; Soi Lang Wat Mai Apaiyaram ; dort 200-250 B, ch 420 B ; ❄📶). Ce lieu *cosy* dirigé par un couple anglo-thaïlandais comprend 2 dortoirs décloisonnés et une chambre privative, surmontés d'un toit-terrasse avec hamacs. Atmosphère globe-trotteurs et sorties dans les bars et les restaurants chaque soir. Vélos à louer.

Nap Corner Hostel AUBERGE DE JEUNESSE $
(☎091 389 4361 ; facebook.com/napcornerhostel ; 77 Th Akatossaroth ; dort 300 B, ch 500 B ; ❄📶). Les petits dortoirs de cette adresse accueillante comprennent salles de bains et petits casiers. Les lits sont durs – problème récurrent dans les auberges de jeunesse de Phitsanulok – et l'emplacement, proche de la voie ferrée et des routes principales, un peu bruyant. Vélos à disposition.

8 Factory Hostel PENSION $$
(☎098 265 9658 ; facebook.com/the8factory ; 174/11 Th Sithamatraipidok ; ch avec petit-déj 688-988 B ; ❄📶). On ne trouve pas ici de dortoirs – il ne s'agit pas vraiment d'une auberge de jeunesse – mais de grandes chambres confortables, rehaussées de bois décapé et de touches industrielles-chics. Café-restaurant de thème américain au rez-de-chaussée et vélos à disposition. Au sud de la gare, un peu à l'écart du centre-ville.

Ayara Grand Palace HÔTEL $$
(☎055 909999 ; www.ayaragrandpalacehotel.com ; Th Authong ; ch avec petit-déj 1 000-2 400 B ; ❄📶🏊). Ses fausses cheminées, motifs fleuris et tons pastel très années 1990 valent son indéniable côté désuet à cet hôtel. Le service est toutefois efficace et les chambres, assez grandes, voire très grandes pour les plus chères, et bien aménagées, avec coffre-fort et bons lits. Petite piscine et restaurant.

♥ **Pattara Resort & Spa** HÔTEL $$$
(☎055 282966 ; www.pattararesort.com ; 349/40 Th Chaiyanupap ; ch 3 800-4 500 B, villa 7 500-9 000 B, avec petit-déj ; ❄📶🏊). Ce complexe hôtelier à 2 km à l'ouest du centre, le plus chic de Phitsanulok, semble se fondre dans la nature. Belles grandes chambres, avec une immense salle de bains, et de grands balcons qui donnent sur les bassins de lotus et la piscine. Mieux encore, il y a 2 villas avec piscine privative et 2 autres construites au-dessus des bassins de lotus. Spa et salle de sport.

Où se restaurer et prendre un verre

Rim Nan THAÏLANDAIS $
(5/4 Th Phutta Bucha ; plats 35-50 B ; ⏰7h-16h). Juste au nord du Wat Phra Si Ratana Mahathat, le Rim Nan, espace semi-ouvert ponctué de plantes, est le plus attrayant des restaurants de Th Phutta Bucha servant des *gŏoay·đĕe·o hôy kăh*, "nouilles jambes pendantes", ainsi nommées car on les déguste sur des bancs, les jambes pendantes. Enseigne en thaï.

Marché de nuit MARCHÉ $
(Th Phra Ong Dam ; plats 30-60 B ; ⏰17h-minuit). De part et d'autre du barrage de Th Phra Ong, au nord de Th Authong, ce marché propose les spécialités de rue habituelles.

♥ **Ban Mai** THAÏLANDAIS $$
(93/30 Th Authong ; plats 80-200 B ; ⏰11h-22h). Prisé des habitants, ce restaurant a quelque chose d'une salle à manger familiale, entre conversations, nombreux meubles vieillots et un gros chat siamois qui semble régenter la maison. On y sert d'excellents plats comme le *gaang pèt bèt yâhng* (curry de canard grillé) et le *yam đà krái* ("salade" de verdure à la citronnelle). Enseigne en thaï, repérez le bâtiment jaune en face de l'hôtel Ayara Grand Palace.

Cafe Veggie INTERNATIONAL $$
(Th Phayarithai ; plats 165-250 B ; ⏰11h30-21h ; 📶). Malgré le nom, ce n'est pas vraiment-là un restaurant végétarien, mais on peut composer sa salade et commander un burger sans viande. Le reste de la carte comporte essentiellement des classiques occidentaux – *fish and chips*, steaks et pâtes – néanmoins savoureux.

Paknang CUISINE VARIÉE $$
(Th Sairuthai ; plats 60-500 B ; ⏰10h-23h). Ce coin du vieux Phitsanulok est le quartier chinois de la ville et ce restaurant établi de longue date propose de bons plats sino-thaïlandais. Les soupes aux herbes sont particulièrement bonnes et la longue carte inclut abondance de poisson. La plupart des plats coûtent entre 100 et 180 B.

In Town BAR
(Th Phayarithai ; ⏰18h-minuit ; 📶). Sans doute le bar le plus raffiné de Phitsanulok, dans une *shophouse* (maison de négoce) réaménagée, au comptoir en bois et aux murs en briques apparentes. Bons cocktails et grand choix de bières étrangères dans le réfrigérateur et, pour certaines, à la pression.

U-Wish-Ya Mattraphap BAR
(www.facebook.com/Uwishya ; 36/110 Th Chan Wetchakit ; ⏰17h-minuit ; 📶). Un bar de motards à la manière thaïlandaise, très accueillant. Concerts légers presque chaque soir, et en-cas thaïlandais à la carte.

Achats

Bazar de nuit MARCHÉ
(Th Phutta Bucha ; ⊙7h-minuit). Le bazar de nuit de Phitsanulok vaut le détour si vous désirez des vêtements bon marché ou un massage des pieds. On y mange également bien.

Son restaurant le plus au sud a pour spécialité le *pàk bûng loy fáh* (littéralement le "liseron d'eau qui flotte dans le ciel") : le cuisinier flambe les liserons d'eau, les lance en l'air à l'intention du serveur qui les réceptionne sur une assiette.

Renseignements

En ville, plusieurs banques possèdent un service de change et des DAB. Des DAB sont également installés dans l'enceinte du Wat Phra Si Ratana Mahathat.

Golden House Tour (☎055 259973 ; 55/37-38 Th Boromtrailokanat ; ⊙7h-19h lun-sam). Cette agence de voyages expérimentée vend des billets d'avion et peut organiser des transports en ville et aux alentours, y compris des minibus pour Phu Hin Rong Kla National Park.

Krung Thai Bank (Th Naresuan ; ⊙8h30-16h30 lun-ven). Avec DAB.

Police (☎urgences 24h/24 191 ; Th Baromtrilokanart)

Police touristique (☎centre d'appel national 1155 ; Th Akatossaroth)

Tourism Authority of Thailand (TAT ; ☎055 252742, centre d'appel national 1672 ; tatphlok@tat.or.th ; 209/7-8 Th BoromTrailokanat ; ⊙8h30-16h30). Le personnel serviable vous donnera des plans gratuits de la ville et le parcours d'une visite à pied.

Depuis/vers Phitsanulok

L'**aéroport de Phitsanulok** (☎055 301002) se trouve à 5 km au sud de la ville – un taxi depuis/vers la ville coûte 150 B. Air Asia, Nok Air et **Thai Lion Air** (☎centre d'appel 02 529 9999 ; www.lionairthai.com ; ⊙7h-19h) effectuent des liaisons quotidiennes avec l'aéroport international Don Mueang de Bangkok (à partir de 695 B, 55 min).

TRANSPORTS AU DÉPART DE PHITSANULOK

Bus et minibus

Outre les lignes de bus suivantes, des minibus desservent Bangkok (280 B, 4 heures 30, ttes les heures 6h30-18h30), Mae Sot (196 B, 4 heures, 4/jour 8h-15h) et le parc historique de Sukhothai (50 B, 1 heure 30, fréquents 5h20-18h).

DESTINATION	PRIX	DURÉE	DÉPART
Bangkok	288-382 B	5-6 heures	ttes les heures 8h45-23h
Chiang Khong	298 B	10 heures	9h
Chiang Mai	220-337 B	6 heures	fréquents 6h-12h40
Chiang Rai	258-332 B	7-8 heures	6 départs 5h30-13h
Kamphaeng Phet	80 B	2 heures	9 départs 5h-18h
Lampang	259 B	4 heures	fréquents 6h-12h40
Lom Sak (pour la Route verte)	100 B	1-2 heures	ttes les heures 5h50-18h15
Mae Sai	291-374 B	7 heures	5h30, 8h et 13h
Nakhon Thai (pour le parc national de Phu Hin Rong Kla)	75 B	2 heures	ttes les heures 5h-18h
Nan	193 B	6 heures	7h30, 11h30, 14h30 et 15h30
Phrae	122-157 B	4 heures	9 départs 6h-17h30
Sukhothai	42 B	1 heure	ttes les heures 5h30-18h

Train

DESTINATION	PRIX	DURÉE	DÉPART
Bangkok	69-1 354 B	5-7 heures	10/jour
Chiang Mai	65-1 135 B	7-9 heures	6/jour
Lampang	98-1 022 B	5 heures	5/jour

La **gare routière** (☎055 212090 ; Rte 12) est à 2 km à l'est de Phitsanulok sur la Rte 12 : une course en *tuk-tuk* ou à moto-taxi depuis/vers la ville coûte 60 B. L'offre de transports au départ de Phitsanulok est bonne car plusieurs lignes de bus et de minibus y convergent.

La **gare ferroviaire** (☎055 258005, centre d'appel national 1690 ; www.railway.co.th ; Th Akatossaroth) comporte une consigne et permet de rejoindre à pied les hébergements. C'est une gare importante où s'arrêtent presque tous les trains allant vers le nord ou le sud à travers la région.

Comment circuler

Une course en *săhm·lór* (cyclopousse à trois roues) aux allures de Dark Vador coûte à partir de 60 B. Devant la gare ferroviaire, un panneau indique les prix pour diverses destinations en ville. Phitsanulok possède un petit parc de **taxis** (☎055 338888), et quelques motos-taxis attendent aux gares routière et ferroviaire.

Louer une voiture à l'aéroport de Phitsanulok, auprès d'**Avis** (☎089 969 8672, centre d'appel national 02 251 1130 ; www.avisthailand.com ; aéroport de Phitsanulok ; ⌚7h-21h), **Budget** (☎055 301020, centre d'appel national 02 203 9222 ; www.budget.co.th ; aéroport de Phitsanulok ; ⌚7h-18h), **Eddy Rent A Car** (☎081 534 1535 ; www.eddy-rentacar.com ; aéroport de Phitsanulok ; ⌚5h-17h) ou **Thai Rent A Car** (☎055 301058, centre d'appel national 1647 ; www.thairentacar.com ; aéroport de Phitsanulok ; ⌚7h-20h30), coûte au minimum 900 B par jour.

Parc national de Phu Hin Rong Kla อุทยานแห่งชาติภูหินร่องกล้า

Phu Hin Rong Kla fut autrefois une importante base arrière du PCT, le Parti communiste thaïlandais. S'il ne reste plus grand-chose de cette époque, le site, aujourd'hui un parc national, peut compter sur ses atouts naturels, entre chutes d'eau, sentiers de randonnée et formations rocheuses singulières.

Histoire

De 1967 à 1982, la montagne appelée Phu Hin Rong Kla fut la base stratégique du Parti communiste thaïlandais (PCT) et de son bras armé, la People's Liberation Army of Thaïlande (PLAT, Armée de libération populaire de Thaïlande). Ce mont isolé et facile à défendre était parfait pour une armée d'insurgés. Les cadres du PCT étaient formés aux tactiques révolutionnaires dans la province chinoise du Yunnan, à 300 km de là, du moins jusqu'à la scission entre les communistes chinois et vietnamiens en 1979, quand le PCT prit parti pour le Vietnam.

Pendant près de 20 ans, la région de Phu Hin Rong Kla fut le théâtre d'échauffourées entre l'armée thaïlandaise et les communistes. En 1972, le gouvernement central lança une offensive majeure contre la PLAT, sans succès. Le camp de Phu Hin Rong Kla devint particulièrement actif après le soulèvement estudiantin d'octobre 1976 à Bangkok, quand l'armée tua des centaines d'étudiants. Nombre d'entre eux rejoignirent le PCT dans cette base, fondèrent un hôpital et une école de tactique politique et militaire.

En 1978, la PLAT comptait 4 000 hommes. En 1980 et 1981, les forces gouvernementales réussirent à reprendre certaines parties du territoire au PCT. Le coup décisif fut porté en 1982, quand le gouvernement décréta une amnistie pour tous les étudiants qui avaient rallié les communistes après 1976. Le départ de la plupart d'entre eux brisa l'épine dorsale du mouvement ; une dernière offensive fin 1982 aboutit à la capitulation de la PLAT. Le Phu Hin Rong Kla fut déclaré parc national en 1984.

À voir

Le **parc national de Phu Hin Rong Kla** (อุทยานแห่งชาติภูหินร่องกล้า ; ☎055 233527 ; www.dnp.go.th ; adulte/enfant 500/300 B ; ⌚8h30-17h) protège environ 307 km² de montagnes et de forêts, où la roche et les fleurs sauvages prédominent. Le bureau du parc se situe à une altitude de 1 000 m, et le secteur profite d'un climat frais, même en saison chaude. Les principaux sites ne sont pas très éloignés de la route principale qui traverse le parc. Parmi ceux-ci, les vestiges d'une salle de réunion spartiate et l'école de stratégie politique et militaire. Les bâtiments en bois et bambou, sans eau ni électricité, témoignent de conditions de vie sommaires.

Il y a un petit **musée** au bureau du parc, où sont exposés des objets de l'époque du PCT, mais les explications en anglais sont minces. La route dans le parc aboutit à un petit village hmong blanc.

Il y a aussi des chutes d'eau, des sentiers de randonnée, de belles vues et de curieuses formations rocheuses – des rocs en saillie appelés Lan Hin Pum et une zone de profondes crevasses où les troupes de l'Armée de libération du peuple de Thaïlande (People's Liberation Army of Thailand, PLAT) se cachaient pendant les raids aériens, appelée Lan Hin Taek. Demandez des cartes au centre d'accueil des visiteurs.

Phu Hin Rong Kla peut être très fréquenté le week-end et durant les vacances – visitez-le de préférence en semaine.

Pha Chu Thong SITE HISTORIQUE

(ผาชูธง, "falaise du Drapeau"). Un sentier de 800 m conduit à Pha Chu Thong (parfois appelée "falaise du Drapeau rouge"), où le Parti communiste thaïlandais devait hisser l'étendard rouge pour annoncer une victoire. Dans ce secteur, on découvre un abri antiaérien, un point de vue et les vestiges du principal quartier général du PCT – l'endroit le plus inaccessible du territoire avant la construction d'une route par le gouvernement.

Où se loger et se restaurer

Le logement dans le parc national de Phu Hin Rong Kla se limite à celui que gère le **Thailand's Royal Forest Department** (☎02 562 0760 ; www.dnp.go.th ; tente 3 pers 225 B, bung 800-3 000 B), et qu'il faut réserver en ligne ou par téléphone. Golden House Tour (p. 276), près du bureau de la TAT à Phitsanulok, pourra vous aider à réserver votre logement au parc. On ne trouve qu'un café-restaurant près du centre d'accueil des visiteurs.

Depuis/vers le parc national de Phu Hin Rong Kla

Le bureau du parc national de Phu Hin Rong Kla se situe à 125 km de Phitsanulok. Prenez d'abord un bus tôt le matin pour Nakhon Thai (75 B, 2 heures, ttes les heures 5h-18h), puis un *songthaew* près du marché jusqu'au parc national (700 B). Pour une excursion d'une journée depuis Phitsanulok, Golden House Tour (p. 276) demande 1 800 B (voiture avec chauffeur, essence en sus). Le trajet est plaisant à moto car il y a peu de circulation, mais vous aurez besoin d'un moteur puissant pour grimper les collines.

KAMPHAENG PHET กำแพงเพชร

☎055 / 29 000 HABITANTS

À mi-chemin entre Bangkok et Chiang Mai, Kamphaeng Phet est l'une des plus agréables capitales provinciales du pays. Elle en est aussi l'une des plus anciennes villes. Et pourtant, elle reçoit peu de visiteurs étrangers.

Celle dont le nom signifie "mur de Diamant" joua un rôle important dans la défense du royaume de Sukhothai, et, plus tard, de celui d'Ayutthaya, contre les intrusions birmanes ou Lanna. Cette ancienne cité fortifiée conserve une partie de ses remparts, ainsi que d'imposantes ruines de plusieurs édifices religieux. La ville moderne, qui s'étire le long d'une section peu profonde de la Mae Nam Ping, compte encore de nombreuses maisons traditionnelles en bois.

À voir

Inscrit au patrimoine mondial par l'Unesco, le **parc historique de Kamphaeng Phet** (อุทยานประวัติศาสตร์กำแพงเพชร ; 100 B, avec la cité fortifiée 150 B ; ⏲6h-18h) abrite des vestiges d'édifices du XIVe siècle, soit à peu près l'époque du royaume de Sukhothai, plus connu. Des monuments bouddhiques furent édifiés à Kamphaeng Phet jusqu'à la période d'Ayutthaya, presque 200 ans plus tard, et arborent des éléments des styles de Sukhothai et d'Ayutthaya, alliance dont résulte une forme d'art sacré unique en Thaïlande.

Cité fortifiée

Juste au nord de la ville moderne, une **zone fortifiée** (100 B, avec le parc historique de Kamphaeng Phet 150 B ; ⏲6h-18h) a donné son nom à la ville et fut autrefois habitée par des moines *gamavasi* ("vivant dans la communauté"). Une bonne marche ou une course à moto-taxi (environ 40 B) la sépare du centre-ville.

Wat Phra Kaew SITE HISTORIQUE

(วัดพระแก้ว). Dominant les fortifications de Kamphaeng Phet, cet ancien temple jouxtait le palais royal aujourd'hui en ruine. On y trouve un immense bouddha couché et plusieurs autres plus petits, érodés par les intempéries, dont l'aspect élancé et poreux rappelle les sculptures d'Alberto Giacometti.

Wat Phra That SITE HISTORIQUE

(วัดพระธาตุ). Les ruines de ce temple se distinguent par leur *chedi* (style Kamphaeng Phet) entouré de colonnes et posé sur une large base ronde en brique et latérite.

Hors de la ville

La majorité des ruines de Kamphaeng Phet se trouvent dans une vaste zone, à environ 1,5 km au nord des remparts. Ce secteur abritait autrefois des moines *aranyavasi* ("vivant dans les forêts") et comprend, outre le Wat Phra Si Iriyabot et le Wat Chang Rob, plus de 40 autres ensembles, bien que la plupart se résument à des fondations en brique et à quelques bouddhas érodés. Lors de notre passage, six de ces enceintes étaient en cours de fouille. Un excellent centre d'accueil des visiteurs (p. 281), à l'entrée, propose la location de vélos (30-50 B/jour). Comptez 80 B pour rejoindre cette zone à moto-taxi depuis le centre de Kamphaeng Phet.

Wat Phra Si Iriyabot SITE HISTORIQUE
(วัดพระสี่อิริยาบถ ; parc historique de Kamphaeng Phet ; 100 B ; ⏲6h-18h). Sa curiosité principale est l'imposant *mon·dòp* (petit édifice carré doté d'une flèche dans un *wat*) contenant les débris de bouddhas debout, assis, marchant et couchés, tous exécutés dans le style classique de Sukhothai.

Wat Chang Rob SITE HISTORIQUE
(วัดช้างรอบ). Son nom, qui signifie "temple ceint d'éléphants", décrit parfaitement cet édifice auquel 68 statues de pachydermes recouvertes de stuc servent de contreforts.

Autres sites

Musée national de Kamphaeng Phet MUSÉE
(พิพิธภัณฑสถานแห่งชาติกำแพงเพชร ; Th Pindamri ; 100 B ; ⏲9h-16h mer-dim). Ce musée vaut le détour pour son impressionnante collection d'objets de l'époque de Kamphaeng Phet, notamment une immense statue de Shiva. Plus grand bronze hindou de Thaïlande, celle-ci occupait autrefois le **sanctuaire de Shiva** (ศาลพระอิศวร ; près de Th Pindamri), GRATUIT situé non loin, jusqu'à ce qu'un missionnaire allemand en volât les mains et la tête en 1886 (ces éléments ont été restitués depuis).

Wat Phra Borommathat TEMPLE BOUDDHIQUE
(วัดพระบรมธาตุ ; près de la Rte 1078 ; ⏲lever-coucher du soleil). Sur l'autre rive de la Mae Nam Ping, ces ruines occupent un site qui était déjà peuplé bien avant l'âge d'or de Kamphaeng Phet, quoique les vestiges visibles datent de l'époque postclassique de Sukhothai. Le temple compte plusieurs petits *chedi*, et un *chedi* plus grand, de la fin de la période de Sukhothai, aujourd'hui couronné d'une ombrelle de style birman ajoutée au début du XXe siècle.

CONSTRUCTIONS DE KAMPHAENG PHET

La latérite *(sì-lah laang* en thaï), substance argileuse que l'on trouve dans une grande partie de l'Asie du Sud-Est, est le principal matériau de construction de maints bâtiments de Kamphaeng Phet et de Sukhothai. Souple dans le sol, elle durcit lorsqu'elle est exposée à l'air et à la lumière. Les premiers à découvrir cette propriété la façonnèrent en briques avant de les faire sécher au soleil. Comme on le sait aujourd'hui, la latérite est extrêmement poreuse et doit être recouverte de plâtre pour lui donner un aspect lisse. Près de la plupart des ruines, des affiches indiquant *Reconstructed* donnent une idée de ce à quoi les ouvrages ressemblaient à l'origine.

Wat Khu Yang TEMPLE BOUDDHIQUE
(วัดคูยาง ; Soi 1, Soi Ratchavithee ; ⏲lever-coucher du soleil). Situé juste au nord du centre de Kamphaeng Phet, ce temple renferme un beau *hŏr đrai* (dépôt des manuscrits) en bois du XIXe siècle.

Activités

Sources chaudes de Phra Ruang SOURCES THERMALES
(บ่อน้ำพุร้อนพระร่วง ; Ban Lan Hin ; 30 B ; ⏲8h-18h). À 20 km de Kamphaeng Phet sur la route de Sukhothai, cette série de sources thermales constitue un centre de soins typiquement thaïlandais. Les eaux, réputées thérapeutiques, sont canalisées vers 7 bains privés (50 B) et plusieurs établissements proposent des massages traditionnels. Aucun transport public ne dessert les sources, mais la Three J Guest House peut organiser le trajet. Comptez 600 B l'aller-retour.

Où se loger

Three J Guest House PENSION $
(☎055 713129, 081 887 4189 ; www.threej-guesthouse.com ; 79 Soi 1, Soi Ratchavitee ; ch 300-900 B ; ❄📶). Dans cette *guesthouse* établie de longue date, avec pour cadre un jardin, les chambres les moins chères sont équipées de ventilateur et se partagent une salle de bains propre. Les plus onéreuses sont climatisées. Vélos/motos à louer (50/200 B par jour). Le propriétaire,

Kamphaeng Phet

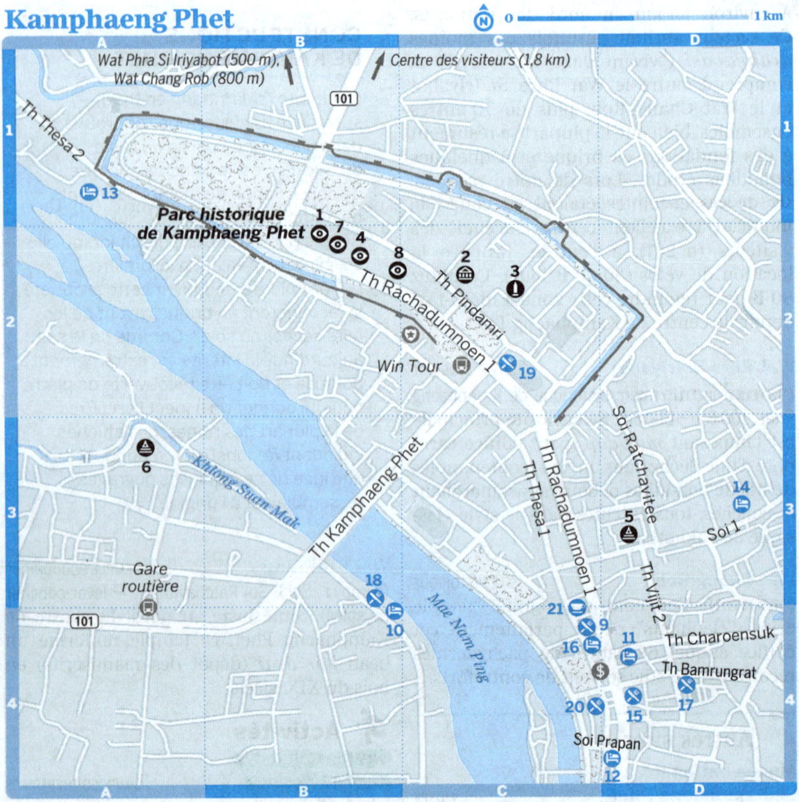

Kamphaeng Phet

Les incontournables
1 Parc historique de Kamphaeng Phet ... B2

À voir
2 Musée national de Kamphaeng Phet ... C2
3 Sanctuaire de Shiva ... C2
4 Zone fortifiée ... B2
5 Wat Khu Yang ... D3
6 Wat Phra Borommathat ... A3
7 Wat Phra Kaew ... B2
8 Wat Phra That ... B2

Où se loger
9 Chakungrao Riverview ... C4
10 Grand View Resort ... B4
11 Kor Chokchai Hotel ... D4
12 Navarat Heritage Hotel ... D4
13 Scenic Riverside Resort ... A1
14 Three J Guest House ... D3

Où se restaurer
15 Bamee Chakangrao ... D4
16 Burger Co ... C4
17 Kitti ... D4
18 Mae Ping Riverside ... B3
19 Marché nocturne ... C2
20 Marché nocturne ... C4

Où prendre un verre et faire la fête
21 Elizabeth Coffee ... C4

serviable, loge aussi des voyageurs dans sa ferme, au bord d'un lac à 34 km à l'ouest de Kamphaeng Phet.

Kor Chokchai Hotel HÔTEL $
(☎055 711247 ; 19-43 Soi 8, Th Rachadaumnoen 1 ; ch 280-360 B ; ❄📶). Dans cet hôtel thaïlandais d'un autre temps (les climatiseurs sont des pièces de musée), les chambres ont du mobilier en bois défraîchi et des matelas en mousse, mais elles sont propres, bien situées et au prix juste. Ventilateurs dans les chambres les moins chères. Enseigne en thaï.

Grand View Resort HÔTEL $
(☎055 798104 ; 34/4 Mu 2, Nakhon Chum ; avec petit-déj ch et bung 290-890 B ; ❄📶). L'un des "*resorts*" de la rive ouest de la Mae Nam Ping créés pour les touristes thaïlandais, aussi appelé Grand River Resort. Les chambres manquent de caractère, contrairement aux 6 petits bungalows qui flottent sur des radeaux sur la rivière. Enseigne en thaï et anglais peu parlé.

♥ **Navarat Heritage Hotel** HÔTEL $$
(☎055 711219 ; www.navaratheritage.com ; 2 Soi 21, Th Tesa 1 ; ch 900-1 400 B, ste 13 000 B, avec petit-déj ; ❄📶). L'hôtel des années 1970 d'origine a été en grande partie modernisé. Les chambres sont les meilleures et les plus modernes de la ville – les plus chères ont vue sur la rivière – et le service est efficace. Petite salle de sport et vélos à disposition.

Chakungrao Riverview HÔTEL $$
(☎055 714900 ; www.chakungraoriverview.com ; 149 Th Thesa 1 ; ch 850-1 100 B, ste 3 500 B, avec petit-déj ; ❄📶). L'hôtel le plus chic de Kamphaeng Phet fait un peu démodé, mais ses chambres sont plutôt grandes, s'ouvrent sur un balcon et, pour la plupart, donnent sur la rivière. Les salles de bains sont toutefois simples et petites. Il vaut la peine d'opter pour les chambres les plus chères, dotées de meilleurs lits. Des remises sont souvent proposées.

Scenic Riverside Resort HÔTEL $$$
(☎055 722009 ; www.scenicriversideresort.com ; 325/16 Th Thesa 2 ; bung avec petit-déj 1 500-3 700 B ; ❄📶🏊). Imaginez des maisons de pêcheurs grecs dans un décor à la thaïlandaise et vous aurez une idée de ce à quoi ressemble ce complexe hôtelier un peu farfelu, mais plaisant. Les 7 villas blanches au toit en forme de coupole et au plancher en pierre sont décorées de détails kitsch, mais sont spacieuses et se partagent une petite piscine près de la rivière.

Où se restaurer et prendre un verre

Pour un repas thaïlandais à prix doux, direction le grand **marché nocturne** animé (Th Thesa 1 ; plats 30-60 B ; ⏱16h-22h) près de la rivière. On trouve un **marché nocturne** (Th Rachadumnoen 1 ; plats 30-60 B ; ⏱16h-21h) plus petit à côté du terrain de football de la ville.

♥ **Bamee Chakangrao** THAÏLANDAIS $
(angle Soi 9 et Th Rachadumnoen 1 ; plats 30-90 B ; ⏱9h-15h). Ce restaurant réputé et convivial est l'un des meilleurs endroits pour déguster des *bà·mèe* (fines nouilles de blé aux œufs), une spécialité locale : elles sont confectionnées tous les jours derrière le restaurant. Vous pouvez aussi commander un satay de porc. Repérez l'enseigne verte (en thaï) à l'angle.

Burger Co CUISINE VARIÉE $$
(141 Th Thesa 1 ; plats 70-299 B ; ⏱11h-22h ; 📶). Les burgers de cette entreprise thaïlando-sud-africaine sont bons, tout comme ses steaks, ses pâtes et ses nombreux plats thaïlandais, servis dans un environnement impeccable. L'endroit a la faveur aussi bien d'une clientèle locale que de passage.

Kitti CUISINE VARIÉE $$
(angle Th Vijit 2 et Th Bamrungrat ; plats 50-380 B ; ⏱10h-14h et 16h-21h). Le Kitti excelle en cuisine chinoise, principalement aux produits de la mer (prix du poisson au poids). Goûtez au peu commun mais délicieux poulet frit aux noix de cajou, accompagné de couenne rôtie et de légumes marinés.

Mae Ping Riverside THAÏLANDAIS $$
(50/1 Mu 2, Nakhon Chum ; plats 80-350 B ; ⏱17h-22h). Bonne nourriture (le poisson est la spécialité), bière à la pression et musique live, sur la rive ouest du Mae Nam Ping. On trouve quelques autres adresses similaires le long de cette rue. L'anglais est un peu parlé. Enseigne en thaï.

Elizabeth Coffee CAFÉ
(angle Th Thesa 1 et Soi 9 ; ⏱10h30-21h ; 📶). Ce café frais et lumineux, avec terrasse, est un bon refuge contre la chaleur. Sont servis café, thé, smoothies, jus, ainsi que des plats de riz et de nouilles et quelques spécialités occidentales.

Renseignements

La plupart des grandes banques, comme **Bangkok Bank** (Th Charoensuk ; ⏱8h30-16h30 lun-sam), disposent d'agences avec DAB.

Centre d'accueil des visiteurs (parc historique de Kamphaeng Phet ; 100 B ; ⏱8h-16h). Ce centre très utile est à l'entrée du parc historique de Kamphaeng Phet. On peut y louer des vélos (30-50 B/jour).

Police (☎urgences 24h/24 191 ; Rte 101 ; ⏱24h/24). Poste de police principal de Kamphaeng Phet.

BUS AU DÉPART DE KAMPHAENG PHET

Outre les bus, des minibus desservent Mae Sot (140 B, 3 heures, ttes les heures de 9h à 16h) et Sukhothai (65 B, 1 heure, 9h-16h). Des *songthaew* desservent Sukhothai (65 B, 2 heures, 3 départs entre 8h et 12h).

DESTINATION	PRIX	DURÉE	DÉPARTS
Bangkok	281-395 B	5 heures	fréquents 9h30-23h
Chiang Mai	216 B	5 heures	ttes les heures 9h-23h
Chiang Rai	371-433 B	7 heures	12h30 et 18h
Lampang	205-239 B	4 heures	13h30 et 17h30
Mae Hong Son	851 B	11 heures	22h
Mae Sot	162 B	3 heures	3h et 4h
Phayao	212-326 B	6 heures	12h30 et 18h
Phitsanulok	80 B	2 heures 30	ttes les heures 7h-18h
Sukhothai	74 B	1 heure	ttes les heures 7h-16h

ℹ Depuis/vers Kamphaeng Phet

La **gare routière** (☎ 055 799103 ; Rte 101) de Kamphaeng Phet est à environ 1 km à l'ouest de la Mae Nam Ping. Des motos (50 B) et des *songthaew* (20 B, départs fréquents entre 7h30 et 15h) relient la gare à la ville. Si vous arrivez de Sukhothai ou de Phitsanulok, descendez dans la vieille ville ou au rond-point de Th Thesa 1 afin d'éviter d'avoir à prendre ensuite un *songthaew* pour retourner en ville.

Si vous allez à Bangkok (281-395 B, 5 heures, départs fréquents entre 9h30 et 23h), vous pourrez même éviter de mettre les pieds à la gare routière en achetant vos tickets et en prenant le bus chez **Win Tour** (☎ 055 713971 ; Th Kamphaeng Phet ; ⏲ 8h-23h), près du rond-point à Kamphaeng Phet.

ℹ Comment circuler

Les motos-taxis et les *tuk-tuk* ne sont pas nombreux à Kamphaeng Phet. Il est donc plus sage de louer un vélo ou une moto – on peut en trouver à la **Three J Guest House** (p. 279, vélo/moto 50/200 B par jour).

PROVINCE DE TAK จังหวัดตาก

Vaste province montagneuse, le Tak (จังหวัดตาก) doit à sa proximité avec le Myanmar un passé complexe et un métissage culturel unique en son genre.

Peut-être en raison de son relatif isolement, une grande partie du Tak est restée sauvage. Reliés entre eux, la réserve naturelle d'Um Phang, les réserves naturelles de Thung Yai Naresuan et de Huay Kha Kaeng, ainsi que les parcs nationaux de Khlong Lan et de Mae Wong forment un des plus grands corridors fauniques de Thaïlande et des forêts naturelles préservées parmi les plus vastes du Sud-Est asiatique.

La province est cependant moins isolée qu'avant ; la frontière Mae Sot-Myawaddy est aujourd'hui le premier point de passage terrestre entre la Thaïlande et le Myanmar, et la désignation de Mae Sot comme zone économique spéciale entraînera certainement une plus grande affluence.

Mae Sot แม่สอด

☎ 055 / 40 750 HABITANTS

Mae Sot fait partie des villes les plus multiculturelles du pays, principalement du fait de sa situation à la frontière thaïlando-birmane. Cette diversité vaut à maints visiteurs d'y séjourner plus longtemps que prévu. Ainsi croise-t-on, au fil des rues, des Birmans en *longyi* (sarongs), des femmes hmong et karen en costume traditionnel, des musulmans, des soldats thaïlandais et des employés d'ONG étrangers. Le birman et le karen sont plus parlés que le thaï, les enseignes des boutiques sont en thaï, birman et chinois, et nombre de temples sont de style birman.

La frontière Mae Sot-Myawaddy étant désormais le point de passage terrestre le plus fréquenté entre la Thaïlande et le Myanmar, la ville est aussi devenue le plus grand centre d'échange de jade et de pierres précieuses de la frontière, un négoce largement contrôlé par des chinois et des musulmans du Myanmar.

À voir et à faire

Marché frontalier
MARCHÉ

(ตลาดริมน้ำเมย ; Rte 12/AH1 ; 7h-19h). Le long de la Mae Nam Moei, du côté thaïlandais de la frontière, c'est un vaste marché où l'on vend des objets birmans, des vêtements de contrebande, du matériel électronique chinois bon marché et des produits alimentaires, entre autres. Il est à 5 km à l'ouest de Mae Sot ; prenez l'un des *songthaew* à destination de la frontière dans Th Chid Lom (20 B, fréquents 6h-18h).

Sanctuaire des gibbons de Highland Farm
BÉNÉVOLAT

(081 727 1364 ; www.gibbonathighlandfarm.org). Ce centre accueille les gibbons orphelins, abandonnés ou maltraités ; on demande aux bénévoles de s'engager au moins un mois et de participer aux tâches quotidiennes de la ferme. La réserve donne aussi refuge à des macaques. Pour tout bénévolat, prenez contact à l'avance.

Yoga For Life
YOGA

(083 092 2772 ; Irawadee Resort, 758/1 Th Intharakhiri ; cours 250 B ; cours 1 heure 9h30, 17h et 18h15 lun-sam). Cours de yoga quotidiens à l'Irawadee Resort (p. 284). Stages également envisageables.

Sauna aux herbes
SAUNA

(Wat Mani, Th Intharakhiri ; 20 B ; 12h-18h). Le Wat Mani possède des saunas séparés pour homme et femme à l'arrière du monastère, après les *gù·dì* (quartiers d'habitation) des moines.

Cours

Cours de cuisine
CUISINE

(055 546584 ; borderlinecollective.org ; Borderline Shop, 674/14 Th Intharakhiri ; 1 000 B ; 9h-12h et 15h-18h mar-dim). Prenant place au café Borderline Shop (p. 286), ces cours vous apprennent à cuisiner des plats végétariens shan, birman et karen. Ils comprennent une visite au marché, un livre de cuisine et la dégustation des plats réalisés. Prix dégressifs en fonction du nombre de participants.

Où se loger

Maints hébergements correspondent à la catégorie petits budgets et accueillent des employés d'ONG et des bénévoles étrangers pour de longs séjours.

Sleep Nest Hostel
AUBERGE DE JEUNESSE $

(086 415 1545 ; facebook.com/sleepnesthostel ; Th Intharakhiri ; dort 300-400 B ;). Cet établissement vaste et accueillant propose des lits-capsules ; les plus chers sont au rez-de-chaussée, et offrent un peu plus d'espace. Salles de bains communes propres, petit espace collectif et terrasse où boire une bière le soir.

Phan Nu House
PENSION $

(081 886 2950 ; phannuhouse@gmail.com ; 563/3 Th Intharakhiri ; ch 250-500 B ;). Cette bonne adresse à petits prix a la faveur des bénévoles étrangers. Distribuées dans 2 bâtiments en retrait de la route, les 20 chambres sont propres, spacieuses et pourvues de bons lits, d'un bureau et d'un frigo. Les plus chères partagent un balcon. Les moins coûteuses sont équipées de ventilateurs.

Ban Thai Guest House
HÔTEL $$

(055 531590 ; banthai_mth@hotmail.com ; 740 Th Intharakhiri ; ch 350-1 200 B ;). Cet ensemble isolé de 7 maisons thaïlandaises réaménagées abrite des chambres aux allures de suites, vastes et élégantes, avec grandes salles de bains, textiles et mobilier de style thaïlandais. Quelques chambres à petits prix avec ventilateur occupent le bâtiment principal. Le lieu étant prisé des employés des ONG et des visiteurs réguliers, réservez.

Picturebook Guesthouse
HÔTEL $$

(090 459 6990 ; www.picturebookthailand.org ; 125/4-6 Soi 19, Th Intharakhiri ; ch avec petit-déj 600-800 B ;). Dans un beau jardin, les 10 petites chambres présentent murs en béton lisse, touches artistiques et mobilier sur mesure. Le personnel, avenant et serviable, est issu d'un programme de formation à but non lucratif. La pension se trouve dans Soi 19 (maisons non numérotées), juste derrière l'hôtel J2, à environ 1 km à l'est du centre de Mae Sot.

Baan Rabiangmai
HÔTEL $$

(055 532144 ; baanrabiangmaimaesot@gmail.com ; 3/21 Th Don Kaew ; ch avec petit-déj 800-1 500 B ;). Le type d'hôtel confortable, bien géré et sans prétention qu'on aimerait trouver dans chaque ville. Ses 19 chambres modernes sont aménagées avec kitchenette, coin salon et petit balcon. Vélos à louer (30 B/jour).

DE MAE SOT À MAE SARIANG

La Rte 105 court vers le nord le long de la frontière birmane de Mae Sot jusqu'à Mae Sariang (226 km), dans la province de Mae Hong Son. Cette route asphaltée serpente entre les localités de **Mae Ramat**, **Mae Salit**, **Ban Tha Song Yang** et **Ban Sop Ngao** (Mae Ngao). L'épaisse forêt qui s'y trouve conserve des bosquets de tecks et les villages karen de la région font encore travailler occasionnellement des éléphants.

La **Nam Tok Mae Kasa**, entre les Km 13 et 14, est une jolie cascade face à une grotte. Une source thermale jaillit dans le proche village de Mae Kasa.

À Mae Ramat, ne manquez pas le **Wat Don Kaew**, derrière le bureau du district, qui renferme un grand bouddha en marbre de style Mandalay.

Au Km 58, après une série de barrages routiers, vous passerez par **Mae La**, qui héberge le plus grand camp de réfugiés du Myanmar en Thaïlande. Quelque 50 000 réfugiés – karen pour la plupart – y vivent.

De vastes cavernes calcaires composent **Tham Mae Usu**, au Km 94 près de Ban Tha Song Yang (un autre village du même nom se tient plus au nord). De la route principale, une marche de 2 km conduit à Tham Mae Usu. Les grottes sont fermées pendant la saison des pluies, quand la rivière en crue en interdit l'accès.

À la pointe nord de la province de Tak, **Ban Tha Song Yang**, une localité karen, se tient au pied de falaises calcaires le long de la Mae Nam Moei. C'est la dernière agglomération d'importance de la province de Tak, ensuite, la route grimpe dans la jungle et les montagnes du parc national de Mae Ngao, dans la province de Mae Hong Son.

Ban Sop Ngao, un village au bord de la route qui abrite le bureau du parc, est déjà dans la province de Mae Hong Son. De là, il reste 40 km jusqu'à Mae Sariang, qui offre un bon choix d'hôtels et de restaurants.

Des *songthaew* pour Mae Sariang partent de la gare routière de Mae Sot (200 B, 6 heures, ttes les heures 5h45-12h).

J2 HÔTEL $$

(☎055 536161 ; facebook.com/j2maesot ; 149/8 Th Intharakhiri ; ch 890-1 200 B, ste 2 000-2 200 B, avec petit-déj ; ❄@📶). Un hôtel bien aménagé, au personnel efficace et aux 47 chambres spacieuses et modernes, sinon très élégantes, avec balcons, lits confortables et salles de bains de bonne taille. À environ 1 km à l'est du centre-ville.

Irawadee Resort HÔTEL $$

(☎055535430 ; www.irawadee.com ; 758/1 Th Intharakhiri ; avec petit-déj ch/ste 1 200/2 100 B ; ❄📶). Des chambres clinquantes, sympathiques, confortables et modernes, vaguement décorées sur le thème Lanna et pourvues de lits surélevés à la façon chinoise traditionnelle. Elles ne sont pas immenses, mais ont de grandes salles de bains, avec douches en plein air.

Où se restaurer et prendre un verre

Carrefour culinaire, Mae Sot se distingue des autres régions thaïlandaises par son choix en matière de cuisines. Pour le petit-déjeuner, rendez-vous au sud de la mosquée Nurulislam, où des restaurants musulmans proposent du thé sucré, des *roti* et des *nanbya* (pains à l'indienne). Au déjeuner, direction le marché de jour, très animé, pour déguster des spécialités birmanes comme le *mohinga* (plat national officieux) ou un curry au marché municipal (page ci-contre). Le **marché de nuit** (Th Prasatwithi ; plats 30-60 B ; ⏰18h-23h) propose essentiellement des plats sino-thaïlandais.

Borderline Teashop BIRMAN $

(www.borderlinecollective.org ; Borderline Shop, 674/14 Th Intharakhiri ; plats 20-70 B ; ⏰7h30-21h mar-dim ; 📶🖉). Avec pour cadre un agréable jardin ombragé, ce café propose une petite carte de savoureux plats végétariens d'inspiration birmane, notamment salades, plats de nouilles et douceurs. Si vous avez apprécié votre repas, vous aurez peut-être envie de suivre les cours de cuisine maison (p. 283).

Lucky Garden Tea Shop BIRMAN $

(Th Suksri Rat-Uthit ; plats 20-85 B ; ⏰5h-20h). Faites l'expérience d'un authentique salon de thé birman sans traverser la frontière. Au programme : biryani, currys birmans, salades et beaucoup de thé sucré.

Phat Thai Mae Sot THAÏLANDAIS $

(Th Prasatwithi ; plats 40-60 B ; 12h-21h). Un restaurant douillet qui sert une variante locale du *pàt tai :* garni de couenne et de porc grillé. Enseigne en thaï ; cherchez un bâtiment en bois rustique semi-ouvert avec un toit en métal soutenu par un arbre.

Casa Mia CUISINE VARIÉE $

(Th Intharakhiri ; plats 35-250 B ; 7h30-21h30 ;). Ce restaurant rustique propose un immense choix de plats de pâtes italiens maison, notamment végétariens, à des prix très raisonnables. Sont également servis pizzas, petits-déjeuners occidentaux, plats thaïlandais et birmans et quelques bons desserts.

Khaomao-Khaofang THAÏLANDAIS $

(www.khaomaokhaofang.com ; 382 Rte 105 ; plats 100-790 B ; 11h-15h et 17h-22h ;). On croirait dîner dans la jungle, mais avec le confort en plus : les lustres y remplacent les lianes et l'on mange parmi les orchidées et les cascades. C'est l'adresse la plus pittoresque de la ville et la cuisine, nord-thaïlandaise, est excellente : goûtez l'un des délicieux *yam* (salades thaïlandaises épicées). Les plats de poisson sont aussi recommandés. À environ 2 km au nord du centre de Mae Sot.

Bai Fern CUISINE VARIÉE $$

(660 Th Intharakhiri ; plats 59-490 B ; 8h-22h ;). Sans prétention, accueillant et étonnamment bon. Les options occidentales – petits-déjeuners, steaks, pâtes et pizzas – sont une valeur sûre, les plats thaïlandais et végétariens, nombreux. Si vous souhaitez manger birman, le personnel pourra vous faire des suggestions qui ne figurent pas sur la carte.

Krua Canadian INTERNATIONAL $$

(facebook.com/KruaCanadianRestaurant ; 3 Th Sri Phanit ; plats 70-550 B ; 8h-14h et 17h-21h ;). L'une des meilleures adresses de la ville où manger *farang* (étranger), dirigée par le Canadien Dave, qui habite Mae Sot depuis longtemps. Les plats mexicains de la carte variée sont particulièrement populaires. Les portions sont généreuses. Le lieu est fréquenté par les expatriés et les employés des ONG. Dave est une bonne source d'information sur la région.

Border Booze BAR

(Th Intharakhiri ; 18h-minuit lun-sam ;). L'un des lieux les plus agréables de Mae Sot où boire un verre pour les étrangers, avec bières, shots, cocktails, musique douce et ambiance décontractée. La nourriture vient du restaurant voisin.

TOURNOI DE BOXE

Vers le mois d'avril, des boxeurs thaïlandais et birmans se rencontrent pour un **tournoi de boxe thaïlandaise** (avr), selon les coutumes, en dehors de la ville. Des matchs de 5 rounds se déroulent sur un ring circulaire – les 4 premiers rounds durent 3 minutes, le cinquième n'est pas limité dans le temps. Les mains enveloppées de chanvre, les boxeurs combattent jusqu'au premier sang ou au premier K.-O. Demandez sur place où se déroule l'événement, qui n'a pas d'adresse attitrée.

Braverly CAFÉ

(www.braverly.com ; 738 Th Intharakhiri ; 8h30-17h mar-jeu, 8h30-20h ven-sam ;). Très élégant pour Mae Sot, le lumineux Braverly sert bagels, paninis, salades et café local. Prenez place dans un canapé ou sur une banquette suspendue. Sont ici formées aux métiers de la restauration des femmes issues des minorités ethniques de la région autour de la frontière thaïlando-birmane.

Achats

Mae Sot est le principal centre de négoce des pierres précieuses et du jade le long de la frontière thaïlando-birmane. Jetez un coup d'œil à l'effervescence qui règne dans les boutiques spécialisées de Th Prasatwithi, à l'est du marché du matin. À moins d'être connaisseur, faites preuve de prudence si vous achetez.

Marché municipal MARCHÉ

(près de Th Prasatwithi ; 6h-18h). Le marché municipal de Mae Sot compte parmi les plus grands et les plus animés de Thaïlande. On y trouve des montagnes d'articles exotiques venus du Myanmar, notamment des livres, des branches de *thanaka* (à l'origine de la poudre jaune recouvrant le visage d'un grand nombre de Birmans, c'est une protection solaire naturelle), des sacs de feuilles de thé au vinaigre et des chaussons en velours (appelés "*slippers*" au Myanmar) de Mandalay.

Borderline Shop ARTISANAT
(borderlinecollective.org ; 674/14 Th Intharakhiri ; 9h-19h mar-dim). Cette boutique ancienne vend des objets d'art et d'artisanat fabriqués par des femmes réfugiées et issues des minorités ethniques. Les bénéfices sont versés à un collectif de femmes et à une fondation d'aide à l'enfance. La galerie d'art à l'étage accueille des peintres locaux. La maison fait aussi salon de thé en plein air (p. 284) et école de cuisine (p. 283).

Walking Street MARCHÉ
(rue piétonne ; Soi Rong Chak ; 17h-21h sam). Tous les samedis soir, la petite rue près du poste de police est fermée à la circulation, et des marchands d'artisanat, de vêtements et de nourriture s'y installent.

Renseignements

Plusieurs banques installées dans le centre disposent de DAB et de bureaux de change. On peut aussi convertir des devises sur le marché municipal.

Bureau de l'immigration (055 563000 ; Rte 12/AH1 ; 8h30-16h30). À côté du Frienship Bridge (pont de l'Amitié), ce bureau peut proroger les visas.

Maesot General Hospital (055 531229 ; 175/16 Th Sri Phanit ; 24h/24). L'hôpital principal de Mae Sot.

Police (urgences 191 ; Th Intharakhiri ; 24h/24). Poste de police principal de Mae Sot.

Police touristique (urgences 1155 ; Rte 12/AH1 ; 24h/24). Près du pont de l'Amitié.

Depuis/vers Mae Sot

Le petit **aéroport** (055 563620 ; Rte 12/AH1) de Mae Sot se situe à 2 km à l'ouest de la ville. Au moment de nos recherches, la seule compagnie desservant Mae Sot était **Nok Air** (055 563883, centre d'appel national 1318 ; www.nokair.co.th ; aéroport de Mae Sot, Rte 12/AH1 ; 9h-17h30) avec 5 vols quotidiens depuis/vers l'aéroport international Don Mueang de Bangkok (à partir de 2 029 B, 1 heure 15).

Presque tous les *songthaew*, minibus et bus longue distance partent de la **gare routière** (055 563435 ; Rte 12/AH1) de Mae Sot, située près de l'aéroport. Une course à moto-taxi depuis/vers cette gare coûte environ 60 B.

Comment circuler

Mae Sot s'explore facilement à pied. Les motos-taxis et les *săhm·lór* (cyclopousse à 3 roues) demandent 40 B pour une course en ville. **Taxi Mae Sot** (055 030357, 098 101 9345 ; www.facebook.com/taximaesot) propose des taxis aéroport-ville pour 100 B.

Les **songthaew pour le pont de l'Amitié** (Th Chid Lom) circulent régulièrement entre 6h et 18h (20 B, 15 min).

ALLER AU MYANMAR (BIRMANIE) : DE MAE SOT À MYAWADDY

Les 420 m du pont de l'Amitié (Friendship Bridge) relient Mae Sot à Myawaddy (Myawadi), au Myanmar (État de Kayin). Notez que le Myanmar retarde de 30 minutes par rapport à l'heure de la Thaïlande.

Rejoindre la frontière Des *songthaew* relient fréquemment Mae Sot au pont de l'Amitié, de 6h à 18h (20 B). Ils partent près du marché municipal de Mae Sot.

À la frontière Les formalités s'effectuent au **guichet thaïlandais de l'immigration** (055 563004 ; Rte 12/AH1 ; 5h30-20h30), au pont de l'Amitié. Une file est réservée aux étrangers ; ne faites pas la queue avec les gens du coin. Traversez jusqu'au **guichet de l'immigration du Myanmar** (+95 0585 0100 ; Bayint Naung Rd ; 5h-20h, heure du Myanmar) où, si vous avez votre visa pour le Myanmar, on vous laissera rester ou poursuivre votre voyage. On peut ici entrer au Myanmar et le quitter avec un visa électronique. Si vous n'avez pas de visa, vous devrez payer 500 B pour obtenir une carte d'identité temporaire vous permettant de séjourner à Myawaddy jusqu'à 20h le jour même – votre passeport sera conservé à la frontière.

Poursuivre son voyage On trouve DAB, banques et services de change juste au sud du pont, côté Myanmar. Des camionnettes blanches collectives et des taxis à destination de Mawlamyine (10 000 K, 4-5 heures, fréquents 6h-16h) et de Hpa-an (10 000 K, 6 heures, 6h-16h) attendent à 100 m au sud du pont. Des bus pour Yangon (12 000 K, 10-12 heures, 9h et 17h) partent d'un bureau donnant sur la route principale à quelque 250 m au sud du pont.

TRANSPORTS AU DÉPART DE MAE SOT

Bus

DESTINATION	PRIX	DURÉE	DÉPARTS
Bangkok	290-616 B	7-8 heures	12 départs 8h-21h45
Chiang Mai	315-490 B	5-6 heures	6h15 et 10h
Chiang Rai	407 B	9 heures	7h
Lampang	243-378 B	4 heures	6h15, 7h et 10h
Mae Sai	700 B	12 heures	7h
Phitsanulok	196 B	4 heures	6 départs 7h-14h40
Sukhothai	153 B	3 heures	6 départs 7h-14h40

Minibus et songthaew

Des minibus pour Kamphaeng Phet (près de Th Chidwana) partent d'un petit marché du centre de Mae Sot. Des *songthaew* pour Mae Sariang s'y arrêtent aussi après être partis de la gare routière.

DESTINATION	PRIX	DURÉE	FRÉQUENCE
Kamphaeng Phet	140 B	3 heures	minibus ttes les heures 8h-16h
Mae Sariang	200 B	6 heures	*songthaew* ttes les heures 5h45-12h
Um Phang	140 B	4 heures	*songthaew* ttes les heures 6h-13h

Hertz (☎095 695 2469, centre d'appel national 02 266 4666 ; www.hertzthailand.com ; aéroport de Mae Sot, Rte 12/AH1 ; ⊙9h30-18h30) et **Thai Rent A Car** (☎099 060 0500, centre d'appel national 02 737 8888 ; www.thairentacar.com ; aéroport de Mae Sot, Rte 12/AH1 ; ⊙9h30-18h30) louent des voitures à l'aéroport de Mae Sot. En ville, on peut louer des motos auprès de **Mr Park** (☎055 533900 ; 304-304/1 Th Intharakhiri ; 200-250 B/24h ; ⊙8h-17h), entre autres.

Um Phang อุ้มผาง

Au confluent de la Mae Nam Klong et de la Huay Um Phang, Um Phang est un bourg isolé peuplé d'un mélange de Thaïlandais et de Karen. Les environs comptent plusieurs villages karen, certains restés traditionnels, et on peut encore y croiser des éléphants, en particulier à **Palatha**, village karen à 25 km au sud d'Um Phang. On aperçoit des *yaeng* (selles pour éléphants) et autres accessoires de dresseur d'éléphants sous l'avant-toit des maisons du village.

La plupart des visiteurs viennent cependant pour la Nam Tok Thilawsu, la plus grande chute d'eau du pays, dans la réserve naturelle d'Um Phang (p. 288), destination aussi appréciée pour le rafting et la randonnée.

À voir

Nam Tok Thilawsu CHUTE D'EAU

(น้ำตกทีลอซู). Située à l'intérieur de la réserve naturelle d'Um Phang, cette chute d'eau est la plus grande de Thaïlande : elle mesure environ 200 m de haut et jusqu'à 400 m de large pendant la saison des pluies. Pour les Thaïlandais, la Nam Tok Thilawsu est sans conteste la plus belle des cascades du pays. Une grotte peu profonde se trouve derrière la chute et plusieurs bassins se prêtent à la baignade.

Le sentier facile (2 km) reliant le bureau de la réserve aux chutes a été aménagé en **circuit autoguidé**. Autour des chutes, des deux côtés de la rivière, les forêts naturelles les plus denses du pays offrent de superbes randonnées. Elles contiendraient plus de 1 300 variétés de palmiers, ainsi que des bambous géants et des figuiers étrangleurs.

La meilleure période de l'année se situe en novembre-décembre (après la saison des pluies), quand les 200 m à 400 m de falaises calcaires de la Mae Nam Klong ruissellent et que la Nam Tok Thilawsu est au mieux de sa forme. Depuis quelques années, la route d'accès au bureau de la réserve est fermée pendant une partie de la saison des pluies (juin-sept), pour limiter les dommages environnementaux. Durant cette période, seules 3 heures de raft, suivies

Um Phang

Um Phang

Activités

1 Napha Tour B1
Trekker Hill .... (voir 5)

Où se loger

2 Garden Huts A2
3 K & K Guest House B2
4 Se Heng Chai Resort A2
5 Trekker Hill B1
6 Tu Ka Su Cottage A2
7 Umphangburi Resort A2

Où se restaurer

8 Marché du soir B2
9 Udom & Joy Restaurant B2

Où prendre un verre et faire la fête

Ban Kru Sun .... (voir 3)
10 Sawasdee Umphang A2

Renseignements

11 Hôpital B1

Transports

12 Songthaew pour Mae Sot A1
13 Songthaew pour Poeng Kloeng B1

de 30 minutes de 4x4 permettent de rallier ledit bureau.

On peut **camper** (30 B) près du bureau de la réserve à condition d'apporter sa tente – il est préférable de réserver de novembre à janvier, seule période de l'année où le restaurant de la réserve est toujours ouvert.

La plupart des visiteurs viennent en circuit organisé. Un circuit d'une journée au départ d'Um Phang coûte au minimum 2 500 B par personne (2 pers minimum). La visite peut aussi se faire en indépendant, mais aucun transport privé n'est autorisé dans le sanctuaire. Si vous disposez d'un véhicule, prenez l'embranchement vers la Rte 1167 juste au nord d'Um Phang. Après 12 km, tournez à gauche, à hauteur du poste de police, sur la Rte 1288. Quelque 6 km plus loin, vous atteindrez le poste de contrôle de la réserve où vous paierez le droit d'entrée (200 B). Là, vous devrez garer votre véhicule et louer un *songthaew* (2 000 B) pour parcourir les 25 km qui vous séparent du bureau de la réserve. Vous pouvez aussi prendre un *songthaew* à destination de Poeng Kloeng jusqu'au poste de contrôle de la réserve naturelle (30 B, ttes les heures 6h30-15h30).

Réserve naturelle d'Um Phang RÉSERVE NATURELLE

(เขตรักษาพันธุ์สัตว์ป่าอุ้มผาง ; ☎055 577318, 088 427 5272 ; 200 B ; ⏲8h-16h30). La chute d'eau Nam Tok Thilawsu est proche du bureau de la réserve naturelle d'Um Phang, elle-même à 50 km d'Um Phang en direction de Sangkhlaburi, dans la province de Kanchanaburi. La réserve naturelle relie le parc national de Thung Yai Naresuan et la réserve de Huay Kha Kaeng (autre site du patrimoine mondial de l'Unesco), ainsi que les parcs nationaux de Khlong Lan et de Mae Wong, pour former l'un des plus grands corridors fauniques du pays et l'une des plus grandes forêts naturelles intactes d'Asie du Sud-Est.

Tham Ta Khu Bi GROTTE

(ถ้ำตะโค๊ะบิ). De Ban Mae Klong Mai, à quelques kilomètres au nord d'Um Phang par la route principale de Mae Sot, la Rte 1167 longe la frontière du Myanmar en direction du sud-ouest. En chemin se trouve le réseau de grottes de Tham Ta Khu Bi, qui signifierait "mangue plate" en karen. Vous ne trouverez aucun guide : prévoyez une lampe de poche.

Activités

La plupart des pensions et tous les tour-opérateurs d'Um Phang organisent des excursions de trekking et de rafting dans la région. Les touristes étant majoritairement thaïlandais, peu de guides parlent anglais et ont l'expérience des visiteurs étrangers.

Les circuits de 3 jours et 2 nuits classiques comprennent du rafting et de la randonnée. La majorité vous emmèneront à la Nam Tok Thilawsu et au-delà. Des excursions plus courtes ou plus longues peuvent aussi être organisées.

Les sorties en rafting vont d'une journée sur la Mae Klong, d'Um Phang à la Nam Tok Thilawsu, aux excursions de 3 jours de Palatha à la Nam Tok Thi Lo Re, autre chute d'eau spectaculaire. Le meilleur moment pour le rafting est entre novembre et février.

Um Phang Khi, au nord-est d'Um Phang, est populaire auprès des amateurs de rafting. Le lieu compte officiellement 47 sections de rapides (67, selon certaines agences) de niveaux III (moyen) et IV (difficile) durant le pic de la saison des pluies. La saison du rafting est courte à Um Phang Khi (août-octobre) – le reste de l'année, le niveau de l'eau n'est pas assez élevé.

Pour une excursion de rafting et de trekking de 3 jours, les prix, tout compris, commencent à 4 000 B par personne (2 pers minimum).

Trekker Hill TREKKING, RAFTING
(☎055 561090, 081 280 0842 ; Soi 2, Th Pravatpriwan). Ce tour-opérateur recommandé dispose du plus grand nombre de guides anglophones à Um Phang et offre divers treks de 1 à 3 jours.

Boonchuay Tour TREKKING, RAFTING
(☎055 561020, 081 379 2591 ; près de la Rte 1090). M. Boonchuay parle un anglais correct et propose plusieurs randonnées et excursions de rafting. Ses guides ont l'habitude des clients étrangers. Appelez avant.

Napha Tour RAFTING, TREKKING
(☎082 146 0681, 055 561287 ; napatour_2@yahoo.com ; Soi 2, Th Pravatpriwan). Agence surtout axée sur le rafting et proposant un choix de sorties et les services de guides anglophones.

Où se loger

Nombre d'hôtels d'Um Phang accueillent des groupes de touristes thaïlandais. Um Phang peut être très fréquenté en haute saison, d'octobre à mars, surtout le week-end.

K & K Guest House PENSION $
(☎087 846 1087 ; micky.s55@hotmail.co.th ; Th Sukhumwattana ; ch 500 B ; ❄📶). Cinq chambres spacieuses et propres avec de bons lits dans une *shophouse* (maison de négoce) moderne au cœur de l'animation du "centre" d'Um Phang. Celles du haut ont de petits balcons et une belle vue. Également trois bungalows dans le jardin à l'arrière. L'aimable propriétaire parle un peu anglais.

Se Heng Chai Resort HÔTEL $
(☎055 561605 ; Rte 1090 ; ch 500 B ; ❄📶). À l'ouest de la ville, ce "complexe hôtelier" présente 13 chambres propres, modernes, sur 2 niveaux bien entretenus. L'enseigne est en thaï, mais c'est le bâtiment le plus haut sur la colline.

Trekker Hill HÔTEL $
(☎081 280 0842, 055 561090 ; Soi 2, Th Pravatpriwan ; ch 300 B ; 📶). Les 6 cabanes sur le flanc escarpé d'une colline, avec ventilateur et matelas à même le sol, sont rustiques, mais on dispose d'eau chaude et de Wi-Fi dans la partie commune. Excursions de rafting et de trekking recommandées.

Umphangburi Resort RESORT $$
(☎055 561576 ; www.umphangburiresort.com ; près de la Rte 1090 ; ch avec petit-déj 700-1 200 B ; ❄📶). Les 19 bungalows bien entretenus de ce complexe hôtelier au bord de l'eau sont modernes, lumineux et confortables. Excursions de rafting organisées en haute saison (nov-déc). Anglais un peu parlé.

Tu Ka Su Cottage HÔTEL $$
(☎055 561295 ; www.tukasu.com ; près de la Rte 1090 ; ch 600-1 800 B ; ❄📶). Cet hébergement est sans nul doute le plus confortable et le mieux tenu d'Um Phang. Ces jolis bungalows en brique et pierre sont entourés de fleurs et de vergers exotiques. Les chambres sont un peu simples pour le prix mais elles ont la climatisation, une TV, un frigo et une salle de bains lumineuse. Le lieu étant prisé, réservez.

Garden Huts HÔTEL $$
(☎087 073 7509, 055 561093 ; Rte 1090 ; ch avec petit-déj 350-900 B ; ❄📶). Une gentille vieille dame à l'anglais limité tient cet ensemble de bungalows à petits prix, de taille correcte mais au niveau de confort variable, dans un jardin soigné au bord de la rivière. La plupart des chambres ont des ventilateurs et les lits sont durs, comme les aiment les Thaïlandais. Agréables espaces de détente.

Où se restaurer et prendre un verre

Le **marché du soir** (Soi 9, Th Pravatpriwan ; plats 30-60 B ; ⏱15h-21h ven-sam nov-fév), ouvert de novembre à février les vendredis et samedis, est petit mais intéressant.

HORS DES SENTIERS BATTUS

VILLAGES FRONTALIERS

La Rte 1288, qui conduit au poste de contrôle de la réserve d'Um Phang, se prolonge sur plus de 70 km jusqu'à **Poeng Kloeng** (บ้านเปิงเคลิ่ง), village commerçant à la frontière avec le Myanmar, habité par des Karen, des Birmans, des Talaku et des Thaï.

Les principales activités de ce village frontalier assez banal semblent être la vente de cigarettes birmanes au marché noir et la production de noix de betel et de durian. On y vient surtout pour visiter le village voisin de **Letongkhu** (เลตองคุ), 12 km plus au sud, le long d'une piste de montagne.

Ses habitants feraient partie de la secte lagu ou talaku, laquelle représenterait un bouddhisme mâtiné de chamanisme et d'animisme. Chaque village possède un chef spirituel et temporel appelé *pu chaik* (les Thaï l'appellent *reu·sĕe – rishi*, ou sage), qui portent de longs cheveux – généralement rassemblés en chignon au sommet du crâne – et une tenue blanche, jaune ou marron selon la branche de la secte.

Si vous visitez Letongkhu, ne pénétrez dans aucun bâtiment sans permission ou invitation. Ne photographiez pas une personne sans son accord. Il n'est généralement pas permis d'y passer la nuit.

Cinq *songthaew* quotidiens partent d'Um Phang pour Poeng Kloeng (100 B, 2 heures 30) entre 6h30 et 15h30.

Il n'y a pas de transports réguliers pour Letongkhu, mais, si vous ne voulez pas y venir à pied depuis Poeng Kloeng ni organiser une visite guidée, un 4x4 pourra vous y acheminer depuis Um Phang (5 000 B environ).

Udom & Joy Restaurant THAÏLANDAIS $
(Th Sukhumwattana ; plats 35-40 B ; ⏲6h-18h). Des plats de riz et de nouilles simples, dont un bon *kà·nŏm jin* (nouilles de riz au curry). Les propriétaires parlent un peu anglais.

Ban Kru Sun CAFÉ
(Th Sukhumwattana ; ⏲8h-23h ; 📶). Le lieu, propriété d'un musicien thaïlandais, est très polyvalent : le jour, c'est un café et une boutique de produits locaux ; le soir, on y sert des plats de riz et de nouilles, ainsi que quelques plats de pâtes. Petit jardin ombragé à l'arrière.

Sawasdee Umphang BAR
(Rte 1090 ; ⏲18h-minuit). Le seul véritable bar d'Um Phang fait aussi salon de coiffure et de tatouage. On s'y assied à l'avant, avec une bière ou un cocktail, pour écouter les musiciens.

ℹ Renseignements

Il y a des banques et de nombreux DAB à Um Phang.

Hôpital (près de Th Ratpattana ; ⏲24h/24). L'hôpital d'Um Phang.

Police (☎urgences 191 ; Th Sukhumwattana ; ⏲24h/24)

ℹ Depuis/vers Um Phang

Les **songthaew pour Mae Sot** (Th Pravatpriwan) partent d'un arrêt à l'extrémité nord de Th Pravatpriwan (140 B, 4 à 5 heures, ttes les heures 6h30-12h30).

Les **songthaew pour Poeng Kloeng** (Th Ratpattana) partent d'un arrêt près de l'hôpital (100 B, 2 heures 30, 5/jour entre 6h30 et 15h30).

PROVINCE DE MAE HONG SON

จังหวัดแม่ฮ่องสอน

Uniquement accessible par des routes sinueuses et escarpées, ou par un vol jusqu'à sa capitale, la province de Mae Hong Son est sans doute la plus reculée du pays. Montagneuse et densément boisée, très éloignée de l'influence des vents marins, du brouillard se lève en hiver et la fumée des brûlis obscurcit le ciel pendant la saison chaude. En raison de sa situation le long de la frontière avec le Myanmar, Mae Hong Son est un carrefour où se mêlent minorités ethniques (principalement des Karen, quelques Hmong, Lisu et Lahu), shan et immigrants birmans.

Si les splendeurs naturelles de la province – chutes d'eau et grottes notamment – en font aujourd'hui une solide destination touristique, la grande majorité des visiteurs ne poussent pas au-delà de Pai, laissant à ceux qui le font beaucoup d'espace et de tranquillité.

Pai

ปาย

053 / 3 000 HABITANTS

Ceux qui connaissent les îles thaïlandaises retrouvent à Pai la même atmosphère, les plages en moins. Dans le centre, les *guesthouses* sont plus nombreuses que les résidences privées, restaurants et agences proposant des voyages investissent chaque coin de rue, tandis que musiques et fêtes animent les nuits.

La popularité de Pai n'a pas encore entamé la beauté quasi idyllique de cette vallée de montagne, propice à d'innombrables aventures en plein air. Les temples de la ville et son marché de l'après-midi témoignent de ses racines shan et de son rôle de carrefour pour les minorités ethniques des collines alentour. Les lieux d'hébergement au calme ne manquent pas, de même que les activités qui s'offrent aux visiteurs, dont certains, conquis, ne repartent jamais.

Province de Mae Hong Son

À voir

La plupart des sites de Pai sont situés hors du centre et vous devrez, pour vous y rendre, louer une moto.

Wat Phra That Mae Yen — TEMPLE BOUDDHIQUE

(วัดพระธาตุแม่เย็น ; lever-coucher du soleil). Depuis ce temple au sommet d'une colline, on a vue magnifique sur la vallée. Du principal carrefour de la ville, parcourez 1 km vers l'est, traversez un cours d'eau et un village et grimpez les 353 marches qui mènent au sommet. Vous pourrez aussi suivre la route asphaltée (400 m) qui suit un autre itinéraire.

Gorge de Pai — RÉSERVE NATURELLE

(กองแลนปาย ; Rte 1095 ; lever-coucher du soleil). À 8 km de Pai sur la route de Chiang Mai. Un escalier grimpe jusqu'à un point de vue qui surplombe de hautes falaises rocheuses et la vallée de Pai. Les meilleurs moments pour l'ascension sont tôt le matin, quand il ne fait pas encore trop chaud, et au coucher du soleil, pour la vue.

Sources chaudes de Tha Pai — SOURCES THERMALES

(บ่อน้ำร้อนท่าปาย ; adulte/enfant 300/150 B ; 7h-18h). De l'autre côté de la Mae Nam Pai, à 7 km au sud-est de la ville par une route asphaltée, un parc bien tenu renferme des sources thermales. Le parc est traversé par une belle rivière, qui se mêle par endroits aux sources chaudes pour créer d'agréables bassins de baignade. L'eau est également canalisée vers quelques spas voisins.

Wat Nam Hoo — TEMPLE BOUDDHIQUE

(วัดน้ำฮู ; Ban Nam Hoo ; lever-coucher du soleil). GRATUIT À 2 km de Pai, le Wat Nam Hoo abrite un bouddha révéré : de l'eau sacrée aurait jailli de la tête de la statue. L'endroit est apprécié des visiteurs thaïlandais et un petit marché est installé sur place.

Ban Santichon — VILLAGE

(บ้านสันติชล). Séances photo en habits traditionnels chinois, musique d'ambiance, dégustations de thé, balades à poney, reconstitution tape-à-l'œil de la Grande Muraille de Chine et un **point de vue au sommet de la montagne** (จุดชมวิว บ้านสันติชล ; Ban Santichon ; 20 B ; 4h30-18h) donnent à Ban Santichon des allures de Disneyland chinois. De fait, les visiteurs chinois sont souvent plus nombreux que le millier de descendants d'immigrants du Yunnan qui vivent ici. On y trouve une excellente cuisine yunnanaise. Le village est à 4 km à l'ouest de Pai.

Pai

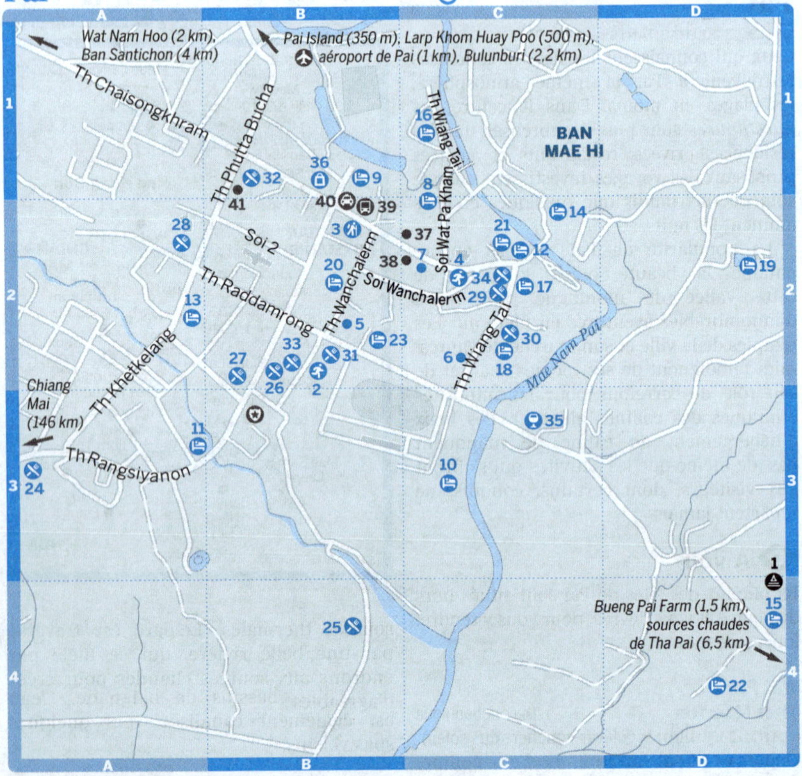

Activités

Rafting et kayak

Le rafting le long de la Mae Nam Pai durant la saison des pluies (généralement de juin à octobre) est une activité très populaire. L'itinéraire part de Pai jusqu'à Mae Hong Son et, selon le niveau de la rivière, traverse des rapides de niveau I à V. Les tarifs tout compris (équipement de rafting, matériel de camping, sacs étanches et assurance) varient d'environ 1 800 B par personne pour une excursion d'une journée à environ 3 400 B par personne pour 2 jours.

Pai Adventures RAFTING
(☎053 699326, 062 293 5978 ; www.paiadventures.com ; 138 Th Chaisongkhram ; ⏲10h30-22h). Ce tour-opérateur recommandé programme (juin-octobre) des sorties de rafting de 1 à 2 jours qui peuvent se combiner avec des randonnées et d'autres activités. Les descentes dans les rapides sont filmées ; vous recevrez la vidéo gratuitement. Cours de survie dans la jungle sur demande.

Thai Adventure Rafting RAFTING
(☎053 699111 ; www.thairafting.com ; Th Chaisongkhram ; ⏲10h-21h). Tour-opérateur français expérimenté organisant des sorties rafting de 1 à 2 jours, incluant des arrêts à une cascade, un récif fossile et des sources thermales. Vous passerez une nuit dans le camp permanent de l'agence au bord de la rivière.

Trekking

Les treks guidés tout compris démarrent à 1 000 B par personne et par jour en groupe de 2 personnes ou plus. Presque tous passent par des villages lisu, lahu et karen aux alentours de Soppong (Pangmapha). On peut réserver auprès de la plupart des *guesthouses* ou de n'importe quel tour-opérateur.

Duang Trekking TREKKING
(☎065 421 1418, 084 741 8648 ; lungteng1@gmail.com ; Th Chaisongkhram ; ⏲7h-21h). Agence

Pai

À voir

1	Wat Phra That Mae Yen	D4

Activités

2	Bodhi Tree Yoga	B2
3	Duang Trekking	B2
4	Pai Adventures	C2
5	Pai Cookery School	B2
6	Pai Traditional Thai Massage	C2
7	Savoei (A Taste of Pai)	C2
	Thai Adventure Rafting	(voir 4)

Où se loger

8	Breeze of Pai Guesthouse	C2
9	Common Grounds Pai	B1
10	Giant Guest House	C3
11	Heart of Pai Resort	A3
12	Hotel des Artists	C2
13	Juno Hostel	A2
14	Pai Country Hut	C2
15	Pai Phu Fah	D4
16	Pai River Villa	C1
17	Pai Village Boutique Resort & Farm	C2
18	Pai Vimaan Resort	C2
19	Pairadise	D2
20	Palm House	B2
21	Rim Pai Cottage	C2
22	Spicypai Backpackers	D4
23	Tayai's Guest House	B2

Où se restaurer

24	Baan Benjarong	A3
25	Cafecito	B4
26	Charlie & Lek Restaurant	B2
27	Chew Xin Jai	B2
28	Marché du soir	A2
29	Good Life	C2
30	Maya Burger Queen	C2
31	Na's Kitchen	B2
32	Nong Beer	B1
33	Om Garden Cafe	B2
34	Pai Siam Bistro	C2
	Witching Well	(voir 29)

Où prendre un verre et faire la fête

35	Don't Cry	C3

Achats

36	Walking Street	B1

Transports

37	Aya Service	C2
38	Duan-Den	C2
39	Station de minibus	B2
40	Station de motos-taxi	B2
41	North Wheels	B1

locale établie de longue date qui propose trekking (à partir de 1 000 B/pers, 2 pers minimum), rafting en eau vive et kayak (pour l'une ou l'autre activité, à partir de 1 800 B par jour et par pers, 2 pers minimum), ainsi que sorties en radeau de bambou et excursions à la journée.

Massage en spas et yoga

Maints établissements assurent des massages thaïlandais traditionnels pour 150 B l'heure. Reiki, cristallothéraphie, acupuncture, réflexologie et autres méthodes de soins sont également proposés, comme le yoga. Repérez les enseignes ou consultez le mensuel *Pai Events Planner* (*PEP*). À quoi s'ajoutent, dans un rayon d'environ 1,5 km au nord-ouest des sources chaudes de Tha Pai (p. 291), quelques établissements locaux qui exploitent les vertus des eaux thermales.

Bodhi Tree Yoga YOGA

(☎084 251 8060 ; www.bodhitreeyogapai.com ; près de Th Raddamrong ; cours 250 B ; ⏲cours 9h et 17h). Cours de yoga – entre autres ashtanga, bhakti, hatha et yin yang – d'une heure et demie, dans une belle maison en teck ancienne d'une ruelle tranquille. Les commentaires sur les enseignants sont élogieux.

Pai Traditional Thai Massage SANTÉ ET BIEN-ÊTRE

(PTTM ; ☎08 3577 0498 ; 68/3 Soi 1, Th Wiang Tai ; massage 1 heure/1 heure 30/2 heures 200/300/400 B, sauna 100 B, cours massage 3 jours 3 500 B ; ⏲9h-21h). Établi de longue date par un couple de Pai, cet établissement propose des massages traditionnels du Nord, ainsi qu'un sauna (novembre-février uniquement) aux plantes médicinales. Les cours de massage sur 3 jours commencent chaque lundi et vendredi à raison de 3 heures par jour.

Pai Hotsprings Spa Resort SPA

(☎053 065748 ; www.paihotspringsparesort.com ; 84-84/1 Mu 2, Ban Mae Hi ; bain thermal 100 B, massage 350 B/heure). Un complexe hôtelier, avec massages (de 8h à 17h) et bains thermaux (de 7h à 19h).

Cours

Les cours proposés à Pai sont nombreux : des arts du cirque et percussions au yoga dans toutes ses formes. Consultez les flyers dans les cafés, *Pai Events Planner* (PEP) ou *Pai Explorer* (www.facebook.com/PaiExplorer) pour connaître l'offre au moment de votre séjour.

Xhale Yoga Pai SANTÉ ET BIEN-ÊTRE
(☎089 758 3635 ; www.xhaleyogapai.com ; 5 jours à partir de 14 500 B). Vous avez besoin de repos ? Ne cherchez plus ! Cette retraite de yoga (5 nuits lun-sam), dans les contreforts montagneux autour de Pai, convient aussi bien aux débutants qu'aux initiés. Le tarif comprend l'hébergement, de délicieux repas, des cours de yoga et de méditation ainsi qu'une excursion à une source thermale voisine. Bhud, qui vous enseigne le yoga, est charmant. L'ambiance est très accueillante, dénuée d'esprit de compétition.

Savoei (A Taste of Pai) CUISINE
(☎085 620 9918 ; Th Chaisongkhram ; 700-750 B ; ⏲9h30-13h30 et 16h-20h). Une demi-journée de cours comprend une sortie au marché et la préparation de 4 plats.

Pai Cookery School CUISINE
(☎081 706 3799 ; facebook.com/paicookeryschool ; Th Wanchalerm ; 600-750 B ; ⏲11h-13h30 et 14h-18h30). Établie depuis plus de 20 ans, cette école enseigne la préparation de 3 à 5 plats, avec, lors des cours de l'après-midi, une visite au marché pour se procurer les ingrédients. Réservez la veille. Il se peut qu'elle ait déménagé au moment de votre passage ; appelez ou consultez la page Facebook.

Sitjemam Muay Thai ARTS MARTIAUX
(☎083 321 2230 ; www.sitjemammuaythai.com ; Ban Mae Na Toeng ; jour/sem 700/2 000 B ; ⏲cours 8h-10h et 16h-18h). À environ 5 km au nord de Pai, ce camp d'entraînement de *muay thai* rustique qui existe depuis un bon moment accepte les débutants.

Où se loger

Pai compterait plus de 500 hôtels, auberges de jeunesse, pensions et *resorts*, et de nouveaux établissements continuent à voir le jour. Malgré cette offre pléthorique, il peut être pratiquement impossible de se loger au plus fort de la saison touristique thaïlandaise (déc-jan). Réservez.

En ville

L'engouement pour Pai, en particulier parmi les touristes thaïlandais, a entraîné la multiplication des établissements de milieu et de haut de gamme. Il reste cependant quelques chambres pour voyageurs à petit budget proche du centre.

♥ **Common Grounds Pai** AUBERGE DE JEUNESSE $
(☎062 034 8509 ; www.commongroundspai.com ; près de Th Chaisongkhram ; dort/ch 295/895 B ; ❄📶). La meilleure auberge de jeunesse de Pai, et la plus conviviale. Dortoirs de 6 lits bien tenus et confortables, avec casiers et salles de bains, ainsi que chambres à 2 niveaux avec bons lits, grandes fenêtres et murs en ciment lisses. Vaste espace bar commun et sorties dans Pai chaque soir. Au bord de la rivière, non loin de l'artère principale.

Pai Country Hut HÔTEL $
(☎087 779 6541 ; www.paicountryhut.com ; Ban Mae Hi ; bung 500-700 B ; 📶). Sans prétention et propres, ces bungalows en bambou ont, pour la plupart, des salles de bains privatives et des hamacs dans leur petite véranda. En retrait de la rivière parmi d'autres établissements similaires, le Country Hut est le plus plaisant du secteur.

Juno Hostel AUBERGE DE JEUNESSE $
(☎095 342 5332 ; junohostel@gmail.com ; Th Ketkelang ; dort 200 B ; ❄📶). Juno est semblable, avec ses murs et sols en ciment lisse, à bien d'autres nouvelles auberges de jeunesse. Elle ne propose que des dortoirs, aux lits confortables et aux grands casiers. Salles de bains communes propres. Petit espace partagé au rez-de-chaussée.

Giant Guest House PENSION $
(☎085 681 2440 ; Th Wiang Tai ; bung 250-400 B ; 📶). Un bon vieux point de chute pour baroudeurs, aux bungalows en bambou délabrés avec ventilateur, autour d'un grand jardin au bord de la rivière. Également quelques chambres en ciment mieux entretenues, avec salle de bains commune et matelas à même le sol pour les moins chères. Si vous recherchez l'authentique ambiance hippie de Pai, vous êtes au bon endroit.

Tayai's Guest House PENSION $
(☎053 699579 ; près de Th Raddamrong ; ch et bung 400-700 B ; ❄📶). Cet ensemble tranquille et verdoyant juste en retrait de l'artère principale propose des chambres et bungalows avec ventilateur ou climatisés, basiques mais propres. La plupart ont une petite terrasse et les lits sont corrects. Le lieu est géré par un sympathique couple âgé.

Pai River Villa HÔTEL $$
(☎053 699796 ; pairivervillaresort@gmail.com ; 7 Th Wiang Tai ; bung avec petit-déj 800-1 500 B ;

(❄📶). Les 10 bungalows climatisés sont spacieux et élégants, avec de bonnes salles de bains et de larges balcons qui invitent à se détendre au bord de l'eau et à contempler les montagnes. Les 4 bungalows avec ventilateur sont beaucoup plus étroits. Cadre paisible.

Breeze of Pai Guesthouse HÔTEL **$$**
(☎081 998 4597 ; facebook.com/BreezeOfPai ; Soi Wat Pa Kham ; ch et bung 700-1 000 B ; ❄📶). Près de la rivière, cet hôtel bien tenu propose 9 grandes chambres basiques avec parquet, et 6 bungalows en forme de hutte. Il est proche de l'animation sans pour autant souffrir des nuisances sonores.

Heart of Pai Resort HÔTEL **$$**
(☎053 699984 ; www.heartofpai.com ; Th Rangsiyanon ; ch 700-800 B ; ❄📶). Les chambres de cet ensemble de bâtiments jaune pâle parmi de minces palmiers manquent de caractère, mais elles sont grandes et bien entretenues, leurs lits confortables, leurs salles de bains modernes et leurs balcons spacieux. À 10 minutes à pied de l'artère principale ; calme le soir.

Palm House PENSION **$$**
(☎098 786 8520 ; facebook.com/palmhouse.pai ; Th Wanchalerm ; ch 400-800 B ; ❄📶). Ce complexe sur 2 niveaux, dans une ruelle tranquille, comprend 9 chambres avec ventilateur ou climatisation. Elles sont simples – murs blancs et sol carrelé – mais plutôt grandes et disposent d'un balcon. Les moins chères sont plus petites, avec ventilateur. Le personnel, quand il est là, est aimable et serviable.

Hotel des Artists HÔTEL **$$$**
(☎053 699539 ; www.hotelartists.com ; 99 Th Chaisongkhram ; ch avec petit-déj 4 400-5 200 B ; ❄📶). Cette ancienne demeure traditionnelle shan est devenue un des hôtels les plus ravissants de Pai. Les 14 chambres, plutôt petites, mêlent avec goût éléments de design asiatique et occidental. Les lits sont sur des plateformes surélevées et toutes les chambres ont un balcon. Les plus chères, au bord de la rivière, sont plus grandes et ont meilleure vue.

Pai Vimaan Resort HÔTEL **$$$**
(☎053 699403 ; www.paivimaan.com ; 73 Th Wiang Tai ; ch 2 500 B, bung 5 000 B, avec petit-déj ; ❄📶). Les 5 bungalows en toile au bord de la rivière, immenses et équipés de la climatisation, d'un Jacuzzi, d'une grande TV et d'autres commodités modernes, offrent une expérience camping haut de gamme. Les grandes chambres lumineuses, avec vaste terrasse et vue sur l'eau, sont très bien aussi. Près de l'animation, dans un parc entretenu qui descend vers la rivière.

CASCADES AUTOUR DE PAI

Autour de Pai, quelques cascades méritent le détour, surtout après la saison des pluies (d'octobre à début décembre). La plus proche et la plus visitée, la **Nam Tok Mo Paeng** (น้ำตกหมอแปง), possède quelques bassins propices à la baignade. Elle se situe à 8 km de Pai sur la route du Wat Nam Hoo – une longue marche, mais un trajet plaisant à vélo ou à moto. À peu près à la même distance dans la direction opposée, la **Nam Tok Pembok** (น้ำตกแพมบก) se trouve près de la route de Chiang Mai. Plus éloignée, la **Nam Tok Mae Yen** (น้ำตกแม่เย็น) demande 2 ou 3 heures de marche le long de la mauvaise route à l'est de Pai.

Rim Pai Cottage HÔTEL **$$$**
(☎053 699133 ; www.rimpaicottage.com ; 99/1 Th Chaisongkhram ; bung 2 200-3 300 B ; ❄📶🏊). Les bungalows décorés avec goût (avec petit-déj d'octobre à février) sont disséminés dans une partie agréablement boisée et reculée de Mae Nam Pai. Il règne ici une ambiance de village et d'innombrables endroits invitent à se détendre au bord de la rivière. Préférez les bungalows en bois ; les plus récents, en béton, ont moins de charme.

Pai Village Boutique Resort & Farm HÔTEL **$$$**
(☎053 698152 ; www.paivillage.com ; 88 Th Wiang Tai ; bung avec petit-déj 3 000-6 500 B ; ❄📶🏊). Proches les unes des autres dans un joli jardin, les 38 maisonnettes en bois de cet établissement bien tenu et bien géré sont des versions luxueuses des bungalows en bambou pour baroudeurs, avec terrasse, coffre-fort et coussins pour s'allonger. Une piscine et une nouvelle aile étaient en construction lors de nos recherches.

À l'extérieur de la ville

Si vous disposez d'un véhicule, vous aurez le choix entre de nombreux hébergements disséminés à proximité de Pai.

De catégories moyenne et supérieure, ils visent plutôt les touristes thaïlandais et se composent essentiellement de bungalows climatisés.

Spicypai Backpackers AUBERGE DE JEUNESSE $
(088 294 2004 ; Mae Yen ; dort 180 B ;). Le lieu semble tout droit sorti d'un épisode de *Koh-Lanta*. Les grands dortoirs semi-ouverts dont les lits se résument à des matelas en plastique sur des cadres en bambou, la fosse à feu, les hamacs suspendus sous un abri et l'emplacement, au bout d'une piste entourée de rizières, participent de l'atmosphère. À 750 m à l'est de la Mae Nam Pai, près de la route conduisant aux sources thermales de Thai Pai.

Bulunburi HÔTEL $$
(053 698302 ; Ban Pong ; bung avec petit-déj 750-3 000 B ;). Dans une petite vallée isolée au milieu de rizières et de ruisseaux, son emplacement séduit autant que son hébergement. Les 11 bungalows, allant des chambres exiguës avec ventilateur aux grandes maisons de 2 chambres, ne sont pas luxueux mais bien équipés et confortables. Réservez ; certains séjournent ici des mois.

L'hôtel se trouve à 2,5 km du centre-ville sur la route de Mae Hong Son : repérez l'embranchement bien signalé à environ 1 km de Pai.

Sipsongpanna HÔTEL $$
(053 698259 ; facebook.com/paisipsongpanna ; Wiang Nua ; bung avec petit-déj 1 000-1 500 B ;). Au bord de la rivière, les 4 bungalows rustiques en adobe se distinguent avec leurs couleurs vives, les lits sur des plateformes surélevées et des portes vitrées coulissantes ouvrant sur un balcon. Il y a aussi 3 bungalows plus anciens, en bois. Le Sipsongpanna se tient à 2,5 km du centre-ville, près de la route vers Mae Hong Son : l'embranchement est bien indiqué à 1 km de Pai.

Pairadise HÔTEL $$
(053 698065 ; www.pairadise.com ; Ban Mae Hi ; ch et bung 600-1 500 B ;). Cet hôtel soigné surplombe la vallée de Pai du haut d'une crête à la sortie de la ville. Les bungalows, spacieux, arborent des peintures murales et s'agrémentent de salles de bains convenables et de terrasses avec hamacs. Ils entourent un bassin alimenté par une cascade, propice à la baignade. Il y a aussi des chambres moins chères avec ventilateur. À environ 750 m à l'est de la Mae Nam Pai : repérez le panneau juste après le pont.

Bueng Pai Farm PENSION $$
(08 9265 4768 ; www.paifarm.com ; Ban Mae Hi ; bung 1 000-2 000 B ;). Dans un cadre rural à 2,5 km au sud-est de Pai, 12 spacieux bungalows en bois et bambou, avec ventilateur, sont distribués autour d'un vaste étang poissonneux. Un feu de camp brûle aux mois d'hiver, et une piscine, une cuisine commune et du matériel de pêche sont disponibles toute l'année. Près de la route menant aux sources thermales de Tha Pai : guettez l'enseigne.

Pai Phu Fah HÔTEL $$
(081 906 2718 ; www.paiphufah.com ; Ban Mae Hi ; ch et bung 300-800 B ;). Les bungalows, aux toits de chaume, bordent une rizière photogénique. Les plus anciens, en A, sont un peu défraîchis et sombres, et leurs lits rebondissants. Les plus récents sont plus spacieux et mieux conservés tout en restant simples. À environ 650 m à l'est de Mae Nam Pai, sur la route des sources chaudes de Tha Pai.

Pai Island RESORT $$$
(053 699999 ; paiislandresort.com ; bung 6 000-8 000 B, villa 18 000-28 000 B, avec petit-déj ;). Un complexe hôtelier chic et très apprécié, qui s'inspire à la fois de l'Afrique et des îles du Pacifique ! Sur des îles reliées par des ponts, ses 10 luxueux bungalows et villas autonomes, aux intérieurs d'un blanc étincelant, offrent beaucoup d'intimité. Ils sont tous équipés d'un Jacuzzi et d'une salle de bains semi-extérieure. Sans doute le meilleur service de Pai.

À 700 m au nord de la ville, sur la route menant à Mae Hong Son.

Puripai Villa HÔTEL $$$
(053 065175 ; www.puripaivilla.com ; avec petit-déj ch 3 200 B, villa 6 500-12 000 B ;). On s'attendrait à voir ce genre d'architecture en ville, et non sur le versant d'une colline donnant sur la vallée de la Pai. Les grandes et luxueuses chambres sont design à souhait, et l'on a, depuis leur balcon, l'une des plus belles vues de la région. Encore plus spacieuses, les villas de plusieurs pièces comprennent cuisine, salon et piscine privative.

À environ 3 km du centre-ville, non loin de la route de Mae Hong Son ; repérez l'embranchement bien indiqué juste après la piste de l'aéroport, à environ 1,3 km de Pai.

Phu Pai HÔTEL $$$
(053 065111 ; www.phupairesort.com ; Mae Na Theung ; bung 2 150-2 550 B, ste 3 550 B, avec

petit-déj ; ❄📶🏊). Cet hôtel, qui s'autoproclame "*resort* d'art", possède 40 luxueux bungalows de style local, pour la plupart en bord de rizières, et une piscine à débordement avec belle vue sur la vallée. À 4 km du centre-ville, près de la route de Mae Hong Son : la bifurcation est signalée juste après la piste de l'aéroport, à 1,3 km de Pai.

Pai Treehouse HÔTEL **$$$**
(☎081 911 3640 ; www.paitreehouse.com ; Mae Hi ; bung 1 000-2 500 B, ste 3 000-5 500 B ; ❄📶). Si les 6 petites et jolies cabanes dans les arbres sont occupées (elles sont très prisées), vous aurez le choix entre plusieurs bungalows très attrayants et bien plus grands, dont plusieurs sont proches de la rivière. Dans ce vaste domaine vous trouverez également des éléphants et des pontons flottants sur la Mae Nam Pai. L'ambiance est familiale. À 6 km de Pai, juste avant les sources thermales de Tha Pai.

Pripta Boutique Resort HÔTEL **$$$**
(☎053 065750 ; facebook.com/Pripta-Boutique-Resort ; 90 Mu 3, Mae Hi ; bung avec petit-déj 2 000 B ; ❄📶). Douze bungalows au toit recouvert de chaume, très chics, à flanc de colline en bordure de la vallée de Pai. Chambres immenses, belle hauteur sous plafond, vastes balcons avec bains à remous en plein air alimentés par les sources chaudes voisines. À environ 7 km au sud de Pai, entre les sources chaudes de Tha Pai et la Rte 1095.

Où se restaurer et prendre un verre

Le nombre de restaurants impressionne, mais beaucoup se révèlent de simples copies de leurs voisins. On trouve néanmoins de bonnes tables, notamment de plus en plus d'adresses végétariennes/végétaliennes de qualité.

Des commerçants s'installent dans Th Chaisongkhram et Th Rangsiyanon chaque soir pour vendre de la nourriture variée sur des étals ou dans des combis Volkswagen. Leur nombre augmente en haute saison (nov-fév).

♥ **Larp Khom Huay Poo** THAÏLANDAIS **$**
(Ban Huay Pu ; plats 50-100 B ; ⏲8h-20h). Pour échapper au blé germé et au tofu, venez dans ce restaurant dont la spécialité maison est le *larp moo kua*, le *lâhp* (viande émincée de porc frite avec des herbes et des épices) du Nord. Accompagné de riz gluant, d'herbes amères et d'une bière bien fraîche, c'est de loin l'un des meilleurs repas de Pai. Les soupes et les vers de bambou sont aussi excellents. À 1 km au nord de la ville, sur la route de Mae Hong Son.

La dose d'épices est ajustée sur demande.

RESTAURANTS YUNNANAIS

À Ban Santichon, à 4 km à l'ouest de Pai, plusieurs restaurants de plein air servent les plats traditionnels de la communauté yunnanaise, notamment des *màntŏ* (brioches à la vapeur), servis ici avec une cuisse de porc mijotée aux herbes chinoises, des nouilles faites à la main et plusieurs plats intégrant des produits locaux particuliers et des ingrédients exotiques comme le poulet noir. Les plats coûtent 40 à 250 B. La plupart des restaurants sont ouverts de 7h à 20h.

♥ **Om Garden Cafe** INTERNATIONAL **$**
(près de Th Raddamrong ; plats 60-140 B ; ⏲8h30-17h mer-lun ; 📶🖉). Plats internationaux sans viande, jus fraîchement pressés, jardin ombragé agréable, panneau annonçant les cours de yoga et clientèle bohème : voilà qui correspond bien à l'idée d'un café appelé "jardin d'Om", et, en plus, la cuisine y est délicieuse. La carte, non exclusivement végétarienne, comprend mezze, burritos du petit-déjeuner, salades, pâtisseries et bon café.

♥ **Maya Burger Queen** AMÉRICAIN **$**
(facebook.com/MayaBurgerQueen ; Th Wiang Tai ; plats 80-165 B ; ⏲13h-22h ; 📶🖉). Ce ne sont pas les burgers qui manquent à Pai et les meilleurs sont sans doute ceux de Maya. Tout est fait maison, des petits pains moelleux et légèrement sucrés à la mayonnaise à l'ail qui accompagne les frites épaisses. Il n'y a pas moins de 6 burgers végétariens différents.

Na's Kitchen THAÏLANDAIS **$**
(Th Raddamrong ; plats 60-200 B ; ⏲17h-22h). L'excentrique Na n'ouvre pas forcément tous les jours son restaurant. Dans ce lieu semi-ouvert, simple et décontracté, sont servis, à une clientèle aussi bien locale qu'étrangère, des plats thaïlandais et du Nord préparés avec amour.

LES BARS DE PAI

La plupart des bars à cocktails installés en plein air ou dans un combi Volkswagen se trouvent dans Th Chaisongkhran. Th Wiang Tai regroupe la plus forte concentration de bars. Les bars-restaurants de style *guesthouse* ont élu domicile dans Th Rangsiyanon. On trouve aussi quelques bars en plein air à l'extrémité est de Th Raddamrong, juste après le pont.

Charlie & Lek Restaurant THAÏLANDAIS $
(Th Rangsiyanon ; plats 55-125 B ; 11h-21h30 ;). Le Charlie & Lek est ouvert aux étrangers, et ce n'est pas plus mal. Ses classiques thaïlandais, complétés par quelques spécialités du Nord, et son atmosphère sans chichi, attirent les foules. Plats végétariens également.

Chew Xin Jai VÉGÉTALIEN $
(près de Th Rangsiyanon ; plats 49-139 B ; 8h-19h ;). L'offre d'inspiration chinoise du Chew Xin Jai – riz sauté taïwanais, raviolis, rouleaux de printemps, fausse soupe de canard – le distingue des autres restaurants végétariens/végans de Pai. Pas d'enseigne en alphabet latin ; cherchez un bâtiment de style chinois orné de 3 idéogrammes de cette langue.

Cafecito TEX-MEX $
(facebook.com/cafecitopai ; plats 70-190 B ; 9h-17h ;). Cafecito sert de délicieux tex-mex – tacos de poisson, burritos, quesadillas – tout comme un petit-déjeuner mexicain, sous l'égide d'un Américain, et, Pai oblige, propose de nombreux plats végétariens. Il fait aussi un agréable café. À 600 m au sud de Th Rangsiyanon, dans une rue sans nom proche du poste de police de Pai.

Good Life INTERNATIONAL $
(Th Wiang Tai ; plats 50-220 B ; 8h-22h ;). Kéfir, kombucha, jus de betterave et herbes de blé sont révélateurs de l'esprit de ce café éclectique très couru. Il sert café, tisane et boissons avec ou sans alcool et affiche une longue carte de plats thaïlandais et internationaux (dont beaucoup sans viande). Séances de méditation gratuites à 11h du lundi au mercredi.

Baan Benjarong THAÏLANDAIS $
(179 Th Rangsiyanon ; plats 90-170 B ; 11h-13h et 17h-20h). Comme les familles du coin, rendez-vous dans cette belle demeure, à l'extrémité sud de la ville, au bord d'une rizière. Le crabe salé cuit à l'étuvée dans du lait de coco et la salade de fleurs de bananes, crevettes et poulet comptent parmi les meilleurs plats thaïlandais de Pai.

Nong Beer THAÏLANDAIS $
(angle Th Khetkalang et Th Chaisongkhram ; plats 40-250 B ; 9h-22h ;). Cette adresse ancienne, coutumière des étrangers, doit son succès à ses plats thaïlandais authentiques à petits prix, allant du *kôw soy* au curry servi à la louche sur du riz. Bon choix sans viande.

Marché du soir THAÏLANDAIS $
(Th Raddamrong ; plats 30-60 B ; 15h-19h). Pour une cuisine locale à emporter, essayez ce marché qui se tient tous les jours de 15h au coucher du soleil.

Pai Siam Bistro INTERNATIONAL $$
(Th Chaisongkhram ; plats 70-395 B ; 9h-23h30 ;). À une nouvelle adresse, ce beau et lumineux restaurant, garni de canapés, propose des spécialités d'influence méditerranéenne, des tapas thaïlandaises, quelques bonnes douceurs, ainsi que des cocktails et du vin.

Witching Well INTERNATIONAL $$
(www.witchingwellrestaurant.com ; 97 Th Wiang Tai ; plats 165-580 B ; 10h30-22h ;). Longue liste des vins pour ce bistrot de style européen haut de gamme, aux murs de briques et au sol en ciment. Côté cuisine : des tapas, des steaks et des plats méditerranéens bien présentés. Bon service et petits-déjeuners raffinés.

Don't Cry BAR
(Th Raddamrong ; 16h-tard). Juste après la rivière depuis le centre de Pai, le Don't Cry se présente comme un bar reggae du genre de ceux qu'on trouve sur Ko Phangan. Lorsqu'il s'anime (pas avant 23h), il fait plutôt penser à un club grunge semi-ouvert. Prisé des jeunes baroudeurs, il reste ouvert jusqu'à ce que le dernier client s'en aille.

Achats

Walking Street MARCHÉ
(rue piétonne ; Th Chaisongkhram et Th Rangsiyanon ; 18h-22h). Le centre de la ville est envahi chaque soir de vendeurs de nourriture, de vêtements, de souvenirs et d'autres articles ou denrées. L'affluence est bien plus grande en haute saison (nov-fév).

MINIBUS AU DÉPART DE PAI

DESTINATION	PRIX	DURÉE	DÉPARTS
Chiang Mai	150 B	3-4 heures	ttes les heures 7h-17h
Mae Hong Son	150 B	3-4 heures	8h30
Soppong (Pangmapha)	100 B	1 heure 30	8h30

Renseignements

Plusieurs banques et DAB bordent Th Rangsiyanon et Th Chaisongkhram.

Distribuée en plusieurs endroits de la ville, *Pai Events Planner (PEP)*, une brochure mensuelle gratuite, liste les événements culturels, les destinations de voyage, et les nouveaux bars et restaurants.

Police (☎053 699191, urgences 24h/24 191 ; Th Rangsiyanon ; ⏲24h/24). Poste de police principal de Pai.

Depuis/vers Pai

Tous les transports en commun au départ et à destination de Pai utilisent la **station de minibus** (Th Chaisongkhram). Mieux vaut réserver ses billets un jour à l'avance.

Aya Service (☎053 699888 ; www.ayaservice.com ; 22/1 Th Chaisongkhram ; motos 140-200 B les 24 heures ; ⏲7h-22h) propose des minibus climatisés pour Chiang Mai (150 B, 3 heures, ttes les heures 7h-17h30).

Comment circuler

La majeure partie de Pai peut s'explorer à pied. Des motos-taxis attendent à la **station** (Th Chaisongkhram), près de la gare routière, et coûtent 50 B jusqu'au village Ban Santichon ou 100 B jusqu'aux chutes Nam Tok Mo Paeng.

De nombreuses adresses en ville louent des motos (à partir de 100 B/jour), notamment **Duan-Den** (☎053 699966 ; 20/1 Th Chaisongkhram ; motos 100-150 B/24 heures ; ⏲7h30-21h), ainsi que des vélos (à partir de 50 B/jour). **North Wheels** (☎081 351 6983 ; www.northwheels.com ; Th Khetkelang ; location de voitures à partir de 1 200 B les 24 heures ; ⏲8h-20h) loue des voitures.

Soppong สบป่อง

Soppong (parfois appelé Pangmapha, qui est aussi le nom du district) est un petit bourg tranquille à une heure environ au nord-ouest de Pai et à quelque 70 km de Mae Hong Son. S'il n'a guère d'intérêt en soi, la région alentour, avec ses épaisses forêts, ses torrents et surtout ses spectaculaires formations calcaires, est un rendez-vous cher aux spéléologues. Tham Lot est la grotte la plus accessible de la région, mais nombre d'autres attendent d'être explorées. Quelques villages shan, lisu, karen et lahu se visitent en randonnée.

À voir et à faire

Le propriétaire du Cave Lodge (p. 300) est la meilleure source d'information sur la spéléologie et le trekking dans la région. Il emploie des guides locaux expérimentés et organise des sorties de kayak, de randonnée et de spéléologie. Le Cave Lodge est voisin de la grotte de Tham Lot, à 9 km de Soppong.

♥ **Tham Lot** GROTTE

(ถ้ำลอด ; grottes ; à partir de 150 B ; ⏲8h-17h30). À 9 km au nord-est de Soppong, Tham Lot – prononcez *tâm lôrt*, aussi appelé *tâm nâm lôrt* – est un réseau de grottes calcaires de 1 600 m, traversé sur 600 m par un large cours d'eau, composé d'imposantes stalagmites et de grottes funéraires (p. 301). Tham Lot et Tham Nam Lang, plus à l'ouest, comptent parmi les plus vastes grottes connues du pays.

Il est interdit de les visiter seul. À l'entrée, vous devez louer une lanterne à gaz et les services d'un guide (150 B ; un guide pour 1 à 3 pers) pour visiter les grottes. Le trajet en radeau en bambou de l'entrée à la sortie (jusqu'à 3 pers, aller simple 300 B) vous fera passer par la grotte de la Colonne, la grotte de la Poupée et la grotte du Cercueil. Si vous n'effectuez que l'aller, vous pourrez revenir à pied par l'extérieur de la grotte (20 min), uniquement pendant la saison sèche (novembre-mai). Durant cette même saison, il est parfois envisageable de remonter la rivière en pataugeant jusqu'à la grotte de la Poupée, puis de prendre un radeau jusqu'à la sortie (200 B). Tâchez de vous poster à la sortie au crépuscule, quand des nuées de martinets rentrent dans Tham Lot pour regagner leurs nids accrochés aux stalagmites.

Les trois salles annexes (grottes de la Colonne, de la Poupée et du Cercueil) sont accessibles par des échelles. Il peut y avoir foule sur les échelles ; faites attention où vous mettez les pieds. Comptez environ 1 heure 30 pour explorer l'ensemble. À certaines périodes de la saison des pluies (août-oct), une seule grotte est ouverte en raison du niveau de l'eau.

Le **Centre de découverte de la nature** (ศูนย์ศึกษาธรรมชาติและสัตว์ป่าถ้ำน้ำลอด ; 8h-17h30) présente une exposition sommaire sur la région et des débris de céramique retrouvés dans les grottes.

Où se loger et se restaurer

Soppong compte quelques restaurants simples, ainsi que des stands de nourriture. La plupart sont fermés à 20h. Certaines pensions ont un restaurant. Plusieurs **restaurants en plein air** (plats 30-70 B ; 9h-18h) servent une cuisine thaïlandaise basique.

Lemonhill Garden PENSION $

(064 828 6107 ; gunnerchiangmai55@gmail.com ; Rte 1095 ; ch et bung 300-500 B, f 1 000 B ;). Un ensemble de logements défraîchis qui donnent à l'arrière sur la Nam Lang, dans le centre de Soppong. Certains sont dans un meilleur état que d'autres ; jetez d'abord un coup d'œil. Seule la chambre familiale est climatisée.

Cave Lodge PENSION $$

(053 617203 ; www.cavelodge.com ; Tham Lot Village ; ch et bung 300-2 000 B ;). Dirigé par John Spies, un spécialiste de la région, le Cave Lodge a rang de légende dans le nord de la Thaïlande (c'est sans doute la première *guesthouse* de la province de Mae Hong Son). Les chambres et bungalows rustiques, des plus rudimentaires, avec salles de bains communes, aux plus confortables et spacieux, sont perchés sur le versant d'une colline dominant la Nam Lang.

Little Eden Guesthouse HÔTEL $$

(053 617053 ; www.littleeden-guesthouse.com ; Rte 1095 ; ch et bung 400-1 600 B ;). Autour d'une petite piscine, les 5 bungalows en A, avec ventilateur, sont petits mais bien entretenus. Les 4 chambres climatisées du bâtiment plus récent sont grandes et jolies. Les superbes "maisons" (sur deux niveaux), décorées avec goût et dotées d'un salon et d'une terrasse avec hamacs, sont parfaites pour une famille ou des amis.

Restaurant sur place. Excursions de trekking et de rafting organisées sur demande.

Soppong River Inn HÔTEL $$

(082 998 5345 ; www.soppong.com ; Rte 1095 ; ch et bung 500-1 400 B ;). Des chambres modernes dans un ensemble de bâtiments et quelques bungalows à toit haut, tous décorés différemment, avec ventilateur pour certains, climatisation pour d'autres, le tout dans un jardin luxuriant au bord de l'eau, traversé de chemins sinueux. Propriétaire agréable et restaurant sur place. Accessible à pied depuis l'arrêt des minibus, l'hôtel se situe à la lisière ouest du village.

Baan Cafe Nature Resort HÔTEL $$

(053 617081 ; khunjui@yahoo.com ; Rte 1095 ; ch 600 B, bung 1 200 B ;). Près du pont, à 750 m à l'ouest de l'arrêt des minibus, voici des chambres impeccables (avec ventilateurs) et des bungalows modernes dans un cadre verdoyant au bord de la Nam Lang. Les bungalows, avec cheminée et balcon, sont d'un excellent rapport qualité/prix.

Renseignements

Vous trouverez 2 ou 3 DAB en service dans le centre de Soppong, près du 7-Eleven.

Comment s'y rendre et circuler

Les minibus sont les seuls transports en commun vers/depuis Soppong. L'**arrêt** (Rte 1095) se situe près du marché, presque en face de la station-service.

Des motos-taxis stationnent devant le 7-Eleven à Soppong et conduisent les passagers à Tham Lot ou au Cave Lodge pour 70 B par personne – des pick-up privés couvrent les mêmes trajets moyennant 300 B (6 passagers).

On peut louer des motos (250 B/jour) chez Pasine Motorbike Hire, à la lisière ouest de la ville. **Pasine Motorbike Hire** (053 617185 ; Rte 1095 ; 7h-18h).

MINIBUS AU DÉPART DE SOPPONG

DESTINATION	PRIX	DURÉE	DÉPARTS
Chiang Mai	250 B	5 heures	ttes les heures 8h-18h30
Mae Hong Son	100 B	1 heure 30	ttes les heures 10h30-18h30
Pai	100 B	1 heure	ttes les heures 8h-18h30

À NE PAS MANQUER

LES GROTTES DE PANGMAPHA

Le district de Pangmapha, d'une superficie de 900 km², est réputé pour sa forte concentration de réseaux souterrains avec plus de 200 grottes découvertes. Hormis Tham Lot, **Tham Nam Lang** est l'une des plus connues, à 20 km au nord-ouest de Soppong, près de Ban Nam Khong. Longue de 8,5 km, ce serait l'une des plus vastes au monde.

Nombre de ces grottes, dont certaines avec cascades, lacs et "plages" de sable, ont été formées par un cours d'eau souterrain. Deux des grottes de Pangmapha sont les seuls endroits au monde où l'on trouve des *Cryptotora thamicola*, des poissons troglobies sans yeux, qui remontent les cascades. D'autres grottes ne renferment que très peu, ou aucun, organisme vivant en raison de gaz toxiques et du faible taux d'oxygène.

Plus de 85 de ces 200 grottes calcaires contiennent d'anciens cercueils, taillés dans des troncs de teck. Mesurant jusqu'à 9 m de longueur, ils sont suspendus sur des échafaudages en bois. La datation au carbone 14 a révélé qu'ils étaient vieux de 1 200 à 2 200 ans. Aux extrémités, habituellement sculptées, des archéologues thaïlandais ont identifié au moins 50 motifs différents. Les Shan de la région appellent ces grottes funéraires *tâm pĕe* (grotte des esprits) ou *tâm pĕe maan* (grotte des cercueils). On ne sait pas qui a fabriqué ces cercueils ni pourquoi ils furent mis dans ces grottes, mais comme la plupart d'entre elles contiennent moins de 10 cercueils, on pense que ces sépultures élaborées étaient réservées à certains individus seulement. Des cercueils identiques ont été trouvés dans des secteurs de formations karstiques à l'ouest de Bangkok, ainsi qu'à Bornéo, en Chine et aux Philippines, mais Pangmapha en possède la plus grande concentration datant de cette période.

Les **grottes funéraires** (ถ้ำผีแมน ; Rte 1095 ; adulte/enfant 20/10 B ; ⏲8h30-17h) les plus accessibles se situent juste après l'hôpital de Pangmapha, à 2 km à l'ouest de Soppong, et à **Tham Lot** (p. 299), à 9 km de Soppong. Plusieurs grottes, en cours de fouilles, sont fermées au public. John Spies, du Cave Lodge, pourra probablement vous indiquer celles qui sont ouvertes aux visiteurs.

Mae La-Na แม่ละนา

Niché dans une ravissante vallée à 6 km de la Rte 1095, Mae La-Na, un village shan, semble coupé du monde. On y trouve un programme de séjour chez l'habitant, et plusieurs grottes à explorer dans les environs. Il n'y a ni banques ni DAB à Mae La-Na ; prévoyez des espèces.

À voir et à faire

Tham Mae La-Na est la curiosité majeure des environs. Longue de 12 km, la grotte est traversée par un cours d'eau. Bien que des guides locaux proposent leurs services, la grotte ne dispose pas d'infrastructures pour accueillir les visiteurs, qui risquent d'endommager de manière irréversible des parois fragiles et de perturber l'habitat des poissons cavernicoles. Mieux vaut explorer à proximité **Tham Pakarang** (grotte du Corail) et **Tham Phet** (grotte du Diamant), fortes de belles formations rocheuses. Vous trouverez des guides (200 B) à la principale boutique du village ou à la station-service. Certaines grottes ne sont pas accessibles durant la saison des pluies.

Mae La-Na est une bonne base pour partir en randonnée. Certains des plus beaux paysages de Mae Hong Son se situent à une journée de marche et plusieurs villages lahu noirs et rouges parsèment les alentours. Une demi-boucle de 15 km part de Mae La-Na pour rejoindre Tham Lot. Khun Ampha, le propriétaire du Maelana Garden Home, pourra vous fournir une carte et des conseils.

Où se loger et se restaurer

Il n'y a ni restaurants ni étals à Mae La-Na. Vous mangerez chez vos hôtes ou au Maelana Garden Home.

Maelana Garden Home PENSION $
(☎081 706 6021 ; r/bung 300/400 B ; 📶). À la lisière du village, cette séduisante propriété, semblable à une ferme, loue des chambres basiques avec ventilateur dans 2 maisons en bois et quelques bungalows de bambou en forme de A. La propriétaire prépare

sur commande d'authentiques repas shan (100 B/pers). Appelez avant de venir – le transport peut être organisé de la Rte 1095 (150 B) ou de Soppong (400 B) – ou demandez Khun Ampha, la propriétaire, à la boutique/station-service du village, et elle viendra vous chercher.

Séjour chez l'habitant CHEZ L'HABITANT $
(Ban Mae La-Na ; 100 B par pers et par nuit). Une vingtaine de maisons de Mae La-Na participent à un programme de séjour chez l'habitant, dont les bénéfices reviennent à un fonds communautaire. Comptez 100 B par personne pour un repas. Renseignez-vous au bureau en bois à l'entrée de la ville, lorsque les employés sont là, ou chez les particuliers affichant un panneau "homestay".

Depuis/vers Mae La-Na

Le carrefour vers Mae La-Na est à 13 km à l'ouest de Soppong, mais le village n'est pas desservi en transports en commun. Une moto-taxi depuis Soppong coûte 200 B.

Mae Hong Son แม่ฮ่องสอน

053 / 7 000 HABITANTS

Avec son cadre de montagnes boisées et son lac tranquille, Mae Hong Son correspond à l'image que se font la plupart des voyageurs d'une bourgade du nord de la Thaïlande. L'influence birmane palpable et une ambiance de ville-frontière confortent cette image, que ne vient troubler quasiment aucun *tuk-tuk* ou rabatteur. Pour autant, Mae Hong Son n'est pas un coin inexploré – des groupes de touristes y viennent depuis des années –, mais l'agglomération est bien plus tranquille que Pai et les possibilités d'activités dans la région, telles que bateau et trekking, vous garantiront un séjour mémorable.

Histoire

Mae Hong Son a été isolée de la Thaïlande géographiquement, culturellement et politiquement durant la majeure partie de sa courte existence. Fondée en tant que centre de dressage d'éléphants au début du XIXe siècle, elle ne changea guère jusqu'en 1856, quand des combats en Birmanie provoquèrent l'arrivée de milliers de Shan dans le secteur. Durant les années qui suivirent, Mae Hong Son prospéra grâce à l'exploitation du bois et demeura un royaume indépendant jusqu'en 1900, quand le roi Rama V intégra la région dans le royaume thaïlandais.

À voir

Devant les couleurs vives, les stupas blancs et les zincs étincelants des temples birmans-shan de Mae Hong Son, on s'étonne de se trouver en Thaïlande.

♥ Wat Phra That Doi Kong Mu TEMPLE BOUDDHIQUE
(วัดพระธาตุดอยกองมู ; lever-coucher du soleil). Il faut escalader la colline ouest, ou Doi Kong Mu (1 500 m), pour visiter ce temple, appelé également Wat Plai Doi. Deux *chedi* shan, édifiés en 1860 et 1874, conservent les cendres de moines de l'État shan, au Myanmar. Derrière le *wat*, vous découvrirez un grand bouddha debout élancé et une vue sur l'ouest de la crête. Un café et un petit marché touristique occupent également les lieux. La vue sur l'océan de brume qui recouvre la vallée chaque matin est spectaculaire. À d'autres heures de la journée, on peut admirer la ville et les vallées environnantes.

Dans Th Pha Doong Muay Do, un long escalier, dont l'ascension est plus facile qu'il n'y paraît, conduit au sommet du Wat Phra That Doi Kong Mu – on peut aussi s'y rendre à moto-taxi (120 B l'aller-retour).

Wat Jong Klang TEMPLE BOUDDHIQUE
(วัดจองกลาง ; Th Chamnansatit ; lever-coucher du soleil). Ce temple abrite des peintures de jataka sur verre centenaires et son **musée** (พิพิธภัณฑ์วัดจองกลาง ; don apprécié ; 8h-18h) expose des poupées en bois de Mandalay vieilles de 150 ans qui représentent certains des tourments de la roue de la vie. Éclairé la nuit, le temple se reflète dans la Nong Jong Kham, une image prisée des photographes. Plusieurs zones du Wat Jong Klang sont interdites aux femmes, ce qui n'est pas inhabituel dans les temples bouddhiques birmans-shan.

Wat Hua Wiang TEMPLE BOUDDHIQUE
(วัดหัวเวียง ; Th Phanich Wattana ; lever-coucher du soleil). Juste à l'ouest du marché du matin, ce *wat* est connu pour son *bòht* (salle des ordinations), au toit en bois à plusieurs niveaux élaboré et au bouddha en bronze vénéré, provenant de Mandalay (Myanmar).

Wat Jong Kham TEMPLE BOUDDHIQUE
(วัดจองคำ ; Th Chamnansatit ; lever-coucher du soleil). Voisin du Wat Jong Klang, ce temple fut construit il y a près de 200 ans par des Thaï Yaï (Shan), qui composent environ la moitié de la population de la province de Mae Hong Son.

Wat Phra Non TEMPLE BOUDDHIQUE
(วัดพระนอน ; Th Pha Doong Muay Do ; lever-coucher du soleil). Le Wat Phra Non abrite le plus grand bouddha allongé de la ville.

Wat Kam Kor TEMPLE BOUDDHIQUE
(วัดก๊ำก่อ ; Th Pha Doong Muay Do ; lever-coucher du soleil). Ce temple de style birman est connu pour son allée couverte unique en son genre.

Activités

Trekking

La situation de Mae Hong Son à la lisière de la forêt montagneuse en fait une excellente base pour des excursions. Le trekking n'est pas aussi développé qu'ailleurs et les visiteurs prêts à marcher dans la boue découvriront une nature pratiquement intacte et des villages isolés.

Les randonnées de plusieurs jours coûtent entre 1 000 et 3 000 B par personne et par jour (2 participants). Comme ailleurs en Thaïlande, le tarif journalier baisse significativement en fonction de l'importance du groupe et de la durée du trek.

Nature Walks TREKKING
(08 9552 6899 ; www.naturewalksthai-myanmar.com). Si ses treks sont plus chers qu'ailleurs, Chan, natif de Mae Hong Son, est probablement le meilleur guide de la ville. Vous choisirez entre des marches d'une journée dans la nature et des randonnées de plusieurs jours à travers la province. Chan peut aussi organiser des circuits sur mesure, comme la découverte des orchidées de mars à mai.

Nam Rin Tour TREKKING
(053 614454 ; rutsiri506@gmail.com ; Th Khunlumprapas ; 8h-21h). Le slogan de M. Dam, "Bad sleep, bad jokes" (mauvais sommeil, mauvaises blagues), le guide de Nam Rin Tour, ne nuit en rien à la réputation de ses treks. Les prix commencent à 1 500 B par personne (2 pers minimum). Par principe, M. Dam refuse les excursions aux villages kayan (aux "femmes girafes") et toute activité avec des éléphants.

Friend Tour TREKKING
(053 611647, 086 180 7031 ; 21 Th Pradit Jong Kham ; 8h-18h30). Forte de plus de 20 ans d'expérience, cette agence réputée propose des treks, du rafting et des excursions à la journée. On peut aussi y louer une moto (150-300 B/jour) et organiser la location d'une voiture (à partir de 1 100 B/jour).

> À NE PAS MANQUER
>
> **COURTE RANDONNÉE À MAE HONG SON**
>
> Vous n'avez pas le temps de faire un trek à Mae Hong Son ? Qu'à cela ne tienne : une randonnée relativement facile sur le **Mae Sakut Nature Trail** (20 B ; 8h-17h) vous donnera une idée de la splendeur de la région. Ce sentier nature, qui fait partie du parc national de Nam Tok Mae Surin, forme une boucle de 5 km où vous rencontrerez des forêts de bambous, des bois de tecks, des cascades, des champs de fleurs sauvages (en saison) et des belvédères.
>
> Le départ du sentier se situe à 7 km au nord de Mae Hong Son, sur la même route que celle qui mène au Fern Resort. Environ 200 m après le complexe hôtelier, vous verrez une route barrée. C'est là que vous devrez vous garer et payer le droit d'entrée.

Excursions en bateau

Les excursions en *long-tail boat* sur la proche Mae Nam Pai connaissent un succès croissant et sont proposées par les tour-opérateurs et les *guesthouses*. La plus classique part de Tha Pong Daeng, à 4 km au sud-ouest de Mae Hong Son. Les bateaux parcourent 15 km en aval jusqu'à Huay Pu Keng (750 B/heure), un village de femmes "au long cou", puis font escale à l'avant-poste frontalier de Ban Nam Phiang Din (900 B, 1 heure 30), à 20 km de l'embarcadère, avant de revenir. Comptez un maximum de 8 passagers par bateau.

Le rafting en radeau de bambou sur la Mae Nam Pai est aussi populaire. La plupart des agences de trekking et des pensions proposent des excursions d'une journée combinant trekking et rafting pour environ 1 250 B.

Spas

Phu Klon Country Club SPA
(ภูโคลน คันทรีคลับ ; 053 282579 ; www.phuklon.co.th ; soin à base de boue à partir de 80-700 B, massage 250-450 B/heure ; 8h-18h30). Ce "country club" se targue d'être le seul spa thaïlandais à prodiguer des soins à base de boue. Le Phu Klon se situe à 16 km au nord de Mae Hong Son, dans le district de Mok Champae. Si vous n'êtes pas motorisé, vous pouvez prendre le *songthaew* (25 B) quotidien à destination de Ban Ruam Thai

ITINÉRAIRE À MOTO : LA BOUCLE DE MAE HONG SON

Départ Chiang Mai

Arrivée Chiang Mai

Distance 600 km

Durée 4 jours

Ce parcours tortueux qui part de Chiang Mai et traverse la province de Mae Hong Son avant de regagner Chiang Mai est l'un des itinéraires à moto les plus populaires dans le nord de la Thaïlande.

La boucle débute véritablement à 34 km au nord de Chiang Mai, lorsque l'on s'engage sur la Rte 1095 et que l'on négocie le premier de ses 1 864 virages. On progresse lentement et la route commence à grimper presque immédiatement. Côté avantages, l'itinéraire offre aux motards de nombreuses possibilités de se dégourdir les jambes et de s'arrêter pour la nuit ; moins de 70 km séparent nombre des villes qui le jalonnent. Outre de bons repas et hébergements, celles-ci comprennent des sites intéressants, ajoutant, à l'éprouvant *road trip*, des découvertes culturelles. **Pai**, à 130 km de Chiang Mai, est la halte la plus populaire en raison de ses nombreuses possibilités d'hébergement et de restauration, mais **Soppong**, à 40 km plus haut sur la route, se prête à visiter Tham Lot (p. 299), l'une des plus grandes grottes de Thaïlande. **Mae Hong Son**, à 65 km de Soppong, présente un fascinant mélange de minorités ethniques et d'influences culturelles venues de la frontière birmane voisine.

Arrivé à **Khun Yuam**, à 70 km au sud de Mae Hong Son, vous pouvez prendre la Rte 1263 jusqu'à **Mae Chaem**, avant de retourner à Chiang Mai via le **Doi Inthanon**, le plus haut sommet du pays, ou continuer vers le sud jusqu'à **Mae Sariang** et suivre la Rte 108 jusqu'à Chiang Mai via **Hot**, bien que les distances entre les villes soient plus grandes et qu'il soit préférable d'avoir une moto plus puissante et plus confortable.

La *Mae Hong Son Loop Guide Map* de Golden Triangle Rider, disponible dans la plupart des librairies de Chiang Mai, est un excellent compagnon de route. La carte indique les distances précises entre les différents lieux le long de la boucle, les détours potentiels et d'autres informations utiles.

– ou Mae Aw –, mais vous devrez trouver un transport pour revenir. Découverte par des géologues en 1995, la boue est pasteurisée et mélangée à des plantes avant d'être utilisée dans divers soins. Bains d'eau thermale et massages envisageables.

Sources chaudes de Pha Bong SOURCES CHAUDES
(บ่อน้ำร้อนผาบ่อง ; ☎053 686033 ; Ban Pha Bong ; bain privé/chambre de bains 50/400 B ; ⏲8h-crépuscule). Ces sources chaudes se trouvent dans un parc public dans le village shan de Pha Bong, à 11 km au sud de Mae Hong Son. Vous pourrez prendre un bain privé, louer une chambre ou vous faire masser (150 B/heure). Tous les minibus en direction du sud desservent les sources.

Circuits organisés

Rosegarden Tours CIRCUITS
(☎053 611681 ; www.rosegarden-tours.com ; 86/4 Th Khunlumprapas ; circuits à partir de 700 B ; ⏲8h30-21h). Les guides anglophones et francophones de cette agence ancienne sont spécialisés en circuits touristiques et culturels, mais organisent aussi treks et sorties en radeau de bambou.

Tour Merng Tai CIRCUITS
(☎086 311 5631, 053 611979 ; www.tourmerngtai.com). Ce prestataire propose principalement des visites de la ville, mais organise aussi treks, sorties en radeau de bambou et circuits à vélo.

Fêtes et festivals

Fête de Jong Para FÊTE BOUDDHIQUE
(⏲vers oct). Cette fête importante a lieu vers la fin de la retraite bouddhique des pluies, 3 jours avant la pleine lune du 11e mois lunaire (vers octobre), et la date varie chaque année. Les fidèles viennent en procession apporter des offrandes aux moines dans les temples, et portent des maquettes d'édifices royaux sur des perches. Spectacles de théâtre et danse traditionnels, parfois spécifiques au nord-ouest de la Thaïlande, sont donnés dans l'enceinte des temples.

Loi Krathong FÊTE NATIONALE
(⌚nov). En novembre, cette fête nationale est habituellement célébrée en faisant flotter des *grà·tong* (petits bateaux en lotus) sur la rivière ou le plan d'eau le plus proche. Les habitants de Mae Hong Son lâchent des ballons appelés *grà·tong sà·wăn* (*grà·tong* célestes) sur la colline du Wat Phra That Doi Kong Mu (p. 302).

Fête de Poi Sang Long FÊTE BOUDDHIQUE
(⌚mars). Le Wat Jong Klang et le Wat Jong Kham sont les lieux principaux de cette cérémonie d'initiation qui se déroule en mars, quand de jeunes garçons shan deviennent moines novices lors de la cérémonie du *boòat lôok gâaou*. Conformément à la coutume shan, les garçons revêtent des tenues très élaborées (au lieu d'une simple tunique blanche) et arborent des coiffes fleuries et du maquillage.

Où se loger

L'offre est plutôt bonne mais manque de véritables auberges de jeunesse. En dehors de la haute saison (novembre à février), les prix sont jusqu'à un tiers plus bas.

En ville

Friend House PENSION $
(☎053 620119 ; 20 Th Pradit Jong Kham ; ch 150-500 B ;). Cette vénérable adresse à prix doux loue des chambres simples (ventilateur et matelas au sol) mais impeccables. Les plus chères sont plus grandes et ont une salle de bains privative. L'emplacement, au bord de la rivière, est un plus ; la vue depuis le petit jardin s'étend jusqu'au Wat Jong Klang.

Sarm Mork Guest House PENSION $
(☎082 192 2488, 053 612122 ; sarmmork@hotmail.com ; Th Chamnansatit ; ch 500-600 B ;). Les 3 jolis bungalows verts et les 2 chambres spacieuses, au calme à l'est du lac, sont bien entretenus et équipés de la climatisation, d'une TV et d'un frigo. Le lieu est géré par une famille accueillante.

Boondee House PENSION $$
(☎088 435 9258 ; boondeehouse@gmail.com ; 6 Th Pha Doong Muay Do ; ch 800-1 000 B ;). Réparties dans 2 bâtiments, les 17 chambres, aux murs blancs et au sol carrelé, ne sont pas très décorées, mais sont grandes et comprennent lits corrects, bureau, TV et frigo. Plusieurs parties communes, personnel serviable et bonne situation, dans une rue résidentielle tranquille à 5 minutes à pied du lac.

Jongkham Place PENSION $$
(☎053 614294 ; 4/2 Th Udom Chaonited ; ch 700-1 500 B ;). Tenue avec grand soin par une famille, cette *guesthouse* en bordure du lac loue 3 chambres, 4 jolis bungalows en bois et 2 suites avec terrasse. Tous sont climatisés. L'anglais est peu parlé mais la famille est aimable.

Palm House PENSION $$
(☎085 969 0989, 053 614022 ; pondxxxx@gmail.com ; 22/1 Th Chamnansatit ; ch 600-800 B ;). Une partie des 22 chambres occupe un nouveau bâtiment élégant, aux murs de briques apparentes et aux équipements modernes, les autres sont distribuées dans le bâtiment d'origine, plus quelconque et vieillot. Toutes sont de taille correcte. Le propriétaire, attentionné, parle anglais et peut organiser les transports.

Mountain Inn & Resort HÔTEL $$
(☎053 611802 ; www.mhsmountaininn.com ; 112/2 Th Khunlumprapas ; ch 1 200-1 500 B, ste 4 500 B, avec petit-déj ;). Les chambres, décorées de parquet et de touches thaïlandaises, sont douillettes et propres, bien qu'un peu désuètes. Elles encadrent un joli jardin avec véritable piscine, petit étang, bancs et parasols. Les chambres "supérieures" possèdent une terrasse avec vue sur la piscine. Adresse prisée des groupes de touristes et des fonctionnaires thaïlandais de passage.

Romtai House PENSION $$
(☎053 612437 ; www.maehongson-romtai.com ; Th Chamnansatit ; ch et bung 500-1 000 B ;). Cachée derrière les temples du bord du lac – et une réception d'allure terne –, cette pension possède une variété d'hébergements, des chambres quelconques mais spacieuses aux bungalows plus attrayants donnant sur un jardin luxuriant avec bassins à poissons. Vélos à louer.

Piya Guesthouse HÔTEL $$
(☎053 611260 ; piyaguesthouse@hotmail.com ; 1/1 Th Khunlumprapas ; bung 700 B ;). Un ensemble soigné de bungalows autour d'un jardin et d'une petite piscine attrayante, à quelques pas du lac central de Mae Hong Son. Les chambres sont bien équipées et confortables, mais les salles de bains sentent un peu le moisi.

Baan Mai Guest House PENSION $$
(☎062 594 4241 ; facebook.com/BaanMaiGuestHouse ; 26/1 Th Chamnansatit ; ch avec

petit-déj 600-700 B ; ❄📶). Une authentique ambiance familiale règne dans cette maison en bois à l'est du lac. Petites et simples, les 3 chambres – une avec climatisation, les 2 autres avec ventilateur – partagent des salles de bains propres.

À l'extérieur de la ville

Sang Tong Huts HÔTEL $$

(☎053 611680 ; sangtonghuts.org ; près de Th Maka Santi ; bung 1 200-1 600 B, f 2 400 B ; 📶🏊). Dans un vaste jardin boisé juste en dehors de la ville, cet ensemble de bungalows en bambou et en bois respectueux de l'environnement, avec ventilateur mais sans TV, a du caractère à revendre. Tous conçus et décorés différemment (la salle de bains de certains est accessible par des marches), ils sont espacés les uns des autres pour garantir l'intimité. Un havre de paix prisé ; réservez.

Le Sang Tong se trouve à 1 km au nord-est de Th Khunlumprapas, près de Th Maka Santi – si vous allez vers Pai, tournez à gauche au feu de croisement le plus au nord de la ville et suivez les panneaux.

Fern Resort RESORT $$$

(☎053 686110 ; www.fernresort.info ; près de la Rte 108 ; bung avec petit-déj 2 000-2 500 B ; ❄📶🏊). Ouvert de longue date, ce complexe hôtelier est l'un des hébergements les plus plaisants du Nord. Les 37 bungalows en bois, simples mais confortables, offrent calme et intimité, parmi rizières en terrasses et cours d'eau. Il n'y a pas de télévision, mais entre 2 piscines, le terrain de pétanque et, à proximité, les sentiers nature du parc national Mae Surin voisin, on n'a pas le temps de s'ennuyer. L'endroit est à 7 km au sud de la ville, mais on pourra venir vous chercher gratuitement à l'aéroport ou à la gare routière, et des navettes circulent 3 fois par jour entre le *resort* et Mae Hong Son, en s'arrêtant au Fern Restaurant.

Imperial Tara Mae Hong Son Resort HÔTEL $$$

(☎053 684444-9 ; www.imperialhotels.com ; Rte 108 ; ch avec petit-déj 2 200-4 500 B ; ❄📶🏊). Cet hôtel haut de gamme dispose de 104 chambres parquetées et joliment décorées, avec balcon. Leurs baies vitrées ouvrant sur une terrasse changent agréablement des hôtels d'affaires. Un sauna, une grande piscine et un petit centre de remise en forme font partie des équipements. À 2 km au sud du centre.

Où se restaurer et prendre un verre

Il y a plusieurs restaurants et stands destinés aux touristes, mais, pour découvrir l'unique et délicieuse cuisine shan de Mae Hong Son, il faut s'en tenir aux établissements plus informels du **marché de nuit** (Th Phanich Wattana ; plats 30-60 B ; ⊙16h-20h), ou celui du matin.

Little Good Things CUISINE VARIÉE $

(www.facebook.com/littlegoodthings ; près de Th Khunlumprapas ; plats 40-100 B ; ⊙9h-15h mer-dim ; 📶🌿). Cet attrayant petit café/restaurant végan propose des petits-déjeuners et des repas légers d'influence thaïlandaise, sans viande, préparés avec amour, sains, bon marché et, surtout, délicieux. Il est parfois fermé tout un mois pendant la saison des pluies (juin-sept).

Marché du matin THAÏLANDAIS $

(près de Th Phanich Wattana ; plats 20-50 B ; ⊙6h-9h). Ce marché de Mae Hong Son est un endroit sympathique pour petit-déjeuner. Du côté nord, plusieurs étals proposent des plats originaux comme le *tòo·a pou ùn*, des nouilles à la birmane accompagnées d'une épaisse bouillie de pois cassés et de "tofu birman" frit.

Dans la même rue, d'autres marchands proposent une version locale du *kà·nŏm jin nám ngée·o* (nouilles de riz fines dans un bouillon à base de porc et de tomate), souvent garni de *kàhng pòrng*, légumes panés et frits à la shan.

Salween River Restaurant & Bar INTERNATIONAL $

(23 Th Pradit Jong Kham ; plats 70-280 B ; ⊙8h-22h ; 📶🌿). Le Salween est un repaire de voyageurs à l'ancienne, avec une carte de burgers, de plats birmans, de bières et de cocktails et quelques étagères de livres de poche. Mais à la différence de la plupart des adresses similaires, sa nourriture est savoureuse, et donc très prisée : un coup d'œil en salle permet de se faire une idée de l'affluence en ville.

Chom Mai Restaurant THAÏLANDAIS $

(près de la Rte 108 ; plats 50-290 B ; ⊙8h30-15h30 ; 📶🌿). La carte en anglais est restreinte, mais ne manquez pas le *kôw soy* (soupe de nouille au curry typique du Nord) onctueux et riche ni le *kôw mòk gài* (version thaïlandaise du biryani). Ce restaurant est à environ 4 km au sud de

100% LOCAL

VILLAGES DES FEMMES GIRAFES KAYAN

Ces villages sont une curiosité touristique très controversée de la province. L'épithète de girafe vient de l'habitude qu'ont certaines femmes kayan (parfois appelées padaung, un terme shan) d'enrouler de lourds anneaux de cuivre autour de leur cou. Ces anneaux abaissent les clavicules et la cage thoracique, donnant à leur cou un aspect exagérément allongé. Une légende veut que si elles ôtent leurs anneaux, le cou de ces femmes se brise et elles s'étouffent. En réalité, elles peuvent mettre et retirer ces anneaux à leur guise (le soir, on peut les voir sans) et rien ne prouve que cette pratique affecte leur santé.

On ignore comment cette coutume est née. Une théorie veut que ces anneaux visent à rendre les femmes repoussantes aux yeux des hommes des autres ethnies. Selon une autre légende, ces colliers devaient empêcher les tigres d'emporter les femmes en les saisissant par le cou. Il ne s'agit très probablement que d'un accessoire de mode. Récemment encore, cette coutume était en voie de disparition, mais la manne touristique et, sans doute, la pression d'autorités locales avides de rentrées d'argent, lui ont valu d'être relancée.

Quelle qu'en soit l'origine, ces villages font désormais partie de tous les circuits de groupe et constituent un attrait touristique majeur de la province. On peut penser que ces villages sont devenus des zoos humains, mais nous avons surtout estimé qu'ils ressemblaient à des marchés ruraux d'un type particulier, où les femmes tirent une grande partie de leurs revenus de la vente de souvenirs kitsch et de boissons. Les Kayan à qui nous avons parlé se disent satisfaits de leur situation actuelle, mais le statut d'apatride qu'ils partagent avec les réfugiés birmans n'a rien d'enviable, et ces anciens fermiers indépendants dépendent aujourd'hui du tourisme et des aides extérieures pour leur survie.

De nos jours, la communauté de "femmes girafes" la plus visitée est celle de **Huay Pu Keng**, qui figure au programme des excursions en *long-tail boat* au départ de Tha Pong Daeng. Quelques familles kayan vivent aussi à **Kayan Tayar**, près du village shan de Ban Nai Soi, à 35 km au nord-ouest de Mae Hong Son.

On peut visiter sans guide les villages kayan situés à proximité de Mae Hong Son à condition d'être motorisé. Toutes les agences de Mae Hong Son organisent des circuits. Tous les visiteurs paient à chaque village un droit d'entrée de 200 B. Ceux qui arrivent par bateau paient 20 B de plus (par personne).

Mae Hong Son sur la route de Tha Pong Daeng – enseigne en thaï, guettez le logo du café Doi Chaang.

Maesribua THAÏLANDAIS **$**

(angle Th Pradit Jong Kham et Th Singha-nat Barm Rung ; plats 30-60 B ; 8h-13h). Telle une vraie grand-mère shan, tata Bua prépare chaque jour un vaste assortiment de currys, de soupes et de sauces. Pas de carte en anglais : désignez ce qui vous tente.

Fern Restaurant THAÏLANDAIS **$$**

(Th Khunlumprapas ; plats 65-290 B ; 10h30-22h ;). Le restaurant le plus chic de Mae Hong Son, avec tables recouvertes de nappes, service professionnel et musique lounge certains soirs. On y mange bien : la vaste carte comprend des plats thaïlandais et shan, dont une savoureuse soupe aigre-piquante. Bon choix sans viande.

77 Wine & Coffee House CUISINE VARIÉE **$$**

(Th Khunlumprapas ; plats 60-490 B ; 7h30-22h30 ;). Le café est bon et il y a un choix de vins et de bières étrangères, mais le grand attrait de cet établissement lumineux, au paisible jardin, est sa vaste carte de classiques thaïlandais et occidentaux, agrémentée de quelques plats japonais. Mentionnons également les petits-déjeuners.

Coffee Morning CAFÉ

(053 612234 ; 78 Th Singha-nat Barm Rung ; 7h30-17h30 ;). Au rez-de-chaussée d'une maison traditionnelle en bois, ce café-librairie est parfait pour une pause. Installé dans un fauteuil en cuir, on y lit en savourant un café, un thé, un smoothie ou des gâteaux.

Sunflower BAR

(Th Pradit Jong Kham ; 8h-22h ;). C'est techniquement un restaurant (plats 80-260 B), mais la terrasse et l'emplacement au bord

HORS DES SENTIERS BATTUS

ITINÉRAIRE EN VOITURE : DE MAE HONG SON À MAE AW

Départ Mae Hong Son
Arrivée Mae Aw
Distance 43 km
Durée 2 heures

De la capitale provinciale de **Mae Hong Son**, il vaut la peine de faire une excursion à Mae Aw, avant-poste chinois à la frontière du Myanmar, à 43 km au nord de Mae Hong Son. Superbe, la route de Mae Aw passe par de jolis villages shan en bordure de rivière, tel **Mok Champae**, avant de grimper en serpentant à travers un paysage montagneux. Après 5 km de montée, vous pouvez faire halte à la **cascade de Pha Sua** et au **palais d'été de Pang Tong**, une résidence royale rarement habitée à quelques kilomètres des chutes.

Faites un détour en tournant à gauche à Ban Na Pa Paek et continuez sur 6 km jusqu'au minuscule village shan de **Ban Ruam Thai**, qui compte plusieurs hôtels sans prétention et gargotes. La route se termine 500 m plus loin à **Pang Ung**, un paisible lac de montagne entouré de pins, très fréquenté par les excursionnistes thaïlandais.

De Ban Na Pa Paek, il y a encore 6 km jusqu'à **Mae Aw**, peuplé en grande partie par les descendants de soldats yunnanais des armées nationalistes ayant fui la Chine après la prise du pouvoir par les communistes en 1949. On y entend autant parler yunnanais que thaï (maints habitants parlent aussi le mandarin) et les restaurants locaux servent leur version de la cuisine yunnanaise. Le thé est la principale industrie ici. Entourée de plantations de thé, Mae Aw est un bon endroit où en déguster et en acheter.

Au-delà de Mae Aw, une courte route asphaltée relie le village à un poste-frontière avec l'État de Kayin, au Myanmar. Seuls les gens du coin peuvent le franchir dans un sens comme dans l'autre. Si vous décidez d'abandonner votre moto ou votre voiture pour vous dégourdir les jambes, faites attention où vous allez, car vous pourriez traverser la frontière par inadvertance. La région est par ailleurs en proie à la contrebande ; demandez à Mae Aw où il est possible de randonner en toute sécurité.

du lac en font un endroit idéal pour un verre en soirée. Avec son toit en pierre bas soutenu par des piliers, le lieu s'inspire de la maison de Fred Pierrafeu. Il y a aussi une cascade artificielle kitsch. Musique lounge live certains soirs. Nourriture très correcte.

Crossroads BAR
(61 Th Khunlumprapas ; ⌚8h-minuit ; 📶). Comme son nom anglais l'indique, ce bar de bric et de broc est un carrefour, et ce à plus d'un titre : situé à l'une des principales intersections de la ville, sa clientèle compte aussi bien des jeunes voyageurs sac au dos que des habitants plus âgés. Carte de classiques thaïlandais et occidentaux. Table de billard à l'étage.

Achats

On trouve quelques boutiques de souvenirs bien fournies dans la partie sud de Th Khunlumprapas.

Manerplaw/Ethnic Echoes ARTISANAT
(Th Khunlumprapas ; ⌚7h30-22h oct-fév, 17h-22h mars-sept). Ces boutiques reliées entre elles vendent d'authentiques vêtements des ethnies montagnardes et d'autres articles traditionnels fabriqués dans la région.

Walking Street MARCHÉ
(rue piétonne ; Th Pradit Jong Kham ; ⌚17h-22h oct-fév). Les soirs d'octobre à février, la circulation cesse et l'animation bat son plein dans les rues bordant le Nong Jong Kham, où s'installent marchands d'artisanat et de nourriture.

Renseignements

On trouve des banques avec DAB et service de change à l'extrémité sud de Th Khunlumprapas et ailleurs dans la ville.

Maehongson Living Museum (27 Th Singhanat Barm Rung ; ⌚8h30-16h30 ; 📶). Ce joli bâtiment de bois, l'ancien dépôt des bus de Mae Hong Son, est devenu un musée de la culture, de la cuisine et de l'architecture

BUS ET MINIBUS DEPUIS MAE HONG SON

Le **terminal de bus et de minibus** de Mae Hong Son (près de Th Nawa Khotchasan) est à 1 km au sud de la ville ; le trajet en *tuk-tuk* ou à moto depuis/vers le terminal coûte 60 B.

DESTINATION	PRIX	DURÉE	DÉPARTS
Bangkok (bus)	851-1 134 B	15 heures	16h et 16h30
Chiang Mai (bus)	350 B	8-9 heures	20h et 21h
Chiang Mai (minibus)	250 B	6 heures	ttes les heures 7h-17h
Khun Yuam (minibus)	100 B	1 heure 30	8h et 14h
Mae Sariang (minibus)	200 B	3 heures 30	8h et 14h
Pai (minibus)	150 B	2 heures 30	ttes les heures 7h-17h
Soppong (minibus)	100 B	1 heure 30	ttes les heures 7h-17h

locales, mais la plupart des explications ne sont qu'en thaï. Ceci dit, il y a quelques plans et brochures en anglais et le Wi-Fi est gratuit.

Police touristique (☎053 611812 ; centre d'appel national 1155, Th Singha-nat Barm Rung ; ⊙8h30-16h30). Antenne de Mae Hong Son.

Srisangwal Hospital (☎053 611378 ; Th Singha-nat Barm Rung). Le principal hôpital de Mae Hong Son.

Tourism Authority of Thailand (TAT ; ☎053 612982, centre d'appel national 1672 ; www.tourismthailand.org/Mae-Hong-Son ; Th Ni-wet Pi-sarn ; ⊙8h30-16h30). Brochures et cartes touristiques.

Depuis/vers Mae Hong Son

Du petit **aéroport** de Mae Hong Son (près de Th Phanich Wattana), décollent des vols quotidiens pour Chiang Mai. **Sombat Tour** (☎053 684222 ; terminal de bus et de minibus de Mae Hong Son, près de Th Nawa Khotchasan) fait chaque jour circuler de beaux bus pour Bangkok, tandis que quelques vieux bus nocturnes partent pour Chiang Mai. Minibus et *songthaew* sont les seuls autres moyens de transport.

Comment circuler

Le centre de Mae Hong Son s'explore facilement à pied. Quelques motos-taxis attendent près de l'entrée du marché du matin et à la gare routière (20-40 B le trajet en ville). Aux mêmes endroits, on trouve aussi quelques *tuk-tuk* (à partir de 50 B le trajet en ville).

La plupart des sites se trouvant à l'extérieur de la ville, on gagne à louer un vélo ou une moto. On peut louer des vélos en maints endroits, notamment auprès de **Titan** (Th Khunlumprapas ; 100 B/jour ; ⊙10h-19h). **Friend Tour** (☎053 611647, 086 180 7031 ; 21 Th Pradit Jong Kham ; motos 150-300 B/jour, voitures à partir de 1 100 B/jour ; ⊙8h-18h30) et **JD** (☎084 372 6967 ; Th Ni-wet Pi-sarn ; 150-250 B/jour ; ⊙8h-18h), entre autres prestataires, louent des motos.

Mae Aw แม่ออ

Isolé presque à la frontière avec l'État de Kayin au Myanmar, autour d'un réservoir, Mae Aw (aussi appelé Ban Rak Thai) fut fondé par des combattants yunnanais du Guomindang (GMD) ayant fui le régime communiste en 1949. Des décennies plus tard, ce gros village reste très chinois par son architecture et sa population, qui en grande partie parle mandarin ou yunnanais. Les principales industries sont le tourisme et la production de thé – Mae Aw est entouré de plantations. Maints établissements servent la bière locale et quelques restaurants proposent de la cuisine du Yunnan.

Non loin de Mae Aw se trouve **Ban Ruam Thai** (บ้านรวมไทย), village shan pittoresque bordé par un réservoir entouré de pins.

Fêtes et festivals

Fête de dégustation de thé CULTUREL

(Mae Aw ; ⊙fév). Cette fête met à l'honneur l'excellent thé – vert, oolong et au jasmin – cultivé dans les plantations alentour, et qui fait le renom de Mae Aw. Des dégustations et visites des plantations sont proposées, et les réjouissances s'accompagnent de musique et de cuisine yunnanaises.

Où se loger et se restaurer

Mae Aw et Ban Ruam Thai se visitent facilement en une journée depuis Mae Hong Son, mais si les villages vous plaisent, chacun dispose d'hébergements sommaires.

Ping Ping Guest House PENSION $

(☎084 481 9707 ; Mae Aw ; ch 300-600 B ; Wi-Fi). L'un des établissements, au bord du réservoir, où sont proposées des chambres

PARC NATIONAL DE THAM PLA

L'endroit le plus connu du **parc national de Tham Pla** (อุทยานแห่งชาติถ้ำปลา ; Rte 1095 ; adulte/enfant 100/50 B ; 8h-18h) est la Tham Pla (grotte aux Poissons), une grotte remplie d'eau où frétillent par centaines des carpes soro. Un sentier de 450 m conduit de l'entrée du parc à un pont suspendu sur un cours d'eau puis continue jusqu'à la grotte. Le parc est à 16 km au nord de Mae Hong Son : tous les minibus allant vers le nord s'y arrêtent. Les pensions organisent le transport pour 1 000 B.

À proximité, une statue d'un sage hindou appelé Nara protégerait les poissons sacrés. Pouvant atteindre 1 m de long, ceux-ci ne se trouvent que dans les provinces de Mae Hong Son, Ranong, Chiang Mai, Rayong, Chanthaburi et Kanchanaburi. Ils se nourrissent de légumes et d'insectes, et les habitants leur donnent des fruits et légumes, en vente à l'entrée du parc.

L'ensemble est un peu décevant, à moins d'aimer particulièrement voir des carpes frétiller, mais il est agréable de flâner dans le parc. On peut se procurer de la nourriture et accéder à des tables de pique-nique.

rudimentaires, avec ventilateur, dans des bungalows en pisé. Il y a une enseigne en anglais, mais cette langue n'est pas parlée.

Pala Coffee & Guest House PENSION $$
(083 571 6668 ; www.facebook.com/Pala-Coffee-Pang-ung ; Ban Ruam Thai ; ch avec petit-déj 1 000-2 000 B ;). La première pension de Ban Ruam Thai comporte plusieurs bungalows de briques spartiates et quelques chambres plus récentes, elles aussi très simples mais plus confortables, aux murs de ciment lisses. Si les prix semblent élevés, la situation, sur un versant entouré de caféiers, de théiers, d'arbres fruitiers et de bambous géants, et la vue sont excellentes. Café-restaurant sur place.

♥ **Gee Lee Restaurant** CHINOIS $$
(Mae Aw ; plats 80-600 B ; 8h-19h ;). Ce restaurant établi de longue date sert de délicieux plats yunnanais authentiques. Une petite carte en anglais est disponible. Ragoût de jambonneau et légumes locaux sautés sont ses spécialités. Enseigne en thaï ; cherchez le bâtiment blanc bas au toit rouge au bout du lac, près du centre du village.

Renseignements

Aucune banque n'accepte les cartes bancaires étrangères à Mae Aw et à Ban Ruam Thai. Prévoyez des espèces.

Depuis/vers Mae Aw

Les 4 *songthaew* (pick-up collectifs) quotidiens qui rejoignent Mae Aw depuis Mae Hong Son partent tous d'un **arrêt** (Th Phanich Wattana) en face du marché de Mae Hong Son's. Deux se rendent à Ban Ruam Thai (80 B, 1 heure, 9h30 et 15h30), tandis que 2 ont pour terminus Mae Aw (80 B, 1 heure, 10h et 12h). Les deux derniers partent quand ils sont pleins, ce qui peut retarder de 2 ou 3 heures le départ prévu. Les agences de Mae Hong Son peuvent vous fournir un véhicule pour 1 500 B environ. Pour regagner Mae Hong Son, les *songthaew* partent de Ban Ruam Thai à 10h, et de Mae Aw à 7h30 et 13h.

La route est idéale pour une superbe balade à moto : assurez-vous de partir avec suffisamment d'essence, la seule station-service se trouvant à Ban Na Pa Paek, au bout d'une très longue montée.

Khun Yuam ขุนยวม

053 / 7 000 HABITANTS

Autrefois comptoir commercial fréquenté – la frontière avec l'État de Kayin au Myanmar n'est qu'à 35 km –, Khun Yuam fut une base militaire japonaise clé pendant la Seconde Guerre mondiale. Cette petite ville à flanc de colline, à mi-chemin entre Mae Sariang et Mae Hong Son, est aujourd'hui délicieusement tranquille ; vous y serez probablement le seul étranger. Quelques sites d'intérêt, ainsi que des villages hmong, karen et – plus rares – lawa sont à découvrir dans les environs.

À voir

Mémorial de l'Amitié thaïlando-japonaise MUSÉE
(อนุสรณ์สถานมิตรภาพไทย-ญี่ปุ่น ; Rte 108 ; adulte/enfant 100/50 B ; 8h30-16h30). À l'extrémité nord de la ville, ce musée décrit le rôle de Khun Yuam en tant que base japonaise pendant la Seconde Guerre mondiale. Il est impressionnant pour une si petite agglomération. Après un court

film (sous-titré en anglais) sur l'histoire de Khun Yuam, on peut découvrir une exposition et des objets relatifs à l'histoire et la culture locales, ainsi qu'à la présence japonaise.

Certains soldats japonais sont restés à Khun Yuam et s'y sont mariés. Le dernier de ceux établis dans la région est mort en 2000.

Ban Mae U Khaw VILLAGE

(บ้านแม่อูคอ). Sur les pentes du Doi Mae U Khaw, à 25 km de Khun Yuam via la Rte 1263, se tient le village hmong de Ban Mae U Khaw. Fin novembre, la superbe floraison des tournesols du Mexique – appelés localement *dòrk boo·a đorng* – dans la région attire des touristes thaïlandais et les hôtels de la ville affichent complet.

Wat To Phae TEMPLE BOUDDHIQUE

(วัดต่อแพ ; ⌚ lever-coucher du soleil). À 6 km à l'ouest de Khun Yuam, au bord d'un cours d'eau, le Wat To Phae possède un *chedi* de style môn et un *wí·hăhn* immaculé de style birman. Le bâtiment en bois principal abrite une exquise *kalaga* (tapisserie brodée et ornée de sequins) du Myanmar, vieille de 150 ans. Elle est conservée derrière des rideaux mais on peut les ouvrir.

Nam Tok Mae Surin CHUTE D'EAU

(น้ำตกแม่สุรินทร์ ; près de la Rte 1263 ; 200 B). Tombant de 100 m, la Nam Tok Mae Surin, dans le parc national montagneux de Mae Surin, est considérée comme la plus haute chute d'eau de Thaïlande. Elle est particulièrement impressionnante durant la saison des pluies (juin-sept). Il faut un véhicule pour gagner le parc, à environ 32 km au nord-est de Khun Yuam.

Où se loger et se restaurer

On trouve des gargotes de nouilles et de riz à l'extrémité nord de Khun Yuam, près du 7-Eleven, et du côté est de la Rte 108, en direction de l'extrémité sud de la ville. La plupart sont fermées à 20h.

Ban Farang HÔTEL $

(☎ 053 622086 ; facebook.com/banfarang ; 499 Th Ratburana ; ch et bung 400-1 000 B, avec petit-déj ; ❄📶). Non loin de l'artère principale vers le nord de la ville (repérez les panneaux près de l'arrêt de minibus), ces bungalows très bien tenus, avec terrasse, sont installés sur une colline boisée. Les moins chers, avec ventilateur, sont basiques et sombres, tandis que les plus chers ont la climatisation, une TV et un frigo.

Mitkhoonyoum Hotel HÔTEL $$

(☎ 053 691057 ; www.mitkhoonyoum.com ; Rte 108 ; ch 500-1 000 B, bung 1 500 B ; ❄📶). Sur la route principale de la ville, cet hôtel ancien loue des chambres toutes simples avec ventilateur, ainsi que des chambres et bungalows plus grands, plus confortables, climatisés et lambrissés. Toutes et tous sont impeccables, bien qu'un peu sombres, et ont une salle de bains correcte. Le propriétaire parle anglais. Vélos à louer (100 B/jour).

HORS DES SENTIERS BATTUS

COMME UN HABITANT

Les villageois de Muang Pon, pittoresque village traditionnel shan, juste au sud de Khun Yuam, collaborent à un programme de logement chez l'habitant, le **Muang Pon Homestay Programme** (☎ 087 181 2286 ; 400 B la nuit, avec petit-déj et dîner) depuis plus d'une décennie. Une quinzaine de foyers participent et le tarif comprend le petit-déjeuner et le dîner, ainsi que des activités quotidiennes comme la fabrication d'artisanat, la préparation de douceurs locales, la participation à des travaux agricoles et des visites touristiques.

Les habitants, qui pour la plupart parlent peu l'anglais, ouvrent volontiers leurs maisons et partagent leur savoir-faire avec plaisir.

Muang Pon est à environ 10 km au sud de Khun Yuam ; n'importe quel minibus à destination de Mae Sariang ou de Chiang Mai pourra vous y déposer.

Renseignements

Quelques banques avec DAB jalonnent l'artère principale.

Depuis/vers Khun Yuam

Minibus et *songthaew* sont les seuls transports. Les minibus démarrent d'un **arrêt** (Rte 108) situé dans une cour du nord de la ville, près d'une école. Les *songthaew* pour Mae Hong Son (80 B, 2 heures, 7h et 7h30) partent d'un **arrêt** (Rte 108) en face du poste de police.

MINIBUS AU DÉPART DE KHUN YUAM

DESTINATION	PRIX	DURÉE	DÉPARTS
Chiang Mai	300 B	5-6 heures	5 départs 6h-18h
Mae Hong Son	100 B	1 heure 30	8h30
Mae Sariang	150 B	2 heures	5 départs 6h-18h

Mae Sariang

แม่สะเรียง

☎053 / 21 000 HABITANTS

Mae Sariang doit sa discrète renommée à son bel emplacement en bord de rivière et ses possibilités d'écotourisme, de randonnées et de rafting. Plusieurs villages d'ethnies montagnardes se trouvent dans un rayon relativement restreint, notamment autour de Mae La Noi, à 30 km au nord de Mae Sariang. La région au sud de la ville tient pour l'essentiel d'une jungle montagneuse, couvrant les parcs nationaux de Salawin et de Mae Ngao.

L'agglomération est en soi tranquille et accueillante. Même si elle reçoit relativement peu de visiteurs, certains y restent plus longtemps que prévu.

À voir

Phra That Jom Thong TEMPLE BOUDDHIQUE

(พระธาตุจอมทอง ; près de la Rte 105 ; ⏲lever-coucher du soleil). Au sommet d'une colline, l'immense bouddha doré a, entre autres attraits, celui d'une belle vue sur Mae Sariang et la campagne alentour. À 3 km au sud de la ville, à côté de la route qui mène à Mae Sot.

Wat Jong Sung et Wat Si Bunruang TEMPLES BOUDDHIQUES

(วัดจองสูง/วัดศรีบุญเรือง ; près de Th Wiang Mai ; ⏲lever-coucher du soleil). Ces deux temples birmans-shan adjacents se trouvent près de l'artère principale de Mae Sariang. Édifié en 1896, Wat Jong Sung est le plus intéressant des deux et comporte un *chedi* élancé de style shan et des bâtiments monastiques en bois.

Activités et circuits organisés

La région autour de Mae Sariang est probablement l'une des meilleures destinations du nord du pays pour le trekking, les circuits en pleine nature et autres activités de plein air. Même des tour-opérateurs de Chiang Mai y emmènent leurs clients. Plusieurs prestataires de Mae Sariang proposent des excursions intéressantes et certaines pensions peuvent organiser des randonnées et des excursions de rafting. Les prix des treks varient de 2 000 B à 5 000 B la journée par personne, pour 2 personnes minimum. Des sorties en radeau de bambou sont proposées à partir d'environ 6 000 B par jour et par personne, pour 2 personnes minimum.

Dragon Sabaii Tours TREKKING

(☎085 548 0884 ; www.thailandhilltribeholidays.com). Ce tour-opérateur, qui met l'accent sur l'écotourisme et le tourisme culturel, propose principalement des circuits depuis Chiang Mai, mais peut aussi organiser des treks au départ de Mae Sariang. Au nombre des circuits envisageables, certains visent à faire découvrir le mode de vie et la culture des ethnies montagnardes : visites discrètes des villages, séjours chez l'habitant, "bénévolat", préparation des repas et participation au travail agricole. Toutes ces activités bénéficient directement aux villages.

Mae Sariang Tours 1980 TREKKING, RAFTING

(☎08 8404 8402 ; maesariang.man@gmail.com). Mae Sariang Man, comme le propriétaire de cette agence aime à se faire appeler, est un randonneur expérimenté proposant des treks respectueux de l'environnement ainsi que des excursions en rafting dans la jungle et les parcs nationaux autour de sa ville natale, à Sop Moei, et même jusqu'au Myanmar. Pas de bureau en ville ; appelez ou allez sur la page Facebook (recherchez "Mae Sariang Tours 1980").

Northwest Tour TREKKING

(☎086 420 4907 ; Northwest Guest House, 81 Th Laeng Phanit). Ce prestataire organise des treks vers les villages karen et les sites naturels des districts de Mae Sariang et de Sop Moei.

Où se loger

PS@Riverview Guesthouse PENSION $

(☎053 681049 ; facebook.com/psRiverview ; 79 Th Laeng Phanit ; ch 250-450 B ; ❄📶). L'adresse

Mae Sariang

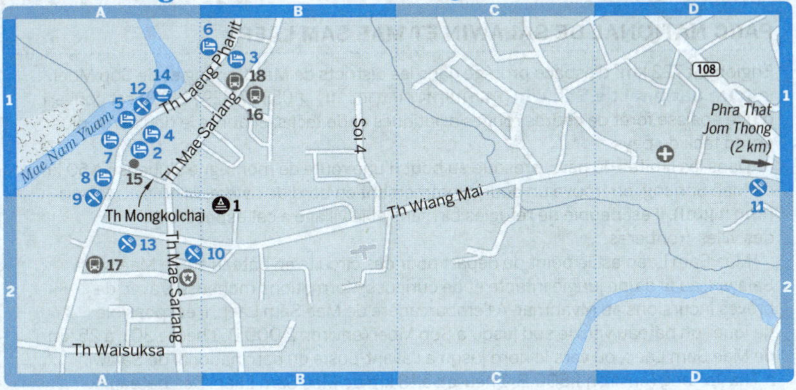

Mae Sariang

À voir

1 Wat Jong Sung et Wat Si Bunruang B2

Activités

Northwest Tour ..... (voir 4)

Où se loger

2 Above The Sea A1
3 Chok Wasana B1
4 Northwest Guest House A1
5 PS@Riverview Guesthouse A1
6 River Bank Guest House B1
7 Riverhouse Hotel A1
8 Riverhouse Resort A1

Où se restaurer

9 Coriander in Redwood A2
10 Intira Restaurant A2
11 Muu Thup D1
12 Sawaddee Restaurant & Bar A1
13 Marché du dimanche A2

Où prendre un verre et faire la fête

14 Barnana Cafe A1

Transports

15 Mr Beum Bike Rental Shop A1
16 Sombat Tour B1
17 Songthaew pour Mae Sam Laep A2
18 Songthaew pour Mae Sot B1

la moins chère de Mae Sariang à donner sur la rivière. Les 11 chambres sont simples mais de bonne taille, avec eau chaude dans les salles de bains. Seules les plus chères sont climatisées. Propriétaire affable et petite partie commune, avec vue sur la rivière, où boire une bière.

Northwest Guest House PENSION $

(☎086 420 4907 ; patiat_1@hotmail.com ; 81 Th Laeng Phanit ; ch 200-500 B ; ⊙oct-mars ; ❄📶). Les chambres les moins chères de cette maison en bois douillette sont rudimentaires, avec ventilateur, salle de bains commune et matelas au sol. Les plus chères affichent davantage d'espace et de lumière naturelle, ainsi que la climatisation et une salle de bains privative. Vélos à disposition. Treks et circuits organisés sur demande. La *guesthouse* est fermée d'avril à septembre.

♥ **Riverhouse Hotel** HÔTEL $$

(☎053 682323 ; www.riverhousehotelgroup.com ; 77 Th Laeng Phanit ; ch avec petit-déj 900-1100 B ; ❄📶). L'alliance teck et décoration soignée – sans parler de la situation au bord de la rivière – fait de ce boutique-hôtel la meilleure adresse en ville. Chambres climatisées, grands balcons donnant sur la rivière et baies vitrées du sol au plafond. Les clients peuvent utiliser la piscine du Riverhouse Resort, un peu plus au sud dans Th Laeng Phanit, tenu par la même équipe.

Chok Wasana PENSION $$

(☎053 682132 ; www.chok-wasana.com ; 104 Th Laeng Phanit ; ch avec petit-déj 800-1000 B ; ❄📶). Si la vue sur la rivière n'est pas indispensable, prenez une des 6 chambres soignées de cette pension aux allures de résidence. Spacieuses, elles ont la TV et de grands frigos.

VAUT LE DÉTOUR

PARC NATIONAL DE SALAWIN ET MAE SAM LAEP

Englobant 722 km² d'espace protégé dans les districts de Mae Sariang et de Sop Moei, le **parc national de Salawin** (อุทยานแห่งชาติสาละวิน ; ☎053 071429 ; 100 B) est couvert d'une épaisse forêt de cèdres rouges asiatiques et de tecks, et abrite le deuxième plus grand teck du pays.

Dans les limites du parc, presque au bout d'une route de montagne sinueuse à 50 km de Mae Sariang, on trouve un bourg commerçant en bord de rivière, **Mae Sam Laep** (แม่สามแลบ). Il est peuplé de réfugiés birmans et le village a cet aspect rude des villes-frontières.

Mae Sam Laep est le point de départ pour des circuits en bateau sur la Mae Nam Salawin, au fil d'une jungle intacte et de curieuses formations rocheuses, avec de brèves incursions au Myanmar. À l'embarcadère de Mae Sam Laep, il est possible de louer un bateau vers le sud jusqu'à Sop Moei (environ 2 000 B, 1 heure 30), à 25 km de Mae Sam Laep, ou vers le nord jusqu'à l'avant-poste du parc national de Salawin à Tha Ta Fang (environ 1 500 B, 1 heure), à 18 km de Mae Sam Laep. Des bateaux de passagers effectuent également ces trajets, mais les départs sont peu fréquents et, à moins de parler thaï, vous aurez du mal à obtenir votre place.

À Mae Sariang, dans Th Laeng Phanit près du marché du matin, des *songthaew* partent fréquemment pour Mae Sam Laep (100 B, 2 heures, 5 départs 7h-12h).

Above The Sea HÔTEL $$

(☎091 859 5264, 053 682264 ; www.abovethesea-maesariang.com ; Th Laeng Phanit ; ch avec petit-déj 1 200-1 500 B ; ❄📶🏊). Neuf chambres de style industriel-chic, confortables et de bonne taille, dont une "familiale" avec kitchenette simple. Celles du bas donnent sur la piscine ; celles du haut partagent un vaste balcon commun. Bar-restaurant sur place et motos à louer.

River Bank Guest House PENSION $$

(☎053 682787 ; riverbankmaesariang@gmail.com ; Th Laeng Phanit ; ch 600-800 B, f 1 500 B ; ❄📶). Les chambres de cette belle maison au bord de la rivière sont ornées de bois dur et dotées d'une terrasse. Il vaut la peine de dépenser 200 B de plus pour celles des étages supérieurs, baignées de lumière naturelle. L'élégant balcon commun donnant sur la rivière est un point fort.

Riverhouse Resort HÔTEL $$$

(☎053 683066 ; www.riverhousehotelgroup.com ; Th Laeng Phanit ; ch avec petit-déj 1 800-2 800 B ; ❄@📶🏊). Voisin du Riverhouse Hotel et géré avec efficacité par la même équipe, cet établissement donne à l'arrière sur la rivière et possède une piscine. Les chambres, avec parquet, sont confortables, quoiqu'un peu simples pour le prix. Les plus chères sont équipées d'une baignoire et d'un coffre-fort. Vélos à disposition.

Où se restaurer et prendre un verre

Une série de bars de bord de rivière jalonnent Th Laeng Phanit, au nord du croisement avec Th Mongkolchai.

♥ **Muu Thup** THAÏLANDAIS $

(Th Wiang Mai ; plats 35-175 B ; ⏲8h-18h). Excellent et authentique stand de grillades du Nord – son *mŏo đúp* éponyme (porc grillé puis attendri au maillet) est une valeur sûre. Enseigne en thaï : repérez la foule d'habitués se pressant autour du gril fumant.

Marché du dimanche THAÏLANDAIS $

(Th Wiang Mai ; plats 30-60 B ; ⏲15h-20h dim). Si vous êtes à Mae Sariang un dimanche, ne manquez pas ce marché, petit mais intéressant. On y trouve un vaste choix de plats locaux.

Sawaddee Restaurant & Bar THAÏLANDAIS $

(Th Laeng Phanit ; plats 50-180 B ; ⏲18h-minuit ; 📶📝). L'endroit ayant de faux airs de bar de plage, il fait bon s'y détendre avec une bière pour admirer la rivière (en l'occurrence la Mae Nam Yuam). Sa longue carte comprend de nombreux mets végétariens. Les propriétaires sont de bonnes sources d'information pour dénicher des petits coins sympathiques et des activités dans la région.

Intira Restaurant THAÏLANDAIS $

(Th Wiang Mai ; plats 80-250 B ; ⏲8h-21h ; 📝). Ce restaurant, au succès mérité, sert des

TRANSPORTS AU DÉPART DE MAE SARIANG

DESTINATION	PRIX	DURÉE	DÉPARTS
Bangkok	581-904 B	12 heures	4 départs 16h-19h30
Chiang Mai	200 B	4-5 heures	10 départs 7h-22h
Khun Yuam	150 B	3 heures	5 départs 10h-18h
Mae Hong Son	150 B	3-4 heures	7h et 14h

classiques thaïlandais et du nord, dont certains incluent des ingrédients peu communs, comme des shiitakés locaux et du poisson de Mae Nam Moei. Quelques plats végétariens. Anglais un peu parlé.

Coriander in Redwood THAÏLANDAIS $$
(Th Laeng Phanit ; plats 100-470 B ; 11h-22h ;). Dans un beau bâtiment en bois balayé par la brise, le restaurant le plus huppé de la ville met en avant ses steaks, mais les plats thaïlandais comme les *nám prík* (avec différentes sauces à base de piment) sont excellents. Dans l'après-midi, c'est un bon endroit pour une glace ou un café glacé.

Barnana Cafe CAFÉ
(Th Laeng Phanit ; 7h-18h ;). Un café adapté aux familles – peintures pour les enfants – aux sofas et fauteuils en cuir confortables, avec jolie vue sur la rivière. À la carte : café, smoothies, petits-déjeuners, quelques plats de pâtes et en-cas thaïlandais.

Renseignements

Plusieurs banques avec DAB et bureaux de change sont présentes à Mae Sariang, principalement dans la partie ouest de Th Wiang Mai.

Hôpital (053 681032 ; 74 Th Wiang Mai ; 24h/24). L'hôpital principal de Mae Sariang.

Police (urgences 191 ; Th Mae Sariang ; 24h/24). Le principal poste de police de Mae Sariang.

Depuis/vers Mae Sariang

Hormis des bus pour Bangkok, proposés par **Sombat Tour** (053 681532 ; Th Mae Sariang ; 7h-19h30), minibus et *songthaew* sont les seuls moyens de transport depuis/vers Mae Sariang. Les minibus partent d'une **gare routière** (près de Rte 108) donnant dans une cour à quelques km au nord de la ville, près de la Rte 108.

Les *songthaew* jaunes vers **Mae Sam Laep** (Th Laeng Phanit ; 100 B, 2 heures, 5/jour de 7h à 12h) partent d'un arrêt dans Th Laeng Phanit. Les *songthaew* pour **Mae Sot** (Th Mae Sariang ; 200 B, 6 heures, ttes les heures de 6h30 à 12h) partent d'un abri, en face de Sombat Tour.

Comment circuler

On peut louer motos (200 B/jour) et vélos (50-100 B/jour) chez **Mr Beum Bike Rental Shop** (084 485 2525 ; Th Mongkolchai ; 6h-18h) et dans quelques *guesthouses*.

1

AUDY_INDY / GETTY IMAGES ©

2

4

HUGH SITTON / GETTY IMAGES ©

Wat Mahathat (p. 172),
yutthaya
tête de bouddha prise dans les racines
ın arbre de la Bodhi est l'un des sites
plus photographiés d'Ayutthaya.

Marché flottant (p. 159),
gion de Bangkok
ısés à rejoindre depuis Bangkok, ces marchés
ttants sont autant des lieux touristiques
e d'emplettes.

Moyen de locomotion thaïlandais
. 816)
e depuis le siège passager d'un *tuk-tuk*
Bangkok.

Province de Chiang Mai (p. 318)
atues bouddhiques géantes dans
collines de la province de Chiang Mai,
ès de Chom Thong.

NATHAN HUTCHINSON / GETTY IMAGES ©

Province de Chiang Mai

Dans ce chapitre ➡

Le top des restaurants

- Lert Ros (p. 352)
- Talat Pratu Chiang Mai (p. 352)
- Chiang Dao Nest (p. 375)
- Huean Jai Yong (p. 358)
- Khao Soi Lam Duan Fah Ham (p. 355)
- Ginger & Kafe @ The House (p. 353)

Le top des hébergements

- Dhara Dhevi (p. 351)
- Baan Orapin (p. 349)
- Sri Pat Guest House (p. 346)
- Nok Chan Mee Na (p. 379)
- Hotel des Artists Ping Silhouette (p. 349)

Pourquoi y aller

La capitale du nord de la Thaïlande est à une nuit en train de Bangkok, mais à des années-lumière de son agitation. Reprise à la Birmanie par le royaume de Siam, l'ancienne capitale du royaume Lanna réunit des monastères étincelants, des marchés trépidants, des centres commerciaux modernes et de calmes rues résidentielles à l'ambiance de village.

Plus proche du refuge champêtre que de la grande métropole, Chiang Mai ne cesse d'attirer les visiteurs – les étudiants baroudeurs, les familles, les retraités du monde entier et un nombre croissant de touristes venus de Chine.

La visite des monastères historiques et les cours de cuisine sont très prisés. N'hésitez pas à explorer la province environnante de Chiang Mai (จังหวัดเชียงใหม่), dont les collines boisées sont un terrain idéal pour le rafting, la randonnée, le VTT et d'autres activités pour amateurs de sensations fortes. La plupart des visiteurs feront au moins une excursion hors de la ville à la rencontre des éléphants, pour se baigner dans des sources chaudes, et découvrir des fermes expérimentales et des jardins botaniques.

Quand partir

Nov-fév L'idéal est de profiter de la saison fraîche, lorsque les températures sont douces et que la pluie est rare.

Mars-avr Évitez mars et méfiez-vous d'avril : Chiang Mai est de plus en plus polluée en cette saison car c'est l'époque des brûlis dans la campagne alentour et la qualité de l'air baisse substantiellement. C'est aussi le début de la saison chaude (mars à juin) avec régulièrement plus de 35°C.

Avr Songkran, en avril, est la fête majeure de Chiang Mai : réservez transports et logements bien à l'avance.

Août-sept Les pluies de la mousson y sont généralement les plus importantes ; c'est donc la basse saison pour les touristes. Armez-vous d'un poncho imperméable, de votre sens de l'aventure et d'un bon livre.

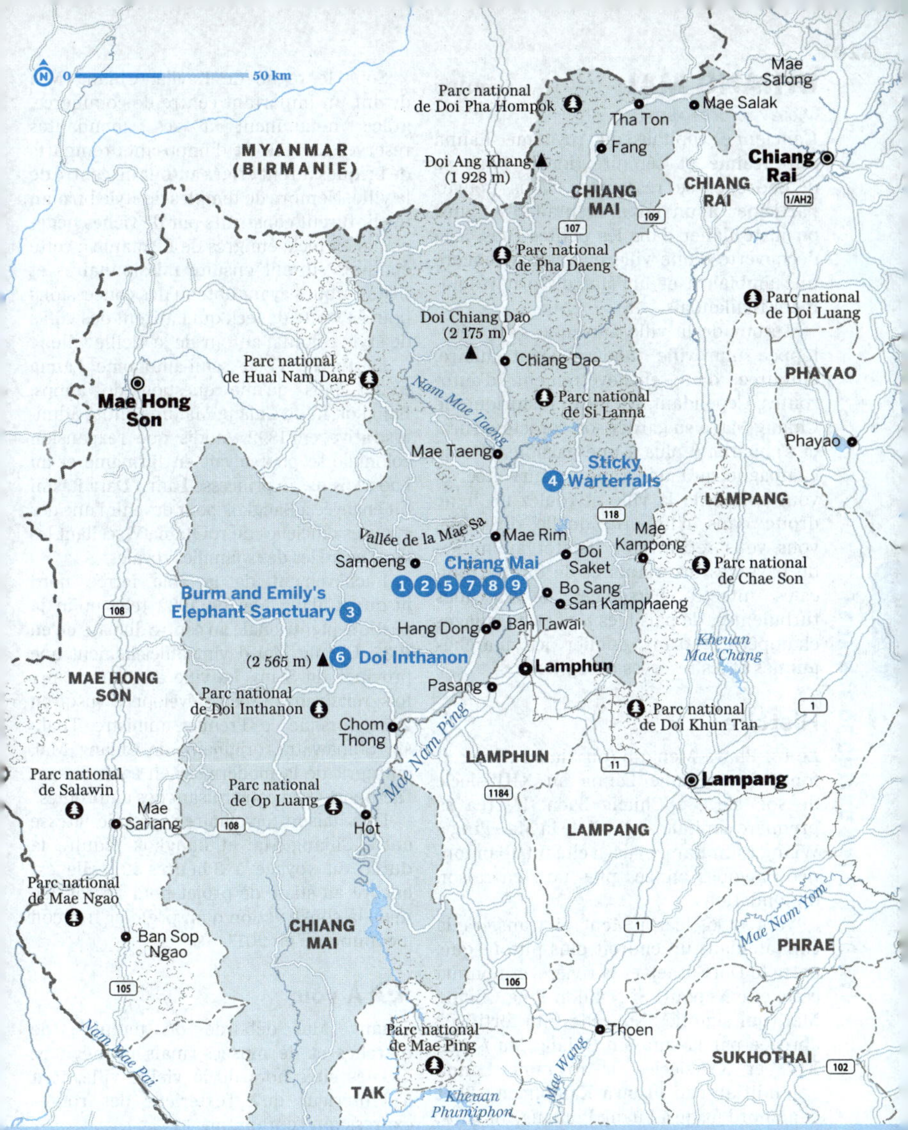

À ne pas manquer

1. Les temples cachés dans la jungle au bout du **Monk's Trail** (p. 336).
2. Un voyage dans l'ambiance animée du marché **Talat Warorot** (p. 329), à Chiang Mai.
3. Une **rencontre avec les éléphants** (p. 380) dans le cadre éthique dû à ces nobles pachydermes.
4. L'escalade de la cascade **Sticky Waterfall** (p. 373) dans son écrin de forêt.
5. Déguster un *kôw soy* au **Kao Soi Fueng Fah** (p. 355).
6. L'ascension en voiture jusqu'au plus haut sommet du pays, le **Doi Inthanon** (p. 377), et une randonnée dans sa forêt noyée de brume.
7. Un **cours de cuisine** (p. 342) pour apprendre les secrets du succulent curry vert.
8. Une **discussion avec des moines** (p. 321) pour découvrir les dessous de la vie monastique.
9. Bain de foule et séance de shopping dans la **Sunday Walking Street** (p. 365).

CHIANG MAI

เชียงใหม่

053 / 201 000 HABITANTS

L'ancienne capitale du royaume Lanna offre calme et sérénité, idéals pour se détendre et se ressourcer. Vous pouvez participer à un large éventail d'activités ou juste flâner dans les petites rues, à la découverte d'une ville où règnent encore une ambiance et un état d'esprit résolument thaïlandais.

Autour de la ville ancienne s'est développée une ville moderne tentaculaire, entourée d'un enchevêtrement d'autoroutes. Cependant, le centre historique de Chiang Mai a su garder son caractère rural et s'apparente plus à une paisible ville de campagne qu'à une capitale survoltée. Si vous sortez de la ville et roulez en ligne droite dans n'importe quelle direction, vous vous retrouverez bientôt au milieu de paysages luxuriants et de forêts tropicales intactes parsemées de cascades turbulentes, de paisibles *wat* et de villages champêtres – sans oublier les marchés animés et les réserves d'éléphants.

Histoire

Le roi Phaya Mengrai (ou Mangrai) aurait fondé le royaume Lanna au XIIIe siècle de son siège à Chiang Saen. Il créa sa première capitale au bord de la Mae Ping à Wiang Kum Kam, mais la cité fut abandonnée quelques années plus tard en raison d'inondations.

Vers 1296, le roi Mengrai transféra la capitale dans un endroit plus pittoresque, entre le Doi Suthep et la rivière, et nomma cette cité Nopburi Si Nakhon Ping Chiang Mai (qui signifie "Nouvelle Cité fortifiée", abrégée par la suite en Chiang Mai). Aux XIVe et XVe siècles, le royaume Lanna s'étendit au sud jusqu'à Kamphaeng Phet et au nord jusqu'à Luang Prabang, au Laos, mais il tomba aux mains de l'envahisseur birman en 1556, marquant le début d'une occupation qui durera 200 ans.

Après la prise d'Ayutthaya par les Birmans en 1767, l'armée thaïlandaise se rassembla à Phraya Taksin, dans l'actuelle Bangkok, pour repousser les forces birmanes. Chao Kavila (ou Kawila), chef de clan de la principauté voisine de Lampang, aida à "libérer" le nord de la Thaïlande de l'emprise des Birmans et fut nommé roi des États du Nord, plaçant Chiang Mai sous l'autorité du royaume de Siam.

Sous le règne de Kavila, Chiang Mai devint un important centre de commerce, grâce notamment à ses abondantes réserves de teck, et d'imposants remparts de briques furent érigés autour du centre de la ville. Nombre de temples de style birman tardif furent construits par de riches négociants en teck, émigrés de Birmanie à cette époque. Vinrent ensuite missionnaires et Britanniques ayant obtenu des concessions pour la vente de teck qui bâtirent des villas de style colonial autour de la vieille ville.

La fin de l'État semi-autonome Lanna n'était plus qu'une question de temps. Bangkok fit de Chiang Mai une entité administrative en 1892, tandis que l'expansion coloniale se poursuivait en Birmanie et au Laos voisins. La princesse Lanna Dara Rasmi fut envoyée à Bangkok pour devenir l'une des épouses officielles du roi Rama V, scellant les liens entre les deux familles royales.

L'achèvement de la voie ferrée nord jusqu'à Chiang Mai en 1922 relia enfin la partie septentrionale au centre du pays et, en 1933, Chiang Mai devint officiellement une province du Siam. La ville demeura toutefois relativement peu développée jusqu'en 2001, lorsque le Premier ministre Thaksin Shinawatra, originaire de Chiang Mai, entreprit de la moderniser en agrandissant l'aéroport et en construisant des autoroutes.

Une liaison ferroviaire à grande vitesse entre Chiang Mai et Bangkok réduira la durée du voyage à 3 heures 30 ; elle est encore au stade de projet pour l'essentiel, mais la construction d'un premier tronçon a commencé en 2017.

À voir

Chiang Mai déborde de temples, de marchés et de musées, mais ne négligez pas les sites hors de la vieille ville, tant à l'intérieur qu'à l'extérieur des routes express qui l'entourent.

Vieille ville

Dans l'enceinte de la vieille ville, les temples dominent la ligne des toits, des moines en robe orange circulent au milieu des touristes et l'ambiance évoque davantage une bourgade de campagne qu'une ville moderne. La vieille ville perd néanmoins cette âme de quartier à mesure que les administrations déménagent, que les habitants cèdent leurs biens et que les promoteurs s'installent.

Suan Buak Hat PARC

(สวนสาธารณะหนองบวกหาด ; carte p. 322 ; Th Bamrungburi ; 5h-21h ;). Le seul parc public de la vieille ville est un charmant lieu de détente, notamment lorsque le soleil descend à l'horizon en fin d'après-midi. Matin et soir, les habitants se retrouvent pour faire du tai-chi, du yoga ou du jogging sur les pistes, amener les enfants à l'aire de jeux, nourrir les poissons et les canards dans les bassins, ou simplement louer des nattes (15 B) pour s'asseoir et se relaxer.

Wat et sites religieux

Sites incontournables lorsque l'on visite la vieille ville, les temples surgissent à chaque coin de rue et attirent des foules de pèlerins, touristes et fidèles locaux. Pour une expérience plus sereine, planifiez vos visites en fin d'après-midi, lorsque les touristes ont laissé place aux moines venus assister à la prière du soir. Les visiteurs sont les bienvenus à condition de respecter les règles d'usage : rester silencieux pendant les prières, ne pas diriger ses pieds vers les représentations de Bouddha et les moines, et porter une tenue sobre (épaules et genoux couverts).

♥ **Wat Phra Singh** TEMPLE BOUDDHIQUE

(วัดพระสิงห์ ; carte p. 326 ; Th Singharat ; 5h-20h30). Le temple le plus vénéré de Chiang Mai est dominé par un immense *wí·hăhn* (sanctuaire) orné de mosaïque incrustée. Les somptueux édifices monastiques et le parc parfaitement entretenu, émaillé de stands de café et de pavillons de massage, donnent toute la mesure de la prospérité du temple. Les pèlerins y affluent pour rendre hommage à la célèbre statue du Bouddha nommée **Phra Singh** (Bouddha Lion), conservée dans le Wihan Lai Kham, une petite chapelle située juste au sud du *chedi* (*stupa*), au fond du parc.

Cette statue, qui aurait été ramenée du Sri Lanka, fut consacrée en 1367. La chapelle, tout aussi remarquable, présente des pignons aux *naga* (serpents mythiques) dorés et, à l'intérieur, des *lai·krahm* (décalques à l'or).

Si le Phra Singh fait l'objet d'une profonde vénération, on sait peu de chose de cette statue, qui rappelle davantage les idoles du nord de la Thaïlande que les statues du Bouddha sri lankais. Pour ajouter au mystère, il existe deux statues quasi identiques ailleurs en Thaïlande : l'une est conservée au Musée national de Bangkok, l'autre dans le Wat Phra Mahathat Woramahawihan, à Nakhon Si Thammarat. Quelle que soit sa provenance, le Phra Singh est aujourd'hui au cœur des célébrations religieuses de Songkran (Nouvel An thaï).

Dans le parc du monastère, remarquez la bibliothèque du temple, aménagée dans le **Ho Trai**, un pavillon surélevé en stuc et teck, décoré d'anges en bas-relief, dans le style du Wat Chet Yot, lui-même orné de bas-reliefs en stuc de *deva* (esprits bouddhiques angéliques). Le *chedi* principal du temple, doté d'une base octogonale de style Lanna classique, fut érigé par le roi Pa Yo en 1345 ; les fidèles l'enveloppent souvent de bandes de tissu safran en signe de dévotion.

DISCUSSION AVEC DES MOINES

Si vous vous intéressez au bouddhisme, de nombreux temples de Chiang Mai proposent des séances très appréciées de discussion avec les moines. Elles permettent aux moines novices de pratiquer leur anglais et aux touristes d'en apprendre davantage sur les dessous de la vie monastique dans laquelle la plupart des hommes thaïlandais s'engagent, au moins pour une petite partie de leur vie. Pensez à adopter une tenue sobre en signe de respect (épaules et genoux couverts). En raison des tabous rituels, les femmes doivent éviter de toucher les moines ou leurs affaires, ou de leur transmettre quoi que ce soit directement.

Wat Suan Dok (p. 336). Discussions dans une salle dédiée de 16h à 19h du lundi au vendredi.

Wat Srisuphan (p. 331). Discussions de 17h30 à 19h15 les mardis, jeudis et samedis, suivies de séances de méditation.

Wat Chedi Luang (p. 324). Discussions avec les moines à une table à l'ombre d'un arbre chaque jour entre 8h et 17h.

Chiang Mai

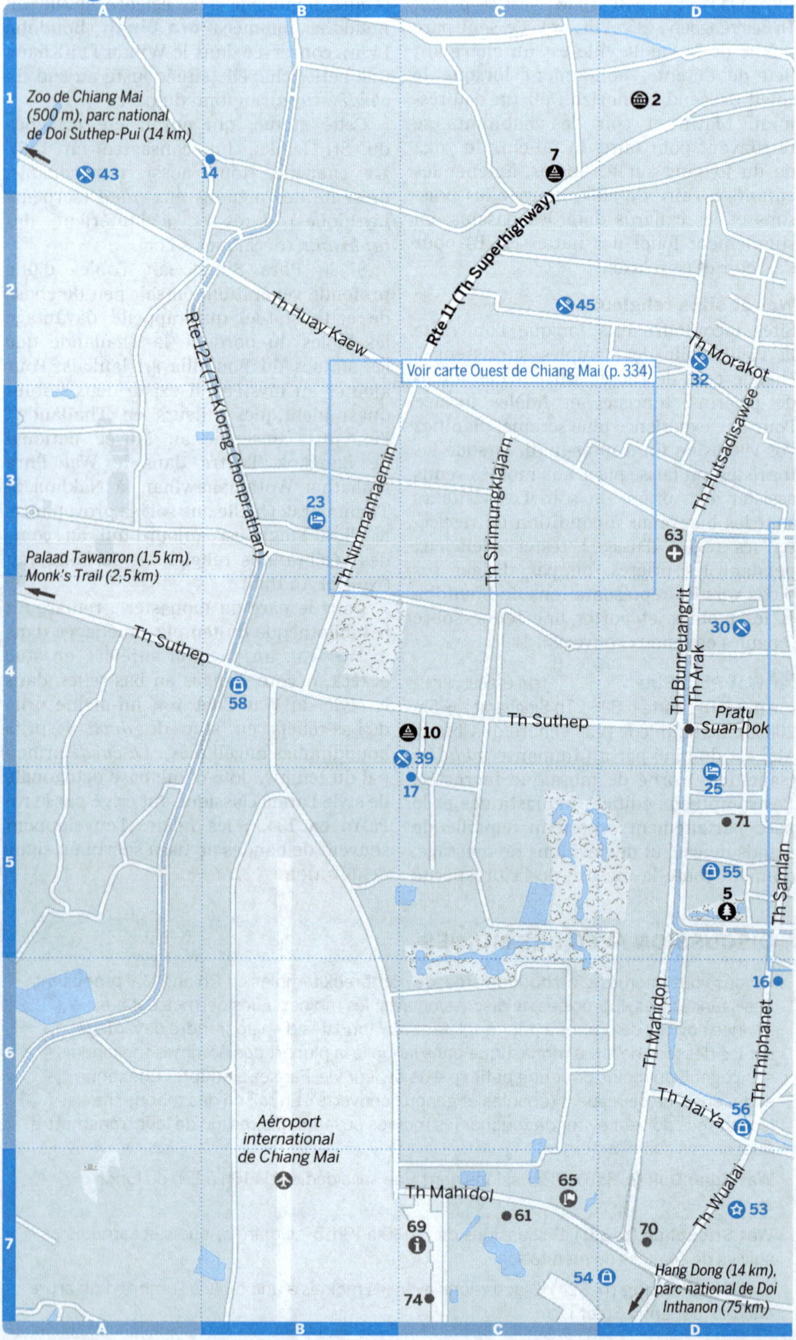
A
B
C
D
Zoo de Chiang Mai (500 m), parc national de Doi Suthep-Pui (14 km)
43
14
7
2
Rte 11 (Th Superhighway)
Th Huay Kaew
Rte 121 (Th Klorng Chonprathan)
45
Th Morakot
32
Voir carte Ouest de Chiang Mai (p. 334)
Th Hutsadisawee
Th Nimmanhaemin
Th Sirimungklajarn
23
63
Palaad Tawanron (1,5 km), Monk's Trail (2,5 km)
30
Th Suthep
58
Th Bunreuangrit
Th Arak
Pratu Suan Dok
10
39
17
25
71
55
5
Th Samlan
16
Th Mahidon
Th Thiphanet
Th Hai Ya
56
Aéroport international de Chiang Mai
65
Th Mahidol
61
69
70
Th Wualai
53
54
74
Hang Dong (14 km), parc national de Doi Inthanon (75 km)

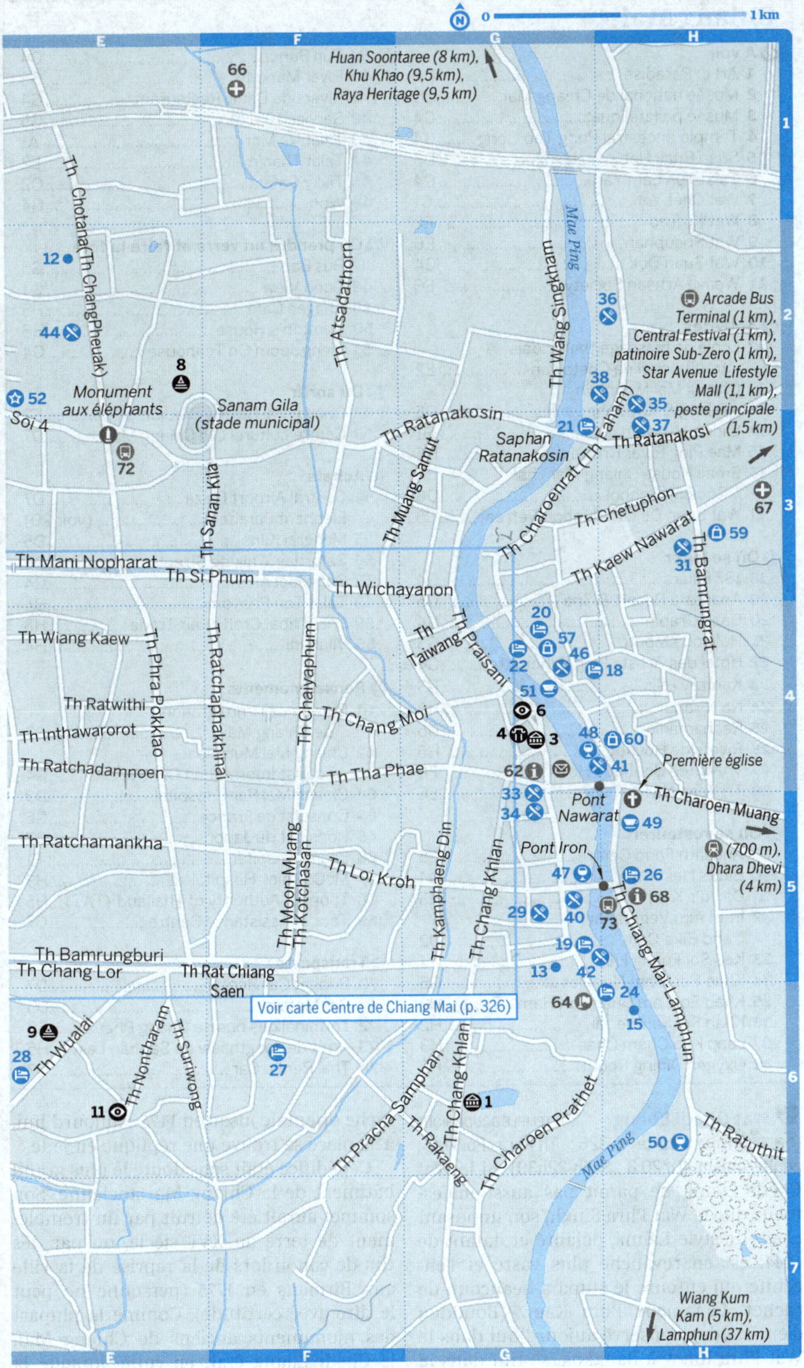

0
1 km
E
F
G
H
1
2
3
4
5
6
7
Huan Soontaree (8 km), Khu Khao (9,5 km), Raya Heritage (9,5 km)
66
Th Chotana (Th ChangPheuak)
12
44
8
52
Monument aux éléphants
Sanam Gila (stade municipal)
Soi 4
72
Th Atsadathorn
Th Wang Singkham
Mae Ping
36
38
35
37
21
Arcade Bus Terminal (1 km), Central Festival (1 km), patinoire Sub-Zero (1 km), Star Avenue Lifestyle Mall (1,1 km), poste principale (1,5 km)
Th Ratanakosin
Saphan Ratanakosin
Th Charoenrat (Th Faham)
Th Ratanakosi
67
Th Muang Samut
Th Sanan Kila
Th Chetuphon
59
Th Kaew Nawarat
31
Th Bamrungrat
Th Mani Nopharat
Th Si Phum
Th Wichayanon
Th Wiang Kaew
Th Phra Pokklao
Th Ratchaphakhinai
Th Chaiyaphum
Th Taiwang
Th Praisani
20
57
46
22
18
51
6
4
3
48
60
41
Th Ratwithi
Th Inthawarorot
Th Ratchadamnoen
Th Chang Moi
Th Tha Phae
62
Première église
Th Charoen Muang
33
34
Pont Nawarat
49
Th Ratchamankha
Th Moon Muang
Th Kotchasan
Th Loi Kroh
Th Kamphaeng Din
Th Chang Khlan
Pont Iron
47
26
68
(700 m), Dhara Dhevi (4 km)
29
40
73
Th Chiang Mai-Lamphun
Th Bamrungburi
Th Chang Lor
Th Rat Chiang Saen
19
13
42
64
24
15
Voir carte Centre de Chiang Mai (p. 326)
9
28
Th Wualai
Th Nontharam
Th Suriwong
27
11
Th Pracha Samphan
Th Rakaeng
Th Chang Khlan
1
Th Charoen Prathet
Mae Ping
50
Th Ratuthit
Wiang Kum Kam (5 km), Lamphun (37 km)

Chiang Mai

À voir
1 Art in Paradise ... G6
2 Musée national de Chiang Mai ... D1
3 Musée philatélique ... G4
4 Temple ancestral Pung Tao Gong ... G4
5 Suan Buak Hat ... D5
6 Talat Ton Lam Yai ... G4
7 Wat Chet Yot ... C1
8 Wat Ku Tao ... E2
9 Wat Srisuphan ... E6
10 Wat Suan Dok ... C4
11 Weave Artisan Society ... E6

Activités
12 École de massage thaïlandais traditionnel de Chetawan ... E2
13 Chiang Mai Mountain Biking & Kayaking ... G5
14 Lanna Muay Thai ... B1
15 Mae Ping River Cruise ... H6
16 Small House Chiang Mai Thai Cooking School ... D6
17 Wat Suan Dok Meditation Retreat ... C5

Où se loger
18 137 Pillars ... G4
19 Anantara Resort & Spa ... G5
20 Baan Orapin ... G4
21 Hollanda Montri ... G3
22 Hotel des Artists Ping Silhouette ... G4
23 Kantary Hills ... B3
24 Na Nirand ... H6
25 Rachamankha ... D5
26 Riverside House ... H5
27 Thanatee Boutique Hotel ... F6
28 Tri Yaan Na Ros ... E6

Où se restaurer
29 Anusarn Food Centre ... G5
30 Bird's Nest Cafe ... D4
31 David's Kitchen ... H3
32 Imm Aim Vegetarian and Bike Cafe ... D2
33 Kao Soi Fueng Fah ... G4
34 Khao Soi Islam Noodles ... G5
35 Khao Soi Lam Duan Fah Ham ... H2
36 Khao Soi Samoe Jai ... H2
37 Laap Kao Cham Chaa ... H3
38 Oxygen Dining Room ... H2
39 Pun Pun ... C4
40 River Market ... G5
41 Riverside Bar & Restaurant ... G4
42 Service 1921 ... G5
43 Talat Na Mor ... A1
44 Talat Thanin ... E2
45 Tikky Cafe ... C2
46 Woo ... G4

Où prendre un verre et faire la fête
47 Bus Bar ... G5
48 Good View ... G4
49 Khagee Cafe ... H5
50 Namton's House ... H6
51 Vieng Joom On Teahouse ... G4

Où sortir
52 Chiangmai Boxing Stadium ... E2
53 Centre culturel Old Chiang Mai ... D7

Achats
54 Central Airport Plaza ... D7
Elephant Parade ... (voir 20)
55 Mengrai Kilns ... D5
56 Saturday Walking Street ... D6
57 Sop Moei Arts ... G4
58 Talat Ton Phayom ... B4
59 Thai Tribal Crafts Fair Trade ... H3
60 Vila Cini ... H4

Renseignements
61 Bureau de l'immigration de Chiang Mai ... C7
62 Chiang Mai Municipal Tourist Information Centre ... G4
63 Chiang Mai Ram Hospital ... D3
64 Consulat de France ... G6
65 Consulat du Japon ... C7
66 Lanna Hospital ... F1
67 McCormick Hospital ... H3
68 Tourism Authority of Thailand (TAT) ... H5
69 Tourist Assistance Centre ... C7

Transports
70 Budget Car Rental ... D7
71 Cat Motors ... D5
72 Terminal des bus de Chang Pheuak ... E3
73 Arrêt de songthaew de Saphan Lek ... H5
74 Thai Rent a Car ... C7

Wat Chedi Luang TEMPLE BOUDDHIQUE

(วัดเจดีย์หลวง ; carte p. 326 ; Th Phra Pokklao ; adulte/enfant 40/20 B ; 5h-22h30). Si le Wat Chedi Luang ne paraît pas aussi majestueux que le Wat Phra Singh, son imposant *chedi* de style Lanna, délabré et datant de 1441, est en revanche plus vaste et l'enceinte qui entoure le stupa a beaucoup de cachet. Le fameux Phra Kaew (Bouddha d'émeraude), conservé aujourd'hui dans le Wat Phra Kaew à Bangkok, se tint dans la niche orientale jusqu'en 1475 ; aujourd'hui, à sa place se trouve une réplique en jade.

Cet édifice était sans doute le plus grand bâtiment de la Chiang Mai ancienne. Son sommet aurait été détruit par un tremblement de terre au XVIe siècle, ou par des tirs de canon lors de la reprise de la ville aux Birmans en 1775 (personne ne peut le dire avec certitude). Comme la plupart des monuments anciens de Chiang Mai, le Chedi Luang était en ruine lorsque la ville entreprit sa renaissance moderne. Le projet de restauration mené par l'Unesco et le gouvernement japonais dans les années 1990 permit de consolider le monument et de prévenir toute nouvelle détérioration.

En se promenant autour du *chedi*, on repère facilement les éléments nouveaux sur les 4 escaliers *naga* faisant face aux points cardinaux. Sur les 5 sculptures d'éléphants à la base du stupa sur sa face sud, 4 sont des reproductions ; la sculpture originale, de brique et de stuc, se trouve à l'extrême droite. La flèche n'a pas été remplacée, aucun consensus n'ayant été trouvé sur son aspect d'origine.

Dans le principal *wí·hăhn*, la statue sacrée d'un bouddha debout, appelée **Phra Chao Attarot**, est flanquée de deux disciples. À l'arrière de l'enceinte, des pavillons en teck abritent d'autres chapelles et statues, notamment un immense bouddha couché et un bouddha assis d'influence chinoise, dont les vêtements dissimulent à peine le corps. Les discussions avec les moines (p. 321), organisées chaque jour sous un arbre du parc, attirent toujours une foule de visiteurs.

Si vous pénétrez dans l'enceinte du Wat Chedi Luang par l'entrée principale, dans Th Phra Pokklao, vous tomberez sur un autre monument digne d'intérêt, le **Lak Meuang** (หลักเมือง, pilier de la ville).

♥ Wat Phan Tao TEMPLE BOUDDHIQUE

(วัดพันเถา ; carte p. 326 ; Th Phra Pokklao ; don apprécié ; lever-coucher du soleil). Cette merveille en teck dans l'ombre du Wat Chedi Luang (p. 324) est sans conteste le plus beau *wat* de la vieille ville. Avec sa vaste salle de prière soutenue par 28 gigantesques piliers en teck et dotée de panneaux en teck sombre, ce monastère, niché dans un parc où flottent d'innombrables drapeaux orange, est une véritable ode à la gloire du commerce du teck. Il abrite une statue du Bouddha dorée particulièrement élaborée.

Assister aux prières du soir, lorsque les robes orange des moines se détachent sur cette toile de fond sombre, est une expérience extraordinaire.

Sur la partie supérieure de la façade est représenté un paon surmontant un chien, symbole de l'année astrologique de la naissance de l'ancien résident royal. Le monastère est l'un des points de convergence de la fête de Visakha Bucha, en mai ou juin. À cette occasion, les moines allument des centaines de lampes à beurre autour de l'étang situé dans l'enceinte.

Wat Chiang Man TEMPLE BOUDDHIQUE

(วัดเชียงมั่น ; carte p. 326 ; Th Ratchaphakhinai ; don apprécié ; lever-coucher du soleil). Plus ancien temple de Chiang Mai, le Wat Chiang Man fut édifié par le fondateur de la cité, Phaya Mengrai, vers 1296. Devant l'*ubosot* (salle des ordinations), une stèle gravée en 1581 porte la plus ancienne référence connue à la fondation de la ville. Le *wí·hăhn* (sanctuaire) principal contient par ailleurs la plus ancienne statue du Bouddha connue réalisée par le royaume Lanna ; elle fut coulée en 1465.

Musées

La vieille ville possède trois excellents musées historiques – le musée des Arts populaires Lanna, le Centre culturel et artistique de Chiang Mai et le Centre d'histoire de Chiang Mai – dans des édifices de style colonial thaïlandais autrefois occupés par l'administration municipale. Le billet combiné incluant les 3 musées, et valable une semaine, coûte 180/80 B (adulte/enfant).

♥ Musée des Arts populaires Lanna MUSÉE

(พิพิธภัณฑ์พื้นถิ่นล้านนา ; carte p. 326 ; 053 217793 ; www.cmocity.com ; Th Phra Pokklao ; adulte/enfant 90/40 B, billet combiné adulte/enfant 180/80 B ; 8h30-17h mar-dim). Occupant l'ancien tribunal provincial, datant de 1935, ce musée original recrée la vie d'un village Lanna à travers une série de dioramas grandeur nature qui abordent entre autres les poteries *lai·krahm* (décalques), le *fon lep* (danse mystique exécutée avec de longs ongles en métal) et la symbolique complexe des différents éléments des monastères de style Lanna.

Centre d'histoire de Chiang Mai MUSÉE

(หอประวัติศาสตร์เมืองเชียงใหม่ ; carte p. 326 ; 053 217793 ; www.cmocity.com ; Th Ratwithi ; adulte/enfant 90/40 B, billet combiné adulte/enfant 180/80 B ; 8h30-17h mar-dim). Juste derrière le Centre culturel et artistique de Chiang Mai, dans un vaste édifice de style Lanna, ce charmant musée dédié à l'histoire de la province aborde notamment la fondation de la capitale, l'occupation birmane et l'époque plus récente du commerce et de l'unification avec Bangkok. Au rez-de-chaussée, une fosse archéologique renferme le mur d'un ancien temple.

Centre de Chiang Mai

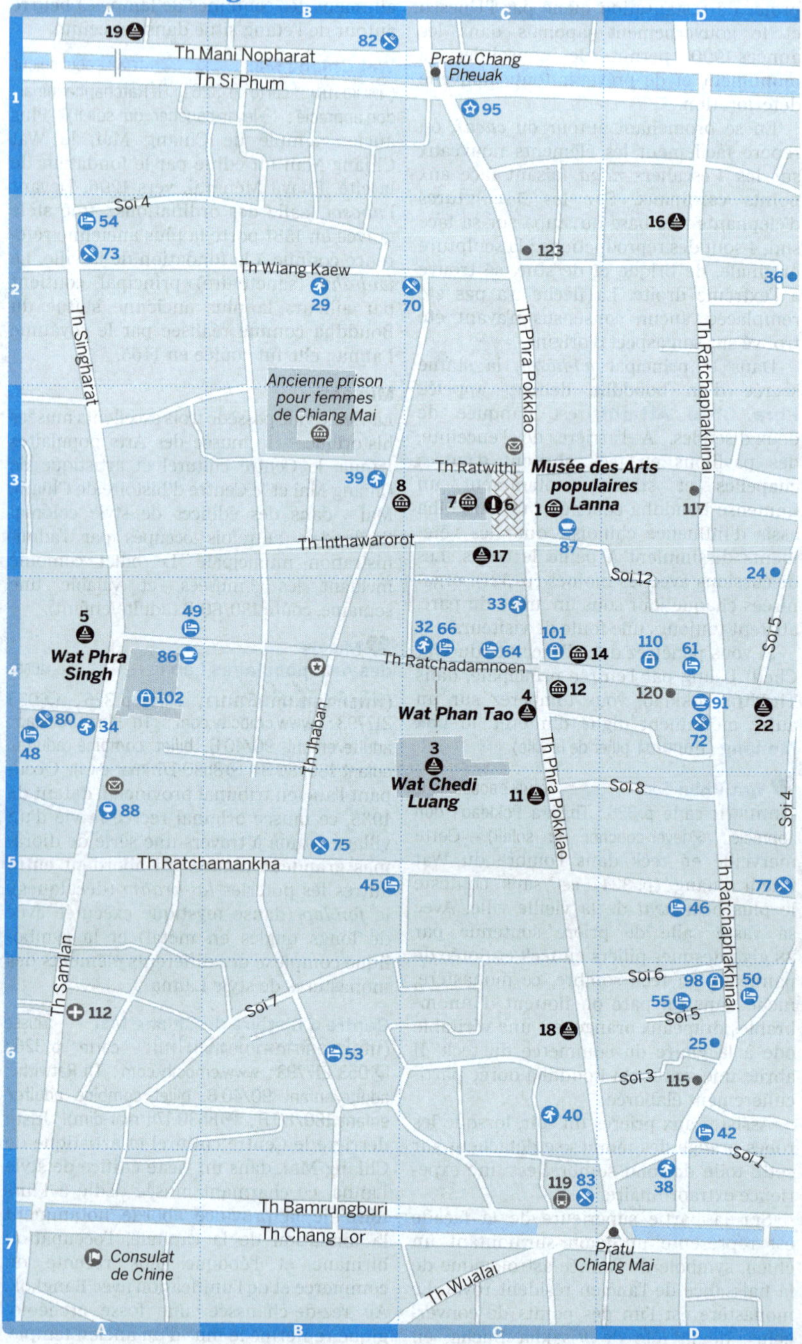

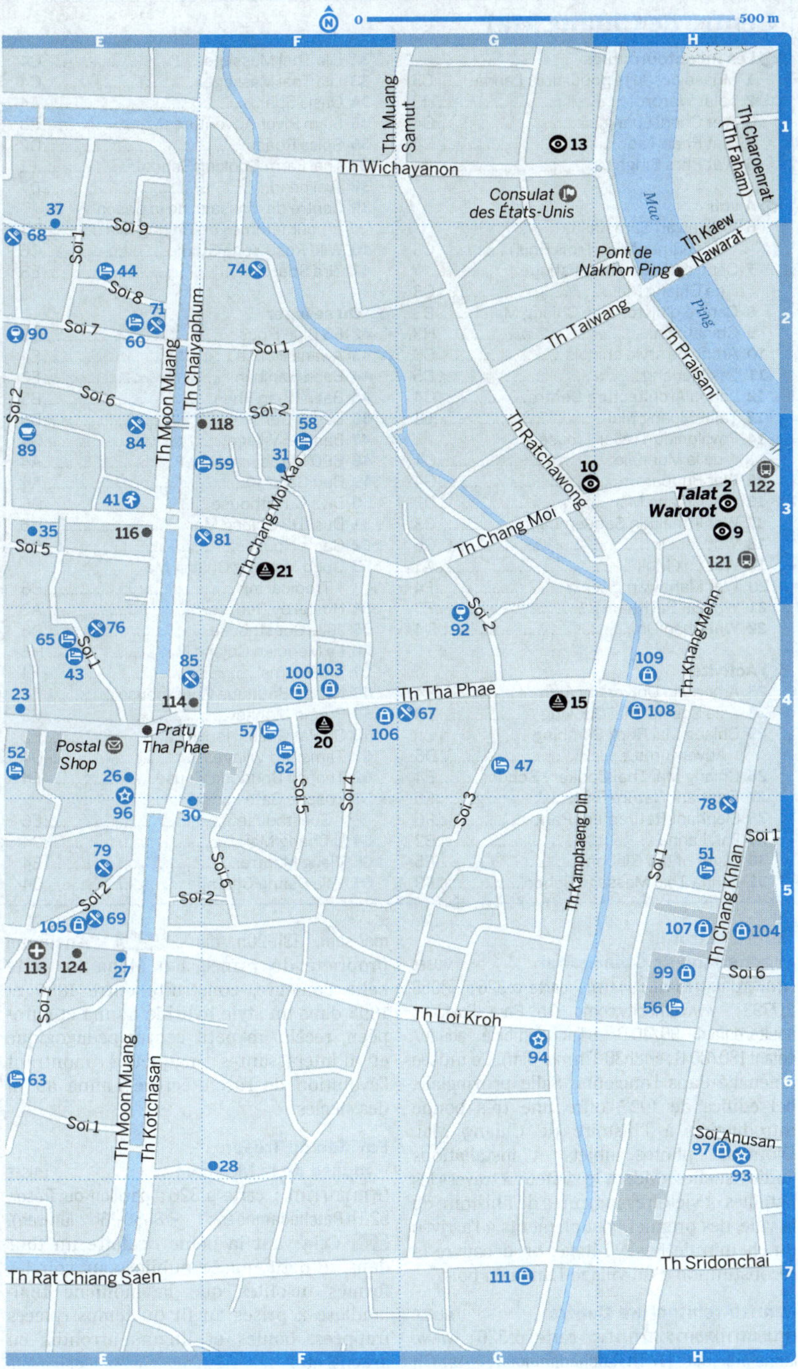
0
500 m
E
F
G
H
1
2
3
4
5
6
7
Th Muang Samut
Th Wichayanon
13
Consulat des États-Unis
Th Charoenrat (Th Faham)
Mae
Ping
Th Kaew Nawarat
Pont de Nakhon Ping
Th Taiwang
Th Praisani
Th Ratchawong
10
Talat Warorot
2
9
122
121
Th Chang Moi
Th Chang Moi Kao
21
Soi 2
92
109
108
Th Khang Mehn
Th Tha Phae
15
100
103
106
67
57
62
20
47
Soi 5
Soi 4
Soi 3
Th Kamphaeng Din
78
Soi 1
51
Th Chang Khlan
107
104
99
Soi 6
56
Th Loi Kroh
94
Soi Anusan
97
93
28
111
Th Sridonchai
Th Rat Chiang Saen
37
68
Soi 9
Soi 1
44
Soi 8
71
60
Soi 7
90
74
Th Chaiyaphum
Th Moon Muang
Soi 1
Soi 6
Soi 2
Soi 2
118
58
89
84
59
31
41
35
116
Soi 5
81
76
65
Soi 1
43
85
23
114
Pratu Tha Phae
Postal Shop
52
26
96
30
Soi 6
79
Soi 2
Soi 2
105
69
113
124
27
Soi 1
63
Soi 1
Th Moon Muang
Th Kotchasan
PROVINCE DE CHIANG MAI CHIANG MAI

Centre de Chiang Mai

Les incontournables

1 Musée des Arts populaires Lanna C3
2 Talat Warorot H3
3 Wat Chedi Luang C4
4 Wat Phan Tao C4
5 Wat Phra Singh A4

À voir

6 Anusawari Sam Kasat (Monument des Trois Rois) C3
7 Centre culturel et artistique de Chiang Mai C3
8 Centre d'histoire de Chiang Mai B3
9 Chinatown H3
10 Arche de style chinois G3
11 Làk Meuang C5
12 Lanna Architecture Centre C4
13 Talat Muang Mai G1
14 Pavillon du Trésor - musée de la Monnaie C4
15 Wat Bupparam G4
16 Wat Chiang Man D2
17 Wat Inthakhin Saduemuang C3
18 Wat Jet Lin C6
19 Wat Lok Moli A1
20 Wat Mahawan F4
21 Wat Ou Sai Kham F3
22 Wat Phan On D4

Activités

23 American University Alumni E4
24 Asia Scenic Thai Cooking D3
25 Chiang Mai Rock Climbing Adventures D6
26 Chiang Mai Thai Cookery School E4
27 Elephant Nature Park E5
28 Elephant Retirement Park F6
29 Fah Lanna B2
30 Flight of the Gibbon E5
31 Lanna Thai Massage School F3
32 Lila Thai Massage C4
33 Lila Thai Massage C4
34 Oasis Spa A4
35 Siam River Adventures E3
36 Spice Roads D2
37 Thai Farm Cooking School E1
38 Trailhead D7
39 Centre de massage de la prison pour femmes de Chiang Mai B3
40 Wild Rose Yoga Studio C6
41 Zira Spa E3

Où se loger

42 60 Blue House D6
43 Awana House E4
44 Baan Hanibah E2
45 Baan Huen Phen B5
46 Banjai Garden D5
47 Banthai Village G4
48 BED Phrasingh Hotel A4
49 Buri Gallery A4
50 Diva Guesthouse D6
51 DusitD2 Chiang Mai H5
52 Gap's House E4
53 Good Morning Chiang Mai Tropical Inn B6
54 Hostel by Bed A2
55 Julie Guesthouse D6
56 Le Meridien Chiang Mai H6
57 Mo Rooms F4
58 Natlen Boutique Guesthouse F3
59 Purple Monkey F3
60 Sri Pat Guest House E2
61 Tamarind Village D4
62 Thapae Boutique House F4
63 Thapae Gate Lodge Guesthouse E6
64 U Chang Mai C4
65 Vieng Mantra E4
66 Villa Duang Champa C4

Centre culturel et artistique de Chiang Mai — MUSÉE

(หอศิลปวัฒนธรรมเชียงใหม่ ; carte p. 326 ; ☎053 217793 ; www.cmocity.com ; Th Phra Pokklao ; adulte/enfant 90/40 B, billet combiné adulte/enfant 180/80 B ; ⏲8h30-17h mar-dim). Ce musée aménagé dans l'ancienne Salle provinciale, bel édifice de 1927, offre une très bonne introduction à l'histoire de Chiang Mai. Dioramas, photos, objets et installations audiovisuelles guident le visiteur à travers les batailles et victoires majeures de l'histoire de la ville, des premiers peuplements à l'arrivée du chemin de fer. À l'étage, on découvre la reconstitution d'un village Lanna en bois.

Lanna Architecture Centre — MUSÉE

(ศูนย์สถาปัตยกรรมล้านนา ; carte p. 326 ; www.lanna-arch.net ; 117 Th Ratchadamnoen ; ⏲9h-17h mar-sam, 13h-20h dim). GRATUIT Ancienne propriété du prince Jao Maha In, cette belle demeure, construite entre 1889 et 1893 dans un style hybride Lanna et européen, recèle un petit centre pédagogique et d'intéressantes maquettes montrant l'évolution de l'architecture Lanna au fil des siècles.

Pavillon du Trésor – musée de la Monnaie — MUSÉE

(ศาลาธนารักษ์ ; carte p. 326 ; pavillon du Trésor, 52 Th Ratchadamnoen ; ⏲8h30-16h lun-ven). GRATUIT Cela vaut la peine de faire un tour dans ce petit musée public pour voir les formes insolites que la monnaie thaïlandaise a prises au fil du temps (pièces frappées, boules et lingots arrondis en argent, etc.).

Où se restaurer
67 Asa G4
68 Blue Diamond E2
69 Dada Kafe E5
70 Fahtara Coffee C2
71 Ginger & Kafe @ The House E2
72 Girasole D4
Good Morning Chiang Mai ....(voir 53)
73 Goodsouls Kitchen A2
74 Hideout F2
75 Huen Phen B5
76 Lert Ros E4
77 Mit Mai D5
78 Marché nocturne H5
79 Overstand Coffee Shop E5
Ruen Tamarind ....(voir 61)
80 SP Chicken A4
81 Swan F3
82 Talat Pratu Chang Pheuak B1
83 Talat Pratu Chiang Mai C7
84 Talat Somphet E3
85 Thanom Phochana E4

Où prendre un verre et faire la fête
86 Akha Ama Cafe A4
87 Café de Museum C3
88 Cru Wine Bar A5
89 Graph E3
90 Khun Kae's Juice Bar E2
Raming Tea House ....(voir 109)
91 Wawee Coffee D4
92 We Didn't Land on the Moon Since 1987 ....G4

Où sortir
93 Chiang Mai Cabaret Show H6
94 Loi Kroh Boxing Stadium G6
95 North Gate Jazz Co-Op C1
96 Thapae Boxing Stadium E4

Achats
97 Bazar de nuit d'Anusarn H6
98 Chaitawat Bikeshop D6
99 Bazar de nuit de Chiang Mai H5
100 Herb Basics F4
101 Herb Basics C4
102 HQ Paper Maker A4
103 John Gallery F4
104 Bazar de nuit Kalare H5
Kesorn Arts ....(voir 109)
105 Lost Book E5
106 Nakorn Kasem F4
107 Bazar de nuit H5
108 Praewphun Thai Silk H4
109 Siam Celadon H4
110 Sunday Walking Street D4
111 Suriwong Book Centre G7

Renseignements
112 Centre of Thai Traditional & Complementary Medicine A6
113 Mungkala Traditional Medicine Clinic E5

Transports
114 Air Asia E4
115 Mr Mechanic D6
116 Mr Mechanic E3
117 Mr Mechanic D3
118 North Wheels F3
119 Arrêt de songthaew de Pratu Chiang Mai C7
120 SM Travel D4
121 Songthaew pour San Kamphaeng H3
122 Arrêt de songthaew de Talat Warorot H3
123 Thai Airways International C2
124 Toon's Bikes E5

Est de la vieille ville et bords du fleuve

Au-delà de la Pratu Tha Phae s'étend un quartier commerçant traditionnel de Chiang Mai comprenant de vastes marchés et des *shophouses* (maisons de négoce avec habitation à l'étage) anciennes qui se succèdent jusqu'à la berge.

Talat Warorot MARCHÉ

(ตลาดวโรรส ; carte p. 326 ; angle Th Chang Moi et Th Praisani ; 6h-17h). Le Talat Warorot (ou Waroros), le plus ancien marché public de Chiang Mai, est tout indiqué pour saisir l'âme thaïlandaise de la ville. Outre des vendeurs de souvenirs, on y trouve de nombreux étals proposant toutes sortes de produits courants : woks, jouets, filets de pêche, feuilles de thé marinées, perruques, autocuiseurs de riz, saucisses thaïlandaises, *kâab mŏo* (couennes de porc), poissons-chats vivants et autres statues pour "maisons des esprits".

On y passe facilement une demi-journée à flâner dans les ruelles couvertes, à observer les gens qui vont et viennent et à négocier le prix d'articles qui vous seront utiles une fois de retour chez vous.

On sait que l'on arrive au marché lorsque les voitures arrêtent de circuler et que des charrettes chargées de marchandises se faufilent entre elles. Son emplacement au bord de la rivière n'est pas le fruit du hasard ; traditionnellement, les produits agricoles vendus à Chiang Mai étaient pour la plupart acheminés ici par bateau sur la Mae Ping.

MORCEAUX CHOISIS

Si vous avez toujours soif d'architecture religieuse thaïlandaise, des dizaines d'autres *wat* anciens sont disséminés dans la vieille ville et les rues environnantes. En voici une petite sélection.

Wat Inthakhin Saduemuang (วัดอินทขิลสะดือเมือง ; carte p. 326 ; Th Inthawarorot ; don apprécié ; ⏲5h-21h). C'est dans ce petit *wat* perdu au milieu de Th Inthawarorot qu'était conservé à l'origine le *làk meu·ang* (pilier de la ville). Son *wí·hăhn* (sanctuaire) en teck doré est l'un des édifices de la ville aux proportions les plus harmonieuses.

Wat Phan On (วัดพันอ้น ; carte p. 326 ; Th Ratchadamnoen ; don apprécié ; ⏲6h-17h). Le *chedi* (stupa) doré est doté de niches ornées de *lai·krahm* (décalques à l'or), qui abritent des bouddhas également dorés. Le soir venu, une foule de fidèles envahit ce *wat* prospère, dont la cour se transforme en aire de restauration lors de la Sunday Walking Street (p. 365).

Wat Jet Lin (วัดเจ็ดลิน หรือ วัดหนองจลิน ; carte p. 326 ; Th Phra Pokklao ; don apprécié ; ⏲4h-18h). Ce *wat* sympathique servit de lieu de sacre des rois Lanna au XVIe siècle. De nos jours, on peut y admirer une série de gongs géants, un grand *chedi* ancien de style *mon·dòp* et un imposant bouddha doré aux proportions majestueuses.

Wat Lok Moli (วัดโลกโมฬี ; carte p. 326 ; 298/1 Th Mani Nopharat ; don apprécié ; ⏲6h-18h). Un élégant ensemble en bois émaillé de sculptures en terre cuite. Le *wí·hăhn* est surmonté d'un impressionnant toit à 3 niveaux et le grand *chedi* en forme de tonneau a conservé certains de ses stucs d'origine.

Wat Ou Sai Kham (วัดอู่ทรายคำ ; carte p. 326 ; Th Chang Moi Kao ; don apprécié ; ⏲7h-18h). Ce sympathique *wat* de quartier comprend une impressionnante collection de bouddhas en jade et de blocs de jade et de néphrite dans son *wí·hăhn* principal.

Wat Mahawan (วัดมหาวัน ; carte p. 326 ; Th Tha Phae ; don apprécié ; ⏲6h-18h). Un beau *wat* blanchi à la chaux qui témoigne clairement de l'influence des marchands de teck birmans qui venaient autrefois s'y recueillir. Le *chedi* et les portes de style birman sont décorés d'anges et de créatures mythologiques en stuc.

Juste à côté, le Talat Ton Lam Yai (ci-dessous) est le principal marché aux fleurs de la ville, et on découvre plus au sud d'autres marchés où abondent produits alimentaires frais et autres, marchands de tissu, orfèvres chinois et étals de vêtements. L'extrémité nord du quartier des marchés est envahie par les marchands de fruits (litchis, longanes, mangoustes ou ramboutans). Les *săhm·lór* (cyclopousses) – qui se font rares en ville aujourd'hui – attendent les clients chargés de courses pour les ramener chez eux.

Talat Ton Lam Yai MARCHÉ

(ตลาดต้นลำไย ; carte p. 322 ; Th Praisani ; ⏲24h/24). Ce marché adjacent au Talat Warorot (p. 329) comprend une partie couverte où sont proposés des produits de consommation courante, et un marché aux fleurs (*gàht dòrk mái*) animé, dans Th Praisani, au bord de la rivière. Les fleuristes sont de véritables artistes qui créent de sublimes compositions à partir de fleurs et de feuilles de bananier pour les fêtes et les petits sanctuaires familiaux.

L'odeur du jasmin flotte dans les ruelles et les chauffeurs de taxi y viennent à toute heure du jour ou de la nuit acheter des guirlandes de fleurs de jasmin et de roses miniatures pour parfumer leur véhicule. Ouvert tous les jours 24h/24, le marché bat cependant son plein à la nuit tombée, les fleurs supportant mal la chaleur du jour. L'animation est à son comble lors des fêtes comme Loi Krathong et la fête des Fleurs annuelle.

En journée, le Talat Ton Lam Yai compte également des sections de produits frais et d'animaux vivants, et un bâtiment de plusieurs étages abrite des étals vendant des décorations bouddhiques, des jouets, des produits alimentaires secs et des vêtements.

Musée d'Art contemporain Maiiam MUSÉE

(☎052 081737 ; www.maiiam.com ; 122 Mu 7, Tonpao, San Kamphaeng ; tarif plein/étudiant/-12 ans 150/100 B/gratuit ; ⏲10h-18h mer-lun ; Ⓟ). Situé sur la "route de l'artisanat" entre Chiang Mai et San Kamphaeng, ce musée présente la seule collection du pays exclusivement consacrée à l'art contemporain thaïlandais et du Sud-Est asiatique. Petit mais innovant, il occupe un entrepôt reconverti et apporte à Chiang Mai, dont l'environnement est assez rural, une touche de sophistication urbaine. Le musée abrite également un restaurant et une petite boutique de souvenirs.

Accueillant la collection privée d'une famille ainsi que des expositions contemporaines, le Maiiam dévoile un aspect différent de l'art thaïlandais, loin des reproductions de sculptures sur bois traditionnelles, des peintures de temples et des artisanats séculaires.

Talat Muang Mai MARCHÉ
(ตลาดเมืองใหม่ ; carte p. 326 ; Th Praisani ; ⌚24h/24). Le principal marché aux fruits de gros de Chiang Mai déborde d'activité tous les matins, lorsque les camions déchargent le long de la rive orientale de la Mae Ping de gigantesques cargaisons de mangues, durians, ramboutans, longanes, pastèques, jamboses, fruits de la passion et bien d'autres fruits tropicaux de saison. La production est vendue aux marchands de stands de jus de fruits de la ville et autres commerçants des marchés, tels le Warorot ou les marchés de nuit.

Chinatown QUARTIER
(ไชน่าทาวน์ ; carte p. 326 ; Th Chang Moi). Le quartier dominé par les marchés Warorot et Ton Lam Yai comprend également le petit Chinatown de Chiang Mai, dont l'entrée est marquée par une flamboyante **arche de style chinois** (ประตูต้อนรับจีน ; carte p. 326) dans Th Chang Moi. À proximité de ces deux marchés, on trouve çà et là plusieurs temples confucéens, ainsi que quelques échoppes d'apothicaire et un grand nombre de bijouteries, dont les devantures sont décorées de rouge éclatant, une couleur symbole de vitalité et de bonheur dans la culture chinoise.

Toutefois, le secteur a perdu de son importance avec la construction du vaste temple de la Samakkee Charity Foundation.

Au sud du marché aux fleurs, dans Th Praisani, se dresse le **temple ancestral Pung Tao Gong** (ศาลเจ้าปุงเถ่ากง ; carte p. 322 ; Th Praisani ; ⌚6h-18h). GRATUIT. Une petite parade serpente à travers le quartier pour fêter le Nouvel An chinois.

Wat Bupparam TEMPLE BOUDDHIQUE
(วัดบุปผาราม ; carte p. 326 ; Th Tha Phae ; 20 B ; ⌚5h-20h). Ce temple richement ornementé témoigne de l'influence marquée des marchands de teck birmans qui immigrèrent à Chiang Mai au XIXe siècle. La remarquable salle du dharma possède un *mon·dòp* (bibliothèque) au niveau inférieur et une grande salle de prière au niveau supérieur, mais le véritable joyau du site est le superbe *wí·hăhn* en teck incrusté de mosaïques de miroirs dans le plus pur style Lanna.

Le *chedi* de style môn birman à l'arrière de l'enceinte présente 4 *singha* (lions) en stuc autour de sa base.

Art in Paradise MUSÉE
(พิพิธภัณฑ์อาร์ อินพาราไดซ์ เชียงใหม่ ; carte p. 322 ; www.chiangmai-artinparadise.com ; 199/9 Th Chang Khlan ; adulte/enfant 400/200 B ; ⌚9h-20h30, dernière entrée 19h ; 👪). Ce musée divertissant présente un choix d'installations artistiques comportant des illusions d'optique en 3D, des à-pics de falaise, des décors de cinéma, une salle de lévitation ou un voyage en tapis volant, dans lesquelles vous pourrez vous mettre en scène, prendre des photos et plus généralement faire le pitre. Petits et grands apprécient tout autant.

Sud de la vieille ville

Voie principale qui relie la vieille ville au sud-ouest de Chiang Mai, Th Wualai s'est forgé une belle réputation grâce à ses boutiques d'argenterie et elle résonne souvent du martèlement des artisans gravant des motifs religieux et ornementaux sur des bols, coffres à bijoux et plaques décoratives en argent ou en aluminium. C'est dans cette rue que se tient le marché très animé, attirant autant les habitants que les touristes, de la Saturday Walking Street (p. 365).

Wat Srisuphan TEMPLE BOUDDHIQUE
(วัดศรีสุพรรณ ; carte p. 322 ; Soi 2, Th Wualai ; ⌚6h-18h). On ne s'étonnera pas de retrouver le savoir-faire des orfèvres de Th Wualai dans la décoration de leur monastère protecteur. L'*ubosot* (salle d'ordination) d'"argent" est couvert de panneaux en argent, nickel et aluminium ornés de motifs repoussés. L'ensemble évoque une immense boîte à bijoux, en particulier à la nuit tombée, lorsque le monastère se pare de lumières colorées.

Fondé en 1502, ce *wat* conserve peu d'éléments d'origine, hormis quelques piliers en teck et poutres du *wí·hăhn*

100% LOCAL

L'ÂGE D'OR DU TECK À CHIANG MAI

Chiang Mai, qui n'a jamais été colonisée par les puissances européennes, présente néanmoins nombre d'édifices d'influence occidentale, datant de l'époque où les représentants commerciaux de teck, britanniques et américains, firent fortune en exploitant le bois issu des forêts des environs.

L'un des vestiges les plus remarquables de cette période est la **Première Église** (คริสตจักรที่ ๑ เชียงใหม่ ; carte p. 322 ; Th Chiang Mai-Lamphun), juste au sud du Nawarat Bridge, sur la rive est. Cet édifice en planches de bardage fut érigé en 1868 par la mission du Laos, originaire de Caroline du Nord. Un peu plus au sud, on doit à des ingénieurs anglais de Cleveland les poutres en acier de l'Iron Bridge (pont de Fer), construit en hommage à l'ancien Nawarat Bridge démoli. Selon le folklore local, le fameux Memorial Bridge de Pai n'est pas un vestige de la Seconde Guerre mondiale, mais un faux des années 1970, construit avec des poutres récupérées du Nawarat Bridge de Chiang Mai.

Si vous prenez l'autre direction le long de la rive ouest, vous atteindrez l'ancien **bureau de poste principal**, de style colonial, qui abrite aujourd'hui le petit **Musée philatélique** (พิพิธภัณฑ์ตราไปรษณียากร ; carte p. 322 ; Th Praisani ; ⌚9h-16h mar-dim). GRATUIT Des bâtiments administratifs similaires sont dispersés aux alentours de l'intersection entre Th Ratwithi et Th Phra Pokklao, dans la vieille ville. Les anciennes **Salle provinciale**, désormais le Centre culturel et artistique de Chiang Mai (p. 328), et **Cour provinciale**, aujourd'hui le musée des Arts populaires Lanna (p. 325), témoignent clairement de l'influence des "gentlemen forestiers" britanniques qui contrôlaient 60% de l'industrie du teck de Chiang Mai aux XIXe et XXe siècles.

Si de nombreuses résidences de représentants commerciaux de teck furent laissées à l'abandon, l'architecture coloniale fut adoptée par la famille royale Lanna. Le Lanna Architecture Center (p. 328) occupe ainsi l'une de ces résidences les plus remarquables ayant subsisté. Construite entre 1889 et 1893, l'ancienne propriété du prince Jao Maha In abrite aujourd'hui d'intéressantes maquettes montrant l'évolution de l'architecture Lanna au fil des siècles. L'ancien consulat britannique, devenu le restaurant Service 1921 (p. 356) de l'Anantara Resort, le bâtiment central de 137 Pillars (p. 350) et le palais Dara Pirom (p. 372) à Mae Rim sont d'autres beaux exemples de ce style hybride.

principal. À l'intérieur, les peintures murales mêlent des thèmes taoïste, zen et bouddhique theravada. Remarquez la statue d'or et d'argent de Ganesh sous un *chatra* (ombrelle) en argent à côté de l'*ubosot*, un témoignage du syncrétisme entre hindouisme et bouddhisme en Thaïlande.

L'*ubosot* est toujours en activité : seuls les hommes peuvent y pénétrer. Les visiteurs peuvent entrer gratuitement dans le bâtiment principal du temple mais doivent payer 50 B pour pénétrer dans l'espace proche de l'*ubosot* et voir celui-ci de plus près.

Weave Artisan Society CENTRE CULTUREL
(สานสังคมช่างฝีมือ ; carte p. 322 ; ☎080 071 3218 ; www.weaveartisansociety.com ; 12/8 Soi 3, Th Wualai ; ⌚9h-18h). Un tout nouveau centre culturel avec galerie d'art, café, librairie et espace de théâtre immersif, installé au sud de la vieille ville. Vous pourrez assister à un spectacle ou simplement siroter un café local et admirer les œuvres d'artistes locaux. Consultez le programme en ligne, qui inclut notamment des ateliers de construction en bambou, de tissage et de teinture naturelle.

Wiang Kum Kam SITE HISTORIQUE
(เวียงกุมกาม ; Rte 3029 ; visites en calèche/voiturette touristique 300/400 B ; ⌚8h-17h). Première ville fondée sur les rives de la Mae Ping, Wiang Kum Kam fut la capitale du Lanna 10 ans durant à partir de 1286. La cité fut abandonnée au XVIe siècle en raison des inondations. Aujourd'hui, les vestiges mis au jour sont disséminés dans les ruelles sinueuses d'un paisible village situé à 5 km au sud de Chiang Mai.

Les siècles n'ont pas ménagé Wiang Kum Kam, mais les plinthes en brique et le *chedi* en ruine donnent une bonne idée de sa splendeur passée.

Monument phare du site, le **Wat Chedi Liam** possède un immense *chedi* en stuc, creusé de dizaines de niches dédiées aux statues du Bouddha, hommage architectural au célèbre temple indien de la Mahabodhi. La flèche fut réalisée dans le cadre d'une restauration plutôt fantaisiste que l'on doit à un marchand birman en 1908. Plus de 1 300 stèles, briques, cloches et *chedi* ont été mis au jour sur le site et certaines pièces sont exposées au centre d'information des visiteurs. La découverte archéologique la plus importante est une stèle en 4 parties – aujourd'hui exposée au Musée national de Chiang Mai – qui porte les inscriptions en caractères thaïs les plus anciennes découvertes à ce jour.

Les visiteurs explorent habituellement les ruines en calèche ou en voiturette touristique au départ du centre d'information des visiteurs sur la Rte 3029. Avec votre propre moyen de transport, suivez les panneaux sur Th Chiang Mai-Lamphun (Rte 106), passez le petit rond-point à la fontaine et prenez à gauche à l'intersection en T.

Ouest de la vieille ville

La Chiang Mai moderne, qui s'étend à l'ouest de la vieille ville en direction du Doi Suthep et de l'université de Chiang Mai, comprend çà et là quelques sites historiques. Avec ses restaurants et ses boutiques tendance, Nimmanhaemin est la zone la plus prisée.

♥ Wat Pha Lat — TEMPLE BOUDDHIQUE

(วัดผาลาด). Un temple caché dans la jungle tapissant la montagne sur la route du Wat Phra That Doi Suthep. De vieux édifices en pierre, des sculptures ouvragées, des escaliers flanqués de *naga* et des statues bouddhiques ponctuent le paisible domaine. Une passerelle enjambant une cascade au milieu des rochers offre une vue ravissante sur Chiang Mai. Le temple était peu visité avant 2018, mais voyageurs et expatriés ont fini par entendre parler de sa beauté, et le Monk's Trail (sentier du Moine), un sentier forestier reliant la ville au temple, n'est plus un secret pour personne.

L'origine du temple remonte à 1355, lorsqu'un éléphant blanc appartenant au roi Kuena se reposa sur le futur site du Wat Pha Lat avant de mourir sur le futur site du Wat Phra That Doi Suthep. Le roi ordonna la construction de temples aux deux emplacements, et le temple caché dans la jungle devint un lieu de repos pour les moines se rendant en pèlerinage au second temple, plus vaste et opulent. Après la construction de la route en 1935, le Wat Pha Lat devint une résidence de moines et un lieu de méditation.

Sachez qu'il n'y a pas de stands de nourriture ou de boutiques, ce qu'apprécient nombre de visiteurs.

♥ Wat Phra That Doi Suthep — TEMPLE BOUDDHIQUE

(วัดพระธาตุดอยสุเทพ ; Th Huay Kaew, Doi Suthep ; 30 B ; ⏲5h-21h). Dominant la ville de son trône montagneux, le Wat Phra That Doi Suthep est l'un des temples les plus sacrés du nord de la Thaïlande, et la légende de sa fondation est enseignée à tous les écoliers de Chiang Mai. On accède au *wat*, magnifique exemple architectural du Nord, par un escalier de 306 marches bordé de *naga* ; cette ascension vise à aider les fidèles à accroître leur vertu ou leurs mérites bouddhiques.

Le monastère fut fondé en 1383 par le roi Keu Naone pour y conserver un fragment d'os qui aurait appartenu à l'épaule du Bouddha historique. La relique, apportée au Lanna par un moine errant de Sukhothai, se brisa en deux morceaux au pied de la montagne. L'un d'eux fut conservé au Wat Suan Dok (p. 336). Le second fragment fut placé sur le dos d'un éléphant blanc sacré qu'on laissa vagabonder dans la jungle jusqu'à ce qu'il succombe. Le monastère destiné à accueillir la relique fut érigé à l'endroit de sa mort.

La terrasse au sommet de l'escalier est agrémentée d'arbres à pain, de petits sanctuaires, de jardins de rocailles et de monuments, notamment une statue de l'éléphant blanc qui transporta la relique là où il repose aujourd'hui. Avant d'entrer dans la cour intérieure, les enfants rendent hommage à une statue de dragon gardien évoquant un lézard, connu sous le nom de Mom.

Des marches mènent à la terrasse intérieure, où un chemin contourne le *chedi* doré qui renferme la relique. L'ombrelle à 5 niveaux qui le surmonte commémore la fin de l'occupation birmane et le rattachement de Chiang Mai à la Thaïlande. Les pèlerins font la queue pour déposer des fleurs de lotus et autres offrandes aux sanctuaires qui entourent le *chedi*, ornés de statues du Bouddha dans une étonnante variété de poses et de matériaux.

Ouest de Chiang Mai

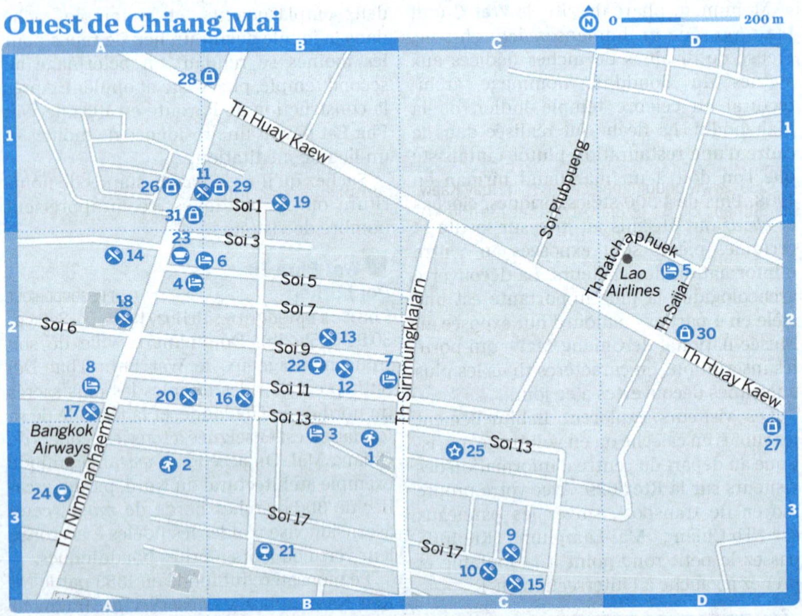

Ouest de Chiang Mai

Activités
1 Burma Study Centre B3
2 Fah Lanna A3

Où se loger
3 Artel Nimman B3
4 Baan Say-La A2
5 Bunk Boutique D2
6 Hotel Noir B2
7 Lab Poshtel B2
8 Yesterday Hotel A2

Où se restaurer
9 Anchan Noodle C3
10 Free Bird Cafe C3
11 Ginger Farm Kitchen B1
12 Italics B2
13 Kinlum Kindee B2
14 Larder Cafe & Bar A2
15 L'Elephant C3
16 Neau-Toon Rod Yiam B2
17 Nong Bee's Burmese Restaurant and Library A2
18 Smoothie Blues A2
19 Somtum Der B1
20 Tong Tem Toh A2

Où prendre un verre et faire la fête
21 Hotel Yayee B3
Parallel Universe of the Lunar 2 on the Hidden Moon .... (voir 11)
22 Rise Rooftop B2
23 Ristr8to A2
24 Warmup Cafe A3

Où sortir
25 Sangdee Gallery C3

Achats
26 Doi Tung A1
27 Kad Suan Kaew Shopping Centre D3
28 Maya Lifestyle Shopping Center B1
29 One Nimman B1
30 Shinawatra Thai Silk D2
31 Srisanpanmai A1

Dans l'enceinte du monastère, le Centre de méditation vipassana du Doi Suthep (p. 338) propose des programmes d'enseignement religieux aux visiteurs.

Des *rót daang* ("camions rouges", taxis collectifs) desservent le pied de l'escalier du temple depuis différents lieux de Chiang Mai, notamment l'entrée du zoo (40 B/pers) et du Wat Phra Singh (50 B/pers), mais ils ne partent pas avant d'avoir assez de passagers (et les prix peuvent varier selon l'humeur du chauffeur). Les voyageurs peuvent aussi négocier une course privée en *rót daang* ou en utilisant l'application mobile Grab Car. De nombreux visiteurs rejoignent le site à VTT dans le cadre d'un circuit au départ de Chiang Mai ; on peut aussi effectuer le trajet à pied depuis l'université.

Palais Bhubing JARDINS

(พระตำหนักภูพิงค์, Phra Tamnak Bhu Bing ; ☎053 223065 ; www.bhubingpalace.org ; Th Huay Kaew, Doi Suthep ; 50 B ; ⊙8h30-11h30 et 13h-15h30). Le paisible domaine du palais d'hiver de la famille royale est ouvert au public (en l'absence de celle-ci). Les règles vestimentaires sont particulièrement strictes : jambes couvertes jusqu'à mi-mollet, tout comme les épaules, et pas de foulard. Le climat de montagne tempéré permet aux jardiniers royaux de faire pousser des espèces "exotiques" comme des roses, qui attirent de nombreux touristes thaïlandais.

Wat Umong Suan Phutthatham TEMPLE BOUDDHIQUE

(วัดอุโมงค์ ; Soi Wat Umong, Th Khlong Chonprathan ; 20 B ; ⊙lever-coucher du soleil). Ce *wat* de forêt ancien, à ne pas confondre avec le petit Wat Umong de la vieille ville, est réputé pour son cadre verdoyant et son *chedi* ancien – dont la base en brique est traversée de tunnels – bâti aux alentours de 1380 pour le moine "fou" Therachan. Guettez le stupa de style srilankais et, en vous promenant dans les tunnels voûtés, repérez les traces des fresques d'origine et de plusieurs images révérées du Bouddha.

La forêt d'arbustes qui entoure le monument est parsemée de vestiges de statues du Bouddha vieilles de plusieurs siècles. Les moines du lieu élèvent des vaches, des cerfs, des poulets et, chose curieuse, des bull-terriers anglais, et le domaine comprend un joli lac artificiel entouré de *gù·đì* (habitations des moines). Ne manquez pas le bouddha émacié de pierre noire de style birman derrière le *chedi*.

Wat Phra That Doi Kham TEMPLE BOUDDHIQUE

(วัดพระธาตุดอยคำ ; Mae Hia ; don apprécié ; ⊙6h-18h). Accessible par un escalier *naga* assez raide au cœur de la forêt, cet élégant *wat* domine la ville, accroché à la colline au-dessus du parc royal Rajapruek. Avec son *chedi* doré, ses statues du Bouddha géantes et sa vue panoramique sur la ville, ce magnifique site constitue une alternative paisible au Wat Phra That Doi Suthep.

Le plus simple pour rejoindre le temple est de louer une moto ou de prendre un *rót daang* ; suivez les panneaux pour le parc royal Rajapruek depuis la Rte 121 et prenez à droite au rond-point avant l'entrée.

Parc royal Rajapruek JARDINS

(ลานมหกรรมพืชสวนโลก ; www.royalparkrajapruek.org ; Rte 121, Mae Hia ; adulte/enfant 200/150 B ; ⊙8h-18h). Cet immense parc compte

UNE "SAISON DES FUMÉES" À ÉVITER

La "saison des fumées" annuelle de Chiang Mai, qui résulte des brûlis dans les champs et de la pollution automobile, est de plus en plus longue et dangereuse. Par le passé, elle durait de mars à avril et les niveaux de pollution étaient tolérables pour la plupart des gens, hormis les plus sensibles. Mais en 2019, le smog est apparu dès janvier et a perduré jusqu'à la mi-mai. En mars et avril, l'indice de la qualité de l'air a atteint des niveaux jamais enregistrés, avec un taux record de particules dangereuses. Si cette tendance continue, nous conseillons vivement aux voyageurs d'éviter tout déplacement à Chiang Mai en mars-avril.

Si vous vous retrouvez à Chiang Mai à cette époque, sachez que la vue sur les montagnes alentour et sur les édifices est obscurcie par une brume jaunâtre. Une odeur de feu de joie emplit l'air et s'accroche aux vêtements. Un film granuleux apparaît sur les surfaces et des nuages de poussière sont visibles dans la région. Les personnes sensibles peuvent avoir les yeux qui piquent, la gorge enflammée, des quintes de toux, des problèmes de sinus, une inflammation des bronches, une respiration difficile et des crises d'asthme.

Seule la pluie assainit l'air, et dernièrement, les conditions météo de la région sont devenues de plus en plus imprévisibles. Si vous êtes sur place durant la pire période, restez à l'intérieur pendant la partie la plus chaude du jour et envisagez de porter un masque de type N95 au minimum. Vous pouvez vérifier l'indice de la qualité de l'air (IQA) sur www.aqicn.org/city/chiang-mai ; il existe aussi une application mobile pratique appelée Air4Thai.

23 jardins thématiques offerts par des États étrangers, ainsi que 9 jardins thaïlandais et 6 jardins "d'entreprise". Si l'ensemble peut sembler a priori quelque peu formel, il n'en est pas moins paisible et verdoyant, avec un immense pavillon central en forme de *wat* consacré – avec une certaine emphase – à la famille royale thaïlandaise.

Wat Suan Dok TEMPLE BOUDDHIQUE
(วัดสวนดอก ; carte p. 322 ; Th Suthep ; don apprécié, entrée grande salle 20 B ; lever-coucher du soleil). Construit en 1373 sur le site d'un ancien jardin fleuri, ce monastère d'importance abrite l'une des moitiés de la relique sacrée du Bouddha ; l'autre fut transportée par un éléphant blanc au Wat Phra That Doi Suthep. Le *chedi* principal présente une structure dorée en forme de cloche qui se dresse au-dessus d'un océan de *chedi* blancs, consacrés aux membres de la famille royale thaïlandaise, avec en toile de fond la crête du Doi Suthep.

Le *wí·hăhn* principal, aux allures de hangar, comprend une immense statue du Bouddha debout qui touche pratiquement le plafond. Prenez le temps de flâner dans le jardin commémoratif des *chedi* blanchis à la chaux en face du monastère, qui contiennent les cendres de générations de membres de la famille royale Lanna.

L'université bouddhique Mahachulalongkorn est installée dans l'enceinte du temple. Des étrangers y viennent souvent pour participer aux discussions avec les moines et aux retraites de méditation en anglais (p. 321).

Nord de la vieille ville

Depuis la Pratu Chang Pheuak ("porte de l'Éléphant blanc"), une courte promenade vers le nord mène au **monument aux éléphants** (อนุสาวรีย์ช้าง ; carte p. 322 ; Th Chotana), dont les 2 statues d'éléphants dans leurs pavillons en stuc auraient été érigées par le roi Chao Kavila en 1800.

Musée national de Chiang Mai MUSÉE
(พิพิธภัณฑสถานแห่งชาติเชียงใหม่ ; carte p. 322 ; 053 217665 ; Rte 11/Th Superhighway ; 100 B ; 9h-16h mer-dim). Géré par le département des Beaux-Arts, ce musée est le principal conservateur des objets du royaume Lanna et de l'histoire du nord de la Thaïlande ; il en couvre tous les aspects, du passé géographique de la région à son histoire culturelle en passant par les anciens royaumes et les arts Lanna. Les sacs doivent être déposés dans les casiers gratuits près de la billetterie. Pour compléter votre excursion, visitez également le Wat Chet Yot et le cimetière chinois.

Wat Chet Yot TEMPLE BOUDDHIQUE
(วัดเจ็ดยอด ; carte p. 322 ; Rte 11/Th Superhighway ; don apprécié ; 8h30-17h). Ce *wat* fut établi par le roi Tilokarat en 1455 dans le cadre d'efforts visant à empêcher le déclin annoncé du bouddhisme. Il a gardé intacte une grande partie de ses stucs d'origine et est coiffé de *jèt yôrt* (7 flèches), représentant les 7 semaines que le Bouddha aurait passées à Bodhgaya, en Inde, après son Éveil. Le sanctuaire est considéré comme une réplique du temple de la Mahabodhi de Bodhgaya. Certains érudits pensent cependant que son plan aurait été inspiré par une tablette votive en argile offrant une perspective déformée du temple de la Mahabodhi.

Le principal édifice fut achevé en 1476, un an avant le 8e concile bouddhique mondial, et son *wí·hăhn* (sanctuaire) historique est orné de bas-reliefs en stuc usés par le temps représentant des *deva* (esprits bouddhiques angéliques). On trouve dans l'enceinte d'autres chapelles et *chedi*, ainsi que de nombreux vieux ficus soutenus par des pieux plantés par des fidèles en quête de vertu.

Wat Ku Tao TEMPLE BOUDDHIQUE
(วัดกู่เต้า ; carte p. 322 ; Soi 6, Th Chotana/Th Chang Pheuak ; don apprécié ; 6h-18h). Derrière le stade de Muang, ce temple photogénique datant de 1631 comporte de nombreux éléments birmans et confucéens. On compare la forme distincte de son *chedi* à des pastèques empilées, d'où le nom *tao*, qui signifie "melon" dans le dialecte du Nord. Il contient les cendres de Tharawadi Min, fils du roi birman Bayinnaung, qui régna sur le Lanna de 1578 à 1597.

Activités

Plein air

Monk's Trail RANDONNÉE
Le sentier du Moine, cette merveilleuse randonnée dans la jungle menant au Wat Pha Lat (p. 333), est de plus en plus prisé. D'une durée de 45 minutes environ, il part de derrière l'université de Chiang Mai et serpente à travers la forêt avant d'atteindre

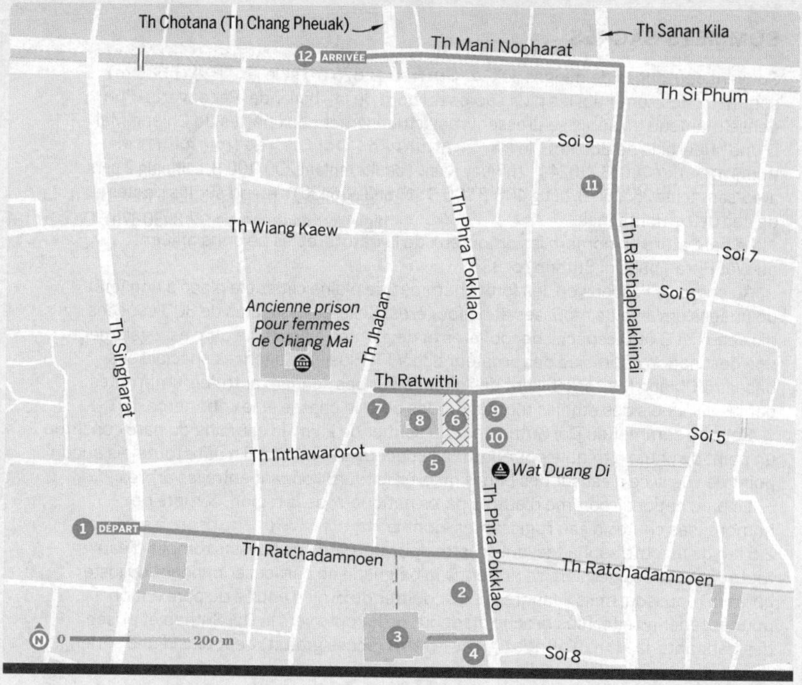

Promenade à pied
Temples de la vieille ville

DÉPART : WAT PHRA SINGH
ARRIVÉE : TALAT PRATU CHANG PHEUAK
DISTANCE : 2,5 KM ; **DURÉE :** 5 HEURES

Impossible de ne pas visiter de temples lors d'un séjour à Chiang Mai. Commencez par le plus intéressant, le **1 Wat Phra Singh** (p. 321), qui abrite le bouddha le plus vénéré de la ville, le Bouddha Lion, puis descendez Th Ratchadamnoen et tournez à droite dans Th Phra Pokklao. Vous passerez devant le splendide *wí·hăhn* (sanctuaire) en teck du **2 Wat Phan Tao** (p. 325) et le grand **3 Wat Chedi Luang** (p. 324), le *chedi* (stupa) Lanna le plus imposant et le plus majestueux de la ville. Effectuez une marche rituelle autour du stupa (dans le sens des aiguilles d'une montre), puis glissez-vous dans le **4 Làk Meuang** (p. 325) pour admirer le vénéré pilier de la ville. Conformément aux règles bouddhiques, seuls les hommes sont autorisés à entrer.

Revenez sur vos pas et suivez Th Phra Pokklao jusqu'à Th Inthawarorot, où vous verrez le très photogénique *wí·hăhn* du **5 Wat Inthakhin Saduemuang** (p. 330), trônant de manière surréaliste au milieu de la route. Remontez encore un pâté de maisons vers le nord dans Th Phra Pokklao jusqu'à **6 Anusawari Sam Kasat** (อนุสาวรีย์สามกษัตริย์ ; carte p. 326 ; Th Phra Pokklao), et présentez vos hommages aux rois Lanna qui fondèrent Chiang Mai.

Visitez ensuite cet excellent trio de musées : le **7 Centre d'histoire de Chiang Mai** (p. 325), dans un bâtiment spacieux de style Lanna, le grand **8 Centre culturel et artistique de Chiang Mai** (p. 328), installé dans un bâtiment colonial de 1927, et l'incontournable **9 musée des Arts populaires Lanna** (p. 325) – tous accessibles avec un billet combiné. Si vous avez faim ou souhaitez faire une pause en sirotant un mélange de thés thaïlandais ou un café glacé, rendez-vous au **10 Café de Museum** (p. 360).

Continuez le long de Th Ratchaphakhinai pour rejoindre le **11 Wat Chiang Man** (p. 325), le plus vieux des temples anciens de la ville. Enfin, marchez jusqu'aux douves et dégustez un savoureux *kôw kăh mŏo* (jambon mijoté avec du riz) au **12 Talat Pratu Chang Pheuak** (p. 354).

SOMMETS SACRÉS

Souvent couronnés de nuages, le **Doi Suthep** (1 676 m) et le **Doi Pui** (1 685 m) sont deux des sommets les plus sacrés du nord de la Thaïlande. Recouverts d'un dense manteau boisé, ils se dressent majestueusement aux portes de Chiang Mai. D'une superficie de 265 km², le **parc national de Doi Suthep** (อุทยานแห่งชาติดอยสุเทพ – ปุย ; ☎053 210244 ; Th Huay Kaew ; adulte/enfant 200/100 B, camping 2 pers avec/sans tente 255/60 B, bung 400-2 500 B ; ⏲8h30-16h30) s'étend sur les pentes de ces deux montagnes.

Le parc attire en nombre les amoureux de la nature, et les pèlerins affluent au Wat Phra That Doi Suthep (p. 333).

Au cours de l'ascension, les forêts humides de plaine cèdent la place à une forêt de nuages envahie de mousses et de fougères. Celle-ci abrite plus de 300 espèces d'oiseaux et 2 000 espèces de fougères et de plantes à fleurs. Le parc est également une destination appréciée des amateurs de VTT. Plusieurs agences spécialisées, basées à Chiang Mai, organisent des circuits sur des sentiers autrefois empruntés par les villageois des ethnies montagnardes pour la chasse et le commerce.

Relié au sommet du Doi Suthep par un sentier de 2 km, le camping du parc constitue un point de chute agréable pour partir à la découverte du site. Il n'offre toutefois aucun point de vue si ce n'est sur des bancs de brume tourbillonnant entre les arbres.

Le parc national, comme d'autres parcs nationaux de la région, compte de nombreuses chutes d'eau rugissantes, dont la **Nam Tok Monthathon**, à environ 2,5 km de la route asphaltée, qui se jette dans une série de bassins remplis d'eau toute l'année. Ces derniers se prêtent à la baignade en particulier pendant ou juste après la mousson, mais il faudra vous acquitter du droit d'entrée du parc national pour accéder au site. Plus proche du début de la route vers le Doi Suthep et prisée des habitants, la **Nam Tok Wang Bua Bahn** (accès gratuit) tient plus d'une série de rapides que d'une véritable cascade.

Deux villages hmong dominent le palais Bhubing (p. 335). **Ban Doi Pui**, en retrait de la route principale, se résume en gros à un marché touristique en altitude. Étape plus intéressante, **Ban Kun Chang Kian**, à 500 m au bout d'une piste en terre, juste après le camping du Doi Pui (demandez votre chemin au personnel du parc), est un village producteur de café. Des *rót daang* ("camions rouges", taxis collectifs) desservent les deux villages au départ du parking du Wat Phra That Doi Suthep (Ban Doi Pui 60 B ; Ban Kun Chang Kian 200 B aller-retour).

L'entrée du parc se trouve 16 km au nord-ouest du centre de Chiang Mai. Un *rót daang* collectif part de l'université de Chiang Mai (entrée Th Huay Kaew) pour divers endroits du parc national. Tarif aller simple à partir de 50 B pour le Wat Phra That Doi Suthep et de 80 B pour le palais Bhubing. Vous pouvez aussi louer un *rót daang* pour la demi-journée (environ 600 B).

le temple. Si l'on y voit régulièrement des moines cheminer en sandales, il est conseillé de porter des chaussures fermées à cause des roches friables et de la pente raide à certains endroits. Emportez de la crème antimoustique et mettez une tenue modeste pour visiter le temple.

Rendez-vous à l'extrémité du mur d'enceinte de l'université dans Th Suthep, puis suivez la route indiquée sur la droite, en direction de Palaad Tawanron pour atteindre l'entrée arrière du zoo ; prenez à gauche à l'embranchement et vous atteindrez la tour de télévision et le panneau marron qui marque le début du sentier.

Du Wat Pha Lat, vous pouvez soit rentrer à Chiang Mai en *songthaew* (pick-up collectif) pour 60 B, soit continuer sur le sentier en suivant la rivière (et les lignes électriques) jusqu'au Wat Phra That Doi Suthep (p. 333) – comptez 1 heure 15 de marche en plus.

♥ **Green Trails** AVENTURE

(☎053 141356 ; www.green-trails.com ; 111/70 Th Mahidol ; treks à partir de 2 900 B pour 2 pers). Cette agence très fiable et responsable sur le plan écologique et social organise notamment des treks vers Doi Inthanon, des excursions sur 2 jours jusqu'à Ban

Mae Kampong, et des rencontres éthiques avec des éléphants. Les randonnées avec nuit sur place dans les villages des ethnies akha, lisu et palong, près de Chiang Dao, et dans les villages hmong, près de Mae Rim, sont particulièrement enrichissantes.

Trailhead VÉLO

(carte p. 326 ; ☎095 538 0202 ; www.trailhead.co.th ; 48-50 Soi 1, Th Pra Pokklao ; circuit vélo demi-journée/journée à partir de 1 199/1 999 B ; ⏲7h30-20h). Circuits à VTT et balades en ville à vélo très prisés à Chiang Mai et dans les environs. Également un circuit bateau-vélo jusqu'à la Sticky Waterfall (p. 373), et un choix d'aventures sur plusieurs jours à destination de Doi Suthep-Pui (page ci-contre), Chiang Dao et au-delà.

Siam River Adventures RAFTING

(carte p. 326 ; ☎089 515 1917 ; www.siamrivers.com ; 17 Th Ratwithi ; à partir de 1 800 B/jour ; ⏲8h30-20h). En activité depuis 2000, cet organisateur de circuits (rafting et kayak) jouit d'une excellente réputation en matière de sécurité et de professionnalisme. Les guides sont formés au sauvetage et une partie de l'équipe est postée aux passages dangereux avec des cordes de sauvetage. Les circuits peuvent se combiner avec des rencontres avec des éléphants et des nuitées dans des villages.

Chiang Mai Rock Climbing Adventures AVENTURE

(CMRCA ; carte p. 326 ; ☎053 207102 ; www.thailandclimbing.com ; 55/3 Th Ratchaphakhinai ; cours d'escalade à partir de 3 995 B, forfait journée mur d'escalade 250 B ; ⏲8h-20h). Le propriétaire passionné et très expérimenté de CMRCA a développé et entretient les voies d'escalade de l'escarpement calcaire Crazy Horse Buttress, doté de parcours avec points d'ancrage de difficulté de 5a à 8b+ (cotation française). Cours d'escalade et de spéléologie. Un bus-navette quotidien (départ à 8h) permet de rallier l'endroit (aller-retour 395 B ; réservation un jour avant).

CMRCA a aussi développé 50 nouveaux parcours sur un autre escarpement calcaire à Lampang, et propose des bus semi-réguliers pour s'y rendre. Location de matériel sur place ; éléments séparés ou "panoplie complète" pour deux grimpeurs (1 875 B).

Flight of the Gibbon TYROLIENNE

(carte p. 326 ; ☎053 010660 ; www.flightofthegibbon.com ; 29/4-5 Th Kotchasan ; circuit d'une journée 4 199 B ; ⏲8h-17h30). Ce parc d'aventure est à l'origine de l'engouement pour la tyrolienne. Comme une toile d'araignée, près de 5 km de câble traversent en tous sens la canopée peuplée de gibbons, non loin de Ban Mae Kampong, à 1 heure de route à l'est de Chiang Mai. Votre circuit d'une journée inclut la visite optionnelle d'un village, avec randonnée jusqu'à des chutes d'eau et délicieux repas cuisiné par la communauté. Il existe aussi des formules de 2 jours qui peuvent comprendre plusieurs activités et une nuitée chez l'habitant dans un village. En 2019, un touriste de 25 ans a fait une chute mortelle en tyrolienne. Le parc a fermé temporairement à des fins d'enquête, dont les conclusions n'ont pas été dévoilées. Les traversées ont repris depuis lors.

Interactions avec les éléphants

Chiang Mai est l'une des meilleures destinations du pays pour aller à la rencontre des éléphants. De nouveaux camps d'éléphants semblent ouvrir chaque jour, mais nombre d'entre eux proposent encore des formules avec balade à dos d'éléphant sellé, baignade et numéros de cirque. Vous pourrez aussi faire des promenades en charrette à buffles ou du rafting sur la rivière la plus proche sur une embarcation en bambou. Nous recommandons les camps permettant uniquement aux visiteurs d'observer les éléphants : ils peuvent les voir et préparer leur nourriture, mais ne participent pas à des activités qui nuisent au bien-être des animaux.

Thai Elephant Care Center RENCONTRE AVEC LES ÉLÉPHANTS

(☎053 206247 ; www.thaielephantcarecenter.com ; Mae Sa ; entrée 250 B, programme demi-journée/journée 2 000/3 000 B). Ce petit centre de Mae Sa, à environ 25 km au nord-ouest de Chiang Mai, a été créé pour accueillir les éléphants âgés venant de camps forestiers et de spectacles touristiques. Ici, pas de balades : les visiteurs nourrissent les éléphants avec de l'herbage, des boules d'herbe et des bananes, les aident à prendre leur bain et découvrent le cimetière où reposent les éléphants morts de vieillesse.

Elephant Nature Park RENCONTRE AVEC LES ÉLÉPHANTS

(carte p. 326 ; ☎053 272850, 053 818754 ; www.elephantnaturepark.org ; 1 Th Ratchamankha ;

RENCONTRES ÉTHIQUES AVEC LES ÉLÉPHANTS

Pendant des milliers d'années en Thaïlande, les éléphants ont servi de bêtes de somme pour le transport du bois des forêts de tecks et des palanquins de la royauté thaïlandaise. Les divinités à tête d'éléphant, Erawan et Ganesh, sont vénérées à la fois par les bouddhistes et les hindous, et que dire du contour de la Thaïlande, qui évoque étrangement la tête d'un éléphant qui étend sa trompe vers l'isthme, au sud du pays.

Avec l'interdiction de l'exploitation forestière à l'échelle nationale en 1989, des milliers d'éléphants se retrouvèrent sans emploi, et les gardiens de troupeaux ainsi que le cornac (conducteur d'éléphants) cherchèrent de nouvelles façons de tirer des revenus de leurs animaux. C'est ainsi qu'apparurent les camps d'éléphants de Chiang Mai, où les anciens troupeaux travaillant pour l'industrie forestière furent dressés pour divertir les touristes avec des numéros de cirque et des promenades en forêt. De nos jours, en revanche, la prise de conscience grandissante en matière de bien-être animal donne un nouveau coup de projecteur sur cette industrie et ses pratiques.

Les balades à dos d'éléphant sont particulièrement sujettes à caution. Les *howdah* (palanquins) utilisés pour transporter les touristes, par exemple, exercent une forte pression sur l'épine dorsale des animaux, pouvant causer avec le temps des dommages débilitants. Les numéros de cirque les exposent également à un risque de blessure ; de nombreux camps gardent leurs éléphants enchaînés et isolés, et utilisent le traditionnel *ankus* et autres crochets métalliques pour les diriger. La réglementation officielle, qui définit toujours les éléphants comme moyens de transport, offre peu ou pas de contrôle sur cette pratique. De nombreux animaux présentent des signes évidents de séquelles psychologiques, qui se traduisent par des attaques sur des personnes.

Des alternatives existent. Selon les associations militant pour leur défense, idéalement, les éléphants ne devraient pas être enchaînés afin de pouvoir former librement leurs propres groupes sociaux dans un vaste espace (bien que le terrain soit rarement suffisant). Au lieu de promenades à dos d'éléphant, les visiteurs peuvent voir les pachydermes interagir et se comporter comme ils le feraient sans intervention humaine. Bien qu'aider les éléphants à prendre leur bain ait longtemps été considéré comme une alternative acceptable aux promenades, en 2018, les associations de défense des animaux ont condamné cette pratique. Selon elles, à chaque fois que les éléphants sont obligés d'interagir avec le public, ils doivent être dressés et contrôlés très étroitement (ce qui nécessite l'usage de chaînes, de piquets et de baguettes). En outre, les éléphants peuvent parfaitement se baigner tout seul, ce que les camps plus responsables permettent aux visiteurs d'observer à distance.

Il est possible, de plus en plus, de contribuer à la protection des éléphants sans avoir la désagréable impression d'aggraver le problème. La plupart des éléphants ne peuvent pas être réintroduits dans la nature et l'argent des touristes est souvent le seul moyen de financer les soins qui leur sont prodigués au quotidien. La communauté scientifique insiste sur le fait que les meilleurs camps doivent disposer d'un centre vétérinaire où les animaux peuvent être soignés en cas de blessure ou de maladie. Si le camp propose des balades, sachez que les balades à cru (directement sur les épaules de l'éléphant) sont moins mauvaises pour les animaux que celles à *howdah* en bois. De nombreux spécialistes du bien-être animal soulignent néanmoins que tous les types de balades doivent être évités car les éléphants subissent des mauvais traitements pour "apprendre" à accepter les humains sur leur dos. Les groupes tels que l'ACEWG (Asian Captive Elephant Working Group) et Asian Elephant Projects collaborent avec les populations et les tour-opérateurs spécialisés dans le tourisme lié aux éléphants pour les aider à réaliser la transition vers des programmes éthiques et durables – l'objectif final étant d'offrir une vie meilleure aux pachydermes.

circuits de 1/2 jours 2 500/5 800 B). Dirigé par son fondateur, Saengdeuan (Lek) Chailert, ce parc, l'une des premières réserves de Chiang Mai pour éléphants blessés, a montré l'exemple en abandonnant spectacles et balades pour privilégier le bien-être des éléphants. L'interaction est le mot d'ordre : les visiteurs passent la journée avec les cornacs et les aident à nourrir leurs troupeaux.

Comme dans tous les meilleurs camps, les animaux ont été sauvés des camps forestiers et des spectacles pour touristes. Voir les quelque 80 éléphants interagir entre eux est l'expérience la plus enrichissante : éléphanteaux jouant au tir à la corde avec leurs trompes et éléphants plus âgés prenant soin des membres aveugles ou invalides de leur troupeau.

Le parc principal se trouve dans la vallée de Mae Taeng, à 60 km de Chiang Mai, et abrite également chiens, chats, vaches, chevaux, canards et poules qui ont été recueillis. Les excursions d'une journée comprennent un déjeuner buffet végétarien. Possibilité de bénévolat à plus long terme.

Elephant Retirement Park RENCONTRE AVEC LES ÉLÉPHANTS

(carte p. 326 ; ☎081 671 9110 ; www.elephantretirementpark.com ; Soi 5, 5 Th Kotchasan ; circuits journée/demi-journée 1 700/2 600 B). Un tour-opérateur éthique de Mae Taeng où les éléphants peuvent maintenir leurs liens familiaux. Le visiteur accompagne les animaux, les nourrit et participe aux bains (pas de promenades proposées). L'expérience dure 6 heures et inclut le transport depuis la ville, les services d'un guide et le repas (2 000 B). Les personnes préférant avoir des interactions minimales peuvent opter pour un "déjeuner d'observation des éléphants".

Massages et bien-être

♥ Zira Spa SPA

(carte p. 326 ; ☎053 222288 ; www.ziraspa.com ; 8/1 Th Ratwithi ; soins 700-6 200 B ; ⊙10h-22h). Situé dans le centre de Chiang Mai, Zira Spa est l'un des meilleurs spas de la région avec des soins et massages à prix raisonnables. Il faudra réserver pour les forfaits spa plus complets, mais les soins de 30, 60 ou 90 minutes pour 1 ou 2 personnes sont prodigués le jour même.

Fah Lanna SPA

(carte p. 326 ; ☎053 416191 ; www.fahlanna.com ; 4/1 Soi 15, Th Nimmanhaemin ; massage thaïlandais 30/60 min 350/700 B, forfait soins 2 800-5 500 B ; ⊙10h-22h). Ce nouveau spa installé dans le quartier tendance de Nimman est un véritable sanctuaire du bien-être. Mettant à l'honneur le bambou et le stuc, il est décoré dans des tons naturels et avec des objets artisanaux venus de tout le nord de la Thaïlande. Il compte 11 salles de soins et une suite ; les traitements proposés vont du massage thaïlandais traditionnel (en profondeur !) aux forfaits incluant réflexologie, exfoliation, bain de vapeur et gommage corporel.

Un **autre établissement** (carte p. 326 ; 57/1 Th Wiang Kaew ; massage thaïlandais traditionnel 1 heure 700 B ; ⊙10h-22h) se trouve dans la vieille ville.

Wild Rose Yoga Studio YOGA

(carte p. 326 ; ☎089 950 9377 ; www.wildroseyoga.org ; Soi 4, 15/2 Th Phra Pokklao ; 250-300 B/cours ; ⊙cours tlj sans réservation ; planning en ligne). Suivez l'odeur d'encens et le chemin de pétales jusqu'au Wild Rose Yoga Studio, installé dans une jolie maison thaïlandaise en teck près de la Pratu Chiang Mai. Étudiants et professeurs retournent année après année dans ce studio parmi les plus réputés de la ville pour ses cours quotidiens avancés de yoga et ses divers ateliers.

Lila Thai Massage MASSAGE

(carte p. 326 ; ☎053 327043 ; Th Phra Pokklao ; gommage corporel standard/à base de plantes à partir de 250/600 B ; ⊙10h-22h). Créé par l'ancien directeur de la prison pour femmes de Chiang Mai, ce centre donne du travail aux anciennes détenues diplômées du programme de formation au massage de la prison.

Il existe 7 annexes dans la ville, notamment dans **Th Ratchadamnoen** (carte p. 326 ; ☎053 327243 ; Th Ratchadamnoen ; massage standard/aux huiles à partir de 250/550 B ; ⊙10h-22h).

Oasis Spa MASSAGE

(carte p. 326 ; ☎053 920111 ; www.oasisspa.net ; 4 Th Samlan ; massage à partir de 1 200 B). Si vous voulez vous faire plaisir, l'Oasis propose une version haut de gamme du massage thaïlandais traditionnel, avec gommages, enveloppements, massages et soins ayurvédiques, dans un paisible jardin rempli de pavillons de style Lanna.

Centre de massage de la prison pour femmes de Chiang Mai MASSAGE

(carte p. 326 ; ☎053 122340 ; 100 Th Ratwithi ; massage pieds ou traditionnel à partir de 200 B ; ⊙8h-16h30, 9h-16h30 sam-dim). Les détenues de cette prison prodiguent d'excellents massages dans le cadre de leur programme

100% LOCAL

CHIANG MAI AVEC DES ENFANTS

Chiang Mai est très populaire auprès des familles, tant pour son ambiance décontractée que pour l'immense choix d'activités proposées. Avant toute chose, choisissez un hôtel avec piscine et planifiez vos journées pour éviter la saturation ; en louant un *rót daang* ("camion rouge", taxi collectif) ou un *tuk-tuk* (tricycle motorisé), vous pourrez aller et venir en toute indépendance. Le parc Suan Buak Hat comprend l'aire de jeux la plus commode de la vieille ville. Aux heures des repas, de la cuisine occidentale sans prétention est proposée dans la vieille ville et les centres commerciaux.

Réservez une journée pour une rencontre éthique avec les éléphants – **ChangChill** (ช้างหนาว ; ☎064 340 6776 ; www.changchill.com ; 45/2 Mu 19, Baan Pratumuang ; journée adulte/enfant 2 500/1 800 B ; ⏲10h-15h) et Burm and Emily's Elephant Sanctuary (p. 380) sont les leaders en la matière –, et une autre pour escalader Sticky Waterfall (p. 373). Les enfants de 6 ans et plus aimeront la tyrolienne de Flight of the Gibbon (p. 339). Les visites de *wat* sont appréciées des enfants et leurs enceintes sont paisibles et la plupart du temps réservées aux piétons ; Phra That Doi Suthep (p. 333), Pha Lat (p. 333), Suan Dok (p. 336), Umong Suan Phutthatham (p. 335), Chedi Luang (p. 324) et Phra Singh (p. 321) sont les plus à même de divertir les jeunes touristes. Les 3 musées de la vieille ville (p. 328) comptent de nombreuses installations ludiques adaptées aux enfants. Le **zoo de Chiang Mai** (สวนสัตว์เชียงใหม่ ; ☎053 221179 ; www.chiangmaizoo.com ; 100 Th Huay Kaew ; adulte/enfant 150/70 B, billet combiné zoo et aquarium 520/260 B ; ⏲8h-16h30 ; 👪) et le **Chiang Mai Night Safari** (เชียงใหม่ไนท์ซาฟารี ; ☎053 999000 ; www.chiangmainightsafari.com ; Rte 121 ; circuits adulte/enfant 800/400 B ; ⏲11h-22h ; 👪) permettront aux plus jeunes d'être en contact avec la nature et les animaux.

Lorsque la chaleur devient insupportable, optez pour les grands centres commerciaux agréablement climatisés, proposant cinémas et activités pour les enfants ; le Central Festival abrite la **patinoire Sub-Zero** (☎053 288868 ; www.subzeroiceskate.com ; 3e ét, Central Festival ; 250/300 B pour 1 heure 30 sem/week-end ; ⏲11h-22h lun-ven, 10h-22h sam-dim), avec "déambulateurs" pour les débutants. Le **Grand Canyon Water Park** (☎061 796 3999 ; grandcanyonwaterpark.velaeasy.com ; 202 Mu 3, Namprae ; adulte/enfant 550/400 B ; ⏲9h-19h) séduira les enfants plus âgés et les adolescents en quête d'adrénaline et qui n'ont pas peur de se mouiller.

de réinsertion. Le café d'à côté est un endroit agréable où déguster une boisson après votre massage.

Bénévolat

Burma Study Centre BÉNÉVOLAT

(carte p. 334 ; www.burmastudy.org ; 302/2 Soi 13, Th Nimmanhaemin ; ⏲11h30-20h lun-ven, 11h30-18h sam). Ce centre communautaire à but non lucratif propose des cours en anglais pour les migrants birmans vivant en Thaïlande. Les étudiants sont souvent de jeunes travailleurs à faibles revenus dont la scolarité a été interrompue par l'instabilité politique au Myanmar ou par le déplacement de leur communauté d'origine. Le centre mène aussi des activités pour sensibiliser à la question birmane grâce à sa bibliothèque de prêt, des groupes de discussion littéraire et des projections de films.

Cours

Chiang Mai offre diverses possibilités de découvrir l'art et l'artisanat (notamment le tissage) auprès d'artisans locaux. Thai Tribal Crafts Fair Trade (p. 363) propose des cours de tissage quotidiens avec un expert, et la Weave Artisan Society (p. 332) organise à l'occasion des ateliers comme la construction en bambou, le tissage et la teinture naturelle.

Cuisine

♥ **Small House Chiang Mai Thai Cooking School** CUISINE

(carte p. 322 ; ☎095 674 4550 ; www.chiangmaithaicooking.com ; 19/14 Th Thiphanet ; cours collectifs 1 500 B/pers, cours particuliers sur une journée à partir de 3 500 B). Dans une maison proche de Chiang Mai, Arm enseigne la cuisine thaïlandaise lors de cours attrayants à l'ambiance intimiste. Le prix inclut le transport et la visite d'un marché local, et les cours portent sur les plats du nord de la Thaïlande. Limités à 2-4 personnes, ils procurent une expérience très authentique.

Asia Scenic Thai Cooking CUISINE
(carte p. 326 ; ☎053 418657 ; www.asiascenic.com ; 31 Soi 5, Th Ratchadamnoen ; cours journée 800-1 000 B, cours demi-journée 1 000-1 200 B ; ⊙cours demi-journée 9h-14h et 17-21h, cours journée 9h-15h). Les cours de cuisine de Khun Gayray ont lieu en ville ou à la campagne, dans une ferme paisible. On y apprend à réaliser soupes, currys, plats sautés, salades et desserts : au bout d'une journée, vous serez ainsi capable de préparer un repas de 3 plats.

Chiang Mai Thai Cookery School CUISINE
(carte p. 326 ; ☎053 206388 ; www.thaicookeryschool.com ; 47/2 Th Moon Muang ; cours à partir de 1 450 B). Cette école de cuisine, l'une des premières de Chiang Mai, est dirigée par le chef Sompon Nabnian, animateur d'une émission de TV, et son équipe. Les cours sont dispensés dans un cadre champêtre en dehors de la ville. Nabnian propose une master class sur les spécialités du Nord, en soirée.

Thai Farm Cooking School CUISINE
(carte p. 326 ; ☎081 288 5989 ; www.thaifarmcooking.com ; 38 Soi 9, Th Moon Muang ; cours 1 500 B). Cours de cuisine dans une jolie et paisible ferme bio, à 17 km de Chiang Mai. Le prix comprend le transport aller-retour depuis la ville.

Massage

Lanna Thai Massage School SANTÉ ET BIEN-ÊTRE
(carte p. 326 ; ☎053 232547 ; www.lannathaimassageschool.net ; 37 Th Chang Moi Kao ; cours de 10 jours privé/collectif 14 300/8 300 B). Proche du Wat Chomphu, cette école réputée est accréditée par le ministère thaïlandais de l'Éducation et de la Santé publique ; la formation inclut la préparation de traitements à base de plantes.

Thai Massage School of Chiang Mai SANTÉ ET BIEN-ÊTRE
(TMC ; ☎053 854330 ; www.tmcschool.com ; 203/6 Th Chiang Mai-Mae Jo ; cours de base à partir de 8 500 B). Au nord-est de la ville, cette école offre un cursus sérieux agréé par l'État, avec 3 niveaux de base et un programme intensif pour les enseignants.

École de massage thaïlandais traditionnel de Chetawan SANTÉ ET BIEN-ÊTRE
(carte p. 322 ; ☎053 410360 ; www.watpomassage.com ; 7/1-2 Soi Samud Lanna, Th Pracha Uthit ; cours général 12 000 B ; ⊙8h-18h). Antenne de la célèbre école de massage du Wat Pho à Bangkok, située en dehors de la ville, près de l'université de Rajabhat.

Méditation

Wat Suan Dok Meditation Retreat MÉDITATION
(carte p. 322 ; ☎084 609 1357 ; www.monkchat.net ; Wat Suan Dok, Th Suthep ; retraite 1/2 jours don apprécié/800 B ; ⊙lun-ven). L'université bouddhiste affiliée au Wat Suan Dok (p. *336*) organise des retraites de méditation de 1, 2 et 4 jours à 40 minutes de là. Inscrivez-vous à l'avance pour plus d'informations.

Northern Insight Meditation Centre MÉDITATION
(☎053 278620 ; Wat Ram Poeng, Th Suthep Muang ; don apprécié). Le cours intensif de 26 jours ou plus proposé au Wat Ram Poeng, à 4 km au sud de Chiang Mai, s'adresse aux personnes désireuses d'étudier sérieusement la méditation ; les journées débutent à 4h et les repas sont pris en silence.

Centre de méditation vipassana du Doi Suthep MÉDITATION
(☎053 295012 ; www.fivethousandyears.org ; Wat Phra That Doi Suthep, Th Huay Kaew ; don apprécié). Situé dans l'enceinte du Wat Phra That Doi Suthep (p. *333*), ce centre propose des retraites de formation à la méditation pour tous niveaux.

Boxe thaïlandaise (*muay thai*)

Santai Muay Thai BOXE THAÏLANDAISE
(☎082 528 6059 ; www.muay-thai-santai.com ; 79 Mu 9, San Kamphaeng ; par sem/mois à partir de 4 000/13 000 B). Un club géré par d'anciens champions et qui prépare des combattants aux championnats. À l'est de la ville.

Lanna Muay Thai BOXE THAÏLANDAISE
(carte p. 322 ; ☎053 892102 ; 161 Soi Chang Khian, Th Huay Kaew ; par jour/sem/mois 400/2 200/8 000 B). Dispense des cours aux étrangers et aux Thaïlandais. Le club est connu pour avoir entraîné le champion Parinya Kiatbusaba, célèbre boxeur transgenre.

Langue

Payap University COURS DE LANGUE

(☎053 851478 ; ic.payap.ac.th ; Kaew Nawarat Campus, Th Kaew Nawarat ; cours de langue 8 000 B). Cette université privée fondée par l'Église du Christ en Thaïlande propose des cours intensifs de langue thaïlandaise en modules de 60 heures.

American University Alumni COURS DE LANGUE

(AUA ; carte p. 326 ; ☎053 214120 ; www.learnthaiinchiangmai.com ; 24 Th Ratchadamnoen ; cours en groupe 5 300 B). Formule de cours de thaï de 60 heures, à raison de 2 heures par jour, du lundi au vendredi. Possibilité de cours particuliers.

Circuits organisés

Chiang Mai on Three Wheels CIRCUITS

(☎053 141356 ; www.chiangmaionthreewheels.com ; 111/70 Th Mahidol ; circuit de 4 heures pour 2 pers 1 700 B). Quoi de mieux pour visiter Chiang Mai qu'un *săhm·lór* (cyclopousse) ? Ces cyclopousses à 3 roues permettent de se déplacer à petite vitesse et sans bruit, et de s'immerger dans la culture thaïlandaise. L'entreprise aide à promouvoir cette industrie moribonde en mettant en contact les touristes avec des conducteurs souvent non anglophones et un guide qui parle anglais. Les bénéfices sont entièrement reversés aux conducteurs et utilisés pour soutenir ce secteur.

Mae Ping River Cruise CROISIÈRES

(carte p. 322 ; ☎053 274822 ; www.maepingriver-cruise.com ; Wat Chaimongkhon, 133 Th Charoen Prathet ; croisière de 2 heures à partir de 550 B ; 9h-17h). Mae Ping River Cruise propose des croisières au départ du Wat Chaimongkhon, situé dans Th Charoen Prathet, au sud du centre-ville, ainsi que des croisières plus longues jusqu'à Wiang Kum Kam (1 000 B) et des dîners-croisières (750 B/pers). Au départ, un petit café en plein air sert du café et des glaces.

Chiang Mai Street Food Tours CUISINE

(☎085 033 8161 ; www.chiangmaistreetfoodtours.com ; circuits par adulte/enfant 950/600 B). Circuits pour les gourmets sur les marchés du matin et de nuit de la ville ; excellente introduction à la cuisine du nord de la Thaïlande.

Click and Travel VÉLO

(☎053 281553 ; www.chiangmaicycling.com ; 158/40-41 Soi Mu Ban Wiang Phing 5 ; circuits demi-journée/journée/plusieurs jours à partir de 990/1 500/5 350 B ; 9h-18h ;). Circuits culturels à vélo adaptés aux familles, avec visite des temples et sites d'intérêt du centre-ville et en dehors. Vélos pour enfants et divers types de remorques.

Fêtes et festivals

Songkran NOUVEL AN

(mi-avr). Chiang Mai fête le Nouvel An traditionnel thaïlandais (du 13 au 15 avril) avec ferveur, ce qui en fait un endroit tout indiqué pour participer à l'événement. Des milliers de fêtards se tiennent des deux côtés des douves pour s'asperger les uns les autres, sans oublier les passants, tandis que des rituels plus calmes ont lieu au Wat Phra Singh.

À NE PAS MANQUER

CROISIÈRES SUR LA MAE PING

Avant l'arrivée des routes et des chemins de fer, la rivière Ping était la principale voie de transit des marchandises entrant dans Chiang Mai. Les marchés sur les berges se situent là où le royaume Lanna venait commercer avec le reste de la Thaïlande et, via la route de la Soie, avec le reste de l'Asie. Les marchandises étaient de toutes sortes : des fruits et légumes aux énormes grumes de teck. Le commerce fluvial disparut progressivement avec l'arrivée du chemin de fer en 1922.

La Mae Ping se fraie toujours lentement un passage à travers le centre de Chiang Mai, mais peu d'embarcations empruntent son cours aujourd'hui, à l'exception des bateaux touristiques, qui offrent un excellent point de vue sur la ville. Mae Ping River Cruise (p. 344) propose des croisières au départ du Wat Chaimongkhon, dans Th Charoen Prathet, au sud du centre-ville, ainsi que des croisières plus longues ralliant Wiang Kum Kam (p. 332) et des dîners-croisières. Le Riverside Bar & Restaurant (p. 356) organise également chaque soir des dîners-croisières très prisés.

Si vous êtes prêt à pagayer, Chiang Mai Mountain Biking & Kayaking (p. 371) propose des circuits guidés en kayak le long de la Mae Ping, passant par des étendues boisées au nord de la ville.

RANDONNÉES ORGANISÉES DEPUIS CHIANG MAI

Chaque année, des milliers de visiteurs parcourent les collines du nord de la Thaïlande pour profiter de merveilleux paysages de montagne, rencontrer des ethnies montagnardes traditionnelles et aller à la rencontre des éléphants. Cependant, l'offre touristique qui s'est développée autour de cette demande manque souvent d'authenticité et ne répond pas toujours aux attentes.

Les formules standards comprennent une excursion en minibus d'une heure vers Mae Taeng ou Mae Wang, une courte randonnée jusqu'à un camp d'éléphants, du rafting sur une embarcation en bambou et, pour les circuits de 2 jours, la nuit dans ou près d'un village des ethnies montagnardes. Beaucoup de pensions (*guesthouses*) à bas prix font pression sur leurs clients pour qu'ils réservent ces circuits en raison des commissions qu'elles touchent, et peuvent même refouler ceux qui s'y refusent. Des balades à dos d'éléphant sont aussi proposées, mais nous ne recommandons pas cette activité car elle peut nuire au bien-être des animaux (voir p. 340).

Les camps d'éléphants figurant dans ces formules indéniablement populaires sont parfois critiquables en matière de protection animale. Les circuits dans les villages peuvent aussi se révéler décevants, car beaucoup d'entre eux, qui comptent, outre des ethnies montagnardes, des migrants chinois et birmans, ont abandonné plusieurs aspects de leur mode de vie traditionnel. Enfin, en ce qui concerne le rafting, sachez qu'il s'agit plus souvent d'une terne dérive sur un ruisseau qu'une descente exaltante dans des eaux vives.

Si vous recherchez l'aventure véritable, il vous faudra prendre les choses en mains. Pour une immersion dans la jungle, louez une moto et partez à la découverte des parcs nationaux au nord et au sud de Chiang Mai. Chiang Dao constitue une excellente base d'exploration. Pour voir des éléphants dans des conditions naturelles optimales, passez une journée à l'Elephant Nature Park (p. 339), puis affrontez de véritables rapides avec Siam River Adventures (p. 339). Pour découvrir de façon authentique la culture traditionnelle des ethnies montagnardes, vous devrez rallier des régions plus éloignées. Le mieux est de gagner Tha Ton et d'y réserver un trek de 2 jours ou plus.

Loi Krathong FÊTE RELIGIEUSE
(oct/nov). Aussi appelée Yi Peng, cette fête du calendrier lunaire est célébrée au bord de la Mae Ping avec de petits bateaux en forme de lotus qui honorent l'esprit de la rivière et des lanternes qui illuminent le ciel nocturne.

Jai Thep MUSIQUE
(www.jaithepfestival.com ; jan/fév). De plus en plus prisé des voyageurs, ce festival d'art et de musique a lieu en janvier ou en février en divers lieux de Chiang Mai. Le programme inclut des ateliers et d'autres types d'événements (théâtre, danse, cirque, spectacles de feu, etc.).

Fête des Fleurs CULTURE
(déb fév). Au programme de cette débauche de fleurs pendant 3 jours : présentations de compositions florales, spectacles culturels, concours de beauté et défilé entre le pont Saphan Nawarat et Suan Buak Hat.

Nouvel An chinois NOUVEL AN
(fév). Les résidents chinois de Chiang Mai célèbrent la nouvelle année en février avec spécialités chinoises, danses du lion, etc.

Poy Sang Long (Poy Luang) FÊTE RELIGIEUSE
(généralement avr). Cette cérémonie d'ordination née parmi le peuple shan, au Myanmar, se tient dans plusieurs *wat* à travers la ville. Durant 3 jours, des garçons de 7 à 14 ans se maquillent et revêtent des costumes bigarrés représentant les premiers temps de la vie du Bouddha, quand il n'était qu'un prince choyé.

Foire d'hiver et de la Croix-Rouge de Chiang Mai CULTURE
(déc-jan). Pendant cette foire de 10 jours, il règne une ambiance champêtre, avec spectacles culturels et stands animés de spécialités culinaires du Nord. L'événement sert à collecter des fonds pour des œuvres caritatives et se tient principalement au Centre culturel et artistique de Chiang Mai.

Fête d'Inthakhin FÊTE RELIGIEUSE
(mi-mai). À l'occasion de cette fête religieuse qui se tient au Wat Chedi Luang, la bienveillance du dieu gardien de la ville, qui réside dans le Làk Meuang (pilier de la ville), est invoquée pour que la mousson arrive au bon moment.

Où se loger

Vieille ville

La vieille ville compte littéralement des centaines d'endroits où dormir. Pour plus de tranquillité, dirigez-vous vers les établissements éparpillés dans les ruelles qui relient les rues principales.

Hostel by Bed AUBERGE DE JEUNESSE $
(carte p. 326 ; 053 217215 ; www.hostelbybed.com ; Th Singharat ; dort 450-700 B, d à partir de 1 250 B, avec petit-déj ;). À Chiang Mai, vous pouvez dénicher une chambre au même prix qu'un lit en dortoir dans cette auberge, mais vous trouverez ici de petits plus : bon petit-déjeuner, cuisine design, propreté exemplaire et grands lits isolés par un rideau. Les espaces communs invitent à rencontrer d'autres voyageurs et l'emplacement de l'auberge est correct, proche de stands de cuisine de rue peu chère.

Diva Guesthouse PENSION $
(carte p. 326 ; 053 273851 ; www.divaguesthouse.com ; 84/13 Th Ratchaphakhinai ; dort 130-190 B, s/d à partir de 330/380 B ;). Dans la rue animée Th Ratchaphakhinai, cette *guesthouse* dynamique à l'esprit un peu bohème a tout pour plaire : lits en dortoir, petites chambres économiques, circuits d'aventure, accès Internet, musique d'ambiance et, au rez-de-chaussée, café qui sert riz sauté et *sà·dé* (viande grillée avec sauce aux cacahuètes). Il existe aussi des suites familiales, avec ventilateur ou climatisation.

Banjai Garden PENSION $
(carte p. 326 ; 085 716 1635 ; www.banjai-garden.com ; 43 Soi 3, Th Phra Pokklao ; d avec ventil 400 B, avec clim 550-1 200 B ;). Maison en bois soignée à l'atmosphère paisible, avec un jardin où il fait bon paresser. Vous aurez le choix entre des chambres simples, mais propres et équipées de ventilateur, et des chambres plus haut de gamme avec climatisation. Vous aurez un peu l'impression de loger chez l'habitant.

60 Blue House PENSION $
(carte p. 326 ; 086 919 2777 ; www.60bluehouse.com ; 32-33 Th Ratchaphakhinai ; dort 250 B, s/d à partir de 350/400 B ;). Jolie auberge, propre et colorée, qui propose 8 lits en dortoir et des chambres individuelles avec salle de bains commune. Pour vos activités et visites, demandez conseil à Khun Tao, incollable sur la région. Très bon rapport qualité/prix.

Gap's House PENSION $
(carte p. 326 ; 053 278140 ; www.gaps-house.com ; 3 Soi 4, Th Ratchadamnoen ; s/d avec petit-déj à partir de 420/550 B ;). Le jardin de ce vieux repaire de baroudeurs est une véritable jungle, garantissant une atmosphère intimiste dans les confortables parties communes. Chambres modestes et bon marché dans des maisons en bois à l'ancienne. Le propriétaire propose des cours de cuisine.

Julie Guesthouse AUBERGE DE JEUNESSE $
(carte p. 326 ; 053 274355 ; www.julieguesthouse.com ; 7 Soi 5, Th Phra Pokklao ; dort 200-250 B, d avec/sans sdb à partir de 360/300 B ;). Cet établissement doit plus sa popularité constante à ses prix avantageux qu'à ses équipements. Pour à peine plus que le prix d'un smoothie, vous pouvez dormir dans un lit en dortoir basique, et une toute petite chambre vous coûtera juste un peu plus.

Sri Pat Guest House HÔTEL $$
(carte p. 326 ; 053 218716 ; sri-pat-guest-house.hotelschiangmai.net ; 16 Soi 7, Th Moon Muang ; d à partir de 1 500 B ;). Cette remarquable *guesthouse* a tout pour plaire aux baroudeurs sensibles au style : Wi-Fi, piscine, terrasses en bois, sculptures du Bouddha parsemées çà et là, et élégantes chambres carrelées avec TV à écran plat et petites touches thaïlandaises. Excellent rapport qualité/prix et personnel très affable.

Awana House HÔTEL $$
(carte p. 326 ; 053 419005 ; www.awanahouse.com ; 7 Soi 1, Th Ratchadamnoen ; d avec ventil 495 B, avec clim 700-1 000 B ;). La meilleure *guesthouse* autour de la porte médiévale de Pratu Tha Phae propose des chambres pour tous les budgets (mais toutes impeccables) et une petite piscine couverte sur la terrasse du rez-de-chaussée. Tarifs des chambres variables en fonction du niveau de confort. Vue imprenable sur

la vieille ville de Chiang Mai depuis l'espace détente du toit-terrasse.

Good Morning Chiang Mai Tropical Inn HÔTEL $$
(carte p. 326 ; ☎053 272113 ; www.goodmorningchiangmai.com ; 29/5 Soi 6, Th Ratchamankha ; d avec petit-déj 1 300-2 000 B ;). Piscine relaxante, excellents petits-déjeuners et secteur tranquille au sud du Wat Phra Singh sont autant d'atouts que présente cet hôtel confortable dans une villa au style vaguement espagnol. Bois naturel dans les chambres, literie impeccable et grandes salles de bains décorées avec goût. Excellent rapport qualité/prix.

Baan Hanibah BOUTIQUE-HÔTEL $$
(carte p. 326 ; ☎053 287524 ; 6 Soi 8, Th Moon Muang ; s/d à partir de 1 000/1 600 B ;). À l'abri d'un jardin de frangipaniers, ce boutique-hôtel décontracté est une vraie oasis dans une ruelle tranquille en plein cœur de la vieille ville. Franchissez la porte ornementée pour découvrir une maison en teck réaménagée qui abrite de petites chambres élégantes, avec des rideaux vaporeux et des objets de décoration thaïlandaise.

Thapae Gate Lodge Guesthouse PENSION $$
(carte p. 326 ; ☎095 135 9433 ; thapaegatelodge.thailandhotels.site ; 38/7 Soi 2, Th Moon Muang ; d à partir de 800 B ;). Maison thaïlandaise typique modernisée, qui loue des chambres de type auberge de jeunesse, certaines assez spacieuses et/ou avec balcons. Sans prétention, elles offrent un bon rapport qualité/prix. Les petits-déjeuners sont délicieux et valent les 100 B supplémentaires.

♥ **Tamarind Village** HÔTEL $$$
(carte p. 326 ; ☎053 418 8969 ; www.tamarindvillage.com ; 50/1 Th Ratchadamnoen ; d avec petit-déj à partir de 5 200 B, ste 8 200-10 700 B ;). Cet établissement de style Lanna raffiné occupe un ancien verger de tamariniers, à quelques pas de Th Ratchadamnoen. Les allées abritées par des pavillons carrelés desservent de superbes espaces invitant à la détente, et de grands arbres jettent une douce ombre sur l'immense piscine et les jardins. Chambres somptueuses agrémentées de tissus de grande qualité et d'objets ethniques.

Le restaurant Ruen Tamarind (p. 354) sert des mets thaïlandais présentés avec art, et le spa dispense une gamme complète de soins.

U Chang Mai BOUTIQUE-HÔTEL $$$
(carte p. 326 ; ☎053 327000 ; www.uhotelsresorts.com/uchiangmai ; 70 Th Ratchadamnoen ; d à partir de 6 000 B ;). Niché en plein cœur de la vieille ville, ce ravissant boutique-hôtel se distingue par son excellent service et son emplacement idéal. Les chambres aux allures d'appartements sont agencées autour d'une ancienne demeure du gouverneur datant du XIXe siècle, qui abrite la réception, le spa et la bibliothèque. Deux petites piscines sont insérées entre les bâtiments.

BED Phrasingh Hotel BOUTIQUE-HÔTEL $$$
(carte p. 326 ; ☎053 271009 ; www.bed.co.th ; Soi 1, Th Samlan ; d à partir de 2 250 B ;). Notre préféré de cette petite chaîne de 4 hôtels, quasi identiques, modernes, élégants et de couleur sombre. Caché derrière des plantes grimpantes dans une petite rue à seulement quelques minutes à pied de certains des meilleurs sites de la ville et de bonnes tables locales. Réservation plus que conseillée.

Baan Huenphen BOUTIQUE-HÔTEL $$$
(carte p. 326 ; ☎053 281100 ; www.baanhuenphen.com ; 117/1 Th Ratchamankha ; d avec petit-déj 2 000-5 500B, ste 5 500 B ;). Près du restaurant du même nom spécialisé dans la cuisine du Nord, cette maison thaïlandaise modernisée propose des chambres spacieuses et confortables avec salles de bains impeccables, et des balcons meublés à l'avant. Piscine petite mais charmante, et parties communes du rez-de-chaussée richement décorées d'antiquités et d'objets artisanaux de Hang Dong.

Vieng Mantra HÔTEL $$$
(carte p. 326 ; ☎053 326640 ; www.viengmantra.com ; 9 Soi 1, Th Ratchadamnoen ; d avec petit-déj 2 500-3 200 B ;). Cet hôtel niché dans le sinueux Soi 1 a tout d'une petite oasis, avec piscine dans la cour et jardin paysager. Le choix va des chambres standards à celles ultra-luxueuses avec divans circulaires et coussins en soie rembourrés. Les balcons, dotés de sièges intégrés, donnent sur la piscine bleu électrique.

Tri Yaan Na Ros BOUTIQUE-HÔTEL $$$
(carte p. 322 ; ☎053 273174 ; www.triyaannaros.com ; 156 Th Wualai ; d avec petit-déj 2 300-2 500 B ;). Dans Th Wualai, au sud de l'effervescence touristique et niché derrière un restaurant, ce charmant

boutique-hôtel présente une élégante décoration d'époque – peut-être la meilleure réinterprétation de la maison thaïlandaise traditionnelle à Chiang Mai. Dans les chambres, vous trouverez lits à baldaquin, rideaux vaporeux, bois sombre et bouddhas anciens. Piscine dans une cour très calme.

Buri Gallery PENSION $$$
(carte p. 326 ; ☎053 416500 ; www.burigallery.com ; 102 Th Ratchadamnoen ; d avec petit-déj 1 700-3 500 B ;). Cette *guesthouse* haut de gamme à proximité immédiate du Wat Phra Singh est une base idéale pour partir à la découverte de la vieille ville. Les chambres sont installées derrière le coffee-shop avec jardin dans des bâtiments en teck réaménagés, autour d'une jolie piscine très appréciée des familles. Relativement chères, les villas sont agrémentées d'œuvres d'art Lanna et les meilleures possèdent un balcon où se détendre pour admirer le coucher du soleil.

Villa Duang Champa HÔTEL $$$
(carte p. 326 ; ☎053 327199 ; www.villaduangchampa.today ; 82 Th Ratchadamnoen ; d avec petit-déj 2 380-2 980 B ;). Dans cette propriété chic à deux pas du marché de la Sunday Walking Street (p. 365), les spacieuses chambres au charme colonial présentent un sol en béton ciré, d'anciennes portes-fenêtres en bois, du mobilier éclectique et de petits espaces captant les rayons du soleil. Le personnel aimable et attentionné illumine encore plus cet hôtel.

Rachamankha HÔTEL $$$
(carte p. 322 ; ☎053 904111 ; www.rachamankha.com ; 6 Soi 9, Th Rachamankha ; d 12 387-14 022 B, ste 29 891 B, avec petit-déj ;). Le Rachamankha évoque les cloîtres d'un monastère ancien ou un village médiéval. Les cours communicantes mènent à des jardins parfaitement entretenus puis à des pavillons ombragés au carrelage de terre cuite, ornés de statues et d'œuvres d'art anciennes. Les chambres, avec lits à baldaquin et meubles anciens uniques, s'inscrivent parfaitement dans le thème ambiant.

Est de la vieille ville

Moins pittoresque que le centre historique, Th Tha Phae, plus proche du bazar de nuit, est tout aussi pratique pour découvrir les meilleurs sites de la ville et profiter de la vie nocturne.

♥ **Purple Monkey** AUBERGE DE JEUNESSE $
(carte p. 326 ; ☎099 150 5534 ; purple-monkey-chiang-mai.business.site ; 56/6 Th Chaiyaphum ; dort avec petit-déj 150 B, d avec ventil/clim 400/480 B ;). Ouverte en 2019 juste au-delà de la périphérie est de la vieille ville de Chiang Mai, cette succursale de la très populaire auberge éponyme de Pai compte des chambres propres et correctes réparties sur 5 étages. Mais les voyageurs à petit budget y affluent avant tout pour son ambiance très conviviale et les événements organisés (notamment les tournées de pubs et les fêtes sur le toit). Excellent emplacement près des marchés et des bars.

Natlen Boutique Guesthouse PENSION $$
(carte p. 326 ; ☎053 233179 ; www.natlenboutiqueguesthouse.com ; 2/4 Soi Wat Chompu, Th Chang Moi ; d 1 000-2 400 B ;). Les chambres originales de cette *guesthouse* discrète, juste au-delà des remparts, sont réparties dans plusieurs maisons colorées. La piscine à remous est particulièrement agréable et les ruelles environnantes comptent nombre d'intéressants *wat*. La pension est à 5 minutes à pied de la porte Tha Pae.

Thapae Boutique House HÔTEL $$
(carte p. 326 ; ☎053 284295 ; www.thapaeboutiquehouse.com ; 4 Soi 5, Th Tha Phae ; d/ste à partir de 1 000/2 350 B ;). Avec ses peintures murales et sa décoration thaïlandaise faite de tissu et de bois, cet établissement accueillant et un peu vieillot mérite son classement dans la catégorie boutique-hôtel. Excellent emplacement près de la vieille ville et du bazar de nuit. Les chambres ne sont plus de première jeunesse, mais elles ont un certain charme.

♥ **Banthai Village** HÔTEL $$$
(carte p. 326 ; ☎053 252789 ; www.banthaivillage.com ; 19 Soi 3, Th Tha Phae ; d avec petit-déj 3 600-4 800 B, ste 5 600-7 800 B ;). Comme son nom l'indique, le Banthai ressemble à un village champêtre au cœur de la ville moderne. Il se compose d'un ensemble de bâtiments en bois pourvus de grands balcons, aménagés autour d'une piscine ravissante et de jardins débordant d'oiseaux de paradis. Les chambres jouent subtilement la carte du patrimoine traditionnel avec leurs lits bas en bois, mobilier sombre, coussins sur le sol et oreillers triangulaires.

Thanatee Boutique Hotel BOUTIQUE-HÔTEL $$$
(carte p. 322 ; ☎053 274500 ; www.thannatee-boutiquehotel.com ; 2/3-7 Th Rajchiangsan ; d avec petit-déj 1 620-1 750 B ; ❄📶🏊). Dans un paisible quartier résidentiel au sud-est de la vieille ville, cette oasis sur 4 niveaux plaira aux voyageurs en quête de luxe abordable. Le design remarquable de l'hôtel, les belles sculptures thaïlandaises en bois sombre et le superbe bassin aux carpes compensent largement les chambres petites et sombres, dotées de salles de bains exiguës.

Mo Rooms HÔTEL $$$
(carte p. 326 ; ☎053 280789 ; www.morooms.com ; 263/1-2 Th Tha Phae ; d avec petit-déj 2 800-3 900 B ; ❄@📶🏊). Le béton apparent et le bois sculpté associés à des matériaux naturels expriment le concept de design urbain de l'établissement. Chaque chambre, décorée par un artiste local différent sur le thème d'un animal du zodiaque chinois, offre une interprétation unique d'aménagement intérieur. Nos préférées : la "Monkey", dotée d'un lit tressé en forme de nacelle, et la "Horse", avec son lit-arbre surréaliste. Piscine tapissée de galets à l'arrière et restaurant de cuisine fusion asiatique à l'avant. Les tarifs dégringolent hors saison (environ 1 500 B la nuit).

Le Meridien Chiang Mai HÔTEL $$$
(carte p. 326 ; ☎053 253666 ; www.lemeridienchiangmai.com ; 108 Th Chang Khlan ; d à partir de 4 800 B ; ❄@📶🏊). Cet hôtel de chaîne offre élégance et modernité à deux pas du bazar de nuit. Les couloirs très calmes distribuent des chambres spacieuses et contemporaines, séparées de la salle de bains par une cloison en verre laissant passer la lumière naturelle. La piscine à débordement avec vue sur les montagnes est l'un de ses points forts, et il y a parfois des offres de dernière minute une fois sur place.

DusitD2 Chiang Mai HÔTEL $$$
(carte p. 326 ; ☎053 999999 ; www.dusit.com ; 100 Th Chang Khlan ; d à partir de 3 550 B ; ❄@📶🏊). Le DusitD2 est une tranche de modernité minimaliste au cœur du chaos du bazar de nuit. Les tons orange égayent la réception et les chambres design. Piscine et salle de sport.

Bords de la rivière

Moins touristiques, les quartiers situés de part et d'autre de la rivière Ping offrent néanmoins l'avantage d'une proximité avec le marché de nuit et les restaurants de la rive est.

Hollanda Montri PENSION $
(carte p. 322 ; ☎053 242450 ; www.hollandamontri.com ; 365 Th Charoenrat/Th Faham ; d avec ventil/clim à partir de 550/750 B ; ❄📶). Alternative intéressante aux auberges de jeunesse de la vieille ville, proche des restaurants qui bordent la rivière et à 30 minutes à pied des remparts. Chambres sans prétention, et joli cadre paisible au bord de l'eau. Location de vélos et de motos possible.

Riverside House PENSION $$
(carte p. 322 ; ☎053 241860 ; www.riversidehouse-chiangmai.com ; 101 Th Chiang Mai-Lamphun ; d avec petit-déj 1 000-1 300 B ; ❄@📶🏊). Chambres standards mais impeccables, et plutôt spacieuses, réparties dans 3 bâtiments ; les plus chères se trouvent dans le bâtiment central, au pied de la piscine et à l'écart du bruit de la circulation, mais elles offrent toutes un bon rapport qualité/prix. Adresse idéale pour les familles. Malgré le nom et l'emplacement de la pension, seules quelques chambres ont vue sur la rivière.

♥ **Hotel des Artists Ping Silhouette** BOUTIQUE-HÔTEL $$$
(carte p. 322 ; ☎053 249999 ; www.hotelartists.com ; 181 Th Charoenrat/Th Faham ; d avec petit-déj à partir de 3 720 B ; ❄📶🏊). Boutique-hôtel d'une élégance minimaliste reflétant les influences chinoises et européennes du quartier. L'hôtel est ponctué de chinoiseries, dont deux statues équestres dans le style de la dynastie Tang à côté d'un bassin aux carpes rectangulaire. Son café rappelle la *shophouse* d'un négociant chinois, tandis que les chambres d'une belle hauteur sous plafond, opulentes et modernes, sont assorties de terrasses où se prélasser. La piscine d'eau salée est divine.

♥ **Baan Orapin** B&B $$$
(carte p. 322 ; ☎053 243677 ; www.baanorapin.com ; 150 Th Charoenrat/Th Faham ; d avec petit-déj 1 800-4 000 B ; ❄📶🏊). Dans le quartier historique de Wat Ket, cette imposante maison en teck entourée de jardins appartient à la même famille depuis 1914.

Aujourd'hui, les deux élégantes villas situées à l'avant et à l'arrière de la propriété recèlent 15 chambres d'hôtes remplies de meubles et de textiles raffinés.

Na Nirand BOUTIQUE-HÔTEL **$$$**
(carte p. 322 ; ☎053 280988 ; www.nanirand.com ; 1/1 Soi 9, Th Charoen Prathet ; d à partir de 7 500 B ;). Un magnifique arbre à pluie centenaire est au centre de cette propriété romantique au bord de la Mae Ping. Le spa et la petite bibliothèque occupent une maison en teck restaurée tandis que des villas raffinées s'ordonnent autour d'une piscine relaxante. Les chambres s'ornent de sculptures en bois ouvragées, de textiles Lanna et de meubles en rotin fabriqués par des artisans locaux. Les immenses salles de bains sont équipées de baignoires en îlot et de douches à effet pluie.

137 Pillars BOUTIQUE-HÔTEL **$$$**
(carte p. 322 ; ☎02 079 7137, 053 247788 ; 137pillarschiangmai.com ; 2 Soi 1, Th Nawatgate ; d à partir de 20 000 B ;). Cet élégant complexe hôtelier s'articule autour de Baan Borneo, vieille maison en teck autrefois exploitée par Louis Leonowens ou Rajah Brook comme centre de négoce de bois. Les chambres adoptent l'élégant style colonial : teck, carrelage d'époque et grandes salles de bains. La propriété compte plusieurs arbres immenses, une piscine de luxe, 2 restaurants et un petit musée.

Anantara Resort & Spa HÔTEL DESIGN **$$$**
(carte p. 322 ; ☎053 253333 ; www.anantara.com/en/chiang-mai ; 123 Th Charoen Prathet ; d avec petit-déj à partir de 10 000 B ;). Si James Bond devait venir à Chiang Mai, c'est certainement ici qu'il séjournerait. Sur le domaine de l'ancien consulat britannique, l'Anantara associe à merveille design ultramoderne et élégance d'époque. Les chambres sont tout simplement sublimes : bois naturel aux nuances variées, baies vitrées, TV à écran plat, balcons avec divans et vue sur les jardins d'inspiration zen et la rivière.

L'édifice du consulat abrite désormais le restaurant Service 1921 (p. 356), et le jardin s'orne d'une paisible piscine et d'un bassin où le personnel place des lanternes flottantes le soir. Service de baby-sitting et lits bébé, chaises hautes, repas enfant et sièges auto.

Ouest de la vieille ville

En logeant à l'ouest de la vieille ville, vous serez plus près de l'université de Chiang Mai, ainsi que des bars et restaurants branchés de Th Nimmanhaemin.

Lab Poshtel AUBERGE DE JEUNESSE **$**
(carte p. 334 ; ☎063 361 4426 ; thelabposhtel.com ; 64 Th Sirimungklajarn ; dort 490 B, d avec petit-déj 1 090 B ;). Cette auberge de jeunesse chic décorée façon laboratoire prend son sujet d'inspiration très au sérieux. Clairs et pleins de style, ses espaces communs s'agrémentent de touches thématiques un peu sinistres : béchers, blouses blanches, exemplaires d'insectes et planches d'anatomie. Sinon, l'ambiance est cosy, et un café attenant, une boutique tendance et un charmant bar d'extérieur complètent agréablement le tableau.

Bunk Boutique AUBERGE DE JEUNESSE **$**
(carte p. 334 ; ☎091 859 9656 ; bunkboutique@hotmail.com ; 8/7 Th Ratchaphuek ; dort 250-500 B, d 900-1 200 B ;). Le Bunk Boutique propose un hébergement confortable dans des dortoirs de 4 lits, dans une grande résidence derrière Th Huay Kaew. Lits superposés en bois clair avec rideaux pour garantir l'intimité et casiers individuels. Si les disponibilités le permettent, les dortoirs peuvent être privatisés.

Baan Say-La PENSION **$$**
(carte p. 334 ; ☎053 894229 ; www.baansaylaguesthouse.com ; 4 Soi 5, Th Nimmanhaemin ; d ventil/clim 600-900 B ;). Cette charmante *shophouse* de Nimmanhaemin abrite d'élégantes chambres mêlant les styles – moderniste, traditionnel, champêtre –, et les propriétaires gardent l'endroit irréprochable. Prix très corrects compte tenu de la proximité de l'animation.

Hotel Noir BOUTIQUE-HÔTEL **$$$**
(carte p. 334 ; ☎064 351 7007 ; www.hotelnoir.co.th ; 5/8 Th Nimmanahaemin ; d à partir de 1 800 B ;). L'excellent emplacement dans le quartier de Nimman, le patio tranquille et verdoyant et le service avenant sont les points forts de ce petit boutique-hôtel plein de charme. Les chambres sobrement décorées mais très confortables ont une jolie vue sur la rue. Vélos vintage à disposition pour visiter la ville.

7 RESORTS POUR UN PAISIBLE SÉJOUR CHAMPÊTRE

Si le centre de Chiang Mai est trop animé pour vous, un large choix de complexes hôteliers bucoliques s'offre à vous juste au-delà des autoroutes. Vous y serez entouré de montagnes embrumées, de champs verdoyants et de forêts tropicales. Tous ces établissements sont à moins de 2 heures de route de Chiang Mai :

Proud Phu Fah (☎053 879389 ; www.proudphufah.com ; Rte 1096, Km 17 ; d avec petit-déj 5 500-15 000 B ; ❄@📶🏊). Design chic en pleine jungle, ce *resort* élégant est le choix d'hébergement le plus agréable de la boucle Mae Sa-Samoeng.

Tharnthong Lodges (☎081 961538 ; www.tharnthonglodge.com ; d 1 200-4 000 B ; 📶). Ensemble de chalets éclectique dans la forêt, non loin de Mae Kampong, ponctué de ruisseaux, statues et lapins bondissants dans les prairies.

Four Seasons Chiang Mai (p. 372). Très haut de gamme et conçus avec goût, les lodges sont disséminés dans la forêt tropicale humide et dans les rizières cultivées par les agriculteurs de la région. Proche de Mae Rim.

Dhara Dhevi (☎053 888888 ; www.dharadhevi.com ; 51/4 Th Chiang Mai-San Kamphaeng, près de Rte 1006 ; d à partir de 12 500 B ; ❄@📶🏊). À 5 km de la ville, l'établissement le plus somptueux de Chiang Mai évoque un village médiéval Lanna, jusqu'aux cultivateurs qui travaillent sur les rizières en terrasses entre les villas.

Kaomai Lanna Resort (☎053 481201 ; www.kaomailanna.com ; Rte 108, San Pa Thong ; d avec petit-déj 1 800-8 000 B ; ❄📶🏊). D'anciens abris où l'on séchait le tabac ont été reconvertis en élégantes chambres d'hôtel. Le complexe hôtelier organise des excursions dans les villages voisins qui vendent de l'artisanat. Le café est délicieux.

Chai Lai Orchid (☎086 923 0867 ; www.chailaiorchid.com ; 202 Mu 9, Tambon Mae Win, Mae Wang ; d 1 500-1 800 B ; ❄📶). Plusieurs bungalows confortables dans la jungle au milieu de la forêt. Accès par une passerelle suspendue au-dessus de la Mae Wang.

Panviman Chiang Mai (☎053 879 5405 ; www.panvimanresortchiangmai.com ; 197/2 Mu 1, Tambol Pongyeang ; d avec petit-déj à partir de 8 000 B ; ❄📶🏊). Situé sur la boucle Mae Sa-Samoeng, ce vaste complexe sur les hauteurs compte d'opulentes villas, une kyrielle d'installations et un restaurant thaïlandais servant une cuisine savoureuse.

Kantary Hills HÔTEL $$$
(carte p. 322 ; ☎053 222111 ; www.kantary-collection.com ; Soi 12, Th Nimmanhaemin ; d 3 800-7 200 B, app à partir de 50 000 B/mois ; ❄📶🏊). Cet hôtel irréprochable propose des chambres élégantes aux airs d'appartements, avec cuisine, dans un vaste complexe un peu à l'écart de l'animation de Nimmanhaemin. Incontournable des milieux d'affaires et diplomatiques. Les studios, impersonnels, sont trop chers, mais les appartements de 1 ou 2 chambres sont assez luxueux.

Artel Nimman BOUTIQUE-HÔTEL $$$
(carte p. 334 ; ☎053 213143 ; facebook.com/theartelnimman ; Soi 13, Th Nimmanhaemin ; d à partir de 1 700 B ; ❄📶). Nous avons un faible pour les hôtels dotés de toboggans (pour ne pas avoir à descendre par les escaliers) et l'Artel a tout bon. Le bâtiment moderniste est tout en fenêtres rondes, béton ciré, formes géométriques et juxtaposition de matériaux, majoritairement revalorisés, et les chambres sont des espaces paisibles et créatifs.

Yesterday Hotel BOUTIQUE-HÔTEL $$$
(carte p. 334 ; ☎053 213809 ; www.yesterday.co.th ; 24 Th Nimmanhaemin ; d à partir de 3 200 B ; ❄📶). Un petit saut dans un passé pas si lointain au cœur de l'animation de Th Nimmanhaemin. Photos anciennes, phonographes, téléphones en bakélite et TV à tube cathodique ornent les parties communes, tandis que les chambres présentent une décoration plus subtile des années 1950.

Où se restaurer

Les meilleurs endroits pour se restaurer sont sans conteste les excellents marchés de nuit (p. 354), qui s'étendent autour des principales portes de la ville et ailleurs également. Le goût pour le porc venu de la cuisine chinoise se retrouve dans la grande spécialité du nord de la

Thaïlande : la saucisse de porc, *sâi òo·a*. Un bon *sâi òo·a* doit être acidulé et épicé, avec des arômes de citronnelle, gingembre et curcuma. Vous en trouverez sur n'importe quel marché.

Vieille ville

SP Chicken THAÏLANDAIS $
(carte p. 326 ; 9/1 Soi 1, Th Samlan ; plats 40-170 B ; 10h-17h). C'est dans ce tout petit café proche du Wat Phra Singh qu'est préparé chaque jour le meilleur poulet rôti de Chiang Mai. La carte affiche aussi salades et soupes, mais la plupart des habitués se contentent d'un demi-poulet (90 B) ou d'un poulet entier (170 B), accompagné de sauces épicées.

Lert Ros THAÏLANDAIS $
(carte p. 326 ; Soi 1, Th Ratchadamnoen ; plats 30-160 B ; 12h-21h). En entrant dans ce petit restaurant typique, vous passerez devant le plat principal : des tilapias entiers grillés sur un brasero, servis avec une sauce très épicée de style isan. Accompagné de riz gluant, cette spécialité est l'une des meilleures de Chiang Mai. La carte comprend aussi du porc au curry fermenté dans des feuilles de bananier, des currys et du *sôm·đam* (salade de papaye verte épicée).

Talat Pratu Chiang Mai MARCHÉ $
(carte p. 326 ; Th Bamrungburi ; plats à partir de 40 B ; 4h-12h et 18h-minuit). Aux premières heures du jour, le garde-manger de Chiang Mai vend des aliments et des plats tout faits. Si vous souhaitez gagner du mérite auprès des moines, venez tôt et trouvez la femme qui vend des dons de nourriture déjà assemblés (20 B) ; elle vous expliquera le rituel. Les choses se calment à l'heure du déjeuner, mais les lampes sont rallumées le soir à l'occasion du marché de nuit très apprécié qui s'installe dans la rue.

Blue Diamond VÉGÉTARIEN $
(carte p. 326 ; 053 217120 ; 35/1 Soi 9, Th Moon Muang ; plats 65-260 B ; 7h-21h lun-sam ;). Blotti dans une enceinte verdoyante dotée d'une cascade et d'un bassin aux carpes, le Blue Diamond propose un menu original avec de délicieux petits-déjeuners, sandwichs, salades, currys, plats sautés et de curieux plats de cuisine fusion comme le *đôm yam* (soupe aigre et épicée) aux macaronis. Une charmante boutique attenante vend des fruits et légumes frais, des mélanges préemballés d'épices et d'herbes aromatiques, des douceurs fraîchement préparées, et des savons et huiles bio.

Huen Phen THAÏLANDAIS $
(carte p. 326 ; 053 277103 ; 112 Th Ratchamankha ; plats déj 30-100 B, dîner 80-200 B ; 9h-16h et 17h-22h). Le Huen Phen sert une sélection très complète, et généralement délicieuse, de plats du nord de la Thaïlande dans une maison remplie d'objets anciens et de plantes vertes. L'endroit est extrêmement fréquenté ; arrivez tôt si vous ne voulez pas faire la queue. Le curry de porc à la birmane est succulent.

Bird's Nest Cafe MÉDITERRANÉEN $
(carte p. 322 ; 095 914 0265 ; facebook.com/birdsnestcafe ; 11 Soi 3, Th Singharat ; plats 100-180 B ; 8h30-16h30 mer-lun ;). Ce petit café tranquille servant des plats thaïlandais et méditerranéens occupe 2 niveaux d'une ravissante maison en teck, dans un paisible pâté de maisons de la vieille ville. Les petits-déjeuners à base de chakchouka et de pommes de terre rissolées sont particulièrement bons, et les produits bio et locaux, le pain maison, les yaourts, les vinaigrettes et les cookies vont de pair avec le cadre douillet.

Les végans seront ravis de savoir qu'il existe un menu de 3 plats au petit-déjeuner conçu spécialement pour eux.

Goodsouls Kitchen VÉGAN $
(carte p. 326 ; 088 819 9669 ; 52/2 Th Singharat ; plats 100-180 B ; 7h-22h ;). Goodsouls Kitchen concocte des plats végans d'inspiration thaïlandaise, occidentale et fusion aussi bons pour l'estomac que pour l'âme. Certains sont un peu chers pour Chiang Mai (120 B les quartiers de pommes de terre frits) ; d'autres sont raisonnables. La carte variée en fait une adresse aussi prisée des végans que des carnivores, et tous savourent le burger aux champignons.

Good Morning Chiang Mai INTERNATIONAL $
(carte p. 326 ; 29/5 Soi 6, Th Ratchamankha ; petit-déj et plats 80-150 B ; 8h-20h). Adresse proche du Wat Phra Jao Mengrai très prisée des expatriés, ce café de *guesthouse* couvert de posters de cinéma sert de généreux petits-déjeuners internationaux (piles de pancakes, céréales, viennoiseries, etc.) et des pâtes au *đôm yam*. On peut également s'installer dans le jardin, au bord de la piscine.

100% LOCAL

PALMARÈS DES *KÔW SOY*

Spécialité officieuse de Chiang Mai, le *kôw soy* (*ou khao soi*), est un bouillon au curry avec nouilles au blé et aux œufs, et nouilles sautées croustillantes, accompagné de légumes marinés et d'échalotes émincées. Ce plat trouverait son origine chez les commerçants yunnanais qui gagnèrent Chiang Mai par la route de la Soie, et les vendeurs de **Halal Street** (Soi 1, Th Charoen Prathet), près du bazar de nuit, servent encore l'un des meilleurs *kôw soy* de la ville. Kao Soi Fueng est une adresse très cotée, avec des bols savoureux à prix doux, mais les habitants de Chiang Mai préfèrent le *kôw soy* moins élaboré et plus salé de Khao Soi Islam Noodles.

On trouve également d'excellents *kôw soy* dans les environs du **Wat Faham**, dans Th Charoenrat (également appelée Th Faham), au nord du pont de Th Ratanakosin, sur la rive est de la Mae Ping. La palme revient toutefois à Khao Soi Lam Duan Fah Ham, une adresse qui ne paie pas de mine mais pleine à craquer à l'heure du déjeuner, où les habitants avalent de généreux bols de *kôw soy* tout simplement délicieux. Non loin de là, **Khao Soi Samoe Jai** (carte p. 322 ; 391 Th Charoenrat/Th Faham ; plats 40-70 B ; 8h-17h) prépare aussi une soupe savoureuse.

Dada Kafe VÉGÉTARIEN $

(carte p. 326 ; Th Ratchamankha ; plats 75-180 B ; 9h30-21h30 lun-sam ;). Cet agréable petit restaurant fait fureur avec ses délicieux smoothies et plats bio, végétariens et riches en vitamines. Les fruits sont mixés avec divers ingrédients tels que pollen et herbe de blé, et la carte inclut omelettes, salades, sandwichs, currys au riz brun et burgers végétariens.

♥ **Ginger & Kafe @ The House** THAÏLANDAIS $$

(carte p. 326 ; 053 287681 ; www.thehouse-bygingercm.com ; 199 Th Moon Muang ; plats 160-390 B ; 10h-23h). Avec son mobilier ancien, ses canapés confortables et sa porcelaine, ce restaurant évoque une demeure thaïlandaise huppée. La cuisine est délicieuse et superbement présentée, avec d'excellents plats comme le curry massaman au bœuf mijoté dans une crème coco-citron vert. Jolie boutique de mode et bar à cocktails chic juste à côté.

Fahtara Coffee THAÏLANDAIS $$

(carte p. 326 ; 053 416191 ; www.fahtara.coffee ; 57/1 Th Wiang Kaew ; plats 250-450 B ; 8h-21h ;). Niché dans le superbe spa Fah Lanna (p. 341), dans la vieille ville, cet établissement à l'atmosphère thaïlandaise a tout bon. Outre l'excellent café cultivé par des ethnies montagnardes, les milk-shakes aux fruits, les petits-déjeuners copieux, les salades équilibrées et les plats thaïlandais sont délicieux et superbement présentés. Cour-jardin agrémentée de coussins de couleur vive, de parasols et d'une roue à eau décorative géante.

Overstand Coffee Shop CAFÉ $$

(carte p. 326 ; 085 711 2762 ; facebook.com/OverstandCoffee ; Soi 2, 19/3 Th Ratchamankha ; plats 100-220 B ; 8h-15h30 ;). Petits-déjeuners à l'occidentale parfaitement préparés et café local savoureux, le style en plus : l'Overstand est un favori de longue date des expatriés de Chiang Mai, qui apprécient la qualité des ingrédients et le choix de plats. Outre les œufs et le bacon, le café propose plusieurs plats végétariens, végans et sans gluten. Des œuvres d'artistes locaux ornent les murs. Succursale au Soi 5, 29 Nimmanhaemin.

Mit Mai CHINOIS $$

(carte p. 326 ; Th Ratchamankha ; plats 60-900 B ; 10h-22h). Si vous n'avez pas pu visiter les avant-postes chinois situés dans les montagnes du Nord, ce restaurant ouvert depuis plusieurs décennies est l'endroit où venir savourer les spécialités du Yunnan. Presque tous les plats sautés en un éclair sont savoureux, et le jambon du Yunnan séché à l'air est toujours bon. Pas d'enseigne en anglais, mais il jouxte le Wat Pha Khao.

Girasole ITALIEN $$

(carte p. 326 ; 053 276388 ; Kad Klang Wiang, Th Ratchadamnoen ; plats 120-450 B ; 11h-23h). Avec ses pizzas aux *pepperoni* et autres ingrédients plutôt rares sous cette latitude, ce restaurant de la jolie petite galerie marchande Kad Klang Wiang peut sans

100% LOCAL

SE RÉGALER SUR LES MARCHÉS

La meilleure cuisine de Chiang Mai est sans conteste servie dans la rue, et les incontournables marchés de nuit qui emplissent la ville de leurs délicieux effluves sont là pour le prouver. Tous les soirs à partir de 17h environ, les marchands ambulants installent leurs stands aux endroits stratégiques de la vieille ville, à côté de stands de smoothies et de vendeurs de bières et de boissons non alcoolisées. Chaque stand a sa spécialité : poissons d'eau douce grillés, *pàt gà prow* (poulet ou viande sautés avec piment et basilic sacré), steaks à l'occidentale, crevettes grillées et "Tornado potato" (pomme de terre entière découpée en spirale et frite).

Les marchés de jour de la ville sont également envahis de stands de nourriture et de vendeurs, qui préparent *gàp kôw* (ragoûts et currys servis avec du riz) et autres repas à emporter pour les travailleurs pressés. Bien sûr, les marchés de Saturday et Sunday Walking Street (p. 365) sont également pris d'assaut par les vendeurs de rue. Voici un guide des meilleurs endroits où se restaurer sur les marchés de Chiang Mai.

Talat Pratu Chiang Mai (p. 352). Ce marché très animé vend aliments et paniers-repas tout prêts la journée, et spécialités de marché de nuit le soir. Il est bondé chaque soir, en particulier pendant la Saturday Walking Street de Th Wualai.

Talat Pratu Chang Pheuak (carte p. 326 ; Th Mani Nopharat ; plats à partir de 30 B ; ⏲17h-23h). S'étendant à l'ouest de la porte nord de la ville, c'est l'un des marchés de nuit les plus populaires de Chiang Mai, proposant tous les plats habituels, ainsi que le meilleur *kôw kăh mŏo* (jambon mijoté avec du riz) de la ville, préparé en grande pompe par la "Cowboy Hat Lady" – on peut difficilement manquer son stand.

Talat Somphet (carte p. 326 ; Soi 6, Th Moon Muang ; plats à partir de 30 B ; ⏲8h-19h). Un petit marché alimentaire local au nord de la Pratu Tha Phae qui se transforme en marché nocturne après les heures de travail. De nombreuses écoles de cuisine font leurs visites de marché ici.

Talat Ton Phayom (carte p. 322 ; Th Suthep ; ⏲8h-18h). Ce marché local non loin de Th Suthep est une halte populaire auprès des visiteurs thaïlandais qui viennent y acheter d'authentiques aliments du Nord comme le *kâap mŏo* (couenne de porc).

Talat Warorot (p. 329). Le vétéran des marchés de Chiang Mai possède des stands de spécialités culinaires du Nord (plats à partir de 30 B), installés un peu partout.

Talat Thanin (Siri Wattana ; carte p. 322 ; près de Th Chotana/Th Chang Pheuak ; plats à partir de 30 B ; ⏲5h-19h). Au nord de la vieille ville, près de Th Chotana (Th Chang Pheuak), ce marché public est spécialisé dans les plats à emporter tels que ragoûts de poisson, currys, spécialités sautées et condiments épicés cuits dans d'énormes poêles, faitouts et casseroles.

Talat Na Mor (carte p. 322 ; Malin Plaza, Th Huay Kaew ; plats à partir de 40 B ; ⏲17h-22h). Un marché de nuit animé pour étudiants, offrant des prix doux et beaucoup de choix ; cela vaut également la peine de découvrir les restaurants pour étudiants à proximité, dans Th Huay Kaew.

conteste prétendre au titre de meilleure pizzeria de la ville. La carte comprend en outre d'excellents plats de pâtes et *secondi piatti*, ainsi que de délicieux *gelati* pour le dessert. Plusieurs espaces disponibles, intérieurs et extérieurs.

Ruen Tamarind THAÏLANDAIS $$$
(carte p. 326 ; 50/1 Th Ratchadamnoen ; plats 250-580 B ; ⏲7h-10h et 11h-23h ; 📝). Pour un dîner sophistiqué, le restaurant du Tamarind Village (p. 347) sert une cuisine du Nord haut de gamme dans un cadre élégant avec vue sur la piscine de l'hôtel. Les mets tels que le *yum tawai gài* (salade de poulet épicée avec vinaigrette au tamarin) sont présentés comme des œuvres d'art, et des musiciens accompagneront votre repas.

Le week-end et lors des vacances, le restaurant est normalement réservé aux clients de l'hôtel ; appelez néanmoins – vous aurez peut-être de la chance.

Est de la vieille ville

Tôt le matin, les vendeurs du petit Chinatown de Chiang Mai (p. 331) proposent sur leurs stands du *nám đow·hôo* (lait de soja) et des *youtiao* (beignets chinois en forme de bâtonnets). Pour goûter la meilleure *sâi òo·a* (saucisse de porc), repérez le stand **Dom Rong** dans la partie de Talat Warorot (p. 329) dédiée aux produits non périssables.

Asa VÉGAN $
(Asa Kitchen ; carte p. 326 ; 087 304 3220 ; facebook.com/asakitchenandstudio ; 217 Th Tha Phae ; plats à partir de 125 B ; 9h30-19h ;). Cette cantine occupant une *shophouse* (maison de négoce avec habitation à l'étage) sert des plats végans très nutritifs allant des salades aux herbes de style birman et thaïlandais aux currys crémeux et aux bols de riz garnis de légumes colorés. Asa signifie "être volontaire" en thaïlandais, et ce n'est pas pour rien : à l'étage, on peut assister à des cours de yoga réguliers sans réservation, et le restaurant organise divers ateliers et offre des possibilités de bénévolat.

Khao Soi Islam Noodles THAÏLANDAIS $
(carte p. 322 ; Soi 1, Th Charoen Prathet ; plats à partir de 50 B ; 7h30-17h). L'endroit préféré des habitants pour déguster un *kôw soy* (nouilles de blé aux œufs dans un bouillon au curry), même si nous l'avons trouvé moins savoureux et plus salé qu'ailleurs dans la rue. Toutefois, les portions sont copieuses.

Hideout PETIT-DÉJEUNER $
(carte p. 326 ; Th Sithiwongse ; petit-déj 55-160 B ; 8h-17h mar-dim ; P). Ce repaire (*hideout*), fréquenté par des expatriés en manque de bons petits-déjeuners et café à l'occidentale, veille à servir des œufs cuits à la perfection, du bacon frit à la demande, du muesli au yaourt fait maison, des sandwichs originaux préparés avec du pain frais, et un cake à la banane fameux.

Thanom Phochana THAÏLANDAIS $
(carte p. 326 ; Th Chayaphum ; plats 60-80 B ; 11h-13h et 17h-22h lun-ven). Le Thanom Phochana a beau avoir l'atmosphère d'une cafétéria d'hôpital, les plats du centre de la Thaïlande qu'on y sert n'en sont pas moins aussi bons qu'à Bangkok. Enseigne en thaï – repérez le panneau indiquant "Please Dress Politely" ("tenue polie exigée") – et pas de menu.

Kao Soi Fueng Fah THAÏLANDAIS $
(carte p. 322 ; Soi 1, Th Charoen Phrathet ; plats 40-60 B ; 7h30-21h). La plus savoureuse des échoppes de *kôw soy* (nouilles de blé aux œufs dans un bouillon au curry) tenues par des musulmans, à garnir de bœuf ou de poulet.

Swan BIRMAN $
(carte p. 326 ; 48 Th Chaiyaphum ; plats 70-150 B ; 11h-23h). Juste à l'est de la vieille ville, ce restaurant au charme désuet vous transporte au-delà de la frontière avec ses savoureuses spécialités birmanes comme les salades de feuilles de thé et d'herbe du tigre (*Centella asiatica*), et le *gaang hang lay* (curry de porc aigre au tamarin et aux cacahuètes). L'arrière-cour verdoyante permet d'échapper à la circulation autour des douves.

Bords de la rivière

La rive est de la Mae Ping est un bon terrain de chasse pour des adresses haut de gamme.

♥ Laap Kao Cham Chaa THAÏLANDAIS $
(carte p. 322 ; Th Ratanakosin ; plats 50-200 B ; 12h-21h lun-sam). Popularisé par le célèbre chef Anthony Bourdain, aujourd'hui décédé, ce modeste stand de rue sous un arbre à pluie (d'où il tire son nom) est devenu un incontournable de la cuisine thaïlandaise authentique du Nord. Asseyez-vous sur une chaise en plastique, commandez une bière Singha et régalez-vous d'assiettes copieuses de salade de chair de pomelo, de *lâhp* à la thaïlandaise ("salade" de viande émincée) de bœuf ou de porc, cru ou cuit, et de pâte de crabe.

Vous êtes d'humeur aventureuse ? La langue de porc rôtie ou la grenouille frite à l'ail n'attendent que vous. Pas de menu en anglais. Bonne chance !

♥ Khao Soi Lam Duan Fah Ham THAÏLANDAIS $
(carte p. 322 ; 352/22 Th Charoenrat/Th Faham ; plats à partir de 40 B ; 9h-16h). Au nord du pont de Th Ratanakosin, sur la rive est de la Mae Ping, Th Faham est très connue à Chiang Mai pour ses échoppes de *kôw soy*. Khao Soi Lam Duan Fah Ham, la meilleure du lot, sert aux chalands impatients de délicieux bols de ces nouilles de blé aux œufs dans un bouillon au curry.

Woo CAFÉ $$
(carte p. 322 ; ☎052 003717 ; www.woochiangmai.com ; 80 Th Charoenrat/Th Faham ; plats 150-500 B ; 10h-22h ;). Une adresse trois en un au bord de la rivière proposant de délicieux repas, de l'art contemporain et peut-être quelques achats. Ce café moderne et plein de style est spécialisé dans la cuisine thaïlandaise, les salades et les pâtisseries, mais l'énorme carte inclut également toutes les boissons imaginables. Des œuvres d'art avant-gardistes ornent les murs, et les expositions régulièrement renouvelées présentent différents artistes thaïlandais.

Riverside Bar & Restaurant INTERNATIONAL $$
(carte p. 322 ; ☎053 243239 ; www.theriversidechiangmai.com ; Th Charoenrat/Th Faham ; plats 100-370 B, dîner-croisière adulte/enfant 180/90 B ; 10h-1h). Presque tout le monde finit au Riverside lors d'un séjour à Chiang Mai. Logé dans une vieille maison en teck, l'établissement s'apparente à un Hard Rock Café revisité de façon bucolique, et des groupes de musique y jouent tous les soirs jusqu'à tard. Essayez d'avoir une table à l'extérieur côté rivière – sur la terrasse ou au balcon à l'étage – pour profiter de la brise du soir.

Le restaurant organise également des dîners-croisières très prisés sur la Mae Ping ; départ du quai à 20h tous les soirs. Pendant cette croisière magique de 1 heure 15, le bateau croise des temples anciens et des demeures plusieurs fois centenaires au fil des berges. Réservez bien à l'avance.

Service 1921 SUD-EST ASIATIQUE $$
(carte p. 322 ; ☎053 253333 ; 123 Th Charoen Prathet ; plats 180-600 B ; 12h-23h ;). Le restaurant panasiatique de l'Anantara Resort & Spa (p. 350) semble tout droit sorti d'un film d'espionnage, avec personnel en tenue des années 1920, menus livrés dans des enveloppes marquées "top secret" et décoration évoquant les bureaux à l'ancienne du MI6 – et pour cause, cette sublime villa abritait autrefois le consulat britannique. Demandez à voir la pièce secrète dissimulée derrière la fausse bibliothèque.

River Market THAÏLANDAIS $$
(carte p. 322 ; ☎053 234493 ; therivermarket.com ; Th Charoen Prathet ; plats 155-500 B ; 11h-23h). Plus que sur sa cuisine, couvrant l'ensemble des classiques thaïlandais, cette adresse mise sur son emplacement, avec, le soir, une vue romantique sur le Saphan Lek (pont de Fer) illuminé.

Oxygen Dining Room INTERNATIONAL $$$
(carte p. 322 ; ☎053 931999 ; X2 Chiang Mai Riverside, 369/1 Th Charoenrat ; menu dégustation déj/dîner 990/à partir de 1 990 B ; 7h-10h30, 11h30-14h30 et 18h30-22h30). Les gastronomes audacieux apprécieront les menus dégustation créatifs imaginés par les chefs de l'Oxygen, qui utilisent leur savoir-faire français pour revisiter la cuisine du Sud-Est asiatique. Citons, par exemple, les croquettes de *lâhp* et le *khao soi gai* dans lequel des feuilles de nouilles enveloppent le poulet, le tout baignant dans une écume à la noix de coco. L'écrin de verre entourant la salle à manger offre une vue ravissante sur la Mae Ping et les montagnes.

Gardez une place pour le riz gluant à la mangue.

Ouest de la vieille ville

Si Th Nimmanhaemin et les *soi* alentour excellent dans la cuisine internationale, nombre de restaurants apparaissent et disparaissent du jour au lendemain.

Kinlum Kindee THAÏLANDAIS $
(carte p. 334 ; ☎064 614 0817 ; facebook.com/Kinlumkindee ; 25 Soi 9, Th Nimmanhaemin ; plats 60-120 B ; 11h-21h30). Le Kinlum Kindee, dont le nom signifie "manger délicieux, manger bien", vise à sublimer la cuisine du nord de la Thaïlande au moyen d'ingrédients de haute qualité produits de façon durable au niveau local. La marque commercialise une ligne de plats sur les marchés et en ligne, mais c'est au restaurant que vous trouverez des spécialités comme le *sâi òo·a* et le *nám prík nùm*, présentées dans des plats à partager.

Tong Tem Toh THAÏLANDAIS $
(carte p. 334 ; ☎053 894701 ; facebook.com/TongTemToh ; 11 Soi 13, Th Nimmanhaemin ; plats 57-177 B ; 7h-21h). Dans le jardin sans prétention d'une maison en teck, ce restaurant très couru sert de délicieux plats traditionnels du nord de la Thaïlande. Le menu va au-delà des classiques et propose des spécialités locales, telles que le *nám prík ong* (pâte de piment et légumes à tremper), le *gaang hang lay* (curry de porc à la birmane avec cacahuètes et tamarin) et quelques autres mets plus audacieux

comportant des poissons têtes-de-serpent ou des œufs de fourmi.

Tikky Cafe THAÏLANDAIS $

(carte p. 322 ; ☎098 796 2182 ; facebook.com/tikkycafe ; 20 Th Taeparak ; plats 50-80 B ; ⏲9h30-20h). Jouissant depuis 2019 d'un nouvel emplacement tranquille au nord-est de Nimman, le Tikky Cafe vaut le détour. Ce café coloré est spécialisé dans la préparation de délicieuses boissons aux fruits accompagnant idéalement une saine salade thaïlandaise, des nouilles ou du riz (plus ou moins épicé selon votre goût). Les nappes tissées et le bassin aux carpes lui donnent un air de quiétude, et le bar bien approvisionné est également apprécié.

Nong Bee's Burmese Restaurant and Library BIRMAN $

(carte p. 334 ; 28 Soi 1, Th Nimmanhaemin ; plats 30-60 B ; ⏲10h-21h). Le nom peut prêter à confusion, car ce stand de rue n'a aucun lien avec une quelconque bibliothèque (*library*). Mais les salades de feuilles de thé et d'herbe du tigre (*Centella asiatica*) sont délicieuses, et les prix, incroyablement bas. Au menu également : spécialités thaïlandaises du Nord, nouilles sautées au porc émincé et riz sauté aux fruits de mer.

Free Bird Cafe VÉGAN $

(carte p. 334 ; ☎099 351 4404 ; facebook.com/FreeBirdCafe ; Soi 9, 14 Sirimungklajarn ; plats à partir de 95 B ; ⏲9h-21h mar-sam, 9h-17h dim ; 🅥). 🍃 Premier café solidaire de Chiang Mai, le Free Bird Cafe apporte son soutien à des cours d'art et de langue destinés à des réfugiés du Myanmar. Le restaurant végan est connu pour ses salades shan piquantes et son petit-déjeuner copieux servi toute la journée. Également des vêtements d'occasion et des articles zéro déchet allant des récipients alimentaires réutilisables aux shampooings, savons et autres vendus en vrac.

Somtum Der THAÏLANDAIS $

(Somtum Der Chiang Mai ; carte p. 334 ; ☎090 325 1181 ; facebook.com/SomtumDerChiangmai ; One Nimman, Soi 1 ; plats 65-150 B ; ⏲11h-22h, 10h-22h sam-dim). Saveurs relevées garanties au Somtum Der, un restaurant convivial et divertissant servant d'authentiques plats isan, dont plusieurs types de *sôm·đam* (salade de papaye verte piquante), des soupes goûteuses, du poulet frit et du porc mariné grillé accompagnés de riz gluant. Commandez plusieurs plats à partager ! Cosy et décontractée, l'adresse a reçu de bonnes notations du guide Michelin pour ses succursales de New York et Bangkok, mais continue de proposer des plats à partir de 65 B.

Neau-Toon Rod Yam THAÏLANDAIS $

(carte p. 334 ; Soi 11, Th Nimmanhaemin ; plats 60-100 B ; ⏲9h30-20h, 9h30-18h sam-dim). Choisissez les ingrédients de votre soupe dans cette échope délicieuse et bon marché : type de nouilles, plus ou moins de piment, et type de viande (du traditionnel poulet aux tripes de bœuf). Bons ragoût et *kôw soy* également.

Anchan Noodle THAÏLANDAIS $

(carte p. 334 ; ☎084 949 2828 ; facebook.com/anchannoodle ; Soi 9, Th Sirimungklajarn ; plats 40-70 B ; ⏲8h-16h). Non, vos yeux ne vous jouent pas de tours : il s'agit bien de nouilles bleues, teintées avec des pétales de pois bleu foncé appelés *anchan* en thaïlandais. Sinon, les bols de soupe aux nouilles sont similaires aux typiques *gŏo·ay đĕe·o* populaires dans tout le pays. On y sert également un délicieux *latte* bleu.

Imm Aim Vegetarian and Bike Cafe VÉGÉTARIEN $

(carte p. 322 ; ☎092 798 2436 ; 10 Th Santhitham ; plats 45-90 B ; ⏲10h-21h ; 🅥). 🍃 Cette adresse végétarienne avait à l'origine le même propriétaire que le Pun Pun (ci-dessous). Bien qu'elle soit désormais indépendante, il arrive que son gérant achète encore des légumes à la ferme du Pun Pun. Le *pàt tai* et les rouleaux de printemps frais sont particulièrement savoureux, et devraient être accompagnés de thé au gingembre. Également une chocolaterie bio sur place.

Pun Pun VÉGÉTARIEN $

(carte p. 322 ; www.punpunthailand.org ; Wat Suan Dok, Th Suthep ; plats 40-90 B ; ⏲8h-16h ; 🅥). 🍃 Niché derrière le Wat Suan Dok, ce café estudiantin est une excellente adresse pour goûter une cuisine végétarienne thaïlandaise aux herbes et légumes peu connus et aux céréales complètes cultivées dans sa ferme expérimentale, qui sert aussi de centre éducatif sur le développement durable.

Smoothie Blues INTERNATIONAL $

(carte p. 334 ; 32/8 Th Nimmanhaemin ; plats 95-200 B ; ⏲7h30-20h). Ce repaire d'expatriés est idéal pour le petit-déjeuner : pancakes, sandwichs, muesli, plats à base d'œufs (allant de la simple omelette aux blancs d'œufs aux succulents œufs Bénédicte) et, bien sûr, des smoothies et des jus frais.

Larder Cafe & Bar CAFÉ $$

(carte p. 334 ; ☎052 001594 ; 3/9 Th Suk Kasame ; plats 130-270 B ; ⏰8h30-15h ; ✎). Dans le quartier tendance de Nimman, de nombreux petits cafés lumineux prônant une cuisine saine servent des bols de muesli, des salades et du bon café. Le Larder est l'un des meilleurs ; outre les plats habituels, il en élabore de plus insolites comme les hot dogs du petit-déjeuner, les tartines au potiron et parfois un “spécial” au steak et à l'œuf.

Italics ITALIEN $$

(carte p. 334 ; ☎053 216219 ; www.theakyra.com/chiang-mai ; 22/2 Soi 9, Th Nimmanhaemin ; pizzas 260-550 B ; ⏰7h-23h ; ❄📶). Le cadre noir et moderne, et les énormes chandeliers dorés sont intéressants, les pâtes et les autres plats, originaux, et les cocktails, addictifs... mais ce sont les pizzas parfaites qui font de ce restaurant l'un des plus prisés de Chiang Mai. Impossible d'oublier la pizza Akyra garnie de mozzarella, champignons, salami, bacon et bleu, et pâte de truffes.

Ginger Farm Kitchen THAÏLANDAIS $$

(carte p. 334 ; ☎089 433 7493 ; facebook.com/gingerfarmkitchen ; One Nimman, Th Nimmanhaemin ; plats 115-175 B ; ⏰10h-23h). Ce restaurant thaïlandais au charme suranné et son épicerie bio attenante sont installés dans le centre commercial One Nimman. Ils mettent à l'honneur des créations fraîches et locales, et les produits viennent de la **Ginger Farm** (จินเจอร์ฟาร์ม ; ☎052 004473 ; facebook.com/gingerfarmchiangmai ; 34/1 Mu 12, Hang Khawe Soi 9, Saraphi ; ⏰10h-19h lun-ven, 9h-20h sam-dim ; 👪). Parmi leurs plats délicieux figurent le bar sauté aux herbes, l'ananas frit aux crevettes d'eau douce grillées et la salade de pomelo à la pâte de crabe. Son autre restaurant, le Ginger & Kafe (p. 353), est également une merveille.

L'Elephant FRANÇAIS $$$

(carte p. 334 ; ☎097 970 8947 ; lelephantchiangmai.com ; 7 Soi 11, Th Sirimungklajarn ; menus prix fixes déj/dîner à partir de 550/670 B ; ⏰11h30-16h et 17h30-22h mar-dim). Si vous en avez assez de la cuisine de rue thaïlandaise, rendez-vous dans cette élégante oasis pour vous régaler d'un carpaccio de bœuf fondant en bouche, d'un ragoût de langue de bœuf roboratif et d'un confit de canard à la fois tendre et croustillant. Service convivial et de qualité. Les salles, les corridors et le jardin plein de charme sont décorés avec goût d'œuvres d'art et d'objets anciens. Menus dégustation d'un rapport qualité/prix exceptionnel.

Autres secteurs

Les établissements à l'extérieur de la ville sont plébiscités par les Thaïlandais pour les occasions spéciales.

♥ **Huean Jai Yong** THAÏLANDAIS $

(64 Mu 4, Th San Kamphaeng ; plats 30-80 B ; ⏰10h-16h mar-dim). Les passionnés de cuisine du Nord ne devraient pas manquer ce bijou situé hors de Chiang Mai. Ils y savoureront des plats authentiques et peu communs adorés des habitants de l'État shan au Myanmar (et de leurs ancêtres Lanna), servis de manière traditionnelle avec la quantité coutumière d'épices. Goûtez le *lâhp* au tilapia ou au porc cru et une soupe relevée garnie soit d'une grenouille entière, soit de poisson séché au soleil et d'œufs de fourmis.

Nic's Restaurant & Playground THAÏLANDAIS $$

(☎087 007 3769 ; www.nics.asia ; Th Ratchapruek ; plats 150-400 B ; ⏰11h30-22h mar-dim ; ✎👪). Ce restaurant adapté aux familles propose la combinaison idéale de plats occidentaux et thaïlandais, ainsi qu'une aire de jeux imaginative en bambou où les enfants pourront s'amuser, grimper et rebondir. La carte comporte une bonne sélection de plats pour végétariens et végans, de la bière et du vin, et même des desserts sans gluten. Adresse prisée pour les anniversaires : réservez pour des activités, décorations et animateurs.

David's Kitchen FRANÇAIS $$$

(carte p. 322 ; ☎091 068 1744 ; www.davidskitchen.co.th ; 113 Th Bamrungrat ; menu 4 plats 1 450 B, plats 460-2 600 B ; ⏰18h-22h lun-sam). Prisé de longue date des voyageurs aisés, le restaurant David's Kitchen, propriété d'expatriés, offre un cadre lumineux et raffiné et une qualité de service sans égale à Chiang Mai. La cuisine, elle, est plutôt de bonne qualité. Les plats comme les raviolis aux crevettes, sauce au homard, sont goûteux et enthousiasmants, tandis que d'autres figurant sur le menu 4 plats, créé il y a un certain temps, sont bien exécutés mais banals.

Le bar à vins et à tapas attenant, **Piccolo**, doté d'une véranda éclairée aux bougies, est un bon endroit où venir écouter de la musique live après le dîner. Tous les vins de la cave sont proposés au verre.

Où prendre un verre et faire la fête

Les bars de Chiang Mai se concentrent essentiellement dans trois secteurs : la vieille ville, le bord de la rivière et Th Nimmanhaemin. Presque tous les voyageurs se retrouvent au moins une fois pendant leur séjour au Riverside (p. 356) ou au Good View, sur la rive est de la Mae Ping.

Bars et discothèques

Good View BAR

(carte p. 322 ; www.goodview.co.th ; 13 Th Charoenrat/Th Faham ; 10h-1h). Le Good View attire nombre d'habitués locaux, et sa généreuse carte propose des classiques thaïlandais, ainsi que des plats japonais et occidentaux (plats 100-400 B). Des groupes aux musiciens polyvalents (le batteur peut attraper la guitare et le bassiste prendre place derrière le piano) se succèdent chaque soir.

Cru Wine Bar BAR À VINS

(carte p. 326 ; 089 552 2822 ; facebook.com/CRUwinebarcm ; 2e ét, 8-10 Th Samlan ; verre 150-300 B ; 18h-minuit mar-dim). Le seul bar à vins de la ville est dissimulé en haut d'un escalier et uniquement indiqué par un minuscule panneau, mais ceux qui le découvrent se régalent. Le lieu cosy s'orne de boiseries sombres et de guirlandes lumineuses ; les crus étrangers bien choisis et régulièrement renouvelés s'accordent bien avec le petit menu de délicieuses tapas.

Hotel Yayee BAR SUR LE TOIT

(carte p. 334 ; 099 269 5885 ; 17/5 Soi Sai Naam Peung ; 17h-23h30). Surplombant le Doi Suthep et le quartier de Nimmanhaemin, le bar-terrasse au 5e étage de l'Hotel Yayee est un endroit charmant où venir admirer le soleil couchant en sirotant un cocktail. Propriété d'un acteur thaïlandais populaire, ce bar peuplé de fougères est l'un des meilleurs toits-terrasse de Chiang Mai.

Rise Rooftop BAR SUR LE TOIT

(carte p. 334 ; Soi 9, 22/2 Th Nimmanhaemin ; 15h-1h). Ce toit-terrasse chic est idéal pour prendre un cocktail et se relaxer au bord de la piscine à débordement ; encastrée dans du verre, celle-ci brille la nuit grâce à des éclairages colorés. Le dimanche, des fêtes au bord du bassin ont lieu de 11h jusqu'à tard et des groupes de musique se produisent à partir de 19h.

Bus Bar BAR

(carte p. 322 ; 084 173 3113 ; 79/1 Th Loi Kroh ; 19h-minuit). Trônant à l'ouest de l'Iron Bridge, cet amusant bar de plein air comprend un bus public rouge à impériale où les visiteurs peuvent passer un moment en buvant des mojitos ou en partageant des seaux de whisky et en écoutant de la musique live. Stands de cuisine de rue servant de délicieux plats thaïlandais et tables éclairées à la bougie.

We Didn't Land on the Moon Since 1987 BAR

(carte p. 326 ; 085 499 6245 ; facebook.com/wedidntlandonthemoonsince1987chiangmai ; Soi 2, Th Tha Pae ; 17h-minuit mer-sam). Ce minuscule repaire blotti dans une allée tranquille ressemble davantage au studio d'art d'un ami qu'à un bar. Si les boissons sont ordinaires (bière Singha, rhum SangSom et mojitos), le lieu vaut le détour pour sa clientèle éclectique.

Parallel Universe of the Lunar 2 on the Hidden Moon BAR

(carte p. 334 ; 092 706 0736 ; facebook.com/puol2ohm ; 5e ét, One Nimman, 1 Th Nimmanhaemin ; 17h-23h30). Un univers parallèle où règne la bière artisanale. Ce bar intimiste et tendance sert 10 bières de microbrasseries locales et étrangères à la pression, ainsi qu'un choix de bouteilles. Mais l'emplacement sur le toit et la vue sur la ville sont des attraits tout aussi puissants.

Namton's House BIÈRE ARTISANALE

(carte p. 322 ; Th Chiang Mai-Lamphun ; 15h-23h30 jeu-mar). Ce lieu propose le choix le plus important de bières artisanales thaïlandaises à Chiang Mai, ainsi que des breuvages locaux comme l'hydromel au letchi et un bon choix de bières étrangères. Service convivial, tables dans le jardin et concerts à l'occasion. Petit menu de bar avec des plats simples.

Warmup Cafe DISCOTHÈQUE

(carte p. 334 ; 053 400677 ; facebook.com/warmupcafe1999 ; 40 Th Nimmanhaemin ; 19h-1h).

100% LOCAL

LE CAFÉ À L'HONNEUR

Fermez les yeux et poussez une porte au hasard dans le centre de Chiang Mai : vous avez des chances d'atterrir dans l'un des nombreux cafés de la ville. Vous retrouverez certes quelques chaînes internationales, mais la plupart des établissements sont indépendants et vendent du café produit par les ethnies montagnardes et les communautés vivant dans les forêts autour de la ville. Le café arabica de grande qualité cultivé ici a été introduit pour remplacer la culture de l'opium. Certains établissements ont poussé la chose jusqu'à torréfier leurs propres grains, et leurs cafés n'ont rien à envier à ceux des grandes villes de la planète. Voici nos meilleures adresses pour un vrai bon café à Chiang Mai :

Graph (carte p. 326 ; ☎086 567 3330 ; www.graphdream.com ; 25/1 Soi 1, Th Ratwithi ; café 80-220 B ; ⏲9h-17h ; wi-fi). Adresse réputée pour ses cafés préparés avec du gaz d'azote, où les employés participent à chaque étape du processus "de l'arbre à la tasse". Petite boutique dans la vieille ville et succursale dans le centre commercial One Nimman.

Akha Ama Cafe (carte p. 326 ; www.akhaama.com ; 175/1 Th Ratchadamnoen ; ⏲8h-17h30 ; wi-fi). Charmant café local fondé par un Akha qui fut le premier de son village à obtenir un diplôme universitaire.

Ristr8to (carte p. 334 ; ☎053 215278 ; www.ristr8to.com ; Th Nimmanhaemin ; expresso à partir de 88 B ; ⏲7h-18h). L'équipe s'est inspirée de la culture australienne du café et s'est formée à la torréfaction aux États-Unis. La teneur en caféine est indiquée sur les boissons et les baristas ont été récompensés pour leurs talents en matière de *latte*. Vous trouverez deux succursales dans la zone de Nimmanhaemin.

Khagee (carte p. 322 ; Soi 1, Chiang Mai-Lamphun ; expresso 75 B ; ⏲10h-17h mer-dim ; wi-fi). Café d'inspiration japonaise vraiment très populaire. Boissons sans chichi, mais proches de la perfection, et pains et pâtisseries du jour.

Wawee Coffee (carte p. 326 ; www.waweecoffee.com ; Th Ratchadamnoen, Kad Klang Wiang ; boissons à partir de 50 B ; ⏲8h-21h lun-sam, 8h-23h dim ; wi-fi). Il est difficile de faire plus de quelques mètres à Chiang Mai sans tomber sur un Wawee Coffee (climatisé). Satisfaisant en cas d'envie urgente de café.

Depuis 1999, ce survivant de Nimmanhaemin fait danser la jeunesse dorée dans cette vaste boîte, tout au long de la nuit. Hip-hop dans la salle principale, rythmes électroniques dans le salon et groupes de rock dans le jardin.

Cafés et maisons de thé

Vieng Joom On Teahouse MAISON DE THÉ
(carte p. 322 ; ☎053 303113 ; www.vjoteahouse.com ; 53 Th Charoenrat/Th Faham ; thé à partir de 120 B ; ⏲10h-19h ; wi-fi). Cette adorable maison rose donnant sur la Mae Ping sert tous les thés imaginables : aux fruits, aux fleurs, mélangés, glacés, chinois... et bien sûr l'*afternoon tea*, avec une succession de plateaux où s'empilent desserts, fruits, sandwichs et autres délices. Tables à l'intérieur et au bord de la rivière.

Des repas complets sont également servis avec le thé de votre choix, et une petite boutique en devanture propose entre autres des boîtes de thé.

Khun Kae's Juice Bar BAR À JUS
(carte p. 326 ; ☎081 022 9292 ; Soi 7, Th Moon Muang ; boisson à partir de 40 B ; ⏲9h-19h30). Notre stand à jus de fruits préféré à Chiang Mai. Des montagnes de fruits frais, un tas de mélanges délicieux, des portions généreuses : le tout pour un prix ridiculement bas.

Café de Museum CAFÉ
(carte p. 326 ; musée des Arts populaires Lanna, Th Ratwithi ; café à partir de 80 B ; ⏲9h-18h ; wi-fi). L'endroit idéal où reprendre des forces après avoir fait le tour des musées de la vieille ville, avec une gamme complète de cafés revigorants chauds, froids et mélangés. Vous pouvez vous installer à l'intérieur, dans la confortable salle climatisée, ou sur la terrasse, devant le musée des Arts populaires Lanna (p. 325).

Raming Tea House CAFE
(carte p. 326 ; Th Tha Phae ; boissons 50-120 B ; ⏲8h30-18h ; 📶). Cet élégant café de l'époque victorienne, situé dans la boutique Siam Celadon (p. 363), sert thés des montagnes thaïlandaises et délicieux plats thaïlandais et occidentaux. Beau cadre pour une tasse de thé et une collation. *Afternoon tea* servi avec en-cas et desserts à partir de 190 B.

☆ Où sortir

Musique live

En plus des salles de concerts, les bars Riverside (p. 356) et Good View (p. 359) accueillent des groupes chaque soir.

♥ **Centre culturel Old Chiang Mai** DANSE
(ศูนย์วัฒนธรรมเชียงใหม่ ; carte p. 322 ; ☎053 202993 ; www.oldchiangmai.com ; 185/3 Th Wualai ; à partir de 570 B/pers ; ⏲19h-22h). Ce dîner-spectacle "khantoke", le premier à offrir une immersion interactive dans l'ancien royaume Lanna, reste sans égal en Thaïlande. Les convives s'installent sur des tapis de sol pour se régaler de plats du Nord à partager, servis sur des plateaux en rotin (*khantoke*), tandis que des musiciens jouent d'instruments traditionnels (à cordes, à vent, à percussion) et que des artistes costumés dansent, chantent et manient parfois l'épée.

La danse des "ongles longs" est l'une des préférées du public, tout comme le spectacle de feu final. Nourriture savoureuse et à volonté, au contraire des boissons, facturées en supplément à un coût exorbitant. Il est possible d'acheter un billet comprenant l'eau ou les boissons aux plantes à volonté.

♥ **North Gate Jazz Co-Op** MUSIQUE LIVE
(carte p. 326 ; facebook.com/northgate.jazzcoop ; 95/1-2 Th Si Phum ; ⏲19h-minuit). Ce petit club de jazz compte souvent autant de musiciens que de clients. Des artistes de passage offrent des concerts tous les soirs et font des bœufs de jazz expérimental qui ont tendance à se prolonger. Les interprétations sont si inspirées qu'un public nombreux s'installe régulièrement aux tables disposées sur le trottoir pour les écouter.

Chiang Mai Cabaret Show CABARET
(carte p. 326 ; Anusarn Night Bazaar, Th Chang Khlan ; entrée + 1 bière 290 B/pers ; ⏲21h30-23h30). Ce "*ladyboy cabaret*" est sans doute le spectacle le plus extravagant de Chiang Mai. Tous les soirs, des artistes transformistes et transgenres revêtent des costumes de carnaval, dansent de façon suggestive et chantent en playback – principalement des airs rythmés de pop américaine. L'interaction avec les spectateurs peut être vraiment hilarante, mais le spectacle convient néanmoins à un large public. Venez tôt pour être bien placé.

Sangdee Gallery MUSIQUE LIVE
(carte p. 334 ; ☎053 894955 ; www.sangdeeart.com ; 5 Soi 5, Th Sirimungklajarn ; ⏲14h-minuit mar-sam). À la fois galerie, club de musique, bar et café, le Sangdee rassemble une communauté d'artistes. Concerts, soirées DJ et expositions d'art.

Muay tai (boxe thaïlandaise)

Chiang Mai possède 3 stades de *muay tai*, où s'affrontent combattants thaïlandais et internationaux : le **Thapae Boxing Stadium** (carte p. 326 ; ☎089 434 5553 ; Th Moon Muang ; billets 500-1 500 B ; ⏲21h-minuit lun-sam), le **Loi Kroh Boxing Stadium** (carte p. 326 ; ☎063 242 4614 ; Th Loi Kroh ; billets 400-600 B ; ⏲9h-minuit mar et ven) et le **Chiangmai Boxing Stadium** (carte p. 322 ; ☎081 594 4151 ; 177 Soi 4, Th Chotana/Th Chang Pheuak ; billets à partir de 600 B ; ⏲20h30-23h30). Ce dernier propose des combats professionnels, mais les puristes trouveront peut-être que les combats organisés dans les deux autres manquent un peu d'authenticité, particulièrement comparés à ceux du Sud.

Cinémas

On trouve des multiplexes projetant les derniers films thaïlandais et hollywoodiens dans tous les grands centres commerciaux. Places à partir de 100 B, et jusqu'à 350 B pour les sièges luxe avec service en salle. Essayez le Maya Lifestyle Shopping Center (p. 365), le Central Airport Plaza (p. 367), le **Central Festival** (www.central.co.th ; Rte 11, Faham ; ⏲11h-21h30 lun-jeu, 11h-22h ven, 10h-22h sam-dim) ou, moins luxueux mais aussi moins cher, le **Kad Suan Kaew Shopping Centre** (carte p. 334 ; www.kadsuankaew.co.th ; Th Huay Kaew ; ⏲10h-21h).

Achats

Chiang Mai est *le* grand centre d'artisanat du pays. On y produit et vend un nombre et une variété impressionnants d'articles : textiles des ethnies montagnardes tissés main, sculptures sur bois, vannerie ou reproductions d'antiquités (ce qui n'est pas toujours précisé). Les marchés Saturday et Sunday Walking Street (p. 365) sont les meilleurs endroits pour faire des acquisitions.

Vieille ville

HQ Paper Maker ARTISANAT

(carte p. 326 ; ☎053 814717 ; www.hqpapermaker.com ; 3/31 Th Samlan ; ⌚8h-18h). Boutique sympathique où l'on vend des rames de papier de mûrier artisanal (*săh*) dans une gamme impressionnante de coloris et motifs, notamment un sublime papier marbré qui évoque les pages de garde des ouvrages reliés du XIXe siècle. Renseignez-vous sur le cours de fabrication de papier (800 B/pers, 3 heures, minimum 2 pers).

Mengrai Kilns POTERIE

(carte p. 322 ; www.mengraikilns.com ; 79/2 Th Arak ; ⌚8h-17h). Dans l'angle sud-ouest de la vieille ville, Mengrai Kilns perpétue la tradition de la poterie artisanale thaïlandaise. Ustensiles de cuisine, tables à manger et chaises, décorations et crèches de style occidental.

Chaitawat Bikeshop SPORTS, ACTIVITÉS DE PLEIN AIR

(carte p. 326 ; 75/4 Th Ratchaphakhinai ; ⌚10h-18h lun-sam). Boutique de vélos bien approvisionnée. Pièces détachées pour toutes les grandes marques étrangères.

Lost Book LIVRES

(carte p. 326 ; Th Ratchamankha ; ⌚8h-20h). Ouverte depuis plus de 27 ans, cette librairie d'occasion très prisée déborde de romans, de guides de voyage et de cartes en anglais.

Herb Basics COSMÉTIQUES

(carte p. 326 ; www.herbbasicschiangmai.com ; Th Phra Pokklao ; ⌚9h-19h lun-ven, 9h-18h sam, 10h-22h dim). Une excellente halte pour faire le plein de produits à base de plantes odorantes – baumes, exfoliants, crèmes, savons et shampoings –, tous fabriqués à Chiang Mai à partir d'ingrédients naturels. Parmi les différents magasins Herb Basics de la ville, citons une **annexe** (carte p. 326 ; ⌚9h-20h lun-ven, 9h-18h sam, 14h-22h dim) installée dans Th Tha Phae et une autre petite boutique, à l'aéroport.

SHOPPING SOLIDAIRE

Chiang Mai est souvent considérée comme la bonne conscience de la Thaïlande, car elle compte des dizaines d'ONG œuvrant à l'amélioration des conditions de vie des villageois pauvres des montagnes environnantes. Vous pouvez aider en achetant dans des centres d'artisanat créés pour offrir des sources de revenus durables aux populations défavorisées, dont :

- Studio Naenna (p. 364)
- Doi Tung (p. 364)
- Sop Moei Arts (ci-contre)
- Thai Tribal Crafts Fair Trade (p. 363)

Est de la vieille ville

Elephant Parade ART ET ARTISANAT

(carte p. 322 ; ☎053 111849 ; www.elephantparade.com ; Th Charoenrat/Th Faham ; ⌚10h-20h ; 🚸). Dans divers lieux de Chiang Mai, vous remarquerez peut-être des sculptures d'éléphanteaux grandeur nature, décorées, œuvres d'artistes et de célébrités. On les doit à l'association caritative Elephant Parade, qui gère ce lieu visant à éduquer les visiteurs concernant la situation critique des éléphants. Petits et grands modèles sont proposés à la vente, et un poste de peinture permet aux enfants et aux adultes à l'âme artistique de décorer les leurs.

John Gallery ART

(carte p. 326 ; Th Tha Phae ; ⌚9h-21h). Ouverte en 1980, cette boutique est un labyrinthe rempli de peintures sur toile de coton, de cartes et de roches, souvent gravées de citations créatives ou réconfortantes. John vend également des broderies et des œuvres poussiéreuses créées par des ethnies montagnardes, des livres de recettes de sorciers guérisseurs et autres curiosités. Tout est trop cher, mais le propriétaire a mis tellement d'âme dans ce lieu insolite que cela vaut la peine d'y dépenser quelques bahts.

L'étage offre une vue sur le chedi en ruine à l'arrière.

Sop Moei Arts VÊTEMENTS

(carte p. 322 ; www.sopmoeiarts.com ; 150/10 Th Charoenrat/Th Faham ; ⌚9h-22h, 9h-17h sam). 🍃 Artisanat de grande qualité réalisé par des ethnies montagnardes (tissu, paniers, etc.). Cette boutique de commerce

100% LOCAL

MARCHÉS DE NUIT À CHIANG MAI

On peut parfois avoir l'impression que Chiang Mai est une machine à vendre des souvenirs, et cette impression est encore plus forte au **bazar de nuit de Chiang Mai** (Night Bazaar ; carte p. 326 ; Th Chang Khlan ; 18h-minuit), entre la rivière et les remparts de la vieille ville. En fin d'après-midi, des centaines de marchands envahissent le trottoir des deux côtés de la rue pour vendre boxers en soie, T-shirts "I Love Chiang Mai", maisons aux esprits miniatures en bois, objets en argent des ethnies montagnardes, mangue séchée, savons sculptés, éléphants en bois, maquettes de *tuk-tuk* en fil de fer, peintures du Bouddha, tissu, dioramas d'ours en peluche et perches à selfie. Ce commerce un peu frénétique est l'héritage moderne des caravanes yunnanaises qui s'arrêtaient ici le long de l'ancienne route de la Soie. Préparez-vous à marchander !

Le bazar de nuit se compose de deux grands marchés couverts, signalés comme **bazar de nuit** (carte p. 326 ; Th Chang Khlan ; 19h-minuit) et **bazar de nuit Kalare** (carte p. 326 ; Th Chang Khlan ; 19h-minuit), qui vendent des articles du même genre, avec un penchant pour les sculptures sur bois, peintures et autres objets artisanaux. Le Kalare est le plus bruyant des deux, avec un bar de blues sur un podium au centre.

Au sud de Th Loi Kroh, dans Th Chang Khlan, se trouve le **bazar de nuit d'Anusarn** (carte p. 326 ; Th Chang Khlan ; 17h-22h), un marché semi-couvert moins oppressant, rempli de tables de vendeurs proposant bibelots des ethnies montagnardes, éléphants en bois, fleurs de savon sculptées et autres produits artisanaux, ainsi que des mangues séchées et des conserves de produits locaux. C'est également là que se trouve le très apprécié Chiang Mai Cabaret (p. 361), où des artistes transformistes et transgenres se produisent chaque soir. Le marché est bordé de nombreux établissements de massage et de "*fish* pédicure".

Quantité de points de restauration sont proposés, dont d'excellentes cantines de *kôw soy* le long de Halal Street (Soi 1, Th Charoen Prathet), et des restaurants touristiques de poisson et fruits de mer dans l'**Anusarn Food Centre** (carte p. 322 ; bazar de nuit d'Anusarn, Th Chang Khlan ; plats 60-350 B ; 17h-22h). Extérieur et animé, un **marché de nuit** (carte p. 326 ; Th Chang Khlan ; plats à partir de 40 B ; 18h-21h), situé juste au nord de Halal Street, sert de bons classiques de rue.

Des *tuk-tuk* et des *rót daang* circulent autour de l'intersection entre Th Loi Kroh et Th Chang Khlan en quête de clients à ramener avec leurs courses pour un prix un peu élevé.

équitable soutient les villageois karen, dans la province de Mae Hong Son.

Thai Tribal Crafts Fair Trade VÊTEMENTS
(carte p. 322 ; 053 241043 ; www.ttcrafts.co.th ; 208 Th Bamrungrat ; 9h-17h lun-sam). Une boutique de commerce équitable soutenue par des missionnaires, près du McCormick Hospital, où l'on vend des ouvrages de vannerie et de très beaux travaux d'aiguille issus des provinces. Également un cours de tissage tel que pratiqué par les ethnies montagnardes, tous les jours (sauf le lundi matin) de 9h à midi et de 13h à 16h (1 200 B).

Siam Celadon CÉRAMIQUES
(carte p. 326 ; www.siamceladon.com ; 158 Th Tha Phae ; 8h30-18h). Cette entreprise bien établie vend d'excellents céladons craquelés dans un ravissant bâtiment en teck ajouré de l'époque des représentants britanniques ayant obtenu des concessions. On peut déguster une tasse de thé dans la Raming Tea House (p. 361) attenante.

Suriwong Book Centre LIVRES
(carte p. 326 ; 54 Th Sridonchai ; 10h-19h). Une institution de Chiang Mai, avec une librairie fournie et bien classée à l'étage, et des magazines internationaux en tous genres au rez-de-chaussée.

Nakorn Kasem ARTISANAT
(carte p. 326 ; 053 275063 ; 231-3 Th Tha Phae ; 8h-20h lun-sam). Une des nombreuses boutiques d'antiquités familiales qui vendent céramiques, statues, gravures et bronzes, dont l'âge et l'authenticité sont

À NE PAS MANQUER

VANNERIE EN FOLIE

Les chapeaux en bambou tissé, en fibre de bananier et en roseau sont des souvenirs incontournables à ramener d'Asie du Sud-Est ; vous en trouverez sur tous les marchés de rue de Chiang Mai. Néanmoins, les Thaïlandais utilisent la vannerie pour un éventail incroyable d'articles, des oreillers et des repose-pieds aux pièges à poissons et aux abat-jour. On peut en acheter de toutes sortes dans les **boutiques de vannerie** bordant Th Chang Moi, juste à l'est des murailles de la ville. Les plateaux et les boîtes à riz constituent d'excellents souvenirs et n'alourdiront guère vos bagages au retour.

difficiles à déterminer. Faites votre choix en fonction de vos préférences plutôt que de la prétendue valeur des pièces.

Praewphun Thai Silk VÊTEMENTS
(carte p. 326 ; ☎053 275349 ; 83-85 Th Tha Phae ; ⏲8h30-17h). En activité depuis les années 1960, cette boutique aux soieries en tous genres vend des vêtements en soie et du tissu de soie au mètre.

Kesorn Arts ARTISANAT
(carte p. 326 ; 154-156 Th Tha Phae ; ⏲9h30-18h). Paradis des collectionneurs, cette boutique encombrée vend un bric-à-brac d'objets anciens des montagnes depuis des années. Principalement textiles, laques et bijoux.

Vila Cini VÊTEMENTS, ACCESSOIRES
(carte p. 322 ; www.vilacini.com ; 30-34 Th Charoenrat/Th Faham ; ⏲8h30-21h). Dans une splendide maison en teck avec un sol en marbre, Vila Cini vend de superbes soies, des objets décoratifs et des cotons tissés main, qui rappellent la marque Jim Thompson.

Ouest de la vieille ville

♥ **Studio Naenna** VÊTEMENTS
(www.studio-naenna.com ; 138/8 Soi Chang Khian ; ⏲9h-17h lun-ven). On vend ici de la soie et du coton dont les teintes naturelles sont inspirées des montagnes. La boutique s'inscrit dans un projet visant à préserver les techniques traditionnelles de tissage et de broderie. Découvrez tout le processus de fabrication dans cet atelier. Les articles sont également en vente dans sa boutique de Nimmanhaemin, **Adorn with Studio Naenna** (10h-19h).

Baan Kang Wat ART ET ARTISANAT
(facebook.com/Baankangwat ; 123/1 Mu 5 Muang, Th Baan Ram Poeng, Suthep ; ⏲10h-18h mar-sam, 7h-18h dim). Bien qu'un peu isolé, Baan Kang Wat vaut le détour rien que pour s'extasier sur sa ravissante architecture et son atmosphère pittoresque. L'enclave artistique en plein air recèle plusieurs boutiques et studios d'art et d'artisanat de petite taille, des cafés intimistes, un jardin partagé et quantité de plantes grasses en pot. Sur la même route, vous trouverez plusieurs autres groupes de boutiques et de cafés à visiter. Emportez votre appareil photo !

One Nimman CENTRE COMMERCIAL
(carte p. 334 ; ☎052 080900 ; www.onenimman.com ; 1 Th Nimmanhaemin, Suthep ; ⏲11h-23h ;). Outre les vêtements haut de gamme, les cafés et les œuvres d'art provenant de la région, le centre One Nimman abrite une aire de restauration, des marchés éphémères organisés régulièrement, et même des cours gratuits de salsa et de yoga. Ses bâtiments impressionnants mettant à l'honneur la brique, le béton et le bois ne dépareraient pas une capitale européenne, mais réussissent à se fondre dans le décor nord-thaïlandais.

Ouvert fin 2017, le centre est rapidement devenu une référence dans le quartier tendance de Nimmanhaemin. Musardez au 2e niveau dans le grand magasin de cadeaux et souvenirs, puis redescendez au niveau principal pour explorer des boutiques locales comme Monsoon Tea, Graph Cafe et Outfit of the Day.

Doi Tung MODE ET ACCESSOIRES
(carte p. 334 ; www.doitung.org ; Th Nimmanhaemin ; ⏲10h-19h). Grand magasin très chic, engagé dans un projet visant à soutenir le développement des communautés rurales de la province de Chiang Rai. Vous y trouverez écharpes, nappes, vêtements et cravates fabriqués à la main et à partir de tissus artisanaux raffinés aux couleurs sobres. Comptez environ 3 500 B pour une nappe.

À NE PAS MANQUER

SHOPPING DU WEEK-END

À l'instar de Bangkok et son marché du week-end de Chatuchak, Chiang Mai possède ses propres *Walking Streets* ; les samedis et dimanches, la ville ferme ses principales artères à la circulation pour accueillir des marchés de rue à l'ambiance de fête foraine, avec vendeurs de souvenirs, spectacles de rue et stands de nourriture.

Le samedi après-midi, lorsque le jour commence à décliner, la **Saturday Walking Street** (ถนนเดินวันเสาร์ ; carte p. 322 ; Th Wualai ; ⏲16h-23h sam) s'empare de Th Wualai, qui s'étend vers le sud-ouest depuis la Pratu Chiang Mai. Ce marché attire tant d'habitants et de touristes qu'il est souvent difficile de s'y frayer un passage. Savons sculptés, colliers pour chien, sculptures sur bois, peintures du Bouddha, bibelots des ethnies montagnardes, instruments de musique thaïlandais, T-shirts, lanternes en papier, parapluies, bijoux en argent et remèdes à base de plantes vous y attendent.

L'ambiance musicale est assurée par des artistes de rue de tout poil – guitaristes aveugles, couples de crooners, écoliers précoces coiffés d'un micro-casque –, et les marchands de nourriture occupent chaque cour et ruelle. En matière de nourriture, l'offre du Talat Pratu Chiang Mai (p. 352) voisin vient s'ajouter. Pour un moment de répit, glissez-vous dans le Wat Srisuphan (p. 331), dont l'*ubosot* (salle des ordinations) en argent est illuminé le soir aux couleurs de l'arc-en-ciel.

Le dimanche après-midi, toute l'animation se déplace vers Th Ratchadamnoen pour la **Sunday Walking Street** (ถนนเดินวันอาทิตย์ ; carte p. 326 ; Th Ratchadamnoen ; ⏲18h-23h dim), tout aussi survoltée, si ce n'est plus, que le marché du samedi, avec ses stands de nourriture installés dans les cours des *wat* le long de la rue. Vous y retrouverez d'ailleurs bon nombre de vendeurs et musiciens de la Saturday Walking Street. Les marchés sont une source majeure de revenus pour les familles locales et de nombreux commerçants passent toute la semaine à réaliser les articles qu'ils vendent le week-end.

Maya Lifestyle Shopping Center CENTRE COMMERCIAL
(carte p. 334 ; www.mayashoppingcenter.com ; Th Huay Kaew ; ⏲11h-22h lun-ven, 10h-22h sam-dim). Derrière une façade arborant des motifs géométriques, le centre commercial le plus clinquant de Chiang Mai accueille toutes les grandes marques internationales, un étage entier d'électronique, un bon supermarché, un multiplexe et d'excellents établissements de restauration au 4e étage.

Shinawatra Thai Silk VÊTEMENTS
(carte p. 334 ; www.shinawatrathaisilk.co.th ; 18 Th Huay Kaew ; ⏲9h-18h). Cette boutique de soie familiale était déjà réputée avant que le neveu du propriétaire, Thaksin Shinawatra, devienne Premier ministre (à présent exilé). Le choix est un peu plus désuet que dans les autres boutiques, mais c'est une bonne adresse pour acheter foulards, chemises, cravates et autres.

Il y a aussi un showroom à San Kamphaeng, qui offre l'occasion d'en apprendre davantage sur la fabrication de la soie thaïlandaise.

Srisanpanmai MODE ET ACCESSOIRES
(carte p. 334 ; ☎053 217243 ; 6 Soi 1, Th Nimmanhaemin ; ⏲10h-18h30). Véritables archives textiles Lanna, les vitrines de cette boutique débordent de châles, d'écharpes et de costumes d'ethnies montagnardes en coton et en soie. Vous y trouverez sûrement quelque chose à rapporter en souvenir.

ℹ Renseignements

ACCÈS INTERNET

Les pensions, les restaurants et les cafés de Chiang Mai sont pour la plupart équipés du Wi-Fi gratuit. La ville dispose d'un excellent réseau cellulaire, mais les frais d'itinérance pour la Thaïlande peuvent être très élevés ; renseignez-vous.

AMBASSADES ET CONSULATS

Présence française à Chiang Mai

Alliance française (☎053 275277 ; www.th.ambafrance.org/Les-Alliances-francaises ; 138 Th Charoen Prathet). Diffusion de la langue et de la culture françaises en Thaïlande. Journaux et magazines. Dans les locaux du consulat.

École française d'Extrême-Orient (☎053 280580 ; www.efeo.fr ; 131 Th Charoen

Prathet). Centre de recherche consacré à l'étude de l'histoire et des cultures de la Thaïlande et des pays voisins, notamment dans le domaine bouddhique. Face au consulat français.

ARGENT

Toutes les grandes banques thaïlandaises possèdent des agences et DAB dans toute la ville et la plupart d'entre elles proposent de petits kiosques de change avec DAB dans la vieille ville.

DÉSAGRÉMENTS ET DANGERS

Comparée à Bangkok, Chiang Mai est un havre de paix pour les touristes. Gardez cependant à l'esprit que :

- Aux heures de pointe, la circulation peut être paralysée. Soyez prudent lorsque vous traversez des axes fréquentés ; les motards et *rót daang* ("camions rouges", taxis collectifs) cèdent rarement la priorité aux piétons.
- En mars et avril, la ville peut être noyée dans une brume de poussière et de fumée, provoquée surtout par les brûlis dans les champs voisins. N'y allez pas à cette époque de l'année.
- Pendant la saison des pluies, les épidémies de dengue ne sont pas rares. Protégez-vous des moustiques, surtout pendant la journée.
- En 2019, un touriste a fait une chute mortelle de la tyrolienne Flight of the Gibbon, et plusieurs se sont noyés en sautant des falaises au Grand Canyon Water Park.

Poste de police (carte p. 326 ; ☎ 053 276040, urgences 24h/24 191 ; 169 Th Ratchadamnoen)

Police touristique (☎ 053 212147, urgences 24h/24 1155 ; 196 Soi Sriwichai ; ⏰ 6h-minuit). Personnel bénévole polyglotte.

IMMIGRATION

Bureau de l'immigration de Chiang Mai (carte p. 322 ; ☎ 053 201755 ; www.chiangmaiimm.com ; 71 Th Sanambin ; ⏰ 8h30-16h30 lun-ven). Traite les demandes de prorogation de visa et autres.

MÉDIAS

L'hebdomadaire de langue anglaise *Chiangmai Mail* est une ressource utile sur l'actualité locale.

Les magazines touristiques gratuits *Citylife*, *Chang Puak* et *Chiang Mai Mag* comptent des articles intéressants, ainsi que des cartes et des annonces publicitaires.

OFFICES DU TOURISME

Chiang Mai Municipal Tourist Information Centre (carte p. 322 ; ☎ 053 252557 ; Th Tha Phae ; ⏰ 8h30-12h et 13h-16h30 lun-ven). Centre municipal d'accueil des visiteurs, près du bazar de nuit.

Tourism Authority of Thailand (TAT ; carte p. 322 ; ☎ 053 248604 ; www.tourismthailand.org ; Th Chiang Mai-Lamphun ; ⏰ 8h-17h). Le personnel anglophone fournit cartes et conseils touristiques sur tout le pays.

Tourist Assistance Centre (carte p. 322 ; ⏰ 7h-23h). Informations touristiques à l'aéroport international de Chiang Mai.

POSTE

Poste principale (☎ 053 241070 ; Mae Khao Mu Soi 4 ; ⏰ 8h30-16h30 lun-ven, 9h-12h sam-dim). Autres bureaux de poste pratiques dans **Th Samlan** (carte p. 326 ; Th Samlan ; ⏰ 8h30-16h30 lun-ven, 9h-12h sam), **Th Praisani** (carte p. 322 ; Th Praisani ; ⏰ 8h30-17h lun-ven, 9h-16h sam), **Th Phra Pokklao** (carte p. 326 ; Th Phra Pokklao ; ⏰ 9h-16h lun-sam), ainsi qu'à l'aéroport et à l'université.

Agence postale (carte p. 326 ; Th Ratchadamnoen ; ⏰ 8h-20h lun-ven, 8h-16h sam). Applique les tarifs de la poste thaïlandaise ; le personnel se spécialise dans l'emballage de paquets (toutes tailles) à envoyer chez soi.

SERVICES MÉDICAUX

On trouve des pharmacies anglophones dans Th Ratchamankha et Th Moon Muang.

Centre of Thai Traditional & Complementary Medicine (carte p. 326 ; ☎ 053 934899 ; ttcmmedcmu@gmail.com ; 55 Th Samlan ; ⏰ 8h-20h). Centre dirigé par la faculté de médecine. Bilans de santé à l'occidentale, phytothérapies thaïlandaises et médecine traditionnelle chinoise.

Chiang Mai Ram Hospital (carte p. 322 ; ☎ 053 920300 ; www.chiangmairam.com ; 8 Th Bunreuangrit). L'hôpital le plus moderne de la ville.

Lanna Hospital (carte p. 322 ; ☎ 052 134777 ; www.lanna-hospital.com ; Rte 11/ Th Superhighway). Hôpital moderne et bien équipé.

McCormick Hospital (carte p. 322 ; ☎ 053 921777 ; www.mccormick.in.th ; 133 Th Kaew Nawarat). Ancien hôpital de missionnaires ; efficace pour les problèmes mineurs.

Mungkala Traditional Medicine Clinic (carte p. 326 ; ☎ 053 278494 ; 21-27 Th Ratchamankha ; ⏰ 9h-12h30 et 14h-19h lun-sam). Centre médical agréé par l'État, qui pratique l'acupuncture, les massages et la phytothérapie chinoise.

ℹ Depuis/vers Chiang Mai

AVION

L'**aéroport international de Chiang Mai** dispose d'un service de taxi agréé pour rejoindre la vieille ville (environ 160-170 B). Moins cher, le service de navette et de minibus

ASSURANCE DES VÉHICULES LOUÉS

Si vous louez une moto, un scooter ou une voiture à Chiang Mai, vérifiez bien les conditions de l'assurance. Certains prestataires louent des véhicules uniquement avec l'assurance obligatoire la plus basique ; comprenant une couverture limitée, si vous blessez un tiers lors d'un accident, elle n'offre aucune couverture médicale personnelle et ne couvre pas du tout les dommages au véhicule loué ou à l'autre véhicule impliqué dans une collision. De plus, en cas de vol du véhicule, vous pourriez être entièrement responsable. Utilisez un prestataire proposant une assurance tous risques avec assistance en cas de panne, le niveau de couverture devant figurer clairement sur le contrat.

coûte 40 B. Le trajet en Uber ou Grab revient à environ 60 B.

Vols intérieurs et internationaux au départ et à destination de l'aéroport international de Chiang Mai, à 3 km au sud-ouest de la vieille ville.

Offre variable selon la saison et la demande touristique. Billets pour Bangkok à partir de 540 B environ. Pour le Sud, comptez au minimum 2 160 B pour Phuket et 1 080 B pour Surat Thani. La plupart des vols intérieurs sont exploités par les compagnies suivantes :

Air Asia (carte p. 326 ; ☎080 902 2636, centre d'appel national 02 515 9999 ; www.airasia.com ; 416 Th Tha Phae ; ⏲10h-20h30)

Bangkok Airways (carte p. 334 ; ☎053 289338, centre d'appel national 1771 ; www.bangkokair.com ; Room 302, Kantary Terrace, 44/1 Soi 12, Th Nimmanhaemin ; ⏲8h-12h et 13h-17h30 lun-ven)

Nok Air (☎02 088 8955, centre d'appel national 1318 ; www.nokair.com)

Thai Smile (☎centre d'appel national 02 118 8888 ; www.thaismileair.com)

Thai Airways International (THAI ; carte p. 326 ; ☎053 902999 ; www.thaiairways.com ; 240 Th Phra Pokklao ; ⏲8h-17h lun-sam)

Les liaisons directes entre Chiang Mai et les pays voisins sont également en plein essor, avec des vols réguliers pour Kuala Lumpur (Malaisie), Yangon (Myanmar), Hanoï (Vietnam) et des villes chinoises. **Lao Airlines** (carte p. 334 ; ☎053 223401 ; www.laoairlines.com ; 2/107 Th Huay Kaew ; ⏲8h30-17h lun-ven, 8h30-12h sam) assure des vols directs vers Luang Prabang et des vols moins fréquents pour Hô Chi Minh-Ville (Vietnam). Pour rejoindre le Cambodge, il faut transiter par Bangkok.

L'aéroport comprend une bagagerie (7h-21h, 200 B/jour), une succursale postale (8h30-20h), des banques, des boutiques de souvenirs et un Tourist Assistance Centre (page ci-contre). Si vous avez du temps à tuer, longez la route jusqu'au vaste centre commercial **Central Airport Plaza** (carte p. 322 ; www.centralplaza.co.th ; Rte 1141/Th Mahidol ; ⏲11h-21h lun-ven, 10h-21h sam-dim).

SM Travel (carte p. 326 ; ☎053 281045 ; www.yourtripthailand.com ; 87-95 Th Ratchadamnoen ; ⏲8h-18h), dans la vieille ville, est recommandé pour vos réservations de vols et de circuits.

BUS

Chiang Mai compte 2 gares routières, et des arrêts fixes de *songthaew* (*sŏrng·tăa·ou*) qui desservent des localités voisines.

Terminal des bus de Chang Pheuak

Juste au nord de la vieille ville, dans Th Chotana (Th Chang Pheuak), le **Terminal de Chang Pheuak** (carte p. 322 ; Th Chang Pheuak) est la principale gare routière pour le nord de la province de Chiang Mai. Bus publics réguliers vers :

Chiang Dao 40 B, 1 heure 30, ttes les 30 minutes

Hot 50 B, 2 heures, ttes les 20 min

Samoeng 90 B, 2 heures, 6/jour

Tha Ton 92 B, 4 heures, 7/jour

Des *songthaew* bleus locaux rallient Lamphun (30 B, 1 heure 30, fréquents) et des jaunes, Mae Rim (30 B, 30 minutes, fréquents). Des minibus climatisés pour Chiang Dao (150 B, 2 heures, ttes les heures) partent du Soi Sanam Gila, situé derrière le terminal des bus.

Arcade Bus Terminal

À environ 3 km au nord-est du centre, près de l'intersection entre Th Kaew Nawarat et la Rte 11, la **principale gare routière longue distance** (Th Kaew Nawarat) de Chiang Mai propose des bus pour toutes destinations, à l'exception du nord de la province. Idéale pour rejoindre Bangkok ou toute autre grande ville de Thaïlande. Depuis le centre, comptez environ 60 B pour rallier la gare routière en *rót daang* ("camion rouge", taxi collectif) et 80-100 B en *tuk-tuk*. Il existe aussi 2 lignes de bus reliant les gares routières et la ville : la ligne B1 dessert la gare de Chiang Mai et la porte Tha Phae (15 B, ttes les heures, 6h-18h), et la ligne B2 dessert la porte Tha Phae et l'aéroport international de Chiang Mai (15 B, ttes les heures, 6h-18h).

Les 2 terminaux comprennent des billetteries pour un grand nombre de compagnies de bus, privées et publiques. En théorie, le **terminal 2** et le **terminal 3** sont dédiés aux villes situées respectivement au nord et au sud de Chiang Mai, mais, dans la pratique, des bus pour la plupart des destinations partent des 2 terminaux. Une troisième gare routière est située derrière le terminal 2, réservée à la compagnie de bus privée **Nakornchai Air** (www.nca.co.th ; Arcade Bus Terminal, Th Kaew Nawarat), qui propose des bus de luxe pour Bangkok et pratiquement partout ailleurs en Thaïlande.

Les infrastructures pour voyageurs sont limitées ; il y a une rangée de restaurants de style local à côté des 2 terminaux et une consigne (8h-20h30, 30 B/bagage). Si vous avez un peu de temps, rendez-vous au **Star Avenue Lifestyle Mall** (Arcade Bus Terminal ; ⏲24h/24) à côté du terminal 3, qui possède des coffee-shops et des restaurants climatisés.

Des bus internationaux réguliers relient Chiang Mai à Luang Prabang, en passant par Bokeo, Luang Namtha et Udom Xai. On peut également voyager en bus jusqu'à Nong Khai et Vientiane.

SONGTHAEW

Plusieurs arrêts sont dédiés aux *songthaew* (pick-up collectifs) qui desservent les localités proches de Chiang Mai (environ 30 B). Circulation fréquente toute la journée.

Arrêt de songthaew de Talat Warorot (carte p. 326 ; Th Praisani). Des *songthaew* blancs et jaunes vont vers le nord-est jusqu'à Doi Saket, des bleus vont vers le sud jusqu'à Lamphun, et des verts desservent le nord de Chiang Mai.

Arrêt de songthaew de Saphan Lek (carte p. 322 ; Th Chiang Mai-Lamphun). Des *songthaew* desservent Lamphun.

Arrêt de songthaew de Pratu Chiang Mai (carte p. 326 ; Th Bamrungburi). Des *songthaew* jaunes desservent des localités au sud-ouest de Chiang Mai.

Arrêt de songthaew de San Kamphaeng (carte p. 326 ; Th Khang Mehn). Des *songthaew* blancs desservent des localités à l'est de la ville.

TRAIN

Gérée par le State Railway of Thailand, la **gare ferroviaire de Chiang Mai** (☎053 245363, centre d'appel national 1690 ; Th Charoen Muang) se situe à 2,5 km à l'est de la vieille ville. Les trains circulent 5 fois par jour sur la ligne principale entre Bangkok et Chiang Mai. Le gouvernement s'est engagé à investir davantage dans les chemins de fer à l'avenir, avec notamment la création d'une nouvelle liaison ferroviaire à grande vitesse entre Chiang Mai et Bangkok. La gare ferroviaire dispose d'un DAB, d'une consigne (6h-18h, 50 B/bagage) et d'un comptoir de réservation (passeport demandé).

Quatre catégories de trains circulent entre Chiang Mai et la gare Hualamphong de Bangkok : rapides, sprinter, express et express spéciaux. Les trains express spéciaux de nuit, les plus confortables, quittent Chiang Mai à 17h et 18h et arrivent à Bangkok à 6h15 et 6h50. Dans le sens inverse, les trains partent de Hualamphong à 18h10 et 19h35. Les horaires changent cependant régulièrement : référez-vous au site Internet de la State Railway of Thailand (www.thairailways.com). Lors de nos recherches, les tarifs pour Bangkok étaient les suivants :

3e classe (banquette) 231-271 B
2e classe (siège inclinable) 391-641 B
2e classe couchette (avec ventil) 531-581 B
2e classe couchette (avec clim) 751-1 041 B
1re classe couchette (avec clim) 1 253-1 653 B

Comment circuler

On trouve les sociétés de transport Uber et Grab Car à Chiang Mai. Au moment de nos recherches, malgré les menaces de restriction ou d'interruption des services, les 2 compagnies fonctionnaient très bien. Comptez 50 B en moyenne pour des trajets en ville.

BUS

Lancé en 2018, le **RTC City Bus** (☎052 060001 ; www.rtccitybus.com ; 20 B/trajet ; ⏲6h-tard) est désormais le moyen le plus abordable et le plus pratique de se déplacer à Chiang Mai. Les bus spacieux, climatisés et équipés du Wi-Fi transportent des passagers sur 9 lignes et peuvent être suivis en temps réel avec l'application mobile CM Transit. Celle-ci affiche les arrêts, les lignes et la localisation des bus en temps réel.

Les passagers paient soit avec des pièces (20 B/trajet), soit avec une carte rechargeable

TUK-TUK OU SONGTHAEW ?

Les *tuk-tuk* sont plus chers et attention aux escroqueries, même s'ils ont l'avantage de proposer un service direct et que la plupart des conducteurs parlent anglais. Les *songthaew* sont meilleur marché et vous risquez moins de vous faire avoir sur le prix (car beaucoup de Thaïlandais les utilisent aussi), mais la barrière de la langue peut poser problème et les trajets ne sont pas toujours directs. Les *songthaew* sont un excellent moyen de rencontrer des Thaïlandais du coin.

TRANSPORTS DEPUIS CHIANG MAI

DESTINATION	AVION	BUS	MINIBUS	TRAIN
Bangkok	à partir de 540 B, 1 heure 10, fréquents	488-759 B, 10 heures, fréquents	N/A	231-1 653 B, 10-12 heures, 5/jour
Chiang Khong	N/A	202-451 B, 6 heures 30, 1/jour	N/A	N/A
Chiang Rai	N/A	166-288 B, 4 heures, fréquents	N/A	N/A
Hanoï (Vietnam)	à partir de 1 320 B, 1 heure 30, 2/jour	N/A	N/A	N/A
Hô Chi Minh-Ville (Vietnam)	à partir de 1 500 B, 2 heures, 4/sem	N/A	N/A	N/A
Khon Kaen	à partir de 1 020 B, 70 min, 2/jour	535 B, 12 heures, 5/jour	N/A	N/A
Khorat (Nakhon Ratchasima)	N/A	540-662 B, 12 heures, 11/jour	N/A	N/A
Lampang	N/A	66-143 B, 1 heure 30, ttes les heures	83 B, 1 heure, ttes les heures	N/A
Luang Prabang (Laos)	à partir de 3 030 B, 1 heure, 4/sem	1 200 B, 20 heures, 9h (lun, mer, ven, sam et dim)	N/A	N/A
Mae Hong Son	à partir de 1 170 B, 40 min, 3/jour	N/A	250 B, 5 heures, 3/jour	N/A
Nan	N/A	197-254 B, 6 heures, 6/jour	N/A	N/A
Nong Khai	N/A	890 B, 12 heures, 1/jour	N/A	N/A
Pai	à partir de 1 170 B, 45 min, 2/jour	N/A	150 B, 3 heures, ttes les heures	N/A
Phuket	à partir de 2 160 B, 2 heures, 8/jour	1 646 B, 22 heures, 1/jour	N/A	N/A
Sukhothai	N/A	225-290 B, 5-6 heures, ttes les heures	N/A	N/A
Ubon Ratchathani	N/A	802 B, 15 heures, 5/jour	N/A	N/A
Udon Thani	à partir de 1 170 B, 1 heure, 3/jour	594-832 B, 11 heures, 4/jour	N/A	N/A
Vientiane (Laos)	N/A	890 B, 10 heures, 1/jour	N/A	N/A

Rabbit Card en montant à bord. Les cartes sont disponibles aux guichets RTC à l'aéroport, dans les centres commerciaux et parfois auprès du chauffeur, et peuvent être rechargées dans les épiceries et les fast-foods. Une autre option intéressante pour les voyageurs est la Tourist Card, qui coûte 180 B pour 1 jour ou 400 B pour 3 jours de trajets illimités.

Pensez à faire signe au chauffeur quand le bus approche afin qu'il s'arrête.

MOTO

De nombreux voyageurs louent une moto ou un scooter pour se déplacer. Agences et pensions proposent des deux-roues de tous gabarits : scooters automatiques 100 cm³ (à partir de 150 B/jour), motos Honda Dream (à partir de 350 B/jour) et grosses cylindrées tout-terrain jusqu'à 650 cm³ (700-2 000 B). Les petits deux-roues se prêtent bien aux déplacements en ville, mais si vous prévoyez

CIRCULER DANS CHIANG MAI

Dans la vieille ville et au-delà, les indications sont souvent données par rapport aux quatre portes cardinales.

Pratu Tha Phae (est) Depuis cette porte, Th Tha Phae s'étend vers l'est jusqu'aux berges de la rivière, le Talat Warorot et le bazar de nuit.

Pratu Chang Pheuak (nord) Th Chotana (Th Chang Pheuak) part de la porte nord pour rejoindre le terminal des bus de Chang Pheuak et la Rte 107, menant au nord de la province.

Pratu Suan Dok (ouest) D'ici, Th Suthep mène vers l'ouest à l'université de Chiang Mai, au Doi Suthep et au quartier des divertissements de Th Nimmanhaemin.

Pratu Chiang Mai (sud) Th Wualai part d'ici en direction du sud-ouest, vers la Saturday Walking Street et la Rte 108, qui mène vers le sud de la province.

de vous aventurer sur les routes de montagne alentour, optez pour un 200 cm³ ou plus.

Mr Mechanic (carte p. 326 ; ☎053 214708 ; www.mr-mechanic1994.com ; 4 Soi 5, Th Moon Muang ; scooter/moto/voiture à partir de 250/600/800 B par jour ; ⌚8h-18h) et **Cat Motors** (carte p. 322 ; ☎090 729 9090 ; www.catmotors.net ; 197/1 Th Ratchamanka ; à partir de 200/1 200/3 000 B par jour/sem/mois ; ⌚8h-18h) sont sans doute les meilleures agences de la ville en termes d'assurance et d'assistance, avec des véhicules bien entretenus et une assurance complète avec assistance dépannage. On trouve deux autres succursales de Mr Mechanic au **33 Th Ratchaphakhinai** (carte p. 326) et au **135/1 Th Ratchaphakhinai** (carte p. 326).

Toon's Bikes (carte p. 326 ; ☎053 207124 ; www.chiangmai-motorcycle-rental.com ; 17 Th Ratchamankha ; 200-2 500 B/jour). Location de motos 125 cm³ à 300 cm³ bien entretenues et suggestions d'itinéraires et réparations. Tarifs négociables en basse saison.

La loi oblige à porter un casque et la police effectue souvent des contrôles routiers. Gardez avec vous une pièce d'identité avec photo et un permis de conduire international, à présenter aux contrôles de police. Si vous présentez un permis de conduire étranger et non international, vous écoperez d'une amende de 500 B et recevrez une autorisation temporaire de circulation de 3 jours seulement pour éviter une autre contravention.

Se passer d'une véritable assurance pour économiser quelques bahts peut vous coûter cher ; souscrivez à l'assurance complète et à l'assistance dépannage proposées par les agences. La plupart des polices prévoient une franchise de 1 500 B en cas d'accident et de 10 000 B en cas de vol de l'engin ; utilisez la chaîne et le cadenas fournis !

Les agences demandent souvent leur passeport aux clients en guise de caution. Si vous le récupérez généralement sans problème au moment de rendre le véhicule, les meilleures agences acceptent aussi les dépôts de 3 000 à 10 000 B en espèces (cartes bancaires non acceptées).

Si vous louez une moto pour explorer la campagne autour de Chiang Mai, consultez les conseils et les itinéraires de Golden Triangle Riders (www.gt-rider.com).

TAXI

Les taxis dotés d'un compteur l'utilisent très rarement. Appelez **Cnx Taxi Chiang Mai** (☎095 675 0676 ; www.cnxtaxichiangmai.com) pour commander un taxi ; la plupart des courses dans l'agglomération de Chiang Mai ne dépassent pas 200 B.

TRANSPORTS URBAINS

Les *rót daang* ("camions rouges"), des taxis collectifs, sillonnent les rues et prennent en chemin des passagers qui vont dans la même direction. Ils ne suivent pas d'itinéraires fixes : arrêtez-les pour demander s'ils peuvent vous emmener. Les prix débutent à 30 B pour un court trajet de quelques pâtés de maisons et vont jusqu'à 40 B pour un trajet plus long (par exemple de la vieille ville à Th Nimmanhaemin).

Moyennant un prix plus élevé, les chauffeurs louent volontiers leur véhicule entier, notamment pour des excursions d'une journée à la campagne. Lorsqu'un *rót daang* est garé au bord de la route, cela indique en principe que le chauffeur préfère louer le véhicule entier. Les chauffeurs sont généralement conciliants ; de nombreux *rót daang* sont des affaires familiales, avec le mari au volant et son épouse, à côté, en charge de l'argent et des itinéraires.

Les *tuk-tuk* se louent uniquement comme des taxis. Ils sont plus chers que les *rót daang*, mais circulent mieux dans le trafic et vous font profiter d'un peu de vent. La plupart des trajets courts reviennent à 60 B, et s'élèvent allègrement jusqu'à 100 B le soir,

BUS AU DÉPART DE L'ARCADE BUS TERMINAL À CHIANG MAI

DESTINATION	TARIF	DURÉE	FRÉQUENCE
Bangkok	488-759 B	10 heures	fréquents
Chiang Khong	202-451 B	6 heures 30	1/jour
Chiang Rai	166-288 B	4 heures	fréquents
Khon Kaen	535 B	12 heures	5/jour
Khorat (Nakhon Ratchasima)	540-662 B	12 heures	11/jour
Lampang	66-143 B	1 heure 30	ttes les heures
Lampang (minibus)	83 B	1 heure	ttes les heures
Lamphun	30 B	1 heure	ttes les heures
Luang Prabang (Laos)	1 200 B	20 heures	9h lun, mer, ven, sam, dim
Mae Hong Son (minibus)	250 B	5 heures	3/jour
Mae Sai	205-234 B	5 heures	7/jour
Mae Sariang	104-187 B	4-5 heures	6/jour
Mae Sot	290 B	6 heures	3/jour
Nan	197-254 B	6 heures	6/jour
Nong Khai	890 B	12 heures	1/jour
Pai (minibus)	150 B	3 heures	ttes les heures
Phayao	142-249 B	3 heures	ttes les heures
Phitsanulok	210-320 B	5-6 heures	fréquents
Phrae	133-266 B	4 heures	4/jour
Phuket	1 646 B	22 heures	1/jour
Sukhothai	225-290 B	5-6 heures	ttes les heures
Ubon Ratchathani	802 B	15 heures	5/jour
Udon Thani	594-832 B	11 heures	4/jour
Vientiane (Laos)	890 B	10 heures	1/jour

quoiqu'il vous faudra sans doute négocier serré pour obtenir ces taux. Il se peut que certains chauffeurs se montrent insistants et tentent de vous conduire aux sites qui les rémunèrent d'une commission.

Chiang Mai compte encore quelques *săhm·lór* (cyclopousse) autour du Talat Warorot, qui proposent de courts trajets pour 20 B environ.

VÉLO

Le vélo constitue un bon moyen de se déplacer dans Chiang Mai, mais mieux vaut être prudent sur les périphériques qui entourent la vieille ville. On peut louer des vélos brinquebalants à guidon recourbé pour environ 50 B par jour ou 300 B par semaine auprès de pensions (*guesthouses*) et de magasins de la vieille ville. Vérifiez bien l'engin avant de vous décider, en particulier les freins, parfois peu fiables.

Si vous recherchez des vélos de gamme supérieure, **Chiang Mai Mountain Biking & Kayaking** (carte p. 322 ; ☎ 081 024 7046 ; www.mountainbikethailand.com ; 92/1-2 Th Si Donchai ; circuit 1 250-2 700 B ; ⏲7h-22h), Trailhead (p. 339) et **Spice Roads** (carte p. 326 ; ☎ 053 215837 ; www.spiceroads.com ; 1 Soi 7, Th Moon Muang ; circuit demi-journée/journée/plusieurs jours à partir de 1 200/4 000/26 000 B) proposent des vélos de route (100-400 B/jour) et VTT (250-1 000 B) importés de bonne qualité. Des pièces détachées pour vélos importés sont disponibles à Chaitawat Bikeshop (p. 362).

VOITURE ET CAMIONNETTE

Des agences de location de voitures et camionnettes sont installées un peu partout en ville, notamment dans Th Moon Muang, mais privilégiez celles qui proposent une assurance (responsabilité) complète et une assistance dépannage. Demandez à voir la police d'assurance afin de savoir ce qui est compris et ce qui ne l'est pas. La plupart des compagnies exigent un dépôt de 5 000 à 10 000 B en espèces.

Les tarifs de location standards sont d'environ 1 000 B pour une petite voiture (1,5 litre). Le kilométrage illimité est inclus, mais pas le carburant. Parmi les agences les plus réputées :

Budget Car Rental (carte p. 322 ; ☎053 202871 ; www.budget.co.th ; 201/2 Th Mahidol). En face du Central Airport Plaza.

North Wheels (carte p. 326 ; ☎053 874478 ; www.northwheels.com ; 70/4-8 Th Chaiyaphum ; 🕗8h-18h). Livre et vient chercher la voiture à votre hôtel, offre un service d'assistance 24h/24 et une assurance tous risques.

Thai Rent a Car (carte p. 322 ; ☎053 904188 ; www.thairentacar.com ; aéroport international de Chiang Mai ; 🕗7h-20h).

NORD DE LA PROVINCE DE CHIANG MAI

Au nord de Chiang Mai, le paysage se couvre de montagnes boisées de part et d'autre de la Mae Nam Ping à mesure que le nord de la Thaïlande rejoint le sud-est du Myanmar. En *rót daang* ("camion rouge", taxi collectif) ou à moto (suffisamment puissante), sillonnez les collines pour découvrir parcs nationaux, points de vue spectaculaires, fermes des projets royaux et villages des ethnies montagnardes. Des motards qui ont visité la région partagent leur expérience sur le site www.gt-rider.com.

Mae Rim แม่ริม

☎053 / 7 480 HABITANTS

Localité la plus proche au nord de Chiang Mai, la paisible Mae Rim (ม) est à seulement 30 km de la capitale par la Rte 107. On peut y visiter l'ancien palais de la princesse Dara Rasmi et se détendre à la retenue d'eau Huay Teung Thao.

À voir

Elephant Poopoopaper Park MUSÉE

(☎053 299565 ; www.poopoopaperpark.com ; 87 Mu 10, Th Maeram ; 50 B ; 🕗9h-17h30 ; 👪). Dans ce petit parc artisanal et écologique au nord de Chiang Mai, les visiteurs découvrent l'art fascinant de transformer en papier les fibres du crottin d'éléphant. Ce procédé naturel ne nécessite aucun arbre et emploie des membres de minorités ethniques vivant dans les villages de montagne ; les ventes de papier ainsi produit répondent aux principes du commerce équitable. Les déchets sont retransformés en pulpe et intégrés à de nouvelles feuilles ou de nouveaux rouleaux de papier.

Les visiteurs peuvent créer leurs propres articles lors du circuit guidé, notamment des marque-pages, des éventails, des cartes et des bijoux à perles. Le site compte également un charmant café et une aire de pique-nique.

Palais Dara Pirom MUSÉE

(พระตำหนักดาราภิรมย์ ; 20 B ; 🕗9h-17h mar-sam). Dara Rasmi, la dernière princesse (1873-1933) du royaume Lanna, passa la fin de sa vie dans cette belle demeure du XIXe siècle, construite dans le style colonial thaïlandais classique et comportant de hauts plafonds, d'élégantes bouches d'aération ajourées et de petites vérandas en bois. Les chambres du palais sont remplies d'objets de famille, de photographies et d'effets personnels évoquant la vie de la princesse et son époque.

Le palais se trouve dans l'enceinte du poste de police de Mae Rim, du côté ouest de la Rte 107. Pour vous y rendre, prenez à droite après le poste de police et suivez les indications sur les panneaux (passez la piste d'hélicoptère de la police).

Retenue d'eau Huay Teung Thao LAC

(Huay Teung Thao Reservoir, อ่างเก็บน้ำห้วยตึงเฒ่า ; 50 B ; 🕗7h-19h). Pour les Thaïlandais, ces retenues d'eau artificielles sont de vraies bases de loisirs. Ce vaste plan d'eau à l'ouest de Mae Rim rassemble les familles, qui aiment y nager ou se promener sur la rive et pique-niquer sur l'eau dans des huttes en bambou surélevées, comme si elles étaient à la plage.

Plusieurs restaurants informels bordent le lac ; bon nombre proposent des plats insolites du nord de la Thaïlande comme de la grenouille frite et des "crevettes dansantes".

Suivez la Rte 107 et bifurquez vers le sud-ouest sur la Rte 121, puis prenez à droite après le pont près du sanctuaire Lanna Khuang Phra Chao.

Où se loger et se restaurer

Four Seasons Chiang Mai RESORT $$$

(☎053 298181 ; www.fourseasons.com ; 502 Mu 1, Th Mae Rim-Samoeng Kao, près de la Rte 1096 ; d à partir de 21 900 B ; ❄@📶🏊). Le somptueux Four Seasons de Chiang Mai est doté de pavillons à plafond voûté et de villas tout équipées, disséminés dans la forêt tropicale humide près de Mae Rim, avec

VAUT LE DÉTOUR

ESCALADER STICKY WATERFALL

Avez-vous déjà escaladé une cascade ? **Sticky Waterfall (Nam Tok Bua Tong)** (น้ำตกบัวตอง ; parc national de Si Lanna ; ⏲6h-18h), dans le parc national de Si Lanna, est un but d'excursion à la journée de plus en plus apprécié depuis Chiang Mai. La fameuse "cascade collante" permet aux visiteurs, même dénués de compétence en escalade ou de pouvoirs magiques, de gravir ces chutes. Le secret ne réside pas dans les rochers de forme sommaire, mais dans l'eau riche en calcium de la source alimentant la cascade (100 m) à trois niveaux. Les minéraux déposés sur les rochers empêchent les végétaux glissants (telles les algues) d'y pousser.

Après avoir gravi cette ravissante cascade entourée de forêt, vous pourriez pique-niquer à son sommet ou continuer à pied jusqu'à la source ; départ du panneau indiquant Namphu Chet Si.

Si maints habitants et voyageurs rallient la cascade à moto, sachez que le trajet de 60 km peut prendre jusqu'à 2 heures. Vous pouvez louer un *rót daang* ("camion rouge", taxi collectif) pour environ 1 000 B ou la visiter lors d'un circuit organisé. La plupart des tour-opérateurs de la ville proposent cette excursion, parfois combinée à la visite du Wat Phra That Doi Suthep (p. 333), et les prix varient selon la taille du groupe.

Si vous êtes motorisé, prenez la Rte 1001 vers l'est et guettez le panneau indiquant la cascade. Prenez à droite ; le parking se trouve à environ 3 km.

jardins paysagers et rizières en terrasses cultivées par des fermiers en tenue traditionnelle. Les chambres, ornées de beaux textiles et d'art ancien, sont dignes de figurer dans un magazine de décoration. Entre autres installations haut de gamme, ce *resort* 5 étoiles possède un **restaurant thaïlandais** (plats 310-590 B, menu dégustation à partir de 2 200 B ; ⏲7h-10h30 et 12h-22h), un spa primé et un court de tennis.

Huay Teung Thao Restaurant THAÏLANDAIS $
(☎080 135 2045 ; Huay Teung Thao ; plats 80-180 B ; ⏲7h-18h). À l'instar des autres restaurants informels installés au bord du lac, celui-ci sert des salades relevées, de la viande grillée ou sautée, et des plats insolites comme la grenouille sautée à l'ail et le *goung ten*, également appelé "dancing shrimp" ("crevettes dansantes"). L'expression se réfère au fait que les minuscules crevettes d'eau douce continuent à bouger lorsqu'elles sont mélangées à du piment, de la sauce au poisson et du citron vert, puis mangées vivantes. Les visiteurs commandent souvent à emporter, puis se régalent dans leurs huttes en bambou au-dessus de l'eau.

ℹ Depuis/vers Mae Rim

Mae Rim est facilement accessible en bus ou *songthaew* (30 B, 30 minutes, fréquent) depuis le terminal des bus de Chang Pheuak à Chiang Mai.

Chiang Dao เชียงดาว

☎053 / 15 000 HABITANTS

Dans une jungle luxuriante à l'ombre d'une majestueuse montagne calcaire, Chiang Dao (เชียงดาว) constitue une escapade très appréciée des expatriés et de la classe moyenne grandissante de Chiang Mai, quand la chaleur écrase les plaines. L'air gagne en fraîcheur à mesure qu'on s'éloigne du village et qu'on se rapproche du sommet du Doi Chiang Dao (2 175 m). La forêt est prisée des randonneurs et des amoureux des oiseaux, et, au pied de la montagne, un *wat* très vénéré marque l'entrée de l'une des grottes calcaires les plus profondes du pays.

Les bus pour Chiang Dao s'arrêtent dans le village moderne du côté est de la Rte 107, mais la plupart des voyageurs se dirigent vers le village de Ban Tham du côté ouest de la route, où se trouvent les hébergements et le célèbre temple troglodytique.

À voir

Réserve de Doi Chiang Dao RÉSERVE NATURELLE
(ดอยเชียงดาว, Doi Luang ; 200 B ; ⏲nov-mars). Le Doi Chiang Dao se dresse majestueusement au-dessus des plaines, couvert d'un épais manteau de forêt tropicale humide. Avec plus de 300 espèces répertoriées,

cette jungle féerique est l'un des meilleurs sites de Thaïlande où observer des oiseaux, et c'est aussi l'un des meilleurs endroits au monde pour voir la sittelle géante et le faisan de Hume. Le sommet, accessible en une bonne journée de marche sur des sentiers escarpés, offre une vue spectaculaire sur les massifs. Comptez entre 1 000 et 2 000 B par personne pour un guide, et 500 B de plus par personne pour passer la nuit sur place.

Pour goûter au merveilleux paysage, prenez à droite à l'intersection juste avant le groupe de lodges de Ban Tham et suivez la pittoresque route de montagne sinueuse qui traverse la forêt pour atteindre la crête. Pour cet itinéraire exigeant aux pentes raides, il vous faudra un moyen de transport suffisamment puissant.

Parc national de Pha Daeng PARC NATIONAL

(อุทยานแห่งชาติผาแดง ; ☎053 046370 ; www.dnp.go.th ; adulte/enfant 100/50 B, camping 30 B/pers, voiture 50 B). Ce parc au nord du Doi Chiang Dao, accessible par la Rte 1178, est composé de paysages tropicaux luxuriants et d'une impressionnante diversité ornithologique. Bordant la frontière birmane et criblé de réseaux de grottes profondes, le parc offre son lot de points de vue pittoresques, sentiers de montagne et cascades jaillissantes. Bungalows (600-2 500 B) disponibles au centre administratif du parc.

Les sites les plus populaires au sein du parc sont la Nam Tok Sri Sangwan (cascade juste en retrait de la route principale, près du centre administratif du parc) et les sources chaudes de Pong Arng (ouvertes tous les jours de 8h à 18h). La cascade est une mini-version de la très prisée Sticky Waterfall (p. 373) ; avec ses 20 m de haut et ses trois niveaux de roches calcaires, c'est un lieu pittoresque de détente et de pique-nique. À environ 3 km au sud, les sources chaudes, dont la température varie entre 58°C et 64°C, comprennent deux bassins naturels où se baigner.

Wat Tham Pha Plong TEMPLE BOUDDHIQUE

(สำนักสงฆ์ถ้ำผาปล่อง ; Ban Tham ; don apprécié ; ⏲lever-coucher du soleil). Ce joli et paisible *wat* de forêt se trouve à la lisière du massif du Chiang Dao. Un escalier *naga* raide grimpe à travers la forêt jusqu'à une crevasse rocheuse où le maître de méditation révéré Luang Pu Sim pratiquait autrefois. La foule des touristes vous semblera loin, très loin. Poursuivez sur la route sur un kilomètre environ après les lodges de Chiang Dao et vous arriverez sur le parking du temple.

Wat Tham Chiang Dao GROTTE

(ถ้ำเชียงดาว ; grotte de Chiang Dao ; 40 B ; ⏲7h-17h). Au cœur d'une jolie forêt où foisonnent les papillons tropicaux, ce *wat* a été bâti à l'entrée de la grotte de Chiang Dao, un dédale de galeries fraîches qui s'étend sur plus de 10 km sous le massif calcaire du Doi Chiang Dao. Retraite de méditation pour les bouddhistes, cet ensemble de grottes est une sorte de prolongement du *wat*, qui abrite des passages tortueux envahis de stalactites et de stalagmites.

Les premières grottes, nommées Tham Sua Dao et Tham Phra Non, bénéficient d'un éclairage électrique, mais, pour explorer la partie la plus intéressante de ce réseau, non éclairée, vous devrez louer les services d'un guide (200 B) équipé d'une lampe à gaz, procurant par la même occasion une source de revenus à un villageois (en réalité, les guides sont bénévoles : un pourboire de 50 B est approprié). La visite vous conduira dans d'autres grottes – Tham Mah (735 m), Tham Kaew (474 m) et Tham Nam (660 m) – par d'étroits passages, et votre guide vous montrera des colonies de chauves-souris et des formations calcaires auxquelles on a donné des noms selon leur ressemblance avec certains animaux. Dans une modeste antichambre à la fin de la partie éclairée, on peut voir un petit bouddha couché très vénéré.

Selon une légende locale, cet ensemble de grottes fut habité par un *reu sěe* (ascète, saint homme) durant mille ans, et le sage convainquit les esprits de créer plusieurs merveilles à l'intérieur des grottes : un torrent jaillissant du piédestal d'un bouddha en or massif, un entrepôt de textiles divins et une cité de *naga* (créature mythique, mi-humaine, mi-serpent). Ces trésors seraient nichés au plus profond de la montagne, au-delà de la dernière caverne éclairée.

Où se loger et se restaurer

Chiang Dao Hut PENSION $

(☎053 456625 ; chiangdaohut.com ; 303 Moo 5 ; bung à partir de 315 B ; 📶). Ce joli ensemble de chambres et de bungalows occupe une clairière qui descend jusqu'à un ruisseau. Les chambres les moins chères partagent des salles de bains communes avec eau chaude. Ambiance détendue et paisible très appréciable. De l'autre côté de la rue, le restaurant en plein air **Hut Kitchen** propose de savoureux repas.

Chiang Dao Nest 2 BOUTIQUE-HÔTEL **$$**
(☎089 545 9302 ; www.chiangdaonest.com ; Ban Tham ; bung 995-3 500 B ;). Bungalows en bambou dans un jardin paisible avec vue sur les montagnes. À peine arrivé, vous aurez l'impression de faire partie de la famille. Le restaurant est un passage obligé : savourez d'excellents plats thaïlandais dans le patio donnant sur les fleurs et la végétation. Massages sur place.

Chiang Dao Nest PENSION **$$**
(☎053 456242 ; www.chiangdaonest.com ; bung 995-3 500 B ;). La *guesthouse* qui a attiré les voyageurs à Chiang Dao constitue toujours une belle retraite champêtre. Les confortables bungalows en bambou tressé sont dispersés dans un sublime jardin tropical aux nombreux pavillons ombragés, idéals pour se détendre avec un livre. Jolie piscine avec vue sur la montagne et pavillon équipé d'une table de ping-pong.

Malee's Nature Lovers Bungalows PENSION **$$**
(☎081 961 8387 ; www.maleenature.com ; camping 200 B/pers, bung 900-2 200 B ;). Malee, passionnée d'orchidées très accueillante, loue des bungalows basiques mais propres avec douches alimentées en eau chaude, au cœur d'un jardin verdoyant rempli… d'orchidées, sur la route de Tham Pha Plong. Les moins chers partagent une salle de bains commune, les plus luxueux ont une salle de bains privative. L'un d'eux est surélevé afin que les passionnés d'oiseaux puissent apprécier de plus près la canopée.

♥ **Chiang Dao Nest** INTERNATIONAL **$$**
(☎053 456242 ; www.chiangdaonest.com ; plats 315-695 B ; 8h-15h30 et 18h-21h30 ;). Haut lieu gastronomique incontesté de la région, le Chiang Dao Nest vaut à lui seul le déplacement depuis Chiang Mai. Vous y savourerez des plats européens modernes et raffinés quelque peu inattendus dans la jungle, tel le filet de saumon en pâte filo à la tapenade verte, ainsi que des bières importées et de bons vins. Rendez-vous au Chiang Dao Nest 2 (p. 375), non loin de là, pour une cuisine thaïlandaise tout aussi réussie.

Les jeudis soir de novembre à février, le Nest organise un barbecue à volonté (375 B/pers) avec des viandes comme le travers de porc à la sauce barbecue maison et des poissons comme le filet de saumon norvégien à l'huile de persil.

Achats

Marché du mardi MARCHÉ
(7h-12h mar). Au marché du mardi de Chiang Dao, on trouve des objets artisanaux fabriqués par les ethnies montagnardes. Pendant la saison des pluies, les marchands sont souvent moins nombreux.

Depuis/vers Chiang Dao

Chiang Dao se situe à 72 km au nord de Chiang Mai par la Rte 107. Les bus desservent Chiang Mai (40 B, 1 heure 30, ttes les 30 min) et Tha Ton (63 B, 2 heures 30, 5/jour).
Des minibus climatisés desservent également Chiang Mai (150 B, 2 heures, ttes les heures).

Comment circuler

Le trajet entre l'arrêt de bus du village et les pensions proches du temple troglodytique coûte 100 B à moto-taxi et 150 B en *songthaew*. Certains lodges louent des VTT (à partir de 150 B/jour) et des motos (à partir de 350 B/jour). Sinon, vous pouvez louer un *songthaew* (pick-up collectif) pour visiter le parc national de Pha Daeng (environ 1 000 B), les villages des ethnies montagnardes (1 500 B), ou pour explorer la réserve de Doi Chiang Dao en une journée (2 500 B).

SUD DE LA PROVINCE DE CHIANG MAI

Au sud de la ville de Chiang Mai, la vallée de la Ping est une plaine agricole fertile qui s'étend jusqu'à des collines densément boisées. Au sud-ouest se dresse le Doi Inthanon, le plus haut sommet du pays (2 565 m).

San Kamphaeng et Bo Sang สันกำแพง/บ่อสร้าง

33 000 HABITANTS

À environ 14 km au sud-est de Chiang Mai sur la Rte 1006, San Kamphaeng était autrefois réputé pour sa production de coton, de soie et d'objets artisanaux, mais nombre de petites manufactures ont été délocalisées et celles qui restent semblent malheureusement traverser une mauvaise passe. Les chauffeurs de *songthaew* et de *rót daang* de Chiang Mai insistent auprès des touristes pour les emmener à San Kamphaeng, les dirigeant vers des manufactures et ateliers qui leur versent des commissions. Il est cependant facile de rejoindre San Kamphaeng en transports publics.

Bo Sang, le "village des ombrelles", juste à l'ouest de San Kamphaeng, est le plus intéressant à visiter. Il compte une série de boutiques de souvenirs, de salles d'exposition et d'ateliers, principalement consacrés à la production d'ombrelles et de parasols en papier et bambou. Toutefois, les prix ne sont pas particulièrement bon marché et on trouve des articles similaires au marché de nuit de Chiang Mai.

Activités

Sources thermales de San Kamphaeng SOURCES CHAUDES

(☎053 037101 ; adulte/enfant 100/50 B ; ⏲7h-18h). À environ 36 km à l'est de Chiang Mai, ces sources thermales vous enchanteront. Dans le jardin champêtre sont aménagés des bains publics et privés, des pavillons de massage et une rivière d'eau chaude, dont le courant tranquille emporte la fatigue de vos mollets.

Le week-end, les habitants viennent ici en nombre pour pique-niquer et faire bouillir des œufs dans l'eau chaude qui jaillit à une température de 100°C. En semaine, le lieu est beaucoup plus calme, le silence étant uniquement interrompu par les jets de vapeur. Pour une expérience complète, essayez la piscine d'eau minérale commune (adulte/enfant 100/50 B) et un bain privé (65 B les 15 min). On trouve aussi sur place des **chambres** basiques, mais confortables (à partir de 750 B, avec piscine gratuite), un **terrain de camping** (300 B/pers) et plusieurs **restaurants** thaïlandais.

Plus haut de gamme, les bungalows impeccables et confortables du **Roong Aroon Hot Spring Resort** (☎053 101981 ; d à partir de 1 600 B ; ❄) donnent sur leurs propres sources thermales.

Fêtes et festivals

Fête des Ombrelles de Bo Sang ART

(Bo Sang ; ⏲fin jan). Fin janvier, la fête des Ombrelles de Bo Sang (*têt·sà·gahn rôm*), étonnamment peu touristique, comprend un défilé d'ombrelles colorées dans la rue principale.

Depuis/vers San Kamphaeng et Bo Sang

À Chiang Mai, depuis une ruelle au sud du Talat Warorot, des *songthaew* blancs partent régulièrement dans la journée pour San Kamphaeng (15 B, 30 min) ; des *songthaew* blancs desservent par ailleurs Bo Sang (20 B, 25 min) depuis Th Praisani, au bord de la rivière.

Hang Dong หางดง

☎053 / 83 300 HABITANTS

À quelque 15 km au sud de Chiang Mai, sur la Rte 108, le village de Hang Dong (หางดง) a bâti sa fortune sur la production et le commerce de meubles, sculptures sur bois, antiquités (authentiques et reproductions) et objets artisanaux. La "route du meuble" de Hang Dong (Th Thakhilek) s'étire à l'est de la Rte 108 en direction de Ban Tawai ; repérez l'embranchement juste au sud du marché. S'y alignent des dizaines de marchands d'antiquités et d'artisanat : lits matrimoniaux chinois anciens travaillés (aux prix astronomiques), immenses sculptures bouddhiques en bois, coffrets laqués birmans et, moins chers et plus faciles à transporter, bibelots thaïlandais de toutes sortes. De nombreuses entreprises de transport maritime proposent d'expédier vos achats à l'étranger.

Où se restaurer

Pankled Coffee Corner THAÏLANDAIS $

(☎053 433779 ; Soi 9, Tambon Khun Khong ; plats 50-120 B ; ⏲8h30-17h30). Situé à Ban Tawai, le Pankled Coffee Corner est très prisé des habitants du secteur de Hang Dong. Idéal pour déjeuner après avoir déambulé dans les boutiques d'artisanat locales, ce café-restaurant propose des plats du nord et du sud de la Thaïlande, et son excellent *pàt tai* est réputé.

Achats

Parmi les plus intéressants : **De Siam** (☎053 441545 ; www.desiam-antiques.com ; Th Thakhilek, Ban Tawai ; ⏲8h30-17h30), meubles et lits anciens onéreux ; **Mandala** (☎081 490 9251 ; Th Thakhilek, Ban Tawai ; ⏲9h-17h lun-sam), souvenirs japonais ; **Siripat Antique** (☎053 433246 ; Th Thakhilek, Ban Tawai), reproductions d'antiquités et immenses sculptures sur bois ; **Chilli Antiques & Arts** (☎087 919

HORS DES SENTIERS BATTUS

MON CHAM

Pour découvrir l'une des destinations de plus en plus prisées des touristes thaïlandais dans la province, enfourchez une moto ou louez un *rót daang* ("camion rouge", taxi collectif) pour gagner le merveilleux pays rural de **Mon Cham** (ม่อนแจ่ม ; Nong Hoi Mai) GRATUIT dans les montagnes. Parmi ses attraits figurent un marché animé, des restaurants informels, des jardins luxuriants et des pavillons de bambou à flanc de falaise, le tout au profit de la communauté hmong locale. Le Nong Hoi Royal Project a aidé les habitants à miser sur des cultures durables et très rémunératrices comme les fraises, les choux, les fines herbes et la lavande, et les terrasses cultivées multicolores offrent une vue spectaculaire.

Après vous être régalé de produits du terroir et de liqueurs de fruits locales, et avoir fait des selfies dans le **jardin fleuri** (adulte/enfant 20/10 B), envisagez de louer un traditionnel **Formula Hmong** (Mon Cham ; kart 1/2 pers 50/80 B ; ⏲7h-18h) et de faire la course jusqu'en bas de la colline. Puis, relaxez-vous en savourant un café ou une soupe thaïlandaise au **Rai Phor Doi Coffee** (Mon Cham ; café 50-70 B, plats 60-100 B ; ⏲6h-22h), ou plongez dans un bain d'eau minérale à l'**Onsen @ Moncham** (☎053 111606 ; www.onsenmoncham.com ; 293 Mu 2, Tambon Pong ; forfait journée 2 pers à partir de 2 200 B ; ⏲8h-22h).

Si vous n'êtes pas prêt à regagner la ville, installez-vous dans l'un des nombreux bungalows ou tentes sur plateforme proposés dans le secteur (environ 2 000 B/nuit pour la plupart). Nous vous conseillons le **Phu Fasai** (Mon Cham ; d à partir de 2 000 B), une retraite décontractée dans un village hmong traditionnel, en surplomb d'une vallée enchanteresse.

8750 ; 125 Th Thakhilek, Ban Tawai ; ⏲9h-17h), bouddhas de premier choix thaïlandais et birmans ; **World Port Services** (☎053 434200 ; www.legendscollection.com ; Th Thakhilek, Ban Tawai ; ⏲8h-17h lun-sam), petits objets d'artisanat et laques birmans ; **Crossroads Asia** (☎092 984 4105 ; www.crossroadsasia.com ; 214/7 Th Thakhilek, Ban Tawai ; ⏲9h-17h), textiles et œuvres d'art ethniques de 26 pays.

Ban Tawai Tourism Village ART ET ARTISANAT
(www.ban-tawai.com ; ⏲8h-17h). À environ 2 km à l'est de Hang Dong, Ban Tawai est un grand marché touristique que l'on peut explorer à pied, où des centaines de petits magasins vendent toutes sortes d'articles d'artisanat. Cette vaste entreprise fut lancée par les sculpteurs sur bois locaux, réputés pour leur talent et leur étonnante productivité.

Aujourd'hui, les sculptures sont produites à l'échelle industrielle dans de nombreuses manufactures. Réparti en "zones" couvertes, ce marché propose le même type d'objets que les marchés Walking Street de Chiang Mai (p. 354). Les panneaux indiquant "antiquités sur commande" jettent le doute sur tout ce qui est vendu prétendument comme ancien.

ℹ Depuis/vers Hang Dong

On peut se rendre à Hang Dong en *songthaew* depuis la Pratu Chiang Mai (30 B, 20 min), mais il est plus commode de prendre un *rót daang* (1 000-1 500 B, 3 heures) pour pouvoir également visiter Ban Tawai et rapporter vos emplettes.

Parc national de Doi Inthanon อุทยานแห่งชาติดอยอินทนนท์

Sommet le plus haut de Thaïlande, le Doi Inthanon (ดอยอินทนนท์) culmine à 2 565 m ; une altitude très élevée pour le royaume. Autour du massif de granit, enveloppé d'un manteau de forêt impénétrable, le **parc national** (☎053 286729 ; nps.dnp.go.th ; adulte/enfant 300/150 B, voiture/moto 30/20 B ; ⏲4h-18h), d'une superficie de 482 km², compte des sentiers de randonnée et des cascades. Lorsque la chaleur à Chiang Mai devient étouffante, ses habitants trouvent refuge au Doi Inthanon à l'occasion d'une excursion, en particulier pendant les vacances du Nouvel An, quand le gel, phénomène rare, fait son apparition au sommet.

À voir

Cascades

Durant la saison humide, les montagnes absorbent comme des éponges l'eau de pluie, qui se déverse ensuite vers les plaines en formant 8 cascades grandioses. Si la baignade est déconseillée en raison du risque de crues subites, les chutes sont absolument sublimes après la pluie.

La **Nam Tok Mae Klang**, près du Km 8, non loin de l'embranchement qui part de la Rte 108 (prenez la route indiquée juste avant l'entrée du parc), est la plus facile d'accès, mais fréquentée le week-end par de nombreux pique-niqueurs et touristes en circuit organisé. Accessible par une route secondaire près du Km 21, la **Nam Tok Wachirathan** est nichée dans une cuvette boisée. Elle présente une énorme crinière écumeuse qui plonge de 50 m. Après de fortes pluies, elle peut être aussi bruyante qu'un concert d'AC/DC. Plusieurs marchands proposent une nourriture appétissante à côté du parking. Près du Km 30, la **Nam Tok Siriphum** ressemble à un délicat ruban d'argent vue du village voisin de Ban Khun Klang.

Villages

Le parc comprend quelques villages d'ethnies montagnardes plutôt pittoresques, entourés de rizières en terrasses. La plupart des villageois travaillent aujourd'hui dans les fermes et pépinières de fleurs sur les pentes inférieures. Cela vaut tout de même la peine de visiter le village hmong de **Ban Khun Klang**, près du bureau du parc, pour son point de vue sur la cascade Siriphum.

Activités

La plupart des visiteurs se précipitent vers les stupas et le sommet. La seule voie d'accès facile par la forêt est le sentier nature Ang Ka (ci-contre), une promenade de planches glissante de 360 m de long s'enfonçant dans la forêt de nuages, près du Km 48. Le sentier nature Kew Mae Pan (ci-contre), près du Km 42, offre une randonnée plus ambitieuse dans la jungle.

Le sommet du Doi Inthanon (2 565 m) est couvert d'une forêt humide et fraîche, souvent assombrie par des tourbillons de brume dus à la condensation de l'air chaud et humide provenant du bas de la montagne. Il y règne ainsi une atmosphère un peu surréelle, voire lugubre. Comme les visiteurs thaïlandais, emportez une veste et un parapluie ou un poncho imperméable en prévision d'averses soudaines.

On accède au sommet par un sentier de 50 m près de la station radar, juste derrière les deux *chedi* du Doi Inthanon. La fin du sentier est marquée par un panneau annonçant le point culminant de Thaïlande ("Highest Spot in Thailand") et un sanctuaire dédié à Inthawichayanon, l'un des derniers rois Lanna. Ne vous attendez pas à une vue extraordinaire au sommet ; les terrasses des *chedi* offrent un panorama bien plus intéressant. Le tout petit café près de la promenade en bois est fréquenté par des garrulax et d'autres oiseaux exotiques.

Sentier nature Ang Ka RANDONNÉE

Idéale pour les visiteurs pressés, accompagnés de jeunes enfants ou souhaitant juste faire une balade facile dans la nature, cette promenade en bois longue de 360 m mène à la forêt de nuages près du sommet du Doi Inthanon. Le sentier serpente au-dessus d'une tourbière et croise des arbres vénérables couverts de fougères et de mousses ainsi que des rhododendrons rouges, souvent plongés dans le brouillard. Guettez le souimanga à queue verte.

Cette forêt "revêtue d'un manteau", comme disent les habitants, est ouverte toute l'année ; il n'est pas nécessaire d'avoir un guide. Un parking se trouve en face du départ du sentier.

Sentier nature Kew Mae Pan RANDONNÉE

(200 B ; ⏲ nov-juin). Non loin du Km 42, le sinueux sentier nature Kew Mae Pan, long de près de 3 km, passe par une série de points de vue et une jolie cascade ; demandez un guide, obligatoire (inclus dans le prix d'entrée du parc), au bureau du parc. La saison sèche et fraîche, de novembre à février, garantit les meilleurs panoramas.

Où se loger

De confortables bungalows sont installés à côté du centre d'information du parc national, dans le village de Ban Khun Klang, près du Km 31. Les meilleurs donnent sur l'eau. Le camping est possible (matériel non fourni) à la Nam Tok Mae Pan.

Si vous souhaitez loger près de l'entrée du parc, l'une des meilleures options consiste à dormir chez l'habitant dans le village karen de Ban Mae Klang Luang, au milieu des rizières. Nous recommandons

VAUT LE DÉTOUR

BIENFAISANTES SOURCES CHAUDES

Le paisible **parc national de Doi Pha Hompok** (อุทยานแห่งชาติดอยผ้าห่มปก, parc national de Doi Fang/Mae Fang ; ☎084 483 4689, 052 080801 ; www.dnp.go.th ; adulte/enfant 300/150 B, voiture/moto/vélo 30/20/10 B, camping 30 B/pers, bung 1 000-2 000 B ; 7h-19h), à Ban Meuang Chom, près de la station agricole, à quelque 10 km à l'ouest de Fang, est en partie un parc national et en partie un spa public, avec un superbe complexe de sources thermales (*bor náam hórn* en thaï du Nord), aménagé dans la forêt. Vous y trouverez bains privés d'eau minérale (adulte/enfant 50/20 B), bassin public (20/10 B) et sauna (30/10 B), et les masseurs sont là pour vous assurer une détente maximale. Pour rejoindre le parc, quittez la Rte 107 pour la Rte 5054 et suivez les panneaux.

Les sources sont très paisibles et le cadre est sublime : des jets de vapeur jaillissent dans une prairie traversée de promenades en planches et émaillée de sources chaudes presque bouillantes. Les week-ends sont moins calmes avec l'arrivée en masse par *songthaew* (pick-up collectifs) des habitants de Fang qui viennent pique-niquer, faire bouillir des œufs et se baigner dans les sources. Les bungalows sur place sont basiques, mais confortables, et vous pouvez aussi camper (matériel de camping en location).

Au-delà du complexe, le parc abonde en zones de montagnes boisées, aux nombreux sentiers de randonnée et campings de forêt. La destination la plus fréquentée est le Doi Pha Hompok, qui, avec ses 2 285 m d'altitude, est le deuxième plus grand sommet du pays. La plupart des randonneurs campent en contrebas du sommet et attendent le lendemain matin pour en faire l'ascension afin de profiter d'une vue spectaculaire sur la campagne environnante au lever du soleil. Au sommet, les températures moyennes sont de seulement 2°C en hiver et 14°C en été.

les impeccables cabines en bois poli dominant les rizières en terrasses du **Mae Klang Luang View** (☎086 189 4075 ; bung 1 000 B), mais vous aurez l'embarras du choix dans d'autres endroits à des prix avoisinant les 500 B.

Plusieurs établissements corrects permettent de dormir au pied de la montagne, à environ 40 km du sommet, près de l'intersection entre la Rte 1009 et la Rte 108. Le plus agréable est le **Nok Chan Mee Na** (☎088 762 3627 ; nokchanmeena184@gmail.com ; 184 Ban Luang, Chom Thong ; d avec petit-déj à partir de 500 B ; ❄📶🍽), blotti dans un village et donnant sur une rizière. Plus loin, à quelque 29 km seulement de Chiang Mai, vous trouverez l'impressionnant et paisible boutique-hôtel Kaomai Lanna (p. 351).

Où se restaurer

Il y a des restaurants dans les hôtels et une grande aire de restauration sur la route qui monte, là où s'arrêtent la plupart des bus touristiques. Côté culinaire cependant, rien de mémorable. Deux petits cafés au sommet du Doi Inthanon servent du chocolat chaud, du café et des en-cas pour se mettre en train agréablement. Le village karen de Ban Mae Klang Luang recèle également quelques cafés et endroits où manger, mais peu de gens parlent anglais.

Depuis/vers le parc national de Doi Inthanon

La plupart des visiteurs viennent avec un véhicule privé ou dans le cadre d'un circuit organisé depuis Chiang Mai. À moto ou vélomoteur depuis Chiang Mai, comptez 2 heures 30 par trajet.

En transport public, il vous faudra d'abord prendre un bus de Chiang Mai à Chom Thong (60 B) par la Rte 108. Des *songthaew* publics desservent parfois le parc depuis l'embranchement, mais ils assurent uniquement le trajet jusqu'au sommet et le retour. Pour ne pas risquer de vous retrouver complètement isolé, il est conseillé de louer un *rót daang* pour l'aller-retour (1 000 B environ).

Mae Kampong แม่กำปง

☎053 / 360 HABITANTS

À 50 km environ au nord-est de Chiang Mai, caché dans la jungle émeraude

BURM & EMILY'S ELEPHANT SANCTUARY

Basé dans la communauté, **Burm & Emily's Elephant Sanctuary** (BEES ; ☎086 197 2519 ; www.bees-elesanctuary.org ; 188/1 Tambon Chang Keung, Mae Cham ; journée à partir de 1 000 B, avec nuit sur place à partir de 1 500 B ; ⌚8h-17h) est un refuge pour petits animaux et un lieu de retraite pour éléphants. Ici, les humains travaillent pour les éléphants, et non l'inverse. Seuls trois d'entre eux résident au refuge, ainsi que nombre de chats, de chiens et d'animaux sauvages blessés qui sont recueillis, soignés et si possible relâchés dans la nature. Voyageurs et bénévoles sont ravis d'en apprendre davantage sur les éléphants d'Asie en les observant, en préparant leur nourriture, en nettoyant leurs zones de vie et en s'occupant des autres pensionnaires.

La plupart des visiteurs restent une semaine, mais des programmes plus courts sont proposés avec nuit sur place le lundi ou le jeudi, ou avec 3 nuits du lundi au jeudi ou du mardi au vendredi. L'hébergement à la thaïlandaise est sommaire ; les chambres privées ou partagées sont dotées de matelas au sol, de moustiquaires et de ventilateurs. Les salles de bains avec toilettes à l'occidentale sont toutes partagées. Visites à la journée possibles, mais les participants doivent venir par leurs propres moyens.

Naturellement, le refuge ne propose aucune activité de promenade, de bain ou d'interaction avec les pachydermes, que les associations de défense des animaux considèrent comme néfastes et dangereuses pour tous. Les visiteurs restant plusieurs nuits prennent part à d'autres activités : enseignement de l'anglais à des écoliers, plantation d'arbres, cours de cuisine, visites de temples et d'un village de tisserands local, descentes de rivière en bouée... Le refuge se situe à 2 heures 30 au sud-ouest de Chiang Mai ; on peut venir vous chercher et vous ramener en ville.

au-delà de la Rte 1317, le petit village de Mae Kampong est devenu une retraite originale pour les voyageurs qui cherchent à échapper au mercantilisme de Chiang Mai et à redécouvrir le mode de vie villageois. Si la plupart des visiteurs découvrent la région dans le cadre de circuits de tyrolienne avec Flight of the Gibbon (p. 339), cela vaut la peine de venir par ses propres moyens pour explorer le village et la jungle environnante.

Perché à quelque 1 300 m d'altitude, Ban Mae Kampong est connu dans la région comme centre de production de *mêeang* (feuilles de thé marinées), et vous pourrez goûter au café local dans les établissements jalonnant la route qui traverse le village. La route escarpée se poursuit à travers la forêt jusqu'au **parc national de Chae Son** (อุทยานแห่งชาติแจ้ซ้อน ; ☎054 380000, 089 851 3355 ; adulte/enfant 200/100 B), qui comprend cascades, sources thermales et bungalows dans les bois.

Où se loger

Le Community Ecotourism Committee propose des **hébergements chez l'habitant** (☎089 559 4797 ; Mae Kampong ; à partir de 560 B/pers). Il est possible de dénicher une chambre en vous présentant dans les maisons qui arborent un panneau "homestay". Sinon, les agences Green Trails (p. 338) ou Flight of the Gibbon (p. 339), à Chiang Mai, peuvent organiser des excursions en minibus avec nuitée sur place.

Vous pouvez aussi passer la nuit au Tharnthong Lodge (p. 351), un charmant établissement situé quelques kilomètres plus bas que Mae Kampong.

Depuis/vers Mae Kampong

Le village n'est pas desservi par les transports publics, mais est facilement accessible à moto (suffisamment puissante) ou en *rót daang* ; longez la Rte 1317 depuis la ville jusqu'à Ban Huai Kaew (après Mae On), et suivez la route indiquée sur la droite.

Le Nord-Est

Dans ce chapitre ➡

Le top des restaurants

- Turm-Rom (p. 460)
- Ting Song Tam (p. 390)
- Bao Pradit (p. 422)
- UD Bazaar (p. 405)
- Daya's Cafe (p. 428)

Le top des hébergements

- Mut Mee Garden Guesthouse (p. 397)
- Bunloed's Huts (p. 412)
- Baan Bong Pha Om (p. 443)
- Mekong Riverside Resort & Camping (p. 391)

Pourquoi y aller

La région de l'Isan (อีสาน), arrière-cour oubliée du nord-est du pays, est une véritable fenêtre sur la Thaïlande d'autrefois : rizières à perte de vue, buffles d'eau pataugeant dans des mares boueuses, artisans tissant la soie à l'ombre des auvents des maisons et pousse-pousse à pédales filant dans les rues des villes. Si l'authenticité est une chose importante pour vous, vous êtes au bon endroit.

Même si vous n'y faites qu'un bref séjour, vous remarquerez bien des différences avec le reste de la Thaïlande. La langue, la cuisine et la culture sont souvent plus laotiennes que thaïlandaises, avec en prime un soupçon de traditions khmères et vietnamiennes. En restant un peu plus longtemps, vous découvrirez des sites historiques, des parcs nationaux et des festivals parmi les plus intéressants du pays. Explorer cette région n'est pas toujours facile (on y parle très peu anglais), cependant les paysages que vous admirerez et les rencontres que vous ferez pourraient bien se révéler les plus mémorables de votre périple thaïlandais.

Quand partir

Nov-fév La période la plus agréable est la saison "froide", de novembre à février. Il ne pleut quasiment jamais et les températures, encore élevées, sont toutefois plus fraîches que le reste de l'année.

Mars-mai Pendant la saison chaude, les températures grimpent à 30° et plus et s'y maintiennent. En cette époque de l'année, la moindre goutte de pluie tient d'une bénédiction. Le voyage peut se révéler ardu, mais c'est aussi le moment où ont lieu certaines des plus belles fêtes.

Juin-oct L'Isan est magique à la saison des pluies : les forêts et les rizières y sont verdoyantes, et les cascades coulent à flots. La pluie ne tombe généralement qu'en fin d'après-midi et dure moins d'une heure, elle ne gâchera donc pas votre séjour.

À ne pas manquer

1 L'escalade d'un volcan éteint surmonté du **Prasat Phanom Rung** (p. 441), les ruines khmères les plus importantes du pays.

2 L'observation des éléphants, gibbons et daims dans le **parc national de Khao Yai** (p. 434), le plus ancien de Thaïlande.

3 Une pause au bord du Mékong à **Nong Khai** (p. 395), ville isan appréciée des voyageurs depuis longtemps.

4 Le sentier à flanc de falaise menant aux peintures rupestres millénaires du **parc national de Pha Taem** (p. 455).

5 L'ascension du plateau de haute altitude du **parc national de Phu Kradueng** (p. 394), peuplé de singes.

6 Les ruines de **Phimai** (p. 431), les plus anciennes ruines khmères de Thaïlande, source d'inspiration pour le temple d'Angkor.

7 Une nuit dans une ancienne *shophouse* de la charmante **Chiang Khan** (p. 388), au bord du Mékong.

8 Les ruines khmères paisibles du **Prasat Ta Meuan** (p. 443), loin de la foule du Phanom Rung.

9 Le célèbre stupa bouddhique doré de **That Phanom** (p. 418), haut de 53 m.

10 Les balades à vélo au bord du Mékong à **Nakhon Phanom** (p. 414), ville la plus cyclable de la région.

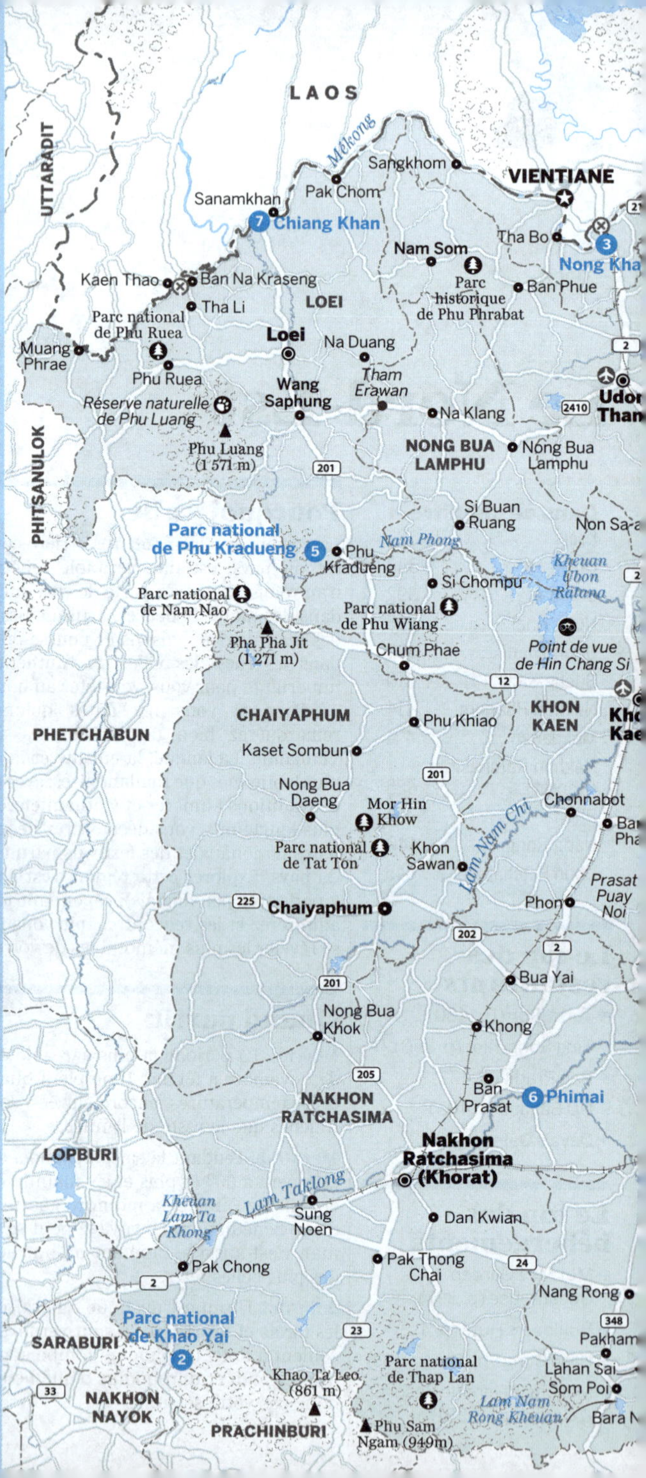

0
50 km
VIETNAM
LAOS
CAMBODGE
Ban Ahong
Paksan
Bueng Kan
Pak Khat
222
Ban Kham Pia
Réserve naturelle de Phu Wua
NONG KHAI
Wat Phu Thok
Phon Phisai
Phon Charoen
Ban Phaeng
212
Sangkhom
UDON THANI
SAKON NAKHON
Wanon Niwat
Chaiburi
NAKHON PHANOM
Sawang Daen Din
Ban Chiang
22
Phang Khon
Tha Khaek
10
Nakhon Phanom
Na Pho
Chaiwan
Sakon Nakhon
13
Kumphawapi
Kut Bak
Parc national de Phu Phan
223
Renu Nakhon
Wang Sam Mo
Lam Pao
Parc national de Huay Huat
9
That Phanom
213
Kheuan Lam Pao
an Khok Sa-Nga
Somdet
MUKDAHAN
Mékong
KALASIN
Mukdahan
Savannakhet
Nong Sung
Parc national de Phu Pha Thoep
Kalasin
Phra Maha Chedi Chai Mongkhon
ROI ET
Kamalasai
Phon Thong
Loeng Nok Tha
Mahasarakham
23
Roi Et
Borabue
Selaphum
Khemmarat
AMNAT CHAROEN
202
219
MAHA SARAKHAM
YASOTHON
Lakhon Pheng
Amnat Charoen
Sam Phan Bok
Yasothon
Ban Si Than
Phra That Kong Khao Noi
Phana
Suwannaphum
a Pho
Ku Phra Koh Na
Parc national de Pha Taem
4
UBON RATCHATHANI
Phayakkhaphum Phisai
215
Mae Nam Mun
Khuang Nai
Khong Jiam
Satuek
Rasi Salai
Ban Pa Ao
Phibun Mangsahan
Parc national de Kaeng Tana
Ban Tha Wari
Ubon Ratchathani
Nong hwang
Ban Ta Klang
Chong Mek
Vangtao
Si Saket
Kanthararom
Ban Khwao Sinarin
Chom Phra
226
Kheuan Sirinthon
Buriram
Prasat Sikhoraphum
Phayu
URIRAM
Surin
Det Udom
SI SAKET
Ban Janrom
214
SURIN
Buntharik
Khukhan
Prakhan Chai
Prasat
Prasat Ban Pluang
Sangkha
24
Kantharalak
Lalom
Parc national de Phu Chong Nayoi
Prasat Phanom Rung
Chong Chom
Parc national de Khao Phra Wihan
8
Prasat Ta Meuan
Chuor Phnom Dangkrek (monts Dangkrek)
Phum Saron
Nohn Sung
Ban Kruat
O Smach
Chong Sa-Ngam
Khao Phra Wihan
Phu Kok Yai (753 m)
Chong Phran
Choam
Phumi Ampil

Histoire

L'histoire ancienne des sociétés de l'Isan demeure à ce jour un mystère. La région est parsemée de peintures rupestres qui dateraient de 10 000 ans, un fait malheureusement impossible à confirmer scientifiquement. Le site archéologique de Ban Chiang semble montrer que les peuples de la région fabriquaient des outils en bronze dès 2 000 ans av. J.-C., bien avant le début de l'âge du bronze en Chine.

Les royaumes de Dvaravati, dont on sait fort peu de choses, ont connu une ascension entre les VIIe et Xe siècles. On retrouve des traces de cette culture au Phu Phrabat à Udon Thani, et au Muang Sema à Nakhon Ratchasima.

Les Khmers arrivèrent au IXe siècle, et occupèrent la région pendant plus de 400 ans, préférant le plus souvent collaborer avec les chefs locaux plutôt que les soumettre. Des centaines de temples khmers se dressent encore à travers l'Isan, notamment ceux de Phimai, à Nakhon Ratchasima, et de Phanom Rung à Buriram. Suite au déclin de l'Empire khmer, l'Isan tomba sous la coupe des royaumes de Lan Xang et de Siam, tout en restant largement autonome.

Lorsque le protectorat français entra en vigueur au Laos, la Thaïlande se vit contrainte de définir ses frontières au nord-est. L'Isan fut progressivement rattachée au reste de la Thaïlande, pour le meilleur et pour le pire. Elle demeura longtemps la région la plus pauvre du pays, et le gouvernement thaïlandais, avec l'aide financière considérable des États-Unis, ne commença à en promouvoir le développement que dans les années 1960, avec pour but de contrer l'influence communiste. En parallèle, un projet supposé rendre l'Isan plus "thaïe" fut lancé à des fins de cohésion nationale. Il en résulta une nette croissance de l'économie et des conditions de vie, même si le revenu par habitant de la région ne représente toujours qu'un tiers de la moyenne nationale.

Langue et culture

La langue isan tient d'un mélange d'influences thaïes, laotiennes et khmères. Très proche du lao, elle reste, dans la région, plus couramment pratiquée que le thaï. D'ailleurs, la population d'origine lao vivant en Isan est probablement plus nombreuse qu'au Laos même. On continue de parler le khmer dans de nombreux villages de l'extrême sud de la région.

En Thaïlande, les habitants de l'Isan sont réputés pour leur convivialité, leur conscience professionnelle et leur sens de l'humour : en écoutant la radio, vous entendrez les animateurs rire à gorge déployée de leurs propres facéties. Le respect et l'hospitalité sont des pierres angulaires de la culture de l'Isan ; prendre soin des autres est une source de fierté dans les villages comme à la ville. Si la région est moins conservatrice que le reste de la Thaïlande, mini-shorts et débardeurs échancrés attireront néanmoins les regards, les habitants ayant moins l'habitude de croiser des touristes que dans d'autres lieux du pays.

Si le Nord-Est est, de loin, la région la plus pauvre de Thaïlande, les habitants seraient plus heureux ici qu'ailleurs dans le pays, grâce à une florissante vie communautaire et aux liens étroits qui unissent les familles. Dans les villages, il est souvent difficile de discerner les classes sociales, les grandes demeures et les vêtements de luxe ne semblant intéresser personne. Cependant, le monde moderne commence à attirer de plus en plus de jeunes. Le nombre croissant d'Occidentaux épousant des jeunes filles locales change progressivement les mentalités, et il n'est pas rare de voir des villageoises et leurs familles œuvrant dans le but de trouver un mari étranger.

PROVINCE DE LOEI

จังหวัดเลย

Loei (qui signifie "à l'extrême") est une province aussi belle que variée, peu affectée par le tourisme de masse malgré son charme évident. Sans être la région la plus sauvage du pays, elle possède des parcs nationaux et réserves magnifiques. En arrivant à la bonne date, on peut profiter à la fois du silence de la nature et du tohu-bohu de l'extraordinaire fête de Phi Ta Khon à Dan Sai.

C'est une province montagneuse où les températures fluctuent d'un extrême à l'autre ; la chaleur y est la plus élevée du pays à la saison chaude et c'est une des rares provinces où l'on enregistre des températures inférieures à 0°C.

La majorité de ses habitants sont des Tai Loei, qui auraient migré ici depuis Luang Prabang via Chiang Mai. Ils sont fiers de leur culture particulière, d'où les offrandes originales que l'on observe dans les temples et le dialecte tai loei que l'on entend souvent.

Province de Loei

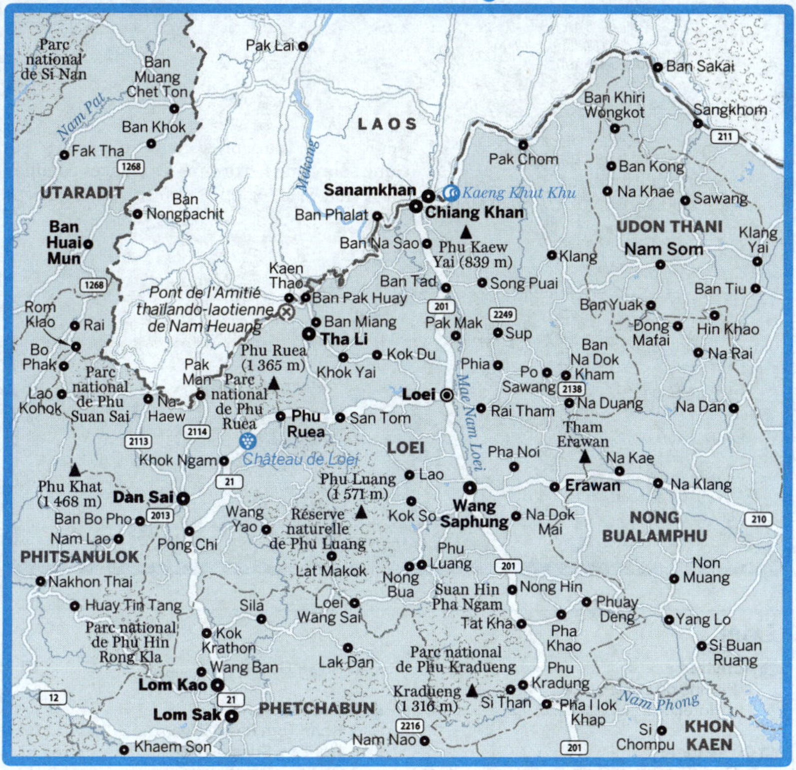

Loei

เลย

042 / 22 700 HABITANTS

Loei est une capitale provinciale relativement petite, où l'on se repère aisément. La ville compte peu d'attraits pour les touristes, et la plupart se contentent d'une brève visite avant de poursuivre vers les parcs nationaux et les villages de la région. Elle possède cependant de bons hébergements – sans parler de la bière artisanale ! –, qui en font un point de chute agréable pour explorer le reste de la province.

À voir et à faire

Parc forestier Phu Bo Bit POINT DE VUE

(วนอุทยานภูบ่อบิด ; Rte 2138 ; 5h-19h30). Avant de vous aventurer dans les parcs nationaux de Loei, commencez donc par gravir les 1 400 marches escarpées du Phu Bo Bit : vos efforts seront récompensés par un panorama à 360° sur la ville et les montagnes alentour. L'ascension, qui passe par une grotte du Bouddha, peut s'effectuer en 1 heure 30 (aller-retour). Le parc est à 3 km du centre-ville au bord de la Rte 2138. Un *tuk-tuk* coûtera environ 250 B aller-retour (temps d'attente compris). Les habitants viennent nombreux au couchant et s'attardent pour contempler les lumières de la ville. L'escalier est censé être éclairé jusqu'à 20h, mais on nous a prévenus que la lumière était parfois coupée plus tôt : il vaut mieux être de retour avant 19h30.

Musée d'Art et de la Culture de Loei MUSÉE

(ศูนย์วัฒนธรรมจังหวัดเลย ; 042 835223 ; Rte 201 ; 8h30-16h30). GRATUIT Ce petit musée, également appelé "Maloei Museum", se trouve à 5 km au nord de la ville, à l'université Rajabhat. La première galerie abrite un dinosaure animatronique (des empreintes de dinosaure fossilisées ont été découvertes non loin) et la seconde présente une petite exposition sur le peuple tai loei, notamment

Loei

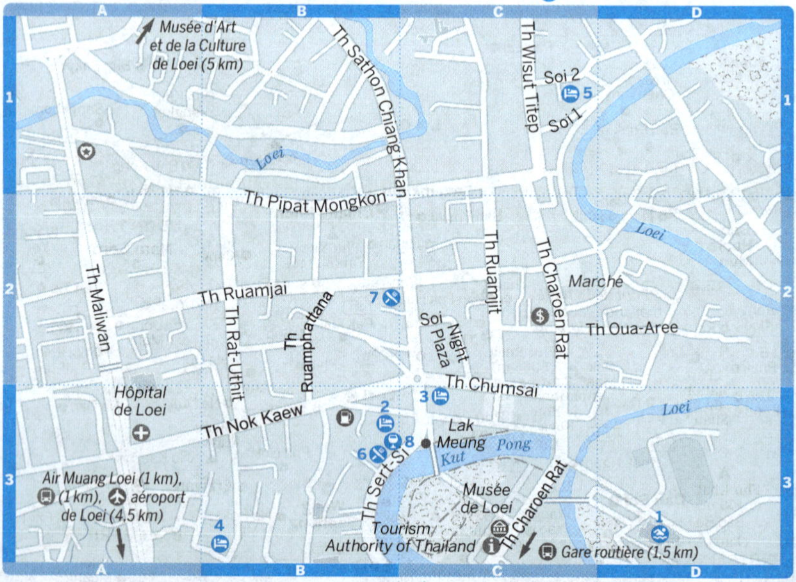

Loei

Activités
1 Piscine du Loei Palace Hotel ... D3

Où se loger
2 Baan Sabai ... B3
3 King Hotel ... C3
Loei Palace Hotel ... (voir 1)
4 Loei Village ... B3
5 Sugar Guesthouse ... C1

Où se restaurer
6 Khao Tom Raeng Ngan ... B3
Noi Tam Suea @ Loei ... (voir 6)
7 Phuloei Coffee ... B2

Où prendre un verre et faire la fête
8 Outlaw Brewing ... B3

sur la fête de Phi Ta Khon (p. 392). Descendez au bureau du musée pour vous faire ouvrir les portes.

Piscine du Loei Palace Hotel BAIGNADE
(Th Charoen Rat ; 90 B). On peut profiter de la piscine du meilleur hôtel de Loei sans y loger.

Circuits organisés

La Sugar Guesthouse (ci-contre) et le guide free-lance **Poppy** (088 698 3995 ; borntobe_travel@hotmail.com) organisent des excursions à des tarifs abordables vers **Suan Hin Pha Ngam** (สวนหินผางาม ; 094 514 9231 ; circuit 50 B/pers, balade en tracteur 20 B/pers ; centre d'accueil des visiteurs 8h-17h30, dernier départ pour la montagne à 16h30) et d'autres sites de la province de Loei.

Où se loger

Sugar Guesthouse PENSION $
(089 711 1975 ; sugarguesthouse@gmail.com ; Soi 2, Th Wisut Titep ; s avec ventil 200-270 B, d avec clim 380 B ; P ❄ @ wi-fi). Cette *guesthouse* propose des chambres basiques (celles avec ventilateur ont des salles de bains communes) et propres. Pat, la sympathique propriétaire, parle un bon anglais. Location de vélos et de motos, et visites guidées des sites touristiques de la province.

Baan Sabai HÔTEL $
(042 811132 ; baansabai.loei@gmail.com ; près de Th Nok Kaew ; lits jum/d 350/400 B ; P ❄ wi-fi). Ce charmant petit hôtel couvert de tuiles en terre cuite renferme des chambres d'une propreté irréprochable, climatisées, avec

télévision et petits balcons. On n'y parle pas l'anglais, l'enseigne est en thaï, mais le rapport qualité/prix est intéressant.

King Hotel HÔTEL $$
(☎042 811225 ; kinghotel.loei@hotmail.com ; Th Chumsai ; d avec petit-déj 600-800 B ; P ❄ 📶). Loin d'être le palais royal que son nom suggère, ce n'en est pas moins un hôtel plaisant, notamment depuis les travaux de modernisation ; un soupçon de style agrémente désormais la simplicité de chambres réparties autour d'une cour. Une oasis de calme au cœur du centre-ville. En se passant de petit-déjeuner, on peut avoir une chambre pour seulement 450 B.

Loei Village HÔTEL $$
(☎042 833599 ; www.loeivillages.com ; Soi 3, Th Nok Kaew ; d avec petit-déj 990-1 500 B ; P ❄ 📶). Cet hôtel mise gros sur le service, comme le laisse présager la boisson fraîche offerte en signe de bienvenue. Sa jolie décoration et les petits extras, tels les en-cas gratuits du minibar, et le bon buffet du petit-déjeuner en font la meilleure adresse en ville. Le personnel est particulièrement serviable. Vélos gratuits à disposition. Les prix sont toutefois un peu élevés.

Loei Palace Hotel HÔTEL $$$
(☎042 815668 ; www.mosaic-collection.com/loeipalace ; Th Charoen Rat ; d 1 600-3 000 B, ste 3 500-5 000 B, avec petit-déj ; P ❄ @ 📶 🏊). Principal hôtel de Loei, ce bâtiment massif, démodé et vieillissant est adossé à un parc agréable, et ses chambres spacieuses décorées de mobilier en bois ont un certain charme. On peut obtenir jusqu'à 50% de remise. Il dispose d'une piscine, d'une salle de fitness et loue des vélos (demi-journée/journée 50/100 B).

Où se restaurer et prendre un verre

♥ Khao Tom Raeng Ngan THAÏLANDAIS $
(☎042 033050 ; Th Sert-Si ; plats 60-120 B, poisson 250-380 B ; ⏲17h-3h ; 📶). Aussi animé que la rue où il est situé, ce grand établissement à la façade ouverte sert des dizaines d'autres plats que la soupe de riz (*kôw đôm*) dont il porte le nom. Service rapide et sympathique, et la nourriture ne déçoit pas. Il y a une carte en anglais et l'on peut accompagner son repas d'une bière fraîche (à partir de 75 B).

Phuloei Coffee CAFÉ $
(Th Ruamjai ; café à partir de 45 B, plats 60-150 B ; ⏲8h-20h30 ; 📶). Café agréable et sympathique servant du café cultivé localement et de délicieuses pâtisseries. Propose aussi des plats thaïlandais (carte en anglais).

Noi Tam Suea @ Loei THAÏLANDAIS $
(Th Sert-Si ; plats 35-40 B ; ⏲9h-20h ; 📶). Ce restaurant apprécié sert les habituels classiques de l'Isan, dont le *Ƃlah pŏw* (poisson grillé) et le *lâhp* au canard, ainsi que plusieurs spécialités moins habituelles comme le *sôm·đam* à base de nouilles *đôrng dêng*, version ultra-épaisse des nouilles *kà·nŏm jin*, plus communes. Personne ne parle anglais.

♥ Outlaw Brewing BIÈRES ARTISANALES
(☎096 695 8784 ; Th Sert-Si ; bière 120-160 B ; ⏲19h-minuit mar-dim ; 📶). Vous serez sans doute surpris de découvrir à Loei l'une des meilleures brasseries de Thaïlande. Dans ce petit établissement, le choix se fait entre bières maison – certaines parfumées à l'aide de produits locaux comme le pomelo et le durian – et bouteilles issues d'autres brasseries artisanales.

ALLER AU LAOS : DE NA KRASENG À KAEN THAO

Les étrangers peuvent obtenir un visa pour le Laos au pont de l'Amitié thaïlando-laotienne de Nam Heuang (Thai-Lao Nam Heuang Friendship Bridge), peu emprunté, dans le district de Tha Li (Amphoe Tha Li), à 60 km au nord-ouest de Loei.

Rejoindre la frontière Un bus international relie quotidiennement Loei à Luang Prabang au Laos (700 B, 10 heures) via Sainyabuli (500 B, 7 heures). Départ de Loei à 8h. C'est le seul transport en commun vers la frontière laotienne.

À la frontière La frontière est ouverte de 8h à 18h ; il n'y a jamais foule.

Poursuivre son voyage Si vous arrivez à la frontière par vos propres moyens plutôt qu'en bus international, vous pouvez prendre un *tuk-tuk* (50 B) entre les deux postes-frontières, mais vous aurez du mal à trouver ensuite un transport depuis Kaen Thao (Laos).

BUS AU DÉPART DE LOEI

DESTINATION	PRIX	DURÉE	DÉPARTS
Bangkok	360-655 B	9-10 heures	ttes les heures 6h-22h35
Chiang Khan	34 B	1 heure	9 départs 6h30-23h45
Chiang Khan	35 B	1 heure 30	ttes les 30 min 5h30-19h45
Chiang Mai	436-570 B	10 heures	15h30, 20h30, 21h30, 23h30
Dan Sai	60-134 B	1 heure 30-2 heures	10h30, 12h, 14h20, 15h30, 20h30, 21h30, 23h30
Khon Kaen	125 B	4 heures	ttes les 30 min 3h45-18h10
Nakhorn Ratchasima	252-342 B	7 heures	ttes les heures 5h30-16h30
Nong Khai	140 B	7-8 heures	6h
Pak Chom	60 B	2 heures 30	ttes les heures 6h-17h
Phitsanulok	202-266 B	5 heures	10h, 12h, 14h20, 15h30, 20h30, 21h30, 23h30
Udon Thani	90-115 B	2 heures 30-3 heures	ttes les 30 min 4h-17h

Renseignements

Hôpital de Loei (042 862123 ; Th Maliwan). Le meilleur hôpital de Loei.

Krung Thai Bank (Th Oua-Aree ; 9h-17h)

Police touristique (042 867364, centre d'appel national 1155 ; Th Pipat Mongkon)

Tourism Authority of Thailand (TAT ; 042 812812 ; tatloei@tat.or.th ; Th Charoen Rat ; 8h30-16h30). L'office du tourisme propose des cartes de bonne qualité ; le personnel, serviable, parle un anglais limité.

Depuis/vers Loei

AVION

Nok Air (088 874 0883, centre d'appel national 02 900 9955 ; www.nokair.com ; aéroport de Loei ; 6h-16h) et **Air Asia** (042 844629, centre d'appel national 02 515 9999 ; www.airasia.com ; aéroport de Loei ; 9h-17h) proposent à elles deux 3 vols quotidiens depuis/vers l'aéroport Don Mueang de Bangkok (à partir de 900 B). Pour rejoindre la ville en taxi depuis l'**aéroport** (042 811520), à 5 km au sud de la ville, comptez 150 B. Un *tuk-tuk* entre la gare routière et l'aéroport coûte 100 B.

BUS

La **gare routière** (042 833586 ; Th Maliwan) de Loei est au sud de la ville. **Air Muang Loei** (042 832042 ; gare routière de Loei) propose des trajets VIP vers Bangkok. Notez que les *songthaew* (pick-up collectifs) pour Chiang Khan se rendent près du centre-ville, tandis que les bus déposent les voyageurs assez loin.

Comment circuler

Des *songthaew* (10 B) et des *tuk-tuk* (50-60 B) vont de la gare routière au centre-ville, un trajet de 1,5 km facile à pied – tournez à gauche derrière la gare, à droite après le Cafe Mona et encore à droite au bout de la rue. Au grand marché au bout de la route, tournez dans Th Charoen Rat, à gauche, puis dans Th Sert-Si, encore à gauche.

Quelques taxis stationnent à la gare routière et à l'aéroport, et n'utilisent pas leur compteur.

Sugar Guesthouse (p. 386) loue vélos (50 B/jour) et motos (250 B/jour).

Chiang Khan เชียงคาน

042 / 6 100 HABITANTS

Jadis une paisible bourgade de *shophouses* (maisons de négoce) en bois au bord du Mékong, Chiang Khan est devenue une destination touristique qui séduit les Thaïlandais, qui prennent volontiers des selfies entre boutiques de souvenirs et jolis cafés. Mais le charme de la ville n'a pas complètement disparu : vieux bâtiments et beaux panoramas sur le fleuve et les montagnes du Laos au loin vous y attendent toujours. Chiang Khan est assez assoupie en journée, jusqu'à ce que commence la frénésie du shopping. Chaque soir, elle s'anime lorsque s'y installent artistes de rue et stands alimentaires.

À voir et à faire

La plupart des pensions proposent des promenades en bateau jusqu'aux Kaeng Khut Khu, ou au-delà (800 B, jusqu'à 15 pers).

Chiang Khan Vernacular House Learning Centre BÂTIMENT HISTORIQUE

(แหล่งเรียนรู้บ้านพื้นถิ่นเชียงคาน ; Centre d'apprentissage et maison vernaculaire de Chiang Khan ; Soi 19 ; lever-coucher du soleil). GRATUIT Cette installation modeste mais passionnante propose des expositions instructives

Chiang Khan

Chiang Khan

À voir
1 Chiang Khan Vernacular House Learning Centre D1

Où se loger
2 Buppa Boutique Hotel C1
3 Chiang Khan Guesthouse D1
4 Garage A3
5 Norn-Nab-Dao A2
6 Old Chiangkhan Boutique Hotel D1

Où se restaurer
7 Jer Loei B2
8 Rabiang Rim Khong B2
9 Ting Song Tam D2

Où prendre un verre et faire la fête
10 Husband & Wife B2

Transports
11 Nok Air D1

(en anglais et en thaï) comparant les différents types de maisons en bois présentes à Chiang Khan. Elle occupe le rez-de-chaussée d'un logis en bois vieux de 120 ans.

Phu Thok POINT DE VUE
(ภูทอก). À la saison fraîche, les promeneurs se rendent depuis Chiang Khan sur Phu Thok, une montagne voisine, pour admirer le lever du soleil et la "mer de brume". Si vous n'êtes pas motorisé, demandez à votre hôtel de vous trouver un moyen de transport. En *tuk-tuk*, comptez 100 B par personne aller-retour ; ensuite, vous devrez prendre le *songthaew* (25 B/pers) jusqu'au sommet.

Kaeng Khut Khu POINT DE VUE
(แก่งคุดคู้). Ces célèbres rapides qui se forment à un coude du Mékong, avec pour toile de fond de superbes montagnes, constituent une étape très appréciée. On peut aussi faire des excursions en bateau (100 B/pers). Les rapides sont à 5 km en aval de la ville (100 B en *tuk-tuk* aller-retour par personne). Dans le parc qui les entoure, de nombreux marchands ambulants proposent des *má·prów gâew* (confiseries à base de noix de coco), une spécialité locale (également disponible en ville). C'est aussi un endroit indiqué pour goûter les *gûng-paa* (crevettes frites croustillantes) aux allures de frisbees, et les *gûng đên* ("crevettes dansantes"), des petits bols de crevettes vivantes.

Fêtes et festivals

Phi Kon Nam CULTURE
(Ban Na Sao ; mai ou juin). Peu connu, le festival Phi Kon Nam de Ban Na Sao, à 7 km au sud de Chiang Khan, fait partie des festivités

de Bun Bâng Fai (fête des Fusées ; p. 456) invoquant l'arrivée de la pluie, et coïncide avec le jour du Visakha Bucha. Les habitants pensent que les âmes de leurs vaches et buffles d'eau hantent le village après leur mort ; ils revêtent des masques bovins exubérants et des costumes chamarrés en signe de respect et de communion avec leurs animaux défunts.

Où se loger

Chiang Khan Guesthouse PENSION $
(☎086 325 7958 ; guesthouse.ck@gmail.com ; 282 Th Chai Khong ; d avec ventil/clim 200/500 B ; ❄📶). Construction rudimentaire en bois grinçante et coiffée d'un toit de tôle, cette *guesthouse* traditionnelle accuse son âge, ce qui explique ses tarifs bon marché (la chambre n°1, avec ventilateur et vue sur la rivière, ne coûte que 200 B). La terrasse commune du 2e étage donne sur la rivière, et Ong, propriétaire à l'éternel sourire, vous met à l'aise. Le Wi-Fi est parfois aléatoire.

Garage BOUTIQUE-HÔTEL $
(☎081 565 4330 ; Th Srichiang Khan ; s/d/tr/qua 500/600/700/800 B ; ❄📶). Cette petite pension excentrique pour hipsters aux allures d'entrepôt urbain décline le thème du garage et comprend 5 chambres toutes différentes, dont une avec lit double dans un combi Volkswagen ! Jo, le propriétaire, parle l'anglais et sert sa propre bière artisanale dans un bar au coin de la rue.

Buppa Boutique Hotel PENSION $$
(☎089 694 3336, 042 821705 ; 340 Th Chai Khong ; d 1000-1200 B ; ❄📶). Les propriétaires de cet hôtel de 3 chambres ont enrichi un décor moderne et élégant de touches historiques provenant de la demeure familiale de 1925. Il s'en dégage une atmosphère à l'ancienne comme nous n'en avons trouvé nulle part ailleurs à Chiang Khan. Deux des chambres donnent sur la rivière. Il n'y a pas de petit-déjeuner, mais du thé et du café sont servis dans un salon confortable.

Old Chiangkhan Boutique Hotel BOUTIQUE-HÔTEL $$$
(☎088 340 3999 ; Soi 20, Th Chai Khong ; d avec petit-déj 1600-1800 B ; P❄📶). Cette belle demeure ancienne (1852) convertie en hôtel comprend des chambres décorées avec goût et équipées de lits doubles, disposées autour d'un jardin. Les plus chères donnent sur le Mékong.

Norn-Nab-Dao HÔTEL $$$
(☎086 792 0215 ; Soi 3 ; d et lits jum avec petit-déj 1700-2200 B, qua 2900 B ; P❄📶). Contrairement à nombre de nouveaux établissements, celui-ci n'est pas tout en bois, mais il ne manque pas de cachet pour autant. Joliment peintes, les chambres sont distribuées autour d'une terrasse centrale. Les 4 chambres du fond ont une belle vue sur le fleuve. C'est l'adresse de choix pour les voyageurs pouvant se passer de luxe, mais aspirant à un certain confort.

Où se restaurer et prendre un verre

♥ **Ting Song Tam** THAÏLANDAIS $
(☎088 029 8251 ; Soi 21, Th Srichiang Khan ; plats 30-100 B ; ⏰8h30-18h). L'un de nos restaurants préférés de toute la province de Loei propose un vaste menu de spécialités de l'Isan, mais l'endroit est surtout renommé pour ses nouilles *đôrng dêng* (version ultra-épaisse des nouilles *kà·nŏm jin*), préparées à la commande. Ajoutez-en à votre *sôm·đam* (50 B) ou dégustez-les avec des légumes et une sauce au piment – spécialité de Chiang Khan appelée *kôw bûn rórn*, qui se marie à merveille avec du *gài yâhng* (poulet mariné grillé).

♥ **Rabiang Rim Khong** THAÏLANDAIS $
(Soi 10, Th Chai Khong ; plats 60-250 B ; ⏰10h30-21h30). Très apprécié de la clientèle locale bien avant l'essor du tourisme dans la ville. Le bâtiment a changé et le restaurant a un peu augmenté ses prix depuis, sans y perdre en qualité.

Jer Loei THAÏLANDAIS $
(เจอเลย ; 379 Th Chai Khong ; plats 80-150 B ; ⏰17h-minuit ; 📶). Du décor à la musique, tout respire le style thaïlandais "indé". On aperçoit le coucher du soleil par-delà le fleuve. Le court menu fait la part belle aux salades thaïlandaises et soupes *đôm sâep* de l'Isan.

♥ **Husband & Wife** CAFÉ
(Soi 8, Th Chai Khong ; café à partir de 40 B, repas 50 B ; ⏰7h-21h ; 📶). Cette adresse en bord de route aux volets de bois, garnie de plantes vertes, est le plus agréable des cafés un peu mièvres bordant Th Chai Khong. On y sert du bon café, du thé, des smoothies et quelques plats thaïlandais savoureux (riz, nouilles, soupes). L'accueil est sympathique et l'établissement compte 3 chambres simples et élégantes à l'étage (1000 B, avec salle de bains commune 600 B).

100% LOCAL

AUMÔNE MATINALE

La vente de plateaux de nourriture pour le *dàk baht* (offrande de nourriture aux moines lors de la tournée d'aumônes matinale) est devenue un véritable business à Chiang Khan, notamment auprès des visiteurs qui viennent de Bangkok. Ce commerce va cependant à l'encontre de la tradition, qui veut qu'on ne dépose dans les bols des moines que du riz gluant, toute autre offrande en nourriture devant être apportée directement au temple. Des panneaux jalonnant Th Chai Khong indiquent les règles à respecter, notamment l'interdiction de jeter des détritus et de faire du bruit.

Renseignements

Bureau de l'immigration (☎042 821911 ; Soi 26, Th Chai Khong ; ⏰8h30-12h et 13h-16h30 lun-ven). Délivre des prorogations de visa.

Depuis/vers Chiang Khan

AVION

Air Asia et Nok Air proposent des packs bus-avion vers l'aéroport Don Mueang de Bangkok via l'aéroport de Loei. Les départs d'Air Asia se font depuis l'Old Chiangkhan Boutique Hotel (page ci-contre), et ceux de **Nok Air** (depuis le Triple Z Hostel ; ☎097 319 9097 ; Soi 20).

BUS

Des *songthaew* pour Loei (35 B, 1 heure 30) partent à peu près toutes les 30 minutes d'un arrêt dans Th Srichiang Khan (au niveau du Soi 26). Ils partent vers l'ouest en empruntant Soi 23 avant de bifurquer vers le sud sur la Hwy 201 et prennent des passagers en chemin. Des bus pour Loei (34 B, 1 heure, ttes les heures 6h30-15h30) partent du terminal de **Nakhonchai Transport** (☎042 821905 ; Rte 201). Ils continuent jusqu'à Khorat (283 B, 7 heures).

Il n'y a aucun transport direct pour Nong Khai. Le plus rapide pour s'y rendre consiste à passer par Loei et Udon Thani, mais, si l'on souhaite emprunter le bel itinéraire qui longe le Mékong, il faut prendre un *songthaew* pour Loei, en direction du sud, afin de rejoindre Ban Tad (20 B, 30 min), puis monter dans le bus qui quitte Loei à 6h à destination de Nong Khai ou dans l'un des *songthaew* faisant le trajet Loei-Pak Chom.

Quatre compagnies, dont les bus démarrent tous de leurs bureaux, relient Bangkok (10-11 heures) en matinée et en début de soirée : **Air Muang Loei** (☎082 642 1629 ; Soi 23, Th Srichiang Khan), **999 VIP** (☎089 893 2898 ; Soi 9), **Phu Kradung Tours** (☎089 842 1524 ; station-service, Hwy 201) et **Sun Bus** (Hwy 201). Les billets coûtent entre 419 et 652 B ; les meilleurs services sont assurés par 999 VIP et Sun Bus.

Comment circuler

La plupart des hôtels mettent des vélos à disposition des résidents. Si votre hébergement ne le fait pas, vous pourrez louer des vélos en ville pour 50 B par jour. Pour louer une moto, cap sur le Soi 9, où opèrent 3 agences (250 B/jour).

Pak Chom

ปากชม

☎042

À 70 km à l'est de Chiang Khan, au bord du Mékong, sommeille la bourgade poussiéreuse de Pak Chom (ปากชม). Plaque tournante du commerce régional, ses seuls atouts sont ses beaux panoramas sur le fleuve, bien plus spectaculaires que ceux de Chiang Khan. Et, grâce à son cadre naturel et à ses quelques *resorts* haut de gamme, elle constitue un lieu idéal où se détendre en toute sérénité.

Où se loger et se restaurer

Malgré son isolation – et peut-être en grande partie grâce à elle –, Pak Chom dispose d'excellents hébergements pour tous les budgets.

Si plusieurs restaurants ont pignon sur rue en ville, la plupart des visiteurs se restaurent dans leur complexe hôtelier.

♥ **Mekong Riverside Resort & Camping** RESORT $$

(☎082 272 7472 ; www.mekongriverside.com ; Hwy 211 ; d avec petit-déj à partir de 1 350 B, camping 150 B/pers ; P❄📶). Les voyageurs apprécient ce superbe complexe hôtelier posé sur les rives du Mékong. Un vrai décor de carte postale ! La propriétaire, Khun Ben, et son mari Mike, sont une mine d'informations et de conseils sur la région, ses sites et ses activités. Les 4 chambres, simples et confortables, ont été aménagées avec goût. Réservation fortement conseillée.

On peut aussi camper, à condition d'apporter son matériel. Il y a une croisière nocturne et le restaurant du complexe propose de bons repas (plats 80-400 B), dont des plats internationaux. Les bus passent juste devant l'entrée et l'on vient vous chercher gratuitement à Pak Chom.

Rim Nam Kong Homestay & Camping CHEZ L'HABITANT $$
(☎099 125 0461 ; Hwy 211 ; d avec petit-déj 600-900 B, camping sans/avec location tente 150/200 B par pers ; P ❄ ☎). Avec cet hébergement plein de charme, convivial et joliment décoré, on dirait qu'un petit bout de Chiang Khan s'est téléporté à la campagne. La famille qui vit ici parle anglais et réserve un accueil chaleureux à ses hôtes. Toutes les chambres ont leur propre salle de bains (mais il faut sortir pour accéder à celle de la chambre qui a la plus belle vue sur le fleuve). La maison est à 1 km à l'ouest de la ville ; on viendra vous chercher à la gare routière.

Depuis/vers Pak Chom

L'arrêt de bus pour Pak Chom se trouve au marché, 500 m à l'est du carrefour. De grands *songthaew* partent pour Loei (60 B, 2 heures 30) toutes les heures de 5h50 à 12h, puis une fois encore à 16h. Il n'y a aucun transport public entre Pak Chom et Chiang Khan. Vous devrez prendre un *songthaew* en direction de Loei jusqu'à Ban Tad (45 B, 1 heure 30) puis un autre jusqu'à Chiang Khan (20 B, 30 min). Des bus non climatisés partent pour Nong Khai (80 B, 4 heures) à 5h, 10h et 15h.

Dan Sai ด่านซ้าย

☎042

Trois cent soixante-deux jours par an, Dan Sai (ด่านซ้าย) est une petite ville sans histoire où la vie tourne autour d'un petit marché et d'une grand-rue poussiéreuse. Les 3 jours restants, la localité accueille l'une des fêtes les plus animées et bruyantes de Thaïlande, Phi Ta Khon. En dehors des jours de fête, Dan Sai intéressera surtout les voyageurs peu pressés et désireux de découvrir la vie locale.

À voir

Musée de Phi Ta Khon MUSÉE
(พิพิธภัณฑ์ผีตาโขน ; Th Kaew Asa ; ⏲8h30-16h30). GRATUIT Le Wat Phon Chai, situé derrière le grand portail blanc, jour un rôle important lors des fêtes de Phi Ta Khon (ci-contre). C'est donc le cadre rêvé pour ce musée, également appelé "Dansai Folk Museum". Il possède une collection de costumes portés lors des festivités ainsi qu'une exposition expliquant le processus de fabrication des masques. Il y a peu d'explications en anglais mais les masques sont de toute beauté. Depuis l'arrêt de bus de Dan Sai sur la route principale, remontez la petite route en direction de Dan Sai : le musée est à 200 m sur votre gauche.

Fêtes et festivals

Fête de Phi Ta Khon CULTUREL
Associant la fête bouddhique de Phra Wet à Bun Bâng Fai (la fête des Fusées, p. 456), ces festivités sont à la croisée des chemins entre un carnaval bien arrosé et une fête d'Halloween.

L'ambiguïté entoure les origines du Phi Ta Khon, mais l'un des aspects des réjouissances se rapporte aux cultes des esprits, probablement ceux des Thai Dam. Les dates de la fête (généralement en juin) sont déterminées par Jao Phaw Kuan, un médium local, qui reçoit les directives de la divinité protectrice de Dan Sai. Le premier jour de la fête, Jao Phaw Kuan pratique un sacrifice pour inviter Phra Upakud (un moine éclairé aux pouvoirs surnaturels qui a choisi de se métamorphoser en bloc de marbre blanc pour vivre éternellement sous l'eau) en ville. Les habitants revêtent alors des costumes et masques extravagants pour danser deux jours durant à grand renfort de *lôw kŏw* (whisky de riz) et d'allusions sexuelles, avant de lancer des fusées et de se rendre au temple pour les sermons le troisième jour. Le musée de Phi Ta Khon (ci-contre) est consacré à cette fête singulière.

Où se loger et se restaurer

Homestay CHEZ L'HABITANT $
(☎088 491 4319, 042 892339 ; dort/lits jum et d 200/550 B ; P). Plusieurs villages proches de Dan Sai conduisent avec succès un programme de logements chez l'habitant depuis de nombreuses années, et les familles apprécient les clients *farang* (occidentaux). Lorsque les hôtes ne travaillent pas (la plupart de ceux parlant anglais sont enseignants), ils vous font partager des activités quotidiennes typiques. Tout peut être organisé à la boutique Kawinthip Hattakham.

Baan Chan Bhu HÔTEL $
(☎042 891072, 081 561 7530 ; Rte 2013 ; d 600 B ; ❄ ☎). Avec des chambres ordinaires impeccablement tenues, ce petit hôtel sur deux niveaux n'a rien de remarquable, mais se situe au-dessus de la moyenne locale. S'il n'y

100% LOCAL

LA CUISINE ISAN

Les recettes isan sont un mélange de cuisines laotienne et thaïlandaise utilisant des produits locaux. La "sainte trinité" de la cuisine du Nord-Est – le *gài yâhng* (poulet mariné grillé), le *sôm·đam* (salade de papaye épicée) et le *kôw nĕe·o* (riz gluant) – fait partie intégrante de la culture. Les piments occupent également une large place ; on en retrouve dans la plupart des plats. Les étrangers à la région, dont bon nombre de Thaïlandais, apprécient rarement le *Ƀlah ráh*, une sauce de poisson fermentée, même si les habitants de l'Isan la considèrent comme l'ingrédient essentiel d'une bonne cuisine. Tout *sôm·đam* authentique doit contenir cette sauce.

Les spécialités isan sont généralement à base de poisson comme le *Ƀlah dùk* (poisson-chat), le *Ƀlah chôrn* (poisson tête de serpent) et le *Ƀlah bou* (gobie), qui proviennent, pour la plupart, du Mékong ; cependant, le tilapia d'élevage (*Ƀlah nin*) est aujourd'hui le poisson le plus répandu en cuisine. Traditionnellement, les insectes comptent pour une large part dans la diète quotidienne d'une famille type, et ils sont toujours très populaires comme en-cas ou ingrédients pour la préparation des sauces pimentées. Les tisserands de soie mangent les larves des vers bouillies, et pratiquement tous les marchés nocturnes ont leur marchand d'insectes. Les lumières pourpres qu'on voit briller dans la campagne servent à attraper des nèpes géantes (*maang dah*), lesquelles entrent dans la confection d'une odorante pâte de piment (*prík maang dah*).

Outre le *gài yâhng*, *sôm·đam*, *kôw nĕe·o* et les insectes, les plats suivants vous donneront un aperçu complet de la cuisine isan.

lâhp La célèbre "salade" de viande hachée thaïlandaise est en fait un plat typique de l'Isan. Si vous en mangez dans la province, vous découvrirez l'un des plats les plus épicés du pays. Parfois, la viande (ce plat peut être à base de n'importe quoi, y compris de champignons) est crue, et il est alors déconseillé de la consommer à cause des bactéries et des parasites.

nám đòk Très similaire au *lâhp*, mais la viande est émincée et grillée au lieu d'être hachée et bouillie.

đôm sâap Version isan du *đôm yam* (soupe aigre et épicée). Généralement à base d'abats et de tendons – morceaux qui n'ont pas servi à préparer le *lâhp*.

súp nòr·mái Habituellement traduit par "salade" de pousses de bambou, le *súp* est, de fait, plus une sauce. Il est beaucoup moins épicé que le *sôm·đam*.

gaang òrm Le curry isan par excellence, riche en herbes aromatiques et légèrement épicé. Comme tous les currys isan, il ne contient pas de lait de coco.

gaang hèt Autre plat courant dans le Nord-Est, ce "curry de champignons" contient souvent du tamarin qui apporte un petit goût aigre. Les ingrédients varient souvent selon la saison et les champignons trouvés dans la forêt.

sâi gròrk ee·săhn "Saucisse isan" à base de porc fermenté lui donnant un goût aigre. Riz gluant, ail et sel entrent aussi dans la composition du plat.

Ƀlah pŏw Poisson grillé en croûte de sel (pour en conserver le jus). Son estomac est fourré de feuilles de pandanus et de citronnelle.

a personne, montez à l'étage. Le long de la route principale, à 500 m de l'arrêt de bus de Dan Sai en allant vers Phitsanulok.

PhuNaCome Resort RESORT **$$$**
(☎042 892005 ; www.phunacomeresort.com ; Rte 2013 ; d avec petit-déj 4 200-6 500 B ; P ❄ @ 📶 🏊). Ce luxueux complexe tire le meilleur parti d'un cadre rural et l'on y sert du riz et des légumes bio cultivés sur place (l'établissement fabrique aussi ses propres savons et détergents écologiques). Des chambres d'hôtel standards et de jolis bungalows en bois et chaume à la mode isan bordent des étangs. Tous sont cossus et offrent de belles vues.

Dans le hall, une bibliothèque, un service de massage, un restaurant de cuisine thaïlandaise et occidentale (réservés à la clientèle du complexe) et des vélos gratuits vous attendent. La piscine est remplie d'eau de mer, pour éviter l'emploi de produits chimiques. Ce complexe est à 2,5 km en direction de Loei, tout près de la route principale.

Baan Doen Cake & Coffee CAFÉ $
(Rte 2013 ; café à partir de 45 B, smoothies 55 B, burgers 69-99 B ; 9h-17h30 ;). Ce café décalé en bord de route propose du bon café, d'excellents smoothies aux fruits frais, des cookies et gâteaux maison et quelques burgers gastronomiques. À 100 m en remontant la route principale en direction de Loei.

Marché nocturne de Dan Sai MARCHÉ $
(Th Kaew Asa ; 16h-21h30). En face du marché municipal, juste après la boutique d'artisanat Kawinthip Hattakham, quelques stands ambulants proposent de la cuisine thaïlandaise et isan, notamment la version locale des *sôm·đam*, sans la moindre sauce au poisson.

Achats

Kawinthip Hattakham CADEAUX ET SOUVENIRS
(กวินทิพย์หัตถกรรม ; 042 892339, 086 862 4812 ; 197/1 Th Kaew Asa ; 8h-19h). Cette boutique vend des masques de Phi Ta Khon et autres objets liés à la fête éponyme. Il est agréable d'y déambuler et de dénicher des souvenirs originaux. On y trouve aussi des vélos à louer (100 B/jour), du café cultivé à Loei et on peut y réserver un séjour chez l'habitant (p. 392). À environ 500 m du musée de Phi Ta Khon Museum (p. 392), de l'autre côté de la rue.

Depuis/vers Dan Sai

Les bus pour Dan Sai sont moins nombreux qu'auparavant, mais il est assez facile de venir de Loei. Les bus de deux compagnies desservent l'arrêt de Dan Sai près de la jonction entre Th Kaew Asa et la Rte 2013. Sur les 7 bus quotidiens entre Loei (60-134 B, 1 heure 30 à 2 heures) et Phitsanulok (64-90 B, 3 heures), la plupart vont vers l'est (Loei), traversant Dan Sai pendant la nuit, mais 2 ou 3 y passent dans l'après-midi.

Deux minibus (80 B, 1 heure 30, 11h et 15h), qui stationnent en face du 7-Eleven, près du marché municipal, se rendent à Lomsak, où vous attendent de nombreuses correspondances pour Phitsanulok à l'ouest, ou Khon Kaen à l'est ; les horaires varient souvent. Il y a aussi 4 bus pour Bangkok (342 B, 9 heures, 8h, 12h30, 20h30 et 22h) via Lomsak, qui partent en face de la station-service PT sur la Rte 2013, à l'ouest de l'intersection.

Parc national de Phu Kradueng

อุทยานแห่งชาติภูกระดึง

Le **parc national de Phu Kradueng** (042 810833 ; 400 B ; sentier jusqu'au sommet 7h-14h oct-mai) est l'un des plus populaires de Thaïlande. Passer la nuit au faîte du sommet éponyme tient d'un rite de passage pour de nombreux étudiants de la région. Le parc s'étend sur un haut plateau sillonné de chemins, et ponctué de falaises et de chutes d'eau. Culminant à 1 316 m, le deuxième parc national de Thaïlande a une température annuelle moyenne de 20°C et reste toujours frais sur les hauteurs, où alternent forêts de pins et savane. Ses 348 km² abritent une faune forestière variée : éléphants, chacals d'Asie, ours noirs asiatiques, sambars, saros, macaques et gibbons à mains blanches.

Le parc, fermé de juin à septembre, peut connaître une très forte affluence au moment des congés scolaires (de mars à mai, et surtout au Nouvel An).

Ascension du Phu Kradueng

Il y a un petit centre d'accueil des visiteurs au pied de la montagne (où il faut s'inscrire avant d'entamer l'ascension), quelques boutiques et restaurants, mais l'essentiel des installations se trouve au sommet. Long de 5,5 km, le sentier principal qui monte au sommet du Phu Kradueng se parcourt en 3 ou 4 heures. Il est éprouvant (1 200 m de dénivelé), mais pas trop difficile (sauf s'il a plu) : les passages escarpés sont presque partout aménagés avec des marches. Des aires de repos et des stands de restauration vous attendent tous les kilomètres. Une fois au sommet, continuez sur 3,5 km pour atteindre le principal centre d'accueil des visiteurs et tous les hébergements. Des porteurs peuvent transporter votre équipement au bout de perches en bambou, moyennant 30 B le kilo. Par sécurité, il n'est pas permis de commencer l'ascension après 14h.

Randonnée au sommet

Le sentier passant par 6 cascades au fil d'une vallée boisée est l'itinéraire le plus spectaculaire du parc, même après novembre, quand l'eau se fait rare. De nombreux points de vue depuis les falaises sont disséminés un peu partout sur la montagne, parfaits pour contempler le lever ou le coucher du soleil.

Où se loger et se restaurer

Les restaurants du sommet restent ouverts, même tard, tant qu'il y a des clients. On trouve également des restaurants et des boutiques en bas.

Camping du parc national de Phu Kradueng CAMPING $
(☎042 810833 ; empl tente 30 B/pers, location tente 200 B). Au sommet de la montagne, vous trouverez un camping pouvant accueillir 5 000 personnes. On peut y louer des sacs de couchage (30 B), tapis de sol (20 B) et oreillers (10 B). Les douches sont froides mais le camping est bien équipé.

Bungalows du parc national de Phu Kradueng BUNGALOW $
(☎042 810833 ; nps.dnp.go.th/reservation.php ; bung 900-3 600 B). Le parc national dispose de grands bungalows très variés pouvant accueillir jusqu'à 12 personnes.

Renseignements

Inscrivez-vous au **centre d'accueil du bas** (☎042 810833 ; 7h-17h) avant d'entamer l'ascension, et au **centre d'accueil du haut** (6h-19h) pour trouver un hébergement.

Depuis/vers le parc national de Phu Kradueng

Les bus entre Loei (53 B, 1 heure 30, ttes les 30 min) et Khon Kaen (91 B, 2 heures 30) s'arrêtent dans la ville de Phu Kradueng, d'où des *songthaew* (30 B/pers, 300 B pour l'ensemble du véhicule) ou des motos-taxis (100 B) conduisent les visiteurs au pied de la montagne, à 10 km de là. L'**entrée du parc** (400 B ; oct-mai) est à quelque 500 m avant le centre d'accueil du bas ; c'est là qu'on paie le droit d'entrée.

PROVINCE DE NONG KHAI จังหวัดหนองคาย

S'étirant le long d'une étroite bande de terre sur la rive du Mékong, la province de Nong Khai (เทศบาลเมืองหนองคาย) est une région magnifique. La proximité de la route de Vientiane, au Laos, juste de l'autre côté du pont de l'Amitié, en fait aussi une destination très prisée du nord-est de la Thaïlande. La visite de Sala Kaew Ku, parc de sculptures surréaliste, est incontournable lors d'un passage dans la région, tandis que les villes et temples bordant le Mékong à l'ouest de la capitale de la province invitent à la lenteur.

Nong Khai หนองคาย

☎042 / 47 600 HABITANTS

Sur les berges du Mékong, juste en face de Vientiane (Laos), Nong Khai est une destination appréciée depuis longtemps par les voyageurs. Toutefois, son succès ne tient pas seulement à la proximité de Vientiane ou à sa scène culinaire. Beaucoup s'y attardent, séduits par ses couchers de soleil et son rythme de vie paisible.

Histoire

Pendant l'essentiel de son histoire moderne, ce territoire fit partie du royaume de Vientiane (Wiang Chan), qui lui-même oscilla entre autonomie et soumission envers le Lan Xang et le Siam. En 1827, Rama III accorda au prince thaïlandais Thao Suwothamma le droit d'établir Meuang Nong Khai, un site choisi du fait de ses marais (*nong*) propices à la défense des lieux.

Lorsque la France contraignit la Thaïlande à lui céder la partie du Laos située à l'est du Mékong en 1893, les rives du Mékong furent démilitarisées. Après le retrait de l'armée thaïlandaise à 25 km des berges du fleuve, soldats et administrations se déplacèrent vers le sud, fondant la ville d'Udon Thani et abandonnant Nong Khai à son sort.

Quelque 101 ans plus tard, l'ouverture du Saphan Mittaphap Thai-Lao (pont de l'Amitié thaïlando-laotienne), long de 1 174 m (et au coût de 30 millions de dollars US), a inauguré une nouvelle ère de développement pour la région, aussi bien dans le domaine du commerce que dans celui des communications. Nong Khai demeure cependant dans l'âme une petite bourgade de province.

À voir

Sala Kaew Ku PARC DE SCULPTURES
(ศาลาแก้วกู่ ; Wat Khaek ; 40 B ; 7h-18h). Vous ne manquerez pas d'être impressionné par Sala Kaew Ku, l'une des curiosités les plus insolites de Thaïlande. Édifié pendant plus de 20 ans par Luang Pu Boun Leua Sourirat, un mystique décédé en 1996, le parc est ponctué de singulières statues du Bouddha, Shiva, Vishnu et autres divinités. Le sanctuaire principal contient des centaines de sculptures plus petites, de tous styles et provenances, des photos de Luang Pu à divers stades de sa vie, ainsi que son corps sous un dôme en verre entouré d'ampoules scintillantes.

Environs de Nong Khai

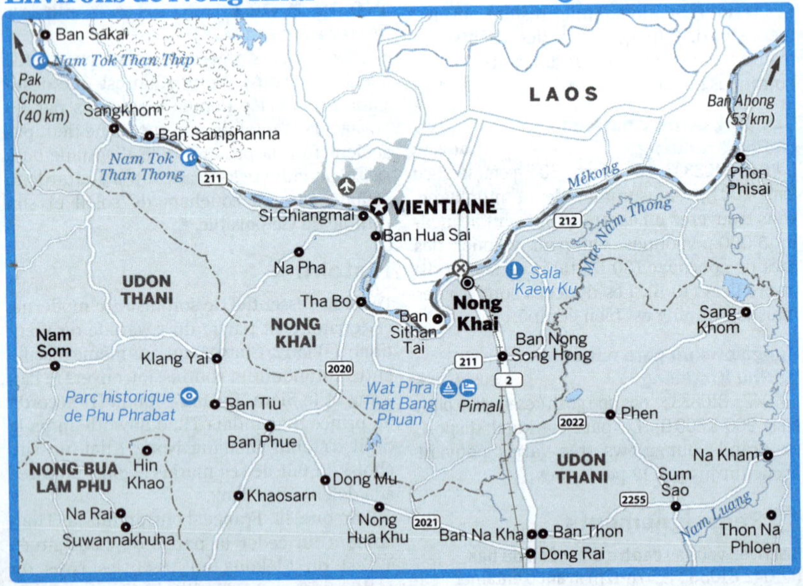

Selon ses dires, Luang Pu dégringola, lorsqu'il était petit, au fond d'un trou, où un ascète nommé Kaewkoo lui fit découvrir les innombrables mystères de l'au-delà et le mit sur la voie qui allait faire de lui un chamane-prêtre-yogi-brahmane. Luang Pu développa sa propre philosophie, mélange d'hindouisme et de bouddhisme, qui fit de nombreux adeptes dans la région, sur les deux rives du Mékong. Son étrange parc devait, à l'origine, s'étendre du côté laotien du fleuve, où il vécut jusqu'à la prise de pouvoir des communistes au Laos en 1975.

Certaines sculptures sont franchement amusantes. Les enfants apprécient particulièrement celle d'un éléphant avançant tranquillement au milieu d'une meute de chiens anthropomorphiques (dont l'enseignement est que nous devons ignorer ragots et médisances). La plus grande sculpture est un bouddha de 25 m de hauteur assis sur un *naga* (serpent mythologique) en spirale doté de 7 têtes. Ne manquez pas non plus la "roue de la vie", dans laquelle on pénètre par une "bouche" géante. Des explications sont inscrites au verso de la carte du parc fournie par la Mut Mee Garden Guesthouse (page ci-contre).

Tous les bus en direction de l'est de Nong Khai passent devant l'embranchement menant au Sala Kaew Ku (10 B). De la route principale, comptez 5 minutes à pied. Louer un *tuk-tuk* devrait coûter dans les 250 B (aller-retour avec attente de 1 heure). Vous pouvez aussi faire le trajet à vélo en une trentaine de minutes. La carte de la Mut Mee Guesthouse indique un itinéraire panoramique.

Wat Pho Chai — TEMPLE BOUDDHIQUE

(วัดโพธิ์ชัย ; Th Phochai ; ⏲ lever-coucher du soleil, ubosot 6h-18h30). GRATUIT Luang Po Phra Sai, un grand bouddha assis d'époque Lan Xang, scintillant d'or, de bronze et de pierres précieuses, trône au centre du temple le plus sacré de Nong Khai. Sa tête est en or massif, son corps en bronze et l'*ùt·sà·nít* (ornement en forme de flamme placé sur la tête du bouddha) est serti de rubis. En raison du grand nombre de miracles que lui attribuent les fidèles, ce temple royal est une étape obligée pour la plupart des visiteurs thaïlandais.

Phra That Klang Nam — STUPA BOUDDHIQUE

(พระธาตุกลางน้ำ). GRATUIT Le "stupa au Milieu de la rivière" (parfois appelé Phra That Nong Khai) est un chedi de style lao en ruine. Submergé au milieu du fleuve, on ne le voit qu'à la saison sèche, lorsque le niveau du Mékong baisse (il varie d'environ 13 m par an). Englouti par les méandres du fleuve au milieu du XVIIIe siècle, ce temple s'effondra en 1847.

Malgré son état, c'est toujours un lieu saint. Les fidèles y attachent des tissus colorés lorsqu'il est émergé. Le **Phra That La Nong** (พระธาตุหล้าหนอง ; Th Rimkhong) GRATUIT, chedi moderne s'inspirant de l'original, brille de tous ses feux la nuit sur la rive.

Wat Noen Phra Nao Wanaram TEMPLE BOUDDHIQUE
(วัดเนินพระเนาวนาราม ; Hwy 212 ; ⏲ lever-coucher du soleil). GRATUIT Au cœur d'une forêt au sud de la ville, ce *wat* est un centre respecté de vipassana (méditation) s'organisant autour d'agréables jardins arborés. Contrastant avec l'aspect ascétique de la plupart des monastères situés en forêt, l'architecture du temple est très ornementée, avec des murs couverts de pochoirs et de mosaïques. Le domaine compte de nombreuses tombes vietnamiennes ainsi que des statues qui mériteraient leur place à Sala Kaew Ku (p. 395).

Marché de Tha Sadet MARCHÉ
(ตลาดท่าเสด็จ ; Th Rimkhong ; ⏲8h30-18h). La principale curiosité de la ville. Tout le monde adore parcourir ses allées couvertes, même si le côté piège à touristes est une évidence. On y trouve le mélange classique de vêtements, de matériels électroniques, de nourriture et de diverses babioles importées du Laos et de Chine. Quelques boutiques vendent également des produits plutôt originaux et de qualité.

Activités

Pantrix Yoga SANTÉ ET BIEN-ÊTRE
(www.pantrix.net ; Soi Mutmee ; 9 900 B/sem). Pantrix propose des cours de yoga d'une semaine ou d'un mois pour étudiants motivés, dispensés par des professeurs expérimentés. Session gratuite tous les jours de 14h à 15h. Cette adresse se trouve dans la ruelle conduisant à la Mut Mee Garden Guesthouse, où l'on pourra vous l'indiquer.

Healthy Garden MASSAGES
(☎042 423323 ; Th Banthoengjit ; massage thaïlandais/des pieds 170/200 B l'heure ; ⏲8h-20h). Ces massages (massage thaïlandais traditionnel et massage des pieds), les plus efficaces de Nong Khai, sont dispensés dans des salles climatisées.

Fêtes et festivals

Songkran CULTUREL
(⏲mi-avril). Durant la fête de Songkran, organisée tous les ans en avril, la précieuse statue Luang Po Phra Sai du Wat Pho Chai (page ci-contre) est portée en procession à travers la ville.

Fête des Fusées CULTUREL
(⏲fin mai/déb juin). Nong Khai organise une grande fête des Fusées (*bun bâng fai* ; p. 456), laquelle commence le jour de Visakha Bucha.

Fête du Dragon chinois CULTUREL
(⏲généralement en nov). Particulièrement réjouissante, cette version locale de la fête du Dragon chinois dure 10 jours. Au programme : danse du dragon, acrobaties, opéra chinois et pétards à gogo.

Fête d'Anusahwaree Prap Haw CARNAVAL
(⏲5-15 mars). La fête d'Anusahwaree Prap Haw donne lieu à une grande foire.

Où se loger

Fréquentée par un flux régulier de voyageurs à petit budget, Nong Khai possède le meilleur choix d'hébergements bon marché de l'Isan et de bons hôtels de milieu de gamme.

♥ **Mut Mee Garden Guesthouse** PENSION $
(☎042 460717 ; www.mutmee.com ; Soi Mutmee ; d 220-1 200 B ; ❄📶). Cette pension de Nong Khai, favorite des petits budgets, a l'attrait d'un jardin au bord du fleuve qui se prête bien au farniente. Le soir venu, elle connaît une belle affluence de voyageurs. Ouvert à toutes les bourses, le lieu compte un vaste choix de chambres (les moins chères avec salle de bains commune, les plus onéreuses avec superbe balcon), distribuées autour d'un restaurant au toit de chaume. Le propriétaire, Julian, partage volontiers son savoir en matière de curiosités et de légendes locales.

E-San Guesthouse PENSION $
(☎086 242 1860 ; 538 Soi Srikhunmuang ; d avec ventil et sdb commune 300 B, ch avec clim 500 B ; P❄📶). Un peu à l'écart du fleuve, cette petite maison en bois joliment restaurée et pourvue d'une longue véranda possède un cadre pittoresque. Les chambres climatisées du nouveau bâtiment sont correctes, mais il leur manque le charme de la maison d'origine. La rue compte deux autres *guesthouses* dans des maisons en bois. Prêt de vélos.

Khiangkhong Guesthouse HÔTEL $
(☎042 422870 ; Th Rimkhong ; d avec ventil/clim 400/500 B ; P❄📶). Dans cette tour

Centre de Nong Khai

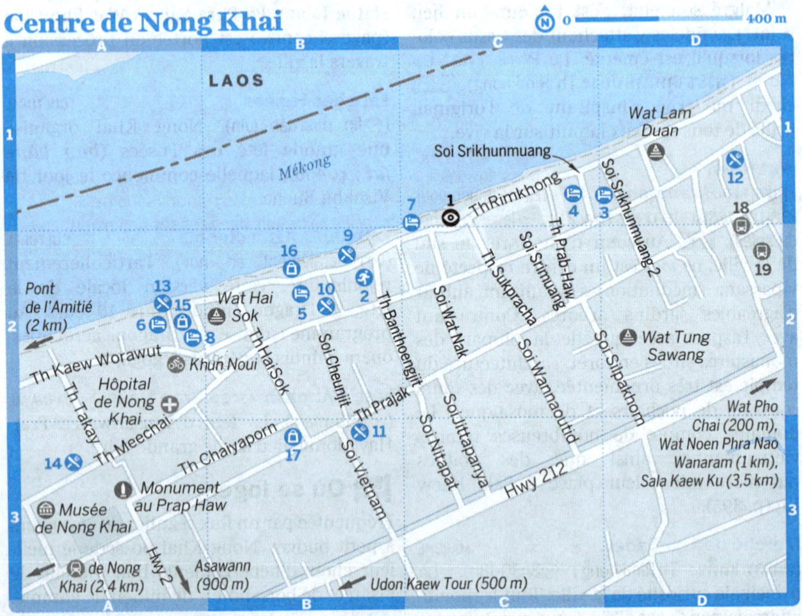

Centre de Nong Khai

À voir
1 Marché de Tha Sadet C1

Activités
2 Healthy Garden B2
Pantrix Yoga .... (voir 6)

Où se loger
3 Ban Sai Thong D1
4 E-San Guesthouse C1
5 Khiangkhong Guesthouse B2
6 Mut Mee Garden Guesthouse A2
7 Na Rim Khong River View C1
8 Siri Guesthouse A2

Où se restaurer
9 Daeng Namnuang B2
10 Darika Bakery B2
11 Dee Dee Pohchanah B3
Khao Soi .... (voir 10)
12 Mae Ut D1
13 Nagarina A2
14 Saap Lah A3

Achats
15 Hornbill Books A2
16 Marché Walking Street de Nong Khai B2
17 Village Weaver Handicrafts B3

Transports
18 Nakhonchai Air D2
19 Terminal des bus de Nong Khai D2

de béton, mi-hôtel mi-pension familiale, vous pourrez profiter d'une brise rafraîchissante et contempler le fleuve depuis la terrasse du 2e étage (et certaines chambres). Prêt de vélos.

Siri Guesthouse HÔTEL $
(☎042 420299 ; Soi Hai Sok ; d/jum 500/600 B ; P❄️📶). Fiable en tout point, cet hôtel sert souvent de solution de repli quand la Mut Mee Garden Guesthouse, son célèbre voisin, affiche complet. Si les chambres manquent de charme, elles possèdent des vérandas et il y a un espace détente dans le jardin.

Ban Sai Thong PENSION $$
(☎081 975 6451 ; Soi Srikhunmuang 2, Th Rimkhong ; d avec petit-déj 600 B ; P❄️📶). Si l'édifice tout en bois, coiffé d'un grand toit en tuiles, a été construit récemment, il ne manque pas d'une certaine atmosphère d'antan. Les 9 chambres spacieuses ont des vérandas à l'avant pourvues de sièges confortables. Vélos à disposition.

Na Rim Khong River View BOUTIQUE-HÔTEL $$$
(☎042 412077 ; www.narimkhongriverview.com ; Th Rimkhong ; d avec petit-déj 2 500 B ; ❄📶). Ce nouvel hôtel pratique des prix exagérés mais les chambres, extrêmement élégantes et spacieuses, ont du chic. Une œuvre décorative orne le mur au-dessus du lit et toutes les chambres donnent sur le fleuve et disposent d'un balcon individuel.

Où se restaurer

Mae Ut VIETNAMIEN $
(637 Th Meechai ; plats 50-100 B ; ⏰9h30-16h). Ce petit restaurant ne sert que 4 plats dont des nems, des *khâo gee·ab bahk mŏr* (nouilles fraîches au porc), et une sorte de galette-pizza vietnamienne. On y cuisine à l'ancienne et c'est un spectacle prenant de voir les plats préparés à la demande sur de grandes feuilles de bananier. L'enseigne est en thaï, on n'y parle très peu l'anglais, mais l'accueil est sympathique.

Khao Soi THAÏLANDAIS $
(949 Th Meechai ; plats 40-50 B ; ⏰8h-15h). Si les saveurs du nord du pays vous manquent, ce petit restaurant au nom évocateur devrait vous combler. Pour les non-initiés, le *kôw soy* (ou *khao soi*, soupe de nouilles au curry) est le plat le plus connu du nord de la Thaïlande.

Darika Bakery THAÏLANDAIS $
(Sweet Cake & Coffee ; Th Meechai ; plats 40-150 B ; ⏰5h30-15h ; 🖉). Tenu par une adorable vieille dame, cet établissement prépare les incontournables thaïlandais, mais aussi des pâtisseries et des pancakes à la banane. On apprécie l'atmosphère familiale, que ce soit au petit-déjeuner ou au déjeuner, voire simplement en prenant un café.

Dee Dee Pohchanah THAÏLANDAIS $
(1155/9 Th Prajak ; plats 50-150 B ; ⏰11h-2h ; 📶). La foule qui se presse ici au dîner le laisse entendre : Dee Dee est un restaurant d'exception. Ne vous laissez pas décourager : malgré l'affluence, ce restaurant en plein air est une mécanique bien huilée, et vous n'attendrez jamais bien longtemps.

Saap Lah THAÏLANDAIS $
(Th Meechai ; plats 25-150 B ; ⏰8h30-19h30). Votre odorat vous guidera jusqu'à ce restaurant sans chichi à la devanture ouverte où l'on sert du *gài yâhng*, du *sôm·đam* et autres bons plats isan.

> HORS DES SENTIERS BATTUS
>
> ### RETRAITE CAMPAGNARDE
>
> **Pimali** (☎042 089725 ; www.pimali.org ; d avec petit-déj 2 200 B ; P❄📶) est une association à but non lucratif offrant des formations dans l'hôtellerie à des jeunes de la région issus de milieux défavorisés (essentiellement des orphelins). Ce sont eux qui gèrent ces 4 bungalows haut de gamme et bien équipés dominant les rizières, ainsi qu'un restaurant servant des plats européens, thaïlandais et des spécialités de l'Isan. Dans l'arrière-pays, à 20 km de la ville (comptez 300 B pour vous y rendre).

Nagarina THAÏLANDAIS $$
(☎081 975 0516 ; Th Rimkhong ; plats 50-480 B ; ⏰10h-21h). Amarré devant la Mut Mee Garden Guesthouse (p. 397), ce restaurant flottant propose des spécialités de Thaïlande et de l'Isan un peu chères, mais de qualité. Croisière d'une heure au couchant presque chaque soir vers 17h ou 17h30 (80 B ; 10 passagers minimum pour que le bateau appareille).

Daeng Namnuang VIETNAMIEN $$
(Th Rimkhong ; plats 70-270 B ; ⏰6h-20h30 ; P📶). Cet imposant établissement vietnamien, en bord de fleuve, est devenu une véritable institution de Nong Khai, et les clients viennent de partout pour faire le plein de *năam neu·ang* (rouleaux de printemps au porc). On trouve une annexe à l'aéroport d'Udon Thani.

Où prendre un verre et faire la fête

Plusieurs petits bars ciblant voyageurs et expatriés jalonnent le fleuve entre la Mut Mee Garden Guesthouse et le marché de Tha Sadet. Pour une expérience thaïlandaise authentique, suivez la rue Th Rimkhong en longeant le Mékong vers l'est, au-delà du marché de Tha Sadet. Vous y découvrirez des bars et des restaurants, certains rustiques, d'autres plus branchés.

Achats

Marché Walking Street de Nong Khai MARCHÉ
(⏰16h-22h sam). Ce marché de rue hebdomadaire est une explosion de musique, d'articles faits main et de stands de cuisine

qui envahissent la promenade tous les samedis soir. L'événement est de moindre ampleur que les "Walking Street" de Chiang Mai, et donc plus sympathique.

Village Weaver Handicrafts ARTISANAT
(☎ 042 422651 ; 1020 Th Prajak ; ⊙ 8h-19h). Les profits de cette boutique, qui vend des étoffes et des vêtements tissés main d'excellente qualité, servent à financer des projets de développement autour de Nong Khai. Les tissus de coton *mát-mèe* sont très beaux.

Hornbill Books LIVRES
(Soi Mutmee ; ⊙ 10h-19h lun-sam). Achat, vente et échange de livres en anglais, français et autres langues.

Renseignements

Bureau de l'immigration (☎ 042 990935 ; Hwy 2 ; ⊙ 8h30-12h et 13h-16h30 lun-ven). À 1 km au sud du pont de l'Amitié, délivre des prorogations de visa.

Hôpital de Nong Khai (☎ 042 413456 ; Th Meechai ; ⊙ 24h/24). Service d'urgences 24h/24.

Depuis/vers Nong Khai

AVION

L'aéroport le plus proche est celui d'Udon Thani, à 55 km au sud. L'agence de voyages **Udon Kaew Tour** (☎ 042 411530 ; Th Pranang Cholpratan, Hwy 212 ; ⊙ 8h30-17h30) propose un service de minibus (200 B/pers) depuis/vers l'aéroport qui vous dépose à votre hôtel, ou au niveau du pont, lors de votre arrivée. Cependant, le jour du départ, vous devrez vous rendre à l'agence. Mieux vaut acheter un billet à l'avance.

BUS

Le **terminal des bus de Nong Khai** (☎ 042 421246) se trouve juste en retrait de Th Prajak, à environ 1,5 km de la plupart des *guesthouses* au bord du fleuve. Il n'y a qu'un seul bus direct pour Nakhon Phanom, mais vous pouvez également vous y rendre en plusieurs étapes via Bueng Kan ou Udon Thani. Des minibus démarrent aussi du pont/frontière (ils stationnent devant le 7-Eleven) à destination d'Udon Thani (50 B, ttes les heures, 7h-19h) : certains arrivent à la vieille gare routière, d'autres au centre commercial central.

Nakhonchai Air (☎ 042 420285) propose la meilleure ligne de bus depuis/vers Bangkok (536-714 B, 9 heures, 10h, 19h45 et 20h30).

TRAIN

Un express de jour (2e/3e classe 498/253 B, 9 heures 30, 7h45) et trois express de nuit (10 heures, 11 heures et 11 heures 30, départs respectifs à 18h30, 18h50 et 19h40) pour Bangkok partent de la **gare ferroviaire de Nong Khai** (☎ 042 411637, centre d'appel national 1690), située à 2 km à l'ouest du centre-ville. Seul le dernier train de nuit est équipé de couchettes (1re/2e classe à partir de 1 357/898 B). Le train de jour et les deux derniers trains de nuit passent par Udon Thani (30 minutes), Khon Kaen (2 heures) et Ayutthaya (8 heures). Le premier train de nuit passe par Udon Thani, Khon Kaen, Nakhon Ratchasima (4 heures), Pak Chong (6 heures) et Ayutthaya.

Comment circuler

Nong Khai se prête à merveille à la découverte à vélo en raison du peu de circulation et de la campagne toute proche.

BUS AU DÉPART DE NONG KHAI

DESTINATION	PRIX	DURÉE	DÉPARTS
Bangkok	329-714 B	10-11 heures	fréquents
Aéroport international Suvarnabhumi	464 B	10 heures	20h
Bueng Kan (minibus)	150 B	2 heures 30	ttes les 45 min 6h-17h50
Chiang Mai	750-820 B	12 heures	19h
Kanchanaburi	495 B	12 heures	19h
Khon Kaen	120-155 B	3 heures 30-4 heures	ttes les heures 7h-18h
Loei	140 B	7-8 heures	7h30
Nakhon Phanom	200 B	7-8 heures	11h
Nakhon Ratchasima	257-409 B	6 heures	ttes les heures 6h-20h45
Sangkhom	60 B	2 heures 30	11h, 15h
Udon Thani (minibus)	50 B	1 heure	fréquents 5h30-19h
Udon Thani	90-115 B	2 heures 30-3 heures	ttes les 30 min 4h-17h

ALLER AU LAOS : DE NONG KHAI À VIENTIANE

Rejoindre la frontière Si vous êtes déjà en possession d'un visa laotien, le moyen le plus simple de rejoindre Vientiane est de prendre un bus direct au départ du terminal des bus de Nong Khai (55 B, 1 heure 30, 6/jour 7h30-18h). Un bus dessert aussi Vang Vieng (270 B, 6 heures, 9h40). Les billets pour le Laos coûtent 5 B de plus le week-end, les jours fériés et en semaine à 7h30 et 18h.

Si vous prévoyez d'obtenir votre visa à la frontière (6h-22h), prenez un *tuk-tuk* (comptez 100 B au départ du terminal des bus, ou 60 B à partir du centre-ville). À moins de voyager à plusieurs, il n'y a pas de raison de passer par une agence spécialisée dans l'obtention des visas ; ne laissez aucun chauffeur vous amener à l'une de ces agences.

Le train est une autre possibilité pour gagner le Laos (il y a un guichet de l'immigration dans les deux gares), mais pas Vientiane, c'est pourquoi nous le déconseillons fortement. Après 15 minutes de trajet (20-30 B, 7h30 et 14h45), vous arriverez à la gare de Thanaleng (appelée aussi Dongphasay), juste de l'autre côté du pont, où vous serez à la merci des chauffeurs de *tuk-tuk* qui demandent des prix exorbitants.

À la frontière Une fois votre passeport tamponné à la sortie du pays, vous pourrez prendre un bus (15-20 B), lequel conduit les passagers de l'autre côté du pont, jusqu'au point de contrôle laotien où il est facile d'obtenir, même s'il faut souvent faire la queue, un visa de 30 jours.

Poursuivre son voyage Il faut parcourir environ 20 km jusqu'à Vientiane. De nombreux bus, *tuk-tuk* et taxis attendent sur place, et il est facile de trouver d'autres voyageurs pour partager les frais de la course.

De nombreuses *guesthouses* prêtent des vélos à leurs hôtes. Si vous devez en louer un, **Khun Noui** (☎ 081 975 4863 ; Th Kaew Worawut ; ⏲ 8h-16h) attend au bord de la route en face de l'entrée de la Mut Mee (p. 397) et fournit des vélos (50 B/jour) et des motos (200 B/jour) fiables. S'il n'est pas là, demandez aux chauffeurs de *tuk-tuk* attendant à l'entrée de lui passer un coup de téléphone ; il ne tardera pas à arriver.

Vous trouverez des taxis avec compteur au terminal des bus et près du pont. En général, les voyageurs s'accordent sur un prix et n'utilisent pas le compteur. Une course en *tuk-tuk* entre le secteur de la *guesthouse* Mut Mee et la gare routière, ou le pont, revient à 60/100 B pour 1/2 pers.

Sangkhom สังคม

☎ 042 / 3 500 HABITANTS

La petite ville de Sangkhom, en face de l'île de Don Klang Khong, est une étape agréable pour qui va de Nong Khai à Loei par la route qui longe le Mékong. Si elle ne compte pas de curiosité notoire en dehors de la vue sur le fleuve, il y a de jolis coins dans les environs.

À voir

Wat Pha Tak Sua TEMPLE BOUDDHIQUE

(วัดผาตากเสื้อ ; en retrait de la Rte 211 ; ⏲ 6h-18h). GRATUIT Le *wat* forestier perché au-dessus de la ville n'est qu'à 2 km à vol d'oiseau, mais à 19 km par la route. Jadis un temple de méditation sérieux, c'est aujourd'hui un lieu dédié au tourisme où la foule vient admirer la vue sur le Mékong depuis une passerelle à sol de verre. À la saison froide, la brume envahit la vallée au petit matin.

Le sentier broussailleux, autrefois emprunté chaque matin par les moines pour l'aumône (ils se rendent aujourd'hui en ville en voiture), part à l'est de la ville, juste avant le Km 81. Suivez le Soi 5 jusqu'à la dernière maison, puis tournez à droite au bosquet de manguiers et de papayers.

Nam Tok Than Thip CHUTE D'EAU

(น้ำตกธารทิพย์ ; ⏲ lever-coucher du soleil). GRATUIT La cascade Nam Tok Than Thip, qui s'étage sur 3 paliers, à 13 km à l'ouest de Sangkhom (à 2 km de la Rte 211), est la plus importante de la région. La partie inférieure des chutes atteint 30 m tandis que celle médiane, facilement accessible par un escalier, se dresse à 100 m. La partie supérieure, d'une hauteur de 70 m, est à peine visible à travers l'épaisse végétation de la forêt.

Où se loger et se restaurer

Bouy Guesthouse PENSION $

(☎ 091 050 7426, 042 441065 ; toy_bgh@hotmail.com ; Rte 211 ; d avec ventil/clim 250/500 B ; P ❄ @ 📶). Si le vétéran des lodges de Sangkhom ne dispose que de "simples huttes", celles au toit de chaume avec ventilateur sont équipées de hamacs et d'une terrasse en bois, et l'emplacement sur le fleuve à l'ouest de la ville est très paisible. Quelques bungalows climatisés sont proposés, mais il leur manque l'ambiance et la vue. Vélos et motos à louer pour 50/200 B par jour et il y a un restaurant sur place, qui ferme parfois. Propriétaires très affables.

Sangkhom River View HÔTEL $$

(042 441088 ; Rte 211 ; d 600-1 500 B ; P ❄). Cet établissement attrayant, avec allées en bois et pierres décoratives, plaît aux voyageurs aspirant à un certain niveau de confort. La plupart des chambres ont vue sur la rivière et le restaurant est honnête.

Tantawan THAÏLANDAIS $

(Sunflower Restaurant ; Rte 211 ; plats 40-250 B ; 8h-21h ;). Un restaurant de choix pour de nombreux visiteurs, qui apprécient la vue et la bonne cuisine. Au menu, les habituelles spécialités thaïlandaises et de l'Isan (goûtez le *lâhp* aux poissons du Mékong), ainsi que de nombreux plats de pâtes.

Depuis/vers Sangkhom

Deux bus brinquebalants, avec ventilateur, partent chaque jour de Nong Khai (60 B, 2 heures 30, 11h et 15h). Un troisième (7h30) bus circule par intermittence. Les bus repartent pour Nong Khai à 6h30 et 11h30. Comme il n'y a pas d'arrêt de bus en ville, il faut faire signe au chauffeur.

PROVINCE D'UDON THANI จังหวัดอุดรธานี

La province d'Udon Thani est dominée par sa capitale audacieuse, embouteillée et somme toute quelconque. Ce sont la charmante Ban Chiang, classée au patrimoine mondial de l'Unesco, la magnifique "mer des Lotus rouges" et le mystérieux Phu Phrabat qui en font une destination de choix.

Udon Thani อุดรธานี

042 / 153 000 HABITANTS

Udon Thani, grande cité animée, abrite l'une des plus importantes communautés d'expatriés de Thaïlande. Le site s'est développé pendant la guerre du Vietnam, lorsqu'il a été choisi pour devenir une grande base aérienne américaine. Il y a gagné rang de principal carrefour routier et plaque tournante commerciale de la région. Si l'on ne trouve guère, en ville, de curiosités mémorables, les environs comptent en revanche leur lot de sites dignes d'intérêt.

À voir

Parc Nong Prajak PARC

(สวนสาธารณะหนองประจักษ์). Le parc le plus populaire d'Udon Thani s'éveille dès que la première brise de l'après-midi se lève. On y trouve des attractions amusantes, comme une sculpture géante d'un vase façon Ban Chiang et un énorme canard en plastique flottant sur le lac, devenu un des emblèmes d'Udon. Les gens affluent le long de Th Thesa à l'heure du coucher du soleil. La partie ouest du lac compte de nombreux restaurants, des boutiques où l'on peut peindre ses propres poteries, et des masseurs ambulants.

Thai-Chinese Cultural Centre CENTRE CULTUREL

(ศูนย์วัฒนธรรมไทย-จีน ; Th Nittayo ; 9h-19h). GRATUIT Ce centre culturel sino-thaïlandais comprend un magnifique jardin, une boutique de thé et le **Moral Museum**, qui contient d'intéressantes expositions sur l'histoire de la communauté chinoise à Udon Thani, la culture chinoise et Confucius. Un petit orchestre chinois y joue les lundis et mardis de 16h à 19h.

Musée d'Udon Thani MUSÉE

(พิพิธภัณฑ์เมืองอุดรธานี ; Th Phosri ; 8h30-16h30 mar-dim). GRATUIT Ancienne école de filles, ce bâtiment colonial des années 1920 abrite désormais un musée, qui renferme une intéressante collection fourre-tout allant de la géologie à l'artisanat. Certaines indications sont en anglais mais les dispositifs multimédias sont en thaï.

Sanjao Pu-Ya TEMPLE

(ศาลเจ้าปู่ย่า ; Th Nittayo ; lever-coucher du soleil). GRATUIT Sur la rive sud du lac Nong Bua, ce grand temple chinois témoigne de la richesse de la communauté marchande sino-thaïlandaise. Le sanctuaire de Pu-Ya abrite des représentations des divinités Pu (Grand-Père) et Ya (Grand-Mère).

Fêtes et festivals

Fête du Thung Si Meuang CULTUREL

(déc). Pendant les 15 premiers jours de décembre, Udon Thani célèbre la fête du

Thung Si Meuang par des événements culturels isan, assortis des habituels stands alimentaires et de marchandises diverses. À cette occasion, les statues de Pu et Ya sont transférées du Sanjao Pu-Ya (p. 402) dans un temple temporaire au parc Thung Si Meuang, où elles passeront 10 jours. Leur transport, le 1er et le 10 décembre, donne lieu à de grandes processions ponctuées des évolutions d'un dragon long de 99 m. Le 5 décembre se déroulent également des danses du dragon.

HORS DES SENTIERS BATTUS

LA VILLE DES SINGES

Semblable à Lopburi en tout petit, la petite ville rurale commerçante de **Kumphawapi** (กุมภวาปี), à 50 km au sud-est d'Udon Thani, serait une bourgade banale si on faisait abstraction de la horde de singes cohabitant avec les humains. Les singes demeurent dans le parc du centre-ville, mais ils en sortent fréquemment pour se prélasser sur les immeubles. Des bus (30-35 B, 1 heure) pour Kumphawapi partent du terminal 1 d'Udon Thani toutes les 30 minutes.

Où se loger

Udon Backpackers AUBERGE DE JEUNESSE $
(086 858 4969 ; Soi Fairach 1 ; dort/d 320/350 B ;). Emplacement central, sols en béton et murs intérieurs en brique apparente pour cette auberge de style industriel urbain. L'ambiance est plaisante et les propriétaires serviables. Les lits sont équipés de rideaux, de lampes de lecture et de prises électriques. Quelques chambres doubles avec ventilateurs complètent les dortoirs. Prêt de vélos.

Whereder Poshtel AUBERGE DE JEUNESSE $
(088 214 2555 ; www.whereder.com ; 212-214 Th Prajak Sinlapacom ; dort/d 450/1 200 B ;). Un ascenseur aux allures de monte-charge monte du café décontracté à deux niveaux situé au rez-de-chaussée jusqu'aux dortoirs chics (rideaux, lampes de lecture, prises) et aux chambres doubles – tout aussi élégantes mais un peu chères – avant de s'arrêter au salon commun Netflix du dernier étage. Les prix sont un peu élevés pour une auberge de jeunesse, mais l'enrobage est réussi.

Pakdee House HÔTEL $
(080 461 9600 ; Th Thepburi ; d 450 B ; P). Cet hôtel propre et bien tenu est la meilleure adresse dans cette gamme de tarifs. Un peu à l'écart du centre, mais dans un quartier agréable fréquenté par des étudiants et où abondent de petits restaurants.

Oldie & Sleepy Hostel AUBERGE DE JEUNESSE $
(088 697 9406 ; oldie.sleepy.hostel@gmail.com ; Th Adunyadet ; dort avec petit-déj et ventil/clim 220/250 B ;). Les chambres sont modestes, comme on peut s'y attendre vu le prix, mais cet établissement est une perle. L'hospitalité de Pear et Thong et les agréables soirées dans le salon bercé par des mélodies jazz font que bien des résidents prolongent leur séjour. Cuisine commune, et précieux conseils sur la région.

Jamjuree Home PENSION $$
(042 241727, 087 951 7940 ; 10/9 Th Banchang ; d avec petit-déj 950-1 290 B ; P@). Les propriétaires vivent au rez-de-chaussée de cette géniale *guesthouse* qui compte 4 chambres modernes, sans doute parmi les plus impeccables de tout l'Isan. Les deux plus grandes ont des kitchenettes. Si Jamjuree est un peu à l'écart du centre, il y a de bons restaurants à proximité et vous n'êtes qu'à 10 minutes de marche du lac Nong Prajak (page ci-contre). Prêt de vélos.

Brown House HÔTEL $$
(042 322888 ; www.brownhousehotel.com ; 234/5 Moo 1, Rim Nhong Bua 6 ; avec petit-déj d et lits jum 1 300-1 700 B, tr 1 600 B ; P@). Bien que situé en ville, cet hôtel splendide semble perdu en pleine campagne et dispose d'une piscine à débordement donnant sur un lac rempli de lotus. Le *tuk-tuk* de l'établissement vient chercher les clients plusieurs fois par jour en ville. Les chambres, grandes et confortables, bénéficient d'une décoration subtile.

Centara HÔTEL $$$
(042 343555 ; www.centarahotelsresorts.com ; Th Teekathanont, près de Th Prajak Sinlapacom ; d et lits jum à partir de 1 880 B, avec petit-déj à partir de 2 400 B ; P@). Ce grand et somptueux hôtel fait très bonne impression d'emblée, notamment du fait de son beau hall d'entrée et de son personnel attentionné. On reste sous le charme en accédant aux chambres, distribuées autour d'une cour intérieure, silencieuse et étonnamment plaisante.

Udon Thani

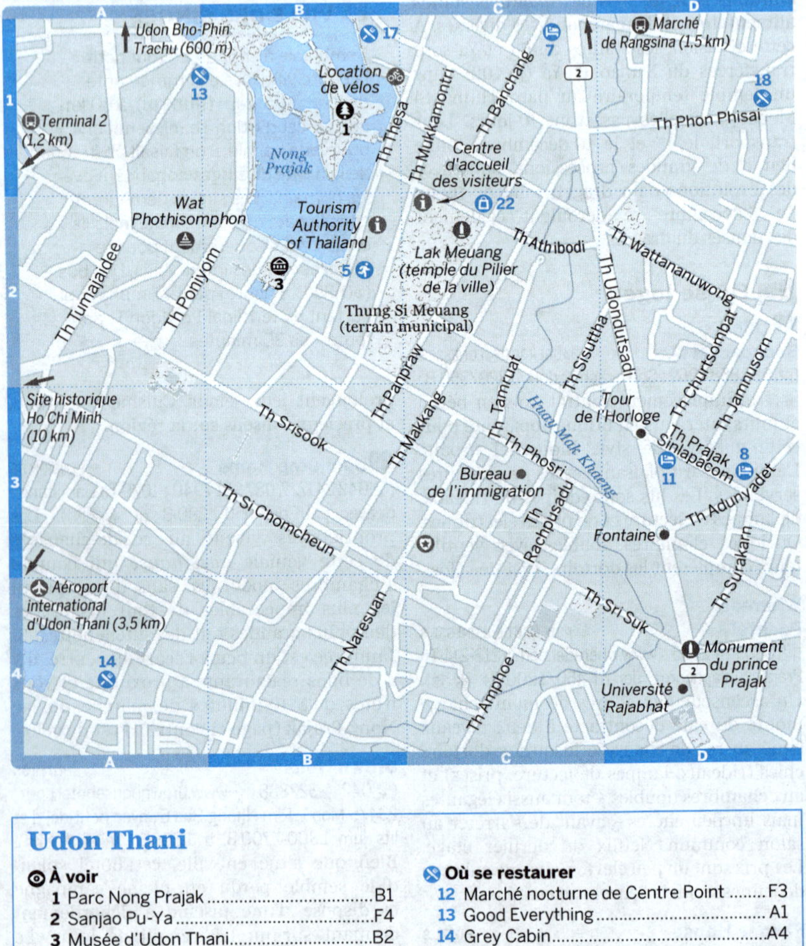

Udon Thani

À voir

1 Parc Nong Prajak B1
2 Sanjao Pu-Ya F4
3 Musée d'Udon Thani B2
4 Centre culturel sino-thaïlandais d'Udon Thani F4

Activités

5 Massage B2

Où se loger

6 Centara E3
7 Jamjuree Home C1
8 Oldie & Sleepy Hostel D3
9 Pakdee House E4
10 Udon Backpackers E3
11 Whereder Poshtel D3

Où se restaurer

12 Marché nocturne de Centre Point F3
13 Good Everything A1
14 Grey Cabin A4
15 Phetkasem E3
16 Marché nocturne de Preecha E3
17 Rabiang Phatchanee B1
18 Samuay & Sons D1
19 UD Bazaar F3

Achats

20 Central Plaza E3
21 UD Town F4
22 Udon City Walking Street C2

Transports

23 Terminal 1 des bus E4
24 Gare des minibus de Central Plaza E3
Nakhonchai Air .... (voir 23)

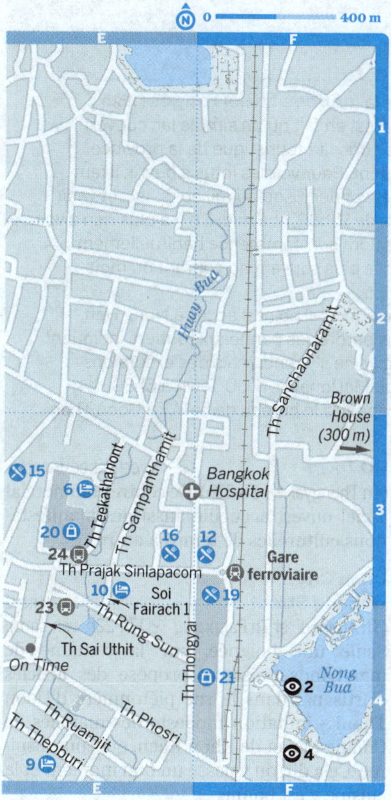

Où se restaurer

Les habitants d'Udon Thani sont très attachés à leurs marchés de nuit. Les trois marchés qui s'étendent devant la gare ferroviaire, Centre Point, Preecha et UD Bazaar, sont ponctués d'un nombre impressionnant d'étals de nourriture. En outre, l'importante communauté d'expatriés fait que l'on trouve sans peine de la cuisine occidentale.

UD Bazaar MARCHÉ $

(Th Prajak Sinlapacom ; 11h-23h). Le plus grand marché nocturne d'Udon Thani affiche une grande diversité de cuisines. Si certaines boutiques ouvrent pour le déjeuner, la plupart ne commencent à servir que vers 16h. Une grande scène accueille des concerts.

Marché nocturne de Centre Point MARCHÉ $

(16h-22h). Près de la moitié des plats vendus sur ce marché sont isan, notamment le poisson grillé et les insectes rôtis.

Marché nocturne de Preecha MARCHÉ $

(16h-22h). Ce marché se compose principalement de stands de plats bon marché cuisinés à la demande. Une femme vend de la *kôw pee·ak*, une soupe de grosses nouilles de riz servie avec du porc habituellement réservée à la journée ; cette spécialité locale ressemble au *gŏo·ay jáp yoo·an*, mais les nouilles sont différentes.

Samuay & Sons THAÏLANDAIS $$

(Th Phon Phisai ; plats 79-280 B ; 11h-14h30 et 17h-21h30 mar-dim ;). Version thaïlandaise d'un restaurant branché à l'occidentale, ce petit établissement, dont la cuisine ouverte est tenue par un chef, propose des classiques thaïlandais et de l'Isan comme des currys *panang* et des currys *om* aux algues. Mais ce qui en fait un lieu unique sont les plats fusion et les touches modernes apportées à des recettes ancestrales, comme les boulettes de crevettes au tapioca ou le confit de canard au lait de coco et à la confiture de mangue.

Phetkasem THAÏLANDAIS $$

(Th Adunyadet ; plats 78-358 B ; 18h-minuit ; P). On vient entre amis manger un morceau et boire un verre dans ce restaurant installé dans un jardin. Outre les spécialités thaïlandaises et de l'Isan habituelles, on peut goûter des plats plus originaux comme le *plah nêung búay* (poisson à la vapeur nappé de sauce chinoise aux prunes) et le *lâhp mah·mâh*, une recette classique de l'Isan où la viande est remplacée par des nouilles instantanées.

Grey Cabin INTERNATIONAL $$

(Th Sinchaithani ; plats 80-285 B ; 10h-21h30 ; P). De nombreux restaurants servent de la cuisine *farang* (occidentale) autour du quartier Central Plaza/Soi Farang, mais celui-ci, tenu par une mère et sa fille, à 2 km au sud du lac Nong Prajak, sort nettement du lot. Le menu aussi varié que réussi compte des délices tels que le saumon glacé à la moutarde et au sirop d'érable, les pâtes au poulet et au pesto, le sandwich toasté aux trois fromages, le *ramen* de fruits de mer et la salade thaïlandaise aux champignons.

Rabiang Phatchanee THAÏLANDAIS $$

(Th Suphakit Janya ; plats 60-300 B ; 10h-23h ;). Sur la rive est du lac, ce vaste restaurant propose les classiques thaïlandais, ainsi que des spécialités locales auxquelles vous n'aurez probablement jamais goûté, comme la salade composée de poisson et le canard grillé avec crabe en sauce. Service en terrasse

VAUT LE DÉTOUR

MER DES LOTUS ROUGES

À travers tout Udon, vous verrez des photos de la **mer des Lotus rouges** (ทะเลบัวแดง, Nong Han ; district de Kumphawapi) – qui n'est en fait qu'un simple lac couvert de lotus roses –, vantée comme la plus grande curiosité touristique de la province. Pourtant, peu de visiteurs occidentaux s'y rendent. Pour voir les lotus s'ouvrir, il faut louer un bateau (300-500 B, jusqu'à 10 pers) et voguer jusqu'au milieu du lac, et venir tôt : les fleurs commencent à se fermer à partir de 10h30, et à midi il n'y a plus rien à voir.

Mère Nature est parfois capricieuse, mais la floraison commence habituellement fin octobre et se termine fin février, avec un pic le plus souvent au courant du mois de janvier – mais pas toujours.

Ban Diam, à 40 km au sud-est d'Udon, est le principal point d'accès à Nong Han (le véritable nom du lac) ; aucun risque de vous perdre, les panneaux routiers indiquant le lac sont très nombreux. Aucun transport public ne s'y rend, mais des excursions d'une demi-journée (499 B/pers) démarrent du McDonald's d'UD Town à 6h30. Réservez par l'intermédiaire de votre hôtel où appelez le bureau de la TAT à Udon Thani.

ou dans les salles climatisées. Notez bien que certains prix du menu sont indiqués “par 100 g” (ขีดละ). Il y a un café attenant et des musiciens viennent jouer le week-end.

Good Everything INTERNATIONAL $$$

(Th Poniyom ; plats 190-690 B ; 10h-22h ; P). Ce cottage blanc et son jardin semblent venir tout droit de la campagne anglaise. On sert ici des plats frais et sains, comme le saumon accompagné d'épinards, la soupe de citrouille rôtie, des salades de style *farang*, ainsi que du café et du thé de qualité. Même si c'est l'un des restaurants les plus chers d'Udon, il accueille une nombreuse clientèle d'habitués.

Où prendre un verre et faire la fête

Le quartier du parvis de la gare ferroviaire est le plus animé d'Udon Thani. Si de nombreux bars sont glauques (page ci-contre), tous ne le sont pas, loin de là. Pour plus de calme, cap sur Phetkasem, non loin. Les trois marchés de nuit ne manquent pas d'offrir toutes sortes de divertissements. En plus d'y dîner, vous pouvez acheter des vêtements, participer à un karaoké, jouer au billard, vous faire tatouer, vous faire prédire l'avenir ou écouter des concerts.

Achats

Central Plaza CENTRE COMMERCIAL

(Th Prajak Sinlapacom ; 10h30-21h lun-ven, 10h-21h sam-dim). Le plus grand centre commercial d'Udon Thani renferme une grande aire de restauration et une succursale de la librairie anglophone Asia Books.

UD Town CENTRE COMMERCIAL

(Th Thongyai ; 8h-23h). Ce centre commercial à ciel ouvert accueille aussi des manifestations culturelles de temps à autre.

Udon City Walking Street MARCHÉ

(Th Athibodi et Th Panpraw ; 17h-22h ven-sam). Seule une poignée, sur la centaine de marchands présents, propose des articles d'artisanat dans la rue piétonnière d'Udon Thani – imitation modeste des marchés de Chiang Mai et de Khon Kaen, qui l'ont inspirée. Cela dit, on y passe un bon moment et la cuisine y est bonne.

Renseignements

La carte *Udon Thani Map* (www.udonmap.com) et son magazine, l'*Udon Thani Guide*, s'adressent aux expatriés, mais servent également aux voyageurs. Ils sont distribués gratuitement dans les hôtels, à l'aéroport et dans les commerces destinés aux *farang*.

Bangkok Hospital (042 343111 ; Th Thongyai ; 24h/24). Le meilleur hôpital d'Udon Thani.

Bureau de l'immigration (042 249982 ; Th Phosri ; 8h30-12h et 13h-16h30). Prorogations de visa.

Centre d'accueil des visiteurs (085 010 3837 ; 8h-17h dim-jeu, 8h-18h ven-sam ;). Renseignements sur toute la province d'Udon Thani.

Police touristique (042 211291 ; Th Naresuan)

Tourism Authority of Thailand (TAT ; 042 240616 ; tatudon@tat.or.th ; Th Thesa ; 8h30-16h30). Le personnel de ce bureau parle très peu l'anglais.

Depuis/vers Udon Thani

AVION

Malgré l'appellation "international", il n'y a que des vols intérieurs à l'**aéroport international d'Udon Thani** (042 244426).

Thai Smile (042 246697, centre d'appel national 1181 ; www.thaismileair.com ; 7h30-19h) dessert l'aéroport international Suvarnabhumi de Bangkok, tandis qu'**Air Asia** (centre d'appel national 02 515 9999 ; www.airasia.com ; 7h-21h), **Thai Lion Air** (025 299999 ; www.lionairthai.com ; 6h-20h) et **Nok Air** (centre d'appel national 02 900 9955 ; www.nokair.com ; 6h15-19h30) utilisent l'aéroport Don Mueang de Bangkok. Les 3 compagnies sont basées à l'aéroport d'Udon Thani, et proposent chacune 4 ou 5 vols quotidiens à partir de 900 B l'aller simple. Il y a aussi des vols directs pour Chiang Mai (Nok Air), Hat Yai (Thai Lion Air), Phuket (Air Asia) et Pattaya (Air Asia). Achetez votre billet en ligne ou auprès d'**On Time** (042 247792 ; ontimethailand@gmail.com ; Th Sai Uthit ; 8h-17h lun-sam, 9h-15h dim), l'une des quelques agences de voyages près du terminal 1 des bus.

Certains hôtels viennent chercher gratuitement leurs clients à l'aéroport ; autrement, des minibus-navettes peuvent vous déposer au centre pour 80 B par personne (billets en vente au comptoir "Limousine Service").

BUS

La plupart des bus et minibus stationnent au quelque peu chaotique **terminal 1 des bus** (042 221916 ; Th Sai Uthit), dans le centre d'Udon. La meilleure ligne VIP pour Bangkok est celle de **Nakhonchai Air** (1624 ; Th Sai Uthit). Si vous allez à Nong Khai, notez que certains minibus arrivent à la gare routière tandis que d'autres vous déposeront au pont de la frontière. La plupart des véhicules pour Nong Khai prennent des passagers au **marché de Rangsina**, au nord du centre-ville, en partant d'Udon. C'est aussi de ce marché que partent les bus pour le parc historique de Phu Phrabat. Si vous allez au Laos, il vous faudra un visa laotien pour acheter votre billet, et il y a un supplément de 5 B pour le bus de 18h en semaine et pour tous les bus partant le week-end et les jours fériés.

Juste à côté du terminal 1 des bus se trouve la **gare des minibus de Central Plaza** (Th Prajak Sinlapacom), d'où des minibus partent pour Nong Khai (55 B, 1 heure, ttes les 30 min 6h-20h), Bueng Kan (200 B, 3 heures 30, ttes les 30 min 5h-19h) et Roi Et (209 B, 4 heures, ttes les 30 min 5h-17h40) via Khon Kaen (90 B, 2 heures), ainsi que des bus pour Chiang Mai (594 B, 12 heures, 10h45, 17h45, 18h45, 20h45), Nakhon Phanom (221 B, 3 heures, 5h15, 5h30, 22h) et Roi Et (139-150 B, 4 heures 30, ttes les 30 min 6h-17h) via Khon Kaen (76-80 B, 2 heures 30).

Le **terminal 2 des bus** (042 214914), sur la rocade ouest, ne compte que quelques lignes, la plupart à destination de villes de l'ouest comme Loei (90-115 B, 2 heures 30-3 heures, ttes les 30 min 4h50-17h50), Phitsanulok (311-493 B, 7 heures, ttes les 2 heures 7h30-20h50) et Chiang Mai (760 B, 12 heures, 7h15, 14h30, 19h15, 20h30).

LE PATTAYA DU NORD-EST

Udon Thani ne se cache pas d'être le haut lieu du tourisme sexuel en Isan, et le secteur de Th Sampanthamit (parfois appelé "Soi Falang" : "la rue des étrangers") est plutôt sordide la nuit – même pendant la journée, vous entendrez, adressé au chaland, l'inlassable appel pour des "massages". Cependant, plusieurs établissements destinés aux étrangers restent à l'écart de ce monde.

TRAIN

Il y a 6 trains quotidiens entre Bangkok (siège 95-457 B, couchette 1re classe haut/bas 1 117/1 317 B, 9 heures 30-11 heures) et la **gare ferroviaire d'Udon Thani** (042 222061) : trois en début de soirée (19h05, 19h38 et 20h20) et trois en journée (5h55, 8h16 et 13h40). Cinq trains partent vers le nord à Nong Khai (11-48 B, 1 heure, 3h13, 5h44, 7h07, 11h21 et 16h58).

Comment circuler

Des *songthaew* (10 B) sillonnent régulièrement la ville. Le n°6 (blanc) est pratique car il suit Th Udondutsadi (avec un détour commode jusqu'à l'intersection Th Prajak-Th Surakarn) et va jusqu'au terminal des bus 2 en passant par le marché de Rangsina. Deux bus urbains circulent (20 B) ; le City Bus 21 part de l'université, suit Th Udondutsadi et remonte jusqu'au marché de Rangsina ; le City Bus 20 suit Th Phosri, desservant les deux gares routières et l'aéroport. L'*Udon Thani Map* (www.udonmap.com) montre toutes les lignes de bus et de *songthaew*.

Il est difficile de trouver dans la rue un **taxi** (042 244554, 042 343239) ; une station est située au terminal des bus 1, au Central Plaza et à l'aéroport. Les conducteurs n'utilisent pas de compteur. Les *tuk-tuk* (appelés "skylab" ici) sont omniprésents. La course du Central Plaza au parc Nong Prajak coûte normalement 60 B.

BUS ET MINIBUS AU DÉPART DU TERMINAL 1 D'UDON THANI

DESTINATION	PRIX	DURÉE	DÉPARTS
Bangkok	423-658 B	8-10 heures	ttes les 30 min
Bueng Kan	208 B	4 heures	ttes les heures 4h10-16h10
Khon Kaen	76-120 B	2 heures 30	fréquents 5h-16h50
Khon Kaen (minibus)	80 B	2 heures	fréquents 6h-20h
Nakhon Phanom	147-200 B	4 heures	ttes les 45 min 4h30-16h20
Nong Khai (minibus)	50 B	1 heure	ttes les 30 min 6h-20h
Pattaya	441-636 B	11 heures	ttes les heures 4h30-21h
Bangkok (aéroport international Suvarnabhumi)	392 B	8 heures	21h
Vang Vieng (Laos ; visa exigé)	320 B	7 heures	8h30
Vientiane (Laos ; visa exigé)	80 B	2 heures	8 départs 8h-18h

Lek Car Rental (☎086 059 3028 ; www.lekcarrentaludonthani.com) est un loueur de voitures fiable, et de nombreuses compagnies plus petites bordent Central Plaza. **Avis** (☎089 969 8678 ; www.avisthailand.com ; aéroport international d'Udon Thani ; ⏲7h-21h), **Thai Rent a Car** (☎082 668 5057 ; www.thairentacar.com ; aéroport international d'Udon Thani ; ⏲6h30-21h) et d'autres agences internationales ont des comptoirs à l'aéroport.

Il y a une boutique de **location de vélos** (vélo 1/2/3 places 20/40/50 B par heure ; ⏲10h-20h lun-ven, 8h-20h sam-dim) sur la rive nord-est du lac dans le parc Nong Prajak.

Ban Na Kha บ้านนาข่า

☎042 / 6 360 HABITANTS

Le village de Ban Na Kha, à 16 km au nord d'Udon, est une destination de choix pour acheter des tissus. Avant de partir, jetez un coup d'œil aux deux temples du village.

À voir

Wat Na Kha Taewee TEMPLE BOUDDHIQUE

(วัดนาคาเทวี ; ⏲lever-coucher du soleil). GRATUIT Le Wat Na Kha Taewee fut fondé par un moine errant qui découvrit un trou d'où sortaient le sifflement et la fumée d'un *naga*. Il boucha le trou avec une pierre et décida de s'installer ici. Le trou, coincé entre l'*ubosot* et le stupa, est aujourd'hui un lieu de pèlerinage important. Des poteries et des squelettes humains, mis au jour lors de plusieurs chantiers de construction au sein du temple, sont exposés sous le bouddha géant.

Wat Tung Toomkam TEMPLE BOUDDHIQUE

(วัดทุ่งตูมคำ ; ⏲lever-coucher du soleil). GRATUIT Ce petit temple ombragé à 700 m au sud-est de la ville renferme de curieuses œuvres bouddhiques dont de nombreux bouddhas recouverts de pièces de monnaie.

Achats

Marché couvert MARCHÉ

(⏲7h-18h). Il y a là des dizaines de boutiques de soieries et cotonnades, au mètre ou sous forme de vêtements. Beaucoup d'étoffes sont tissées main dans le quartier, mais on trouve aussi d'autres types de tissus originaires d'autres régions ou du Laos. Les petites boutiques n'ouvrent souvent que le week-end et les jours fériés.

Mae Bah Pah Fai ART ET ARTISANAT

(☎042 206104 ; ⏲8h-17h30). Face à l'entrée du Wat Na Kha Taewee, cette boutique propose un choix de tissus aussi intéressant que les autres : le *mát·mèe*, en particulier, est magnifique. Un pan de *kít* centenaire est exposé au fond.

Depuis/vers Ban Na Kha

Les songthaew n°3 (15 B, 30 min), qui roulent dans Th Udondutsadi à Udon Thani continuent jusqu'à Ban Na Kha, de même que les "bus blancs", beaucoup moins fréquents. Les minibus reliant Udon Thani à Nong Khai peuvent également vous y déposer, mais vous devrez payer les 50 B de la course entière.

Ban Chiang บ้านเชียง

☎042 / 5 050 HABITANTS

Ce site archéologique, l'un des plus renommés du Sud-Est asiatique, fut découvert de manière fortuite en 1966. C'est en se promenant dans la région que Stephen Young, un

HORS DES SENTIERS BATTUS

PARC HISTORIQUE DE PHU PHRABAT

Nul ne connaît vraiment l'histoire de ce lieu mystérieux et mystique, ponctué d'étranges éperons rocheux. **Phu Prabat** (อุทยานประวัติศาสตรภูพระบาท ; ☎ 042 219837 ; 100 B ; ⏲ 8h30-16h30) est certainement l'un des sites les plus envoûtants de l'Isan. De nombreuses formations rocheuses furent modifiées à l'époque préhistorique pour endosser diverses fonctions religieuses. Les stèles *sema* bouddhiques, datant de la période Dvaravati, il y a probablement 1 000 à 1 200 ans, sont légion. Le sol des grottes a été minutieusement sculpté, jusqu'à en faire des plateformes polies. Les Khmers ajoutèrent plus tard des éléments hindous au parc. Des peintures préhistoriques sur plusieurs rochers en surplomb, notamment à Tham Woau et à Tham Khon, deux sites côte à côte, sont des témoignages du caractère sans doute sacré de l'endroit il y a quelque 3 000 ans.

Pièce maîtresse du parc, **Hor Nang Usa** a la forme d'une botte à l'envers et abrite un sanctuaire. Non loin, **Bo Nang Usa** est un réservoir de 5 m de profondeur creusé à même la roche. De nombreuses formations rocheuses s'accompagnent de panneaux évoquant la légende locale de la princesse Nang Usa et du prince Tao Baros – découvrez (en anglais) leur histoire en ligne sur www.timsthailand.com/nang-usa-story.

En grimpant à **Pha Sa Dej**, au bout de l'escarpement, derrière les formations rocheuses, vous aurez une vue panoramique sur la vallée en contrebas avec ses fermes se détachant sur la forêt. Les sentiers qui serpentent dans le parc permettent de voir tous les sites en 2 heures environ, mais il vaut la peine de leur consacrer bien plus de temps. Il y a moins de sites à voir le long de la boucle nord, plus éloignée.

Au sud de l'entrée du parc se dresse le **Wat Phra Phutthabaht Bua Bok**, lequel comprend un *chedi* (stupa) de style lao du même nom, bâti sur une empreinte supposée du Bouddha, et quelques formations rocheuses ressemblant à celles du parc, bien que plus petites et moins intéressantes.

Où se loger et se restaurer

Il n'y a pas d'hébergements dans le parc. Les plus proches sont à Ban Phue. On trouve au village de Ban Tiu, au pied de la colline, une modeste échoppe servant des nouilles et du riz, ainsi qu'un bon restaurant proposant une cuisine de l'Isan (à 50 m à droite quand on est face à l'entrée du parc).

Depuis/vers le parc historique de Phu Phrabat

Le parc se trouve à 65 km d'Udon Thani et de Nong Khai, et peut se visiter dans la journée depuis l'une ou l'autre ville. Du terminal des bus de Nong Khai, les *songthaew* pour Ban Phue (60 B, 1 heure 30, 7h30, 8h et 8h30) passent par Tha Bo. Du marché de Rangsina à Udon Thani, les véhicules passent par Ban Phue et continuent jusqu'à Ban Tiu (*songthaew*/minibus 35/100 B, 2 heures/1 heure 30, ttes les heures à partir de 6h), le village situé au pied de la colline qui monte vers le parc, d'où une moto-taxi coûte 100 B l'aller-retour pour les 5 derniers kilomètres escarpés.

Un *tuk-tuk* de Ban Phue à Ban Tiu revient à environ 350 B (aller-retour) et une moto-taxi coûte moitié moins cher. Il est beaucoup plus économique de prendre un *songthaew* (15 B) au passage. Le dernier véhicule quittant Ban Phue pour Nong Khai part à 16h et le dernier pour Udon peu après 17h.

étudiant en sociologie à Harvard qui faisait des enquêtes d'opinion dans la campagne de l'Isan, trébucha sur le col d'une poterie enterrée. Les premières fouilles sérieuses commencèrent peu après et mirent au jour un grand nombre d'objets anciens et une dizaine de squelettes. Le musée est l'un des plus remarquables de Thaïlande, et l'un des sites de fouilles a été laissé en l'état. Le site a été inscrit au patrimoine mondial de l'humanité en 1992.

À voir

Il fait bon se balader dans cette petite ville qui a conservé son caractère très traditionnel bien qu'il s'agisse d'une importante destination touristique.

Musée national de Ban Chiang MUSÉE
(พิพิธภัณฑสถานแห่งชาติบ้านเชียง ; avec site funéraire 150 B ; ⌚9h-16h mer-dim). Cet excellent musée conserve une profusion de poteries Ban Chiang de toutes les époques, ainsi qu'une multitude de fers de lance, de faucilles, d'hameçons, de louches, de colliers de femme et autres objets métalliques. Commentées en anglais, les expositions éclairent le passé lointain de cette région. Notez que les dates indiquées dans le musée ont été rectifiées depuis par les archéologues. Les objets sont en fait plus récents, mais le musée a choisi de ne pas modifier ses panneaux.

Site funéraire du Wat Pho Si Nai SITE ARCHÉOLOGIQUE
(หลุมขุดค้นทางโบราณคดีวัดโพธิ์ศรีใน ; entrée comprise avec le musée, lun gratuit ; ⌚8h30-18h). Le plus grand site archéologique funéraire de la ville, situé à 700 m à pied à l'est du Musée national de Ban Chiang (tournez à gauche en sortant du musée et continuez tout droit), est également le seul accessible aux visiteurs. Il comporte les restes de 52 corps datant de 300 av. J.-C. à l'an 200, enterrés avec des poteries. Le site entier est en réalité une reconstitution (des inondations ont endommagé l'original) et les squelettes ont été reproduits en résine – les vrais sont dans le musée.

Coopérative de tissage Sor Hong Daeng CENTRE ARTISANAL
(กลุ่มทอผ้าฝ้ายย้อมครามบ้านเชียง ส.หงษ์แดง ; ☎086 221 2268 ; ⌚9h-17h). GRATUIT Cette coopérative féminine produit surtout des cotonnades teintées à l'indigo, notamment des *mát·mèe*. Les visiteurs sont les bienvenus. Elle est à 800 m à pied du musée : tournez à gauche en sortant du musée, prenez la première à droite, tournez à gauche au bout de la rue et vous la trouverez sur votre gauche.

Où se loger et se restaurer

Il n'est pas difficile de trouver une chambre à Ban Chiang. Trois ou quatre logements chez l'habitant sont situés près du musée, pour la plupart dans des maisons traditionnelles en bois. Les habitants ne parlent guère l'anglais mais vous réservent un accueil sympathique.

Boon Rung Homestay CHEZ L'HABITANT $
(☎081 739 9273, 083 666 4671 ; d 600 B ; ❄📶). Meilleure adresse chez l'habitant dans les parages immédiats du musée, cette maison traditionnelle en bois sur pilotis est habitée à l'étage par les propriétaires, tandis que trois grandes chambres sont à louer au-dessous. Elles ouvrent sur une grande véranda. Le Puan Coffee, un adorable petit café, se niche dans le jardin verdoyant. Dans la rue juste en face du musée.

Krua Fah Nao THAÏLANDAIS $
(plats 50 B ; ⌚8h-16h). La "cuisine du ciel froid", en diagonale par rapport à l'entrée du musée, concocte de bons classiques thaïlandais et dispose d'une carte en anglais.

Depuis/vers Ban Chiang

D'Udon Thani, prenez un bus pour Sakon Nakhon ou Nakhon Phanom et descendez à Ban Nong Mek (35 B, 45 min, ttes les 30 min), d'où un *tuk-tuk* vous conduira (maximum 2 pers) jusqu'à Ban Chiang, à 8 km, avant de vous ramener (200 B l'aller-retour).

PROVINCE DE BUENG KAN

Bueng Kan บึงกาฬ

☎042 / 4 850 HABITANTS

Bueng Kan est une petite bourgade paisible où, sans surprise, la plupart des visiteurs ne restent que le temps de trouver une correspondance vers le Wat Phu Thok. La seule curiosité est le **marché lao-thaïlandais** (ตลาดไทย-ลาว ; Soi Buengkan ; ⌚4h-13h mar et ven). On peut aussi se joindre aux habitants qui se baladent par centaines en fin d'après-midi sur la promenade en bord du fleuve ; un marché ("Walking Street") s'y installe le vendredi et le samedi soir.

Où se loger et se restaurer

On trouve une poignée de restaurants et de cafés sur la route longeant le fleuve, près du bureau de l'immigration.

Rachawadee Hotel HÔTEL $
(☎042 492119 ; www.rachavadeehotel.com ; Th Bungkan ; d 450 B ; P❄📶). Rudimentaire mais propre et correct pour le prix, cet hôtel en L dispose des meilleures chambres économiques de la ville. Il occupe un endroit à la fois central et calme à deux pâtés de maisons de la promenade en bord de fleuve, à l'extrémité nord-ouest de la ville (à gauche quand on regarde le Mékong). Quelques vieux vélos déglingués sont à la disposition de la clientèle. Enseigne en thaï.

VAUT LE DÉTOUR

L'EXTRAORDINAIRE TEMPLE DE MONTAGNE DE BUENG KAN

Avec son réseau de marches branlantes et de passages creusés dans la roche, sur et autour d'un gigantesque affleurement de grès, le **Wat Phu Thok** (วัดภูทอก ; 6h-17h, fermé 10-16 avr) est l'une des merveilles de la région. De périlleux sentiers y relient sanctuaires et *gù·dì* (huttes ou quartiers des moines) disséminés sur la montagne, dans les grottes et sur les falaises, avec vue imprenable sur la campagne alentour. Un dernier effort entre rochers et racines... et vous voilà dans la forêt qui couronne le sommet, considéré comme le 7e palier.

Si vous marchez vite, en prenant tous les raccourcis, vous pouvez grimper et redescendre en 1 heure environ, mais il serait dommage de se presser. Ce trajet doit être pleinement savouré. L'isolement et la sérénité des lieux attirent moines et *mâa chee* (nonnes), qui viennent de toute la Thaïlande pour méditer ici ; pensez à rester silencieux et respectueux lors de votre visite.

Ce temple de forêt était autrefois le domaine de méditation du célèbre maître Luang Pu Juan, un disciple de Luang Pu Man, qui trouva la mort en 1980 dans un accident d'avion avec plusieurs autres moines révérés, alors qu'ils se rendaient à Bangkok pour l'anniversaire de la reine Sirikit. Les affaires personnelles de Luang Pu Juan et quelques ossements sont placés dans un *chedi* de marbre au pied de la montagne, au milieu d'un luxuriant jardin.

À Bueng Kan, des *tuk-tuk* proposent l'aller et retour (avec quelques heures d'attente) jusqu'au Wat Phu Thok pour 1 000 B, négociable. Il revient moins cher de prendre un bus de Bueng Kan jusqu'à Ban Siwilai (20-30 B, 45 min), d'où des *tuk-tuk* vous conduiront au temple moyennant 400 B. À condition de prendre un bus tôt le matin pour Bueng Kan, le Wat Phu Tok peut se visiter dans la journée depuis Nong Khai, et il n'est pas nécessaire de revenir sur ses pas car des minibus et des bus relient Bueng Kan à Udon Thani.

Si vous êtes en voiture ou à vélo, continuez après Bueng Kan sur 27 km jusqu'à Chaiyaphon, puis tournez à droite sur la Rte 3024, où sont indiqués Chet Si et plusieurs autres cascades. Faisant partie de la réserve naturelle de Phu Wua (p. 412), elles valent le détour tant pour elles-mêmes que pour les étranges formations rocheuses qui les encadrent. L'eau ne coule que de mi-mai à fin décembre. Après 17,5 km, prenez à droite et continuez sur 4 km.

The One HÔTEL **$$**
(042 492234 ; www.theonehotel-bk.com ; Hwy 212 ; d avec petit-déj à partir de 790 B ; P). Situé sur la grande route à 100 m de la gare routière (pour y aller, tournez à gauche en sortant de cette gare), le meilleur hôtel de Bueng Kan n'a rien d'extraordinaire mais offre un excellent rapport qualité/prix. La piscine, munie de toboggans et autres dispositifs pour les enfants, est un mini-parc aquatique. Restaurant, salle de fitness et prêt de vélos.

Renseignements

Bangkok Bank (Hwy 212 ; 10h30-19h). La ville compte de très nombreux DAB, mais seule cette banque est ouverte le soir et le week-end.

Bureau de l'immigration (042 491832 ; Th Bungkan ; 8h30-16h30 lun-ven). Délivre des prorogations de visa ; arrivez avant 15h. Depuis le grand carrefour près de l'hôtel The One, dirigez-vous vers la ville : le bureau est à l'angle d'une rue en face du fleuve. Inutile d'y aller si vous vous rendez au Laos.

Depuis/vers Bueng Kan

Bueng Kan est le centre névralgique des transports de la province, comme en atteste son immense **gare routière** (042 491302 ; Hwy 212), bordant la grande route à l'est de la ville.

Comment circuler

Il n'y a ni taxi ni loueur de voitures à Bueng Kan et les *tuk-tuk* se concentrent surtout à la gare routière (50 B pour aller au centre-ville) – heureusement que le centre-ville de Bueng Kan est assez petit pour circuler à pied. Le Mékong est à environ 1 km de la grande route.

BUS ET MINIBUS AU DÉPART DE BUENG KAN

DESTINATION	PRIX	DURÉE	DÉPARTS
Bangkok	511-874 B	13 heures	6h30 et 7h, 12 départs 16h30-18h15
Nakhon Phanom	130 B	4 heures	14h
Nong Khai	120 B	2 heures 30-3 heures	15h
Nong Khai (minibus)	150 B	2 heures 30	ttes les 40 min 6h-18h
Udon Thani	208 B	4 heures	ttes les heures 5h-15h
Udon Thani (minibus)	200 B	3 heures 30	ttes les 40 min 6h-18h

Réserve naturelle de Phu Wua เขตรักษาพันธุ์สัตว์ป่าภูวัว

Avec une superficie de 186 km², la **réserve naturelle de Phu Wua** (081 260 1845 ; 100 B) est l'une des plus vastes de l'Isan. Ses paysages accidentés constitués d'affleurements de roche mère et d'imposantes collines en font également l'une des plus belles. Pendant ou juste après la saison des pluies (juillet-septembre), la forêt se pare d'imposantes chutes d'eau. Elle est également peuplée de plus de 40 éléphants. Les visiteurs peuvent aller à leur rencontre (essayez les alentours du village de Ban Kham Pia à la saison des pluies) et les apercevoir à l'extérieur du parc mais, en raison du nombre croissant d'accidents mortels, il n'est pas recommandé de randonner dans le parc sans être accompagné. Il y a également des singes, des muntjacs et de nombreuses espèces d'oiseaux.

À voir et à faire

Nam Tok Chet Si ("cascade aux sept couleurs") et Nam Tok Tham Phra ("cascade de la grotte aux moines"), les deux plus grandes cascades, se trouvent à l'est de la Rte 3024, près du Wat Phu Thok. On peut voir celle de Tham Phra en prenant un bateau (8h-16h, 30 B/pers) ; les étrangers doivent s'acquitter d'un droit d'entrée de 200 B.

Randonnée

Si l'on peut se rendre à moto, en indépendant, jusqu'aux diverses cascades indiquées le long des routes environnantes, il faut laisser son véhicule au centre d'information des visiteurs, après lequel il n'y a plus que des sentiers pédestres. Les autorités laissent parfois les visiteurs s'aventurer seuls sur ces sentiers. Nous le déconseillons : ces itinéraires ne sont pas matérialisés, traversent par endroits une forêt dense et vous risquez de rencontrer un éléphant sauvage agressif ou surpris. Vous pouvez théoriquement vous faire accompagner d'un guide du parc, à condition d'avoir obtenu une autorisation écrite préalable du département des Parcs nationaux de Bangkok – sachez toutefois que les employés du parc ne parlent guère l'anglais.

Bunloed, propriétaire de Bunloed's Huts, est un guide recommandé (comptez 400/600/800 B la demi-journée/journée/les 2 jours). Véritable puits de science, il est conscient des dangers potentiels des animaux sauvages. Il fournit aussi des conseils (et des cartes) pour se rendre dans les villages ruraux environnants à pied, à vélo ou à moto.

Où se loger et se restaurer

On ne peut pas se loger dans le parc. À Ban Kham Pia, le village le plus proche, situé à 3 km du centre d'information du parc, vous trouverez à Bunloed's Huts d'excellentes chambres chez l'habitant. On peut aussi se loger à Bung Khla, la ville voisine, le long d'un superbe tronçon du Mékong ; le Mon Prasit Resort offre le meilleur rapport qualité/prix. Bueng Kan peut aussi être une base pour visiter la réserve, mais les randonneurs ont intérêt à se loger plus près. On peut se restaurer dans toutes les villes proches du parc et dans certains villages environnants, mais pas dans la réserve, à l'exception de quelques marchands ambulants qui s'installent à Nam Tok Chet Si et à Nam Tok Tam Phra à la saison des pluies.

♥ **Bunloed's Huts** CHEZ L'HABITANT $

(087 861 0601 ; www.bunloedhuts.jimdo.com ; Ban Kham Pia ; s bung 260-300 B, d bung 320-360 B, s/d avec sdb commune 200/260 B, s/d tente 80/100 B, repas 60-100 B ; P 📶). Bunloed et Angelina (un Thaïlandais et une Française) accueillent des hôtes dans ce charmant groupe de bungalows où ils habitent, en lisière du paisible village de Ban Kham

ALLER AU LAOS : DE BUENG KAN À PAKSAN

Bien que rares soient les voyageurs à le faire, on peut franchir le Mékong entre Bueng Kan et Paksan, à condition d'avoir un visa pour le Laos.

Rejoindre la frontière L'embarcadère est à 2,5 km au nord-ouest de la ville, où s'effectuent les formalités d'immigration. Un *tuk-tuk* depuis le centre-ville coûte 60-70 B.

À la frontière Des bateaux (60 B/pers) traversent fréquemment le fleuve de 8h30 à 16h en semaine, et moins souvent le week-end – les bateaux partent alors dès qu'une vingtaine de passagers sont à bord. On peut toujours partir sur-le-champ moyennant 1 200 B.

Poursuivre son voyage Des *tuk-tuk* attendent côté laotien, mais on peut rejoindre à pied la grande route et certains hôtels.

Pia, près de la réserve de Phu Wua. C'est non seulement la meilleure adresse pour partir à la découverte du parc mais aussi un hébergement particulièrement sympathique offrant un véritable aperçu de la vie dans un village isan traditionnel.

Dans le but de créer des chambres chez l'habitant dans son village natal, Bunloed a conçu et construit lui-même les bungalows en bambou, la cuisine ouverte, l'espace où l'on mange, et la maison en brique crue. Il a aussi planté tous les arbres et plantes du jardin – orchidées, ananas, cocotiers, manguiers, mangoustaniers, ramboutans –, cultivés biologiquement. Il peut vous servir de guide dans le parc ou vous fournir des conseils pour le visiter seul. L'établissement prête des motos et des vélos, propose de savoureux repas isan et les propriétaires peuvent vous présenter les tisseuses de *mát·mèe* et les riziculteurs du village. La propriété est entourée de rizières, dont la plupart appartiennent aux frères et sœurs de Bunloed.

C'est l'occasion privilégiée de découvrir la vie traditionnelle d'une famille isan parlant français (et anglais) et comprenant les besoins et les attentes des voyageurs étrangers comme celles des villageois. L'hébergement est rudimentaire mais confortable ; on s'endort bercé par la musique de la forêt, on s'éveille au cri des coqs. C'est le genre d'endroit où l'on vient pour un jour ou deux et qu'on ne voudrait plus quitter.

Mon Prasit Resort HÔTEL $
(☎042 499147 ; Bung Khla ; d avec ventil 300 B, avec clim 350-600 B, bungalows 600 B ; P ❄ 📶). Juste au bord du Mékong, devant les "monts serpent" couverts de forêt situés sur l'autre rive (au Laos), Bung Khla est une localité gâtée par le paysage. Les chambres de cet hôtel tout simple sont propres mais petites ; n'hésitez pas à leur préférer les six bungalows en bois installés au bord du fleuve pour profiter de cette vue splendide depuis votre véranda individuelle.

Depuis vers la réserve naturelle de Phu Wua

À moins de loger dans les Bunloed's Huts de Ban Kham Pia, vous aurez besoin d'un véhicule pour explorer Phu Wua. Il n'y a de motos à louer ni à Bung Khla ni à Bueng Kan.

Le moyen le plus simple de se rendre à Ban Kham Pia est le bus quotidien circulant entre Nong Khai (100 B, 3 heures 30-4 heures) et Nakhon Phanom (130 B, 3-4 heures) : il vous dépose à Ban Don Chik, à 3 km, où Bunloed peut venir vous chercher, à moins que vous ne préfériez marcher. Des minibus circulent aussi toutes les heures entre Bueng Kan et Ban Phaeng (5h30-15h30), en passant à Bung Khla et à Ban Don Chik (50 B). Dans l'autre sens, commencez par prendre un minibus pour Ban Phaeng à Nakhon Phanom (80 B, 2 heures, 12h30, 13h30, 14h30 et 16h), puis un minibus pour Ban Don Chik ou Bung Khla (50 B, 45 min).

PROVINCE DE NAKHON PHANOM

จังหวัดนครพนม

Les influences laotiennes et vietnamiennes prédominent dans la province de Nakhon Phanom, bordée par le Mékong et parsemée de temples révérés. En grande partie pauvre en sites touristiques, la région jouit cependant d'attraits plus subtils, offrant des perspectives superbes sur le fleuve et abritant des lieux historiques intéressants, ainsi que le gigantesque Wat Phra That Phanom, emblème de la culture isan.

Nakhon Phanom นครพนม

042 / 22 710 HABITANTS

Nakhon Phanom signifie la "ville des montagnes", mais les pains de sucre au relief ondulé se trouvent tous de l'autre côté du fleuve, au Laos : vous pourrez les admirer, mais non en faire l'ascension. La vue est splendide, surtout lorsque le soleil se lève dans la brume.

Les temples de Nakhon Phanom sont d'un style bien particulier. Ville majeure de l'empire Lan Xang, elle accueillit ensuite les meilleurs artisans des rois thaïs venus y ériger de nouveaux édifices. Plus tard, l'influence française traversa le Mékong pour apporter sa pierre à l'ensemble.

À voir

Mekong Walking Street MARCHÉ

(ถนนคนเดินแม่น้ำโขง ; Th Sunthon Wijit ; 16h-21h30 ven-dim). Ce marché installé dans la rue est pauvre en art et en artisanat mais riche en souvenirs et, naturellement, en nourriture. Les bâtiments historiques forment un cadre agréable.

Musée de la Résidence de l'ancien gouverneur MUSÉE

(จวนผู้ว่าราชการจังหวัดนครพนม/หลังเก่า ; Th Sunthon Wijit ; adulte/enfant 50/20 B ; 9h-17h mer-dim). Installé sur la rive, dans une demeure restaurée de 1925, ce musée, aussi connu comme le musée Juan, renferme des photos de la Nakhon Phanom d'antan, nombre d'entre elles commentées en anglais, tandis qu'à l'arrière, une exposition est consacrée à la procession des bateaux illuminés (Lai Reua Fai) et aux ustensiles de la cuisine d'origine. Bai-Tong, artiste et propriétaire de la boutique du musée, parle anglais et pourra vous donner moult conseils sur la région.

Maison de Hô Chi Minh MUSÉE

(บ้านโฮจิมินห์ ; 042 522430 ; Ban Na Chok ; don apprécié ; lever-coucher du soleil). GRATUIT Cette réplique de la modeste maison en bois où "l'oncle Hô" travailla en 1928 et 1929 à l'organisation de son mouvement de résistance au Vietnam est le plus intéressant des trois sites de Ban Na Chok (p. 416) consacré à Hô Chi Minh. Une partie des meubles serait d'époque. Ce musée privé occupant un jardin luxuriant rempli de fleurs et d'arbres fruitiers, à l'arrière d'une demeure familiale, fait la fierté des propriétaires.

Wat Okat TEMPLE BOUDDHIQUE

(วัดโอกาส ; Th Sunthon Wijit ; lever-coucher du soleil). GRATUIT Antérieur à la construction de la ville, le Wat Okat héberge le Phra Teaw et le Phra Tiam, deux bouddhas sacrés en bois recouverts de feuilles d'or qui trônent sur le plus haut piédestal du *wí·hăhn* (sanctuaire). Le bouddha Tiam (à droite) est une copie ; l'original fut dérobé en 2010. La splendide fresque moderne qui relate le voyage des bouddhas Phra Tiow et Phra Tiam au fil du Mékong depuis le Laos est une de nos préférées en Thaïlande (essayez d'y repérer les voyageurs sac au dos).

Activités

De par ses routes relativement tranquilles et sa piste cyclable ombragée le long du Mékong (plus agréable en direction du nord qu'en direction du sud), Nakhon Phanom est une ville particulièrement propice au vélo). On peut aussi rejoindre à vélo Ban Na Chok (p. 416), village rural regroupant trois sites touristiques en rapport avec Hô Chi Minh. Beaucoup d'hôtels en ville louent des vélos (généralement pour 50 B/jour).

Maekhong Paradise Sunset Dinner Cruise CROISIÈRES

(089 780 7179 ; Th Sunthon Wijit ; adulte/enfant 200/100 B). À bord du plus grand bateau de croisière de la ville se déroulent des dîners-croisières de 2 heures (carte thaïlandaise et isan). Départ à 18h.

Thesaban Sunset Cruise CROISIÈRES

(086 230 5560 ; Th Sunthon Wijit ; 50 B/pers). La ville propose une croisière d'une heure sur le Mékong à bord du *Thesaban*, un vieux bateau grinçant amarré en face de l'Indochina Market. Départ vers 17h. Boissons et en-cas sur place.

Fêtes et festivals

Lai Reua Fai CULTUREL

(fin oct/déb nov). Nakhon Phanom doit sa renommée à cette procession de bateaux illuminés. C'est une variation moderne de la tradition ancestrale selon laquelle on lançait sur le Mékong des radeaux chargés de nourriture, de fleurs et de bougies en guise d'offrandes au *naga*. Aujourd'hui, les radeaux géants en bambou comptent jusqu'à 20 000 lanternes faites main, et certains de leurs créateurs animent les scènes présentées.

Courses de bateaux, concours musicaux et autres festivités se succèdent une semaine durant, mais la procession de bateaux n'a

Nakhon Phanom

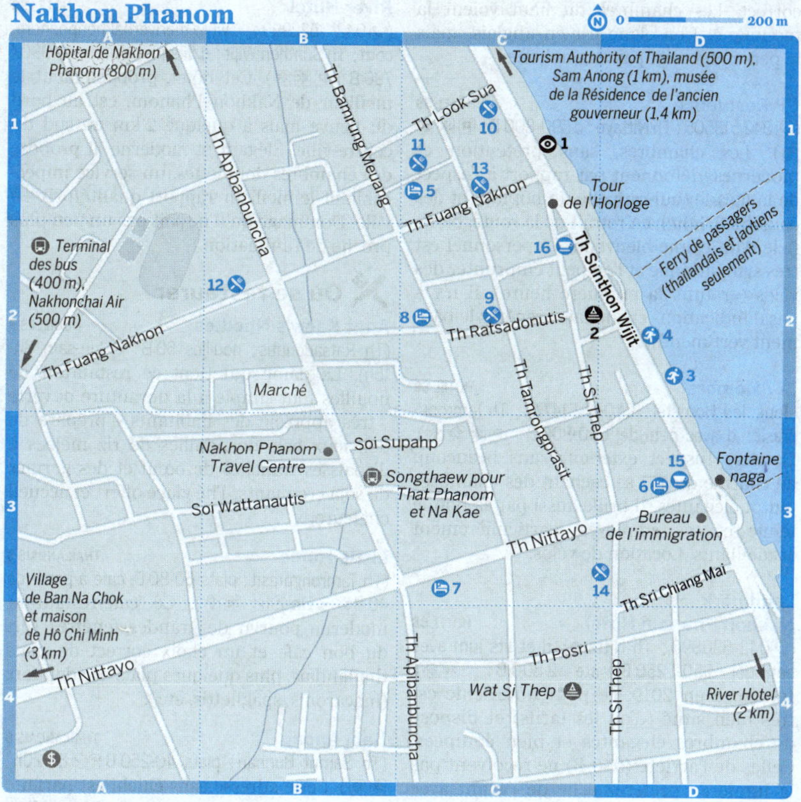

Nakhon Phanom

À voir
1 Mekong Walking Street C1
2 Wat Okat C2

Activités
3 Maekhong Paradise Sunset Dinner Cruise D2
4 Thesaban Sunset Cruise D2

Où se loger
5 777 Hometel C1
6 Landmark Nakhon Phanom Hotel D3
7 SP Residence C3
8 Windsor Hotel C2

Où se restaurer
9 Aunt Kaew's Noodles C2
10 Champasak C1
11 Little Home C1
12 Marché nocturne B2
13 Ohio C1
14 Phornthep Naem Nueang D3

Où prendre un verre et faire la fête
15 Cafe Le Landmark D3
16 P Cafe C2

lieu que la nuit de la pleine lune, qui marque Ork Phansaa, fin du jeûne bouddhique.

Où se loger

Windsor Hotel HÔTEL $
(☎042 511946 ; 272 Bamrung Meuang ; s avec ventil 300 B, d et lits jum 450 B ; P ❄ 📶). Meilleur des hôtels économiques du centre de Nakhon Phanom, c'était sûrement une adresse haut de gamme il y a quelques décennies. Aujourd'hui, avec une couche de peinture neuve, une propreté irréprochable et de grandes chambres (avec TV et mini-réfrigérateur), il offre un rapport qualité/prix

correct. Les chambres du haut voient la montagne. L'enseigne est en anglais, mais le personnel n'est pas anglophone.

SP Residence HÔTEL $$

(☎042 513505 ; Th Nittayo ; d 590-800 B ; P❄@📶). Les chambres, sans prétention et modernes, détonnent par rapport à l'aspect de la façade (qui rappelle un hôpital) et des couloirs. L'hôtel, en retrait de la route, bénéficie d'un calme bienvenu. Le personnel est très sympathique et l'on peut emprunter des vélos (gratuits la première heure). Il n'y a pas d'indications en anglais : repérez le bâtiment vert menthe.

777 Hometel HÔTEL $$

(Tong Jed Hometel ; ☎042 514777 ; Th Tamrongprasit ; d avec petit-déj 600-800 B ; P❄@📶). Derrière l'aspect extérieur sans beaucoup de charme du 777 se cachent des chambres plutôt élégantes. Il brille aussi par sa bonne tenue et ses employés, particulièrement accueillants. Location de vélos.

Landmark Nakhon Phanom Hotel HÔTEL $$

(☎042 530890 ; Th Nittayo ; d et lits jum avec petit-déj 950-1 250 B, ste 2 800 B ; ❄📶). Inauguré en 2019, ce petit hôtel chic est très bien situé (d'où les tarifs) et dispose de chambres élégantes et bien équipées. Celles de l'arrière (950 B) ne reçoivent pas la lumière ; préférez celle de l'avant avec balcon (1 250 B) ou, si vos moyens vous le permettent, une des magnifiques suites avec vue sur le Mékong.

River Hotel HÔTEL $$

(☎042 522999 ; www.therivernakhonphanom.com ; Th Sunthon Wijit ; d/lits jum à partir de 990/790 B ; P❄📶). Cet hôtel, probablement le meilleur de Nakhon Phanom, est au bord du fleuve mais à quelque 2 km au sud du centre-ville. Élégant et moderne, il propose des chambres douillettes, un service impeccable et le meilleur rapport qualité/prix en ville. Dommage qu'il ne soit pas un peu plus proche de l'animation.

Où se restaurer

Aunt Kaew's Noodles NOUILLES $

(Th Ratsadonutis ; nouilles 50 B ; ⏲lun-sam 8h-15h). La dame qui tient ce restaurant de nouilles tout simple à la devanture ouverte – très apprécié des habitants – prépare de délicieux bols de nouilles de riz mêlées à d'épaisses tranches de bœuf et des germes de soja croquants. Thé glacé offert et accueil chaleureux.

Little Home THAÏLANDAIS $

(Th Tamrongprasit ; plats 60-80 B, café à partir de 40 B ; ⏲11h-19h ; ❄📶). Ce café-restaurant moderne pourvu de grandes fenêtres sert du bon café et un choix correct de plats thaïlandais, plus quelques plats occidentaux (macaronis, spaghettis, etc.).

Sam Anong THAÏLANDAIS $

(Th Samut Bunhan ; plats 40-250 B ; ⏲8h-20h ; ❄📶). Cette adresse sans chichi est parfaite pour goûter une cuisine isan rustique et l'un des meilleurs *gài yâhng* (poulets grillés) de Nakhon Phanom. On apprécie le choix entre

VAUT LE DÉTOUR

LE VILLAGE DE L'ONCLE HÔ

Outre ses paysages splendides, la province de Nakhon Phanom est connue pour ses liens historiques avec Hô Chi Minh. Le village de **Ban Na Chok**, situé à 3 km à l'ouest de Nakhon Phanom, est l'un des endroits en Thaïlande où séjourna "oncle Hô" entre 1928 et 1930, alors qu'il travaillait à l'organisation de la résistance contre la présence française au Vietnam.

Le village, essentiellement peuplé de Vietnamiens, compte aujourd'hui trois sites honorant sa mémoire. Le meilleur d'entre eux est la reconstitution fidèle de la maison (p. 414) où il séjourna. Le **mémorial** (อนุสรณ์สถานประธานโฮจิมินห์ ; Ban Na Chok ; ⏲8h-17h) GRATUIT attire surtout les cars de touristes. Le **musée** (พิพิธภัณฑ์ประธานโฮจิมินห์ ; Ban Na Chok ; ⏲7h-16h) GRATUIT est le moins visité des trois sites ; c'est pourtant le plus instructif.

Les chauffeurs de *tuk-tuk* demandent généralement 200 B pour l'aller-retour, mais le trajet est facile à vélo : suivez Th Nittayo vers l'ouest sur environ 3 km, puis tournez à gauche juste après le temple situé non loin du grand panneau "Ho Chi Minh's House". Une fois passé l'arche à l'entrée du village, le musée se trouve dans la seconde rue à droite (il est indiqué). La maison et le mémorial se trouvent deux rues plus loin.

riz gluant blanc et noir. En suivant le bord du Mékong, prenez la troisième route à gauche après le bureau de la Tourism Authority of Thailand ; le restaurant est pratiquement juste après, à gauche.

Phornthep Naem Nueang VIETNAMIEN $
(Th Si Thep ; plats 40-200 B ; 6h-16h). Adresse classique avec un vaste choix de plats vietnamiens, dont les *nǎam neu·ang* (nems au porc à composer soi-même). Si vous venez le matin, goûtez le *khài gràtá* (mini-poêle garnie d'œufs et de saucisses). Enseigne en thaï ; le restaurant est en face de l'ancien cinéma, près de l'hôtel Srithep.

Marché nocturne THAÏLANDAIS $
(Th Fuang Nakhon ; 16h-22h). Ce marché est vaste et diversifié (cuisines thaïlandaise, isan, vietnamienne et internationale), mais rares sont les places assises.

Ohio THAÏLANDAIS $$
(Th Fuang Nakhon ; plats 69-169 B, fruits de mer 150-300 B ; 17h-4h ;). Si le style de ce restaurant prisé a changé maintes fois en 25 ans (c'est désormais un lieu élégant et coloré), la qualité des plats a toujours été au rendez-vous. L'établissement sert surtout des plats thaïlandais, mais il y a quelques spécialités de l'Isan et occidentales également. Bonne adresse pour une bière artisanale ou un cocktail en fin de soirée.

Champasak POISSON $$
(042 514541 ; Th Sunthon Wijit ; plats 40-400 B ; 10h-22h ;). Ce restaurant est spécialisé dans les poissons d'eau douce du Mékong. La propriétaire, fille de pêcheurs, connaît le poisson et est fière de ses produits. L'établissement compte une salle climatisée et une salle ouverte sur l'extérieur. Le menu illustré seconde les descriptions sommaires en anglais des habituels plats thaïlandais, isan et vietnamien. L'enseigne est en thaï ; ce grand bâtiment se reconnaît à son orange criard.

Où prendre un verre et faire la fête

Après le dîner, rejoignez au bord du fleuve un des jolis bars décontractés installés dans des *shophouses* anciennes de Th Sunthon Wijit, au nord de l'horloge.

Cafe Le Landmark CAFÉ
(Th Nittayo ; café à partir de 50 B, thé et smoothies 80 B ; 6h-22h). Cet adorable petit café attenant au Landmark Nakhon Phanom Hotel sert du bon café, du thé et des smoothies ainsi que des croissants et, curieusement, 16 sortes de toasts, dont les garnitures vont de la confiture de fraise à l'effiloché de porc en passant par la mayonnaise. Parfait pour prendre un bain d'air climatisé ou pour profiter de l'agréable terrasse couverte.

P Cafe CAFÉ
(Th Si Thep ; expresso 40 B ; 7h30-19h30 ;). Café, thé, sodas italiens, smoothies, dans un décor... très branché ! Venez vous détendre dans les gros fauteuils du "P", calés entre les photographies anciennes à côté du piano. Il n'y a pas vraiment de restauration, hormis des cookies, pâtisseries et autres gâteaux.

Renseignements

Bangkok Bank (Tesco-Lotus, Th Nittayo ; 10h30-19h). Banque ouvrant le soir et le week-end, dans le centre-ville.

Bureau de l'immigration (042 532644 ; www.nakhonphanom-imm.com ; Th Sunthon Wijit ; 8h30-12h et 13h-16h30 lun-ven). Délivre des prorogations de visa.

Hôpital de Nakhon Phanom (042 511422 ; www.nkphospital.go.th ; Th Apibanbuncha). Le meilleur équipement médical de la ville.

Tourism Authority of Thailand (TAT ; 042 513490 ; tatphnom@tat.or.th ; Th Sunthon Wijit ; 8h30-16h30). Couvre les provinces de Nakhon Phanom, Sakon Nakhon et Mukdahan.

Depuis/vers Nakhon Phanom

AVION

L'aéroport de Nakhon Phanom est à 20 km à l'ouest de la ville. **Air Asia** (042 531571, centre d'appel national 02 515 9999 ; www.airasia.com ; aéroport de Nakhon Phanom ; 8h-17h) propose plusieurs vols quotidiens depuis/vers l'aéroport Don Mueang de Bangkok. **Nok Air** a cessé un temps de relier la capitale, mais pourrait avoir repris ses liaisons lorsque vous lirez ces lignes. Le **Nakhon Phanom Travel Centre** (042 520999 ; Th Apibanbuncha ; 8h30-18h lun-sam) vend des billets. Une course en taxi de l'aéroport en ville coûte autour de 150-200 B.

BUS

Le **terminal des bus** (042 513444 ; Th Fuang Nakhon) de Nakhon Phanom se trouve à courte distance à pied à l'ouest du centre-ville. Les bus partent pour Nong Khai (200 B, 7-8 heures, 11h), Udon Thani (147-200 B, 4 heures, ttes les 45 min 7h15-17h), Khon Kaen (212 B, 5 heures, 13/jour 5h50-21h30) et Ubon Ratchathani (155-200 B, 4 heures 30, 7h, 8h30 et 14h). Des bus

ALLER AU LAOS : DE NAKHON PHANOM À THA KHAEK

Rejoindre la frontière Des ferrys de passagers traversent le Mékong jusqu'à Tha Khaek au Laos, mais ils sont réservés aux Thaïlandais et aux Laotiens. Tous les autres voyageurs doivent utiliser le troisième pont de l'Amitié thaïlando-laotienne, au nord de la ville. Le plus simple est de prendre un bus direct pour Tha Khaek à la gare routière de Nakhon Phanom (sem/week-end 70/75 B, 8 départs 8h-17h).

À la frontière La frontière est ouverte de 6h à 22h. Toutes les formalités d'immigration, dont l'obtention des visas laotiens, s'effectuent au niveau du pont. Le passage de la frontière devient un peu chaotique lorsque le pont est emprunté par de nombreux groupes d'ouvriers vietnamiens.

Poursuivre son voyage Les bus ont tendance à attendre au niveau du pont pour avoir le plus de passagers possible, aussi le temps de trajet pour Tha Khaek peut-il prendre plus de 2 heures.

de luxe **Nakhonchai Air** (☎ 042 191299) partent également de ce terminal.

La plupart des voyageurs prennent des minibus pour rallier Ubon Ratchathani (182 B, 4 heures, 5h45-16h environ) et Mukdahan (80 B, 2 heures 30, départs fréquents 5h30-18h) ; tous marquent l'arrêt à That Phanom (40 B, 1 heure). De nombreux bus partent pour Bangkok (554-862 B, 11 à 12 heures) de 16h30 à 19h30, ainsi que 2 autres le matin (7h30 et 7h45) ; il y a 3 bus quotidiens pour Chiang Mai (737 B, 14 à 15 heures, 9h, 15h et 17h).

Les *songthaew* pour That Phanom (50 B, 1 heure 30, fréquents de 7h à 17h) stationnent près de la Kasikornbank dans le centre-ville.

Comment circuler

Les chauffeurs de *tuk-tuk* prennent 40 B (1 ou 2 personnes) pour une course entre le terminal des bus et le centre-ville, et 200 B pour l'aller-retour à Ban Na Chok. Nakhon Phanom compte également un service de **taxis** (☎ 080 903 7222) ; les chauffeurs attendent à la gare routière et n'utilisent pas de compteurs.

Des *songthaew* pour Na Kae partant près de la Kasikornbank passent près de l'embranchement pour la maison de Hô Chi Minh (15 B, 10 min), d'où il reste 1 km de marche.

Avis (☎ 062 597 3611, centre d'appel national 02 2511131 ; www.avisthailand.com ; aéroport de Nakhon Phanom ; ⏲8h-19h30), **Budget** (☎ 042 531592, centre d'appel national 02 203 9222 ; www.budget.co.th ; aéroport de Nakhon Phanom ; ⏲8h-18h) et **Thai Rent a Car** (☎ 042 530681, centre d'appel national 1647 ; www.thairentacar.com ; aéroport de Nakhon Phanom ; ⏲9h-19h) louent des voitures à l'aéroport de Nakhon Phanom ; le River Hotel (p. 416) loue également des véhicules. Une voiture seule revient à 1 200 B par jour ; ajoutez 500 B pour un chauffeur. Le River Hotel et 777 Hometel (p. 416) louent des motos pour 250 B.

La rareté des véhicules motorisés et la piste cyclable longeant le fleuve vers le nord jusqu'au pont font de Nakhon Phanom une destination idéale pour le cyclotourisme. La plupart des hôtels ont des vélos à la disposition de leurs clients ; si ce n'est pas le cas du vôtre, louez-en dans un autre hôtel – au 777 Hometel par exemple.

That Phanom ธาตุพนม

☎ 042 / 11 680 HABITANTS

Dominant cette bourgade paisible, la flèche de l'immense *chedi* du Wat Phra That Phanom est le symbole le plus emblématique de la région et un des piliers de l'identité isan. Certains bâtiments historiques, dans la partie de la ville qui épouse le cours du Mékong, font l'objet d'une agréable visite.

À voir

Wat Phra That Phanom TEMPLE BOUDDHIQUE
(วัดพระธาตุพนม ; Th Chayangkun ; ⏲5h-21h). GRATUIT Ce temple superbe et imposant ne vous laissera sans doute pas de marbre, quand bien même vous auriez déjà eu votre content d'architecture sacrée. En son centre se dresse un *tâht* (stupa), plus impressionnant que tous ceux du Laos actuel, vénéré des bouddhistes des deux pays. Le *tâht* s'élève à 53,6 m, surmonté par un parasol en or de 16 kg, décoré de pierres précieuses, qui lui ajoute 4 m. Des éclairages spectaculaires illuminent le stupa la nuit et la visite du soir s'accompagne de psalmodies et de coups de gongs résonnant dans tout le site.

La légende locale raconte que, de passage en Thaïlande, le Bouddha aurait demandé que l'on construisît un *chedi* ici même pour y conserver un fragment de son sternum – ce qui fut fait 8 ans après sa mort, en 535 av. J.-C. En revanche, les historiens font remonter la construction la plus ancienne aux environs du IXe siècle. Ensuite, le monument a été régulièrement modifié. En 1690, il fut surélevé pour atteindre 47 m. Le bâtiment actuel, construit en 1941, s'est effondré durant les fortes pluies de 1975 et a été restauré en 1978. Dans un bassin en face du temple, une **réplique** (พระธาตุองค์เดิมจำลอง) GRATUIT donne une idée du petit stupa d'origine. Des répliques des temples successifs ont été érigées dans tout l'Isan.

Derrière le cloître s'étend un petit parc ombragé contenant d'autres statues ainsi qu'un **musée** (พิพิธภัณฑ์รัตนโมลีศรีโคตรบูรณ์; ⏲8h30-16h). GRATUIT On peut voir, côté nord, ce qui était jadis le plus grand gong de Thaïlande, et, côté sud, un marché de produits alimentaires et d'artisanat plutôt destiné aux touristes thaïlandais.

Marché de la frontière thaïlando-laotienne MARCHÉ
(ตลาดนัดไทยลาว ; Th Rimkhong ; ⏲5h-14h lun et jeu). Ce marché animé investit les rives du fleuve tous les lundis et vendredis. Outre les denrées alimentaires et articles de maison standards des marchés de Thaïlande, on y trouve des produits récoltés dans la forêt par des commerçants laotiens : herbes, racines, champignons, chauve-souris, etc.

Fêtes et festivals

Fête de That Phanom CULTUREL
(⏲fin jan/déb fév). Des visiteurs affluent de toute la Thaïlande et du Laos pour acquérir des mérites et rendre hommage au *tâht*. Des stands en tout genre envahissent les rues, de nombreuses troupes de *mŏr lam* se produisent, et la ville ne ferme pratiquement pas l'œil pendant 9 jours. Le matin d'Ork Phansaa (fin du carême bouddhique), des Phu Tai exécutent la "danse du paon" devant le Wat Phra That Phanom.

Où se loger

Pendant la fête de That Phanom, les prix s'envolent ; les chambres sont réservées longtemps à l'avance.

♥ **Baan-Ing-Oon Guesthouse** HÔTEL $
(☎042 540111 ; baaningoonguesthouse2@gmail.com ; Th Phanom Phanarak ; d avec petit-déj 490-790 B ; P ❄ ☎). Cet hôtel à un pâté de maisons du fleuve offre propreté, confort et délicatesse à un prix très avantageux. L'édifice, qui jouxte un immeuble colonial historique, possède, bien qu'il soit récent, une belle architecture de style Indochine française. La famille qui gère l'hôtel ne parle pas bien anglais, mais fera tout pour faciliter votre séjour. Prêt de vélos.

That Phanom

Les incontournables
1 Wat Phra That Phanom....A2

À voir
2 Réplique du stupa....A2
3 Marché de la frontière thaïlando-laotienne....B1
4 Musée de That Phanom....A2

Où se loger
5 Baan Ing Oon Guesthouse....B3
6 Kritsada Rimkhong Hotel....B1
7 That Phanom Place....A3
8 That Phanom Riverview Hotel....B1

Où se restaurer
9 Dao Thong....B2
Krua Kritsada Rimkhong....(voir 6)
10 Marché nocturne....B2
11 Pugtukhong....B2

Kritsada Rimkhong Hotel HÔTEL $
(☎083 005 8621 ; Th Rimkhong ; d avec petit-déj 500-600 B ; P ❄ @ ☎). Les chambres de cet hôtel sont disparates, certaines sont plus anciennes que d'autres et aucune n'a de charme particulier. Choisissez si possible l'une des 2 chambres de l'étage avec vue sur

le fleuve. Si l'aimable propriétaire, qui parle anglais, est sur place lorsque vous appelez, il viendra vous chercher gratuitement à la gare routière. Il y a des vélos à disposition des résidents.

That Phanom Riverview Hotel HÔTEL $$
(☎042 541555 ; www.thatphanomriverviewhotel.com ; Th Rimkhong ; d et lits jum avec petit-déj 850-1 300 B ; P ❄ @ 📶). Les chambres du plus grand et du plus beau lodge de That Phanom sont plutôt ordinaires pour le prix, mais elles sont spacieuses et lumineuses. Le service et les prestations sont à la hauteur. Sachez, par ailleurs, qu'en dépit de l'emplacement, la plupart des chambres n'ont pas, ou très peu, vue sur le fleuve.

That Phanom Place HÔTEL $$
(☎042 532148 ; thatphanomplace@gmail.com ; Th Chayangkun ; d/lits jum avec petit-déj 790/890 B ; P ❄ 📶). Situé en retrait de la route derrière le restaurant éponyme, cet établissement accueillant a beaucoup d'atouts. Chambres impeccables, bien conçues et aérées, prix raisonnables et personnel ultra-professionnel, parlant souvent anglais. Si seulement l'hôtel donnait sur le fleuve, et non sur la route à 500 m de la rive... Prêt de vélos.

Où se restaurer et prendre un verre

Les restaurants bordant le fleuve sont de bons endroits pour boire une bière ou un *lôw kŏw* (whisky local) en soirée. Il y a également quelques bars couleur locale à l'intersection de Th Chayangkun et Th Chayangkun 2, au sud du *tâht*.

Dao Thong VIETNAMIEN $
(Th Phanom Phanarak ; 40-150 B ; ⏲7h30-20h30 ; ❄ 📶). Ce restaurant, le plus grand de la ville, est conçu pour les groupes de touristes, mais la cuisine (surtout vietnamienne, avec quelques recettes isan) est bonne et la carte est en anglais. Leo, l'un des membres du jeune couple qui tient l'établissement, parle bien l'anglais et sait mettre les clients à l'aise quand un moment de calme se présente.

Pugtukhong THAÏLANDAIS $
(☎091 057 0351 ; Th Rimkhong ; plats 40-150 B ; ⏲10h-tard ; 📶). Khun Maew – qui parle anglais et est de bon conseil sur la région, qu'il connaît comme sa poche – sert de copieuses assiettes de savoureuses spécialités thaïlandaises et de l'Isan, le tout avec vue sur le fleuve. Également agréable pour une bière en fin de soirée.

Krua Kritsada Rimkhong THAÏLANDAIS $
(Th Rimkhong ; plats 40-200 B ; ⏲8h-22h ; P 📶). La succulente cuisine de ce restaurant se spécialise dans les délices du Mékong, servis dans un cadre plus paisible que dans la plupart des autres restaurants bordant la rive.

Marché nocturne MARCHÉ $
(⏲15h30-21h30). Si la cuisine de l'Isan prédomine dans le marché de nuit de That Phanom, on trouve également des plats thaïlandais et vietnamiens, à manger sur le pouce.

Renseignements

On trouve plusieurs banques dans le centre-ville. La **Bangkok Bank** (⏲10h30-19h), dans le centre commercial Tesco-Lotus au nord de la ville sur Th Chayangkun, est ouverte le soir et le week-end.

Depuis/vers That Phanom

Des bus partent de la nouvelle **gare routière** (Rte 2030), mal placée à l'ouest de That Phanom (un *tuk-tuk* depuis/vers le fleuve coûte autour de 30-40 B), pour Ubon Ratchathani (162 B, 4 heures 30, 7/jour), Udon Thani (160-180 B, 5 heures, 4/jour) et Bangkok (473-818 B, 11-12 heures, 7h20, 8h, et 11 départs 17h-19h) ; des minibus desservent également Nakhon Phanom (40 B, 1 heure, départs fréquents 6h-18h) et Ubon Ratchathani (145 B, 4 heures, ttes les heures 6h30-17h) via Mukdahan (40 B, 1 heure).

Il n'est souvent pas nécessaire de se rendre à la gare routière, car les minibus s'arrêtent aussi juste au sud du *tâht* sur **Th Chayangkun**, et pour vous rendre à Nakhon Phanom vous pourrez prendre un des **songthaew** (Th Chayangkun ; 50 B, 1 heure 30, départs fréquents 7h-16h) partant de la route à 300 m au nord du *tâht*.

Comment circuler

That Phanom s'explore facilement à pied, mais un vélo est idéal pour découvrir les berges de fleuve. La plupart des hôtels en mettent à disposition des résidents.

PROVINCE DE MUKDAHAN จังหวัดมุกดาหาร

La province de Mukdahan est souvent ignorée des voyageurs. Si sa capitale est quelconque, on y découvre des paysages magnifiques ponctués de temples anciens le long des rives du Mékong.

Mukdahan มุกดาหาร

☎042 / 34 290 HABITANTS

Sur les berges du Mékong, juste en face de la ville laotienne de Savannakhet, Mukdahan – *múk*, pour les habitants – ne voit passer que très peu de visiteurs même si on y trouve le deuxième pont de l'Amitié lao-thaïlandaise reliant la Thaïlande au Laos et au Vietnam. Si la capitale n'a rien de particulièrement trépidant, elle compte tout de même assez de centres d'intérêt pour occuper un jour ou deux, dans une ambiance détendue et sympathique.

À voir

Hor Kaew Mukdahan MUSÉE

(หอแก้วมุกดาหาร ; Th Samut Sakdarak ; 50 B ; 8h-18h). Cette tour voyante de 65 m de haut fut bâtie pour le 50e anniversaire de l'accession au trône du roi Rama IX. La base à 9 côtés renferme un musée dont les expositions, légendées en anglais, permettent de découvrir les 8 groupes ethniques de la province. Une belle vue et des collections historiques vous attendent dans la salle appelée les "360° de plaisir de Mukdahan au bord du Mékong", située à 50 m de hauteur. La boule qui coiffe la tour contient une statue du Bouddha très vénérée, qui, selon certains, serait en argent massif.

Marché indochinois MARCHÉ

(ตลาดอินโดจีน, Talat Indojin ; Th Samran Chaikhongtai ; 8h- 17h). Les Thaïlandais connaissent avant tout Mukdahan pour son célèbre marché au bord du fleuve, qui s'étend sur et en dessous de la promenade. La plupart des cars de touristes thaïlandais en route pour le Laos et le Vietnam font une halte pour permettre à leurs passagers de faire le plein de denrées alimentaires, vêtements et babioles bon marché, le plus souvent produits en Chine et au Vietnam. Il y a aussi des tissus en soie et en coton fabriqués dans l'Isan. En raison d'importants travaux de rénovation – loin d'être terminés –, ce marché se tient depuis plus de deux ans sous forme de stands dans la rue.

Wat Pa Silawiwek TEMPLE BOUDDHIQUE

(วัดป่าศิลาวิเวก ; Th Damrongmukda ; lever-coucher du soleil). GRATUIT Plus que pour un motif religieux ou artistique, on vient d'abord dans ce temple de forêt, en lisière de la ville, pour observer les singes qui y résident. C'est au petit matin qu'ils sont le plus actifs.

Mukdahan

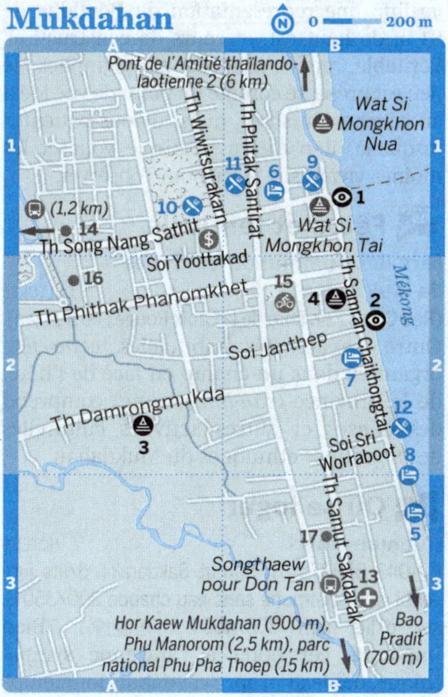

Mukdahan

À voir

1 Hor Jao Mae Song Nang Pi Nong B1
2 Marché indochinois B2
3 Wat Pa Silawiwek A2
4 Wat Yod Kaeo Sivichai B2

Où se loger

5 Hotel de Ladda B3
6 Huanum Hotel B1
7 Riverfront Hotel B2
8 Riverview Maekhong Hotel B3

Où se restaurer

9 Goodmook* B1
10 Marché nocturne de Mukdahan A1
11 Saigon Kitchen B1
12 Wine Wild Why? B2

Renseignements

13 Hôpital international de Mukdahan B3

Transports

14 Air Asia A1
15 LA Bicycle B2
16 Ploy Travel A2
17 Ying Mongkhol Motor B3

Phu Manorom POINT DE VUE

(ภูมโนรมย์ ; 4h-19h). GRATUIT Cette montagne au sud de la ville offre un panorama impressionnant sur le Mékong et le Laos. Le temple installé sur ses flancs possède un petit jardin ; une représentation du Bouddha de 84 m de haut est en cours de construction. Véritable rendez-vous de photographes, le lieu est présenté comme un point de vue idéal au coucher du soleil, mais, si vous patientez jusque-là, il n'y aura plus que vous et les moines vivant sur place pour l'observer.

Fêtes et festivals

Fête des communautés thaïes de Mukdahan CULTUREL

(Red Cross Fair, foire de la Croix Rouge ; 9-17 jan). Outre les activités habituelles, cette fête organisée dans un champ en face de l'hôtel de la province (*săh·lah glahng*) comprend des danses et autres activités culturelles des 8 groupes ethniques du Mukdahan.

Où se loger

Huanum Hotel HÔTEL $

(042 611137 ; Th Samut Sakdarak ; d/lits jum ventil, sdb commune sans eau chaude 200/350 B, ste d/lits jum 350/450 B ; P). Bien implanté, cet hôtel à l'ancienne sympathique, fiable et propre est depuis longtemps prisé des voyageurs à petit budget. On n'y sert pas de petit-déjeuner mais il y a un café dans le hall.

Riverview Maekhong Hotel HÔTEL $$

(087 945 4949 ; Th Samran Chaikhongtai ; d 450-750 B ; P). Cette adresse tranquille est très bien située, en bordure de fleuve. L'aménagement, spacieux, tire le meilleur parti de la brise venue du Mékong. Les chambres sont toutefois légèrement fanées et l'hôtel sent un peu le renfermé par endroits. Vous l'oublierez si vous décrochez une chambre avec vue sur le fleuve. Il y a également une terrasse donnant sur le Mékong et un bar-restaurant au bord du fleuve.

Riverfront Hotel HÔTEL $$

(042 633348 ; www.riverfrontmukdahan.com ; Th Samran Chaikhongtai ; d et lits jum avec petit-déj à partir de 850 B, avec vue sur le fleuve à partir de 1 250 B ; P@). Tenu par une charmante vieille dame parlant bien l'anglais, cet hôtel proche du marché est décoré avec goût – jolis sols carrelés, et finitions et meubles en bois. La plupart des chambres les moins chères bénéficient d'un balcon offrant une petite vue sur l'eau, les autres tirent le meilleur parti de la proximité du fleuve.

Hotel de Ladda HÔTEL $$$

(042611499 ; www.hoteldeladda.com ; Th Samran Chaikhongtai ; d avec petit-déj à partir de 2 400 B ; P). La meilleure adresse de Mukdahan propose de vastes chambres douillettes de style européen tout près du Mékong. Les chambres ont toutes un balcon avec vue sur le fleuve. Il y a aussi une piscine au bord du fleuve dans un petit jardin paysager, une salle de fitness et un spa.

Où se restaurer

Bao Pradit THAÏLANDAIS $

(Th Samran Chaikhongtai ; plats 30-300 B ; 11h-22h ; P). Il faut faire un bout de chemin vers le sud depuis le centre pour savourer l'authentique cuisine de l'Isan de ce restaurant, qui sert des spécialités telles que le *gôry kài mót daang* (salade de viande crue aux œufs de fourmis rouges) et le *gang wăi* (curry au *rattan*). Ne vous fiez pas au menu anglais, traduit parfois de manière un peu fantaisiste (non, Bao Pradit ne sert pas de python !).

Des musiciens jouent de la musique traditionnelle thaïlandaise en soirée (*pleng pêua chee·wít*). L'enseigne est en thaï ; l'entrée se trouve en face d'un grand immeuble couleur citron vert.

Marché de nuit de Mukdahan MARCHÉ $

(Th Song Nang Sathit ; 16h-21h). Ce marché nocturne est l'endroit le plus animé de la ville où manger le soir. Vous attendent tous les classiques thaïlandais et isan. Toutefois, il se distingue surtout par les plats préparés par les marchands vietnamiens. Ces derniers vous proposeront du *băhn dah* (en disant que c'est la pizza vietnamienne) : des nouilles garnies de porc, d'oignons verts et couronnées d'un œuf si vous le souhaitez, le tout posé sur un cracker croustillant.

Il y a beaucoup de bonnes choses à emporter (brochettes, poisson grillé, portions de fruits frais), et nombre de stands servant des plats du type soupe ou nouilles ont de petites tables et des tabourets qui permettent de manger en plein air à la bonne franquette.

Saigon Kitchen VIETNAMIEN $

(68/1 Th Phitak Santirat ; plats 40-150 B ; 8h-20h30). S'il n'a rien de luxueux, c'est pour certains le meilleur restaurant vietnamien de Mukdahan. On y sert des rouleaux de printemps remarquables (dans une crêpe si fine qu'elle est transparente), des soupes, des plats à base de nouilles, des pancakes salées et de la "pizza vietnamienne". L'enseigne est en thaï, mais il y a une carte en anglais avec des photos.

Wine Wild Why? THAÏLANDAIS $
(Th Samran Chaikhongtai ; plats 80-150 B ; 17h-22h ;). Installé dans un beau bâtiment de bois situé à côté du fleuve, cet établissement agréable ne manque pas de charme et sert une délicieuse cuisine thaïlandaise et isan. Le choix de vins, uniquement en bouteille, est restreint.

Goodmook* INTERNATIONAL $$
(042 612091 ; Th Song Nang Sathit ; plats 80-400 B ; 9h-17h mar-dim ;). Cet établissement tient d'une trouvaille avec son cadre rétro, frais et accueillant, son mélange de spécialités thaïlandaises et internationales (chères mais savoureuses), ses murs ornés d'œuvres d'art, son fond musical éclectique et son bon café. Une excellente adresse pour faire connaissance avec d'autres voyageurs, de toute origine.

Renseignements

Banque Krung Thai (Th Song Nang Sathit ; 10h-18h lun-ven). Dans le centre, ouvre tard en semaine, mais le week-end il faudra vous rendre dans l'un des centres commerciaux bordant la route au nord de la gare routière.

Bureau de l'immigration de Mukdahan (042 674072 ; 8h30-12h et 13h-16h30 lun-ven). Pour les prorogations de visa. Près du pont au nord de la ville, dans des locaux, pas évidents à trouver, au sud de la grande porte de la frontière.

Hôpital international de Mukdahan (042 611222 ; www.mukinter.com/en ; Th Samut Sakdarak ; 24h/24). Un bon hôpital privé.

Depuis/vers Mukdahan

On rejoint Ubon Ratchathani en seulement 3 heures par la Rte 212 mais, si vous avez un jour devant vous, empruntez les petites routes longeant le Mékong à travers une magnifique région rurale.

AVION

Mukdahan ne possède pas d'aéroport, mais **Air Asia** (centre d'appel national 02 515 9999 ; www.airasia.com ; Mukdahan Grand Hotel, Th Song Nang Sathit) et Nok Air proposent des forfaits bus-avion jusqu'aux aéroports de Nakhon Phanom et d'Ubon Ratchathani. Les bus d'Air Asia partent et arrivent à l'Hotel Mukdahan Grand, ceux de Nok Air au Ploy Palace Hotel voisin, où **Ploy Travel** (042 614599 ; Soi Ploy 1 ; 8h-17h) vend également des billets et propose des transports en minibus vers l'aéroport d'Ubon pour d'autres vols.

BUS

Le **terminal des bus** (042 611207 ; Rte 212) de Mukdahan se trouve sur la Rte 212, à 2 km à l'ouest de la ville. Pour le rejoindre depuis le centre, prenez un *songthaew* jaune (10 B, 6h30-17h) qui circule vers le nord le long de Th Samut Sakdara puis en direction de l'ouest dans Th Phitak Phanomkhet. Un *tuk-tuk* depuis la gare routière vous coûtera 50 B pour le centre-ville. Les *songthaew* pour Don Tan, d'où l'on rejoint le parc national de Phu Pha Thoep, démarrent en face du marché de Pornpetch.

Comment circuler

Mukdahan se prête admirablement au cyclotourisme – pas tant la ville elle-même que les différentes petites routes longeant le Mékong vers le nord, qui vous feront découvrir temples historiques, jolis torrents et campagne reculée. Une piste cyclable file également vers le sud jusqu'aux abords du parc national de Phu Pha Thoep. **LA Bicycle** (Th Samut Sakdarak ; 100 B/jour ; 8h-17h) loue des VTT d'occasion.

Ying Mongkhon Motor (086 428 1338, 042 613993 ; Th Samut Sakdarak ; moto à partir de 200 B/jour ; 8h-17h lun-ven, 8h-16h30 sam), qui affiche son activité dans de nombreux hôtels sous le nom "Tony Rentals", loue des motos.

ALLER AU LAOS : DE MUKDAHAN À SAVANNAKHET

Rejoindre la frontière Les Thaïlandais et les Laotiens peuvent emprunter les bateaux qui traversent le Mékong depuis le centre-ville de Mukdahan, mais tous les autres doivent passer par le pont. Le plus simple est de prendre un bus direct pour Savannakhet (45-50 B, ttes les heures 7h30-19h) à la gare routière de Mukdahan. Supplément de 5 B le week-end, les jours fériés et en dehors des horaires de bureau.

À la frontière La frontière est ouverte de 6h à 22h. Le passage de la frontière prend entre 1 et 2 heures selon l'affluence ; vous aurez le temps d'obtenir un visa laotien.

Poursuivre son voyage Des bus partent de Savannakhet vers plusieurs destinations au Laos et au Vietnam.

BUS AU DÉPART DE MUKDAHAN

DESTINATION	PRIX	DURÉE	DÉPARTS
Bangkok	477-778 B	10-11 heures	ttes les heures le matin, fréquents 17h-20h
Khon Kaen	161-214 B	4 heures 30	ttes les heures 3h30-16h
Khon Kaen (minibus)	240 B	4 heures 30	ttes les 45 min 4h-18h
Nakhon Phanom (minibus)	80 B	2 heures 30	fréquents 5h30-18h
Nakhon Ratchasima	272 B	7 heures	ttes les heures 5h45-18h30
That Phanom (minibus)	40 B	1 heure	fréquents 5h30-18h
Ubon Ratchathani	100-140 B	2 heures 30	ttes les heures 11h-15h45
Ubon Ratchathani (minibus)	125 B	2 heures 30	ttes les 30 min 6h-17h
Udon Thani	175-200 B	5 heures	ttes les heures 8h45-15h30
Udon Thani (minibus)	180 B	5 heures	ttes les heures 6h30-17h30
Yasothon	103 B	2 heures	5h45, 6h45, 8h45, 10h30,12h, 16h
Yasothon (minibus)	84 B	2 heures	ttes les 30 min 5h30-18h10

Une course avec **Taxi Mukdahan** (☎ 042 613666 ; ⏲ 6h-minuit) coûte 60 B minimum plus le tarif au compteur, mais l'on peut parfois négocier un tarif fixe.

Parc national de Phu Pha Thoep อุทยานแห่งชาติภูผาเทิบ

Bien que minuscule (48 km²), le **parc national de Phu Pha Thoep** (☎ 089 619 7741, 094 289 2383 ; 200 B, voiture/moto 30/20 B), parsemé de collines, ne manque pas d'attraits ; il est surtout connu pour ses grandes formations rocheuses aux allures de champignons. Le groupe de rochers le plus important se situe juste derrière le centre d'accueil des visiteurs. D'octobre à fin décembre, le lieu est tapissé de fleurs sauvages. En plus de rochers insolites, plusieurs falaises offrent de beaux points de vue, et la pittoresque cascade Nam Tok Phu Tham Phra (mai à novembre seulement) est surmontée d'une grotte qui contient des centaines de petits bouddhas. Des sentiers bien balisés d'environ 4 km permettent de voir ces sites en quelques heures. Tham Fa Mue Daeng, une grotte ornée de peintures rupestres, se trouve à 8 km par la route depuis le secteur le plus fréquenté du parc, puis à 1,5 km à pied.

Où se loger et se restaurer

Pour vous loger, vous aurez le choix entre un **camping** (empl tente 30 B/pers, location tente 4 pers 300 B) et un **bungalow** (☎ 094 289 2383 ; nps.dnp.go.th/reservation.php ; 1 800 B) de 3 chambres, juste à côté du centre d'accueil des visiteurs.

Celui-ci abrite un restaurant de spécialités de l'Isan servant du *gài yâhng* (poulet mariné grillé), du *sôm·đam* (salade de papaye épicée) et du *Ꝑlah Ꝑŏw* (poisson grillé). On peut généralement commander jusqu'à 18h, mais allez-y avant 17h, on ne sait jamais. Une poignée de boutiques vendent des nouilles instantanées et autres en-cas.

Renseignements

Le **centre d'accueil des visiteurs** (☎ 094 289 2383 ; ⏲ 8h30-16h) est doté d'un personnel efficace. Vous pourrez recruter un garde forestier pour visiter Tham Fa Mue Daeng.

Depuis/vers le parc national de Phu Pha Thoep

Le parc se situe à 15 km au sud de Mukdahan via la Rte 2034. Une piste cyclable proche de la route permet d'atteindre le parc à vélo facilement et en toute sécurité.

Les *songthaew* (20 B, 30 min, ttes les 30 à 45 min) pour Don Tan, au départ du marché de Pornpetch, à 300 m au nord de Hor Kaew Mukdahan, passent devant l'embranchement menant au parc. De là, on rejoint facilement le centre d'accueil des visiteurs en marchant (1,3 km) ; sinon essayez de marchander (environ 100 B/pers) avec les chauffeurs pour qu'ils fassent un détour et vous y déposent. Les bus qui partent de la gare routière de Mukdahan vers Ubon Ratchathani peuvent également vous déposer à l'embranchement. Pour le retour, soyez à l'embranchement à 16h30 pour pouvoir monter à bord d'un bus ou d'un *songthaew*.

PROVINCE DE NAKHON RATCHASIMA จังหวัดนครราชสีมา

Si vous n'aviez qu'un seul jour pour découvrir la Thaïlande, Khorat, l'ancien nom (toujours en usage) de la province de Nakhon Ratchasima, la plus vaste province du pays, serait l'endroit idéal où le passer. La plupart des visiteurs viennent ici pour explorer la forêt de Khao Yai, plus vieux parc national de Thaïlande. Immense et facile d'accès, c'est l'un des meilleurs endroits du pays pour découvrir la faune locale.

Si Khao Yai est le pilier incontestable du tourisme de la province, les amateurs d'histoire pourront admirer les vestiges de la grande époque d'Angkor dans les ruines admirablement restaurées de Phimai.

La ville de Nakhon Ratchasima, assez pauvre en curiosités touristiques, offre néanmoins un séjour agréable ; ses d'hôtels et restaurants en font une bonne base pour un séjour dans l'Isan.

Nakhon Ratchasima นครราชสีมา

044 / 166 000 HABITANTS

Ville d'importance, Nakhon Ratchasima (Khorat) a l'avantage d'être la porte de l'Isan. Khorat (โคราช), comme la plupart des gens l'appellent encore, est dotée d'une forte identité régionale (ses habitants se donnent le nom de *kon koh·râht* plutôt que *kon i·săhn*). Cette cité animée cache des trésors dans ses quartiers les plus tranquilles comme, à l'est, dans le secteur historique à l'intérieur des douves, où la vie traditionnelle continue de suivre son cours. Vous avez plus de chance de croiser un varan de 1 m de long qu'un autre voyageur.

À voir

Musée national Maha Viravong MUSÉE

(พิพิธภัณฑสถานแห่งชาติมหาวีรวงศ์ ; Th Rajadamnern ; 50 B ; 9h-16h mer-dim). La petite collection de ce musée, rarement visité, est très intéressante. Y sont notamment exposés des poteries anciennes (ne manquez pas celles qui sont conservées à l'arrière), des bronzes khmers et des bouddhas de l'époque Dvaravati à l'époque Rattanakosin.

Wat Salaloi TEMPLE BOUDDHIQUE

(วัดศาลาลอย ; Soi 1, Th Thaosura ; lever-coucher du soleil). Ce temple, le plus intéressant de la ville, aurait été fondé par l'héroïne locale, Thao Suranari, et son époux en 1827. La moitié des cendres de celle-ci sont enterrées dans un petit stupa (l'autre moitié reposant dans le monument à son nom) et, ici aussi, de nombreux fidèles engagent des chanteurs en son honneur. Une petite statue de l'héroïne en train de prier se dresse dans le bassin en face d'un *bòht* (salle des ordinations) récompensé d'un prix d'architecture.

Édifié en 1967, ce *bòht* semblable à une jonque renferme un grand bouddha d'un blanc étincelant dans la posture de Bouddha calmant la tempête au bord de l'océan. Comme d'autres bâtiments, celui-ci est décoré de céramiques de Dan Kwian (un village voisin). Cet ensemble religieux est parsemé de divers autels à des esprits sans grand rapport avec le bouddhisme.

Mémorial de Thao Suranari MONUMENT

(อนุสาวรีย์ท้าวสุรนารี ; Th Rajadamnern ; 24h/24). GRATUIT Femme déterminée et épouse du gouverneur adjoint de la ville, Thao Suranari est aussi célèbre ici que Jeanne d'Arc en France. En 1826, sous le règne de Rama III, alors que l'armée de Chao Anouwong, venue de Vientiane, a pris la ville lors de la rébellion contre le Siam, Ya Mo ("grand-mère Mo"), comme on la surnomme affectueusement, organise avec succès la résistance. La légende raconte qu'elle aurait persuadé les femmes de séduire les soldats laotiens (une autre légende dit qu'elle les a fait boire) pendant que les Thaïlandais en profitaient pour lancer une attaque-surprise qui sauva la ville.

Wat Phayap TEMPLE BOUDDHIQUE

(วัดพายัพ ; Th Pholsaen ; lever-coucher du soleil, sanctuaire de la grotte 8h-17h). GRATUIT Lorsque l'abbé du Wat Phayap apprit que les tirs de mine dans une carrière de la province de Saraburi ravageaient une superbe grotte, il décida d'en récupérer quelques morceaux. Ainsi, décora-t-il de stalactites, de stalagmites et d'autres formations rocheuses toute une pièce située sous sa résidence, créant un extraordinaire sanctuaire.

Les murs et, chose plus rare, le plafond du beau *bóht* récent jouxtant la grotte sont en granit poli.

Porte de Chumphon PORTE

(ประตูชุมพล ; Th Chumphon). Seule porte de la ville encore debout, elle faisait partie des remparts édifiés en 1656 par des techniciens français sur l'ordre du roi Narai (Ayutthaya). Une réplique d'une partie des remparts se dresse à l'angle nord-est des douves.

Nakhon Ratchasima (Khorat)

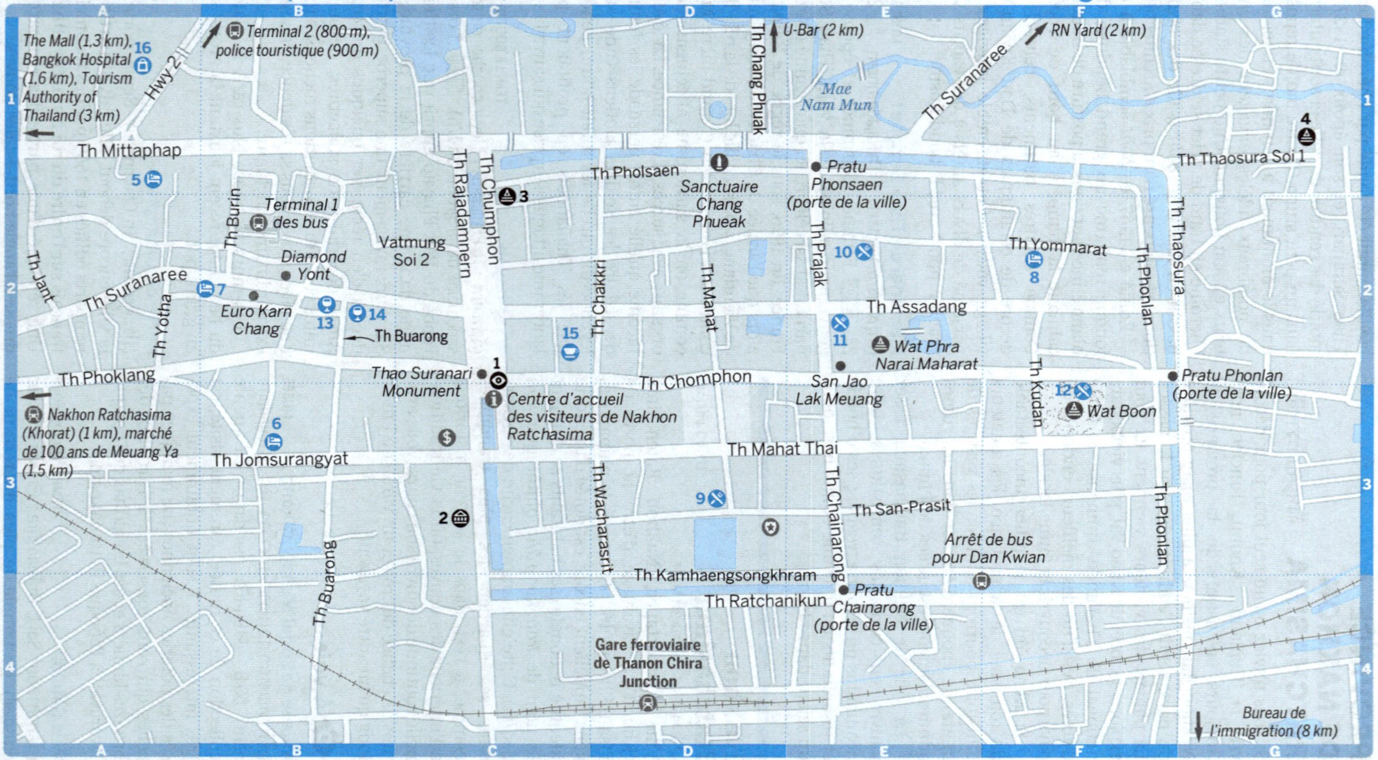

Nakhon Ratchasima (Khorat)

À voir
1 Porte de Chumphon C2
2 Musée national Maha Viravong C3
3 Wat Phayap C2
4 Wat Salaloi G1

Où se loger
5 Fortune Rajpruek Hotel A1
6 Rom Yen Garden Place B3
7 Sansabai House B2
8 Thai Inter Hotel F2

Où se restaurer
9 Chez Andy D3
10 Daya's Cafe E2
11 Third World Cafe E2
12 Bazar de nuit du Wat Boon F3

Où prendre un verre et faire la fête
13 Some Might Say B2
14 Tiger is Coming B2
15 Yellow Pumpkin C2

Achats
16 Terminal 21 .... A1

C'est devant cette porte que se rassemblaient les troupes avant de partir pour la bataille.

Fêtes et festivals

Défilé des Chandelles CULTUREL
(juil). Pendant le Khao Phansaa, le carême bouddhique, célébré en juillet, Khorat accueille un important défilé des Chandelles.

Fête de Thao Suranari CULTUREL
(23 mars-3 avr). Chaque année, Khorat connaît une grande effervescence à l'occasion de la fête de Thao Suranari. La ville organise des défilés, des représentations théâtrales et d'autres événements dans Th Rajadamnern.

Où se loger

Sansabai House HÔTEL $
(044 255144 ; www.sansabai-korat.com ; Th Suranaree ; d ventil 300 B, clim 450-1 000 B ; P ❄ wifi). Cet hôtel propre, paisible et convivial propose des chambres spacieuses, pourvues de bons matelas, de mini-frigos et de petits balcons. Si vous pouvez vous passer de climatisation, les chambres avec ventilateur offrent un rapport qualité/prix particulièrement intéressant. Un petit **café-restaurant** (7h-20h) est installé à l'arrière.

Romyen Garden Place HÔTEL $$
(044 260116 ; www.romyenhotel.com ; Th Jomsurangyat ; d à partir de 990 B ; P ❄ wifi piscine). Ce nouvel hôtel au décor moderne, élégant et accueillant, possède de belles chambres d'un bon rapport qualité/prix, une piscine, un centre de fitness et une vaste terrasse à l'avant. L'établissement est en retrait de la route, et donc plutôt calme. Pour le tarif avec petit-déjeuner, ajoutez 200 B par personne.

Thai Inter Hotel HÔTEL $$
(044 247700 ; Th Yommarat ; d avec petit-déj 650 B ; P ❄ @ wifi). Ce petit hôtel offre un curieux mélange de styles. Pourvu d'un hall d'entrée accueillant, de chambres confortables quoique petites et d'un mobilier un peu fatigué, il est bien situé, à proximité de restaurants, cafés et bars corrects.

Fortune Rajpruek Hotel HÔTEL $$$
(044 079900 ; www.fortunehotelgroup.com ; Th Mittaphap ; lits jum/d avec petit-déj à partir de 1 400/1 600 B ; P ❄ @ wifi piscine). Rénové et rebaptisé en 2017, ce vétéran du centre-ville ne fait pas son âge. Il dispose de chambres spacieuses et confortables, d'une piscine et d'une salle de sport.

Où se restaurer

Nakhon Ratchasima est une ville où l'on mange correctement, qu'il s'agisse de cuisine thaïlandaise ou de cuisine *farang*. Les meilleurs marchés nocturnes, bien qu'éloignés du centre, valent le détour si vous êtes gastronome. Il y a aussi de bons *food courts* dans les immenses centres commerciaux modernes de la ville ; Terminal 21 (p. 428) est le plus proche du centre.

RN Yard MARCHÉ $
(Th Suranari ; 16h-22h ; wifi). Considéré par de nombreux habitants comme le meilleur marché de nuit de Khorat, RN Yard permet de goûter à des cuisines variées (thaïlandaise, isan et autres) et de qualité. Si la plupart commandent à emporter, on peut manger sur place dans un espace sur 2 niveaux à l'arrière. Night Baan Koh (NBK), version miniature de la "Walking Street" de Chiang Mai, se tient de l'autre côté de la route, au nord de l'hôtel The Imperial.

100% LOCAL

SPÉCIALITÉS DE KHORAT

Deux plats à goûter ici : le **sôm·đam koh·râht** (mêmes ingrédients que les *sôm·đam* doux du centre du pays, mais avec de la sauce fermentée isan au poisson) et le **pàt mèe koh·râht**, un *pát tai* particulièrement goûteux, servi avec des piments et des nouilles de riz locales (*mèe koh·râht*). Le *pàt mèe koh·râht* est très répandu dans la province de Nakhon Ratchasima, mais on le trouve rarement ailleurs.

Bazar de nuit du Wat Boon MARCHÉ $
(Th Chomphon ; 17h-21h30). Le plus grand marché nocturne de la vieille ville. Plats thaïlandais et isan.

Third World Cafe AMÉRICAIN $
(Th Assadang ; burgers 120-150 B, garnitures 80 B, café 50 B ; 12h-22h lun-sam ;). Ce restaurant branché, jeune et sympathique, propose divers burgers savoureux, dont certains au poulet frit croustillant et à l'effiloché de porc, cuits sur un gril à l'extérieur. Il y a aussi des garnitures, même si les burgers sont servis avec une petite portion de frites. Le café à volonté est une attention appréciable.

♥ **Daya's Cafe** THAÏLANDAIS $$
(256/17 Th Yommarat ; café 35-50 B, plats 80-300 B, burgers 110-300 B ; 8h-19h ven-mer ;). Parmi les quelques petits cafés installés dans ce coin de Th Yommarat, cette adresse sympathique sert du bon café fort, mais se distingue surtout par ses délicieux burgers maison et ses plats thaïlandais modernes superbement présentés.

Chez Andy INTERNATIONAL $$$
(044 289556 ; Th Manat ; plats 350-950 B ; 11h-23h ;). Cet établissement appartenant à un Suisse se démarque des adresses *farang* habituelles de l'Isan. C'est un vrai restaurant, pas un bar avec restauration. Il est dirigé par un chef et vise haut, généralement avec succès. La carte, principalement européenne, comprend de la fondue, du jarret d'agneau braisé, de la pizza, de l'escalope au paprika et du curry vert ; terrasse informelle.

Où prendre un verre et faire la fête

♥ **Yellow Pumpkin** CAFÉ
(Soi Samranjit ; café 55-65 B, part de gâteau 95 B ; 10h-19h ven-mer ;). Cachée au fond d'un minuscule *soi* à l'est du mémorial de Thao Suranari (prenez le deuxième *soi* à droite sur Th Assadang), cette adresse, où les habitants bien informés viennent déguster du bon café, des *matcha latte* et de délicieuses parts de gâteau à la carotte, mérite d'être dénichée.

Some Might Say BIÈRE ARTISANALE
(201/1 Th Suranaree ; bières 140-190 B ; 18h-minuit mar-dim). C'est le plus couru des bars à bière artisanale qui fleurissent actuellement en ville. Parmi les bières spéciales, citons l'IPA à la noix de coco et la Kölsch à la citronnelle.

Tiger is Coming BAR
(173 Th Suranaree ; bières 80-450 B, plats 150-250 B ; 18h-minuit). Ce bar animé à l'angle de Th Suranee et de Th Buarong déborde sur le trottoir en soirée et affiche des centaines de bières en bouteille du monde entier, la plupart autour de 200 B. On y sert aussi des cocktails et de nombreux plats thaïlandais.

Achats

Terminal 21 CENTRE COMMERCIAL
(www.terminal21.co.th/korat ; Th Mittaphap ; 10h-22h). C'est un des centres commerciaux les plus vastes et les plus luxueux de l'Isan. Chaque étage décline un thème (Paris, Tokyo, etc.). Outre les boutiques et restaurants, il y a un cinéma (certains films sont projetés en anglais ou sous-titrés), une patinoire et une tour d'observation de 110 m de haut.

Renseignements

Bangkok Hospital (044 429999 ; www.bangkokhospital.com ; Th Mittaphap). Service d'urgences 24h/24 ; beaucoup des médecins parlent l'anglais.

Bureau de l'immigration (044 212997 ; Division 4, 323 Moo 9, Ban Nong Bua Sala ; 8h30-12h et 13h-16h lun-ven). Situé à 8 km au sud de la ville, près de la Hwy 224.

Centre d'accueil des visiteurs de Nakhon Ratchasima (Th Rajadamnern ; 9h-17h). Comptoir municipal, parfois dépourvu de personnel, à côté du mémorial de Thao Suranari.

Police touristique (044 370356 ; Hwy 2)

Poste de police (044 242010 ; Th San-Prasit ; 24h/24)

Tourism Authority of Thailand (TAT ; ☎ 044 213666 ; tatsima@tat.or.th ; 2102-2104 Th Mittaphap ; ⏲ 8h30-16h30). L'agence de la TAT de Khorat est malheureusement située à environ 4 km à l'ouest du centre, à proximité de l'hôtel Sima Thani. Le personnel ne parle guère l'anglais.

Depuis/vers Khorat

BUS

Khorat possède 2 gares routières. Le **terminal 1** (Bor Kŏr Sŏr Nèung ; ☎ 044 242899 ; Th Burin), dans le centre-ville, dessert Bangkok (191 B, 3 heures 30 à 4 heures, départs fréquents) et la plupart des villes de la province, notamment Pak Chong (56-72 B, 1 heure 30 à 2 heures, départs fréquents entre 5h30 et 18h30) et Pak Thong Chai (21 B, 1 heure, départs fréquents). Des minibus à destination de Pak Chong (66 B, 1 heure 30, départs fréquents 6h30-20h) partent également de ce terminal. Les bus ralliant d'autres destinations, ainsi que d'autres bus et minibus pour Bangkok, partent du **terminal 2** (Bor Kŏr Sŏr Sŏrng ; ☎ 044 256007 ; Hwy 2), beaucoup plus grand, situé au nord du centre. Des bus partent fréquemment pour **Dan Kwian** (14 B, 30 min) de la vieille ville, à l'est de Pratu Chainarong.

TRAIN

De nombreux trains passent par la **gare ferroviaire de Khorat** (☎ 044 242044). Moins fréquents que les bus, ils sont néanmoins beaucoup plus confortables, plus sûrs et moins chers. Inutile de réserver (sauf peut-être pour les trains de nuit pour Bangkok) : il suffit d'acheter son billet à la gare.

Ils desservent notamment Bangkok via Ayutthaya (50-425 B, 4-6 heures, 5 trains de jour, 5 trains de nuit), Ubon Ratchathani (58-453 B, 5-6 heures, 11 trains de jour et de nuit), Pak Chong (pour le parc national de Khao Yai ; 18-251 B, 1 heure 30, 6/jour 8h22-18h47), Khon Kaen (37 B, 3 heures, 6h20, 8h29 et 15h55) et Udon Thani (56 B, 5 heures, 6h20 et 15h55).

Plus petite, la **gare ferroviaire de Thanon Chira Junction** (Jira Train Station ; ☎ 044 242363) étant moins éloignée de la vieille ville, il peut se révéler commode d'y descendre.

BUS ET MINIBUS AU DÉPART DU TERMINAL 2 DE KHORAT

DESTINATION	PRIX	DURÉE	DÉPARTS
Aranya Prathet (frontière avec le Cambodge)	157 B	4 heures	5h30, 9h, 12h, 15h, 16h
Ayutthaya (minibus)	132 B	3 heures 30-4 heures	6h, 7h, 8h, 17h, 18h
Bangkok	148-508 B	4 heures	départs fréquents
Bangkok (minibus)	171 B	4 heures	départs fréquents 6h30- 19h30
Chiang Mai	526-613 B	13 heures	7/jour, 3h-20h30
Khon Kaen	146-220 B	3 heures 30-4 heures	départs fréquents
Khon Kaen (minibus)	126 B	3 heures-3 heures 30	ttes les 40 min, 6h40-18h30
Krabi	924 B	16 heures	16h50
Loei	252-342 B	7 heures	ttes les heures, 5h-minuit
Lopburi	164 B	4 heures-4 heures 30	6h, 8h, 10h45, 13h30
Lopburi (minibus)	148 B	3 heures 30-4 heures	ttes les 40 min, 4h50-18h30
Nang Rong	119 B	2 heures	ttes les 30 min, 4h50-20h10
Nang Rong (minibus)	64 B	2 heures	ttes les 30 min, 4h30-20h10
Nong Khai	257-409 B	6 heures	11/jours, principalement l'après-midi
Mukdahan	297 B	7-8 heures	6h15, 8h30, 12h30, 14h30, 18h30
Phimai	50 B	1 heure	ttes les 30 min, 5h-22h
Phimai (minibus)	50 B	1 heure	ttes les heures, 10h-17h30
Surin	115-218 B	4 heures	ttes les 30 min
Trat	324 B	8-9 heures	1h, 3h, 8h30, 10h30, 11h45, 21h
Ubon Ratchathani	248-386 B	7-8 heures	ttes les heures
Udon Thani	178-300 B	5 heures 30	départs fréquents
Vientiane (Laos ; visa exigé)	900 B	6 heures	12h

Comment circuler

Les *songthaew* (8 B) empruntent des itinéraires fixes à travers la ville. Cependant, même les habitants trouvent difficile de s'y repérer en raison du grand nombre de chiffres et de couleurs indiquant les différentes destinations. La plupart s'arrêtent au carrefour entre Th Suranaree et Th Rajadamnern ; si vous voulez vous rendre quelque part, attendez ici et demandez autour de vous. Prenant la direction de l'ouest dans Th Suranaree, le *songthaew* n°1, jaune avec des bandes blanches et vertes, vous mène à la gare ferroviaire, à l'office du tourisme et au centre commercial The Mall. Partant vers le nord dans Th Rajadamnern, le n°6, blanc avec des rayures rouge et jaune, rejoint le Mall plus directement. Empruntant également Th Rajadamnern vers le nord, le n°7 blanc et bleu sans rayures, le n°10, à rayures rouge et jaune, et le n°15, à rayures violettes, se rendent tous au terminal 2 des bus. Le n°7 blanc et bleu dessert aussi la gare ferroviaire de Thanon Chira Junction.

La plupart des courses en *tuk-tuk* coûtent entre 50 et 80 B. Les motos-taxis et les *săhm·lór*, très courants, sont moins chers. Des **taxis** (☎ 095 602 3636 ; ⏲ 24h/24) avec compteur attendent surtout au terminal 2 et au **Mall** (www.themall.co.th ; Th Mittaphap ; ⏲ 10h-22h) ; il vous faudra donc, la plupart du temps, téléphoner pour en avoir un. Néanmoins, même lorsqu'ils ont un compteur, les conducteurs le mettent rarement en marche.

Euro Karn Chang (☎ 088 355 9393 ; 241 Th Suranaree ; ⏲ 8h-17h lun-sam) et **Diamond Yont** (☎ 081 878 7367 ; 100 Th Suranaree ; ⏲ 8h30-16h lun-sam, horaires réduits dim) louent des motos à partir de 250 B par jour pour un usage dans la province de Nakhon Ratchasima.

Korat Car Rental (☎ 081 877 3198 ; www.koratcarrental.com) loue des voitures avec ou sans chauffeur.

Ban Prasat บ้านปราสาท

☎ 044 / 1 590 HABITANTS

Il y a quelque 3 000 ans, une civilisation fondée sur l'agriculture, étroitement liée à celle de Ban Chiang, se développa à Ban Prasat, près des rives de la Mae Nam Than Prasat. Durant presque 1 500 ans, cette communauté cultiva le riz, domestiqua des animaux, façonna des poteries colorées, tissa des vêtements et forgea des outils en métal. Les secrets de cette civilisation antique furent dévoilés par des fouilles qui s'achevèrent en 1991. Plusieurs excavations ont été laissées en l'état pour les touristes, et un musée présente certaines des découvertes faites sur le site. Au sud du musée, on peut visiter l'atelier d'une famille qui tisse encore de la soie.

À voir

Fouilles de Ban Prasat SITE ARCHÉOLOGIQUE
(แหล่งโบราณคดีบ้านปราสาท ; ⏲ lever-coucher du soleil). GRATUIT On peut voir dans le village trois sites archéologiques fouillés en 1991, où des copies de squelettes (les vrais se sont détériorés avec le temps) et des céramiques sont restées in situ.

Musée de Ban Prasat MUSÉE
(พิพิธภัณฑ์บ้านปราสาท ; ⏲ 8h-16h30). GRATUIT Petit mais intéressant, ce musée renferme des artefacts retrouvés à Ban Prasat. Il montre aussi à quoi ressemblait la vie d'autrefois et celle du village aujourd'hui.

Où se loger et se restaurer

Les familles qui participent au programme de séjour chez l'habitant fournissent le dîner ; pour le déjeuner, vous trouverez une poignée de marchands ambulants de *gŏo·ay đěe·o* en ville, dont un en face du musée. Le vendredi soir, un petit **marché de nuit** (⏲ 15h-18h ven) s'installe sur le pont.

Ban Prasat Homestay CHEZ L'HABITANT $
(☎ 081 725 0791, 044 213666 ; avec dîner 250 B/pers). De nombreuses familles (dont certaines parlant l'anglais) participent à un programme primé de séjours chez l'habitant dans le cadre duquel des villageois hébergent des voyageurs chez eux et leur montrent les activités quotidiennes (vannerie, travaux agricoles...). Les maisons participantes sont signalées par une enseigne, mais il est préférable de réserver (avec l'aide éventuelle d'une personne parlant thaï).

Depuis/vers Ban Prasat

Ban Prasat est à 45 km au nord-est de Khorat, à 1,5 km après avoir quitté la Hwy 2. Les bus (35 B, 1 heure) reliant Khorat au nord vous déposeront à l'embranchement. Une moto-taxi vous conduira sur tous les sites pour 60 B/pers, mais sachez qu'il arrive souvent que seul un chauffeur soit disponible.

Site historique de Muang Sema โบราณสถานเมืองเสมา

On ne sait pas grand-chose de la cité antique de Muang Sema, située à mi-chemin entre Nakhon Ratchasima (Khorat) et Pak Chong, si ce n'est qu'elle était jadis puissante. Tout commença par la création d'un avant-poste de la période Dvaravati au VIIe ou VIIIe siècle av. J.-C. ; celui-ci aurait été alors la capitale d'un petit royaume. Plus tard, probablement au Xe siècle, la ville fut occupée par les Khmers ; cependant le bouddhisme mahayana continua d'y être pratiqué aux côtés de l'hindouisme. De nombreux objets découverts sur le site sont exposés au Musée national de Phimai.

Hormis un beau bouddha couché, le site se résume à des fondations en ruine et des douves. Muang Sema n'a donc rien de spectaculaire, mais sa visite offre une occasion de sortir des sentiers battus. Outre le temple, on ne trouve pour seules infrastructures touristiques que quelques panneaux explicatifs ; vous aurez probablement le site rien que pour vous.

À voir

Wat Dhammachakra Semaram TEMPLE BOUDDHIQUE
(วัดธรรมจักรเสมาราม ; lever-coucher du soleil). GRATUIT Appelé Wat Phra Norn (temple du Bouddha couché) dans la région, ce temple doit son importance au bouddha couché vieux de 1 300 ans et long de 13,3 m sculpté dans des blocs calcaires pendant la période Dvaravati. C'est la plus ancienne statue du Bouddha couché de Thaïlande.

Bo Eka VESTIGES
(บ่ออีกา). GRATUIT Au centre de la douve principale s'élèvent les ruines les plus importantes du site après le Wat Dhammachakra Semaram. Appelées Monument 1 sur les panneaux, elles datent de l'époque khmère ; il s'agissait sûrement d'un *prang* (stupa khmer) typique, mais il n'en reste aujourd'hui sur le piédestal qu'un *yoni*, base d'un lingam de Shiva, et un *somasutra*, le canal par lequel l'eau sacrée quittait le sanctuaire après avoir lavé la principale représentation religieuse.

La route qui y mène commence à 500 m du Wat Dhammachakra Semaram.

Où se loger et se restaurer

Il n'y a pas d'hébergements sur le site historique, mais vous trouverez des hôtels et pensions à Sung Noen et le long de la grande route.

On peut acheter des en-cas au temple. Ban Hin Tang, le village le plus proche, compte quelques marchands de riz et de nouilles et de nombreux restaurants sont installés à Sung Noen.

Depuis/vers le site historique de Muang Sema

Muang Sema est à 37 km de Khorat.
Les minibus reliant Khorat à Pak Chong peuvent vous déposer sur la route, d'où vous pourrez prendre une moto-taxi (l'attente peut être longue) pour parcourir les 8 km jusqu'au site (comptez 150 B). Une poignée de bus (22 B, 45 min) au terminal 1 et quelques trains locaux (6-63 B, 30 min, 5/jour) relient Khorat à Sung Noen, à 4,5 km du site, où il est généralement plus facile de trouver une moto-taxi.

Phimai พิมาย

044 / 9 770 HABITANTS

La discrète petite bourgade de Phimai abrite l'une des plus belles œuvres architecturales khmères de Thaïlande. Ayant inspiré l'architecture d'Angkor Vat, au Cambodge, le Prasat Phimai s'élevait autrefois sur l'antique route entre la capitale, Angkor, et les confins septentrionaux du royaume. Du fait de sa situation en plein centre de Phimai, il est non seulement l'un des sites antiques les plus impressionnants de Thaïlande, mais aussi l'un des plus accessibles. La ville peut faire l'objet d'une excursion facile d'une journée au départ de Nakhon Ratchasima (Khorat), mais si vous appréciez la quiétude, vous pourrez très bien envisager le contraire et faire de Phimai votre point de chute dans la région.

À voir

Parc historique de Phimai SITE HISTORIQUE
(อุทยานประวัติศาสตร์พิมาย ; 044 471568 ; Th Ananthajinda ; 100 B ; 7h-18h, centre d'accueil des visiteurs 8h30-16h30). Le Prasat Phimai est l'un des plus remarquables vestiges khmers de Thaïlande, à la fois par sa taille et par sa finesse architecturale. À l'origine un temple bouddhique mahayana, il possède pourtant de nombreuses sculptures représentant des divinités hindoues, ainsi que des éléments – dont la singulière tour *prang* du **sanctuaire principal** – reproduits plus tard à Angkor Vat. Un temple se dresse sur ce site naturellement fortifié depuis le VIIIe siècle au moins, mais l'essentiel des bâtiments visibles aujourd'hui fut érigé à la fin du XIe siècle par le roi khmer Jayavarman VI.

Pour entrer, il faut passer le **pont du naga** (serpent mythologique), en forme de

Phimai

Phimai

Les incontournables
1 Parc historique de Phimai B3

À voir
2 Meru Bhramathat C3
3 Musée national de Phimai C1
4 Pratu Chai C4

Où se loger
5 Benya Guesthouse C3
6 Moon River Resort Phimai C1
7 Phimai Paradise Hotel C3
8 Phimai Paradise House C3

Où se restaurer
9 Barai Coffee C3
10 Mee Gaan C4
11 Talat Jae Jae D4

croix, symbolisant le passage de la Terre au paradis céleste, puis la **porte sud** du mur d'enceinte rectangulaire de 565 m sur 1 030 m. Contrairement à la plupart des temples khmers, qui font face à l'est, celui de Phimai est orienté vers le sud, pour être aligné, dit-on, avec la capitale du royaume, Angkor – une théorie rejetée par les historiens, le plan d'alignement étant loin d'être rectiligne.

Un passage surélevé, autrefois couvert de tuiles, mène au sanctuaire intérieur où s'élève le sanctuaire principal, haut de 28 m, au grès blanc orné de superbes sculptures. À l'intérieur du **Prang Brahmathat** voisin, une réplique du roi d'Angkor, Jayavarman VII, est assis dans une posture du Bouddha. Cette sculpture est un moulage, l'original se trouve au Musée national de Phimai.

Des étudiants thaïlandais font parfois office de guide, mais peu parlent anglais. Heureusement, divers panneaux et une brochure gratuite, disponible au centre d'accueil des visiteurs juste après l'entrée, fournissent une bonne idée générale de l'ensemble.

Musée national de Phimai MUSÉE
(พิพิธภัณฑสถานแห่งชาติพิมาย ; ☎044 471167 ; Th Tha Songkran ; 100 B ; ⏲9h-16h). Ce musée, devenu l'un des plus grands et des plus prestigieux de l'Isan, mérite amplement la visite. Installé au bord du Sa Kwan, une retenue d'eau khmère du XIIe siècle, il se compose de deux édifices spacieux renfermant une belle collection de sculptures khmères provenant du Prasat Phimai, mais aussi d'autres vestiges recueillis dans tout l'Isan. Si l'essentiel des expositions concerne l'époque des Khmers, on admire également des artefacts du site de Muang Sema (p. 430), de singulières poteries noires et à encolure en trompette de Phimai provenant de Ban Prasat (p. 430), et des représentations du Bouddha de diverses périodes.

Sai Ngam PARC
(ไทรงาม ; ⏲lever-coucher du soleil). Un peu à l'est de la ville se dresse le banian réputé le plus ancien (plus de 350 ans) et le plus grand de Thaïlande, sur un îlot. L'immense réseau que forment les branches et le tronc noueux du "beau banian" ressemble à une petite forêt.

Pratu Chai PORTE
(ประตูชัย, porte de la Victoire). Parmi les portes de la ville construites au XIIIe siècle par Jayavarman VII, trois sont encore debout. Cette porte sud est la mieux conservée et la plus intéressante (la porte orientale est en ruine) car elle correspondait à la route d'Angkor. Les remparts s'élevaient sur la crête de terre située derrière.

Meru Bhramathat VESTIGES
(เมรุพรหมทัต ; Th Buchayan). GRATUIT Le Meru Bhramathat est un stupa en brique rouge qui date de la fin de la période d'Ayutthaya (XVIIIe siècle). Il doit son nom à une légende populaire qui en aurait fait le lieu de crémation du roi Bhramathat.

Kuti Rusi VESTIGES
(กุฏิฤาษี ; ⏲lever-coucher du soleil). GRATUIT Ces ruines peu importantes sont celles du temple d'un centre de soin que construisit Jayavarman VII au début du XIIIe siècle. Il est axé vers l'est, comme tous les temples khmers mais, on ne sait pourquoi, présente le même décalage que le Prasat Phimai.

Fêtes et festivals

Fête de Phimai CULTUREL
(⏲mi-nov). Mi-novembre (généralement le second week-end), la fête de Phimai rend hommage au patrimoine de la ville par des manifestations culturelles, des spectacles son et lumière (billets 200-600 B) et des courses de bateaux traditionnels.

Où se loger

Benya Guesthouse PENSION $
(☎044 471541, 081 976 2471 ; Th Ananthajinda ; d 399 B ; P ❄ 📶). Extrêmement bien placée juste en face du parc historique, cette petite pension d'une propreté irréprochable est tenue par une jeune femme particulièrement sympathique parlant très bien l'anglais. Les chambres, petites mais nettes et bien tenues, sont équipées de la climatisation, d'une TV et de petites salles de bains individuelles. Dans une rue secondaire à côté du 7-Eleven. Prêt de vélo.

Phimai Paradise Hotel HÔTEL $
(☎086 468 8402, 044 287565 ; www.phimaiparadisehotel.com ; Th Samairujee ; d/tr 550/800 B ; P ❄ @ 📶 🏊). Cet hôtel proche d'un flanc du parc historique n'a rien de vraiment luxueux mais ses chambres sont depuis longtemps les meilleures de Phimai et la piscine ne gâte rien. Location de vélo 100 B/jour. Petit-déjeuner : 170 B.

Moon River Resort Phimai PENSION $$
(☎061 4236 939 ; www.moon-river-resort-phimai.com ; Soi 2, Ban Sai Ngam Patana ; d 600-800 B ; P ❄ 📶). Cette *guesthouse* germano-thaïlandaise est située dans une zone à dominante rurale, sur la berge nord de la rivière (on peut s'y baigner). Des bungalows en bois et en béton, basiques mais très corrects, sont reliés les uns aux autres par une agréable promenade en planches. Juste en dehors de la ville, près de la route de Khorat, à 1 km de l'entrée du parc historique. Les résidents peuvent louer vélos et motos.

Où se restaurer

Les marchands qui s'alignent près du Sai Ngam (un banian hautement révéré) ouvrent pour le petit-déjeuner et le déjeuner. Ils servent des plats thaïlandais et isan simples, notamment du *pàt pàt mee pimai* – un *pàt mèe koh·râht* en plus épicé, avec des nouilles différentes. Certains restaurants de Phimai en servent aussi.

Talat Jae Jae MARCHÉ $

(ตลาดจอแจ ; Th Suriya Uthai ; 5h-8h). Ce petit marché de rue est un bon endroit pour prendre un petit-déjeuner.

Barai Coffee CAFÉ $

(085 611 5841 ; Th Ananthajinda ; sandwichs 20-30 B, gaufres 30-40 B, café à partir de 40 B, smoothies 70 B ; 8h30-17h ;). Juste face à l'entrée du parc historique, voilà une adresse commode pour prendre un café et une bouffée d'air climatisée. Il y a aussi des smoothies, des sandwichs et des gaufres, ainsi que quelques places dans le jardin à l'arrière.

Mee Gaan THAÏLANDAIS $$

(061 414 5585 ; angle Th Chomsudasadet et Th Haruethairom ; plats 65-250 B, plats de poisson 400-650 B ; 9h-21h ;). Ce sympathique nouveau venu aux allures de café sert une cuisine digne d'un restaurant et constitue sans doute la meilleure table de Phimai. La spécialité maison est le délicieux *pad mee mee gaan* (65 B), un *pàt mèe koh·râht* revisité, mais il y a aussi des riz, des currys thaïlandais, des plats de la mer et des petits-déjeuners à toute heure, sans compter de la bière fraîche et du bon café – les pâtisseries ne sont pas mal non plus.

Depuis/vers Phimai

Au départ de Nakhon Ratchasima, les bus (50 B, 1 heure) et minibus (50 B, 1 heure) à destination de Phimai partent du terminal 2 environ toutes les 30 minutes, tout au long de la journée. Tous les bus partant ou arrivant en ville desservent les arrêts proches de la **Pratu Chai** (Th Haruethairom) et de la **tour de l'Horloge** (Th Buchayan), et peuvent vous déposer n'importe où sur la route filant au nord, notamment au musée. Les minibus utilisent la **gare routière** (peu pratique) de Phimai. Si vous souhaitez partir vers le nord de Phimai, montez dans un bus qui va à Tala Khae (13 B, 15 min), d'où vous prendrez une correspondance (vous devrez peut-être attendre un certain temps).

Comment circuler

Phimai est assez compacte et peut être explorée à pied, mais, pour découvrir les environs, louez un vélo à la **Boonsiri Guesthouse** (044 471159 ; Th Chomsudasadet ; 40 B/demi-journée, 80 B/jour) ou à la **Phimai Paradise House** (044 471918, 086 468 8402 ; www.phimaiparadisehotel.com ; Th Chomsudasadet ; lits jum 500 B, d 600-800 B, avec petit-déj ; vélo 100 B/jour ;), ou une moto à **Niu Motorbike** (044 481880 ; Th Anantajinda ; 300 B/jour ; 8h-17h lun-sam).

Parc national de Khao Yai อุทยานแห่งชาติเขาใหญ่

Classé parmi les plus beaux parcs du monde, le **Khao Yai** (086 092 6529 ; 400 B, voiture/moto 50/30 B ; entrée 6h-18h) est le plus ancien et le plus visité des parcs nationaux de Thaïlande. Couvrant 2 168 km², il comprend l'une des plus vastes forêts de mousson intactes du continent asiatique, ce qui lui a valu d'être inscrit au patrimoine mondial de l'Unesco (intégré dans le domaine forestier de Dong Phayayen-Khao Yai). Malgré sa superficie, c'est l'un des parcs thaïlandais les plus faciles à explorer en solo.

À voir et à faire

Ce parc englobe 5 types de forêt, où vivent de nombreux animaux sauvages. Il comprend de bons sentiers de randonnée et quelques chutes d'eau magnifiques, tonitruantes à la saison des pluies.

Il est assez facile de le visiter seul : le personnel anglophone du centre d'accueil est très serviable, on peut louer des motos et des vélos, et les visiteurs motorisés se font généralement un plaisir d'embarquer des piétons ; toutefois, les visites guidées, faciles à organiser, sont à prix raisonnables. Autour du parc, la région de Pak Chong est très prisée des habitants de Bangkok, dont beaucoup ne visitent même pas le parc : il y a partout suffisamment de stands de vente à emporter, de centres commerciaux et de pistes de karting pour occuper les familles tout un week-end sans même aller faire un tour dans la nature. En dehors des pièges à touristes, certaines curiosités hors du parc méritent une visite.

Dans le parc

Nam Tok Haew Narok CASCADE

(น้ำตกเหวนรก ; 7h-17h). Nam Tok Haew Narok ("chute des gorges de l'enfer") est à l'extrémité sud du parc, à 23 km du centre d'accueil des visiteurs. Ses 3 paliers bout à bout forment une chute de 150 m, soit la plus grande du parc. Il est assez facile de grimper les 800 m de sentier pavé jusqu'au premier palier (50 m), mais les 199 marches conduisant au point de vue sont abruptes. Les deuxième et troisième paliers ne sont pas accessibles.

Nam Tok Haew Suwat CASCADE

(น้ำตกเหวสุวัต ; 7h-17h). Cette chute de 25 m, la plus jolie du parc, joue un rôle de premier plan dans le film *La Plage* de Danny Boyle.

Elle est alimentée toute l'année (mais très peu à la saison chaude) et l'on peut rejoindre sa base à pied, mais la baignade est interdite. On y accède en voiture ou par des sentiers de randonnée.

Nam Tok Kong Kaew CASCADE
(น้ำตกกองแก้ว). Cette petite chute est à seulement 150 m du centre d'accueil du parc.

Point de vue de Pha Diew Dai POINT DE VUE
(จุดชมวิวผาเดียวดาย). Ce point de vue se trouve à plus de 1 100 m d'altitude sur un sentier en planches facile débutant à 14 km du centre d'accueil. Il y a rarement foule bien que ce soit le plus impressionnant du parc.

Hors du parc

Source de Ban Tha Chang BAIGNADE
(Tambon Mu Si ; 24h/24). GRATUIT Ces bassins naturels emplis d'une eau de source limpide sont très prisés pour la baignade. Faciles à rejoindre, on les voit de la route. En direction de Pak Chong, tournez à droite au panneau indiquant Belle Villa, puis obliquez à gauche.

Khao Yai Art Museum GALERIE
(เขาใหญ่ อาร์ต มิวเซียม ; 044 756060 ; 10h-17h30). GRATUIT Ce musée privé consacre ses trois salles à certains des meilleurs artistes contemporains thaïlandais dont Anupong Chantorn et Lampu Kansanoh, et comprend un jardin de sculptures. Il est à 3 km à l'est de Th Thanarat ; en direction de Pak Chong, tournez à droite au panneau indiquant Belle Villa puis prenez à gauche, passez devant la source de Ban Tha Chang et suivez les panneaux.

GranMonte DOMAINE VITICOLE
(กราน-มอนเต้ ; 044 009543 ; www.granmonte.com ; circuit avec dégustation 450 B/pers ; circuit 10h, 11h30, 13h30, 15h et 16h lun-ven, 11h, 13h30 et 15h sam-dim). Dans ce domaine d'excellence, à 16 km de l'entrée du parc national de Khao Yai, officie Nikki Lohitnavy, une des premières femmes œnologues du pays. Le cadre est spectaculaire, on peut visiter le domaine (réservez) et il y a une épicerie fine, un hôtel de luxe et un restaurant chic. Sur la route Muak Lek-Khao Yai, l'itinéraire direct entre Bangkok et Khao Yai (sortez au Km 144).

Sentiers de randonnée

Dans la forêt, 5 sentiers sont accessibles aux randonneurs indépendants. Ailleurs dans le parc, il vous faudra un guide. Vous pourrez recruter pour cela un garde forestier du parc (500-1 000 B/groupe selon la période) au centre d'accueil des visiteurs. Des guides pourront également vous emmener faire des treks hors sentiers de plusieurs jours, mais seulement s'ils parlent anglais (ou si vous parlez thaï) ; mieux vaut donc s'assurer les services d'un guide privé par le biais des tour-opérateurs ou des hôtels locaux.

Quelle que soit la piste empruntée, portez des chaussures montantes et un pantalon. Pendant la saison des pluies, les sentiers sont infestés de sangsues. Les anti-moustiques permettent, dans une mesure limitée, de les éloigner, mais les "chaussettes anti-sangsues", vendues au centre d'accueil des visiteurs, se révèlent plus efficaces.

Sentier n°1 (1,2 km). Le sentier nature de la cascade de Kong Kaew, goudronné, fait une boucle au départ du pont suspendu situé derrière le centre d'accueil des visiteurs. Un trek ne présentant aucune difficulté malgré quelques passages abrupts.

Sentier n°2 (3 km). Cette randonnée facile mène aux cascades de Haew Suwat et Pa Kluai Mai. Passé la seconde, on aperçoit souvent des crocodiles dans la rivière. Le sentier était fermé lors de notre visite ; renseignez-vous au centre d'accueil des visiteurs avant de vous lancer.

Sentier n°3 (3,3 km). Légèrement plus difficile, cette randonnée vers la tour d'observation de Nong Phak Chi débute sur un petit parking près de la borne du Km 33. Le sentier, emprunté par de nombreux groupes, passe par les meilleurs sites de Khao Yai pour observer la faune. Vous pourrez ensuite revenir au centre d'accueil des visiteurs en empruntant le sentier n°5.

Sentier n°4 (2,7 km). Randonnée facile sur un sentier souvent désert menant à un point de vue sur la retenue d'eau de Sai Sorn.

Sentier n°5 (5 km). Cette randonnée, idéale pour observer la faune, part près du centre d'accueil des visiteurs et mène à la tour d'observation de Nong Phak Chi, d'où l'on peut repartir par le sentier n°3.

Sentier n°6 (8 km). Empruntant le plus long sentier balisé du parc, cette randonnée vous mènera du centre d'accueil des visiteurs à la cascade de Haew Suwat. Le trek pouvait jadis se faire sans guide, mais c'est désormais interdit – le sentier est souvent désert, et de nombreux touristes se perdaient, certains se retrouvant même contraints de passer la nuit en pleine forêt. La randonnée est assez facile dans l'ensemble, malgré quelques passages plus compliqués.

Parc national de Khao Yai

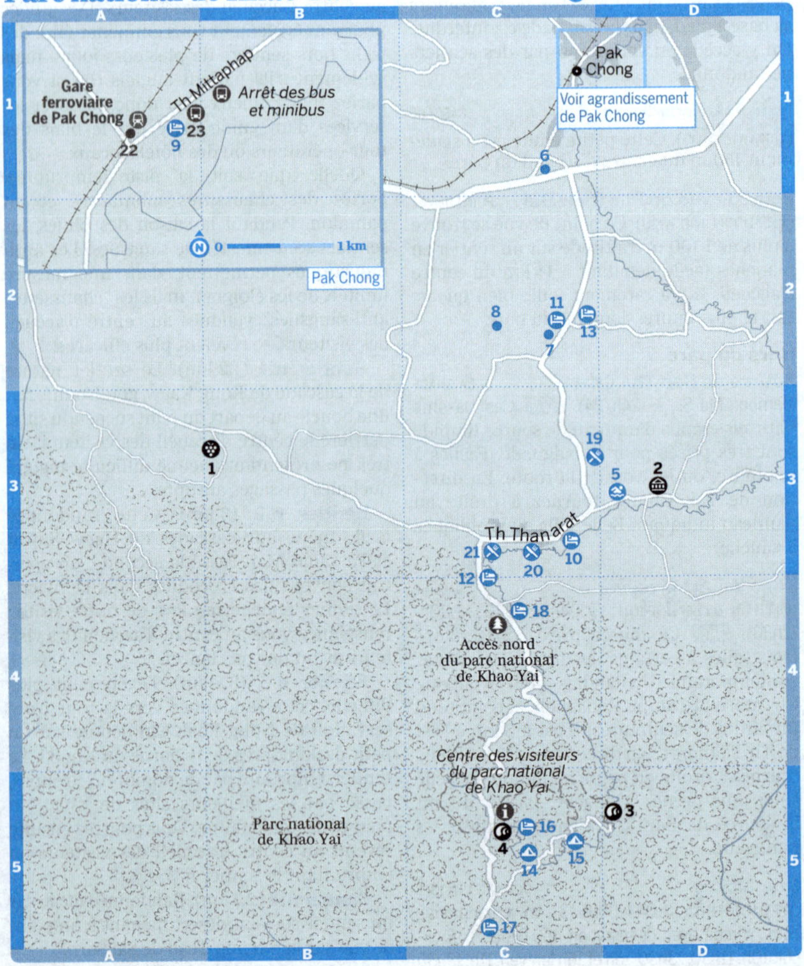

Observation de la faune

Par sa superficie et par la variété des habitats, Khao Yai est un des meilleurs endroits pour l'observation des animaux sauvages en Thaïlande. Culminant à 1 351 m au sommet du Khao Rom, le parc comprend cinq zones de végétation : forêt tropicale humide persistante (entre 100 m et 400 m), forêt tropicale humide semi-persistante (entre 400 m et 900 m), forêt décidue et mixte (versants nord entre 400 m et 600 m), forêt de montagne persistante (au-delà de 1 000 m) et savane-forêt secondaire dans les secteurs où l'agriculture et l'exploitation du bois étaient pratiquées avant la protection de la zone.

Le parc abrite quelque 200 éléphants sauvages, mais aussi des muntjacs, des gaurs, des ours, des tigres, des léopards, des loutres, divers gibbons, macaques et d'assez gros pythons. Il compte également 392 espèces d'oiseaux et l'une des plus importantes populations de calaos du pays, dont le calao bicorne (*nók gòk* ou *nók gah·hang*).

Les routes qui sillonnent le parc sont jalonnées de **points de vue** et de **pierres à lécher** (attirant souvent les éléphants tôt le matin et en fin d'après-midi). Votre meilleure chance d'apercevoir des éléphants est de participer à un **safari nocturne** (☎086

Parc national de Khao Yai

À voir

1 GranMonte B3
2 Khao Yai Art Museum D3
3 Nam Tok Haew Suwat D5
4 Nam Tok Kong Kaew C5

Activités

5 Source de Ban Tha Chang D3
6 Bobby's Apartments & Jungle Tours C1
7 Greenleaf Guesthouse & Tour C2
8 Khao Yai Nature Life & Tours C2
Safaris nocturnes .... (voir 4)

Où se loger

9 At Home Hostel A1
10 Balios C3
11 Greenleaf Guesthouse C2
12 Hotel des Artists C3
13 Khao Yai Garden Lodge C2
14 Parc national de Khao Yai – Camping Lam Tha Khong C5
15 Parc national de Khao Yai – Camping Pa Kluai Mai C5
Parc national de Khao Yai – Zone 1 .... (voir 4)
16 Parc national de Khao Yai – Zone 2 ... C5
Parc national de Khao Yai – Zone 3 .... (voir 16)
17 Parc national de Khao Yai – Zone 4 ... C5
18 San Khao Yai Guesthouse C4

Où se restaurer

19 Khrua Khao Yai C3
20 Roma Sausage C3
21 Marché de nuit de Yaek Kut Kha C3

Transports

22 Gare ferroviaire de Pak Chong A1
Ratchasima Tour .... (voir 23)
23 Songthaew pour le parc national de Khao Yai A1

092 6529 ; 500 B/véhicule max 10 pers ; 19h et 20h), lors duquel vous verrez peut-être également des porcs-épics et des chacals. Vous entendrez sûrement les cris des gibbons le matin, mais il faudra marcher pour espérer en voir – essayez le sentier n°1 (p. 435). Les chances d'apercevoir un tigre sont quasi nulles, mais vous verrez presque à coup sûr des sambars, notamment le matin et l'après-midi autour du centre d'accueil des visiteurs et au camping de Lam Tha Khong, ainsi que des macaques, qui vagabondent toute la journée sur les routes du parc.

La **tour d'observation de Nong Phak Chi**, surplombant un petit lac et une pierre à lécher, constitue l'un des meilleurs points d'observation de la faune du parc. Le plus rapide est de prendre le large sentier de 900 m partant à 1,8 km au nord du centre d'accueil des visiteurs ; deux sentiers de randonnée balisés (p. 435) y mènent également.

Circuits organisés

La plupart des hôtels et *resorts* de Khao Yai organisent des visites du parc, une manière idéale de le découvrir dans la mesure où un guide compétent vous montre des animaux que vous n'auriez pas vu seul.

Trois établissements – **Greenleaf Guesthouse & Tour** (p. 438 ; excursion journée 1 500 B), **Khao Yai Garden Lodge** (044 936352, 094 191 9176 ; www.khaoyaigardenlodge.net ; Km 7, Th Thanarat) et **Bobby's Apartments & Jungle Tours** (086 262 7006 ; www.bobbysjungletourkhaoyai.com ; près de Th Mittaphap, Pak Chong) – se partagent le marché des visites de groupes petits budgets ; ils sont depuis longtemps réputés pour la qualité de leurs visites, mais l'hébergement, conçu pour des baroudeurs, ne convient pas à tous. Une excursion typique coûte environ 1 500 B par personne et dure un jour et demi, mais de nombreux voyageurs se contentent d'une seule journée. Sont compris déjeuner, en-cas, eau et "chaussettes anti-sangsues", et parfois le transfert depuis la ville de Pak Chong. L'excursion d'une journée comprend une marche matinale en forêt avec observation des animaux, la découverte d'une cascade et une balade en voiture dans le parc à la recherche des éléphants. Celle d'une demi-journée se cantonne hors du parc et comprend la visite d'une grotte, une baignade dans une source et l'observation de chauves-souris surgissant par milliers d'une grotte dans la montagne.

La petite agence **Khao Yai & Beyond** (089 946 1906 ; www.khaoyaiandbeyond.com) est spécialisée dans les excursions reculées avec camping en forêt (matériel de camping fourni). Un guide **ornithologue** réputé : Tony, le propriétaire du **Khao Yai Nature Life & Tours** (096 565 5926 ; www.khaoyainaturelifetours.com).

Les employés du parc eux-mêmes organisent des safaris nocturnes (p. 436) d'une heure, avec des projecteurs pour observer les animaux.

Où se loger

Il y a des dizaines d'hébergements dans Th Thanarat (Rte 2090), la route qui conduit au parc, et à proximité. Sans grand charme, Pak Chong, la ville la plus proche, en compte beaucoup d'autres. La plupart des établissements peuvent vous conduire ou venir vous chercher à Pak Chong ; les hébergements petits budgets prisés le font gratuitement si vous faites une excursion avec eux. En semaine et en basse saison (avril-octobre), il y a souvent des remises pouvant aller jusqu'à 40%.

Le plus bel endroit où dormir est naturellement le parc lui-même. Il dispose de campings et d'un choix de chambres et de bungalows ; aucun hébergement n'est climatisé, mais certains ont des TV et des réfrigérateurs. Il consent 30% de remise du lundi au jeudi. Il faut réserver sur le site du parc national (nps.dnp.go.th/reservation.php ; paiement à l'avance requis) ou sur place ; pas de réservations par téléphone. Les hébergements sont souvent complets, à part en semaine en basse saison. Il est presque toujours possible de louer des tentes.

Dans le parc

Parc national de Khao Yai – Camping Pa Kluai Mai CAMPING $

(sans location de tente 30 B/pers, location matériel camping 285 B – tente 225 B, sac de couchage 30 B, tapis de sol 20 B, oreiller 10 B – ; P). Ce camping à 2 km après le camping Lam Tha Khong est plus petit mais plus boisé et convient mieux aux amoureux de la nature. Il y a un peu de circulation à proximité en fin d'après-midi.

Parc national de Khao Yai – Camping Lam Tha Khong CAMPING $

(sans location de tente 30 B/pers, location matériel camping 285 B – tente 225 B, sac de couchage 30 B, tapis de sol 20 B, oreiller 10 B – ; P). Le plus grand et le plus moderne des deux campings est à 6 km du centre d'accueil des visiteurs sur la route de la Nam Tok Haew Suwat (p. 434). Il est bondé et bruyant quand des étudiants thaïlandais y débarquent, comme c'est le cas presque tous les week-ends et durant les vacances scolaires.

Parc national de Khao Yai – Zone 4 BUNGALOW $$

(Thanarat ; d 800 B, bungalows 3 000-3 500 B ; P). Cet espace est plus vaste et moins boisé que la Zone 2, mais la vue dégagée sur la montagne le rend tout aussi agréable. Il y a beaucoup d'oiseaux (et d'animaux, en principe) dans les environs et une tour d'observation. Aux bungalows (de 2 et 3 chambres pour 4 à 6 personnes) s'ajoutent quelques chambres toutes simples ; celles pour 4 personnes utilisent les équipements communs.

Cet endroit est à 5 km au sud du centre d'accueil, tout près de la route principale.

Parc national de Khao Yai – Zone 3 CHAMBRES $$

(Suratsawadee ; lits jum 800 B ; P). Située en contrebas d'un grand dortoir de colonie de vacances – source de bruit même s'il est souvent inoccupé –, cette zone comprend des chambres vieillissantes mais encore confortables agrémentées de grandes vérandas sur le devant. On ne peut pas s'y restaurer. À 1,5 km du centre d'accueil des visiteurs.

♥ **Parc national de Khao Yai – Zone 2** BUNGALOW $$$

(Thio That ; bungalows 2 000-2 400 B ; P). Plus petite des zones, cet endroit agréable sur un versant ombragé à 2,5 km du centre d'accueil comprend 5 bungalows de 2 chambres et 2 salles de bains, pour 6 à 8 personnes. Il n'y a pas de restaurant. Elle se trouve le long d'une route en cul-de-sac peu fréquentée ; n'y logez que si vous êtes motorisé.

Parc national de Khao Yai – Zone 1 BUNGALOW $$$

(Kong Kaew ; bungalows 2 400-9 000 B ; P). Cette zone ombragée et un peu exiguë située derrière le centre d'accueil comprend de grands bungalows prévus pour des groupes.

Hors du parc

Greenleaf Guesthouse PENSION $

(☎089 424 8809 ; www.greenleaftour.com ; Km 7,5, Th Thanarat ; d 300 B). Ce spécialiste des visites du parc pour les petits budgets dispose aussi d'une petite pension simple mais agréable aux chambres équipées de ventilateurs près d'un jardin verdoyant, et d'un restaurant en bord de route situé devant. Il ne loue ni vélos ni motos, mais le *songthaew* faisant la navette entre Pak Chong et l'entrée du parc passe devant.

San Khao Yai Guesthouse BUNGALOW $$

(☎086 245 7882 ; www.sankhaoyaitour.com ; Th Thanarat ; bung 800 B ; P❄📶). Ces cottages de couleurs vives, situés à 100 m de l'entrée du parc, sont sans prétention mais propres et au-dessus du lot parmi les hébergements bon marché du coin. Il n'y a pas mieux si vous souhaitez loger en dehors du parc tout en pouvant vous y rendre très tôt pour observer la faune. Location de motos (500 B/jour ; caution 20 000 B ou passeport), organisation d'excursions guidées, repas et bière.

Hotel des Artists HÔTEL $$$
(044 297444 ; hoteldesartists@gmail.com ; Km 22, Th Thanarat ; d avec petit-déj à partir de 2 800 B ;). Un hôtel élégant qui se distingue, jouant sur le style colonial français plutôt que sur le thème habituel de la nature. Le panorama sur la montagne, à l'arrière, n'en constitue pas moins un beau rappel. Les chambres sont somptueuses, quoique petites, et ouvrent sur une piscine tout en longueur.

Balios HÔTEL $$$
(044 365971 ; www.balioskhaoyai.com ; Km 17, Th Thanarat ; d avec petit-déj 2 700-4 600 B ;). Resté au goût du jour, l'hôtel de luxe historique du parc décline un thème attrayant, vaguement italien. Décorées avec goût, toutes les chambres disposent d'un patio donnant sur la piscine ou sur les beaux jardins.

À Pak Chong

At Home Hostel AUBERGE DE JEUNESSE $
(081 490 6601 ; Pak Chong ; dort 280-300 B, d 600-750 B ;). Tenue par un personnel serviable parlant très bien l'anglais, cette auberge sympathique est la meilleure de Pak Chong. On y loue des motos (300 B/jour), mais la route est longue jusqu'au parc. Elle se trouve dans une rue située en diagonale par rapport au 7-Eleven, près de l'endroit d'où part le *songthaew* pour le parc.

Depuis la gare routière, partez tout droit, tournez à gauche en arrivant dans la rue principale et prenez la deuxième à droite.

Où se restaurer

Dans le parc, des restaurants occupent toutes les zones fréquentées, notamment le centre d'accueil des visiteurs, les campings et certaines cascades, mais ils ferment de bonne heure – organisez-vous bien. Le dernier service au centre d'accueil est à 18h ; ailleurs, il n'y a pas d'heure prédéfinie. Hors du parc, de nombreux restaurants sont installés le long de Th Thanarat, dont beaucoup servent des plats italiens.

Marché nocturne Yaek Kut Kha MARCHÉ $
(Km 20, Th Thanarat ; 15h30-19h30). Dans ce marché nocturne animé, la communauté locale se procure des plats à emporter. Quelques marchands ambulants ouvrent aussi le matin.

Roma Sausage INTERNATIONAL $$
(Km 18, Th Thanarat ; plats 80-850 B ; 10h30-21h30 dim-mar et jeu, 10h30-23h ven-sam ;). Ce restaurant en plein air tout en simplicité, situé dans l'un des secteurs les plus animés de Th Thanarat, sert d'excellents plats thaïlandais (curry jaune de maquereau et *lâhp* au tofu croustillant) et européens (ailes de poulet fumées, confit de canard et pizzas à pâte fine).

Khrua Khao Yai THAÏLANDAIS $$
(Km 13,5, Th Thanarat ; plats 100-270 B ; 9h-20h, 9h-21h en cas d'affluence ;). Ce restaurant en plein air est très prisé des habitants de Bangkok en vacances pour la qualité de sa cuisine et la prédominance des aliments sains ; on y sert notamment des champignons *dôm yam* et des pousses de tournesol frites. La carte en anglais étant succincte, n'hésitez pas à demander un plat qui n'y figurerait pas.

Renseignements

Centre d'accueil des visiteurs du parc national de Khao Yai (086 092 6529 ; Khao Yai National Park ; 6h-21h, le personnel arrive à 8h). Personnel aimable et professionnel ; de nombreux employés parlent anglais. Des expositions présentent un aperçu de l'écologie du parc. Un petit **café**, situé à l'arrière, donne sur la rivière.

Depuis/vers le parc national de Khao Yai

Des *songthaew* (Th Mittaphap, Pak Chong ; 40 B, 1 heure) parcourent les 30 km séparant Pak Chong de l'entrée nord du parc en suivant Th Thanarat, toutes les 30 minutes de 6h à 17h. Ils partent à proximité du 7-Eleven, près de la statue des daims. Comptez encore 14 km jusqu'au centre d'accueil des visiteurs ; les gardes forestiers arrivent généralement à convaincre les chauffeurs d'y conduire les voyageurs, si le groupe est important. Autrement, louez une moto à la San Khao Yai Guesthouse (p. 438) à côté de l'entrée. Les derniers *songthaew* partent de l'entrée du parc en direction de Pak Chong autour de 15h.

Il n'y a pas de gare routière à Pak Chong : les bus partent du centre-ville, sur l'artère principale. Des minibus fréquents

(66 B, 1 heure 30) et quelques bus 2e classe (56 B, 2 heures) partent vers Khorat de 5h à 18h depuis un **arrêt de bus** (Th Mittaphap, Pak Chong) situé 500 m au nord-est de la statue des daims, à côté du marché de *dà·làht kàak*. Des minibus partent également pour Bangkok (160 B, 3 heures, ttes les 30 min) des deux côtés de la route, près de la statue des daims. Des bus 1re classe desservant Bangkok (133 B, 3 heures) et Khorat (72 B, 1 heure) marquent l'arrêt devant **Ratchasima Tour** (☎044 312131 ; Th Mittaphap, Pak Chong), du côté opposé de la route par rapport à la statue ; dernier départ pour Bangkok à 20h. Vous pouvez aussi monter dans un minibus (venant de Khorat) pour Ayutthaya (100 B, 2 heures 30) et Lopburi (80 B, 2 heures) de l'autre côté de la rue par rapport au marché de *dà·làht kàak* (attendez sur les bancs de l'îlot séparateur), à condition qu'il reste de la place (c'est souvent le cas).

On peut aussi rejoindre facilement Pak Chong en **train** (☎044 311534) depuis Bangkok (86-292 B, 4 heures-4 heures 30, ttes les 2 heures) et Khorat (18-251 B, 1 heure 30, ttes les 2 heures), ainsi que d'autres destinations dans l'Isan. Les trains sont moins fréquents que les bus/minibus mais beaucoup plus confortables, moins chers et plus sûrs. Inutile de réserver son billet : il suffit de l'acheter à la gare et de sauter dans le premier train. Les trains express sont beaucoup plus chers que les ordinaires car il n'y a pas de troisième classe, les places les plus intéressantes.

D'Ayutthaya, il n'existe en revanche aucune liaison directe en bus et très peu de minibus, mieux vaut donc prendre le train (23-363 B, 2 à 3 heures, 10/jour).

Si vous arrivez en voiture depuis Bangkok, vous pourrez emprunter une seconde entrée au sud, moins fréquentée, dans la province de Prachinburi.

ℹ Comment circuler

Les sites touristiques et les commerces sont distants les uns des autres ; il est donc conseillé de posséder son propre véhicule. Il est assez facile de trouver un transport dans le parc en journée, mais ce n'est jamais garanti : ne venez pas sans voiture si vous n'êtes pas prêt à marcher.

La moto est un excellent moyen de locomotion pour visiter le parc ; vous pourrez en louer à la San Khao Yai Guesthouse (p. 438 ; 500 B/jour, caution 20 000 B ou passeport), près de l'entrée du parc, ou dans plusieurs boutiques sur l'artère principale de Pak Chong, incluant Thai Yen, en face de la gare ferroviaire.

On peut louer des vélos au centre d'accueil des visiteurs du parc pour 50/200 B par heure/jour. N'oubliez pas qu'il y a de fortes pentes dans le parc (son nom signifie "grande montagne").

PROVINCE DE BURIRAM บุรีรัมย์

Buriram est une ville sympathique, mais qui n'a pas grand-chose pour retenir l'attention des touristes. L'extrême sud de la province homonyme, en revanche, compte des vestiges khmers à ne pas manquer. De fait, la campagne est parsemée d'une myriade de ruines. Le joyau de la région est le Phanom Rung, dressé au sommet d'un volcan éteint. Ce monument angkorien, le plus spectaculaire du pays, vaut largement le détour et impressionnera même ceux qui connaissent déjà le temple d'Angkor au Cambodge.

Nang Rong นางรอง

☎044 / 21 260 HABITANTS

Cette ville ordinaire constitue, grâce à ses nombreuses infrastructures et à son grand choix d'hôtels, un point de départ idéal pour visiter le parc historique du Phanom Rung.

Où se loger et se restaurer

P California Inter Hostel PENSION $

(☎081 808 3347 ; www.pcalifornianangrong.webs.com ; Th Sangkakrit ; d ventil 250-350 B, clim 450-650 B ; P ❄ ☎). Cette excellente adresse dans la partie est de la ville comprend des chambres lumineuses et joliment décorées ainsi qu'un jardin central où il fait bon prendre son petit-déjeuner (100 B). Khun Wicha, le propriétaire anglophone, est une mine de connaissances sur la région ; il peut vous remettre une carte des environs et vous conseiller. Prêt de vélo et location de motos (250 B/jour). Cette *guesthouse* est à 2,5 km de la gare routière ; tournez à gauche en sortant de la gare pour prendre la grande route et avancez jusqu'à ce que vous aperceviez l'enseigne sur votre droite. Vous pouvez y aller en moto-taxi/taxi (50/60 B), mais on vient vous chercher si vous appelez à l'avance.

Nang Rong Hotel HÔTEL $

(☎044 631014 ; Th Phradit Pana ; d 450 B ; ❄ ☎). Ce nouvel hôtel bon marché dispose de chambres ordinaires mais propres et bien conçues et, contrairement à certains de ces concurrents, il est en plein cœur de Nang Rong, à 2 km de la gare routière. Partez à droite en sortant de cette gare, tournez à gauche au bout de la rue et continuez (en passant devant les lacs) ; l'hôtel sera sur votre droite. Prêt de vélo.

Socool Grand Hotel HÔTEL $$$
(☎044 632333 ; www.socoolgrand.com ; Th Sapakitkoson ; d avec petit-déj 1500-2500 B ; P ❄ 📶 🏊). Avec son joli décor noir et blanc, et son mobilier en rotin, cet établissement aux allures de boutique-hôtel est un des meilleurs de Nang Rong. Il comprend des chambres spacieuses, lumineuses et confortables, ainsi qu'un grand espace piscine et fitness. Il est à 1,5 km de la gare routière ; tournez à gauche en sortant de cette gare pour prendre la grande route ; l'enseigne sera sur votre gauche.

Marché nocturne de Nang Rong MARCHÉ $
(Sankhakrit ; 🕒17h-22h ven-sam). Ce marché étonnamment vaste propose une profusion de mets de rue thaïlandais. S'il s'agit surtout de plats à emporter, on peut aussi dîner en toute simplicité devant les quelques stands équipés de tables et de chaises. À 400 m à l'ouest du P California Inter Hostel (partez à gauche en sortant de cette *guesthouse*), et à un pâté de maisons du Nang Rong Hotel.

ℹ Depuis/vers Nang Rong

La **gare routière** de Nang Rong (☎044 631517), située dans la moitié ouest de la ville, accueille des bus en provenance et à destination des grandes villes du sud de l'Isan, notamment Surin (80-100 B, 2 heures, ttes les 30 min), Ubon Ratchathani (144-265 B, 6 heures à 7 heures, 12/jour), Khorat (60-95 B, 2 heures, ttes les heures), et Pak Chong (125 B, 3 heures, ttes les heures), mais aussi Bangkok (275 B, 6 heures à 7 heures, ttes les heures).

ℹ Comment circuler

Le P California Inter Hostel loue des motos (250 B/jour) et fournit une carte des environs. Il gère aussi les excursions au Phanom Rung (par voiture 700 B/demi-journée). Le Baan Bong Pha Om (p. 443), plus proche des principales ruines, loue aussi des motos (250 B/jour). Les **taxis** de Nang Rong (☎093 551 4175, 092 478 0529) sont stationnés à la gare routière ; l'aller-retour vers le Phanom Rung revient normalement à environ 1000 B ; ajoutez 200 B pour voir aussi le Muang Tam.

Parc historique du Phanom Rung

พนมรุ้ง

Le Prasat Phanom Rung ("temple de la grande montagne"), monument khmer le plus remarquable de Thaïlande, se trouve au sommet d'un volcan éteint. Son impressionnante entrée et son architecture en font un lieu incontournable pour tous ceux qui visitent la région.

Environ 8 km en contrebas se trouve le magnifique et pourtant méconnu Prasat Muang Tam ("temple de la ville basse"), également compris dans le parc historique. Plus petit et moins élaboré, il offre un cadre paisible – on y est souvent seul – et une architecture singulière que beaucoup préfèrent à celle de son célèbre voisin.

👁 À voir

♥ Prasat Phanom Rung RUINES
(ปราสาทเขาพนมรุ้ง ; ☎044 666251 ; 100 B, billet combiné avec Prasat Muang Tam 150 B ; 🕒6h-18h). Jouissant d'un emplacement exceptionnel, ce temple occupe le sommet d'un volcan éteint, et domine les rizières de quelque 200 m. On distingue vers le sud-est les monts Dangrek au Cambodge, et c'est dans cette direction que la capitale de l'empire d'Angkor se trouvait autrefois. L'ensemble de temples fut construit en l'honneur du dieu hindou Shiva, entre le Xe et le XIIIe siècle, mais la plus grande part des travaux date du règne de Suriyavarman II (1113-1150).

En contrebas du sanctuaire principal, au-dessus d'une longue rangée de boutiques de souvenirs, le **centre d'accueil des visiteurs** (ศูนย์ข้อมูลพนมรุ้ง ; 🕒8h30-16h30) GRATUIT présente des objets trouvés aux alentours, et des expositions sur l'architecture et la restauration des temples, qui s'étalèrent sur 17 ans. Vous pourrez retirer ici une brochure gratuite et engager un guide parlant thaï (tarif négociable). Pour éviter de grimper, on peut se garer sur le parking supérieur (50 B/véhicule), mais on n'y trouve généralement pas la brochure et ce serait rater la magnifique montée jusqu'à la porte principale.

En fait, la **promenade** est l'un des sites les plus remarquables du Phanom Rung. Elle commence sur une pente, à 400 m à l'est de la tour principale, par une succession de trois **terrasses** en terre. Vient ensuite un soubassement cruciforme sur lequel on suppose que se dressait un pavillon en bois. À droite se trouve le **Phlab Phla**, présumé être le pavillon où les membres de la famille royale faisaient leurs ablutions et changeaient de vêtements avant d'entrer dans le temple. Une fois descendu de la zone du pavillon, on arrive devant une **chaussée de procession** de 160 m de long bordée de piliers en grès surmontés de boutons de lotus dans le style primitif d'Angkor. Cette chaussée se termine devant le premier et le

Environs du Phanom Rung

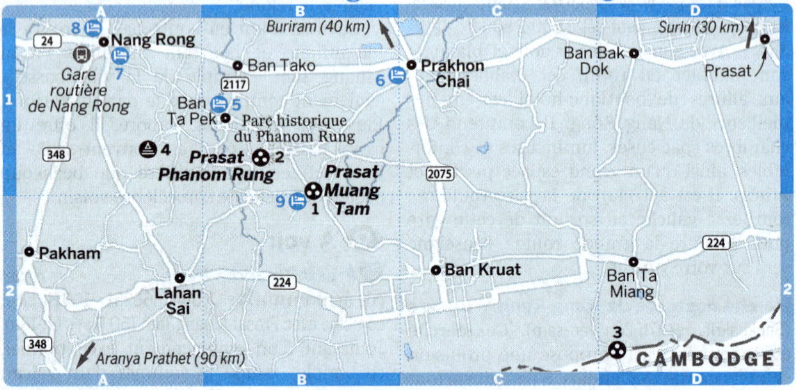

Environs du Phanom Rung

Les incontournables
1 Prasat Muang Tam B1
2 Prasat Phanom Rung B1

À voir
Centre d'accueil des visiteurs du Phanom Rung .... (voir 2)
3 Prasat Ta Meuan D2
4 Wat Khao Angkhan A1

Où se loger
5 Baan Bong Pha Om B1
6 Hotel de l'Amour B1
Nang Rong Hotel .... (voir 7)
7 P California Inter Hostel A1
8 Socool Grand Hotel A1
9 Thanyaporn Homestay B2

Où se restaurer
Marché nocturne de Nang Rong.. (voir 7)

Renseignements
Centre d'information du Muang Tam .... (voir 1)

plus grand des trois **ponts ornés de naga**, flanqués de 16 *naga* (serpents mythiques) à 5 têtes de style classique d'Angkor. Comme dans tous les autres temples khmers, ces ponts symboliques représentent le passage du monde terrestre au royaume céleste.

Tout en haut, la magnifique **galerie orientale** mène au sanctuaire principal. La **tour principale** est entourée de quatre galeries. De superbes sculptures de divinités vishnouites et shivaïtes ornent les linteaux et les frontons des portes des édifices centraux, ainsi que d'autres endroits importants de l'extérieur du sanctuaire. Sur le portique oriental du **mon-dòp** (mandapa ; salle face à la tour principale), remarquez le Nataraja (Shiva dansant) et le célèbre linteau Narai Bandhomsindhu, représentations respectives de la destruction et de la renaissance de l'univers. À l'entrée sud, on découvre les vestiges de Shiva et d'Uma juchés sur leur taureau, Nandi. La pièce centrale de la tour principale renferme un lingam de Shiva et, devant celui-ci, une statue de Nandi.

♥ Prasat Muang Tam — VESTIGES

(ปราสาทเมืองต่ำ ; ☎044 666251 ; 100 B, billet combiné avec le Prasat Phanom Rung 150 B ; ⏲6h-18h). Dans le petit village de Khok Meuang, le temple khmer restauré de Prasat Muang Tam constitue un parfait préambule à une visite du Phanom Rung, situé à seulement 8 km vers le nord-ouest. Érigé à la fin du Xe siècle ou au début du XIe, il est considéré comme le troisième temple de l'Isan par la taille, l'atmosphère et la qualité de sa restauration. Étant très peu visité (vous pourriez même l'avoir pour vous tout seul), il est le temple préféré de certains voyageurs.

L'ensemble, construit pour être un sanctuaire dédié à Shiva, présente un agencement inhabituel. Plus particulièrement, les cinq *prang* (stupas de style khmer) – dont le principal n'a pu être reconstruit – sont disposés par groupe de trois à l'avant et deux à l'arrière au lieu d'être en quinconce. En outre, le Prasat Muang Tam est le seul temple khmer à être encadré par quatre bassins en forme de L.

Commencez votre visite de l'autre côté de la route, dans le petit **centre d'information** (⏲8h-16h30) GRATUIT à côté du Barai Muang

VAUT LE DÉTOUR

LE PRASAT TA MEUAN

À la frontière cambodgienne, dans la forêt, les trois temples qui forment le **Prasat Ta Meuan** (ปราสาทตาเมือน ; 9h-15h) sont les vestiges khmers les plus spectaculaires de la province. Le site borde l'antique route royale khmère reliant Angkor Vat et Phimai (p. 431).

Le premier, le **Prasat Ta Meuan** proprement dit, construit sous le règne de Jayavarman VII (1181-1210), servait en partie de pavillon de repos aux voyageurs. Il s'agit d'un petit sanctuaire construit avec des blocs de latérite, doté de 2 portes et de 5 fenêtres ; un linteau de grès représentant le Bouddha méditant subsiste.

Ces trois sites s'étendent à 10,3 km au sud de Ban Ta Miang (situé sur la Rte 224, à 23 km à l'est de Ban Kruat) et sont accessibles par une route sinueuse qui voit passer plus de vaches que de voitures. Vous devrez disposer de votre propre véhicule, et l'accès est tout aussi facile en partant du Phanom Rung (p. 441) que de Surin. Attention à l'heure de fermeture : en raison de sa proximité avec la frontière, les horaires ont été choisis pour des raisons de sécurité, même si vous ne courez pas réellement de risques tant que vous ne vous aventurez pas dans la forêt.

Tam (un réservoir de 510 m par 1 090 m datant de l'époque khmère), qui présente de belles expositions sur le site.

Les conducteurs de moto-taxi/taxi vous feront payer un supplément (100/200 B) pour faire un détour par le Muang Tam lors d'une excursion au Phanom Rung.

Fêtes et festivals

Fête du Phanom Rung CULTURE

(avr). Le Phanom Rung est orienté vers l'est, et, 4 fois par an, les rayons du soleil franchissent les 15 portes du sanctuaire. Cet alignement se produit au lever du soleil du 3 au 5 avril et du 8 au 10 septembre, et à son coucher du 5 au 7 mars et du 5 au 7 octobre. Certaines années, il commence un jour plus tôt. Le parc prolonge ses heures d'ouverture à l'occasion de cet événement. Et, lors de l'alignement d'avril, les habitants célèbrent la fête du Phanom Rung avec des cérémonies brahmaniques traditionnelles et des spectacles son et lumière modernes.

Où se loger

Le meilleur des quelques hébergements à proximité immédiate du temple est le Thanyaporn Homestay, une *guesthouse* bon marché proche du Prasat Muang Tam (mais à 8 km en contrebas du Phanom Rung). Comme on peut y louer des motos, la merveilleuse Baan Bong Pha Om, dans le village de Ban Ta Pek, est également une bonne adresse. La plupart des visiteurs dorment toutefois à Nang Rong, la ville la plus proche, où l'on peut aussi louer des motos.

♥ **Baan Bong Pha Om** PENSION $

(084 236 5060, 095 620 5932 ; Ban Ta Pek ; d avec petit-déj 490-1 000 B ; P ❄ wifi). Ce sympathique établissement familial, qui apporte une touche artistique au paysage rural de rizières, est ravissant et garantit une détente absolue. Parmi les 14 chambres originales, plusieurs sont sur pilotis, avec balcons et douches en plein air. Certaines sont installées dans des conteneurs réhabilités, tandis que les meilleures – les House Rooms (690 B) et la Big Room (1 000 B) – sont plutôt luxueuses et valent le supplément.

Le café au fouillis charmant, ouvert sur l'extérieur, est parfait pour se détendre devant une bière fraîche ou un café filtre, et le propriétaire, amateur de reggae, se fait un plaisir de mettre l'ambiance à l'aide de morceaux choisis. Cette pension est une base idéale pour visiter le Phanom Rung : elle en est plus proche que Nang Rong et loue des motos (250 B/jour).

Pour y aller, prenez un bus Khorat-Surin et demandez à descendre à l'intersection de Ban Tako, d'où une moto-taxi vous conduira au village de Ban Ta Pek. La pension est indiquée, à 700 m à l'ouest du carrefour du village. En appelant à l'avance, on peut venir vous chercher à l'intersection de Ban Tako.

Thanyaporn Homestay PENSION $

(087 431 3741 ; d avec petit-déj 500-800 B ; P ❄ wifi). Cette *guesthouse* moderne et confortable n'est qu'à 500 m au sud-ouest des ruines du Prasat Muang Tam (tournez à droite en sortant, encore à droite ; les ruines sont sur la gauche). En y séjournant,

HORS DES SENTIERS BATTUS

AUTRES VESTIGES KHMERS AUX ENVIRONS DU PHANOM RUNG

De nombreux sites, moins connus, se trouvent dans les environs du Phanom Rung, témoignant du rôle important que jouait autrefois la région dans l'Empire khmer. Même s'ils ne revêtent qu'un intérêt mineur, leur découverte est l'occasion de parcourir des paysages de rizières et d'apprécier la vie rurale sous son jour le plus authentique. Tous les sites indiqués ci-dessous, plus ou moins restaurés par le département des Beaux-Arts, sont gratuits et ouverts en journée.

Le **Kuti Reusi Nong Bua Rai** se trouve à l'est, en contrebas du Phanom Rung, et le **Kuti Reusi Khok Meuang**, similaire mais plus évocateur, immédiatement au nord-ouest du Prasat Muang Tam, en face du Baray Muang Tam, de l'autre côté de la route.

Une infime partie du **Prasat Khao Plaibat** est encore debout. Mais c'est plus l'aventure consistant à le trouver, ainsi que la superbe vue sur le Phanom Rung et les monts Dangrek, sur la frontière cambodgienne, qui valent le détour. Le chemin, peu emprunté, part du Wat Khao Plaibat, à 3 km du Prasat Muang Tam. Passez la porte (malgré le panneau en thaïlandais indiquant "zone réservée aux moines, entrée interdite", on nous a assuré qu'il était possible d'emprunter ce chemin pour visiter les ruines) derrière la grande représentation du Bouddha, puis tournez à droite aux *gù-đì* (quartiers des moines) et faufilez-vous à travers la clôture en barbelé. De là, prenez le sentier à droite, puis grimpez peu après la colline par la gauche, en suivant les bandelettes orange accrochées aux branches. Si vous réussissez à ne pas vous perdre en chemin, la marche pour arriver en haut de la colline prend environ 30 minutes.

Le **Prasat Khok Ngio**, à 3 km avant Pakham, comprend un petit musée peu engageant, lequel expose des poteries anciennes, des ossements humains et des représentations du Bouddha mises au jour près du temple.

Le modeste **Prasat Thong** (ou Khok Prasat), non loin du marché du centre-ville de Ban Kruat, possède trois tours en ruine mais vaut le détour si vous êtes à proximité.

Le grès utilisé pour ériger ces temples provient de l'immense (et très dispersée) **Lan Hin Dtat Ban Kruat** (carrière de Ban Kruat), que l'on voit mieux depuis le Wat Lan Hin Dtat, au sud-ouest de Ban Kruat. Plusieurs sites d'extraction sont visibles le long d'un sentier en surface de 1 km, au départ de l'est du parking. Le plus grand se trouve à 100 m en bas d'un petit chemin latéral à celui-ci : à partir du parking, prenez le chemin à droite après la statue du Bouddha ; il se trouve juste après le dernier *gù-đì*.

Près de Ban Kruat se trouvent aussi les **Tao Nai Chian** et **Tao Sawai** (plus grand), deux fours dans lesquels on cuisait une grande partie des poteries de l'Empire khmer entre le IXe et le XIIIe siècle. Il n'en reste aujourd'hui que des tas de débris recouverts de toits.

Bien que situé dans la province de Surin, vous pouvez facilement ajouter le Prasat Ta Meuan (p. 443) à votre voyage dans la région. Il se trouve à 55 km du Phanom Rung.

on peut profiter de la vie villageoise tout en jouissant du confort. Le nom est en thaï sur l'enseigne ; repérez le bâtiment orange à l'angle de la rue portant l'inscription "Homestay & Guesthouse".

Si l'on peut rejoindre les ruines de Muang Tam à pied, cette pension est à 8 km en contrebas de Phanom Rung – mais vous devriez sans difficulté trouver quelqu'un qui vous y dépose.

Hotel de l'Amour HÔTEL $$$
(☎044651555 ; www.hotel-delamour.com ; Rte 24, Prakhon Chai ; avec petit-déj ch 3 445-3 700 B, ste 8 240 B ; P❄@🛜≋). Ce véritable quatre-étoiles, surprenant dans cette région reculée, se trouve en ville à Prakhon Chai. Tout y est magnifique et on y est soigné par un personnel bien formé, quoique timide. Les chambres, somptueuses, sont un peu chères, surtout en regard du maigre petit-déjeuner, mais aucun établissement ne peut rivaliser avec celui-ci. On peut visiter les environs sans être motorisé, car il se trouve sur la nationale entre Bangkok et Surin ; l'hôtel organise des excursions privées en voiture du Phanom Rung et du Muang Tam (1 900 B/voiture) et loue des motos (400 B/jour).

ALLER AU CAMBODGE : DE CHONG CHOM À O SMACH

Rejoindre la frontière Du fait de la présence de casinos côté Cambodge, de nombreux minibus (45 B, 1 heure 30, fréquents, 5h30-18h30) font la navette entre la gare routière de Surin et le poste-frontière de Chong Chom.

À la frontière La frontière cambodgienne est ouverte de 7h à 22h et les visas sont émis sur place. Il y a une taxe (5 B) au bureau d'immigration thaïlandais les week-ends, en début de matinée et en fin d'après-midi.

Poursuivre son voyage Deux bus relient O Smach au City Angkor Hotel, à Siem Reap (350 B, 3 heures, 8h et 17h). En taxi (les chauffeurs attendent des passagers à la frontière), l'aller vers Siem Reap revient normalement à 2 000 B maximum, et il faut parfois attendre d'autres passagers pour partager les frais, même si c'est surtout faisable en matinée.

Comment s'y rendre et circuler

Aucun transport public ne dessert le Phanom Rung et le Muang Tam. Le moyen le plus abordable de s'y rendre est de louer une moto (250 B/jour) auprès de la P California Inter Hostel (p. 440), à Nang Rong, ou de la Baan Bong Pha Om (p. 443) dans le village de Ban Ta Pek. Il n'y a plus de motos-taxis à Ban Ta Pek. On peut s'y rendre à moto-taxi (600 B aller-retour) ou en louant une voiture avec chauffeur (1 000 B) à Nang Rong. Comptez 100/200 B pour le trajet à moto/en voiture jusqu'au Muang Tam.

L'excursion standard d'une demi-journée au Phanom Rung et au Muang Tam (700 B/voiture) que propose la P California Inter Hostel est intéressante en groupe. On peut y ajouter d'autres visites comme celles du Wat Khao Angkhan et d'un village de tisserands de soie.

On peut également prendre un bus de Nang Rong (ou n'importe quel bus Khorat-Surin) jusqu'à l'embranchement pour la ville animée de Ban Tako (20-30 B, 20 min, ttes les 30 min), 14 km à l'est de Nang Rong, d'où vous pourrez emprunter une moto-taxi (300 B en principe, attente comprise) jusqu'au Phanom Rung, mais les tarifs peuvent être plus élevés avec les touristes ne parlant pas le thaï. Les bus longue distance (en provenance de Pak Chong, Surin, etc.) s'arrêtent également ici, donc si vous arrivez pour une visite à la journée, il n'est pas nécessaire de passer par Nang Rong.

PROVINCE D'UBON RATCHATHANI จังหวัดอุบลราชธานี

Peu visitée, Ubon Ratchathani est l'une des provinces les plus intéressantes du pays. Sa capitale au riche passé est pleine de charme, tout comme le village tranquille de Khong Jiam, au bord du fleuve, et les parcs nationaux des alentours. Le paysage le long du Mékong est souvent aussi étrange que beau et le parc national de Pha Taem offre tant à voir qu'il faut lui réserver quelques jours. Plus reculée encore, la jonction entre la Thaïlande, le Laos et le Cambodge est appelée "Triangle d'émeraude" (référence au Triangle d'or du nord de la Thaïlande), en raison de la jungle somptueuse du parc national de Phu Chong Nayoi.

Ubon Ratchathani อุบลราชธานี

☎045 / 86 800 HABITANTS

Rares sont les villes en Isan à récompenser le voyageur par d'aussi précieuses surprises qu'Ubon Ratchathani (อุบลราชธานี). Une fois passé le cap des embouteillages, la "cité royale du lotus" se dévoile sous des aspects plus engageants. Bordant la Mae Nam Mun, deuxième cours d'eau du pays, le quartier historique, au sud de Th Kheuan Thani, se caractérise par une ambiance décontractée rarement observée dans les grandes villes de la région. Si vous êtes adepte de visites culturelles, vous apprécierez les nombreux temples de la ville.

Devenue prospère après l'installation d'une base américaine durant la guerre du Vietnam, Ubon est aujourd'hui un centre financier, éducatif et agricole. Sans être une véritable destination touristique, la ville profite de sa proximité avec Chong Mek, frontière entre la Thaïlande et le Laos, drainant un petit flot de voyageurs.

À voir

Temples

Wat Thung Si Meuang TEMPLE BOUDDHIQUE

(วัดทุ่งศรีเมือง ; Th Luang ; ⊙lever-coucher du soleil). GRATUIT Le Wat Thung Si Meuang construit sous le règne de Rama III (1824-1851) possède un

Ubon Ratchathani

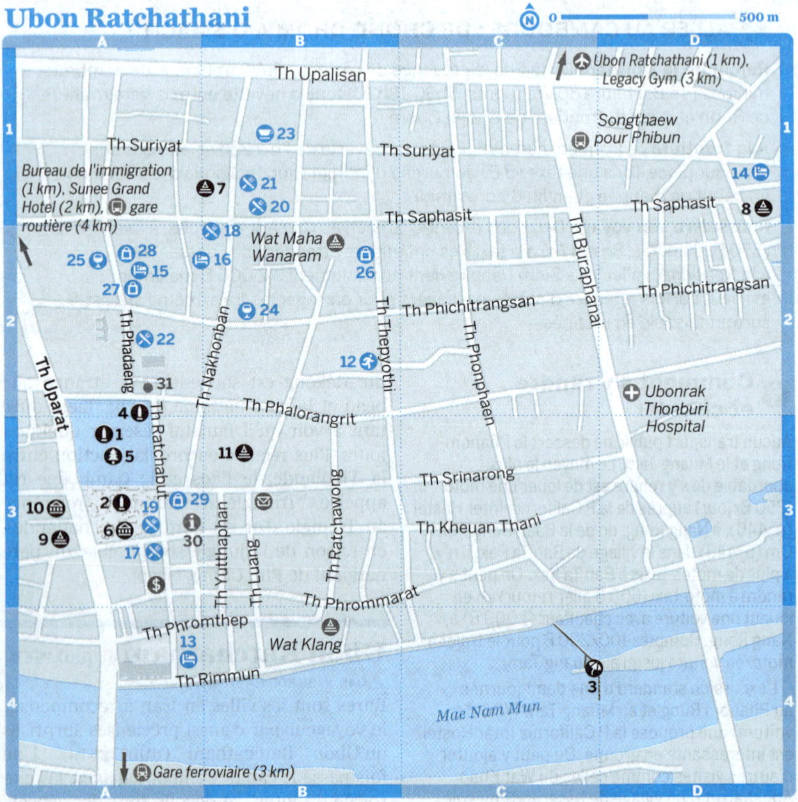

hŏr đrai (dépôt de manuscrits) bien conservé. À l'instar de nombreux *hŏr đrai*, il repose sur des pilotis au milieu d'un bassin pour protéger des termites les précieuses écritures sur feuilles de palmier. Comme il reste ouvert, vous pourrez voir à l'intérieur. Les fresques murales d'origine que l'on aperçoit dans le petit *bòht*, à côté du *hŏr đrai*, représentent la vie à l'époque de Rama III. Elles sont dans un remarquable état de conservation.

Wat Ban Na Meuang TEMPLE BOUDDHIQUE

(วัดบ้านนาเมือง ; ⏲ lever-coucher du soleil). GRATUIT Ce temple, également connu sous le nom de Wat Sa Prasan Suk, se distingue à bien des égards : le *bòht*, notamment, est installé sur un bateau, réplique en céramique incrustée de la barge royale du défunt roi Rama IX, *Suphannahong*, avec équipage. Entouré d'un étang, le *wí·hăhn* possède également une base en forme de bateau, sur le modèle de la deuxième barge royale la plus importante, l'*Anantanagaraj*.

Il ne s'agit pas seulement d'œuvres artistiques : l'eau représente nos désirs et les bateaux notre capacité à rester au-dessus d'eux. Luang Pu Boon Mi, commanditaire de ces créations, mourut en 2001 ; un mémorial lui est dédié sous le grand bouddha, mais ses restes sont dans le *săh·lah* à côté du *bòht* installé sur un bateau. Pour rejoindre le tout, on passe sous une immense statue d'Airavata (Erawan en thaï), l'éléphant à trois têtes du dieu hindou Indra.

Ce temple est au nord de l'aéroport. Le *songthaew* n°8 passe à proximité, mais il faut prévenir le chauffeur que vous y allez pour qu'il tourne sur cette petite route.

Wat Si Pradu TEMPLE BOUDDHIQUE

(วัดศรีประดู่ ; Th Buraphanok ; ⏲ lever-coucher du soleil). GRATUIT L'intérieur du magnifique *bòht* moderne, conçu en forme d'aile, offre une impression saisissante. Les peintures murales couvrent de nombreux sujets, y compris les jatakas (récits des vies

Ubon Ratchathani

antérieures du Bouddha) et mettent en vedette de nombreuses créatures aux couleurs vives de la mythique forêt d'Himmaphan.

Un groupe de femmes du quartier fait de l'artisanat dans deux bâtiments du site.

Wat Phra That Nong Bua TEMPLE BOUDDHIQUE
(วัดพระธาตุหนองบัว ; Th Thammawithi ; lever-coucher du soleil, chedi 7h-19h). GRATUIT Ce spectaculaire monastère compte des tours étincelantes de blanc et d'or. Son *chedi* fait un peu penser au stupa du temple de la Mahabodhi de Bodhgaya, en Inde (lieu de l'Éveil du Bouddha). À l'intérieur se trouve un autre superbe *chedi* doré. Ce dernier fut construit en 1956 pour les 2 500 ans du bouddhisme, avant d'être rejoint, 12 ans plus tard, par un stupa de 55 m de haut.

Le temple est en lisière de la ville. Pour venir, prenez le *songthaew* n°10.

Wat Sri Ubon Rattanaram TEMPLE BOUDDHIQUE
(วัดศรีอุบลรัตนาราม ; Th Uparat ; lever-coucher du soleil). GRATUIT Le *bòht* de ce temple important s'inspire du Wat Benchamabophit de Bangkok (p. 99), mais c'est pour son bouddha en topaze de 7 cm que viennent la plupart des Thaïlandais. Ce Phra Kaew Butsarakham (tel est son nom), un des trésors les plus sacrés de la ville, aurait été rapporté de Vientiane lors de la fondation d'Ubon. Placé derrière une vitre, il est juché si haut contre le mur du fond qu'on ne le voit pratiquement pas. Celui placé juste devant le plus grand bouddha est une copie, et des répliques grandeur nature sont en vente.

Wat Jaeng TEMPLE BOUDDHIQUE
(วัดแจ้ง ; Th Nakhonban ; lever-coucher du soleil). GRATUIT Fondé à peu près à la même époque que la ville, le Wat Jaeng possède un adorable *bòht* de style Lan Xang (datant de 1887) encadré de grands *naga* soutenant l'avant-toit ; des crocodiles bordent les marches et Airavata accompagné de deux lions mythiques surmonte la façade en bois sculpté. Un marché se déroule dans l'enceinte le mercredi.

Autres sites

Musée national d'Ubon Ratchathani MUSÉE
(พิพิธภัณฑสถานแห่งชาติอุบลราชธานี ; Th Kheuan Thani ; 100 B ; 9h-16h mer-dim). Installé dans l'ancien hôtel de ville (construit en 1918), ce musée instructif est très complet : des bouddhas de la période Dvaravati à un tambour en bronze de la civilisation Dong Son vieux de 2 000 ans, et des textiles d'Ubon à d'ingénieux petits pièges pour animaux. L'objet le plus précieux est un *ardhanarisvara* du IXe siècle ; cette statue

représentant Shiva et son épouse Uma sous la forme d'un être unique est l'une des deux seules à avoir été retrouvées en Thaïlande.

Musée du Wat Si Ubon Rattanaram MUSÉE
(พิพิธภัณฑ์วัดศรีอุบลรัตนาราม ; Th Uparat ; ⏲9h-16h mer-dim). GRATUIT Dans le temple, un magnifique *săh·lah* (grande salle) en bois a été transformé en musée d'objets religieux. La pièce maîtresse est sans conteste la collection de *đoô prá đrai Ƀìdòk* (superbes boîtes où étaient conservés les textes sacrés écrits sur des feuilles de palmier) du XVIIIe siècle.

Thung Si Meuang PARC
(ทุ่งศรีเมือง). Au cœur de ce parc du centre-ville trône une immense **sculpture du Défilé des chandelles** (ต้นเทียนเฉลิมพระเกียรติ ทุ่งศรีเมือง) en béton. L'humble obélisque en brique occupant l'angle nord-est du parc est le **monument du Mérite** (อนุสาวรีย์ความดี). Le **temple de la Colonne de la ville** (ศาลเจ้าหลักเมือง, San Lak Meuang) se trouve au sud.

Hat Wat Tai PLAGE
(หาดวัดใต้). GRATUIT Les Thaïlandais affluent vers cette plage insulaire de la Mae Nam Mun durant la saison chaude et sèche (février-mai) quand l'étiage dégage des bancs de sable. Un pont de fortune en bambou la relie à la rive nord, et des restaurants flottants s'installent sur l'eau.

Activités

Ubonvej Thai Massage MASSAGES
(☎045 260345 ; 113 Th Thepyothi ; massage 1/2 heures à partir de 200/280 B ; ⏲9h30-22h). Le panneau sur la porte indique ostensiblement "No Sex", mais il suffit d'entrer pour s'en convaincre. Large choix de massages outre l'habituel massage thaïlandais. Le personnel parle un peu anglais.

Legacy Gym ARTS MARTIAUX
(☎045 264708, 089 627 8423 ; www.legacygymthailand.com ; Th Srisangthong ; cours demi-journée/journée 400/700 B, entraînement avec hébergement à partir de 12 500 B/mois). Cette salle de *muay thai* (boxe thaïlandaise), à 3 km au nord-est de la ville, est gérée par Ole Laursen, ancien boxeur professionnel d'origine philippine et danoise qui vit désormais à Ubon. Bien conçue pour les Occidentaux, elle propose l'hébergement et des formules d'entraînement. Hommes et femmes s'entraînent ici (pas de séances réservées aux femmes). Le niveau est adapté aux "boxeurs" comme à ceux qui souhaitent simplement entretenir leur forme physique.

Fêtes et festivals

Défilé des Chandelles CULTURE
(Kabuan Hae Tian ; ⏲généralement juil). Le célèbre défilé des Chandelles d'Ubon est né sous le règne du roi Rama V, lorsque le gouverneur de la ville décréta que la fête des Fusées (p. 456) était trop dangereuse. Relativement simples au départ, les bougies sont devenues d'immenses tours de cire artistement sculptées (souvent au moyen de structures internes). Le défilé fait partie du Khao Phansaa, le début du Carême bouddhique.

Durant les trois jours suivant le défilé, les bougies primées sont exposées dans Th Srinarong à côté du Wat Thung Si Meuang ; la plupart rejoignent ensuite les temples de la ville – le Wat Si Pradu (p. 446) et le Wat Phra That Nong Bua (p. 447) sont les meilleurs endroits où les voir – jusqu'au mois de juin, où elles sont fondues pour la fabrication des nouvelles. Les hôtels affichent complet longtemps à l'avance pour cette fête attirant une foule de touristes thaïlandais.

Lai Reua Fai CULTURE
(⏲fin oct-déb nov). Ubon organise une modeste Lai Reua Fai (procession de bateaux illuminés) pendant Ork Phansaa (fin du carême bouddhique).

Où se loger

28 Rachabutr Hostel AUBERGE DE JEUNESSE $
(☎089 144 3789 ; 28 Th Ratchabut ; dort 180-230 B, ch avec ventil 280-380 B, avec clim 430 B ; ❄📶). Sympathique, accueillante et très bien située, cette auberge, aménagée dans une ancienne maison particulière et tenue par une charmante vieille dame, est parfaite pour les baroudeurs. Les chambres sont simples (les dortoirs se résument à des matelas minces à même le sol) et il n'y a que des salles de bains communes, mais l'endroit ne manque pas de charme avec son mobilier de brocante et ses parquets grinçants. Certaines chambres ont une petite vue sur la rivière. Location de motos (200 B).

Phadaeng Hotel HÔTEL $
(☎045 254600 ; thephadaen@gmail.com ; Th Phadaeng ; d/lits jum 500/600 B ; P❄@📶). Représentant l'un des meilleurs rapports qualité/prix d'Ubon, Phadaeng loue des chambres pimpantes, pourvues, entre autres, de grandes TV et de bureaux. Bon emplacement, à quelques minutes du parc Thung Si Meuang. Un grand parking préserve les

100% LOCAL

LE "VILLAGE DES ÉLÉPHANTS" DE SURIN

À quelque 50 km de la ville banale de Surin, hommes et pachydermes cohabitent dans le petit village kui de **Ban Ta Klang** (บ้านตากลาง) ou "village des éléphants". Très connu en Thaïlande, il a ses bons et ses mauvais côtés. Essentiellement destinée aux touristes thaïlandais, l'attraction la plus connue est **Elephant World** (Elephant Study Centre ; ☎044 145050 ; 100 B ; ⏲10h-11h et 14h-15h), seul camp d'éléphants de l'Isan. Elle correspond à des numéros de cirque au cours desquels ces animaux doivent accomplir des tours humiliants sous les encouragements du public. On aperçoit aussi beaucoup d'éléphants enchaînés dans le village. En revanche, les programmes de rencontre avec les éléphants, plus modernes, qui favorisent le bien-être animal et ne proposent ni promenade à dos d'éléphant ni numéros, y sont parmi les plus intéressants de Thaïlande.

Le vétéran, **Surin Project** (☎084 482 1210 ; www.surinproject.org ; Ban Ta Klang ; pension complète 13 000 B/sem) et le dernier venu **Elephant Lover Home** (☎081 618 5232 ; www.elephantnaturepark.org ; Khun Chai Thong ; pension complète 15 000 B/sem), tous deux soutenus par l'excellente organisation Elephant Nature Park (p. 794) de Chiang Mai, ne sont pas à proprement parler des réserves d'éléphants : ils privilégient l'emploi des *mahout* (cornacs) des environs afin que leurs animaux n'aient plus à faire de numéros, de balades ou à passer la journée enchaînés.

Les deux programmes sont assez comparables, proposant de marcher et de se baigner avec les éléphants, de s'en occuper aux côtés des *mahout*... parmi d'autres activités. Enfin, contrairement aux programmes habituels, les visiteurs séjournent au village.

Ils organisent des séjours en pension complète d'une semaine (réservation indispensable ; www.elephantnaturepark.org). Des visites plus courtes sont parfois possibles, renseignez-vous directement auprès des prestataires. Âge minimum 16 ans.

Ban Ta Klang compte quelques restaurants simples mais corrects ouverts matin, midi et soir, ainsi que deux ou trois cafés climatisés ; tous sont situés sur la route conduisant à Elephant World.

Depuis/vers Ban Ta Klang

Un *songthaew* pour Ban Ta Klang (50 B, 2 heures, ttes les heures 6h-16h) démarrent de la gare routière de Surin, d'où partent des bus fréquents pour Nang Rong (2 heures), Nakhon Ratchasima (Khorat ; 4 heures), Ubon Ratchathani (3 heures 30) et Bangkok (7-8 heures). Il faut parfois changer de *songthaew* à Chom Phra, à mi-chemin. Le dernier *songthaew* pour Surin part à 16h.

L'arrêt des *songthaew* se trouve juste devant Elephant World, seul endroit bien indiqué en anglais. Surin Project se situe 100 m plus loin, juste avant le premier virage à gauche. L'Elephant Lover Home est à 9 km au nord, dans le village de Khun Chai Thong.

chambres du bruit de la rue. L'hôtel est décoré de nombreuses copies de tableaux célèbres. Location de vélos : 50 B/jour.

♥ Outside Inn PENSION $$

(☎088 581 2069 ; www.theoutsideinnubon.com ; 11 Th Suriyat ; d avec petit-déj 650-799 B ; P ❄ @ 📶). Ce lieu, fort d'un agréable espace détente dans le jardin, a l'attrait de son atmosphère détendue et communautaire. Les chambres sont spacieuses, douillettes et meublées de jolis éléments en bois de récupération. Brent et Tun, excellents hôtes, concoctent une bonne cuisine (p. 450) et vous fourniront de nombreux conseils sur la région.

Il faut marcher longtemps pour rejoindre les principaux sites, mais des vélos (gratuits pour les clients, 50 B/jour pour les autres) et des motos (250 B/jour) sont disponibles, tandis que le *songthaew* n°10 pourra vous conduire ici depuis la gare routière.

T3 House HÔTEL $$

(☎045 244911 ; t3house.ubon@gmail.com ; Soi Saphasit 1, Th Saphasit ; d 600-700 B ; P ❄ 📶). Offrant un cadre moderne, chic et de qualité (douches à effet pluie, Internet rapide et excellente literie, notamment), cet établissement est niché au fond d'un petit *soi*, donc plutôt au calme. Le petit-déjeuner n'est pas inclus, mais il y a un petit café à l'entrée.

VAUT LE DÉTOUR

AU-DESSUS DU VOLCAN

Le paisible temple bouddhique **Wat Khao Angkhan** (วัดเขาอังคาร ; ⌚lever-coucher du soleil) GRATUIT, dans une forêt recouvrant le sommet d'un volcan éteint, est autant empreint de sérénité que chargé d'histoire, comme en témoignent les pierres en grès Dvaravati des VIIIe et IXe siècles qui le bordent. Mais ce sont les constructions modernes qui font tout l'intérêt du lieu. Le *bòht* (salle des ordinations) et d'autres édifices flamboyants ont été érigés en 1982 dans un style "nouveau khmer" inhabituel, lequel rappelle celui de l'ancien Empire khmer. À l'intérieur du *bòht*, les fresques illustrant les jatakas, élaborées par des artistes birmans, sont commentées en anglais.

Le *wat* renferme également une pagode de style chinois et un bouddha couché de 29 m. Il jouit d'une vue magnifique sur les forêts environnantes.

Le temple se trouve à 20 km environ de Nang Rong et du Phanom Rung ; mais aucun transport en commun ne le dessert. La route est belle, bien indiquée et facile à parcourir en louant une moto à Nang Rong ou Ban Ta Pek.

Sunee Grand Hotel HÔTEL $$$
(☎045 352900 ; www.suneegrandhotel.com ; Th Chayangkun ; d avec petit-déj à partir de 1 800 B ; P❄@🛜🏊). Si le terme de Grand Hôtel semble un peu pompeux, cet établissement reste le plus luxueux d'Ubon. Des luminaires raffinés au service efficace, il répondra à toutes les attentes. Piano dans le hall d'entrée, transfert depuis l'aéroport, spa, etc. Le centre commercial d'à côté comprend un cinéma et une piscine sur le toit. Les chambres standards sont souvent à 1 400 B seulement.

Où se restaurer

♥ **Rung Roj** THAÏLANDAIS $
(Th Nakhonban ; plats 60-140 B ; ⌚10h-20h30 lun-sam). Cette institution d'Ubon sert une cuisine excellente, concoctée à partir de recettes familiales et de produits frais. Le ragoût de langue de bœuf remporte de nombreux suffrages. De l'extérieur, on dirait plutôt une maison cossue qu'un restaurant, et l'intérieur offre un cadre des années 1950 et 1960, avec les grands classiques de l'époque en fond sonore.

Porntip Gai Yang Wat Jaeng THAÏLANDAIS $
(Th Saphasit ; plats 40-130 B ; ⌚8h-18h). On croirait qu'une tornade a soufflé sur ce restaurant tant il fait dépouillé. Ses chefs n'en produisent pas moins des délices. Pour beaucoup, c'est le meilleur endroit d'Ubon pour déguster *gài yâhng*, *sôm·đam*, saucisses et autres spécialités isan. Il y a une cabane avec ventilateur devant et une salle climatisée à l'arrière.

Marché de nuit MARCHÉ $
(Th Kheuan Thani ; ⌚16h30-23h). Plus petit qu'on ne s'y attendrait, le marché de nuit d'Ubon, dans le centre, est une très bonne adresse pour dîner, surtout lorsqu'on l'associe avec un marché de rue (Walking Street) le week-end. Au menu : plats thaïlandais, isan et vietnamiens.

Jam BARBECUE $
(Th Saphasit ; petit/grand 89/119 B ; ⌚15h30-23h). Ce restaurant en plein air sert du *mu kratha* (หมูกระทะ) ou "casserole de porc", très prisé en Thaïlande. Croisement de barbecue coréen et de fondue chinoise, il consiste à faire cuire ses aliments à table (le porc sur une plaque chaude, les légumes dans du bouillon). Le petit assortiment suffit pour 2 personnes. Enseigne en thaïlandais.

Chiokee THAÏLANDAIS $
(307-317 Th Keuan Thani ; plats 30-200 B ; ⌚6h-14h30). Au petit-déjeuner, cet établissement classique est toujours rempli de gens d'un certain âge s'attardant devant un *congee* (porridge de riz), un thé et des journaux. S'il est moins fréquenté le reste de la journée, la carte décline pourtant tous les plats thaïlandais nécessaires à un déjeuner agréable.

Sam Chai Cafe THAÏLANDAIS $
(Th Phadaeng ; plats 35-70 B, café 15 B ; ⌚5h30-13h30). On vient dans ce "café" animé pour le petit-déjeuner : *kôw đôm* (soupe de riz), *gŏo-ay đĕe-o* (soupe de nouilles), *kài gà-tá* (œuf à la poêle et saucisse) et café thaï traditionnel. Le service est particulièrement rapide. Incontournable. L'enseigne est en thaï, mais la carte est claire et bien traduite en anglais.

Outside Inn MEXICAIN $
(11 Th Suriyat ; plats 50-225 B ; ⌚11h-14h30 et 17h-21h ; P🛜✍). Ce restaurant de *guesthouse*

(p. 449) se distingue par sa cuisine mexicaine très au-dessus de ce qu'on trouve habituellement en Thaïlande, mais les plats thaïlandais sont également délicieux. La carte comprend aussi des sandwichs et une kyrielle de cocktails.

Où prendre un verre et faire la fête

LIFE Roaster CAFÉ
(Th Suriyat ; 7h-18h jeu-mar). Passionné de café thaïlandais, Nut possède une plantation à Chiang Mai et torréfie son café, probablement le meilleur de la ville. Il n'y a pas de restauration dans cet établissement en bois charmant et excentrique, mais on y sert quelques douceurs et un restaurant de nouilles correct se trouve juste à côté.

Ubon Tap Taste House BIÈRE ARTISANALE
(Th Phichitrangsan ; 17h-minuit). Toutes les bières artisanales vendues dans ce bar moderne et tenu en famille sont importées ; il y en a 14 à la pression et beaucoup d'autres en bouteille tenues au frais.

Wrong Way BAR
(Th Phadaeng ; 16h-minuit lun-sam, 18h-minuit dim). Café-bar sympathique et décontracté, à la devanture ouverte et à l'ambiance intime, pour prendre un verre au calme.

Achats

Punchard ART ET ARTISANAT
(089 719 9570 ; www.punchard.net ; Th Phadaeng ; 9h-18h30 mar-jeu). Bien qu'onéreuse, c'est globalement la meilleure boutique d'artisanat d'Ubon. Elle est spécialisée dans les soieries et les articles de décoration intérieure. Nombre de ces objets modernes sont fabriqués en mariant les techniques et motifs anciens.

Khampun ART ET ARTISANAT
(045 424121 ; Th Phadaeng ; 9h-18h). Le plus célèbre spécialiste de la soie d'Ubon fabrique des tissus exquis, aux motifs originaux souvent introuvables ailleurs. Avant le défilé des Chandelles (p. 427), le propriétaire organise sur 2 jours un minifestival culturel dans son superbe atelier à la sortie de la ville.

Marché Walking Street MARCHÉ
(Th Ratchabut ; 18h-22h30 ven-dim). Ce sympathique marché s'établit dans Th Srinarong et une partie du parc Thung Si Meuang (p. 448) les week-ends.

Rawang Thang ARTISANAT
(Th Kheuan Thani ; 8h30-19h). Cette jolie petite boutique est spécialisée dans les articles en coton de la région, en plus de vendre des T-shirts amusants et originaux, des coussins, des peluches, des cartes postales, des cadres et divers objets fabriqués en majeure partie par le charmant couple de propriétaires. Il y a aussi un petit comptoir à café et une galerie à l'étage.

Camp Fai Ubon TEXTILES
(Th Thepyothi ; 8h30-17h). On trouve dans cette boutique affiliée à Peaceland un assez large choix de vêtements thaïlandais abordables, élégants et contemporains, ainsi que des sacs et des tissus (colorés en grande partie avec des colorants naturels). Autre succursale à l'aéroport.

Renseignements

De nombreux DAB parsèment le centre. Le centre commercial du Sunee Grand Hotel (p. 450) abrite aussi des banques.

Bureau de l'immigration (045 312133 ; Rajabhat University ; 8h30-12h et 13h-16h30). Sur le campus de l'université Rajabhat.

Police touristique (045 251451 ; Hwy 217). À l'écart de la ville, sur la route de Phibun Mangsahan.

Tourism Authority of Thailand (TAT ; 045 243770 ; tatubon@tat.or.th ; 264/1 Th Kheuan Thani ; 8h30-16h30). Personnel efficace et carte gratuite de la ville.

Tourist Assistance Centre (086 361 4291 ; gare routière de Ubon Ratchathani). Plusieurs agences gérées par le ministère du Tourisme et des Sports : à la gare routière, la gare ferroviaire et l'aéroport.

Ubonrak Thonburi Hospital (045 429100 ; Th Phalorangrit). Le meilleur hôpital privé d'Ubon, avec un service d'urgences 24h/24.

Depuis/vers Ubon Ratchathani

AVION

Air Asia (045 255762, centre d'appel national 02 515 9999 ; www.airasia.com ; 7h-19h), **Nok Air** (centre d'appel national 02 900 9955 ; www.nokair.com ; 7h-19h) et **Thai Lion Air** (centre d'appel national 02 529 9999 ; www.lionairthai.com ; 6h-19h) proposent une dizaine de vols quotidiens depuis/vers l'aéroport Don Mueang de Bangkok (1 heure), pour des tarifs souvent bien inférieurs à 1 000 B. **Thai Smile** (087 776 2266, centre d'appel national 1 181 ; www.thaismileair.com ; 7h-19h30) assurent chaque jour des liaisons depuis/vers l'aéroport international Suvarnabhumi de Bangkok (1 heure), pour un prix légèrement supérieur. Nok Air propose des vols quotidiens vers Chiang Mai.

Sakda Travel World (☎045 254333 ; www.sakdatour.com ; Th Phalorangrit ; ⏲8h30-18h30 lun-sam) vend des billets d'avion, loue des voitures et propose des circuits organisés.

BUS

La **gare routière** (☎045 316085 ; Hwy 231) d'Ubon est au nord de la ville ; prenez le *songthaew* n°2, 3 ou 10 en direction du centre. **Nakhonchai Air** (☎045 955999) propose le meilleur service pour Bangkok. La compagnie dispose de sa propre station en face de la gare routière, assure la vente de billets et le transfert des passagers depuis la gare principale.

Les *songthaew* en provenance d'Ubon Ratchathani et à destination de Phibun Mangsahan (40 B, 1 heure 30, 6h, 7h, 8h) stationnent tôt le matin devant le marché Ban Du.

TRAIN

La **gare ferroviaire** (☎045 321004 ; Th Sathani) se trouve à Warin Chamrap, au sud de la rivière. Pour y aller, prenez le *songthaew* n°2. Il y a 8 trains quotidiens entre Ubon et Bangkok (3e/2de/couchette à partir de 205/331/631 B, 8 heures 30 à 12 heures) ; le train couchettes part à 19h (10 heures), 19h30 (11 heures) et 20h30 (11 heures). Tous ces trains s'arrêtent également à Si Saket, Surin et Khorat.

Comment circuler

Des *songthaew* (10 B) numérotés sillonnent la ville. Le n°2 est le plus utile : il relie la gare ferroviaire à la gare routière via le centre-ville et passe devant l'office du tourisme de la TAT.

Un trajet en *tuk-tuk* dans le centre devrait vous coûter environ 50 B. Des taxis avec compteur (prise en charge 40 B) stationnent aux gares routière et ferroviaire, ainsi qu'à l'aéroport, et sont assez facilement repérables dans les rues. En général, les chauffeurs utilisent leur compteur.

Phadaeng Hotel (p. 448) et Outside Inn (p. 449) louent des vélos pour 50 B/jour.

L'aéroport d'Ubon accueille de grandes compagnies de location de véhicules, notamment **Avis** (☎090 197 2262, centre d'appel national 02 251 1131 ; www.avisthailand.com ; aéroport d'Ubon Ratchathani ; ⏲7h-21h30), **Budget** (☎081 261 4360, centre d'appel national 02 203 9222 ; www.budget.co.th ; aéroport d'Ubon Ratchathani ; ⏲7h-20h), **Hertz** (☎092 509 1441, centre d'appel national 02 266 4666 ; www.hertzthailand.com ; aéroport d'Ubon Ratchathani ; ⏲8h-20h), **Sixt** (☎092 223 1296, centre d'appel national 1798 ; www.sixtthailand.com ; aéroport d'Ubon Ratchathani; ⏲7h-20h) et **Thai Rent a Car** (☎092 284 0220, centre d'appel national 1647 ; www.thairentacar.com ; aéroport d'Ubon Ratchathani ; ⏲7h-20h), ainsi que diverses compagnies locales, notamment **Chow Watana** (☎045 242202 ; aéroport d'Ubon Ratchathani ; ⏲7h30-19h30). L'hôtel Outside Inn peut vous réserver une voiture avec chauffeur à bon prix, et assure également la location de motos (250 B/jour, réduction sur les locations longue durée).

ALLER AU LAOS : D'UBON RATCHATHANI À PAKSE

Rejoindre la frontière Presque tous les voyageurs utilisent les bus directs Ubon Ratchathani-Pakse (200 B, 3 heures, 9h30 et 14h30), qui attendent assez longtemps pour qu'on puisse acheter un visa laotien à la frontière. Sinon, la petite gare routière de Chong Mek est desservie par les minibus venant d'Ubon Ratchathani (120 B, 2 heures, ttes les 30 min) via Khong Jiam et Phibun Mangsahan, et les bus en provenance de Bangkok (484-638 B, 12 heures, 5/jour). Il y a 600 m à parcourir entre la gare routière et la frontière : les motos-taxis et les *tuk-tuk* vous transporteront moyennant 20 B.

À la frontière La frontière est ouverte de 6h à 20h et le passage, qui nécessite d'emprunter un tunnel, ne pose aucun problème. Le surcoût exigé côté Laos après 16h en semaine, et toute la journée les week-ends et jours fériés, n'est pas une escroquerie. Ce qui l'est en revanche, c'est le prix de 100 B annoncé par les officiels, alors que le tarif réel est de 10 000 kips laotiens (soit environ 40 B). Demandez-leur un reçu et vous paierez le prix normal. Il peut arriver qu'ils vous demandent de payer d'autres frais, sans trop insister en général.

Poursuivre son voyage Pakse est à environ une heure de route, en empruntant de fréquents minibus (20 000 K, 45 min) ou *songthaew* qui stationnent sur un parking assez boueux, à environ 500 m du bureau d'immigration laotien.

BUS AU DÉPART DE UBON RATCHATHANI

DESTINATION	PRIX	DURÉE	DÉPARTS
Bangkok	414-556 B	10 heures	ttes les heures, 4h-minuit, fréquents 16h-20h
Chiang Mai	707-790 B	12-14 heures	7h30, 12h45, 13h45, 14h45, 15h45, 17h45, 18h30
Chong Mek (frontière du Laos)	120 B	2 heures	ttes les 30 min, 5h-18h
Khon Kaen	176-244 B	4 heures 30-5 heures	ttes les 30 min, 5h30-17h40
Khong Jiam	40 B	1 heure 30	ttes les 30 min, 5h-18h
Mukdahan	130 B	2 heures 30	5h45, 7h30, 8h40, 11h30, 13h
Mukdahan (minibus)	111 B	2 heures 30	ttes les 30 min, 6h-17h30
Nakhon Ratchasima (Khorat)	248-386 B	7-8 heures	ttes les heures, 5h-20h
Nang Rong	144-265 B	5-6 heures	ttes les heures, 5h-20h
Pakse (Laos)	200 B	3 heures	9h30 et 14h30
Rayong	515-801 B	13 heures	7h, 7h15, 17h, 18h, 19h30, 19h45, 20h, 20h15
Surin	130-202 B	3 heures 30	ttes les heures, 5h-20h
Udon Thani	284-332 B	7 heures	ttes les 30 min, 5h30-17h40
Yasothon	66-99 B	2 heures	ttes les heures, 5h30-17h30
Yasothon (minibus)	80 B	2 heures	ttes les heures, 5h30-17h30

Ban Pa-Ao

บ้านปะอาว

☎045 / 1 400 HABITANTS

Le village de Ban Pa-Ao est réputé pour ses objets en cuivre et en bronze fabriqués selon une technique unique du moulage à la cire perdue. On voit des objets anciens conçus selon la même méthode dans de nombreux musées, notamment à Ban Chiang. C'est le seul endroit du pays où cette technique est encore pratiquée.

Ban Pa-Ao est aussi un village de tisserands de soie, et le centre de la soie, à l'entrée du village, abrite une boutique (*mát·mèe* d'excellente qualité) et quelques métiers à tisser. En outre, le Wat Burapa Pa-Ao Nuea comprend un magnifique musée renfermant divers artefacts et objets artisanaux locaux.

À voir

Centre du cuivre de Ban Pa-Ao ATELIER

(ศูนย์ทองเหลืองบ้านปะอาว, Soon Thorng Leuang Ban Pa-Ao ; ☎094 505 6292 ; ⏲8h-16h30). GRATUIT Venez voir les célèbres artisans du cuivre de Ban Pa-Ao utiliser leur méthode de moulage à la cire perdue. Ils créent notamment des cloches et des bols sur place, mais, comme chaque étape ne se déroule pas tous les jours, ce que vous verrez dépendra un peu du hasard. L'ensemble du processus est détaillé sur un panneau avec photos et explications en anglais. À l'extrémité du village, à l'orée de la forêt.

Musée du Wat Burapa Pa-Ao Nuea MUSÉE

(พิพิธภัณฑ์วัดบูรพาปะอาวเหนือ ; ⏲8h-17h). GRATUIT Surprenante découverte dans un village aussi éloigné, le magnifique musée du Wat Burapa Pa-Ao Nuea présente divers objets historiques (en particulier de la poterie, des monnaies anciennes et des tambours en bronze Dong Son), ainsi que de l'artisanat local. Si le musée est fermé, demandez la clé à un moine.

Village de la soie Ban Pa-Ao EXPOSITION

(ศูนย์ทอผ้าไหมบ้านปะอาว ; ☎082 153 7364 ; ⏲8h-16h30). GRATUIT Dans ce centre également appelé "Native Exhibition Centre", on trouve quelques belles soieries à vendre, la plupart teintées à l'aide de pigments naturels, et quelques métiers, bien que l'essentiel du tissage se fasse dans les foyers. Sur la gauche à l'entrée du village.

Où se loger

Ban Pa-Ao Village Homestay CHEZ L'HABITANT $

(☎081 076 1249, 085 613 4713 ; pension complète 350 B/pers, sans repas 200 B). Le programme local d'hébergements chez l'habitant est destiné aux groupes de touristes thaïlandais, mais n'importe qui peut y aller à condition qu'une personne du groupe parle le thaï, aucun habitant ne parlant l'anglais. Réservez au moins deux jours à l'avance.

Depuis/vers Ban Pa-Ao

Ban Pa-Ao est à 3,5 km de la Hwy 23, et environ à 14 km d'Ubon Ratchathani. Les minibus en provenance d'Ubon vers Maha Chana Chai s'arrêtent à l'embranchement (30 B, 20 min), toutes les 30 minutes, de 6h30 à 17h30 et, de là, une moto-taxi coûtera environ 20 B.

Khong Jiam โขงเจียม

045 / 6 500 HABITANTS

Khong Jiam, souvent écrit Khong Chiam, se situe sur une jolie péninsule, au confluent du Mékong (de couleur ocre-brun) et de la Mun (aux teintes bleutées), que les Thaïlandais appellent Mae Nam Song Si (rivière aux Deux Couleurs). Le mélange des couleurs est habituellement visible depuis la rive, mais on l'observe mieux depuis un bateau. Lorsque le niveau de l'eau est élevé (juin à octobre), la rencontre des eaux du fleuve et de la rivière crée de petits tourbillons qui font penser au bouillonnement de la lave en fusion – en revanche, le contraste des couleurs est alors moins distinct.

À voir

Wat Tham Khuha Sawan TEMPLE BOUDDHIQUE

(วัดถ้ำคูหาสวรรค์ ; Rte 2222 ; lever-coucher du soleil). GRATUIT La vue depuis ce temple très fréquenté au-dessus de la ville vaut à elle seule la montée depuis Khong Jiam ; on en profitera au mieux du haut du clocher. Le site comprend aussi un beau *chedi* à neuf pointes, un *bòht* tout blanc, un jardin d'orchidées (fleurissant pendant la saison froide), l'un des plus grands gongs de Thaïlande et la dépouille de l'abbé Luang Pu Kam recouverte de feuilles d'or et exposée dans une vitrine sur un autel flamboyant.

On s'y rend en voiture ou en gravissant l'escalier orné de *naga* situé au bout de la ville.

Circuits organisés

River Tours BATEAU

(089 283 9825, 090 234 5511 ; 600 B/bateau ; 8h-17h). Les excursions d'une demi-heure sur un bateau protégé du soleil (environ 12 personnes) sont de rigueur à Khong Jiam. Il y a aussi des excursions plus longues au parc national de Kaeng Tana (p. 455 ; par bateau 800 B ; 1 heure 30 aller-retour avec temps de visite dans le parc) et au parc national de Pha Taem (p. 455 ; par bateau 2 000 B ; 2 heures aller-retour, sans quitter le bateau).

Où se loger et se restaurer

Peu de *farang* (Occidentaux) visitent Khong Jiam ; en revanche la ville est appréciée des Thaïlandais, ce qui explique les très nombreux hébergements. En haute saison, il est sage de réserver les week-ends.

Un marché alimentaire se tient près de l'arrêt de bus et de minibus, à l'extrémité d'une des principales rues descendant vers le fleuve. De petits restaurants et d'adorables cafés jalonnent l'artère principale. Plusieurs restaurants (dont un ou deux flottants) sont installés au bord du Mékong. La vue se paie, mais elle vaut la dépense supplémentaire.

Khongchiam Place HÔTEL $

(045 351046 ; Th Phookhamchai ; d 400 B ; P). Les chambres de cet hôtel jaune vif donnent sur le jardin situé devant. Petites, simples, mais très propres, leur rapport qualité/prix est globalement bon. À un pâté de maisons au sud de l'artère principale, d'où on l'aperçoit.

Ban Pak Mongkhon PENSION $

(045 351352 ; Th Kaewpradit ; d/f à partir de 400/700 B ; P). Des chambres simples avec ventilateurs jusqu'aux 4 adorables bungalows en bois de style local (600 B), cette pension en a pour tous les goûts. Située dans l'artère principale, on l'appelle aussi Mongkhon Resort. En prime, les propriétaires, sympathiques et bien informés, prêtent des vélos. Réservation recommandée.

Baansuan Rimnam Resort RESORT $$

(085 493 3521 ; Th Rimmoon ; d avec petit-déj à partir de 800 B ; P). Cet endroit tranquille occupe une petite forêt de tecks au bord de la Mae Nam Mun. Les bungalows climatisés en bois épousent parfaitement le cadre et donnent sur la rivière. Son emplacement en fait une adresse chaudement recommandée. En direction de la rivière sur la route principale, tournez à droite après la dernière série de restaurants et cafés et vous verrez des panneaux indiquant le *resort*.

Tohsang Khongjiam Resort HÔTEL $$$

(045 351174 ; www.tohsang.com ; d avec petit-déj à partir de 4 500 B ; P). Cet établissement tire le meilleur parti de son emplacement idéal, sur les berges de la rivière Mae Nam Mun. Si un hôtel haut de gamme peut paraître incongru dans cette région rurale, il n'a rien de clinquant et se fond à merveille dans son cadre rustique. Ambiance reposante à souhait, et restaurant

en plein air, avec superbe vue. Spa, vélos et kayaks sont disponibles. À 3,5 km de la ville, sur la rive opposée de la rivière.

Depuis/vers Khong Jiam

Tous les transports vers la ville s'arrêtent à l'intersection avec la route principale (*highway*). Des **minibus** relient toute la journée Ubon Ratchathani (80 B, 1 heure 30, ttes les 30 min), Phibun Mangsahan (40 B, 30 min) et Chong Mek (40 B, 30 min) à la frontière du Laos. Il y a aussi des **bus à destination de Bangkok** (526 B, 10 heures, 7h30 et 16h30).

Comment circuler

Le restaurant **Baan Steak** (081 299 8980 ; 300 B/jour ; 6h-21h) loue des motos. Certains hôtels, notamment le Ban Pak Mongkhon et le Tohsang, assurent la location de voitures avec chauffeur.

Parc national de Kaeng Tana อุทยานแห่งชาติแก่งตะนะ

Sur la route de Khong Jiam, on peut traverser le barrage de Pak Mun (Pak Mun Dam) pour rejoindre le **parc national de Kaeng Tana** (045 252722 ; 200 B). Après avoir contourné l'île Don Tana, couverte d'une forêt dense et reliée à la terre par deux longs ponts suspendus, la Mae Nam Mun forme de magnifiques rapides (auxquels le parc doit son nom), puis passe sous de petites mais spectaculaires falaises. À la saison des pluies, les rapides disparaissent sous les eaux, et vers la fin de la saison sèche, de larges rochers criblés de trous émergent.

Plusieurs courtes et agréables promenades partent du centre d'accueil des visiteurs : le sentier de 1,5 km qui suit le sommet de la falaise jusqu'au point de vue de Lan Pha Phueng est particulièrement paisible. On peut aussi marcher sur 500 m à travers la forêt, pour rejoindre le premier pont suspendu donnant accès à l'île. La Nam Tok Tad Ton est une belle cascade, très large, au sud du parc, à 300 m de la route.

Où se loger et se restaurer

Des **bungalows** (045 406888 ; nps.dnp.go.th/reservation.php ; bung 5/10 pers 1 000/2 000 B ; P) et un **camping** (sans location de tente 30 B/pers, location tente 2/3/5 pers 150/250/300 B ; P) sont à disposition près du centre d'accueil des visiteurs. Le modeste restaurant (sur commande) du centre d'accueil ouvre tôt le matin et ferme lorsqu'il n'y a plus de clients. Un petit magasin propose par ailleurs des en-cas et des nouilles instantanées.

Renseignements

Centre d'accueil des visiteurs du parc national de Kaeng Tana (045 252722 ; 8h-16h). Renseignements d'ordre général sur le parc.

Depuis/vers le parc national de Kaeng Tana

Par la route, le parc est à 14 km de Khong Jiam. Il n'y a pas de transport en commun mais on peut facilement s'y rendre en louant une moto à Khong Jiam. Autrement, des bateaux font l'aller-retour depuis Khong Jiam et vous laissent un petit moment pour voir le parc (aller-retour 800 B, 1 heure 30).

Parc national de Pha Taem อุทยานแห่งชาติผาแต้ม

La longue falaise de pierre appelée Pha Taem constitue le cœur du **parc national de Pha Taem** (045 252581 ; 400 B, voiture/moto 30/20 B), splendide mais méconnu, qui s'étend sur 340 km² le long du Mékong. Du sommet, la vue s'étend au-delà du fleuve jusqu'au Laos. En contrebas, un magnifique sentier ombragé mène à des peintures rupestres.

Au nord de la falaise, le parc recèle d'autres œuvres préhistoriques, de magnifiques cascades (alimentées de juin à décembre) et des formations rocheuses éparses aux allures de champignons, connues sous le nom de Sao Chaliang. Beaucoup de Thaïlandais viennent ici pour assister au lever du soleil. La falaise Pha Cha Na Dai (accès par un véhicule à haute garde au sol) accueille chaque jour le premier lever du soleil de Thaïlande, suivie une minute plus tard par la falaise Pha Taem.

À voir

Pha Taem SITE NATUREL

(ผาแต้ม). Ces peintures rupestres, vieilles d'au moins 1 000 ans mais sans doute bien plus, sont situées sur une falaise en contrebas du centre d'accueil des visiteurs. Un magnifique sentier de randonnée ombragé (4 km, 2 heures environ) taillé dans la paroi passe devant 4 groupes de peintures avant de retourner vers le centre d'accueil. Elles représentent des *ɓlah bèuk* (poissons-chats géants du Mékong), des

100% LOCAL

LA FÊTE DES FUSÉES

L'Isan est en fête au cœur de la saison chaude, avec pour point d'orgue les réjouissances de la fête des Fusées, organisée durant le 6e mois du calendrier lunaire (mai et juin). Au-delà de donner l'occasion de s'enivrer, de danser dans la rue et de tenter le sort en lançant de gigantesques fusées en bambou vers le ciel, ces fêtes sont là pour rappeler à Phaya Taen, dieu prébouddhique, qu'il est temps de faire tomber la pluie.

Les légendes à l'origine de cette fête, différentes selon les endroits, évoquent presque toujours un conflit entre Phaya Khan Khak, le "roi crapaud" (une incarnation du Bouddha avant l'Éveil selon certains), et Phaya Taen, qui aurait omis volontairement ou non de faire tomber la pluie plusieurs années durant, d'où une vague de mortalité sur terre. À la fin du combat, Phaya Taen promit d'envoyer la pluie sans faute chaque année.

Si la quasi-totalité des villages de l'Isan lancent au moins une fusée, de nombreux endroits font de cette fête un moment d'exception. La plus célèbre, et de loin, est la détonante **fête des Fusées de Yasothon** (Bun Bâng Fai ; ⌚2e week-end de mai), amplement mise en avant par l'office du tourisme thaïlandais (TAT).

La plupart des grandes fêtes des Fusées ont lieu au cours d'un week-end, avec défilés le samedi et lancement des fusées le dimanche. Loin d'être improvisées, elles demandent des mois de préparation. Outre la fabrication des fusées, les villageois consacrent de longues heures à la préparation des costumes et de la musique, aux répétitions des danseurs et à la construction des chars.

Les chars imposants à la décoration recherchée sont souvent recouverts de peinture dorée et les fusées couronnées d'une tête de *naga*. Des dizaines, voire des centaines de danseurs et de musiciens suivent chaque char qui passe devant la tribune du jury. Le village vainqueur, à défaut d'autre récompense, se couvre de gloire, mais l'essentiel est le *sà·nùk* (amusement) et non la victoire.

Traditionnellement, les fusées étaient fabriquées avec des tiges de bambou remplies de poudre à canon. Aujourd'hui, elles sont surtout faites de tuyaux en PVC. Les plus grandes peuvent atteindre 3 m de long et contenir jusqu'à 120 kg de poudre à canon. Avec l'alcool qui coule à flots, tous les ingrédients sont réunis pour créer un cocktail explosif. Des accidents, parfois mortels, peuvent se produire. Si vous y assistez, restez sur vos gardes et ne suivez pas nécessairement toutes les recommandations des habitants.

éléphants, des représentations de mains, des motifs géométriques et de grandes nasses (comme celles qu'utilisent encore les pêcheurs aujourd'hui). La deuxième plateforme se trouve devant l'ensemble le plus impressionnant, mais ne manquez pas le quatrième groupe, situé plus haut sur la falaise au terme d'un sentier instable (soyez très prudents !).

Nam Tok Saeng Chan CASCADE

(น้ำตกแสงจันทร์). Saeng Chan ("rayon de lune") est une cascade unique en son genre : elle tombe à travers une anfractuosité creusée naturellement dans un rocher proéminent. Alimentée de juin à décembre, elle est à son meilleur lorsqu'il pleut.

Nam Tok Soi Sawan CASCADE

(น้ำตกสร้อยสวรรค์). La Nam Tok Soi Sawan, une chute d'eau qui tombe de 25 m de juin à décembre, est à 19 km en voiture du centre d'accueil des visiteurs : reste ensuite à marcher sur 500 m. On peut aussi y aller à pied (accompagné d'un garde forestier que vous aurez contacté à l'avance) par un sentier de 15 km sans ombre qui longe la falaise. Près de la chute, s'étend ce que le parc appelle le plus grand **champ de fleurs** de Thaïlande, dont la floraison s'étale d'octobre à janvier ; novembre et décembre étant les mois les plus propices à l'observation.

Où se loger et se restaurer

Quelques restaurants sont installés en face du centre d'accueil des visiteurs. Un seul reste ouvert pendant la saison des pluies, et ferme généralement avant le coucher du soleil. Nouilles instantanées, en-cas et café sont en vente derrière le centre d'accueil, au **Cliff Cafe**, qui offre une vue superbe. Quelques restaurants sont installés sur la route conduisant au parc.

Camping du parc national de Pha Taem CAMPING $

(30 B/pers, location tente 4 pers 225 B ; P). Ce camping rudimentaire occupe un coin un peu reculé du parc à 2 km du centre d'accueil. Le second camping, aménagé près des bungalows, est de moindre qualité et peu fréquenté.

Bungalows du parc national de Pha Taem BUNGALOW $$

(☎045 252581 ; nps.dnp.go.th/reservation.php ; bung 6 pers avec ventil 1 200 B, 5 pers avec clim 2 000 B ; P). Ces 5 bungalows spartiates mais confortables sont à 2 km du centre d'accueil. Une belle vue sur le Mékong s'étend à quelques pas de là.

Pha Taem & Kaeng Phisamai Riverside RESORT $$

(☎087 249 3173 ; www.pk-riverside.com ; d et bung avec petit-déj 1 000-3 000 B ; P❄📶). Le "PK Riverside" a ses avantages et ses inconvénients. Les chambres sont un peu chères et le complexe est parfois bruyant le week-end et les jours fériés, quand débarquent de jeunes Thaïlandais attirés par les nombreux emplacements à selfie disséminés dans les jardins, mais la vue est superbe et c'est probablement le meilleur des "*resorts*" bordant cette route accidentée en contrebas du parc national de Pha Taem.

ℹ Renseignements

Centre d'accueil des visiteurs du parc national de Pha Taem (☎045 252581 ; ⏲5h-18h). Présente une exposition dédiée aux peintures rupestres du parc et à l'écologie locale. On peut s'y procurer un plan gratuit du parc et y réserver les services d'un guide pour un trek (appelez de préférence au préalable s'il ne s'agit pas d'une courte randonnée). Il n'est pas utile d'être accompagné d'un guide pour suivre le magnifique sentier menant aux peintures rupestres.

ℹ Depuis/vers le parc national de Pha Taem

Le Pha Taem est à 18 km de Khong Jiam par la Rte 2112, mais n'est pas desservi par les transports en commun. La meilleure façon d'y aller est de louer une voiture ou une moto depuis Khong Jiam, un *tuk-tuk* reviendra à 600 B pour l'aller-retour. Les excursions en bateau depuis Khong Jiam coûtent 2 000 B aller-retour, mais il n'est pas permis de descendre du bateau pour visiter le parc.

PROVINCE DE KHON KAEN จังหวัดขอนแก่น

La province de Khon Kaen (ขอนแก่น), aux portes de l'Isan en venant du nord de la Thaïlande, est un savoureux mélange de traditions et de modernité. Activités agricoles et textiles dominent toujours à la campagne, tandis que la capitale est de plus en plus branchée et active.

Khon Kaen ขอนแก่น

☎043 / 122 370 HABITANTS

Site de la plus grande université du Nord-Est et centre important en matière de commerce, Khon Kaen est une cité en plein essor, où jeunesse et enseignement supérieur prévalent. Même si, aujourd'hui, de nouveaux ensembles résidentiels et centres commerciaux transforment sa physionomie, la modernisation est encore loin d'avoir entamé son charme. En outre, ses sites d'intérêt et son bon choix d'hébergements en font une étape agréable.

À voir

Bueng Kaen Nakhon LAC

(บึงแก่นนคร). Ce lac de 100 ha est l'endroit le plus plaisant de la ville pour passer un moment de détente. Les sentiers longeant ses rives relient des lieux où l'on peut faire étape. On peut louer des vélos (p. 464) et des pédalos près du marché nocturne de Rim Bueng (p. 461) et faire facilement le tour du lac à pied (45 minutes).

♥ **Wat Nong Wang** TEMPLE BOUDDHIQUE

(วัดหนองแวง ; Th Robbung ; ⏲lever-coucher du soleil, stupa 6h-18h). GRATUIT À l'extrémité sud du lac, le **Phra Mahathat Kaen Nakhon**, magnifique stupa sur 9 niveaux, fait de ce temple un incontournable de Khon Kaen. On peut y voir des peintures murales modernes illustrant la culture isan et l'histoire de Khon Kaen ; diverses expositions historiques, notamment une collection de bouddhas rares au 4e niveau ; et une terrasse panoramique au dernier étage. Les moines ouvrent les portes d'accès aux étages supérieurs de 7h30 à 17h environ.

♥ **Marché Walking Street** MARCHÉ

(ถนนคนเดิน ; Th Na Sunratchakan ; ⏲17h-22h sam). Dans le même esprit que les marchés de rue de Chiang Mai, mais moins touristique, des centaines de marchands envahissent Th Na Sunratchakan pour y

Khon Kaen

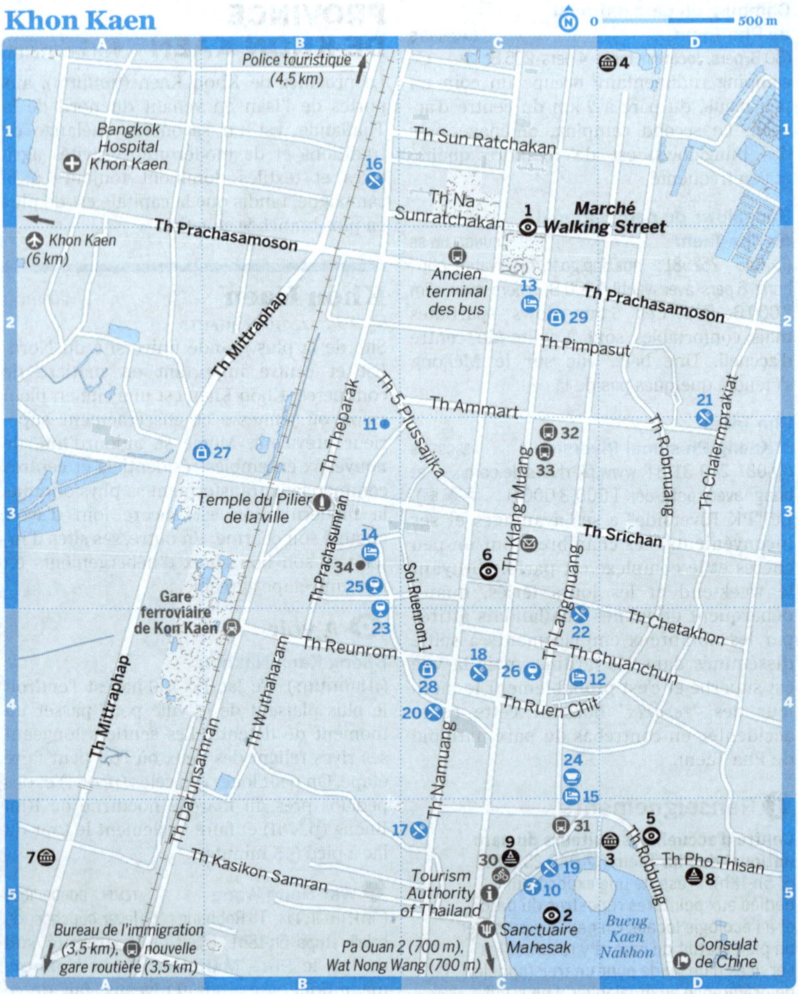

vendre de l'artisanat : sacs, T-shirts, cartes illustrées, cadres, etc. Danseurs, musiciens et autres artistes de rue animent les carrefours stratégiques. Partout, les lanternes chinoises ajoutent à l'atmosphère festive.

Wat Pho Ban Nontan

TEMPLE BOUDDHIQUE

(วัดโพธิ์บ้านโนนทัน ; Th Pho Thisan ; ⏲ lever-coucher du soleil). GRATUIT Juste à côté du lac, ce temple paisible au milieu des arbres est un centre de méditation réputé. Antérieur à la ville, il possède un *săh-lah* unique en Thaïlande. Le rez-de-chaussée est rempli d'arbres sculptés et de scènes d'animaux et de villageois représentant de vieux proverbes de l'Isan. Il y a un petit musée sous le *bóht* (salle des ordinations), et le temple est très apprécié pour ses massages thaïlandais.

Sanjao Bueng Tao Gong Ma

TEMPLE

(ศาลเจ้าปึงเถ่ากงม่า ; Th Robbung ; ⏲ 6h-18h). GRATUIT C'est le temple chinois le plus grand et le plus imposant de Khon Kaen. Le soir, il est magnifique et des personnes viennent s'exercer aux danses du dragon et du lion. Une grande statue de Guan-Im (déesse chinoise de la Compassion) se dresse dans le parc de l'autre côté de la rue.

Khon Kaen

Les incontournables

1 Marché Walking Street C2

À voir

2 Bueng Kaen Nakhon C5
3 Hong Moon Mung D5
4 Musée national de Khon Kaen D1
5 Sanjao Bueng Tao Gong Ma D5
6 Talat Banglamphu-Bobae C3
7 Ton Tann Art Space & Gallery A5
8 Wat Pho Ban Nontan D5
9 Wat That C5

Activités

Centrum Health Massage .... (voir 11)
10 Pedal Boats C5
11 Thai Dream Tours B3

Où se loger

12 Charoenchit House C4
Khon Kaen Centrum .... (voir 11)
13 Piman Garden C2
14 Pullman Raja Orchid B3
15 Slove U House C4

Où se restaurer

16 Gai Yang Rabeab B1
17 Nan Yuan Noodles C5
18 Marché nocturne C4
19 Marché de Rim Bueng C5
20 Somtom Internet C4
21 Tawan Thong D3
22 Turm-Rom C4

Où prendre un verre et faire la fête

23 Der La Jazz B4
24 Slove U Coffee C4
25 U-Bar B3
26 Yentek C4

Achats

27 Central Plaza A3
28 Prathammakhant C4
29 Sueb San C2
Ton Tann Green Market .... (voir 7)

Transports

30 Bueng Kaen Nakhon Bike Hire C5
Gare des minibus de Central Plaza .... (voir 27)
31 Terminal des bus C5
32 Ancien terminal des bus climatisés de Khon Kaen C3
33 Nakhonchai Air C3
34 Bureau de vente Thai Airways Khon Kaen B3

Musée national de Khon Kaen MUSÉE

(พิพิธภัณฑสถานแห่งชาติขอนแก่น ; Th Lang Sunratchakan ; 100 B ; ⏲9h-16h mer-dim). Une collection d'objets datant de la préhistoire jusqu'à nos jours est exposée dans ce musée. On remarque surtout les poteries de l'ère Ban Chiang et un *bai bai săir-mah* (objet marquant la limite d'un temple) de l'époque Dvaravati, représentant la princesse Pimpa lavant les pieds du Bouddha avec sa chevelure. L'exposition sur les ustensiles ménagers et agricoles permet d'en savoir plus sur la vie rurale. Explications en anglais sommaires.

Talat Banglamphu-Bobae MARCHÉ

(ตลาดโบเบ๊/ตลาดบางลำภู ; Th Klang Muang ; ⏲24h/24). Les deux marchés adjacents de Banglamphu et Bobae, en plein cœur de la ville, regroupent l'offre d'aliments frais la plus importante de la ville. Le marché est ouvert en permanence mais, le soir, l'animation se concentre surtout à l'extérieur, dans Th Namuang.

Wat That TEMPLE BOUDDHIQUE

(วัดธาตุ ; Th Robbung ; ⏲lever-coucher du soleil, chedi 8h-18h). GRATUIT Ce temple ancien possède un *bóht* élancé et un chedi. Ce dernier, entièrement reconstruit à l'époque moderne, date de 1789. Il est entouré d'un cloître orné de nombreuses représentations du Bouddha et l'on peut pénétrer à l'intérieur.

Hong Moon Mung MUSÉE

(โฮงมูนมังเมืองขอนแก่น ; Th Robbung ; 90 B ; ⏲9h-17h mar-sam). Situé dans l'amphithéâtre près du lac Bueng Kaen Nakhon, ce musée du patrimoine de Khon Kaen, dont les dioramas et expositions remontent jusqu'au jurassique, est une belle introduction à l'Isan.

Activités et cours

Pédalos PÉDALO

(Bueng Kaen Nakhon ; après 16h30 50 B/heure, avant 16h30 sans limitation de durée 50 B). On peut louer des pédalos au bord du lac à côté du marché de Rim Bueng.

Centrum Health Massage MASSAGES

(☎089 711 8331 ; veenasspa@gmail.com ; Soi Supatheera ; cours 3 500-15 000 B). Dans l'hôtel Khon Kaen Centrum (p. 460), Veena enseigne le massage thaïlandais en anglais et en thaï. Il existe plusieurs cours différents dont un de massage traditionnel de 7 jours (6 500 B).

Circuits organisés

Thai Dream Tours MÉDITATION
(089 711 8331 ; www.thaidreamtours.com ; Soi Supatheera). Veena, la sympathique propriétaire et guide, qui dirige également le Centrum Health Massage et l'hôtel Khon Kaen Centrum (ci-dessous), organise toutes sortes de circuits, la plupart axés sur les itinéraires de méditation personnalisés dans les temples de forêt à travers l'Isan. Une excursion d'une demi-journée pour 2 personnes coûte environ 1 500 B.

Isan Explorer CIRCUITS CULTURELS
(085 354 9165 ; www.isanexplorer.com). Isan Explorer, qui propose quantité de circuits culturels dans toute la région, s'est spécialisé dans le "slow travel", des voyages à rythme lent. Les interactions avec les éléphants tiennent compte du bien-être animal (sans balades à dos d'éléphant ni chaînes) et le prestataire organise aussi des circuits ornithologiques et du trekking dans les montagnes à l'ouest de Khon Kaen.

Fêtes

La **fête de la Soie** et la **fête de Phuk Siaw** ont lieu simultanément pendant 12 jours à partir de fin novembre. Phuk Siaw, qui se déroule dans le *săh·lah glahng*, célèbre et entretient la tradition des *pòok sèeo* ("phuk siaw", liens amicaux), cérémonie de réaffirmation des liens d'amitié pendant laquelle on s'attache mutuellement des *fâi pòok kăan* (fils sacrés) autour du poignet. C'est l'occasion d'assister à des défilés, d'écouter de la musique isan et de faire des emplettes.

Où se loger

Slove U House AUBERGE DE JEUNESSE $
(094 530 2028 ; Th Sri Nual ; 150 B/pers ;). Située au-dessus d'un excellent café (page ci-contre), cette auberge de poche est équipée de petits matelas à même le sol et de douches froides. Ses principaux atouts sont ses hôtes toujours souriants, et ses tarifs.

Khon Kaen Centrum HÔTEL $$
(081 574 0507 ; Soi Supatheera ; d 500-750 B, tr 750-1 250 B, avec petit-déj ;). Cet établissement, qui a l'air d'un petit hôtel thaïlandais ordinaire, se distingue par de nombreux petits plus. Ainsi, les chambres, immaculées, sont pourvues d'un mobilier de grande qualité. La propriétaire, qui vit sur place, ne badine pas avec le service et la propreté. Emplacement tranquille, à l'arrière d'un pâté de maisons. Location de vélos et de motos pour les hôtes.

Charoenchit House HÔTEL $
(043 227300 ; www.chousekk.com ; Th Chuanchun ; d avec petit-déj 500-600 B ;). Un bon choix économique, bien situé, juste au nord du lac. L'hôtel est propre et les chambres, modernes et spacieuses, ne manquent pas d'attrait en regard de leur prix – l'endroit jouit donc d'une certaine popularité. Le personnel est serviable mais ne parle pas l'anglais.

Piman Garden HÔTEL $$
(043 334111 ; www.pimangardenhotel.com ; Th Klang Muang ; d 800-1 900 B ;). Situé en retrait de la route dans un charmant jardin tropical, cet hôtel est une oasis de sérénité et d'intimité en plein centre-ville. Les chambres présentent bien et presque toutes ont un balcon ou une véranda. Petit-déjeuners 120 B/pers.

Pullman Raja Orchid HÔTEL $$$
(043 913333 ; www.pullmankhonkaen.com ; près de Th Prachasumran ; d 2 400-3 400 B, ste à partir de 4 700 B, avec petit-déj ;). Le hall somptueux donne le ton du meilleur hôtel de Khon Kaen. Au cœur de la ville, il loue des chambres spacieuses très bien équipées, et compte une piscine et une salle de fitness, un spa luxueux et même une microbrasserie allemande. Cela dit, le quartier alentour est un peu glauque – il y a beaucoup de bars, de discothèques et de salons de massage.

Exigez une chambre donnant sur l'avant pour échapper aux basses lancinantes qui montent des discothèques voisines, et n'hésitez pas à payer un peu plus pour avoir une chambre de catégorie supérieure.

Où se restaurer

Turm-Rom THAÏLANDAIS $
(Th Chetakhon ; plats 49-169 B ; 17h30-1h ;). Voici l'adresse idéale pour une belle soirée : l'une des meilleures tables de la ville et un jardin couvert pour dîner, que la météo soit clémente ou non. Le *bá·sá blah chôrn* (curry aigre et épicé de poisson à tête de serpent) et le *đam tùa mŏo gròrp* (salade épicée de doliques asperges et port frit) sont particulièrement bons, mais nous n'avons jamais été déçus par un plat lors de nos nombreuses visites.

Des musiciens viennent jouer certains soirs.

Somtom Internet THAÏLANDAIS $
(Soi Namuang 19 ; plats 35-65 B ; 8h-21h30). Si ce restaurant local sans chichi est toujours plein, c'est parce qu'on y sert le meilleur *sôm·đam* de Khon Kaen. Il propose également du poulet grillé, du riz gluant et du poisson frit. On n'y parle pas anglais, mais ce n'est pas gênant car tout ce qui est disponible est disposé sur une table à l'avant, vous n'avez plus qu'à pointer du doigt.

Gai Yang Rabeab THAÏLANDAIS $
(043 243413 ; Th Theparak ; plats 45-60 B, poulet 160 B ; 9h-15h). La province de Khon Kaen préparerait le meilleur *gài yâhng* (poulet mariné grillé) de Thaïlande, et ce modeste établissement de cuisine isan en est la preuve. Le poulet étant servi entier, venez le ventre vide ou accompagné.

Pa Ouan 2 THAÏLANDAIS $
(Th Robbung ; plats 40-280 B ; 9h-20h ;). Doté d'une terrasse supérieure donnant sur le lac, ce restaurant isan prisé, voisin du Wat Nong Wangh, affiche une carte allant du *gài yâhng* au *lâhp* de canard en passant par 19 sortes de *sôm·đam*. La carte en anglais étant insignifiante par rapport à celle en thaï, mieux vaut venir avec un Thaïlandais pour profiter pleinement de la cuisine.

Nan Yuan Noodles CHINOIS $
(Th Namuang ; nouilles 45-55 B, plats canard 120-260 B ; 11h-21h ;). Ce restaurant d'une chaîne du sud de la Chine dispose d'une carte en anglais illustrée. On y sert du riz, des soupes et des plats au canard rôti, ainsi que les nouilles éponymes.

Rim Bueng Marché MARCHÉ $
(ตลาดริมบึง ; Th Robbung ; en-cas 5-50 B ; 16h-21h). Ce petit marché nocturne animé en bord du lac comprend tout une allée de stands de nourriture vendant aussi bien des brochettes et du poisson grillé que des fruits tropicaux et des portions de riz gluant à la mangue. On peut aussi assister à la fabrication de douceurs thaïlandaises comme le *kà·nŏm*. Il y a également des stands de fripes et de céramiques à peindre soi-même.

Marché nocturne MARCHÉ $
(Th Reunrom ; 17h-minuit). Bon endroit pour trouver de délicieux plats bon marché.

Tawan Thong VÉGÉTARIEN $
(043 330389 ; Th Ammart ; plats 35-45 B ; 6h-14h ;). Comportant une grande salle aérée et une cuisine ouverte presque aussi vaste, cet imposant buffet d'aliments sains végétariens est encadré par un personnel sympathique. Ces mets savoureux et bon marché ont de quoi séduire les non-végétariens.

Où prendre un verre et faire la fête

Slove U Coffee CAFÉ
(095 651 7121 ; Th Sri Nual ; café à partir de 40 B, latte au matcha 75 B, smoothie 95 B ; 8h-20h ;). Parmi les cafés qui se sont multipliés pour satisfaire la population jeune de Khon Kaen, cet établissement sympathique, joliment encombré et doté d'une terrasse, a notre préférence. Le café (originaire de Chiang Mai) est torréfié sur place dans une machine traditionnelle venue de Turquie. Il y a quelques vélos à louer et une auberge de jeunesse (page ci-contre) à l'étage.

Der La Jazz BAR
(Soi Namuang 25 ; cocktails 180-280 B, bière blonde verre/pichet 85/260 B, bière artisanale 200-300 B ; 18h-minuit). Dans ces deux bars en un, on sert des cocktails et de la bière blonde glacée sur la terrasse – où jouent des musiciens tous les soirs partir de 21h – et une douzaine de bières artisanales pression au Monsakod Tap Bar situé dans un angle. Un bon café jouxte ce bar.

Yentek BAR
(Th Langmuang ; bière à partir de 80 B ; 17h-minuit). Aménagé dans une charmante construction en bois, ce bar a pour principal atout le jardin ombragé situé devant, où des musiciens jouent presque tous les soirs à partir de 20h. Il y a une carte de plats (en thaï, avec quelques photos), mais beaucoup de gens viennent simplement prendre un verre en profitant du cadre.

U-Bar CLUB
(Soi Khlong Nam ; 20h-2h). Le U-Bar voit affluer une clientèle nombreuse, souvent attirée par ses concerts et ses grands noms venus de Bangkok. Clientèle plus jeune que dans les nombreux autres bars aux alentours.

Achats

Sueb San ART ET ARTISANAT
(21/2 Th Klang Muang ; 8h-18h30 lun-sam). Cette jolie petite boutique située derrière une arche vend des tissus teints avec des pigments naturels ainsi que des cahiers,

VAUT LE DÉTOUR

VESTIGES KHMERS

Construit au XIIe siècle, le **Prasat Puay Noi** (ปราสาทเปือยน้อย ; lever-coucher du soleil) GRATUIT fait aujourd'hui partie des vestiges khmers les plus importants du nord de l'Isan. De la taille du Prasat Meuang Tam, dans la province de Buriram, mais moins bien préservé, ce monument fait face à l'est et comprend un vaste sanctuaire central en grès, surmonté d'un *prang* (stupa khmer) partiellement écroulé et entouré de murs en latérite comprenant deux imposantes portes. Il reste quelques sculptures intactes, notamment celle de Shiva chevauchant son taureau Nandi sur le fronton arrière de la "bibliothèque". Le site n'est pas desservi par les transports en commun.

des cartes postales, des sacs et autres souvenirs. Elle est tenue par une dame charmante.

Prathammakhant ART ET ARTISANAT
(043 224080 ; Th Reunrom ; 9h-18h30 lun-sam, 9h-17h dim). Très large choix de soieries, sous forme de tissus et de prêt-à-porter, ainsi que de nombreux autres souvenirs.

Ton Tann Green Market MARCHÉ
(Th Mittraphap ; 17h-22h30). Le Ton Tann Green Market est un lieu ouvert plaisant, où de nombreux marchands proposent des objets artisanaux modernes faits main. Il y a aussi un espace mode, une **galerie d'art** (หอศิลป์ต้นตาล ; Th Mittraphap ; 16h30-22h) GRATUIT et de nombreux restaurants.

Central Plaza CENTRE COMMERCIAL
(Th Srichan ; 10h-21h). Dans ce centre commercial, l'un des plus grands de l'Isan, vous trouverez une librairie anglophone, **Asia Books**.

Renseignements

AMBASSADES ET CONSULATS

Agence consulaire française (08 832 22496 ; jeanmichelperroy@gmail.com ; Hôtel Charoenthani, 260 Srichan Rd, Chang Wai ; 10h-13h et 14h-18h lun)

Consulat chinois (Th Robbung ; 9h-12h lun-ven). Visas touristiques destinés aux seuls citoyens thaïlandais et résidents.

Consulat laotien (043 393402 ; Hwy 2 ; 8h-12h et 13h-16h lun-ven). Tout au nord de la ville, face au quartier résidentiel de Raja City. Pour les visas (prêts en 10 min environ), vous aurez besoin d'une photo d'identité. Paiement en bahts, à un taux de change peu avantageux. Il vaut mieux payer en dollars à la frontière.

Consulat vietnamien (043 242190 ; Th Chatapadung ; 9h-11h30 et 14h-16h30 lun-ven). Une photo d'identité est requise et les visas sont prêts en 1 heure. À 400 m au nord du feu de signalisation de Th Srichan, près de l'hôpital de Khon Kaen.

ARGENT

Les 3 plus grands centres commerciaux, Central Plaza, TukCom et Fairy Plaza disposent de banques avec des horaires prolongés.

IMMIGRATION

Bureau de l'immigration (043 465242 ; Hwy 2 ; 8h30-12h et 13h-16h30 lun-ven). À l'étage d'un bâtiment du nouveau terminal des bus.

OFFICE DU TOURISME

Tourism Authority of Thailand (TAT ; 043 227714 ; tatkhkn@tat.or.th ; Th Robbung ; 8h30-16h30). Plans de ville et informations sur Khon Kaen et les provinces voisines.

SERVICES MÉDICAUX

Bangkok Hospital Khon Kaen (043 042888 ; www.bangkokhospitalkhonkaen.com ; Th Maliwan). Meilleur hôpital privé de la ville. Service d'urgences ouvert 24h/24.

URGENCES

Police touristique (043 465385 ; 24/222 Th Mittraphap, Tambon Sila, près de Hwy 2). Malheureusement située à 5 km au nord du centre.

Depuis/vers Khon Kaen

AVION

L'aéroport est à environ 7 km au nord-ouest du centre. Les vols vers l'**aéroport de Khon Kaen** (043 468173) sont nettement plus nombreux depuis quelques années, ce qui permet des tarifs intéressants vers Bangkok : même au dernier moment, on peut trouver un billet pour moins de 1 000 B. **Thai Smile** (centre d'appel national 1181 ; www.thaismileair.com ; aéroport de Khon Kaen ; 7h-21h) assure plusieurs liaisons quotidiennes via l'aéroport international Suvarnabhumi, tandis qu'**Air Asia** (02 515 9999 ; www.airasia.com ; aéroport de Khon Kaen; 5h30-20h30), **Nok Air** (centre d'appel national 02 900 9955 ; www.nokair.com ; aéroport de Khon

Kaen ; ⏲6h-20h avr-sept, 7h-22h oct-mars) et **Thai Lion Air** (☎centre d'appel national 02 529 9999 ; www.lionairthai.com ; aéroport de Khon Kaen ; ⏲7h30-18h30 lun-sam, 9h-20h dim) proposent chacune plusieurs vols quotidiens vers l'aéroport international Don Muang de Bangkok. Air Asia assure également une liaison quotidienne vers Chiang Mai et Hat Yai.

Le **bureau de vente Thai Airways Khon Kaen** (☎043 227701 ; www.thaiairways.com ; Pullman Raja Orchid ; ⏲8h-17h lun-ven) vend des billets d'avion pour les vols Thai Smile depuis/vers Khon Kaen ; billets internationaux de la compagnie Thai Airways.

Plusieurs hôtels, dont le Pullman et le Piman Garden, assurent un service de navettes (100-150 B/pers) pour prendre en charge leurs hôtes à l'aéroport de Khon Kaen, mais tous les voyageurs peuvent les utiliser. Les taxis qui attendent à l'aéroport se servent de leur compteur, mais il vous faudra payer une taxe d'aéroport de 50 B.

BUS

Tous les transports convergent à Khon Kaen, d'où l'on peut rejoindre presque toutes les villes de l'Isan, ainsi que d'autres plus éloignées. L'**ancien terminal des bus** (☎043 237472 ; Th Prachasamoson) étant désormais fermé, toutes les liaisons partent du **nouveau terminal des bus** (☎043 471562 ; Th Liang Muang Khon Kaen), appelé aussi Bus Terminal 3, situé sur la rocade de la ville. La compagnie **Nakhonchai Air** (☎02 939 4999, centre d'appel national 1624 ; www.nakhonchaiair.com) propose le meilleur service pour Bangkok, avec des départs toutes les 30 minutes environ toute la journée, notamment 6 bus "1re classe" VIP.

Nakhonchai Air possède toujours, comme quelques autres compagnies, un bureau à l'**ancien terminal des bus climatisés** (Th Klang Muang) et fait circuler une navette toutes les heures pour ses clients vers le nouveau terminal des bus.

Si la plupart des minibus empruntent le terminal des bus, ils partent également tout au long de la journée de l'ancien terminal des bus climatisés, à destination d'Udon Thani et Khorat, et depuis le centre commercial **Central Plaza** (Hwy 2) vers Udon Thani et Roi Et.

TRAIN

Quatre express pour Bangkok dont un le matin (2e/3e classe 399/227 B, 7 heures 30, 9h32) et 3 le soir (1re/2e classe couchette à partir de 1 198/809 B, 20h26, 21h12 et 21h49) partent de la **gare ferroviaire de Khon Kaen** (☎043 221112). Trois trains de desserte locale (3e classe 38 B, 3 heures, 7h50, 14h30 et 15h33) et un express (2e/3e classe 297/188 B, 2 heures, 20h26) desservent Nakhon Ratchasima. Un train de desserte locale (3e classe 35 B, 9h30, 7 heures 30) et un express (2e/3e classe 290/185 B, 2 heures, 15h32) rejoignent Nong Khai.

ℹ Comment circuler

Plusieurs lignes de *songthaew* (9 B) parcourent régulièrement la ville. Les plus pratiques (tous passant par l'ancien terminal des bus climatisés dans Th Klang Muang) sont le n°4, qui passe par le bureau de l'immigration et le consulat du Laos, le n°8, qui va au Wat Nong Wang et au nord-ouest par l'université, le n°10 (vers le nord), qui passe près du consulat du Vietnam (parfois même devant), et le n°21, qui rejoint le Musée national. Les **bus urbains de Khon Kaen** (15 B) effectuent 24h/24 une boucle dans la ville au

BUS AU DÉPART DU NOUVEAU TERMINAL DES BUS DE KHON KAEN

DESTINATION	PRIX	DURÉE	DÉPARTS
Bangkok	340-487 B	7 heures	6h30-1h (fréquents)
Chiang Mai	410-739 B	12 heures	4h20-21h (14 départs)
Khorat	146 B	3 heures 30	3h30-1h (fréquents)
Khorat (minibus)	126 B	3 heures	ttes les 45 min, 6h40-18h
Nong Khai	120-155 B	3 heures 30-4 heures	ttes les heures, 7h-15h
Phitsanulok	192-247 B	6 heures	4h20, 6h20, 10h30, 18h, 19h
Roi Et	92-107 B	2 heures	ttes les heures, 5h30-16h
Surin	205 B	5 heures	ttes les 2 heures, 4h-16h
Aéroport international Suvarnabhumi, Bangkok	317 B	6 heures 30	22h50
Ubon Ratchathani	244 B	4 heures 30-5 heures	ttes les heures, 5h30-16h
Udon Thani	95 B	2 heures 30	ttes les 30 min, 5h30-20h
Udon Thani (minibus)	80 B	2 heures	5h-19h15 (fréquents)
Vientiane (Laos ; visa exigé)	180-185 B	4 heures	8h15 et 15h

départ du nouveau terminal des bus en passant notamment par le Central Plaza et l'ancien terminal des bus ; certains, clairement indiqués, poussent jusqu'à l'aéroport.

Les *tuk-tuk* reviennent cher (entre 50 et 70 B pour une petite course en ville), mais sont très souvent utilisés. Il est en effet rare de trouver dans la rue des **taxis avec compteur** (☎ 043 465777, 043 342800 ; prise en charge 30 B, réservation 20 B), et si vous en appelez un, il faut parfois l'attendre longtemps. Les seuls endroits en ville où vous êtes susceptible de trouver une station de taxis ou de motos-taxis (course en ville 30-40 B) sont les terminaux des bus, l'aéroport et le centre commercial Central Plaza, mais les chauffeurs stationnés aux terminaux de bus n'utilisent pas leur compteur.

Les agences de location de voitures ne manquent pas autour de TukCom. Les grandes compagnies comme **Thai Rent a Car** (☎ 043 468178 ; www.thairentacar.com ; aéroport de Khon Kaen; ⏲24h/24) et **Budget** (☎ 043 345460 ; www.budget.com ; aéroport de Khon Kaen ; ⏲7h-20h) possèdent des agences à l'aéroport. **Khun Wanchai** (☎ 089 984 5503), chauffeur de taxi parlant anglais, facture environ 3 000 B par jour (carburant compris) à l'intérieur de la province de Khon Kaen, et un supplément modique pour aller plus loin.

Bueng Kaen Nakhon Bike Hire (Th Robbung ; 30-50 B/heure, 100-150 B /jour ; ⏲12h-20h) loue un choix assez large de vélos, notamment de deux et trois places.

Chonnabot ชนบท

☎ 043 / 4 000 HABITANTS

La petite ville de Chonnabot, au cœur de l'une des régions de tissage de la soie les plus prospères de Thaïlande, est connue pour sa production de *mát·mèe* de qualité supérieure. Située à 55 km au sud-ouest de Khon Kaen, c'est une destination de shopping prisée, avec de nombreuses boutiques de tissus (soie et coton) et de vêtements dans Th Sriboonruang (ou Silk Rd). Le petit **musée Sala Mai Thai** (หอนิทรรศการผ้าไหมไทย, musée de la Soie thaïlandaise ; ☎ 043 286160 ; ⏲8h-17h lun-ven, 9h-17h sam-dim), GRATUIT à la sortie de la ville, explique tout le processus de fabrication de la soie, mais il est plus intéressant d'observer les tisserands dans leur atelier personnel. Vous en trouverez en vous baladant à l'ouest et au nord de Silk Rd.

Une courte visite suffit généralement, et la plupart des visiteurs se rendent à Chonnabot depuis la ville de Khon Kaen, mais il y a de bons hôtels à Ban Phai, sur la grande route à proximité de Chonnabot.

Quelques restaurants simples et un joli café sont installés dans Th Sriboonruang, et une camionnette vendant du bon café est souvent garée près de l'abribus où l'on attend les *songthaew* pour rentrer à Ban Phai.

ℹ Depuis/vers Chonnabot

Les agences de Khon Kaen organisent des excursions à Chonnabot, que l'on peut aussi rejoindre en transport en commun si on a du temps. Un bus (35 B, 1 heure, ttes les 30 min) ou un train (8-39 B, 30 min, 7h50, 9h10 et 13h55) va à Ban Phai, d'où un *songthaew* rallie Chonnabot (13 B, 20 min, ttes les 30 min de 7h à 17h). Ce *songthaew* part de la gare routière de Ban Phai, située à quelque 200 m de la gare ferroviaire ; en sortant de celle-ci, partez à droite et prenez la deuxième à gauche ; la gare routière sera sur votre droite. Deux trains (15h06 et 18h41) au départ de Ban Phai rentrent à Khon Kaen dans l'après-midi.

Parc national de Phu Wiang อุทยานแห่งชาติภูเวียง

Lorsqu'un géologue en quête d'uranium découvrit en 1976 une gigantesque rotule, on fit venir des paléontologues qui, au cours de leurs investigations, exhumèrent un herbivore de 15 m de long, plus tard nommé *Phuwianggosaurus sirindhornae*, en hommage à la princesse Sirindhorn. Il s'ensuivit un engouement pour les dinosaures (comme en témoignent les innombrables mascottes préhistoriques dans les rues de Khon Kaen). La mise au jour d'autres squelettes entraîna la création du **parc national de Phu Wiang** (☎ 043 358073 ; 200 B, voiture/moto 30/20 B).

Le parc s'étend sur une curieuse montagne en forme de fer à cheval qui possède un seul col d'accès à l'intérieur. Le district de Wiang Kao, enclos dans la montagne, se consacre à la culture fruitière ; c'est un lieu qui ne manque pas d'intérêt pour ceux qui disposent d'une voiture et veulent découvrir la vie rurale traditionnelle.

À voir

Les visiteurs viennent, pour la plupart, voir les fossiles de dinosaures exposés dans des **sites de fouilles** (แหล่งขุดค้นไดโนเสาร์ ; ⏲8h30-16h30 ; ♿). La partie nord est dotée d'une nouvelle route qui facilite l'accès aux **empreintes de dinosaures** (รอยเท้าไดโนเสาร์หินลาดป่าชาด) et à la plus belle **cascade** (น้ำตกตาดฟ้า) de Phu Wiang.

À l'extérieur du parc se trouvent le **musée des Dinosaures de Phu Wiang** (พิพิธภัณฑ์ไดโนเสาร์ภูเวียง ; ☎043 438206 ; adulte/enfant 60/30 B ; ⏲9h-17h mar-dim ; 👪) et le très photographié **parc des Dinosaures de Si Wiang** (อุทยานไดโนเสาร์ศรีเวียง ; ⏲lever-coucher du soleil ; 👪) GRATUIT.

Où se loger et se restaurer

Phu Wiang fait habituellement l'objet d'une visite d'une journée depuis Khon Kaen. On trouve toutefois des hôtels et des hébergements chez l'habitant dans les villages (séjour à organiser à l'avance par l'intermédiaire d'une agence de voyages de Khon Kaen) à l'extérieur du parc ainsi que deux terrains de camping rustique dans l'enceinte du parc. Si vous campez, inscrivez-vous au préalable au centre d'accueil des visiteurs et apportez votre propre nourriture. Le restaurant tout simple du centre d'accueil est fermé l'après-midi, mais il y en a d'autres à l'extérieur du parc.

Pruksa Garden House HÔTEL $

(☎043 291639 ; pruksagardenhouse.com ; Phu Wiang-Nong Kaen Rd ; d avec petit-déj 400-900 B ; P❄📶). Le meilleur hôtel des environs du parc national de Phu Wiang se trouve assez loin de la montagne, dans la ville de Phu Wiang. Les bungalows de différentes tailles offrent tous un bon rapport qualité/prix.

Chuan Chom Resort HÔTEL $

(☎080 450 2502 ; chuanchomresort@gmail.com ; d 600 B ; P❄📶). Bien qu'ils accusent leur âge, ces bungalows verts en face du musée suffisent pour une nuit si vous souhaitez être au plus près du parc national, et le restaurant est très bien.

Tat Fa Campsite CAMPING $

(☎043 358073 ; empl 30 B/pers, location tente 3 pers 325 B ; P). Le meilleur des deux campings du parc national de Phu Wiang est situé près de la cascade de Tat Fa. Équipements rudimentaires, mais l'emplacement isolé est loin d'être déplaisant.

Depuis/vers le parc national de Phu Wiang

L'entrée du parc se trouve à 90 km à l'ouest de Khon Kaen. Des minibus à destination du parc national (100 B, 2 heures, 6/jour de 6h à 18h) partent de l'ancien terminal des bus climatisés de Khon Kaen, via le musée des Dinosaures de Phu Wiang (ci-dessus).

Parc national de Nam Nao อุทยานแห่งชาติน้ำหนาว

Comptant parmi les réserves naturelles les plus notables de Thaïlande, le **parc national de Nam Nao** (☎081 962 6236 ; Hwy 12 ; 200 B, voiture/moto 30/20 B) s'étend sur 966 km² parmi les montagnes de Phetchabun qui s'élèvent à l'ouest de Khon Kaen. À une altitude moyenne de 800 m, les températures restent fraîches tout au long de l'année (*nám nŏw* signifie littéralement "l'eau qui fait frissonner") et il gèle parfois en décembre et en janvier. Le parc abrite des forêts sempervirentes (à feuilles persistantes) et décidues qui côtoient de vastes bambouseraies.

Le Nam Nao se trouve au sein du Complexe forestier occidental de l'Isan, d'une superficie de 6 000 km² et regroupant 8 réserves reliées entre elles, ce qui explique que la faune y soit abondante. Les rencontres avec les éléphants sont assez courantes pour que des clôtures électriques aient été installées autour des campings et des bungalows. Avec un peu de chance, vous apercevrez peut-être aussi des ours malais, des bantengs (bœufs sauvages), des chacals d'Asie, des muntjacs, des gibbons et des pangolins. Quelques tigres ont même été signalés. Plus de 200 espèces d'oiseaux peuplent la forêt, notamment des calaos bicornes et des faisans argentés. En raison d'une visibilité exceptionnelle, le parc est l'un des meilleurs sites d'observation de l'avifaune en Thaïlande.

À voir et à faire

Quatre sentiers de randonnée balisés (1 km, 3 km, 4,5 km et 5,8 km) partent près du centre d'accueil des visiteurs et traversent une variété d'habitats. Il vous faudra un guide pour randonner n'importe où ailleurs dans le parc, notamment dans la meilleure zone d'observation de la faune, au sud de la route (Hwy). **Circuits de nuit** (800 B/véhicule) au centre d'accueil.

Phu Khor POINT DE VUE

(จุดชมวิวภูค้อ ; Hwy 12, parc national de Nam Nao). Avec une vue splendide à toute heure du jour, Phu Khor (à 5 km à l'ouest du centre d'accueil ; montée de 5 min depuis la route) est souvent visité au lever du soleil. La grande montagne à l'horizon est le Phu Kradueng (p. 394). On peut rejoindre le point de vue en pick-up (50 B/pers ou 600 B/véhicule) – à réserver au centre d'accueil.

Tham Pha Hong POINT DE VUE

(จุดชมวิวถ้ำผาหงษ์ ; Hwy 12, parc national de Nam Nao). Ce point de vue à 11 km à l'ouest du centre d'accueil est le plus proche pour admirer le coucher de soleil. Des pick-up vous y conduisent (70 B/personne ou 840 B/véhicule) ; réservez votre place au centre d'accueil.

Nam Tok Haew Sai CASCADE

(น้ำตกเหวทราย ; Hwy 12, parc national de Nam Nao). La Nam Tok Haew Sai, à environ 900 m du parking le long de la route, est une belle cascade tombant à environ 20 m au-dessus d'une roche stratifiée. Plus bas, sur le même sentier, se trouve la Nam Tok Sai Thong, plus modeste. Privilégiez la période pendant ou juste après la saison des pluies ; la promenade est toutefois plaisante toute l'année.

Où se loger et se restaurer

Les hébergements proposés au Nam Nao sont un cran au-dessus de l'offre habituelle dans les parcs nationaux du pays. Les **bungalows** (081 962 6236 ; nps.dnp.go.th/reservation.php ; bung 4-12 pers 1 000-4 000 B ; P) les moins chers sont assez désuets, mais accueillent de 4 à 30 personnes ; les plus onéreux sont vastes, modernes et très confortables. Le **camping** (matériel complet 250 B/2 pers ; P) est agréable. L'endroit compte deux très bons restaurants (ouverts généralement de 6h à 20h) de cuisine thaïlandaise et isan, ainsi qu'une petite épicerie à côté du centre d'accueil des visiteurs, pour un en-cas. On peut commander l'après-midi pour être livré le soir dans sa chambre ou à son emplacement de camping.

Depuis/vers le parc national de Nam Nao

Prenez un bus pour Phitsanulok au nouveau terminal des bus de Khon Kaen, sans oublier de dire au chauffeur ou au contrôleur que vous voulez descendre à Nam Nao (175 B, 2 heures 30). L'entrée du parc est à côté de la route. Le centre d'accueil et les hébergements se situent 1,5 km plus loin.

Ko Chang et la côte est

Dans ce chapitre ➡

Le top des restaurants

- Chanthorn (p. 489)
- Namchok (p. 491)
- Pan & David Restaurant (p. 473)
- Noochy Seafood (p. 508)
- Sketch Book Art Cafe (p. 477)

Le top des hébergements

- Baan Luang Rajamaitri (p. 488)
- Baan Rim Nam (p. 500)
- Bann Makok (p. 507)
- Paradise Cottage (p. 501)
- Rabbit Resort (p. 477)

Pourquoi y aller

Deux îles, Ko Samet et Ko Chang, attirent irrésistiblement les voyageurs vers la côte est. Le territoire continental ne manque cependant pas d'attraits, particulièrement à Trat et Chanthaburi, villes au charme suranné mais irrésistible, ainsi que dans l'enclave d'expatriés qu'est Pattaya.

Ko Samet, grande île la plus proche de Bangkok, est la préférée des baroudeurs avertis ; ici, on commande un seau de vodka (littéralement un seau vendu avec une bouteille d'alcool et du soda) tout en admirant des jongleries de feu, ou on explore les criques plus tranquilles du sud de l'île. En descendant la côte se trouve Ko Chang, deuxième île du pays par sa superficie. On y passe ses journées à plonger, à se détendre sur les plages de la côte ouest ou à randonner dans la jungle épaisse ; le temps de récupérer, et c'est reparti pour découvrir l'intense scène nocturne de l'île.

Si Racha et Bang Saen sont moins connues, leurs restaurants de fruits de mer et la longue plage de cette dernière valent le détour. Quant à la station survoltée de Pattaya, elle est beaucoup moins sereine, avec sa vie nocturne effrénée et ses nombreuses attractions familiales.

Quand partir

Déc-mars C'est la haute saison. L'affluence et les prix sont au plus haut à Ko Chang et Ko Samet. Temps sec, météo clémente et stable.

Avr Forte chaleur juste avant la mousson, mais la plupart des bateaux continuent de circuler. Une belle période, surtout pendant le Nouvel An thaïlandais.

Mai-sept La saison ralentit et parfois s'achève durant la mousson. Les bateaux pour Ko Kut, Ko Wai et Ko Mak restent au port.

Oct-nov Fin de la saison humide ; temps frais, paysage verdoyant et tarifs raisonnables.

À ne pas manquer

1. Une sortie de snorkeling et de randonnée dans la jungle à **Ko Chang** (p. 493), deuxième plus grande île de Thaïlande.
2. Le plaisir de passer une journée sur les merveilleuses plages de **Ko Kut** (p. 506), une île du Sud-Est.
3. Admirer les poissons de près dans les eaux transparentes de **Ko Wai** (p. 511), minuscule perle tout près de Ko Chang.
4. Les balades de crique en crique sur la superbe **Ko Samet** (p. 480).
5. Une promenade dans le vieux quartier au bord du fleuve, dans la ville historique de **Chanthaburi** (p. 487).
6. L'ambiance surannée du quartier des *shophouses* en bois de l'agréable ville de **Trat** (p. 490).
7. Une excursion d'une journée sur la paisible **Ko Si Chang** (p. 473) depuis la charmante Si Racha.
8. Les parcs aquatiques, les tyroliennes et autres bonnes surprises familiales dans la région de **Pattaya** (p. 474).

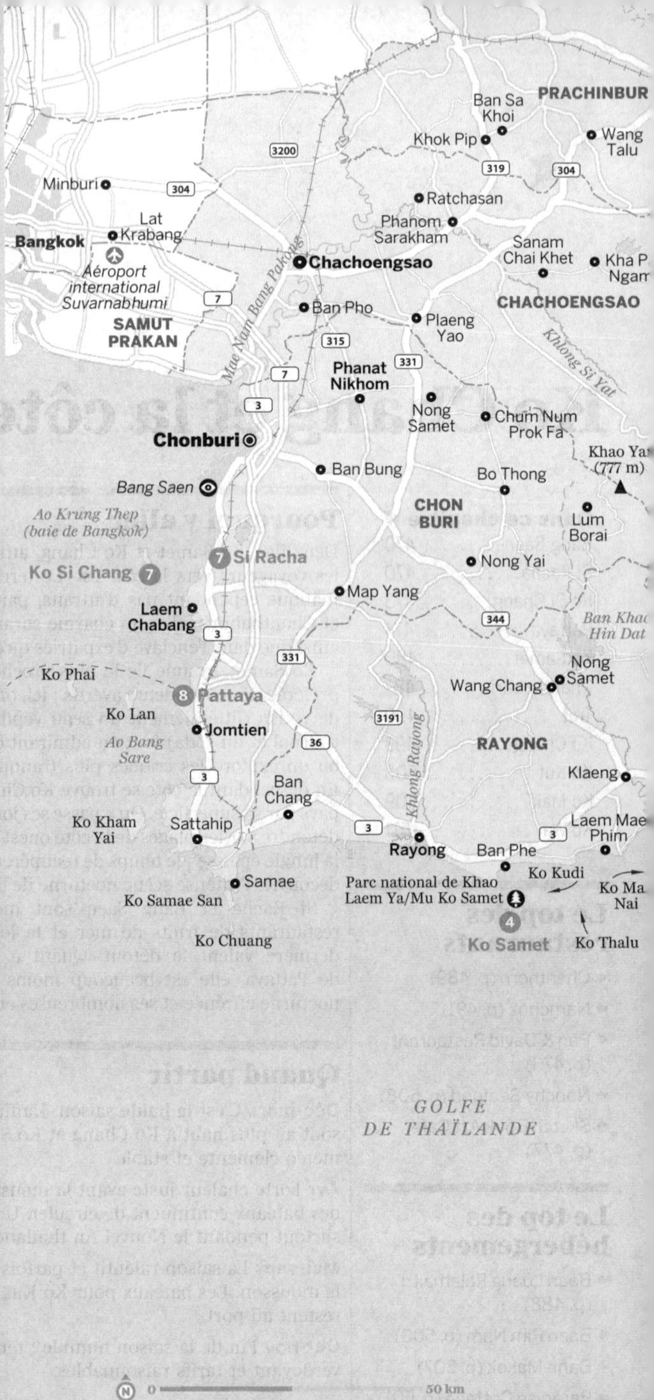

Kabin Buri
SA KAEO
Ta Phraya
33
348
Sa Kaew
Lam Prachinburi
Non Mak Mun
Ang Sila
Huay Jot
33
Aranya Prathet
Watthana Nakhon
Khao Chakan
Poipet
Sisophon
Sai Diaw
3395
Non Sao-Eh
317
Khao Takrup (660 m)
Khlong Hat
Wang Mai
CAMBODGE
Khao Daeng
Thun Khanan
Khao Soi Dao Nua (1 566 m)
Battambang
Tamun
Khao Chamao (1 024 m)
CHANTHABURI
Pung Ngon
Ban Pakard
Nong Chek Soi
Pong Nam Ron
Psar Pruhm
Nong Khla
Takra
Parc national de Khao Chamao-Khao Wong
Parc national de Khao Khitchakut
Pailin
317
Yaek
Din
Makham
3
Tha Mai
Chang Thun
Khung Wiman
5 Chanthaburi
Ban Pa-Ah
Laem Sadet
Parc national de Nam Tok Phlio
Chao Lao
Ta Chalap
Nong Si
Chak Yai
Laem Sing
3157
Dan Chumpon
Khlung
Pong
Laem Ko Proet
Tha Chot
3271
TRAT
3394
Ban Noen Sung
Bang Kradan
Trat 6
3156
Laem Muang
Laem Ngop
318
Ao Trat
CAMBODGE
Tha Sen
Ko Chang 1
Laem Sok
Hat Mai Rut
Parc national maritime de Mu Ko Chang
Mai Rut
Ko Khlum
3
Hat Ban Chun
Ko Wai
Ko Kradat
Ko Ran
Ko Mak
Khlong Yai
Ko Mai Si
Hat Lek
2 Ko Kut
Koh Kong

Bang Saen บางแสน

038 / 45 000 HABITANTS

La proximité de la plage de Bang Saen avec Bangkok en fait une destination idéale pour échapper à la ville le temps d'un week-end. Transats et parasols se bousculent sur sa ravissante plage de 4 km, bordée de palmiers. Du bord de l'eau, on distingue les gratte-ciel de Pattaya au sud, mais Bang Saen est résolument une ville balnéaire à la thaïlandaise.

À l'instar d'Ang Sila, au nord, Bang Saen fait la part belle aux produits de la mer : nombre de restaurants et étals alimentaires font griller calmars, crevettes et poissons entiers. Près de la plage, les lieux d'hébergement bon marché ne manquent pas, mais il s'avère utile de savoir parler un peu le thaï.

À voir

Nezha Sathaizhu Temple TEMPLE BOUDDHIQUE

(ศาลเจ้าหน่าจาซาไท้จื้อ, Wihahn Tepsatit Pra Gitichairloem ; Ang Sila ; 8h-17h ; P). GRATUIT Ce somptueux temple chinois sur 4 niveaux, devant lequel se dresse un énorme pilier censé relier le ciel à la terre, est rempli de peintures finement ouvragées et de magnifiques sculptures. Dragons et chauves-souris (symboles de bonne fortune) sont omniprésents dans le décor. La population de l'île vient régulièrement y acquérir des mérites, et, si vous souhaitez faire une offrande, les bénévoles du temple se font un plaisir d'expliquer les rituels. Le temple est situé sur la route principale d'Ang Sila, à environ 5 km au nord de la plage de Bang Saen.

Mangrove Forest Conservation Centre RÉSERVE NATURELLE

(ศูนย์ศึกษาธรรมชาติและอนุรักษ์ป่าชายเลนเพื่อการท่องเที่ยว ; 038 398268 ; Ang Sila ; 8h30-18h30). GRATUIT Les mangroves qui s'étendent à Ang Sila sont un secret si bien gardé que nombre de gens du cru en ignorent l'existence. Une promenade de 2 km sur des planches permet de les explorer.

Où se loger et se restaurer

Song Row Guesthouse PENSION $

(038 193545 ; Soi 1, Bang Saen Sai 1 ; d sans/avec sdb 400/300 B). Premier établissement sur la gauche dans une rue foisonnant de pensions, juste derrière la plage. Pas de panneau en anglais, repérez les carreaux rouges et blancs. Cette famille loue des chambres soignées, avec salle de bains privative ou commune.

Film's House AUBERGE DE JEUNESSE $

(096-8489984 ; facebook.com/filmhousebangsaen ; dort/d 350/700 B). Une adresse bien située, à l'arrière d'un café prisé, près du principal rond-point de la plage. Chambres individuelles et dortoirs lumineux et spacieux, salles de bains collectives impeccables et cuisine bien équipée. Un cran au-dessus des pensions bon marché environnantes.

Andy's Seafood POISSON, FRUITS DE MER $$

(Bang Saen Sai 1 proche de Soi 1 ; plats 120-350 B ; 17h-minuit). Le plus fréquenté des restaurants de produits de la mer donnant sur cette rue, face à la plage. Admirant les palmiers ondoyant dans la brise, vous dégusterez un bar cuit entier à la vapeur, des palourdes sautées au piment et au basilic, ou de savoureuses nouilles transparentes, cuisinées avec des crevettes bien charnues.

Depuis/vers Bang Saen

Au départ de chaque côté de Th Sukhumvit, près de la principale bifurcation pour Bang Sae, des bus et minibus rejoignent les destinations suivantes :

Bangkok 80-110 B, 1 heure

Pattaya 40 B, 30 minutes

Aéroport Suvarnabhumi 110 B, 1 heure, 1/heure

Des *songthaew* rouges se rendent à Si Racha (15 B, 20 min, de 5h30 à 21h), les bleus de la ligne 1 relient Bang Saen à Ang Sila.

Si Racha ศรีราชา

038 / 24 000 HABITANTS

Point d'entrée à la petite île ravissante de Ko Si Chang, Si Racha est un curieux croisement entre tradition et modernité. Dans le port, les vieux bateaux de pêche colorés côtoient toujours les équipements pour la pêche aux calmars, mais ils partagent les eaux locales avec les porte-conteneurs géants de Laem Chabang, non loin. De même, les tours d'appartements qui se multiplient depuis quelque temps font de l'ombre aux petits immeubles traditionnels du centre.

Les restaurants de sushis et les bars à karaoké accueillent le grand nombre de Japonais travaillant dans les zones industrielles alentour, donnant au centre-ville des airs de petit Tokyo. Le typique front de mer est toutefois le véritable cœur de Si Racha, avec ses pensions sur pilotis bringuebalantes, son paisible parc et son quai animé.

Si Racha

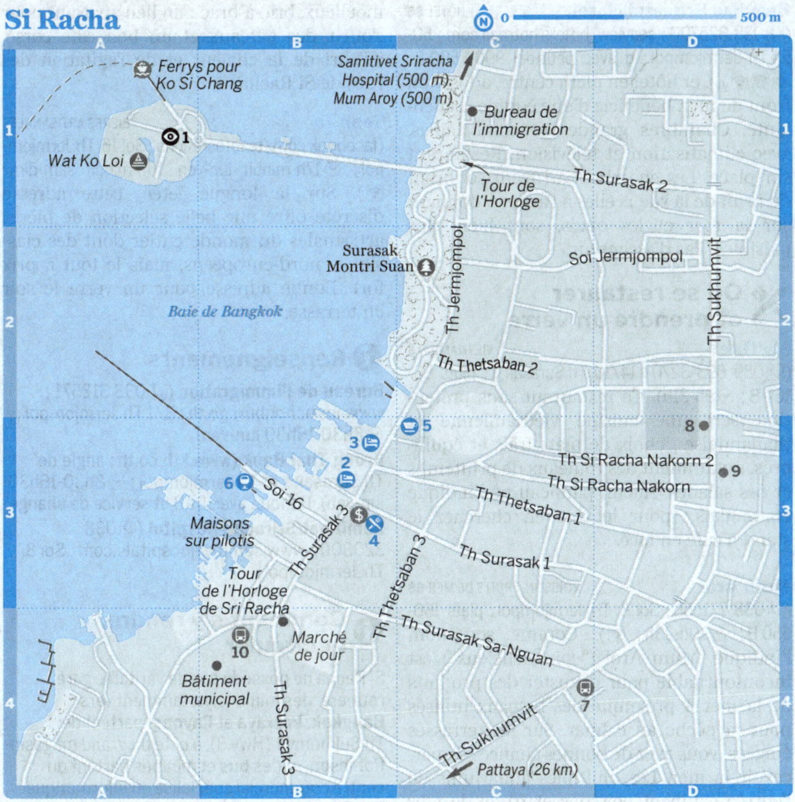

Si Racha

À voir

1 Ko Loi A1

Où se loger

2 Samchai Resort B3
3 Seaview Sriracha Hotel B3

Où se restaurer

4 My One B3

Où prendre un verre et faire la fête

5 Common Room C3
6 Teab Ta B3

Transports

7 Bus pour Bangkok C4
8 Minibus pour Bangkok D3
9 Minibus pour Pattaya et Rayong D3
10 *Songthaew* pour Pattaya et Bang Saen B4

À voir

Ko Loi ÎLE

(เกาะลอย). Reliée au continent par une route longue de 800 m, cette île rocheuse réserve un temple sino-thaïlandais très ouvragé et décoré de couleurs vives. Ko Loi possède également un point d'observation qui permet d'admirer d'impressionnants couchers de soleil. D'ici, vous pourrez prendre le ferry pour vous rendre sur l'île de Ko Si Chang.

Où se loger

Samchai Resort PENSION, AUBERGE DE JEUNESSE $

(☎081 963 1855 ; Soi 10, Th Jermjompol ; d 350-900 B ; ❄📶). Auberge pleine de caractère qui s'étend sur la jetée. L'offre est large et va des chambres fonctionnelles sans fenêtre à des suites climatisées avec vue sur la mer. Choix par excellence des voyageurs à petit budget à Si Racha ; les chambres les moins chères ne sont équipées que de ventilateurs. Le propriétaire, très attentionné, parle anglais.

Seaview Sriracha Hotel HÔTEL $$
(☎ 038 325700 ; seaview_hotel@hotmail.com ; 50-54 Th Jermjompol ; d avec petit-déj 990-1 590 B ; ❄@🛜). Cet hôtel en plein centre, adossé au front de mer, bénéficie d'une équipe accueillante. Chambres grandes et confortables, avec climatisation et télévision. Restaurant sur place. Les chambres à l'avant souffrent du bruit de la rue ; celles à l'arrière, donnant sur la mer et les quais, sont bien plus paisibles. Pas d'ascenseur.

Où se restaurer et prendre un verre

My One VIETNAMIEN $
(☎ 089 693 3270 ; 14/10 Th Surasak 1 ; plats 50-160 B ; ⊙9h-21h). Ce restaurant sans prétention sert une cuisine vietnamienne et thaïlandaise ; choix de plats frais et équilibrés, notamment des rouleaux de printemps et des salades. Aucun panneau ne l'indique en anglais ; pour le trouver, cherchez le stand à café en face.

Mum Aroi POISSON, FRUITS DE MER $$
(☎ 038 771555 ; Soi 8, Th Jermjompol ; plats 160-550 B ; ⊙10h-23h ; 🛜). Comme son nom l'indique, Mum Aroi ("coin délicieux") est incontournable pour déguster des produits de la mer à proximité des bateaux utilisés pour la pêche au calmar. Sur les terrasses étagées, vous avez de bonnes chances d'apercevoir la mer. Les multiples aquariums de l'entrée exhibent poissons et fruits de mer vivants, et les plats sont vendus au poids. Sur le front de mer, 1 km au nord de Ko Loi.

Common Room CAFÉ
(☎ 089 777 6419 ; 73 Th Jermjompol ; ⊙9h-21h mar-dim). Intérieur en brique, canapés moelleux, bric-à-brac : un lieu apaisant pour s'offrir des gâteaux et un bon café corsé, à l'abri de la chaleur et de l'agitation des rues de Si Racha.

Teab Ta BIÈRES ARTISANALES
(facebook.com/teabtasriracha ; Soi 16, Th Jermjompol ; ⊙17h-minuit lun-ven, 16h-minuit sam-dim ; 🛜). Sur la longue jetée, cette adresse discrète offre une belle sélection de bières artisanales du monde entier dont des classiques nord-européens, mais le tout à prix fort. Bonne adresse pour un verre le soir en terrasse.

Renseignements

Bureau de l'immigration (☎ 038 312571 ; www.immchonburi.go.th ; 3/1 Th Jermjompol ; ⊙8h30-16h30 lun-ven)

Krung Thai Bank (www.ktb.co.th ; angle de Th Surasak 1 et Th Jermjompol ; ⊙8h30-16h30 lun-ven). Banque avec DAB et service de change.

Samitivet Sriracha Hospital (☎ 038 320300 ; www.samitivejhospitals.com ; Soi 8, Th Jermjompol)

Comment s'y rendre et circuler

Si Racha ne possède pas de véritable gare routière, des minibus, notamment vers **Bangkok**, **Pattaya** et **Rayong**, partent de Th Sukhumvit (Hwy 3), à côté du grand magasin Robinson, et des **bus** et minibus partent du centre commercial spécialisé en informatique Tuk Com, qui se trouve à côté.

Les *songthaew* (pick-up collectifs) blancs partent non loin de la **tour de l'Horloge** du Sud à destination du marché de Naklua de Pattaya (40 B, 45 min, 6h-18h) ; les *songthaew* orange vont à Bang Saen (20 B, 20 min, 6h-18h). Des motos-taxis parcourent la ville pour 30 à 40 B.

CORRESPONDANCES À SI RACHA

DESTINATION	BUS	MINIBUS	TRAIN
Bangkok – aéroport international Suvarnabhumi	110 B ; 1 heure ; ttes les heures ; 5h10-20h		
Bangkok – gare ferroviaire de Hua Lamphong			À partir de 30 B, 3 heures 15, 1/jour lun-ven
Bangkok – monument de la Victoire		100 B ; 1 heure 30 ; ttes les 30 min ; 5h-20h	
Bangkok – terminal Est des bus (Ekamai)	100 B ; 1 heure 30 ; ttes les heures ; 5h-20h		
Bangkok – terminal Nord des bus (Mo Chit)	110 B ; 2 heures ; ttes les heures ; 5h-19h30		
Pattaya		40 B ; 30 min ; fréquents	

Ko Si Chang เกาะสีชัง

☎038 / 5 000 HABITANTS

Jadis retraite balnéaire royale, Ko Si Chang jouit d'une atmosphère de village de pêcheurs, et ses curiosités valent bien une excursion à la journée depuis Si Racha, ou même d'y passer la nuit. L'île s'anime le week-end : on vient de Bangkok déguster des produits de la mer, poser face au golfe de Thaïlande et acquérir des mérites dans les temples.

L'unique petite agglomération de l'île est de plus en plus vivante. Face au continent, elle constitue le terminus du ferry venant de Si Racha. Une route goudronnée mais par endroits très escarpée traverse l'île et relie le village aux autres sites. Louer un scooter près du quai est idéal pour se déplacer, car très peu de voitures circulent sur Ko Chang.

À voir et à faire

De nombreux habitants proposent des sorties de naion vers Ko Khang Khao (Bat Island – "île aux chauves-souris") non loin, qui bénéficie d'une belle plage. Vous pouvez aussi prendre un *speedboat* (400 B) pour vous y rendre depuis le ponton principal, ou louer un kayak (200 B/jour) à Hat Tham, et suivre la côte jusqu'à Ko Khang Khao en pagayant environ 45 minutes.

Phra Chudadhut Palace SITE HISTORIQUE
(พระจุฑาธุชราชฐาน ; 9h-17h). GRATUIT Le roi Rama V (le roi Chulalongkorn ; r. 1868-1910) résidait dans cet ancien palais royal durant l'été. Le bâtiment fut abandonné lors de la brève occupation de l'île par la France en 1893. La grande galerie du trône – un superbe édifice en teck doré appelé le palais Vimanmek – fut transportée à Bangkok en 1910. Les vestiges actuels, entourés de jardins, gardent un style victorien peu prononcé. À 15 minutes à pied du ferry. Musée fermé le lundi.

San Chao Pho Khao Yai TEMPLE CHINOIS
(ศาลเจ้าพ่อเขาใหญ่). GRATUIT Le site le plus imposant de l'île : un temple chinois finement sculpté, remontant à l'époque où les négociants chinois venaient s'amarrer dans ces eaux abritées. En février, durant le Nouvel An chinois, l'île accueille une foule de touristes en provenance de Chine. On peut aussi admirer les grottes-sanctuaires, l'entrelacs de passerelles et la superbe vue sur l'océan. Le temple se situe au nord de l'agglomération.

Sichang Healing House MASSAGE
(☎081 572 7840 ; près de Th Makham Thaew ; massage 300-600 B ; 9h-16h jeu-mar). La charmante propriétaire de ce havre de paix verdoyant parle anglais. Elle propose toute une gamme de massages et vend des produits à usage thérapeutique faits maison. Elle loue aussi de modestes chambres en bambou (300 B).

Où se loger et se restaurer

Rim Talay Resort BUNGALOW $
(☎089 091 6974 ; Th Makham Thaew ; d 800-1 500 B). Derrière le Pan & David Restaurant, cette succession de solides chambres et de bungalows occupe un vaste terrain, parsemé de quelques bateaux de pêche en cale sèche pour plus de caractère.

Somewhere Ko Sichang BOUTIQUE-HÔTEL $$
(☎038 109400 ; www.somewherehotel.com ; 194/1 Mu 3, Th Thewawong ; d avec petit-déj 2 600-3 600 B ; P ❄ ≋). Moderne et superbe, cet hôtel avec piscine et vue sur la mer est à la fois central et intimiste. Les chambres chics à l'ambiance marine sont spacieuses ; la plupart d'entre elles disposent d'un balcon et offrent une vue sur la mer. La partie restaurant est charmante et le personnel aux petits soins. Détente assurée.

Charlie's Bungalows PENSION $$
(☎061 749 4242 ; Th Makham Thaew ; d 1 000-1 100 B ; P ❄ wi-fi). Frais, lumineux et tout blancs, ces bungalows installés autour d'un jardin disposent tous de télévision (avec lecteurs DVD). Personnel sympathique et serviable. Pensez à réserver pour les week-ends et les jours fériés.

FlowerBlue CAFÉ $
(☎081 305 5544 ; facebook.com/flowerblue.coffee ; plats 70-280 B ; 7h-22h ; wi-fi). Aimé des habitants de Bangkok, appréciant la climatisation et les prix raisonnables, ce café branché est toujours plein. On y sert notamment des petits-déjeuners, des burgers et des cafés sélectionnés, dans une salle ornée de plantes et d'images botaniques.

♥ **Pan & David Restaurant** INTERNATIONAL, THAÏLANDAIS $$
(☎038 216629 ; www.ko-sichang.com ; 167 Mu 3, Th Makham Thaew ; plats 150-450 B ; 10h-22h30 lun-mar, jeu-ven, 8h30-22h sam-dim ; wi-fi ✎). Poulet fermier, excellents plats thaïlandais avec une touche italienne, glace maison et une carte des vins correcte : le menu est parfait. Les produits de la mer locaux

(calmar, crabe, crevettes, poisson), tout frais pêchés, sont aussi une spécialité.

Renseignements

Le site Internet de Pan & David (www.ko-sichang.com) est une excellente source d'information.

Kasikornbank (99/12 Th Atsadang ; ⏲8h30-15h30). DAB et service de change. Il existe aussi un DAB devant le 7-Eleven situé à l'entrée du quai.

Comment s'y rendre et circuler

Des bateaux partent pour Ko Si Chang depuis l'embarcadère Koi Loi à Si Racha (50 B l'aller, 45 min, toutes les heures entre 7h et 20h), contournant la foule de cargos qui déchargent leur marchandise dans la baie. Depuis Ko Si Chang, les ferrys repartent toutes les heures de 6h à 19h.

Les motos-taxis de Ko Si Chang attendent à l'embarcadère et vous emmènent n'importe où en ville pour 30 à 50 B, et des *săhm·lór* (ou *săamláw* ; cyclo-pousse) trafiqués effectuent la tournée des principaux sites pour 250 B.

On peut louer des motos sur l'embarcadère (80/250/300 B par heure/jour/24 heures).

Pattaya

เมืองพัทยา

☎038 / 320 000 HABITANTS

Même si vous savez à quoi vous attendre, Pattaya vous coupera le souffle. Multiculturelle et ultratouristique, la ville offre des adresses avantageuses où loger et se restaurer, ainsi qu'une côte parsemée de complexes hôteliers à l'ambiance (étonnamment) familiale. Néanmoins, Pattaya en elle-même n'a rien d'un paradis tropical. Elle mérite amplement sa réputation de capitale du tourisme sexuel, avec ses centaines de bars à bières, de go-go clubs et de salons de "massage". Pour le reste, la ville est surtout orientée vers le tourisme de masse en quête de soleil, dont beaucoup d'expatriés à la retraite, et vers les groupes en voyage organisé, dont le flux quasi constant traverse la ville. Pour un séjour relaxant à Pattaya, installez-vous en dehors de la zone centrale.

La ville est construite autour d'**Ao Pattaya**, une vaste baie en forme de croissant qui fut l'une des premières stations balnéaires de Thaïlande dans les années 1960, quand affluaient les G.I. américains en permission. Pattaya Neua (Pattaya-Nord) est un secteur plus haut de gamme, tandis que Pattaya Tai (Pattaya-Sud) est toujours au cœur de la vie nocturne.

À voir et à faire

Sanctuaire de la Vérité MONUMENT BOUDDHIQUE

(ปราสาทสัจธรรม ; ☎038 367 2229 ; www.sanctuaryoftruth.com ; Soi Naklua 12 ; adulte/enfant 450/225 B ; ⏲8h-18h). Construit intégralement en bois finement sculpté, sans clous ni vis métalliques, le sanctuaire de la Vérité offre une vue extraordinaire sur la mer. C'est à la fois une œuvre d'art, un symbole religieux et un monument culturel. Composé de 4 ailes dédiées à l'iconographie religieuse thaïlandaise, khmère, chinoise et indienne.

Anek Kusala Sala (Viharn Sien) MUSÉE

(อเนกกุศลศาลา/วิหารเซียน, Viharn Sien ; ☎038 343555 ; en retrait de Th Sukhumvit, Sattahip ; 50 B ; ⏲8h-17h30). Étape prisée des groupes, ce musée conserve plus de 300 remarquables œuvres d'art chinoises, essentiellement des statues en bronze et en laiton incarnant des personnages historiques, incluant des représentations bouddhiques, confucianistes et taoïstes. Fondé par Sanga Kulkobkiat, un Thaïlandais ayant grandi en Chine, le musée fut un projet visant à renforcer l'amitié entre les deux pays.

Le 1er niveau expose une foule de représentations d'immortels chinois, allant de Pangu, le géant cosmique, à Guanyin, la déesse de la Miséricorde. Le 2e niveau est très impressionnant, avec ses statues de moines Shaolin, plus grandes que nature, dans des positions d'arts martiaux. Juste à côté, une collection attendrissante de statues figure des personnages du quotidien (voyante, couturière, vendeur d'alcool), sur lesquels les visiteurs déposent une pièce de 1 B.

Le musée est à 16 km au sud du centre de Pattaya ; prendre un *songthaew* (25 B) effectuant le trajet Pattaya-Sattahip et descendre à l'embranchement allant au Wat Yangsangwaram. Il vous faudra héler une moto pour couvrir les 5 derniers kilomètres et demander au conducteur de vous attendre, car trouver quelqu'un pour vous ramener serait difficile. Le transport privé coûte 1 500 B.

Wat Phra Yai TEMPLE BOUDDHIQUE

(วัดพระใหญ่, Grand Bouddha). L'imposant bouddha doré du Wat Phra Yai trône au sommet d'une colline boisée entre Jomtien et Pattaya-Sud.

Ko Lan ÎLE

(เกาะล้าน). À 7 km au large du centre de Pattaya, cette petite île est prisée des excursionnistes à la journée. Le week-end, ses

Pattaya

Pattaya

À voir

1 Dolphin Roundabout C1
2 Wat Phra Yai A4

Activités

3 Fairtex Sports Club C1

Où se loger

4 Birds & Bees Resort A4
5 Garden Lodge Hotel C1
6 Nonze Hostel B3
7 Rabbit Resort A5
8 Sleep Cafe Hostel C1

Où se restaurer

9 Five Star J B3
10 La Baguette C1
11 Sketch Book Art Cafe A5
12 Thepprasit Market C4

Où prendre un verre et faire la fête

13 Gulliver's C1
14 Hot Tuna B3

Transports

15 Bangkok Airways C1
16 Bell Travel Service D1
17 Gare routière D1

LES PLAGES DE PATTAYA

Ces dernières années, de nombreux efforts ont été entrepris pour nettoyer les plages de Pattaya : il est interdit d'y fumer et d'y laisser des détritus, et du sable a été ajouté afin de l'élargir... Une opération de réaménagement a coûté quelque 400 millions de bahts. Malheureusement, début 2019, un orage de mousson inhabituel pour la saison a emporté la moitié de la plage. Un nouveau projet ambitieux de réhabilitation a été lancé fin 2019.

Le mazout déversé par les centaines de bateaux amarrés à quelques mètres du rivage décourage les envies de baignade dans le centre. Rendez-vous plutôt à Jomtien, et à sa plage *gay-friendly de* Hat Dongtan. Dans les environs, l'ambiance générale est plus sobre – mais divertissante malgré tout – et adaptée aux familles. Au nord, le calme de Naklua est également attrayant. À environ 20 km au sud de Pattaya, admirez les paysages de Bang Sare, station balnéaire dotée d'une plage étroite mais très longue. On trouve les plus belles plages de la région à Ko Samae San, une île minuscule offrant de bons sites de snorkeling, et à Hat Nahng Ram. Les deux sont à 35 km au sud de Pattaya.

cinq plages attirent des milliers de visiteurs et ses eaux aux tons bleu vert sont continuellement troublées par des bateaux-bananes tractés et autres loisirs nautiques. Prenez un ferry depuis le ponton de Bali Hai, situé à l'extrémité sud de Walking Street. Certains s'arrêtent au village principal, d'autres à la plage de Tawaen. Vous pouvez aussi louer des *speedboats* le long de Beach Rd (comptez 2 500 B). Le dernier bateau quitte Ko Lan à 18h.

Ramayana Water Park PARC AQUATIQUE
(☎033 005929 ; www.ramayanawaterpark.com ; adulte/enfant 1 440/1 040 B ; ⏲10h-18h ; 🚸). Ce parc aquatique de bonne taille divertira toute la famille avec ses toboggans, ses nombreux bassins, ses bars et ses restaurants avec buffet. À quelque 20 km au sud-est de Pattaya ; des forfaits avec transport inclus sont proposés sur le site Internet. Serviettes et casiers disponibles sur place.

Flight of the Gibbon TYROLIENNE
(☎053 010660 ; www.flightofthegibbon.com ; parcours 3 999 B). Ce parcours en tyrolienne de 3 km, ponctué de 26 plateformes, traverse la canopée du zoo ouvert de Khao Kheow entre Pattaya et Bangkok. L'activité dure la journée entière ; il est possible d'y ajouter un parcours d'obstacles dans la jungle ou la visite du zoo. Les enfants de moins de 1 m doivent être accompagnés d'un adulte pour utiliser la tyrolienne.

Où se loger

Loger à Pattaya peut coûter cher comparé au reste du pays, mais les auberges de jeunesse pour baroudeurs et les hôtels de milieu de gamme aux tarifs raisonnables se multiplient. La concurrence encourage les offres intéressantes dans toutes les catégories. Dans le centre de Pattaya et la partie sud, les chambres sont souvent moins chères mais plus proches des lieux de sorties, qui génèrent du bruit. Pattaya-Nord et certains secteurs de Naklua abritent les hôtels haut de gamme, tandis que Soi Bua Khao et Jomtien proposent des logements pour petits budgets.

Sleep Cafe Hostel AUBERGE DE JEUNESSE $
(☎063 360 0005 ; www.sleepcafehostel.com ; 78/84 Soi 1, Th Pattaya 2 ; dort/d 450/1 000 B ; ❄📶). Dans un coin tranquille de Pattaya-Nord (en face d'Art in Paradise), cette auberge ordonnée, sûre et très propre déploie un joli décor à la japonaise. Dortoirs non mixtes, climatisation et Wi-Fi partout. Café sur place.

Nonze Hostel AUBERGE DE JEUNESSE $
(☎038 711112 ; www.nonzehostel.com ; Th Hat Pattaya ; s/lits jum 600/1 300 B ; ❄📶). Le temps des dortoirs est révolu : dans ce bâtiment au style industriel très chic en bord de mer, on loge dans des capsules empilées les unes sur les autres, seul ou à deux. Elles garantissent une certaine intimité, et vous seront agréables si vous n'êtes pas claustrophobe. Chambres avec lits jumeaux plus spacieuses. Salles de bains communes convenables. La proximité avec Walking St conviendra aux amateurs de sorties nocturnes.

Garden Lodge Hotel HÔTEL $$
(☎038 429109 ; www.garden-lodge.tophotels-pattaya.com/fr ; angle Soi 20 et Th Naklua ; d/bung/ste 1 200/1 700/3 000 B ; P❄📶🏊). Ici, les chambres sont plutôt désuètes, mais disposées autour d'un jardin paysager et d'une

grande piscine. Dans la partie plaisante de Pattaya, l'hôtel, apprécié des touristes allemands, est une solution correcte en famille.

Rabbit Resort RESORT $$$

(☎038 251730 ; www.rabbitresort.com ; Hat Dongtan, Jomtien ; d avec petit-déj 3 000-9 000 B ; P ❄ @ 📶 🏊). Luxueux par rapport aux autres hébergements de Pattaya, le Rabbit Resort propose de superbes bungalows et pavillons qui sont de véritables vitrines de l'artisanat et du design thaïlandais. Disséminés sur le bord de mer paisible entre Jomtien et Pattaya Tai (Pattaya-Sud), ils bénéficient également d'un cadre verdoyant. Les deux piscines (l'une conçue pour les familles) et le service hors pair en font une excellente adresse haut de gamme. Les chambres à l'étage sont très lumineuses et agréables.

Birds & Bees Resort HÔTEL $$$

(☎038 250556 ; www.cabbagesandcondoms.com ; Soi 4, Th Phra Tamnak ; d 2 500-11 000 B ; P ❄ 📶 🏊). Ce *resort* au cœur d'un jardin tropical dispose de deux piscines et de chambres de bonne taille. Les bénéfices contribuent à financer l'œuvre de PDA, association caritative de développement rural. Les chambres les moins chères n'ont pas de vue. Le complexe en lui-même est charmant, avec ses sentiers onduleux parsemés de panneaux décalés invitant à la réflexion. Accès direct à la plage, et restaurant avec vue sur la mer.

Où se restaurer

La plupart des nombreux restaurants du quartier de la vie nocturne, incluant les marchés de produits de la mer, sont chers et décevants. Quelques excellentes adresses justifient le trajet vers d'autres quartiers et à l'extérieur de la ville.

Bang Sare, très fréquenté le week-end, propose une cuisine internationale et thaïlandaise très tendance.

Thepprasit Market MARCHÉ $

(angle Th Thepprasit et Th Sukhumvit ; en-cas 30-80 B ; ⏲16h-22h ven-dim). Vous y trouverez des babioles intéressantes et une grande quantité de vêtements, mais ce florissant marché nocturne du week-end mérite aussi le détour pour ses smoothies, ses nouilles et ses en-cas thaïlandais très variés.

Sketch Book Art Cafe THAÏLANDAIS, INTERNATIONAL $$

(☎038 251625 ; 478/938 Mu 12, Th Tha Phraya ; plats 125-325 B ; ⏲8h30-22h). Pour fuir l'agitation perpétuelle de Pattaya, il fait bon se perdre parmi les salles de ce très beau café bohème, entouré d'un vaste jardin. Les murs sont tapissés d'œuvres du propriétaire. Les smoothies sont délicieux, le café est bon et les plats thaïlandais fraîchement préparés. Les plats occidentaux dépassent souvent les 300 B. Du matériel de peinture est en vente si l'inspiration vous vient.

Glass House THAÏLANDAIS $$

(☎081 266 6110 ; www.glasshouse-pattaya.com ; Soi Najomtien 10, Hat Jomtien, Sattahip ; plats 120-650 B ; ⏲11h-minuit ; 📶). Une adresse sur la plage, largement vitrée, pour un repas aux chandelles romantique, installé dans un canapé ou les pieds dans le sable. On y déguste produits de la mer, pizzas et pièces de viande. La qualité des plats, surtout thaïlandais, est excellente. À 9 km au sud du centre de Pattaya : à moins de loger à Jomtien, vous devrez y venir spécialement.

Mum Aroi POISSON, FRUITS DE MER, THAÏLANDAIS $$

(☎038 414802 ; 83/4 Soi 4, Th Naklua ; plats 150-450 B ; ⏲11h-23h). Ce restaurant établi de longue date, juché en bord de mer dans le village de pêcheurs de Naklua, est considéré comme l'un des meilleurs de Pattaya pour les produits de la mer. Tout en contemplant les vieilles barques de pêche chaloupant sur les vagues, vous vous régalerez d'une exquise cuisine thaïlandaise sous la caresse rafraîchissante des embruns. Goûtez le *sôm·đam pou* (salade de papaye épicée et crabe) et le *plah mèuk nêung ma-now* (poulpe cuit à la vapeur avec jus de citron).

Five Star J VÉGÉTARIEN $$

(www.fivestarj.com ; 313/37 Th Pattaya Tai ; plats 70-400 B ; ⏲11h-23h ; 🌿). Dans un quartier animé, ce restaurant végétarien et végan ouvert depuis longtemps s'est constitué une clientèle fidèle. Tout petit et impeccable, l'endroit dispose de la climatisation et du Wi-Fi. Nouilles, currys, pizzas végétariennes, plats à base de tofu... La cuisine est invariablement bonne.

La Baguette CAFÉ, BOULANGERIE $$

(☎038 421707 ; www.labaguettepattaya.com ; 164/1 Mu 5, Th Naklua ; plats 260-340 B ; ⏲8h-minuit ; ❄ 📶). Tout de suite au nord du Dolphin Roundabout, ce café distingué à la française sert des préparations excellentes : salades, crêpes, croissants et – bien sûr – des baguettes. Large choix de thés et cafés. Quel plaisir de se détendre sur un canapé ancien dans la salle baignée de lumière ! Réservez si vous venez le week-end. Il existe un autre établissement sur la route vers Jomtien.

Où prendre un verre et faire la fête

Malgré la profusion de bars à bières identiques, il est quand même possible de boire autre chose, notamment dans les bars des hôtels bordant la plage.

Walking St est un lieu de débauche, mais ses innombrables bars restent plus divertissants pour passer la soirée dehors que ceux du vrai quartier chaud, plus glauque, à une rue de la plage. Les bars à bières sordides sont encore plus nombreux dans Soi 6.

Hot Tuna BAR
(Walking St ; 21h-tard). Parmi les quelques salles de concerts qui côtoient les pièges à touristes de Walking St, le Hot Tuna fait toujours jouer les meilleurs groupes de reprises. Toute la soirée, le public peut suggérer des classiques du rock, généralement interprétés avec brio.

Gulliver's BAR
(www.gulliverbangkok.com ; Th Hat Pattaya ; 15h-2h ;). Sur la route de la plage, derrière une façade plutôt imposante de style néocolonial et une statue de la Liberté miniature, on ne s'attend pas à trouver ce bar sportif, plutôt standard. Bière et service corrects, climatisation et absence d'hôtesses sont autant de points positifs.

Renseignements

DÉSAGRÉMENTS ET DANGERS

- La nuit, à Pattaya, on ne compte plus les incidents liés à l'excès d'alcool (rixes, vols à l'arraché, conduite dangereuse).
- Faites en sorte de rester toujours lucide, et laissez passeport et cartes bancaires à votre hôtel.
- Évitez de louer un Jet-Ski, car les escroqueries aux prétendus dommages sont fréquentes.

IMMIGRATION

Bureau de l'immigration (038 252750 ; www.immigration.go.th ; Soi 5, Hat Jomtien ; 8h30-12h et 13h-16h30 lun-ven)

OFFICES DU TOURISME

Tourism Authority of Thailand (TAT ; 038 428750 ; www.tourismthailand.org ; 609 Th Phra Tamnak ; 8h30-16h30). Situé en bordure nord-ouest du parc Rama IX. Brochures et cartes disponibles auprès d'un personnel serviable.

SITES INTERNET

Love Pattaya (lovepattayathailand.com). Tout ce que vous devez savoir sur ce qui se passe à Pattaya.

Pattaya Mail (www.pattayamail.com). L'hebdomadaire de la ville en anglais.

Pattaya One (www.pattayaone.news). Un fascinant aperçu de la face obscure de Pattaya.

URGENCES

Police touristique (numéro d'urgence 1155 ; tourist@police.go.th). Le bureau principal se trouve à côté de la Tourism Authority of Thailand (TAT), sur Th Phra Tamnak, et des postes de police longent les plages de **Pattaya** et Jomtien.

Bangkok Pattaya Hospital (038 429999 ; www.bangkokpattayahospital.com ; 301 Mu 6, Th Sukhumvit, Naklua ; 24h/24). Soins de première qualité.

Depuis/vers Pattaya

AVION

L'aéroport de Pattaya est U-Tapao, à 33 km au sud de la ville. Assurez-vous que le chauffeur de taxi a bien compris que vous vous rendez à ce petit aéroport et pas à celui de Bangkok.

Départs tous les jours vers des destinations nationales avec **Bangkok Airways** (038 412382 ; www.bangkokair.com ; Fairtex Arcade, Th Pattaya Neua), **Air Asia** (www.airasia.com) et **Lion Air** (lionairthai.com).

Vols internationaux proposés par AirAsia et quelques autres compagnies aériennes.

Des charters partent régulièrement de cet aéroport.

BATEAU

Un service de catamaran rapide traversant le golfe de Thaïlande relie Pattaya et Hua Hin. Les eaux capricieuses compliquent parfois la traversée, mais la liaison, assurée par **Royal Ferry Group** (038 488999 ; www.royalferrygroup.com) et désormais bien établie, est bien plus rapide que le trajet par voie terrestre. Vous débourserez 1 250 B en classe standard et 1 550 B en classe affaires. Au moment de nos recherches, il y avait une traversée par jour, à 13h.

À Pattaya, les bateaux pour **Ko Lan** (30 B, 45 min, 11/jour) partent du ponton Bali Hai, à l'extrémité sud de Walking St.

BUS ET MINIBUS

Depuis la principale **gare routière** (Th Pattaya Neua), vous pourrez prendre un bus vers Bangkok, y compris vers l'aéroport Suvarnabhumi (300 B, 1 heure 30-2 heures, 6 départs/jour), en utilisant les services de **Bell Travel Service** (084 427 4608 ; www.belltravelservice.com ;

CORRESPONDANCES À PATTAYA

DESTINATION	BUS	MINIBUS	TRAIN
Aranya Prathet (vers le Cambodge)	340 B, 5 heures, 5/jour	260 B, 5 heures, ttes les heures 4h-18h	
Bangkok – gare ferroviaire de Hua Lamphong			À partir de 31 B, 4 heures, 1/jour lun-ven
Bangkok – terminal Est des bus (Ekamai)	108 B, 2 heures, ttes les 30 min, 4h30-23h	160 B, 2 heures, fréquents	
Bangkok – terminal Nord des bus (Mo Chit)	117 B, 2 heures 30, ttes les 40 min, 4h30-21h	160 B, 2 heures 30, fréquents	
Bangkok – terminal Sud des bus	119 B, 3 heures, ttes les 2 heures, 6h-18h30	150 B, 2 heures 30, ttes les heures	
Ko Samet		160 B, 1 heure, ttes les heures	
Rayong		80 B, 1 heure 30, fréquents	
Si Racha		40 B, 50 min, fréquents	À partir de 5 B, 30 min, 1/jour lun-ven

Th Pattaya Neua), qui peut vous récupérer à votre hôtel sur réservation.

Les bus **Roong Reuang Coaches** (www.airportpattayabus.com), qui relient Th Tha Phraya à Jomtien, près du croisement avec Th Thep Prasit, et l'aéroport Suvarnabhumi, sont bien moins chers (120 B, 2 heures, 1/heure 7h-21h).

Des **minibus** partent vers le nord à destination de Bangkok depuis l'angle de Th Sukhumvit et de Th Pattaya Klang.

Des minibus partent pour la frontière cambodgienne au croisement de Th Sukhumvit et de Th Pattaya Tai.

Vous pouvez réserver des minibus vers Ko Chang (550 B), Ko Mak (750 B) et Ko Kut (800 B) dans les agences de voyages du centre-ville.

TRAIN

La **gare ferroviaire de Pattaya** (☎038 429285) se situe près de Th Sukhumvit, à l'est de la ville.

Comment circuler

Les *songthaew*, surnommés "*baht bus*", arpentent les routes principales. Il vous suffit de monter à bord et de payer 10 B en descendant. Si vous faites le trajet vers ou depuis Naklua, vous devrez peut-être changer de véhicule au **rond-point du Dauphin** (วงเวียนโลมา ; Th Naklua et Pattaya Neua), à Pattaya Neua. Vous pouvez aussi prendre, depuis le rond-point, un *baht bus* pour la gare routière. Si vous allez plus loin, vous pouvez louer un *baht bus*, mais négociez le prix avant. Possibilité de louer des motos en ville pour 200 B/jour.

Rayong et Ban Phe

ระยอง / บ้านเพ

☎038 / 70 000 HABITANTS

Il y a des chances que vous passiez par ces villes en vous dirigeant vers Ko Samet. Rayong, assez grande et étendue, est bien desservie par les bus. Le petit port de Ban Phe, 18 km à l'est, possède une plage correcte, et des ferrys le relient à Ko Samet.

Où se loger et se restaurer

Rayong offre une large gamme d'hôtels, même si la plupart des adresses ne sont pas particulièrement centrales. Ban Phe ne manque pas de pensions dont les chambres reviennent à moins de 700 B la nuit. Cela dit, les deux localités étant bien desservies par les transports, il n'y a pas vraiment de raison d'y loger.

La Paillote Guesthouse PENSION $

(☎038 651625 ; facebook.com/pages/La-Paillote-Guesthouse/757942567721231 ; Ban Phe ; d 700-900 B ; ❄📶). Une bonne adresse économique à Ban Phe, pratique pour se rendre sur les pontons et à la plage. Personnel accueillant. La pension dispose de chambres simples mais confortables, et d'équipements corrects, ainsi que d'un restaurant et d'un bar en extérieur. Bon choix pour les familles.

Rayong President Hotel HÔTEL $

(☎038 622771 ; www.rayongpresidenthotel.com ; Soi Klongkhud, près de Th Sukhumvit, Rayong ;

d 600-850 B ; P❄📶). Ce n'est pas le meilleur hôtel de Rayong, mais les autres sont tous assez éloignés du centre. Celui-ci est l'un des seuls accessibles à pied depuis la gare routière 1.

Tamnanpar THAÏLANDAIS $$
(☎038 652884 ; 167/6 Mu 7, Ban Phe ; plats 150-350 B ; ⏲12h-minuit ; 📶). Malgré les bus de visiteurs qui se succèdent sur le parking, cet impressionnant restaurant-*resort* au décor évoquant la forêt tropicale vaut le détour (même la décoration des salles de bains rappelle la jungle). La cuisine thaïlandaise est savoureuse. Situé à environ 750 m de la principale route entre Rayong et Ban Phe. Parc aquatique sur place (adulte/enfant 200/100 B).

Depuis/vers Rayong et Ban Phe

Rayong dispose de deux gares routières : la **gare routière 1**, centrale, et la nouvelle **gare routière 2**, 7 km au nord-ouest du centre-ville. Aujourd'hui, tous les bus longue distance s'arrêtent à la gare routière 2. Les deux gares sont reliées par des *songthaew* très fréquents (15 B, 20 min).

Les minibus au départ de la gare routière 2 de Rayong desservent les terminaux Est (Ekamai) et Nord (Mo Chit) de Bangkok (les deux 160 B, 3 heures 30, ttes les heures de 4h40 à 20h) ; ils peuvent vous déposer à la station Airport Rail Link, un arrêt avant l'aéroport Suvarnabhumi. Des minibus fréquents partent également pour Pattaya (100 B, 2 heures), Chanthaburi (150 B, 2 heures) et Trat (200 B, 3 heures).

Des bateaux et *speedboats* partent régulièrement de Ban Phe pour Ko Samet. Les bus en face de l'embarcadère Nuanthip de Ban Phe circulent depuis/vers Ekamai à Bangkok (170 B, 4 heures, ttes les 2 heures de 7h à 18h).

Des minibus quittent Ban Phe à destination de Laem Ngop (d'où partent les bateaux vers Ko Chang ; 250 B, 3 heures, 3 départs/jour) et du monument de la Victoire à Bangkok (200 B, 4 heures, ttes les 40 min). Pour Pattaya, il est plus avantageux d'attraper une correspondance à Rayong.

Comment circuler

Au départ de la gare routière 1 de Rayong, des *songthaew* réguliers vont vers Ban Phe (25 B, 30 min, ttes les 15 min). À Ban Phe, vous pourrez les prendre devant les principaux embarcadères.

Ko Samet เกาะเสม็ด

Ses plages de sable, ses criques isolées et ses eaux turquoise sont prises d'assaut par les habitants de Bangkok, venus faire la fête le week-end, tandis que la plage principale et de nombreux *resorts* sont prisés par des groupes (notamment thaïlandais ou chinois) en voyage organisé. Des spectacles de jongleurs de feu et des barbecues sont organisés chaque soir sur les plages du nord ; le sud de l'île est beaucoup plus isolé et tranquille.

Île touristique la plus proche de Bangkok, Ko Samet est pourtant restée relativement sauvage, avec une jungle intérieure luxuriante s'étendant jusqu'aux constructions peu élevées des hôtels. La plupart des criques du Sud ne comptent qu'un ou deux *resorts*.

À voir et à faire

Contrairement à d'autres îles où on se balade de plage en plage, à Ko Samet, on passe de crique en crique. Le sentier littoral traverse des promontoires rocheux, des forêts bruissant de cigales et d'innombrables criques magnifiques ; plus on se rapproche du sud de l'île, plus l'ambiance est détendue.

Diverses activités sont possibles sur l'île : kayak, parachute ascensionnel, plongée, snorkeling et paddle (SUP). Vous pouvez aussi pratiquer la pêche au calmar et la pêche à la ligne. Les circuits dans les îles affichent des tarifs entre 400 B et 1 500 B, selon le nombre d'îles incluses.

Où se loger

Même si les *resorts* remplacent les bungalows, la majorité des hébergements de Ko Samet sont simples et plutôt vieillots. Quelques chambres avec ventilateur coûtent moins de 700 B, mais les bungalows climatisés avec vue sur la mer se louent entre 1 000 et 1 500 B. Les plages au sud de Hat Sai Kaew sont pauvres en logements. Des réductions sont possibles en semaine et hors saison.

Attention : sur les plages très fréquentées de Hat Sai Kaew, Ao Hin Khok, Ao Phai et Ao Wong Deuan, de grandes fêtes bruyantes peuvent durer toute la nuit.

Hat Sai Kaew et Na Dan

Hat Sai Kaew, la "plage du village", se situe dans la partie nord-est de l'île, à côté du débarcadère du ferry, dans le prolongement de Na Dan. Adeptes du bronzage, vendeurs de sarongs, *speedboats*, Jet-Skis et restaurants occupent le moindre coin de cette étendue de sable – la plus large, la plus fréquentée et la plus agitée de Ko Samet –, parfois envahie de touristes en voyage organisé. L'endroit est très vivant le soir, car il y a toujours au moins deux jongleurs de feu pour attirer la foule.

Mossman House PENSION $
(☎038 644017 ; Hat Sai Kaew ; d 800-1 200 B ; ❄ 📶). Cette pension très correcte, avec jardin luxuriant et véranda, dispose de chambres spacieuses et confortables. Située dans la rue principale, juste avant la billetterie du parc national ; installez-vous à l'arrière pour plus de calme car le bar en face ferme tard.

Baan Minnie PENSION, APPARTEMENT $$
(☎086 691 9662 ; Silver Park Ave, Na Dan ; d 1 000-1 400 B, app à partir de 2 000 B ; P❄📶). Plusieurs solutions s'offrent à vous dans ces rangées de logements mitoyens derrière la grand-route du village principal de Ko Samet. Dans les chambres, les matelas sont confortables et la décoration est moderne. Certaines disposent d'un patio où l'on peut s'asseoir. Les "*townhouses*" à louer sont des appartements bien entretenus, parfois en duplex, où l'on peut aller et venir librement.

Ao Hin Khok et Ao Phai

Moins frénétique que Hat Sai Kaew au nord, Ao Hin Khok est une magnifique baie fréquentée par une population plus jeune que Hat Sai Kaew. À une courte marche en direction de l'ouest, après une avancée rocheuse, la jolie baie d'Ao Phai, appréciée des baroudeurs, présente des bars et des restaurants dignes d'intérêt.

Silver Sand RESORT $$
(☎038 644300 ; www.silversandsamed.com ; Ao Phai ; d/tr/f avec petit-déj 2 500/3 500/4 500 B ; P❄📶). Ce mini-*resort* en pleine expansion est doté d'un restaurant, de boutiques et d'un bar et boîte de nuit LGBTQ-*friendly*. L'établissement est un peu impersonnel, mais il est bien équipé, et les chambres sont correctes. Situé sur un superbe ruban de plage, proche des lieux d'activité.

Samed Pavilion Resort RESORT $$$
(☎089 097 1112 ; www.samedpavilionresort.com ; 89/1 Moo 4, Ao Phai ; d avec petit-déj 2 550-6 000 B ; P❄@📶🏊). Ce *resort* sélect et plein de charme se démarque de ses voisins par ses chambres spacieuses et élégantes, partagées en deux niveaux et regroupées autour d'une piscine idéale pour sympathiser. Bonne adresse pour les familles, à l'écart de la route et avec un accès à la plage. Tarifs souvent plus avantageux en ligne, mais des promotions hors saison ou en semaine sont aussi proposées en direct.

UN ACCUEIL GIGANTESQUE

Difficile de ne pas remarquer la statue dorée imposante d'une géante dénudée près de l'embarcadère de Na Dan. Elle fait allusion au plus célèbre natif de Ko Samet, le poète Sunthorn Phu, et à son célèbre conte *Phra Aphaimani*. Dans cette histoire, un prince est exilé vers un royaume sous-marin où règne une géante éperdument amoureuse de lui. Une sirène aide le prince à fuir jusqu'à Ko Samet, où il terrasse la géante en jouant d'une flûte magique. Vous pouvez voir la statue de la sirène et du prince réunis à l'extrême sud de Hat Sai Kaew.

Ao Phutsa et Ao Nuan

Au sud d'Ao Hin Khok et d'Ao Phai, la jolie plage sablonneuse d'Ao Phutsa (Ao Tub Tim) est un bon compromis entre facilité d'accès et affluence généralement raisonnable. Séjourner ici permet de profiter de la plage aux meilleures heures (en début de matinée et de soirée).

♥ **Ao Nuan Bungalows** BUNGALOWS $$
(☎081 781 4875, 038 644334 ; Ao Nuan ; bung avec ventil 900-1 200 B, avec clim 1 500-3 000 B ; ❄📶). L'une des dernières baies paisibles de Samet se cache non loin de la route principale, au bout d'une piste de terre. Dans les arbres à flanc de colline descendant vers la mer, vous trouverez des bungalows en bois allant des plus sommaires avec ventilateur et salle de bains commune sans eau chaude jusqu'aux refuges romantiques avec climatisation et élégants meubles en teck. Bar et restaurant proposant une cuisine basique. En quête de plus d'animation ? Ao Phutsa est à quelques minutes à pied.

Tubtim Resort RESORT $$
(☎038 644025 ; www.samedtubtim.com ; 13/15 Moo 4, Ao Phutsa ; d avec petit-déj et ventil 630-1 050 B, avec clim 2 100-4 500 B ; P❄📶). Implanté depuis longtemps à Ao Phutsa (Ao Tub Bim), cet établissement occupe

Ko Samet

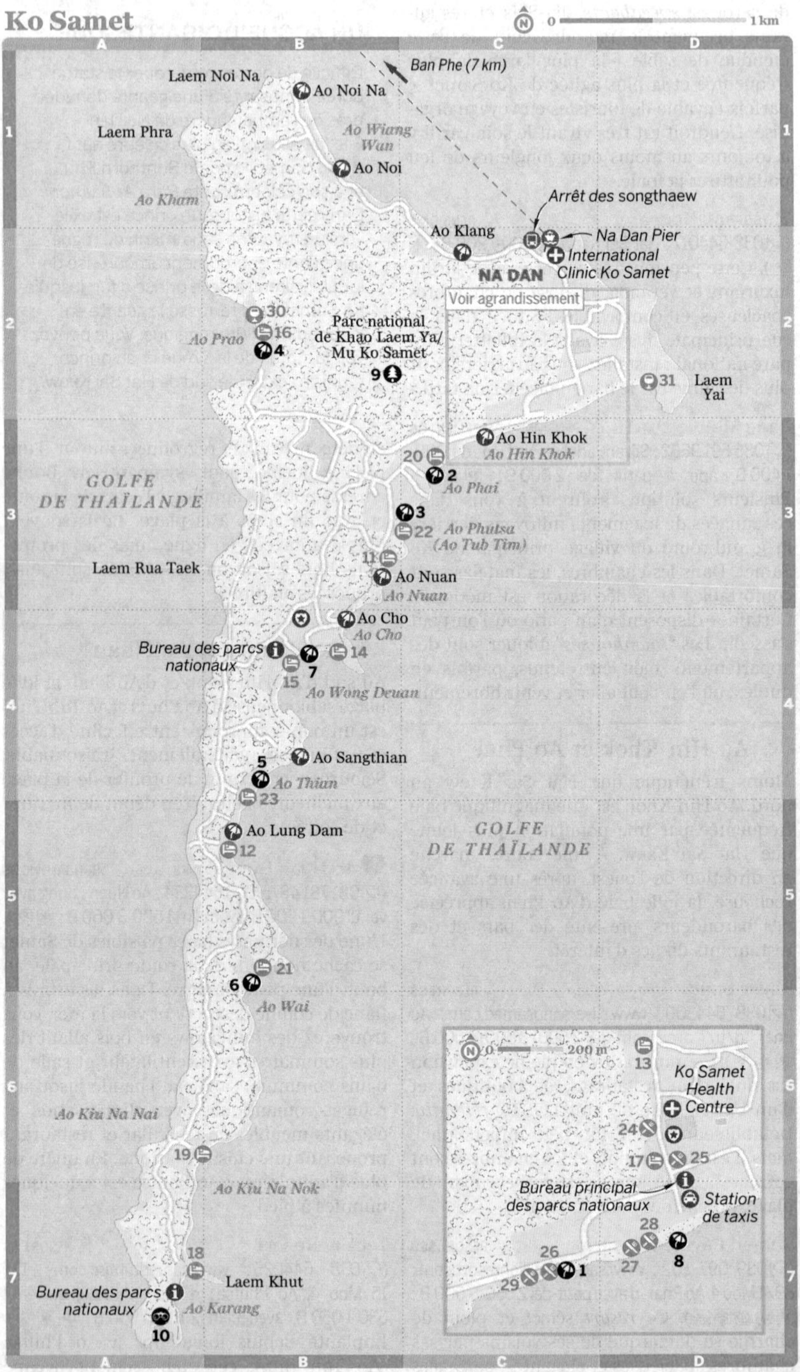
0
1 km
A
B
C
D
1
2
3
4
5
6
7
Ban Phe (7 km)
Laem Noi Na
Ao Noi Na
Laem Phra
Ao Wiang Wan
Ao Noi
Ao Kham
Arrêt des songthaew
Ao Klang
Na Dan Pier
International Clinic Ko Samet
NA DAN
Voir agrandissement
30
16
4
Ao Prao
Parc national de Khao Laem Ya/ Mu Ko Samet
9
31
Laem Yai
Ao Hin Khok
Ao Hin Khok
20
2
Ao Phai
GOLFE DE THAÏLANDE
3
22
Ao Phutsa (Ao Tub Tim)
11
Laem Rua Taek
Ao Nuan
Ao Nuan
Ao Cho
Ao Cho
Bureau des parcs nationaux
7
14
15
Ao Wong Deuan
Ao Sangthian
5
Ao Thian
23
Ao Lung Dam
12
GOLFE DE THAÏLANDE
21
6
Ao Wai
Ao Kiu Na Nai
19
Ao Kiu Na Nok
18
Laem Khut
Bureau des parcs nationaux
Ao Karang
10
0
200 m
13
Ko Samet Health Centre
24
17
25
Bureau principal des parcs nationaux
Station de taxis
28
8
26
27
1
29

Ko Samet

À voir

1 Ao Hin Khok C7
2 Ao Phai C3
3 Ao Phutsa C3
4 Ao Prao B2
5 Ao Thian B4
6 Ao Wai B5
7 Ao Wong Deuan B4
8 Hat Sai Kaew D7
9 Parc national de Khao Laem Ya/ Mu Ko Samet B2
10 Points de vue de la pointe sud A7

Où se loger

11 Ao Nuan Bungalows B3
12 Apache B5
13 Baan Minnie D6
14 Blue Sky B4
15 La Lune Beach Resort B4
16 Lima Coco Resort B2
17 Mossman House D6
18 Nimmanoradee Resort A7
19 Paradee Resort A6
20 Samed Pavilion Resort C3
21 Samet Ville Resort B5
Silver Sand .... (voir 20)
22 Tubtim Resort C3
23 Viking Holidays Resort B4

Où se restaurer

24 Banana Bar D6
25 Funky Monkey D6
26 Jep's Restaurant C7
27 Kitt & Food D7
28 Ploy Talay D7
29 Sea Breeze C7

Où prendre un verre et faire la fête

Audi Bar .... (voir 25)
30 Breeze B2
31 Talay Bar D2

une bande de sable isolée, où est aménagé un large choix de bungalows en bois, des chambres économiques avec ventilateurs aux spacieux logements climatisés. Un lieu convivial avec barbecue tous les soirs, ainsi qu'un bon bar-restaurant de plage. Dans les meilleurs bungalows, en bord de plage, vous jouirez d'une belle vue depuis votre lit.

Ao Wong Deuan et Ao Thian

Ao Wong Deuan ("baie en croissant de lune") est la deuxième plage de Samet la plus animée après Hat Sai Kaew ; on y trouve un choix de *resorts* et de pensions plus modestes. Ce demi-cercle de plage large et plat, avec une faible pente, est adapté aux enfants. Le sable blanc est parsemé d'empreintes et de terriers de crabes. Des ferrys circulent entre Ao Wong Deuan et Ban Phe sur le continent (aller-retour 140 B ; 2-3/jour, service renforcé le week-end).

Ao Thian est une plage délicieuse, ponctuée de gros rochers faisant office d'abris sur le sable. D'une tranquillité agréable la semaine, elle demeure l'une des plus décontractées de Ko Samet. Le week-end, les étudiants des universités de Bangkok, guitare à la main, viennent chanter à la belle étoile. On y trouve quelques bungalows sans prétention. L'extrémité sud de la plage est aussi appelée Ao Lung Dam.

Apaché BUNGALOWS $

(081 452 9472 ; Ao Thian ; d 800-1 500 B ;). Les décorations éclectiques et décalées, et un joyeux mélange de couleurs donnent du cachet à ce lieu très décontracté à l'extrême sud d'une route tranquille. Les bungalows sont sommaires mais convenables. Le restaurant sur pilotis vaut le détour.

Blue Sky BUNGALOWS $

(089 936 0842 ; Ao Wong Deuan ; d 800-1 200 B ;). Le Blue Sky, l'une des rares adresses pour petits budgets sur Ao Wong Deuan, propose des bungalows vétustes posés sur un promontoire rocheux à l'extrémité nord de la plage. Le couple de gérants est sympathique, mais peu porté sur les réservations.

Viking Holidays Resort BUNGALOWS $$

(038 651126 ; www.vikingholidaysresort.com ; 101/4 Moo 3, Ao Thian ; ch avec petit-déj 1 500-1 800 B ; P). C'est l'un des nombreux complexes de bungalows longeant cette plage paisible. Bien géré, il offre de jolies chambres compactes ornées de rideaux et de suspensions de coquillages. Le personnel est très sympathique et attentionné. Bon niveau d'anglais. Contrairement à beaucoup de bungalows de Ko Samet, on peut réserver (et choisir son emplacement) en ligne.

La Lune Beach Resort RESORT $$$

(Ko Samet 089 892 9690, réservation à Bangkok 02 260 3592 ; www.lalunebeachresort.com ; Ao Wong Deuan ; d avec petit-déj 3 000-7 000 B ; P). Oubliez les cabanes bas de gamme : ce *resort* chic et tendance, face à la plage, incarne le nouveau visage de Samet. Les 40 chambres – parquet et tons doux vert-gris-blanc – sont réparties sur 3 niveaux autour d'une piscine dans un bâtiment en U ouvert sur la mer. Télévision par câble, coffres-forts dans les chambres et service de sécurité 24h/24.

DROIT D'ENTRÉE À LA PLAGE

Ko Samet fait partie du **parc national maritime de Khao Laem Ya/Mu Ko Samet** (อุทยานแห่งชาติเขาแหลมหญ้า-หมู่เกาะเสม็ด ; ☎038 653034 ; www.dnp.go.th ; adulte/enfant 200/100 B) et vous devrez payer un droit d'entrée à votre arrivée. Si vous habitez et travaillez en Thaïlande, vous paierez 40 B, tarif réservé à la population thaïlandaise. On s'en acquitte au **bureau principal des parcs nationaux** (National Parks Main Office ; www.dnp.go.th ; Hat Sai Kaew ; 8h30-20h). Conservez bien votre ticket en cas de contrôle. Prenez un *songthaew* depuis l'embarcadère Na Dan à l'arrivée et faites-vous déposer à l'entrée pour régler. Un autre **bureau** (Ao Wong Deuan ; 8h30-16h30) se trouve à Ao Wong Deuan ; partout ailleurs, les gardiens vous feront payer l'entrée si vous arrivez en *speedboat*. L'accès à l'embarcadère de Na Dan revient à 20 B.

Ao Wai

La jolie plage d'Ao Wai, pourtant à 1,5 km d'Ao Thian, paraît loin de tout.

Samet Ville Resort RESORT $$
(☎038 651682 ; www.sametvilleresort.com ; Ao Wai ; d et bung 2 000-4 000 B, f 4 500-5 800 B ; P ❄ 📶 🏊). À cheval sur deux baies – Ao Wai et Ao Hin Kleang –, ce *resort* verdoyant de 4,5 ha est aussi isolé qu'assoupi. Plusieurs types de chambres sont disponibles, toutes à quelques pas de la superbe plage. Au regard du prix, elles semblent toutefois un peu vétustes et étriquées, et le personnel manque d'expérience.

Ao Prao

Sur la côte ouest, Ao Prao est l'une des plus belles plages de l'île. Bien qu'isolée, elle est assez fréquentée, notamment par les Thaïlandais venus pour la journée, et comporte 3 *resorts* haut de gamme. Elle n'en est pas moins agréable pour un cocktail au coucher du soleil.

Lima Coco Resort RESORT $$$
(☎Bangkok 02 129 1140 ; www.limaresort.co.th ; Ao Prao ; d avec petit-déj 3 990-7 290 B ; ❄ 📶 🏊). Le Lima Coco est l'un des 3 *resorts* haut de gamme d'Ao Prao, et le moins cher. Il offre plusieurs catégories de chambres compactes aux murs blanchis à la chaux, sur la colline derrière la plage. L'entretien n'est pas le point fort de cet établissement, mais le personnel est réactif et vous pouvez vous faire masser sur la plage, entre autres services.

Ao Pakarang et Ao Kiu

La pointe sud de l'île est empreinte d'un charme discret.

Nimmanoradee Resort RESORT $$
(☎038 644271 ; www.nimmanoradee.com ; Ao Pakarang ; d avec petit-déj 3 000-3 800 B ; P ❄ 📶). Nimmanoradee est le complexe hôtelier le plus au sud de l'île. Il offre du calme, beaucoup d'espace et des bungalows octogonaux aux couleurs gaies. Baignade agréable et petit promontoire. Des kayaks et tubas sont disponibles pour explorer les eaux alentour. Personnel aimable. Restaurant en plein air très agréable avec un bon menu et des prix raisonnables (plus élevés le week-end).

Paradee Resort RESORT $$$
(☎038 644284 ; www.samedresorts.com/paradee ; 76 Moo 4, Ao Kiu ; villa avec petit-déj 15 000-35 000 B, ste à partir de 70 000 B ; P ❄ 📶 🏊). Prestigieux, fringant et éminemment intimiste, ce complexe hôtelier près de la pointe sud est parmi les plus luxueux de l'île. Les voiturettes de golf passent entre les villas au toit de chaume, dotées de Jacuzzi pour la plupart. La jolie plage est privée et, de l'autre côté de la route, vous pouvez profiter du coucher du soleil de la côte ouest de l'île depuis la terrasse d'un bar.

Où se restaurer

À Ko Samet, la cuisine est convenable, mais pas extraordinaire, et le service est loin d'être éblouissant. Les plages sont parsemées de restaurants et de bars qui feront l'affaire pour un gueuleton de cuisine thaïlandaise ou pour une bière fraîche. Bien des hôtels et des pensions sont pourvus de restaurants, qui organisent le soir des barbecues sur la plage avec toutes sortes de produits de la mer.

Pour une cuisine thaïlandaise bon marché (souvent orientée poisson et fruits de mer), essayez la route principale à Na Dan.

Banana Bar THAÏLANDAIS $
(☎038 644033 ; Na Dan ; plats 80-250 B ; 11h-23h30). Simple et décontracté, ce restaurant

un peu délabré sur la rue principale est une bonne adresse pour des plats thaïlandais à bon prix. Il sert des portions (plutôt petites) de currys thaïlandais, de salades et de plats de la région de l'Isan (Nord-Est).

Funky Monkey INTERNATIONAL **$$**
(Na Dan ; plats 70-450 B ; 8h30-23h ;). Au bout de la rue, jouxtant le guichet du parc national, le Funky Monkey a la réputation de préparer les meilleures pizzas de l'île. Quoi qu'il en soit, sa cuisine internationale est copieuse et honorable (petits-déjeuners anglais, burgers, mais aussi des classiques thaïlandais). Un bon endroit pour partager une bière fraîche avec d'autres voyageurs.

Kitt & Food POISSON, FRUITS DE MER, THAÏLANDAIS **$$**
(038 644087 ; Hat Sai Kaew ; plats 100-450 B ; 9h-22h30). Meilleur que la plupart des restaurants en front de mer de cette plage populaire, Kitt & Food est une adresse romantique pour dîner, où l'on a presque les pieds dans l'eau. Ne vous attardez pas trop sur l'imposant menu : ici, on vient pour les produits de la mer. Faites votre choix parmi les poissons frais (d'élevage, pour la plupart) et les différents types de préparation.

Jep's Restaurant INTERNATIONAL **$$**
(038 644112 ; Ao Phai ; plats 150-450 B ; 7h-23h). Sous la voûte végétale décorée de lanternes suspendues, cette adresse ravissante sur la plage propose une cuisine internationale variée, allant du Mexique à l'Italie en passant par les crêpes et quelques plats thaïlandais.

Ploy Talay POISSON, FRUITS DE MER, THAÏLANDAIS **$$**
(038 644212 ; Hat Sai Kaew ; plats 110-400 B ; 11h-23h ;). Ploy Talay est le plus fréquenté des restaurants médiocres donnant sur la plage à Hat Sai Kaew. Il se remplit avant les spectacles et jongleries de feu, à 20h30, qui vous en mettront plein les yeux (et les narines). Vous pouvez voir le spectacle depuis la plage, mais la plupart des gens aiment s'attabler tranquillement devant un plat de poisson ou de fruits de mer. On vient ici plus pour le cadre que la qualité.

Sea Breeze POISSON, FRUITS DE MER, THAÏLANDAIS **$$**
(Ao Phai ; plats 70-280 B ; 11h-23h). La "brise marine" est en effet de la partie, puisque cette ample carte de produits de la mer est servie sur le sable de la jolie plage d'Ao Phai. Viandes au barbecue et plats occidentaux également.

Où prendre un verre et faire la fête

Le week-end, les nuits sont très agitées à Ko Samet. Des touristes thaïlandais en voyage organisé s'égosillent dans les spectacles de karaoké, et les jeunes s'abreuvent de bière au son des rythmes techno. L'ambiance se concentre généralement du côté de Hat Sai Khao, Ao Hin Khok, Ao Phai ou encore Ao Wong Deuan.

Audi Bar BAR
(084 418 8213 ; Na Dan ; 16h-4h ;). Ce bar, qui partage un espace à l'étage avec une salle de sport, se situe sur la rue principale. Il offre un parfait point d'observation sur les passants, mais il est aussi décoré de graffitis aux couleurs fluo typiques de Samet et dispose de quelques tables de ping-pong. Endroit très accueillant, et point de rendez-vous des fêtards pour un dernier verre après avoir passé la soirée sur les pistes de danse des plages.

Talay Bar BAR
(083 887 1588 ; Hat Sai Kaew ; 14h-minuit ;). Ce bar, clairement identifiable par ses torches enflammées et ses drapeaux thaïlandais à l'entrée, est situé à l'extrême est de la plage la plus fréquentée de l'île, dans une partie assez isolée. On y trouve un espace pour se poser sur le sable et se détendre devant un cocktail ou un duo bière-shot, choisi sur l'interminable carte. Ambiance sympathique et joyeuse.

VAUT LE DÉTOUR

VISITER LES ÎLES

Ko Samet constitue, avec 9 autres îles des alentours, le parc national de Khao Laem Ya/Mu Ko Samet. Le développement des îles voisines incite à y venir pour la journée. **Ko Kudi** possède une jolie plage de sable, des eaux claires où pratiquer le snorkeling et un agréable petit sentier de randonnée. Ko Man Nai abrite le **Centre de protection des tortues de Rayong**, site de nidification pour cette espèce menacée, qui compte un petit centre d'information.

Les compagnies de bateaux, présentes sur les plages fréquentées, offrent différents types d'excursions à partir de 500 B/pers.

Breeze BAR-RESTAURANT
(☎038 644100 ; Ao Prao Resort, Ao Prao ; ⏲7h-22h30 ; 📶). Face à l'ouest, ce charmant restaurant au bord de l'eau est idéal pour siroter un cocktail en regardant le soleil disparaître à l'horizon. Transport privé nécessaire – à défaut, il faudra faire 2,5 km à pied depuis Hat Sai Kaew.

Renseignements

L'île possède plusieurs DAB, notamment près du ponton de Na Dan, à l'extérieur du 7-Eleven derrière Hat Sai Kaew et à Ao Wong Deuan, Ao Thian et dans certains *resorts*.

International Clinic Ko Samet (☎038 644414, urgences 086 094 0566 ; Na Dan ; ⏲8h-20h, urgences jusqu'à minuit). Clinique privée, proche de l'embarcadère des ferrys. Personnel anglophone.

Ko Samet Health Centre (☎038 644123, 081 861 7922 ; ⏲24h/24 urgences). Sur la route principale entre Na Dan et Hat Sai Kaew.

Police touristique (☎24h/24 1155). Un poste se trouve sur la route principale entre Na Dan et Hat Sai Kaw, et un autre, plus petit, à Ao Wong Deuan.

Depuis/vers Ko Samet

On se rend à Ko Samet depuis les embarcadères de Ban Phe sur le continent. Toutes les compagnies de ferrys pratiquent des tarifs identiques (aller simple/aller-retour depuis le continent 70/100 B, aller simple depuis l'île 50 B, 40 min, ttes les heures de 8h à 17h). Les bateaux accostent à **Na Dan** (droit d'entrée 20 B), le principal embarcadère de Ko Samet, d'où le dernier ferry pour le continent repart à 18h.

Si vous logez à Ao Wong Deuan ou plus au sud, vous pourrez prendre un ferry ou un *speedboat* au départ du continent qui se rendra directement à votre plage (ferry/*speedboat* 90/300 B, 2 à 3 départs/jour).

Des *speedboats* vous déposeront sur la plage de votre choix (200 B à 500 B l'aller simple), mais, généralement, ils ne partent qu'avec un certain nombre de passagers. Sinon, vous pouvez en louer un pour environ 1 500 B.

Il est fort possible que les vendeurs de billets (ferry ou *speedboat*) sur les pontons de Ban Phe essaient de vous surfacturer. Ils insisteront par exemple pour que vous preniez un *speedboat* en affirmant qu'aucun autre bateau plus lent ne part dans les prochaines heures. Achetez vos billets aux guichets officiels, où les tarifs sont clairement affichés.

Depuis Bangkok, prenez la direction de Rayong. Vous arriverez à la gare routière 2 (bus) ; quelques minibus partent vers Ban Phe mais il est souvent plus rapide de monter dans un *songthaew* qui vous emmènera à la gare routière 1 (25 B), et d'en prendre un autre vers Ban Phe. Aucune ligne ne rallie Rayong depuis l'aéroport Suvarnabhumi ; il faut prendre la direction de Pattaya et changer de bus, ou se rendre au terminal Est (Ekamai) de Bangkok pour prendre un bus vers Rayong ou Ban Phe.

Au départ de Ko Samet, il est facile d'organiser un trajet en minibus vers Bangkok (250 B), vers l'aéroport Suvarnabhumi (500 B), les pontons de Ko Chang (250 B) et partout ailleurs. Les vendeurs de Bangkok (sur Khao San Rd, par exemple) proposent le même billet de minibus à destination de Ko Samet.

Comment circuler

D'une petite superficie, Ko Samet est une île qui se prête bien à la marche. Le réseau des routes permet de parcourir la majeure partie de l'île.

Les *songthaew* verts vous accueillent au débarcadère et vous déposent aux différentes

ALLER AU CAMBODGE : DE BAN PAKARD À PAILIN

Rejoindre la frontière Des **minibus** (☎092 037 6266) quittent Chanthaburi en direction de Ban Pakard (200 B, 1 heure 30, 10h et 12h). Ils partent d'un arrêt situé de l'autre côté du fleuve par rapport au River Guest House (p. 488), où vous pouvez réserver votre billet. Des *songthaew* partent aussi de la gare routière (100 B, 2 heures) ; ils ont tendance à partir tôt.

À la frontière Ce poste-frontière est moins fréquenté et plus agréable que Poipet, plus au nord. On vous demandera une photo d'identité et un droit de visa de 30 $US. Les visas électroniques cambodgiens ne sont pas officiellement acceptés ici, même si quelques voyageurs ont affirmé avoir réussi à passer. Il est presque d'usage pour les agents de demander 35 $US pour le visa.

Poursuivre son voyage Montez sur une moto-taxi pour Pailin au Cambodge, d'où vous pourrez prendre l'un des fréquents taxis collectifs (5 $US/pers, 1 heure 30) vers la jolie Battambang. Vous pourrez ensuite continuer vers Siem Reap en bateau ou vers Phnom Penh en bus.

plages (de 20 à 200 B selon l'arrêt et le nombre de passagers). Leur location coûte entre 150 et 700 B selon la grille de prix officielle, mais vous pouvez généralement négocier. Vous trouverez aussi beaucoup de taxis à un arrêt (Hat Sai Kaew) proche de l'entrée du parc national.

Des motos sont à louer un peu partout dans la moitié nord de l'île et sur les plages principales pour 100/300 B par heure/jour (jusqu'à 500 B/jour sur les plages plus à l'écart). Les routes sont en bon état, mais attention aux pentes raides. Il y a 7 km de route entre l'embarcadère des ferrys à Na Dan et l'extrême sud de l'île. Si vous préférez rouler sur 4 roues, il est possible de louer des voiturettes de golf.

Chanthaburi

จันทบุรี

039 / 126 000 HABITANTS

Traversée par un fleuve, Chanthaburi est une ville captivante où saphirs, émeraudes et autres pierres précieuses s'échangent chaque week-end sur un marché de rue bouillonnant. Non loin de là, les édifices superbement restaurés du quartier historique situé au bord de l'eau témoignent des influences chinoise, française et vietnamienne sur l'architecture et la vie de la petite cité.

C'est au XIXe siècle qu'arrivèrent à Chanthaburi des chrétiens vietnamiens fuyant les persécutions en Cochinchine (sud du Vietnam). La France occupa Chanthaburi de 1893 à 1905 en raison d'un désaccord sur la frontière entre le Siam et l'Indochine. D'autres Vietnamiens suivirent dans les années 1920 et 1940 pour échapper au régime colonial français, puis une troisième vague en 1975 après la victoire des communistes dans le Vietnam du Sud. Dans les environs, vous découvrirez des parcs naturels où les chutes d'eau abondent et de jolis villages de bord de mer.

À voir

Prenez le temps de baguenauder dans le quartier historique de Chanthaboon et le vaste parc King Taksin.

Chanthaboon Waterfront Community SITE HISTORIQUE

(ชุมชนริมน้ำจันทบูร ; Th Sukhaphiban). Le long des berges de la Mae Nam Chanthaburi, s'étire un quartier plein de charme, aux maisons restaurées, où des personnes âgées bavardent tranquillement à l'extérieur. La **Chanthaboon Learning House** (ศูนย์เรียนรู้ประจำชุมชนริมน้ำจันทบูร ; 081 945 5761 ; 69 Th Sukhaphiban ; 10h-19h sam-dim) GRATUIT présente des photos du quartier, des peintures et des croquis architecturaux, notamment des dessins de panneaux de ventilation finement ouvragés, portant des mentions en caractères chinois et des fleurs de lys.

Il y a près de 300 ans, le commerce des berges fut développé par les marchands et les fermiers, facilitant ainsi les déplacements. Des commerçants et réfugiés chinois et vietnamiens s'établirent ensuite dans le secteur. Aujourd'hui, cette rue longue de 1 km est encore remplie de maisons de particuliers, mais les galeries d'art, les cafés et les étals à en-cas qui s'y installent séduisent les Thaïlandais venus pour le week-end.

Marché aux pierres précieuses MARCHÉ

(Gem Market ; ตลาดพลอย ; Th Si Chan et Trok Kachang ; 9h-18h ven-dim). Pendant les week-ends, l'animation est à son comble dans les rues et ruelles à proximité – ordinairement calmes – de Th Si Chan (ou "rue des pierres précieuses"), où l'on vend et achète en négociant ferme. Il règne une atmosphère étrangement sereine quand on pense à la valeur de la marchandise concernée. Les gens s'agglutinent autour des tables artisanales, ou simplement autour de la paume ouverte d'un vendeur, pour observer à la loupe des petits tas de pierres brutes.

Cathédrale de l'Immaculée-Conception ÉGLISE

(9h-12h et 13h-15h lun-sam, 11h-15h dim). GRATUIT La plus grande cathédrale de Thaïlande se dresse sur la rive est de la Mae Nam Chanthaburi. Fondée en 1711, c'était à l'origine une modeste chapelle, qui, par la suite, fut reconstruite à quatre reprises. De style gothique, la construction actuelle est ornée d'impressionnants vitraux. Une galerie à l'étage surplombe la nef. La statue de la Vierge Marie placée devant l'autel est incrustée de plus de 200 000 saphirs – établissant un lien entre la religion et le négoce des pierres précieuses qui a fait la renommée de la ville.

Wat Phai Lom TEMPLE BOUDDHIQUE

(วัดไผ่ล้อม ; 086 794 8949 ; 8h-17h). GRATUIT Entamé au début du XVIIIe siècle, ce vaste ensemble comprend une haute salle des ordinations, très ornée et dotée de fresques, ainsi qu'un autre édifice recelant un énorme bouddha allongé.

Chanthaburi

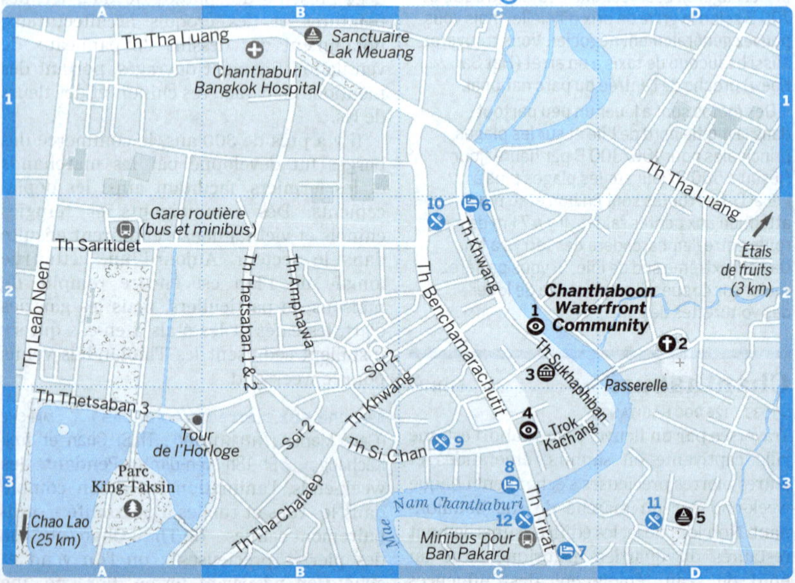

Chanthaburi

Les incontournables

1 Chanthaboon Waterfront Community C2

À voir

2 Cathédrale de l'Immaculée-Conception D2
3 Chanthaboon Learning House C2
4 Marché aux pierres précieuses C3
5 Wat Phai Lom D3

Où se loger

6 Baan Luang Rajamaitri C2
7 Chernchan Hostel C3
8 River Guest House C3

Où se restaurer

9 786 Muslim Restaurant C3
10 Chanthorn C2
11 Jay Pen Yentafo D3
12 Koff House C3

Où se loger

River Guest House PENSION $

(090 936 7499 ; facebook.com/therivergues-thouse ; 3/5-8 Th Si Chan ; d 450-700 B, tr/f 850/950 B ;). Au bord de l'eau – et près d'un pont bruyant –, cette chaleureuse *guest-house* loue diverses chambres sommaires. Les meilleures font face au fleuve. Les lits sont durs, mais l'espace de détente sur les berges compense cette faiblesse. Les chambres les moins chères ont une salle de bains commune ; il faut ajouter un supplément pour l'eau chaude et la climatisation. Location de vélos et de mobylettes.

Chernchan Hostel AUBERGE DE JEUNESSE $$

(065 573 8841 ; facebook.com/chernchan2017 ; 43/11-13 Th Tirat ; dort 450 B, d 900-1 500 B ;). Cette auberge, située sur une route calme proche du fleuve, propose des dortoirs et des chambres compacts mais confortables, au design moderne. Le café au rez-de-chaussée sert un petit-déjeuner copieux. Le personnel est serviable. Location de vélos sur place.

Baan Luang Rajamaitri HÔTEL HISTORIQUE $$$

(088 843 4516 ; www.baanluangrajamaitri.com ; 252 Th Sukhaphiban ; ch avec petit-déj 1 690-1 990 B, ste 3 290-3 490 B ;). Domaine communautaire baptisé en hommage à un philanthrope local, ce musée-hôtel historique parfaitement rénové propose des chambres élégantes de caractère au cœur du quartier bordant le fleuve. Meubles en bois foncé, plancher qui craque et jolie terrasse

sur la berge créent une ambiance plaisante. Les chambres les moins chères, de taille modeste et avec lits superposés, ont une petite terrasse. L'hôtel regorge de curiosités.

Où se restaurer et prendre un verre

Spécialités locales : les nouilles au crabe et les feuilles de *chamung* au porc. Vous trouverez une enfilade de restaurants sur Th Sukhaphiban et beaucoup de choix autour du centre en général. De l'autre côté du fleuve, certains lieux en plein air donnent sur Chanthaboon. Th Sukhaphiban regroupe les cafés et les bars les plus séduisants, dotés de terrasses en bois donnant sur le fleuve.

786 Muslim Restaurant INDIEN $

(☎081 353 5174 ; Th Si Chan ; plats 50-110 B ; ⏲9h30-18h mar-dim). Parmi les perles de Chanthaburi, ce restaurant géré par des Thaïlandais musulmans vaut le détour. *Paratha*, biryanis, currys et *chai* sont excellents.

Jay Pen Yentafo THAÏLANDAIS $

(☎039 325430 ; Wat Phai Lom ; nouilles 100 B ; ⏲9h-15h30). La soupe rose de nouilles au crabe de ce restaurant, aménagé dans un temple de l'enceinte de Wat Phai Lom, est très réputée auprès des habitants.

♥ **Chanthorn** THAÏLANDAIS $$

(102/5-8 Th Benchamarachutit ; plats 100-300 B ; ⏲9h-21h ; ✍). Un restaurant et magasin accueillant, tenu par une famille à une rue à l'ouest des berges, idéal pour goûter les spécialités locales. Tout est délicieux, en particulier les feuilles de *chamung* au porc et les nouilles au crabe de Chanthaburi. Le restaurant peut fermer assez tôt le soir.

Koff House INTERNATIONAL $$

(☎083 649 3395 ; Tambon Chanthanimit ; café 55-80 B, plats 160-890 B ; ⏲boulangerie 7h30-23h, restaurant 8h-minuit). Mi café-boulangerie, mi-restaurant huppé, le Koff est un lieu sophistiqué. Près du fleuve, il tranche nettement avec la vieille ville, sur la rive opposée. La clientèle la plus jeune apprécie son ample sélection de cafés, de thés et de petits-déjeuners, à déguster sur des canapés confortables, tandis que les plus mûrs s'offrent en général un repas international à côté, sur fond de musique live.

VAUT LE DÉTOUR

PARCS NATIONAUX DES ENVIRONS DE CHANTHABURI

Deux petits parcs nationaux sont facilement accessibles depuis Chanthaburi. Ce sont de belles excursions à faire à la journée. Attention, le paludisme étant présent dans les deux parcs, prenez vos précautions (antimoustique, manches longues et pantalon).

Le **parc national de Khao Khitchakut** (อุทยานแห่งชาติเขาคิชฌกูฏ ; ☎039 452074 ; nps.dnp.go.th ; 200 B ; ⏲8h30-16h30), à 28 km au nord-est de la ville, est l'un des plus petits parcs nationaux de Thaïlande (59 km²), mais il est bordé de réserves naturelles et il abrite des éléphants sauvages. La cascade de Nam Tok Krathing n'est impressionnante qu'après la saison des pluies. Autre point d'intérêt : un temple au sommet d'une colline où le Bouddha aurait laissé une empreinte, auprès d'un énorme rocher. Pour rejoindre le Khao Khitchakut, prenez un *songthaew* à côté du bureau de poste de Chanthaburi, sur le côté nord du marché (35 B, 45 min). Il s'arrête à 1 km de l'accueil du parc, sur la Rte 3249, puis il faut marcher. Au retour, les transports étant rares, prévoyez d'attendre (nous vous déconseillons de faire du stop, car le risque n'est jamais nul).

Le **parc national de Namtok Phlio** (อุทยานแห่งชาติน้ำตกพลิ้ว ; ☎039 434528 ; nps.dnp.go.th ; 200 B ; ⏲8h-18h), en retrait de la Hwy 3, est à 14 km au sud-est de Chanthaburi. Un sentier court et agréable fait une boucle autour des cascades, peuplées de carpes soro. Vous pouvez vous baigner et aller voir l'impressionnant stupa Phra Nang Ruar Lom (1876) couvert de mousse, et le *chedi* Along Khon (1881). Pour vous rendre au parc, prenez un *songthaew* sur le côté nord du marché de Chanthaburi jusqu'à l'entrée du parc (50 B, 30 min). Il vous déposera à environ 1 km de l'entrée. Le prix est de 1 500 B en transport privé.

Hébergement disponible dans les deux parcs, via le système de réservation des parcs (☎02 562 0760 ; www.dnp.go.th).

CORRESPONDANCES À CHANTHABURI

DESTINATION	BUS	MINIBUS
Bangkok – terminal Est des bus (Ekamai)	180 B, 4 heures, 25/jour	200 B, fréquent
Bangkok – terminal Nord des bus (Mo Chit)	180 B, 4 heures, 4/jour	200 B, fréquent
Khorat	280 B, 4 heures, ttes les 2 heures	
Rayong/Ban Phe		150 B, 2 heures, ttes les heures
Trat		70 B, 1 heure, fréquents

Renseignements

Chanthaburi Bangkok Hospital (☎ 039 319888 ; www.chanthaburihospital.com ; Th Tha Luang ; ⏲ 24h/24). Hôpital central disposant d'un service d'urgences.

Comment s'y rendre et circuler

La **gare routière** de Chanthaburi (Th Saritidet) est à l'ouest du fleuve. Des minibus partent de là également. Les motos-taxis demandent 20 à 40 B pour les trajets en ville.

Trat ตราด

☎ 039 / 22 000 HABITANTS

Lieu de transit majeur pour Ko Chang et la côte cambodgienne, Trat mérite une halte pour son charme d'antan. Le quartier des pensions, avec ses *soi* (ruelles) tortueux, bordés de *shophouses* (maisons de négoce) en bois, dégage un charme unique. Il déborde de vie dans le plus pur style thaïlandais : enfants à vélo, ménagères portant leurs courses, petits bazars et boutiques d'articles divers.

À voir

En descendant Th Lak Meuang, vous verrez les étages supérieurs des *shophouses* transformés en aire de nidification pour des oiseaux (en réalité une espèce de martinet) qui fabriquent, à partir d'un mucus comestible, des nids considérés comme un mets raffiné en Chine. Autrefois, les nids d'hirondelles étaient plutôt rares (et chers), car ils ne pouvaient être récoltés que dans les grottes des falaises surplombant la mer par des grimpeurs entraînés et audacieux. Dans les années 1990, certains entrepreneurs parvinrent à reproduire l'habitat naturel des grottes dans des maisons de négoce à plusieurs étages, favorisant le développement d'une industrie clé pour la ville.

Pour une promenade courte mais pittoresque, Th Thana Charoen donne accès à une jolie petite **passerelle sur le canal**, pourvue de réverbères à la française et de bancs. Remarquez les canons à eau, installés en hauteur en cas d'incendie dans les *shophouses*.

Musée de Trat MUSÉE
(พิพิธภัณฑ์วัดบุปผาราม ; Th Santisuk ; adulte/enfant/étranger 5/10/30 B ; ⏲ 9h-16h mar-ven, 9h30-16h30 sam-dim). À l'emplacement de l'ancien hôtel de ville, dans un bâtiment en bois superbement restauré, le musée de Trat se compose de 6 salles, dont les expositions, les maquettes et les panneaux d'interprétation détaillent l'histoire de la province. Beaucoup d'aspects en sont évoqués : population, culture, patrimoine archéologique, mais aussi des événements importants, comme la bataille navale de Ko Chang.

Où se loger

Trat possède de nombreuses maisons traditionnelles en bois pleines de caractère converties en hôtels bon marché, dans et autour de Th Thana Charoen.

♥ **Ban Jai Dee Guest House** PENSION $
(☎ 083 589 0839, 039 520678 ; banjaideehouse@yahoo.com ; 6 Th Chaimongkol ; s/d 250/300 B ; 📶). Maison traditionnelle en bois un peu au nord du canal. Chambres basiques avec salles de bains communes (douches chaudes). Peintures et objets d'art réalisés par les propriétaires agrémentent les espaces communs. L'ambiance détendue est addictive et il n'y a que 7 chambres ; la pension se remplit donc assez vite. Les hôtes sont une mine d'informations.

Yotin Guest House PENSION $
(☎ 089 224 7817 ; Th Thana Charoen ; d 300-450 B ; ❄📶). Derrière un bâtiment typique du ravissant vieux quartier de Trat, vous trouverez de jolies chambres rénovées avec draps colorés et matelas confortables. Les moins

chères sont compactes et ont une salle de bains commune ou très petite. Le couple de gérants est aux petits soins.

Artist's Place PENSION $

(☎082 469 1900 ; pier.112@hotmail.com ; 132/1 Th Thana Charoen ; d avec petit-déj et ventil 350 B, clim 800-1 100 B ; P ❄ ☎). Les chambres sont toutes décorées différemment et les œuvres qui ornent le jardin adjacent sont réalisées par le propriétaire, M. Phukhao. Les chambres les moins chères disposent de ventilateur et d'une salle de bains commune.

♥ **Rimklong Boutique Hotel** BOUTIQUE-HÔTEL $$

(☎039 523388, 081 861 7181 ; 194 Th Lak Meuang ; d 950-1 180 B ; P ❄ ☎). Géré par le distingué et prévenant M. Tuu, cet hôtel offre 5 petites chambres impeccables au cœur de la vieille ville. Prix raisonnables au regard de la prestation, qui inclut des portes doublées pour l'insonorisation. Certaines chambres se trouvent dans une annexe un peu plus bas dans la rue. Véritables expressos et cocktails dans un café devant l'établissement.

Où se restaurer et prendre un verre

À Trat, rien de mieux que les marchés pour se sustenter : le **marché de jour** (ตลาด ; Th Tat Mai ; ⏲6h-17h) pour déguster un *gah·faa bohrahn* (café à l'ancienne), le **marché nocturne** (en retrait de Th Sukhumvit ; plats 10-100 B ; ⏲17h-21h) et le **marché couvert** (ตลาดกลาง ; Soi Sukhumvit ; ⏲6h-17h), pour un déjeuner de nouilles. La nuit, vous pourrez également vous procurer de la nourriture sur les étals qui longent Th Sukhumvit.

Cafe Haven INTERNATIONAL $

(Th Thana Charoen ; plats 60-250 B ; ⏲7h30-18h ; ☎). Accolé à la Sangjun Guesthouse, le Haven est un restaurant très bien équipé dans le vieux quartier des pensions. Mobilier en bois de formes irrégulières et une longue carte composée de plats thaïlandais, produits de la mer, pâtes et burgers.

♥ **Namchok** THAÏLANDAIS $$

(Th Wiwatthana ; plats 80-250 B ; ⏲10h-22h). Ce restaurant sans prétention est, à juste titre, l'une des adresses préférées des habitants. Au nord du centre, cet espace ouvert propose d'excellents plats de la mer. L'armée de jeunes serveurs se montre très attentionnée. Sur la carte en anglais

Province de Trat

figurent des plats intrigants : autruche sautée au poivre noir, crabes à carapace molle frits, etc. L'endroit, indiqué en thaï seulement, est repérable aux logos Coca-Cola et à ses bancs en béton.

Pier 112 THAÏLANDAIS $$

(132/1 Th Thana Charoen ; plats 80-200 B ; ⏲17h-22h ; ☎ ✎). Situé dans la vieille ville au bord de l'eau, Pier 112 offre une large sélection de plats végétariens et de bons currys. Possibilité de manger dehors dans un jardin orné de plantes. Ici, se trouve aussi le **Seahouse Cafe**, pour un café, une bière, un petit-déjeuner ou un en-cas à toute heure (dès 7h).

Cafe Oscar BAR

(Th Thana Charoen ; ⏲17h-tard). Une clientèle très éclectique, thaïlandaise et immigrée, fréquente ce bar aux allures de club, avec mobilier en bois et bande-son rétro des années 1970 et 1980. Un bon lieu de rendez-vous, parfois ouvert la journée en haute saison.

Renseignements

Vous trouverez la majorité des banques et des DAB sur Th Sukhumvit (appelée souvent Th Ratanuson), dont la **Krung Thai Bank** (Th Sukhumvit ; ⏲8h30-16h30 lun-ven).

Trat

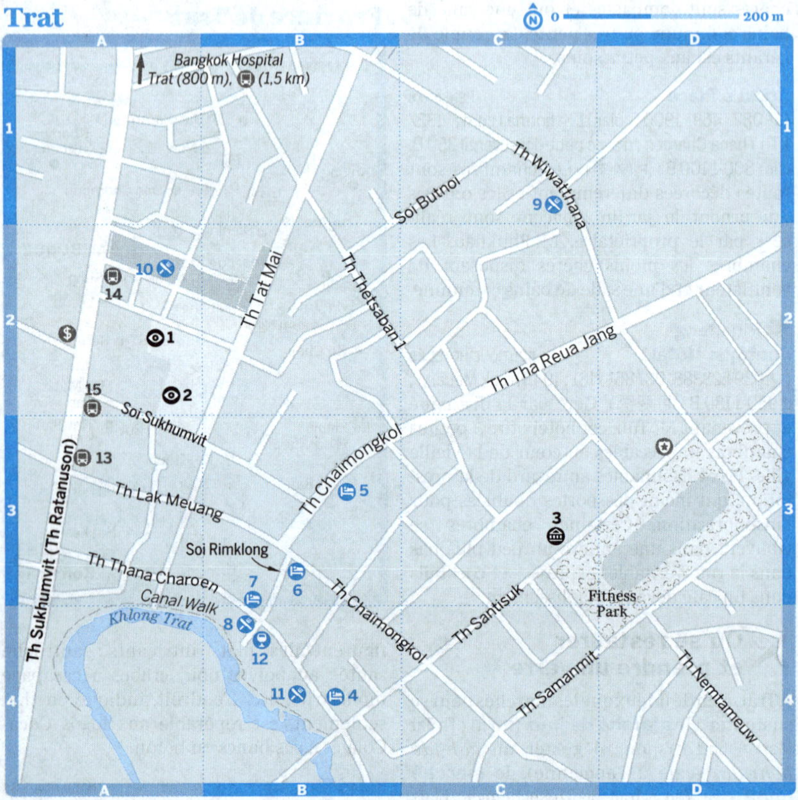

Trat

À voir

1 Marché de jour A2
2 Marché couvert A2
3 Musée de Trat C3

Où se loger

4 Artist's Place B4
5 Ban Jai Dee Guest House B3
6 Rimklong Boutique Hotel B3
7 Yotin Guest House B3

Où se restaurer

8 Cafe Haven B4
9 Namchok C1
10 Marché de nuit A2
11 Pier 112 .... B4

Où prendre un verre et faire la fête

12 Cafe Oscar B4

Transports

13 Family Tour A3
14 *Songthaew* pour la gare routière et Laem Sok A2
15 *Songthaew* pour les ferrys vers Ko Chang A2

Bangkok Hospital Trat (☎039 522555 ; www.bangkoktrathospital.com ; 376 Mu 2, Th Sukhumvit ; ⏲24h/24). Situé à 400 m au nord du centre-ville, cet hôpital offre les meilleurs soins médicaux de la région.

Police (☎24h/24 1155 ; angle Th Santisuk et Th Wiwatthana). À quelques minutes à pied du centre de Trat.

Depuis/vers Trat

AVION

Bangkok Airways (☎039 525767 ; www.bangkokair.com ; aéroport de Trat ; ⏲8h30-18h30) assure 3 vols quotidiens depuis/vers l'aéroport international de Bangkok Suvarnabhumi (1 heure) vers l'aéroport de Trat, à 35 km au nord-ouest de la ville. Un taxi

BUS ET MINIBUS AU DÉPART DE TRAT

Bus

DESTINATION	PRIX	DURÉE	DÉPARTS
Bangkok – aéroport international Suvarnabhumi	240 B	4 heures-4 heures 30	3/jour
Bangkok – terminal Est des bus (Ekamai)	230 B	4 heures 30	ttes les heures 7h-23h30
Bangkok – terminal Nord des bus (Mo Chit)	240 B	5 heures 30	2/jour
Chanthaburi	58 B	1 heure	6/jour

Minibus

DESTINATION	PRIX	DURÉE	DÉPARTS
Bangkok – terminal Est des bus (Ekamai)	280 B	4 heures	ttes les 2 heures 8h30-16h30
Bangkok – terminal Nord des bus (Mo Chit)	270 B	4 heures	ttes les 2 heures 8h30-16h30
Chanthaburi	70 B	50 min	fréquents 6h-18h
Hat Lek (frontière avec le Cambodge)	120 B	1 heure 30	ttes les heures 5h-18h
Pattaya	300 B	3 heures 30	ttes les 2 heures 8h-18h
Rayong/Ban Phe (vers Ko Samet)	200 B	3 heures 30	ttes les 2 heures 8h-18h

collectif ou un minibus pour rejoindre la ville coûte 500 B. Pour l'embarcadère des ferrys de Ko Chang, comptez 300 B.

BATEAU

Vers Ko Chang

Les embarcadères des bateaux depuis/vers Ko Chang se situent à Laem Ngop, à environ 30 km au sud-ouest de Trat. Il y a 3 quais, pour 3 compagnies différentes. Le meilleur service est assuré par Koh Chang Ferry (p. 505), depuis Tha Thammachat, et par Centrepoint Ferry (p. 505), depuis Tha Centrepoint.

Des **songthaew** (Th Sukhumvit) vers Laem Ngop et les embarcadères (50-80 B/pers, 300 B le véhicule entier ; 40 min) partent de Th Sukhumvit, juste après le marché. Ramassage possible à votre pension le matin. Le tarif devrait être le même si vous vous rendez directement à l'embarcadère depuis la gare routière de Trat.

Depuis Bangkok, vous pouvez prendre un bus au terminal Est (Ekamai) jusqu'à Tha Centrepoint (250 B, 5 heures, 3 départs le matin). Ce trajet prévoit un arrêt à la gare routière de l'aéroport Suvarnabhumi et à la gare routière de Trat. En sens inverse, il y a 2 départs dans l'après-midi depuis Laem Ngop.

Vers Ko Kut

Les ferrys vers Ko Kut partent de l'embarcadère de **Laem Sok** (Laem Sok Ferry Pier), à 22 km au sud-est de Trat, gare de correspondance des bus la plus proche. Si vous réservez votre billet, la compagnie vous offre le trajet entre le centre de Trat ou la gare routière (pas l'aéroport) et l'embarcadère. Il n'y a pas de transport public entre les embarcadères de Laem Ngop et Laem Sok ; prévoyez 400 B à 500 B pour un taxi.

En haute saison, vous pouvez voyager directement de Ko Chang à Ko Kut.

Vers Ko Mak

Les *speedboats* à destination de Ko Mak (aller simple 450 B, 1 heure, 6/jour) démarrent à Laem Ngop. Le bateau lent (200 B, 3 heures) part à 11h.

BUS ET MINIBUS

La **gare routière** de Trat est à 2 km de la ville.

ℹ Comment circuler

Comptez 20 à 30 B pour une course à moto-taxi dans le secteur.

Les *songthaew* locaux partent vers la gare routière depuis Th Sukhumvit, à côté du marché (entre 20 B et 60 B, selon le nombre de passagers). Louer un *songthaew* pour se rendre à l'aéroport coûte 600 B.

Pour 150-200 B la journée, il est possible de louer une moto le long de Th Sukhumvit, près du quartier des pensions, ou directement auprès de certaines pensions.

Ko Chang

เกาะช้าง

☎ 039 / 10 000 HABITANTS

Avec ses sommets escarpés recouverts de jungle, la pittoresque Ko Chang ("île éléphant") conserve son caractère isolé et sauvage, même si elle est devenue une destination prisée pour les voyages organisés. De vastes baies ponctuent la côte ouest ; certaines ont des plages de sable fin, d'autres sont composées de galets. Ko Chang n'est peut-être pas l'île idéale pour les amateurs de plages, mais elle combine nature facilement accessible et vie nocturne florissante.

En raison de son éloignement relatif, Ko Chang a mis plus de temps à attirer les touristes que les autres îles du golfe de Thaïlande et de la côte d'Andaman. Même s'il reste toujours assez compliqué de s'y rendre, le flot de visiteurs est continu : touristes en voyage organisé, voyageurs en route pour le Cambodge et couples voyageant vers les îles reculées du parc national maritime. En longeant la côte ouest, on tombe sur de petites villes tentaculaires dépassant à l'évidence les limites des infrastructures de l'île. Pour découvrir la Chang authentique, privilégiez les villages du sud-est et les forêts de mangroves de Ban Salak Phet et Ban Salak Kok.

À voir

Parc national maritime de Mu Ko Chang — PARC NATIONAL

(อุทยานแห่งชาติหมู่เกาะช้าง ; ☎039 510927 ; www.dnp.go.th ; entrée à la journée adulte/enfant 200/100 B). Ce parc national en partie maritime s'étend sur tout l'archipel et une bonne partie du centre de l'île. Sa politique de préservation manque de cohérence, mais vous devrez payer l'entrée au parc pour visiter certaines cascades (dont Khlong Phu, dotée d'un petit centre d'accueil des visiteurs). Les **bureaux** (☎039 555080 ; Ban Than Mayom ; ⏲8h-17h) du parc sont installés du côté est de l'île, non loin de Nam Tok Than Mayom.

Le nudisme et le bronzage seins nus sont interdits dans le parc. Cela s'applique à toutes les plages de Ko Chang, Ko Kut, Ko Mak et Ko Wai.

Côte ouest

La côte ouest de Ko Chang, où s'étendent les plages et les baies, est de loin la partie la plus développée de l'île. Les *songthaew* collectifs, bon marché, permettent d'aller facilement d'une plage à l'autre. Certaines plages étant rocailleuses, il vaut mieux prévoir des sandales en plastique pour les enfants. La plupart du temps, la mer est calme et peu profonde, mais attention aux courants dangereux pendant les tempêtes et à la saison humide (de mai à octobre).

Ban Bang Bao — VILLAGE

(บ้านบางเบ้า). Bang Bao est un ancien village de pêcheurs construit sur le mode traditionnel des pontons interconnectés. Les habitants ont abandonné leurs filets pour louer une partie de leur maison à des boutiques de souvenirs et à des restaurants. La plupart des touristes viennent ici pour les excellents restaurants de produits de la mer et pour le shopping.

Hat Khlong Kloi — PLAGE

(หาดคลองกลอย). À l'extrémité est d'Ao Bang Bao, Khlong Kloi est une jolie plage de sable à l'écart des circuits des voyages organisés. Elle est populaire, mais conserve une atmosphère de plage sauvage, même si elle réunit toutes les commodités nécessaires (restauration, fruits, bière, massages) ainsi que quelques pensions. Il est possible de s'y faire déposer en camionnette ou de s'y rendre à pied depuis Bang Bao (1 km).

Ao Khlong Prao — PLAGE

(อ่าวคลองพร้าว ; Khlong Prao). La plage de Khlong Prao, une superbe bande de sable, est posée au pied d'imposantes falaises délimitées par deux estuaires. À marée basse, on s'y promène en quadrillant le sable en quête de petites créatures piégées par le reflux. Ici, les vastes *resorts* de luxe dominent, et prendre le soleil au bord de la piscine est le passe-temps le plus répandu à l'heure où la marée dévore une bonne partie de la plage. Le canal, bordé de *shophouses* sur pilotis, ainsi que de quelques pensions et restaurants de produits de la mer, est des plus charmants.

Hat Kaibae — PLAGE

(หาดไก่แบ้). La voisine de Khlong Prago est appréciée des familles et des couples trentenaires. Cette étroite langue de sable s'étire sur une baie ponctuée d'îles, relativement épargnée par les voyages organisés, mais qui ne manque pas pour autant de bons bars et restaurants le long de la route principale. On peut faire une excursion en kayak vers l'île solitaire de Ko Man Nai.

Lonely Beach — PLAGE

(หาดท่าน้ำ). Ce repaire de baroudeurs est le lieu le plus vivant de Ko Chang après la tombée de la nuit. Jusqu'à au moins 5h, les seaux de vodka circulent devant des haut-parleurs à plein volume. À l'extrémité sud et vers Bailan Bay, des galets recouvrent la plage, mais une bande de sable correcte se déploie au nord. Son nom d'origine, tombé dans l'oubli, est Hat Tha Nam.

ALLER AU CAMBODGE : DE HAT LEK À CHAM YEAM

Rejoindre la frontière Le passage le plus proche depuis Trat se trouve à Hat Lek, en direction de Cham Yeam, au Cambodge, puis de Ko Kong. Des minibus partent de la gare routière de Trat, pour Hat Lek (120 B, 1 heure 30, 1/heure 5h-18h). Les agences de Trat vendent des tickets de minibus à destination de Sihanoukville, Phnom Penh et Siem Reap pour 600 B, mais cela nécessite un changement de véhicule à la frontière.

À la frontière Il est fréquent que les agents tentent de faire payer le visa cambodgien plus cher (officiellement à 30 $US) ; ils pourront citer en exemple le tarif pour le visa électronique (37 $US) ou demander le paiement en bahts thaïlandais (1 200 B) à un taux qui les avantage. On vous demandera une photo d'identité. Pour éviter tout désagrément, vous pouvez décider d'acquérir un visa électronique à l'avance. Évitez toute personne qui exigerait un “certificat médical” ou tout autre document. Le bureau ouvre à 7h et ferme à 20h.

Les visas thaïlandais peuvent être renouvelés à ce poste-frontière, pour 30 jours. Notez que les visas délivrés aux frontières sont maintenant limités à deux par an.

Poursuivre son voyage Prenez un taxi (10 $US), un *tuk-tuk* (5 $US) ou une *moto* (moto-taxi ; 3 $US) pour Ko Kong, d'où vous pourrez prendre un autre moyen de transport jusqu'à Sihanoukville (4 heures, 1 ou 2 départs/jour) et Phnom Penh (5 heures, 2 à 3 départs jusqu'à 11h30).

White Sand Beach (Hat Sai Khao) PLAGE
(หาดทรายขาว). La plus longue et la plus belle étendue de sable de l'île est connue partout sous le nom de White Sand Beach (la “plage de sable blanc”). Assez développée, elle est couverte d'hôtels accueillant des groupes et des visiteurs avides de bronzage. Vous pouvez pousser au nord jusqu'à un site plus discret, prisé des voyageurs sac au dos. Le village, aux abords de la route principale, est très vivant.

Hat Kai Mook PLAGE
(หาดไข่มุก). Hat Kai Mook (la “plage aux perles”) tient son nom des gros galets qui la jonchent, formant des monticules sous lesquels s'ébattent les poissons. Pas idéal pour nager et bronzer. En revanche, il y a de bonnes possibilités pour le snorkeling.

Côte est

Il est nécessaire d'avoir son propre moyen de transport pour découvrir la côte est, paisible et peu construite. Cette charmante succession de baies et de mangroves est constellée de collines ondoyantes couvertes de cocotiers et de palmiers, et de villages de pêcheurs discrets tout à fait au sud.

Ban Salak Phet VILLAGE
(บ้านสลักเพชร). Venir à Ban Salak Phet permet de découvrir la Ko Chang d'autrefois. Établi à l'extrémité sud-est de l'île, ce village assoupi vit de la pêche, d'où les nombreux bateaux ; c'est aussi le point de départ de belles randonnées.

Ao Salak Kok BAIE
(อ่าวสลักคอก). Cet enchevêtrement de mangroves est protégé par une communauté de pêcheurs consciente de leur importance écologique. Les mangroves sont les pépinières de l'océan, qui pourvoient aux besoins des prochaines générations d'espèces marines, de crustacés et d'oiseaux qui y nichent. Cette baie est d'ailleurs devenue le premier site d'écotourisme de Ko Chang. Les villageois gèrent un programme (primé) pour préserver l'environnement et le mode de vie traditionnel. Ils proposent des kayaks à la location via la Salak Kok Kayak (p. 498) et dirigent le restaurant qui y est affilié.

Nam Tok Than Mayom CASCADES
(น้ำตกธารมะยม ; entrée du parc 200 B ; 8h-17h). Trois chutes d'eau se succèdent le long du Khlong Mayom. Il faut passer par le bureau du parc près de Tha Than Mayom pour les atteindre. La vue que l'on a d'en haut est spectaculaire. À proximité, des pierres gravées portent les initiales de Rama V, Rama VI et Rama VII.

Arrière-pays

L'arrière-pays montagneux de Ko Chang est en majeure partie protégé par son statut de parc national maritime (p. 494). Ses forêts verdoyantes, habitées par une faune nombreuse, sont semées de cascades argentées et parcourues d'itinéraires de trekking.

Ko Chang

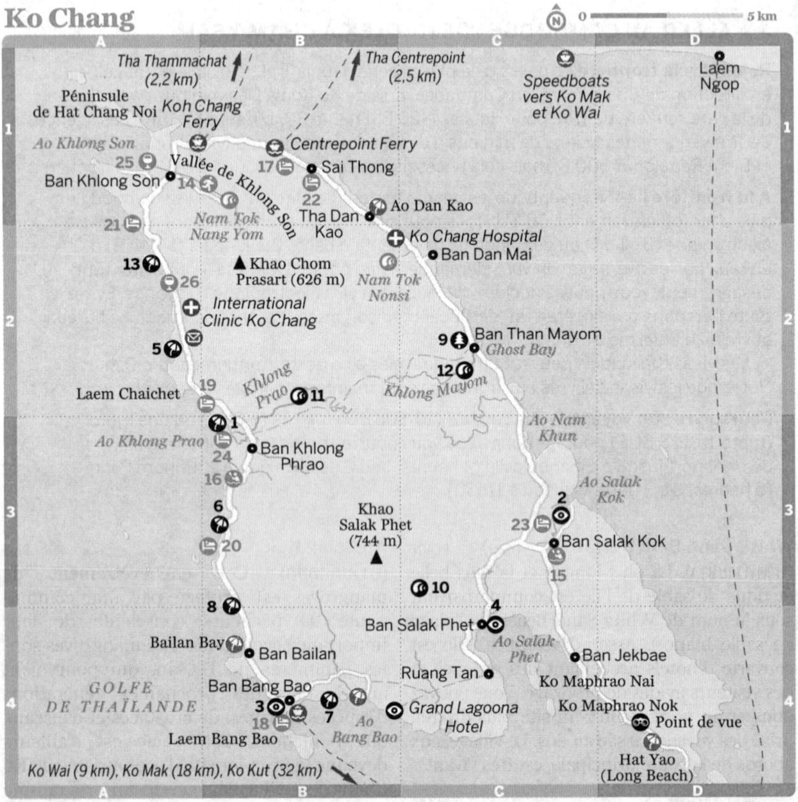

Nam Tok Khlong Plu CASCADE

(น้ำตกคลองพลู ; Khlong Prao ; entrée du parc adulte/enfant 200/100 B ; ⏲8h-16h30). Cette cascade à trois niveaux est la plus imposante et la plus remarquable de l'île, et l'on peut nager dans son bassin parmi les poissons. Elle est facile d'accès depuis Khlong Prao : quittez la route principale pendant 1,5 km, payez l'entrée au parc national, puis empruntez le chemin forestier qui monte sur 600 m. La cascade est particulièrement saisissante à la fin de la saison des pluies, et plus agréable le matin avant l'arrivée des foules.

Nam Tok Khiri Phet CASCADE

(น้ำตกคีรีเพชร). Comptez 15 minutes de marche pour atteindre cette chute située à 2 km de Ban Salak Phet. Petit, mais profond, son bassin naturel récompensera vos efforts. Généralement moins fréquentée que la plupart de ses grandes sœurs des environs, elle est facile d'accès depuis la localité d'Ao Salak Phet.

Activités

De nombreuses compagnies proposent des croisières en bateau, souvent à fond de verre, et des haltes pour des séances de snorkeling. La plupart des bateaux partent de Bang Bao. Il est courant de visiter 3 îles sur une demi-journée (800 B en *speedboat*), ou 5 îles sur une journée complète (grand bateau/*speedboat* 700/1 000 B).

Bénévolat

Koh Chang Animal Project BÉNÉVOLAT

(☎089 042 2347 ; www.kohchanganimalproject.org ; Ban Khlong Son). Les animaux maltraités, blessés ou abandonnés reçoivent soins et abri dans ce complexe à but non lucratif. Le centre fait participer les populations locales aux soins vétérinaires de base. Bénévolat et dons sont les bienvenus. Les vétérinaires et auxiliaires vétérinaires en voyage viennent souvent donner un coup de main, et les bénévoles sans connaissance particulière peuvent effectuer toutes sortes de tâches.

Ko Chang

À voir

1 Ao Khlong Prao B3
2 Ao Salak Kok C3
3 Ban Bang Bao B4
4 Ban Salak Phet C4
5 Hat Kai Mook A2
6 Hat Kaibae B3
7 Hat Khlong Kloi B4
8 Lonely Beach B3
9 Parc national maritime de Mu Ko Chang .. C2
10 Nam Tok Khiri Phet C3
11 Nam Tok Khlong Plu B2
12 Nam Tok Than Mayom C2
13 White Sand Beach (Hat Sai Khao) A2

Activités

BB Divers .... (voir 3)
Chang Diving Centre .... (voir 19)
14 Koh Chang Animal Project B1
15 Salak Kok Kayak Station C3
Scubadawgs .... (voir 3)
16 SEA Kayaking B3
SUP Adventure Ko Chang .... (voir 7)
SUP Station .... (voir 1)

Où se loger

17 Amber Sands B1
Baan Rim Nam .... (voir 1)
Bang Bao Beach Resort .... (voir 7)
BB Lonely Beach .... (voir 8)
Buddha View .... (voir 3)
Chaipura Resort .... (voir 7)
Chill .... (voir 6)
18 Cliff Cottage B4
Garden Resort .... (voir 6)
Green Resort .... (voir 6)
Independent Bo's .... (voir 13)
Little Eden .... (voir 8)
Mangrove Hideaway .... (voir 4)
Oasis Koh Chang .... (voir 8)
19 Pajamas Hostel B2
Paradise Cottage .... (voir 8)
20 Porn's Bungalows B3
Riverview Hostel .... (voir 1)
21 Rock Sand Resort A1
22 Serenity Resort B1
23 Spa Koh Chang Resort C3
Starbeach Bungalows .... (voir 13)
24 Tiger Huts B3
Warapura Resort .... (voir 8)

Où se restaurer

Barrio Bonito .... (voir 6)
Dang Seafood .... (voir 8)
Funky Monkey .... (voir 6)
Kung Kra Ta .... (voir 6)
Phu-Talay .... (voir 1)
Porn's Restaurant .... (voir 20)
Sleepy Owl .... (voir 8)

Où prendre un verre et faire la fête

25 Shambhala A1
Ting Tong .... (voir 8)
26 White Elephant A2

Il est préférable d'appeler pour prendre rendez-vous.

La plupart des chauffeurs de *songthaew* (pick-up collectifs) savent comment s'y rendre. Dites-leur simplement que vous allez à "Ban Lisa" (la maison de Lisa) à Khlong Son. Si vous êtes à vélo, quittez la route principale à Ban Khlong Son au niveau du 7-Eleven, et roulez sur 1,5 km.

Boxe thaïlandaise

Le **Ko Chang Thai Boxing Camp** (Ban Bailan ; 600 B ; 17h) encadre des séances d'entraînement quotidiennes de 2 heures. Matériel inclus, et débutants acceptés. Le Sabay Bar, à White Sand Beach, possède un ring de *muay thai* et un stade où ont régulièrement lieu des combats nationaux.

Cours de cuisine

Plusieurs cours de cuisine thaïlandaise de qualité sont dispensés à Ko Chang. Réservez au moins la veille.

Ka-Ti Culinary Cooking School COURS DE CUISINE
(Khlong Prao ; 1 500 B ; 11h-15h30 lun-sam). Ateliers de cuisine recommandés, avec dégustation et livre de recettes. Vous préférez goûter d'abord ? Direction l'excellent restaurant de l'école (p. 504).

Koh Chang Thai Cookery School COURS DE CUISINE
(039 557243 ; www.kohchangcookery.com ; Blue Lagoon Bungalows, Khlong Prao ; leçon 1 800 B). Halte au farniente ! Stimulez-vous le corps et l'esprit avec les cours de cuisine du Blue Lagoon, un établissement animé par une philosophie écologiste. Généralement, les cours durent 5 heures et comprennent 4 plats. Vous trancherez, découperez et ferez frire des aliments dans une cuisine de plein air, ombragée et en bordure d'estuaire. Réservez bien à l'avance.

Happy Turtle COURS DE CUISINE
(089 252 9287 ; 1 200 B ; 10h-13h). Ces cours de cuisine en petit groupe à Bailan Bay sont commodes si vous logez au sud de l'île. L'établissement propose également des cours de yoga sans réservation, des bungalows et un restaurant.

Kayak et SUP

Ko Chang révèle toute sa majesté et sa beauté naturelle depuis le large, à bord d'un kayak. Ses eaux sont généralement calmes et vous atteindrez les rares îles à proximité en quelques coups de pagaie. La plupart des hôtels louent des kayaks (à partir de 300 B/jour), très pratiques pour approcher les côtes les plus proches, et parfaitement adaptés aux débutants. Certains établissements les fournissent gratuitement. Contactez **SEA Kayaking** (☎092 4750444 ; southeastasia-kayaking.com ; Emerald Cove Resort, Khlong Prao ; excursion d'une journée 4 000 B) pour un équipement plus technique.

Au départ de Porn's Bungalows (p. 501), vous pourrez pagayer jusqu'à la petite Ko Man Nai et sa plage de sable. Location d'un kayak : 100/400 B par heure/jour.

Le paddle (SUP) gagne en popularité, surtout dans l'estuaire calme de Khlong Prao. On peut louer une planche auprès de **SUP Station** (Khlong Prao ; 500/800 B pour 1/2 heures ; ⏲10h-17h), de l'Iyasa Resort à Klong Prao (500/800 B pour 1/2 heures) et de **SUP Adventure Ko Chang** (☎064 7251636 ; Hat Khlong Kloi ; 300 B/heure), à Hat Khlong Kloi.

Salak Kok Kayak Station KAYAK
(Chang Spirit Club ; ☎087 748 9497 ; Baan Salak Kok ; kayak à partir de 200 B/heure). Explorez en kayak les mangroves d'Ao Salak Kok sur la côte est de l'île en soutenant un programme écotour primé. Salak Kok Kayak est un projet de village destiné à promouvoir le tourisme tout en préservant le mode de vie traditionnel. Possibilité d'hébergement dans le village et de circuits de randonnée avec un guide (200 B).

Plongée et snorkeling

Riches en coraux et en poissons, les sites de Ko Chang, dans des eaux peu profondes, comme souvent dans le golfe de Thaïlande, sont idéals pour s'initier à la plongée.

En 30 minutes de bateau, on accède aux pics sous-marins de la pointe sud de l'île, au cœur du parc national maritime de Mu Ko Chang. Parmi les sites les plus courus, **Hin Luk Bat** et **Hin Rap**, deux reliefs rocheux incrustés de corail, atteignent des profondeurs de 18 à 20 m, où évoluent des bancs de poissons et quelques tortues. En 2013, une canonnière de 30 m a été coulée près de Hin Rap, et repose sur son flanc.

De loin le site de plongée le mieux préservé de la zone, **Ko Rang** est une île inhabitée dont le statut de parc maritime interdit la pêche. La visibilité y est bien meilleure que près de Ko Chang : 10 à 20 m en moyenne. Le site de **Hin Gadeng** fait l'unanimité : ses récifs, couverts d'un corail visible jusqu'à 28 m environ de profondeur, sont spectaculaires. Sur la côte est de Ko Rang, **Hin Kuak Maa** (Three Finger Reef – le "récif aux 3 doigts") est un autre site incontournable. Connu pour sa paroi de corail dont la pente passe de 2 à 14 m, il foisonne de vie marine.

Ko Yak, **Ko Tong Lang** et **Ko Laun** permettent des plongées en eaux peu profondes, idéales pour débutants et confirmés. Autour de ces îlots rocheux abondent corail, bancs de poissons, poissons-boules, murènes, barracudas, raies et parfois des tortues.

À quelque 7 km au large de Ban Bang Bao, une plongée très prisée mène à l'épave du **HTMS Chang**, ancien navire de la marine thaïlandaise de 100 m de long, coulé intentionnellement en 2012. À 30 m de fond, il forme désormais un récif artificiel.

Frangée de récif, Ko Wai (p. 511) se caractérise par une grande variété de coraux durs et de coraux mous ; c'est un site très apprécié pour le snorkeling. On peut très bien passer la journée sur cette île, qui propose aussi des hébergements sommaires si vous souhaitez passer plus de temps sur les récifs. Le snorkeling sur Ko Mak n'est pas aussi intéressant qu'ailleurs, mais l'île permet des sorties de plongée correctes, même si les récifs ne sont pas spécialement poissonneux.

Le prix d'une excursion de plongée d'une journée commence généralement à 3 000 B. Un brevet PADI Open Water revient à 15 000 B/pers. De nombreux centres de plongée restent ouverts pendant la saison des pluies (de mai à octobre), même si la visibilité et les conditions en mer peuvent laisser à désirer. Nous conseillons les prestataires suivants :

BB Divers (☎086 129 2305 ; www.bbdivers-koh-chang.com ; Bang Bao ; 2 plongées du bateau 3 000 B). Basée à Bang Bao, cette entreprise de plongée bien gérée a des succursales à Lonely Beach et Hat Sai Khao, et des antennes à Ko Kut et Ko Mak (haute saison seulement).

Scuba Academy (☎039 611485 ; www.scubaacademykohchang.com ; Bang Bao ; snorkeling 800 B, plongée 2 bouteilles 2 500 B). Dernier-né des prestataires de plongée à Ko Chang. Moniteurs et professeurs expérimentés, et tarifs compétitifs.

Scubadawgs (☎080 038 5166 ; www.scuba-dawgs.com ; Bang Bao ; 2 plongées du bateau 3 000 B). Basée à Bang Bao, cette équipe dynamique est très attentive à sa clientèle. Brevets PADI et RAID.

Chang Diving Center (☎039 619022 ; www.changdiving.com ; Ban Khlong Prao). Centre professionnel de plongée à Ban Khlong Prao. Grand choix d'excursions et de cours.

Randonnée

Ko Chang n'a pas que des plages ; l'île est un lieu de trekking bien développé, où des itinéraires mènent aux forêts luxuriantes emplies d'oiseaux, de singes et de plantes. Quelques guides parlant anglais ont grandi près de la jungle et se feront un plaisir de vous en dévoiler les secrets. La carte du parc national est inexacte et indique un sentier de randonnée traversant l'île, embroussaillé depuis longtemps : ne vous y aventurez pas sans guide.

Tan Trekking RANDONNÉE
(☎089 645 2019 ; www.thailandadventureguide.com ; randonnées 600-1 100 B). M. Tan, jeune guide de randonnée parlant bien anglais, propose l'ascension du Khao Chom Prasat, des treks d'une journée vers les chutes de Khlong Prao et aux alentours, ainsi que des balades d'une demi-journée plus faciles et adaptées aux familles.

Mr Raht RANDONNÉE
(☎086 155 5693 ; kohchang_trekking@yahoo.com). Sorties d'une journée dans la forêt au sud et à l'est de l'île, et ascension du Salak Phet le vendredi. Possibilité de camper pour une nuit également. M. Raht demande 800-1 500 B par randonnée.

Yoga et bien-être

Certains complexes hôteliers de la côte ouest organisent des cours de yoga et de méditation, des cures de bien-être et d'autres programmes pour prendre soin de soi. Ceux-ci ne sont pas toujours réservés aux résidents : consultez les brochures.

Le BB Lonely Beach (p. 501) encadre des cours de yoga sans réservation (300 B) à 10h et 18h30 du lundi au samedi, et dispose d'une salle de sport tout équipée (accès simple 200 B). Des séances de yoga matinales (450 B) ont également lieu au Spa Koh Chang Resort (p. 503).

Sima Massage MASSAGES
(☎081 489 5171 ; Khlong Prao ; massage 250-400 B/heure ; 8h-22h). Ce sont les meilleurs massages de l'île, d'après la population locale. Ce n'est pas un mince compliment, car la concurrence est rude. Le salon se trouve sur la route principale à Khlong Prao.

Où se loger

À Ko Chang, les voyages organisés ont fait grimper les tarifs des lieux d'hébergement, sans que suive forcément le niveau des prestations. Cela s'explique en partie par le fait que les hôtels accueillant de nombreux groupes n'ont nul besoin de maintenir leur qualité pour garder leur clientèle. La gamme de prix n'est pas large, laissant peu de choix.

Pour les baroudeurs, il existe encore des auberges de jeunesse au bon rapport qualité/prix (300 B ou moins) avec dortoirs et bungalows basiques, surtout à Lonely Beach.

Côte ouest

Sur la côte ouest, Lonely Beach reste l'endroit le plus compétitif, Hat Kai Bae présente le meilleur rapport qualité/prix, et White Sand Beach (Hat Sai Khao) est trop cher pour la qualité des prestations.

WHITE SAND BEACH

Officiellement appelée Hat Sai Khao mais connue partout sous le nom de White Sand Beach, la plus jolie plage de l'île est aussi la plus chère. Si vous souhaitez loger à proximité sans vous ruiner, quelques logements bon marché et milieu de gamme se tiennent aux extrémités nord et sud. Une halte tendance pour les baroudeurs est nichée au nord du KC Grande Resort. Accessible uniquement par la plage.

Independent Bo's PENSION $
(☎039 551165 ; White Sand Beach ; d 300-800 B ; wifi). Originale et empreinte d'un charme à l'ancienne, cette *guesthouse* bohème se trouve directement sur le sable. C'est un vrai régal pour les yeux : dédale de cabanes en bois flotté, espaces communs et panneaux décalés dans une ambiance communautaire, et la mer à vos pieds. Les chambres avec ventilateur sont basiques ; les différentes salles de bains varient du très sommaire au moderne. Pas de réservation. N'accepte pas les enfants. À l'instar d'autres hébergements du secteur, cette pension est accessible à pied par la plage, plus facilement depuis le KC Grande.

GRAND LAGOONA : L'HÔTEL FANTÔME

On croit facilement pouvoir faire le tour de Ko Chang par la route, mais la route au sud-ouest se termine brusquement devant les barrières du Grand Lagoona Hotel, une vaste propriété en bord de mer qui devait accueillir un complexe hôtelier grandiose. Le projet a été quasi abandonné et les installations sont relativement délabrées.

Le domaine, envahi par la végétation, reste néanmoins accessible (100 B). Les explorateurs y découvriront une lagune, une piscine et un restaurant encore ouverts, ainsi qu'une plage privée correcte, un espace d'accueil et quelques bungalows à louer... Mais la place d'honneur revient à l'imposant "Galaxy", une aile d'hôtel à plusieurs étages en forme de navire (surnommée "le vaisseau fantôme" par les gens du coin), désormais complètement décrépite. Si les propriétaires semblent déterminés à relancer l'établissement, celui-ci fait pour l'instant plutôt office de curiosité vaguement fantasmagorique. Le temps d'une baignade ou d'une balade à pied, vous rêverez à ce que le Grand Lagoona aurait pu devenir (et deviendra peut-être).

Starbeach Bungalows PENSION $

(☎089 574 9486 ; www.starbeach-kohchang.com ; White Sand Beach ; bung 500-750 B ; 📶). Située sur la meilleure portion de la plage, cette pension à l'aspect vétuste est une bonne adresse à bas prix. Chambres basiques avec ventilateurs et vue sur la mer. Bar et restaurant agréables sur place. Pas de réservation : envoyez un texto ou appelez pour savoir s'il y a de la place. Dirigez-vous vers la plage à côté du 7-Eleven et tournez à droite.

Rock Sand Resort PENSION $$

(☎084 781 0550 ; www.rocksand-resort.com ; White Sand Beach ; d avec petit-déj et ventil/clim à partir de 800/2 700 B ; P❄📶). Présenté comme un logement pour baroudeurs férus de style, le Rock Sand est le plus haut de gamme des établissements bon marché rassemblés au nord de White Sand Beach, mais les prix semblent excessifs en haute saison. Les chambres avec vue sur la mer sont très correctes et partagent un balcon. Sous le restaurant, les vagues battent les fondations : préparez-vous à patauger à marée haute.

AO KHLONG PRAO

Les *resorts* haut de gamme ne sont pas rares à Ao Khlong Prao. Cela laisse peu de choix aux voyageurs à petit budget, qui se rabattront sur les bonnes affaires de la route principale, suffisamment proches de la plage pour s'y rendre à pied.

♥ **Pajamas Hostel** AUBERGE DE JEUNESSE $

(☎039 510789 ; www.pajamaskohchang.com ; Khlong Prao ; dort 480-630 B, d/f 2 430/4 410 B ; P❄📶🏊). À quelques kilomètres au nord de la principale route de Khlong Prao et proche du bord de l'eau, cette superbe auberge respire le calme avec un espace détente ouvert et un bar surplombant la piscine. Les dortoirs modernes et climatisés sont situés à l'étage. Les chambres individuelles disposent de lits plateformes, d'une terrasse ou d'un balcon privé. Impeccable et très bien géré.

Riverview Hostel AUBERGE DE JEUNESSE $

(☎096 765 7669 ; www.riverviewkohchang.com ; Khlong Prao ; dort/d 500/900 B ; ❄📶). Dans une charmante maison surplombant le canal, non loin de la plage, cette auberge offre des dortoirs climatisés et impeccables, mixtes ou réservés aux femmes, ainsi qu'une chambre double soignée à l'étage (sans salle de bains). Un balcon-terrasse donne sur la rivière où volettent les lucioles la nuit et où l'on prend son petit-déjeuner le matin.

Tiger Huts BUNGALOWS $

(☎089 833 1503 ; Khlong Prao ; d 500-1 000 B ; 📶). Coiffés de chaume, ces bungalows à l'ancienne sont assez sommaires (ventilateurs uniquement), mais ils sont installés au plus près de la grève, parmi les palmiers d'une des plages les plus tranquilles de Ko Chang. Restaurant et bar décontractés.

♥ **Baan Rim Nam** PENSION $$

(☎087 005 8575 ; www.iamkohchang.com ; Khlong Prao ; d 1 000-1 400 B, f 1 900 B ; ❄📶). Cette maison de pêcheur merveilleusement réhabilitée se trouve juste au-dessus de l'estuaire bordé de mangroves. C'est un lieu extrêmement paisible. Les 5 chambres fraîches et attrayantes donnent sur une terrasse au bord de l'eau. Les propriétaires sont une mine d'informations. Kayaks disponibles sur place (gratuit) – en pagayant, on atteint la plage en 3 minutes.

Blue Lagoon Bungalows BUNGALOWS $$
(☎089 515 4617 ; www.kohchang-bungalows-bluelagoon.com ; Ban Khlong Phrao ; bung avec ventil 500-1 500 B, clim 1 100-3 700 B ; P ❄ ☰). Situé près d'un joli estuaire, le Blue Lagoon offre un choix éclectique de bungalows et de chambres de style rustique dans la mangrove. Une passerelle mène à la plage. Chaque logement a son propre style ; jetez un coup d'œil au salon fait en bouse d'éléphant ! Promotion du respect de l'environnement et agréable ambiance bohème.

Nombreuses activités, dont des cours de yoga et de cuisine (p. 497), encadrées par une excellente équipe. Wi-Fi près de l'accueil seulement.

HAT KAIBAE

L'un des plus grands choix de l'île en matière de logements – des boutiques-hôtels aux bungalows de moyenne gamme ou paillotes bon marché. Attention, une partie seulement de la plage est composée de sable.

Porn's Bungalows BUNGALOWS $
(☎080 613 9266 ; www.pornsbungalows-kohchang.com ; Hat Kaibae ; d 500-1 200 B ; P ☰). Un lieu particulièrement tranquille à l'extrémité ouest de la plage, connu pour son **restaurant** (Hat Kaibae ; plats 80-220 B ; ⏲9h30-23h ; ☰) en bord de mer. Les bungalows en bois sont simplement pourvus de ventilateurs, mais ceux donnant sur la plage, plus spacieux, ont une vue superbe et valent leur prix (autour de 1 000 B). Pas de réservations. L'établissement affiche parfois complet en période d'affluence. Location de kayaks.

Garden Resort HÔTEL $$
(☎039 557260 ; www.gardenresortkohchang.com ; 98/22 Mu 4, Hat Kaibae ; d avec petit-déj 2 500-2 400 B ; P ❄ @ ☰ ≋). À un jet de pierre de la route principale et pourtant isolé à l'ombre des palmiers, le Garden Resort propose de grands et ravissants bungalows disséminés dans un jardin, de part et d'autre d'un sentier menant à une agréable piscine. Proche de plusieurs bars fréquentés et aussi à une courte marche d'une portion de plage de sable.

Green Resort BUNGALOWS $$
(☎097 110 7094 ; www.thegreen-kohchang.com ; 51/3 Mu 4, Hat Kaibae ; d 900-1 500 B ; P ❄ ☰). Tout près de la route à Hat Kaibae, le Green est de toute évidence plus bas de gamme que certains de ses voisins, et ses bungalows verts, disposés sur une calme pelouse, sont assez économiques. Chambres climatisées, bien équipées avec bonne connexion Wi-Fi, TV par câble et réfrigérateurs.

Chill RESORT $$$
(☎039 552555 ; www.thechillresort.com ; Hat Kaibae ; d avec petit-déj 6 500-14 500 B, ste à partir de 12 750 B ; P ❄ @ ☰ ≋). De conception ingénieuse, ce complexe hôtelier propose des chambres de plain-pied ouvrant chacune sur l'une des 3 magnifiques piscines. Modernité, luminosité, espace et quantité de services sont au rendez-vous (spa, salle de sport, café de plage, équipements pour les familles). Donne directement sur la plage. Personnel serviable.

LONELY BEACH

Territoire des baroudeurs et des rave partys, Lonely Beach pratique les tarifs d'hébergement les moins chers de l'île. Les voyageurs à petit budget ne trouveront toutefois pas toujours à se loger sur la plage. Ici, pas de spas ou d'instituts de beauté : les rues sont bordées de bars douteux et de pensions bon marché.

♥ **Paradise Cottage** BUNGALOWS $
(☎081 773 9337 ; www.paradisecottageresort.com ; 104/1 Mu 1, Lonely Beach ; d avec ventil 400-1 400 B, clim 1 200-2 500 B ; P ❄ ☰ ≋). Le jardin de ce refuge relaxant et bien tenu est parsemé de pavillons avec hamacs face à la mer ou à la piscine, et de chambres aussi gracieuses que compactes. Les chambres avec vue sur la mer sont climatisées. Les moins chères ont des ventilateurs. À marée basse, on peut atteindre un banc de sable situé juste après les rochers. Assez éloigné des discothèques pour ne pas être dérangé la nuit.

Little Eden BUNGALOWS $
(☎084 867 7459 ; www.littleedenkohchang.com ; Soi 3, Lonely Beach ; d avec ventil/clim 950/1 500 B ; P ❄ ☰). Sur la colline escarpée qui se dresse du côté calme de la route principale, le Little Eden déploie une série de jolis bungalows en bois, reliés entre eux par un lacis de passerelles en bois. Les chambres sont confortables avec parquet, moustiquaires et terrasse. Le bruit des criquets de la forêt est omniprésent. Bons petits-déjeuners et agréable espace commun. Personnel sympathique.

BB Lonely Beach AUBERGE DE JEUNESSE $
(☎089 504 0543 ; www.bblonelybeach.com ; Lonely Beach ; dort 250-350 B, d avec ventil/clim à partir de 550/1 000 B ; ❄ ☰ ≋). Le BB demeure sur cette plage le meilleur établissement

polyvalent adressé aux baroudeurs. Dortoirs ventilés ou climatisés (celui avec la clim comprend des cabines individuelles) et quelques chambres séparées. Également un café et une piscine surélevée où les voyageurs se rafraîchissent dans la bonne humeur. À l'écart de la plage, mais au cœur de l'animation.

Oasis Koh Chang BUNGALOWS $$
(081 721 2547 ; www.oasis-kohchang.com ; 4/28 Mu 1, Lonely Beach ; d 750-1 400 B ;). La vedette de Lonely Beach, en grande partie grâce à son emplacement à flanc de colline. Belle vue sur la mer depuis la cabane vertigineuse construite dans un arbre à 12 m de hauteur, qui s'élève au-dessus du restaurant. Géré par un couple néerlandais sympathique, l'endroit propose de spacieux bungalows de milieu de gamme en bois et en pierre, classés en 4 catégories. Les chambres les moins chères n'ont que des ventilateurs, les meilleures ont vue sur la mer.

Warapura Resort HÔTEL $$
(039 558123 ; www.warapuraresort.com ; 4/3 Mu 1, Lonely Beach ; d avec petit-déj 1 700-3 300 B ;). Au bord de la mer, le Warapura offre plusieurs bungalows design ravissants, finement décorés de meubles rustiques et de tons blanc et turquoise. Les chambres les plus chères sont plus grandes et plus proches de l'eau. Le bar-restaurant, plutôt sélect, se prête aux rencontres. La baignade est impossible sur cette partie de la plage, mais la piscine est là pour compenser.

BAN BANG BAO ET SES ENVIRONS

Malgré ses apparences touristiques, Ban Bang Bao est un endroit charmant pour se loger, avec des hébergements constitués en majorité de maisons sur pilotis au-dessus de la mer, donnant sur les embarcadères des ferrys. La jolie Hat Khlong Kloi est immédiatement à l'est. Si vous êtes noctambule, préférez le deux-roues ou demeurez sur place, car les *songthaew* sont rares et chers après l'heure du dîner.

Cliff Cottage PENSION $
(080 823 5495 ; www.cliff-cottage.com ; Ban Bang Bao ; tente/d/bung 560/730/840 B ;). Situées sur une colline verdoyante à l'ouest de l'embarcadère, quelques dizaines de paillotes en chaume confortables, en partie cachées, surplombent une crique rocheuse ; on trouve aussi quelques chambres climatisées. La plupart donnent sur la mer et certaines offrent de superbes vues. En haute saison, on peut loger dans de grandes tentes de luxe. L'école de plongée Scubadawgs (p. 499) possède une antenne ici.

Bang Bao Beach Resort BUNGALOWS $$
(093 327 2788 ; www.bangbaobeachresort.com ; Hat Khlong Koi ; d 1 500-2 300 B ;). Installé le long d'une pelouse donnant sur la plage de Khlong Koi, à l'est de Bang Bao, ce complexe bénéficie d'un cadre magnifique. Anciens ou récents, les bungalows en bois sont climatisés. Gestion efficace. Accès facile aux bars sur la plage et aux restaurants. Promenez-vous le long de la plage depuis le pont sur le canal ou faites le grand tour en voiture.

Buddha View PENSION $$
(039 558157 ; www.thebuddhaview.com ; Ban Bang Bao ; d 800-1 400 B ;). Cette *guesthouse* suisse près de l'embarcadère propose 7 chambres en bois, savamment conçues, dont 4 avec salle de bains (agréables salles de bains communes également). Bon restaurant : installez-vous à une table en verre et laissez pendre vos pieds au-dessus de l'eau et des sculptures immergées.

Chaipura Resort BUNGALOWS $$
(039 558090 ; www.chaipura.com ; 222 Mu 1, Klong Koi ; d/f 2 800/3 500 B ;). Logements élégants et tout confort superbement conçus, lambrissés et hauts de plafond, dans le style des bungalows du nord de la Thaïlande. Ils occupent le flanc d'une colline aménagée, au-dessus d'un petit lac, à quelques pas de Bang Bao et de son adorable plage. Personnel efficace. Bon restaurant.

Intérieur nord et côte est

Le nord et l'est de l'île sont moins construits et plus isolés que la côte ouest. Il faut prévoir son propre moyen de transport pour éviter le sentiment de solitude ici, mais, en contrepartie, on bénéficie d'un calme absolu.

Mangrove Hideaway PENSION $$
(080 133 6600 ; www.themangrovehideaway.com ; Ban Salak Phet ; d 1 930-3 640 B ; fermé juin et sept ;). Face à la mangrove, cette pension écoresponsable est une adresse formidable. Les chambres, jolies et propres, donnent sur le jardin verdoyant à l'avant, tandis que les somptueuses suites ont un beau parquet et surplombent le coin repas et l'estuaire bordé de mangroves. Jacuzzi et massages en plein air à l'étage. La pension a été construite avec du bois des environs et elle emploie des habitants du village.

Serenity Resort HÔTEL $$
(☎088 092 4452 ; www.serenity-koh-chang.com ; Ao Dan Kao ; d 3250, villa 2/3 chambres 6 000/7 900 B ; P❄📶🏊). Non loin des ferrys (à 1,5 km de Centrepoint) et dans la partie nord-est et paisible de l'île, ce complexe élégant possède un bar et une piscine. Les chambres blanches, à l'ambiance sereine, donnent sur la plage. Kayaks et planches de paddle sont disponibles. La proximité avec certains *resorts* huppés apporte un peu d'animation, mais l'atmosphère de retraite est globalement préservée.

Spa Koh Chang Resort RESORT $$
(☎083 115 6566 ; www.thespakohchang.com ; Ao Salak Kok ; d avec petit-déj 2 050-3 700 B ; P❄📶🏊). Spécialisé dans les séjours bien-être (détox, yoga, méditation…), cet hôtel de la côte est s'étend au cœur d'un jardin luxuriant et paisible courant presque jusqu'aux forêts de mangroves. Perchés dans la colline et noyés sous les fleurs, les jolis bungalows offrent un cadre idéal pour décompresser. Le restaurant sert notamment des plats végans et végétariens. Les chambres "côté colline" sont plus lumineuses que celles "côté oriental". Pas d'accès à la plage. Séances de méditation et de yoga (450 B) ouvertes aux visiteurs chaque matin.

Amber Sands HÔTEL $$$
(☎039 586177 ; www.ambersandsbeachresort.com ; Ao Dan Kao ; d 5 100-7 650 B ; ⏲mi-oct à août ; P❄📶🏊). Situé sur une bande de sable tranquille aux tons ocre, cet hôtel très bien géré s'articule autour d'un jardin soigné. Les chambres, élégamment meublées, possèdent un plancher en bois et offrent une vue idéale pour se détendre. On a l'impression d'être loin de tout, mais les ferrys sont proches. La réception organisera votre transfert entre le débarcadère et l'hôtel.

Où se restaurer

À quelques exceptions près, tous les hébergements de l'île disposent d'un restaurant abordable. Peu de visiteurs s'éloignent de la plage où ils séjournent, mais un repas à l'extérieur est souvent apprécié. La côte ouest présente des établissements convenables, et l'embarcadère de Bang Bao d'excellents restaurants de poisson.

Funky Monkey CAFÉ $
(☎087 180 4828 ; Hat Kaibae ; gâteaux et glaces 80-120 B ; ⏲11h-23h ; 📶). Ce petit café sympathique, bardé de canapés et d'œuvres d'art rétro, est aussi propice à un cocktail qu'à une tasse de thé ou un repas copieux. Ses *ice cream rolls* (glaces roulées), réputées dans les environs, sont préparées à la main et sur demande, sur une plaque réfrigérante à l'avant. Cheesecakes et brownies gourmands, et longue carte de thés.

Rasta View THAÏLANDAIS $
(Ban Bang Bao ; plats 80-240 B ; ⏲9h-minuit ; 📶). Décor vert jaune rouge, ambiance rustique et musique reggae pour ce restaurant haut en couleur, en bordure de route, avec vue appréciable sur Bang Bao. Menu surtout thaïlandais, avec currys et plats de nouilles au bon rapport qualité/prix. On s'y arrête pour une bière fraîche et pour l'ambiance.

♥ **Barrio Bonito** MEXICAIN $$
(☎080 092 8208 ; Hat Kaibae ; plats 250-320 B ; ⏲17h-22h juil-fin mai ; 📶✎). Un charmant couple franco-mexicain sert de fabuleux fajitas, burritos, tacos, ainsi que des cocktails dans cette cantine en bord de route, au cœur de Kaibae. Cuisine authentique, délicieuse et bien présentée, servie dans un cadre raffiné : une des meilleures tables pour dîner.

♥ **Phu-Talay** POISSON, FRUITS DE MER $$
(☎039 551300 ; 4/2 Mu 4, Khlong Prao ; plats 90-300 B ; ⏲10h-22h). Un superbe restaurant sur le canal. Parquet, décoration en bleu et blanc, jolie terrasse… Le Phu-Talay possède son propre bateau (pour aller chercher ses clients à leur hôtel). Sa spécialité : les produits de la mer (crabe à carapace molle, crevettes et autres plats de poisson). Tarifs raisonnables par rapport à la concurrence.

Dang Seafood POISSON, FRUITS DE MER $$
(Lonely Beach ; plats 50-300 B, poisson vendu au poids ; ⏲9h-22h30). Aménagé comme un étal du marché, avec des tables et des chaises en plastique installées à l'ombre, ce restaurant de poisson sur la rue principale de Lonely Beach est très couru. Les poissons entiers, pêchés le jour même, reposent sur leur lit de glace. Pesés pour la vente, ils sont cuisinés avec adresse et en un rien de temps.

Sleepy Owl PIZZAS $$
(☎088 525 5575 ; Lonely Beach ; plats 80-120 B, pizzas 195-350 B ; ⏲10h-22h ; 📶). Derrière sa devanture vitrée, ce café moderne et apprécié prépare divers repas thaïlandais, mais il est surtout connu pour ses pizzas, qui le distinguent des autres restaurants thaïlandais du village. Bonne adresse pour un petit-déjeuner tardif également.

Kung Kra Ta BARBECUE $$

(☎091 738 7429 ; Hat Kaibae ; buffet à volonté 229 B ; ⏰18h-23h). Habitants et touristes convergent à cette table à ciel ouvert pour sa fondue chinoise et son barbecue à volonté. Après vous être servi en ingrédients, il ne vous reste qu'à les tremper dans le bouillon ou à les faire griller. La qualité n'atteint pas des sommets, mais vous y apprécierez un repas abondant sans casser votre tirelire.

KaTi Culinary THAÏLANDAIS $$

(☎081 903 0408 ; www.facebook.com/katikhrua-thai ; Khlong Prao ; plats 120-580 B ; ⏰11h-22h lun-sam, 17h-22h dim ; 📶). Le restaurant sert du poisson, des fruits de mer, quelques plats de l'Isan et une fameuse sauce curry maison. On peut y goûter des smoothies innovants, comme celui de litchi, citron et menthe poivrée. Menu enfants. Nous recommandons ses cours de cuisine (p. 497).

Où prendre un verre et faire la fête

Les fêtes sur la plage sont monnaie courante, et il y en a pour tous les goûts. Celles de White Sand Beach attirent un public plus âgé que celui, jeune et déjanté, qui enflamme Lonely Beach. Kai Bae abrite une sorte de Walking Street miniature avec quelques bars qui s'animent le soir.

♥ **Shambhala** BAR

(☎098 579 4381 ; Siam Royal View, Ao Khlong Son ; ⏰11h-22h minimum jeu-mar). Perché au nord de l'île, après le clinquant port de plaisance, ce bar au bord d'une piscine donne sur une pelouse verdoyante et une plage de sable doré délicieusement isolée. Un endroit idéal pour un cocktail en fin de journée. Cuisine thaïlandaise et internationale de qualité. Pour y accéder, prendre l'entrée de la "Marina" la plus au sud vers le complexe Siam Royal View.

White Elephant BAR SPORTIF

(☎039 612211 ; www.whiteelephantbar.com ; 9/22/6-8, Moo 4, White Sand Beach ; ⏰7h30-2h). C'est le bar sportif le plus couru des expatriés à White Sand Beach. Outre des concerts le vendredi et un quiz bimensuel, le football y est toujours à l'honneur. Bel éventail de bières internationales, et ambiance conviviale de bar sous les tropiques.

Ting Tong CLUB

(☎091 705 7857 ; Soi Tian Chai 1, Lonely Beach ; ⏰17h-4h). C'est généralement d'ici que provient la musique obsédante qui retentit dans les ruelles de Lonely Beach. Cette institution à Ko Chang organise régulièrement des soirées avec des DJ étrangers et des concerts. En théorie ouvert 24h/24, le Ting Tong est souvent calme en début de soirée, mais gagne en animation jusqu'à l'aube.

Renseignements

AGENCE DE VOYAGES

Nuttakit Tour (☎092 647 3009 ; nuttakittour@gmail.com ; Bang Bao). Première agence sur la droite en pénétrant sur la jetée de Bang Bao. Le personnel parle bien anglais et peut organiser des excursions en bateau, classiques ou sur mesure.

ARGENT

Vous trouverez des banques avec DAB et des bureaux de change tout le long de la côte ouest.

DÉSAGRÉMENTS ET DANGERS

- Faites preuve de beaucoup de prudence lorsque vous conduisez entre le sud de Ban Khlong Son et White Sand Beach (Hat Sai Khao), car la route est escarpée et certains virages en épingle à cheveux la rendent très dangereuse. C'est encore pire pendant les tempêtes, qui provoquent parfois des coulées de boue. Si vous louez un deux-roues, soyez très vigilant entre Hat Kaibae et Lonely Beach, surtout durant la saison humide. Portez une tenue protectrice et un casque.
- La police mène des opérations antidrogue fréquentes dans les hébergements de l'île. Si l'on vous trouve en possession de stupéfiants, vous risquez une lourde amende, voire la prison.
- Méfiez-vous des tickets de minibus vendus à bas prix entre Siem Reap et Ko Chang. Ce sont en général des contrefaçons.
- Ko Chang est considérée comme une zone de paludisme de faible risque. Par précaution, protégez-vous contre les moustiques.

INFORMATIONS TOURISTIQUES

- Le magazine gratuit *Koh Chang Guide* (www.koh-chang-guide.com) est disponible partout sur l'île et comprend des cartes très pratiques.
- Le site Internet *I Am Koh Chang* (www.iamkohchang.com), très complet, est un hommage à l'île de la part d'un Britannique irrévérencieux.

POSTE

Poste de Ko Chang (☎039 551240 ; White Sand Beach). À l'extrémité sud de White Sand Beach (Hat Sai Khao).

SERVICES MÉDICAUX

Bang Bao Health Centre (☎039 558086 ; Ban Bang Bao ; ⏲8h30-16h). Pour les soins de base. Sur la jetée.

Ko Chang Hospital (☎039 586131 ; Ban Dan Mai). Hôpital public de bonne réputation et soins à prix abordables ; au sud du terminal des ferrys.

International Clinic Ko Chang (☎039 551555 ; bth.co.th/en/136-clinic-international-koh-chang-en.html ; White Sand Beach ; ⏲24h/24). Affiliée au groupe Bangkok Hospital. La plupart des assurances santé y sont acceptées. Tarifs élevés.

URGENCES

Police touristique (☎1155 ; Khlong Prao). Très efficace.

Depuis/vers Ko Chang

Que l'on vienne de Bangkok ou du Cambodge, il faut une journée de route pour rallier l'île de Ko Chang. N'hésitez pas à passer une nuit à Trat pour couper agréablement le trajet.

Depuis le continent (Laem Ngop), les ferrys de **Koh Chang Ferry** (☎039 555188 ; www.kohchangferries.com ; adulte/enfant/voiture aller simple 80/30/120 B ; ⏲6h30-19h) partent de Tha Thammachat, et ceux de **Centrepoint Ferry** (☎039 538196 ; www.kohchangferries.com ; Tha Centrepoint ; adulte aller simple/aller-retour 80/150 B, enfant aller simple/aller-retour 40/70 B, voiture aller simple/aller-retour 100/180 B ; ⏲ttes les heures 6h-19h30, 19h mai-oct) de Tha Centrepoint. Les bateaux en provenance de Tha Thammachat accostent à Tha Sapparot et les ferrys de Centrepoint sur un débarcadère à 3 km au sud de la ville. Ceux de Koh Chang Ferry sont plus rapides et un peu plus confortables.

Les agences de voyages de Ko Chang vendent des billets permettant de rejoindre le Cambodge en bateau et en minibus (Siem Reap 650 B ; Phnom Penh 900 B), mais cela implique un changement de bus à la frontière.

Il existe une liaison entre Ko Chang et le terminal Est (Ekamai) des bus de Bangkok, via Chanthaburi et Trat, ainsi que des **services directs de bus et minibus** (☎083-794 2122 ; www.bussuvarnabhumikohchang.com) depuis l'aéroport international Suvarnabhumi de Bangkok.

L'aéroport le plus proche se trouve à Trat. La compagnie **Koh Chang Minibus** (☎087 785 7695 ; www.kohchangminibus.com) circule entre l'aéroport et les plages (plusieurs forfaits).

Bang Bao Boat (☎039 558046 ; www.kohchangbangbaoboat.com ; Ban Bang Bao ; ⏲nov-avr) exploite un ferry qui navigue entre les îles et relie Ko Chang à Ko Mak et Ko Wai (liaison en *speedboat* de ce point jusqu'à Ko Kut) en haute saison. Les bateaux partent de Bang Bao, au sud-ouest de l'île.

Des *speedboats* circulent entre les îles depuis Bang Bao et Hat Kaibae en haute saison.

CORRESPONDANCES À KO CHANG

DÉPART	DESTINATION	BATEAU	BUS
Bangkok – terminal Est des bus (Ekamai)	Tha Thammachat (Laem Ngop)		280 B, 6 heures, 2/jour
Ko Chang	Bangkok – aéroport international Suvarnabhumi		aller simple/aller-retour 600/900 B, 6-7 heures, 2-3/jour
Ko Chang	Ko Kut	*speedboat* 900 B, 2 heures 30, 3/jour ; bateau en bois et *speedboat* 700 B, 5 heures, 1/jour	
Ko Chang	Ko Mak	*speedboat* 600 B, 1 heure, 3/jour ; bateau en bois 400 B, 2 heures, 1/jour	
Ko Chang	Ko Wai	*Speedboat* 400 B, 30 min, 3/jour ; bateau en bois 300 B, 1 heure, 1/jour	
Tha Centrepoint (Laem Ngop)	Ko Chang	80 B, 40 min, ttes les heures 6h-19h30	
Tha Thammachat (Laem Ngop)	Ko Chang	80 B, 30 min, ttes les 45 min 6h30-19h	

Comment circuler

Les *songthaew* viennent à la rencontre des bateaux pour emmener les passagers aux différentes plages :

Khlong Prao 150 B
Lonely Beach 200 B
White Sand Beach 100 B

Comptez 50 à 200 B pour un saut de puce entre 2 plages, mais les prix flambent à la nuit tombée : une course de Bang Bao à White Sand Beach peut coûter 500 B.

Des boutiques sur la côte ouest font payer environ 150 B pour une location de moto à la journée. Les routes vallonnées et sinueuses de Ko Chang sont assez dangereuses. Assurez-vous que la moto est en bon état de marche.

Louer une voiture est une bonne solution. **Sawadee Koh Chang Travel** (☎086 712 6804 ; sawadeekohchang@hotmail.co.th ; Hat Kaibae ; voiture à partir de 1 200 B/jour ; ⌚8h30-20h30) est l'une des seules agences à proposer ce service sur l'île.

Ko Kut

เกาะกูด

☎039 / 2 100 HABITANTS

Ko Kut, aussi appelée Ko Kood, est souvent qualifiée d'île paradisiaque, et avec raison : son sable est ultradoux, ses eaux sont limpides et l'on y croise plus de cocotiers que d'êtres humains.

Oubliez l'agitation nocturne de l'île voisine, Ko Chang : Ko Kut est plus petite, mais aussi plus calme, en dépit d'une petite scène musicale entraînante en saison. Contrairement à Ko Wai ou Ko Mak, elle est assez vaste pour ceux qui aiment s'éloigner de la plage. Au programme à Ko Kut : kayak, snorkeling et découverte des cascades.

Deux fois plus petite que Ko Chang, et quatrième île de Thaïlande par la taille, Ko Kut a longtemps été la chasse gardée de grands *resorts* et d'une élite recherchant l'isolement. Pourtant, l'île semble s'ouvrir un peu plus aux voyageurs indépendants, aux familles, aux couples et aux randonneurs, qui y trouveront un point de chute idéal.

À voir et à faire

Avec ses paisibles criques rocheuses et ses estuaires dans la mangrove, Ko Kut est idéale pour le snorkeling et le kayak. La plupart des *resorts* louent du matériel. Pour le SUP, adressez-vous à View Point Cafe (location 200/800 B heure/jour). La côte ouest compte une bonne dizaine de sites de plongée, et les prestataires locaux peuvent vous conduire à ceux de Ko Rang ou de Ko Mak.

Nam Tok Khlong Chao CASCADES

(น้ำตกคลองเจ้า). Deux cascades sur l'île méritent une randonnée. Nam Tok Khlong Chao, la plus importante et la plus connue, se déverse dans une vaste piscine naturelle, avec un fort débit au début de la saison sèche. Vous parvenez à sa base en marchant depuis la fin de la route ou en remontant le Khlong Chao en kayak. L'autre chute, **Nam Tok Khlong Yai Ki**, au débit moindre mais avec un grand bassin, se situe plus au nord.

Paradise Divers PLONGÉE

(☎087 144 5945 ; www.kohkood-paradisedivers.com ; Ban Khlong Chao ; 2 plongées du bateau 3 000 B, snorkeling 1 000 B). Le plus ancien prestataire de plongée de Ko Kood encadre des sorties plongée et snorkeling en petit groupe vers divers sites, dont Ko Rang. Cours de plongée certifiés PADI à partir de 11 000 B et programme Discover Scuba à 4 500 B. À environ 700 m au sud de Hat Khlong Chao.

Où se loger

Chaque plage du sud-ouest de l'île possède quelques logements. Hat Khlong Chao compte des hébergements design coûteux, mais aussi des pensions bon marché, cachées derrière la principale route de la plage. Les chambres de catégorie moyenne ou inférieure à Ao Ngam Kho conviendront aux familles ; une petite plage de sable s'étale dans le recoin nord-est de la baie, mais le reste du secteur n'est que rochers et vieux récif corallien.

Happy Days PENSION $

(☎065 6097835 ; happydayskohkood@hotmail.com ; Ban Khlong Chao ; d avec ventil/clim 600/1 000 B). Derrière Paradise Divers, cette pension simple est un excellent choix si votre budget est limité. Neuf chambres propres, réparties sur deux étages, café-bar, blanchisserie et forfaits avantageux plongée-hébergement.

Cozy House PENSION $

(☎089 094 3650 ; www.kohkoodcozy.com ; Hat Khlong Chao ; bung avec ventil/clim 700/1 200 B, d 1 000 B, avec petit-déj ; ❄📶). Gérée par une famille, une valeur sûre pour les voyageurs, à seulement 10 minutes à pied de la charmante Hat Khlong Chao. Bungalows avec ventilateur ou air conditionné à prix doux, ou chambres type hôtel avec télévision, climatisation et véranda face aux mangroves.

Ko Mak et Ko Kut

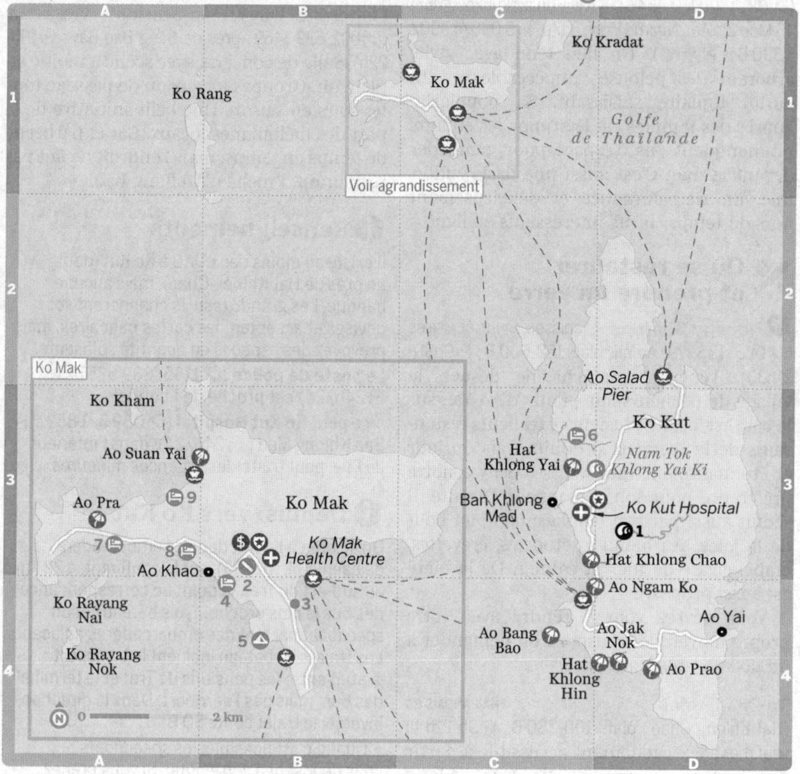

Ko Mak et Ko Kut

À voir

1 Nam Tok Khlong Chao D3

Activités

2 Koh Mak Divers B3
3 Smile Ko Mak Cooking School B4

Où se loger

4 Ao Kao White Sand Resort B4
5 Banana Sunset B4
6 Bann Makok C3
7 Big Easy A3
8 Monkey Island A3
9 Seavana A3

Cuisine collective, terrasse donnant sur la rivière, et kayaks à disposition gratuitement.

Bann Makok HÔTEL $$
(☎088 203 0699 ; www.bannmakok.com ; 10 Moo 4, Khlong Yai Ki ; d avec petit-déj 3 200-3 800 B ; P❄@📶). Cet *ecoresort* de charme composé de 8 chambres est niché dans la mangrove. Il utilise du bois recyclé peint dans des couleurs vintage pour recréer un village traditionnel de pêcheurs, avec son entrelacs de pontons. Terrasses communes et coins lecture fournissent l'espace idéal pour écouter le chant des oiseaux ou se plonger dans un bon livre.

Suan Maprao Ko Kut Resort BUNGALOWS $$
(☎086 833 7999 ; Ao Ngam Kho ; d 1 500-1 800 B ; P❄📶). On est accueilli chaleureusement dans cet établissement avec jardin, juste à côté de la route au sud de la plage. Les excellentes paillotes de style moderne sont simples et élégantes, avec un revêtement en bois et un intérieur en béton lissé. À une courte distance de marche de la plage, parmi les cocotiers, le lieu est charmant. Restaurant correct sur place.

Dusita Resort BUNGALOWS $$
(☎081 707 4546 ; www.dusitakohkood.net ; 45 Moo 2, Ao Ngam Kho ; d/tr/f 3 090/4 390/5 390 B ; P ❄ 📶). Un lieu tenu avec style, arborant des pelouses impeccables et un jardin topiaire saisissant. Sa popularité auprès des familles est légitime : les enfants ne manquent pas d'espace pour gambader devant la mer. C'est aussi une oasis endormie, un rien surannée et délicieusement hors du temps. Tarifs intéressants en ligne.

Où se restaurer et prendre un verre

♥ **Noochy Seafood** POISSON, FRUITS DE MER $$
(☎086 113 3379 ; Ao Yai ; plats 150-600 B ; ⏲9h30-21h30). Pénétré d'un charme désuet, le village de pêcheurs sur pilotis d'Ao Yai, sur la côte est, abrite plusieurs excellents restaurants de la mer aux produits frais du jour et étonnamment variés. Le Noochy a notre préférence pour son personnel à l'écoute. Il séduit aussi par son emplacement, au bout de la jetée. Au menu : pétoncles, crevettes, crabe, cigale de mer et calmar. De la bière est aussi proposée.

Vous devrez vous y rendre avec votre propre moyen de transport, ou demander à un taxi de vous y attendre.

Ra Beang Mai THAÏLANDAIS $$
(Hat Khlong Chao ; plats 100-380 B ; ⏲9h-21h tlj sauf mer ; 📶). Facilement accessible à partir des logements proches de Hat Khlong Chao, ce restaurant familial dégage une atmosphère plaisante. Il offre une partie couverte, ainsi qu'un espace à l'extérieur avec tables et chaises en bois. Au menu : salades de grosses crevettes, currys de la mer et plats internationaux. Les saveurs sont au rendez-vous.

View Point Cafe BAR
(☎081 004 4233 ; Hat Khlong Chao ; ⏲9h-21h). Moins douteux que la concurrence locale, le View Point est magnifiquement situé, et comporte une terrasse pour laisser pendre ses jambes au-dessus de la rivière. Bon expresso, cuisine correcte (plats 90-150 B), carte de bar complète et location de paddles (200/800 B par heure/jour).

Sunset Bar BAR
(Hat Khlong Chao ; ⏲16h-tard). Sur la rive opposée à Hat Khlong Chao, le Sunset est chéri par les habitants et les expatriés à partir du coucher du soleil. Un bar rustique avec vue sur la rivière et la pointe nord de la plage.

Où sortir

Fisherman Hut Music Station MUSIQUE LIVE
(☎092 639 1469 ; près de Bang Bao Bay ; ⏲19h-22h). Salle de concerts avec scène à moitié en plein air. Groupes locaux ou de passage tous les soirs en saison. Une belle initiative de la part des mélomanes locaux. Bar et barbecue de temps en temps, mais l'endroit ne fait pas restaurant. Proche d'Ao Bang Bao.

Renseignements

Il existe au moins deux DAB à Ko Kut (dont un près de Hat Khlong Chao), mais aucune banque. Les grands *resorts* changeront vos devises et acceptent les cartes bancaires, mais prévoyez des espèces en quantité suffisante.

Le **poste de police** (☎1155, 039 525745 ; ⏲24h/24) est proche de l'hôpital.

Le petit **Ko Kut Hospital** (☎039 521 852 ; Ban Khlong Mad ; ⏲24h/24), dans l'intérieur de l'île, peut traiter les urgences mineures.

Depuis/vers Ko Kut

On se rend à Ko Kut depuis l'embarcadère de Laem Sok (p. 493), sur le continent, à 22 km au sud-est de Trat, le point de correspondance des bus le plus proche. Trois bateaux et un *speedboat* partent des embarcadères adjacents. Les trajets en bateau incluent le transport gratuit entre les pensions de Trat et le terminal des bus, mais pas l'aéroport. Dans la direction inverse, le trajet coûte 50 B.

Quand c'est possible, les *speedboats* vous déposent à votre hôtel. Si vous prenez les autres bateaux, à votre arrivée à **Ao Salad Pier**, à la pointe nord-est de l'île, le transport terrestre jusqu'à votre destination est compris. Quelques compagnies :

Boonsiri (☎085 921 0111 ; www.boonsiriferry.com)

Koh Kood Princess (☎0861 267860 ; www.kohkoodprincess.com)

Ko Kut Express (☎09 05060020 ; www.kokutexpress.in.th)

Deux compagnies exploitent des *speedboats* de Ko Chang à Ko Kut (900 B, 2 heures 30) via Ko Wai et Ko Mak. La solution la plus économique est de réserver un trajet entier auprès de **Bang Bao Boat** (☎084 567 8765 ; www.kohchangbangbaoboat.com ; Ao Bang Bao), en passant par Ko Mak, et de faire la première portion sur un bateau en bois et la seconde sur un *speedboat* (700 B).

Comment circuler

Escarpées, les routes de Ko Kut découragent les cyclistes, sauf ceux d'un haut niveau. On peut louer des motos pour 200 à 300 B/jour.

BATEAUX À DESTINATION DE KO KUT

Les liaisons suivantes partent de Laem Sok pour accoster à l'embarcadère d'Ao Salad, à Ko Kut.

COMPAGNIE	BATEAU	PRIX	DURÉE	DÉPARTS
Koh Kood Princess	bateau climatisé	350 B	1 heure 45	12h30 tlj
Ko Kut Express	ferry express climatisé	500 B	1 heure 15	13h tlj
Ko Kut Express	*speedboat*	600 B	1 heure	10h et 15h tlj nov-avr, retour à 10h, 11h et 13h*
Boonsiri	catamaran	500 B	1 heure 15-1 heure 45	10h45 (direct) et 14h20 (via Ko Mak et Ko Chang) tlj**

* week-end seulement et quand la météo le permet en basse saison. Retour de Ko Kut à 10h et 12h30 en basse saison.

** de mi-mai à mi-octobre, un seul départ quotidien (13h30) et pas de liaison avec Ko Mak ; autre départ à 10h45 le vendredi. Des transports existent depuis Bangkok (900 B) et l'aéroport de Trat (800 B).

Ko Mak

เกาะหมาก

039 / 600 HABITANTS

La jolie Ko Mak ne fait que 16 km² et ne connaît ni embouteillages, ni enfilade de bâtiments, ni bars à bières bruyants, ni plages bondées. Les vagues viennent délicatement lécher les baies ourlées de palmiers de cette île, dont une famille avait jadis la propriété tout entière. Ko Mak est animée d'une volonté locale de limiter l'incidence du tourisme afin qu'il reste viable. Le paysage intérieur est composé de plantations de cocotiers et de ficus. Malgré la faible taille de l'île, se prélasser sur la plage n'est pas la seule activité : des restaurants et des bars corrects officient près d'Ao Khao, et quelques prestataires de plongées ou d'excursions en bateau permettent de rejoindre les îles voisines.

Visiter l'île en haute saison (décembre à mars) est plus facile ; en basse saison (mai à septembre), la plupart des bateaux ne circulent plus.

À voir et à faire

La plus belle plage est **Ao Pra**, à l'ouest de l'île, mais le Mira Montra Resort en occupe la majeure partie. Pour le moment, c'est à **Ao Suan Yai** que baignade et balades en bord de plage sont les plus agréables : cette vaste anse sablonneuse aux eaux transparentes est moins infestée de mouches des sables que les plages du côté sud. Elle est facilement accessible à vélo ou à moto si vous séjournez ailleurs.

Au large se trouve l'île privée de **Ko Kham**, vendue en 2008 pour – dit-on – la rondelette somme de 200 millions de bahts. Bien qu'elle ait été transformée en complexe touristique, sa plage reste prisée pour une excursion à la journée. Les bateaux en provenance de Ko Mark partent à 10h30, 13h30 et 15h (300 B, accès à l'île et transport inclus). Des bateaux quittent également Ao Khao pour l'île de **Rayang Nok** (350 B, 10h-16h), qui réserve une plage agréable, ainsi qu'un *resort* proposant des activités aquatiques.

Koh Mak Divers PLONGÉE

(083 297 7724 ; www.kohmakdivers.com ; 59/4 Wong Si Ri Rd, Ao Khao ; 2 sorties plongée à partir de 2 500 B). Sorties plongée dans le parc national maritime de Mu Ko Chang, à environ 45 minutes de trajet, et divers cours proposés (Discover Scuba 3 500 B). Il y a un second centre sur la route à côté de Baan Koh Mak.

Smile Ko Mak Cooking School COURS DE CUISINE

(www.smilekohmak.com ; Ban Ao Nid ; leçon 1 200-1 300 B ; 10h-14h et 15h-19h). Dans sa petite cuisine près de l'embarcadère d'Ao Nid, Leng anime des cours de cuisine matin et soir. Préparation, puis dégustation de 4 plats (végétariens si vous le souhaitez), et un livre de recettes offert.

Où se loger et se restaurer

Outre les nombreux restaurants de plage accolés à presque toutes les pensions et *resorts*, une série de restaurants familiaux existe sur la route principale entre le Monkey Island et le Makathanee Resort. On y découvre notamment une boulangerie allemande et un bar à glaces italiennes. Quelques adresses sont rassemblées au carrefour voisinant l'Ao Kao Resort et sur la route conduisant à l'embarcadère d'Ao Din.

Banana Sunset CAMPING
(☎087 416 2026 ; www.bananasunset.com ; tentes 200 B, bung d 800-1000 B ;). Cet ensemble de bungalows isolés plaira aux voyageurs à petit budget, qui pourront loger dans le jardin sous des tentes igloo avec ventilateur et matelas pour 200 B. Les bungalows avec salle de bains attenante sont plus confortables et restent d'un bon rapport qualité/prix. Restaurant rustique, et terrasse sur l'eau équipée de coussins et de tables basses : un excellent lieu de rendez-vous au coucher du soleil.

Monkey Island BUNGALOWS $
(☎089 501 6030 ; www.monkeyislandkohmak.com ; Ao Khao ; d sans/avec sdb 500/700 B, avec clim et petit-déj 1200-2000 B ;). Une adresse de référence pour les voyageurs à petit budget. Trois sortes de bungalows en terre ou en bois aux noms originaux – Baboon (babouin), Chimpanzee (chimpanzé) et Gorilla (gorille) –, du plus rudimentaire à la villa chic face à la mer. Tous portent la patte d'un design innovant. Le restaurant en front de mer, très branché, propose une cuisine thaïlandaise de qualité. Possibilité de louer des motos.

Big Easy BUNGALOWS $$
(☎098 575 7427 ; www.bigeasykohmak.com ; Ao Khao ; bung avec petit-déj 2700-3200 B ;). À l'extrémité nord d'Ao Khao, sur un coin de plage ravissant, le Big Easy présente 7 bungalows en bois au milieu des palmiers, bien espacés pour un maximum d'intimité. Spacieux, ils disposent à l'arrière de salles de bains en ardoise.

Seavana RESORT $$
(☎090 864 5646 ; www.seavanakohmak.com ; Ao Suan Yi ; d 3000-5500 B ;). Dans ce *resort* haut de gamme situé à côté de la jetée nord, les bâtiments chics rouge foncé donnent sur le jardin, les cocotiers et le sable blanc. Personnel cordial et compétent. Excellent choix de chambres. Celles de l'étage sont équipées d'un Jacuzzi avec vue sur la mer. Kayaks et vélos à disposition pour partir à l'aventure.

Ao Kao White Sand Resort BUNGALOWS $$$
(☎083 152 6564 ; www.aokaoresort.com ; Ao Khao ; d avec petit-déj 5000 B ;). Le meilleur *resort* de l'île, niché dans un joli renfoncement de la baie. Plusieurs bungalows élégants en béton avec de superbes toits-terrasses offrant l'ombre d'un toit de chaume, des hamacs et une vue sur la mer. Accès facile à la plage. Beaucoup de services disponibles, comme des activités sportives, piscine, yoga et un pavillon de massage.

Little Red Oven PIZZAS $$
(☎062 651 9605 ; 97 Soi Sodsai ; bases de pizza à partir de 200 B ; ⏲12h-21h). Sans rivales sur l'île, ces pizzas au feu de bois sont servies dans une grande salle à moitié ouverte, agrémentée d'ombrelles chinoises. Commencez par une base de *margherita* à pâte fine, puis choisissez vos garnitures (20-30 B). Vin au verre à partir de 150 B. Situé à près de 1,5 km à l'est de la plage d'Ao Kao.

Renseignements

Le bureau du gouvernement (près du poste de police) est muni d'un **DAB** international, mais il n'est pas fiable : prévoyez des espèces. La plupart des complexes hôteliers acceptent la carte bancaire. Un point d'information pratique existe au **Koh Mak Resort** (☎089 6009597 ; www.kohmakresort.com ; Ao Suan Yai ; d avec petit-déj 2800-6400 B ;).

Un petit **poste de police** (☎1155) se trouve au centre de l'île.

Ko Mak Health Centre (⏲8h30-16h30). Centre de soins et poste d'urgence. Près d'Ao Nid Pier, sur la route qui traverse l'île.

Depuis/vers Ko Mak

Les *speedboats* (450 B aller simple, 1 heure) de Laem Ngop arrivent à l'embarcadère sur Ao Suan Yai ou Ao Nid. Le ferry Boonsiri qui fait la liaison avec Ko Kut (p. 508) s'arrête une fois par jour en haute saison (400 B depuis le continent). Un bateau lent en bois quitte Laem Ngop à 11h.

SPEEDBOATS AU DÉPART DE KO MAK

DESTINATION	PRIX (ALLER)	DURÉE	DÉPARTS
Ko Chang	600 B	1 heure	3/jour
Ko Kut	400 B	45 min	3/jour
Ko Wai	400 B	30 min	3/jour
Laem Ngop (embarcadère principal)	450 B	1 heure	6/jour

SPEEDBOATS AU DÉPART DE KO WAI

DESTINATION	PRIX (ALLER SIMPLE)	DURÉE	DÉPARTS
Ko Chang	400 B	30 min	3/jour
Ko Kut	700 B	1 heure	3/jour
Ko Mak	400 B	30 min	3/jour
Laem Ngop (embarcadère sur le continent)	450 B	50 min	3/jour

Il y a seulement 1 ou 2 départs par jour en basse saison depuis le centre. Les transferts sont assurés par les pensions (*guesthouses*) et les hôtels sans supplément.

Au départ de Ko Chang, des *speedboats* (page ci-contre) se rendent à Ko Wai, puis à Ko Mak et Ko Kut. Le ferry en bois de Bang Bao (p. 505 ; 400 B, 2 heures, 1/jour) effectue l'aller-retour avec Ko Mak en passant par Ko Wai (300 B).

Comment circuler

Sur l'île, vous pourrez vous déplacer à vélo (40 B/heure) ou à moto (200-250 B/jour). Beaucoup de logements en proposent à la location.

Ko Wai

เกาะหวาย

☎ 039

La splendide et minuscule Ko Wai est peu construite, mais ses plages, ses eaux claires et ses récifs coralliens intacts et étincelants sont idéals pour le snorkeling. La vue sur Ko Chang est saisissante. Si l'on oublie les nombreux excursionnistes à la journée croisés dans l'après-midi, loger dans les bungalows sommaires de l'un des 5 *resorts* de l'île est la garantie d'un séjour au calme.

Comme vous ne trouverez ni banque ni DAB sur l'île, prévoyez des espèces.

Où se loger

Deux complexes hôteliers et trois établissements louent des bungalows à Ko Wai. Tous ferment de mai à septembre.

Ko Wai Paradise BUNGALOWS **$**

(☎ 081 762 2548 ; d 400-800 B ; ⏲ oct à mi-mai). Bungalows en bois simples et rustiques avec salle de bains commune sur une plage paradisiaque, vers l'ouest de la côte nord. C'est le principal repaire des baroudeurs à Ko Wai. Vous partagerez le récif corallien à l'avant avec les excursionnistes à la journée.

Good Feeling BUNGALOWS **$**

(☎ 081 850 3410 ; d 400-600 B ; ⏲ oct à mi-mai). Douze bungalows en bois avec (à une exception près) salle de bains individuelle, éparpillés sur un promontoire rocheux, dans le nord-ouest de l'île, parmi les criques sablonneuses et solitaires. Donne sur une jolie plage propice au snorkeling.

Koh Wai Beach Resort BUNGALOWS **$$**

(☎ 081 306 4053 ; www.kohwaibeachresort.com ; d avec petit-déj 2 100-3 400 B ; ⏲ oct à mi-mai ; ❄ 📶). Bungalows haut de gamme spacieux et maisons tout confort en teck du côté sud de l'île. Accessible par bateau uniquement.

Depuis/vers Ko Wai

- Les bateaux rallient Ko Wai de novembre à avril. En dehors de cette période (lorsque la plupart des hébergements ferment), le bateau qui rejoint de temps en temps Ko Mak peut vous déposer à Ko Wai sur demande.
- Les *speedboats* depuis Laem Ngop vous déposeront à l'embarcadère le plus proche de votre hôtel ; autre option : marcher 15 à 30 minutes dans la forêt sur un sentier étroit depuis la jetée principale de Pakarang.
- Des *speedboats* circulent de Ko Chang à Ko Wai, puis relient Ko Mak, et enfin Ko Kut avant de faire demi-tour.
- Le ferry en bois de Bang Bao (p. 505 ; 300 B, 1 heure, 1/jour) quitte Ko Chang pour Ko Wai, et pousse jusqu'à Ko Mak (200 B) avant de revenir.

1

VUTHIWAT A / SHUTTERSTOCK ©

2

1. Wat Phra Kaew (p. 71)
Dans l'ensemble du Grand Palais, le Wat Phra Kaew est surveillé par des statues de *yaksha* (démons).

2. Parc national maritime d'Ao Phang-Nga (p. 645)
Le paysage karstique saisissant de ce parc national est connu pour son apparition dans le film de James Bond *L'Homme au pistolet d'or*.

3. Marché nocturne de Bangkok (p. 159)
Le Talat Rot Fai est le marché nocturne sous tente le plus prisé de Bangkok.

3

KRISANAPONG DETRAPHIPHAT / GETTY IMAGES ©

MIKOLAJN / SHUTTERSTOCK ©

Hua Hin et le nord du golfe de Thaïlande

Dans ce chapitre ➡

Le top des restaurants

- Cicada Market (p. 524)
- In Town Seafood (p. 539)
- Jek Pia (p. 529)
- Koti (p. 530)
- Sôm·đam Tanontok 51 (p. 530)

Le top des hébergements

- Baan Bayan (p. 529)
- Centara Grand Beach Resort & Villas (p. 529)
- La a natu Bed & Bakery (p. 536)
- Salsa Hostel (p. 544)
- The Theatre Villa (p. 542)

Pourquoi y aller

Le nord du golfe de Thaïlande est depuis longtemps le terrain de jeu favori de l'élite thaïlandaise, notamment grâce à sa proximité avec Bangkok. Depuis le règne de Rama IV, au XIXe siècle, tous les monarques thaïlandais y ont passé leurs étés dans différentes demeures royales. Dans leur sillage, les touristes thaïlandais affluent sur cette côte à la recherche de plaisirs et de délicieux produits de la mer.

Culture et activités de plein air sont associées ici aux plaisirs balnéaires, avec des sites historiques, des parcs nationaux et de longues plages de sable idéales pour les balades (la baignade y est souvent peu adaptée). Les expatriés sont de plus en plus nombreux à être séduits par un littoral préservé et le rythme paisible de la vie provinciale. Si les possibilités de plongée et de snorkeling sont limitées, la région est le paradis des kitesurfeurs et, de loin, le meilleur endroit du golfe pour sauter au-dessus des vagues.

Quand partir

Jan-mars La période est idéale pour l'apprentissage du kitesurf, la mer étant généralement calme.

Oct Le mois le plus arrosé, mais qui reste plus sec que dans le reste du pays ; une visite n'est donc pas à exclure.

Nov-mars C'est la période la plus fraîche – ne manquez pas la "mer de brume" dans le grand parc national de Kaeng Krachan.

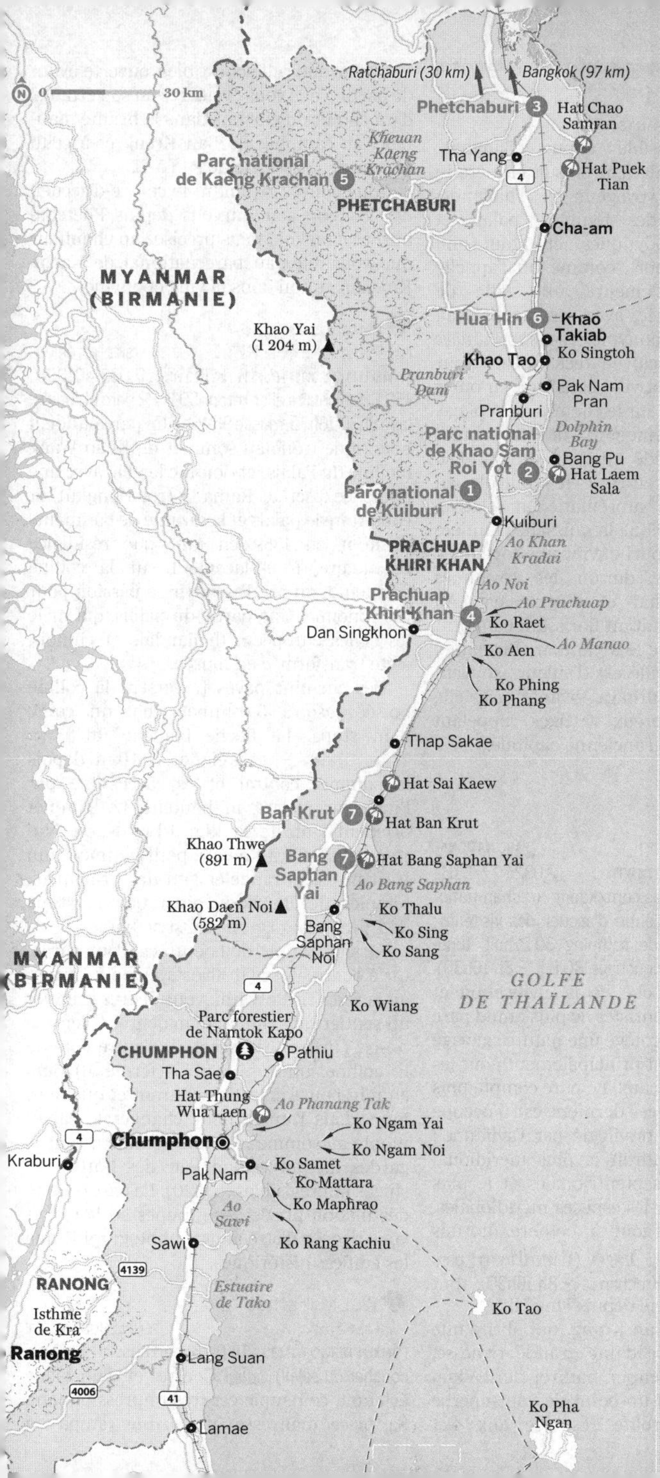

À ne pas manquer

1 Les éléphants sauvages du **parc national de Kuiburi** (p. 534).

2 Le pèlerinage au sanctuaire troglodytique de Tham Phraya Nakhon, dans le **parc national de Khao Sam Roi Yot** (p. 535).

3 Le palais perché sur la colline et les grottes de **Phetchaburi** (p. 516), à explorer en tentant d'échapper aux singes chapardeurs.

4 Une balade à moto entre les baies ondulantes et les pics calcaires de **Prachuap Khiri Khan** (p. 536).

5 Une escapade au cœur du **parc national de Kaeng Krachan** (p. 516) pour apercevoir des oiseaux tropicaux, des gibbons et une "mer de brume".

6 Un dîner dans l'un des nombreux restaurants de **Hua Hin** (p. 524), pour goûter à de délicieuses spécialités thaïlandaises.

7 Un moment de détente dans un coin tranquille des plages de **Ban Krut et Bang Saphan Yai** (p. 541).

Phetchaburi

เพชรบุรี

☎032 / 26 000 HABITANTS

Facilement accessible depuis Bangkok, Phetchaburi devrait figurer sur l'itinéraire culturel de tout voyageur en Thaïlande. L'endroit abrite des temples, palais et sanctuaires troglodytiques, et, atout non négligeable, Phetburi, comme on l'appelle communément, demeure une ville de province peu visitée, avec ses marchés au bord de la rivière éponyme et ses *shophouses* (maisons de négoce) en teck. Idéale pour flâner au hasard, la ville constitue en outre une halte pratique sur le chemin de la plage.

Phetchaburi témoigne des royaumes qui se sont succédé en Asie du Sud-Est. L'Empire khmer en prit le contrôle au XIe siècle, mais sa suprématie fut relativement courte. Alors que la puissance khmère déclinait, Phetchaburi devint une forteresse royale stratégique durant les royaumes thaïs de Sukhothai et d'Ayutthaya. Au XVIIe siècle, elle était un florissant comptoir de commerce entre le Myanmar (Birmanie) et Ayutthaya. La ville est d'ailleurs souvent surnommée l'"Ayutthaya vivante" car elle conserve de nombreux vestiges rappelant ceux détruits dans l'ancienne capitale.

À voir

Parc national de Kaeng Krachan — PARC NATIONAL

(อุทยานแห่งชาติแก่งกระจาน ; ☎032 772311 ; www.thainationalparks.com/kaeng-krachan-national-park ; Rte 3432, centre d'accueil des visiteurs ; entrée 300 B, droit de camping 30 B/nuit, tente 2 pers 120 B, sac de couchage 30 B ; 8h-16h30). Étonnamment proche de la civilisation et peu visité par les touristes, le plus grand parc national du pays protège une nature sauvage et dense. On y vient principalement pour les papillons et les oiseaux. Le parc compte plus de 400 espèces de ces derniers, car il occupe un biotope mixte privilégié par l'avifaune : c'est à la fois l'endroit le plus méridional pour les espèces septentrionales et le plus septentrional pour les espèces méridionales. Le parc ferme d'août à octobre, hormis la **cascade de Pa La-U** (น้ำตกป่าละอู ; parc national de Kaeng Krachan ; 8h-16h30), but d'excursion apprécié depuis Hua Hin.

Le secteur de Ban Krang, qui abrite une faune et une flore d'une grande richesse, possède un joli sentier naturel de 2,5 km. Panoen Thung est un point de vue superbe au bout d'une route réservée aux 4x4 – vérifiez que celle-ci est bien ouverte avant de partir. Vous vous éveillerez au son étrange d'un chœur de gibbons dans la brume matinale, au camping de Ban Krang et à celui proche de la cascade de Pa La-U.

Vous pouvez rejoindre le centre d'accueil des visiteurs par minibus depuis Phetchaburi et Bangkok, mais précisez au chauffeur que vous allez au parc national de Kaeng Krachan et non dans la ville éponyme.

Parc historique de Phra Nakhon Khiri — SITE HISTORIQUE

(อุทยานประวัติศาสตร์พระนครคีรี ; ☎032 401006 ; 150 B, funiculaire aller-retour 50 B ; parc et funiculaire 8h30-16h30, musée 9h-16h). Ce parc national historique trône au sommet de Khao Wang (colline du Palais) et domine la ville avec une opulence discrète. Rama IV (roi Mongkut) fit construire le palais et la dizaine de bâtiments alentour en 1859 en tant que résidence secondaire. L'emplacement sur la colline permettait au roi d'assouvir sa passion pour l'astronomie. Une partie du palais, qui mêle les styles européen, thaïlandais et chinois, a été transformée en musée.

Des chemins pavés traversent la colline boisée jusqu'à 3 sommets, chacun coiffé d'un stupa. La flèche blanche du **Phra That Chom Phet** s'élance à 40 m depuis le sommet central et est accessible par l'intérieur jusqu'à mi-hauteur. Le sommet occidental abrite le **Wat Phra Kaew Noi** ("petit Wat Phra Kaew"), petit bâtiment qui n'est pas sans rappeler l'un des principaux temples de Bangkok, ainsi que le stupa de **Phra Prang Daeng** de style khmer.

Le site compte deux entrées. Pour parvenir à l'entrée **est** (Th Khiriataya), ou à l'avant, en face de Th Ratwithi, vous devrez grimper un sentier sans difficulté majeure. À l'entrée **ouest** (Th Rim Khao Wang), de l'autre côté de la colline, un **funiculaire** (fermé 10 jours en juin pour l'entretien courant et quelques jours dans l'année pour changer le câble) monte au sommet. À l'une comme à l'autre, gardez un œil vigilant sur des hordes de singes imprévisibles (p. 520). Le parc est une destination prisée des groupes scolaires, et vous risquez d'être autant photographié que les édifices historiques.

Wat Mahathat Worawihan — TEMPLE BOUDDHIQUE

(วัดมหาธาตุวรวิหาร ; Th Damnoen Kasem ; lever-coucher du soleil). GRATUIT Central et d'un blanc éclatant, ce temple est très impressionnant. Sa pièce maîtresse, un *prang* (stupa en forme d'épi de maïs) de 42 m de haut sur 5 niveaux, est ornée de reliefs en stuc, une spécialité des artisans de Phetchaburi que l'on retrouve partout en ville. L'intérieur du *wihăan* (sanctuaire) est orné de grandes peintures murales, quoique très endommagées, du début du XXe siècle.

En arrivant au temple ou en le quittant, suivez **Thanon Suwanmunee**, qui traverse le vieux quartier semé de maisons en teck abritant désormais des vendeurs de billets de loterie, pour une vue ravissante du *prang* depuis le pont. Des panneaux signalent certains édifices notables, tout comme dans Th Klongkrachang.

Tham Khao Luang — GROTTE

(ถ้ำเขาหลวง ; ⏲8h-16h lun-ven, 8h-17h sam-dim). GRATUIT À quelque 4 km au nord de la ville, cette grotte spectaculaire, remplie de stalactites, est l'un des plus importants sanctuaires troglodytiques du pays, et le favori du roi Rama IV lorsqu'il était moine. Accessible par un escalier abrupt, il est éclairé, si les nuages le permettent, par une lueur céleste tous les matins, quand les rayons du soleil filtrent à travers le puits de lumière naturel.

Ce phénomène varie selon l'époque de l'année, mais a généralement lieu entre 9h et midi ; mieux vaut y aller tôt. Vous devrez en outre vous tenir au bon endroit pour le voir. De février à avril, la lumière illumine la principale représentation du Bouddha.

En s'enfonçant plus avant, la grotte recèle d'autres salles et sanctuaires, bien que la sortie arrière ne soit plus utilisée. Rama IV aurait fait construire le portail en pierre qui sépare la salle principale des autres pour protéger un couple qui vivait dans la grotte.

La grotte se situe sur le flanc d'une colline pentue. Il faut faire une partie du chemin à pied ou en véhicule. Une fois au temple, un camion pourra vous emmener jusqu'à la grotte et vous ramener à l'entrée (15 B).

Attendez-vous à rencontrer des singes effrontés (p. 520) quémandant de la nourriture, même s'ils ne pénètrent pas dans la grotte.

Parfois, des guides non officiels proposent de vous accompagner. Leur aide n'est pas nécessaire, et ils s'attendront à recevoir un pourboire.

Phra Ram Ratchaniwet — SITE HISTORIQUE

(พระรามราชนิเวศน์, palais Ban Peun ; ☎032 428506 ; Th Damnoen Kasem ; 100 B ; ⏲8h30-16h). La construction de cet élégant palais d'été, une remarquable réalisation Art nouveau, débuta en 1910 sur l'ordre de Rama V (qui mourut peu après) et s'acheva en 1916. Conçu par des architectes allemands, le lieu réunit toutes sortes d'objets venus d'Europe que la famille royale affectionnait tant : une statue de Poséidon, des angelots en céramique de chaque côté du double escalier en colimaçon et une douche réglable, innovation de l'époque, dans la salle de bains du roi.

L'absence de meubles et, le plus souvent, d'autres visiteurs, donne à la visite une atmosphère étrange. Le palais se trouve sur une base militaire ; normalement, aucune pièce d'identité n'est requise, mais mieux vaut vous munir de votre passeport.

Wat Khao Bandai-It — GROTTE

(ถ้ำเขาบันไดอิฐ ; Rte 3171 ; ⏲8h-17h). GRATUIT Ce monastère à flanc de colline, à 2 km à l'ouest de la ville, s'étend dans plusieurs grandes grottes transformées en sanctuaires bouddhiques et en salles de méditation. On y découvre des formations naturelles et des puits de lumière, et l'une des salles abrite quelques chauves-souris, mais l'ensemble est moins impressionnant que Tham Khao Luang. Le lieu étant bien éclairé et le sol bétonné, les jeunes qui proposent de vous guider ne sont pas indispensables et ils attendront un pourboire s'ils vous accompagnent.

Wat Yai Suwannaram — TEMPLE BOUDDHIQUE

(วัดใหญ่สุวรรณาราม ; Th Phongsuriya ; ⏲bòht 7h-18h, săh·lah 8h-17h). GRATUIT Ce vaste temple, fondé à la fin de la période Ayutthaya, est d'une grande richesse historique. On retrouve notamment à l'intérieur du *bòht* (salle des ordinations), qui date d'environ 1700, des fresques aux couleurs passées, l'une des plus anciennes séries de peintures murales de temples thaïlandais encore visibles. Elles représentent essentiellement une succession de divinités, mais on voit clairement sur le mur d'entrée le démon Mara et son armée essayant d'empêcher le Bouddha d'atteindre l'Éveil.

Wat Phra Phuttaya Saiyat (Wat Phra Non) — TEMPLE BOUDDHIQUE

(วัดพระพุทธไสยาสน์/วัดพระนอน ; Th Khiriataya ; ⏲lever-coucher du soleil). GRATUIT La principale curiosité de ce temple, aussi connu sous le nom de Wat Phra Non (temple du Bouddha couché), mesure 43 m de long, soit presque autant que le célèbre bouddha couché du Wat Pho de Bangkok… la foule en moins.

Phetchaburi (Phetburi)

Wat Yang TEMPLE BOUDDHIQUE

(วัดยาง ; Th Ratchadamnoen ; heures du jour). GRATUIT À l'ouest du centre-ville, ce temple possède un *hŏr đrai* (dépôt de manuscrits) centenaire, édifié sur pilotis dans un bassin pour protéger son contenu des termites. Il n'est plus utilisé, mais reste en bon état.

Wat Kamphaeng Laeng TEMPLE BOUDDHIQUE

(วัดกำแพงแลง ; Th Phokarang ; heures du jour). GRATUIT Vestige de l'époque où le royaume khmer d'Angkor s'étendait du Cambodge actuel à la péninsule malaise, au XIIIe siècle, ce sanctuaire fut construit en latérite par le roi Jayavarman VII, l'un des rares rois khmers à avoir fait du bouddhisme la religion d'État. Le *prang* principal, privé de sa partie supérieure, est doté d'une entrée sur ses quatre flancs et entouré de quatre édifices plus petits et de sections du mur d'enceinte en latérite, le tout à divers stades de délabrement.

Fêtes et festivals

Foire de Phra Nakhon Khiri CULTUREL

(fév). Centrée sur Khao Wang, cette fête provinciale se tient pendant 10 jours généralement en février. Le parc historique de Phra Nakhon Khiri est orné de lumières

Phetchaburi (Phetburi)

Les incontournables
1 Parc historique de Phra Nakhon Khiri... A2
2 Wat Mahathat Worawihan C3

À voir
3 Wat Phra Phuttaya Saiyat (Wat Phra Non) B3
4 Wat Yai Suwannaram D2
5 Wat Yang C4

Où se loger
6 J.J. Home C2
7 Sabaidee Resort C2
8 Sun Hotel A3
9 White Monkey Guesthouse C3

Où se restaurer
10 JM Cuisine B2
11 Kow Chae Mae Awn D3
12 Pagoda Cafe C3
13 Phetchaburi Walking Street C2
14 Rabieng Rimnam C3
15 Rim Nam Market D3
16 Talat Taa Rot Tua C2

Transports
17 Arrêt des bus pour Cha-am et Hua Hin D3
18 Gare ferroviaire de Phetchaburi B1
19 Arrêt des bus à destination du Sud A4
20 Station de minibus Wat Tham Kaew A3

multicolore. Au programme : danses traditionnelles, présentation d'artisanat et de spécialités culinaires, et feux d'artifice.

Où se loger

2N Guesthouse PENSION $
(☎085 366 2451 ; www.2nguesthouse.blogspot.com ; 98/3 Mu 2, Tambol Bankoom ; d et lits jum 600 B, qua 1 000 B, avec petit-déj ; P❄📶). Installée dans un quartier assez calme à 1,5 km au nord du centre-ville, cette *guesthouse* comprend 6 chambres grandes, lumineuses et bon marché. Anglophones et très attentionnées, les sœurs propriétaires s'occupent de tout et pourront vous aider pour la suite de votre voyage. Prêt de vélos.

White Monkey Guesthouse PENSION $
(☎090 325 3885 ; whitemonkey.guesthouse@gmail.com ; 78/7 Th Klongkrachang ; dort/lits jum/d/f avec petit-déj 350/600/700/1 400 B ; P❄📶). Cette excellente *guesthouse* comprend des chambres lumineuses, spacieuses et impeccables (les moins chères avec sdb commune et sans clim) très bien situées. Vue sur le parc historique de Phra Nakhon Khiri et le Wat Mahathat Worawihan depuis le toit-terrasse. Le personnel parle anglais et peut organiser des excursions dans la région. Prêt de vélos.

Sabaidee Resort PENSION $
(☎086 344 4418 ; sabai2505@gmail.com ; 65-67 Th Klongkrachang ; ch 350-500 B ; ❄📶). Si l'endroit peut paraître assez quelconque, l'intérieur réserve de belles chambres autour d'un petit jardin et d'une terrasse ombragée donnant sur la rivière. Bungalows en bambou et chambres modernes en béton avec, pour certaines, une salle de bains privative. Les sympathiques propriétaires organisent des cours de cuisine thaïlandaise et proposent la location de vélos (50 B) et de scooters (300 B).

J.J. Home PENSION $
(☎081 880 9286 ; www.jjhomephetchaburi.com ; 2 Th Chisa-In ; ch 200-600 B ; ❄📶). Les chambres sont propres et d'un rapport qualité/prix convenable, et les propriétaires serviables vous feront bon accueil. Toutefois, la rue est très bruyante et l'entretien laisse un peu à désirer. Les chambres les moins chères sont assez sommaires ; les plus onéreuses, situées dans un bâtiment plus récent de l'autre côté de la rue, sont climatisées et disposent de salles de bains privatives et de balcons partagés.

Sun Hotel HÔTEL $
(☎032 400000 ; www.sunhotelthailand.com ; Th Rim Khao Wang ; ch avec petit-déj 850-950 B ; P❄📶). Le Sun fait face à l'entrée du funiculaire du Phra Nakhon Khiri. Personnel serviable et grandes chambres sans âme, correctes mais un peu chères. Café plaisant au rez-de-chaussée et vélos mis à disposition gratuitement. L'hôtel est en réalité assez loin de tout à l'exception du parc historique.

Où se restaurer

Entourée de plantations de palmiers à sucre, Phetchaburi est renommée pour ses douceurs, dont le *kà·nŏm mòr gaang* (crème aux œufs) et divers desserts "dorés", composés de jaune d'œuf et de sucre. On les trouve, tout comme le sucre brut, dans la plupart des marchés. Aux alentours, des vergers produisent des *chom·pôo phet* (jamalacs de Phetchaburi – le fruit qui orne nombre de plaques de rue), des ananas et des bananes *nám wáh*.

LES SINGES DE PHETCHABURI

Phetchaburi est envahie de macaques effrontés. Cantonnés jadis sur la colline Khao Wang dans le parc historique de Phra Nakhon Khiri (p. 526), ils se sont répandus dans les bâtiments alentour, ainsi qu'à Tham Khao Luang (p. 517) et Wat Khao Bandai-It (p. 517), parmi d'autres sites boisés. Ils rôdent autour des stands de restauration et surveillent les piétons, victimes potentielles de leurs chapardages. Ces singes visent les sacs en plastique, souvent remplis de nourriture et de boissons. Faites attention ! Tenez aussi fermement vos sacoches d'appareil photo ou de caméra. Il ne suffit pas de respecter les règles de sécurité (éviter de leur donner à manger ou de les attirer), il faut être constamment sur ses gardes : les morsures ne sont pas rares.

♥ Talat Taa Rot Tua MARCHÉ $

(Th Ratwithi ; 16h-21h). Très animé dès la fin de l'après-midi, ce vaste marché de nuit couvert vend tous les grands classiques thaïlandais, ainsi que le fameux *kà·nŏm jin tôrt man* de Phetchaburi (nouilles de riz fraîches et galettes de poisson frites au curry). Nombreuses tables.

♥ Rabieng Rimnam INTERNATIONAL $

(098 051 5636 ; rabieng@gmail.com ; 1 Th Chisa-In ; plats 45-120 B ; 8h-minuit ;). Ce restaurant offre l'atmosphère d'une maison en bois de 1897 perchée au-dessus de l'eau et concocte une bonne cuisine – essayez le curry de fruits de palmier à sucre aux crevettes. Nid et Tom, les propriétaires anglophones, se joignent souvent à leurs hôtes pour partager des conseils de voyage.

Kow Chae Mae Awn THAÏLANDAIS $

(ข้าวแช่แม่อร ; Th Panichjaroen ; 20 B ; 9h-16h ;). Mae Awn sert son fameux *kôw châe* (riz gluant froid) avec un choix de poissons, de crevettes ou de radis daikon marinés. Situé sur le passage à l'extrémité sud-est du marché Rim Nam. Quelques tables seulement, mais il y a des plats à emporter.

Pagoda Cafe CAFÉ, BOULANGERIE $

(95 Th Klongkrachang ; thé et café à partir de 35 B ; 9h-18h mar-dim ;). Fréquenté par des étudiants, ce petit café est un sympathique refuge climatisé quand le soleil est brûlant.

Marché Rim Nam MARCHÉ $

(Th Panichjaroen ; 5h-11h). Vous trouverez ici de quoi constituer un repas matinal varié, notamment du *kà·nŏm jin tôrt man* (nouilles de riz fraîches et galettes de poisson frites au curry) et des fruits. Nombre de marchands commencent à fermer vers 8h.

Phetchaburi Walking Street MARCHÉ $

(Th Chaisurin ; 16h-21h sam). Contrairement aux marchés de rue piétonniers habituels, tous les étals ici ou presque vendent de la nourriture, ce qui permet facilement de repartir le ventre plein.

JM Cuisine THAÏLANDAIS $

(www.jm-cuisine.com ; 85 Th Ratwithi ; plats 50-100 B ; 7h-17h). À courte distance à pied de l'entrée est du Phra Nakhon Khiri, cette gargote, meilleure que la moyenne, propose des soupes et des plats sautés délicieux.

ℹ Renseignements

S'il n'y a pas d'office du tourisme officiel en ville, les différentes pensions sauront vous transmettre des conseils et informations récentes. Le bureau de la Tourism Authority of Thailand de Cha-am renseigne sur toute la province de Phetchaburi.

Kasikorn Bank (Th Bandai-It ; 11h-19h), dans le centre commercial de Phetpaiboon Plaza, est l'agence bancaire aux horaires prolongés la plus proche du centre-ville.

ℹ Depuis/vers Phetchaburi

Le train est généralement le moyen de transport le plus pratique et le plus confortable ; la **gare ferroviaire** (032 425211 ; Th Rot Fai) est à quelques minutes à pied de la plupart des pensions.

Aucun bus ne relie Bangkok et Phetchaburi. Ils ont été remplacés par des minibus, qui transitent par la **station de minibus Wat Tham Kaew** (Th Bandai-It ; *sà·tăh·ni bor kŏr kŏr wát tâm gâaou*), tout comme les minibus à destination du parc national de Kaeng Krachan.

Les **minibus** (Phetkasen Hwy) pour Hua Hin, Cha-am et Prachuap Khiri Khan sont à 500 m au sud de la station de minibus, le long de la route, à côté de l'hôpital Phetcharat. Ils s'arrêtent aussi plus au sud, devant le **centre commercial Big C** (Phetkasem Hwy). Certains bus longue distance traversant la ville (vers le nord ou le sud) s'arrêtent eux aussi devant le Big C, mais l'attente peut être longue. Pour Chumphon et les villes du Sud, l'**arrêt des bus à destination du Sud** (Phetkasem Hwy) est situé à 300 m au sud de l'hôpital. Autre possibilité pour Hua Hin et Cha-am, les **bus ordinaires**, qui partent du centre-ville à côté du Wat Potaram.

TRANSPORTS DEPUIS/VERS PHETCHABURI

DESTINATION	BUS	MINIBUS	TRAIN
Bangkok – gare ferroviaire de Hua Lamphong			34-1 933 B, 3-3 heures 30, 12/jour
Bangkok – terminaux Sud et Nord des bus (Mo Chit)		100 B, 2 heures, fréquents 3h30-19h30	
Bangkok – Thonburi			31-136 B, 4 heures, 7h16, 12h56
Cha-am	30 B, 1 heure, 1/heure 5h40-16h30 (depuis Wat Potaram)	50 B, 45 min, fréquents 5h-18h20	8-368 B, 40 min, 5/jour
Chumphon	328-500 B, 6 heures, 1/heure 6h30-20h, fréquents 20h-22h		58-2 102 B, 5 heures 30-6 heures 30, 13/jour
Hua Hin	40 B, 1 heure 30, 1/heure 5h40-16h30 (depuis Wat Potaram)	80 B, 1 heure, fréquents 5h-18h20	14-1 839 B, 1 heure, 15/jour
Kaeng Krachan National Park		120 B, 1 heure, 1/heure 7h30-18h30	
Prachuap Khiri Khan	150-200 B, 2 heures 30, 1/heure 6h30-20h, fréquents 20h-22h	150 B, 2 heures 30, 1/40 min 5h-18h20	31-1 460 B, 2-3 heures, 12/jour

Comment circuler

Une course à moto-taxi dans le centre-ville coûte de 20 à 40 B. Les *tuk-tuk* à 4 roues de Phetchaburi (qu'on appelle ici *rót léng*) sont légèrement plus chers. On peut aussi les louer à la journée (environ 700-800 B).

Toutes les pensions louent vélos (50 B/jour) et motos (150-250 B/jour) ; Rabieng Rimnam (p. 520) étant la plus économique. Réservez une moto en même temps que votre chambre : de nombreuses pensions les réservent ailleurs et, si vous en faites la demande à votre arrivée, vous devrez peut-être attendre avant d'en obtenir une.

Cha-am

ชะอำ

032 / 35 600 HABITANTS

Bon marché et accueillante, Cha-am est depuis longtemps une escapade balnéaire prisée des familles modestes et des étudiants de Bangkok. Le week-end et les jours fériés, des bus fluo (appelés *chìng·chàp tua*) aux sonos tonitruantes transportent des groupes de vacanciers. L'ambiance est typiquement thaïlandaise : on mange et on boit attablés sous des parasols en regardant les bateaux gonflables qui vont et viennent sur l'eau. La mer peu profonde invite plutôt aux promenades et aux bains de soleil qu'à la baignade.

La Phetkasem Hwy traverse le centre animé de Cha-am, à 1 km environ de la plage via Th Narathip. Les banques, le marché, la gare ferroviaire et la plupart des arrêts de bus se situent dans le centre-ville. Nombreux DAB et bureaux de change aux horaires prolongés le long de Th Ruamjit.

Parc forestier de Cha-am PARC

(วนอุทยานชะอำ ; Phetkasem Hwy ; lever-coucher du soleil). À la périphérie de la ville et facilement accessible à vélo depuis la plage, ce parc n'est pas connu pour sa beauté mais pour ses gibbons à mains blanches. Ceux-ci fréquentent habituellement le centre du parc (prenez tout droit à l'entrée, traversez le pont, puis tournez à gauche), et sont presque toujours visibles. S'ils ne craignent pas les humains, ils ne sont pas apprivoisés – gardez vos distances.

Fêtes et festivals

Festival international de cerfs-volants de Thaïlande ART

(mars). Presque chaque année, des cerfs-volants artistiques venus du monde entier évoluent au-dessus de la plage le temps d'un long week-end.

Gin Hoy, Do Nok, Tak Meuk CUISINE

(sept). “Manger des coquillages, regarder les oiseaux, pêcher des calmars”, le nom de cette fête annuelle correspond parfaitement aux distractions et aux traditions de Cha-am.

Essentiellement culinaire, avec divers poissons et fruits de mer, elle comprend des démonstrations de pêche, des excursions d'observation des oiseaux dans les réserves proches et des concerts en soirée.

Où se loger

Cha-am compte encore des pensions bon marché – sans charme particulier, mais propres pour la plupart –, installées dans d'étroites *shophouses* en béton près de la plage ; il existe néanmoins un nombre croissant d'adresses plus haut de gamme. Ne séjournez pas à proximité de la gare routière Soi, à moins de ne pas avoir envie de dormir. Des réductions importantes (de 30 à 60%) s'appliquent en semaine, et certaines pensions ont des chambres pour 300 B (avec ventilateur) et 400 B (climatisées).

Cha Inn @ Cha-Am HÔTEL $$
(☎032 471879 ; www.chainn-chaam.com ; 274/34 Th Ruamjit ; ch avec petit-déj 1200-2000 B ; P ❄ 📶). Les propriétaires ont superbement réhabilité cet ancien bâtiment, devenu un hôtel élégant et original pour Cha-am. Restaurant au rez-de-chaussée et salon aéré à l'étage. Quant aux 17 chambres, elles sont grandes, confortables et offrent les mêmes touches subtiles qui caractérisent les espaces communs.

Pa Ka Ma PENSION $$
(☎081 986 4060 ; Soi Cay-ben Tee-wee ; ch 1000 B ; ❄ 📶). Probablement la meilleure pension à petit prix de Cha-am, un peu plus chère seulement que la moyenne. L'endroit est bien conçu – chaque chambre a son propre style et celles à l'arrière ont un petit balcon. Les salles de bains sont agréables, mais l'eau chaude tarde à arriver. On y parle peu anglais. Situé dans un *soi* non numéroté entre Soi 1 et Soi 2 Nord. Si c'est complet, on trouve des logements corrects à proximité.

Bann Pantai Resort HÔTEL $$
(☎032 470155 ; www.bannpantai.com ; 261/2 Th Ruamjit ; ch avec petit-déj 2300-3500 B ; P ❄ 📶 🏊). Plus haut de gamme que la plupart des hôtels de Cha-am, ce bel établissement familial, face à la plage de l'autre côté de la route, possède une grande piscine et un petit centre de remise en forme. Ses chambres spacieuses offrent de grands lits et une terrasse.

Dream Boutique Hotel HÔTEL $$
(☎032 470896 ; tonypresnell@gmail.com ; 235/35 Soi Anatachai ; d 800-1400 B, f 2000 B ; ❄ 📶). Cet hôtel, parfaitement tenu et très propre, n'est pas spécialement un "boutique-hôtel". Sans être luxueuses, les chambres sont bien équipées et agrémentées de balcons ; les clients peuvent se prélasser sur le toit-terrasse. Location de vélos et de motos.

Entre les Soi 1 et 2 Sud, troisième *soi* au sud de Th Narathip.

Raya Resort RESORT $$$
(☎032 472 6412 ; www.rayaresortchaam.com ; 264/2 Th Raumjit ; ch avec petit-déj 5500-25000 B ; P ❄ 📶 🏊). Un lieu luxueux au cœur de Cha-am. Installé dans un parc paysager verdoyant, il ne compte que 12 chambres et 2 villas occupant des maisons en bois d'inspiration traditionnelle. La décoration et les installations sont assez sommaires, mais la taille du domaine et l'atmosphère intimiste, notamment grâce aux petits jardins privés, justifient les prix élevés. Minibar gratuit.

Où se restaurer et prendre un verre

De votre transat, vous pouvez faire signe aux marchands ambulants qui vendent des repas emballés, ou passer commande à l'un des nombreux restaurants en bord de plage, qui vous livreront.

Les meilleurs restaurants de poisson et fruits de mer se trouvent à l'extrémité nord de la plage, près du quai de pêche, où votre dîner a peut-être été débarqué.

Principale enclave des expatriés – avec bière fraîche, tables de billard et sports télévisés –, la gare routière Soi est située dans la première rue au sud de Th Narathip. Vous pouvez également suivre l'exemple de certains visiteurs thaïlandais et rester dans votre transat sur la plage avec une boisson, même après le coucher du soleil.

Chong Heang THAÏLANDAIS $
(Th Ruamjit ; plats 40-350 B ; ⏲7h-20h). Ce restaurant bleu et blanc n'est pas très attirant, mais la cuisine est d'un niveau bien supérieur à la moyenne. Plats thaïlandais classiques, notamment des currys, des plats sautés et du poisson pêché localement.

Krua Medsai Seafood THAÏLANDAIS $$
(près de Th Ruamjit ; plats 40-450 B ; ⏲10h-22h ; P). Cet établissement fait partie des dizaines de restaurants de poisson à proximité du port de pêche de Cha-am. Certains, parmi les plus petits, ont peut-être plus de caractère, mais quelques-uns seulement offrent un choix aussi large et fournissent un menu (correctement) traduit en anglais.

Raya Coffee CAFÉ
(☎032 472570 ; 246/2 Th Ruamjit ; ⏲7h-20h ; 📶). Tout près de la plage, le Raya Coffee est un havre climatisé idéal pour échapper à la chaleur et se régaler de jolies pâtisseries et boissons glacées. Les décorations florales et les éléments peints en gris-vert donnent une ambiance raffinée.

Gravity Sky Bar BAR SUR LE TOIT
(☎032 708300 ; www.novotelhuahin.com/hua-hin-restaurants/hua-hin-rooftop-bar/ ; 854/2 Th Burirom, Novotel Hua Hin Cha Am Beach Resort & Spa ; ⏲16h-23h ; 📶). Au 24e étage du Novotel, le Gravity Sky Bar jouit d'une impressionnante vue à 360 degrés sur Hua Hin et la côte. Les fresques façon graffitis d'artistes de rue bangkokiens, les sièges à motifs géométriques et la musique pop en fond sonore contribuent à l'atmosphère enjouée. On y sert surtout des cocktails classiques et de la bière. Une boisson achetée, une offerte pendant l'happy hour (17h-19h).

Renseignements

Le bureau de la **Tourism Authority of Thailand** (TAT ; ☎032 471005 ; tatphet@tat.or.th ; Th Phetkasem ; ⏲8h30-16h30) se trouve sur Phetkasem Hwy, à 500 m au sud de la ville. Certains membres du personnel parlent anglais.

Only Chaam (www.onlychaam.com) est un site Internet pratique si vous visitez Cha-am.

Depuis/vers Cha-am

Une petite **station de minibus** (Soi Bus Station) pour **Hua Hin-Pran Tour** (☎085 933 8840 ; Th Sasong) se trouve dans la gare routière Soi, avec départ pour Bangkok (terminal Sud et terminal Mo Chit) toutes les 30 minutes de 7h à 17h30. Tous les autres transports publics s'arrêtent à l'intersection de **Phetkasem Hwy** et **Th Narathip**. Il s'agit surtout de minibus, très peu de bus en provenance de Hua Hin ou d'autres villes du Sud prennent des passagers à Cha-am. Le bus de l'aéroport de Hua Hin (p. 532), qui relie Hua Hin à l'aéroport Suvarnabhumi de Bangkok, s'arrête devant la Government Savings Bank au même titre que les bus Shinnakeart Korat, à destination de Bangkok et Nakhon Ratchasima (388 B, 6 heures, 6/jour).

La **gare ferroviaire** (☎032 471159 ; Th Narathip) est située à l'ouest de Phetkasem Hwy, au bout de Th Narathip et n'est desservie par aucun train express. À noter que, sur l'horaire des trains, Cha-am porte le nom de "Ban Cha-am".

On peut trouver un taxi (ou une voiture privée disponible à la location) le long de la plage. Comptez 400 B pour rejoindre Hua Hin.

Comment circuler

Du centre-ville à la plage, le court trajet à moto revient à 40 B ou 100 B en taxi.

Vous pouvez louer un vélo (100 B/jour) et une moto (200-250 B/jour) dans Th Ruamjit.

TRANSPORTS DEPUIS/VERS CHA-AM

DESTINATION	BUS	MINIBUS	TRAIN
Bangkok – aéroport international Don Mueang		180 B, 4 heures, 1/heure 6h30-18h30	
Bangkok – aéroport international Suvarnabhumi	294 B, 4 heures, 1/heure 6h20-18h20		
Bangkok – gare ferroviaire de Hua Lamphong			40-473 B, 4-4 heures 30, 1h40, 4h55, 14h33
Bangkok – terminaux Sud et Nord des bus (Mo Chit)	241 B, 4 heures 30, peu fréquent	160 B, 3 heures 30, fréquents 4h30-19h30	
Bangkok – Thonburi			38-87 B, 4 heures, 6h41, 12h13
Hua Hin	30 B, 30 min, 1/30 min 6h30-17h30	50 B, 30 min, fréquents 6h-19h30	6-363 B, 30 min, 5/jour
Kanchanaburi		200 B, 3 heures 30, 1/heure 6h40-17h40	
Phetchaburi	50 B, 1 heure, 1/30 min 6h30-16h30	50 B, 45 min, fréquents 6h-19h30	8-368 B, 40 min, 5/jour

Hua Hin หัวหิน

032 / 63 100 HABITANTS

La plus ancienne station balnéaire de Thaïlande n'est pas sur une île déserte bordée de palmiers et c'est mieux ainsi. Elle offre un cocktail rafraîchissant de ville et de bord de mer, avec des marchés animés, de bons parcours de golf et parcs aquatiques, d'excellents hébergements et une ambiance tendance et cosmopolite. Nombre de visiteurs ne vont même jamais à la plage. Au milieu des années 1920, Hua Hin était devenue une ville de villégiature prisée par la noblesse de Bangkok – les rois Rama VI et VII y ont même installé des palais d'été. Si l'argent coule à flots à Hua Hin et dans les environs, la ville reste une destination abordable ; les produits de la mer abondent et les transports publics sont pratiques. De Bangkok, il est plus facile (et moins cher) de s'y rendre que dans les îles au sud.

À voir

Ancien village de pêcheurs, la vieille ville de Hua Hin conserve un quartier de *shophouses* (maisons de négoce) en teck quadrillé de *soi* étroits et sinueux, des maisons sur pilotis transformées en restaurants ou pensions, et un port de pêche toujours en activité. Au-delà, surtout vers le nord, de nombreuses résidences historiques d'été en bois sont encore visibles le long du rivage ; repérez-les en vous promenant sur la plage.

Cicada Market MARCHÉ

(ตลาดจักจั่น ; 080 650 4334 ; www.cicadamarket.com ; Soi Hua Thanon 23, Th Phetkasem, Hua Hin Sud ; 16h-23h ven-dim). GRATUIT Bien plus agréable que le marché nocturne du centre-ville de Hua Hin (p. 531), le Cicada s'étend à 3,5 km au sud. Il regroupe alimentation, artisanat et spectacle vivant, mais on y vient plus pour l'ambiance décontractée que pour faire des achats. De nombreux artistes et artisans y vendent leurs articles de décoration et vêtements faits à la main, et on y trouve de la nourriture thaïlandaise et d'ailleurs. Spectacle dès 20h30 et musiciens de rues tout autour. Le dernier *songthaew* vert revient en ville vers 21h.

Centre de soins pour animaux sauvages et refuge pour éléphants de la Wildlife Friends Foundation Thailand SANCTUAIRE ANIMALIER

(มูลนิธิเพื่อนสัตว์ป่า ; 032 458135 ; www.wfft.org ; entrée et visite avec déj demi-journée/journée 1 100/1 600 B). Ce centre, situé à 45 km au nord-ouest de Hua Hin, s'occupe de plus de 700 animaux, incluant des ours, tigres, gibbons, macaques, loris et oiseaux. Le site compte un refuge pour éléphants, qui peuvent vivre sans être enchaînés. Visiter ce centre est bien plus gratifiant que de participer aux circuits d'observation des tigres et des éléphants proposés au départ de Hua Hin, véritables pièges à touristes. Le centre pour animaux sauvages donne accès à toutes les installations et permet de découvrir les pensionnaires et l'histoire de leur sauvetage. Le forfait journée inclut une rencontre avec les éléphants. Visite libre non autorisée.

L'une des associations les plus actives en faveur du bien-être animal dans le pays, la Wildlife Friends Foundation Thailand, gère ce centre, qui recueille et soigne les animaux blessés, abandonnés et victimes de cruauté ne pouvant retourner à la vie sauvage.

Comptez 200 B par personne pour le transfert depuis un hôtel de Hua Hin ou Cha-am ; petit lodge (4 000 B/nuit, repas compris) sur place. Les personnes intéressées par une découverte plus approfondie peuvent travailler au centre comme bénévoles (page ci-contre).

Parc Ratchaphakdi MONUMENT

(อุทยานราชภักดิ์ ; Hwy 4 ; 8h-18h). GRATUIT Hautes de 14 m et pesant chacune 30 tonnes, de belles statues en bronze représentant les rois les plus révérés de Thaïlande dominent ce parc, avec en arrière-plan d'impressionnantes montagnes. Situé au sud de la ville, le projet de 22 millions de dollars US a été commandité par le gouvernement militaire après le coup d'État de 2014, afin d'inspirer la loyauté envers la monarchie.

Baan Silapin GALERIE D'ART

(บ้านศิลปิน ; 086 162 0162 ; www.huahinartistvillage.wordpress.com ; Th Hua Hin-Pa Lu-U ; 10h-17h mar-dim). GRATUIT Peintre local, Tawee Kasangam a installé cette coopérative d'artistes dans un site ombragé, à 4 km à l'ouest de la ville. Les galeries et ateliers exposent les œuvres de plusieurs artistes, qui ont délaissé l'effervescence de Bangkok pour l'atmosphère plus paisible et les paysages montagneux et marins de Hua Hin.

Ne manquez pas de visiter les huttes de terre à l'arrière, qui abritent des sculptures ludiques. D'informels **ateliers artistiques** (adulte/enfant 150/100 B par heure) sont proposés le week-end. Café très relaxant.

Wat Huay Mongkol TEMPLE BOUDDHIQUE
(วัดห้วยมงคล ; Tambon Thap Tai ; heures du jour). GRATUIT Surnommée le "moine à grosse tête", cette statue de 12 m du révéré Luang Phor Thad est un lieu de pèlerinage bouddhique très prisé. Ce moine du sud du pays aurait accompli des miracles, changeant notamment l'eau de mer en eau douce. Les Thaïlandais y viennent pour prier. La tête et les oreilles surdimensionnées de la statue représentent en fait son Éveil.

Hat Hua Hin PLAGE
(หาดหัวหิน). La plage de Hua Hin est plaisante sans être exceptionnelle. Recouverte de sable blanc, elle est bordée par des eaux calmes gris-vert. Étonnamment peu profonde, elle se prête davantage à la promenade et aux bains de soleil qu'à la baignade. Attention aux méduses, en particulier lors de la saison humide.

Le secteur le plus animé est celui situé devant les hôtels Hilton et Centara Grand. Les restaurants livrent des plats aux personnes installées sur des transats à l'ombre (sauf le mercredi, lorsque ces derniers sont retirés pour embellir la plage) et les balades à poney sont très prisées.

Gare ferroviaire de Hua Hin SITE HISTORIQUE
(สถานีรถไฟหัวหิน ; Th Liap Thang Rot Fai). Cette gare rouge et blanche, probablement la plus belle de Thaïlande, fut construite en 1926 pour remplacer la gare d'origine. De style victorien *gingerbread*, elle compte un grand nombre de piliers en bois sculpté et d'ornements. Hua Hin doit sa prospérité au train et la gare est devenue une véritable icône, dont le style architectural est copié un peu partout dans la ville.

Activités

Projets de bénévolat de la Wildlife Friends Foundation Thailand BÉNÉVOLAT
(032 458135 ; www.wildlifevolunteer.org). Si vous aimez les animaux et que le travail ne vous fait pas peur, vous pouvez envisager un séjour au centre de soins pour animaux sauvages de la Wildlife Friends Foundation Thailand (page ci-contre), qui s'occupe d'une ménagerie de créatures sauvées des spectacles animaliers et des propriétaires qui les exploitaient. Vos tâches incluront peut-être le nourrissage des éléphants ou la construction d'un enclos pour les macaques.

Les bénévoles doivent avoir au moins 18 ans, s'engager pour une semaine minimum et faire un don obligatoire (à partir de 350 $US/10 500 B par sem) au centre. Le prix inclut le logement et 3 repas par jour.

Monsoon Valley Vineyard EXPLOITATION VITICOLE
(081 701 0222 ; www.monsoonvalley.com ; 1 Mu 9 Baan Khork Chang Pattana, Nong Plub ; visite 100 B, dégustation à partir de 240 B ; 9h-18h30 avr-oct, 9h-20h nov-mars ;). Monsoon Valley, l'une des rares exploitations viticoles

KITESURF EN FOLIE

Le spectacle des kitesurfeurs s'élevant au-dessus de l'océan ne fait que rehausser la beauté de la plage de Hua Hin. Des vents forts, une eau peu profonde et une longue étendue sablonneuse en font la capitale thaïlandaise du kitesurf.

De Hua Hin jusqu'à Pranburi, les vents soufflent du nord-est d'octobre à décembre générant de nombreuses vagues, puis du sud-est, de janvier à mai avec des eaux plus calmes. Même pendant la saison des pluies, nombreux sont les jours où le vent permet de sauter au-dessus des vagues.

C'est aussi l'un des meilleurs endroits du pays pour s'initier à cette discipline grâce aux nombreuses écoles sur place. En général, on peut se lancer seul après 3 jours de cours. La meilleure période s'étend de janvier à mars, car la mer est moins agitée. Les écoles proposent aussi des cours avancés jusqu'au niveau instructeur.

North Kiteboarding Club (083 438 3833 ; www.nkbclub.com ; 113/5 Th Phetkasem, au niveau de Soi 67, Hua Hin Sud ; cours débutant 3 jours 11 000 B ; 8h-18h mar-dim). Basé à Hua Hin, mais avec des points de vente à Chumphon et à Phuket, ce prestataire réputé possède de vastes locaux et un café.

Kiteboarding Asia (081 683 1683 ; www.kiteboardingasia.com ; 143/8 Soi 75/1, Th Phetkasem, Hua Hin Sud ; cours débutant 3 jours 11 000 B ; 8h30-19h). Ce prestataire établi de longue date compte 3 magasins de plage qui proposent des cours et louent du matériel de kitesurf.

Hua Hin

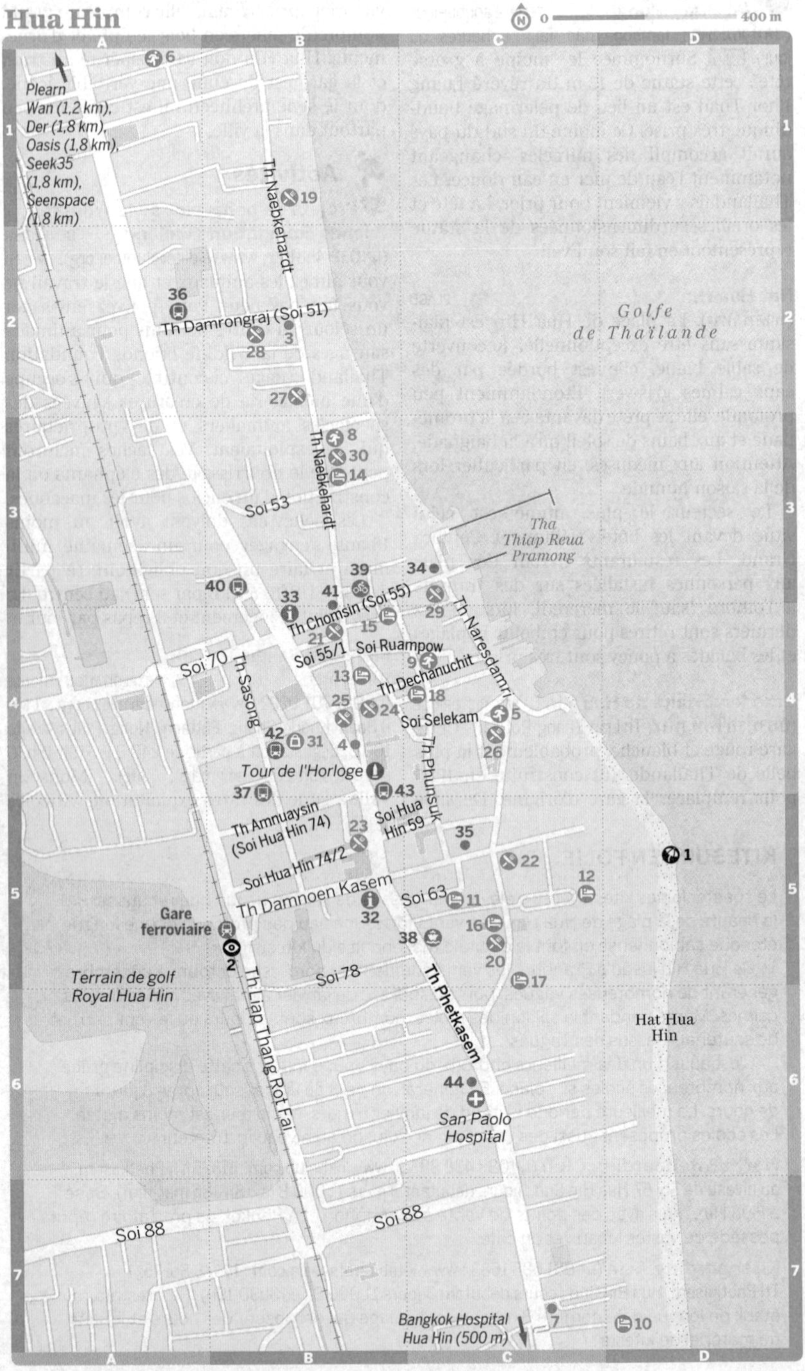
0
400 m
Plearn Wan (1,2 km), Der (1,8 km), Oasis (1,8 km), Seek35 (1,8 km), Seenspace (1,8 km)
Th Naebkehardt
Th Damrongraj (Soi 51)
Soi 53
Tha Thiap Reua Pramong
Golfe de Thaïlande
Th Chomsin (Soi 55)
Soi 55/1
Soi Ruampow
Th Dechanuchit
Th Naresdamri
Soi 70
Th Sasong
Soi Selekam
Th Phunsuk
Tour de l'Horloge
Th Amnuaysin (Soi Hua Hin 74)
Soi Hua Hin 59
Soi Hua Hin 74/2
Th Damnoen Kasem
Soi 63
Gare ferroviaire
Terrain de golf Royal Hua Hin
Soi 78
Th Liap Thang Rot Fai
Th Phetkasem
Hat Hua Hin
San Paolo Hospital
Soi 88
Bangkok Hospital Hua Hin (500 m)

Hua Hin

À voir

1 Hat Hua Hin D5
2 Gare ferroviaire de Hua Hin B5

Activités

3 Feast Thailand B2
4 Hua Hin Adventure Tour B4
5 Hua Hin Golf Centre C4
6 Hua Hin Golf Tours A1
7 North Kiteboarding Club C7
8 Thai Massage by the Blind B3
9 Thai Thai Massage C4

Où se loger

10 Baan Bayan D7
11 Baan Somboon C5
12 Centara Grand Beach Resort & Villas C5
13 Cloud9 Hotel B4
14 Hua Hin Place B3
15 King's Home B4
16 La Maison C5
17 Laksasubha C5
18 Love Sea House C4

Où se restaurer

19 Baan Gliwang B1
20 Carlo C5
21 Stands de rue à l'angle Chomsin-Naebkehardt B4
22 Hagi C5
23 Hua Hin Vegan Cafe B5
24 Jek Pia B4
25 Koti B4
26 Pa Jua C4
27 Ratama B2
28 Sôm·dam Tanontok 51 .... B2
29 The Social Salad C3
30 Velo Cafe B3

Achats

31 Marché nocturne de Hua Hin B4

Renseignements

32 Office du tourisme municipal B5
33 Tourism Authority of Thailand (TAT) B4
34 Tuk Tours C3

Transports

35 Aeknarin Huahin Car Rental C5
36 Gare des minibus de Hua Hin A2
37 Hua Hin-Pran Tour B4
38 Lomprayah C5
39 Lub Sabai Hostel Bike Hire B3
40 Bus pour Phetchaburi et Cha-am B3
41 Pook Chomsin B3
42 Bus et *songthaew* pour Pranburi B4
43 Gare routière de Hua Hin B4
44 Thai Rent A Car C6

thaïlandaises, constitue une bonne étape pour les adultes comme pour les plus jeunes. Visites du vignoble, dégustations et activités pour enfants (peinture, VTT...). Le bistrot propose de nombreux plats thaïlandais et internationaux.

Le vignoble est à environ 45 km de Hua Hin, et des navettes font l'aller-retour deux fois par jour depuis le Hua Hin Hills Bistro & Wine Cellar du Villa Market (300 B).

Le circuit "Wine Safari" comprend une journée complète de visite de l'exploitation et du parc national de Kuiburi (p. 534) en 4x4 (7 000 B/2 pers).

Velo Thailand VÉLO

(☎ 032 900392 ; www.velothailand.com ; 123/50 Th Hua Tanun ; circuit 1 journée à partir de 3 850 B ; ⏰ 8h-18h lun-jeu, 8h-19h ven-dim). Cette succursale de l'agence éponyme proposant des circuits à vélo à Bangkok organise diverses balades aux alentours de Hua Hin, dont un circuit VTT d'une demi-journée pour dévaler les collines à l'ouest de la ville. Comptez 300 B par jour pour la location d'un VTT de bonne qualité (réductions pour les locations plus longues).

Thai Massage by the Blind MASSAGE

(☎ 081 944 2174 ; Th Naebkehardt ; massage thaïlandais 200 B ; ⏰ 7h-21h). Massages traditionnels de la tête, des pieds et du corps par des masseuses aveugles ; autres soins possibles, comme des enveloppements à base de plantes. Deux autres adresses disponibles, à l'écart du centre-ville.

Thai Thai Massage MASSAGE

(☎ 084 318 2451 ; www.thaithaimassagehuahin.com ; 20/1 Th Dechanuchit ; massage thaïlandais à partir de 250 B ; ⏰ 11h-22h). Tarifs plus abordables que les luxueux spas des hôtels haut de gamme. Meilleures que la moyenne, les masseuses de ce lieu respectable sont bien formées, accueillantes et très appréciées.

Hua Hin Golf Centre GOLF

(☎ 032 530476 ; www.huahingolf.com ; Th Selakam ; ⏰ 12h-21h). Le personnel aimable de ce centre professionnel géré par **Hua Hin Golf Tours** (☎ 032 530 119 ; www.huahingolf.com ; Soi 41 ; ⏰ 6h-22h) vous indiquera les terrains les plus abordables et les mieux entretenus, où les singes ne volent pas les balles. Le centre organise des tournois et loue des clubs de golf de qualité (500-700 B/jour).

Cours

Thai Cooking Course Hua Hin CUISINE
(081 572 3805 ; www.thai-cookingcourse.com ; 19/95 Th Phetkasem, Soi Hua Hin 19 ; cours 1 500 B). Le cours d'une journée inclut la visite au marché, un menu de 4 plats et l'élaboration d'une pâte de curry, ainsi qu'un livre de recettes. Trois personnes minimum et transport depuis votre hôtel inclus.

Circuits organisés

Feast Thailand CUISINE
(032 510207, 095 461 0557 ; www.feastthailand.com ; 10 Th Naebkehardt, dans le marché Raruk de Hua Hin ; à partir de 1 350 B ; 8h30-16h lun-sam). Cette petite société propose des circuits gastronomiques très appréciés à la demi-journée. Vous choisissez une visite – découverte des bases de la cuisine thaïlandaise ou de spécialités culinaires plus élaborées – et on vient vous chercher à votre hôtel. Il est parfois possible de rejoindre un groupe par affinités.

Hua Hin Bike Tours À VÉLO
(081 173 4469 ; www.huahinbiketours.com ; 8/12 Takiab 6 ; circuits d'une journée à partir de 3 250 B ; 10h-20h). Cette agence tenue par un couple organise des circuits à vélo d'un ou plusieurs jours à la découverte de divers sites de Hua Hin et des environs, y compris un circuit de 4 jours de Bangkok à Hua Hin. Location de vélos (500 B/jour, dégressif selon la durée) pour cyclistes individuels. Des conseils peuvent être fournis sur les itinéraires. Également le **Tour de Thailand** (081 173 4469 ; www.tourdethailand.com) : des circuits caritatifs à vélo à travers la Thaïlande.

Hua Hin Adventure Tour CIRCUITS AVENTURE
(032 530314 ; www.huahinadventuretour.com ; 69/7 Th Naebkehardt ; 9h-18h lun-sam). Ce tour-opérateur propose diverses excursions, dont des circuits en kayak dans le parc national de Khao Sam Roi Yot et l'observation de la faune dans le parc national de Kaeng Krachan.

Festival

Festival de jazz de Hua Hin MUSIQUE
(juin ;). En raison de l'intérêt que portait le défunt roi Rama IX à ce genre musical, Hua Hin accueille chaque année un festival de jazz où se produisent des musiciens thaïlandais et étrangers. Tous les concerts sont gratuits. La manifestation se déroule généralement en juin.

Où se loger

Cette ville ancienne et touristique compte des hébergements pour tous les goûts. Les meilleurs sont à l'extérieur du centre, réservé aux fêtards. Au nord de Th Chomsin, l'ambiance devient soudain plus locale et moins bruyante. Quant au quartier autour de Th Naebkehardt et de Soi 51, il est le fief de la jeunesse branchée de Bangkok. Sinon, allez vers le sud : la plage est assez calme et peu fréquentée par les rabatteurs.

King's Home PENSION $
(089 052 0490 ; www.huahinkingshome.blogspot.com ; près de Th Phunsuk ; ch 750-950 B ;). Cette *guesthouse* gérée en famille a beaucoup de caractère et pratique des tarifs très raisonnables. La maison possède une décoration assez hétéroclite, mais les 6 petites chambres d'hôtes, mélange de meubles anciens et d'objets kitsch, créent une véritable atmosphère cosy.

Love Sea House PENSION $
(080 079 0922 ; siamozohlie@hotmail.com ; 35 Th Dechanuchit ; ch 700-900 B ;). Cette agréable pension familiale est bien située et joliment décorée sur le thème nautique en bleu et blanc. Les propriétaires, âgés et anglophones, entretiennent parfaitement des chambres de bonne taille. Très proche du quartier festif de Hua Hin, l'endroit n'est toutefois pas approprié si vous voulez faire la fête.

Baan Somboon PENSION $
(032 511538 ; baansomboon@gmail.com ; 13/4 Soi Hua Hin 63, Th Damnoen Kasem ; ch 700 B ;). Avec ses photos de famille sur les murs, son parquet et son petit jardin, cette pension, dans un *soi* calme et central, donne l'impression de séjourner chez un membre de sa famille. Malgré des chambres petites et un peu vieillottes, cette adresse est l'une des plus accueillantes de Hua Hin.

La Maison BOUTIQUE-HÔTEL $$
(032 533007 ; www.lamaison-huahin.com ; 172/6 Th Naresdamri ; ch avec petit-déj 3 200 B ; P). Son emplacement central mais calme et sa piscine sont les deux grands atouts de ce boutique-hôtel. Les intérieurs sobres et modernes sont décorés dans des tons naturels. Le petit-déjeuner continental est servi dans le restaurant au bord du bassin. Agréable café à l'avant.

Cloud9 Hotel HÔTEL $$
(093 394 4499 ; www.cloud9hotel.com ; 71 Th Naebkehardt ; dort 500-600 B, ch 1 820-2 520 B,

f 4 200 B ;). Ouverte en 2019, cette adresse simple et moderne bénéficie d'un emplacement très central. Elle compte des dortoirs mixtes ou réservés aux femmes, et des chambres privatives pour couples et familles. Le toit-terrasse équipé de fauteuils poire est parfait pour un cocktail au coucher du soleil ou sous une nuit étoilée.

Hua Hin Place PENSION $$
(032 516640 ; www.huahin-place.com ; 43/21 Th Naebkehardt ; ch 600-1 000 B, f 1 300 B ;). Entre hôtel et pension, cet établissement assez spacieux possède un salon aéré au rez-de-chaussée, décoré de coquillages, photos et bibelots, où l'on peut bavarder avec le charmant propriétaire et les hôtes.

Les chambres sont bien équipées (le mobilier en osier ajoute une touche de charme) et la plupart ont un petit balcon avec une vue limitée sur mer. Les chambres climatisées (600 B), situées au rez-de-chaussée, sur le côté, sont assez sombres, mais d'un bon rapport qualité/prix. C'est l'une des meilleures adresses à petit prix de la ville.

Baan Bayan HÔTEL $$$
(032 533 5404 ; www.baanbayan.com ; 119 Th Phetkasem, Hua Hin Sud ; ch avec petit-déj 4 500-13 500 B ;). Jolie propriété en teck du début du XXe siècle, le Baan Bayan est parfait pour un séjour luxueux dans un cadre cosy : chambres spacieuses, hautes de plafond, personnel attentif et emplacement en bord de plage. La plupart des chambres sont plus récentes, mais conservent le caractère des 3 chambres d'origine. Piscine.

Laksasubha HÔTEL $$$
(032 514525 ; www.laksasubhahuahin.com ; 53/7 Th Naresdamri ; ch avec petit-déj 3 600-14 500 B ;). Ce remarquable ensemble hôtelier, propriété d'un membre de la famille royale, compte 16 villas très recherchées (soit 45 chambres au total). Décoration sobre et impeccable ; service excellent. Tout est agencé au fil d'une sinueuse allée de jardin menant à la plage, et il y a de nombreuses activités pour enfants et adultes.

Centara Grand Beach Resort & Villas HÔTEL $$$
(032 512021 ; www.centarahotelsresorts.com ; 1 Th Damnoen Kasem ; ch avec petit-déj 10 000-15 000 B ;). L'hôtel historique du chemin de fer a ouvert ses portes en 1922 et fut le premier hôtel de Hua Hin. Rénové et agrandi au fil des décennies, il n'a rien perdu de son charme et aucun autre complexe hôtelier des environs ne saurait rivaliser avec son ambiance raffinée. Les chambres sont grandes, les prestations irréprochables et le personnel est réactif. Vastes jardins paysagers plantés de frangipaniers.

Cet hôtel est particulièrement adapté aux enfants, avec un programme d'activités bien fourni. Rendez-vous au café The Museum pour admirer des photographies et des équipements authentiques datant des premières années.

Où se restaurer

La scène culinaire de Hua Hin est exceptionnelle. Elle est réputée pour ses produits de la mer, que la plupart des habitants préfèrent savourer dans les restaurants sans fioritures de Ban Takiab, au sud de la ville – dont certains avec buffet (400 B).

Jek Pia THAÏLANDAIS $
(51/6 Th Dechanuchit ; plats 80-200 B ; 6h30-12h30 et 17h30-19h30). Ce qui était autrefois un simple café est devenu au fil des décennies l'une des meilleures surprises culinaires de Hua Hin. La mère du propriétaire actuel eut un jour l'idée d'inviter ses cuisiniers préférés à la rejoindre et c'est ainsi que son établissement devint un *food court* gastronomique, proposant un choix très vaste, détaillé dans les cartes qu'on vous présente à votre arrivée.

Tout est délicieux, et il n'existe sans doute pas en Thaïlande de meilleur *gŏoay đěeo đôm yam* (soupe aigre et épicée aux nouilles) au poisson et fruits de mer.

Pa Jua CUISINE DE RUE $
(Th Naresdamri, en face du Hilton Hua Hin ; riz gluant à la mangue 120 B ; 9h-16h). Véritable institution locale, ce stand de riz gluant à la mangue est en activité depuis près de 50 ans. Vous pouvez acheter des mangues seules ou incorporées à un dessert thaïlandais traditionnel composé de riz gluant, mangue et lait de coco, saupoudré de haricots mungos jaunes croustillants. Il n'y a que quelques sièges ; la plupart des clients achètent à emporter.

Baan Gliwang THAÏLANDAIS $
(032 531260 ; www.baan-gliwang.business.site ; Th Naebkehardt ; plats 65-285 B ; 9h-18h ;). Les palmiers, le jardin fleuri, l'ambiance des anciennes maisons de plage en bois et le bruit des vagues font de cette "maison près du palais" un cadre idyllique. Beaucoup viennent s'y prélasser devant un café et un

gâteau à la noix de coco, mais un modeste menu est aussi proposé : cari *massaman*, riz frit au crabe, *kôw châe* (riz gluant froid) et *wrap* garni de salade César. Très petites portions.

Stands de rue à l'angle Chomsin-Naebkehardt CUISINE DE RUE $
(angle Th Chomsin et Th Naebkehardt ; 6h-minuit). Dans ces stands de rue bien connus, on savoure d'excellents plats thaïlandais même si le cadre est modeste. La journée commence tôt chaque matin dans Th Naebkehardt, à environ 50 m au sud de Chomsin ; les stands ouvrent les uns après les autres, à la fois ici et de l'autre côté de la rue, à l'angle. Les deux sites sont couverts et on peut y manger confortablement tout au long de la journée.

Aux alentours de 17h, le *dtôo rûng lék* ("petit marché nocturne") envahit Soi 55/1 jusque tard dans la soirée. Même nourriture, plus des plats de l'Isan (nord-est du pays).

Sôm-đam Tanontok 51 THAÏLANDAIS $
(Th Damrongraj/Soi 51 ; plats 40-190 B ; 10h-22h ;). Cet établissement hors pair de l'excellent quartier des restaurants sert une authentique cuisine de l'Isan, préparée par une famille de Khorat. Vous y trouverez sûrement votre bonheur : poissons-chats grillés, *gaang orm* (curry aux herbes sans lait de coco) et nombreuses versions de *sôm-đam* autres que la papaye, notamment aux pousses de bambou et concombre. L'établissement propose aussi un *lâhp* de calmars.

Enseigne en thaï ; repérez le gril fumant.

Velo Cafe CAFÉ $
(032 900392 ; Th Naebkehardt ; café à partir de 50 B ; 7h30-17h30 ven-mer ;). Il y a des cafés partout à Hua Hin, mais peu sont aussi professionnels que ce petit café-torréfacteur. Excellents sandwichs.

Koti CHINOIS, THAÏLANDAIS $$
(095 860 5364 ; 61/1 Th Dechanuchit ; plats 150-500 B ; 11h-23h ;). Ouvert depuis 1932, ce restaurant sino-thaïlandais est connu dans tout le pays. Les Thaïlandais apprécient les huîtres frites à la farine et aux œufs, tandis que les étrangers choisissent souvent les *đôm yam gûng*. Tous plébiscitent la *yam tá-lair* (salade de fruits de mer épicée) et le curry vert traditionnel. Attente à prévoir.

The Social Salad INTERNATIONAL $$
(081 809 5083 ; www.thesocialsalad.org ; 1/8 Th Chomsin ; plats 100-350 B ; 8h-22h ;). Cet endroit tout simple mais joliment décoré attire de nombreux clients fidèles aux salades à composer soi-même (209 B) – ingrédients bio frais à choisir parmi une longue liste. On y sert également des plats thaïlandais et des pâtes. Alors que la majeure partie de la Thaïlande utilise encore des pailles en plastique, celles de ce restaurant sont en métal. Dix pour cent des recettes vont à des programmes de plantation d'arbres.

Der THAÏLANDAIS $$
(13/14 Soi 35, Seenspace 2e ét ; plats 95-210 B ; 12h-21h ;). Dans le centre commercial Seenspace (p. 531) face à la plage, le Der sert une cuisine isan (du Nord-Est) épicée et aux saveurs très marquées, comme il se doit. Le cadre moderne s'agrémente de touches traditionnelles comme les serviettes à carreaux et les plats servis dans des paniers d'osier et des feuilles de bananier. Goûtez le cou de porc grillé avec sauce au tamarin et la salade *lâhp* à la poitrine de bœuf.

Hua Hin Vegan Cafe THAÏLANDAIS $$
(092 536 6241 ; Th Phetkasem ; plats 100-250 B ; 9h30-21h ;). Cet établissement moderne apporte une touche de fraîcheur au *jae* (régime végétalien) typique thaïlandais : il y a du vin, de l'ail et des ingrédients bio, la cuisine est créative, la salle climatisée et on écoute du jazz en fond sonore. Nombreux plats thaïlandais, traditionnels ou non (*lâhp* de quinoa, notamment), et le menu ne connaît pas de frontières : burgers à l'effilochée de jacque au barbecue, potiron façon carbonara et soupe aux arachides d'Afrique de l'Ouest.

Ratama THAÏLANDAIS $$
(12/10 Th Naebkehardt ; plats 60-200 B ; 8h-16h30). Au menu, omelettes thaïlandaises et un délicieux curry panang. Mais c'est le canard, servi sous différentes formes, qui fait la réputation de l'établissement, incluant soupe aux nouilles et becs frits. Goûtez le *súpêr đin gài* (*đôm yam* de pattes de poulet), qui remplacera, si vous le demandez, les pattes de canard.

Enseigne en anglais difficile à repérer ; cherchez plutôt la statue de canard géant.

Carlo ITALIEN $$$
(032 511348 ; www.carlo-huahin.com ; 174/1 Th Naresedamri ; plats 150-990 B ; 12h-22h30 ;). Hua Hin compte nombre d'établissements italiens, mais la plupart ne vendent

que des pizzas et des pâtes bon marché. Pour un excellent repas et une soirée agréable, cette adresse aux tables nappées de blanc, située côté sud de la zone touristique, est authentiquement italienne, du chef à la carte des vins en passant par le bar à la milanaise et les côtelettes d'agneau grillées.

Le Carlo est ouvert au déjeuner, mais il y fait très chaud car il n'est pas climatisé ; préférez le dîner.

Hagi JAPONAIS $$$
(Th Damnoen Kasem ; plats 140-2 500 B ; 17h-23h, cuisine 17h-22h ; P). Charmant établissement de plein air à côté du Centara Grand, considéré comme le meilleur restaurant japonais de Hua Hin – même si la concurrence est limitée. Des tables avec *teppanyaki* (plaque chauffante) sont proposées aux adeptes du dîner-spectacle.

Où prendre un verre et faire la fête

Vana Nava Sky BAR SUR LE TOIT
(032 809999 ; www.vananavasky.com ; 129/129 Th Phetkasem, Holiday Inn ; 17h-minuit lun-sam, 9h-minuit dim ;). Le Vana Nava Sky est le bar à cocktails le plus chic de Hua Hin. Ouvert en 2018, ce superbe toit-terrasse au 27e étage s'agrémente de sols en marbre et de grandes baies ponctuées de montants métalliques. Sirotez un verre au bar ou sur la terrasse d'observation au sol vitré. Les cocktails inventifs, concoctés à partir de spiritueux infusés et d'ingrédients frais, ne vous décevront pas. Code vestimentaire chic et décontracté.

Un menu façon tapas de saveurs thaïlandaises, japonaises et méditerranéennes est aussi proposé. Le brunch dominical (888 B) donne accès à la piscine à débordement du Holiday Inn.

Airspace CAFÉ
(063 916 0999 ; www.airspacehuahin.com ; 12/399 Soi Ao Hua Dorn ; 9h-20h, restaurant 11h-23h ;). Le superbe Airspace, près de Khao Takiab, est un excellent endroit où venir s'abriter du soleil ou même travailler sur son ordinateur portable. D'une belle hauteur sous plafond, l'espace associe le verre, le fer forgé et les plantes vertes pour une atmosphère tantôt douillette, tantôt romantique selon l'heure. Outre des cafés revigorants, l'Airspace sert le petit-déjeuner en continu, ainsi que des plats thaïlandais et internationaux.

McFarland House SALON DE THÉ
(032 521234 ; www.thebarai.com/mcfarland-house-must-visit-hua-hin ; 91 Th Khao Takiap, Hyatt Regency ; thé gourmand 2 600 B/2 pers, brunch dominical à partir de 1 499 B ; 6h30-22h30, thé gourmand 14h-16h30 lun-sam, buffet-brunch 11h30-15h dim ;). L'heure du thé et le style tropical se conjuguent dans ce vénérable pavillon thaïlandais face à la plage. Construit au XIXe siècle, ce havre de paix en teck porte le nom de l'ancien propriétaire, un médecin américain élevé au Siam par des parents missionnaires.

Achats

Seenspace CENTRE COMMERCIAL
(092 350 0035 ; www.seenspace.com/huahin ; 13/14 Soi 35 ; horaires variables). Seenspace, le premier centre commercial de Thaïlande installé face à la plage, vient d'ouvrir. Espace tendance associant murs de béton et zones ouvertes, il abrite des kiosques culinaires et des repaires climatisés comme le restaurant Der (page ci-contre) de cuisine isan. La plupart des visiteurs convergent sur le club de plage **Oasis** (12h-23h lun-ven, 11h-23h sam, 11h-22h dim), avec ses fauteuils poire et sa photogénique piscine à débordement.

Le centre compte actuellement plus d'établissements de restauration que de magasins, à l'exception de la boutique de créateur chic **Seek35** (064 962 3635 ; seek35.seenspace@gmail.com ; 12h-21h lun-ven, 11h-21h sam-dim). Un boutique-hôtel est installé à l'étage.

Plearn Wan MARCHÉ
(032 520311 ; www.plearnwan.com ; Th Phetkasem, entre Soi 38 et Soi 40 ; 10h-20h). Parmi les sites préférés des voyageurs thaïlandais, le marché de Plearn Wan ("plongée dans le passé") est consacré au design rétro. Les petites échoppes sont conçues pour ressembler aux *shophouses* (maisons de négoce) des quartiers sino-thaïlandais de Bangkok et de Hua Hin. On y trouve quantité de vieilles photos et de meubles vintage. Des Thaïlandais viennent aussi poser pour un portrait.

Marché nocturne de Hua Hin MARCHÉ
(Th Dechanuchit ; 17h-minuit). Tout aussi fréquenté que la plage, ce marché nocturne s'étend sur deux pâtés de maisons et est pris d'assaut tous les soirs. On y trouve les habituelles contrefaçons de vêtements et des souvenirs de pacotille, mais aussi de nombreux rabatteurs, qui agitent sous vos yeux le menu des restaurants au beau milieu de la rue.

Renseignements

On trouve à proximité du centre touristique des DAB et bureaux de change, en particulier dans Th Naresdamri et Th Damnoen Kasen. Pour les autres services bancaires, rendez-vous dans Th Phetkasem ; les banques des centres commerciaux restent ouvertes les soirs et week-ends.

Bangkok Hospital Hua Hin (☎ 032 616800 ; www.bangkokhospital.com/huahin ; Th Phetkasem, au niveau de Soi 94, Hua Hin Sud). Cet établissement de la chaîne d'hôpitaux nationale a bonne réputation. À Hua Hin Sud.

Bureau de l'immigration de Hua Hin (☎ 032 905111 ; Th Phetkasem, au niveau de Soi 100, Hua Hin Sud ; ⏰10h-17h lun-ven, 10h-12h30 sam). Pour proroger les visas touristiques ; au sous-sol du centre commercial Bluport.

Office du tourisme municipal (☎ 032 511047 ; angle Th Phetkasem et Damnoen Kasem ; ⏰8h30-16h30 lun-ven). Bon plan de la ville et des environs (gratuit) ; utile pour les questions basiques.

Police touristique (☎ 032 533440 ; Soi Hua Hin 21). À côté de l'Imperial Hua Hin Beach Resort.

San Paolo Hospital (☎ 032 532576 ; www.sanpaulo.co.th ; 222 Th Phetkasem, Hua Hin Sud). Petite clinique privée au sud de la ville, au niveau de Soi 86 ; bien adaptée aux maux du quotidien et blessures sans gravité.

Tourism Authority of Thailand (TAT ; ☎ 032 513885 ; www.tourismthailand.org/hua-hin ; 39/4 Th Phetkasem, au niveau de Soi 55 ; ⏰8h30-16h30). Le personnel est serviable et parle anglais ; le bureau ouvre rarement à l'heure.

Tuk Tours (☎ 080 544 2465, 032 514281 ; www.tuktours.net ; 2/1 Th Chomsin ; ⏰8h30-20h). Pas de pression dans cette agence serviable qui peut organiser des activités et des déplacements dans toute la Thaïlande.

Depuis/vers Hua Hin

Si le train est le moyen le plus agréable pour rejoindre ou quitter Hua Hin, le minibus reste le plus emprunté. Si vous préférez relier Hua Hin à Bangkok aussi rapidement et confortablement que possible, une voiture particulière vous coûtera au moins 1 600 B (3 heures seulement). Vous pouvez louer un taxi depuis Bangkok pour environ le même prix, mais soyez prêt à marchander.

AVION

À 6 km au nord de la ville, l'**aéroport** (☎ 032 520180 ; Th Phetkasem) accueille uniquement des vols charters et privés. Les tentatives d'établissement de lignes commerciales par le passé ont toujours été de courte durée, même si le sujet est régulièrement évoqué.

BATEAU

Lomprayah (☎ 032 532761 ; www.lomprayah.com ; Th Phetkasem ; ⏰8h-minuit) assure une liaison en bus et bateau entre Hua Hin et Ko Tao (1 050 B, 6 à 9 heures), ainsi que vers Ko Pha Ngan (1 300 B, 9 à 12 heures) et Ko Samui (1 400 B, 10 à 13 heures). Départ devant leur bureau à 8h45 et 23h30.

Un **ferry de passagers** (☎ 093 495 9499 ; www.royalferrygroup.com ; Soi Ao Hua Don 3 ; business 1 550 B, VIP 7 000-14 000 B ; ⏰départ de Pattaya/Hua Hin 13h/16h) relie Hua Hin à Pattaya, sans passer par Bangkok.

BUS ET MINIBUS

Des minibus à destination du Nord (notamment vers Phetchaburi, Kanchanaburi et de nombreux sites à Bangkok) transitent par la **Hua Hin Minivan Station** (Soi 51), tandis que les minibus (et quelques bus) desservant le Sud s'arrêtent à côté de la tour de l'Horloge (Th Phetkasem). Pour la plupart des destinations, services fréquents à partir de 6h environ (4h pour Bangkok et Phetchaburi) jusqu'en début de soirée.

La petite **gare routière de Hua Hin** (Th Phetkasem, au niveau de Soi 96, Hua Hin Sud), au sud de la ville, accueille quelques bus desservant Bangkok, Chiang Mai, Nakhon Ratchasima (Khorat), Phuket et Ubon Ratchathani, bien que la plupart de ceux qui relient Bangkok au Sud n'entrent pas dans la ville. Achetez vos billets la veille.

Pour rejoindre Bangkok (terminal Sud), il est plus pratique de passer par Hua Hin-Pran Tour (p. 523) à proximité du marché nocturne, même si les bus sont vieux. On peut aussi prendre le **bus de l'aéroport de Hua Hin** (☎ 084 697 3773 ; www.airporthuahinbus.com ; Th Phetkasem, à côté de l'aéroport de Hua Hin) qui relie l'aéroport de Hua Hin à l'aéroport international Suvarnabhumi de Bangkok et Pattaya. Si vous empruntez ce bus, on peut vous déposer à votre hôtel (100 B), ce qui est plus avantageux qu'un *tuk-tuk* jusqu'au centre-ville. Les *songthaew* verts ne vont pas aussi loin.

Des bus ordinaires (avec ventilateur) desservent **Pranburi** – au départ de Th Sasong à côté du marché nocturne –, ainsi que **Cha-am et Phetchaburi** (Th Phetkasem) ; départ toutes les heures environ (en journée) de Th Phetkasem en face de la station-service Esso.

TRAIN

La **gare ferroviaire de Hua Hin** (☎ 032 511073 ; Th Liap Thang Rot Fai) est bien située à l'extrémité ouest de Th Damnoen Kasem. Les différentes lignes desservent notamment les gares de Hualamphong et Thonburi à Bangkok (42-96 B, 4 heures 30, 2/jour), Cha-am (6-363 B, 30 min, 5/jour), Chumphon

TRANSPORTS DEPUIS/VERS HUA HIN

DESTINATION	BUS	MINIBUS	TRAIN
Bangkok – aéroport international Don Mueang		200 B, 4 heures 30, ttes les 40 min	
Bangkok – aéroport international Suvarnabhumi	269 B, 4 heures 30, 1/90 min 6h-18h		
Bangkok – gare ferroviaire de Hua Lamphong			44-1 982 B, 3 heures 30-4 heures 30, 12/jour
Bangkok – terminal Est des bus (Ekamai)		200 B, 4 heures 30, 1/heure	
Bangkok – terminal Nord des bus (Mo Chit)	263 B, 4 heures 30, 9h, 12h, 13h30, 15h	180 B, 4 heures, fréquents	
Bangkok, terminal Sud des bus	155 B, 4 heures 30, 3h, 10h, 12h tlj et 16h, 21h ven-sam	180 B, 4 heures, fréquents	
Bangkok – Thonburi			42-96 B, 4 heures 30, 2/jour
Cha-am	20-30 B, 30-45 min, 1/heure 6h-16h	40 B, 30 min, fréquents	6-363 B, 30 min, 5/jour
Chiang Mai	735-980 B, 13 heures, 17h30, 18h, 18h15		
Chumphon	351 B, 5 heures, 10h		49-2 006 B, 4-5 heures, 12/jour
Kanchanaburi		220 B, 4 heures, 1/heure	
Nakhon Ratchasima (Khorat)	347-518 B, 6-7 heures, 10h, 18h, 21h, 23h		
Pattaya	389 B, 5 heures, 11h		
Phetchaburi	40 B, 1 heure 30, 1/heure 6h-16h	100 B, 1 heure, fréquents	14-1 339 B, 1 heure, 12/jour
Phuket	637-840 B, 10-11 heures, 10h, 12h30, 19h, 20h30, 21h, 22h30, minuit		
Prachuap Khiri Khan		80 B, 1 heure 30, fréquents	19-1 403 B, 1-1 heure 30, 11/jour
Pranburi	20 B, 30 min, ttes les 30 min, 7h-15h	30 B, 30 min, fréquents	5-361 B, 30 min, 3/jour
Ubon Ratchathani	683-868 B, 12-13 heures, 18h, 21h, 23h		

(49-2006 B, 4-5 heures, 12/jour), Phetchaburi (14-1 339 B, 1 heure, 12/jour), Prachuap Khiri Khan (19-1 403 B, 1 heure-1 heure 30, 11/jour) et Pranburi (5-361 B, 30 min, 3/jour).

ℹ Comment circuler

Des *songthaew* verts (10 B) partent de l'angle de Th Sasong et de Th Dechanuchit, près du marché nocturne. Ils circulent de 6h à 21h sur Th Phetkasem au sud de Khao Takiab (prenant la direction est sur Th Damnoen Kasem) et vers le nord jusqu'à l'aéroport.

Les tarifs des *tuk-tuk* à 4 roues sont exagérés, à partir de 100 B pour un court trajet. Ceux des motos-taxis sont bien plus sages (30-50 B) pour les courts trajets, et en général les chauffeurs n'essaient pas d'escroquer les étrangers.

De nombreuses boutiques en ville louent des motos (200 à 250 B/jour) et vélos pour certaines (environ 100 B/jour) ; essayez **Lub Sabai Hostel Bike Hire** (☎087 142 4224 ; huahinlubsabaihotel@gmail.com ; 136 Th Chomsin ; vélo/moto 70/200 B par jour ; ⏱8h-21h), **Aeknarin Huahin Car Rental** (☎081 940 0072 ; www.thaicarrenthuahin.com ; Soi 61 ;

Sud de Hua Hin

moto 250 B/jour, voiture à partir de 1 500 B/jour ; ⏲8h-21h30) ou **Pook Chomsin** (☎092 828 6002 ; 142/2 Th Chomsin ; moto 200 B/jour ; ⏲8h-21h). Les rues de Damnoen Kasem, Naebkehardt et Chomsin en comptent plusieurs chacune. Hua Hin Bike Tours (p. 528) et Velo Thailand (p. 527) louent des vélos de qualité.

Tout autour du centre-ville, on trouve des tables sur le bord de la route où louer un taxi (soit n'importe quel véhicule, y compris camionnettes et *tuk-tuk*). Les tarifs sont plus ou moins fixes, mais n'hésitez pas à négocier. Ne vous engagez pas avant de savoir précisément quel véhicule vous est loué. La réservation via votre hébergement ou un tour-opérateur vous coûtera sans doute un peu plus cher, mais elle est plus fiable.

Thai Rent A Car (☎083 887 5454 ; www.thairentacar.com ; Th Phetkasem au niveau de Soi 84, Hua Hin Sud ; ⏲8h30-18h30), agence de location de voitures thaïlandaise, propose des tarifs compétitifs et une flotte en bon état ; on peut vous déposer le véhicule à votre hôtel et il est possible de louer pour un aller simple. À côté du Villa Market.

Pranburi et ses environs

ปราณบุรี

☎032 / 24 800 HABITANTS

À une demi-heure au sud de Hua Hin, sur la côte, la "banlieue" bucolique du district de Pranburi (ปราณบุรี) constitue une alternative calme. Le secteur recèle plusieurs complexes hôteliers raffinés, idéals pour échapper à la foule sans être trop isolé.

Au cœur de cette région se trouve la petite ville de **Pak Nam Pran** (à l'embouchure de la rivière Pranburi), qui compte les plus grands *resorts*, mais peu de plages. Bien que le tourisme se développe, la pêche reste le secteur clé de l'économie ; chaque matin, les bateaux s'amarrent sur le fleuve, débarquent leurs prises et font sécher les calmars sur de grands étendoirs – d'où l'odeur âcre.

Au sud de Pak Nam Pran, le rivage sablonneux est longé par une agréable route côtière qui mène rapidement à **Khao Kalok** ("montagne du Crâne" ; le panneau indique parc forestier de Thao Kosa), imposant promontoire étrangement érodé qui abrite la plus belle plage de la région.

À voir

Pranburi est la porte d'accès à une nature généreuse. Les forêts de mangroves toutes proches permettent de se mettre au vert ; à 40 km s'étend le parc national de Khao Sam Roi Yot, paradis des ornithologues, et à 66 km, le paisible parc national de Kuiburi, où l'on aperçoit souvent des éléphants.

L'agence responsable **Exo Travel** (www.exotravel.com) possède une base de données de tour-opérateurs couvrant les parcs nationaux de Khao Sam Roi Yot et de Kuiburi.

♥ Parc national de Kuiburi PARC NATIONAL

(อุทยานแห่งชาติกุยบุรี ; ☎081 776 2410 ; Rte 4024 ; adulte/enfant 200/100 B, circuit observation de la faune 850 B/véhicule ; ⏲circuit 14h-18h). Qui ne rêve pas de voir des troupeaux d'éléphants sauvages parcourant la forêt ou de se baigner en soirée ? Dans l'unité *hôoay léuk* du parc national de Kuiburi, près de la frontière avec le Myanmar et à 66 km de Pranburi, vous êtes presque sûr de voir des pachydermes. On traverse la forêt et les champs (rachetés aux paysans), où vivent les éléphants, qui, ayant l'habitude de voir des véhicules, ne prêtent plus attention à leur passage. On croise souvent aussi de nombreux gaurs (bétail sauvage). Un circuit aux allures de safari africain !

La plupart des guides ne parlent pas anglais, mais connaissent quelques mots de vocabulaire utiles. Évitez si possible le samedi, jour le plus fréquenté au parc. À 45 minutes à l'ouest du parc national de Khao Sam Roi Yot ; suivez les indications pour les circuits d'observation de la faune. Visitez si possible les deux sites.

Parc national de Khao Sam Roi Yot PARC NATIONAL
(อุทยานแห่งชาติเขาสามร้อยยอด ; ☎032 821568 ; www.thainationalparks.com/khao-sam-roi-yot-national-park ; Rte 4020, Bang Pu ; entrée 200 B, droit de camping 30 B/nuit, tente 2 pers 150 B, sac de couchage 30 B ; ⏲8h-16h30). De hauts éperons calcaires composent le paysage morcelé et en dents de scie du parc national de Khao Sam Roi Yot ("montagne des 300 Pics"), situé à environ 40 km de Pranburi. Tous ou presque viennent ici pour voir **Tham Phraya Nakhon**, l'une des grottes les plus impressionnantes et les plus célèbres de Thaïlande. Cette grotte révérée abrite le **pavillon Khuha Kharuehat**, une *săh·lah* royale, aménagée pour Rama V en 1890, baignée dans la lumière du matin (généralement à partir de 10h30 environ).

Dans le parc, vous pourrez louer un bateau couvert au **Wat Khao Daeng** pour une jolie croisière d'une heure le long de la Khlong Khao Daeng. Il y a un superbe panorama sur les montagnes et vous pourrez aussi observer des oiseaux, des macaques, des varans malais et des poissons amphibiens (*Oxudercinae*).

Les ornithologues viennent durant la saison fraîche, de novembre à mars, pour observer certaines des 300 espèces migratoires et résidentes du parc. Au carrefour des routes migratoires est-asiatique et australienne, Khao Sam Roi Yot accueille notamment des blongios de Chine, talèves sultanes, sittelles à poitrine rousse, jacanas bronzés, ibis à tête noire, aigles à tête noire, aigles criards et rousserolles d'Orient.

La majorité des voyageurs visitent le parc en une journée depuis Hua Hin ou Prachuap Khiri Khan, à environ 50 km de là. En l'absence de transports publics, il faut être motorisé : la location d'une voiture avec chauffeur coûte entre 1 800 et 2 000 B environ au départ des deux villes, carburant compris. Si vous choisissez de passer la nuit, Khao Daeng compte des bungalows, mais la plupart des visiteurs préfèrent séjourner en dehors du parc, à la plage de Hat Sam Roi Yot. Depuis la gare ferroviaire ou l'arrêt de bus à Pranburi, la course en taxi jusqu'à Hat Sam Roi Yot coûte 400 B (tarif fixe).

Le village de pêcheurs de Bang Pu est le principal point d'accès pour visiter Tham Phraya Nakhon. Aucune route ne mène à la grotte, mais vous pouvez vous rendre en bateau (aller simple 200 B) à Laem Sala Beach (on vous débarque dans l'eau peu profonde), puis gravir un sentier pentu avec escaliers sur 430 m pour gagner la grotte. Les restaurants de Bang Pu sont ouverts de 6h à 18h.

Parc forestier de Pranburi RÉSERVE NATURELLE
(วนอุทยานปราณบุรี, Wana-Utthayan Pranburi ; ☎032 621608 ; ⏲6h-18h). Immédiatement au nord de la rivière Pranburi se trouve une vaste mangrove naturelle. Une passerelle de 1 km, avec des panneaux explicatifs (en anglais pour certains), permet d'en avoir une vision au plus près du sol, tandis qu'une tour d'observation offre une vue à vol d'oiseau. À marée haute, les pêcheurs emmènent les visiteurs en bateau (40 min, 500 B) à travers la rivière et les canaux.

Vous verrez des centaines de crabes et un grand nombre d'oiseaux, de poissons amphibiens (*Oxudercinae*) et de varans malais. Par endroits, vous entendrez le claquement des crevettes *Alpheidae*. Cette forêt est très variée et l'écosystème est assez différent de la jeune mangrove replantée de l'autre côté de la rivière, au **Sirinart Rajini Mangrove Ecosystem Learning Center** (ศูนย์ศึกษาเรียนรู้ระบบนิเวศป่าชายเลนสิรินาถราชินี ; Pak Nam Pran ; ⏲8h-17h), GRATUIT très apprécié également des amoureux de la nature.

À 14 km de Pak Nam Pran via la Rte 1019, qui passe tout près de **Hat Sai Noi** (หาดทรายน้อย). Un itinéraire beaucoup plus direct est indiqué sur la plupart des cartes, mais n'est plus ouvert à la circulation.

Où se loger et se restaurer

Thongsuk Mini Resort HÔTEL $$
(☎098 423 2661 ; jamsawang38@gmail.com ; ch 850 B ; P❄📶). Cette adresse n'est pas la moins chère de Pak Nam Pran, mais pour un surcoût d'environ 100 B, ces 9 bungalows de couleur blanche constituent un bon choix pour les petits budgets. Les propriétaires sont serviables mais parlent peu anglais. Vélos gratuits. À quelques pas du rond-point des calmars où se trouve l'arrêt des minibus.

La a natu Bed & Bakery BOUTIQUE-HÔTEL $$$
(☎032 689 9413 ; www.laanatu.com ; au sud de Khao Kalok ; ch 5 500-16 000 B, f 11 000 B, avec petit-déj et thé gourmand ; P ❄ 📶 🏊). Transformer un hameau de riziculteurs en un complexe hôtelier haut de gamme est un projet que le La a natu a réalisé ici avec panache. Délicieusement cachées, ces villas sur pilotis et toit de chaume arborent une touche de luxe à l'intérieur. Sublime vue sur des rizières en contrebas.

Dolphin Bay Resort RESORT $$$
(☎032 825190 ; www.dolphinbayresort.com ; Th Liap Chai Tale, Hat Sam Roi Yot ; ch 1 690-2 790 B, f 4 590-7 690 B ; P ❄ @ 📶 🏊). Ce complexe hôtelier auquel l'endroit doit sa réputation de destination familiale offre une ambiance paisible de camp de vacances et un choix de chambres et de villas standards à prix modérés. Il y a deux grandes piscines, une aire de jeux et une salle de jeux. Les enfants peuvent vadrouiller en toute sécurité dans le grand domaine. Plage de l'autre côté de la route.

Krua Renu THAÏLANDAIS $
(Th Pak Nam Pran ; plats 40-120 B ; ⊙8h-23h ven-lun ; P). Des restaurants très abordables ou bien très chics bordent la route côtière, mais peu peuvent rivaliser avec l'excellente cuisine de cet établissement de Pak Nam Pran, 200 m à l'est du rond-point des calmars. Vous ne serez pas déçu par le *dôm yam* (soupe pimentée) ou le *gaang pàh hâang* ("jungle" ; curry séché). Enseigne en thaï ; repérez les murs de brique marron et les frangipaniers.

Chicken and Bee THAÏLANDAIS $$$
(☎092 054 5645 ; chickenandbee@gmail.com ; Sam Roi Yot ; plats 100-1 000 B ; ⊙10h-18h jeu-mar ; P ✎). Avec pour toile de fond le vert luxuriant du parc national de Khao Sam Roi Yot, le Chicken and Bee est une ferme bio assortie d'un accueillant restaurant semi-ouvert. Les pâtes épicées au poisson et fruits de mer, les jus de fruits fraîchement pressés aux fleurs comestibles et le curry thaïlandais sont parmi les points forts d'une carte nature constamment renouvelée. Promenez-vous dans le jardin et la ferme paisibles après le repas.

Boutique Farmers INTERNATIONAL $$$
(☎081 266 7800 ; www.theboutiquefarmers.com ; Pak Nam Pran ; plats 400-550 B ; ⊙17h-22h ven, 11h-15h et 17h-22h sam, 10h-16h dim ; P 📶 ✎). Le chef James Noble réalise ici le rêve de toute une vie. Son restaurant aéré aux airs de cottage prône une véritable cuisine "de la ferme à l'assiette" ; légumes et plantes aromatiques biodynamiques sont cultivés à l'arrière du restaurant, et la viande et le poisson sont issus de petits producteurs locaux. Le menu aux influences culinaires diverses change tous les jours selon les arrivages de produits frais. Paiement en espèces uniquement.

Depuis/vers Pranburi et ses environs

Pak Nam Pran est située à environ 25 km au sud de Hua Hin. Des bus ordinaires (30 B, 30 min, ttes les 30 min de 7h à 15h), des minibus (30 B, 30 min, fréquents entre 6h et 19h) et des trains (5-361 B, 30 min, 11h47, 17h50, 20h10) vous déposeront dans la ville de Pranburi, à 10 km de Pak Nam Pran, que vous pourrez rejoindre en taxi (200 B). Des minibus (60 B, 1 heure, fréquents de 5h à 18h40) et des trains (14-62 B, 1 heure, 4h51, 10h03, 14h26) partent également de Prachuap Khiri Khan.

Une ligne directe de minibus part de Pak Nam Pran (au rond-point des calmars, au sud de la ville) toutes les 30 minutes, du début de la matinée à la fin de l'après-midi à destination du terminal de Mo Chit et du terminal Sud (200 B, 5 heures) de Bangkok. Ces minibus s'arrêtent à Phetchaburi (140 B, 2 heures), mais pas à Hua Hin.

Comment circuler

Faute de transports publics, vous devrez louer une moto pour explorer la région. Adressez-vous à **Luang Utane** (☎084 080 4023 ; Th Pak Nam Pran ; ⊙7h-18h, 250 B/jour) ou à de nombreux hôtels (250 B/jour). On peut aussi louer dans tous les hôtels une voiture avec chauffeur, et **Cosmo Car** (☎080 139 6665 ; en face de Tesco Lotus) à Pranburi est fiable et abordable (le personnel parle peu anglais).

Prachuap Khiri Khan ประจวบคีรีขันธ์

☎032 / 33 500 HABITANTS

Ville assoupie en bord de mer, Prachuap Khiri Khan est un endroit délicieusement détendu, aux antipodes de Hua Hin. La large baie d'un bleu turquoise, ponctuée de bateaux de pêche, est surplombée de montagnes calcaires constellées d'anfractuosités, un paysage typique du sud de la côte d'Andaman.

Depuis quelques années, les visiteurs étrangers découvrent cette ville pleine de charme, et certains résidents de Bangkok viennent y passer des week-ends (en nombre très restreint toutefois par rapport à d'autres destinations plus connues). La place ne manque pas sur les plages, dans les temples aux sommets des collines et dans les nombreux et excellents restaurants de poisson et fruits de mer.

À voir et à faire

Située au sud du marché municipal 1, Th Suseuk présente de nombreuses maisons traditionnelles en bois, pour une belle balade en journée ou en soirée. Le **Suseuk Culture and Fun Street Market** s'y tient le premier week-end de chaque mois, avec au programme cuisine, artisanat et musique.

Ao Prachuap — BAIE

(อ่าวประจวบ). Joyau de la ville, Ao Prachuap (Prachuap Bay) est une jolie baie incurvée, bordée d'une esplanade et encadrée par des promontoires spectaculaires de part et d'autre. Le lever du soleil y est magnifique et, en soirée, la promenade et le quai offrent un cadre paisible.

Au nord du Khao Chong Krajok, juste après le pont, la baie s'étire paisiblement jusqu'à un piton appartenant au **parc forestier de Khao Ta Mong Lai** (วนอุทยานเขาตาม่องล่าย ; ☎081 378 0026 ; ⏲lever-coucher du soleil). La longue plage de sable parallèle à la route, avant le parc forestier, est peu fréquentée, y compris le week-end, ce qui en fait un endroit idéal pour se prélasser sur le sable. La baignade est possible, mais l'eau n'est pas très propre.

Khao Chong Krajok — POINT DE VUE

(เขาช่องกระจก). À la périphérie nord de la ville, Khao Chong Krajok ("mont du Tunnel miroir", en raison de la trouée naturelle dans un versant qui semble refléter le ciel) offre une vue panoramique sur le littoral et les montagnes à la frontière avec le Myanmar, à quelque 15 km de là. Il vous faudra éviter les singes effrontés en gravissant les 396 marches menant au stupa édifié au sommet par le roi Rama VI.

Wat Ao Noi — TEMPLE BOUDDHIQUE

(วัดอ่าวน้อย ; ⏲lever-coucher du soleil). GRATUIT En quittant Ao Prachuap, dirigez-vous vers le nord sur 2,5 km, puis traversez le village de pêcheurs de **Ban Ao Noi**, où les plus gros bateaux accostent et déchargent, pour arriver à ce grand temple situé entre deux baies : Ao Noi et Ao Khan Kradai. Il est composé d'un superbe *bòht* (salle des ordinations) entièrement en teck et bâti sans clous ; les fresques murales, qui relatent essentiellement l'histoire de la vie du Bouddha, sont constituées de sculptures sur bois peintes et encadrées. L'étang en face est rempli de poissons nourris par des fidèles.

Ao Manao — PLAGE

(อ่าวมะนาว ; ⏲zone de la plage 5h-19h, zone de la montagne 6h-18h). Le week-end, les habitants convergent vers Ao Manao, une baie parsemée d'îles, entourée d'une plage sinueuse à l'intérieur de la base aérienne thaïlandaise Wing 5 – seule plage où les habitants peuvent se baigner car l'eau comme le sable sont propres. On y retrouve les habituels restaurants, transats, parasols et bouées géantes, ainsi qu'une ferme pédagogique. Des balades en quad sont aussi proposées. Si le lieu est pris d'assaut les week-ends, c'est loin d'être le cas en semaine.

Tout visiteur doit s'inscrire à l'entrée de la base, au bout de Th Salacheep. Normalement, aucun passeport n'est exigé, mais il est préférable de l'apporter. La plage se situe à 2,5 km de là. **Khao Lom Muak** (เขาล้อมหมวก ; ⏲6h-18h, musée 9h-15h sam-dim), colline calcaire et lieu de mémoire, se trouve en face de la plage publique, de l'autre côté de la baie.

Sunset Cruise — CROISIÈRE

(☎097 982 8795 ; www.samaowtour.com ; Th Chai Thaleh ; 300 B). Sam Aow Princess Tour propose une courte croisière au coucher du soleil à Prachuap Bay. Départ vers 17h30 tous les soirs, s'il y a assez de passagers.

Où se loger

Pour tirer le meilleur parti de votre visite, il faut absolument séjourner non loin de la plage. Ici, point de grands complexes hôteliers chics. La ville compte quelques établissements de milieu de gamme corrects... ne cherchez pas plus luxueux. Il y a néanmoins de nombreuses petites pensions dans le centre-ville, près de la mer. Inutile de réserver, hormis les week-ends en haute saison.

Safehouse Hostel — AUBERGE DE JEUNESSE $

(☎087 909 4770 ; r_jularat@hotmail.com ; 28 Soi 6, Th Salacheep ; dort 280 B, ch 450-800 B ; ❄📶). Des chambres quelconques mais impeccablement tenues, et une gérante, Sherry, à l'origine du succès de cette petite auberge de jeunesse. Aux petits soins pour ses clients, elle propose notamment d'intéressants circuits dans le parc national de Kuiburi (p. 534). Cuisine commune à disposition.

Prachuap Khiri Khan

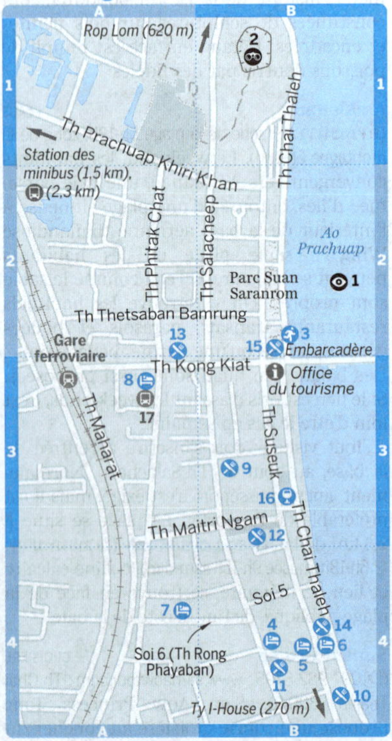

Prachuap Khiri Khan

À voir

1 Ao Prachuap B2
2 Khao Chong Krajok B1

Activités

3 Sunset Cruise B2

Où se loger

4 De Boutique Hotel B4
5 Grandma's House B4
6 Prachuap Beach Hotel B4
7 Safehouse Hostel A4
8 Yutichai Hotel A3

Où se restaurer

9 Dtom Leuat Mu B3
Grandma's House .... (voir 5)
10 In Town Seafood B4
11 Krua Chaiwat B4
12 Marché municipal 1 .... B3
13 Marché nocturne A2
14 Pizza Khirikhan B4
15 Marché Rim Taley B2

Où prendre un verre et faire la fête

Cro-magnon .... (voir 4)
16 Top Deck B3

Achats

Hachi Coffee & Bike Shop .... (voir 10)

Transports

17 Arrêt des bus pour Bangkok et Phetchaburi A3

Grandma's House BOUTIQUE-HÔTEL $
(☎0895266896 ; grandmaprachuap@gmail.com ; 238 Th Suseuk ; ch avec petit-déj 690-890 B ; ❄ 📶). Au-dessus du café rétro très prisé de l'établissement, ces 3 chambres en bois (deux petites et une grande) sont pourvues de meubles anciens et partagent deux salles de bains modernes. Vous devrez supporter le bruit de la rue, mais le niveau sonore n'est généralement pas trop élevé la nuit.

Khao Ta Mong Lai Forest Park Campsite CAMPING $
(☎093 014 9919 ; avec tente 100 B, location tente 3 pers 300 B). Ce parc dispose d'un terrain de camping ombragé et d'installations parmi les plus propres de Thaïlande. Il y a toutefois des bungalows rudimentaires, réservés aux grands groupes. Installé de l'autre côté de la baie par rapport au centre-ville, il permet d'admirer de superbes couchers de soleil.

Yutichai Hotel HÔTEL $
(☎032 611055 ; yutichai_hotel@hotmail.com ; 115 Th Kong Kiat ; ch avec ventil 220-350 B, clim 500 B ; ❄📶). À proximité immédiate de la gare, cet hôtel historique en bois est bien entretenu et pratique des tarifs honnêtes. La plupart des chambres (notamment celles avec climatisation, salle de bains et eau chaude) se trouvent dans un bâtiment plus moderne à l'arrière, en béton, mais dans le même esprit. Si vous avez le sommeil léger, choisissez une chambre à l'arrière.

♥ **Prachuap Beach Hotel** HÔTEL $$
(☎032 601288 ; www.prachuapbeach.com ; 123 Th Suseuk ; d et lits jum 1 000 B, tr 1 200 B ; P❄📶). L'hôtel le mieux situé et peut-être le plus calme de la ville se trouve à proximité de nombreux bons restaurants ; il donne sur la promenade et offre une vue imprenable depuis les étages supérieurs. Les chambres du 1er étage sont les moins chères, mais n'hésitez pas à payer le supplément de 100 B pour être un peu plus haut (bâtiment sur 5 niveaux).

De Boutique Hotel HÔTEL $$

(☎ 032 611888 ; www.deboutiquehotel.com ; 141 Th Salacheep ; d/lits jum/f avec petit-déj 1 800/2 500/2 690 B ; P ❄ 📶). Ces deux bâtiments jaune vif comptent des chambres modernes et confortables à la décoration soignée, même si les fresques qui ornent les murs ne suffisent pas à en faire un boutique-hôtel. Un bon choix, bien situé, si cela ne vous dérange pas d'être à deux rues de la mer.

Où se restaurer

Les restaurants de Prachuap sont bon marché et servent d'excellents plats de poisson, ainsi qu'un grand nombre de plats occidentaux. Au **marché municipal 1** (Th Maitri Ngam ; 4h-16h), vous pourrez acheter des ananas fraîchement cueillis ; demandez au vendeur de vous les découper. Le centre-ville compte deux petits **marchés nocturnes** (Th Kong Kiat ; 16h30-2h).

Marché Rim Taley MARCHÉ $

(Th Chai Thaleh ; 16h-20h30 lun-jeu, 16h-21h ven-sam). Ce "marché près de l'océan" n'est pas très grand, mais permet de se restaurer sur la promenade et le quai. Les vendredis et samedis, les dizaines de vendeurs habituels sont rejoints par 200 autres : le marché devient alors **Walking Street**, même si les objets d'art ou d'artisanat sont rares.

Ty I-House BOULANGERIE $

(235 Th Suseuk ; boulangerie 30B ; 8h-15h lun-sam ; 📶). Après une retraite anticipée, Khun Suchada a fait de sa passion son nouveau métier. Elle prépare, selon l'envie du moment, quelques pâtisseries (muffins, cake...) qu'elle vend ensuite sur une petite table. Délicieux brownies.

Dtom Leuat Mu THAÏLANDAIS $

(Th Salacheep ; soupe 40 B, riz 5 B ; 6h-12h). Cette échoppe à l'angle d'une rue ne sert qu'un seul plat, la soupe au sang de porc, qui lui a donné son nom – un bouillon piquant contenant de nombreuses parties du cochon en plus du sang coagulé. L'endroit est constamment bondé et des marchands ambulants vendent des en-cas comme les *kà·nŏm krók* (gâteaux chauds à la noix de coco) devant l'échoppe, qui ferme quand il n'y a plus de soupe.

Krua Chaiwat THAÏLANDAIS $

(Th Salacheep ; plats 40-240 B ; 9h-15h et 16h30-20h lun-sam ; 📶 🖉). Avec sa très bonne cuisine et ses prix attractifs, ce petit restaurant attire une clientèle mêlant expatriés et habitants. Bien qu'essentiellement thaïlandais – le *đôm yam* (soupe) et les currys sont assez bons –, l'établissement propose aussi un choix de steaks et quelques plats fusion, spaghettis sautés au maquereau salé, notamment.

Grandma's House CAFÉ $

(238 Th Suseuk ; plats 39-159 B, café à partir de 35 B ; 7h30-18h lun-sam, 7h30-20h dim ; 📶). Ce sympathique café est situé au rez-de-chaussée d'une maison en bois rénovée, vieille d'un siècle. Tenu par des artistes, c'est un bon endroit où prendre le petit-déjeuner, un café, un smoothie ou un chocolat chaud.

Rap Lom POISSON, FRUITS DE MER $

(Th Suanson ; plats 60-260 B ; 10h-21h ; P 📶). Le Rap Lom reste le restaurant favori des habitants. Le *pàt pŏng gà·rèe Ɓou* (curry de crabe) est préparé avec de gros morceaux de crabe et la *yam tà·lair* (salade de poisson) est épicée et acidulée. Côté terre, goûtez la salade de fleurs de bananier.

♥ **Pizza Khirikhan** ITALIEN $$

(☎ 081 199 0861 ; 117 Th Susek ; plats 120-200 B ; 16h-22h ; 📶). Bong, le propriétaire, a mis tout son cœur dans ce restaurant d'inspiration "tiki". L'ancien établissement, une cabane de plage, a été recréé avec des feuilles de palmier et du bois dans ce repaire tropical en plein centre-ville. Bong sert ses clients et prépare lui-même les savoureuses pizzas sur fond de musique reggae. Le service n'est pas rapide, mais il est sympathique et personnalisé.

♥ **In Town Seafood** THAÏLANDAIS $$

(Th Chai Thaleh ; plats 50-400 B ; 15h-23h ; P). "L'endroit où aller", disent les habitants avisés. On dîne sous un chapiteau en toile, face à la baie et aux bateaux de pêche aux calmars. Si vous ne connaissez pas le nom des poissons ou fruits de mer au menu, il suffit de pointer du doigt ce que vous désirez parmi le vaste choix présenté – barracuda, crabe, mollusques, etc. Service assez lent.

Où prendre un verre et faire la fête

La route de la plage est incontournable en soirée et compte quelques bars tranquilles au nord du Prachuap Beach Hotel ; on est bien loin de l'ambiance festive et bruyante de Hua Hin.

Top Deck BAR
(www.top-deck.co ; 56 Th Chai Thaleh ; bières/ cocktails à partir de 65/130 B ; 13h30-23h30 jeu-mar ;). Vous pouvez siroter un verre jusqu'à une heure assez tardive sur le balcon, à l'étage du Top Deck, en regardant les lumières clignotantes des bateaux de pêche dans la baie. Il sert aussi de réconfortants plats thaïlandais et quelques plats occidentaux (80 à 310 B).

Cro-magnon CAFÉ
(087 664 9514 ; mangpor99@hotmail.com ; Th Salacheep ; 10h-20h ;). L'"Espresso Studio", comme il se nomme lui-même, ne fait pas que du café – il y a aussi des sundaes et des *kakigōri*, un dessert japonais à la glace râpée. Si cela ne suffit pas à vous rafraîchir, la puissante climatisation le fera sûrement.

Achats

Hachi Coffee & Bike Shop VINTAGE
(065 434 4694 ; Th Suseuk ; 10h30-19h30 dim-ven ;). Ce café et boutique vintage recèle un trésor de chemises hawaïennes, vinyles et autres articles originaux qui pourraient faire de sympathiques souvenirs. Commandez un café et prenez place à l'un des comptoirs en bois face à la rue. La propriétaire, qui a baptisé l'endroit du nom de sa fille, se fera un plaisir de vous donner des conseils de voyage et de vous louer des vélos (100 B).

Renseignements

Le centre-ville ne manque pas de banques et de DAB. Des agences ouvertes les soirs et week-ends sont situées dans le centre commercial Tesco-Lotus, 3 km à l'ouest du centre-ville.

TRANSPORTS DEPUIS/VERS PRACHUAP KHIRI KHAN

DESTINATION	BUS	MINIBUS	TRAIN
Ban Krut	70 B, 1 heure, 3/jour (vers la ville)	70-90 B, 1 heure, 1/30 min 5h40-19h (vers la Hwy)	13-339 B, 1 heure, 8/jour
Bang Saphan Yai	80 B, 1 heure 30, 10/jour (vers la ville)	100 B, 1 heure 30, 1/30 min 5h40-19h (8 vers la ville, les autres vers la Hwy)	16-347 B, 1 heure 15, 9/jour
Bangkok – gare ferroviaire de Hua Lamphong			168-455 B, 4 heures 30-5 heures 30, 9/jour
Bangkok – terminal Nord des bus (Mo Chit)	240 B, 6-7 heures, 15h30	220 B, 5 heures, 1/45 min 1h30-19h30	
Bangkok – terminal Sud des bus	200 B, 5 heures, 9h, 11h, 13h, 1h	200 B, 5 heures, 1/45 min 3h-19h	
Bangkok – Thonburi			56-130 B, 6 heures, 4h50, 10h
Cha-am		120 B, 2 heures, fréquents 5h-18h40	24-415 B, 2 heures, 4/jour
Chumphon	220 B, 4 heures, 1/heure 11h-minuit	180 B, 3 heures 30, 1/40 min 6h-19h	78-1 473 B, 2 heures 30-3 heures, 10/jour
Hua Hin		80 B, 1 heure 30, fréquents 5h-18h40	19-1 363 B, 1-1 heure 30, 11/jour
Phetchaburi	150 B, 2 heures 30, 1/heure 7h30-21h	150 B, 2 heures 30, 1/40 min 3h-19h	31-1 460 B, 2-2 heures 30, 11/jour
Phuket	587-913 B, 9-10 heures, 11h et 1/30 min 20h-minuit		
Pranburi		60 B, 1 heure, fréquents 5h-18h40	14-392 B, 1 heure, 3/jour
Ranong		250 B, 4 heures 30, 8h, 10h, 13h, 15h30	

Agence consulaire française (☎08 05 984420 ; agenceconsulairehuahin@gmail.com ; 59/154 Sanuk Residence, Soi 112 Hua Na 1 ; 9h-12h mer sur rdv).

Office du tourisme (☎032 604143 ; Th Chai Taley ; 8h30-12h et 13h-16h30 lun-ven). Plans de la ville gratuits, à proximité immédiate du quai. Le personnel parle anglais.

Depuis/vers Prachuap Khiri Khan

La plupart des bus n'entrent pas dans la ville, ils se garent sur la Phetkasem Hwy (Hwy 4), dans une aire appelée **sà·tăh·nee dern rót** (Phetkasem Hwy), à 4 km au nord-ouest du centre-ville. Les billets sont en vente sur le côté nord de la route. Pour être sûr d'avoir une place assise, achetez votre billet la veille, car les bus sont souvent déjà pleins lorsqu'ils arrivent à Prachuap. Exceptions, les 4 bus climatisés quotidiens qui vont vers le terminal Sud de Bangkok (200 B, 9h, 11h, 13h, 1h) et ceux pour Phetchaburi (150 B, ttes les heures) utilisent un petit **arrêt de bus** dans Th Phitak Chat. Les minibus constituent l'essentiel des transports à Prachuap et partent tous de la station de minibus **kew rót đôo** (Th Prachuap Khiri Khan/Rte 326) à l'intersection de la Rte 326 et de la Hwy 4, près de l'arrêt de bus principal. La **gare ferroviaire** (☎032 611175 ; Th Maharat) est à 15 minutes à pied du principal quartier des hébergements.

Comment circuler

Prachuap est assez compacte pour s'y déplacer à pied. Une course à moto-taxi revient à 30 B en ville, et à 60 B jusqu'à l'arrêt de bus ou à la station des minibus. La plupart des hôtels louent des motos (200-250 B/jour) et des vélos (50 B).

Ban Krut et Bang Saphan Yai บ้านกรูด / บางสะพานใหญ่

☎032 / 4 200/15 100 HABITANTS

Si les plages de Ban Krut et de Bang Saphan Yai ne méritent pas forcément les superlatifs qu'on leur attribue souvent, elles n'en restent pas moins fort agréables. Respectivement à 65 km et 90 km au sud de Prachuap Khiri Khan, elles attirent la plupart des visiteurs plus pour l'isolement que pour la découverte de paysages. Pas de hauts immeubles, pas de discothèques ouvertes toute la nuit et pas de circulation effrénée pour vous déranger dans vos activités : lire, nager, manger et se balader à vélo. Bien que Ban Krut soit de plus en plus fréquentée par les familles thaïlandaises, elle reste une alternative bien plus tranquille que Hua Hin. Pendant ce temps, à Bang Saphan Yai, on est souvent seul à se reposer ou à se promener sur le long littoral sablonneux entre cocotiers et mer bleue cristalline. La haute saison court de novembre à mars mais, dans l'ensemble, le lieu reste largement épargné par la foule.

À voir

Ban Krut PLAGE

La plage de Ban Krut est désormais une vraie destination touristique, dotée d'un chapelet de complexes hôteliers, restaurants et magasins de location de bouées géantes – et même d'un 7-Eleven – face à la mer, de l'autre côté de la route. Les familles se garent et passent la journée à se détendre et à regarder leurs enfants s'éclabousser. Malgré tout, l'endroit reste nettement plus tranquille que les habituelles plages touristiques et vous n'aurez pas besoin de vous éloigner bien loin pour avoir un peu d'espace, même lors des week-ends de vacances.

Ban Krut offre davantage d'occasions d'exploration que Bang Saphan Yai. La route frangée de cocotiers allant vers le sud, où résident fermiers et pêcheurs, se prête à une balade à vélo ou à moto ; au nord, le **Phra Mahathat Chedi Phakdi Praka** (พระมหาธาตุเจดีย์ภักดีประกาศ ; Rte 1029, Hat Ban Krut ; 8h-17h) GRATUIT compte un magnifique stupa.

Bang Saphan Yai PLAGE

Bang Saphan Yai ressemble encore au cliché qu'on se faisait de la Thaïlande il y a 30 ans, avant que les villas avec piscines et les groupes en voyage organisé n'envahissent les plages. Les logements sont en grande partie sur la plage elle-même (Hat Suan Luang) et les marchands ambulants sont rares.

Les îles au large de la côte, notamment **Ko Thalu** avec son arche rocheuse naturelle, offrent de belles occasions de pratiquer le **snorkeling** et la **plongée** (de mars à octobre, et en particulier en mars et avril). Bien qu'elles soient proches de Bang Saphan Yai, des excursions vers ces îles peuvent également être organisées depuis Ban Krut.

Où se loger

Les deux plages disposent d'hébergements à tous les prix, même si l'offre est assez limitée. Presque tous sont vides la semaine et ne font réellement le plein que lors des longs week-ends, lorsque les habitants de Bangkok prennent le temps d'aller au-delà de Hua Hin. La plupart des hôtels et complexes n'augmentent pas leurs prix (ou peu) les week-ends ordinaires.

Ban Krut

La plupart des établissements se trouvent dans un secteur très animé, à 1 km du petit village, qui semble être resté figé dans le temps avec ses anciennes *shophouses* (maisons de négoce) en bois. Au nord du cap surmonté d'un temple (cette partie de plage se nomme Hat Sai Kaew) et au sud, la plage devient rapidement déserte, avec quelques hôtels seulement, disséminés entre les cocoteraies.

Siripong Guesthouse PENSION $

(☎032 695070 ; Hat Ban Krut ; ch avec ventil 250-300 B, clim 500 B ; P ❄ 📶). Cet hébergement, le moins cher de la région, est très rudimentaire. Les chambres sont en réalité assez agréables même si l'extérieur paraît plus ou moins délabré. L'établissement est bien situé, légèrement à l'écart des parties les plus fréquentées de la plage. Les chambres avec ventilateur ont des toilettes avec seau ou des salles de bains communes. Le personnel parle un peu anglais, et des réductions sont proposées pour les séjours plus longs. S'il n'y a personne, allez à l'épicerie familiale située de l'autre côté de la route.

Proud Thai Beach Resort PENSION $

(☎089 682 4484 ; www.proudthairesort.com ; Hat Ban Krut ; ch 800 B ; P ❄ 📶). Ces 8 bungalows en bois avec terrasse sont installés à l'ombre des arbres, de l'autre côté de la route de la plage. Assez vieillots, ils sont bien tenus par le propriétaire (qui parle anglais).

Ban Krut Resort RESORT $$

(☎081 421 1186 ; www.bankrutresort.com ; 212 Tambon Thongchai ; ch 1 000-5 400 B ; P ❄ 📶 🏊). Les chambres de cet établissement, simplement décorées, disposent de balcons, mais les murs sont assez minces. Petite piscine, zone privée avec chaises longues sur la plage et vélos gratuits pour la clientèle.

♥ **Baan Grood Arcadia Resort & Spa** RESORT $$$

(☎032 695095 ; www.bgaresort.com ; Ban Krut ; ch avec petit-déj 1 400-3 700 B, ste 3 700 B, f 7 000-11 000 B ; P ❄ 📶 🏊). Ce complexe hôtelier apporte une touche de luxe à la station décontractée de Ban Krut. Toutes les chambres sur jardin et les villas sont décorées dans le style thaïlandais. Les installations, telle la piscine étincelante, et les vastes balcons donnent à l'Arcadia une atmosphère de bout du monde malgré son emplacement sur la route principale longeant la plage. Le logement le plus luxueux est une villa de 4 chambres sur deux niveaux avec piscine privée.

Bang Saphan Yai

La plage se trouve à 6 km au sud de la ville de Bang Saphan Yai. Vous y trouverez une poignée de petits complexes hôteliers tape-à-l'œil, mais aussi une rangée de bungalows très basiques pour petits budgets avec accès direct à la plage, au nord du Why Not Bar. On peut aussi loger dans les terres, mais cela n'a guère d'intérêt si l'on vient pour la plage.

Ploy Bungalows BUNGALOWS $

(☎032 817119 ; Hat Bang Saphan Yai ; ch 500-700 B ; P ❄ 📶). Un endroit calme et décontracté avec des bungalows en béton de couleurs vives. Atout pour les moins argentés, les bungalows situés sur la plage sont moins chers (500 B, avec ventilateur). Plusieurs autres adresses comparables à celle-ci jalonnent la route. Pas de cuisine, il faut marcher un peu pour se restaurer.

♥ **The Theatre Villa** HÔTEL $$

(☎085 442 9150 ; www.thetheatrevilla.com ; Hat Bang Saphan Yai ; ch avec petit-déj 1 350-2 100 B ; P ❄ 📶). Très tranquille, même pour Bang Saphan, ce petit hôtel situé sur une grande plage est particulièrement soigné. Les chambres, lumineuses et très confortables, se déclinent en 3 catégories : chambres d'hôtel à l'arrière, bungalows plus chers au milieu et 2 chambres avec vue sur la mer à l'avant. À l'ouest de la route principale.

Où se loger et se restaurer

À Ban Krut, les restaurants bordant la route de la plage sont essentiellement axés sur les produits de la mer, sauf quelques exceptions. Les habitants mangent presque exclusivement dans les restaurants (standards) le long de la route qui mène à la ville. Il y a aussi des cafés et un mini-marché nocturne (15h-21h) près du Tesco-Lotus Express. Bang Saphan Yai compte quelques restaurants banals de cuisine internationale, éparpillés entre les hébergements, mais il n'y a rien de réellement local.

Il y a des bars dans les deux endroits. Les bières les moins chères de Ban Krut sont vendues le long de la plage en face de la pension Siripong Guesthouse – un lieu de rendez-vous des habitants et expatriés. Kasama's a une carte d'alcools bien fournie.

Bang Saphan Yai comprend quelques troquets appréciés des expatriés : le **Why**

Not Bar, installé sur la plage, et le **Blue Bar**, avec table de billard, situé tout près de l'intersection avec la route principale. Musique live fréquente dans ces deux bars.

Kasama's Pizza ITALIEN $$
(☎081 139 0220 ; www.kasamapizza.com ; Rte 1029, Hat Ban Krut ; plats 50-355 B ; ⏲10h-22h, horaires réduits en basse saison ; P📶). Ce sympathique restaurant, l'un des plus anciens de Ban Krut, propose des sandwichs copieux, des petits-déjeuners servis toute la journée, des pizzas et des milk-shakes au chocolat. L'établissement peut livrer, même à la plage. Situé à l'écart de la route d'accès, derrière le 7-Eleven.

Renseignements

Pour des informations locales sur la région, visitez www.bankrutinfo.com et www.bangsaphanguide.com.

Bankrut Tour & Travel (☎081 736 3086 ; www.bankrut.co.th ; Hat Ban Krut ; ⏲8h-20h). Cette agence de voyages professionnelle et accueillante est installée dans l'enceinte du Na Nicha Bankrut Resort, juste avant la plage. Le personnel peut organiser des excursions à la journée, notamment une sortie snorkeling à Ko Thalu, et s'occuper, par exemple, de vos billets de ferry pour les îles du Sud.

Depuis/vers Ban Krut et Bang Saphan Yai

Les deux villes possèdent chacune une gare routière. Les 11 trains en provenance de la gare ferroviaire Hualamphong de Bangkok et à destination du Sud s'arrêtent tous à la **gare ferroviaire de Bang Saphan Yai** (☎032 691552 ; Soi Bang Saphan ; 69-1 667 B, 5 à 7 heures), et 7 d'entre eux s'arrêtent aussi à la **gare ferroviaire de Ban Krut** (☎032 695 004) ; arrivée très tard le soir pour la plupart. Un train ordinaire part également à 7h30 de la gare Thonburi de Bangkok (67-316 B, 7 heures 30). On peut aussi rejoindre ces deux villes par le train au départ de Prachuap Khiri Khan (16-1 355 B, 1 heure), Chumphon (20-1 406 B, 1 heure 30-2 heures) et Hua Hin (33-1 469 B, 2 heures).

Du terminal Sud de Bangkok, un bus part pour **Bang Saphan Yai** (Soi Bang Saphan ; 275 B, 6 heures) environ toutes les 1 ou 2 heures entre 7h30 et minuit, avec un premier arrêt à **Ban Krut**. En direction du nord, ils s'arrêtent à Prachuap Khiri Khan (90 B, 1 heure) et Phetchaburi (193 B, 3 heures 30), mais pas à Hua Hin. Les arrêts de bus se trouvent dans les deux cas à quelques minutes à pied au sud des gares. On peut se procurer les billets auprès de son hôtel ou de Bankrut Tour & Travel, moyennant une participation modique.

Les **minibus** (Rte 3169) depuis Bang Saphan Yai partent de la route devant Sweet Home Bakery, en plein centre-ville, à destination de Prachuap Khiri Khan (100 B, 1 heure, 8/jour de 6h20 à 16h50) et de Chumphon (80 B, 2 heures, 8h45). Ceux pour Chumphon ne s'arrêtent pas en principe à Ban Krut, sauf à la demande de Bankrut Tour & Travel (mais le coût grimpe à 400 B).

D'autres bus et minibus s'arrêtent sur la grand-route, à environ 10 km à l'ouest des deux villes, plutôt que d'entrer dans la ville. La plupart des bus qui circulent sur cet itinéraire s'arrêtent à Bang Saphan Yai ; peu en revanche s'arrêtent à Ban Krut et vous risquez d'attendre longtemps si vous essayez de partir de cette ville. Dans les deux cas, comptez environ 100 B à moto-taxi jusqu'à la ville, davantage si vous allez à la plage.

Il n'y a pas de minibus entre Ban Krut et Bang Saphan Yai.

Comment circuler

Tous les hébergements, à l'exception des moins chers, assurent des transferts gratuits depuis/vers la ville. Tous vous factureront le trajet jusqu'à la Phetkasem Hwy.

La plage de Bang Saphan Yai est à 6 km au sud de la ville via la Rte 3374 – l'embranchement est inratable grâce aux nombreux panneaux signalant les complexes hôteliers. Ban Krut est, quant à elle, à 1 km de la plage, mais la plupart des hébergements sont en retrait, loin de l'embranchement. À moto-taxi, comptez 100 B entre Bang Saphan Yai et la plage, 20 à 30 B depuis Ban Krut.

À Ban Krut, Siripong Guesthouse (page ci-contre) et Bankrut Tour & Travel louent des motos (200 B/jour), comme plusieurs autres boutiques à proximité de l'embranchement. De nombreux magasins vers la plage de Bang Saphan Yai louent également des motos (250-350 B). Autre possibilité, vous en procurer une en ville auprès de **Tae's Restaurant** (☎087 919 2910 ; Soi Bang Saphan ; 200-250 B ; ⏲14h-2h), tout près de la gare ferroviaire (200-250 B) ; appelez avant.

Chumphon ชุมพร

☎077 / 33 500 HABITANTS

Ville de transit depuis/vers Ko Tao ou, vers le sud, jusqu'à Ranong ou Phuket, Chumphon est l'endroit où commence le sud du pays ; le foulard islamique est largement porté.

S'il n'y a pas grand-chose à faire en ville en attendant votre ferry, il reste d'agréables plages alentour, loin des autres baroudeurs. **Hat Thung Wua Laen** ("plage de la vache rapide"), une belle plage à 15 km au nord-est de la ville, possède de bonnes infrastructures et reste presque déserte en semaine, à l'inverse des week-ends.

À voir

Musée national de Chumphon MUSÉE

(พิพิธภัณฑสถานแห่งชาติชุมพร ; ☎077 504105 ; 100B ; ⊙9h-16h mer-dim). Sans être le meilleur ni le plus grand musée de Thaïlande, il présente des objets préhistoriques, poteries, haches et bijoux trouvés dans la province de Chumphon qui séduiront les passionnés d'histoire. Sont également exposés des modèles de maisons locales de styles divers et des clichés du typhon Gay, qui frappa Chumphon en novembre 1989. Malheureusement, le musée se situe à 3 km au nord du centre-ville et ferme tôt en cas de pluie ; mieux vaut appeler avant de s'y rendre.

Marché de produits frais de Chumphon MARCHÉ

(ตลาดสดชุมพร ; Th Pracha Uthit ; ⊙minuit-15h). Le principal marché de produits frais de Chumphon s'étale sous un immense toit. Il fournit les restaurants de la ville en viande, fruits et légumes. Les premières heures du jour sont les plus fréquentées.

Fêtes et festivals

Festival marin de Chumphon CULTUREL

(⊙mars). Ce festival se déroule habituellement à la mi-mars dans la ville côtière de Paknam, à 13 km au sud-est de Chumphon pendant 4 jours consacrés à la mer : croisières, sculpture sur sable et ramassage de déchets sous-marins.

Course de bateaux traditionnels de Chumphon CULTUREL

(⊙oct). Pour marquer la fin du carême bouddhique (Ork Phansaa), généralement en octobre, des *long-tail boats* traditionnels font la course sur le Mae Nam Lang Suan, à 60 km au sud de Chumphon. Contrairement aux autres courses de *long-tail boats*, ici, quelqu'un s'installe à la proue du bateau et doit s'emparer d'un drapeau pour gagner.

Où se loger

La plupart des voyageurs qui passent la nuit à Chumphon sont de jeunes voyageurs et le choix de logements est vaste. **Th Tha Taphao** est une mini-version de Th Khao San – la célèbre rue de Bangkok où transitent d'innombrables voyageurs –, avec quantité de pensions (*guesthouses*) bon marché assez datées. Quelques auberges de jeunesse plus pimpantes se sont récemment installées à l'est de la gare ferroviaire, dans Th Krumluang Chumphon. Si vous préférez la mer à la ville, **Hat Thung Wua Laen** vous attend à 15 km au nord-est de la ville.

♥ Villa Varich HÔTEL $

(☎081 543 0344 ; www.villavarich.com ; 56/1 Mu 3, Th Poraminmanka Soi 24 ; ch 700-920 B, ste 1 600 B, avec petit-déj ; P❄📶). À seulement 4 km de Chumphon, en pleine campagne, Villa Varich ne ressemble à aucun autre hôtel de Chumphon. Les chambres spacieuses, dont la moitié donnent sur la jungle et la rivière Tha Taphao, sont aussi ravissantes que confortables, et on se réveille au chant des oiseaux. Certains balcons s'agrémentent de hamacs. Tang et Khom sont des hôtes charmants. Vélos et kayaks gratuits, motos à partir de 200 B. Le trajet en *tuk-tuk* depuis la gare ferroviaire ou routière organisé par Choke Anan Tour (p. 548), ainsi que le transfert en voiture depuis l'aéroport, coûtent 200 B. Réservation recommandée.

Salsa Hostel AUBERGE DE JEUNESSE $

(☎077 505005 ; www.salsachumphon.com ; 25/42 Th Krumluang Chumphon ; dort/d 250/650 B ; ❄📶). Située à l'est de la gare ferroviaire, non loin du marché nocturne, c'est l'une des meilleures adresses de Chumphon. De taille modérée, propre et chaleureuse, l'auberge propose des chambres de qualité à des tarifs très attractifs. Informations et conseils touristiques (le personnel parle anglais).

Fame Guesthouse PENSION $

(☎077 571077 ; www.chumphon-kohtao.com ; 188/20-21 Th Sala Daeng ; ch sdb commune/privative 250/350 B ; 📶). Repaire des *farang*, le Fame propose de multiples services – des chambres sommaires mais propres pour la nuit (ou un moment de repos dans la journée entre 2 bus) à la réservation de billets et à la location de motos. Le restaurant attenant est très apprécié des baroudeurs.

Chalicha Resort RESORT $$

(☎077 502888 ; www.chalicha.com ; 185 Mu 9 Tumbon Takdad ; ch 550-1 200 B, ste 1 500 B ; P❄📶🏊). Même les chambres les moins chères sont spacieuses dans cet établissement d'un bon rapport qualité/prix, proche de la gare ferroviaire de Chumphon. Places de parking devant, café confortable et climatisé, piscine, vélos gratuits. Par rapport aux chambres standards, les supérieures disposent en plus d'une bouilloire et d'un sèche-cheveux.

Chumphon

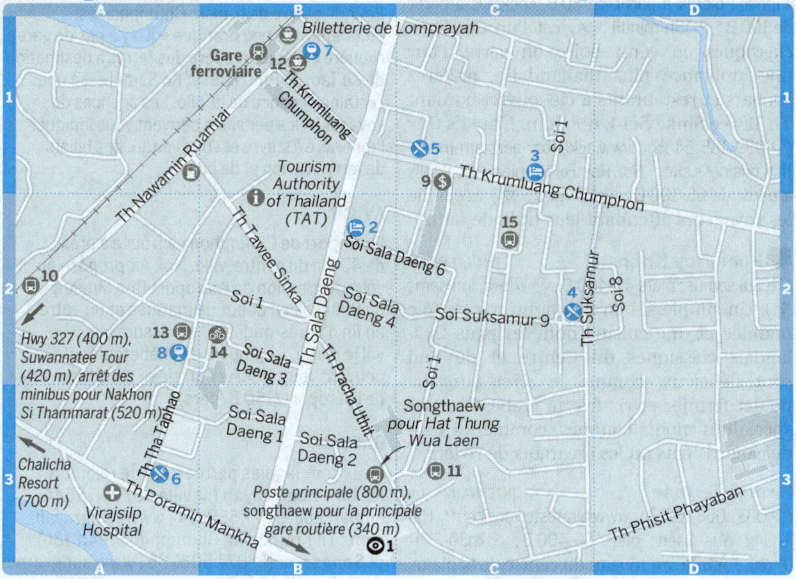

Chumphon

À voir	**Renseignements**
1 Marché de produits frais B3	9 Centre commercial Ocean C1
Où se loger	**Transports**
2 Fame Guesthouse B2	10 Arrêt des minibus pour Bang Saphan Yai A2
3 Salsa Hostel C1	11 Choke Anan Tour C3
Où se restaurer	12 KP Ferry Ticket and Services B1
4 Kook Noy Kitchen C2	13 Arrêt des minibus pour Ranong A2
5 Marché nocturne C1	14 San Tavee New Rest House B2
6 Prikhorm A3	15 Arrêt des minibus pour Surat Thani et Prachuap Khiri Khan C2
Où prendre un verre et faire la fête	
7 Aeki's Bar B1	
8 Farang Bar A2	

Chumphon Cabana Resort & Diving Centre HÔTEL $$
(☎089 724 9319 ; www.chumphoncabanaresort.com ; Hat Thung Wua Laen ; ch avec petit-déj 1 000-1 500 B ; P❄📶≋). En retrait de la route, sur une vaste étendue de sable, voici l'endroit où vous poser à Hat Thung Wua Laen si vous ne recherchez pas le luxe à tout prix. Les chambres sont pourvues de terrasses couvertes et, si une mise au goût du jour est prévue, elles restent très confortables. L'hôtel peut organiser votre transfert privé depuis Chumphon (350 B).

L'établissement met en œuvre quelques pratiques écologiques ; des produits frais sont cultivés sur place pour le restaurant **Banana Cabana**, qui vaut le détour même si vous ne séjournez pas à l'hôtel.

Où se restaurer et prendre un verre

Avec son ambiance animée et ses multiples stands de restauration, le **marché nocturne** (Th Krom Luang Chumphon ; ⏱16h-minuit) de Chumphon est formidable. D'autres stands sont installés à la pointe sud de Th Tha Taphao et au sud de la gare ferroviaire.

Le **Farang Bar** (☎077 501003 ; 69/36 Th Tha Taphao ; bières à partir de 80 B, cocktails à partir de 100 B ; 13h-minuit ; wifi) est l'un des lieux classiques où venir boire un verre. Pour une ambiance plus thaïlandaise, préférez les bars et restaurants à ciel ouvert bordant Th Tawee Sinka Soi 1, non loin. L'**Aeki's Bar** (☎089 185 5485 ; www.aekis-bar-aeksiam-muay-thai.business.site ; Soi Rot Fai 1 ; bières/cocktails à partir de 65/100 B ; 15h-tard ; wifi) accueille les voyageurs attendant leur train de nuit.

♥ **Kook Noy Kitchen** THAÏLANDAIS $
(Th Suksamur ; plats 40-400 B ; 17h-4h lun-sam ; wifi). Un simple sol en béton, un toit en tôle ondulée et une cuisine dont les plats thaïlandais classiques du Centre et du Sud sont délicieux, comme le *đôm yam* au poulet fermier et riz frit au crabe. D'autres spécialités moins connues, comme les becs de canards frits ou les escargots de rivière.

Pirates Terrace INTERNATIONAL $
(☎083 066 6772 ; www.piratesterrace.com ; Hat Thung Wua Laen ; plats 60-400 B ; 7h30-22h ; P wifi). Installé au niveau du centre de la plage, c'est un lieu apprécié pour un petit-déjeuner, un café en journée ou un verre le soir. La carte mélange plats thaïlandais classiques, pizzas et pâtes. Également réservation de billets et location de motos (200 B/jour).

Prikhorm THAÏLANDAIS $$
(32 Th Tha Taphao ; plats 85-480 B ; 11h-23h ; P wifi végétarien). Ce restaurant, qui se veut élégant, prépare des spécialités de tout le royaume, du curry de poisson du Sud (*gaang sôm*) au *lâhp* de champignons du Nord-Est, parmi de nombreux plats végétariens.

Renseignements

Bureau de l'immigration (☎077 630282 ; www.chumphonimmigration.go.th ; 23/11 Mu 1 Tombon Kunkrating ; 8h30-12h et 13h-16h30 lun-ven). Prorogation de visas touristiques. Près de la gare routière.

Centre commercial Ocean (Th Krumluang Chumphon). Il compte plusieurs agences bancaires ouvertes le soir et le week-end.

Tourism Authority of Thailand (TAT ; ☎077 502 7756 ; tatchumphon@tat.or.th ; 111/11-12 Th Tawee Sinka ; 8h-17h). Vous pourrez sans doute obtenir des renseignements touristiques auprès de votre hôtel, mais, dans le cas contraire, ce bureau pourra vous aider. Bon plan de la ville gratuit.

Virajsilp Hospital (☎077 542555 ; www.virajsilp.com ; Th Poramin Mankha). Hôpital privé avec service d'urgences.

Depuis/vers Chumphon

Pour un centre de transit, Chumphon est étonnamment peu pratique – il n'y a pas de gare routière et l'embarcadère des ferrys à destination de Ko Tao, Ko Pha Ngan et Ko Samui est à une certaine distance de la ville. Les agences de voyages et les pensions peuvent vous indiquer l'itinéraire à suivre et vous vendre des billets de ferry, d'avion et de bus.

AVION

L'aéroport de Chumphon se trouve à près de 40 km du centre-ville. Nok Air propose un vol à destination de l'aéroport Don Mueang de Bangkok en début de matinée et un autre en fin d'après-midi. AirAsia assure aussi un vol le matin. La plupart des hébergements peuvent vous réserver un siège dans la navette de l'aéroport (150 B/pers).

BATEAU

Deux compagnies permettent de rejoindre Ko Tao : **Lomprayah** (☎ville 081 956 5644, embarcadère 077 558214 ; www.lomprayah.com ; Th Krumluang Chumphon ; 4h-18h) et **Songserm** (☎077 506205 ; www.songserm.com ; Pak Nam) assurent des liaisons en journée à bord de ferrys modernes. Lomprayah est la meilleure et la plus souvent utilisée ; Songserm n'est pas toujours fiable et n'effectue pas les transferts prévus (il n'y a cependant pas de problème pour les billets combinés bus-bateau depuis Chumphon). Ces bateaux relient aussi Ko Pha Ngan et Ko Samui.

Autre possibilité, les bateaux de nuit de diverses compagnies. Du lundi au samedi, des car-ferrys proposent des chambres climatisées (ressemblant à des dortoirs), tandis que le bateau de pêche du dimanche, en bois, est équipé de matelas à même le sol et de ventilateurs. **KP Ferry Ticket and Services** (☎094 221 5896 ; www.chumphon-nightboat.com ; 3h-21h), en face de la gare ferroviaire, peut réserver des billets pour les traversées de nuit ou des transferts vers des lieux proches comme Hat Thung Wua Laen.

Les bateaux partent de différents embarcadères, et le transfert coûte entre 50 et 100 B. Les billets sont parfois vendus transfert compris – assurez-vous que votre billet comprend le trajet en bateau et en bus.

BUS

À Chumphon, la principale **gare routière** (☎077 576796 ; Rte 41) se trouve sur la grand-route, à 12 km de Chumphon, ce qui explique qu'elle est peu fréquentée – la plupart des guichets sont laissés sans personnel une grande partie de la journée, les principales compagnies ayant leurs propres arrêts en ville.

TRANSPORTS DEPUIS/VERS CHUMPHON

DESTINATION	BATEAU	BUS	MINIBUS	TRAIN	AVION
Bang Saphan Yai			80 B, 2 heures, 14h, 15h30	20-1 406 B, 1 heure 30-2 heures ; 12/jour	
Bangkok – aéroport international de Don Mueang					À partir de 700 B, 1 heure ; 3/jour
Bangkok – gare ferroviaire de Hua Lamphong				82-2 224 B, 6 heures 30-8 heures ; 11/jour	
Bangkok – Terminal Sud des bus		358 B, 8 heures, 14/jour			
Bangkok – Thonburi				80-383 B, 9 heures 30, 7h01	
Chiang Mai		235 B, 18 heures, 18h			
Hat Yai		355 B, 7 heures, 8/jour 7h-minuit		79-2 205 B, 8-10 heures 30 ; 7/jour	
Hua Hin				49-2 006 B, 4-5 heures ; 12/jour	
Ko Phangan (Lomprayah)	1 000 B, 3 heures 15-3 heures 45, 7h, 13h				
Ko Pha Ngan (Songserm)	900 B, 4 heures 30 ; 7h				
Ko Samui (Lomprayah)	1 100 B, 3 heures 45-4 heures 15, 7h, 13h				
Ko Samui (Songserm)	1 000 B, 6 heures 15, 7h				
Ko Tao (car-ferry)	400 B, 6 heures, 22h30 ou 23h lun-sam				
Ko Tao (Lomprayah)	600 B, 1 heures 45, 7h, 13h				
Ko Tao (Songserm)	500 B, 2 heures 45, 7h				
Ko Tao (bateau du dim soir)	450 B, 6 heures, 22h dim				
Nakhon Si Thammarat			300 B, 5 heures 30 ; ttes les 2 heures 8h-14h		

DESTINATION	BATEAU	BUS	MINIBUS	TRAIN	AVION
Phetchaburi		358 B, 6 heures ; 14/jour		58-2 102 B, 5 heures 30-6 heures 30 ; 12/jour	
Phuket		370-699 B, 6-7 heures ; 5/jour			
Prachuap Khiri Khan		220 B, 4 heures ; 1/heure	229 B, 3 heures ; 1/45 min	34-1 473 B, 2 heures 30-3 heures ; 11/jour	
Ranong		110 B, 2 heures 30 ; 5/jour	350-400 B, 2 heures 30 ; 1/heure		
Surat Thani		166 B, 3 heures ; 11/jour	699 B, 3 heures 30 ; 1/heure	34-1 933 B, 2-3 heures ; 13/jour	

Choke Anan Tour (077 511480 ; www.chokeanantour.com ; près de Soi 1, Th Pracha Uthit ; 4h30-21h), proche du principal marché, propose le plus grand nombre de bus depuis/vers Bangkok (via Phetchaburi et Prachuap Khiri Khan), Phuket (via Ranong) et Surat Thani (1 départ). Des **minibus pour Ranong** (Th Tha Taphao) partent de Th Tha Taphao, tandis que des **minibus pour Surat Thani et Prachuap Khiri Khan** (Th Krumluang Chumphon) partent du marché nocturne de Chumphon, dans Th Krumluang Chumphon, à 500 m de la gare ferroviaire, près de l'auberge de jeunesse Salsa Hostel (p. 544).

D'autres lignes passent par Th Nawamin Ruamjai au sud de la gare ferroviaire : **Suwannatee Tour** (077 504901 ; Th Nawamin Ruamjai), à environ 1 km sur l'autre rive, assure 5 liaisons en bus vers Bangkok (notamment un bus 2e classe bon marché), ainsi que des **minibus pour Nakhon Si Thammarat** (077 506326 ; Th Nawamin Ruamjai). Les **minibus pour Bang Saphan Yai** (Th Nawamin Ruamjai) sont au départ de l'arrêt de minibus couvert affichant un panneau jaune, 400 m au sud de la **station-service** (Th Tawee Sinka).

Pour les lignes qui passent par la gare routière, notamment la ligne pour Chiang Mai, les billets sont en vente dans les pensions et agences de voyages. Attention, il n'y a pas de desserte directe pour Hua Hin, il faut prendre une correspondance à Prachuap Khiri Khan.

TRAIN

Des trains fréquents assurent la liaison entre Bangkok et l'extrême Sud, via **Chumphon** (Th Krumluang Chumphon). Réservez dès que possible. Des couchettes 2e classe sont souvent disponibles le jour du départ, ce qui est rarement le cas en 1re classe.

Comment circuler

Les motos-taxis (20-30 B la course) sont omniprésentes en ville, au détriment des *tuk-tuk*, plus onéreux et moins fréquents, que l'on trouve parfois stationnés devant la gare ferroviaire.

Les pensions proposent souvent des motos à louer (200-300 B/jour). **San Tavee New Rest Home** (089 011 1749 ; Th Tha Taphao 4 ; vélo/moto 150/250 B) loue aussi des vélos (150 B).

Des *songthaew* jaunes desservent Hat Thung Wua Laen (30 B, 30 min, fréquents de 5h30 à 18h) au départ du **marché de produits frais de Chumphon** (Th Pracha Uthit) avant d'emprunter Th Sala Daeng vers le nord. Des petits *songthaew* blancs mènent à la principale gare routière et aux bureaux de l'immigration (25 B, 30-45 min, fréquents de 7h à 17h) depuis **Th Phinit Khadi** jusqu'au sanctuaire du pilier de la ville (City Pillar Shrine). Depuis le centre-ville, comptez au minimum 300 B pour rejoindre la gare routière en *tuk-tuk*. Il existe aussi une navette pour l'aéroport (150 B/pers) ; on peut venir vous chercher à votre pension sur demande.

Ko Samui et le sud du golfe de Thaïlande

Dans ce chapitre ➡

Le top des restaurants

- Dining on the Rocks (p. 564)
- Marché alimentaire de Chaloklum (p. 585)
- Chana Masala (p. 585)
- Pepenero (p. 565)

Le top des hébergements

- Six Senses Samui (p. 561)
- Four Seasons Koh Samui (p. 555)
- Kupu Kupu Phangan Beach Villas & Spa by l'Occitane (p. 582)
- Jamahkiri Resort & Spa (p. 600)
- Ban Nai Nakhon Boutique Hotel (p. 616)

Pourquoi y aller

Les trois plus belles îles du pays, Ko Samui, Ko Pha Ngan et Ko Tao forment un croissant dans le golfe de Thaïlande. Des millions de touristes s'y rendent chaque année, attirés par les plages de sable fin et les eaux couleur émeraude. Sur Ko Samui, les établissements cossus sont réglés comme des coucous suisses. Ko Pha Ngan, moins touristique, attire les visiteurs privilégiant les fêtes jusqu'au bout de la nuit. Enfin, l'îlot de Ko Tao offre un vaste choix d'activités, comme d'inoubliables circuits de plongée et de snorkeling.

La côte de la partie continentale, bien plus authentique, reste peu fréquentée par les étrangers. La paisible région d'Ao Khanom réserve dauphins roses, plages désertiques et cascades, tandis que le patrimoine thaïlando-musulman s'illustre à Singha Nakhon et Pattani. Vous adopterez le style de vie méridional en flânant sur la plage de Songkhla, mais vous découvrirez aussi le tumulte des villes telles que Nakhon Si Thammarat ou Surat Thani.

Quand partir

Fév-avr Après la mousson, le soleil brille continuellement.

Juin-août La période, qui coïncide avec les vacances d'été de l'hémisphère Nord, est l'une des plus agréables, avec de courts épisodes de bruine.

Oct-déc Pluies torrentielles de la mousson. Les tarifs des chambres baissent de manière significative (sauf à Noël).

À ne pas manquer

1. Le royaume de Némo, en direct et en technicolor, dans les eaux de **Ko Tao** (p. 590).
2. Les sublimes plages secrètes du **parc national maritime d'Ang Thong** (p. 605).
3. Une sieste dans un hamac, au bord de l'eau, sur une plage isolée de la côte est de **Ko Pha Ngan** (p. 571).
4. Les vestiges oubliés du sultanat de Singora, cachés parmi les lianes et le feuillage épais de la jungle de **Singha Nakhon** (p. 615).
5. Un cocktail au soleil couchant et la cuisine internationale raffinée des 5-étoiles de **Ko Samui** (p. 552).
6. Les transes de la **fête de la pleine lune** de Hat

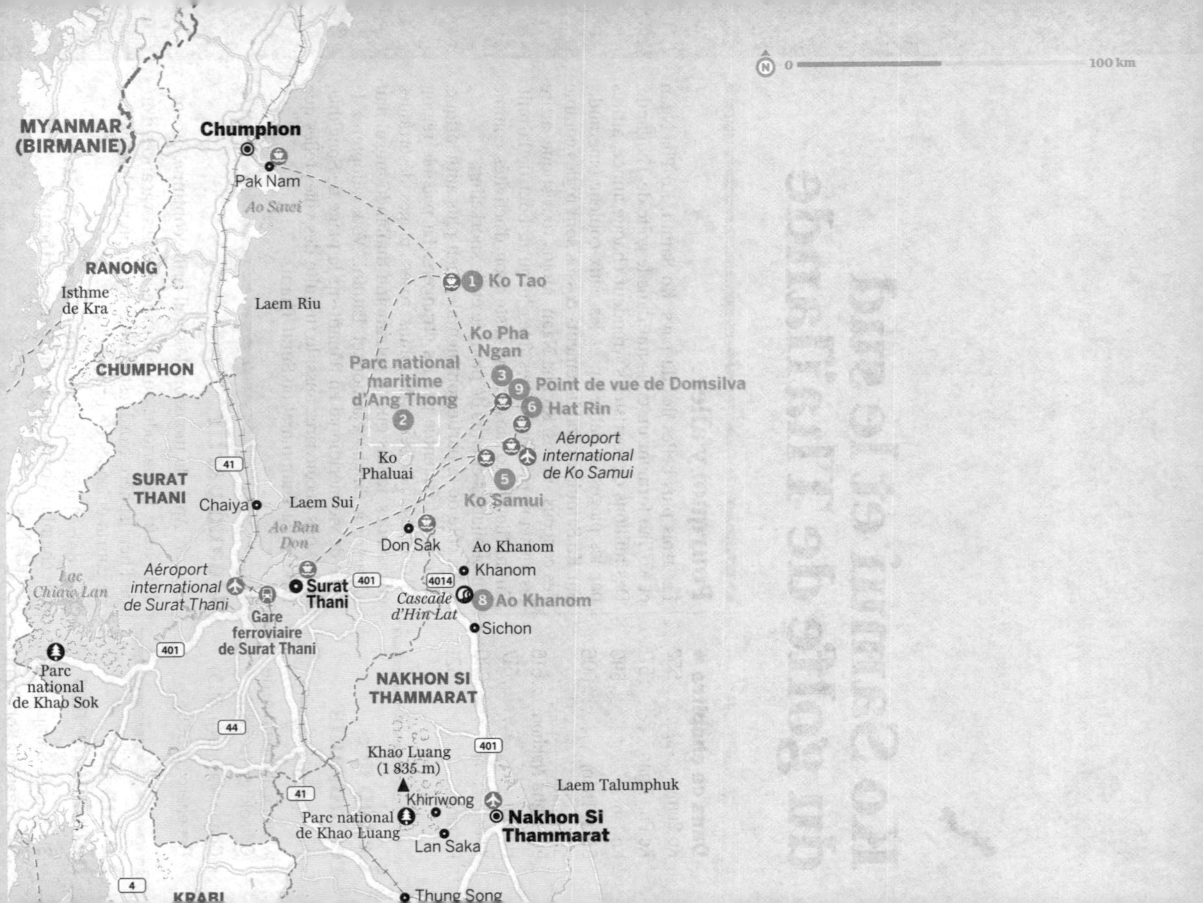

Rin, à Ko Pha Ngan (p. 580).

7 Les maisons traditionnelles chinoises et sino-portugaises en bois de la **vieille ville de Songkhla** (p. 615), la plus belle du sud du pays.

8 Le spectacle des dauphins roses le long des côtes peu touristiques d'**Ao Khanom** (p. 610).

9 Une randonnée dans une forêt ponctuée de cascades jusqu'au **point de vue de Domsila** (p. 574), dominant tout Ko Pha Ngan.

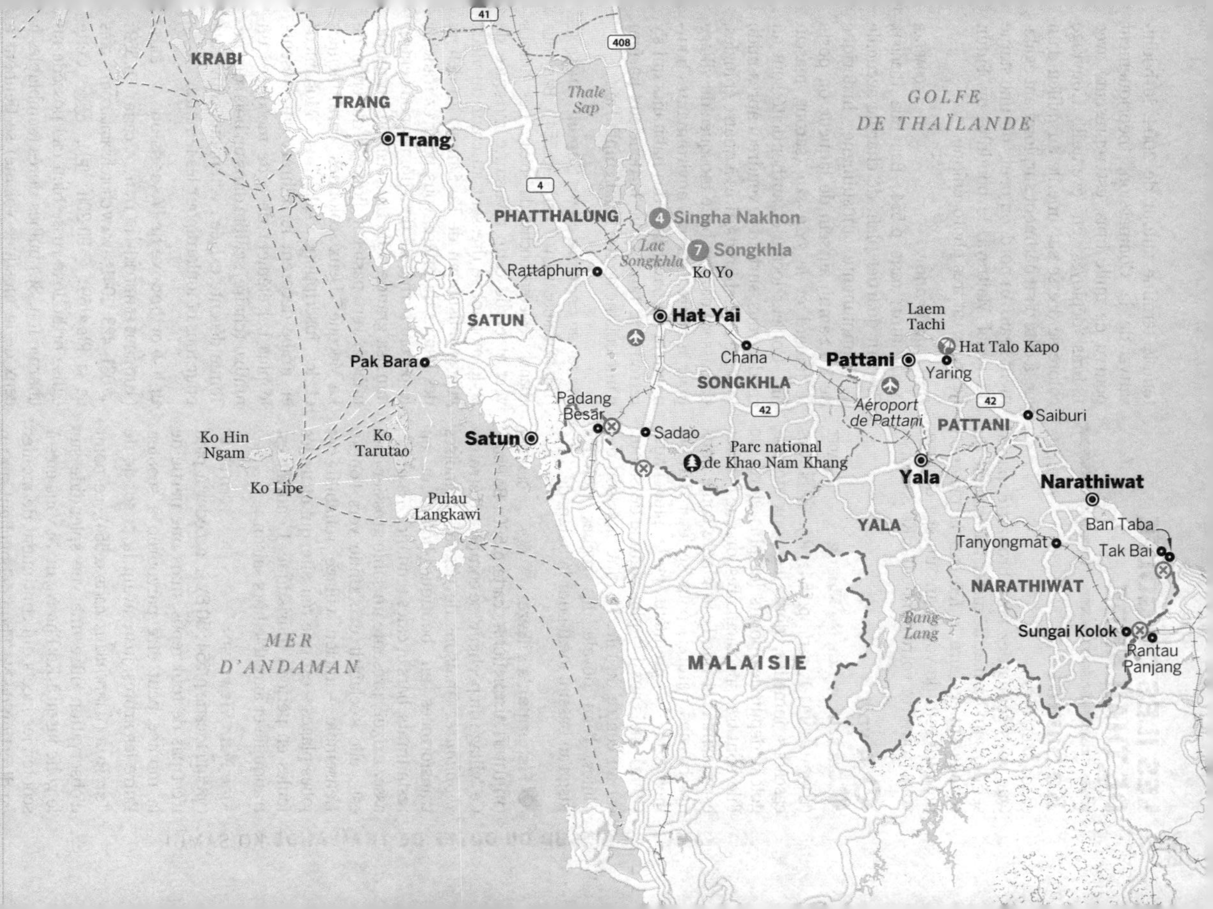

LES ÎLES DU GOLFE DE THAÏLANDE

Ko Samui เกาะสมุย

62 500 HABITANTS

Que vous souhaitiez faire bronzette, paresser dans un hamac, déguster une cuisine du monde entier, faire la fête sur la plage ou prendre soin de vous dans un spa de luxe, vous trouverez votre bonheur à Ko Samui.

À voir

Cascade nº1 de Na Muang CASCADES

(น้ำตกหน้าเมือง 1 ; carte p. 554 ; P). GRATUIT Ces cascades jumelles, dont les eaux dégringolent depuis les points les plus élevés de l'île, sont très spectaculaires lorsque le débit est maximal et que l'eau glacée coule dans des bassins naturels pour se jeter dans la mer azur. La première, et la plus haute (18 m), mais aussi la plus connue de Samui, est au centre de l'île. Durant la saison des pluies, l'eau dévale des roches violettes jusqu'au bassin, idéal pour la baignade.

Fisherman's Village QUARTIER

(หมู่บ้านชาวประมงบ่อผุด ; carte p. 560 ; Bo Phut). Ce "village du pêcheur" se compose d'étroites *shophouses* (maisons de négoce) chinoises transformées en boutiques-hôtels et en restaurants, bars et cafés tendance. La plage, assez exiguë, présente un sable grossier côté est ; elle s'éclaircit et s'affine vers l'ouest. L'ensemble – ancien village réhabilité et jolies plages – est une réussite, qui attire les foules en période touristique. L'endroit est tranquille et agréable hors saison.

Mae Nam Viewpoint POINT DE VUE

(จุดชมวิว ; carte p. 554 ; 50 B). Y accéder à pied n'est pas de tout repos, mais une partie de la montée peut être parcourue à scooter. Entre les arbres, juste avant la **cascade de Tan Rua** (น้ำตกตันเรือ ; carte p. 554), ce point d'observation offre une vue splendide sur le golfe jusqu'à Ko Pha Ngan. Si vous êtes à scooter, les lacets qui continuent de monter en direction de Na Thon débouchent sur un panorama éblouissant. Relâchez vos freins de temps à autre à la descente pour éviter la surchauffe, comme indiqué sur les panneaux.

Wat Plai Laem TEMPLE BOUDDHIQUE

(วัดปลายแหลม ; carte p. 554 ; près de Chaweng Choengmon Rd ; lever-coucher du soleil). GRATUIT Cette statue de Guanyin (Kwan Im) est la plus remarquable de l'île. Sur le site de ce temple terminé autour de 2004, le bodhisattva de la Compassion, théoriquement pourvu de mille bras, est représenté avec 18 bras déployés en éventail. L'ouvrage coloré se dresse sur une île au milieu d'un lac, à côté d'un bâtiment surplombant également l'eau. Au nord, on peut voir une statue du jovial Maitreya, le bouddha du Futur. Le cadre est très photogénique.

Ban Hua Thanon QUARTIER

(บ้านหัวถนน ; carte p. 554 ; Ban Hua Thanon). Ce petit quartier plein de charme accueille la communauté musulmane historique de Ko Samui, au sein de laquelle on porte le foulard et le *pâh sîn* (sarong masculin). Couleur locale et authenticité sont au rendez-vous, surtout le vendredi après-midi, lorsque les habitants, tirés à quatre épingles, s'amassent dans la belle mosquée du village pour la prière. Les rues environnantes bourdonnent du bavardage des habitants qui s'y retrouvent, tandis que le délicieux parfum d'une cuisine de rue halal emplit l'air.

Mosquée centrale de Ko Samui MOSQUÉE

(มัสยิดนูรุ้ลเอียะห์ซาน ; carte p. 554 ; Ban Hua Thanon ; lever-coucher du soleil). Les dômes vert et or de cette ravissante mosquée de style moghol se dressent au cœur du vieux village musulman de Ko Samui. En dehors des heures de prière, vous pourrez franchir le portail surmonté de 5 dômes pour entrer dans sa grande salle tapissée, où un ample mihrab vert pastel indique la direction de La Mecque. Deux colonnes corinthiennes et les inscriptions "Allah" et "Mohamed" en arabe décorent le mihrab, qui présente le plus bel élément de cette mosquée : un minbar (chaire) sculpté dans un bois sombre. Tenue décente exigée : vêtements couvrants pour tous et foulard pour les femmes.

Église orthodoxe de l'Ascension ÉGLISE

(โบสถ์ออร์โธดอกซ์แห่งสวรรค์ ; carte p. 559 ; 081 423 1041 ; www.churchsamui.com ; près de la Rte 4169 ; 9h-20h ; P). GRATUIT Cette église orthodoxe russe bleu ciel possède un charme fou. Ses bulbes dorés (semblables à ceux de la mosquée voisine) se tiennent à mi-hauteur d'une colline parsemée d'habitations. Sa petite salle principale comporte plusieurs particularités intrigantes, dont un pupitre en bois paré de dorures et de motif thaïlandais, un remarquable chandelier à deux étages, plusieurs bibles ornées de couvertures en métal doré et une série de fresques murales dont une figurant le Christ à l'entrée, au-dessus de l'escalier.

100% LOCAL

LES PLAGES DE KO SAMUI

L'île est suffisamment petite pour passer d'une plage à l'autre sans trop de difficulté, et ses étendues de sable sont d'une diversité remarquable. **Chaweng**, la plus longue, réserve des ambiances très variées : la portion rocheuse au nord est plutôt tranquille, la partie centrale est très fréquentée et vivante, et **Chaweng Noi** est plus paisible. À **Hat Lamai**, le milieu de la plage est plus propice à la baignade, mais la partie sud, dotée de gros rochers, est plus pittoresque.

Entre juillet et octobre, la mer est plus calme, mais le vent du nord-est fouette le sable. La houle déferle de décembre à avril, et les courants d'arrachements peuvent rendre la baignade dangereuse à Chaweng et Lamai, même pour les nageurs entraînés.

Mae Nam est la meilleure plage de la côte septentrionale pour se baigner. Sur la côte est, celles de **Taling Ngam** et **Lipa Noi** sont aussi agréables pour la baignade. À **Bo Phut**, le sable est assez rugueux et l'eau plus trouble. Au nord-est de l'île, **Ao Thong Sai** est ravissante. Pour une véritable escapade, cap sur **Ao Phang Ka**, dans le Sud-Ouest.

La pudeur est de règle au même titre que dans un temple ou une mosquée.

Magic Alambic Rum Distillery DISTILLERIE
(Carte p. 554 ; ☎080 092 0035 ; Ban Bang Kao ; dégustation 100 B ; ⏲9h-20h). L'une des rares distilleries de rhum en Thaïlande produit un rhum agricole de type antillais (à partir de jus de canne mis à fermenter), décliné dans une gamme de parfums naturels et variés, dont un délicieux rhum obtenu à partir de la macération de la chair de la noix de coco dans l'alcool durant plusieurs mois. Vidéo sur le procédé de fabrication, salle de dégustation, excellent restaurant de cuisine française et thaïlandaise et boutique dans le cadre d'une cocoteraie.

Musée de la Noix de coco MUSÉE
(บ้านมะพร้าว ; carte p. 554 ; ☎077 421211 ; www.samuirenong.com ; Na Thon ; ⏲12h30-16h30 lun-sam). GRATUIT Ce tout petit musée se concentre sur un fruit dont Ko Samui est historiquement l'un des plus grands producteurs en Thaïlande. Vous vous instruirez sur l'histoire de l'île liée à la noix de coco, apprendrez comment grimper à un cocotier, et pourrez assister à des cours sur la cuisine à base de noix de coco (350 B), ou encore la fabrication d'huile à partir de ce fruit (790 B). La boutique propose une étonnante gamme de produits élaborés par les habitants à partir des noix de coco locales.

Activités

Aventure

♥ **100 Degrees East** PLONGÉE
(Carte p. 560 ; ☎077 423936 ; www.100degreeseast.com ; Hat Bang Rak ; ⏲9h-18h30 déc-oct). Nous recommandons vivement cette agence, dont l'équipe de permanents, très professionnels, organise d'excellentes sorties plongée et snorkeling, notamment dans le parc national maritime d'Ang Thong, à Ko Tao et à Sail Rock.

Blue Stars KAYAK
(Carte p. 556 ; ☎081 894 5032 ; www.bluestars.info ; 82/33 Mu 2, Chaweng Lake Rd ; circuits adulte/enfant 2 600/1 700 B ; ⏲10h30-21h). Ko Samui n'est pas avare en circuits de kayak et de snorkeling à destination du parc national maritime d'Ang Thong, mais Blue Stars, en plus d'être le prestataire le plus réputé, possède le bateau le plus pittoresque de Chaweng. L'équipe, très agréable, se démènera pour vous trouver l'offre la plus intéressante.

Kiteboarding Asia KITESURF
(Carte p. 554 ; ☎083 643 1627 ; www.kiteboardingasia.com ; 310/10 Mu 3, Na Thon ; stage de 1/3 jours 4 000/11 000 B ; ⏲9h-18h avr-oct). Très professionnel, le personnel de ce club vous enseignera le kitesurf en un clin d'œil, sur des eaux calmes et peu profondes. Le site de Na Thon, du côté ouest, sert d'avril à octobre, tandis que vous profiterez des bourrasques de Hua Thanon, dans le Sud-Est, de novembre à mars.

Boxe thaïlandaise (*muay thai*)

Lamai Muay Thai Camp BOXE THAÏLANDAISE
(Carte p. 559 ; ☎087 082 6970 ; www.lamaimuaythaicamp.com ; 82/2 Mu 3, Lamai Beach Rd ; stage d'une journée/sem 300/1 500 B ; ⏲7h-19h). Le meilleur centre d'entraînement de *muay thai* de l'île ne s'adresse qu'aux plus motivés, qu'ils débutent ou veuillent parfaire leur technique. Salle de gym bien équipée

Ko Samui

à disposition si vous souhaitez seulement faire de l'exercice. Également : séjours avec logement et pension complète.

Croisières

Red Baron CROISIÈRE

(Carte p. 560 ; ☎083 172 8792 ; www.redbaron-samui.com ; Hat Bang Rak ; à partir de 2 500 B). Red Baron est une jonque amarrée à Bang Rak. On peut y faire des croisières d'une journée autour de Ko Samui le mardi à 9h30 et vers le parc d'Ang Thong le jeudi à 8h30, mais aussi des excursions-brunch à Ko Pha Ngan le mercredi et le dimanche à 10h, ainsi que des dîners-croisières au coucher du soleil à Ko Som les lundis, mercredis et vendredis à 16h30. Transport, repas et boisson compris ; possibilité d'organiser une croisière privée.

Chantara Junk Boat CROISIÈRE

(Carte p. 560 ; ☎087 064 3126 ; www.junk-chantara.com ; Bang Rak ; à partir de 3 100 B/pers). Le temps d'une journée, d'un coucher de soleil ou d'une croisière privée, le Chantara et le Simatara (deux jonques traditionnelles) vous emmènent vous détendre, pêcher, faire du snorkeling, ou simplement profiter d'une plage accessible uniquement en bateau. Les tarifs incluent le trajet depuis votre hôtel, des boissons sans alcool, le déjeuner, un en-cas et le matériel nécessaire aux loisirs.

Santé et bien-être

Samahita Retreat YOGA

(Carte ci-dessus ; ☎077 920090 ; www.samahitaretreat.com ; Laem Sor Beach ; 7h-21h). Bien caché sur la côte sud, Samahita Retreat offre un personnel dévoué pour répondre à la demande croissante de vacances thérapeutiques, de détoxication et de quête de bien-être. Les chambres sont situées dans la même rue dans un logement confortable ; les salles de yoga, les centres de bien-être et le restaurant (nourriture saine) sont au bord de l'eau.

Ko Samui

Absolute Sanctuary SPA
(Carte page ci-contre ; ☎077 601190 ; www.absolutesanctuary.com ; Choeng Mon). Programmes détox, yoga, Pilates, jeûne, art de vivre ou nutrition, et retraites dans un lieu charmant, au décor d'inspiration marocaine. Sérénité garantie.

Tamarind Springs MASSAGES
(Carte p. 559 ; ☎085 926 4626 ; www.tamarindsprings.com ; 205/7 Th Takian, près de la Rte 4169 ; package spa à partir de 1 500 B ; ⌚9h-20h). À l'écart de la plage, nichées au cœur d'une paisible plantation de cocotiers, ces quelques villas et salons de massage semblent avoir poussé tout seuls : roche granitique incorporée aux murs et aux sols, bassins privés ou originales salles de bains de plein air. Excellent restaurant diététique et possibilité d'opter pour un forfait hébergement.

Spa at the Four Seasons SPA
(Carte page ci-contre ; ☎077 243000 ; www.fourseasons.com/kohsamui/spa ; Bang Po ; à partir de 2 900 B ; ⌚9h-21h). Le spa de l'hôtel de luxe **Four Seasons** (villa 22 000-160 000 B ; P❄📶🏊), perché sur une péninsule rocheuse à l'extrémité nord-ouest de Ko Samui, est l'un des meilleurs sur l'île. Il propose une vaste gamme de soins pour le corps et l'esprit : activation des chakras, enveloppements corporels, soins des pieds à la noix de coco, etc. Effet garanti.

Cuisine

Samui Institute of Thai Culinary Arts CUISINE
(SITCA ; carte p. 556 ; ☎077 413172 ; www.sitca.com ; Chaweng Beach Rd ; cours 1 850 B). Cours de cuisine thaïlandaise dispensés chaque jour par des chefs locaux passionnés, qui

Hat Chaweng

ne manquent jamais de présenter l'histoire et les traditions liées à chaque plat. Vous apprendrez toutes les subtilités de la cuisine au curry, notamment avec le *massaman* et le *chu chi*. Les cours, d'une durée de 3 heures, débutent à 11h et 16h. Vous pourrez même inviter un ami pour partager un dîner de votre cru (250 B).

Cours de langue

Mind Your Language THAÏ
(Carte p. 554 ; ☎077 962088 ; www.mindyourlanguagethailand.com ; 142/7 Mu 1, Bo Phut). Grâce à des forfaits accessibles (à partir de 7 900 B les 15 leçons), cette école de langue professionnelle à Bo Phut est idéale pour apprendre les bases de la langue thaïe. Cours particuliers à partir de 700 B/heure.

Koh Samui Tutor & Vocational School THAÏ
(KSTVS ; carte p. 554 ; ☎077 248228, 086 279 1617 ; www.kstvs.com ; Rte 4169). Cours et programmes pour maîtriser le thaï assortis d'un visa étudiant permettant de prolonger votre séjour à Ko Samui. Pour une véritable immersion linguistique, consultez le site Internet de l'école, très détaillé. Cours en groupe à partir de 200 B/heure et individuels à partir de 600 B.

Bénévolat

Samui Dog & Cat Rescue Centre BÉNÉVOLAT
(Carte ci-dessus ; ☎081 893 9443, 077 413490 ; www.samuidog.org ; Soi 3, Chaweng Beach Rd ; ⌚9h-18h). Cette association exemplaire a contribué à maîtriser la reproduction des chiens à Ko Samui grâce à des actions de stérilisation. Elle en a aussi vacciné une grande partie, notamment contre la rage. Les dons de temps ou d'argent sont toujours bienvenus : amis des animaux, n'hésitez pas à contacter le centre ou à vous porter volontaire dans ses chenils-dispensaires à Ban Taling Ngam (mais pas dans son antenne plus petite de Hat Chaweng). Pour savoir comment vous y rendre, consultez le site Internet.

Hat Chaweng

Où se loger

Hat Chaweng

Toujours animée, la plage de Chaweng ne manque pas d'hébergements de toutes catégories, depuis les repaires de routards jusqu'aux villas futuristes avec piscine privée, souvent juste en face les unes des autres. Elle manque cependant de charme : les établissements de sa moitié nord (la plus prisée pour la fête) souffrent du bruit de l'Ark Bar (p. 566), foyer de l'agitation nocturne. Les couche-tôt choisiront donc un hôtel du secteur sud ou recourront aux bouchons d'oreille.

Samui Hostel AUBERGE DE JEUNESSE $
(Carte page ci-contre ; ☎089 874 3737 ; Suan Uthit Rd ; dort 200-300 B, d 850 B ; ❄@📶). L'extérieur ne paie pas de mine, mais cette auberge soignée, ordonnée et accueillante est appréciée et très bien placée. Dortoirs propres avec ventilateurs et climatisation, et chambres doubles de l'autre côté de Chaweng Beach Rd par rapport à la plage. Salle à l'avant pour se détendre et bavarder autour de tables en bois. Service un cran au-dessus de la moyenne.

Pott Guesthouse PENSION $
(Carte page ci-contre ; ☎084 184 3084 ; Suan Uthit Rd ; ch avec ventil/clim 300/600 B ; ❄📶). Dans un immeuble résidentiel quelconque, ces vastes chambres claires en béton, avec balcon, qui disposent toutes d'une salle de bains avec eau chaude, sont une affaire. L'équipe est extrêmement sympathique et serviable. Emplacement très commode, parfait pour les baroudeurs et les voyageurs en solo.

♥ **Jungle Club** BUNGALOWS $$
(Carte p. 554 ; ☎081 891 8263 ; www.jungleclubsamui.com ; bung 1 550-2 100 B, maisons 2 400-6 200 B, ste 4 600-6 500 B, villa 4 400-11 500 B ; P❄@📶≋). La montée périlleuse qui mène à cette adresse prisée en vaut la peine, car la vue est magnifique. Le restaurant et le bar, tous deux excellents, rencontrent aussi un franc succès. Ambiance détendue, au plus proche de la nature. La clientèle flâne autour de la superbe piscine à débordement, ou se repose sous l'auvent d'un *săh·lah* (ou *sala* ; pavillon) en plein air.

Ark Bar Beach Resort RESORT $$
(Carte page ci-contre ; ☎077 961333 ; www.ark-bar.com ; Chaweng Beach Rd ; d 1 530-2 520 B ; P❄📶≋). Des fêtards de tout poil se croisent dans ces logements propres et bien tenus liés à l'Ark Bar (p. 566), face à une plage fréquentée. Les chambres, modernes, peintes de couleurs vives et dotées de balcons, sont à un jet de pierre du bar, qui déverse des flots de musique toute la journée et jusqu'à tard dans la nuit… vous voilà prévenu ! Les chambres du rez-de-chaussée sont plus bruyantes et offrent moins d'intimité.

Tango Beach Resort RESORT $$
(Carte page ci-contre ; ☎077 300451 ; www.tangosamui.com ; 119 Mu 2, Chaweng Beach Rd ; d 1 000-1 400 B, ste 2 000-3 400 B ; ❄📶≋). Les rénovations du Tango en 2018 ont été une réussite : la réception, colorée et lumineuse, ouvre sur un chapelet de bungalows disposés autour d'une petite piscine, elle-même

bordée d'une terrasse en bois sombre. Bon rapport qualité/prix, avec des chambres fraîches dans un style thaïlandais moderne, près d'une portion animée de la plage. Personnel aimable.

Baan Haad Ngam Boutique Resort & Villas RESORT $$
(Carte p. 556 ; ☎077 332950-7 ; www.baanhaad-ngam.com ; Chaweng Beach Rd ; d 2 500-8 100 B, villa 3 500-4 500 B ; P❄@📶≋). Un hébergement moderne et stylé, avec une vaste gamme de chambres et de villas autour d'un jardin botanique aménagé. Dans ce dernier, mini-cascades et ruisseaux s'écoulent vers la petite piscine à débordement, donnant sur une mer turquoise. Le parfait refuge mêlant intimité et tranquillité après une soirée dans le secteur animé, tout proche, de Chaweng. Transfert gratuit à l'aéroport, sur demande.

♥ **The Library** RESORT $$$
(Carte p. 556 ; ☎077 422767 ; www.thelibrarysa-mui.com ; 14/1 Mu 2, Chaweng Beach Rd ; studio 11 000-13 500 B, ste 12 500-29 000 B, villa 26 000-63 000 B ; P❄@📶≋). Créé par des amoureux du livre, cet hôtel design comporte une charmante bibliothèque (*library*). L'endroit dans son ensemble est d'un blanc étincelant, rehaussé de parements noirs et de rideaux à lattes, et l'imposante piscine rectangulaire est entourée d'une œuvre murale monochrome. L'allure minimaliste et moderne s'étend à ses chambres, qui inspirent un sentiment d'espace et de lumière.

Hat Lamai et le Sud-Est

Sur le sable blanc et poudreux de la partie centrale de Hat Lamai, une foule de vacanciers rôtit au soleil sur des chaises longues. Ce secteur rassemble la plupart des principaux *resorts*. Mieux vaut s'éloigner vers l'extrémité nord ou sud où le sable est plus granuleux, tout y est plus tranquille et moins cher. Plus au sud se cachent des complexes hôteliers de luxe, mais les logements à la couleur locale plus prononcée ne manquent pas non plus. Les prix y sont plus bas, mais il est indispensable d'être véhiculé pour se déplacer.

Ananas Samui Hostel AUBERGE DE JEUNESSE $
(Carte p. 554 ; ☎081 567 6650 ; www.ananashostels.com ; près de Laem Set ; dort/lits jum/tr/bung 190/590/790/1 200 B ; P❄📶≋). Cette charmante petite auberge de jeunesse, adossée à une montagne tapissée de jungle, est tenue par une dame âgée et follement attachante. Assez éloignée de toute route principale ou de tout centre de village, mais d'un rapport qualité/prix admirable pour ceux qui disposent d'un véhicule. Grâce aux faibles tarifs, la location d'un scooter (possible sur place) devrait rentrer dans votre budget.

New Hut BUNGALOWS $
(Carte page ci-contre ; ☎077 230437 ; www.newhutbungalow.com ; Lamai North ; bungalows 300-800 B ; ❄📶). Plantés sur la grève, ces bungalows simples et colorés en forme de A donnent sur les eaux azur du golfe. Le restaurant est très animé, le personnel sympathique : c'est l'une des meilleures adresses à Lamai pour les baroudeurs, à la fois simple et joyeuse. Les bungalows les moins chers ont seulement un ventilateur et pas de salle de bains, mais la vue depuis votre porte vous le fera vite oublier.

Amarina Residence HÔTEL $$
(Carte page ci-contre ; ☎077 418073 ; facebook.com/pages/category/Hotel/Amarina-Residence-Samui-243016743104509/ ; Lamai ; studio/d 1 500/2 000 B ; ❄📶≋). À deux minutes à pied de la plage, ce petit hôtel loue des chambres carrelées spacieuses et décorées avec goût, disposées sur 2 niveaux autour du hall d'entrée et de la petite piscine. Excellent rapport qualité/prix.

Samui Jasmine Resort RESORT $$$
(Carte page ci-contre ; ☎077 232446 ; www.samuijasmineresort.com ; 131/8 Mu 3, Lamai ; d 3 800-4 085 B, villa 4 560 B ; P❄📶≋). Installé au beau milieu de Hat Lamai, ce *resort* à la décoration traditionnelle offre un rapport qualité/prix remarquable. Choisissez les chambres les moins chères – la plupart ont une belle vue sur la mer et la piscine cristalline. Bassin pour les enfants, service de baby-sitting… Un lieu idéal pour les familles.

♥ **Rocky's Resort** RESORT $$$
(Carte page ci-contre ; ☎077 332888 ; www.rockyresort.com ; près de la Rte 4169 ; d 3 000-5 450 B, ste 4 220-9 275 B, villa 10 450-15 400 B ; P❄📶≋). Avec son espace d'accueil particulièrement calme et ses deux piscines, l'établissement bénéficie d'une ambiance est à la fois chic et sans prétention. Vue sur la mer et chambres (certaines avec piscine) meublées d'objets d'inspiration thaïlandaise mâtinée d'une touche de modernité. Prix très intéressants en basse saison.

Hat Lamai

Hat Lamai

À voir

1 Église orthodoxe de l'Ascension A3
2 Wat Lamai B1

Activités

3 Lamai Muay Thai Camp B2
4 Tamarind Springs C1

Où se loger

5 Amarina Residence B2
6 New Hut C1
7 Rocky's Resort A3
Samui Jasmine Resort .... (voir 5)

Où se restaurer

8 Kangaroo B2
9 La Fabrique B1
10 Marché de jour de Lamai B1
11 Pad Thai C1
12 Radiance C1
13 The Dining Room A3

Où prendre un verre et faire la fête

14 Beach Republic D1
Lava Lounge .... (voir 8)

Achats

15 Island Books C1

Bo Phut et le Nord-Est

Les *resorts* chics et design encadrent Fisherman's Village, et plusieurs hébergements de catégorie moyenne occupent la très passante rue centrale. L'Us Hostel étant quasiment le seul logement du coin pour petits budgets, vous devrez vous éloigner si vous voulez faire des économies. Autrement, optez pour Chaweng, repaire des voyageurs en solo. Les familles affectionnent Bo Phut, et les chambres se louent vite en haute saison : pensez à réserver.

Us Hostel AUBERGE DE JEUNESSE $

(Carte p. 560 ; 098 696 6358 ; facebook.com/ushostelsamui ; près de la Rte 4169 ; dort/d 250/800 B ; P ❄ 📶 🏊). Cette auberge décontractée fait le bonheur des baroudeurs. La grande piscine est entourée de conteneurs reconvertis et empilés formant un établissement branché et moderne, avec un grand hall ouvert où l'on sert une cuisine thaïlandaise et un bon café. Chambres propres et spacieuses. Le personnel est bien renseigné et affable. Possibilité de louer un scooter et de se procurer toutes sortes de billets pour continuer votre voyage.

Bo Phut

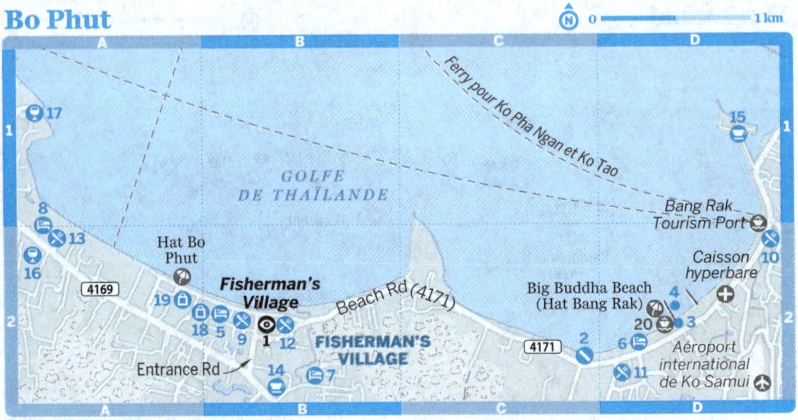

Bo Phut

Les incontournables
1 Fisherman's Village B2

Activités
2 100 Degrees East C2
3 Chantara Junk Boat D2
4 Red Baron D2

Où se loger
5 Eden B2
Hacienda .... (voir 1)
6 Secret Garden Beach Resort D2
7 Us Hostel B2
8 Zazen A1

Où se restaurer
9 2 Fishes B2
10 Bootlegger Gourmet Burgers D2
11 Boy Thai Food D2
Karma Sutra .... (voir 9)
12 The Hut B2
13 Zazen Restaurant A2

Où prendre un verre et faire la fête
14 Cafe K.O.B. B2
15 Chez Isa D1
16 Jack Doyle's Irish Pub A2
17 Woobar A1

Achats
Baan Ngurn .... (voir 1)
18 Marché nocturne du Fisherman's Village A2
19 Wharf A2

Transports
20 Big Buddha Pier D2

Eden BUNGALOWS $$
(Carte ci-dessus ; ☎077 427645 ; www.eden-bungalows.com ; Fisherman's Village ; d/bung 1 500/1 900 B ; ❄📶🏊). Les 10 bungalows et les 5 chambres sont installés dans un joli jardin avec une petite piscine. Les logements les moins chers sont assez tristounets, mais un supplément vous ouvrira les élégantes suites au mobilier en bois rustique. Les familles opteront pour l'appartement de 100 m² avec kitchenette. À deux pas de la plage.

Secret Garden Beach Resort BUNGALOWS $$
(Carte ci-dessus ; ☎077 332661 ; www.secretgarden-samui.com ; Beach Rd ; lits jum 1 800 B, bung 2 100-4 360 B ; ❄📶🏊). Propriété d'un Néerlandais, le Secret Garden dispose d'un restaurant de plage et d'un bar, tous deux excellents. Bungalows frais et bien équipés dans le jardin et autour de la piscine. Le dimanche, habitants, expatriés et touristes viennent se détendre en écoutant des musiciens.

Hacienda PENSION $$
(Carte ci-dessus ; ☎077 960827 ; www.samui-hacienda.com ; Fisherman's Village ; d 1 860-2 350 B, ste 3 160 B ; P❄📶🏊). L'arche et la couleur ocre donnent à l'entrée de l'Hacienda une allure espagnole. Un décor semblable agrémente les chambres adorables, pourvues de murs de salle de bains en galet ou de lampes en bambou translucides. Si la *guesthouse* est complète, Hacienda Suites, située un peu plus loin, dispose de chambres "éco" moins chères. Minuscules et sans fenêtres pour la plupart, elles sont néanmoins propres et

confortables. La petite piscine sur le toit-terrasse offre une vue splendide sur la mer.

Six Senses Samui RESORT **$$$**
(Carte p. 554 ; 077 245678 ; www.sixsenses.com/resorts/samui ; Samrong ; villa 13 830-32 600 B ; P ❄ @ ☁ ≋). Ce paradis secret où le bambou domine est une parfaite raison de faire des folies. Aménagé sur un promontoire accidenté de 8 ha, le Six Senses atteint l'équilibre parfait entre opulence et charme rustique. La majorité des 66 villas sont dotées d'une magnifique piscine en béton et ménagent une vue splendide sur la baie silencieuse en contrebas. Spa haut de gamme et deux restaurants de première classe.

Zazen RESORT **$$$**
(Carte page ci-contre ; 077 425085 ; www.samui-zazen.com ; Bo Phut ; bung 3 850-9 450 B, villa 5 100-7 290 B ; P ❄ @ ☁ ≋). Bienvenue dans l'un des luxueux *resorts* de Samui : rigueur et créativité caractérisent la conception de cette charmante oasis jusque dans ses moindres recoins, pour une rencontre entre minimalisme asiatique et rococo moderne, saupoudrée d'une belle pincée de bon goût et d'élégance. Les clients se délassent près de la piscine, ou sur des chaises longues installées sur la meilleure portion de la plage.

Mae Nam et la côte nord

Mae Nam possède d'excellentes adresses, en particulier pour les voyageurs aisés, mais les voyageurs à petit budget trouveront aussi des bungalows d'un bon rapport qualité/prix.

Indy Hostel AUBERGE DE JEUNESSE **$**
(Carte p. 554 ; 089 724 6832 ; facebook.com/indyhostelmaenam/ ; Mae Nam ; dort/s/d 280/350/450 B ; ❄ ☁). Nous avons adoré le thème oriental de cette petite auberge de jeunesse à croquer, adossée à la plage, au cœur de Mae Nam. Tenue par un personnel chaleureux et sympathique, c'est le logement parfait pour les baroudeurs. Nous sommes moins convaincus par la minuscule douche commune pour les chambres les moins chères : si vous en avez les moyens, préférez la super chambre double, avec baignoire.

Shangri-La BUNGALOWS **$**
(Carte p. 554 ; 077 425189 ; plage de Mae Nam ; bung avec ventil/clim à partir de 600/1 300 B ; P ❄ ☁). Une option haut de gamme pour les baroudeurs, avec des bungalows à prix très compétitifs sur une délicieuse portion de la plage ; certains sont adaptés aux familles. L'aménagement paysager fait défaut, mais même les bungalows basiques sont bien entretenus. Personnel agréable. Piscine avec belle vue sur la mer.

Farmer's Boutique Resort BOUTIQUE-HÔTEL **$$**
(Carte p. 554 ; 077 447222 ; Mae Nam ; bung 1 900-2 900 B ; P ❄ ☁ ≋). Derrière une entrée flanquée de bambous s'étend un ensemble de spacieuses villas traditionnelles tenu par une famille, avec une verte colline en arrière-plan. Les rizières et étendues d'eau naturelles environnantes renforcent l'atmosphère rurale. Piscine commune et très bon restaurant sur place (p. 565). Les villas les plus chères ont la meilleure vue et jouissent de piscines privées.

Belmond Napasai RESORT **$$$**
(Carte p. 554 ; 077 429200 ; www.belmond.com ; Bang Po ; villa 8 000-40 000 B ; P ❄ @ ☁ ≋). Passé les buffles en pâturage et leurs gardiens, les voyageurs sont accueillis dans ce vaste domaine soigneusement entretenu. Il est parsemé de nombreux pavillons au style très traditionnel, avec ornements en bois finement sculptés, superbes ouvrages locaux en soie et intérieurs en bambou. Nombre d'entre eux offrent une vue somptueuse sur le bleu du golfe et la plage privée.

Na Thon et l'Ouest

Avant tout point d'accès pour les visiteurs qui se rendent au nord ou sur la côte est, Na Thon compte peu d'hôtels intéressants. Plus au sud, sur la côte, vous attendent deux des meilleurs établissements de l'île, qui offrent une superbe vue sur les 5 îles au sud-ouest et de splendides couchers du soleil.

Chytalay Palace Hotel HÔTEL **$$**
(Carte p. 554 ; 077 421079 ; 152 Nathon Mu 3 ; d 400-850 B, tr 1 000-1 300 B ; ❄ ☁). Sur la route du front de mer, pas très loin à pied au sud de la jetée, cet hôtel tranquille possède des chambres très correctes et spacieuses, dont le balcon donne sur l'océan et le soleil couchant. Celles du niveau inférieur ont la vue en partie cachée par des câbles électriques, mais coûtent moins cher que les chambres plus récentes au-dessus. Les doubles les moins chères n'ont que des ventilateurs. Toutes sont équipées de douches.

Conrad Koh Samui RESORT **$$$**
(Carte p. 554 ; 077 915888 ; www.conradkohsamui.com ; villa 18 400-43 850 B ; P ❄ ☁ ≋). Épousant gracieusement la côte ouest, les

81 villas exceptionnelles de ce somptueux *resort* de style contemporain possèdent toutes leur propre piscine à débordement dominant la mer azur. Tout ici respire le luxe sans tomber dans l'excès. Chaque soir, le coucher du soleil est un spectacle magique. Quatre restaurants, une cave à vin et un superbe spa achèveront de vous convaincre.

Le Sud

Sunset Beach Resort & Spa RESORT $$
(Carte p. 554 ; 077 428200 ; www.thesunsetbeachresort.com ; Ban Taling Ngam ; ch 1 850-2 600 B, villa à partir de 3 350 B ;). L'attrait de ce complexe hôtelier est bien sûr lié à sa vue sur les îles de la côte ouest, à sa plage tranquille de galets, au luxe de ses chambres et à ses villas en bord de plage, mais c'est le service souriant et dévoué qui le fait véritablement sortir du lot. VTT gratuits pour se rendre au calme village voisin, mais mieux vaut avoir une voiture pour aller plus loin.

Avani Plus Samui RESORT $$$
(077 485299 ; www.avanihotels.com ; Ao Phang Ka ; ch 5 860-7 080 B, villa 9 900-27 450 B ;). L'ex-Elements est situé sur une bande de sable isolée plantée de palmiers, avec une vue époustouflante sur les Five Sister Islands. C'est un refuge idéal pour les adeptes de la méditation ou les couples romantiques. Les chambres élégantes se trouvent dans des bâtiments séparés, tandis que les pavillons discrets longent le chemin menant à la zone de détente en bord de mer.

Où se restaurer

Hat Chaweng

À Chaweng, il y a toujours du monde en train de faire la tournée des bars. Aussi, les fast-foods pullulent sur les rues principales : beaucoup préparent de savoureux burgers, kebabs et (évidemment) plats thaïlandais. Hors de la rue principale, plusieurs *resorts* cachent de très bons restaurants gastronomiques, comme le Tree Tops Sky Dining.

Marché de Laem Din MARCHÉ $
(Carte p. 556 ; Chaweng ; plats à partir de 40 B ; 4h-minuit). Marché animé le jour, Laem Din regorge d'étals proposant des fruits frais, des légumes et de la viande. Achetez des oranges vertes sucrées ou flânez au milieu des étals pour tenter de reconnaître les ingrédients du curry de la veille. Pour dîner, allez au marché nocturne, à côté, et savourez du poulet frit du Sud et des currys.

Marché alimentaire nocturne de Chaweng MARCHÉ $
(Carte p. 556 ; Chaweng Beach Rd ; plats à partir de 60 B ; 17h-23h). Les tarifs de ce marché sont un peu plus élevés que dans les autres marchés de Ko Samui, mais l'ambiance est particulièrement sympathique quand arrivent les fêtards, venus trinquer à la bière et se repaître d'un large choix de plats locaux ou occidentaux, avant de poursuivre leur soirée dans la rue animée de Chaweng.

Tuk Tuk Backpackers CAFÉ $
(Carte p. 556 ; 087 268 2575 ; Chaweng Beach Rd ; plats à partir de 120 B ; 10h-2h ;). Ce vaste café/restaurant/bar à l'occidentale, qui évoque un pub, s'étale au bord de Chaweng Beach Rd. Les petits-déjeuners sont parfaits pour soigner une gueule de bois. Nombreux écrans TV, tables de billard…

Khaw Glong THAÏLANDAIS $$
(Carte p. 556 ; 089 154 4560 ; www.khawglong.com ; 200/12, Mu 2, Chaweng Beach Road ; plats 200 B ; 15h-22h mar-dim). Près de la grand-rue, ce restaurant thaïlandais très prisé élabore de remarquables plats locaux qui font toujours mouche. Ambiance cosy avec mobilier en bois sombre et touches décoratives traditionnelles. Le personnel est très avenant. Arrivez tôt, car les clients affluent à l'heure du dîner.

♥ Tree Tops Sky Dining FUSION $$$
(Carte p. 556 ; 077 960333 ; www.anantara.com ; 92/1 Mu 2, Chaweng Choengmon Rd ; plats 1 000 B, menu à partir de 4 550 B ; 18h-23h dim-ven, à partir de 12h sam). Le top du romantisme à Chaweng. Formant un réseau dans les arbres à l'arrière du *resort* Anantara, ces jolies plateformes perchées se disputent la meilleure vue sur la mer (notre préférence va à la table n°7). Menu ultramoderne : les plats sont présentés par des listes d'ingrédients, ils n'ont pas de noms.

Dr Frogs ITALIEN $$$
(Carte p. 554 ; 077 448505 ; www.drfrogs.com ; 103 Mu 3, Rte 4169 ; plats 400 B ; 7h-minuit ;). Juché sur un surplomb rocheux, le Dr Frogs allie une vue splendide sur les flots à une délicieuse carte de produits de la mer et des classiques thaïlandais ou italiens. Cadre romantique et aire de jeux dans un jardin à l'avant. Concerts à 19h30, les lundis, mercredis, vendredis et samedis. Personnel sympathique.

VAUT LE DÉTOUR

BELLES ÉCHAPPÉES INSULAIRES

Envie de jouer les naufragés ? Mettez le cap sur les îles au large de Ko Samui. Semez la foule de la côte est en vous rendant près de Thong Krut, au sud-ouest de Samui, et embarquez sur un *long-tail boat* de pêche. Vous bondirez alors sur les vagues jusqu'aux îles quasi désertes de **Ko Taen** (ou Ko Tan) et **Ko Mat Sum**.

Avec ses 7,5 km², Ko Taen est la plus grande des deux. Elle est propice au snorkeling et compte quelques pensions, dont Koh Tan Village Bungalows sur la plage principale, ainsi que plusieurs restaurants. Environ 1 km à l'est de Ko Taen, Ko Mat Sum est plus petite et bien moins habitée. Elle ne comporte qu'une simple pension et un bar.

À Thong Krut, des panneaux font la promotion des circuits en bateau. Vous pourrez aussi vous adresser à une pension ou à un des restaurants de la plage, comme le Hemingway's on the Beach (p. 566). Ces excursions durent 4-5 heures et coûtent entre 1 500 et 2 500 B par bateau (jusqu'à 5 pers).

Hat Lamai et le Sud-Est

Deuxième plage la plus fréquentée de Samui, Hat Lamai rattrape lentement son retard culinaire sur ses semblables, comme sa voisine Hat Chaweng. Les lieux de restauration adressés aux touristes se multiplient dans le secteur ; au sud, vous découvrirez d'excellentes saveurs locales en déambulant dans les marchés, comme celui de **Hua Thanon** (carte p. 554 ; Ban Hua Thanon ; plats à partir de 30 B ; ⏲6h-18h). Ou prenez une chaise au Melayu Samui Seafood (ci-dessous), adresse très locale au cœur du village musulman.

Marché de jour de Lamai MARCHÉ **$**

(Carte p. 559 ; Lamai ; plats à partir de 30 B ; ⏲6h-20h). Entre vente de produits indispensables et nourriture à emporter, le marché de Lamai bourdonne tel un essaim. Dans la partie couverte, vous pourrez vous procurer des fruits frais ou observer les commerçants râpant des noix de coco pour en extraire du lait. Sinon, guettez le glacier (à côté d'une station-service) et ses préparations maison à la noix de coco.

Pad Thai THAÏLANDAIS **$**

(Carte p. 559 ; ☎077 458560 ; www.manathai.com ; Rte 4169 ; plats 140 B ; ⏲12h30-21h30 ; ❄📶). Situé à l'angle de l'immense hôtel Manathai, cet élégant restaurant partiellement en terrasse offre un choix formidable, et abordable, de nouilles sautées ou en soupe, à faire suivre d'une glace à la noix de coco.

Melayu Samui Seafood POISSON, FRUITS DE MER **$**

(Carte p. 554 ; ☎081 397 4090 ; Hat Ban Hua Thanon ; plats 150 B ; ⏲10h-22h). Menu thaïlandais éclectique pour cette adresse halal admirable, avec des produits de la mer frais, achetés au marché de Ban Hua Thanon (p. 552), non loin. Le propriétaire appartient à l'une des plus vieilles familles musulmanes de Ko Samui, d'origine malaise et du sud du continent, d'où l'abondance de plats épicés et sucrés. Bungalows sommaires en location sur place.

Kangaroo INTERNATIONAL **$**

(Carte p. 559 ; ☎099 403 1984 ; 101/4 Mu 3, Lamai Beach Rd ; plats à partir de 150 B ; ⏲13h-23h). Un accueil chaleureux et une équipe attentive vous attendent dans ce restaurant chamarré où l'on savoure d'excellentes recettes thaïlandaises et occidentales. Vaste choix de spécialités de la mer (darne de requin ou de barracuda, crabe bleu) et la gamme habituelle de currys de poulet, d'assiettes de riz frit et de pâtes.

La Fabrique BOULANGERIE **$$**

(Carte p. 559 ; ☎089 951 7559 ; Rte 4169 ; formule petit-déj à partir de 160 B ; ⏲6h30-20h ; 📶). Cette vaste boulangerie-pâtisserie à la française, au personnel serviable, est à l'écart de la rue principale près du **Wat Lamai** (carte p. 559 ; près de la Rte 4169 ; ⏲lever-coucher du soleil) GRATUIT. Au choix : baguette et autres pains frais, croissants, meringues, pâtisseries, yaourts ou l'exceptionnelle formule petit-déjeuner avec des fruits frais.

Radiance INTERNATIONAL **$$**

(Carte p. 559 ; ☎077 230985 ; près de la Rte 4169 ; plats 200 B ; ⏲7h-22h ; 📶✎). Ce pavillon en bord de plage fournit un cadre calme et détendu pour une cuisine plutôt légère. Variantes saines de mets traditionnels thaïlandais, italiens et mexicains, avec aussi des plats végétariens, végans ou sans produits cuits. Goûtez le délicieux *tom kha* (soupe de noix de coco au curry vert) cru.

Dining Room FRANÇAIS $$$
(Carte p. 559 ; ☎077 332888 ; www.rockyresort.com ; 438/1 Mu 1, Rocky's Boutique Resort, près de la Rte 4169 ; plats 300-950 B ; ⏲10h-23h). Le tournedos Rossini de Dining Room est cuisiné à la perfection. Merveilleusement situé, sur la plage, le restaurant du Rocky's Resort (p. 558) présente aussi une admirable carte des vins, et la vue est splendide à toute heure… Un choix évident pour un dîner gastronomique et romantique !

Bo Phut et le Nord-Est

Fisherman's Village réunit certains des plus agréables restaurants de bord de plage à Ko Samui, et les produits de la mer y sont souvent excellents. À Bo Phut, les prix sont rarement bas, sauf au marché du samedi soir, où l'on déguste une cuisine de rue savoureuse. La route conduisant au nord peut révéler de bonnes surprises, notamment parmi les restaurants et cafés corrects avoisinant Big Buddha Beach, à l'ouest de Choeng Mon.

Boy Thai Food THAÏLANDAIS $
(Carte p. 560 ; ☎083 508 6579 ; Beach Rd (4171) ; plats 50 B ; ⏲15h-tard). Cette cahute, un peu à l'écart des coins touristiques, sert en toute simplicité de délicieux plats thaïlandais jusqu'à tard le soir, après la fermeture des autres adresses de Beach Rd, à l'est de Bo Phut. Vous partagerez sans doute une table avec des gens de l'île. Mention spéciale à la soupe de la mer *đôm yam*.

The Hut THAÏLANDAIS $
(Carte p. 560 ; ☎077 938029 ; Fisherman's Village ; plats 60-550 B ; ⏲13h-22h ; 📶). Dans cette cabane, des spécialités thaïlandaises simples à des prix raisonnables côtoient des produits de la mer frais, plus onéreux. Les tables se remplissent vite : pour éviter l'attente, venez assez tôt, ou assez tard. La cuisine est savoureuse et le service rapide, mais le personnel est parfois un brin revêche.

Bootlegger Gourmet Burgers BURGERS $$
(Carte p. 560 ; ☎092 559 5085 ; 30/44 Mu 4, Chaweng Choengmon Rd ; burgers à partir de 360 B ; ⏲8h-22h30 ; 📶). À cette petite adresse gourmande, une multitude de bières artisanales accompagnent des burgers nommés Firestarter, Hot Chick ou Gangnam Style. Un lieu agréable et vivant. Situé face à l'embarcadère de Bang Rak, c'est un bon endroit pour prendre un en-cas ou un verre en attendant le ferry.

2 Fishes ITALIEN $$
(Carte p. 560 ; ☎077 901009 ; facebook.com/2fishessamui ; 79/5 Mu 1, Fisherman's Village ; plats à partir de 250 B ; ⏲17h30-tard mar-dim). Ce restaurant italien plein de personnalité est une bouffée d'air frais. Menu savoureux et appétissant, riche en produits de la mer. Les portions sont peu abondantes, mais, sous la houlette de Leando, propriétaire poli et accueillant, le service est efficace.

Karma Sutra INTERNATIONAL $$
(care p. 558 ; ☎088 751 8674 ; www.karmasutra-samui.com ; Fisherman's Village ; plats 190-690 B ; ⏲8h-1h ; 📶). Ce restaurant tendance et confortable sur le carrefour situé au cœur de Fisherman's Village sert de remarquables mets de Thaïlande et d'ailleurs. On peut s'attabler à l'extérieur en bord de route pour regarder les allées et venues ou jouir d'une superbe vue sur l'océan au premier étage.

Zazen Restaurant FUSION ASIATIQUE $$$
(Carte p. 560 ; ☎077 425085 ; Rte 4169 ; plats 270-550B, menu fixe à partir de 1 300 B ; ⏲18h30-23h ; 📶). Ce superbe restaurant romantique au sein du Zazen (p. 561) offre une belle vue sur la mer. Lumière tamisée, musique douce et danses traditionnelles thaïlandaises le jeudi et le dimanche soir à partir de 20h. Réservation recommandée.

♥ **Dining on the Rocks** FUSION $$$
(Carte p. 554 ; ☎077 245678 ; www.sixsenses.com/resorts/samui/dining ; Choeng Mon ; menu à partir de 2 800 B ; ⏲18h-minuit ; 📶✎). Dans le cadre intimiste du complexe Six Senses Samui (p. 561), le nec plus ultra en matière de cuisine fusion se trouve dans ces 9 vérandas en teck et bambou qui donnent sur le golfe. Après le coucher du soleil (et un peu de vin), les clients ont l'impression d'être embarqués sur un bateau dérivant sur une mer étoilée. Chacun des plats du menu est concocté par des cuisiniers qui ne cessent d'innover en combinant de nouvelles saveurs, textures et modes de cuisson.

Mae Nam et la côte nord

Mae Nam ne manque pas d'adresses où se restaurer, des cabanes de plage au toit en chaume proposant des plats thaïlandais, occidentaux ou de fruits de mer aux restaurants plus raffinés qu'on déniche le long des routes à l'intérieur des terres. Ne manquez pas de goûter la cuisine de rue du **marché nocturne de Mae Nam** (carte p. 554 ; Mae Nam ; ⏲17h-23h jeu).

Homemade Burgers BURGERS $
(Carte p. 554 ; ☎ 085 788 4162 ; Rte 4169, Mae Nam ; burgers à partir de 80 B ; ⏲ 9h30-22h ; ✎). Dans cette petite cahute en bord de route, on compose des burgers et des sandwichs maison aussi gourmands qu'excellents. Outre les viandes habituelles, on y propose certaines recettes végétariennes et véganes. À déguster avec une bière fraîche (à partir de 70 B) dans l'agréable jardin à l'arrière, décoré de meubles en bambou.

♥ **Pepenero** ITALIEN $$
(Carte p. 554 ; ☎ 077 963353 ; www.pepenerosamui.com ; Rte 4169, Mae Nam ; plats à partir de 280-520 B ; ⏲ 18h-22h lun-sam ; wifi ✎). Le succès du Pepenero ne faiblit pas, et on comprend aisément pourquoi. Cet excellent restaurant italien, au décor élégant, a un bel espace jardin pour dîner et propose un menu formidable (avec notamment des plateaux de fromage et de charcuterie). Mais si l'on y revient, c'est surtout grâce à ses hôtes chaleureux, qui travaillent dur et entourent leurs clients de toutes les attentions.

Pas de cartes bancaires, mais règlement possible en diverses devises et par PayPal.

Bang Po Seafood POISSON, FRUITS DE MER $$
(Carte p. 554 ; ☎ 077 602208 ; Rte 4169, Bang Po ; plats 200 B ; ⏲ 10h-22h). Un repas au Bang Po Seafood régalera vos papilles. Un des seuls restaurants servant des plats traditionnels de Ko Samui, avec des ingrédients incluant oursins crus, jeunes poulpes, eau de mer, noix de coco et curcuma d'origine locale. Établissement au décor délicieusement typique, donnant sur la plage.

Gaon Korean Restaurant CORÉEN $$
(Carte p. 554 ; Mae Nam ; plats 250-500 B ; ⏲ 15h-23h sam-jeu ; ✎ 👪). En plein quartier chinois de Mae Nam, cet excellent restaurant propose viandes au barbecue, poisson grillé et fruits de mer à la vapeur, ainsi que des spécialités coréennes comme un succulent *bulgogi* (bœuf mariné, champignons et carottes, servis sur un plat grésillant), des pancakes au kimchi et des glaces coréennes. Menu enfant et plats végétariens.

John's Garden Restaurant THAÏLANDAIS $$
(Carte p. 554 ; ☎ 077 247694 ; facebook.com/johnsgardenth ; Mae Nam ; plats à partir de 130 B ; ⏲ 13h-22h ; wifi ✎). Dans ce joli jardin aménagé, les tables sont disposées dans des petites cabanes intimistes, en bambou et en feuilles de palmier. Le cadre est particulièrement romantique le soir à la lueur des lanternes. Réservez, et emportez de l'anti-moustique, même si on vous en fournit. Carte thaïlando-européenne, comprenant la spécialité maison, l'éblouissant poulet *massaman* (un plat thaïlando-musulman).

Farmer's Boutique Restaurant INTERNATIONAL $$$
(Carte p. 554 ; ☎ 077 447222, 098 655 5314 ; www.farmersboutiqueresort.com/restaurant ; Mae Nam ; plats 290-890 B ; ⏲ 7h-22h30 ; ❄ wifi). Au milieu d'une rizière, le cadre magique du Farmer's – au sein du *resort* (p. 561) éponyme – est digne d'une carte postale quand scintillent les bougies dans la nuit étoilée. La cuisine, d'inspiration essentiellement européenne, est délicieuse et bien présentée. Service attentif ; l'établissement passe prendre gratuitement les clients des plages voisines.

Na Thon et l'Ouest

Dans le calme de la côte ouest, on trouve de bons restaurants de poisson, et un ou deux établissements offrant une vue superbe, surtout au coucher du soleil. À Na Thon, en revanche, aucune adresse ne sort du lot. Le **marché alimentaire nocturne** (carte p. 554 ; Th Chonwithi, Na Thon Pier ; plats 70 B ; ⏲ 17h-22h) est remarquable, et tout à fait propice à une petite collation avant de quitter l'île en ferry.

Hippocampe French Bakery BOULANGERIE $
(Carte p. 554 ; gâteaux/sandwichs 50/100 B ; ⏲ 6h-18h lun-sam ; wifi). On salive devant les délicieux pains complets tout juste sortis du four de ce petit café français donnant sur la populaire Th Angthong. Menu déjeuner bon et léger, et gâteaux et café délicieux.

Phootawan Restaurant THAÏLANDAIS $$
(Carte p. 554 ; ☎ 081 978 9241 ; plats 150 B ; ⏲ 10h-20h). Gravir la colline à scooter ou en voiture pour atteindre ce restaurant n'est pas toujours une partie de plaisir, mais le jeu en vaut la chandelle : un panorama exceptionnel vous attend au-delà les arbres. Rien de miraculeux côté cuisine, mais, au coucher du soleil, le Phootawan se change en un lieu romantique et enchanteur.

Lucky INTERNATIONAL $$
(Carte p. 554 ; ☎ 077 420392 ; Na Thon ; plats 100-420 B ; ⏲ 8h-21h lun-sam, 12h-21h dim ; wifi ✎). Face à la mer, ce restaurant sert une cuisine occidentale et thaïlandaise copieuse et savoureuse. Si vous venez au bon moment, vous dînerez devant un magnifique coucher de soleil. Pratique, le Lucky est proche de

l'embarcadère. Steve, le propriétaire originaire de la région de Liverpool, est aussi aimable que bien renseigné sur les environs.

Le Sud

Ging Pagarang POISSON, FRUITS DE MER $

(Carte p. 554 ; 081 691 2114 ; Thong Krut ; plats 50 B ; 11h30-20h). Les habitants de l'île le savent : le Ging Pagarang est une adresse à connaître pour déguster d'authentiques produits de la mer à la mode de Ko Samui. L'établissement est simple, géré en famille, mais la vue et la cuisine sont fantastiques. Goûtez la salade d'algues marines au crabe, le poulpe séché et frit à la noix de coco, le poisson frit ou les crevettes à la citronnelle.

Sweet Sisters Cafe CAFÉ $

(Carte p. 554 ; 086 470 8631 ; Bang Kao ; 9h-21h ;). Ce café en bord de route possède un intérieur agréablement cosy. Idéal pour un café, un jus ou un en-cas en découvrant les baies, plages et pagodes du littoral méridional. Dans la paisible partie sud de Ko Samui, juste avant la bretelle pour Ao Bang Kao.

Hemingway's on the Beach THAÏLANDAIS $$

(Carte p. 554 ; 088 452 4433 ; www.hemingwaysonthebeach.com ; près de la Rte 4170, Ao Thong Krut ; plats 225 B ; 10h-20h lun-sam ;). Prétexte rêvé pour une virée dans le sud-ouest de Ko Samui, le Hemingway's concocte des plats thaïlandais appétissants, sur la plage. Régalez-vous des produits de la mer et de la vue, spectaculaire au soleil couchant. Le Hemingway's organise aussi des croisières autour de l'île en *long-tail boat* et en *speedboat*, et héberge l'école de cuisine Jaa's Cooking School (1 500 B/pers). Massages relaxants proposés après les repas.

Où prendre un verre et faire la fête

Les bars de Ko Samui sont tenus de fermer à 1h, mais cette règle n'est pas toujours appliquée sur l'impétueuse et bruyante Hat Chaweng, haut lieu festif de l'île. Lamai, puis Bo Phut viennent ensuite, tandis que le reste de l'île est généralement calme, les vacanciers préférant se détendre en buvant un verre dans les bars d'hôtel. Pour des cocktails au soleil couchant, cap sur la côte ouest et certaines portions du littoral nord. De plus en plus d'établissements servent un très bon café un peu partout sur l'île.

Hat Chaweng

Warm White BAR

(Carte p. 556 ; Chaweng Lake ; 17h-2h ;). Repaire tendance à Ko Samui, ce bar local diffuse de la bonne musique urbaine thaïlandaise et l'on peut s'y rafraîchir avec une bière ou un cocktail à prix raisonnable. Le soir, si vous vous offrez un verre sur la terrasse prisée de la jeunesse hipster locale, vous serez peut-être le seul étranger.

Green Mango BAR

(Carte p. 556 ; 077 300672 ; www.thegreenmangoclub.com ; Soi Green Mango ; 21h-2h). Ce bar-discothèque a donné son nom au *soi* tout entier. Véritable institution à Ko Samui, le Green Mango est immense, tapageur et... très *farang* (nom donné aux Occidentaux). Lumières flamboyantes, boissons chères et foule en sueur ondulant au rythme de la *dance music* en deuxième partie de soirée : il n'est pas rare que l'endroit soit l'étape finale d'une tournée des bars à Chaweng.

Bees Knees Brewpub BRASSERIE

(Carte p. 556 ; 085 537 2498 ; www.samuibrew.pub ; 83/3, Mu 2, Chaweng Lake Rd ; 15h-minuit). Certes, l'intérieur manque de charme, mais la bière (à partir de 120 B) brassée sur place est appréciée de tous, et mérite amplement le détour. Il y en a 5 sortes ("wheaty bee", "summer bee", "black bee", "bitter bee" et "black-and-tan"), toutes très savoureuses. La brasserie, située derrière le bar, est visible à travers des panneaux en verre.

Ark Bar BAR

(Carte p. 556 ; 077 961333 ; www.ark-bar.com ; 159/89, Mu 2, Hat Chaweng ; 7h-2h). Ici, la fête bat son plein de jour comme de nuit dans une ambiance très jeune. Le bar, très bariolé, est souvent pris d'assaut, tandis que la clientèle se détend sur des chaises longues en bord de mer. Des spectacles de feu illuminent la plage à la nuit tombée, au son des DJ qui mixent dès l'après-midi.

Hat Lamai et le Sud-Est

Lava Lounge BAR

(Carte p. 559 ; 080 886 5035 ; Mu 3, Hat Lamai ; 16h-2h). Parmi les bars les plus en vue à Lamai, le Lava Lounge, à l'ambiance détendue, propose un vaste choix de cocktails (99-150 B) et des happy hours de 16h à 21h. Menu d'en-cas correct, avec des classiques thaïlandais et occidentaux.

Beach Republic
BAR

(Carte p. 559 ; ☎077 458100 ; www.beachrepublic.com ; 176/34 Mu 4, Hat Lamai ; ⌚7h-23h ; 📶). Reconnaissable à ses auvents en chaume, ce bar est idéal pour se prélasser en bord de mer. On y trouve une piscine, des fauteuils de plage accueillants, une longue liste de cocktails et même un hôtel si vous n'arrivez pas à partir. Les brunchs du dimanche (de 11h30 à 15h30) sont incontournables.

Bo Phut et le Nord-Est

♥ Woo Bar
BAR

(Carte p. 560 ; ☎077 915999 ; www.wkohsamui.com ; Bo Phut ; ⌚11h-23h ; 📶). Avec son décor éblouissant et son panorama étonnant, le bar du W Retreat est tout indiqué pour un cocktail au coucher du soleil. Arrivez tôt pour trouver de la place sur les banquettes qui semblent flotter sur l'envoûtante piscine à débordement. DJ tous les soirs, et consommation minimum de 1 000 B.

Jack Doyle's Irish Pub
PUB IRLANDAIS

(Carte p. 560 ; ☎087 689 9417 ; Mu 181/6, Rte 4169 ; ⌚11h-2h ; 📶). Ce pub irlandais ne manque pas d'ambiance. Parfait pour déguster des pizzas délicieuses devant un événement sportif en direct, ou savourer une bière à l'occasion d'une partie de billard contre les expatriés britanniques locaux.

Chez Isa
CAFÉ

(Carte p. 560 ; ☎082 423 9221 ; Wat Phra Yai ; ⌚9h30-19h ; 📶). Ce charmant petit café haut en couleur ne sert pas d'alcool (il jouxte Wat Phra Yai) et ferme tôt, mais allez-y pour un cocktail sans alcool au coucher du soleil ou un café au bord de la mer en journée.

Cafe K.O.B.
CAFÉ

(King of Bread ; carte p. 560 ; ☎081 829 9045 ; ⌚8h-17h ; 📶). Café, pâtisseries et pains artisanaux (cuits sur place) de premier ordre pour ce petit café dans l'air du temps, habillé de charmants bois sombres. Les menus petit-déjeuner et déjeuner sont extras.

Mae Nam et la côte nord

♥ Tree Bridge Coffee
CAFÉ

(Carte p. 554 ; ⌚9h-18h ; 📶). Si vous bravez le pont de corde menant à cette plateforme dans les arbres, vous entendrez les cris d'étonnement des autres visiteurs bien avant d'accéder à sa vue imprenable sur le golfe. Le café n'est pas mal non plus. L'étape idéale en route vers la cascade de Tan Rua (p. 552).

About Cafe
CAFÉ

(Carte p. 554 ; ☎077 938 167 ; 160/1, Mu 1, Mae Nam ; ⌚7h30-17h sam-lun ; 📶). Nous sommes tombés amoureux de ce café en plein milieu de Mae Nam. Les objets vintage donnent un look chic et décalé à la petite salle. L'équipe réduite de l'About Cafe est parfois débordée, mais soyez patient : le café et les petits-déjeuners en valent la peine.

Beryl Bar
BAR

(Carte p. 554 ; Hat Laem Yai ; ⌚18h-tard ; 📶). Ce bar décrépit et agréablement reculé séduit les couples en quête de tranquillité et de couchers de soleil divins. Le Beryl et son ambiance rasta, face à une baie dentelée, donnent l'impression d'être au bout du monde. D'humeur aventurière ? Une grotte au nord dissimule un temple exhibant un bouddha en méditation. Sinon, installez-vous sur une chaise longue et profitez !

Na Thon et l'Ouest

Air Bar
BAR

(Carte p. 554 ; ☎077 429100 ; www.samui.intercontinental.com/air-bar ; Intercontinental Samui Baan Taling Ngam Resort, Taling Ngam ; ⌚17h-minuit ; 📶). Vous admirerez le soleil plongeant dans les reflets dorés du golfe depuis le splendide bar en plein air de ce **luxueux resort** (carte p. 554 ; ☎077 429100 ; www.samui.intercontinental.com ; Taling Ngam ; d 7 500-11 500 B, ste 11 500 B, villa 15 000-21 500 B ; P❄📶🏊) perché au sommet d'une falaise. Excellentes tapas, ainsi que des en-cas. Difficile de trouver plus romantique à Na Thon.

Coffee Island
CAFÉ

(Carte p. 554 ; ☎081 656 3399 ; Th Chonwithi ; ⌚7h-21h ; 📶). Ce lieu parfaitement situé, avec ravissante vue sur la mer et jusqu'à l'embarcadère, est le dernier arrêt idéal avant le départ de votre ferry. Le café est très bon, tout comme les petits-déjeuners et déjeuners légers. Le signal Wi-Fi est puissant : c'est donc aussi un excellent endroit pour vous organiser à votre arrivée sur l'île.

Le Sud

Buffalo Baby
BAR

(Carte p. 554 ; Ao Bang Kao ; ⌚9h-21h ; 📶). Situé tout au sud de la côte à Ao Bang Kao, ce sympathique bar de plage prend vie le samedi à 17h, lorsque les DJ (et parfois un spectacle de feu) font l'animation sur le sable.

Où sortir

Paris Follies Cabaret CABARET
(Carte p. 556 ; 087 030 8280 ; Chaweng Beach Rd ; 20h-minuit ;). Ce cabaret très divertissant propose des spectacles de *gà·teu·i* (parfois épelé *kàthoey*), d'une heure, avec artistes travestis et trans, tous les soirs à 20h, 21h, 22h et 23h devant une clientèle mixte. Entrée gratuite et consommation obligatoire (à partir de 300 B environ).

Achats

Marché nocturne de Fisherman's Village MARCHÉ
(Carte p. 560 ; Fisherman's Village ; 17h-23h ven). Tous les vendredis soir, près du parking de **The Wharf** (carte p. 560 ; 077 425500 ; Fisherman's Village ; 11h-23h), cette rue de Fisherman's Village se transforme en une forêt aussi animée que chamarrée d'étals de marché, d'échoppes de cuisine de rue et de cocktails à bas prix, ainsi que de stands d'artisanat ou de T-shirts. Régulièrement, des groupes de musique apportent le fond sonore idéal pour déguster un *satay* (brochette de viande), une mangue et un en-cas au riz gluant.

Baan Ngurn BIJOUX
(House of Silver ; carte p. 560 ; 085 797 9630 ; Entrance Rd, Fisherman's Village ; 11h-22h). Cette ravissante petite bijouterie déploie un large éventail de bracelets, de colliers et de boucles d'oreilles en argent savamment confectionnés. Les prix débutent à 30 B pour une paire de boucles d'oreilles, et montent jusqu'à 8 000 B. En général, le propriétaire n'a rien contre un peu de marchandage.

Island Books LIVRES
(Carte p. 559 ; 061 193 2132 ; www.island-books-samui.com ; Tapee Bungalows, près de la Rte 4169 ; 11h-19h). Paul Wotham, natif de la région de Liverpool, appartient à l'époque où les gens aimaient lire et fureter dans les rayons d'une bonne librairie. Bien qu'il s'agisse d'une espèce en voie de disparition, les irréductibles lecteurs en visite à Ko Samui se passionneront pour son ample sélection de livres d'occasion (surtout en anglais), dont une impressionnante section voyages. Indiqué depuis la grand-rue après Lamai.

Thanon An Thong RUE
(Carte p. 554 ; Th Anthong, Na Thon). À seulement une rue du quai, cette jolie artère est jalonnée de maisons de négoce en bois, de lampions chinois et d'oiseaux gazouillant dans leurs cages. Les boutiques de souvenirs vendent des objets en tous genres (qui vous coûteront moins cher à Chaweng) dans une cohue infernale.

Central Festival CENTRE COMMERCIAL
(Carte p. 556 ; 077 913 000 ; Chaweng Beach Rd ; 11h-23h ;). Ce centre commercial étincelant et lumineux abonde en boutiques de marques internationales, en cafés et en restaurants. Très bon espace restauration climatisé proposant des plats façon cuisine de rue, et installations idéales pour occuper les petits (dont une aire de jeux). Un bon endroit pour échapper à la chaleur en journée.

Renseignements

ACCÈS INTERNET

Le Wi-Fi est disponible gratuitement dans tous les hébergements, restaurants et bars.

ARGENT

Nombreux DAB. La plupart des restaurants et hôtels acceptent les paiements par carte bancaire.

DÉSAGRÉMENTS ET DANGERS

Routes Le va-et-vient incessant des ambulances filant sirènes hurlantes sur les routes de Ko Samui témoigne de la fréquence des accidents. Un grand nombre de touristes inexpérimentés loue des motos avant de se rendre compte que les routes sinueuses, les averses tropicales soudaines, le sable sur la route et la circulation frénétique peuvent être dangereux, voire fatals.

Verre sur les plages Faites très attention aux tessons de verre (provenant surtout de bouteilles, notamment de bière) sur les plages les moins fréquentées – notamment sur certaines portions de la plage de Na Thon et sur la bande de sable menant à Ko Ma, au nord-ouest de l'île. Certains éclats de verre sont là depuis si longtemps qu'ils ont été polis par les vagues, mais d'autres sont très coupants.

Courants forts La mer est souvent forte à Samui, même pour les bons nageurs, et il y a parfois des noyades, notamment à Chaweng et Lamai, où courants et contre-courants sont particulièrement violents. Les hôtels installent des panneaux ou des drapeaux en bord de plage pour annoncer les conditions de baignade et éventuels dangers. Si un courant d'arrachement (puissant courant de surface en direction du large) vous emporte, nagez parallèlement à la plage pour vous en libérer, ou bien laissez-vous porter jusqu'à des eaux plus profondes où le courant se dissipera. Ne tentez de rejoindre la plage qu'une fois sorti du courant, car nager contre ce dernier vous épuiserait très rapidement.

Chiens Les chiens sont omniprésents sur l'île. Leur taux de reproduction est élevé et ils peuvent mordre. La tâche ingrate consistant à stériliser les innombrables chiens errants revient au Samui Dog & Cat Rescue Centre (p. 556), qui veille aussi à éviter la propagation de la rage (si la maladie est largement sous contrôle, consultez néanmoins un professionnel de santé en cas de morsure). Près des temples et de certaines plages, vous rencontrerez parfois des meutes de chiens agressifs : soyez prudent, et évitez de les caresser ou même de les approcher.

Vendeurs insistants Les vendeurs de plage sont enregistrés et doivent porter une veste affichant leur numéro. Aucun vendeur ne doit devenir une gêne – demandez de l'aide si c'est le cas.

EXTENSIONS DE VISAS

Le **bureau de l'immigration** (carte p. 554 ; ☎077 423440 ; www.suratimmigration.go.th ; Soi 1 Mu 1, Mae Nam ; ⌚8h30-12h et 13h-16h30 lun-ven) situé au sud de la Rte 4169, à Mae Nam, peut prolonger votre visa.

Il peut être utile de vous inscrire à un cours de thaï de 3 mois à 1 an auprès d'une des écoles de l'île ; vous serez alors éligible pour un visa étudiant valable pour toute la durée des cours.

INFORMATIONS TOURISTIQUES

Il n'y a aucun office du tourisme officiel sur l'île ; les touristes se tournent essentiellement vers les hôtels et agences de voyages.

La **Siam Map Company** (www.siammap.com) publie des brochures trimestrielles, notamment le *Spa Guide*, le *Dining Guide* et un annuaire annuel citant des milliers de compagnies et d'hôtels sur l'île. Son *Samui Guide Map* est complet, gratuit, et disponible sur toute l'île.

POSTE

Dans de nombreuses parties de l'île sont installées des postes privées facturant une petite commission. On peut presque toujours laisser son courrier timbré à son hôtel.

PROBLÈMES JURIDIQUES

La police thaïlandaise laisse généralement les étrangers tranquilles, mais les lois sur les stupéfiants sont parfois appliquées à la lettre, et les sanctions sont sévères.

Si l'on vous arrête pour quelque motif que ce soit, vous aurez le droit à un appel téléphonique. En cas d'arrestation, un comportement agressif ne fera qu'empirer votre situation.

Ayez toujours avec vous une copie de votre passeport ou de votre pièce d'identité, au cas où un membre de la police demande à les voir. De nombreuses personnes conduisent des deux-roues sans casque, même si le port du casque est obligatoire à moto comme à scooter.

SERVICES MÉDICAUX

Ko Samui compte 4 hôpitaux privés, tous près du supermarché Tesco-Lotus de Chaweng sur la côte est, fréquentés par la plupart des touristes. L'hôpital public (Samui Hospital) de Na Thon s'est beaucoup amélioré ces dernières années, mais le service laisse à désirer, car le financement est fondé sur le nombre d'habitants de Samui (qui ne prend pas en compte le grand nombre de travailleurs illégaux).

Bandon International Hospital (carte p. 552 ; ☎077 332706 ; près de la Rte 4169 ; ⌚24h/24). Hôpital privé avec soins correspondant aux standards internationaux.

Bangkok Hospital Samui (carte p. 556 ; ☎077 429500, urgences 1719 ; www.bangkokhospitalsamui.com ; Rte 4169). Hôpital accrédité au niveau international, au centre de Chaweng. La meilleure référence quel que soit votre souci de santé.

Ko Samui Hospital (carte p. 554 ; ☎077 913200 ; www.samuihospital.go.th/weben ; Na Thon ; ⌚24h/24). Hôpital gouvernemental public situé au sud de Na Thon.

Samui International Hospital (carte p. 556 ; ☎077 300394 ; www.sih.co.th ; 90/2 Mu 2, Chaweng Beach Rd ; ⌚24h/24). Hôpital international à Chaweng. Service d'ambulances d'urgence, 24h/24, cartes bancaires acceptées.

URGENCES

Police touristique (carte p. 554 ; ☎077 430018). Renseignements et assistance en cas d'arrestation.

ℹ Depuis/vers Ko Samui

AVION

L'aéroport de Ko Samui (p. 809) se situe dans le nord-est de l'île, juste au nord de Chaweng.

Bangkok Airways (www.bangkokair.com) propose des vols (1 heure 05) entre Samui et l'aéroport international Suvarnabhumi de Bangkok toutes les 30 minutes. Bangkok Airways assure des vols directs de Ko Samui vers Phuket, Pattaya, Chiang Mai, Singapour, Kuala Lumpur, Hong Kong et d'autres villes en Asie du Sud-Est. Bangkok Airways dessert également Chéngdū et Guǎngzhōu, en Chine. Une **agence Bangkok Airways** (carte p. 556 ; ☎077 601300 ; www.bangkokair.com ; ⌚8h-17h30) est ouverte à Hat Chaweng et une autre à l'aéroport (☎0 7742 5011). Le premier vol et le dernier sont toujours les moins chers.

En haute saison, réservez votre vol longtemps à l'avance car les sièges partent vite. Si les vols pour Samui sont complets, essayez d'aller en avion jusqu'à Surat Thani depuis Bangkok, puis en ferry jusqu'à Samui. Les vols vers Surat Thani sont toujours moins chers que les vols directs vers l'île.

BATEAU

Sur le continent, les principaux embarcadères pour rejoindre Ko Samui sont Tha Thong (Tapee), Don Sak et Chumphon. Sur Samui, les 3 ports les plus fréquentés sont Na Thon, Mae Nam et Bang Rak. À votre arrivée en ferry à grande vitesse, des minibus vous emmèneront partout sur l'île pour 150 B.

Vers le continent

Pour les bateaux à destination du continent, le choix est vaste.

Les bateaux rapides de **Lomprayah** (☎ 077 200932 ; www.lomprayah.com ; Tapee Pier) partent de Na Thon (600 B ; 1 heure 40 ; 8h, 12h45 et 15h15) ralient Tapee Pier ; certains assurent des correspondances avec des trains pour Surat Thani à la gare ferroviaire de Phun Phin (700 B).

Plus lent, mais plus confortable et plus économique, le car-ferry **Seatran** (carte p. 554 ; ☎ 077 426001 ; www.seatranferry.com ; près de Chonwithi Rd ; à partir de 250 B ; ⌚ 4h-19h) part de Bang Rak pour rejoindre Don Sak (400 B ; 1 heure 30), et de Na Thon pour rallier Surat Thani via Don Sak (avec correspondance en car 230 B ; 3 heures).

Fréquents, les ferrys de **Raja** (Lipa Noi ; carte p. 554 ; ☎ 092 274 3423-5, 022 768211-2 ; www.rajaferryport.com ; Lipa Noi Pier ; billet ferry adulte 130-210 B) se rendent à Don Sak (130 B ; 1 heure 30) au départ de Lipa Noi. Le lent bateau de nuit pour Samui (300 B) part du centre de Surat Thani tous les soirs à 22h, arrivant à Na Thon vers 6h. Il repart de Na Thon à 22h, pour arriver vers 4h. Attention à vos bagages sur ce bateau.

Les ferrys de Lomprayah partent également du **Pralan Pier** (carte p. 554 ; ☎ 077 950700 ; www.lomprayah.com ; 26/6 Mu 1), à Mae Nam, vers Chumphon (1 100 B ; 3 heures 45 ; 8h et 12h30). Une liaison légèrement moins coûteuse vers Chumpon est assurée par Songserm (www.songserm.com) au départ du Na Thon Pier (900 B ; 6 heures 30).

Depuis/vers Ko Pha Ngan et Ko Tao

Une dizaine de bateaux relient tous les jours Ko Samui et Thong Sala sur la côte ouest de Ko Pha Ngan, beaucoup poursuivant jusqu'à Ko Tao. Ils partent du port des ferrys de Raja, de Na Thon, du Pralan Pier et de Bang Rak ; pour Ko Pha Ngan, comptez 20 min-1 heure 30 de trajet et 150-300 B, en fonction de votre bateau.

On peut rejoindre directement Hat Rin avec le *Haad Rin Queen*, qui fait la navette entre Hat Rin et **Big Buddha Pier** (carte p. 560 ; Beach Rd (4171) ; billets 200 B ; ⌚ 10h30-18h30) 4 fois par jour. Le premier bateau quitte Hat Rin à 9h30 et repart de Big Buddha Pier à 10h30. Le jour qui suit la fête de la pleine lune, le nombre de liaisons double et un départ supplémentaire a lieu à 7h30 le jour même.

Le *Thong Nai Pan Express*, plus petit et bringuebalant, rallie aussi Hat Rin et les plages plus éloignées de la côte est de Ko Pha Ngan. Il quitte (peu fréquemment) Mae Nam (Ko Samui) vers 12h pour Hat Rin, puis dessert toutes les plages de la côte est jusqu'à Thong Nai Pan Noi (200-400 B, selon la destination). Pas de départ en cas de mauvais temps.

Bus ou train et ferry combinés

Le bus-ferry est plus pratique qu'une formule train-ferry, car vous n'avez pas besoin de changer de moyen de transport à Phun Phin (petite ville près de Surat Thani). Cependant, les trains sont bien plus spacieux et confortables – surtout de nuit. Si vous préférez le train, vous pouvez descendre à Chumphon et prendre le service de catamaran de Lomprayah pour le reste du voyage.

Plusieurs agences proposent des billets combinés bus-ferry. Le service le plus rapide et le plus confortable est celui de Lomprayah, avec 2 départs quotidiens : de Bangkok pour Samui (6h et 21h) et de Samui pour Bangkok (8h et 12h30) (1 300-1 450 B ; 11-12 heures).

ℹ Comment circuler

Notez que sur les routes de Ko Samui, vous verrez constamment des panneaux pour divers

> **ℹ ESCROQUERIES À LA LOCATION DE VÉHICULE**
>
> Même si vous revenez, vous et le véhicule, indemnes d'une balade à moto (ou en voiture), certaines agences de location prétendront que vous avez abîmé quelque chose, espérant ainsi vous extorquer une belle somme en liquide. Le meilleur moyen d'éviter cela est de prendre des photos détaillées du véhicule lors de la location sans vous cacher du loueur (s'il sait que vous avez pris des photos, il hésitera à porter de fausses accusations contre vous).
>
> Toutefois, si cela vous arrive, gardez votre sang-froid. Céder à la colère ne vous aidera pas à prouver votre bonne foi et risque même d'empirer les choses.
>
> Si les choses s'enveniment, appelez la police touristique (p. 569), et non la police régulière.

bars, restaurants ou hôtels, précisant la distance à parcourir. Une conversion s'impose : 300 m correspondant généralement à 1 km !

Bus (*songthaew*). Seuls transports en commun de l'île, ils circulent régulièrement et relient les pôles importants.

Scooter Tarifs raisonnables, et points de location répandus. La meilleure solution pour des visites à votre rythme.

Taxi Outre les taxis locaux, vous pouvez passer par Grab (www.grab.com). Les deux pratiquent des prix souvent élevés.

Voiture En location partout sur l'île, mais privilégiez les loueurs internationaux à l'aéroport. À Ko Samui, on roule à droite.

Ko Pha Ngan เกาะพะงัน

12 500 HABITANTS

À la fin des années 1970, Ko Pha Ngan était encore un paradis pour voyageurs intrépides. Ces jours paraissent désormais bien loin, mais ce n'est pas une raison pour éviter cette belle île du golfe, qui a bien plus à offrir que les fêtes de la pleine lune (*Full Moon Parties*) qui l'ont rendue célèbre.

Choisissez d'autres dates du calendrier lunaire, ou la période relativement plus calme des fêtes de demi-lune, et le charme singulier de l'île vous sautera aux yeux. On y trouve facilement à se loger, les tarifs sont plus abordables et il y a bien moins de monde qu'ailleurs dans le Sud ; vous jouirez donc aisément de calme et de solitude. Même Hat Rin, au centre de la fête lors de la pleine lune, est paisible le reste du temps, et les plages sont rigoureusement nettoyées.

Avril et juin sont les mois les moins turbulents : une période idéale pour profiter de logements bon marché, de kilomètres de sable où poser sa serviette et de routes plus sûres.

À voir

Outre ses fêtes de la pleine lune, cette grande île exhibe nombre de particularités naturelles saisissantes et pourtant ignorées, dont des reliefs tapissés de forêt vierge et des cascades, ainsi qu'un parc national et des plages aussi secrètes que splendides.

De retour de la plage, n'oubliez pas de vous changer avant de visiter un des *wat* de Ko Pha Ngan : il y en a une vingtaine, avec chacun leur caractère propre. Côté lieux de culte remarquables, ne manquez pas non plus la mosquée en bois centenaire près de Ban Khai.

Hat Than Sadet PLAGE

(หาดธารเสด็จ ; carte p. 572 ; Ⓟ). Cette plage adorable, avec ses cocotiers penchés, porte littéralement le sceau d'approbation royal : afin d'immortaliser l'affection portée à cette crique de rêve, à l'embouchure du Than Sadet, les rois thaïlandais Rama V, VII et IX ont gravé leurs insignes sur des rochers (indiqués par des panneaux) situés derrière les cabanes bordant la grève et les flots bleus. À l'extrémité sud, après les cabanes sur pilotis, un pont en bois permet d'accéder à Hat Thong Reng (p. 573). Les deux plages se prêtent parfaitement à la baignade.

Hat Rin PLAGE

(หาดริ้น, Hat Rin Nok ; carte p. 578 ; Baan Haad Rin). Également appelée Sunrise Beach ou encore Full Moon Party Beach, cette plage est étonnamment l'une des plus propres et des plus agréables de Ko Pha Ngan. Chaque mois, une grande partie de l'argent collecté auprès des fêtards est réinvesti dans le nettoyage du sable (nécessaire après les fêtes). Et comme beaucoup de visiteurs l'évitent à cause de sa réputation, la plage est souvent assez calme.

Hat Khuat PLAGE

(หาดขวด, Bottle Beach ; carte p. 572). Cette charmante crique isolée, idéale pour une journée relaxation, baignade et snorkeling, affiche une étendue de sable doux surplombée de collines verdoyantes. On s'y sent vraiment privilégié, car la plage n'est desservie par aucune véritable route. La plupart des visiteurs arrivent de **Hat Khom** (หาดขอม ; carte p. 572 ; Ⓟ) par bateau-taxi, ou s'arment de réserves d'eau, d'une paire de chaussures de marche et d'un chapeau pour effectuer la randonnée de Chalok Lam à Bottle Beach (p. 576) à travers la forêt.

Wat Samai Kongka TEMPLE BOUDDHIQUE

(วัดสมัยคงคา ; carte p. 572 ; ☎094 603 3651 ; ⏲lever-coucher du soleil ; Ⓟ). GRATUIT Un beau portail vert, rouge et doré arborant une roue du dharma vous accueille dans ce temple, célèbre pour ses représentations en argile terrifiantes de l'enfer bouddhique. La plus frappante montre plusieurs pêcheurs plongés dans une énorme marmite d'eau bouillante décorée de squelettes. L'un des malheureux possède une tête de coquelet, tandis qu'un gardien pique de sa lance le postérieur d'un autre. Le temple encadre aussi des séances de méditation : adressez-vous aux moines qui parlent anglais.

Ko Pha Ngan

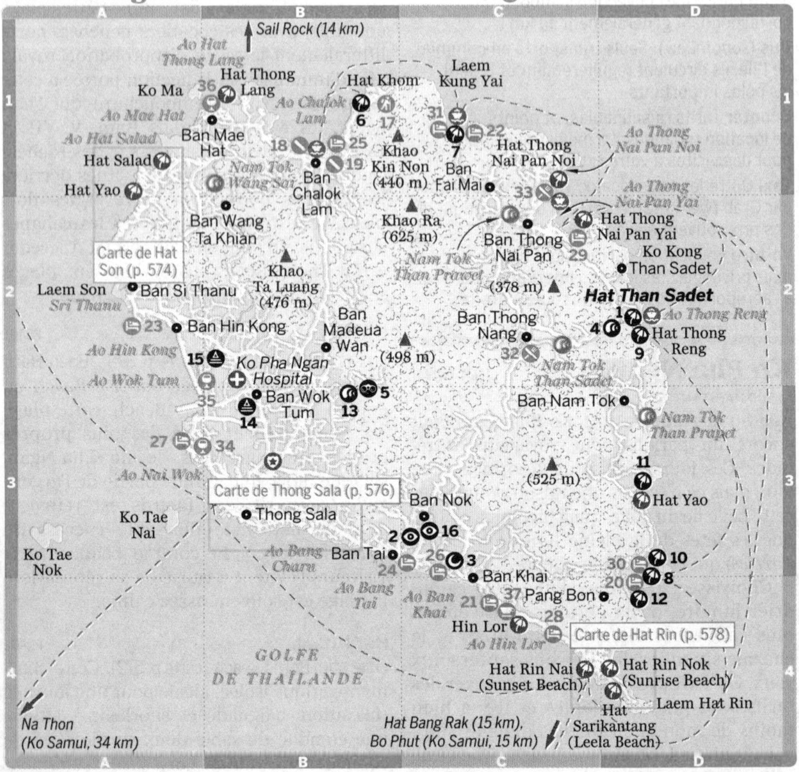

Mosquée Bulao Malayu MOSQUÉE

(มัสยิดบูเลามะลายู ; carte ci-dessus ; Taladkao Rd, Ban Khai ; ⌚ lever-coucher du soleil). Dotée d'un charme désuet, cette sombre mosquée en bois sur pilotis ressemble à une maison chinoise. Elle aurait plus de 100 ans et aurait été financée par le *waqf* (fonds fiduciaire) d'une des premières familles musulmanes de Ko Pha Ngan. Renfermant une collection de tapis de prière orientés vers un minbar en bois ancien et très orné, la mosquée est rarement utilisée, et vous l'aurez certainement pour vous tout seul. Venez avec une tenue pudique (foulard indispensable pour les femmes) et retirez vos chaussures. À mi-hauteur de Hat Rin.

Chedi Wat Nai PAGODE

(เจดีย์วัดใน ; carte ci-dessus ; Ban Nok ; P). Les sculptures de cette jolie pagode en pierre du XIXe siècle représentent des moines, des démons, des éléphants, des nagas, mais aussi Garuda et un curieux personnage en costume chinois. L'endroit héberge aussi, sur les côtés, des porcelaines chinoises des dynasties Ming et Qing. Un bouddha doré debout a été placé dans l'une des niches, tandis que la partie inférieure de deux autres bouddhas a été envahie, comme à Angkor Vat, par deux arbres de la Bodhi géants, drapés de soieries colorées. Le Chedi Wat Nai se trouve dans le village tranquille de Ban Nok, à côté d'un temple coiffé d'un toit rouge.

Hat Wai Nam PLAGE

(หาดหวายน้ำ; carte ci-dessus). Cette petite plage de sable blanc, coincée entre Hat Thian et Hat Yao sur la côte orientale, plus isolée, est accessible à pied depuis Hat Rin par un sentier gravissant la montagne, mais ce n'est pas une mince affaire (comptez au moins 4 heures). Mieux vaut s'y rendre en *long-tail boat*. La crique est isolée, la plage presque déserte et les eaux délicieuses.

Ko Pha Ngan

Les incontournables
1 Hat Than Sadet D2

À voir
2 Ban Nok C3
3 Mosquée Bulao Malayu C3
Chedi Wat Nai .... (voir 2)
4 Cascade de Deang D2
5 Point de vue de Domsila B3
6 Hat Khom B1
7 Hat Khuat C1
8 Hat Thian D4
9 Hat Thong Reng D2
10 Hat Wai Nam D3
11 Hat Yao (Est) D3
12 Hat Yuan D4
13 Nam Tok Phaeng B3
14 Wat Phu Khao Noi B3
15 Wat Samai Kongka B2
16 Yang Na Yai Tree C3

Activités
Apnea Koh Pha Ngan .... (voir 18)
17 Randonnée de Chalok Lam à Bottle Beach B1
18 Chaloklum Diving B1
Lotus Diving .... (voir 18)
19 Sail Rock Divers B1
Wake Up .... (voir 18)
Wat Pho Sauna .... (voir 16)

Où se loger
20 Bamboo Hut D4
Boom's Cafe Bungalows .... (voir 21)
22 Bottle Beach II C1
23 Chills Resort A2
24 Divine Comedie C3
25 Fantasea Resort B1
26 Infinity Beach Hostel C3
27 Kupu Kupu Phangan Beach Villas & Spa by l'Occitane A3
28 Le Palais Hotel C4
29 Longtail Beach Resort C2
Loyfa Natural Resort .... (voir 23)
Mai Pen Rai .... (voir 1)
Mandalai .... (voir 18)
Pariya Resort & Villas .... (voir 20)
30 Sanctuary D3
31 Smile Bungalows C1

Où se restaurer
Bamboo Hut .... (voir 20)
32 Big Bang Art Cafe C2
Marché alimentaire de Chaloklum .... (voir 18)
33 Crepe's Corner C1
Cucina Italiana .... (voir 18)
Fabio's .... (voir 16)
Fisherman's Restaurant .... (voir 24)

Où prendre un verre et faire la fête
34 Amsterdam A3
Bubba's Coffee Bar .... (voir 24)
35 Jam Bar B2
36 Three Sixty Bar B1
37 Viewpoint Cafe C4

Hat Thian — PLAGE

(หาดเทียน ; carte page ci-contre). On peut rejoindre cette jolie plage de l'est de l'île, sauvage et peu fréquentée, en bateau ou par une randonnée depuis Hat Rin – le sentier de montagne part vers le nord (comptez environ 2 heures et emportez beaucoup d'eau car il peut faire très chaud). On peut également l'atteindre en moins de 10 minutes depuis **Hat Yuan** (หาดยวน ; carte page ci-contre) en passant par le promontoire rocheux.

Hat Yao (Est) — PLAGE

(หาดยาว (ตะวันออก) ; carte page ci-contre). On ne peut aller sur cette plage de sable blanc qu'à pied ou en bateau, d'où une sensation d'isolement exceptionnelle. La plupart des visiteurs optent pour le bateau, car les 7 km du sentier de montagne depuis Hat Rin prennent entre 4 et 5 heures (à parcourir le matin de préférence).

Hat Sareekantang — PLAGE

(หาดศะริกันตัง, Leela Beach ; carte p. 578). Cette plage charmante à la pointe sud-est de l'île, au sud de Hat Rin, offre des couchers de soleil splendides. À son extrémité sud, une promenade en bois épouse la côte rocheuse jusqu'aux Lighthouse Bungalows (p. 578).

Hat Thong Reng — PLAGE

(หาดท้องเหรง ; carte page ci-contre). Cette plage très solitaire est accessible par Hat Than Sadet, à qui elle ressemble, en plus petit : il faut traverser le pont en bois branlant situé à son extrémité sud, puis passer sous plusieurs cabanes sur pilotis (et non contourner le promontoire). Cette jolie crique se prête à la baignade, mais son allure de paradis caché est un peu gâchée par les cabanes à l'abandon et les détritus entassés en bord de plage. Suivez la piste tracée par les autres visiteurs, et prenez garde à ne pas trébucher.

Cascade de Deang — CASCADE

(น้ำตกแดง ; carte page ci-contre). Than Sadet compte une série de cascades dévalant vers la plage d'Ao Thong Reng, et celle-ci est la plus belle, avec plusieurs chutes d'eau, un bassin où se baigner et de nombreux

Hat Son

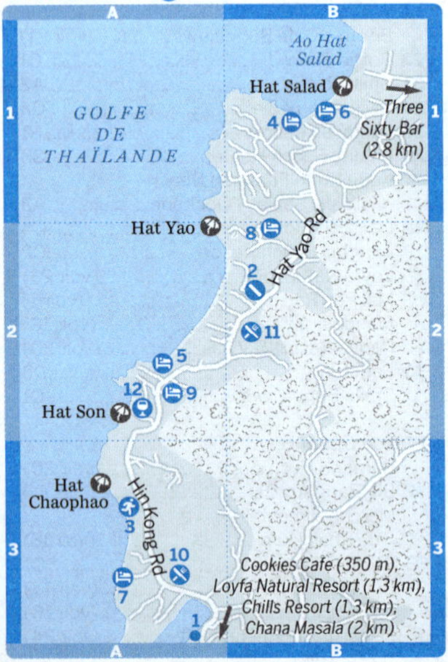

Hat Son

Activités

1 C&M Vocational School A3
2 Haad Yao Divers B2
3 Samma Karuna A3

Où se loger

4 Cookies Salad B1
5 High Life Bungalows A2
6 Salad Hut B1
7 Seetanu Bungalows A3
8 Shiralea Backpackers Resort B2
9 Tantawan Bungalows A2

Où se restaurer

10 Art in Chai Cafe A3
Fruitarian Experience .... (voir 3)
11 Pura Vida B2

Où prendre un verre et faire la fête

Bubba's Roastery .... (voir 11)
12 Secret Beach Bar A2

rochers où crapahuter. On peut même s'asseoir sous la cascade principale pour un délicieux massage naturel à l'eau fraîche. Le site (indiqué par des panneaux) est moins impressionnant à la saison sèche (mars-juin).

Arbre Yang Na Yai ARBRE
(ต้นยางนาใหญ่ ; carte p. 572 ; Ban Nok). Une vision stupéfiante au cœur du village de **Ban Nok** (ตำบล บ้านนอก ; carte p. 572). S'élançant vers les cieux depuis le Wat Pho (p. 577) et culminant à 54 m, l'arbre le plus haut de Ko Pha Ngan est un Yang Na Yai (*Dipterocarpus alatus*). Ce gracieux géant de la nature, qui aurait plus de 400 ans, est sacré pour les villageois, d'où la présence de petits autels à sa base. Il n'est pas rare que l'arbre soit aussi paré de rubans colorés.

Wat Phu Khao Noi TEMPLE BOUDDHIQUE
(วัดภูเขาน้อย ; carte p. 572 ; Ban Wok Tum ; lever-coucher du soleil ; P). GRATUIT Le plus ancien temple de l'île, près de l'hôpital de Thong Sala. On pense que le Wat Phu Khao Noi (ou "temple de la petite montagne") fut érigé par des moines bouddhistes au XVe siècle. Il a conservé sa pagode blanche et les 8 pagodes mineures qui l'entourent, dont la partie inférieure est décorée d'inscriptions attribuées à Bouddha. Le site est ouvert toute la journée, mais les moines n'y viennent que le matin.

Nam Tok Phaeng CASCADE
(น้ำตกแพง ; carte p. 572 ; P). Nam Tok Phaeng, protégée par un parc national, constitue une belle récompense après une marche courte mais ardue. Après la cascade (asséchée hors saison), une exaltante grimpée de 15 minutes le long d'un sentier envahi de racines (le sentier nature de Phaeng-Domsila) mène au formidable **point de vue de Domsila** (จุดชมวิวโดมศิลา ; carte p. 572). Parcourir cette boucle à travers la jungle prend entre 2 et 3 heures. Le sentier passe par d'autres cascades où les plus vigilants pourront apercevoir sangliers sauvages, serpents, cerfs et singes.

Activités

Cuisine

The Phangan Thai Cooking Class CUISINE
(Carte p. 576 ; 087 278 8898 ; 101/13 Mu 1, Thong Sala ; cours 1 200-1 500 B). Cette école de cuisine est supervisée par le chef Oy, un personnage affable et décontracté. Vous irez d'abord au marché faire le plein de produits crus et locaux, puis apprendrez non sans vous amuser les rudiments de l'art culinaire thaïlandais dans une cuisine accueillante.

Plongée et sports nautiques

S'il y a moins d'agences de plongée à Ko Pha Ngan qu'à Ko Tao, on trouve sans peine des centres de plongée professionnels à des tarifs abordables, qui proposent des cours allant des niveaux débutant à moniteur, ainsi que des cours de plongée en apnée.

Avec la baisse récente de ses tarifs, le brevet PADI Open Water y est assez compétitif comparé à Ko Tao. Le nombre de participants par groupe est aussi réduit en raison du plus petit nombre de plongeurs sur cette île. Parmi les agences recommandées, citons Haad Yao Divers (ci-contre), Lotus Diving (p. 576), Chaloklum Diving (ci-contre), et, pour la plongée en apnée, Apnea Koh Pha Ngan (ci-contre).

Comme ailleurs dans l'archipel de Samui, Ko Pha Ngan compte de nombreux petits récifs dispersés autour de l'île. Le site de snorkeling le plus prisé est **Ko Ma**, petite île au nord-ouest, reliée par un joli banc de sable. Quelques récifs rocheux intéressants sont à noter à l'est de l'île.

Avantage de taille à Ko Pha Ngan, la proximité avec **Sail Rock** (Hin Bai), peut-être le meilleur site de plongée du golfe de Thaïlande et un véritable lieu de rassemblement des requins-baleines. Il est situé à environ 14 km au nord de l'île. On y voit une abondance de coraux et de gros poissons tropicaux à des profondeurs de 10 à 30 m, et un passage vertical surnommé la "**cheminée**". Les centres de plongée de Ko Tao vont aussi à Sail Rock, bien que la majorité aille dans des récifs peu profonds (pour les débutants) et les eaux peuplées de requins de Chumphon Pinnacle. Les expéditions les plus populaires depuis Ko Pha Ngan parcourent 3 sites en une journée : Chumphon Pinnacle, Sail Rock et un autre excellent site. Ces 3 excursions coûtent environ 4 000 B, déjeuner compris. Comptez entre 2 500 et 3 000 B pour un circuit de 2 plongées à Sail Rock.

Sail Rock Divers PLONGÉE
(Carte p. 572 ; ☎077 374321 ; www.sailrockdivers-resort.com ; 15, Mu 7, Ban Chalok Lam ; snorkeling/plongée à partir de 1 000/1 200 B ; ⏲6h30-20h). Ce centre de plongée de Chalok Lam, doté d'un bassin de plongée de 3 m de profondeur, est aussi très apprécié pour son professionnalisme. Cours pour débutants et plongeurs expérimentés. Hébergement en bungalow et restaurant sur place.

Apnea Koh Pha Ngan PLONGÉE
(Carte p. 572 ; ☎092 380 1494 ; www.apneakoh-phangan.com ; Chalok Lam ; plongée à partir de 1 600 B ; ⏲8h-19h). La plongée en apnée est à la mode sur Ko Pha Ngan, et cette agence, la plus réputée de l'île, propose des cours autour de Sail Rock. Une séance d'initiation d'une journée coûte 4 000 B (profondeur max 12 m), un cours standard de 2 jours 7 000 B (profondeur max 20 m). Un cours niveau moniteur coûte 35 000 B.

Chaloklum Diving PLONGÉE
(Carte p. 572 ; ☎077 374025 ; www.chaloklum-diving.com ; plongée près de la plage 1 000 B ; ⏲6h-20h). Située sur l'artère principale de Ban Chalok Lam, cette agence, l'une des plus anciennes sur l'île, dispose d'un matériel de qualité et offre des standards élevés pour toutes ses sorties, qu'il s'agisse de snorkeling ou de plongée avec bouteille, en apnée ou de nuit.

Haad Yao Divers PLONGÉE
(Carte page ci-contre ; ☎086 279 3085 ; www.haadyaodivers.com ; Hat Yao Rd ; snorkeling/plongée à partir de 1 200/1 400 B). Ce club de plongée établi en 1997 s'est forgé une belle réputation grâce à ses standards internationaux en termes de sécurité et de service à la clientèle. Les tarifs débutent à 1 400 B pour une plongée sur la plage de Hat Yao, mais de très nombreux cours et excursions sont proposés, dont des sorties snorkeling moins chères.

ℹ MÉDUSES-BOÎTES

Les eaux autour de Ko Pha Ngan, Ko Samui et Ko Tao abritent plusieurs espèces de méduses venimeuses, dont des scyphozoaires, des hydrozoaires et des méduses-boîtes. Le venin de la méduse-boîte s'attaque au système nerveux, au cœur et aux cellules de la peau, et peut causer la mort. Cet invertébré cnidaire, qui peut mesurer 3 m de long, doit son nom à son ombrelle en forme de cube. Sa piqûre est si douloureuse qu'elle provoque parfois un état de choc chez la personne qui se baigne. Elle peut se noyer avant d'atteindre le rivage. La méduse-boîte est particulièrement abondante dans les eaux de baignade après la pluie.

Ko Pha Ngan et Ko Samui comptent le plus grand nombre de cas de piqûres mortelles ou quasi mortelles de toute la Thaïlande. Certaines plages, comme celle de Hat Rin Nok, sont dotées de stations qui avertissent du danger lié aux méduses et fournissent des cylindres contenant du vinaigre, à appliquer 30 secondes sur la zone touchée par la piqûre. Évitez de frotter ou de gratter cette zone.

Thong Sala

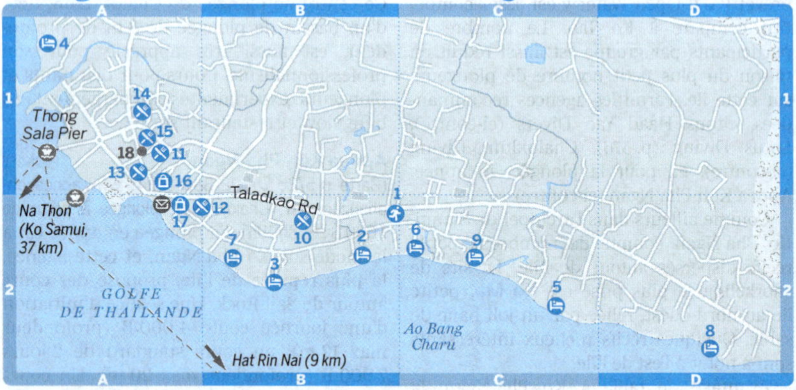

Thong Sala

Activités
1 The Phangan Thai Cooking Class B2

Où se loger
2 Asia Blue - Beach Hostel Hacienda B2
3 B52 Beach Resort B2
4 Baan Manali Resort A1
5 Charu Bay Villas C2
6 Coco Garden C2
7 Lime n Soda B2
8 Milky Bay Resort D2
9 V-View Beach Resort C2

Où se restaurer
10 Ando Loco B2
11 Baraka Phangan A1
12 Fat Cat A2
13 Nira's A1
14 Marché alimentaire de Phantip A1
15 Vintage Burgers A1

Où prendre un verre et faire la fête
Hub .... (voir 13)

Achats
16 Phanganer A1
17 Rue piétonne de Thong Sala A2

Transports
18 Bureau de Lomprayah A1

Lotus Diving PLONGÉE
(Carte p. 572 ; ☎077 374142 ; www.lotusdiving.com ; Ban Chalok Lam ; ⌚7h-18h). Un des plus anciens clubs de plongée de Ko Pha Ngan, avec plus de 20 ans d'expérience, dont le professionnalisme et l'approche conviviale déçoivent rarement. Les débutants peuvent s'entraîner dans la piscine du club, et les cours vont jusqu'au niveau Divemaster.

Wake Up SPORTS NAUTIQUES
(Carte p. 572 ; ☎087 283 6755 ; www.wakeupwakeboarding.com ; 71/3 Mu 7, Chalok Lam ; cours 1 200-3 000 B ; ⌚jan-oct). Jamie partage ses connaissances approfondies sur le wakeboard avec les débutants dans cette petite école de sports nautiques de Chalok Lam. Une leçon de 15 minutes coûte 1 200 B, ce qui est une affaire pour un cours particulier. Également, des séances de kneeboard, kitesurf, wakeskate, wakesurf et ski nautique.

Randonnée

♥ De Chalok Lam à Hat Khuat RANDONNÉE
(Carte p. 572). Indiqué par des flèches bleu et jaune, ce parcours de 5 km, moyennement exigeant et très gratifiant, traverse la jungle clairsemée qui enjambe la crête du promontoire nord de l'île. Par moments, la cime des arbres laisse place à des vues splendides sur le golfe, notamment sur un affleurement rocheux d'où l'on admire des collines tapissées de jungle descendant jusqu'à une mer azurée. Certaines portions de l'itinéraire étant difficiles, prévoyez des chaussures solides, de l'eau et un chapeau. Partez d'ailleurs tôt le matin ou en fin d'après-midi pour éviter le soleil de midi ; par temps humide, mieux vaut renoncer. Cette randonnée bien indiquée vous prendra 1 heure-1 heure 30. Si vous l'effectuez seul, pensez à informer quelqu'un de votre départ. Quel que soit votre sens de marche, vous pourrez revenir

en *long-tail boat*. Le début du chemin à Chalok Lam est repérable à un panneau marron "Thansadet Ko Pha-Ngan National Park", au bout de la route qui monte la colline. De l'autre côté, le chemin aboutit, derrière des cabanes, à la lisière ouest de Hat Khuat (Bottle Beach). Une fois à Bottle Beach, vous pouvez également rejoindre Thong Nai Pan en bateau.

Santé et bien-être

Wat Pho Sauna SANTÉ ET FITNESS

(ซาวน่าวัดโพธิ์ ; carte p. 572 ; Wat Pho, Ban Tai ; sauna 110 B ; ⏲12h-19h). En plus de son portail éblouissant et de son vaste domaine, le Wat Pho, près du village de Ban Nok, est renommé pour ses saunas aux herbes (110 B). On y emploie une méthode traditionnelle locale, vantée pour ses bienfaits pour la santé, qui consiste à placer des feuilles de citronnelle et de tamarin au-dessus d'un feu de bois. Massages thaïlandais : 300 B. Le sauna se trouve face au temple principal, et l'intégralité des recettes est destinée à l'entretien du *wat*.

Samma Karuna YOGA

(Carte p. 574 ; ☎077 377049 ; www.sammakaruna.org ; Hin Kong Rd ; ⏲8h-20h). Dans ce lieu serein, un jardin aménagé et bercé par le murmure de l'eau descend jusqu'à une plage privée, ponctuée d'espaces ouverts face aux flots bleus. C'est dans ces derniers, comme le Buddha Hall et l'Osho Hall, qu'ont lieu quotidiennement des séances (parfois gratuites) de yoga, de tantra, de taï-chi, de reiki et d'un éventail d'autres pratiques alternatives liées au bien-être. Des stages plus longs avec hébergement sont également possibles.

L'excellent café Fruitarian Experience se situe à l'entrée, derrière l'accueil.

Cours

C&M Vocational School LANGUE

(Koh Phangan Vocational School ; carte p. 574 ; ☎089 487 6207 ; www.thaiculture.education ; 84/4 Mu 8, Ban Sri Thanu ; ⏲9h-17h). Dotée de vastes locaux, cette école professionnelle met en avant la culture traditionnelle thaïlandaise avec des cours de thaï, de cuisine, de yoga et de massages.

Où se loger

Hat Rin

L'étroite péninsule de Hat Rin présente 3 plages distinctes : Hat Rin Nok (aussi appelée Sunrise Beach, ou simplement Hat Rin), avec son sable blond étincelant, est l'épicentre des folies nocturnes à la pleine lune ; Hat Rin Nai (Sunset Beach), au bout du petit promontoire, est la langue de sable la moins spectaculaire. Hat Sarikantang (aussi appelée Leela Beach), juste au sud de Hat Rin Nai, est la plus petite et la plus intime, et d'une blancheur immaculée. Les 3 plages sont reliées par Ban Hat Rin (village de Hat Rin), constitué de restaurants et de bars en retrait de la plage. Quelques minutes à pied suffisent pour passer de l'une à l'autre.

Durant les fêtes de la pleine lune, Hat Rin reçoit un nombre démesuré de visiteurs comparé au reste de la Thaïlande. Les propriétaires de bungalows imposent alors une durée minimale de séjour (généralement 5 jours). Si vous envisagez d'arriver le jour de la fête (ou la veille), réservez bien à l'avance, ou vous devrez dormir sur la plage (ce qui arrivera peut-être de toute façon).

Un nouveau type de dortoir a vu le jour : dans de petites chambres obscures (qui partagent de rares WC) s'entassent un nombre incalculable de lits. Pour y coucher, vous débourserez autour de 200 B, sauf à l'approche d'une fête de la pleine lune : les tarifs montent alors parfois à 650 B ou plus. Ces sinistres hébergements ont multiplié le nombre de lits disponibles, mais le village affiche souvent complet, et de nouveaux établissements ouvrent sans cesse pour satisfaire à la demande. En période de pleine lune, attendez-vous à une hausse de 20 à 300% !

Same Same Lodge & Restaurant PENSION $

(Carte p. 578 ; ☎077 375200 ; www.same-same.com ; Ban Hat Rin ; dort 500 B, d/lits jum ventil/clim 550/850 B ;). Cette adresse conviviale, tenue par Christina et Heidi, deux femmes Danoises compétentes, dispose de chambres basiques et lumineuses. Idéal pour se mettre dans l'ambiance avant les festivités sur la plage, et plus calme une fois retombée la fièvre lunaire. Bar et restaurant fiables pour des pizzas au feu de bois et de bonnes bières.

Jungle Gym & Ecolodge RESORT $

(Carte p. 578 ; ☎077 375115 ; www.junglegymandecolodge.com ; 110/9 Mu 6, Hat Rin ; dort/d 500/1 000 B ; P). Cette auberge de jeunesse offre 4 dortoirs dotés de terrasses, des chambres doubles avec vue sur le jardin, un vaste espace extérieur et une salle de sport orientée santé (la salle d'entraînement est entièrement équipée). Cours de *muay thai* et grande piscine.

Hat Rin

Hat Rin

À voir

1 Hat Rin B1
2 Hat Sareekantang C3

Activités

3 Fête de la pleine lune (Full Moon Party) B1

Où se loger

4 Coast A1
5 Delight Resort B1
6 Jungle Gym & Ecolodge B2
7 Lighthouse Bungalows C3
8 Palita Lodge B1
9 Paradise Bungalows B2
10 Pha-Ngan Bayshore Resort B1
11 Same Same Lodge & Restaurant B2
12 Sarikantang Resort & Spa C3
13 Sea Breeze Bungalow B2
14 Seaview Sunrise B1
Tommy Resort .... (voir 10)

Où se restaurer

15 Monna Lisa B2
16 Om Ganesh B2
17 Palita Lodge B1

Où prendre un verre et faire la fête

18 Cactus Bar B2
Chillin Beachclub .... (voir 10)
19 Rock C2
Sunrise .... (voir 3)
Tommy .... (voir 10)

Achats

Fusion Fashion .... (voir 16)

Paradise Bungalows AUBERGE DE JEUNESSE $
(Carte ci-dessus ; ☎077 375244 ; www.paradise-haadrin.com ; 130/4 Mu 6, Hat Rin ; dort/lits jum/tr 360/540/720 B, bung 595-1 085 B ;). Les fêtes de la pleine lune, célèbres dans le monde entier, sont nées sur cette propriété (l'une des 3 gérées par Paradise). Ici, vous logerez au cœur de l'action, mais il faut réserver bien à l'avance. L'hôtel se tient sur la plage même. La franchise possède aussi quelques hébergements sans charme à flanc de colline et des blocs à deux niveaux.

Lighthouse Bungalows BUNGALOWS $
(Carte ci-dessus ; ☎077 375075 ; Hat Sareekantang ; bung 480-1 350 B ;). Perchés en avant-poste sur les rochers au sud de Hat Rin, ces bungalows tout simples avec ventilateur, ou climatisés, jouissent d'une superbe vue sur la mer et offrent un excellent rapport qualité/prix. Il y a sur place un restaurant/espace détente pourvu de coussins et, en haute saison, des cours de yoga. Pour s'y rendre, suivez la promenade au sud-est de Hat Leela. À moins d'avoir envie d'y

participer, vérifiez si votre séjour ne coïncide pas avec la fête mensuelle.

Seaview Sunrise BUNGALOWS **$$**
(Carte page ci-contre ; ☎077 375160 ; www.seaviewsunrise.com ; 134 Mu 6, Hat Rin Nok ; d avec ventil/clim 700/800 B, bung 1 500-2 000 B ; P❄📶). Plébiscité des amateurs de la fête de la pleine lune qui souhaitent dormir au son des vagues pour un budget raisonnable (séjour minimum de 5 nuits pendant la fête). Certains logements à l'arrière, dans la jungle, sont sombres et humides, mais les bungalows en dur sur la plage sont clairs avec un intérieur en bois poli et une vue sur les cocotiers et la mer.

Sea Breeze Bungalow BUNGALOWS **$$**
(Carte page ci-contre ; ☎077 375162 ; www.seabreezekohphangan.com ; 94/11 Mu 6, Ban Hat Rin ; bung 1 250-6 000 B ; P❄📶≋). Cet agréable labyrinthe de bungalows isolés, adossés à une colline, est parsemé de hamacs. De conception traditionnelle élégante, les logements plairont à tous les types de voyageurs. Plusieurs d'entre eux, juchés sur leur pilotis, permettent d'admirer Hat Rin et la mer. Il y en a pour presque tous les budgets, et le ravissant cadre boisé ajoute à l'attrait du lieu. Restaurant sur le toit avec vue imprenable. Réservation de 5 nuits minimum lors de la pleine lune.

Palita Lodge BUNGALOWS **$$**
(Carte page ci-contre ; ☎077 375170, 077 375172 ; www.palitalodge.com ; 119 Mu 6, Hat Rin ; bung 2 000-5 500 B ; P❄📶≋). Cet établissement familial au cœur des festivités est notable pour son service accueillant. Ses bungalows en béton spacieux peuvent sembler décrépits, mais leur intérieur, entre touches boisées et éléments design modernes, les rend bien plus attrayants. Sur une bande de sable idéale pour parfaire son bronzage.

Tommy Resort RESORT **$$**
(Carte page ci-contre ; ☎077 375215 ; www.tommyresort.net ; 90/13 Mu 6, Hat Rin Nok ; d 2 000 B, villa 2 650-6 000 B ; P❄📶≋). Cette adresse branchée au cœur de Hat Rin a su trouver le juste milieu entre l'élégance d'un boutique-hôtel et la décontraction d'un repaire pour baroudeurs aisés. La piscine trône au milieu d'un jardin arboré menant à une jolie bande de sable blanc. Personnel serviable et efficace. Chambres avec clim, réfrigérateur et coffre.

Delight Resort PENSION **$$**
(Carte page ci-contre ; ☎077 375527 ; www.delightresort.com ; Ban Hat Rin ; d 1 300-1 600 B, tr 2 500 B ; ❄📶≋). Au centre de Hat Rin, le sympathique Delight propose des chambres impeccables dans un bâtiment de style thaïlandais, ornées de détails subtils (telles les fresques de paons), entre une belle piscine et un lagon ponctué de nénuphars.

Le Palais Hotel BOUTIQUE-HÔTEL **$$$**
(Carte p. 572 ; ☎077 375558 ; www.lepalaishotel.com ; 117/9 Mu 6, Hat Rin ; d 9 000-25 000 B ; P❄📶≋). L'hôtel le plus spectaculaire (une reconstitution d'Angkor Vat) de Ko Pha Ngan réserve de vastes chambres au mobilier distingué de style khmer aux accents royaux, ainsi qu'un excellent restaurant et deux piscines d'"eau de mer" près de la plage. Le domaine qui dégringole la colline en direction de l'ouest est féerique au soleil couchant.

Coast RESORT **$$$**
(Carte page ci-contre ; ☎077 951567 ; www.thecoastphangan.com ; 117/21 Mu 6, Hat Rin Nai ; d 4 300-13 000 B, villa 21 500 B ; P❄📶≋). Ce complexe gris sombre à angles droits se dresse sur une plage étroite, mais il est agréable car situé un peu à l'écart de la fête. Intérieur chic en béton poli, piscine à débordement face à la mer et service impeccable. Minimaliste, branché et agréable : une adresse de choix pour un public mûr.

Sarikantang Resort & Spa RESORT **$$$**
(Carte p 578 ; ☎077 375055, 086 789 9541 ; www.sarikantang.com ; 129/3 Mu 6, Hat Sareekantang ; bung à partir de 4 400 B ; P❄📶≋). Sur l'une des plus belles portions de plage de Hat Rin, ces cabanes couleur crème sont encadrées par des colonnes et des portiques en teck, le tout au milieu des palmiers. Spa en bord de mer très pratique pour prendre soin de soi au coucher du soleil. Les prix comprennent un cours de cuisine offert, l'accès au club des enfants, des kayaks, des séances de yoga et le transfert depuis l'embarcadère de Hat Rin.

Plages du Sud

Sur les plages du Sud, vous apercevrez les îles du parc national maritime d'Ang Thong (p. 605), mais vous pouvez faire une croix sur les eaux turquoise de carte postale et le sentiment d'isolement. Cette portion commence à Ban Kai et suit la côte vers l'ouest en direction de Thong Sala.

♥ **Infinity Beach Hostel** AUBERGE DE JEUNESSE **$**
(Carte p. 572 ; ☎062 323 3357 ; www.facebook.com/InfinityHostelkohphangan ; 17/3 Mu 4 Baan Tai ;

100% LOCAL

FÊTES DE LA PLEINE LUNE DE KO PHA NGAN

Personne ne sait exactement quand ou comment ont commencé les **fêtes de la pleine lune** (carte p. 578 ; Hat Rin ; 100 B ; ⏲ pleine lune, lever-coucher du soleil). Si un consensus se dégage pour l'année 1998, différentes versions existent quant aux circonstances de la première de ces *Full Moon Parties* endiablées. Certains affirment qu'elle eut lieu à l'occasion du départ de quelque baroudeur australien, d'autres que l'on doit la première édition à un groupe de hippies cherchant à échapper aux "fêtes électriques" de Samui. Quoi qu'il en soit, des milliers de corps presque nus convergent aujourd'hui tous les mois sur le sable imbibé de kérosène de Hat Rin (ou Sunrise Beach) pour une nuit de danse, le tout à grand renfort d'alcool.

La fête bat son plein à partir de 22h. Sunrise Beach, au cœur des festivités, accueille alors jusqu'à 40 000 fêtards en haute saison, et pas moins de 8 000 pèlerins en extase en basse saison. Besoin de souffler un peu ? Direction l'excellent bar Rock (p. 586), au sud de la plage. Tout le long de la plage, des stands proposent des seaux d'alcool (vodka, gin, rhum, whisky, avec Coca-Cola et Red Bull pour les mélanges). Allez-y mollo : nombreux sont les touristes qui boivent plus qu'ils n'imaginent. Commencez à boire le plus tard possible.

Dans un délire de basses assourdissantes et de néons clignotants, des cordes enflammées invitent les danseurs à sauter à la corde (les brûlures sont fréquentes).

Certains regrettent le charme naguère insouciant de ces fêtes et leur reprochent de devenir commerciales. Cela paraît pourtant inévitable. Des bagarres y éclatant parfois, le gouvernement fait désormais payer 100 B l'entrée sur le site (l'argent est utilisé pour assurer la sécurité des fêtards et nettoyer la plage). Une chose est sûre : ces soirées ne sont plus dominées par la musique trance. À présent, les DJ se concentrent aussi sur la musique urbaine, la dance, l'afrobeat et la drum and bass, dans l'espoir d'attirer un public plus large et plus divers.

Réservez un hébergement longtemps à l'avance : en haute saison, vous ne trouverez rien à Hat Rin si vous débarquez le jour même. Vous pourrez vous rabattre sur Ko Samui, mais sachez que les tarifs des navettes explosent pendant la fête. Le ferry coûte 500-1 000 B dans chaque sens, et opter pour un *long-tail boat* vous fera débourser autour de 3 000 B minimum.

dort 220 B ; Ⓟ❄📶🏊). On ne saurait rêver cadre plus spectaculaire pour une auberge destinée aux baroudeurs, avec des dortoirs spacieux, au rapport qualité/prix exceptionnel. Ceux-ci sont disposés, ainsi que le restaurant et le bar, en fer à cheval autour d'une grande piscine bleue, à quelques mètres d'une plage dorée, ponctuée de palmiers qui se balancent, de parasols en chaume et de chaises longues. Seul bémol : l'emplacement à mi-distance entre Thong Sala et Hat Rin.

Asia Blue – Beach Hostel Hacienda BUNGALOWS $
(Carte p. 576 ; ☎ 098 032 8649 ; www.asiablue-hostels.com ; 100/3 Mu 1, Thong Sala ; dort 235 B, d 940-1 060 B, tr 430-1 450 B ; Ⓟ❄📶🏊). De jolis bungalows peints en bleu et blanc, puis des chambres dans des bâtiments sur 2 niveaux et, devant la plage, des dortoirs climatisés : l'Hacienda joue la pluralité et l'efficacité. Son bar au bord de la piscine peut être bruyant le soir. Dortoirs un peu exigus, mais il y a un espace sportif de plein air et un centre de plongée.

Coco Garden BUNGALOWS $
(Carte p. 576 ; ☎ 086 073 1147, 077 377721 ; www.cocogardens.com ; 100/7 Mu 1, Thong Sala ; bung 500-1 350 B ; Ⓟ❄📶). 🍃 L'une des meilleures adresses bon marché de la côte sud mérite amplement le succès qu'elle remporte auprès des baroudeurs de tout poil. Coco Garden n'a rien à envier aux autres *resorts* du coin grâce à ses jardins soignés servant de cadre à 25 bungalows impeccables, à son fantastique bar de plage (avec hamacs) et à son restaurant servant petit-déjeuner, déjeuner et dîner face à la mer.

Boom's Cafe Bungalows BUNGALOWS $
(Carte p. 572 ; ☎ 081 979 3814 ; www.boomscafe.com ; 32 Mu 4, Ban Khai ; bung 600-1 000 B ; ❄📶). Séjourner au Boom's, c'est comme rendre visite à un membre de sa famille. Chaleureux et serviables, les propriétaires veillent

attentivement sur tous leurs hôtes sans exception. Personne ne semble se soucier de l'absence de piscine, puisque les vagues viennent jusqu'à votre seuil. Le Boom's est situé tout à l'est de Ban Khai, près de Hat Rin.

Lime n Soda RESORT **$$**

(Carte p. 576 ; ☎077 239520 ; www.limesoda-thailand.com ; 31/10 Mu 1, Thong Sala ; bung 500-2 200 B ;). Bungalows carrelés, propres et simples, à l'ombre de bambous et de cocotiers, au long d'une digue surplombant la plage.

Baan Manali Resort BUNGALOWS **$$**

(Carte p. 576 ; ☎077 377917 ; www.baan-manali.com ; 210/20 Mu 1 Ao Nai Wok, Thong Sala ; bung 1 150-2 200 B, tr/f 1 700/2 000 B ;). Bénéficiant d'un joli emplacement au calme au milieu des cocotiers, ces 14 bungalows sont très propres. Une adresse commode, relaxante et bien tenue, avec piscine à débordement et excellent restaurant surplombant une crique abritée.

V-View Beach Resort BUNGALOWS **$$**

(Carte p. 576 ; ☎089 606 2027 ; www.v-viewbeachresort.com ; 100/60 Mu 1 ; d 810-2 100 B, bung 2 100-3 900 B ;). Une ambiance relax règne sur cette plage très correcte et calme, et si la mer est parfois un peu boueuse, il y a de nombreux hamacs et une jolie piscine. Bungalows simples et traditionnels, mais soignés et ultrapropres. Propriétaire serviable, aux petits soins avec ses hôtes.

Bay Lounge & Resort RESORT **$$**

(Carte p. 572 ; ☎077 377892 ; www.thebayphangan.com ; 32/6 Mu 4, Ban Khai ; bung avec petit-déj 1 800-3 200 B ;). Ce complexe élégant et intimiste occupe une petite pépite de sable privée sur un socle de rochers couronné de jungle. Les bungalows qui se fondent dans la nature arborent un intérieur urbain en béton assorti d'œuvres modernes. À mi-chemin de la fête de la pleine lune (*Full Moon Party*) de Hat Rin et de celle de la demi-lune (*Half Moon Party*) de Ban Khai – navette gratuite.

Divine Comedie RESORT **$$**

(Carte p. 572 ; ☎091 851 8402 ; www.divinecomedyhotel.com ; 14/8 Mu 1, Ban Tai ; d et bung 2 200-4 300 B ;). L'étonnant mélange architectural entre la Chine des années 1920 et une hacienda mexicaine, dans une palette vert menthe et ocre, de ces 10 bungalows et 5 chambres, est une réussite. Les suites juniors possèdent un toit-terrasse et les chambres standards un petit balcon. Une longue piscine borde l'étroite plage. Ce *resort* n'accepte pas les moins de 12 ans.

B52 Beach Resort BUNGALOWS **$$$**

(Carte p. 576 ; ☎077 377927 ; www.b52resort.com ; 31/22 Mu 1, San Chao Road, Thong Sala ; bung 1 150-1 910 B, villa 1 800-3 200 B, f 2 700-3 600 B ;). B52 est un ensemble de bungalows à toit de chaume et sol en béton poli, depuis lesquels on descend vers la plage sur des troncs d'arbres tropicaux. Superbe piscine à débordement et personnel charmant.

Milky Bay Resort RESORT **$$**

(Carte p. 576 ; ☎077 332762 ; www.milkybaythailand.com ; 103/4 Mu 1, Ban Tai ; d/bung/studio à partir de 1 100/1 200/2 400 B ;). À Ban Tai, un sentier couvert de copeaux d'écorce de bois conduit à ces bungalows d'un chic minimaliste et pourvus de vitres teintées, à l'ombre d'imposants bosquets de bambou. Parmi les équipements : piscine couverte, sauna, tennis de table et salle de sport.

Charu Bay Villas VILLAS **$$$**

(Carte p. 576 ; ☎084 242 2299 ; www.charubayvillas.com ; Ao Bang Charu ; villa et studio 1 500-10 000 B ;). Sur la baie d'Ao Bang Charu, au sud-est de Thong Sala, ces villas entièrement équipées offrent un excellent rapport qualité/prix (notamment pour les groupes). Côté jardin se trouve également un studio moderne donnant sur la mer, ainsi qu'une villa (2 chambres) avec un toit-terrasse et vue sur le jardin. La Beachfront Villa, qui possède un Jacuzzi, compte 3 chambres et peut loger jusqu'à 10 personnes.

Plages de la côte ouest

Thong Sala et Chalok Lam étant désormais reliées par deux routes bien lisses, la côte ouest a connu beaucoup de changements. Ici, règne un agréable mélange entre ambiance New Age (yoga, méditation) et atmosphère reculée de la côte est. Certaines plages (surtout au sud-ouest) sont cependant moins pittoresques qu'ailleurs sur l'île.

Shiralea Backpackers Resort BUNGALOWS **$**

(Carte p. 574 ; ☎077 349217 ; www.shiralea.com ; 58/18 Mu 8, Hat Yao ; dort 275 B, bung 645-1 400 B ;). Pimpants, les bungalows face à la piscine sont basiques mais équipés d'une nouvelle climatisation. Un rendez-vous pour les baroudeurs, avec une ambiance sympathique et conviviale, ainsi qu'un agréable bar où l'on sert de la bière pression. À une centaine de mètres de la plage, l'établissement est occupé régulièrement par des étudiants en voyage organisé.

Seetanu Bungalows BUNGALOWS $$

(Carte p. 574 ; ☎077 349113 ; www.seetanu.com ; 81/3 Mu 8, Ban Sri Thanu ; bung 700-4 000 B ; P ❄ ᯤ ≋). Quentin, propriétaire du Belgian Beer Bar, à côté, loue ici 17 bungalows avec accès à une plage ravissante. Autour de la jolie piscine, le choix est large (des chambres ventilées aux villas avec 3 lits), mais il faut réserver. Au soleil couchant, les hébergements en bord de la plage sont aux premières loges.

Salad Hut BUNGALOWS $$

(Carte p. 574 ; ☎081 173 4992 ; 61/3 Mu 8, Hat Salad ; bung 2 200-4 000 B ; P ❄ @ ᯤ ≋). Cette adresse très modeste partage une plage avec des hébergements haut de gamme. Ce petit ensemble d'une douzaine de bungalows de style thaïlandais est installé à quelques mètres de l'eau. La piscine est assez petite, mais vous n'y penserez plus lorsque, installé sur votre véranda en teck laqué ou au bar de plage, vous verrez le soleil descendre sur la mer dorée.

Loyfa Natural Resort BUNGALOWS $$

(Carte p. 572 ; ☎077 377319, 077 349022 ; www.loyfanaturalresort.com ; 14/1 Mu 8, Ao Sri Thanu ; d/bung/ste 1 250/1 800/2 200 B ; P ❄ ᯤ ≋). Le personnel est très amical. Les jardins et les huttes robustes ont une vue imprenable sur l'océan. Il y a 2 piscines – l'une pour voir le soleil se lever, l'autre pour le voir se coucher. Les bungalows modernes sur le promontoire mènent à un coin de sable couleur cendre que vous aurez pour vous seul ou presque. Les chambres les moins chères sont installées dans un bâtiment à part.

Chills Resort RESORT $$

(Carte p. 572 ; ☎089 875 2100 ; 14/12 Mu 8, Ao Sri Thanu ; d 1 000-2 500 B ; P ❄ ᯤ). Perchée sur un spectaculaire affleurement rocheux au nord d'Ao Hin Kong, cette adresse offre des chambres simples mais modernes. Chacune profite d'une belle vue sur la mer, et les fenêtres laissent entrer des flots de lumière et une délicieuse brise marine.

Cookies Salad RESORT $$

(Carte p. 574 ; ☎077 349125, 083 181 7125 ; www.cookies-phangan.com ; Hat Salad ; d 870-1 900 B, app 900 B, bung 1 200-2 500 B ; P ❄ ᯤ ≋). Qui n'a jamais rêvé se détendre dans un hamac devant son bungalow ? De style balinais, ceux-ci sont perchés sur une colline abrupte, autour d'une grande piscine sur 2 niveaux déclinant plusieurs nuances de bleu. Les toits de chaume et le feuillage dense donnent au lieu un caractère tropical et rustique. Très accueillant et couru, il affiche vite complet. Transfert depuis Thong Sala pris en charge pour toute réservation directe.

High Life Bungalows BUNGALOWS $$

(Carte p. 574 ; ☎077 349114 ; www.highlifebungalows.com ; 59/2 Mu 8, Hat Yao ; bung 1 300-2 750 B ; P ❄ ᯤ ≋). Outre la superbe vue depuis la piscine à débordement, High Life dispose de 25 bungalows de formes et de tailles variées, à l'ombre de feuilles de palme sur un imposant promontoire de granit dominant la mer. Personnel poli et attentionné. Séjour minimum de 4 nuits pendant les fêtes de la pleine lune, pour Noël et le jour de l'An.

Tantawan Bungalows BUNGALOWS $$

(Carte p. 574 ; ☎077 349108 ; www.tantawanbungalow.com ; 51/8 Mu 8, Hat Son ; bung 900-3 800 B ; ❄ ᯤ ≋). De ce bel ensemble de 11 bungalows en teck (avec ventilateurs et climatisation) nichés dans la verdure, assorti d'une belle piscine, émane une atmosphère détendue. L'ascension est rude, surtout avec des bagages, mais le panorama en vaut la peine.

♥ **Kupu Kupu Phangan Beach Villa & Spa by l'Occitane** RESORT $$$

(Carte p. 572 ; ☎077 377384 ; www.kupuphangan.com ; Ao Nai Wok ; ste/villa à partir de 5 000/5 800 B ; P ❄ ᯤ ≋). Ce superbe *resort* à la balinaise est irrésistible : ses bassins de nénuphars, ses hauts palmiers et sa piscine semblent sortis d'un magazine de luxe. L'endroit comporte aussi un spa, et chacun de ses spacieux et élégants pavillons en bois est doté d'une petite piscine. Il est situé sur la plage, près des rochers de la côte ouest ouvrant sur un magnifique coucher de soleil.

Plages du Nord

La remarquable côte nord, qui s'étire sur 8 km entre Chalok Lam et Thong Nai Pan, est une jungle sauvage entrecoupée de plages splendides et isolées : c'est le littoral le plus pittoresque de Ko Pha Ngan.

Fantasea Resort BUNGALOWS $

(Carte p. 572 ; ☎089 443 0785 ; www.fantasea-resort-phangan.info ; Chalok Lam ; bung avec ventil/clim à partir de 600/1 200 B ; P ❄ ᯤ).

À l'extrémité nord de l'île, ces agréables bungalows familiaux comptent parmi les meilleurs qui s'égrènent sur cette partie calme de Chalok Lam. Les hébergements font face à une étroite plage où l'on peut se baigner. Un restaurant de style thaïlandais, avec terrasse surélevée, invite à la détente.

Smile Bungalows BUNGALOWS $

(Carte p. 572 ; ☎085 429 4995 ; facebook.com/pages/Smile-Bungalows-Bottle-Beach/108086634054231 ; 74/9 Mu 7, Hat Khuat (Bottle Beach) ; bung 520-920 B ; ⏲fermé nov). Difficile de trouver plus tranquille et reculé que ces bungalows installés à l'extrémité ouest de Hat Khuat (Bottle Beach). L'assortiment de huttes spartiates en bois tenues par une famille s'accroche à une colline boisée. Les bungalows sur deux niveaux (920 B) sont nos préférés.

Bottle Beach II BUNGALOWS $

(Carte p. 572 ; Hat Khuat ; bung 850 B ;). Ces deux rangées de bungalows rudimentaires turquoise alignés à l'extrémité est de Hat Khuat (Bottle Beach) sont un havre de paix si vous pouvez vous passer de confort.

Longtail Beach Resort BUNGALOWS $$

(Carte p. 572 ; ☎077 445018 ; www.longtailbeachresort.com ; 2/5 Mu 5, Thong Nai Pan ; bung avec ventil/clim à partir de 1 050/1 200 B ;). Nichées à l'orée de la forêt dans le cadre enchanteur de l'extrémité sud de Thong Nai Pan, à l'écart des trépidantes fêtes de la pleine lune de Ko Pha Ngan, ces charmantes huttes en bambou et toit de palmes sont idéales pour les baroudeurs, les groupes et les familles. Le tout avoisine une superbe plage lovée dans un écrin de verdure.

Mandalai BOUTIQUE-HÔTEL $$

(Carte p. 572 ; ☎077 374316 ; www.mandalaihotel.com/web2014 ; 2/3 Mu 7, Chalok Lam ; d/ste 1 700/2 200 B ;). Ce petit boutique-hôtel avec spa surplombe les maisons basses de Chalok Lam. Des portes-fenêtres donnent sur les bateaux couleur mandarine de la baie, et une charmante petite piscine dans la principale cour intérieure vous invite à barboter, à quelques mètres de la plage.

Plages de la côte est

Robinson Crusoé n'a qu'à bien se tenir, car la côte est incarne l'ermitage idéal. Pour atteindre certaines plages isolées, vous devrez louer un bateau (ou bien randonner). Les *long-tail boats*, notamment à Thong Sala et Hat Rin, font office de taxis.

Le *Thong Nai Pan Express* part tous les jours à 12h de Hat Mae Nam (Ko Samui). Il s'arrête à Hat Rin et sur les plages de la côte est jusqu'à Thong Nai Pan Noi. Ce simple et frêle bateau de pêche ne circule pas quand la météo se gâte.

Bamboo Hut BUNGALOWS $

(Carte p. 572 ; ☎098 536 2915 ; Hat Yuan ; bung 500-1 000 B ;). Sur le promontoire rocheux qui surplombe Hat Yuan, ce "village" hippie, adossé à la jungle, jouit d'un emplacement sublime, parfait pour une retraite de yoga, de méditation ou simplement pour se détendre. Les petits bungalows en bois foncé disposent d'une terrasse. Le restaurant sert une cuisine correcte et la vue est superbe.

Sanctuary BUNGALOWS $$

(Carte p. 572 ; ☎081 271 3614 ; www.thesanctuarythailand.com ; Hat Thian ; dort/bung 350/950 B, villa 1 900-6 000 B ;). Ce sympathique sanctuaire boisé se cache sur la plage de Hat Thian, délicieusement reculée et inaccessible (à part en bateau). Les chambres, éparpillées dans un entrelacs de sentiers à flanc de colline, vont du dortoir bon marché à la villa de luxe. L'établissement propose des forfaits séjours yoga ou détox. Paiement en espèces uniquement.

Pariya Resort & Villas RESORT $$

(Carte p. 572 ; ☎087 623 6678 ; www.pariyahaadyuan.com ; 153/2 Mu 6, Hat Yuan ; villa 1 800-3 200 B ;). Ce splendide complexe au bord de l'eau est l'adresse la plus chic de Hat Yuan. Il propose, à condition d'y mettre le prix, une gamme de villas spacieuses et confortables. Calme et à l'écart, il occupe une plage accessible seulement en bateau, et l'électricité est fournie par un générateur. L'endroit n'est pas très pratique pour explorer l'île, mais ce n'est pas ce qui fait son intérêt.

Mai Pen Rai BUNGALOWS $$

(Carte p. 572 ; ☎093 959 8073 ; www.thansadet.com ; Than Sadet ; bung 683-1 365 B ;). Ce refuge reculé, au bord de la rivière à l'extrémité sud de Than Sadet, est une bonne affaire. Bungalows façon île déserte, avec des toits de chaume et à pignon (quelques-uns sont perchés au bord de rochers dominant la mer) ; certains sont conçus pour les familles. Restaurant convivial.

Où se restaurer

Hat Rin

Hat Rin offre la plus forte concentration de bars et de restaurants de l'île, mais beaucoup sont quelconques : ne venez pas seulement pour manger.

Om Ganesh INDIEN $

(Carte p. 578 ; ☎077 375123 ; Mu 6, Hat Rin Nai ; plats 130 B ; ⏰9h-23h ; 📶). Le vénérable Om Ganesh attire depuis longtemps un flot régulier de clients venus pour ses currys du nord de l'Inde, son riz biryani, ses *roti* et ses lassis, plus quelques plats chinois pour faire bonne mesure. Menu fixe à partir de 300 B.

Palita Lodge POISSON, FRUITS DE MER $$

(Carte p. 578 ; ☎077 375170 ; www.palitalodge.com ; 119 Mu 6, Hat Rin ; plats 150 B). Le restaurant à l'avant du Palita Lodge (p. 579), ensemble de bungalows sur la plage, mitonne des produits de la mer thaïlandais et des menus savoureux. Vue sur une plage plutôt paisible en dehors des fêtes de la pleine lune.

Monna Lisa ITALIEN $$

(Carte p. 578 ; ☎084 441 5871 ; www.monnalisa-thailand.com ; 110/7 Mu 6, Hat Rin ; plats 230 B ; ⏰15h-23h ; 📶). On raconte que le personnel, venu d'Italie, a ramené avec lui son four du *bel paese*... Rien d'étonnant, donc, à ce que les visiteurs continuent de faire l'éloge des pizzas du Monna Lisa. Les pâtes al dente ont aussi du succès. À Ko Pha Ngan, il n'y a pas plus authentique. Ces Italiens sont très aimables, et l'endroit est sympathique. Agréable salle ouverte face à la rue.

Plages du Sud

Ces dernières années, d'excellents restaurants ont ouvert à Thong Sala : il serait dommage de passer à côté. Il y a également des cafés établis de longue date très appréciés, notamment pour leurs délicieux petits-déjeuners. Arpentez la route reliant Thong Sala et Hat Rin, jalonnée de superbes cafés et restaurants.

Le samedi soir de 16h à 22h, une petite rue de l'est de Thong Sala se transforme en **marché de rue**, une zone piétonne animée où des marchands viennent vendre leurs produits à une clientèle majoritairement locale. Vous y trouverez toutes sortes de choses, allant des vêtements à la nourriture.

Fat Cat CAFÉ $

(Carte p. 576 ; ☎087 622 0541 ; Taladkao Rd, Thong Sala ; plats 90-195 B ; ⏰8h30-15h lun-sam ; 📶). Petit, charmant, coloré et animé, ce café à la direction portugaise propose des petits-déjeuners sains, comprenant un muesli maison et un excellent café. Un bon endroit pour prendre des forces avant de partir explorer l'île.

Nira's BOULANGERIE $

(Carte p. 576 ; ☎081 535 5215 ; Taladkao Rd, Thong Sala ; petit-déj à partir de 80 B ; ⏰7h-19h ; 📶). Deux grandes salles lumineuses au mobilier tendance, un service impeccable, des gâteaux et autres mets savoureux, un excellent café : il n'y a pas mieux pour le petit-déjeuner à Thong Sala, voire dans toute l'île. Musique d'ambiance jazzy et relax. Autre adresse (plus petite) à Hat Rin.

Marché alimentaire de Phantip MARCHÉ $

(Carte p. 576 ; Mu 1, Thong Sala ; plats 60 B ; ⏰13h-23h). Le marché alimentaire de Thong Sala est un régal pour les amateurs de culture locale et de cuisine de rue bon marché. Saucisses épicées, kebabs façon satay, rouleaux de printemps, riz au poulet hainanais ou glace à la noix de coco : se perdre parmi les étals est l'occasion de s'offrir une myriade de petits plaisirs. Pour les végétariens et les envies de cuisine italienne, c'est à l'arrière qu'il faut se rendre.

Ando Loco MEXICAIN $

(Carte p. 576 ; ☎085 791 7600 ; www.andoloco.com ; Mu 1, Taladkao Rd, Ban Tai ; plats 120 B ; ⏰14h-23h jeu-mar). Ce restaurant mexicain en plein air a la cote. Après une généreuse Margarita accompagnée d'une fajita et d'une ou deux quesadillas, le billard vous attend. Impossible de s'ennuyer !

Fisherman's Restaurant POISSON, FRUITS DE MER $$

(Carte p. 572 ; ☎084 454 7240 ; www.fishermans-phangan.com ; 30/6 Mu 1 Ban Tai ; plats 250 B ; ⏰13h30-22h ; 📶). Un restaurant dans un *long-tail boat* avec vue sur le coucher du soleil et la digue en pierre. Illuminé la nuit, il offre le plus beau cadre de l'île. La cuisine – du savoureux crabe au curry jaune à l'imposant plateau de fruits de mer – est aussi fabuleuse que l'ambiance. Réservation nécessaire, surtout durant les festivités.

Baraka Phangan MOYEN-ORIENTAL $$

(Carte p. 576 ; ☎094 797 3675 ; facebook.com/barakaphangan ; Thong Sala ; plats 80-280 B ;

⌚19h-23h ; ❄📶✍). Si les mots *chakchouka* et *zaatar* vous sont familiers, ne manquez pas de franchir la porte de ce spacieux restaurant kasher au centre de Thong Sala. Le houmous accompagné d'agneau façon *chawarma* est à se damner. Les adeptes du fitness y trouveront un menu protéiné.

Vintage Burgers BURGERS $$
(Carte p. 576 ; ☎099 347 1983 ; Thong Sala ; plats 250 B ; ⌚17h-22h ; 📶✍👪). Tenu par des Portugais, ce remarquable petit restaurant gourmand vise juste : 6 types de steaks excellents, dont des variantes végétariennes, véganes, au thon et pour les enfants, à accompagner de succulentes frites maison au sel et à l'origan, le tout servi dans une atmosphère conviviale. La carte est complétée par des paninis grillés. Dommage qu'il ne soit ouvert que le soir !

♥ **Fabio's** ITALIEN $$
(Carte p. 572 ; ☎077 377180 ; facebook.com/fabiocolapietro66 ; 10/1 Mu 4, Taladkao Rd, Ban Khai ; plats 150-400 B ; ⌚9h-22h lun-sam ; ❄📶). Une adresse italienne authentique et intimiste aux murs mordorés, aux nappes crème et au mobilier en bambou. Les spécialités, aussi savoureuses qu'originales dans leur présentation, sont le risotto aux fruits de mer, la pizza et le *limoncello* servi glacé. Réservez bien à l'avance l'une des 7 tables.

Côte ouest

♥ **Chana Masala** INDIEN $
(☎081 622 3374 ; Ban Hin Kong ; plats 120 B ; ⌚11h-22h dim-ven ; ❄📶✍). Dans une salle spacieuse habillée de teck indien, les dieux hindous Kali et Baghavan vous toisent de leur regard de bois sur fond de tubes de Bollywood. On déguste ici la meilleure cuisine végétarienne de Ko Pha Ngan. S'ils ne sont pas épuisés, optez pour les *thali* (plateaux-repas), d'un excellent rapport qualité/prix ; si vous êtes arrivé trop tard, les *dosa* (crêpes de riz) feront un excellent substitut.

Art in Chai Cafe VÉGÉTARIEN $
(Carte p. 574 ; plats 90 B ; ⌚9h-21h ; 📶✍). Nous avons adoré le *chai* indien frais et parfumé de ce petit café dans le vent, très décontracté, où l'on propose aussi de délicieux plats thaïlandais végétariens. L'Art in Chai est situé sur la très passante route principale, qui accueille la plupart des centres de méditation New Age : vous serez donc peu surpris de trouver à ce café, tenu par un Thaïlandais portant des dreadlocks, un air de centre de yoga indien.

Fruitarian Experience VÉGAN $
(Carte p. 574 ; ☎096 875 8699 ; Hin Kong Rd ; plats 120 B ; ⌚8h-22h ; 📶✍). Blotti dans le Samma Karuna (p. 577), ce lieu déploie une carte végane savoureuse, fraîche et merveilleusement parfumée à base de plantes. On déguste ces plats sains et rafraîchissants (gnocchis de banane à l'aubergine, nouilles de courgette, riz aux champignons et aux mûres) dans un cadre paisible aux couleurs légères, installé sur des coussins.

Pura Vida CAFÉ $
(Carte p. 574 ; ☎094 827 7641 ; Hat Yao Rd ; petit-déj à partir de 70 B ; ⌚8h30-17h lun-sam ; 📶). Ce café portugais, sympathique et lumineux, est une escale de choix en remontant vers la côte ouest. Il sert d'excellents petits-déjeuners (goûtez les pancakes au yaourt ou le petit-déjeuner complet) et de délicieux burgers, ainsi que des sandwichs et des paninis. Admirez le graffiti *Eat Well, Travel Often* ("mangez bien, voyagez souvent") ornant le petit camping-car.

Cookies Cafe CAFÉ $
(Ban Sri Thanu ; plats 90 B ; ⌚8h30-18h ; 📶). Une bonne adresse pour boire un café en remontant la côte ouest, accompagné de cookies à la noix de coco, de dattes, de biscuits à l'avoine et de glaces pour les petites faims.

Ailleurs sur l'île

♥ **Marché alimentaire de Chaloklum** MARCHÉ $
(Carte p. 572 ; Chaloklum Pier ; plats 40 B ; ⌚16h-23h dim). Le marché local le plus authentique de Ko Pha Ngan se trouve tout au nord. Tous les dimanches, devant l'embarcadère du village, on installe des tables et des chaises rouges près d'une scène où se produisent les musiciens du coin. Les étals qui les entourent servent des produits introuvables dans les "marchés nocturnes" de l'île. Poisson en galette frite ou à la noix de coco et aux épices (grillé dans un tube en feuille de bananier) : oubliez vos idées reçues et lancez-vous. Pour un en-cas sucré fondant et délicieux, testez le *nám chah* (noix de coco fraîche au sucre, emballée dans des feuilles de palmier et passée au barbecue). Une fois servi, imitez les habitants et allez vous installer sur une natte (20 B) près de l'embarcadère pour regarder le ballet des passants. Pendant les

chaudes soirées d'été, ce tableau de la vie locale est un pur bonheur.

Crepe's Corner CRÊPES $

(Carte p. 572 ; Thong Nai Pan ; à partir de 70 B ; 11h-22h). Ce sympathique petit stand de crêpes fait le bonheur des petits et des grands. Choisissez-la sucrée ou salée (les choix sont nombreux).

Big Bang Art Cafe CAFÉ $

(Carte p. 572 ; 082 813 5376 ; plats 60-220 B ; 9h-18h ;). Tenu par l'infatigable Gil (un artiste suisse) et sa femme Na (thaïlandaise), cet endroit situé juste avant le rond-point conduisant à Than Sadet est ravissant et relaxant. À l'occasion de votre traversée des collines de l'intérieur, vous pourrez y prendre un café ou un en-cas bien mérité. Charmant jardin avec superbe vue à l'arrière ; vente de T-shirts étonnants.

Bamboo Hut THAÏLANDAIS $$

(Carte p. 572 ; Hat Yuan ; plats 100-300 B ; 8h-22h ;). Ce restaurant décontracté est relié aux bungalows du même nom, sur la discrète Hat Yuan. Assis à une table en teck ou installé sur des coussins à la thaïlandaise, vous profiterez de la brise le regard perdu dans le bleu infini de la mer. La carte, variée, propose aussi bien des spécialités végétariennes et jus de fruits frais – idéals pour qui vient de terminer un jeûne ou une session détox – que des classiques thaïlandais réussis.

Cucina Italiana ITALIEN $$

(Jenny's ; carte p. 572 ; 081 594 5682 ; Chalok Lam ; pizzas 180-200 B ; 17h-minuit jeu-mar). Une version thaïlandaise de la campagne italienne, le sable et les *long-tail boats* en plus. Le chef, un Italien affable et passionné, concocte lui-même chaque jour la totalité du menu, des pâtes au tiramisu. Ses pizzas à pâte fine sont succulentes.

Où prendre un verre et faire la fête

Chaque mois, à la pleine lune, les pèlerins rendent hommage aux dieux de la fête. Ils entrent en transe, hurlent sauvagement et dansent badigeonnés de peinture fluorescente. Ceux qui rêvent de calme préféreront la côte ouest, qui compte plusieurs excellents bars où siroter des cocktails au sommet d'une colline ou au bord de la mer à l'ombre de la mangrove, avec en toile de fond le ciel en fusion au coucher du soleil. Thong Sala possède aussi une poignée de bars convenables. Le café de l'île est excellent : guettez les agréables cafés branchés présents un peu partout sur l'île.

Hat Rin

Chillin Beachclub BAR

(Carte p. 578 ; 077 375227 ; www.phanganbayshore.com ; 141 Mu 6, Hat Rin Nok ; 16h-23h ;). Allongé sur des coussins triangulaires orange disposés autour de tables basses, laissez-vous bercer par un concert de musique décontractée. Ce lieu relaxant est accolé au **Bayshore Resort** (d/tr/ste à partir de 4 050/7 800/9 000 B ;), sur la plage de Hat Rin. Avec le clapotis des vagues à quelques mètres, les excellents cocktails semblent encore meilleurs.

Rock BAR

(Carte p. 578 ; 093 725 7989 ; 130/4 Mu 6, Hat Rin Nok ; 8h-tard ;). À l'extrémité sud de la plage de Hat Rin, cette terrasse surélevée offre une vue imprenable sur la fête (et le paysage le reste du temps). Superbes cocktails à des tarifs raisonnables, même en période de pleine lune.

Sunrise BAR

(Carte p. 578 ; 077 375144 ; www.sunrisephangan.com ; 136 Mu 6, Hat Rin Nok ; 8h-2h ;). La musique trance fait trembler les murs recouverts de graffitis de ce bar avec piscine donnant sur une ravissante étendue de sable. Durant les fêtes de la pleine lune, la drum and bass rencontre aussi un grand succès. Un excellent endroit pour commencer sa soirée en douceur.

Cactus Bar CLUB

(Carte p. 578 ; 146/9 Mu 6, Hat Rin Nok ;). Restaurant la journée et bar-discothèque tonitruant le soir, le Cactus est réputé pour ses jongleries de feu, ainsi que pour sa clientèle jeune et survoltée. Hors période de pleine lune, c'est la meilleure adresse pour faire la fête sur la plage.

Tommy BAR

(Carte p. 578 ; 077 375215 ; www.tommyresort.net ; Hat Rin ; 8h-2h ;). Un des plus grands clubs de Hat Rin. La foule prend d'assaut ses transats et ses tables basses baignés de lumière noire pour profiter de sa piscine et de sa musique à plein volume lors de la pleine lune. Le bar a des airs d'arche de Noé, et son balcon VIP (accessible moyennant supplément) offre une excellente vue.

Plages du Sud

Bubba's Coffee Bar CAFÉ
(Carte p. 572 ; ☎099 164 3478 ; www.bubbascoffee.com ; Mu 1, Ban Tai ; ⏱7h-18h ; 📶). Dans cet établissement, la Bubba's Roastery écoule son célèbre café thaïlandais, torréfié dans le secteur, accompagné d'un excellent petit-déjeuner. Atmosphère détendue et hipster, d'où sa popularité auprès des expatriés.

Hub PUB
(Carte p. 576 ; ☎088 825 4158 ; Thong Sala ; ⏱8h-23h ; 📶). Très bien situé à l'angle de la jetée de Thong Sala, ce grand bar au sol en bois, tenu par un personnel affable, est le rendez-vous des passionnés de matchs sportifs, des amateurs de bière pression et de cidre. Excellente cuisine de pub. Location de scooters et de motos.

Viewpoint Cafe CAFÉ
(Carte p. 572 ; Ban Khai ; ⏱8h-minuit ; 📶). Si vous êtes sur la route entre Hat Rin et Thong Sala ou Ban Tai, garez votre scooter et faites une halte dans le café du Viewpoint Hotel pour un smoothie aux fruits, un café ou un en-cas léger. C'est un superbe endroit, surplombant le golfe. La nourriture et le service sont médiocres, mais c'est pour la vue que l'on s'y arrête.

Ailleurs sur l'île

♥ **Jam Bar** BAR
(Carte p. 572 ; Hin Kong ; ⏱19h-2h dim et jeu). Prenez place sous les étoiles dans ce bar avec scène éphémère, un lieu nocturne accueillant sur la côte ouest où tous ceux qui le souhaitent peuvent se joindre aux musiciens. Vous serez accueilli par Robert, qui ouvre généralement les soirées avec quelques classiques du rock. Le Jam Bar a désormais la faveur des touristes.

Bubba's Roastery CAFÉ
(Carte p. 574 ; ☎099 0784805 ; www.bubbascoffee.com ; 56/4 Mu 8, Hat Yao ; ⏱8h-16h ; 📶). Les connaisseurs se passionneront pour la maison de torréfaction du Bubba's Coffee Bar, par ailleurs la seule de l'île à produire du café de spécialité. Les grains, cultivés dans les montagnes du nord du pays, donnent un café excellent. On peut le consommer sur place, ou acheter un paquet à emporter.

Secret Beach Bar BAR
(Carte p. 574 ; ☎084 754 7183 ; Hat Son ; ⏱9h-19h). Difficile de trouver meilleure manière d'achever une journée à Ko Pha Ngan qu'en s'installant tranquillement dans ce bar de plage du nord-ouest de l'île. Commandez un mojito, asseyez-vous et regardez le soleil se coucher entre les feuilles des palmiers. Hors saison, mieux vaut téléphoner pour s'assurer que le bar est ouvert.

Three Sixty Bar BAR
(Carte p. 572 ; ☎086 789 7870 ; Ban Mae Hat ; ⏱8h-minuit ; 📶). Tout en haut d'une route filant à l'est de Ko Ma, ce bar offre un panorama à 360° (*three-sixty* en anglais), vraiment spectaculaire au coucher du soleil. Belle carte de plats thaïlandais.

Amsterdam BAR
(Carte p. 572 ; ☎095 018 4891 ; Ao Plaay Laem ; ⏱12h-1h ; 📶). Perché sur le flanc d'une colline de la côte ouest, ce bar prisé a pour atout majeur une piscine sur le toit, d'où l'on admire de magnifiques couchers de soleil. Arrivez tôt pour plus de calme et prenez votre maillot de bain. Glissez-vous dans l'eau tiède, offrez-vous une bière (Chang 70 B), puis savourez le spectacle du soleil écarlate de Ko Pha Ngan déclinant.

Achats

Fusion Fashion VÊTEMENTS
(Carte p. 578 ; ☎089 868 1938 ; 94/17, Hat Rin Nai ; ⏱11h-22h). Cette petite boutique à croquer est l'une des rares qui méritent le coup d'œil sur la grand-rue de Hat Rin : la propriétaire, suédoise, importe tous ses articles d'Inde. Dans ce local ouvert en 2003 se bousculent chemisiers, jupes, mini-shorts, sacs et bijoux de toutes les couleurs, aussi bohème qu'accrocheurs.

Phanganer VÊTEMENTS
(Carte p. 576 ; ☎080 534 5075 ; Taladkao Rd, Thong Sala ; ⏱10h-19h). À la limite sud de la **rue piétonne de Thong Sala** (carte p. 576 ; Taladkao Rd, Thong Sala ; ⏱16h-22h sam), près du virage en direction de la mer, ce petit magasin présente un florilège sympathique et coloré de vêtements de l'île : T-shirts, shorts cargo, ceintures, portefeuilles, et pantalons thaïlandais (800 B les deux).

Renseignements

ARGENT

Thong Sala, "capitale" de Ko Pha Ngan, compte de nombreuses banques, des bureaux de change et plusieurs agences de transfert d'argent.
Hat Rin possède un grand nombre de DAB et quelques banques au niveau de l'embarcadère. Des DAB sont aussi installés à Hat Yao, à Chalok Lum et à Thong Nai Pan.

DÉSAGRÉMENTS ET DANGERS

Ko Pha Ngan vous offrira certains de vos meilleurs souvenirs de vacances. Soyez sur vos gardes si vous vous trouvez devant l'une des situations suivantes pour qu'il n'y ait aucune ombre au tableau.

Drogues Il arrive parfois que des gens du coin proposent aux touristes de la drogue à des prix très tentants, qu'ils s'empressent de baisser encore en cas de refus. Une fois la transaction effectuée, le vendeur prévient la police, qui arrête alors les acheteurs et leur fait payer au poste une amende conséquente. Si l'on vous propose de la drogue, opposez un refus ferme et définitif. Ce type d'arnaque est très fréquent à Ko Pha Ngan, où il faut redoubler de vigilance.

Assurance et drogues Votre assurance ne couvre pas les blessures ou traitements liés à l'usage de drogue. Les accidents arrivent ; on nous a raconté des épisodes de délire prolongé, occasionnés par l'usage de drogue. L'hôpital psychiatrique Suan Saranrom (jardin des Joies) de Surat Thani doit renforcer ses effectifs lors des festivités (celles de la pleine lune et d'autres) pour gérer le nombre de *farang* (Occidentaux) qui paniquent ou délirent après avoir consommé des champignons, de l'acide ou d'autres hallucinogènes facilement accessibles.

Femmes voyageant seules La prudence est de mise lors des fêtes sur l'île. Après une consommation d'alcool et de drogue, les viols sont fréquents (et ces situations ne se limitent pas aux fêtes de la pleine lune). Plusieurs femmes se sont plaintes d'avoir subi les attouchements de leurs chauffeurs de taxi ; en 2019, l'un d'entre eux a été arrêté pour avoir violé une Norvégienne qu'il transportait après une fête de la demi-lune.

Moto et scooter Ko Pha Ngan compte plus d'accidents de moto que tout autre incident lié à la fête de la pleine lune. Aujourd'hui, il existe un système de rues goudronnées praticables (étendu jusqu'à Than Sadet), mais certaines demeurent des pistes de terre et de boue. L'île est aussi très vallonnée, avec parfois des pentes très raides. Ko Pha Ngan dispose d'une ambulance spéciale qui vient en aide aux motards blessés.

Chiens sauvages Vous serez peut-être la cible de grognements menaçants des chiens qui rôdent dans certaines zones résidentielles et près d'un ou deux temples. Ils se déplacent aussi en meute sur certaines plages reculées. Soyez sur vos gardes : évitez de les approcher, et n'essayez en aucun cas de les caresser.

Noyade Les courants sont particulièrement dangereux. Les noyades sont fréquentes ; pour nager, mieux vaut avoir la tête claire et ne pas plonger dans la mer après avoir bu de l'alcool.

Alcool frelaté Une escroquerie courante concerne les échoppes de boisson installées sur la plage et le long de la route durant les fêtes de la pleine lune. Le whisky vendu en seau peut n'être qu'un alcool de riz distillé clandestinement et faiblement alcoolisé, et il est possible qu'un alcool maison soit vendu dans une bouteille de marque récupérée. Outre les risques évidents pour la santé, l'alcool frelaté est aussi pour beaucoup dans les problèmes qui surgissent lors de la pleine lune, qu'il s'agisse d'accidents de moto, de noyades, de bagarres ou de brûlures en pratiquant le saut à la corde enflammée.

Morceaux de verre sur la plage Attention aux coupures particulièrement mauvaises que provoque le verre cassé sur les plages, surtout lors des fêtes de la pleine lune – portez de bonnes chaussures. Lors de notre dernière visite, le sud de la plage de Thong Sala était jonché de bouteilles cassées.

INFORMATIONS TOURISTIQUES

Comme il n'y a pas de bureau de la TAT à Ko Pha Ngan, la majorité des voyageurs s'informent auprès des agences de voyages locales, en lisant des brochures ou auprès de leur hébergement. La plupart des agences se trouvent à Hat Rin et à Thong Sala ; elles prennent une petite commission sur chaque vente. Il y a un consensus et les prix sont relativement stables et normalisés. Optez pour une agence à laquelle vous faites confiance si vous dépensez beaucoup d'argent. Vous risquez en effet de vous faire escroquer, d'autant plus qu'il n'y a pas de police touristique sur l'île. Sinon, demandez à votre hôtel de réserver pour vous.

De nombreux mini-magazines proposent des renseignements complets sur l'hébergement de l'île, les activités et les festivités de la pleine lune. Notre préféré est Phangan Info (www.phangan.info), également disponible sous forme d'une appli bien pratique.

Phanganist (www.phanganist.com) est un excellent site pour découvrir des conseils d'initiés sur Ko Pha Ngan.

LAVERIE

Si pendant la fête de la pleine lune vos vêtements sont tachés de peinture fluo, ne vous embêtez pas à les envoyer au nettoyage, ça ne partira pas. Nous l'avons testé pour vous ! Pour le reste, il existe une foule de laveries. Les tarifs tournent autour de 40 B/kg, et le nettoyage express ne devrait pas dépasser 60 B/kg.

POSTE

Poste principale (carte p. 576 ; ☎077 377118, centre d'appel 1545 ; www.thailandpost.co.th ; Taladkao Rd, Thong Sala ; ⏲8h30-16h30 lun-ven, 9h-12h sam)

Bureau de poste de Hat Rin (carte p. 578 ; ☎centre d'appel 1545 ; www.thailandpost.co.th ; Hat Rin ; ⊙8h30-16h30 lun-ven, 9h-12h sam)

SERVICES MÉDICAUX

Méfiez-vous des cliniques privées de Ko Pha Ngan, et attendez-vous à des tarifs instables. Les cliniques demandent un droit d'entrée de 600 B à 3 000 B avant tout traitement. Mieux vaut aller à Ko Samui, qui offre de meilleures infrastructures pour les problèmes médicaux graves, ainsi que pour tous les traitements dentaires.

Ko Pha-Ngan Hospital (carte p. 572 ; ☎077 377034 ; www.kpho.go.th ; 6 Mu 4, Ban Wok Tum ; ⊙24h/24). À environ 2,5 km au nord de Thong Sala ; service d'urgences 24h/24 dans cet hôpital gouvernemental.

URGENCES

Police de Ko Pha Ngan (carte p. 572 ; ☎077 377114, 191 ; www.suratthani.police.go.th). Environ 2 km au nord-est de Thong Sala. C'est ici qu'il faut se rendre pour déposer plainte ; la police peut vous demander 110-200 B, mais vous ne regretterez pas d'avoir accepté si vous effectuez une déclaration de sinistre. Refuser de payer peut entraîner des complications. En cas d'arrestation, vous avez le droit à un appel téléphonique à l'ambassade ; vous pouvez refuser les services de l'"interprète" que la police vous propose. Si l'on vous accuse d'un délit grave, ne signez aucun papier écrit uniquement en thaï, ou écrivez sur ce document que vous ne comprenez pas la langue et qu'on vous a fait signer sous la contrainte.

ℹ Depuis/vers Ko Pha Ngan

La seule voie d'accès à Ko Pha Ngan est maritime. Des bateaux du continent, de Ko Samui et de Ko Tao arrivent tous les jours aux embarcadères de Thong Sala, et certains relient directement Ko Samui à Haad Rin Pier.

BANGKOK, HUA HIN ET CHUMPHON

Les services **Lomprayah** (carte p. 576 ; ☎087 887 9791, 07742 3761 ; www.lomprayah.com ; ⊙7h-22h) et **Seatran Discovery** (www.seatrandiscovery.com) proposent des forfaits bus-bateau (Lomprayah à partir de 1 200 B, Seatran à partir de 1 000 B), qui partent de Bangkok, quartier de Th Khao San, et passent par Hua Hin et Chumphon. Le voyage complet dure entre 10 heures et 17 heures 30.

Il est aussi assez simple de prendre le train de Bangkok ou de Hua Hin (bien que les pannes ne soient pas rares) jusqu'à Chumphon, où attend le ferry. De Bangkok à Chumphon, vous paierez dans les 300 B en 2e classe (environ 8 heures 30) ; la traversée de Chumphon à Ko Pha Ngan avec Lomprayah dure entre 2 heures 30 et 3 heures 45 et coûte 1 000 B.

KO SAMUI

On compte presque une dizaine de départs quotidiens entre Thong Sala et Ko Samui. Ces bateaux partent toute la journée de 7h à 18h et mettent entre 20 min et 1 heure 30 (150-300 B selon le bateau).

Le *Haad Rin Queen* fait la navette 4 fois par jour entre **Haad Rin Pier** (carte p. 578 ; Hat Rin) et Big Buddha Pier (premier départ de Hat Rin à 9h30 ; de Big Buddha Pier à 10h30) ; cette fréquence double les lendemains de fête de la pleine lune, et il y a un départ supplémentaire le jour de la fête à 7h30. La traversée dure 50 minutes et coûte 200 B ; le dernier bateau part de Big Buddha Pier à 18h30.

Le **Thong Nai Pan Express** (carte p. 578), un vieux bateau de pêche branlant (mieux vaut avoir le cœur bien accroché), part une fois par jour de Mae Nam (Ko Samui) pour Hat Rin (Ko Pha Ngan), avant de remonter la côte est desservant toutes les plages jusqu'à l'**embarcadère** (carte p. 572 ; Hat Thong Nai Pan ; à partir de 600 B) de Thong Nai Pan Noi (200-400 B selon la destination). Il ne prend pas la mer par mauvais temps.

KO TAO

Les ferrys Lomprayah pour Ko Tao (500-600 B) partent de Thong Sala à Ko Pha Ngan à 8h30, 13h et 18h15. Ils arrivent à destination à 9h30, 14h15 et 19h15. Le Seatran (500 B, 1 heure 30) quitte Thong Sala chaque jour à 8h30, 13h30 et 17h. Les taxis partent de Hat Rin vers Thong Sala une heure avant le départ du bateau. Le Songserm (350 B), moins onéreux mais plus lent, part de Ko Pha Ngan à 12h45 et arrive à 14h30, avant de continuer jusqu'à Chumphon.

SURAT THANI ET LA CÔTE D'ANDAMAN

Il y a 4 bateaux quotidiens de Lomprayah (700 B, 2 heures 30) pour Tapee Pier et Surat Thani, via Ko Samui. Ils partent de Thong Sala à 7h20, 12h et 14h30. Deux bateaux de Seatran partent à 8h et 10h30 tous les jours de Thong Sala (5 500 B) vers Donsak et Surat Thani, où une correspondance en bus vers la gare ferroviaire de Phun Phin, en lisière de la ville (750 B), est possible. La nuit, si la météo le permet, un bateau part de Surat Thani (400 B, 7 heures) à 22h. Dans l'autre sens, le bateau quitte Ko Pha Ngan à 21h.

Des billets combinant bateau et bus sont disponibles dans toutes les agences de voyages ; donnez-leur simplement votre destination. La plupart des voyageurs passent par Surat Thani en allant d'une côte à l'autre.

Comment circuler

Il est préférable d'éviter le vélo, à moins d'avoir suivi un entraînement poussé.

Les pick-up et les *songthaew* sillonnent les routes principales de l'île. Le tarif double la nuit. Votre hébergement peut tout à fait vous proposer une course gratuite ou à prix réduit lors de votre départ. Comptez 100 B pour aller de Thong Sala à Hat Rin et environ 150 à 200 B pour les distances plus longues. À Hat Rin, les **songthaew** (carte p. 578) pour Thong Sala partent de l'ouest de Hat Rin Nok.

Des *long-tail boats* partent de Thong Sala, Chalok Lam (581) et Hat Rin vers des destinations lointaines comme **Hat Khuat** (carte p. 570 ; Hat Khuat (Bottle Beach) ; à partir de 600 B) et **Hat Than Sadet** (carte p. 572 ; à partir de 600 B). Dans un sens comme dans l'autre, comptez au moins 50 B pour un court trajet et jusqu'à 300 B pour aller plus loin. Vous pouvez louer un bateau privé pour voyager de plage en plage pour environ 150 B par tranche de 15 minutes.

VOITURE ET MOTO

Louer une moto ou un scooter est le meilleur moyen d'explorer Ko Pha Ngan. Les tarifs en vigueur vont de 150 B à 300 B par jour (ils sont dégressifs pour des locations plus longues). Vous devrez le plus souvent laisser votre passeport en gage de garantie (vous en aurez besoin si vous changez d'hôtel, donc soyez prévoyant). Des vendeurs ambulants proposent de l'essence en bouteille à 40 B/litre, mais faire le plein revient bien moins cher dans les stations-service.

Si vous louez une moto/scooter, portez un casque et exigez qu'il ait une visière en plastique. Ne partez pas à Ko Pha Ngan sans votre permis : les loueurs ne demandent pas à le voir, mais un permis de conduire international est requis par la loi, et vous pourriez avoir des ennuis avec la police en cas de contrôle, ou avec votre assurance en cas d'accident. Si vous souhaitez emprunter des chemins de terre cahoteux, nous vous conseillons de louer un modèle de type Honda MTX125, car les scooters ne suffisent pas. Évitez de conduire sur les routes pendant les fêtes de la pleine lune.

Ko Tao

เกาะเต่า

3 000 HABITANTS

Si elle est bien plus petite que Ko Samui et Ko Pha Ngan, Ko Tao n'a pas à rougir : devenue une mecque pour les plongeurs du golfe, elle connaît une popularité croissante et se tourne chaque année davantage vers le tourisme haut de gamme. Cette petite perle couverte de jungle tient de Samui par son caractère animé et de Pha Ngan par sa décontraction.

Mais Ko Tao possède un atout que n'ont pas ses voisines : la facilité d'accès à divers sites de plongée magnifiques à proximité de ses côtes. Vous pourrez vous ébattre avec les requins et les raies au milieu des coraux chatoyants, paresser sur une plage immaculée et, au coucher du soleil, trinquer à cette parfaite journée qui s'achève, avant de recommencer le lendemain.

Et les charmes de Ko Tao ne s'arrêtent pas là. Les randonneurs et les ermites pourront rejouer un épisode de *Lost* au cœur de la jungle qui longe la côte. Et, quand la solitude commence à peser, direction les bars animés qui restent ouverts jusqu'à l'aube.

À voir

♥ Ao Tanot — PLAGE

(อ่าวโตนด ; carte p. 592 ; Ⓟ). La belle plage d'Ao Tanot, sur la côte est, est bordée d'eaux cristallines idéales pour le snorkeling, tandis que l'énorme rocher dressé dans la baie constitue un plongeoir de choix. Sous l'eau, on peut voir poissons-anges, truites de corail et poissons-cochers, ainsi qu'un catamaran naufragé dans la baie. Si vous souhaitez passer la nuit sur place et admirer un sublime lever de soleil, vous aurez le choix entre plusieurs *resorts* et bungalows prisés des familles.

♥ Ko Nang Yuan — ÎLES

(เกาะนางยวน ; carte p. 592 ; 100 B ; ⏲10h-17h). Ces trois jolies îles au large de la côte nord-ouest de Ko Tao, reliées par une langue de sable, offrent de superbes vues depuis leurs hauteurs. Elles font une destination parfaite pour une excursion d'une journée : des bateaux s'y rendent depuis l'embarcadère de Lomprayah, à Mae Hat.

Laem Thian Beach — PLAGE

(หาดแหลมเทียน ; carte p. 592). Cette petite plage de sable blanc reculée, au milieu de la côte est (côté venteux de la langue de terre au nord d'Ao Tanot), est parfaite pour le snorkeling. Les intrépides pourront plonger depuis les rochers. Le sentier qui y mène est assez long (1 heure 30 depuis Sairee Village) ; mieux vaut arriver en *long-tail boat*. Au bord de la plage se dresse un *resort* à l'abandon, aux ruines couvertes de graffitis.

Si vous venez à pied malgré tout, prévoyez beaucoup d'eau, un chapeau, des chaussures adaptées et de la crème solaire.

Activités

Plongée

Si vous n'avez jamais plongé, Ko Tao est le meilleur endroit de Thaïlande pour un baptême. Ses baies peu profondes sont idéales pour les débutants ; les eaux sont transparentes, les récifs miroitants et la température de l'eau très agréable. Vu le nombre de sites bien abrités, on peut plonger toute l'année, sauf parfois un jour ou deux en période de mousson quand les eaux sont trop agitées, mais c'est rare.

Les meilleurs sites de plongée se concentrent autour des pics du large dans un rayon de 20 km autour de l'île. La faune marine locale comprend mérous, murènes, cochers, barracudas, balistes, scalaires, poissons-clowns, raies mantas, requins gris de récif, et les imposants requins-baleines font des visites fréquentes.

À terre, quantité de centres de plongée peuvent vous équiper et vous enseigner les ficelles de ce sport dans le cadre d'un brevet PADI Open Water de 3 jours et demi. La compétition farouche entre écoles de plongée signifie que les prix du brevet PADI sont imbattables – tout comme la qualité. Une foule de clubs lorgnent vos bahts, à vous de comparer. Ko Tao est le site qui délivre le plus de brevets de plongée au monde.

Ocean Republic Diving PLONGÉE
(Carte p. 596 ; 061 462 7661 ; www.oceanrepublicdiving.com ; Mae Hat ; programme de plongée basique 3 500 B ; 8h30-20h). Une des écoles de plongée les plus accueillantes de l'île, et la seule à être affiliée à l'association Sea Shepherd. Elle encourage et participe donc activement à la protection de l'environnement marin. Excellents cours éthiques en petits groupes (4 pers maximum).

CHOISIR UNE ÉCOLE DE PLONGÉE À KO TAO

La popularité de ce terrain de jeu subaquatique auprès des plongeurs débutants n'a rien de surprenant. Mais avant de vous jeter à l'eau, il est important de faire le tour des diverses écoles de plongée de l'île.

Dès que vous débarquez sur l'embarcadère de Mae Hat, des armées de rabatteurs se précipitent pour vous amener à choisir le centre de plongée qui les commissionne en vous promettant un tarif spécial. Comme il y a des dizaines de clubs sur Ko Tao, mieux vaut arriver avec les adresses de quelques bonnes écoles en tête (telles celles indiquées dans ce guide). Donnez-vous le temps de prendre une décision éclairée : si possible, passez d'abord un ou deux jours à vous détendre sur l'île – vous rencontrerez sûrement des foules de moniteurs et de plongeurs qui vous conseilleront.

Souvenez-vous que le succès de votre expérience (surtout si c'est la première fois) dépendra en grande partie de la confiance que vous accorderez à votre moniteur. Considérez aussi la taille du groupe, l'état de l'équipement, les conditions de plongée sur les sites où vous irez, etc.

En général, les tarifs de plongée sont standardisés dans toute l'île, il est donc inutile de passer son temps à la chasse aux meilleurs prix. Les brevets Open Water Diver (OWD) **PADI** (www.padi.com) et **SSI** (www.divessi.com) se monnaient à 10 000-11 000 B. De plus en plus prisé sur l'île, le cours **RAID** (www.diveraid.com) OWD coûte 9 500 B. Un brevet Advanced (OWD) vous coûtera 10 000 B, un brevet de sauvetage 10 000 B, et le programme Divemaster la coquette somme de 30 000-35 000 B (pack Divemaster, requis pour tous, compris). Les plongées de loisir sont à 1 000 B la descente, ou 7 000 B les 10. Ces tarifs incluent le matériel, le bateau, les moniteurs et des en-cas. Apporter son propre équipement assure souvent une réduction. Attention aux centres de plongée proposant trop de rabais – la sécurité passe avant tout, et des centres offrant des tarifs trop alléchants font souvent des économies indues. Aucune condition n'est en effet nécessaire pour ouvrir un centre, et des agences bon marché et mal gérées en profitent pour proposer des tarifs imbattables. Tenez-vous-en aux centres bien établis.

La plupart des écoles de plongée vous trouveront un hébergement pas cher ou même gratuit – presque tous les centres fournissent gratuitement une chambre avec ventilateur à quiconque s'inscrit à une session de cours pour débutant. Il y a beaucoup de monde et les hébergements sont souvent complets en décembre, janvier, juin, juillet et août. On constate un pic de fréquentation des aspirants plongeurs tous les mois après chaque fête de la pleine lune à Ko Pha Ngan, toute proche.

Ko Tao

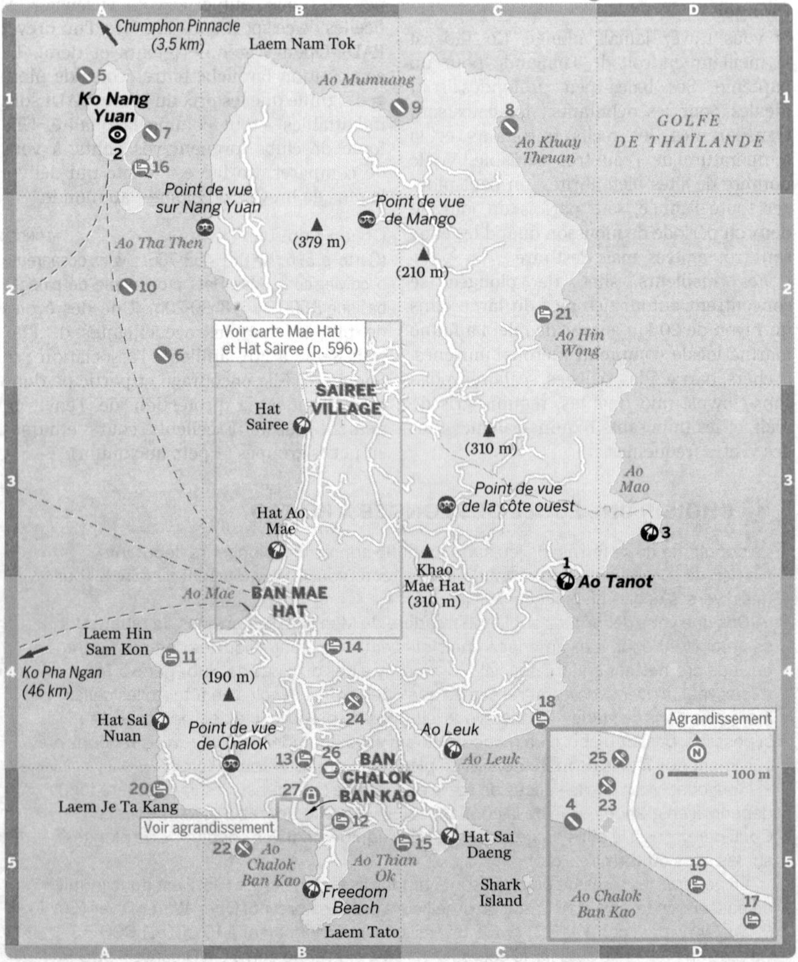

Ban's Diving School PLONGÉE
(Carte p. 596 ; ☎ 077 456466 ; www.bansdivingresort.com ; Hat Sairee ; ⊙8h-19h). Une machine bien huilée, installée depuis 1993 dans le **resort** (d 1 110-3 500 B ; P ❄ @ ≋) homonyme. Ce centre a délivré plus de brevets de plongée que tout autre à Ko Tao. Les cours sont dispensés en grands groupes, mais, dans l'eau, l'attention donnée à titre individuel est suffisante.

Big Blue Diving PLONGÉE
(Carte p. 596 ; ☎ 077 456050 ; www.bigbluediving.com ; 15/3 Mu 1, Sairee Beach ; ⊙8h-19h). Ni trop grand ni trop petit, Big Blue est apprécié pour son ambiance conviviale et la grande qualité de ses prestations. Côté hébergement, tous les budgets trouveront leur compte dans le *resort* de l'école, des modestes dortoirs aux luxueuses villas familiales.

Calypso Diving PLONGÉE
(Carte ci-dessus ; ☎ 084 841 5166 ; www.diving-calypso.com ; 40/20 Mu 3, Ao Tanot ; plongées à partir de 800 B ; ⊙8h-18h). Professionnel, sympathique et décontracté, ce prestataire allemand près de la plage est un excellent choix. Cours (niveaux débutant à professionnel) à partir de 800 B pour plonger depuis la plage. Loue du matériel de snorkeling.

Ko Tao

Les incontournables

1	Ao Tanot	C4
2	Ko Nang Yuan	A1

À voir

3	Hat Laem Thian	D3

Activités

4	Buddha View	C5
	Calypso Diving	(voir 1)
5	Green Rock (site de plongée)	A1
6	HTMS Sattakut	A2
7	Japanese Gardens (site de plongée)	A1
8	Lighthouse Bay	C1
9	Mango Bay	C1
10	White Rock (site de plongée)	A2

Où se loger

	Buddha View Dive Resort	(voir 4)
11	Charm Churee Villa	A4
12	Chintakiri Resort	B5
13	Dearly Koh Tao Hostel	B4
14	Earth House	B4
15	Jamahkiri Resort & Spa	C5
16	Ko Nangyuan Dive Resort	A1
17	Ko Tao Resort	D5
	Montalay Beach Resort	(voir 1)
18	Moondance Magic View Bungalow	C4
19	New Heaven Resort	D5
20	Tao Thong Villa	A5
21	View Rock	C2

Où se restaurer

22	Cape Restaurant	B5
23	I (Heart) Salad	D5
24	Lung Pae	B4
25	South Beach Cafe	D4

Où prendre un verre et faire la fête

	Earth House	(voir 14)
26	Natural High Cafe	B5

Achats

27	Hammock Cafe Plaeyuan	B5

Crystal Dive PLONGÉE

(Carte p. 596 ; ☎077 456106 ; www.crystaldive.com ; 7/1 Mu 2, Mae Hat ; cours à partir de 2 500 B ; ⏲8h-18h). Cette école de plongée (et *resort*) primée est l'un des plus grands clubs de l'île (et du monde), mais ses excellents moniteurs et ses cours en petits groupes lui donnent un vrai cachet. Personnel polyglotte, classes climatisées et deux piscines sur site comme cerise sur le gâteau. Crystal s'investit également dans des projets de protection des écosystèmes marins à Ko Tao. Vivement recommandé.

Également des cours spécialisés : plongée en apnée, photo et vidéo sous-marine, plongée nocturne, recherche et récupération, etc.

Roctopus Dive PLONGÉE

(Carte p. 596 ; ☎077 456611, 090 863 1836 ; www.roctopusdive.com ; 17 Mu 1, Sairee Village ; cours à partir de 1 900 B ; ⏲9h-18h). En plein milieu de Sairee Beach, cette école pétillante et appréciée est portée par une excellente équipe. Elle est bien équipée, et satisfera aux besoins des plongeurs de tous les niveaux. Baptêmes de plongée d'une demi-journée, cours Open Water pour débutants, modules spécialisés et niveaux avancés… Un *speedboat* (qu'il est aussi possible de privatiser) vous emmènera faire du snorkeling ou sauter des falaises.

Snorkeling

Très apprécié, le snorkeling est une bonne alternative à la plongée. Vous trouverez aisément le moyen d'organiser votre propre circuit, car les baies de la côte est possèdent toutes de petits bungalows louant du matériel (100-200 B/jour).

La plupart des adeptes choisissent de plonger seuls et se dirigent vers les baies au large de Ko Tao à la nage, ou en *long-tail boat* pour atteindre les sites les plus éloignés. Vous pouvez aussi participer à une excursion guidée en réservant dans une agence de voyages locale. Les prix varient entre 500 et 800 B (ce qui comprend en général matériel, repas et guide/capitaine de bateau) avec des arrêts dans plusieurs bons sites autour de l'île.

Laem Thian est prisé pour ses petits requins, **Shark Island** est peuplée d'une myriade de poissons (mais il n'y a curieusement pas de requins – *sharks* en anglais), **Ao Hin Wong** est réputé pour la transparence de ses eaux et Lighthouse Bay (p. 595), au nord, abrite une multitude d'anémones de couleurs vives. Ao Tanot (p. 590) est un autre spot de snorkeling très apprécié.

Les écoles de plongée acceptent de prendre à bord de leur bateau des adeptes de snorkeling aux mêmes tarifs que les autres plongeurs, mais cela ne vaut le coup que si le site est propice au snorkeling, comme Japanese Gardens (p. 595). Les bateaux se rendent dans les sites les moins profonds l'après-midi.

Plongée en apnée

Ces dernières années, la plongée en apnée a immensément gagné en popularité, que ce soit auprès des novices ou des plongeurs expérimentés.

Grâce à la présence de nombreux plongeurs en apnée certifiés sur l'île, plusieurs agences traditionnelles proposent désormais des séances de plongée en apnée. Quelques prestataires spécialisés méritent toutefois d'être mentionnés : Apnea Total a remporté plusieurs titres mondiaux et sait très bien mettre à l'aise les débutants de ce sport exaltant. Dans cet établissement de première classe, la limite de 3 élèves par moniteur assure sécurité et enseignement personnalisé. Blue Immersion vaut aussi le détour. Les tarifs sont standardisés sur toute l'île. Un stage SSI de 2 jours et demi pour débutant coûte 6 000 B.

Blue Immersion PLONGÉE
(Carte p. 596 ; ☎081 188 8488 ; www.blue-immersion.com ; 136 Mu 1, Sairee Beach ; cours à partir de 3 000 B ; 🕑12h-20h). Fondée par Akim Ladhari, l'une des premières personnes au monde à plonger en apnée à plus de 100 m de profondeur, cette école est géniale pour les plongeurs, quel que soit leur niveau. Ses 9 moniteurs chevronnés encadrent des cours à partir de 3 000 B pour une séance d'initiation (jusqu'à 10 m) et grimpant jusqu'à 76 000 B pour une formation de moniteur en 3 mois. Dortoirs de 12 lits (490 B) sur place.

Apnea Total PLONGÉE
(Carte p. 596 ; ☎081 956 5720, 081 956 5430 ; www.apneatotal.com ; 9/224 Mu 1, Sairee Beach ; cours 1 000-40 000 B ; 🕑8h30-20h). Compétente, enthousiaste et sympathique, l'équipe d'Apnea Total, plusieurs fois primée dans le monde de la plongée en apnée, est particulièrement douée pour initier les débutants à ce sport fascinant. Chaque moniteur n'est chargé que de 3 élèves maximum pour une sécurité optimale. Grand nombre de cours adressés à chaque public, des débutants aux aspirants moniteurs.

Plongée technique et plongée souterraine

Les plongeurs endurcis et les aspirants Cousteau contacteront **Tech Dive Thailand** (carte p. 596 ; ☎077 456604 ; www.techdivethailand.com ; 14/102 Mu 2, Sairee Beach ; 🕑8h-18h) ou une autre école de plongée technique (peu nombreuses), s'ils veulent pousser leurs explorations sous-marines plus loin et tenter une plongée technique. Cette discipline dépasse le simple cadre de la plongée commerciale ou récréative : on y dépasse régulièrement les 40 m de profondeur, ce qui demande des paliers de décompression, et un mélange de gaz est souvent utilisé pour une seule plongée. Pour participer à ces plongées, il faut posséder un certificat de plongée technique ; de nombreuses écoles de l'île proposent des formations et délivrent différents certificats de plongée technique.

Le golfe de Thaïlande, depuis longtemps une route commerciale importante, est très propice à l'exploration d'épaves, et l'on ne cesse d'y découvrir de nouveaux navires engloutis – dont des *marus* (bateaux marchands) japonais – ou leur chargement (tel que des poteries chinoises anciennes). Le *HTMS Sattakut* (page ci-contre) est une des épaves les plus accessibles et les plus visitées, mais vous en trouverez des dizaines sur le site Internet de Tech Dive Thailand, qui tient une liste complète des sites du secteur.

Récemment, la plongée souterraine (*cave diving* en anglais) a suscité un véritable engouement à Ko Tao. Les passionnés s'y pressent pour passer une demi-journée au parc national de Khao Sok. Les fonds du lac principal abritent un monde époustouflant : grottes secrètes, rochers calcaires et poissons-chats furtifs. Les plongeurs peuvent explorer des eaux où reposent des villages submergés lors de l'inondation provoquée pour créer un réservoir et un barrage. La plupart des excursions commencent l'après-midi par un trajet en bateau depuis Ko Tao et se terminent le lendemain après-midi. L'hébergement pour la nuit se fait dans le parc ou tout près.

Photo et vidéo sous-marines

Si vous avez déjà obtenu vos brevets PADI (Association professionnelle des moniteurs de plongée), vous pouvez louer un appareil photo sous-marin ou vous inscrire à un cours de vidéo. De nombreuses écoles de plongée emploient des spécialistes pour filmer les certifications Open Water. Si cela vous intéresse, vous pouvez suivre un stage. Les moniteurs de plongée peuvent vous mettre en contact avec l'une des équipes de l'île. Le cours de base (caméra, plongée et instruction comprises) coûte environ 5 000 B et peut être utilisé dans le cadre du brevet Advanced PADI. **Crystal Images** (carte p. 596 ; ☎092 476 4110 ; www.crystalimageskohtao.com ; Mae Hat ;

100% LOCAL

TOUR D'HORIZON DES SITES DE PLONGÉE

En général, les plongeurs ne choisissent pas eux-mêmes les sites à explorer. Chaque école choisit une poignée de sites pour la journée selon les conditions météorologiques et marines. L'exploration des sites les plus profonds, tels Chumphon Pinnacle, se fait généralement le matin. Les bateaux de l'après-midi partent vers les moins profonds, comme Japanese Gardens. Deux grands navires ont été coulés au large de la côte, offrant aux plongeurs des épaves à explorer.

Pour admirer les requins-baleines de Sail Rock, nous vous conseillons d'embarquer sur un des bateaux qui partent de Ko Pha Ngan tous les jours.

Chumphon Pinnacle (profondeur maximale 36 m), à 11 km au nord-ouest de Ko Tao, offre une variété d'anémones colorées le long de ses 4 pics. Des bancs de carangues à grosse tête, de thons et de gros requins gris de récif fréquentent les environs. On note parfois l'apparition d'un requin-baleine.

Green Rock (carte p. 592 ; profondeur maximale 25 m) est une jungle sous-marine pourvue de cavernes, de grottes et de petits passages, visitée par des raies, des mérous et des balistes. Fabuleux pour la plongée nocturne.

Japanese Gardens (carte p. 592 ; profondeur maximale 16 m), entre Ko Tao et Ko Nang Yuan, est un spot tranquille, idéal pour les débutants ou le snorkeling. Les coraux colorés abondent, et tortues, pastenagues et poissons-globes passent souvent par là.

Mango Bay (carte p. 592 ; profondeur maximale 16 m) pourrait être votre premier site si c'est votre baptême de plongée. Des poissons de récifs nagent paresseusement pendant que les débutants s'entraînent sur le sol sablonneux.

Lighthouse Bay (Gluay Teun Bay ; carte p. 592 ; profondeur maximale 14 m) est un site en eau peu profonde à la pointe nord-est de l'île. Autour de coraux superbes, également excellent pour le snorkeling, on peut observer barracudas à queue jaune, poissons-perroquets et poissons-cochers.

Sail Rock (profondeur maximale 40 m), près de Ko Pha Ngan, se caractérise par une imposante cheminée de pierre dotée d'un passage vertical. On y croise barracudas et thazards. C'est l'un des meilleurs endroits d'Asie du Sud-Est pour apercevoir des requins-baleines. Ces dernières années, on a pu en voir à toutes les saisons.

Southwest Pinnacle (profondeur maximale 28 m) offre aux plongeurs une petite collection de pics servant d'habitat à des mérous géants et à des barracudas. Requins-baleines et requins-léopards apparaissent parfois.

Ao Tanot (p. 590 ; profondeur maximale 18 m) est adaptée à tous les niveaux. On se régale en snorkeling dans ses eaux peu profondes, qui hébergent des scalaires, des truites de corail, des poissons-cochers et une épave de catamaran.

White Rock (carte p. 592 ; profondeur maximale 29 m) arbore des coraux bariolés, des scalaires, des poissons-clowns et des balistes. Spot apprécié pour la plongée de nuit.

Le **navire HTMS Sattakut** (carte p. 592), coulé en 2011 au sud-est de Hin Pee Wee à une profondeur de 30 m, est devenu l'un des sites de plongée sur épave les plus populaires.

6h-17h) et **Oceans Below** (carte p. 596 ; 086 060 1863 ; www.oceansbelow.net ; Sairee Village) proposent des cours de vidéo et des stages, chacun avec ses spécificités.

Randonnée

Un itinéraire fréquenté traverse l'île via le point de vue de la côte ouest. Tout de suite au sud du Monsoon Gym, vous grimperez sur une route, puis un chemin de terre jusqu'à une bifurcation appelée Two Views. Prenez alors à gauche pour rejoindre le point de vue de la côte ouest et admirer un panorama splendide sur la partie occidentale de l'île. Revenu sur vos pas, vous pourrez prendre l'autre direction à l'intersection et descendre jusqu'à Ao Tanot en passant près du réservoir. Au total, l'itinéraire représente près de 4,5 km, pour environ 1 heure 30 de marche.

Mae Hat et Hat Sairee

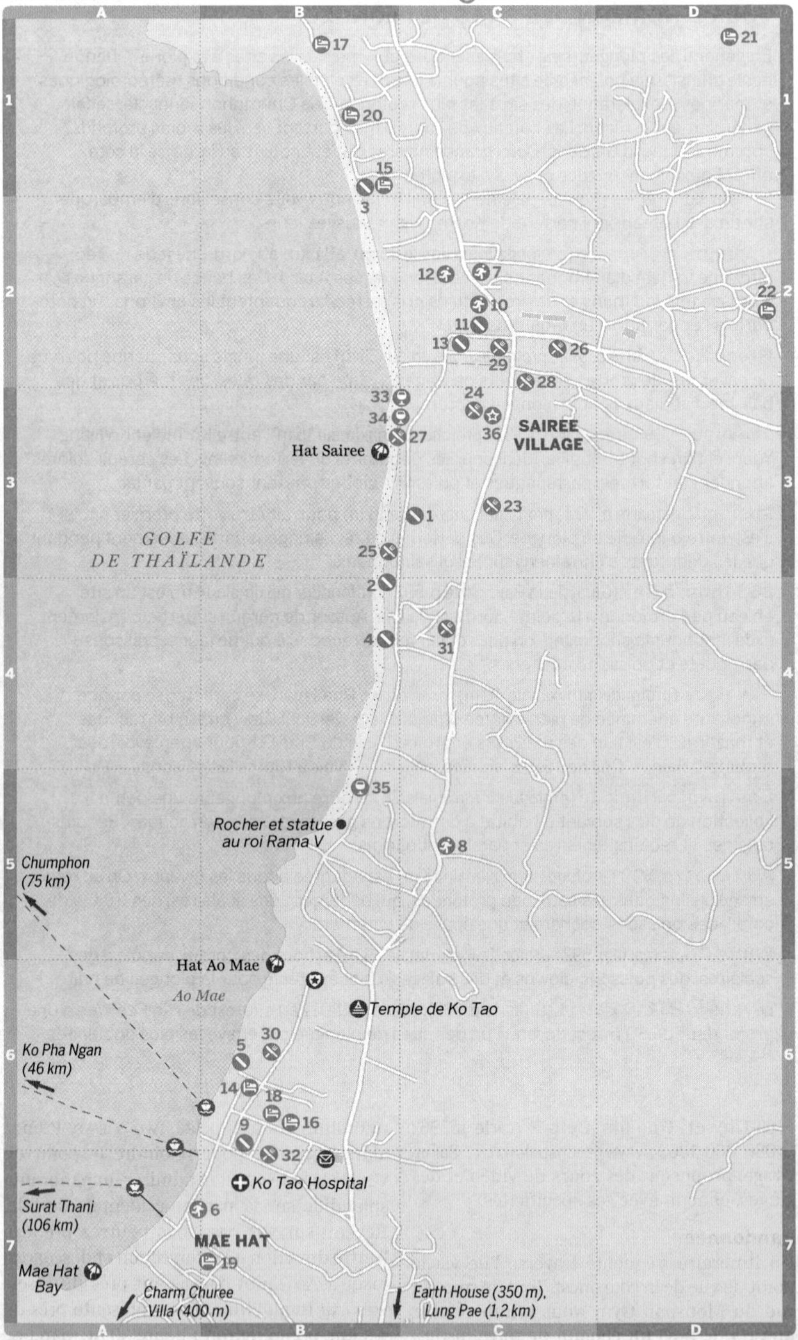

Mae Hat et Hat Sairee

Activités

1 Apnea Total C3
2 Ban's Diving School B4
3 Big Blue Diving B1
4 Blue Immersion B4
5 Crystal Dive B6
6 Crystal Images A7
7 Goodtime Adventures C2
8 Monsoon Gym & Fight Club C5
9 Ocean Republic Diving B6
10 Oceans Below C2
11 Roctopus Dive C2
12 Shambhala C2
13 Tech Dive Thailand C2

Où se loger

14 Ananda Villa B6
Ban's Diving Resort .... (voir 2)
15 Big Blue Resort B1
16 Captain Nemo Guesthouse B6
Crystal Dive Resort .... (voir 5)
Indie Hostel Koh Tao .... (voir 13)
17 Ko Tao Cabana B1
18 Ko Tao Central Hostel B6
19 Moov Inn Garden Hostel B7
20 Palm Leaf Resort B1
21 Place D1
22 Spicytao Backpackers D2

Où se restaurer

995 Roasted Duck .... (voir 26)
Bam Bam .... (voir 19)
23 Bang Burgers C3
24 Barracuda Restaurant & Bar C3
25 Cafe Culture B3
Cappuccino .... (voir 9)
26 Gallery C2
Pranee's Kitchen .... (voir 14)
27 Seashell Restaurant B3
28 Shalimar Indian Restaurant C2
29 Su Chili C2
30 This is a Book Cafe B6
31 Vegetabowl C4
Whitening .... (voir 4)
32 Zest Coffee Lounge B7

Prendre un verre et faire la fête

Chopper's Sports Bar .... (voir 29)
Fishbowl Beach Bar .... (voir 2)
33 Fizz beachlounge C3
34 Lotus Bar C3
35 Maya Beach Club B5

Où sortir

36 Queen's Cabaret C3

Une autre belle randonnée emprunte un chemin côtier longeant plusieurs plages au sud de Mae Hat et autour du cap jusqu'à Ao Chalok Ban Kao. Elle débute à la Charm Churee Villa et progresse sur un sentier bétonné jusqu'à Hat Sai Nuan, au sud. Sur la colline menant au cap de Laem Je Ta Kang, le béton laisse place à la terre. Avant d'atteindre Laem Je Ta Kang, prenez en direction de l'est vers Ao June Juea, dépassez la Tao Thong Villa, puis descendez jusqu'à Ao June Juea. Vous pourrez ensuite pousser jusqu'à Ao Chalok Ban Kao.

Autres activités

Goodtime Adventures SENSATIONS FORTES

(Carte page ci-contre ; 087 275 3604 ; www.goodtimethailand.com ; 14/2 Mu 1, Sairee Beach ; 9h-19h). Découvrez la jungle à pied, évoluez sur les rochers lors d'une séance d'escalade et de rappel, déchaînez-vous en sautant dans l'eau du haut d'une falaise, essayez-vous à plusieurs sports ou apprenez à piloter un hors-bord (15 000 B). Ou mieux, essayez plusieurs activités lors d'une journée complète "Koh Tao Adventure". Le prestataire, qui dispose d'un café et d'un bar sur le sable à Sairee, dirige aussi une auberge de jeunesse avec dortoirs et chambres doubles.

Monsoon Gym & Fight Club ARTS MARTIAUX

(Carte page ci-contre ; 086 271 2212 ; www.monsoongym.com ; 41/4 Mu 1, Sairee Beach ; cours 300 B, 6 séances 1 500 B, mensuel illimité 7 000 B ; 7h-21h). Ce club populaire de Sairee Beach propose à la fois des stages de boxe thaïlandaise (*muay thai*) et de MMA (arts martiaux mixtes) et l'hébergement en dortoir (300 B). De quoi passer un excellent et passionnant séjour à Ko Tao quand on ne fait pas de plongée. Le gymnase en béton, bien équipé, jouxte le ring de *muay thai*.

Shambhala YOGA

(Carte page ci-contre ; 084 440 6755 ; www.shambhalayogakohtao.com ; 14/2 Mu 1, Sairee Beach ; 10h-12h et 18h-19h30 lun-sam, 10h-12h dim). Le principal centre de yoga de Ko Tao (on y forme des yogis depuis une vingtaine d'années) se trouve dans une superbe *săh·lah* en bois, dans le domaine arboré du Blue Wind Resort. Les cours de 2 heures, dispensés par des professeurs expérimentés, coûtent 300 B (10 cours 2 500 B). Inutile de réserver.

Où se loger

Si vous souhaitez faire de la plongée durant votre séjour, les moniteurs vous proposeront probablement un hébergement gratuit ou à prix réduit. Certaines écoles permettent de se loger sur place, d'autres ont passé des accords avec les bungalows voisins. Sachez que vous ne bénéficierez de cette réduction que les jours où vous plongerez.

Hat Sairee

L'immense Hat Sairee, plus communément appelée Sairee Beach, est la plus longue plage de l'île et la plus développée. Elle est bordée par toute une série de centres de plongée, bungalows, agences de voyages, supérettes et cafés-bars. L'extrémité nord est la plus belle et la plus calme. La fête a lieu plus au sud. C'est la plage préférée de nombreux voyageurs en raison de sa variété de paysages, de son animation, et de ses beaux couchers du soleil.

Indie Hostel Koh Tao AUBERGE DE JEUNESSE **$**
(Carte p. 596 ; ☎ 077 332 524 ; facebook.com/Indie-KohTao/ ; 14/143 Mu 1, Sairee Beach ; dort/d 500/1 170 B ; ❄📶). Comme beaucoup de voyageurs à petit budget, optez pour les petits dortoirs de cette auberge de jeunesse propre et bon marché, près de Sairee Beach. Personnel très serviable. Bon restaurant sur place.

Spicytao Backpackers AUBERGE DE JEUNESSE **$**
(Carte p. 596 ; ☎ 088 777 9224 ; 35/23 Mu 1, Sairee Village ; dort 250 B ; ❄📶). Prix très bas et pas de chichis : les baroudeurs adorent ce repaire à l'ambiance conviviale, niché dans un jardin rustique, en retrait de l'artère principale. Le personnel organise des activités régulièrement. Réservez bien à l'avance, car le Spicytao est pris d'assaut en haute saison.

Big Blue Resort BUNGALOWS **$**
(Carte p. 596 ; ☎ 077 456050 ; www.bigbluediving.com ; 15/3 Mu 1, Sairee Beach ; dort/d/bung à partir de 300/600/800 B ; P❄📶🏊). L'ambiance de ce complexe centré sur la plongée est celle d'un camp de vacances – les cours de plongée dominent la journée, et on passe les soirées autour d'une table ou à regarder des jongleries de feu. Il y a 6 chambres toutes simples avec ventilateurs, des bungalows climatisés et des villas (dont des luxueuses pour les familles). Certains hébergements sont réservés aux élèves de l'école de plongée de Big Blue Diving (p. 592).

Palm Leaf Resort BUNGALOWS **$$$**
(Carte p. 596 ; ☎ 077 456731 ; www.palmleafkohtao.com ; 15/2 Mu 1, Sairee Beach ; bung 2 000-4 500 B ; P❄📶🏊). Ces bungalows traditionnels jalonnent une portion tranquille et soyeuse de Sairee Beach, à l'écart de la foule. Le décor de jungle ajoute au sentiment de sérénité, et beaucoup de bungalows ouvrent directement sur la plage pour une ambiance d'île tropicale parfaite.

Ko Tao Cabana BUNGALOWS **$$$**
(Carte p. 596 ; ☎ 077 456504 ; www.kohtaocabana.com ; 16 Mu 1, Sairee Beach ; bung 5 000-16 700 B ; P❄📶🏊). Cette propriété tranquille en bord de plage est constituée de villas à la structure en bois et de cabanes en adobe blanc, toutes coiffées de toits tressés. Parmi les rochers qui ponctuent le sable, des sentiers sinuent à travers une jungle structurée et plantée de fougères. Les villas privées figurent parmi les logements les plus chics de l'île.

Mae Hat

Tous les ferrys arrivent à l'embarcadère de ce village animé. Sur la plage, presque tous les *resorts* sont avec vue, mais leur quiétude est troublée par les allées et venues constantes des bateaux. Ce n'est donc pas l'endroit rêvé pour se reposer, mais vous serez au cœur de l'action si c'est la plongée qui vous amène. Des hébergements se trouvent un peu partout, mais les plus charmants s'étendent le long de la plage de sable, au nord et au sud de l'embarcadère.

Moov Inn Garden Hostel AUBERGE DE JEUNESSE **$**
(Carte p. 596 ; ☎ 086 064 8226 ; facebook.com/pages/Moov-Inn-Garden-Hostel/179712105944116 ; 25/18 Mu 3, Mae Hat ; dort/d 350/415 B ; ❄📶). Proche de l'embarcadère, cette petite adresse sympathique baigne dans une atmosphère superbement décontractée. Dortoirs propres et agréables. Le bar accueille un événement festif chaque semaine.

Ko Tao Central Hostel AUBERGE DE JEUNESSE **$**
(Carte p. 596 ; ☎ 077 456925 ; www.kohtaohostel.com ; 9/21 Mu 2, Mae Hat ; dort 300 B ; ❄📶). Centrale et repérable à son logo imitant celui du métro de Londres, cette auberge de jeunesse sympathique et propre, ornée de fresques de Banksy, propose des dortoirs de 14 lits parfaits pour loger près de l'embarcadère. Réception en face du Reef Bar. Pas de serviettes de toilette, apportez les vôtres.

Crystal Dive Resort BUNGALOWS **$**
(Carte p. 596 ; ☎ 077 456106 ; www.crystaldive.com ; 7/1 Mu 2, Mae Hat ; bung/d 400/800 B ; ❄📶🏊). D'ordinaire, le Crystal réserve ses bungalows et chambres de motel aux

clients qui participent à ses cours de plongée. Ceux-ci bénéficient d'ailleurs de tarifs largement préférentiels. L'établissement est associé au Koh Tao Regal (www.kohtaoregal.com) et au Beach Club (www.thebeachclubkohtao.com) pour l'hébergement des clients.

Ananda Villa HÔTEL $$
(Carte p. 596 ; ☎077 456478 ; www.anandavilla.com ; Mae Hat ; d 1 650-1 800 B, bung 500-1 000 B ; ❄📶). Cet hôtel blanc et crème sur 2 niveaux, à une courte marche de l'embarcadère, est convivial et a des airs de villa coloniale avec ses porches flanqués de palmiers et de frangipaniers. Les bungalows les moins chers, à l'opposé du jardin par rapport à la route, disposent d'eau chaude mais n'ont que des ventilateurs.

Captain Nemo Guesthouse PENSION $$
(Carte p. 596 ; ☎092 364 1031 ; www.captainnemoguesthouse.com ; 9/37 Mu 2, Mae Hat ; d 950-1 750 B, f 1 500-2 300 B ; ❄📶). À quelques pas de l'embarcadère, cette petite *guesthouse* très cotée propose 5 types de chambres et elle affiche presque toujours complet ; réservez. Propriétaires accueillants et serviables. Tout est impeccable.

Charm Churee Villa RESORT $$$
(Carte p. 592 ; ☎077 456393 ; www.charmchureevilla.com ; 30/1 Mu 2, Jansom Bay, Mae Hat ; d 3 600-4 600 B, bung 5 600-39 100 B ; P❄📶🏊). Nichées sous de hauts palmiers, à l'écart du tohu-bohu de l'embarcadère, les luxueuses villas de Charm Churee cultivent le thème de l'Extrême-Orient flamboyant sur une étendue de 48 ha. Des escaliers sculptés dans la façade rocheuse dévalent une pente semée de palmiers révélant des "huttes" en teck au milieu des rochers. Toutes les villas jouissent d'une vue dégagée sur la mer.

Chalok Ban Kao et le Sud

Ao Chalok Ban Kao, à 1,7 km au sud de Mae Hat par la route, est la troisième plus grande concentration d'hôtels sur Ko Tao. Un étroit ruban de sable frange une jolie baie en croissant surplombée de rochers à ses deux extrémités. Peu profondes, les eaux bleu clair laissent apparaître à marée basse un banc de sable, qu'il est amusant de rejoindre en barbotant pour s'y étendre au soleil. Bien qu'il s'agisse de la plus paisible des plages principales, Chalok Ban Kao réserve une belle sélection de restaurants et une vie nocturne décontractée mais sympathique. De plus, les occasions de plonger y sont légion.

Dearly Koh Tao Hostel AUBERGE DE JEUNESSE $$
(Carte p. 592 ; ☎077 332494 ; www.thedearlykohtaohostel.com ; 14/55 Mu 3, Chalok Ban Kao ; dort 600-700 B, d et tr 2 400-3 000 B avec petit-déj ; ❄📶🏊). Cette nouvelle auberge de jeunesse, située sur la route filant depuis Chalok Ban Kao vers l'intérieur des terres, a tout ce qu'il faut : chambres propres et confortables, avec des touches contemporaines et traditionnelles, mobilier en rotin et terrasse sur le toit, le tout géré par un personnel accueillant. Dortoirs et chambres privées disponibles, ainsi qu'une piscine.

Le Dearly peut envoyer un véhicule vous chercher à l'embarcadère (25 min à pied) contre un petit supplément.

Ko Tao Resort RESORT $$
(Carte p. 592 ; ☎077 456133 ; www.kotaoresort.com ; 19/1 Mu 3, Chalok Ban Kao ; d et bung 1 275-4 860 B ; ❄📶🏊). Les chambres, toutes joliment meublées, sont réparties en 2 catégories : "côté piscine" et "paradis". Location de matériel pour pratiquer des sports nautiques. Plusieurs bars servent des cocktails aux fruits. Vue splendide sur la mer.

Buddha View Dive Resort BUNGALOWS $$
(Carte p. 592 ; ☎077 456074 ; www.buddhaview-diving.com ; 45/1 Mu 3, Chalok Ban Kao ; d 400-1 600 B ; P❄@📶🏊). À l'instar de beaucoup de grands prestataires de plongée à Ko Tao, **Buddha View** (cours à partir de 2 500 B) propose aux plongeurs de loger sur place à prix réduit, dans une ambiance très conviviale.

Tao Thong Villa BUNGALOWS $$
(Carte p. 592 ; ☎077 423809 ; facebook.com/taothongvilla2 ; 33/2 Mu 2, Ao Sai Nuan ; bung 600-2 000 B ; ❄📶). Très appréciés par les vacanciers au long cours recherchant paix et tranquillité, ces charmants bungalows sans prétention offrent une vue époustouflante. Le Tao Thong chevauche deux minuscules plages sur un cap escarpé à mi-chemin de Mae Hat et de Chalok Ban Kao. Court trajet en bateau-taxi depuis l'embarcadère de Mae Hat.

Chintakiri Resort RESORT $$
(Carte p. 592 ; ☎077 456391 ; Chalok Ban Kao ; d 2 500 B ; P❄📶🏊). Haut perché au-dessus des eaux du golfe et dominant Chalok Ban Kao, le Chintakiri est l'un des domaines les plus chics de Ko Tao. Les chambres, disséminées dans la jungle, arborent des murs blancs aux ornements de laque.

New Heaven Resort
BUNGALOWS $$

(Carte p. 592 ; ☎077 456045 ; www.newheavendiveschool.com ; 48 Mu 3, Chalok Ban Kao ; bung 1500-2500 B ; ❄📶). Le centre de plongée New Heaven propose ici des cabanes colorées, juchées sur une colline qui domine des eaux délicieusement limpides, mais aussi des bungalows avec vue sur la mer et des tentes de luxe à partir de 800 B.

♥ Jamahkiri Resort & Spa
RESORT $$$

(Carte p. 592 ; ☎077 456400 ; www.jamahkiri.com ; 21/1 Mu 3, Ao Thian Ok ; bung 10 400-12 400 B ; P❄📶🏊). Des masques de bois et des déesses de la fertilité abondent au milieu des jolies mosaïques et des statues à plusieurs bras de ce domaine blanchi à la chaux. Les cris des singes dans le lointain renforcent le thème de la jungle, tout comme les toits de chaume et les soirées à la torche. Les escaliers sont nombreux, mais la vue est somptueuse, le spa haut de gamme et le centre de plongée excellent.

Plages de la côte est

Plutôt tranquille, la côte est est, sans aucun doute, l'un des meilleurs coins de la région pour réaliser votre fantasme de séjour sur une île paradisiaque. La vue y est magnifique, les plages tranquilles, et toutes les commodités sont à moins de 10 minutes.

View Rock
BUNGALOWS $

(Carte p. 592 ; ☎077 456548 ; Hin Wong ; bung 500-1000 B ; 📶). Le fatras de huttes en bois (basiques mais assez propres), qui ressemble à un village de pêcheurs, est bâti sur des rochers escarpés et offre une superbe vue sur la baie. En descendant la route de terre jusqu'à Hin Wong, suivez les panneaux au nord après les Hin Wong Bungalows.

Moondance Magic View Bungalow
BUNGALOWS $$

(Carte p. 592 ; ☎089 909 0083 ; www.moondancemagicviewbungalow.com ; Ao Leuk ; bung avec ventil/clim 1250/2500 B ; ❄📶). Pour les véritables envies d'évasion, ces bungalows spartiates au charme désuet, haut perchés sur les falaises au nord-est d'Ao Leuk, sont parfaits. Un doux sentiment de solitude et la vue exceptionnelle sur le golfe vous envoûteront. Aucune route n'y mène : vous devrez arriver par le chemin de terre en mobylette ou demander que l'on vienne vous chercher.

Montalay Beach Resort
RESORT $$

(Carte p. 592 ; ☎077 456488 ; www.montalayresort-kohtao.com ; Ao Tanote Beach ; bung 1440-2250 B ; P❄📶🏊). Populaire auprès des familles, ce complexe hôtelier de la plage d'Ao Tanote, loin de l'agitation, offre des petits bungalows simples, posés çà et là dans un jardin aux airs de jungle. Très bon restaurant et petite piscine, avec une étendue de sable blanc en contrebas.

Intérieur de l'île

The Earth House
BUNGALOWS $

(Carte p. 592 ; ☎086 069 9244 ; facebook.com/TheEarthHouse/ ; 2/35 Mu 3 ; bung 350-600 B ; 📶). À côté du **bar** (⏲12h-minuit lun-sam) du même nom, ces bungalows en bambou échappent en toute élégance à la banalité. Certes, il n'y a pas de plage, mais le bar est superbe, et le cadre (en pleine jungle) est tout bonnement ravissant. Ces logements en bambou (pour 1 pers seulement) sont agréablement propres et rustiques.

The Place
RESORT $$$

(Carte p. 596 ; ☎087 887 5066 ; www.theplace-kohtao.com ; villa 8000-9000 B ; P❄📶). Ce petit établissement de charme compte 9 luxueuses villas nichées dans la verdure avec une vue splendide sur la mer. Idéal pour un voyage de noces : chaque villa a sa piscine privée et le chef accepte de servir les repas en chambre.

Ko Nang Yuan

Très photogénique, Ko Nang Yuan, au large de la côte nord-ouest de Ko Tao, est facilement accessible en bateau-taxi au départ de Mae Hat et de Sairee (150 B l'aller). En période d'affluence, elle est parfois très fréquentée. Taxe de 100 B appliquée à chaque visiteur.

Ko Nangyuan Dive Resort
BUNGALOWS $$

(Carte p. 592 ; ☎081 958 1766 ; www.nangyuan.com ; 46 Mu 1, Ko Nangyuan ; bung 2500-6000 B ; ❄📶). Les robustes bungalows de bois et d'aluminium sont disposés sur 3 îles coniques reliées par un banc de sable idyllique. Ces îles sont des paradis privés, mais très fréquentés par les excursionnistes. Le complexe se targue de posséder le meilleur et l'unique restaurant de l'île. Le tarif inclut le trajet depuis/vers Ko Tao.

Où se restaurer

Hat Sairee

995 Roasted Duck CHINOIS $

(Carte p. 596 ; Sairee Village ; plats à partir de 70 B ; 9h-21h). Si on fait la queue pour obtenir une place dans cette gargote améliorée, au service rapide, c'est pour son excellent canard rôti servi sous la forme d'un bol fumant de canard aux nouilles (à partir de 70 B), ou entier (700 B). Incontournable.

Vegetabowl VÉGÉTARIEN $

(Carte p. 596 ; 084 692 7749 ; facebook.com/vegetabowl ; 9/5 Island Plaza, Sairee Beach ; bolée à partir de 120 B ; 11h30-20h ;). De délicieux bols végétariens frais déploient leurs saveurs et leurs propriétés détoxifiantes dans ce petit endroit aussi plaisant que coloré, niché dans une ruelle en face d'un 7-Eleven. Ces bols "Mexicain", "Japonais", "Bien-être" ou "Force" figurent parmi les meilleures créations végétariennes de l'île.

Bang Burgers BURGERS $

(Carte p. 596 ; 081 136 6576 ; Sairee Village ; burgers à partir de 100 B ; 10h-22h ;). Prévoyez un peu d'attente pour accéder à ce bar à burgers de Sairee. Le menu compte une demi-douzaine de burgers (cheese, double cheese, cheese-piments rouges), dont une option végétarienne.

Barracuda Restaurant & Bar FUSION ASIATIQUE $$

(Carte p. 596 ; 080 146 3267, 077 457049 ; www.barracudakohtao.com ; 9/9 Mu 1, Sairee Village ; plats 250 B ; 16h-22h30 ;). On dit que le chef Ed Jones cuisine pour la famille royale quand elle séjourne sur l'île. Sans vous ruiner, vous pourrez goûter ses chefs-d'œuvre de cuisine fusion, où n'entrent que des produits locaux. Essayez le plateau de fruits de mer, le filet de barracuda à la poêle ou l'assiette de falafels, et terminez par un mojito aux fruits de la passion. Une succursale plus tranquille à 5 minutes à pied.

Cafe Culture CAFÉ $$

(Carte p. 596 ; 077 456808 ; Sairee Beach ; plats 160 B ; 8h30-21h30 ;). Délicieusement charmant, ce café ouvert toute la journée commence sur la toute petite promenade en retrait de Sairee Beach et descend doucement jusqu'au sable qui borde la mer. Sur un fond sonore relaxant, les clients savourent des déjeuners légers et des petits-déjeuners délicieux devant un horizon radieux, encadré par un pin incliné et les *long-tail boats* qui tanguent sur les vagues.

Shalimar Indian Cuisine INDIEN $$

(Carte p. 596 ; 089 217 7220 ; facebook.com/shalimarkohtao ; 17/59 Mu 1, Sairee Village ; thali à partir de 250 B ; 14h-23h ;). Ici, le *thali* est à l'honneur. La version végétarienne (250 B) de ce repas indien est ultraconsistante, et d'un excellent rapport qualité/prix. Les gros mangeurs et amateurs de viande ne reculeront pas devant la version carnée (pour seulement 20 B de plus). Lieu ouvert et spacieux, décor indien sobre, et remarquable portail blanc orné d'arabesques.

Seashell Restaurant POISSON, FRUITS DE MER $$

(Carte p. 596 ; Sairee Beach ; plats 250 B ; 7h-22h ;). Un lieu idéal pour le dîner : excellents produits de la mer cuisinés avec brio, et couchers de soleil d'exception depuis des tables placées stratégiquement sur un beau coin de plage. Le Seashell vaut même le détour pour un cocktail ou une bière.

The Gallery THAÏLANDAIS $$

(Carte p. 596 ; 077 456547 ; www.thegallerykohtao.com ; 10/46 Mu 1, Sairee Village ; plats 240 B ; 12h-22h ;). Sur la plage, ce restaurant jouit du plus beau cadre, en harmonie avec sa formidable cuisine. Sa spécialité est le *hor mok maprao on* (curry de poulet, crevettes et poisson présenté dans une noix de coco), mais le filet de vivaneau au curry rouge est aussi un régal. Choix de plats végétariens. Vous êtes indécis ? Laissez le chef, à l'écoute de vos inclinations culinaires et de vos préférences en matière d'épices, vous cuisiner un assortiment de hors-d'œuvre et de plats de son choix (900 B).

Su Chili THAÏLANDAIS $$

(Carte p. 596 ; 090 141 1577 ; Sairee Village ; plats 180 B ; 10h-22h30 ;). Une chaleureuse animation règne au Su Chili, qui sert une cuisine thaïlandaise fraîche et savoureuse. Le personnel aimable vous demande toujours si vous préférez épicé ou pas trop, et la cuisine suit. Essayez les délicieuses spécialités du nord de la Thaïlande ou les currys de Penang. Quelques plats occidentaux réconforteront les nostalgiques.

Mae Hat

Bam Bam THAÏLANDAIS $

(Carte p. 596 ; plats 70 B ; 10h-22h). Tout le monde dans le coin adore le Bam Bam.

Ses plats bon marché, qui peuvent être livrés à votre auberge, exhalent des parfums typiques de la cuisine d'une grand-mère thaïlandaise réussie. Seul bémol : le personnel de cette cabane d'angle à ciel ouvert, si bien intentionné soit-il, se laisse parfois un peu déborder.

Pranee's Kitchen THAÏLANDAIS $
(Carte p. 596 ; Mae Hat ; plats 120 B ; 7h-22h ;). Vieille adresse de Mae Hat, le Pranee propose des currys succulents et d'autres mets thaïlandais dans un pavillon ouvert avec sièges-coussins, tables en bois et TV. Projection de films en anglais le soir à 18h.

Zest Coffee Lounge CAFÉ $
(Carte p. 596 ; 077 456178 ; Mae Hat ; plats 120 B ; 6h-16h ;). Tout en brique et en bois, le Zest sort le grand jeu avec un café et des petits-déjeuners excellents, parfaits remèdes pour un lendemain difficile. Œufs Bénédicte pour démarrer la matinée en beauté, ou sandwichs *ciabatta* et délicieux bagels aux céréales garnis pour un casse-croûte.

Cappuccino CAFÉ $
(Carte p. 596 ; 077 456870 ; Mae Hat ; plats à partir de 70 B ; 8h-23h ;). Avec ses tables en marbre, ses murs couverts de miroirs et son ambiance détendue, l'intérieur enjoué du Cappuccino évoque un mélange de *deli* new-yorkais et de brasserie parisienne. Un lieu idéal pour commencer sa journée avec un croissant et un cappuccino.

This is a Book Cafe CAFÉ $
(Carte p. 596 ; 089 041 2020 ; Mae Hat ; en-cas 70-180 B ; 7h-21h ;). Livres sur les étagères, quelques meubles tendance éparpillés entre de jolis murs blancs, canapé floral... Cette adresse charmante et très calme se prête volontiers à un café, une glace ou une pâtisserie.

Whitening INTERNATIONAL $$
(Carte p. 596 ; 077 456199 ; facebook.com/WHITENING-BAR-RESTAURANT-110334805646894/ ; Mae Hat ; plats 200 B ; 13h-1h ;). D'un blanc éclatant, entre le restaurant et le bar de plage chic, cette adresse propose aux gourmets une cuisine thaïlandaise ou internationale revisitée, dont d'excellentes pâtes. On y dîne les pieds dans le sable, au milieu d'illuminations de Noël. Cerise sur le gâteau : des prix plutôt raisonnables.

Chalok Ban Kao et le Sud

South Beach Cafe CAFÉ $
(Carte p. 592 ; 094 369 1979 ; Chalok Ban Kao ; plats 140 B ; 8h-22h ;). Nous raffolons du café avec mousse à motifs servi dans ce lieu moderne et rafraîchissant. Le South Beach Cafe propose des burgers saisissants et des petits-déjeuners sains, des paninis, des salades, des pizzas, des plats végans, sans oublier les cheesecakes et le vin maison (99 B).

I (Heart) Salad CAFÉ $$
(Carte p. 592 ; 087 088 6319 ; Chalok Ban Kao ; plats à partir de 120 B ; 8h-14h et 16h-21h ;). Une adresse rustique où l'on mange sain avec un choix varié de salades à base d'ingrédients frais, une bonne sélection de plats végétariens et végans, ainsi que des desserts bien sucrés. Également, des jus de fruits frais et un petit-déjeuner pour lequel on n'a gardé que le blanc des œufs (pour les protéines). Idéal pour une cure détoxifiante.

Cape Restaurant INTERNATIONAL $$$
(Carte p. 592 ; 077 456444 ; Viewpoint Resort, 27 Mu 3, Chalok Ban Kao ; plats 250-1 100 B ; 7h30-22h). Cette belle terrasse en bois surplombant Ao Chalok Ban Kao offre l'un des cadres les plus romantiques de l'île. La cuisine, haut de gamme, est digne des meilleurs restaurants de Samui, tel le porc grillé ou le thon entier cuit au four. À part les plats de bœuf australien, les prix sont raisonnables.

Ailleurs sur l'île

Lung Pae STEAKS $$
(Carte p. 592 ; 086 287 1039 ; plats à partir de 160 B ; 10h-minuit ;). Hors circuit touristique, l'"oncle Pae" est installé dans des collines couvertes de jungle, et sa terrasse a vue sur les flots bleus en contrebas. Sa spécialité ? Les steaks, idéalement accompagnés d'un joli choix de hors-d'œuvre panasiatiques. Par temps dégagé, venez pour le coucher du soleil, mais si le vent souffle, accrochez-vous à votre serviette !

Où prendre un verre et faire la fête

Outre un nombre surprenant d'excellents bars où l'on peut danser toute la nuit, Ko Tao comporte un bel éventail d'établissements qui ont su tirer profit de sa côte ouest, face au soleil couchant. Ceux-ci sont en majorité rassemblés à Mae Hat et Sairee Beach, les deux plus importantes plages. Citons également les cafés extrêmement sympathiques qui se déploient sur les plages chaque matin.

Lotus Bar BAR

(Carte p. 596 ; ✆077 456 272 ; Sairee Beach ; ⌚8h-2h ; 📶). Le bar le plus prisé de la partie nord de Sairee offre des places aux premières loges pour contempler les couchers de soleil les plus spectaculaires de Ko Tao. Les boissons sont démesurément grandes et des jongleurs de feu y pratiquent leur art.

Maya Beach Club BAR

(Carte p. 596 ; ✆080 578 2225 ; www.mayabeachclubkohtao.com ; Sairee Beach ; ⌚10h-20h ; 📶). Maya rivalise avec Fizz pour la vue au coucher du soleil et accueille des DJ tous les soirs. Si vous trouvez un transat, ne le lâchez plus !

Fishbowl Beach Bar BAR

(Carte p. 596 ; ✆062 046 8996 ; facebook.com/fishbowlbeachbar ; Sairee Beach ; ⌚12h-2h ; 📶). Ce bar toujours animé fait face à une vue fabuleuse au soleil couchant ; spectacles de feu, musique live et DJ à partir de 20h.

Natural High Cafe CAFÉ

(Carte p. 592 ; ✆077 056 342 ; ⌚10h30-minuit ; 📶). Un café qui invite à se laisser vivre, avec jolie terrasse surélevée, panorama sur la jungle verdoyante de Ko Tao, hamacs et ambiance sonore détendue. Il y a même une piscine pour buller. Le lieu est indiqué en haut d'une colline sur la route menant à Hat Sai Daeng.

Chopper's Sports Bar BAR SPORTIF

(Carte p. 596 ; ✆077 456641 ; www.choppers-kohtao.com ; 14/43 Mu 1, Sairee Village ; ⌚9h-minuit ; 📶). Ce rendez-vous de la tournée des bars à Ko Tao est un lieu bruyant et souvent bondé. On trouve, sur ses deux niveaux, concerts, retransmissions sportives, billards, salle de cinéma et cuisine de pub convenable (plats 220 B). Happy hour : 17h-20h.

FIZZ Beachlounge BAR

(Carte p. 596 ; ✆086 278 7319 ; Sairee Beach ; ⌚12h-1h ; 📶). Pour un moment détente optimal, enfoncez-vous dans un pouf vert quand le soleil décline, commandez un cocktail design, puis laissez-vous hypnotiser par les vagues et la musique d'ambiance. Un des meilleurs bars de Sairee Beach.

☆ Où sortir

Queen's Cabaret CABARET

(Carte p. 596 ; ✆087 677 6168 ; Sairee Village ; ⌚21h-minuit ; 📶). Dans ce bar intimiste, le spectacle est chaque soir différent : hommage vibrant à Abba, danseuses... Attention, les hommes assis au premier rang risquent de se retrouver sur scène. Spectacle gratuit (à partir de 22h15), et consommation obligatoire et chère – mais ça vaut le coup.

Achats

Hammock Cafe Plaeyuan HAMACS

(Carte p. 592 ; ✆082 811 4312 ; facebook.com/hammockcafekohtao ; 22/5 Mu 3, Ban Ko Tao ; ⌚9h-18h dim-ven ; 📶). Ce petit établissement franco-thaïlandais sur la route de Chalok Ban Kao sert un excellent café. Il se double d'une boutique de hamacs, avec un formidable choix de hamacs mlabri aux couleurs vives, faits à la main. Les prix vont de 1 700 B environ pour un hamac chaise, à 5 000 B pour les plus élaborés. Vend aussi de jolis bijoux.

Renseignements

ARGENT

Il y a plusieurs banques à Mae Hat, tout au bout de la ville au bord de la grand-route de l'île. La plupart des clubs de plongée acceptent les cartes bancaires (frais de 3%).

Des DAB fonctionnent 24h/24 à Mae Hat, au village de Sairee et sur toute la côte ouest, surtout à proximité des supérettes 7-Eleven de l'île. Retirez-y des espèces avant de vous rendre dans des secteurs plus reculés (de modestes frais de retrait sont souvent à prévoir).

DÉSAGRÉMENTS ET DANGERS

S'il est fort pratique de louer un scooter, ce n'est pas le bon endroit pour apprendre à conduire. Les routes de Ko Tao sont de plus en plus goudronnées, mais certaines demeurent dangereuses. Les collines abruptes et les trous sur les chemins de gravier ne sont pas rares sur l'île ; si vous êtes à scooter, ne restez que sur les bonnes routes, et si vous ne vous sentez pas à l'aise, faites demi-tour. Même si vous ne vous blessez pas, une agence de location mal intentionnée pourrait prétendre que vous avez endommagé son matériel et essayer de vous extorquer des sommes exorbitantes (inspectez bien votre deux-roues avant de quitter la boutique, et prenez toute bosse ou rayure en photo). Portez toujours un casque.

INFORMATIONS TOURISTIQUES

Il n'y a pas de bureau de la TAT à Ko Tao. La plupart des magasins de plongée et les nombreuses agences de voyages proposent un service de réservation pour le transport et l'hébergement, et prélèvent une commission peu élevée.

Koh Tao Complete Guide (www.kohtaocompleteguide.com). Site Internet pratique, de même que l'excellent guide papier trimestriel gratuit.

Koh Tao Online (www.kohtaoonline.com). Version numérique de la brochure *Koh Tao Info*, très pratique.

POSTE

Poste (carte p. 596 ; ☎ 077 456861 ; www.thailandpost.co.th ; Mae Hat ; ⏲ 9h-17h lun-ven, 9h-12h sam). À 10-15 minutes à pied de l'embarcadère, à l'angle de la route principale intérieure vers la plage de Ko Tao et de la rue du "bas" de Mae Hat.

SERVICES MÉDICAUX

Mae Hat et Sairee comptent plusieurs cliniques et petits hôpitaux qui reçoivent sans rendez-vous. Pour tout problème médical sérieux, mieux vaut se rendre à Ko Samui.

Ko Tao Hospital (carte p. 596 ; ☎ 077 456490 ; ⏲ 24h/24). Médecine générale et soins dentaires.

URGENCES

Police (carte p. 596 ; ☎ 077 456631). Située entre Mae Hat et Sairee Beach.

Depuis/vers Ko Tao

AVION

Nok Air (www.nokair.com) assure la liaison entre l'aéroport Don Mueng à Bangkok et Chumphon, 2 fois/jour dans les deux sens. Si vous réservez au bon moment, vous trouverez des billets depuis/vers Bangkok à partir de 650 B. À Chumphon, il est facile de prendre un catamaran vers Ko Tao.

BATEAU

Le transport en bateau est rarement perturbé par la météo, mais les départs sont parfois annulés pendant la mousson (septembre-novembre) lorsque la houle est trop forte.

Ko Pha Ngan

Le catamaran de **Lomprayah** (carte p. 596) assure une traversée 3 fois/jour (500 B à 600 B), au départ de Ko Tao à 6h, 9h30 et 15h, arrivée à Ko Pha Ngan autour de 7h10, 10h45 et 16h10. Le **Seatran Discovery Ferry** (carte p. 596 ; 500 B) effectue un trajet similaire à 6h30 et 9h. Le bateau express de **Songserm** (carte p. 596 ; 350 B) part tous les jours à 10h et arrive à Ko Pha Ngan à 12h. Le transfert depuis votre hôtel est compris dans les tarifs.

Ko Samui

Le catamaran de Lomprayah assure 2 liaisons/jour (600 B), au départ de Ko Tao à 9h30 et 15h, arrivée à Mae Nam sur Samui (via Ko Pha Ngan) autour de 11h20 et 16h40. Il y a aussi un départ à 6h (700 B) avec arrivée à Na Thon, sur Samui, à 7h50. Une liaison comparable est assurée par le Seatran Discovery Ferry (600 B), avec départ à 6h30, 9h et 15h. Le bateau express de Songserm (500 B) part tous les jours à 10h et arrive à Samui (aussi via Ko Pha Ngan) à 13h15. Transfert compris dans les tarifs.

Surat Thani et la côte d'Andaman

De nombreux voyageurs rejoignent Surat Thani via Ko Pha Ngan ou Ko Samui. Vous pouvez aussi prendre un catamaran depuis Lomprayah (900-1 000 B), puis un bus à Surat Thani.

Chumphon

Des bateaux partent de Songserm pour Chumphon (500 B) à 15h et arrivent à 18h. Des catamarans démarrent de Lomprayah (600 B) pour Chumphon à 10h15 et 14h45, arrivant respectivement à 11h45 et 16h15.

BUS

Des billets bus-bateau depuis/vers Bangkok (dans les 1 100 B) sont en vente dans toutes les agences de voyages de Bangkok et du Sud ; le trajet dure un peu plus de 10 heures. On quitte le bus pour le bateau à Chumphon, et les voyageurs à destination de Bangkok peuvent descendre à Hua Hin (même prix que le billet Ko Tao-Bangkok).

TRAIN

Vous pouvez prévoir votre propre itinéraire et prendre le bateau pour Chumphon, puis rejoindre le centre-ville afin de prendre le train pour Bangkok (ou toute autre ville dans la partie haute du golfe de Thaïlande). Idem dans la direction opposée. Un billet de 2e classe pour Bangkok coûte environ 300 B (environ 8 heures 30).

Depuis Ko Tao, le catamaran rapide de Lomprayah part pour Chumphon à 10h15 et 14h45 (600 B, 1 heure 30), et un bateau express de Songserm effectue le même trajet à 15h (500 B, 3 heures), arrivée à 18h. Les départs peuvent être moins fréquents si la mer est agitée.

Comment circuler

Nous vous conseillons fortement de demander que l'on vienne vous chercher à votre hébergement si vous avez réservé. De nombreuses écoles de plongée organisent un service gratuit de transfert entre l'embarcadère et l'hébergement.

BATEAU-TAXI

Les bateaux-taxis partent de Mae Hat, de Chalok Ban Kao et du nord de Sairee Beach (près du bar Vibe). Comptez 100 B minimum pour aller à Ko Nang Yuan. Vous pouvez louer un *long-tail boat* pour environ 1 500 B par jour ; cela varie selon le nombre de passagers.

MOTO

Louer une moto est risqué si vous ne vous contentez pas de circuler sur les routes principales pavées. Des écorchures (ou pire) peuvent facilement gâcher votre sortie plongée.

Comptez au moins 150 B la journée pour la location d'un scooter et 350 B pour les plus gros modèles. Réductions possibles pour les locations à la semaine ou au mois. Réfléchissez avant de louer des quads ou des Jet-Skis : les accidents sont fréquents. Les bouteilles d'essence en vente au bord de la route coûtent généralement 50 B (contre 40 B à Ko Samui et Ko Pha Ngan).

SONGTHAEW

Des *songthaew* se rassemblent autour de l'embarcadère de Mae Hat à mesure que les passagers descendent. Si vous voyagez en solo, vous paierez 200 B pour aller à Sairee Beach et à Chalok Ban Kao. Les groupes à partir de 2 personnes paient 100 B/pers. Les trajets de Sairee à Chalok Ban Kao coûtent 150 B/pers, ou 300 B pour les touristes en solo. Les tarifs sont rarement négociables. Il faut attendre que le taxi soit plein pour éviter de payer entre 200 et 300 B en sus. Comptez le double pour aller à l'est. Le prix augmente si la route est difficile en cas de précipitations.

Parc national maritime d'Ang Thong

อุทยานแห่งชาติหมู่เกาะอ่างทอง

Les 42 îles aux rives irrégulières et couvertes de jungle du **parc national maritime d'Ang Thong** (parc national maritime de Mu Ko Ang Thong ; ☎077 280222 ; www.thainationalparks.com/mu-ko-ang-thong-national-park ; adulte/enfant 300/150 B) s'étend sur une mer bleu azur, tel un collier d'émeraudes cassé – chaque joyau arborant de hautes falaises calcaires, des lagons cachés et des plages de sable fin. Ces îlots de rêve ont inspiré le film *La Plage*, de Danny Boyle, tiré du roman d'Alex Garland.

Février, mars et avril sont les meilleurs mois pour visiter cette sublime réserve où dominent le bleu et le vert ; les énormes vagues de la mousson obligent le parc à rester presque toujours fermé en novembre et décembre.

À voir

Tous les circuits s'arrêtent au bureau du parc, à **Ko Wua Talap**. Cette île, la plus grande de l'archipel, offre aussi le plus beau point de vue. Les arches de pierre naturelles de **Ko Samsao** et de **Ko Tai Plao** sont visibles selon les marées et les conditions météo. Étant donné que la mer est assez peu profonde autour de cet archipel (10 m au maximum), les récifs de corail ne sont pas très développés, excepté dans quelques poches protégées au sud-ouest et au nord-est.

Un récif corallien peu profond près de Ko Tai Plao et de Ko Samsao permet de pratiquer le snorkeling, mais le site n'est pas extraordinaire. Les plongeurs débutants peuvent explorer des grottes peu profondes et des jardins de coraux colorés, et admirer des serpents de mer et des tortues. Des plages de sable doux bordent Ko Tai Plao, Ko Wuakantang et Ko Hintap.

Ko Wua Talap POINT DE VUE

(จุดชมวิว). Le point de vue de cette île pourrait bien être le plus éblouissant de toute la Thaïlande. Le sommet offre une vue dégagée sur les îles voisines qui jaillissent des eaux turquoise, formant des motifs anthropomorphes. La promenade jusqu'au point de vue s'effectue sur un sentier abrupt de 450 m, et prend environ 1 heure. Prévoyez de bonnes chaussures, un chapeau et beaucoup d'eau. Marchez avec précaution sur les affleurements anguleux de calcaire.

Un deuxième sentier mène à Tham Bua Bok, une grotte aux stalagmites et aux stalactites en forme de lotus.

Emerald Lake LAC

(เกาะแม่เกาะ ; Ko Mae Ko). Le lac d'Émeraude (également appelé lagune bleue ou mer Intérieure) de Ko Mae Ko est un grand lac (250 x 350 m) aux teintes vertes éthérées s'étendant au milieu de l'île. On peut regarder mais pas toucher, car il est interdit d'altérer la pureté du lagon. Un autre point de vue impressionnant culmine non loin, au sommet d'une série de marches.

Circuits organisés

La meilleure manière de découvrir Ang Thong consiste à participer à l'un des nombreux circuits organisés au départ de Ko Samui et de Ko Pha Ngan. Ils comprennent généralement le déjeuner, le matériel de snorkeling, les transferts d'hôtel et (croisez les doigts) un guide d'expérience. Si vous séjournez dans un hôtel de luxe, il y a de fortes chances pour qu'il possède un bateau privé pour les circuits organisés. Certains complexes de catégorie moyenne et petits budgets ont aussi leurs propres bateaux et, dans le cas contraire, ils vous orienteront vers un tour-opérateur. Les centres de plongée de Ko Samui et de Ko Pha Ngan proposent des expéditions de plongée au parc, mais Ang Thong n'offre pas les mêmes spots de réputation internationale que l'on peut trouver à proximité de Ko Tao et Ko Pha Ngan.

Les agences de circuits organisés apparaissent et disparaissent comme un rien. Renseignez-vous à votre hôtel pour obtenir une liste à jour.

Normalement, les frais d'entrée au parc sont inclus dans le prix des circuits (si un doute subsiste, posez la question). Vous pouvez aussi louer un bateau, mais cela vous coûtera cher à cause du prix de l'essence.

Où se loger et se restaurer

Des repas sont généralement fournis dans le cadre des circuits menant au parc national maritime, et il y a un restaurant au bureau principal du parc.

Ang Thong Bungalows BUNGALOWS $
(☎077 280 222 ; nps.dnp.go.th ; Ko Wua Talap ; bung 600-1 500 B). Très propres, ces bungalows en bois sur pilotis sont assez spartiates et sommaires, en accord parfait avec cet endroit sauvage. Pas d'eau chaude, et le générateur s'éteint à 23h, mais vous ne logeriez pas là si vous étiez attaché à ce genre de confort. Les bungalows, qui existent en version 2, 6 et 8 couchettes, sont réservables en ligne.

Si vous réservez par Internet, vous devrez régler par virement sous 2 jours, ou votre réservation sera annulée. Le seul autre moyen de passer la nuit dans le parc national est de camper aux emplacements prévus à cet effet. Le bureau du parc vous louera une tente pour 250 B.

Renseignements

Bureaux du parc national d'Ang Thong
(☎077 280222 ; nps.dnp.go.th ; Ko Wua Talap). Centre d'accueil des visiteurs, restaurant, boutique et dispensaire. Bungalows sommaires à louer et camping.

Depuis/vers le parc national maritime d'Ang Thong

La meilleure manière d'atteindre le parc consiste à participer à un circuit privé d'une journée à partir de Ko Samui ou de Ko Pha Ngan (à 28 km et 32 km, respectivement). Les îles s'étendent entre Ko Samui et la principale jetée de Don Sak, mais aucun ferry ne s'y arrête en passant.

PROVINCE DE SURAT THANI

Surat Thani สุราษฎร์ธานี

☎077 / 129 500 HABITANTS

Cette ville bien connue en Thaïlande est surnommée la "ville des bonnes gens". Jadis, Surat Thani était le siège de l'empire antique Srivijaya. Aujourd'hui, ce carrefour animé est devenu une plateforme de transit aussi bien pour les bateaux de marchandises que pour les touristes. Les voyageurs en chemin vers les îles de Ko Samui, Ko Pha Ngan et Ko Tao s'y attardent rarement. Toutefois, si vous appréciez les stands de bonne cuisine du Sud, les boutiques chinoises et les temples très colorés, cela vaut la peine de s'y arrêter. Vous découvrirez l'atmosphère authentique d'une ville ouvrière thaïlandaise.

À voir

La majorité des visiteurs ne fait que traverser la ville en chemin d'une côte à l'autre, mais ceux qui s'y attardent y trouveront de petites merveilles locales. Citons l'excellent **marché flottant de Pra Cha Rat** (ตลาดน้ำประชารัฐ บางใบไม้ ; Bang Bai Mai ; ⏰8h-17h mar-dim ; P) sur les berges de la Mae Nam Bang Bai Mai, le Wat Sai et son petit **musée** (☎082 239 4695 ; 192 Th Na Meung ; ⏰16h-20h30) GRATUIT pittoresque, installé dans un bâtiment traditionnel en bois du début du XXe siècle. Citons également les deux gigantesques bouddhas assis du **Wat Tridhammaram** (วัดไตรธรรมาราม ; 11 Th Na Mueng ; ⏰lever-coucher du soleil) GRATUIT et le ravissant **parc** (สวนสาธารณะเกาะลำพู ; Ko Lamphu ; ⏰4h-23h ; P) de l'île de Ko Lamphu.

Où se loger

Logez dans le centre et vous découvrirez une ville thaïlandaise bouillonnante, à l'authenticité appréciable après avoir visité les îles du golfe, très apprêtées pour les touristes. Les prix sont bas, mais si vous cherchez seulement à rejoindre les îles avec un budget très serré, filez à l'embarcadère du ferry de nuit : un bateau traditionnel en bois vous amènera à destination en une nuit dans des conditions spartiates.

Port Hostel AUBERGE DE JEUNESSE $
(☎086 595 4444 ; Th Preedarit ; dort 250 B ; ❄📶). Près du ferry de nuit (p. 609) et du marché nocturne (p. 608) avoisinant le centre historique, cette auberge de jeunesse accueillante

Surat Thani

Surat Thani

À voir
1 Wat Sai Museum C1
2 Wat Tridhammaram B3

Où se loger
3 My Place @ Surat Hotel B2
4 Port Hostel B2

Où se restaurer
5 Marché nocturne B1
6 Sweet Kitchen B2

Où prendre un verre et faire la fête
7 Cafeteria Co-working Space C2

Transports
8 Motorbike Rentals Surat Thani B3
9 Phanthip C2
10 Gare routière de Talat Kaset 1 .... C2

propose les lits les plus avantageux de la ville. Dormir dans ces spacieuses capsules en dortoir revient moins cher qu'un lit superposé dans d'autres établissements. Douches et toilettes un brin exiguës, mais les chambres sont d'une grande propreté, et la vue sur le fleuve est superbe depuis le toit-terrasse. Pratique pour une étape à Surat grâce à sa consigne à bagages, ses douches et toilettes accessibles à moindre coût. On peut vous aider à réserver vos billets pour poursuivre votre voyage.

My Place @ Surat Hotel HÔTEL $
(☎077 272288 ; www.myplacesurat.com ; 247/5 Th Na Muang ; s 229 B, d 299-650 B ; ❄📶). Que des sourires et pas un grain de poussière : cet excellent hôtel central offre des chambres spacieuses, propres, décorées d'art moderne et équipées de douches puissantes. Cet hôtel pour petits budgets peut convenir à tous. Petit-déjeuner servi dans le petit café voisin.

Où se restaurer et prendre un verre

Surat Thani est un paradis de la cuisine de rue. Marché nocturne (p. 608) mis à part, on trouve des étals près des docks du ferry de nuit. Un **marché du dimanche** (près de la Route 401 ; ⏲16h-21h dim) se tient l'après-midi près du bureau de la TAT. Les étals de la gare routière située dans le centre vendent un délicieux *kôw gài òp* (riz et poulet mariné cuit au four). Si vous avez le temps, rien de tel qu'une virée culinaire dans l'excellent marché flottant de Pra Cha Rat.

Marché nocturne MARCHÉ $
(Sarn Chao Ma ; Th Ton Pho ; plats à partir de 35 B ; 18h-23h). Un déluge de produits alimentaires : brochettes de viande marinée ultrafondante, jus de fruits frais, plats de nouilles, desserts, et d'autres délices qu'il faut prendre le temps de découvrir. Un marché authentique à la clientèle surtout locale.

Suratthani Vegetarian VÉGÉTARIEN $
(084 737 5011 ; près de Karunrat ; plats 60 B ; 7h-17h30 lun-sam ;). Le murmure apaisant de la fontaine représentant Bouddha et la devise offrant un repas aux nécessiteux ("pas d'argent, pas de problèmes") donnent le ton. Ce restaurant adorable et bien caché est un lieu serein où l'on concocte sur demande des plats végétariens délicieux et sains, à des tarifs dignes de la cuisine de rue. Thé au ginseng et eau filtrée disponibles gratuitement.

Nous saluons le soutien alimentaire apporté aux écoliers du coin grâce à la vente (à bas prix) d'objet d'artisanat en matières recyclées.

Sweet Kitchen INTERNATIONAL $
(062 239 4470 ; Th Bandon ; plats à partir de 80 B ; 12h-21h30 ;). Ce restaurant a plusieurs atouts : musique sympa, intérieur paisible et charmant, bon menu et service impeccable. On y mange une excellente soupe de poisson, des pâtes, du bœuf Stroganoff et une myriade de spécialités thaïlandaises. Nombreux plats végétariens.

Cafeteria Co-working Space CAFÉ
(077 205206 ; www.cafeteriathailand.com ; 82-86 Th Chomkasen ; 7h-23h30 ;). À la fois café et bar à vins, ce petit établissement raffiné possède une salle lambrissée de bois, bercée de musique urbaine branchée, où les clients s'assoient sur des chaises rétro tendance. Café excellent et très bon menu. Un présentoir exhibe, du sol au plafond, une remarquable gamme de vins et de bières.

Renseignements

Vous n'aurez aucun mal à trouver un DAB dans le centre-ville, et plusieurs banques jalonnent Th Na Meuang.

Agence consulaire française (094 8034415 ; suratthani.agence.consulaire@gmail.com ; 142/99 Moo 4, Tambon Maret, Lamai Beach ; 9h-13h lun et mer ou sur rdv)

Thaksin Hospital (077 278777 ; www.thaksinhospital.com ; Th Talat Mai ; 24h/24). Le plus professionnel des 3 hôpitaux de Surat se situe au nord-est du centre-ville.

Tourism Assistance Center (077 310870 ; gare ferroviaire de Surat Thani ; 7h-21h). Tout indiqué pour vous organiser à votre arrivée en train.

Tourism Authority of Thailand (TAT ; 077 288817 ; www.tourismthailand.org ; 5 Th Talat Mai ; 8h-17h). Sympathique bureau dans le sud-ouest de la ville. Propose des brochures et des cartes utiles. Personnel anglophone.

Depuis/vers Surat Thani

Le bus est le meilleur moyen de rejoindre ou de quitter la ville, car celle-ci a pour seul grand pôle de transports intra-muros une gare routière. La gare ferroviaire et l'aéroport se situent à plusieurs kilomètres de Surat Thani. Le **ferry nocturne** et le Songserm (plus lent) sont les seuls autres moyens de transport depuis/vers le centre-ville.

AVION

L'**aéroport international de Surat Thani** (www.suratthaniairport.com), à 18 km vers l'ouest depuis le centre, propose des vols quotidiens depuis/vers Bangkok avec Air Asia (www.airasia.com), Thai Smile (www.thaismileair.com), Thai Lion Air (www.lionairthai.com), Thai Airways (www.thaiairways.com) et Nok Air (www.nokair.com). Ces vols sont très avantageux pour une correspondance vers Samui, bien que rejoindre les îles du golfe puisse être un peu plus compliqué depuis l'aéroport. **Phanthip** (077 272230 ; www.phantiptravel.com ; Th Talat Mai ; 8h-19h) et certaines compagnies aériennes assurent des navettes directes en bus et en bateau. Les tarifs sont très raisonnables, et cela vaut la peine de réserver.

BATEAU

Diverses compagnies de ferry relient les îles, et certaines proposent de venir vous chercher à votre hôtel. Essayez Lomprayah (p. 570), **Seatran Discovery** (077 372824 ; www.seatrandiscovery.com ; 17/1 Mu 8, Th Donsak ; 5h-21h) ou **Songserm** (02 629 3415 ; www.songserm.com ; Tapee Pier).

Billets bus-bateau

Des liaisons bus-bateau directes à destination de Ko Samui et Ko Pha Ngan partent du centre-ville de Surat Thani, de la gare ferroviaire et de l'aéroport, notamment avec la compagnie Phanthip. Ces liaisons ne coûtent pas plus cher que de réserver à Surat Thani, et peuvent vous simplifier grandement les choses.

De nombreux ferrys et *speedboats* relient Surat Thani et Ko Tao, Ko Pha Ngan et Ko Samui. La plupart des bateaux partent de l'embarcadère de Don Sak (à 1 heure de Surat ; transfert en bus inclus dans le prix du ferry). Les bus effectuant la correspondance avec le ferry Seatran partent du **terminal** (☎077 275063 ; www.seatrandiscovery.com ; 19 Th Talad Mai ; ⏲7h-18h) de la compagnie, en ville. Le ferry Songserm part du cœur de Surat Thani, tout comme les ferrys nocturnes (bien plus lents). Pour tous ces trajets, la plupart des hébergements peuvent se charger de réserver vos billets, pour des prix à peine plus chers qu'en réservation directe.

Ferry de nuit

Des ferrys de nuit partent du centre de Surat quotidiennement aux alentours de 22h en direction de Ko Tao (500 B, 8 heures), Ko Pha Ngan (400 B, 7 heures) et Ko Samui (300 B, 6 heures). Sur ces cargos, vous devrez vous contenter d'un matelas et d'un oreiller sommaires, installés sur le pont supérieur couvert. Pensez à emporter nourriture et eau, et surveillez vos bagages.

BUS ET MINIBUS

C'est le moyen de transport le plus pratique dans le Sud. Des bus et minibus partent fréquemment de la principale **gare routière** (Th Tha Thong) de la ville, près de Th Talat Mai (rue principale) : service rapide vers Nakhon (120 B, 1 heure 30), Phuket (200 B, 6 heures) et Hat Yai (270 B, 5 heures), ainsi que de fréquents minibus pour Khanom (100 B, 1 heure 30, ttes les heures). Les bus pour la gare partent de **Talat Kaset 1**.

Le "nouveau" (il existe en réalité depuis des années) **terminal des bus** (Bangkok Terminal ; ⏲5h30-21h) est situé à 7 km au sud de la ville en direction de la gare ferroviaire. Les bus y circulent depuis/vers Bangkok (500-800 B, 9-14 heures).

TRAIN

En train, vous arrivez à Phun Phin, une ville quelconque à environ 15 km à l'ouest de Surat, où se situe la **gare ferroviaire de Surat Thani** (☎077 311213, centre d'appel 1690 ; www.railway.co.th). De Phun Phin, des bus partent pour Phuket, Ko Pha-Ngan et Krabi – certains via Takua Pa, carrefour pour le parc national de Khao Sok. Vous pourrez vous procurer des billets auprès de n'importe quel vendeur ou petite agence de voyages comme **Phantip** (☎077 272230 ; www.phantiptravel.com ; gare ferroviaire de Surat Thani ; ⏲7h-21h), près des restaurants au nord de l'entrée de la gare.

Nous vous conseillons le train express pour circuler la journée et les couchettes climatisées pour voyager de nuit. Les trains passant par Surat en direction de la capitale s'arrêtent à Chumphon et à Hua Hin. Dans l'autre sens, ils desservent Trang, Hat Yai et Sungai Kolok avant de traverser la frontière avec la Malaisie. La gare ferroviaire de Surat Thani dispose d'une salle de consigne 24h/24 facturant 40 B/jour, et le guichet de prévente est ouvert en continu. Le voyage jusqu'à Bangkok dure plus de 8 heures 30. Cela revient à 608 B pour une place assise, et 808 B pour une couchette, mais les billets pour ces dernières partent très vite.

ℹ Comment circuler

Les minibus climatisés Phanthip (page ci-contre) circulant depuis/vers l'aéroport de Surat Thani (100 B/pers) peuvent, sur réservation, vous déposer à votre hôtel.

En ville, se déplacer en *songthaew* coûte 15-30 B (environ 30 B pour rejoindre Tesco-Lotus à partir du centre). Vous pouvez demander un taxi grâce à l'app Grab (www.grab.com) ; comptez 90 B environ pour une petite course.

Des bus orange climatisés circulent entre la gare de Surat Thani et le centre-ville toutes les 10 minutes (15 B, 25 min). Prévoyez la coquette somme de 200 B pour un trajet en taxi à 4 pers au maximum, et 100 B/pers pour un taxi collectif. D'autres compagnies de taxis sont installées au nord de la gare ferroviaire (près du pont pour piétons en fer).

Il est également possible de louer un scooter (250 B/jour) auprès de **Motorbike Rentals Surat Thani** (☎081 164 6865 ; ⏲8h-19h), près du pilier de la ville.

DESTINATIONS AU DÉPART DE SURAT THANI

DESTINATION	PRIX	DURÉE
Bangkok	500 B	9 heures
Hat Yai	270 B	5 heures
Khanom	100 B	1 heure 30
Krabi	150 B	2 heures 30
Phuket	200 B	6 heures
Trang	180 B	2 heures 10

PROVINCE DE NAKHON SI THAMMARAT

Nakhon Si Thammarat (นครศรีธรรมราช), où culmine le plus haut sommet du sud de la Thaïlande, Khao Luang (1 835 m), entouré des majestueuses forêts du parc national de Khao Luang, est avant tout connue pour le remarquable Wat Phra Mahathat Woramahawihan, dans la ville du même nom. Avec ses intéressants marché nocturne et musée, c'est un endroit très agréable, surtout si les îles du golfe ont aiguisé votre soif d'authenticité.

Ao Khanom, sur la côte est, est une ravissante succession de plages qui s'étirent devant des eaux étincelantes où s'ébattent les dauphins roses. D'un attrait certain, ces mammifères aquatiques n'en sont pas moins protégés. Les Jet-Skis sont pour cela interdits dans le secteur, ce qui fait d'Ao Khanom une destination bien plus calme et attirante que Ko Samui, tout en offrant de belles plages et de majestueux couchers du soleil.

Ao Khanom อ่าวขนอม

La ravissante et paisible Ao Khanom est située entre Surat Thani et Nakhon Si Thammarat, le long des eaux bleu azur du golfe de Thaïlande. Dédaignée par les touristes étrangers qui affluent sur les îles non loin, cette région virginale est un bon choix pour qui cherche des plages tranquilles, épargnées par le développement. Les Jet-Skis ont été interdits, ce qui garantit un calme bienvenu.

Le quartier côtier est très étendu et comprend en réalité deux plages : la longue Hat Nadan, et la plus petite et plus isolée Hat Nai Plao. Après Hat Nai Plao, au bout de la route, se trouve la plage reculée de Hat Thong Yi. Celle-ci vaut amplement le détour pour son atmosphère solitaire, et marque le début d'un remarquable itinéraire sur la route côtière (en cours de construction) rejoignant Sichon. La zone entourant la ville de Khanom compte aussi de superbes sites géologiques, dont plusieurs cascades et grottes.

À voir

Khanom a pour particularité la cinquantaine de dauphins roses qui peuplent les eaux environnantes. Cette espèce de mammifères albinos à l'admirable teinte rosée est rare et menacée. Pour en apercevoir, vous devrez monter à bord d'un *long-tail boat* ou opter pour un circuit d'une demi-journée (plusieurs *resorts* en proposent à partir de 1 200 B pour jusqu'à 6 pers). Vous aurez aussi de maigres chances d'en observer depuis la jetée de la centrale électrique ou du vieil embarcadère de Thong Niem, un village de pêcheurs situé 20 km environ au nord de Khanom.

♥ Hat Thong Yi PLAGE

(หาดท้องหยี ; P). Pour une échappée digne de ce nom, descendez la route de la plage, puis prenez à gauche sur la Rte 4073 et longez la côte vers le sud. Dépassez Hat Nai Plao et continuez jusqu'au bout de la route, qui s'achève sur la superbe plage de Hat Thong Yi, souvent déserte et offrant une vue imprenable sur la baie. Un restaurant de plage convenable vend boissons et nourriture locale.

Samet Chun CASCADE

(น้ำตกเสม็ดชุน). Cette cascade dévalant une colline se jette dans un grand bassin turquoise. Elle en alimente aussi de plus petits, tout aussi charmants et dont les eaux limpides appellent à la baignade (attention : l'eau est très froide !). Dans cette jungle superbe, la vue exceptionnelle et l'absence de touristes évoquent un paradis secret. Au sommet d'une montée raide (20 min) partant du chemin de terre. Venir à scooter vous permettra peut-être de vous approcher davantage.

Khao Wang Thong GROTTE

(ถ้ำเขาวังทอง ; près de la Hwy 4014 ; 9h-16h ; P). Cet étonnant réseau de 17 grottes reliées par des passages étroits s'enfonce jusqu'à 150 m sous terre. Les visiteurs y observent une série de formations calcaires naturelles, semblant représenter des dinosaures, des pagodes ou des fleurs de lotus, ainsi que de remarquables stalactites. Éclairé par une succession de lampes, le site héberge aussi des chauves-souris. Prévoyez des chaussures solides et une lampe frontale. Près de la Hwy 4014, entre Khanom et Don Sak.

Khao Dat Fa POINT DE VUE

(เขาดาดฟ้า ; près de la Rte 4014). Admirez les magnifiques ondulations du littoral au mont Dat Fa (732 m), à environ 5 km à l'ouest de la côte sur la Rte 4014 (cherchez le panneau). Ce secteur, qui n'a pas été développé pour le tourisme, est peu fréquenté, ce qui permet de prendre de jolies photos.

Hin Lat CASCADE

(น้ำตกหินลาด ; P). La pittoresque Hin Lat, au sud-ouest de Hat Nai Plao, est la plus petite cascade de la région et la plus facile à atteindre. On y trouve des bassins de baignade et plusieurs huttes fournissant de l'ombre.

Activités

Route côtière de Thong Yi ROUTE TOURISTIQUE

(Thong Yi ; lever-coucher du soleil). Débutant près du *resort* Racha Kiri pour se terminer au niveau du Moon Coffee & Roti, 10 km plus loin, cet itinéraire côtier sinue par monts et par vaux autour d'un cap. Bordé par la jungle d'un côté et les eaux miroitantes et azurées de l'autre, il est ponctué de plate-formes d'observation dévoilant des horizons exceptionnels.

Lors de nos recherches, la portion reliant Hat Thong Yi à Sichon était encore en chantier, mais praticable à scooter sans danger.

Où se loger

Les plages de Khanom sont un secret bien gardé. Les nombreux *resorts* n'accueillent qu'une poignée de clients, et certaines chambres rarement occupées peuvent sembler un peu humides. Il est préférable de louer un bungalow près de la plage. En outre, Khanom n'est pas Ko Samui : les hébergements sont éloignés les uns des autres, et une voiture s'avère indispensable.

Suchada Villa BUNGALOWS $

(075 300213 ; Hat Naiplau ; bung 800-1 000 B ; P ❄ 📶). Au bord de la route principale, à 5 minutes à pied de la plage, le Suchada dissimule dans un petit cadre soigné des bungalows aux couleurs vives, très mignons quoique basiques.

Hallo Villa BUNGALOWS $$

(082 413 3338 ; www.hallovillakhanom.com ; bung à partir de 1 100 B ; P ❄ 📶 🏊). En retrait de la plage, ces bungalows sur pilotis tenus en famille sont un excellent choix pour loger plus près de la ville. Agréablement spacieux, ils disposent tous d'une salle de bains attenante, d'une kitchenette et d'une petite terrasse privée. Jardin aménagé autour d'une piscine sympathique. Prix très raisonnable en raison de l'emplacement.

Sea Breeze House BUNGALOWS $$

(081 276 1457 ; www.naiplao.com ; 58/2 Mu 8, Hat Nai Plao ; d 850-1 400 B ; P ❄ 📶). Cet ensemble de bungalows tenu par des Suisses propose de jolies chambres en bord de plage, dont une vaste suite. Ce havre de paix offre une vue imprenable sur le lever du soleil et la possibilité d'apercevoir les célèbres dauphins roses de la région à quelques mètres de votre chambre, mais vous aurez besoin d'un véhicule pour vous déplacer.

Khanom Hill Resort BUNGALOWS $$$

(081 956 3101 ; www.khanom.info ; 60/1 Mu 8, Hat Naiplau ; bung 2 900-3 900 B ; P ❄ 📶 🏊). Les voyageurs ne tarissent pas d'éloges sur cette adresse au sommet d'une minuscule colline surplombant une plage en croissant. Choisissez entre des villas modernes en béton coiffées de chaume, des pavillons moins chers de style thaïlandais ou de grands appartements familiaux ; tous les hébergements sont propres et confortables.

Racha Kiri RESORT $$$

(075 300245 ; www.rachakiri.com ; 99 Mu 8 ; ste 2 655-6 255 B ; P ❄ 📶 🏊). Avec ses élégantes chambres avec terrasse, son spa et sa piscine, cette retraite haut de gamme est composée de splendides pavillons. Les prix élevés découragent nombre de visiteurs, garantissant la tranquillité des lieux.

Où se restaurer et prendre un verre

Pour vous restaurer à prix doux, rendez-vous près du fleuve Mae Nam Khun Nom, au nord de la ville de Khanom : le secteur fourmille de stands de cuisine de rue, ainsi que de cabanes servant des plats locaux bien chauds et savoureux. Des marchés s'installent dans les terres les mercredis et dimanches. Pour déguster des mets un peu plus raffinés, essayez la route côtière, jalonnée de restaurants thaïlandais et occidentaux donnant sur la mer.

Tea Roti Mataba Restaurant THAÏLANDAIS $

(080 884 6144 ; plats 30 B ; 7h-23h). Le succès de ce restaurant tenu par des musulmans experts en *roti* (sorte de crêpe) est visible depuis la route : tous les soirs, ses tables et ses chaises sont prises d'assaut par les gens du cru qui s'installent jusque sur le trottoir. Ses spécialités : des *roti* sucrés et croustillants, ainsi que des *má·dà·bà* (*roti* fourrés au hachis de viande épicée) salés. Des recettes excellentes, inspirées par la cuisine musulmane méridionale, à accompagner d'un thé sucré à l'indienne.

CC Beach Bar & Bungalows INTERNATIONAL $$
(☎087 893 8745 ; www.ccbeachbar.com ; 28/1 Mu 6, Khanom Beach ; plats 100-300 B ; ⊙8h-minuit ; 📶). Offrant un panorama splendide sur la baie, ce restaurant de plage propose un bon menu mi-thaïlandais mi-occidental (copieux petits-déjeuners anglais, *fish and chips*, currys de légumes, pizzas, salade de poisson-chat frit, etc.). Le soir, l'établissement devient un bar sympathique qui attire quelques-uns des rares expatriés de la région.

Le Petit Saint-Tropez INTERNATIONAL $$
(☎093 727 0063 ; 52/14 Mu 5 ; plats à partir de 300 B ; ⊙8h-21h30 ; 📶). Ce joli restaurant, spacieux, aéré et donnant sur la mer, sert une délicieuse cuisine française et thaïlandaise, ainsi que d'excellents pizzas et burgers.

ℹ Renseignements

Il y a des DAB près des deux 7-Eleven de la ville de Khanom, au nord et au sud.

Le commissariat est situé au sud de Ban Khanom, au carrefour qui mène à Hat Kho Khao.

L'**hôpital** (☎075 529033 ; www.khanom.org ; 91 Mu 3), situé au carrefour qui mène à Hat Kho Khao, n'est en réalité guère plus équipé qu'un dispensaire. Les plus proches hôpitaux dignes de ce nom sont à Surat Thani et Nakhon Si Thammarat.

ℹ Depuis/vers Ao Khanom

Chaque jour, des minibus partent de Surat Thani (100 B) et de Nakhon Si Thammarat (80 B) environ toutes les heures, une fois complets, de 5h à 17h. Ils déposent leurs passagers n'importe où dans la ville de Khanom, qui se trouve à plusieurs kilomètres de la mer. Dans le sens inverse, ces minibus partent de l'**arrêt des minibus de Khanom**.

Un taxi depuis/vers l'embarcadère de Don Sak pour les îles du golfe coûte 1 000 B et une moto-taxi environ 300 B.

ℹ Comment circuler

Depuis Khanom, prenez une moto-taxi jusqu'aux plages (25 à 100 B selon la distance). Si vous avez réservé l'hébergement, vos hôtes vous proposeront sans doute de venir vous chercher gratuitement à Khanom.

Une fois à votre hôtel, vous n'aurez pas de moyen de transport, à moins d'en louer un ou de vous inscrire à un circuit proposé sur place ; le plus commode est de louer un scooter. Le prestataire près de l'arrêt des minibus facture autour de 200 B la journée. Autrement, contactez **14 Khanom** (☎095 069 0670, 083 551 3795 ; the-14-khanom-rent-motorbike-and-car.business.site ; ⊙8h-22h), près de l'intersection au sud de la ville. Le propriétaire parle français, anglais et thaï.

Nakhon Si Thammarat นครศรีธรรมราช

☎075 / 103 200 HABITANTS

Cité historique abritant l'un des plus importants temples du royaume, Nakhon Si Thammarat (souvent abrégée "Nakhon") constitue une intéressante étape entre Hat Yai et Surat Thani.

Il y a des siècles, la voie de communication qui reliait le port de Trang sur la côte est et celui de Nakhon Si Thammarat sur la côte ouest constituait un axe commercial majeur entre la Thaïlande et le reste du monde. Cet apport cosmopolite est toujours visible aujourd'hui, tant dans la cuisine locale que dans les temples et les musées de la ville.

En arrivant du nord, vous constaterez en vous promenant à Nakhon que les mosquées sont plus visibles ici, car la communauté musulmane de Thaïlande s'y affiche plus ouvertement.

À voir

Pour une initiation à la culture et à l'histoire de Nakhon, cap sur le Musée national, très enrichissant. Direction ensuite le nord pour admirer le remarquable Wat Phra Mahathat. Ce *wat* jouxte les vestiges des anciens murs en brique rouge de la ville, près du parc et de la place **Sanam Na Meuang** (สนามหน้าเมือง ; Th Ratchadamnoen). Remarquez aussi les sculptures dorées des 12 animaux du zodiaque thaïlandais qui surmontent les lampadaires le long de Th Ratchadamnoen ; chacun représentant l'une des 12 cités-États qui étaient tributaires du royaume de Nakhon Si Thammarat. Enfin, ne manquez pas la **Masjid Salah Ud Din** (มัสยิดซอลาฮุดดีน ; Th Panead ; ⊙lever-coucher du soleil), une mosquée au cœur de la ville que visita jadis Rama IX.

♥ Wat Phra Mahathat Woramahawihaan TEMPLE
(Th Si Thamasok ; ⊙8h30-16h30). GRATUIT Appelé simplement Mahathat, le plus important *wat* du sud de la Thaïlande est doté d'un imposant *chedi* (stupa) blanc, haut de 77 m, couronné d'une flèche en or semblant transpercer le ciel. La légende raconte qu'il

y a plus de 1 000 ans, la reine Hem Chala et le prince Thanakuman apportèrent des reliques à Nakhon et érigèrent une petite pagode pour les abriter. Le temple s'est agrandi jusqu'à devenir un vaste ensemble. Aujourd'hui, les visiteurs affluent pour acheter les populaires amulettes Jatukham.

Dans la cour, une foule de *chedi* gris s'élève autour du plus grand. Jetez un œil au pavillon qui révèle un très bel escalier rouge, vert et or. Ne manquez pas non plus les musées, qui présentent des statues de toutes les époques et de toutes les régions de Thaïlande, dont un bouddha allongé du XVIIIe siècle. Souvent rempli d'écoliers venus appliquer de la feuille d'or sur les statues, le *wat* est accessible depuis le centre-ville en *songthaew* (10 B).

♥ Musée national — MUSÉE

(พิพิธภัณฑสถานแห่งชาติ นครศรีธรรมราช ; ☎075 341 075 ; Th Ratchadamnoen ; 150 B ; ⏰9h-16h mer-dim ; P). Cette enfilade de salles renferme les clés pour vraiment comprendre Nakhon et sa région. Les étonnants objets présentés sont assortis d'explications détaillées en thaï et en anglais ; ils sont exposés chronologiquement – de l'âge de pierre à nos jours – et culturellement – des rituels régionaux liés aux naissances jusqu'aux rites funéraires. Parmi les pièces mémorables, citons un beau tambour Mahorethuek à motifs datant de la préhistoire, ainsi qu'un Vishnu en pierre trouvé dans le Ho Phra Narai, non loin. Datant du Ve ou VIe siècle, il est la plus ancienne représentation de cette divinité dans la province de Nakhon.

Remparts de la ville — RUINES

(กำแพงเมืองเก่า จังหวัดนครศรีธรรมราช ; Th Ratchadamnoen). On peut voir plusieurs sections bien entretenues des étonnants remparts en brique rouge de la ville, le long du canal Khlong Na Meuang, près du parc et de la place Sanam Na Meuang, des deux côtés de Th Ratchadamnoen.

Théâtre d'ombres — MUSÉE

(บ้านหนังตะลุงสุชาติทรัพย์สิน ; Th Si Thamasok Soi 3 ; ⏰9h-16h30). GRATUIT Il existe deux types de spectacles de théâtre d'ombres : *năng đà·lung* et *năng yài*. Dans le premier cas, les marionnettes mesurent un peu moins de 1 m de haut, avec appendices et parties amovibles (dont les parties génitales). Dans le second, elles sont presque de taille humaine et n'ont pas de parties amovibles. Les unes et les autres sont taillées dans de la peau de vache. La maison des marionnettes de Suchart Subsin comporte un petit musée où le personnel propose des démonstrations de découpe et des spectacles (50 B).

Ne manquez pas les silhouettes pour ombres chinoises du XVIIIe siècle à l'étage supérieur, ainsi que celles datant de la Seconde Guerre mondiale, plus petites que leurs équivalents traditionnels, qui comprennent notamment un biplan.

Où se loger

Si cette authentique ville thaïlandaise déploie un charme particulier, la qualité de l'hébergement n'est pas dans ses priorités. Nakhon est moins fréquentée par les étrangers que d'autres grandes villes de Thaïlande, et ses lieux d'hébergement sont, dans les meilleurs des cas, corrects et fonctionnels. Beaucoup rappellent les établissements d'avant la véritable explosion du tourisme.

Thai Hotel — HÔTEL $

(Fax 075 314872 ; 1375 Th Ratchadamnoen ; d avec ventil/clim 350/450 B ; P ❄ 📶). L'hôtel le plus central de la ville, pas loin de la gare ferroviaire, n'est pas si mal pour le prix. Certes, les cloisons sont fines et le Wi-Fi est capricieux, mais les chambres sont propres et correctes, toutes avec TV, et celles des étages supérieurs jouissent de la vue sur l'animation urbaine. Personnel adorable.

V House Nakhon — HÔTEL $

(☎075 314777 ; vhouse-nakhon.business.site ; 1209/30 Yomaraj Road ; d 350 B ; P ❄ 📶). Cet endroit résume tout à fait les hôtels de Nakhon : démodé et vétuste, mais fonctionnel, (relativement) propre et bon marché. Le clou de votre séjour ne sera pas votre logement, et encore moins ce bloc aux allures de prison. Le personnel est aimable et serviable, mais ne parle pas anglais.

Twin Lotus Hotel — HÔTEL $$

(☎075 323777 ; www.twinlotushotel.net ; 6 Th Phattanakan Khukhwang ; d/lits jum 1 300-1 600 B, ste 2 700-3 150 B ; P ❄ 📶 🏊). Pour un séjour à Nakhon Si Thammarat un peu plus haut de gamme, louez l'une des 401 chambres réparties sur 16 niveaux du Twin Lotus, spacieuses quoique plus toutes jeunes. Salle de sport, spa, piscine extérieure et restaurant chinois satisfaisant sur place. Transport gratuit jusqu'à l'aéroport pour les clients. Le personnel parle anglais.

Où se restaurer

Nakhon est le lieu idéal pour goûter une cuisine mâtinée de saveurs du Sud. Le meilleur endroit pour se restaurer à moindre coût est le **marché nocturne** (Rte 4016 ; plats 30 B ; 16h-21h), près de la rivière et des voies ferrées. Là-bas, les musulmans du coin vendent de délicieux *kôw mòk gài* (poulet biryani), *roti* et *má·đà·bà* (*roti* indien farci à la viande ou aux légumes). Th Neramit, à proximité de la gare ferroviaire, est envahie tous les soirs par des étals alimentaires.

Chaba Restaurant and Cafe CAFÉ $
(098 670 6536 ; Th Ratchadamnoen ; plats 100 B ; 9h-minuit ;). Ce joli petit café à l'intérieur chargé mais coquettement décoré, proche du Musée national (p. 613), est parfait pour reprendre des forces après une visite. Fauteuil et canapés confortables pour se délasser et carte proposant déjeuners légers, salades et bon café.

Hao Coffee CAFÉ $
(075 346563 ; Rte 4012 ; plats 30-60 B ; 7h-16h ;). Ce charmant café, bien doté en personnel, est décoré d'objets et de bibelots en tous genres allant des céramiques antiques aux horloges murales. C'est un lieu agréable pour prendre un petit-déjeuner avec des œufs brouillés, un vrai repas ou juste un café.

Krua Talay THAÏLANDAIS $
(075 346724 ; 1204/29-30 Th Pak Nakhon ; plats 120 B ; 16h-22h). Supervisé par une matriarche affable, ce restaurant excelle dans les produits de la mer. Les effigies de Bouddha et les statues de Ganesh se bousculent dans la salle. Attablé dans le charmant jardin, on se régale de poisson-chat croustillant, accompagné d'une salade épicée ou de légumes sautés à la sauce d'huître.

Pixzel Caffe CAFÉ $$
(086 682 5471 ; facebook.com/pixzelcaffe ; 558, Th Ratchadamnoen ; pizzas à partir de 120 B ; 9h-19h jeu-mar ;). Ce repaire arty pour les connaisseurs en matière de café et où l'on sert des pizzas à pâte fine occupe une superbe maison en bois de style traditionnel face au Wat Phra Mahathat (p. 612). Un lieu apprécié et très cosy, parfait pour une halte après une longue matinée passée à explorer les temples.

Achats

Sip Song Naksat CADEAUX ET SOUVENIRS
(The Twelve Kingdom ; 075 311680 ; 895 Th Tachang ; 8h30-18h). Dans la partie inférieure d'une belle et ancienne maison en bois ouverte aux visiteurs, ce magasin de souvenirs se distingue de ses concurrents bordant Th Tachang par son vaste choix d'objets d'artisanats et de tissus authentiques, de confection locale, dont des silhouettes pour ombres chinoises en cuir réalisées à la main et des vêtements en soie de Thaïlande. Pour tous les budgets.

Renseignements

Il y a plusieurs banques et DAB à la lisière nord du centre-ville dans Th Ratchadamnoen.

Police (075 341054, 1155 ; 1019/24 Th Ratchadamnoen)

Poste (075 356135 ; www.thailandpost.co.th ; 724/5 Th Ratchadamnoen ; 8h30-16h30 lun-ven ; 9h-12h sam-dim)

Tourism Authority of Thailand (TAT ; 075 346 515, assistance touristique 1627 ; www.tourismthailand.org ; Th Na Meuang ; 8h30-16h30). Dans un immeuble de 1926 au nord de Sanam Na Muang (parc municipal). Il propose des brochures utiles, mais personne ne parle vraiment anglais.

Depuis/vers Nakhon Si Thammarat

AVION

De petits transporteurs tels que Thai Lion Air (www.lionairthai.com), Air Asia (www.airasia.com) et Nok Air (www.nokair.com) proposent des vols quotidiens depuis l'aéroport international Don Mueang de Bangkok vers l'**aéroport Nakhon Si Thammarat** (075 450545 ;), 12 km au nord du centre-ville. Il y a environ 6 vols quotidiens (1 heure). Aller simple autour de 1 500 B.

BUS

Les bus ordinaires pour Bangkok partent de la **gare routière** principale (près de la Rte 4016), à l'ouest de la ville (comptez 25 min de marche depuis le centre). Le voyage prend 12 heures (426-851 B, selon le confort). Des minibus partent également de la gare pour Hat Yai (140 B, 3 heures), Surat Thani (120 B, 2 heures 30) et Khanom (80 B, 1 heure 30), et des bus pour Phuket (350 B, 6 heures).

Si vous cherchez les arrêts de minibus pour quitter Nakhon, guettez les petits bureaux sur le côté des routes du centre-ville (il se peut qu'il y ait des minibus et des passagers qui attendent). Mieux vaut se renseigner, car chaque destination possède son propre point de départ. Les minibus pour Krabi et Don Sak sont regroupés – assurez-vous de monter à bord du bon véhicule.

TRAIN

Deux trains quotidiens partent vers Bangkok (133-652 B ; 13h et 15h, 15 heures), et s'arrêtent à Hua Hin, Chumphon et Surat Thani. Des départs pour Hat Yai (24 B) ont lieu tous les jours à 6h et à 9h58. Celui de 6h poursuit jusqu'à Sungai Kolok (60 B).

Comment circuler

Des *songthaew* sillonnent Th Ratchadamnoen et Th Si Thammasok du sud au nord pour 10 B (un peu plus la nuit). Pour une course à moto-taxi, comptez au minimum 30 B, jusqu'à 50 B pour de plus longues distances. Rallier la gare routière depuis le centre de la ville à moto vous coûtera 40 B. Vous pourrez demander un taxi grâce à l'app Grab (www.grab.com) ; tablez sur environ 60 B pour une petite course.

PROVINCE DE SONGKHLA จังหวัดสงขลา

Les deux grands centres de la province, Hat Yai et Songkhla, sont moins affectés par les turbulences politiques que les villes situées plus au sud, même si certains avis gouvernementaux dissuadent les voyageurs de se rendre dans la région. Si les baroudeurs étrangers ne se bousculent pas, vous croiserez cependant bon nombre de touristes venus se promener dans les marchés locaux, explorer les ruines de l'ancien sultanat musulman, se régaler d'une cuisine fusion thaïlando-musulmane, se détendre sur les plages caressées par la brise et goûter à l'ambiance urbaine éclectique de Hat Yai.

Songkhla et Singha Nakhon สงขลา / สิงหนคร

☎074 / 163 000 HABITANTS

Séparées par le majestueux lac de Songkhla, les villes de Songkhla et Singha Nakhon ont un passé indissociable. Établie au XVIIe siècle par le sultanat musulman de Singora, Singha Nakhon est l'ancêtre de Songkhla, la capitale actuelle de cette province. Les deux font partie des villes du sud du pays aux plus remarquables patrimoines.

Cette agglomération est surtout prisée des touristes originaires de la région. L'influence de la population thaïlandaise, chinoise et malaise est visible partout, des superbes vestiges ramenant les visiteurs à l'époque du sultanat à l'architecture sino-portugaise de la vieille ville de Songkhla. Cette fusion culturelle se reflète aussi dans des mets locaux délicieux, qui marient les épices de la cuisine thaïlando-musulmane méridionale aux saveurs de la cuisine chinoise. On trouve en outre un grand nombre de lieux dédiés à la culture arty et modernes, qui ont contribué à donner à Songkhla et Singha Nakhon le titre de capitale artistique du Sud.

À voir

Les passionnés d'histoire fileront à Singha Nakhon : sur la trace du sultanat oublié de Singora, ils découvriront le **tombeau** (สุสานสุลต่านสุไลมาน ; près de la Hwy 408 ; ⏲8h-minuit) de son plus célèbre sultan, Sulaiman Shah, ainsi que quelques vestiges des remparts de la ville et plus d'une dizaine de **forts** (ป้อมหัวเขาแดง ; Fort Khao Daeng ; Rte 4222 ; P) GRATUIT éparpillés partout dans les contreforts. Les plus férus pourraient passer des jours à tous les localiser.

Vous trouverez à Songkhla les meilleures plages, et la **vieille ville de Songkhla** (Nang Ngam) est l'une des plus belles du sud du pays : les édifices historiques chinois et sino-portugais qui n'ont pas été superbement restaurés sont devenus le support de remarquables œuvres de *street art*. Beaucoup de bâtiments ont été transformés en centres culturels, comme le vieux moulin à riz près des docks. Le mélange architectural éclectique apparaissant sur certains bâtiments anciens comme la **Masjid Asassul** (มัสยิดอุสาสนอิสลาม ; Th Phattalung ; ⏲lever-coucher du soleil) témoigne de l'influence euro-indo-thaïlandaise sur la communauté musulmane locale.

Musée national MUSÉE

(พิพิธภัณฑสถานแห่งชาติสงขลา ; ☎074 311728 ; 13 Th Wichianchom ; 150 B ; ⏲9h-16h mer-dim, fermé les jours fériés). Ce superbe manoir de style chinois fut bâti en 1878 pour Phraya Sundranurak, vice-gouverneur de Songkhla. Il possède 12 salles où l'histoire de la ville prend vie à travers des présentations en anglais et en thaï. Photos en noir et blanc, poteries, objets retrouvés sur des épaves, etc. L'exposition répertorie tous les forts du sultanat de Singora encore debout.

VAUT LE DÉTOUR

PARC NATIONAL DE KHAO LUANG

Connu pour ses beaux chemins de randonnée, ses cours d'eau rafraîchissants, ses cascades et les espèces qui le peuplent, le **parc national de Khao Luang** (อุทยานแห่งชาติเขาหลวง ; ☎075 300494 ; www.dnp.go.th ; près de la Rte 4015 ; adulte/enfant 400/200 B ; Ⓟ) est une haute chaîne de montagnes recouverte de conifères, et doit son nom à la plus haute montagne du sud du pays. Il fournit un habitat à une faune et une flore abondantes et uniques au monde, puisqu'il totalise 327 espèces d'animaux et d'orchidées endémiques. Le camping est autorisé, et il est possible de réserver des bungalows rudimentaires sur le site Internet (à partir de 600 B). Un restaurant se tient également près des bureaux du parc.

Parmi les animaux arpentant ce parc, on peut rencontrer le tapir de Malaisie, très discret, le saro du Sumatra, le macaque à queue de cochon, la panthère nébuleuse, le tigre ou encore le semnopithèque obscur. Les ornithologues amateurs s'amuseront à tenter de repérer aigles noirs, coqs dorés et certains calaos (reconnaissables à leur bec imposant), notamment le calao largup, le calao à casque rond et le calao coiffé.

Pour rejoindre le parc, prenez un *songthaew* à Nakhon Si Thammarat et descendez à Lan Saka (40 B), sur la Rte 4015 ; les chauffeurs vous conduiront généralement jusqu'aux bureaux du parc, 10 km plus loin (soit près de 30 km à l'ouest du centre de Nakhon).

Circuits organisés

Singora Tram Tour CIRCUIT EN TRAMWAY
(☎074 312025 ; Th Jana ; ⏲9h-15h). GRATUIT Ce circuit de 90 minutes à bord d'un tramway découvert part à côté de Th Jana. Il n'y aura sans doute pas de commentaires en anglais, mais vous découvrirez la vieille ville, la mosquée, un temple thaïlandais, un temple chinois, et poursuivrez jusqu'à Hat Samila.

Où se loger et se restaurer

Sook Som Boon 2 Hotel HÔTEL $
(☎099 472 1648 ; 14 Th Saiburi ; d 550-650 B ; ❄📶). Un hôtel au bon rapport qualité/prix, bien situé car proche de nombreuses curiosités comme le **marché de la vieille ville** (Th Chana ; ⏲16h-22h ven-sam). Les chambres sont propres, bien qu'elles sentent un peu le renfermé. Le propriétaire connaît bien la ville et parle anglais. Location de vélos.

♥ **Ban Nai Nakhon Boutique Hotel** BOUTIQUE-HÔTEL $$
(☎095 438 9323 ; dntche@hotmail.com ; 166 Th Nang Ngam ; d 1 500 B ; ❄). Ce superbe boutique-hôtel est tenu par Abdu'r Rahman, un grand amateur d'histoire. Les curiosités et objets anciens liés à l'histoire de Songkhla ou qu'il a rapportés de ses voyages se bousculent dans le salon, lui donnant un air de petit musée. Cette personnalité marque aussi les chambres, dotées de grands lits et de meubles thaïlandais traditionnels, avec également une mosaïque réalisée par Rahman lui-même. Vélos à disposition gratuitement.

♥ **Songkhla Station** CAFÉ $
(☎093 771 1181 ; 10/8 Th Nakhonnok ; plats 70 B ; ⏲8h-19h ; ❄📶). Dans un vieux bâtiment restauré, ce café-restaurant mitonne des mets traditionnels thaïlandais, dont des ailes de poulet frites avec riz gluant et du *sôm·đam* (salade épicée à la papaye), mais aussi des plats occidentaux. Spacieux et de belle conception, l'intérieur est adapté aux enfants (nombreux jeux et activités). La galerie du 1er étage mérite le coup d'œil.

♥ **Books and Cafe** CAFÉ
(☎094 396 4179 ; Th Ramvithi ; ⏲8h30-23h ; 📶). Nous avons adoré cette petite oasis nichée à quelques mètres de la vieille ville de Songkhla. Le lieu rêvé pour une pause après une matinée d'exploration. Installé dans un fauteuil ou un canapé confortable, vous dégusterez un excellent café au milieu des livres en thaï et en anglais, sur fond de musique relaxante.

Renseignements

On trouve des banques et des DAB partout à Songkhla.

Consulat d'Indonésie (☎074 311544 ; www.kemlu.go.id/songkhla ; 19 Th Sadao ; ⏲8h30-16h lun-ven)

Consulat de Malaisie (☎074 311062 ; www.kln.gov.my/web/tha_songkhla ; 4 Th Sukhum ; ⏲8h15-12h et 13h-16h15 lun-jeu, 8h15-12h et 14h-16h15 ven)

Police (☎074 321878 ; www.songkhlapolice.com ; Th Laeng Phra Ram)

Poste (☎074 312982 ; www.thailandpost.co.th ; Th Wichianchom ; ⏲8h30-16h lun-ven et 8h30-12h sam)

Comment s'y rendre et circuler

BUS

La principale gare routière se trouve sur Songkhla Plaza Alley (en retrait de Nakhonnok St), à 1,5 km au sud de la vieille ville. Trois bus de 2e classe partent tous les jours pour Bangkok (865 B), via Nakhon Si Thammarat, Surat Thani et d'autres localités. De l'arrêt de **Th Ramwithi** (Th Ramwithi ; ⏲6h-20h), des bus (21 B) et minibus (30 à 40 B) rejoignent Hat Yai en 40 minutes environ. Des *songthaew* pour Ko Yo démarrent du même endroit.

FERRY

Sur le lac de Songkhla, un ferry transporte passagers (gratuit), deux-roues (3 B) et voitures (20 B) de **Singha Nakhon** (Rte 4222 ; ⏲5h-22h) à **Songkhla** (Laem Son On).

TRAIN

Il faut aller à Hat Yai pour pouvoir prendre les trains longue distance qui desservent la plupart des destinations du Sud, car ils ne s'arrêtent plus à Songkhla.

Hat Yai

หาดใหญ่

☎074 / 156 601 HABITANTS

Bienvenue dans le carrefour urbain du sud de la Thaïlande, où les centres commerciaux à la mode occidentale côtoient une abondance d'étals servant une cuisine de rue cantonaise. L'odeur du curry flotte entre les stands animés, tandis que de vieux Chinois regardent défiler le monde, assis sur leurs chaises usées devant les brocantes. Conjuguant l'ambiance d'une ville affairée et une décontraction toute tropicale, Hat Yai est depuis longtemps prisée des Malaisiens pour des virées débridées le week-end. Dans les endroits touristiques, vous remarquerez que ces derniers sont nombreux, même si on aperçoit de temps à autre quelques expatriés occidentaux.

En explorant Hat Yai, vous découvrirez l'une des meilleures cuisines de la région et le dynamisme d'une grande ville du sud de la Thaïlande, éminemment cosmopolite comparée aux autres agglomérations de la province.

À voir

Parc municipal de Hat Yai PARC

(สวนสาธารณะเทศบาลนครหาดใหญ่ ; ☎074 211 898 ; www.hatyaipark.com ; Rte 407 ; ⏲9h-20h ; Ⓟ). Situés 7 km au nord-est de Hat Yai, les jardins paysagers et vallonnés de cette immense oasis verdoyante recèlent plusieurs temples magnifiques, mais aussi le plus haut **bouddha doré** (พระพุทธมงคลมหาราช) GRATUIT de Thaïlande, un observatoire et un plan d'eau où l'on peut canoter, avec une cascade artificielle. Sillonné par un réseau de pistes cyclables, le parc est aussi parsemé de cafés et d'étals de nourriture. Exploration des temples, tour en **téléphérique** (เคเบิ้ลคาร์ หาดใหญ่ ; adulte/enfant 200/100 B ; ⏲9h-16h lun-jeu et 9h-17h ven-dim), paysages spectaculaires... C'est une excellente occasion d'échapper, le temps d'une journée au grand air, à l'atmosphère souvent étouffante de Hat Yai.

Marché flottant de Khlong Hae MARCHÉ

(ตลาดน้ำคลองแห ; Ban Khlong Hae ; ⏲13h-21h ven-dim ; Ⓟ). Partout à Hat Yai, chauffeurs de *tuk-tuk* et tour-opérateurs proposent de visiter ce marché flottant trépidant et haut en couleur qui se tient le week-end sur la rivière Mae Nam Toei, 5 km au nord de la ville. La rive opposée au *wat* est envahie par une rangée de bateaux, mais la meilleure nourriture et les plus beaux souvenirs se cachent souvent dans les étals devant eux. Bien que très fréquenté, ce marché fait une parfaite excursion dans le milieu rural de la province de Songkhla. Modestes frais de parking (30 B).

Où se loger

Hat Yai n'est pas avare en lieux d'hébergement. Le centre regroupe des dizaines d'hôtels d'affaires accessibles à pied depuis la gare ferroviaire, ainsi que plusieurs auberges de jeunesse pour les baroudeurs de passage.

Hatyai Dee Hostel AUBERGE DE JEUNESSE $

(☎091 049 2737 ; 194 Nipat Uthit 1 ; d 250 B ; ❄ 📶). Tenue par des musulmans, cette auberge de jeunesse soignée et tranquille est commodément proche de la gare. Bon restaurant sur place et location de scooters à partir de 300 B. Dortoirs propres et spacieux. Pas d'eau chaude dans les douches, mais des prix raisonnables toute l'année.

Hat Yai Backpackers AUBERGE DE JEUNESSE $

(☎080 396 4621 ; 226 Th Niphat Uthit 1 ; dort 240 B ; Ⓟ❄📶). Ces dortoirs pour femmes à 4 lits et dortoirs mixtes à 8 lits sont propres, ordonnés, bon marché et pratiques par leur proximité avec la gare ferroviaire. Le personnel saura vous donner des conseils sur la ville.

Centara HÔTEL $$

(☎074 352222 ; www.centarahotelsresorts.com ; 3 Th Sanehanusorn ; d/app à partir de 1 550/2 850 B, ste 5 550 B ; P❄📶🏊). Cet hôtel de Hat Yai est élégant. Il propose 244 chambres de très bonne facture, ainsi qu'une vue superbe depuis les étages supérieurs et une grande piscine. Le service est impeccable. Le soir, les musiciens de jazz en font un endroit agréable, dans cette ville où les bars sont rares. L'hôtel est installé au-dessus du grand magasin central. Spa, salle de sport et navettes depuis/vers l'aéroport.

Red Planet HÔTEL $$

(☎074 261011 ; www.redplanethotels.com ; 152-156 Th Niphat Uthit 2 ; d 900-1 700 B ; P❄📶). Cet hôtel offre des chambres modernes, fonctionnelles, propres et abordables, ainsi qu'un service correct. Comme dans bien des grandes chaînes, l'atmosphère est plutôt insipide, et le Red Planet s'adresse surtout aux voyageurs d'affaires. Le personnel se montre toutefois avenant et l'hôtel dispose d'un spa.

Où se restaurer et prendre un verre

Capitale gastronomique officieuse du sud du pays, la ville est réputée pour ses *roti* et ses currys, ses nouilles chinoises, son canard au riz et ses *dim sum*, ainsi que pour ses poissons et fruits de mer tout frais pêchés dans le golfe de Thaïlande ou la mer d'Andaman. Les étals de rue abondent à Hat Yai, surtout le long de Th Supasarnrangsan, où l'on vous sert des repas pour 25 à 80 B.

♥ **Marché de nuit** MARCHÉ $

(Th Montri 1 ; ⏱17h-21h30). Le marché de nuit propose une multitude de mets locaux. Plusieurs étals vendent le fameux poulet frit à la Hat Yai et les *kà·nŏm jin* (nouilles fraîches au riz et curry). On y déniche aussi des produits de la mer grillés, ainsi que des *roti* fourrés, incontournables dans le Sud. Installez-vous sur une chaise en plastique et régalez-vous !

Daothiam CAFÉ $

(☎074 243268 ; facebook.com/pg/daothiamhadyai ; 79/3 Thammanoonvithi Rd ; plats à partir de 60 B ; ⏱7h-19h ; 📶). Ce café traditionnel chinois, aux murs ornés de billets de banque, sert une clientèle locale depuis 1959. Sa solide carte se compose de plats sino-thaïlandais et de bons petits-déjeuners. En face du centre commercial Odean.

Mata Coffee 9 CAFÉ

(☎062 280 1717 ; Th Manasruedee ; ⏱9h-19h ; 📶). Une bonne adresse aussi proche de la gare est une aubaine. Parfait refuge pour faire une pause et se remettre les idées en place après un long voyage en train, ce lieu climatisé est loin du brouhaha des chauffeurs de *tuk-tuk* et de moto-taxi cherchant à attirer les clients. Vous pourrez y organiser la suite de votre voyage sur de confortables canapés en cuir, et compter sur un café excellent, ainsi qu'un bon Wi-Fi.

ℹ Renseignements

DÉSAGRÉMENTS ET DANGERS

On dit souvent que Hat Yai échappe à la violence touchant l'extrême Sud. La ville n'a pourtant pas été épargnée par le passé. Une bombe a explosé, le 31 mars 2012, dans le Lee Gardens Plaza Hotel, faisant 4 morts et 400 blessés dans un incendie. En 2014, 3 bombes ont explosé à Hat Yai, et blessé 8 personnes. Dans les années précédentes, des bars, des centres commerciaux, des grands magasins et des hôtels ont également été la cible d'attaques, mais la ville n'a connu aucun incident majeur depuis 2014, et la sécurité a très visiblement été renforcée autour des pôles de transports comme la gare ferroviaire ou l'aéroport).

Les étrangers considèrent Hat Yai comme une ville sûre, comme en témoigne l'affluence de touristes non thaïlandais. Si vous ne faites qu'y passer, vous n'avez presque rien à craindre. Si vous comptez y séjourner un moment, soyez simplement sur vos gardes et tenez-vous au courant des actualités locales.

EXTENSIONS DE VISA

Bureau de l'immigration (Th Phetkasem). Près du pont ferroviaire, ce bureau de l'immigration thaïlandais s'occupe notamment des prorogations de visa.

OFFICE DU TOURISME

Tourism Authority of Thailand (TAT ; www.tourismthailand.org/hatyai ; 1/1 Soi 2, Th Niphat Uthit 3 ; ⏱8h30-16h30). Ses employés, très serviables, sont anglophones.

Dee Travels Hat Yai (Cathay Tour ; ☎074 815 400 ; www.cathaytourthailand.com ; 190 Th Niphat Uthit 1 ; ⏱8h-18h). La meilleure des agences de voyages du centre-ville.

URGENCES

Police touristique (1er ét, Hat Yai Plaza 3, Th Niphat Uthit 3 ; ⏱24h/24)

BUS AU DÉPART DE HAT YAI

Le bureau d'information de la principale gare routière est ouvert de 4h30 à 21h30. La gare est bien organisée et un guichet est attribué à chaque destination. Parmi les destinations principales :

DESTINATION	PRIX	DURÉE
Bangkok	698-1 086 B	13 heures
Krabi	253-507 B	5 heures
Nakhon Si Thammarat	140 B	3 heures
Ko Samui	404 B	7 heures
Phuket	355 B	7 heures
Songkhla	34 B	1 heure 30
Sungai Kolok	270 B	4 heures
Surat Thani	240 B	5 heures
Trang	120 B	2 heures

Depuis/vers Hat Yai

AVION

L'aéroport international de Hat Yai est à 14 km au sud-ouest de la ville. **Air Asia** (www.airasia.com), **Nok Air** (www.nokair.com) et **Thai Lion Air** (www.lionairthai.com) font quotidiennement la navette depuis/vers l'aéroport Don Mueang de Bangkok. **Thai Airways** (☎ 074 233433 ; www.thaiairways.com ; Community Mall, 206-207 Th Prachayindee ; 🕗 8h-17h lun-ven) et **Thai Smile** (www.thaismileair.com) desservent l'aéroport de Bangkok-Suvarnabhumi.

Un **Airport Taxi Service** (☎ 099 478 2592 ; 194 Nipat Uthit 1 ; 100 B/pers ; 🕗 7h-17h15) assure le trajet depuis l'aéroport 6 fois par jour pour 100 B (7h, 10h15, 12h15 et 17h15). En taxi, comptez 320 B, ou environ 250 B si vous utilisez **Grab** (www.grab.com).

BUS

La plupart des bus interrégionaux et des minibus vers le sud partent du **terminal de Hat Yai** (73 Th Chotevittayakul) qui se situe à 2 km au sud-est du centre-ville de Hat Yai. Le départ des minibus pour le nord s'effectue du **terminal** (Rte 4), à 5 km à l'ouest de la ville. Vous pouvez le rejoindre en *tuk-tuk* pour 80 B depuis le centre-ville. Les bus relient Hat Yai à presque toutes les villes du sud du pays.

Dee Travels Hat Yai peut aussi organiser des trajets en minibus vers un grand nombre de destinations du Sud.

TRAIN

Il y a 4 trains de nuit quotidiens depuis/vers Bangkok (259-1794 B, 16 heures) depuis la **gare ferroviaire de Hat Yai** (☎ 1690 ; www.railway.co.th ; Th Rotfai). Des trains s'y rendent via Surat Thani (105 B). Sept trains quotidiens longent la côte est vers Sungai Kolok (92 B). Deux autres descendent la côte ouest jusqu'à Padang Besar (50 B), en Malaisie.

Un bureau de réservation (7h-17h) permet de se procurer des billets jusqu'à 90 jours à l'avance. Vous pourrez aussi acheter vos billets par téléphone 3 jours avant le départ en composant le 1690, ou 5 jours à l'avance sur www.railway.co.th. Une consigne (5h-18h) peut stocker vos bagages pour 30-50 B par tranche de 24 heures.

Comment circuler

Des *songthaew* roulent sur Th Phetkasem (20 B/pers). Prendre un *tuk-tuk* ou une moto-taxi revient à 30-60 B/pers. Vous pourrez héler les taxis qui passent régulièrement, ou passer par l'application Grab (www.grab.com) avec laquelle une petite course revient à environ 70 B.

Pour découvrir la ville à votre rythme, envisagez de louer un scooter auprès de **JA Mobile** (☎ 086 285 5533 ; Th Rotfai, gare ferroviaire de Hat Yai ; 300 B/jour ; 🕗 9h-20h), à la gare ferroviaire de Hat Yai, ou un vélo chez **Tyro Bike** (☎ 092 628 2415 ; facebook.com/tyrobike ; Th Rajyindee ; 🕗 9h-18h lun-sam ; 📶).

EXTRÊME SUD

Les provinces de Pattani, Yala et Narathiwat, les plus méridionales de Thaïlande, ont une identité à part. Au fil des siècles, elles ont été profondément marquées par la culture, la langue et la religion des musulmans malaisiens, notamment au XVIe siècle par le sultanat de Pattani, dont le domaine s'étendait sur cette partie du sud de la Thaïlande et certaines terres du nord de la Malaisie. Ethniquement plus proches des Malaisiens que des Thaïlandais, les habitants y parlent un dialecte malais.

Largement sous-exploité, le remarquable potentiel touristique de cette région est

FAUT-IL SE RENDRE DANS L'EXTRÊME SUD ?

Lors de la rédaction de ce guide, les attaques et les bombes continuaient de faire des dégâts dans l'extrême Sud, et de nombreux gouvernements occidentaux déconseillaient tout voyage pour motif non essentiel dans les provinces de Pattani, Yala et Narathiwat. Pourtant, l'immense majorité des habitants de ces régions sont ravis de voir des *farang* (Occidentaux), et prêtent beaucoup d'attention aux visiteurs étrangers, car ils sont extrêmement rares. À ce jour, les touristes (Occidentaux compris) n'ont jamais été pris pour cible par les insurgés.

Cependant, par nature, les insurrections sont imprévisibles et des frappes peuvent avoir lieu n'importe où. Une tactique souvent utilisée par les séparatistes consiste à dissimuler un engin explosif sur une moto garée devant une boutique, des écoles ou sur les marchés, comme ce fut le cas à plusieurs reprises dans le centre de Yala, de Pattani, de Narathiwat et de Sungai Kolok.

Il est préférable de ne pas s'attarder en ville, pour ne pas être au mauvais endroit au mauvais moment. Il est déconseillé aussi de se déplacer dans la campagne tôt le matin ou le soir, surtout la nuit, et de voyager à moto de location si vous n'êtes pas identifiable comme étranger.

Toutefois, l'inconvénient majeur est que l'insurrection a tellement paralysé le tourisme que les infrastructures se font désormais très rares. Vous ne pourrez utiliser les transports en commun qu'entre les grandes villes ; ailleurs, il vous faudra votre propre véhicule. Il n'y a quasiment pas d'hôtels ou de restaurants, et guère plus d'animation nocturne. Les superbes plages sont complètement dépourvues d'installations... ce qui ravit certains. Sachez que de nombreux points de contrôle jalonnent ces provinces et leurs villes, et que s'y déplacer peut être très laborieux. Si vous envisagez tout de même un voyage vers l'extrême Sud, informez-vous avec soin sur la sécurité dans la région auprès de votre ambassade.

pénalisé par le conflit couvant depuis longtemps entre État et séparatistes ethniques et religieux. En conséquence, la région reçoit peu de visiteurs et manque d'infrastructures touristiques. Ceux qui la traversent le font en majorité pour accéder à la Thaïlande – ou, plus rarement, la quitter – via Sungai Kolok.

Yala ยะลา

☎073 / 63 000 HABITANTS

Sans accès à la mer, la province de Yala, la plus méridionale de Thaïlande, s'étend jusqu'à la frontière avec la Malaisie. La capitale éponyme ne ressemble à aucune autre ville du pays. Ses larges boulevards et son quadrillage de rues régulier, qui s'organisent autour d'un parc central, lui confèrent un air occidental. C'est une ville universitaire, principal centre d'enseignement de l'extrême Sud. La population est aux trois quarts musulmane.

À voir

La principale curiosité de Yala est le **Wat Kuhapimuk** (วัดคูหาภิมุข, Wat Na Tham ou temple devant la grotte ; Na Tham, près de la Rte 409), l'un des principaux lieux de pèlerinage du Sud.

Plus au sud, Betong accueille la plus grande boîte aux lettres de Thaïlande, élevée en 1924.

La plupart de ses hôtels bon marché sont également des bordels clandestins. Le choix d'hébergement est mince ; nous recommandons le **Yala Rama** (☎073 212815 ; 15-21 Th Sri Bamrung ; ch 650 B ; ❄📶).

Renseignements

Betong, tout près de la frontière, est un point de passage légal, mais peu pratique, vers la Malaisie. Contactez le **bureau de l'immigration** (☎073 231292 ; Betong ; ⏰8h30-16h30) de Yala.

Depuis/vers Yala

Le terminal des bus de Yala se situe au sud du centre-ville. Trois bus quotidiens circulent depuis/vers le terminal Sud des bus de Bangkok (783 à 1 422 B, 15 heures). Chaque jour, 4 trains circulent entre Bangkok et Yala (18 heures) et 2 trains effectuent le trajet entre Yala et Sungai Kolok (3-4 heures). Des bus pour Hat Yai (160 B, 2 heures 30) s'arrêtent plusieurs fois par jour dans Th Sirirot, devant le bureau de Prudential TS Life.

Des minibus pour Betong et Sungai Kolok (100 B, 2 heures 30) partent toutes les heures en face de la gare ferroviaire.

Pattani ปัตตานี

073 / 43 700 HABITANTS

Jadis le centre d'une vaste principauté musulmane qui englobait les provinces voisines de Yala, de Narathiwat et certaines parties du nord de la Malaisie, Pattani ne s'est jamais vraiment soumise au pouvoir thaïlandais. Si la situation politique actuelle freine le développement de la région, la ville de Pattani a commercé pendant 500 ans avec les plus grandes puissances impériales. Les Portugais y ont créé un comptoir marchand en 1516, les Japonais sont arrivés en 1605, les Hollandais en 1609 et les Britanniques ont tenté d'imposer leur pouvoir colonial en 1612.

Malgré son intéressant passé, Pattani n'a pas grand-chose à offrir si ce n'est un accès aux plages des environs. À cause de l'insurrection qui y sévit, la plupart ne sont pas sûres pour les voyageurs isolés.

Matsayit Klang (Th Yarang), l'une des plus vastes mosquées du pays (et la plus importante du Sud), est un édifice traditionnel de couleur verte construit dans les années 1960.

Comme dans d'autres villes de la région, l'offre en lieux d'hébergement est restreinte. Le **CS Pattani Hotel** (073 336090 ; www.cspattanihotel.com ; 299 Mu 4, Th Nong Jik ; ch à partir de 900 B ;) offre toutefois un confort satisfaisant.

Renseignements

Plusieurs banques sont situées à l'extrémité sud-est de Th Pipit, près de l'intersection avec Th Naklua Yarang.

Police (073 348555 ; 62 Th Pattani Phirom)

Pattani Hospital (073 711010 ; www.pattanihos.com ; 2 Th Nong Jik)

Depuis/vers Pattani

Bus et minibus partent de la gare routière de Pattani à la lisière ouest de la ville. Départs fréquents vers Hat Yai (120 B, 1 heure 30), Narathiwat (120 B, 1 heure 30) et Sungai Kolok (160 B, 2 heures 30).

Il y a 2 bus quotidiens depuis/vers le terminal Sud des bus de Bangkok (765-1 250 B, 14 heures).

Comment circuler

Les motos-taxis (30 B), qui circulent en ville et aux alentours, se font rares à la nuit tombée.

Sungai Kolok สุไหงโกลก

073 / 78 500 HABITANTS

Principal point de passage entre la Thaïlande et la Malaisie, Sungai Kolok (สุไหงโกลก) n'est pas l'endroit le plus attirant pour quitter ou arriver au "pays du sourire". Peu reluisante, cette ville frontalière est surtout connue pour la contrebande et la prostitution. Moins ciblée par les attentats que les autres grandes villes de la région, elle n'en est pas moins affectée par le conflit de l'extrême Sud. Les Malais qui venaient ici il y a quelques années encore se livrer à des week-ends de débauche préfèrent aujourd'hui Hat Yai, plus sûre. Si les voyageurs se font rares à emprunter ce passage pour quitter

SE RENDRE EN MALAISIE : DE SUNGAI KOLOK À RANTAU PANJANG

Rejoindre la frontière Le poste-frontière thaïlandais (ouvert de 5h à 21h) est à 1,5 km du centre de Sungai Kolok ; comptez autour de 30 B à moto-taxi.

Arrivé à la frontière Une fois les formalités douanières terminées, traversez à pied le Harmony Bridge pour rejoindre le poste-frontière malaisien.

Et ensuite ? Pour gagner Kota Bharu, la capitale de l'État de Kelantan en Malaisie, vous pourrez attraper un taxi collectif ou un bus, 200 m après le poste-frontière malaisien. Comptez 10 RM (75 B) par personne pour un taxi collectif et 50 RM (370 B) pour le véhicule complet. Le trajet dure environ 40 minutes ; des bus l'effectuent en 1 heure pour 5,10 RM (38 B).

Vous pourrez poursuivre en direction du sud grâce au "jungle train", mais la gare la plus proche est à Pasir Mas, située sur l'itinéraire emprunté par les taxis et les bus ralliant Kota Bharu.

Les étrangers sont autorisés à traverser la frontière à Tak Bai (province de Narathiwat) et Betong (plus au sud, dans la province de Yala), mais Sungai Kolok est de loin le point de passage le plus commode.

la Thaïlande, ils sont plus nombreux venant de Malaisie, la plupart montant immédiatement à bord du train qui se dirige vers le nord.

Où se loger

La plupart des hôtels de Sungai Kolok affichent les mêmes tarifs et qualité de service, c'est-à-dire plutôt bas.

Merlin Hotel HÔTEL $
(☎ 073 611003 ; 68 Th Charoenkhet ; ch 600-700 B ; ❄ 📶). Équipements et mobilier d'un autre âge, mais le lieu est propre et facile d'accès depuis la gare.

Renseignements

Des DAB et des guichets de change existent près de la gare ferroviaire.

On trouve un bureau de la police touristique à la frontière.

En face du Merlin Hotel se trouve un **bureau de l'immigration** (☎ 073 611231 ; www.narathiwatimmigration.go.th ; 70 Th Charoenkhet ; ⏰ 8h-17h lun-ven), géré par un personnel anglophone serviable.

Comment s'y rendre et circuler

La **gare routière** (Th Asia 18, près de 4056) des bus longue distance est à 2 km à l'ouest du centre sur Th Asia 18. Quatre bus par jour circulent depuis/vers le terminal Sud des bus de Bangkok (707 à 1 414 B, 17-20 heures), ainsi que des minibus à destination de Hat Yai (270 B, 4 heures).

On prend les minibus vers le nord pour Narathiwat (70 B, 1 heure), Pattani (160 B, 2 heures 30) et Yala (110 B, 2 heures 30) près du **Genting Hotel** (☎ 073 613231 ; 250 Th Asia 18 ; ch 690-790 B ; ❄ @ 📶 🏊), en face de la gare ferroviaire.

Deux trains quotidiens relient Sungai Kolok à Bangkok (23h30 et 14h20, 18-23 heures). Dans l'extrême Sud, les trains sont souvent retardés et soumis à des contrôles de police ou de l'armée.

Des motos-taxis vous transporteront en ville pour un tarif fixe de 30 B.

Phuket et la côte d'Andaman

Dans ce chapitre ➡

Le top des restaurants

- Eat Bar & Grill (p. 678)
- Efe (p. 706)
- Krua Thara (p. 699)
- One Chun (p. 658)
- Pad Thai Shop (p. 677)
- Marché nocturne de Trang (p. 721)

Le top des hébergements

- Rayavadee (p. 696)
- Castaway Resort (p. 736)
- Elephant Hills (p. 638)
- Fin Hostel (p. 674)
- Amanpuri Resort (p. 681)

Pourquoi y aller

La côte d'Andaman est la Thaïlande des cartes postales, ce lieu idyllique pour lequel on rêverait de quitter son travail et de vivre toute l'année en tongs. La région, éblouissante, regroupe plages de sable blanc immaculé, eaux turquoise et imposantes falaises de karst. Ses îles couvertes de jungle percent la mer d'Andaman jusqu'aux frontières du Myanmar et de la Malaisie. Phuket en est le symbole tape-à-l'œil, mais en allant plus au nord, vous découvrirez des sites de plongée exceptionnels, des îles peu visitées et les grottes et cascades des parcs nationaux de Phang-Nga. Au sud, vous pourrez caboter d'île en île jusqu'à la frontière malaisienne.

Malheureusement, la côte d'Andaman, victime de son succès, est prise d'assaut par une foule croissante de visiteurs, entre jeunes voyageurs au porte-monnaie serré, riches jet-setteurs et touristes en circuit organisé. Les complexes hôteliers rutilants remplacent progressivement les cabanes en bambou et les bars rastas thaïlandais, et il faut s'éloigner de plus en plus des sentiers battus pour retrouver une certaine authenticité. Pourtant, le rêve de carte postale est toujours là si on sait le chercher.

Quand partir

Mai-sept La saison des pluies, qui s'étend sur 5 mois, correspond à la basse saison touristique. Les hôtels ferment ou baissent considérablement leurs tarifs.

Sept-oct À Phuket et Trang, le Festival végétarien permet de déguster d'excellents mets et de croiser des fidèles au visage percé.

Déc-avr La haute saison touristique offre des conditions idéales pour la plongée et le snorkeling.

À ne pas manquer

1 Les eaux couleur jade et les plages de sable blanc des **îles de Trang** (p. 722).

2 Le snorkeling parmi les récifs coralliens multicolores au large de **Ko Lipe** (p. 735).

3 Le surprenant décalage entre les hôtels de luxe et les stands de cuisine de rue de **Phuket** (p. 650).

4 Une randonnée dans la jungle sauvage du **parc national de Khao Sok** (p. 636).

5 L'escalade des falaises calcaires surplombant les plages splendides de **Railay** (p. 692).

6 Une baignade dans la mer bleue, puis la fête jusqu'à l'aube sur **Ko Phi Phi** (p. 700).

7 Une plongée parmi les raies mantas et les requins-baleines dans les **îles Surin** (p. 635) et **Similan** (p. 643).

8 La richesse culturelle de la vieille ville de **Ko Lanta** (p. 707) et les plages décontractées de l'île.

9 Une sortie en kayak dans les grottes spectaculaires semi-immergées du **parc national maritime d'Ao Phang-Nga** (p. 645).

10 L'atmosphère détendue des bars de plage de **Ko Phayam** (p. 631).

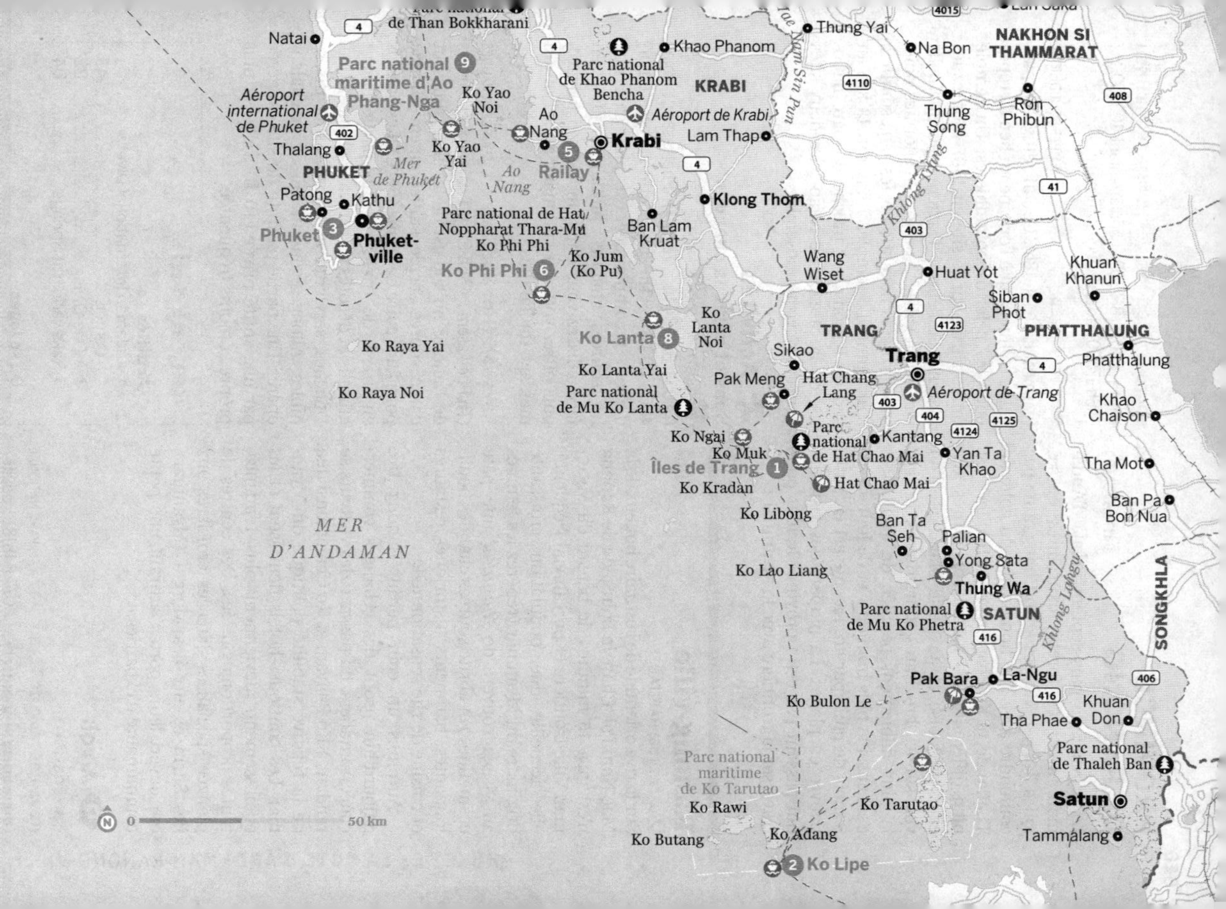

PROVINCE DE RANONG จังหวัดระนอง

La province la plus septentrionale d'Andaman, avec ses forêts luxuriantes et ses jolies îles peu visitées – Ko Chang, à ne pas confondre avec l'île homonyme du golfe de Thaïlande, et Ko Phayam en particulier – est bien différente des paradis balnéaires aux eaux turquoise et au sable blanc que l'on voit sur les brochures touristiques. Région la plus faiblement peuplée de Thaïlande, c'est aussi la plus humide – et de loin – avec 8 mois de pluie par an. La côte est en outre pauvre en plages. La plupart des visiteurs qui passent par cette province le font pour traverser la frontière avec le Myanmar.

Ranong-ville ระนอง

077 / 24 561 HABITANTS

Sur la rive orientale de l'estuaire boueux de la Mae Nam Pak Chan, la bourgade de Ranong n'est qu'à 45 minutes de bateau du Myanmar. Ville frontière et port fluvial fréquenté, elle accueille une population croissante originaire du Myanmar (repérez les femmes au visage couvert de *thanaka*, une pâte cosmétique) et abrite sources chaudes bouillonnantes, bâtiments historiques restaurés et cuisine de rue sensationnelle.

Autrefois un coin perdu, Ranong tire aujourd'hui profit des échanges commerciaux frontaliers, du passage des visiteurs se rendant à Ko Phayam et Ko Chang ainsi que de la relative stabilité politique du Myanmar. Les boutiques-hôtels fleurissent et les établissements deviennent plus tendance, toutes proportions gardées. Des centres de plongée spécialisés dans les croisières aux îles Surin et aux îles Mergui (Myanmar), ont ouvert leurs portes, attirant une petite communauté d'expatriés.

À voir

Parc national de la cascade de Ngao PARC NATIONAL

(อุทยานแห่งชาติ น้ำตกหงาว ; 077 848181 ; adulte/enfant 100/50 B ; 8h30-16h30). À 12 km au sud de Ranong, ce parc de 668 km² comprend une forêt tropicale et une cascade à plusieurs niveaux (300 m de haut). Un court sentier mène à l'un de ces niveaux où il est possible de se baigner. La zone abrite aussi des crabes pandas : ces crabes d'eau douce au corps blanc et à la bouche violette sont célèbres dans la région. Le billet que l'on achète aux **sources chaudes de Pornrang** (บ่อน้ำร้อนพรรั้ง ; 077 862103 ; adulte/enfant 100/50 B ; 6h-17h30) donne accès au parc.

Wat Ban Ngao TEMPLE BOUDDHIQUE

(วัดบ้านหงาว ; 7h-18h). Ce joli refuge au pied d'une colline était à l'origine un lieu de repos pour les pèlerins bouddhistes. Un temple fut construit sur le site en 1987. Montez les marches en béton à l'arrière pour une belle vue sur la vallée. Non loin, d'énormes poissons protégés nagent dans les eaux sombres d'un étang. Le temple, à environ 13 km au sud de Ranong, est proche du parc national de la cascade de Ngao ; les deux sites peuvent se visiter ensemble.

Activités

Spas et sources chaudes

Namnong Hot Spa SPA

(084 625 3444 ; 73/3 Th Phetkasem ; soins 400-1 000 B ; 11h-20h). Cette adresse chaudement recommandée est plus chic que les sources chaudes publiques juste en face. Glissez-vous dans un Jacuzzi privatif, puis offrez-vous un gommage au sel ou un massage thaïlandais.

Rakswarin Hot Springs SOURCES CHAUDES

(Th Phetkasem ; 5h-21h). Les eaux curatives de Ranong, au sud-est de la ville, jaillissent d'une source sacrée suffisamment chaude pour faire cuire des œufs (65°C). Les bassins en bord de rivière sont partiellement gratuits et décorés de carreaux en mosaïque. Douches, serviettes et transats sont disponibles. Allongez-vous et laissez la chaleur opérer. Une partie payante du site est gérée par une entité privée (40 B) ; elle est plus propre et moins fréquentée.

Ranong-ville

Activités
1 Andaman International Dive Center....A3
2 A-One-Diving....B2
3 Rakswarin Hot Springs....D4

Où se loger
4 Galla Hotel....A2
5 Madinah Hostel Ranong....D3
6 Rueangrat Hotel....B2
7 Savika Guesthouse....B2
8 Tinidee....A3

Où se restaurer
9 Marché nocturne....B3
10 Marché de jour....B4
11 Ranong Hideaway....B2

Plongée

Andaman International Dive Center PLONGÉE
(☎089 814 1092 ; www.aidcdive.com ; 41/115 Thamuang ; ⏲oct-avr). Propose principalement de longues croisières (6-14 jours) dans les îles Mergui (Myanmar), mais aussi quelques excursions vers les îles Surin. Comptez 20 000 B pour une croisière de 4 jours.

A-One-Diving PLONGÉE
(☎077 832 984 ; www.a-one-diving.com ; 256 Th Ruangrat ; ⏲oct-avr). Spécialiste des sorties de plongée à destination des îles Surin et des îles Mergui au Myanmar (à partir de 34 900 B). Préparation aux brevets PADI.

Où se loger

Tinidee HÔTEL $
(www.tinidee-ranong.com ; 41/144 Th Tamuang ; ch 570 B ; ❄). Les clients du Tinidee Inn, annexe aux chambres propres et calmes du bien plus grand Tinidee Hotel voisin, ont accès à ce dernier ainsi qu'à ses excellents bains chauds et sa piscine. Il n'y a pas d'ascenseur : vous devrez monter vos bagages par les escaliers.

Rueangrat Hotel HÔTEL $
(☎092 279 9919 ; rueangratranong@gmail.com ; 240/10 Th Ruangrat ; ch 700 B ; ❄📶). Cet établissement proche des restaurants et boutiques loue des chambres claires et impeccables, en retrait de la rue, toutes avec réfrigérateur, télévision et salle de bains correcte. Café gratuit dans le hall, bon Wi-Fi à la réception et personnel aimable.

Savika Guesthouse PENSION $
(☎082 217 5483 ; savikaranong@gmail.com ; 240/14 Th Ruangrat ; ch 1 080 B). La situation de cette pension conviviale, gérée par un couple américano-thaïlandais, est idéale, au cœur du quartier des voyageurs de Ranong. Chambres bien équipées (réfrigérateur, télévision et bouilloire pour

Ranong-ville

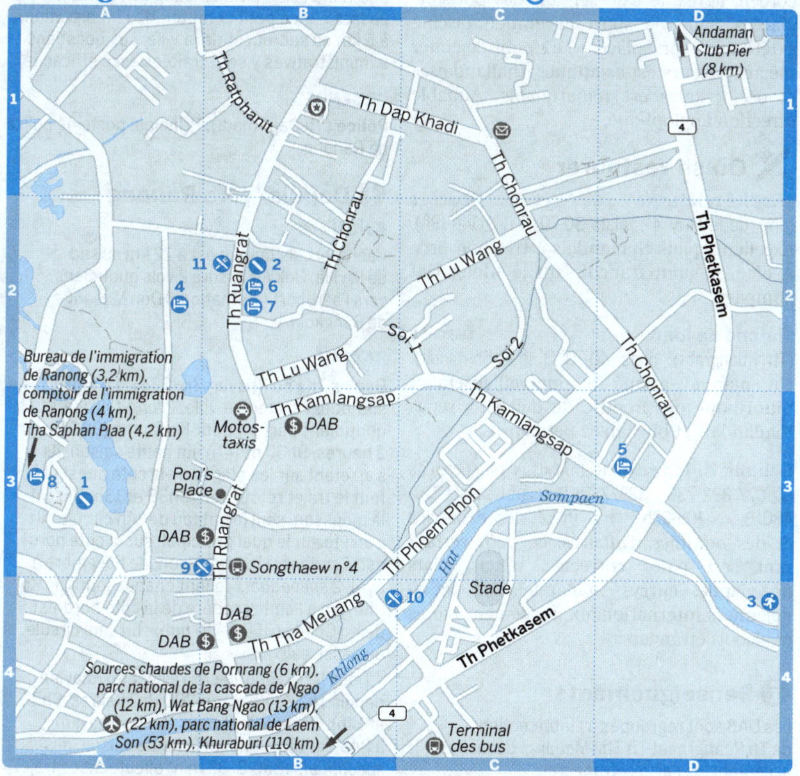

préparer thé et café). Fournissant d'excellentes informations aux plongeurs, les propriétaires peuvent aussi aider à la réservation de billets de bateau et de bus. Petit-déjeuner de style américain, au bon rapport qualité/prix.

Madinah Hostel Ranong AUBERGE DE JEUNESSE $

(☎081 416 0825 ; madinahhostel_ranong@yahoo.com ; Th Kamlangsap ; dort/ch 360/600 B ; ❄📶). Cet établissement tenu par une famille, à quelques pas des sources chaudes de la ville, offre des chambres simples mais impeccables. Le personnel anglophone très serviable répond à toutes vos questions et peut réserver vos billets pour la suite de votre voyage. Bon choix au petit-déjeuner.

Galla Hotel HÔTEL $$

(☎077 880 8989 ; Th Mung ; ch 1 800 B ; ❄📶🏊). Ce nouveau venu à Ranong propose des chambres impeccables à la décoration chic, rehaussée de luxueux détails (Jacuzzis dans les suites, etc.). Restaurant coréen, agréable café servant des boissons glacées, salle de sport et grande piscine extérieure sur place. Le petit-déjeuner mêlant saveurs est-asiatiques, thaïlandaises et occidentales est remarquable. Aimable direction anglophone.

Où se restaurer

Marché nocturne MARCHÉ $

(près de la Hwy 4 ; plats 30-70 B ; ⌚14h-19h). Excellents plats thaïlandais à très bon prix. À côté du pont franchissant le Klong Hat Sompaen.

Marché de jour MARCHÉ $

(Th Ruangrat ; plats 40-70 B ; ⌚5h-minuit). Un marché animé et merveilleusement pittoresque où prendre de délicieux repas thaïlandais et birmans à petits prix.

Ranong Hideaway THAÏLANDAIS, INTERNATIONAL $$

(☎077 832 730 ; 323/7 Th Ruangrat ; plats 110-480 B ; ⌚10h-23h ; 📶). Prisé des expatriés et des hommes d'affaires, ce petit restaurant sert pâtes correctes, pizzas, plats de viande, currys thaïlandais et petits-déjeuners internationaux. Également bières et alcools étrangers.

Renseignements

Les DAB sont regroupés à l'intersection de Th Ruangrat et Th Tha Meuang. Beaucoup acceptent les cartes étrangères.

AGENCE DE VOYAGES

Pon's Place (☎081 597 4549 ; www.ponplace-ranong.com ; Th Ruangrat ; ⌚8h-19h30 ; 📶). L'agence du sympathique Pon est incontournable pour à peu près tout à Ranong : Wi-Fi, petits-déjeuners européens, location de motos (200-250 B), réservation de vols, excursions expresses de l'autre côté de la frontière (*"visa runs"* ; 1 300 B), transferts depuis l'aéroport ou encore horaires des bus. Peut aussi fournir un chauffeur pour une excursion à la journée dans le parc national de Laem Son (2 000 B aller-retour).

IMMIGRATION

Bureau de l'immigration de l'Andaman Club (près de la Rte 4004 ; ⌚7h-17h). Bureau d'immigration thaïlandais au sein de l'Andaman Club, à 8 km au nord-est de la ville.

Bureau de l'immigration de Ranong (Th Chalerm-prakiat ; ⌚8h30-17h). Principal bureau d'immigration, à 4 km au sud-ouest de la ville. Gère les prolongations de visa.

Comptoir de l'immigration de Ranong (Tha Saphan Plaa ; ⌚8h-17h). Si vous faites une visite éclair à Kawthoung (Myanmar), passez par ce petit comptoir de l'immigration, à 5 km au sud-ouest de la ville. Les questions administratives y sont traitées avec efficacité.

URGENCES

Police (Th Dap Khadi). Principal poste de police de Ranong.

Depuis/vers Ranong

AVION

L'aéroport de Ranong est à 22 km au sud de la ville. Nok Air assure 2 vols quotidiens vers l'aéroport international Don Mueang de Bangkok.

BATEAU

Depuis Tha Ko Phayam (p. 634), à 6 km au sud-ouest du centre-ville, 2 *long-tail boats* quotidiens partent pour Ko Chang (200 B, 2 heures, 9h30 et 14h). En haute saison, ils s'arrêtent sur les plages de la côte ouest et font le trajet retour vers 8h30 et 13h. Durant la mousson, seul le bateau de 14h circule ; il s'arrête sur le quai principal, sur la côte nord-est. Pendant la haute saison, de novembre à avril, 2 *speedboats* relient chaque jour Tha Ko Phayam à l'embarcadère de la côte nord-est de Ko Chang (350 B, 30 min) ; un seul circule en basse saison.

Deux ferrys quotidiens rallient Ko Phayam depuis Tha Ko Phayam (200 B, 2 heures, 9h30 et 14h) ; ils repartent pour Tha Ko Phayam à 8h30 et 15h. Pendant la haute saison, des *speedboats* (350 B, 35 min) effectuent ce trajet

ALLER AU MYANMAR (BIRMANIE) : DE RANONG À KAWTHOUNG (VICTORIA POINT)

La manière la plus simple de renouveler votre visa thaïlandais consiste à choisir l'un des "circuits visa" (*visa run*, 1 300 B) proposés par les agences de voyages de Ranong, notamment Pon's Place (page ci-contre). Vous pouvez aussi le faire relativement facilement par vous-même.

Rejoindre la frontière Lorsque la frontière entre la Thaïlande et le Myanmar est ouverte, des bateaux pour Kawthoung partent du Tha Saphan Plaa, à 5 km au sud-ouest de Ranong. Le *songthaew* n°4, de couleur rouge, va de Ranong à l'embarcadère (20 B). Là, les capitaines de *long-tail boats* vous dirigeront vers le comptoir de l'immigration, puis vers leur bateau (aller simple/aller-retour 100/200 B par pers). Vérifiez si les prix sont par personne ou par trajet et s'ils comprennent le retour. Vous aurez besoin d'une photocopie de votre passeport, que vous pourrez faire à l'embarcadère (5 B).

À la frontière À la frontière de Kawthoung, vous devez préciser aux autorités que vous êtes un visiteur à la journée et régler des frais de 10 $US (billet en parfait état uniquement – les capitaines de *long-tail boats* peuvent s'en procurer un auprès des rabatteurs du port pour 500 B). Côté Myanmar, vous serez certainement sollicité par du "personnel" qui vous proposera par exemple de transporter votre sac ou d'aller chercher les formulaires pour vous… avant de demander un pourboire. Ces individus sont cependant globalement plus sympathiques qu'agaçants.

Si vous souhaitez simplement renouveler votre visa pour la Thaïlande, la procédure dure 2 heures. N'oubliez pas qu'avec le décalage horaire, le Myanmar a 30 minutes de retard sur la Thaïlande. Certains voyageurs franchissent l'immigration du Myanmar avant sa fermeture pour trouver ensuite porte close au comptoir de l'immigration thaïlandaise (page ci-contre). Vérifiez les heures de fermeture de ce dernier avant de sortir du pays ; si vous n'obtenez pas votre tampon, vous devrez retourner au Myanmar le lendemain.

Une solution plus rapide, plus facile et beaucoup plus chic (bien que quelque peu aseptisée et moins intéressante) consiste à passer par l'hôtel-casino Andaman Club (page ci-contre), sur l'île birmane de Pulo. À l'embarcadère situé à 8 km au nord-ouest de Ranong, sur la Route 4004, votre passeport sera tamponné immédiatement. Un *speedboat* à destination de l'île (950 B aller-retour, 15 minutes aller), située au Myanmar, part toutes les heures entre 8h30 et 15h30 pour accoster près du clinquant Andaman Club. Le voyage prend 1 heure au total.

Se déplacer Il est possible de passer la nuit dans l'un des coûteux hôtels de Kawthoung, mais mieux vaut éviter. Si vous détenez un visa valide pour le Myanmar, qu'il vous faudra demander auparavant à l'ambassade du Myanmar à Bangkok (ou dans un autre pays), vous serez autorisé à rester jusqu'à 28 jours et à quitter le pays par le poste-frontière de votre choix. Il y a des vols quotidiens entre Kawthoung et Yangon.

presque toutes les heures de 7h30 à 17h30 ; ils regagnent le continent entre 8h et 16h30.

Tha Saphan Plaa, à 5 km au sud-ouest de la ville, propose des bateaux pour Kawthoung, au Myanmar.

BUS

Le **terminal des bus** (Th Petchkasem) est situé à 1 km au sud-est du centre-ville. Le *songthaew* (ou *sŏrng tăa ou*) n°2 bleu passe par le terminal. De là, des minibus rallient Chumphon (160 B, 2 heures, ttes les heures 7h-17h), Surat Thani (200 B, 3 heures 30, 6h et 14h) et Krabi (210 B, 7 heures, 7h, 10h et 14h).

Comment circuler

Des **motos-taxis** (Th Ruangrat) peuvent vous emmener presque n'importe où en ville pour 50 B, notamment à Tha Ko Phayam, d'où partent les bateaux pour Ko Chang et Ko Phayam, et à Tha Saphan Plaa, où sont amarrés les bateaux pour Kawthoung, au Myanmar. Le **songthaew n°4** (Th Ruangrat), rouge, s'arrête près des quais (20 B).

Pon's Place (page ci-contre), qui loue motos et voitures, opère aussi des navettes pour les quais (depuis son bureau/l'aéroport 70/200 B).

BUS AU DÉPART DE RANONG

DESTINATION	PRIX	DURÉE	DÉPARTS
Bangkok	510-627 B	9-10 heures	7h30, 8h10, 10h30, 13h30, 15h30, 19h30, 20h (VIP) et 20h30 (VIP)
Chumphon	150 B	2 heures	ttes les heures 7h-17h
Hat Yai	380 B	7 heures	6h, 10h et 20h
Khao Lak	175 B	3 heures 30	ttes les heures 6h30-17h45
Krabi	210 B	6 heures	7h, 10h et 14h
Phang-Nga	180 B	5 heures	7h, 10h et 14h
Phuket	245 B	5-6 heures	ttes les heures 6h30-17h45
Surat Thani	190 B	4-5 heures	ttes les heures 6h-16h

Ko Chang เกาะช้าง

La petite île peu visitée de Ko Chang offre un visage bien différent de son homonyme de la province de Trat. Sa particularité ? Un mode de vie rudimentaire où l'électricité et le Wi-Fi sont limités. Sur Ko Chang, le calme est partout et le clapotis des vagues remplace le vacarme de la vie moderne. En basse saison (de mai à octobre), l'île est complètement assoupie et de nombreux établissements ferment.

Sur la côte ouest, la plage d'Ao Yai s'orne au sud d'un sable marbré noir et blanc, qui assombrit l'eau claire. Les inconditionnels du sable blanc trouveront leur bonheur à l'extrémité nord d'Ao Yai. Un sentier mène à Ao Tadaeng, une plage couverte de rochers de l'autre côté du promontoire, au sud : c'est le meilleur endroit de l'île où admirer le soleil couchant.

Dans les terres, on découvre un minuscule village, ainsi que des plantations de noix de cajou et d'hévéas. En parcourant les pistes qui sillonnent l'île et en font le tour, vous aurez peut-être la chance d'apercevoir pygargues, serpentaires des Andaman et calaos voletant au-dessus de la mangrove.

Activités

Aladdin Dive Safari PLONGÉE
(☎087 274 7601 ; www.aladdindivesafari.com ; Cashew Resort, Ao Yai ; 2 plongées 5 800 B ; ⏰10h-18h nov-mai). Cette agence de croisières de plongée établie de longue date organise des sorties d'une journée vers les îles Surin et Similan, des cours pour l'obtention du brevet Open Water (18 700-19 800 B) et des croisières de plongée dans les îles Mergui (Myanmar), Surin et Similan, ainsi qu'à Ko Phi Phi, Hin Daeng et Hin Muang (15 800-19 800 B).

Om Tao YOGA
(☎085 470 9312 ; www.omtao.net ; Ao Yai ; cours 300 B). Ce studio géré par des Allemands propose des cours de yoga tous les jours à 8h30 de novembre à avril. Cours organisés à la demande le reste de l'année.

Où se loger et se restaurer

Ici, les bungalows rudimentaires en bambou sont la norme, offrant rarement plus qu'un lit, une moustiquaire, une salle de bains rudimentaire, un hamac et un petit balcon. La plupart ouvrent seulement de novembre à mi-avril. L'accès à l'électricité est limité ; certains établissements ont recours à l'énergie énergie solaire ou éolienne. Presque tous les hébergements se trouvent à Ao Yai ou Ao Tadaeng, un peu plus au sud. Pour s'isoler, mieux vaut opter pour les plages du nord. Les seuls restaurants de l'île sont ceux des *resorts*.

♥ **Sangsuree Bungalows** BUNGALOWS $
(☎081 2517726 ; bungalow.sangsuree@gmail.com ; Ao Takien ; bung 300-500 B ; 📶). Surplombant l'une des baies qui jalonnent la côte nord-ouest, ces 7 bungalows rudimentaires offrent une belle vue sur la mer. Les repas sont pris en commun dans la *guesthouse* thaïlandaise à l'ancienne, à l'ambiance décontractée, tenue par un couple charmant. La plage de sable à 10 minutes à pied est adaptée à la baignade.

♥ **Crocodile Rock** PENSION $
(☎080 533 4138 ; tonn1970@yahoo.com ; Ao Yai ; bung 400-700 B ; ⏰oct-avr ; 📶). Le Crocodile, perché sur le promontoire sud d'Ao Yai, propose des bungalows en bambou tout simples, avec toit de métal, hamacs et superbe vue sur la baie. Le restaurant sert plats végétariens, fruits de mer ainsi

que bon expresso, yaourts, pain et cookies maison. L'adresse est très populaire ; pensez à réserver.

Little Italy BUNGALOWS $
(☎084 851 2760 ; daniel060863@yahoo.it ; Ao Yai ; ch 400-500 B ; 📶). L'établissement compte seulement 3 bungalows impeccables, rattachés à un restaurant italo-thaïlandais, au milieu des arbres d'Ao Yai. Deux d'entre eux sont des constructions en bois et béton à deux niveaux, installées sur pilotis et entourées d'une véranda. Le 3e bungalow en béton, sur la terre ferme, dispose d'une salle de bains carrelée.

Eden BUNGALOWS $
(☎080 628 7590, 061 212 9328 ; Ao Yai ; ch 300 B). À l'extrémité nord d'Ao Yai, l'établissement propose des bungalows très simples (les salles de bains n'ont pas de portes) et des chambres sans prétention avec douches communes, entretenus par une famille accueillante qui prépare un sensationnel curry *massaman*. Les visiteurs qui y ont déjà séjourné y retournent volontiers. Bar-restaurant convivial donnant sur la plage ; électricité entre 18h et 23h.

Renseignements

Le DAB le plus proche se trouve à Ko Phayam qui est difficilement accessible ; mieux vaut donc prévoir assez d'espèces pour le séjour.

Quelques établissements ont désormais le Wi-Fi, mais le signal est faible.

Depuis/vers Ko Chang

Depuis le centre de Ranong, les *songthaew* (20 B) et motos-taxis (50 B) partent de Th Ruangrat pour la jetée de Tha Ko Phayam, près de Saphan Plaa. De là, 2 *long-tail boats* (200 B, 2 heures) se rendent quotidiennement à Ko Chang (départs à 9h30 et 14h). En haute saison, ils desservent les plages de la côte ouest, et reviennent vers 8h30 et 13h. Pendant la mousson, un unique bateau fait la traversée à 14h et accoste à l'embarcadère principal, sur la côte nord-est.

Pendant la haute saison qui s'étend de novembre à avril, 2 *speedboats* (350 B, 30 min, 8h30 et 10h30) naviguent chaque jour entre Tha Ko Phayam, à Ranong, et l'embarcadère de la côte nord-est de Ko Chang. En basse saison, un *speedboat* dessert l'île à 13h30.

En haute saison, les *speedboats* Ko Phayam-Ranong déposent et récupèrent souvent des passagers à la demande à Ko Chang (350 B), mais on ne peut s'y fier – demandez à votre *resort* d'effectuer (et de confirmer !) la réservation. On peut louer des *long-tail boats* pour Ko Phayam (2 000 B) par l'intermédiaire du Koh Chang Resort.

Les motos-taxis attendent près des bateaux et demandent 100 B pour un trajet entre l'embarcadère de la côte nord-est et Ao Yai.

Ko Phayam เกาะพยาม

L'île de Ko Phayam, qui fait partie du **parc national de Laem Son** (อุทยานแหงชาติแหลมสน ; ☎077 861431 ; www.dnp.go.th ; adulte/enfant 200/100 B ; ⏲8h-16h30), est bordée de belles plages de sable blanc. C'est une destination de plus en plus prisée des familles. Son atmosphère sauvage et assoupie change agréablement de Phuket et Ko Phi Phi : ses spectaculaires côtes nord-ouest et sud-ouest sont émaillées de bungalows rustiques, de *resorts* à taille humaine, d'agréables restaurants en bord de mer et de bars de plage plantés dans le sable. Côté faune, on croise des cochons sauvages, des singes et une riche avifaune (aigles de mer, hérons, calaos).

Ko Phayam ne compte qu'un seul village, peuplé de touristes, où est installé l'embarcadère principal. Si vous venez durant une fête (comme la fête des Noix de cajou en février), vous verrez cependant que les habitants sont toujours bien présents. D'étroites voies pour les motos, des routes en béton et des pistes traversent l'intérieur boisé de l'île, dont certaines sont défoncées au point d'en être dangereuses : conduisez lentement.

À voir et à faire

Ko Phayam abrite de magnifiques plages de sable blond, mais vous serez loin d'être seul entre novembre et avril.

Les plus saisissantes sont **Ao Yai** (Long Beach), au sud-ouest, et **Ao Khao Kwai** (Buffalo Bay) au nord-ouest ; **Ao Mea Mai**, sur la côte est, au sud de la jetée, est également agréable. Des détritus s'entassent sur Ao Yai pendant la mousson.

La côte est est plus paisible, et on y est proche du village, mais les plages n'y sont pas aussi belles. Des tempêtes frappent la côte ouest pendant la mousson. Ao Khao Kwai est un peu plus abritée et la côte est s'avère encore plus protégée des vents.

Ko Phayam n'est pas un bon site pour le snorkeling, les courants chauds ayant tué tout le corail – c'est son principal inconvénient. En revanche, elle est proche des îles Surin qui sont accessibles par des croisières de plongée ou des trajets en *speedboat*.

Ko Phayam

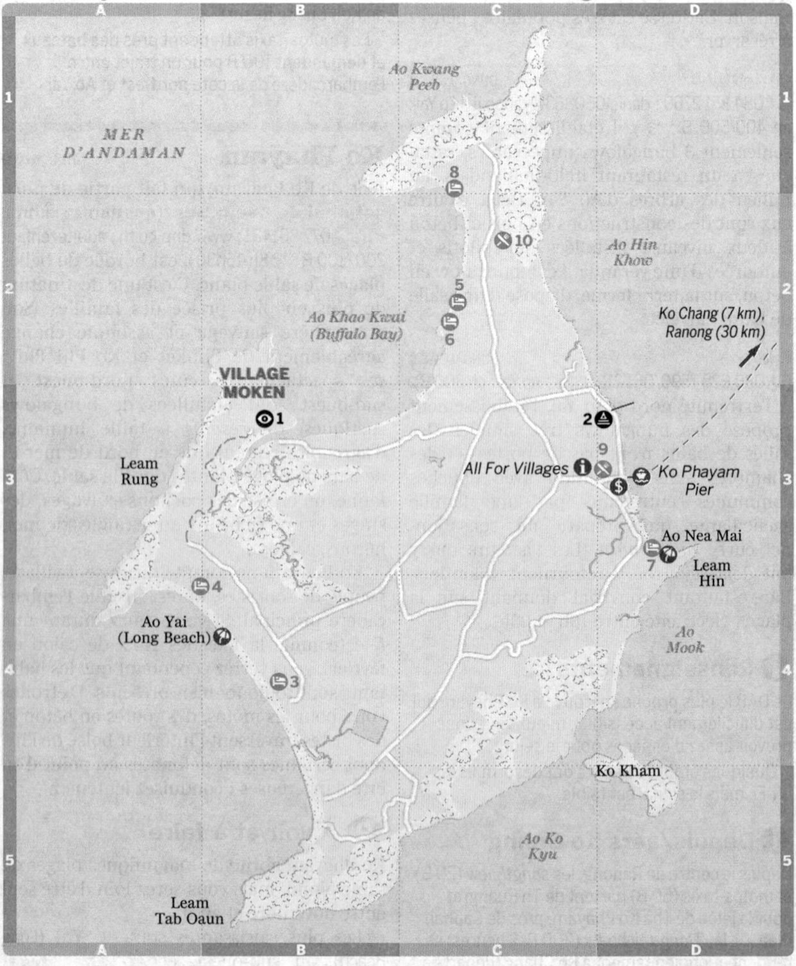

Ko Phayam

À voir

1 Village moken B3
2 Wat Phayam D3

Où se loger

3 Bamboo Bungalows B4
4 Frog Beach House A4
5 Heaven Beach C2
6 Mr Gao C2
7 Sabai Sabai D3
8 Sun Bungalows & Resort C1

Où se restaurer

9 Fan's Homemade D3
10 Flower Power C2

Wat Phayam TEMPLE BOUDDHIQUE

(วัดเกาะพยาม ; lever-coucher du soleil). GRATUIT Immédiatement au nord du quai principal, sur la côte est de Ko Phayam, un majestueux bouddha doré flanqué d'un naga (serpent mythique) à trois têtes se dresse dans la jungle.

Village moken VILLAGE

(หมู่บ้านชาวเลทะเล). Un village moken (les Moken sont des nomades de la mer) se situe à l'ouest de la baie d'Ao Khao Kwai. Arrivé à la fin de la route, vous devrez marcher dans le sable puis traverser une rivière sur un ponton, en vous aidant de la corde. Le village est aussi accessible depuis l'extrémité nord d'Ao Yai (45 minutes de marche). Sur place, des panneaux rappellent aux touristes de s'habiller convenablement (pas de bikinis). Mieux vaut visiter les lieux avec Fiona, directrice australienne de l'ONG locale All For Villages (p. 634), dont l'un des bureaux est installé près de la jetée principale.

La plupart des villageois adultes refusent d'être pris en photo, mais on peut photographier les enfants (demandez l'autorisation au préalable).

Où se loger et se restaurer

De nombreux complexes hôteliers sont ouverts toute l'année et la plupart ont l'électricité 24h/24. Les hébergements des plages de l'ouest sont les plus prisés en haute saison.

On trouve une poignée de restaurants de poisson et fruits de mer dans le village, sur la côte est, et quelques établissements le long de la côte ouest. Tous les *resorts* ont leurs propres restaurants.

Ao Yai

Frog Beach House HÔTEL $

(083 542 7559 ; www.frogbeachhouse.com ; Ao Yai ; bung 500-1 400 B ;). Ces bungalows traditionnels en bois bien tenus, de style thaïlandais, avec plancher, salles de bains extérieures, vasques en verre et moustiquaires sont alignés en retrait d'un beau bout de plage, à côté d'un ruisseau, à l'extrémité nord d'Ao Yai.

Bamboo Bungalows BUNGALOWS $$

(081 273 3437 ; www.bamboo-bungalows.com ; Ao Yai ; bung 750-2 600 B ;). Disséminés dans un jardin arboré vers le milieu de la belle Ao Yai, ces élégants bungalows rustiques, décorés simplement, ont une salle de bains ouverte sur l'extérieur et un balcon avec hamac. Le restaurant, face à la mer, est plutôt bon. Location de kayaks et de bodyboards. Électricité 24h/24 en haute saison.

Ao Khao Kwai

Heaven Beach BUNGALOWS $$

(082 806 0413 ; heavenbeachfamilyresort.com ; Ao Khao Kwai ; ch 2 000-2 500 B ;). Ce charmant *resort*, installé sur un site idyllique en bord de mer, propose de jolis bungalows arborant tons pastel, motifs floraux et sol carrelé. Pleins de cachet, très spacieux et confortables, ils disposent de salles de bains en plein air, eau chaude, électricité toute la journée et vastes terrasses avec mobilier en rotin. Ateliers artistiques et fabrication de bijoux proposés aux enfants et adultes. Bon choix pour les familles.

Mr Gao BUNGALOWS $$

(086 266 0223 ; www.mr-gao-phayam.com ; Ao Khao Kwai ; bung 1 000-1 800 B ;). Ces bungalows en brique et bois verni ou en bambou sont prisés des couples sportifs et des familles. De bonne taille, ils sont dotés de moustiquaires, salles de bains carrelées et terrasses à l'avant. Le propriétaire, M. Gao, est une mine d'informations sur la région. Il propose d'excellentes excursions à travers l'île ainsi que des locations de kayaks, sorties snorkeling et séjours de plusieurs jours aux îles Surin.

Sun Bungalows & Resort BUNGALOWS $$

(093 132 3655 ; www.thesunatranong.com ; Ao Khao Kwai ; bung 1 200-3 900 B ;). À l'extrémité nord d'Ao Khao Kwai, ce *resort* accueillant comprend des bungalows en bois à deux niveaux, très élégants, avec lits confortables, véritables salles de bains et grandes terrasses à l'étage, ainsi que des bungalows en bambou plus simples et des chambres, encore moins chères, dans un bâtiment situé à l'arrière. On y voit souvent des calaos.

Flower Power ITALIEN $$

(095 882 5573 ; www.flowerpowervillage.com ; plats 150-300 B ; 8h-21h30 ;). Une expérience italienne vous attend au Flower Power, où les énergiques Marco et Simona servent une incroyable diversité de plats maison, tels que gnocchis, raviolis, pizzas et formidables spaghettis aux palourdes, ainsi que des spécialités thaïlandaises et birmanes. Café et véritables desserts italiens.

Ao Mea Mai

Sabai Sabai BUNGALOWS $

(063 142 4507 ; www.sabai-bungalows.com ; Ao Mea Mai ; bung 400-1 000 B ;). À 5 minutes à pied au sud de l'embarcadère de la côte est, ce repaire convivial de voyageurs, établi de longue date, loue des bungalows propres, avec ventilateur, à petits prix. Les chambres doubles avec salles de bains ont vue sur la mer et affichent un certain style. La chambre à 2 niveaux, de style loft avec balcon, est la meilleure. Bar décontracté, hamacs et soirées cinéma.

Fan's Homemade INTERNATIONAL $ (repas 120-200 B ; 7h30-17h30 ;). Dans ce restaurant coloré de la rue principale du village de Ko Phayam, Fan et ses filles préparent de délicieux sandwichs, cafés glacés, salades et autres repas légers. Goûtez absolument leurs fantastiques milk-shakes aux fruits avant de quitter l'île !

Renseignements

Le village possède un **DAB**. Certains *resorts* vous fourniront des espèces contre un paiement par carte et 3% de commission.

All For Villages (061 192 1322 ; www.allforvillages.org ; horaires variables). Dispense des services médicaux, sanitaires et éducatifs au village moken de Ko Phayam. Vous y trouverez des informations sur ce dernier.

Depuis/vers Ko Phayam

Chaque jour à 9h30 et 14h, 2 ferrys assurent la traversée entre **Tha Ko Phayam**, à 6 km au sud-ouest de Ranong-ville, et Ko Phayam (200 B, 2 heures) ; ils font le trajet inverse à 8h30 et 15h. En haute saison (nov-avr), des *speedboats* (350 B, 35 min) effectuent la traversée presque une fois par heure entre 7h30 et 17h30 pour regagner le continent entre 8h et 16h30.

Les *speedboats* qui naviguent en haute saison relient Ko Phayam à Ko Chang (350 B, 20 min) en chemin pour Ranong à 8h30, 9h, 12h, 12h30, 15h et 15h30. Sachez toutefois qu'ils ne sont pas fiables à 100%.

Comment circuler

Des motos-taxis assurent le transport entre l'embarcadère et Ao Khao Kwai/Ao Yai (50/70 B). Les trajets à pied prennent du temps : prévoyez 45 min entre l'embarcadère et Ao Khao Kwai, la baie la plus proche. Vous trouverez des motos à louer (environ 250 B) dans le village, de même que dans la plupart des grands *resorts* – elles vous permettront d'explorer librement l'île.

PROVINCE DE PHANG-NGA จังหวัดพังงา

Les montagnes couvertes de jungle de Phang-Nga sont creusées de cours d'eau boueux menant à des baies turquoise émaillées de formations karstiques. On trouve dans cette région certains des plus beaux trésors sous-marins du pays.

La province réunit, sur un territoire relativement restreint, quatre des plus beaux parcs nationaux du pays. Les eaux des îles Similan (p. 643) et Surin (p. 635) cachent certains des sites de plongée et de snorkeling les plus célèbres de Thaïlande. Sur la terre ferme, le parc national de Khao Sok (p. 636), l'une des plus anciennes forêts tropicales du monde, abrite de nombreuses espèces rares parmi ses grottes et cascades. Et si vous souhaitez simplement paresser sur le sable, vous trouverez des plages autour de Khao Lak (p. 639) et sur les quelques îles voisines encore peu visitées.

Phang-Nga est rythmée par les saisons touristiques. De mi-octobre à mi-avril, elle est prise d'assaut par les visiteurs qui apprécient ses eaux limpides, ses plages de sable blanc et ses récifs coralliens colorés. On y est bien plus tranquille de mai à octobre, les touristes se faisant rares pendant la mousson.

Khuraburi คุระบุรี

076 / 3 480 HABITANTS

On passe facilement à côté de cette attrayante petite ville poussiéreuse qui s'étend de part et d'autre de la Hwy 4. C'est pourtant un point d'accès aux îles Surin et l'une des meilleures destinations du sud de la Thaïlande pour le tourisme communautaire. Des centaines de pêcheurs de calmars dépendent par ailleurs de son marché.

Avant que les autorités thaïlandaises ne s'engagent activement contre le trafic de migrants, la région était également tristement connue comme point de passage majeur entre la Thaïlande et le Myanmar.

Activités et circuits organisés

Pour des informations touristiques, contactez **Tom & Am Tour** (086 272 0588 ; 298/3 Mu 1, Th Phetkasem ; 24h/24), en face de la route de la gare routière.

Andaman Discoveries CIRCUITS (087 917 7165 ; www.andamandiscoveries.com ; 120/2 Mu 1, Th Phetkasem ; excursion 3 jours 6 000 B/pers ; 8h30-17h30 lun-ven). Circuits communautaires d'un ou plusieurs jours comprenant promenades à vélo, activités culturelles et artisanales, snorkeling avec les *chow lair* (ou *chao leh*, des "nomades de la mer") dans les îles Surin, séjours chez l'habitant ou encore circuits écotouristiques au parc national de Khao Sok. Certains projets communautaires font appel à des bénévoles. Locations de vélos possible (150 B/jour).

Où se loger et se restaurer

Khuraburi compte seulement deux pensions simples, toutes deux près de la gare routière, sur la route principale qui traverse la ville.

Un bon **marché du matin** (Th Phetkasem ; plats 20-40 B ; 6h-10h) se tient à l'extrémité nord de la ville et un petit **marché nocturne** (Th Phetkasem ; plats à partir de 30 B ; 15h-19h30) à la périphérie sud. On trouve aussi quelques restaurants le long de la route principale (la plupart ferment avant 21h).

Boon Piya Resort PENSION $$
(081 752 5457 ; 175/1 Th Phetkasem ; bung 650 B ;). Sur une propriété verdoyante juste à côté de la route principale, à l'extrémité nord de Khuraburi, ces bungalows en béton modernes, spacieux et propres, avec sols carrelés, salles de bains alimentées en eau chaude et petits balcons, sont étonnamment plaisants. Le propriétaire, serviable, peut organiser votre transport depuis/vers les îles Surin et Ko Phra Thong.

Depuis/vers Khuraburi

La plupart des bus reliant Ranong (110 B, 2 heures) à Phuket (165 B, 4 heures) s'arrêtent à Khuraburi. Prenez un bus en direction de Phuket et arrêtez-vous à Takua Pa (75 B, 1 heure 15), à 55 km au sud, pour prendre une correspondance vers différentes destinations telles que le parc national de Khao Sok. L'embarcadère pour les îles Surin et Ko Phra Thong se trouve à 9 km au nord-ouest de la ville. Le prestataire chargé de réserver votre place sur le bateau organisera également un transfert gratuit vers l'embarcadère.

Parc national maritime des îles Surin

อุทยานแห่งชาติหมู่เกาะสุรินทร์

Les cinq superbes îles qui composent le **parc national maritime des îles Surin** (076 491 378 ; www.dnp.go.th ; adulte/enfant 500/300 B ; mi-oct à mi-mai) se trouvent à 60 km de la côte, et à 5 km de la frontière maritime entre la Thaïlande et le Myanmar. Ces îles granitiques ornées de promontoires rocheux sont couvertes d'épaisses forêts tropicales et festonnées de baies aux superbes plages de sable blanc.

Les eaux cristallines abritées, aux teintes jade et turquoise, où la visibilité porte à 30 m en dehors des périodes de mousson, se prêtent idéalement à l'observation de la vie sous-marine. Elles attirent des *chow lair* ou "nomades de la mer", un groupe ethnique d'origine malaise qui vit sur Ko Surin Tai pendant la mousson de mai à novembre. Dans la région, ils sont connus sous le nom de Moken, terme dérivé du mot local *oken*, qui signifie "eau salée".

Ko Surin Tai (au sud) et Ko Surin Neua (au nord) sont les deux plus grandes îles. Le bureau du parc (p. 636) et toutes les infrastructures destinées aux visiteurs sont installés à Ao Chong Khad dans la partie sud-ouest de Ko Surin Neua.

À voir

Ban Moken VILLAGE
(Ao Bon, Ko Surin Tai). Ban Moken, dans l'est de Ko Surin Tai, accueille les visiteurs. Après le tsunami du 26 décembre 2004, les Moken se sont réinstallés dans cette baie abritée, où une importante cérémonie de culte des ancêtres, **Loi Reua**, se déroule chaque année en avril. Les mâts en bambou, colorés et sculptés, représentent les ancêtres moken. Aucune victime ne fut à déplorer parmi les Moken lors du tsunami, malgré la destruction complète de leur village. En effet, les habitants avaient reconnu les signes avant-coureurs de la catastrophe et s'étaient réfugiés au sommet de la colline.

Le parc national maritime des îles Surin organise des excursions de 2 heures de Ko Surin Neua à Ban Moken (150 B/pers, 5 pers minimum). Vous vous promènerez dans le village sur pilotis, où vous pourrez demander l'autorisation et des instructions pour parcourir le **sentier Chok Madah** (800 m), qui traverse les collines couvertes de jungle jusqu'à une plage déserte. L'artisanat en vente sur place permet de soutenir l'économie locale. Les dons de vêtements sont bienvenus, mais n'apportez ni alcool ni bonbons – l'alcoolisme est en effet un problème croissant chez les Moken.

Activités

En explorant la lisière de la forêt autour du bureau du parc, vous rencontrerez peut-être des macaques crabiers ou certaines des 57 espèces d'oiseaux locales, comme le nicobar à camail, un pigeon endémique des îles d'Andaman, et le rare œdicnème des récifs. Le long de la côte, vous verrez sans doute des milans sacrés (à dos rouge) et des aigrettes sacrées. Douze espèces de chauves-souris peuplent également le parc, dont la roussette de Malaisie qui se nourrit de fruits.

Plongée et snorkeling

Ko Surin Tai, **Ko Torinla** (au sud) et **HQ Channel**, entre les deux îles principales, figurent parmi les sites de plongée du parc. **Richelieu Rock**, un mont sous-marin à 14 km au sud-est, est aussi situé dans les limites du parc. C'est l'un des plus beaux sites de plongée de la côte d'Andaman. On y croise des raies mantas, et parfois des requins-baleines en mars-avril.

Le parc ne possédant aucune infrastructure de plongée, les circuits (4 jours de croisière à partir de 20 000 B) se réservent auprès des agences de Khao Lak, Phuket et Ranong. Les transferts sont généralement inclus. Comptez 200 B/jour pour les frais de plongée dans le parc, auxquels s'ajoute le droit d'entrée du parc national (adulte/enfant 500/300 B), valable 5 jours.

En raison du blanchissement des coraux durs, le snorkeling n'est plus aussi intéressant que par le passé, mais l'on observe encore nombre de coraux mous et de poissons colorés. Les plus beaux coraux mous que nous ayons vus sont ceux d'**Ao Mai Yai**, au large de Ko Surin Neua. Le snorkeling est également agréable à **Ao Tao** (Ko Surin Tai) et **Ao Pak Kaad** (Ko Surin Tai), au large de Ko Surin Tai côté est et sud respectivement, car on y aperçoit parfois des tortues. Il y a des poissons au large de la minuscule **Ko Pajumba**, mais les coraux ne sont pas très beaux. **Ao Suthep** (Ko Surin Tai), au nord de Ko Surin Tai, est peuplé de nombreux poissons colorés.

Le caisson de recompression le plus proche se trouve à Phuket. En cas d'accident, les agences de plongée contactent la SSS Ambulance (p. 643), basée à Khao Lak, qui vient à la rencontre des bateaux et achemine rapidement les plongeurs blessés au sud, au Phuket International Hospital.

Les sorties de snorkeling d'une demi-journée (150 B/pers, location de matériel de snorkeling 160 B) partent du bureau du parc à 9h et 14h. Vous serez surtout en compagnie de Thaïlandais, qui ont l'habitude de nager avec un gilet de sauvetage. Si vous cherchez une expérience de snorkeling plus calme, louez votre propre *long-tail boat* auprès du parc national (3 000 B/jour) ou, mieux encore, directement auprès des Moken à Ban Moken (p. 635).

Les tour-opérateurs de Khuraburi et Khao Lak organisent des excursions de snorkeling d'une journée dans le parc (adulte/enfant 3 700/2 500 B).

Greenview Tour ACTIVITÉS DE PLEIN AIR
(☎081 895 6186 ; www.toursurinislands.com ; 140/89 Mu 3, Khuraburi ; ⏰7h30-21h). Impressionnante par son niveau de sécurité, de service et son rapport qualité/prix, l'agence Greenview organise d'excellents circuits de snorkeling à la journée (adulte/enfant 3 500/2 100 B) dans les îles Surin en compagnie de guides expérimentés. Les prix incluent transfert, en-cas, matériel et délicieux déjeuner. Des séjours de plusieurs nuits dans les îles Surin sont également proposés.

Où se loger et se restaurer

Ko Surin Neua est la seule île sur laquelle il est possible de séjourner. Les **bungalows du parc national maritime des îles Surin** (☎076 472145 ; www.dnp.go.th ; ch 2 000-3 000 B, empl camping 80 B/pers, avec location tente 300 B ; ⏰mi-oct à mi-mai ; ❄), bien qu'agréables, ne valent pas leur prix, et le lieu est bondé quand ils sont tous complets (environ 300 clients). La clientèle, majoritairement thaïlandaise, donne au site une ambiance de camp de vacances. On peut aussi camper (et louer une tente). Réservez bien à l'avance.

Les deux restaurants du parc, où se trouvent les hébergements, servent une cuisine thaïlandaise correcte.

Renseignements

Bureau du parc national maritime des îles Surin (Ko Surin Neua ; ⏰7h30-20h30 mi-oct à mi-mai). Renseignements sur les îles et réservation d'hébergement.

Depuis/vers le parc national maritime des îles Surin

Les *speedboats* des tour-opérateurs (aller-retour 1 800 B, 1 heure 15 dans chaque sens) acceptent les voyageurs indépendants et partent chaque matin aux alentours de 9h, revenant entre 13h et 16h. Le retour se fait à la date de votre choix, mais confirmez votre billet la veille au soir auprès du bureau du parc de Ko Surin Neua.

Parc national de Khao Sok อุทยานแห่งชาติเขาสก

Si après quelques jours de plage vous ressentez l'envie de vous dégourdir les jambes, aventurez-vous jusqu'au merveilleux **parc national de Khao Sok** (☎077 395 154 ; www.khaosok.com ; Khao Sok ; adulte/enfant 300/150 B ; ⏰6h-18h), qui se déploie sur 738 km² dans l'intérieur des terres. Cette jungle de plaine (l'endroit le plus arrosé de Thaïlande), parsemée de cascades et de grottes, serait vieille de plus de 160 millions d'années, ce qui en ferait l'une des forêts tropicales les plus anciennes au monde.

La vaste superficie de Khao Sok permet aux grands mammifères d'y trouver l'un des derniers habitats viables du pays. Durant les mois les plus humides, ours, gaurs, sangliers, tapirs, gibbons, rennes, chats marbrés, éléphants sauvages et même tigres sortent de leur tanière. Le parc abrite aussi plus de 300 espèces d'oiseaux, 38 variétés de chauves-souris et la rarissime *Rafflesia kerrii*, une fleur géante que l'on ne peut voir nulle part ailleurs en Thaïlande.

La meilleure période pour l'observation des animaux court de décembre à avril, durant la saison sèche. Pendant la saison des pluies (juin-octobre), les sentiers peuvent être très glissants et les sangsues pullulent, mais c'est la période où le débit des cascades est le plus fort.

À voir et à faire

Lac Chiaw Lan LAC

(เขื่อนเชี่ยวหลาน ; circuit journée/nuit sur place 1 500/2 500 B). Ce magnifique lac artificiel de 165 km² se trouve à 65 km (1 heure de route) à l'est du bureau du parc national de Khao Sok (p. 638). Il fut créé en 1982 en même temps que l'immense barrage de schiste argileux Ratchaprapha (Kheuan Ratchaprapha ou Chiaw Lan). Les affleurements calcaires qui émergent du lac peuvent atteindre 960 m de hauteur, soit plus du triple des formations géologiques de Phang-Nga. La plupart des visites du lac comprennent un circuit d'un ou deux jours (transferts, bateaux et guides inclus).

On peut louer des bateaux (2 000 B/jour) aux pêcheurs à l'entrée du barrage pour explorer les criques, canaux et grottes qui jalonnent les berges du lac.

Deux grottes sont accessibles à pied depuis la rive sud-ouest. Celle de **Tham Nam Thalu** GRATUIT contient d'étonnantes concrétions calcaires et des cours d'eau souterrains. Il est déconseillé de la visiter à la saison des pluies car des accidents mortels se sont déjà produits. Quatre galeries souterraines qui servaient d'abri secret aux insurgés communistes entre 1975 et 1982 convergent également dans la grotte de **Tham Si Ru** GRATUIT.

Randonnée

Khao Sok se prête idéalement à la randonnée. La plupart des pensions et agences organisent des randonnées guidées (journée complète 1 200-2 000 B) ; vérifiez que votre guide est certifié (il aura un badge officiel). Le bureau du parc peut aussi vous trouver un guide fiable (1 200 B/jour).

Le bureau du parc national (p. 638) distribue des cartes de randonnée sommaires. Il sert de point de départ pour la marche jusqu'à la cascade de **Wing Hin** (2,8 km). Les randonnées jusqu'aux cascades de **Bang Hua Rad** (3 km), **Sip-Et Chan** (4 km), qui comprend 11 niveaux, **Than Sawan** (6 km), la plus spectaculaire et la moins fréquentée, et **Than Kloy** (7 km) nécessitent un guide.

Où se loger et se restaurer

Khao Sok Jungle Hostel AUBERGE DE JEUNESSE $

(☎096 142 6539 ; www.khaosokcentertour.net ; dort 250 B). Cette auberge de jeunesse parfaitement bien gérée et entretenue est si petite (6 lits seulement) que son propriétaire, Sunny, accorde une attention particulière à chaque pensionnaire, proposant transferts, excursions et conseils pour la suite de votre voyage.

Khao Sok Hostel 1 AUBERGE DE JEUNESSE $

(☎089 971 8794 ; nidmorningmist@gmail.com ; 53/7 Mu 6, Khao Sok ; dort 200 B ; ❄📶🏊). Ici, les lits sont confortables et séparés par des rideaux pour un peu d'intimité. Chambres climatisées, eau chaude, petits casiers, terrasse, accès à une piscine hors établissement et buffet petit-déjeuner gratuit, mais pas d'espace commun.

Jungle Huts BUNGALOWS $

(☎096 654 4163 ; www.khaosokjunglehut.com ; 242 Mu 6, Khao Sok ; ch avec ventil/clim 400/1 200 B ; ❄📶). Cette adresse propose des bungalows corrects avec salles de bains et vérandas. Choisissez entre des huttes en bambou ordinaires sur pilotis, des huttes plus spacieuses en bois, des bungalows en béton rose, ou des chambres desservies par des passerelles vertigineuses.

Art's Riverview Jungle Lodge PENSION $$

(☎090 167 6818 ; www.artsriverviewlodge.com ; 54/3 Mu 6 ; ch 1 200-2 400 B ; 📶). Tapie dans une jungle fourmillant de singes, au bord d'une rivière comprenant une piscine naturelle entourée de formations calcaires, cette *guesthouse* est la plus joliment située de Khao Sok. Sur pilotis, les bungalows en brique, en bardeaux ou tout en bois sont spacieux, douillets et dotés d'un balcon, beaucoup avec vue sur la rivière. Nombreuses activités adaptées aux familles. En sortant de l'autoroute, suivez la route principale du village sur 1,5 km, repérez le panneau indiquant l'hôtel et roulez encore 700 m.

Elephant Hills RESORT $$$
(☎076 381 703 ; www.elephanthills.com ; 170 Mu 7 Tambon Klong Sok ; 3 jours tout compris à partir de 20 300 B ;). Voyageurs solo, familles et couples d'aventuriers : ce complexe hôtelier plaît à tous. Installé près de la rivière Mae Nam Sok, au pied de montagnes calcaires drapées d'une jungle brumeuse, l'unique camp de tentes haut de gamme de la région permet de se ressourcer dans le luxe. Meubles en bois, grande salle de bains équipée, puits de lumière et hamac sur la véranda : ces tentes fastueuses sont la quintessence du glamping (camping glamour).

Tout est inclus dans le prix, y compris les repas, les randonnées guidées à travers la jungle et la descente de la rivière en canoë pour passer une nuit dans un camp d'éléphants où 12 adorables pachydermes sont traités avec soin. Vous pourrez les nourrir et les laver. Une autre option consiste à passer une des nuits dans le **Rainforest Camp** (lac Chiaw Lan ; 3 jours en pension complète à partir de 20 323 B), un camp de tentes flottant sur le lac Chiaw Lan.

Pawn's Restaurant THAÏLANDAIS $$
(Khao Sok ; plats 110-250 B ; 9h-22h ;). Une sympathique équipe 100% féminine tient cet humble restaurant semi-ouvert au succès bien mérité. C'est une excellente adresse pour des currys délicieusement épicés : curry rouge très pimenté à la courge et aux légumes, tofu crémeux, poulet *massaman* – et des petits-déjeuners très copieux. À 500 m au sud-ouest du bureau du parc.

Chao Italian Restaurant ITALIEN $$
(☎087 264 2106 ; Khao Sok ; plats 100-320 B ; 12h-22h ;). La meilleure adresse pour de bonnes pizzas au feu de bois préparées par l'un des précurseurs de la cuisine italienne dans la région. On y déguste aussi pâtes, salades et les habituels currys thaïlandais, servis par un personnel souriant sous un haut toit de chaume.

Renseignements

On trouve plusieurs DAB le long de la route menant au bureau du parc national.

Bureau du parc national de Khao Sok (☎077 395 154 ; www.khaosok.com ; 6h-18h). À 1,8 km au nord-est de la Rte 401, sortie proche de la borne du Km 109. Cartes utiles et renseignements.

Depuis/vers le parc national de Khao Sok

À Surat Thani, montez dans un bus en direction de Takua Pa ; depuis la côte d'Andaman, prenez un bus pour Surat Thani. Arrêtez-vous sur la Route 401, à 1,8 km au sud-ouest du centre d'information des visiteurs. Si les rabatteurs de votre hébergement ne viennent pas vous chercher, vous devrez vous y rendre à pied (de 50 m à 2 km). La plupart des minibus vous déposeront à votre hébergement.

Chaque jour, un bus part pour Bangkok (1 000 B, 11 heures) à 18h. Les minibus desservent chaque jour les destinations suivantes, entre autres :

DESTINATION	TARIF	DURÉE	DÉPARTS
Khao Lak	200 B	1 heure 15	ttes les heures, 8h30-18h30
Ko Lanta	800 B	5 heures	8h30
Ko Tao	1 000 B	8 heures	6h30 et 11h
Krabi	350 B	3 heures	8h30
Phang-Nga	250 B	2 heures	8h30
Surat Thani	200 B	1 heure	ttes les heures, 6h30-16h

Ko Phra Thong et Ko Ra เกาะพระทอง/เกาะระ

Une légende raconte qu'il y a plusieurs siècles, des pirates qui avaient leur repaire sur Ko Phra Thong y enterrèrent dans le sable un bouddha d'or. Celui-ci ne fut jamais retrouvé, mais le sable étincelant des plages de l'"île au Bouddha d'or", ses mangroves, sa riche faune aviaire et ses orchidées rares sont bel et bien des trésors.

Sur cette île longue, étroite et boisée d'environ 30 habitants, la nuit est aussi calme qu'en pleine mer. La pêche (calmars, crevettes, méduses) demeure l'activité principale et la spécialité locale est le piquant *gà·Ъì* (pâte de crevettes fermentée). Dans la partie sud de la côte ouest, une mer bleue embrasse une plage vierge où le sable doré s'étend sur 10 km.

Immédiatement au nord, Ko Ra est une petite île montagneuse, couverte de jungle et bordée de plages dorées et de mangroves. Elle abrite une faune abondante composée d'une centaine d'espèces d'oiseaux et de chats-léopards, lémurs volants, pangolins, loris grêles, cochons sauvages ou encore varans.

Où se loger et se restaurer

Mr Chuoi's BUNGALOWS $

(087 898 4636, 084 855 9886 ; www.mrchuoibarandhut.com ; Ko Phra Thong ; bung 500-750 B ;). Sur la côte nord-ouest de l'île, ces jolis bungalows en bois et en bambou tout simples sont alimentés en électricité le soir. Le bar et le restaurant sont animés par M. Chuoi. Appelez-le pour votre transport jusqu'à Ko Phra Thong.

Horizon BUNGALOWS $$

(081 894 7195 ; www.horizonecoresort.com ; Ko Phra Thong ; bung 1 300-1 900 B). Les 7 spacieux bungalows en bois et bambou de cet écolodge, installé sur la plage nord-ouest, sont fabriqués à partir de matériaux naturels locaux (autant que possible issus de sources renouvelables). Uniquement équipés de ventilateurs, ils accueillent 2 ou 4 personnes. Horizon organise des excursions de randonnée sur l'île voisine de Ko Ra (1 600 B, 3 pers minimum) et gère l'unique école de plongée de l'île, **Blue Guru** (096 284 8740 ; www.blue-guru.org ; 2 plongées 4 500-6 500 B ; oct-mai), idéalement située pour des explorations sous-marines dans les îles Surin voisines.

Golden Buddha Beach Resort BUNGALOWS $$$

(081 892 2208, 081 895 2242 ; www.goldenbuddharesort.com ; Ko Phra Thong ; bung 3 500-8 500 B ; oct-mai ;). Le *resort* le plus cossu des environs attire amateurs de yoga, couples et familles en quête de solitude. L'hébergement est composé de maisons de bois privatives, au design unique et au chic naturel, ainsi que d'hébergements spacieux de type familial. Les chambres à l'intérieur en bois sculpté sont dotées de salles de bains à ciel ouvert et on y entraperçoit la splendide plage de 10 km à travers la forêt et les jardins environnants. Le **bar-restaurant** (plats 220-400 B ; 7h30-21h30 ;) est aménagé dans un *club-house* au sol couvert de mosaïques.

Depuis/vers Ko Phra Thong et Ko Ra

Vous pouvez essayer de louer un *long-tail boat* pour Ko Ra à l'embarcadère de Khuraburi (environ 1 500 B l'aller, 1 heure 30), mais leurs capitaines sont parfois difficiles à trouver. Pour le même prix, votre hôtel sur Ko Phra Thong ainsi que certains tour-opérateurs et *pensions* de Khuraburi organiseront votre transfert.

Khao Lak et ses environs

เขาหลัก

À 70 km au nord de Phuket, Khao Lak pourrait être décrit comme un chapelet de plages embrassant la côte ouest de Phang-Nga. La région constitue une base pratique pour des excursions aux îles Similan et Surin, dans les parcs nationaux de Khao Sok et Khao Lak/Lam Ru, à Phuket et dans tout le nord de la côte d'Andaman.

Tout au sud, **Hat Khao Lak** regroupe plusieurs *resorts* et restaurants. De là, la grand-route serpente à travers les collines à proximité du parc national de Khao Lak/Lam Ru pour rejoindre le centre-ville. Sa place principale, **Hat Nang Thong**, est accessible à pied depuis les petits hôtels, restaurants, bars, boutiques et centres de plongée bordant la Hwy 4.

À 2,5 km au nord, **Hat Bang Niang** compte des plages paisibles et plus étroites. **Hat Pakarang** et **Hat Bang Sak**, à 13 km au nord de Hat Khao Lak, forment une étendue sablonneuse ininterrompue, entourée d'épaisses mangroves et de plantations d'hévéas. Ici, vous aurez vraiment l'impression d'être retiré du monde.

À voir

Parc national de Khao Lak/Lam Ru PARC NATIONAL

(อุทยานแห่งชาติเขาหลัก-ลำรู ; 076 485 243 ; www.dnp.go.th ; adulte/enfant 200/100 B ; 8h-16h30). Au sud de Hat Khao Lak, le vaste parc national de Khao Lak/Lam Ru, d'une superficie de 125 km², protège un ensemble de falaises au bord de la mer, des collines hautes de 1 000 m, des plages, des estuaires, des chutes d'eau, des vallées boisées et des mangroves. On y croise singes, calaos, drongos, tapirs, ours noirs d'Asie, saros et varans du Bengale.

Le centre d'information des visiteurs, non loin de la Hwy 4, à 3 km au sud de Khao Lak, n'a pas beaucoup de cartes et de brochures touristiques à fournir mais il gère un ravissant **restaurant** (Khao Lak ; plats 130-250 B ; 8h30-19h) en plein air, perché sur un versant de colline ombragé surplombant la mer. De là, vous pourrez emprunter un sentier assez facile (3 km aller-retour), qui longe le cap pour rejoindre la plage de **Hat Lek**, souvent déserte.

Khao Lak

À voir

1 Parc national de Khao Lak/Lam Ru...A5

Activités

2 Fantastic...A4
3 Hat Khao Lak...A5
4 Hat Nang Thong...A3
5 Khao Lak Land Discovery...B3
Pa-kin-na-ka Thai Cooking School...(voir 8)
6 Sea Bees...B3
7 Sea Dragon Dive Center...B2

Où se loger

Fasai House...(voir 8)
8 Les Fleurs House...B2
9 Nangthong Bay Resort...A3
10 The Sands...A2
11 Walker's Inn...B4

Où se restaurer

12 835 Street Food...B3
13 Coconuts...A4
14 Go Pong...B2
15 Restaurant du parc national Khao Lak/Lam Ru...A5
16 Nangthong Supermarket...B3

Transports

17 Arrêt de bus (vers le nord)...B3
18 Arrêt de bus (vers le sud)...B3
19 Cheaper Than Hotel...B4

Khao Lak

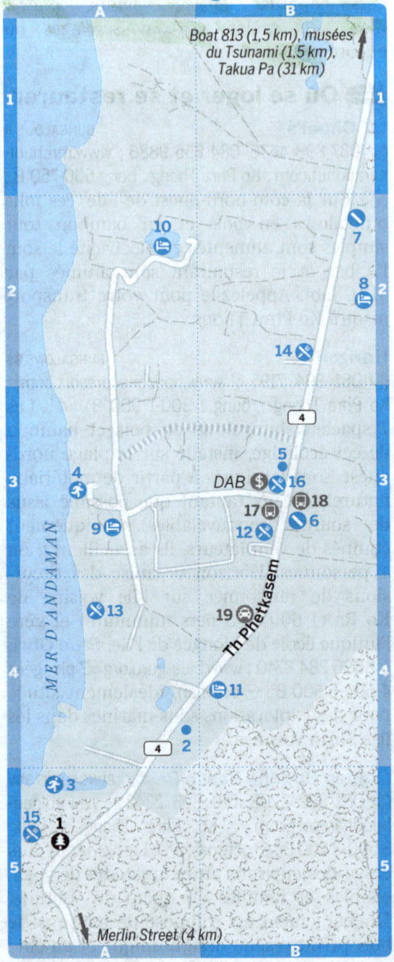

Activités et circuits organisés

Les excursions de plongée ou de snorkeling à la journée aux îles Similan et Surin sont particulièrement prisées, mais préférez si possible une croisière avec nuit à bord. Les îles étant à 70 km du rivage (environ 1 heure 30 en *speedboat*), vous profiterez mieux du séjour et éviterez la foule. Les centres de plongée proposent des croisières à partir de 19 000 B pour 3 jours et 35 000 B pour 6 jours, et des excursions à la journée pour 5 000-6 000 B.

Une sortie d'une journée inclut habituellement deux plongées. Lors des excursions de plusieurs jours, on s'immerge jusqu'à quatre fois par jour dans ce qui est généralement considéré comme l'un des dix meilleurs sites de plongée du monde. Bien que les îles Similan et Surin aient subi un important blanchissement corallien ces dernières années, Richelieu Rock (p. 636), dans le parc national maritime des îles Surin, est toujours classé comme le meilleur spot de plongée de la région. Il est fréquenté par des requins-baleines de mars à avril. Ko Bon (p. 643) et Ko Tachai (p. 643), parmi les îles Similan, sont très appréciées pour leurs nombreuses raies mantas.

Les centres de plongée acceptent souvent les snorkeleurs sur leurs excursions et croisières tandis que les tour-opérateurs proposent des sorties de snorkeling à partir de 3 700 B. Les brevets Open Water coûtent de 10 500 à 16 650 B selon le lieu de plongée. Les débutants peuvent participer à une journée d'initiation aux îles Similan (sorties Discover Scuba) moyennant 6 000 B. Les prix ne comprennent pas le droit de plongée dans le parc national (700 B).

100% LOCAL

SYSTÈME D'ALERTE AU TSUNAMI

Le 26 décembre 2004, un tremblement de terre au large des côtes de Sumatra provoqua un raz-de-marée qui balaya la côte d'Andaman, en Thaïlande. La catastrophe fit près de 5 400 morts (beaucoup plus d'après certaines estimations) et des dégâts considérables. Depuis, la vie et les affaires dans les îles et sur la côte ont repris, mais le tsunami n'a pas été oublié, donnant lieu à des mesures pour prévenir de nouvelles catastrophes.

En 2005, la Thaïlande a ainsi inauguré un système national d'alerte pour répondre au manque de préparation du pays face aux tsunamis. Le centre, basé à Bangkok, prévoit qu'une alerte soit émise au plus tard 15 minutes après la détection d'un tsunami par les systèmes internationaux existants.

La population sera alors prévenue par les radios nationales, par plusieurs chaînes de télévision et par des messages SMS. Pour les étrangers ne parlant pas le thaï, des tours d'alerte sur les plages à haut risque diffuseront des messages en plusieurs langues, assortis de signaux lumineux. Par ailleurs, de nombreux panneaux ont été installés sur les îles et le long de la côte pour signaler les zones d'évacuation à l'intérieur des terres.

Le **parc-mémorial du Tsunami** (ศูนย์อนุสรณ์สึนามิบ้านน้ำเค็ม ; Ban Nam Khem ; ⏲24h/24) GRATUIT, en forme de vague, est installé à Ban Nam Khem, un village de pêcheurs à 26 km au nord de Hat Khao Lak qui fut quasiment rayé de la carte. Le **Boat 813** (Bang Niang) est resté échoué à 1 km de Hat Bang Niang, à l'intérieur des terres, là où la vague l'avait déposé. Les **musées du Tsunami** (พิพิธภัณฑ์สึนามิ ; Hwy 4, Bang Niang ; 100-300 B chaque musée ; ⏲9h-21h) se trouvent près du bateau. Ces mémoriaux officialisent ce qui fut pendant des années un lieu de recueillement officieux.

La saison de la plongée dans les îles Similan et Surin va de mi-octobre à mi-mai, lorsque le parc national est ouvert. En avril et en mai, les sorties se font en fonction des conditions météorologiques.

♥ **Fantastic** SNORKELING
(☎076 485 998 ; www.fantasticsimilan.com ; adulte/enfant 3 200/2 200 B ; ⏲mi-oct à mi-mai). Fantastic propose des excursions de snorkeling exubérantes dans les îles Similan, guidées par des acteurs du cabaret de travestis local. L'expérience est unique en son genre, et les sites de snorkeling sont de premier ordre. Le prix inclut le transport depuis votre hôtel de Phuket ou Khao Lak. Réservation indispensable.

Sea Dragon Dive Center PLONGÉE
(☎076 485420 ; www.seadragondivecenter.com ; 5/51 Mu 7, Khao Lak ; 2 plongées 6 000 B ; ⏲9h-21h). Ce club ultra-efficace, le plus ancien de Khao Lak, maintient année après année des standards élevés. Il organise des sorties de snorkeling à la journée (3 500 B), des plongées sur épave (2 600 B), des formations Open Water (10 500-15 000 B) et différentes croisières de plongée dans les îles Similan et Surin (3 jours à partir de 10 500 B). L'adresse est repérable à la petite piscine devant l'entrée.

Sea Bees PLONGÉE
(☎076 485 174 ; www.sea-bees.com ; Th Phetkasem, Khao Lak ; 2 plongées 2 900-4 900 B ; ⏲11h-19h). Au programme de ce centre de plongée sérieux tenu par des Allemands : excursion de 2 plongées sur une journée dans les îles Similan, initiation d'une journée (8 500 B), stages Open Water (16 650 B), cours pour plongeurs confirmés et croisières de plongée avec nuit à bord dans les îles Similan (à partir de 17 500 B).

Khao Lak Land Discovery CIRCUITS AVENTURE
(☎076 485 411 ; www.khaolaklanddiscovery.com ; 21/5 Mu 7, Th Phetkasem, Khao Lak ; ⏲6h-21h30). Cette agence multilingue, l'une des plus fiables de Khao Lak, organise des circuits de sports d'aventure à la journée (adulte/enfant 3 000/2 450 B) au parc national de Khao Lak/Lam Ru, ainsi que des excursions d'un ou deux jours dans le parc national de Khao Sok (circuit 2 jours adulte/enfant 7 500/6 800 B) et des sorties de snorkeling dans les îles Similan (3 700/2 450 B).

Cours

Pa-kin-na-ka Thai Cooking School CUISINE
(☎088 760 0767 ; www.pakinnakacookingschool.com). Les cours de cette école, gérée par la sympathique Wandee Rathanapan (anglophone), sont l'occasion de découvrir et

d'apprendre à préparer des plats thaïlandais. Les leçons (1 500 B) comprennent le déjeuner et une visite du marché.

Où se loger

Les hébergements bon marché sont majoritaires dans le centre-ville congestionné de Khao Lak tandis que les *resorts* 3 ou 4 étoiles dominent la côte. Hat Pakarang et Hat Bang Sak sont émaillées d'hôtels haut de gamme. Si vous prévoyez d'y séjourner entre novembre et avril, pensez à réserver.

Fasai House PENSION $
(076 485 867 ; www.fasaihouse.com ; 5/54 Mu 7, Khao Lak ; ch 950 B ;). L'une des meilleures adresses pour petits budgets de Khao Lak, la Fasai House se distingue par son personnel adorable et ses chambres de motel simples, climatisées et impeccables, installées dans un bâtiment jaune surplombant une petite piscine. Idéal pour se reposer après la plongée.

Walker's Inn PENSION $
(084 840 2689 ; www.walkersinn.com ; 26/61 Mu 7, Th Phetkasem, Khao Lak ; dort/ch 250/600 B ;). Établie de longue date, cette *guesthouse* prisée des voyageurs à petit budget commence à faire son âge. Ses chambres désuètes sont simples quoique vastes et ses dortoirs sont seulement équipés de ventilateurs, mais le prix reste correct. Le pub au rez-de-chaussée sert petits-déjeuners copieux et classiques thaïlandais et occidentaux. Location de motos (200 B/jour).

Les Fleurs House PENSION $$
(076 485166 ; www.lesfleurskhaolak.com ; 5/53 Mu 7, Khao Lak ; ch 800-1 200 B ;). On se sent comme à la maison dans ce petit hôtel agrémenté d'un jardin et de plantes en pot. Les chambres, décorées de couleurs pastel, impeccables et lumineuses, comprennent climatiseur, télévision et réfrigérateur. Wandee, l'aimable hôtesse anglophone, propose des cours de cuisine d'une demi-journée ou plus (p. 641). Dans une ruelle tranquille, à environ 100 m de la Hwy 4.

Nangthong Bay Resort RESORT $$
(076 485088 ; www.nangthong.com ; 13/5 Mu 7, Hat Nang Thong ; ch 1 800-3 000 B ;). Dans ce *resort* abordable et sans prétention, installé en bord de mer, une grande piscine turquoise domine un parc luxuriant qui s'étend jusqu'au sable. Les grands bungalows indépendants, avec lits confortables, balcons et douches en plein air, affichent un style minimaliste chic noir et blanc. Les chambres les moins chères sont en retrait de la plage.

The Sands RESORT $$$
(www.thesandskhaolak.com ; Khao Lak ; ch 6 100-12 000 B ;). Ce vaste complexe hôtelier comprend un fabuleux parc aquatique, plusieurs piscines (dont une réservée aux adultes) et des aires de jeux qui enchanteront les enfants. Nombreuses activités proposées, notamment des cours de *muay thai* (boxe thaïlandaise). Buffet petit-déjeuner inclus.

Où se restaurer

La gastronomie n'étant pas le fort de Khao Lak et des plages environnantes, les voyageurs se rassemblent dans les mêmes restaurants pour échanger sur leurs exploits sous-marins. Les plongeurs matinaux auront du mal à dénicher un lieu où petit-déjeuner avant 8h30 : approvisionnez-vous la veille au **Nangthong Supermarket** (8h30-22h).

Go Pong THAÏLANDAIS $
(Th Phetkasem, Khao Lak ; plats 50-140 B ; 10h-23h). Initiez-vous aux saveurs locales dans ce petit snack de rue qui concocte des plats de nouilles et de riz épicés sautés, ainsi qu'une soupe de nouilles parfumée, appréciée des habitués.

835 Street Food CUISINE DE RUE $
(Th Phetkasem, Khao Lak ; plats à partir de 30 B ; 12h-22h). Des restaurateurs de rue nichés derrière une étroite cour proposent sautés, nouilles, soupes thaïlandaises, crêpes et autres en-cas.

Coconuts THAÏLANDAIS, INTERNATIONAL $$
(plats 250-360 B ; 12h-20h30). Ce joli restaurant de plage propose un excellent choix de plats occidentaux et thaïlandais, notamment un appétissant plateau de fruits de mer grillés pour 2 personnes, un délicieux vivaneau aigre-doux et quelques plats de pâtes. Une paillote propose des massages et une bande de sable se prête à une promenade digestive. Confortables chaises longues inclinables à disposition.

Merlin Street PRODUITS DE LA MER $$
(plats 200-400 B ; 12h-22h). Plusieurs restaurants de poisson et fruits de mer jalonnent cette portion de route près du Khao Lak Merlin Hotel. Au coucher du soleil, les

barbecues commencent à fumer et il ne vous reste qu'à choisir un mets. Barracuda, calmars, moules et crevettes sont particulièrement prisés ; nombreux plats européens, thaïlandais et indiens également.

Renseignements

On trouve de nombreux DAB le long de la côte, ainsi que des banques et bureaux de change. Le centre-ville de Khao Lak compte un DAB.

SSS Ambulance (☎076 209347, urgences 081 081 9000 ; ⊙24h/24) gère les urgences liées à la plongée. La SSS Ambulance rapatrie très rapidement les blessés au Phuket International Hospital (p. 654) et intervient également en cas d'accident de la route (voiture et moto).

Comment s'y rendre et circuler

Les bus qui relient Takua Pa (70 B, 45 min) à Phuket (150 B, 2 heures) s'arrêteront à Hat Khao Lak si vous le demandez. Les bus en direction du nord et du sud prennent et déposent des passagers sur la Hwy 4.

Des minibus partent quotidiennement pour Ko Samui (850 B, 8 heures) à 9h. Les minibus pour Krabi (350 B, 3 heures 30) démarrent toutes les heures entre 8h et 16h. Ils passeront vous chercher à votre hébergement. Les minibus de Khao Lak Land Discovery (p. 641) vont à l'aéroport international de Phuket (600 B, 1 heure 15). Il est également possible de prendre un taxi **Cheaper Than Hotel** (☎086 276 6479, 085 786 1378 ; cheaperkhaolak1@gmail.com ; Hwy 4) pour l'aéroport de Phuket (1 000 B) et quelques localités au sud. Sinon, le trajet en taxi de Khao Lak à l'aéroport coûte 1 200 B. Enfin, vous pouvez monter dans un bus pour Phuket et demander au chauffeur de vous déposer à l'aéroport. Il vous laissera à une intersection où des motos-taxis vous prendront en charge (100 B, 10 min).

Nombre d'agences de voyages et *guesthouses* louent des motos (200-250 B/jour).

Parc national maritime des îles Similan

อุทยานแห่งชาติหมู่เกาะสิมิลัน

Connu des plongeurs du monde entier, le **parc national maritime des îles Similan** (☎076 453272 ; www.similan-islands.com ; adulte/enfant 500/300 B ; ⊙mi-oct à mi-mai) s'étend à 70 km au large des côtes de la province de Phang-Nga. Couvertes de forêts tropicales, bordées de plages de sable blanc et entourées de récifs de corail, ces îles de granit d'une superficie de 70 km² sont aussi impressionnantes au-dessus de l'eau qu'en dessous. Si le blanchissement corallien a eu raison de bon nombre de coraux durs, les coraux mous demeurent intacts et la faune abondante. Les îles Similan sont toutefois une destination touristique : les plages et sites de snorkeling sont pris d'assaut par les excursionnistes à la journée. Les îles ferment donc au public pendant la mousson pour permettre à l'environnement de se régénérer.

Il est possible de séjourner à Ko Miang (île 4) et Ko Similan. Le centre d'information des visiteurs du parc (p. 645) et la plupart des infrastructures se trouvent sur Ko Miang. Les îles ont un nom, mais sont communément désignées par leur numéro.

Hat Khao Lak est le point d'accès au parc. L'embarcadère et le bureau du parc (p. 645) sur le continent sont installés à Thap Lamu, à 12 km au sud (Hwy 4, puis Rte 4147).

Activités

Plongée et snorkeling

Les îles Similan permettent d'effectuer des plongées pour tous les niveaux, à des profondeurs allant de 2 à 30 m. Préparez-vous à découvrir des récifs à **Ko Hin Pousar** (เกาะหินพูซา, île 7) et des tunnels à **Hin Pousar** (หินพูซา, le rocher "tête d'éléphant"), ainsi qu'une vie sous-marine variée, allant des serpules aux coraux mous, en passant par de rares requins-baleines, des raies mantas et des bancs de poissons. **Ko Bon** (เกาะบอน) et **Ko Tachai** (เกาะตาชัย) sont deux des meilleurs spots de plongée et de snorkeling. On trouve des spots de plongée près de chacune des 6 îles au nord de **Ko Miang**. La partie sud du parc (îles 1, 2 et 3), site de ponte des tortues, est interdite aux plongeurs.

Aucune infrastructure de plongée n'étant disponible dans le parc national, il faut participer à un circuit spécialisé. Les clubs de Hat Khao Lak proposent des excursions à la journée (2 plongées 5 000 B) et des croisières de plongée (3/6 jours à partir de 19 000/35 000 B), de même que les agences de Phuket (excursion 2 plongées à partir de 5 600 B, croisière de 3 jours à partir de 18 900 B).

Les agences de Khao Lak proposent des circuits de snorkeling à la journée qui permettent généralement d'explorer trois à quatre sites (à partir de 2 900 B environ).

Parc national maritime des îles Similan

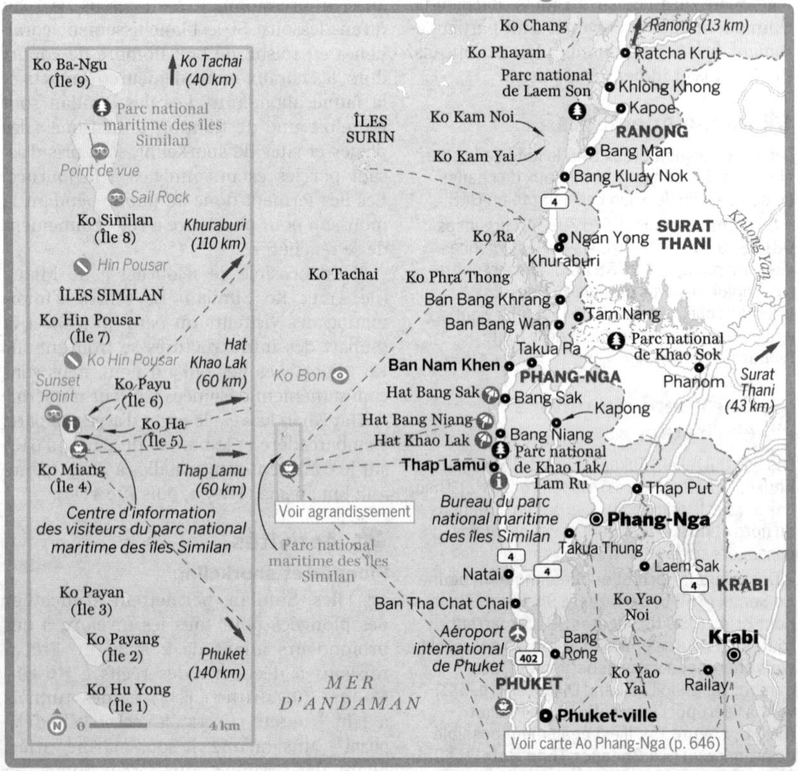

Observation de la faune et randonnée

La forêt qui s'étend aux abords du centre d'information des visiteurs du parc, sur Ko Miang, compte quelques sentiers et une faune exceptionnelle, comprenant 39 espèces d'oiseaux. Le merveilleux nicobar à camail, au plumage gris-vert, y est commun. Dans la forêt, on aperçoit souvent crabes aux pattes poilues, chauves-souris frugivores (renards volants) ou écureuils volants.

Un petit sentier de plage jalonné de panneaux d'information mène à une minuscule baie propice au snorkeling, à 400 m à l'est du centre d'accueil des visiteurs. Quittez le sentier pour emprunter le **Viewpoint Trail** (Ko Miang/île 4), un raidillon de 500 m (30 minutes de montée), en haut duquel se déploie un beau panorama. Une marche de 500 m (20 minutes) à travers la forêt, à l'ouest du centre d'accueil des visiteurs, conduit au **Sunset Point** (แหลมซันเซ็ท ; Ko Miang/île 4), une plateforme de granit orientée à l'ouest.

Sur Ko Similan, une randonnée en forêt de 2,5 km mène à un **point de vue** (จุดชมวิวเกาะสิมิลัน ; Ko Similan/île 8) tandis qu'une ascension plus courte mais raide part de la plage de la côte nord pour rejoindre le **Sail Rock** (หินเรือใบ, Balance Rock ; Ko Similan/île 8) dont le sommet est noir de monde en journée.

Où se loger et se restaurer

Le **restaurant** (Ko Miang/île 4 ; plats 120-150 B, buffet déj 230 B ; 7h30-20h30 mi-oct à mi-mai) à côté du bureau du parc sur Ko Miang sert une cuisine thaïlandaise sans prétention. Ceux qui passent la nuit sur Ko Similan trouveront un autre restaurant là-bas. Pour une excursion d'une journée, approvisionnez-vous à Khao Lak.

Bungalows du parc national maritime des îles Similan BUNGALOWS $$
(076 453272, à Bangkok 02 562 0760 ; www.dnp.go.th ; Ko Miang/île 4 ; ch ventil/clim 1 000/2 000 B,

camping avec location tente 570 B ; ⏲mi-oct à mi-mai ; ❄). Sur Ko Miang, vous aurez le choix entre 20 bungalows (les meilleurs ont un balcon) et des tentes. On paie pour le cadre plus que pour l'hébergement, plutôt simple. De nombreux groupes de touristes s'arrêtent ici en journée et l'électricité fonctionne de 18h à 6h. Réservez en ligne, par téléphone ou auprès du bureau du parc sur le continent, à Thap Lamu. Si vous campez, prévoyez du répulsif : les moustiques sont redoutables.

Renseignements

Bureau du parc national maritime des îles Similan (☎076 453 272 ; www.dnp.go.th ; 93 Mu 5, Thap Lamu ; ⏲8h-17h). Ce bureau au sud de Khao Lak permet de réserver son hébergement dans les Similan à l'avance.

Centre d'information des visiteurs du parc national maritime des îles Similan (Ko Miang/île 4 ; ⏲7h30-20h mi-oct à mi-mai). Cartes et informations sur les îles du parc.

Depuis/vers le parc national maritime des îles Similan

Aucun transport public ne dessert les îles Similan. Il est techniquement possible de réserver un transfert en *speedboat* (aller-retour 2 000 B, aller 1 heure 30) auprès de l'un des prestataires de Khao Lak, mais ceux-ci découragent généralement les voyages indépendants. La plupart organiseront votre transfert depuis Hat Khao Lak ; si vous réservez via le parc national, vous devrez vous rendre par vos propres moyens jusqu'au bureau de Thap Lamu et attendre un transfert à l'embarcadère.

Les centres de plongée et les agences de Hat Khao Lak et Phuket organisent des circuits de 1/2 jours (à partir de 5 000/8 500 B), des croisières de plongée (3 jours à bord 18 900 B) et des circuits de plusieurs jours incluant le transport au parc, la nourriture et l'hébergement. Ils ne coûtent guère plus que si vous organisiez tout par vous-même.

Parc national maritime d'Ao Phang-Nga

อุทยานแหงชาติอาวพังงา

Le **parc national maritime d'Ao Phang-Nga** (☎076 481 188 ; www.dnp.go.th ; adulte/enfant 300/100 B ; ⏲8h-16h30) et son paysage karstique typique de la région apparaissent dans le film de James Bond *L'Homme au pistolet d'or*. De gigantesques falaises à pic encadrent 42 îles, dont certaines cachent des grottes uniquement accessibles à marée basse. La baie elle-même se compose de chenaux de toutes tailles, dont les principaux traversent dans le sens nord-sud la plus grande forêt de mangrove primaire du pays.

Ao Phang-Nga est peuplé de reptiles incluant varans du Bengale, varans malais, lézards volants, cobras de mer, vipères de mangroves et vipères de Malaisie. Des mammifères y vivent également, notamment des saros, macaques crabiers, gibbons à mains blanches et semnopithèques obscurs.

Durant la haute saison (nov-avr), le défilé des touristes venus visiter la baie sur une journée est incessant, mais si vous l'explorez au petit matin (le mieux étant de commencer par les îles Ko Yao), ou que vous y restez jusqu'à tard, la plage, la mer et les formations karstiques seront à vous seul. Un circuit en kayak est la meilleure façon de découvrir le parc.

À voir et à faire

On peut louer un bateau pour explorer les grottes et les îles au départ de Tha Dan, à 9 km au sud du centre de Phang-Nga. Comptez entre 1 500 et 2 000 B pour une excursion d'une demi-journée.

Des circuits de 2 à 3 heures (1 000 B/pers) conduisent au très visité **Ko Khao Phing Kan** (เกาะเขาพิงกัน, île de James Bond), à **Ko Panyi** (เกาะปันหยี) et ailleurs dans le parc. À l'embarcadère de Tha Surakul, à 13 km au sud-ouest de la ville de Phang-Nga, dans le district de Takua Thung, des bateaux privés

100% LOCAL

ART RUPESTRE PRÉHISTORIQUE

Dans de nombreuses îles calcaires d'Ao Phang-Nga, des gravures et peintures préhistoriques ornent les parois et voûtes des grottes, les abris-sous-roche, les falaises et les massifs. On peut les admirer à Khao Khian, Ko Panyi, Ko Raya, Tham Nak et Ko Phra At Thao. À **Khao Khian** (le site le plus visité) sont représentés des hommes, des poissons, des crabes, des crevettes, des chauves-souris, des oiseaux et des éléphants, ainsi que des bateaux, des armes et des ustensiles de pêche, qui semblent évoquer la place centrale de la mer dans le fonctionnement des communautés de l'époque. Si la plupart des peintures sont monochromes, certaines sont peintes en jaune orangé, bleu, gris et noir.

Ao Phang-Nga

sont à louer pour le même prix qu'un circuit. On peut aussi louer des bateaux (1 400 B, 4 passagers maximum) auprès du bureau du parc national pour des circuits de 3 heures dans les îles. À Phuket-ville, John Gray's Seacanoe (p. 656) est l'adresse de choix pour découvrir Ao Phang-Nga en kayak.

Où se loger et se restaurer

Les tour-opérateurs de Phang-Nga peuvent organiser des nuits chez l'habitant sur Ko Panyi. Des hébergements simples sont également installés près du bureau du parc national, sur le continent, mais la plupart des visiteurs viennent dans le cadre d'un circuit d'une journée depuis les îles Ko Yao, Phuket ou Phang-Nga.

Bungalows du parc national d'Ao Phang-Nga BUNGALOWS $
(☎076 481188, à Bangkok 02 562 0760 ; www.dnp.go.th ; Rte 4144 ; bung 800-1 000 B ; ❄). Ces bungalows climatisés mais simples logent 2 ou 3 personnes dans un cadre paisible et ombragé, à 8,5 km au sud du centre-ville de Phang-Nga.

Depuis/vers le parc national

Depuis le centre-ville de Phan-Nga, suivez la Hwy 4 vers le sud sur 7 km, puis empruntez la Route 4144 sur la gauche : le bureau du parc est situé à 2,6 km, à Tha Dan. En face, on trouve une jetée où louer des bateaux pour explorer le parc. Si vous n'êtes pas motorisé, prenez un *songthaew* jusqu'à Tha Dan (30 B). Si vous avez réservé une excursion, on viendra vous chercher à votre hôtel.

Phang-Nga พังงา

☎076 / 10 800 HABITANTS

Phang-Nga, petite ville méconnue, jouit d'un cadre fabuleux dans une vallée surplombée par de sublimes falaises calcaires. On y vient principalement pour visiter le parc national maritime voisin, mais son marché, ses sites bouddhiques et ses grottes valent également le détour, de même que sa fantastique Fête végétarienne, organisée chaque année à la fin du mois de septembre ou en octobre. La plupart des hôtels et services se trouvent dans Th Phetkasem.

À voir

Temple Thamtapan SITE BOUDDHIQUE
(สำนักสงฆ์ถ้ำตาปาน ; ⏲lever-coucher du soleil). Ensemble bouddhique peu commun, le "temple du paradis et de l'enfer" comprend des grottes troglodytiques, un tunnel dragon et une série de personnages grotesques illustrant la vie des pêcheurs en enfer. Les enfants pourraient être perturbés par ces représentations parfois violentes rappelant celles des maisons hantées. Au bout d'un escalier raide, un pavillon dévoile une vue impressionnante sur la vallée. Si les statues – destinées à rappeler aux Thaïlandais les peines auxquelles les exposent leurs mauvaises actions – peuvent choquer les Occidentaux, l'endroit offre une occasion unique de mieux comprendre la culture et la philosophie thaïlandaises.

Grotte de Phung Chang GROTTE
(ถ้ำพุงช้าง ; 500 B ; ⏲8h30-17h). L'installation d'un barrage à l'entrée de cette grotte a créé une rivière artificielle que les visiteurs peuvent explorer en kayak, puis en radeau de bambou quand la grotte se rétrécit. Des lampes frontales sont fournies mais les photos sont interdites. La visite de la grotte, qui contient de merveilleuses formations calcaires, nécessite d'entrer dans l'eau jusqu'aux genoux : prévoyez des chaussures adaptées.

Circuits organisés

Sayan Tours SORTIES EN BATEAU
(☎090 708 3211, 076 430348 ; www.sayantour.com ; 269 Th Phetkasem ; demi-journée/journée

DEPUIS/VERS PHANG-NGA

DESTINATION	PRIX	DURÉE	DÉPARTS
Bangkok (1ère classe)	533-622 B	12 heures	8h40, 15h, 16h30, 17h30, 18h30 et 19h30
Bangkok (VIP)	829 B	12 heures	16h, 17h, 19h et 20h
Hat Yai	275 B	6 heures	8h50, 9h50, 10h50, 12h50 et 13h50
Krabi	100 B	1 heure 30	ttes les heures 7h30-18h
Phuket	100 B	1 heure 30	ttes les heures 5h30-17h30
Ranong	170 B	5 heures	10h15
Surat Thani	150 B	4 heures	9h30, 11h30, 13h30 et 15h30
Trang	175 B	3 heures 30	ttes les heures 8h-16h20

800/1 100 B ; ⏲7h-21h) Cette agence établie de longue date sur Ao Phang-Nga propose des excursions à Ko Panyi, Ko Phing Kan et Tham Lod, et des circuits de 2 jours sur Ko Panyi (1 950 B).

Où se loger et se restaurer

Quelques pensions sont installées le long de Th Phetkasem, également bordée d'étals vendant de délicieux *kà·nŏm jin* (nouilles fines de blé) avec du poulet au curry, du *nám yah* (curry de poisson épicé) ou du *nám prík* (sauce épicée). On y trouve aussi un petit **marché nocturne** (Th Phetkasem ; plats à partir de 30 B ; ⏲16h-21h).

Thaweesuk Hotel PENSION $
(☎076 412100 ; www.thaweesuk.com ; 79 Th Phetkasem ; ch avec petit-déj et ventil/clim 450-800 B ; ❄📶). Dans la partie nord de Th Phetkasem, cette accueillante *guest-house* tenue par une famille occupe un bâtiment historique au hall d'entrée orné de carrelage coloré. Les chambres avec ventilation/climatisation et eau froide du rez-de-chaussée sont simples, compactes et propres. Les chambres avec climatisation et eau chaude du 1er étage ont plus de style avec leur parquet ciré. Chambre familiale de 4 lits disponible et petit-déjeuner servi dans le lounge-hall d'entrée.

♥ **Genesis Garden** INTERNATIONAL $
(☎089 919 3326 ; 154 Th Phetkasem ; plats 50-150 B ; ⏲10h-20h ; 📶). Le personnel anglophone de ce café bon marché, caché en retrait de la route principale, sert de délicieux repas sains et l'un des meilleurs smoothies que nous ayons goûtés en Thaïlande. La carte, essentiellement thaïlandaise (plusieurs versions du *pàt tai*, spaghettis, soupes, currys, eaux pétillantes aromatisées, etc.), est adaptée aux palais occidentaux.

ℹ Depuis/vers la ville de Phang-Nga

L'aéroport le plus proche est celui de Phuket, à 1 heure 30 de route.

La **gare routière** de Phang-Nga (dans Th Phetkasem) se trouve à 4 km au sud du centre-ville. Comptez 50 B en moto-taxi depuis/vers la gare routière (prix fixe).

Des minibus partent pour le parc national de Khao Sok (250 B, 2 heures) à 8h30, 10h30, 12h, 14h, 15h30 et 17h30. Ils vous déposeront à votre hébergement.

Des bus partent à 8h, 10h, 11h, 12h, 14h et 17h20 pour Takua Pa (150 B, 1 heure 30), où l'on peut prendre une correspondance pour Khao Lak, Ranong et le parc national de Khao Sok.

Îles de Ko Yao เกาะยาว

Véritables paradis pour les oiseaux, Ko Yao Yai (Grande île longue) et Ko Yao Noi (Petite île longue) sont des îles-montagnes ceintes de plages intactes, où vit une sympathique communauté de pêcheurs musulmans. On s'y relaxe en s'imprégnant des merveilleux paysages d'Ao Phang-Nga. Intégrées au parc national maritime d'Ao Phang-Nga (p. 645), ces îles sont facilement accessibles de Phuket et d'ailleurs.

La plus petite des Ko Yao est aussi la plus peuplée. Toute l'année, la pêche, la culture de la noix de coco et le tourisme font vivre ses habitants. Ici, les plages ne ressemblent pas aux clichés des cartes postales : sur la côte est, où l'on trouve la plupart des hébergements, les baies laissent place à des étendues de vase à marée basse. Toutefois, **Hat Pasai**, sur la côte sud-est, et **Hat Paradise**, sur la côte nord-est, sont magnifiques.

Ko Yao Yai est deux fois plus grande que Yao Noi, et plus sauvage. Les plages les plus accessibles sont **Hat Lo Pared**, sur la côte sud-ouest, et Hat Laem Haad, une plage de sable blanc sur la côte nord-est.

À voir et à faire

On peut organiser facilement des circuits snorkeling à Ao Phang-Nga (1 jour, 3 îles, 2 000 B) via les *guesthouses* ou sur les embarcadères.

Amazing Bike Tours (p. 656) propose des excursions en petits groupes de Phuket à Ko Yao Noi. Si vous avez envie d'explorer les nombreux chemins de terre de Ko Yao Noi et Ko Yao Yai, la plupart des *guesthouses* louent des VTT (250 B/jour) – en particulier sur Ko Yao Noi.

Ko Yao Noi

Six Senses Spa SPA

(☎076 418500 ; www.sixsenses.com ; 56 Mu 5, entre Hat Khlong Jark et Hat Tha Khao, Ko Yao Noi ; soins 4 200-25 000B ; ⏲8h-21h). Peu d'enseignes de luxe atteignent l'élégance de ce village thermal sur pilotis, qui cultive un esprit "retour à la nature". Des professionnels y prodiguent massages et soins bio de Chine, d'Inde et de Thaïlande. Le divin "Signature Yao Noi Ritual" (3h30) associe gommage, massage et soin du visage.

Island Yoga YOGA

(☎087 387 9475 ; www.thailandyogaretreats.com ; 4/10 Mu 4, Hat Tha Khao, Ko Yao Noi ; cours 600 B). Cette école de yoga propose chaque jour des cours sans réservation à 10h, des cours sur inscription à 7h30 et 16h30 ainsi que des retraites de yoga et tai-chi de plusieurs jours.

Mountain Shop Adventures ESCALADE

(☎083 969 2023 ; www.themountainshop.org ; Tha Khao, Ko Yao Noi ; demi-journée 3 200 B ; ⏲9h-19h). On trouve plus de 150 voies d'escalade sur Ko Yao Noi, la plupart équipées par Mark, le patron de Mountain Shop. Les circuits, de débutant à chevronné, incluent souvent le transport en bateau vers les falaises de calcaire les plus reculées. L'agence, délabrée, se situe sur la route, tout près de l'embarcadère de Tha Kao.

Ko Yao Yai

Hat Laem Haad PLAGE

(Ko Yao Yai). Cette superbe bande de sable blanc s'étire dans une péninsule en forme de palmier, à 1,2 km de la route principale en venant de la jetée. Une petite cabane à proximité vend des boissons et propose douches et toilettes. Essayez de venir ici à marée haute.

Elixir Divers PLONGÉE

(☎087 897 0076 ; www.elixirdivers.com ; 2/3 Mu 3, Ko Yao Yai ; 2 plongées 2 900-3 900 B ; ⏲oct-avr). L'unique club de plongée de Ko Yao Yai propose un choix de cours PADI, des sorties de plongée (2 plongées), des séjours en mer à Hin Daeng, Hin Muang et dans les îles Similan (22 900 B) ainsi que des sorties de snorkeling à Ao Phang-Nga, Krabi et Ko Phi Phi. Possibilité de transfert si vous logez sur Ko Yao Noi.

Où se loger

Presque tous les hébergements de Ko Yao Noi se situent sur la côte est. En allant vers le nord, les routes sont de moins en moins entretenues et les magasins et restaurants de plus en plus rares. Les possibilités d'hébergement sont plus limitées à Ko Yao Yai et se limitent essentiellement aux *resorts*.

Ko Yao Noi

Pasai Cottage BUNGALOWS $

(☎089 240 8326 ; www.pasaicottage.blogspot.com ; Hat Pasai, Ko Yao Noi ; bung avec petit-déj 800 B ; 📶). Les bungalows en bambou tout simples (ventilateur uniquement) de cet établissement tenu par une famille occupent le côté d'un jardin face à Hat Pasai. L'hébergement n'est pas luxueux, mais les salles de bains sont correctes et toutes les chambres disposent de balcons spacieux. Agréable espace commun/restaurant (fermé mai-octobre). Magasins, restaurants et bars à proximité.

Sabai Corner Bungalows PENSION $$

(☎076 597 497 ; www.sabaicornerbungalows.com ; Hat Khlong Jark, Ko Ya Noi ; bung 1 000-1 900 B). Perchés sur un promontoire rocheux, ces bungalows équipés de ventilateurs et moustiquaires ne sont pas particulièrement sophistiqués mais leurs terrasses avec hamacs bénéficient d'une vue splendide sur la mer. Curieusement, il faut passer par l'extérieur pour accéder aux salles de bains. Le **restaurant** (☎076 597497 ; plats 95-300 B ; ⏲8h-22h ; 📶) au bord de l'eau sert une bonne cuisine. Location de kayaks possible.

Suntisook BUNGALOWS $$

(☎089 781 6456, 075 582750 ; www.facebook.com/suntisookkoyaonoi ; 11/1 Mu 4, Hat Tha Khao, Ko Ya Noi ; ch 2 000-2 200 B ; ❄📶). Ces bungalows en bois verni, disséminés dans un agréable jardin à seulement quelques mètres d'une plage paisible, ne sont pas grands, mais tous sont pourvus de vérandas avec hamacs, réfrigérateurs et plantes en pots. L'établissement est géré par une famille thaïlandaise serviable, qui parle anglais. Bon **restaurant thaïlandais** (☎ 089 781 6456 ; plats 60-150 B ; ⏲ 7h30-21h ; 📶) et location de kayaks sur place. L'établissement ferme parfois en partie en basse saison (mai-octobre).

♥ **Six Senses Hideaway** RESORT **$$$**
(☎ 076 418500 ; www.sixsenses.com ; 56 Mu 5, entre Hat Khlong Jark et Hat Tha Khao, Ko Yao Noi ; villa avec petit-déj 35 000-66 000 B ; ❄📶🏊). 🍃 Cet élégant cinq-étoiles, composé de 56 villas avec piscine installées à flanc de colline et d'un splendide spa construit dans une plantation de caoutchouc, dépasse toutes les attentes : coucher de soleil sur Ao Phang-Nga à couper le souffle, enchanteresse piscine à débordement perchée sur une falaise, bar lounge et plage de sable blanc dignes du beau monde qui les fréquente – et engagement en faveur de la durabilité sans égal parmi les hôtels haut de gamme de la planète.

Ko Yao Yai

Thiwson Beach Resort BUNGALOWS **$$**
(☎ 081 956 7582 ; www.thiwsonbeach.com ; 58/2 Mu 4, Hat Chonglard, Ko Yao Yai ; ch avec petit-déj 2 000-3 600 B ; ❄📶🏊). Sans doute les bungalows les plus humblement charmants de Ko Yao Yai, ces constructions en bois sont dotées de salles de bains extérieures et de vastes terrasses donnant sur la plus jolie plage du nord-est de l'île. Les bungalows sur la plage sont plus spacieux, mais les chambres avec ventilateur affichent un excellent rapport qualité/prix en basse saison.

Koh Yao Yai Village RESORT **$$$**
(☎ 076 363 700 ; www.kohyaovillage.com ; 78 Mu 4, Ko Yao Yai ; ch 4 300-10 200 B ; ❄📶🏊). Ce *resort* haut de gamme, respectueux de l'environnement, applique des tarifs corrects. Perchées dans les arbres, les grandes "villas" avec salle de bains sont lumineuses, décorées avec goût et offrent une superbe vue sur Phuket. Immense piscine à débordement, spa, restaurant et accès facile à Hat Laem Haad.

Où se restaurer

Tous les *resorts* et pensions ont un restaurant, mais certains ferment de mai à octobre. On trouve aussi quelques restaurants le long de la côte est de Ko Yao Noi, moins sur Ko Yao Yai.

Chaba Café INTERNATIONAL **$**
(☎ 087 887 0625 ; Hat Khlong Jark, Ko Ya Noi ; plats 80-220 B ; ⏲ 9h-17h lun-sam ; 🖉). À la fois ravissant et rustique, ce café-galerie sert pâtes, plats thaïlandais et boissons bio à la mode (jus de fruits sucrés au miel, milk-shakes lait de coco/avocat, thé au chrysanthème, etc.). L'établissement se trouve après Hat Khlong Jark.

Pizzeria La Luna ITALIEN **$$**
(☎ 085 068 9326 ; entre Hat Khlong Jark et Hat Tha Khao, Ko Yao Noi ; plats 170-320 B ; ⏲ 15h-22h ; 📶🖉). En bord de route, ce restaurant semi-ouvert à l'ambiance décontractée sert un grand choix de pizzas au feu de bois, dont certaines végétariennes, ainsi que des pâtes faites maison, salades, pâtisseries et antipasti en haute saison (octobre-mai). Le bar en bois est agréable pour déguster un cocktail. Tables de billard à l'arrière.

♥ **Rice Paddy** THAÏLANDAIS, INTERNATIONAL **$$$**
(☎ 082 331 6581, 076 410233 ; www.ricepaddy.website ; Hat Pasai, Ko Yao Noi ; plats 180-890 B ; ⏲ 12h-22h nov-avr, 18h-22h mai-oct ; 📶🖉). Cette charmante table tenue par des Allemands est unique en son genre. On y déguste *sôm·dam* poêlés à la minute, remarquables falafels et houmous, currys épicés aux fruits servis dans des plats en terre cuite, salades fraîches, excellents plats végétariens et bons cocktails. Sur une colline, dans la partie sud de l'île.

Renseignements

On trouve des DAB à Ta Khao, la plus grande localité de Ko Yao Noi, quelques-uns le long de la côte est ainsi qu'à l'embarcadère de **Tha Bang Rong** (carte p. 652) à Phuket, d'où partent les bateaux pour Ko Yao Noi et Ko Yao Yai.

Ko Yao Yai compte quelques DAB, mais mieux vaut arriver avec des espèces ; autrement, il faudra sûrement retourner en retirer à Tha Bang Rong.

Depuis/vers les îles Ko Yao

DEPUIS/VERS KRABI

Chaque jour, de 9h à 17h30, des *long-tail boats* (150 B) fréquents naviguent entre Tha Khao, à Ko Yao Noi, et Tha Len, à Krabi (33 km au nord-ouest de la ville de Krabi). Des *songthaew* (100 B) circulent entre Tha Len et Th Maharat, à Krabi, via le terminal des bus de Krabi.

DEPUIS/VERS PHANG-NGA

Depuis Tha Dan, à Phang-Nga, un ferry part à 13h pour Ko Yao Noi (200 B, 1 heure 30). Il fait le trajet inverse à 7h30.

DEPUIS/VERS PHUKET

Depuis Tha Bang Rong, à Phuket, des *speedboats* quotidiens (300 B, 30 min) rallient Ko Yao Noi presque toutes les heures de 7h50 à 17h40. Des *long-tail boats* (120 B, 1 heure) partent à 9h15, 12h30 et 17h. Certains s'arrêtent en chemin à Tha Klong Hia sur Ko Yao Yai (300 B, 25 min). Les bateaux reviennent à Phuket entre 6h30 et 16h40.

Des taxis (600-800 B) relient Tha Bang Rong à la zone des *resorts* de Phuket, et des *songthaew* (40 B) partent pour Phuket-ville tous les jours deux fois par heure.

DEPUIS/VERS KO PHI PHI ET KO LANTA

Trois *speedboats* hebdomadaires assurent le trajet depuis/vers Ko Phi Phi (600 B) et Ko Lanta (600 B), d'octobre à avril.

DEPUIS/VERS AO NANG

De novembre à avril, un *speedboat* part à 11h de l'embarcadère de Hat Noppharat Thara pour Ko Yao Noi et Ko Yao Yai (les deux 650 B, 45 min). Il poursuit son parcours jusqu'à Tha Bang Rong, à Phuket, et revient à 15h.

Comment circuler

Des bateaux-navettes circulent entre Tha Manok, à Ko Yao Noi, et Tha Klong Hia, à Ko Yao Yai (50 B). Sur les îles, vous pourrez vous déplacer en *tuk-tuk* pour environ 150 B la course ou louer une moto auprès d'une *guesthouse* pour 250-300 B/jour. Le trajet en *songthaew* vers votre hôtel vous coûtera 100 B.

PHUKET ภูเก็ต

525 700 HABITANTS

Des vagues aux tons jade, où s'ébattent des poissons multicolores, lèchent des plages blanches au riche passé : la plus grande île de Thaïlande est si diverse et éblouissante qu'on voudrait ne jamais la quitter.

À voir et à faire

La plongée est l'activité phare de Phuket, mais on peut aussi y pratiquer snorkeling, kitesurf, équitation, kayak de mer, navigation de plaisance, surf et divers sports extrêmes.

Plongée et snorkeling

Phuket jouit d'une position idéale pour rejoindre les meilleurs sites de plongée de la côte d'Andaman. Les îles Similan (p. 643) s'étendent à une centaine de kilomètres au nord-ouest, tandis que des dizaines de spots vous attendent au sud, autour de Ko Phi Phi (p. 700) et Ko Lanta (p. 707), à 40 km et 72 km respectivement au sud-est ; naturellement, vous paierez un peu plus cher le trajet en bateau jusqu'à ces sites spectaculaires que si vous vous y rendiez depuis des sites plus proches. La plupart des centres de plongée de Phuket emmènent les plongeurs vers 9 spots corrects, bien que moins extraordinaires, autour de l'île, comme **Ko Raya Noi** (ou Ko Racha Noi) et **Ko Raya Yai** (ou Ko Racha Yai). Le récif au large de la pointe sud de Raya Noi, habituellement réservé aux plongeurs expérimentés, est le plus intéressant, avec ses coraux mous et ses poissons pélagiques. Les raies mantas et torpilles marbrées sont également fréquentes dans cette zone où, avec de la chance, on peut parfois apercevoir un requin-baleine.

Une journée commence à environ 3 800 B pour 2 plongées près de l'île. On peut généralement se joindre à une expédition à plus bas prix si l'on ne plonge pas ou pour faire du snorkeling. Les brevets Open Water reviennent à environ 11 000-21 000 B les 3 jours. Certains clubs facturent un supplément pour le matériel.

Depuis Phuket, on peut participer à de nombreuses croisières de plongée dans les îles Similan, ou encore les îles Mergui (Myanmar).

Le snorkeling n'est pas particulièrement marquant au large de Phuket même. On peut toutefois louer masque, tuba et palmes pour 200 B/jour. Comme pour la plongée, les abords des petites îles telles que Ko Raya Yai et Ko Raya Noi offrent une meilleure visibilité et une faune marine plus variée. Certains centres de plongée organisent des excursions de snorkeling.

Comme ailleurs en mer d'Andaman, la période la plus propice à la plongée s'étend de novembre à avril : il fait alors beau, et la mer est calme et claire. Certains sites de plongée peuvent fermer pendant la mousson (mai-octobre) pour permettre la régénération écologique, mais la plupart des centres de plongée restent actifs (quand le temps le permet) en basse saison. On trouve de bonnes écoles de plongée ici et là sur l'île, notamment à Kata, Karon et Patong.

100% LOCAL

QUELLE PLAGE DE PHUKET EST FAITE POUR VOUS ?

La plupart des visiteurs se précipitent vers les aimants touristiques que sont les plages de Hat Kata (p. 672), Hat Karon (p. 676) et la quelque peu sordide **Hat Patong** (p. 667) sur la côte ouest : ces longues bandes de sable sont bordées de *resorts*, de restaurants, de bars et de toutes les commodités dont vous rêvez. Si vous aspirez à plus de solitude et de tranquillité, recherchez les criques rocheuses près des routes côtières quelconques, entre les plages principales, ou dirigez-vous vers la côte nord-ouest de l'île, moins touristique, où le parc national de Sirinat (p. 686) protège les plages de Hat Mai Khao (p. 686), Hat Nai Yang (p. 686) et Hat Nai Thon (p. 686). Pour profiter d'un luxe cinq étoiles loin de l'agitation, gagnez **Hat Surin** (หาดสุรินทร) et Ao Bang Thao (p. 682). À l'extrême sud, Rawai, où se trouve la plage de Hat Nai Harn (p. 663), garantit une ambiance tranquille.

Surf

Phuket est une destination de surf méconnue. Avec la houle de la mousson, la mer forme d'impressionnants rouleaux, notamment entre juin et septembre, lorsque des compétitions se tiennent à Hat Kata Yai (p. 672), spot le plus connu de Phuket, et à Hat Kalim, au nord de Patong. Nautilus Dive & Surf Shop (p. 673) est basé à Kata Yai, à l'extrémité sud de la baie, à proximité du meilleur *break* qui atteint souvent les 2 m. À Hat Nai Harn (p. 663), les vagues mesurent jusqu'à 3 m près du club de plaisance. Attention toutefois, les courants sous-marins peuvent être très forts (entraînant parfois des accidents mortels) à Hat Katai Yai et Hat Nai Harn.

Hat Kalim est abritée et son *break* constant (une vague creuse, considérée comme la meilleure de l'île) peut atteindre les 3 m. Le lieu accueille également une compétition annuelle. La partie la plus septentrionale de Hat Kamala (p. 678), où se déroule un tournoi de surf, possède un bon *beach break* avec des rouleaux atteignant 3 m. À **Laem Singh** (แหลมสิงห์ ; carte p. 680 ; P), à 1 km au nord, les vagues sont très fortes et rapides – de plus, la plage est protégée du vent par un grand promontoire. Hat Surin (p. 680) reçoit les vagues les plus exigeantes de Phuket. À Hat Nai Yang (p. 686), une vague douce mais régulière se brise à plus de 200 m du bord. La forme des vagues à Hat Nai Thon (p. 686) est plus intéressante et la houle y monte jusqu'à 3 m à différentes périodes de l'année. En basse saison, on peut louer des planches de surf (200-300 B/heure) sur la plupart de ces plages ; certaines proposent aussi des cours (à partir de 1 200 B).

Kayak de mer

Plusieurs prestataires installés à Phuket organisent des circuits en kayak vers la spectaculaire Ao Phang-Nga (p. 645), où de hautes formations karstiques émergent de la mer au nord-est de Phuket, non loin du continent. Vous pénétrerez dans des grottes en partie immergées, inaccessibles en *long-tail boat* et en *speedboat*. Les prix pour une excursion d'une journée commencent autour de 4 000 B/pers (repas, équipement et transfert inclus). John Gray's Seacanoe (p. 656) est le tour-opérateur le plus prisé de l'île. Il propose des excursions d'une journée et des circuits tout compris en kayak et camping à Ao Phang-Nga et au parc national de Khao Sok (3-4 jours, à partir de 26 750 B).

Kitesurf

En plein essor dans le monde, le kitesurf est aussi l'une des grandes passions à Phuket. Hat Nai Yang (p. 686), de mai à octobre, et Rawai (p. 663), de novembre à mars, font partie des meilleurs sites. Les prestataires fiables sont affiliés à l'International Kiteboarding Organization (www.ikointl.com).

Navigation de plaisance

Phuket est l'une des principales destinations d'Asie du Sud-Est pour les plaisanciers. Toutes sortes d'embarcations sont ancrées le long du littoral, depuis les sloops en bois, vieux de 80 ans, jusqu'aux yachts dernier cri. Plusieurs zones de l'île comptent des installations de style marina avec possibilité d'amarrage à l'année. Elles pourront vous renseigner sur les formalités administratives. Comptez à partir de 9 000 B/jour la location d'un bateau sans équipage (*bareboat charter*) en haute saison.

Sports extrêmes

Du saut à l'élastique aux tyroliennes, Phuket a de quoi satisfaire les amateurs de sensations fortes. La qualité du matériel et le niveau de sécurité varient d'un lieu à l'autre, et des accidents graves, voire fatals, ont déjà eu lieu. Demandez conseil autour de vous et faites demi-tour au moindre doute.

Province de Phuket

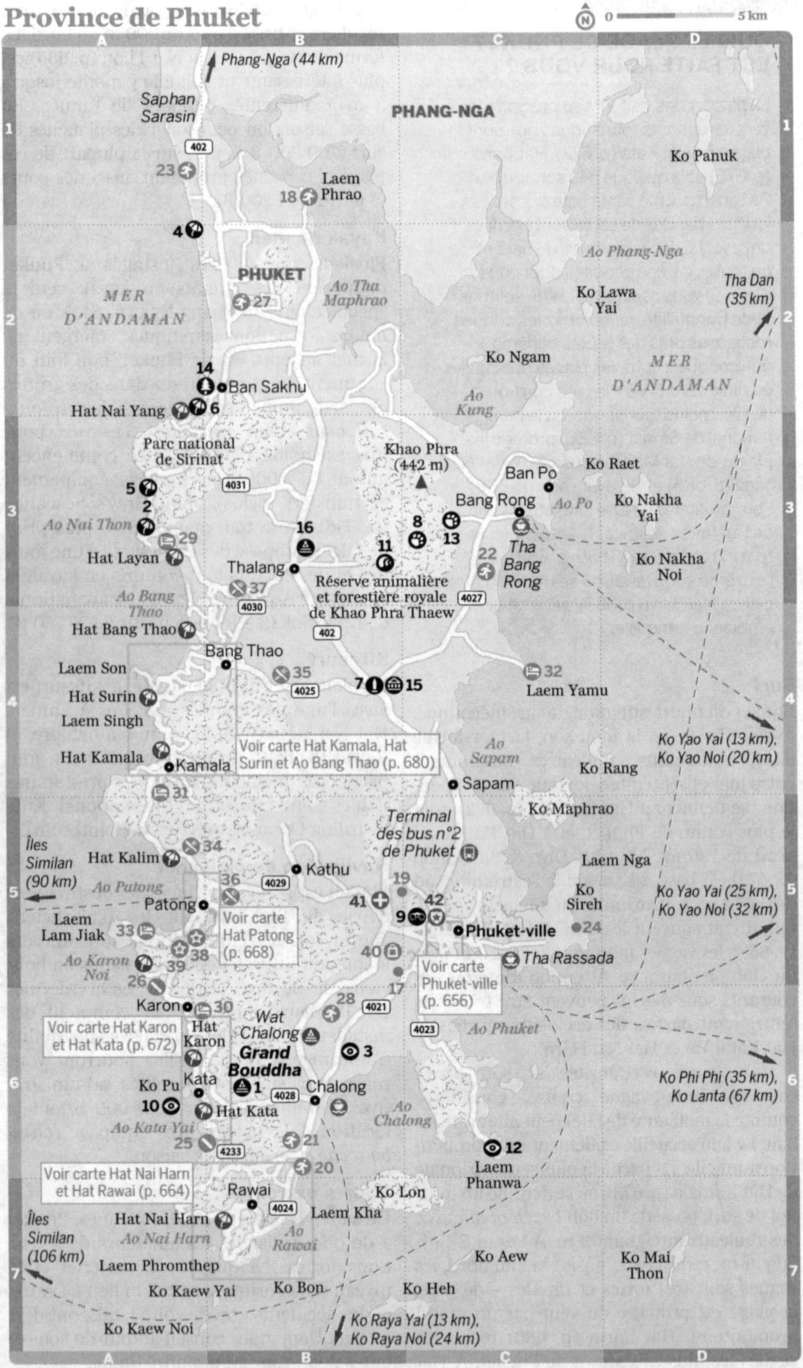

Province de Phuket

Les incontournables
1 Grand Bouddha B6

À voir
2 Banana Beach A3
3 Chalong Bay Rum B6
4 Hat Mai Khao A2
5 Hat Nai Thon A3
6 Hat Nai Yang A2
7 Heroines Monument B4
8 Réserve animalière et forestière royale de Khao Phra Thaew C3
9 Khao Rang C5
10 Ko Pu A6
Nam Tok Bang Pae .... (voir 13)
11 Nam Tok Ton Sai B3
12 Aquarium de Phuket C6
13 Centre de réadaptation pour gibbons C3
14 Parc national de Sirinat B2
15 Musée national de Thalang B4
16 Wat Phra Thong B3

Activités
17 Amazing Bike Tours B5
18 Asia Marine B1
Cool Spa .... (voir 12)
Coqoon Spa .... (voir 6)
19 John Gray's Seacanoe B5
20 Kite Zone B6
21 Kiteboarding Asia B6
Kiteboarding Asia .... (voir 6)
Mala Spa .... (voir 31)
22 Sanctuaire des éléphants de Phuket C3
23 Phuket Riding Club A1
24 Phuket Thai Cookery School C5
Sea Bees .... (voir 6)
25 Sea Fun Divers B6
26 Sea Fun Divers A5
27 Soi Dog B2
28 Tiger Muay Thai B6

Où se loger
29 Anantara Phuket Layan A3
30 Chanalai Hillside Resort A6
31 Keemala A4
Pensiri House .... (voir 6)
32 Point Yamu by Como C4
Pullman .... (voir 5)
33 Rosewood Phuket A5
Slate .... (voir 6)
Sri Panwa .... (voir 12)

Où se restaurer
34 Acqua A5
Black Ginger .... (voir 6)
Coconut Tree .... (voir 5)
Elements .... (voir 5)
35 Gallery Cafe B4
36 Kaab Gluay B5
La Sirena .... (voir 32)
Mala Restaurant .... (voir 31)
Monkeypod .... (voir 22)
Mr Kobi .... (voir 6)
Phen's Restaurant .... (voir 6)
37 Project Artisan B3
Suay .... (voir 35)
Ta Khai .... (voir 33)

Où prendre un verre et faire la fête
Baba Nest .... (voir 12)
NY Beach Republic .... (voir 6)

Où sortir
38 Galaxy Boxing Stadium A5
39 Phuket Simon Cabaret A5

Achats
40 Marché du week-end B5

Renseignements
Bangkok Hospital Phuket .... (voir 19)
41 Phuket International Hospital B5
42 Police C5

Cours

Des cours de cuisine thaïlandaise prisés sont proposés par la Boathouse Cooking Class (p. 673) à Kata, la Blue Elephant Cooking School (p. 657) à Phuket-ville, la **Phuket Thai Cookery School** (carte page ci-contre ; ☎082 474 6592 ; www.phuketthaicookery.com ; Hat Pleum Suk ; cours d'une journée 2 900 B ; ⏲8h-15h jeu-mar) à Ko Sireh et la Pum Thai Cooking School (p. 667) à Patong.

Fêtes et festivals

Fête végétarienne FÊTE RELIGIEUSE
(⏲fin sept-oct). Au cours de cette fête, l'une des plus colorées de Phuket, les habitants d'origine chinoise ne mangent aucune viande pendant 9 jours pour se purifier spirituellement. Au programme : processions, scènes de transe et d'auto-mutilations (âmes sensibles, s'abstenir !). Pour plus de détails, voir l'encadré p. 660.

Renseignements

DÉSAGRÉMENTS ET DANGERS

- Chaque année, des milliers de personnes sont blessées ou tuées sur les routes de Phuket.
- Soyez particulièrement vigilant sur les routes reliant Patong à Karon et Kata à Rawai/Hat Nai Harn : des motocyclistes se sont déjà fait agresser voire même poignarder en pleine nuit.

LES TAXIS DE PHUKET

Malgré les mesures prises par l'armée thaïlandaise pour lutter contre la "mafia des taxis" de Phuket, les courses restent très coûteuses sur l'île. Un trajet de 15 minutes de Hat Karon à Hat Patong, par exemple, vous coûtera 400 B. Les tableaux des prix indiquent les tarifs *maximaux*, mais les chauffeurs descendent rarement en dessous.

Pour échapper à la surfacturation, procurez-vous le numéro d'un chauffeur de taxi avec compteur et faites appel à lui durant tout votre séjour. Le plus simple est de prendre un taxi avec compteur à l'aéroport (l'endroit où on les trouve le plus facilement) à votre arrivée. Ces taxis stationnent à 50 m sur la gauche en sortant du hall des arrivées internationales. La course coûte 50 B pour les 2 premiers kilomètres, 12 B/kilomètre pour les 15 kilomètres suivants, et 10 B/kilomètre au-delà, plus 100 B de "taxe d'aéroport". La course entre l'aéroport et n'importe quelle destination dans l'île ne doit normalement pas dépasser 700 B.

De plus en plus populaire en Thaïlande, l'application Grab (www.grab.com) est très pratique à Phuket. Elle permet de réserver des taxis avec compteur moyennant un petit supplément pour le déplacement. Cela ne revient néanmoins pas toujours moins cher que les taxis hélés dans la rue. Les chauffeurs Grab ne comprennent pas forcément l'anglais, mais votre hébergement peut vous aider à réserver et à expliquer quelle est votre destination.

- Le bronzage seins nus est totalement proscrit en Thaïlande.
- Des noyades se produisent chaque année au large des plages de Phuket ; restez prudent.
- La possession de drogue est passible d'un an ou plus d'emprisonnement. La contrebande de drogue expose à des condamnations bien plus lourdes, allant jusqu'à la peine de mort
- Avant de louer un jet-ski, inspectez-le ; les arnaques sont courantes à Phuket.
- De graves accidents de bateau se sont déjà produits. Assurez-vous que le vôtre est équipé en matériel de sécurité/urgence ; en cas de doute, cherchez un autre prestataire.

OFFICES DU TOURISME

On trouve des offices du tourisme à Phuket-ville.

Tourism Authority of Thailand (TAT ; carte p. 656 ; ☎076 211036 ; www.tourismthailand.org/Phuket ; 191 Th Thalang ; ⌚8h30-16h30)

Tourist Information Centre (carte p. 656 ; Th Thalang ; ⌚9h-22h)

SERVICES MÉDICAUX

La plupart des urgences liées à la plongée sont prises en charge par le **Phuket International Hospital** (Siriroj International Hospital ; carte p. 652 ; ☎098 024 9400, 076 361818 ; www.phuketinternationalhospital.com ; 44 Th Chalermprakiat ; ⌚24h/24) où se trouve un caisson hyperbare, à 3,5 km au nord-ouest de Phuket-ville. Le **Bangkok Hospital Phuket** (carte p. 652 ; ☎076 254425 ; www.phukethospital.com ; 2/1 Th Hongyok Uthit ; ⌚24h/24), à 3 km au nord de Phuket-ville, est également fiable.

Depuis/vers Phuket

VOIE AÉRIENNE

L'**aéroport international de Phuket** (☎076 632 7230 ; www.phuketairportonline.com) est à 30 km au nord-ouest de Phuket-ville.

THAI (carte p. 656 ; www.thaiairways.com ; 78/1 Th Ranong ; ⌚8h-16h30), la compagnie aérienne nationale, assure des vols depuis/vers Bangkok-Suvarnabhumi. **AirAsia** (www.airasia.com), **Nok Air** (www.nokair.com) et **Bangkok Airways** (carte p. 656 ; ☎076 225033 ; www.bangkokair.com ; 158/2-3 Th Yaowarat ; ⌚8h-17h30 lun-sam) desservent aussi Bangkok, de même que d'autres destinations thaïlandaises comme Chiang Mai, Hat Yai et Ko Samui. Des liaisons internationales directes existent notamment avec Dubai, Abu Dhabi, Hong Kong, Kuala Lumpur, Singapour, Pékin, Shanghai, Séoul, Delhi.

VOIE MARITIME

Tha Rassada (carte p. 652 ; Tha Rassada), à 3 km au sud-est de Phuket-ville, est l'embarcadère principal pour Ko Phi Phi, Krabi, Ao Nang, Ko Lanta, les îles de Trang, Ko Lipe, et même Pulau Langkawi en Malaisie (d'où d'autres ferrys rallient Penang). Des bateaux assurent aussi un service vers Krabi et Ao Nang via les îles Ko Yao au départ de **Tha Bang Rong** (p. 649), à 26 km au nord de Tha Rassada.

VOIE TERRESTRE

Les bus longue distance (p. 661) partent du **terminal des bus n°2** (carte p. 652 ;

Th Thepkrasattri), à 4 km au nord de la ville. Ils desservent entre autres Bangkok, Chiang Mai, Chiang Rai, Hat Yai, Ko Samui, Ko Pha Ngan et Surat Thani.

Les agences de voyages de Phuket vendent des billets pour des trajets en minibus climatisé (ferry compris) à destination du sud de la Thaïlande, en particulier Krabi, Ranong, Trang, Surat Thani, Ko Samui, Ko Pha Ngan et Hat Hai. Les minibus, généralement un peu plus chers que les bus, partent souvent du **terminal des bus n°1** (carte p. 656 ; Th Phang-Nga) à Phuket-ville.

Comment circuler

Les transports à Phuket sont notoirement médiocres, mais la situation s'améliore peu à peu. Des *songthaew* circulent entre Phuket-ville et les plages de la côte ouest, et le nouveau Phuket Smart Bus permet enfin de se rendre directement d'une plage à l'autre. En revanche, les taxis et *tuk-tuk* restent très chers.

BATEAU

L'embarcadère de Chalong (carte p. 652 ; Chalong) est principalement utilisé par les plaisanciers et les bateaux des centres de plongée.

BUS

Le **Phuket Smart Bus** (☎086 306 1257 ; www.phuketsmartbus.com), bleu ciel, relie l'aéroport international de Phuket à Rawai (2 heures) toutes les heures de 6h à 20h15 en passant par Ao Bang Thao, Surin, Kamala, Patong, Karon et Kata. Le trajet coûte de 50 à 170 B, selon l'endroit où vous descendez. Des pass permettent de faire des trajets illimités pendant 3 jours (500 B). On peut aussi acheter à bord des cartes à puce prépayées (300 B), rechargeables en des endroits dédiés de l'île. N'oubliez pas de valider votre carte à la descente du bus.

SONGTHAEW ET TUK-TUK

Des **songthaew** (carte p. 656 ; Th Ranong) de la taille d'un bus circulent fréquemment entre Phuket-ville (Th Ranong) et la plupart des plages de l'île (30-40 B/personne, 30 min-1 heure 30) de 7h à 17h ou 18h. Les *tuk-tuk* sont un autre moyen de se déplacer.

VOITURE ET MOTO

On peut louer des motos partout sur l'île pour environ 250 B par jour. Les locations de voiture sont aussi possibles un peu partout, notamment à l'aéroport et à Phuket-ville (à partir de 1 000 B/jour environ).

Phuket-ville เมืองภูเก็ต

☎076 / 79 300 HABITANTS

Bien avant d'être envahie par les tongs, les *resorts* glamour et les perches à selfie, l'île de Phuket vivait de ses plantations d'hévéas et de ses mines d'étain. Des marchands venus de la péninsule Arabique, de Chine, d'Inde et du Portugal y cohabitaient harmonieusement.

Vestige de ce passé, le vieux Phuket est aujourd'hui le centre branché et embourgeoisé de l'île où se pressent artistes et musiciens. Les maisons et les *hôrng tăa·ou* (*shophouses*) centenaires y sont en cours de restauration, le street art y est florissant et des cafés modernes en béton poli semblent occuper un bâtiment sur deux.

La ville offre une bouffée de culture entre deux journées sur les plages de l'île, (auxquelles elle est reliée par de nombreux *songthaew*). Vous pourrez vous y promener dans des rues bordées de bâtiments sino-portugais uniques, de cafés bohèmes, de galeries expérimentales, de boutiques-hôtels et de sanctuaires taoïstes chinois parfumés par l'encens – et découvrir la cuisine phuketoise la plus authentique et les bars de la vieille ville.

À voir

Phuket Thaihua Museum — MUSÉE

(พิพิธภัณฑ์ภูเก็ตไทยหัว ; carte p. 656 ; ☎076 211224 ; 28 Th Krabi ; 200 B ; ⌚9h-17h). Cette ancienne école de chinois fondée en 1934, devenue un musée clinquant, est remplie de photos, vidéos et autres collections légendées en anglais. Les expositions couvrent différents thèmes relatifs au patrimoine de Phuket comme l'immigration chinoise (la Chine est le pays d'origine de plusieurs familles locales influentes), l'exploitation des mines d'étain, la Fête végétarienne ou encore la cuisine, la mode et la littérature locales. Le bâtiment lui-même est un saisissant mélange de styles architecturaux chinois et européens incluant Art déco, palladianisme, stuc et toit à pignon chinois ou encore porte en fer britannique.

Sanctuaire de la Lumière sereine — SANCTUAIRE

(ศาลเจ้าแสงธรรม, Saan Jao Sang Tham ; carte p. 656 ; Th Phang-Nga ; ⌚8h30-12h et 13h30-17h30). GRATUIT Plusieurs temples chinois colorent la ville, mais ce sanctuaire restauré, niché dans une ruelle de 50 m de long ornée de

Phuket-ville

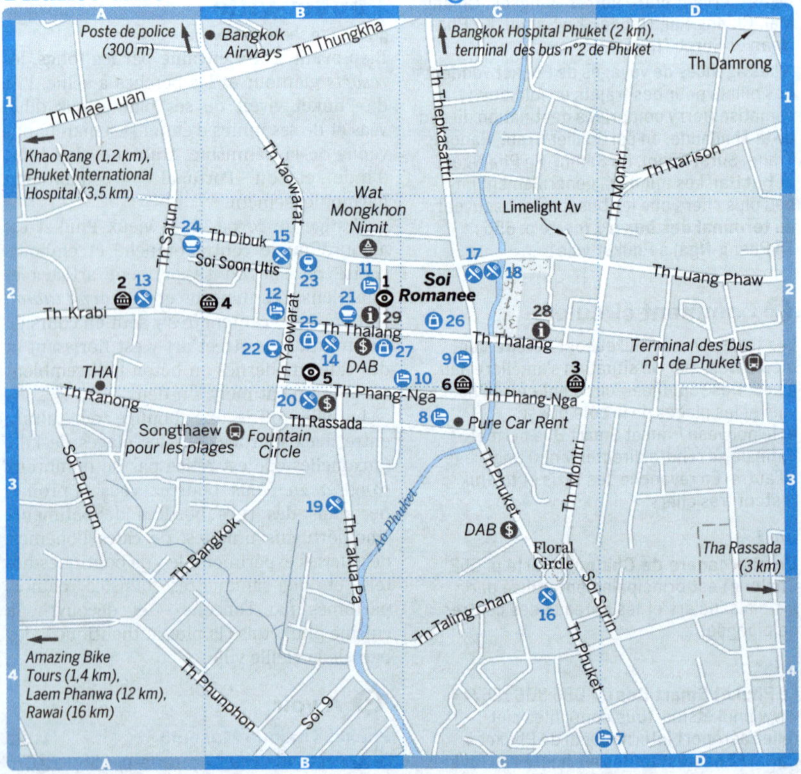

peintures murales modernes, est particulièrement pittoresque avec ses murs décorés de gravures taoïstes, son plafond voûté taché par les volutes d'encens et son autel toujours fraîchement fourni en fleurs et bougies. Il aurait été construit par une famille locale en 1889. Remarquez les bâtiments sino-portugais environnants, magnifiquement repeints.

Khao Rang POINT DE VUE

(เขารัง, colline de Phuket ; carte p. 652 ; P). Pour voir Phuket d'en haut, grimpez (à pied ou en voiture) au sommet du Khao Rang, à 2,5 km au nord-ouest du centre-ville. Une plate-forme en surplomb dévoile une vue sur la ville à 270 degrés, jusqu'à la baie de Chalong, à Laem Phanwa et au Grand Bouddha. Le lieu est plus tranquille en semaine. On y trouve quelques restaurants et cafés, ainsi que des singes. Le **Wat Khao Rang**, sur le chemin, mérite un arrêt. À pied, comptez 1 heure jusqu'au sommet.

Activités

John Gray's Seacanoe KAYAK

(Carte p. 652 ; ☎076 254 505 ; www.johngray-seacanoe.com ; 86 Soi 2/3, Th Yaowarat ; adulte/enfant à partir de 3 950/1 975 B). La plus ancienne et la plus réputée des agences de l'île est aussi la plus attentive à l'environnement. Le circuit "Hong by Starlight" permet de dîner au coucher du soleil et de découvrir les eaux illuminées de plancton bioluminescent de la baie d'Ao Phang-Nga, à l'écart de la foule. Comme tous les prestataires de qualité en Thaïlande, John Gray's Seacanoe a souvent été copié (tant son nom que son offre). À 3,5 km au nord-ouest de Phuket-ville.

Amazing Bike Tours VÉLO

(Carte p. 652 ; ☎087 263 2031 ; www.amazingbiketoursthailand.asia ; excursion demi-journée/journée 1 900/3 200 B ; 9h-20h). Cette agence de sports d'aventure très appréciée propose des circuits à vélo d'une

Phuket-ville

Les incontournables

1 Soi Romanee B2

À voir

2 Maison Chinpracha A2
3 Phuket Philatelic Museum C2
4 Phuket Thaihua Museum B2
5 Sanctuaire de la Lumière sereine B2
6 Standard Chartered Bank C2

Activités

Blue Elephant Cooking School .... (voir 13)

Où se loger

7 Art-C House D4
8 Borbaboom Poshtel C3
9 Casa Blanca Boutique Hotel C2
10 Neighbors Hostel C2
11 RomManee B2
12 RomManee Classic B2

Où se restaurer

13 Blue Elephant A2
14 Kopitiam by Wilai B2
15 Lock Tien B2
16 Mee Ton Poe C4
17 One Chun C2
18 Raya C2
19 Suay B3
20 Tu Kab Khao B3

Où prendre un verre et faire la fête

21 Bookhemian B2
22 Club No 43 .... B2
23 Dibuk House B2
DouBrew .... (voir 11)
24 Shelter Coffee A2

Achats

Ban Boran Textiles .... (voir 22)
25 Oldest Herbs Shop B2
Pink Flamingo .... (voir 23)
26 Ranida C2
27 Walking Street B2

Renseignements

28 Tourism Authority of Thailand C2
29 Office du tourisme B2

demi-journée en petit groupe à travers les villages au nord-est de Phuket, de très belles excursions d'une journée sur Ko Yao Noi et des balades à vélo plus difficiles de 3 jours dans le parc national de Khao Sok (14 900 B). Les prix comprennent les vélos, les casques, les repas et l'eau.

Cours

Blue Elephant Cooking School CUISINE
(Carte page ci-contre ; ☎076 354355 ; www.blueelephant.com ; 96 Th Krabi ; cours d'une demi-journée 3 296 B ; ⏱9h30-16h30). Initiez-vous à l'art subtil de la cuisine royale thaïlandaise à l'occasion d'un cours collectif d'une demi-journée dans une demeure sino-portugaise remarquablement restaurée. Les séances du matin comprennent la visite du marché, tandis que celles de l'après-midi incluent aussi le dessert. Réservation recommandée.

Où se loger

Les hébergements abordables ne manquent pas à Phuket. Au cours des dernières années, les pensions, boutiques-hôtels et auberges de jeunesse ont fleuri dans la vieille ville. La réservation est conseillée pour les meilleures adresses. Les établissements haut de gamme sont rares ; optez plutôt pour un boutique-hôtel de caractère.

Borbaboom Poshtel AUBERGE DE JEUNESSE $
(Carte page ci-contre ; ☎096 634 5025 ; www.facebook.com/borbaboomphuket ; 73/1 Th Rassada ; dort 300-450 B, d 1 200 B ; ❄📶🏊). Ce lieu à l'ambiance jeune, au personnel anglophone serviable et équipé d'une petite piscine sur le toit séduit par ses dortoirs modernes et bien entretenus (6 lits superposés, les meilleurs étant de type capsule). Tous les lits sont dotés de lampes, rideaux, étagères, casiers et prises. Chambres privées plutôt élégantes au décor bleu également disponibles, avec sèche-cheveux, salles de bains et terrasses communes.

Neighbors Hostel AUBERGE DE JEUNESSE $
(Carte page ci-contre ; ☎094 343 3399 ; 93 Th Phang-Nga ; dort 300-340 B, d 600-750 B ; ❄📶). Installée dans un bâtiment sino-portugais jaune pâle avec un petit café, cette adresse contemporaine centrale et accueillante propose 2 dortoirs mixtes (8 lits), simples mais impeccables, ainsi qu'un dortoir pour femmes (6 lits), tous pourvus de casiers, lampes, prises et rideaux individuels. Les 2 petites chambres privées ont un peu plus de couleur et de caractère.

Art-C House PENSION $
(Carte page ci-contre ; ☎082 420 3911 ; www.facebook.com/artchouse ; 288 Th Phuket ; d 800 B ; 📶). Rares sont les *guesthouses* qui, comme la chaleureuse Art-C House, sont dotées

d'un mur d'escalade (ouvert aux non-pensionnaires pour 150 B/jour) ! L'auteur des peintures murales décorant les couloirs et les 13 chambres, d'un bon rapport qualité/prix, est le propriétaire en personne. Seules les chambres du dernier étage disposent de fenêtres sur l'extérieur. Personnel avenant et café au rez-de-chaussée. Pas d'ascenseur.

♥ Casa Blanca Boutique Hotel BOUTIQUE-HÔTEL **$$**
(Carte p. 656 ; ☎076 219 019 ; www.casablancaphuket.com ; 26 Th Phuket ; ch 2 300-2 800 B ; ❄📶🏊). Le charme de ce bijou sino-portugais élégamment restauré, décoré dans les tons blancs et pastel, est encore augmenté par des éléments décoratifs espagnols. Des œuvres modernes ornent les chambres élégantes aux subtiles teintes vertes et bleu pâle. Les chambres *deluxe* ont des balcons avec vue sur la ville, et les *superior* donnent sur la piscine. Personnel charmant et petit café dans le hall carrelé.

RomManee BOUTIQUE-HÔTEL **$$**
(Carte p. 656 ; ☎089 728 9871 ; Soi Romanee ; d 1 200 B ; ❄📶). Dans la plus jolie rue de la ville, cette pension de charme ne manque pas de style avec sa façade sino-portugaise turquoise, son sol en béton verni et son excellent petit café **DouBrew** (www.facebook.com/DouBrewCoffee ; ⏱8h-19h lun-sam, 8h-21h dim). Parquet, murs colorés et éclairage élégant donnent un air bohème et contemporain aux 4 chambres spacieuses. Excellent rapport qualité/prix et équipe accueillante, mais pas d'ascenseur et escaliers raides.

À un pâté de maisons, la pension-sœur **RomManee Classic** (carte p. 656 ; ☎092 218 9292 ; www.facebook.com/TheRomManeeClassic ; 4-6 Th Krabi ; d 1 000-1 200 B ; ❄📶) a moins de caractère.

Où se restaurer

La ville compte d'excellentes tables thaïlandaises et internationales où les repas coûtent bien moins cher que sur les plages. Il n'y a pas meilleur endroit sur l'île pour goûter la cuisine sud-thaïlandaise, en particulier la cuisine peranakan propre à Phuket, qui mêle saveurs thaïlandaises, chinoises et malaises. Des cafés et restaurants sont disséminés dans toute la vieille ville.

♥ Kopitiam by Wilai THAÏLANDAIS **$**
(Carte p. 656 ; ☎083 606 9776 ; www.facebook.com/kopitiambywilai ; 14 et 18 Th Thalang ; plats 95-180 B ; ⏱11h-17h et 18h30-21h lun-sam ; 📶👶). Dans une *shophouse* ancienne et pittoresque, ce restaurant tenu par une famille sert de fabuleuses spécialités locales telles qu'un inoubliable *pàt tai* phuketois, un *chai chae* relevé (salade de nouilles à la vinaigrette pimentée) et un fantastique *mèe sua* (nouilles sautées avec œuf, légumes, crevettes, bar et calmars). Côté boisson, laissez-vous tenter par un jus de chrysanthème ou un jus de fruits de la passion frais. Il y a 2 annexes (dont une climatisée), de part et d'autre de l'**Oldest Herbs Shop** (carte p. 656 ; Th Thalang ; ⏱8h-18h).

Lock Tien CUISINE DE RUE **$**
(Carte p. 656 ; angle Th Dibuk et Th Yaowarat ; repas 35-100 B ; ⏱9h-17h). Des tables communes sont rassemblées sous des ventilateurs vrombissants dans cet espace de restauration proposant un vaste choix de classiques locaux appétissants à prix modestes tels que *popiah sod hokkien* (rouleaux de printemps fujianais frais aux crevettes ou aux légumes), soupe de nouilles hokkien aigre-épicée et *lobha* (joue et abats de porc).

Mee Ton Poe NOUILLES **$**
(Carte p. 656 ; Th Phuket ; repas 50-80 B ; ⏱8h-20h ; 📶). Sur le rond-point de l'Horloge, parmi des tables en bois et des tabourets en plastique rouge, ce restaurant tenu par la même famille depuis 1946 (trois générations) attire les Phuketois avec ses superbes plats de nouilles, dont un *mèe nam tom poe* (soupe de nouilles hokkien) et un emblématique *mèe pad hokkien* (nouilles sautées au porc, crevettes, boulettes de poisson et légumes dans un bouillon).

♥ One Chun THAÏLANDAIS **$$**
(Carte p. 656 ; ☎076 355909 ; 48/1 Th Thepkasattri ; plats 100-370 B ; ⏱10h-22h ; 📶). Les plats sont ici moins chers qu'à **Raya** (carte p. 656 ; ☎076 218155 ; rayarestaurant@gmail.com ; 48/1 Th Dibuk ; plats 180-650 B ; ⏱10h-22h), l'adresse sœur bien établie, ce qui explique pourquoi Phuketois et Thaïlandais de passage s'y pressent. Les plats de fruits de mer sont délicieux : le curry de crabe au lait de coco est sans doute le meilleur de la ville tandis que le canard rôti au curry rouge et le *pàk miang* (sorte de sauté aux épinards) sont aussi excellents. Le cadre, une *shophouse* décorée dans le style des années 1950 avec des volets peints en vert et un carrelage à motifs, est pittoresque.

À NE PAS MANQUER

ARCHITECTURE SINO-PORTUGAISE

Les plus beaux vestiges de l'architecture sino-portugaise de Phuket-ville sont à découvrir en flânant le long des rues (Th) Thalang, Dibuk, Yaowarat, Ranong, Phang-Nga, Rassada et Krabi. Au fil de vos balades, ne manquez pas la **Standard Chartered Bank** (ธนาคารสแตนดาร์ดชาร์เตอรด ; carte p. 656 ; Th Phang-Nga ; musée 9h-16h30 mar-dim), banque étrangère la plus ancienne de Thaïlande ; l'agence de la THAI (p. 654) ; et l'**ancienne poste**, qui abrite aujourd'hui le **musée de la Philatélie de Phuket** (พิพิธภัณฑตราไปรษณียากรภูเก็ต ; carte p. 656 ; 158 Th Montri ; 9h-17h30 mar-sam) GRATUIT. Le **Soi Romanee** (ถนนรมณีย ; carte p. 656), près de Th Thalang, cache des édifices colorés qui servaient autrefois de maisons de passe, de tripots et de fumeries d'opium.

Les résidences les mieux rénovées bordent Th Thalang, Th Dibuk et Th Krabi, notamment la **Maison Chinpracha** (บานชินประชา, Baan Chinpracha ; carte p. 656 ; 076 211167, 076 211281 ; 98 Th Krabi ; 200 B ; 9h-16h30 lun-sam). La fabuleuse **Demeure Phra Pitak Chinpracha**, qui date de 1903, a été réaménagée pour devenir l'école de cuisine (voir p. 657) et restaurant haut de gamme **Blue Elephant** (carte p. 656 ; 076 354355 ; www.blueelephant.com ; 96 Th Krabi ; plats 350-1 000 B, menus dégustation 1 600-2 400 B ; 11h30-14h30 et 18h30-22h ;).

Tu Kab Khao THAÏLANDAIS $$

(Carte p. 656 ; 076 608888 ; www.facebook.com/tukabkhao ; 8 Th Phang-Nga ; plats 160-290 B ; 11h30-minuit ;). Des lanternes rouges décorent la façade de cet attrayant bâtiment sino-portugais vieux de 130 ans, transformé en restaurant spécialisé dans la cuisine phuketoise et particulièrement prisé des Bangkokiens en week-end. Sol en béton verni, canapés et mur de miroirs composent un cadre au charme suranné où déguster des spécialités locales. Les plats phares – *mŏo hong*, curry de chair de crabe – sont préparés suivant les recettes de la mère du propriétaire.

♥ Suay FUSION $$$

(Carte p. 656 ; 087 888 6990 ; www.suayrestaurant.com ; 50/2 Th Takua Pa ; plats 400-1 000 B ; 17h-23h). Dans cette maison reconvertie au sud de la vieille ville, on sert d'excellents vins et la fabuleuse cuisine fusion du grand chef Noi Tammasak. Salades d'aubergines épicées, nouilles de Shanghai au basilic, *massaman* de joue de bœuf braisée et côtelettes d'agneau à la citronnelle grillée et à la sauce papaye ne sont que quelques-uns des délices proposés. Un nouveau bar à cocktails et une carte de tapas thaïlandaises étaient en préparation lors de nos recherches.

Où prendre un verre et faire la fête

À Phuket-ville, vous ferez la fête avec les habitants : fréquentés essentiellement par des Thaïlandais et des expatriés, les bars restent animés jusque tard dans la nuit. Cocktails artisanaux et café ont connu un engouement ces dernières années : on trouve ici certains des meilleurs cafés de l'île.

♥ Bookhemian CAFÉ

(Carte p. 656 ; 098 090 0657 ; 61 Th Thalang ; 9h-19h lun-ven, 9h-20h30 sam-dim ;). Briques et béton donnent à ce café hautement branché, sur deux niveaux, des airs de galerie d'art. Des livres d'occasion (à vendre) sont exposés dans la salle à l'avant, des vélos sont suspendus au mur et un roman de Gabriel García Márquez sert de poignée de porte. Excellent café (50-90 B), jus, gâteaux et petits-déjeuners toute la journée (120-150 B).

♥ Shelter Coffee CAFÉ

(Carte p. 656 ; www.facebook.com/thesheltercoffeephuket ; 97 Th Dibuk ; 8h30-18h jeu-mar ;). Les cafés (55-150 B) de cet établissement expérimental et décontracté, récompensé par un prix national, comptent parmi les meilleurs de Phuket. Le café infusé à froid durant 72 heures est le produit phare, mais tous les classiques (dont le café AeroPress et la spécialité du jour) sont soigneusement présentés. Également tisanes thaïlandaises, réconfortants chocolats chauds, petits-déjeuners toute la journée et plats thaïlandais (90-160 B).

♥ Dibuk House BAR À COCKTAILS

(Carte p. 656 ; 086 796 4646 ; www.facebook.com/dibukhouse ; 39/2 Th Dibuk ; 19h-2h). Bougies et sol carrelé décorent le bar à cocktails artisanaux le plus en vue de la

100% LOCAL

FÊTE VÉGÉTARIENNE : MUTILATIONS, PÉTARDS ET PROCESSIONS

Des bruits d'explosions résonnent, l'air est chargé d'une fumée gris brunâtre. Des hommes et des femmes déambulent dans les rues fermées à la circulation, les joues transpercées par des broches et des couteaux, voire par des pieds de lampe et des branches d'arbres. Certains ont le dos ou le torse ruisselant de sang. Non, ce n'est pas une scène de guerre ! C'est la **Fête végétarienne** (www.phuketvegetarian.com ; ⏲fin sept-oct), l'une des plus importantes fêtes traditionnelles de l'île, qui bat son plein à Phuket-ville.

Pendant les 9 premiers jours du neuvième mois lunaire du calendrier chinois, les habitants célèbrent le début du jeûne taoïste, que respectent certains Chinois croyants en s'abstenant de manger viande, laitages et alcool. Des processions quotidiennes parcourent la ville avec une foule d'enfants et de *gà·teu·i* (ou *kàthoey* ; transsexuels et travestis), aux costumes élaborés, des armées de jeunes portant des drapeaux, et, surtout, des hommes et des femmes pratiquant de terrifiants actes d'automutilation (âmes sensibles s'abstenir). Les commerçants du centre de Phuket-ville élèvent des autels devant leurs boutiques, offrant aux 9 dieux-empereurs invoqués durant la fête 9 petites tasses de thé, de l'encens, des fruits, des bougies et des fleurs.

Parmi les participants, ceux qui jouent le rôle de médium appellent les 9 dieux à descendre sur terre : entrés en transe, ils se percent les joues avec toutes sortes d'objets improbables, se tailladent la langue ou se flagellent avec des boules d'acier hérissées de pointes. Au fil de la procession, ces médiums s'arrêtent aux autels dressés devant les boutiques, ramassent les fruits offerts, boivent le thé et bénissent l'édifice. Les marchands et leurs familles joignent alors les deux mains, dans un geste de respect, le *wâi*. Au-delà de tout ce spectacle, des stands bon marché vendent de délicieux mets végétariens dans les petites rues, et de nombreux restaurants ne servent plus de viande.

Irréel, déroutant, fou… il n'existe pas de mot pour décrire ce spectacle. La Tourism Authority of Thailand (p. 654) à Phuket publie le calendrier des festivités. La fête a également lieu à Trang, Krabi, Phang-Nga et dans d'autres villes du sud du pays.

ville, un espace sombre et élégant dans une *shophouse* sino-portugaise relookée. Derrière le comptoir dominé par des miroirs, les barmans en gilet préparent avec art des cocktails puissants et avant-gardistes (250-350 B). Le délicat Wynn de Fleur associe gin, infusion de fruits rouges, aloès, citron et jasmin.

♥Club No 43 BAR À COCKTAILS

(Carte p. 656 ; ✆099 305 6333 ; 43 Th Yaowarat ; ⏲18h-tard ; 📶). Roses rouges dans des bouteilles Hendrick's et bar en briques où s'alignent des objets anciens soulignent la créativité de ce bar-lounge expérimental servant des cocktails artisanaux. Des herbes thaïlandaises infusent dans des mélanges (300-380 B) comme le "43 Old Town", un cocktail maison à base de vodka aux épices, inspiré du *đôm yam* et servi dans une théière.

Achats

Des boutiques bohèmes-chics vendant bijoux, vêtements, étoffes et souvenirs sont dispersées un peu partout dans la vieille ville au côté de nombreuses galeries d'art et d'antiquaires. Phuket-ville accueille par ailleurs plusieurs marchés de qualité, dont l'immense **marché du week-end** (Naka Market ; carte p. 652 ; près de Th Chao Fa West ; ⏲16h-22h sam-dim) et le **Sunday Walking Street** (carte p. 656 ; Th Thalang ; ⏲16h-22h dim).

♥Ranida ANTIQUITÉS, MODE

(Carte p. 656 ; 119 Th Thalang ; ⏲10h-20h lun-sam). Cette élégante galerie d'antiquités vend bouddhas et sculptures, textiles bio et audacieux vêtements féminins haut de gamme inspirés d'anciens habits et tissus thaïlandais.

Pink Flamingo MODE, ACCESSOIRES

(Carte p. 656 ; 39/12 Th Yaowarat ; ⏲10h-20h). Dans un vieux bâtiment à arcades élégamment restauré, ce "tropical concept-store" autoproclamé vend robes, caftans et accessoires artisanaux balinais conçus avec des tissus légers, colorés et brodés. Le bar-restaurant à l'étage sert tapas, salades et pâtes (105-345 B) au milieu de superbes peintures murales.

Ban Boran Textiles TEXTILES
(Carte p. 656 ; 51 Th Yaowarat ; ⌚10h30-18h30 lun-sam). Les rayonnages de cette minuscule boutique de mode débordent de foulards en soie de grande qualité, objets laqués du Myanmar, sarongs, chemises en lin, ravissants sacs colorés, étoffes de coton de Chiang Mai et tissus fabriqués par des communautés ethniques d'Asie du Sud-Est.

ℹ Renseignements

Vous trouverez de nombreux DAB dans Th Phuket, Th Ranong, Th Montri et Th Phang-Nga.

ℹ Comment s'y rendre et circuler

AVION

L'aéroport international de Phuket est à 30 km au nord-ouest de la ville. THAI (p. 654), la compagnie aérienne nationale, assure des vols depuis/vers Bangkok-Suvarnabhumi. Bangkok Airways (p. 654), AirAsia et Nok Air rallient aussi Bangkok, de même que d'autres destinations thaïlandaises comme Chiang Mai, Hat Yai et Ko Samui. Les liaisons internationales directes comprennent notamment Dubai, Abu Dhabi, Hong Kong, Kuala Lumpur, Singapour, Pékin, Shanghai.

BUS

Le terminal des bus n°1 de Phuket (p. 655) est utilisé par les minibus et la **navette officielle de l'aéroport** (www.airportbusphuket.com), de couleur orange vif, qui effectue 12 allers-retours par jour (100 B, 1 heure) via le monument aux Héroïnes ; la navette part entre 8h et 20h30 de l'aéroport, entre 6h et 18h30 de Phuket-ville. Un bus local (30 B) et des minibus (50 B) circulent depuis/vers Patong entre 7h et 17h.

Les bus interprovinciaux partent du terminal de bus n°2 de Phuket (p. 664), à 4 km au nord de Phuket-ville. Un *songthaew* rose relie les deux terminaux toutes les 20 min (50 B) ; le trajet coûte 100 B en moto-taxi, 300 B en taxi.

MINIBUS

Du terminal des bus n°1 de Phuket (p. 655), à 500 m à l'est du centre-ville, des minibus partent pour Patong (50 B, 7h-17h) et diverses destinations du sud de la Thaïlande.

SONGTHAEW ET TUK-TUK

Partant d'un arrêt (p. 655) situé près du marché de jour, des *songthaew* de la taille d'un bus desservent de manière régulière les plages de Phuket (30-40 B/pers, 30 min-1 heure 30) entre 7h et 17h ou 18h. On peut aussi rejoindre les plages en *tuk-tuk* (à partir

BUS AU DÉPART DU TERMINAL DES BUS N°2 DE PHUKET

DESTINATION	TARIF	DURÉE	DÉPARTS	TYPE DE BUS
Bangkok	920 B	12 heures	16h, 17h, 17h20, 18h, 18h20, 18h30 et 19h	VIP
	590-685 B	12 heures	6h30, 13h30, 15h, 15h30, 16h30, 17h, 17h30, 18h et 18h30	climatisé
Chiang Mai	1 650 B	24 heures	12h30	VIP
Chiang Rai	1 750 B	26 heures	15h	climatisé
Hat Yai	510 B	7 heures	21h45	VIP
	255 B	7 heures 30	ttes les heures 7h-22h	climatisé
Khao Sok	180 B	4 heures	5h, 6h, 7h30, 8h30, 9h30, 11h, 12h30, 13h40 et 15h	climatisé
Ko Pha Ngan	550 B	9 heures 30 (bus/bateau)	9h	climatisé
Ko Samui	450 B	7 heures 30 (bus/bateau)	9h	climatisé
Krabi	145 B	3 heures	environ ttes les heures 4h50-19h, 20h50	climatisé
Phang-Nga	80-100 B	2 heures	environ ttes les heures 4h50-20h15	climatisé
Ranong	225 B	5 heures	5h30, ttes les heures 7h10-18h10	climatisé
Satun	340 B	8 heures	8h15, 10h15, 12h15 et 20h15	climatisé
Surat Thani	195-200 B	5 heures	8h, 10h, 11h, 12h et 14h	climatisé
Trang	230 B	5 heures	environ ttes les heures 4h50-19h, 20h50	climatisé

MINIBUS AU DÉPART DE LA VIEILLE VILLE DE PHUKET

DESTINATION	PRIX	DURÉE	DÉPARTS
Hat Yai	370 B	7 heures	ttes les 2 heures 8h-18h
Ko Lanta	280 B	5 heures	ttes les heures 8h30-11h30, 13h30 et 15h30
Krabi	140 B	3 heures	18/jour 6h35-17h55
Phang-Nga	100 B	2 heures	17/jour 5h40-17h20
Surat Thani	200 B	4-5 heures	ttes les heures 7h-17h

de 400 B pour Rawai, Kata et Ao Bang Thao, 500 B pour Patong, Karon et Surin, 600 B pour Kamala).

Pour un trajet en ville, comptez 100-200 B en *tuk-tuk* et environ 50 B en moto-taxi.

TAXI

Un taxi depuis/vers l'aéroport coûte 550 B. Contrairement à ce qui est souvent affirmé, le taxi n'est pas le seul moyen de gagner les plages, toutefois il reste une possibilité : comptez environ 500 B depuis/vers Patong, 600 B depuis/vers Kata et 700 B depuis/vers Surin.

VOITURE ET MOTO

On trouve des agences de location à bas prix dans Th Rassada, notamment **Pure Car Rent** (carte p. 656 ; ☎076 211002 ; www.purecarrents.com ; 73 Th Rassada ; 🕘9h-19h), bonne option dans le centre, et d'autres à proximité. Une voiture coûte environ 1 200 B/jour (assurance incluse). Les loueurs internationaux présents à l'aéroport international de Phuket pratiquent des prix plus ou moins équivalents.

Vous pouvez louer des motos dans Th Rassada, ainsi que chez Pure Car Rent et ailleurs en ville pour 200 à 250 B/jour.

Laem Phanwa แหลมพันวา

Laem Phanwa, un cap étiré couvert de jungle au sud de Phuket-ville, offre l'occasion d'un véritable retour à la nature. Selon certains, c'est le dernier vestige de la Phuket d'autrefois. La partie la plus développée se situe près du port, à la pointe du cap (à 12 km au sud de Phuket-ville). On y trouve quelques complexes hôteliers de luxe et l'aquarium de Phuket.

De part et d'autre du port, plages et criques sont restées relativement sauvages. Protégées par des promontoires rocheux et des mangroves, elles sont accessibles grâce à une belle route côtière en lacets. On vient ici pour trouver calme et tranquillité.

À voir et à faire

Aquarium de Phuket AQUARIUM

(สถานแสดงพันธุ์สัตว์น้ำภูเก็ต ; carte p. 652 ; ☎076 391406 ; www.phuketaquarium.org ; 51 Th Sakdidej ; adulte/enfant 180/100 B ; 🕘8h30-16h30 ; P). Découvrez le merveilleux monde sous-marin de la Thaïlande à l'aquarium de Phuket, installé près du port, à la pointe de Laem Phanwa (à 12 km au sud de Phuket-ville). Les espèces présentées ne sont pas d'une immense diversité, mais les panneaux et légendes en anglais sont intéressants. Cherchez le requin à pointes noires, le silure-tigre aux airs de zèbre des mers et l'anguille électrique, capable d'électrocuter avec une puissance de 600 V. L'Aqua Dome, une coûteuse infrastructure multimédia, a été inaugurée en 2018.

♥ **Cool Spa** SPA

(Carte p. 652 ; ☎076 371000 ; www.coolspaphuket.com ; Sri Panwa, 88 Mu 8, Th Sakdidej ; soins à partir de 4 500 B ; 🕘10h-21h). Cette élégante merveille aux délicats carreaux bleus, l'un des meilleurs spas de Phuket, comprend piscines à flanc de colline avec vue sur la mer et six salles équipées de cascades où sont dispensés soins du visage, gommages et enveloppements aux fruits. Le cadre, sur Laem Phanwa, la pointe la plus méridionale de Phuket, est littéralement paradisiaque. Les soins mêlent techniques thaïlandaises, indiennes, balinaises et suédoises ; les massages thaïlandais, la spécialité, sont prodigués sur un matelas de sol, comme le veut la tradition.

Où se restaurer et prendre un verre

♥ **Baba Nest** BAR À COCKTAILS

(Carte p. 652 ; ☎076 371000 ; www.babaphuket.com ; Sri Panwa, 88 Mu 8, Th Sakdidej ; 🕘17h-21h ; 📶). Frangé de miroirs d'eau scintillants, eux-mêmes entourés par la mer d'Andaman et ses îles, le bar lounge installé sur le toit du **Sri Panwa** (www.sripanwa.com ;

avec petit-déj ste 13 700-24 000 B, villa 1 chambre 21 300-31 000 B ; P❄📶🏊) est absolument magique – c'est l'un des meilleurs endroits de l'île (et du pays) où admirer le soleil couchant en dégustant des cocktails classiques (500-1 000 B) élégamment préparés et des tapas d'inspiration mexicaine (350 B). Réservez plusieurs semaines à l'avance (une dépense minimale de 2 000 B minimum est requise, facturée dès la réservation).

À l'extrémité sud de Laem Phanwa, à 12 km au sud de Phuket-ville.

Depuis/vers Laem Phanwa

Entre 8h et 17h30, des *songthaew* desservent Laem Phanwa depuis Th Ranong, à Phuket-ville (30 B), avec pour terminus l'aquarium de Phuket. En taxi, comptez 400 B.

Rawai ราไวย์

Cette étendue tranquille de la côte sud de Phuket attire en nombre retraités, artistes et entrepreneurs thaïlandais et expatriés. Le secteur des services y est en plein essor, et l'on y trouve d'innombrables cafés décontractés promouvant un mode de vie sain, ainsi que de nombreux cours de yoga et de *muay thai* (boxe thaïlandaise).

La région se caractérise autant par ses belles plages de sable blanc que par ses luxuriantes collines côtières, dressées abruptement. En redescendant vers la mer d'Andaman, elles forment Laem Phromthep, le magnifique point le plus méridional de Phuket. Les collines de Rawai, parcourues de hameaux reliés par une poignée de routes, sont très convoitées des promoteurs et l'on craint déjà que la frénésie immobilière ne chasse tous les grills de poisson et les petits bars de plage – espérons que cela ne se produira pas trop vite. En attendant, la nature reste reine, en particulier sur la plage.

À voir

♥ Hat Nai Harn PLAGE

(หาดในหาน ; carte p. 664). Demandez à un Phuketois ou un expatrié de nommer sa plage préférée et il vous répondra certainement Hat Nai Harn. Du côté ouest de Laem Phromthep, ce magnifique croissant blanc, baigné par des eaux turquoise et bordé par des filaos et un *wat*, reste l'un des meilleurs endroits de Rawai où se baigner et prendre le soleil (attention cependant aux courants d'arrachement en basse saison).

♥ Laem Phromthep POINT DE VUE

(แหลมพรหมเทพ ; carte p. 664 ; Rte 4233). Gagnez le point le plus méridional de l'île pour voir l'étincelante mer d'Andaman épouser le littoral. Le cap est couronné d'un phare moderne évoquant un crabe de béton et d'un bel autel dont les statues d'éléphants sont parées de guirlandes de fleurs ; prévoyez d'y passer un moment. Les bus touristiques s'y déversent au coucher du soleil ; pour plus de tranquillité, arrivez à 16h ou descendez le sentier des pêcheurs, assez mal défini. Vous rejoindrez ainsi une péninsule rocheuse où vous pourrez admirer le soleil couchant en paix.

Chalong Bay Rum DISTILLERIE

(ฉลองเบย์รัม ดิสทิลเลอรี่ ; carte p. 652 ; ☎093 575 1119 ; www.chalongbayrum.com ; 14/2 Mu 2, Soi Palai 2, près de Th Chao Fa East ; visite guidée 450 B ; ⏰11h-22h, visites guidées ttes les heures 14h-18h ; P). Chalong, à 9 km au nord de Rawai, accueille la seule distillerie en activité de Phuket, lancée par Marine Lucchini et Thibault Spithakis, un couple français partageant une passion pour le rhum. Lorsque vous arriverez pour la visite de 30 minutes, on vous offrira un mojito concocté à partir de ce délicieux breuvage. La distillerie accueille aussi des ateliers cocktails de 2 heures (lundi et jeudi ; 1 700 B). Réservation recommandée, surtout pour connaître le chemin. À 3 km au nord-est du Chalong Circle. Prenez à droite (vers l'est) aux panneaux indiquant le zoo de Phuket ; la distillerie est signalée peu après.

Activités

Circuit privé en bateau BATEAU

(Carte p. 664 ; Hat Rawai). Le front de mer de Hat Rawai est un lieu pratique où trouver un bateau pour les îles au large (plutôt populaires de nos jours), notamment la proche Ko Bon (*long-tail boat/speedboat* 1 200/2 400 B) et Coral Island (1 800/3 500 B), un site de snorkeling tranquille ; 8 passagers maximum. Les prix dépendront de vos talents de négociateur.

Boxe thaïlandaise (*muay thai*)

Épicentre de la boxe thaïlandaise à Phuket, Rawai abrite une demi-douzaine d'écoles de *muay thai* où les étudiants (hommes et femmes) s'entraînent avec des combattants professionnels. Les écoles les plus prisées incluent **Kingka Muay Thai** (carte p. 664 ; ☎076 226495 ; www.kingkamuaythai.com ; 43/42 Mu 7, Soi Sai Yuan, Th Viset ; par session/

Hat Nai Harn et Hat Rawai

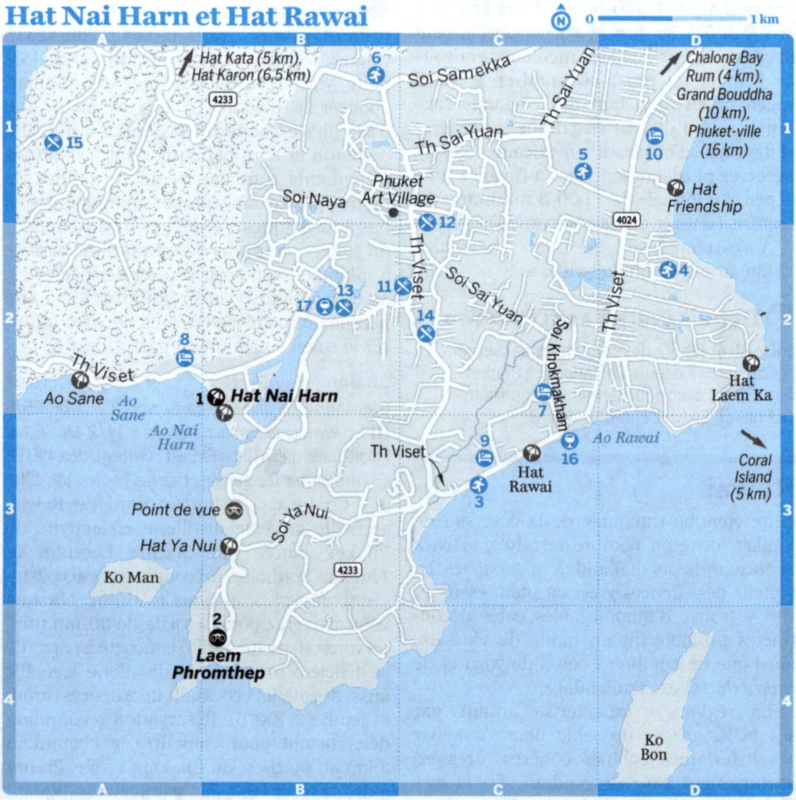

sem 600/3 000 B ; ⏲7h-19h), **Sinbi Muay Thai** (carte ci-dessus ; ☎093 690 3322 ; www.sinbi-muaythai.com ; 100/15 Mu 7, Th Sai Yuan ; par session/sem 400/3 000 B ; ⏲7h30-18h lun-sam, 9h-18h dim) et, à Chalong, **Tiger Muay Thai** (carte p. 652; ☎076 367071 ; www.tigermuaythai.com ; 7/35 Mu 5, Soi Taiad, Chalong ; par session/sem 500/3 500 B ; ⏲7h-19h lun-sam).

Kitesurf

Rawai est appréciée des kitesurfeurs de novembre environ à avril. **Kite Zone** (carte p. 652 ; ☎083 395 2005 ; www.kitesurfthailand.com ; Hat Friendship ; cours 1 heure 1 600 B, cours 3 jours 10 000-15 000 B ; ⏲horaires variables) et **Kiteboarding Asia** (carte p. 652 ; ☎081 591 4594 ; www.kiteboardingasia.com ; 26/4 Th Viset ; cours 1/3 jours 4 000/11 000 B ; ⏲9h-18h nov-avr) comptent parmi les prestataires fiables. Pendant la mousson, d'avril à octobre, de nombreuses écoles locales donnent leurs cours sur Hat Nai Yang, au nord-ouest de Phuket.

Yoga

La paisible Rawai compte certaines des écoles de yoga les mieux établies de Phuket, dont **Ganesha Yoga Shala** (carte ci-dessus ; ☎089 868 2639 ; www.ganeshayogaphuket.com ; 25/7 Soi Salika, Th Viset ; cours 350 B ; ⏲dim-ven).

Où se loger

Good 9 at Home PENSION $

(Carte ci-dessus ; ☎081 834 3898 ; www.good9athome.com ; 62 Mu 6, Soi Wassana, Hat Rawai ; d 800 B ; ❄📶). À côté d'un joli patio, dans une rue verdoyante à 300 m au nord de Hat Rawai, ces chambres de style contemporain, dotées de salles de bains aux murs carrelés colorés et rehaussées de touches artistiques, offrent un bon rapport qualité/prix. La maison, peinte en gris et vert citron, est propre et confortable, avec un petit coin salon pour boire le café. Vélos à louer.

Hat Nai Harn et Hat Rawai

Rawai Beach Resort HÔTEL $$

(Carte page ci-contre ; ☎081 311 8189 ; www.rawaibeachresort.com ; 42 Mu 6, Th Viset, Hat Rawai ; d 1 150-2 500 B ; P❄📶🏊). Un complexe hôtelier contemporain blanchi à la chaux à deux pas du centre de Hat Rawai, dans un magnifique parc verdoyant. D'un bon rapport qualité/prix, les chambres sobres et lumineuses, avec bouilloire, réfrigérateur et balcon, sont réparties dans 3 maisons autour d'une piscine. Les "Cosy" sont tout à fait spacieuses et les immenses "Suites" comprennent un salon. Personnel serviable et petite bibliothèque.

Vijitt RESORT $$$

(Carte page ci-contre ; ☎076 363600 ; www.vijittresort.com ; 16 Mu 2, Th Viset, Hat Friendship ; villas avec petit-déj 6 500-30 450 B ; P❄📶🏊). Sans conteste la plus élégante propriété de Rawai, ce paisible *resort* est émaillé de frangipaniers et de villas dotées de grandes baignoires, douches extérieures et terrasses privatives avec vue splendide sur la mer (certaines ont leur propre piscine). L'incroyable piscine à débordement carrelée de noir, sur plusieurs niveaux, donne sur Hat Friendship.

Où se restaurer

Une dizaine de restaurants le long de la route à Hat Rawai proposent toute la journée de délicieuses grillades de poisson et de fruits de mer (plats 90-300 B). On s'assoit sur des chaises en plastique ou à des tables basses sur des couvertures au sol. Le poisson est frais, tout comme les crabes, palourdes, moules, calmars, homards et crevettes tigrées.

German Bakery EUROPÉEN $

(Carte page ci-contre ; Th Viset ; plats 80-200 B ; ⏲7h30-16h30). Adresse prisée pour le petit-déjeuner, ce sympathique restaurant semi-extérieur élabore les meilleures viennoiseries de Rawai. Pain complet, crêpes à l'ananas, pain perdu, saucisses et choucroute sont aussi excellents.

Number 1 Thai Food THAÏLANDAIS $

(Carte page ci-contre ; www.facebook.com/Number-1-Restaurant-818810614824135, 83/40 Mu 2, Th Viset ; plats 100-150 B ; ⏲16h-minuit). Ce charmant café-restaurant installé dans le jardin du chef sert une délicieuse cuisine thaïlandaise comprenant curry *pá·naang* très épicé riche en crème de coco, crevettes au tamarin, soupe de poisson épicée et poisson frais du jour, grillé, frit ou cuit à la vapeur.

♥ **Natural Efe Macrobiotic World** VÉGÉTARIEN $$

(Carte page ci-contre ; ☎076 390301 ; www.macrobioticworld.com ; 14/93-94 Mu 1, Th Viset ; plats 140-300 B ; ⏲9h-21h ; 📶✎). Les délices véganes bio et sans sucre (sandwichs au tofu, salade de quinoa et de fruits secs, soupe de lentilles, bols petit-déjeuner, etc.) sont servis à des tables en bois disposées autour d'une piscine dans une arrière-cour verdoyante. Buffet bio à volonté les samedis et dimanches (300 B) en haute saison, ainsi que thés, jus fraîchement pressés et autres boissons (lait de chanvre notamment).

Delish Cafe CAFÉ $$

(Carte page ci-contre ; ☎076 388149 ; www.facebook.com/DelishCafePhuket ; 5/30 Th Viset ; repas 140-210 B ; ⏲7h30-17h lun-sam ; 📶). Les fantastiques petits-déjeuners maison, comprenant café et avocats de Chiang Rai, confitures

VAUT LE DÉTOUR

ESCAPADE À NATAI

Officiellement dans la province de Phang-Nga, **Natai**, à 26 km au nord de l'aéroport international de Phuket, immédiatement à l'ouest de la ville de Khok Kloi, reste assez proche de Phuket pour se visiter en une journée. Sa vaste plage de sable blanc est sublime, mais on s'y rend avant tout pour échapper à la foule de Phuket et goûter à une relative solitude. Vous y trouverez plusieurs établissements où passer la nuit. Certains d'entre eux fournissent des vélos, excellent moyen d'explorer la région.

Natai est surtout connue pour ses *resorts* de luxe ultra-sélect, affichant tous des prix exorbitants, mais des adresses de catégorie moyenne sont aussi disséminées dans la région. Affaire familiale, la **Lantala Residence** (☎083 421 0803 ; Khok Kloi ; ch à partir de 1 600 B) loue plusieurs bungalows sur pilotis au-dessus d'un étang, dont le parquet sombre est assorti au mobilier et aux grands balcons. Les sympathiques propriétaires vous prêteront des vélos pour faire le court trajet jusqu'à la plage ou jusqu'au supermarché Tesco voisin. Le boutique-hôtel **Aleenta** (☎à Bangkok 02 514 8112 ; www.aleenta.com ; 33 Mu 5, Ban Natai ; ch avec petit-déj à partir de 9 400 B ; ❄📶🏊) propose d'élégantes chambres de style loft avec des baies vitrées donnant sur des piscines à débordement.

Les complexes hôteliers de Natai sont assortis de fantastiques restaurants. Les voyageurs avec un budget plus modeste trouveront néanmoins des tables moins chères comme le **Rabiang Lay Seafood Restaurant** (☎061 238 2065 ; plats 150-400 B ; ⏲11h-22h ; 📶), établissement en bord de mer à l'ambiance décontractée dont la vaste carte comprend croquettes de crevettes, salades de fruits de mer, poisson vapeur à la sauce citron, *fish and chips* et boissons à prix raisonnable. C'est aussi un endroit parfait pour admirer le soleil couchant. Espèces uniquement.

Un taxi depuis/vers l'aéroport de Phuket coûte 700 B. On peut également louer une voiture à l'aéroport (à partir de 1 000 B/jour) pour rejoindre Natai par ses propres moyens.

artisanales, bols de muesli aux fruits, croissants garnis et pain perdu à la mangue, sont le grand attrait de ce lieu accueillant géré par des Australiens. Installez-vous sur la terrasse fleurie donnant sur la rue ou dans la salle climatisée.

Rock Salt INTERNATIONAL $$$
(Carte p. 664 ; ☎076 380200 ; www.thenaiharn.com ; 23/3 Mu 1, Th Viset, Hat Nai Harn ; plats 500-850 B ; ⏲7h30-10h et 12h30-23h ; 📶🍷). La terrasse de ce charmant restaurant domine le nord de Hat Nai Harn, et les vagues viennent taquiner les rochers en contrebas. La carte méditerranéo-thaïlandaise inventive joue avec les produits de saison bio et les saveurs internationales (pâtes au pesto de pois, bouillabaisse aux produits de la mer de Rawai ou encore poisson du jour, cuit à la vapeur ou au feu de bois). La charcuterie, les fromages, les pains et les yaourts sont faits maison, et l'impressionnante carte des vins comprend des rosés thaïlandais. C'est aussi un excellent endroit pour boire un café, cocktail ou jus de fruits. L'établissement fait partie du luxueux *resort* de Nai Harn.

Où prendre un verre et faire la fête

Nikita's BAR
(Carte p. 664 ; ☎076 288703 ; www.nikitas-phuket.com ; Hat Rawai ; ⏲9h30-23h ; 📶). Ce bar en plein air établi de longue date ouvre sur la mer, immédiatement à l'ouest de l'embarcadère de Rawai. On y sirote cocktails et bières à prix raisonnables ainsi que café, thé vert et milk-shakes variés. On pourra aussi vous servir pizzas au feu de bois, plats internationaux et fruits de mer.

Reggae Bar BAR
(Carte p. 664 ; Th Viset ; ⏲12h-tard). Autour d'un vieux hangar en bois, cette adresse décorée d'un joyeux fatras vibre au rythme du reggae. Maroquinerie le jour, le lieu accueille le soir sessions de musique improvisées, concerts plus ou moins organisés, barbecues et fêtes, avec des groupes de reggae locaux et, parfois, des célébrités rastas de Thaïlande. Les murs sont couverts d'œuvres d'art et de graffitis. Horaires d'ouverture variables.

Sur la rive nord du lac de Nai Harn.

Depuis/vers Rawai

Le Phuket Smart Bus (p. 655) relie la jetée de Rawai à l'aéroport international de Phuket (p. 654 ; 2 heures) toutes les heures environ, entre 6h et 20h15 via Kata, Karon, Patong, Kamala, Surin et Ao Bang Thao ; le trajet coûte de 50 à 170 B selon la distance parcourue.

Comptez 30 B pour rejoindre Rawai en *songthaew* depuis Th Ranong à Phuket (7h-17h30). Certains continuent jusqu'à Hat Nai Harn (40 B, 8h-18h), mais pas tous – renseignez-vous avant de partir.

De Rawai/Hat Nai Harn, des taxis vous emmèneront à l'aéroport international de Phuket (1 000 B), Patong (700 B) ou Phuket-ville (500 B). Un taxi entre Rawai et Nai Harn revient à 200 B.

Hat Patong ป่าตอง

076 / POP 20 900 HABITANTS

La destination la plus connue de Phuket est également la plus controversée. Dans cet univers de béton, de silicone et de débauche, tout ou presque peut se monnayer. C'est le cas en d'autres lieux de Thaïlande, mais à Patong, on ne s'en cache pas. Certains voyageurs évitent d'ailleurs complètement cette partie de Phuket.

Il n'est pas certain que vous aimerez Hat Patong, mais en voyant cette longue plage de sable blanc longeant une baie en demi-lune, vous comprendrez l'origine de son succès. On trouve ici un nombre infini de clubs de plongée, spas, restaurants gastronomiques, stands de poissons grillés, cabarets exubérants, combats de boxe thaïlandaise, boutiques d'antiquités poussiéreuses et – l'attrait principal pour beaucoup – des fêtes qui durent du crépuscule à l'aube.

Sur place, les visiteurs rougis par le soleil et habillés de grossière contrefaçon, les groupes de touristes qui déambulent sans fin, les étrangers dont la crise de la quarantaine alimente une industrie à part entière et le développement immobilier anarchique donnent à Patong un caractère tragi-comique.

À voir et à faire

Sea Fun Divers — PLONGÉE

(Carte p. 652 ; 081 367 4542 ; www.seafundivers.com ; 29 Soi Karon Nui ; excursion 2/3 plongées 3 900/4 400 B ; 9h-18h). Excellent centre de plongée (un peu plus cher que les autres), installé au Méridien, juste au-delà de l'extrémité sud de Patong. Les prestations sont de qualité et les moniteurs enthousiastes et professionnels. Les adeptes du snorkeling peuvent participer aux excursions pour 2 900 B. Le brevet PADI Open Water coûte entre 18 400 et 21 400 B.

Une succursale est présente à Kata (p. 673).

Let's Relax — SPA

(Carte p. 668 ; 076 366800 ; www.letsrelaxspa.com ; 184/14 Th Pangmuang Sai Kor ; massage/soin 300-4 000 B ; 10h-minuit). Dans l'ambiance feutrée et parfumée d'eucalyptus de ce spa d'une chaîne nationale reconnue, choisissez votre programme. Réflexologie, puis gommage corporel aux fleurs ? Bain de vapeur thaïlandais aux herbes suivi d'un massage aux pierres chaudes et d'un soin du visage ? Ou forfait complet d'une demi-journée Day Dream (4 000 B) ?

Autres succursales à l'extrémité sud de la ville et à Karon.

Nicky's Handlebar — MOTO

(Carte p. 668 ; 084 824 7777 ; www.nickyhandlebars.com ; 41 Th Rat Uthit ; circuit 1/2 jours avec location de moto à partir de 9 000/21 000 B ; 7h-1h). Les grosses cylindrées louées sont destinées aux initiés. Nicky organise des circuits en Harley-Davidson sur Phuket et Phang-Nga depuis plus de 10 ans avec des itinéraires de 2 jours dans les provinces de Phang-Nga et Ranong. Locations de Harley également possibles pour des explorations indépendantes (à partir de 4 800 B/jour). Permis moto obligatoire.

Pum Thai Cooking School — CUISINE

(Carte p. 668 ; 076 346269 ; www.pumthaifoodchain.co.th ; 204/32 Th Rat Uthit ; cours 3/5 heures 1 700/3 700 B ; cours 11h, 16h et 18h). Ce restaurant doublé d'une école de cuisine (avec des adresses en Thaïlande, en France et au Royaume-Uni) propose plusieurs cours par jour en petits groupes. Le cours de 4 heures "Little Wok" (2 400 B), très prisé, inclut un tour au marché et un livre de recettes à emporter chez soi. On peut aussi apprendre à préparer un plat unique lors d'un cours de 30 minutes (500 B).

Fêtes et festivals

Phuket Pride Week — LGBT

(www.phuket-pride.org ; avr). Les Prides de Bangkok et Pattaya drainent plus de monde, mais celle de Phuket est souvent considérée comme la meilleure de Thaïlande, voire d'Asie du Sud-Est. Les dates ont changé

Hat Patong

0 200 m
Hat Kalim (600 m),
Acqua (1 km),
Hat Kamala (6 km)
Th Phra Barami
MER
D'ANDAMAN
Th Phra Barami
Kaab Gluay (500 m),
Phuket-ville (13 km)
Th Thawiwong
Th Chaloem Phra Kiat
Th Hat Patong
Th Rat Uthit
Th Pangmuang Sai Kor
Hat Patong
Th Sawatdirak
Th Sai Nam Yen
Ao Patong
Soi Paradise
AirAsia
DAB
Hat Patong
Police touristique
Th Bangla
Th Thawiwong
Th Rat Uthit
DAB
Th Pangmuang Sai Kor
Soi Post Office
Soi Prisanee
Soi Permpong
Pattana 2
Soi Kepsap
Th Rat Uthit
Rosewood
Phuket
(2,8 km),
Ta Khai
(2,8 km)
Th Ruamchai
Th Ruamchai
Th Nanai
Songthaew et
bus local pour
Phuket-ville
Th Prachanukro
Avis
Phuket Simon Cabaret
(800 m), Hat Karon (5 km),
Hat Kata (9 km)
Galaxy Boxing Stadium (100 m)
1
2
3
4
5
6
7
8
9
10
11
12
13
14
15
16
17
A
B
C
D

Hat Patong

Activités

1 Let's Relax D5
Nicky's Handlebar .... (voir 16)
2 Pum Thai Cooking School B6

Où se loger

3 Armoni Patong Beach Hotel B6
4 BYD Lofts C3
5 Lub d C4
6 Patong Backpacker Hostel B5
7 Priew Wan Guesthouse D3
8 Slumber Party C6

Où se restaurer

9 Chicken Rice Briley C3
10 Naughty Nuri's in the Forest C4
11 No 9 2nd Restaurant C2
12 Orchids A6
13 Patong Food Park C3

Où prendre un verre et faire la fête

14 Craft Beer Lounge B7
15 Illuzion C5
16 Nicky's Handlebar C3
17 Zag Club C4

plusieurs fois depuis la création de la manifestation en 1999 (elle n'a pas eu lieu du tout en 2018), mais elle se déroule généralement fin avril. Les fêtards, pour la plupart des hommes, viennent du monde entier, et séjournent en particulier à Patong.

Où se loger

L'offre d'hébergement, très variée, va des festives auberges de jeunesse aux luxueux *resorts* en front de mer en passant par de chaleureuses pensions. Entre novembre et avril, si vous ne trouvez pas de lit en auberge de jeunesse (il y en a d'excellentes, mais la réservation est nécessaire), vous aurez du mal à dénicher une chambre en dessous de 1 000 B. En dehors de cette période, les prix baissent considérablement.

Lub d — AUBERGE DE JEUNESSE $
(Carte page ci-contre ; 076 530100 ; www.lubd.com ; 5/5 Th Sawatdirak ; avec petit-déj dort 650 B, d 2 600-3 200 B ;). Le hall aux allures d'entrepôt de cette auberge de jeunesse animée comprend un espace de coworking, un ring de *muay thai*, un bar et une piscine. Les dortoirs de 4 lits sont modernes et impeccables avec casiers individuels, étagères, lampes et prises. Les chambres individuelles avec salle de bains sont lumineuses et élégantes, en particulier les "Deluxe" blanc et bleu, dotées de salles de bains carrelées et d'œuvres murales inspirées de l'ambiance des îles ; les meilleures ont un balcon avec hamac.

Slumber Party — AUBERGE DE JEUNESSE $
(Carte page ci-contre ; 076 620414 ; www.slumberpartyhostels.com ; près de Th Rat Uthit ; dort 300-450 B ;). Élégamment rénovée, cette auberge de jeunesse appartenant à une chaîne se remplit vite (réservez !). Les dortoirs dépouillés et propres, avec salle de bains, rassemblent 4, 6 ou 10 lits superposés dotés de rideaux, lampes, étagères et prises, mais les voyageurs viennent surtout ici pour l'ambiance festive et les animations (bière-pong, happy hour, *ladies' night*, tournées des bars, etc.).

Patong Backpacker Hostel — AUBERGE DE JEUNESSE $
(Carte page ci-contre ; 076 341196 ; www.patong-backpacker.thailandhotels.site ; 140 Th Thawiwong ; dort 350-550 B ;). Idéalement située en face de la plage, cette adresse très simple reste tout à fait correcte pour une ville onéreuse comme Patong. Salon commun, personnel accueillant et dortoirs (4-10 lits) pourvus de bons matelas avec casiers à la réception.

Priew Wan Guesthouse — PENSION $$
(Carte page ci-contre ; 076 344441 ; 83/9 Th Rat Uthit ; d 1 200 B ;). À 10 minutes à pied de l'extrémité nord de Hat Patong, dans un *soi* (petite rue) essentiellement résidentiel comptant quelques stands de nourriture, cette pension familiale bien établie, à la façade jaune, semble un peu vieillotte, mais ses chambres spacieuses et bien entretenues (équipées de balcon, coffre-fort, réfrigérateur et télévision) sont d'un prix correct et le personnel est aimable. Importantes réductions en basse saison (avril-octobre).

Armoni Patong Beach Hotel — HÔTEL $$
(Carte page ci-contre ; 076 345727 ; armonihotel8@gmail.com ; 92/12 Soi Permpong Pattana 3 ; d 1 170-1 800 B ;). Cet hôtel au personnel serviable est installé au bout d'un *soi* assez tranquille, à quelques minutes à pied de la plage et de Th Bangla. Si les chambres n'ont pas le caractère du hall (rempli d'œuvres d'art), elles sont grandes, lumineuses et propres, et comprennent toutes bons lits, salle de bains moderne, télévision, réfrigérateur et coffre-fort. Les meilleures ont un petit balcon.

BYD Lofts APPARTEMENTS $$$
(Carte p. 668 ; ☎076 343024 ; www.bydlofts.com ; 5/28 Th Hat Patong ; app 1 ch 5 400-11 200 B ; ❄📶🏊). Occupant 4 édifices, le BYD semble tout droit sorti des pages d'un magazine de décoration intérieure haut de gamme. À quelques minutes à pied de la plage, ses appartements chics et confortables avec balcon affichent murs blancs, lignes épurées et œuvres d'art colorées. Certains ont une piscine privative et tous ont accès à la piscine turquoise sur le toit ainsi qu'à l'élégant café lounge.

Où se restaurer

Patong dispose d'une multitude de restaurants pour tous les budgets, mais nombre d'entre eux servent une cuisine thaïlandaise édulcorée et des plats internationaux mal exécutés. Les restaurants les plus chics sont réunis à l'extrémité nord de la ville et au-delà, autour de Hat Kalim, où se tient un marché nocturne. Des stands de nourriture à petits prix fleurissent le soir, notamment au **Patong Food Park** (carte p. 668 ; Th Rat Uthit ; plats 50-200 B ; ⏲16h30-minuit) et dans les *soi* autour de Th Bangla.

Chicken Rice Briley THAÏLANDAIS $
(Carte p. 668 ; Th Rat Uthit, Patong Food Park ; plats 50-200 B ; ⏲6h-21h). Voici l'un des rares lieux de restauration du Patong Food Park ouverts le jour : il est presque toujours plein. Les plats comprennent filets de poulet à la vapeur servis sur du riz et accompagnés d'un bouillon de poulet parfumé à la viande, fantastique sauce au piment, porc rôti sur du riz ou encore riz gluant à la mangue.

No 9 2nd Restaurant INTERNATIONAL $$
(Carte p. 668 ; ☎076 624445 ; 143 Th Phra Barami ; plats 165-800 B ; ⏲11h30-23h30 ; 📝). Derrière une décoration très simple (tables en bois et murs couverts de photos) se cache l'un des meilleurs restaurants de Patong, mais aussi l'un des plus fréquentés pour ses plats thaïlandais, japonais et occidentaux aussi délicieux qu'inventifs. Peu d'établissements sont capables de cuisiner à la fois d'authentiques sushis, des currys thaïs végétariens et des viandes telles que le jarret d'agneau avec une qualité aussi constante.

Kaab Gluay THAÏLANDAIS $$
(Carte p. 652 ; ☎076 346832 ; 58/3 Th Phra Barami ; plats 135-250 B ; ⏲11h-2h ; 📶). Au bord de la route, à l'extrémité nord de la ville, ce restaurant semi-ouvert sans prétention rencontre un succès fou grâce à ses plats thaïlandais authentiques (crevettes au curry rouge, *satay* de poulet, poisson à l'aigre-douce, poulet frit au miel, nouilles et légumes sautés ou encore salades thaïlandaises) à prix abordables. Vous serez servi par un personnel branché sous un immense toit pourvu de ventilateurs.

Orchids THAÏLANDAIS $$
(Carte p. 668 ; ☎076 340462 ; 78/3-4 Soi Permpong Pattana 3 ; plats 85-380 B ; ⏲10h-23h). Ici, vous trouverez un cadre accueillant, un personnel attentionné et une cuisine thaïlandaise fantastique. Outre un délicieux *larb gai* (salade de poulet émincé au piment, à la menthe et à la coriandre), on y prépare tous les plats de nouilles, riz, currys et soupes classiques, notamment le *đôm yam gûng* (soupe de crevettes très épicée). Sur place ou à emporter.

Acqua ITALIEN $$$
(Carte p. 652 ; ☎076 618127 ; www.acquarestaurantphuket.com ; 324/15 Th Phra Barami, Hat Kalim ; plats 400-2 000 B, menu dégustation 8 plats 2 500-3 500 B ; ⏲17h-23h mi-juin à fin mai ; 📶📝). Le meilleur restaurant italien de Phuket affiche un élégant décor monochrome où se délecter de focaccias maison, mozzarella de bufflonne délicieusement crémeuse et cappellettis maison farcis de potiron et nappés de délicate sauce au gorgonzola. De la pizza aux pâtes en passant par les fruits de mer, toute la cuisine du chef sarde Alessandro Frau est parfaitement exécutée et extrêmement raffinée. La plupart des produits, accompagnés de plus de 400 vins, sont importés d'Italie.

Ta Khai THAÏLANDAIS $$$
(Carte p. 652 ; ☎076 356888 ; www.rosewoodhotels.com ; Rosewood Phuket, Th Muen-Ngern, Hat Tri-Trang ; plats 290-900 B, menus dégustation 950-2 200 B ; ⏲18h-minuit ; 📶📝). Avec son architecture traditionnelle inspirée des villages de pêcheurs, ses étangs parsemés de lotus, son pavillon vitré et ses talentueux chefs originaires de Trang, le restaurant sud-thaïlandais du **Rosewood Phuket** (villa avec petit-déj 24 000-59 600 B ; P❄📶🏊), en bord de mer, se démarque des autres adresses gastronomiques de la région. Les ingrédients frais du *sôm·đam* sont pilés à votre table tandis que les currys de légumes verts, rouleaux de printemps à la phuketoise, currys jaunes à la chair de crabe ou encore *mŏo hong* (porc braisé au poivre et à l'ail) sont superbement épicés et

les cocktails signature infusés aux herbes maison. À 2,5 km à l'ouest de l'extrémité sud de Hat Patong.

Naughty Nuri's in the Forest VIANDES $$$
(Carte p. 668 ; 061 173 0011 ; www.facebook.com/nnphuket ; 112 Th Rat Uthit ; plats 250-2 000 B ; 12h-minuit). Les amateurs de viande se pressent dans cet immense restaurant semi-ouvert, succursale phuketoise d'une chaîne originaire de Bali, gérée par des Australo-Indonésiens. Attablé dans l'une des salles éclairées par des lampes en rotin, on déguste les incontournables côtelettes de porc au barbecue (1 995 B). Le cochon de lait épicé rencontre aussi un grand succès et la carte indonéso-internationale propose un alléchant *nasi goreng* végétarien.

Où prendre un verre et faire la fête

Certains considèrent que la vie nocturne de Patong est plutôt de mauvais goût, mais si vous êtes d'humeur pour des basses assourdissantes, des néons scintillants et des vêtements minimalistes, c'est une expérience à tenter.

Patong est aussi au cœur de la scène LGBT+ de Phuket, concentrée entre le Soi Paradise et le Royal Paradise Complex.

On trouve à **Th Bangla** bière, clubs et go-go bars où des jeunes femmes tournoient devant un public masculin au rythme de la musique techno, dans un décor dominé par des images phalliques. Dans cette atmosphère presque carnavalesque, il faut souvent jouer des coudes pour atteindre le bar.

Zag Club GAY
(Carte p. 668 ; www.facebook.com/phuket.zagclub ; 123/8-9 Royal Paradise Complex ; 20h-4h). Toujours bondée, cette boîte de nuit de Soi Paradise organise des spectacles de cabaret LGBT+ scintillants, à minuit et 1h30 (un ou deux autres ont lieu à d'autres moments). Entre-temps, la foule boit et danse sur les tubes du moment. C'est habituellement le bar gay le plus fréquenté de Patong.

Illuzion CLUB
(Carte p. 668 ; www.illuzionphuket.com ; 31 Th Bangla ; 21h-tard). Le méga-club le plus tendance de Patong est un établissement rutilant, aménagé sur plusieurs niveaux. Il accueille démonstrations de danse et de gymnastique, DJ internationaux, soirées *reggaeton*, soirées tout électro, et plus de bars qu'il n'est possible d'en compter.

Nicky's Handlebar BAR
(Carte p. 668 ; 084 824 7777 ; www.nickyhandlebars.com ; 41 Th Rat Uthit ; 7h-1h ;). Ce sympathique bar de *bikers* est ouvert à tous, motards ou non. Autrefois un peu sordide, il n'a jamais eu meilleure mine qu'aujourd'hui. Belle sélection de bières et plats occidentaux et thaïlandais, dont un burger présenté comme le plus épicé du pays. Organisation de circuits en Harley et location (p. 667).

Craft Beer Lounge BIÈRE ARTISANALE
(Carte p. 668 ; www.grandmercurephuketpatong.com ; Grand Mercure Phuket Patong, Soi Rat Uthit ; 10h-23h). La mode de la bière artisanale s'est emparée de ce bar élégant et design, qui sert plus de 100 marques internationales, essentiellement américaines, mais aussi locales. Les barmans élaborent de bons cocktails, dont des mojitos au Chalong Bay Rum. Happy hour de 18h à 20h. Au fond du hall de l'hôtel Grand Mercure.

Où sortir

Phuket Simon Cabaret CABARET
(Carte p. 652 ; 087 888 6888 ; www.phuket-simoncabaret.com ; 8 Th Sirirach ; adulte 800-1 000 B, enfant 600-800 B ; spectacles 18h, 19h30 et 21h). Les spectacles colorés du Simon, à environ 500 m au sud de Patong, sont très appréciés des groupes de touristes (pour lesquels ils ont été légèrement adaptés). Le théâtre de 600 places est grandiose avec des costumes tout de plumes et de paillettes et des artistes LGBT+ convaincants.

Galaxy Boxing Stadium BOXE THAÏLANDAISE
(Carte p. 652 ; Th Phra Metta/Rte 4055 ; gradins/près du ring 1 700/2 000 B ; 21h mar). Ce stade accueille des combats de *muay thai* au cours desquels s'affrontent boxeurs thaïlandais et étrangers.

Depuis/vers Patong

On trouve à Patong un bureau **AirAsia** (carte p. 668 ; www.airasia.com ; 39 Th Thawiwong ; 11h-21h30).

Le nouveau Phuket Smart Bus (p. 655) relie Patong à Karon, Kata, Rawai, Kamala, Surin, Ao Bang Thao et l'aéroport international de Phuket (environ ttes les heures 6h41-21h18, 50-170 B). Il s'arrête à côté de la plage à l'extrémité ouest de Th Bangla en direction de l'aéroport et devant Jung Ceylan en venant de celui-ci.

Un minibus collectif circule aussi entre l'aéroport et Patong (180 B, 11 pers minimum).

Des **songthaew** (carte p. 668 ; Th Thawiwong) partent de Th Ranong, à Phuket-ville, et se rendent à l'extrémité sud de Hat Patong (30 B) entre 7h30 et 18h. De là, on peut au choix marcher, prendre une moto-taxi (30 B la course) ou un *tuk-tuk*.

Un **bus local** (carte p. 668 ; Th Thawiwong ; 30 B) et des minibus (50 B) circulent entre le terminal des bus n°1 de Phuket-ville (p. 655) et le sud de Patong de 7h à 17h.

La course en taxi depuis/vers l'aéroport coûte 800 B. La nuit, louer un *tuk-tuk* au départ de Phuket-ville revient à 500 B.

Comment circuler

Des *tuk-tuk* font le tour de Patong pour environ 200 B le trajet.

De nombreux établissements louent des motos (250 B/jour) ; Nicky's Handlebar (p. 667) propose même des Harley-Davidson (à partir de 4 800 B/jour). Le port du casque obligatoire est strictement appliqué à Patong, où barrages de police et check-points sont susceptibles d'être dressés sur la route à tout moment. **Avis** (carte p. 668 ; ☎062 604 0361 ; www.avisthailand.com ; Baumanburi Hotel, 239/1 Th Rat Uthit ; ⏲7h30-21h) loue des voitures à l'extrémité sud de Patong. À son extrémité nord, on trouve une **station-service** (carte p. 668 ; Th Phra Barami ; ⏲24h/24).

Hat Kata

หาดกะตะ

Plus chic que sa voisine Karon et moins débauchée que Patong, Hat Kata attire toutes sortes de voyageurs sur ses belles plages jumelles animées. Vous n'y serez pas au calme, mais vous pourrez pratiquer nombre d'activités, à commencer par du surf pendant la saison intermédiaire et la saison humide. Vous trouverez également de superbes spas, de bonnes tables, un studio de yoga très réputé et un excellent choix d'hébergements. Un promontoire rocheux sépare la plage de sable blanc en deux parties, **Hat Kata Yai** (หาดกะตะใหญ่ ; carte ci-contre) au nord et **Hat Kata Noi** (หาดกะตะน้อย ; carte ci-contre), plus tranquille, au sud. La route entre les deux plages traverse le quartier historique des millionnaires de Phuket.

La principale artère, Th Kata, est parallèle à la plage. Th Thai Na regroupe restaurants, bars et *guesthouses* bon marché. Elle bifurque vers l'intérieur des terres au sud de l'endroit où Th Kata grimpe la colline pour rejoindre Karon.

À voir et à faire

Les deux plages de Kata sont propices au surf d'avril à novembre ; les cours privés d'une heure coûtent 1 200 B et la location de planche 200/800 B par heure/jour.

Hat Karon et Hat Kata

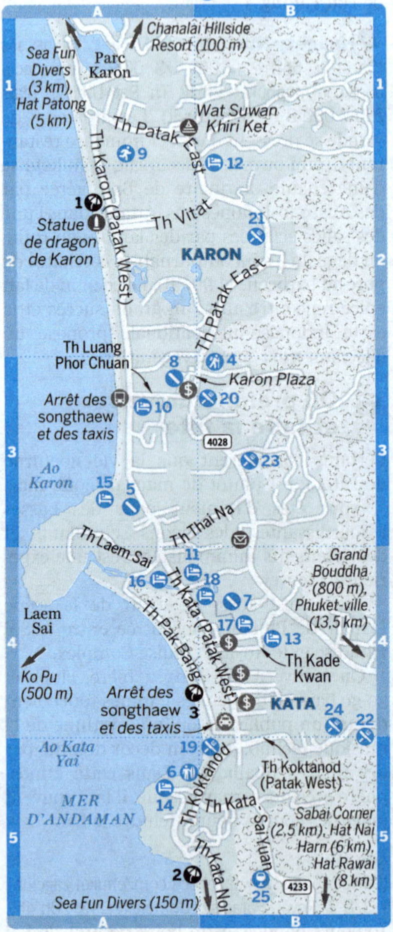

On peut aussi louer du matériel de paddle (SUP) ou des kayaks pour 300/900 B par heure/jour.

Méfiez-vous des courants d'arrachement, soyez attentif aux drapeaux rouges et ne dépassez pas la barre des vagues pendant la saison des pluies, à moins d'être un nageur très expérimenté.

Ko Pu ÎLE

(เกาะปู ; carte p. 652). Cet îlot inhabité couvert de jungle scintille au-delà des vagues, au large de Hat Kata Yai, dessinant un superbe paysage au coucher du soleil.

Hat Karon et Hat Kata

Sea Fun Divers PLONGÉE
(Carte p. 652 ; ☎076 330124 ; www.seafundivers.com ; Katathani, 14 Th Kata Noi ; excursion 2/3 plongées 3 900/4 400 B ; ⊙9h-18h). Le professionnalisme de cet excellent centre de plongée justifie ses prix plus élevés que ceux de la concurrence : un haut niveau d'exigence, des prestations de qualité et des instructeurs enthousiastes et expérimentés. Le brevet PADI Open Water coûte entre 18 400 et 21 400 B. Les snorkeleurs peuvent participer aux excursions d'une journée (2 900 B).

Rumblefish Adventure PLONGÉE
(Carte page ci-contre ; ☎095 441 8665 ; www.rumblefishadventure.com ; 98/79 Beach Centre, Th Kata/Patak West ; excursion 2 plongées 3 500-4 500 B ; ⊙9h-19h). Situé dans le Beach Centre de Kata, cet excellent club de plongée propose cours classiques, excursions d'une journée et croisières de plongée. Le PADI Discover Scuba coûte 4 500 B et les cours pour le brevet PADI Open Water commencent à 10 900 B. Les plongeurs peuvent séjourner à prix très réduit, voire parfois gratuitement, dans la petite **auberge de jeunesse** (dort 350 B, d 800-950 B ; ❄📶) attenante, très prisée. Réservation recommandée.

Baray Spa SPA
(Carte page ci-contre ; ☎076 330979 ; www.phuketsawasdee.com ; Sawasdee Village, 38 Th Kade Kwan ; massage/soin 1 200-5 000 B ; ⊙10h-22h). Ce spa de qualité, à l'ambiance raffinée et romantique, est niché dans un jardin tropical luxuriant aux canaux entrelacés et aux cascades grondantes. Optez pour un massage thaïlandais traditionnel ou pimentez l'expérience avec un gommage du corps au café, un soin raffermissant aux algues ou un soin du visage hydratant.

Nautilus Dive & Surf Shop SURF, KAYAK
(Carte page ci-contre ; ☎076 330229 ; www.phuketsurfing.com ; 186/1 Th Kata Noi, Hat Kata Yai ; cours 1 200 B, location planche par heure/jour 200/800 B ; ⊙9h-18h). Installé dans le sud de Hat Kata Yai, le Nautilus donne des cours de surf privés d'une heure et loue des planches. Il propose aussi cours de paddle (SUP), location de kayaks (par heure/jour 300/900 B) et excursions de plongée dans les îles voisines et dans la région de Ko Phi Phi (excursions 2 plongées 2 900 B). Informations sur les *breaks* locaux sur le site Internet.

Boathouse Cooking Class CUISINE
(Carte page ci-contre ; ☎076 330015 ; www.boathouse-phuket.com ; 182 Th Koktanod ; cours 2 570-4 450 B ; ⊙horaires variables). Le meilleur restaurant gastronomique de Kata propose de fabuleux cours de cuisine thaïlandaise (1-2 jours), comprenant une visite du marché local et la préparation d'un repas de quatre plats.

Où se loger

Kata dispose d'un bon choix d'adresses pour tous les goûts et budgets. De bonnes auberges de jeunesse et *guesthouses* sont regroupées près de son extrémité nord, là où Kata rejoint Karon. Les hôtels et *resorts* haut de gamme se situent plus au sud, débordant sur Hat Kata Noi.

Si vous n'avez nulle part où loger, vous trouverez probablement une chambre au **Beach Center**, un ensemble de maisons abritant des *guesthouses*. Au départ de Th Kata, bifurquez en direction de l'intérieur des terres, immédiatement au sud du croisement avec Th Thai Na – l'endroit est indiqué.

♥ Fin Hostel AUBERGE DE JEUNESSE $

(Carte p. 672 ; ☎088 753 1162 ; www.finhostel-phuket.com ; 100/20 Th Kata/Patak West ; dort 300-600 B, capsule 300-1 000 B, d 1 500-3 000 B ; ❄📶🏊). En retrait de la route, cette auberge de jeunesse dynamique ayant pour thème le surf occupe deux bâtiments. Les dortoirs (certains réservés aux femmes), avec matelas confortables, lampes et prises individuelles, sont impeccables ; les capsules simples ou doubles avec rideaux affichent un standing légèrement plus élevé. Les chambres privatives colorées comprennent poufs et réfrigérateur. Espace commun/coworking et petite piscine sur le toit. À quelques minutes à pied des plages de Kata.

Kata Beach Homestay AUBERGE DE JEUNESSE $

(Carte p. 672 ; ☎089 189 9066 ; www.kata-beach-homestay-th.book.direct ; 9 Th Kade Kwan ; dort 350 B, d 600-900 B ; ❄📶). Cette auberge de jeunesse-*guesthouse* est accueillante mais plutôt impersonnelle. Les petites chambres doubles propres (certaines plus lumineuses que d'autres), aux coussins et murs colorés, et avec salle de bains commune ou privative, ont un peu plus de caractère que les dortoirs de 8 lits bon marché qui se partagent 2 salles de bains. Grand salon commun avec thé et café gratuits. Entrée par l'agence de voyages du rez-de-chaussée.

OZO Phuket HÔTEL $$

(Carte p. 672 ; ☎076 563600 ; www.ozohotels.com ; Hat Kata ; ch 3 250 B ; ❄📶🏊). Ouvert en 2019, ce bâtiment respirant la modernité dispose d'une grande réception en plein air et de chambres confortables affichant simplicité scandinave et détails pratiques comme des prises USB dans les murs. Paisible espace jardin, piscine avec toboggan, salle de sports et aire de jeux pour enfants. Situation parfaite, à 2 minutes à pied de la plage et à proximité des boîtes de nuit et des restaurants animés de Kata.

Sugar Ohana PENSION $$

(Carte p. 672 ; ☎083 696 9697 ; 88/5 Th Kata/Patak West ; d 2 500-3 000 B). Des chambres fraîches et contemporaines au café carrelé à l'élégance discrète, cette chaleureuse petite *guesthouse* installée sur la route principale du centre de Kata a tous les attributs d'un boutique-hôtel de luxe. Spacieuses, impeccables, dotées de carrelage blanc et baignées de lumière naturelle, les chambres disposent pour certaines d'un balcon privatif. Chaussons à disposition.

♥ Kata Rocks HOTEL DESIGN $$$

(Carte p. 672 ; ☎076 370777 ; www.katarocks.com ; 186/22 Th Koktanod ; d 21 400-33 200 B ; P❄📶🏊). Ce joyau contemporain tout blanc, posé sur les falaises entre les deux plages de Kata, est connu pour son rassemblement annuel de yachts de luxe. Les appartements au chic minimaliste, comprenant œuvres d'art contemporain, sonos contrôlées à distance par iPad, cuisines tout équipées et machines à café à capsules, disposent de piscines privatives. Des chaises longues sont installées dans la piscine à débordement avec vue sur la mer. Le Infinite Luxury Spa, novateur, allie soins traditionnels et technologie dernier cri tandis que le **restaurant** (plats 350-1 600 B ; ⏲6h30-10h30, 11h-17h30 et 18h-minuit ; 📶🍷) est excellent.

Les visiteurs extérieurs peuvent réserver des cartes journalières (haute/basse saison 5 000/3 500 B, réservation nécessaire) comprenant l'accès à la piscine et au centre de fitness, 2 repas et une réduction sur les boissons.

♥ Sawasdee Village RESORT $$$

(Carte p. 672 ; ☎076 330979 ; www.phuketsawasdee.com ; 38 Th Kade Kwan ; d 4 000-15 000 B ; ❄📶🏊). Ce somptueux complexe hôtelier abritant l'éblouissant Baray Spa marie style thaïlandais classique et ornements à la marocaine, au cœur d'un paysage tropical luxuriant : canaux, piscines, cascades, art bouddhique... Malgré leur taille modeste, les bungalows ont beaucoup de cachet avec leurs lits extrêmement confortables, leur plancher et leurs poutres apparentes. Les villas, des demeures à deux niveaux dotées de bains à remous, bénéficient en outre d'un accès direct à l'une des deux charmantes piscines.

Où se restaurer

Kata BBQ THAÏLANDAIS $

(Carte p. 672 ; www.facebook.com/katabbq ; Hat Kata Yai ; repas 80-350 B ; 8h-22h30 ;). Avec ses nappes rose vif, ses chaises en plastique blanc et son équipe souriante, le Kata BBQ, l'un des nombreux restaurants thaïlandais bon marché de fruits de mer au sud de Hat Kata Yai, reste dans la simplicité. Bercé par le bruit des vagues, on y déguste savoureuses nouilles sautées aux légumes, crabe au curry jaune, crevettes frites au gingembre et currys *massaman*.

Istanbul Restaurant TURC $$

(Carte p. 672 ; 091 820 7173 ; www.istanbulrestaurantphuket.com ; 100/87 Th Koktanod ; repas 120-320 B ; 9h-22h mar-sam). Cette charmante affaire familiale est, à juste titre, le restaurant étranger le plus prisé de Kata. La cuisine est à tomber, des petits-déjeuners copieux – à l'occidentale ou à la turque – aux plats principaux authentiques et savoureux, comme le *hünkar beğendi* (ragoût de bœuf sur une purée d'aubergine), en passant par les brochettes et les *pide* (pizzas turques).

Red Duck THAÏLANDAIS $$

(Carte p. 672 ; 084 850 2929 ; www.facebook.com/redduckrestaurant ; 88/3 Th Koktanod ; plats 240-380 B ; 12h-23h, fermé lun mai-sept ;). Cette adresse cachée, dotée d'une toute petite terrasse, est plus chère que d'autres restaurants thaïlandais de Kata, mais ses plats sont délicieux, cuisinés sans glutamate avec des produits de première fraîcheur. Les currys et soupes aux fruits de mer sont particulièrement bons. De nombreux classiques thaïlandais peuvent être préparés en version végane, notamment le *larb* et le *massaman* plein de légumes, parfaitement épicé. Excellent service. À 600 m en retrait de l'extrémité sud de Hat Kata Yai.

Sabai Corner THAÏLANDAIS, INTERNATIONAL $$

(Carte p. 664 ; 089 875 5525 ; www.sabaicornerphuket.com ; Soi Laem Mum Nai, près de la Rte 4233 ; plats 160-490 B ; 10h-22h ;). Difficile de trouver meilleure vue à Phuket que celle qu'offre la vaste terrasse du Sabai Corner : elle s'étend jusqu'à Karon d'un côté et donne sur un horizon de mer bleue infinie de l'autre. La nourriture (riz sauté, poisson grillé, curry thaïlandais piquant, salades, pâtes et populaires pizzas au feu de bois) n'est pas mal non plus. Depuis Kata, suivez la Rte 4233 sur 3 km vers le sud en direction de Rawai/Hat Nai Harn, prenez la route qui descend juste après le Karon Viewpoint et roulez encore sur 1,5 km.

Boathouse INTERNATIONAL $$$

(Carte p. 672 ; 076 330015 ; www.boathousephuket.com ; 182 Th Koktanod ; plats 250-1 500 B ; 12h-23h). Tout est très glamour dans ce restaurant luxueux en bord de mer, l'un des plus renommés de Phuket. La cuisine méditerranéo-thaïlandaise (crevettes tigrées grillées à l'ail, *massaman* de jarret d'agneau, carpaccio de filet de bœuf australien, etc.) est fabuleuse, la carte des vins est réputée pour sa richesse, le service est attentif et la vue sur la mer est sublime. Assiettes spéciales à partager (préparées à votre table) et menus différents chaque jour.

Où prendre un verre et faire la fête

Art Space Cafe & Gallery BAR

(Carte p. 672 ; 090 156 0677 ; Th Kade Kwan ; 12h-minuit). Cet espace polyvalent est de loin le bar le plus extravagant de Phuket : dans une explosion de couleurs, tableaux et sculptures originaux célèbrent tout particulièrement le corps féminin. Ils sont l'œuvre de M. Pan et de sa femme, tatoueuse ; tous deux élaborent cocktails et repas végétariens (160-400 B). Des musiciens se produisent généralement vers 20h.

Ska Bar BAR

(Carte p. 672 ; www.skabar-phuket.com ; 186/12 Th Koktanod ; 13h-2h). Niché dans les rochers de la crique la plus méridionale de Hat Kata Yai, ce bar à l'ambiance rasta semble avoir fusionné avec le tronc d'un vénérable banian. C'est notre adresse de prédilection pour un apéritif au bord de la mer, servi par des barmans thaïlandais accueillants. Bouées, lanternes en papier et drapeaux sont suspendus à la canopée, et il y a souvent des spectacles de feu.

After Beach Bar BAR

(Carte p. 672 ; 084 745 9365 ; Rte 4233 ; 11h-22h). On ne saurait exagérer la splendeur de la vue à 180° dont profite ce bar reggae sur pilotis avec toit de palmes, accroché à une falaise au-dessus de Kata entre mer ondulante, collines couvertes de palmiers et une péninsule rocheuse. Ajoutez-y un peu de Bob Marley et voilà le lieu parfait pour admirer le soleil couchant. Lorsque l'astre solaire disparaît enfin, les lumières des bateaux de pêche illuminent l'horizon. Ne manquez pas le savoureux *pàt tai* (plats 100-400 B).

À NE PAS MANQUER

LE GRAND BOUDDHA

Statue d'albâtre birman haute de 45 m, le **Grand Bouddha** (พระใหญ่ ; carte p. 306 ; www.mingmongkolphuket.com ; près de la Rte 4021 ; ⏲6h-19h ; Ⓟ) GRATUIT occupe avec majesté le meilleur point de vue de Phuket. Perché sur les collines de Nakkerd, au nord-ouest de Chalong Circle, il est visible depuis la moitié de l'île. Si le site est quelque peu touristique, le tintement des clochettes et le claquement des drapeaux dégagent une énergie singulière. Après avoir contemplé le sanctuaire doré, montez sur le plateau d'où l'on a une vue merveilleuse embrassant la superbe baie de Kata, le sable doré de Karon et, au sud-est, les petites îles de la baie de Chalong, semblables à des galets.

Entièrement financée par des dons, la construction du Grand Bouddha, qui débuta en 2007, coûta au total quelque 100 millions de bahts.

Depuis la Rte 4021, suivez les panneaux à 1 km au nord de Chalong Circle pour emprunter une route de campagne sinueuse qui monte sur 5,5 km. En chemin, vous longerez des bananeraies en terrasse et une végétation enchevêtrée de jungle. Il est aussi possible de randonner jusqu'au Grand Bouddha depuis Karon : la superbe mais éprouvante ascension de 2,5 km à travers la jungle part de Soi Patak 14 et prend 1 heure environ. Emportez beaucoup d'eau et partez tôt.

Comment s'y rendre et circuler

Des minibus desservent Kata au départ de l'aéroport international de Phuket (200 B, 11 personnes minimum).

Le Phuket Smart Bus (p. 655) relie le nord de Kata à Karon, Patong, Rawai, Kamala, Surin, Ao Bang Thao et l'aéroport (environ ttes les heures 6h20-20h35, 50-170 B).

Des **songthaew** (carte p. 672 ; angle Th Kata et Th Pak Bang) circulent entre Kata et Th Ranong, à Phuket-ville (40 B) de 7h à 17h environ.

Les taxis partent de Kata pour l'aéroport de Phuket (1 200 B), Phuket-ville (600 B), Patong (500 B) et Karon (300 B).

Vous trouverez sans peine une moto à louer (250 B/jour). Un taxi entre Kata Yai et Kata Noi coûte 200 B.

Hat Karon หาดกะรน

Malgré ses complexes hôteliers, la plage de Karon est moins bondée que celles de Patong ou Kata et reste populaire auprès des familles. Plus on va vers le nord, plus la large étendue de sable doré est belle. À l'extrême nord, accessible par une piste cabossée après le rond-point, l'eau est turquoise.

Karon tient à la fois de Patong et Kata : un lieu décontracté et glamour, avec quelques coins plus douteux, parsemé de restaurants locaux, de bars à hôtesses, de vendeurs de T-shirts et de panneaux en russe. Vers l'extrémité nord de la ville, où séjournent les touristes en circuit organisé, le parc Karon dévoile un lac artificiel et un temple sur fond de montagnes. Le sud de Karon se fond dans Kata, plus sophistiquée.

À voir et à faire

Hat Karon PLAGE

(Carte p. 672). Cette bande de sable fin qui crisse sous vos pas s'étend sur 4 km le long de la côte ouest. Bien qu'elle soit appréciée des familles et relativement fréquentée, on y trouve toujours largement assez de place pour étendre sa serviette.

En basse saison (avril-octobre), on peut prendre des cours de surf (1 200 B l'heure) et louer des planches de surf/bodyboards (250/100 B l'heure) à l'extrémité sud.

Randonnée du Grand Bouddha RANDONNÉE

(Carte p. 627 ; Soi Patak 14). Depuis le Soi Patak 14 de Kata (en face de Karon Plaza), un itinéraire éprouvant mais intéressant de 2,5 km (1 heure) grimpe à travers la jungle luxuriante jusqu'à la route principale sous le Grand Bouddha (ci-dessus). Suivez les panneaux rouge et blanc ; immédiatement après la bifurcation, un chemin de terre monte en pente raide puis zigzague à l'ombre des arbres, avec des cordes pour vous aider. Emportez de l'eau et partez tôt pour éviter la chaleur.

Dive Asia PLONGÉE

(Carte p. 672 ; ☎076 330598 ; www.diveasia.com ; 23/6 Th Karon/Patak West ; excursion 2/3 plongées 3 400/3 900 B ; ⏲10h-21h). Ce centre de plongée bien établi propose divers cours pour les brevets PADI (cours Open Water Diver de

3 jours 9 900 B), ainsi que des excursions à Ko Phi Phi et des croisières aux îles Similan et Surin (à partir de 23 000 B).

Sunrise Divers PLONGÉE

(Carte p. 672 ; ☎084 626 4646, 076 398040 ; www.sunrise-divers.com ; 269/24 Th Patak East ; 3 plongées 3 700 B, croisière de plongée à partir de 4 900 B/jour ; ⏲10h-18h tlj nov-avr, 10h-16h lun-ven mai-oct). Gérée par le blogueur local Jamie Monk, la plus grande agence de séjours de plongée de Phuket organise des circuits de plusieurs jours (aussi bien de luxe que pour petits budgets) à Ko Phi Phi, dans les îles Similan et Surin, les îles Mergui au Myanmar ainsi qu'à Komodo et Raja Ampat en Indonésie. Sorties d'une journée possibles, notamment à Ko Phi Phi et dans les îles Similan.

The Spa SPA

(Carte p. 672 ; ☎076 396139 ; www.movenpick.com ; Mövenpick Resort, 509 Th Karon/Patak West ; massage/soin 1 500-2 000 B ; ⏲9h-21h). Dans ce spa, l'un des plus pittoresques de Karon, les salles sont installées dans un jardin tropical ombragé et des bols garnis de fleurs de frangipanier sont posés çà et là. Régénérez corps et esprit avec un gommage au tamarin, un enveloppement à la noix de coco ou un soin aux sels de la mer Morte. Forfaits de 2 heures 30 (6 700 B) pour les couples.

Où se loger

Doolay Hostel AUBERGE DE JEUNESSE $

(Carte p. 672 ; ☎062 451 9546 ; www.doolayhostel.com ; 164 Th Karon/Patak West ; dort 600 B ; ❄📶). Dans cet établissement moderne et accueillant, juste en face de la plage, les petits dortoirs (4, 6 ou 8 lits), dont un pour femmes, comprennent bons matelas, casiers, prises et étagères. Espace commun lumineux, cuisine, café ouvert toute la journée et terrasse semée de poufs à l'étage avec vue sur le front de mer. Réservation recommandée.

Chanalai Hillside Resort HÔTEL $$

(Carte p. 652 ; www.chanalai.com ; 10 Th Patak ; ch 2 400 B ; ❄📶🏊). Où que l'on se trouve dans ce haut bâtiment installé autour d'une grande piscine, la vue sur la mer est superbe, mais elle est particulièrement remarquable depuis la petite piscine sur le toit. Chambres propres et modernes, équipées de salle de bains vitrée, douche à effet pluie et lit king-size. L'emplacement, proche des restaurants, reste légèrement en retrait de la plage, assurant ainsi des nuits tranquilles. Personnel serviable et attentionné. Réductions importantes en basse saison.

Karon Sino House HÔTEL $$

(Carte p. 672 ; ☎089 726 4990 ; www.karonsinohouse.com ; 448/1 Th Patak East ; d 1 600 B). Cet hôtel moderne à quelques pas du Wat Suwan Khiri Ket affiche un style sino-portugais simple avec des chambres dépouillées, propres et confortables comprenant réfrigérateur et petit balcon. Des carreaux colorés égaient les sols en béton et les portes sont teintées de rouge orangé. Service convivial et efficace. Malgré l'absence de vue, cette adresse d'un bon rapport qualité/prix a plus de caractère que ses voisines. Motos à louer.

Marina Phuket RESORT $$$

(Carte p. 672 ; ☎076 330625 ; www.marinaphuket.com ; 47 Th Karon ; d 6 500-22 000 B ; P❄📶🏊). Des passerelles en bois sur pilotis sillonnent des jardins luxuriants pour rejoindre des chambres confortables et isolées, donnant sur la jungle ou la mer. Aménagées dans un style thaïlandais classique, toutes bénéficient de vastes terrasses, mobilier en teck et jetés de lit en soie. Les villas sont équipées de Jacuzzi. Grande piscine alimentée par des cascades, spa et quatre restaurants sur place. Service courtois.

Où se restaurer

Quelques restaurants de poisson, fruits de mer et spécialités thaïlandaises corrects mais assez quelconques sont installés à l'extrémité nord de Hat Karon et sur la route du front de mer, vers le sud. Pour les meilleures tables de Karon, rejoignez plutôt Th Patak East, à l'intérieur des terres. Les restaurants de Hat Kata sont aussi facilement accessibles.

♥ **Pad Thai Shop** THAÏLANDAIS $

(Carte p. 672 ; Th Patak East ; plats 50-80 B ; ⏲8h-18h sam-jeu). Cette cabane réputée en bord de route propose un délicieux ragoût de poulet, du *kôw pàt pou* (riz frit au crabe), des *pàt si·éw* (nouilles frites) et de la soupe aux nouilles, ainsi qu'un des meilleurs *pàt tai* au tofu que nous ayons goûtés. Ne manquez pas les sauces au piment maison.

♥ **Highway Curry** INDIEN DU NORD $$

(Carte p. 672 ; ☎083 024 3015 ; www.highwaycurry.com ; 375/2 Th Patak East ; plats 180-320 B ; ⏲11h-23h ; 📶🌿). Pour changer des saveurs thaïlandaises, installez-vous à une table en bois et dégustez un *nan* trempé dans un curry d'Inde du Nord délicatement épicé. Vous trouverez ce restaurant simple aux murs orange, tenu par un Indien, le long de la route. Choix végétarien impressionnant (samosas, pakoras, *jeera aloo, shahi paneer, chana masala*). Personnel serviable et plats à emporter.

Eat Bar & Grill GRILL **$$$**

(Carte p. 672 ; ☎085 292 5652 ; www.eatbargrill.com ; 250/1 Th Patak East ; plats 200-900 B ; ⌚11h-22h lun-sam ; 📶). De fabuleux burgers et de superbes steaks, sans doute les meilleurs de Phuket, sont à dévorer entre les murs en béton de ce grill pourvu d'un bar en bois. La carte comprend d'autres plats (pâtes, jarret d'agneau), mais le bœuf est en vedette : pour un prix raisonnable compte tenu de sa qualité, il sera préparé à votre convenance et présenté avec élégance. Le lieu est fréquenté et les places limitées ; réservation recommandée. Bons cocktails et café.

Comment s'y rendre et circuler

Le nouveau Phuket Smart Bus (p. 655) marque l'arrêt à Karon Circle et au sud de Karon/nord de Kata, reliant ainsi Karon à Kata, Patong, Rawai, Kamala, Surin, Ao Bang Thao et l'aéroport international de Phuket (p. 654) ; environ toutes les heures de 6h28 à 20h43 (50-170 B).

Des minibus desservent aussi Karon au départ de l'aéroport (200 B, 11 pers minimum).

Des **songthaew** (carte p. 672 ; Th Hat Kata/Patak West) fréquents circulent entre Hat Karon et Th Ranong, à Phuket-ville, de 7h30 à 18h (40 B). Les taxis au départ de Karon pourront vous emmener à l'aéroport de Phuket (1 000 B), Phuket-ville (550 B), Patong (400 B) et Kata (300 B). Des motos sont à louer (250 B/jour) auprès des tour-opérateurs.

Hat Kamala หาดกมลา

À mi-chemin entre Karon, plus brute, et Surin, plus glamour, cette localité à l'importante population musulmane attire les visiteurs de plus longue durée, tels que familles, retraités et jeunes couples. La vaste baie dorée, magnifique et paisible, mêle palmiers et pins à son extrémité nord rocheuse où l'eau d'un vert émeraude est propice au snorkeling autour du récif. La plage, que borde un chemin asphalté, longe des collines verdoyantes peu à peu gagnées par le développement immobilier : des *resorts* clinquants sont creusés dans les falaises du sud, des jet-skis font leur apparition et l'arrivée de deux nouveaux clubs de plage chics à l'extrémité nord de la baie annonce une montée en gamme. Kamala est néanmoins relativement tranquille pour Phuket – du moins pour le moment.

À voir et à faire

Pendant la saison de la mousson, de mai à octobre, on peut louer planches de surf (300 B/heure) et de paddle (400 B/heure) et prendre des cours de surf (1 500 B) à Hat Kamala.

Mémorial du Tsunami MÉMORIAL

(อนุสรณ์สถานสึนามิ ; carte p. 680). Kamala fut l'une des zones les plus durement touchées par le tsunami du 26 décembre 2004. Le "Cœur de l'Univers" (2006), structure métallique ronde évoquant une vague, est un émouvant hommage aux victimes conçu par le célèbre artiste thaïlandais Udon Jiraksa. Il s'élève dans un petit parc parsemé de palmiers.

Mala Spa SPA

(Carte p. 652 ; ☎076 358777 ; www.keemala.com ; 10/88 Mu 6, Th Nakasud ; massage 2 900-5 500 B ; ⌚9h-21h). 🍃 Dans le fabuleux spa du Keemala, un *resort* aux airs de conte de fées à 2 km de Kamala, à l'intérieur des terres (vers le sud), des thérapeutes experts utilisent des produits bio non testés sur les animaux pour des soins sensationnels (massages, soins du visage, gommages, enveloppements, aromathérapie et cures), entre tradition et innovation. Les soins sont prodigués dans de grandes cabanes en bambou semblables à des nids, avec douches extérieures. Essayez l'enveloppement aux algues bio détoxifiantes (1 heure 30).

Où se loger

Baan Kamala AUBERGE DE JEUNESSE, PENSION **$**

(Carte p. 680 ; ☎076 279053 ; www.baankamalaphuket.com ; 74/42 Soi Pajak, Mu 3 ; dort 450-550 B, d 2 000 B ; ❄@📶). Cet établissement accueillant, entre *guesthouse* et auberge de jeunesse, loue des dortoirs de 6 lits, vastes et lumineux (draps et serviettes fournis) ainsi que de grandes chambres privées, toutes aménagées différemment, avec tableaux et peintures sur les murs en béton, lits confortables et salles de bains exiguës. Le salon commun est décoré d'un *long-tail boat* chargé de coussins.

Kamala Resotel BOUTIQUE-HÔTEL $$
(Carte p. 680 ; ☎063 464 6409 ; www.kamala-resotel.com ; 68/16 Mu 3 ; ch 1 700-2 200 B ; ❄≋). Cet immeuble Art déco dont les balcons arrondis débordent de vigne est installé sur une route étroite. Sur son toit, une merveilleuse piscine offre une vue imprenable sur Kamala. Chambres avec mobilier moderne, salle de bains en verre dépoli et lits flottants, que certains peuvent trouver trop durs. Le personnel accueillant sert un petit-déjeuner où les fruits abondent.

♥ **Keemala** RESORT $$$
(Carte p. 652 ; ☎076 358777 ; www.keemala.com ; 10/88 Mu 6, Th Nakasud ; villas avec petit-déj 22 200-31 600 B ; P❄≋). Construit à flanc de colline au cœur d'une végétation luxuriante, à 2 km de Kamala, ce *resort* à la beauté apaisante, soucieux de l'environnement, compte parmi les plus originaux, les plus prisés et les plus photographiés sur Instagram de Phuket. Il s'en dégage une magie à la Tolkien. Séjournez dans un cottage en argile avec piscine, semblable à un cocon, une tente de luxe avec salle de bains en plein air, un refuge aux allures de nid d'oiseau ou encore une maison qu'on croirait suspendue dans les arbres. L'excellent **Mala Restaurant** (plats 300-800 B ; 7h-22h) utilise des produits frais du jardin et le Mala Spa est divin.

Où se restaurer et prendre un verre

Isaan Popeye Thai Food THAÏLANDAIS $
(Carte p. 680 ; 74/43 Mu 3 ; plats 80-250 B ; 9h30-22h). Ses authentiques plats épicés du Nord-Est, fruits de mer frais, plats sautés et nouilles plus classiques (dont un *pàt tai* enveloppé dans une omelette) font de l'Isaan Popeye l'un des rares restaurants de Kamala fréquentés par les habitants du coin. Ce lieu simple et accueillant prépare aussi des petits-déjeuners à l'occidentale. À 500 m (5 minutes à pied) de la plage.

Mam's Restaurant THAÏLANDAIS, INTERNATIONAL $$
(Carte p. 680 ; ☎089 032 2009 ; 32/32 Soi 8, Th Hua Khuan Tai ; plats 100-350 B ; 12h-22h). Il ne donne pas sur la plage, mais les expatriés ne jurent que par ce restaurant simple et tranquille dont les quelques tables sont disséminées sur la terrasse d'une maison familiale. On y sert des versions savoureuses de classiques thaïlandais à la viande, aux crevettes ou aux légumes (dont d'excellents currys *massaman*), ainsi que des burgers, pâtes, brochettes et même *fish and chips*. À 400 m à l'est (vers l'intérieur des terres) de la route principale.

Taste Bar & Grill CUISINE VARIÉE $$$
(Carte p. 680 ; ☎087 886 6401 ; www.tastebargrill.com ; Th Rim Hat ; plats 290-590 B ; 6h-tard). Parsemé de tableaux colorés sur lesquels les spécialités sont inscrites à la craie, cet élégant restaurant avec terrasse sert des galettes de pain tout droit sorties du four à pizzas, délicieusement garnies d'ingrédients variés comme les aubergines grillées au basilic thaïlandais et à la mozzarella fondue, ainsi que des plats originaux tels que le vivaneau blanc glacé au tamarin ou la salade de fromage de chèvre aux amandes fumées. Les assiettes de style tapas (99-199 B) incluent bruschetta aux champignons et riz gluant à la mangue.

936 Coffee CAFÉ
(Carte p. 680 ; ☎081 256 7071 ; 93/6 Mu 3 ; 8h30-22h). Ce tout petit café sur l'artère principale propose boissons glacées, smoothies aux fruits frais, petits-déjeuners légers, sandwichs et délicieux desserts dans une atmosphère sympathique, mais ce sont les tasses de café chaud ou froid préparées à la perfection qui justifient vraiment la visite : elles satisferont même les plus exigeants. Arrivez tôt pour être sûr d'avoir une table.

Café del Mar LOUNGE
(Carte p. 680 ; ☎081 188 1230 ; www.cafedelmarphuket.com ; 118/19 Mu 3 ; 11h-2h). Le mythique café d'Ibiza, connu pour ses couchers de soleil, a transporté son ambiance glamour et décontractée à Phuket avec cet audacieux club de plage en béton patiné au nord de Hat Kamala. Parasols orange et banquettes blanc chic sont disposés autour d'une piscine scintillante. Une terrasse à plusieurs niveaux accueille DJ et brunchs le dimanche (à partir de 1 860 B). À la carte : plateaux de charcuterie, pâtes aux crevettes tigrées et currys *massaman* (290-900 B).

Comment s'y rendre et circuler

Le Phuket Smart Bus (p. 655) relie Kamala (arrêt au supermarché Big C sur la route principale) à Patong, Karon, Kata, Rawai, Surin, Ao Bang Thao et l'aéroport international de Phuket (environ ttes les heures 6h46-21h16 ; 50-70B).

Hat Kamala, Hat Surin et Ao Bang Thao

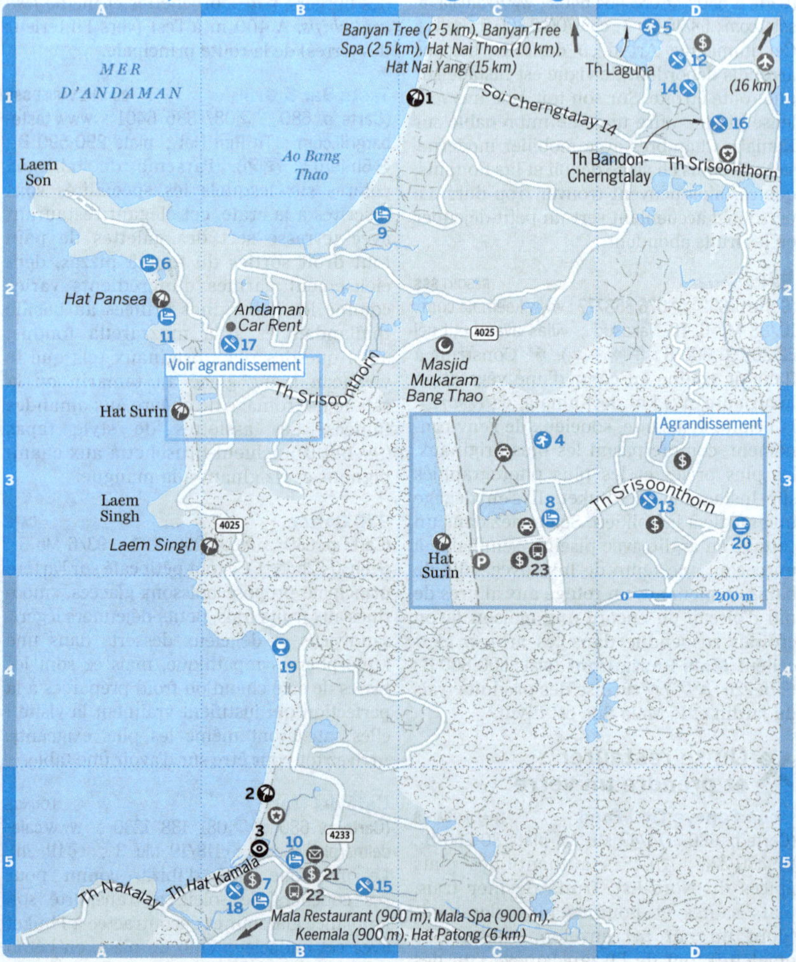

Des **songthaew** (carte ci-dessus ; Rte 4233) circulent entre Th Ranong, à Phuket-ville, et Kamala (40 B), de 7h à 17h. Ils assurent aussi la liaison de Kamala à Hat Surin (20 B).

Un taxi depuis/vers l'aéroport coûte 700 B et depuis/vers Surin environ 200 à 300 B.

Hat Surin หาดสุรินทร์

Avec sa vaste plage blonde, ses eaux turquoise qui virent au bleu profond en se fondant dans l'horizon et ses promontoires rocheux à la végétation luxuriante, Surin compte parmi les lieux les plus attrayants de Phuket. Cette destination très huppée qui attire étrangers et Thaïlandais fortunés (mais pas exclusivement) rassemble *resorts*-spas cinq étoiles, superbes galeries d'art et boutiques.

Surin a été particulièrement touchée par la grande opération de nettoyage menée contre les bars et restaurants installés illégalement sur les plages de Phuket. Tous les établissements construits sur le sable ont été démantelés ; certains se sont déplacés sur la route d'Ao Bang Thao (p. 682), d'autres ont fermé. Comme il y a moins de bars et de restaurants qu'ailleurs sur la côte ouest de l'île, la plage est assez calme – ce qui déplaît à certains visiteurs et séduit les autres.

Hat Kamala, Hat Surin et Ao Bang Thao

À voir et à faire

Sun Spa SPA

(Carte page ci-contre ; ☎076 316500 ; www.twin-palms-phuket.com ; Twin Palms, 106/46 Mu 3 ; massage/soin 1 500-3 900 B ; 11h-20h30). Dans ce luxueux hôtel-spa en retrait de la plage, offrez-vous un soin du visage "Travellers' Revival", un enveloppement à l'argile blanche, un bain aux herbes thaïlandaises et/ou la spécialité, le massage de Surin. Également massages pour femmes enceintes et divers soins esthétiques. Les manucures et pédicures deluxe sont vivement recommandées.

Où se loger

Benyada Lodge HÔTEL $$

(Carte page ci-contre ; ☎081 889 4173 ; www.benyadalodge-phuket.com ; 106/52 Mu 3 ; d avec petit-déj 2 800-4 500 B ;). Cette adresse accueillante affiche des prix raisonnables dans un quartier dominé par les *resorts* haut de gamme, à quelques minutes à pied de la plage. Les 29 grandes chambres confortables avec réfrigérateur et service thé/café sont décorées dans un style moderne, parsemé de touches de couleur. Les meilleures sont dotées de petits balcons et/ou de lits à baldaquin.

♥ **Surin Phuket** HÔTEL DE LUXE $$$

(Carte page ci-contre ; ☎076 316400 ; www.thesurinphuket.com ; 118 Mu 3, Hat Pansea ; d avec petit-déj 11 000-40 000 B ; P). Tout établissement bordant une plage aussi magnifique et isolée serait déjà une adresse de choix, mais le Surin Phuket place la barre encore plus haut. Ses "cottages" et suites d'un luxe sobre se fondent dans la végétation, sur le flanc d'une colline dominant Hat Pansea, et sa piscine hexagonale au carrelage noir, délicieusement abstraite, donne sur la mer. Restaurant thaïlando-méditerranéen (plats 320-1 200 B), spa, yoga et bar en bord de mer.

♥ **Amanpuri Resort** HÔTEL DE LUXE $$$

(Carte page ci-contre ; ☎076 324333 ; www.aman.com ; Hat Pansea ; villas 1 ch avec petit-déj 1 200-4 000 $US ; P). Discret, luxueux et infiniment paisible, cet hôtel sélect est un vivier de célébrités. Les gracieuses villas au design traditionnel tirent parti de leur emplacement face à la mer et s'agrémentent d'une décoration en bois blond, de gigantesques salles de bains, et certaines d'une piscine privée. Grand choix d'activités (yoga, kayak, surf), spa et piscine carrelée de noir. Service sensationnel.

Où se restaurer et prendre un verre

Depuis la fermeture ou le déménagement des bars, clubs et restaurants de bord de mer, l'offre de restauration de Surin est assez limitée. La plupart des établissements se trouvent dans la rue principale, Th Srisoonthorn, dans les hôtels ou dans le *soi* en retrait de la plage. Quelques stands de nourriture sont regroupés sur le parking à côté de la plage.

Blue Lagoon THAÏLANDAIS $

(Carte p. 680 ; ☎087 923 8235 ; Th Srisoonthorn ; plats 120-200 B ; ⏲9h-23h). Cette gargote familiale semi-ouverte, l'un des rares restaurants ayant survécu à la lutte contre les constructions de bord de mer, sert de savoureux classiques thaïlandais tels que *sôm·đam* (salade de papaye verte épicée), currys et soupes de nouilles, ainsi que des petits-déjeuners occidentaux. Avec ses nappes à carreaux, ses lanternes et sa terrasse ouverte sur la route, elle reste plus authentique que la plupart des tables de Surin.

Surin Chill House INTERNATIONAL $$

(Carte p. 680 ; ☎076 636254 ; 107/3 Mu 3 ; plats 130-450 B ; ⏲8h30-16h et 18h-22h mar-dim ; 📶👪). Plébiscité pour ses cafés, gâteaux et petits-déjeuners (salade de fruits, omelettes, gaufres), cet espace de béton poli aux allures de café décontracté propose aussi salades et currys thaïlandais épicés, fruits de mer, excellentes pizzas et plats internationaux plus élaborés. Les ingrédients sont frais, l'équipe accueillante et les familles absolument bienvenues.

Phuket Coffee Lab CAFÉ

(Carte p. 680 ; ☎080 534 5512 ; facebook.com/phuketcoffeelab ; 116/4 Mu 3, Th Srisoonthorn ; ⏲8h-16h mar-dim ; 📶). Dans cet établissement de style industriel, au sol en béton, à 700 m de Hat Surin vers l'intérieur des terres, les baristas experts préparent des cafés artisanaux (65-120 B) et proposent également des sessions de formation. En-cas de type brunch (165-220 B) pour les petits creux, du toast à l'avocat à l'omelette aux courgettes et à la feta.

Beach Bar BAR

(Carte p. 680 ; ☎076 316400 ; www.thesurinphuket.com ; Surin Phuket, 118 Mu 3, Hat Pansea ; ⏲9h-minuit ; 📶). Sur le sable blanc, à l'extrémité sud de la belle Hat Pansea, le bar de plage discret du luxueux Surin Phuket, semblable à une pagode, bénéficie d'un cadre fantastique, particulièrement idyllique au coucher de soleil lorsque les lanternes sont allumées et que l'horizon se teint de rose et d'orange. Les cocktails (180-250 B) y sont joyeusement tropicaux. Happy hour avant et après le dîner.

ℹ Comment s'y rendre et circuler

Le Phuket Smart Bus (p. 655) relie Surin à Kamala, Patong, Karon, Kata, Rawai, Ao Bang Thao et l'aéroport international de Phuket (environ ttes les heures 6h37-21h25, 50-170 B).

Des *songthaew* vont de Phuket-ville (Th Ranong) à Hat Surin (40 B), entre 7h et 17h, et continuent jusqu'à Hat Kamala (20 B).

Les taxis se regroupent devant le Twin Palms (carte p. 680 ; Soi Hat Surin 8) et près du 7-Eleven (carte p. 680 ; Soi Hat Surin 8), tous deux sur la route côtière principale de Surin.

Depuis/vers Phuket-ville, un *tuk-tuk* coûte 500 B et un taxi 700 B. Un taxi depuis/vers l'aéroport revient entre 500 et 700 B. Basé à Surin, **Andaman Car Rent** (carte p. 680 ; ☎076 621600 ; www.andamancarrent.com ; 112/12 Mu 3 ; ⏲9h-19h) est une compagnie de location de voitures fiable.

Ao Bang Thao et Cherngtalay อาวบางเทา / เชิงทะเล

Somptueuse plage de 8 km de sable blanc, **Hat Bang Thao** (carte p. 680) relie les différentes parties du fourmillant district de Cherngtalay, ancienne zone d'extraction d'étain du nord-ouest de l'île.

Délimitée par Ao Bang Thao, l'extrémité sud de ce secteur compte des *resorts* de catégorie moyenne et un ou deux clubs de plage. Dans les terres, vous trouverez un ancien village de pêcheurs parcouru de canaux, plusieurs lotissements en construction et quelques excellents restaurants. En plein centre de la baie, le Laguna Phuket rassemble plusieurs complexes hôteliers luxueux autour d'un lac artificiel. À l'extrémité nord de la baie, où Dame Nature reprend ses droits, sable blanc et mer bleue tropicale forment le paradis paisible dont vous rêviez.

Cherngtalay est de plus en plus populaire auprès des expatriés. Aussi, plus que toute autre zone de Phuket, ce quartier majoritairement musulman est-il en pleine transformation.

👁 À voir et à faire

Thai Carnation SPA

(Carte p. 680 ; ☎076 325565 ; 64 Th Laguna ; massage/soin 500-1 400 B ; ⏲11h-22h30). À la fois délicieusement sobre et incroyablement professionnel, ce spa d'un fantastique rapport qualité/prix est une merveille avec salles de massages privées, thérapeutes bien formés et ambiance locale. Apaisez vos tensions à l'aide d'un massage thaïlandais classique, d'un massage indien de la tête ou d'un gommage asiatique. À 1,5 km à l'est de

Hat Bang Thao (vers l'intérieur des terres), près de l'entrée du complexe Laguna Phuket.

Où se loger

Le complexe Laguna Phuket d'Ao Bang Thao comprend sept *resorts* de luxe, un parcours de golf de 18 trous et plus de 30 restaurants. De fréquentes navettes et barges motorisées (via les lagunes reliées) font le tour des hôtels. On trouve des *resorts* de plage plus abordables et l'attrayante auberge de jeunesse **ChillHub Phuket Hostel** (carte p. 680 ; chillhub-hostel.hotelsofphuket.com ; ☎082 291 1925 ; 69/140-142 Mu 3, Hat Bang Thao ; dort 500-600 B ;) dans le sud d'Ao Bang Thao, ainsi que l'**Anantara Phuket Layan** (carte p. 652 ; ☎076 317200 ; www.anantara.com ; 168 Mu 6, Soi 4, Hat Layan ; avec petit-déj d 10 140-15 780 B, villa 1 chambre 11 820-38 450 B ; P), un fabuleux établissement haut de gamme, à l'extrémité nord de la baie.

Où se restaurer

Cherngtalay attire les gastronomes avertis depuis quelques années. Certains des meilleurs restaurants internationaux de Phuket sont en effet regroupés à l'entrée du Laguna Phuket ou à l'intérieur de ses *resorts* de luxe (réservation nécessaire en haute saison). On peut manger pour bien moins cher au **marché nocturne de Boat Avenue** (carte p. 680 ; Boat Avenue, 49/14 Th Bandon-Cherngtalay ; repas 50-100 B ; 16h-tard ven) et dans les restaurants plus modestes installés à l'extrémité sud d'Ao Bang Thao et dans la rue principale qui traverse Cherngtalay.

Gallery Cafe CAFÉ $$

(Carte p. 652 ; ☎089 103 7000 ; 122/4 Th Srisoonthorn ; repas 140-350 B ; 8h-20h ;). Petit-déjeunez à toute heure dans ce café-restaurant au chic minimaliste qui propose omelettes aux épinards, smoothies multicolores (notamment mangue-fruit de la passion), pains et bagels cuits sur place, écrasé d'avocat à la feta ou encore cafés servis sur des plateaux en bois, accompagnés de mignardises. Il fait bon s'attarder dans ce lieu raffiné avec sol en béton, tables communes, fenêtres aux allures de hublots et terrasse bien exposée.

Pesto THAÏLANDAIS ET INTERNATIONAL $$

(Carte p. 680 ; ☎082 423 0184 ; Th Bandon-Cherngtalay ; plats 140-500 B ; 11h30-23h dim-ven, 17h-23h sam ;). Dans cet espace semi-ouvert tout simple, donnant sur la rue, un chef thaïlandais formé à Paris prépare une délicieuse cuisine thaïlandaise et internationale à prix doux. Voyagez en Méditerranée avec les penne au pesto de basilic et les tagliatelles de crevettes, ou restez local avec un steak de saumon servi sur une salade de mangue verte, un *dôm yam gûng* (soupe de crevettes aigre-piquante), le poisson frit du jour ou un curry classique tel que le très prisé *massaman*.

♥ **Suay** FUSION $$$

(Carte p. 652 ; ☎093 339 1890 ; www.suayrestaurant.com ; 177/99 Wana Park, Mu 4, Th Srisoonthorn ; plats 350-650 B ; 16h-23h ;). Dans une élégante salle vitrée, cette succursale locale et récente du célèbre restaurant de Noi Tammasak, chef vedette de Phuket, est sensationnelle. Les merveilleuses créations comprennent carpaccio de champignons, côtelettes d'agneau grillées à la citronnelle, nouilles de Shanghai au pesto et steak de tofu arrosé de sauce *kôw soy*. Ne manquez pas le riz gluant à la mangue réinventé avec de la glace au sésame.

Végétariens, une délicieuse carte vous est dédiée ! Le Suay d'origine (p. 659), à Phuket-ville, est toujours aussi couru.

♥ **Bampot** INTERNATIONAL $$$

(Carte p. 680 ; ☎093 586 9828 ; www.facebook.com/Bampot.co ; 19/1 Mu 1, Th Laguna ; plats 550-1 200 B ; 18h-minuit, fermé lun mai-nov ;). Banquettes bleues, cuisine ouverte et murs de briques blanches couverts d'œuvres d'art composent le cadre de l'ambitieuse gastronomie contemporaine d'inspiration européenne proposée par le chef Jamie Wakeford. Risotto au pesto de noix de cajou, saumon à la peau croustillante et au fenouil braisé ou encore tempura de chou-fleur arrosé de mayonnaise à la truffe côtoient des cocktails préparés d'une main experte (essayez le BGT à base de gin) et d'excellents vins. Service à la fois jovial et professionnel pour l'un des meilleurs restaurants internationaux de Phuket.

♥ **Project Artisan** CUISINE VARIÉE $$$

(Carte p. 652 ; ☎093 790 9911 ; www.theprojectartisan.com ; 53/17 Mu 6, Rte 4018 ; repas 200-600 B ; 8h30-23h ;). Des portes en bois sculpté rose pêche et jaune ananas encadrent le jardin décoré de lanternes et d'attrape-rêves de ce lieu créatif polyvalent du nord de Cherngtalay, au style bohème-chic inspiré de Bali. Après un petit-déjeuner à base d'ingrédients locaux (viennoiseries fraîches, smoothies tropicaux, petits burgers artisanaux, œufs bio de Phang-Nga, etc.), laissez-vous bercer par la musique live, faites-vous masser au Saparod Spa (900-1 800 B) ou sirotez un cocktail et une bière artisanale thaïlandaise au Tipsy Bar, rappelant un stand de rue.

Le lieu est plébiscité par les expatriés et les familles pour ses menus pour enfants et ses massages. Boulangerie sur place. Le site Internet explique comment rejoindre l'endroit.

Comment s'y rendre et circuler

Le Phuket Smart Bus (p. 655) depuis/vers Surin, Kamala, Patong, Karon, Kata, Rawai et l'aéroport international de Phuket (ttes les heures environ 6h25-21h37, 50-170 B) marque plusieurs arrêts à Ao Bang Thao/Cherngtalay, notamment au Tesco Lotus sur la Rte 4025.

Des *songthaew* circulent entre Th Ranong à Phuket-ville et Hat Bang Thao (35 B) de 7h à 17h ; louer un *tuk-tuk* revient à 450 B.

Un taxi coûte 700 B depuis/vers l'aéroport et environ 900 B depuis/vers les plages du sud-ouest de Phuket.

Nord-est de Phuket

La luxuriante partie nord-est de l'île, dont les plus belles zones sont protégées par la réserve de Khao Phra Thaew, abrite cascades, temples, gibbons chantants et collines enveloppées de jungle.

À l'écart des plages dorées de Phuket, la peu visitée Thalang (ถลาง) se déploie autour et au nord du **monument aux Héroïnes** (อนุสาวรีย์ท้าวเทพกษัตรีท้าวศรีสุนทร ; carte p. 652 ; Hwy 402), à 13 km au nord de Phuket-ville. S'il n'est pas exactement au centre de l'île, ce monument (au sujet des héroïnes qu'il célèbre, voir la notice *Musée national de Thalang*, ci-dessous) fait office de carrefour central de Phuket : les routes en partent dans toutes les directions. La plupart des visiteurs se contentent de traverser ce secteur pour rejoindre au nord-est le sanctuaire des éléphants (p. 686) et le plus petit centre de réadaptation pour gibbons de Phuket (page ci-contre), à la popularité méritée. D'intéressants sites culturels, à l'instar du Wat Phra Thong, sont pourtant installés à Thalang.

À voir et à faire

Wat Phra Thong TEMPLE BOUDDHIQUE
(วัดพระทอง ; carte p. 652 ; près de la Hwy 402 ; lever-coucher du soleil ; P). GRATUIT À environ 7 km au nord du monument aux Héroïnes, le paisible "temple du Bouddha d'or" de Phuket, vieux de 250 ans, est aménagé autour d'une statue semi-enterrée, dont seules la tête et les épaules sont visibles. Selon la légende, le bouddha émergea un jour du sol et ceux qui tentèrent de l'excaver tombèrent malades ou subirent de graves accidents. Le temple est particulièrement vénéré par les Sino-Thaïlandais qui pensent que la statue vient de Chine. Pendant le Nouvel An chinois, les pèlerins affluent de Phang-Nga, Takua Pa et Krabi.

Musée national de Thalang MUSÉE
(พิพิธภัณฑสถานแห่งชาติถลาง ; carte p. 652 ; Th Srisoonthorn/Rte 4027 ; adulte/enfant 200/100 B ; 9h-16h ; P). Le musée de Thalang (explications en thaï et anglais) retrace l'histoire de Phuket, des habitants préhistoriques d'Andaman à l'époque des mines d'étain. On y découvre les différentes ethnies du sud de la Thaïlande et leurs dialectes, ainsi que la légende des "deux héroïnes" (immortalisées par le monument aux Héroïnes) qui auraient repoussé une invasion birmane au XVIIIe siècle en menant les femmes de l'île au combat habillées en hommes. Lors de nos recherches, le musée venait de rouvrir partiellement après plusieurs années de rénovation : les tarifs et horaires pourraient être amenés à changer. À 200 m au nord-est du monument aux Héroïnes, près de la Rte 4027.

Où se loger et se restaurer

Point Yamu by Como RESORT $$$
(Carte p. 652 ; 076 360100 ; www.comohotels.com ; 225 Mu 7, Paklok, Laem Yamu ; d avec petit-déj 10 600-32 200 B ; P). Entrez dans le vaste hall, où des piliers en mosaïque blanche encadrent des bassins reflétant les palmiers alentour, et vous tomberez sous le charme. Cette splendeur cinq étoiles marie influences thaïlandaises (couleur orange, comme la robe des moines, lampes inspirées des pièges à homard, symboles bouddhiques) et design italien contemporain. Le bleu roi et le turquoise des villas avec piscine ainsi que des immenses chambres (certaines avec piscine privative) rendent le panorama sur la mer et la baie d'Ao Phang-Nga encore plus stupéfiant.

Relaxez-vous dans la piscine bleu pâle, le spa au carrelage bleu-vert et le club de plage privé ou participez aux activités gratuites (yoga, Pilates, taï-chi, excursions à vélo) et vous ne voudrez plus jamais repartir. Les villas de 2 et 3 chambres accueillent les familles, auxquelles un service de baby-sitting est proposé. Le complexe abrite deux fantastiques restaurants : **La Sirena** (plats 430-750 B ; 8h-23h ;) propose des saveurs italiennes, l'autre des plats sud-thaïlandais raffinés. À 20 km au nord-est de Phuket-ville.

Monkeypod CAFÉ $$

(Carte p. 652 ; 087 909 5252 ; facebook.com/monkeypodcoffeehouse ; Rte 4027 ; plats 140-200 B ; 8h30-20h30 mar-dim ;). Remarquable création contemporaine d'un blanc minimaliste, doté de baies vitrées et entouré de végétation, ce café tenu par une famille est une agréable surprise, à proximité du sanctuaire des éléphants et du centre de réadaptation pour gibbons de Phuket. Délicieux café, smoothies et plats maison (classiques de l'île, salades, pâtes, roulés et gâteaux) à prix raisonnables. À 6 km au nord-est du monument aux Héroïnes.

Depuis/vers le nord-est de Phuket

Une grande partie de ce secteur n'est accessible qu'en véhicule privé ou taxi.

Les *songthaew* qui relient Phuket-ville à Hat Surin et Ao Bang Thao entre 7h et 17h passent par le monument aux Héroïnes (30 B). Des *songthaew* circulent aussi entre Phuket-ville et Tha Bang Rong (40 B) plusieurs fois par jour entre 8h et 15h30.

Un taxi entre Phuket-ville et le sanctuaire des éléphants coûte environ 700 B. La course entre Tha Bang Rong et les plages de la côte ouest de l'île revient de 600 à 900 B.

Les ferrys depuis/vers Ko Yao Noi et Ko Yao Yai, certains continuant jusqu'à Krabi et/ou Ao Nang, desservent Tha Bang Rong (p. 649), sur la côte nord-est de Phuket.

Réserve animalière et forestière royale de Khao Phra Thaew

อุทยานสัตว์ป่าเขาพระแทว

Contrairement aux idées reçues, Phuket n'est pas que sable, soleil et mer. Occupant le nord-est de l'île, la **réserve animalière et forestière royale de Khao Phra Thaew** (carte p. 652 ; près de la Rte 4027 et de la Hwy 402 ; adulte/enfant 200/100 B ; 9h-17h) protège 23 km² de forêt tropicale insulaire vierge (forêt de mousson sempervirente), culminant à 442 m à Khao Phra. Elle abrite sangliers, singes, loris lents, langurs, gibbons, daims, civettes, renards volants, cobras, pythons, écureuils et autres créatures plus petites, ainsi que le rare palmier *langkow* (*Kerriodoxa elegans*), dont le dessous des feuilles est blanc et qui atteint 3 à 5 m de haut. On y trouve aussi plusieurs cascades pittoresques (à voir surtout pendant la mousson) et le centre de réadaptation pour gibbons de Phuket (ci-dessous). Le parc ne comprend aucun hébergement, mais il est facile de rejoindre les autres parties de l'île en taxi, voiture ou moto.

Du côté de Bang Pae et du centre pour gibbons, une cantine sert des plats thaïlandais simples (150 B) tandis qu'un bon restaurant est installé au bord du lac, juste à côté de la barrière d'entrée du parc. Vous pouvez aussi rejoindre le Monkeypod (ci-contre) sur la Rte 4027 pour déjeuner et boire un bon café.

À voir et à faire

La réserve offre de belles possibilités de randonner dans les collines et abrite des cascades photogéniques, notamment **Nam Tok Ton Sai** (น้ำตกโตนไทร ; carte p. 652 ; près de la Hwy 402 ; adulte/enfant 200/100 B ; 9h-17h) et **Nam Tok Bang Pae** (น้ำตกบางแป ; carte p. 652 ; près de la Rte 4027 ; adulte/enfant 200/100 B ; 9h-17h). Reliées par un sentier de randonnée de 8 km (vous aurez probablement besoin de l'aide d'un guide du parc), les chutes d'eau sont particulièrement impressionnantes pendant la mousson, de juin à novembre.

Les garde-forestiers guident *parfois* les randonneurs : renseignez-vous à votre arrivée aux points d'accès du parc (attendez-vous à payer 1 500 B environ).

Centre de réadaptation pour gibbons RÉSERVE ANIMALIÈRE

(โครงการคืนชะนีสู่ป่า ; carte p. 652 ; 076 260492 ; www.gibbonproject.org ; près de la Rte 4027 ; don attendu ; 9h-16h30 dim-ven, 9h-15h sam ; P). Financée par les dons (parrainer un gibbon pendant un an coûte 2 100 B), cette petite réserve prend soin des gibbons ayant vécu en captivité et travaille à leur réintroduction dans la nature. Visitez le centre vers 9h pour entendre leur chant matinal. Il n'est pas possible d'approcher véritablement les animaux, ce qui pourra décevoir les enfants, mais le travail des bénévoles est remarquable : vous pourrez d'ailleurs vous engager comme volontaire pour donner des explications aux visiteurs, nettoyer les cages, nourrir les animaux ou assurer le suivi des singes relâchés.

À NE PAS MANQUER

SANCTUAIRE DES ÉLÉPHANTS DE PHUKET

Le **sanctuaire des éléphants de Phuket** (carte p. 652 ; ☎088 752 3853 ; www.phuketelephantsanctuary.org ; 100 Mu 2, Paklok, Rte 4027 ; adulte/enfant 3 000/1 500 B ; ⏲9h30-13h et 14h-17h30 ; 👪) est le seul véritable refuge de l'île accueillant les pachydermes qui furent maltraités pendant des décennies au nom de l'exploitation forestière ou de l'industrie du tourisme. La visite du matin vous permettra de les nourrir puis de les suivre à distance tandis qu'ils se promènent dans la forêt, mangent des pastèques ou se baignent. Cette occasion unique (et écoresponsable) d'approcher des éléphants est particulièrement appréciée des visiteurs.

Ce sanctuaire, apparenté au renommé Elephant Nature Park de Chiang Mai, hébergeait, au moment de nos recherches, huit éléphants femelles. Si vous voulez passer plus de temps auprès des éléphants, le sanctuaire accueille des volontaires ; les frais (1/3/7 jours 4 500/8 000/16 000 B), qui incluent les repas végétariens et, le cas échéant, l'hébergement, financent les soins des éléphants.

Le sanctuaire est uniquement accessible au public dans le cadre d'un circuit (réservation nécessaire) comprenant un savoureux déjeuner végétarien ou un thé dans l'après-midi. On passe prendre les visiteurs au bureau du sanctuaire, à proximité, où ils sont raccompagnés après la visite. Les circuits de l'après-midi, moins interactifs, permettent seulement d'observer les éléphants comme dans un safari. Méfiez-vous des autres établissements se présentant comme des sanctuaires et des chauffeurs de taxi qui vous y emmènent pour toucher une commission.

Le braconnage des gibbons est un problème majeur à Phuket, et le tourisme y contribue largement. Sur les plages et dans les bars fréquentés par les touristes, on propose à ces derniers d'être pris en photo avec ces singes : refusez pour contribuer à la préservation de l'espèce. Le dernier gibbon à mains blanches sauvage de Phuket a été braconné au début des années 1980.

ℹ Depuis/vers la réserve animalière et forestière royale de Khao Phra Thaew

On peut accéder à Khao Phra Thaew depuis l'est et l'ouest. Arrivé au monument aux Héroïnes, prenez la Rte 4027 sur 9 km vers le nord-est et tournez à gauche (vers l'ouest) en direction de Nam Tok Bang Pae (indiqué). Après 1 km, vous atteindrez le centre de réadaptation pour gibbons. Depuis le monument, on peut aussi prendre la route 402 sur 6 km vers le nord-ouest, puis tourner vers l'est pour rejoindre Nam Tok Ton Sai. Les transports en commun ne desservent pas la zone.

Plages du Nord

La côte nord-ouest est l'un des endroits les plus agréables de Phuket : si vous recherchez des plages isolées et tranquilles, où la nature et le tourisme parviennent encore (plus ou moins) à coexister, c'est là qu'il faut aller. Trois des plages les plus idylliques et les moins construites de Phuket, relativement peu fréquentées par les touristes et généralement calmes, se situent à moins de 15 minutes de route de l'aéroport. Il s'agit de la décontractée **Hat Nai Thon** (หาดในทอน ; carte p. 652), de la festive **Hat Nai Yang** (หาดในยาง ; carte p. 652) et de la splendide **Hat Mai Khao** (หาดไม้ขาว ; carte p. 652), qui s'étend sur 10 km. Toutes trois sont protégées par le parc national de Sirinat (dont le bureau se trouve à Nai Yang).

Les kitesurfeurs affluent à Nai Yang de mai à octobre, mais cette partie de Phuket reste plutôt calme en basse saison.

À voir et à faire

Pendant la mousson, de mai à octobre, Hat Nai Yang se prête idéalement à la pratique du kitesurf. On compte plusieurs bonnes écoles, dont **Kiteboarding Asia** (carte p. 652 ; ☎081 591 4594 ; www.kiteboardingasia.com ; 116 Mu 1, Hat Nai Yang ; cours 1 heure 1 300 B, cours IKO 3 jours 11 000 B ; ⏲9h-18h mai-oct) et Kite Zone (p. 664), basée à Rawai.

Parc national de Sirinat PARC NATIONAL

(อุทยานแห่งชาติสิรินาถ ; carte p. 652 ; ☎076 327152, 076 328226 ; www.portal.dnp.go.th ; 89/1 Mu 1, Hat Nai Yang ; adulte/enfant 200/100 B ; ⏲6h-18h). Englobant Nai Thon, Nai Yang et Mai Khao, les splendides plages du nord-ouest, l'ancien parc national de Nai Yang et la réserve naturelle de Mai Khao, le parc national de Sirinat couvre 22 km² de côte et 68 km² de mer depuis l'extrémité nord d'Ao Bang Thao jusqu'à la pointe septentrionale de l'île. Le bureau du parc, comprenant des hébergements, un centre d'accueil des visiteurs très simple et un restaurant, se situe à l'extrémité nord de Hat Nai Yang.

Tout le secteur, situé pourtant à seulement 15 minutes de l'aéroport international de Phuket, est relativement paisible.

Banana Beach PLAGE

(หาดหินกลวย, Hat Hin Gluai ; carte p. 652 ; près de la Rte 4018). Si elle n'est plus aussi secrète qu'autrefois, cette petite plage cachée à 2 km au sud de Hat Nai Thon donne l'occasion d'une escapade délicieusement rustique. Depuis le tout petit parking installé sur le côté ouest de la sinueuse route côtière 4018, on descend à travers une jungle de cocotiers pour gagner une étendue de sable doux, merveilleusement calme et parsemée de rochers. On y trouve un seul restaurant.

Sea Bees PLONGÉE

(Carte p. 652 ; 076 327006 ; www.sea-bees.com ; Slate, 116 Mu 1, Hat Nai Yang ; excursion 2 plongées 3 500 B ; horaires variables). La succursale de Nai Yang de ce prestataire phuketois efficace est spécialisée dans les excursions aquatiques d'une demi-journée (2 plongées) dans le parc national de Sirinat ; les snorkeleurs sont bienvenus pour la moitié du prix environ. Le club propose aussi divers cours, notamment pour l'Open Water Diver SSI (3 jours, 16 000 B).

Asia Marine BATEAU

(Carte p. 652 ; 076 397934 ; www.asia-marine.net ; 141/2 Mu 2, Phuket Yacht Haven Marina, Laem Phrao ; horaires variables). La première agence de location de voiliers de Phuket dispose d'une flotte variée, de la jonque en bois à l'élégant catamaran en fibre de verre. En haute saison, la location d'un bateau sans équipage commence à environ 9 000 B/semaine.

Coqoon Spa SPA

(Carte p. 652 ; 076 327006 ; www.theslatephuket.com ; Slate, 116 Mu 1, Hat Nai Yang ; massage/soin 2 200-7 000 B ; 10h-20h). Installées dans le très chic *resort* Slate (p. 688), les salles de ce fantastique spa sont entourées de jardins luxuriants. Les soins proposés incluent gommages aux fleurs de frangipanier, enveloppements au charbon de bambou, soins du visage Anne Semonin et détox dans une suite "nid" suspendue.

Phuket Riding Club ÉQUITATION

(Carte p. 652 ; 081 787 2455 ; www.phuketridingclub.com ; 60/9 Th Thepkasattri, Mu 3, Mai Khao ; 1/2 heures 1 200/2 200 B ; 8h-18h30). Vous rêvez d'une chevauchée sous les tropiques ? Ce centre équestre établi de longue date propose de sympathiques balades de 1 à 2 heures sur les plages et dans les terres du nord de Phuket. Réservez un jour avant.

Soi Dog BÉNÉVOLAT

(Gill Daley Foundation ; carte p. 652 ; 076 681029 ; www.soidog.org ; 167/9 Mu 4, Soi Mai Khao 10 ; don à l'entrée ; 9h-12h et 13h-15h30 lun-ven, 9h-12h sam, visites 9h30, 11h, 13h30 et 14h30 lun-ven, 9h30 et 11h sam). À 2 km de Hat Mai Khao vers l'intérieur des terres, cette fondation à but non lucratif s'occupe de centaines de chats et chiens (beaucoup ont été sauvés du commerce illégal de viande canine). L'établissement travaille à la stérilisation, la castration et l'adoption des animaux tout en sensibilisant le public à leur bien-être. Une visite guidée détaillée permet de découvrir les lieux. L'enclos des "vieux chiens" émeut, mais sachez que ces derniers sont bien traités. Les visiteurs peuvent jouer avec les animaux, s'engager comme bénévoles à plus long terme ou se porter volontaires pour transporter chiens et chats jusqu'à leurs nouvelles familles à l'étranger.

Où se loger

La région compte aussi bien des *resorts* haut de gamme que des hébergements plus abordables, mais pour les adresses les moins chères, il faudra réserver bien à l'avance. Mai Khao comprend surtout des complexes hôteliers de luxe, tandis que Nai Yang propose la meilleure offre pour petits budgets ; Nai Thon dispose d'établissements des deux catégories.

Pensiri House PENSION $

(Carte p. 652 ; 081 895 9489 ; www.pensirihouse.com ; 112 Mu 5, Hat Nai Yang ; d 800-1 200 B ;). À 300 m en retrait de Hat Nai Yang (à côté de l'entrée du somptueux Slate), cette *guesthouse* accueillante et bien gérée est la meilleure adresse pour petits budgets de la région. Le lieu étant prisé des bénévoles intervenant à long terme dans les associations locales, il vous faudra réserver bien à l'avance. Dans un nouveau bâtiment élégant, les chambres parfaitement entretenues avec balcon, télévision, réfrigérateur et coffre-fort sont spacieuses, contemporaines et baignées de lumière naturelle.

Les propriétaires gèrent aussi le Phen's Restaurant sur la plage voisine.

Slate RESORT $$$
(Carte p. 652 ; 076 327006 ; www.theslatephuket.com ; 116 Mu 1, Hat Nai Yang ; avec petit-déj d 8 200-24 300 B, villas 44 900-62 000 B ;). Ce gigantesque complexe hôtelier, l'un des plus originaux de Phuket, s'inspire du passé minier de l'île. La décoration raffinée est ponctuée d'équipements de mineurs et les portes des chambres et villas élégamment contemporaines sont faites de métal patiné. Les meilleures chambres disposent d'une piscine et d'une salle de bains extérieure. Le complexe abrite aussi le fantastique restaurant thaïlandais Black Ginger, le sublime Coqoon Spa (p. 687) et 3 piscines (dont une réservée aux adultes).

On peut y pratiquer Pilates, yoga, paddle (SUP) et kayak, et des vélos sont à disposition. Les villas et les suites de 2 chambres accueillent les familles, qui profitent aussi d'un club pour enfants.

Pullman RESORT $$$
(Carte p. 652 ; 076 303299 ; www.pullmanphuketarcadia.com ; 22/2 Mu 4, Hat Nai Thon ; d 6 000-12 000 B, villas 29 000-32 000 B ;). Perché sur de hautes falaises surplombant le nord de Hat Nai Thon, ce *resort* tentaculaire offre un impressionnant panorama sur la mer dès le pont menant à la réception. Surplombant la mer, un réseau de miroirs d'eau est dominé par l'excellent restaurant **Elements** (plats 300-1 300 B ; 12h-22h30 ;). Les 227 chambres et villas avec piscine sont toutes spacieuses, contemporaines (tons neutres), particulièrement confortables et dotées de balcons.

Où se restaurer et prendre un verre

Hat Nai Yang et Hat Nai Thon offrent le meilleur choix de restaurants à prix abordables, situés pour beaucoup en bord de mer (mais pas toujours directement sur la plage), et plusieurs stands de nourriture bon marché sont installés au bord de la route. Pour un dîner plus chic, les *resorts* de luxe de la région proposent de bons restaurants haut de gamme.

Phen's Restaurant THAÏLANDAIS $$
(Carte p. 652 ; 081 895 9489 ; facebook.com/phensrestaurant ; Hat Nai Yang ; plats 130-450 B ; 10h-23h ;). Nappes blanches et turquoise et personnel attentionné font du Phen's une adresse de plage prisée. C'est l'un des rares endroits de l'île où l'on peut encore manger les pieds dans le sable. Outre un vaste choix de poissons et fruits de mer au barbecue (crabe frit au citron, vivaneau au curry rouge, crevettes fumées au piment), la carte comprend des classiques de Phuket tels que *pàk miang* (sorte d'épinards) à la coco et *gaang sôm pla* (curry de poisson à la façon du Sud).

L'équipe gère aussi la populaire pension Pensiri House, un peu plus loin dans les terres.

Mr Kobi THAÏLANDAIS $$
(Carte p. 652 ; Hat Nai Yang ; plats 180-300 B ; 10h-23h). L'enseigne annonce : "Ici, on parle parfaitement un mauvais anglais." En réalité, le bien-aimé M. Kobi s'exprime très bien dans la langue de Shakespeare. Dans un cadre sans prétention décoré de drapeaux du monde entier, il s'occupe des boissons tandis que Malee cuisine poissons, fruits de mer et classiques thaïlandais. L'histoire du tsunami de 2004 est racontée sur l'un des murs.

Coconut Tree THAÏLANDAIS $$
(Carte p. 652 ; Rte 4018, Hat Nai Thon ; plats 100-500 B ; 10h-22h ;). Vers l'extrémité sud de Hat Nai Thon, cette adresse décontractée sert d'excellents fruits de mer – crabe poêlé au poivre noir, crevettes tigrées sous toutes leurs formes (au curry jaune, au gingembre amer...) – ainsi que des nouilles, currys et sautés dans une véranda ouverte de style rustique, ornée de plantes en pot. La mer d'Andaman scintille derrière les palmiers et les filaos au-delà de la route.

Black Ginger THAÏLANDAIS $$$
(Carte p. 652 ; 076 327006 ; www.theslatephuket.com ; Slate, 116 Mu 1, Hat Nai Yang ; plats 280-675 B ; 18h-23h ;). Uniquement accessible par une barge que l'on déplace le long d'une corde, ce restaurant ouvert sur le lagon est un lieu magique, illuminé de torches et pourvu d'une *săh·lah* de style traditionnel aux cloisons en bois. La carte raffinée, entièrement thaïlandaise avec de nombreuses options végétariennes, met l'accent sur les classiques du Sud avec notamment un *pàk miang* sauté, un savoureux curry *massaman* et un curry de crabe servi sur des nouilles de riz. Ne manquez pas la superbe glace aux noix de cajou.

NY Beach Republic LOUNGE
(Carte p. 652 ; facebook.com/nybeachrepublic ; Hat Nai Yang ; 15h-1h30 ;). À Nai Yang,

il n'y a pas plus animé le soir que cet élégant bar lounge doublé d'un restaurant, installé en retrait de la plage, où banquettes en bambou, hautes tables en bois, coussins rayés et table de billard sont disséminés sur le sable parmi les palmiers. Le bar sert des mojitos fruités au Chalong Bay Rum (250 B) et des pichets de bière (200 B) tandis que la carte thaïlandaise (150-450 B) propose fruits de mer, soupes, nouilles et currys.

Depuis/vers les plages du Nord

Selon la plage, un taxi coûte de 300 à 600 B depuis/vers l'aéroport de Phuket (p. 654), environ 900 B depuis/vers Patong et 800 à 1 000 B depuis/vers Phuket-ville.

PROVINCE DE KRABI

จังหวัดกระบี่

Quand les voyageurs évoquent la beauté d'Andaman, ils pensent généralement à Krabi. Là, des formations karstiques contournent la côte telle une immense forteresse calcaire ou s'élèvent au-dessus de plages de sable blanc paradisiaques. Les grimpeurs trouveront leur paradis à Ton Sai et Railay, les fêtards à Ko Phi Phi et les Robinson en herbe à Ko Lanta, Ko Jum ou sur l'une des 150 autres îles éparpillées au large des 120 km de littoral.

Ville de Krabi

กระบี่

075 / POP 52 867 HABITANTS

Majestueusement entourée de formations karstiques dont les angles improbables surgissent de la mangrove, la ville animée de Krabi est un important carrefour des transports, doté d'innombrables pensions et agences de voyages. Elle fait ainsi un excellent point de départ pour les circuits en kayak, les randonnées dans la jungle ou les excursions d'un jour vers les bassins émeraude et les sources chaudes toutes proches. Sa vie nocturne naissante, avec des bars corrects et une profusion de restaurants, vous permettra de passer quelques jours agréables.

À voir et à faire

Plusieurs tour-opérateurs organisent des excursions d'une journée à Khlong Thom, à 45 km au sud-est de Krabi sur la Hwy 4, comprenant des haltes près des sources thermales et des bassins d'eau douce. Comptez de 1 200 à 2 000 B, transport, guide, déjeuner et boissons compris (emportez de bonnes chaussures). Des "circuits dans la jungle", et des excursions vers les îles et les mangroves sont également proposés.

Wat Tham Seua TEMPLE BOUDDHIQUE

(วัดถ้ำเสือ, temple de la Grotte du tigre ; lever-coucher du soleil). Ce vaste ensemble de temples troglodytiques à flanc de colline constitue l'occasion d'une excursion d'une journée aussi belle que facile, à 9 km au nord de Krabi. À l'entrée du parc, un escalier escarpé de 1 260 marches mène en haut d'un pic karstique de 600 m. Après une éreintante ascension de 30 à 40 minutes, les plus courageux découvriront des bouddhas dorés, un stupa et une vue spectaculaire sur la mer au-delà d'Ao Nang. Partez tôt et emportez de l'eau. Des robinets d'eau potable sont installés au sommet.

Un sentier dessine une boucle à travers une petite vallée boisée, derrière la crête où est situé le *bòht* (sanctuaire central). Il vous permettra de découvrir les plus belles parties du reste du domaine, dont plusieurs grottes calcaires abritant des images et des statues de Bouddha ainsi que des autels lui étant dédiés. Cette zone étant sacrée, il vous faudra porter une tenue couvrante des épaules aux genoux et éviter les vêtements moulants.

Le trajet en moto-taxi depuis Krabi coûte 200 B aller-retour. En *songthaew*, de Th Utarakit à Krabi, comptez 70 B.

Sea Kayak Krabi KAYAK

(075 680382, 089 724 8579 ; www.seakayak-krabi.net). Cette agence organise toute une gamme d'intéressants circuits en kayak de mer, notamment à Ao Tha Len (demi-journée/journée 900/1 500 B), dominée par des falaises vertigineuses, à Ko Hong (journée 2 200 B), renommée pour sa lagune émeraude, et à Ban Bho Tho (journée 2 200 B), où des formations karstiques et des grottes marines s'ornent de peintures pariétales vieilles de 2 000 à 3 000 ans. Les tarifs comprennent guide, déjeuner, fruits et eau.

Où se loger

Pak-Up Hostel AUBERGE DE JEUNESSE $

(075 611 955 ; www.pakuphostel.com ; 87 Th Utarakit ; dort/ch 380/850 B ;). Toujours incontournable à Krabi, le Pak-Up propose plusieurs dortoirs contemporains (certains réservés aux femmes) avec

Ville de Krabi

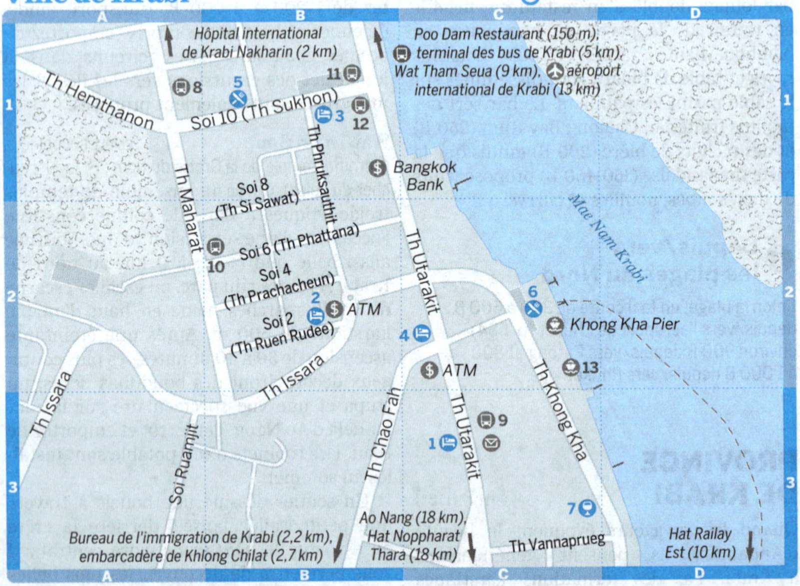

climatisation et grands lits superposés en bois équipés de casiers personnels. Les dortoirs et les 2 chambres doubles se partagent de vastes salles de bains modernes alimentées en eau chaude. Bar animé sur place, à l'ambiance jeune et festive.

Hometel PENSION $

(☎075 622301 ; chaoguai_2504@hotmail.com ; 7 Soi 10, Th Maharat ; dort 250 B, ch 650-990 B ; ❄📶). L'accueil est chaleureux dans cet établissement à l'aspect délabré avec chambres petites et sommaires, mais convenables (demandez-en une avec fenêtre). Le dortoir (4 lits) n'a pas de casiers mais dispose de sa propre salle de bains. Le café, très apprécié des gens du quartier, sert un excellent *pàt tai*.

Family Tree Hotel BOUTIQUE-HÔTEL $$

(☎087 499 4544, 075 612562 ; krabi.familytree@gmail.com ; Soi 2, 6 Th Maharat ; d 1 900-2 400 B ; ❄📶). Cet élégant boutique-hôtel, géré en famille, loue des chambres spacieuses et lumineuses, toutes dotées de télévision, réfrigérateur, café à moudre et, curieusement, lavabos directement dans la chambre plutôt que dans la salle de bains. Au rez-de-chaussée, le **restaurant** (☎075 612562, 087 499 4544 ; Soi 2, 6 Th Maharat ; plats 85-350 B ; ⏲7h30-17h ; 📶) est réputé pour ses cafés du monde entier et ses délicieuses pâtisseries maison.

Chan Cha Lay PENSION $$

(☎075 620952 ; www.lovechanchalay.com ; 55 Th Utarakit ; ch 400-1 400 B ; ❄@📶). Dans cette charmante *guesthouse*, les chambres sont décorées dans des tons bleus et blancs méditerranéens avec salles de bains à ciel ouvert en béton poli et galets blancs. Des chambres moins chères, rudimentaires mais impeccables, avec salle de bains commune et climatisation, sont également disponibles.

✕ Où se restaurer et prendre un verre

Marché nocturne MARCHÉ $

(Th Khong Kha ; plats 30-70 B ; ⏲16h-22h). Ce marché jouxtant Tha Khong Kha est très fréquenté au dîner. On y savoure toutes sortes de délices : authentiques *sôm·dam* (salade de papaye verte épicée), nouilles sautées, *đôm yam gûng* (soupe de crevettes à la citronnelle), vivaneau grillé, grande variété de satay, desserts thaïlandais crémeux et jus de fruits pressés. Menus en anglais.

Poo Dam Restaurant PRODUITS DE LA MER $

(☎081 700 6590 ; Th Utarakit ; plats 80-120 B ; ⏲15h-23h) Prisé des Thaïlandais comme des voyageurs, ce restaurant sans prétention sert quantité de fruits de mer et cuisine le poisson à votre goût, épicé ou non. En face de la statue du crabe noir, sur l'esplanade.

Ville de Krabi

Où se loger

1 Chan Cha Lay C3
2 Family Tree Hotel B2
3 Hometel B1
4 Pak-Up Hostel C2

Où se restaurer

Family Tree Restaurant .... (voir 2)
5 May & Mark's B1
6 Marché nocturne C2

Où prendre un verre et faire la fête

7 Booze Bar C3

Transports

8 *Songthaew* pour Ao Luk A1
9 *Songthaew* pour Ao Nang et Hat Noppharat Thara C3
10 *Songthaew* pour Ao Nang et Hat Noppharat Thara B2
11 *Songthaew* pour Ban Laem Kruat B1
12 *Songthaew* pour le terminal des bus de Krabi B1
13 Tha Khong Kha C2

May & Mark's THAÏLANDAIS, INTERNATIONAL $$
(083 716 2488 ; 34 Th Sukhon ; plats 75-250 B ; 7h-21h ;). Indémodable lieu de rencontre des voyageurs, May & Mark's est toujours bondé. On y déguste un fantastique pain au levain maison, un excellent café préparé à partir de grains du monde entier fraîchement moulus ainsi que des repas thaïlandais, salades, sandwichs, plats occidentaux, nombreux mets végétariens et plats fusion comme la pizza garnie d'un curry thaïlandais épicé.

Booze Bar BAR
(095 037 2474 ; Th Khong Kha ; 15h-1h ;). Cet accueillant bar reggae avec billard organise des concerts tous les soirs et s'anime vraiment à partir de 22h. Installez-vous au comptoir en bois et admirez les portraits accrochés aux murs couverts de graffitis.

Renseignements

Bangkok Bank (Th Utarakit ; 8h30-15h30). Change les espèces et les chèques de voyage. Équipée de DAB.

Bureau de l'immigration de Krabi (075 611 097 ; 382 Mu 7, Saithai ; 8h30-16h30 lun-ven). Prorogation de visas. À 4 km au sud-ouest de Krabi.

Hôpital international de Krabi Nakharin (075 626555 ; www.krabinakharin.co.th ; 1 Th Pisanpob). À 2 km au nord-ouest de Krabi.

Depuis/vers Ville de Krabi

AVION

L'aéroport est à 14 km au nord-est de Krabi sur la Hwy 4. La plupart des compagnies nationales relient Bangkok à Krabi. Ko Samui est desservie quotidiennement par **Bangkok Air** (www.bangkokair.com) et Chiang Mai par **Air Asia** (www.airasia.com).

Un taxi entre l'aéroport et la ville de Krabi coûte 350 B contre 200 B pour un moto-taxi. Des agences et le Pak-Up Hostel (p. 689) peuvent réserver votre place dans le bus de l'aéroport (90 B). Plusieurs agences internationales de location de voiture disposent de comptoirs à l'aéroport (à partir de 1100 B/jour).

BATEAU

Les ferrys pour Ko Phi Phi et Ko Lanta partent de l'**embarcadère de Khlong Chilat** (Tha Khlong Chilat), à 4 km au sud-ouest de Krabi. Les agences vendant des billets de ferrys offrent le transfert gratuit à leurs clients.

Hat Railay Est Des *long-tail boats* (150 B, 45 minutes) partent de **Tha Khong Kha**, à Krabi, entre 7h45 et 18h. Les capitaines de bateaux attendent de réunir 8 personnes avant de lever l'ancre, mais vous pouvez aussi louer le bateau entier (1 200 B). Les embarcations pour Hat Railay Ouest partent d'Ao Nang.

Ko Jum De novembre à fin avril, les bateaux pour Ko Lanta desservent Ko Jum (450 B, 1 heure), avec l'aide de *long-tail boats* qui, au niveau de l'île, assurent le transfert jusqu'au rivage.

Ko Lanta De novembre à fin avril, un bateau pour Ko Lanta (450 B, 2 heures) part chaque jour à 11h30. Pendant la saison des pluies, l'île n'est raccordée au continent que par les fréquents minibus climatisés (250-300 B, 2 heures 30), qui circulent aussi en haute saison.

Ko Phi Phi Des bateaux (300-350 B, 1 heure 30-2 heures) rejoignent Ko Phi Phi toute l'année, à 9h, 10h30, 13h30 et 15h. Ils en repartent à 9h, 10h, 13h30 et 15h30. Entre mai et octobre, les ferrys ne circulent pas toujours quotidiennement.

Phuket et les îles de Ko Yao Le trajet le plus rapide est la liaison directe depuis l'embarcadère de Hat Noppharat Thara, à 19 km au sud-ouest de Krabi. Des *songthaew* (50 B) relient Tha Khong Kha et Hat Noppharat Thara – en taxi, comptez 600 B. Des bateaux se rendent aussi plusieurs fois par jour à Ko Yao Noi depuis Tha Len (150 B), à 33 km au nord-ouest de Krabi.

BUS

Terminal des bus de Krabi (075 663 503 ; angle Th Utarakit et Hwy 4). Situé à 4 km au nord du centre de Krabi, à Talat Kao.

BUS DEPUIS/VERS KRABI

DESTINATION	TARIF	DURÉE	DÉPARTS
Bangkok (bus VIP)	892 B	12 heures	17h
Bangkok (bus climatisé)	587 B	12 heures	8h, 8h20, 16h et 17h
Hat Yai	260 B	4 heures 30	ttes les heures, 8h30-19h20
Phuket	140 B	3 heures	ttes les 30 minutes, 8h30-19h20
Ranong	250 B	5 heures	8h et 12h
Satun	350 B	5 heures	11h, 13h, 14h et 15h
Surat Thani	180 B	2 heures 30	ttes les heures 4h30-16h30
Trang	180 B	2 heures	ttes les 30 minutes 7h30-17h

MINIBUS

Des agences de voyages proposent des minibus climatisés et des bus VIP pour les destinations touristiques du Sud, mais vous risquez de vous retrouver entassés avec d'autres voyageurs. La plupart des agences offrent aussi des billets combinés minibus/bateau pour Ko Samui (650 B, 5 heures) et Ko Pha Ngan (750 B, 7 heures). D'autres minibus (souvent moins chers) partent du terminal des bus. Quelques destinations au départ de Krabi :

DESTINATION	TARIF	DURÉE
Hat Yai	240 B	4 heures
Ko Lanta	250-300 B	2 heures 30
Phuket	140 B	2-3 heures
Satun	350 B	4 heures
Surat Thani	180 B	2 heures 30
Trang	240 B	2 heures

SONGTHAEW

Des *songthaew* relient le terminal des bus et le centre-ville de Krabi (25 B), puis continuent jusqu'à Hat Noppharat Thara (60 B), Ao Nang (60 B) et le cimetière de coquillages d'Ao Nam Mao (70 B). Ils circulent entre 6h et 19h, prenant des passagers en chemin.

Dans le centre-ville, le plus pratique pour trouver un *songthaew* est de se rendre dans Th Utarakit et Th Maharat, notamment pour rejoindre Ao Luk (Th Maharat ; 80 B, 1 heure, 6h-15h), Ao Nang et Hat Noppharat Thara (Th Maharat ou Th Utarakit) et Ban Laem Kruat (Th Utarakit). En sens inverse, Th Utarakit est le meilleur endroit pour prendre un *songthaew* en direction du terminal des bus.

En haute saison, les *songthaew* circulent jusqu'à 22h. Après 19h, ils sont moins fréquents et demandent un supplément.

Comment circuler

Les *songthaew* qui relient le terminal des bus à Krabi (25 B) s'arrêtent dans Th Utarakit, devant le River View Hotel. La plupart des agences et *pensions*, dont le Pak-Up Hostel, louent des motos (150 B/jour).

Railay อ่าวไร่เลย์

Railay (ou Rai Leh) est une destination incontournable pour les passionnés d'escalade. C'est ici en effet que le spectacle féerique des reliefs karstiques de Krabi atteint son paroxysme. Sur ces splendides rochers escarpés, les singes s'ébattent autour des grimpeurs, tandis qu'en contrebas, une véritable jungle borde certaines des plus belles plages de Thaïlande.

Accessibles uniquement en bateau, à 15 minutes à peine d'Ao Nang, les zones les plus visitées de Railay se situent entre Hat Railay Est, une plage médiocre peu propice à la baignade, et les complexes hôteliers de luxe installés près du magnifique sable blanc de Hat Railay Ouest et Hat Tham Phra Nang.

Bien plus peuplée qu'autrefois, Railay est fréquentée par de nombreux excursionnistes et sillonnée par une multitude de bateaux bruyants, mais elle reste beaucoup moins développée que Ko Phi Phi. Près de là, **Ton Sai**, plus sauvage, possède un site d'escalade dédié. Bars rastas et bungalows y sont nichés dans la jungle et les baroudeurs au long cours aiment toujours y poser leurs valises.

À voir

Hat Tham Phra Nang PLAGE

(หาดถ้ำพระนาง) Candidate sérieuse au prix de la plus belle plage de Thaïlande, Hat Tham Phra Nang est située au sud-ouest du cap. Son croissant de sable clair et doré est

PHUKET ET LA CÔTE D'ANDAMAN RAILAY

encadré par des falaises karstiques trouées de grottes tandis que les îles de Ko Kai (Chicken Island) et Ko Poda semblent flotter sur la mer bleu azur. Le Rayavadee (p. 696), *resort* le plus sélect de la péninsule, est le seul endroit où vous pourrez passer la nuit à proximité.

Tham Phra Nang GROTTE

(ถ้ำพระนาง, grotte de la Princesse ; Hat Tham Phra Nang). À l'extrémité est de la plage de Hat Tham Phra Nang, ce sanctuaire est très fréquenté par les pêcheurs locaux (bouddhistes comme musulmans), qui y déposent des phallus en bois dans l'espoir que l'esprit de la princesse indienne qui y habite leur accorde une pêche abondante. Selon la légende, une barge royale transportant cette princesse sombra ici au IIIe siècle av. J.-C. Son esprit se réfugia dans la grotte, réalisant les vœux de ceux qui lui rendent hommage.

Sa Phra Nang BASSIN

(สระพระนาง, bassin sacré de la Princesse). À mi-chemin entre Hat Railay Est et Hat Tham Phra Nang, un sentier grimpe le long de la falaise couverte de jungle jusqu'à une lagune cachée. La première partie est une montée abrupte de 10 minutes, équipée de cordes sur lesquelles on peut s'appuyer. Tournez à droite pour la lagune, accessible après une descente escarpée, ou à gauche pour rejoindre rapidement un point de vue à flanc de falaise. La montée est exténuante mais brève.

Activités

Vous pouvez louer des kayaks à Hat Railay Ouest (demi-journée/journée 300/500 B).

Freebird Paddle KAYAK

(☎061 953 9913 ; www.gofreebird.com ; Walking St ; circuit en kayak par pers jour/nuit 800/1 800 B ; ⏲10h-21h). Installez-vous dans un kayak à fond transparent et, lors des circuits nocturnes, admirez le plancton bioluminescent. Possibilité de circuits en paddle (journée/nuit 800/1 800 B).

Escalade

Avec leurs imposantes falaises calcaires frangées d'une jungle luxuriante et leurs idylliques plages de sable blanc, Railay et Ton Sai figurent sans surprise parmi les meilleurs sites d'escalade au monde. On pourrait passer des mois à grimper et explorer leurs falaises. Les voies pour grimpeurs débutants sont plus nombreuses à Railay qu'à Ton Sai.

La plupart des grimpeurs commencent par le **Muay Thai Wall** et le **One, Two, Three Wall**, à la pointe sud de Hat Railay Est, qui compte au moins 40 voies graduées de 4b à 8b selon la cotation française. À l'extrémité sud de Hat Railay Ouest, l'extrême **Thaiwand Wall**, une falaise calcaire abrupte, est sillonnée des voies de varappe les plus difficiles, graduées de 6a jusqu'à 7c+.

Parmi les principaux parcours d'escalade figurent le **Hidden World**, comprenant des voies classiques pour grimpeurs intermédiaires, le **Wee's Present Wall**, une voie intéressante mais méconnue, cotée 7c+, et la **Diamond Cave**, pour grimpeurs débutants et intermédiaires. Le site www.railay.com fournit des renseignements en anglais sur ces voies.

Les agences d'escalade de Railay proposent des cours aux tarifs standards, soit 1 200 B la demi-journée et 2 000 B la journée. Un cours particulier revient à 3 500 B la demi-journée et 5 000 la journée. Les cours de 3 jours (6 500 B) vous feront pratiquer l'escalade en tête : vous vous attacherez aux pitons de la paroi au fil de l'ascension. Les grimpeurs chevronnés peuvent louer du matériel (de qualité variable) pour 2 personnes dans toutes les écoles d'escalade moyennant environ 1 200 B la journée – l'équipement standard comprend 60 m de corde, 2 harnais et des chaussons d'escalade. Si vous prévoyez d'organiser votre escalade vous-même, mieux vaut apporter votre propre matériel, incluant un grand nombre d'anneaux de corde et de dégaines, de la magnésie (la transpiration au niveau des paumes est inévitable sous les tropiques) et une petite réserve de bicoins et autres coinceurs de secours pour les voies faiblement protégées. Si vous oubliez quelque chose, certaines écoles d'escalade vendent une gamme (limitée) de matériel importé.

Real Rocks ESCALADE

(☎080 718 1351 ; www.realrocksclimbing.com ; Hat Railay Est ; demi-journée/journée 1 200/2 000 B, cours 3 jours 6 500 B ; ⏲8h-22h). Cette école d'escalade américano-thaïlandaise, gérée avec efficacité, est appréciée de ses élèves.

Hot Rock ESCALADE

(☎085 641 9842 ; www.railayadventure.com ; Hat Railay Est ; demi-journée/journée 1 200/2 000 B, cours de 3 jours 6 500 B ; ⏲9h-20h). Tenu par l'un des pionniers de l'escalade à Railay, Hot Rock jouit d'une solide réputation.

Railay

Railay

À voir

1 Hat Tham Phra Nang C4
2 Sa Phra Nang D4
3 Tham Phra Nang C4

Activités

4 Diamond Cave D2
Freebird Paddle .... (voir 21)
5 Hidden World D4
6 Highland Rock Climbing D2
7 Hot Rock C3
8 King Climbers C2
9 Muay Thai Wall D3
10 One, Two, Three Wall D3
Railay Dive Center .... (voir 8)
11 Real Rocks D2
12 Thaiwand Wall C3
13 Wee's Present Wall C2

Où se loger

14 Anyavee Railay Resort D2
Blanco Hideout @ Railay .... (voir 17)
15 Railay Garden View D2
16 Railei Beach Club C2
17 Rapala Rockwood Resort D2
18 Rayavadee C3
19 Sand Sea Resort C3
20 Sunrise Tropical Resort C3

Où se restaurer

21 Kohinoor C3
Mangrove Restaurant .... (voir 21)
Sunset Restaurant .... (voir 19)
22 The Terrace C4

Où prendre un verre et faire la fête

Highland Rock Climbing .... (voir 6)

Transports

23 Embarcadère des ferries D3
Long-tail boats pour Ao Nam Mao .... (voir 23)
24 *Long-tail boats* pour Ao Nang C3
Long-tail boats pour Krabi .... (voir 23)

King Climbers ESCALADE
(☎081 797 8923 ; www.railay.com ; Walking St ; demi-journée/journée 1 200/2 000 B, cours 3 jours 6 500 B ; ⏲8h30-21h lun-ven, 8h30-18h sam-dim). L'une des plus grandes, plus anciennes et plus fiables écoles de Railay.

Highland Rock Climbing ESCALADE
(☎084 443 9539 ; www.highlandrockclimbing-thailand.weebly.com ; promontoire de Railay ; demi-journée/journée 1 000/1 800 B, cours 3 jours 6 000 B ; ⏲8h-22h). Cette école d'escalade est proche des meilleures voies de l'île et compte un bon **café** (☎084 443 9539 ; promontoire de Railay ; ⏲8h-20h ; 📶) lambrissé de bois flotté.

Plongée et snorkeling

Les centres de plongée de Railay organisent des sorties sur les sites environnants. Comptez 3 700 B pour 2 plongées et 14 500 B pour les cours Open Water. Des excursions de plongée à Ko Phi Phi et sur l'épave du *King Cruiser* (p. 702) sont aussi proposées pour 4 900 B. La plupart des agences d'Ao Nang, où le choix est plus large, passeront vous chercher à Railay. Vous devrez payer l'entrée pour le parc national (adulte/enfant 400/200 B) valable 3 jours ainsi qu'un droit de plongée (200 B/jour).

Hôtels et agences peuvent organiser une journée de snorkeling autour de plusieurs îles, notamment Ko Poda, Ko Hong, Ko Kai et au-delà, à partir de 1 200 B. Il est également possible de louer un *long-tail boat* (demi-journée/journée 1 800/2 800 B) au départ de Hat Railay Ouest. La journée de snorkeling à Ko Phi Phi coûte 2 400 B. Si vous restez dans la baie de Railay, la plupart des hôtels louent masque et palmes (environ 150 B chacun).

Railay Dive Center PLONGÉE
(☎075 819417 ; www.railay-divecenter.com ; Walking St ; 2 plongées 3 700 B) Le seul centre de plongée de Railay propose toutes sortes d'activités : plongées d'exploration, cours Open Water (14 900 B), excursions de plongée à Ko Phi Phi ou encore excursions guidées de snorkeling (à partir de 1 500 B). Les tarifs n'incluent pas le droit d'entrée pour le parc national.

Où se loger et se restaurer

Hat Railay Ouest et Hat Tham Phra Nang abritent des *resorts* hauts de gamme tandis que de nombreux hébergements milieu de gamme sont installés autour de Hat Railay Est. Pour des établissements ciblant les petits budgets, les jeunes voyageurs et les grimpeurs, optez pour Hat Ton Sai, à 10-15 minutes de marche de l'autre côté du promontoire. Les bungalows y sont très simples.

Les propriétaires de bateaux peuvent vous organiser une excursion d'un jour et une nuit sur une île déserte ; vous devrez prévoir la nourriture et le matériel de camping.

Hat Railay Ouest

♥ **Railei Beach Club** VILLAS $$$
(☎086 685 9359 ; www.raileibeachclub.com ; Hat Railay Ouest ; maison 2 900-28 800 B ; ❄📶). À l'extrémité nord de la plage, un terrain boisé s'étend jusqu'aux falaises, cachant un ensemble de maisons de style thaïlandais (6-8 personnes), toutes différentes, avec patio, cuisine et divers équipements. Quelques maisons en bois sombre, plus petites mais très élégantes, logent 2 personnes. La climatisation n'est pas toujours disponible.

Sand Sea Resort RESORT $$$
(☎075 819463 ; www.krabisandsea.com ; Hat Railay Ouest ; bung avec petit-déj 5 000-10 500 B ; ❄📶🏊). L'un des rares *resorts* sur cette plage sublime, cet établissement propose confortables bungalows, cottages originaux et chambres élégantes et contemporaines tout confort. Les 2 paisibles piscines entourées par la végétation, dont l'une avec vue sur les reliefs karstiques, font du lieu une assez bonne affaire pour un tel emplacement.

Hat Railay Est

Blanco Hideout @ Railay AUBERGE DE JEUNESSE $
(☎064 314 3922 ; www.blancothailand.com ; Hat Railay Est ; dort 500-650 B ; ❄📶🏊). Ouverte en 2018, la seule auberge de jeunesse de Railay se rejoint par un escalier raide et jouit d'un panorama époustouflant. Les dortoirs avec salles de bains, grands lits superposés et matelas corrects sont installés autour d'une vaste et belle piscine, idéale pour faire la fête. L'auberge organise tournées des bars et fêtes sur des bateaux.

Anyavee Railay Resort RESORT $$
(☎075 819437 ; www.anyaveerailay.com ; Hat Railay Est ; ch 3 050-3 600 B ; ❄📶🏊). L'Anyavee demeure l'un des meilleurs établissements milieu de gamme de cette île hors de prix. Le *resort* loue des bungalows spacieux avec grands balcons, télévision, réfrigérateur et coffre-fort, le tout au milieu d'une véritable jungle fréquentée par des singes. La jolie piscine donne sur les falaises karstiques.

Railay Garden View BUNGALOWS $$
(☎088 765 0484 ; www.railaygardenview.com ; Hat Railay Est ; bung avec petit-déj 1 650-2 450 B ; 📶). Grimpez un escalier raide pour accéder à cet ensemble de bungalows simples mais spacieux en bambou tressé, bois luisant et toit de tôle, rafraîchis par des ventilateurs. Installés au calme, à l'extrémité nord-est de la plage, ils sont perchés sur des pilotis au milieu de jardins tropicaux dominant la mangrove ; les meilleurs bénéficient d'une remarquable vue sur la mer. Prévoyez antimoustique et lampe torche pour les promenades nocturnes.

Rapala Rockwood Resort BUNGALOWS $$
(☎080 973 7778 ; www.rapalarockwood.com ; Hat Railay Est ; bung 600-1 200 B ; ❄📶). L'emplacement de ce *resort*, au sommet d'une colline boisée, permet de profiter de la visite des animaux sauvages, de la brise et de la vue sur la mer. Accrochez votre hamac dans la véranda des bungalows en bois : simples et équipés de ventilateurs, ils sont prisés des grimpeurs. Vous pouvez aussi choisir l'un des bungalows modernes en béton, verre et bois, de style thaïlandais (les plus chers sont climatisés). L'escalier d'accès au site est un peu raide. Minuscule bassin pour enfants.

♥ **Railay Great View Resort** RESORT $$$
(☎075 819472 ; www.railaygreatview.com ; Hat Railay Est ; bung avec petit-déj 6 300-7 700 B ; ❄📶🏊). Suivez le sentier jusqu'à l'extrême nord de Hat Railay Est pour accéder à ce refuge en pleine nature. Dans ce paradis boisé, de romantiques cottages en bois et bambou avec toit de chaume dévoilent un chic tropical fait de têtes de lit en bois tressé, baies vitrées et vastes fenêtres ouvertes sur l'extérieur dans les salles de bains. Petite plage privée et piscine à débordement sur place. On rejoint Hat Railay Est par des navettes *long-tail boat* gratuites ou par une marche de 20 à 30 minutes.

Sunrise Tropical Resort RESORT $$$
(☎075 819 418 ; www.sunrisetropical.com ; Hat Railay Est ; bung avec petit-déj 3 900-6 300 B ; ❄📶🏊). Ces "chalets" et "villas" chics rivalisent avec les meilleurs établissements de Hat Railay Ouest, aux prix de Hat Railay Est, ce qui en fait une excellente affaire. Cadre élégant et apaisant avec lits à baldaquin ou lits-plates-formes en bois, belles salles de bains au sol carrelé de bleu, balcon ou patio privé.

Hat Tham Phra Nang

♥ **Rayavadee** HÔTEL $$$
(☎075 817630 ; www.rayavadee.com ; Hat Tham Phra Nang ; pavillon 15 900-51 500 B, villa 58 500-138 000 B, petit-déj inclus ; ❄📶🏊). Sans doute l'un des plus beaux domaines en bord de mer de Thaïlande, ce luxueux complexe hôtelier possède un immense terrain envahi de banians, de fleurs et de bassins sinueux. Les pavillons à deux niveaux ont tout ce qu'il faut : meubles anciens, produits pour le corps fabriqués localement, équipements modernes, service de majordome voire parfois piscine privée. Le *resort* comprend aussi un spa et une salle de sport de premier ordre ainsi que 4 restaurants.

The Terrace ASIATIQUE $$$
(Hat Tham Phra Nang ; plats 450-1 890 B ; ⏲11h-23h ; 📝). La carte haut de gamme inclut spécialités japonaises, vietnamiennes, indiennes et thaïlandaises, servies sur une terrasse surplombant Hat Tham Phra Nang.

Walking Street

Kohinoor INDIEN $$
(☎081 654 8100 ; Walking St ; plats 100-350 B ; ⏲11h-23h ; 📶). Ce restaurant indien vivement recommandé propose une carte variée, comprenant la spécialité du chef, le *palak paneer* (plat végétarien à base d'épinards et fromage frais), et de bonnes pizzas.

Mangrove Restaurant THAÏLANDAIS $$
(Walking St ; plats 80-350 B ; ⏲10h-22h ; 📶). Installé entre les plages est et ouest de Railay, ce modeste établissement dans le style local, sur pilotis avec toit de chaume, est généralement bondé. On y sert les plats phares de la cuisine thaïlandaise (salade aux vermicelles de riz et noix de cajou sautées, currys, *sôm·đam* épicé ou encore merveilleux riz gluant aux œufs).

Où prendre un verre et faire la fête

♥ **Tew Lay Bar** BAR
(Hat Railay Est ; ⏲11h-minuit ; 📶). Détendez-vous dans ce bar en plein air avec plateformes accrochées aux arbres, hamacs, coussins moelleux et guirlandes électriques. L'emplacement face à la mer, superbe et isolé en haut d'un promontoire rocheux, offre une vue paisible sur Hat Railay Est. Idéal pour fuir l'agitation.

Renseignements

Vous trouverez des informations locales sur www.railay.com.

La **clinique** (☎ 084 378 3057 ; Railay Bay Resort, Hat Railay Ouest ; ⏲ 8h-minuit) traite les problèmes médicaux mineurs. Pour les cas plus sérieux, allez à Krabi ou Phuket.

Comment s'y rendre et circuler

Des *long-tail boats* rejoignent Railay depuis Tha Khong Kha à Krabi et depuis le front de mer d'Ao Nang et Ao Nam Mao. Les *long-tail boats* pour Krabi partent de Hat Railay Est. Dans les deux sens, les bateaux quittent leur embarcadère entre 7h45 et 18h quand ils ont réuni 8 passagers (150 B, 45 min). Louer un bateau entier revient à 1 200 B.

Les bateaux pour Hat Railay Ouest partent de l'extrémité sud-est d'Ao Nang (15 min, 100 B entre 8h et 18h, 150 B entre 18h et minuit), quand ils ont réuni 8 passagers – la location d'un bateau entier coûte 1 200 B. De mai à octobre, ils cessent de circuler dès 17h. Les mêmes horaires s'appliquent aux *long-tail boats* (⏲ 8h-18h) ralliant Ao Nang depuis Hat Railay Ouest.

Lors des très grandes marées, les bateaux en provenance d'Ao Nang et Krabi ne circulent plus mais vous pourrez encore aller de Hat Railay Est à Ao Nam Mao (100 B, 15 min) en *long-tail boat* (Hat Railay Est ; ⏲ 8h-18h), pour ensuite prendre un *songthaew* (50 B) jusqu'à Krabi ou Ao Nang.

Toute l'année, un ferry rejoint Ko Phi Phi (450 B, 1 heure 15). En haute saison, d'octobre à avril, il part de Hat Railay Ouest à 9h45 et 14h45 ; il vous faudra embarquer à bord d'un *long-tail boat* pour le rejoindre. En basse saison, il part de l'embarcadère des ferrys (Hat Railay Est) à Hat Railay Est, à 9h45. Les bateaux pour Ko Lanta (550 B, 2 heures, 10h45 tlj) ne circulent que pendant la haute saison. Un ferry pour Phuket (650 B, 2 heures 15) part toute l'année à 15h15. Certains ferrys prennent des passagers à Hat Railay Ouest.

Ao Nang

อ่าวนาง

Nichée au pied d'un fabuleux paysage karstique, Ao Nang est une succession chaotique et bruyante de bars, de restaurants et d'hôtels. Un flux incessant de véhicules circule sur l'esplanade en bord de plage tandis que la mer aux eaux turquoise vient lécher une bande de sable doré. L'endroit n'est toutefois pas idéal pour se baigner, la surface de l'eau étant polluée par l'huile des moteurs des *long-tail boats*.

Rejoignez les petites îles éparpillées à l'horizon pour pratiquer le snorkeling dans des eaux plus claires ou profitez des intéressants sites de plongée à proximité. De manière générale, Ao Nang reste une destination touristique simple, compacte et sans grande originalité : elle sert surtout de point de départ vers la plage de Railay et les îles au-delà.

Activités

Vélo

Faites un tour des environs à vélo en vous joignant à l'un des circuits de **Krabi Eco Cycle** (☎ 081 607 4162, 075 656508 ; www.krabiecocycle.com ; 309/5 Mu 5 ; circuit demi-journée/journée 1 500/3 000 B). Nous recommandons le parcours de 15,5 km (une journée) qui traverse des plantations d'hévéas, des villages et des sources thermales et se termine au bien nommé bassin d'Émeraude pour une baignade rafraîchissante. Tous les circuits incluent le déjeuner, à l'exception des excursions d'une demi-journée.

Plongée et snorkeling

Les écoles de plongée proposent des excursions vers 15 îles voisines, dont Ko Si, Ko Ha, Ko Poda, Yava Bon et Yava Son. Avec ses deux tunnels sous-marins tapissés de coraux mous et durs, Ko Mae Urai est l'un des meilleurs sites. Comptez environ 3 200 B pour 2 plongées.

D'autres sorties plus lointaines mènent notamment à l'épave du *King Cruiser* (p. 702) ou à Ko Phi Phi pour 3 500-3 900 B ainsi qu'à Hin Daeng, Hin Muang et Ko Haa (p. 709) au sud de Ko Lanta, pour 5 300-6 600 B. Les cours Open Water débutent à 14 900 B. La plupart des agences organisent également des excursions de snorkeling à partir de 1 500 B.

Vous devrez payer un droit d'entrée pour le parc maritime (400 B) valable 3 jours ainsi qu'un droit de plongée (200 B/jour) en plus des tarifs de plongée.

Où se loger

♥ **Glur** GUESTHOUSE, AUBERGE DE JEUNESSE $

(☎ 075 695297, 089 001 3343 ; www.krabiglurhostel.com ; 22/2 Mu 2, Soi Ao Nang ; dort 600 B, d avec petit-déj 1 200-1 500 B ; P ❄ @ 📶 ≋). Conçu, construit et géré par un talentueux architecte thaïlandais et sa femme, Glur est un fabuleux mélange de *guesthouse* et d'auberge de jeunesse. Ce complexe au calme utilise des conteneurs maritimes, du verre et du béton coulé et poli pour créer de somptueuses chambres dont les lits sont surélevés sur des plateformes ainsi que des dortoirs aux lits superposés turquoise, séparés par des rideaux. Cuisine en plein air et joli jardin avec petite piscine.

Mini House BOUTIQUE-HÔTEL $$
(☎075 810678 ; www.minihouseaonang.com ; 675 Mu 2 ; ch avec petit-déj 1 850-2 500 B ; ❄📶). Peintures murales représentant la vie locale, meubles en bois chaleureux, réception spacieuse et joli bassin donnent un certain caractère à ce refuge paisible installé au bout d'une allée. Toutes les chambres sont dotées d'un balcon. Près d'un 7-Eleven, à environ 1 km de la plage.

♥ **Ban Sainai** RESORT $$$
(☎075 819333 ; www.bansainairesort.com ; 11/1 Mu 2, Soi Ao Nang ; bung avec petit-déj 6 000-12 500 B ; P❄📶🏊). À l'écart de l'artère principale (une navette rejoint quotidiennement la plage), Ban Sainai loue des bungalows douillets en faux adobe et aux toits de chaume, disséminés au milieu des palmiers. Les falaises karstiques sont si proches qu'on pourrait les étreindre. Chambres très confortables, avec Jacuzzi pour les plus chères et grands balcons. Superbe piscine.

Où se restaurer et prendre un verre

Krua Ao Nang Cuisine PRODUITS DE LA MER $$
(☎075 695 260 ; Soi Sunset ; plats 150-400 B ; ⊙10h-22h). Dans une ruelle piétonne à l'extrémité ouest de la plage, ce restaurant de poisson et fruits de mer, l'un des meilleurs (et des plus fréquentés) des environs, jouit d'une vue magnifique sur la mer. À l'entrée, les prises du jour sont exhibées sur un comptoir de glace et vendues au kilo. Les prix sont un peu plus élevés qu'ailleurs dans Ao Nang : vous payez pour la vue.

Thailandia Bar & Restaurant THAÏLANDAIS $$$
(☎089 455 6853 ; 198 Mu 2 ; plats 120-500 B ; ⊙14h-23h ; 📶). Ambiance de safari tropical, décoration thaïlandaise de bon goût, fauteuils en rotin garnis de coussins, concerts et éclairage tamisé : vous savez dès votre arrivée que vous payez autant pour l'atmosphère que pour les plats. La carte variée comprend plats thaïlandais épicés et curry *massaman* à goûter absolument. En face du McDonald's.

Last Fisherman BAR
(☎081 267 5338 ; 266 Mu 2 ; ⊙10h-minuit). Assis à l'une des tables extérieures donnant sur la plage ou accoudé au bar en forme de *long-tail boat*, admirez le coucher du soleil dans ce lieu fréquenté mais paisible, à l'extrémité sud d'Ao Nang.

Renseignements

De nombreuses banques sont équipées de DAB et de guichets de change (ouverts approximativement de 10h à 20h).

Comment s'y rendre et circuler

AVION

L'aéroport de Krabi se trouve à 14 km au nord-est de Krabi-ville par la Hwy 4 (et à 24km au nord-est d'Ao Nang). La plupart des compagnies nationales relient Bangkok à Krabi. **Bangkok Air** (www.bangkokair.com) et **AirAsia** (www.airasia.com) assurent des vols fréquents jusqu'à Chiang Mai.

Les bus blancs de l'aéroport (150 B) circulent toutes les heures, de 9h à 17h, et s'arrêtent devant le McDonald's sur la route de Krabi. Des taxis (600 B) et minibus (150 B) font également la navette entre Ao Nang et l'aéroport.

BATEAU

Les bateaux à destination de Hat Railay Ouest (100-150 B/pers, 15 min) sont gérés par la société **Ao Nang Long-Tail Boat Service** (extrémité nord-ouest de Hat Ao Nang ; ⊙8h-16h nov-avr, 8h-14h mai-oct) et la société **Ao Nang Long-Tail Boat Service Club** (extrémité sud-est de Hat Ao Nang ; ⊙8h-minuit, 8h-20h mai-oct). Les capitaines lèvent l'ancre lorsqu'ils ont réuni 8 passagers ; vous pouvez louer le bateau entier en payant pour les 8 places.

MINIBUS, SONGTHAEW ET LOCATION DE VÉHICULE

Des *songthaew* circulent régulièrement entre Krabi et Ao Nang (60 B, 30 min). Au départ du terminal des bus de Krabi, ils passent par Th Maharat, Tha Khong Kha, Hat Noppharat Thara, Ao Nang et le cimetière des coquillages. D'Ao Nang jusqu'à Hat Noppharat Thara ou au cimetière des coquillages, comptez 30 B.

Des dizaines de boutiques de la promenade louent des motos (150-250 B/jour). Plusieurs agences louent des voitures à partir de 1 100 B/jour. **Budget Car Hire** (www.budget.co.th), qui dispose d'un comptoir à l'aéroport, facture la location de voiture 1 200 B/jour minimum.

Les minibus quotidiens desservent plusieurs destinations du Sud (un billet combiné bus-bateau est généralement proposé).

DESTINATION	PRIX	DURÉE
Khao Sok	400 B	3 heures
Ko Lanta	400 B	3 heures
Ko Lipe	1 000 B	6 heures
Ko Pha Ngan	750 B	5 heures
Ko Samui	650 B	4 heures
Ko Tao	900 B	7 heures
Phuket	450 B	3 heures

Hat Noppharat Thara หาดนพรัตน์ธารา

Le chapelet de bars, de restaurants et d'hôtels d'Ao Nang se poursuit vers le nord sans interruption jusqu'à Hat Noppharat Thara. Jadis paisible, cette cité balnéaire est devenue une localité animée, prisée des Thaïlandais en vacances. La longue plage de sable se fait plus sauvage sur les 4 km qui longent le promontoire. La mer débouche ensuite dans un lagon naturel, au niveau du bureau du parc national de Hat Noppharat Thara-Mu Ko Phi Phi.

À voir

Parc national de Hat Noppharat Thara-Mu Ko Phi Phi PARC NATIONAL
(อุทยานแห่งชาติหาดนพรัตน์ธารา-หมู่เกาะพีพี ; ☎075 661145 ; www.dnp.go.th ; adulte/enfant Ko Phi Phi 400/200 B, autres îles 200/100 B). Ce parc protège 397 km², incluant une portion du littoral et des îles de la province de Krabi, dont Ko Phi Phi, Ao Nam Mao et le **cimetière des coquillages** (สุสานหอย, Gastropod Fossil Site, Su-San Hoi ; adulte/enfant 200/100 B ; 8h-18h).

Où se loger et se restaurer

Hébergements du parc national Hat Noppharat Thara-Mu Ko Phi Phi BUNGALOWS, CAMPING $$
(☎075 661145 ; www.dnp.go.th ; empl 30 B/pers, bung 1 000 B ; ❄). Au-dessus de la route venant de la plage, ces bungalows rudimentaires et bien entretenus disposent de la climatisation et de l'électricité 24h/24, mais pas du Wi-Fi. On peut aussi camper juste derrière le bureau du parc, mais aucun service de location de tentes n'étant plus proposé, il vous faudra apporter la vôtre. Réservez en ligne ou au **centre d'information des visiteurs** (☎075 661145 ; www.dnp.go.th ; 8h-16h30).

Sabai Resort BUNGALOWS $$
(☎075 637791 ; www.sabairesort.com ; 79/2 Mu 3 ; bung 1 200-3 000 B ; ❄ 📶 🏊). Géré avec professionnalisme, cet établissement loue des bungalows vert pâle coiffés de tuiles, avec ventilateur ou climatisation. Les patios donnent sur une piscine ombragée de palmiers et des jardins fleuris. Chambres familiales disponibles pour 4 personnes.

♥ **Holiday Inn Resort** RESORT $$$
(☎075 810888 ; www.holidayinnresorts.com ; 123 Mu 3 ; 2 800-6 500 B ; P ❄ 📶 🏊). Cet hôtel ne ressemble pas aux autres établissements, manquant souvent de personnalité, de la chaîne Holiday Inn. Blotti dans un immense domaine, de l'autre côté de la route venant de la plage, il est doté de jardins parfaitement entretenus, d'un restaurant spacieux et de deux piscines (l'une avec bar dans l'eau). Les chambres décorées avec goût arborent neuf styles différents, toutes avec balcon et belle vue ; certaines ont un accès direct à la piscine. Tarifs intéressants pour les familles.

♥ **Krua Thara** PRODUITS DE LA MER $$
(☎075 661166 ; 82 Mu 5 ; plats 150-350 B ; 11h-22h). Ce grand établissement au toit de tôle est particulièrement apprécié pour ses fruits de mer. En toute simplicité, on y sert poissons, crabes, palourdes, huîtres, homards, calmars et crevettes de première fraîcheur, accommodés de dizaines de manières. Le vivaneau frit au curry rouge est l'un des meilleurs plats de poisson que nous ayons goûtés en Thaïlande (et nous en avons mangé un bon nombre !). Service extrêmement efficace pour un lieu rapidement bondé.

Si vous n'êtes pas porté sur les fruits de mer, le restaurant propose de savoureux classiques thaïlandais.

Renseignements

Le centre d'information des visiteurs du parc national de Hat Noppharat Thara-Mu Ko Phi Phi fournit des renseignements sur le parc et peut réserver votre hébergement.

Depuis/vers Hat Noppharat Thara

Le *songthaew* entre Krabi (60 B) et Ao Nang (30 B) s'arrête à Hat Noppharat Thara.

Les bateaux au départ de l'embarcadère de Hat Noppharat Thara desservent les destinations suivantes.

Ko Lanta À 10h30, un bateau *Ao Nang Princess* part pour Ko Lanta (550 B, 2 heures 45).

Ko Phi Phi Un bateau *Ao Nang Princess* (450 B, 2 heures) navigue tous les jours de novembre à avril, et les mercredis, vendredis et dimanches de mai à octobre. Il part à 9h30 et revient de Ko Phi Phi à 15h30, via Railay.

Phuket De novembre à avril, le moyen le plus rapide de gagner Phuket est le *speedboat* **Green Planet** (☎075 637 488 ; www.krabigreenplanet.com) desservant Tha Bang Rong (1 200 B, 1 heure 15), via Ko Yao Noi et Ko Yao Yai (tous deux 650 B, 45 minutes). Le bateau part de la jetée de Hat Noppharat Thara à 11h et repart de Phuket à 15h. Le transport jusqu'à votre hôtel à Phuket est compris. Un bateau *Ao Nang Princess* part également pour Phuket à 16h (700 B, 3 heures ; service réduit de mai à octobre).

Ko Phi Phi

Plages blanches en arc de cercle et jungle époustouflante en arrière-plan : Phi Phi Don (เกาะพีพีดอน) et Phi Phi Leh (เกาะพีพีเล) – appelées collectivement Ko Phi Phi – sont les coqueluches de la côte d'Andaman. Ko Phi Phi Don est un paradis hédoniste où les touristes barbotent dans l'eau azur et font la fête toute la nuit sur le sable fin. Ko Phi Phi Leh, quant à elle, est une petite île sans hôtel où de hautes falaises dentelées surplombent l'eau cristalline et les récifs coralliens. On ne peut s'y rendre qu'à la faveur de croisières organisées dans la journée ou au crépuscule.

L'urbanisation galopante a fait du centre de Ko Phi Phi Don et des deux baies qui l'encadrent un enchevêtrement chaotique et bruyant d'hôtels, de restaurants, de bars et de boutiques. Pour trouver plus de tranquillité, rendez-vous sur la côte est et ses splendides criques de sable blanc ou, au sud, sur la plage moins développée de Hat Yao.

N'attendez pas trop de votre escapade insulaire : alors seulement, Ko Phi Phi pourra vous séduire, comme tant de personnes avant vous… mais vous voudrez peut-être aussi en partir au plus vite !

À voir

♥ Point de vue de Phi Phi PANORAMA
(จุดชมวิวเกาะพีพีดอน ; carte page ci-contre ; Ko Phi Phi Don ; 30 B). La randonnée de 20 à 30 minutes jusqu'au point de vue de Phi Phi vous fera gravir des centaines de marches et des sentiers tortueux, pour une ascension éreintante mais gratifiante. Depuis le village de Ton Sai, empruntez la route vers le nord-est et suivez les panneaux. Beaucoup de marcheurs ont besoin de faire une pause en chemin – n'oubliez pas votre bouteille d'eau. Au sommet, le panorama est fantastique. De là, redescendez la montagne à travers la jungle jusqu'aux plages tranquilles de l'est de l'île.

Activités

Phi Phi Pirate Boat CIRCUIT EN BATEAU
(Carte p. 703 ; ☎092 710 6807 ; www.phiphipirate.com ; Ton Sai Village, Ko Phi Phi Don ; 1 200 B/pers ; ⏲circuit à 12h). Pendant cette fantastique croisière qui dure jusqu'au crépuscule, vous flotterez aux abords de Phi Phi Leh sur un bateau à deux étages, rythmé par la musique. Au programme : snorkeling et kayak entre les falaises vertigineuses d'Ao Pileh, puis dîner de riz frit près de Maya Beach. La croisière est animée par une équipe enthousiaste et organisée ; le prix inclut l'entrée du parc national.

Plongée

L'eau cristalline et l'abondante faune marine font de Ko Phi Phi un endroit rêvé pour la plongée.

Les tarifs sont identiques partout. Le brevet Open Water PADI/SSI coûte 13 800/12 900 B, le circuit 2 plongées 2 500-3 400 B, et le cours d'initiation Discover Scuba 3 400 B. Hin Daeng et Hin Muang, à environ 60 km au sud, sont des destinations coûteuses (5 500 B) depuis Ko Phi Phi – elles reviennent un peu moins cher avec une agence de Ko Lanta. En général, les tarifs ne comprennent pas le droit d'entrée du parc national (adulte/enfant 400/200 B), valable 3 jours, ni le droit de plongée quotidien de 200 B.

Princess Divers PLONGÉE
(Carte p. 703 ; ☎088 768 0984 ; www.princessdivers.com ; Ton Sai Village, Ko Phi Phi Don ; ⏲9h30-22h). On parle plusieurs langues dans ce centre de plongée que nous recommandons. Princess Divers utilise de grands bateaux plutôt que des *long-tail boats* ou des *speedboats*. Il propose des stages Discover Scuba (3 400 B) et des cours SSI/PADI Open Water (12 900/13 800 B).

Blue View Divers PLONGÉE
(Carte page ci-contre ; ☎094 592 0184 ; www.blueviewdivers.com ; Phi Phi Viewpoint Resort, Ao Lo Dalam, Ko Phi Phi Don ; 2 plongées 2 500 B ; ⏲10h-20h). Ce centre professionnel bien organisé s'investit localement, notamment pour le nettoyage des plages et la préservation de l'environnement. Circuits 2 plongées

Ko Phi Phi Don

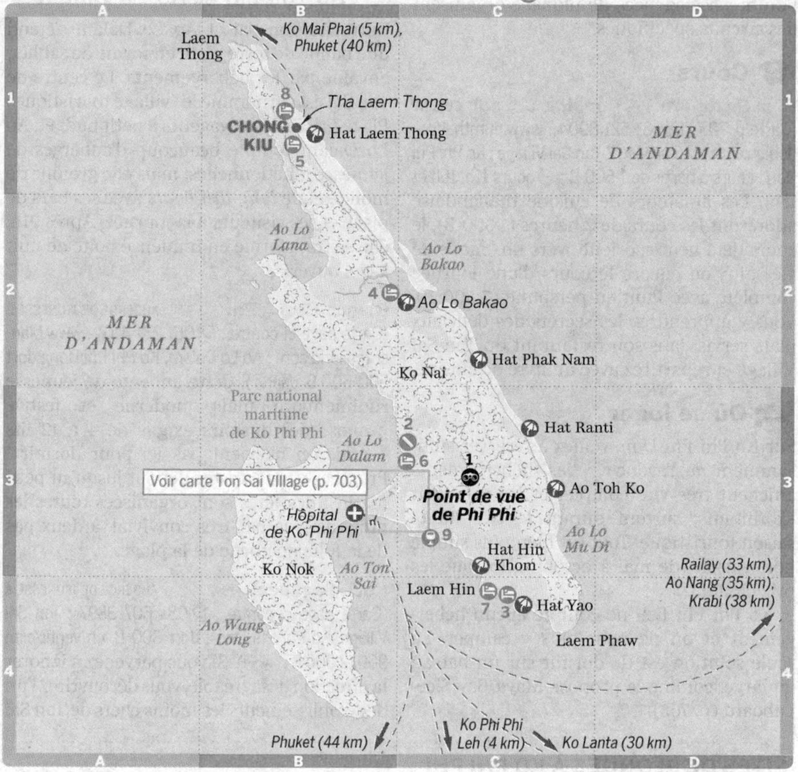

Ko Phi Phi Don

Les incontournables
1 Point de vue de Phi Phi C3

Activités
2 Blue View Divers C3

Où se loger
3 Paradise Pearl Bungalow C4
4 Phi Phi Island Village B2
5 PP Erawan Palms Resort B1
6 Sunflower Boathouse C3
7 Viking Natures Resort C4
8 Zeavola B1

Où se restaurer
Paradise Pearl Bungalow .... (voir 3)

Où prendre un verre et faire la fête
Apache Beach Club .... (voir 6)
9 Hippie's Bar C3
Sunflower Bar .... (voir 6)

(2 500 B), plongées nocturnes (1 900 B), écocircuits de snorkeling pour observer les requins (1 000 B) ou encore cours Open Water (13 800 B) et Discover Scuba (3 400 B).

Snorkeling

Ko Mai Phai (Bamboo Island ; Ko Phi Phi Don), à 6 km au nord de Phi Phi Don, est un site de snorkeling apprécié et peu profond, où l'on peut observer de petits requins. La côte est de **Ko Nok** (près d'Ao Ton Sai), ainsi que la côte est de **Ko Nai** et le littoral de **Hat Yao** sont également de bons spots. La plupart des hôtels louent tuba, masque et palmes pour 200 B/jour.

Une excursion de snorkeling coûte entre 600 et 1 500 B (sans compter le droit d'entrée du parc national), selon l'embarcation (*long-tail boat* ou *speedboat*). Les amateurs de snorkeling peuvent se joindre aux excursions de plongée, mais de nombreuses agences de plongée organisent des circuits spécifiques.

Cours

Pum Restaurant & Cooking School CUISINE
(Carte p. 703 ; ☎081 521 8904 ; www.pumthaifoodchain.com ; 125/40 Mu 7, Ton Sai Village ; Ko Phi Phi Don ; cours à partir de 1 500 B ; ⏲cours 11h, 16h et 18h). Les amateurs de cuisine thaïlandaise adoreront les cours de 2 heures (1 500 B), le cours de 5 heures orienté vers un "mode de vie sain", ou encore le cours d'une journée complète avec Pum en personne (7 500 B). Vous y apprendrez les secrets des délicieux plats servis dans son restaurant du Ton Sai Village et repartirez avec un livre de cuisine.

Où se loger

Sur Ko Phi Phi Don, veillez à réserver suffisamment à l'avance : les hébergements affichent très vite complet et les prix sont exorbitants, surtout durant la très haute saison touristique. Tout est bien plus simple hors saison (de mai à octobre), lorsque les prix chutent.

Ko Phi Phi Leh ne compte aucun hébergement et on ne peut plus y camper. La seule solution est de dormir sur un bateau au large, comme le propose Maya Bay Sleepaboard (p. 705).

Ao Ton Sai et Ao Lo Dalam

Entre Ao Ton Sai et Ao Lo Dalam s'étend une bande de terre plate en forme de sablier, envahie par les hébergements. Le centre de Ton Sai est surnommé le "village touristique". Plage prisée des voyageurs à petit budget, Ao Lo Dalam compte beaucoup d'auberges de jeunesse fonctionnelles, mais elle grouille de monde et de *long-tail boats* avec ses bars de plage et ses visiteurs à la journée. Après 21h, elle se transforme en immense boîte de nuit à ciel ouvert.

Blanco Beach Bar AUBERGE DE JEUNESSE $
(Carte page ci-contre ; ☎061 231 4101 ; www.blancothailand.com ; Ao Lo Dalam, Ko Phi Phi Don ; dort 500-600 B ; ❄📶). Cette auberge de jeunesse rudimentaire mais moderne et festive propose des dortoirs exigus de 4 à 12 lits – mais on ne vient pas ici pour dormir ! Préparez-vous à rester debout jusqu'au petit matin : des fêtes sont organisées toutes les nuits dans le bar très convivial, à deux pas de la folie nocturne de la plage.

Rock Backpacker AUBERGE DE JEUNESSE $
(Carte page ci-contre ; ☎081 607 3897 ; Ton Sai Village, Ko Phi Phi Don ; dort 300 B, ch ventil/clim 900/2 000 B ; ❄📶). Si vous parvenez à ignorer la direction désagréable, vous découvrirez l'un des établissements les moins chers de Ton Sai

SITES DE PLONGÉE À KO PHI PHI

Requins-léopards et tortues imbriquées fréquentent régulièrement les sites de plongée de Phi Phi. Des requins-baleines font parfois des apparitions à proximité de Hin Daeng, Hin Bida et Ko Bida Nok en février et mars. La période de novembre à février offre une excellente visibilité. Les plus beaux sites de plongée de Ko Phi Phi incluent notamment :

SITE DE PLONGÉE	PROFONDEUR (m)	CARACTÉRISTIQUES
Anemone Reef (p. 709)	17-26	Récif de corail dur avec quantité d'anémones et de poissons-clowns.
Épave du *King Cruiser* (Ko Phi Phi Don)	12-30	Épave de car-ferry (1997) peuplée de vivaneaux, requins-léopards, barracudas, rascasses, poissons-diables et tortues.
Épave du Kledkaeo (Ko Phi Phi Don)	14-26	Navire de la marine thaïlandaise sabordé en 2014, avec poissons-diables, vivaneaux, mérous et barracudas.
Hin Bida Phi Phi (Ko Phi Phi Don)	5-30	Pic submergé avec corail dur, tortues, requins-léopards ; occasionnels requins-baleines et raies mantas.
Ko Bida Nok (Ko Phi Phi Don)	18-22	Massif karstique avec gorgones, requins-léopards, barracudas, et occasionnels requins-baleines et raies mantas.
Phi Phi Leh	5-18	Les abords de l'île sont couverts de coraux et d'huîtres, et comportent des corridors, avec des murènes, pieuvres et hippocampes.

Ton Sai Village

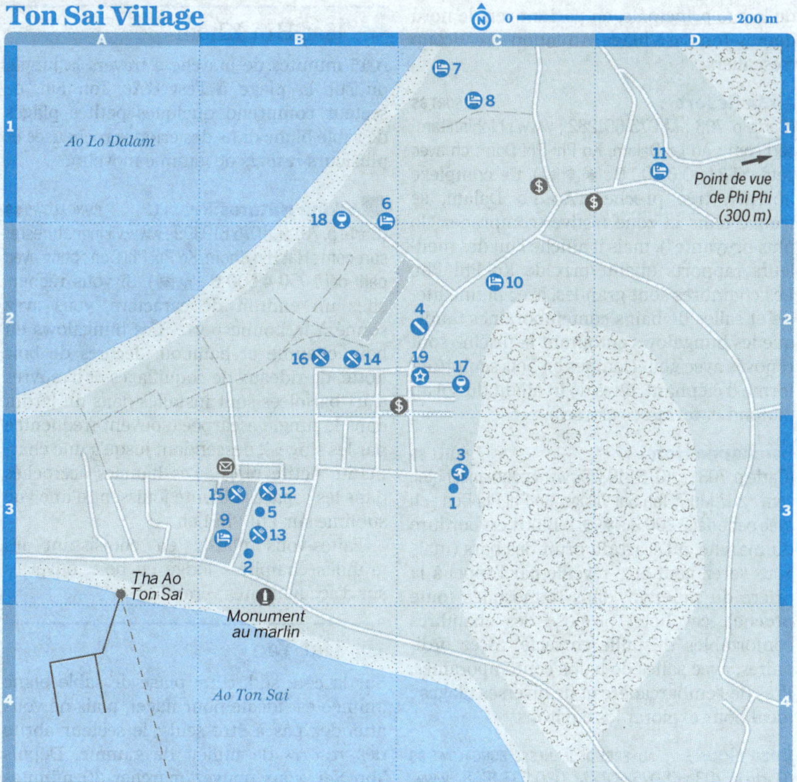

Ton Sai Village

Activités
1 Maya Bay Sleepaboard C3
2 Phi Phi Pirate Boat B3
3 Plankton Sunset Cruise C3
4 Princess Divers C2
5 Pum Restaurant & Cooking School B3

Où se loger
6 Anita Resort B1
7 Blanco Beach Bar C1
8 Ibiza House C1
9 Panmanee Hotel B3
10 Rock Backpacker C2
11 Up Hill Cottage D1

Où se restaurer
12 Aroy Kaffeine B3
13 Efe B3
14 Esan Ganeang B2
15 Marché alimentaire B3
16 Only Noodles B2
Unni's .... (voir 13)

Où prendre un verre et faire la fête
17 Banana Bar C2
18 Slinky B1

Où sortir
19 Kong Siam C2

sur la colline du village, avec dortoirs, petites chambres privées, bar-restaurant et façade couverte de graffitis. Pas de réservation.

Up Hill Cottage BUNGALOWS **$$**
(Carte ci-dessus ; ☎075 601 124 ; www.phiphiuphillcottage.com ; 140 Mu 7, Ton Sai Village, Ko Phi Phi Don ; ch 2 000-2 500 B ; ❄🛜🏊). Les tons crème et pastel de ces bungalows lambrissés contrastent avec leurs chemins de lit colorés et leurs salles de bains au carrelage élégant. La plupart jouissent d'une vue (plus ou moins belle) sur l'île depuis un balcon privé. Petite piscine également. À l'extrémité est

de la rue principale, en partant vers le nord depuis Ton Sai Village. Attention : beaucoup d'escaliers.

Anita Resort RESORT **$$**
(Carte p. 703 ; ☎075 601282 ; www.phiphianitaresort.com ; Ao Lo Dalam, Ko Phi Phi Don ; ch avec petit-déj 2 500-3 500 B ; ❄📶🏊). Ce complexe hôtelier, très proche d'Ao Lo Dalam, se trouve dans la zone festive (comprenez "la plus bruyante"), mais il affiche l'un des meilleurs rapports qualité/prix de Ko Phi Phi. Les chambres sont grandes, avec bonne literie et salles de bains contemporaines tandis que les bungalows entourant la piscine sont rénovés avec goût (lampes en bois sculpté en forme d'éléphant, têtes de lit allant du sol au plafond et terrasses privées).

Panmanee Hotel HÔTEL **$$**
(Carte p. 703 ; ☎075 819379 ; www.panmaneehotel.com ; 287 Mu 7, Ton Sai Village, Ko Phi Phi Don ; ch avec petit-déj 2 200 B ; ❄📶). Blotti en bordure du marché, à l'écart du bruit des bars (mais vous serez peut-être réveillé par l'appel à la prière du muezzin, dans la mosquée toute proche), cet hôtel propose des chambres confortables de taille correcte, assez ordinaires, avec salles de bains contemporaines. Près de l'embarcadère et de diverses plages : idéal pour explorer les environs.

Ibiza House AUBERGE DE JEUNESSE, BUNGALOWS **$$**
(Carte p. 703 ; ☎075 601274, 080 537 1868 ; www.ibizahouse-phiphiisland.com ; Ao Lo Dalam, Ko Phi Phi Don ; dort 450-680 B, ch avec petit-déj 2 000 B, villas 3 200-5 000 B ; ❄📶🏊). Les dortoirs sont quelconques, et certains n'ont pas de fenêtre, mais Ibiza House est avant tout connue pour les fêtes qu'elle organise dans sa vaste piscine, éternellement populaire, ouverte sur la plage et stratégiquement bordée par un bar animé. Les chambres et villas sont grandes, propres et d'un meilleur rapport qualité/prix que le dortoir – n'espérez cependant pas vous endormir tôt.

Sunflower Boathouse PENSION **$$**
(Carte p. 701 ; ☎080 038 3374 ; sunflowerboathouse@hotmail.com ; Ao Lo Dalam, Ko Phi Phi Don ; ch 1 500-3 000 B ; ❄📶). Les charmantes chambres, en bois sombre verni, sont assez spacieuses et ont du caractère avec leurs généreux jetés de lit colorés. L'établissement, installé confortablement tout contre le Sunflower Bar (p. 707) merveilleusement décontracté, à l'extrémité nord d'Ao Lo Dalam, a la forme d'un bateau coiffé d'un toit de chaume. Simple et accueillant.

Hat Hin Khom

À 15 minutes de marche à travers la jungle ou sur la plage à l'est d'Ao Ton Sai, ce secteur comprend quelques petites plages de sable blanc dans des criques rocheuses et plusieurs *resorts* de gamme moyenne.

♥ **Viking Natures Resort** BUNGALOWS **$$**
(Carte p. 701 ; ☎075 819399 ; www.vikingnaturesresort.com ; Hat Hin Khom, Ko Phi Phi Don ; bung avec petit-déj 1 750-4 500 B ; ❄📶). Si vous recherchez un endroit de caractère, vous avez sonné à la bonne porte. Ces bungalows en bois, chaume et bambou, décorés de bois flotté, de rideaux de coquillages et d'œuvres d'art bariolées sont installés dans un jardin dans la jungle escarpée (souvent fréquentée par les singes), descendant jusqu'à une charmante petite plage. Les hamacs accrochés dans les espaces détente jouissent d'une vue sublime sur Phi Phi Leh.

Faites-vous plaisir en choisissant les grandes chambres lodge en bois, ouvertes sur d'accueillantes vérandas.

Hat Yao

Sur la côte sud, cette plage de sable blanc animée est idéale pour nager, mais ne vous attendez pas à être seul : le secteur abrite des *resorts* de milieu de gamme. Depuis Ton Sai, vous pouvez marcher 30 minutes pour rejoindre Hat Yao via Hat Him Khom, ou prendre un *long-tail boat* (100-150 B) à l'embarcadère.

Paradise Pearl Bungalow RESORT **$$$**
(Carte p. 701 ; ☎075 601248 ; www.phiphiparadisepearl.com ; Hat Yao, Ko Phi Phi Don ; ch avec petit-déj 3 000-5 000 B ; ❄📶). Cet ensemble de chalets thaïlandais en bois sombre, ornés d'objets d'art, est blotti au cœur du promontoire rocheux dans la partie nord de la charmante plage de Hat Yao. Les "maisons" en bois face à la mer sont délicieusement désuètes, avec lits à baldaquin, rideaux en dentelle et coin thé/café. Le **restaurant** (plats 120-400 B ; ⏰7h30-22h ; 📶), souvent rempli de jeunes couples, s'étend jusqu'au sable.

Ao Lo Bakao

Au nord-est, le beau ruban de sable d'Ao Lo Bakao est ourlé de palmiers et entouré de collines spectaculaires. C'est l'une des plages les plus charmantes de Phi Phi, avec vue sur Ko Phai (Bamboo Island) et Ko Yung

100% LOCAL

MAYA BEACH

Depuis le tournage du film *La Plage* (2000) de Danny Boyle, Phi Phi Leh est devenue un lieu de pèlerinage. En 2017, la **plage** (อ่าวมาหยา, Maya Beach ; Ko Phi Phi Leh) autrefois immaculée et isolée, installée dans l'éblouissante baie filmée par Boyle, accueillait chaque jour jusqu'à 5 000 touristes et 2 000 bateaux. Malheureusement, ce tourisme de masse a ravagé l'écosystème de Phi Phi Leh : environ 80% des coraux d'Ao Maya ont été détruits à cause du mouillage irresponsable des bateaux, de la fréquentation démesurée et du ruissellement des détritus et des résidus de crème solaire. La plage a finalement été fermée en 2018.

Depuis, la baie semble cicatriser. Les requins à pointes noires sont revenus et un projet de restauration des coraux a obtenu des résultats prometteurs. La plage idyllique de Maya ne devrait pas rouvrir avant 2021 : les autorités thaïlandaises ont d'ores et déjà annoncé que la circulation de bateaux et le nombre de visiteurs seraient alors limités afin de protéger la baie. Vous pouvez toutefois admirer son sable blanc somptueux depuis le pont d'un bateau et, sans les hordes de touristes envahissant la plage, la vue est tout simplement à couper le souffle.

Camper à Maya Beach, n'est plus autorisé, mais on peut passer la nuit au large avec **Maya Bay Sleepaboard** (carte p. 703 ; ☎090 570 9204 ; www.mayabaytours.com ; Ton Sai Village, Ko Phi Phi Don ; 3 500 B/pers). Le tarif inclut repas, sac de couchage et droit d'accès au parc national. Le bateau part à 15h et revient à 10h le lendemain. La même équipe organise la très prisée **Plankton Sunset Cruise** (carte p. 703 ; www.mayabaytours.com ; Ton Sai Village, Ko Phi Phi Don ; 2 000 B/pers) pour admirer le plancton au crépuscule à Phi Phi Leh.

(Mosquito Island) au large. La location d'un *long-tail boat* à Ao Ton Sai revient à 1 000 B.

♥ **Phi-Phi Island Village** RESORT $$$
(Carte p. 701 ; ☎075 628900 ; www.phiphiisland-village.com ; Ao Lo Bakao, Ko Phi Phi Don ; ch avec petit-déj 9 200-26 400 B ; ❄📶🏊). Cet immense *resort* est une destination en lui-même, avec spa, restaurant, café, magasin, centre de plongée, courts de tennis et 2 piscines. Ses 201 bungalows en bois et béton, séparés par d'ondulants palmiers, sont installés pour la plupart à deux pas de la plage de sable blanc. Le complexe organise les transferts en *long-tail boat* depuis/vers Ton Sai.

Hat Laem Thong

Malgré une offre hôtelière haut de gamme, cette plage de sable blanc au nord-est est très fréquentée (les excursions au départ de Phuket y font étape), et le petit campement de *chow lair* à la pointe nord est jonché de détritus. La location d'un *long-tail boat* depuis Ao Ton Sai coûte 1 200 B – les hôtels organisent le transfert.

♥ **Zeavola** BUNGALOWS $$$
(Carte p. 701 ; ☎075 627 000 ; www.zeavola.com ; Hat Laem Thong, Ko Phi Phi Don ; bung avec petit-déj 11 800-22 600 B ; ❄📶🏊). Des chemins bordés d'hibiscus mènent à d'élégants bungalows en teck de plain-pied, de style asiatique. Chacun comporte des baies vitrées sur trois côtés, de superbes éléments des années 1940, des meubles anciens, une douche dedans/dehors et un coin thé et café sur une terrasse privée. Les villas les plus cossues ont leur propre piscine à débordement, et le fabuleux spa est pensé pour les couples. Service irréprochable.

PP Erawan Palms Resort RESORT $$$
(Carte p. 701 ; ☎075 627 500 ; www.pperawan-palms.com ; Hat Laem Thong, Ko Phi Phi Don ; ch avec petit-déj 4 800-9 300 B ; ❄📶🏊). Oubliez tout stress en suivant le chemin qui mène à travers les jardins jusqu'à des cottages modernes, spacieux et lumineux, avec ce qu'il faut de charme traditionnel. Des chambres plus petites sont décorées d'art et d'artisanat thaïlandais. Formidable emplacement, avec attrayant bar en bord de piscine et service convivial.

Où se restaurer

À Ko Phi Phi Don, la plupart des *resorts* et bungalows disposent de restaurants : sur la côte est, vous dépendrez largement d'eux pour vous restaurer. À Ao Ton Sai, la qualité des restaurants s'est améliorée récemment et d'innombrables options s'offrent à vous (fruits de mer, cuisine thaïlandaise ou internationale), mais ne vous attendez pas à des repas gastronomiques ! Il n'y a pas de restaurants à Ko Phi Phi Leh.

Esan Ganeang THAÏLANDAIS $

(Carte p. 703 ; Ton Sai Village, Ko Phi Phi Don ; plats 70-150 B ; 10h-minuit). Dans une ruelle où s'alignent des bouis-bouis prisés des Thaïlandais, cette affaire familiale sert d'excellents et authentiques plats de l'Isan (région du Nord-Est) tels que salades et soupes très relevées ou currys et nouilles moins pimentés mais pleins de saveurs. Accompagnez votre plat de riz gluant.

Only Noodles THAÏLANDAIS $

(Carte p. 703 ; Ton Sai Village, Ko Phi Phi Don ; plats 70-150 B ; 10h30-22h30 ;). Comme son nom l'indique ("seulement des nouilles"), cet établissement populaire et discret sert un *pàt tai* simple mais plein de saveurs (à la viande, aux fruits de mer ou végétarien), à déguster sur l'une des deux tables installées dans la rue.

Marché alimentaire MARCHÉ $

(Carte p. 703 ; Ton Sai Village, Ko Phi Phi Don ; repas 60-80 B ; 7h-22h). Le marché, proche de la jetée, propose les repas les moins chers et les plus authentiques de Phi Phi. Quelques gargotes sympathiques servent de savoureux *pàt tai*, riz sautés, *sôm·đam* (salade de papaye verte épicée) et du poisson-chat fumé.

Aroy Kaffeine INTERNATIONAL, VÉGÉTARIEN $$

(Carte p. 703 ; 095 257 5452 ; facebook.com/AroykaffeinePhiphiIsland ; Ton Sai Village, Ko Phi Phi Don ; plats 130-250 B ; 9h-21h ;). Dans ce café branché, les spécialités sans gluten, véganes et végétariennes présentés avec art vous feront saliver. Baies d'açaï, spiruline, chlorelle et curcuma comptent parmi les ingrédients garnissant la carte et votre assiette. Ici, des currys aux pancakes, tous les plats sont savoureux. Service impeccable et fantastique café.

Efe TURC $$

(Carte p. 703 ; 095 150 4434 ; facebook.com/eferestaurant ; Ton Sai Village, Ko Phi Phi Don ; plats 170-600 B ; 12h-22h30 ;). La carte de ce restaurant méditerranéen fréquenté, installé au cœur du "village", affiche une fantastique sélection de kebabs servis dans des assiettes brûlantes. Les salades, roulés, burgers et pizzas sont également délicieux. Ce lieu intime dispose de peu de place à l'intérieur et la terrasse est minuscule ; au dîner, il faut souvent attendre pour avoir une table.

Unni's INTERNATIONAL $$

(Carte p. 703 ; 091 837 5931 ; facebook.com/unnis.phiphi ; Ton Sai Village, Ko Phi Phi Don ; plats 140-600 B ; 8h-23h ;). Plébiscité par les expatriés, ce restaurant agréable et lumineux, aux airs de café, prépare petits-déjeuners maison, bagels (garnis notamment au saumon fumé et aux boulettes de viande) et autres spécialités internationales réussies (toast à l'avocat et à la feta, copieuse salade grecque, pâtes, *burritos* et *nachos*, burgers ou encore tapas). Les cocktails, l'ambiance et la carte valent les louanges, même si les prix sont un peu trop élevés.

Où prendre un verre et faire la fête

Phi Phi est continuellement envahie par la musique des fêtes. Les autorités font des efforts pour calmer un peu le jeu, mais l'entreprise pourrait encore prendre un certain temps et en attendant, des flots de whisky bon marché, de boissons énergisantes et de cocktails écœurants transforment l'île en royaume des jeunes gens alcoolisés et des gueules de bois carabinées.

Méfiez-vous des personnes proposant de la drogue sur la plage, qui travaillent parfois en fait pour la police.

Hippie's Bar BAR

(Carte p. 701 ; 085 476 1761 ; Hat Hin Khom, Ko Phi Phi Don ; 7h-minuit ;). Cet immense bar-restaurant décontracté, installé directement sur la plage, change du chaos de Ton Sai Village : ambiance romantique avec tables éclairées aux chandelles, lanternes dans les arbres, musique reggae tranquille et feu d'artifice tous les soirs.

Apache Beach Club CLUB

(Carte p. 701 ; 081 535 4613 ; facebook.com/apachebeachclub ; Ao Lo Dalam, Ko Phi Phi Don ; 21h-tard ;). Rivalisant avec Slinky pour le titre de meilleure boîte de nuit sur la plage de Ko Phi Phi, Apache est le club parfait pour qui cherche alcool coulant à flots, corps tournoyants, feux d'artifice et basses assourdissantes.

Banana Bar BAR

(Carte p. 703 ; 087 330 6540 ; facebook.com/BananaBarPhiPhi ; Ton Sai Village, Ko Phi Phi Don ; 11h-2h ;). Voici *le* bar alternatif de Ton Sai. Situé dans les terres et réparti sur plusieurs étages, il vous permettra d'échapper à la house et à la techno qui font trembler la plage. Profitez du toit, ou détendez-vous sur

DEPUIS/VERS KO PHI PHI DON

DESTINATION	TARIF	DURÉE	VERS KO PHI PHI	DEPUIS KO PHI PHI
Ao Nang	450 B	1 heure 45	9h30	15h30
Ko Lanta	350-600 B	1 heure 30	8h, 11h30, 13h et 16h	11h30, 15h et 15h30
Krabi	350 B	1 heure 30-2 heures	9h, 10h30, 13h30 et 15h30	9h, 11h, 14h et 15h30
Phuket	350 B	1 heure 45-2 heures	9h, 11h, 13h, 13h30 et 15h	9h, 11h, 14h, 14h30 15h30
Railay	450 B	1 heure 15	9h45 et 14h45	15h30

les coussins des terrasses surélevées aménagées autour du bar. La musique est bonne et la clientèle branchée. Sert aussi de la cuisine mexicaine.

Slinky CLUB

(Carte p. 703 ; facebook.com/slinkybeachbarofficial ; Ao Lo Dalam, Ko Phi Phi Don ; ⏲21h-tard ; 📶). Slinky assure toujours les meilleurs spectacles de feu pour les fêtes de plage les plus branchées. On y trouve seaux de cocktail (à partir de 350 B) et foules de touristes dansant et flirtant au rythme des basses puissantes.

Sunflower Bar BAR

(Carte p. 701 ; ☎080 038 3374 ; Ao Lo Dalam, Ko Phi Phi Don ; ⏲11h-2h ; 📶). Ce joyau branlant est l'un des bars les plus décontractés de Phi Phi, idéal pour regarder le soleil disparaître dans la mer. Détruit par le tsunami de 2004, il a été reconstruit avec du bois recyclé. Les tables installées dans des coques de *long-tail boats* portent le nom des proches que le propriétaire a perdus dans la catastrophe.

☆ Où sortir

Kong Siam MUSIQUE LIVE

(Carte p. 703 ; facebook.com/Kongsiam-Live-Bar-Phi-Phi ; Ton Sai Village, Ko Phi Phi Don ; ⏲18h-1h ; 📶). Tous les soirs, les concerts attirent ici une foule de Thaïlandais et de *fa·ràng* (Occidentaux). Les musiciens talentueux jouent tous les styles, des reprises de classiques aux airs plus modernes.

ℹ Renseignements

On trouve de nombreux DAB dans le "village touristique" de Ko Phi Phi Don, mais aucun sur les plages de la côte est ni sur Ko Phi Phi Leh.

Hôpital de Ko Phi Phi (carte p. 701 ; ☎086 476 9420, 075 622151 ; Ao Ton Sai, Ko Phi Phi Don). Soins d'urgence à l'extrémité ouest d'Ao Ton Sai. Pour tout problème sérieux, prenez le premier bateau pour Krabi ou, mieux, Phuket.

ℹ Depuis/vers Ko Phi Phi

Ko Phi Phi Don est accessible depuis Ao Nang, Krabi, Phuket, Railay et Ko Lanta. La plupart des bateaux accostent à **Tha Ao Ton Sai** (carte p. 703 ; Ton Sai Village, Ko Phi Phi Don), mais quelques-uns en provenance de Phuket utilisent l'embarcadère isolé de **Tha Laem Thong** (carte p. 701 ; Ko Phi Phi Don), au nord. Les ferrys circulent toute l'année.

Des formules combinant bateau et minibus permettent de rejoindre diverses destinations du pays, notamment Bangkok (850 B, 11 heures, 15h30), Ko Samui (500 B, 6 heures 30, 10h30) et Ko Pha Ngan (600 B, 7 heures, 10h30).

On peut se rendre sur Ko Phi Phi Leh dans le cadre d'un circuit organisé, en *long-tail boat* (600-800 B) ou en *speedboat* (2 500 B).

ℹ Comment circuler

Il n'y a pas de vraies routes sur Ko Phi Phi Don, et si les habitants circulent parfois à moto, les étrangers ne sont pas autorisés à en louer. On s'y déplace essentiellement à pied, mais vous pouvez louer un *long-tail boat* à Ao Ton Sai pour de courts trajets autour des deux îles.

Des *long-tail boats* partent de l'embarcadère d'Ao Ton Sai pour Hat Yao (100-150 B), Hat Ranti (700 B), Hat Phak Nam et Ao Lo Bakao (1 000 B), Laem Thong (1 200 B) et la grotte du Viking (sur Ko Phi Phi Leh ; 1 000 B). Louer un *long-tail boat* pour 3/6 heures coûte 1 500/3 000 B et louer un *speedboat* pour une demi-journée 5 000 B.

Ko Lanta เกาะลันตาใหญ่

☎075 / 10 830 HABITANTS

Jadis domaine des nomades de la mer et séduisante île perdue, Lanta est aujourd'hui une destination pour touristes du monde entier, attirés par ses interminables plages paradisiaques et ses excellents sites de plongée.

Le tourisme, encore confidentiel, se développe lentement sur les plages de la côte ouest et les fêtes organisées pour les jeunes

Ko Lanta

voyageurs ne sont pas difficiles à trouver, mais Lanta est parvenue à conserver son charme naturel. En raison de l'interdiction de pratiquer les sports nautiques motorisés, seul le bruissement des feuilles de palmier rompt le silence reposant d'une journée à la plage, en particulier sur la côte sud, plus spectaculaire et moins développée.

À l'exception d'une sorte de crête, Lanta est assez plate. La route principale truffée d'ornières, s'étendant du nord au sud sur 22 km, peut se parcourir à moto, tout comme les deux routes traversant l'intérieur de l'île couvert de jungle pour rejoindre les villages sur pilotis des nomades de la mer, sur la côte est.

Ko Lanta (qui s'appelle en réalité Ko Lanta Yai), a donné son nom à la célèbre émission de téléréalité française *Koh-Lanta*, dont la première saison a été tournée sur l'île.

Les bateaux accostent à Ban Sala Dan, une bourgade de deux rues à la pointe nord de l'île.

À voir

Ban Si Raya VILLAGE
(บานศรีราชา, vieille ville de Lanta ; carte p. 712). Au milieu de la côte est de Lanta, Ban Si Raya fut le premier port de l'île et son centre commerçant. Il servait autrefois d'abri aux navires marchands arabes et chinois qui naviguaient entre Phuket, Penang et Singapour. Les habitants l'appellent la "vieille ville de Lanta", et l'atmosphère y est bien différente de celle du reste de l'île. Certaines des maisons et boutiques en bois sur pilotis, vieilles de plus d'un siècle, ont été reconverties en pensions pleines de caractère. Dans les restaurants du port, on savoure la pêche du jour avec vue sur la mer. Quelques jolies boutiques sont disséminées dans les alentours.

Chaque samedi après-midi, de novembre à avril, l'artère principale est bordée de stands de rue et animée par des DJ, des concerts et des danses thaïlandaises traditionnelles.

Tham Khao Maikaeo GROTTES
(ถ้ำเขาไม้แก้ว ; carte p. 712 ; ✆ 089 288 8954 ; visite 300 B). Ce réseau de grottes et de tunnels a été créé par les pluies de mousson qui se sont déversées dans les fissures et crevasses calcaires pendant des millions d'années. On y trouve des grottes aussi grandes que des cathédrales, constellées de stalactites et de stalagmites, des passages si petits qu'il faut s'y glisser à quatre pattes et même un bassin souterrain. Une famille locale propose des randonnées d'une heure jusqu'aux grottes (avec lampes frontales). Le circuit complet dure 2 heures et des chaussures adaptées sont indispensables. L'endroit est indiqué sur la route principale partant de Hat Khlong Tob vers la côte est. Téléphonez pour connaître les horaires.

Activités

Plongée et snorkeling

Certains des plus beaux sites de plongée de Thaïlande ne sont qu'à quelques brasses de Lanta. Les meilleurs se situent au niveau des pics sous-marins de Hin Muang et Hin Daeng, à environ 2 heures en bateau. Ces affleurements coralliens isolés au milieu de l'océan constituent d'importantes réserves de nourriture pour les grands poissons pélagiques, tels que requins, thons, barracudas et, parfois, requins-baleines et raies mantas. Hin Daeng est considéré comme le meilleur site de plongée de Thaïlande après Richelieu Rock (p. 636), près de la frontière avec le Myanmar.

Autour de Ko Haa, les sites bénéficient en permanence d'une bonne visibilité, avec des profondeurs de 18 à 34 m, une faune abondante (y compris des tortues) et une grotte de trois salles appelée "la Cathédrale". Les centres de plongée de Lanta organisent aussi des sorties jusqu'à l'épave du *King Cruiser*

(p. 702), **Anemone Reef** (Ko Phi Phi Don) et d'autres sites de Ko Phi Phi.

La saison de la plongée à Lanta court de novembre à avril, mais certains centres proposent aussi des excursions en basse saison si la météo est favorable. Les excursions à Hin Daeng et Hin Muang sont facturées au minimum 4 000 B, et les plongées à Ko Haa coûtent de 3 100 à 4 000 B. Comptez entre 13 700 et 15 900 B pour le brevet PADI Open Water. En général, les tarifs excluent le droit d'entrée du parc national (adulte/enfant 400/200 B), valable 3 jours, ainsi que le droit de plongée journalier de 200 B. De mi-octobre à avril, les agences de Lanta organisent pour 1 200-1 900 B des circuits snorkeling (avec 4 îles au programme) et des sorties en kayak vers Ko Rok Nok, les îles de Trang et d'autres îles avoisinantes.

Scubafish PLONGÉE

(Carte p. 712 ; ✆075 665095 ; www.scubafish.com ; Ao Kantiang ; 2 plongées 3 500 B ; ⏲8h-20h). Ce centre établi de longue date s'investit dans la sensibilisation et la participation à des projets environnementaux. À la tête du projet de transplantation corallienne de Ko Lanta, il organise des ateliers de transplantation de coraux (5 900 B) ainsi qu'un cours de certification de 3 jours (15 900 B). Également cours de photographie sous-marine "Liquid Lense", plongées d'observation des requins, forfaits plongée très appréciés de 3 jours (9 975 B), Discover Scuba (1 jour, 5 200 B) et certifications Open Water (15 900 B).

Lanta Diver PLONGÉE

(Carte p. 710 ; ✆075 668 058 ; www.lantadiver.com ; 197/3 Mu 1, Ban Sala Dan ; 2 plongées 3 600 B ; ⏲8h-21h haute saison, 10h-18h basse saison). Fondé par des Scandinaves, ce club très sérieux, installé près de l'embarcadère, dispose d'agences dans plusieurs *resorts*. Les circuits 2 plongées à Hin Daeng et Hin Muang coûtent entre 4 000 et 4 900 B. Les 2 plongées du Discover Scuba reviennent à 4 500 B et le brevet Open Water à 14 400 B.

Blue Planet Divers PLONGÉE

(Carte p. 710 ; ✆075 668165 ; www.blueplanetdivers.net ; 3 Mu 1, Ban Sala Dan ; 2 plongées 3 300 B ; ⏲8h30-21h). Première école de Lanta spécialisée dans la plongée en apnée (cours à partir de 2 700 B), Blue Planet propose également des cours Open Water (13 700 B) et Discover Scuba (4 300 B) et des sorties snorkeling (1 500 B).

Yoga

Oasis Yoga (carte p. 710 ; ✆085 115 4067 ; www.oasisyoga-lanta.com ; Hat Khlong Dao ; ⏲oct-mai) anime des cours sans réservation (250-400 B). Le Sri Lanta (p. 712) dispense des cours moyennant 550 B.

Bénévolat

Lanta Animal Welfare BÉNÉVOLAT

(Carte p. 710 ; ✆084 304 4331 ; www.lantaanimalwelfare.com ; 629 Mu 2, Ban Phra Ae ; visite sur don ; ⏲9h-17h). Ce refuge pour animaux doublé d'une clinique vétérinaire prend soin depuis longtemps des chiens et chats errants et blessés : il les nourrit, les

VAUT LE DÉTOUR

PARC NATIONAL MARITIME DE MU KO LANTA

Ce **parc maritime national** (อุทยานแหงชาติหมูเกาะลันตา ; carte p. 712 ; ✆075 660711, à Bangkok 02 561 4292 ; www.dnp.go.th ; adulte/enfant/moto 200/100/20 B ; ⏲8h-18h) créé en 1990, protège 16 îles de l'archipel de Lanta, y compris la pointe sud de Ko Lanta Yai. Il est de plus en plus menacé par le développement effréné de la côte ouest de Ko Lanta Yai. Les autres îles de l'archipel connaissent un sort un peu meilleur.

Ko Rok Na (เกาะรอกใน) reste splendide, avec une baie en forme de croissant adossée à des falaises, de beaux récifs coralliens et une plage de sable d'un blanc étincelant. Muni d'un permis du bureau du parc, vous pouvez camper sur **Ko Rok Nok** (เกาะรอกนอก). À l'est de Ko Lanta Yai, **Ko Talabeng** déploie de spectaculaires grottes calcaires, que vous pourrez visiter lors d'un circuit en kayak de mer (1 300 B). Vous devrez vous acquitter d'un droit d'accès au parc pour toutes ces îles. Ko Rok Nai, Ko Rok Nok et **Ko Haa** sont fermées aux visiteurs du 16 mai au 31 octobre.

Le bureau du parc national (p. 716) et le centre d'information des visiteurs (p. 716) sont installés à Laem Tanod, à la pointe sud de Ko Lanta Yai, accessible par une piste asphaltée escarpée. L'endroit comprend quelques chemins de randonnée, deux plages jumelles, un phare, un camping aménagé et des bungalows dans un environnement sauvage.

stérilise, les reloge, les vaccine et mène des campagnes de sensibilisation locales. Les visites de 40 minutes organisées toutes les heures (toutes les 2 heures, mai-octobre) permettent de jouer avec les chatons. Vous pourrez vous porter volontaire pour promener ponctuellement les chiens ou pour du bénévolat de plus longue durée.

Cours

Time for Lime CUISINE
(Carte ci-contre ; ☎075 684590 ; www.timeforlime.net ; Hat Khlong Dao ; ⌚cours 16h). Au sud de Hat Khlong Dao, cet établissement populaire en bord de plage, à la fois école et restaurant, organise d'excellents cours de cuisine (2 000 B) et d'amusantes sessions de préparation de cocktails (440 B). En haute saison, venez avec un ami au “cours de cuisine et de cocktail” (4 000 B/2 personnes). Les bénéfices de l'école financent le Lanta Animal Welfare. Réservation nécessaire. Le restaurant propose un menu dégustation du lundi au samedi (540 B).

Où se loger

Les innombrables plages de sable doré de Ko Lanta, belles et immenses, sont situées pour la plupart sur la côte ouest. Votre lieu d'hébergement déterminera la facette de l'île que vous découvrirez. En basse saison (de mai à octobre), certains *resorts* ferment ; les autres baissent leurs tarifs de 50%. En haute saison, il faut réserver.

Ban Sala Dan

La Chambre HÔTEL $$
(Carte ci-contre ; ☎087 887 5191 ; www.lachambre.in.th ; Ban Sala Dan ; ch 800-1 200 B ; wifi). Si ça ne vous dérange pas de ne pas vous réveiller près de la plage, testez ce petit hôtel près de la route menant à l'embarcadère de Sala Dan et assez proche de la plupart des centres de plongée. Les chambres sont plutôt confortables, avec literie et salles de bains correctes ; les moins chères n'ont pas de fenêtre.

Hat Khlong Dao

Lanta Island Resort BUNGALOWS $$
(Carte ci-contre ; ☎075 684124 ; www.lantaislandresort.com ; 10 Mu 3, Hat Khlong Dao ; bung 1 800-5 500 B ; P ❄ @ wifi piscine). Disséminés dans un jardin arboré et ombragé, ces modestes bungalows sont équipés de meubles défraîchis mais ils sont propres et spacieux.

Nord de Ko Lanta

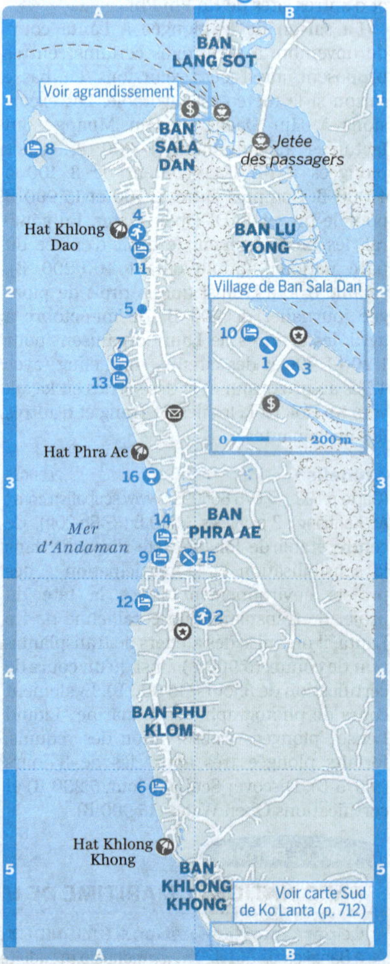

L'emplacement près de la plage est idéal et l'endroit possède une piscine. L'**Island Bar** (⌚12h-tard ; wifi), sur place, est prisé des visiteurs pour un verre en fin de soirée et accueille des concerts en haute saison (novembre à avril).

Crown Lanta Resort & Spa RESORT $$$
(Carte ci-dessus ; ☎075 626999 ; www.crownlanta.com ; Hat Khlong Dao ; d avec petit-déj 5 800-22 000 B ; ❄ @ wifi piscine). Superbement situé, le luxueux Crown Lanta se dresse à l'arrière de sa plage de sable blanc privée, à la pointe nord de Khlong Dao. Chambres et villas sont organisées autour

Nord de Ko Lanta

Activités

1 Blue Planet Divers ... B2
2 Lanta Animal Welfare ... B4
3 Lanta Diver ... B2
4 Oasis Yoga ... A2
5 Time for Lime ... A2

Où se loger

6 Bee Bee Bungalows ... A5
7 Chill Out House ... A2
8 Crown Lanta Resort & Spa ... A1
9 Hutyee Boat ... A3
Isara Lanta ... (voir 6)
10 La Chambre ... B2
11 Lanta Island Resort ... A2
12 Lazy Days ... A4
13 Somewhere Else ... A2
14 Thai House Beach Resort ... A3

Où se restaurer

Fat Turtle Beach Bar & Restaurant ... (voir 14)
15 Patty's Secret Garden ... A3

Où prendre un verre et faire la fête

Island Bar ... (voir 11)
16 Pangea ... A3

de deux piscines, deux restaurants, un excellent spa et, assez étonnamment, un bar reggae. La plage est à 3 minutes de marche mais si cela vous semble un peu trop loin, le personnel vous y conduira en voiturette de golf.

Hat Phra Ae

Chill Out House AUBERGE DE JEUNESSE $

(Carte page ci-contre ; ☎082 183 2258 ; www.chillouthouselanta.com ; Hat Phra Ae ; dort 220 B, d 280-320 B ; sept-avr ; wifi). Cette cabane dans les arbres, construite en bois flotté en retrait de la plage, propose trois dortoirs simples avec salles de bains communes, ainsi que des chambres doubles défraîchies avec salles de bains. L'ensemble est assez rudimentaire, mais vous ne trouverez pas meilleure ambiance (ou plus bas prix). La décontraction est partout grâce aux balançoires installées au bar, au dock iPod en libre accès et au fantastique espace détente rempli de hamacs. Tout le monde est traité comme un membre de la famille.

Thai House Beach Resort BUNGALOWS $$

(Carte page ci-contre ; ☎075 684289 ; www.thaihousebeachresort.net ; Hat Phra Ae ; bung 900-2 500 B ; P clim wifi). En retrait de la plage, ces agréables bungalows se déclinent en d'innombrables variantes adaptées à tous les budgets. Les maisons thaïlandaises traditionnelles en bois sont spacieuses, avec climatisation, grands réfrigérateurs et douches chaudes tandis que les bungalows en bambou, plus simples, sont équipés de ventilateurs et moustiquaires. Entre les deux, vous trouverez des bungalows en béton fonctionnels et propres. Fantastique emplacement.

Le *resort* est situé juste derrière l'élégant Fat Turtle Beach Bar and Restaurant (p. 715).

Hutyee Boat BUNGALOWS $$

(Carte page ci-contre ; ☎083 633 9723 ; Hat Phra Ae ; bung 600-1 200 B ; wifi). Ce paradis pour hippies propose de grands bungalows sur pilotis, tout simples, avec salle de bains carrelée, mini-réfrigérateur et ventilateur. Des hamacs se balancent dans une forêt de palmiers et de bambous. Situé à deux pas de la plage, l'établissement est géré par une famille musulmane chaleureuse dont le patriarche excentrique parle anglais.

Somewhere Else BUNGALOWS $$

(Carte page ci-contre ; ☎081 536 0858 ; Hat Phra Ae ; bung 800-1 700 B ; nov-avr ; wifi). Choisissez entre les cabanes simples en bambou et toit de chaume avec salle de bains carrelée de terre cuite, et les bungalows octogonaux en béton poli. Tous sont dressés sur une pelouse ombragée donnant sur Long Beach. Le restaurant, très apprécié, offre une belle sélection de spécialités thaïlandaises.

♥ **Lazy Days** BUNGALOWS $$$

(Carte page ci-contre ; ☎075 656291 ; www.lantalazydays.com ; Hat Phra Ae ; bung avec petit-déj 4 400-5 200 B ; oct-août ; clim wifi). De beaux jours de détente vous attendent dans ce lieu isolé, tout au bout de Hat Phra Ae. Les 9 bungalows en bambou et toit de chaume, très confortables, sont dotés d'un balcon, un grand lit, un réfrigérateur et une salle de bains élégante. Restaurant sur place.

Hat Khlong Khong

Isara Lanta BUNGALOWS $

(Carte page ci-contre ; ☎088 823 2184 ; www.isaralanta.com ; Hat Khlong Khong ; bung 500-1 100 B ; oct-avr ; wifi). Isara Lanta forme un petit ensemble très couru de bungalows soignés, aux teintes pastel et toit de tôle, agrémentés de bambou tressé. Bordant un chemin fleuri tout simple, ils sont disséminés à l'arrière d'un bar-restaurant rustique bleu et blanc.

Sud de Ko Lanta

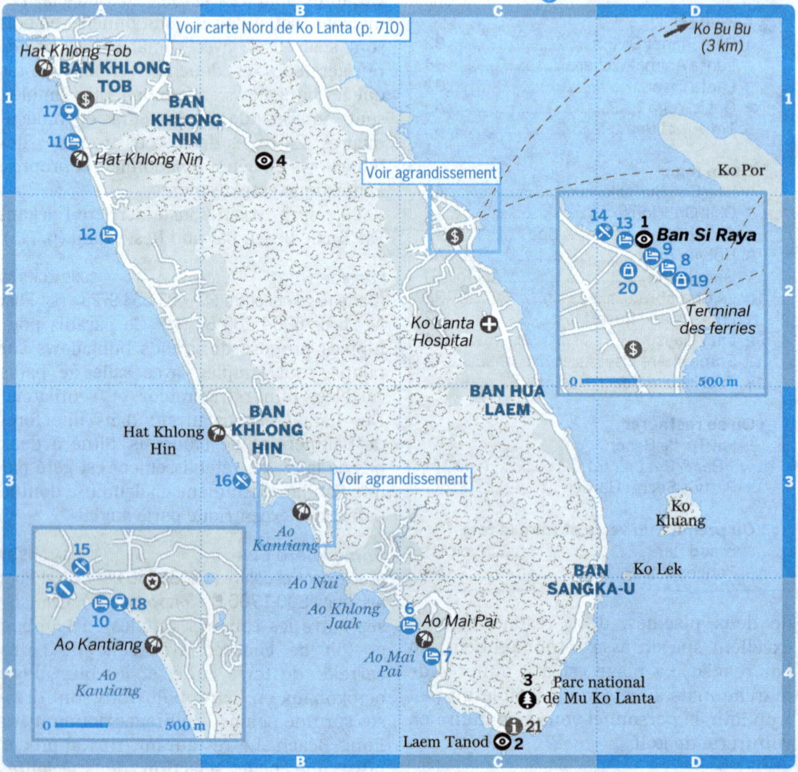

Bee Bee Bungalows BUNGALOWS $$
(Carte p. 710 ; ☎081 537 9932 ; Hat Khlong Khong ; bung 700-1 000 B ; wi-fi). Le Bee Bee, géré par un personnel particulièrement sympathique, possède une douzaine de bungalows en bambou, tous décorés différemment, dont quelques-uns perchés dans les arbres. Le restaurant est doté d'une bibliothèque et l'endroit est apprécié des jeunes voyageurs.

Hat Khlong Nin

Round House BUNGALOWS $$
(Carte ci-dessus ; ☎086 950 9424 ; www.lantaroundhouse.com ; Hat Khlong Nin ; bung sans/avec sdb 300-900 B/1 200-2 200 B, maison 3 000 B ; climatisation, wi-fi). À l'extrémité nord de la plage, ce charmant établissement propose différents types d'hébergements. Juste derrière le restaurant de plage balayé par la brise, les bungalows sur pilotis en bois et bambou avec ventilateur sont aménagés simplement (les moins chers se partagent des salles de bains avec eau chaude). Autrement, on peut loger dans une agréable maison ronde en adobe pour 2 personnes, dans des chambres en béton avec véranda, ou dans une maison climatisée sur la plage, idéale pour les familles. Réductions jusqu'à 20% pour les personnes seules.

Sri Lanta BOUTIQUE-HÔTEL $$$
(Carte ci-dessus ; ☎075 662688 ; www.srilanta.com ; Hat Khlong Nin ; ch avec petit-déj 3 400-7 400 B ; parking, climatisation, wi-fi, piscine). Implanté à l'extrême sud de la plage, ce complexe écoresponsable apprécié des touristes asiatiques se compose de suites confortables et de villas en bois réparties sur un coteau boisé. De l'autre côté de la route, une zone de la plage frangée de fleurs est dotée de deux piscines, un restaurant et quelques pavillons de massage. Vous serez loin de tout : préparez-vous à passer des nuits paisibles. L'endroit accueille aussi toute l'année cours de yoga (550 B) et retraites spirituelles.

Sud de Ko Lanta

Ao Kantiang

Phra Nang Lanta HÔTEL **$$$**
(Carte page ci-contre ; ☎075 665025 ; www.vacationvillage.co.th ; Ao Kantiang ; ch avec petit-déj 4 800-9 600 B ;). Ces 15 studios de style mexicain, dont le revêtement rappelle l'adobe, semblent tout droit sortis d'un magazine de décoration d'intérieur (lignes claires, bois et tons blancs rehaussés de couleurs vives, coussins moelleux et lavabo en céramique). Dehors, des fleurs et des plantes grimpent sur les auvents en bambou ; la piscine et le bar-restaurant donnent sur la plage. Excellents tarifs en basse saison.

Ao Mai Pai

La Laanta BOUTIQUE-HÔTEL **$$**
(Carte page ci-contre ; ☎087 883 9977, 087 883 9966 ; www.lalaanta.com ; 188 M5 Bamboo Beach, Ao Mai Pai ; bung avec petit-déj 2 800-6 200 B ;). Tenu par un jeune couple thaïlando-vietnamien qui parle anglais, La Laanta est l'un des établissements les plus intéressants de Lanta. Ses bungalows à toit de chaume agrémentés de sols en ciment poli, lits plateforme, motifs floraux et terrasse dominent une belle plage de sable et de rochers avec terrain de volley-ball. Le **restaurant** (carte page ci-contre ; ☎087 883 9977 ; Ao Mai Pai ; plats 120-350 B ; 8h-21h ;) décontracté concocte un savoureux menu thaïlandais riche en plats végétariens. Pour vous y rendre, prenez le dernier embranchement avant le parc national de Mu Ko Lanta.

Lits d'appoint disponibles pour les enfants ainsi qu'une piscine. Fortes réductions en basse saison.

Baan Phu Lae BUNGALOWS **$$**
(Carte page ci-contre ; ☎075 665100, 085 474 0265 ; www.baanphulaeresort.com ; Ao Mai Pai ; bung 1 800-2 400 B ; oct-avr ;). Perchés sur des rochers isolés au nord de la dernière plage avant la pointe sud de Lanta, ces romantiques bungalows en béton jaune canari, coiffés de chaume, sont dotés de lits en bambou, ventilateurs ou climatisation, et agrémentés de tableaux colorés et vérandas privées. Juste derrière se trouvent des bungalows climatisés en bois et sur pilotis. L'hôtel peut aussi réserver pour vous transports, cours de cuisine, massages, et sorties plongée et snorkeling.

Laem Tanod

Hébergements du parc national de Mu Ko Lanta BUNGALOWS, CAMPING **$**
(Carte page ci-contre ; ☎075 660711, à Bangkok 02 561 4292 ; www.dnp.go.th ; Laem Tanod ; bung 1 500-3 000 B, empl 40 B/pers, avec tente 300 B). Entouré d'affleurements rocheux où viennent se briser les vagues, le terrain isolé du bureau du parc national est un endroit

100% LOCAL

OÙ SE LOGER À KO LANTA ?

Ban Sala Dan On trouve des hôtels pour petits budgets corrects dans cette bourgade pleine de caractère. Vous serez proche des restaurants locaux de poisson et des embarcadères, mais loin de la plage.

Hat Khlong Dao (หาดคลองดาว). Jadis une splendide étendue de sable blanc, idéale pour la baignade, cette plage de 2 km s'est tellement érodée qu'elle disparaît à marée haute. Tout le nord de Lanta est concerné par ce grave problème.

Hat Phra Ae Un grand village de voyageurs (avec restaurants servant des plats occidentaux, bars de plage et agences de tourisme) s'est développé sur la sablonneuse Hat Phra Ae, à 3 km au sud de Ban Sala Dan. La plage s'est érodée ces dernières années, mais une belle étendue subsiste du côté nord.

Hat Khlong Khong (p. 711). À 9 km au sud de Ban Sala Dan, ce rendez-vous des jeunes voyageurs cumule toits de chaume, bars rastas, sessions de beach-volley et fêtes de la Pleine Lune. L'endroit est encore assez tranquille mais les soirées festives sont plus fréquentes qu'auparavant. La plage, large bande de sable qui se rétrécit progressivement, s'étend à perte de vue de chaque côté, léchée par des eaux turquoise peu profondes.

Hat Khlong Nin (p. 712). À 13 km au sud de Ban Sala Dan, la route principale vers le sud se divise après Hat Khlong Tob. L'embranchement de gauche rejoint la côte est ; celui de droite accompagne le littoral sur 14 km jusqu'à la pointe sud de Ko Lanta. En allant sur la droite, la première plage de sable blanc que vous rencontrez est la ravissante Hat Khlong Nin. Son extrémité nord abrite de nombreuses petites pensions pour voyageurs aisés. Vous aurez l'embarras du choix.

Ao Kantiang (p. 713). Au sud-ouest, cette superbe étendue de sable surplombée par les montagnes accueille un village autonome, avec supérettes, restaurants et loueurs de motos. Le lieu est cossu et loin de tout. Ne comptez pas trop bouger.

Ao Mai Pai (p. 713). Crique verdoyante nichée dans la courbe sud-ouest précédant le cap, Ao Mai Pai abrite l'une des meilleures plages de l'île. Elle est bordée d'élégantes palmeraies, avec un récif au nord, un promontoire enveloppé par la jungle au sud et des eaux vert jade entre les deux.

Laem Tanod (แหลมโตนด ; carte p. 712). La pointe sud de l'île, sauvage, montagneuse et couverte de jungle cache des falaises escarpées et des panoramas extraordinaires.

paisible où passer la nuit. Les bungalows et tentes sans prétention accueillent entre 4 et 8 personnes. Le camping comprend toilettes, eau courante et une boutique, mais il faut apporter sa nourriture. C'est ici qu'on demande les autorisations pour camper sur Ko Rok.

Ban Si Raya

Sriraya PENSION $

(Carte p. 712 ; ☎075 697045 ; punpun_3377@hotmail.com ; Ban Si Raya ; ch avec sdb commune 600 B ; wi-fi). Séjournez dans cette *shophouse* chinoise aux poutres épaisses, simple mais magnifiquement restaurée. Les chambres basiques sont décorées dans un style industriel chic, et les balcons surplombent l'eau. Un lieu pittoresque et charmant.

♥ Old Times PENSION $$

(Carte p. 712 ; ☎081 854 6000 ; facebook.com/theoldtimeslantabnb ; Ban Si Raya ; ch 500-1700 B ; clim, wi-fi). Un excellent choix, cette *guesthouse* est installée dans deux élégantes maisons en teck centenaires se faisant face dans la rue (elles ont été récemment rénovées). Chambres élégantes au style impeccable, variant en prix et taille. Les meilleures, lumineuses et ornées de photos en noir et blanc, s'avancent sur la jetée où se trouve un espace détente couvert de coussins. L'endroit est charmant, romantique et amusant.

♥ Mango House PENSION $$

(Carte p. 712 ; ☎089 867 1067 ; www.mango-houses.com ; Ban Si Raya ; ste 1 650-3 000 B, villa 5 800 B ; wi-fi). Vieilles de 100 ans, ces maisons chinoises en teck sur pilotis, au-dessus du port, sont d'anciennes fumeries d'opium. Les planchers d'origine, polis par le temps, sont intacts et les 3 suites immenses et hautes de plafond sont chacune équipées d'une télévision (réception satellite) et de ventilateurs. Construites dans le style de la vieille ville, les villas en bord de mer peuvent accueillir de 2 à 6 personnes. Environ 50% de réduction en basse saison.

Où se restaurer

Pour déguster des fruits de mer au meilleur rapport qualité/prix, dirigez-vous vers les restaurants de poisson qui bordent la lisière nord de Ban Sala Dan. Dotés de vérandas donnant sur l'eau, ils servent les prises du jour, facturées au poids. De nombreux restaurants thaïlandais et internationaux sont disséminés sur l'île et la plupart des *resorts* possèdent leurs propres établissements.

Shanti Shanti Beach House THAÏLANDAIS $
(084 324 6941 ; facebook.com/shantishanti-beachhouse ; Ban Khlong Tob ; plats 70-150 B ; 12h-22h ;). En plein air, surplombant la plage, ce charmant endroit de style shabby chic agrémenté de bois flotté a tout pour plaire : emplacement idyllique, brise marine fraîche, carte des vins correcte et spécialités de fruits de mer, françaises et thaïlandaises préparées et présentées de manière exquise. À l'extrême nord de Khlong Tob.

Phad Thai Rock'n'Roll THAÏLANDAIS $
(Carte p. 712 ; 080 784 8729 ; facebook.com/phadthairock77 ; Ao Kantiang ; plats 90-150 B ; 11h-21h). On n'a pas tous les jours l'occasion de savourer un *pàt tai* épicé à souhait préparé par un guitariste. Six recettes au choix (riz frit "jazz" ou nouilles sautées "blues", au poulet, porc, fruits de mer ou légumes), concoctées avec maestria, dans un cadre simple et moderne. Comptant à peu près autant de tables que de plats, l'endroit est victime de son succès et l'on doit parfois patienter.

Patty's Secret Garden THAÏLANDAIS $$
(Carte p. 710 ; 092 843 5740 ; www.pattyssecretgarden.com ; 278 Mu 2, Hat Phra Ae ; plats 120-320 B ; 9h-23h ;). Ce restaurant décontracté où les familles sont les bienvenues est installé dans un agréable jardin ombragé débordant de fleurs. Ici, les plats thaïlandais et occidentaux sont toujours bons, et l'on propose aussi des menus enfants et un bon petit-déjeuner.

Un autre établissement, Patty's Secret Garden by the Sea, est installé dans un cadre charmant en bord de mer, à Hat Khlong Khong.

Beautiful Restaurant PRODUITS DE LA MER $$
(Carte p. 712 ; 086 282 1777 ; Ban Si Raya ; plats 80-350 B ; 10h-21h ;). Les tables de ce restaurant situé à l'extrémité nord-ouest de la vieille ville sont disposées sur quatre embarcadères qui s'avancent dans la mer. La carte propose tous les plats phares de la cuisine thaïlandaise, mais le poisson reste la spécialité. Vivement conseillé.

Drunken Sailors THAÏLANDAIS, INTERNATIONAL $$
(Carte p. 712 ; 075 665 076 ; facebook.com/drunkensailors ; Ao Kantiang ; plats 130-200 B ; 9h-15h et 18h-22h juil-avr ;). Les poufs, hamacs et tables basses de la salle très décontractée sont disséminés jusque sur la terrasse. Le menu international préparé avec des ingrédients de qualité met l'eau à la bouche avec ses pâtes maison, sandwichs, burgers, mais aussi délices thaïlandais, comme le sauté au gingembre et le curry rouge, épicés et cuits à votre goût.

Fat Turtle Beach Bar & Restaurant THAÏLANDAIS, INTERNATIONAL $$$
(Carte p. 710 ; 092 612 0953 ; facebook.com/FatTurtleLanta ; Hat Phra Ae ; plats 120-400 B ; 8h-22h ;). Installé sur une plateforme en bois, ce bar-restaurant raffiné domine les rochers à l'extrémité sud de Long Beach. C'est l'endroit parfait pour un dîner aux chandelles. La carte très inventive mêle plats thaïlandais et internationaux (goûtez le risotto crémeux) ; les portions généreuses, l'ambiance détendue et la vue majestueuse justifient tout à fait les prix.

Où prendre un verre et faire la fête

Si vous rêvez de clubs bondés, choisissez une autre île. Si vous préférez les bars plus tranquilles, où la musique égaie de longues soirées, Lanta a ce qu'il vous faut sur la plupart des plages, en particulier autour de Hat Phra Ae. La programmation de chaque établissement varie d'un jour à l'autre, mais des posters disséminés sur l'île vous informent des événements à venir. La basse saison (mai à octobre) est très calme.

Pangea BAR
(Carte p. 710 ; facebook.com/pangeabeachbar ; Hat Phra Ae ; 11h-minuit). Détendez-vous dans les cabanes au toit de chaume ou paressez sur les coussins surélevés de ce bar installé au beau milieu de la plage de Long Beach. Au coucher du soleil, les DJ résidents prennent place sur la plage pour des soirées très appréciées.

Why Not Bar BAR
(Carte p. 712 ; 083 644 1333 ; www.facebook.com/WhyNotBarKohLanta ; Ao Kantiang ; 11h-1h ;). Ce bar en bois flotté très fréquenté applique sans complexe une formule gagnante : spectacle de feu, cocktails robustes, barmans pleins d'entrain et bons concerts, que l'on peut écouter depuis la terrasse surélevée, assis à l'une des tables basses en bois.

Rasta Baby BAR
(Carte p. 712 ; facebook.com/RastaBabyBar ; Hat Khlong Nin ; 9h-tard ;). On passerait facilement des heures à se délasser dans ce bar reggae ouvert sur la plage. Le décor est planté avec du bois flotté poli, des coussins de sol, des cordages et des coquillages suspendus au plafond. À l'avant, une boutique vend des vêtements faits main. Concerts et feux d'artifice.

Achats

Malee Malee MODE ET ACCESSOIRES
(Carte p. 712 ; 084 443 8581 ; 55/3 Mu 2, Ban Si Raya ; 9h-21h). Une caverne d'Ali Baba bohème, pleine d'articles excentriques faits main : T-shirts peints à la main, foulards en soie, jouets, vêtements pour bébé, peintures, bijoux et sacs à main. Les prix sont bas et fouiner ici est très divertissant. Un joli café (environ 80 B/café) est installé à l'entrée.

Hammock House DÉCORATION
(Carte p. 712 ; 082 262 9566 ; www.jumbohammock.com ; Ban Si Raya ; 10h-18h). Ne manquez pas ce magasin vendant des hamacs uniques, colorés et de qualité, fabriqués par des villageois et des Mlabri, minorité ethnique du nord de la Thaïlande dont la population diminue dangereusement. L'endroit ferme parfois pendant la basse saison (mai à octobre).

Renseignements

ARGENT

Des DAB acceptant les cartes étrangères sont installés dans le nord (carte p. 710 ; Ban Sala Dan), sur la côte est (carte p. 712 ; Ban Si Raya) et sur la côte ouest (carte p. 712 ; Hat Khlong Nin). On trouve aussi des DAB ailleurs le long de la côte ouest.

INFORMATION TOURISTIQUE

Lanta Pocket Guide (www.lantapocketguide.com). Une source utile de renseignements, en anglais.

Bureau du parc national de Mu Ko Lanta (carte p. 712 ; 075 660711, à Bangkok 02 561 4292 ; www.dnp.go.th ; Laem Tanod ; 8h-16h). À la pointe sud de Lanta.

Centre d'information des visiteurs du parc national de Mu Ko Lanta (carte p. 712 ; 081 090 1466, 082 816 6885 ; Laem Tanod ; 8h-18h). À la pointe sud de Lanta.

SERVICES MÉDICAUX

Ko Lanta Hospital (carte p. 712 ; 075 697 017 ; Ban Si Raya). À 1 km environ au sud de la vieille ville de Ban Si Raya.

URGENCES

On trouve des postes de police sur la **côte ouest** (carte p. 710 ; Hat Phra Ae) et dans le **nord** (carte p. 710 ; 075 668192 ; Ban Sala Dan), ainsi qu'un **service de police** (carte p. 712 ; Ao Kantiang) au sud de Lanta.

Depuis/vers Ko Lanta

La plupart des visiteurs arrivent à Ko Lanta en bateau ou en minibus climatisé. Si vous organisez vous-même votre voyage, vous devrez prendre l'un des **car-ferrys** (moto/piéton/voiture 20/20/200 B ; 6h-22h) qui circulent fréquemment entre Ban Hua Hin, Ban Khlong Mak (Ko Lanta Noi) et Ko Lanta Yai.

BATEAU

Ban Sala Dan compte deux embarcadères. La **jetée des passagers** (carte p. 710 ; Ban Sala Dan) est à 300 m de la principale rue commerçante. Les **car-ferrys** (carte p. 710 ; Ban Sala Dan) accostent à une jetée à 2 km à l'est.

De novembre à avril, un ferry express de Tigerline (p. 723) relie Phuket à Ban Sala Dan (Ko Lanta ; 1 500 B, 2 heures), puis continue jusqu'à Ko Lipe (1 700 B, 5 heures), via Ko Ngai (750 B, 1 heure), Ko Kradan (850 B, 1 heure 30) et Ko Muk (850 B, 2 heures). Le ferry part de Ko Lanta pour le sud vers 10h et revient de Lipe le lendemain à 10h également, marquant une halte à Ko Lanta autour de 15h, avant de poursuivre vers le nord.

Ko Lanta Noi Un car-ferry et un ferry relient Ko Lanta Noi à Ko Lanta Yai.

Ko Phi Phi Les ferrys reliant Ko Lanta à Ko Phi Phi circulent toute l'année. Ils quittent Lanta à 8h et 13h (350 B, 1 heure 30), et repartent de Phi Phi à 11h30 et 15h.

Des *speedboats* font le même trajet en haute saison (700-800 B, 1 heure).

Krabi De novembre à fin avril, des bateaux relient Ko Lanta à l'embarcadère de Khlong Chilat à Krabi à 8h30 et 11h30 (450 B, 2 heures). Ils reviennent de Krabi à 11h30. En haute saison, ils marquent l'arrêt à Ko Jum (400 B, 1 heure).

Phuket Les ferrys pour Phuket partent toute l'année à 8h (800 B) – 13h en basse saison–, avec, généralement, un changement de bateau à Ko Phi Phi.

Îles de Trang De mi-octobre à fin avril, plusieurs *speedboats* raccordent Ko Lanta aux îles de Trang, notamment ceux de Satun Pak Bara Speedboat Club (p. 723) et de Bundhaya Speedboat (p. 723). Ils desservent Ko Ngai (650 B, 30 minutes), Ko Muk (900 B, 1 heure), Ko Kradan (1 150 B, 1 heure 15), Ko Bulon Leh (1 600 B, 2 heures) et Ko Lipe (1 900 B, 3 heures).

MINIBUS

Les minibus circulent toute l'année et restent le mode de transport le plus pratique depuis le continent. Ils sont cependant particulièrement bondés dans cette région et les embouteillages liés aux car-ferrys peuvent causer des retards. La plupart des minibus viennent chercher les passagers dans leurs hôtels. Leur fréquence de circulation diminue en basse saison.

Des minibus desservent l'aéroport de Krabi (350 B, 2 heures 30) et la ville de Krabi (350 B, 3 heures) toutes les heures, de 6h à 16h, dans les deux sens. Depuis Krabi, d'autres destinations sont accessibles, comme Khao Lak et Bangkok. Depuis Ko Lanta, vous pourrez également rejoindre les destinations suivantes.

DESTINATION	TARIF	DURÉE	DÉPARTS
Ko Pha Ngan	1 100 B	8 heures 30	8h
Ko Samui	1 000 B	6 heures 30	8h
Trang	450 B	3 heures	8h, 9h, 10h30 et 13h

Comment circuler

La plupart des hôtels envoient des véhicules à l'arrivée des ferrys et transportent gratuitement leurs clients. Pour le retour, comptez de 100 à 400 B. Vous pouvez également prendre une moto-taxi à l'extérieur du 7-Eleven à Ban Sala Dan – le tarif varie de 50 à 400 B selon la distance.

Mun Lanta (089 971 7792, 093 576 2637 ; www.munlanta.com) propose des circuits privés en anglais et des services de taxi dans des 4x4 climatisés (demi-journée/journée 1 500/2 500 B).

Les motos (250 B/jour, sans assurance) se louent partout ainsi que les vélos (150 B/jour). Plusieurs agences de Ban Sala Dan louent des petits 4x4 (1 300 B/jour).

Ko Jum et Ko Si Boya เกาะจำ / เกาะศรีบอยา

Au nord de Ko Lanta, Ko Jum et sa voisine Ko Si Boya ne comptent étonnamment que de rares constructions cachées parmi les arbres et semblent la plupart du temps quasiment désertes. On y vient surtout pour flâner sur les longues plages de sable doré de Ko Jum (celle de Ko Si Boya est moins impressionnante) et s'imprégner de sa beauté bucolique. Ko Jum mesure 12 km de long et ne compte que trois petits villages de pêcheurs abritant une population totale d'environ 1 500 habitants. Dans ce joyau tropical, la jungle couvre l'intérieur des terres d'un tapis dense, les jardins débordent de vie et l'atmosphère est tranquille et enchanteresse. Les habitants désignent seulement la partie sud et plane de Ko Jum par ce nom, bien qu'il s'agisse techniquement du nom de l'île. La partie vallonnée au nord est appelée Ko Pu.

Où se loger et se restaurer

La plupart des *resorts* de Ko Jum bordent la côte ouest et ses kilomètres de plages de sable doré. Les infrastructures touristiques se sont développées lentement et de nouveaux complexes hôteliers s'implantent progressivement le long de la côte nord-ouest. Sur Ko Jum, une poignée de restaurants sont ouverts hors des *resorts*, la plupart dans le village de pêcheurs de Ban Ko Jum. Sur Ko Si Boya, vous vous restaurerez à Siboya Bungalows.

Ko Jum

Bodaeng BUNGALOWS $

(081 494 8760 ; Hat Yao, Ko Jum ; bung 200-400 B ; oct-avr). Installé parmi les arbres derrière Hat Yao, ce repaire de hippies à l'ancienne loue des bungalows simples en bambou et deux cabanes en bois plus récentes avec salle de bains. Pas de ventilateur (juste la brise marine) ni de Wi-Fi, toilettes à la turque dans les salles de bains communes et électricité limitée, mais la plage est juste à côté et la propriétaire, toujours souriante, est adorable.

Jungle Hill Beach Bungalows BUNGALOWS $$
(081 968 9457 ; www.junglehillbungalow.com ; Ban Ting Rai ; bung 500-2 500 B ;) Perchés au sommet d'une colline spectaculaire, ces bungalows en bois au toit rouge, dotés de balcons et de hamacs, surplombent une plage rocheuse isolée, et jouissent d'une jolie vue sur la mer vers Ko Phi Phi. Des bungalows moins chers sont installés plus en hauteur, dans un jardin visité par des singes curieux (et affamés). Vous paierez plus cher pour les bungalows sur le front de mer.

Woodland Lodge BUNGALOWS $$
(081 893 5330 ; www.woodland-koh-jum.com ; Hat Yao, Ko Jum ; bung 1 300-1 700 B ;). Les cabanes en bambou au toit de chaume, dispersées sur un immense domaine boisé, sont propres, décorées avec goût et pourvues de ventilateurs, de parquet poli et d'une véranda. Les bungalows familiaux en béton et bois peuvent accueillir 3 personnes. Des sorties en bateau sont organisées par les sympathiques propriétaires, un Britannique et une Thaïlandaise. Sur place, le **Fighting Fish Restaurant** (Hat Yao ; plats 100-300 B ; 7h-21h ;) est d'un bon rapport qualité/prix.

Koh Jum Beach Villas VILLAS $$$
(086 184 0505 ; www.kohjumbeachvillas.com ; Hat Yao, Ko Jum ; villa avec petit-déj 13 000-35 000 B ;). Envahis par les frangipaniers et les bougainvillées, ces jardins qui s'étendent jusqu'à une ravissante plage dorée abritent de spacieuses villas en bois avec salon, cuisine et vue sur la mer. Quelques-unes disposent même d'une romantique piscine à débordement privée. Le *resort* assure une gestion environnementale aussi responsable que possible et propose circuits de snorkeling, de randonnée et cours de cuisine thaïlandaise. Charmant **restaurant** (Hat Yao ; plats 250-900 B ; 7h30-22h ;) sur place.

Les plus grandes villas, parfaites pour les familles, comptent jusqu'à 5 chambres.

Koh Jum Lodge RESORT $$$
(089 921 1621 ; www.kohjumlodge.com ; Hat Yao, Ko Jum ; bung avec petit-déj 4 500-8 000 B ; nov-avr ;). Cet écolodge a du style avec ses 19 cottages spacieux en bois dur et bambou, décorés de moustiquaires vaporeuses, couvre-lits en soie, palmes de cocotier, orchidées en pot et gravures thaïlandaises. Le *resort* dispose également d'un jardin soigné, de pavillons de massage et de hamacs sur une plage de sable blanc. Un équilibre parfait entre authenticité et confort. Séjour minimal de 3 nuits en haute saison.

Ko Si Boya

Siboya Bungalows BUNGALOWS $
(081 979 3344 ; www.siboyabungalows.com ; Ko Si Boya ; bung 350 B, maison 500-1 800 B ;). La plage de Ko Si Boya n'est pas très spectaculaire, mais ses mangroves forment un cadre exubérant et plein de vie. Ces bungalows en bambou, tout simples, sont nichés dans des jardins bien entretenus et certains sont équipés de baies vitrées. Les maisons particulières sont vastes et élégantes. Excellent rapport qualité/prix, surtout si vous cherchez à buller dans un hamac.

Depuis/vers Ko Jum et Ko Si Boya

De novembre à mai, le bateau qui relie Krabi et Ko Lanta peut vous déposer à Ko Jum, mais vous paierez le prix total (450 B, 1 heure, à 11h30) – il revient de Lanta à 8h30. En haute saison, un bateau quotidien va de Ko Jum à Ko Phi Phi (600 B, 1 heure 30) à 8h30 et passe chercher les clients des *resorts* de Hat Yao – il revient de Phi Phi à 14h.

Toute l'année, des *long-tail boats* desservent Ko Jum au départ de Ban Laem Kruat, à 38 km au sud-est de Krabi, au bout de la Rte 4036 (qui vient de la Hwy 4). Ils partent (100 B, 30 min) à 9h, 10h, 11h30, 12h, 13h, 14h30, 16h, 17h30 et 18h15, et reviennent à 6h30, 7h15, 7h40, 8h, 8h30, 10h30, 13h30, 14h30 et 16h.

Si vous rejoignez Ko Jum via Laem Kruat, sachez que les bateaux partent de 3 embarcadères différents : Ban Ko Jum et Mu Tu sont les plus pratiques. Les hôtels organiseront le transfert depuis le quai si vous les prévenez. Autrement, vous devrez compter sur la gentillesse de quelqu'un.

Chaque jour, des bateaux partent de Laem Kruat pour Ko Si Boya (50 B, 15 min) toutes les heures entre 8h et 17h30. Dans l'autre sens, ils circulent toutes les heures de 6h15 à 17h. Appelez Siboya Bungalows pour organiser le transfert depuis l'embarcadère.

Des *songthaew* attendent les bateaux à Laem Kruat et reviennent à Krabi (100 B), via l'aéroport de Krabi et Nua Khlong (où vous pouvez descendre pour aller à Ko Lanta).

Comment circuler

Plusieurs boutiques de Ban Ko Jum et quelques *guesthouses* de Ko Jum louent vélos (100 B) et motos (250 B).

Province de Trang

PROVINCE DE TRANG

จังหวัดตรัง

Donnant sur la mer d'Andaman au sud de Krabi, le littoral calcaire de la province de Trang compte quelques îles extraordinaires qui attirent un peu moins de visiteurs que leurs voisines plus connues. L'arrière-pays luxuriant offre de nombreux sites naturels à explorer, notamment des dizaines de cascades et de grottes. Trang étant moins touristique que Krabi, vous apercevrez davantage de plantations d'hévéas que de boutiques de T-shirts. Les possibilités de transports sont bonnes et, en haute saison (de novembre à avril), il est possible d'aller d'île en île jusqu'en Malaisie.

Trang

ตรัง

075 / 60 700 HABITANTS

Trang est une charmante ville à l'ambiance thaïlandaise un peu désuète. La plupart des visiteurs la traversent pour accéder aux paradis tropicaux au large de la côte mais elle est bien plus qu'un simple nœud des transports. Si la culture, la cuisine thaïlandaise et les marchés vous intéressent, prévoyez d'y faire une halte d'un jour ou plus pour flâner dans ses marchés d'alimentation et de produits frais ou ses cafés chinois. Presque toute l'année, on y croise des fêtes locales hautes en couleur. Trang est aussi un formidable point de départ pour des excursions d'une journée à la découverte des grottes, des cascades ou de la jungle des parcs nationaux tout proches.

La plupart des services touristiques bordent Th Praram VI, entre la tour de l'horloge et la gare ferroviaire.

À voir et à faire

Trang tient plus du centre commerçant que de la ville touristique. Ne manquez pas l'exploration des grands marchés de produits

Trang

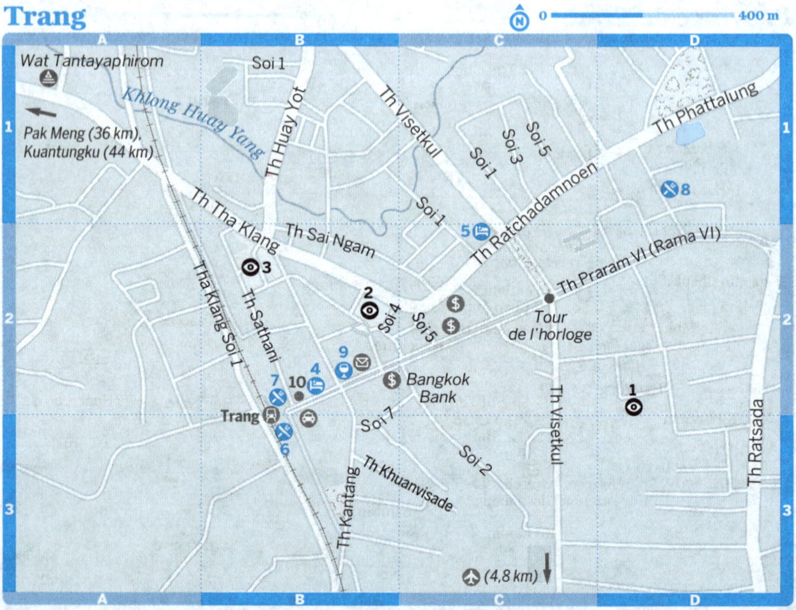

Trang

À voir

1 Sanctuaire Meunram D2
2 Marché de produits frais et secs B2
3 Marché de produits frais et secs B2

Où se loger

4 Mitree House B2
5 Yamawa Guesthouse C2

Où se restaurer

6 Kopi...B3
7 Marché nocturne B2
8 Marché nocturne D1
Wine Corner Bar & Bistro ....(voir 6)

Où prendre un verre et faire la fête

9 92 Bar & Studio B2

Renseignements

10 Trang Happy Trip & Tour B2

frais et secs, aussi colorés qu'animés, dans **Th Ratchadamnoen** (horaires variables) et **Th Sathani** (horaires variables).

Les agences touristiques vers la gare ferroviaire et Th Praram VI organisent des circuits en bateau dans le parc national de Hat Chao Mai et les îles de Trang (850 B, plus le droit d'accès au parc), des sorties snorkeling à Ko Rok (1 700 B/pers) et des excursions en voiture aux grottes et cascades des environs (2 000 B, 4 pers maximum).

Sanctuaire Meunram TEMPLE
(ศาลเจ้าพ่อหมื่นราม ; entre Th Visetkul et Th Ratsada ; lever-coucher du soleil) GRATUIT Derrière une façade quelconque, ce sanctuaire chinois enveloppé de fumée d'encens dissimule un intérieur étonnamment raffiné. Il accueille parfois un théâtre d'ombres de Thaïlande du Sud.

Fêtes et festivals

Fête végétarienne CULTURE
(oct). Cette superbe fête bouddhique est un paradis pour les végétariens – les participants prouvent leur vertu en se privant de viande. Pendant 9 jours, toute la ville célèbre l'événement, qui a lieu, comme à Phuket (p. 653), les deux premières semaines d'octobre.

Où se loger

Yamawa Guesthouse PENSION $
(075 290477 ; yamawagh@outlook.com ; 94 Th Visetkul ; ch avec ventil/clim 350/450 B ;). Avec ses chambres à l'ancienne, simples et propres, équipées de réfrigérateur et de ventilateur ou de climatiseur, cette pension d'un rapport qualité/prix

correct est souvent oubliée car elle n'a rien de chic et se trouve à 1 km de marche de la gare ferroviaire (où sont situées la plupart des agences de voyages). Pourtant, les adorables propriétaires thaïlandais fournissent des cartes détaillées de Trang et des conseils fiables. Ils louent aussi des motos (250 B/jour).

Mitree House PENSION **$$**
(075 212292 ; mitreehouse.trang@gmail.com ; 6-8 Th Sathani ; ch avec petit-déj 750-1 050 B ;). Idéalement située près de la gare ferroviaire, cette *guesthouse* propose des chambres modernes impeccables, avec lits confortables et salles de bains de taille correcte – les moins chères sont sans fenêtre, les plus chères, à l'étage, sont vastes et lumineuses. Espace commun à chaque étage, petit-déjeuner simple inclus et personnel serviable. Possibilité de louer des motos (250 B/jour).

Rua Rasada Hotel HÔTEL **$$$**
(075 214 230 ; www.ruarasadahotel.com ; 188 Th Phattalung ; ch avec petit-déj 2 280-50 780 B ;). Hôtel le plus chic de Trang, cet immeuble massif est commodément situé face au terminal des bus, à 10 minutes en *tuk-tuk* (40 B) au nord-est de la gare ferroviaire. De l'extérieur, il ressemble à un hôtel d'affaires classique mais ses chambres sont immenses et confortables et sa piscine imposante. En basse saison, on peut bénéficier de réductions de 40% à 50%.

Où se restaurer et prendre un verre

Trang abrite deux marchés alimentaires nocturnes populaires.

La ville est réputée pour son *mŏu yâhng* (porc grillé croustillant), ses gâteaux spongieux, ses petits-déjeuners de *dim sum* et ses *ráhn go·pîi* (cafés). Certains cafés offrent du *mŏu yâhng* le matin, ou vous pouvez en acheter au poids au marché des produits frais de Th Ratchadamnoen.

Marché nocturne MARCHÉ **$**
(entre Th Praram VI et Th Ratchadamnoen ; plats à partir de 40 B ; 16h-21h). Cet incontournable marché nocturne traditionnel vend, entre autres, alléchants currys, légumes, poulet, poisson et tofu frits, *pàt tai* et différents desserts thaïlandais. Allez-y l'estomac vide et l'esprit ouvert ! Un autre **marché nocturne** (plats à partir de 40 B ; 18h-22h jeu-dim), tout aussi remarquable, s'installe devant la gare tous les week-ends.

Kopi THAÏLANDAIS **$**
(075 212516 ; Th Sathani ; plats 25-200 B ; 7h-17h ;). Vieilles tables couvertes de marbre et ventilateurs au plafond : ce sympathique café sino-thaïlandais à l'ancienne existe depuis plus de 60 ans. Les soupes sont excellentes, le canard rôti et le porc croustillant, délicieux et quelques plats occidentaux sont proposés. Le café traditionnel (appelé ici *kopi*), noir et sucré, est servi avec du lait concentré.

Wine Corner Bar & Bistro THAÏLANDAIS, INTERNATIONAL **$$**
(075 290192 ; facebook.com/pg/winecornertrang ; 25-31 Th Sathani ; plats 120-360 B ; 17h-minuit ;). Assez inattendue à Trang, cette cave à vins de qualité doublée d'un restaurant est gérée par un spécialiste diplômé en œnologie. Les vins importés sont conservés à température contrôlée et l'établissement propose une impressionnante carte thaïlandaise et internationale. Le mobilier en bois rustique et les tables en fût de vin créent une ambiance plaisante, souvent agrémentée de concerts.

92 Bar & Studio BAR
(facebook.com/92BarAndStudio ; 93 Th Kantang ; 17h-minuit ;). En entrant dans ce petit bar soigné, on pourrait se croire dans un appartement branché de New York. Le long bar en bois, les tabourets en cuir noir, l'éclairage d'ambiance et la musique jazz raffinée accompagnent l'impressionnante carte de bières artisanales.

Renseignements

Bangkok Bank (Th Praram VI ; 8h30-15h30). Dispose d'un DAB acceptant les cartes étrangères.

Trang Happy Trip & Tour (075 219757 ; facebook.com/tranghappytrip&tour ; 22 Th Sathani ; 6h30-22h). À la tête de cette agence fiable près de la gare ferroviaire, Sai et Jip connaissent bien la région (Jip parle très bien anglais). Ils vous réserveront une voiture avec chauffeur ou une place de minibus ou de bateau, vous loueront des motos et vous organiseront des circuits à la journée dans les îles de Trang.

Depuis/vers Trang

AVION

L'aéroport se situe à 5 km au sud de Trang. **Air Asia** (www.airasia.com) et **Nok Air** (www.nokair.com) assurent des vols quotidiens entre Bangkok (Don Mueang) et Trang.

BUS AU DÉPART DE TRANG

DESTINATION	TARIF	DURÉE	DÉPARTS
Hat Yai	120 B	3 heures	ttes les 30 minutes 5h30-17h30
Krabi	110 B	2 heures	ttes les heures 5h30-18h30
Phang-Nga	170 B	4 heures	ttes les heures 5h30-18h30
Phuket	230 B	5 heures	ttes les heures 5h30-18h30

Des minibus pour le centre-ville (90 B) attendent les passagers à l'arrivée des vols. En sens inverse, comptez de 100 à 120 B en taxi, moto-taxi, ou *tuk-tuk*. À l'aéroport, des agences vendent des billets combinant taxi et bateau jusqu'aux îles de Trang, dont Ko Ngai (1 000 B).

BUS

Les bus partent du nouveau terminal des bus (Th Phattalung), à 3,5 km au nord-est du centre-ville. Des bus climatisés de 1re classe rejoignent Bangkok (583 B, 12 heures) à 9h30, 16h30, 17h et 17h30. Les bus VIP de 24 places, plus confortables, partent à 17h et 17h30 (907 B). Depuis Bangkok, les bus VIP/climatisés partent entre 18h30 et 19h30.

MINIBUS ET TAXIS COLLECTIFS

Les minibus partent du nouveau terminal des bus de Trang. Si vous achetez votre billet en agence, on passera vous prendre en ville.

Les trajets locaux se font en minibus climatisés. De 7h30 à 16h, des minibus circulent régulièrement entre le terminal des bus et Pak Meng (80 B, 1 heure), Hat Chao Mai (100 B, 1 heure) et Kuantungku (100 B, 1 heure), faisant parfois halte en ville, immédiatement à l'est du croisement entre la voie ferrée et Th Tha Klang.

Autres départs :

DESTINATION	TARIF	DURÉE	DÉPARTS
Hat Yai	120 B	2 heures	ttes les heures 6h-18h
Ko Lanta	250 B	2 heures 30	5/jour 9h50-16h30
Krabi	100 B	2 heures	ttes les heures 7h-17h
Satun	120 B	2 heures	ttes les 40 minutes 6h-18h
Surat Thani	160 B	3 heures	ttes les heures 7h-17h

TRAIN

Seuls 2 trains circulent entre Bangkok et Trang : l'express n°83 et le rapide n°167, qui partent tous les deux de la gare Hualamphong à Bangkok à 17h05 et 18h30, et arrivent à Trang le lendemain matin à 8h05 et 10h30 respectivement.

De Trang, les trains partent à 13h30 et 17h25, et arrivent à Bangkok à 5h35 et 8h35 le lendemain matin. Les prix vont de 245 B pour une couchette en 3e classe à 1 480 B en 1re classe climatisée.

Comment circuler

Les *tuk-tuk* et motos-taxis se rassemblent à la station de taxis et près de la gare ferroviaire ; ils facturent 40 B pour les courses locales. Les agences de voyages louent des motos (250 B/jour) et parfois des voitures (1 200 B/jour). Des voitures de location sont aussi disponibles à l'aéroport.

Un "bus local" bleu raccorde la gare ferroviaire au nouveau terminal des bus (12 B) via Th Sathani.

Îles et plages de Trang

Les paysages entourant les plages de Trang sont somptueux, entre falaises karstiques surgissant de la mer et vallées brumeuses ponctuées de palmiers. Le parc national de Hat Chao Mai couvre une grande partie du littoral de Trang, deux des îles de Trang, Ko Muk et Ko Kradan, ainsi que de nombreux îlots. Ce sont les îles de Trang qui attirent les visiteurs ici : tapissées d'une jungle verdoyante et ourlées de plages de sable d'un blanc immaculé, elles sont moins développées que les autres îles de la mer d'Andaman et bien moins peuplées. Dans ce paradis pour jeunes mariés, la vie nocturne est pratiquement inexistante – évitez donc la région si vous souhaitez faire la fête jusqu'à l'aube. On ne s'arrête généralement sur les plages de Trang, peu attrayantes, qu'en route vers les îles de Trang.

Depuis/vers les îles et plages de Trang

Les bateaux pour les îles de Trang partent de 3 embarcadères (Hat Yao, Kuantungku et Pak Meng) situés à 1 heure de Trang.

Des minibus relient régulièrement l'embarcadère de Pak Meng (80 B, 1 heure, 7h30-17h) mais le service est moins fréquent vers les deux autres embarcadères. Si vous réservez votre place de bateau auprès d'une agence de voyages à Trang, elle organisera votre transfert jusqu'à l'embarcadère.

D'octobre à avril, des *speedboats* affrétés par **Tigerline** (☎081 358 8989, 075 590490 ; www.tigerlinetravel.com), **Bundhaya Speedboat** (☎075 668043 ; www.bundhayaspeedboat.com) et **Satun Pak Bara Speedboat Club** (☎085 670 2282 ; www.spcthailand.com) relient Ko Muk, Ko Kradan et Ko Ngai ainsi que Phuket, Ko Phi Phi, Ko Lanta et Ko Lipe. Les *speedboats* et les ferrys partent rarement aux horaires annoncés et prennent en général plus de temps qu'annoncé pour rallier leur destination. Les dates du début de la haute saison varient d'une année à l'autre et dépendent aussi de la météo. Consultez les sites des exploitants pour connaître les horaires à jour.

Des minibus circulent régulièrement entre Trang et le parc national de Hat Chao Mai (100 B, 1 heure, 7h30-16h).

SUPPLÉMENT DE 50 B

Les ferrys et *speedboats* Tigerline s'arrêtent souvent au large des îles de Trang et de Satun plutôt que d'accoster. Un supplément de 50 B vous sera réclamé, une fois que vous serez à bord de l'embarcation, pour les transferts en *long-tail boat* depuis/vers les îles ; le capitaine refuse habituellement de partir tant que vous ne vous en acquittez pas. Oui, c'est agaçant mais ce supplément ne gâchera pas vos vacances alors restez calme et gardez des espèces à portée de main.

Hat Pak Meng et Hat Chang Lang

หาดปากเมง/หาดฉางหลาง

Le spectaculaire paysage karstique de Hat Pak Meng égale ceux, plus connus, de Railay et Ko Phi Phi, mais en dehors de cette merveille naturelle, l'endroit n'est guère plus qu'une plage négligée et un point de transit vers la charmante Ko Ngai. Immédiatement au sud et bordée de filaos, Hat Chang Lang est plus jolie, mais sans commune mesure avec les plages des îles avoisinantes. Le bureau du parc national de Hat Chao Mai se trouve à l'extrémité sud de la plage.

Même si l'embarcadère de Pak Meng est plus proche des plages, il vaut mieux passer la nuit à Trang : les hébergements et les restaurants sont en effet limités sur place, tout comme les transports sillonnant cette portion de route. Il est bien plus commode (et économique) d'acheter des billets de ferry auprès des hôtels et agences de voyages de Trang car le transfert jusqu'à l'embarcadère est alors compris dans le tarif.

À voir et à faire

Les agences touristiques de Pak Meng organisent des circuits d'une journée à Ko Muk, Ko Cheuk, Ko Ma et Ko Kradan, ainsi que des sorties snorkeling d'une journée, repas compris (750 B/pers, plus entrée au parc national de Hat Chao Mai).

Parc national de Hat Chao Mai PARC NATIONAL

(อุทยานแห่งชาติหาดเจ้าไหม ; ☎075 203308 ; ☎075 203308 ; www.dnp.go.th ; adulte/enfant 200/100 B ; 🕘9h-16h). Ce parc, d'une superficie de 231 km², couvre la côte de Hat Pak Meng à Laem Chao Mai, les îles Ko Muk, Ko Kradan et Ko Cheuk, ainsi que de nombreux îlots. En parcourant le littoral et les îles, on peut observer des dugongs, une espèce menacée, de rares jabirus d'Asie et des espèces plus courantes telles que muntjacs (cerfs aboyeurs), loutres de mer, macaques, entelles, sangliers, pangolins, petits hérons, aigrettes des récifs, pygargues blagres et varans.

Le **bureau du parc national** (☎075 210099 ; www.dnp.go.th ; Hat Chang Lang ; 🕘8h-16h) est situé à l'extrémité sud de Hat Chang Lang, là où la route de la plage bifurque vers l'arrière-pays.

Où se loger et se restaurer

On trouve quelques hôtels à Hat Chang Lang et des bungalows modestes ainsi qu'un camping (location de tentes possible) dans le parc national de Hat Chao Mai.

Plusieurs restaurants de fruits de mer basiques, appréciés des Thaïlandais qui viennent ici en excursion d'une journée ou en escapade le week-end, sont ouverts à Pak Meng, où la Rte 4162 rejoint la côte.

Hébergements du parc national de Hat Chao Mai CAMPING, BUNGALOWS $

(☎075 203308 ; www.dnp.go.th ; Hat Chang Lang ; bung 800 B, empl 30 B/pers, avec tente 225 B ; 🕘mi-oct à mi-mai). Ces cabanes basiques mais abordables (2-6 personnes), avec ventilateur, sont un bon choix si vous décidez d'explorer cette région. On peut aussi camper sous les filaos. Restaurant sur place.

Depuis/vers Hat Pak Meng et Hat Chang Lang

De 7h30 à 16h, des minibus climatisés relient régulièrement le nouveau terminal des bus de Trang (p. 722) à Hat Pak Meng (80 B, 1 heure) et Hat Chao Mai (100 B, 1 heure). En taxi la course depuis Trang coûte 1 000 B.

Des bateaux relient Pak Meng à Ko Ngai tous les jours à 12h (350 B, 1 heure). Ils rentrent à Pak Meng à 9h (350 B, 1 heure). Louer un *long-tail boat* revient à 1 500 B. Le bureau du parc national de Hat Chao Mai est à 1 km de la route principale, au bout d'un sentier clairement marqué.

Ko Kradan เกาะกระดาน

Ko Kradan est tout simplement sublime, avec ses plages de sable blanc et doux, ses eaux turquoise peu profondes et ses palmiers se balançant sous le vent. La poignée de *resorts* blottis à l'ombre des arbres, le long d'une langue de sable de la côte est, offre des vues paradisiaques sur Ko Muk, Ko Libong et les reliefs karstiques spectaculaires qui surgissent de la mer. Les flots sont clairs, propres et invitent à la baignade tandis qu'une poche de jungle luxuriante habille l'intérieur des terres.

Malheureusement, les voyageurs se sont donné le mot et ce secret autrefois bien gardé est devenu un spot de snorkeling très couru des visiteurs à la journée. En haute saison, l'île est noire de monde de la fin de matinée jusqu'au milieu de l'après-midi, mais après le départ des excursionnistes, elle redevient un havre de paix.

À voir et à faire

Hat Sunset PLAGE

(หาดพระอาทิตย์ตก). À l'extrémité sud de la plage principale, un court chemin marqué d'un panneau conduit à la pension Paradise Lost puis, au-delà de la crête, à Hat Sunset, une étendue de sable humide et rocheuse, qui s'ouvre sur le large et les couchers de soleil incandescents. Notez toutefois que la côte ouest de l'île est jonchée de plastique et de détritus rejetés par la mer.

Hat South SNORKELING

Le récif corallien de Kradan a été décimé, mais le large de Hat South reste un bon site de snorkeling lorsqu'il n'y a pas de vent. On accède à la plage en suivant pendant 10 minutes un sentier dans la jungle au départ du Paradise Lost, indiqué à la pointe sud de la plage principale.

Où se loger et se restaurer

Vous ne trouverez pas de restaurants indépendants par ici mais tous les *resorts* disposent de restaurants (de qualité variable). Les spécialités italiennes sont courantes car quelques complexes hôteliers sont gérés par des Italiens.

♥ **Kalume** BUNGALOWS $$

(☎099 195 7340 ; www.kalumekradan.com ; bung avec petit-déj 2 600-2 900 B ; 📶). Le *resort* pratiquant les prix les plus bas (mais encore trop élevés) du bord de mer loue des bungalows en bambou ou en bois installés dans un jardin. Sommaires mais charmants, ils sont équipés de moustiquaires, ventilateurs et douches avec eau froide dans les salles de bains dedans/dehors. La superbe plage de Ko Kradan est toute proche des cabanes du front de mer (idéales pour le farniente et la lecture) ainsi que du restaurant décontracté de Kalume et de son bar tropical.

Paradise Lost BUNGALOWS $$

(☎080 146 7152 ; dort 300 B, bung 700-1 800 B). Situé dans les terres, accessible à pied depuis les trois principales plages, c'est l'un des plus anciens établissements de Kradan. Le dortoir de 5 lits avec ventilateur est spacieux, mais les bungalows sont rudimentaires, les moins chers se partageant des salles de bains. Les bungalows plus grands et plus chers ont une salle de bains privative ; ils restent cependant très simples. Fermé hors saison.

Dans la **cuisine** (☎080 146 7152 ; plats 140-350 B ; ⏰8h-21h) ouverte sont préparés de délicieux et copieux plats maison.

Seven Seas Resort RESORT $$$

(☎082 490 2442 ; www.sevenseasresorts.com ; ch avec petit-déj 6 000-12 000 B ; ❄📶🏊). Ce *resort* intimiste est de loin l'hébergement le plus luxueux de Ko Kradan. Les chambres ultrachics, avec salles de bains dedans/dehors qui se fondent dans les jardins tropicaux, immenses lits d'inspiration japonaise et, pour quelques-unes, kiosque privatif, attirent une clientèle scandinave. Jouxtant la piscine à débordement noire, le **restaurant** (☎075 203389 ; plats 200-1 000 B ; ⏰7h-22h ; 📶) sert de coûteux plats occidentaux et thaïlandais. Localisation idéale, au milieu de la plage principale de Kradan.

Depuis/vers Ko Kradan

De novembre à avril, des bateaux partent quotidiennement pour Kuantungku, sur le

BATEAUX AU DÉPART DE KO KRADAN

DESTINATION	COMPAGNIE	TARIF	DURÉE	DÉPARTS
Hat Yao (pour Trang)	Tigerline	1 050 B	1 heure	11h30
Ko Lanta	Tigerline	950 B	1 heure 30	10h45 et 13h30
	Bundhaya Speedboat/Satun Pak Bara Speedboat Club	1 150 B	1 heure 15	10h45/10h50
Ko Lipe	Tigerline	1 600 B	3 heures 30	11h30
	Bundhaya Speedboat/Satun Pak Bara Speedboat Club	1 400 B	2 heures	11h35/11h40
Ko Muk	Tigerline	300 B	15 min	11h30 et 14h30
	Bundhaya Speedboat/Satun Pak Bara Speedboat Club	300 B	15 min	10h45/10h50
Ko Ngai	Tigerline	750 B	30 min	10h45 et 13h30
	Bundhaya Speedboat/Satun Pak Bara Speedboat Club	400 B	45 min	10h45/10h50

continent, à 8h30 et 13h – le billet inclut le minibus jusqu'à Trang (450 B) ou son aéroport (600 B). Depuis Trang, la liaison combinée minibus-bateau pour Kradan part à 11h et 16h. Location possible de *long-tail boats* depuis/vers Kuantungku (1 500 B, 45 min-1 heure), Ko Muk (800 B, 30 min) et Ko Ngai (1 500 B, 45 min).

D'octobre à avril, les *speedboats* Bundhaya Speedboat (p. 723) et Satun Pak Bara Speedboat Club (p. 723) ainsi que le ferry Phuket-Ko Lipe géré par Tigerline (p. 723) relient Ko Kradan aux autres îles. Les *speedboats* et les ferrys partent rarement aux horaires annoncés et prennent en général plus de temps qu'annoncé pour rallier leur destination.

Ko Muk เกาะมุก

L'arrivée à Ko Muk, tapissée de jungle, est inoubliable, que vous accostiez à l'est sur la bande de sable doux de **Hat Sivalai** (หาดศิวลัย), sur celle, plus humble et à l'atmosphère plus locale de **Hat Lodung** (หาดลอด) ou sur celle, au sud-ouest, de **Hat Farang** (หาดฝรั่ง), où la mer vert jade vient lécher la plage de sable doré.

Ko Muk ne demande qu'à être explorée – à pied, à vélo, à moto ou en kayak – entre deux journées de farniente à la plage. Le village principal, près de l'embarcadère, est plus authentique que ceux de nombreuses îles touristiques, et vous rencontrerez des voyageurs privilégiant le calme plutôt que les fêtes endiablées. Ko Muk n'est qu'à quelques encablures de la plupart des autres îles de la province, et un flot incessant de touristes arpentent Hat Sivalai ou viennent visiter la grotte de Tham Morakot depuis Ko Lanta.

À voir et à faire

Entre Ko Muk et Ko Ngai, les îlots karstiques de **Ko Cheuk** (เกาะเชือก) et **Ko Waen** (เกาะแหวน) sont ourlés de petites plages de sable propices au snorkeling.

Beaucoup de *resorts* louent des vélos (100-150 B/jour), motos (250 B/jour) et parfois même kayaks (100-300 B/heure). Vous pourrez aussi parcourir à pied les plantations d'hévéas et les villages de fortune peuplés de fervents musulmans (portez une tenue couvrante).

Tham Morakot GROTTE

(ถ้ำมรกต, grotte d'Émeraude). Ce splendide tunnel calcaire de 80 m conduit à une grotte sur la côte ouest de Ko Muk, où des pirates auraient caché jadis leurs trésors. Vous devrez nager à travers le tunnel, en partie dans l'obscurité, pour ressortir sur une plage de sable blanc entourée de hautes parois calcaires : un puits de lumière éclaire la plage vers midi. Il faut payer l'entrée du parc national (adulte/enfant 200/100 B). La grotte, qui figure en bonne place sur la plupart des circuits touristiques des environs, est incroyablement bondée en haute saison. Mieux vaut donc louer un *long-tail boat* (800-1 000 B) ou un kayak et la visiter à l'aube ou en fin d'après-midi quand vous l'aurez pour vous seul. Sachez toutefois que vous ne pourrez pas en explorer l'intérieur à marée haute.

Où se loger

Hat Sivalai concentre les établissements les plus huppés tandis que Hat Lodung propose des adresses meilleur marché (mais sa plage est moins belle).

La mer est plus propre à Hat Farang, une plage en forme de croissant. Les bungalows du front de mer y sont un peu surcotés mais en marchant quelques minutes vers l'intérieur de l'île, vous trouverez des hébergements d'un bon rapport qualité/prix – les *resorts* s'y sont multipliés récemment. La course en moto-taxi depuis/vers l'embarcadère prend 10 minutes (50 B).

Koh Mook Hostel AUBERGE DE JEUNESSE $
(☎089 724 4456 ; dort/d 400/1 300 B, petit-déj inclus ; ❄📶). L'unique auberge de jeunesse des îles de Trang est tenue par une sympathique famille musulmane. Elle comprend 3 dortoirs propres et assez grands (l'un réservé aux femmes), peints dans des teintes gaies, ainsi qu'une chambre double privée avec salle de bains attenante. La boulangerie-café de l'auberge sert pains, pâtisseries et pizzas maison. À 10 minutes à pied de Hat Sivalai.

♥ **Nature Hill @ Koh Mook** BUNGALOWS $$
(☎089 014 1614 ; www.naturehillkohmook.com ; bung 2 000 B ; 📶). Implantés sur une colline boisée à seulement 5 minutes de marche de la plage de Hat Farang, ces splendides bungalows sont un excellent choix. Conçus dans un style rustique avec du bois patiné, du béton poli et du verre recyclé, ils sont dotés de salles de bains dedans/dehors dont le sol des douches est recouvert de galets. Les bungalows, hauts de plafond, sont équipés de ventilateurs et les lattes de bois aux murs permettent de conserver la fraîcheur. La moustiquaire au-dessus des lits, installés sur des palettes, a le charme romantique de la jungle. Quelques bungalows peuvent accueillir les familles (4 000 B). Wi-Fi disponible uniquement au restaurant.

Koh Mook Garden Beach Resort BUNGALOWS $$
(☎081 748 3849 ; kohmookgarden@gmail.com ; Hat Lodung ; ch 1 000-1 500 B ; ❄📶). Avec son charme décati et très décontracté, le Garden Beach Resort se distingue par son atmosphère familiale et son hôte très serviable. Les bungalows, aussi bien ceux en bambou, simples et plus anciens, que ceux en béton, plus récents et plus confortables, sont éparpillés dans un jardin luxuriant, mais la plage n'est pas aussi belle qu'ailleurs dans l'île. Le restaurant sert de savoureux plats thaïlandais.

Sivalai RESORT $$$
(☎089 723 3355 ; www.komooksivalai.com ; Hat Sivalai ; bung avec petit-déj 5 500-8 500 B ; ❄📶🏊). Chevauchant une péninsule de sable en forme de flèche, donnant sur les îles karstiques et le continent, le Sivalai remporte la palme du plus bel emplacement de Ko Muk. Les bungalows en bois sombre sont élégants et de belle dimension ; certains sont entourés d'une véranda. Également 2 piscines, un spa (massages à partir de 700 B) et un restaurant situé sur la pointe de la péninsule. Location de kayak pour 300 B/heure.

Où se restaurer

De plus en plus de restaurants ouvrent dans le village près de l'embarcadère principal et quelques-uns s'implantent même dans les terres, en retrait de la plage de Hat Farang. La plupart des *resorts* disposent de restaurants ouverts à tous.

Ko Yao THAÏLANDAIS $
(☎062 485 4591 ; Hat Farang ; plats 80-120 B ; ⌚8h-21h ; 📶). Surplombant les rochers, à la pointe sud de Hat Farang, ce bar-restaurant accroché à la falaise offre un panorama époustouflant sur la mer. Des tables en bois et des chaises dépareillées sont installées sur une terrasse en planches brutes, cramponnée à la paroi rocheuse. Emplacement superbe et plats thaïlandais généralement bons, mais service parfois lent.

Hilltop Restaurant THAÏLANDAIS $$
(☎084 847 9133 ; plats 100-300 B ; ⌚9h-22h). Considéré comme l'un des meilleurs restaurants de l'île, cet établissement familial sert toutes les spécialités thaïlandaises phares, préparées avec des produits bio cultivés localement. À l'intérieur des terres, dans un jardin plein de poésie masqué par la jungle, à environ 800 m de Hat Farang.

Depuis/vers Ko Muk

Les bateaux et *long-tail boats* pour Ko Muk (120-250 B, 30 min) partent quotidiennement de l'embarcadère de Kuantungku à 12h, 13h et 16h de novembre à avril, et repartent pour le continent à 8h, 9h et 14h. Les liaisons se réduisent en novembre et avril. Des billets comprenant bateau et minibus couvrent le voyage depuis/vers Trang (350 B, 1 heure 30) et l'aéroport de Trang (500 B, 1 heure 30). La location d'un *long-tail boat* depuis/vers Kuantungku coûte 800 B (30 min).

D'octobre à avril, le ferry Tigerline (p. 723) ainsi que les *speedboats* **Bundhaya Speedboat** (☎ 074 750388, 074 750389 ; www.bundhayaspeedboat.com) et Satun Pak Bara Speedboat Club (p. 723) font escale à Ko Muk depuis Ko Lanta (950 B, 1 heure), Ko Ngai (350-750 B, 30 min) et Ko Lipe (1 400 B-1 600 B, 2 heures). Les *speedboats* et les ferrys partent rarement aux horaires annoncés et prennent en général plus de temps que prévu pour rallier leur destination.

Vous pourrez facilement louer un *long-tail boat* à l'embarcadère de Ko Muk ou auprès de votre hébergement pour rejoindre Ko Kradan (800 B, 30 min), Ko Ngai (1 500 B, 1 heure) et Pak Meng (1 500 B, 45 min-1 heure).

Ko Ngai เกาะไหง

Encerclée par des coraux et une mer cristalline, l'île densément boisée de Ko Ngai (Ko Hai) rivalise avec l'éblouissante Ko Kradan pour le titre d'île la plus paradisiaque du sud de la côte d'Andaman. Le long de la plage de sable blond balayée par le vent, sur sa côte est, l'eau est d'un bleu turquoise, jusqu'à un tombant corallien parfait pour le snorkeling. Ce lieu romantique est apprécié par les jeunes mariés que l'on voit se promener nombreux sur la plage main dans la main. Avec seulement une poignée de *resorts* et aucune population autochtone, l'île peut être très calme, surtout la nuit.

Administrativement, Ko Ngai fait partie de la province de Krabi mais sa liaison avec le continent se fait à Pak Meng, à 16 km au nord-est. En haute saison, c'est une destination prisée des excursionnistes à la journée – attendez-vous à croiser du monde.

Ko Ngai compte deux centres de plongée (à partir de 1 300 B). Les hôtels louent des sets masque, tuba et palmes (300 B/jour), et des kayaks de mer (100 B/heure). Il est également possible de faire un circuit de snorkeling d'une demi-journée dans les îles voisines (à partir de 600 B).

Où se loger et se restaurer

Les *resorts* chics foisonnent mais deux ou trois hébergements pour petits budgets ont été récemment inaugurés. Les hébergements sont tous alignés le long de la principale plage sur la côte est. Les *resorts* ne restent pas tous ouverts toute l'année : certains ferment au moins un mois en basse saison. Il n'y a pas de restaurants indépendants mais tous les complexes hôteliers ont le leur.

Sea Camp by Sea Open Diving CAMPING **$**
(☎ 065 265 6255 ; dort 300 B, tente 950 B ; ⏲ oct-avr ; ❄📶). Apprécié des petits budgets, Sea Camp offre des tentes climatisées avec moustiquaire, salles de bains communes et douches alimentées à l'eau froide, dans un emplacement sensationnel sur la splendide plage principale. Le dortoir de 8 lits superposés pourrait difficilement être plus rudimentaire : son sol est celui de la plage de sable. Restaurant, centre de plongée et **bar** très couru (⏲ 10h-tard ; 📶) sur place.

Ko Ngai Seafood Bungalows BUNGALOWS **$$**
(☎ 095 014 1853 ; kob_1829@hotmail.com ; bung 1 500-1 800 B ; 📶). Au beau milieu de la plage principale, organisés dans un style familial et convivial, ces bungalows au sol en pierre, simples mais bien tenus, avec ventilateur et vue sur la mer, sont les meilleurs hébergements du front de mer de Ko Ngai. Le **restaurant** attenant spécialisé dans les fruits de mer (☎ 081 367 8497 ; plats 170-300 B ; ⏲ 7h-21h ; 📶) mérite une visite.

Coco Cottage BUNGALOWS **$$$**
(☎ 089 724 9225 ; www.coco-cottage.com ; bung avec petit-déj 3 300-7 900 B ; ⏲ juil-août et oct à mi-mai ; ❄📶). Ces cottages au toit de chaume répartis dans un jardin luxuriant ont des murs en bois de cocotier et des lanternes en noix de coco. Dans les bungalows avec vue sur la mer, la baie vitrée offre un panorama imprenable sur la scintillante mer d'Andaman. Chaises longues en bambou, pavillons de massage et bon **restaurant-bar** (plats 170-260 B ; ⏲ 7h-21h30 ; 📶) thaï-fusion sur la plage.

Thanya Resort BUNGALOWS **$$$**
(☎ 075 206967, 086 950 7355 ; www.kohngaithanyaresort.com ; bung avec petit-déj 5 250-6 900 B ; ❄@📶🏊). Les bungalows en teck de style balinais, sombres mais chics et spacieux, comprennent une douche d'intérieur alimentée en eau chaude et une douche avec seau d'eau à l'extérieur (essayez avant de rejeter l'idée !). Profitez de la somptueuse piscine en bord de plage ou admirez depuis votre terrasse la pelouse envahie de frangipaniers qui court jusqu'au sable. **Centre de plongée** (☎ 085 056 3455 ; 1 plongée 1 300-1 500 B ; ⏲ 9h-19h nov-avr) et **restaurant thaïlandais** (☎ 094 583 2888 ; plats 150-300 B ; ⏲ 7h-20h ; 📶) abordable sur place. À l'extrémité sud de la plage principale.

BATEAUX AU DÉPART DE KO NGAI

DESTINATION	COMPAGNIE	TARIF	DURÉE	DÉPARTS
Ko Kradan	Tigerline	750 B	30 min	11h15 et 14h15
	Bundhaya Speedboat/Satun Pak Bara Speedboat Club	400 B	25 min	11h10/11h
Ko Lanta	Tigerline	750 B	1 heure	11h et 13h45
	Bundhaya Speedboat/Satun Pak Bara Speedboat Club	650 B	30 min	11h20/11h30
Ko Lipe	Tigerline	1 600 B	4 heures	11h15
	Bundhaya Speedboat/Satun Pak Bara Speedboat Club	1 600 B	2 heures 30	11h10/11h
Ko Muk	Tigerline	750 B	1 heure	11h15 et 14h15
	Bundhaya Speedboat/Satun Pak Bara Speedboat Club	350 B	30 min	11h10/11h
Ko Phi Phi	Tigerline	1 200 B	2 heures 30	11h et 13h45
	Bundhaya Speedboat/Satun Pak Bara Speedboat Club	1 350 B	2 heures	11h20/11h30
Phuket	Tigerline	1 800	3 heures 30	11h et 13h45
	Bundhaya Speedboat/Satun Pak Bara Speedboat Club	1 800	3 heures	11h20/11h30

ℹ Depuis/vers Ko Ngai

Un bateau quotidien circule de Ko Ngai à Pak Meng (350 B, 1 heure) à 9h, avec retour à 12h. Vous pouvez aussi louer un *long-tail boat* depuis/vers Pak Meng (1 500 B), Ko Muk (1 500 B), Ko Kradan (1 800 B) et Ko Lanta (2 000 B) ; adressez-vous à Ko Ngai Seafood Bungalows. La majorité des *resorts* s'occupent du transfert vers le continent.

D'octobre à avril, les bateaux de Tigerline (p. 723), Satun Pak Bara Speedboat Club (p. 723) et Bundhaya Speedboat s'arrêtent au large de Ko Ngai quand ils assurent la liaison entre Phuket et Ko Lipe. Les embarcations partent rarement aux horaires annoncés et prennent en général plus de temps que prévu pour rallier leur destination.

L'embarcadère se trouve au Koh Ngai Resort, mais la plupart des *long-tail boats* (100 B) vous déposeront à votre hôtel.

PROVINCE DE SATUN

จังหวัดสตูล

Région la plus au sud de la côte d'Andaman, Satun a longtemps été ignorée des visiteurs, mais les choses ont changé récemment grâce aux plages de sable blanc de Ko Lipe, jadis secret bien gardé des voyageurs au long cours et devenu depuis très touristique. En dehors de Ko Lipe, la province est essentiellement un lieu de transit pour Ko Lanta au nord ou Pulau Langkawi, en Malaisie, au sud. Les visiteurs passent ainsi à côté des plages désertes et des grottes marines de Ko Tarutao, des sentiers escarpés et des cascades de Ko Adang, de la beauté rustique de Ko Bulon Leh, et de l'animation urbaine décontractée de Satun elle-même.

Largement musulmane, Satun a échappé aux troubles politiques qui affectent les régions voisines de Yala, Pattani et Narathiwat et leurs habitants musulmans. Environ 60% des habitants ont pour langue maternelle le yawi, dialecte malais, et les humbles *wát* de la région sont largement moins nombreux que les mosquées.

Satun

สตูล

☎ 074 / 23 800 HABITANTS

Isolée dans une vallée de jungle vaporeuse, entourée de falaises calcaires et bordée par une rivière boueuse, Satun est une petite ville animée, centre d'une province de plus de 300 000 habitants. Les rares visiteurs qui s'y rendent ne font souvent que transiter depuis ou vers la Malaisie, et seuls les plaisanciers venus faire réparer leur bateau au chantier naval, bon marché mais réputé, semblent s'attarder ici. Si vous séjournez un peu à Satun, vous découvrirez pourtant une

HORS DES SENTIERS BATTUS

KO SUKORN

Peu visitée, Ko Sukorn (เกาะสุกร) est un paradis de plages cuivrées baignées par une mer vert clair, de sombres promontoires rocheux entourés de jungle, et de villages sur pilotis où vivent quelque 2 600 habitants musulmans. Des rizières, des champs de pastèques et des plantations d'hévéas bordent les étroites routes en béton. Ici, vous passerez devant des champs occupés seulement par des buffles d'eau, vous traverserez des villages aux teintes pastel où les habitants sont sincèrement heureux de vous rencontrer et vous profiterez de nuits profondes et silencieuses. Le calme de Sukorn est incroyable et son authenticité tonifie l'âme lasse des voyageurs endurcis.

Avec peu de collines, des paysages splendides, beaucoup d'ombre et de multiples occasions de rencontrer les habitants, l'île s'explore idéalement à vélo. Par respect pour les habitants, couvrez-vous en quittant la plage.

Où se loger Sukorn ne dispose que de quelques hébergements, la plupart situés en bordure de l'agréable plage principale de la côte sud-ouest : **Yataa Island Resort** (☎089 647 5550 ; www.yataaresort.com ; plage d'Ao Lo Yai ; bung avec petit-déj 1 400-6 500 B ; ❄📶🏊) propose des bungalows climatisés en béton, entourant une jolie piscine bleue. Dotés de toits verts et de vérandas en bois vernis, ils sont décorés de couleurs pastel. Le personnel fournit des cartes de l'île de Sukorn, organise des circuits guidés de l'île et loue des vélos/motos (100/250 B). On peut profiter d'une superbe et longue plage à l'avant et le restaurant est d'un bon rapport qualité/prix.

Sur le domaine paysager pentu et ponctué de papayers, frangipaniers et bougainvillées de **Sukorn Cabana** (☎089 724 2326 ; www.sukorncabanaresort.com ; bung avec petit-déj 1 200-1 800 B ; ⏲fermé en mai ; ❄📶), de grands bungalows aux toits de chaume, propres, bien gérés mais un peu vieux, sont dotés d'un réfrigérateur, d'un intérieur en bois vernis et d'une luxueuse véranda.

Où se restaurer L'île dispose de quelques restaurants indépendants, principalement à Ban Saimai près de l'embarcadère, mais tous ferment vers 20h. Tous les *resorts* possèdent un restaurant.

Depuis/vers Ko Sukorn Le moyen le plus simple de rejoindre Sukorn est de demander à votre hôtel d'organiser un transfert privé à partir de Trang (1 900 B/pers). Le moins cher consiste à prendre un *songthaew* entre Trang et Yan Ta Khao (80 B, 40 minutes), où l'on change ensuite pour Ban Ta Seh (50 B, 45 minutes). Là, des *long-tail boats* en direction de Ban Saimai (50 B), principal village de Sukorn, partent de la jetée une fois pleins. Les pensions et agences de voyages de Trang peuvent organiser le transport en *songthaew* et bateau (250-350 B) jusqu'à Ban Saimai via Ban Ta Seh : départs de Trang tous les jours à 11h.

Un taxi de Trang à Ban Ta Seh coûte 900 B. Les *resorts* sont à 3 km à pied de Ban Saimai ; en moto-taxi le trajet revient à 100 B. On peut louer un *long-tail boat* jusqu'aux hôtels situés sur la plage (400 B).

architecture sino-portugaise et religieuse intéressante, une cuisine savoureuse, des habitants souriants, un charme authentique et une jolie campagne qui ne demande qu'à être explorée.

👁 À voir et à faire

Musée national de Satun MUSÉE
(พิพิธภัณฑสถานแห่งชาติสตูล, Kuden Mansion ; Soi 5, Th Satun Thani ; 50 B ; ⏲9h-16h mer-dim). L'excellent musée national de Satun occupe une demeure sino-portugaise restaurée, construite en 1902 pour loger le roi Rama V lors d'une visite officielle. Elle servit également de quartier général à l'armée japonaise pendant la Seconde Guerre mondiale et abrite aujourd'hui des expositions sur l'histoire, les coutumes et le quotidien des musulmans de Thaïlande du Sud. Les explications en anglais sont de bonne qualité.

Khao Takiab RANDONNÉE
(Monkey Mountain). Laissez-vous charmer par la beauté dépenaillée mais rafraîchissante de Satun en randonnant sur cette butte calcaire recouverte de jungle et fourmillant

Satun

0 — 400 m

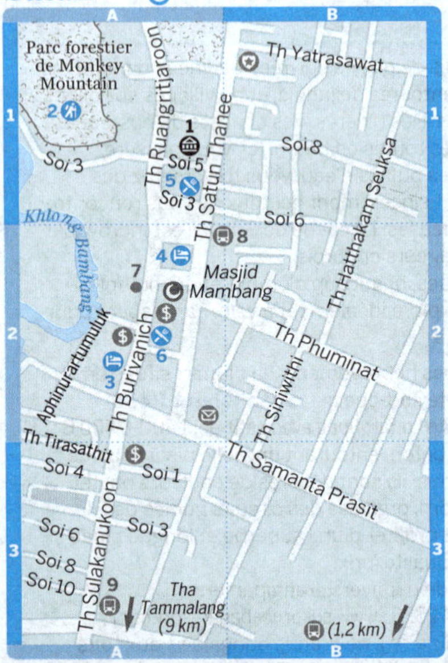

Satun

À voir

1 Musée national de Satun A1

Activités

2 Khao Takiab (Monkey Mountain)....... A1

Où se loger

3 On's Guesthouse..................................A2
4 Satun Tanee Hotel A2

Où se restaurer

5 Marché nocturne A1
6 On's Living Room..................................A2

Renseignements

7 Bureau de l'immigration A2

Transports

8 Bus et minibus pour Trang
et Hat Yai...A2
9 Songthaew to Tha Tammalang...........A3

de macaques. Sinon, traversez un pont pour visiter un village de pêcheurs sur pilotis, à 1 km à l'ouest de la ville.

Où se loger et se restaurer

Des restaurants musulmans et chinois bon marché ponctuent Th Burivanich et Th Samanta Prasit. Les stands de nourriture chinoise sont spécialisés dans le *kôw mŏo daang* (porc laqué au riz), et les restaurants musulmans dans les *roti* au curry de poulet à la mode du Sud ainsi que dans la version locale du biryani. Il y a aussi un bon **marché nocturne** (près de Th Satun Thani ; plats à partir de 40 B ; 17h-21h).

On's Guesthouse PENSION $
(081 097 9783 ; onmarch13@hotmail.com ; 17 et 36 Th Burivanich ; dort 250 B, ch 250-600 B ;). On, matriarche dynamique du tourisme de Satun, a légèrement transformé sa pension bien établie, de sorte qu'elle s'étend désormais sur deux bâtiments face à face comportant un bar et un restaurant. Le dortoir est un vaste espace ouvert avec casiers, mais vous pouvez aussi opter pour des chambres privées avec ventilateur et climatisation qui deviennent plus grandes et plus lumineuses à mesure que les prix grimpent. Toutes partagent des salles de bains.

Satun Tanee Hotel PENSION $
(074 712309, 074 711010 ; www.satuntaneehotel.com ; 90 Th Satun Thani ; ch avec petit-déj 300-800 B ;). La façade orange et vert clair cache des chambres modernes de taille raisonnable, avec parquet et lits confortables. Moins chères, celles du dernier étage sont défraîchies et équipées seulement de ventilateurs (pas d'ascenseur ni de petit-déjeuner). L'endroit est un peu austère, mais l'accueil est chaleureux.

On's Living Room THAÏLANDAIS, INTERNATIONAL $$
(081 097 9783 ; 17 Th Burivanich ; plats 70-250 B ; 8h-20h ;). Dans la minuscule ville de Satun, On est une légende. Son restaurant et son bar de style occidental sont installés au rez-de-chaussée d'une *shophouse* reconvertie (l'étage accueille une partie de la pension On's Guesthouse). Les spécialités thaïlandaises sont épicées mais une bonne sélection de plats occidentaux est aussi proposée. Établissement confortable, avec mobilier en bois et en rotin et hauts tabourets de bar.

Renseignements

Bangkok Bank (Th Burivanich ; 8h30-13h30 lun-ven). Bureau de change et DAB.

Bureau de l'immigration (074 711080 ; info@satunimmigration.go.th ; Th Burivanich ; 8h30-16h30 lun-ven). Face à la tour de l'horloge, ce bureau gère les questions de visa et délivre des prolongations. Il est cependant plus facile pour les touristes de sortir de Thaïlande et d'y revenir par le poste-frontière de Tha Tammalang.

BUS AU DÉPART DE SATUN

DESTINATION	TARIF	DURÉE	DÉPARTS
Bangkok (bus climatisés)	736 B	14 heures	7h, 14h30, 15h et 16h30
Bangkok (bus VIP)	1 331 B	14 heures	16h
Krabi	200 B	5 heures	8h15, 10h15, 12h15 et 20h
Phuket	358	8 heures	8h15, 10h15, 12h15 et 20h

Poste de police (Th Satun Thani). Poste de police principal de Satun.

ℹ Depuis/vers Satun

L'aéroport le plus proche se trouve à Hat Yai, à 2 heures de route.

BATEAU

Depuis Tha Tammalang (à 10 km au sud de Satun), 2 ferrys rallient quotidiennement Pulau Langkawi (9h et 15h30, 350 B) en Malaisie. En sens inverse, des ferrys pour Satun partent chaque jour de Pulau Langkawi à 10h30 et 17h15 (36 RM).

BUS

Les bus partent du terminal des bus de Satun, à 2 km au sud de la ville. Les bus pour Trang (120 B, 2 heures, ttes les heures, 5h-16h30) prennent aussi des passagers dans Th Satun Thani, près du 7-Eleven. Ils passent par La-Ngu (50 B), où l'on peut prendre un *songthaew* pour Pak Bara (20 B) et, de là, un bateau vers Ko Lipe et d'autres îles.

MINIBUS

Au départ du terminal des bus de Satun, des minibus desservent Krabi (200 B, 5 heures, 7h et 14h), Trang (120 B, 2 heures, ttes les heures 5h-17h), Hat Yai (100 B, 2 heures, 6h-17h) et l'aéroport de Hat Yai (300 B, 2 heures 30, 6h-17h). Les minibus pour Hat Yai prennent aussi des passagers dans Th Satun Thani, près du 7-Eleven. D'autres minibus vont jusqu'à Kuala Perlis en Malaisie (400 B) mais ils ne circulent pas tous les jours ; ils vous récupéreront à votre hébergement. On's Guesthouse peut s'occuper de votre réservation.

ℹ Comment circuler

On peut aisément parcourir le centre de Satun à pied, ou bien louer un vélo (150 B/jour) ou une moto (250 B/jour) auprès de On's Guesthouse.

Un *songthaew* jusqu'au terminal des bus revient à 40 B/personne. Les *songthaew* orange menant à l'embarcadère Tha Tammalang (Th Sulakanukoon) récupèrent les passagers au 7-Eleven de Th Sulakanukoun. Une course en moto-taxi dans la ville coûte 50 B.

Pak Bara ปากบารา

☎ 074 / 3 000 HABITANTS

Pak Bara, à 60 km au nord-ouest de Satun, est le principal point de départ pour les splendides îles du parc national maritime de Ko Tarutao (p. 732). Les infrastructures touristiques s'améliorent lentement et Pak Bara accueille un nombre croissant de visiteurs, principalement en transit vers ces îles. Néanmoins, cette ville de pêcheurs paisible ne propose pas d'hébergements mémorables et hormis d'excellents fruits de mer, rien ne vous incite à y rester.

La route principale en provenance de La-Ngu (Rte 4052) aboutit à l'embarcadère, sorte de salle d'attente géante pour les *speedboats* à destination de Lipe et Tarutao, où s'agglutinent agences de voyages, restaurants bon marché, DAB et stands de rue vendant du matériel de plage. Le centre d'information des visiteurs du parc national maritime de Ko Tarutao jouxte l'embarcadère et vous aidera à organiser votre séjour sur place. Des agences de voyages locales proposent également des circuits d'une journée vers les îles du parc national (2 000 B).

ℹ Renseignements

Vous trouverez plusieurs DAB près de l'embarcadère et vous pourrez changer de l'argent dans les nombreuses agences de voyages.

Le très utile **centre d'information des visiteurs du parc national maritime de Ko Tarutao** (☎ 074 783485 ; embarcadère de Pak Bara ; ⏲ 8h-17h), juste à côté de l'embarcadère, pourra réserver votre hébergement et vos billets de *speedboat* pour Ko Tarutao et Ko Adang. Il fournit aussi des permis pour camper dans le parc national.

ℹ Depuis/vers Pak Bara

BATEAU

De mi-octobre à mi-mai, des *speedboats* Satun Pak Bara Speedboat Club (p. 723)

MINIBUS DEPUIS/VERS PAK BARA

DESTINATION	TARIF	DURÉE	DÉPARTS
Hat Yai	150 B	2 heures	11h30, 13h30 et 15h30
Aéroport de Hat Yai	250 B	2 heures	11h30, 13h30 et 15h30
Ko Lanta	450 B	3-4 heures	11h30
Krabi	450 B	4 heures	11h30
Phuket	650 B	6 heures	11h30
Trang	200 B	2 heures	11h30

partent du terminal des ferrys de Pak Bara pour Ao Pante Malacca sur Ko Tarutao (450 B, 30 min) et continuent vers Ko Lipe (650 B, 1 heure 30) à 11h30. Pour Ko Tarutao (450 B), il n'y a qu'un départ, à 11h30 (de mi-octobre à mi-mai). Des *speedboats* desservent directement Ko Lipe à 9h30, 11h30, 13h30 et 15h30. Les bateaux reviennent de Lipe à 9h30, 11h30, 13h30 et 16h. Pendant la basse saison, les services pour Ko Lipe sont moins fréquents, mais un bateau part généralement tous les jours de Pak Bara à 11h30, avec un retour à 9h30 (lorsque la météo le permet).

Pour Ko Bulon Leh (450 B, 30 min), des bateaux partent à 13h, puis continuent jusqu'à Ko Lipe. Si vous arrivez trop tard, vous pouvez louer un *long-tail boat* auprès des pêcheurs locaux (2 000 B, 1 heure 30).

BUS

En venant de Satun, vous pouvez prendre un bus ordinaire vers Trang et descendre à La-Ngu (50 B, 30 min), puis un *songthaew* jusqu'à Pak Bara (20 B, 20 min). Quelques minibus font ce trajet quotidiennement (60 B). Prenez les bus et minibus devant le 7-Eleven dans Th Satun Thani.

MINIBUS

Des minibus climatisés relient Hat Yai à l'embarcadère de Pak Bara toutes les 45 min (120 B, 2 heures) de 7h30 à 18h30.

Parc national maritime de Ko Tarutao

อุทยานแหงชาติหมูเกาะตะรุเตา

L'une des régions les plus belles et les mieux préservées de Thaïlande, le **parc national maritime de Ko Tarutao** (☎074 783 485 ; www.dnp.go.th ; adulte/enfant 200/100 B ; ⏲mi-oct à mi-mai) englobe quelque 51 îles couvertes de jungle et entourées de plages de sable blanc splendides et de récifs coralliens florissants. Une faune abondante y vit : semnopithèques obscurs, macaques crabiers, chevrotains, sangliers, loutres de mer, chats pêcheurs, pythons verts, varans malais, milans sacrés, aigles de mer, calaos, aigrettes des récifs et martins-pêcheurs peuvent être aperçus ici.

Parc national maritime de Ko Tarutao et ses environs

À voir
1 Ao Molae E2
2 Parc national maritime de Ko Tarutao D3
3 Tham Jara-Khe F2

Activités
4 Ko Gai D1
Ko Ma .... (voir 4)
5 Ko Sarang A4
6 Stonehenge C4
White Rock .... (voir 4)

Où se loger
Hébergements du parc national d'Ao Molae .... (voir 1)
7 Bulone Resort E1
Chaolae Homestay .... (voir 7)
Pansand Resort .... (voir 7)

Où se restaurer
Cantine d'Ao Molae .... (voir 1)
Restaurant du Bulone Resort .... (voir 7)

Où prendre un verre et faire la fête
Hug Bulon .... (voir 7)

Renseignements
8 Gardes forestiers d'Ao Molae E3
9 Gardes forestiers d'Ao Son E3
10 Gardes forestiers d'Ao Taloh Waw F3
11 Centre des visiteurs du parc national maritime de Ko Tarutao G1

Transports
12 Terminal des ferries de Pak Bara F1
13 Satun Pak Bara Speedboat Club F1
14 Vedettes pour Pak Bara et Ko Lipe E1

Parc national maritime de Ko Tarutao et ses environs

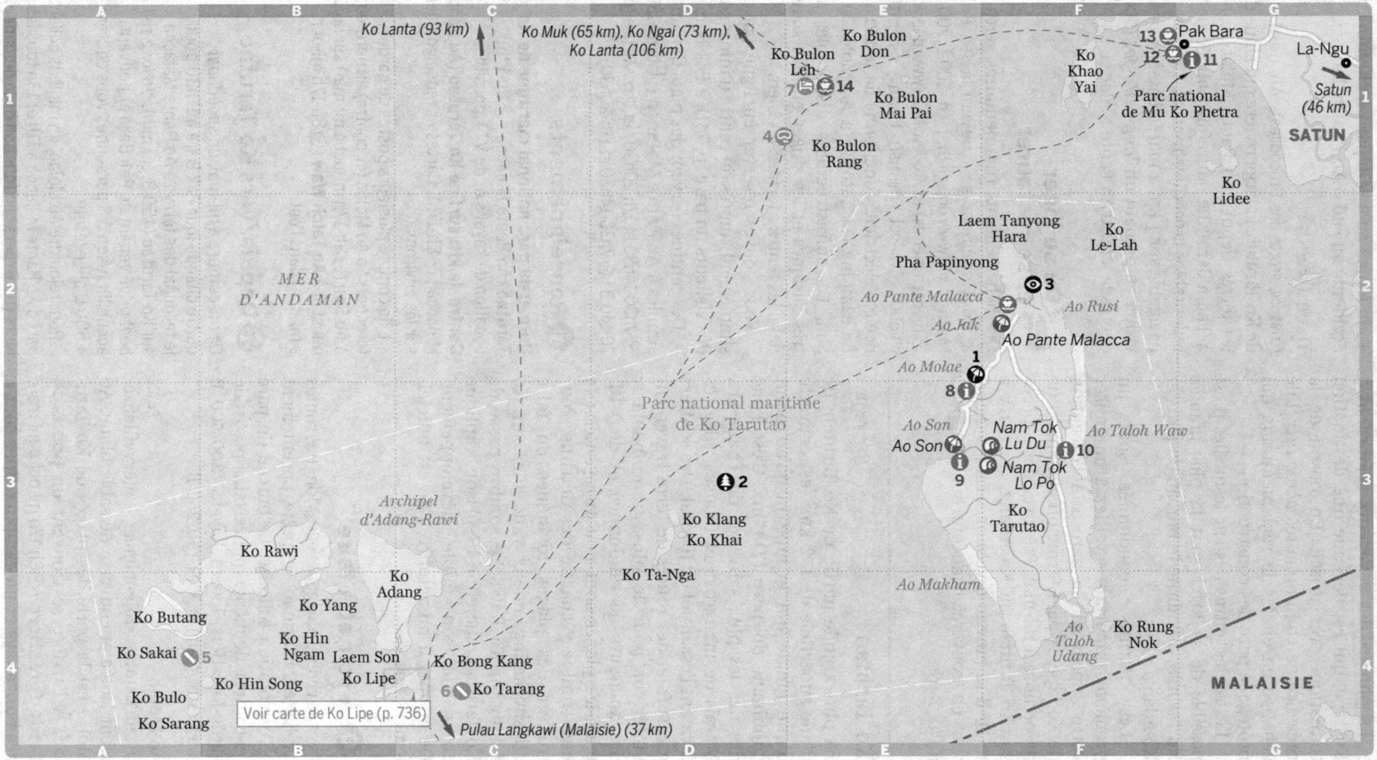

La plupart des voyageurs séjournent à Ko Lipe, qui est devenue une destination touristique très prisée. En raison de la présence de communautés *chow lair*, l'île échappe en effet à la réglementation qui protège le parc des constructions.

Les seules autres îles sur lesquelles il est possible de se loger sont la plus grande, Ko Tarutao, qui abrite le bureau du parc, et Ko Adang.

Les détritus abandonnés sont un problème important : veillez à minimiser votre impact sur la nature. À l'exception de Ko Lipe, le parc ferme officiellement de mi-octobre à mi-mai. Prévoyez des espèces sur Ko Tarutao ou Ko Adang, car il n'y a ni DAB ni bureau de change. En revanche, vous en trouverez beaucoup sur Ko Lipe et à Pak Bara.

Ko Tarutao เกาะตะรุเตา

La plus grande partie de Ko Tarutao, île d'une superficie de 152 km^2, est couverte d'une jungle qui grimpe jusqu'au point culminant du parc (713 m). C'est l'une des îles les plus sauvages de Thaïlande. Marais de mangrove et falaises calcaires forment l'essentiel du littoral. Des sentiers escarpés et des routes de terre traversent l'intérieur pour le plus grand bonheur des amateurs de randonnée et de VTT, mais les plages sont peu attrayantes : la mer trouble y charrie des détritus. Pour trouver des plages idylliques ou faire du snorkeling, mieux vaut aller sur Ko Adang ou Ko Rawi. Le sombre passé de Ko Tarutao, ancienne île-prison, explique en partie son faible développement. De mi-mai à mi-octobre, l'île est officiellement fermée.

À voir et à faire

Avec sa rivière navigable et ses longues routes asphaltées, Tarutao se prête parfaitement à l'exploration solitaire. Le bureau du parc (ci-contre), de même que certains postes de garde-forestiers, louent kayaks (200/500 B par heure/jour) et VTT (50/250 B).

Ao Molae PLAGE

(อ่าวเมาะและ). Silencieuse, merveilleusement isolée et couverte de sable blanc, Ao Molae est la perle des plages de Ko Tarutao. À l'arrière se trouvent un **poste de garde-forestiers** (8h-17h mi-oct à mi-mai), des bungalows et un camping. Tous sont à 4 km à pied ou à vélo par un chemin (très) accidenté au sud d'Ao Pante Malacca.

Tham Jara-Khe GROTTE

(ถ้ำจระเข้, grotte des Crocodiles). Au nord-ouest de Ko Tarutao, la large rivière qui sinue dans les terres depuis Ao Pante Malacca mène à Tham Jara-Khe, autrefois habitée par de redoutables crocodiles marins. La grotte est navigable sur 1 km à marée basse et peut se visiter en prenant un *long-tail boat* (500 B) depuis la jetée d'Ao Pante Malacca.

Où se loger et se restaurer

Des hébergements rudimentaires gérés par le gouvernement se trouvent à **Ao Pante Malacca** (www.dnp.go.th ; ch 600-1 200 B ; mi-oct à mi-mai) et **Ao Molae** (www.dnp.go.th ; ch 600 ; mi-oct à mi-mai). L'eau y est rationnée et l'électricité fonctionne de 18h30 à 6h. Le camping est autorisé à Ao Molae et Ao Son. Les infrastructures disponibles sont très basiques et les singes entrent souvent dans les tentes : fermez-les bien.

Vous pouvez réserver en ligne ou, plus simplement, auprès du centre d'information des visiteurs du parc (p. 731), à Pak Bara.

Des cantines servent des plats thaïlandais simples à **Ao Pante Malacca** (plats 80-180 B ; 7h30-14h30 et 17h-20h30) et **Ao Molae** (plats 70-140 B ; 7h30-14h30 et 17h-20h30).

Renseignements

Bureau du parc national maritime de Ko Tarutao (Ao Pante Malacca ; 8h-17h) Location de kayaks et de VTT possible.

Centre de kitesurf de Ko Tarutao (Ao Pante Malacca ; 8h-17h). Cartes et renseignements sur les environs.

L'île compte plusieurs postes de garde-forestiers : à Ao Molae (ci-contre) au nord-ouest, à **Ao Son** (8h-17h mi-oct à mi-mai) sur la côte ouest et à **Ao Taloh Waw** (8h-17h mi-oct à mi-mai) dans l'est.

Depuis/vers Ko Tarutao

De mi-octobre à mi-mai, un *speedboat* quitte chaque jour Pak Bara à 11h30 pour le terminal des ferrys à Ao Pante Malacca sur Ko Tarutao (450 B, 30 min). Un *long-tail boat* privé venant de Pak Bara et pouvant accueillir jusqu'à 8 personnes vous coûtera 4 500 B aller-retour.

Pour rejoindre Ao Molae, un minibus collectif part d'Ao Pante Malacca à 11h et 13h tous les jours (50 B/pers ; en fonction de la demande).

Ko Lipe เกาะหลีเป๊ะ

Jadis paisible paradis tropical, Ko Lipe (เกาะหลีเป๊ะ) est devenue le symbole des ravages de l'urbanisation touristique anarchique. Dotée de deux belles plages de sable blanc bordant des collines couvertes de jungle, toute proche de récifs coralliens protégés, l'île a vu son centre transformé en un dédale tentaculaire d'hôtels, restaurants, cafés, agences de voyages et boutiques. Le développement touristique a provoqué de nombreux problèmes liés à la gestion des déchets, la pollution sonore et l'approvisionnement en énergie. Les grands perdants sont les quelque 700 villageois de la communauté *chow lair*, dont les ancêtres avaient reçu Lipe en cadeau sur décision du roi Rama V en 1909 et qui la vendirent dans les années 1970.

Malgré ce développement effréné, la beauté de Lipe reste éblouissante entre plages somptueuses, sites de plongée exceptionnels, jungle luxuriante, ambiance conviviale contagieuse et communautés d'habitants désireux de réduire leur impact sur l'environnement. L'île est toujours plus reposante que festive mais elle n'est plus le refuge isolé qu'elle était autrefois.

À voir et à faire

Prenez garde aux *long-tail boats* lorsque vous nagez, surtout en basse saison. Ne comptez pas sur eux pour vous voir : il y a déjà eu des collisions avec des nageurs.

Évitez aussi de vous baigner dans l'étroit détroit entre Lipe et Adang : les courants sont puissants et dangereux à toute époque de l'année.

Plongée

La majeure partie de l'année, il serait exagéré de qualifier cet endroit de site de classe mondiale mais la plongée est exceptionnelle quand la visibilité est optimale, soit – contre toute attente – au début de la saison des pluies (mi-avril à mi-juin). On y trouve de très bonnes possibilités de plongée dérivante et deux sites phares.

Eight Mile Rock, un pic submergé, attire des diables des mers (raies) et de très rares requins-baleines. C'est le seul site de la région où l'on peut voir des poissons pélagiques. **Stonehenge** est réputé pour ses splendides coraux mous, ses hippocampes, ses rares requins-léopards et les gros rochers surmontant le récif qui lui ont donné son nom. **Ko Sarang** est un autre magnifique site doté de superbes coraux mous et de bancs de poissons scintillants, ce qui en fait l'un des spots préférés de nombreux visiteurs. Tous les plongeurs doivent débourser 200 B pour plonger dans le parc national maritime de Ko Tarutao.

Ko Lipe Diving PLONGÉE
(☎087 622 6204, 088 397 7749 ; www.kolipediving.com ; Walking St ; 1/2 plongée 1 700/2 800 B ; ⏲8h-22h). Cette agence sérieuse et bien organisée reçoit régulièrement des avis élogieux pour ses cours spécialisés et ses plongées divertissantes et pédagogiques. Les 2 plongées Discover Scuba reviennent à 2 800 B et la certification SSI Open Water à 14 500 B. Le droit de plongée dans le parc national maritime (200 B) n'est pas compris.

Davy Jones' Locker PLONGÉE
(☎062 963 4425 ; www.scubadivekohlipe.com ; Hat Pattaya ; plongées à partir de 3 000 B). L'initiation Discover Scuba, qui comprend une plongée, coûte 2 500 B, et le brevet PADI Open Water, avec l'hébergement gratuit au Koh Lipe Backpackers Hostel, revient à 14 500 B. Les tarifs ne comprennent pas le droit de plongée dans le parc national maritime (200 B).

Castaway Divers PLONGÉE
(☎083 138 7472 ; www.kohlipedivers.com ; Castaway Resort, Hat Sunrise ; 1/2 plongées 2 500/3 800 B ; ⏲8h-18h). Éventail de cours spécialisés (plongée de nuit, photographie sous-marine), certification PADI Open Water (13 500 B), excursions de snorkeling (700 B) et plongées plus intimistes près des *long-tail boats*. Les tarifs ne comprennent pas le droit de plongée dans le parc national maritime (200 B).

Snorkeling

On trouve de jolis récifs coralliens le long de la côte sud et aux abords de **Ko Kra** (เกาะกระ) et **Ko Usen**, les îlots face à Hat Sunrise (attention aux *long-tail boats* qui naviguent ici). La plupart des hôtels louent masques, palmes et tubas (100-200 B). Les agences de voyages et certains opérateurs de plongée peuvent organiser des circuits de snorkeling sur quatre sites, comprenant Ko Adang, Ko Rawi et d'autres îles auréolées de coraux (à partir de 450 B/pers).

Yoga

En haute saison, le Castaway Resort propose des cours de yoga face à la mer (400 B ; 7h, 9h et 16h30).

Ko Lipe

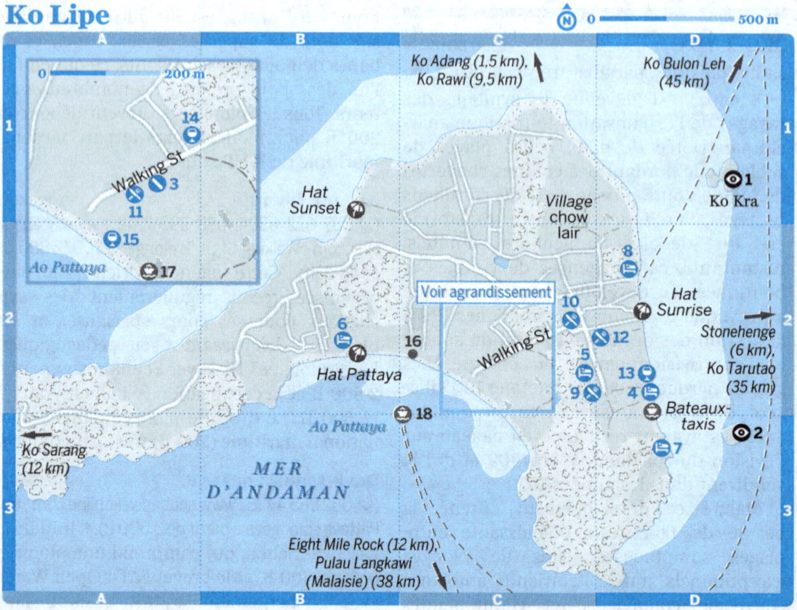

Où se loger

Un nombre croissant d'hôtels de Ko Lipe restent ouverts toute l'année. Quelques bungalows en bambou résistent encore, mais les *resorts* prospèrent, notamment à Hat Pattaya. Hat Sunset, moins animée, offre un cadre plus tranquille. Réservez bien à l'avance en haute saison et pendant les fêtes thaïlandaises, car les prix s'envolent.

♥ **Chic Lipe** AUBERGE DE JEUNESSE **$**
(☎ 090 767 6763 ; www.thechiclipe.com ; 447 Mu 7 ; dort avec/sans sdb 650/750 B, ch 1 200-2 500 B ; ❄ 📶). Se présentant comme une auberge de jeunesse de luxe, Chic Lipe cache des chambres tout simplement extraordinaires, de conception contemporaine, en béton poli et bois patiné. Ses dortoirs, décorés avec goût, sont équipés de grands lits superposés ou de lits doubles et ses chambres doubles privées feraient rougir bien des hôtels. Bibliothèque chaleureuse, coin café, restaurant, bar, réception chic et lustres en fer forgé font de cette auberge de jeunesse/hôtel un lieu résolument élégant et sélect.

Koh Lipe Backpackers Hostel AUBERGE DE JEUNESSE **$**
(☎ 062 963 4425 ; www.kohlipebackpackers.com ; Hat Pattaya ; dort 500 B, ch 2 500-3 000 B ; ❄ 📶). La seule auberge de jeunesse de Ko Lipe face à la mer est un bloc de béton de style contemporain, à l'ouest de Hat Pattaya. Douches communes, casiers privés, Wi-Fi, école de plongée Davy Jones' Locker sur place (les plongeurs ont droit à une remise) et emplacement exceptionnel. À l'étage, 6 chambres privées climatisées, simples mais confortables avec salle de bains attenante.

♥ **Castaway Resort** HÔTEL **$$**
(☎ 081 170 7605, 083 138 7472 ; www.castaway-resorts.com ; Hat Sunrise ; bung 2 700-4 750 B ; 📶). 🍃 Cet accueillant complexe hôtelier fait aussi partie de ceux qui respectent le plus l'environnement. Ses chaleureux bungalows en bois sombre, avec hamacs sur les terrasses, ventilateurs au plafond et splendides salles de bains au design à la fois moderne et naturel, représentent le meilleur de Ko Lipe. Café et **bar** (☎ 089 724 2604 ; www.facebook.com/cornerbarlipe ; ⏲ 15h-2h ; 📶) très décontractés en bord de plage, cours quotidiens de méditation et de yoga (400 B) et bonne école de plongée.

Wapi Resort BUNGALOWS **$$**
(☎ 089 464 5854 ; www.wapiresortkohlipe.com ; Hat Sunrise ; bung avec petit-déj 2 800-4 800 B ; ❄ 📶). Ces jolis bungalows gérés par des Français en plein milieu de Hat Sunrise

Ko Lipe

À voir
1 Ko Kra D1
2 Ko Usen D3

Activités
Castaway Divers .... (voir 4)
Davy Jones' Locker .... (voir 6)
3 Ko Lipe Diving A1

Où se loger
4 Castaway Resort D2
5 Chic Lipe C2
6 Koh Lipe Backpackers Hostel B2
7 Serendipity D3
8 Wapi Resort D2

Où se restaurer
9 Barracuda C2
10 Café Tropical C2
11 Elephant Coffee House & Bar A1
12 Nee Papaya D2

Où prendre un verre et faire la fête
13 Castaway D2
14 Maya Bar A1
15 Reggae Bar A2

Renseignements
16 Bureau de l'immigration C2

Transports
17 Bundhaya Speedboat A2
18 Embarcadère flottant des ferries C2

sont extrêmement courus. Ceux du bord de mer disposent de salles de bains modernes et de grandes vérandas mais même les bungalows dans le jardin sont proches de la plage sablonneuse. Dans le bungalow familial (6 800 B), les lits sont placés côte à côte. Propre, simple et d'un bon rapport qualité/prix.

Serendipity BUNGALOWS $$$
(☎088 395 5158 ; www.serendipityresort-kohlipe.com ; Hat Sunrise ; bung avec petit-déj 6 000-14 400 B ; ❄📶🏊). Ce complexe hôtelier isolé, accroché parmi les rochers qui émaillent la pointe sud de Hat Sunrise, est accessible par une passerelle en bois. Ses bungalows spacieux, en bois sombre et à toit de chaume, disposent d'une terrasse privée avec superbe vue, d'une excellente literie et de salles de bains élégantes. Les plus chers ont une petite piscine.

Où se restaurer et prendre un verre

On trouve ici d'excellents produits de la mer ; les meilleurs restaurants sont dans les terres. Les stands de *roti* et petits cafés thaïlandais le long de Walking St permettent de se restaurer à bas prix. Divers complexes hôteliers et restaurants sont équipés de fontaines à eau pour remplir bouteilles et gourdes : veillez à les utiliser pour réduire les déchets.

Nee Papaya THAÏLANDAIS $
(☎087 714 5519 ; plats 80-150 B ; ⏰9h-23h). La sympathique Nee sert du poisson grillé à prix abordable tous les soirs, des currys classiques (dont un *pá·naang* de bœuf très épicé), des nouilles et plats sautés (au bœuf, poulet, poisson ou légumes), ainsi qu'un choix de plats *isan* relevés. Elle réalise des préparations moins épicées sur commande, mais sa cuisine est meilleure lorsqu'elle est relevée à la mode locale, comme en atteste la présence de nombreux clients thaïlandais.

Café Tropical INTERNATIONAL $$
(☎083 169 1216 ; www.tropicalkohlipe.com ; Walking St ; plats 80-400 B ; ⏰7h-23h ; 📶🌿). Les savoureux burgers et salades colorés, sans gluten, véganes et végétariens, sont servis en portions généreuses, tout comme les plats au bœuf et au poulet. Ingrédients frais et sains : le café peut être servi avec du lait d'amande, de riz ou de soja et les jus au chou kale et au gingembre redynamiseront votre journée.

Barracuda PRODUITS DE LA MER $$
(☎089 739 3940 ; plats 80-250 B ; ⏰9h-22h). La moitié des restaurants de Lipe servent des grillades de poissons et des fruits de mer frais, mais celui-ci est le préféré des habitants. Les autres plats proposés sont aussi savoureux, notamment les salades. Légèrement à l'écart, dans un bâtiment quelque peu branlant.

Elephant Coffee House & Bar INTERNATIONAL $$
(☎089 657 2178 ; facebook.com/ElephantKohLipe ; Walking St ; plats 120-420 B ; ⏰7h-1h). Livres d'occasion, murs placardés de photos noir et blanc illustrant la vie quotidienne locale et bar creusé dans un *long-tail boat* : bienvenue à l'Elephant ! Ce café contemporain sert de délicieux petits-déjeuners toute la journée, un bon

café et un müesli maison riche en fruits tropicaux. On peut aussi opter pour des salades fraîches, sandwichs, burgers et autres pizzas. Très animé la plupart des soirs, notamment par des concerts.

Reggae Bar BAR

(Hat Pattaya ; 16h-1h). Au coucher du soleil, la lueur vacillante des bougies projette une lumière ravissante sur les matelas et coussins de plage éparpillés sur le sable, devant ce bar reggae très décontracté de Hat Pattaya, l'un des meilleurs bars de plage de l'île : sirotez-y des cocktails, contemplez les étoiles ou admirez un feu d'artifice improvisé.

Maya Bar BAR

(facebook.com/mayabarkohlipe ; Walking St ; 17h-1h). Voici le bar le plus branché de Walking St, avec ses slogans "love", ses mobiles fabriqués à partir d'objets trouvés, ses coussins disposés sur des plateformes en bois surélevées, ses attrayants divans, ses bougies tremblotantes, son "mur" de bambou et son sol en sable. À la nuit tombée, des DJ mixent des rythmes dance/électro et les cocktails (à partir de 200 B) coulent à flots.

Renseignements

Le **bureau de l'immigration** (8h-16h) dispose de son kiosque officiel à Hat Pattaya, près du Bundhaya Resort.

Depuis/vers Ko Lipe

De la mi-octobre à la mi-mai, des *speedboats* partent de Pak Bara pour Ko Lipe (certains via Ko Tarutao) à 9h30, 11h30, 13h30 et 15h30 (650 B, 1 heure 30). Ils repartent pour Pak Bara à 9h30, 11h30, 13h30 et 16h. En basse saison, les liaisons dépendent de la météo, mais un bateau quotidien relie généralement Pak Bara à Lipe à 11h30 et repart à 9h30.

De novembre à fin avril, le ferry express Tigerline (p. 723) quitte Ko Lipe à 10h pour Phuket (2 100 B, 8 heures) via Ko Phi Phi (1 750 B, 7 heures), Ko Lanta (1 700 B, 5 heures), Ko Muk (1 400 B, 3 heures 30), Ko Kradan (1 400 B, 3 heures 30) et Ko Ngai (1 600 B, 4 heures 30).

De mi-octobre à fin avril, les *speedboats* Bundhaya Speedboat (p. 723) et Satun Pak Bara Speedboat Club (p. 723) partent de Ko Lipe à 9h pour Ko Lanta (1 900 B, 3 heures), via Ko Bulon Leh (600 B, 1 heure), Ko Kradan (1 400 B, 2 heures), Ko Muk (1 400 B, 2 heures) et Ko Ngai (1 600 B, 2 heures 30). Ils reviennent de Lanta à 10h30.

ALLER EN MALAISIE

La Malaisie est en avance d'une heure sur l'heure thaïlandaise.

DE KO LIPE À PULAU LANGKAWI

De mi-octobre à mi-avril, Tigerline (p. 723), Bundhaya Speedboat (p. 723) et Satun Pak Bara Speedboat Club (p. 723) relient quotidiennement Ko Lipe à Pulau Langkawi en Malaisie (1 000 B, 1 heure 30). Leurs bateaux partent à 10h30, 11h et 16h. Rendez-vous au bureau de l'immigration dans le centre de Hat Pattaya 2 heures auparavant pour faire tamponner votre passeport. Dans le sens inverse, les bateaux quittent Pulau Langkawi pour Lipe à 9h30 et 14h30 (heure malaisienne).

DE SATUN À KUALA PERLIS OU PULAU LANGKAWI

Depuis Tha Tammalang (10 km au sud de Satun), deux ferrys rallient chaque jour Pulau Langkawi, en Malaisie (9h et 15h30, 350 B). Dans le sens inverse, les ferrys partent quotidiennement de Pulau Langkawi vers Satun à 10h30 et 17h15.

Au moment de la rédaction de ce guide, aucun *speedboat* ou *long-tail boat* ne partait de Satun pour Pulau Langkawi.

Un minibus circule entre Satun et Kuala Perlis (400 B) en Malaisie en passant par le poste-frontière de Wang Prajan/Wang Kelian, mais il ne circule pas tous les jours. L'On's Guesthouse (p. 384) de Satun vous vendra des billets.

À LA FRONTIÈRE

Aucun visa n'est nécessaire, pour un séjour de moins de 90 jours, pour les ressortissants de l'Union européenne, de la Suisse et du Canada notamment. Il faut néanmoins présenter un passeport valable au moins 6 mois après la date de départ du pays prévue. Assurez-vous lors du passage de la frontière que l'officier d'immigration appose un cachet sur votre passeport.

Les *speedboats* et ferrys partent rarement aux horaires annoncés et prennent en général plus de temps qu'annoncé pour rallier leur destination.

Des bateaux relient également Ko Lipe à Pulau Langkawi (1 000 B, 1 heure 30) en Malaisie de mi-octobre à fin avril.

Quel que soit le bateau sur lequel vous embarquez, vous devrez payer 50 B pour prendre une navette *long-tail boat* qui vous permettra d'accéder et de repartir de l'embarcadère des ferrys flottant au large de Hat Pattaya. Il vous faudra aussi verser un droit d'entrée de 200 B au parc national ainsi qu'un "droit d'accès" de 20 B (résultant d'un accord local). Il peut arriver que des *speedboats* vous déposent directement à Hat Pattaya. En basse saison (mai-octobre), la plupart des bateaux accostent à Hat Sunrise, et il n'y a pas de droit d'accès à payer.

Comment circuler

Quoi de plus apaisant que de sillonner les eaux baignant les joyaux couverts de jungle que sont Ko Rawi, Ko Adang et les îlots voisins ? La meilleure façon de découvrir l'archipel consiste à engager un bateau-taxi dirigé par un capitaine *chow lair* à la station de Hat Sunrise. On peut aussi louer des kayaks (250 B/heure) sur tout Lipe.

Ko Bulon Leh เกาะบุโหลนเล

La sensationnelle Ko Bulon Leh, à 23 km à l'ouest de Pak Bara, est baignée par des eaux limpides, typiques de la mer d'Andaman. Bordée par des plages d'un blanc d'albâtre immaculé et par des filaos oscillant sous le vent, cette somptueuse île est à son point d'équilibre : assez développée pour être dotée de quelques infrastructures, elle conserve néanmoins encore une atmosphère sereine et isolée à la Robinson Crusoé.

Une plage exceptionnelle, aussi blanche que le sel, s'étire le long de la côte est, entre les deux principaux *resorts* de l'île, Bulone Resort et Pansand Resort. Elle s'étrécit un peu par endroits, particulièrement là où elle se fond avec la mangrove, jonchée de rondins blanchis par le soleil. Il n'est ainsi pas difficile de trouver un coin secret et ombragé où profiter d'une vue splendide.

Sur cette île minuscule, l'électricité n'est disponible qu'en soirée dans les *resorts* et il n'y a pas de DAB (les plus proches sont à Pak Bara ; prévoyez des espèces). C'est aussi une destination très saisonnière sans aucune offre touristique en basse saison. Son charme fait pourtant inlassablement revenir les voyageurs sur ses sublimes rivages.

Activités

Se dorer au soleil, se baigner ou simplement admirer la principale plage de Bulon, splendide ruban de sable blanc ourlé d'eaux turquoise calmes, sont autant de raisons de visiter ce joyau isolé. L'intérieur des terres, luxuriant, de Bulon est également sillonné de pistes et de sentiers plaisants à explorer, bien que le rocher tapissé de jungle qui compose la moitié occidentale de l'île reste inaccessible à pied.

Vous découvrirez la beauté sauvage de l'île sur la côte nord à **Ao Panka Yai**, une baie léchée par une eau azur et couverte de graviers de corail, où la pratique du snorkeling est agréable. Cette baie est reliée par un petit chemin asphalté à **Ao Panka Noi**, un village de pêcheurs offrant une belle vue sur les reliefs karstiques. Des *long-tail boats* y sont amarrés à une plage de gravier et une poignée de restaurants, simples mais servant de bons plats, occupe la moitié est de la côte nord. Suivez le chemin signalé un peu plus à l'ouest pour traverser les vestiges de jungle et les plantations d'hévéas – en gardant les yeux grands ouverts sous peine de manquer l'un des énormes varans de Bulon – puis rejoignez **Ao Muang** (Baie des Mangues), un campement de pêcheurs *chow lair*.

Vous trouverez de jolis coraux au large de **Laem Son** sur la rive nord-est de l'île et en redescendant sur le littoral est. Le Bulone Resort et le Pansand Resort louent des kayaks (200 B/heure). Le snorkeling est meilleur à marée basse.

Les hôtels peuvent organiser des excursions guidées de snorkeling (2 000 B, 4 heures, 8 pers maximum) vers les autres îles de l'archipel de Ko Bulon. Des circuits conduisent en général vers les eaux émeraude transparentes de **Ko Gai** (เกาะไก่) et **Ko Ma** (เกาะแม), dont les rochers tourmentés ont été érodés par le vent et le temps. Le **White Rock** est le point d'orgue du circuit : de hautes flèches rocheuses, blanchies par le guano, surgissent de la mer et sous la surface, le récif rocheux couvert de moules est peuplé de poissons multicolores.

Où se loger et se restaurer

La plupart des établissements ferment de mi-avril à novembre ; le Pansand Resort reste ouvert jusqu'à fin mai. Pour vous restaurer, dirigez-vous vers Ao Panka Noi. Le village musulman entre Ao Panka Noi et Ao Panka Yai compte quelques gargotes et boutiques. Tous les *resorts* ont leurs propres restaurants.

Chaolae Homestay BUNGALOWS $

(☎ 086 290 2519, 086 967 0716 ; Ao Panka Yai ; bung 700 B ; ⊙ nov-avr). Ces bungalows tout simples en bambou et en bois sont dotés de douches froides et de toilettes à la turque. L'endroit agréablement calme et ombragé, près du village, est tenu par une famille *chow lair* accueillante. Le site de snorkeling d'Ao Panka Yai, plutôt agréable, est à deux pas. Restaurant convenable. Pas de Wi-Fi.

Pansand Resort BUNGALOWS $$$

(☎ 081 693 3667 ; www.pansand-resort.com ; plage principale ; bung avec petit-déj 1 600-3 500 B ; ⊙ mi-oct à mai). Cet ensemble de cottages en bois et aux toits rouges est niché parmi des arbres majestueux, dressés à l'arrière d'un splendide ruban de sable blanc immaculé. Mobilier minimaliste et démodé mais cottages spacieux, suffisamment éloignés les uns des autres pour préserver l'intimité. Le restaurant sur le front de mer sert de savoureux plats thaïlandais et internationaux. C'est le seul *resort* de Bulon à rester ouvert jusqu'à fin mai.

Bulone Resort HÔTEL $$$

(☎ 095 041 6211 ; www.bulone-resort.com ; plage principale ; bung avec petit-déj 3 000-4 500 B ; ⊙ nov-avr ; ❄ 📶). Perché sur le cap nord-est de Bulon et donnant accès à deux étendues de sable blanc, le Bulone Resort a accaparé le plus bel emplacement de l'île. Les bungalows en bois chaulé, dotés de lits *queen size*, sont rafraîchis par la brise marine. Derrière, de vastes chambres climatisées installées dans des sortes de chalets alpins sur pilotis jouissent d'une vue imprenable. Le *resort* comprend aussi un **restaurant** (plats 180-350 B ; ⊙ 7h30-10h et 18h-22h nov-avr ; 📶) thaïlandais/international ainsi qu'un coin café. Des excursions de snorkeling peuvent être organisées sur demande.

Hug Bulon BAR

(plage principale ; ⊙ 10h-tard nov-avr) Dans ce bar (et restaurant) jovial donnant sur le front de mer, juste à côté du Pansand Resort, vous pourrez profiter d'une musique relaxante et de cocktails en soirée. La cuisine (à la fois thaïlandaise et internationale) est chaudement recommandée.

ℹ Depuis/vers Ko Bulon Leh

De mi-octobre à fin avril, des *speedboats* pour Ko Bulon Leh (450 B, 30 min) partent tous les jours de Pak Bara à 13h. Le transfert du bateau à la plage en *long-tail boat* coûte 50 B : demandez que l'on vous dépose à la plage la plus proche de votre hôtel. En sens inverse, le *speedboat* s'arrête dans la baie en face du Pansang Resort à 9h. Vous pouvez louer un *long-tail boat* depuis/vers Pak Bara pour 2 000 B (1 heure 30).

De mi-octobre à fin avril, des *speedboats* (600 B, 1 heure) partent tous les jours de Ko Bulon Leh pour Ko Lipe à 14h, s'arrêtant en face du Pansand Resort. Au départ de Ko Lanta (1 600 B, 2 heures), les bateaux font escale à Ko Ngai (1 050 B, 1 heure 30), Ko Muk (900 B, 1 heure) et Ko Kradan (900 B, 1 heure), puis repartent de Lipe à 9h.

Comprendre la Thaïlande

Histoire

L'histoire de la Thaïlande, en tant que pays, commença avec l'arrivée de migrants dans ces territoires tenus pour acquis par de lointains empires. Le pays finit par se forger une identité nationale autour de la langue, de la religion et de sa monarchie. Les rois thaïlandais résistèrent aux visées expansionnistes des puissances occidentales, et ne relâchèrent leur pouvoir absolu sur le pays qu'en réaction à des défis venus de l'intérieur. Depuis l'instauration d'une monarchie constitutionnelle, en 1932, le pouvoir est resté principalement aux mains de l'armée, à quelques intermèdes démocratiques près.

Les origines

Il reste peu de traces des civilisations présentes en Thaïlande avant le milieu du premier millénaire. Les fossiles d'*Homo erectus* découverts dans la province de Lampang (nord du pays) datent d'au moins 500 000 ans. Le plus important site archéologique thaïlandais, Ban Chiang, près d'Udon Thani, témoigne de l'existence de l'une des plus anciennes sociétés agraires du monde. On pense que la vallée du Mékong et le plateau de Khorat étaient habités il y a plus de 10 000 ans par des peuplades en voie de sédentarisation, qui allaient maîtriser l'agriculture et, des millénaires plus tard, le travail du bronze. Le parc national de Pha Taem, près d'Ubon Ratchathani, renferme des peintures rupestres réalisées il y a quelque 3 000 ans.

Les premiers empires

Vers le Xe siècle, le peuple thaï, dont on tient pour les descendants les Thaïlandais d'aujourd'hui, commença à migrer de la Chine du Sud vers l'actuelle Asie du Sud-Est. Ces migrants appartenaient au groupe ethnolinguistique thaï-kadai, considéré comme le plus important de cette région. Certains s'établirent dans les vallées de l'actuelle Thaïlande, d'autres dans plusieurs provinces du Laos contemporain et dans l'actuel État shan du Myanmar (Birmanie).

Leurs villages d'agriculteurs, de chasseurs et de commerçants s'organisèrent en *meu·ang*, structures administratives placées sous la coupe d'un seigneur autour desquelles s'édifia l'État thaï. Au fil du temps,

CHRONOLOGIE

4000-2500 av. J.-C.

Des communautés protohistoriques développent la poterie, la riziculture et le travail du bronze dans le nord-est de la Thaïlande.

VIe-XIe siècle

Les Dvaravati fondent des cités-États dans le centre de la Thaïlande, développent des routes commerciales, la culture môn et pratiquent le bouddhisme theravada.

IXe-XIIIe siècle

Angkor étend sa domination à certaines parties de la Thaïlande et construit des sanctuaires hindou-bouddhiques.

les Thaïs étendirent leur influence au-delà des vallées montagneuses du Nord, s'installant dans les plaines du Centre et le plateau du Nord-Est, où existaient plusieurs grands centres de négoce aux mains d'empires locaux et "étrangers" – môn-Dvaravati, khmer (Cambodge) et Srivijaya (péninsule malaise), notamment.

Dvaravati

Les Môn dominaient une partie de la Birmanie, l'ouest de la Thaïlande et une partie des plaines centrales (actuel Myanmar). La période du VIe au IXe siècle vit l'émergence d'une civilisation bouddhique bien spécifique associée aux Môn, connue sous le nom de Dvaravati. Bien qu'on sache peu de choses sur cette période, il semblerait que Nakhon Pathom ait été le centre de cette civilisation et que les routes commerciales terrestres se soient étendues jusqu'à la Birmanie, le Cambodge, Chiang Mai et le Laos, comme en témoignent les bouddhas et temples Dvaravati, ainsi que les inscriptions en langue môn retrouvées sur plusieurs sites.

Si de nombreuses autres civilisations indianisées se sont épanouies en Asie du Sud-Est, les spécialistes retiennent celle de Dvaravati en raison de la richesse de son patrimoine artistique et de la création de routes commerciales, lesquelles ont probablement constitué le noyau de la future Thaïlande.

Le royaume khmer

Le royaume khmer est à l'Asie du Sud-Est ce que l'Empire romain est à la civilisation occidentale. Réputé pour la splendeur de sa sculpture et de son architecture, il a marqué d'une profonde empreinte l'art et la vie spirituelle de la région. Né au IXe siècle, le royaume installa sa capitale à Angkor, dans l'actuel Cambodge, et s'étendit vers l'ouest, dans le centre et le nord-est de l'actuelle Thaïlande. Reliés à la capitale par la route, des centres administratifs arborant des temples sur le modèle de ceux d'Angkor virent le jour à Lavo (l'actuelle Lopburi), Sukhothai et Phimai (près de Nakhon Ratchasima).

Symbole de la puissance impériale, les constructions monumentales khmères attestent de l'emploi de techniques parmi les plus avancées de leur temps. Les éléments renvoyant à l'évolution religieuse des Khmers – hindouisme, brahmanisme, bouddhisme theravada et bouddhisme mahayana – caractérisent cette période de l'histoire du pays.

La civilisation de Srivijaya

Tandis que la Thaïlande continentale était sous l'influence de cultures venues du Nord et de l'Ouest, la péninsule malaise était assimilée économiquement et culturellement à des civilisations du Sud. Entre le VIIIe et le XIIIe siècle, la péninsule malaise fut ainsi sous l'emprise

Lecture pour amateurs d'histoire

Le Siam (2004, Les Belles Lettres) de Michel Jacq-Hergoualc'h. Pour parfaire ses connaissances sur la période d'Ayutthaya, entre le XVe et le XVIIIe siècle. Illustré de nombreux dessins.

Xe siècle
Arrivée des peuples thaïs dans ce qu'on appellera la Thaïlande.

1240-1438
Période estimée du royaume de Sukhothai.

1283
Le roi Ramkhamhaeng de Sukhothai invente la première écriture thaïe.

1292
Chiang Mai devient capitale du royaume de Lanna, royaume historique du Nord.

de la confédération de Srivijaya, laquelle contrôlait le commerce maritime entre la mer de Chine méridionale et l'océan Indien. On pense que la capitale en était Palembang (sur l'île de Sumatra).

Parmi les cités-États Srivijaya installées le long de la péninsule malaise, le royaume de Tambralinga fonda sa capitale près de l'actuelle Nakhon Si Thammarat et adopta le bouddhisme au XIIIe siècle, tandis que les États plus au sud choisissaient l'islam. En résulta une répartition religieuse qui a encore cours aujourd'hui. On peut voir des vestiges Srivijaya près de Chaiya et de Nakhon Si Thammarat. Cette culture a aussi légué à la Thaïlande moderne des traditions artistiques telles que le *năng đà·lung* (théâtre d'ombres) et le *lá·kon* (théâtre classique dansé).

Naissance des royaumes thaïs

Ces empires régionaux commencèrent à décliner au XIIIe siècle, tandis qu'apparaissaient de prospères cités-États thaïes, enclines à marquer localement leur mainmise et leur puissance militaire. Ces cités rivales finirent par s'unir en plusieurs royaumes, sur lesquels se construisit l'identité thaïlandaise. Les royaumes de Lanna, Sukhothai et Ayutthaya avaient alors joué ce rôle fédérateur.

Lanna

Dans le nord de la Thaïlande, le royaume de Lanna fut fondé au milieu du XIIIe siècle dans la ville de Chiang Saen, dans le haut Mékong, par le roi Mengrai. Il s'installa plus au sud en 1292, et quatre ans plus tard fit de Chiang Mai (la "ville nouvelle") sa capitale. Diplomate avisé, le souverain noua des alliances décisives avec de potentiels adversaires, notamment le roi Ngam Muang de Phayao et le roi Ramkhamhaeng de Sukhothai – on peut voir aujourd'hui à Chiang Mai une statue de bronze qui rappelle cette confédération. Le roi Mengrai pris également, au début du XIVe siècle, des mesures contre les risques d'invasion mongole.

Le royaume de Lanna est reconnu pour avoir soutenu le bouddhisme theravada de tradition cinghalaise, aujourd'hui largement pratiqué en Thaïlande, et la culture propre aux Thaïs du Nord. Miné par les intrigues dynastiques et les guerres contre des puissances rivales, le royaume ne connut toutefois qu'une courte période d'expansion.

Des reliefs à Angkor Vat représentent des mercenaires thaïs servant dans les armées khmères. Les Khmers les appelaient "Syam", un nom que le négociant anglais James Lancaster écrivit "Siam" en 1592.

Sukhothai

Au cours du XIIIe siècle, plusieurs principautés des plaines centrales unirent leurs forces et ravirent le pouvoir détenu par l'Empire khmer déclinant. Elles firent de Sukhothai ("l'aube de la félicité") leur capitale. Les Thaïlandais considèrent cette entité comme le premier véritable royaume thaï, et cette période vit un réel épanouissement culturel et artistique.

1351-1767
Royaume d'Ayutthaya et ascension des Siamois.

1448-1486
La capitale du royaume de Sukhothai est transférée à Phitsanulok pour une courte période.

1511
Le Portugal, puis d'autres nations européennes, établissent des comptoirs à Ayutthaya.

1688
La mort du roi Narai, favorable aux étrangers, est suivie d'une révolution de palais et de l'expulsion des Français. Les liens Thaïlande-Occident sont presque rompus jusqu'au début du XIXe siècle.

RAMKHAMHAENG L'A GRAVÉ DANS LA PIERRE

Sur une inscription de 1292, le roi Ramkhamhaeng dépeint son royaume comme étant idyllique et libre de contrainte, et donne de lui-même l'image d'un patriarche bienveillant :

"Cette terre de Sukhothai est florissante. Il y a du poisson dans l'eau et du blé dans les champs [...] si un roturier sur ces terres a un grief [...] le roi Ramkhamhaeng [...] entend son appel ; il va voir l'homme et l'interroge, examine l'affaire et prend une juste décision."

Traduit par A. B. Griswold et Prasert Na Nagara, *Journal of the Siam Society* (juillet 1971)

C'est à Ramkhamhaeng, le plus admiré des souverains de Sukhothai, que l'on attribue la mise au point de la graphie thaïe moderne, basée sur les systèmes d'écriture indien, môn et khmer. Il imposa par ailleurs le bouddhisme theravada comme religion officielle.

À son apogée, le royaume s'étendait de Nakhon Si Thammarat, au sud, à la haute vallée du Mékong au Laos et à Bago (Pegu), dans le sud de la Birmanie. La capitale fut transférée à Phitsanulok, pour une courte période : 1448-1486. À cette époque déjà, l'étoile montante en Thaïlande était le royaume d'Ayutthaya.

Ayutthaya

Le royaume d'Ayutthaya commença à s'imposer dans le bassin du Chao Phraya au milieu du XIVe siècle, au crépuscule de l'Empire khmer. Le plus important des royaumes du Siam, qui perdura 416 années, joua un rôle fondamental dans l'organisation de l'État et de la structure sociale de la Thaïlande contemporaine. Sa sphère d'influence s'étendait loin, y compris sur un large pan de l'ancien Empire khmer.

Entourée de rivières lui conférant une position insulaire stratégique, Ayutthaya prospéra grâce aux échanges avec l'étranger durant l'âge d'or du commerce international, au XVIIe siècle. Elle assit sa puissance militaire en achetant aux Portugais des armes à feu et en louant les services de mercenaires. Le réseau fluvial la reliait aussi bien au golfe de Thaïlande qu'à l'intérieur des terres.

À cette époque où les marchands occidentaux découvraient l'Asie du Sud-Est, Ayutthaya accueillait de nombreux étrangers. Ces visiteurs mentionnent dans leurs récits la cour et les marchés cosmopolites de la capitale. "Le royaume de Siam est la plus grande des nations asiatiques", s'enthousiasmait en 1690 le voyageur allemand Engelbert Kaempfer.

Ayutthaya adopta les coutumes de la cour khmère, sa langue honorifique et ses conceptions de la royauté. Le souverain prit ainsi le titre de *devaraja* (roi divin) khmer au lieu du *dhammaraja* (roi vertueux)

1700
Ayutthaya est sans doute la ville la plus peuplée au monde, avec un million d'habitants.

1767
Ayutthaya est assiégée, puis détruite par les Birmans.

1768
Le roi Taksin installe la nouvelle capitale à Thonburi.

1782
Fondation de la dynastie des Chakri, avec Bangkok comme capitale.

en usage à Sukhothai. Le royaume demeurait tributaire de l'empire de Chine, qui lui accordait, en échange de sa soumission de principe, de généreux cadeaux et des privilèges commerciaux.

Une hiérarchie stricte et complexe, en grande partie définie par le roi Trailok (r. 1448-1488), administrait le royaume. Des listes complexes de postes officiels et de titres et rangs spécifiques étaient établies. Le statut social d'une personne se mesurait à l'étendue de ses terres. Amendes et châtiments étaient proportionnels au rang de la personne. La société d'Ayutthaya se composait de la famille royale, de la noblesse et des roturiers. Ces derniers furent ensuite divisés en hommes libres et esclaves. Les hommes libres servaient un noble ou un membre de la famille royale. Chaque année, ils devaient 6 mois de travail à l'élite dirigeante et s'en acquittaient en effectuant des missions individuelles, des tâches publiques ou un service militaire. Malgré une hiérarchie sociale bien définie, la mobilité sociale était possible en fonction des aptitudes personnelles, des relations (notamment le mariage) et de la faveur royale. Cette société cloisonnée éclaire les composantes féodales subsistant dans la société thaïlandaise actuelle.

Le roi Naresuan (r. 1590-1605) est considéré en Thaïlande comme un héros national, et est particulièrement révéré dans l'armée. Son histoire a inspiré la trilogie *The Legend of King Naresuan* (2007-2011), du cinéaste Chatrichalerm Yukol, en partie financée par l'armée.

Les visées expansionnistes des Birmans mirent à mal la splendeur d'Ayutthaya. En 1569, la ville tomba aux mains du grand roi birman Bayinnaung, avant de reprendre son indépendance sous le règne de Naresuan. En 1765, la jeune et ambitieuse dynastie birmane de Kongbaung poussa à nouveau vers l'est pour écraser son rival politique et commercial. Les troupes birmanes assiégèrent Ayutthaya pendant un an, avant de la détruire en 1767. La capitale fut ravagée, ses bâtiments, détruits, et ses habitants, massacrés. La région alentour fut désertée. La violence de l'épisode fut telle qu'aujourd'hui encore, les Thaïlandais ont des Birmans l'image d'agresseurs impitoyables.

LES AMIS DU ROI

Dans les années 1680, de nombreux émissaires étrangers furent invités à Ayutthaya par le roi Narai, qui se montrait très désireux d'acquérir et d'employer biens, culture et idées venus d'ailleurs. Sa cour commanda une grande variété de produits : longues-vues, sabliers, papier, noyers, fromage, vins et fontaines en marbre. Il se joignit aux jésuites français pour observer une éclipse depuis son palais de Lopburi et reçut même un globe offert par Louis XIV.

L'ouverture de Narai à l'influence étrangère fut remise en cause alors que sa santé déclinait et que des factions rivales se disputaient sa succession. L'un de ses fidèles conseillers était un aventurier grec, Constantin Phaulkon. On l'accusa par la suite de conspirer pour renverser le roi malade. En fait, ses accusateurs menèrent un coup d'État, firent exécuter Constantin et interdirent le Siam aux Européens.

1826
Le Siam s'allie à la Grande-Bretagne lors de la première guerre anglo-birmane.

1851-1868
Règne de Mongkut (Rama IV). Montée de l'influence occidentale.

1855
Le traité de Bowring, conclu entre le Siam et l'Angleterre, stimule l'économie de marché du pays et accorde des droits aux sujets britanniques.

1868-1910
Règne de Chulalongkorn (Rama V). Renforcement de la présence européenne dans les pays voisins.

L'ère de Bangkok

Ayutthaya en ruine et la lignée des rois interrompue, le chaos s'instaura. Un ancien général, Taksin, fit valoir des droits sur le pouvoir, parvint à écarter ses rivaux potentiels et installa sa capitale à Thonburi, une localité située en aval d'Ayutthaya et forte d'un meilleur accès aux routes commerciales. Le roi Taksin, fils d'un Chinois et d'une Thaïe, affermit son pouvoir et favorisa le développement du commerce avec la Chine. Après 15 ans de règne, il fut renversé (puis exécuté), en 1782, par des militaires.

L'un des conspirateurs, Chao Phraya Chakri, monta sur le trône sous le nom de Yot Fa (Rama Ier) et fonda la dynastie des Chakri, toujours au pouvoir en Thaïlande. Le nouveau monarque transféra la capitale sur l'autre rive du Chao Phraya, à Bangkok. Le premier siècle de l'ère de Bangkok fut consacré à restaurer la puissance culturelle, politique et militaire d'Ayutthaya. Les nouveaux souverains étendirent leur influence dans toutes les directions. Ayant détruit les capitales du Laos et du Cambodge, le royaume du Siam contint l'agression birmane et asservit Chiang Mai. Les populations vaincues furent déplacées et jouèrent un rôle majeur dans l'accroissement de la production rizicole au Siam, dont l'essentiel était exporté vers la Chine.

Au contraire des rois d'Ayutthaya qui vénéraient le dieu hindou Vishnu, les monarques Chakri se firent les défenseurs du bouddhisme. Ils compilèrent et traduisirent en thaï les grands textes bouddhiques et firent bâtir maints temples royaux.

Parallèlement, vers le milieu du XIXe siècle, un ordre social nouveau et une économie de marché apparurent. Le Siam s'ouvrit à l'Occident et à ses idées scientifiques et technologiques modernes pour réformer l'éducation, les infrastructures et le système juridique. L'un des grands modernisateurs du pays fut le roi Mongkut (Rama IV ; r. 1851-1868), qui n'avait jamais envisagé de monter sur le trône : avant d'accéder au pouvoir, il avait passé 27 ans dans un monastère où il avait fondé l'ordre Thammayut – régi par les principes stricts auxquels s'astreignaient les moines môn.

Sous le règne du roi Mongkut, le Siam signa avec les puissances occidentales des traités prévoyant l'intégration du royaume dans le système de marché mondial, céda des monopoles royaux et octroya aux sujets britanniques des droits d'extraterritorialité.

Le fils de Mongkut, le roi Chulalongkorn (Rama V), qui régna de 1868 à 1910, poursuivit son œuvre de réforme en abolissant l'ancien ordre politique et en adoptant le modèle de l'État-nation. Il abolit l'esclavage et les corvées, qui persistaient vainement depuis la période d'Ayutthaya. Chulalongkorn supervisa la création d'une bureaucratie salariée, d'une force de police et d'une armée d'active. Ses réformes apportèrent

Un aperçu de l'ère de Bangkok

Wat Arun

Wat Phra Kaew et Grand Palais

Parc Dusit

En 1868, le roi Mongkut (Rama IV) abolit le droit des maris de vendre leur épouse, ou leurs enfants sans la permission de la mère. Dans l'ancienne disposition, disait-on, la femme était considérée "comme un simple buffle d'eau".

1874

Abolition de l'esclavage.

1890

La première voie ferrée du Siam relie Bangkok à Nakhon Ratchasima.

1893

Le blocus français du Chao Phraya (deuxième fleuve le plus important du pays après le Mékong), dans le cadre d'un conflit territorial concernant l'Indochine, renforce la menace de colonisation.

1902

Annexion par le Siam de Yala, Pattani et Narathiwat, appartenant auparavant au sultanat de Patani.

une uniformité dans le code juridique, les tribunaux et les services fiscaux. Les progrès des techniques d'irrigation et l'accroissement de la population paysanne permirent d'améliorer la production agricole du Siam. Des écoles furent créées sur le modèle européen.

Chulalongkorn s'appuya largement sur des conseillers étrangers, pour majorité britanniques. À la cour, l'essentiel du protocole en vigueur depuis des siècles fut abandonné et remplacé par des pratiques occidentales. L'architecture et la décoration des pièces officielles, comme les nouvelles salles du trône, furent confiées à des artistes italiens.

Considéré comme un diplomate tout aussi habile que son père, Chulalongkorn réussit à jouer des puissances européennes les unes contre les autres de manière à éviter l'annexion à un empire. Pour maintenir son indépendance, la Thaïlande céda le Laos (1893) et le Cambodge (1907) à l'Indochine française, puis trois États malais à la Birmanie britannique (1909). L'ancien royaume de Patani, remis en 1902 aux Britanniques alors aux commandes en Malaisie, revint dans le giron de la Thaïlande 5 ans plus tard. De nombreux habitants du Sud profond voient encore la Thaïlande comme une puissance coloniale venue occuper leurs terres (Patani avait, de fait, été conquis par Rama Ier en 1771).

Défiant les vieilles traditions, Chulalongkorn suivit les traces de son père et permit qu'on le voie et qu'on le photographie en costume paysan ; il consentit par ailleurs à ce que son image figurât sur les pièces de monnaie, les timbres et les cartes postales. Il voyagea beaucoup et se rendit en Europe, à Singapour, à Java, en Malaisie, en Birmanie et en Inde. Il rapporta de ses voyages des œuvres d'art et des idées, et construisit des palais extravagants, véritables patchworks architecturaux.

Le Siam devint un pays aux contours géographiques définis dans une conception moderne. En 1902, il se dénommait non plus Siam, mais Prathet Thai (le pays des Thaïs) ou Ratcha-anachak Thai (le royaume des Thaïs). En 1913, tous ceux qui vivaient à l'intérieur de ses frontières furent appelés "Thaïlandais".

Armée contre démocratie

En 1932, un groupe de jeunes officiers et de fonctionnaires se faisant appeler Khana Ratsadon (Parti du peuple) mit fin sans effusion de sang à la monarchie absolue et instaura son pendant constitutionnel. Les dirigeants du mouvement se réclamaient des idéaux démocratiques qu'ils avaient découverts pendant leurs études en Europe.

Les années qui suivirent furent marquées par les luttes des différents groupes d'intérêts (royalistes, militaires, civils) cherchant à s'assurer le contrôle du pouvoir. Le Parti du peuple lui-même était divisé quant à sa vision d'une Thaïlande démocratique, et l'aile militaire du parti s'empara du pouvoir avant la tenue d'élections générales. Le leader de la

1909
Un traité anglo-siamois délimite les frontières du Siam.

1913
Le roi Vajiravudh (Rama VI) exige de tous ses sujets qu'ils adoptent un nom de famille.

1916
Création de la première université thaïlandaise, l'université Chulalongkorn, au centre de Bangkok.

1917
Le Siam envoie des troupes aux côtés des Alliés pendant la Première Guerre mondiale.

UN CONTREPOIDS PROGRESSISTE

Juriste formé en France, Pridi Phanomyong (1900-1983) fut l'un des leaders civils de la révolution de 1932 et l'un des dirigeants du Parti du peuple. Il s'efforça de faire progresser la démocratie en Thaïlande grâce à des mesures constitutionnelles et à des initiatives visant à limiter la participation de l'armée à la vie politique du pays. Partisan de la nationalisation des terres et du marché du travail, il soutenait aussi une industrialisation menée par l'État et la protection des travailleurs. Il fonda en 1934 l'université Thammasat. Grande figure du Seri Thai, le mouvement de résistance à l'occupation japonaise durant la Seconde Guerre mondiale, il fut nommé Premier ministre en 1946.

Homme d'État d'envergure, personnalité reconnue, cet adversaire déclaré de Phibul et des militaires ne faisait toutefois pas l'unanimité. Ses détracteurs lui reprochaient ses idées "communistes" et il dut quitter le pays après avoir été accusé de régicide. Le regard porté sur lui a changé après la fin de la guerre froide et l'on reconnaît aujourd'hui son action en faveur de la démocratie et son rôle majeur de contrepoids aux intérêts militaires. En 2000, Pridi Phanomyong a été désigné par l'Unesco comme l'une des personnalités éminentes du XXe siècle.

faction civile, Pridi Phanomyong, un juriste qui avait fait ses études en France, fut contraint de quitter le pays en 1933 après avoir mis en place un plan économique d'inspiration socialiste qui déplut fortement aux généraux. En 1937, les Thaïlandais participèrent à leur première élection au suffrage universel afin de désigner la moitié des parlementaires de la toute nouvelle Assemblée du peuple. Nommé Premier ministre, le général Phibul Songkhram, l'un des dirigeants militaires, occupa cette fonction de 1938 à 1944, puis de 1948 à 1957.

Le pouvoir de Phibul, qui coïncide avec la Seconde Guerre mondiale, fut marqué par un nationalisme fort, axé notamment sur le thème de l'"identité thaïe". Il collabora avec les Japonais et les autorisa à utiliser la Thaïlande pour préparer l'invasion d'autres pays du Sud-Est asiatique. Le gouvernement Phibul espérait par cette allégeance récupérer les territoires historiques perdus lors de l'expansion de l'Indochine française. La Thaïlande comptait, en 1942, déclarer la guerre aux États-Unis et à la Grande-Bretagne, mais l'ambassadeur à Washington, Seni Pramoj, qui était membre du Seri Thai (Mouvement thaïlandais de libération), refusa de remettre la déclaration de guerre officielle, épargnant à sa patrie de connaître le statut de pays vaincu. Contraint à la démission en 1944, le général Phibul fut jugé pour crimes de guerre, puis acquitté.

La démocratie s'est épanouie durant une brève période après la guerre : des élections parlementaires pour désigner la totalité des membres de l'Assemblée du peuple furent organisées et une Constitution fut adoptée en 1946. Ce texte, qui limitait le pouvoir des militaires et instaurait

Dans une initiative clairement nationaliste visant à rassembler toutes les populations de langue thaïe, le Premier ministre Phibul Songkhram changea le nom du pays en 1939. Le "Siam" devint le "Prathet Thai" (ou "Thaïlande").

1932
Un coup d'État sans effusion de sang met fin à la monarchie absolue.

1935
Le roi Prajadhipok (Rama VII) est le premier souverain thaïlandais à abdiquer. Le gouvernement choisit le prince Mahidol pour le remplacer.

1937
Les Thaïlandais participent à leur première élection au suffrage universel afin de désigner la moitié des parlementaires de la toute nouvelle Assemblée du peuple.

1939
Siam, le nom du pays, est officiellement remplacé par celui de Prathet Thai, "Thaïlande" en français.

LA MONARCHIE THAÏLANDAISE

Le dernier monarque absolu du pays fut le roi Prajadhipok (Rama VII), qui reconnut la Constitution de 1932, abdiqua et partit en exil. En 1935, le nouveau gouvernement démocratique réinstaura la monarchie, et fit monter sur le trône le neveu de Rama VII, âgé de 10 ans, Ananda Mahidol (Rama VIII), qui vivait alors en Europe. En 1946, après sa majorité, celui-ci fut assassiné dans des circonstances mystérieuses. En 1950, son jeune frère Bhumibol fut couronné sous le nom de Rama IX, et régna jusqu'à sa mort en 2016.

Au début de son règne, le roi Bhumibol était essentiellement une figure de l'unité nationale. Dictateur militaire, le général Sarit (1958-1963) approuva l'élargissement de son rôle à celui de symbole de la Thaïlande moderne. Couple royal séduisant, le roi Bhumibol et la reine Sirikit rencontrèrent Elvis et se faisaient photographier, à l'instar du président américain John F. Kennedy et de son épouse Jackie, comme des représentants modèles de la génération d'après-guerre. Après avoir œuvré pour le développement des campagnes, le roi fut considéré comme le défenseur des pauvres. La Royal Project Foundation, créée en 1969, contribua à l'éradication de la culture de l'opium chez les ethnies montagnardes du Nord. Lors des mouvements de protestation des années 1970, le roi devint un médiateur, appelant à la paix entre les factions pro-démocratiques et les militaires. Lors d'une nouvelle crise politique en 1992, le roi convoqua les leaders des différents camps politiques afin de calmer les manifestations dans les rues.

Lors de la crise politique plus récente des années 2000, l'influence du roi vieillissant se fit moins sensible comme facteur de stabilité politique. Les opposants à Thaksin, royalistes, portaient du jaune en l'honneur du roi ; les partisans de Thaksin, pro-démocrates, considéraient la monarchie avec méfiance. À sa mort, le 13 octobre 2016, le roi laissa derrière lui une veuve et 4 enfants, dont le nouveau roi, Maha Vajiralongkorn, qui assumait déjà une bonne part des fonctions royales durant la longue maladie de son père. La princesse Sirindhorn, membre bien-aimé de la famille royale, poursuit l'œuvre philanthropique de son père.

une série de droits démocratiques, ne fut appliqué que jusqu'à la mort du roi Ananda (Mahidol, Rama VIII), un prétexte dont s'emparèrent les militaires pour revenir au pouvoir et placer Phibul à leur tête.

Dictatures militaires

Le général Sarit Thanarat, qui succéda à Phibul en 1957, instaura une véritable dictature militaire : il abolit la Constitution, procéda à la dissolution du Parlement et interdit tous les partis politiques. Dans les années 1950, les États-Unis s'associèrent à Sarit et aux dictateurs militaires qui lui succédèrent – Thanom Kittikachorn et Praphat Charusathien (qui contrôla le pays de 1964 à 1973) – afin que l'armée américaine puisse installer des bases en Thaïlande pendant la guerre du Vietnam en échange d'avantages économiques.

1941	1945	1946	1957
Les troupes japonaises entrent en Thaïlande, dans le cadre du conflit mondial.	Fin de la Seconde Guerre mondiale ; la Thaïlande cède les territoires pris au Laos, au Cambodge et à la Malaisie.	Accession au trône du roi Bhumibol Adulyadej (Rama IX) ; la Thaïlande entre à l'ONU.	Le coup d'État de Sarit Thanarat inaugure une longue période de régime militaire qui durera jusqu'en 1973.

En 1973, un groupe d'opposition gauchiste principalement composé d'intellectuels et d'étudiants organisa des rassemblements politiques pour exiger du gouvernement militaire une Constitution. Le 14 octobre, l'armée intervint brutalement lors d'un grand rassemblement à Bangkok, faisant 77 morts et plus de 800 blessés. Un mémorial a été élevé sur Th Ratchadamnoen Klang, près du monument de la Démocratie. Refusant de cautionner davantage le bain de sang, le roi Bhumibol s'interposa et obtint le départ de Thanom et de Praphat.

La radicalisation du mouvement étudiant au cours des années suivantes suscita au sein des classes moyennes et d'une partie de la classe populaire la crainte de voir l'avènement d'un mouvement communiste thaïlandais. Rentré au pays en 1976, officiellement pour devenir moine, Thanom fut accueilli chaleureusement par la famille royale. Des contestataires organisèrent alors à l'université Thammasat des manifestations contre celui qu'ils tenaient pour le responsable du massacre du 14 octobre. Des affrontements sanglants éclatèrent entre étudiants et groupes de civils de droite et anticommunistes. Contraints d'entrer dans la clandestinité, de nombreux intellectuels et étudiants rejoignirent alors dans les jungles du nord et du sud du pays les insurgés communistes de l'Armée populaire de libération de la Thaïlande (PLAT).

Le pays resta aux mains des militaires tout au long des années 1980. Le gouvernement du général Prem Tinsulanonda, considéré comme un "soldat politique", apporta une période de stabilité politique et économique. Prem parvint à démanteler l'insurrection communiste en combinant action militaire et programmes d'amnistie. Mais l'embellie économique fit émerger des adversaires de taille au régime militaire : des dirigeants financiers mécontents du poids de l'armée au sein du pouvoir et de ses positions dépassées en cette fin de guerre froide. Pour eux, les communistes n'étaient plus des ennemis, mais des partenaires commerciaux potentiels.

La Thaïlande a connu 20 Constitutions, toutes réécrites à la suite de coups d'État militaires. Le projet de la 20e Constitution fut approuvé par référendum en 2016. Chaque nouvelle version redéfinit le nombre de législateurs élus par la population, les conditions nécessaires pour accéder au poste de Premier ministre et la manière dont celui-ci est désigné.

Priorité aux affaires

En 1988, des élections régulières portèrent au pouvoir Chatichai Choonhavan, dirigeant du parti du Chart Thai. Il installa un pouvoir dominé par d'influents hommes d'affaires de province, écarta les bureaucrates de la prise des décisions et entreprit de transformer le pays en un "tigre asiatique". La politique et l'argent ne faisant toutefois pas forcément bon ménage, Chatichai, accusé de graves faits de corruption, fut renversé par l'armée. Ce coup d'État dessina une nouvelle tendance dans la politique thaïlandaise. La communauté d'affaires et les classes éduquées se rangèrent du côté des militaires contre les entrepreneurs de province et leur système de corruption généralisé.

1960
Création de la première organisation chargée de la promotion du tourisme, la Tourism Authority of Thailand, ou TAT.

1965
La Thaïlande accueille des bases militaires américaines pendant la guerre du Vietnam.

1968
La Thaïlande est un des membres fondateurs de l'Association des nations du Sud-Est asiatique (Asean).

1973
Étudiants, ouvriers et paysans manifestent pour le retour de la démocratie.

LE PARLEMENT THAÏLANDAIS

Une bonne partie de la longue controverse politique du pays concerne la structure de son corps législatif et, en dernier ressort, ceux qui détiennent les rênes du pouvoir. La Constitution thaïlandaise fut réécrite 20 fois au cours des 80 dernières années. Chaque Constitution (ou suspension de la Constitution) modifie l'équilibre entre membres nommés et membres élus par la population. Le Parlement actuel compte environ 750 membres : 500 députés élus et 250 membres du Sénat (chambre haute) nommés par les militaires.

En 1992, le général Suchinda Kraprayoon vint s'imposer comme Premier ministre sans être passé par les urnes, déclenchant un mouvement de protestation populaire qui se heurta à la répression de l'armée. En mai, quelque 200 000 manifestants défilèrent dans les rues de Bangkok derrière l'ancien gouverneur de la ville, Chamlong Srimuang. Les manifestants (dont une bonne partie appartenait aux classes urbaines prospères) affrontèrent l'armée durant 3 nuits de violences, avant que, le 20 mai, le roi Bhumibol ne demande l'arrêt de la répression.

Après les événements du "Mai noir", une nouvelle génération de militants de la démocratie se mobilisa pour obtenir des réformes constitutionnelles. Pendant la plus grande partie des années 1990, le Parti démocrate, représentant les classes moyennes urbaines et les intérêts économiques, fut majoritaire au Parlement. Sa base de soutien s'ancrait dans les villes du Sud, d'anciens ports dont l'économie était désormais orientée vers le tourisme et les exportations (caoutchouc, étain et pêche). À l'autre extrémité du spectre politique, on trouvait les anciens hommes politiques des plaines centrales favorables à l'armée et les habitants des nouvelles villes du Nord-Est agricole, attachés aux subventions de l'État. Ces tendances politiques perdurent encore aujourd'hui.

Le Parti démocrate (Phak Prachathipat), fondé en 1946, est le plus ancien parti de Thaïlande.

L'année 1997 marqua la fin d'une période de prospérité et l'arrivée de la crise asiatique. Minée par le poids de la dette extérieure, l'économie subit en outre les conséquences du surinvestissement dans l'immobilier et d'une monnaie dévaluée. Le baht se déprécia de façon substantielle par rapport au dollar, et le Fonds monétaire international (FMI) intervint pour imposer des réformes financières et juridiques en échange d'une aide de plus de 17 milliards de dollars pour stabiliser la devise thaïlandaise.

La crise et ses conséquences ramenèrent le Parti démocrate au pouvoir, mais les dirigeants perdirent rapidement en crédibilité à mesure que s'aggravait la situation économique.

1976
Répression violente du mouvement étudiant par l'armée.

1979
Après 3 ans de régime militaire, des élections ont lieu et le Parlement est restauré.

1980
Le gouvernement de Prem Tinsulanonda lutte contre le mouvement d'insurrection communiste et y met fin par la voie politique.

1988
Chatichai Choonhavan devient le premier Premier ministre élu depuis 1976.

L'ère Thaksin

En 2000, la récession économique commença à s'atténuer. Le milliardaire des télécommunications et ancien officier de police Thaksin Shinawatra remporta la majorité lors des élections de 2001 avec son parti, le Thai Rak Thai (TRT ou "les Thaïlandais aiment les Thaïlandais"). Se posant en responsable politique pragmatique, il agit rapidement pour tenir les engagements de développement rural pris pendant sa campagne, procédant notamment à l'allégement de la dette agricole, à la mise en place de fonds d'investissement dans les villages et à l'instauration de soins de santé bon marché.

Thaksin Shinawatra a été le premier Premier ministre thaïlandais de l'histoire à achever son mandat de 4 ans. Sa jeune sœur Yingluck a dirigé le pays pendant 3 ans avant d'être destituée.

Les réformes constitutionnelles de 1997 ayant renforcé la position du Premier ministre, son gouvernement fut l'un des plus stables qu'ait connus la Thaïlande à l'issue d'élections. L'essor de l'économie et sa gouvernance ferme, mais audacieuse, lui valurent de remporter la majorité absolue lors des élections de 2005 – ce qui lui permit de gouverner seul. Sa popularité au sein des classes laborieuses et des populations rurales était immense.

En 2006, Thaksin fut accusé d'abus de pouvoir et de conflit d'intérêts, principalement lors de la vente par sa famille de la Shin Corporation au gouvernement singapourien pour 73 milliards de bahts (1,56 milliard d'euros), un bénéfice non imposable grâce à la législation qu'il avait contribué à mettre en place. Des manifestants descendirent dans les rues de Bangkok pour réclamer son départ. Le 19 septembre, l'armée prit le pouvoir sans effusion de sang, contraignant Thaksin à quitter le pays. Des élections générales furent organisées peu après, à l'issue desquelles les alliés politiques de Thaksin formèrent un gouvernement dirigé par Samak Sundaravej.

Ce résultat mécontenta les militaires et le groupe anti-Thaksin, appelé People's Alliance for Democracy (PAD ; alliance populaire pour la démocratie) et regroupant principalement des élites urbaines surnommées "chemises jaunes" parce qu'elles s'habillaient en jaune (couleur associée à l'anniversaire du roi). Ils estimaient que Thaksin profitait de son mandat pour consolider son pouvoir afin d'interrompre la ligne de succession monarchique.

En septembre 2008, Samak Sundaravej fut destitué par la Cour constitutionnelle au motif qu'il avait reçu l'équipe d'une émission culinaire télévisée pendant son mandat, ce qui constituait un conflit d'intérêts. Inquiets à l'idée qu'une nouvelle élection soit favorable au parti de Thaksin, les chemises jaunes s'emparèrent durant une semaine, en novembre 2008, des principaux aéroports thaïlandais, Suvarnabhumi et Don Meuang, jusqu'à ce que les militaires organisent un coup d'État silencieux et qu'une nouvelle décision de justice n'affaiblisse un peu

1991-1992
Le général Suchinda tente de s'emparer du pouvoir ; le roi Bhumibol intervient pour mettre fin à l'agitation civile après les manifestations du "Mai noir".

1997
Crise économique asiatique ; adoption de la "Constitution du peuple".

2001
Le magnat des télécommunications, Thaksin Shinawatra, devient Premier ministre.

2003
Lancement d'une vaste (et controversée) campagne antidrogue durant laquelle plus de 2 000 personnes trouvent la mort.

MÉDIAS

Si les gouvernements d'Asie du Sud-Est ont souvent la main lourde avec les médias, la Thaïlande prit maintes fois le contre-pied de la tendance dans les années 1990, assurant même la liberté de la presse dans sa Constitution de 1997, malgré des lacunes importantes. Cette tolérance prit fin avec l'ascension de Thaksin Shinawatra, milliardaire des télécommunications, au début du XXIe siècle. Thaksin devenu Premier ministre et son parti majoritaire, la presse se retrouva en butte à une censure et une intimidation juridique jamais vues depuis les dictatures militaires des années 1970. Le gouvernement intenta une litanie de procès en diffamation contre des individus, des publications et des groupes de médias qui diffusèrent des révélations embarrassantes sur le régime Thaksin.

Après l'éviction de Thaksin en 2006, les médias parvinrent à maintenir les garanties de liberté de la presse dans la nouvelle Constitution, mais cette "promesse sur papier" ne leur permit pas d'échapper aux intimidations, aux poursuites judiciaires et aux attaques physiques. Aux lois de l'état d'urgence entrées en vigueur après le coup d'État s'ajoutèrent des pouvoirs étendus visant à assurer la sécurité nationale, souvent invoqués contre la presse.

Après le coup d'État de 2014, la répression des médias et de la liberté d'expression se généralisa. Quinze chaînes de télévision et stations de radio furent fermées, 100 sites Internet bloqués et un millier de personnes – intellectuels, blogueurs, journalistes, étudiants et politiques de l'opposition – emprisonnées pour diverses durées. Les médias nationaux s'autocensurent désormais pour éviter les ennuis, et certains sites Internet, comme la section Thaïlande du site de Human Rights Watch, sont périodiquement bloqués en Thaïlande.

Par ailleurs, le nombre de personnes poursuivies en vertu de la loi sur la cybercriminalité, de plus en plus utilisée par le gouvernement pour museler les médias, les opposants politiques et les critiques de la monarchie, a connu une forte augmentation. Parmi les affaires récentes, le chef du populaire Parti du Nouvel avenir a été accusé de relayer de fausses informations sur la junte via un post sur Facebook.

plus les mandataires politiques de Thaksin. Obtenant une coalition in extremis, le démocrate Abhisit Vejjajiva recueillit les suffrages du Parlement et devint le 27e Premier ministre de la Thaïlande.

Les partisans de Thaksin s'organisèrent en un Front uni pour la démocratie (UDD) et contre la dictature, appelé les "chemises rouges". Ses membres, venus principalement du Nord et du Nord-Est, regroupaient des militants démocrates anti-coup d'État, des antiroyalistes et des partisans acharnés de Thaksin. Associés dans une certaine mesure à une lutte des classes, beaucoup de chemises rouges issues du monde ouvrier exprimaient une hostilité virulente à l'encontre de l'aristocratie.

La réaction la plus spectaculaire des chemises rouges se produisit en 2010, quand la Cour suprême de Thaïlande ordonna la saisie de plus

2004

Un tsunami dans l'océan Indien fait plus de 5 000 morts en Thaïlande et met à mal les industries de la pêche et du tourisme ; résurgence de la rébellion séparatiste dans le Sud.

2006

Le roi Bhumibol célèbre le 60e anniversaire de son accession au trône ; le gouvernement de Thaksin est renversé lors d'un coup d'État ; le Premier ministre est contraint à l'exil.

2008

Le Cambodge obtient que Khao Phra Wihan (en Thaïlande) soit inscrit au Patrimoine mondial, ravivant les tensions ; les chemises jaunes pro-royalistes s'emparent des aéroports, paralysant le pays une semaine.

2009

Les manifestations des chemises rouges (sympathisants pro-Thaksin) obligent à annuler le 4e sommet de l'Asie orientale prévu à Pattaya. L'état d'urgence est déclaré à Bangkok.

de 38 milliards d'euros d'avoirs appartenant à Thaksin, jugé coupable d'abus de pouvoir durant son mandat de Premier ministre. Les chemises rouges occupèrent pendant deux mois les carrefours importants de la capitale, exigeant la dissolution du gouvernement et l'organisation de nouvelles élections. En mai 2010, l'armée usa de la force pour expulser les manifestants, provoquant des affrontements sanglants au cours desquels il y eut 91 victimes et des centres commerciaux incendiés (les dommages pour incendies criminels provoqués par la répression furent estimés à 1,25 milliard d'euros).

La démocratie encore face à l'armée

Les élections générales de 2011 furent remportées avec une majorité écrasante par le parti Puea Thai, allié politique de Thaksin. C'est la propre sœur de celui-ci, Yingluck Shinawatra, qui accède au poste de Première ministre. Première femme et plus jeune Première ministre à diriger la Thaïlande, Yingluck Shinawatra fut accusée durant tout son mandat d'être la marionnette de son frère aîné, contraint à l'exil après le coup d'État de 2006. Le bruit circulait même que Thaksin participait aux Conseils des ministres via Skype depuis ses résidences à Londres, Dubaï et Hong Kong.

Pour ce gouvernement, les ennuis allaient venir d'un programme destiné à soutenir les riziculteurs. Le dispositif gouvernemental destiné à accroître les revenus des petits paysans en achetant le riz au-dessus du prix du marché et en le stockant pour entraîner une augmentation globale ne fonctionna pas comme prévu. La Thaïlande, plus gros exportateur mondial de riz jusqu'en 2012, assista impuissante à la chute des cours lorsque l'Inde autorisa à nouveau l'exportation de sa production. Ce fut un désastre pour l'économie nationale, d'autant que des millions de bahts auraient été détournés par des politiciens et des fonctionnaires chargés de superviser le programme (en mai 2014, Yingluck fut inculpée pour des faits liés au programme ; reconnue coupable en 2017, elle quitta le pays avant d'être arrêtée).

La tentative peu judicieuse d'introduire une loi d'amnistie en faveur de différentes figures politiques fut également très mal accueillie. Beaucoup y virent en effet un prélude au retour en Thaïlande de Thaksin. Des manifestations de rue débutèrent en octobre 2013, conduites par l'ancien vice-Premier ministre Suthep Thaugsuban et sa coalition antigouvernementale, le Comité de réforme démocratique du peuple. Ceux-ci appelèrent Yingluck et son gouvernement à démissionner, organisèrent d'autres manifestations qui aboutirent à de nouveaux affrontements à Bangkok.

Les violences entre les soutiens de Yingluck et ses opposants devenant sporadiques, Yingluck et 9 de ses ministres furent forcés à la démission

Le clergé bouddhique a connu sa part de scandales, mais peu sont aussi évocateurs que le conflit entre le gouvernement et le puissant temple Dhammakaya, en 2017, au nord de Bangkok. Les fidèles avaient monté des barricades autour du temple (le responsable du clergé serait richissime et lié au mouvement des "chemises rouges") pour empêcher la police d'y pénétrer, protégeant ainsi le supérieur, accusé de blanchiment d'argent et de malversations financières.

2010
Les chemises rouges occupent le centre de la capitale durant 2 mois ; la répression militaire fait 91 victimes.

2011
Yingluck Shinawatra devient la première Première ministre de Thaïlande ; des inondations dévastatrices touchent la région industrielle.

2012
En mars, l'explosion de plusieurs voitures piégées dans l'extrême Sud fait 16 morts et plus de 300 blessés.

2014
Destitution de la Première ministre Yingluck Shinawatra le 17 mai et coup d'État des militaires le 22 mai.

L'"UE" DE L'ASIE DU SUD-EST

Fin 2015, la communauté économique (AEC) de l'Asean faisait de cette association de dix pays d'Asie du Sud-Est un marché libéralisé où biens, services, capitaux et travailleurs pouvaient traverser les frontières sans restrictions particulières ou presque. En théorie, l'AEC doit faciliter l'achat et la vente de marchandises, l'embauche de travailleurs venant d'autres pays membres et les investissements dans les pays de l'Asean. Les objectifs de l'AEC sont longs à atteindre, en raison des disparités entre les intérêts politiques spécifiques de chaque État membre.

par la Cour constitutionnelle le 7 mai 2014, et un nouveau coup d'État eut lieu, le treizième depuis 1932.

En Thaïlande, voter est obligatoire pour tous les citoyens majeurs qui remplissent les conditions requises. Les moines et autres figures religieuses n'ont pas le droit de vote.

Retour à la dictature militaire

Le 22 mai 2014, l'Armée thaïlandaise du général Prayut Chan-ocha renversa le gouvernement élu et mit fin à des mois de crise politique. Prayut affirma que le coup d'État était nécessaire pour mettre fin à l'instabilité.

Le gouvernement militaire de Prayut était alors appelé Conseil national pour la paix et le maintien de l'ordre (CNPO). Le CNPO a entrepris de restaurer la stabilité en appliquant la loi martiale et en faisant taire ses critiques. Ordre est donné à tous les médias de ne pas exprimer d'opinions dissidentes. Les fournisseurs d'accès Internet ont dû bloquer tout contenu enfreignant les ordres de la junte. En mars 2015, Prayut annonça aux journalistes qu'il ferait exécuter quiconque ne suivrait pas la ligne officielle.

L'hymne national est diffusé, à la télévision et à la radio, à 8h et à 18h. Le clip accompagnant l'émission télévisée montre une Thaïlande multiethnique et multiconfessionnelle vivant en harmonie sous le drapeau national.

Cette répression s'étendit aussi à la société civile. Plus de 1 000 personnes, politiciens de l'opposition, universitaires, journalistes, bloggeurs et étudiants, furent incarcérées ou jugées par un tribunal militaire. En mars 2015, le Haut Commissaire aux droits humains des Nations unies déclara que les militaires thaïlandais usaient de la loi martiale pour museler l'opposition et a réclamé la liberté d'expression pour la tenue de vrais débats.

En préparant l'inévitable transfert de la couronne, la junte intensifia encore les poursuites de crimes de lèse-majesté, en vertu de lois déjà très strictes. En août 2015, un homme fut condamné à 30 ans de prison pour avoir insulté la monarchie après qu'il eut partagé un article d'informations sur sa page Facebook. La BBC Thai fit l'objet d'une enquête pour diffamation après la diffusion en ligne d'un portrait du nouveau roi en 2016.

Occupé à faire taire les critiques, le CNPO échoua à redresser l'économie thaïlandaise. Les investissements étrangers, les exportations

2015
Des terroristes font exploser une bombe au sanctuaire Erawan de Bangkok, très fréquenté. Bilan : 20 morts.

2016
Mort du bien-aimé roi Bhumibol Adulyadej (Rama IX) ; son fils lui succède. Un référendum approuve une Constitution proposée par la junte militaire.

2018
Sauvetage spectaculaire de 12 jeunes footballeurs et de leur entraîneur restés piégés durant 2 semaines dans une grotte de la province de Chiang Rai.

2018
Mort de 47 touristes, pour la plupart chinois, dans le naufrage de deux bateaux d'excursion au large de Phuket.

et le PIB avaient tous diminué après le coup d'État. En 2016, un plan d'investissement dans les infrastructures, plus que nécessaire, fut annoncé pour contrer cette récession. Si le tourisme continua de prospérer, la croissance économique avait chuté, en 2019, à son plus bas niveau depuis le coup de force.

Nouvelle impasse politique

En mars 2019, la Thaïlande tint ses premières élections générales depuis le coup d'État de 2014, après 5 ans de report durant lesquels la Constitution fut une nouvelle fois modifiée. La junte et son chef, l'ancien général Prayuth Chan-ocha, firent campagne en tant que parti Palang Pracharath.

Malgré les tentatives de restreindre la couverture médiatique des autres partis et les allégations d'irrégularités, le Palang Pracharath ne parvint pas à obtenir la majorité parlementaire. Ce fut le Pheu Thai, associé au clan Shinawatra, qui remporta le plus grand nombre de sièges. Le nouveau parti du Nouvel avenir arriva en troisième position. Cependant, le Sénat (chambre haute) de 250 membres, non élus, se prononçant également sur la nomination du Premier ministre en vertu de la dernière Constitution, Prayut fut dûment choisi pour diriger un gouvernement de coalition en juin 2019.

La coalition, à laquelle s'opposent le Pheu Thai, le Nouvel avenir et un certain nombre d'autres partis antimilitaires, peine à rester unie et ne dispose que d'une faible majorité parlementaire, laissant une fois de plus la Thaïlande dans une impasse politique.

Fondé en 2018 par un homme d'affaires sino-thaïlandais charismatique, le parti antimilitaire de centre gauche Nouvel avenir a secoué l'establishment politique en remportant le troisième plus grand nombre de sièges aux élections de 2019.

2019
Tenue des premières élections générales depuis le coup d'État de 2014. L'ancien général Prayut Chan-ocha est nommé Premier ministre à la tête d'un gouvernement de coalition.

2019
Couronnement officiel, à Bangkok, du roi Maha Vajiralongkorn (Rama X) lors d'une cérémonie de 3 jours.

2019
Un soldat mécontent abat 29 personnes et en blesse 58 autres avant de se suicider à Nakhon Ratchasima en février. Il s'agit de la pire fusillade de masse de l'histoire du pays.

2020
Des manifestations se multiplient dans la capitale demandant notamment la démission du Premier ministre Prayuth Chan-o-cha.

La société thaïlandaise

Un fort sentiment d'identité nationale cimente les diverses composantes ethniques et régionales qui, au fil des migrations et des parentés géographiques avec les peuples voisins, ont donné forme à la nation thaïlandaise.

La mosaïque ethnique

Avec 75% des sujets du royaume appartenant à l'ethnie thaïe, la nation offre un visage assez homogène, mais cette uniformité cache de subtiles différences au niveau régional. L'unité du pays s'est forgée autour des Thaïs siamois des plaines du Centre (delta du Chao Phraya), de leurs royaumes et de leur langue – devenue le thaï de référence sur le plan national. Les médias et les écoles véhiculent une culture uniformisée.

En haut : femmes akha dans une plantation de thé, province de Chiang Rai

Plus proche d'un point de vue ethnique et culturel du Laos et des populations thaïes lao, le Nord-Est (Isan) occupe depuis toujours une place à part dans le pays. L'empreinte du monde khmer marque les provinces jouxtant le Cambodge, lesquelles ont accueilli, au gré des tumultes de l'histoire, nombre de familles venues du pays voisin. Près de Surin et de Khorat (Nakhon Ratchasima) vit un groupe minoritaire, les Suay, dont les hommes exercent traditionnellement le métier de cornac.

Dans le Sud, la langue des Thaïs Pak Tai, au débit plus rapide que le thaï standard, et leur culture, qui intègre des croyances populaires musulmanes, reflètent la proximité de la région avec la Malaisie, où l'islam est majoritaire.

Si l'on redessinait une carte de la Thaïlande en fonction des composantes ethniques, le nord du pays serait rattaché au sud de la Chine et à la partie nord du Myanmar. Le peuple thaï serait d'ailleurs originaire de la province chinoise du Yunnan. Parmi les nombreux sous-groupes ethniques thaïs, citons les Shan (des cousins des Thaïs installés sur les hauts plateaux du Myanmar) et les Thai Lü (dans les provinces de Nan et de Chiang Rai, ainsi que sur les hauts plateaux vietnamiens).

Après les Thaïlandais d'origine chinoise (9,5 millions), les Malais forment la seconde minorité ethnique du pays (4,6%). Les autres populations comptent de petits groupes ne parlant pas le thaï, comme les Vietnamiens, les Khmers, les Môn, les Semang (Sakai), les Moken (*chow lair* ; peuples de la mer, ou "nomades de la mer"), les Htin, les Mabri, les Khamu et diverses ethnies montagnardes. Une modeste communauté d'Occidentaux vit à Bangkok et dans les provinces.

Quelques statistiques

Âge moyen du mariage pour les hommes/ femmes : 28/25 ans

Salaire minimum : 325 B/jour

Salaire en début de carrière : 12 000-15 000 B/ mois

Sino-thaïlandais

Les Thaïlandais d'ascendance chinoise – en majorité des Akha (Hakka), des Chao Zhou, des Hainanais ou des Cantonais de la 2e ou 3e génération – représentent 14% de la population thaïlandaise, soit la plus importante population d'origine chinoise d'outre-mer. Bangkok et les régions littorales proches comptent une importante minorité sino-thaïlandaise, attirée par une certaine prospérité économique dans la première moitié du XXe siècle. Dans le passé, des Chinois fortunés parvinrent à marier leurs filles à des membres de la famille royale, créant avec la monarchie des liens de sang qui se sont perpétués jusqu'au roi actuel.

Des familles sino-thaïlandaises dirigent les affaires dans la plupart des centres urbains. Les fêtes chinoises, comme le festival végétarien annuel, sont célébrées en maints endroits du pays.

MIGRANTS ÉCONOMIQUES ET RÉFUGIÉS

D'après les estimations de l'Organisation des Nations unies, la Thaïlande accueille près de 3,9 millions de travailleurs immigrés, venus principalement du Myanmar, du Laos, du Cambodge et du Vietnam. Il s'agit souvent d'ouvriers très peu éduqués, voire analphabètes, originaires de régions en récession économique ou politiquement instables. La plupart d'entre eux sont motivés par la perspective de salaires plus élevés. Entrés souvent illégalement en Thaïlande par le biais de passeurs, ils n'ont pas de protection sociale et s'apparentent à des esclaves ou des serfs des temps modernes. Les usines de conditionnement du poisson, les ateliers de vêtements, les maisons closes et l'industrie du bâtiment dépendent en grande partie de cette main-d'œuvre exploitée.

La Thaïlande se bat depuis longtemps face au problème de l'immigration, de nombreux déplacés cherchant l'asile dans le royaume. Avec le ralentissement de l'économie et les mesures très strictes de la junte, qui ont eu lieu entre 2014 et 2019, les expulsions de travailleurs sans papiers se multiplient ces dernières années. Le gouvernement thaïlandais a annoncé qu'il n'y aurait plus d'enfants sans papiers dans le royaume d'ici à 2020. En 2019, on a estimé entre 250 000 et 300 000 les enfants migrants vivant en Thaïlande.

Prière d'un petit garçon musulman

Musulmans

Principale minorité religieuse du pays, les musulmans (environ 5% de la population) vivent en bonne intelligence avec la majorité bouddhiste. Beaucoup habitent dans le Sud, mais plus encore sont répartis sur tout le territoire national. La plupart d'entre eux sont d'origine ethnique malaise et parlent le malais ou le yawi (dialecte malais s'écrivant avec l'alphabet arabe), en plus du thaï. Par ailleurs, le nord du pays abrite un nombre non négligeable de Chinois musulmans émigrés du Yunnan à la fin du XIXe siècle.

Ethnies montagnardes

Les minorités ethniques des régions montagneuses du Nord sont appelées *chow kŏw* (ethnies montagnardes). Chaque minorité possède sa langue, ses coutumes, son style vestimentaire et ses croyances.

Ce sont en majorité des peuples d'origine semi-nomade venus du Tibet, du Myanmar, de Chine et du Laos au cours des deux siècles derniers. D'autres durent quitter leurs régions d'origine, dans les pays voisins, en raison de conflits avec leurs gouvernements nationaux. Populations du "quart-monde", elles n'appartiennent ni aux puissances alignées ni aux pays en développement. La langue et la culture constituent les frontières de leur monde. Les études de l'ancien Institut de recherches tribales de Chiang Mai reconnaissent 10 minorités montagnardes différentes, mais il pourrait y en avoir jusqu'à 20. La tendance étant à l'intégration dans la société thaïe, les traditions anciennes se perdent. À cause de l'exode rural, beaucoup de villages des montagnes abritent désormais diverses ethnies, ainsi que des migrants birmans.

Costume traditionnel des tribus montagnardes avec des ornementations en argent

Akha (I-kaw)

Population : 80 000 membres
Origine : Tibet
Peuplement actuel : Thaïlande, Laos, Myanmar, Yunnan (Chine)
Religion : animisme et culte des ancêtres marqué ; quelques chrétiens

Les Akha figurent parmi les minorités ethniques les plus pauvres du pays. Ils habitent principalement dans les provinces de Chiang Mai et de Chiang Rai, dans les montagnes ou à flanc de colline entre 1 000 et 1 400 m d'altitude. Ils sont considérés comme des agriculteurs accomplis, mais sont souvent chassés des terres arables par le gouvernement. Lors de leur fête la plus célèbre, la Cérémonie de la Balançoire, de la mi-août à la mi-septembre, les communautés se relaient sur des balançoires géantes pour célébrer la prochaine récolte.

Les Akha accordent une grande importance aux liens familiaux. Lors d'une première rencontre, les deux personnes remontent en général leur généalogie respective en quête d'un ancêtre commun. L'habit traditionnel comporte une coiffe ornée de perles, de plumes et de pendentifs en argent. Langue tonale aux nombreuses variantes dialectales, le akha appartient à la branche lolo de la famille tibéto-birmane.

De nombreuses ONG, à Chiang Mai et Chiang Rai, travaillent auprès des ethnies montagnardes pour leur apporter éducation, soins et soutien juridique.

Hmong (Mong ou Maew)

Population : 151 000 membres
Origine : Chine du Sud
Peuplement actuel : Chine du Sud, Thaïlande, Laos, Vietnam
Religion : animisme

Deuxième ethnie montagnarde du pays par la population, les Hmong se divisent en deux sous-groupes, Hmong blancs et Hmong bleus. Ils se concentrent principalement dans la province de Chiang Mai, mais on trouve aussi quelques petites communautés dans les autres provinces du Nord. Ils occupent généralement les sommets ou les plateaux au-dessus de 1 000 m. La parenté est patrilinéaire et la polygamie tolérée.

Les Hmong portent une simple veste noire sur un pantalon flottant noir ou indigo avec des liserés à rayures (Hmong blancs) ou sur une jupe indigo (Hmong bleus), et des bijoux d'argent. Une large ceinture est parfois nouée autour de la taille, ainsi qu'un tablier brodé. La plupart des femmes attachent leur chevelure en chignon.

Karen (Yang ou Kariang)

Population : 500 000 membres
Origine : Myanmar
Peuplement actuel : Thaïlande, Myanmar
Religions : animisme, bouddhisme, christianisme selon les groupes

Les Karen constituent le principal groupe minoritaire de Thaïlande. Ils vivent plutôt dans les vallées et pratiquent la rotation des cultures. Leur nombre et leur proximité avec la société dominante en ont fait le groupe ethnique montagnard le plus intégré et économiquement le mieux loti. De nombreux Karen vivent aussi dans des camps de réfugiés le long de la frontière entre la Thaïlande et le Myanmar, après avoir dû fuir leurs villages d'origine au Myanmar suite à un conflit.

Il existe 4 groupes de Karen – les Skaw Karen (blancs), Pwo Karen, Pa-O Karen (noirs) et Kayah Karen (rouges). Les maisons karen, au toit assez bas, se dressent sur des pilotis ou des poteaux peu élevés. Ce groupe monogame à la parenté matrilinéaire se distingue par d'épaisses tuniques à col en V de couleurs variées (blanches pour les femmes célibataires). Langue tonale, le karen se rattache à la famille sino-birmane.

Lahu (Musoe)

Population : 100 000 membres
Origine : Tibet
Peuplement actuel : Chine du Sud-Ouest, Thaïlande, Myanmar
Religions : animisme théiste (la divinité suprême est Geusha), polythéistes, avec quelques groupes chrétiens

ETHNIES MONTAGNARDES : NIVEAU DE VIE ET STATUT

Les ethnies montagnardes ont le niveau de vie le plus bas de Thaïlande. Le gouvernement poursuit depuis 30 ans une politique de relocalisation, en déplaçant des villages installés sur des terres agricoles fertiles vers des terres stériles. Leurs membres abandonnent alors leurs systèmes traditionnels de subsistance en faveur de celui de marché, dans lequel ils peinent à faire face à la concurrence, et voient progressivement leurs traditions s'étioler. Dans la plupart des cas, leur situation est aggravée par le fait qu'elles n'ont pas la citoyenneté thaïlandaise. Sans citoyenneté, nul n'a officiellement le droit de posséder des terres, de scolariser ses enfants, d'accéder au salaire minimum ou au système de santé.

Au cours des dernières décennies, certains membres de ces ethnies ont obtenu des cartes d'identité thaïlandaises, leur permettant de bénéficier des services publics, bien qu'en réalité des "frais supplémentaires" empêchent l'accès à l'école publique et au système de soins. D'autres familles ont reçu des certificats de résidence restreignant leurs déplacements en dehors d'une certaine zone, et limitant leurs chances d'obtenir un emploi. Depuis 2016, environ 16 000 personnes par an obtiennent la citoyenneté thaïlandaise dans le cadre d'un plan visant à mettre fin à l'apatridie d'ici à 2024. Mais selon les chiffres de 2019 du ministère de l'Intérieur thaïlandais, il reste plus de 450 000 apatrides dans le pays, plaçant la Thaïlande à la 4e position des pays comprenant le plus d'apatrides selon le Haut-Commissariat des Nations unies pour les réfugiés.

En haut : femme karen au long cou, province de Mae Hong Son (p. 307)

En bas : homme de l'ethnie karen, province de Chiang Mai

PAKIN SONGMOR / GETTY IMAGES ©

Femmes hmong travaillant dans les rizières, province de Chiang Mai

Les Lahu respectent rigoureusement l'égalité des sexes, fruit d'une vision du monde qui insiste sur le couple et la coopération.

Réputés pour leur adresse à la chasse, les Lahu sont désignés par le terme *mou seu*, dérivé d'un mot birman signifiant "chasseur". Originaires du plateau tibétain, ils vivent à environ 1 000 m d'altitude, dans des zones isolées des provinces de Chiang Mai, Chiang Rai et Tak. La plupart résident dans des villages à la population mélangée. Ils se divisent en 5 grands groupes : Lahu rouges (les plus nombreux en Thaïlande), Lahu noirs, Lahu blancs, Lahu jaunes et Lahu Sheleh.

Leurs habitations, en bois, bambou et herbe, sont édifiées sur de courts poteaux en bois. La cuisine lahu est probablement la plus épicée des cuisines montagnardes. Les femmes sont vêtues traditionnellement de vestes noir et rouge et de jupes étroites, les hommes de pantalons flottants verts ou turquoise. Langue tonale, le lahu appartient à la branche lolo de la famille tibéto-birmane.

Lisu (Lisaw)

Population : 55 000 membres
Origine : Tibet
Peuplement actuel : Thaïlande, Yunnan (Chine)
Religion : animisme, avec culte des ancêtres et croyance en la possession par les esprits

Les villages des Lisu s'étendent généralement dans les montagnes, à quelque 1 000 m d'altitude, dans 8 provinces thaïlandaises : Chiang Mai, Chiang Rai, Mae Hong Son, Phayao, Tak, Kamphaeng Phet, Sukhothai et Lampang. Ces clans patrilinéaires se distinguent des autres ethnies (dans lesquelles les décisions reviennent au chaman ou au chef de village) par une autorité collective à l'échelle du clan.

Les maisons, principalement construites à partir de bambou et d'herbe, reposent sur le sol. Les femmes portent de longues tuniques

Broderie mien

multicolores sur des pantalons et parfois des turbans noirs ornés de pompons. Les hommes portent des pantalons larges, verts ou bleus, resserrés aux chevilles. Étroitement apparenté au akha et au lahu, le lisu est une langue tonale appartenant à la branche lolo de la famille tibéto-birmane.

Mien (Yao)

Population : 30 000 membres
Origine : centre de la Chine
Peuplement actuel : Thaïlande, Chine du Sud, Laos, Myanmar, Vietnam
Religions : animisme, culte des ancêtres, taoïsme, bouddhisme et christianisme

Les Mien sont d'habiles artisans, réputés pour leurs broderies et pièces d'orfèvrerie. Ils s'installent près de sources de montagne entre 1 000 et 1 200 m d'altitude, surtout dans les provinces de Nan, de Phayao et de Chiang Rai et un peu moins densément ailleurs. Leur migration vers la Thaïlande s'est accrue à l'époque des opérations américaines dans la région, lorsque les Mien ont collaboré avec la CIA contre le Pathet Lao ; 50 000 réfugiés mien se sont ensuite implantés aux États-Unis.

Les Mien sont très influencés par les traditions chinoises ; ils écrivent en utilisant les caractères chinois, mais une transcription unifiée a été développée dans les années 1980. Ils ont une parenté patrilinéaire et pratiquent la polygamie. Les maisons sont construites à même le sol, en bois ou en chaume de bambou. Les femmes portent des pantalons et des vestes noires aux broderies élaborées et des cols rouges ressemblant à de la fourrure, ainsi que de grands turbans bleu foncé ou noirs. Langue tonale, le mien fait partie de la famille hmong-mien.

Les ethnies montagnardes vivant à 900 m d'altitude et au-delà cultivaient autrefois le pavot à opium, mais cette culture illégale a presque totalement disparu grâce à un programme de cultures de substitution financé par le royaume, et à l'amélioration des infrastructures.

Mode de vie

Le mode de vie des Thaïlandais varie selon le milieu social, les revenus de la famille et le lieu de résidence. Si Bangkok est de loin l'endroit le plus prospère de Thaïlande, le niveau de vie augmente dans tout le pays.

Les Thaïlandais des zones rurales ou des petites localités continuent de migrer vers les grands centres urbains pour trouver un emploi. Il était autrefois courant qu'ils envoient une partie de leur salaire à leurs parents, ou enfants, restés au village. Ce phénomène n'a pas disparu, mais, de plus en plus, les parents aisés n'ont plus besoin de l'aide financière de leurs enfants. En fait, un changement sociétal majeur s'est produit : les parents continuent d'aider leurs enfants devenus adultes en faisant à leur place les gros achats (du type voiture ou appartement), auxquels les salaires de début de carrière ne donnent pas accès. Avec pour résultat que les générations plus âgées s'offusquent souvent de l'attitude des jeunes d'aujourd'hui, qui considéreraient que tout leur est dû.

Dans les chefs-lieux de province, le mode de vie est relativement plus traditionnel. Les fonctionnaires – professeurs et employés du gouvernement formant le pilier de la classe moyenne thaïlandaise – vivent principalement dans des familles nucléaires, dans des lotissements mitoyens à l'écart du centre-ville. Les hommes d'affaires résident en centre-ville, en général dans des appartements au-dessus de boutiques, ce qui facilite leur mobilité.

Comme la plupart des pays d'Asie, la population de la Thaïlande vieillit. On estime qu'en 2050, 35% de la population aura plus de 60 ans. Le taux de croissance démographique est assez bas, à 0,3% et les experts tirent maintenant la sonnette d'alarme en évoquant la menace d'une pénurie de main-d'œuvre et l'insuffisance de financement des systèmes de retraite. Les femmes préfèrent souvent privilégier leur vie professionnelle et les célibataires représentent 30% de la population.

Lectures culturelles

Dvaravati : aux sources du bouddhisme en Thaïlande (Réunion des Musées nationaux, 2009) est un ouvrage dirigé par Pierre Baptiste et Thierry Zéphir.

Idées reçues sur la Thaïlande (Le Cavalier bleu, 2018), d'Eugénie Mérieau, présente le pays de manière intéressante à travers son histoire, sa population, sa culture et ses institutions.

100 questions sur le bouddhisme theravada (éd. Soukha, 2017), de Didier Treutenaere, présente le Bouddha, son enseignement, la vie monastique, ou encore les aspects sociaux et politiques du bouddhisme.

Vie en société

L'équilibre de la société thaïlandaise repose en grande partie sur un système de valeurs mettant en avant le respect de la famille, de la religion et de la monarchie. À l'intérieur de ce système, chacun sait quelle place il occupe, et les enfants apprennent à se conformer aux attitudes de leur groupe et à ne pas afficher d'opinions conflictuelles. La quête de l'harmonie prévaut dans la plupart des rapports sociaux et les Thaïlandais ont à cœur de mettre les autres à l'aise.

Sà·nùk

Les Thaïlandais accordent une grande importance au *sà·nùk* ("joie de vivre"). Cette notion est souvent considérée comme nécessaire dans l'accomplissement de toute chose. Même le travail et l'étude doivent comporter un élément *sà·nùk*, faute de se transformer en corvée. Cela ne signifie pas que les Thaïlandais rechignent à la tâche, mais ils préfèrent l'accomplir en groupe, pour éviter la solitude et ajouter, à l'ouvrage, une part d'agrément. Rien ne condamne plus sûrement une activité que le qualificatif de *mâi sà·nùk* ("pas source de joie"). Les Thaïlandais mélangent souvent leur travail avec une dose salutaire de socialisation, qu'il s'agisse de l'éreintante culture du riz ou de la conduite d'un bus sur de longues distances.

Sauver la face

Sauver la face en toutes circonstances est, pour les Thaïlandais, d'une importance primordiale. Ils évitent donc la confrontation et s'efforcent de ne pas provoquer de situations embarrassantes, tant pour eux que

Offrandes rituelles durant Songkran (p. 33), Nouvel An chinoisr

pour les autres (sauf si c'est *sà·nùk* !). Ainsi, il convient de ne pas évoquer de sujets négatifs dans la conversation, de ne pas exprimer de convictions ou d'opinions tranchées et de ne pas prétendre savoir mieux que les autres. L'accord et l'harmonie sont considérés comme les qualités sociales majeures.

Si les Occidentaux apprécient les discussions animées, les Thaïlandais considèrent qu'élever la voix est impoli et futile. Sortir de ses gonds revient à faire perdre la face à toutes les personnes présentes, et les Thaïlandais offensés réagissent souvent de façon extrême. Les incidents mineurs, comme trébucher ou tomber, peuvent susciter des rires. Or, ce faisant, les Thaïlandais ne se réjouissent pas de votre infortune, mais vous aident, en manifestant de l'hilarité, à sauver la face.

Les Thaïlandais prennent grand soin de leur personne ; beaucoup font leur toilette deux fois par jour et ne comprennent pas que des étrangers, apparemment fortunés, soient aussi négligés dans leur mise.

Statuts et obligations

Dans la société thaïlandaise, traditionnelle ou moderne, toutes les relations sont gouvernées par le rang social défini par l'âge, le statut et la personnalité ou le pouvoir politique. La position la plus importante est appelée *pôo yài* (littéralement, la "grande personne") et qualifie les parents, les patrons, les chefs de village, les hauts fonctionnaires, etc. La position inférieure, appelée *pôo nóy* ("petite personne"), décrit quiconque est soumis au *pôo yài*. Si le respect d'une hiérarchie sociale est le fait de maintes sociétés dans le monde, la particularité thaïlandaise réside dans l'existence d'obligations mutuelles liant les supérieurs aux inférieurs. Les *pôo nóy* doivent montrer obéissance et respect envers les aînés.

Les inférieurs ne sont pas supposés mettre en doute ou critiquer les supérieurs. Sur les lieux de travail, cela signifie que les plus jeunes ne sont pas incités à parler pendant les réunions et qu'on attend d'eux qu'ils fassent ce que leur commandent leurs patrons.

Plantations de thé, province de Chiang Rai

En retour, les *pôo yài* doivent aider ou "parrainer" les *pôo nóy*. Il s'agit d'une relation de type paternaliste, dans laquelle les *pôo nóy* peuvent demander aux *pôo yài* certaines faveurs, sous forme d'argent ou de travail. Pour leur part, les *pôo yài* réaffirment leur rang en accédant à ces demandes. Un refus risquerait de leur faire perdre la face et leur statut.

Le protocole établi par la hiérarchie sociale régit bien des aspects du comportement. Occupant une position élevée dans l'échelle sociale, les élus et gouvernants se voient davantage comme les "gardiens" de la population que comme la voix du peuple. La complexité du système de relations sociales est un frein à la collaboration entre les personnes, en particulier entre celles occupant des positions concurrentielles. Ainsi, Bangkok compte plusieurs musées d'art moderne aux modestes collections, au lieu d'une institution centrale réunissant les œuvres.

LES MÉRITES

Les pèlerinages aux temples les plus connus forment une part importante du tourisme thaïlandais. Le rite est davantage une affaire personnelle que collective. Le visiteur achète boutons de lotus, encens, bougies ou toute autre offrande qu'il dépose devant la principale statue du Bouddha du sanctuaire. Pour amasser du mérite, on peut aussi offrir de la nourriture à la *sangha* (communauté) du temple, méditer (individuellement ou en groupe), écouter les moines psalmodier les *sutta* (discours bouddhistes) et assister aux *têht* ou *dhamma* prodigués par l'abbé ou un autre enseignant respecté. Bien que la Thaïlande devienne de plus en plus laïque, amasser des mérites reste une activité culturelle importante, plus souvent liée à l'accomplissement de vœux (trouver l'amour, réussir ses études) qu'à la dévotion religieuse.

La plupart des visiteurs étrangers appliquent une version simplifiée de cette relation sous la forme de *pêe* (vieux frère) et *nórng* (jeune frère). Tous les Thaïlandais font référence les uns aux autres en utilisant des noms familiaux. Même des personnes sans lien de parenté établissent très vite qui sont les *pêe* et les *nórng*. C'est pourquoi l'une des premières questions posées par un Thaïlandais porte-t-elle généralement sur l'âge.

Religion

Bouddhisme

Quelque 94% des Thaïlandais pratiquent le bouddhisme theravada, venu du Sri Lanka à l'époque de Sukhothai.

La finalité du bouddhisme theravada est le *nibbana* (nirvana en sanskrit), qui, au sens littéral, signifie l'extinction de toute cupidité et donc de toute douleur (*dukkha*). C'est aussi la fin du cycle des renaissances (à la fois d'un moment à l'autre et d'une vie à une autre) qui constitue l'existence. En fait, la plupart des bouddhistes thaïlandais aspirent plutôt à une renaissance dans une existence meilleure qu'au but supraterrestre du *nibbana*. Le concept de renaissance est presque universellement accepté en Thaïlande, même par les non-bouddhistes.

Cette notion de réincarnation explique le sens de l'humilité et de l'interdépendance chez les Thaïlandais. À la vue d'une minuscule bestiole dans la forêt, ils peuvent penser qu'ils ont été eux aussi, à un moment, comme cette petite créature, ou qu'un de leur proche décédé occupe aujourd'hui le corps de cet animal. Le système de la réincarnation est à l'image de l'organisation stratifiée de la société et, fondamentalement, peut être une récompense ou une punition. C'est l'essence même de la théorie bouddhique du karma, qu'exprime le proverbe thaïlandais *tam di, dâi di ; tam chôoa, dâi chôoa* ("Les bonnes actions ont de bons effets, les mauvaises actions de mauvais effets"). Une personne peut améliorer son sort, dans sa vie actuelle et dans ses vies futures, en gagnant des mérites (*tam bun*) par des actes bienveillants.

Le Triratana (Trois Joyaux), soutien, refuge et exemple suprême pour les bouddhistes, comprend le Bouddha, le *dhamma* (les enseignements) et la *sangha* (communauté religieuse). La vénération dont le roi de Thaïlande est l'objet présente, selon la tradition, une dimension religieuse. Le monarque est même souvent considéré comme à demi-divin. Les cérémonies royales restent presque exclusivement du domaine des prêtres brahmanes, qui ont la mission de protéger les 3 piliers de la nation : la souveraineté, la religion et la monarchie.

Il n'y a pas, dans le bouddhisme thaïlandais, une journée spécifique dans la semaine consacrée aux dévotions. Le calendrier est toutefois

La chronologie officielle en Thaïlande démarre en 543 av. J.-C., le début de l'ère bouddhique (et du *parinirvâna* du Bouddha). L'année 2020 correspond donc à l'année 2563 du calendrier bouddhique, 2021 à 2564, etc.

MAISONS SACRÉES

De nombreuses maisons ou lieux d'habitation en Thaïlande possèdent une "maison des esprits", qui a pour fonction d'abriter les *prá poum* (esprits gardiens) du lieu. Vestige des croyances animistes antérieures au bouddhisme, ces esprits gardiens, qui vivraient dans les rivières, les arbres et autres éléments naturels, doivent être honorés (et apaisés). L'esprit gardien d'un lieu est un peu l'équivalent surnaturel de la belle-mère, un membre de la famille respecté, mais parfois gênant. Pour leur complaire, les Thaïlandais construisent de petites maisons de poupées ornementées afin que les esprits puissent "vivre" confortablement à l'écart des affaires des hommes. Pour cultiver ces bonnes relations et s'attirer la chance, les résidents y déposent des offrandes quotidiennes de riz, de fruits, de fleurs et d'eau. Si la demeure d'une famille s'agrandit, sa maison des esprits doit elle aussi être agrandie, afin que les esprits ne se sentent pas offensés. Les maisons des esprits doivent être consacrées par un prêtre brahmane.

S_TANONGSAK / GETTY IMAGES ©

En haut : jeunes moines, Ayutthaya (p. 172)

En bas : mosquée Matsayit Klang, Pattani (p. 621)

rythmé par les jours sacrés (*wan prá*), qui reviennent tous les 7 ou 8 jours, selon les phases lunaires, et par les fêtes religieuses, marquant généralement un événement de la vie du Bouddha.

Moines et nonnes

Socialement, il est du devoir de tout homme de passer une brève période de sa vie comme moine (*bhikkhu* en pali ; *prá* ou *prá pík sù* en thaï), de préférence après la fin de ses études, avant d'entamer sa carrière et de se marier. Traditionnellement, les novices passaient 3 mois au *wat*, pendant le carême bouddhique (*pan săh*), qui commence en juillet et coïncide avec la saison des pluies. De nos jours, ils peuvent n'y séjourner qu'une semaine.

En signe de renoncement aux préoccupations matérielles, les moines se rasent les cheveux, les sourcils et la barbe durant leur séjour au monastère. Ils vivent en ascète, s'abstenant de relations sexuelles et prenant un seul repas par jour (parfois deux, selon la tradition du temple). En ville, les moines s'attachent généralement à l'étude des textes bouddhiques, alors que ceux qui choisissent un temple isolé en forêt y vont surtout pour méditer. Les moines ayant reçu l'ordination définitive sont habilités à célébrer les mariages et les funérailles, prononcent des sermons et dispensent des enseignements dans les monastères.

Dans le bouddhisme thaï, les femmes désireuses de mener une vie monastique se voient accorder un petit rôle dans le temple. Une nonne bouddhiste est appelée *mâa chi* (mère prêtresse) et vit comme une nonne *atthasila* (8 préceptes), position traditionnellement occupée par des femmes qui n'avaient pas d'autre place dans la société. Les nonnes se rasent la tête, portent des robes blanches et s'occupent des travaux ménagers du temple. En général, les *mâa chi* ne jouissent pas du prestige des moines et n'ont pas de fonction dans les rituels de mérite des laïques.

Introduit en Asie du Sud-Est par le sous-continent indien, le bouddhisme theravada est souvent nommé "École du Sud", par opposition au bouddhisme mahayana, adopté dans toutes les régions du nord de l'Asie.

Islam

Le pays compte plus de 3 500 mosquées, dont plus de 170 à Bangkok. Elles sont à 99% sunnites (branche de l'islam dans laquelle l'autorité religieuse est issue de la communauté musulmane, l'oumma) et, pour le 1% restant, chiites (courant dans lequel l'autorité religieuse et politique revient aux descendants du prophète Mahomet). Comme ailleurs en Asie, l'islam en Thaïlande est imprégné de certains aspects du soufisme.

L'islam a été introduit dans le sud du pays par des marchands et des lettrés arabes et indiens (XIIIe-XVIe siècle).

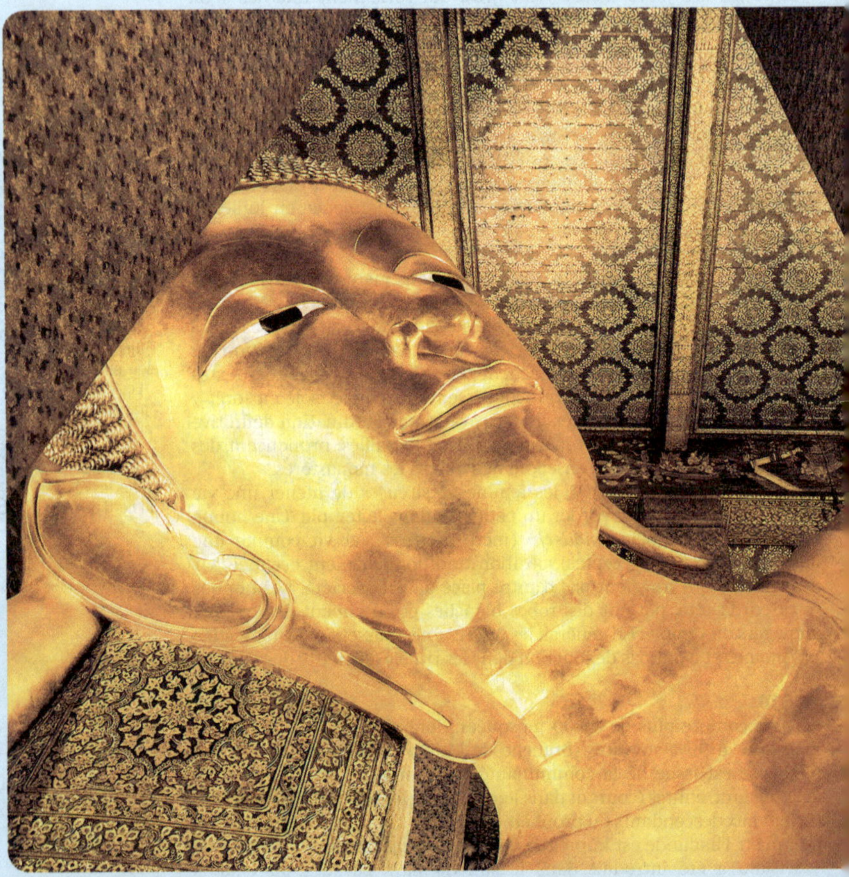

Art et architecture

Le sens thaïlandais de l'esthétique se manifeste aussi bien dans les temples que dans les humbles maisons traditionnelles et les arts raffinés développés à la cour. Si les temples et les sculptures bouddhiques sont un héritage du passé, la créativité trouve, à l'époque moderne, à s'exprimer sous de multiples formes, allant de la peinture engagée à la construction de gratte-ciel. Les traditions musicales ne sont pas en reste, des orchestres de musique classique thaïlandaise à la country et la pop pour adolescents, en passant par la scène alternative.

Ci-dessus : bouddha couché, Wat Pho (p. 69), Bangkok

Architecture

Le spécimen le plus remarquable de l'héritage architectural thaïlandais est le temple bouddhique (*wat*). Souvent splendide, celui-ci se distingue d'usage par la présence d'un ou de plusieurs *chedi* (stupas), monument conique incarnant la stabilité du bouddhisme. Beaucoup renferment des reliques de souverains importants, du Bouddha ou de religieux illustres.

Certains témoignent d'influences stylistiques étrangères comme le stupa en forme d'épis de maïs, d'inspiration khmère, ou en forme de cloche, originaire du Sri Lanka.

Les ornements et les symboles architecturaux des temples thaïlandais empruntent beaucoup à l'iconographie hindo-bouddhique. Le *naga*, créature mythique à corps de serpent qui protégeait le Bouddha durant ses méditations, est souvent représenté sur les avant-toits et le faîtage. Au faîte de la toiture, la silhouette du *chôr fáh* évoque le vol d'un oiseau.

Autre motif sacré, le bouton de lotus apparaît au-dessus des portes des temples, sur les colonnes des galeries et les flèches des *chedis* de la période de Sukhothai. Le Bouddha est souvent représenté méditant sur un piédestal en forme de fleur de lotus. Ce symbole rappelle les principes fondamentaux du bouddhisme. Le lotus peut fleurir dans les mares les plus nauséabondes, un phénomène illustrant le fait que la perfection spirituelle peut trouver à s'épanouir dans les conditions les plus improbables.

PÉRIODES ARTISTIQUES

PÉRIODE	STYLE DES TEMPLES ET DES CHEDI	STYLE DES BOUDDHAS	EXEMPLES
Période de Dvaravati (VIIe-XIe siècle)	*Chedi* de base rectangulaire avec des niveaux décroissants	Influences indiennes ; torse massif, longues boucles de cheveux, sourcils arqués (comme un oiseau en vol), yeux protubérants, lèvres épaisses et nez épaté	Chedi Phra Pathom, Nakhon Pathom ; musée de Lopburi ; Wat Chama Thewi, Lamphun
Période de Srivijaya (VIIe-XIIIe siècles)	Temples de style bouddhique mahayana ; *chedi* de style javanais, avec arches raffinées	Influences indiennes ; très ornementés, traits humains et légère torsion au niveau de la taille	Wat Phra Mahathat Woramahawihaan et Musée national, Nakhon Si Thammarat
Période khmère (IXe-XIe siècle)	Temples hindo-bouddhiques ; *prang* (*chedi* de style khmer) en forme d'épi de maïs	Bouddha méditant sous un dais en forme de *naga* à 7 têtes et sur un piédestal en forme de lotus	Parc historique de Phimai, Nakhon Ratchasima ; parc historique de Phanom Rung, Surin
Période de Chiang Saen-Lanna (XIe-XIIIe siècle)	Temples en teck ; *chedi* carrés à la base et coiffés d'une ombrelle dorée ; également, *chedi* à base octogonale	Influences birmanes ; personnage rond et charnu, visage souriant et plantes des pieds tournées vers le haut en position de méditation	Wat Phra Singh, Chiang Mai ; musée national de Chiang Saen
Période de Sukhothai (XIIIe-XVe siècle)	Temples d'inspiration khmère ; *chedi* à la flèche élancée, coiffée d'un bouton de lotus	Postures élégantes, souvent représenté en train de "marcher", sans détail anatomique humain	Parc historique de Sukhothai
Période d'Ayutthaya (XIVe-XVIIIe siècle)	Temples thaïlandais classiques (toit à 3 niveaux et pignons ornementés) ; *chedi* en forme de cloche surmontés d'une flèche fuselée	Roi de l'époque d'Ayutthaya, portant une couronne sertie de pierres et d'autres attributs royaux	Parc historique d'Ayutthaya
Période de Bangkok-Ratanakosin (XIXe siècle)	Temples dorés et colorés mêlant styles occidental et thaïlandais ; *chedi* recouverts de mosaïques	Reprise des éléments du style d'Ayutthaya	Wat Phra Kaew, Wat Pho et Wat Arun, Bangkok

Fresque, Wat Pho (p. 69), Bangkok

L'ajout de formes européennes à l'architecture remonte au tournant du XXe siècle. Dans les villes portuaires, Bangkok et Phuket notamment, s'élèvent des réalisations d'inspiration sino-portugaise – en brique et en stuc avec des façades ouvragées –, un style (désigné sous le nom de "vieux Bangkok" ou "Ratanakosin") qui a vu le jour avec l'arrivée des marchands qui sillonnaient les mers à l'époque coloniale.

Arts visuels

Le meilleur de l'art ancien se découvre pour l'essentiel dans les temples. Les nombreux musées nationaux et privés de Bangkok exposent, quant à eux, des collections contemporaines.

Peinture et sculpture traditionnelles

Les premières productions artistiques de Thaïlande s'inspiraient presque entièrement de la religion, les sculptures du Bouddha et les fresques constituant l'expression visuelle du système de croyance.

C'est durant le royaume de Sukhothai, réputé pour ses bouddhas d'allure gracieuse et sereine, qu'un style spécifiquement thaïlandais a vu le jour. L'art classique thaïlandais se retrouve le plus souvent dans les fresques des temples. Toujours didactiques, ces œuvres comprennent souvent des représentations des jatakas (récits des vies antérieures du Bouddha) et de la version thaïlandaise du *Ramayana* (récit épique indien). Très peu de fresques antérieures au XXe siècle ont survécu, leur fragilité rendant leur conservation particulièrement difficile. Les plus anciennes se trouvent au Wat Ratburana d'Ayutthaya, mais Bangkok abrite quelques-uns des plus beaux spécimens de celles qui ont franchi les siècles.

Le développement de l'architecture et de l'art religieux thaïlandais s'organise en diverses périodes ou écoles reliées à la capitale dominante

Le Bangkok Art & Culture Centre (p. 97)

de l'époque. Les caractéristiques les plus évidentes d'une époque se révèlent dans les variations de la forme des *chedi* (stupa) et dans les traits des sculptures du Bouddha, parmi lesquels les caractéristiques du visage, l'ornement surmontant la tête, la robe et la position des pieds en méditation. Voir également le tableau *Périodes artistiques* p. 773.

Art contemporain

L'adaptation des thèmes traditionnels aux modèles profanes remonte au début du XXe siècle, alors que l'influence occidentale se fait de plus en plus marquante dans la région. D'une façon générale, la peinture thaïlandaise préfère l'approche abstraite au réalisme et continue de privilégier les représentations unidimensionnelles, à la manière des fresques murales d'antan. Deux tendances se dégagent aujourd'hui dans l'art thaïlandais : la mise au goût du jour des thèmes religieux et une discrète critique sociale, voire les deux chez certains artistes.

L'Italien Corrado Feroci est souvent considéré comme le père de l'art thaïlandais moderne. Invité en Thaïlande pour la première fois par Rama VI en 1923, il est l'auteur du monument de la Démocratie de Bangkok et d'autres réalisations dans la capitale.

Dans les années 1970, les artistes thaïlandais entreprennent de moderniser les thèmes bouddhiques par le biais de l'expressionnisme abstrait. Parmi les tendances principales, le surréalisme coloré de Pichai Nirand et les dessins mystiques au crayon et à l'encre de Thawan Duchanee ont particulièrement marqué leur époque. Internationalement reconnu, Montien Boonma utilise certains éléments de la pratique bouddhique, comme la feuille d'or, les clochettes et la cire de bougie, pour élaborer ses installations.

Dans une société qui s'industrialisait rapidement, de nombreux artistes ont assisté à la transformation des rizières en usines et des

Musées d'art et galeries

- *Musée national*
- *Bangkok Art & Culture Centre*
- *100 Tonson Gallery*
- *H Gallery*
- *Kathmandu Photo Gallery*
- *Musée d'Art contemporain*
- *Soy Sauce Factory*

ARTISANAT

La tradition artisanale de Thaïlande est riche de spécificités régionales, voire locales. Dans le domaine de la céramique, on trouve les objets en céladon vert pâle (le céladon serait d'origine thaïlandaise), les poteries d'argile rouge de Dan Kwian, ainsi que les *ben·jà·rong* ou "cinq couleurs" du centre du pays. Utilisant des glaçures multicolores sur de la porcelaine blanche et inspirés de motifs chinois, ces derniers étaient jadis fabriqués exclusivement pour la cour royale.

Le nord de la Thaïlande a une longue tradition de fabrication de laques bien spécifiques, inspirés du travail des artisans birmans. Chaque région du pays possède son propre style de soie brodée. Le tissage représentait jadis l'identité d'une ethnie, et parfois même le statut marital d'une personne. La tradition perdure dans les villages, bien que les spécificités régionales s'estompent peu à peu.

forêts en autoroutes, et observé les cercles du pouvoir tirer profit de ces mutations. Porté par des motivations politiques, un mouvement parallèle est alors né au sein de l'art contemporain thaïlandais. Manit Sriwanichpoom s'est fait remarquer avec sa série des *Pink Man On Tour* ("performance de l'homme rose"), où il met en scène l'acteur Sompong Thawee, vêtu d'un costume rose et poussant un chariot de supermarché de même couleur dans les grands sites touristiques thaïlandais. Plus controversé, l'artiste plasticien et poète Vasan Sitthiket est connu pour ses installations multimédias condamnant l'exploitation et la corruption. Les travaux de ce diplômé de l'École des beaux-arts de Bangkok, taxés d'"antithaïlandais", ont été interdits dans le pays.

Les années 1990 ont été marquées par un mouvement visant à sortir l'art des musées pour le rendre aux espaces publics. Ainsi, Navin Rawanchaikul a commencé ses collaborations "de rue" à Chiang Mai, sa ville natale. Ses idées l'ont suivi à Bangkok, où il a créé des installations d'art dans les taxis de la capitale, devenus de véritables galeries ambulantes. Il se plaît aussi à jouer sur les mots, comme dans les titres de son œuvre multimédia, *We Are the Children of Rice (Wine)* (2002), et de son tableau monumental *Super (M)art Bangkok Survivors* (2004), dans lequel il exprime sa colère contre le mercantilisme des musées.

Les artistes montants utilisent tous types de supports, et traitent de sujets plus introspectifs, à l'image de Maitree Siriboon dont les collages et les photos explorent l'identité, la sexualité et la transformation. Né en 1979, l'artiste thaïlando-japonaise Yuree Kensaku crée quant à elle des tableaux allégoriques, parfois surréalistes, aux airs de dessins animés, empreints de références à la culture populaire.

Beaucoup tiennent la sculpture, associée à la statuaire bouddhique, pour la plus vivante des expressions artistiques contemporaines. Influencé par Henry Moore, Khien Yimsiri crée de gracieuses pièces de bronze aux formes humaines et mythiques. Manop Suwanpinta modèle l'anatomie humaine en formes imaginaires souvent associées à des éléments techniques, tels ces visages s'ouvrant en deux pour dévoiler un contenu inexpressif. Dans ses créations, Kamin Lertchaiprasert explore la spiritualité dans la vie quotidienne. Son installation intitulée *Ngern Nang* ("argent assis"), développée entre 2004 et 2006, regroupe des personnages fabriqués à partir de vieux billets de banque et décorés de conseils poétiques sur la vie et l'amour.

Pendant les troubles politiques récents, des artistes ont traduit leurs expériences personnelles en installations multimédias. Tanks, pistolets, violence et protestation se mêlent pour exprimer l'indignation, la peine, l'anxiété et même l'apathie. En 2012, Vasan Sitthiket a réalisé une série de collages colorés et tourmentés intitulée *Hypocrisy*.

Livres d'art

Jim Thompson : la maison sur le Klong (1999), de William Warren et Jean-Michel Beurdeley

Temples d'or de Thaïlande (2001), de lesksukhum Santi

Thaïlande, Trésors d'une civilisation ancienne (2009), de Nicoletta Celli

Dvaravati, aux sources du bouddhisme en Thaïlande (2009), catalogue de l'exposition au Musée Guimet

IKONTEE / SHUTTERSTOCK ©

En haut : le *kŏhn* (p. 781) est la forme la plus connue du drame dansé thaïlandais, qui représente des scènes du *Ramakian*

En bas : décor traditionnel d'un temple

Tissage traditionnel (p. 776)

Le court métrage *A Brief History of Memory* (2010), de Chulayarnnon Siripholre, retrace l'expérience d'une femme confrontée à la violence des manifestations de rue.

Au cours des dernières années, l'art tend à s'étendre au-delà des cercles intellectuel, politique ou même artistique pour s'ouvrir au grand public. Le nombre de galeries, à Bangkok et ailleurs, a considérablement augmenté. En 2017, Kamin Lertchaiprasert a décoré les trains du BTS/ Skytrain de la capitale. En 2018, la Thaïlande a accueilli sa première biennale, la Bangkok Art Biennale, qui se tient deux fois par an dans la capitale.

Musique

La Thaïlande affiche une grande variété de genres et de styles musicaux : des airs de musique de cour qui accompagnent les drames dansés classiques aux sons de la *house music* des discothèques branchées de tout le pays.

Hits thaïlandais

Deungdutjai (www.deungdutjai.com) poste des tubes thaïlandais accompagnés des paroles en thaï et de leur transcription ou traduction en anglais.

Musique classique

L'orchestre classique, le *pèe pâht*, accompagnait à l'origine le drame dansé traditionnel et le théâtre d'ombres. De nos jours, on l'entend lors des fêtes des temples ou dans des lieux touristiques. La formation comprend généralement entre 5 et 20 musiciens, parfois plus. Avant de commencer à jouer, les musiciens offrent de l'encens et des fleurs au *đà·pohn* (ou *thon*), tambour à double face, qui marque le tempo.

La gamme standard thaïe est une octave de 8 notes, mais elle comprend 7 intervalles d'un ton, et aucun demi-ton. Les gammes thaïlandaises furent transcrites pour la première fois par le compositeur germano-thaïlandais Peter Feit (Phra Chen Duriyang), qui composa l'hymne national en 1932.

Ensemble de gongs *kórng wong yài*

Lôok tûng et mŏr lam

Le *lôok tûng* (littéralement "enfants des champs"), qui remonte aux années 1940, reste le plus populaire des genres de musique moderne en Thaïlande. À la manière de la musique country américaine, il trouve un écho fort parmi les classes laborieuses. Entre sentimentalisme et angoisse, les paroles, telle une plainte, évoquent généralement des histoires d'amour perdu ou de morts tragiques, ainsi que les conditions de vie difficiles des paysans. Les chanteurs sont souvent accompagnés de danseuses dans le style des *showgirls* de Las Vegas.

Le *mŏr lam* est le blues thaïlandais ; cette musique folklorique est fermement enracinée dans le nord-est de la Thaïlande. Les mélodies sont jouées au *kaan*, un instrument à vent d'origine lao-isan, constitué d'une double rangée de roseaux fixés à l'intérieur d'une caisse de résonance en bois dur. Dans le style le plus ancien, encore joué lors de rassemblements villageois, le chant, souvent en dialecte isan, accompagne un rythme de basse simple mais insistant. Avec des thèmes comme l'amour non partagé et les épreuves de l'existence, le *mŏr lam* a sauté le fossé des générations et se joue aujourd'hui dans des versions pop électriques.

Conséquence de l'arrivée à Bangkok de migrants économiques venus de tout le pays, les deux genres ont fusionné et se sont également mélangés à d'autres styles musicaux. Ainsi, les chanteurs d'aujourd'hui abordent-ils aussi bien les maux de la ville, le travail à l'usine que l'obésité, le tout sur des sons "dancefloor".

La chanteuse de *lôok tûng* la plus célèbre du pays, Pumpuang Duangjan, décédée en 1992 à l'âge de 30 ans, a eu droit à des obsèques royales. Un grand sanctuaire lui est dédié au Wat Thapkradan, à Suphanburi. Siriporn Ampaipong, dotée d'une voix rocailleuse, perpétue aujourd'hui la tradition et jouit d'une grande popularité. Nouvelles princesses

INSTRUMENTS TRADITIONNELS

þèe – instrument à vent en bois au son aigu, que l'on entend souvent lors des matchs de boxe thaïlandaise

rá·nâht èhk – instrument à percussion en bambou ressemblant au xylophone

kórng wong yài – ensemble de gongs accordés et disposés en demi-cercle

đà·pohn (thon) – tambour à double membrane dont on joue à la main

pĭn – instrument à 4 cordes pincées (comme une guitare)

sor – instrument à archet dont la caisse est creusée dans une noix de coco

klòo·i – flûte en bois

du *lôok tûng*, Yingli Sijumpon est originaire de Buriram et Baitei R. Siam mâtine sa musique d'une touche de pop sexy. Pai Pongratorn et Tai Orathai restent des valeurs sûres du genre. Enfin, Auu Jeerawat propose un abord acoustique de ce style musical.

Pop et rock thaïlandais

Les années 1970 ont vu l'apparition du rock engagé aux États-Unis et en Europe, genre que les Thaïlandais baptisèrent *pleng pêu·a·chi·wít* ("chansons pour la vie"). Incarné principalement par le groupe local Caravan, ce style marque une rupture dans la musique thaïlandaise. Bien éloignées des romances alors en vigueur, leurs chansons parlaient principalement de politique et d'écologie. Pour cette raison, de nombreuses chansons de Caravan furent interdites par les gouvernements dictatoriaux des années 1970. Autre représentant de ce style, le groupe Carabao joue un mélange de rock et de heavy metal, ouvrant la voie à toute une génération d'imitateurs.

La *teen-pop* (ou T-pop, pop pour adolescents), apparue dans les années 1970 et 1980, est une industrie musicale florissante, dont les artistes sont choisis pour leur physique avantageux. Le roi de la pop est l'inoxydable Thongchai "Bird" McIntyre (ou Pi Bird), qui a produit presque un album par année depuis ses débuts en 1986. Il reste très populaire auprès des trentenaires et des quadragénaires. Potentiel héritier, Chanakan Rattana-udom (Atom) est un auteur-compositeur-interprète à l'origine d'une série de tubes. Les stars de la pop actuelles accélèrent les rythmes musicaux ou font vibrer la corde sensible. Ballades et déhanchés affolent toujours le hit-parade. Et, comme ailleurs dans le monde, les émissions de téléréalité voient une foule d'aspirants chanteurs donner de la voix.

Les années 1990 ont vu l'émergence d'une scène pop alternative – appelée "indie" –, lancée par le label indépendant Bakery Music. Le genre a pris son envol avec le groupe Modern Dog, composé de 4 étudiants de l'université Chulalongkorn. Une autre vedette de la scène indie est Loso (pour *"low society"*, par opposition à *"hi-so"*, ou *"high society"*), qui a remis au goût du jour les mélodies et les rythmes folks de Carabao. Ces formations sont devenues au fil des années des groupes de rock "classiques", et Bakery Music a été racheté par un grand groupe.

La scène alternative revêt de multiples facettes : lounge pop, rock garage et électro. Les personnalités changent car les groupes underground percent, puis se séparent. Dans les années 2000, le groupe Tattoo Colour, originaire de Khon Kaen, a sorti plusieurs tubes chez un petit label indépendant. Le groupe électro-rock Futon s'est fait connaître en 2003 grâce à sa version entraînante du *I Wanna Be Your Dog* des Stooges. Endorphine a connu le succès avec ses tubes rock avant que sa chanteuse, Da, entame une carrière en solo.

Playlist

That Song (Modern Dog)

The Sound of Siam : Leftfield Luk Thung, Jazz & Molam in Thailand 1964-1975 (compilation de Soundway Records)

Made in Thailand (Carabao)

Best (Pumpuang Duangjan)

I Wanna Be Your Dog (Futon)

Still Resisting (Thaitanium)

Théâtre d'ombres

Plus récemment, on a vu le rock à la guitare céder du terrain à la musique électro. Le succès de groupes comme Clokue, Morg, Koichi Shimizu et Gorn Clw illustre cette tendance. Une scène rap émergente gagne aussi en popularité. Le groupe de hip-hop Thaitanium se produit ainsi depuis le début du millénaire.

Danse et théâtre

Les arts classiques de la scène sont en recul depuis que la cour ne fonctionne plus en cercle fermé. Certains genres traditionnels qui étaient en voie d'extinction ont cependant connu un regain d'intérêt. Les formes d'art populaires rencontrent un plus grand succès, bien que l'époque des spectacles sur scène dans les villages soit hélas bel et bien révolue.

La forme la plus connue du drame dansé thaïlandais est le *kŏhn*, qui représente des scènes du *Ramakian*, version thaïlandaise du *Ramayana* indien. Le fil conducteur de l'histoire est l'épopée du prince Rama, parti à la recherche de sa bien-aimée, la princesse Sita, qui a été enlevée et emmenée sur l'île de Lanka par le terrible Ravana, démon à 10 têtes. Les danseurs portent des costumes élaborés et certains personnages, des masques.

Chaque région possède son propre style de danse traditionnelle, que l'on peut voir à la faveur des fêtes des temples et dans les défilés organisés dans les provinces. De temps à autre, les temples accueillent des représentations. Les danseurs sont payés pour se produire par les fidèles qui viennent amasser des mérites. Les enfants en âge d'aller à l'école suivent souvent des cours de danse thaïe.

Le plus souvent représenté lors de fêtes bouddhiques, le *lí·gair* est une forme théâtrale bruyante, dont les origines remontent probablement à des cérémonies théâtrales introduites dans le sud de la Thaïlande par des commerçants malais et arabes. Laissant une part à l'improvisation, il associe, sur un mode enlevé, musique classique et folklorique, costumes extravagants, comédie burlesque, mélodrame, allusions scabreuses et commentaires d'actualité.

Le théâtre de marionnettes était notamment encouragé par la cour. Des marionnettes de tailles diverses étaient utilisées pour le *lá·kon lék* ("petit théâtre" – des représentations jouées au palais et mettant en scène les mêmes thèmes que le *kŏhn*). Deux ou trois marionnettistes sont nécessaires pour manipuler les figurines d'un mètre de haut, au moyen de fils et de longs bâtons. Les histoires sont tirées des légendes populaires, comme le *Phra Aphaimani* ou, parfois, le *Ramakian*.

Le théâtre d'ombres – des marionnettes plates manipulées entre un écran de tissu et une source de lumière – existe en Asie du Sud-Est depuis près de 500 ans. Il fut introduit dans la péninsule malaise par des marchands du Moyen-Orient. En Thaïlande, on le rencontre surtout dans le Sud. Comme en Malaisie et en Indonésie, les marionnettes sont découpées dans du cuir de buffle ou de vache (*năng*). Actuelle capitale de cette tradition, Nakhon Si Thammarat accueille régulièrement des spectacles lors de festivals. Les marionnettes font des souvenirs appréciés des touristes.

Classiques du cinéma thaïlandais

6ixtynin9 (Ruang talok 69 ; 1999), de Pen-ek Ratanaruang

Mekong Full Moon Party (Mekhong Sipha Kham Deuan Sip-et, 2002), de Jira Maligool

Last Life in the Universe (Ruang Rak Noi Nid Mahasan, 2004), de Pen-ek Ratanaruang

Yam Yasothon (2005), de Petchtai Wongkamlao

Oncle Boonmee, celui qui se souvient de ses vies antérieures (Lung Boonmee Raluek Chat, 2010), de Apichatpong Weerasethakul

Ten Years Thailand (2018), d'Aditya Assarat, Wisit Sasanatieng, Chulayarnon Siriphol et Apichatpong Weerasethakul

Cinéma

On divise souvent le cinéma thaïlandais en deux courants : le cinéma commercial et celui de qualité, les deux se recoupant rarement. La multiplication des films en streaming a touché la nouvelle vague cinématographique thaïlandaise autrefois florissante, mais cela a permis aux réalisateurs de courts métrages de gagner un public plus large.

Le cinéma populaire thaïlandais a connu un essor important dans les années 1960 et 1970, en particulier quand le gouvernement instaura une taxe sur les films hollywoodiens, favorisant ainsi l'industrie nationale. Celle-ci se concentrait surtout sur la production de films d'action à petit budget, surnommés "*nâm nôw*" ("eau puante"). Cela dit, les intrigues fantastiques, parfois sans queue ni tête, et la beauté des couleurs caractéristiques de cet univers ont exercé une influence durable sur la future génération de réalisateurs.

Le cinéma thaïlandais a fait son entrée dans les cercles internationaux à la fin des années 1990 et au début des années 2000, grâce notamment au réalisateur et scénariste d'art et d'essai Pen-ek Ratanaruang, formé à l'Institut Pratt de New York, et à ses œuvres grinçantes et fascinantes telles que *Last Life In The Universe* (2003). Metteur en scène emblématique du "cinéma-vérité" thaïlandais, Apichatpong Weerasethakul (page ci-contre) a remporté 3 prix au festival de Cannes, dont la Palme d'or pour *Oncle Boonmee, celui qui se souvient de ses vies antérieures* (2010).

La vie moderne, avec ses multiples difficultés, constitue un thème récent des films thaïlandais. Nawapol Thamrongrattanarit s'est d'abord fait connaître pour le scénario de *Bangkok Traffic Love Story* (2009), qui relate les aventures d'une jeune citadine moderne, avant de faire des débuts remarqués dans la réalisation avec *36* (2012), film qui traite d'amour et de souvenirs perdus en 36 plans fixes, comme le nombre de poses sur une pellicule photo. *Mary is Happy, Mary is Happy* (2013), adaptation fictionnelle des tweets d'une adolescente thaïlandaise, remporte un immense succès dans les festivals. *The Blue Hour* (2015), d'Anucha Boonyawatana, allie l'histoire d'un coming out au réalisme magique.

Les films sélectionnés dans les festivals sont soutenus par les ciné-clubs indépendants et les services de streaming. Les cinéastes à petit budget contournent les grands studios, la censure invariablement vigilante et les cinémas frileux face aux polémiques, en réalisant

L'ENFANT TERRIBLE DU CINÉMA THAÏLANDAIS

Lauréat de la Palme d'or au festival de Cannes 2010 pour *Oncle Boonmee, celui qui se souvient de ses vies antérieures*, le réalisateur indépendant Apichatpong Weerasethakul met un point d'honneur à défendre farouchement son art. Il a ainsi cofondé le Free Thai Cinema Movement contre la classification des films en catégories, qui a conduit les censeurs à exiger des coupes dans *Syndromes and a Century* (2007). L'enfant terrible du cinéma thaïlandais a déclaré qu'il ne souhaitait pas que sa dernière œuvre, *Cemetery of Splendour* (2015), sorte en Thaïlande, de crainte de lui voir subir le même sort. Le thème – un groupe de soldats soignés dans une clinique pour une sorte de maladie du sommeil – a en effet été largement interprété comme une métaphore de la culture politique dysfonctionnelle du pays.

Cet artiste prolifique a réalisé des courts et longs métrages, ainsi que des installations artistiques. Il s'est fait connaître au niveau international avec *Blissfully Yours*, qui a remporté le prix "Un Certain Regard" à Cannes en 2002, et *Tropical Malady*, prix du Jury du même festival deux ans plus tard. Il n'en divise pas moins la critique. Les films de Weerasethakul, tous produits par sa compagnie Kick the Machine, traitent de sujets personnels et de questions sociales. Ils revêtent le plus souvent une forme hypnotique et onirique, voire surréaliste, teintée de spiritualité.

courts métrages et autres projets amateurs. Mais être censuré équivaut souvent à remporter un succès immédiat dans le circuit underground et à devenir un réalisateur culte. En 2013, deux documentaires politiques ont mis la censure au défi. Dans *Paradoxocracy*, celui de Pen-ek Ratanaruang, les dialogues répréhensibles ont été rendus inaudibles. Quant à *Boundary*, de Nontawat Numbenchapol, il a d'abord été interdit, mais la sanction a été levée après appel. Le film d'horreur *Arbat* a été censuré en 2015 pour atteinte au bouddhisme, car mettant en scène des moines aux conduites "inappropriées".

Les grosses productions mettent généralement en scène des histoires de fantômes ou d'horreur, des épopées historiques ou des comédies légères. Les grands films historiques sont des vecteurs de promotion de l'identité nationale en plus d'être lucratifs. Ainsi, *The Legend of King Naresuan*, une fresque en 6 volets – et un vif succès – sur le roi Naresuan, qui a repoussé une invasion birmane à l'époque d'Ayutthaya, a été critiqué comme un outil de propagande.

Dernièrement, les films privilégiant les thèmes sociaux et politiques se multiplient, tels *The Island Funeral* (2016), de Pimpaka Towira, qui retrace le voyage d'une femme musulmane dans la région de Pattani rongée par les conflits, et *By the Time it Gets Dark* (2016) d'Anocha Suwichakornpong, qui montre deux étudiants affectés par le massacre de l'université de Thammasat en 1976.

Mais c'est le cinéma d'épouvante qui devient le genre dominant en Thaïlande. Des films comme *Homestay* (2017) et *Inhuman Kiss* (2019), sélectionné aux Oscars de 2019, ont été des succès au box-office tant dans le pays qu'à l'étranger.

À voir également

La Plage (2000), de Danny Boyle

Mundane History (2013), d'Anocha Suwichakornpong

Wonderful Town (2007), d'Aditya Assarat

Littérature

L'histoire de l'écriture en Thaïlande remonte au XIe ou XIIe siècle, date à laquelle le premier texte en thaï fut rédigé à partir d'un ancien alphabet môn. Le *Phra Aphaimani*, qui compte 30 000 vers composés par le poète Sunthorn Phu à la fin du XVIIIe siècle, est une œuvre littéraire classique très connue. Comme nombre de textes épiques antérieurs, il raconte l'histoire d'un prince exilé qui doit accomplir une odyssée d'amour et de guerre avant de revenir victorieux dans son royaume.

Romans et nouvelles sur la Thaïlande

Le Pont de la rivière Kwaï (1952), de Pierre Boulle

Plusieurs vies (1954), de Khuek-rit Pramot

La chute de Fak (1983), de Chart Korbjitti

Terre de mousson (1988), de Pira Sudham

La Plage (1996), d'Alex Garland

Café Lovely (2004), de Rattawut Lapcharoensap

Bangkok 8 (2003), *Bangkok Tattoo* (2005) et *Bangkok Psycho* (2007), de John Burdett

De tous les classiques de la littérature thaïlandaise, le *Ramakian* est le plus célèbre. Son influence sur la culture thaïlandaise est très profonde. Il y a 9 siècles, les Khmers apportèrent avec eux en Thaïlande sa source indienne, le *Ramayana*. Il fut mis en image pour la première fois dans les reliefs sculptés du Prasat Hin Phimai et d'autres temples du Nord-Est remontant à la période d'Angkor. Les Thaïlandais finirent par développer leur propre version de l'épopée, qui fut rédigée la première fois sous Rama Ier (r. 1782-1809). Avec 60 000 strophes, elle était plus longue d'un quart que l'original en sanskrit.

Si les thèmes centraux restent inchangés, les Thaïlandais ont ajouté de nombreux détails biographiques à la description des méchants personnages que sont Ravana (appelé Thotsakan ou "l'homme aux 10 cous" dans le *Ramakian*) et sa femme Montho. Hanuman, le dieu singe, diffère aussi sensiblement : on le voit courtiser le beau sexe, alors que, dans la version indienne, il se conforme strictement à son vœu de chasteté. L'un des bas-reliefs les plus connus du Wat Pho, à Bangkok, est une illustration du *Ramakian* montrant Hanuman s'emparant du sein nu d'une jeune fille comme s'il s'agissait d'une pomme.

La littérature thaïlandaise moderne peine à rivaliser localement avec les ouvrages non romanesques – bien plus largement lus. Mais plusieurs auteurs ont été publiés en français, dont Saneh Sangsuk, Rattawut Lapcharoensap ou l'écrivain de science-fiction et de fantastique S.P. Somtow.

Environnement et vie sauvage

La Thaïlande s'étend sur plus de 1 650 km du nord au sud. Elle traverse 16 degrés de latitude et plusieurs zones écologiques, ce qui en fait un des pays d'Asie du Sud où la nature est la plus variée.

Le pays

La forme de la Thaïlande est souvent comparée à une tête d'éléphant dont la trompe occuperait une partie de la péninsule malaise et la tête, les montagnes du Nord. L'extrême Nord est dominé par la chaîne montagneuse de Dawna-Tenasserim, une extension du massif himalayen vers le sud-est. Lorsqu'on s'approche du centre du pays, la topographie se fond dans des plaines rizicoles arrosées par des cours d'eau aussi respectés que la monarchie nationale. Le plus vénéré est le fleuve Chao Phraya, dont le delta est cultivé la majeure partie de l'année.

Autre grand fleuve, le Mékong trace les contours du nord et du nord-est du pays. De sa source sur le plateau tibétain, il parcourt la Chine, le Myanmar, le Laos, la Thaïlande, le Cambodge et le Vietnam avant de rejoindre la mer de Chine méridionale. Artère de l'Asie du Sud-Est, qui se gonfle et se contracte en fonction des pluies saisonnières, il alimente des barrages hydroélectriques le long de son cours.

La frontière nord-est contourne le plateau aride de Khorat qui culmine à 300 m au-dessus de la plaine centrale. Il s'agit d'un territoire rude où les pluies sont rares et le sol, pauvre.

Les cours d'eau de l'est du royaume, chargés de sédiments, viennent se jeter dans le golfe de Thaïlande. Le golfe, chaud et calme, est un milieu idéal pour la croissance des récifs de corail. Plus au sud s'étire la péninsule malaise, longue étendue de terre en forme de trompe. Du côté ouest s'étend la mer d'Andaman, splendide décor tropical d'eaux bleues et d'îles calcaires spectaculaires. En retrait du littoral, la péninsule est dominée par les derniers vestiges de la forêt tropicale humide et les plantations d'hévéas et de palmiers à huile en expansion constante.

Quelques chiffres

La superficie de la Thaïlande est de 514 000 km², soit un peu plus que la taille de l'Espagne.

Bangkok se situe au 14e degré de latitude nord, au même niveau que Chennai, Manille, Guatemala City et Dakar.

Faune

La plupart des animaux de la moitié nord du pays entrent, d'un point de vue zoologique, dans la catégorie des espèces indochinoises, laquelle englobe toute la faune originaire de l'Asie continentale. Dans le sud de la Thaïlande, les espèces possèdent les caractéristiques de la faune indo-malaise (péninsule malaise, îles de la Sonde, Sumatra, Bornéo et Java).

Les oiseaux sont particulièrement nombreux, avec plus d'un millier d'espèces résidentes ou migrantes observées, ce qui représente près de 10% des espèces aviaires du monde. L'air frais des montagnes du Nord convient à des espèces d'oiseaux sédentaires et migrateurs, tels les grives

Les oiseaux de la Thaïlande (Delachaux et Niestlé, 1996), d'Ève Roland et Anne-Marie Guigne, disponible en bibliothèque ou d'occasion, présente quelque 123 espèces d'oiseaux de Thaïlande.

et gobe-mouches. Les forêts sèches du Nord-Est sont prisées des calaos. Les limicoles préfèrent les régions humides du Centre et les espèces indo-malaises recherchent les climats encore plus humides du Sud.

Outre des oiseaux, on peut observer des singes dans les parcs nationaux. La Thaïlande abrite 5 espèces de macaques (dont le crabier et le macaque à queue de cochon), 4 de semnopithèques (des singes plus petits) et 3 de gibbons. Petits et grands singes ont parfois subsisté au seul motif qu'ils étaient plus ou moins domestiqués par l'homme.

Parmi les autres espèces peuplant les parcs et les réserves naturelles, citons, notamment, le gaur (bison indien), le banteng (taureau sauvage), le serow (antilope asiatique), le cerf sambar, le cerf muntjac, le cerf aboyeur, le chevrotain et le tapir.

Il existe 6 serpents venimeux : cobra commun, cobra royal, bungare annelé, vipère verte, vipère de Malaisie et crotale de Russell. Le python réticulé, le plus grand serpent du pays, fait près de 10 m.

Les océans abritent des centaines d'espèces de coraux et les récifs offrent des conditions de vie idéales aux poissons, aux crustacés et à de minuscules invertébrés. On trouve en Thaïlande les plus petits poissons du monde (un gobie pygmée de 1 cm de long), mais aussi le plus grand (le requin-baleine, qui peut atteindre 14 à 18 m de longueur). À plus grande profondeur se croisent mérous, barracudas, requins, raies mantas, marlins et thons. On peut aussi apercevoir, dans les eaux thaïlandaises, tortues de mer, baleines et dauphins.

Parcs nationaux maritimes

Ko Tarutao

Mu Ko Chang

Mu Ko Surin et Similan

Espèces en voie de disparition

Les animaux les plus connus de Thaïlande en sont également, malheureusement, les plus menacés. L'éléphant d'Asie, cousin (plus petit) de celui d'Afrique, sillonnait autrefois en hardes les forêts indochinoises. Aujourd'hui, l'éléphant sauvage est menacé d'extinction à cause de la réduction de son habitat et du braconnage. Selon les statistiques du Thai Elephant Conservation Center, la population d'éléphants sauvages en Thaïlande est aujourd'hui estimée entre 2 000 et 3 000 individus (le pays compte aussi 2 700 éléphants dits domestiqués).

La population de tigres d'Indochine sauvages, solitaires, qui rôdent dans certaines zones du pays, notamment dans l'intérieur des terres entre la Thaïlande et le Myanmar, connaît une diminution croissante. Difficile d'évaluer leur nombre avec précision, mais les spécialistes pensent qu'il en reste entre 150 et 200 en Thaïlande. Malgré l'interdiction de la chasse et de la pose de pièges, ils continuent à être traqués par les braconniers qui alimentent ainsi le marché international. Les autorités ont toutefois intensifié leurs efforts de conservation, et des bébés tigres ont été aperçus pour la première fois dans le parc national de Khao Yai en 2017.

Au nord-ouest de la Thaïlande, le Complexe forestier occidental (environ 18 000 km^2) se compose de 17 zones protégées. Considéré comme un modèle en termes d'habitats naturels, il abrite 500 tigres et d'autres espèces menacées.

COMMERCE ILLÉGAL

La Thaïlande a signé la Convention des Nations unies sur le commerce international des espèces de faune et de flore sauvages menacées d'extinction (Cites), mais reste une plateforme marchande de ce sinistre négoce. Les braconniers traquent les espèces animales menacées afin de vendre certaines parties de leur corps. Elles transitent par la Thaïlande, puis se retrouvent ensuite en Chine et aux États-Unis. En 2018, une enquête de la BBC a révélé que des animaux menacés tels que le calao à casque rond et le crocodile du Siam étaient vendus en Thaïlande via Facebook.

Comparée à ses voisins, la Thaïlande lutte activement contre ce trafic. Malgré cela, les lois inefficaces et la corruption entravent la bonne marche de la justice.

RENCONTRES AVEC LES ÉLÉPHANTS SAUVAGES

Nombre de parcs nationaux accueillent des troupeaux d'éléphants sauvages qui se rassemblent le soir aux étangs salés et aux points d'eau. En voici 3 des plus réputés :

Parc national de Kuiburi (p. 534), près de Prachuap Khiri Khan

Parc national de Khao Yai (p. 434), au nord-est de Bangkok dans la province de Nakhon Ratchasima

Parc national de Kaeng Krachan (p. 516), au sud de Bangkok, à Phetchaburi

Le dugong (ou "vache de mer") – mammifère marin herbivore pouvant peser jusqu'à une tonne – était autrefois considéré comme éteint en Thaïlande. Quelques petits groupes survivent en réalité autour de Trang, mais ils sont de plus en plus menacés par la disparition de leur habitat et les hélices mortelles des bateaux touristiques.

Forêts et flore

Les jungles thaïlandaises sont composées de forêts de mousson (caractérisées par une saison sèche de 3 mois ou plus) et de forêts humides (où la pluie tombe plus de 9 mois chaque année). Les provinces les plus boisées sont celles de Chiang Mai et de Kanchanaburi.

Les forêts de mousson au nord du pays sont composées d'arbres à feuilles caduques, verts et luxuriants durant la saison des pluies, mais poussiéreux et dénudés à la saison sèche. Le teck est une essence très prisée dont l'exploitation est interdite depuis 1989.

Le sud du pays, où les précipitations sont plus abondantes et réparties sur toute l'année, est composé en grande partie de forêts humides, avec quelques zones de forêts de mousson. Dans certaines de ces forêts pousse la *Rafflesia kerrii*, une fleur gigantesque de 80 cm de largeur.

La Thaïlande abrite près de 75 essences de mangrove sur ses côtes. Ces petits arbres qui tolèrent l'eau salée servent d'incubateur pour de nombreux poissons et espèces animales. Les programmes de reforestation ont connu un gain de popularité depuis que les mangroves ont joué un rôle protecteur lors du tsunami de 2004.

Les orchidées comptent parmi les plus belles fleurs indigènes de Thaïlande. On en compte plus de 1 100 espèces dispersées sur plusieurs types d'habitats, dans le sol ou au sommet des arbres.

Défis environnementaux

Dégradation des côtes et des milieux marins

L'érosion des sols est un problème majeur sur les côtes. Environ 30% du littoral thaïlandais est menacé. Selon une étude de l'université Chulalongkorn menée en 2018, 5 mètres de côtes disparaissent chaque année du fait du développement côtier, de l'affaissement des terres et de l'augmentation du niveau de la mer. Les eaux usées industrielles sont par ailleurs souvent insuffisamment traitées dans les régions côtières.

La dégradation du littoral, conjuguée à l'augmentation de la température de la mer, exerce une pression importante sur l'environnement marin du pays. Mais le plus grand risque pour les récifs coralliens provient du tourisme. Les eaux usées non traitées des complexes hôteliers et les polluants d'origine humaine tels que les plastiques ont gravement endommagé les récifs de la mer d'Andaman.

Bangkok, dont une grande partie est située à environ 1,5 m au-dessus du niveau de la mer, s'affaisse de 2 cm par an. Certains scientifiques estiment que la ville pourrait être submergée d'ici 15 ans environ en raison de l'élévation du niveau de la mer.

POLLUTION DE L'AIR

Le 13 mars 2019, la qualité de l'air à Chiang Mai a été officiellement classée comme la pire au monde, battant des villes notoirement polluées comme Dacca au Bangladesh et Oulan-Bator en Mongolie. Le dangereux brouillard qui nimbe la ville est dû au défrichage par brûlis des terres alentour et aux incendies de forêt causés par le climat extrêmement sec. D'autres provinces du Nord ont également été touchées.

La pollution de l'air envahit aujourd'hui tout le royaume. En janvier 2019, toutes les écoles publiques de Bangkok ont fermé pendant 2 jours en raison d'un smog étouffant. Il est courant de voir des habitants porter des masques pour s'en protéger. La pollution aux hydrocarbures à Bangkok est, quant à elle, principalement due aux émissions des usines et aux quelque 10 millions de véhicules qui fréquentent les routes de la capitale.

La pêche à grande échelle a un impact supplémentaire sur la santé de l'océan, dont la faune piscicole continue de décroître.

Déforestation

La forêt naturelle ne représentait plus que 31,6% du territoire en 2018, d'après la Banque mondiale, contre 53,5% en 1961. Cette disparition rapide est largement due à l'industrialisation, à l'urbanisation et à l'exploitation forestière. On note un ralentissement de cette tendance de nos jours. Le recul de la forêt serait ainsi tombé à 0,2% par an, et la couverture forestière totale (27,4% en 1990) augmente.

Le gouvernement thaïlandais a créé de nombreuses zones protégées à partir des années 1970 et a fixé un objectif ambitieux de 40% de couverture forestière d'ici à 2050. L'exploitation d'arbres a été interdite en 1989. Aujourd'hui, il est illégal de vendre du bois abattu en Thaïlande, toutefois cette loi est souvent bafouée.

Les spécialistes s'accordent à dire que la principale menace pesant sur la faune (et la flore) thaïlandaise tient à la disparition de son milieu naturel. Au nombre des espèces éteintes dans le pays, mentionnons le kouprey (bœuf sauvage), le daim de Schomburgk et le rhinocéros de Java.

Coulant à travers 6 pays, le Mékong rivalise avec l'Amazone en termes de biodiversité. Le fleuve abrite des espèces menacées et d'autres, récemment découvertes, comme la grenouille à grande bouche de Khorat qui capture ses proies en utilisant ses crochets.

Consommation énergétique

Selon l'Oxford Business Group, la population thaïlandaise, de plus en plus nombreuse, devrait augmenter sa consommation énergétique de 75% dans les prochaines décennies. La Thaïlande cherche à augmenter l'extraction de gaz et de pétrole et développe les sources de combustibles alternatives, dont le nucléaire. Actuellement, les trois quarts de son énergie proviennent du gaz naturel. La majorité des champs pétrolifères et gaziers existants se trouvent dans le golfe de Thaïlande, dans une région connue sous le nom de Pattani Trough.

La Thaïlande produit notamment des biocombustibles, y compris des éthanols issus de la mélasse et du manioc, et des biodiesels à base d'huile de palme. La production d'énergie, l'agriculture et l'activité industrielle sont les 3 secteurs émettant la plus grande partie des gaz à effet de serre dans le pays.

La Thaïlande a pour objectif de produire 6 000 MW d'énergie solaire d'ici à 2036. La première centrale solaire à grande échelle, à Lopburi, produit de l'électricité depuis 2013. La production d'énergie à partir de déchets représente également un grand potentiel de développement.

Inondations

Les inondations saisonnières sont courantes dans certaines régions à cause de la mousson. Mais, ces dernières années, les inondations majeures et dévastatrices se sont multipliées, atteignant en 2011 des records inédits dans le pays. Près de 65 des 77 provinces thaïlandaises furent déclarées zones sinistrées. Cette catastrophe, l'une des plus coûteuses au monde, fit 815 morts et 45,7 milliards de dollars de dégâts. Plus récemment, des inondations dans le sud du pays début 2017 ont fait 91 victimes et causé des dommages estimés à 4 milliards de dollars.

Selon nombre d'experts, les causes possibles sont l'altération par l'homme des digues naturelles et des cours d'eau, et la déforestation. La recrudescence des inondations dans la vallée du Mékong est, pour sa part, souvent liée à la mise en œuvre de projets d'infrastructure en amont, comme les barrages, et à l'accroissement de la population sur les rives du fleuve. Le changement climatique est un autre facteur potentiel.

Thaïlande pratique

Voyage responsable

Si la Thaïlande se découvre assez aisément, en connaître certaines conventions culturelles et sociales vous facilitera encore les choses. Et en suivant quelques recommandations de base en matière de voyage responsable, vous diminuerez votre "empreinte touristique".

CONVENTIONS CULTURELLES

Étroitement liées, la monarchie et la religion sont considérées avec la plus grande déférence en Thaïlande. Pour ne froisser personne – ou pire encore, être accusé de lèse-majesté, une infraction passible d'emprisonnement –, les Thaïlandais s'abstiennent de toute critique ou de tout commentaire négatif à l'égard de la famille royale.

Les représentations du Bouddha sont des objets sacrés. On ne pose pas en faisant des gestes inappropriés devant une statue et on ne grimpe pas dessus (dans les ruines par exemple). L'ascèse des moines leur interdit tout contact physique avec une personne de sexe féminin. Pour donner quelque chose à un moine, les femmes placent l'objet à sa portée ou sur son "tissu d'offrandes".

D'un point de vue spirituel, les Thaïlandais considèrent la tête comme la partie la plus élevée et la plus sacrée du corps, et les pieds, comme la plus basse et la plus sale. Nombre des tabous associés aux pieds ont une origine pratique. Autrefois, les Thaïlandais mangeaient, dormaient et recevaient leurs invités à même le sol. En signe de respect et pour des raisons d'hygiène, on se déchausse avant d'entrer dans un temple ou une habitation.

Les Thaïlandais ne touchent pas la tête ni ne caressent les cheveux d'autrui. Vous verrez parfois des jeunes le faire, mais, dans ce cas, il s'agit d'une petite taquinerie – voire d'une légère insulte – entre amis.

Conventions sociales et gestuelles

Traditionnellement, les Thaïlandais se saluent en réunissant les paumes dans un geste de prière, dit *wâi*. L'amplitude de l'inclinaison et le placement des doigts par rapport au visage dépendent du statut de la personne à qui cette salutation est destinée. Les adultes n'adressent pas de *wâi* aux enfants et il n'est pas d'usage d'effectuer ce geste en direction du personnel de service (hôtels, commerces, restaurants...) – encore que rien ne l'interdise.

Dans les régions les plus traditionnelles du pays, il est mal vu pour des personnes de sexe opposé de se toucher, qu'il s'agisse d'amis ou d'amoureux. Cependant, il est courant de voir des personnes d'un même sexe se toucher – un signe d'amitié, et non d'attirance sexuelle.

Les Thaïlandais mettent un point d'honneur à s'habiller discrètement – bien que les choses changent désormais chez les jeunes. La plupart des habitants des provinces se baignent entièrement vêtus. Le naturisme et le monokini sont très mal perçus, voire interdits par la loi. Couvrez-vous lorsque vous circulez entre la plage et votre hôtel.

TOURISME RESPONSABLE

Le tourisme sous la plupart de ses formes a un impact positif sur l'économie locale : il fournit des emplois aux jeunes et ouvre des créneaux aux créateurs d'entreprise. En outre, de nombreux voyageurs cherchent à dépenser leur argent dans les lieux où l'on en a le plus besoin, que ce soit à des fins caritatives, ou dans des activités respectueuses du mode de vie traditionnel. La Thaïlande a tiré parti de cette nouvelle tendance en développant programmes d'artisanat et séjours chez l'habitant. Il est de plus en plus facile, pour les touristes, de se joindre à de tels projets.

PAS D'IMPAIRS !

À faire

Tenez-vous debout dans une attitude de respect lorsque retentit l'hymne royal et national Ils sont diffusés à la télévision et à la radio, ainsi que dans les administrations.

Souriez le plus souvent possible Cela rend tout plus facile.

Apportez un cadeau si vous êtes invité dans une famille thaïlandaise Des fruits, des boissons ou des en-cas conviennent.

Ôtez vos chaussures Lorsque vous entrez dans une maison ou un temple.

Adoptez une tenue correcte (bras et jambes couverts) pour visiter les temples, et déchaussez-vous systématiquement lorsque vous pénétrez dans un bâtiment où se trouve une représentation du Bouddha.

Asseyez-vous dans la bonne position à l'intérieur des temples Placez vos pieds derrière vous et sous vos fesses.

Donnez et recevez poliment Tendez la main droite en tenant votre coude droit de la main gauche lorsque vous donnez un objet à quelqu'un ou pour recevoir quelque chose d'une personne.

À ne pas faire

Se faire tatouer un bouddha sur le corps (ou exhiber le sien) Cette pratique est considérée comme un sacrilège.

Critiquer la monarchie La monarchie est révérée et protégée par la loi de lèse-majesté – aujourd'hui plus que jamais.

Poser les pieds sur une table ou une chaise Les pieds sont considérés comme des parties sales, et personne ne veut s'asseoir ou manger là où des pieds ont été posés.

Écraser avec votre pied un billet de banque tombé de votre poche pour éviter qu'il ne s'envole Les coupures sont à l'effigie du roi et ce geste constituerait une offense grave.

Enjamber quelqu'un ou ses effets personnels Les pieds sont considérés comme impurs.

Accrocher vos chaussures à l'extérieur de votre sac à dos où elles risqueraient d'effleurer quelqu'un, ce qui serait grossier.

Toucher la tête d'un(e) Thaïlandais(e) est une attitude jugée impolie.

Toucher les moines ou leurs effets Les femmes doivent s'écarter de leur passage quand elles les croisent dans une allée et ne pas s'asseoir à côté d'eux dans les transports en commun.

Surtourisme

En 2018, la Thaïlande a accueilli 38,3 millions de touristes – un record. Certaines prévisions augurent d'une affluence annuelle de 60 millions d'ici à 2030.

Ce nombre élevé de visiteurs impacte déjà certaines parties du pays, et les infrastructures touristiques atteignent leurs limites. L'environnement en souffre également, notamment dans les petites îles les plus fréquentées, où l'approvisionnement en eau douce et l'enlèvement des déchets posent un problème croissant.

Le gouvernement et les autorités touristiques thaïlandaises prennent déjà des mesures pour protéger les zones les plus fragiles sur le plan écologique. Maya Bay, à Ko Phi-Phi, est ainsi fermée depuis juin 2018, après qu'il a été découvert que 50% de ses coraux étaient morts. Peut-être aura-t-elle rouvert au moment de votre visite. Il est probable qu'à l'avenir, certaines destinations insulaires parmi les plus populaires du pays seront temporairement fermées ou auront un accès limité.

Les visiteurs peuvent contribuer à réduire le surtourisme, notamment en portant leur choix sur des régions moins courues. De fait, il y a bien plus à voir, en Thaïlande, que Bangkok, Chiang Mai, Phuket ou Ko Samui.

Rencontres avec les éléphants

Les pachydermes ont toujours été vénérés pour leur force, leur endurance et leur intelligence, et ont travaillé aux côtés de leur cornac pour récolter du teck, transporter des charges sur des terrains montagneux, et même faire la guerre autrefois.

De nombreuses tâches naguère dévolues aux éléphants ont été confiées à des machines ou interdites – les animaux et leur cornac se sont donc retrouvés au chômage. Certains cornacs, accompagnés de leur éléphant, en sont réduits à mendier dans les rues de Bangkok ou ailleurs. La plupart des pachydermes ont toutefois été remis à la tâche dans le secteur du tourisme, et se produisent dans des sortes de numéro de cirque ou bien promènent des voyageurs. On voit aussi des éléphants dans des écoles de formation de cornacs, dans des sanctuaires et des refuges où vivent les bêtes qui ne peuvent plus travailler.

L'entretien correct d'un éléphant coûte environ 30 000 B (850 €) par mois, l'équivalent du salaire d'un cadre moyen en Thaïlande. Les conditions de vie des animaux utilisés dans l'industrie touristique ne sont ni normalisées ni soumises à des lois nationales. Il appartient aux consommateurs d'encourager les organismes à garantir le bien-être des éléphants.

Les spécialistes ayant fait la preuve que les excursions et spectacles sont nocifs au bien-être des pachydermes, souvent maltraités pour les contraindre à faire ce qu'on attend d'eux, un nombre croissant de réserves se tournent désormais vers des activités plus éthiques. Elles proposent par exemple d'observer les animaux mis à la retraite ou secourus.

Lonely Planet ne recommande pas les promenades à dos d'éléphant ni les spectacles les mettant en scène. Nous encourageons les voyageurs à se méfier des organismes qui s'identifient comme centre de préservation, mais qui organisent balades et spectacles.

Treks dans les villages des ethnies montagnardes

Les ethnies montagnardes restent au cœur d'une activité touristique importante. Un certain nombre de prestataires (y compris de grandes agences) organisent des treks dans les villages, qui permettent au visiteur de découvrir la culture locale.

Sachez que les habitants des montagnes ont préservé leur identité culturelle et que beaucoup gardent bien vivantes leurs traditions animistes – avec leurs propres tabous et conventions sociales. Si vous envisagez de visiter ces villages dans le cadre d'un trek organisé, renseignez-vous auprès de votre guide quant au comportement approprié.

BÉNÉVOLAT

Il existe une myriade d'organisations. Mis à jour régulièrement, le site Volunteer Work Thailand (www.volunteerworkthailand.org) répertorie des emplois bénévoles de base. Sachez toutefois que le "volontourisme" est devenu un business important et que tous les organismes ne rempliront pas leurs promesses de vous faire vivre une expérience enrichissante. Renseignez-vous bien avant de vous engager. Voir aussi p. 801.

Écologie et action auprès des animaux

Un certain nombre d'ONG mettent en œuvre des programmes de conservation de l'environnement à l'échelle locale, gèrent des centres et des réserves pour les animaux sauvages recueillis et s'occupent de cliniques vétérinaires pour les chiens et les chats domestiques.

Elephant Nature Park (p. 339). Cette réserve d'éléphants propose des programmes de bénévolat de 7 jours, y compris dans plusieurs organisations similaires telles que Surin Project, dans l'Isan, et Elephant Haven, à Kanchanaburi.

PLONGÉE RESPONSABLE

- Évitez de toucher des organismes marins vivants, de vous tenir debout sur du corail ou de laisser traîner votre équipement dans les récifs. Les polypes des coraux pâtissent du moindre contact.
- En marchant dans l'eau peu profonde, évitez de soulever des nuages de sable, susceptibles d'étouffer les fragiles organismes des coraux.
- Dans les grottes sous-marines, assurez-vous bien que vos bulles d'air ne se coincent pas sous le plafond et n'assèchent pas des organismes submergés.
- Ne nourrissez pas les poissons et ne laissez pas votre prestataire le faire. Les poissons s'habituent à cette source alimentaire et ne mangent plus les algues recouvrant les coraux, ce qui abîme le récif.

TREKKING RESPONSABLE

- Demandez toujours la permission avant de prendre une photo des membres d'une ethnie montagnarde, surtout lors de moments privés passés chez eux. Maints systèmes de croyances traditionnels considèrent la photographie avec méfiance.
- Respectez les symboles et rituels religieux. Ne touchez pas les totems à l'entrée des villages ou les objets sacrés suspendus dans les arbres. Ne participez pas à des cérémonies à moins d'y être invité.
- N'encouragez pas la mendicité, notamment celle des enfants. Demandez plutôt à votre guide si vous pouvez offrir une contribution à une école locale.
- Évitez la nudité en public et veillez à ne pas vous déshabiller près d'une fenêtre ouverte, par laquelle des enfants du village pourraient vous voir.
- Ne flirtez pas avec les membres du sexe opposé à moins de vouloir les épouser.
- Ne buvez pas d'alcool et ne prenez pas de drogue avec les habitants ; les états de conscience altérés sont source de confits culturels.
- Souriez aux habitants même s'ils vous regardent avec insistance. Demandez à votre guide comment on dit bonjour en langue locale.
- Évitez les marques d'affection en public, qui, dans certains systèmes traditionnels, offensent le monde des esprits.
- N'ayez pas d'interactions avec les animaux d'élevage des habitants, y compris les cochons qui se baladent en liberté, car ce sont des possessions de valeur. Évitez également d'interagir avec les animaux de la jungle, qui, dans certains systèmes de croyances traditionnels, sont considérés comme des esprits de passage.
- Ne jetez pas de déchets.
- Respectez les mêmes tabous concernant les pieds que dans la culture thaïlandaise. Ne vous tenez pas debout sur le seuil d'une maison, ne chauffez pas vos pieds près du feu et ôtez vos chaussures pour entrer.

Highland Farm Gibbon Sanctuary (p. 283). Recueille les gibbons orphelins, maltraités ou abandonnés. Engagement d'un mois. Participation quotidienne aux corvées de la ferme.

Koh Chang Animal Project (p. 496). Des vétérinaires et auxiliaires vétérinaires font souvent du bénévolat sur ce site, mais on peut aussi aider à divers travaux.

Lanta Animal Welfare (p. 709). Ce refuge de Ko Lanta accueille volontiers les visiteurs de passage pour promener les chiens, ainsi que des bénévoles à plus long terme.

Phuket Elephant Sanctuary (p. 686). Jusqu'à 6 bénévoles pour des séjours d'une semaine.

Samui Dog & Cat Rescue Centre (p. 556). Les bénévoles s'occupent des animaux dans son chenil/dispensaire de Ban Taling Ngam.

Soi Dog (p. 687). Ce centre de Phuket permet aux visiteurs de jouer avec les animaux, de promener des chiens ou de s'engager sur une durée plus longue.

Trash Hero (www.trashhero.org). Un programme bénévole en pleine expansion qui organise des nettoyages dans 25 sites officiels à travers la Thaïlande.

Wild Animal Rescue Foundation (WARF ; ☎02 712 9715 ; www.warthai.org). Gère le Phuket Gibbon Rehabilitation Project (où les bénévoles participent au nettoyage des cages, repas et pistage des gibbons relâchés), de même que plusieurs autres projets à travers le pays.

Wildlife Friends Foundation Thailand Rescue Centre and Elephant Refuge (มูลนิธิเพื่อนสัตว์ป่า ; ☎032 458135 ; www.wfft.org ; visite complète avec déj demi-journée/journée 1 100/1 600 B). Les bénévoles s'occupent des ours malais, des macaques, des gibbons et des éléphants dans son centre de sauvetage des animaux, à Phetchaburi, à 45 km au nord-ouest de Hua Hin.

Action humanitaire et éducative

Le nord de la Thaïlande, surtout Chiang Mai et Chiang Rai, compte plusieurs associations de bénévoles travaillant avec des groupes ethniques marginalisés. À Chiang Mai, Mae Sot et Sangkhlaburi, des communautés de réfugiés birmans et de migrants ont besoin de soins de santé et d'un suivi scolaire. Un grand nombre de postes d'enseignants bénévoles (si vous maîtrisez suffisamment l'anglais) sont également à pourvoir dans le Nord-Est, le cœur agricole du pays.

Lorsqu'on cherche un travail bénévole, il importe de se renseigner sur les activités de l'organisation et, surtout, sur son mode de fonctionnement. Si elle ne s'intéresse pas avant tout à vos compétences et à la manière de les employer au profit des habitants, la méfiance est de mise. De même, une structure qui promet de vous laisser accomplir n'importe quel travail, où vous le souhaitez et pour la durée de votre choix n'a sans doute pas pour objectif premier l'intérêt de la population dont elle s'occupe.

Dans le cas d'organisations travaillant avec des enfants, la protection de ces derniers soulève de vraies craintes. Les organismes qui ne vérifient pas les antécédents des bénévoles doivent ainsi être considérés avec la plus grande prudence.

Voici quelques organisations faisant appel au bénévolat :

Baan Unrak (p. 206). Ce foyer doublé d'une école prend en charge plus de 150 orphelins et enfants abandonnés.

Open Mind Projects (☎042 413578 ; www.openmindprojects.org). Missions dans les domaines de l'informatique, de la santé, de l'enseignement et de l'écotourisme.

Starfish Ventures (www.starfish-adventure.com). Bénévolat dans la construction, la santé et l'enseignement à travers toute la Thaïlande.

Organismes en France

En France, quelques organismes offrent des opportunités de travail bénévole sur des projets de développement ou d'environnement, parfois sur des périodes courtes, de 1 à 4 semaines. Certaines associations s'adressent plus spécifiquement aux jeunes. Les chantiers proposés vont de la réfection d'une école aux travaux liés à l'environnement. Il s'agit d'une bonne formule pour s'immerger dans le pays, connaître l'envers du décor touristique et bénéficier d'une ambiance internationale (les volontaires viennent de divers pays en général). En revanche, les conditions de vie sur un chantier sont spartiates, et prenez garde au décalage fréquent entre le programme et la réalité. Le matériel est parfois rudimentaire, et la réalité du terrain souvent plus dure qu'on ne l'imaginait.

Voici quelques organismes à connaître :

Maison de l'Unesco (☎01 45 68 10 00 ; www.unesco.org ; 7 place de Fontenoy, 75007 Paris)

Concordia (☎01 45 23 00 23 ; www.concordia.fr ; 64 rue Pouchet, 75017 Paris). Projets : éducation, culture, social, agriculture.

Cotravaux (☎01 48 74 79 20 ; www.cotravaux.org ; 11 rue de Clichy, 75009 Paris)

Jeunesse et Reconstruction (☎01 47 70 15 88 ; www.volontariat.org ; 8-10 rue de Trévise, 75009 Paris). Projets : culture, environnement, construction, réserves d'animaux, etc.

Solidarités Jeunesses (☎01 55 26 88 77 ; www.solidaritesjeunesses.org ; 10 rue du 8-mai-1945, 75010 Paris). Projets : social, culture, éducation, environnement, agriculture.

Carnet pratique

Achats

Beaucoup de bonnes affaires vous attendent en Thaïlande, mais ne faites pas vos achats accompagné d'un rabatteur, d'un guide touristique ou d'un sympathique inconnu. Leur commission se répercuterait inévitablement sur le prix de vos achats.

Antiquités

Les vraies antiquités thaïlandaises se font rares. Vous ne trouverez sur les marchés que des reproductions et des babioles du Myanmar. Bangkok et Chiang Mai sont les deux grands centres pour le commerce d'antiquités et de reproductions.

Les véritables antiquités ne peuvent pas sortir de Thaïlande sans un permis. Les représentations du Bouddha, récentes ou anciennes, ne peuvent quitter le territoire sans l'autorisation de l'**Office of the National Museum** (4 Th Na Phra That, National Museum ; ⌚9h-16h mar-ven ; ⛴Chang Pier, Maharaj Pier).

Poteries

Une grande variété de poteries tournées à la main, anciennes et récentes, est disponible à travers tout le royaume. Vous trouverez des poteries modernes à Bangkok et un style plus traditionnel à Chiang Mai. Ko Kret, dans les environs de Bangkok, et Dan Kwian dans la province de Nakhon Ratchasima sont deux villages où on peut trouver des poteries traditionnelles.

Vêtements

Les vêtements sont très bon marché en Thaïlande, mais le prêt-à-porter est rarement coupé selon les standards occidentaux. On trouve de plus en plus de vêtements de grande taille dans les centres commerciaux ou les magasins pour touristes. Vous trouverez des articles à bas prix sur les marchés. Pour des vêtements de marque thaïlandais ou internationaux, rendez-vous à Bangkok. Trouver des chaussures pour les grandes pointures est également un problème. Rendre ou échanger un article n'est pas une habitude thaïlandaise, alors soyez sûr de vous avant de payer.

La Thaïlande possède une longue tradition de fabrication de vêtements, principalement dans les familles sikhs thaïlando-indiennes. Dans cette industrie, malheureusement, on rencontre souvent des personnes qui vendent au rabais et des escrocs qui travaillent à la commission. Méfiez-vous des ateliers proposant un vêtement en 24 heures ; le tissu est souvent de qualité inférieure et l'article de mauvaise facture. Mieux vaut demander conseils aux résidents de longue date, puis retourner à l'atelier pour 2 ou 3 essayages.

Contrefaçons

À Bangkok, à Chiang Mai et dans les autres centres touristiques, des stands de rue vendent des contrefaçons de grandes marques. Personne ne prétend à l'authenticité de ces marchandises, du moins pas les vendeurs. Sachez que la confection, la vente et l'achat de ces contrefaçons sont illégaux.

TAXES ET REMBOURSEMENTS

La Thaïlande applique une TVA de 7% sur de nombreux biens et services. Les hôtels et restaurants des catégories moyenne et supérieure ajoutent aussi parfois 10% pour le service. Ces deux taxes combinées sont appelées "plus plus" (ou "++").

Vous pouvez vous faire rembourser la TVA payée sur vos achats, hors factures d'hôtels et de restaurants, lorsque vous quittez le pays. Plus de renseignements sur vrtweb.rd.go.th.

Des organismes qui veillent au respect des droits de propriété intellectuelle ont souvent fait pression sur la Thaïlande pour faire disparaître ce commerce. Ces dernières années, on a vu des contrefaçons importées de Chine ou produites par des usines dont la licence sur les marques déposées a expiré. La police intervient lorsque le gouvernement lui en donne l'ordre ou que les vendeurs ne paient pas les pots-de-vin requis. Souvent, les vendeurs s'ingénient à développer de nouvelles techniques de vente, toujours plus discrètes.

Mobilier

Les meubles en rotin ou en bois massif peuvent être réalisés sur commande. Chiang Mai est le premier producteur de mobilier du pays et il existe de nombreux magasins au détail à Bangkok. À la suite de l'interdiction d'abattre le teck et de la disparition progressive des meubles en teck recyclé, près de 70% du mobilier produit en Thaïlande, et destiné à l'exportation, est fait en bois d'hévéa traité (à partir d'arbres ne pouvant plus être utilisés dans la production de latex).

Pierres précieuses et bijoux

Malgré l'épuisement de ses gisements, la Thaïlande se situe dans les premiers exportateurs mondiaux de gemmes et de joaillerie, rivalisant avec l'Inde et le Sri Lanka. Les pierres précieuses sont importées du Cambodge, du Myanmar, du Sri Lanka et d'autres pays, afin d'être taillées et polies, puis revendues.

Bien qu'il existe de nombreux joailliers et bijoutiers en Thaïlande, il est devenu si difficile d'éviter les escrocs que le pays n'est plus un endroit pratique et sûr pour acheter ce genre d'articles. À moins de bien s'y connaître en pierres précieuses, mieux vaut se contenter de regarder.

MARCHANDER

Les Thaïlandais respectent le marchandage bien mené. Laissez le vendeur faire la première offre, puis demandez-lui s'il ne peut pas faire un effort. Il vous proposera un rabais, puis ce sera à votre tour de faire une proposition ; commencez assez bas et poursuivez jusqu'à ce que vous vous accordiez sur un montant. Il n'y a pas de règle, certains commerçants annonçant d'emblée une somme vertigineuse, d'autres restant plus près du prix réel. N'entamez pas la discussion si vous n'avez pas l'intention d'acheter. Si vous prenez plusieurs exemplaires d'un article, vous obtiendrez plus facilement un rabais. Restez détendu et souriant, les négociations auront plus de chances d'aboutir.

Laques

Chiang Mai est connue pour ses laques noirs et or. Le mobilier et les objets de décoration étaient à l'origine fabriqués en bambou et en teck, mais aujourd'hui c'est surtout le bois de manguier qui est utilisé. Pour confectionner un laque de grande qualité, l'artisan utilisera une armature en bambou et tressera l'objet avec du crin de cheval ou d'âne. Un laque de moindre qualité sera fabriqué uniquement avec du bambou. Une couche de laque est appliquée sur l'armature et mise à sécher plusieurs jours. Elle est ensuite frottée avec de la cendre de cosses de riz, puis une deuxième couche de laque est appliquée. Un objet de premier choix peut comporter jusqu'à 7 couches de laque. La pièce est ensuite gravée, peinte et polie afin d'effacer toute trace de peinture hormis sur les gravures. Les laques polychromes sont réalisés en répétant les applications.

La production d'un laque de qualité pouvant comporter jusqu'à 5 couleurs peut prendre 5 à 6 mois. Un bon objet en laque se caractérise notamment par sa flexibilité : on doit pouvoir presser les bords d'un bol jusqu'à ce qu'ils se touchent sans se casser. La qualité et la précision de la gravure sont d'autres détails à observer.

Textiles

Le Nord-Est est réputé pour ses vêtements en *mát·mèe*, coton épais ou étoffe en soie, tissés avec des fils noués et teints, semblable à l'*ikat* indonésien. Dans la province de Surin, on produit des *mát·mèe* en soie souvent très colorés et aux formes géométriques, un héritage des traditions khmères.

Dans le Nord, vous trouverez aussi des soies de style Lanna, apportées à Chiang Mai et dans les montagnes environnantes par les différents groupes thaïs.

Les motifs des beaux batiks produits dans le Sud rappellent plus ceux de Malaisie que ceux d'Indonésie.

Toutes les ethnies montagnardes du Nord de la Thaïlande ont une tradition de broderie que l'on retrouve aujourd'hui sur des sacs et des bijoux. La plupart des articles que l'on trouve sur les marchés sont fabriqués à la machine, mais de nombreuses coopératives d'ONG aident les villageois à vendre leurs produits faits main aux consommateurs. Nombreux points de vente d'artisanat à Chiang Mai et Chiang Rai.

Ambassades et consulats

Ambassades et consulats de Thaïlande à l'étranger

Le site www.thaiembassy.org répertorie les missions diplomatiques thaïlandaises à l'étranger. Voici les coordonnées de quelques ambassades et consulats :

Belgique Ambassade (☎32-02 640 68 10 ; www.thaiembassy.be ; 876 chaussée de Waterloo, 1000 Bruxelles)

Canada Ambassade (☎613 722 4444 ; ottawa.thaiembassy.org/en ; 180 promenade Island Drive, Ottawa, Ontario, K1Y 0A2). Consulat général honoraire à **Montréal** (☎514-878-4466 ; info@thaiconmtl.com ; 1155 bd René-Lévesque Ouest, bureau 2500, 25e ét, Montréal, Québec, H3B 2K4 ; ⏱mar et jeu 10h-12h)

France Ambassade (☎01 56 26 50 50 ; www.thaiembassy.fr/fr ; 8 rue Greuze, 75116 Paris). Consulat honoraire à Lyon (☎04 78 37 16 58 ; thailande.consulatlyon@wanadoo.fr ; 40 rue du Plat, 69002 Lyon). Consulat honoraire à **Marseille** (☎07 83 67 16 84 ; consulat.thai.marseille@gmail.com ; 2 rue Henri-Barbusse, 13001 Marseille)

Suisse Ambassade (☎41-31 970 30 30/34, visas ☎41-31 970-3427 ; www.thaiembassy.ch ; Kirchstrasse 56, 3097 Liebefeld, Berne). Consulat Royal de Thaïlande à **Genève** (☎022 311 07 23 ; www.thaiconsulate.ch ; 4 rue Liotard, 1202 Genève). Consulat à **Bâle** (☎41-061 206 45 65 ; www.thaikonsulat.ch ; Aeschenvorstadt 71, Postfach, 4051 Basel)

Ambassades et consulats étrangers en Thaïlande

Toutes les ambassades sont situées à Bangkok. Certains pays possèdent également un consulat à Chiang Mai, Chiang Rai, Pattaya, Phuket ou Songkhla.

Belgique Ambassade (☎02 108 18 00 ; 16e ét, Sathorn Square, 98 North Sathorn Road, Silom Sub-District, Bangrak District, 10500 Bangkok ; visites sur RV ou par tél les lun-jeu 8h-12h et 13h-16h, ven 8h-12h et 13h-15h)

Cambodge Ambassade (☎02 957 5851 ; 518/4 Soi Ramkhamhaeng 39, Th Pracha Uthit, Bangkok ; ⏱8h30-12h et 14h-17h lun-ven ; Ⓜ Phra Ram 9, sortie 3 et taxi). Consulat à Sa Kaew.

Canada Ambassade (☎02 646 4300 ; www.thailand.gc.ca ; 15e ét, Abdulrahim Pl, 990 Rama IV, Bangkok ; ⏱9h-12h lun-ven ; Ⓜ Si Lom sortie 2, Ⓢ Sala Daeng sortie 4). Consulat à **Chiang Mai** (☎053 850147 ; 151 Superhighway, Tambon Tahsala ; ⏱9h-12h lun-ven).

France Ambassade (☎02 657 5100 ; www.ambafrance-th.org ; 35 Soi 36/Rue de Brest, Th Charoen Krung, Bangkok ; ⏱8h30-12h lun-ven ; ⛴ Oriental Pier). Consulat à **Chiang Mai** (☎053 281466 ; 138 Th Charoen Prathet ; ⏱10h-12h lun et mer-ven). Consulats également à Chiang Rai et Pattaya.

Laos Ambassade (☎02 539 6667 ; 502/1-3 Soi Sahakarnpramoon, Th Pracha Uthit/Soi Ramkhamhaeng 39, Bangkok ; ⏱8h-12h et 13h-16h lun-ven ; Ⓜ Phra Ram 9, sortie 3 et taxi)

Malaisie Ambassade (☎02 629 6800 ; www.kln.gov.my/web/tha_bangkok/home ; 33-35 Th Sathon Tai/South, Bangkok ; ⏱8h-16h lun-ven ; Ⓜ Lumphini sortie 2). Consulat à Songkhla.

Myanmar (Birmanie) Ambassade (☎02 233 7250 ; www.mfa.go.th ; 132 Th Sathon Neua/North, Bangkok ; ⏱9h-12h et 13h-15h lun-ven ; Ⓢ Surasak sortie 1/3)

UN FIL D'ARIANE EN VOYAGE

Le **portail Ariane** (pastel.diplomatie.gouv.fr/fildariane), mis en place par le Centre de crise du ministère des Affaires étrangères, est un service gratuit permettant au voyageur français à l'étranger d'être contacté par le service consulaire, sur son téléphone portable ou par e-mail, au cas où des événements graves (crise politique, catastrophe naturelle, attentat...) se produiraient dans le pays durant son séjour, ou de contacter rapidement sa famille ou ses proches en France en cas de besoin.

La procédure d'inscription se réalise en ligne, où vous donnez des informations sur votre voyage (date de départ, de retour, numéro de téléphone portable, coordonnées d'éventuels contacts sur place, adresses de séjour et itinéraire prévu, etc.).

Grâce à ce service, vous recevrez en outre, avant votre départ, des recommandations de sécurité par e-mail si la situation dans le pays le justifie.

Il existe une application pour les smartphones et les tablettes, intitulée *Conseils aux voyageurs*.

Argent

La plupart des établissements n'acceptent que les espèces. Les cartes bancaires étrangères sont acceptées dans certaines agences de voyages et divers hôtels, restaurants, centres commerciaux et boutiques haut de gamme.

Distributeurs automatiques de billets (DAB)

Vous pouvez retirer de l'argent (en bahts uniquement) dans les DAB de Thaïlande. Ceux-ci sont très répandus dans tout le pays. La plupart permettent des retraits quotidiens de 20 000 B maximum.

L'inconvénient est que retirer de l'argent dans un DAB revient désormais à 200 B par transaction (coût du transfert international), quels que soient les taux de conversion et les frais appliqués pour les retraits à l'étranger par votre banque. Renseignez-vous auprès de votre banque avant de partir.

Si vous partez pour une longue période, nous vous conseillons de comparer les banques qui vous permettront, en y ouvrant un compte, de ne pas payer de frais supplémentaires aux DAB internationaux et d'être remboursé des commissions lorsque vous utiliserez les DAB d'autres banques en Thaïlande.

Change

Les banques et les bureaux de change privés proposent les meilleurs taux. Pour acheter des bahts, sachez que le dollar US est la devise la plus couramment acceptée, devant l'euro. La plupart des banques prélèvent une commission sur chaque chèque de voyage (*travellers cheque*) changé. Les taux de change actualisés sont affichés aux comptoirs de change. Reportez-vous également p. 23.

LA THAÏLANDE PRATIQUE

Journaux Les quotidiens *Bangkok Post* (www.bangkokpost.com) et *The Nation* (www.nationthailand.com) dominent la presse thaïlandaise en anglais. *KhaoSod English* (www.khaosodenglish.com) est la version anglophone d'un grand quotidien thaïlandais. Des marchands de journaux vendent des hebdomadaires comme *The Economist* et le *Time*.

Radio Il existe plus de 400 stations de radio AM et FM. De nombreuses plus petites radios et fréquences internationales sont disponibles en streaming sur Internet.

Télévision Six chaînes de TV VHF diffusent des programmes thaïlandais, et le câble TrueVision des émissions internationales. L'offre numérique propose plus de choix.

Tabac L'interdiction de fumer dans les restaurants et les bars s'applique depuis 2008, bien qu'il y ait encore des fumeurs dans certains bars.

Poids et mesures La Thaïlande utilise le système métrique international. L'or et l'argent sont pesés en *bàat* (15 g).

Cartes bancaires

Nombre de magasins, hôtels et restaurants acceptent les paiements par carte bancaire (Visa et MasterCard notamment). La carte American Express n'est généralement acceptée que dans les grands hôtels et restaurants.

Avant de partir, n'oubliez pas de signaler votre voyage à votre banque.

Pourboire

Le pourboire n'est pas une pratique courante dans le pays, mais il est apprécié. Lorsqu'on règle une grosse note de restaurant, on laisse généralement la menue monnaie ; ainsi, un Thaïlandais qui règle une addition de 488 B avec une coupure de 500 B n'empochera pas la différence. Il s'agit plutôt d'une manière d'affirmer son désintérêt pour une somme minime. Beaucoup de restaurants d'hôtel ou haut de gamme majorent la note de 10% pour le service.

TARIFS DES REPAS

Les symboles suivants représentent le prix d'un repas en Thaïlande :

$ moins de 150 B

$$ 150-350 B

$$$ plus de 350 B

Assurance

Il est conseillé de souscrire une police d'assurance qui vous couvrira en cas d'annulation de votre voyage, de vol, de perte de vos affaires, de maladie ou encore d'accident. Vérifiez notamment que les "sports à risques", comme la plongée, la moto ou même la randonnée ne sont pas exclus de votre contrat, ou encore que le rapatriement médical d'urgence, en ambulance ou en avion, est couvert. De même, le fait d'acquérir un véhicule dans un autre pays ne signifie pas nécessairement que vous serez protégé par votre propre assurance.

Avant de souscrire une police d'assurance, vérifiez bien que vous ne bénéficiez pas déjà d'une assistance par votre carte bancaire, votre mutuelle ou votre assurance automobile.

N'oubliez pas de prendre avec vous les documents relatifs à l'assurance ainsi que les numéros à appeler en cas d'urgence.

Voir aussi la rubrique *Assurance* dans le chapitre *Santé* (p. 819).

Bénévolat

De nombreux organismes de bénévolat (p. 794) en Thaïlande proposent un travail et un engagement sur le plan culturel notamment. Volunteer Work Thailand (www.volunteerworkthailand.org) répertorie les offres.

Climat

Bangkok

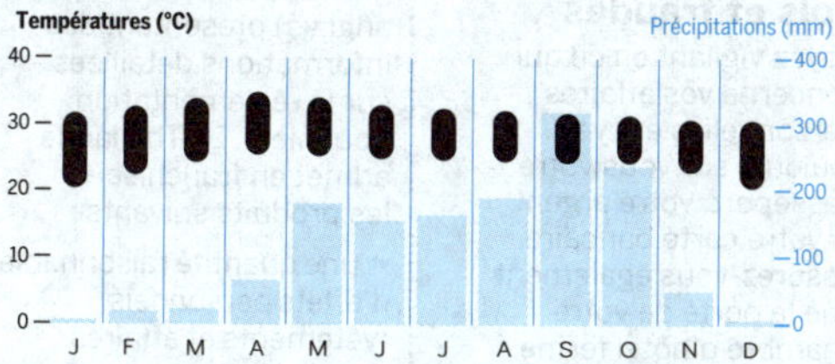

Chiang Mai

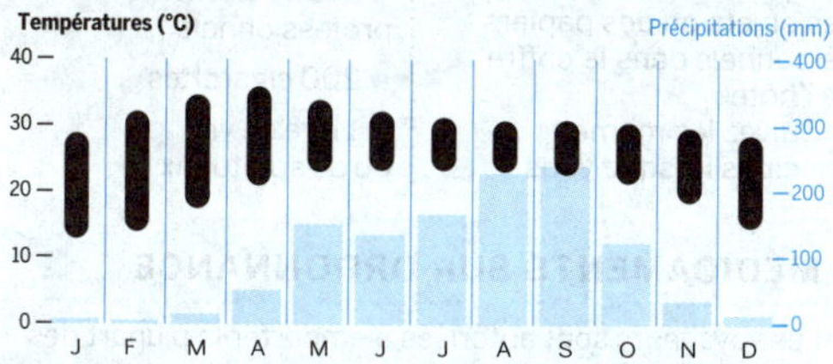

Phuket

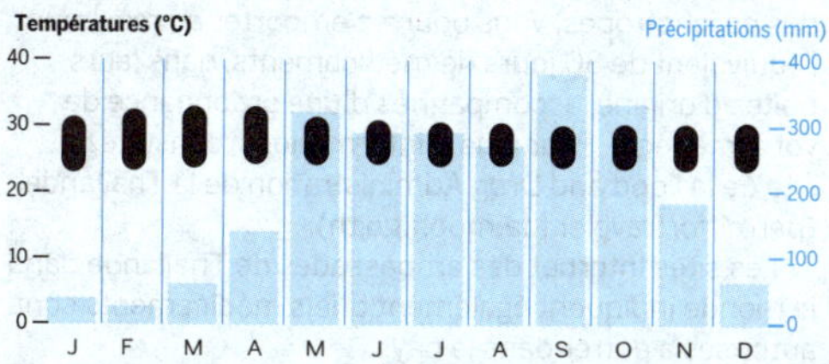

Désagréments et dangers

Agressions

Les agressions de voyageurs sont assez rares, mais peuvent se produire tout de même. Sachez que faire perdre la face à un Thaïlandais et l'insulter en public peut entraîner de sa part une réaction démesurément violente. L'alcool est souvent le principal responsable des comportements condamnables et de leurs conséquences.

Drogues

Tout achat, vente ou possession d'opium, d'héroïne, de cocaïne, d'amphétamines, de méthamphétamines, d'ecstasy, de champignons hallucinogènes ou de marijuana est illégal en Thaïlande. Les sanctions pour usage et trafic de stupéfiants sont sévères – un an de prison minimum pour possession de drogue. Quant au trafic, c'est-à-dire toute tentative de franchissement de la frontière en possession de stupéfiants, il entraîne des sanctions beaucoup plus lourdes, allant jusqu'à la peine capitale.

Escroqueries fréquentes

Les Thaïlandais peuvent se montrer si gentils et détendus que certains voyageurs abandonnent toute méfiance et deviennent une proie facile pour les escrocs de tout poil. Bangkok est un haut lieu des fraudes complexes bien rodées (p. 160) qui font croire aux voyageurs qu'ils se sont fait des amis et qu'ils font une affaire alors qu'ils se font escroquer.

Ignorez les inconnus qui offrent de vous faire "gracieusement" visiter la ville ou des boutiques. Ils touchent systématiquement une commission sur vos achats.

Rabatteurs et commissions

Rabattre des clients est une tradition en Asie. Et si les rabatteurs ne sont pas aussi nombreux en Thaïlande qu'en Inde, par exemple, ils sont malgré tout bien présents. À Bangkok, des chauffeurs de *tuk-tuk*, des employés d'hôtel ou des hôtesses de bar font visiter la ville aux nouveaux venus. La visite se termine presque toujours dans une boutique de soie, de bijoux ou d'artisanat afin de vous pousser à la consommation.

CONSEILS AUX VOYAGEURS

La plupart des gouvernements possèdent des sites Internet qui recensent les dangers possibles et les régions à éviter. Consultez notamment les sites suivants :

Ministère des Affaires étrangères français (www.diplomatie.gouv.fr)

Ministère des Affaires étrangères de Belgique (diplomatie.belgium.be/fr)

Département fédéral des Affaires étrangères suisse (www.eda.admin.ch/eda/fr/dfae.html)

Ministère des Affaires étrangères du Canada (www.voyage.gc.ca)

Les rabatteurs emmènent également les touristes vers des hébergements (*guesthouses*) qui les paient à la commission. Certaines agences de voyages sont connues pour aiguiller les arrivants vers des hôtels mal situés et trop chers car elles touchent des commissions.

Certaines agences de voyages se font passer pour la TAT, l'office du tourisme officiel. Sachez que les bureaux officiels de la TAT n'effectuent pas de réservations d'hôtels ou de transports. Si on vous propose ces services, c'est qu'il s'agit d'une agence de voyages, et non d'un bureau de l'office du tourisme.

Troubles frontaliers et zones à risques

La Thaïlande entretient globalement de bonnes relations avec les pays voisins et les marchandises et les personnes peuvent transiter normalement par la plupart des frontières terrestres. Cependant, en raison de la violence persistante dans l'extrême sud de la Thaïlande, la traversée au niveau de Sungai Kolok vers la Malaisie est devenue potentiellement dangereuse. Les visiteurs doivent éviter la plupart des provinces à majorité musulmane (Yala, Pattani, Narathiwat et certaines zones de Songkhla).

Consultez les recommandations de votre ministère des Affaires étrangères (voir l'encadré ci-dessus) au moment de votre voyage.

Vols et fraudes

Soyez vigilant en ce qui concerne vos affaires personnelles et ayez toujours sur vous votre passeport, votre argent et votre carte bancaire. Assurez-vous également que la porte de votre chambre d'hôtel ferme bien et faites attention lorsque vous laissez des objets ou des papiers personnels dans le coffre de l'hôtel.

Suivez les mêmes principes lorsque vous voyagez, car un sac fermé ne décourage pas les voleurs lorsque vous dormez durant les longs trajets en bus.

Si vous payez par carte bancaire, ne laissez pas le vendeur l'emmener hors de votre vue et veillez à ce que la transaction ne soit traitée qu'une seule fois. Si possible, vérifiez immédiatement par le biais d'une application mobile ou par un autre moyen.

Douane

Si vous avez des produits importés à déclarer, vous pouvez demander un formulaire aux fonctionnaires des douanes thaïlandaises à votre point d'entrée. Le service des **douanes** (☎centre d'appels national 02 667 6000 ; www.customs.go.th) gère un site Internet (en anglais) présentant des informations détaillées sur la réglementation douanière. La Thaïlande admet en franchise les produits suivants :

- une quantité raisonnable d'effets personnels (vêtements et affaires de toilettes)
- des instruments professionnels
- 200 cigarettes
- 1 litre de vin ou de spiritueux

MÉDICAMENTS SUR ORDONNANCE

Les voyageurs sont autorisés à emporter la plupart des médicaments sur ordonnance en Thaïlande, hormis ceux considérés comme contenant des narcotiques et des psychotropes. Vous pourrez emporter au maximum l'équivalent de 30 jours de médicaments, dans leurs boîtes d'origine, accompagnés d'une ordonnance de votre médecin. Pour plus d'informations, consultez le site de la Food and Drug Administration de la Thaïlande (permitfortraveler.fda.moph.go.th).

Les sites Internet des ambassades de Thaïlande dans le monde indiquent également quels médicaments sont autorisés à entrer dans le pays.

La Thaïlande interdit l'importation des produits suivants :

- armes à feu et munitions (à moins qu'elles ne soient déclarées à l'avance au Police Department)
- drogues
- documents à caractère pornographique

Lorsque vous quittez la Thaïlande, vous devez être en possession d'une licence d'exportation pour toute antiquité, y compris les statues récentes du Bouddha. Pour l'obtenir, vous devrez présenter à l'**Office of the National Museum** (4 Th Na Phra That, National Museum ; ⌚9h-16h mar-ven ; ⛴Chang Pier, Maharaj Pier) : 2 photos de face de l'objet, une photocopie de votre passeport, ainsi que la facture et l'objet en question. Le délai d'attente est de 4 jours.

Électricité

Les prises thaïlandaises ont un voltage de 220 V. Elles sont généralement à deux fiches, rondes ou plates.

Type A
120 V/60 Hz

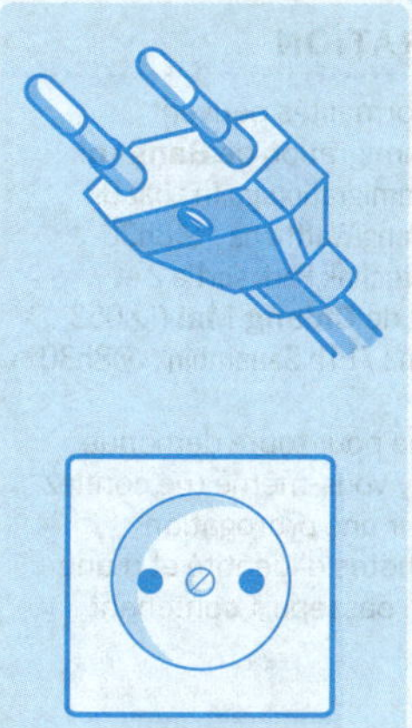

Type C
220 V/50 Hz

Formalités et visas

Les ressortissants de 64 pays, y compris la France, la Belgique, la Suisse et le Canada, sont exemptés de visa pour des séjours de moins de 30 jours.

Le **ministère des Affaires étrangères thaïlandais** (☎02 203 5000 ; www.mfa.go.th ; 443 Th Si Ayuthaya) supervise les questions d'immigration et la délivrance des visas. Les règles changeant fréquemment, consultez le site Internet ou déplacez-vous à l'ambassade ou au consulat de Thaïlande le plus proche de votre domicile pour connaître les démarches et leur coût. Thaivisa (www.thaivisa.com) constitue la source d'information en ligne la plus fiable.

Exemptions de visa et visa à l'arrivée

Les ressortissants français, belges, suisses et canadiens peuvent entrer en Thaïlande sans visa, en présentant leur passeport valide encore 6 mois après leur date de retour. Notez que pour certaines nationalités, la durée est réduite (15 jours et non 30) si l'arrivée se fait par voie terrestre plutôt qu'aérienne. Consultez le site du **ministère des Affaires étrangères thaïlandais** (☎02 203 5000 ; www.mfa.go.th ; 443 Th Si Ayuthaya) pour plus de détails. Les citoyens de 19 autres pays peuvent obtenir un visa à l'arrivée leur permettant de séjourner durant 15 jours maximum.

Visas de non-immigrant

Les visas de non-immigrant, valables entre 90 jours et 1 an, sont destinés aux étrangers en visite dans le pays pour affaires, études ou retraite, ou qui effectuent une visite familiale prolongée. Les visas de cette catégorie peuvent vous accorder des entrées multiples dans le pays. Dans le cas d'un permis de travail, vous devez d'abord obtenir un visa de non-immigrant.

Visas de tourisme

Si vous prévoyez de rester plus de 30 jours en Thaïlande, vous devrez demander un visa touristique valable 60 jours auprès d'une ambassade ou d'un consulat thaïlandais avant votre départ. Vous pouvez également demander un visa touristique de 6 mois à entrées multiples, qui vous permet de séjourner jusqu'à 60 jours pour chaque entrée. Consultez la représentation diplomatique la plus proche de chez vous pour connaître la procédure à suivre et les tarifs.

Prorogation de visas

Si vous souhaitez prolonger votre séjour au-delà de la durée consentie, vous pouvez faire une demande de prorogation de visa dans n'importe quel bureau de l'immigration, en Thaïlande. Le tarif habituel est de 1 900 B (50 €). Ainsi, les visas de 15 ou 30 jours peuvent être prolongés de 30 jours, à condition d'effectuer les démarches avant leur expiration. Le visa

BUREAUX DE L'IMMIGRATION

Prorogation de visa et autres formalités peuvent s'effectuer aux bureaux de l'immigration de **Bangkok** (☎02 141 9889 ; www.bangkok.immigration.go.th ; bât B, Government Centre, Soi 7, Th Chaeng Watthana ; ⏲8h30-12h et 13h-16h30 lun-ven ; Ⓜ Chatuchak Park sortie 2 et taxi, Ⓢ Mo Chit sortie 3 et taxi) et de **Chiang Mai** (☎053 201755 ; www.chiangmaiimm.com ; 71 Th Sanambin ; ⏲8h30-16h30 lun-ven).

Pensez à soigner votre tenue pour toute demande officielle en Thaïlande et allez-y vous-même (ne confiez pas cette tâche à un tiers). Pour une prorogation de visa, munissez-vous de 2 photos d'identité et d'une photocopie des pages de votre passeport contenant photo et visa.

de tourisme de 60 jours peut être renouvelé jusqu'à 30 jours à la discrétion des autorités de l'immigration.

Une autre option consiste à franchir la frontière. Une nouvelle exemption de visa de 30 ou 15 jours, suivant votre nationalité, vous sera accordée à votre retour. Sachez que les autorités n'aiment pas ces multiples entrées destinées à prolonger votre séjour, qui restent à la discrétion de l'agent de l'immigration en poste.

Si vous dépassez la durée autorisée par le visa, vous êtes passible d'une amende de 500 B par jour d'infraction, plafonnée à 20 000 B. Le règlement s'effectue à l'aéroport, ou à l'avance dans un bureau de l'immigration. Si le dépassement se limite à une journée, vous n'aurez rien à payer. Les enfants de moins de 15 ans voyageant avec un parent sont exemptés d'amende.

Les étrangers résidant en Thaïlande doivent renouveler leur visa auprès du bureau de l'immigration le plus proche de leur domicile.

Avant le départ, il est impératif de contacter les ambassades et les consulats pour s'assurer que les modalités d'entrée sur le territoire n'ont pas changé. Nous vous conseillons de scanner ou de photocopier tous vos documents importants (pages d'introduction de votre passeport, cartes de crédit, police d'assurance, billets de train/d'avion/de bus, permis de conduire, etc.). Conservez ces copies à part des originaux. Vous remplacerez ainsi plus aisément ces documents en cas de perte ou de vol.

Handicapés

La Thaïlande est mieux équipée pour accueillir les voyageurs handicapés que n'importe quel autre pays d'Asie du Sud-Est, hormis Singapour. Toutefois, les déficients visuels et les personnes à mobilité réduite auront du mal à se déplacer dans les villes thaïlandaises, avec leurs hauts trottoirs, leurs allées encombrées au revêtement inégal et leur circulation incessante. À Bangkok, les piétons doivent traverser de nombreuses rues au moyen de passerelles accessibles par des escaliers raides. Dans toutes les villes, les utilisateurs de fauteuils roulants dotés de nerfs d'acier trouveront plus facile de se déplacer sur la route même. Quant à la présence de rampes et autres moyens permettant aux personnes en fauteuil roulant d'accéder aux trottoirs, édifices et sites touristiques, elle est inégale. Néanmoins, la serviabilité des Thaïlandais compense souvent le manque d'infrastructures.

À l'aéroport Suvarnabhumi (Bangkok), les équipements destinés aux voyageurs handicapés sont de bonne qualité. Des fauteuils roulants et des voiturettes électriques sont disponibles, des ascenseurs desservent tous les niveaux et les toilettes handicapé sont propres et bien entretenues. La navette ferroviaire reliant l'aéroport à la ville est bien adaptée, avec notamment des ascenseurs à annonces vocales et à boutons dotés d'inscriptions en braille, et des distributeurs automatiques de tickets et des barrières adaptés aux fauteuils roulants. La plupart des vols internationaux utilisent des passerelles aéroportuaires, ce qui n'est pas toujours le cas des vols intérieurs à l'aéroport Don Mueang (Bangkok) ou dans les aéroports régionaux. Il est donc important de prévenir votre compagnie aérienne au moment de la réservation si vous utilisez un fauteuil roulant ou requérez une assistance.

Les bus et les bateaux s'arrêtent si brièvement que même les personnes non handicapées peinent pour monter à bord ; quant aux trains longue distance et aux gares de province, l'accessibilité tient de la loterie. Dans la capitale, le BTS Skytrain est accessible en fauteuil roulant, et toutes ses stations comptent des ascenseurs hormis Saphan Taksin. Chaque station de métro MRT est dotée d'ascenseurs et accessible en fauteuil roulant. Le personnel de BTS et de MRT est toujours prêt à aider.

Sachez que de nombreux taxis en Thaïlande fonctionnent au gaz

RESSOURCES POUR LES VOYAGEURS HANDICAPÉS

Les tour-opérateurs suivants sont spécialisés dans les circuits et les hébergements accessibles en Thaïlande, et possèdent un ou plusieurs véhicules adaptés :

Gehandicapten (☎+31 36 537 6677 ; www.gehandicapten.com/fr/)

Wheelchair Holidays Thailand (☎+66 8 1375-0792 ; www.wheelchairtours.com)

Wheelchair Thailand Tours (☎www.wheelchair-thailand-tours.weebly.com)

En France, l'**APF France handicap** (☎01 40 78 69 00 ; www.apf.francehandicap.org ; 17 bd Auguste-Blanqui, 75013 Paris) peut fournir des informations utiles sur les voyages accessibles. **Yanous** (www.yanous.com), **Hizy** (hizy.org), **Handicap.fr** (www.handicap.fr) et **Tourisme et Handicaps** (www.tourisme-handicaps.org) constituent également de bonnes sources d'information.

Désormais, les principales plateformes d'hébergement que sont **Abritel** (www.abritel.fr), **Airbnb** (www.airbnb.fr), **Booking** (www.booking.com) et **Hotels.com** (fr.hotels.com) ont intégré des critères d'accessibilité à leur moteur de recherche. **Mobee Travel** (www.mobeetravel.com) est une start-up qui regroupe des hébergements accessibles et qui propose aussi des séjours sur mesure. Les agences de voyages **Yoola** (www.yoola.fr) et **Comptoir des Voyages** (www.comptoir.fr) organisent des voyages adaptés aux personnes à mobilité réduite.

naturel, et le réservoir à gaz se trouve dans le coffre, ce qui limite l'espace disponible pour y ranger un fauteuil roulant ou une aide à la marche. Les taxis pleinement accessibles en fauteuil roulant n'existent qu'à Bangkok et Hua Hin, et doivent être réservés. Il n'y en a pas à Chang Mai. La Bangkok Metropolitan Authority compte quelques véhicules, principalement réservés aux résidents ; appelez le ☎1555 aux heures de bureau pour connaître leur disponibilité, ou contactez Wheelchair Taxi Thailand (www.transport-disabled-bangkok.weebly.com). La plupart des hôtels de gamme intermédiaire ou haut de gamme proposent des chambres adaptées, mais les normes varient énormément ; vérifiez qu'elles correspondent à vos besoins en demandant des renseignements et/ou des photos. La majorité des hôtels économiques et des pensions, ainsi que maints boutiques-hôtels, ne disposent pas d'équipements adaptés, mais feront souvent tout leur possible pour aider si vous pouvez vous adapter ou que vos besoins en matière d'accessibilité sont limités.

Nombre de villes possèdent au moins un centre commercial moderne, où vous pourrez facilement faire des achats, vous restaurer et disposer de toilettes accessibles aux handicapés.

Pour plus d'informations sur les voyages accessibles, voir l'encadré ci-dessus.

Heures d'ouverture

Les banques et bureaux gouvernementaux ferment les jours fériés. Certains bars et clubs sont fermés lors des élections et certains jours fériés religieux quand la vente d'alcool est interdite. Les banques installées dans les centres commerciaux ferment tard.

Administrations 8h30-16h30 du lundi au vendredi ; certains bureaux ferment pendant le déjeuner

Banques 8h30-16h30 du lundi au vendredi ; DAB 24h/24

Bars 18h-minuit ou 1h

Clubs 20h-2h

Commerces 10h-19h

Restaurants 8h-22h

Heure locale

La Thaïlande est en avance de 7 heures sur l'heure GMT. Il y a donc 6 heures de décalage avec la France en hiver et 5 heures en été. Quand il est midi à Paris et à Genève (ou 6h à Montréal), il est 18h en hiver à Bangkok et 17h en été.

Homosexualité

La société thaïlandaise se montre relativement tolérante envers l'homosexualité, masculine ou féminine. La communauté LGBT+ est bien représentée à Bangkok, Pattaya et Phuket, et toutes trois organisent chaque année une gay pride. Les tenues vestimentaires et les comportements suscitent rarement des commentaires. En revanche, les démonstrations d'affection en public, homo ou hétéro, restent mal vues.

Peut-être parce que la Thaïlande reste malgré tout un pays assez conservateur, les lesbiennes locales adoptent un look très marqué. Les "butch" ouvertement masculines, appelées *tom* (de *tomboy*, garçon manqué), portent les cheveux courts et s'habillent avec des vêtements d'homme. Les lesbiennes féminines ("fems") se qualifient elles-mêmes de *dêe* (dérivé de *lady*). Aussi, les voyageuses homosexuelles n'entrant pas dans l'une de ces catégories peuvent-elles susciter une certaine confusion.

La Thaïlande a adopté le Gender Equality Act en 2015 ; c'est la première loi à offrir une protection contre la discrimination sexuelle dans le pays. Toutefois, même si les personnes transgenres et du troisième sexe sont assez visibles en Thaïlande, elles continuent d'être victimes de la discrimination au travail et dans leurs rapports avec certaines administrations. De nombreux individus transgenres ne trouvent un emploi que dans les industries du spectacle ou du sexe.

Utopia (www.utopia-asia.com) poste de nombreuses informations sur la Thaïlande pour les voyageurs LGBT+.

JOURS FÉRIÉS

Les administrations et les banques ferment les jours fériés :

1er janvier – Nouvel An

Février (dates variables) – Makha Bucha, fête religieuse bouddhique

6 avril – Jour des Chakri, en l'honneur du fondateur de la dynastie Chakri, Rama Ier

13-15 avril – Fête de Songkran, célébration traditionnelle du Nouvel An thaï et fête de l'Eau

1er mai – Fête du Travail

4 mai – Jour du couronnement, commémore le couronnement en 1950 du roi Rama IX

Mai – (date variable) Fête des Labours royaux

Mai/juin (dates variables) – Visakha Bucha, fête bouddhique

3 juin – Anniversaire de Sa Majesté la reine

28 juillet – Anniversaire du roi Maha Vajiralongkorn

Juillet/août (date variable) – Asanha Bucha, fête bouddhique

12 août – Anniversaire de la reine mère Sirikit/ fête des Mères

13 octobre – Jour commémoratif en l'honneur de feu le roi Bhumiphol

23 octobre – Jour de Chulalongkorn

5 décembre – Anniversaire de feu le roi Bhumiphol/ fête des Pères

10 décembre – Jour de la Constitution

31 décembre – Veille du jour de l'An

Internet (accès)

Presque toutes les pensions, hôtels et cafés disposent du Wi-Fi. Dans les immeubles, demandez une chambre proche d'un routeur s'il vous est essentiel d'avoir le Wi-Fi, car la qualité de la connexion à tendance à se détériorer aux étages supérieurs. Les réseaux cellulaires continuent de s'étendre et de s'améliorer.

Offices du tourisme

En Thaïlande

La **Tourism Authority of Thailand** (TAT ; ☎centre d'appels national 1672 ; www.tourismthailand.org), service d'État de promotion et d'information touristique, existe depuis 1960 et édite d'excellentes brochures sur les sites à visiter. Le siège de la TAT est à Bangkok, et elle possède des bureaux régionaux dans tout le pays. Consultez le site Internet pour leurs coordonnées.

À l'étranger

La TAT possède un certain nombre d'offices du tourisme à l'étranger.

Belgique (☎32 (0)468 17 28 46 ; kris@konsultra.be ; KonsulTra bvba, Heuvel 109, B-9320 Erembodegem)

Canada (☎1 (416) 614-2625 ; www.thailandinsider.com, info@tatcan.com ; 130 King Street West, Exchange Tower, Suite 620, Toronto, ON, Canada M5X 2A2)

France (☎01 53 53 47 00 ; www.tourismethaifr.com, infosthailande@gmail.com ; 90 avenue des Champs-Élysées, 75008 Paris)

Suisse (☎031 300 30 88 ; www.tourismthailand.ch ; info@tourismthailand.ch ; Zähringerstrasse 16, 3012 Berne)

Photographie

Dans les villages montagnards les plus touristiques, les membres de certaines ethnies s'attendent à recevoir de l'argent en échange d'une photo, et d'autres refusent de se laisser photographier. Utilisez votre appareil avec discrétion et demandez toujours l'autorisation avant de photographier une personne.

Poste

La Thaïlande possède un service postal (www.thailandpost.co.th) très efficace et bon marché. En province, les bureaux ouvrent de 8h30 à 16h30 en semaine et de 9h à 12h le samedi. Les principales postes des capitales régionales restent parfois ouvertes une partie de la journée le dimanche. Le passeport est nécessaire pour tout envoi.

La plupart des bureaux de poste de province vendent des boîtes standards pour les colis. N'envoyez pas d'argent ou d'objets de valeur par courrier.

Le service de poste restante est généralement très fiable, même si les touristes l'utilisent de moins en moins. Pour retirer du courrier, il faut présenter son passeport et remplir un formulaire.

Problèmes juridiques

Habituellement, la police thaïlandaise n'importune pas les étrangers, surtout les touristes. Elle se donne généralement beaucoup de mal pour éviter d'avoir à parler anglais avec eux, surtout lorsqu'il s'agit d'une infraction mineure au code de la route. En revanche, elle fait strictement respecter les lois antidrogues. Sachez que certains services de police, notamment sur les îles, voient parfois les étrangers, et les infractions qu'ils commettent, comme une occasion facile de gagner de l'argent.

Si l'on vous arrête pour un délit quelconque, la police vous autorisera à appeler votre ambassade ou votre consulat, sinon un parent ou un ami. Une procédure légale s'applique à la durée de la détention et à la manière dont elle doit se dérouler jusqu'à l'inculpation ou le procès, mais la police dispose d'une grande latitude en la matière. Si elle fait plus facilement preuve de mansuétude envers les étrangers, mieux vaut, comme partout ailleurs, respecter les forces de l'ordre si l'on ne veut pas aggraver son cas.

La justice thaïlandaise ne présume pas de la culpabilité ou de l'innocence d'un prévenu, considéré plutôt comme "suspect". Le tribunal tranchera au cours d'un procès, souvent expéditif.

La **police touristique** (☎centre d'appel national 1155, 24h/24) peut se révéler d'un grand secours en cas d'arrestation. Bien qu'elle ne puisse pas intervenir dans les cas qui relèvent de la police régulière, elle peut aider les étrangers à trouver un interprète ou à contacter leur ambassade. N'hésitez pas à la contacter en cas de vol ou d'escroquerie. Cette ligne nationale reçoit les plaintes tout comme les demandes d'assistance en cas de danger.

Téléphone

L'indicatif de la Thaïlande est le ☎66. En Thaïlande, tous les numéros de téléphone commencent par un 0 (à omettre si vous appelez de l'étranger) ; les 3 numéros suivants constituent l'indicatif régional, désormais intégré au numéro de téléphone. Si le ☎0 est suivi d'un 6, d'un 8 ou d'un 9, il s'agit d'un téléphone portable.

Appels internationaux

Lorsque vous appelez la Thaïlande depuis l'étranger, composez le code d'accès international (☎00 depuis la France, la Belgique ou la Suisse ; ☎011 depuis le Canada), suivi du ☎66, puis du numéro souhaité, sans le 0 initial.

Pour appeler l'étranger depuis la Thaïlande, composez un code d'accès international (voir ci-après), suivi de l'indicatif du pays (☎33 pour la France, ☎32 pour la Belgique, ☎41 pour la Suisse et ☎1 pour le Canada) et du numéro de votre correspondant, sans le 0 initial pour les pays européens.

En Thaïlande, il existe divers codes d'accès internationaux, avec des tarifs par minute variables. Le numéro direct standard, le 001, est géré par l'opérateur public CAT Telecom. Réputé avoir la meilleure qualité sonore, il permet d'appeler le plus grand nombre de pays, mais il est aussi le plus cher. Un autre code, le 007, géré par la TOT, offre une qualité fiable et des tarifs légèrement moins chers. Différents opérateurs proposent des tarifs économiques ; faites quelques recherches sur Internet pour dénicher des promotions.

Téléphones portables

Le moyen le plus pratique de passer des appels en Thaïlande consiste à acheter une carte SIM locale pour votre téléphone mobile ; assurez-vous que celui-ci est déverrouillé avant votre voyage.

Les cartes SIM s'achètent dans n'importe quel 7-Eleven ou dans toutes les boutiques de téléphonie mobile. Comptez à partir de 49 B pour une carte SIM convenant aux touristes.

NUMÉROS UTILES

Indicatif de la Thaïlande	☎66
Urgences	☎191
Codes d'accès internationaux	☎001, ☎007, ☎008, ☎009 (et autres codes promotionnels)
Appels internationaux avec opérateur	☎100
Police touristique	☎1155

Divers forfaits d'appels et de données mobiles sont proposés, et on peut rajouter du crédit. Emmenez votre passeport pour acheter une carte SIM, afin que la carte soit enregistrée à votre nom.

La Thaïlande utilise le réseau GSM. Les principaux fournisseurs de téléphonie mobile sont AIS (www.ais.co.th), DTAC (www.dtac.co.th) et True Move (truemoveh.truecorp.co.th), qui exploitent tous un réseau 4G. La couverture et la qualité des différents réseaux varient d'une année sur l'autre en fonction des mises à niveau des réseaux et de leur capacité. Les fournisseurs vendent généralement des forfaits appels et données, basés sur les quantités utilisées.

Toilettes

Les toilettes à la turque sont de moins en moins répandues en Thaïlande. Elles subsistent dans les zones rurales, les gares routières de province, les vieilles maisons et les petits restaurants, mais on trouve de plus en plus de toilettes à l'occidentale, en particulier dans les zones touristiques.

Après votre passage dans des toilettes à la turque, l'usage est de nettoyer à l'aide de l'eau mise à disposition dans le récipient en plastique. Certains établissements fournissent du papier toilette à l'entrée (5 B). Sinon, il faut prévoir le sien ou utiliser de l'eau.

L'installation septique n'est pas toujours adaptée au papier toilette, même lorsqu'il s'agit de toilettes à l'occidentale. Dans ce cas, utilisez la corbeille pour le papier et les produits d'hygiène féminine. De nombreuses toilettes sont équipées de petits jets d'eau (une version thaïlandaise du bidet).

Travailler en Thaïlande

La Thaïlande est une destination prisée pour les emplois temporaires, notamment ceux qui impliquent l'enseignement de l'anglais. Pour travailler légalement dans le pays, vous devez détenir un visa de non-immigrant (p. 803) et un permis de travail – que les institutions légitimes doivent pouvoir fournir. Ajarn.com (www.ajarn.com) est une excellente ressource en ligne pour en savoir plus sur l'enseignement en Thaïlande, et sur les emplois.

Voyager en solo

Femmes seules

Les femmes rencontrent relativement peu de problèmes en Thaïlande. Faites preuve de respect en optant pour une tenue couvrante si vous allez dans une communauté rurale, si vous entrez dans des temples ou vous promenez en dehors de la plage. Mais dans l'ensemble, les Thaïlandaises adoptent une grande diversité de styles vestimentaires, en particulier dans les villes. Vous pouvez donc porter des hauts à fines bretelles et des jupes courtes sans offenser les habitants.

N'oubliez pas le savoir-vivre thaïlandais au cours des interactions sociales. Les femmes qui ne sont pas à la recherche d'une relation amoureuse ne doivent pas supposer que les Thaïlandais qu'elles rencontrent sont forcément animés de sentiments platoniques. Un homme thaïlandais pourrait avoir le sentiment de perdre la face si une conversation, un flirt ou tout autre attention dirigée vers lui pouvait ensuite se reporter sur une autre personne. Dans des cas extrêmes (ou en cas de consommation d'alcool), cela pourrait provoquer une situation déplaisante voire générer de la violence.

Comme dans la plupart des pays, des agressions et des viols se produisent parfois et les femmes courent bien plus de risques lorsqu'elles sont seules la nuit ou dans des lieux isolés. Restez vigilante si vous rentrez seule d'un bar et n'acceptez pas d'être ramenée en voiture par des étrangers tard le soir. Voyagez dans des zones isolées au sein d'un groupe.

Transports

DEPUIS/VERS LA THAÏLANDE

Entrer en Thaïlande

Les formalités douanières aux frontières aériennes ou terrestres sont simples : il vous suffit de présenter votre passeport, et, si vous arrivez par avion, votre carte d'embarquement, ainsi que les cartes d'arrivée et de départ dûment remplies. L'entrée peut vous être refusée si vous n'apportez pas la preuve que vous disposez d'un billet de retour ou à destination d'un autre pays et de fonds suffisants pour la durée de votre séjour ; mais en pratique, les agents vérifient rarement. Voir p. 802.

Voie aérienne

En haute saison (décembre à mars), les vols peuvent être assez chers et vite complets. La taxe d'aéroport est comprise dans le prix du billet.

Aéroports et compagnies aériennes

Thai Airways est la compagnie nationale et Bangkok, la principale plaque tournante aérienne du pays (pour les vols internationaux et nationaux). Des aéroports de province assurent aussi de nombreux vols intérieurs et de plus en plus de liaisons avec l'étranger. Les aéroports suivants couvrent des destinations internationales :

Aéroport international Suvarnabhumi (carte p. 165 ; ☎02 132 1888 ; www.airportthai.co.th ; Samut Prakan). Le principal aéroport de Thaïlande se situe à Samut Prakan, à 30 km à l'est de Bangkok et à 110 km de Pattaya. Son nom se prononce *sù·wan·ná·poum*.

Aéroport international Don Mueang (carte p. 165 ; ☎02 535 1192 ; www.airportthai.co.th ; Don Mueang). À 25 km au nord du centre de Bangkok, cet aéroport a fermé en 2006, avant de rouvrir pour devenir le hub des vols intérieurs et low cost.

Aéroport international de Phuket (carte p. 644 ; ☎076 632 7230 ; www.phuketairportonline.com). Les destinations internationales comprennent Hong Kong, Singapour, Dubaï, Séoul et Shanghai.

Aéroport international de Chiang Mai (carte p. 322 ; ☎053 922000 ; www.chiangmaiairportonline.com). Des destinations internationales, dont de nombreuses villes d'Asie et d'Asie du Sud-Est.

Aéroport international de Chiang Rai (aéroport international Mae Fah Luang ; carte p. 234 ; ☎053 798000 ; www.chiangraiairportthai.com). Des destinations internationales, dont Kunming (Chine).

Aéroport international de Hat Yai (☎074 227000 ; www.airportthai.co.th/en ; wifi). Destinations internationales, dont Singapour.

Aéroport de Ko Samui (carte p. 552 ; www.samuiairportonline.com). Destinations internationales, dont Singapour.

Aéroport international de Krabi Destinations internationales comme Chongqing (Chine), Hong Kong, Kuala Lumpur et Singapour.

> **AVERTISSEMENT**
>
> Les informations contenues dans ce chapitre sont particulièrement susceptibles de changements. Vérifiez directement auprès de la compagnie aérienne ou de l'agence de voyages les modalités d'utilisation de votre billet d'avion. N'hésitez pas à comparer les prestations. Les détails fournis ici doivent être considérés à titre indicatif et ne remplacent en rien une recherche personnelle attentive.

Aéroport U-Tapao (UTP ; ☎038 245595 ; www.utapao.com). Parmi les destinations internationales : Singapour, Kuala Lumpur et quelques villes de Chine et de Russie.

Depuis la France

Un vol direct pour Bangkok depuis la France dure entre 11 et 12 heures avec la THAI. Au moment de la rédaction de ce guide, les tarifs les plus avantageux pour un aller-retour avec escale se situaient autour de 430 € ; pour un vol direct sur la THAI, il fallait compter à partir de 890 €.

Un aller-retour pour Phuket ou Chiang Mai, avec escale, commence à environ 560 € en basse saison.

Pendant la haute saison (de décembre à mars), trouver un billet pour Bangkok peut relever du défi, sans compter que les billets que vous finirez par trouver seront assez chers. Il est donc conseillé de réserver le plus tôt possible.

Pour des voyages et circuits organisés, voir p. 812.

Voici quelques compagnies aériennes proposant des vols et des tarifs intéressants :

Air France (☎09 69 39 36 54 ; www.airfrance.fr)

Finnair (☎0821 025 111 ; www.finnair.com)

Lufthansa (☎01 70 48 91 70 ; www.lufthansa.com)

Swiss (☎+41 848 700 700 en Suisse ; www.swiss.com)

Thai Airways (THAI ; aéroport Roissy CDG ☎01 48 64 62 67 ; www.thaiairways.com)

Depuis la Belgique

Seule la THAI assure un vol direct Bruxelles-Bangkok. Au moment de nos recherches, un aller-retour avec escale commençait à 450 €. Pour un vol Bruxelles-Phuket ou Chiang Mai avec escales, comptez au moins 500 €.

AGENCES EN LIGNE

Vous pouvez réserver votre vol via une agence en ligne ou vous renseigner auprès d'un comparateur de vols :

- www.bourse-des-vols.com
- www.ebookers.fr
- www.expedia.fr
- www.govoyages.com
- www.illicotravel.com
- www.kayak.fr
- www.opodo.fr
- www.oui.sncf
- www.partirou.com
- www.skyscanner.fr
- voyages.kelkoo.fr

Quelques transporteurs et agences utiles :

Airstop (☎070 233 188 ; www.airstop.be)

Connections (☎070 23 33 13 ; www.connections.be)

Etihad Airways (☎32-22 00 88 80 ; www.etihad.com/fr-be/)

Finnair (☎32 70 25 30 09 ; www.finnair.com)

Gigatours Voyages Éole (☎02 672 35 03 à Bruxelles, 071 32 01 32 à Charleroi, 010 45 12 43 à Ottignies-Louvain-la-Neuve ; www.voyageseole.be)

Lufthansa (☎32-2 620 08 88 ; www.lufthansa.com)

Thai Airways (THAI ; ☎32-2 502 47 44 ; www.thaiairways.com)

Depuis la Suisse

Un vol direct pour Bangkok depuis la Suisse dure entre 10 heures 40 et 12 heures. Swiss et la THAI proposent des vols directs Zurich-Bangkok à partir de 750 FS. Pour un vol Genève-Bangkok, avec escale, comptez à partir de 475 FS en basse saison.

Les compagnies aériennes suivantes proposent des vols et des tarifs intéressants :

Lufthansa (☎41-435 47 86 31 ; www.lufthansa.com)

Swiss (☎848 700 700 ; www.swiss.com)

Thai Airways (THAI ; ☎41-44 215 65 00 ; www.thaiairways.com)

Turkish Airlines (☎41-0 848 444 849 ; www.turkishairlines.com/fr-fr)

Depuis le Canada

Il n'y a pas de vol direct entre le Canada et la Thaïlande. Lors de nos recherches, les premiers prix pour un aller-retour Montréal-Bangkok se situaient autour de 1 100 $C (avec une escale et au moins 20 heures 30 de vol).

Voici quelques transporteurs et agences à partir du Canada :

Air Canada (☎1 888 247 2262 ; www.aircanada.com)

Expedia (www.expedia.ca)

Flight Hub (www.flighthub.com)

Lufthansa (☎1-800 563 5954 ; www.lufthansa.com)

Thai Airways (THAI ; ☎1 800 767 3598 ; www.thaiairways.com)

Travel CUTS (☎1 800 667 2887 ; www.travelcuts.com)

Turkish Airlines (☎1-800 874 88 75 ; www.turkishairlines.com)

VOYAGES ET CHANGEMENT CLIMATIQUE

Tous les moyens de transport fonctionnant à l'énergie fossile génèrent du CO2 – la principale cause du changement climatique induit par l'homme. L'industrie du voyage est aujourd'hui dépendante des avions. Si ceux-ci ne consomment pas nécessairement plus de carburant par kilomètre et par personne que la plupart des voitures, ils parcourent en revanche des distances bien plus grandes et relâchent quantité de particules et de gaz à effet de serre dans les couches supérieures de l'atmosphère. De nombreux sites Internet utilisent des "compteurs de carbone" permettant aux voyageurs de compenser le niveau des gaz à effet de serre dont ils sont responsables par une contribution financière à des projets respectueux de l'environnement. Lonely Planet "compense" les émissions de tout son personnel et de ses auteurs.

Voie terrestre

La Thaïlande partage des frontières avec le Cambodge, le Laos, la Malaisie, et le Myanmar (Birmanie). Il est possible de circuler par voie de terre entre tous ces pays en passant par des postes-frontières où vous serez contrôlé. L'amélioration des autoroutes et les nouveaux ponts permettent également de voyager plus facilement de Thaïlande jusqu'en Chine, via le Laos.

Passages de frontière

CAMBODGE

Les visas touristiques pour le Cambodge sont disponibles à la frontière pour 30 $US. Munissez-vous d'une photo d'identité et essayez d'éviter les rabatteurs qui proposent de vous fournir un certificat de santé ou tout autre document contre des frais supplémentaires.

D'Aranya Prathet à Poipet L'itinéraire terrestre le plus direct entre Bangkok et Siem Reap (pour Angkor Wat), assuré par des bus directs gérés par le gouvernement.

De Hat Lek à Krong Koh Kong Sur la côte depuis/vers Ko Chang et Sihanoukville.

De Ban Pakard à Psar Pruhm Route secondaire depuis Ko Chang (via Chanthaburi) vers Battambang et Angkor Wat.

Il existe d'autres points d'accès plus reculés entre la Thaïlande et le Cambodge : O Smach-Chong Chom (fermé ponctuellement à cause des tensions persistantes entre la Thaïlande et le Cambodge) et Choam jusqu'à Chong Sa-Ngam. Ils ne sont pas très pratiques, car vous devrez louer un véhicule privé côté cambodgien.

LAOS

La frontière entre le nord et le nord-est de la Thaïlande et le Laos est facile à franchir. Vous pouvez obtenir un visa de touriste (de 30 à 42 $US) à votre arrivée en fournissant une photo d'identité. Essayez de payer avec des billets propres et en parfait état. Des bus directs relient les grandes villes des deux côtés de la frontière, faisant de l'arrêt dans les villes-frontières une simple formalité. Il arrive que des fonctionnaires laotiens demandent un supplément pour le service fourni.

De Nong Khai à Vientiane Le 1er pont de l'Amitié lao-thaïlandaise au-dessus du Mékong est l'un des principaux points d'entrée et de sortie du Laos. Des trains et des bus depuis Bangkok desservent Nong Khai. Vous pouvez aussi prendre l'avion, via Udon Thani.

De Chiang Khong à Huay Xai Le 4e pont de l'Amitié lao-thaïlandaise accroît la popularité de ce point de passage qui permet d'aller du nord de la Thaïlande jusqu'à Luang Prabang. Des bus directs entre Chiang Mai, Chiang Rai et le Laos utilisent ce poste-frontière.

De Mukdahan à Savannakhet Le 2e pont de l'Amitié lao-thaïlandaise relie trois pays : la Thaïlande, le Laos et le Vietnam.

De Nakhon Phanom à Tha Khaek Le 3e pont de l'Amitié lao-thaïlandaise relie le nord-est de la Thaïlande au sud du Laos.

De Chong Mek à Vangtao Pour atteindre la frontière, le mieux est de passer par Ubon Ratchathani (Thaïlande) avec un bus direct ; c'est une bonne option pour se rendre à Pakse (Laos).

Au nord-est de la Thaïlande, il existe des postes-frontières plus éloignés, notamment entre Bueng Kan et Paksan (il faut demander son visa laotien à l'avance) et entre Tha Li et Kaen Thao (la location d'un moyen de transport est nécessaire). Au nord du pays, mentionnons un autre point de passage reculé entre Ban Huay Kon, près de Nan, et Muang Ngeun.

MALAISIE

La Malaisie, et en particulier la côte ouest, est facilement accessible en bus, en train ou même par bateau.

De Hat Yai à Butterworth L'embranchement ouest de la voie ferrée qui dessert la Malaisie depuis Bangkok conduit les passagers jusqu'à Butterworth, tandis que la branche principale mène à Penang.

De Hat Yai à Padang Besar Les bus et les trains partent

de la ville de Hat Yai, dans le Sud, vers plusieurs destinations en Malaisie. Les formalités de passage doivent être effectuées à Padang Besar.

De Sungai Kolok à Rantau Panjang Bien qu'elle soit une possibilité, nous ne conseillons pas cette route en raison des troubles qui subsistent dans l'extrême Sud.

De Ko Lipe à Langkawi En haute saison, des bateaux relient ces deux îles de la mer d'Andaman. Il existe un service de bateau reliant le port de Satun (Thaïlande), sur le continent, à l'île malaisienne de Langkawi et à la ville de Kuala Perlis.

Il existe d'autres petits postes-frontières sur cette côte, mais ils nécessitent d'avoir un véhicule privé.

MYANMAR (BIRMANIE)

Il existe 4 postes-frontières entre la Thaïlande et le Myanmar.

De Mae Sai à Tachileik Un poste-frontière très fréquenté. Il se distingue par son marché, qui peut être visité lors d'une excursion à la journée depuis la Thaïlande, sans visa. Pour voyager plus loin au Myanmar, il faut préalablement obtenir un visa. Par voie terrestre, vous ne pourrez pas aller au-delà de Kyaingtong, au Myanmar ; pour poursuivre, un permis est nécessaire, autrement, prenez l'avion pour Mandalay ou Rangoun (Yangon).

De Ranong à Kawthoung Un poste-frontière très utilisé actuellement pour les prorogations de visa, au sud de la Thaïlande. Également un point d'entrée et de sortie pour le sud du Myanmar.

De Mae Sot à Myawaddy L'un des points de passage les plus accessibles pour se rendre au Myanmar.

De Phu Nam Ron à Htee Khee Ce point de passage est isolé et peu fréquenté. Entrer au Myanmar ici est impossible avec un visa électronique, mais on peut en utiliser un pour sortir. Le gouvernement thaïlandais a l'intention de développer cet itinéraire pour relier Bangkok au port birman de Dawei, sur la mer d'Andaman.

Bus, vélo, voiture et moto

Il est possible de circuler par voie terrestre entre la Thaïlande et tous les pays limitrophes, que ce soit en bus, en taxi ou en voiture individuelle. Peut-être vous demandera-t-on de descendre du bus à la frontière pour passer la douane, avant de remonter dans un autre bus ou un taxi collectif de l'autre côté de la frontière. Dans d'autres cas, notamment à la frontière avec la Malaisie, le bus s'arrêtera pour les formalités avant de repartir jusqu'à sa destination finale.

Franchir une frontière internationale avec un véhicule privé demande quelque paperasserie. Il est généralement interdit de se rendre à l'étranger à bord d'un véhicule de location. Aucun permis n'est requis pour emporter un vélo en Thaïlande. Il est conseillé toutefois d'emporter un kit de réparation bien fourni.

Train

Les voies ferrées nationales de la Thaïlande et de la Malaisie se rencontrent à Butterworth (à 93 km au sud de la frontière), point de transfert pour Penang (par la mer), Kuala Lumpur et Singapour (par les services ferroviaires malais).

Vous pouvez accéder à plusieurs postes-frontières en train avant de prendre une voiture de l'autre côté : c'est le cas notamment de la frontière thaïlando-cambodgienne entre Aranya Prathet et Poipet et de la frontière thaïlando-laotienne entre Nong Khai et Vientiane.

Des trains circulent jusqu'à Sungai Kolok, sur la côte est de la Thaïlande, mais nous déconseillons d'emprunter cette voie à cause des violences fréquentes dans l'extrême sud de la Thaïlande.

Voie maritime

Vous pouvez entrer et sortir de Thaïlande en prenant un bateau public entre la côte d'Andaman et l'île malaysienne de Langkawi et entre Ranong et le port birman de Kawthoung.

VOYAGES ORGANISÉS

La Thaïlande figure au catalogue de nombreux tour-opérateurs, qui proposent des forfaits tout compris à des tarifs très attractifs. Beaucoup se limitent à Bangkok et aux destinations balnéaires les plus touristiques (Ko Samui, Phuket…) ou aux régions montagnardes du Nord (Chiang Mai). Prenez le temps de vérifier les prestations hôtelières, de qualité très variable, tant du fait de leur emplacement (éloignement des plages et des divers centres d'intérêt, système de transport…) que des activités proposées (sport, activités pour les enfants…) : la réalité est parfois très éloignée des belles images illustrant les brochures publicitaires.

Les meilleures agences de voyages hors de Thaïlande enrichissent leurs circuits en y ajoutant un volet culturel et sélectionnent leurs collaborateurs locaux en fonction de la qualité de leurs prestations. Plusieurs agences organisent des séjours en famille, avec une découverte ludique du pays (rencontres avec les éléphants, vélo, balades en bateau, etc.).

Voici quelques agences généralistes ou spécialisées dans les voyages axés sur la plongée ou la randonnée.

Agences généralistes

Asia (☎01 56 88 66 75 ; www.asia.fr ; 1 rue Dante, 75005 Paris). Autres agences à Lyon, Marseille, Toulouse et Nice.

Asie Infiny (☎01 53 70 23 45 ; www.asieinfiny.com ; 5 bis rue de l'Asile-Popincourt, 75011 Paris)

Ikhar (☎01 43 06 73 13 ; www.ikhar.com ; 23 rue Danielle-Casanova, 75001 Paris)

Jerrycan Voyages (☎022 346 92 82 ; 11 rue Sautter – 1205 Genève ; www.jerrycan-travel.ch)

Les Maisons du Voyage (☎01 84 25 43 20, 01 84 25 43 13 ; www.maisonsduvoyage.com/asie ; 76 rue Bonaparte, 75006 Paris)

Les Routes de l'Asie (☎01 42 60 60 90 ; www.lesroutesdelasie.fr ; 7 rue d'Argenteuil, 75001 Paris)

Le Monde de l'Inde et de l'Asie (☎01 53 10 31 00 ; www.mondeasie.com ; 15 rue des Écoles, 75005 Paris)

Marco Vasco (☎01 76 64 74 97, 01 70 84 10 92 ; www.marcovasco.voyage ; 101 rue de l'Abbé-Groult, 75015 Paris). Autres agences à Lyon et à Rennes.

Orients (☎01 45 61 90 90, 01 70 64 16 19 ; www.orients.com ; 10 rue Mézières, 75006 Paris)

TUI (☎0825 000 825, 0,20 €/min ; www.tui.fr)

Voyageurs du Monde (☎01 84 17 19 47, 01 42 86 16 00 ; www.vdm.com) ; Paris (☎01 42 86 16 00 ; 55 rue Sainte-Anne, 75002 Paris). Agences en France à Bordeaux, Grenoble, Lille, Lyon, Marseille, Montpellier, Nantes, Nice, Rennes, Rouen, Strasbourg et Toulouse. Agences également à Bruxelles (☎02 543 95 50), Genève (☎022 519 12 10), Montréal (☎514 722 0909) et Québec (☎418 651 9191).

Plongée

H2O Voyage (☎02 41 24 69 00 ; www.h2ovoyage.com ; 85 rue Louis Pasteur, 49800 Trélazé)

Océanes (☎04 42 52 82 40 ; www.oceanes.com ; 147 chemin des Ruches, Les Gardis, 13490 Jouques)

Subocéa (☎04 28 70 89 00 ; www.subocea.com ; pour le courrier : 7 port de la Pointe Rouge, 13008 Marseille)

Ultramarina (☎0 825 02 98 02, 0,18 €/min ; www.ultramarina.com) ; Paris (29 rue de Clichy, 75009 Paris). Autres agences à Lyon, Nantes, Marseille, et en Suisse (Genève et Villeneuve)

Randonnée

Allibert Trekking (☎04 76 45 84 84 ; www.allibert-trekking.com) ; Paris (☎01 44 59 35 35 ; 37 bd Beaumarchais, 75003 Paris). Autres agences à Lyon, Chamonix, Toulouse, Chapareillan et Villeneuve-Loubet. Contacts également en Belgique (☎02 318 32 02) et en Suisse (☎022 519 03 23). Randonnée, trek, ainsi que circuits à vélo, rafting et découverte.

Atalante (☎04 72 53 24 80 ; www.atalante.fr) ; Paris (☎01 55 42 81 00 ; 18 rue Séguier, 75006 Paris). Autre agence à Lyon. Circuits multiactivités : randonnée, canoë-kayak, VTT, rafting, etc.

Club Aventure (☎01 44 32 09 30 ; www.huwans-clubaventure.fr) ; Paris (18 rue Séguier, 75006 Paris). Agences à Lyon, Marseille et Genève. Également séjours multi-activités : canoë-kayak, snorkeling, trek, etc.

Nomade Aventure (www.nomade-aventure.com) ; Paris (☎01 46 33 84 22, 01 46 33 71 71 ; 40 rue de la Montagne-Sainte-Geneviève, 75005 Paris). Autres agences à Toulouse, Lyon et Marseille. Également des circuits à vélo et des croisières.

Terres d'Aventure (www.terdav.com) ; Paris (☎01 70 82 90 00 ; 30 rue Saint-Augustin, 75002). Nombreuses agences en France (Grenoble, Nantes, Lille, Rennes, etc.), ainsi qu'à Bruxelles (☎02 543 95 60), Genève (☎022 519 1220), Montréal (☎514-382 9453) et Québec (☎418-263 6808). Séjours randonnée, canoë-kayak et découverte.

AGENCES DE VOYAGES

Il est parfois pratique – pour un vol intérieur ou un vol vers un pays voisin – de faire appel à un voyagiste en Thaïlande. Le montant de la commission étant variable, comparez les prix avant de fixer votre choix. Le paiement par carte bancaire vous fait généralement bénéficier d'une assurance, car la plupart des émetteurs de cartes vous remboursent si vous pouvez prouver que vous n'avez pas obtenu ce que vous avez payé. Les agents n'acceptant que les espèces ne doivent pas vous demander de revenir le lendemain pour récupérer les billets, ils doivent vous les remettre immédiatement. Après avoir effectué une réservation ou versé un acompte, appelez la compagnie aérienne pour vous faire confirmer la réservation.

En haute saison (de décembre à mars), les billets d'avion peuvent être chers et les vols affichent vite complet.

COMMENT CIRCULER

Avion

Voyager en avion en Thaïlande reste assez abordable financièrement. La plupart des liaisons aériennes se font au départ des aéroports de Bangkok (Don Mueang et Suvarnabhumi), mais ceux de Chiang Mai, Chiang Rai, Hat Yai, Ko Samui, Phuket et Udon Thani desservent également un certain nombre de villes thaïlandaises.

COMPAGNIES AÉRIENNES THAÏLANDAISES

AirAsia (www.airasia.com). De Bangkok (Don Mueang) à Buriram, Chiang Mai, Chiang Rai, Hat Yai, Khon Kaen, Krabi, Loei, Nakhon Phanom, Nakhon Si Thammarat, Nan, Narathiwat, Phitsanulok, Phuket, Roi Et, Sakhon Nakhon, Surat Thani, Trang, Ubon Ratchathani et Udon Thani ; de Chiang Mai à Hat Yai, Khon Kaen, Krabi, Pattaya, Phuket et Surat Thani ; et de Phuket à Chiang Mai, Pattaya et Udon Thani.

Bangkok Airways (☎centre d'appel national 1771 ; www.bangkokair.com). De Bangkok (Suvarnabhumi) à Chiang Mai, Chiang Rai, Ko Samui, Krabi, Lampang, Pattaya, Phuket, Sukhothai et Trat ; et de Chiang Mai à Ko Samui, Mae Hong Son et Phuket.

Nok Air (www.nokair.com). De Bangkok (Don Mueang) à Buriram, Chiang Mai, Chiang Rai, Chumphon, Hat Yai, Khon Kaen, Krabi, Lampang, Loei, Mae Sot, Nakhon Phanom, Nakhon Si Thammarat, Phitsanulok, Phrae, Phuket, Ranong, Roi Et, Sakhon Nakhon, Surat Thani, Trang, Ubon Ratchathani et Udon Thani ; de Chiang Mai à Udon Thani.

Orient Thai (☎centre d'appel national 02 229 4100 ; www.flyorientthai.com). De Bangkok (Don Mueang) à Phuket.

Thai Lion Air (☎centre d'appel national 02 529 9999 ; www.lionairthai.com). De Bangkok (Don Mueang) à Chiang Mai, Chiang Rai, Hat Yai, Khon Kaen, Krabi, Nakhon Si Thammarat, Phitsanulok, Phuket, Surat Thani, Trang, Ubon Ratchathani ; de Hat Yai à Udon Thani.

Thai Smile (☎centre d'appel national 02 118 8888 ; www.thaismileair.com). De Bangkok (Suvarnabhumi) à Chiang Mai, Chiang Rai, Hat Yai, Phuket, Khon Kaen, Krabi, Narathiwat, Surat Thani, Ubon Ratchathani et Udon Thani ; de Chiang Mai à Phuket.

Bateau

L'authentique embarcation thaïlandaise est le *long-tail boat* ("bateau à longue queue", ou *reu·a hăhng yow*), une simple barque en bois ainsi dénommée parce que l'hélice est fixée à l'extrémité d'un long manche que les pilotes immergent dans l'eau. Le *long-tail boat* constitue le moyen de transport le plus utilisé sur les rivières et les canaux à Bangkok et dans les provinces voisines, ainsi que pour relier les îles.

Entre le continent et les petites îles moins touristiques, les traversées se font généralement à bord d'embarcations en bois de 8 à 10 m de long, équipées d'un moteur au centre de la coque, d'un gouvernail et d'un simple toit pour protéger passagers et marchandises. Les destinations plus fréquentées sont le plus souvent assurées par des hydroglisseurs (*jetfoils*) et des *speedboats* (bateaux rapides).

Bus et minibus

Le réseau de bus thaïlandais est à la fois très dense et fiable. L'État subventionne la Transport Company (*bò·rí·sàt kŏn sòng*), souvent abrégée en Baw Khaw Saw (BKS). Toutes les villes et les bourgades desservies par les bus disposent d'une gare BKS – parfois un simple cabanon le long de la route.

Les compagnies les plus sûres sont celles qui partent des gares routières BKS. Il peut s'agir de bus publics ou privés bénéficiant de concessions.

Méfiez-vous des escroqueries et prenez les précautions d'usage. Nous déconseillons d'emprunter les bus privés opérant depuis des zones touristiques tels que Th Khao San, à Bangkok, car des vols et des commissions abusives sont fréquemment signalés.

Sur un nombre croissant de destinations, les minibus (*minivans*) remplacent les bus. Gérés par des entreprises privées, ils sont plus petits, ils peuvent partir du marché (et non d'une gare routière en dehors de la ville) et vous déposer directement à votre hôtel. Évitez de vous asseoir à l'avant, ou alors sensations fortes assurées !

Classes

Les bus les moins chers et les plus lents sont les *rót tam·má·dah* (bus ordinaires, sans climatisation), qui s'arrêtent dans tous les villages et au moindre signe d'un passager au bord de la route. Moins communs qu'avant, ils existent encore en zone rurale ou pour des destinations très locales.

Les *rót aa* (bus climatisés), existent dans différentes catégories, selon la longueur du parcours. Les distances courtes sont généralement assurées par des bus de 2e classe rudimentaires, qui ne sont pas équipés de toilettes. Pour les trajets plus longs, les bus sont plus confortables et mieux équipés (1re classe, "VIP" et "Super VIP"). Les "VIP" et "Super VIP" comptent moins de sièges, ce qui permet de les incliner davantage ; ils sont parfois appelés *rót norn* (bus-couchettes).

Dans les bus longue distance, (très) climatisés, prévoyez une veste ou un pull pour ne pas avoir froid. Le service, en général très bon, inclut parfois la projection d'un film ou une boisson servie par une hôtesse en uniforme.

Durant les trajets de nuit, les bus s'arrêtent habituellement pour un repas vers minuit.

Réservations

Vous pouvez réserver vos places pour un bus climatisé BKS dans tous les terminaux ou gares routières BKS, et même par téléphone en réglant dans un 7-Eleven. Les réservations ne sont pas possibles pour les bus ordinaires (avec ventilation). La plupart des hôtels et tous les voyagistes peuvent réserver des places dans les bus privés.

SÉCURITÉ ROUTIÈRE

Les routes de Thaïlande ne sont pas exemptes de dangers. En 2018, elles ont été les plus mortelles d'Asie du Sud-Est, et l'Organisation mondiale de la santé (OMS) a classé la Thaïlande au septième rang mondial en matière de mortalité liée aux accidents de la route. Après plusieurs graves accidents de bus ayant impliqué des touristes étrangers, certains pays occidentaux ont pris l'initiative d'alerter les voyageurs sur le non-respect des limitations de vitesse, l'imprudence au volant et l'utilisation de stimulants par les chauffeurs de bus longue distance.

Si les accidents de bus mortels font la une des journaux en Thaïlande ; plus de 75% des accidents de la circulation impliquent des motos. Moins de la moitié des conducteurs de deux-roues portent des casques et beaucoup de touristes se blessent en conduisant des motos ou des scooters car ils maîtrisent mal leur véhicule et ne sont pas habitués aux règles de conduite locales.

Si vous êtes novice à moto, familiarisez-vous avec votre engin dans une zone peu fréquentée et limitez-vous à une moto de 100 cm^3. Conduisez prudemment, surtout sur des routes glissantes ou couvertes de graviers. Pour faciliter le maniement, pensez à répartir le poids de façon aussi équilibrée que possible. Et ne vous attendez pas à ce que les autres véhicules vous prêtent une attention particulière : les deux-roues sont tout en bas de l'échelle dans la hiérarchie de la circulation automobile.

Voiture et moto

Il est possible de louer des voitures, des 4x4 et des monospaces dans la plupart des grandes villes et des aéroports, auprès de compagnies locales ou internationales. Les agences locales pratiquent des tarifs inférieurs à ceux des grandes chaînes internationales, mais la qualité de leurs véhicules est variable. Vérifiez toujours l'état des pneus et l'aspect général du véhicule avant de signer un contrat de location.

On trouve également des motos à louer dans toutes les grandes villes, ainsi que dans les régions touristiques, auprès des pensions (*guesthouses*) ou des petites sociétés familiales. Il est assez facile de louer une moto, un moyen de transport idéal pour parcourir la campagne de façon indépendante. Pour les locations à la journée, on vous demandera la plupart du temps de laisser votre passeport en dépôt. Là encore, avant de vous engager, vérifiez l'état de la moto et réclamez un casque (dont le port est obligatoire).

Permis de conduire

Pour conduire une voiture ou une moto lors d'un court séjour en Thaïlande, vous devez en principe posséder un permis de conduire international. Cette formalité n'est pas toujours appliquée, mais vous devez le montrer à la police lors d'un contrôle pour éviter une amende.

Carburant et pièces détachées

Les stations-service modernes sont nombreuses. Tous les carburants sont sans plomb et le diesel est utilisé par les camions et par certaines voitures. La Thaïlande utilise aussi des carburants de remplacement comme le *gasohol* (mélange composé à 91% ou 95% de pétrole et le reste d'éthanol) et le gaz naturel comprimé, consommés par les taxis conçus pour rouler avec deux types de carburants. Dans les régions rurales, l'essence contenant du benzène (*ben·sin/nám·man rót yon*) est distribuée dans de petites stations au bord des routes ou dans les villages.

Assurance

La réglementation impose la souscription d'une assurance responsabilité civile pour tous les véhicules en circulation. Les meilleures agences de location proposent une couverture complète. Vérifiez toujours que vous êtes assuré au tiers et demandez à voir les papiers d'assurance datés. Un accident au volant d'un véhicule non assuré pourrait vous causer des problèmes majeurs.

Code de la route et règles de sécurité

Les Thaïlandais roulent à gauche (la plupart du temps !). En dehors de cela, tout semble permis, en dépit des panneaux de signalisation et des limitations de vitesse.

La règle cardinale de sécurité est de laisser la priorité au véhicule le plus gros. Même si ce n'est pas ce que dit la réglementation, il s'agit bien de la réalité. La vitesse est limitée à 50 km/h dans les villes et de 80 à 100 km/h sur la plupart des routes nationales (*highways*), mais vous verrez toujours des véhicules rouler à 30 km/h comme à 150 km/h !

Souvent, les indicateurs de changement de direction sont destinés à informer les autres conducteurs. Ainsi, un clignotant sur la gauche vous signifie que vous pouvez passer, un indicateur allumé sur la droite signale qu'un véhicule arrive dans l'autre sens. Le klaxon permet d'avertir les autres usagers que le conducteur compte passer. Si un conducteur vous fait des appels de phares, il vous indique de ne pas avancer.

À Bangkok, il faut des nerfs d'acier pour affronter la circulation désordonnée et la mauvaise signalisation des routes. Nous déconseillons fortement l'expérience, d'autant plus dangereuse que les motos sont omniprésentes et que le système de circulation aléatoire à sens alterné est hasardeux.

Hors de la capitale, les conducteurs sont surtout confrontés à une multitude de véhicules en tout genre circulant sur la chaussée : camions, vélos, *tuk-tuk* et motos. Une situation encore aggravée par le fait que de nombreux feux de circulation ne fonctionnent pas. Dans les villages, la circulation est moins dense, mais attendez-vous à rencontrer en chemin poulets, chiens ou buffles d'eau.

En stop

L'auto-stop ne constitue jamais un moyen de locomotion réellement sûr et recommandable. Les voyageurs qui décident de se déplacer ainsi prennent un risque certain, même s'il s'avère limité. En dehors de certains parcs nationaux qui ne disposent pas de transports en commun, cette pratique reste peu répandue en Thaïlande et vous attendrez parfois longtemps en bord de route avant qu'un conducteur ne s'arrête. D'autant que les Thaïlandais n'agitent pas le pouce ; pour arrêter un véhicule, il faut tendre le bras, main ouverte paume vers le bas. Comme c'est également de cette façon qu'on hèle les taxis et les bus, certains automobilistes s'arrêteront pour vous indiquer un arrêt de bus à proximité.

Transports urbains

Bus urbains et songthaew

C'est à Bangkok que le réseau de bus urbains est le plus développé. Udon Thani et d'autres villes de province possèdent aussi un service de bus urbains. L'usage veut que les passagers attendent à l'arrêt et hèlent le bus avec la main, paume vers le bas. On paie généralement après avoir trouvé un siège ou au moment de descendre.

Ailleurs, les transports publics sont assurés par des *songthaew* (*sŏrng·tăa·ou* ; (camionnettes ou pick-up avec deux rangées de sièges face à face pour les passagers). Ces véhicules desservent parfois des itinéraires fixes, comme les bus, mais ils peuvent aussi fonctionner comme des

SĂHM·LÓR ET TUK-TUK

Non motorisés, les *săhm·lór* (aussi épelé *săamláw*), dont le nom signifie "3 roues", sont l'équivalent des rickshaws (ou cyclopousses). On les trouve dans les petites villes où la circulation est fluide et la conduite traditionnelle.

La version moderne et motorisée du *săhm·lór* est le *tuk-tuk* (prononcez *đouk đouk*). Ce sont de petits véhicules utilitaires, équipés d'un moteur deux temps (souvent alimenté au GPL) très bruyants.

Dans les deux cas, le tarif doit être négocié avant le départ. Dans les régions touristiques, les conducteurs de *tuk-tuk* ont tendance à gonfler les prix pour les étrangers. Renseignez-vous sur les tarifs appliqués avant de héler un véhicule. Le personnel des hôtels peut vous indiquer un montant convenable.

taxis collectifs en prenant plusieurs passagers allant dans la même direction. Dans les régions touristiques, ils peuvent être loués comme un taxi ordinaire, mais vous devrez négocier le tarif avant de monter. Vous pouvez héler un *songthaew* sur la route et payer le trajet à la descente.

Dans certaines régions, les *songthaew* desservent des destinations fixes depuis le centre-ville jusqu'à des zones périphériques ou même des provinces avoisinantes.

Transports en commun

Bangkok est la seule ville de Thaïlande à posséder à la fois un métro aérien (BTS) et un métro souterrain (MRT), respectivement connus sous le nom de Skytrain et de métro ou "Subway". Les deux réseaux sont en expansion, et de nouvelles lignes et stations doivent ouvrir dans les prochaines années.

Moto-taxi

Dans de nombreuses villes de Thaïlande, on peut louer des *mor·đeu·sai ráp jâhng*, des motos-taxis, pour des petites courses. C'est la meilleure solution si vous n'avez pas de bagage (ou seulement un petit sac).

Dans la plupart des villes, les motos-taxis restent groupées aux carrefours, ainsi que dans les gares routières et ferroviaires. Les conducteurs portent généralement des gilets orange, jaunes et verts numérotés. Il faut convenir du prix avant de monter.

Taxi

Bangkok possède le réseau de taxis avec compteur (*taxi meter*) le mieux organisé, mais un nombre croissant de villes l'imitent. Dans certains cas toutefois, les tarifs sont fixés à l'avance ou négociables.

Des services de VTC basés sur une application sont également disponibles, en particulier dans les grandes villes et les principales destinations touristiques. Le plus populaire est Grab (www.grab.com), qui, en 2018, a racheté Uber en Asie du Sud-Est. Parmi les autres, citons All Thai Taxi (www.allthaitaxi.com/website/en/home).

LA THAÏLANDE À VÉLO

Le vélo constitue un bon moyen de locomotion pour explorer les zones rurales où le trafic est moins dense, telles que Pai et les parcs historiques d'Ayutthaya et de Sukhothai. Des vélos (pas toujours de très bonne qualité cependant) sont loués un peu partout, notamment dans les pensions (*guesthouses*), à partir de 50 B/jour ; plus pour un VTT convenable.

Ailleurs, le manque d'infrastructures et la dangerosité des routes rendent le cyclotourisme peu recommandé au visiteur lambda. Les circuits guidés de Bangkok et d'autres grandes villes, qui évitent les principaux axes urbains, font exception.

Malgré les risques, de plus en plus de voyageurs visitent le pays en pédalant, d'autant que la plupart des routes ont un revêtement en dur et de larges bas-côtés. Le site Bicycle Thailand (www.bicyclethailand.com) fournit des renseignements utiles.

Train

Bien qu'ils soient plus lents, les trains thaïlandais parcourent tout le pays et sont la meilleure alternative au bus pour les longs trajets vers Chiang Mai au nord ou Surat Thani au sud. Le train est aussi une bonne solution pour rallier Ayutthaya et Lopburi depuis Bangkok en évitant les embouteillages.

Le réseau ferré de 4 500 km est géré par la société des chemins de fer thaïlandaise, la **State Railway of Thailand** (SRT ; ☎centre d'appel national 1690 ; www.railway.co.th) et dessert 4 lignes principales : au nord vers Chiang Mai, au sud vers Sungai Kolok, au nord-est vers Nong Khai ou Ubon Ratchathani, et à l'est vers Aranya Prathet, à la frontière cambodgienne. Tous les trajets longue distance partent de la gare ferroviaire de Hua Lamphong à Bangkok.

Les gares, à l'exception des plus petites, affichent généralement les horaires des trains en anglais.

Classes

Les trains de passagers de la SRT comptent en général 3 classes (1re, 2e et 3e classe), qui diffèrent parfois considérablement selon le type de train : ordinaire, rapide ou express. En 2019, la SRT a annoncé qu'elle prévoyait d'acquérir 216 nouveaux trains modernes, qui devraient entrer en service à partir de 2021.

1re classe – Les wagons comportent des cabines privées de 2 couchettes, disponibles seulement dans les trains rapides, express et trains express spéciaux.

2e classe – Les sièges rembourrés (généralement inclinables) sont disposés comme dans un bus, par paires, tous tournés dans le sens de la marche. Dans les wagons-couchettes, les sièges se font face deux par deux et se transforment en couchettes, l'une au-dessus de l'autre. La couchette inférieure offre plus d'espace au-dessus de la tête, ce qui explique son prix plus élevé. Les enfants sont toujours placés en couchette inférieure. Il existe des voitures de 2e classe uniquement sur les trains rapides et express. Certains wagons sont climatisés, d'autres disposent de ventilateurs.

3e classe – Un wagon de 3e classe typique compte 2 rangées de banquettes qui se font face. Chaque banquette est conçue pour 2 ou 3 passagers, mais, sur les lignes bondées des zones rurales, on tient peu compte de ces considérations. Les express n'ont pas de 3e classe. Les trains qui desservent la banlieue de Bangkok ne possèdent que des wagons de 3e classe.

Tarifs

Les tarifs sont calculés en ajoutant des suppléments au prix de base, selon le type de train (express spéciaux, express, rapide, ordinaire), la classe choisie et la distance parcourue. Des frais supplémentaires sont ajoutés pour les wagons climatisés et les couchettes (basse ou haute).

Réservations

Vous pouvez réserver vos billets de train entre 1 et 60 jours avant la date de départ, en personne, depuis n'importe quelle gare ferroviaire. On peut aussi les acheter dans les agences de voyages, mais c'est un peu plus cher. Si vous effectuez une réservation depuis l'étranger, contactez un voyagiste habilité ; la SRT avait auparavant une billetterie en ligne, mais celle-ci n'existe plus.

Les réservations sont recommandées pour les trains-couchettes entre Bangkok et Chiang Mai ou entre Bangkok et Surat Thani, car les places partent très vite.

Pour les trajets plus courts, achetez vos billets au moins un jour avant pour avoir un siège (au lieu d'une couchette).

Vous pourrez obtenir des remboursements partiels si vous annulez votre billet, selon le nombre de jours restants avant le départ. Rendez-vous au guichet des réservations de la gare.

Services en gare

Toutes les gares thaïlandaises disposent d'une consigne (*cloak room*). La plupart des gares ont un guichet spécifique, qui ouvre de 15 à 30 minutes avant l'arrivée des trains. Vous trouverez également dans les gares des kiosques à journaux et des vendeurs d'en-cas, et quelques restaurants.

Santé

En Thaïlande, les risques sanitaires et la qualité des infrastructures médicales varient selon la destination et la façon de voyager. Les grandes villes et les zones touristiques sont dotées de bons, parfois d'excellents, hôpitaux. En revanche, dans des zones rurales isolées, vous aurez plus de risques de contracter certaines affections et aussi plus de difficultés à vous faire soigner.

Les voyageurs redoutent les maladies infectieuses propres aux zones tropicales, mais il est rare qu'une infection soit à l'origine d'une maladie grave ou fatale. Les problèmes les plus sérieux sont souvent liés à des soucis de santé préexistants (comme les maladies cardiaques) ou à des blessures accidentelles (tels les accidents de la route).

Tomber malade lors d'un voyage est cependant assez courant. Les infections respiratoires, la diarrhée et la dengue sont des risques inhérents à la Thaïlande. Heureusement, la plupart des maladies peuvent être évitées ou soignées facilement.

Les conseils donnés dans ce chapitre le sont à titre indicatif et ne peuvent en aucun cas remplacer l'avis d'un médecin formé à la médecine du voyage.

AVANT LE DÉPART

Assurance

Il est conseillé de souscrire une assurance qui vous couvrira en cas d'annulation de votre voyage, de vol, de perte de vos affaires, de maladie ou encore d'accident.

Vérifiez notamment que les "sports à risques", comme la plongée, la moto ou même la randonnée ne sont pas exclus de votre contrat, ou encore que le rapatriement médical d'urgence, en ambulance ou en avion, est couvert. De même, le fait d'acquérir un véhicule dans un autre pays ne signifie pas nécessairement que vous serez protégé par votre propre assurance.

Vous pouvez contracter une assurance qui réglera directement les hôpitaux et les médecins, vous évitant ainsi d'avancer des sommes qui ne vous seront remboursées qu'à votre retour. Dans ce cas, conservez avec vous tous les documents nécessaires (les consultations médicales se règlent généralement en espèces : demandez un reçu pour le remboursement).

Attention ! Avant de souscrire une police d'assurance, vérifiez bien que vous ne bénéficiez pas déjà d'une assistance par votre carte bancaire, votre mutuelle ou votre assurance automobile.

N'oubliez pas de prendre avec vous les documents relatifs à l'assurance ainsi que les numéros à appeler en cas d'urgence.

Quelques conseils

Assurez-vous que vous êtes en bonne santé avant de partir. Si vous suivez un traitement de façon régulière, n'oubliez pas votre ordonnance (avec le nom du principe actif).

SANTÉ SUR INTERNET

Il existe de très bons sites Internet consacrés à la santé en voyage. Avant de partir, vous pouvez consulter les conseils en ligne du **ministère des Affaires étrangères** (www.diplomatie.gouv.fr/fr/), de l'**Organisation mondiale de la santé** (OMS ; www.who.int/fr) ou le site très complet du **ministère de la Santé** (www.sante.gouv.fr). Vous trouverez, par ailleurs, plusieurs liens sur le site de **Lonely Planet** (www.lonelyplanet.fr).

TROUSSE MÉDICALE DE VOYAGE

Veillez à emporter avec vous une petite trousse à pharmacie contenant quelques produits indispensables. Certains ne sont délivrés que sur ordonnance médicale. Attention, les liquides et les objets coupants sont interdits en cabine. La plupart de ces produits sont disponibles en Thaïlande.

- du gel hydroalcoolique pour les mains (bouteille ou lingettes)
- des antibiotiques, à utiliser uniquement aux doses et aux périodes prescrites. Il n'est pas absurde de demander à votre médecin traitant de vous en prescrire pour le voyage
- un antidiarrhéique, en cas de forte diarrhée, surtout si vous voyagez avec des enfants
- un antihistaminique en cas de rhume, allergie, piqûre d'insectes, mal des transports
- un antiseptique ou un désinfectant pour les coupures, les égratignures superficielles et les brûlures, ainsi que des pansements gras pour les brûlures
- de l'aspirine ou du paracétamol (douleurs, fièvre)
- une bande Velpeau et des pansements pour les petites blessures
- une paire de lunettes de secours (si vous portez des lunettes ou des lentilles de contact) et la copie de votre ordonnance
- un produit contre les moustiques, de l'écran total
- une pommade pour soigner les piqûres et les coupures et des comprimés pour stériliser l'eau
- une paire de ciseaux à bouts ronds, une pince à épiler et un thermomètre à alcool
- une petite trousse de matériel stérile comprenant une seringue, des aiguilles, du fil à suture, une lame de scalpel et des compresses
- des préservatifs (norme CE)

Vaccins

Plus vous vous éloignez des circuits classiques, plus il faut prendre vos précautions. Faites inscrire vos vaccinations dans un carnet international de vaccination (livret jaune), que vous pourrez vous procurer auprès de votre médecin ou d'un centre.

Le **ministère des Affaires étrangères** (www.diplomatie.gouv.fr/voyageurs) effectue une veille sanitaire et met régulièrement en ligne des recommandations sur les vaccinations.

Seul le vaccin contre la fièvre jaune a un caractère obligatoire dans certaines conditions. C'est une maladie infectieuse grave transmise par des moustiques vivant dans des régions boisées. Si vous avez visité une zone à risque (Afrique ou Amérique du Sud) dans les 6 jours précédant votre arrivée en Thaïlande, on vous demandera la preuve de votre vaccination.

La mise à jour de la vaccination diphtérie-tétanos-poliomyélite (DTP) est recommandée, ainsi que la vaccination rubéole-oreillons-rougeole (ROR) chez l'enfant. La vaccination antituberculeuse est également souhaitable.

Autres vaccinations conseillées : en fonction des conditions locales de voyage, la vaccination contre la fièvre typhoïde et les hépatites virales A et B peut être recommandée. Enfin, pour des séjours en zone rurale, une vaccination contre l'encéphalite japonaise peut être nécessaire. Outre la vaccination, cette maladie virale étant transmise par les piqûres de moustiques, il est nécessaire de recourir à des mesures de protection contre les moustiques.

La rage est endémique dans toute l'Asie du Sud-Est. La prudence vis-à-vis des animaux errants est recommandée sur l'ensemble du territoire, villes incluses. La prévention repose principalement sur l'absence de contact avec des animaux suspects, ensuite sur la vaccination préventive en cas de risque supposé d'exposition.

Planifiez vos vaccinations à l'avance (au moins 6 semaines avant le départ), car certaines demandent des rappels ou sont incompatibles entre elles. Les vaccins ont des durées d'efficacité très variables ; certains sont contre-indiqués pour les femmes enceintes.

Voici les coordonnées de quelques centres de vaccination :

Institut Pasteur (☎01 45 68 80 88 ; www.pasteur.fr/fr/sante ; 209-211 rue de Vaugirard, 75015 Paris ; ⏲lun-sam, vaccinations sans rdv)

Centre de vaccinations internationales Air France (☎01 43 17 22 00 ; www.vaccinations-airfrance.fr ; 38 quai de Jemmapes, 75010 Paris ; ⏲lun-sam sans et sur rdv)

VACCINS RECOMMANDÉS

MALADIE	DURÉE DU VACCIN	PRÉCAUTIONS
Diphtérie	10 ans	Recommandé.
Encéphalite japonaise	–	Vaccination conseillée en cas de séjour en zone rurale.
Fièvre jaune	10 ans	Obligatoire dans les régions où la maladie est endémique (Afrique et Amérique du Sud) et en Thaïlande lorsque l'on vient d'une région infectée. À éviter en début de grossesse.
Hépatite virale A	5 ans (environ)	Il existe un vaccin combiné hépatites A et B qui s'administre en 3 injections.
Hépatite virale B	10 ans (environ)	–
Rage	sans	Vaccination préventive lors d'un long séjour ou dans les zones reculées.
Rougeole	toute la vie	Indispensable chez l'enfant.
Tétanos et poliomyélite	10 ans	Fortement recommandé.
Typhoïde	3 ans	Recommandé si vous voyagez dans des conditions d'hygiène médiocres.

Hôpital Saint-Louis – Centre de vaccinations internationales et d'information aux voyageurs (☎01 42 49 46 83 ; www.vaccin-voyage-ghparis10.aphp.fr ; 1 avenue Claude-Vellefaux, 75010 Paris ; ⏲lun sur rdv, sam sans rdv)

Centre de vaccination internationale ISBA (☎04 72 76 88 68 ; www.isbasante.com ; 7 rue Jean-Marie-Chavant, 69007 Lyon ; ⏲lun-ven sur rdv). Sept autres centres en France. Coordonnées sur le site Internet.

PENDANT LE VOYAGE

Vols long-courriers

Les trajets en avion, principalement du fait d'une immobilité prolongée, peuvent favoriser la formation de caillots sanguins dans les jambes (par exemple une phlébite). Le risque est d'autant plus élevé que le vol est plus long.

Généralement, l'un des premiers symptômes est un gonflement ou une douleur du pied, de la cheville ou du mollet.

En prévention, buvez en abondance des boissons non alcoolisées, faites jouer les muscles de vos jambes lorsque vous êtes assis et levez-vous de temps à autre pour marcher dans la cabine.

Décalage horaire et mal des transports

Le décalage horaire est fréquent dans le cas de trajet traversant plus de trois fuseaux horaires. Il se manifeste par des insomnies, de la fatigue, des malaises ou des nausées. En prévention, buvez abondamment (des boissons non alcoolisées) et mangez léger. En arrivant, exposez-vous à la lumière naturelle et adoptez les horaires locaux aussi vite que possible (pour les repas, le coucher et le lever).

Pour réduire les risques d'avoir le mal des transports, mangez légèrement avant et pendant le voyage. Si vous êtes sujet à ces malaises, essayez de trouver un siège dans une partie du véhicule où les oscillations sont moindres : près de l'aile dans un avion, au centre sur un bateau et dans un bus. Les antihistaminiques préviennent efficacement le mal des transports, qui se caractérise principalement par une envie de vomir, mais ils peuvent provoquer une somnolence.

EN THAÏLANDE

La Thaïlande possède de bonnes infrastructures médicales. Destination en plein essor du tourisme médical (les frais médicaux sont moins chers que dans la plupart des pays occidentaux et la qualité du service est supérieure à d'autres pays d'Asie du Sud-Est), Bangkok accueille plusieurs hôpitaux internationalement reconnus. Il existe des hôpitaux et centres médicaux dans tout le pays, même dans de petits bourgs et les villages.

Disponibilité et coût des soins

Bangkok est considérée comme un centre d'excellence médicale en Asie du Sud-Est. Les hôpitaux privés sont plus chers que les établissements publics, mais offrent une qualité de soins supérieure et disposent d'un personnel anglophone. Les frais médicaux sont relativement peu élevés comparé à ceux de la plupart des pays occidentaux.

Précautions élémentaires

Faire attention à ce que l'on mange et à ce que l'on boit est la première des précautions à prendre. Les troubles gastriques et intestinaux sont fréquents, même si la plupart du temps ils restent sans gravité. Ne soyez cependant pas paranoïaque et ne vous privez pas de goûter la cuisine locale, cela fait partie du voyage. N'hésitez pas également à vous laver les mains fréquemment.

Eau

Règle d'or : ne buvez jamais l'eau du robinet (même sous forme de glaçons). Préférez les eaux minérales et les boissons gazeuses, tout en vous assurant que les bouteilles sont décapsulées devant vous. Évitez les jus de fruits, souvent allongés à l'eau. Attention au lait, rarement pasteurisé. Pas de problème pour le lait bouilli et les yaourts. Thé et café, en principe, sont sûrs, puisque l'eau doit bouillir. Par prudence, évitez également les crudités, qui sont bien souvent lavées avec de l'eau.

Pour stériliser l'eau, la meilleure solution est de la faire bouillir durant 15 minutes. N'oubliez pas qu'à haute altitude elle bout à une température plus basse et que les germes ont plus de chance de survivre.

Si vous ne pouvez faire bouillir l'eau, traitez-la chimiquement avec des comprimés ou des gouttes, comme le Micropur (vendu en pharmacie) très efficace.

Vous éviterez bien des problèmes de santé en vous lavant souvent les mains. Brossez-vous les dents avec de l'eau traitée.

EAU DU ROBINET

Bien qu'elle soit considérée potable par les autorités, les Thaïlandais ne boivent pas l'eau du robinet et vous devriez en faire autant. Pendant votre séjour, tenez-vous-en à l'eau en bouteille ou filtrée.

Problèmes de santé et traitement

L'autodiagnostic et l'autotraitement sont risqués ; aussi, chaque fois que cela est possible, adressez-vous à un médecin. Ambassades et consulats pourront en général vous en recommander un ; les grands hôtels également, mais les honoraires risquent d'être très élevés.

Affections liées à l'environnement

Alimentation

C'est en mangeant dans les restaurants que vous risquez le plus d'attraper la "turista". Une façon d'y échapper est de ne consommer que de la nourriture fraîchement cuisinée et d'éviter les mets traînant sur un buffet. Pelez tous les fruits, veillez à ce que les légumes soient cuits. Il est préférable de manger dans des restaurants très fréquentés. Voir aussi p. 827.

Coup de soleil et insolation

Sous les tropiques, dans le désert ou en altitude, les coups de soleil sont plus fréquents, même par temps couvert. Utilisez un écran solaire haute protection et pensez à couvrir les endroits habituellement protégés, les pieds par exemple. Les lunettes de soleil sont indispensables.

Sur la plage, un parasol est vivement recommandé, de même que le port d'un chapeau. Évitez de vous exposer aux heures les plus chaudes (12h-16h) et privilégiez l'ombre.

Une exposition prolongée au soleil peut provoquer une insolation. Symptômes : nausées, peau chaude, maux de tête. Dans ce cas, il faut rester dans le noir, appliquer une compresse d'eau froide sur les yeux et prendre de l'aspirine.

Coup de chaleur

De longues périodes d'exposition à des températures élevées peuvent vous rendre vulnérable au coup de chaleur. Cet état grave survient quand le mécanisme de régulation thermique du corps ne fonctionne plus : la température s'élève alors de façon dangereuse. Évitez l'alcool et les activités fatigantes lorsque vous arrivez dans un pays à climat chaud.

Symptômes : malaise général, transpiration faible ou inexistante et forte fièvre (39 à 41°C) et céphalée lancinante, difficultés à coordonner ses mouvements, signes de confusion mentale ou d'agressivité. Il faut absolument hospitaliser le malade. En attendant les secours, installez-le à l'ombre, ôtez-lui ses vêtements, couvrez-le d'un drap ou d'une serviette mouillés et éventez-le continuellement.

Parasites

Les Thaïlandais sont souvent touchés par des parasites, mais les visiteurs sont rarement affectés. Deux règles à respecter : ne pas marcher pieds nus et éviter de manger des aliments crus, notamment le poisson, le porc et les légumes.

Problèmes de peau

Les boutons de chaleur apparaissent souvent dans les tropiques. Ils sont dus à la sueur restée piégée sous la peau. Des douches froides et des poudres résoudront le problème. Voir aussi *Coupures et égratignures*, plus loin.

Maladies infectieuses et parasitaires

Dermatite vermineuse rampante

Ce parasite (ankylostome) transmis par les chiens est très fréquent sur les plages de Thaïlande. Il se forme d'abord un petit bouton, puis la zone infectée s'étend de manière linéaire. Les démangeaisons sont très fortes, surtout la nuit. Il ne faut pas ouvrir la lésion. Il est assez facile de se soigner en suivant un traitement adapté.

Grippe

Présente toute l'année sous les tropiques, la grippe (*Myxovirus influenzae*) peut être très sévère chez les plus de 65 ans ou les personnes présentant des pathologies chroniques (affections cardiaques, diabète) ; la vaccination est alors recommandée. Mais tous les voyageurs devraient envisager de se faire vacciner contre la grippe, car c'est l'une des maladies qui risquent le plus de gâcher leurs vacances alors qu'elle peut être évitée. Si vous l'avez attrapée, pas de traitement spécifique, juste du repos et du paracétamol.

Hépatite A

Le risque a diminué à Bangkok, mais est toujours présent dans une grande partie du pays. La contamination est alimentaire. Il n'y a pas de traitement médical ; il faut simplement se reposer, boire beaucoup, manger légèrement et s'abstenir de toute boisson alcoolisée pendant au moins 6 mois. L'hépatite A se transmet par l'eau, les coquillages et, d'une manière générale, tous les produits manipulés à mains nues. En faisant attention à la nourriture et à la boisson, vous préviendrez le virus. La maladie peut, dans de rares cas, être fatale chez les personnes âgées. Tous les voyageurs en Thaïlande devraient se faire vacciner contre l'hépatite A.

Hépatite B

Dans certaines zones de Thaïlande, 20% de la population est contaminée par cette maladie. Elle se transmet par voie sexuelle ou sanguine (piqûre, transfusion). Évitez de vous faire percer les oreilles, tatouer, raser ou de vous faire soigner par injection si vous avez des doutes quant à l'hygiène des lieux. Les symptômes de l'hépatite B

MALADIES INFECTIEUSES RARES

Grippe aviaire La plupart des personnes infectées ont eu des contacts avec des oiseaux malades ou morts.

Filariose Maladie parasitaire transmise par des piqûres d'insecte, fréquente parmi la population locale. Bien se protéger des moustiques (p. 824).

Hépatite E Transmise par de l'eau ou de la nourriture contaminées. Mêmes symptômes que l'hépatite A. Peut être dangereuse pour les femmes enceintes. Se référer aux conseils sanitaires sur l'alimentation et l'eau.

Encéphalite japonaise Maladie virale généralement transmise par les moustiques dans les zones rurales. Vaccin conseillé en cas de séjour de plus d'un mois dans ces régions.

Mélioïdose Se transmet au contact de la peau avec la terre. Affecte jusqu'à 30% de la population locale du nord-est de la Thaïlande. Les symptômes ressemblent à ceux de la tuberculose. Il existe un traitement efficace, mais pas de vaccin.

Strongyloïdes Parasite qui se transmet au contact de la terre. Répandu dans la population locale. Éruption cutanée ponctuelle sur le tronc en forme de ligne qui peut être suivie d'une grave infection si le parasite n'est pas traité. Il existe des médicaments adaptés.

Tuberculose Symptômes principaux : fièvre, toux, perte de poids, suées nocturnes et fatigue. Traitements médicamenteux multiples sur le long terme.

Typhus Le typhus est transmis soit par des acariens (dont les tiques), soit par des poux. Symptômes principaux : rhume, fièvre, frissons, douleurs musculaires et éruption cutanée. Bien se protéger des insectes permet de prévenir la maladie.

sont les mêmes que ceux de l'hépatite A. La vaccination est très efficace.

Maladies sexuellement transmissibles

Les MST les plus courantes en Thaïlande sont la blennorragie, l'herpès, les mycoses, la syphilis et la chlamydia. Dans un premier temps, les personnes infectées ne développent pas de symptômes. Il est indispensable d'utiliser des préservatifs, mais ils ne sont pas suffisants pour se protéger de l'herpès ou des mycoses. Si vous avez des démangeaisons, pertes ou douleurs en urinant, consultez tout de suite un médecin. Si vous avez eu des relations sexuelles lors de votre séjour, il est prudent de faire des analyses médicales complètes à votre retour.

VIH/sida

En Thaïlande, le sida est l'une des principales causes de décès chez les moins de 50 ans. La transmission de cette infection se fait : par rapport sexuel (hétérosexuel ou homosexuel – anal, vaginal ou oral), d'où l'impérieuse nécessité d'utiliser des préservatifs à titre préventif ; par le sang, les produits sanguins et les aiguilles contaminées. Il est impossible de détecter la présence du VIH chez un individu apparemment en parfaite santé sans procéder à un examen sanguin.

Évitez, s'ils ne sont pas stérilisés, tous les instruments de chirurgie, les aiguilles d'acupuncture et de tatouage, ainsi que les instruments utilisés pour percer les oreilles ou le nez.

Toute demande de certificat attestant la séronégativité pour le VIH est contraire au Règlement sanitaire international (article 81).

SE PROTÉGER DES MOUSTIQUES

Hormis les traitements préventifs, la protection contre les piqûres de moustique est le premier moyen d'éviter d'être contaminé par le paludisme. Le soir, dès le coucher du soleil, couvrez vos bras et surtout vos chevilles, et mettez de la crème antimoustique. Ils sont parfois attirés par le parfum ou par l'après-rasage.

- En dehors du port de vêtements longs, l'utilisation d'insecticides ou de répulsifs à base de DEET (de type Cinq sur Cinq) sur les parties découvertes du corps est à recommander (sauf pour les enfants de moins de 2 ans).
- Évitez de sortir vers le lever et le coucher du soleil.
- En vente en pharmacie, les moustiquaires constituent en outre une protection efficace, à condition qu'elles soient imprégnées d'insecticide. De plus, ces moustiquaires sont radicales contre les insectes à sang froid (puces, punaises, etc.) et permettent d'éloigner serpents et scorpions. Vérifiez bien que celles fournies dans les hôtels n'ont pas de trous.
- D'une manière générale, le risque de contamination est plus élevé en zone rurale et pendant la saison des pluies.

Affections transmises par les insectes

Dengue

De nombreux cas sont répertoriés chaque année en Thaïlande, en particulier dans les villes. Cette infection virale se transmet par les moustiques de la famille *Aedes*, qui piquent la journée et se trouvent souvent près des habitations, ou à l'intérieur. Ils pondent dans les réserves d'eau artificielles (citernes, barils, tonneaux, pots à eau, conteneurs en plastique ou pneus jetés aux ordures). En conséquence, la dengue est surtout répandue dans les environnements urbains densément peuplés.

Il n'existe pas de traitement prophylactique contre cette maladie. Poussée de fièvre, maux de tête, douleurs articulaires et musculaires précèdent une éruption cutanée sur le tronc qui s'étend ensuite aux membres puis au visage. Au bout de quelques jours, la fièvre régresse, et la convalescence commence. Les complications graves sont rares et les cas les plus sévères touchent généralement les enfants de moins de 15 ans qui contractent la dengue pour la deuxième fois. La meilleure prévention est de suivre les protections d'usage contre le paludisme (voir l'encadré ci-dessus).

En cas de fièvre à votre retour en France, signalez à votre médecin votre voyage en Thaïlande.

Paludisme

Le paludisme, ou malaria, est transmis par un moustique, l'anophèle, dont la femelle pique surtout la nuit, entre le coucher et le lever du soleil.

En Thaïlande, en particulier dans les villes et dans les grands complexes touristiques, le risque de paludisme est minime, voire inexistant. Vous avez plus de risques de souffrir d'effets secondaires dus aux médicaments contre le paludisme que de la maladie elle-même. Si vous visitez des zones rurales à haut risque, il est nécessaire de consulter un médecin pour un traitement préventif, qu'il faut en général poursuivre après le retour.

Le paludisme survient généralement dans le mois suivant le retour de la zone d'endémie. Symptômes : maux de tête, fièvre et troubles digestifs. Non traité, il peut avoir des suites graves, parfois mortelles. Il existe différentes espèces de paludisme et le traitement devient de plus en plus difficile à mesure que la résistance du parasite aux médicaments gagne en intensité.

Les médicaments antipaludéens n'empêchent pas la contamination, mais ils suppriment les symptômes de la maladie. Indispensable également : vous protéger des moustiques.

Tout voyageur atteint de fièvre ou montrant les symptômes de la grippe doit se faire examiner. Il suffit d'une analyse de sang pour établir le diagnostic. Contrairement à certaines croyances, une crise de paludisme ne signifie pas que l'on est touché à vie.

Affections moins fréquentes

Leptospirose

Cette maladie infectieuse, due à une bactérie (le leptospire) qui se développe dans les mares et les ruisseaux, se transmet par des animaux comme le rat et la mangouste.

On peut attraper cette maladie en se baignant dans des nappes d'eau douce, contaminées par de l'urine animale. La bactérie pénètre dans le corps humain par le nez, les yeux, la bouche ou les petites coupures cutanées. Les symptômes, similaires à ceux de la grippe, peuvent survenir 2 à 20 jours suivant la date d'exposition. Les symptômes durent habituellement quelques jours, voire quelques semaines. La maladie est rarement mortelle.

Évitez donc de nager et de vous baigner dans tout plan d'eau douce, notamment si vous avez des plaies ouvertes ou des coupures.

Rougeole

La bactérie qui est à l'origine de cette infection est très contagieuse (en particulier par la toux). La plupart des personnes de 50 ans et plus sont immunisées, pour avoir contracté la maladie pendant l'enfance. Les premiers symptômes de la rougeole sont la fièvre et l'apparition de boutons. Des complications telles que pneumonie ou lésions cérébrales peuvent survenir. Il n'existe pas de traitement. Vaccinez-vous car c'est une maladie fréquente en Thaïlande.

Typhoïde

La fièvre typhoïde est une infection du tube digestif. Elle se transmet directement de personne à personne par les mains contaminées ou indirectement par de l'eau ou de la nourriture contaminées par des matières fécales humaines (bactérie *Salmonella typhi*).

Fièvre, maux de tête et de gorge parfois accompagnés de vomissements, de diarrhée ou de constipation, puis une éruption rose sur l'abdomen sont généralement les premiers symptômes, qui s'accompagnent parfois d'une septicémie (empoisonnement du sang). S'il n'y a pas d'autres complications, la fièvre et les autres symptômes disparaissent peu à peu la troisième semaine. Cependant, un suivi médical est indispensable, car les complications sont fréquentes, en particulier la pneumonie et la péritonite (éclatement de l'appendice). De plus, la typhoïde est très contagieuse. Mieux vaut être vacciné si vous passez plus d'une semaine en Thaïlande et voyagez hors des grandes villes, même si la vaccination n'est pas efficace à 100%.

Coupures, piqûres et morsures

Coupures et égratignures

Les blessures s'infectent très facilement dans les climats chauds et cicatrisent difficilement. Coupures et égratignures doivent être traitées avec un antiseptique et du désinfectant cutané. Évitez si possible bandages et pansements, qui empêchent la plaie de sécher.
Les coupures de corail sont particulièrement longues à cicatriser, car le corail injecte un venin léger dans la plaie. Portez des chaussures pour marcher sur des récifs, et nettoyez chaque blessure à fond.

Piqûres

Les piqûres de guêpes ou d'abeilles sont généralement plus douloureuses que dangereuses. Une lotion apaisante ou des glaçons soulageront la douleur et empêcheront la piqûre de trop gonfler. Les personnes allergiques aux piqûres d'abeilles devront immédiatement consulter un professionnel médical.

Moustiques Bien qu'on les trouve en plus grand nombre pendant la saison des pluies (mai à septembre), les moustiques sont présents toute l'année en Thaïlande et peuvent être actifs de jour comme de nuit. Dans ce pays, les moustiques transmettent 5 maladies : le paludisme, la dengue, l'encéphalite japonaise, la filariose lymphatique (inflammation des ganglions lymphatiques) et le Chikungunya (provinces

PIQÛRES DE MÉDUSES-BOÎTES

Toutes les méduses-boîtes (*box jellyfish*) ne sont pas dangereuses ; leurs piqûres peuvent être sans risque et, dans certains cas, fatales. Par principe, il vaut mieux considérer qu'elles sont toutes dangereuses, jusqu'à preuve du contraire. Il existe deux espèces principales de méduses-boîtes : l'une à plusieurs tentacules, l'autre à tentacule unique.

Les méduses-boîtes multitentaculaires, les plus dangereuses, sont présentes dans les eaux thaïlandaises. En 2 minutes, elles peuvent causer la mort d'un adulte si la piqûre est sévère. On les trouve généralement sur les plages sablonneuses près des estuaires et de la mangrove, plutôt pendant les mois les plus chauds.

Il existe plusieurs types de méduses-boîtes unitentaculaires : certaines causant des symptômes sévères comme le syndrome d'Irukandji. La piqûre peut passer pour anodine, avant que, 5 à 40 minutes après, apparaissent des douleurs insoutenables : mal de dos, nausées, vomissements, suées et difficultés respiratoires. Ce syndrome a parfois causé la mort de certaines victimes en provoquant une poussée de tension artérielle entraînant une crise cardiaque.

Il existe beaucoup d'autres espèces de méduses en Thaïlande qui causent des piqûres urticantes, mais sans gravité. Le seul moyen de se protéger des piqûres est de mettre une barrière entre l'homme et la méduse, le plus efficace étant un vêtement protecteur.

D'une façon générale, en cas de piqûre grave, la priorité est de garder la personne éveillée. Restez avec elle et envoyez quelqu'un chercher une aide médicale. Si la victime est inconsciente, commencez immédiatement le bouche-à-bouche et le massage cardiaque. Si elle est consciente, versez du vinaigre à l'endroit de la piqûre – le vinaigre alimentaire convient – pendant 30 secondes.

Dans le cas d'une piqûre infligée par une méduse moins urticante, versez de la même façon du vinaigre. Il faut cependant toujours rechercher une aide médicale le plus vite possible au cas où d'autres symptômes se développeraient dans les 40 minutes qui suivent.

L'Australie et la Thaïlande collaborent aujourd'hui à l'identification des espèces de méduses peuplant les eaux thaïlandaises et étudient leur mode de vie, ce qui donne bon espoir de pouvoir un jour mieux les détecter dans les endroits qu'elles affectionnent.

du Sud). Le paludisme et la dengue sont les plus répandues, mais le risque d'infection est faible si vous prenez vos précautions. Évitez les piqûres en utilisant un antimoustique, en dormant sous une moustiquaire et en fermant les fenêtres le soir. Voir aussi p. 824.

Punaises Les punaises affectionnent la literie douteuse. Vérifiez l'état de la literie avant de vous glisser dans votre lit ; si vous repérez de petites taches de sang sur les draps ou les murs autour du lit, cherchez un autre hôtel. Les piqûres de punaise forment des alignements réguliers. Une pommade calmante apaisera la démangeaison.

Sangsues Les sangsues, présentes dans les régions de forêts humides, se collent à la peau et sucent le sang. Les randonneurs en retrouvent souvent sur leurs jambes ou dans leurs bottes.

Tiques Vérifiez toujours que vous n'avez pas attrapé de tiques dans une région infestée : elles peuvent transmettre le typhus ou la maladie de Lyme.

Sangsues ou tiques, ne les arrachez pas, car la morsure s'infecterait plus facilement. Détachez les tiques délicatement avec une pincette fine (huile, vaseline, allumette, alcool sont déconseillés). Passez l'ongle sous la bouche de la sangsue pour lui faire lâcher prise (ne pas appliquer de sel). Une crème répulsive peut les maintenir éloignées.

Rage

Très répandue, cette maladie est transmise par un animal contaminé. Morsures, griffures ou même simples coups de langue d'un mammifère doivent être nettoyés immédiatement et à fond. Frottez avec du savon et de l'eau, puis nettoyez avec de l'alcool. S'il y a le moindre risque que l'animal soit contaminé, allez immédiatement voir un médecin. Même si l'animal n'est pas enragé, toutes les morsures doivent être surveillées de près pour éviter les risques d'infection et de tétanos.

Un vaccin antirabique est disponible. Il faut y songer si vous comptez séjourner longtemps dans une zone rurale, travailler avec des animaux ou pratiquer la spéléologie (les morsures de chauves-souris peuvent être dangereuses). La vaccination préventive ne dispense pas de la nécessité d'un traitement antirabique immédiatement après un contact avec un animal enragé ou dont le comportement peut paraître suspect.

Serpents

Bien que les voyageurs soient rarement mordus par des serpents, plus de 85 espèces venimeuses sont présentes en Thaïlande. Portez toujours bottes, chaussettes et pantalons longs pour marcher dans la végétation à risque. Ne hasardez pas la main dans les trous et les anfractuosités, et faites attention lorsque vous ramassez du bois pour faire du feu. Les morsures de serpent ne provoquent pas instantanément la mort, et il existe généralement des antivenins. Il faut calmer la victime, lui interdire de bouger, bander étroitement le membre comme pour une foulure et l'immobiliser avec une attelle. Trouvez ensuite un médecin, et essayez de lui apporter le serpent mort. N'essayez pas d'attraper le serpent s'il y a le moindre risque qu'il pique à nouveau. Il ne faut pas sucer le venin ou poser un garrot.

La Croix-Rouge thaïlandaise produit de l'antivenin agissant contre un grand nombre de serpents du pays.

Diarrhée du voyageur (turista)

Le changement de nourriture, d'eau ou de climat suffit à la provoquer ; si elle est causée par des aliments ou de l'eau contaminés, le problème est plus grave. En dépit de toutes vos précautions, vous aurez peut-être la "turista", mais quelques visites aux toilettes sans aucun autre symptôme n'ont rien d'alarmant. Il est fortement recommandé d'emmener avec soi un antidiarrhéique et un antiseptique intestinal (de type Ercefuryl). Demandez conseil à votre pharmacien et à votre médecin. La déshydratation est le danger principal lié à toute diarrhée, particulièrement chez les enfants. Ainsi, le premier traitement consiste à boire beaucoup. Quand vous irez mieux, continuez à manger légèrement. Lorsque la diarrhée persiste au-delà de 48 heures ou s'il y a présence de sang dans les selles, il est préférable de consulter un médecin.

Giardiase

La giardiase, un parasite intestinal relativement commun, est présente dans l'eau souillée ou dans les aliments souillés par l'eau. Symptômes : crampes d'estomac, nausées, estomac ballonné, selles très liquides et nauséabondes, et gaz fréquents. La giardiase peut n'apparaître que plusieurs semaines après la contamination. Les symptômes peuvent disparaître pendant quelques jours puis réapparaître, et ceci pendant plusieurs semaines.

Dysenterie

Affection grave, due à des aliments ou de l'eau contaminés, la dysenterie se manifeste par une violente diarrhée, souvent accompagnée de sang ou de mucus dans les selles. Une analyse des selles est indispensable pour diagnostiquer le type de dysenterie. Il faut donc consulter rapidement.

Voyager avec des enfants

Les personnes voyageant avec des enfants doivent pouvoir soigner des affections mineures, et savoir quand avoir recours aux services médicaux. Bien avant le départ, assurez-vous que les vaccinations des enfants sont à jour, et sachez que certains vaccins ne conviennent pas aux enfants de moins de 1 an.

Dans les zones chaudes et humides, la moindre égratignure peut s'infecter. Toute blessure doit être parfaitement nettoyée et tenue au sec. Soyez particulièrement vigilant en évitant de boire l'eau du robinet et en ne prenant aucun risque concernant la nourriture et les boissons. Pensez à emporter des poudres réhydratantes à utiliser avec de l'eau bouillie si votre enfant est sujet à des vomissements ou à des diarrhées. Demandez conseil à votre médecin. Afin d'éviter les risques de rage ou d'autres maladies, les enfants doivent être tenus à l'écart des chiens et des mammifères en général. Les morsures, griffures ou coups de langue d'un animal à sang chaud et à fourrure doivent être immédiatement et soigneusement nettoyés. S'il y a un risque, même infime, que l'animal soit contaminé, il convient de chercher immédiatement une assistance médicale. Il faut également prévoir, le cas échéant, un traitement antipaludéen adapté.

Santé au féminin

Grossesse

La Thaïlande a déjà été touchée par l'épidémie du virus Zika, mais pas depuis deux ans. Consultez le site Internet de l'Organisation mondiale de la santé (OMS ; www.who.int/fr) pour connaître l'évolution de la situation.

La plupart des fausses couches ont lieu pendant les 3 premiers mois de la grossesse. C'est donc la période la plus risquée pour voyager. Pendant les 3 derniers mois, il vaut mieux rester à distance raisonnable de bonnes infrastructures médicales.

Les femmes enceintes doivent éviter de prendre inutilement des médicaments.

Cependant, certains vaccins et traitements préventifs contre le paludisme restent nécessaires. Mieux vaut consulter un médecin avant de prendre quoi que ce soit. L'OMS déconseille aux femmes enceintes de voyager en régions infestées où le paludisme résiste à la Chloroquine.

Problèmes gynécologiques

Une nourriture pauvre, une résistance amoindrie par l'utilisation d'antibiotiques contre des problèmes intestinaux peuvent favoriser les infections vaginales lorsqu'on voyage dans des pays à climat chaud. Respectez une hygiène intime scrupuleuse, et portez jupes ou pantalons amples et sous-vêtements en coton.

Les champignons, caractérisés par une éruption cutanée, des démangeaisons et des pertes, peuvent se soigner facilement. En revanche, les trichomonas sont plus graves ; pertes blanches et sensation de brûlure lors de la miction en sont les symptômes. Le partenaire masculin doit également être soigné.

Il n'est pas rare que le cycle menstruel soit perturbé lors d'un voyage.

Vous trouverez facilement des serviettes hygiéniques dans les zones urbaines en Thaïlande.

Emportez votre moyen de contraception en quantité suffisante, il sera peut-être introuvable sur place.

Langue

Le thaï, un dialecte pratiqué dans le centre du pays, est devenu la langue officielle de tous les groupes ethniques thaïs, ou non thaïs, du royaume.

En thaï, la signification d'une simple syllabe peut changer selon le ton. Le thaï du Centre en comprend cinq : le ton grave, le ton médian, le ton descendant, le ton aigu et le ton ascendant. La hauteur de chaque ton dépend du registre de la voix ; il n'y a pas de "diapason" fixe, intrinsèque à la langue.

➡ **Ton grave (bas)** – "uniforme", comme le ton moyen, mais prononcé dans les graves du spectre vocal, sans inflexion. Ex. : bàht (la monnaie thaïlandaise).

➡ **Ton médian (moyen)** – "uniforme", comme le ton grave, mais prononcé dans le registre moyen du spectre vocal. Ex. : di (bon) ; sans indication de ton.

➡ **Ton descendant** – la voix démarre très haut et retombe brusquement, comme si l'on accentuait le mot ou que l'on appelait quelqu'un de loin. Ex. : mâi (non/pas).

➡ **Ton aigu (haut)** – le plus difficile pour les étrangers. Se prononce d'une voix de tête, aussi uniformément que possible. Ex. : máh (cheval).

➡ **Ton ascendant (montant)** – ressemble à l'inflexion de la voix quand on demande "Ah oui ?". Ex. : săam (trois).

POUR ALLER PLUS LOIN

Indispensable pour mieux communiquer sur place : le **Guide de conversation Thaï** de Lonely Planet. Pour réserver une chambre, lire un menu ou simplement faire connaissance, ce manuel permet d'acquérir des rudiments du thaïlandais. Inclus : un minidictionnaire bilingue.

Le gouvernement thaïlandais a instauré le *Royal Thai General Transcription System* (RTGS), une méthode standard pour la transcription de la langue en alphabet romain. Elle est utilisée notamment pour les documents officiels, les cartes routières, les panneaux de signalisation et les menus des restaurants (les deux derniers étant sujets à des variations locales). Ce guide suit cette méthode pour la plupart des noms.

Dans la prononciation (en bleu) de nos pages de vocabulaire, les syllabes sont séparées par un tiret. Il marque une rupture de syllabe à l'intérieur même du mot. Certaines sont séparées par un point qui vous aidera à prononcer les diphtongues comme dans mêu·a·rai (quand).

La voyelle a se prononce comme le "a" de "chat" ; aa est un "a" long ; ah comme le "a" de "pâle" ; ai comme dans "ail" ; air comme dans "fée" ; e comme dans "blé" ; eu comme dans "bleu" ; ew comme "i-ou" ; oh comme le "ô" de "drôle" ; or comme le "o" de "porc" sans prononcer le "r" ; ow comme "a-o".

La majorité des consonnes se prononcent comme en français, à quelques exceptions près : ƅ (un "p" dur proche du "b", comme dans l'anglais "hip-bag") ; đ (un "t" dur comme un "d" aigu, comme dans l'anglais "mid-tone") ; ng (comme dans l'anglais "sing", en thaï il peut se rencontrer en début de mot) et r comme dans "rat" (avec un r roulé qui se prononce "l" dans le langage courant).

CIVILITÉS ET EXPRESSIONS DE BASE

La structure sociale de la société thaïlandaise exige plusieurs registres de langue qui diffèrent selon l'interlocuteur. Pour simplifier les choses, nous avons choisi la forme appropriée au contexte de chaque phrase.

Par politesse, le locuteur termine sa phrase par kráp (pour les hommes) ou kâ (pour les femmes). C'est aussi la façon

MOTS INTERROGATIFS

Quoi ?	อะไร	à-rai
Quand ?	เมื่อไร	mêu·a-rai
Où ?	ที่ไหน	têe năi
Qui ?	ใคร	krai
Pourquoi ?	ทำไม	tam-mai

courante de répondre "oui" à une question ou de montrer son approbation.

Le masculin et le féminin des phrases de ce chapitre sont indiqués par "m/f".

Bonjour	สวัสดี	sà-wàt-di
Au revoir	ลาก่อน	lah gòrn
Oui/Non	ใช่/ไม่ / ไม่	châi/mâi
S'il vous plaît	ขอ	kŏr
Merci	ขอบคุณ	kòrp koun
De rien	ยินดี	yin di
Excusez-moi	ขออภัย	kŏr à-pai
Désolé(e)	ขอโทษ	kŏr tôht

Comment allez-vous ?
สบายดีไหม sà-bai di măi

Je vais bien, Et vous ?
สบายดีครับ/ค่ะ แล้วคุณล่ะ sà-bai di kráp/kâ láa·ou koun lâ (m/f)

Quel est votre nom ?
คุณชื่ออะไร kun chêu à-rai

Je m'appelle...
ผม/ดิฉันชื่อ... pŏm/dì-chăn chêu... (m/f)

Parlez-vous anglais ?
คุณพูดภาษาอังกฤษได้ไหม kun pôot pah-săh ang-grit dâi măi

Je ne comprends pas.
ผม/ดิฉันไม่เข้าใจ pŏm/dì-chăn mâi kôw jai (m/f)

ACHATS ET SERVICES

Je voudrais acheter...
อยากจะซื้อ... yàhk jà séu...

Je ne fais que regarder.
ดูเฉยๆ dou chĕu·i chĕu·i

Puis-je regarder ?
ขอดูได้ไหม kŏr dou dâi măi

Combien coûte ceci ?
เท่าไร tôw-rai

C'est trop cher.
แพงไป paang bai

Pouvez-vous baisser un peu le prix ?
ลดราคาได้ไหม lót rah-kah dâi măi

Il y a une erreur sur le ticket de caisse/la facture.
บิลใบนี้ผิดนะครับ/คะ bin bai née pìt ná kráp/kâ (m/f)

DIRECTIONS

Où se trouve... ?
... อยู่ที่ไหน ... yòo têe năi

Quelle est l'adresse ?
ที่อยู่คืออะไร têe yòo keu à-rai

Pourriez-vous l'écrire ?
เขียนลงให้ได้ไหม kĕe·an long hâi dâi măi

Pourriez-vous m'indiquer (sur la carte) ?
ให้ดู (ในแผนที่) ได้ไหม hâi dou (nai păan têe) dâi măi

Tournez à gauche/droite.
เลี้ยวซ้าย/ขวา lée·o sái/kwăh

C'est...	อยู่...	yòo...
derrière	ที่หลัง	têe lăng
devant	ตรงหน้า	đrong nâh
à côté de	ข้างๆ	kâhng kâhng
tout droit	ตรงไป	đrong bai

HÉBERGEMENT

Où puis-je trouver un(e)... ?	...อยู่ที่ไหน	... yòo têe năi
site de camping	ค่ายพักแรม	kâi pák raam
pension (guesthouse)	บ้านพัก	bâhn pák
hôtel	โรงแรม	rohng raam
auberge de jeunesse	บ้านเยาวชน	bâhn yow-wá-chon

Avez-vous un(e) chambre... ?	มีห้อง... ไหม	mi hôrng... măi
simple	เดี่ยว	dèe·o
double	เตียงคู่	đi·ang kôo
avec lits jumeaux	สองเตียง	sŏrng đi·ang

climatisation	แอร์	aa
salle de bains	ห้องน้ำ	hôrng nám
laverie	ห้องซักผ้า	hôrng sák pâh
moustiquaire	มุ้ง	múng
fenêtre	หน้าต่าง	nâh đàhng

HEURE ET DATES

Quelle heure est-il ?

กี่โมงแล้ว — gèe mohng láa·ou

matin	เช้า	chów
après-midi	บ่าย	bài
soir	เย็น	yen
hier	เมื่อวาน	mêu·a wahn
aujourd'hui	วันนี้	wan née
demain	พรุ่งนี้	prûng née
lundi	วันจันทร์	wan jan
mardi	วันอังคาร	wan ang-kahn
mercredi	วันพุธ	wan pút
jeudi	วันพฤหัสฯ	wan pá-réu-hàt
vendredi	วันศุกร์	wan sùk
samedi	วันเสาร์	wan sŏw
dimanche	วันอาทิตย์	wan ah-tít

SE RESTAURER ET PRENDRE UN VERRE

Je voudrais (le menu), s'il vous plaît.

ขอ (รายการอาหาร) หน่อย — kŏr (rai gahn ah-hăhn) nòy

Que nous conseillez-vous ?

คุณแนะนำอะไรบ้าง — kun náa-nam à-rai bâhng

C'était délicieux !

อร่อยมาก — à-ròy mâhk

Santé !

ไชโย — chai-yoh

L'addition, s'il vous plaît.

ขอบิลหน่อย — kŏr bin nòy

Je ne mange pas de...	ผม/ดิฉันไม่กิน…	pŏm/dì-chăn mâi gin... (m/f)
œufs	ไข่	kài
poisson	ปลา	ɓlah
viande rouge	เนื้อแดง	néu·a daang
noix	ถั่ว	tòo·a

Mots-clés

assiette	จาน	jahn
avec/sans	มี/ไม่มี	mi/mâi mi
baguettes	ไม้ตะเกียบ	mái đà-gèe·ap
bar	บาร์	bah
bol	ชาม	chahm
bouteille	ขวด	kòo·at
café	ร้านกาแฟ	ráhn gah-faa
carte des boissons	รายการเครื่องดื่ม	rai gahn krêu·ang dèum
chaud	ร้อน	rórn
couteau	มีด	mêet
cuillère	ช้อน	chórn
déjeuner	อาหารกลางวัน	ah-hăhn glahng wan
dessert	ของหวาน	kŏrng wăhn
dîner	อาหารเย็น	ah-hăhn yen
épicé	เผ็ด	pèt
fourchette	ส้อม	sôrm
froid	เย็น	yen
marché	ตลาด	đà-làht
menu	รายการอาหาร	rai gahn ah-hăhn
petit-déjeuner	อาหารเช้า	ah-hăhn chów
restaurant	ร้านอาหาร	ráhn ah-hăhn
tasse	ถ้วย	tôo·ay
végétarien (la personne)	คนกินเจ	kon gin jair
verre	แก้ว	gâa·ou

NOMBRES

1	หนึ่ง	nèung
2	สอง	sŏrng
3	สาม	săhm
4	สี่	sèe
5	ห้า	hâh
6	หก	hòk
7	เจ็ด	jèt
8	แปด	ɓàat
9	เก้า	gôw
10	สิบ	sìp
11	สิบเอ็ด	sìp-èt
20	ยี่สิบ	yêe-sìp
21	ยี่สิบเอ็ด	yêe-sìp-èt
30	สามสิบ	săhm-sìp
40	สี่สิบ	sèe-sìp
50	ห้าสิบ	hâh-sìp
60	หกสิบ	hòk-sìp
70	เจ็ดสิบ	jèt-sìp
80	แปดสิบ	ɓàat-sìp
90	เก้าสิบ	gôw-sìp
100	หนึ่งร้อย	nèung róy
1 000	หนึ่งพัน	nèung pan
10 000	หนึ่งหมื่น	nèung mèun
100 000	หนึ่งแสน	nèung săan
1 000 000	หนึ่งล้าน	nèung láhn

Viande et poisson

bœuf	เนื้อ	néu·a
calmar	ปลาหมึก	ɓlah mèuk
canard	เป็ด	ɓèt
crabe	ปู	ɓou
fruits de mer	อาหารทะเล	ah-hăhn tá-lair
poisson	ปลา	ɓlah
porc	หมู	mŏo
poulet	ไก่	gài
viande	เนื้อ	néu·a

Fruits et légumes

aubergine	มะเขือ	má-kĕu·a
banane	กล้วย	glôo·ay
champignons	เห็ด	hèt
citron	มะนาว	má-now
fruit	ผลไม้	pŏn-lá-mái
goyave	ฝรั่ง	fa-ràng
haricots	ถั่ว	tòo·a
légumes	ผัก	pàk
mangoustan	มังคุด	mang-kút
mangue	มะม่วง	má-môo·ang
noix	ถั่ว	tòo·a
noix de coco	มะพร้าว	má-prów
papaye	มะละกอ	má-lá-gor
pastèque	แตงโม	đaang moh
pommes de terre	มันฝรั่ง	man fa-ràng
ramboutan	เงาะ	ngó
tamarin	มะขาม	má-kăhm
tomate	มะเขือเทศ	má-kĕu·a têt

Autres

glaçon	น้ำแข็ง	nám kăang
huile	น้ำมัน	nám man
nouilles	เส้น	sên
œuf	ไข่	kài
piment rouge	พริก	prík
poivre	พริกไทย	prík tai
riz	ข้าว	kôw
salade	ผักสด	pàk sòt
sauce de poisson	น้ำปลา	nám ɓlah
sauce soja	น้ำซีอิ๊ว	nám si-éw
sel	เกลือ	gleu·a
soupe	น้ำซุป	nám súp
sucre	น้ำตาล	nám đahn
tofu	เต้าหู้	đôw hôo

Boissons

bière	เบียร์	bi·a
café	กาแฟ	gah-faa
eau	น้ำดื่ม	nám dèum
jus d'orange	น้ำส้ม	nám sôm
jus de canne	น้ำอ้อย	nám ôy
lait	นมจืด	nom jèut
lait de soja	น้ำเต้าหู้	nám đôw hôo
thé	ชา	chah

TRANSPORTS

Transports publics

avion	เครื่องบิน	krêu·ang bin
bateau	เรือ	reu·a
bus	รถเมล์	rót mair
cyclopousse	สามล้อ	săhm lór
moto	มอร์เตอร์ไซค์	mor-đeu-sai
moto-taxi	รับจ้าง	ráp jâhng
train	รถไฟ	rót fai
tuk-tuk	ตุ๊ก ๆ	đúk đúk
voiture	รถเก๋ง	rót gĕng

À quelle heure arrive le... bus ?	รถเมล์คัน... มาเมื่อไร	rót mair kan... mah mêu·a rai
premier	แรก	râak
dernier	สุดท้าย	sùt tái
prochain	ต่อไป	đòr ɓai

Un billet..., s'il vous plaît.	ขอตั๋ว...	kŏr đŏo·a...
aller simple	เที่ยวเดียว	têe·o di·o
aller-retour	ไปกลับ	ɓai glàp
Je voudrais un siège côté...	ต้องการที่นั่ง...	đôrng gahn têe nâng...
couloir	ติดทางเดิน	đìt tahng deun
fenêtre	ติดหน้าต่าง	đìt nâh đàhng
quai	ชานชาลา	chan-chah-lah
guichet	ช่องขายตั๋ว	chôrng kăi đŏo·a
horaires	ตารางเวลา	đah-rahng wair-lah

À quelle heure arrive-t-il à (Chiang Mai) ?

ถึง (เชียงใหม่) กี่โมง — tĕung (chi·ang mài) gèe mohng

S'arrête-t-il à (Saraburi) ?

รถจอดที่ (สระบุรี) ไหม	rót jòrt têe (sà-rà-bù-ri) măi

Comment puis-je me rendre à (Chiang Mai) ?

เมื่อถึง (เชียงใหม่) กรุณาบอกด้วย	mêu·a tĕung (chi·ang mài) gà-rú-nah bòrk dôo·ay

Je voudrais descendre à (Saraburi).

ขอลงที่(สระบุรี)	kŏr long têe (sà-rà-bù-ri)

En voiture et à vélo

Je voudrais louer un(e)...	อยากจะเช่า…	yàhk jà chôw...
moto	รถมอร์เตอร์ไซค์	rót mor-đeu-sai
voiture	รถเก๋ง	rót gĕng

Je voudrais...	ต้องการ…	đôrng gahn...
faire réparer mon vélo	ซ่อมรถจักรยาน	sôrm rót jàk-gà-yahn
louer un vélo	เช่ารถจักรยาน	chôw rót jàk-gà-yahn

Est-ce la route vers (Ban Bung Wai) ?

ทางนี้ไป (บ้านบุ่งหวาย) ไหม	tahng née bai (bâhn bùng wăi) măi

Où se trouve la station-service ?

ปั๊มน้ำมันอยู่ที่ไหน	bâm nám man yòo têe năi

Puis-je me garer ici ?

จอดที่นี้ได้ไหม	jòrt têe née dâi măi

Combien de temps puis-je me garer ici ?

จอดที่นี้ได้นานเท่าไร	jòrt têe née dâi nahn tôw-rai

J'ai besoin d'un mécanicien.

ต้องการช่างรถ	đôrng gahn châhng rót

PANNEAUX INDICATEURS

ทางเข้า	Entrée
ทางออก	Sortie
เปิด	Ouvert
ปิด	Fermé
ที่ติดต่อสอบถาม	Renseignements
ห้าม	Interdit
ห้องสุขา	Toilettes
ชาย	Hommes
หญิง	Femmes

J'ai un pneu crevé.

ยางแบน	yahng baan

Je n'ai plus d'essence.

หมดน้ำมัน	mòt nám man

Ai-je besoin d'un casque ?

ต้องใช้หมวกกันนอกไหม	đông chái mòo·ak gan nórk măi

URGENCES

Au secours !	ช่วยด้วย	chôo·ay dôo·ay
Allez-vous-en !	ไปให้พ้น	bai hâi pón

Appelez un médecin !

เรียกหมอหน่อย	rêe·ak mŏr nòy

Appelez la police !

เรียกตำรวจหน่อย	rêe·ak đam·ròo·at nòy

Je suis malade.

ผม/ดิฉันป่วย	pŏm/dì-chăn bòo·ay (m/f)

Je suis perdu.

ผม/ดิฉัน หลงทาง	pŏm/dì-chăn lŏng tahng (m/f)

Où se trouvent les toilettes ?

ห้องน้ำอยู่ที่ไหน	hôrng nám yòo têe năi

GLOSSAIRE

Ce glossaire comprend des termes thaïs, palis (P) et sanskrits (S), et des mots souvent utilisés dans ce guide. Pour le vocabulaire relié à la cuisine, voir p. 53 et p. 831.

ajahn – (*aajaan*) titre de respect pour un professeur, venant du sanskrit *acarya*

amphoe – (*amphur*) district, circonscription inférieure à une province

AUA – American University Alumni (Association des élèves de l'université américaine)

bâhn – (*ban*) maison, village

baht – (*bàat*) unité monétaire thaïlandaise

bàht – unité de poids égale à 15 g ; bol utilisé par les moines pour recevoir les aumônes de nourriture

BKS – Baw Khaw Saw (acronyme de la Société thaïlandaise de transports)

bodhisattva (S) – sage destiné à devenir bouddha, mais qui retarde son propre Éveil pour exercer sa compassion envers tous les êtres

bòht – du pali *uposatha* (*ubohsòt*) ; sanctuaire (hall) central d'un temple, utilisé pour les cérémonies officielles de l'ordre, comme les ordinations ; voir aussi *wí·hăhn*

bòr nám rórn – sources chaudes

brahmanique – relatif au brahmanisme, une tradition religieuse indienne antérieure à l'hindouisme ; à ne pas confondre avec "brahmane", membre de l'une des quatre castes en Inde

BTS – Bangkok Transit System (Skytrain, ou métro aérien) ; en thaï : *rót fai fáh*

ɓah·đé – batik, tissu imprimé selon le procédé du batik**CAT** – CAT Telecom Public Company Limited (Agence thaïlandaise des télécommunications)

chedi – *voir* stupa

chow – les gens

chow lair – (*chow nám*) gitans de la mer

CPT – Parti communiste thaïlandais

đà·làht – marché

doy – montagne en dialecte du Nord, écrit "Doi" dans les noms propres

đròrk – (*trok*) ruelle, plus petite qu'un *soi*

farang – un Occidental (d'origine européenne) ; veut aussi dire goyave

gà·teu·i – (*kàthoey*) le "3e sexe" thaïlandais, en général des travestis ou transexuels masculins, aussi appelés *ladyboys*

gopura (S) – pavillon d'entrée traditionnel des temples hindous, courant dans les temples angkoriens

hàht – plage ; écrit "Hat" dans les noms propres

hŏr đrai – dépôt de manuscrits (écrits canoniques bouddhiques)

hôrng – (*hong*) salle ; dans le Sud, désigne les grottes semi-immergées des îles

Isan – (*i·săhn*) région du nord-est de la Thaïlande

jataka (P) – (*chah·dòk*) récits des vies antérieures du Bouddha

jin – Chinois

jin hor – litt. "Chinois galopant", en référence aux négociants yunnanais qui se déplaçaient à cheval

kàthoey – *voir gà·teu·i*

klorng – canal ; écrit "Khlong" dans les noms propres

kŏhn – théâtre masqué et dansé s'inspirant des épisodes du *Ramakian*

kŏw – colline ou montagne ; écrit "Khao" dans les noms propres

KMT – Guomindang

KNU – Karen National Union (Union nationale karen)

ku – petit stupa partiellement creux et ouvert

kùtì – lieu de vie d'un moine

lăam – cap ; écrit "Laem" dans les noms propres

làk meu·ang – pilier de la ville

lék – petit en taille ; voir aussi *noi*

longyi – sarong birman

lôok tûng – musique populaire

lôw kŏw – alcool blanc, souvent distillé maison à partir de riz

mâa chi – nonne bouddhiste

mâa nám – rivière/fleuve ; écrit "Mae Nam" dans les noms propres

mahathat – (*má·hăh tâht*) du sanskrit-pali *mahadhatu* ; nom commun des temples qui renferment des reliques du Bouddha

masjid – (*mát·sà·yít*) mosquée

mát·mèe – technique de teinture et de tissage des fils de soie ou de coton selon des motifs complexes, semblables à l'ikat indonésien ; désigne aussi les motifs eux-mêmes

meu·ang – ville ou principauté

mon·dòp – du sanskrit mandapa ; petit édifice carré surmonté d'une flèche dans un *wat*

mŏr lam – tradition musicale isan similaire au *lôok tûng*

muay thai – (*moo·ay tai*) boxe thaïlandaise

naga (P/S) – (*nâhk*) créature mythique à corps de serpent aux pouvoirs magiques

ná·kon – du sanskrit-pali *nagara* ; ville ; écrit "Nakhon" dans les noms propres

nám – eau

nám đòk – cascade ; écrit "Nam Tok" dans les noms propres

neun – colline ; écrit "Noem" dans les noms propres

nibbana (P/S) – nirvana ; dans l'enseignement bouddhique, l'Éveil ou la délivrance du cycle des renaissances ; en thaï : *níp·pahn*

noi – (*nóy*) un peu, petit (quantité) ; voir aussi *lék*

nôrk – extérieur ; écrit "Nok" dans les noms propres

ow – baie ou golfe ; écrit "Ao" dans les noms propres

pâh mát·mèe – étoffe de soie ou de coton tissée avec des fils noués et teints (*mát·mèe*)

pěe – fantôme, esprit

pík·sù – du sanskrit *bhikshu* et du pali *bhikkhu* ; moine bouddhiste

PLAT – People's Liberation Army of Thailand (Armée populaire de libération de Thaïlande)

prá – terme honorifique utilisé pour les moines, les nobles et les représentations du Bouddha ; écrit "Phra" dans les noms propres

prá krêu·ang – amulette protectrice portée autour du cou représentant un moine, le Bouddha ou une divinité ; aussi, *prá pim*

prá poom – esprits de la terre

prang – (*ɓrahng*) tour de style khmer, surmontant les temples

prasat – (*ɓrah·sàht*) petit édifice en forme de croix, surmonté d'une flèche, dans un *wat* ; désigne tout lieu, salle ou résidence, doté d'une signification religieuse ou royale

rót aa – bus climatisé bleu et blanc

rót norn – bus-couchettes

săh·lah – salle de réunion ou de repos, ouverte sur les côtés ; du portugais *sala*, "pièce"

săhm·lór – cyclopousse

samsara (P) – selon le bouddhisme, royaume de la réincarnation et de l'illusion

sangha (P) – la communauté bouddhiste

satang – (*sà·đahng*) unité monétaire thaïlandaise ; 100 satang valent 1 baht

serow – chèvre des montagnes d'Asie

sêua môr hôrm – chemise de paysan en coton bleu

shophouse – maison traditionnelle en bois comportant un rez-de-chaussée pour le négoce et des étages pour le logement

soi – ruelle ou petite rue

Songkran – Nouvel An thaïlandais (mi-avril)

songthaew – (*sŏrng·tăa·ou* ; litt. "2 rangées") ; pick-up avec 2 banquettes à l'arrière, qui fait office de bus ou de taxi

SRT – State Railway of Thailand (Chemins de fer nationaux de Thaïlande)

stupa – monument bouddhique de forme conique qui renferme des objets sacrés

tâh – jetée, embarcadère ; écrit "Tha" dans les noms propres

tâht – reliquaire bouddhique curviligne à 4 côtés, fréquent dans le Nord-Est ; écrit "That" dans les noms propres

tâm – grotte ; écrit "Tham" dans les noms propres

tam bun – acquérir un mérite

tambon – voir *đam·bon*

TAT – Tourism Authority of Thailand (office du tourisme thaïlandais)

Thammayut – l'une des deux sectes du bouddhisme theravada ; fondée par Rama IV lorsqu'il était moine

thanŏn – (*tà·nŏn*) rue ; écrit "Thanon" dans les noms propres, abrégé en "Th"

T-pop – musique populaire appréciée des adolescents

tràwk – voir *đròrk*

trimurti (S) – triade : les trois principales divinités hindoues, Brahma, Shiva et Vishnu

Tripitaka (S) – écritures du bouddhisme theravada (*Tipitaka* en pali)

tuk-tuk – (*đouk đouk*) cyclopousse à moteur

vipassana (P) – (*wí·pàt·sà·nah*) méditation bouddhique

wâi – geste de salutation, les mains jointes au niveau de la poitrine

wan prá – jours sacrés bouddhiques, correspondant aux principales phases de la lune (pleine, nouvelle et demi)

wang – palais

wat / wát – temple-monastère, du pali *avasa* (résidence de moine)

wí·hăhn – (*wihan, viharn*) grande salle d'un temple, généralement ouverte aux laïcs ; du sanskrit *vihara* (habitation)

yawi – langue traditionnelle de la péninsule malaise, parlée dans les provinces de l'extrême sud de la Thaïlande ; la forme écrite emploie l'alphabet arabe classique plus 5 lettres

yài – grand

En coulisses

VOS RÉACTIONS ?

Vos commentaires nous sont très précieux et nous permettent d'améliorer constamment nos guides. Notre équipe lit toutes vos lettres avec la plus grande attention. Nous ne pouvons pas répondre individuellement à tous ceux qui nous écrivent, mais vos commentaires sont transmis aux auteurs concernés. Tous les lecteurs qui prennent la peine de nous communiquer des informations sont remerciés dans l'édition suivante, et ceux qui nous fournissent les renseignements les plus utiles se voient offrir un guide.

Pour nous faire part de vos réactions, prendre connaissance de notre catalogue et vous abonner à notre newsletter, consultez notre site Internet : **www.lonelyplanet.fr**

Nous reprenons parfois des extraits de notre courrier pour les publier dans nos produits, guides ou sites Web. Si vous ne souhaitez pas que vos commentaires soient repris ou que votre nom apparaisse, merci de nous le préciser. Notre politique en matière de confidentialité est disponible sur notre site Internet.

À NOS LECTEURS

Merci à tous les voyageurs qui ont utilisé la dernière édition de ce guide et qui nous ont écrit pour nous faire part de leurs conseils, de leurs suggestions et de leurs anecdotes :

D Michel Darrieus **F** Clélia Fatton **M** Jules Marcodini, Marjolaine Miret **R** Isabelle Redolfi **T** Anne-Sophie Thomas

UN MOT DES AUTEURS

David Eimer

Merci à tous les résidents et voyageurs qui m'ont tuyauté en chemin, volontairement ou non. Je remercie particulièrement M. Dam, à Mae Hong Son, pour sa connaissance du secteur et ses mauvaises blagues, ainsi que le monsieur birman qui a réparé mon vélo à Chiang Saen. Je remercie également l'équipe du bureau LP de son soutien.

Anirban Mahapatra

Je remercie sincèrement mes amis de Bangkok Dirk, Melva, Xavier, Roque, Francisco, Seonmi et Bruno ainsi que ma femme Roshni, qui m'ont bien renseigné et conseillé sur les lieux et les expériences qu'ils préféraient tout au long de mes recherches. Merci à l'éditrice de destination Tanya Parker pour m'avoir donné l'occasion de m'immerger dans la fabuleuse matrice socioculturelle de la métropole thaïlandaise, où je vis désormais. Merci à tous mes co-auteurs pour avoir une fois encore concocté une excellente mise à jour du guide *Thaïlande*, et à tous les gens incroyables de ce pays pour leurs innombrables sourires.

Daniel McCrohan

Un immense merci à mes bons amis Wez et Ketsara Hunter, qui non seulement m'ont fait découvrir les merveilles de l'Isan rural il y a des années, mais m'ont aussi aidé dans ce projet avec leurs conseils, traductions, offres de transport et merveilleuse hospitalité. Merci à Wachiraphan Chaimanee et à Sunti Chaimanee pour leur assistance pour les horaires des bus, à Tim Bewer pour sa connaissance inestimable de l'Isan, et à Tanya Parker pour m'avoir offert cette chance. Tout mon amour, comme toujours, à Taotao, Dudu et Yoyo.

Tim Bewer

Un chaleureux *kòrp kun kráp* aux nombreuses personnes qui ont répondu à mes questions incessantes pendant cette mise à jour. Et bien sûr, je remercie particulièrement Suttawan, ma femme, pour toute son aide.

Paul Harding

Merci aux nombreuses personnes que j'ai rencontrées sur les chemins de la Thaïlande, notamment Steve, Apai et Pete, à Pattaya, et Chris et Mike, à Ko Kut. Merci à Tanya Parker et à l'équipe LP. Et par-dessus tout, tout mon amour et mes remerciements à Hannah et Layla pour leur patience et leur présence.

Ashley Harrell

Je remercie mon éditrice Tanya Parker et mes co-auteurs pour leur travail acharné sur ce guide ; Alana Morgan pour sa connaissance du terrain ; Franz Betgem pour sa sagesse et sa compagnie ; Kellyn Foxman, Ansley Luce et Erik Lokensgard pour leurs excellentes recommandations ; Alexis Stranberg et Josh Buermann pour avoir contrôlé un vicieux chien sauvage ; et Steven Sparapani pour m'avoir regardée manger des crevettes vivantes et m'avoir épousée. Je t'aime.

Tharik Hussein

Un immense merci à mes "frères" thaïlandais, les très érudits Muhammad Kanzi et Ismail Waiyaveta : votre soutien a été inestimable lors de mon exploration du merveilleux patrimoine du Sud. Un grand merci à mon vieux copain de l'East End londonien Abdul Wadud, maintenant à Chiang Mai, pour les moments passés ensemble et tout ce que tu m'as fait connaître. Merci à mon éditrice, Tanya Parker, pour son soutien tout au long du projet. Enfin, je remercie vivement ma femme adorée Tamara pour son soutien, ses encouragements et sa patience inépuisables.

Michael Kohn

Je remercie tout spécialement ma femme Baigalmaa de m'avoir accompagné lors de ce voyage et d'avoir rendu chaque moment agréable. Merci à toutes les personnes qui m'ont renseigné et conseillé en chemin, notamment à Ranong et à Ko Phayam. Et merci aux éditeurs, cartographes et co-auteurs qui ont œuvré inlassablement à ceprojet.

Olivia Pozzan

Un immense merci à Anthony Ham et à Paul Harding – votre aide a été très appréciée. Je remercie en particulier Pak à Krabi, Mun sur Ko Lanta, Jip à Trang, et Alen pour avoir partagé de bonnes histoires et des cocktails sur Ko Lipe. Et bien sûr, merci à tous les merveilleux Thaïlandais rencontrés en chemin pour leur aide amicale et leurs sourires.

Barbara Woolsey

Je remercie de tout cœur ceux qui m'ont aidée dans mes recherches et dans mon ambition de longue date de rédiger un guide Lonely Planet sur la Thaïlande, à savoir (sans ordre particulier) : Clair Woolsey, Remy Woolsey, René Frank, Marlene Dow et sa famille, les Toogood (Ku, David et Cassie, plus Alex et Dylan Holtman), Andrea Schulte-Peevers, Diana Hubbell, Trish Elliott, Debby Harris, Dixie Michie, Brenda Woolsey-Hartford, Bhec Fernandez, Alyssa Gabrielle et Allexa Scarlet Masongsong, Nolan Janssen, et Garth et Gloria Pickard.

REMERCIEMENTS

Les données de la carte du climat sont adaptées de l'ouvrage de Peel, M. C., Finlayson, B. L. et McMahon, T. A. (2007), "Updated World Map of the Köppen-Geiger Climate Classification", *Hydrology and Earth System Sciences*, 11, 1633-1644.

Illustrations p. 76-77 et p. 78-79 de Michael Weldon.

Photographie en couverture : Fresques du Musée national de Thaïlande (p. 75), Bangkok © Walter Bibikow/AWL Images.

À PROPOS DE CET OUVRAGE

Cette 14e édition française du guide *Thaïlande* est une traduction-adaptation de la 18e édition du guide *Thailand* (en anglais), écrite et mise à jour par David Eimer, Anirban Mahapatra, Daniel McCrohan, Tim Bewer, Paul Harding, Ashley Harrell, Tharik Hussein, Michael Kohn, Olivia Pozzan et Barbara Woolsey.

Traduction
Antoine Thibault, Laurence Stewart, Florence Guillemat-Szarvas, Giuseppe Ardiri, Kevin Thévenet et Laurence Seguin

Direction éditoriale
Didier Férat

Adaptation française
Cécile Bertolissio

Responsable prépresse
Jean-Noël Doan

Maquette
Christian Deloye

Cartographie
Cartes originales de Diana Von Holdt, Julie Dodkins et Michael Garrett, adaptées en français par Caroline Sahanouk

Couverture Brendan Dempsey-Spencer, adaptée en français par Laurent Briard

Remerciements à
Angélique Adagio, Michel MacLeod, Jean-Victor Rebuffet et Alexandra Guyot pour leur précieuse contribution au texte. Un très grand merci à Maud Bruguière pour sa relecture attentive et son dévouement, ainsi qu'à Jacqueline Menanteau pour son travail sur *Phuket*. Mes remerciements également à Vahagn Terzian et Claire Chevanche pour leur comparaison des textes et à Hugo Gadroy pour son travail de référencement. Merci à l'équipe du bureau de Paris, notamment à Dominique Spaety, Dorothée Pasqualin et Dominique Bovet pour leur soutien. Merci aussi à Clare Mercer et Imogen Harrison du bureau de Londres, et à Glenn van der Knijff, Jacqui Saunders et Brad Smith du bureau australien.

Index

A

B

Référence des **cartes**
Référence des **photos**

C

D

Référence des **cartes**
Référence des **photos**

Référence des **cartes**
Référence des **photos**

Référence des **cartes**
Référence des **photos**

P

Référence des **cartes**
Référence des **photos**

Q

R

Référence des **cartes**
Référence des **photos**

U

V

W

Référence des **cartes**
Référence des **photos**

Y

Z

Légende des cartes

À voir

- Château
- Monument
- Musée/galerie/édifice historique
- Ruines
- Église
- Mosquée
- Synagogue
- Temple bouddhiste
- Temple confucéen
- Temple hindou
- Temple jaïn
- Temple shintoïste
- Temple sikh
- Temple taoïste
- Sentō (bain public)
- Cave/vignoble
- Plage
- Réserve ornithologique
- Zoo
- Autre site

Activités, cours et circuits organisés

- Bodysurfing
- Plongée/snorkeling
- Canoë/kayak
- Cours/circuits organisés
- Ski
- Snorkeling
- Surf
- Piscine/baignade
- Randonnée
- Planche à voile
- Autres activités

Où se loger

- Hébergement
- Camping

Où se restaurer

- Restauration

Où prendre un verre

- Bar
- Café

Où sortir

- Salle de spectacle

Achats

- Magasin

Renseignements

- Banque
- Ambassade/consulat
- Hôpital/centre médical
- Accès Internet
- Police
- Bureau de poste
- Centre téléphonique
- Toilettes
- Office du tourisme
- Autre adresse pratique

Géographie

- Plage
- Refuge/gîte
- Phare
- Point de vue
- Montagne/volcan
- Oasis
- Parc
- Col
- Aire de pique-nique
- Cascade

Agglomérations

- Capitale (pays)
- Capitale (région/État/province)
- Grande ville
- Petite ville/village

Transports

- Aéroport
- Poste frontière
- Bus
- Téléphérique/funiculaire
- Piste cyclable
- Ferry
- Métro
- Monorail
- Parking
- Station-service
- Station de métro
- Taxi
- Gare/chemin de fer
- Tramway
- Métro et U-Bahn
- Autre moyen de transport

Les symboles recensés ci-dessus ne sont pas tous utilisés dans ce guide

Routes

- Autoroute à péage
- Voie rapide
- Nationale
- Route secondaire
- Petite route
- Chemin
- Route non goudronnée
- Route en construction
- Place/rue piétonne
- Escalier
- Tunnel
- Passerelle
- Promenade à pied
- Promenade à pied (variante)
- Sentier

Limites et frontières

- Pays
- État/province
- Frontière contestée
- Région/banlieue
- Parc maritime
- Falaise
- Rempart

Hydrographie

- Fleuve/rivière
- Rivière intermittente
- Canal
- Étendue d'eau
- Lac asséché/salé/intermittent
- Récif

Topographie

- Aéroport/aérodrome
- Plage/désert
- Cimetière (chrétien)
- Cimetière (autre)
- Glacier
- Marais/mangrove
- Parc/forêt
- Site (édifice)
- Terrain de sport

Paul Harding
Cela fait presque deux décennies que Paul parcourt la planète en tant qu'auteur et photographe de voyage. Il s'intéresse particulièrement aux lieux, aux îles et aux cultures insolites et reculés. Il a écrit et contribué à plus de 50 guides Lonely Planet de pays et régions aussi divers que l'Inde, le Belize, Vanuatu, l'Iran, l'Indonésie, la Nouvelle-Zélande, l'Islande, la Finlande, les Philippines, la Thaïlande et l'Australie, son pays natal.

Ashley Harrell
Après avoir brièvement vendu au porte-à-porte des forfaits de spa à la journée dans le sud de la Floride, Ashley a décidé d'écrire. Ella a fait une école de journalisme, convaincu un journal de l'embaucher, et commencé à rédiger des articles sur la nature, le crime et le tourisme, parfois dans un même récit. Rêvant d'histoires et d'inconnu, elle a beaucoup voyagé et souvent déménagé, d'un minuscule appartement new-yorkais à un vaste ranch californien en passant par une cabane dans la jungle costaricaine, où elle a commencé à écrire pour Lonely Planet.

Tharik Hussein
Né à Sylhet, au Bangladesh, mais élevé dans l'East End londonien, Tharik est auteur de voyage en freelance, écrivain, journaliste et parfois réalisateur spécialisé dans les cultures musulmanes. Il a parcouru la planète à la découverte du patrimoine islamique oublié et écrit à ce sujet pour la BBC, Lonely Planet, *Al Jazeera*, *Arab News*... Tharik est titulaire d'un master en études islamiques. Il a vécu à Jeddah, en Arabie saoudite et est membre de la Guilde britannique des auteurs de voyage.

Michael Kohn
Cela fait plus de 10 ans que Michael est auteur de voyage. En 2003, il a plongé la tête la première dans l'univers Lonely Planet en s'attaquant aux chapitres sur l'Ouzbékistan et le Kazakhstan du guide *Asie centrale*. Depuis lors, il a exploré certains des coins les plus reculés d'Asie et du Moyen-Orient pour LP, tout en travaillant comme reporter pour des médias internationaux. Il a notamment travaillé sur les guides LP *Sri Lanka*, *Tibet*, *Mongolie*, *Israël et les Territoires palestiniens* et *Transsibérien*. Michael s'intéresse particulièrement à la Mongolie, dont il a couvert l'actualité pour Bloomberg, la BBC et autres. Pendant son séjour en Mongolie, il a écrit *Lama of the Gobi*, une biographie du moine-poète du XIXe siècle Danzanravjaa, et *Dateline Mongolia*, un récit personnel sur sa vie de reporter à Oulan-Bator.

Olivia Pozzan
La carrière d'auteure de voyage d'Olivia est née d'une vie tournée vers les périples et l'aventure. Ayant le chic pour se retrouver au cœur de toutes sortes d'expéditions, elle a fait de la spéléologie à Oman, entrepris un raid nature au Maroc et randonné en montagne des Alpes à l'Himalaya. Olivia a exercé comme vétérinaire dans les ranchs de bétail isolés de l'outback ou lors d'une expédition à dos de chameau au cœur de l'Australie, elle a endormi des lions en Afrique du Sud et travaillé pour un prince arabe au Moyen-Orient. Avec tant de matière, il n'y avait qu'un pas jusqu'à l'écriture. Ses articles et ses livres ont été publiés dans le monde entier. Pour Lonely Planet, elle a couvert des régions du Moyen-Orient, l'Italie, la Thaïlande et l'Australie. Elle se passionne pour le bien-être animal et a dirigé des projets de secours vétérinaire bénévole au Cambodge. Quand elle ne visite pas les endroits les plus exotiques du globe, elle vit à la plage sur la superbe Sunshine Coast de l'Australie, où elle est auteure en freelance et vétérinaire.

Barbara Woolsey
Barbara Woolsey est née et a grandi dans les prairies canadiennes. De mère philippine et de père irlando-écossais, elle a été élevée dans une ambiance multiculturelle qui a nourri sa passion pour la narration d'histoires par-delà les cultures et les frontières. La carrière de Barbara a débuté à Bangkok, où elle a travaillé pour un grand journal anglophone en Thaïlande. Elle a voyagé en Asie comme présentatrice télé pour une chaîne de Bangkok. Depuis, elle a visité 5 continents et près de 50 pays en avion, en train et à moto. Parmi les temps forts : un périple de 3 000 km à moto en Inde, des reportages depuis des réserves animalières et des *townships* d'Afrique du Sud, et l'interview de membres d'un gang à Caracas. Outre ses écrits pour Lonely Planet, Barbara rédige des articles publiés dans des journaux, des magazines et sur des sites Web d'envergure internationale. Elle passe la majeure partie de son temps à Berlin.

LES GUIDES LONELY PLANET

Une vieille voiture déglinguée, quelques dollars en poche et le goût de l'aventure, c'est tout ce dont Tony et Maureen Wheeler eurent besoin pour réaliser, en 1972, le voyage d'une vie : rallier l'Australie par voie terrestre via l'Europe et l'Asie. De retour après un périple harassant de plusieurs mois, et forts de cette expérience formatrice, ils rédigèrent sur un coin de table leur premier guide, *Across Asia on the Cheap*, qui se vendit à 1 500 exemplaires en l'espace d'une semaine. Ainsi naquit Lonely Planet, dont les guides sont aujourd'hui traduits en 13 langues.

NOS AUTEURS

David Eimer

David est journaliste et auteur depuis qu'il a abandonné l'idée d'une carrière juridique en 1990. Après avoir travaillé dans son Londres natal et à Los Angeles, il a emménagé à Beijing en 2005, d'où il participe à divers journaux et magazines du Royaume-Uni. Il a ensuite parcouru la Chine et de nombreuses villes d'Asie du Sud-Est, dont Bangkok, Phnom Penh et Rangoun. Depuis 2006, il couvre la Chine, le Myanmar et la Thaïlande pour Lonely Planet.

Anirban Mahapatra

Chroniqueur de voyage, photographe et réalisateur audiovisuel, Anirban est l'auteur de multiples éditions du guide *Inde*, un best-seller de Lonely Planet, ainsi que des guides régionaux. Il a écrit et supervisé les guides du *Bangladesh*, du *Sri Lanka* et du *Bhoutan*, conçu des modèles de contenu et organisé des ateliers destinés aux auteurs LP. Il a aussi réalisé des vidéos et documentaires pour des réseaux télévisés internationaux, des entreprises et des ministères indiens. Quand il ne parcourt pas le monde, il vit à Calcutta et à Bangkok.

Daniel McCrohan

Avec un père grec, un grand-père espagnol, une grand-mère irlandaise et une épouse chinoise, Daniel a toujours été influencé et inspiré par ce qui se trouve au-delà de l'Angleterre, sa patrie. Cela fait 25 ans qu'il parcourt le monde par intermittence, et plus d'une décennie qu'il écrit des guides pour Lonely Planet (42 à ce jour). Spécialisé dans la Chine et l'Inde, il a aussi énormément voyagé en Thaïlande, et développé un lien spécial avec l'Isan, une région qu'il adore. Suivez ses aventures sur Twitter (@danielmccrohan) ou sur danielmccrohan.com.

Tim Bewer

Tim n'a guère voyagé étant enfant. Il a passé une bonne partie de sa vie d'adulte à se rattraper, et visité plus de 80 pays, dont beaucoup en Asie du Sud-Est. Après l'université, il a brièvement travaillé comme assistant parlementaire avant d'aller barouder en Afrique de l'Ouest. Ill est ensuite devenu auteur et photographe de voyage en freelance. Il vit à Khon Kaen et son blog s'appelle Tim's Thailand (www.timsthailand.com).

PAGE 859 AUTEURS (suite)

Thaïlande
14ᵉ édition
Traduit et adapté de l'ouvrage *Thailand, 18th edition, August 2020*

92 avenue de France - 75013 Paris

Dépôt légal Septembre 2021
ISBN 978-2-81618-638-3
Imprimé par Grafica Veneta, Trebaseleghe, Italie en juillet 2022 Rang 02

En Voyage Éditions | un département édi8